FRIEDLAENDER
SITTENGESCHICHTE ROMS

LUDWIG FRIEDLAENDER

SITTENGESCHICHTE ROMS

UNGEKÜRZTE TEXTAUSGABE

ATHENAION VERLAG

Printed in Austria

ISBN 3-88851-162-3

VORBEMERKUNG

Die Textfassung dieser Ausgabe beruht auf der von Georg Wissowa besorgten 10. Auflage, die unter dem Titel „Darstellungen aus der Sittengeschichte Roms, in der Zeit von Augustus bis zum Ausgang der Antonine“ erschien. Diese Auflage brachte den Stoff so geordnet, daß alle Exkurse in den 4. Band verwiesen waren, während die ersten drei Bände den Text brachten. Unsere einbändige Ausgabe enthält den vollständigen Text dieser drei Textbände. Die Anmerkungen, in der Hauptsache Verweise auf alte Autoren, sind weggeblieben.

Die Literaturhinweise berücksichtigen Titel in einer kurzen Auswahl, die bis zum Frühjahr 1995 erschienen waren.

Als umfassende Schilderung der Sitten eines bedeutsamen Zeitabschnitts der Weltgeschichte behält Friedlaenders Werk als eine unübertroffene Leistung seinen hohen Rang auf wissenschaftlichem und literarischem Gebiet, und bildet in diesem Sinne eine erwünschte und notwendige Ergänzung zu Mommsens „Römischer Geschichte“, die in unserer Ausgabe eine so dankbare Aufnahme gefunden hat.

DER VERLAG

I. DIE STADT ROM

Noch gegen Ende der Königszeit glich Rom trotz seiner bereits beträchtlichen Ausdehnung, welche durch den Gang der Servianischen Mauer bezeichnet ist, in manchen wesentlichen Zügen einem Pfahldorf. Noch wurden im Innern der Stadt Landwirtschaft und Viehzucht getrieben. Um die aus Lehm, Stroh oder Holz aufgeführten Wohnstätten lag Unrat von Menschen und Vieh und zerbrochenes Haus- und Ackergerät umher. Auf den ungepflasterten Straßen wandelte man im Sommer in Staubwolken, im Winter im Kot.

Die Mängel der späteren Anlage der Stadt werden von den Alten auf den nach dem gallischen Brande (390 v. Chr.) planlos und tumultuarisch betriebenen Neubau zurückgeführt. Die Quartiere waren unregelmäßig, die Gassen eng und gewunden, die Häuser standen vielfach in gedrängten Massen. Ziegeldächer wurden nur sehr allmählich allgemein, die Deckung mit Holzschindeln erhielt sich bis zum Kriege mit König Pyrrhus (284 v. Chr.): ein Beweis für den damaligen Waldreichtum Italiens, in dem Rom in der Folgezeit mit seinen aus Fachwerk hoch aufgetürmten, so oft abbrennenden Miethäusern gewaltig aufräumte. Noch viel später wurde ein Anfang zur Pflasterung der städtischen Straßen gemacht; die erste bekannte Fahrstraße ist 237 v. Chr. angelegt worden. Begann nun Rom auch nach und nach seinen dorfartigen Charakter abzulegen (wie z. B. schon vor 310 v. Chr. die hölzernen Buden der Fleischer am Forum den Geschäftslokalen der Geldwechsler gewichen waren), so erfolgten doch die Verschönerungen so langsam und vereinzelt, daß noch am Hofe Philipps von Mazedonien (174) die römerfeindliche Partei über das unschöne Aussehen der weder durch öffentliche noch durch Privatbauten glänzenden Hauptstadt Italiens spotten konnte. Ihre Ausstattung mit ansehnlichen Bauwerken war damals erst seit kurzem in Angriff genommen worden. Die Errichtung von Basiliken, die, an die Stelle der Buden tretend, allmählich „einen die Hauptlinien des Forums umgrenzenden steinernen Hallenbau von gleichmäßiger architektonischer Dekoration" bildeten, hatte um 185 mit der von M. Porcius Cato erbauten begonnen, auf welche 180 und 170 die des Fulvius Nobilior und Sempronius Gracchus folgten. Durch den ersteren erhielt Rom in dem für seine Baugeschichte epochemachenden Zensorenjahre 179 auch einen großen Zentralmarkt für Lebensmittel mit einem kuppelgedeckten Schlachthause in der Mitte und ringsumlaufenden Verkaufshallen. Der erste von Q. Metellus Macedonicus (Konsul 143) erbaute „Marmortempel" war wahrscheinlich mit geraubten Säulen und andern Werkstücken ausgestattet.

„Durch das allmähliche Anwachsen der Stadt im Marsfelde vollzog sich eine große Transformation. Nach kleinen Anfängen hatte hier die Anlage der schnurgeraden Via Flaminia und des Circus Flaminius Epoche gemacht, ihr war die Periode des Portikenbaus im südlichen Teile gefolgt, dann diejenige der Pompejusbauten. Den Monumentalbauten folgend schob sich jedesmal auch der private Anbau vor, und vermutlich wurde das Straßennetz, anschließend an Via Flaminia, Portiken, Zirkus usw., auch rechtwinklig angelegt, wie wir es dann in den Resten aus der Kaiserzeit sehen. Der Gegensatz zwischen Altstadt und Neustadt in der Ebene muß schon gegen Ende der Republik ein sehr großer gewesen sein."

Nachdem schon sehr viel früher (vielleicht bald nach dem zweiten punischen Kriege) durch die Entfestigung Roms ein Haupthindernis der Stadterweiterung beseitigt war, machte der Fortschritt derselben bereits unter Sulla die Vorschiebung der sakralrechtlichen Stadtgrenze (des Pomerium) nötig.

Wenn nun aber auch seit der Sullanischen Zeit je länger, je mehr stattliche Häuser gebaut wurden, so blieben die Straßenzüge doch dieselben und der Charakter ihrer Fronten im großen und ganzen der alte, und noch im Jahre 63 konnte Rom mit seinen nicht besonders guten Straßen, die sich an den Hügeln hinauf- und zu den Tälern hinabzogen, mit seinen hohen Häusern und sehr schmalen Seitengassen sich durchaus nicht mit Capua, jenem „andern Rom", messen, das in der Ebene weit ausgebreitet lag und noch in Domitians Zeit nicht zu weit hinter der Hauptstadt zurückstand. Diese machte auch unter Augustus nicht den Eindruck einer planmäßig angelegten, sondern einer zufällig entstandenen Stadt. In den fünfunddreißig Jahren vom Tode Sullas bis zum Tode Cäsars (78—44 v. Chr.) hatte sich Rom mit zahlreichen prachtvollen öffentlichen und Privatbauten geschmückt, in welchen Feldherren, Offiziere, Zivilbeamte und Geschäftsmänner ihre in jener Zeit der großen Eroberungen und Erwerbungen im Orient und Okzident erbeuteten Reichtümer sehen ließen, so daß das Haus des Lepidus, das im Jahre 78 als das prächtigste von ganz Rom galt, im Jahre der Ermordung Cäsars kaum den hundertsten Platz in der Rangfolge hätte beanspruchen können. Cicero glaubte schon im Jahre 70 Rom eine schöne und reich geschmückte Stadt nennen zu dürfen; wenn auch freilich nach Plutarchs Urteil alle Bauten Roms vor der Kaiserzeit sich mit denen des Perikles zu Athen nicht vergleichen ließen, und Sueton ohne Zweifel mit Recht sagt, daß Augustus die Stadt Rom überhaupt nicht der Würde der römischen Herrschaft gemäß geschmückt fand.

Unter Augustus nahm das Bauwesen in Rom einen neuen großartigen Aufschwung. Diesen bewirkte nicht bloß das durch den Weltfrieden wiederkehrende Gefühl von Sicherheit, der steigende Wohlstand, das Wachstum der Bevölkerung, das Zuströmen der Kapitalien, das den durch die Bürgerkriege stark in die Höhe getriebenen Zinsfuß im Jahre 29 v. Chr. von zwölf Prozent wieder auf vier herabdrückte, sondern namentlich auch das von dem Kaiser ausgehende Streben, Rom mit dem Glanz und der Pracht auszustatten, welche die Würde einer Hauptstadt der Welt erfordere. Erst jetzt wurde das edle Material der Brüche von Carrara massenhaft bei Bauten verwendet. Erfolgte nun die Verschönerung Roms damals zunächst in umfassendster Weise durch öffentliche Anlagen und Denkmäler, so wurden doch auch vielfache, zum Teil durch diese bedingte Regulierungen und Erweiterungen des Straßennetzes vorgenommen. Ferner kann kein Zweifel sein, daß der so entschiedene Wunsch und Wille des Monarchen für die Großen, die Kapitalisten, die Unternehmer auch bei Privatbauten maßgebend war, und daß schnell zahlreiche glänzende Privathäuser und Paläste entstanden, die zum Teil die älteren in Schatten stellten. Bei dem soliden Bau des Palastes eines Piso äußerte Augustus befriedigt: er baue so, als ob Rom ewig stehen werde.

Überhaupt dürfen wir glauben, daß der Wunsch des Augustus auf die architektonische Neugestaltung Roms nicht minder schnelle und nachdrückliche Wirkungen geübt hat als der Wunsch und das Beispiel so mancher Regenten für moderne Hauptstädte. In der Baugeschichte Neapels begann mit der Regierung des spanischen Vizekönigs Pietro de Toledo (1532—1553) eine neue Epoche; der Stadt Rom drückte Sixtus V. (1585—1590) den Stempel seines Geistes auf. Daß Stockholm zu Ende des 16. Jahrhunderts durch die Zahl seiner Steinhäuser in Nordeuropa einzig dastand (sogar mehr als London besaß), hatte ein Befehl Gustav Wasas (1523—1560) bewirkt, den Johann III. (1568—1592) energisch durchsetzte: schon 1582 waren dort unter 658 Wohnungen 429 Steinhäuser. Den durch den Vorgang Ludwigs XIV. seit 1661 veranlaßten Privatbauten verdankte Paris die Entstehung zweier neuen Städte um St. Sulpice und das Palais Royal, welche die alte übertrafen. In Moskau, wo noch gegen Ende des 17. Jahrhunderts rohgezimmerte Holzhäuser zum Ersatz der jährlich durch Feuersbrünste zerstörten Hunderte oder Tausende auf den Märkten zu kaufen waren, übte das Beispiel des von dem Fürsten Golizin gebauten Palasts eine solche Wirkung, daß, während er an der Spitze der Geschäfte stand (1682—1689), nicht weniger als 3000 steinerne Häuser aufgeführt wurden. August der Starke verwandelte Dresden, das er als eine kleine, hölzerne Stadt vorgefunden hatte, in eine steinerne und (nach Lady Montague 1716) die hübscheste von ganz Deutschland. Warschau arbeitete sich erst unter Stanislaw August, der es zur Residenz wählte, aus seinem elenden Zustande hervor und wurde von ihm wie von den Magnaten mit zahlreichen Palästen und andern bedeutenden Gebäuden geschmückt. Die Verschönerung Berlins erfolgte unter Friedrich Wilhelm I. und Friedrich II. durch große Aufwendungen von Staatsmitteln und Regelung der zum Teil zwangsweise angeordneten Privatbauten; dann durch eine sehr lebhafte Entwicklung der Bautätigkeit nach dem Siebenjährigen Kriege. In ähnlicher Weise wie diese Residenzen hat auch Rom durch seinen ersten Monarchen einen neuen architektonischen Charakter erhalten: es hat sich unter und durch Augustus „aus einer Lehmstadt in eine Marmorstadt“ verwandelt. Schon dreißig Jahre nach der Schlacht von Actium sprach Ovid von dem goldenen Rom, das die Schätze der ganzen Welt besitze.

„Die zentralen Quartiere der Stadt sind schon unter Augustus und seinen nächsten Nachfolgern großenteils dem Privatbau entzogen worden durch Monumentalbauten: die zehnte Region durch die Kaiserpaläste, die elfte durch die Vergrößerung des Zirkus, die vierte durch Anlage der Kaiserfora. Zum Ersatz verwandelten sich Cälius und Aventin in elegante, von der Aristokratie bevorzugte Stadtteile.“

Die Straßenzüge Roms hat jedoch die Augusteische Zeit wohl nur zu einem sehr geringen Teile angetastet oder umgestaltet. Denn unter Tiberius klagte man, daß die Höhe der Häuser so groß und die Straßen so eng seien, daß es weder einen Schutz gegen Feuersgefahr noch eine Möglichkeit gebe, bei einem Einsturz nach irgendeiner Seite hin zu entkommen. Nach dem Neronischen Brande (64 n. Chr.), der an demselben Tage ausbrach wie der Gallische (am 19. Juli oder vielmehr in der Nacht vom 18. zum 19.) und in sechstägigem Wüten von den vierzehn Regionen der Stadt drei ganz in Schutt und Asche legte, von sieben nur wenige halbverbrannte Ruinen übrigließ, erstand Rom völlig neu. Die Häuser wurden nun bis zu einer gewissen Höhe ganz feuerfest, aus gabinischem und albanischem Stein aufgeführt, mit freien Plätzen versehen und minder hoch gebaut, die Quartiere wurden planmäßig, die Straßen breiter und gerader angelegt und mit Arkaden eingefaßt. Daß dieser Neubau bei Neros Tode (68) noch nicht vollendet war, ist sehr natürlich. Noch Vespasian fand die Stadt durch alte Brände und Einstürze verunstaltet, und eine im Jahre 71 gesetzte Inschrift rühmt, daß er die durch die Vernachlässigung früherer Zeiten entstellten Straßen auf seine Kosten wiederhergestellt habe.

Der von den flavischen Kaisern zu Ende geführte Neubau, der mehr als zwei Dritteile der Stadt umfaßte, vermochte die alten Übelstände nur zum Teil zu beseitigen. Nach den übereinstimmenden Äußerungen der Alten blieben die Häuser auch nach dem großen Brande sehr hoch.

Füge man zu der Ausdehnung und dem Umfange Roms, sagt Plinius, die Höhe der Häuser hinzu, so könne sich keine andre Stadt in der Welt an Größe vergleichen. Denn der Umfang Roms, der nach der Vermessung des Jahres 74 sich auf 13.200 Schritt (= 19.536 m) belief, blieb wohl hinter dem von Alexandria und vielleicht auch dem von Antiochia zurück, aber jene beiden Städte hatten minder hohe Häuser.

Aristides sagt in seiner Prunkrede zum Lobe Roms: wie ein starker Mann andre über sich in die Höhe hebt und trägt, so trägt Rom Städte auf Städten, die es über sich in die Höhe erhoben hat. Könnte man sie auf dem Boden ausbreiten, so würde die ganze Breite Italiens bis zum Adriatischen Meer davon wie von einer zusammenhängenden Stadt ausgefüllt werden. In der Tat bestand der Hauptgrund zum Aufsetzen zahlreicher Stockwerke noch lange mindestens in derselben Stärke fort: die (besonders in der Altstadt) außerordentliche Bevölkerungsdichtigkeit einerseits, sowie die Beschränktheit und die hohen Preise des Areals andrerseits; der Bauplatz für das Forum Cäsars hatte an Entschädigungen von Haus- und Grundbesitzern über 17½ Millionen Mark gekostet. Rom hatte höhere Häuser als die modernen Großstädte nördlich der Alpen.

Während die Berliner Bauordnung von 1860 die Maximalhöhe der Straßenfronten nur 36 Fuß (= 11,30 m) bei der gleichen Straßenbreite und eine größere Höhe nur bei einer entsprechend größeren, die Wiener nur 14,10 m (bei höchstens vier Stockwerken), die Pariser höchstens 20 m (bei einer gleichen Straßenbreite) gestattet, bestimmte Augustus die Maximalhöhe der Vorderhäuser auf 70 römische Fuß = 20,72 m, was 6—7 Stockwerke, Trajan angeblich auf 60 römische Fuß = 17,76 m, was 5—6 Stockwerke zuläßt. Beide schwerlich streng aufrechterhaltenen Bestimmungen erstreckten sich gar nicht auf Hinterhäuser und Hofgebäude, welche also ohne Zweifel vielfach höher gebaut wurden. Bei Martial hat ein armer Schlucker „200 Stiegen" zu seiner Kammer zu steigen. Außerdem waren die Maximalhöhen bei jeder Straßenbreite zulässig, und in bezug auf diese stand Rom hinter den modernen Großstädten sehr zurück. Während in Berlin die Durchschnittsbreite sämtlicher Straßen 22 m beträgt, scheint in Rom die der großen Hauptstraßen nur 5 bis 6,50 m betragen zu haben, also geringer gewesen zu sein als die unterste der Pariser Skala von 7,80, bei welcher dort nur eine Häuserreihe von 11,90 zulässig ist. Eine durch ihre Läden so belebte Straße wie der Vicus Tuscus in Rom hatte eine Pflasterbreite von nur 4,48, der Vicus Jugarius von nur 5,50 Meter. Hatte Tyrus nach Strabo in der Tat noch höhere Häuser als Rom, so war dies durch seine Lage auf einem engen Inselfelsen bedingt.

Lange und zugleich gerade Straßen hatte Rom im Marsfelde, wie die dem südlichen Teil des Corso entsprechende Via lata und die der Via dei Coronari entsprechende, die von der Engelsbrücke bis Piazza Colonna führt, einige auch im übrigen Teil, wie den Vicus patricius (Via urbana) und Alta Semita (Via del Venti Settembre), doch konnten diese Straßen, die einen prachtvollen Anblick gewährt haben müssen, wegen der Abwechslung von Tal und Hügeln nicht zahlreich sein, besonders da die Täler großenteils durch die Fora und andre öffentliche Anlagen eingenommen waren. Großartige Prospekte, wie sie Alexandrien und Antiochia mit ihren fast meilenlangen, rechtwinklig durchschnittenen Prachtstraßen boten, hat Rom nie gehabt. Infolge der durch die Bodennatur bedingten Notwendigkeit haben sich in den Straßenzügen des mittelalterlichen Rom bis auf die Tage Sixtus' V., ja zum Teil noch auf die unsrigen, die uralten Straßenzüge zum großen Teil erhalten. Die dürftigen und zum Teil zerrissenen Bruchstücke des kapitolinischen Stadtplans aus dem Anfange des 3. Jahrhunderts zeigen fast zu gleichen Teilen Überreste geradlinig-rechtwinklig und unregelmäßig gebauter Quartiere und weisen (gewiß nicht zufällig) eine ganze Skala der verschiedensten Straßenbreiten auf.

Übrigens wurde die architektonische Wirkung der Straßen Roms nach modernen Begriffen durch manche Eigentümlichkeiten der antiken Bauart beeinträchtigt: z. B. häufige Abweichungen der Häuserfronten von der geraden Linie, unregelmäßige und vereinzelte Fenster in den oberen Stockwerken, ungleiche Höhe der verschiedenen Teile derselben Häuser, ganz besonders aber durch die große Häufigkeit der An- und Vorbauten, die gerade die lebhaftesten Straßen am meisten verengten. Wo sich Arkaden an den Fronten entlang zogen, konnte sich der Verkehr in ihnen ansiedeln; doch diese hatten sicherlich nur die größeren Straßen. In den übrigen waren die Tabernen, Buden, Läden, Werkstätten und Schenkstuben in die Straße hineingebaut, wie auch in Pompeji in den Verkehrsstraßen jedes Haus gegen die Straßenseite einige mit gemauerten Ladentischen versehene Buden hat. Bei dem Gedränge und Gewühl der römischen Straßen machte sich der Übelstand ihrer Verengung durch diese Vorbauten zuweilen so fühlbar, daß eine Abhilfe nötig ward. Ganz Rom, sagt Martial (im Jahre 92), war eine große Taberne geworden, alle Straßen von Krämern und Händlern, Fleischern, Schenkwirten und Barbieren in Beschlag genommen, man sah keine Hausschwellen mehr. Hier hingen am Pfeiler der Schenke angekettete Weinflaschen, dort schwang mitten im dichtesten Gedränge der Barbier sein Schermesser, dampfende, rußgeschwärzte Garküchen nahmen die ganze Breite einer Straße ein, und Prätoren waren gezwungen, durch den Kot des Fahrdamms zu wandeln. Domitian schränkte die Tabernen ein, und nun wurden die Straßen, die bloße Pfade gewesen waren, für den Verkehr wieder wegsam. Doch blieben die hölzernen Vorbauten der Häuser zahlreich, wie Herodian bei der Beschreibung eines Straßenkampfs zwischen dem Volk und den Prätorianern im Jahre 238 ausdrücklich sagt: sie verbreiteten das von den letzteren angelegte Feuer schnell über einen sehr großen Teil der Stadt. Im Jahre 368 beseitigte der Stadtpräfekt Prätextatus die Balkone und Erker der oberen Stockwerke durchaus, doch wohl wegen ihrer Feuergefährlichkeit, die vermutlich noch dadurch erhöht wurde, daß sie in der Regel Vorhänge hatten, auch wohl aus Sicherheitsgründen.

Aber trotz aller Mängel seiner Straßen und seiner Lage war Rom eine Stadt ohnegleichen. Noch Claudian durfte sagen, daß der Himmel nichts Erhabeneres erblicke, daß kein Auge ihre Weite, kein Geist ihre Schönheit, kein Mund ihr Lob in sich fassen könne; und noch hundert Jahre später rief der Afrikaner Fulgentius bei ihrem Anblicke aus: „Wie schön muß das himmlische Jerusalem sein, wenn schon dies irdische Rom in solcher Herrlichkeit erstrahlt!" Ein Lobredner Roms (Callinicus aus Petra in Arabien) im 3. Jahrhundert vergleicht die Entbehrung derer, die es nicht sehen, mit der der Blinden, die die Sonne nicht kennen; nur wer Rom kennt, kann sagen, daß er wahrhaft gelebt hat, sein Los unterscheidet sich von dem jener andern mehr als das der Geweihten von dem der Unreinen. Was hauptsächlich zusammenwirkte, um den Eindruck zu einem überwältigenden zu machen, war dies: das ungeheure, ewig wechselnde Gewühl einer aus allen Ländern zusammengeströmten Bevölkerung, das verwirrende und berauschende Treiben eines wahrhaften Weltverkehrs, die Großartigkeit, Pracht und Menge der öffentlichen Anlagen und Bauten, endlich die unermeßliche Ausdehnung der Stadt. Von welchem Standpunkt, fragt Aristides, vermöchte man so viel mit Gebäuden bedeckte Höhen oder in Städte verwandelte Täler oder vielmehr so viel in eine Stadt zusammengefaßtes Land vollkommen zu überschauen? Wo man sich auch befindet, man ist immer in der Mitte. In der Tat, wer damals von der Höhe des Kapitols hinabschaute, dessen Blick verlor sich in einem Gewirr von Prachtgebäuden, Palästen und Denkmälern jeder Art, das zu seinen Füßen sich meilenweit über Tal und Hügel in unabsehbare Ferne hinbreitete. Wo jetzt sich eine ruinenerfüllte Einöde gegen das Albanergebirge hin erstreckt, über der Fieberluft brütet, war damals eine durchaus gesunde, überall angebaute, von lebenwimmelnden Straßen durchschnittene Ebene. Nach keiner Seite hin hatte die Stadt eine eigentliche Grenze, es gab kein gewisses Kennzeichen, nach dem man hätte bestimmen können, wie weit sie reichte, und wo ein neues Gebiet anfing. Überall griffen ihre Ausläufer in die Campagna hinaus und verschlangen nach und nach die zahlreichen umliegenden Flecken und Ortschaften, und ihre Vorstädte verloren sich in neuen Anlagen prachtvoller Landhäuser, Tempel und Monumente, deren marmorne Zinnen, Giebel und Kuppeln aus dem dunkeln Grün der Haine und Gärten hervorleuchteten.

Unter den öffentlichen Anlagen übertrafen die des Marsfeldes alle übrigen an Ausdehnung, während sie an Pracht und Großartigkeit keinen nachstanden. Den gewaltigen Eindruck der hier unter Augustus entstandenen Marmorstadt hat Strabo geschildert. Die weite, auf drei Seiten von der Windung des Stromes umschlossene Ebene, deren ungeheure Fläche sowohl den Wagenrennen und Reitern ausreichenden Platz bot wie auch einer unzähligen Menge, die sich in Leibesübungen tummelte, ihr immergrüner Grasboden, die Prachtgebäude und Denkmäler ringsum, ein Labyrinth säulengetragener Hallen, Kuppeln und Giebeldächer, unterbrochen von dem Grün der Lusthaine und Baumgänge; als Begrenzung die Kuppen der jenseits über dem Flusse im Halbkreise aufsteigenden Hügel, deren Abhänge bis an das Ufer hinabreichten — das war ein Anblick, von dem man sich schwer trennen konnte, der die übrige Stadt wie einen Anhang erscheinen ließ. Betrat man aber die eigentliche Stadt und erblickte nun die Fora, eines neben dem andern ausgebreitet, von Säulengängen und Tempeln eingefaßt, und das Kapitol mit seinen Bauwerken und den Palatin und die Kolonnade der Livia, so mochte man leicht das außerhalb Gesehene vergessen. Eine solche Stadt, schließt Strabo bewundernd seine Schilderung, ist Rom. Was von dieser Herrlichkeit in den Bränden unter Nero und Titus verlorenging, ward wiederhergestellt oder ersetzt und die alten Anlagen noch durch neue vermehrt. Man konnte das ganze Marsfeld unter Dächern von Säulengängen durchschreiten; die gesamte Längenausdehnung der 10 hauptsächlichsten Portiken der neunten Region (Circus Flaminius) ist auf 4500 Meter berechnet worden, das durch sie vor Sonne und Regen geschützte Areal auf 27.500 Quadratmeter, das gesamte von ihnen umfaßte auf etwa 100.000, die Zahl ihrer Säulen auf etwa 2000. In diesen Portiken fand man Angaben ihrer Länge nach Fußen, und wievielmal man sie auf und ab schreiten mußte, um eine Strecke von 1000 Schritt (1480 m) oder eine größere zurückzulegen. Plinius sagt, schon in jedem einzelnen seiner Wunderwerke erscheine Rom auch hierin als Überwinderin des Weltalls, durch ihre Gesamtheit aber und Vereinigung an einem Ort entstehe eine Größe wie die einer zweiten Welt neben der jetzigen. In der letzten Zeit der Republik hatte man vor allem den an der offenen Ostseite Roms von König Servius ausgeführten kolossalen, 50 Fuß (fast 15 m) breiten Wall, die ungeheuren Unterbauten des Kapitols und das System der Kloaken bewundert, dessen sieben unterirdische, auf einen Punkt zusammengeleitete Hauptarme (wie Plinius sagt) mit starkem Gefälle strömend alles unaufhaltsam mit sich forttragen, und dessen Wölbungen dem Druck der ungeheuersten Lasten, den Erschütterungen der Einstürze und Erdbeben noch immer Widerstand leisten. In Plinius Zeit waren die prachtvollsten Bauten Roms der von Julius Cäsar ausgebaute große Zirkus, das Forum des Augustus, die unter ihm erneuerte Basilika des Paulus mit Säulen aus phrygischem Marmor und das Diribitorium des Agrippa im Marsfelde mit einem Dache von noch nie gesehener Spannungsweite, endlich der von Vespasian erbaute Tempel des Friedens.

In dem halben Jahrhundert von Vespasian bis Hadrian erreichte Rom seinen höchsten Glanz, wenn auch unter den Antoninen und später noch vieles zu seiner Verschönerung geschehen ist, so namentlich von Severus und Caracalla; die von dem letzteren in der Gegend seiner Thermen angelegte Via nova galt als die schönste Straße Roms. Damals aber entstanden die Wunderwerke, welche die spätesten Nachkommen nicht minder als die Zeitgenossen anstaunten, in gedrängter Reihenfolge. Ammian schildert den Eindruck, den Rom auf den Kaiser Constantius machte, der es im Jahre 357 zum ersten Male sah, und nennt in dieser Schilderung fast ohne Ausnahme nur Bauten, die aus jener Zeit stammen. Als der Kaiser auf das Forum kam, die berühmte Stätte der alten Macht, war er stumm vor Bewunderung. Wohin auch seine Augen sich wandten, sah er sich von dem dichten Gedränge der Wunderwerke geblendet. Indem er sodann allmählich die einzelnen Teile der Stadt musterte, auf den Höhen der sieben Hügel, auf deren Abhängen und in der Ebene, meinte er immer, das, was er eben gesehen, müsse unter allem übrigen das größte sein. Der Juppitertempel auf dem Tarpejischen Felsen strahlt wie Göttliches vor Menschlichem. Die Bäder sind in der Ausdehnung von Provinzen angelegt. Die Masse des (Flavischen) Amphitheaters, ein mächtiger Bau aus tiburtinischem Stein, ragt so hoch, daß der Blick kaum bis zur äußersten Höhe hinaufreicht. Der herrliche Rundbau des Pantheons mit prachtvoller, hoher Überwölbung, die riesenhaften Ehrensäulen, zu deren Spitzen im Innern Treppen hinaufführen, und welche die Bildsäulen früherer Fürsten tragen, der Tempel der Göttin Roma, das Forum des Friedens, das Theater des Pompejus, das Odeum, das Stadium, all diese Zierden der Stadt wetteifern an Schönheit, Pracht und Großartigkeit miteinander. Als er aber zum Forum Trajans gekommen war und diese Anlage erblickte, die unter dem ganzen Himmel nicht ihresgleichen hat und wohl auch von den Göttern als wundervoll anerkannt werden würde, stand er wie betäubt, indem er seinen Geist durch die gigantischen Räume hinschweifen ließ, die weder mit Worten beschrieben werden können, noch für Sterbliche zum zweiten Male erreichbar sind.

Den Plan dieser glänzendsten Anlage des kaiserlichen Rom lassen ihre bedeutenden Reste im ganzen noch erkennen. Eine Basilika von riesenhaften Verhältnissen, dahinter die des Kaisers Taten verkündende hundert Fuß (29 m) hohe Säule bildeten den Hintergrund und idealen Sammelpunkt eines freien Platzes, der für den vom Forum des Augustus Eintretenden links und rechts von Säulenhallen begrenzt war, hinter denen sich symmetrisch halbkreisförmige Bauten ansteigend an den Abhang dort des Kapitols, hier des Quirinals anschlossen; als einzigen Schmuck trug der Platz in seiner Mitte das Reiterstandbild des Kaisers. Die Basilika war ein säulengetragener Hallenbau, ihr wahrscheinlich zweistöckiger, von einer Doppelhalle umgebener, nach dem Kapitol und Quirinal durch halbkreisförmige Exedren abgeschlossener Mittelsaal hatte die (nachmals in der Basilika von S. Paolo fuori le mura fast genau wiederholte) Breite von 29 Metern = 100 röm. Fuß; die aus Holz konstruierte Decke war außen mit vergoldeten Bronzeplatten belegt, Granit, einheimischer und fremder Marmor verschwenderisch angewandt. Zu beiden Seiten (östlich und westlich) der Säule standen wahrscheinlich die Gebäude einer doppelten (lateinischen und griechischen) Bibliothek; hinter der Säule (nördlich) machte ein von Hadrian erbauter Tempel Trajans den Abschluß. Je länger, je mehr füllte sich das Trajansforum mit Statuen verdienter Staatsbeamten, besonders aus vergoldeter Bronze, deren von der Zeit der Antonine bis ins 6. Jahrhundert hinabreichende Postamente zum Teil noch vorhanden sind. „Denkt man sich zu all diesem die Dachfirsten der umlaufenden Hallen und der Basilika mit vergoldeten Rossen und Trophäen besetzt, die Gestalten gefangener und trauernder Barbaren, deren einige erhalten sind, an dem den Eingang bildenden Triumphbogen und sonst aus Marmor und Porphyr; erinnert man sich ferner der üppigen und kühnen Ornamentik der erhaltenen Friesstücke, so gewinnt man eine deutliche Vorstellung von der wahrhaft königlichen Formenpracht, welche diesen streng symmetrisch gegliederten Prunkplatz erfüllt haben muß".

Umfassende Beschreibungen der Stadt Rom nach ihren 14 Regionen besitzen wir erst aus der Mitte des 4. Jahrhunderts: zwei wenig verschiedene Bearbeitungen einer amtlichen, zwischen 312 und 315 verfaßten Urkunde, der allem Anschein nach ein Stadtplan zugrunde lag. Diese Beschreibungen haben zwei Anhänge, deren erster gewisse Hauptklassen der öffentlichen Monumente aufzählt (die 6 Obelisken, 8 Brücken, 11 Thermen, 19 Wasserleitungen usw.), während der zweite ein Register zu den Regionenbeschreibungen gibt, in welchem die Gesamtsummen der in den 14 Regionen enthaltenen Monumente, Gebäude und Anstalten angegeben sind: 2 Zirkusanlagen, 2 Amphitheater, 3 Theater, 4 Gladiatorenschulen, 5 Naumachien, 36 marmorne Bögen, 37 Tore, 290 Magazine und Speicher, 254 öffentliche

Bäckereien, 1790 Einfamilienhäuser und Paläste, 46.602 Mietswohnungen usw. Die erste Benutzung findet sich in dem Kalender des Polemius Silvius (448 n. Chr.), wo auch sieben „Hauptwunder" Roms aufgezählt werden, die offenbar den sieben Weltwundern gegenübergestellt werden sollten. Die sieben (gewiß sehr verschieden angegebenen) Wunder sind dort folgende: die Kloaken, die Aquädukte, das (Flavische) Amphitheater (Kolosseum), das (von Domitian erbaute) Odeum, die Thermen und die Höhe des Janiculums (an der Aqua Paola), von welcher also damals wie jetzt die Ciceroni die Besucher der ewigen Stadt „die sieben Hügel und das ganze Rom" anstaunen ließen.

Aber es war nicht diese unvergleichliche Herrlichkeit der Bauten und Anlagen allein, die Rom zu einer Stadt der Wunder machte. Wer durch ihr endloses Gebiet wanderte, sah sich auf Schritt und Tritt von immer neuen Schauspielen gefesselt. Überall wurde der Blick von den Werken älterer und neuerer Kunst festgehalten, die in verwirrender, unübersehbarer Fülle ganz Rom schmückten. Die Wände der Hallen und Tempel prangten im Farbenschmuck der Mauergemälde und Bildtafeln, und ihre Räume wie die der Bäder sowie Straßen und Plätze waren noch im 4. Jahrhundert von Erz- und Marmorbildern erfüllt. Damals gab es noch 3785 öffentlich ausgestellte Bronzestatuen von Kaisern und Feldherren, so daß die Gesamtzahl der öffentlich ausgestellten plastischen Werke wohl auf mehr als 10.000 veranschlagt werden kann. Rechnet man dazu die im Innern der Gebäude befindlichen, so begreift man, daß noch zwei Jahrhunderte später nach gar manchen neuen Verwüstungen Cassiodor sagen konnte: in Roms Mauern scheine noch ein zweites Volk von Statuen zu wohnen.

Überall waren die Massen der Gebäude von dem Grün der Gärten und Parks unterbrochen und eingefaßt, und zu allen Zeiten des Jahres sah man frisches Laub in Fülle. Der Esquilin war von den Gärten des Mäcenas, Pallas, Epaphroditus, Torquatus und andern wie von einem ungeheuren Park bedeckt; die Gärten der Acilier, des Lucull, Sallust füllten die ganze Fläche des Monte Pincio und der angrenzenden Täler, so daß sich von Porta del Popolo bis Santa Croce in Gerusalemme ein einziger, kolossaler, nur von den Thermen Diocletians unterbrochener Park erstreckte. Auch die weiten Bezirke der Paläste schlossen häufig Gärten ein, mit herrlichen alten Bäumen, von Vogelgesang erfüllt; besonders waren Lotosbäume (das heißt Zürgelbäume) wegen ihrer breiten Schattendächer in Stadtgärten beliebt: die sechs Lotosbäume im Garten des Redners Crassus auf dem Palatin, die im Jahre 92 v. Chr. ebenso hoch wie der Palast geschätzt wurden, gingen erst 150 Jahre später im Neronischen Brande zugrunde. Selbst von den Dächern und Balkonen streuten Blumen und Sträucher ihren Duft. Besonders auf dem rechten Tiberufer und den umgebenden Hügeln breiteten sich zahlreiche, zum Teil kaiserliche Gärten aus. Mehrere dieser Anlagen standen dem Volke offen; überdies luden, namentlich im Marsfelde, Lorbeer- und Platanengänge zum Lustwandeln unter dichten Schattendächern ein; in der prachtvollen, auf dem Plateau zwischen der Nordostseite der Trajansthermen und der Kirche S. Martino ai Monti gelegenen Kolonnade der Livia gab in Plinius' Zeit das Laub eines einzigen ungeheuren Weinstocks, mit dem dort im Freien errichtete Spaliere bezogen waren, den Wandelnden Schatten. Der dritte Gordian hatte beabsichtigt, unter dem Monte Pincio auf dem Marsfelde einen großen Garten mit Lorbeer-, Myrten- und Buchspflanzungen von 1000 Fuß Länge und 500 Breite (296×148 m) anzulegen, in seiner ganzen Länge von einem Gange durchschnitten, der mit Mosaik gepflastert und durch Reihen von Säulen mit Statuetten eingefaßt sein sollte. Auf den beiden Langseiten sollten Säulenhallen, auf den kürzeren einerseits eine Basilika und Thermen für den Sommer, andrerseits Thermen für den Winter den Abschluß bilden. Doch kam dieser Plan nicht zur Ausführung, und in Constantins Zeit war der Raum mit Privatgärten und Privatgebäuden gefüllt.

Aber vielleicht seinen schönsten Schmuck hatte auch das alte Rom in der Menge und Schönheit seiner Wasserwerke, zugleich ein Schatz von unermeßlichem Wert für die Wohlfahrt seiner Bewohner, der manche Übelstände der Bauart und Lage ausglich. Die Quellen der Gebirge, in unterirdischen Röhren oder auf gewaltigen Bogenreihen (unter Nerva in einer Gesamtlänge von etwa 430 Kilometer) in die Stadt geleitet, ergossen sich rauschend aus künstliche Grotten, breiteten sich wie Teiche in weiten, reichverzierten Behältern aus oder stiegen plätschernd in den Strahlen prächtiger Springbrunnen auf, deren kühler Hauch die Sommerluft erfrischte und reinigte. Wolle man die Fülle der Wasser ermessen, sagt Plinius, die zum öffentlichen Gebrauch in Bädern, Teichen, Kanälen, Palästen, Gärten, vorstädtischen Landhäusern fließen, die Entfernungen, die sie zurücklegen, die aufgeführten Bögen, durchgrabenen Berge, nivellierten Täler, so werde man gestehen, daß es auf der ganzen Welt nie etwas Staunenswerteres gegeben habe. Auch Galen rechnet zu den Hauptvorzügen Roms die Menge und Schönheit der Quellen, „von denen keine übelriechendes, schädliches, schmutziges oder hartes Wasser hat". Die sämtlichen Leitungen lieferten, nachdem es Frontin gelungen war, ihre Ergiebigkeit fast zu verdoppeln, eine Wassermenge, die bei der niedrigsten Schätzung auf 675.000 Kubikmeter veranschlagt wird. Die bis ins 3. Jahrhundert sich noch stetig vermehrende Wassermasse machte nicht allein in wachsendem Maße den Aufenthalt in allen großen öffentlichen Anlagen zu einer genußreichen Erholung, sondern veranlaßte auch eine stetige Vermehrung der öffentlichen durch die Niedrigkeit des Preises (von 1 Quadrans = 1½ Pfennig) jedermann zugänglichen Badeanstalten und Brunnen. Die Stadtbeschreibung des 4. Jahrhunderts gibt 856 Bäder (außer 11 Thermen) an, Wasserbassins mit Röhrenbrunnen (deren unter Nerva 591 gewesen waren) 1352. Ein großer Teil dieser Bassins war mit Kunstwerken verziert (wie eines der von Agrippa angelegten mit einer Wasserschlange) und danach benannt, z. B. Brunnen des Orpheus, Ganymed, Prometheus; einen von obenher überflossenen und gebadeten Kegel nannte das Volk „die schwitzende Zielsäule". Die Ruine dieser letzteren am Kolosseum und die großartige, Trofei di Mario genannte Ruine eines monumentalen Brunnens sind fast die einzigen Überbleibsel, die sich „von dieser offenbar überschwenglichen Pracht" erhalten haben. Außerdem nennt der zweite Anhang der Stadtbeschreibung 15 Nymphäen, d. h. Quellengebäude, in denen Wasser sprang oder floß, gewiß mit reicher Ornamentierung, von deren

Anlage die sogenannte Grotte der Egeria eine Vorstellung geben kann, so wie Acqua Paola, Fontana di Trevi und die Termini von den mit bildlichem Schmuck ausgestatteten Bassins. Das erst von Sixtus V. ganz zerstörte Septizonium des Severus, ein dreistöckiger, säulenreicher Prachtbau, an der Südwestecke des Palatin, aus drei fast halbkreisförmigen Nischen bestehend, rechts und links durch vorspringende Flügel abgeschlossen, scheint eine „verdreifachte Fontana Trevi" gewesen zu sein. „Wer in der heißen Jahreszeit an diesen künstlichen Cascatellen das Volk hat ausruhen und abends inmitten der Steinmassen, welche die eingesogene Sonnenglut wieder ausstrahlen, erfrischende Bergluft atmen sehen, wird den Stolz begreifen, mit dem man unter Nerva sich rühmen konnte, die Ursachen beseitigt zu haben, welche in früherer Zeit die römische Luft zu einer bleischweren und verderbenbringenden gemacht hatten". „Die Krone des ganzen Systems aber bildete die Versorgung der Privathäuser mit laufendem Wasser". Seit die Verwaltung der Leitungen in Jahre 11 v. Chr. kaiserlich geworden war, hörte nicht bloß die bis dahin übliche Entrichtung einer Miete für die Wasserbenutzung von Privatpersonen gänzlich auf, sondern es konnte auch jedermann ohne Rücksicht auf den Charakter des Konsums die Erlaubnis erhalten, Wasser in sein Haus abzuleiten, und schon in Strabos Zeit „besaß fast jedes Haus in Rom Reservoirs, Röhrenleitungen und reichlichen Wasserzufluß".

Fast jeden jener Zeit bekannten Genuß und Luxus ermöglichte der Welthandel, der Kaufhallen, Läden und Magazine Roms mit den köstlichsten und seltensten Erzeugnissen der fernsten Länder, den prächtigsten und mühseligsten Werken der Gewerbetätigkeit und des Kunstfleißes aller Völker füllte. Plinius nennt den Tiber „den gefälligsten Händler mit allen Dingen, die auf der Erde erzeugt werden". „In Rom konnte man die Güter der ganzen Welt in der Nähe prüfen": spanische Wolle und chinesische Seide, künstliche bunte Gläser und feine Leinwand aus Alexandria, Wein und Austern der griechischen Inseln, den Käse der Alpen und die Seefische des Schwarzen Meeres. In Magazinen und Läden lagerten heilsame Kräuter aus Sizilien und Afrika, arabische Spezereien und Wohlgerüche, die Perle von den Bänken der Bahreininseln und der Smaragd aus den Gruben des Ural, schöngemaserte Scheiben kostbaren Holzes, am Atlas gewachsen, und riesige Balken und Blöcke farbigen Marmors, in den Gebirgen der verschiedensten Provinzen gebrochen; von dem kolossalen Umfang dieser letzten Lieferungen hat die Entdeckung des Marmorlagers am Aventin mit etwa 1000 Steinmassen aus mindestens 40 Brüchen eine Vorstellung gegeben. Zu euch, heißt es in der erwähnten Lobrede des Aristides auf Rom, kommt aus allen Ländern und allen Meeren, was die Jahreszeiten hervorbringen, und was alle Zonen tragen, was Flüsse und Seen, und was die Arbeit der Hellenen und Barbaren erzeugt. Wenn also jemand willens ist, alles dies zu schauen, so muß er entweder die ganze Welt durchreisen oder sich in dieser Stadt aufhalten. Denn was bei allen Völkern erzeugt und bereitet wird, das ist hier zu allen Zeiten im Überfluß vorhanden. So viel Lastschiffe kommen hierher aus allen Ländern im ganzen Sommer und Herbst, daß die Stadt einer allgemeinen Werkstatt der ganzen Erde gleicht. So viel Ladungen aus Indien und dem glücklichen Arabien kann man hier sehen, daß man glauben sollte, in Zukunft seien dort die

Bäume für immer entblößt, und jene Völkerschaften müßten hierher kommen, um von ihren eigenen Erzeugnissen zu verlangen, was sie etwa bedürfen. Babylonische Gewänder und Kleinodien aus dem innern, von Barbaren bewohnten Asien kommen hier in viel größerer Menge und leichter her, als wenn sie von einer Insel des Archipels nach Athen zu schaffen wären. Kurz alles kommt hier zusammen, was Handel und Schiffahrt bringt, was der Ackerbau gewinnt, der Bergbau zutage fördert, was alle Künste, so viel es deren gibt, schaffen, alles, was auf der Erde geboren wird und wächst.

Überhaupt empfand man in Rom tausendfältig, daß man im Mittelpunkte eines Weltreichs war. Wie von einer hohen Warte übersah man hier die ganze Erde. Von ihren fernsten Grenzen kamen auf allen Straßen ununterbrochene Nachrichten „wie von Vögeln getragen“ nach dem Sitze der Weltherrschaft, so daß der hier thronende Kaiser imstande war, die ganze Welt durch Sendschreiben zu regieren. Von den Hauptorten erhielten die Kaiser vielleicht (wenigstens zeitweise) fortlaufende Tagesberichte; Caligula las die ihm aus Alexandrien gesandten lieber als alles übrige. War in Oberägypten Regen gefallen oder hatte in Kleinasien die Erde gebebt, waren die Legionen am Rhein aufrührerisch gewesen oder hatte der parthische Hof seine Stellung gegen Rom geändert: man sprach davon bald nachher auf dem Forum und dem Marsfelde, bei Gastmählern und geselligen Zusammenkünften. War irgendwo eine unerhörte Naturseltenheit entdeckt worden, so wurde sie an den Kaiser gesandt und in Rom öffentlich ausgestellt. Künstler kamen aus allen Ländern, um ihre Kunst und ihre Werke zu zeigen oder um sich um den Kranz in den großen römischen Wettkämpfen zu bewerben, Dichter und Redner, Philosophen und Gelehrte, um sich öffentlich hören zu lassen. Die Fähigsten und Hochstrebendsten aus der Jugend aller Länder drängen sich aus der provinziellen Verborgenheit nach dem Glanz und Licht der Weltstadt, „die die Blicke aller Götter und Menschen auf sich wandte“, die dem Ehrgeiz das weiteste Feld eröffnete, die zu Ausbildung und Studium wie zu Erholung und Genuß die großartigsten Anstalten bot.

In den Sälen und Hallen zahlreicher Bibliotheken (die Stadtbeschreibung gibt 28 an) konnte der Freund der Wissenschaft und Literatur sich in kostbaren Pergamenten und Papyrusrollen satt schwelgen und in den Kreisen der Gelehrten, die sich dort und an andern öffentlichen Orten, wie im Tempel des Friedens und in den Thermen des Trajan, versammelten, Anregung und Förderung jeder Art, zu seinen Studien eine Fülle von Hilfsmitteln wie an keinem andern Orte finden und in zahlreichen Hörsälen den Vorträgen von Meistern aller Fächer beiwohnen. Große literarische Unternehmungen, die nirgends unter so günstigen Verhältnissen und zum Teil nur hier ausgeführt werden konnten, veranlaßten ohne Zweifel fortwährend fremde Gelehrte zu dauerndem Aufenthalt in Rom, wie schon in Augustus' Zeit Dionys von Halikarnaß und Diodor. Anstalten von unvergleichlicher Pracht und Großartigkeit standen in den kaiserlichen Thermen auch dem Geringsten zur Erholung und Ergötzung offen, wo zu jeder Jahreszeit Bäder aller Art vom Schwimmbassin bis zum Dampfbade für Tausende bereit und zu Leibesübungen, zur Unterhaltung und Erfrischung Räume von mehr als königlichem Glanz bestimmt waren. Die älteren Thermen, unter denen die des Nero die prächtigsten gewesen zu sein scheinen, da sie mehrfach als Inbegriff des höchsten Glanzes genannt werden, wurden wenigstens an Umfang durch die des Caracalla und Diocletian weit übertroffen. Die Angaben, daß die ersteren 1600, die letzteren fast doppelt so viel marmorne Badesessel enthielten, scheint aus derselben amtlichen Quelle geflossen zu sein wie die Stadtbeschreibung mit ihren Anhängen. Alle Wunder aber, welche die Wunderstadt in sich faßte, wurden noch überboten durch ihre Schauspiele, auf der Bühne, im Zirkus, in der Arena: hier wurde, was nur die ausschweifendste Phantasie ersinnen konnte, zur überwältigenden Wirklichkeit.

Doch das größte unter allen Schauspielen Roms war seine Bevölkerung, für welche, wie Seneca in der ersten Zeit des Claudius schreibt, die Häuser der unermeßlichen Stadt kaum ausreichten: wo die Ernte aller Länder verzehrt wird, die Straßen für eine gleichzeitig in drei Theater strömende Menge Raum bieten sollen und man erdrückt wird, sobald den unablässig gleich einem reißenden Wasser fortgewälzten Menschenstrom ein Hindernis zurückstaut. Die letzte im Jahre 56 getane Äußerung ist vielleicht durch die Erinnerung an ein Erdbeben im Jahre 51 veranlaßt, bei dem infolge des Hin- und Herflüchtens ein Gedränge entstand, in dem die Schwächeren erdrückt wurden. Die Schmalheit und Gewundenheit der Straßen in der vorneronischen Zeit mußte solche Vorfälle doppelt gefährlich machen, doch berichtet werden Unglücksfälle, die dadurch herbeigeführt waren, nur bei zwei außerordentlichen Veranlassungen. Als Caligula vom Dache der Basilika Julia Geld streute, kamen im Gedränge 32 Männer, 47 Frauen und ein Eunuch um; als er auf die in der Nacht zum Zirkus strömende Menge, die seinen Schlaf gestört hatte, mit Knütteln einhauen ließ, mehr als 20 Ritter, ebensoviel Frauen und überdies eine unzählbare Menge. Außerdem meldet eine Grabschrift, daß eine Frau und ein dreizehnjähriger Knabe, erdrückt von der an oder auf dem Kapitol sich drängenden Menge, den Tod gefunden haben.

Das Menschengewühl, das die Straßen und Plätze der Stadt füllte, war ein sehr gemischtes. Je mehr Rom der Mittelpunkt der Welt wurde, desto mehr strömten hier alle Nationen zusammen. Schon Q. Cicero nannte Rom eine aus der Vereinigung der Völker gebildete Gemeinde. Aber eine eigentliche Masseneinwanderung aus den Provinzen begann erst seit dem Untergange der Republik, die nun in wechselnder, aber bis auf Constantin wohl schwerlich auf die Dauer abnehmender Stärke Rom überflutete und seine Bevölkerung mit den Bestandteilen aller Länder der alten Welt mischte. Nicht von eignen Bürgern belebt, sondern von der Hefe der ganzen Welt erfüllt nennt es Lucan; seine Bevölkerung heißt bei Herodian im 3. Jahrhundert eine bunt zusammengeflossene, und noch der Kaiser Konstantin staunte beim Anblick des römischen Volks, „mit welcher Schnelligkeit alles, was es von Menschen auf der ganzen Erde gibt, nach Rom zusammengeströmt sei". Je länger, je mehr ward Rom eine „gemeinsame Stadt", „ein Versammlungsort des Erdkreises", „eine Weltherberge", und mit glücklich gewähltem Ausdruck hat es einer seiner griechischen Lobredner, der Sophist Polemo (in der ersten Hälfte des 2. Jahrhunderts), „ein Kompendium (ἐπιτομή) der Welt" genannt.

Noch bunter ward das Gemisch durch die Menge der unaufhörlich ab- und zuströmenden Fremden. Die in Rom sich aufhaltenden Angehörigen auswärtiger Gemeinden aus allen Teilen des Reiches waren vielfach zu Vereinen zusammengeschlossen, welche ein eignes Lokal in der Nähe des Concordientempels am oberen Forum besaßen; Tarsus, Sardes, Tiberias, Noricum, Vienna sind in noch erhaltenen Denkmälern dieser Örtlichkeit vertreten. Römische Kurtisanen empfingen, wie Martial behauptet, Besuche von Parthern und Germanen, Ciliciern und Kappadociern, Ägyptern und Nubiern, Juden, Dakern und Alanen. Bei ungewöhnlichen Veranlassungen, wie namentlich großen Schauspielen, erreichte die Zahl der Fremden auch eine außerordentliche Höhe. Schon bei dem von Augustus veranstalteten Schauspiel eines Schiffskampfes (2 v. Chr.) war nach Ovid die ganze Welt in der Stadt, bei der Einweihung des Flavischen Amphitheaters nach Martial Zuschauer von den fernsten Völkern beisammen, Sarmaten und Sicambrer, Araber, Sabäer und Äthiopen. Aber auch sonst war stets die Zahl der Fremden in der Stadt sehr groß, die auf die stärksten menschlichen Neigungen eine unwiderstehliche Anziehungskraft übte, „für Tugend wie für Laster die höchsten Preise zahlte", doch freilich vor allem Glücksrittern und Betrügern jeder Art das ergiebigste Feld bot. Der rechtschaffene, zuverlässige Mann konnte dort nach Martial auf eine gesicherte Existenz überhaupt nicht rechnen; noch weniger durfte einer hoffen, sein Glück zu machen, der weder Kuppler noch Zechbruder, noch Ankläger und Denunziant sein, weder die Frau eines Freunds verführen, noch den Minnesold alter Weiber erwerben, weder beim Kaiserpalast „Dunst verkaufen", noch sich als Beifallsklatscher für musikalische Virtuosen vermieten konnte.

So schwirrten in Rom hundert Sprachen, drängten sich die Formen und Farben aller Rassen, die Trachten aller Völker durcheinander. Mohrensklaven führten Elefanten aus den kaiserlichen Zwingern vorüber. Dort sprengte ein Trupp blonder Germanen von der kaiserlichen Leibwache in glänzender Rüstung. Hier trugen Ägypter mit kahlgeschornen Köpfen in linnenen Talaren die große Göttin Isis in Prozession. Hinter einem griechischen Gelehrten ging ein junger Nubier, mit Bücherrollen beladen. Orientalische Fürstensöhne in hohen Mützen und weiten, bunten Gewändern schritten mit ihrem Gefolge in schweigsamem Ernst durch die Menge, und tätowierte Wilde aus Britannien bestaunten die Wunder der neuen Welt, die sie umringten.

Zuweilen erregte ein ungewöhnlich fremdartig aussehender Zug, der sich durch die Straßen bewegte, die allgemeine Aufmerksamkeit, und man vernahm, dies seien Gesandte aus einem fernen Barbarenlande, von dem kaum der Name bekannt war, und sie seien gekommen, um dem Kaiser die Unterwerfung oder Bundesgenossenschaft ihres Volks freiwillig anzubieten. Schon Augustus empfing, wie er sich selbst rühmt, zahlreiche Gesandtschaften von Völkern, die nie zuvor mit Rom in Verkehr gestanden hatten. Darunter waren Gesandte von den Cimbern und Charyden Jütlands und den Semnonen im Osten der Elbe, von den Stämmen der südrussischen Steppen bis zum jenseitigen Ufer des Don, Gesandte aus Medien und Parthien, von tscherkessischen und georgischen Fürsten, von Häuptlingen Britanniens und von Häuptlingen des Fezzan und mehrere Gesandtschaften aus Indien; eine derselben war, wie man in Rom erzählte, vier Jahre unterwegs gewesen.

Die Zahl der Bevölkerung Roms läßt sich nur sehr ungefähr veranschlagen. Wenn sie auch großen Schwankungen unterworfen war, dürfte sie doch in der Zeit von Augustus bis Trajan (mit Ausnahme von Zeiten, wo Seuche und Bürgerkrieg wüteten) im Steigen begriffen gewesen sein und bis zu den großen

Epidemien unter Marc Aurel und Commodus nicht merklich abgenommen haben. Mit Wahrscheinlichkeit kann man annehmen, daß sie schon am Anfang der Kaiserzeit mehr als eine Million betrug und bis in das zweite Jahrhundert hinein auf anderthalb Millionen wuchs.

Im Genuß der überschwenglichen Fülle von Vorteilen, Anregungen und Schauspielen, welche die Weltstadt bot, befanden sich die höchsten und niedrigsten Schichten der Bevölkerung am wohlsten. Die ungeheure Mehrzahl der männlichen freien Einwohner wurde auf Staatskosten ganz oder teilweise ernährt; die Großen fanden hier Raum und Mittel zu einer fürstlichen Existenz wie sonst nirgends auf der Welt. Den Schattenseiten des Lebens in Rom waren am meisten die mittleren Klassen ausgesetzt. Dazu gehörte die Höhe der Preise für alle Lebensbedürfnisse im Vergleich zu der Wohlfeilheit in den Munizipien Italiens und den Provinzen. Vor allem war die Wohnungsnot in Rom größer als in den modernen Großstädten, weil dort die Möglichkeit, das Areal der Peripherie des Stadtgebiets zu bebauen, bei dem Fehlen einer genügenden Verbindung derselben mit dem Zentrum durch allgemein zugängliche Verkehrsmittel sehr beschränkt war; selbst der Wagenverkehr innerhalb der Stadt war für Personen nur in den letzten Tagesstunden erlaubt. Ein unverhältnismäßig großer Teil des städtischen Bauareals wurde aber durch die Raumverschwendung des damaligen Bauluxus für eine kleine Minderheit in Anspruch genommen, und einen ebenfalls sehr bedeutenden Teil verschlangen die öffentlichen Anlagen (die Kaiserfora z. B. 6 Hektar), Straßenregulierungen und -erweiterungen. Der Umbau und die Verschönerungen Roms durch die Cäsaren steigerten die Wohnungsnot in ähnlicher Weise wie der Umbau von Paris durch Napoleon III. Endlich trug zur Steigerung der Wohnungsnot noch sehr die (schon von Crassus im größten Stil betriebene) Häuserspekulation und die Monopolwirtschaft des gewerbsmäßigen Hausbesitzertums bei, wobei die Häuser (wie die lodging-houses englischer Großstädte) von den Besitzern vielfach an Pächter und von diesen wieder an Afterpächter vergeben wurden, und der hohe Unternehmergewinn dieser Mittelspersonen natürlich ebenfalls von den Mietern bezahlt werden mußte. In den Pandekten wird beispielsweise einmal der Gewinn des Pächters auf mehr als 30 Prozent, der des Afterpächters ein andres Mal auf 20 veranschlagt; in Wirklichkeit sind ohne Zweifel noch höhere Gewinne vorgekommen. In Cäsars Zeit scheint der Preis der Wohnungsmieten in Rom durchschnittlich viermal so hoch gewesen zu sein als in den Städten des übrigen Italiens. Die Familien der unteren Klassen scheinen dort etwa 2000, hier 500 Sest. (435 und 108 Mark) jährlich für ihre Wohnungen gezahlt zu haben. Doch in Rom steigerten sich unter der Einwirkung der angegebenen Verhältnisse und mit den wachsenden Ansprüchen die Preise ohne Zweifel noch sehr, wenn es auch übertrieben sein mag, was Juvenal sagt, daß man Haus und Garten in Sora, Fabrateria oder Frusino für eine Summe kaufen konnte, die man dort für eine finstere Wohnung als Jahresmiete zahlte.

Aber auch die Preise aller andern zum Leben notwendigen Dinge waren sehr hoch, namentlich die des Holzes und der Nahrungsmittel für die Armen kaum erschwinglich, und „nichts war in Rom umsonst"; überdies war jeder, der nicht gerade zu den untersten Klassen gehörte, durch die Verhältnisse unaufhörlich zu einem an sich nicht notwendigen Aufwande gezwungen. Die

Sitte verlangte auch von Geringeren einen gewissen Glanz in der äußeren Erscheinung, der häufig ihre Kräfte überstieg, bei Geschäftsleuten am meisten. Man schämte sich, von Ton zu speisen, konnte sich öffentlich nicht anders als in der Toga zeigen, und viele nicht ohne eine Anzahl von Begleitern und Sklaven. Eine glänzende Armut, eine kostspielige Hungerleiderei war sehr verbreitet, Schwindel und Bankerotte an der Tagesordnung. Bei Martial heißt es (im Jahre 86): Jener, den ihr dort mit langsamen Schritten schlendern seht, im elegantesten Mantel von Violettpurpur mit einem Gefolge von Klienten und Pagen und einem nagelneuen Tragsessel hinter sich, hat soeben an der Bank des Wucherers Cladus für acht Sesterzen (etwa 1,75 Mark) einen Ring verpfändet, um zur Nacht speisen zu können. Bankerott zu machen, sagt Juvenal etwa 40 Jahre später, kostet die meisten nicht mehr, als aus einem Stadtviertel ins andre zu ziehen. Die Scham kennt man kaum noch. Geht das vor den Augen der Gläubiger verpraßte Geld auf die Neige, so reisen sie nach Bajä, um Austern zu schmausen, und bedauern nichts weiter, als daß sie ein Jahr lang die Zirkusspiele entbehren müssen. Gegen den trügenden Schimmer des römischen Lebens kontrastierte die munizipale und provinzielle Einfachheit und Anspruchslosigkeit nicht minder als die Sittenstrenge, die sich namentlich in den Städten des oberen Italiens erhielt, gegen die Verderbnis und Zügellosigkeit, die in Rom sich nicht zu verbergen strebte, ja ihre Orgien mit beleidigender Öffentlichkeit feierte.

In Rom war unaufhörlich Lärm und Getümmel. Schon Horaz klagte über das Tag und Nacht fortwährende Geräusch, über das Gewühl und Gedränge in den Straßen der Stadt, aus deren „Fluten und Stürmen" er gern in die Stille und Einsamkeit der Sabiner Berge flüchtete. Aber während des ersten Jahrhunderts stieg die Bevölkerung und die Lebendigkeit des Verkehrs noch sehr, und vielleicht erreichte sie in der Zeit, wo Martial und Juvenal sie schilderten, ihre größte Höhe. Schon vor Tage riefen die Bäcker ihre Waren aus, ohne Zweifel auch die Hirten, die aus der Umgegend in die Stadt gekommen waren, ihre Milch; dann begannen die Kinderschulen im Chor zu buchstabieren, und die Hämmer und Sägen der Werkstätten setzten sich in Bewegung. Nun schleppten knarrende Wagen ungeheure Steinblöcke und Baumstämme, deren Last den Boden erschütterte, schwerbeladene Lasttiere und Träger rannten die Fußgänger an, von allen Seiten wurde man gedrängt, gestoßen, auf die Füße getreten, und Diebe hatten es in diesem Gewühl leicht, Beute zu machen. Hier, sagt Martial (ums Jahr 100), klappert der Wechsler mit dem schlechten Gelde Neros auf seinem schmutzigen Tisch, dort hämmert ein Arbeiter spanischen Goldsand auf einem Amboß. Ohne Unterlaß ertönt das Geschrei einer Prozession rasender Bellonapriester, das Geschwätz des Schiffbrüchigen, der, ein mit Binden umwickeltes Stück des Wracks in der Hand, Almosen heischt, des Judenjungen, den seine Mutter zum Betteln angewiesen hat, der Ruf des triefäugigen Händlers vom andern Tiberufer, der Schwefelfäden für zerbrochnes Glas feilbietet. Gaukler, manche mit abgerichteten Tieren — Juvenal nennt einen auf einer Ziege reitenden, einen Spieß schwingenden Affen in Soldatentracht —, marsische Schlangenfresser und Schlangenbändiger lockten Zuschauer für ihre Vorstellungen an. Hausierer mit Kleidern, Leinwand und andern Waren, Herumträger von Erbsenbrei und rauchenden Würsten, Fleischer, die ein „den Nasen furchtbares"

Rinderviertel nebst dem Fuß, den Därmen und der roten Lunge ausboten, rühmten kreischend ihre Ware, jeder in seiner besonderen Melodie.

Auch bei Nacht hörte der Lärm nicht auf. In den weitläufigen Palästen, wo die Schlafzimmer weit von der Straße entfernt lagen, schlief man ruhig, in den Mietwohnungen desto schlechter. Das Gerassel der Reisewagen, die den größten Teil des Tags in der Stadt nicht fahren durften, störte den festesten Schlaf, wenn sie in scharfer Wendung die Ecken der schmalen Straßen umfuhren. Dazu kam das Toben scharenweise umherziehender Raufbolde, Nachtschwärmer und Nachtschwärmerinnen, unter denen sich zuweilen Frauen von hohem Stande befanden (wie Augustus' Tochter Julia), oder Ständchen von Liebenden, die bei ihren Schönen Einlaß erbaten oder zu erzwingen suchten.

Waren alle Häuser verriegelt, alle Tabernen geschlossen und still geworden, dann waren die leeren, ganz unbeleuchteten Straßen für den einsamen Wanderer ebenso unheimlich wie gefährlich. Oft begegnete man Totenbahren, auf denen die Leichen der Armen bei Nacht zum Scheiterhaufen geschafft wurden. Obwohl Rom seit dem Jahre 6 n. Chr. eine zugleich als Feuerwehr dienende Polizeimannschaft *(vigiles)* von 7 Kohorten (zu je 1000 Mann) besaß, deren jede zwei Regionen bewachte und in jeder derselben ein Wachtlokal hatte, und deren Patrouillen ohne Zweifel allnächtlich unter Fackelbeleuchtung ihre Bezirke durchzogen, war doch die Unsicherheit zu allen Zeiten groß, Diebstähle und Einbrüche gewöhnlich. Plinius sagt, daß die Fenster, an denen die kleinen Leute sonst Grünes und Blumen zu ziehen pflegten (auch bei Tage), mit Läden verschlossen würden, wozu das „schlimme Räuberwesen einer unzählbaren Menge" genötigt hatte; vermutlich war nach dem Bürgerkriege im Jahre 69 die Unsicherheit ungewöhnlich groß geworden. Als Privatnachtwächter werden, wie Juvenal es schildert, Hausbesitzer häufig ihre Sklaven verwendet haben, Cassius Dio erwähnt, daß sie Glocken trugen, mit denen sie sich gegenseitig Zeichen gaben. Auch räuberische Anfälle waren nicht selten; Liebende wurden nach Tibull bei ihren nächtlichen Wanderungen durch den Schutz der Venus davor behütet. Manchem drohte der Dolch eines gedungenen Banditen; diese zogen sich massenweise nach Rom, wenn ihre sonstigen Schlupfwinkel, z. B. in den pontinischen Sümpfen und dem Fichtenwalde südlich vom Volturnus, von Soldaten besetzt waren. Andres hatte der Arme zu fürchten, der sich mit seinem Lichtstumpfe selbst nach Hause leuchtete oder von einem einzigen Sklaven leuchten ließ, wenn er mit einem jungen Herrn von Stande zusammentraf, der in streitlustiger Stimmung von einem späten Gelage heimkehrte. Nächtlicher Straßenunfug gehörte zu den stehenden Vergnügungen der vornehmen Jugend. Die Unglücklichen, die in ihren Weg gerieten, wurden angehalten, auf ausgebreiteten Mänteln geprellt (ein Soldatenspaß) oder sonst mißhandelt. Von den Dächern stürzten Ziegel, aus den Fenstern der oberen Stockwerke wurden Becken ausgegossen oder schadhafte Gefäße herabgeworfen, die krachend auf dem Pflaster zerbrachen.

Ernstere Gefahren drohten den Bewohnern der Miethäuser. Diese waren meist von Spekulanten aufs gewissenloseste gebaut. Die Spekulation war lockend, aber gefährlich; sie warf im günstigen Falle einen sehr hohen Gewinn ab, aber bei den in Rom so häufigen Bränden konnte sehr leicht das

Kapital verlorengehen. Die Unternehmer suchten also ohne Zweifel so zu bauen, daß sie schon aus dem Mietertrage weniger Jahre einen Überschuß erzielt oder wenigstens das Kapital gedeckt haben konnten. Sie beuteten den Baugrund sowohl durch die Aufführung möglichst zahlreicher Stockwerke als durch die möglichste Verengung und Verkleinerung der Räume der Einzelwohnungen bis aufs äußerste aus und waren vorzugsweise darauf bedacht, die Herstellungskosten auf das niedrigste Maß herabzusetzen: eine Bauweise, die auch ihrerseits die Feuergefährlichkeit sehr steigerte. „Die dünnen Mauern und Wände der übereinandergetürmten Mietwohnungen, welche weder gegen die Hitze noch gegen die Kälte genügenden Schutz gewähren konnten, bestanden aus Holz oder Fachwerk; und mit besonderer Vorliebe bediente man sich des sogenannten Netzwerks, welches um seines schönen Aussehens willen den Zwecken der vor allem auf den äußeren Schein gerichteten Spekulation besonders entsprach, aber freilich auch der Solidität des Hausbaus wesentlichen Abbruch tat, da die Mauern bei dieser Bauweise sehr leicht Sprünge und Risse bekamen. Ein Teil unsrer Furcht, sagte Seneca, sind unsre Dächer; selbst aus den mit Gemälden geschmückten Sälen der großen Paläste floh man entsetzt, wenn man ein Knistern hörte. Ein großer Teil der Miethäuser war baufällig, die notwendigsten Ausbesserungen wurden vernachlässigt und ungenügend ausgeführt; wenn der Hausverwalter die wankende Mauer gestützt und einen alten klaffenden Riß durch Überstreichen verdeckt hatte, versicherte er den Mietern, sie könnten ruhig schlafen, während der Einsturz bereits über ihnen schwebte. Einstürze gehörten daher neben den Bränden schon in der letzten Zeit der Republik zu den eigentümlichen Übeln Roms. Catull rühmt spöttisch als Vorzug der Bettelarmut, daß sie keines von beiden zu fürchten habe. Strabo nennt beide Arten von Unglücksfällen unaufhörlich, die Furcht davor konnte Ängstliche in Trajans Zeit wohl aus Rom vertreiben, und auch in den späteren Jahrhunderten hat sich hierin vermutlich nichts geändert. Noch Symmachus berichtet in einem Briefe als Stadtneuigkeit, daß beim Einsturz eines Hauses in der Trajansstraße die Bewohner ums Leben gekommen seien.

Die Feuersbrünste, die in dem heutigen, fast durchweg aus Stein und Backstein gebauten Rom so gut wie unerhört sind, waren im alten Rom nicht bloß äußerst häufig, sondern auch dreifach gefährlich wegen der oben beschriebenen Bauart, der Höhe der Häuser und der Schmalheit der Straßen, besonders wegen der zahlreichen hölzernen An- und Vorbauten, die vorzugsweise die Brände nährten und mit furchtbarer Schnelligkeit unaufhaltsam verbreiteten. Durch die Stadtgeschichte Roms zieht sich außer unaufhörlichen kleinen Bränden eine Reihe ungeheurer Feuersbrünste, und die Hügel wuchsen allmählich durch den immer aufs neue sich häufenden Schutt der Ruinen. Im Jahre 6 n. Chr. veranlaßten zahlreiche, mit großen Verlusten verbundene Brände Augustus zur Errichtung der schon erwähnten, 7000 Mann starken Feuerwehr; doch scheint sie (wohl wegen der großen Unvollkommenheit der Vorrichtungen zum Löschen) verhältnismäßig wenig ausgerichtet zu haben. Unter Tiberius waren außer mehreren kleineren zwei große Brände: im Jahre 27 brannte der Cälius, im Jahre 36 der Aventin und der anstoßende Teil des großen Zirkus ab; Tiberius ersetzte beidemal den Schaden nach Möglichkeit, das zweitemal betrug der Ersatz 100 Millionen Sesterzen (21,75 Millionen Mark). Auch Caligula leistete im Anfang seiner Regierung vielen für Brandschaden Ersatz, und Claudius beteiligte sich bei der Feuersbrunst des Jahres 54, die namentlich die Vorstadt Aemiliana (im Marsfelde) in Asche legte, energisch an der Leitung der Lösch- und Rettungsarbeiten. In dem Neronischen Brande gingen, „außer einer unermeßlichen Zahl von Miethäusern, Paläste alter Feldherren unter, die noch mit der feindlichen Beute geschmückt, und Göttertempel, die von den Königen und dann in den gallischen und punischen Kriegen gelobt und geweiht worden waren, und was immer Sehenswertes und Merkwürdiges sich aus dem Altertum erhalten hatte". „Die durch so viel Siege erworbenen Schätze, die Meisterwerke der griechischen Künste, dann die alten und unentstellten (literarischen) Schöpfungen großer Geister", alles das blieb unersetzlich, wie groß auch die Schönheit der wiedererstehenden Stadt war. Auf den Neronischen Brand folgte unter Titus im Jahre 80 eine Feuersbrunst, die drei Tage und Nächte im Marsfelde wütete. Die Brände, meinte Plinius, seien eine Strafe für den Luxus, der freilich doch nicht aufhörte, Kostbarkeiten zu häufen, damit möglichst viel im Feuer zugrunde ginge. Martial sagt (im Jahre 90) zum Ruhme der hauptsächlich zur Herstellung des in jenem Brande Zerstörten unternommenen Bauten Domitians, daß Rom gleich dem Phönix sich durch Feuer neu verjüngt habe, und bittet Gott Vulkan, fortan die Stadt zu schonen, die ja doch nicht bloß eine Stadt des Mars, sondern auch der Venus sei. Eine Feuersbrunst unter Antoninus Pius vernichtete 340 Wohngebäude. Gellius berichtet, wie er einst unter demselben Kaiser als junger Mensch mit andern Schülern den Rhetor Julianus nach Hause begleitet habe. In der Gegend des Cispischen Bergs (einer Höhe des Equilinus) sahen sie ein Miethaus mit vielen hohen Stockwerken brennen und bereits die ganze Nachbarschaft von einer gewaltigen Feuersbrunst ergriffen; wobei einer der Anwesenden bemerkte, daß er sich längst in der Stadt angekauft haben würde, da die Einkünfte städtischer Grundstücke so hoch seien, wenn ein Mittel gegen die unaufhörlichen Brände in Rom gefunden werden könnte. Der größte Brand nächst dem Neronischen brach im Jahre 192 unter Commodus in der Nähe des Friedenstempels aus, zerstörte zuerst die dortigen Magazine ägyptischer und arabischer Waren und zog sich dann nach dem Palatin hinüber. Alle Anstrengungen, ihm Einhalt zu tun, waren umsonst, er erlosch nicht eher, bis er einen großen Teil der Stadt dem Boden gleichgemacht und ungeheure Reichtümer verschlungen hatte, aus Mangel an Nahrung. Damals gingen namentlich kostbare Bücherschätze unter. Außer den großen Bibliotheken auf dem Palatin verbrannte unter anderm eine Niederlage in der heiligen Straße, in der sich ein Teil von Galens Büchern befand. Der zwischen 203 und 211 angefertigte kapitolinische Stadtplan enthält bereits die Neubauten, durch welche Severus und Caracalla das Zerstörte herstellten oder ersetzten. Der oben erwähnte, bei Gelegenheit des Straßenkampfes im Jahre 237 oder 238 ausgebrochee Brand legte ebenfalls einen großen Teil der Stadt in Asche. Ein großer Brand am Forum unter Carinus veranlaßte Diocletian zu einer Erneuerung des Platzes und der umgebenden Gebäude.

Auch zerstörenden Naturereignissen, die sich in längeren oder kürzeren Zwischenräumen wiederholten, war Rom in hohem Grade ausgesetzt. Erdbeben waren nicht selten, so in den Jahren n. Chr. 5, 15, 51, 57, 68; sie waren öfters von Überschwemmungen begleitet. Diese ereigneten sich aber auch sonst häufig genug, und der Tiber trat nirgends so weit aus als in der Stadt, eine Erscheinung, welche die Erfahrungen des neueren Rom bestätigt haben. „Sowohl ober- als unterhalb Roms", sagt Moltke, „ist sein Stromtal von einem Talabhang zum andern durchschnittlich ¼ deutsche Meile breit. Zwischen dem Aventin und dem südlichen Fuß des Janiculus, da wo die jetzige Stadtmauer herabsteigt, treten sich die Höhen auf 1000 Schritt nahe. Hier muß natürlich jedesmal eine Stauung eintreten, wenn nach heftigen Regengüssen im Gebirge Tiber, Nera, Velino, Anio, Paglia und so viele andre Zuflüsse ihre schnellen Fluten herabführen." „Ganz besonders erschwerend kommen noch die Verhältnisse an der Tibermündung in Betracht, wo bei starkem Scirocco der Fluß seine Wassermassen nur höchst langsam ins Meer ergießen kann." An der umfassendsten Fürsorge für die Regulierung der Ufer und des Strombetts ließen es die Kaiser nicht fehlen. Das von Augustus dafür eingesetzte Amt bestand fort und wurde regelmäßig von Konsularen verwaltet. Im Jahre 15 wurde im Senat über die Ableitung der Flüsse und Seen verhandelt, die dem Tiber Wasser zuführen, doch vergeblich. Eine bei Ostia gefundene Inschrift meldet, daß im Jahre 46 bei Gelegenheit des dortigen Hafenbaus Claudius Rom durch Ziehung von Gräben aus dem Tiber bis ans Meer von der Gefahr der Überschwemmung befreit habe. Auch Trajan hatte in der ersten Hälfte seiner Regierung einen Ableitungskanal angelegt, vielleicht denselben, der noch jetzt in Wirksamkeit ist: trotzdem überschwemmte im Jahre 108 oder 109 der Fluß weit und breit das flache Land, und ein dadurch herbeigeführtes Steigen des Anio verbreitete die Verwüstung noch sehr viel weiter. Und so überfluteten, trotz aller Bemühungen und Vorsichtsmaßregeln, seine gelben Gewässer im Frühling oder Herbst, von Stürmen rückwärts gestaut, von Regengüssen geschwellt, immer aufs neue die Niederungen Roms und erreichten zuweilen höher gelegene Stellen, zerstörten die alte hölzerne Brücke und rissen in plötzlichem Steigen Menschen und Tiere zahlreich mit sich fort. Tagelang standen dann ganze Stadtteile unter Wasser, so daß nur die höher gebauten Häuser herausragten, und wurden mit Kähnen befahren, die auch den Abgeschnittenen Nahrung zuführten. Sank der Strom wieder in sein Bett zurück, so folgten Einstürze der unterwühlten Gebäude, Seuchen und Hunger; der letztere, weil die Überschwemmungen sehr häufig die großen in den Speichern am Flußhafen aufgehäuften Kornvorräte vernichteten, wie das Plutarch für das Jahr 69 ausdrücklich bezeugt. Noch Gregor von Tours berichtet von einer Überschwemmung Roms, in der unter anderm die der Kirche gehörigen Speicher mit großen Getreidevorräten zerstört wurden.

Das alte Rom hatte unter den Nachteilen der Lage am Fluß schwerer zu leiden als das heutige, weil seine seitdem durch Bauschutt erhöhten Niederungen tiefer lagen (im Marsfelde um 1—2, auf dem Forum um 6—12 Meter), während die Höhe des Flußbetts nicht in demselben Maße zugenommen hat. Natürlich trug auch dieser Umstand zur Häufigkeit der Überschwemmungen im Altertum nicht wenig bei. Die Geschichtsschreiber haben ohne Zweifel nur die größten derselben und auch diese wohl nur unvollständig verzeichnet, unter Augustus fünf, in den Jahren 27, 23, 22, 13 v. Chr. und 5 n. Chr. Bei der vorletzten konnte man in das neue Theater des Cornelius Balbus, das dieser gerade mit Schauspielen einweihte, nur in Kähnen gelangen; bei der letzten wurde die Stadt 7 oder 8 Tage lang mit Kähnen befahren, und die Zahl der umgekommenen Menschen wie der eingestürzten Häuser war beträchtlich. Unter Tiberius werden zwei Überschwemmungen erwähnt, im Jahre 15 und 36. Eine der größten war im März 69, wo die Flut, von der Masse der Trümmer zurückgedrängt, auch hochgelegene, sonst selbst bei hohem Wasserstande sichere Orte erreichte, viele Menschen auf den Straßen fortriß, andre in Buden und Schlafzimmern überraschte. Otho, dessen Ausmarsch durch diese Überschwemmung verzögert wurde, fand in einer Entfernung von 20 Meilen (30 km) von Rom die Straße durch eingestürzte Gebäude gesperrt. Auch in der Zeit von Nerva bis Marc Aurel verging keine Regierungsperiode, ohne daß Rom mindestens einmal von einer großen Wassernot heimgesucht worden wäre.

Aber nicht bloß infolge von Überschwemmungen trat in Rom Hungersnot ein. Auch die angelegentlichste Fürsorge der Kaiser vermochte nicht immer die Zufälle abzuwenden, die in der überfüllten, ganz auf den Ertrag überseeischer Ernten angewiesenen Stadt Mangel und Teuerung herbeiführten und mit ihnen die Gefahr des Aufruhrs. Ein Hauptgrund, weshalb der Privathandel nicht abhalf, war, daß die großen, den Getreideländern aufgelegten Naturalleistungen für den Export wenig übrig ließen. Ägypten deckte unter Vespasian durch seine Abgaben den Bedarf Roms an Korn auf vier Monate; die Provinz Afrika lieferte das für die übrigen acht Monate ausreichende Getreide. Außerdem war es für den Privathandel unmöglich, die Konkurrenz mit dem Fiskus auszuhalten, der das teils als Abgabe gelieferte, teils durch seine Agenten in den Provinzen eingekaufte Getreide zuweilen sogar unter dem Wert verkaufte, weshalb auch die Versuche der Kaiser, die Getreidespekulation der Privaten durch Auszeichnungen und Privilegien zu ermutigen, keinen erheblichen Erfolg haben konnten. Die Maßregeln der Kaiser für eine ausreichende Kornzufuhr waren allerdings die umfassendsten. Eine eigene Getreideflotte für Ägypten war schon im Anfang der Kaiserzeit errichtet worden, zu der unter Commodus eine zweite für Afrika kam. Den Hafen Roms, Ostia, in dem die Schiffe im Winter nicht hatten landen können, baute Claudius mit ungeheuren Kosten aus und verlegte dahin zum Schutze der Magazine eine Kohorte der römischen Feuerwächter. Trajan fügte einen zweiten, sicheren Hafen hinzu, und der an diesem neu aufblühende Ort Portus überflügelte Ostia durch seine günstigere Lage. In Rom selbst wurden je länger, desto größere Vorräte angelegt. Schon Tiberius erinnerte in einem Schreiben an den Senat im Jahre 32, um wieviel größer die Getreidezufuhr unter ihm sei als unter Augustus, und aus welchen Provinzen sie komme. Unter Trajan waren so große Vorräte aufgespeichert, daß bei einer Mißernte in Ägypten aus Rom Getreide dorthin gesandt werden konnte. Auch unter Marc Aurel wurde den Städten Italiens bei einer Hungersnot aus Rom Korn verabfolgt. Severus hinterließ einen auf sieben Jahre ausreichenden Vorrat. Aber trotz alledem kehrten in den beiden ersten Jahrhunderten Teuerungen unter guten wie unter schlechten Regierungen immer von neuem wieder, teils wegen der Zufälle, denen der überseeische Transport ausgesetzt war, teils weil die Vorräte in den römischen Speichern verdarben oder durch Feuer und Wasser zugrunde gingen (im Jahre 62 ließ Nero das durch Alter verdorbene Korn in den Tiber werfen, um das Volk über die Hinlänglichkeit der Vorräte zu beruhigen; in der Tat stieg der Preis nicht, obwohl 200 Kornschiffe im Hafen durch Sturm, 100 andre auf dem Fluß durch Brand zerstört wurden; teils endlich infolge von großen Unterschleifen oder Untreue der Beamten: wie nach Cassius Dio die große Teuerung im Jahre 189 durch den Getreidepräfekten Papirius Dionysius noch gesteigert wurde, um den kaiserlichen Kämmerer Cleander, der sie durch seine Unterschleife hauptsächlich verschuldet hatte, dem Hasse des Volkes preiszugeben. Bei einer zum Teil infolge der Tiberüberschwemmung ausgebrochenen, durch Mißernten verlängerten Not, die während der Jahre 5 bis 8 andauerte, stieg der Preis des Brotkorns auf das Fünf- bis Sechsfache des gewöhnlichen; die Monatsration eines Erwachsenen (5 Modi, 43,6 Liter), deren Durchschnittspreis etwa 5 Denar (4 Mark 35 Pf.) war, wurde für 27½ Denar (23 Mark 87 Pf.) verkauft; eine in neuerer Zeit unerhörte Steigerung. Alle zum Verkauf nach Rom gebrachten Sklavenfamilien und Gladiatorenbanden sowie sämtliche Fremde, mit Ausnahme der Ärzte und Lehrer, und sogar ein Teil der im Privatbesitz befindlichen Sklaven wurde ausgewiesen, Augustus selbst und andre entließen den größten Teil ihrer Dienerschaft. Trotzdem gelang es nur durch außerordentliche Anstrengungen, einem drohenden Aufruhr vorzubeugen. Im Jahre 19 war abermals eine Teuerung. Tiberius setzte auf die Beschwerden des Volks einen Maximalpreis für das Getreide an und zahlte den Kornhändlern auf jeden Modius zwei Sesterzen (43,5 Pf.) zu. Im Jahre 32 kam es wieder wegen der hohen Preise fast bis zum Aufruhr. Die Menge äußerte ihre Forderungen mehrere Tage lang wegen der Abwesenheit des Kaisers (auf Capri) in stürmischerer Weise als gewöhnlich. Die Verwendung vieler Fahrzeuge zum Bau von Caligulas Brücke von Bajä nach Puteoli (39) tat der Schiffahrt so großen Eintrag, daß im Jahre 41 wieder eine Teuerung ausbrach, die den Kaiser Claudius zum Bau des Hafens von Ostia veranlaßte. Eine zweite entstand unter des letzteren Regierung durch Mißernten im Jahre 52. Damals war nur noch auf 15 Tage Getreide vorhanden, ein Tumult erhob sich, und Claudius entkam mit Mühe dem wütenden Volke. Glücklicherweise war der Winter milde, und die Aufmunterung, die der Kaiser der Schiffahrt und dem Kornhandel durch große Prämien zuteil werden ließ, erwies sich als hinreichend wirksam. Im Jahre 68 wurde kurz vor Neros Ende bei einer Hungersnot der Unwille des Volks durch die Meldung eines alexandrinischen Schiffs gesteigert, das für die kaiserliche Ringschule Nilsand brachte. Die durch die große Überschwemmung im Jahre 69 verursachte, durch Mangel an Erwerb bei der allgemeinen öffentlichen Unsicherheit vermehrte Not ist bereits erwähnt worden. In den sämtlichen Regierungsperioden von Hadrian, unter welchem die Not sich über das ganze Reich oder einen großen Teil desselben erstreckt zu haben scheint, bis Commodus wurde Rom mindestens je einmal von Hunger oder Teuerung heimgesucht. Auch hierin änderte sich wahrscheinlich in den späteren Zeiten nichts. Ammian z. B. unterläßt, wo er auf Rom zu sprechen kommt, fast nie, den Erfolg oder Mißerfolg der Präfekten auf dem Gebiet der Getreideverwaltung hervorzuheben, und meistens sind es Mißerfolge, die er zu verzeichnen hat. Die damals bei Teuerungen übliche Massenausweisung der Fremden wird auch in der früheren Kaiserzeit (wie unter Augustus) ein beliebtes Mittel gewesen sein, die Schwierigkeit der Ernährungsfrage zu vermindern.

Auch die Keime verheerender Volkskrankheiten hafteten von jeher an diesem Boden. Die Ungesundheit der Lage Roms ist weltbekannt. Die Wirkung der Kanalnetze im Innern der Tuffhügel, welche im Altertum die Feuchtigkeit des Bodens und damit die Malariaerzeugung in hohem Grade verminderten, scheint weit mehr der Campagna zugute gekommen zu sein als der Stadt selbst, in welcher natürlich auch die Absperrung der im Boden verbreiteten Malariakeime durch das Straßenpflaster und die Fundamente der Gebäude aller Art immer nur eine unvollkommene sein konnte. Dort als am Haupte des Weltalls, sagt Ammianus Marcellinus, hat auch die Wut der Krankheiten größere Gewalt, und die gesamte Heilkunde erlahmt in dem Versuch, sie zu lindern. Schon die ältesten Ansiedler hatten dem Geiste des Fiebers Altäre errichtet, und das Fieber ist zu allen Zeiten in Rom endemisch gewesen; am meisten waren (nach Galen) die Menschen dort mit dem drittehalbtägigen behaftet. Die gefährlichste Zeit war, wie heutzutage, der Frühherbst, die Monate August und September. Dazu mußten sich in einer so gedrängt wohnenden Bevölkerung schädliche Einflüsse in Menge erzeugen und ins unendliche vermehren. Galen sagt, man könne in Rom täglich unzählige Gelbsüchtige und (ohne Zweifel infolge des Fiebers) Wassersüchtige sehen. Überhaupt fanden Ärzte hier das reichste Material für ihre Studien. Eine Form der Schulterverrenkung, die Hippokrates gar nicht beobachtet hatte, sah Galen in Rom viermal; freilich war auch Rom um ein Vielfaches größer als die Städte, in denen Hippokrates sich aufgehalten hatte. Eine ungesunde Blässe war die gewöhnliche Gesichtsfarbe der Städter. Martial schreibt an einen Domitius, der nach Oberitalien reiste, nach seiner Rückkehr werde die Schar seiner blassen Freunde ihn gar nicht wiedererkennen und die Frische seiner Wangen mit Neid betrachten; aber möge er auch noch so sonnenverbrannt zurückkommen, so werde ihm Rom bald die Farbe rauben, welche die Reise ihm gegeben habe. Eine schwere Luft lagerte über der Stadt, von den Gerüchen unzähliger rauchender Küchen geschwängert, deren verpestete Dämpfe sich mit Staubwolken vermischten; sobald man die Stadt im Rücken hatte, fühlte man sich erleichtert. Mag auch die große Erweiterung der Wasserversorgung durch Frontin die Wirkung der schädlichen Einflüsse vermindert haben: sie völlig aufzuheben, war unmöglich.

Im kaiserlichen wie im republikanischen Rom haben große Epidemien, oft in erschreckend kurzen Zwischenräumen einander folgend, zahllose Opfer hingerafft (unter der Bezeichnung der Alten „Pesten" oder „Pestilenzen" ist niemals die orientalische Beulenpest, sondern Seuchen der verschiedensten Art zu verstehen). Unter Augustus herrschten besonders in den Jahren 23 und 22 v. Chr. in Rom und ganz Italien verheerende Krankheiten. Bei der großen Seuche im Herbste des Jahrs 65 n. Chr. blieb kein Geschlecht, kein Stand noch Alter verschont, die Häuser waren voll von Leichen, die Straßen von Leichenzügen. In die Bücher der Todesgöttin Libitina, bei deren Tempel die Leichenbesorger ihren Standort und ihre Niederlage hatten, wurden während dieses einen Herbstes 30.000 Bestattungen eingetragen; dies kann aber nur ein Bruchteil der sämtlichen sein. Denn abgesehen davon, daß der Apparat der Libitina bei großen Epidemien lange nicht ausreichte, können Sklaven und ganz Unvermögende wohl unmöglich durch sie bestattet worden sein, am wenigsten bei einer so ungeheuren Sterblichkeit. Auch auf den Ausbruch des Vesuv (im Jahre 79) folgte im Jahre 80 eine verheerende Volkskrankheit in Rom, „wie es kaum je eine gegeben hatte". An vielen Tagen sollen etwa 10.000 Todesfälle in die tägliche Sterbeliste *(ephemeris)* eingetragen worden sein, aus welcher (wenigstens in späterer Zeit) Übersichten der Altersklassen der Verstorbenen angefertigt wurden. Die Zahl von 10.000 täglichen Todesfällen ist nicht unglaublich, da in Palermo (mit damals etwa 168.000 Einwohnern) vom 3. bis 13. Juli 1837 täglich über 1000, am 10. 1803 Menschen starben.

Doch die furchtbarste, weil am längsten dauernde und am weitesten verbreitete aller Epidemien nicht bloß Roms, sondern der Alten Welt überhaupt, war die in Babylonien ausgebrochene, in Ionien schon 162 wütende, von dem aus dem Orient zurückkehrenden Heere des L. Verus in den Westen eingeschleppte, welche durch einen sehr großen Teil des römischen Reichs bis nach dem Rhein und Gallien vordrang, die Lager der Legionen verheerte und ganz Italien dermaßen entvölkerte, daß Dörfer, Städte und Felder nach dem Hinsterben der Bebauer und Bewohner zu ruinenerfüllten oder waldbewachsenen Einöden wurden. Die Seuche ergriff Rom im Jahre 167 oder 168 und raffte viele Tausende hin, auch eine große Anzahl aus den höchsten Ständen. Haufenweise wurden die Leichen auf Lastwagen aus der Stadt geschafft, die Toten des gemeinen Volks ließ Marc Aurel auf öffentliche Kosten begraben. Galen sagt, daß die Seuche der von Thucydides beschriebenen sehr ähnlich war, in beiden bedeckten sich die Körper der Kranken mit schwarzen Pusteln, sie hatten heftigen Husten, Heiserkeit und übelriechenden Atem: man glaubt, daß beides Blatternepidemien waren. Die Seuche dauerte viele Jahre, in denen sie vermutlich bald stärker, bald schwächer auftrat; sie herrschte noch beim Tode Marc Aurels (180), der vielleicht selbst daran starb und den der Gedanke an ihre Verheerungen auf dem Sterbebette beschäftigte; und die Krankheit, die in Rom unter Commodus (etwa 187—189) wütete, ist wohl ihr letzter heftiger Ausbruch gewesen. Nach Cassius Dio starben damals in Rom an einem Tage oft 2000 Menschen. Schon damals ging das bei verheerenden Seuchen so leicht auftauchende Gerücht, die Krankheit werde von eigens dazu gedungenen Menschen (durch Stechen mit vergifteten Nadeln) geflissentlich verbreitet.

So zahlreiche, mannigfache und furchtbare Übel erinnerten auch in dem „goldenen, heiligen, ewigen" Rom immer von neuem an das Wort Varros: das Land ist göttlichen Ursprungs, die Städte von Menschenhand gebaut.

II. DER HOF

1. SEIN EINFLUSS AUF FORMEN UND SITTEN

Wie das römische Kaisertum aus dem Privatstande hervorgegangen ist, so hat auch der kaiserliche Hof sich anfangs mit seinen Einrichtungen und Formen wie mit seinem Personal nach Art eines großen Privathauses gestaltet. In der ersten Zeit von den fürstlichen Haushaltungen der großen Familien Roms nicht wesentlich verschieden, hat er sich langsam und allmählich dem Charakter der Königshöfe der alten Welt angenähert. Die wiederholten und zum Teil aufrichtigen Bestrebungen mehrerer Kaiser, ihn soviel wie möglich auf jenen bürgerlichen Zuschnitt zurückzuführen, haben diesen Entwicklungsprozeß nur zu verzögern vermocht, der sich im 3. Jahrhundert unter den nun immer unwiderstehlicher einwirkenden Einflüssen des Orients vollendete.

Auf der andern Seite hat der Hof wieder vielfach auf Sitten und Formen der höheren Stände, selbst auf ihre häuslichen Einrichtungen, dann auf weitere Kreise zurückgewirkt. Entschieden ausgesprochne Ansichten und Grundsätze, Neigungen und Liebhabereien des Kaisers, seiner Familie, seiner Günstlinge sind zunächst für Rom in einer Weise bestimmend gewesen, wie es nur bei einem schrankenlosen Despotismus möglich ist. Nicht bloß für Rom: mit einer gewissen Wahrheit konnte das bekannte Wort ausgesprochen werden: der Erdkreis richtet sich nach dem Beispiel seines Beherrschers. Mit den Personen der Kaiser haben nicht bloß Einrichtungen, sondern auch Sitten und Formen gewechselt. Nur eine philosophische Abstraktion, wie die Marc Aurels, konnte in dieser Aufeinanderfolge verschiedenartiger, oft grell kontrastierender Zustände ein ewiges Einerlei erblicken. Alles — so erschien es ihm — war schon dagewesen und würde auch künftig so sein: der Hof des Hadrian und des Antoninus, und wieder des Philipp, Alexander und Krösus — es war alles dasselbe, nur die Personen andre. Es waren immer dieselben eiteln und vergänglichen Bestrebungen, unter Vespasian wie unter Trajan, dieselben Bemühungen und Enttäuschungen; und alles dieses war vergangen und vergessen, und so würde auch die Gegenwart vergehen und vergessen werden. Doch wer sich von den Erscheinungen des Lebens und der Wirklichkeit nicht geflissentlich abwandte, der ward immer von neuem gewahr, wie schnelle und umfassende Veränderungen, ja Umwandlungen jeder Wechsel in den höchsten Kreisen nach sich zog. Oft genug haben die Zeitgenossen dies ausgesprochen. „Biegsam werden wir", so sprach der jüngere Plinius vor Trajan im Senat, „vom Kaiser nach jeder beliebigen Seite gelenkt und schmiegen uns seinem Vorgange an; denn ihm wünschen wir lieb zu sein, seinen Beifall zu erwerben, was solche, die ihm unähnlich sind, nicht hoffen dürfen, und durch fortgesetzte Fügsamkeit sind wir dahin gekommen, daß fast die ganze Welt nach den Sitten eines einzigen lebt. Das Leben des Kaisers ist ein Zensoramt, und zwar ein lebenslängliches; nach ihm richten wir, nach ihm wandeln wir uns: und wir bedürfen nicht sowohl des Befehls als des Beispiels". Die Untertanen, sagt Herodian, pflegen in ihrem Leben dem Sinne des Herrschers nachzueifern.

Dergleichen Umwandlungen traten am auffallendsten hervor, wenn auf einen oder mehrere ausschweifende Höfe ein streng geregelter folgte. Daß der Tafelluxus, der während des Jahrhunderts von der Schlacht bei Actium bis auf Neros Tod seinen höchsten Grad erreicht hatte, nachher allmählich abnahm: dies, wie überhaupt die größere Sittenstrenge, wurde nach Tacitus vorzüglich durch Vespasians Beispiel bewirkt, durch seine altertümlich einfache Lebensweise. Die Folgsamkeit gegen den Kaiser und der Wunsch ihm nachzueifern erwies sich wirksamer als die Furcht vor Gesetzen und Strafen. Nicht minder grell war der Gegensatz zwischen den Höfen des Commodus und des Pertinax, und nicht minder schnell die Wirkung des Wechsels: die allgemeine Nachahmung von Pertinax' Sparsamkeit, sagt der Biograph dieses Kaisers, brachte in Rom eine große Wohlfeilheit hervor. Auch von Alexander Severus heißt es, seine Lebensweise sei gewesen wie ein Zensoramt: ihm ahmten die Großen Roms, seiner Gemahlin die edlen Frauen nach.

Eine ebenso allgemeine Nacheiferung riefen die geistigen Richtungen und Interessen der Kaiser hervor. Daß Nero zweimal, vor seiner Thronbesteigung und im ersten Jahre seiner Regierung, Übungsreden hielt, hatte einen gewaltigen Eifer für das Studium der Rhetorik zur Folge, und Rom ward mit einer Fülle von Lehrern dieser Kunst überschwemmt, die nie so sehr blühte, so daß viele durch sie aus tiefster Niedrigkeit zum Senatorenstande und zu den höchsten Ehren sich aufschwangen. Daß Neros Leidenschaft für Musik ähnliche Wirkungen geübt hat, darf als gewiß angenommen werden, auch ohne daß es ausdrücklich berichtet wird: musikliebende Herrscher, sagt Plutarch, bewirken, daß es viele Musiker gibt, ebenso wie solche, die Freunde der Literatur oder der Gymnastik sind, die Zahl der Gebildeten und der Athleten vermehren. Daher mehrten sich auch unter Marc Aurel, dem Philosophen auf dem Throne, die Freunde der Weisheit und Wissenschaft, am meisten die angeblichen, die unter dieser Maske auf Beförderung und Reichtümer hofften. Lucian hat mit Vorliebe und fast bis zum Überdruß des Lesers das Treiben jener Afterphilosophen geschildert, von denen namentlich Griechenland damals wimmelte, wo man nach seiner Versicherung auf allen Straßen und Plätzen lange Bärte, Bücherrollen, große Stöcke und abgetragene Mäntel in Masse erblickte. Rohe, ungebildete Menschen kauften Bibliotheken, in der Hoffnung, die Aufmerksamkeit des Kaisers auf sich zu ziehen und große Vorteile zu erlangen. Gegen einen solchen ist eine besondre Schrift Lucians gerichtet. Seine Darstellungen dürften kaum übertrieben sein; und eine Mitteilung Galens, die für die Wirkungen des kaiserlichen Beispiels charakteristischer ist als alles übrige, kann nicht dem mindesten Zweifel unterliegen. Marc Aurel nahm täglich eine Dosis Theriak, ein Gegengift, das zugleich für ein Universalmittel galt. Während seiner Regierung wurde dieses Mittel in Rom für die reichen Leute so massenhaft bereitet, daß oft die erforderlichen Ingredienzien ausgingen: denn, sagt Galen, es ist wunderbar, wie die Reichen alles nachahmen, was die Kaiser tun, oder doch es nachzuahmen scheinen wollen. Nach Marc Aurels Tode hörte die Nachfrage nach Theriak in Rom sofort auf. Natürlich kamen auch die kaiserlichen Lieblingsgerichte sofort in Aufnahme, wie unter Tiberius' Regierung eine eßbare Wurzel, die er sich jedes Jahr aus Deutschland kommen ließ, und die im Rauch aufbewahrten Weintrauben aus Afrika, denen er vor den früher beliebteren aus dem Veltlin den Vorzug gab; der Alant dadurch, daß ihn seine

Mutter Livia täglich aß. Nero „verschaffte dem Schnittlauch Ansehen", indem er ihn zur Verbesserung seiner Stimme an bestimmten Monatstagen aus Öl aß, ohne irgend eine andre Speise dazu zu nehmen. Als Hadrian, angeblich um angeborene Narben im Gesichte zu verdecken, mit dem bisherigen Brauche, den Bart zu rasieren, gebrochen hatte, wurde, wie die Denkmäler zeigen, der Vollbart allgemein Mode, wenn es auch natürlich im einzelnen an Ausnahmen nicht fehlt. Vermutlich wird auch das kurz geschorene Haar Marc Aurels wie das langgetragene des Lucius Verus nicht bloß für die Haartracht an den Höfen beider (von denen Galen es bezeugt) maßgebend gewesen sein, sondern auch für weitere Kreise, wie das zur Verhütung von Kopfweh kurz geschorene Haar Karls V., und später die hinter Ohren und Schläfen zurückfallenden Locken des Don Juan d'Austria diese wie jene Haartracht zur Mode machten.

So warfen also die Zustände in den höheren Schichten der Gesellschaft — und nur über diese sind wir einigermaßen unterrichtet — ein mehr oder minder treues Spiegelbild der jedesmaligen Hofsitten zurück: wenn freilich auch solche Erscheinungen, je augenblicklicher sie eintraten, desto oberflächlicher bleiben mußten.

2. DIE BEAMTEN, FREIGELASSENEN UND SKLAVEN DES KAISERLICHEN HAUSES

Der Hof im engeren Sinne bestand aus dem gleich anfangs sehr umfangreichen und vielfach abgestuften Dienerschafts- und Beamtenpersonal des Kaisers und der kaiserlichen Familie. In weiterem Sinne gehörten dazu auch die sogenannten Freunde des Kaisers.

Während des größten Teils des ersten Jahrhunderts haben die Kaiser, nach Art von Privatpersonen, ihre Sklaven und Freigelassenen nicht bloß zu ihrer Bedienung, sondern auch als Gehilfen ihrer Arbeiten und als Vertreter bei der Verwaltung von Einkünften und Instituten und zur Führung von Geschäften aller Art verwendet. Wenn dies freilich in der Absicht geschah, dem Kaiserhofe den Charakter eines Bürgerhauses zu erhalten, so wirkte doch hier auch ein zwar entgegengesetztes, aber mit jener zur Schau getragenen Bürgerlichkeit nicht unvereinbartes Motiv mit ein. Sehr bald gelangten diese Beamten des kaiserlichen Hauses, wie niedrig von Herkunft, wie untergeordnet und gering geachtet auch nach ihrer rechtlichen Stellung, zu einer faktischen Macht, die sie über die Höchstgeborenen erhob. Durch die Natur des Cäsarismus, zumal des werdenden, war eine gewisse geflissentliche Nichtachtung der Standesunterschiede, ein Nivellierungssystem bedingt, nicht bloß um die Widerstandskraft der Aristokratie zu brechen, sondern auch um zu zeigen, daß das kaiserliche Belieben allmächtig sei, daß es allein hinreiche, die niedrigste Stellung in die höchste zu verwandeln, daß ihm gegenüber alle Untertanen gleich seien. Mit unzweideutiger Beziehung sagt Tacitus, daß bei den Deutschen die Freigelassenen im Hause selten, im Staate nie etwas vermögen, ausgenommen bei den Völkern, die von Königen beherrscht werden; denn dort steigen sie sowohl über die Freien als über die Adligen, bei den übrigen ist ihre untergeordnete Stellung ein Beweis der Freiheit. Den rücksichtslosen Übermut des neuen Königtums gegenüber dem Herkommen und dem Gesetz trug der erste Cäsar auch in dieser Hinsicht zur Schau. Er machte Sklaven zu Vorstehern der Münze, übergab ihnen die Einziehung öffentlicher Abgaben und ernannte zum Befehlshaber der Legion, die er in Alexandria zurückließ, den Sohn eines Freigelassenen, Rufinus, seinen früheren Lustknaben.

Doch je mehr mit der fortschreitenden Entwicklung des Kaisertums sich Formen und Einrichtungen der absoluten Monarchie ausbildeten, desto mehr gewannen die Haus- und Hofämter wenigstens zum Teil den Umfang und die Bedeutung von Staatsämtern, die nur von Frei- und Edelgeborenen bekleidet werden konnten. Den Schein der Bürgerlichkeit zu retten, war hier fortan weder möglich noch wünschenswert, die kaiserliche Allmacht durch Erhebung niedriger Diener zu betätigen, nicht ferner nötig. So wurden die kaiserlichen Freigelassenen aus einigen der wichtigsten Hofämter verdrängt, und Ritter traten an ihre Stelle. Die Freigelassenen wurden in der Führung der Geschäfte auf untergeordnete Stellungen, außerdem auf den persönlichen Hausdienst beschränkt. Auch nach dieser Veränderung waren sie nicht selten sehr mächtig, aber die Natur ihrer Macht war eine andre als früher. Im ersten Jahrhundert beruhte sie zum Teil auf der Wichtigkeit ihres Amts, im zweiten und dritten allein auf ihrem vorausgesetzten oder wirklichen persönlichen Einflusse am Hofe. Die Freigelassenen, die in Claudius' Namen regieren, waren die Leiter des Rechnungsamts (d. h. der kaiserlichen Finanzverwaltung), des Sekretariats und des Amts für Bittschriften und Beschwerden; die allmächtigen Freigelassenen an Commodus Hofe waren Kammerdiener.

Die allmählich wachsende Bedeutung und Wichtigkeit der Hofbedienungen und Hausämter gibt also einen untrüglichen Maßstab für die Fortschritte der Entwicklung des Kaisertums, die, von den äußerlich beibehaltenen Formen der Republik ausgehend, mit einer Erstarrung in orientalischem Absolutismus endete. Die Ämter, die im ersten Jahrhundert nach außen unscheinbare Hausdienste blieben, obwohl ihre Inhaber schon seit Claudius zu den mächtigsten Reichsbeamten gehörten, waren bereits im zweiten hohe Ziele der ritterlichen Beamtenlaufbahn, die man erst nach Verwaltung wichtiger Posten erreichte, und Stufen zu den höchsten Stellungen, die überhaupt dem Ritterstande zugänglich wären.

Bis auf Vitelius waren die Freigelassenen im uneingeschränkten Besitz der Hofbedienungen, und zum Teil durch sie seit Caligula im Besitz der höchsten Macht. Vitellius war der erste, der ganz ausnahmsweise einige dieser Stellen mit Rittern (Präfekten oder Tribunen der zu ihm abfallenden Truppen) besetzte. Doch schwankte die Praxis noch längere Zeit, da hier teils das persönliche Belieben der Kaiser entschied, die zum Teil immer noch ergebene und gehorsame Diener in diesen Ämtern lieber sahen als Männer vom Stande, teils unter den Freigelassenen besonders geeignete und erprobte Persönlichkeiten sich darbieten mochten. Von den obengenannten drei wichtigsten Ämtern waren unter Domitian zwei mit Freigelassenen besetzt: das Amt der Bittschriften und Beschwerden und das Sekretariat. Doch verwaltete das letztere unter ihm, wie später unter Nerva und Trajan, auch ein Mann vom Ritterstande, aber unter Trajan auch Freigelassene.

Erst Hadrian zog eine feste Grenze zwischen der Verwaltung des Reiches und der des Fürstenhauses, indem er der letzteren auch formell ihren privaten Charakter nahm und an die Stelle der Freigelassenen einen kaiserlichen Beamtenstand mit magistratischem Charakter setzte, in dessen Begründung die einzige Möglichkeit lag, den ins Ungeheure gewachsenen Aufgaben zu entsprechen. In allen höheren Verwaltungsposten traten Ritter an die Stelle der Freigelassenen, namentlich in den drei Ämtern der Finanzen, der Bittschriften und Beschwerden und der Briefe, die so auch formell zu Staatsämtern wurden. Fortan sehen wir die Inhaber derselben teils mittelbar, teils unmittelbar zu den ersten Gewalten des Weltreichs gelangen, namentlich zu dem Vizekönigtum von Ägyptern und der Präfektur des Prätoriums in Rom. Bei dem Amt der kaiserlichen Finanzen findet sich indes die Anomalie, daß es auch noch in der Zeit, wo es in der Reihenfolge der Ämter eine so hohe Stufe bildete, hin und wieder von Freigelassenen bekleidet worden ist. Aber abgesehen davon, daß dergleichen Anomalien in dem Wesen des Absolutismus ihre Erklärung finden, mußte bei der Wahl gerade dieser Beamten die Rücksicht auf Geschäftskenntnis und Zuverlässigkeit andre Rücksichten überwiegen, und die Möglichkeit, bei etwaigen Veruntreuungen Zwangsmittel anwenden zu können, besonders in Betracht kommen. Dies letztere hebt auch Mäcenas in seiner Rede an Augustus bei Cassius Dio als Grund hervor, weshalb es sich empfehle, Freigelassene bei Geldverwaltungen anzustellen.

Als diese Ämter ganz oder größtenteils aufgehört hatten, den Freigelassenen zugänglich zu sein, war es vorzugsweise das Amt des Oberkämmerers *(a cubiculo, cubicularius)*, in dem sie noch zur Macht gelangen konnten: die Entwicklung desselben ist ebenso bezeichnend für das spätere Kaisertum, wie die der andern Ämter für das frühere. Waren die Kammerdiener freilich zu allen Zeiten einflußreich gewesen, so war doch ihre äußere Stellung anfangs eine sehr niedrige; erst der zunehmende Einfluß orientalischer Sitten gab dem „Vorgesetzten des heiligen Schlafgmachs“ *(praepositus sacri cubiculi)*, wie er nun hieß, eine hohe Würde: und die in den letzten Jahrhunderten gewöhnliche Bekleidung dieser Stelle durch Eunuchen gehört zu den bezeichnendsten Symptomen der vollendeten Orientalisierung des römischen Kaiserhofes. Die Eusebius und Eutropius regierten nicht bloß in Byzanz und Ravenna unumschränkter als einst die Pallas und Narcissus in Rom, sondern wurden auch rechtlich den höchsten Reichsbeamten gleichgestellt.

Doch bevor auf diese Ämter näher eingegangen werden kann, ist es nötig, die Stellung zu betrachten, welche die kaiserlichen Freigelassenen als solche, abgesehen von ihrem Dienst, einnahmen, und die Veränderungen zu verfolgen, welchen diese unter den Regierungen der beiden ersten Jahrhunderte immer von neuem unterworfen war.

Es waren während dieser Zeit beinahe ausschließlich die östlichen Länder, die Länder der alten Kultur, Griechenland, Kleinasien, Syrien und Ägypten, aus denen die kaiserliche Hausdienerschaft sowie die der großen Paläste Roms sich in der Regel bildete und ergänzte. Während der Norden und Westen zum größten Teil die Leibwächter stellte, denen die Kaiser die Sicherheit ihrer Person anvertrauten, wählten sie Griechen und Orientalen am liebsten zu ihrer Bedienung und zur Führung ihrer Geschäfte, und so stiegen diese von dem römischen Nationalstolz unter allen Völkern am tiefsten verachteten Menschen immer wieder zur höchsten Macht empor. Die Menschen im Osten waren eben, wie einer von ihnen es selbstgefällig ausgesprochen hat, schärfer von Verstand.

In wie geringer Achtung die Griechen im allgemeinen bei den Römern standen, ist bekannt. Cicero nennt sie betrügerisch, unzuverlässig und durch lange Knechtschaft zur Schmeichelei erzogen. Den schärfsten Tadel erfuhr ihr Mangel an Wahrheitsliebe, der freilich schon ihre leicht angeregte und bildnerische Phantasie Eintrag tat. Überdies waren die Vertreter der Nation in Rom oft am wenigsten „des alten Griechenlands würdig". Sie erscheinen in Juvenals bekannter Schilderung schnell von Geist, von betäubender Redefertigkeit, in allen Sätteln gerecht, nach Erfordernis bereit, als Gelehrte, Künstler, Turnlehrer, Wahrsager, Seiltänzer, Ärzte oder Zauberer aufzutreten, unerreichte Meister in der Kunst des Schmeichelns und Heuchelns, zu Schauspielern geboren, unerhört frech und in der Wahl ihrer Mittel unbedenklich und ruchlos. Abgesehen davon, daß hier die Farben stark aufgetragen sind, sind die Vorzüge, die auch die gesunkene Nation noch schmückten, vergessen: ihre (wie Philostrat rühmt, besonders den Ioniern) angeborene Feinheit, ihre höhere und reichere Bildung, die Anmut ihres Wesens, ihre Erfindungsgabe und Geschäftsgewandtheit, durch die sie sich schon an den Höfen von Persepolis und Susa ebenso unentbehrlich gemacht hatten wie jetzt in Rom.

Die Syrer galten für klug, zu anmutiger Unterhaltung wie Scherz und Spott ebenso geneigt wie dafür begabt, leichtfertig und zur Veränderung geneigt, aber auch für hinterlistig und verschlagen.

Der Nationalcharakter der Ägypter erschien den Griechen und Römern als ein seltsames Gemisch widersprechender, doch meist unliebenswürdiger und schlimmer Eigenschaften: „ägyptisch verfahren" sagten die Griechen für tükkisch handeln. Geist und Scharfsinn wurden besonders an den Alexandrinern gerühmt, ihr Witz war als schlagfertig und beißend, wie als obszön und possenreißerisch bekannt; ihre Frechheit und Unverschämtheit in Reden galt als beispiellos. Den Ägyptern im allgemeinen wurde Eitelkeit, Aufgeblasenheit, Insolenz und Prahlerei vorgeworfen. Sie waren sowohl zu kühnen Taten als zur Ertragung der Knechtschaft beanlagt. Sie waren wollüstig und üppig, ertrugen aber Foltern mit bewundernswerter Standhaftigkeit. Leicht entzündlich und aufbrausend, händel- und streitsüchtig, immer nach Neuem begierig (was sie selbst in ihren Gassenliedern zeigten) und daher stets zu Aufruhr und Umwälzungen geneigt, waren sie zugleich voll Neid, tiefer Arglist und finstrer Verstocktheit, die sich namentlich auch in ihrem religiösen Fanatismus kundgab. Tacitus nennt Ägypten eine Provinz, die durch Aberglauben und Zügellosigkeit zwieträchtig und unstät sei. Übrigens werden an den Fellahs des heutigen Ägyptens viele mit den Schilderungen der Alten auffallend übereinstimmende Charakterzüge hervorgehoben, namentlich List und Verschmitztheit, Ausdauer und Hartnäckigkeit, Eigensinn und Streitsucht, Neid und Lügenhaftigkeit, Hang zur Satire und beißender Witz.

Die Schicksale dieser kaiserlichen Diener, die nicht selten Beherrscher ihrer Herrscher wurden, gehören mit zu dem Seltsamsten jener an seltsamen Erscheinungen so reichen Zeit. Oft waren sie zum Verkauf nach Rom geführt worden und hatten mit geweißten Füßen auf dem Gerüst gestanden, wo die feilgebotenen Sklaven von Kauflustigen in Augenschein genommen und betastet wurden. Sie waren aus einer Hand in die andre gegangen, hatten alle Herabwürdigungen der Sklaverei erduldet, bevor sie durch Verkauf, Schenkung oder Vererbung in das kaiserliche Haus kamen oder als Freigelassene dahin übergingen. Talent und Brauchbarkeit oder Gunst des Zufalls richtete das

Auge des Herrn auf sie und hob sie aus dem unermeßlichen Dienertroß empor, die einen schnell und plötzlich, die andern langsam und stufenweise. Viele von ihnen haben in die Geschicke der Welt eingegriffen, und ihr Lebenslauf ist in den Blättern der Geschichte verzeichnet. Von andern, die allmählich von geringen zu höheren Diensten aufsteigend eine weniger glänzende, aber sicherere und immer noch ansehnliche und geehrte Stellung erreichten, geben Denkmäler uns Nachricht. Auch ihre Laufbahnen zu verfolgen, ist nicht ohne Interesse. Ähnliche Beispiele des Emporsteigens aus tiefster Niedrigkeit zu Glanz und Macht wie das damalige Rom bietet vielleicht nur noch Rußland im 18. Jahrhundert. Kutaissow, einer der Günstlinge Kaiser Pauls, war ein elternloser Türkenknabe, der beim Sturm von Bender den Soldaten in die Hände gefallen war und, aus dem Lager an den Hof gebracht, der untersten Dienerschaft zugezählt wurde; Stiefelputzer, dann Kammerdiener des Großfürsten, endlich Ober-Stallmeister, Graf, Ritter aller russischen Orden und überreicher Magnat, wußte er sich bis an sein Ende in der Gunst des Kaisers zu erhalten, wenn auch dieser, dessen Barbier er blieb, ihn gelegentlich mit dem Stocke abstrafte.

Die Stellung der Freigelassenen, insofern sie nur auf ihrem Verhältnis zum Kaiser beruhte, das Ansehen und die Macht, die sie als Diener seines Hauses auch außer dem Bereich ihres Amtes besaßen, war natürlich je nach den persönlichen Neigungen und Regierungsgrundsätzen der Kaiser sehr verschieden. Wenn aber auch ihr außeramtlicher Einfluß unter guten Regierungen verhältnismäßig beschränkt war, so war er doch, wie die folgende Übersicht ergeben wird, selbst unter den besten keineswegs gering: wobei man nicht vergessen darf, daß zu unsrer Kenntnis nur vereinzelte Tatsachen gekommen sind, und fast nur solche, die allgemeines Aufsehen erregten.

Augustus, der den Charakter eines Privatmannes geflissentlich zur Schau trug, war gegen seine Sklaven und Freigelassenen in Rom gelegentlich unnachsichtig streng, wenn sie sich im Vertrauen auf ihr Verhältnis zu seinem Hause Übergriffe erlaubten. In den Provinzen war ihnen mehr erlaubt. Wenigstens regierte der Gallier Licinus, ein ehemaliger Sklave Cäsars, in seinem Vaterlande als kaiserlicher Kommissar eine Zeitlang unumschränkt und erpreßte ungeheure Summen. Er hat sich durch die Abteilung des Jahres in 14 Monaten berühmt gemacht — für solche Abgaben nämlich, die monatlich erhoben wurden —, da November und Dezember, wie die Namen zeigten, erst der neunte und zehnte seien, und man folglich noch zwei Monate, die er Augusteische nannte, hinzurechnen müsse. Trotz der Beschwerden der Gallier, trotz des Unwillens des Augustus gelang es ihm, sich mit Aufopferung einer großen Summe zu retten, und ihm blieb noch so viel, daß sein Reichtum sprichwörtlich und mit dem der Crassus und Pallas zugleich genannt ward. Sein hochragendes marmornes Grabmal an der Via Salaria, das für die Ewigkeit gegründet schien, war späteren Generationen ein Gegenstand bitterer Betrachtung. Erwähnung verdient, daß der Freigelassene und Pädagog des Augustus, Sphärus, ein Begräbnis auf Staatskosten erhielt, und daß der Judenkönig Herodes, der Augustus in seinem Testament 1000 Talente vermacht hatte, 500 Talente zu Legaten bestimmte, mit denen er neben dessen Frau, Kindern und Freunden auch seine Freigelassenen bedachte.

Tiberius war eine zu aristokratische Natur, um Sklaven wissentlich und öffentlich Einfluß auf seinen Willen einzuräumen. „Seine Sklaven waren bescheiden, sein Hausstand auf wenige Freigelassene beschränkt", sagt Tacitus von der ersten Zeit seiner Regierung. Später, besonders seit dem Tode des Drusus, hat sich wohl auch dieses wie alles übrige geändert. Die wichtigste kaiserliche Provinz, Ägypten, ward nach dem Tode Sejans einem Freigelassenen, Hiberus, wenn auch auf kurze Zeit interimistisch übertragen. Der jüdische Prinz Herodes Agrippa richtete sich durch Geschenke an Tiberius' Freigelassene, deren tätigen Beistand er so erkaufte, fast zugrunde; und einer derselben, Thallus, ein Samaritaner, war imstande, ihm eine Million Denare zu leihen; doch war der Angesehenste von ihnen ein andrer, Euhodus. Einen weiteren Freigelassenen des Tiberius, Nomius, nennt Plinius als Besitzer eines der größten unter den bekannten, überaus kostbaren Tischen aus Citrusholz, und zwar eines massiven, während Tiberius selbst nur einen fournierten besaß.

Doch die ungeheure Anomalie, daß halbberechtigte und verachtete Menschen, allen Augen sichtbar an die Spitze des Weltreiches gestellt, nach Willkür die größten Schicksale entschieden, nahm erst unter Caligula ihren Anfang. Callistus, der Sklave eines Privatmannes, der ihn verkaufte, ward kaiserlicher Sklave und gelangte als Günstling Caligulas zu einer der kaiserlichen fast gleichen Allmacht und zu einem ungeheuren Vermögen. Seneca sah oft seinen früheren Herrn sich vergebens an seiner Tür um Einlaß bemühen. Caligula ließ sich im Jahre 39 durch seine Fürsprache bewegen, von der Verfolgung des ihm mißliebigen Redners Domitius Afer (Konsul 39) abzustehen. Als Teilnehmer der Verschwörung gegen Caligula behauptete Callistus auch unter dessen Nachfolger seine Stellung.

Die Regierung des Claudius war die Saturnalienzeit der Freigelassenen. In Senecas Pasquill auf die Vergötterung des Claudius heißt es bei seiner Ankunft im Himmel: man hätte glauben sollen, daß alle Anwesenden seine Freigelassenen waren, denn niemand kümmerte sich auch nur im geringsten um ihn. Callistus, Pallas und Narcissus, „kühne und verschlagene Männer", welche das kaiserliche Haus an die Stelle der Reichsregierung setzten, teilten sich in die Herrschaft. Sie und die übrigen Freigelassenen, mit Messalina im Bunde, verhandelten nach Willkür nicht bloß Bürgerrechte, Ämter und Statthalterschaften, sondern auch Straflosigkeit und Todesurteile. Außer den Genannten erwähnt Sueton Boter als Liebhaber der ersten Gemahlin des Claudius Urgulanilla und Vater ihrer Tochter Claudia, ferner den Eunuchen Posides, den Prokurator von Judäa Felix, den Studienrat Polybius und Harpocras. Die beiden letzteren nebst Myron, Ampheus und Pheronactus empfangen in dem Pasquill des Seneca ihren ehemaligen Herrn in der Unterwelt: er hatte sie vorausgesandt, um nirgends ohne Dienerschaft zu sein. Plinius nennt einen sehr reichen Eunuchen Thessalicus, der eigentlich ein Freigelassener des Marcellus Aeserninus war, sich aber, um mehr Macht zu gewinnen, in das Gesinde des Claudius hatte aufnehmen lassen, als den ersten, der die immergrüne Platane aus Kreta nach Italien und auf seine Villen bei Rom verpflanzte.

Kaum geringere Macht besaßen die Freigelassenen Neros. Polyclet, einer der verrufensten Räuber an diesem Hofe, ward im Jahre 61 nach Britannien gesandt, als Schiedsrichter zwischen dem Legaten und dem Prokurator dieser Provinz, und um zugleich die noch rebellischen Stämme zur Ruhe zu bringen. Mit ungeheurem Gefolge zur Belästigung Italiens und Galliens reisend, erschien er in Britannien, von dem Heere gefürchtet, aber den Barbaren zum Gespött, weil sie die Macht der Freigelassenen noch nicht kannten, nicht begriffen, daß ein Heer, ein siegreicher Feldherr vor einem Sklaven sich beuge. Ein andrer, Helius, schon von Claudius freigelassen, war im Anfang von Neros Regierung Verwalter des kaiserlichen Privatvermögens in der Provinz Asia und wurde im Jahre 54 von Agrippina als Werkzeug der Ermordung des dortigen Prokonsuls Junius Silanus gebraucht. Ihn ließ Nero während seiner durch die Reise nach Griechenland verursachten Abwesenheit (im Jahre 66 und 67) in Rom zurück mit so unumschränkter Vollmacht, daß er Konfiskationen, Todes- und Verbannungsurteile selbst gegen Ritter und Senatoren vollstrecken ließ, ohne Nero vorher eine Anzeige zu machen, so daß Rom, wie Cassius Dio sagt, zwei Kaisern unterworfen war, von denen man nicht zu sagen wußte, welcher der schlimmere sei. Den Eunuchen Pelago gab Nero der im Jahre 62 zur Ermordung des Rubellius Plautus abgesandten, von einem Centurionen geführten Soldatenabteilung als Befehlshaber, wie einen königlichen Diener einer Schar von Trabanten. Vorsteher des Amtes der Bittschriften und Beschwerden waren Doryphorus, ein Genosse von Neros Ausschweifungen, den dieser später vergiften ließ, und Epaphroditus (der Herr des Philosophen Epictet), der Nero bei seinem Selbstmorde behilflich war.

Galba ließ diejenigen Freigelassenen Neros, deren Bestrafung der allgemeine Haß am lautesten forderte, hinrichten, namentlich Polyclet, Helius und Patrobius, der im Jahre 66 die prachtvollen Schauspiele zur Feier der Ankunft des Partherkönigs Tiridates in Puteoli geleitet hatte. Doch einen der verruchtesten, Halotus (vielleicht den Eunuchen, der als Vorkoster bei Claudius' Vergiftung tätig gewesen war), ließ Galba nicht bloß straflos, sondern verlieh ihm auch eine sehr bedeutende Prokuratur. Seinen eignen Freigelassenen gegenüber bewies er die schmählichste Nachgiebigkeit, und nach wie vor wurde am Hofe Besteuerung und Steuerfreiheit, Bestrafung Unschuldiger und Straflosigkeit Schuldiger für Geld verkauft oder nach Gunst verschenkt. Am mächtigsten war Galbas Günstling Hicelus, ein Mensch von der schmutzigsten Vergangenheit, der aber seinem Herrn Ergebenheit bewiesen hatte. Er ward durch Verleihung des goldnen Ringes in den Ritterstand erhoben, ja man bezeichnete ihn als Kandidaten für die Präfektur des Prätoriums. Auch er mißbrauchte seine Allmacht zur schamlosesten Plünderung. Otho ließ ihn hinrichten; dagegen setzte er die Freigelassenen und Prokuratoren Neros in ihre Stellen wieder ein, was allgemeine Besorgnis erregte. Seinem eignen Freigelassenen Moschus gab er im Bürgerkriege den Befehl über die Flotte und zugleich den Auftrag, das Verhalten der höheren Stände zu beobachten.

Aus ebenso tiefer Niedrigkeit wie Hicelus stieg am Hofe des Vitellius dessen Freigelassener Asiaticus zu gleicher Macht empor. Von seinem Herrn gemißbraucht, war er ihm aus Überdruß entlaufen und trieb sich in Puteoli als Verkäufer eines von den untersten Klassen genossenen Getränkes umher; wieder eingefangen, ward er abermals der Liebling seines Herrn und erbitterte ihn abermals, so daß dieser ihn aus Zorn an einen auf Märkten umherziehenden Führer von Gladiatorenbanden verkaufte; dann aber nahm er ihn aufs neue zu sich und ließ ihn endlich frei. Gleich am ersten Tage des neuen Kaisertums ward Asiaticus in den Ritterstand erhoben; innerhalb von vier Monaten hatte er es den verrufensten Freigelassenen der früheren Höfe gleichgetan. Er endete mit seinem Herrn, wahrscheinlich am Kreuze. Von den Freigelassenen der beiden ersten Flavier ist wenig bekannt. Bei Philostrat erteilt Apollonius von Tyana dem Vespasian den Rat, den Übermut der Freigelassenen zu brechen: je größer ihr Herr sei, desto demütiger müßten sie sein. Nach Sueton glaubte man, daß Vespasian die raubsüchtigsten Prokuratoren zu höheren Stellen beförderte, um sie verurteilen zu lassen, wenn sie sich in diesen noch mehr bereichert hatten, und ihr Vermögen einzuziehen. Einer seiner Freigelassenen, der übelberüchtigte Hormus, der im Bürgerkriege sich tätig bewiesen hatte (man gab ihm die Zerstörung Cremonas schuld), erhielt im Jahre 71 die Ritterwürde. Auch unter Domitian gelangten die Freigelassenen wieder zu wichtigen Ämtern und großer Macht; die Kämmerer Parthenius und Sigerus waren an diesem Hofe Personen von hoher Bedeutung.

Eine wesentliche Änderung in der Stellung der kaiserlichen Freigelassenen trat mit Nerva und Trajan ein. Doch der Ton, in dem der jüngere Plinius die neuen Regierungsgrundsätze preist, zeigt, daß sie immer noch mächtig genug blieben. „Die meisten Fürsten", sagt er, „waren zugleich Herren der Bürger und Sklaven der Freigelassenen; durch die Ratschläge und Winke dieser wurden sie gelenkt, durch sie hörten, durch sie redeten sie; durch sie, oder vielleicht bei ihnen bewarb man sich um Präturen, Priestertümer und Konsulate. Du erweisest deinen Freigelassenen freilich die höchste Ehre, aber doch als Freigelassenen, und glaubst, daß es für sie völlig genug sei, wenn sie für redlich und rechtschaffen gelten. Denn du weißt, daß große Freigelassene ein Hauptmerkmal eines nicht großen Fürsten sind. Und vor allem hast du keinen um dich, der nicht dir oder deinem Vater und allen Guten teuer wäre, sodann weisest du sie täglich an, daß sie sich nach ihrer Stellung, nicht nach der deinen messen; und sie sind um so würdiger, daß ihnen von uns jede Ehre erwiesen wird, weil wir nicht dazu gezwungen sind." Auch erzählt Plinius, daß bei der Anklage des Eurythmus, eines Freigelassenen und Prokurators des Trajan, auf Testamentfälschung die Beteiligten sich scheuten, gegen den Angeklagten aufzutreten, was Trajan zu der schönen Äußerung veranlaßte: „Weder ist jener Polyclet, noch bin ich Nero." Hadrian soll es nicht verschmäht haben, um seine Adoption zu sichern, Trajans Freigelassene durch Bestechung und Aufmerksamkeiten zu gewinnen. Er selbst freilich wollte, daß die seinen nicht öffentlich bekannt sein, noch daß sie irgend etwas bei ihm vermögen sollten; er pflegte zu sagen, daß allen früheren Kaisern die Laster ihrer Freigelassenen zur Last zu legen seien, und war streng gegen alle, die sich ihres Einflusses bei ihm rühmten. Auch Antoninus Pius war gegen seine Freigelassenen sehr streng und vernichtete den Einfluß der Hofbedienten am wirksamsten dadurch, daß er sich selbst von allem unterrichtete und sie so verhinderte, ihre Mitteilungen zu verkaufen. Aber Marc Aurel war zu mild, wenigstens um den Einfluß der von seinem Mitregenten begünstigten Freigelassenen Geminus und Agaclytus zu brechen, ja er duldete, daß Verus den letzteren mit der Witwe seines Vetters M. Annius Libo († als Statthalter von Syrien um 165) vermählte, und war bei der Hochzeit zugegen, so sehr die Heirat ihm zuwider war. Nach dem Tode des Verus entfernte er freilich dessen Freigelassene unter ehrenvollen Vorwänden, mit Ausnahme dessen, der später der Mörder seines Sohnes wurde, Eclectus. Unter Commodus schalteten die Freigelassenen mit ebenso umumschränkter Willkür wie nur je unter Claudius, und einer von ihnen, Cleander, bekleidete wirklich die Stelle des Präfekten des Prätoriums von Rom, die höchste nach dem Kaiser. Pertinax zog sich durch energische Maßregeln gegen die Ausschreitungen der Hofdiener ihren tödlichen Haß zu, der nicht am wenigsten wirksam war, seinen Untergang zu beschleunigen. Sever war ebenfalls streng gegen die Freigelassenen; desto mehr vermochten sie unter Caracalla, dessen Schicksal sie teilten. Neue Saturnalien begannen für sie unter Elagabal.

Wenn auch zuweilen, namentlich nach gewaltsamen Umwälzungen, die Dienerschaft des kaiserlichen Hauses umgestaltet wurde, so ging sie doch in der Regel im ganzen unverändert von einem Hof auf den andern über, und so konnte es für die meisten nicht schwer sein, eine Erfahrung zu gewinnen, die sie befähigte, „ihr Fahrzeug in jedem Wasser zu steuern". Von Graptus, der auf Nero einen unheilvollen Einfluß übte, sagte Tacitus, durch Alter und Erfahrung habe er von den Zeiten des Tiberius an das kaiserliche Haus gründlich kennengelernt. Der Vater des Claudius Etruscus, der als fast neunzigjähriger Mann unter Domitian starb, war, fast noch ein Knabe, unter Tiberius an den Hof gekommen, hatte zehn Kaisern gedient und, wie es scheint, in dieser Zeit nur eine kurze Ungnade erlebt. Von seinen Herren waren sechs eines gewaltsamen Todes gestorben, während so vieler blutigen Regierungen war manches alte Geschlecht ausgerottet worden, gewaltsame Erschütterungen haten den Erdkreis umgestaltet: und der alte, übrigens von Vespasian in den Ritterstand erhobene Freigelassene ging in ungestörtem Genuß seines Ansehens und seiner ungeheuren Reichtümer einem friedlichen Ende entgegen. Und so sind Hunderte in den Kaiserpalästen aufgewachsen und emporgekommen, die sich in einen Herrn nach dem andern zu fügen wußten und einen nach dem andern überlebten — wer hätte erzählen können, was sie zu erzählen wußten!

Doch freilich verminderte sich die Sicherheit ihrer Stellung, je höher sie stiegen. Wie zum Teil die eben gegebene Übersicht lehrt, brachte es vielen den Untergang, wenn ihre Reichtümer die Begierde des Kaisers erregten (namentlich Nero ließ mehrere alte und reiche Freigelassene vergiften), wenn sie ihm oder andern Günstlingen zu mächtig wurden, wenn sie bei Thron- und Palastrevolutionen zu den Häuptern der unterliegenden Partei gehörten, wenn sich die Folgen ihrer Teilnahme an verhängnisschweren Taten und Beschlüssen gegen sie selbst kehrten; denn oft genug haben sie bei Verschwörungen gegen die Kaiser, bei der Wahl ihrer Gemahlinnen oder Thronfolger einen entscheidenden Einfluß geübt.

Die Reichtümer, die ihnen infolge ihrer bevorzugten Stellung zuströmten, waren eine Hauptquelle ihrer Macht. In einer Zeit, wo die Reichtümer der Freigelassenen überhaupt sprichwörtlich waren, konnten sich doch sicherlich die wenigsten mit diesen kaiserlichen Dienern messen. Narcissus besaß 400 Mill. Sesterzen (87 Mill. Mark), das größte aus dem Altertum überhaupt bekannte, sonst nur noch einmal, bei dem Augur Cn. Lentulus unter Augustus, bezeugte Vermögen, und Juvenal stellt seinen Reichtum mit dem des Krösus und des Perserkönigs zusammen; Pallas besaß 300 Mill. (65 Mill. Mark), Callistus, Epaphroditus, Doryphorus und andre kaum minder kolossale Schätze. Als Claudius einst über Ebbe im kaiserlichen Schatz klagte, hieß es in Rom, er werde Überfluß haben, wenn er von seinen beiden Freigelassenen (Narcissus und Pallas) in ihre Genossenschaft aufgenommen würde. Von Epaphroditus erzählt Epictet, daß ein Bittsteller ihm einen Fußfall tat und sein Unglück bejammerte, da er nur noch 6 Mill. Sesterzen (1,3 Mill. Mark) besitze: worauf Epaphroditus sein Erstaunen äußerte, daß jener eine solche Armut ruhig habe ertragen können. Spätere Erwähnungen werden zeigen, daß auch viele, die nicht so hohe Stellungen einnahmen, sehr reich waren. Abgesehen von ihren einträglichen Ämtern hatten sie in den Provinzen wie in Rom, bei Geldverwaltungen wie im kaiserlichen Hausdienst tausendfache Gelegenheit, durch geschickte Benutzung der Umstände ihr Vermögen zu vermehren, auch ohne gerade zu plündern und zu erpressen. Es versteht sich, um nur dies zu erwähnen, von selbst, daß die im Hofdienst Angestellten sich jede wirkliche oder angebliche Mitwirkung, um ein Anliegen an das Ohr des Kaisers zu bringen, jeden mittelbaren oder unmittelbaren Einfluß auf seine Entschlüsse bezahlen ließen. Auf einer Reise Vespasians stieg der Maultiertreiber ab, angeblich um die Tiere zu beschlagen, in der Tat aber, um jemandem die Gelegenheit zu bieten, ein Anliegen an den Kaiser zu bringen. Vespasian fragte, für welchen Preis er beschlagen habe, und bedang sich einen Teil der Bezahlung aus. Mit Nachrichten über die kaiserlichen Äußerungen, Absichten und Stimmungen wurde ein gewinnreicher Handel getrieben, häufig waren diese teuer verkauften Mitteilungen bloßer Dunst *(fumi)*; bereits Martial erwähnt „das Verkaufen von eitlem Dunst beim kaiserlichen Palast" als Gewerbe, und die späten Kaiserbiographen brauchen den Ausdruck fast wie einen technischen. Alexander Severus ließ einen seiner Leute, der über ihn „Dunst verkauft" und dafür von einem Militär 100 Goldstücke empfangen hatte, ans Kreuz schlagen und seinen Vertrauten Verconius Turinus wegen gewerbsmäßiger Betreibung dieses Handels auf dem Forum des Nerva an einen Pfahl gebunden in Rauch ersticken, wobei ein Herold ausrief: der Dunst verkaufte, wird mit Dunst getötet. Hadrian und Antoninus Pius hielten an ihren Höfen so gute Ordnung, daß keiner von ihren Freunden und Freigelassenen etwas von dem, was sie sagten oder taten, „verkaufte, wie es die kaiserlichen Diener und Hofleute zu tun pflegen". Die immer von neuem angewandten Maßregeln der Kaiser gegen diesen Handel mit falschen Vorspiegelungen zeigen, wie unmöglich es war, den Übelstand auf die Dauer zu beseitigen. Die Schilderung, die in dem Leben Elagabals in der kindischen Weise dieser Kaiserbiographien von dem Treiben eines seiner Günstlinge gegeben wird, paßt wohl auf den größten Teil der Kaiserzeit mehr oder weniger. Aurelius Zoticus, der Sohn eines Kochs aus Smyrna, „verkaufte alles, was der Kaiser sagte und tat, unter falschen Vorspiegelungen *(fumis)*, in Hoffnung auf ungeheure Reichtümer, indem er dem einen drohte, andern versprach, alle betrog, und wenn er von ihm herauskam, zu den einzelnen mit den Worten herantrat: Von dir habe ich dies gesagt, von dir habe ich dies gehört, mit dir wird dies geschehen: wie Menschen der Art sind, die, wenn sie zu einer großen Vertraulichkeit mit den Kaisern zugelassen werden, den Ruf nicht bloß der schlechten, sondern auch der guten Regenten verhandeln und infolge der Torheit oder Arglosigkeit der Kaiser, die dies nicht durchschauen, von solchen schändlichen Betrügereien sich mästen".

Im Besitz so enormer Reichtümer überboten die kaiserlichen Freigelassenen die Großen Roms in Üppigkeit und Pracht. Ihre Paläste waren die prächtigsten Roms, der des Eunuchen Posides überglänzte nach Juvenal das Kapitol, und das Seltenste und Kostbarste, was die Erde bot, schmückte sie in verschwenderischer Fülle. Während der Arme sorglos ist, heißt es bei demselben Dichter, zittert der reiche Licinus für die phrygischen Säulen und Statuen, den Bernstein, das Schildpatt und Elfenbein in den Sälen seines Palasts. In einem von dem Freigelassenen Caligulas Callistus erbauten Speisesaal sah Plinius dreißig Säulen aus orientalischem Alabaster: vier kleinere Säulen aus diesem Stein hatte Cornelius Balbus in seinem (unter Augustus erbauten) Theater der Merkwürdigkeit halber aufstellen lassen. Wenn die „Bäder der Freigelassenen" ihrer Pracht wegen beinahe sprichwörtlich waren, so waren sicherlich die glänzendsten darunter die der kaiserlichen Freigelassenen. In dem Bade, das der Sohn eines solchen, Claudius Etruscus, baute, waren häufig gebrauchte, wenn auch kostbare Marmorarten als zu gemein gar nicht, die seltensten in Masse verwendet; die Gewölbe glänzten mit bunten Bildern aus Glasmosaik, aus silbernen Röhren sprang das Wasser in silberne Becken. Ihre Parks und Gärten waren die größte und schönsten der Stadt, ihre Villen die herrlichsten der Umgegend. Welcher „Knecht" Neros (hier und sonst sind mit diesem Ausdruck die verhaßten und verachteten Freigelassenen gemeint), fragt der ältere Plinius, wäre vor kurzem mit einem Grundstück von zwei Morgen für seinen Garten zufrieden gewesen? Erwähnt werden in Rom die Parks des Pallas und Epaphroditus auf dem Esquilin. Wer den Garten am Palast des Entellus (Freigelassenen des Domitian) sehe, sagt Martial, müsse ihn dem des Alcinous vorziehen: dort reifte unter schützender Glasdecke die Purpurtraube trotz der Winterkälte. Die kaiserlichen Freigelassenen schmückten aber auch Rom und andre Städte der Monarchie mit prachtvollen und gemeinnützigen Bauten. Cleander, der mächtige Freigelassene des Commodus, verwandte einen Teil seines ungeheuren Vermögens zur Erbauung von Häusern, Bädern und „andern, sowohl einzelnen als ganzen Städten nützlichen Anstalten". An verschiedenen Orten nennen Inschriften kaiserliche Freigelassene als Erbauer von Tempeln, Thermen und andern großen Gebäuden, oder erwähnen die ihnen für solche Munifizenz errichteten Statuen oder sonst erwiesenen Ehren. Die kostbarsten Luxusgegenstände, die Erfindungen der raffiniertesten Üppigkeit tugen ihren Namen. Wannenbäder, die durch Hineinleiten oder Hineingießen bajanischen Sprudels erhitzt waren, hießen nach dem Eunuchen des Claudius Posidianische Bäder. Wie Caligula ließ auch einer von den „Knechten" Neros sein Badewasser mit Essenzen mischen. Wie die Feldherren Alexanders des Großen ließ Patrobius sich zu gymnastischen Übungen Sand vom Nil kommen. Ihre und der Ihrigen sterbliche Reste wurden mit orientalischem Pomp zur Ruhe bestattet, kolossale Denkmäler, zu deren Ausschmückung sich alle Künste vereinten, erhoben sich über ihrer Asche, und prahlende Inschriften verkündeten ihre Verdienste der Nachwelt. Die Angaben in der Grabschrift des Pallas († 62) über die ihm vom Senat angetragenen, von ihm nur teilweise angenommenen Ehrenbezeigungen ärgerten noch im Jahre 107 den Konsularen Plinius zu sehr, als daß er darüber hätte lachen können.

Den allmächtigen Dienern des Kaisers Ehre zu erweisen und zu huldigen, wetteiferte die höchste Aristokratie Roms, wie tief auch diese Abkömmlinge uralter ruhmvoller Geschlechter die aus verhaßten Stämmen entsprossenen, mit der Schmach der Knechtschaft unauslöschlich befleckten Menschen innerlich verachteten und verabscheuten, die überdies rechtlich in mehr als einer Hinsicht noch unter dem freigeborenen Bettler standen. Denn die kaiserlichen Freigelassenen waren als solche nicht besser berechtigt als der ganze Stand, und die Standeserhöhungen, welche die Kaiser und der Senat einzelnen bewilligten, gaben ihnen höchstens auf Rechte des zweiten Standes Anspruch, wenn auch (doch nur höchst selten) äußerliche Auszeichnungen des ersten damit verbunden wurden. Am häufigsten war schon im ersten Jahrhundert die Erhebung in den Ritterstand durch Verleihung des goldenen Rings, und selbst in der Austeilung dieser Ehre scheinen wenigstens die damaligen Kaiser sparsam gewesen zu sein; denn da sie gerade den verdientesten oder bevorzugtesten Günstlingen verliehen wurde, darf man glauben, daß sie damals noch nicht durch allzu häufige Erteilung ihren Wert verloren hatte. Bekannt ist die Erhebung in den Ritterstand von Pallas durch Nero, Hicelus durch Galba, Asiaticus durch Vitellius, Hormus und dem Vater des Claudius Etruscus durch Vespasian. Mit dieser Erhebung in den Ritterstand ward zuweilen die Beilegung eines neuen (ritterlichen) Beinamens verbunden: so erhielt Hicelus den Namen Marcianus; der zum Kammerdiener Elagabals ernannte Aurelius Zoticus wurde mit dem Namen von dessen Großvater Avitus geehrt. Ausnahmsweise wurde auch das Ritterpferd nach Erteilung der Ingenuität Freigelassenen verliehen. Daß Narcissus vom Senat quästorische und Pallas sogar prätorische Abzeichen verliehen wurden, gehört zu den Anomalien dieser Zeit des Regiments der Freigelassenen sowie auch, daß beide den Senatssitzungen beiwohnen durften. Dadurch, daß Claudius seinen sämtlichen Prokuratoren Jurisdiktion in Fiskalsachen erteilte, stellte er, wie Tacitus sagt, die Freigelassenen, die er über sein Privatvermögen gesetzt hatte, mit sich selbst und den Gesetzen auf eine Stufe. Narcissus und Domitians Kammerdiener Parthenius haben sogar den Offiziersdegen geführt, den nicht einmal den senatorischen Prokonsuln, sondern nur den vom Kaiser ernannten Befehlshabern zu führen zukam; vielleicht als Zeichen eines militärischen Kommandos über die Palastwache. Was Claudius seinem Freigelassenen Harpocras bewilligte, sich in der Stadt der Sänfte zu bedienen und öffentliche Schauspiele zu veranstalten, das waren Rechte, die vielleicht allen freigebornen und anständigen Personen zustanden. Eine militärische Auszeichnung (den Lanzenschaft ohne Spitze, *hasta pura*) gab mit gewohnter Taktlosigkeit Claudius beim britannischen Triumph dem Eunuchen Posides. Der Erzieher des L. Verus, der Freigelassene Nicomedes, der dieselbe und andre Auszeichnungen erhielt, war zuvor in den Ritterstand erhoben worden.

Die äußerlichen Auszeichnungen der kaiserlichen Diener waren also (kurze Perioden abgerechnet) im ganzen bescheiden; äußerlich wenigstens sollte ihr untergeordnetes Ranges- und Standesverhältnis gegenüber den hochgebornen, mit tönenden Namen und äußerlichem Pomp aller Art geschmückten Würdenträgern der Monarchie gewahrt und bezeichnet bleiben. In Wirklichkeit gestaltete sich das Verhältnis sehr anders, ja verkehrte sich oft genug in das Gegenteil, und die grenzenlos verachteten „Sklaven" hatten die Befriedigung, daß „Freie und Edle sie bewunderten und glücklich priesen", daß die Größten Roms sich aufs tiefste vor ihnen demütigten; nur wenige wagten sie als Bediente zu behandeln, wie der unter Nero im Jahre 65 enthauptete Lateranus, der dem Epaphroditus, als dieser versuchte ihn auszuforschen, erwiderte: „Wenn es mir wünschenswert sein sollte, werde ich mit deinem Herrn sprechen." Für Pallas ward mit plumper Schmeichelei ein Stammbaum ersonnen, der seine Abkunft von dem gleichnamigen Könige Arkadiens ableitete, und ein Abkömmling der Scipionen schlug im Senat eine Dankadresse vor, weil der Sproß eines Königshauses seinen uralten Adel dem Wohl des Staats nachsetze und sich herablasse, Diener des Fürsten zu sein. Auf den Vorschlag eines der Konsuln (vom Jahre 52) wurden ihm die prätorischen Insignien und ein bedeutendes Geldgeschenk (15 Mill. Sesterzen = 3¼ Mill. Mark) angetragen; Pallas nahm nur die ersten an. Nun folgte ein Dekret, das fünfzig Jahre später der jüngere Plinius im Senatsarchiv mit Scham und Entrüstung las. Der Senat habe zwar dem verdienten Manne aus dem Staatsschatz eine ansehnliche Summe zuerkannt und, je entfernter sein Gemüt von Habsucht sei, desto eifriger sich bei dem Kaiser, dem Vater des Vaterlandes, verwenden wollen, daß er seinen Schatzverwalter bewegen möchte, den Wünschen des Senats nachzugeben. Da aber der Kaiser auf Pallas' Wunsch und in dessen Namen das Geldgeschenk abgelehnt, so bezeuge der Senat, daß er zwar jene Summe und die übrigen Pallas zuerkannten Ehrenbezeigungen verdientermaßen und mit Freuden votiert habe, daß er jedoch dem Willen seines Fürsten, dem zu widerstreben er in keiner Sache für zulässig achte, sich auch hierin füge. Dieses Dekret wurde auf einer Bronzetafel (wahrscheinlich an einem Büro des kaiserlichen Schatzes) neben einer geharnischten Statue Julius Cäsars öffentlich aufgestellt und der Besitzer von 300 Mill. Sesterzen als ein Muster strenger Uneigennützigkeit gepriesen. L. Vitellius, der Vater des gleichnamigen Kaisers, ein Mann in sehr hoher Stellung, allerdings ein selbst damals staunenerregender Virtuose der Niederträchtigkeit, verehrte unter seinen Hausgöttern goldene Bilder des Pallas und Narcissus. Polybius wurde oft in der Mitte beider Konsuln wandelnd gesehen. Und noch Severus mußte ein vom Senat für seinen Freigelassenen Euhodus beschlossenes Ehrendekret mit der Bemerkung zurückweisen: es sei eine Schande, wenn dergleichen über einen kaiserlichen Diener in die Senatsakten eingetragen würde.

Doch nichts ist so bezeichnend für die Stellung dieser ehemaligen Sklaven, wie daß sie die Töchter vornehmer und selbst dem Kaiserhause verwandter Geschlechter als Gemahlinnen heimführen durften, in einer Zeit, wo der Stolz des Adels auf alte Abkunft und eine lange Reihe edler Ahnen sehr groß war, und trotz der gesetzlichen Bestimmung, daß die Töchter von Senatoren oder deren Enkelinnen und Urenkelinnen im Mannesstamme nicht mit Freigelassenen verlobt und vermählt werden sollten; eine Bestimmung, die freilich von den Kaisern ebensogut aufgehoben werden konnte wie die entsprechende, daß Senatoren nicht freigelassene Frauen heiraten durften. Felix, der Bruder des

Pallas, bekannt als Prokurator von Judäa, ward der Gemahl dreier Königstöchter, deren erste, Drusilla, eine Enkelin des Antonius und der Kleopatra, die zweite, ebenfalls Drusilla genannt, eine Tochter des Herodes Agrippa war; die dritte ist unbekannt. Auch seine Nachkommen waren weit entfernt, sich der Abkunft von ihm zu schämen. Eine Inschrift zu Pola, die einem seiner Urenkel, L. Anneius Domitius Proculus, von dessen Großmutter Antonia Clementiana gesetzt ist, nennt diesen Knaben von senatorischem Stande ausdrücklich einen Urenkel des Antonius Felix. Die Mutter des Claudius Etruscus, ausgezeichnet durch Schönheit, war die Schwester eines Konsuls, der im ersten dacischen Kriege (86) befehligte. Auch Priscilla, die Gemahlin des Freigelassenen Domitians Abascantus, war von edler Abkunft. Daß Agaclytus die Witwe des Annius Libo, eines Vetters des Kaisers Marc Aurel, heiratete, ist bereits erwähnt. Diese zufällig bekannten Fälle berechtigen wohl zu der Annahme, daß Verschwägerungen von kaiserlichen Freigelassenen mit edlen Familien nicht selten waren.

Alles vereinigte sich also, um den plumpen Hochmut dieser oft aus tiefster Niedrigkeit aufgestiegenen Emporkömmlinge aufs höchste zu steigern, und die Insolenz, die sie zur Schau trugen, war um so trotziger, je mehr sie sich von den Frei- und Hochgebornen verachtet wußten. Als einst auf der Bühne der Vers gesprochen wurde: „Unleidlich ist ein abgeprügelter Knecht im Glück", wandten sich alle Augen auf den anwesenden Polybius, und dieser rief zurück: derselbe Dichter habe auch gesagt: „Auch Könige wurden, die einst Ziegen hüteten." Pallas, der seinen finstern Hochmut selbst Nero gegenüber (der ihm freilich mit den Thron verdankte) nicht verbarg und sich ihm endlich unerträglich machte, wurde im Jahre 55 wegen Hochverrats vor Gericht gestellt. Als einige aus seiner Dienerschaft als Mitwisser genannt wurden, erwiderte er: nie habe er in seinem Hause etwas anders als mit Winken und Deuten verfügt; wenn mehreres zu bemerken gewesen, habe er seine Befehle schriftlich erteilt, um sich nicht durch Sprechen gemein zu machen. Allerdings war der Übermut der Freigelassenen wie ihre Macht unter Claudius am größten, aber groß war er zu allen Zeiten, und jeder, der es wagte, ihm entgegenzutreten, konnte auf allgemeinen Beifall rechnen. Einen der vermutlich nicht häufigen Fälle, in denen dies geschehen war, berichtet Plutarch. Ein eben reich gewordner kaiserlicher Freigelassener betrug sich bei einem Gastmahl gegen einen anwesenden Philosophen plump und insolent und fragte schließlich, wie es komme, daß aus schwarzen sowohl wie aus weißen Bohnen gelbe Brühe werde; worauf dieser die Gegenfrage tat, weshalb von schwarzen und weißen Riemen gleicherweise rote Striemen entstehen. Martial, der in einem Gedicht die Haltung der Freigelassenen Domitians preist, ist hier nicht glaubwürdiger als in seinen übrigen Lobeserhebungen dieser Regierung. Bisher, heißt es dort, sei in Rom der Dienertroß der Fürsten verhaßt und der palatinische Hochmut berüchtigt gewesen. Aber jetzt seien die Leute des Kaisers so allgemein beliebt, daß sie jedem näher stehen als sein eigenes Haus. So groß sei ihre Milde, ihre Achtung für andere, so ruhig ihr Wesen, so bescheiden ihr Auftreten. Kein Freigelassener habe seinen persönlichen Charakter, sondern alle den ihres Herrn: so sei die Natur des mächtigen Hofs. Je größer der Hochmut der kaiserlichen Freigelassenen war, desto unwiderstehlicher wirkte ihre gelegentliche Herablassung; Epictet nennt ihre Freundlichkeit ausdrücklich unter den Dingen, die einem auf äußere Güter bedachten Menschen jedes Geheimnis zu entreißen vermochten.

In der eigentlichen Verwaltung bekleideten die Freigelassenen selten hohe Stellungen; vielmehr war es schon vor der neuen Organisation Hadrians durchaus Regel, diese mit Rittern zu besetzen. So sind die Direktoren der wichtigeren Steuerämter, z. B. der fünfprozentigen Erbschaftssteuer, der großen Mehrzahl nach Ritter. Doch kamen noch Ausnahmen vor, teils infolge kaiserlicher Willkür, teils, weil bei diesen Ämtern es vielfach so gut wie ausschließlich auf persönliche Brauchbarkeit ankam. Claudius ernannte den obenerwähnten Freigelassenen Felix (den Bruder des Pallas) sogar zum regierenden Statthalter von Judäa. Und wenn dies eine Anomalie dieser Zeit des Freigelassenenregiments war, so erscheint doch auch ein kaiserlicher Freigelassener, Acastus (aus unbestimmter Zeit), mit gleicher Vollmacht als Statthalter der ganzen Provinz Mauretanien, die sonst in zwei Statthalterschaften geteilt war und in der eine bedeutende Truppenmacht stand. Daß neben Rittern Freigelassene einzeln noch unter den Claudiern als Befehlshaber der Flotten erscheinen, hat seinen Grund darin, daß diese anfangs als dem Kaiser gehörige, nicht als Reichsflotten angesehen wurden: erst später (nachweislich seit Hadrian) wurden die Kommandos der beiden Flotten zu Misenum und Ravenna unter die höhern ritterlichen Ämter eingereiht.

Auch die Direktion der Finanzverwaltung in den kaiserlichen sowie der Erhebung der fiskalischen Gefälle in den Senatsprovinzen wurde Freigelassenen übertragen. Doch öfter wurden sie ohne Zweifel als Distrikts- und Subalternbeamte jenen höheren Finanzbeamten untergeordnet, wie z. B. ein Prokurator des Bezirks von Karthago dem Prokurator der Provinz Afrika, ein Prokurator der Inseln Malta und Gozzo dem von Sicilien. Die Intendanten des kaiserlichen Hoflagers (*procuratores castrenses*, ein wegen seiner nahen Beziehung zu der Person des Kaisers nicht unbedeutendes Amt) waren in den beiden ersten Jahrhunderten regelmäßig Freigelassene; auch die Prokuratoren der Wasserleitung Roms waren es, noch nachdem Hadrian diese Stelle zu einer ritterlichen gemacht hatte, nicht selten. In der überaus umfangreichen und vielartigen Verwaltung des je länger je mehr zu ungeheurer Ausdehnung angewachsenen und durch das ganze Reich verbreiteten kaiserlichen Hausguts, das allmählich den Charakter eines Kronguts angenommen hatte, behielten Freigelassene, auch seit sie die von Hadrian den ritterlichen Prokuratoren übergebene Oberleitung nur ausnahmsweise erhielten, vielfach die Direktion der einzelnen Abteilungen. Sie führten oft die Aufsicht über kaiserliche Bergwerke und Marmorbrüche, über Waldungen und Güterkomplexe, über Parks, Villen und Paläste in Italien und den Provinzen; so verwaltete z. B. ein M. Ulpius Euphrates als Prokurator das aus der Erbschaft des Vedius Pollio in das kaiserliche Hausgut übergegangene Pausilypon (Posilipp bei Neapel). Unter den Freigelassenen, die seit Claudius die geschäftliche Leitung der kaiserlichen Gladiatorenspiele und Tierhetzen hatten, stand ein zahlreiches Personal: so gab es z. B. einen eigenen Prokurator für die Verwaltung der zur Unterhaltung der kaiserlichen Elefanten bestimmten Gelder. Für die Beförderung der Freigelassenen von einer Prokuratur zur andern bestand bereits unter Marc Aurel eine feste Ordnung. Von den Gehältern der ihnen zugänglichen Finanzämter kennen wir nur das des Prokurators der römischen Wasserleitungen, das 1000.000 Sesterzen (21.750 Mark) betrug. Ein kaiserlicher Freigelassener, Euphrates, dankt in einer zu Lanuvium gefundenen Inschrift „dem Genius des Orts“ dafür, daß er auf diesem Posten, wohl infolge einer Gehaltszulage, eine jährliche Einnahme von 100.000 Sesterzen gehabt habe.

Da die Freigelassenen in der Finanzverwaltung im ganzen selten in hohen Stellungen erscheinen, kann es auffallen, daß sie fast während des ganzen ersten Jahrhunderts im Besitz der drei durch die Freigelassenen des Claudius zu so großer Bedeutung erhobenen Ämter — des Rechnungsamts, des Amts der Bittschriften und Beschwerden und des Sekretariats — waren und selbst noch im zweiten Jahrhundert hin und wieder diese wichtigen Posten bekleideten. Der Grund ist, wie bemerkt, darin zu suchen, daß diese Ämter nicht sowohl persönliches Ansehen erforderten, wie die Verwaltungsposten besonders in den Provinzen, als Zuverlässigkeit, Ergebenheit und Brauchbarkeit.

In dem „Rechnungsamt“ *(a rationibus)*, d. h. dem kaiserlichen Finanzamt (Reichsfinanzministerium), flossen die Einnahmen aller kaiserlichen Kassen zusammen, und hier wurden auch die sämtlichen Ausgaben des Fiskus angewiesen. Über den Umfang und Geschäftskreis dieses Amts enthält das schon mehrfach benutzte Gedicht einige Andeutungen, das Statius bei dem Tode des Vaters des Claudius Etruscus im Auftrage des Sohns zu dessen Verherrlichung verfaßte; auch gibt es sonst über das Emporkommen der Freigelassenen am Hofe und ihre Stellung manche Belehrung. Wenn dem Vater des Etruscus altes Geschlecht und Stammbaum abgegangen sei, sagt der Dichter, so habe das Glück diesen Mangel reichlich ersetzt. Er durfte keinen Herrn aus der Menge ertragen, sondern sie, denen Aufgang und Untergang huldigen. Dessen darf er sich nicht schämen; denn was könnte wohl auf der Erde oder am Himmel ohne das Gesetz des Gehorsams bestehen; auch der Sternenreigen, Mond und Sonne gehorchen bestimmten Gesetzen, selbst Herkules und Phöbus haben gedient! Etwa in den ersten Jahren unserer Zeitrechnung in Smyrna geboren, war er sehr jung nach Rom an den Hof des Tiberius gekommen und noch von ihm (also vor 37) freigelassen worden; unter Caligula hatte er seine Stellung behauptet und auf dessen gallischer Reise einen bescheidenen Platz in seinem Gefolge eingenommen; unter Claudius hatte seine Beförderung begonnen, unter Nero war, wie es scheint, seine Stellung unverändert geblieben — so war sein Kahn in jedem Gewässer glücklich gewesen. Nun (vielleicht im Jahre 55, wo Pallas das Amt niederlegte) ward ihm allein die Verwaltung der heiligen (d. h. kaiserlichen) Schätze anvertraut. Der Ertrag iberischer und dalmatischer Goldbergwerke, afrikanischer und ägyptischer Ernten, der Perlfischerei der östlichen Meere, der tarentinischen Herden, der alexandrinischen Fabriken des durchsichtigen Kristallglases, der numidischen Wälder, des indischen Elfenbeins: was auch die Winde aller Himmelsrichtungen in den Hafen führen, ist seiner alleinigen Verwaltung anvertraut. Ebenso hat er die Ausgaben anzuweisen. Durch seine Hände geht der tägliche Bedarf der Armeen, die Erfordernisse für die Getreideausteilungen in Rom, für Bauten von Tempeln, Wasserleitungen und Hafendämmen, für den Schmuck der kaiserlichen Paläste, für Götterstatuen, für die Münze. Sein Schlaf und seine Mahlzeiten sind kurz, Gelage meidet er ganz, das Vergnügen ist seinem Geiste fern. Vespasian erhob ihn in den Ritterstand. Unter Domitian (nach 84) fiel er in Ungnade, doch erhielt er nur die milde Strafe einer Verweisung an die campanische Küste, wohin ihn auch sein Sohn begleiten durfte, während sein nächster Untergebener nach einem überseeischen Verbannungsorte verwiesen wurde. Auch erlangte er bald wieder (89 oder 90) Verzeihung. Kurz nach seiner Rückkehr nach Rom starb er (etwa 92), fast neunzig Jahre alt. Sein Grabmal duftete von Blumen, in seine Aschenurne träufelten die köstlichsten Essenzen. Maler und Bildhauer waren geschäftig, die Züge des ehemaligen Sklaven in den kostbarsten Materialien zu verewigen, und die beiden gefeiertsten Dichter jener Zeit besangen ihn in Trauergedichten, die seinen Namen und seine Schicksale der Nachwelt überliefert haben.

Das politisch weit minder wichtige Amt der Bittschriften und Beschwerden *(a libellis)* verwaltete unter Claudius der schon mehrfach erwähnte Polybius, an den Seneca als Verbannter von Corsica aus die bekannte unwürdige Trostschrift bei dem Tode eines jüngeren Bruders richtete. Einen Trostgrund entnimmt Seneca auch aus der Natur und Wichtigkeit seines Amtes, die ihm nicht erlaube, sich seinem Schmerz hinzugeben. Auf ihn seien aller Augen gerichtet. Nichts Gemeines, nichts Niedriges schicke sich für ihn; von ihm verlange und erwarte die Welt Großes. „Du hast so viel Tausende von Menschen zu hören und so viel tausend Bittschriften zu ordnen. Damit eine so große Masse von Sachen, die aus der ganzen Welt zusammenströmen, in gehöriger Ordnung dem Geiste des höchsten Herrschers vorgelegt werden kann, mußt du deinen eigenen Geist aufrichten. Du darfst nicht weinen, weil du so viel Weinende hören mußt. Um die Tränen so vieler zu trocknen, die in Gefahr sind und zur Barmherzigkeit des gnädigsten Kaisers zu gelangen wünschen, mußt du zuvor deine eigenen trocknen." Die Erledigung der Bittschriften erfolgte in der Regel in Form einer kurzen Subscriptio auf der Eingabe selbst, die vom Kaiser eigenhändig hinzugefügt werden mußte. Seit Hadrian erlangten diese Subspriktionen als Norm für spätere Entscheidungen in ähnlichen Fällen eine Art von Gesetzeskraft, und das Amt wurde daher in späterer Zeit von berühmten Juristen verwaltet. Polybius bekleidete übrigens außer diesem Amte noch ein andres: er war Studienrat des Kaisers. Er hatte unter anderm Paraphrasen von Vergil und Homer verfaßt, und Seneca sagt, solange die Macht der lateinischen und der Zauber der griechischen Sprache dauern werde, so lange werde Polybius mit jenen großen Geistern leben. In ähnlichem Ton ist die ganze Schrift gehalten. Er ist der einzige der am Kaiserhofe Mächtigen, den zum Freunde zu haben für jedermann nicht bloß nützlich, sondern an und für sich eine Freude ist. Bei so großer Leichtigkeit, Reichtum zu erwerben, erzielt er daraus keinen höheren Nutzen als die Verachtung des Reichtums. Es ist so allgemein geachtet, daß sein Glück keinen Neid erregt usw.

Übrigens scheint das wohl von Claudius eingerichtete Studienamt ein am Hofe regelmäßig, und zwar mit einem größern Personal besetztes gewesen zu sein; im 4. Jahrhundert wird noch ein zweiter Direktor *(adiutor)* mit einem Gehalt von 60.000 Sesterzen (13.050 Mark) erwähnt. Seit dem 2. Jahrhundert wurde es wohl in der Regel von Rittern bekleidet, wie von L. Julius Vestinus, der Oberpriester von Alexandria und ganz Ägypten und Vorsteher des dortigen Museums war, dann Oberbibliothekar zu Rom, Studienrat Hadrians und Sekretär desselben Kaisers. Ebenso scheint ein Sextus, den Martial bat, seinen Gedichten einen Platz in der kaiserlichen (palatinischen) Bibliothek zu gönnen, zugleich Bibliothekar und Studienrat Domitians gewesen zu sein. Ihm, dem beredten Verehrer der palatinischen Minerva, war es vergönnt, sich an dem Geiste des Gottes (d. h. des Kaisers) in unmittelbarem Verkehr zu erfreuen, die Arbeiten des Fürsten in ihrem Entstehen kennen zu lernen und um Gedanken zu wissen, die er in sich verschloß. Im 3. und 4. Jahrhundert war der oberste Leiter des Studienamts ein hoher ritterlicher Beamter.

Das Amt der Briefe *(ab epistulis)*, die kaiserliche Kanzlei, hatte zwei Abteilungen, eine griechische und eine lateinische. Daß jede derselben zu allen Zeiten einen besondern Vorgesetzten gehabt hat, ist wohl unzweifelhaft. Doch scheint die Leitung des ganzen Amts während des ersten Jahrhunderts immer in der Hand eines obersten Direktors vereint gewesen zu sein. Denn der allmächtige Narcissus, der das Sekretariat unter Claudius verwaltete, kann wohl nicht ein bloßer Abteilungsdirigent gewesen sein, noch hätte er in dieser Stellung seinen Platz neben Callistus und Pallas behaupten können. Auch unter Domitian leitete der *ab epistulis* genannte Beamte das ganze Amt. Denn nach Statius' Schilderung erscheint der damalige kaiserliche Sekretär Abascantus mit dem ganzen Reich in Korrespondenz, mit den Ländern griechischer wie römischer Zunge — auch eine poetische Schilderung konnte keine groben, notorischen Unrichtigkeiten enthalten. Doch im 2. Jahrhundert scheint eine Änderung eingetreten zu sein, vielleicht bei der neuen Organisation aller kaiserlichen Ämter durch Hadrian. Vermutlich wurde nämlich jetzt das lateinische wie das griechische Büro als selbständiges Amt eingerichtet: eine Teilung, die sich bei der ungeheuren Last der Geschäfte als dringend wünschenswert herausgestellt haben mochte (nach Statius war kein Amt im „heiligen" Hause geschäftsvoller), besonders da mit der zunehmenden Konzentration der Verwaltung gerade in diesem Amt der Umfang des Geschäftskreises sich am meisten erweiterte. Mit der Zeit wird das Personal der kaiserlichen Kanzlei immer mehr gewachsen sein. Zu den Reformen Julians des Abtrünnigen bei seinem Regierungsantritt gehörte die Entlassung einer Menge von unnützen Schreibern, die ihre Stellung zu den schamlosesten Plünderungen und Erpressungen gemißbraucht hatten.

Das erwähnte Gedicht richtete Statius an den Freigelassenen Abascantus nach dem Tode seiner Gemahlin Priscilla, „da er stets bemüht war, der ganzen Umgebung des göttlichen Hauses nach schwachen Kräften seine Ergebenheit zu beweisen; denn wer in treuem Glauben die Götter verehrt, liebt auch ihre Priester". Der Kaiser, dessen Scharfblick die Fähigkeiten und Vorzüge des noch jungen Abascantus nicht entgangen waren, legte auf seine Schultern diese unermeßliche Last, das kaum zu bewältigende Gewicht dieses hochwichtigen Amts. Priscilla drückte dem Kaiser ihren Dank und ihre Freude in einem Fußfall aus. Abascantus hatte nun in die ganze Welt die Befehle des Herrschers zu entsenden, die Kräfte und Hilfsquellen des Reichs zu leiten, die Siegesbotschaften vom Euphrat, von der Donau, vom Rhein, die Meldungen des Vordringens der römischen Waffen in den äußersten Ländern, selbst in Thule, zu empfangen: den niemals mit der Feder (dem Zeichen unglücklicher Botschaft), immer mit lorbeerbekränzten Lanzen kommen die Boten. Er fertigt die Beförderungen im Heer aus, er macht bekannt, wer ein Primipilat, wer den Befehl einer Kohorte, ein Legionstribunat, die Präfektur einer Reiterabteilung erhalten habe. Er hat Nachrichten einzufordern, ob die Nilüberschwemmung für die Ernte hinreichend gewesen, ob in Afrika Regen gefallen sei, und tausend andre Anfragen zu erlassen: nicht Mercur, nicht Iris selbst haben so viel Botschaften auszurichten. Abascantus, so rühmt der Dichter, blieb sich nach seiner Beförderung gleich, in seiner Ruhe, seiner Rechtschaffenheit und Bescheidenheit; seine mäßigen Mahlzeiten und „nüchternen Becher" glichen denen apulischer oder sabinischer Bauern. Doch muß er sehr reich gewesen sein. Statius läßt Priscilla auf ihrem Totenbette ihren Mann beschwören, in ihrem Namen auf dem Kapitol ein goldenes Bild des Kaisers von hundert Pfund (etwa 90.000 Mark) zu errichten. Ihr Leichenbegängnis war von königlicher Pracht. Alle Wohlgerüche des Orients waren an den toten Leib verschwendet, der auf seidenen Polstern, in Purpur gehüllt, lag und nach vollzogener Mumisierung an der Via Appia beim Almo bestattet wurde. Ihr Grabmal war ein Palast, wo ihr Bild mehrmals wiederholt in den Gestalten verschiedener Göttinnen stand, als Ceres und Ariadne aus Erz, als Maja und keusche Venus aus Marmor. Reste dieses Grabmals sind vielleicht noch vorhanden.

Die Leitung des Amtes der Briefe erforderte übrigens einen gewissen Grad von literarischer Bildung, da die kaiserlichen Anschreiben und Reskripte von den Dirigenten desselben im Namen des Kaisers und in einer der kaiserlichen Majestät würdigen Form verfaßt werden mußten, wie denn selbstverständlich auch ihre kalligraphische Ausstattung eine vortreffliche war. Es war natürlich und ist wahrscheinlich oft vorgekommen, daß die hier Angestellten auch bei Bibliotheken verwendet wurden: der alexandrinische Grammatiker Dionysius, Sohn des Glaucus, als Schulvorsteher zu Alexandria Nachfolger des Stoikers Chäremon, war später zu Rom Bibliothekar und kaiserlicher Sekretär.

Als das Ansehen dieses wie aller kaiserlichen Ämter immer höher stieg, namentlich seit es regelmäßig nur von Rittern bekleidet wurde, darf man annehmen, daß es gewöhnlich nur Männer von anerkanntem literarischem Ruf erhalten haben. Titinius Capito, der es unter Domitian, Nerva und Trajan verwaltete, wird von dem jüngeren Plinius unter die Hauptzierden des Jahrhunderts gezählt und Wiederhersteller der alternden Literatur genannt; er hatte sich auch in Versen versucht. Unter Hadrian war Sueton kaiserlicher Sekretär, bekannt als gelehrter und fruchtbarer Schriftsteller, in dessen Kaiserbiographien man die Gewohnheit der präzisen, aber nüchternen, geschäftsmäßigen Ausdrucksweise zu erkennen glaubt; er verlor sein Amt wegen zu vertraulichen Benehmens gegen die Kaiserin Sabina. Doch ganz besonders scheint im 2. Jahrhundert die Direktion der griechischen Abteilung das Ziel des Ehrgeizes für die griechischen Rhetoren und Sophisten gewesen zu sein, und von nicht wenigen derselben wissen wir, daß sie es erreichten. Es war nicht bloß die kaiserliche Bestätigung ihres schriftstellerischen Ruhms, nach der sie strebten, sondern selbstverständlich auch die sehr glänzende Stellung und Aussicht, von diesem Posten zu andern höheren und lohnenderen befördert zu werden. Der Rhetor Avidius Heliodorus, der die Stelle unter Hadrian bekleidete, stieg bis zum Vizekönigtum von Ägypten, und sein Sohn, Avidius Cassius, durfte es wagen, die Hand nach der Kaiserkrone auszustrecken.

Doch freilich, wie hätte für diese Menschen, denen Sprachkunst das höchste Ziel menschlichen Bemühens war, nicht schon das etwas Großes sein sollen, durch eine solche Ernennung vom Kaiser als der erste lebende Stilist anerkannt zu werden — so wenigstens faßten sie und ihre Freunde es auf, während ihre Feinde behaupteten, der Kaiser könne sie zwar zu Sekretären, aber nicht zu guten Stilisten machen. Den Rhetor Cornelianus hatten nach dem Atticisten Phrynichus die Kaiser Marc Aurel und L. Verus als einen Mann vom höchsten Ansehen in der gelehrten Welt und als den Ersten unter den Ersten zum Vorsteher ihrer griechischen Kanzlei ernannt. Phrynichus rühmt ihn als einen Rhetor von reinem und antikem Ausdruck, den einzigen, der die Rhetorik zu ihrer alten und bewährten Form zurückführe, der den kaiserlichen Gerichtshof zu einem wahrhaft hellenischen und attischen mache und den übrigen ein Lehrer nicht nur für korrekten Ausdruck sei, sondern auch in bezug auf äußere Erscheinung, Blick, Stimme und Haltung. Deshalb — so fährt der Atticist mit lächerlicher Übertreibung fort — haben ihn die Kaiser der höchsten Stellung für wert gehalten und ihm die Verwaltung aller hellenischen Angelegenheiten übergeben, indem sie ihn als Wächter neben sich setzten und ihn dem Namen nach zum Sekretär ernannten, in der Tat aber zum Gehilfen in der Regierung erwählten! Man sieht, das Hochgefühl der damaligen kaiserlichen Kanzleien war nicht geringer als das der päpstlichen in der Renaissancezeit, und die Wertschätzung des Briefstils bei den Sophisten eine ähnliche wie bei den Humanisten des 15. Jahrhunderts. Von dem Sophisten Antipater von Hierapolis, dem Lehrer der Söhne des Kaisers Severus und Vorsteher seiner Kanzlei, sagt Philostrat, daß niemand die kaiserlichen Briefe besser geschrieben habe: wie ein vortrefflicher Schauspieler, der das Stück richtig aufgefaßt, habe er der Person des Kaisers würdig gesprochen. In seinem Schreiben war Deutlichkeit, Erhabenheit der Gesinnung, ein dem Gegenstand angemessener Ausdruck und eine gefällige Knappheit, die einem Brief vorzugsweise zur Zierde gereicht. Gegen den Sophisten Aspasius von Ravenna, kaiserlichen Sekretär, vielleicht schon unter Caracalla, richtete Philostrat einen Brief über die Kunst, Briefe zu schreiben. Seine im Namen des Kaisers verfaßten Briefe waren teils zu prunkvoll, teils nicht deutlich geschrieben. Denn wenn der Kaiser schreibt, bedarf es keiner künstlichen, rhetorischen Schlußformen, sondern nur der Willenserklärung; ebensowenig der Undeutlichkeit, da er Gesetze spricht, die Deutlichkeit aber die Dolmetscherin des Gesetzes ist.

Die kaiserlichen Oberkämmerer *(a cubiculo)* haben, wie schon bemerkt, später als die bisher betrachteten Hausbeamten angefangen, am Hofe eine hervorragende Stellung einzunehmen. Sie standen an der Spitze eines zahlreichen Personals *(cubicularii)*, das im ersten Jahrhundert fast ausschließlich aus Sklaven, im zweiten meist aus Freigelassenen bestand, aus Freien während der früheren Kaiserzeit niemals. Die Bedeutung der Ausdrücke „Kammerdiener der ersten und zweiten Station" ist unklar. Ihre große Zahl ergibt sich auch daraus, daß ein eigner Dienst für die kranken Kammerdiener und nach Inschriften aus der Zeit Hadrians und des Antoninus Pius für das ihnen zu liefernde Getreide eingerichtet war. Daß auch sie zu allen Zeiten durch geschickte Benutzung der Umstände Einfluß gewinnen konnten, ist selbstverständlich. Schon Cicero hebt als Prokonsul von Cilicien hervor, daß bei ihm nicht der Zutritt, wie es in den Provinzen üblich sei, durch den Kammerdiener vermittelt werde und überhaupt nichts durch diesen geschehe. Bontems, der erste der vier Leibkammerdiener Ludwigs XIV., „sah den ganzen Hof zu seinen Füßen, selbst die königlichen Kinder, die Minister und Herren vom höchsten Adel".

Die Bedeutung der kaiserlichen Kammerdiener auch in der ersten Kaiserzeit zeigt das Beispiel des Ägypters Helikon am Hofe Caligulas, den wir aus Philos' Bericht über die Gesandtschaft der alexandrinischen Juden kennen, wo er nach orientalischer Weise als „Schlummerdiener" und „Oberleibwächter" bezeichnet ist. Helikon, zuerst Sklave eines Privatmanns, der ihm eine allgemeine Bildung geben ließ und ihn an Tiberius schenkte, stieg erst am Hofe Caligulas zur Stellung des Leibkämmerers auf, die ihn in unmittelbarste und unausgesetzte Berührung mit dem Kaiser brachte. „Denn bei seinem Ballspiel, bei seinen Leibesübungen, beim Bade und Frühstück, und wenn Gajus sich niederlegte, war er zugegen, so daß ihm wie keinem andern das Gehör des Kaisers in aller Muße und bei jeder Gelegenheit zu Gebote stand". Nach Philo verdankte er seinen Einfluß besonders dem seiner Nation eignen Talent zu Witz, Spott und Scherz, den er mit giftiger ägyptischer Bosheit zu würzen wußte; er war es, der an der Spitze einer Schar von Ägyptern dem Kaiser den ihm angebornen und anerzognen Judenhaß mitteilte. Es hieß, daß er überdies von den Gesandten der Alexandriner bestochen war, den Kaiser gegen die Juden einzunehmen, teils durch Gold, teils durch Aussicht auf Ehren, die ihm werden sollten, wenn er im Gefolge des Kaisers nach Alexandria käme. Auch die Juden hatten darauf gedacht, ihn für sich zu gewinnen, aber vergebens; niemand wagte wegen des hochmütigen, schroffen Wesens, das er gegen alle bewies, sich ihm zu nähern. Ob er ein Freigelassener oder, wie Philo ihn nennt, ein Sklave war, ist ungewiß, doch das letztere sehr möglich. Claudius ließ ihn später hinrichten.

Am Hofe Domitians gehörten die beiden Kämmerer Parthenius und Sigerus zu den wichtigsten Personen. Martial schildert einen alten Narren, der sich mit seinen Beziehungen zum Hofe breit macht: „Zehnmal am Tage läuft er die Straße zum Palast hinauf und führt nichts als Parthenius und Sigerus im Munde." Von beiden hatte der erstere die höhere Stellung, Sueton nennt ihn mit dem später üblichen Titel „Vorgesetzter des Schlafgemachs"; er besaß die Gunst Domitians in hohem Grade, der ihm, wie erwähnt, das Recht verlieh, den Degen zu tragen. Martial bittet ihn, dem Kaiser das fünfte Buch seiner Epigramme zu überreichen: „Du kennst die Zeiten des heiteren Juppiter, wenn er in der ihm eignen milden Miene strahlt, mit der er Bittenden nichts abzuschlagen pflegt." Parthenius und Sigerus nahmen an der Ermordung Domitians tätigen Anteil und wirkten zu Nervas Erhebung auf den Thron mit, an dessen Hofe Parthenius in Gunst blieb. Auch jetzt ging vieles durch seine Hand. Er hatte so viele Eingaben zu lesen, daß ihm für die Musen keine Zeit blieb: sonst würde er sich seiner eignen Muse gewidmet haben, denn nach Martial dichtete er vorzüglich. Dieser, der ihm bereits im Jahre 88 zum fünften Geburtstage seines Sohnes Burrus gratuliert und im Jahre 93 eine feine Toga von ihm zum Geschenk erhalten hatte, die leider im Jahre 94 schon abgetragen war, bat ihn auch jetzt wieder, seine Gedichte dem Kaiser zu empfehlen, wenn er Muße haben sollte, was freilich kaum zu hoffen war. Als im Jahre 97 die Prätorianer von Nerva die Bestrafung der Mörder Domitians forderten und sie trotz seiner Weigerung töteten, soll auch er gefallen sein.

Doch weit anders war die Stellung der Kämmerer hundert Jahre später am Hofe des Commodus, wo sie bereits, wie in einer orientalischen Despotie, einer nach dem andern als vermögende Stellvertreter des Kaisers erscheinen, um so mehr, als dieser, schon durch den Präfekten Perennis gewöhnt, ganz seinen Lüsten zu leben, seine Freigelassenen nach Willkür schalten ließ und überdies großenteils von Rom abwesend war. Schon der erste, der Nicomedier Saoterus, war mächtig; er wirkte seiner Vaterstadt beim Senat das Recht aus, ein periodisches Fest zu veranstalten und dem Kaiser einen Tempel zu bauen. Ihn verdrängte Cleander und überlieferte ihn mit andern dem Henker. Cleander, ein Phryger von Geburt, als Sklave nach Rom gebracht, um als Lastträger zu dienen, und öffentlich verkauft, kam in das kaiserliche Haus und stieg bis zum Amt eines Kämmerers. In dieser Stellung übte er eine unerhörte Gewalt — wie er z. B. in einem Jahre fünfundzwanzig Konsuln ernannte — und häufte durch Erpressung jeder Art ein kolossales Vermögen. Nachdem zum Teil auf seinen Antrieb der Präfekt Perennis der Wut der Soldaten preisgegeben worden war, ernannte und beseitigte er eine Zeitlang diese nächst dem Kaiser höchsten Beamten nach Belieben und bekleidete das Amt endlich mit zwei andern selbst. Weil er als Präfekt den Freigelassenen nur höchst selten zugestandenen Offiziersdegen, das Abzeichen des militärischen Kommandos, führte, nannte ihn das Volk den „Freigelassenen vom Degen". Man meinte, er habe nach der höchsten Gewalt getrachtet. Als bei einer Teuerung die Volkswut gegen ihn entbrannte, gab ihn Commodus preis (189); sein Kopf ward auf einer Lanze in Rom herumgetragen, mit ihm fielen seine bedeutendsten Anhänger. Der letzte Kämmerer des Commodus war der Ägypter Eclectus, der, als er sein eignes Leben durch die Despotenlaune des Kaisers bedroht sah, sich mit dem Präfekten Lätus und der Lieblingskonkubine Marcia zu seiner Ermordung verband, Pertinax auf den Thron erhob und mit ihm nach tapferer Gegenwehr von den Soldaten erschlagen wurde. Severs Kammerdiener Castor, von dem Cassius Dio sagt, daß er der trefflichste unter den Leuten des Kaisers war, ließ Caracalla ermorden. Er bekleidete wahrscheinlich außerdem bei Sever dasselbe einflußreiche Amt wie bei Caracalla dessen Kammerdiener Festus. Der von Elagabal zum Kammerdiener ernannte Günstling Aurelius Zoticus ist bereits erwähnt.

Außer den wichtigsten Hofbeamten verdienen noch die Hofschauspieler und Hoftänzer Erwähnung — obwohl sie nicht immer Freigelassene des Kaisers waren —, weil es für die hier geschilderte Zeit charakteristisch ist, daß gerade sie so oft am kaiserlichen Hofe eine bedeutende Rolle spielten. Unter den zahlreichen Bühnenkünstlern, die zum Hofstaat gehörten, nahmen die Pantomimen den ersten Rang ein, weil dieser Gattung der szenischen Darstellung die höhern Stände mit der größten Leidenschaft ergeben waren, die Frauen noch mehr als die Männer; nicht selten konnten sich die Virtuosen des darstellenden Tanzes der Gunst der Kaiserinnen rühmen. So waren sie am Hofe zuweilen die mächtigsten Fürsprecher und Beschützer. Mancher, sagte Epictet, überlegt, wenn er am Morgen aufsteht, wem er aus dem kaiserlichen Hause aufwarten, wem er etwas Angenehmes sagen, wem ein Geschenk senden solle, wie er dem Tänzer gefallen, wie er durch Verleumdung des einen dem andern einen Gefallen erzeigen könne. Die Namen und zum Teil die Schicksale der berühmtesten Pantomimen hat die Geschichtschreibung aufbewahrt. Der Begründer dieser

Gattung des Balletts, der Cilicier Pylades, der auf Augustus' Dank Anspruch zu haben glaubte, weil er die Aufmerksamkeit des Volks auf die Bühne ablenkte, scheint dessen Freigelassener, der schöne Mnester, der Günstling Caligulas und gezwungene Liebhaber Messalinas, mit welcher zusammen er im Jahre 48 hingerichtet wurde, ein Freigelassener des Tiberius gewesen zu sein. Paris, der Genosse von Neros Ausschweifungen, den dieser im Jahr 67 hinrichten ließ, war ein Freigelassener von Neros Vaterschwester Domitia. Ob der an Domitians Hofe einflußreiche Paris dessen Freigelassener war, ist unbekannt. Den zweiten uns bekannten Pylades, der ein Geliebter Trajans war, ließ Hadrian frei. Ein Apolaustus war bereits Trajans Freigelassener, ein zweiter dieses Namens ebenso wie ein dritter Pylades Freigelassene des Marc Aurel und L. Verus, Der erstere muß eine bedeutende Stelle an Commodus' Hof eingenommen haben, da er, in Cleanders Sturz verwickelt, hingerichtet wurde. Agilius Septentrio, „erster Pantomime seiner Zeit", ein Freigelassener des Commodus, von dessen Mutter Faustina erzogen, war auf Veranlassung seines kaiserlichen Patrons öffentlich aufgetreten. Der Tänzer Theocritus, den Caracalla zu einer hohen militärischen Stellung in Armenien ernannte, war ein Sklave von Commodus' Kämmerer Saoterus gewesen.

Auch andere Bühnenkünstler werden gelegentlich als Personen erwähnt, die am Hofe Einfluß übten. Apelles aus Ascalon, der berühmteste Tragöde seiner Zeit, war Caligulas steter Begleiter und Ratgeber „und tat alles, was solche Menschen wagen, wenn sie zur Macht gelangen, in voller Freiheit". Die aus Alexandria an Caligula gesandten Juden meinten, daß er, als Ascaloniter ein geborner Judenfeind, neben dem Kämmerer Helikon den Kaiser am meisten gegen sie einnehme. Später jedoch fiel er in Ungnade, wie erzählt wird, weil er bei der Frage Caligulas, ob er oder Juppiter ihm größer scheine, mit der Antwort zögerte. Caligula ließ ihn peitschen und lobte die Stimme des Schreienden, die noch im Schmerzensgeheul höchst angenehm klinge. Durch den Mimen Halityrus, einen Juden, der bei Nero sehr in Gunst stand, wurde Josephus in Puteoli der Kaiserin Poppäa vorgestellt und erlangte mit ihrem Beistande die Befreiung einiger jüdischer Priester, die der Prokurator Felix in Ketten an den Kaiser gesandt hatte. Der Mime Latinus, ein Meister in seiner Kunst, war ein Günstling Domitians und stolz darauf, daß Rom ihn als „Diener seines Juppiter" (des Kaisers) kannte. Er berichtete dem Kaiser die Tagesneuigkeiten und war als Denunziant gefürchtet.

Aus dem Heere der übrigen Hofdiener mögen die Pagen und Lieblingsknaben *(delicati)* wenigstens erwähnt werden. Der Name des Antinous reicht hin, um daran zu erinnern, zu welcher Bedeutung auch sie gelangen konnten. Martial und Statius haben gewetteifert, den schönen Freigelassenen Earinus, einen Eunuchen und Mundschenken Domitians aus Pergamum, zu verherrlichen, der, wie der erstere sagt, unter tausend dem Ganymed gleichen Dienern dem Kaiser der liebste war. „Teurer Knabe", redet ihn Statius an, „der den Göttern den Nektar zu kredenzen und die gewaltige Rechte so oft zu berühren erwählt ist, welche Geten, Perser, Armenier und Inder zu ergreifen verlangen!" Als er zum ersten Male seine langen Locken abscheren lassen wollte, eilte Venus mit den Liebesgöttern herbei, um ihn zu bedienen. Sie banden ihm einen seidenen Mantel um, schnitten die Haare mit den Schneiden zweier Pfeilspitzen ab, tränkten sie mit Wohlgerüchen und legten sie in ein goldnes, mit

Edelsteinen besetztes Gefäß, welches nebst einem ebensolchen Spiegel an Äsculap zu Pergamum gesandt wurde.

Aus Inschriften kennen wir kaiserliche Sklaven und Freigelassene, die als *paedagogi* mit der Ausbildung der Pagen betraut waren. Das Paedagogium, die Pagenschule, läßt sich bis in die Zeit des Tiberius hinauf verfolgen, seit Hadrian befand sie sich in einem Caput Africae genannten Gebäude der zweiten Region auf dem Cälius, nach welchem eine ganze Straße benannt wurde. Außerdem sind in einem Zimmer am Abhange des Palatin gegen den Zirkus hin Inschriften eingeritzt, durch die einzelne bei ihrer Entlassung aus der Pagenschule ihre Namen an den Wänden verewigt haben. Die Inschriften zeigen, daß auch hier Knaben aus den verschiedensten Ländern (z. B. der Krim und Nordafrika) vereinigt waren. Unter diesen Kritzeleien, die vielleicht noch der Zeit der Antonine angehören, befand sich auch der Name eines Alexamenos, den seine Gefährten wegen seines Christentums durch eine roh in den Stuck gekratzte Zeichnung verhöhnt haben: er ist in der Stellung eines Betenden vor einer am Kreuze hängenden menschlichen Gestalt mit einem Eselskopfe abgegebildet, die griechische Unterschrift lautet: Alexamenos verehrt seinen Gott.

Von der weiblichen Dienerschaft im kaiserlichen Hause, Freigelassenen wie Sklavinnen, ist natürlich selten die Rede; doch einige für ihre Stellung charakteristische Tatsachen verdienen Erwähnung. Die Jüdin Acme, Sklavin der Livia, wurde von dem Bastard Herodes des Großen Antipater mit großen Summen bestochen, an einer Intrige gegen Herodes' Schwester Salome tätigen Anteil zu nehmen; ein Brief von ihr an Antipater wurde aufgefangen und sie büßte mit dem Tode. Der spätere Kaiser Otho bahnte sich den Weg zur vertrauten Freundschaft mit Nero durch eine einflußreiche kaiserliche Freigelassene, die er auf jede Weise ehrte; ja um seinen Zweck besser zu erreichen, stellte er sich in sie verliebt, obwohl sie schon im höchsten Alter war. Auch hier wird man an moderne Höfe erinnert. An dem Ludwigs XIV. war Nanon, eine alte Magd der Maintenon, eine wichtige Person; die Prinzessinnen priesen sich glücklich, wenn sie Gelegenheit hatten, mit ihr zu sprechen; die Minister, welche bei Frau von Maintenon arbeiteten, machten ihr tiefe Verneigungen; die Herzogin Du Lude erreichte 1696 ihren Zweck, Ehrendame der Herzogin von Bourgogne zu werden, durch eine Zahlung von 20.000 Talern an Nanon, und zwar am Abende eines Tags, an dem der König mit entschiedenster Abneigung von ihr gesprochen hatte. „Das sind die Höfe!" fügt der Herzog von Saint-Simon hinzu.

Es versteht sich, daß am leichtesten die kaiserlichen Konkubinen Einfluß und Macht gewinnen konnten. Zu der gefahrvollen Anklage der Messalina bei Claudius bewog Narcissus zwei Konkubinen, die sich der besonderen Gunst des Kaisers erfreuten, Calpurnia und Cleopatra, durch Versprechungen, Geschenke und die Aussicht auf größere Macht nach Beseitigung der kaiserlichen Gemahlin. Solchen Personen gelang es bisweilen, den Kaiser auf die Dauer zu fesseln, aber eine Maitressenregierung hat es im römischen Kaiserreiche nicht gegeben; es mag dies in dem antiken Verhältnis der Geschlechter seinen Grund finden, das von dem modernen so durchaus verschieden war.

Der erste Kaiser, der sich zu einer solchen Liebschaft herabließ, war der damals neunzehnjährige Nero, die Erkorene die kleinasiatische Sklavin Acte; und dies Verhältnis erschien so anstößig, daß sich der Präfekt der Nachtwache Annäus Serenus dazu hergeben mußte, als Liebhaber Actes zu gelten. Die Kaiserin-Mutter geriet über die Liebschaft mit einer Sklavin, die ihren Einfluß zu lähmen drohte, in Wut; die älteren Freunde des Kaisers begünstigten sie gerade deshalb, und weil sie darin eine gefahrlose Ableitung für seine Begierden sahen. Neros Leidenschaft für Acte war so groß, daß er daran dachte, sie zu heiraten; Männer von konsularischem Range waren bereit, den Eid zu leisten, daß sie aus königlichem Geschlechte (der Attaler) stamme. Doch wurde sie bald, spätestens von Poppäa, verdrängt. Sie überlebte Nero und erwies ihm mit zwei seiner alten Wärterinnen die letzten Ehren durch eine sehr prunkvolle Bestattung, die 200.000 Sesterzen (45.500 Mark) kostete. Zahlreiche Denkmäler von ihren Sklaven und Freigelassenen (darunter zwei Kammerdiener, ein Läufer, ein Bäcker, ein Eunuch, eine griechische Sängerin) haben sich erhalten. Wasserleitungsröhren mit der Inschrift „Claudia Acte Freigelassene des Kaisers", zu Puetoli und Veliträ gefunden, rühren aus ihren dortigen Villen, Ziegel mit ihrem Namen gestempelt aus ihren Ziegeleien in Sardinien her.

Durch andere Eigenschaften als Jugend und Schönheit erhielt sich Cänis die Neigung Vespasians bis an ihr Ende. Sie war eine Freigelassene der Antonia, der Mutter des Claudius, gewesen, die sich ihrer zum Schreiben wichtiger Briefe bedient hatte, da sie sich ebenso durch Treue wie durch ein ungewöhnliches Gedächtnis auszeichnete. Vespasian, der sie schon früher geliebt hatte, nahm sie nach dem Tode seiner Gemahlin wieder zu sich — sie muß damals etwa 40 Jahre alt gewesen sein, da sie schon vor dem Tode Sejans (Oktober 31) die Vertraute der Antonia war, Vespasians Gemahlin Flavia Domitilla aber frühestens 51 (Geburtsjahr Domitians) starb. Der Kaiser behandelte sie fast wie eine rechtmäßige Gattin. Um so auffallender war die schon damals sich äußernde Insolenz Domitians, der ihr, als sie ihn bei der Rückkehr von einer Reise wie gewöhnlich auf den Mund küssen wollte, die Hand zum Kusse hinhielt. Ihr Einfluß auf den Kaiser erwarb ihr unermeßliche Reichtümer, man meinte sogar, daß Vespasian sich ihrer bediene, um möglichst große Summen zusammenzubringen. „Denn sie empfing von allen Seiten Geld, indem sie Ämter, Prokuraturen, Befehlshaberstellen, Priestertümer, selbst Entscheidungen des Kaisers verkaufte. Vespasian ließ nämlich zwar niemanden um Geld hinrichten, gewährte aber vielen für Geld das Leben. Die Empfängerin war sie, aber Vespasian stand im Verdacht, daß sie es mit seinem Willen tue." Sie erfreute sich ihrer Macht nicht lange; denn sie starb schon in den ersten Jahren von Vespasians Regierung. An der Via Nomentana ist ein „den Manen der Antonia Cänis, Freigelassenen des Kaisers, ihrer trefflichen Patronin" geweihter Grabaltar gefunden worden, den ihr einer ihrer Freigelassenen mit seinen drei Kindern errichtet hat. Nach ihrem Tode hatte Vespasian sehr viele Konkubinen. Auch auf Antoninus Pius übte eine Konkubine so großen Einfluß, daß das Stadtgerede ihr die Ernennung eines Präfekten der Leibwache zuschreiben konnte; vielleicht ist es eine aus einer Inschrift bekannte Lysistrate, Freigelassene seiner Gemahlin Annia Galeria Faustina.

Marc Aurel nahm nach dem Tode seiner Gemahlin die Tochter eines seiner Prokuratoren zur Konkubine, weil er seinen Kindern keine Stiefmutter geben wollte.

Eine Geliebte des Lucius Verus, die Smyrnäerin Panthea, verdankt ihren Nachruhm hauptsächlich der begeisterten Huldigung, die ihr der geistreichste Schriftsteller jener Zeit, Lucian, bei einem vorübergehenden Aufenthalt in Smyrna (im Jahre 162) durch seinen Dialog „Die Bilder" (Εἰκόνες) dargebracht hat. Ihre Schönheit — heißt es in der ihr gewidmeten Schrift — kann nur geschildert werden, indem man die Vorzüge der berühmtesten Meisterwerke des griechischen Pinsels und Meißels zusammenstellt, die sie alle vereint; ihre Stimme ist der süßeste Wohllaut, im Gesang übertrifft sie an Kunst und Melodie die Nachtigall, selbst Orpheus und Amphion würden ihr schweigend lauschen; ebenso meisterhaft ist ihr Kitharaspiel, zur Poesie hat sie die lebhafteste Neigung, mit den Werken der Geschichtschreiber, Redner und Philosophen ist sie aufs innigste vertraut. An Erfahrung, politischer Einsicht, Schärfe und Schnelligkeit des Verstands gleicht sie der Aspasia oder vielmehr ist sie hierin um so viel größer, wie das römische Reich das perikleische Athen übertrifft; sie wird darauf mit der Frau des Pythagoras, Theano, mit Sappho, mit Diotima verglichen. Dann wird wiederholt ihre Güte und Leutseligkeit, ihre Sanftmut und Freundlichkeit gegen Bittende, ihre Sittsamkeit und Treue gegen ihren Geliebten gepriesen. Ihr Glück macht sie nicht hochmütig, sie verkehrt mit denen, die sich ihr nähern, ungezwungen und auf gleichem Fuße, und ihr freundliches Betragen ist um so gewinnender, als es, obwohl von einer höheren Person bezeigt, doch nichts Gespreiztes hat. Übrigens zeigte ihre Erscheinung, daß sie eine hohe Stellung einnahm: eine zahlreiche glänzende Dienerschaft, Zofen, Eunuchen und Soldaten umgaben sie. Mit dem Vorgeben, die schöne Frau habe das ihr gespendete Lob zu überschwenglich gefunden, motiviert dann Lucian das Erscheinen einer zweiten Schrift, in welcher er das neue Lob der Bescheidenheit hinzufügt und das frühere nochmals wiederholt. Panthea scheint Verus auf die Dauer gefesselt und lange überlebt zu haben. Marc Aurel gedenkt ihrer einmal in einer seiner schwermütigen Betrachtungen über die Eitelkeit alles Irdischen. „Sitzt etwa Panthea oder Pergamus noch am Sarge ihres Herrn? Oder Chabrias und Diotimus an dem Hadrians? Es wäre zum Lachen. Und wenn sie dort säßen, würden die Toten es empfinden? Und wenn sie es empfänden, würden sie Freude daran haben? Und wenn sie Freude daran hätten, würden jene unsterblich sein? Ward nicht auch jenen verhängt, erst Greise und Greisinnen zu werden, dann zu sterben? Und was sollten sie dann tun, wenn jene tot wären? Alles ist eitel Verwesung und ein Balg voll Unrat."

In dem Harem des Commodus, der 300 Frauen und Dirnen und 300 Lustknaben enthielt, schwang sich durch Schönheit und buhlerische Künste, nach dem Gerücht auch durch Zaubermittel, Marcia, eine frühere Konkubine des im Jahre 183 als Teilnehmer der Verschwörung der Lucilla hingerichteten Ummidius Quadratus, dessen Haushalt Commodus übernommen zu haben scheint, zur erklärten Favoritin auf und wußte diese Stellung neun Jahre hindurch zu behaupten. Commodus liebte es, sie als Amazone gemalt zu sehen, er ließ sich Amazonius nennen und wollte um ihretwillen in Amazonentracht in der Arena auftreten; wir besitzen vielleicht ihr Bild auf einer Münze, wo sich neben seinem Kopfe ein sehr schöner weiblicher mit angefügtem Amazonenschilde befindet. Sie wurde wie eine rechtmäßige Gemahlin geehrt und genoß alle Auszeichnungen einer Kaiserin, außer der Vortragung des Feuers. Ein Wort von ihr genügte, um die zu den Bergwerken in Sardinien verurteilten Christen in Freiheit zu setzen; sie war selbst Christin oder neigte doch zum Christentume (wie ihr Pflegevater, der Eunuch Hyacinthus, der Presbyter in der römischen Gemeinde war, und mehrere Freigelassene dieses Hofs) und stand mit dem Bischofe von Rom, Victor, in Verbindung. Vergeblich beschwor sie auf Knien und mit Tränen Commodus an seinem letzten Tage, um seiner selbst willen die Absicht der Übersiedlung in die Gladiatorenschule aufzugeben; sie erregte seinen Zorn dadurch so sehr, daß er sie töten zu lassen beschloß. Durch einen Zufall erfuhr Marcia dies, und nun verband sie sich mit zwei aus demselben Grunde auf die Liste der Hinzurichtenden Gesetzten, dem Präfekten des Prätoriums Lätus und dem Freigelassenen Eclectus, der ihr Liebhaber gewesen sein soll, zur Ermordung des Kaisers. Der Konsul Falco nannte sie und Lätus in der ersten nach der Tat abgehaltenen Senatssitzung Gehilfen der Schandtaten des Commodus, worauf Pertinax beide damit entschuldigte, daß sie wider ihren Willen hätten gehorchen müssen, ihre wahre Gesinnung würden sie fortan bewähren. Didius Julianus ließ Marcia sowie alle andern, die an der Verschwörung gegen Commodus teilgenommen hatten, töten.

Selbst die kaiserlichen Sklaven waren noch Personen von Bedeutung. Auch sie waren nicht selten sehr reich, auch um ihre Gunst bemühte man sich und hatte ihren Hochmut zu ertragen. Wenn Seneca davon spricht, daß es Leute gebe, die sich in ihrer Sänfte in den Park eines Türstehers oder noch geringerer Sklaven tragen lassen und es als einen Vorzug ansehen, von ihm geküßt zu werden, so ist hier wohl von kaiserlichen Sklaven die Rede. Claudius ließ einen seiner Sklaven, der sich an einem angesehenen Manne vergriffen hatte, auf dem Forum auspeitschen. Hadrian sah einen seiner Sklaven zwischen zwei Senatoren gehen, er ließ ihm einen Backenstreich geben mit der Ermahnung, nicht zwischen denen zu gehen, deren Sklave er noch sein könne. Zu den Gründen des Verdachts gegen seinen Schwager Servianus gehörte, daß dieser den kaiserlichen Sklaven eine Mahlzeit geschickt hatte. Doch solche Beispiele von Strenge der Kaiser gegen ihre Sklaven scheinen zu den Ausnahmen gehört zu haben: sonst würden sie kaum ausdrücklich berichtet werden. „Wie geht es zu", fragt Epictet, „daß ein Mensch plötzlich Verstand bekommt, wenn der Kaiser ihn zum Aufseher eines Abtritts macht? Warum sagen wir sogleich: Felicio hat verständig mit mir geredet? Ich wollte, er würde von seinem Abtritt fortgejagt, damit er wieder unverständig erschiene. Epaphroditus hatte einen Schuster, den er wegen seiner Unbrauchbarkeit verkaufte. Später wurde dieser durch irgendeine Fügung des Zufalls von einem aus dem kaiserlichen Hause gekauft und so Schuster des Kaisers. Da hätte man sehen sollen, wie Epaphroditus ihn ehrte. ‚Was macht der brave Felicio?' hieß es. ‚Ich halte große Stücke auf dich.' Fragte dann einer von uns: ‚Was macht er selbst?' so war die Antwort: ‚Er berät sich mit Felicio.'" „Ich möchte nicht leben", ruft der Philosoph an einer anderen Stelle aus, „wenn es durch Felicio sein müßte, wenn ich seinen Hochmut, seine sklavenartige Insolenz ertragen müßte." Doch wenige dachten so. Einem Numenius, einem Symphorus küßte man die Hände, brachte die halbe Nacht vor der Tür ihres Schlafzimmers zu und sandte ihnen Geschenke, um sich ihren Beistand für eine Beförderung zu sichern; selbst Bewerber um Präturen und Konsulate machten Sklaven den Hof. Von Neros geschicktem Barbier Thalamus, von seinem Mundschenken Pythagoras sprach man in Rom noch ein Vierteljahrhundert nach Neros Tode.

Mit dem Eindringen orientalischer Sitten und Gewohnheiten seit dem 3. Jahrhundert erweiterte sich der Umfang des kaiserlichen Haushalts je länger, je mehr. Nach Libanius fand Julian der Abtrünnige in demselben „tausend Köche, eine nicht geringere Zahl von Bartscherern, eine noch größere von Mundschenken, Schwärme von Tafeldienern und Eunuchen“ vor: Angaben, die kaum als sehr übertrieben erscheinen, wenn man damit z. B. die Zahlen einiger Abteilungen des Gesindes am Hofe des Sultans Abdul Aziz vergleicht: 5005 Beamte und Diener des Palastes, 409 Wächter und Pförtner der 21 großherrlichen Residenzen, 359 Küchen-, 351 Gartenleute usw. Unter jenen Sklaven des römischen Kaiserhauses war keiner, der nicht seine Stellung zu Übergriffen, Vergewaltigungen und Plünderungen benutzte, „der nicht Land besitzen, mit eignem Gespann fahren, nicht Herr sein wollte, und zwar ein so großer wie sein eigner Herr; und sie begnügten sich nicht mit dem Reichtum, sondern waren unzufrieden, wenn sie nicht auch Ansehen erlangten, um damit ihre Knechtschaft zu verdecken“.

Natürlich gelang es immer nur einzelnen aus dem ungeheuren Troß, sich dem Herrn persönlich zu empfehlen, und oft genug wurden die Hoffnungen Ehrgeiziger, die sich vordrängten, zur Schadenfreude der Mitsklaven enttäuscht. Der Fabeldichter Phädrus, der als kaiserlicher Freigelassener in den Bedientenkreisen heimlich war, erzählt einen solchen Fall mit sichtlichem Vergnügen. Als Tiberius auf seiner Reise nach Neapel in seiner Villa bei Misenum einkehrte und im Park derselben lustwandelte, lief einer der vornehmern Sklaven des dortigen Personals (ein Atriensis) hochgeschürzt, zierlich gekleidet und wohl frisiert auf allen Gängen, die der Kaiser betrat, vor ihm her und sprengte eifrig den Boden. Endlich winkte ihm Tiberius, aber nur, um dem erfreut Herbeieilenden zu sagen: deine Mühe war umsonst, so wohlfeil ist die Ehre einer Ohrfeige von meiner Hand nicht zu erkaufen.

Zu den vornehmsten Sklaven gehörten auch im kaiserlichen Hause die Dispensatoren (Rechnungsführer, Zahlmeister und Intendanten), nicht bloß die am Hofe selbst, sondern auch bei den zahlreichen Verwaltungen in Rom und den Provinzen angestellten. Daß der Dispensator des armenischen Kriegs nach dessen Beendigung sich von Nero für 13 Millionen Sesterzen (2,827.500 Mark) freikaufen konnte, berichtet Plinius allerdings als eine Ungeheuerlichkeit. Wie groß die Einnahmen der Dispensatoren aber auch sonst waren, sieht man daraus, daß Otho einem kaiserlichen Sklaven, dem er bei Galba eine solche Stelle ausgewirkt hatte, als Belohnung dieses Dienstes eine Million Sesterzen (217.500 Mark) abpressen konnte. Ein Sklave des Claudius, Rotundus, der früher Caligulas Schwester Drusilla gehört hatte und Dispensator im diesseitigen Spanien war, besaß eine silberne Schüssel von 500 Pfund, zu deren Anfertigung eine eigne Werkstatt erbaut worden war, und mehrere seiner Begleiter ähnliche Schüsseln von geringerem Gewicht. In einem Columbarium an der Appischen Straße, neben dem Grabmal der Scipionen, ist die Grabschrift eines Dispensators der kaiserlichen Hauptkasse im lugdunensischen Gallien gefunden worden, der ein Sklave des Tiberius war. Sie ist ihm von sechzehn seiner eignen Sklaven *(vicarii)* gesetzt, die ihn auf der Reise nach Rom begleiteten, wo ihn der Tod überraschte. Ein solches Reisegefolge läßt auf die Größe des ganzen Haushalts schließen. Es bestand aus drei Sekretären *(a manu)*, zwei Kämmerern *(a cubiculo)*, zwei Köchen, zwei Begleitern beim Ausgehen *(pedisequi)*, zwei Silberdienern *(ab argento)*, einem Arzt, einem Garderobier, einem Geschäftsführer *(negotiator)*, einem Ökonomen *(sumptuarius)* und einem Ungenannten.

Es versteht sich, daß nicht alle Dienste, deren die Hofhaltung bedurfte, von Freigelassenen oder Sklaven des kaiserlichen Hauses versehen werden konnten, am wenigsten die, welche Kunst oder wissenschaftliche Bildung erforderten. Unter denen, welche im Dienste des Hofs standen, ohne zum kaiserlichen Hause zu gehören, werden am häufigsten die Leibärzte, die Hofastrologen und die Prinzenlehrer genannt.

Die Lehrer in der kaiserlichen Familie waren zuweilen Männer von Stande. Seneca war bereits Senator, als er zur Erziehung des damals achtjährigen Nero berufen wurde; wahrscheinlich auch Fronto, als er den Unterricht Marc Aurels (damals M. Annius Verus) und L. Verus (damals L. Ceionius Commodus) übernahm. Man darf annehmen, daß in der Regel Männer gewählt wurden, die einen großen Ruf in ihrem Fache genossen; als Domitian den Unterricht der Enkel seiner Schwester Domitilla Quintilian übertrug, hatte dieser schon zwanzig Jahre zu Rom die Beredsamkeit gelehrt. Der berühmte Theodorus von Gadara war der Lehrer des Tiberius in der Beredsamkeit. Zu den Lehrern Marc Aurels gehörten die Sophisten Alexander von Cotyäum und Herodes Atticus. Waren die Lehrer geringeren Standes, so wurden sie wohl in das kaiserliche Haus aufgenommen. Als Augustus den berühmten Philologen Verrius Flaccus zum Lehrer seiner Enkel machte, ließ er ihn mit seiner ganzen Schule in sein Haus ziehen, nur unter der Bedingung, keine neuen Schüler anzunehmen, und gab ihm ein Jahresgehalt von 100.000 Sesterzen. Der Stoiker Apollonius, den Antoninus Pius zum Unterricht des jungen Marc Aurel aus Chalcis berufen hatte, weigerte sich, in den Tiberianischen Palast zu ziehen, wo Marc Aurel wohnte; der Schüler müsse zum Lehrer kommen: ein Verlangen, dem der Thronerbe wirklich entsprach. Pertinax ließ, offenbar ausnahmsweise, seinen Sohn die allgemeinen Schulen und Übungsplätze besuchen. Von drei Prinzenlehrern ist bekannt, daß sie zum Konsulat gelangten, Seneca (56), Fronto (143), beide nur als suffecti, und Herodes Atticus als ordentlicher Konsul (143). Konsularische Insignien erhielten Quintilian auf Verwendung von Domitians Vetter Flavius Clemens und ein Titianus, wahrscheinlich der Lehrer des jüngeren Maximinus.

Obwohl das kaiserliche Haus ein ärztliches Personal besaß, das sowohl wegen der vielen zur Hofhaltung dienenden Paläste und Besitzungen, welche die erforderliche Dienerschaft enthalten mußten, als auch wegen der vielen Spezialitäten der damaligen Medizin äußerst zahlreich war, so hing doch die Wahl der Leibärzte vom Vertrauen, das Vertrauen vom Rufe ab; und die ärztlichen Diener des Hauses wurden vermutlich nur zu untergeordneten Hilfsleistungen verwendet. Die Leibärzte der ersten Kaiserzeit erhielten ein Jahrgehalt von 250.000 Sesterzen (54.375 Mark); Q. Stertinius rechnete es dem Kaiserhause als Opfer an, daß er mit dem Doppelten zufrieden war, da er mit Aufzählung der von ihm behandelten Familien nachwies, daß ihm die Stadtpraxis 600.000 (130.500 Mark) eingetragen habe. Der Bruder dieses Stertinius, C. Stertinius Xenophon, erhielt von Claudius ein gleiches Gehalt, und obwohl beide ihr Vermögen durch große Bauten zur Verschönerung von Neapel erschöpft hatten, hinterließen sie doch 30 Mill. Sest. (6½ Mill. Mark), ein andrer kaiserlicher Arzt, Arruntius, ebensoviel allein. Nach dem Tode des Leibarztes Demetrius fragte der damals im germanischen Kriege an der Donau befindliche Kaiser Marc Aurel bei dem Chef des kaiserlichen Finanzamtes an, welcher Arzt gegenwärtig in kaiserlicher Besoldung stehe, und als er erfuhr, daß Galen während der ganzen Zeit die Bereitung der Mittel geleitet habe, befahl er, diesem auch die Anfertigung des Theriaks aufzutragen. Unter Alexander Severus erhielt nur ein Hofarzt Gehalt, die übrigen, deren Zahl sich bis auf sechs belief, nur Naturallieferungen. In den letzten Jahrhunderten des Altertums nahmen die kaiserlichen Leibärzte *(archiatri sacri Palatii)* eine sehr angesehene Stellung ein, in welcher sie noch von Theoderich bestätigt wurden.

Gewöhnlich waren die Ärzte auch am römischen Hofe Griechen, wie der Arzt des Tiberius Charikles, die beiden Ärzte Neros namens Andromachus (Vater und Sohn, der Vater aus Kreta), der Trajans Crito (der ihn beim deutschen Feldzuge begleitete), der Hadrians Hermogenes, Marc Aurels Demetrius, und Galenus, der des Commodus. Vermutlich erhielten diese kaiserlichen Ärzte für ihre Dienste in der Regel das Bürgerrecht, wenn sie es noch nicht besaßen, wie ein Ti. Claudius Alcimus und ein Ti. Claudius Menecrates. Der Freigelassene Antonius Musa wurde für eine Herstellung des Augustus im Jahre 22 v. Chr. mit einer Bildsäule, den goldnen Ringen und Abgabenfreiheit für sich und seine Kunstgenossen belohnt. Der bereits erwähnte Leibarzt des Claudius, C. Stertinius Xenophon, ein Asklepiade aus Kos, der mit seiner ärztlichen Tätigkeit ein kaiserliches Hausamt verband, erwirkte für seinen Bruder und Oheim das Bürgerrecht und das Militärtribunat (d. h. den Ritterrang), für sich selbst außer dem letztern noch eine wichtige militärische Stellung (Praefectus fabrum) und die Auszeichnung des Goldkranzes und des Lanzenschafts beim Britannischen Triumph (44 n. Chr.; ohne Zweifel hatte er Claudius auf dem Feldzuge begleitet; seiner Heimat verschaffte er (53) die Steuerfreiheit. Seine dankbaren Landsleute setzten ihm und den Seinigen Statuen und schlugen zu seinem Gedächtnis Münzen mit seinem Bildnis. Er war es, der im Einverständnis mit Agrippina (54) die Vergiftung des Claudius ausgeführt haben soll. Auf seinen Denkmälern heißt er nicht bloß wie üblich „Kaiserfreund“, sondern auch „Freund des Claudius“ und nach dessen Ermordung „Freund des Nero“.

Die Ärzte wurden überhaupt von ihren Feinden der Giftmischerei geziehen, und nicht minder des Ehebruchs mit fürstlichen Frauen, zu denen ihr Amt ihnen freien Zutritt gab. Plinius erinnert an Vettius Valens, unter Claudius als Arzt berühmt und Liebhaber Messalinens, mit welcher er zusammen im Jahre 48 hingerichtet wurde, und an Eudemus, den Arzt von Tiberius Schwiegertochter Livia, der Mitwisser ihres ehebrecherischen Verhältnisses mit Sejan war und selbst mit ihr in Ehebruch lebte. Daß die kaiserlichen Ärzte unter ihren Kollegen in Rom ein gewisses Ansehen genossen, ist selbstverständlich.

Galen rühmt sich, den Rhetor Diomedes, der in der Straße der Sandalenmacher wohnte, in kurzer Zeit hergestellt zu haben, dessen Übel selbst die angesehensten Hofärzte nicht erkannt und falsch behandelt hatten.

Auch Astrologen werden an diesen Höfen selten gefehlt haben; fast immer waren es Griechen oder Orientalen. Zwar beschwor die Astrologie gerade für den Thron große und eigentümliche Gefahren herauf. Ihre Prophezeiungen weckten schlummernde Leidenschaften, regten gefährliche Gedanken auf und gaben Gläubigen zu ihren Taten den Mut des Fatalismus. Den Kaiser Claudius hatten die Astrologen, nach Senecas Pasquill auf seine Vergötterung, an jedem Tage und zu jeder Stunde sterben lassen. Othos Mut ließ auch nach der Adoption des Piso durch Galba die ihn stets umgebenden Wahrsager und Chaldäer nicht sinken, besonders ein Ptolemäus, der ihm früher prophezeit hatte, daß er Nero überleben und selbst zur Regierung gelangen würde, und sich nun darauf berief, daß seine Prophezeiung zur Hälfte schon erfüllt sei. Die Chaldäer, sagt ein christlicher Schriftsteller des 3. Jahrhunderts, richten die Herrscher zugrunde, indem sie ihnen Bangigkeit einflößen, und ermutigen Untertanen, Großes zu wagen. Darum erfolgten immer von neuem strenge Verbote der Astrologie, Ausweisungen und Bestrafungen der Chaldäer, aber immer gleich vergeblich. Die Kaiser selbst zogen fast sämtlich Astrologen zu Rat, und mehrere waren in die Geheimnisse dieser Afterwissenschaft aufs tiefste eingeweiht, wie Hadrian und Severus, vor allem Tiberius. Dem Astrologen Thrasyllus, der bis zu Tiberius' Tode der unzertrennliche Begleiter des Kaisers blieb, legte man am Hofe einen unbedingten Einfluß auf den sonst so verschlossenen Monarchen bei. Vespasian, der diesem Aberglauben besonders ergeben war, bewilligte dem ephesischen Astrologen Barbillus zu Gefallen der Stadt Ephesus die Einrichtung eines periodischen (in Inschriften öfters als Barbilleen erwähnten) Festspiels, eine Bevorzugung, die er sonst keiner Stadt zuteil werden ließ. Es war dies derselbe berühmte Astrolog, auf dessen Rat Nero beim Erscheinen eines Kometen im Jahre 65 mehrere Häupter der Aristokratie hinrichten ließ, um so die ihm angeblich drohende Gefahr abzuwenden. Auch Poppäa hatte viel mit Astrologen geheimen Verkehr gepflogen: sie waren für sie „die unseligen Werkzeuge der fürstlichen Ehe" gewesen. Nicht selten lag das Schicksal fürstlicher Geschlechter in den Händen der Astrologen. Tiberius ließ viele Personen töten, nachdem er ihre Geburtsstunde erforscht und daraus ihren Charakter und ihre bevorstehende Laufbahn erkannt hatte; Domitian den Metius Pomposianus, weil man allgemein sagte, daß ihm seine Nativität die Kaiserwürde verheiße. Auch Caracalla unterrichtete sich aus den Horoskopen der ersten Männer an seinem Hofe, ob sie ihm feindlich oder freundlich gesinnt seien; nach diesen Ermittlungen verhängte er Todesurteile und verlieh Ehrenbezeigungen. Der Untertan, dem sein Horoskop nach der Aussage der Chaldäer den Thron verhieß, hatte in der Regel nur zwischen Verschwörung und eignem Verderben die Wahl. So soll der Tod Nervas aus diesem Grunde bereits von Domitian beschlossen und nur durch einen ihm wohlwollenden Astrologen abgewendet worden sein, der den Kaiser glauben machte, Nerva habe nur noch wenige Tage zu leben.

3. DIE FREUNDE, BEGLEITER UND GESELLSCHAFTER DES KAISERS

Diejenigen Männer des Senatoren- und Ritterstandes, welche die nähere Umgebung des Kaisers bildeten, hießen seine Freunde. Sie wurden vorzugsweise in den bereits unter Augustus aus Senatoren gebildeten kaiserlichen Staatsrat berufen. Tiberius „verlangte vom Senat außer seinen alten Freunden und Vertrauten zwanzig von den Ersten des Staates als seine Räte in den öffentlichen Geschäften". Unter den spätern Kaisern wird nur von Alexander Severus die Bestellung eines gleichartigen Staatsrats berichtet. Doch wurden bei der Entscheidung wichtiger politischer und militärischer Fragen wohl in der Regel von den Kaisern hervorragende Männer des Senatoren- und Ritterstandes zu Rat gezogen, und zwar, wie natürlich, vorzugsweise aus dem Kreise der Freunde. Die Großen *(proceres,* sämtlich oder fast sämtlich Konsulare, außerdem die beiden Präfekten des Prätoriums), die in einer Satire Juvenals Domitian in Eile auf sein Schloß zu Alba zum Rat beruft, „als wolle er ihnen etwas über die Chatten oder die wilden Sicambrer mitteilen, oder als sei von dem andern Ende der Welt eine erschreckende Nachricht gekommen", und die er dann über die beste Zubereitungsart eines großen Seefisches befragt, werden vom Dichter wiederholt als seine „Freunde" bezeichnet.

Während aber derartig geordnete und kollegialische Verhandlungen eines für den besonderen Fall gebildeten Rats nicht gerade häufig vorgekommen zu sein scheinen, haben die Kaiser von Augustus ab das alte Herkommen, Rechtsurteile nicht ohne Zuziehung von Freunden und Beratern und nach Anhörung ihrer Meinung zu fällen, regelmäßig befolgt. In einer solchen von Claudius berufenen Versammlung waren unter 25 Senatoren 16 Konsulare. Bis auf Trajan entbehrte dieser Rat der dauernden Organisation. Seit Hadrian aber treten die Mitglieder desselben *(consilium,* nach Diocletian *consistorium)* als angestellte und, wenigstens seit Commodus, wahrscheinlich aber schon früher, besoldete Räte *(consiliarii Augusti)* auf; und wenn in diesen Rat, aus dem die Kaiser für jede einzelne Verhandlung die Beisitzer auswählten, selbstverständlich vorzugsweise Juristen gezogen wurden, so werden darin auch die Freunde und Begleiter immer zahlreich gewesen sein, besonders aus dem Ritterstande. Vermutlich sind die demselben angehörigen Haus- und Hofbeamten schon früh regelmäßig zugezogen worden; „seit dem Ende des 2. Jahrhunderts scheinen die Präfekten der Garde sogar eine leitende Stelle in demselben eingenommen zu haben".

Teils als Mitglieder des ständigen oder nach Bedürfnis zusammentretenden politischen kaiserlichen Rats, teils als nicht offizielle Ratgeber übten die Freunde vielfach einen bestimmenden Einfluß auf das jedesmalige System der Regierung aus: so, um nur diese zu nennen, Mäcenas und Agrippa als Freunde des Augustus, Sejan des Tiberius, Seneca in Neros früherer und Tigellinus in seiner spätern Zeit. Sie galten allgemein als die für die wichtigsten Entschließungen maßgebenden Personen und waren es in der Regel auch wirklich. Als im ersten Jahre von Neros Regierung der Krieg mit den Parthern bevorstand, hieß es in Rom, bei der Wahl des Feldherrn werde sich zeigen, ob der Kaiser redliche Freunde habe oder nicht. Es gibt, heißt es bei Tacitus, kein wichtigeres Werkzeug für einen guten Regenten als Freunde. Der Kaiserbiograph Marius Maximus behauptete sogar, der Staat sei sicherer und besser daran, wenn der Kaiser, als wenn die Freunde des Kaisers schlecht seien; ein Schlechter könne von vielen Guten im Zaume gehalten werden: gegen viele Schlechte vermöge ein Guter nichts. Dio von Prusa sagt in einer seiner paränetischen Reden an Trajan, dem Regenten seien seine Freunde nützlicher als die Augen: denn er könne durch sie bis an die Grenzen der Erde sehen; als die Ohren: denn er könne durch sie alles hören, was ihm zu wissen not tue; als Zunge und Hände: durch sie könne er mit allen Menschen reden und alle Taten ausführen, durch sie vieles zu gleicher Zeit tun, über vieles zugleich beratschlagen, an vielen Orten zugleich sein. Er sei aber auch imstande, sich die zuverlässigsten und fähigsten Freunde zu wählen, da niemand gleich ihm belohnen könne. „Denn wer kann mehr Würden verleihen? Wer bedarf mehr Beamte? Wer ist imstande, bedeutendere Stellungen zu vergeben? Wer kann wie er einen andern mit der Führung eines Kriegs beauftragen? Von wem können glänzendere Ehren erwiesen werden? Wessen Tafel steht in größerm Ansehen? Und wenn die Freundschaft käuflich wäre, wer hat größern Überfluß an Geld, so daß niemand seine Gaben zu erwidern imstande ist?" Trajan war auf den Rat vieler Freunde schon fast entschlossen, nicht Hadrian, sondern Neratius Priscus zu seinem Nachfolger zu ernennen. Antoninus Pius „bestimmte weder über die Provinzen noch über irgendwelche Staatsgeschäfte etwas, ohne es vorher den Freunden vorzutragen, und verfaßte seine Schreiben ihrer Ansicht gemäß". Als er sein Ende herannahen sah, berief er „Freunde und Präfekten", bestätigte vor ihnen Marc Aurel als seinen Nachfolger und empfahl ihnen denselben. Marc Aurel „beriet stets mit den Vornehmsten *(optimates)* Kriegs- wie Friedensangelegenheiten. Seine Ansicht dabei war immer diese: Es ist billiger, daß ich den Rat so vieler und solcher Freunde befolge, als daß so viele und solche Freunde sich meinem Willen fügen.

Selbstverständlich waren die kaiserlichen Freunde ebenso allgemein angesehen wie gefürchtet. Der jüngere Plinius sagt, er habe als sehr junger Mann (unter Titus oder Domitian) die Führung eines Prozesses übernommen, „und zwar gegen die Mächtigsten im Staat und sogar gegen Freunde des Kaisers". „Ich werde ein Freund des Kaisers sein", heißt es bei Epictet, „solange ich es bin, wird niemand zu nahe zu treten wagen." Natürlich wurde die Macht, die diese Stellung verlieh, nicht selten mißbraucht. Der Biograph des Alexander Severus schilderte dessen mit der Verwaltung der innern wie der äußern Angelegenheiten betraute Freunde als Muster von kaiserlichen Freunden überhaupt, und zwar durch Aufzählung der Fehler, Laster und Verbrechen, von denen sie frei waren, und die offenbar Männern in dieser Stellung am häufigsten vorgeworfen wurden. Dazu gehören Dieberei, Herrschsucht, Nachgiebigkeit zum Bösen, Wollust, Grausamkeit, Hintergehung des Kaisers, über den seine Freunde spotteten, und dessen Ansehen sie durch Käuflichkeit, Lüge und Erdichtung bloßstellten.

Das Verhältnis der Freunde gewann schon an den ersten Höfen feste Formen, die zunächst an die altrömische Sitte des täglichen Morgenempfangs in den großen Häusern anknüpften. Schon C. Gracchus und M. Livius Drusus sollen ihre Partei so organisiert haben, daß sie sie in drei Klassen schieden, von denen sie die Mitglieder der ersten allein und im geheimen empfingen, die der zweiten in größerer Anzahl, die der dritten in Masse. Ebenso unterschied man am kaiserlichen Hofe Freunde „erster und zweiter Vorlassung" *(primae et secundae admissionis)*. Diese Rangordnung hing nicht sowohl vom Stande als vom persönlichen Verhältnis zum Kaiser ab. Zu den Freunden gehörten (abgesehen von den Verwandten und Jugendfreunden des Kaisers) vor allen die Ersten des senatorischen Standes, namentlich die Stadtpräfekten, Konsuln und Konsulare, aber auch jüngere Männer, die erst im Beginn ihrer Laufbahn waren, und denen sich hier die Aussicht auf eine glänzende Zukunft eröffnete. So erhielt Lucan die Quästur erst, als er von Nero aus Athen berufen und unter seine Freunde aufgenommen worden war, und der spätere Kaiser Otho (geb. 32) nahm als Genosse von Neros Ausschweifungen schon im Jahre 55 (ebenfalls vor der Bekleidung der Quästur) unter seinen Freunden eine hervorragende Stelle ein. Aber auch aus dem zweiten Stande wählten die Kaiser ihre Umgebung, und wenn Augustus gerade vorzugsweise Rittern wie Mäcenas, Proculejus, Sallustius Crispus Macht und Einfluß eingeräumt hatte, um das Ansehen des Senats herabzudrücken, so ist ähnliches auch noch in späterer Zeit geschehen, wo dies nicht mehr die Absicht sein konnte. Die diesem Stande angehörigen hohen Präfekten, namentlich der Statthalter von Ägypten, der Präfekt des Prätoriums und die dem Stadtpräfekten untergebenen Präfekten der Nachtwachen (der die Feuer- und Sicherheitspolizei handhabte) und der für Rom so hochwichtigen Getreideverwaltung, waren kraft ihres Amtes immer Freunde des Kaisers.

Mit der Zeit wurde die Benennung Freund ein vom persönlichen Verhältnis unabhängiger, mit gewissen hohen Ämtern unzertrennlich verbundener Titel. In einem Reskript des Sever und Caracalla vom Jahre 201 wird den Bürgern einer Stadt in Mösien eine gewisse Immunität bestätigt, desgleichen allen künftig unter die Bürger Aufgenommenen, „jedoch nur dann, wenn sie unser Freund, der jedesmalige Konsularagent, des Bürgerrechts für würdig erklärt haben wird". Aber schon in der ersten Zeit Marc Aurels haben vielleicht alle Konsularagenten den Titel „Freund des Kaisers" geführt. Eine zwischen 163 und 165 gesetzte Inschrift meldet, daß die beiden regierenden Kaiser eine Straße bei Abila wiederhergestellt haben „durch Julius Verus, prätorischen Legaten der Provinz Syrien und ihren Freund". Selbst die Prokuratoren von Provinzen scheinen kraft dieser Eigenschaft auf diesen Ehrentitel Anspruch gehabt zu haben. Auch in dieser Titulatur wurden vielleicht schon in den ersten Jahrhunderten Abstufungen eingeführt. Im Kurialstil des 4. und 5. Jahrhunderts erhalten die drei höchsten Reichsbeamten (der Praef. praetorio, Praef. urbi und Magister militum) die Titulatur *parens* (Vater), andre zur ersten Rangklasse gehörige (der Magister officiorum, die Comites rerum privatarum und sacrarum largitionum) die Anrede *frater* (Bruder); Beamte geringern Ranges (wie ein Konsular von Picenum, ein Präfekt von Ägypten, der Magister memoriae) werden in den erhaltenen Erlassen nur mit einem Freundschaftsprädikat, namentlich *carissime* (Teuerster), angeredet. Anfänge dieser offiziellen Anreden sind vielleicht schon darin zu erkennen, daß Trajan in seinen Schreiben an den jüngern Plinius als kaiserlichen Legaten von Bithynien diesen stets mit „Teuerster" anredet und daß Commodus den Präfekten des Prätoriums Julianus „Vater" nannte; gewiß aber, wenn Alexander Severus (im Jahre 222) den Juristen Ulpian als Getreidepräfekten seinen Freund, als Präfekten des Prätoriums dagegen in demselben Jahre seinen Vater *(parentem)* nennt. Didius Julianus spendete bei dem ersten Empfange des Senats und Ritterstandes die Anreden „Sohn, Bruder und Vater" je nach dem Alter der Angeredeten ganz allgemein. Übrigens liegt es in der Natur der Sache, daß die Bezeichnung „Freund" häufiger von den Kaisern andern erteilt wurde, als daß sich jemand selbst so nannte oder von dritten so genannt wurde, was namentlich im Geschäftsstil und auf Inschriften selten ist.

Die Freunde stellten sich bei dem Kaiser in der Regel an jedem Morgen zur Aufwartung ein und wurden oft zur Tafel gezogen. Hadrian lud die Seinigen stets zu seinen Gastmählern. Antoninus Pius ließ sie sowohl an seinen kleinen wie an seinen großen Tafeln teilnehmen. Marc Aurel zählt unter die Dinge, die er von seinem Vater gelernt habe, daß er seinen Freund nicht den Zwang auferlegte, mit ihm speisen zu müssen, und denen gegenüber, welche abgehalten waren, ein unverändertes Betragen bewahrte; aber gerade das, was er sich als Verdienst anrechnete, ward übel aufgenommen und in der Entfernung der Freunde von der gemeinsamen Gesellschaft und den Mahlzeiten eine Bestärkung des höfischen Hochmuts gefunden. Bei Alexander Severus speisten einige Freunde täglich, ohne besonders eingeladen zu werden. Zur Bedienung der Freunde, von denen manche auch in Rom für die Dauer oder zeitweise im kaiserlichen Hause gewohnt zu haben scheinen, war eine Abteilung der Hofdienerschaft *(a cura amicorum)* bestimmt.

Für jede Reise oder Expedition wählten die Kaiser aus der Zahl der Freunde ihre Begleiter *(comites)*, und dies Gefolge *(cohors amicorum)* entspricht ganz dem der Provinzialstatthalter in der Republik. Daher konnten die Kaiser „Begleiter" im technischen Sinne nur bei Reisen außerhalb Italiens haben, und wenn Caligula sich auf seinem Triumphlager über die von Bajä nach Puteoli geschlagene Schiffbrücke von der „Kohorte der Freunde" auf leichten gallischen Wagen begleiten ließ, so spielte er hier eben den aus dem Kriege zurückkehrenden Imperator. L. Verus wurde bei seinem Auszuge zum Partherkriege von Marc Aurel mit einem Gefolge kaiserlicher Freunde vom Senatorenstande ausgestattet. Natürlich galt die als hohe Gunst angesehene Wahl zum Begleiter als Befehl; Marc Aurel legte auch hierin, wie er selbst bemerkt, seinen Freunden keinen Zwang auf. Galba genoß als Mitglied der Kohorte des Claudius die hohe Ehre, daß die Expedition um einen Tag verschoben wurde, da er unpäßlich war.

Auf der Reise wohnten die Freunde mit dem Kaiser zusammen, oder es wurde doch für ihre Wohnung gesorgt; Vespasian, der als Begleiter Neros auf der Reise in Griechenland sich dessen Ungnade zuzog, ward aus der gemeinsamen Wohnung fortgewiesen. Im kaiserlichen Feldlager ward stets ein besondrer Platz in unmittelbarer Nähe des kaiserlichen Zelts für die Begleiter abgesteckt. Natürlich wurden sie für die Dauer der Reise besoldet. Schon in Ciceros Zeit war es allgemeiner Gebrauch, daß die Provinzialstatthalter ihren Offizieren und Begleitern eine im Verhältnis zu Rang und Dienstzeit bemessene Gratifikation verabreichten. Es galt als Beweis von Tiberius' Sparsamkeit, daß er als Prinz seinen Begleitern auf Reisen und Feldzügen keine Gratifikation, sondern nur die an Stelle der Naturalverpflegung getretenen Tagegelder gab. Nur einmal machte er ein Geldgeschenk, zu dem Augustus die

Mittel hergab: die erste Klasse der Begleiter erhielt je 600.000, die zweite je 400.000 Sesterzen (130.500, bzw. 87.000 Mark). Auch die Geringfügigkeit der Gratifikationen des Augustus an seine Freunde wurde gerügt. Caligulas Reisebegleiter waren zu so großem Aufwand genötigt, daß sie sich zugrunde richteten. Daß das Gefolge nicht selten den durchzogenen Gegenden sehr zur Last war, läßt schon die Vergleichung annehmen, die Plinius zwischen Domitians und Trajans Reisen anstellt. Bei den letzteren gab es „keinen Tumult, keinen Übermut in bezug auf die Quartiere, der Proviant war derselbe wie für die übrigen, dazu das Gefolge in straffer Haltung und gehorsam". Antoninus Pius, dessen Reisen sich niemals über Italien hinaus erstreckten, bemerkte, selbst das Gefolge eines zu sparsamen Fürsten sei für die Provinzialen noch drückend.

Die Tätigkeit der kaiserlichen Begleiter wurde immer durch besondern Auftrag des Kaisers bestimmt. Im Felde wurden sie zuweilen zu militärischen Zwecken verwandt und dann auch nach glücklich beendetem Feldzuge bei Verteilung von militärischen Auszeichnungen mitbedacht. Ihre gewöhnliche Verwendung dürfte jedoch wohl gewesen sein, dem Kaiser bei der Rechtspflege und Verwaltung zu assistieren. Männer vom Ritterstande scheinen zu dieser Stellung nicht zugelassen worden zu sein, vom senatorischen, aber schon Quästoren und selbst junge Leute, die zum Eintritt in den Senat sich erst gemeldet hatten.

Die Kaiser erwiesen den Freunden auch ihrerseits bis auf einen gewissen Grad die Höflichkeiten des Umgangs und verkehrten mit ihnen, je leutseliger sie waren oder zu scheinen wünschten, desto mehr wie Privatpersonen. Tiberius stand im Anfange seiner Regierung seinen Freunden vor Gericht bei, fand sich bei ihren Opferschmäusen ein, besuchte sie in Krankheiten ohne Wache und hielt bei einem von ihnen die Leichenrede. Claudius dagegen machte seine Besuche nie ohne Begleitung der Wache, und dies blieb in der Folge die Regel, von der allerdings einzelne Kaiser, wie Trajan, Ausnahmen machten; wenn Galba als Kaiser bei Otho speiste, ließ dieser, scheinbar um den Fürsten zu ehren, jedem Mann der wachthabenden Kohorte ein Goldstück reichen. Nero, der seinen Freunden gleich zu Anfang seiner Regierung ungeheure Reichtümer zuwarf, mutete ihnen auf der andern Seite eine ebenso kolossale Verschwendung zu, wenn er sich z. B. bei ihnen zur Tafel ansagte: bei einem solchen Gastmahl kosteten die Rosen allein mehr als 4 Millionen Sesterzen (870.000 Mark). Für den erkrankten römischen Ritter Cossinus, der zu seinen Freunden gehörte, ließ er einen Arzt aus Ägypten kommen. An Sever und Caracalla wird die Bereitwilligkeit gelobt, mit der sie ihren Freunden von den oft seltenen und für Privatpersonen unerreichbaren Medikamenten mitteilten, die in den kaiserlichen Magazinen aufbewahrt wurden. Besondere Leutseligkeit wird auch von Trajan gerühmt, der an Jagden und Gelagen, Unternehmungen, Ratschlägen und Scherzen seiner Freunde teilnahm, sie in Krankheiten besuchte (was noch Ausonius hervorhebt) und ihre Häuser ohne Wache betrat. Er wurde, sagt Plinius, von ihnen wahrhaft geliebt, weil er selbst sie liebte, er versagte sich sogar die Erfüllung eigner Wünsche, um die ihrigen zu erfüllen. Einem Präfekten des Prätoriums erteilte er die erbetene Entlassung, obwohl er ihn sehr gern behalten hätte: und so ereignete sich „das Unerhörte, daß, als der Kaiser und sein Freund Verschiedenes wollten, der

Wille des Freundes geschah". Noch weiter als Trajan erstreckte Hadrian in seiner Popularitätssucht die Herablassung. Er machte Krankenbesuche sogar bei einigen römischen Rittern und Freigelassenen, erteilte Trost und Rat und besuchte Gastmähler seiner Freunde. Er tauschte mit ihnen an den Saturnalien Geschenke aus, sandte ihnen auf der Jagd erbeutetes Wildbret, fuhr selbviert mit ihnen und besuchte sie in ihren Palästen in der Stadt und auf dem Lande; ein Ritter wird in einer ihm zu Ehren gesetzten Inschrift „Gastfreund des göttlichen Hadrian" genannt. Einer seiner Freunde, Platorius Nepos, blieb ungestraft, als er in einer Krankheit den Kaiser, der ihn besuchen wollte, nicht vorließ. Bei Gastmählern ihrer Freunde erschienen auch Antoninus Pius und Alexander Severus, der letztere überdies am Krankenbette nicht bloß derer vom ersten und zweiten Range, sondern auch Tieferstehender. Manche Kaiser nahmen ein freies Wort, selbst eine Zurechtweisung von ihren Freunden nicht übel. Vespasian gestattete den seinen einen hohen Grad von Freimütigkeit und ertrug namentlich von Licinius Mucianus erstaunlich viel. Als Antoninus Pius einst seinen Freund Valerius Homullus (Konsul 152) bei einem Besuche fragte, woher er die Porphyrsäulen in seinem Palast habe (die nur aus den kaiserlichen Porphyrbrüchen am Roten Meer stammen konnten), antwortete dieser: in einem fremden Hause muß man taub und stumm sein.

Sehr große Geschenke der Kaiser an die Freunde waren häufig. Nero bereicherte, wie bemerkt, durch Schenkungen die ersten seiner Freunde unmittelbar nach dem Tode des Britannicus (55). Man rügte, daß Männer, die auf Würde Anspruch machten, in einer solchen Zeit Paläste und Villen wie eine Beute unter sich teilten. Gemeint ist besonders Seneca, der im Jahre 62 den ihm von Anklägern vorgeworfnen ungeheuren Reichtum in einem Schreiben an Nero damit entschuldigt, daß er seine Gaben nicht habe ablehnen dürfen. Er stellt sie nun zur Verfügung des Kaisers, der ihn darauf in einem beschwichtigenden Schreiben auffordert, alles Empfangene, Gärten, Einkünfte, Villen, zu behalten. Auch Trajan teilte nach Plinius gleich nach seiner Thronbesteigung freigebig die am schönsten gelegenen Landgüter aus und „betrachtete nichts mehr als das Seine, als was er durch seine Freunde besaß". Hadrian „bereicherte seine Freunde auch ohne ihr Ansuchen, ihre Bitten schlug er niemals ab". Antoninus Pius verwendete sein bedeutendes Privatvermögen, sobald er zur Regierung kam, zu Geschenken an das Heer und an seine Freunde. Marc Aurel war besonders gegen seine Jugendfreunde freigebig und machte namentlich die reich, die er wegen ihres Stands nicht zu hohen Stellungen erheben konnte; Severus bezahlte nicht nur die Schulden seiner Freunde, sondern, „leidenschaftlich in Liebe wie in Haß", überhäufte er sie mit Reichtümern und schenkte mehreren namentlich prachtvolle Paläste, unter welchen der der Parther und des Lateranus noch im 4. Jahrhundert zu den hervorragendsten Roms gehörten. Von den Freunden Julians des Abtrünnigen lehnten die besten die ihnen gebotenen Geschenke, „Land, Pferde, Paläste, Silber und Gold", ab, andre erwiesen sich habgierig. Auf der andern Seite forderte die Sitte, daß die Freunde den Kaiser im Testamente bedachten, um so mehr, als ihm von allen Begüterten Vermächtnisse ausgesetzt zu werden pflegten. Augustus, der auf die in den Testamenten niedergelegten „letzten Urteile" übertriebenen Wert legte und Freude und Mißfallen nicht verhehlte, je nachdem sie nach seiner Erwartung oder gegen dieselbe ausfielen, hatte in den letzten zwanzig Jahren seines Lebens durch Vermächtnisse seiner Freunde 1400 Mill. Sesterzen (über 300 Mill. Mark) erhalten; er selbst setzte an dritter Stelle mehrere Freunde und Verwandte zu Erben ein.

Was von den Höflingen als höchste Ehre eifrig erstrebt wurde, erschien außerhalb stehenden, vollends philosophischen Betrachtern als erdrückende Last und die Stellung eines kaiserlichen Freunds als die allerunglückseligste, voll Zwang, Unruhe und Qual jeder Art. Natürlich waren sie genötigt, sich allen Launen, Neigungen und Liebhabereien der Kaiser anzubequemen. Selbst der Schlaf, sagt Epictet, ist ihnen nicht gegönnt. Die Nachricht weckt sie, daß der Kaiser schon wacht, schon erscheint, dann folgen Aufregungen und Sorgen. Sind sie nicht zu Tische geladen, so macht es ihnen Kummer; sind sie es, so speisen sie wie Sklaven bei ihrem Herrn, immer bedacht, nichts Törichtes zu sagen oder zu tun. Und was fürchten sie denn? Wie Sklaven die Peitsche zu erhalten? Wie sollte es ihnen so gut werden? Vielmehr, wie für so hochgestellte Männer, für Freunde des Kaisers ziemt, den Kopf zu verlieren. Selbst beim Bade und den Leibesübungen fehlt ihnen die Ruhe. Kurz, wer kann so stumpf oder so unwahr sein, um sein Geschick nicht um so mehr zu bejammern, je mehr er ein Freund des Kaisers ist?

In der Tat war die Stellung der kaiserlichen Freunde nicht bloß meist schwierig, sondern auch nur zu oft gefahrvoll. Immer von neuem bestätigte der plötzliche und jähe Sturz der Gewaltigsten die Unsicherheit der Despotengunst. Selten, sagt Tacitus, sei die Macht der Günstlinge beständig, sei es, daß Sättigung die Fürsten ergreift, wenn sie alles gewährt, oder jene, wenn sie alles erlangt haben. Eprius Marcellus, dem unter Vespasian im Senat die Freundschaft Neros vorgehalten wurde, erwiderte, er habe darunter nicht weniger gelitten als andre unter der Verbannung. Seneca sagt in einer unter dem Eindruck der eben vergangenen Herrschaft Caligulas verfaßten Schrift, als jemand einst einen an einem Königshofe grau gewordnen Höfling fragte, wie er das erreicht habe, was am Hofe das Seltenste sei, das Alter, habe er geantwortet: indem ich Beleidigungen empfing und dafür dankte. Oft waren dem Kaiser die sogenannten Freunde im Innersten verhaßt, und Domitians Hof war nicht der einzige, an dem „die Blässe der unseligen hohen Freundschaft" die Gesichter der Großen bedeckte. Der Unwille und das Mißtrauen der Fürsten war leicht erregt und Verleumdung und Intrigue am Hofe unaufhörlich geschäftig. Wenige Kaiser hatten ein so unerschütterliches Vertrauen zu ihren Freunden wie Trajan zu Licinius Sura, gegen den man seinen Argwohn auf alle Weise zu erregen gesucht hatte. Trotzdem besuchte er ihn unangemeldet, schickte die Wache fort, ließ sich von Suras Sklaven die Augen mit Salbe bestreichen und den Bart abnehmen, nahm ein Bad und speiste dort. Am andern Tage sagte er zu Suras Gegnern: wenn er mich hätte töten wollen, so hätte er es gestern getan. Sueton rühmt Augustus' Beständigkeit in der Freundschaft, da, wenn auch die Verhältnisse zu seinen Freunden bisweilen gestört wurden, mit Ausnahme des Salvidienus Rufus und Cornelius Gallus keiner derselben gestürzt sei, sondern sie Macht und Reichtum bis an ihr Ende behalten hätten; doch ist hier Fabius Maximus vergessen, dessen Ungnade allerdings erst kurze Zeit vor Augustus' Tode erfolgte. Titus „wählte solche Freunde, daß auch seine Nachfolger sie als für sich und den Staat unentbehrlich beibehielten und sich ihrer vorzugsweise bedienten". Dagegen blieben von sämtlichen Freunden und Räten des Tiberius nur zwei oder drei vor dem Untergange bewahrt. Caligula lohnte sogar denen, die ihm zum Thron verholfen hatten, mit dem Tode. Claudius wird in dem Pasquill des Seneca in der Unterwelt von einem derer, die er dorthin vorausgesandt hat, mit dem Zuruf: „Mörder aller Freunde!“ empfangen. Höchst unbeständig war Hadrian in seiner Freundschaft. Bald überhäufte er seine Freunde mit Wohltaten, bald horchte er begierig auf Einflüsterungen zu ihrem Schaden und hatte Spione in ihren Häusern, die ihn von all ihrem Tun und Reden unterrichteten. Die er am höchsten erhoben hatte, behandelte er später als Feinde, und mehrere endeten durch Hinrichtung oder Selbstmord. Julian sagt in seiner Lobrede auf den Kaiser Constantius, daß von dessen Freunden keiner über Ungnade, Schädigung, Verlust oder Zurücksetzung irgendwelcher Art je zu klagen gehabt habe. Selbst diejenigen, die sich nach ihrer Erhebung zu dieser Stellung derselben unwürdig zeigten, seien nicht bestraft, sondern nur entfernt worden. Ein Teil der kaiserlichen Freunde habe ein hohes Alter erreicht, sie seien bis zu ihrem Lebensende im Besitz ihrer Ämter geblieben und hätten ihr Vermögen Söhnen, Freunden oder Verwandten hinterlassen; andre, der Anstrengungen und Feldzüge müde, lebten nach ehrenvoller Entlassung glücklich. Manche, die (noch nicht alt) gestorben seien, würden allgemein zu den Glücklichen gerechnet.

Die Ungnade des Kaisers traf wie ein vernichtender Schlag. Wer so unglücklich gewesen war, sie sich zuzuziehen, wurde von dem Zutritt zu dem kaiserlichen Hause ausgeschlossen, gleichsam in Befolgung der altrömischen Sitte, beim Bruch der Freundschaft das Haus zu verbieten. Ein solcher Ausspruch wurde wie das härteste Urteil empfunden. D. Junius Silanus, des Ehebruchs mit Augustus' Enkelin Julia überführt, erkannte in der Ausschließung aus dem Umgange des Fürsten einen Wink zur Selbstverbannung (im Jahre 8 n. Chr.). Tiberius erlaubte ihm im Jahre 20 auf die gewichtige Fürbitte seines Bruders M. Silanus (Konsul 19) die Rückkehr, erklärte aber, daß er gegen ihn dieselbe Gesinnung hege wie sein Vater, und jener lebte zwar fortan in Rom, aber ohne Ehrenstellen zu erlangen. Oft hatten die von der kaiserlichen Ungnade Betroffnen noch Schlimmres zu gewärtigen. Von Cornelius Gallus, der aus niederm Stande bis zur Präfektur Ägyptens aufgestiegen war, sich in dieser Stellung aber Augustus' Unwillen zuzog, so daß er ihm sein Haus und seine Provinzen verbot, fielen sogleich seine bisherigen Anhänger ab, zahlreiche Ankläger erhoben sich gegen ihn, und der Senat beschloß eiligst seine Verbannung und Einziehung seiner Güter; doch Gallus kam der Ausführung des Urteils durch Selbstmord zuvor. Der Konsular Fabius Maximus, einer der vertrautesten Freunde des Augustus, verriet ein wichtiges Geheimnis, dessen einziger Mitwisser er war, seiner Gemahlin; Augustus erfuhr es und bezeigte ihm seine Ungnade, und das Gerücht nannte das bald darauf erfolgte Ende des Maximus ein freiwilliges. Sextus Vistilius, ein Mann von prätorischem Range, hatte dem ältern Drusus nahe gestanden und war deshalb von Tiberius unter seine Freunde aufgenommen worden. Als der Kaiser ihn von seinem Umgange ausschloß, versuchte er mit altersschwacher Hand sich zu töten, verband dann die geöffneten Adern und bat schriftlich um Gnade; als eine ungnädige Antwort erfolgte, löste er den Verband. Der nachherige Kaiser Vespasian befand sich als Konsular auf Neros griechischer Reise in dessen Gefolge und zog sich die

Ungnade des Kaisers zu, indem er sich öfters während seines Gesanges entfernte oder einschlief. Er wurde nicht bloß von der Hausgenossenschaft Neros, sondern auch vom öffentlichen Empfange ausgeschlossen. Als er voll Verwirrung ausrief, was er beginnen, wohin er gehen solle, antwortete ihm einer der Freigelassenen, indem er ihn forttrieb, mit einer Verwünschung. Vespasian, der das Äußerste befürchtete, verbarg sich in einem kleinen und abgelegenen Orte, und so gelang es ihm, sich der fernern Beachtung des Kaisers zu entziehen. Zuweilen fand die Entfernung aus der Nähe des Kaisers in der Form einer ehrenvollen Verbannung statt. So sandte Nero den nachherigen Kaiser Otho, früher seinen begünstigsten Freund, obwohl er erst die Quästur bekleidet hatte, als Statthalter nach Lusitanien, um dessen Gemahlin Poppäa ungestört zu besitzen.

Doch trotz der bittersten Erfahrungen übte die Atmosphäre des Hofes auf die meisten, die einmal in ihr gelebt hatten, eine fast unwiderstehliche Anziehungskraft aus. Epictet erzählt, daß ein älterer Mann, der damals die hohe Stellung eines Getreidepräfekten bekleidete, früher einmal verbannt gewesen sei. Als er aus dem Exil zurückkehrte, beteuerte er, den kurzen Rest seines Lebens ganz in Ruhe verbringen zu wollen; und da Epictet prophezeite, er werde andern Sinnes werden, sobald er nur die Luft von Rom atme, vermaß er sich, wenn er je noch einen Fuß an den Hof setze, möge jener von ihm denken, was er wolle. Doch kaum in Rom angelangt, erhielt er ein Handschreiben des Kaisers, das ihn augenblicklich alle seine Vorsätze vergessen ließ, und er übernahm in der Folge ein geschäftvolles Amt nach dem andern.

Mit dem Tode des Kaisers verloren die Freunde keineswegs immer ihre Stellung; vielmehr scheinen sie dieselbe in der Regel auch an dem neuen Hofe behalten zu haben, falls nicht das Verhältnis ein rein persönliches gewesen war, oder falls nicht ein gründlicher Wechsel in den Grundsätzen der Regierung und in den Personen erfolgte. Sonst empfahl außer andern Rücksichten die Pietät dem neuen Regenten, die Freunde seines Vorgängers möglichst ehrenvoll zu behandeln; war dieser unter die Götter versetzt worden, so wurden die Priester des neuen Gottes vermutlich in der Regel aus dem Kreise der ihm zunächst Stehenden ernannt. So verfuhren z. B. Marc Aurel und L. Verus bei der Ernennung der Priester des Antoninus Pius. Es war eine geflissentliche Verletzung der Pietät, wenn Domitian und Commodus, dieser die Freunde seines Vaters, jener die seines Vaters und Bruders vom Hofe entfernten und verfolgten. Gewaltsame Umwälzungen führten allerdings den Sturz der Freunde um so sicherer herbei, je inniger sie mit dem Kaiser verbunden gewesen waren; so ließ z. B. Severus die Freunde des Didius Julianus gleich nach dessen Tode anklagen, ächten und hinrichten. Doch kam es in ähnlichen Fällen zuweilen vor, daß die Freunde des gefallenen Kaisers zu dem neuen in dasselbe Verhältnis traten. Einen der treusten Anhänger Galbas, den designierten Konsul Marius Celsus, nahm Otho unter seine Vertrautesten auf, und dieser klug berechnete Schritt verwandelte nicht nur einen seiner Gegner in einen unbedingten und zuverlässigen Freund, sondern stimmte auch die Aristokratie günstig. Dagegen duldete Nerva aus übergroßer Milde die verhaßtesten Freunde Domitians an seinem Hofe. Als einst einer derselben, Fabricius Vejento, bei Tafel gegenwärtig war, kam das Gespräch auf eine andre verrufene Persönlichkeit aus der Domitianischen Zeit, und der Kaiser selbst warf die Frage auf: Was würde ihm geschehen, wenn er heute lebte? Er würde in unsrer Gesellschaft speisen, antwortete der unter Domitian (von 93—96) verbannt gewesene Junius Mauricius.

Es ist bereits erwähnt worden, daß die Freunde zuweilen Jugendgespielen der Kaiser gewesen waren. Dies hatte zum Teil darin seinen Grund, daß Kinder vornehmer Familien wie auch auswärtiger Fürsten am Hofe erzogen wurden; man darf wohl annehmen gewöhnlich, da sich eine solche Einrichtung in vielen Beziehungen als höchst zweckmäßig erweisen mußte. Augustus nahm, wie bereits bemerkt, den Philologen Verrius Flaccus mit seiner ganzen Schule in den Palast auf; eine große Anzahl fremder Königskinder ließ er zusammen mit seinen Enkeln erziehen und unterrichten. So wurde Agrippa, der Enkel Herodes' des Großen, mit Tiberius' Sohne Drusus zusammen erzogen, sein gleichnamiger Sohn am Hofe des Claudius. Marc Aurel wuchs am Hofe Hadrians auf. Claudius hatte eingeführt, daß bei jeder Mahlzeit seine Kinder mit edlen Knaben und Mädchen zu den Füßen der Erwachsenen sitzend aßen, wobei man wohl zunächst an Kinder zu denken hat, die am Hofe erzogen wurden. Zu diesen gehörte Titus, dessen Vater Vespasian schon unter Claudius durch Narcissus' Gunst hoch gestiegen war; er wurde als Gefährte des Britannicus in denselben Gegenständen, von denselben Lehrern unterrichtet; sie waren innig befreundet, und Titus soll den Giftbecher gekostet haben, aus dem Britannicus den Tod trank. Nicht selten entwickelten sich aus dieser Jugendgenossenschaft dauernde Freundschaften; von Marc Aurels am meisten begünstigten Freunden waren zwei von senatorischem, zwei vom Ritterstande seine Mitschüler gewesen. Ein kaiserlicher Freigelassener P. Aelius Epaphroditus, der heilgymnastischer Lehrer „der vornehmen Knaben" *(pueri eminentes)* war, gehörte wohl zu der für diese am Hofe erzogenen Kinder bestimmten Dienerschaft.

Wenn die Kaiser sich des Rats und der Unterstützung ihrer Freunde aus den beiden ersten Ständen vorzugsweise für die Geschäfte bedienten, so zogen sie in der Regel eine Anzahl von Personen ohne Rücksicht auf ihre Herkunft wegen ihrer geselligen Vorzüge und Talente, wegen ihrer Bildung und Kenntnisse vorübergehend oder dauernd an ihren Hof: also Gelehrte, Philosophen, Dichter, Künstler, je nach der persönlichen Neigung der Fürsten, auch mehr oder minder gewerbsmäßige Spaßmacher. Diese kaiserlichen Gesellschafter *(convictores,* συμβιῶται Freunde im weitern Sinne des Wortes genannt) waren oft Ausländer, besonders Griechen; auch die bereits erwähnten Leibärzte, Hofastrologen und Prinzenlehrer gehörten zum Teil zu dieser Klasse. Wohl in der Regel waren sie besoldet: Lucian sagt, daß von den damals angesehensten Philosophen einer sich vom Kaiser für seine Gesellschaft bezahlen ließ, dadurch aber auch genötigt war, trotz seines Alters die kaiserlichen Reisen mitzumachen wie ein indischer oder scythischer Soldknecht. Vielleicht sind auch hierin die Diadochenhöfe, an welchen Philosophen stehende Figuren gewesen zu sein scheinen, das Vorbild des römischen gewesen.

Am Hofe des Augustus war unter andern Griechen ausnahmsweise bevorzugt der Philosoph Didymus Areus aus Alexandria (ein Eklektiker), der stete Begleiter und Hausgenosse des Kaisers, dessen Fürbitte den Alexandrinern nach der Schlacht bei Actium Verzeihung erwirkt haben soll. Seneca läßt ihn gegen Augustus' Gemahlin sich den beständigen Begleiter ihres Mannes nennen, „dem alle geheimen Regungen eurer Gemüter bekannt sind". Er soll ihn bestimmt haben, den Sohn Kleopatras und Cäsars, Cäsario, töten zu lassen. Auch die Söhne des Areus, Dionysius und Nikanor, blieben am Hofe in ähnlichem Verhältnis; Augustus bediente sich ihrer, um seine Kenntnis der griechischen Literatur zu erweitern; der letztere ist vielleicht der auf mehreren gleichzeitigen athenischen Inschriften verherrlichte Julius Nikanor, der dort vom Volke, dem Rat des Areopags und der Sechshundert als ein neuer Homer und Themistokles gepriesen wird, weil er die von den Athenern aus Geldnot verpfändete oder verkaufte Insel Salamis für sie zurückkaufte, und weil er epischer Dichter war. Auch der durch Areus bei Augustus eingeführte Peripatetiker Xenarch aus Seleucia in Cilicien blieb bis zu seinem Alter in einer ehrenvollen Stellung. Ferner lebte der Stoiker Athenodorus aus Tarsus, der in Apollonia Augustus Lehrer gewesen war, längere Zeit am Hofe des kaiserlichen Schülers, der ihm die alte Pietät zu beweisen fortfuhr und seinen Wunsch der Heimkehr in seine Vaterstadt erst erfüllte, nachdem Athenodor sich hatte bewegen lassen, seinen Aufenthalt in Rom noch um ein Jahr zu verlängern. Auch der gelehrte und geistvolle Damascener Nikolaos, Aristoteliker, ein vielseitiger und fruchtbarer Schriftsteller und Dichter, der sich wiederholt am römischen Hofe in Angelegenheiten König Herodes' des Großen aufhielt, besaß Augustus' Gunst in hohem Grade. Der aus Alexandria im Jahre 55 v. Chr. als Kriegsgefangener nach Rom gekommene Geschichtschreiber Timagenes, den der ältere Seneca „glücklich bis zur Freundschaft des Kaisers" nennt, verscherzte diese durch die Zügellosigkeit seines Witzes, dem er bei Gastmählern und auf Spaziergängen freien Lauf ließ und den er selbst gegen den Kaiser, seine Gemahlin und Familie richtete; als Augustus ihm endlich sein Haus verbot, nahm Asinius Pollio ihn in das seinige auf. Ein gern gesehener Tischgenosse war bei Augustus der Sänger Tigellius, wie er es schon bei Cäsar und Kleopatra nicht bloß wegen seiner Kunst, sondern auch wegen seiner Unterhaltungsgabe gewesen war; seine Künstlerlaunen wurden mit Nachsicht ertragen. Auch Horaz versuchte Augustus in seine Gesellschaft zu ziehen, aber vergeblich. Daß der Dichter die Stelle eines Sekretärs bei ihm ablehnte, nahm er nicht nur nicht übel, sondern fuhr fort, ihm seine Freundschaft förmlich aufzudrängen. Er schrieb an ihn unter anderm: „Mache Ansprüche an mich, als seist Du mein Gesellschafter *(convictor)* geworden; denn dies Verhältnis habe ich mit Dir gewünscht, sofern es Deine Gesundheit erlauben sollte" und: „Wenn Du meine Freundschaft übermütig verschmäht hast, so vergelte ich es nicht mit gleichem Hochmut".

Tiberius, der eine umfassende und gründliche Bildung besaß, umgab sich schon vor seiner Thronbesteigung mit einem Kreise von Griechen, welche bei der oben erwähnten Beschenkung der Freunde gleichfalls (mit einer Spende von 200.000 Sesterzen = 43.500 Mark) bedacht wurden. Sie blieben an seinem Hof und wurden z. B. um ihre Meinung befragt, als der vor den Kaiser beschiedene ägyptische Steuermann Thamus berichtete, wie die Kunde von dem Tode des großen Pan von dessen Mitdämonen mit lautem Wehklagen aufgenommen worden sei. Tiberius ließ sich von diesen Hofgelehrten nach Capri begleiten, um sich durch ihre Gespräche zu zerstreuen. Unter diesen befand sich der bereits erwähnte Astrolog Thrasyllus und der Arzt Charikles, von dessen Rat Tiberius sich leiten ließ, obwohl er nicht sein Leibarzt war. Dieser ergriff kurz vor Tiberius' Tode sich beurlaubend seine Hand, wie um sie zu küssen, und fühlte ihm dabei den Puls. Tiberius bemerkte es und blieb, um seine Schwäche zu verbergen, ungewöhnlich lange bei Tisch, „wie um dem scheidenden Freunde Ehre zu erweisen". Doch besondern Gefallen fand Tiberius, der in der Literatur beider Sprachen gelehrte Kenntnisse besaß, an Philologen, die er bei Tafel mit schwierigen oder nicht zu beantwortenden Fragen in Verlegenheit zu setzen liebte (mit denen man ihre Gelehrsamkeit auch sonst in Ernst und Scherz gern auf die Probe stellte), z. B. wer die Mutter der Hecuba gewesen, welchen Mädchennamen Achill unter den Töchtern des Lycomedes geführt, was die Sirenen gesungen hätten. Aus diesen boshaften Spielereien ward zuweilen furchtbarer Ernst. Als er erfuhr, daß der Philologe Seleucus sich bei seinen Dienern nach seiner Lektüre erkundigte, um sich auf die zu erwartenden Fragen vorzubereiten, entfernte er ihn zuerst aus seinem Hause und zwang ihn dann, sich den Tod zu geben. Nero umgab sich mit Versmachern, die ihn bei seinen poetischen Versuchen unterstützen mußten; auch widmete er, wie Tacitus sagt, den Lehrern der Weisheit nach Tisch einige Zeit, um die Vertreter entgegengesetzter Prinzipien zum Gezänk aneinanderzuhetzen, und es gab deren, die bei aller Strenge in Reden und Mienen sich gerne zu solcher Belustigung des Fürsten gebrauchen ließen. Dio von Prusa wurde von Trajan so ausgezeichnet, daß man ihn oft im kaiserlichen Wagen sah. Hadrian prunkte mit seinem vertrauten Umgange mit einem großen Kreise von Philosophen, Philologen, Rhetoren, Musikern, Malern, Mathematikern und Astrologen; eine hervorragende Stellung nahm in diesem Kreise der Arelatenser Favorinus ein. Der große griechische Sprachforscher Aelius Herodianus, der in bezug auf die Tiefe und den Umfang seiner Forschung mit Jakob Grimm verglichen worden ist, war mit dem Kaiser Marc Aurel befreundet und schrieb seine Akzentlehre auf dessen Aufforderung.

Unter den Gesellschaftern der Kaiser waren Witzbolde, Lustigmacher, Possenreißer häufige, vielleicht stehende Figuren, natürlich mußten sie oft auch ihre Person zur Unterhaltung des Hofs preisgeben. Juvenal sagt, wer in seiner Zeit als Parasit sein Leben fristen wolle, müsse mehr dulden, als Sarmentus oder der niedrige Gabba an der Tafel Cäsars (des Augustus) sich habe gefallen lassen. Der erstere war ein ehemaliger Sklave oder Freigelassener des bei Philippi getöteten M. Favonius, von etrurischer Abkunft, der sich durch Schönheit und Witz beliebt machte. Von dem zweiten erzählt Plutarch, daß er sich bei Tische schlafend stellte, um nicht zu sehen, wie Mäcenas mit seiner Frau liebäugelte; als aber ein Sklave Wein entwenden wollte, zu diesem sagte: Ich schlafe nur für Mäcenas (eine schon bei Lucilius vorkommende Anekdote). Gabbas Witz rühmt Martial; aber, sagt er an einer andern Stelle, wenn jetzt der alte Gabba, der durch seinen Cäsar glücklich war, aus dem Elysium wiederkehrte, so würde jeder, der ihn und Capitolinus um die Wette scherzen hörte, sagen: „bäuerischer Gabba, schweige"; Capitolinus war also ein Lustigmacher Trajans, dessen derbe Soldatennatur an den Späßen der Possenreißer mehr Gefallen finden mochte als an edlerer Unterhaltung. Claudius hatte, als er unter Tiberius verachtet in Verborgenheit lebte, „seine träge Muße durch die Gesellschaft von Possenreißern erheitert"; einer derselben, Julius Pälignus, der durch Schwäche des Geistes und Mißgestalt des Körpers gleich verächtlich, aber bei ihm besonders beliebt war, hatte nach seiner Thronbesteigung die Stelle eines Prokurators von Cappadocien erhalten. Am Hofe Neros nahm Vatinius eine für den dort herrschenden Geist charakteristische Stellung ein. In einer Schusterbude zu Benevent aufgewachsen, mißgestaltet, von possenhafter Komik, war er anfangs als Gegenstand des Gespöttes am Hofe aufgenommen worden. Durch niedrige Servilität wußte er sich bei Nero beliebt zu machen; durch Anschuldigungen und Verleumdungen aller Rechtschaffenen erlangte er so große Macht, daß er an Einfluß, Vermögen und Gewalt zu schaden selbst die übrigen Schlechten an diesem Hofe hinter sich ließ und mit den ruchlosesten und mächtigsten Freigelassenen Neros in einer Reihe genannt ward. Commodus hatte einige unsaubere Possenreißer mit scheußlichen Gesichtern und noch scheußlicheren Namen und Beschäftigungen wegen ihrer schamlosen Frechheit mit großen Reichtümern beschenkt; Pertinax ließ ihre Namen mit Angabe ihres Vermögens veröffentlichen.

4. DAS ZEREMONIELL

a) Der Morgenempfang

Zu den Vorrechten der Freunde, wenn auch vielleicht nur der Freunde erster Klasse, gehörte ganz besonders, daß sie dem Kaiser an jedem Morgen ihre Aufwartung machen durften, ein Brauch, der in dem Lever des französischen Hofzeremoniells seine letzten Nachklänge hinterlassen hat. Fabius Maximus erfuhr die Ungnade des Augustus dadurch, daß dieser ihm auf seine Anrede bei dem gewöhnlichen Morgenbesuch „sei gegrüßt, Cäsar“ antwortete „lebe wohl, Fabius“. Der ältere Plinius, ein Freund des Vespasian, besuchte diesen, wie es scheint, in der Regel täglich vor Tagesanbruch, wo Vespasian bereits Audienz erteilte. Auch dieses Recht war zugleich eine Pflicht, die man wohl kaum ohne dringende Gründe ungestraft versäumen konnte, obwohl natürlich auch hierin nicht alle Kaiser gleich streng waren. Fronto rühmt sich, die Liebe seines Zöglings Marcus Cäsar zu besitzen, obwohl er „weder in der Morgendämmerung immer nach eurem Hause kommt, noch täglich seine Aufwartung macht“.

Häufig stellten sich auch die Senatoren zur Morgenaufwartung bei dem Kaiser, als dem ersten ihres Stands, ein, teils einzeln, teils die ganze Körperschaft. Solche Aufwartungen fanden gewiß besonders bei freudigen und feierlichen Veranlassungen regelmäßig statt. Als Nero im Jahre 63 in Antium von Poppäa eine Tochter geboren wurde, begab der ganze Senat sich dorthin, um ihn zu beglückwünschen. Thrasea allein, der Führer der Opposition, ward nicht vorgelassen; er ertrug diese Beschimpfung, die ein Vorbote seines drohenden Untergangs war, mit unbewegtem Gemüt. Augustus litt es nie, daß der Senat ihm an Sitzungstagen aufwartete, sondern begrüßte dann die Senatoren in der Kurie, wobei sie ihren Platz behalten mußten; im hohen Alter verbat er sich die Aufwartungen überhaupt. Tiberius lud die Senatoren im Anfange seiner Regierung ein, ihn insgesamt zu besuchen, um nicht einzeln dem Gedränge ausgesetzt zu sein. Zuweilen wurden, wie es scheint, auch die Frauen und Kinder der senatorischen Familien dem Kaiser vorgestellt. Augustus soll dem spätern Kaiser Galba, da er ihm als Knabe unter seinen Altersgenossen aufwartete, seine künftige Herrschaft vorausgesagt haben. Unter den Personen, die sich zum Empfange bei Claudius einstellten, werden Frauen, Knaben und Mädchen erwähnt.

Zuweilen empfingen die Kaiser außer den Senatoren auch die Ritter; hin und wieder wurde auch der dritte Stand zugelassen. Bei solchen Gelegenheiten wurden Bittschriften überreicht, und die Kaiser waren mehr oder weniger bemüht, sich gnädig zu erweisen, wie z. B. Augustus gegen einen Bittsteller, der seine Eingabe zu überreichen zögerte, scherzend bemerkte, er tue ja, als ob er einem Elefanten eine kleine Münze geben wolle. Nero bewies im Anfange seiner Regierung im namentlichen Anreden von Personen aus allen Ständen ein vorzügliches Gedächtnis. In außergewöhnlichem Maße zugänglich war Vespasian. Den ganzen Tag stand die Tür des Palastes in den Sallustischen Gärten, wo er zu wohnen pflegte, offen, und jedermann nicht bloß vom Senat, sondern auch von den übrigen Ständen wurde vorgelassen. Alexander Severus nahm nur achtbare und gut beleumundete Personen zur Aufwartung an und ließ durch den Herold bekanntmachen, daß niemand den Kaiser begrüßen solle, der sich eines Unterschleifs bewußt sei, sonst würde er im Falle der Entdeckung mit dem Tode bestraft werden.

Der allgemeine Empfang *(publica, promiscua salutatio)* scheint gewöhnlich an Feiertagen stattgefunden zu haben. Wahrscheinlich gehörte dazu der Tag des Regierungsantritts. Fronto entschuldigt sich in einem Schreiben an Antoninus Pius mit seinem Rheumatismus wegen Nichterscheinens zur Gratulation an diesem Tage. Besonders festlich war der Empfang am ersten Januar. Der Palast war dann prächtig geschmückt (Nero wurde in weißen, mit Gold durchwirkten Teppichen bestattet, deren er sich am letzten Neujahrstage bedient hatte), und die Kaiser nahmen Neujahrsgeschenke an, auch in Geld *(strenae,* franz. *étrennes),* und erwiderten sie. Augustus verwendete das Geld zum Ankauf von Statuen, die er in die Stadtbezirke verteilte. Tiberius pflegte im Anfange seiner Regierung eigenhändig jede Gabe mit einer vierfachen zu erwidern, aber da er den ganzen Januar hindurch von Personen belästigt wurde, die am Neujahrstage nicht hatten zu ihm gelangen können, hörte er überhaupt auf zu geben und verließ am ersten Januar die Stadt. Auch beschränkte er den Austausch der Neujahrsgeschenke auf diesen einen Tag. Caligula erklärte sich zur Annahme durch ein Edikt bereit, um seinen Schatz zu füllen, und empfing persönlich die Gaben, die eine aus allen Ständen gemischte Masse aufschüttete, auf dem Vorplatze des Palastes. Diesen Mißbrauch hob Claudius durch ein Edikt auf; doch ist die Sitte überhaupt schwerlich ganz in Abgang gekommen.

Bei den Kaiserinnen hat ein feierlicher Empfang ganzer Körperschaften und Stände offenbar nur ausnahmsweise stattgefunden. Berichtet wird es nur von dreien, die an der Regierung wirklich Anteil nahmen oder doch als Mitregentinnen erscheinen wollten. Von Livia sagt Cassius Dio, sie habe sich, nachdem ihr Sohn zur Herrschaft gelangt war, gewaltig über alle frühern Frauen erhoben, so daß sie zu allen Zeiten die Aufwartung des Senats und derer aus den übrigen Ständen, die sich vorzustellen wünschten, annahm und dies in die öffentlichen Tagesberichte eintragen ließ; ähnliches erzählt er von Agrippina, die unter Claudius dem Empfange von Gesandten und andern Regierungshandlungen (wohl immer von einem Hofstaat von edlen Frauen umgeben) beigewohnt hatte und dies auch unter Nero beanspruchte; im Jahre 55 wies ihr dieser eine andre Wohnung an, damit der Morgenempfang bei ihr aufhöre. Julia Domna, der ihr Sohn Caracalla während seiner Abwesenheit einen Teil der Regierung übertragen hatte, „empfing öffentlich alle Vornehmsten". Daß die meisten hochgestellten Männer den Kaiserinnen einzeln ihre Ehrfurcht bezeigten, muß natürlich zu allen Zeiten gewöhnlich gewesen sein; von Frauen versteht es sich ohnehin von selbst. Alexander Severus verbot Frauen von üblem Ruf, vor seiner Mutter und Gemahlin zu erscheinen. Noch in der Zeit des Hieronymus drängte sich die Menge der Aufwartenden zur Gemahlin des Kaisers.

An Empfangstagen war auf dem Vorplatze des Palastes immer eine große Menge aus allen Ständen versammelt, die der Meldung harrte, daß der Kaiser die Aufwartung annehme. Gellius berichtet einige Unterhaltungen gelehrter Freunde wie Favorinus, Fronto, Sulpicius Apollinaris u. a., die während des Wartens dort stattfanden. Aber auch an andern Tagen war es hier wohl selten leer. Das Getümmel vor dem Palaste vergleicht Apollonius von Tyana bei Philostrat mit dem vor einem öffentlichen Bade, das fortwährende Ein- und Ausgehen von solchen, die Huldigungen teils empfangen, teils darbringen, gleiche dem Ab- und Zuströmen der bereits Gebadeten und der noch Ungebadeten. Außer der großen Anzahl derer, die ihr Amt oder Geschäft dorthin rief, trieben sich hier viele herum, die den Kaiser beim Ausgehen und Herabsteigen vom Palatin sehen, begrüßen, ihm Bittschriften überreichen wollten; und es gab Leute, die wohl zehnmal am Tage die heilige Straße nach dem Palaste zu hinaufliefen, um andern einzubilden, daß sie Bekanntschaften am Hofe hätten.

Der Empfang fand in der ersten Frühe statt, welches in Rom überhaupt die für Besuche gewöhnliche Zeit war. Daher stellten sich viele schon in der Dämmerung ein. Verspasian ließ, wie gesagt, Freunde sogar vor Tagesanbruch vor und unterhielt sich mit ihnen im Bett und während des Ankleidens. Da nun auch die Schauspiele am frühen Morgen begannen, brachten die Kaiser, um diejenigen, die sie sprechen wollten, nicht zu weiten Wegen zu nötigen, oft die vorhergehenden Nächte in einem dem Schauplatz nahegelegenen Hause eines Freigelassenen zu, oft mehrere hintereinander, wie Tiberius, oder nahmen an solchen Tagen überhaupt keine Aufwartung an, wie Hadrian.

Im Palaste zog immer eine ganze Kohorte der Prätorianer (1000 Mann) unter dem Kommando eines Tribunen zur Wache auf (und zwar in der Friedenstracht, der Toga), und ein Posten war wohl gewöhnlich am Eingange aufgestellt. Wenigstens führt Cassius Dio besonders an, daß in den geöffneten Türen von Vespasians Palaste keine Wache stand; doch gewiß fand dieses Beispiel bei manchen der späteren Kaiser Nachahmung, so vermutlich bei Nerva und Trajan. Aber als am 22. Januar 205 Plautianus in den Palast gerufen wurde, um das Todesurteil zu empfangen, ließen „die Wächter am Gitter" nur ihn ein und wiesen seine Begleiter zurück. Agrippina hatte im Anfange von Neros Regierung außer einer Wache von Prätorianern noch eine berittene germanische Leibwache zu ihrem eignen Dienst, und diese *Germani corpore* (oder *corporis) custodes* begegnen vielfach bei allen Mitgliedern des Kaiserhauses bis auf Galba, der sie auflöste.

Zuweilen mußten sich die zum Empfange Erscheinenden eine Untersuchung gefallen lassen, ob sie Waffen bei sich trügen. Augustus ließ selbst Senatoren untersuchen, als er den Senat purifizierte und eine Anzahl Mitglieder ausstieß. Am strengsten war die Untersuchung unter dem sehr ängstlichen Claudius. Erst spät und mit Mühe ward er bewogen, zuzugeben, daß Frauen und unerwachsene Knaben und Mädchen nicht betastet wurden, und daß den Begleitern und Schreibern der Vorgelassenen nicht die Behälter der Griffel und Schreibrohre abgenommen wurden. In der Tat wurde bei einem großen Empfange im Jahre 47 ein römischer Ritter mit einem Dolch ergriffen. Denjenigen, die freien Zutritt bei ihm hatten, gab Claudius einen goldnen Ring mit seinem Bildnisse, eine Einrichtung, welche zu großen Mißbräuchen Veranlassung wurde. Vespasian hob die Durchsuchung schon während des Bürgerkrieges auf; unter Claudius' nächsten Nachfolgern scheint sie also fortbesanden zu haben. Wie es die spätern Kaiser in dieser Beziehung hielten, ist nicht bekannt; in Cassius Dios Zeit scheint keine Untersuchung stattgefunden zu haben.

Im Innern des Palastes war eine Abteilung der kaiserlichen Hofdienerschaft *(ab admissione, admissionales)* tätig, welche die Ordnung aufrechterhielt und die Aufwartenden meldete und einführte. Das Amt mußte schon wegen der fortwährend Audienz nachsuchenden Gesandten aus allen Provinzen zahlreich besetzt sein; Philo nennt einen Homilos, der diese einzuführen hatte und durch welchen Caligula der jüdischen Gesandtschaft Gehör zusagte; natürlich gehörten auch Dolmetscher dazu. Auch hier waren die Schwierigkeiten der Zulassung verschieden. Der jüngere Plinius schildert den Empfang bei Trajan im Gegensatz zu dem bei seinem Vorgänger. „Hier gibt es keine Regel, keine Stufenfolge von Beschimpfungen; nicht, wenn man schon tausend Schwellen überschritten hat, noch andre weitere, die verschlossen bleiben und Widerstand leisten. Tiefe Ruhe herrscht vor und hinter dir, am meisten aber in deiner Nähe; so geräuschlos und rücksichtsvoll wird überall verfahren, daß man zu einem kleinen und beschränkten Hausstande aus dem kaiserlichen Palaste das Muster der Ruhe und Bescheidenheit mitbringt." Noch in den Zeiten des überhandnehmenden orientalischen Pomps gab Alexander Severus wie einer von den Senatoren Audienz; die Vorhänge des kaiserlichen Kabinetts waren zurückgeschlagen, und nur die Diener zugegen, die den Dienst an der Tür hatten: „während man früher den Kaiser nicht begrüßen konnte, weil man ihn gar nicht sah".

Sowohl die Kaiser als die ihnen aufwartenden Personen erschienen beim Empfange in der Toga; und diese Sitte erhielt sich bis zum 4. Jahrhundert. Es war ein Zeichen der Umwandlung des Kaisertums in eine Militärherrschaft, wenn Gallienus zu Rom in der Kriegstracht *(chlamys)* mit kostbaren, von Edelsteinen funkelnden Schnallen Audienzen gab. Marc Aurel und Alexander Severus trugen sogar auch in den übrigen Städten Italiens die Toga. Höchstens vor Freunden konnte der Kaiser sich in der Tunika sehen lassen; was namentlich von Antoninus Pius als Zeichen größter Ungezwungenheit im Umgange berichtet wird. Doch hatte auch Marc Aurel von Junius Rusticus gelernt, „nicht in der Toga im Hause umherzuwandeln, noch dergleichen zu tun". Es war eine gröbliche Verletzung der Sitte, daß Nero die Senatoren in einer geblumten Tunika mit einem Musselintuche um den Hals empfing; denn, sagt Cassius Dio, auch in diesen Dingen übertrat er das Herkommen, so daß er auch ungegürtete Tuniken bei öffentlichem Erscheinen anzog. Auch Commodus empfing den Senat in einer weißseidenen, golddurchwirkten Tunika mit Ärmeln. Caracalla teilte das Kleidungsstück, von dem er diesen Namen erhielt, massenweise unter das Volk aus und ließ es in dieser Tracht vor sich erscheinen. Macrinus hatte die Absicht, ein ähnliches Geschenk im Namen seines Sohnes zu machen, um ihm die Gunst des Volkes zu erwerben.

Die Freunde erster Klasse waren während der Republik einzeln empfangen worden: inwiefern dieser Gebrauch in der Kaiserzeit festgehalten worden ist, darüber sind wir so gut wie gar nicht unterrichtet. Gelegentlich wird erwähnt, daß Einzelaudienzen häufig zur Verbreitung falscher Nachrichten mißbraucht wurden, weshalb Alexander Severus niemanden ohne Zeugen vorließ als seinen Präfekten Ulpian, die übrigen Freunde aber zusammen empfing.

Die Freunde, wenigstens die Freunde erster Klasse, wurden vom Kaiser mit einem Kusse begrüßt: so wurde z. B. Otho von Galba am Morgen des Tags, der für diesen der letzte sein sollte, „wie gewöhnlich" mit einem Kusse empfangen. Diese Art der Begrüßung scheint erst unter Augustus aufgekommen zu sein, und zwar anfangs nur unter den Vornehmen. Denn als in der Mitte von Kaiser Claudius' Regierung ein ansteckender Gesichtsausschlag in Rom eingeschleppt wurde, litten, wie Plinius sagt, unter diesem Übel weder die Frauen, noch die Sklaven, noch die mittlern und untern Stände, sondern nur die Vornehmen *(proceres)*, hauptsächlich durch die schnelle Übertragung vermittels des Kusses. An einer andern Ausschlagskrankheit hatte Tiberius gelitten: noch in Galens Zeit gab es eine Pastille des Kaisers Tiberius gegen Flechten, und wenn Tacitus unter den Gründen, die den Kaiser bewogen, im Jahre 26 Rom zu verlassen, die Entstellung seines Gesichts durch Geschwüre und Pflaster erwähnt, so dürften dies die Folgen jener Krankheit gewesen sein. Ob jedoch das Edikt, wodurch Tiberius „die täglichen Küsse" beim Empfange am Hofe abschaffte, durch jene ansteckende Krankheit veranlaßt wurde, ist ungewiß. Die Art, wie Valerius Maximus das Verhalten des Kaisers in diesem Punkte rechtfertigt, zeigt, daß es übel aufgenommen worden war. „Auch die Könige von Numidien sind nicht zu tadeln, die nach der Sitte ihres Volkes keinem Menschen einen Kuß gaben. Denn was auf eine erhabene Höhe gestellt ist, muß von niedrigem und allgemeinem Gebrauch befreit sein, damit es um so verehrungswürdiger sei." Aus den Kreisen der Aristokratie verbreitete sich die Sitte des Küssens dann in die übrigen. In Domitians Zeit (vielleicht schon früher) war sie bereits allgemein, und Martial klagt wiederholt, daß man den Küssen in Rom nirgends entfliehen könne.

Vielleicht haben die Großen Roms die, wie gesagt, allem Anschein nach dort früher unbekannte Sitte aus dem Orient eingeführt. Am persischen Hof war es ein Vorrecht der Verwandten, den König zu küssen, und Alexander, der manche Einrichtungen des persischen Hofes an den seinigen übertrug, von dem sie dann die Diadochen, namentlich die Seleuciden und Ptolemäer, entlehnten, scheint auch das Recht, den König zu küssen, als eine Auszeichnung der Freunde festgehalten zu haben. Die Nachahmung solcher Formen orientalischer Höfe, die der römischen Sitte nicht zuwiederliefen, kann um so weniger auffallen, als bereits unter Caligula „einige die barbarische Sitte der Niederwerfung aufs Antlitz in Italien einführten, indem sie das Wesen der römischen Freiheit entstellten". Der Vater des Kaisers Vitelius betete bei seiner Rückkehr aus Syrien Caligula wie einen Gott an, indem er nach Art der Betenden mit verhülltem Haupte vor ihm erschien und sich herumdrehte, dann sich niederwarf. Caligula, „ein Mensch, der dazu geboren schien, die Sitten eines freien Staates durch persische Knechtschaft umzugestalten“, ließ den alten Konsularen Pompejus Pennus, nachdem er ihm das Leben geschenkt hatte, seinen linken, vergoldeten und mit Perlen besetzten Pantoffel küssen. Diese Huldigung wurde ihm von andern freiwillig geleistet, wie vom Konsul Pomponius Secundus unmittelbar vor seiner Ermordung; und daß unter ihm die fußfällige Anbetung (προσκύνησις) öfters vorgekommen war, geht daraus hervor, daß Claudius sie ausdrücklich verbot. Auch Domitian verlangte wieder unwürdige Huldigungen, denn von Trajan rühmt Plinius, daß er nicht (wie sein Vorgänger) seine Mitbürger nötige, seine Knie zu umfassen, noch den Kuß mit der Hand erwidere. Der Jurist P. Juventius Celsus, im Jahre 95 als Verschworener gegen Domitian angeklagt, verlangte eine geheime Audienz; in dieser adorierte er ihn und nannte ihn Herr und Gott. Doch ging Domitian wohl nicht so weit wie Caligula. Epictet sagt, wenn man jemanden zwingen wollte, die Füße des Kaisers zu küssen, würde er dies für ein Übermaß der Tyrannei halten. Erst Elagabal ließ sich wieder wie ein Perserkönig adorieren, was dann Alexander Severus aufhob. Später wurden untertänige Huldigungen immer gewöhnlicher, und in der letzten Zeit des Altertums war der Kuß des Kaisers eine sehr hohe und seltene Ehre.

Am römischen Hofe hatten aber auf die Ehre des Kusses auch die Mitglieder des Senatorenstandes als Standesgenossen des Kaisers Anspruch. In Plinius' Schilderung von Trajans Einzug als Kaiser in Rom heißt es: „Allen war es erfreulich, daß du den Senat mit einem Kusse empfingest, wie du mit einem Kusse von ihm Abschied genommen hattest; erfreulich, daß du die Zierden des Ritterstandes durch die Ehre namentlicher Anrede auszeichnetest, ohne eines Erinnerers zu bedürfen; erfreulich, daß du deine Klienten beinahe zuerst begrüßtest und Zeichen von Vertraulichkeit hinzufügtest.“ Man darf annehmen, daß die hier beobachteten Unterschiede bei der Begrüßung der Stände auch für den Empfang am Hofe galten: nur daß die Ritter, die zu den höchsten Ämtern oder unter die Freunde erhoben waren, dieselbe Ehre genossen, auf welche den Senatoren ihr Stand das Anrecht gab. Daß Tiberius die Sitte des Kusses förmlich abschaffte, ist bereits erwähnt. Caligula „küßte nur sehr wenige. Denn den meisten, selbst den Senatoren, reichte er die Hand oder den Fuß zum Kusse. Und deshalb statteten ihm diejenigen, die von ihm geküßt waren, sogar im Senate Dank ab, obwohl alle sahen, daß er die Pantomimen täglich küßte“. Nero legte seinen Haß gegen den Senat auch dadurch an den Tag, daß er bei der Rückkehr von seiner griechischen Reise sowie beim Aufbruch keinen von den Senatoren küßte, nicht einmal ihre Grüße erwiderte. Solche Verletzungen der Sitte waren um so anstößiger, je weniger bedeutend und je allgemeiner diese Gunstbezeigung der Kaiser gegen Männer des ersten Standes war. Selbst bei dem absichtlich kalten Empfange Agricolas nach der Rückkehr von Britannien bei Domitian, dessen unbürgerlichen Hochmut Plinius rügt, fand eine kurze Umarmung statt, obwohl Agricola nicht einmal eines Gespräches gewürdigt wurde. Die Reihenfolge der Umarmungen bestimmte sich ohne Zweifel nach dem Range. Marc Aurel zeichnete den ihm sehr nahe stehenden Junius Rusticus, den er zweimal zum Konsul ernannte, dadurch aus, daß er ihn vor dem Präfekten des Prätoriums küßte, der also sonst in jener Zeit den ersten Anspruch auf diese Ehre hatte; Julianus, der unter Commodus die Präfektur bekleidete und den dieser ermorden ließ, war vom Kaiser oft öffentlich umarmt, geküßt und Vater genannt worden. Übrigens war es in der Regel ohne Zweifel nicht möglich, daß alle bei einem Empfange Anwesenden der Umarmung teilhaftig wurden. Fronto erwähnt, daß sein kaiserlicher Schüler L. Verus ihn zuerst in sein Schlafgemach vorgelassen habe, um ihn, „ohne einen andern zu kränken", küssen zu können, und verbreitet sich nach seiner Weise ausführlich darüber, daß er, dem der Kaiser seinen Mund und seine Rede zur Bildung anvertraut, eine besondere Anwartschaft auf seinen Kuß habe; überhaupt hielt er das Küssen für eine Ehre, welche die Menschheit der Eloquenz erwies. Wie genau schon im 2. Jahrhundert die Abstufung der kaiserlichen Begrüßungen geregelt war, und welcher Wert von den mit denselben Beehrten darauf gelegt wurde, zeigt die Grabschrift eines Prätors A. Plotius Sabinus, in der es nach Aufzählung seiner Ämter in absteigender Reihe heißt, daß „er die zweite Begrüßung des Kaisers Antonius Pius hatte". Im 4. Jahrhundert war auch die Audienzordnung *(ordo salutationis)* der hohen Beamten aufs genaueste geregelt, und namentlich bestimmt, welche Personen den Anspruch hatten, von ihnen mit einem Kuß empfangen zu werden. In den Provinzen hatten z. B. die Kurialen, die in ihrer Heimatstadt alle ihnen auferlegten Leistungen vollbracht hatten, den Anspruch auf den Kuß des Statthalters und das Recht, bei ihm zu sitzen.

In der Regel pflegten die Kaiser in den ersten Jahrhunderten den ersten Stand bei öffentlichen Empfangsfeierlichkeiten durch große Höflichkeit auszuzeichnen; desto schwerer und tiefer wurde die Nichtachtung empfunden, die einzelne ihnen geflissentlich bewiesen. Daß Cäsar den ganzen Senat, der ihm Ehrendekrete überbrachte, sitzend empfing, wurde als ein Schimpf aufgenommen und mit unversöhnlichem Hasse erwidert; denn von jeher hatte es zu den Rechten der Senatoren gehört, um den Magistrat zu sitzen, während die übrigen Bürger standen. Um so höflicher waren Augustus und Tiberius, der letztere bis zur Ehrerbietung, und die einzigen Kaiser in den beiden ersten Jahrhunderten, die ihren Widerwillen gegen den Senat auch in ihrem Betragen kundgaben, waren außer Caligula und Nero etwa noch Domitian und Commodus. Plinius schildert den Gegensatz in der Art des Empfanges bei Domitian und bei Trajan. Dort erschien man voll Angst und zögernd, als ob man einer Lebensgefahr entgegenginge, und auf die Begrüßung folgte allgemeine Flucht und Öde; Entsetzen und Drohungen umschwebten die Pforte, die Vorgelassenen waren in nicht geringerer Angst als die Ausgeschlossenen. Der Kaiser selbst furchtbar von Ansehen und beim Zusammentreffen; man wagte nicht, ihn anzureden noch anzugehen. Trajan dagegen empfing alle mit Güte, erwartete sie, verbrachte einen großen Teil seiner so sehr in Anspruch genommenen Zeit mit ihnen; sie erschienen sorglos und heiter vor ihm und wenn es ihnen gelegen war; es kam vor, daß man an Tagen, wo der Kaiser empfing, durch etwas Dringendes zu Hause gehalten wurde; eine Entschuldigung war unnötig. Solche Leutseligkeit zog den Empfang sehr in die Länge; Antoninus Pius pflegte sich in seinem Alter durch einen Imbiß von trocknem Brote dazu zu stärken. Pertinax „erwies sich stets gegen solche, die ihn besuchten und ansprachen, höflich". Alexander Severus nötigte bei dem Morgenempfang alle Senatoren zum Sitzen. Dagegen Caracalla ließ sie in den Winterquartieren zu Nicodemia zuweilen den ganzen Tag vor seinem Palast warten und nahm dann auch nicht einmal abends die Aufwartung an. Von Elagabal berichtet Cassius Dio als unanständig, daß er Senatoren im Bett empfing.

b) Die öffentlichen Gastmähler

Außer den öffentlichen Audienzen veranstalteten die Kaiser auch, und zwar häufig, sogenannte öffentliche Gastmähler *(convivia publica)*, an denen eine sehr große Anzahl von geladenen Personen teilnahm. Claudius ließ zuerst auch hierbei eine Wache aufziehen, und dies geschah noch in der Zeit des Alexander Severus. Ein Ritter Pastor, dessen Sohn Caligula hatte hinrichten lassen, wurde von ihm am selben Tage zu einem solchen Mahl unter Hunderten von Gästen geladen. Bei Claudius, der diese ungeheuren Tafeln liebte, speisten dann meistens 600 Personen; Alexander Severus mochte sie nicht: es komme ihm vor, äußerte er, als ob er im Zirkus oder im Theater äße. Nicht bloß Senatoren und Ritter wurden dazu geladen, sondern auch Personen des dritten Standes. Augustus, der eine sorgfältige Auswahl unter den Ständen und Personen traf, soll außer Menas nie einen Freigelassenen an seine Tafel gezogen haben, und auch diesen erst, nachdem ihm das Recht der Ingenuität verliehen war. Er selbst hatte geschrieben, er habe einmal einen Mann eingeladen, der bei ihm als Ordonnanz gedient hatte. Daß die Ausschließung der Freigelassenen von Augustus' Tafel so ausdrücklich bemerkt wird, läßt darauf schließen, daß die spätern Kaiser weniger streng waren, zum Teil schon deshalb, weil der Stand immer mehr Einfluß und Ansehen gewann.

Die Senatoren bewirteten überdies die Kaiser nicht bloß mit den Rittern zusammen, sondern auch öfters besonders. Bei Otho speisten in den ersten Tagen seiner Regierung achtzig Senatoren, von denen einige auch ihre Frauen mitgebracht hatten. Überhaupt scheinen die Frauen der Senatoren öfters an diesen Mahlzeiten teilgenommen zu haben. Caligula lud die edelsten Frauen mit oder ohne ihre Männer ein und schickte zuweilen denen, die ihm gefielen, im Namen ihrer abwesenden Männer den Scheidebrief. Claudius fragte an der Tafel P. Scipio, den Gemahl der im Kerker auf Messalinas Antrieb zum Selbsmord getriebenen Poppäa Sabina, der Mutter der Gemahlin des Nero, warum er seine Frau nicht mitgebracht habe. Pertinax lud gleich am ersten Tage seiner Regierung die Magistrate und die Vornehmsten *(proceres)* des Senats zu Tische, welche S i t t e *(consuetudinem)* Commodus hatte in Abgang kommen lassen. Auch hierbei erwiesen die Kaiser dem Senat große Höflichkeit, vor allem den Konsuln. Wenn Tiberius diese bewirtete, empfing er sie bei ihrer Ankunft an der Tür und begleitete sie ebenso beim Fortgehen. Ihr gewöhnlicher Platz scheint zu beiden Seiten des Kaisers gewesen zu sein. Auch Hadrian empfing die Senatoren, die zu seiner Tafel kamen, stehend. Wenn Tiberius seine Tischgäste entließ, stellte er sich in die Mitte des Tricliniums, einen Liktor neben sich, und sagte jedem einzelnen Lebewohl.

Zur kaiserlichen Tafel gezogen zu werden, rechneten selbst die Höchstgestellten sich zur Ehre. Tiberius, der seine Opfer in Sicherheit einzuwiegen liebte, erhob den Drusus Libo, nachdem er seinen Tod beschlossen hatte, zur Prätur und zog ihn wiederholt zur Tafel. Wenn freilich der spätere Kaiser Vespasian für eine solche Einladung Caligula seinen Dank vor dem ganzen

Senat abstattete, so war dies ein Beweis ungewöhnlicher Untertänigkeit. Noch höher wurde diese Auszeichnung von Geringeren geschätzt. Martial erklärt, wenn er zugleich von Domitian und von Juppiter zu Tische geladen würde, so würde er nicht zaudern, selbst wenn der Himmel näher und der Kaiserpalast ferner wäre. Statius, der schon früher am Minervafest gekrönt worden war, verdankte eine solche Einladung wahrscheinlich seinem Dichterruhm. Er hat für die Ehre, zum ersten Mal zu „der allerheiligsten Mahlzeit" geladen worden zu sein, seinen Dank in einem langen, überschwenglichen Gedichte ausgedrückt. Er glaubte an der Tafel Juppiters zu sein, dieser Tag war der erste seines Daseins, die Schwelle seines Lebens. War es ihm wirklich gestattet, dies Antlitz beim Becher zu schauen und in Gegenwart des Kaisers seinen Platz zu behalten? Caligula erfuhr, daß ein reicher Provinziale seine mit den Einladungen beauftragten Diener mit 200.000 Sesterzen (43.500 Mark) bestochen habe, um durch sie an seiner Tafel einen Platz zu erhalten; er nahm es nicht übel, daß diese Ehre so hoch angeschlagen wurde, und ließ ihm am andern Tage bei einer Auktion eine Kleinigkeit für denselben Preis überreichen, mit der Botschaft: er solle heute beim Kaiser auf dessen eigne Einladung speisen. Gelegentlich kamen bei diesen großen Gastmählern in so gemischter Gesellschaft ärgerliche Dinge vor. An Caligulas Tafel geriet ein Gast (ein Mann von prätorischem Range, der später bei Galba so einflußreiche T. Vinius) in Verdacht, einen goldnen Becher gestohlen zu haben; er wurde am folgenden Tage wieder geladen und ihm ein irdener vorgesetzt.

Das Benehmen der Kaiser gegen die Gäste war natürlich verschieden. Augustus behandelte die seinen mit der größten Freundlichkeit. Er forderte sie zur Teilnahme am Gespräch auf, wenn sie schwiegen oder sich mit gedämpfter Stimme unterhielten, und sorgte für Unterhaltung durch Vorträge, Tänzer und Possenreißer; oft erschien er erst nach dem Beginn der Tafel und zog sich vor der Beendigung zurück, ohne daß die Gäste sich stören lassen durften. Auch von Titus wird gerühmt, daß seine Gastmähler mehr angenehm als verschwenderisch waren. Von denen Domitians haben wir zwei ganz entgegengesetzte Schilderungen, von Statius, der in dem oben erwähnten Gedichte von der Gnade des Kaisers, ihn eines Platzes an seiner Tafel zu würdigen, wie berauscht erscheint, und von dem jüngern Plinius, der seinem Unmut über die hochmütige Behandlung, welche die Senatoren dort zu ertragen hatten, Luft macht. Statius schildert die Pracht der unzähligen Säulen aus kostbarem Marmor, die unermeßlichen Räume, die Gewölbe, deren Höhe der ermüdete Blick kaum erreicht, das vergoldete Deckengetäfel — hier hieß der Kaiser die Senatoren und Ritter an tausend Tischen sich niederlassen. Aber er hat weder das reiche Mahl, noch die Citrustische mit Elfenbeinfüßen, noch die Dienerscharen — nur Ihn, Ihn allein zu betrachten hat er Zeit gefunden, wie er in heiterer Majestät die Strahlen des eignen Glanzes milderte usw. Nach Plinius pflegte sich Domitian schon vor Mittag in einsamem Prassen zu übernehmen, so daß er unter seinen Gästen als Zuschauer und Aufmerker dasaß; mit allen Zeichen der Übersättigung ließ er die Speisen viel mehr vorwerfen als vorsetzen, und nachdem er mit sichtbarer Überwindung die Nachäffung eines gemeinsamen Mahles durchgemacht, zog er sich wieder zu seiner heimlichen Schwelgerei zurück. Bei Trajan dagegen bewunderte man nicht das Gold und Silber, noch die ausgesuchte Feinheit der Küche, sondern seine Liebenswürdigkeit und Freundlichkeit; an seinem Tische gab es keine Verrichtungen ausländischen Aberglaubens, keine obszöne Ausgelassenheit, sondern gütige Aufforderung, anständige Scherze und Auszeichnung wissenschaftlicher Bestrebungen. Er liebte gemeinsame Mahlzeiten, forderte zum Gespräch auf und erwiderte es, und seine Leutseligkeit verlängerte die Dauer der Tafel, wenn seine Mäßigkeit sie abkürzte — in der Tat gehörte diese allerdings nicht zu Trajans Tugenden, er war vielmehr ein starker Trinker. Als Plinius mit andern nach Centumcellä in den kaiserlichen Rat berufen worden war, zog Trajan sie täglich zur Tafel, welche für eine fürstliche einfach war. Zuweilen hörte man musikalische Aufführungen, zuweilen wurde die Nacht mit den angenehmsten Gesprächen hingezogen. Beim Fortgehen erhielt man Gastgeschenke. An der Tafel Domitians waren die Gäste aber nicht bloß einer unfreundlichen, sondern gelegentlich sogar einer schmählichen Behandlung ausgesetzt. Domitian lud die Ersten des Senats und der Ritterschaft zur Mahlzeit; der Saal war schwarz ausgeschlagen, die Diener schwarz gleich Gespenstern, die Speisen wie bei Leichenmählern in schwarzen Gefäßen, neben jedem Gast eine Tafel mit seinem Namen und ein brennender Kandelaber wie in Gräbern. Nachdem die Geladenen so geängstigt nach Hause gesandt waren und jeden Augenblick das Todesurteil erwarteten, empfingen sie kostbare Geschenke. Elagabal ließ seine Freunde, wenn sie betrunken waren, einschließen und wilde Tiere zu ihnen hineinbringen, die durch Ausbrechen der Zähne unschädlich gemacht waren, worüber viele aus Schreck gestorben sein sollen; geringeren Freunden ließ er bei der Tafel mit Luft gefüllte Polster unterlegen, die dann plötzlich entleert wurden, so daß die Gäste unter den Tisch fielen.

Die Bewirtung war bei Augustus sehr einfach, von drei, höchstens sechs Gängen, bei Tiberius, der durch sein Beispiel die Sparsamkeit allgemein zu befördern wünschte, sogar kaum anständig, dagegen bei dem sonst so haushälterischen Vespasian köstlich, um die Verkäufer von Nahrungsmitteln zu unterstützen; doch dies nur bei seinen öffentlichen Gastmählern, wähernd er in seinen eignen Mahlzeiten ein Beispiel der Sparsamkeit gab. Die ungeheure Verschwendung, mit der Commodus kaiserliche Gastmähler gegeben hatte, führte Pertinax auf ein gewisses Maß zurück. Alexander Severus beobachtete an großen Tafeln dieselbe Einfachheit wie im kleinsten Kreise. Was in Rom sehr gewöhnlich bei großen Mahlzeiten geschah, daß nämlich die Gäste nach ihrem Range und Stande verschieden bewirtet wurden, scheint an der kaiserlichen Tafel nicht üblich gewesen zu sein. Wenigstens Hadrian ließ, um etwaige Unterschleife der Küchenbeamten zu entdecken, auch die auf andern, selbst den letzten Tischen aufgetragenen Speisen sich vorsetzen.

Wenn sich die kaiserliche Tafel in Hinsicht auf die Bewirtung von denen der Vornehmen unmöglich wesentlich unterscheiden konnte, so war dies dagegen in Hinsicht des Tafelgeschirrs, der Ausstattung und Bedienung der Fall, obwohl diese Unterschiede sich ohne Zweifel erst allmählich (schwerlich vor dem Ende des 1. Jahrhunderts) feststellten und zu verschiednen Zeiten verschieden gewesen sein mögen. Wir haben darüber, wie über so viele ähnliche Dinge, nur zerstreute und beiläufige Nachrichten. Wie andre Kaiser (so Caligula, Nerva, Trajan, Antoninus Pius, Pertinax) veranstaltete auch Marc Aurel, um die Kosten des markomannischen Krieges zu decken, eine große Auktion von wertvollen Gegenständen der kaiserlichen Haushaltung, worunter sich namentlich auch goldne, kristallene und murrhinische Trinkgefäße befanden. Später gestattete er den Käufern, das Gekaufte für den gezahlten Preis zurückzugeben, wobei er ihnen aber völlige Freiheit ließ und namentlich den Vornehmen erlaubte, ihre Gastmähler mit derselben Ausstattung und demselben Tafelgeschirr, wie er selbst, auszurichten und sich goldner Überzüge auf den Speisesofas zu bedienen; doch soll der erste Untertan der von dieser letztern Erlaubnis Gebrauch machte, der spätere Kaiser Elagabal gewesen sein. Mit Gold gestickte oder gewirkte Tafeltücher ließ zuerst Hadrian auflegen, was dann Elagabal nachahmte, der außerdem auch solche anwandte, auf denen Bilder der aufzutragenden Speisen gewebt oder gestickt waren. Auf der Tafel des Alexander Severus sah man ganz einfache, nur mit scharlachroten Streifen gezierte Tafeltücher, Gallienus dagegen ließ stets mit Goldstoff decken. Der Gebrauch goldner Geschirre bei Tafel scheint ein kaiserliches Vorrecht gewesen zu sein, seit Tiberius im Jahre 16 ihren Gebrauch bei Privatpersonen auf Opferhandlungen beschränkt hatte. Aurelian erteilte ausdrücklich die Erlaubnis, daß man sich ihrer bedienen dürfe.

Auch in der Tracht gab es manches, was mit der Zeit als eine der kaiserlichen Dienerschaft ausschließlich zustehende Auszeichnung angesehen wurde. Schon Domitian nahm es noch als Prinz übel auf, daß der Schwiegersohn seines Bruders seine Diener in Weiß kleidete, und drückte sein Mißfallen durch den bekannten Homerischen Vers: „Nimmer Gedeihen bringt Vielherrschaft: nur einer sei Herrscher!“ — was freilich als Beweis seines unbürgerlichen Hochmuts berichtet wird. Marc Aurel hatte von seinem Vater gelernt, daß man am Hofe leben könne, ohne einer Trabantenbegleitung und besonders ausgezeichneter Kleider sowie des ganzen übrigen Pompes zu bedürfen. Auch hier wurde eine bestimmte Etikette gewiß erst spät eingeführt. Von Aurelian wird es ausdrücklich bemerkt, daß er seinen Sklaven als Kaiser keine andre Tracht gab als zuvor. Besonders scheint das Gold die Tracht der Hofdiener ausgezeichet zu haben; Alexander Severus, dessen Hofhaltung von gesuchter Einfachheit war, ließ auch bei öffentlichen Mahlzeiten seine Diener nicht in goldgestickten Kleidern erscheinen, wie er auch keine goldnen Geschirre auf die Tafel bringen ließ. Noch in der zweiten Hälfte des 4. Jahrhunderts gehörten goldgestickte Tuniken zu der besonderen Tracht der kaiserlichen Diener.

Die Gäste erschienen wie bei den Morgenaufwartungen in der Toga, mindestens noch unter Marc Aurel. Septimius Severus, von diesem zur Tafel geladen, erschien im Pallium statt in der Toga. Es wurde ihm eine Toga des Kaisers gereicht, was dann als Vorzeichen seiner späteren Herrschaft galt. Vermutlich hat sich aber auch hier der Gebrauch des römischen Staatskleides bis in eine sehr späte Zeit erhalten. Daß Senatoren und Ritter nicht ohne den Purpurstreif an der Tunika erschienen, ist selbstverständlich; die Magistrate scheinen überdies für die kaiserliche Tafel ihre Insignien angelegt zu haben. Als im Jahre 69 ein Gastmahl Othos durch einen Soldatenaufruhr gestört wurde, warfen die anwesenden Magistrate ihre Insignien fort, um unerkannt fliehen zu können. Bei der Mahlzeit selbst ließ man die Toga vermutlich von der Schulter herabfallen, wie dies Hadrian nach dem Berichte seines Biographen getan zu haben scheint. Daß Soldaten in ihrer kriegerischen Tracht erschienen, soll in der zweiten Hälfte des 3. Jahrhunderts Sitte geworden sein.

III. DIE DREI STÄNDE

1. UNTERSCHIEDE DES STANDS UND DER GEBURT.

Die strenge Abschließung des altrömischen Bürgertums gegen Fremde und unfrei Geborene, die Schranken zwischen seinen Ständen und Klassen waren im Verlauf der staatlichen Entwicklung schon während der Republik überall durchbrochen und zerstört worden. Je mehr das römische Reich ein Weltreich wurde, desto mehr Elemente strömten der Hauptstadt erst aus dem übrigen Italien, dann aus den Provinzen zu, während die echte Nachkommenschaft der ursprünglichen Bürgerschaft schwand; desto mehr mischte sich fremdes und einheimisches Blut, desto mehr drangen die Fremden und ihre Abkömmlinge, bald auch die Nachkommen der von Geburt Unfreien, ja diese selbst in die höhern Stände ein und errangen Anteil an den höchsten Ehren und Würden. Diesen Zersetzungs- und Mischungsprozeß beförderte der nivellierende Einfluß der absoluten Monarchie, in welcher alle Untertanen bis auf einen gewissen Grad als gleich galten. Aber trotz alledem konnte das Bewußtsein besserer Berechtigung, das jede bevorzugtere Klasse vor den minder bevorzugten empfand, wie viel es auch von seiner Schärfe verlieren mochte, niemals völlig erlöschen; vielmehr mußte es sich, wenngleich vielfach in neuen Formen, immer wieder herstellen. Die Stände, die Klassen, die Nationalitäten waren freilich nicht mehr durch dieselben Grenzen geschieden wie ehemals, die Bedingungen des Übergangs aus dem einen Kreise in den andern waren steten Veränderungen unterworfen, die allerdings, im ganzen betrachtet, immer zunehmende Erleichterungen waren; doch liegt es in der Natur der Sache, daß in der Regel alle, die in eine neue, höher gestellte Gemeinschaft eintraten, bald die Überlegung ihrer nunmehrigen Genossen und deren Bewußtsein, besser als die eben verlassenen zu sein, teilten. So blieben trotz aller Umwälzungen der alten Institutionen die alten Unterschiede zum Teil bestehen, ja sie vermehrten sich infolge der Einrichtungen der Monarchie noch durch neue. Dahin gehört namentlich die neue Regelung des Namenswesens in der Kaiserzeit. Höchstwahrscheinlich sind unter Augustus darüber bestimmte Vorschriften erlassen „und das Namenwesen so geordnet worden, daß Freigeborne und Freigelassene sich darin bestimmt unterschieden“. Fortan führte der gewöhnliche Sklave einen, der Sklave des Staats und des Kaisers in der Regel zwei, der Freigelassene drei Namen; aber die Tribus, welche die letztern bis dahin gehabt hatten, wurde ihnen (allem Anschein nach zugleich mit dem Stimmrecht) nun entzogen und nur von den Freigebornen geführt: diesen allein sind vier und mehr Namen eigen.

Auch die Söhne der Freigelassenen standen den Freigebornen nicht gleich; erst ihre Enkel sind von jeher zu diesen gezählt worden. Dagegen galt die Zulassung der erstern zum Senat und den Magistraturen stets als Mißbrauch. Selbst des Ritterstands wurden Söhne von Freigelassenen durch eine unter Tiberius im Jahre 23 erlassene Verfügung für unfähig erklärt: doch schon

Augustus hatte hier mehrfache Ausnahmen gemacht (einer seiner Freunde, der Ritter Vedius Pollio, war Sohn freigelassener Eltern), und mit der Zeit wurden die Ausnahmen so zahlreich, daß durch sie die Regel aufgehoben ward. Aber die Zulassung der Söhne von Freigelassenen zu Staatsämtern blieb eine Ausnahme. Vorgekommen war sie schon in der letzten Zeit der Republik und unter Augustus. Im Jahre 25 war ein dieser Klasse angehöriger C. Toranius Tribun, und es machte einen guten Eindruck, daß er seinen Vater im Theater neben sich auf dem tribunizischen Ehrenplatze sitzen ließ. Im Laufe des ersten Jahrhunderts gelangten einzelne Söhne von Freigelassenen auch zu den höhern kurulischen Ämtern. So hatte z. B. Larcius Macedo, der seine Sklaven grausam und hochmütig behandelte, weil er sich, wie Plinius sagt, zu wenig oder vielmehr zu sehr daran erinnerte, daß sein Vater ein Sklave gewesen war, die Prätur (vor dem Jahre 101) bekleidet. Aber noch gegen Ende des 2. Jahrhunderts, als Pertinax, der Sohn eines Freigelassenen, sich durch militärisches Verdienst zum Konsulat aufschwang (175), fehlte es nicht an wegwerfenden Äußerungen über seine geringe Herkunft: „dergleichen", hieß es, „bringt der unglücksel'ge Krieg hervor".

In der Tat, wie sehr auch der Stand der Freigelassenen je länger, je mehr dadurch an Ansehen gewann, daß nicht wenige seiner Mitglieder durch Macht, noch mehr durch Reichtum hervorragten: dahin, daß sie dem Freigebornen auch nur gesellschaftlich ganz gleich standen, kam es doch nie. Wie dieser sich noch so tief vor ihnen bückte, ihnen noch so kriechend schmeichelte, so vergaß er doch niemals, daß er ein beßrer Mann war. An deinem Geburtstage, so redet Martial zu einem reichen Freigelassenen, speist freilich der Senat und eine große Anzahl der Ritter bei dir; aber niemand, Diodorus, betrachtet dich auch nur als vorhanden. Selbst bei der Wahl eines Liebchens wollte Martial der Freigebornen vor der Freigelassenen sowie dieser vor der Sklavin den Vorzug geben, wenn die letztere nicht etwa die erstern an Schönheit übertraf. Doch hatte sich damals ohne Zweifel die gesellschaftliche Stellung der Freigelassenen im Verhältnis zur Zeit des Augustus sehr gebessert: in dieser schloß die Hofetikette sie noch von der kaiserlichen Tafel aus, und Horaz hörte sich von Mißgünstigen immer wieder als den „Sohn des freigelaßnen Vaters" bezeichnen, wenn auch Mäcen selbst groß genug dachte, um es für gleichgültig zu erklären, von welchem Vater einer entsprossen sei, „wenn er nur frei geboren war".

Nächst den Leuten von unfreier Abstammung achtete der römische Nationalstolz die Bewohner der eroberten Provinzen am geringsten. Der Provinziale, der, nach Rom in die Sklaverei verkauft, dort die Freiheit erlangt hatte, dünkte sich nun mehr als seine freigebliebenen Landsleute; in der Tat war er ein römischer Bürger, sie „Tributpflichtige": d. h. sie zahlten nicht bloß Grund-, sondern auch Personensteuer, und die letztere galt im Altertum als ein Zeichen der Unfreiheit. Wie wenig die Provinzen mit Italien gleichberechtigt erschienen, zeigt z. B. die Äußerung des Tacitus, daß der Präfekt der Flotte zu Ravenna, Clodius Quirinalis, durch Härte und Schwelgerei Italien gedrückt habe „wie das allerniedrigste Volk". Das politische Testament des Augustus enthielt unter andern Ratschlägen für seine Nachfolger auch den, mit dem Bürgerrechte sparsam zu sein, um den Abstand zwischen den Bürgern und den Provinzialen nicht zu vermindern. Zu den Richterdekurien (Geschwornen) Roms (davon dreitausend Ritter, zweitausend Leute, die mindestens die Hälfte des Ritterzensus besaßen) wurden Provinzialen anfangs gar nicht zugelassen (doch geschah es bereits unter Claudius), später wenigstens keine „neuen Bürger" (d. h. solche, die das Bürgerrecht nicht durch Geburt, nur durch Verleihung besaßen), und die Listen vorzugsweise aus Italikern gebildet; nächst diesen aus Bewohnern der Provinzen römischer Zunge. „Geschworne können nicht Ägyptersöhne sein", steht an einer Wand in Pompeji angeschrieben. Im Sinne des römischen Hochmuts spottet der Spanier Seneca in seinem Pasquill auf Claudius über dessen Verschwendung des Bürgerrechts: er habe alle Griechen, Gallier, Spanier, Britannier in der Toga sehen wollen. Die Parze endet sein Leben, damit noch einige Peregrinen zur Fortpflanzung übrig bleiben. Die Verleihungen an ganze Klassen und Korporationen machten in der Tat damals Verleihungen an einzelne zu Auszeichnungen; doch scheinen diese letztern auch unter andern Regierungen selten vorgekommen und daher für besonders ehrenvoll gehalten worden zu sein.

Allerdings galten unter den Provinzialen die Okzidentalen höher als die Orientalen, gegen die man überdies zum Teil den auf der Verschiedenheit der Rasse beruhenden Widerwillen empfand. Aber auch den Bewohnern der westlichen Provinzen gestand man nur spät und mit großem Widerstreben die Rechte zu, welche die Italiker längst besaßen: freilich erfolgte die Romanisierung der Gallier, Spanier, Afrikaner, dieser „wilden und barbarischen Völker", langsam genug. Mit der wegwerfendsten Geringschätzung bestreitet Cicero die Glaubwürdigkeit der aus dem narbonensischen Gallien gegen den Prätor Fontejus gesandten Zeugen, deren vornehmster der Häuptling der Allobroger Indutiomarus war. Es seien Barbaren, die der Gedanke an die Heiligkeit des Eids und die Scheu vor den Göttern nicht von falschen Zeugnissen abzuschrecken vermöge; sollten die Richter solchen Menschen, die Rom haßten, mehr glauben als den in der Provinz angesessenen Römern? Daß Cäsar einige eben mit dem Bürgerrechte beschenkte „halbbarbarische" Gallier in den Senat brachte, war der öffentlichen Meinung, der schon das bloße Einströmen von Elementen aus „transalpinischen und behosten" Bevölkerungen in Rom Anstoß gab, ein Schlag ins Gesicht. In einem öffentlichen Anschlage wurde aufgefordert, den neuen Senatoren nicht den Weg in die Kurie zu zeigen, und auf den Straßen sang das Volk:

> Die er im Triumph aufführte, führt er in die Kurie ein,
> Trugen eben noch die Hosen, jetzt den breiten Purpurstreif.

Diese gallischen Senatoren stieß wahrscheinlich Augustus wieder aus; doch schon im Jahre 40 v. Chr. war zum ersten Mal ein Ausländer sogar zum Konsulat gelangt, wenn auch nur als Ersatzmann: der Spanier L. Cornelius Balbus aus Gades, der während der Bürgerkriege durch kluge Benutzung der Umstände und großen Reichtum emporgekommen war; der also, wie der ältere Plinius sagt, als der erste der Auswärtigen und sogar am Ozean Gebornen die Ehre erhielt, die unsre Vorfahren selbst den Bewohnern von Latium versagten; wenn er auch freilich nach wie vor verächtlich „der Gaditaner, der Tartessier" genannt wurde und der Ehre, zum römischen Senat zu gehören, für unwürdig galt. Sein Neffe, der jüngere Balbus, wurde ebenfalls Konsul (32 v. Chr.), triumphierte nach seinem Siege über die Garamanten 19 v. Chr. und erbaute das dritte steinerne Theater zu Rom. Auch Männer aus dem narbonensischen Gallien, das fast mehr als ein Teil von Italien denn als Provinz betrachtet wurde, gelangten schon in der ersten Kaiserzeit zahlreich zu senatorischen Ämtern. Die „sehr ansehnliche und wackere Kolonie Vienna", wie Kaiser Claudius sie in seiner Rede nennt, war die erste und vielleicht anfangs die einzige Stadt, welche die Ehre hatte, der Kurie Mitglieder zu liefern. Valerius Asiaticus aus Vienna, der so hoch stieg wie wenige Untertanen jener Zeit, war zweimal Konsul, doch legte er das Amt das zweite Mal (46) nieder, in der vergeblichen Hoffnung, durch diese Entsagung den Nachstellungen seiner zahlreichen Feinde und Neider zu entgehen. L. Pompejus Vopiscus aus Vienna erhielt das Konsulat durch Otho im Jahre 69. Nächst den Viennensern sind die ersten bekannten gallischen Senatoren Cn. Domitius Afer aus Nemausus, der erste Redner seiner Zeit, der schon 39 Konsul (suff.) war; Julius Gräcinus aus Forum Julii, der Vater des Agricola, Sohn eines Prokurators, der unter Caligula hingerichtet wurde; Pompejus Paulinus aus Arelate, der als Konsular unter Nero Legat von Niedergermanien war; Antonius Primus aus Tolosa, im Jahre 61 wegen Testamentsfälschung verurteilt, der sich später als Parteigänger Vespasians auszeichnete; endlich der von Vespasian zum prätorischen Range erhobene C. Fulvius Lupus Servilianus aus Nemausus. Bereits im Jahre 49 wurde den Senatoren gestattet, ihre im narbonensischen Gallien gelegenen Güter ohne Urlaub zu besuchen.

Als aber im Jahre 47 die Häupter der neuen, doch nun schon seit einem Jahrhundert römischen Teile Galliens sich um das Anrecht zu senatorischen Ämtern bewarben, das bisher nur die Kolonie Lugudunum (Lyon) besaß, stießen sie auf heftigen Widerstand. Noch sei Italien nicht so erschöpft, hieß es, daß es seiner Hauptstadt nicht einen Senat liefern könne. Ob es nicht genug sei, daß Veneter und Insubrer in die Kurie eingedrungen? Welches Vorrecht bliebe dann den noch vorhandenen Überbleibseln des Adels oder den armen, aus Latium gebürtigen Senatoren? Jene Reichen, deren Vorfahren von unsern Heeren besiegt worden, würden bald alle Plätze füllen. Das Bürgerrecht gönne man ihnen, die Auszeichnungen der Senatoren, die Würden der Magistrate solle man nicht gemein machen. Diesen Widerstand brachte der entschieden ausgesprochene Wille des Kaisers Claudius zum Schweigen. Noch existiert in seiner Geburtsstadt Lyon in Erz gegraben ein Bruchstück der gelehrten Rede, die er bei der Gelegenheit hielt. Daß Senatoren aus Italien den Provinzialen vorzuziehen seien, bestritt er nicht, aber auch diese dürfe man nicht zurückweisen, wenn sie der Kurie zur Zierde gereichen könnten. Zuerst erhielten die Äduer (zwischen Saône und Loire) der Senatsfähigkeit. Vielleicht wurden auch gleichzeitig einzelne aus den übrigen Landschaften Galliens in den ersten Stand erhoben. Der Vater des C. Julius Vindex, ein Aquitanier „aus königlichem Geschlecht", war römischer Senator.

Andre Provinzialen können damals nur sehr vereinzelt im Senat gewesen sein und wurden sicherlich als Eindringlinge mit Mißgunst angesehen. Tacitus läßt den Cordubenser Seneca im Jahre 62 an Nero schreiben, um seine Ankläger durch ein Selbstbekenntnis seiner Unwürdigkeit zu entwaffnen, oft habe er sich die Frage vorgelegt: werde ich, von ritterlicher Abkunft, aus der Provinz entsprossen, den Ersten des Staats beigezählt? habe ich, ein Neuling, unter einem Adel von altem Ruhm mich zu einer glänzenden Stellung aufgeschwungen? Einen stärkeren Zusatz aus den Provinzen erhielt der durch die Bürgerkriege aufs neue erschöpfte Senat durch Vespasian, unter dem u. a. zum ersten Male ein Afrikaner Konsul wurde; seitdem empfing er mehr und mehr aus ihnen seine beste Kraft; und seit ein Spanier, Trajan, den Kaiserthron bestiegen hatte, mußte wohl wenigstens die laute Opposition des ausschließlichen Römertums gegen die westlichen Länder verstummen. Unter ihm bekleidete ein gätulischer Scheich, der nicht einmal aus dem römischen Afrika gebürtig war, sondern aus einem obskuren und abgelegenen Grenzdistrikt, sich aber an der Spitze seiner Reiterei im dacischen und parthischen Kriege ausgezeichnet hatte, Q. Lusius Quietus, das Konsulat. Cäcilius Classicus, der vor dem Jahre 101 das Prokonsulat von Bätica verwaltete, war ein Afrikaner. Der berühmte Rechtsgelehrte Salvius Julianus, der im Jahre 148 Konsul war, stammte aus Hadrumetum. Fronto (der das Konsulat im Jahre 143 bekleidete) sah viele seiner Landsleute aus Cirta neben sich im Senat. Auch der mit Aristides befreundete Senator Maximus war von afrikanischer Abkunft; Servilius Silanus, Konsul 189, war aus Hippo, Plautianus, der Günstling des (bekanntlich aus Leptis stammenden) Kaisers Severus, ebenfalls dessen Landsmann.

Auch Griechen und Kleinasiaten konnten schon längst nicht mehr ausgeschlossen werden, obgleich gegen die letztern die Antipathie noch stärker war als gegen die erstern, da ihnen die Achtung nicht zugute kam, welche die Römer dem eigentlichen Griechenland als dem Mutterlande ihrer Kultur stets bewahrten. Von den Phrygern sagt Cicero, nach dem Sprichwort würden sie durch Schläge besser; brauche man ein Subjekt zu einem gefährlichen Versuch, so sei ein Karer das geeignetste; „der letzte der Myser", sagte man, um die äußerste Verachtung auszudrücken; die Hauptsklavenrolle im griechischen Lustspiel in der Regel einem Lydier zugeteilt. Soll denn ein Mensch, so läßt Juvenal den gebornen Römer ausrufen, vor mir sein Siegel auf eine Urkunde drücken und einen geehrtern Platz an der Tafel einnehmen, der mit demselben Winde nach Rom kam, welcher die damascener Pflaumen und syrischen Feigen bringt? Ist es denn so gar nichts, daß unsere Kindheit die Luft des Aventin geatmet hat und mit sabinischer Frucht genährt ist? Und er, der Sohn oder Pflegesohn eines Freigelassenen aus Aquinum, sah mit tiefster Verachtung auf die Ritter „aus Asia, aus Bithynien und Cappadocien" herab, die schon die besondre Art ihrer Fußbekleidung kenntlich und zum Gespött machte; und Martial erblickte eine Ungerechtigkeit des Schicksals darin, daß ein edler Dichter darbte, der „nicht ein Bürger Syriens oder Parthiens, noch ein Ritter von den cappadocischen Ausstellungsgerüsten auf dem Sklavenmarkt, sondern ein Eingeborner von dem Volke des Remus und des Numa war". Ja noch Alexander Severus schämte sich seiner syrischen Abkunft und dichtete sich eine römische an.

Doch schon seit Anfang der Kaiserzeit nahmen Männer von griechischer oder kleinasiatischer Abkunft in Rom im Ritterstande hervorragende Stellungen ein. In den Senat wurden die Angesehensten aus diesen Ländern, wenigstens in größerer Anzahl, vielleicht zuerst von Vespasian und Titus während ihrer Zensur (in den Jahren 73 und 74) aufgenommen. Plutarch weist als Beispiel unruhigen Ehrgeizes darauf hin, daß so mancher Chier oder Galater oder Bithynier, nicht damit zufrieden in seiner Heimatgemeinde zu Ansehen und Einfluß gekommen zu sein, darüber klage, daß ihm der Senatorenschuh nicht zukomme; habe er diesen erhalten, beschwere es ihn, daß er nicht Prätor sei, und habe er auch das erreicht, so klage er, daß er nicht Konsul werde. Ti. Julius Celsus Polemaeanus aus Ephesus und C. Antius A. Julius Quadratus aus Pergamum bekleideten unter Domitian und Trajan zahlreiche wichtige Ämter und waren Konsuln, der erstere 92, der andere sogar zweimal, 93 und 105; auch sein Sohn Apellas, der Provinzen verwaltete, und sein Enkel Fronto nahmen hervorragende Stellungen ein; seinen Urenkel Apellas feiert bei Gelegenheit seines vierzehnten Geburtstages eine unter dem Namen des Aristides überlieferte Rede. C. Julius Eurycles Herculanus, aus einer der vornehmsten Familien Spartas, die schon unter Augustus eine fürstliche Stellung einnahm, bekleidete senatorische Ämter unter Trajan. Der Athener Tiberius Claudius Atticus Herodes, der (unter Nerva) durch die Auffindung eines Schatzes unermeßlich reich geworden war, wurde zweimal Konsul; den Namen seines Sohns, des großen Sophisten Herodes Atticus, verzeichnen die Konsularfasten im Jahre 143, den seines Enkels Tiberius Claudius Appius Atilius Bradua Regillus Atticus im Jahre 185. Überhaupt war bei den Kaisern des zweiten Jahrhunderts eine sehr wirksame Empfehlung zu Beförderungen literarische Berühmtheit, durch die mehrere hervorragende griechische Sophisten und Schriftsteller zum Konsulat gelangten: so bereits unter Hadrian der Geschichtsschreiber und Philosoph Flavius Arrianus aus Nicomedia in Bithynien, dem wir die Aufzeichnung der Vorträge Epictets verdanken; ferner Claudius Aristocles aus Pergamum, ein Schüler des Herodes Atticus, und die drei Söhne des Damianus von Ephesus (unter Septimius Severus); dagegen Plutarch kann (unter Trajan) höchstens die konsularischen Insignien erlangt haben. Auch Abkömmlinge fürstlicher Familien wurden vermutlich oft durch das Konsulat ausgezeichnet; so unter Trajan der von den Dynasten von Commagene entsprossene C. Julius Antiochus Philopappus und um das Jahr 140 ein C. Julius Severus, Abkömmling einer galatischen Fürstenfamilie; um dieselbe Zeit war C. Julius Alexander Berenicianus, ein Nachkomme der jüdischen Könige, Prokonsul von Asien. Ein Theophilus Sedatus aus Nicäa, ein Bekannter des Aristides, hatte prätorischen Rang, der Rhetor L. Statius Quadratus wurde 142 Konsul, 154 oder 155 Prokonsul von Asia. Die Familie der Quintilier in Alexandria Troas erhob Nerva in den Senatorenstand; die Enkel des von ihm mit dem breiten Purpur geschmückten Sextus Quintilius Valerius Maximus waren die ordentlichen Konsuln des Jahrs 151, die beiden Brüder S. Quintilius, Condianus und S. Quintilius Valerius Maximus, die unter Marc Aurel Griechenland verwalteten und später beide zugleich von Commodus getötet wurden; ihre gleichnamigen Söhne waren Konsuln in den Jahren 172 und 180. Der Vater des Geschichtsschreibers Cassius Dio (geb. um 155), Cassius Apronianus aus Nicäa, war Statthalter von Cilicien und Dalmatien, Cassius Dio selbst stieg bis zum zweimaligen Konsulat. Auch ein Konsular M. Ulpius Eubiotus Leurus, der in der Inschrift eines Ehrensessels im Dionysostheater zu Athen Wohltäter und erster Archon der Stadt genannt wird, hat das Konsulat wahrscheinlich im 2. Jahrhundert bekleidet; und aus dem 2. und 3. Jahrhundert dürfte die große Mehrzahl der Inschriften stammen, in denen Griechen und Kleinasiaten von senatorischem oder konsularischem Range erwähnt werden.

Andre Orientalen dürften vor dem 3. Jahrhundert im Senat nur vereinzelt gewesen sein (der Konsular Flavius Boethus, ein eifriger Aristoteliker und mit Galen befreundet, war aus Ptolemais in Phönicien gebürtig): doch seit Caracalla und noch mehr seit Elagabal und Alexander Severus wuchs die Zahl derselben. Zu ihnen gehörte Septimius Odaenathus, Fürst von Palmyra, Großvater des gleichnamigen Gemahls der Zenobia, der konsularischen Rang erhielt. Daß jemals ein aus Palästina stammender Jude (mindestens vor dem 4. Jahrhundert, wo Hieronymus von jüdischen Senatoren spricht) senatorischen Rang erhalten hat, ist nicht bekannt. Palästinensische Juden von Ritterrang erwähnt Josephus, der ihn offenbar selbst nicht besaß. Der senatorische Ritter Tiberius Julius Alexander, ein Neffe des Philosophen Philo, der unter Claudius die Statthalterschaft von Judäa führte, war ein alexandrinischer, vom väterlichen Glauben abgefallner Jude, „aus einer sehr reichen und vornehmen, selbst mit dem kaiserlichen Hause verschwägerten Familie; er hatte sich im Partherkriege als Generalstabschef Corbulos ausgezeichnet, welche Stellung er bald nachher in dem jüdischen Kriege des Titus abermals übernahm“, nachdem er inzwischen die Präfektur von Ägypten verwaltet hatte. Wahrscheinlich sein Sohn oder Enkel ist Ti. Julius Alexander Julianus, römischer Senator, Arvale und Führer einer Legion im parthischen Kriege Trajans.

Noch stärker als gegen die Juden war und blieb der Widerwille gegen die Ägypter. Das römische Bürgerrecht konnten sie nicht erlangen, ohne vorher das alexandrinische erworben zu haben, und selbst dieses letztere verliehen ihnen die Kaiser nur sparsam, und ihre Zulassung zu den ritterlichen Stellen war wenigstens erschwert; ehe aber der erste Alexandriner Koiranos (unter Caracalla) zum Senat zugelassen und dann auch zum Konsul ernannt wurde, vergingen seit der Einverleibung Ägyptens mehr als zweihundert Jahre. Die übrigen Ägypter außer den Alexandrinern entbehrten das Recht, senatorische Ämter zu bekleiden, noch im 5. Jahrhundert. Daß unter Domitian der Ägypter Crispinus als „Erster der Ritter“ (vielleicht Präfekt des Prätoriums) eine hervorragende Stellung einnahm und ein Günstling des Kaisers war, erregte Juvenals Unwillen nicht am wenigsten wegen seiner Nationalität.

Daß auch in den spätern Jahrhunderten die Römer vor den Ausländern bei der Wahl zu den höhern Ämtern den Vorzug hatten, würde auch ohne das ausdrückliche Zeugnis des Cassius Dio selbstverständlich sein, der in seiner dem Mäcenas in den Mund gelegten Auseinandersetzung des kaiserlichen Regierungssystems als Grundsatz ausspricht, daß die kurulischen Ämter und namentlich das Konsulat mit Einheimischen besetzt werden sollten. Obgleich diese Regel, wie sich gezeigt hat, nicht streng befolgt werden konnte, hat es vermutlich an dem Streben, sie aufrechtzuerhalten, niemals gefehlt. Noch von einem der Gegenkaiser des Septimus Severus, Pescennius Niger, wird berichtet, daß er die Ansicht hatte, in Rom sollten nur geborne Römer amtlich fungieren dürfen. Die Abneigung und Eifersucht gegen die Fremden, die Geringschätzung „von allem, was außerhalb der

Stadtmauer geboren war", dauerte in Rom bis auf die letzten Zeiten, und noch damals machte der Pöbel im Schauspiel mit tobendem Geschrei seinem Fremdenhasse Luft.

Selbst der Italiker, selbst der Latiner galt dem ausschließlichen Römertume nicht für ebenbürtig, wenn auch höher als der Provinziale; als Senator blieb er ein Emporkömmling, dessen Abstammung noch seinen Kindern nicht leicht vergessen wurde. Antonius, der aus uraltem Geschlecht stammte, hatte dem Octavian vorgeworfen, daß seine Mutter eine Aricinerin sei. „Man sollte glauben", sagt Cicero, „er rede von einer Frau aus Tralles oder Ephesus. Ihr seht, wie gering wir alle geschätzt werden, die aus Munizipien stammen, also eigentlich alle. Denn wie viele von uns stammen nicht daher?" Er hatte oft genug Anspielungen auf diese Herkunft von Männern des alten Adels anzuhören. Catilina nannte ihn einen „von auswärts zugezogenen römischen Bürger". Allerdings nahmen schon Augustus und Tiberius, wie es in der Rede des Kaisers Claudius heißt, die Blüte der Munizipien und Kolonien Italiens, wackere und begüterte Männer, in den Senat auf. Wie tief aber trotzdem jene Überhebung in dem römischen Bewußtsein wurzelte, welch zähen Widerstand sie allen verändernden und zerstörenden Einflüssen entgegenzusetzen vermochte, mag man danach ermessen, daß noch ein Jahrhundert später ein Tacitus den Abstand zwischen Rom und den Städten Italiens kaum minder groß fand als die Zeitgenossen Ciceros, und dies nach den Regierungen des aus Reate stammenden Geschlechts der Flavier, des Narniensers Nerva und unter der Regierung des Spaniers Trajan. Seine Äußerungen sind um so merkwürdiger, als er höchstwahrscheinlich selbst von ritterlicher Abkunft war. Die Erzählung des Ehebruchs der Livia, Gemahlin des Drusus, mit Sejan, dem Ritter aus Volsinii, begleitet er mit der Bemerkung: „Und sie, die Augustus zum Oheim hatte, Tiberius zum Schwiegervater, Kinder von Drusus, schändete sich und ihre Vorfahren und Nachkommen durch Ehebruch mit einem Munizipalen!" Und daß Tiberius' Enkelin Julia in zweiter Ehe mit Rubellius Blandus vermählt wurde, galt ihm als eine solche Herabwürdigung der Fürstentochter, daß er es als Gegenstand der öffentlichen Betrübnis bezeichnete, da noch viele sich an den Großvater des Rubellius, einen römischen Ritter aus Tibur, erinnerten, obwohl Rubellius Blandus selbst Konsul gewesen war. Sueton erzählt, Caligula habe in einem Briefe an den Senat seiner Urgroßmutter Livia Augusta eine unedle Abstammung vorgeworfen, da ihr mütterlicher Großvater Ratsmann in Fundi gewesen sei; und er nimmt sie gegen diesen Vorwurf in Schutz: es sei gewiß, daß Aufidius Lurco zu Rom Ehrenämter bekleidet habe. Daß hundert Jahre später Marc Aurel seine Tochter Lucilla dem Sohne eines römischen Ritters von antiochenischer, nicht besonders edler Abkunft, Claudius Pompejanus, gab, das wird man nicht sowohl aus einer Veränderung der Ansichten erklären dürfen, als aus dem weltbürgerlichen Sinne des philosophischen Kaisers, der von den Einflüssen des spezifisch römischen Wesens frei war wie wenige: er wählte, so heißt es, zu seinen Schwiegersöhnen nicht die ersten des Senats und sah nicht auf alten Adel und großen Reichtum, sondern auf Trefflichkeit. Übrigens war weder Lucilla noch ihre Mutter Faustina mit dieser Vermählung zufrieden, und zwar, wie es scheint, nicht bloß deshalb, weil der Erkorne bereits bejahrt war.

Die angeführten Äußerungen dienen zugleich dazu, das Standesgefühl der Senatoren gegenüber dem Ritterstande zu bezeichnen; in der Tat fiel der Abstand zwischen beiden Ständen nicht zum geringsten Teil mit dem Abstande zwischen munizipaler und römischer Abkunft zusammen. Ritter werden auf Denkmälern von ihren Klienten gerühmt und rühmen sich selbst als „Vater eines Senators", „Großvater eines Senators". Bei einem Zank zwischen einem Ritter und einem Senator entschied Vespasian: man dürfe Senatoren nicht schmähen, ihre Schmähungen zu erwidern, sei gestattet und in der Ordnung: wodurch er, wie Sueton bemerkt, andeuten wollte, daß die beiden Stände nicht sowohl in bezug auf Berechtigung als auf Würde verschieden seien. Martial bezeichnet die beiden ersten Stände als „die Ritter und die Herren Senatoren". Ausdrücke des senatorischen Standesgefühls anzuführen, wird später Gelegenheit sein.

Im Strafrecht waren die Mitglieder der beiden ersten Stände als Privilegierte (wie auch die Soldaten, Veteranen und Gemeinderäte der Reichsstädte) von den Plebejern so scharf geschieden, daß eine Standesperson sogar zum Plebejer degradiert werden konnte. Sie waren von der körperlichen Züchtigung, der Folter im Beweisverfahren, der Zwangsarbeit und Bergwerksstrafe sowie von der Kreuzigung und Preisgebung für Gladiatorenkämpfe und Tierhetzen ausgeschlossen. Eine von einem Plebejer einem Senator oder Ritter zugefügte Beleidigung wurde besonders streng geahndet. Daß in gesellschaftlicher Beziehung der Abstand des Ritterstandes von den kleinen Leuten kein geringer und vollends der erste Stand vom dritten durch eine weite Kluft getrennt war, braucht nicht erst gesagt zu werden; nur eine darauf bezügliche charakteristische Äußerung mag hier Platz finden. Ein Senator von prätorischem Range, der, unter Domitian wegen eines zweifelhaften Vergehens angeklagt, die freiwillige Verbannung der sichern Verurteilung vorzog, sah sich genötigt, zu seinem Lebensunterhalte in Sizilien Unterricht in der Beredsamkeit zu erteilen. Einst, als er vor seinem Auditorium auftrat, sagte er in der Einleitung seiner Rede: „Welches Spiel treibst du mit uns, Fortuna! du machst aus Senatoren Professoren, aus Professoren Senatoren!" In diesem Satze, sagt der jüngere Plinius, ist so viel Galle, so viel Bitterkeit, daß ich glaube, er hat das Lehramt nur übernommen, um dies sagen zu können. Fast mit denselben Worten wie der Senator Plinius stellt Juvenal, der dem zweiten Stande angehörte, dieselben beiden Lebensstellungen als äußerste Gegensätze zusammen. „Will es Fortuna, so wirst du aus einem Rhetor ein Konsul; ebenso, wenn sie es will, aus einem Konsul ein Rhetor!"

2. DIE SENATOREN

Die Übernahme der kaiserlichen Gewalt konnte sowohl auf Aufforderung der Truppen als des Senats erfolgen; doch auch im ersten Falle trat die Rechtsgültigkeit erst mit der Anerkennung des Senats ein; und ebenso konnte derselbe dem regierenden Kaiser die höchste Gewalt aberkennen, was auch wiederholt geschehen ist. In ihrem Verhältnis zum Senat waren die Kaiser nur die Ersten unter Gleichen, die Mitglieder dieses Stands ihre Pairs: ein Verhältnis, das mit Ausnahme von Caligula, Nero, Domitian und Commodus die Kaiser der beiden ersten Jahrhunderte wenigstens äußerlich aufrechtzuerhalten mehr oder weniger bemüht gewesen sind. Herodian gibt ein fast demütiges Schreiben des zum Kaiser erwählten Opellius Macrinus an den Senat (217), worin er bittet, keinen Anstoß daran zu nehmen, daß er aus dem Ritterstande emporgekommen sei. Der Adel ohne Trefflichkeit sei nutzlos; auch die edle Abkunft des Commodus habe dem Senat nicht genützt, ebensowenig wie die Legitimität der Erbfolge Caracallas. Die Kaiser von hoher Abkunft, welche die Herrschaft als ihr Recht betrachteten, handelten übermütiger gegen die Untertanen als geringere. Diejenigen, welche sie vom Senat empfingen, betrachteten sich als dessen Schuldner und suchten seine Gunst durch Wohltaten zu vergelten.

Einen rechtlich geschloßnen Senatorenstand eine erbliche Pairie, schuf erst Augustus, indem er das Recht der Bewerbung um kurulische Ämter und den nach wie vor mit denselben verbundenen Senatssitz auf den Kreis der Familien beschränkte, deren Vorfahren solche Ämter bekleidet hatten, vorausgesetzt, daß der einzelne Bewerber zum mindesten ein Vermögen von einer Million Sesterzen (217.500 Mark) besaß, um den an ihn herantretenden materiellen Anforderungen genügen zu könen. Dieser neue Senatorenstand unterscheidet sich von der auch unter den Kaisern fortbestehenden Nobilität dadurch, daß er durch strenge rechtliche Abgrenzung und Festsetzung bestimmt ist, während die Nobilität nur auf sozialer Exklusivität eines festen Kreises beruht, dem seit der Übertragung der Beamtenwahlen auf den Senat (am Anfange der Regierung des Tiberius) nur diejenigen Personen zugerechnet werden, deren Vorfahren (von väterlicher oder mütterlicher Seite) vor diesem Zeitpunkte das Konsulat bekleidet hatten. Die Aufnahme der dem Senatorenstande nicht durch Geburt Angehörigen in diesen erfolgte teils durch Erteilung des senatorischen Standesrechtes an junge Leute, teils durch außerordentliche Aufnahmen von Nichtsenatoren in eine der drei untern Rangklassen des Senats (*adlectio*): beide Arten der Pairskreierung wurden von den Kaisern ausgeübt, wenn auch die letztere formell erst seit dem Aufgehen der Zensur in die kaiserliche Kompetenz zu den kaiserlichen Rechten gehörte. Auch diese Erhebung erfolgte mit der Rechtswirkung der Erblichkeit. Der senatorische Stand erstreckte sich auch auf die Frauen der Mitglieder sowie auf die agnatische Nachkommenschaft bis zum dritten Grade.

Schon zu Anfang der Kaiserzeit kann die Zahl der Familien von altem Adel im Senat nicht groß gewesen sein. Mehrere waren bereits ausgestorben, wie die Atilier, Meteller, Curier, Fulvier, oder in den Schlachten der Bürgerkriege und durch die Acht gefallen — durch die Acht der zweiten Triumvirn fielen gegen 300 Senatoren und 2000 Ritter: andre erloschen in der ersten Kaiserzeit, wie die Ämilischen Syaurer, oder versanken in schmähliche Dürftigkeit, wie die Hortensier, und gingen so der Standesrechte verlustig und verloren sich unter den übrigen Ständen. Wie diese Lücken wieder gefüllt wurden, ist bereits erwähnt. Zunächst blieb der Ritterstand die „Pflanzschule des Senats“, und nicht bloß aus der Ritterschaft Roms, auch aus den Kolonien und Munizipien Italiens, bald auch aus den Provinzen wurden „neue Männer“, durch Geburt, Reichtum und Verdienst ausgezeichnet, immer zahlreicher in den Senat aufgenommen. Von C. Rutilius Gallicus, der sich durch militärische Verdienste zum Konsulat aufschwang und unter Domitian Stadtpräfekt war, sagt Statius, er habe den Seinen das Geschlecht ersetzt und auf seine Vorfahren den Adel rückwärts erstreckt: vermutlich stammte er aus einer ritterlichen Familie, wenn auch wohl bereits sein Vater in den Senatorenstand erhoben worden war. Feste Normen der Beförderung zum Senator gab es für die nichtsenatorischen Ritter nicht. Ein tatsächliches Anrecht auf diese Beförderung gab, späterhin wenigstens, das Gardekommando, dessen Inhaber beim Rücktritt von diesem höchsten Ritteramt in der Regel zu Senatoren erhoben, zum Teil durch diese Standeserhöhung auf ehrenvolle Weise in den Ruhestand versetzt wurden.

Nicht bloß aus dem zweiten, auch aus dem dritten Stande schwangen sich einzelne durch Glück, Verdienst oder Gunst schon im Anfange der Kaiserzeit zum ersten empor. Schon während des Bürgerkrieges war ein Mann von niedrigstem Stande, Salvidienus Rufus, von Octavian zum Konsulat erhoben worden, obwohl er nicht einmal Senator gewesen war. Curtius Rufus, von so niederer Herkunft, daß einige ihn den Sohn eines Gladiators nannten, gelangte durch Talent und Geldunterstützung von Freunden zur Quästur und stieg, ebenso untertänig gegen Höhere wie hochmütig gegen Geringere, zum Konsulat und zum Prokonsulat von Afrika auf. Tiberius, der ihn bei der Prätur vor adligen Mitbewerbern bevorzugte, sagte zur Entschuldigung des Fleckens seiner Geburt: „Curtius Rufus scheint mir von sich selbst abzustammen." Noch manche andre unter diesen „Söhnen ihrer Taten" verdankten ihr Emporkommen ihrer Bereitwilligkeit, als Werkzeuge der kaiserlichen Absichten zu dienen, besonders als Delatoren in Majestätsprozessen. Junius Otho, ursprünglich Lehrer der Beredsamkeit, wurde durch Sejans Gunst Senator und stieg durch seinen von keiner Bedenklichkeit zurückgehaltenen Eifer bis zur Prätur, Eprius Marcellus und Vibius Crispus, beide von niedrigster Herkunft und in Armut aufgewachsen, durch gewissenlose Ausbeutung ungewöhnlicher Talente zu den höchsten Stellungen, ungeheurem Reichtum und großer Macht. Auch militärisches Verdienst konnte niedrig Geborenen den Weg zum Senat bahnen. Cassius Dio läßt Mäcen den Rat erteilen, die ausgezeichnetsten Offiziere auf diese Weise zu befördern, wenn sie als Centurionen eingetreten seien; nur wer als gemeiner Soldat gedient und Schanzkörbe und Holzbündel geschleppt habe, von dem zieme es sich nicht, daß er je Senator werde. Auch sind gewiß Laufbahnen wie die des Oclatinius Adventus äußerst selten gewesen: als gemeiner Soldat eingetreten, nach Cassius Dio als Subalterner zu Henkersdiensten verwendet, war er trotz seines gänzlichen Mangels an Bildung allmählich bis zur Präfektur des Prätoriums aufgerückt, dann unter Macrinus Stadtpräfekt und nach Niederlegung dieses Amts 218 Konsul geworden. Die ersten Männer vom Senatorenstande, von denen es bekannt ist, daß sie ihre Laufbahn als Centurionen begannen, sind der Kaiser Pertinax und der Gegenkaiser des Severus, Pescennius Niger.

Daß Freigelassene, denen in den Munizipien und Kolonien überall der Eintritt in den ersten Stand verschlossen war, vor Commodus in den Senat aufgenommen worden sind, ist nicht zu glauben; erst der Günstling des Commodus, Cleander, machte Freigelassene zu Senatoren und Patriziern. Unter Caracalla wurde ein ehemaliger Sklave, Marcius Agrippa, der einst Haarkräusler seiner Herrin gewesen war, bei seiner Entsetzung von einem hohen ritterlichen Amte zum Senator mit prätorischem Range gewissermaßen degradiert. Elagabal „machte Freigelassene zu Statthaltern, Legaten, Konsuln, Feldherrn". Mit um so größerer Strenge kehrte Alexander Severus zu der alten Ausschließung derselben zurück, er machte sie nicht einmal zu Rittern. Wenn daher Epictet ausführt, „der Sklave wünsche sich die Freiheit, habe er diese erlangt, so sei er abermals unzufrieden und wünsche sich den Ritter- und Offiziersrang, und sei er endlich zum Ziel aller Wünsche, zum Senatorenstande gelangt, so sei er immer nur in einer glänzenden Knechtschaft", so hat er entweder einen zu einer Zeit unmöglichen Fall als möglich angenommen, oder sich in völliger Unkenntnis der wirklichen Verhältnisse befunden.

Söhne von Freigelassenen wurden schon von den ersten Kaisern zugelassen, um so weniger Schwierigkeit fand der Eintritt ihrer fernern Abkömmlinge; schon in der Mitte des 1. Jahrhunderts gab es eine große Anzahl senatorischer Familien von solcher Abstammung. Die Vitellier stammten nach einigen von einem freigelassenen Flickschuster, dessen Sohn durch Güterparzellierungen und Staatsagenturen Geld erwarb und mit einer Bäckerstochter den ersten Mann in der Familie erzeugte, der es bis zum Ritterstande und einem kaiserlichen Finanzamt brachte; dessen vier Söhne waren Senatoren, einer bekleidete dreimal das Konsulat und die Zensur und wurde Vater des Kaisers Vitellius. Claudius, der auch in dieser Beziehung keine unbedingte Ausschließung wollte, erteilte doch dem Sohne eines Freigelassenen den breiten Purpurstreif nur unter der Bedingung, daß er sich von einem Ritter adoptieren ließ, und ähnliche Förmlichkeiten sind vielleicht öfter beobachtet worden. Nero nahm Söhne von Freigelassenen lange überhaupt nicht auf und versagte den von frühern Kaisern aufgenommenen die Ehrenämter. Später haben sie auch diese bekleidet, wenn sie gleich in der Regel hinter Mitbewerbern von adliger Abkunft zurückstehen mochten. Noch Valentinian, Valens und Gratian fanden sich veranlaßt, in einem Reskript ausdrücklich zu erklären, daß Söhne von Freigelassenen von der Erlangung des Clarissimats nicht ausgeschlossen sein sollten.

Je mehr nun von Geschlecht zu Geschlecht im Senat die Menge der Neulinge und Emporkömmlinge wuchs, die Zahl der Senatoren von edler und alter Abkunft abnahm — daß ihrer wenige waren, bemerkt um das Jahr 166 Apulejus, und schon fünfzig Jahre früher spricht Juvenal von dem Zusammenschmelzen des Adels —, desto größer wurde ohne Zweifel der Stolz der altadligen Familien auf ihre Stammbäume; aber auch die allgemeine Achtung vor Abkömmlingen altberühmter Geschlechter erlitt mindestens keine Verminderung. Das Recht, die Bildnisse der Vorfahren im Atrium aufzustellen, war das eigentliche Kennzeichen vornehmer Abkunft. Mit Ehrfurcht betrat man die Häuser, wo halbverlöschte Gemälde von Triumphatoren auf Viergespannen die Wände und rauchgeschwärzte Wachsmasken der Ahnen die Atrien erfüllten, unter denen die Inschriften Namen, Titel und Taten meldeten. „Ahnenbilder und Inschriften" fanden bei der Menge mindestens nicht geringere Bewunderung als in der Zeit des Horaz: wie im Mittelalter und in neuern Zeiten liebte auch im Altertum Rom seine großen Herren, wenn sie die schönen Namen mit Anstand trugen, und nahm gern teil an dem Glanze, den die Familien des heimischen Adels um sich verbreiteten. Die versifizierte Schulrede Juvenals über das Thema, daß nur eigne Tugend, nicht Ahnen Wert verleihen, beweist gerade, wenn es dessen bedürfte, daß ein entgegengesetztes Gefühl allgemein verbreitet war. Einen auffallenden Beweis für die hohe Geltung, in welcher der alte Adel beim Volke stand, gibt die Erzählung des Tacitus von dem Prozeß der Ämilia Lepida im Jahre 20, die von ihrem geschiedenen Gemahl P. Sulpicius Quirinus der Unterschiebung eines Kindes und andrer schwerer Verbrechen angeklagt war. Sie, „die neben dem Glanz des Hauses der Ämilier sich auch der Abstammung von Sulla und Pompejus rühmen konnte", erregte trotz ihres üblen Rufs und ihrer Schuld allgemeines Mitleiden. Als sie, von edlen Frauen begleitet, im Pompejustheater ihre Ahnen um Schutz anflehte, brach das Volk in Tränen und Verwünschungen aus, daß eine Frau, die einst zur Gemahlin des L. Cäsar und Schwiegertochter des Augustus bestimmt gewesen war, einem durch sein kinderloses Alter einflußreichen Manne aus einer so niedrigen Familie geopfert werde. Seneca, der gelegentlich in ähnlicher Weise wie Juvenal moralisiert, gesteht nicht bloß ausdrücklich ein, daß bei der Bewerbung um Ämter der Adel manchen höchst schändlichen Menschen vor rührigen, aber „neuen" Männern den Vorzug verschafft habe, sondern er fügt auch hinzu, daß dies „nicht ohne Grund" geschehen sei. So haben dem Fabius Persicus (Konsul 34) trotz seines schimpflichen Lebenswandels seine Ahnen, Verrucosus, Allobrogicus und die 300 Fabier, die Wahl in die höchsten Priestertümer verschafft; dem ebenso berüchtigten Mamercus Scaurus († 32) die Abstammung von dem alten Scaurus (Konsul 115 v. Chr.), welcher der Erste des Senats war, das Konsulat. Tacitus rühmt von Tiberius, daß er in der ersten Zeit seiner Regierung bei Erteilung von Ehrenstellen auf Adel Rücksicht genommen, Plinius ebenso von Trajan, daß er die Sprößlinge alter Familien bei Erteilung von Ämtern besonders bevorzugt habe, was Domitian aus Furcht und Mißtrauen vermieden hatte. Wie in der amtlichen Laufbahn, so war in allen Verhältnissen der Adel eine mächtige Förderung und Empfehlung und blieb darum ein hohes Gut, wenn man auch dem Besitz, auf den Stand und Rang basiert, einen höhern realen Wert zugestehen mochte.

In der Tat war Alter und Vergangenheit mancher noch in der Kaiserzeit blühenden Familien ehrwürdig. Zwar von denen, deren Ahnen bereits von Romulus oder Brutus in den Senat gewählt waren, die sich also eines achthundertjährigen Adels rühmen konnten, waren im 1. Jahrhundert nur wenige übrig. Doch muß es damals noch eine nicht ganz geringe Anzahl sogenannter troischer (von Äneas und seinen Begleitern sich herleitender) und albanischer (ebenfalls über die Gründung Roms hinaufreichender) Familien gegeben haben, da man von den erstern zu Ende der Republik noch etwa fünfzig zählte. In einer Sammlung griechischer, für den Unterricht verfaßter Gespräche kommt vor: ich will einen Senator besuchen, der sein Geschlecht von Romulus und den Äneaden ableitet. Einer solchen Abkunft rühmten sich vor allem die Julier, die das Bild des Äneas wie das des Romulus und der Albanerkönige bei ihren Leichenbegängnissen mit aufführten. Die Memmier leiteten sich von dem Trojaner Mnestheus ab. Die Antonier nannten, wie die Fabier, Herkules ihren Ahnherrn, die Aelii Lamiae den Lästrygonenkönig Lamus. Die Calpurnier, deren vornehmster Zweig die Pisonen waren, leiteten ihre Herkunft von König Numa ab: Gnäus Piso, das Haupt des Hauses unter Tiberius, räumte kaum dem

Kaiser den Vorrang ein; auf dessen Söhne sah er als tief unter ihm stehend hinab. Überhaupt waren Stammbäume, die in die Fabelwelt hinaufreichten, nicht selten; sie wurden von griechischen Gelehrten bereitwillig ausgearbeitet. Eine dem Q. Vitellius, dem Oheim des Kaisers, gewidmete Schrift leitete die Familie, deren Ursprung nach andern ein sehr niedriger war, von Faunus, dem Könige der Aboriginer, und der an vielen Orten göttlich verehrten Vitellia ab. Obwohl man wußte, daß der Großvater des Kaisers Vespasian, ein Reatiner, im Bürgerkriege Centurio, sein Vater Zollpächter gewesen war, wurde der Versuch gemacht, das Geschlecht der Flavier auf einen Gefährten des Herkules zurückzuführen; doch Vespasian spottete selbst darüber. Der Kaiser Galba, aus dem alten und edlen Geschlechte der Sulpicier, stellte in seinem Atrium eine Ahnentafel aus, in welcher er seine väterliche Abkunft auf Juppiter, seine mütterliche auf Pasiphae, die Gattin des Minos, zurückführte. Auch diejenigen, die Ungläubigen gegenüber diese Stammbäume preisgaben oder selbst bewitzelten, fanden es zuweilen der Mühe wert, sie gegen die übrigen zu vertreten, und konnten es, ohne sich lächerlich zu machen; wie denn Julius Cäsar in der seiner Tante Julia gehaltenen Leichenrede ihre Abkunft von Ancus Marcius auf der einen, und von Venus, der Großmutter des Julus, auf der andern Seite rühmte. Auch M'. Acilius Glabrio (zum zweiten Male Konsul 186), den Pertinax zum Kaiser vorschlug, führte seinen Stammbaum auf Äneas, die Familie Marc Aurels den ihren auf Numa zurück, und Herodes Atticus rühmte von seiner Gemahlin Annia Regilla, Schwester des Appius Annius Bradua (Konsul 160), sie sei aus dem erlauchten Blute des Anchises und der idäischen Göttin gewesen, und führte auch seinen eignen Stammbaum bis zu den Äakiden hinauf, wie überhaupt die Herleitung der Abstammung aus der Heroenzeit auch in Griechenland in dieser Zeit nicht selten gewesen zu sein scheint. Die Akten der Arvalpriester geben besonders stattliche Verzeichnisse von Männern der höchsten Adelsfamilien, aus denen dieses Kollegium bestand. Bei dem Jahresopfer der Dea Dia im Mai 38 z. B. gehörten von den anwesenden Mitgliedern nur drei zu den erst unter Augustus emporgekommenen Familien, Taurus Statilius Corvinus, C. Cäcina Largus (Konsul 42) und Annius Vinicianus, die übrigen waren Paulus Fabius Persicus, C. Calpurnius Piso, M. Furius Camillus, „der letzte Sprosse des Siegers von Veji", Appius Junius Silanus und Cn. Domitius Ahenobarbus, der Vater des Kaisers Nero; auch die Ahnen dieser beiden „hatten oft den Purpur der Republik getragen". Die Domitii Ahenobarbi zählten in ihren Ahnentafeln während der Republik 6 Konsulate (außerdem 2 unter Augustus), 2 Zensuren und 2 Triumphe. An ruhmvollen Erinnerungen war vielleicht kein Geschlecht so reich wie die Claudier, deren Anfänge bis in die erste Zeit der Republik zurückreichten; sie zählten 22 Konsulate, 5 Diktaturen, 7 Zensuren, 7 große, 2 kleine Triumphe; viele hochberühmte Männer und Frauen, gewaltig im Guten und Bösen, hatten sie aufzuweisen, maßloser Stolz und unbeugsame Härte war von jeher das Erbteil ihres Stamms gewesen. Übrigens erhielten sich alte Stammbäume und deren hohe Schätzung bis in die letzten Zeiten des römischen Reichs.

Die Sitte, außer dem eignen Namen noch andre anzunehmen, namentlich neben dem durch Adoption erworbnen auch den ursprünglichen zu führen, zeigt sich unter der Julisch-Claudischen Dynastie nur vereinzelt, erst seit den

Flavischen Kaisern, mit denen ja „überhaupt die neuen Leute und die neuen Ordnungen ans Ruder kamen“, häufig. Teils infolge von Adoptionen und Quasiadoptionen, teils durch die Hinzufügung der Namen der mütterlichen Verwandten zu dem eignen, überhaupt aus Eitelkeit auf die Familienbeziehungen und aus andern Gründen „schwollen die Namen des römischen Adels dermaßen an“, daß schon unter Trajan einzelne wie Q. Pempejus Falco mehr als zehn führten; dessen Sohn, Q. Pompejus Senecio, Konsul 169, sogar nicht weniger als achtunddreißig, die in einer Ehreninschrift folgendermaßen lauten: Q. Pompejus Senecio Roscius Murena Coelius Sex. Julius Frontinus Silius Decianus C. Julius Eurycles Herculaneus L. Vibullius Pius Augustanus Alpinus Bellicius Sollers Julius Aper Ducenius Proculus Rutilianus Rufinus Silius Valens Valerius Niger Claudius Fuscus Saxa Amyntianus Sosius Priscus.

Häufiger wohl als durch alten Adel glänzten die senatorischen Familien durch fürstlichen Reichtum. Ein großes Vermögen hieß in der Umgangssprache ein senatorisches. Das höchste aus dem Altertum überhaupt bekannte Vermögen von 400 Millionen Sesterzen (87 Millionen Mark) besaß unter Augustus der Augur Cn. Lentulus; es wurde später nur noch einmal, durch Narcissus, den unter Claudius allmächtigen Freigelassenen, erreicht. Schon die Hälfte galt als sehr großer Reichtum; „reicher als (Vibius) Crispus“ sagt Martial für ungeheuer reich; Vibius Crispus soll 200 Millionen Sesterzen (43½ Millionen Mark) besessen haben. Aber auch ein Vermögen von 300 Millionen Sesterzen (65¼ Millionen Mark) dürfte im Senatorenstande nicht allzu selten gewesen sein; denn an Seneca, der soviel besaß, schreibt Nero bei Tacitus, daß sehr viele, die ihm an Verdienst keineswegs gleichgekommen seien, mehr besessen hätten, wie u. a. der im Jahre 56 im Alter von 93 Jahren als Stadtpräfekt verstorbene L. Volusius Saturninus, um von den Freigelassenen gar nicht zu reden. Auch Eprius Marcellus, der aus beschränkten Verhältnissen emporgekommen war, hatte ein Vermögen in diesem Betrage zusammengebracht. Das Jahreseinkommen von einem solchen Vermögen dürfte dem ziemlich nahe gekommen sein, was Olympiodor als das Einkommen der reichsten römischen Familien am Anfang des 5. Jahrhunderts angibt: im ganzen nach heutigem Gelde etwa 4,8 Millionen Mark. Denn die Kapitalien der Senatoren trugen, wie unten gezeigt werden wird, in der Regel hohe Zinsen, und selbst bei der Anlage in Grundbesitz darf man einen Ertrag von mehr als 6 Prozent annehmen. Ein Kapital von 300 Millionen Sesterzen (etwa 65¼ Millionen Mark) zu 7 Prozent verzinst gibt einen jährlichen Ertrag von rund 4,5 Millionen Mark.

Ohne Zweifel hatten die in Italien einheimischen Senatoren dort von jeher große Güter; erst die Zunahme der Provinzialen im Senat veranlaßte Trajan (etwa im Jahre 106/7) zu der gesetzlichen Bestimmung, daß Bewerber um kurulische Ämter den dritten Teil ihres Vermögens in Italien in Grundbesitz anlegen sollten, damit sie dieses Land wie ihre Heimat, nicht wie eine Herberge auf der Reise betrachteten. Marc Aurel setzte das in italischem Landbesitz anzulegende Kapital für die auswärtigen Senatoren auf den vierten Teil des Vermögens herab. Offenbar war es gewöhnlich, sich in verschiedenen Landschaften zugleich anzukaufen, so daß niemals alle Erträge derselben Ungunst der Witterung ausgesetzt waren, man Klima und Aufenthalt häufig wechseln und auch auf der Reise zu Hause sein konnte; schon in der Zeit des Horaz waren ohne Zweifel nicht selten sardinische Kornfluren, Bienenstöcke in Calabrien, Viehtriften dort und im cisalpinischen Gallien, „tausend Morgen falernischen Weinlandes“ und Landsitze an dem Ufer des Liris in einem Besitz vereint: sowie ein Jahrhundert später parmensische Herden (welche jährlich 600.000 Sesterzen = über 130.000 Mark eintragen konnten), Güter in Etrurien, die von unzähligen, in Ketten arbeitenden Sklaven bebaut wurden, apulische Gefilde, setinische Weinberge und Besitzungen bei dem durch seine Bienenzucht berühmten Hybla in Sizilien. Der in Neros und Domitians Zeit so viel genannte M. Aquilius Regulus besaß Güter in Umbrien, Etrurien, bei Tusculum und an der Straße von Rom nach Tibur, die Schwiegermutter des jüngern Plinius, Pompeja Celerina, bei Ocriculum, Narnia, Carsulä und Perusia. Die Familie der Aurelii Symmachi besaß in der zweiten Hälfte des 4. Jahrhunderts (außer drei Palästen in Rom und einem in Capua) 15 Villen, teils in unmittelbarer Nähe der Stadt, teils an den beliebtesten Orten der Küste (Ostia, Lavinium) und des Gebirgs (Tibur, Präneste, Cora), teils am Golf von Neapel (bei Formiä, Cumä, Bauli, Bajä, Puteoli, Neapel und am Lucrinersee), und Güter in Samnium, Apulien, Sizilien und Mauretanien. Denn auch in den Provinzen, wo vermutlich amtliche Aufenthalte oft Gelegenheit zu Landankäufen gaben, waren die Senatoren nicht selten begütert. Nach jenem Erlasse Trajans verkauften die Bewerber um kurulische Ämter in den Provinzen, um in Italien kaufen zu können. Der erste Gordian „besaß in den Provinzen so viel Ländereien wie kein Untertan“; der Präfekt des Prätoriums Probus (368 n. Chr.) „war der ganzen römischen Welt bekannt, da seine Güter in alle ihren Teilen zerstreut lagen“. Ein Erlaß der Kaiser Arcadius und Honorius vom Jahre 395 bezieht sich auf Senatoren, die sich in Rom aufhalten, aber in fernen und verschiedenen Provinzen Besitzungen haben. Die Senatoren von provinzialer Abkunft waren natürlich in der Regel in ihrer Heimat begütert. Die aus dem narbonensischen Gallien stammenden erhielten deshalb (wie bemerkt) im Jahre 49 die Befugnis, ohne Urlaub dorthin zu reisen, was früher nur für Sizilien gegolten hatte. Rubellius Plautus hatte ererbte Besitzungen in der Provinz Asia, Flavius Ursus, ein Gönner des Statius, außer seinen italischen Gütern (bei Locri, Pollentia, in Lucanien, am rechten Tiberufer und an andern Orten), auch solche auf Creta und in Cyrene. In Neros Zeit gehörte die Hälfte des Bodens der Provinz Afrika sechs großen Besitzern, und unter Domitian waren in dieser (doch auch in andern Provinzen) die Güter von Privatpersonen nicht bloß ebenso groß, sondern viele weit größer als die Gebiete der Stadtgemeinden, sie enthielten eine nicht geringe Bauernbevölkerung und Ortschaften nach Art von Städten um das Herrenhaus: unter und neben diesen großen Grundherren werden auch solche von senatorischem Range nicht gefehlt haben. Es ist also keine bloße Phrase, wenn Seneca von weiten Landstrichen spricht, die von Sklaven in Ketten bebaut werden, von Viehtriften, die Königreichen und Provinzen an Ausdehnung gleichkommen; oder Columella von Völkergebieten, die ihre Herren nicht einmal zu umreiten imstande sind. Weit und breit gab es keinen See, in dem sich nicht die Schlösser der Großen spiegelten, keinen Golf, an dem sich nicht ihre Villen erhoben; von allen Meer und Land überschauender Anhöhen schimmerten ihre Dächer. Ihre Paläste in Rom, mit königlichen Vorhöfen, hohen Atrien, reichen Bädern, Bibliotheken, Gemäldegalerien, weiten

Peristylien, welche Lorbeer- und Platanenhaine, Springbrunnen, Fahr- und Wandelbahnen einschlossen, hatten die Ausdehnung von Landgütern, ja sie „glichen Städten“; in Palästen, die sich so weit erstreckten wie einst das Landgut des Cincinnatus (4 Morgen), meinte man enge zu wohnen. Den von seinem Gönner Sparsus bewohnten Petilianischen Palast nennt Martial ein Königreich; aus seinem Erdgeschoß sah man auf die höchsten Punkte Roms herab; man genoß dort den Landaufenthalt in der Stadt, und die Lese im Weingarten war größer als auf einem falernischen Hügel. Dort gab es hinreichenden Raum zu Spazierfahrt im leichten Wagen innerhalb der Hausschwelle, und kein Straßenlärm, keine zu früh eindringende Tageshelle störte den Schlaf.

Mit seinen Tausenden von Sklaven und Freigelassenen aus allen Nationen bildete ein großes Haus einen kleinen, bis zu einem gewissen Grade auf sich selbst ruhenden Staat, dessen Angehörige nicht bloß seine Hilfsquellen allseitig ausbeuteten und seinen Wohlstand erhielten und mehrten, sondern auch einen Teil der Bedürfnisse befriedigten, für welche in der neuern Welt Handwerk und Industrie arbeiten und schaffen, ja selbst zu der Veredlung und Verschönerung der Existenz durch die Kunst beizutragen und einen Teil der Vorteile zu gewähren vermochten, welche die Wissenschaft zu bieten hat. Außer diesen Angehörigen ernährte jedes große Haus eine nicht geringe Anzahl Abhängiger ganz oder zum Teil, andre verdankten der fürstlichen Freigebigkeit seines hohen Herrn Unterstützung und Förderung in ihrer Laufbahn, manche, die bessere Tage gesehen hatten, Erleichterung oder Herstellung ihrer frühern Verhältnisse. Mit der Freilassung von Sklaven wurde wahrscheinlich sehr häufig eine mehr oder minder reiche Beschenkung verbunden; Martial erwähnt eine solche, vermutlich bei dieser Gelegenheit erfolgte, von 10 Millionen. Auch auf die Familien ihrer Anhänger und Klienten erstreckten die Großen Roms ihre Freigebigkeit und ihren Schutz. So rühmt ein Freigelassener des Cotta Messalinus, eines Freunds des Kaisers Tiberius, in seiner an der Appischen Straße gefundenen Grabschrift: sein Patron habe ihm mehrmals Summen bis zur Höhe des ritterlichen Zensus (400.000 Sesterzen = 87.000 Mark) geschenkt, habe die Erziehung seiner Kinder übernommen, seine Söhne wie ein Vater ausgestattet, seinen Sohn Cottanus, der im Heere diente, zum Militärtribunat befördert, ihm selbst dieses Grabdenkmal errichten lassen.

Das größte Ansehen und den größten Anhang unter den Häusern des hohen und alten Adels hatte um die Mitte des 1. Jahrhunderts das des C. Calpurnius Piso, der im Jahre 65 an die Spitze einer Verschwörung gegen Nero trat, die ihm den Thron gewinnen sollte, in der Tat aber den Tod brachte. Aus der Verbannung, in die ihn Caligula gesandt hatte, war er von Claudius zurückberufen, in seine Besitztümer wieder eingesetzt und zum Konsul ernannt worden; sein großes Vermögen hatte sich durch die Erbschaft seiner Mutter noch vergrößert. Er besaß alle Eigenschaften, die beim Volke beliebt machen konnten. Er war von stattlicher Gestalt und schönen Zügen, ein leutseliger, selbst gegen Unbekannte gesprächiger Herr, stets bereit, seine Beredsamkeit zum Schutz von Bedrängten zu verwenden, nichts weniger als sittenstreng, sondern ein Freund heiteren Lebensgenusses bis zur Üppigkeit, prachtliebend und freigebig bis zur Verschwendung, dabei gewandt in der Poesie und der Kunst der Kithara sowie im Ball- und Brettspiel und im Fechten. Ritter und Senatoren, die ohne ihre Schuld verarmt waren, unterstützte er und beförderte jährlich eine Anzahl von Männern aus dem Volk zu ritterlichem Zensus und Stande. Noch länger als ein Menschenalter nach seinem Tode wurde seine großartige Freigebigkeit von Dichtern gerühmt.

Nach Nero änderte sich die Stellung der Aristokratie. An Stelle der alten, zum Teil zugrunde gerichteten oder ausgestorbenen Familien traten mehr und mehr neue Männer aus Italien und den Provinzen, die ihre frühern, aus engen Verhältnissen mitgebrachten Lebensgewohnheiten beibehielten, und Vespasian ging mit dem Beispiel haushälterischer Sparsamkeit voran. Unter Domitian mußten sich überdies die Großen hüten, durch Glanz, Freigebigkeit und ausgebreitete Klientelen Verdacht zu erregen: erst unter Trajan konnten sie wieder uneingeschränkt „schenken, kleine Vermögen vergrößern, von dem eignen Überschuß mitteilen". So hatte denn Martial Grund, die Zeiten der Piso und Crispus, der Seneca und der Memmier zurückzuwünschen. Damals, sagt er, waren die Freunde noch häufig, die ihren Klienten goldene Ringe schenkten (d. h. ihnen durch ein Geschenk von 400.000 Sesterzen den Eintritt in den Ritterstand ermöglichten), jetzt sind sie selten; und doch ist der glücklich zu nennen, dem ein zu seinem Hause gehöriger Ritter zur Seite geht.

Aber auch in der spätern Zeit blieb das Leben der Senatoren glänzend, selbst großartig, ein Vermögen, das in diesem Stande nicht als Reichtum galt, immer noch sehr bedeutend. Am Anfange des 5. Jahrhunderts hatten die Häuser zweiten Rangs ein Einkommen von 1000 bis 1500 Pfund Gold (etwa 0,9—1,3 Millionen Mark). Der jüngere Plinius, der seine Würde eine kostspielige, seine Mittel nur mäßige nennt, gibt gelegentlich Andeutungen über seine Einnahmen und Ausgaben, die uns einige Vorstellungen von den Vermögensverhältnissen der weder hochadligen, noch für reich geltenden Senatoren in Trajans Zeit gewinnen lassen. Aus einer zum ritterlichen Munizipaladel (der Stadt Comum) gehörenden Familie stammend, bekleidete er mit 29 Jahren das erste senatorische Amt (die Quästur) und wurde nach einer im ganzen schnellen Durchmessung der amtlichen Laufbahn im Alter von 38 Jahren von Trajan zum Konsul ernannt (im Jahre 100). Sein für einen Munizipalen bedeutendes Vermögen vergrößerte er wahrscheinlich durch seine drei Heiraten, gewiß durch die Erbschaft seines Oheims und seine Tätigkeit als Sachwalter, die ihm ohne Zweifel große indirekte Einkünfte (wie testamentarische Zuwendungen) verschaffte, da er Belohnungen und Geschenke stets zurückwies. Bei den Ausgaben, die er als Prätor für Schauspiele zu machen hatte, wußte er Maß zu halten. Sein Vermögen war zum größten Teil in Grundbesitz angelegt, auf dem der sehr einträgliche Weinbau in großem Umfange betrieben wurde; doch verminderte Plinius seine Einkünfte durch die Rücksicht, die er auf den Vorteil seiner Pächter und die Käufer seiner Gutserträge nahm. Übrigens lieh er auch Kapitalien auf Zinsen aus. Er hatte Besitzungen in Etrurien unweit Tifernum Tiberinum, die für mehr als 400.000 Sesterzen (87.000 Mark) verpachtet wurden, in der Lombardei bei Comum, wo er ein ihm durch Erbschaft zugefallenes Gut im Werte von 900.000 Sesterzen (195.750 Mark) für 700.000 (152.250 Mark) verkaufte, auch im Beneventanischen; ferner mehrere Villen am Comersee, eine in Etrurien und eine bei Laurentum, deren Einrichtungen nach seiner Beschreibung freundlich, bequem und zierlich, wenn auch nicht prächtig und ohne eigentlichen Luxus waren. Etwa im Jahre 101 ging er mit der Absicht um, ein Gut für drei Millionen Sesterzen (652.500 Mark) zu kaufen; dazu mußte er Geld aufnehmen; zunächst stand ihm die Kasse seiner Schwiegermutter zu Gebot. Eine sparsame Haushaltung machte es ihm möglich, gegen Klienten und unvermögende Freunde eine immerhin große Freigebigkeit zu beweisen, und er hat nicht wenige Briefe, die davon Zeugnis ablegen, in seine Sammlung aufgenommen. Seiner Amme schenkte er ein Gütchen im Wert von 100.000 Sesterzen (21.750 Mark); ebensoviel einer Verwandten zur Ausstattung, der er überdies nach dem Tode ihres Vaters dessen ganze, wie es scheint, nicht unbedeutende Schuld erließ. Ein Landsmann, dem Plinius eine Centurionenstelle ausgewirkt hatte, erhielt zur Ausrüstung 40.000 Sesterzen (8700 Mark); ein andrer, der zugleich sein Mitschüler gewesen war, 300.000 Sesterzen (65.250 Mark) zur Erlangung der Ritterwürde; die Tochter eines unbegüterten Freunds 50.000 Sesterzen (10.875 Mark) als Beitrag zur Mitgift; der Dichter Martial, der Plinius in einem Gedicht gepriesen hatte, ein Reisegeld bei seiner Heimkehr nach Spanien. In der Stadt Tifernum Tiberinum, deren Patron er war, ließ Plinius auf eigne Kosten einen Tempel erbauen, bei dessen Einweihung er ein Festmahl gab; als ein Cerestempel auf einem seiner Grundstücke baufällig geworden war, beschloß er, statt der Reparatur ein neues, schönes Gebäude nebst einer Säulenhalle aufführen zu lassen; er bestellte vier Marmorsäulen, Marmor zum Auslegen der Wände und des Bodens, eine Statue der Göttin. Er vollendete nicht nur nach dem Tode seines Vaters einen von diesem begonnenen Tempel der Ewigkeit *(Aeternitas)* der Stadt Rom und des Kaisers, sondern machte auch weiterhin seiner Vaterstadt große Zuwendungen, die von seiner „echt italienischen Anhänglichkeit an die Heimat“ zeugen. Er schenkte der Stadt Comum eine Bibliothek im Werte, wie es scheint, von einer Million (217.500 Mark) und stiftete zugleich zur Unterhaltung und Vermehrung derselben ein Kapital von 100.000 Sesterzen (21.750 Mark); zur Besoldung eines anzustellenden Lehrers der Beredsamkeit erbot er sich den dritten Teil beizutragen. Eine zweite Gabe bestand in 500.000 Sesterzen (108.750 Mark) zur Alimentierung freigeborner Knaben und Mädchen, als deren Zinsen von einem an die Gemeinde übertragnen, dann als Erbpacht zurückerworbnen Grundstück jährlich 30.000 Sesterzen = 6525 Mark (also 6 Prozent) entrichtet werden sollten. In seinem Testament endlich vermachte er der Stadt eine unbekannte Summe zur Erbauung von Thermen, zur innern Einrichtung derselben mindestens 300.000 Sesterzen (65.250 Mark), zur Instandhaltung die Zinsen eines Kapitals von 200.000 Sesterzen (43.500 Mark); sodann ein Kapital von 1,866.666²/₃ Sesterzen (rund 406.000 Mark), dessen Zinsen zunächst zur Versorgung von hundert Freigelassenen des Testators, späterhin, d. h. wohl nach dem Ableben derselben, zur Ausrichtung eines jährlichen Schmauses für die gesamte Bürgerschaft von Comum verwandt werden sollten.

Wenn ein nicht besonders reicher Senator über solche Mittel verfügte, so ist klar, daß der senatorische Zensus von einer Million Sesterzen (etwa 217.500 Mark) eben nur ein Minimalansatz gewesen sein kann, der vielleicht zum standesgemäßen Leben eines Einzelnen, aber nicht einer ganzen Familie ausreichte. Auch in den Mittelklassen Roms dürften größere Vermögen nicht selten gewesen sein; bei Martial rühmt sich ein Prahler, aus seinen Miethäusern und Grundstücken eine Jahreseinnahme von 3 Millionen (652.500 Mark), von seinen Parmensischen Herden 600.000 Sesterzen (130.500 Mark) zu beziehen, außerdem große Kapitalien auf Zinsen ausgeliehen zu haben. Selbst wohlhabende Munizipalen und Provinzialen besaßen offenbar (wie auch ihre Schenkungen und Vermächtnisse zeigen) sehr oft mehr als den senatorischen Zensus. Der Vater des Apulejus z. B. hinterließ nahezu zwei Millionen, der des Herennius Rufinus in Oea (nach Apulejus) drei, die Witwe Pudentilla, die Apulejus dort heiratete, besaß vier. In der Kolonie des Petronius erbt einer der Honoratioren von seinem Vater dreißig. Ebensoviel will Trimalchio hinterlassen; dieselbe Summe hat er angeblich durch einen Schiffbruch verloren, dagegen durch eine glückliche Fahrt 10 Millionen gewonnen, und ebensoviel hätte er erheiraten können. Die Jahrgelder, die Nero bedürftigen Senatoren, Vespasian bedürftigen Konsularen auswarf, betrugen 500.000 Sesterzen (108.750 Mark), die Hälfte des senatorischen Zensus.

Die Mitglieder des ersten Stands waren gleichsam „auf eine hohe Warte gestellt" und allen Blicken ausgesetzt, so daß sie unmöglich die großen und mannigfachen Ansprüche, die von allen Seiten an sie gemacht wurden, umgehen konnten, ohne gegen die öffentliche Meinung zu verstoßen, die einen standesgemäßen Aufwand von ihnen erwartete und forderte. Schon Horaz war froh, nicht von hoher Geburt zu sein, die ihm eine lästige Bürde auferlegt hätte. Er würde sich dann um Vermehrung seines Vermögens zu bemühen, mehr Besuche zu machen haben, keine Reise aufs Land oder über Land ohne Begleitung machen können, Pferde, Wagen, Stallknechte halten müssen. Ein Prätor, den man auf der Straße von Tibur von nur fünf Sklaven begleitet gesehen hatte, die mit Kochgeschirren bepackt waren, hatte sich im höchsten Grade lächerlich gemacht. Wieviel bequemer lebte der Dichter als der hochherrliche Senator! Auch in bezug auf die Tracht legt die Sitte den Senatoren Zwang auf. Noch unter Hadrian, als es schon allgemeine Sitte war, auf der Straße in weiten Mänteln *(lacernae)* und Sandalen zu erscheinen, galt für Senatoren eigentlich nur die unbequeme Toga und der geschnürte hohe Schuh als anständig. Einem Senator, der kurz vor dem ersten Juli (dem Haupttermin des Wohnungswechsels) in ein Gartenhaus gezogen war, um später eine leergebliebene Wohnung billiger mieten zu können, nahm Tiberius, dem dies zu Ohren kam, den breiten Purpur. Wer jetzt für 6000 Sesterzen (1305 Mark) jährlich wohnt, schrieb damals Vellejus, wird kaum für einen Senator gehalten. In der Tat spricht es für die verhältnismäßige Einfachheit dieser Zeit, daß ein Senator in dem teuren Rom für eine so geringe Miete überhaupt wohnen konnte, wenn auch freilich damals schon über Paläste geklagt wurde, welche die Ausdehnung von Landgütern hatten. Aber erst nach Tiberius begann der Luxus ins Enorme zu wachsen, worin die Kaiser mit ihrem Beispiel vorangingen, bis Vespasian wieder Sparsamkeit einführte. Die senatorischen Familien, die in Verschwendung und Prachtliebe einander steigerten, in Palästen, Ausstattung, Gefolge einander zu überbieten strebten, erschöpften zum Teil selbst ungeheure Mittel, und nicht wenige sanken in Verschuldung und Armut.

Einen noch größern Aufwand als die Behauptung der standesgemäßen Stellung erforderte die Laufbahn der senatorischen Ehrenämter, die mit kolossalen Ausgaben verbunden war, hauptsächlich wegen der dabei zu veranstaltenden Spiele. Schon für diese allein war der senatorische Zensus kaum ausreichend. Die megalensischen Spiele kosteten dem Prätor am Ende des 1. Jahrhunderts 100.000 Sesterzen (21.750 Mark), und dann fielen sie noch sehr dürftig aus, ein andres Fest 20.000 (4350 Mark), so daß also das Jahr der Prätur vielleicht nicht selten die Hälfte des senatorischen Zensus und darüber kostete. Sprach ihn ein armer Freund um 100.000 Sesterzen an, die ihm noch fehlten, um den Ritterzensus voll zu machen, so erwiderte er, er brauche sie für die Wagenlenker Scorpus und Thallus und würde sehr zufrieden sein, wenn er nicht mehr geben müßte. Aber, fragt Martial, wäre jene Verwendung des Geldes nicht besser als für Gäule und für eine Besprengung der Bühne mit Safran? Eine Frau, die sich von ihrem Manne scheiden ließ, bevor er die Prätur antrat, machte, wie Martial sagt, ein gutes Geschäft; und nicht wenige Prätoren richteten sich durch die Zirkusspiele zugrunde und wurden so nach Juvenals Ausdruck „eine Beute der Pferde".

Während die Senatoren so zu großen Ausgaben gezwungen waren, waren sie in der Erhöhung ihrer Einkünfte vielfach behindert und beschränkt. Schon die Verwaltung des Vermögens war durch amtliche Geschäfte und Reisen erschwert. Hochgestellte Männer, sagt Epictet, Senatoren, können wenig dem Haushalt obliegen, sondern müssen viel reisen, befehlend oder gehorchend, in höherem Auftrage, im Kriegsdienst oder behufs der Rechtspflege; und gewiß erreichten Senatoren selten die höchsten Ziele ihrer Laufbahn, ohne in den verschiedensten Ländern umhergeworfen worden zu sein. Als Beispiel mag die amtliche Laufbahn des Schwiegervaters des Tacitus, Julius Agricola, dienen. In Frejus im Jahre 40 geboren und in Marseille aufgewachsen, tat er, neunzehn Jahre alt, seine ersten Kriegsdienste in Britannien und begab sich im Jahre 61 nach Rom, wo er sich vermählte. Die Quästur, die er am 5. Dezember 63 antrat, hatte er in der Provinz Asia zu verwalten. In den Jahren 66 und 68 bekleidete er zu Rom das Tribunat und die Prätur. Von Vespasian wurde er mit der Führung der in Britannien stehenden zwanzigsten Legion beauftragt und erhielt nach seiner Rückkehr im Jahre 74 die Statthalterschaft über die Provinz Aquitanien (das südwestliche Frankreich), die er drei Jahre lang verwaltete. Im Jahre 77 wurde er Konsul und ging im folgenden Jahre als Konsularlegat zum dritten Male nach Britannien, dessen Eroberung er in einem siebenjährigen Feldzuge vollendete; er unterwarf sogar den südlichen Teil von Schottland bis nach Glasgow und Edinburg hin. Seit seiner Abberufung lebte er zurückgezogen in Rom und lehnte, da der Argwohn Domitians jede hervorragende Stellung für ihn gefährlich machte, auch die Statthalterschaft der Provinzen Asia oder Afrika ab, von denen ihm eine nach der Entscheidung des Loses zugefallen sein würde. Da die Laufbahn des Agricola, auch bis zu seinem freiwilligen Rücktritt, keineswegs ausnahmsweise wechselvoll war, so ist leicht zu ermessen, in wie hohem Grade die Senatoren in der Verwaltung ihres Vermögens durch die amtlichen Stellungen behindert waren.

Sodann waren sie von jedem eigentlichen geschäftlichen Erwerb nicht bloß durch das Herkommen, sondern durch gesetzliche Verbote ausgeschlossen. Das alte, zur Zeit des zweiten punischen Krieges erlassene Claudische Gesetz, daß kein Senator oder Sohn eines Senators ein Seeschiff von mehr als 300 Amphoren (7,8 Tonnen) besitzen dürfe, war durch Julius Cäsar neu bestätigt worden. Auch Hadrians Erlaß, daß kein Senator unter eignem oder fremdem Namen Zölle pachten dürfe, war nur Erneuerung einer ebenfalls schon vor dem zweiten punischen Kriege erfolgten Bestimmung, welche den Stand von allen öffentlichen Pachtungen, und damit überhaupt von der Spekulation ausgeschlossen haben muß; daß ihnen ausnahmsweise erlaubt war, bei den Spielen des Mars Ultor sowie bei den Apollinar- und den kapitolinischen Spielen die Lieferung der Pferde für die Rennbahn zu übernehmen, geschah wohl nur, um das Ansehen dieser Spiele zu erhöhen.

Doch freilich konnten alle solche Gesetze durch Geschäfte unter fremdem Namen umgangen werden, teils indem Senatoren sich an Handelsgesellschaften beteiligten, teils indem sie durch Freigelassene und Sklaven Geschäfte aller Art machen ließen, namentlich Geldgeschäfte, die sie nicht in eignem Namen machen wollten. So griff Vespasian zu geschäftlichem Erwerb, nachdem er bereits die Provinz Africa als Prokonsul verwaltet hatte, um seinen Rang behaupten zu können, und Pertinax trieb ebenfalls als Konsular in Ligurien durch Vermittlung seiner Sklaven Handel. Das Ausleihen von Kapitalien zu gesetzlichen Zinsen stand den Senatoren natürlich frei. Als im Jahre 33 durch Verschärfung einer cäsarischen Verordnung, die das Verhältnis der zinsbar auszuleihenden Gelder zum italischen Grundbesitz regelte, eine Geldkrisis entstand, war die Zahl der Senatoren, die „ihr Vermögen durch Ausleihen von Geld vermehrten“ und dabei gegen jene Verordnung verstießen, offenbar nicht gering. Wucher wurde wohl hauptsächlich in den Provinzen getrieben. So hatte Seneca den Britanniern ein Darlehen von 40 Mill. Sesterzen (8,7 Mill. Mark) zu hohen Zinsen aufgedrungen, seine plötzliche und gewaltsame Eintreibung war ein Grund zum Aufstande der Provinz im Jahre 60. Noch in seinen letzten Jahren machte er durch seine Agenten in Ägypten Geschäfte und erhielt mit der Kornflotte Briefe über den Stand seiner dortigen Angelegenheiten. Alexander Severus verbot anfangs den Senatoren, überhaupt Zinsen zu nehmen, gestattete ihnen später aber 6 Prozent. Daß der spätere Kaiser Antoninus Pius als Senator sein Geld zu dem sehr niedrigen Zins von 4 Prozent auslieh, geschah, um möglichst viele (wohl gewiß Standesgenossen) unterstützen zu können, und wird als Beweis seiner Uneigennützigkeit angeführt.

Doch die Mehrzahl der Senatoren legte ihr Kapital wohl wenigstens zum großen Teil in Grund- und Sklavenbesitz an. Die Ausbeutung der Sklavenarbeit konnte sehr lohnend sein, teils indem man nicht bloß Geschäfte, sondern auch Handwerke aller Art durch Sklaven betreiben ließ, teils indem man sie vermietete. Auch die Kapitalanlage in Grundbesitz führte zu industriellen und kaufmännischen Unternehmungen, wenn Sandsteingruben, Bergwerke, Ziegeleien, Töpfereien und andre Fabriken auf den Gütern eingerichtet werden konnten. Namentlich die Fabrikation grober Tonwaren war ein Geschäft der großen Grundbesitzer; die Kaiser selbst und Mitglieder der kaiserlichen Familie, auch die höchsten Damen zogen große Einnahmen aus dem Betriebe von Ziegeleien. Die Namen der beiden Brüder Cn. Domitius Tullus und Cn. Domitius Lucanus, die in Domitians Zeit zu den reichsten Senatoren gehörten, erscheinen oft auf Ziegelstempeln, und zwar verschiedner von verschiednen Werkmeistern geleiteten Fabriken. Die von dem kinderlosen Tullus adoptierte Tochter des Lucanus, Domitia Lucilla, erbte mit dem Vermögen beider auch die Fabriken, die sie ihrer gleichnamigen Tochter hinterließ; dann gingen sie an deren Sohn, den Kaiser Marc Aurel, über. Aber auch andre Fabrikationen der verschiedensten Art wurden auf großen Gütern betrieben. Der Kaiser Pertinax erweiterte als Konsular eine Filzfabrik in Ligurien, die er von seinem Vater geerbt hatte, sehr durch Ankauf großer Grundstücke und Aufführung einer Menge von neuen Gebäuden; er war selbst drei Jahre dort und betrieb den Handel mit den Waren der Fabrik durch seine Sklaven. Besitzer, deren Güter an große Landstraßen stießen, errichteten dort Gastwirtschaften und erwirkten zuweilen vom Senat die Erlaubnis, auf ihren Ländereien Messen und Märkte abhalten zu lassen.

Abgesehen von diesen Arten des Erwerbs hatten die Senatoren auch den Vorzug, daß ihnen besoldete, zum Teil sehr einträgliche Stellen im Heer, in der Verwaltung und in den Provinzen offen standen. Der junge Adlige, der den ganzen Reichtum seiner Ahnen seiner Leidenschaft für Pferde geopfert hatte, konnte noch auf das Kommando einer Kohorte hoffen; das Jahrgehalt eines Tribunen betrug schon 25.000 Sesterzen (über 5400 Mark). Die Legaten, die an der Spitze der kaiserlichen Provinzen standen (gewesene Konsuln und Prätoren) sowie die Prokonsuln (die Statthalter der senatorischen Provinzen) bezogen ebenfalls feste Jahresgehälter; das des Prokonsuls von Afrika betrug am Anfang des 3. Jahrhunderts eine Million.

Überdies bereicherten sich die Statthalter oft genug durch Erpressungen, wenn diese gleich nicht mit so schamloser Offenheit betrieben werden konnten wie während der Republik. Im Falle einer Anklage richtete der Senat über sie, der im allgemeinen nur zu sehr zur Nachsicht gegen Kollegen geneigt zu haben scheint. Der jüngere Plinius führte in den Jahren 100 und 101 die Sache der Provinzen Afrika und Bätika, die in einem und demselben Jahre von ihren Prokonsuln Marius Priscus und Cäcilius Classicus aufs äußerste bedrückt und geplündert worden waren. Der letztere, der vor der Verhandlung gestorben war, hatte ein Verzeichnis seiner Erpressungen hinterlassen und an eine Maitresse nach Rom geschrieben, er komme frei (von Schulden) zurück, da er aus dem „Verkauf eines Teils der Bätiker" bereits 4 Millionen Sesterzen gelöst habe. Der erstere wurde überwiesen, Hinrichtungen Unschuldiger für Geld vollstreckt zu haben. Ein Provinziale hatte unter anderm die Bestrafung eines römischen Ritters mit Stockschlägen, dann dessen Verurteilung zur Bergwerksarbeit, endlich seine Erdrosselung im Kerker für 700.000 Sesterzen (152.250 Mark) erkauft; der dieses Geschäft vermittelnde Legat, ein Stutzer, hatte für sich noch 10.000 Sesterzen (2175 Mark) „zu wohlriechenden Wassern und Pomaden" ausbedungen. Der Legat wurde nicht einmal aus dem Senat gestoßen, seine Strafe bestand nur darin, bei der Verlosung der Provinzen fortan übergangen zu werden. Marius Priscus wurde aus Italien verwiesen, blieb aber reich genug, um in einem schwelgerischen Leben „sich an dem Zorn der Götter zu laben". So gelind war die Strafe für eine so scheußliche und offenkundige Mißhandlung einer Provinz selbst unter Trajan; und daß ein solches Mißregiment in den vielfach bereits durch eine zu große Steuerlast überbürdeten Provinzen nicht allzu selten war, dafür sprechen Tatsachen genug. Tiberius führte für seinen Grundsatz, die Statthalter lange auf demselben Posten zu lassen, die Rücksicht auf die Lage der Untertanen an. Denn jede Macht neige nun einmal zur Habgier; seien sie nun nur auf kurze Zeit eingesetzt, so beeilten sie sich um so mehr, zu plündern, blieben sie länger im Amte, so hätten sie Zeit, sich zu sättigen, und gingen dann gelinder zu Werke. Er verglich die Lage der Provinzialen mit der eines Verwundeten, auf dessen Wunden Fliegenschwärme saßen, der aber das Anerbieten eines Hinzukommenden, sie fortzuscheuchen, ablehnte. Denn von denen, die sich jetzt bereits an seinem Blut gesättigt hätten, werde er wenig mehr gequält, wenn ihn aber neue, hungrige Schwärme überfielen, so werde er es nicht überstehen können. Ob jedoch die längere Dauer der Statthalterschaften den Provinzen in der Tat eine große Erleichterung gewährt hat, ist sehr fraglich. Quintilius Varus ließ das reiche Syrien, das er arm betreten hatte, nach neunjähriger Verwaltung als ein verarmtes Land zurück, während er selbst reich geworden war. Seneca sagt mit bitterer Ironie: „Daß die Provinzen geplündert und die Urteilssprüche nach erfolgter Steigerung und Anhörung der beiderseitigen Gebote dem Meistbietenden zugeschlagen werden, ist nicht wunderbar, da man nach Völkerrecht verkaufen kann, was man gekauft hat". Das Lob der „außerordentlichen Mäßigung und Enthaltsamkeit" oder „Unsträflichkeit", die Vitellius und Otho in der Provinzialverwaltung bewiesen, und ähnliche Lobeserhebungen zeigen wohl, daß eher das Gegenteil die Regel war. Wandte sich eine Provinz an einen Anwalt in Rom, um ihre Sache zu führen, so war es stets eine geplünderte und mißhandelte. Juvenal ermahnt einen Abkömmling hoher Ahnen, wenn die lang erwartete Provinz ihm endlich zufalle, mit den hilflosen Bundesgenossen Mitleid zu haben, denen das Mark aus den Knochen schon ausgesogen ist. Ihnen nützt die Verurteilung ihrer Plünderer nichts. Die Prozesse verschlingen das Vermögen der Kläger, und Pansa entreißt ihnen, was Natta noch gelassen hat. Den besten Teil der einst unermeßlichen Reichtümer haben schon Verres und seine Zeitgenossen fortgeschleppt. Jetzt kann man ihnen nur noch wenige Joch Ochsen, eine kleine Herde Stuten, ein Gütchen und die Bilder der Hausgötter nehmen. Wenn das Gefolge des Statthalters unsträflich sei, kein schöngelockter Page die Entscheidungen seines Tribunals verhandle, keine Schuld an seiner Gemahlin hafte und sie nicht wie eine Harpyie mit scharfen Klauen, um Gold zu raffen, durch die Städte und Kreistage stürme, so sei dies alles ebensoviel wert wie der älteste Stammbaum. Pertinax hielt sich nach der Angabe seines Biographen bis zur Verwaltung von Syrien tadellos, nach dem Tode Marc Aurels wurde er geldgierig, nach der Verwaltung von vier konsularischen Provinzen trat er bereits als reicher Mann in den Senat ein.

Wenig begüterte Senatoren, die in den Kriegsdienst nicht eintreten wollten und die kostspielige amtliche Laufbahn einzuschlagen nicht imstande waren, konnten als Redner vor Gericht Vermögen erwerben; denn wenn gleich die Belohnungen gerichtlicher Verteidigungen durch wiederholte Erlässe auf 10.000 Sesterzen (2175 Mark) beschränkt waren, so waren doch auch diese Bestimmungen sehr leicht zu umgehen und die Einnahmen gesuchter Anwälte in der Tat sehr hohe. Viel höher freilich wurden die bezahlt, und ihrer waren im 1. Jahrhundert nur zu viele, die ihr Talent zu dem schändlichen Gewerbe von Anklägern in Majestätsprozessen mißbrauchten: wie schon, um nur diese zu nennen, die großen Reichtümer der Aquilius Regulus, Vibius Crispus, Epirus Marcellus beweisen. Der erstere wurde von Nero für seine Tätigkeit als Ankläger mit dem Konsulat, einem Priestertum und 7 Millionen Sesterzen (über 1½ Mill. Mark) belohnt; er setzte diese Tätigkeit unter Domitian fort und hoffte sein Vermögen auf 120 Millionen (26 Mill. Mark) zu bringen; Vibius Crispus, dessen Reichtum (wie bereits erwähnt) unter Domitian sprichwörtlich war, besaß 200 Millionen (43½ Mill. Mark), Epirus Marcellus 300 Millionen (über 65 Mill. Mark).

Daß die Rechtsgelehrsamkeit von Senatoren (zu deren Stande die größten Juristen der beiden ersten Jahrhunderte gehörten) zur unmittelbaren Quelle von Einnahmen gemacht worden sei, ist nicht zu glauben; dagegen verlieh sie Einfluß, Ehre und Ansehen und war zur Erlangung von Ämtern und Würden vom allergrößten Nutzen; namentlich kam sie gewiß nicht bloß bei der Wahl der wohl schon seit Hadrian fest angestellten und besoldeten kaiserlichen Räte, sondern auch bei der Besetzung der Stadtpräfektur vorzugsweise in Betracht, welches Amt die großen Juristen Pegasus (unter Vespasian und Domitian) und Salvius Julianus (unter Hadrian) bekleideten. Die Ehre des Konsulats wurde einer großen Anzahl der berühmtesten Rechtslehrer der beiden ersten Jahrhunderte zuteil. Antistius Labeo soll es wegen seiner unabhängigen Gesinnung nicht erhalten oder abgelehnt haben; das letztere tat auch A. Cascellius. Der gefügigere Rival des Labeo, Atejus Capito, bekleidete es im Jahre 5 n. Chr. M. Coccejus Nerva war Konsul vor dem Jahre 24, C. Cassius Longinus 30, Caninius Rebilus († 56) in einem unbekannten Jahre, Cälius Sabinus 69, Pegasus vielleicht unter Vespasian, Neratius Priscus etwa 83, P. Juventius Celsus wohl unter Trajan und abermals im Jahre 129, Pactumejus Clemens im Jahre 138 zusammen mit M. Vindius Verus, Salvius Julianus im Jahre 148.

Wenn die gesetzlichen und ehrenvollen Mittel zur Vermehrung der Einnahmen der Größe des Aufwands häufig nicht entsprachen, der von den Senatoren gefordert wurde, so kann es nicht befremden, daß senatorische Familien immer von neuem in die drückendste Lage, ja in die tiefste Dürftigkeit gerieten. Einzelne Mitglieder derselben verkauften sich aus Not zum Auftreten in den öffentlichen Schauspielen, namentlich unter Nero. Als der nachherige Kaiser Vitellius von Galba als Konsularlegat nach Deutschland geschickt wurde, mangelte es ihm so an Reisegeld, daß er eine Perle, die seine Mutter im Ohr trug, verpfänden, seinen Palast für die übrige Zeit des Jahrs vermieten und Frau und Kinder, die er in Rom zurückließ, in einer Mietwohnung unterbringen mußte; kaum gelang es ihm, durch Unverschämtheit die Haufen von Gläubigern loszuwerden, die ihn zurückhalten wollten. Othos Schulden beliefen sich nach Neros Tode auf 200 Mill. Sesterzen (43½ Mill. Mark). Viele Senatsfähige blieben Ritter, um sich den erdrückenden Ehren des ersten Stands zu entziehen, oder mußten zu deren Übernahme gewaltsam genötigt werden. Ein gewisser Surdinius Gallus, der im Jahre 47 nach Karthago zog, um nicht Senator zu werden, mußte auf Claudius' Befehl zurückkehren, um sich „in goldene Fesseln" schlagen zu lassen. Andre senatorische Ritter, die den Eintritt in den Senat verweigerten, stieß Claudius auch aus dem Ritterstande.

Sehr häufig waren die Gesuche von Senatoren um kaiserliche Unterstützung oder Entlassung aus ihrem Stande. Im allgemeinen gewährten die Kaiser, die ja selbst dem Stande angehörten, Unterstützungen bereitwillig und sorgten gern für die Erhaltung altberühmter Geschlechter; doch konnten sie natürlich nicht allen Bedürfnissen entsprechen; auch war ihr Verfahren sehr verschieden. Augustus, der auch hierin freigebig war, vermehrte unter anderm im Jahre 4 n. Chr. achtzig Senatoren ihr Vermögen bis auf 1,200.000 Sesterzen (260.000 Mark); einer dessen sämtliche Schulden er mit 4 Millionen (870.000 Mark) bezahlt hatte, schrieb darauf an ihn: und mir gibst du nichts? Tiberius behielt zwar nach dem gewiß unverdächtigen Zeugnis des Tacitus die Tugend der Freigebigkeit zu edlen Zwecken auch dann bei, als er die übrigen ablegte; doch weil er vermutlich zu viel Gesuche erhielt, wollte er nur den Senatoren Unterstützung bewilligen, welche dem Senat die Gründe ihrer Verarmung nachwiesen, und schreckte durch diese und andre Härten die meisten ab. Dem Propertius Celer, der bereits die Prätur bekleidet hatte, schenkte er im Jahre 15 eine Million Sesterzen, da es bekannt war, daß seine Mittellosigkeit von seinem Vater herstammte. Marius Nepos, ein Mann von demselben Range, der um Bezahlung seiner Schulden bat, mußte die Namen seiner Gläubiger nennen, worauf Tiberius ihm anzeigte, daß er die Zahlungen angewiesen habe, aber eine kränkende Ermahnung hinzufügte. Hortensius Hortalus, ein Enkel des Redners, war von Augustus durch das Geschenk einer Million veranlaßt worden, eine Familie zu begründen, damit das berühmte Geschlecht nicht ausstürbe. Als er im Jahre 16, begleitet von seinen vier Söhnen, im Senat um Unterstützung seiner offenkundigen Armut bat, wies Tiberius das Gesuch schroff zurück, bewilligte dann, da dies einen üblen Eindruck machte, jedem Sohne 200.000 Sesterzen (43.500 Mark), nahm sich aber weiter des Hauses nicht an, obwohl es in schmähliche Dürftigkeit versank. Solche, die durch Verschwendung verarmt waren, stieß Tiberius aus dem Senat oder gestattete ihnen, freiwillig auszutreten. Als ein berüchtigter Verschwender, Acilius Buta, der gewohnt war, Nacht in Tag zu verwandeln, sich nach Verprassung eines ungeheuren Besitztums als unvermögend meldete, sagte Tiberius: Du bist zu spät aufgewacht. Nero warf dem M. Valerius Messalla Corvinus, der 58 im Konsulat sein Kollege war, ein Jahresgehalt von einer halben Million Sesterzen aus, um dem verarmten Adligen ein standesgemäßes Auftreten zu ermöglichen; auch dem Aurelius Cotta und Haterius Antoninus bewilligte er Jahrgelder, obwohl sie ihr ererbtes Vermögen verschwendet hatten. Auch Vespasian erwies sich sehr freigebig, ergänzte Senatoren den Zensus und unterstützte dürftige Konsulare mit Jahrgeldern von einer halben Million (108.750 Mark). Hadrian gewährte denjenigen Senatoren, die ohne ihre Schuld Bankrott gemacht hatten, durch Unterstützungen, die nach der Zahl der Kinder bemessen und vielen lebenslänglich gezahlt wurden, die Mittel, standesgemäß zu leben. Zur Erfüllung der mit den kurulischen Ämtern verbundenen amtlichen Verpflichtungen (namentlich Schauspiele) machte er nicht nur Freunden, sondern auch einigen Männern vom übelsten Rufe große Geschenke und unterstützte auch einige (wohl gewiß senatorische) Frauen. Er selbst hatte als Prätor von Trajan 2 Millionen (435.000 Mark) zur Veranstaltung von Schauspielen erhalten. Auch Antoninus Pius unterstützte Senatoren und Magistrate bei der Erfüllung ihrer amtlichen Obliegenheiten. So lieh er dem Gavius Clarus, der, obwohl ihm nach Bezahlung der Schulden seines Vaters wenig übriggeblieben war, die Quästur, Ädilität und Prätur bekleidet hatte, Geld zur Bestreitung der Kosten der letzern aus der kaiserlichen Kasse; jener zahlte die ganze Summe zurück. Fronto, dem Clarus sehr nahe stand, schreibt an L. Verus, daß er selbst ihm auf jede Weise die Erfüllung der senatorischen Leistungen erleichtern würde, wenn er ein größeres Vermögen besäße. Es scheint gewöhnlich gewesen zu sein, daß reiche Senatoren ihre verarmten Standesgenossen um der Ehre des Standes willen unterstützten: wie z. B. der oben erwähnte C. Calpurnius Piso seine königliche Freigebigkeit auch in dieser Hinsicht bewährte.

Überhaupt scheint innerhalb des ersten Standes bis zu einem gewissen Grade die Verpflichtung zu gegenseitiger Unterstützung anerkannt worden zu sein; wie namentlich zu Schauspielen nicht bloß von Freunden, sondern auch von ferner stehenden Standesgenossen Beisteuern geliefert und in der Regel angenommen wurden. Daß der unter Caligula hingerichtete Julius Gräcinus (der Vater des Agricola) die ihm von den Konsularen Fabius Persicus und Caninius Rebilus zu diesem Zweck gesandten hohen Summen wegen des üblen Rufes beider ablehnte, während er sie von andern annahm, darin lag nach Senecas Auffassung die Ausübung einer Zensur. Brannte das Haus eines vornehmen Mannes ab, so sah man, wie Juvenal sagt, die Aristokratie in Trauer, der Prätor setzte die Verhandlungen aus, und die von allen Seiten zum Wiederaufbau einlaufenden Beiträge fielen so reichlich aus, daß der Abgebrannte wohl gar in Verdacht geriet, das Feuer selbst angelegt zu haben: während es niemandem einfiel, dem Armen, der durch den Brand seine ganze Habe verloren hatte, ein Obdach oder Unterstützung zu gewähren.

Die Sitte, einen weiten Kreis im Testament mit Vermächtnissen zu bedenken, hatte eine solche Ausdehnung angenommen, daß auch dies für die meisten Senatoren eine regelmäßige Quelle von Einnahmen gewesen zu sein scheint. Der jüngere Plinius freute sich, daß er so oft mit Tacitus zusammen genannt wurde; auch in Testamenten wurden sie in der Regel beide, und zwar mit gleichen Legaten bedacht, falls nicht der Erblasser einem von beiden ganz besonders nahe stand. So sind auch in dem noch erhaltenen (im Jahre 108 verfaßten) Testament des Dasumius höchstwahrscheinlich für beide Vermächtnisse ausgesetzt gewesen. Endlich waren die sonst verbotenen Schenkungen zwischen Mann und Frau behufs Erlangung oder Aufrechterhaltung von Stand und Würden gestattet; und daß Senatoren, besonders von hohem Adel, es nicht schwer fanden, ihre Verhältnisse durch eine reiche Heirat zu verbessern, würde schon die Erzählung Suetons zeigen, daß dem Vater des Kaisers Galba seine zweite, sehr schöne und reiche Frau wegen seiner sehr alten und vornehmen Abkunft sich förmlich angetragen, ja aufgedrungen habe, obwohl er klein und bucklig war. Aber überhaupt war „einen breiten Purpurstreif zu heiraten" das höchste Ziel des Ehrgeizes gewiß nicht weniger Frauen.

Was den Eintritt in den Senat trotz einer so drückenden Belastung und trotz mancher empfindlichen Beschränkung noch immer zu einem höchsten Ziele für den strebenden Ehrgeiz machte und die Senatoren selbst mit einem hohen Gefühl ihrer Würde erfüllte, ihnen das Bewußtsein gab, in der damaligen Welt die Ersten zu sein: das war vor allem die Erlangung der aus der Republik herübergenommenen Ämter, die ihnen allein zustand. Auch jetzt noch, wo sie fast nur äußern Glanz verliehen, ihrer alten Macht und Bedeutung aber so gut wie völlig entkleidet waren, galten sie selbst den Einsichtigsten und Besten als hohe und erstrebenswerte Ehren. Wenige Erscheinungen der spätern römischen Welt sind so merkwürdig wie diese, daß selbst das klägliche Schattenbild der alten Größe jahrhundertelang in so hohem Grade statt des längst entschwundenen Wesens gelten, die alte Ehrfurcht erwecken, den alten, unwiderstehlichen Zauber üben konnte. So tief und unzerstörbar war in den Gemütern der Menschen dieses Gefühl befestigt, daß bis zum Ausgange des Altertums, ja noch darüber hinaus das Konsulat als die höchste Würde gepriesen wurde, die ein Untertan erreichen konnte. Im Greisenalter der römischen Welt, da es längst zu einem kindischen Pomp herabgeschwunden war, nannte es der Kaiser Julian „eine Ehre, die jede Macht aufwiegt"; im 6. Jahrhundert, als es ein leerer, des Sinns barer Name war, wurde es noch als „das höchste Gut und die größte Ehre in der Welt" gerühmt. Als Grund dieser Schätzung führt Libanius an, daß der Name des Konsuls in der ganzen Welt bekannt werde und niemals untergehen könne. Um so weniger mag es befremden, daß in der aufsteigenden Periode der Kaiserzeit auch ein Tacitus das damals noch nicht aller seiner Funktionen beraubte und nun dadurch, daß die regierenden Kaiser es wiederholt zu bekleiden pflegten, mit neuem Glanz ausgestattete Konsulat für den Gipfelpunkt menschlichen Strebens ansehen konnte. In der Schlußbetrachtung über Agricolas Lebenslauf sagt er: „Da er die Ehren des Konsulates und des Triumphes erlangt hatte, was konnte ihm das Schicksal noch mehr verleihen?"

Bis zu welchem Grade vollends die Eitelkeit kleinerer Geister sich vorzuspiegeln vermochte, daß die Ämter ihre alte Bedeutung noch hätten, daß man das wirklich sei, was man nur vorstellte, zeigt am auffallendsten die Art, wie sich der jüngere Plinius über eines der geringsten und bedeutungslosesten unter allen, das Volkstribunat, äußert. Er fand es mit der Würde eines Tribunen unvereinbar, während seines Amtsjahres als Anwalt vor Gericht aufzutreten. „Es kommt freilich viel darauf an, wofür man das Tribunat hält, ob für einen leeren Schatten, für einen Namen ohne wirkliche Ehre, oder für eine unverletzliche Macht, die niemand in Schranken weisen sollte, nicht einmal ihre Eigner. Als ich selbst Volkstribun war, mag ich vielleicht im Irrtum gewesen sein, daß ich etwas zu sein glaubte; doch in diesem Glauben enthielt ich mich der Verteidigungen vor Gericht, erstlich, weil ich es für unschicklich hielt, daß, während alle sitzen, derjenige stehen solle, vor dem alle aufstehen, dem sie den Vortritt einräumen müssen; daß er, der jedem Stillschweigen auferlegen könne, durch die Wasseruhr im Reden unterbrochen werden, daß er, gegen den nicht einmal Einreden gestattet seien, Schimpfreden anhören solle, und daß er, wenn er sie ungerächt dulde, schwach, wenn er sie räche, anmaßend erscheinen müsse."

Für das erste senatorische Amt, die Quästur, scheint seit Augustus der unter dem Namen Vigintivirat zusammengefaßte Ämterkomplex eine Vorstufe gewesen zu sein. Jedem Aspiranten auf die Kurie war außerdem die Pflicht auferlegt, Offiziersdienst zu leisten, für welchen als Minimalalter das laufende 18. Jahr galt; anfangs geschah dies bald vor, bald nach dem Vigintivirat, nachher wurde das letztere Regel. Auch hier konnte kaiserliche Dispensation eintreten. Mehr als einmaliger Offiziersdienst (von wohl meistens einjähriger Dauer) wurde von den Senatsaspiranten nicht verlangt. Seit Tiberius dienten sie nur als Legionstribunen. Bis auf Gordianus einschließlich ist im ganzen an den Offiziersdienst der künftigen Senatoren festgehalten worden.

In die obligatorische Ämterstaffel der Republik, die aus den drei Stufen der Quästur, der Prätur und des Konsulats bestand, schob Augustus zwischen den beiden ersten eine vierte obligatorische Stufe ein, in welcher die beiden Ädilitäten mit 6 und das Volkstribunat mit 10 Stellen zusammengefaßt wurden, so daß fortan im Senat 4 Rangklassen bestanden: Konsulare, Prätorier, Tribunizier (unter denen Ädilizier mit einbegriffen sind), Quästorier. Die

Erreichung der nächst vorhergehenden Stufe war die Bedingung zur Ersteigung der folgenden; doch ist den Patriziern, denen von 16 Stellen der dritten Stufe nur die beiden der kurulischen Ädilität zugänglich waren, diese ganze Stufe erlassen worden, so daß sie von der Quästur sogleich zur Prätur übergingen. Mit den 20 Vigintivirn wurden die 20 Quästoren nach Abzug der patrizischen die 16 tribunizisch-ädilizischen Stellen besetzt, mit den gewesenen Tribunen und Ädilen die Präturen, deren Zahl geschwankt, doch im ganzen auf 12 bis 18 gestanden hat; die letztere (vielleicht schon von Claudius als normal festgestellte) Gesamtzahl hat als solche noch unter Hadrian bestanden. Diese Zahlen zeigen die zwiefache Tendenz, einmal jeden in die senatorische Laufbahn Eingetretenen auch zur Prätur gelangen zu lassen; sodann für alle Stufen dem Senat nur ungefähr so viel Kandidaten zu präsentieren, als Stellen zu besetzen waren, also sein Wahlrecht nahezu illusorisch zu machen. Etwas anders gestalteten sich die Verhältnisse faktisch durch die kaiserliche Zulassung an sich nicht qualifizierter Kandidaten zu Vigintivirat und Quästur und die noch zu erwähnende kaiserliche Ernennung von Senatoren zu den Rangklassen der Tribunizier und Prätorier ohne Bekleidung der betreffenden Ämter. Wieviel Spielraum der Senat bei den Wahlen bis zur Prätur hatte, hing also in jedem einzelnen Fall vom Kaiser ab.

Die höchste Stufe, das Konsulat, wurde (wahrscheinlich seit Nero) durch kaiserliche Ernennung besetzt; die Zahl der Stellen ist allmählich durch Verkürzung der Amtszeit der einzelnen Konsularpaare erweitert worden. Mindestens seit dem Jahre 2 n. Chr., von wo ab das Konsulat in der Regel halbjährig und das ganzjährige eine besonders Verwandten des Kaiserhauses erteilte, allmählich immer seltener werdende Auszeichnung war (das letzte bekannte fällt ins Jahr 52), waren es unter Augustus gewöhnlich vier, und ebenso unter Nero; unter Caligula und Claudius herrschte Willkür. Im Jahre 69 stieg die Zahl der Konsuln infolge der von den drei Kaisern Galba, Otho, Vitellius geschehenen Ernennungen auf 15. Von da ab verschwindet das halbjährige Konsulat, und es beginnen dafür teils viermonatliche, teils zweimonatliche Fristen, die willkürlich miteinander wechseln, von denen aber im 3. Jahrhundert die letztern überwiegen; anders befristete, namentlich Monatskonsulate, waren Ausnahmen; unter Commodus ernannte Cleander (wie bereits erwähnt) einmal in einem Jahre 25 Konsuln. Übrigens hat die von Augustus eingeführte viergliedrige Ämterstaffel über zweihundert Jahre bestanden.

Zwischen je zweien dieser Ämter mußte eine Zwischenzeit liegen. Für den Antritt der Quästur war seit Augustus das begonnene 25., für die Prätur das begonnene 30. Lebensjahr erforderlich: als die für das Tribunat (oder Ädilität) und für das Konsulat geltenden Altersgrenzen dürfen mit Wahrscheinlichkeit das laufende 27. und das laufende 33. Jahr betrachtet werden. In diese Regeln griff außer andern Ausnahmen namentlich das von Augustus eingeführte Vorrecht der Väter insofern ein, als wahrscheinlich dem Bewerber für jedes lebende Kind eines der Intervalljahre erlassen wurde.

Bei den Zahlenverhältnissen der drei untern Ämterstufen waren (wie gesagt) die Inhaber der Quästur des Erfolgs ihrer Bewerbung um die beiden nächst höheren Ämter im ganzen genommen versichert, ja es war neben der

Dispensation der Patrizier von der dritten Stufe ohne Zweifel nicht selten eine außerordentliche Aushilfe zur Stellung der erforderlichen Zahl von qualifizierten Kandidaten erforderlich. Diese erfolgte (wie ebenfalls bemerkt) durch kaiserliche Erhebung der Betreffenden zu den höhern Rangklassen, ohne daß sie die Ämter wirklich bekleideten, an welche die Rangklassen geknüpft waren. Kraft ihres zensorischen Rechtes reihten die Kaiser je länger, desto häufiger Senatoren unter die Tribunizier und Prätorier ein, ohne daß sie das Tribunat, die Ädilität, die Prätur bekleidet hatten. Die Zahl derselben scheint in späterer Zeit nicht unbedeutend gewesen zu sein. Mit dieser Versetzung *(adlectio)* in eine höhere Rangklasse waren alle politischen und Eherechte verbunden, die aus der wirklich bekleideten Magistratur sich ableiteten, namentlich auch das Recht der Bewerbung um die höhern Ämter.

Außer dieser wirklichen Beförderung durch die Kaiser konnte aber auch eine bloße Verleihung der Ehrenrechte (der sogenannten Ornamente, d. h. Insignien) durch den Senat stattfinden. In der Erteilung der Ornamente liegt von Haus aus die Vorstellung, daß die Form ohne den Inhalt, der Schein ohne das Wesen gegeben wird. Sie gab weder Bewerbungsrecht noch Sitz im Senat, sondern nur denjenigen, die das senatorische Stimmrecht bereits anderweitig besaßen, das Recht, in der Rangklasse abzustimmen, deren Ornamente sie erhalten hatten, allen aber das Recht, bei öffentlichen Festlichkeiten mit denselben zu erscheinen. Das Verhältnis der Ornamente zu der durch kaiserliche Ernennung oder Bekleidung der Magistratur erhaltenen Rangklasse war also ungefähr dasselbe, wie gegenwärtig das der Titularwürden zu den wirklichen. Claudius, der Tiberius vergeblich um die Verleihung des Konsulats bat, erhielt von ihm nur die konsularischen Ornamente. Auf eine dringende Erneuerung der Bitte antwortete ihm Tiberius nur, er habe ihm 50 Goldstücke zu Einkäufen auf dem Saturnalienmarkt gesendet. Als Nero von seinen Freunden wegen Vernachlässigung der Octavia getadelt wurde, sagte er, sie müsse sich mit den Ornamenten einer Gemahlin begnügen.

Der erste Mann vom Ritterstande, an den eine solche Verleihung erfolgte, war Sejanus, der im Jahre 19 als Präfekt des Prätoriums prätorische Ornamente erhielt. Dieselben Präfekten wurden auch später durch dieselben Ornamente geehrt, seit Nero durch die konsularischen; aber auch Präfekten der Nachtwachen und andre einflußreiche oder besonders begünstigte Personen des Ritterstands, selbst kaiserliche Prokuratoren in den Provinzen, unter Claudius sogar kaiserliche Freigelassene. Auch abhängigen Fürsten wurden Ornamente bewilligt, so dem jüdischen König Agrippa unter Caligula die prätorischen, unter Claudius die konsularischen, dessen Bruder Herodes unter letzterm die prätorischen. Wie bei modernen Orden fand auch hier ein Vorrücken von den niedern zu den höhern Insignien statt.

Auch zur wirklichen Bekleidung der drei untern Ämter ernannten die Kaiser einen (herkömmlich relativ geringen) Teil der Kandidaten in der Form, daß sie sie dem Senat empfahlen, welche Empfehlung gesetzlich bindende Kraft hatte; die übrigen wählte der Senat. Die Konsuln ernannten die Kaiser (wie bemerkt, wahrscheinlich seit Nero) sämtlich. Die Abkürzung des Konsulats machte es ihnen möglich, Verdienst oder Dienstwilligkeit in umfassender Weise zu belohnen als bisher und sich der Ergebenheit einer größern Anzahl von Senatoren zu versichern; hierdurch entstand übrigens ein neuer Rangunterschied, da das „ordentliche“ Konsulat der beiden ersten Monate, nach welchem das Jahr benannt wurde, ehrenvoller war als die übrigen. Die Vermehrung der Zahl der jährlich eintretenden Konsuln machte den zensorische Ernennung zur Konsularität ohne Bekleidung des Amts überflüssig, und in der Tat ist dieselbe erst im 3. Jahrhundert (durch Opellius Macrinus, in der diocletianisch-constantinischen Zeit öfters) vorgenommen worden. Der höchste Beweis kaiserlicher Gnade und die glänzendste Befriedigung des Ehrgeizes war eine abermalige und dritte Verleihung des Konsulats; die letztere erfolgte selten und nach Hadrian, der sie, so wie schon Trajan, vielen zuteil werden ließ, abgesehen von den Mitgliedern des Kaiserhauses, gar nicht mehr. Der letzte Untertan, der zum dritten Konsulat gelangte, war Hadrians Schwager Julius Ursus Servianus im Jahre 134. Von Verginius Rufus, der das Konsulat dreimal (die beiden ersten Male in den Jahren 63 und 69) bekleidet hatte, sagt Plinius, er habe die höchste für einen Untertan erreichbare Stufe erstiegen. Auch das zweite Konsulat, das natürlich (doch erst seit der Zeit der Flavier) viel häufiger bewilligt wurde und mit dem ebenfalls Hadrian, am meisten jedoch Caracalla und Alexander Severus freigebig waren, galt immer noch als hohe Auszeichnung.

Wenn nun die Magistraturen den größten Teil ihrer alten Bedeutung verloren und hauptsächlich die der Standeserhöhung angenommen hatten, so hatten sie allerdings auch einen neuen Wert und eine neue Anziehungskraft dadurch gewonnen, daß ihre Verleihung nun ein Beweis kaiserlicher Gnade und Zufriedenheit mit frühern Amtsführungen geworden war. Früher (d. h. unter Domitian), sagt der jüngere Plinius in seiner Dankrede für die Verleihung des Konsulats an Trajan, lähmte die Bestrebungen auch der Bessern die Gewißheit, daß der Kaiser ihre Leistungen (namentlich in den Provinzen) nicht kennen oder unbelohnt lassen würde; jetzt sei ihnen die Aussicht auf Beförderung ein Sporn, das Feld der Ehre und des Ruhms allen eröffnet, auf dem jeder sich sein Ziel wählen und die Erfüllung seiner Wünsche sich selbst verdanken könne. Es sei schön, daß einem Bewerber zur Erlangung eines Amts nichts mehr nütze als die Führung eines frühern. Die Verleihung eines erledigten Augurats erbat sich Plinius im Jahre 103 oder 104 von Trajan als Beweis seiner guten Meinung über ihn; dieser auch bei geringerer Veranlassung sich versichern zu können, schreibt er in der Antwort auf einen Glückwunschbrief nach erfolgter Verleihung, sei etwas Schönes. Vollends in den Augen des Servilismus stand durch den Beweis kaiserlicher Gunst, der in der Beförderung zu hohen Stellungen lag, das Urteil über den Wert des Betreffenden unwiderruflich fest. Ein Ritter, der nach dem Sturze Sejans wegen seiner freundschaftlichen Beziehungen zu dem Gefallenen angeklagt wurde, sagte in seiner Verteidigungsrede im Senat: „Uns gebührt nicht abzuwägen, wen du über andre erhebst und aus welchen Gründen: dir gaben die Götter das höchste Entscheidungsrecht, uns ist nur der Ruhm des Gehorsams gelassen. Wir sehen nur, was offen vorliegt, wer von dir Reichtum, Ehre, wer die meiste Gewalt zu schaden oder zu nützen erhält. Die geheimen Gedanken des Fürsten erforschen zu wollen, ist unerlaubt, gefährlich und überdies fruchtlos.“ Der zu einer höhern Stufe Erhobene sah sich also über einen Teil seiner Standesgenossen gestellt und überdies dem Throne genähert.

So hatten die republikanischen Ämter trotz der alten Namen in der Tat den Charakter von monarchistischen erhalten.

Es leuchtet ein, wie sehr dieses künstlich ausgebildete, abgestufte und durch äußere Abzeichen kennbar gemachte System der Titel, Würden und Dekorationen dem Zweck entsprach, den Untertanenehrgeiz in eine für die Monarchie ersprießliche Richtung zu leiten. Daß diese Absicht vollkommen erreicht wurde, zeigt die Wichtigkeit, mit der die sämtlichen Auszeichnungen von ihren Inhabern behandelt und auch die Titularwürden den wirklichen gegenüber geltend gemacht wurden. Die Insignien wurden übrigens wohl nur ausnahmsweise, wie bei öffentlichen Festlichkeiten und Hoffesten, angelegt. Der Gedanke des Alexander Severus, allen kaiserlichen und kurulischen Ämtern auszeichnende Trachten zu geben, blieb unausgeführt.

So waren und blieben die kurulischen Ämter Gegenstand unruhiger Wünsche, rastloser Bemühungen, und die Erlangung jeder neuen Würde spornte die Ehrgeizigen nur zu einem um so eifrigeren Streben nach dem nächst höhern Ziele. Der Ehrgeiz, sagt Seneca, läßt niemanden sich mit einem Grade von Ehren zufrieden geben, der einst für ihn Gegenstand maßloser Wünsche war. Niemand dankt für die Verleihung des Tribunats, der Tribun klagt vielmehr, daß er nicht schon bis zur Prätur befördert ist, diese genügt nicht, wenn das Konsulat noch fehlt, und dieses befriedigt nicht, wenn es nur eines ist. „Er hat mir die Prätur gegeben", läßt derselbe an einer andern Stelle den Ehrgeizigen sprechen, „aber ich hatte auf das Konsulat gehofft; er hat mir zwölf Fasces gegeben, aber mich nicht zum ordentlichen Konsul gemacht; er läßt das Jahr nach meinem Namen zählen, aber mir fehlt noch ein Priestertum; ich bin in ein Priesterkollegium gewählt, aber warum nur in eines?" Die größten Anstrengungen waren auf Erlangung der konsularischen Würde gerichtet. Viele, sagt Seneca an einer andern Stelle, bringen all ihre Jahre damit hin, zu erreichen, daß e i n Jahr nach ihnen gezählt werde. Um die Liste der Konsuln mit einem neuen Namen zu vermehren und später als Statthalter über die Völker Numidiens oder Cappadociens zu herrschen, sagt Martial, betritt ein Senator in jeder Frühe sechzig Schwellen. Wenn du Konsul werden willst, heißt es bei Epictet, mußt du von deinem Schlafe abbrechen, umherlaufen, Hände küssen, vor fremden Türen herumlungern, vieles sagen und tun, was eines freien Mannes unwürdig ist, vielen Geschenke senden, manche täglich beschenken.

Ähnliche Bemühungen erforderte jede Bewerbung um ein Amt. Besuche, sowohl des Kandidaten selbst als seiner Freunde und Gönner, und Empfehlungsschreiben wurden nicht gespart. Als der junge S. Erucius Clarus sich um das Tribunat bewarb, war der jüngere Plinius in großer Aufregung. Gewissermaßen stand sein eigner Ruf auf dem Spiel. Er hatte ihm die Erhebung in den Senatorenstand, die Quästur und das Recht der Bewerbung um das Tribunat beim Kaiser ausgewirkt; erhielt jener es nicht, so konnte es scheinen, daß er den Kaiser hintergangen habe. Er ging daher von Haus zu Haus, von einem Bureau zum andern, bat und beschwor die Freunde, versuchte, wieviel er durch Gunst oder durch Ansehen vermöchte, und veranlaßte andre, ihn in seinen Bemühungen zu unterstützen. Als Julius Naso als Bewerber auftrat, beschwor Plinius seinen Freund Minicius Fundanus (Konsul 107), schleunigst nach Rom zu kommen, um mit ihm gemeinschaftlich für dessen

Wahl tätig zu sein. Wieder war ihm so zumute, als handle es sich um seine eigne Wahl; denn es war bekannt, daß er die Kandidatur übernommen habe. Eine Abweisung Nasos war eine Abweisung für ihn selbst. Auf ein Empfehlungsschreiben des außerhalb Roms weilenden Tacitus für den Kandidaten erwidert er, das sei ebensogut, als ihm ihn selbst empfehlen: Tacitus möge nur an andre schreiben. Alle gesetzlichen Mittel zur Sicherung ihrer Wahl erschöpft zu haben, gereichte den Kandidaten zum Lobe. Als der junge zur Ädilität ernannte Julius Avitus vor Antritt des Amts starb, rühmt Plinius unter anderm auch seine Unermüdlichkeit und Wachsamkeit bei der Bewerbung. Aber auch Intrigen wurden gesponnen, Demütigungen erduldet, Niederträchtigkeiten begangen, um sich zu Ämtern den Weg zu bahnen. Der dem Ritterstande angehörige Columella wollte (unter Nero) sich lieber mit dem bescheidnen Lose eines Landwirts begnügen, als die höchste Beamtengewalt und -ehre durch elenden Knechtsdienst und Schmach und überdies noch Verschwendung des Vermögens erkaufen. Wie oft waren Beförderungen der Lohn für den schändlichen Dienst der Ankläger im Majestätsprozeß und mit dem Blut Unschuldiger, dem Untergange ganzer Familien erkauft! Zum Verderben des Ritters Titius Sabinus wurde im Jahre 27 ein schändliches Komplott von drei gewesenen Prätoren geschmiedet, die nach dem Konsulat strebten, „zu welchem der Weg einzig durch Sejan offenstand, und Sejans Gunst war einzig durch Verbrechen zu gewinnen“. Bestechungen wurden ebensowohl bei Hofe als im Senate angewendet. Messalina und die Freigelassenen des Claudius trieben einen förmlichen Stellenhandel. Fabricius Vejento wurde im Jahre 62 angeklagt, seine Fürsprache bei Nero für Beförderungen oder andre Bewilligungen verkauft zu haben. Aber auch Vespasian nahm keinen Anstand, den Bewerbern Ämter und Würden geradezu zu verkaufen. Im Jahre 107 etwa erfolgte ein Senatsbeschluß, daß die Bewerber um Ämter keine Gastmähler geben, keine Geschenke umhersenden, keine Geldsummen (bei Wahlagenten) niederlegen sollten; auch dies letztere war notorisch, wenngleich im geheimen, vorgekommen, das übrige ganz offen und in der umfassendsten Weise; auf den Antrag des Senats schränkte nun Trajan durch das Gesetz über Amtserschleichung die unerlaubten Ausgaben der Kandidaten ein.

Die Wahl selbst, die bis zum Ende des 1. Jahrhunderts im Senat durch mündliche, in der ersten Zeit Trajans durch geheime Abstimmung erfolgte, galt noch immer als ein wichtiger, mit Ernst zu vollziehender Akt. Bei der letzten Wahl, schreibt der jüngere Plinius, seien auf einigen Stimmtäfelchen allerlei Späße und sogar Abscheulichkeiten gefunden worden, worüber der Senat in die größte Entrüstung ausbrach und den Schuldigen die Ungnade des Kaisers wünschte. Was solle man glauben, daß der zu Hause tue, der in einer so bedeutenden Sache, in so ernster Zeit so possenhaft scherze! Die Bevorzugten waren ebenso stolz, wie die Zurückgesetzten verstimmt und neidisch. Einen im Jahre 16 gemachten Vorschlag, die Magistrate auf fünf Jahre zu wählen, wies Tiberius zurück: schon bei der einjährigen Ernennung seien Anstöße kaum zu vermeiden, wo die Übergangenen sich mit einer nahen Hoffnung trösten könnten; schon diese mache die Menschen übermütig: wie würden sich beide Übelstände erst bei fünfjähriger Amtsdauer steigern! Von der Unmöglichkeit, alle Wünsche zu befriedigen, spricht Seneca wiederholt.

„Niemandem", sagt er, „ist es so erfreulich, viele hinter sich, als drückend, irgendeinen vor sich zu sehen. Der Ehrgeiz hat den Fehler, nie zurückzublicken." Vollends für „neue Männer" bildete der Tag, an dem sie ein kurulisches Amt erhielten, einen Abschnitt im Leben. Der Erwählte ward von begegnenden Bekannten umarmt, seine Sklaven küßten ihm die Hände, heimkehrend fand er sein Haus erleuchtet, er stieg auf das Kapitol, um ein Dankopfer zu bringen, desgleichen wurde in seinem Hause geopfert. Vom Blut der Stiere, sagt Martial, raucht der Vorplatz des Palastes, wenn ein kaiserliches Handschreiben dem Herrn eine hohe Würde verleiht. Wer eine höhere Rangklasse erstieg, erhob seine ganze Familie mit, z. B. eine prätorische zu einer konsularischen usw., und hinterließ seinen Nachkommen die Aussicht und den Anspruch auf neue, größere Ehren. Von dem im Jahre 20 gestorbenen L. Volusius Saturninus heißt es z. B. bei Tacitus, er sei aus einer alten, doch nicht über die Prätur hinausgekommenen Familie gewesen; das Konsulat brachte er erst hinein. „Wenn dem Sohn eines Konsularen, der die Triumphalinsignien erhalten hat, ein dreimaliges Konsulat verliehen wird", sagt der jüngere Plinius, „so ist dies für ihn keine Erhöhung, er hat durch den Glanz seiner Abkunft ein Anrecht darauf." Vitellius wurde zur Ergreifung der Kaiserwürde von dem Legaten Fabius Valens mit Hinweisung auf die sehr hohe Stellung seines Vaters angetrieben, der dreimal das Konsulat, außerdem die Zensur bekleidet hatte und Amtsgenosse eines Kaisers gewesen war; diese Abkunft lege ihm schon längst die Imperatorenwürde auf, so wie sie ihm die Sicherheit des Untertanen raube.

Auch sonst ergibt sich aus mannigfachen Äußerungen, welcher Wert auf den durch die Ämter erworbenen Rang gelegt wurde. Plinius empfiehlt dem Minicius Fundanus, den jungen Asinius Bassus in seinem bevorstehenden Konsulat als Quästor zu wählen; er werde für ihn anständig sein, da er von einem prätorischen Vater stamme und konsularische Verwandte habe. Von der sehr übel berüchtigten Calvia Crispinilla sagt Tacitus, sie habe mit Hilfe einer konsularischen Heirat die Gunst der ganzen Stadt erworben. Quintilian hatte seinen ältern höchst hoffnungsvollen Sohn im zehnten Jahre verloren, der bereits durch eine konsularische Adoption den Aussichten auf die Ehrenämter nähergerückt, von seinem Mutterbruder, einem Prätor, zum Schwiegersohn ausersehen war. In der Bezeichnung des Rangs sind die dem Senatorenstande angehörigen Schriftsteller, wie der jüngere Plinius, Seneca, Tacitus, ebenso sorgfältig wie die nicht senatorischen. Auf den äußerst zahlreichen Denkmälern von Männern des senatorischen Standes sind mit peinlicher Genauigkeit ihre Ämter, Titel und Würden, die gegenwärtigen sowie die frühern, in strenger Reihenfolge aufgezählt, auch bei Veranlassungen, wo Rang und amtliche Stellung gar nicht in Betracht kommen. So sind z. B. nicht bloß in einer nach dem Tode des jüngern Plinius zu Comum gesetzten Inschrift, die dessen Zuwendungen und Vermächtnisse an seine Vaterstadt aufzählt, seine sämtlichen Ämter vom höchsten bis zum niedrigsten angegeben: auch das Postament einer Bronzestatuette, die er in den dortigen Juppitertempel stiftete, sollte die vollständige Titulatur enthalten, „falls der Freund, dem er die Anfertigung auftrug, dies für gut finde". Auf griechischen Inschriften wird selbst die Verwandtschaft mit Senatoren und Konsularen ausdrücklich angegeben.

Außer den schon aus der Republik stammenden Auszeichnungen des breiten Purpurstreifens an der Tunika, des senatorischen Schuhs, der mit schwarzen Riemen bis zur Hälfte des Schienbeins aufgebunden wurde, und des ersten Platzes bei sämtlichen Schauspielen genossen die Senatoren während der Kaiserzeit noch manche andre, die teils durch Herkommen, teils durch gesetzliche Vorschriften in verschiednen Zeiten verschieden bestimmt wurden. Nur senatorische Beamte durften nach einem Erlaß des Octavian vom Jahre 36 vor Chr. als Veranstalter von Schauspielen das Ganzpurpurgewand anlegen. Der bedeckte Tragsessel, dessen, wie es scheint, sich zuerst Kaiser Claudius bediente, war im 3. Jahrhundert ein Vorrecht der Männer von konsularischem Range. Als in derselben Zeit der Gebrauch der Wagen in Rom aufkam, die dort früher verboten waren, erteilte Alexander Severus den Senatoren das Vorrecht, sich in der Stadt silberbeschlagener Karossen zu bedienen. Im Laufe des zweiten Jahrhunderts wurde die bereits zu Ende des ersten für den Senator übliche Ehrenbezeichnung *clarissimus* für den ganzen Stand ein feststehendes Prädikat, so daß sie fortan von Männern *(vir clarissimus)*, Frauen *(clarissima femina)*, Jünglingen *(clarissimus iuvenis)* und Kindern beiderlei Geschlechts *(clarissimus puer, clarissima puella)* unmittelbar hinter dem Eigennamen in fester Abkürzung geführt wurde.

Die Ausstoßung aus dem Senat erfolgte durch den Kaiser kraft seiner zensorischen Gewalt. Außer Verurteilungen, üblem Rufe, Verkommenheit und Verarmung konnten noch andre Gründe sehr verschiedner Natur den Verlust der Standesehre herbeiführen. Tiberius strich im Jahre 25 den Senator Apidius Gallus Merula aus dem senatorischen Album, weil er nicht den vorgeschriebnen Eid auf die Verfügungen des Augustus geleistet hatte, den Senator Junius Gallio im Jahre 32 wegen des von ihm gestellten Antrags, daß die Garden (Prätorianer) nach der Dienstentlassung im Theater auf den Ritterplätzen sitzen sollten, in welchem aus Servilismus gemachten Vorschlage der Kaiser die Absicht argwöhnte, die Soldaten zu gewinnen. Im Jahre 53 setzten die Senatoren die Ausstoßung eines Mitglieds durch, das auf Betreiben der Kaiserin Agrippina durch eine falsche Anklage einen hochgestellten Mann zum Selbstmorde getrieben hatte. Öfters erfolgte die Entfernung aus dem Senat in der Form eines scheinbar freiwilligen Austritts. Im Jahre 52 hielt Kaiser Claudius eine Rede, in welcher er die wegen beschränkter Verhältnisse freiwillig Ausgeschiedenen lobte und diejenigen ausstieß, die durch Bleiben zur Armut Unverschämtheit gesellten.

In der Regel wurde die Ausstoßung ohne Zweifel als ein harter Schlag empfunden, und wohl wenige ertrugen sie so gelassen wie jener Umbonius Silo, den Claudius im Jahre 44 von der Statthalterschaft in Südspanien (Bätica) abrief und aus dem Senat stieß, angeblich, weil er das Heer in Mauretanien hatte Not leiden lassen, in der Tat auf den Antrieb einiger ihm feindlichen Freigelassenen. Umbonius ließ nun, als wolle er sich seiner gesamten Habe entäußern, seinen ganzen prachtvollen Hausrat wie zur Versteigerung zusammenbringen und ausstellen, verkaufte aber nichts als seine senatorische Kleidung, um so anzudeuten, daß er nur einen scheinbaren Verlust erlitten und im Besitz dessen geblieben sei, was wirklichen Wert habe. Übrigens konnten Ausgestoßne ihren Stand wiedererlangen, namentlich unter neuen Regierungen, wie das z. B. unter Galba mit dem unter Nero wegen Testamentsfälschung ausgestoßenen M. Antonius Primus und im Jahre 69 unter Otho mit drei unter Claudius und Nero wegen Erpressung ausgestoßnen Senatoren der Fall war.

3. DIE RITTER

Der erste Stand gehörte allein der Hauptstadt des Reichs an; wer in den Senatorenstand eintrat, wurde dadurch vom Munizipalzwange, d. h. von allen persönlichen Leistungen an die Gemeinde befreit, der er nach dem Heimatrecht angehörte. Auch die fremden Senatoren sollten ja Rom und Italien wie eine Heimat, nicht „wie eine Herberge bei vorübergehendem Aufenthalt" betrachten; daher jene Verordnungen Trajans und Marc Aurels über Verwendung des dritten oder vierten Teils ihres Vermögens zu Landankäufen in Italien. Der zweite Stand, der der Ritter, war, wenn auch ein großer Teil von ihnen als Mitglieder des Geschwornengerichts dauernd nach Rom übersiedelte, je länger je mehr im ganzen Reiche verbreitet, mindestens seit Caligula, der, um seiner Abnahme entgegenzuwirken, die durch Geschlecht und Vermögen Hervorragendsten aus allen Provinzen in denselben aufgenommen hatte, welchem Beispiel Vespasian folgte. Dort wie in den Städten Italiens nahmen die Ritter stets die erste Stelle ein. Die Geltung des Stands ergibt sich aus manchen Inschriften, z. B. der Grabschrift einer Manlia Secundilla in einer Stadt Mauretaniens, „die römische Ritter zu Brüdern und Mutterbrüdern hatte", von ihrem Gemahl Q. Herennius Rufus, ebenfalls einem römischen Ritter, gesetzt; in einer Stadt Numidiens wird eine Frau in ihrer Grabschrift „Mutter zweier römischer Ritter" genannt, und Väter eines oder mehrerer römischer Ritter begegnen öfters auf Inschriften. Natürlich waren Provinziale und Munizipale, deren Söhne in den Ritterstand erhoben worden waren, auf die Standeserhöhung derselben nicht minder stolz, als Ritter, die sich rühmen konnten, „Väter von Senatoren" zu sein. Ja Censorinus sagt in der Widmung seiner Schrift an Q. Cärellius (238 n. Chr.), derselbe sei durch die Würde des Ritterstands über die Stufe der Provinzialen emporgestiegen.

Aus einer rein militärischen Institution ist die Ritterschaft allmählich in eine rein staatliche umgewandelt worden. Bereits in der spätern Zeit der Republik wurde der Rittername an die bloße Befähigung zum Dienst in der Reiterei geknüpft und als faktisch erblich behandelt. Der durch das Gesetz des Roscius (67 v. Chr.) für die Ritter festgesetzte Zensus von 400.000 Sesterzen, der wahrscheinlich von jeher in Übung gewesen war, blieb es auch unter den Kaisern. Der Verlust desselben, gleichviel ob verschuldet oder unverschuldet, zog den Verlust des Stands und der damit verbundnen Ehrenrechte (des goldnen Rings, des schmalen Purpurstreifens an der Tunika und des Ritterplatzes im Theater) nach sich. Der Vater des Herennius Rufinus in Oea (vielleicht der oben genannte oder doch ein Verwandter desselben) machte Bankrott: „er legt die goldnen Ringe und alle Abzeichen seiner Würde ab und akkordiert mit seinen Gläubigern". Das Vermögen der Großeltern des Dichters Statius in Neapel war für den erforderten Aufwand zu knapp, und sein Vater daher als Kind genötigt, den Purpur und die goldne Kapsel abzulegen, welche die Kinder der Senatoren und Ritter am

Halse trugen. Du hast, sagt Martial zu einem Macer, so lange Ringe an Mädchen geschenkt, bis du aufgehört hast, Ringe zu haben. Die Schlemmer, die ihren ganzen Besitz verpraßt haben, verläßt zuletzt auch der Ring, und sie müssen mit bloßen Fingern betteln.

Auch in der Kaiserzeit wurde der Ritterstand nicht durch Geburt erworben, sondern durch die ursprünglich den Zensoren zustehende, doch von Anfang an überwiegend, dann ausschließlich kaiserliche Verleihung des Ritterpferds (daher *equites Romani equo publico)*, welche regelmäßig auf Ansuchen stattfand. Knaben wurden dabei nur ausnahmsweise bedacht, und erst seit dem 2. Jahrhundert lassen sich solche Fälle nachweisen. Die Zahl der Verleihungen, welche auf Lebenszeit erfolgten, war durch keine Schranke begrenzt. Schon unter Augustus zogen in dem jährlichen (bis ins 4. Jahrhundert beibehaltenen) Paraderitt der Ritterschaft am 15. Juli, an dem natürlich niemals sich sämtliche Berechtigte beteiligten, bis fünftausend auf, und die zunehmende Häufigkeit des Rittertitels auf Inschriften zeigt, daß die Zahl in beständigem Steigen blieb.

Obwohl das Ritterpferd in der Regel an die Söhne altbefestigter Häuser verliehen wurde, konnten es auch niedrig Geborne erhalten, und auch die noch unter Tiberius im Jahre 23 neu eingeschärfte Ausschließung der Söhne von Freigelassenen ist sehr bald aufgegeben worden. Um so weniger ist es zu verwundern, daß Söhne von Kupplern, Gladiatoren und Fechtmeistern, die ja freigeboren sein konnten, in Trajans Zeit auf den Ritterplätzen saßen. Aber selbst Freigelassenen haben die Kaiser von Anfang an durch die Verleihung des goldnen Rings das volle Ritterrecht und damit auch dessen Voraussetzung, die fiktive Ingenuität, verliehen. Die ersten Kaiser waren mit diesen Verleihungen sparsam; hauptsächlich bedachten sie damit, wie natürlich, die verdientesten oder bevorzugtesten unter ihren eignen Freigelassenen, von denen bereits die Rede gewesen ist. Augustus ehrte auf diese Weise einen T. Vinius Philopömen, der seinen geächteten Patron bei sich verborgen hatte, ferner den zu ihm übergegangenen Freigelassenen des Sextus Pompejus, Menas, und seinen Arzt Antonius Musa. Den Unwillen des Horaz erregte schon bald nach der Schlacht bei Philippi einer dieser Freigelassenen, der auf der heiligen Straße mit einer sechs Ellen langen Toga wandelte, auf der Via Appia mit Ponys spazieren fuhr, im Theater auf den Ritterplätzen saß und Legionstribun war. Häufiger wurden die Verleihungen der goldnen Ringe erst unter den Flaviern, so daß, wie Plinius unter Vespasian schreibt, nun aus der Knechtschaft befreite Menschen überall sprungweise zu dieser Dekoration gelangten, was früher nie geschehen war, und der Ritterstand durch das Abzeichen, das ihn vor den Freigebornen ausgezeichnet hatte, mit den Unfreien vermischt wurde. Späterhin, sicher schon vor dem Beginn des 3. Jahrhunderts, vielleicht seit Commodus, hatte die Verleihung der Goldringe nur die fiktive Ingenuität zur Folge, ohne mit dem Eintritt in den Ritterstand verbunden zu sein. Der an die Ehrenhaftigkeit der in den Ritterstand Aufzunehmenden gelegte Maßstab ist vermutlich nicht zu allen Zeiten derselbe gewesen. Auf das wiederholte Gesuch eines Bewerbers, der infolge einer angeblich verleumderischen Anklage bereits einmal übergangen worden war, antwortete Hadrian: wer das Ritterpferd verlange, müsse vorwurfsfrei sein.

Obwohl der Sitz im Senat und das Ritterpferd sich gegenseitig gesetzlich ausschlossen, wurde doch die senatorische Laufbahn regelmäßig mit den ritterlichen Diensten begonnen, sowohl von den Senatorensöhnen als von den in den ersten Stand aufgenommenen jungen Männern nichtsenatorischer Familien. Beide Klassen der künftigen Senatoren, in den Abzeichen (namentlich dem breiten Purpurstreif an der Tunika) dem senatorischen Stande gleichgestellt, bildeten innerhalb der Ritterschaft eine besonders ausgezeichnete, in der Regel aber ihr nur vorübergehend angehörige Kategorie.

Wenn auch die Ritterschaft längst aufgehört hatte, als Truppe Dienst zu leisten, so blieb doch die militärische Ordnung in Turmen: nach diesen geordnet zogen sie bei feierlichen Akten, z. B. öffentlichen Begräbnissen, besonders bei dem jährlichen Paraderitt am 15. Juli auf. Die an der Spitze dieser Turmen stehenden sechs Vorsteher der Ritterschaft *(seviri equitum Romanorum)* wurden vom Kaiser ernannt, vorzugsweise aus den Rittern senatorischen Rangs; daneben erscheinen die Prinzen des kaiserlichen Hauses, die bereits die Männertoga tragen, aber noch nicht im Senat sitzen, als „Führer der Jugend" *(principes iuventutis)* in der Stellung von Ehrenkommandanten der Ritterschaft. Doch wenn die Ritterschaft durch diese Organisation bis auf einen gewissen Grad den Charakter einer politischen Körperschaft annahm, so hat ihr doch immer das eigentliche Wesen einer solchen gefehlt, sie hat niemals wie der Senat als solche gehandelt und ist auch nicht so behandelt worden.

Schon durch C. Gracchus war die zu Ende der Republik wie unter den Kaisern den Zivil- und Kriminalprozeß gleichmäßig umfassende Geschwornentätigkeit den Rittern übertragen worden; aus den Ritterlisten mußten alle Behörden, die Geschworne zu bestellen hatten, sie wählen. Augustus, der die Senatoren von der ihnen durch das Aurelische Gesetz (70 v. Chr.) und Cäsar (46 v. Chr.) auferlegten Verpflichtung zur Geschwornentätigkeit befreite, besetzte die drei ersten Dekurien (von je 1000) der Geschwornen mit Rittern; daneben wurde aus geeigneten Männern, welche die Hälfte des Ritterzensus besaßen, für die geringeren Zivilsachen von Augustus eine vierte und von Caligula eine fünfte Dekurie gebildet. Abgesehen von der Forderung des 30., später des 25. Lebensjahres wurden (wie bereits bemerkt) unter Augustus zu den Dekurien nur Italiker zugelassen, später zwar auch Provinzialen, aber fast nur aus der lateinischen Reichshälfte (die Inschriften ergeben zahlreiche Belege für Afrika, Spanien und Gallien, wenige für die Donauländer, sehr wenige für die östliche Reichshälfte); ferner nur diejenigen, welche das Bürgerrecht durch Geburt und nicht erst durch Verleihung besaßen. In dieser Gestalt hat sich das Geschworneninstitut durch die beiden ersten Jahrhunderte behauptet.

Auch für den Offiziersdienst war die gesetzliche Vorbedingung der Nachweis der ritterlichen Qualifikation und die Aufnahme in die Ritterschaft durch den Kaiser. Bei dem Dienst der durchaus berittenen Offiziere *(militia equistris)* gab es wenigstens drei ordentliche Stellen von fester Rangordnung: die Präfektur einer auxiliaren Reiterabteilung, das Tribunat in der Legion oder einer Kohorte (im Range gleichstehend) und, am niedrigsten in der Rangfolge, die Präfektur einer Kohorte. Dazu kam wahrscheinlich noch die Stelle des Platzkommandanten in Standquartieren *(praefectura castro-*

rum), und es gab daneben vielleicht noch andre ordentliche und eine große Zahl von außerordentlichen Offiziersstellungen. Besondre Altersgrenzen bestanden für diese nicht, und auch sonst bewegte sich die Laufbahn der Offiziere in viel freiern Formen als die der Beamten. Außerdem wurde Soldaten, die bis zum obersten Centurionat der Legion aufgerückt waren, häufig das Ritterpferd verliehen, und der Eintritt solcher Veteranen in die Offizierslaufbahn schon in der frühern Kaiserzeit begünstigt; später, als die Regierung sich immer mehr auf die untern Klassen stützte, bildeten die großenteils aus den Veteranen hervorgegangenen Avantageure *(militiae petitores)* eine besondre Klasse.

Der Offiziersdienst war für die Ritter schon unter Augustus obligatorisch. Vielleicht seit Claudius, sicher seit dem Anfang des 2. Jahrhunderts, waren sie verpflichtet, eine Anzahl ordentlicher Offiziersstellen (vor Sever drei, später vier) zu bekleiden. Die Dauer der einzelnen Stellen war unbestimmt; gewöhnlich blieben sie mehrere Jahre in jeder einzelnen. Daher war die Ernennung zum halbjährigen Dienst als Präfekt oder Tribun (der dann einem einjährigen gleich geachtet wurde) eine vielbegehrte Bevorzugung. Von den Rittern senatorischen Stands, die mit dem Eintritt in den Senat (d. h. in der Regel mit 25 Jahren) das Recht verloren, Offiziersstellen zu bekleiden, ist stets nur einmalige Dienstleistung verlangt worden. Die Augustische Offiziersordnung hat sich nachweislich etwa bis in die Mitte des 3. Jahrhunderts behauptet.

Der Offiziersdienst war längere Zeit die unerläßliche Vorbedingung für den ritterlichen Zivildienst. Dem Ritterstande übertrug Augustus diejenigen Ämter, die in näherer Beziehung zu der Person des Monarchen standen, namentlich sämtliche Finanzämter und diejenigen Verwaltungs- und Kriegsämter, welche bei minderm Range als die senatorischen besondre Vertrauensposten waren; ferner die neuen Provinzen, die neuen Hilfstruppen, die neugeschaffnen Flotten. Als Finanz- und Verwaltungsbeamte (Prokuratoren) wurden die ritterlichen Beamten sowohl in Rom als in den Provinzen verwendet, und zwar in den Senatsprovinzen als Erheber sämtlicher fiskalischer Gefälle, in den kaiserlichen als Leiter der ganzen Finanzverwaltung, und in einigen derselben seit Claudius als selbständige oberste Verwaltungsbeamte oder Statthalter mit hoher Kriminalgerichtsbarkeit. Die übrigen Prokuratoren hatten nur in Sachen des Fiskus Gerichtsbarkeit, und auch dies erst seit Claudius. Aus diesen Stellungen treten die Ritter seit dem 2. Jahrhundert in die kaiserlichen Hausämter ein, die im ersten meist mit Freigelassenen besetzt worden waren, namentlich das Rechnungsamt, das Amt der Bittschriften und Beschwerden, das kaiserliche Sekretariat. Die höchsten Ziele dieser Laufbahn waren die hohen Präfekturen: die beiden sehr wichtigen Präfekturen des Getreidewesens und der Feuer- und Sicherheitspolizei in Rom, das Vizekönigtum von Ägypten, endlich das Kommando der Garden (Prätorianer), das während der beiden ersten Jahrhunderte größtenteils unter zwei Präfekten geteilt war; außerdem die Präfekturen der kaiserlichen Flotten zu Misenum und Ravenna und der Reichspost. Schon seit Tiberius waren die Gardepräfekten die ersten Personen nach dem Kaiser, zunächst als Befehlshaber der Truppenmacht, auf der dessen persönliche Sicherheit beruhte, und die oft genug Kaiser ein- und abgesetzt hat; aber noch mehr wurden sie es dadurch, daß die Stellvertretung der Kaiser in der Kriminal- wie Ziviljustiz allmählich auf sie überging. So ward gesetzlich diese Präfektur zum Vizekaisertum erhoben, und dementsprechend wird sie als die höchste irdische Gewalt nach dem Kaisertum von den Schriftstellern des 3. Jahrhunderts gefeiert.

Die höchsten Stellungen wurden selbstverständlich nur von wenigen erreicht; doch galt es schon als rühmlich, eine Prokuratur bekleidet zu haben, besonders eine der wichtigeren; schon wer es dazu brachte, hob seine Familie zum „ritterlichen Adel“ empor. Zugleich war diese Laufbahn eine sehr vorteilhafte, namentlich wegen der hohen Besoldungen, nach denen sich hier die Rangklassen bestimmten. Fronto empfiehlt den damals in Rom als Sachwalter tätigen griechischen Geschichtsschreiber Appianus dem Kaiser Antoninus Pius zur Anstellung im Verwaltungsdienste: er wünscht eine solche, sagt er, nicht aus Ehrgeiz oder aus Begier nach dem Prokuratorengehalt zu erlangen, sondern um sein Alter mit einer höhern Würde auszustatten. Das Legionstribunat konnte schon im achtzehnten Jahre bekleidet werden, und vermutlich erhielten es auch junge Männer vom Ritterstande zuweilen in diesem oder einem wenig spätern Alter, und damit ein Gehalt von 25.000 Sesterzen (ungefähr 5400 Mark); zu den Neuerungen, durch welche Hadrian der verfallenden Kriegszucht aufzuhelfen suchte, gehörte auch, daß er keine Tribunen ohne Bart ernannte. Die Gehaltsklassen der Prokuratoren waren der Bedeutung und dem Range einer jeden entsprechend normiert. Die höchste von 300.000 Sesterzen (65.250 Mark) ist im 2. Jahrhundert wahrscheinlich nur dem Leiter des kaiserlichen Finanzamts eingeräumt worden, während das Sekretariat und Bittschriftenamt, wie es scheint, nur mit 200.000 Sesterzen (43.500 Mark) besoldet waren; das letztere Gehalt erhielt auch der Direktor der Verwaltung der dem Kaiser zufallenden Erbschaften. Ebenso hoch waren die Gehälter der angesehensten Provinzialprokuratoren, während die übrigen 100.000 Sesterzen (21.750 Mark), einige selbst nur 60.000 Sesterzen (13.050 Mark) bezogen. Zur Klasse der mit 100.000 Sesterzen Besoldeten gehörten auch die Verwalter der Schatulle, der Münze, der römischen Wasserleitungen, der großen Gladiatorenschule, der öffentlichen Bauten, der Alimentationsstiftungen, der Oberpostdirektor. Die Klasse der Empfänger eines Gehalts von 60.000 Sesterzen hat wesentlich aus Hilfsarbeitern und Unterbeamten der Prokuratoren und Präfekten bestanden; zu ihr gehörten die Hilfsarbeiter im Staatsrat, die zweiten Dirigenten des kaiserlichen Studienamts, die Postdirektoren in den Provinzen, der Prokurator der Getreideverwaltung in Ostia und im 2. Jahrhundert der wissenschaftliche Direktor der sämtlichen kaiserlichen Bibliotheken. In demselben Verhältnis wie die Gehälter der Prokuratoren müssen die der Präfekten abgestuft gewesen sein.

Die Laufbahn der ritterlichen Beamten war, wie sich schon aus dem Gesagten ergibt, nicht minder wechselvoll als die der senatorischen. Ein L. Valerius Proculus z. B. wurde nach einer ihm in Malaga (vielleicht seinem Geburtsort) gesetzten Ehreninschrift, nachdem er die Kohortenpräfektur und das Legionstribunat an nicht bezeichneten Standorten bekleidet hatte, Präfekt der zur Aufrechterhaltung der Ruhe und Ordnung auf dem Nil und zum Schutz der an dessen sämtlichen Mündungen errichteten Zollstationen bestimmten Flottille, dann Prokurator (Statthalter) der Provinz der Seealpen (von Genua bis zum Var) und zugleich Dirigent der Aushebung der Ersatzmannschaften für die Legionen, hierauf nacheinander Prokurator der Provinzen Bätica (Südspanien), Cappadocien, Asia, der drei gallischen Provinzen; zuletzt, nachdem er wahrscheinlich zu Rom das Rechnungsamt und die Getreidepräfektur (unter Antoninus Pius) verwaltet hatte, Präfekt von Ägypten. Der Freund Senecas Lucilius Junior war zu der Zeit, wo Seneca an ihn seine Briefe richtete, Prokurator in Sizilien; vorher hatte er im kaiserlichen Dienst in den grajischen und poenischen Alpen, in Dalmatien und Nordafrika gestanden. Die amtliche Laufbahn des ältern Plinius ist nur unvollkommen bekannt, doch wissen wir, daß er, im Jahre 23 zu Comum geboren, seine *militae equestres* wahrscheinlich sämtlich in Germanien, in den Jahren 47 und 57 in Untergermanien, im Jahre 50 in Obergermanien, absolvierte, dazwischen aber sich im Jahre 52 in Italien befand, unter Vespasian, zu dessen Freunden er gehörte, verschiedene Prokuraturen (eine derselben im tarrakonensischen Spanien, eine andre vielleicht in Afrika), im jüdischen Kriege des Jahres 70 das Amt eines Untergeneralstabschefs bekleidete und im Jahre 79 als Befehlshaber der zu Misenum stationierten Flotte beim Ausbruch des Vesuv seinen Tod fand. Den Grund, weshalb er, trotz der Freundschaft der Kaiser, im Alter von 56 Jahren noch keine höhere Stellung erreicht hatte, muß man wohl hauptsächlich darin suchen, daß er längere Zeit als Anwalt tätig war und wohl durch seine literarische Beschäftigungen stark abgezogen wurde. Welche Leidenschaft für ihren Beruf diese Beamten beseelen konnte, zeigt das Beispiel des C. Turranius, der, als er im Alter von 90 Jahren von Caligula den Abschied von seiner Prokuratur erhielt, sich wie eine Leiche auf seinem Bett zurechtlegen und von seiner Dienerschaft wie einen Toten beklagen ließ. In der Tat gab er sich nicht eher zufrieden, als bis ihm die Arbeitslast seines Amtes zurückgegeben war. Im geraden Gegensatz zu diesem unersättlichen Arbeitseifer steht das Ruhebedürfnis jenes Sulpicius Similis, der nach einer glänzenden Laufbahn unter Hadrian die Entlassung von der ungern übernommenen Präfektur des Prätoriums selbst erbat, die noch übrigen sieben Jahre seines Lebens in ländlicher Zurückgezogenheit verbrachte und auf seine Grabschrift nach der üblichen Angabe, wieviel Jahre er alt geworden sei, hinzusetzen ließ: gelebt habe er sieben.

Wie bereits bemerkt, wurde auch den obersten Centurionen schon früh mit dem Ritterrang der Offiziersdienst und durch diesen die Beamtenlaufbahn eröffnet; von unmittelbarer Zulassung derselben zu der letztern scheint kein Beispiel vor Marc Aurel vorzukommen, und auch später ist dies nicht häufig geschehen.

„Während nun seit dem 2. Jahrhundert ein immer höheres Gewicht auf den Dienst im Heere gelegt wurde, so daß im dritten der Zivildienst als ein Nachspiel des langen Kriegsdienstes, die Verwaltungsämter als Versorgungsposten altgedienter Offiziere erscheinen, begann neben dieser militärischen Laufbahn der Ritter sich eine rein zivile zu bilden, in der man ebenfalls zu Prokuraturen und Präfekturen gelangen konnte.“ Die umfassenden Reformen Hadrians führten zu einer großen Vermehrung der Beamten in den verschiedenen Zweigen der Verwaltung; infolge derselben sowie der prinzipiellen Ausschließung der Freigelassenen von allen nicht subalternen Ämtern mußten, um den Bedarf an Beamten zu decken, die an die Aspiranten der ritterlichen Laufbahn gestellten Ansprüche ermäßigt werden, da eine genügende Anzahl gedienter Offiziere schwerlich verfügbar gewesen sein würde. Hadrian schuf eine von der militärischen völlig unabhängige Laufbahn in der Verwaltung, und durch diese einen mit Sachkenntnis und Routine ausgestatteten Beamtenstand. Die Anfangsstellungen waren mancherlei Art: untere Ämter bei der Verwaltung der Alimentation, der Wege, der Erbschaftssteuer, der kaiserlichen Fechtschulen, der Rekrutenaushebung, der öffentlichen Bibliotheken in Rom, dem Studienamt. Namentlich aber erhielt juristische Bildung für die Beförderung zu den höhern Stellungen nun einen noch höhern Wert, als sie wegen der mit den Prokuraturen und Präfekturen verbundenen, zum Teil sehr ausgedehnten Gerichtsbarkeit von jeher gehabt haben muß. Mit dem von Hadrian vorzugsweise aus Juristen von Fach, besonders aus dem Ritterstande, für die Rechtspflege im weitesten Sinne gebildeten Rat *(consilium principis)* und der dadurch veränderten Bedeutung der Präfektur des Prätoriums „trat die zünftige Jurisprudenz in den Vordergrund, und wie stets in Rom die praktische Ausübung der Rechtskunde das Gegenbild und die Ergänzung zum Heeresdienst gewesen war, so wurden jetzt juristische Studien und Betätigung im Staatsdienst geradezu als Äquivalent für den Dienst als Offizier hingenommen". Schon vor dem 3. Jahrhundert, wo Rechtskunde das Haupterfordernis für die Erlangung der Präfektur des Prätoriums war und diese Stelle von den großen Juristen Paulus, Ulpian und Papinian, die Präfektur der Polizeiwache von Herennius Modestinus bekleidet wurde, finden wir berühmte Rechtsgelehrte in den höchsten ritterlichen Stellungen. Volusius Mäcianus, Rat des Antoninus Pius, Freund der Kaiser Marc Aurel und L. Verus, war wahrscheinlich Präfekt von Ägypten oder Rechtsverweser von Alexandria, Tarrutenius Paternus unter Commodus Präfekt des Prätoriums. Juristen vom Ritterstande begannen ihre amtliche Laufbahn als besoldete Assessoren von Provinzialstatthaltern, als Protokollführer der Gardepräfekten, Hilfsarbeiter im kaiserlichen Staatsrat, niedere Verwaltungsbeamte, oder mit dem von Hadrian geschaffenen Amt eines Kronanwalts *(advocatus fisci)*, wie solche den Prokuratoren zur Wahrnehmung der Interessen des Fiskus in streitigen Fällen beigegeben wurden. Septimius Severus, aus einer ritterlichen Familie zu Leptis in Africa stammend, der mit diesem ihm von Marc Aurel verliehenen Amte in den Staatsdienst trat, wurde bald zum Senatorenstande erhoben; sein Nachfolger in der Kronanwaltschaft, Papinian, war unter seiner Regierung Dirigent des Amts der Bittschriften und Beschwerden und schließlich selbst Präfekt des Prätoriums, in welcher Eigenschaft er Paulus und Ulpian zu Beisitzern wählte. Opellius Macrinus, der ebenfalls nach seiner Erhebung in den Ritterstand zuerst zum Kronanwalt ernannt wurde, scheint die ritterlichen Ämter wenigstens zum Teil in der gewöhnlichen Reihenfolge bis zur Präfektur des Prätoriums durchgemacht zu haben; unmittelbar vorher hatte er die (mit 300.000 Sesterzen besoldete) Prokuratur der kaiserlichen Schatulle bekleidet. Vermutlich wurden schon im 2. Jahrhundert unter den Juristen vom Ritterstande vorzugsweise diejenigen, die sich als Kronanwälte ausgezeichnet hatten, zu Mitgliedern des kaiserlichen Rats ernannt und aus dieser Stellung zu den höhern ritterlichen Ämtern befördert. Ein Jurist im 3. Jahrhundert war nach einer nur fragmentarisch erhaltenen Inschrift zuerst kaiserlicher Rat mit 60.000 Sesterzen, dann (nachdem er inzwischen noch ein Priestertum erhalten) mit 100.000 Sesterzen Gehalt, hierauf Direktor des Proviantwesens im Bezirk der Flaminischen Straße (von Rom nach Rimini), endlich Postdirektor mit einem Gehalt von 200.000 Sesterzen. Auch zum Eintritt in den Senat bahnte Rechtskunde Männern des Ritterstands, wie z. B. dem L. Fulvius Aburnius Valens, seit dem 2. Jahrhundert gewiß nicht selten den Weg.

Die von den Kaisern Marc Aurel und L. Verus erlassene Rangordnung schied die ritterlichen Beamten in drei Klassen: die erste, welche die Präfekten des Prätoriums allein enthielt, mit dem wohl schon von Hadrian geschaffenen Titel *vir eminentissimus;* die zweite, welche die übrigen Präfekten nebst den höchsten Prokuratoren und den Spitzen der Finanzverwaltung und des Sekretariats umfaßte, mit dem vielleicht erst von Marc Aurel eingeführten Titel *vir perfectissimus*; endlich die der übrigen Beamten von Ritterrang, namentlich die Mehrzahl der Prokuratoren, mit dem Titel *vir egregius.* Unter ihnen standen sodann die Ritter, welche nicht zu Staatsämtern gelangt waren, von denen die Höhergestellten durch die Prädikate *splendidi* und *illustres* ausgezeichnet worden zu sein scheinen. Den beiden ersten Beamtenklassen nebst ihrer Deszendenz bis zum dritten Grade räumte jene Rangordnung bei Kriminalanklagen Bevorzugung ein, sowohl für den Gerichtsstand wie für den Prozeß und das Strafmaß. Übrigens gingen die Titel nicht wie der Clarissimat auf Frauen und Kinder über oder doch nur ausnahmsweise.

Von den Subalternämtern bekleideten Ritter öfters das angesehenste, sehr einflußreiche und gut besoldete Amt eines Scriba (Buch- und Rechnungsführers) bei den Kurulädilen und Quästoren. Horaz, der Legionstribun gewesen war, hatte sich in eine der letztern Stellen eingekauft; desgleichen ein Sarmentus, der unter Augustus den Ritter spielte. Zuweilen wurden auch die nichtritterlichen Beamten dieser Klasse zu Rittern ernannt.

Von den seit Augustus' Neuordnung nur den beiden obern Ständen zugänglichen Priestertümern waren die der Curionen und Luperker beiden gemeinsam; den Rittern ausschließlich gehörten die kleinen Flaminate, der kleine Pontifikat und der Tubizinat; außerdem alle ehemals latinischen Staatspriestertümer. Von den letztern scheint das käninensische das vornehmste gewesen zu sein; das geringste war das laurentische, welches Ritter niederster Ordnung häufig und seit Commodus sogar Personen ohne Ritterrang, ja Freigelassene erhielten. Abgesehen von dem Wert, den auch diese Priestertümer als von höchster Stelle verliehene Auszeichnungen hatten, gewährten sie mancherlei Immunitäten.

Auch diejenigen Ritter, welche Anspruch auf die senatorische Laufbahn hatten, zogen es zuweilen vor, im zweiten Stande zu bleiben, weil sie die Freiheit und Muße der Amtlosigkeit, das glänzende Einkommen eines geschäftlichen Erwerbs, besonders aber die wirkliche Macht eines kaiserlichen Amts oder einer Stellung am Hofe dem leeren Pomp und der drückenden Bürde der senatorischen Ämter vorzogen. So hatte schon der ältere Q. Sextius Niger den ihm von Julius Cäsar angebotenen breiten Purpur abgelehnt, um ganz der Philosophie leben zu können. Die Verschmähung des ersten Standes behufs Eintritts in den kaiserlichen Dienst wurde in den senatorischen Kreisen, wo man auf die Behauptung des Vorrangs vor dem Ritterstande großen Wert legte, mit Mißbilligung angesehen. So äußert sich Tacitus in einer für sein senatorisches Standesgefühl höchst charakteristischen Weise über L. Annäus Mela, den Bruder des Philosophen Seneca und Vater des Dichters Lucanus: er habe sich der Bewerbung um die kurulischen Würden aus verkehrtem Ehrgeiz enthalten, um als römischer Ritter Konsularen an Einfluß gleichzukommen, auch einen kürzern Weg zum Gelderwerb einzuschlagen geglaubt, wenn er als kaiserlicher Beamter die Angelegenheiten des Fürsten besorgte. Cornelius Fuscus hatte den Senatorenstand schon in der ersten Jugend in unruhigem Streben aufgegeben. Dagegen spricht sich der jüngere Plinius nicht bloß ohne Tadel, sondern mit Billigung über einige hervorragende Männer aus dem Ritterstande aus, die aus Liebe zur Ruhe oder Mangel an Ehrgeiz nicht höher steigen wollten. Minicius Macrinus, von Vespasian zum Senator mit prätorischem Range erhoben, hatte lieber einer der Ersten des Ritterstandes sein wollen, weil er die Geschäftslosigkeit desselben der zwangvollen senatorischen Würde vorzog. Ebenso dachten Maturius Arrianus und Terentius Junior. Von der Verleihung senatorischer Ehrenrechte an Ritter (zuerst im Jahre 19) ist bereits gesprochen worden.

Auch abgesehen von den bisher erwähnten Abstufungen gab es innerhalb des Ritterstands noch große Verschiedenheiten der Lebensstellung, besonders nach Vermögen und Herkunft. Auf alle, die sich durch Gunst oder militärisches Verdienst aus niedriger Stellung emporgearbeitet hatten, sah der Ritter geringschätzig herab, der sich einer langen Reihe ritterlicher Ahnen oder mindestens eines ritterlichen Vaters rühmen konnte. „Römischer Ritter und Sohn eines römischen Ritters“ nennt sich ein L. Ämilius Pertinax Accejanus auf einer Inschrift in Misenum. Ovid war stolz darauf, den Stand als Erbe einer langen Ahnenreihe überkommen und nicht im Wirbel des Kriegs oder durch die Gunst des Glücks erlangt zu haben; und Persius mahnt, es zieme nicht, sich aufzublähen, weil man an dem Zensor in der Trabea (dem ritterlichen Staatskleide) vorüberparadiere und den tausendsten Zweig von einem etruskischen Stammbaum bilde.

Wie äußerst gedrückt, ja unwürdig die Lage der Ritter sein konnte, denen die Mittel zum standesgemäßen Leben fehlten und die zum anständigen Erwerb zu träge oder ungeschickt waren, zeigen die Gedichte Martials, der den Ritterrang einer Ernennung zum Tribunen verdankte. Er war durchaus auf die Unterstützung reicher oder vornehmer Gönner angewiesen und nahm keinen Anstand, diese sowie den Kaiser immer aufs neue anzubetteln; seine Wünsche waren bescheiden, er bat auch wohl um einen guten Mantel, und eine feine Toga, die er von dem kaiserlichen Oberkämmerer Parthenius zum Geschenk erhielt, hat er in zwei Gedichten besungen, als sie neu und als sie abgenutzt war. Jahrelang leistete er um das tägliche Brot die niedrigsten Klientendienste. Seine Muse stand jedem zu Diensten, der sie belohnte; einer seiner am häufigsten besungenen Freunde war der Centurio Pudens, der nicht einmal das Ziel seines Strebens, die Ritterwürde, erlangt zu haben scheint; für andre Centurionen hat Martial Grabschriften gedichtet. Die 400.000 Sesterzen reichten eben nur für eine bescheidne Existenz aus. Juvenal sagt, wer nur etwas mehr begehre, als die Abwehr von Hunger, Durst und Kälte erfordert, könne mit ihnen zufrieden sein; wem die doppelte und dreifache Summe nicht genüge, den würden auch die Schätze des Krösus oder Narcissus nicht befriedigen. Es gab aber auch römische Ritter, die in so bittrer Not lebten, daß sie mit Kleienbrot und verdorbenem Wein ihr Leben fristen mußten; und aus der großen Zahl derer, die sich unter den Julischen Kaisern durch öffentliches Auftreten auf der Bühne und in der Arena beschimpften, muß man schließen, daß die äußerste Verkommenheit in diesem Stande nichts weniger als selten war; unter der Menge von Rittern, die in Neros Schauspielen auftraten, befanden sich doch nur einige von gutem Ruf und in guten Umständen.

Auf der andern Seite war aber im Ritterstande auch viel Wohlhabenheit und großer Reichtum, sowohl in den Provinzen und Munizipien — der Dichter Persius z. B., von einer ritterlichen Familie in Volaterrä stammend, hinterließ 2 Millionen Sesterzen (435.000 Mark); der wahrscheinlich auch dem Ritterstande angehörige Gaditaner Columella hatte Besitzungen bei Cäre, Ardea, Carseoli und Alba — als auch namentlich in Rom selbst. Der bekannte, vielleicht aus Cäsarea in Bithynien stammende Vedius Pollio, der Freund des Augustus und Besitzer des prachtvollen Pausilypum („Sorgenfrei", jetzt Posilippo) bei Neapel, der seine Muränen mit Sklaven fütterte, war ein von Freigelassenen abstammender Ritter; seinen unermeßlichen Palast in Rom, der „mehr Raum bedeckte, als viele Städte mit ihren Mauern umschließen", ließ nach seinem Tode Augustus dem Boden gleichmachen, um an seiner Stelle die Kolonnade der Livia aufzuführen. Überhaupt darf man glauben, daß die ritterlichen Freunde der Kaiser zum großen Teil in glänzenden Verhältnissen lebten. Sodann gehörten zu diesem Stande die Bankiers — Augustus erteilte einigen Rittern eine zensorische Rüge, weil sie Geld zu niedrigern Zinsen geborgt und zu höhern ausgeliehen hatten —; ferner Großhändler, die wohl hauptsächlich Seehandel und Reederei trieben, Fabrikanten, Zollpächter, Lieferanten, Direktoren und Mitglieder von Handelsgesellschaften und Vereinen zu kaufmännischen oder sonst gewinnbringenden Unternehmungen (z. B. Stellung von Viergespannen für den Zirkus). Seneca spricht von einem vornehmen *(splendidus)* Ritter, Cornelius Senecio, der sich aus kleinen Verhältnissen durch ebenso große Geschicklichkeit im Erwerben wie im Erhalten emporgearbeitet hatte und mitten auf dem Wege zu noch größerm Reichtum durch einen plötzlichen Tod hingerafft wurde; sein Geld arbeitete zu Lande und zu Wasser, keine Art des Erwerbs ließ er unversucht, auch an den Pachtungen der Zölle hatte er sich beteiligt. Doch werden die Wohlhabenden auch in diesem Stande ihre Kapitalien hauptsächlich in Ländereien angelegt haben. Quintilian sagt, daß die Geschwornen zum größten Teil Gutsbesitzer waren; der Gerichtsredner dürfe nicht auf Kosten der Faßlichkeit nach Kürze streben, sonst würden sie nicht imstande sein zu folgen.

Daß Unberechtigte sich den Ritterrang anmaßten, scheint zu allen Zeiten häufig vorgekommen zu sein. Am Hofe des Augustus wußte sich der Etrusker Sarmentus, Freigelassener oder Sklave (nach Horaz einer Frau, nach andern des bei Philippi getöteten M. Favonius), besonders durch seinen Witz so viel Gunst zu verschaffen, daß er es wagen konnte, als Ritter aufzutreten. Als er sich aber bei einem Schauspiel auf dem Ritterplatz sehen ließ, wurde er vom Volk mit Spottversen verhöhnt. Ein Prozeß wegen widerrechtlicher Anmaßung des Ritterstands endete jedoch durch den Einfluß seiner Gönner mit Freisprechung. Im Jahre 23 n. Chr. führte C. Sulpicius Galba als Ädil im Senat darüber Klage, daß sogar Schenkwirte allgemein den Goldring trügen; durch einen Senatsbeschluß wurde dies allen Unbefugten verboten und das Verbot im nächsten Jahre durch das Visellische Gesetz nochmals eingeschärft. Wegen Übertretung desselben zog in der Zensur des Claudius (47) der Ritter T. Flavius Proculus nicht weniger als 400 Personen vor Gericht; Claudius bestrafte Freigelassene, die sich auf diese oder andre Weise den Ritterrang angemaßt hatten, mit Einziehung des Vermögens. Unter Nero wagten Freigelassene, wie es scheint, nicht leicht, den Goldring zu tragen: Petrons Trimalchio trägt an einem Finger einen großen, etwas vergoldeten, am andern einen goldnen, aber ganz mit eisernen Sternchen besetzten Ring. Martial erwähnt ein Einschreiten gegen das unbefugte Tragen des Goldrings nirgends; dagegen öfters Domitians im Jahre 89 oder kurz vorher erlassnes Theateredikt, durch das die bis dahin geduldete Benutzung von Ritterplätzen durch Unberechtigte streng verboten ward. Trotzdem drängten solche sich immer wieder dort ein, die durch reiche Kleidung und lautes Rühmen der kaiserlichen Anordnungen unverdächtig zu erscheinen suchten. Doch trotz ihrer hochmütigen Äußerungen: „endlich sitze man bequem und werde nicht vom Pöbel gedrängt und beschmutzt, endlich sei dem Ritterstande seine Würde wiedergegeben", wurden sie von einem kaiserlichen Beamten erkannt und fortgewiesen. Auch ein bei Martial und Juvenal vorkommender Ausdruck für die unechten „Ritter" *(vernae equites)* läßt glauben, daß diese zu den stehenden Figuren des damaligen Rom gehörten. Martial hat ein Epigramm auf einen Barbier, der, von seiner Herrin mit den erforderlichen Mitteln ausgestattet, den Ritter spielte, bis er, wegen Anmaßung des ihm nicht gebührenden Rangs angeklagt, sich der Verurteilung durch die Flucht nach Sizilien entzog.

4. DER DRITTE STAND

a) Armut und Reichtum

In der ungeheuren Mehrzahl der Bevölkerung Roms, die man als den dritten Stand bezeichnen kann, überwog ohne Zweifel bei weitem das Proletariat, dessen Existenz sich um „Brot und Schauspiel" drehte, und das durch eine infolge dieser so reichlich gewährten Vorteile unaufhörlich zuströmende Einwanderung aus den Provinzen sich immer neu ergänzte. Doch freilich verschafften die öffentlichen Getreideausteilungen nur der großen Mehrzahl der männlichen, bürgerlichen Bevölkerung der notdürftigsten Lebensunterhalt, und so gab es in der großen, übermäßig teuren Stadt auch bittere Armut und Not genug. Für die Armen, meinte Martial, war es kein Verdienst, mit stoischem Sinne das Leben zu verachten. Ihre finstern Kammern, zu denen „zweihundert Stiegen" führten, waren so niedrig, daß man nicht eintreten konnte, ohne sich zu bücken. Ihr Herd war oft genug kalt, ein Krug mit abgebrochenem Henkel, eine Matte, eine Wanze, ein Haufen Stroh und ein leeres Bettgestell ihr ganzes Mobiliar, eine kurze Toga bei Tag und bei Nacht ihr einziger Schutz gegen die Kälte, essigsaurer Wein und schwarzes Brot ihre Nahrung. Außer Brot war die Hauptkost der untern Klassen Gemüse, namentlich Bohnen und Rüben (beide „Mittagessen der Handwerker"), Linsen, Zwiebeln, Knoblauch, Erbsen (an denen man sich für einen As satt essen konnte) und wohlfeile Fische; ein mit Lauch gesottener Schafskopf oder ein geräucherter Schweinskopf war ein Festessen. Am ersten Juli, dem Haupttermin des Wohnungswechsels, sah man wohl manche arme Familie, die der Hausverwalter austrieb, nachdem er den wertvollen Teil ihrer Habe für die seit zwei Jahren unbezahlte Miete abgepfändet hatte, mit dem Rest ihres Hausrats in der Weise über die Straße ziehen, wie es derselbe Dichter „als eine Schmach für den ersten Juli" beschreibt. Ein blasser, von Frost und Hunger ausgemergelter Mann, „ein Irus seiner Zeit", und drei Frauen, die den Megären glichen, schleppten ein Bettgestell mit drei, einen Tisch mit zwei Beinen und dergleichen altes Gerümpel, wie eine Lampe und eine Laterne von Horn, zerbrochenes Geschirr, eine mit Grünspan überzogne Kohlenpfanne, einen nach schlechten Seefischen stinkenden Topf, einen alten Kranz von schwarzem Flohkraut (das man wegen angeblicher Heilkräfte in Schlafzimmern aufhängte), ein Stück Toulouser Käse, Schnüre, an denen einmal Lauch und Zwiebeln gehangen hatten, einen mit einem wohlfeilen Enthaarungsmittel halb gefüllten Topf. Der Dichter fragt, warum diese Leute sich nach einer Wohnung umsähen, da sie ja „auf der Brücke" umsonst wohnen könnten. Brücken, Stufen und Schwellen von Gebäuden und Hügelabhänge gehörten wie im heutigen Rom zu den Standorten der Bettler, die dort, wie überhaupt an belebten Orten, namentlich auf den Foren, durch ihren jammervollen Anblick, ihre Lumpen und ihre Nacktheit, ihre Gebrechen und Schäden — Blinde von einem Hunde geführt — das Mitleid zu erregen suchten und mit heiserer Stimme in singendem Ton einer um den andern unaufhörlich ihre Bitten um Almosen wiederholten. Ihre Zuflucht in den kalten Regennächten des Dezember war vielleicht ein offenes Gewölbe, ihr Hund der einzige Gefährte ihres Elends, ihre Nahrung „Hundebrot" (ein grobes Kleienbrot), ihr ganzer Besitz ein Stab und eine Decke oder Matte und ein Ranzen, ein Tod in einem einsamen Winkel ihre Erlösung.

Gegenüber solcher Armut gab es aber auch unter den niedrigen Leuten Wohlhabenheit und Reichtum, zum Teil infolge jener plötzlichen Glückswechsel, die namentlich Sklaven zuweilen in sehr glänzende Verhältnisse versetzten. Clesippus, ein buckliger und auch sonst häßlicher Sklave, der das Walkerhandwerk gelernt hatte, wurde, wie Plinius erzählt, bei einer Auktion von einer Gegania als Zugabe zu einem korinthischen Kandelaber gekauft; er wurde der Liebhaber seiner Herrin und von ihr zum Erben eingesetzt. Als Besitzer eines sehr großen Vermögens verehrte er statt der Götter jenen Kandelaber, dem er seine Erhebung und seinen Reichtum verdankte. Solche Laufbahnen werden in der Kaiserzeit gerade nicht selten gewesen sein. Der Reichtum eines ehemaligen Lustknaben des Licinius Sura (des mächtigen Freundes Trajans), namens Philostorgus, erregte den Unwillen eines Bekannten des Philosophen Epictet, der jenem vorhielt: er habe kein Recht, sich über das Schicksal zu beklagen, da er doch auch das glänzendste Los nicht um denselben Preis wie Philostorgus würde erkaufen wollen. Juvenal mußte es erleben, daß der Barbier, unter dessen Schermesser einst sein Bart gerauscht hatte, zahlreiche Landhäuser besaß und in Hinsicht auf Vermögen sich mit der ganzen Aristokratie messen konnte; Martial, daß ein freigelassener Schuster, der gewohnt gewesen war, alte Felle mit den Zähnen auseinanderzuziehen, auf dem Pränestinischen Landgute seines ehemaligen Patrons in Üppigkeit schwelgte. Menschen, die einst als Hornbläser bei Gladiatorenkämpfen von Stadt zu Stadt gezogen waren, brachten es zu solchem Reichtum, daß sie selbst Fechterspiele geben konnten; unter Domitian hatte ein ehemaliger Schuster ein solches zu Bologna, ein ehemaliger Walker zu Modena, wo dieses mit der Wollfabrikation zusammenhängende Gewerbe wahrscheinlich blühte, gegeben. Wenn solche Glückswechsel immerhin vereinzelt waren, so war es dagegen ganz gewöhnlich, daß Krämer, die mit schmutzigen Waren handelten, oder Auktionatoren mehr erwarben als Sachwalter. Ein jährliches Einkommen von 24.000 Sesterzen (5220 Mark) scheint zur bescheidnen Existenz eines einzelnen in Rom als hinlänglich gegolten zu haben. Juvenals Nävolus wünscht sich nur 20.000 Sesterzen (4350 Mark), doch außerdem etwas Silbergeschirr, zwar ohne künstliche Arbeit, aber nicht gar zu klein und einfach, zwei starke Sklaven aus Mösien, die ihm im Zirkus Platz schaffen können, und zwei geübte Kunstarbeiter, die durch ihre Arbeit etwas einbrigen. Dies sei genug, wenn er denn nun einmal arm sein solle.

b) Erwerbsarten. Kleinhandel und Handwerk

Gelegenheit zum Erwerb war auch dem Ärmsten, wenn er keine Arbeit scheute, in Rom auf allen Seiten geboten. Exporthandel hatte Rom zwar so gut wie gar nicht und Fabrikation nur sehr wenig, namentlich Glas- und Papierfabriken. Dagegen war der Einfuhrhandel kolossal und der Geldmarkt Roms vielleicht der größte in der alten Welt. Der Warentransport, namentlich auf dem Tiber, den Plinius „den gefälligsten Händler mit allen Erzeugnissen der Welt“ nennt, das Ausladen am Hafen, die Lagerung und Magazinierung, die Verwaltung und Beaufsichtigung der Magazine, die mannigfaltige Vermittlung zwischen Klein- und Großhandel beschäftigte Tausende als Schiffer und Taucher, als Messer, Schreiber, Lagerbeamte, Warenmakler, Kommissionäre, Lastträger, der Geldmarkt neben den großen Bankiers eine gewiß sehr beträchtliche Anzahl von kleinen Geldleihern, Geldmaklern und Wechslern. Namentlich für den Wucher bot Rom den denkbar günstigsten Boden. Ambrosius, dessen Schilderungen sicherlich auch auf frühere Jahrhunderte buchstäblich passen, beschreibt ausführlich, wie die Wucherer reiche junge Männer umgarnten und planmäßig zugrunde richteten. Brauchten diese kein Geld, so verleiteten sie sie durch gewissenlose Anpreisungen zu unvorteilhaften Käufen von Gütern und Palästen; sie ließen sich einen alten Familienbesitz, ein väterliches Grabdenkmal verpfänden; war ihr Schuldner bei Gelde, so ließen sie den Zahlungstermin ohne Mahnung verstreichen, andernfalls bestürmten sie ihn, und mindestens mußte dann ein neuer Schuldschein, natürlich unter erschwerten Bedingungen, ausgestellt werden.

Zum großen Teil waren die kaufmännischen Geschäfte freilich in den Händen von Sklaven und Freigelassenen, die sie nicht für eigne Rechnung, sondern zum Nutzen ihrer Herren betrieben oder diesen doch wenigstens einen Anteil am Gewinn abtreten mußten. Dasselbe gilt vom Kleinhandel und Handwerk, welches letztere überdies auch dadurch beeinträchtigt war, daß die Reichen ihren Bedarf zum Teil durch die Arbeit ihrer eignen Sklaven decken konnten. Eine in Yorkshire gefundene Taberneninschrift lautet: „Heil dem Genius dieses

Ortes! Knechtlein *(servule)*, betreibe mit Glück die Goldschmiedearbeit in dieser Bude.“ Immer aber wurde noch eine höchst umfangreiche Tätigkeit von freien und für eigne Rechnung arbeitenden Handwerkern und Gewerbetreibenden in Anspruch genommen, um sowohl die ungeheure Bevölkerung von Tag zu Tag mit dem Notwendigen zu versorgen, als die hier am höchsten gespannten und auf das Verschiedenartigste gerichteten Forderungen des Luxus der Reichen und Vornehmen zu befriedigen. Doch auch diese selbständigen Handwerker und Geschäftsleute werden in überwiegender Anzahl nicht Freigeborene, sondern Freigelassene gewesen sein; einmal, weil die fort und fort in Menge freigelassenen Sklaven ihren Lebensunterhalt natürlich in der Regel mit denselben Arbeiten und Geschäften gewannen, die sie als Sklaven erlernt und bisher für ihre Herren betrieben hatten, sodann, weil auch die armen Freien sich großenteils für diesen Erwerb zu gut dünkten.

Den Umfang und die Bedeutung des Handwerks und der gewerblichen Tätigkeit in Rom mag man versuchen sich nach einigen, wenn auch dürftigen und vereinzelten Angaben vorzustellen. Nach den Stadtbeschreibungen aus dem Anfange des 4. Jahrhunderts hatte Rom damals 254 Bäckereien (15—20 in jeder Region, in einer 24) und 2300 Stellen für den Ölverkauf. Andre Tausende beschäftigte die Beschaffung und der Vertrieb der sonstigen Nahrungsmittel, für deren wichtigste es eigne Märkte gab, wie den Vieh-, Ochsen-, Schweine-, Korn-, Wein-, Gemüse-, Fisch-, Delikatessenmarkt, und in demselben Umfange wurden die Gewerbe in Anspruch genommen, die für Kleidung, Wohnung, häusliche Einrichtung usw. sorgten.

Auch die infolge einer hohen Entwicklung der gewerblichen Industrie bereits sehr weit vorgeschrittene Berufsspezialisierung war eben nur möglich, wenn ein sehr bedeutender Teil der Bevölkerung sich dem Gewerbe und Handwerk zugewandt hatte. Auch mehrere solcher Handwerke und Geschäfte, die sich auf Verfertigung und Vertrieb bestimmter einzelner Waren beschränkten, bildeten zu Rom Innungen. Von der alten Innung der Schuhmacher, die zu den angeblich von Numa gestifteten gehörte, sonderte sich eine Innung der Stiefelmacher *(caligarii)* ab, die Alexander Severus (wahrscheinlich nur neu) organisierte. Daneben gab es Sandalenmacher, von deren Laden eine Straße den Namen führte, ferner (ebenfalls vereinigte) Pantoffel- und Frauenschuhmacher und Arbeiter für mehrere andre Gattungen des Schuhwerks. Neben der großen Bäckerinnung, die Trajan neu organisierte, gab es mehrere Arten von Fein- und Kuchenbäckern, deren jede ein besonderes Backwerk lieferte. Das Gewerbe der Kupferschmiede teilte sich in Topfgießer, Kandelabermacher, Laternenmacher, Gewichtmacher, Helm- und Schildarbeiter; das der Eisenarbeiter in Schlosser, Messerschmiede, Verfertiger von Äxten und Hacken, Sichelmacher, Schwertfeger. Die Herstellung von Kunstarbeiten in edlen Metallen beschäftigte Modelleure, Gießer, Polierer, Vergolder, Bildhauer, Ziseleure, Künstler in getriebener Arbeit, das Juweliergeschäft Perlenarbeiter, Edelsteinschleifer und -schneider; neben den Innungen der Gold- und Silberarbeiter gab es noch besondre der Ringmacher und der Goldschläger und Vergolder. Bestimmte Geschäfte fertigten nur Grabdenkmäler an, ein solches betreibt z. B. in dem Roman des Petronius der Steinarbeiter Habinnas, bei dem Trimalchio sein Monument bestellt; in den Pandekten wird ein Kompaniegeschäft zur Herstellung von Grabdenkmälern erwähnt, wozu der eine Teilhaber das

Kapital hergibt, während der andre die technische Leitung übernimmt. In ähnlicher Weise hatte auch die Ausdehnung des Handelsverkehrs die Beschränkung kaufmännischer Geschäfte auf gewisse Waren herbeigeführt; unter den Gemüsehändlern gibt es solche, die nur Hülsenfrüchte feilhalten, und die Wolfsbohnenhändler *(lupinarii)* bilden eine eigne Innung; der Handel mit Drogen, Medikamenten, Farben, Salzen, Essenzen und Toilettegegenständen scheint viele Spezialitäten gehabt zu haben; im Kleiderhandel gab es besondre Geschäfte für verschiedne Arten von Mänteln und Überwürfen, für leichte Sommerkleider usf.

Hand in Hand damit geht eine in weitem Umfange durchgeführte Arbeitsteilung dergestalt, daß an der Herstellung derselben Gegenstände eine ganze Anzahl von Einzelarbeitern, jeder für einen bestimmten Teil der Ausführung, unter einheitlicher Leitung tätig war und somit eine Art fabrikmäßigen Betriebes entstand. Augustin bezeugt einen solchen Betrieb für die Metallindustrie, indem er die Untergötter, deren Macht nach dem römischen Glauben sich auf ein sehr eng begrenztes Gebiet beschränkte, mit den Handwerkern in der Straße der Silberschmiede vergleicht, wo jedes Gefäß bis zu seiner Vollendung durch viele Hände geht, während es doch von einem einzelnen ganz vollendet werden könnte; aber die Meisterschaft in der ganzen Kunst würde schwer und langsam zu gewinnen sein, einen Teil derselben kann jeder leicht und schnell erlernen. Ein ähnliches Zusammenarbeiten hat nicht nur selbstverständlich im Baugewerbe, sondern sicher auch in der Tonwarenindustrie und in vielen Zweigen des Kunsthandwerks stattgefunden: bei der aus Pompeji bekannten, in Rom und anderwärts gleich üblichen Bemalung der Wände von Zimmern und öffentlichen Räumen muß eine Verteilung der Arbeit an verschiedene Gruppen von Kunsthandwerkern, Anstreicher, Arabesken-, Blumen-, Tier-, Landschafts-, Figurenmaler stattgefunden haben.

In den zahlreichen Bildhauerwerkstätten wurden Statuen auch umgearbeitet; in den Pandekten wird bemerkt, daß eine durch Testament vermachte Statue von dem Legatar auch dann in Anspruch genommen werden könne, wenn ihr ein Arm von einer andern angesetzt sei. Es gab eigne Arbeiter, die nur den Statuen die Augen (aus einem farbigen Material) einsetzten.

Dieser so vielartige und ausgebreitete Verkehr erfüllte am meisten die belebtesten Plätze und Straßen, und gegen Ende des 1. Jahrhunderts hatten die an den Häuserfronten in die Straße hineingebauten Läden, Buden und Werkstätten dermaßen überhand genommen, daß die dadurch entstandenen Störungen des Verkehrs ihre Einschränkung nötig machten. Ein Teil der Straßen hatte seinen Namen von dem Geschäftsgetriebe der Einwohner, wie die Straßen der Kornhändler, Riemenschneider, Sandalenmacher, Holzhändler, Glaser, Salbenhändler, Sichelmacher. Daß Handwerker derselben Gattung „kolonienweise beisammen wohnten und ganze Straßen, ja Viertel einnahmen", kam in Rom und in den Städten Italiens vermutlich im Altertum nicht seltner vor als in der ersten Hälfte des 19. Jahrhunderts, da dieses Zusammenwohnen der zu demselben Gewerke gehörigen Arbeiter zum Teil ohne Zweifel schon durch die Arbeitsteilung bedingt war, wie auch die angeführte Äußerung des Augustinus über die Silberschmiedestraße schließen läßt. Die heilige Straße, eine der Hauptverkehrsadern Roms, war namentlich voll von Läden für Luxusgegenstände; doch gab es auch andre Geschäfte dort: aus Inschriften ist außer Goldschmieden, Juwelieren, Perlen- und Edelsteinhändlern, Metallgießern und Ziseleuren auch ein Farbenhändler, ein Verfertiger von Flöten und ein Schreiblehrer von der heiligen Straße bekannt. Dort kaufte man unter anderm Elfenbeinwürfel, sogenannte Cajetanische (aus Gallien bezogene) Schnüre, Kristallkugeln, Fächer aus Pfauenwedeln und andre Geschenke für Frauen, Honig und Früchte für den Nachtisch eines Gastmahls und Kränze für die Teilnehmer des darauf folgenden Trinkgelags. Doch die glänzendsten Läden Roms waren zu Ende des 1. Jahrhunderts in den Kaufhallen, die den Platz der Säpta auf dem Marsfelde umgaben; dort fand man schöne Sklaven, große Tischplatten aus Citrusholz, Elfenbeinarbeiten, Speisesofas, mit Schildpatt ausgelegt, alte Bronzestatuen, Gefäße aus Kristall und Murrha: silberne Becher von altertümlich kunstreicher Arbeit, Halsbänder aus Smaragden in Gold gefaßt, große Ohrgehänge aus Perlen, daneben auch wohlfeile Waren. Andre Läden für Luxusgegenstände waren im Tuskerquartier, wahrscheinlich auch in den den großen Zirkus umgebenden Arkaden, während die enge und geräuschvolle Subura mehr eine kleinbürgerliche Geschäftsgegend darstellt.

Die in ihrer Breite auf die Straßen sich öffnenden Läden und Schenken waren durch Leinwandvorhänge geschlossen, welche mit Ankündigungen oder Malereien bedeckt waren; ausgehängte Schaustücke lockten die Käufer an; außerdem hatten sie Schilder. Noch sind einige Relieftafeln vorhanden, die entweder als solche gedient oder vielmehr auch die Grabmonumente der Gewerbetreibenden geschmückt haben, deren Läden sie darstellen. Auf dem Schilde eines Schinkenhändlers prangen fünf Schinken in einer Reihe nebeneinander. Zwei Reliefs zeigen zwei verschiedne Lokale einer Kleiderhandlung, in deren einem Frauen-, im andern Männerkleidung verkauft wurde, und dort eine Käuferin, hier einen Käufer, von andern Personen begleitet, welche die ihnen von dem Ladeninhaber und seinen Leuten vorgewiesene Ware prüfen. Zum Ladenschild war vermutlich auch die Darstellung einer feinen Wild- und Geflügelhandlung bestimmt, wo ein Hase, zwei Wildschweine, mehrere große Vögel an der Wand hängen, und ein junges Mädchen mit der Verkäuferin feilscht; beides Figuren, die in Kostüm, Anlage und Ausführung deutlich den adelnden Einfluß griechischer Vorbilder erkennen lassen: wie denn auch die untergeordneteren Darstellungen dieser Art, namentlich Grabdenkmäler von Handwerkern mit Szenen aus ihrem Leben, Zeugnis davon ablegen, „wie viel allgemeiner auch im spätern Altertum und in den untern Schichten der Bevölkerung das Bedürfnis war, durch die bildende Kunst nicht bloß das Leben in der Gegenwart zu schmücken, sondern auch Andenken und Erinnerung an dasselbe der Nachwelt zu überliefern, als dies gegenwärtig der Fall ist". Ein Relief, das die bekannte Gruppe der drei Grazien und daneben eine ganz bekleidete, sitzende Matrone mit einem über den Kopf gezogenen Obergewande zeigt mit der Unterschrift „zu den vier Schwestern", war allem Anschein nach das Schild eines Ladens oder Gasthauses (wenn nicht eines Bordells). In einer Sammlung von griechisch-lateinischen Gesprächen zur Einübung der gangbarsten Ausdrücke des gewöhnlichen Lebens in beiden Sprachen kommt auch folgender Dialog vor: Ich gehe zum Kleiderhändler. Wieviel kostet dieses Paar? Hundert Denare. Wieviel der Regenmantel? Zweihundert Denare. Das ist zuviel, nimm hundert. Unmöglich, so hoch kommt es mir beim Einkauf von den Vorkäufern (Großhändlern) zu stehen. Was soll ich also geben? Soviel du meinst. (Zum Sklaven oder Begleiter:) Gib ihm 125 Denare. Gehen wir auch zum Leinwandhändler usw. Daß die Käufer gewohnt waren, die Forderungen der Kaufleute herabzusetzen, wie sich von selbst versteht, erwähnt auch Juvenal: der Schullehrer müsse sich einen Abzug von seinem Honorar gefallen lassen, wie der Händler mit Matten (zur Bedeckung von Fußböden) und schneeweißen Bettüchern von seinen Preisen.

Reliefs und inschriftliche Denkmäler sind es fast ausschließlich, die uns hie und da in die Existenz der Handwerker und Ladeninhaber (sehr viele waren natürlich beides zugleich) einen Blick tun lassen. Einige Inschriften erinnern uns daran, wie äußerst wenig wir von den damaligen sozialen Verhältnissen der Gewerbetreibenden wissen: so machen uns Inschriften aus Hierapolis in Großphrygien (aus dem 2. oder 3. Jahrhundert) mit einer dort existierenden, offenbar recht angesehenen Zunft der Purpurfärber bekannt, eine leider nur sehr fragmentisch erhaltene pergamenische Inschrift zeigt das Eingreifen des römischen Prokonsuls bei einem Arbeiterausstande, beim Bau des Theaters in Milet wird ein technischer Streit zwischen den den Bau ausführenden Unternehmern (ἐργοκάβοι) und ihren Auftraggebern (ἐργοδόται), der zur Niederlegung der Arbeit zu führen droht, durch ein Orakel des didymäischen Apollo beigelegt. Die römischen Lustspiele, die ihren Stoff mit Vorliebe diesen Lebenskreisen entlehnten (Mimen und Atellanen), sind leider verloren, und die unübertrefflichen Szenen aus dem kleinbürgerlichen Leben bei Petron haben eine ganz lokale süditalische Färbung. Die uns erhaltne Literatur stammt fast durchweg aus einer Bildungssphäre, in der man auf die kleinen Leute meist mit Geringschätzung und immer ohne Anteil herabsah, die tagaus tagein in entgürteter Tunika hinter dem Ladentisch standen oder in Schurz und Kappe auf ihrem Schemel in der Werkstatt, wo nichts Edles gedeihen konnte, für das Brot arbeiteten, oder billig eingekaufte Waren mit einem Gewinn von 50 Prozent verhandelten, gleichviel, ob es stinkende Felle oder wohlriechende Essenzen waren, da der Gewinn für sie immer einen guten Geruch hatte. So groß war die Abneigung gegen den kleinen Erwerb. Personen der höhern Stände wurden auch die unsaubersten Geschäfte, z. B. Vermieten von Häusern und Grundstücken zu Bordellen, ebensowenig verdacht wie später russischen Großen die Branntweinpacht, weil sie sich dabei der Vermittlung von Sklaven und Freigelassenen bedienten und so scheinbar von dem Schmutze des unanständigen Erwerbs unbefleckt blieben; den kleinen Geschäftsleuten machte man dagegen auch ein unschuldiges Wahrnehmen ihres Vorteils zum Vorwurf. So sagt Plinius, daß die Kleiderhändler auf den Untergang des Siebengestirns (am 11. November) achteten, weil man auf einen regnerischen Winter schloß, wenn er bei bewölktem, auf einen rauhen, wenn er bei heiterm Himmel erfolgte; im ersten Falle erhöhten sie den Preis der Mäntel, im zweiten den andrer Kleidungsstücke: und darin findet er einen Beweis für die heimtückische Gesinnung dieser Leute. Handwerker erwarteten und erhielten, wenn man mit ihrer Arbeit zufrieden war (ebenso wie Taglöhner), eine kleine Zugabe zu dem bedungnen Preis *(corollarium)*.

Handwerker und Krämer gehörten zu den konservativsten Elementen der Bevölkerung. Jede Erschütterung der bestehenden Ordnung, vollends Aufruhr und Bürgerkrieg bedrohten ihre Existenz unmittelbar. „Der bei weitem größte Teil der Taberneninhaber", sagt Cicero (und dies gilt ganz ebenso für die spätere Zeit), „oder vielmehr diese ganze Klasse ist im höchsten Grade ruheliebend. All ihre Erwerbsmittel, ihre Arbeit und ihr Verdienst beruhen auf der Lebhaftigkeit des Verkehrs und werden durch die Ruhe erhalten; jede Schließung der Tabernen beeinträchtigt den Verdienst, und wie erst, wenn sie ein Raub der Flammen werden?" Dies war wohl in der Regel bei Straßenkämpfen der Fall, wie bei dem Kampf zwischen Volk und Prätorianern im Jahre 237/38, wo die letztern, von den Dächern mit Dachziegeln und Steinen beworfen, an die verschlossenen Türen der Tabernen und Häuser Feuer legten. Sehr allgemein, wie es scheint, sah man in den Tabernen, Läden, Werkstätten, Wechselkontoren Büsten und Bilder der regierenden Kaiser, freilich meist schlecht gemalt und plump bossiert und oft unähnlich genug. An den Geburtstagen der Kaiser und sonstigen Festtagen zu Ehren der Kaiser und des kaiserlichen Hauses waren die Tabernen, wie überhaupt bei festlichen Gelegenheiten, mit Lorbeerzweigen geschmückt und mit Lampen erleuchtet, an Trauertagen des Kaiserhauses geschlossen.

Wie die Innungen des Mittelalters ihre Heiligen, verehrten auch die römischen Handwerker- und Künstlerinnungen ihre Schutzgötter und begingen festlich deren heilige Tage. Der allgemeinste Feiertag für sie war der 19. März, Quinquatrus genannt, der Stiftungstag des Tempels der Minerva, der Schutzgöttin aller Handwerker und Künstler, auf dem Aventin; später wurde das Fest auf fünf Tage, bis zum 23. März, ausgedehnt. Ovid nennt als daran beteiligt Spinnerinnen, Weber, Walker Färber, Schuster, aber auch Bildhauer, Maler, Ärzte und Schullehrer, welche letztere dann Ferien gaben. Den Tag der Vesta (9. Juni) feierten Müller und Bäcker, man hängte den Eseln Blumengewinde und auf Schnüre gezogene Brote um und bekränzte die Mühlen. Die Zunft der Musikanten (besonders Flötenbläser), die bei den öffentlichen Opfern und Kultushandlungen spielten, hielt ihr Festmahl im Juppitertempel auf dem Kapitol und durchzog am 13. Juni, den sogenannten kleinen Quinquatrus, maskiert (besonders in Frauenkleidern), berauscht und scherzhafte Lieder nach alten Weisen singend die Stadt. Vermutlich waren überhaupt bei Handwerksfesten Aufzüge nicht selten; einen Aufzug des Tischlergewerks scheint ein Bild in Pompeji darzustellen; wo allerlei auf das Gewerk bezügliche Figuren von jungen Männern auf Bahren getragen werden. Auch beteiligten sich in Rom wie in andern Städten die Innungen offenbar regelmäßig an großen Aufzügen (Triumphen, Einholungen der Kaiser u. dgl.), wobei wiederholt ihre Fahnen erwähnt werden; ohne Zweifel hatte jede ihren eignen Fahnenträger. Eine in Ostia gefundene Marmortafel enthält ein nach Monaten geordnetes Verzeichnis von Mitgliedern eines dortigen Vereins (darunter auch eine Frau), nebst Angabe der Summen, welche dieselben eingezahlt hatten, damit von den Zinsen (und zwar 12 Prozent) alljährlich die Kosten einer gemeinsamen Feier des Geburtstags eines jeden bestritten würden. Ein allgemeines Fest der kleinen Leute war der 15. März, der Tag der Anna Perenna, wahrscheinlich einer Göttin des Jahrs, der in einem Haine von Fruchtbäumen am ersten Meilenstein der Flaminischen Straße (wahrscheinlich nicht weit von Porta del Popolo) gefeiert wurde. Die Mädchen sangen sehr ausgelassene, aus alter Zeit stammende Scherz- und Spottlieder. Männer und Frauen lagerten sich auf dem grünen Grasboden des Tiberufers teils im Freien, teils in Laubhütten oder improvisierten Zelten aus Rohrstäben, über die sie ihre Togen ausbreiteten. Dort zechten sie und beteten um so viel Lebensjahre, wie sie Löffel aus dem Mischgefäß schöpften, sangen die Melodien, die sie aus dem Theater behalten hatten, und führten plumpe Tänze auf; endlich kehrten sie taumelnd und sich gegenseitig unterstützend zur Belustigung aller des Wegs Kommenden heim.

Die Innungen sorgten zum Teil für gemeinsames Begräbnis ihrer Mitglieder; doch die Mehrzahl der Ärmeren, welche die Kosten eines eignen Begräbnisses nicht zu erschwingen vermochten, beteiligte sich wohl bei Sterbekassenvereinen, die außer Freien und Freigelassenen auch Sklaven aufnahmen und ihren Mitgliedern gegen Entrichtung eines monatlichen Beitrags eine angemessene Bestattung sicherten, gewöhnlich in sogenannten Kolumbarien, d. h. großen Gewölben mit übereinander liegenden Reihen kleiner Nischen, die ihren Namen von der Ähnlichkeit mit den Taubenhäusern haben. Auch diese Vereine hatten ihre stehenden Feste; namentlich begingen auch sie den Geburtstag ihres Schutzgottes, d. h. den Einweihungstag seines Tempelbilds, mit einer Festmahlzeit. Unter den noch erhaltenen Statuten solcher Genossenschaften gewährt namentlich das der „Verehrer der Diana und des Antinous" zu Lanuvium (Citta Lavigna) vom Jahre 136 n. Chr. nicht bloß interessante Einblicke in das Wesen der Sterbekassenvereine, sondern gibt auch einige Vorstellung davon, wie es bei ihren Festen zuging. Vorausgeschickt ist die Warnung: „Du, der du neu in diesem Verein (so) eintreten willst, lies erst das Statut durch und tritt so ein, daß du dich nachher nicht beschwerst oder deinem Erben einen Rechtsstreit hinterlässest." Die neu Aufgenommenen zahlten ein Eintrittsgeld von 100 Sesterzen (21,75 Mark) und eine Amphora guten Wein; der jährliche Beitrag von 15 Sesterzen (3,25 Mark) wurde in monatlichen Raten von 5 As (etwa 27 Pfennig) entrichtet. Dagegen zahlte die Kasse zur Bestattung jedes verstorbnen Mitglieds, das regelmäßig beigetragen hatte, 300 Sesterzen (65 Mark); nur Selbstmörder waren ausgeschlossen. Von der Bestattungssumme wurden für das Leichengeleit 50 Sesterzen (etwa 11 Mark) abgezogen und am Scheiterhaufen verteilt. Klagen und Beschwerden sollten in den Versammlungen vorgebracht werden, „damit wir an den Festtagen in ungestörter Heiterkeit schmausen können". Die Schmäuse wurden, wie es scheint, von je vier jährlich wechselnden Mitgliedern veranstaltet, welche Decken oder Polster für die Speisesofas, heißes Wasser nebst Geschirr, außerdem vier Amphoren (etwa 105 Liter) guten Wein und für jedes Mitglied ein Brot zu zwei As und vier Sardinen zu besorgen hatten. Die Kosten der eigentlichen Mahlzeit wurden vermutlich von den Zinsen eines Kapitals bestritten, das ein Gönner des Vereins hierzu bestimmt hatte; an Wein konnte um so weniger Mangel sein, als außer den neu Eintretenden auch die dem Verein angehörenden Sklaven eine Amphora (26 Liter) geben mußten, wenn sie freigelassen wurden. Ordentliche Schmäuse fanden sechs im Laufe des Jahrs statt; bei den beiden hauptsächlichsten, an den „Geburtstagen" der Diana und des Antinous, mußte der jedes mal auf fünf Jahre gewählte Vorsteher, der bei allen Verteilungen doppelte Anteile erhielt, den Mitgliedern vor der Mahlzeit im öffentlichen Bade Öl verabreichen. Derselbe hatte an allen Festtagen seines Amts mit Wein und Weihrauch zu opfern und seine übrigen amtlichen Funktionen in weißer Kleidung zu vollziehen. Hatte er sein Amt rechtlich verwaltet, so erhielt er fortan bei allen Verteilungen das Anderthalbfache des gewöhnlichen Anteils. Wer bei den Festen eines Streits halber von seinem Platze an einen andern ging, zahlte vier Sesterzen Strafe; wer einen andern schimpfte oder Lärm erregte, zwölf; wer den Vorsteher während des Schmauses schmähte oder beleidigte, zwanzig. Als das Christentum sich in den Kreisen der kleinen Leute weiter und weiter ausbreitete, konnten gewiß viele Christen sich nicht sogleich entschließen, die Vorteile der Sterbekassenvereine, deren Mitglieder sie waren, aufzugeben. In den Briefen des Bischofs Cyprianus von Karthago wird einem Martialis unter anderm der Vorwurf gemacht, „die schändlichen und kotigen Mahlzeiten in einem Vereine lange besucht und seine Kinder nach heidnischer Sitte in demselben Vereine in unheiligen Gräbern bestattet zu haben.

Auch sonst finden sich hie und da Andeutungen über die gesellige und geistige Bildung in den Kreisen dieser kleinen Leute. Daß im allgemeinen weder die eine noch die andre groß war, ist selbstverständlich, und namentlich die Mangelhaftigkeit der letzteren durch ihre nicht selten ungrammatischen, unortographischen und unbehilflich abgefaßten Inschriften bezeugt. Bei Gellius nennt ein Grammatiker ein ihm unbekanntes Wort „plebejisch und der Sprache der Handwerker angehörig". Doch Verse Vergils, dessen Popularität die Schillers in unsern Tagen vielleicht noch übertraf, wurden auch dort, wie es scheint, gern im Munde geführt und zuweilen überraschend angewendet. So trägt jenes Schild einer Wildprethändlerin die Inschrift aus der Äneide: „Weil schattige Berghöh'n Lauben dem Wild aufwölben und kreisende Sterne der Pol nährt, immer bleibt dir Namen und Ehr' und ewiger Nachruhm." Auch in eignen Versen versuchte man sich. Eine Grabschrift beklagt in zierlichen Hexametern den Verlust eines im dreizehnten Jahre verstorbnen Sklaven, welcher der Liebling seines Herrn, allem Anscheine nach eines Goldschmieds, war: „Dieser verstand Halsketten mit kundiger Hand zu verfert'gen und in getriebnes Gold buntschimmernde Steine zu fassen." Auch die Sitten waren ohne Zweifel nicht immer fein. Von den Hökern, die mit Salzfischen handelten, sagte man mit einer aus dem Griechischen entlehnten Redensart, daß sie sich mit dem Ellbogen schneuzten, und die Burschen der Salzverkäufer zeichneten sich durch die Gemeinheit ihrer Späße aus. Die Meister machten von dem Züchtigungsrecht, das ihnen gegen die Lehrlinge zustand, vermutlich nicht selten einen übermäßigen Gebrauch; wie denn gelegentlich erwähnt wird, daß ein Schuster einen freigebornen Lehrling, der sich ungeschickt erwies, durch einen Schlag mit dem Leisten auf einem Auge blind machte. In dem städtischen Leben Pompejis scheinen die Lehrlinge keine ganz unbedeutende Rolle gespielt zu haben. Unter den an den Häusern angeschriebenen Wahlempfehlungen zu den städtischen Ämtern befindet sich auch eine der Lehrlinge *(discentes)*, außerdem eine von einem Saturninus „mit seine Lehrlinge" (so). In treuherziger Weise rühmen einige Grabschriften die Eigenschaften der Verstorbenen. Einem freigelassenen Goldschmied, der „durch seine Kunst in der Verfertigung Clodianischer Gefäße alle übertraf", wird von seinem ehemaligen Herrn bezeugt: „Er hat niemanden geschmäht, nie etwas gegen den Willen seines Patrons getan. Immer war eine schwere Menge Gold und Silber bei ihm, aber nie ließ er sich danach gelüsten." Ein ebenfalls freigelassener Perlenhändler von der heiligen Straße bittet in seiner Grabschrift den Wanderer, sein Grab nicht zu beschädigen, in dem die Gebeine eines Manns ruhen, der „gut, barmherzig und ein Freund der Armen war". Ein L. Nerusius Mithres war nach seiner hexametrischen Grabschrift (in welcher die Anfangsbuchstaben der Verszeilen seinen Namen bilden) in der „heiligen Stadt" durch einen mit seltener Rechtlichkeit betriebnen Handel mit Bockfellen bekannt gewesen, hatte außerdem als Unternehmer seine Zahlungen an den Fiskus stets ohne Sorgen geleistet und sich bei allen Kontrakten als billig denkend erwiesen. Es war ihm wohl ergangen, er hatte sich ein mit Marmor ausgestattetes Haus gebaut, viele Bedürftige unterstützt; zu noch größerm Ruhm rechnete er es sich, daß er durch Erbauung eines Erbbegräbnisses für die einstige Ruhe aller seiner Freigelassenen beiderlei Geschlechts und ihrer Nachkommen gesorgt hatte.

Handwerker suchten vielleicht öfters durch Zucht und Abrichtung von Vögeln sich einen Nebenverdienst zu schaffen, obwohl es natürlich auch Leute genug gab, die daraus allein ihr Gewerbe machten; Manilius erwähnt solche, die in Käfigen durch die ganze Stadt abgerichtete Vögel tragen, deren ganze Habe in einem kleinen Vogel besteht. Doch kommen in den bezüglichen, nicht zahlreichen Anekdoten dreimal Handwerker als Besitzer oder Lehrmeister kunstreicher Vögel vor. Einen Raben, den ein armer Schuster abgerichtet hatte, einen Glückwunsch an August zu sprechen, wollte dieser nicht kaufen, da er schon genug solche Gratulanten zu Hause habe; aber der Vogel sagte zur rechten Zeit die oft von seinem Herrn gehörten Worte: „Ich habe Mühe und Kosten verloren", und wurde nun sehr hoch bezahlt. Ein Barbier am Forum hatte eine Elster, die musikalische Instrumente, Menschen- und Tierstimmen nachamte; eines Tags machte ein großes, vorüberziehendes Leichengefolge vor dem Barbierladen Halt, und die im Zuge befindlichen Tubabläser bliesen ein langes Stück. Die Elster verstummte nun für einige Zeit, und man beargwöhnte schon einen neidischen Konkurrenten, sie verzaubert zu haben: da sang sie das ganze, so lange im stillen geübte Musikstück von Anfang bis zu Ende. Unter Tiberius flog aus einem Rabennest auf dem Castortempel ein junger Rabe in eine gegenüberliegende Schusterwerkstatt, deren Herr ihn sprechen lehrte. Der Rabe gewöhnte sich, an jedem Morgen auf die Rednerbühne zu fliegen, Tiberius, Germanicus und Drusus mit Namen anzureden, auch das vorübergehende Volk zu begrüßen, und erregte so jahrelang die Bewunderung von ganz Rom. Als der Inhaber eines benachbarten Ladens ihn umbrachte (angeblich aus Zorn, weil er ihm ein Paar neue Schuhe beschmutzt hatte), geriet das Volk in solche Aufregung, daß es den Mörder aus dem Bezirk vertrieb; später wurde er ermordet. Der Vogel wurde feierlich von zwei Mohren auf einer Bahre unter Musik zu einem an der Appischen Straße errichteten Scheiterhaufen getragen und von einem großen Gefolge mit vielen Kränzen begleitet. Dies geschah, wie Plinius, wahrscheinlich aus dem öffentlichen Stadtanzeiger, berichtet, am 28. März 35 n. Chr.

c) Sonstige Erwerbsarten, Künste und Wissenschaften

Wie Handwerk und Kleinhandel galten auch manche andre, zum Teil sehr einträgliche Erwerbsarten für mehr oder minder unanständig. Der arme, aber freigeborne, liberal erzogene Mann sprach mit Geringschätzung von den Leuten, die reich wurden, indem sie Leichenbesorgungen übernahmen, Bäckereien und Badehäuser pachteten, öffentliche Arbeiten aller Art an Flüssen und Häfen, die Austrocknung von Sümpfen, auch die Reinigung von Kloaken ausführten, als Auktionsausrufer bald unschätzbare Kostbarkeiten, bald altes Gerümpel versteigerten und andre derartige Geschäfte machten.

Von den hier genannten Gewerben galten zwei so sehr als unehrbar, daß den sie Betreibenden nach Cäsars Munizipalgesetz die Wählbarkeit zu städtischen Ehrenämtern abging: das der Leichenbesorger und das der öffentlichen Ausrufer *(praecones)*. Die letztern wurden zwar bei öffentlichen Bekanntmachungen aller Art (z. B. von verlornen Sachen, entlaufenen Sklaven) verwendet; doch ihr Hauptgeschäft war das Abhalten von Versteigerungen, und vielleicht die naheliegende Berührung dieser Tätigkeit mit der des öffentlichen Spaßmachers der Grund der Mißachtung, in der das ganze Gewerbe stand. Durch die Auktionen war es aber auch ein sehr einträgliches, denn die öffentliche Versteigerung hatte im römischen Geschäftsverkehr eine ganz andre Bedeutung als im heutigen; ihr gehörte teilweise der wichtige Platz, den gegenwärtig das Maklergewerbe, das Kommissionsgeschäft einnimmt. Wo immer man sich überflüssiger Gegenstände zu entäußern wünschte, namentlich im Falle der Erbschaft, oder auch wo man außerordentlicherweise Geld brauchte, ward zur Auktion geschritten. Statt des Geschäftsherrn trat ein gewerbsmäßiger Vermittler ein, der *coactor argentarius* oder *exactionum*, wie er von dem Einziehen der einzelnen Auktionsforderungen hieß: ein Gewerbe, das ebensowenig geachtet war wie das des Ausrufers. Die diesem Mittelsmann für seine Mühewaltung und für die Übernahme der Gefahr zu gewährende Entschädigung (bei der die Gebühr für den Ausrufer nicht einbegriffen war) wurde in Form eines von dem Käufer über den Kaufpreis hinaus zu entrichtenden Zuschlags von 1 Prozent erhoben. Die Niedrigkeit dieses Betrags erklärt sich durch den ungeheuren Umfang des römischen Auktionsgeschäfts; übrigens werden vermutlich bei besonders lästigen und gefährlichen Geschäften höhere Prozente bedungen worden sein. In der Zeit des Horaz, dessen Vater dieses Geschäft betrieb, waren die Einnahmen dieser Vermittler noch ebenso gering wie die der Ausrufer; aber schon in der ersten Kaiserzeit waren die der letztern (also auch die der erstern) hoch, was doch wohl kaum anders als durch eine große Steigerung der Schnelligkeit des Besitzwechsels in Rom erklärt werden kann; und allerdings bezeugt Strabo, daß zu seiner Zeit wenigstens die Häuser unaufhörlich aus einer Hand in die andre gingen. Arruntius Euarestus, ein Auktionator, der in der Verwirrung nach Caligulas Ermordung eine Rolle spielte, war nach Josephus so vermögend wie die reichsten Römer und hatte die Macht damals und später, seinen Willen in Rom durchzusetzen. Bei Martial bewerben sich um ein Mädchen zehn Dichter, sieben Anwälte, vier Tribunen und zwei Prätoren: der Vater gibt die Tochter ohne Besinnen einem Auktionsausrufer. Hat er etwa töricht gehandelt? fragt der Dichter. Derselbe rät, einen Knaben, der in der Welt fortkommen wolle, nur ja nicht studieren oder Verse machen zu lassen; vielmehr solle er sich auf die Kithara oder Flöte verlegen, habe er einen harten Kopf, Ausrufer oder Baumeister werden.

Die Baukunst, die Cicero als nützliche Kunst mit der Medizin zusammenstellt, galt den Römern unter allen Künsten als die anständigste und war zugleich die lohnendste; daher schon unter Augustus die Zahl der Baumeister in Rom so groß war, daß sie nach Vitruv sich selbst anbieten mußten, um Beschäftigung zu finden, und viele Pfuscher sich zudrängten. Doch später vermehrte sich sicherlich die Nachfrage nach Architekten sehr, teils durch die kolossalen öffentlichen, teils durch die infolge von Bränden, Einstürzen und Verkäufen fortwährend betriebenen Privatbauten, teils endlich infolge der vielfach in Bauwut ausartenden Baulust der Reichen. Angesichts der großartigen Überreste öffentlicher und privater Bautätigkeit im ganzen römischen Reiche kann man nicht an der buchstäblichen Wahrheit der Äußerung Trajans zweifeln, daß es in keiner Provinz an kundigen und erfinderischen Architekten fehle. Ein sehr großer Teil von ihnen stand im Staatsdienste, namentlich als Ingenieure und Bautechniker bei den Armeen, doch muß die Zahl der Privatbaumeister bei weitem größer gewesen sein.

Über den Erwerb der (mit Ausnahme einzelner berühmter und hochbezahlter Künstler) gering geachteten Bildhauer und Maler wissen wir wenig. Daß die Einnahmen der Musiker sehr bedeutend sein konnten, zeigen schon die Belohnungen von 200.000 Sesterzen (43.500 Mark), die der karge Vespasian den Kitharöden Terpnus und Diodorus für ihr Auftreten bei der Wiedereinweihung des Marcellustheaters gab. Auch der Musikunterricht war einträglich, und die Honorare, die berühmte Sänger und Kitharöden von reichen Schülern erhielten, erregten den Neid und Ingrimm der Gelehrten. Erkundige dich nur, sagt Juvenal zu dem Lehrer der Beredsamkeit, für welchen Preis Chrysogonus und Pollio die Kinder der Reichen (im Kitharaspiel) unterrichten, und du wirst das Lehrbuch des Theodorus in Stücke reißen. Wie die Musiker, so wurden im allgemeinen die Künstler, die dem Luxus oder dem Vergnügen des Publikums dienten, meist hoch bezahlt, namentlich Schauspieler und Tänzer; aber auch Fechtmeister und Zirkuskutscher erwarben große Reichtümer.

Auch gelehrte Berufsarten wurden wie die Künste und Kunstfertigkiten, insofern sie nicht den Sklaven überlassen blieben, fast ausschließlich von Personen des dritten Stands erwählt. Galen nennt als die vorzugsweise bei der Wahl zu berücksichtigenden Fächer Medizin, Rhetorik, Musik, Geometrie, Arithmetik, Dialektik, Astronomie, Grammatik, Rechtskunde, wozu man noch allenfalls Bildhauerei und Malerei fügen könne. Diese letztern schafften wenigstens, wenn sie als Handwerk betrieben wurden, wie alle Handwerke am schnellsten Brot, aus welchem Grunde auch Lucian zu seinem Oheim, dem Bildhauer, in die Lehre gegeben wurde. Die wissenschaftlichen Berufsarten konnten freilich nur von solchen ergriffen werden, die jahrelange mühsame Vorbereitungen nicht scheuten und während dieser Zeit imstande waren, auf den Erwerb zu verzichten; und nicht leicht kamen die in die Höhe, deren Tüchtigkeit durch enge Verhältnisse beschränkt war. Von der Lebensstellung, die diese Berufsarten gewährten, sind wir einigermaßen unterrichtet.

Dem Lehrerstande fehlte in den ersten Jahrhunderten zum größten Teil die Sicherung der Existenz und die äußerliche Geltung, die ein öffentliches Amt gewährt. Der Unterricht wurde im Anfang der Kaiserzeit gar nicht, im 2. Jahrhundert nur in sehr beschränktem Umfange als Angelegenheit des Staats betrachtet und auch als Kommunalangelegenheit wohl erst in dieser Zeit allgemein anerkannt. Vorher war das Unterrichtswesen ganz der Privattätigkeit überlassen gewesen, welche jedoch überall dadurch gefördert wurde, daß Lehrer von städtischen Lasten frei waren. Diese Bestimmung enthält auch die im Jahre 1876 aufgefundene Gemeindeordnung eines Bergmannsdorfs im südlichen Portugal; auch dort war also eine Schule vorhanden oder wenigstens in Aussicht genommen. Also werden Elementarschulen auch an kleinen Orten selbst in den Provinzen nicht gefehlt haben, während nur die größern und größten Städte Schulen für den wissenschaftlichen Unterricht und dessen höchste Stufe, den Unterricht in der Beredsamkeit, besaßen. Aus kleinern Orten schickten daher die Eltern oft ihre Kinder, denen sie eine gute Bildung zu erteilen wünschten, nach einer größern Stadt oder nach Rom. Die Schule, die der ältere Statius in Neapel hielt, wurde von Knaben nicht nur aus ganz Campanien, sondern auch aus Lucanien und Apulien besucht; die Schule eines Flavius in Venusia, in welche die großen Jungen großmächtiger Centurionen mit ihren Tafeln und Pennalen am Arme gingen, genügte dem Vater des Horaz nicht; trotz seiner beschränkten Mittel schickte er seinen Sohn nach Rom und ließ ihm eine Bildung erteilen, wie sie Söhne von Rittern und Senatoren erhielten. Der auf einem Dorfe bei Mantua geborne Vergil hielt sich bis zur Anlegung der Toga virilis in Cremona auf, um dann nach Mailand und später nach Rom überzusiedeln, offenbar seiner Ausbildung wegen. In den ersten Jahren der Regierung Trajans gab es in Como überhaupt keine Lehrer der Beredsamkeit, und die jungen Leute, die sich darin ausbilden wollten, mußten in Mailand studieren. Der jüngere Plinius schlug vor, die Besoldung eines Lehrers durch Beiträge der beteiligten Familien aufzubringen, und erbot sich, den dritten Teil der Summe beizutragen. Sie der Stadt ganz zu schenken, hielt ihn die Furcht vor Wahlumtrieben ab, die auf die Besetzungen der Lehrämter an solchen Orten, wo sie von der Gemeinde vergeben und besoldet wurden, häufig einen üblen Einfluß übten. Wie in diesem Falle, wendete man sich wohl häufig nach Rom, um eine geeignete Kraft zu gewinnen, und die Bewerber um das zu vergebende Amt stellten sich, mit Empfehlungsschreiben dortiger Notabilitäten versehen, vor und legten auch öffentliche Proben von ihrem Wissen und ihrer Unterrichtsfähigkeit ab. Gellius wohnte in Brundisium einer solchen öffentlichen Probelektion eines von Rom verschriebenen Lehrers bei. Dieser rezitierte eine Stelle aus Vergil sehr ungeschickt und fehlerhaft und forderte dann die Zuhörer auf, Fragen über das Gehörte an ihn zu stellen. Bei der Beantwortung einer von Gellius an ihn gerichteten Frage verriet er vollends seine Unwissenheit.

Antoninus Pius, der für Rhetoren und Philosophen in allen Provinzen (von den Kommunen zu zahlende) Gehälter anwies, erlaubte in einem zwar zunächst an den Städteverband der Provinz Asia gerichteten, jedoch für das ganze Reich geltenden Erlaß, die Freiheit von munizipalen Leistungen zu gewähren: in den größten Städten 10 Ärzten, 5 Rhetoren, 5 Grammatikern, in den mittlern 7 Ärzten und je 4 Rhetoren und Grammatikern, in den kleinen 5 Ärzten und je 3 Rhetoren und Grammatikern. Daß durch die angegebenen Zahlen das Bedürfnis in Städten wie Ephesus und Smyrna, die zu den größten und volkreichsten des ganzen Reichs gehörten, auch nicht einmal annähernd befriedigt werden konnte, ist klar, und so muß es also schon für Rhetorik und Grammatik an allen größern Orten neben der kleinen Anzahl der öffentlich angestellten und besoldeten Lehrer eine bei weitem größere von Privatlehrern gegeben haben. Gellius spricht sehr häufig von Grammatikern, die in Rom als Lehrer Ansehen genossen, ohne jemals einen öffentlich angestellten zu erwähnen; und wenn es solche auch wahrscheinlich an dem von Hadrian begründeten Athenäum gab, so war ihre Zahl doch jedenfalls im Verhältnis zu der Gesamtzahl der in Rom lebenden Grammatiker eine verschwindend kleine. Auch die öffentlichen Anstellungen in den übrigen Städten galten in dem Lehrerstande gewiß als sehr begehrenswert. In der Grabschrift eines lateinischen Grammatikers in Tritium Magallum, einer Stadt im tarraconensischen Spanien, wird (offenbar als ein ungewöhnlicher Erfolg) erwähnt, daß der Verstorbne im Alter von 25 Jahren von der Stadt ein Gehalt bezogen habe. Außer dem Gehalt erhielten die Lehrer zuweilen auch Ehrenbezeigungen: so z. B. ein lateinischer Grammatiker in Verona, der dem zweiten Stande angehörte, die Auszeichnungen der Dekurionen.

Die Grammatiker, d. h. die Lehrer, die den an die Lesung und Erklärung der Dichter geknüpften wissenschaftlichen Unterricht in beiden Sprachen erteilten, unterrichteten teils einzelne, weshalb sie nicht selten auch auf längere Zeit ganz in vornehme Häuser eintraten, teils hielen sie Schulen, und dies zogen die bessern und gelehrtern Lehrer wohl in der Regel vor; sie hielten sich, wie Quintilian sagt, eines größern Schauplatzes für würdig, während nur die geringern sich im Bewußtsein ihrer Schwäche dazu verstanden, sich nach Art von Pädagogen (Knabenaufsehern) einzelnen ganz zu widmen. Doch natürlich werden auch die besten Lehrer gegen hohes Honorar Privatunterricht erteilt haben. Marc Aurel war seinem Urgroßvater dafür dankbar, daß er einen solchen genossen, keine öffentlichen Schulen besucht und erkannt habe, daß man für diesen Zweck keine Kosten sparen müsse. Wohl immer waren es Leute geringen Stands, die sich dem Lehramt widmeten, in Rom ganz besonders Freigelassene, Nichtbürger und Provinzialen, die bereits Julius Cäsar durch Verleihung des Bürgerrechts an Lehrer zahlreich dorthin zu ziehen suchte. Eine sehr große Anzahl darunter war aus den griechischen Provinzen und dem Orient, da der Unterricht in der griechischen Sprache und Literatur in Rom ganz besonders gesucht war.

Daß die Mehrzahl der Lehrer nicht aus innerm Beruf, sondern lediglich des Erwerbs halber unterrichtete, darf man schon daraus schließen, daß selbst unter den berühmtesten und durch wissenschaftliche Leistungen ausgezeichneten Grammatikern (Philologen) Roms im 1. Jahrhundert, von denen uns Sueton Nachricht gibt, mehrere entweder ganz zufällig zu diesen Studien gekommen sind, oder erst, nachdem es ihnen in andern Berufsarten nicht geglückt war. Einige legten den Grund zu ihren Kenntnissen als Sklaven und Freigelassene im Dienste von Gelehrten, oder indem sie den Sohn der Herrschaft in die Schule begleiteten. Der berühmte Orbilius war zuerst Amtsdiener bei einem Magistrat gewesen und hatte dann zu Fuß und zu Pferde im Heere gedient, ehe er sich ganz der Lehrtätigkeit widmen konnte; der noch berühmtere M. Valerius Probus aus Berytus legte sich erst auf sprachliche Studien, als er die Hoffnung aufgeben mußte, eine Subalternoffiziersstelle, um die er sich lange beworben hatte, zu erhalten. Ein dritter war ehemals Faustkämpfer gewesen, ein vierter hatte sich bei den Bühnen umhergetrieben und durch Mitarbeiten an Possen seinen Unterhalt erworben. Dagegen trat der spätere Kaiser Pertinax, der Sohn eines Freigelassenen, der Holzhandel trieb, vom Lehrerstande, in dem er seine Rechnung nicht fand, zum Kriegsdienste über.

Offenbar war die Ansicht sehr allgemein, daß es ein hartes Brot sei, „in der Schule zu sitzen und Kinder zu unterrichten". Die Mühen und Beschwerden waren groß, die Vorteile gering, und die wenigsten Lehrer mochte das Bewußtsein trösten und erheben, daß es ein hoher, ja königlicher Beruf sei, „unschuldige Gemüter in guten Sitten und heiligen Wissenschaften zu unterweisen". Der Unterricht begann mit oder vor Tagesanbruch; der Lehrer mußte früher aufstehen als der Schmied oder Weber und den Dunst der von den Knaben mitgebrachten Lampen atmen, der die Büsten des Horaz und Vergil in der Schulstube schwarz räucherte. Die Dauer des täglichen Unterrichts mag verschieden gewesen sein, doch wird er in der Regel sechs Stunden ausgefüllt haben, was Ausonius als das in seiner Zeit Gewöhnliche angibt. Galen erzählt, daß ein Grammatiker Diodorus, der an epileptischen Krämpfen litt, wenn er während der Lehrstunden längere Zeit nichts genossen hatte, sich ganz wohl befand, seit er auf seinen Rat um die dritte oder vierte Stunde etwas in Wein getauchtes Brot zu sich nahm: d. h. um die Mitte der Unterrichtszeit oder etwas später. Dagegen wird in griechisch-lateinischen Schulgesprächen erwähnt, daß die Schüler zum Frühmahl, d. h. um die Mittagszeit, nach Hause gehen, sich umkleiden und nach der Mahlzeit in die Schule zurückkehren. Das gewöhnliche Alter derselben läßt sich einigermaßen bestimmen. Nach Paulus von Ägina, von dessen Vorschriften die Praxis sich auch in frühern Jahrhunderten und im Okzident nicht allzuweit entfernt haben dürfte, soll der erste Unterricht der Knaben im Alter von 6 oder 7, der grammatische und geometrische (nebst gymnastischen Übungen) im Alter von 12 Jahren beginnen; vom 14. bis zum 20. Jahre soll das Studium der (höheren) Mathematik und Philosophie (verbunden mit schwierigern körperlichen Übungen) dauern. Am schwersten war es für den Lehrer, die „Hände und zwinkernden Augen" so vieler heranwachsenden Knaben, über deren Sittlichkeit er wie ein Vater wachen sollte, unausgesetzt im Auge zu behalten. Augustinus bereut in seinen Bekenntnissen auch die Vergehungen seiner Schülerzeit, in der seine Furcht, einen Sprachfehler zu machen, größer war als sein Bestreben, von Neid gegen diejenigen frei zu werden, die ihn vermieden. Er betrog mit unzähligen Lügen seinen Aufseher (Pädagogen), seine Lehrer und Eltern, aus Liebe zum Spiel mit Nüssen, Bällen und Vögeln, zum Schauen von Possen (Schauspielen) und aus kindischer Leidenschaft, das Geschaute nachzuahmen. Er stahl aus der Speisekammer und vom Tisch seiner Eltern teils aus Naschhaftigkeit, teils um für das Gestohlene andern Knaben ihr Spielzeug abzukaufen, und betrog beim Spiel. Kritzeleien von Schulknaben haben sich zahlreich an pompejanischen Wänden erhalten. Auch haben wir noch ein wohl jedenfalls von Schulknaben verfaßtes und „bei den lockenköpfigen Scharen" sehr beliebtes „Testament des Ferkels Hans Grunzer" (M. Grunnius Corocotta), worin dasselbe vor seinem Tode durch das Messer des Kochs seinem Vater „Eberhard Speckmann" (Verrinus Lardinus) 30 Maß Eicheln vermacht, von seinem Leibe dem Schuster die Borsten, den Tauben die Ohren, den Advokaten und Schwätzern die Zunge usw. und sich für sein Grabmal die Inschrift in goldnen Buchstaben bestellt: „Hans Grunzer hat 999½ Jahre gelebt, hätte er noch ein halbes Jahr gelebt, so hätte er 1000 voll gemacht." Wie dieser Schulwitz dem heutigen ganz ähnlich sieht, so wird sich auch der kleine Krieg zwischen Lehrern und Schülern damals in denselben Szenen abgespielt und der Spott der letztern sich an die Schwächen der erstern ebenso geheftet haben wie heute. In einer griechischen Anekdotensammlung aus dem späten Altertum kommt folgende Schulgeschichte vor. Ein Elementarlehrer sagte während des Unterrichts: „Dionysios dort im Winkel treibt Unfug", und als ihm erwidert wurde, daß dieser gar nicht da sei, antwortete er: „wenn er da sein wird". Quintilian führt unter den Gründen, aus denen der Schulbesuch dem häuslichen Unterricht vorzuziehen sei, die in der Schule geschlossenen, bis in das Alter dauernden Freundschaften und die Erweckung eines nützlichen Ehrgeizes durch den Wetteifer mit Altersgenossen an. Andrerseits meinte man, daß in den Schulen die Sitten leicht verdorben würden, obwohl Knaben aus guter Familie von ihren Pädagogen auch dorthin begleitet wurden; und auch gegen die Sittlichkeit der Lehrer selbst erhob sich vielfach üble Nachrede. Zur Erhaltung der Ordnung machten diese von Rohrstock, Ruten und Peitsche offenbar sehr häufig Gebrauch; die humane Ansicht, daß die Schüler überhaupt nicht geschlagen werden dürften, scheint nur durch eine Minderheit (zu der auch Quintilian gehörte) vertreten gewesen zu sein. Zu den Mühseligkeiten und Beschwerden des Lehramts kamen die unbilligen Ansprüche der Eltern, über deren Verständnislosigkeit und Eitelkeit auf ihre Kinder schon Orbilius ein ganzes Buch voll Klagen schrieb. Von Schulstaub hatten die römischen Lehrer nicht zu leiden, da sie in halb oder ganz offenen Zwischengeschossen oder unmittelbar an der Straße und von dieser nur durch einen Vorhang getrennt unterrichteten. Auch dauerten (abgesehen von den vielen Feiertagen) die Sommerferien sehr lange, denn im Sommer, sagt Martial, lernten die Knaben schon genug, wenn sie nur gesund blieben. Die Hauslehrer, besonders die griechischen, klagten, und gewiß oft mit Recht, über unwürdige Behandlung und Demütigungen aller Art, und daß ihr ganzes Gehalt kaum hinreichte, den Arzt, Schuhmacher und Kleiderhändler zu bezahlen: während die Römer behaupteten, daß diese Ausländer in vornehmen Häusern ihnen vorgezogen würden und sich durch ihre Intrigen und Schändlichkeiten wohl gar zu den eigentlichen Herren derselben zu machen wüßten.

Im ganzen wurde der grammatische Unterricht in Rom schlecht bezahlt. Juvenal gibt fünf Goldstücke (500 Sesterzen = 108,75 Mark) als jährliches Honorar an, das z. B. bei einem Besuch von dreißig Schülern nur eine Einnahme von 15.000 Sesterzen (rund 3260 Mark) ergab, die doch noch durch die Kosten der Miete des Lokals usw. geschmälert wurde; allerdings erfuhr dieses Einkommen noch durch herkömmliche Geschenke der Schüler an bestimmten Tagen des Jahrs eine Steigerung. Gewiß wurden gute Lehrer besser bezahlt, und vielleicht hatten viele eine erheblich höhere Schülerzahl, aber wohl auch viele eine geringere: bei Martial bittet einer den Kaiser statt des Dreikinderrechts um das Dreischülerrecht, da er immer nur zwei gehabt hat. Im Tarif Diocletians erhält für den monatlichen Unterricht eines Schülers der Elementar- und der Schönschreiblehrer 50 Denar (90 Pf.), der Rechen- und der Schnellschriftlehrer 75 Denar (1,35 Mark), der Sprach- und der Geometrielehrer 200 Denar (3,60 Mark) und der Lehrer der Beredsamkeit 250 Denar (4,50 Mark). Ohne Zweifel war die Konkurrenz sehr groß; schon zu Ende der Republik soll es zuweilen zwanzig besuchte grammatische Schulen in Rom gegeben haben. Manche Schulen wurden überdies von zweien gehalten, die also die Einkünfte teilten, und ältere Lehrer werden ohne Zweifel nicht selten, wie der Freund des Augustinus, Verecundus (zu Mailand), Gehilfen gehalten und bezahlt haben. Waren nun aber auch die Schulmeister im allgemeinen, wie Ovid sagt, eine in bezug auf Vermögen zu kurz gekommene Klasse, so erwarben doch einzelne gesuchte Lehrer viel. M. Verrius Flaccus, den Augustus mit seiner ganzen Schule ins Palatium aufnahm, erhielt von ihm für den Unterricht seiner Enkel ein Jahrgehalt von 100.000 Sesterzen (etwa 21.750 Mark). Remmius Palämon bezog aus seiner Schule ein Einkommen von 400.000 Sesterzen (87.000 Mark) und nicht viel weniger aus seinem Privatvermögen, zu dem er doch wohl auch den Grund durch seine Lehrtätigkeit gelegt hatte, und das er mit großer Betriebsamkeit durch einen Kleiderhandel und sorgfältige Bewirtschaftung seiner Landgüter zu vermehren bemüht war. Ein vernachlässigtes Weingut bei Nomentum, das er für 600.000 Sesterzen (130.500 Mark) gekauft hatte, brachte er mit Hilfe eines ausgezeichneten Sachverständigen so weit, daß er in weniger als acht Jahren die Lese am Stock für 400.000 Sesterzen (87.000 Mark) das ganze Gut innerhalb von zehn Jahren für das Vierfache des Einkaufspreises an den Philosophen Seneca verkaufte, der, wie er selbst sagt, den Weinbau mit Eifer betrieb und das Weingut bei Nomentum wiederholt erwähnt. Epaphroditus aus Chäronea, der in Rom unter Nero und in der folgenden Zeit bis Nerva unterrichtete und im Alter von fünfundsiebzig Jahren starb, besaß zwei Häuser in Rom und eine Bibliothek von 30.000 Bänden, und zwar wertvolle und seltene. Andre amtliche Anstellungen als an Unterrichtsanstalten erhielten die Grammatiker wohl nur bei den Bibliotheken zu Rom und Alexandria; bei dem Amt der Briefe wenigstens die höhern Stellen, wenn überhaupt, gewiß nur ganz ausnahmsweise.

Die Professoren der Redekunst litten zum Teil unter denselben Nachteilen und Widerwärtigkeiten wie die Schullehrer. Auch sie hatten die unbilligen Ansprüche und die törichte Eitelkeit der Eltern sowie die Ungezogenheit und Trägheit der Schüler zu erdulden, die oft noch mehr Lust hatten, mit Würfel oder Kreisel zu spielen, als die Rede des sterbenden Cato zu lernen, und sich die Augen mit Öl einrieben, um den Unterricht versäumen zu dürfen. Auch die Einrichtung, deren sich Quintilian mit Vergnügen erinnerte, daß die Lehrer die Rangordnung monatlich nach den Leistungen bestimmten, und der Wert, den die Schüler darauf legten, die Ersten in ihrer Klasse zu sein, läßt annehmen, daß sie großenteils noch „vor dem Ziel der Mannbarkeit“ standen, wie Ausonius sagt. Doch wenn vielleicht die Mehrzahl noch das Knabenkleid trug, dürften doch nicht wenige, wie z. B. auch Gellius, bereits im Jünglingsalter gewesen sein. Martial nennt Quintilian als Inhaber der öffentlichen Professur der Beredsamkeit „den höchsten Lenker der unsteten Jugend“. Der Rhetor Verginius Flavus wurde infolge der Pisonischen Verschwörung verbannt, weil er auf die jungen Männer *(iuvenes)* durch seinen Unterricht Einfluß übte. Juvenal erwähnt, daß der Rhetor Rufus und andre „jeder von seiner Jugend“ Schläge erhalten habe. Augustinus, der die Rhetorik zu Karthago lehrte, wurde durch die abscheuliche Zuchtlosigkeit der dortigen studierenden Jugend veranlaßt, nach Rom überzusiedeln, wo die Zucht strenger war. Da die Konkurrenz in Rom sehr groß war, ließen sich gar manche der Lehrer zu Schmeichelei und unwürdiger Nachgiebigkeit herbei, um ihre Hörsäle zu füllen. Auch sie mußten die tödliche Langeweile von Übungsreden über ewig dieselben Themata — den immer wieder aufgewärmten Kohl nennt es Juvenal — ertragen; dabei war auch ihre Bezahlung oft gering oder wurde selbst verweigert, und auch der Lehrstuhl der Beredsamkeit erwies sich dann als eitel und unfruchtbar.

Augustinus machte in dieser Beziehung in Rom so schlimme Erfahrungen, daß er sich deshalb um eine Stelle in Mailand bewarb. Libanius war daran gewöhnt, daß die Schüler nicht zahlten, teils weil sie zu arm waren, teils weil sie das von ihren Vätern zur Honorierung der Lehrer empfangene Geld in Gelagen, Würfelspiel und Ausschweifungen vergeudeten. Immerhin war das Honorar der Rhetoren ein höheres als das der Grammatiker — Juvenal nennt 2000 Sesterzen (435 Mark) als ein allerdings schon hohes Honorar eines Rhetors — und ihre Stellung überhaupt eine günstigere und angesehenere: schon deshalb, weil sie einen höhern Unterricht erteilten, an dem, wie gesagt, auch Erwachsene teilnahmen, und der in unmittelbarstem Zusammenhange mit dem Leben stand, da die Fähigkeit der gewählten und fließenden, selbst kunstmäßigen Rede nicht bloß als Haupterfordernis der allgemeinen Bildung galt, sondern auch für viele Lebensstellungen, namentlich für alle höhern Ämter, unentbehrlich war. Die Professuren der lateinischen und griechischen Beredsamkeit waren daher in Rom, vermutlich auch anderwärts, die ersten und lange Zeit die einzigen vom Staat und von den Kommunen besoldeten Stellen; das Gehalt betrug in Rom 100.000 Sesterzen (21.750 Mark), soviel wie das eines Prokurators dritten Rangs und das Vierfache von dem eines Volkstribunen. Der erste Inhaber des von Vespasian geschaffnen Lehrstuhls, der Spanier Quintilian, wurde nicht nur sehr reich, sondern erhielt auch als Prinzenlehrer die konsularischen Insignien. Seit Hadrian gab es in dem von ihm erbauten Athenäum in Rom eine eigene kaiserliche Lehr- und Vortragsanstalt und der besonders angesehene sogenannte „obere Lehrstuhl" an dieser Anstalt wurde von einer Reihe berühmter griechischen Sophisten, wie Hadrianus, Philagros, Pausanias, Aspasius, eingenommen.

Schon unter Nero und infolge des von ihm für die Beredsamkeit zur Schau getragnen Interesses hatten sich, wie erwähnt, viele Lehrer derselben aus tiefster Niedrigkeit zum Senatorenstand und zu den höchsten Ehren aufgeschwungen. Schon im ersten, noch mehr im zweiten Jahrhundert gelangten berühmte Rhetoren nicht selten zu der einflußreichen Stellung kaiserlicher Sekretäre, die zuweilen eine Vorstufe zu noch höhern Ämtern war. In einer Anekdote weissagt ein Astrolog aus der Nativität eines Knaben, er werde Rhetor, dann Präfekt, dann Statthalter werden. Hiernach ist es begreiflich, daß dieser Beruf auch von Männern des Ritterstands erwählt wurde, was zum erstenmal unter Augustus von einem Blandus geschehen war. Vor ihm hatten nur Freigelassene Unterricht in der Beredsamkeit erteilt, und es hatte für schimpflich gegolten, zu lehren, was anständig war zu lernen. Auch wurden Rhetoren von den Kaisern wohl öfters in diesen Stand erhoben; so Dionysius von Milet von Hadrian, der ihn überdies zum Prokurator in mehreren Provinzen machte und durch die Ehre der öffentlichen Speisung im Museum zu Alexandria auszeichnete. Auch von dem Sophisten Heliodor, dem Araber, erwähnt Philostrat, daß der Kaiser (Caracalla) ihm und seinen Söhnen das Staatsroß verlieh. Ähnliches wird von Grammatikern nie berichtet. Seit dem 2. Jahrhundert, wo auch außerhalb Roms in mittlern und selbst, wie es scheint, den meisten kleinern Städten Rhetoren öffentlich, d. h. von den Kommunen, angestellt wurden, mag der Zudrang der in Rom die Beredsamkeit Studierenden auch darum sehr zugenommen haben, weil die von den dortigen berühmten Lehrern und Rednern Empfohlenen wohl am leichtesten in Italien und den Provinzen Anstellungen erhielten. Plinius bittet Tacitus, sich unter der großen Anzahl von jungen Männern, die sich an ihn aus Bewunderung für seinen Geist anschlossen, solche auszusuchen, die er für das Lehramt der Beredsamkeit in seiner Vaterstadt Comum vorschlagen könne. Fronto verwendet sich bei seinem Schwiegersohn Aufidius Victorinus um eine Empfehlung für den Rhetor Antonius Aquila zu einer öffentlichen Anstellung in einer Stadt Galliens. Lehrer der griechischen Beredsamkeit waren in den dortigen Städten schon in Strabos Zeit öffentlich angestellt. Lucian rühmt sich, zu denjenigen gehört zu haben, die bei einer solchen Anstellung ein hohes Gehalt bezogen.

Noch vorteilhafter als im Hörsaal konnte die Kunst der Rede vor den Schranken der Gerichtshöfe verwertet werden. Nicht jeder freilich, den seine Kunst und sein Wissen zum Lehramt befähigte, taugte auch zum Gerichtsredner; aber viele vereinten, wie Quintilian, beide Berufsarten, oder gingen von der einen zur andern über; namentlich wählten Gerichtsredner im vorgerückten Alter das Lehramt als ruhigere Beschäftigung. Zur Führung von Verteidigungen und Anklagen war nämlich nicht, wie gegenwärtig, juristische Bildung, sondern vor allem Beredsamkeit erforderlich. Nach dieser strebten daher selbst solche Gerichtsredner, die sich möglichst allseitig für ihren Beruf ausbilden wollten, ganz hauptsächlich, und wenn sie das Studium des Rechts daneben nicht vernachlässigten, so galt dies auch ihnen nur als ein untergeordnetes Hilfsmittel. Vollends die große Mehrzahl der (schon damals so genannten) Advokaten, die ihr Geschäft ganz handwerksmäßig betrieben, besaß eben nichts als Redefertigkeit und war des Rechts ganz unkundig, weshalb sie bei Prozessen juristische Beistände (sogenannte Pragmatiker) zuzogen, von denen unten die Rede sein wird.

Die Advokatur war offenbar der gewöhnlichste Weg, den damals Leute des dritten Stands einschlugen, die Kopf und Ehrgeiz hatten: „in der Toga arbeitete das Volk sich empor"; die Toga, in der die Gerichtsredner auftraten, war damals für sie wie für die Klienten bereits eine auszeichnende Tracht, daher sie wie diese Togaträger *(togati)* genannt wurden; Quintilian heißt bei Martial „der größte Stolz der römischen Toga". Auch im übrigen Italien sowie in den Provinzen wurde dieser Beruf vorzugsweise von den Begabtesten und Ehrgeizigsten erwählt (wie von Lucian und Apulejus): der Freigelassene in der Kolonie Petrons, der seinen Sohn etwas lernen lassen will, beabsichtigt, ihn, wenn nicht Auktionator, so doch Rechtsanwalt werden zu lassen. Daß die Advokatur außer dem Rechtsstudium der ehrenvollste bürgerliche Beruf war, den Männer des dritten Stands wählen konnten, geht schon daraus hervor, daß diese beiden Beschäftigungen die einzigen ihnen zugänglichen waren, die auch für Ritter und Senatoren als anständig galten. Die Advokatur war auch der einzige bürgerliche Beruf, in dem Niedriggeborne sich durch Talent und Glück zum ersten Stande aufzuschwingen vermochten, wie denn Eprius Marcellus und Vibius Crispus durch sie bis zum Konsulat, der Freundschaft der Kaiser, zu höchstem Ansehen und großer Macht emporstiegen; ihr großes Vermögen stammte freilich weniger aus den Klientenhonoraren, als aus den Prämien, die sie als erfolgreiche Ankläger aus der konfiszierten Habe ihrer Opfer erhalten hatten. Von den Schriftstellern dieser Zeit haben sich aus dem Ritterstande Seneca, der ältere Plinius, Sueton als Sachwalter versucht; der jüngere Plinius, der schon im neunzehnten Jahre öffentlich auftrat, und Fronto blieben auch als Senatoren der Advokatur treu.

Berühmte Gerichtsredner lebten in großem äußern Glanz, ihre geräumigen und geschmückten Atrien waren täglich gefüllt, ihre Namen in aller Munde, Hochgestellte und Reiche bemühten sich um sie, Fremde, die schon in ihren Munizipien und Kolonien von ihnen gehört hatten, suchten sie kennenzulernen. In ihren Häusern und auf deren Vorplätzen sah man ihre (doch wohl meist von dankbaren Klienten errichteten) Statuen; manche waren sogar zu Pferde oder auf Viergespannen stehend dargestellt. Die zum Eingange führenden Stufen sowie dieser selbst waren mit Palmzweigen als Zeichen gewonnener Prozesse geschmückt. Nach einem solchen geleitete den siegreichen Verteidiger ein großes Gefolge nach Hause, während die freigesprochnen Angeklagten sich mit geschornem Haupt (zum Zeichen der glücklich überstandnen Gefahr) nach einem Tempel begaben, um den Göttern zu danken. Und wenn auch nicht Rang und Stand, so erwarben die Advokaten, deren Türen von Parteien belagert und von groben Türstehern verteidigt wurden, doch großes Vermögen, und es war dies eine sehr anständige Art, sich zu bereichern. Natürlich gab es aber neben diesen gesuchten und hochbezahlten Anwälten auch eine große Menge von Winkeladvokaten, die vielleicht für vier Reden ein Goldstück erhielten, wovon noch ein Abzug für die Pragmatiker gemacht wurde, und die nicht einmal ihre Wohnungsmiete verdienten. Ländliche Klienten scheinen sich in der Regel mit Geschenken von Lebensmitteln abgefunden zu haben. Die Reihen von (wohl mit Obst gefüllten) Töpfen in der Speisekammer eines Advokaten waren die Gabe eines dicken Umbrers, den er verteidigt hatte; Schinken und Tonnen mit eingesalznen Seefischen ein Andenken an einen marsischen Klienten; ein Picener schickt bei Martial seinem Verteidiger zu den Saturnalien ein kleines Kästchen mit Oliven, einen Satz von sieben ineinander passenden Bechern von grober saguntinischer Töpferarbeit und eine rotgestreifte Serviette; Juvenal nennt als Bezahlung einen trocknen Schinken, ein Fäßchen geräucherter Fische, alte Zwiebeln und fünf Flaschen Landwein. Dagegen fordert Martial die Klienten des ihm befreundeten Anwalts Restitutus auf, diesen an seinem Geburtstage mit solchen und ähnlichen Geschenken zu verschonen. Der aufgeblasne Händler, der seinen Laden in der Porticus des Agrippa hat, soll ihm Purpurmäntel, der wegen einer beim Trinkgelage entstandenen Prügelei Verklagte Tafelkleider senden; die junge Frau, die einen Ehebruchsprozeß gegen ihren Mann gewonnen hat, echte Edelsteine, aber selbst überbringen, der alte Kunstkenner eine gute Marmorarbeit schenken.

Offenbar war der Zudrang zur Advokatur sehr groß und die Anwendung marktschreierischer Mittel, um sich bekannt zu machen und Kunden zu erlangen, sehr allgemein. Die Gerichtsredner, welche die Aufmerksamkeit auf sich zu lenken wünschten, erschienen nie ohne ein großes Bündel von Schriften und suchten auch wohl durch reiche Kleidung, den Anschein des Wohlstands, ein Gefolge von Sklaven und Klienten, die ihre Tragsessel umgaben, Kunden zu gewinnen; sie mieteten selbst kostbare Ringe, die sie bei der Verhandlung anlegten, um von ihren Klienten höhere Honorare zu erzielen. Sie verwiesen diejenigen, die ihnen ihre Prozesse anvertrauen wollten, zur Mitteilung des Sachverhalts teils an ihre Gehilfen, teils beschieden sie sie erst auf den Morgen des Gerichtstags oder den Tag vorher zu sich, sowohl um mit Geschäften überhäuft zu erscheinen, als um mit einem Scharfsinn zu prunken, der jede Schwierigkeit im Nu überwinde. Für ihre Reden forderten sie oft vom Gerichtshof ein sehr langes Zeitmaß (welches durch Wasseruhren bestimmt wurde), sprachen weitschweifig und mischten die fremdartigsten Dinge ein, deklamierten wohl gar in einem Prozeß wegen drei gestohlener Zicklein mit großem Pathos und theatralischer Gestikulation über Marius und Sulla, die mithridatischen und punischen Kriege und leerten während des Redens ganze Wasserflaschen. Auch buhlten sie mit unwürdigen Mitteln um den Beifall der Zuhörer, mieteten Leute zum Bravorufen und Klatschen und ließen sich von einem zahlreichen Gefolge vom Forum nach Hause begleiten. Doch vielen gelang es trotz aller Bemühungen nicht, ihren Zweck zu erreichen, sie mußten ihre Zahlungen einstellen oder ihr Fortkommen in Gallien oder Afrika suchen. Natürlich gab es Advokaten genug, die ihre Beredsamkeit an jeden Zahlenden verkauften und jede Sache, gleichviel ob gerecht oder ungerecht, übernahmen; häufig wurde (nach Piratenart, wie Quintilian sagt) die Bezahlung im voraus festgesetzt. Martial nennt 2000 Sesterzen (435 Mark) als ein voraus ausbedungenes Honorar, wovon der Klient nach Verlust des Prozesses nur die Hälfte bezahlen will. Doch Philostrat erwähnt, daß der berühmte Sophist Polemo die Führung eines Prozesses in Sardes, bei welchem das ganze Vermögen eines reichen Lyders auf dem Spiele stand, für ein Honorar von zwei Talenten (9430 Mark) übernommen hatte. Da nun manchmal außer den Anwälten auch noch die Richter die Hand aufhielten, und die Urteile erkauft werden konnten, ferner die Prozesse sich durch die Anhäufung der Klagen und Verzögerungen aller Art zuweilen sehr lange, selbst bis zu zwanzig Jahren hinschleppten, so daß die Parteien nicht immer die Verkündigung des Urteils erlebten und oft einen bedeutenden Teil ihres Vermögens aufwenden mußten, rät Martial einem verklagten Schuldner, lieber den Gläubiger zu bezahlen als zu prozessieren. Nicht selten nahmen die Advokaten auch Bestechungen von der Gegenpartei an, um dic übernommene Sache nur zum Schein zu führen — was freilich im Falle der Entdeckung die Ausschließung von der Advokatur zur Folge haben konnte. Begreiflicherweise galten vielen die Gerichtsredner insgesamt als ein „käufliches Geschlecht". Ihren Frauen wurde eine starke Eßlust nachgesagt, vermutlich glaubte man, daß die Gier der Männer sich ihnen mitteile und in dieser Form äußre. Zur Mißachtung des ganzen Stands trug auch bei, daß sie in den Verhandlungen nicht nur die Gegenparteien (dies oft auf ausdrückliches Verlangen ihrer Klienten), sondern auch einander mit Schimpfreden zu überhäufen pflegten. Lucian nennt Betrug, Lüge, Frechheit, Stoßen und Drängen und tausend andre widerliche Dinge von dem Geschäft der Advokaen unzerternnlich. Ein höchst abschreckendes Bild entwirft von ihnen sowie von allen, die von Prozessen leben, aus seiner eignen Zeit Ammiamus Marcellinus. Die Zahl der „Rabulisten und Kläffer" war überall so groß, daß die Gegner des Berufs die Beredsamkeit der Anwälte überhaupt eine „hündische" schelten konnten. Auch ihre leidenschaftlichen Gestikulationen mochten den Spott herausfordern: ein stummer Spaßmacher des Kaisers Tiberius rühmt sich in seiner Grabschrift, daß er zuerst erfunden habe, Advokaten nachzuahmen.

Die Rechtsgelehrten waren zwar gewiß nicht weniger angesehen als die Advokaten; Quintilian erwähnt als gewöhnliches Schulthema zu schriftlichen Ausarbeitungen: ob ein Rechtskundiger oder ein Militär höher zu stellen sei. Aber die Rechstkunde, die von Männern der beiden ersten Stände so eifrig erstrebt wurde, weil sie ihnen zu den höchsten Stellungen den Weg bahnte, eröffnete Geringern weniger glänzende Aussichten als die Anwaltschaft. Quintilian sagt, daß sich der Jurisprudenz hauptsächlich diejenigen zuwandten, welche die Aussicht aufgeben mußten, als Gerichtsredner Glück zu machen; ebenso urteilt Libanius, nach welchem das Studium der dicken, breiten, die Knie beschwerenden juristischen Pergamentbücher die Sache der langsamern Geister war. Doch wurde der Beruf schon wegen seiner Einträglichkeit von Männern des dritten Stands häufig gewählt. Einer der Kleinbürger bei Petron hat seinem Sohn eine Anzahl Bücher mit roten Titeln (Gesetzsammlungen) gekauft, da derselbe „zum Hausgebrauch etwas vom Recht kosten“ solle; „denn diese Sache gibt Brot“. Juvenal sagt, daß man gerade in den untersten Klassen beredte Männer und solche finde, welche die Knoten des Rechts und die Rätsel der Gesetze entwirren; ein Vater, der in einer Satire desselben Dichters seinen Sohn zu lohnender Tätigkeit antreibt, läßt ihm die Wahl zwischen der Anwaltschaft, dem Rechtsstudium und der Bewerbung um das Centurionat.

Die Rechtskundigen erwarben ohne Zweifel auch durch Unterricht. Denn der Kreis der vornehmen und bevorzugten jungen Männer, die von hochgestellten Kennern des Rechts in die Wissenschaft eingeführt wurden und daher bezahlter Lehrer nicht bedurften, kann nur beschränkt gewesen sein. Die Zahl der das Recht Studierenden überhaupt aber war sehr groß, um so größer, als gerade um dieses Studiums willen junge Männer aus allen Provinzen, selbst den griechischen, zahlreich nach Rom kamen. Von einem großen Teil der klassischen Juristen ist es gewiß oder doch wahrscheinlich, daß sie von provinzieller Herkunft waren. Gajus stammte vermutlich aus Kleinasien, Papinian aus Syrien, Ulpian war ein Tyrier; Cervidius Scävola, Modestinus, Callistratus, Marcianus, Tryphoninus gehörten, wie es scheint, sämtlich dem griechischen Osten an; Salvius Julianus und vermutlich auch Tertullian waren Afrikaner. Daß Juristen von niederm Stande ihren Unterricht in der Regel nicht unentgeltlich erteilten, ist selbstverständlich. Der berühmte Masurius Sabinus (unter Tiberius), der arm war und erst im Alter von fünfzig Jahren die Ritterwürde erlangte, scheint zwar kein Honorar angenommen zu haben, ließ sich aber gefallen, daß seine Schüler für seinen Lebensunterhalt sorgten. Ulpian erwähnt die Bezahlung der Lehrer als etwas Regelmäßiges; sie erfolgte beim Beginn des Unterrichts, da eine nachträgliche Einklagung des Honorars unzulässig war. In Rom waren die juristischen Lehrer von der Vormundschaft und ähnlichen Lasten befreit, in den Provinzen nicht.

In der ersten Hälfte des 2. Jahrhunderts (vielleicht schon früher) gab es in Rom allgemein zugängliche Lokale, sogenannte „Stationen“, wo von Juristen öffentlich Unterricht und Bescheid in Rechtsfragen erteilt wurde. Gellius erwähnt, daß zu der Zeit, wo er nach Beendigung des Schulunterrichts das Rechtsstudium begann (gegen Ende der Regierung des Antoninus Pius), in den meisten dieser Stationen die Frage erörtert worden sei, ob ein Quästor des römischen Volks von einem Prätor vor Gericht gefordert werden könne. Pompejus Auctus, der nach Martial „ganz vorn am Tempel des Mars Ultor saß" (d. h. dort seine Station hatte), war „in die Kunde des Rechts tief eingeweiht und in dem verschiednen Gebrauch der Toga gewiegt" (d. h. wohl zugleich Sachwalter und Respondent) und gewöhnlich bis zur zehnten Tagesstunde beschäftigt. Das Recht, auf juristische Fragen Bescheide zu erteilen, hatte zwar jeder Jurist, aber seit Augustus wurden die anerkanntesten hierzu ausdrücklich durch kaiserliche Ernennung bestellt, und ihre Gutachten waren die Richter verpflichtet, bei den Entscheidungen zu berücksichtigen, wenn sie ihnen in einer bestimmten Form (schriftlich und versiegelt) überreicht wurden. Die Gutachten der übrigen Juristen, deren Zahl ohne Zweifel die bei weitem größre war, hatten für die Richter zwar nur eine rein wissenschaftliche und moralische Bedeutung. Aber auch ihnen konnte es natürlich, wenn sie sich einigen Ruf erworben hatten, an Klienten nicht fehlen, die schon um die Zeit des Hahnenschreis an ihre Türen klopften und natürlich den ihnen erteilten Rat bezahlten. Ammian, der von den Juristen seiner Zeit, wie bemerkt, eine sehr ungünstige Schilderung macht, sagt, daß sie sogar ihr Gähnen in Rechnung stellten, übrigens aber, wenn sie merkten, daß ihr Klient bei Gelde war, ihm selbst dann versicherten, daß gewisse unbekannte Gesetzesstellen für ihn sprächen, wenn er angab, seine Mutter mit Vorbedacht getötet zu haben. Ohne Mitwirkung eines Juristen konnte man sich einen Prozeß überhaupt nicht denken; dieser, nicht der Sachwalter, galt sogar dabei als die Hauptperson: das zeigen namentlich die Grabschriften, in denen der Wunsch, daß die auf das Grab bezüglichen testamentarischen Bestimmungen unangefochten bleiben möchten, mit der Formel ausgesprochen wird: Mögen von diesem Denkmal Schikanen und Juristen fernbleiben! Wenn Kaiser Claudius, der es sehr liebte, Recht zu sprechen, den Advokaten mehr Einfluß auf seine Urteile einräumte als den Juristen, so war dies eben ein Beweis seines Unverstands. Jene beweinten (nach dem Pasquill des Seneca) seinen Tod aufrichtig, ihre Saturnalienzeit war nun vorüber; diese kamen wieder zum Vorschein, blaß, abgemagert, kaum atmend, als wenn sie eben aus dem Grabe wiedererstanden wären.

Zuweilen traten Rechtsgelehrte auch (wie z. B. Paulus) selbst als Sachwalter auf; die Regel scheint es aber nicht gewesen zu sein, und gewöhnlich standen während der Verhandlung Juristen den rechtsunkundigen Rednern nur mit ihrem Rate zur Seite. Cicero und Quintilian, die freilich überhaupt bemüht sind, die Jurisprudenz gegen die Beredsamkeit herabzusetzen, sprechen von diesen sogenannten „Pragmatikern" als bloßen Handlangern der Advokaten, die gleichsam den Kämpfenden die Geschosse zureichten, mit Geringschätzung. Libanius sagt, daß, bevor die Kunde des römischen Rechts zu einem ungebührlichen Ansehen gelangte, die Juristen bei den Gerichtsverhandlungen, den Blick auf den Sachwalter gerichtet, dastehen und warten mußten, bis dieser ihnen zurief: „Du da, lies (die bezügliche Gesetzesnovelle) vor!" Offenbar befaßten sich mit diesem Geschäft nur untergeordnete Juristen, und die Bezahlung war gering; ländliche Klienten fanden sich auch bei ihnen mit Naturallieferungen, einem Sack Getreide, Hirse oder Bohnen ab.

Ferner erwarben die Rechtskundigen Einkommen durch Anfertigung von notariellen und sonstigen schriftlichen Arbeiten, als Klagen, Eingaben, rechtsgültigen Urkunden, Kontrakten, Kautionsformularen. Zur Strafe für Vergehungen konnten sie (in den Provinzen von den Statthaltern) vom Forum, d. h. von allen Rechtsgeschäften, ausgeschlossen werden, wobei ihnen dann namentlich verboten wurde, Urkunden abzufassen, Klageschriften aufzusetzen, Zeugenaussagen zu bescheinigen, ferner ihre Station bei den öffentlichen Archiven, in denen Urkunden aufbewahrt wurden, zu haben; endlich Testamente zu entwerfen, zu schreiben und zu untersiegeln. Vor allem war die Abfassung von Testamenten ein Hauptgeschäft der praktischen Juristen. Nero konfiszierte nicht nur die Güter derjenigen unter seinen Freigelassenen, die sich in ihren Testamenten „gegen den Kaiser undankbar erwiesen", sondern zog auch die Rechtsbeflissenen zur Strafe, welche diese Testamente diktiert oder geschrieben hatten. Daß dieses Geschäft ein einträgliches war, darf man daraus schließen, daß auch Nichtjuristen sich damit befaßten. Ein Schreiber in Venafrum rühmt in seiner Grabschrift, daß er vierzehn Jahr lang ohne Beistand eines Juristen Testamente geschrieben, ein Schullehrer in Capua, daß er „Testamente schrieb mit Zuverlässigkeit". Ein Testamentschreiber *(testamentarius)* in Gades Q. Valerius Litera (Buchstabe) scheint seinen Beinamen von seinem Geschäft erhalten zu haben.

Endlich fanden die Juristen vorteilhafte Stellungen als Beisitzer der richterlichen Beamten, die in Rom wie in den Provinzen schon während der Republik durch das Herkommen verpflichtet waren, ihre Entscheidungen nur unter Zuziehung von rechtskundigen Personen zu treffen. Natürlich war der Einfluß der letztern oft ein maßgebender: Seneca sagt, daß die Prätoren Urteile verkündeten, welche von ihren Beisitzern abgefaßt waren. Diese Sitte nahm in der Kaiserzeit mit der allmählichen Ausbildung der Bureaukratie eine immer festere Gestalt an, so daß wahrscheinlich schon lange vor dem Anfange des 3. Jahrhunderts die Magistrate mit richterlicher Gewalt (in Rom namentlich die Präfekten der Stadt, des Prätoriums, der Polizei und Feuerwache, Konsuln und Prätoren, in den Provinzen die Statthalter) einen besoldeten juristischen Assesssor haben mußten. Josephus sagt in der in den ersten Jahren des 2. Jahrhunderts verfaßten Schrift gegen Apio, daß die Inhaber der größten und wichtigsten Ämter ihre Urkunde der Gesetze dadurch eingestehen, daß sie als Leiter der Geschäftsverwaltung sich Gesetzeskundige zur Seite stellen. Den Anspruch der Assessoren auf Gratifikationen erkannte Antoninus Pius durch ein Reskript ausdrücklich an. Bis zum Ende des zweiten Jahrhunderts scheinen diese durch Vereinbarungen der Statthalter mit den Assessoren festgestellt, seit dem dritten direkt aus der Staatskasse gezahlt worden zu sein. Es gab in Rom sogar besondre Bureaus, welche den jungen Männern, die nach Absolvierung ihres Rechtskursus sich dem praktischen Leben zuwandten, Anstellungen bei den Magistraten vermittelten.

Der ärztliche Beruf wurde bis in die späteste Zeit vielfach, vielleicht vorzugsweise, von Freigelassenen und Sklaven ausgeübt; noch Justinian gestattete für Sklaven und Sklavinnen, die in dieser Kunst geübt waren, den höchsten Preis — bis 60 Goldstücke — zu fordern, während sogar Eunuchen nur bis auf 50 geschätzt werden sollten. Wiederholt ist bei den Juristen von den Diensten die Rede, welche Ärzte von ihren in der Heilkunde unterrichteten

Sklaven nach der Freilassung zu verlangen berechtigt waren; z. B. mußten sie die Freunde ihrer Patrone unentgeltlich behandeln. Auch konnten Patrone ihre Freigelassenen, wenn deren Konkurrenz ihnen Nachteil brachte, nötigen, sie bei ihren Krankenbesuchen zu begleiten, und auf diese Weise in der Ausübung einer eignen Praxis wesentlich behindern.

Die freien Ärzte in Rom waren zum größten Teil Ausländer, denen Julius Cäsar wie den Lehrern, wenn sie sich dort ansiedelten, das Bürgerrecht verlieh, wozu Augustus nach seiner Herstellung durch Antonius Musa Befreiung von allen Lasten fügte. Römer, sagt Plinius, befaßten sich mit der ärztlichen Kunst nur ausnahmsweise. Die meisten dieser fremden Heilkünstler waren Griechen und Orientalen, besonders Ägypter, die auch, namentlich zur Heilung gewisser in ihrer Heimat endemischer Krankheiten, eigens nach Rom berufen wurden. Vor andern gehörten dazu Ausschlagskrankheiten (schon die Bibel erwähnt „die Geschwüre Ägyptens“); Galen bezeugt, daß die Elefantiasis dort häufig war. Als unter Claudius ein ansteckender Ausschlag aus Asia nach Rom eingeschleppt worden war, kamen ägyptische Ärzte dorthin, die nur dieses Übel behandelten und, wie Plinius sagt, mit großer Beute zurückkehrten. Nero berief einen ägyptischen Arzt, um einen seiner Freunde zu heilen, der an einem Flechtenleiden erkrankt war. Eine Erinnerung an solche Überlieferungen scheint sich in einer noch heute in Alexandrien erzählten arabischen Sage von einer wunderbaren, den Aussatz heilenden Quelle erhalten zu haben, die der König der Römer (Rumi) aufsuchte. Überhaupt hatten in Rom die Patienten zu Ausländern mehr Vertrauen; doch gab es auch namhafte und gesuchte römische Ärzte, namentlich unter den Hofärzten der ersten Kaiserzeit. Scribonius Largus, Arzt des Claudius, begleitete, wie er selbst sagt, „unsern Gott den Cäsar“ im Jahre 43 nach Britannien. Vettius Valens, Arzt desselben Kaisers, gehörte sogar dem Ritterstande an, zu welchem andre Hofärzte vielleicht öfters erhoben wurden, wie z. B. der Freigelassene Antonius Musa, der Augustus durch eine kühne Kaltwasserkur gerettet hatte, nachdem er von den übrigen Ärzten schon aufgegeben worden war. Unter den Ärzten, die Galen als Erfinder von Medikamenten nennt, sind auch mehrere mit römischen Namen, wie Valerius Paulinus, Pompejus Sabinus, Flavius Clemens. Auf den Stempeln der Okulisten sind solche Namen zahlreich, und in den westlichen Provinzen wird die Mehrzahl der Ärzte nichtgriechischen Ursprungs gewesen sein.

Die Anstellung von Ärzten durch die Kommunen außerhalb Roms wird zuerst von Strabo für Massilia und andre gallische Städte erwähnt. Antoninus Pius bestimmte (zunächst für die Provinz Asia) in Einschränkung der von Hadrian den Ärzten ganz allgemein verliehenen Vorrechte die Zahl der von den Stadtbehörden zu ernennenden, von städtischen Leistungen befreiten Ärzte auf zehn für große, sieben für mittlere, fünf für kleine Städte. Die Freiheit von Leistungen bewog nach Galen manche zum ärztlichen Studium. Vermutlich hatten schon seit dem 2. Jahrhundert die meisten Städte eigne Ärzte; und Galen erwähnt bereits, daß denselben in vielen Städten geräumige Säle mit großen, reichliches Licht einlassenden Türöffnungen (sogenannte ἰατρεῖα) zur Behandlung der Kranken zur Verfügung gestellt wurden. An größern Orten bildeten die Ärzte wohl nicht selten Kollegien, wie in Benevent, welche dann gewiß in der Regel, wie in Turin, einen gemeinsamen Kult des Äskulap und der Hygiea ausübten; auch dürften Ärzte in griechischen Städten oft Priester dieser Gottheiten gewesen sein. In Ephesus gab es einen Ärzteverein (οἱ ἀπὸ Μουσείου ἰατροί), der einen zweitägigen Wettkampf veranstaltete, in welchem, wie es scheint, die besten Leistungen der Ärzte während des abgelaufenen Jahrs mit Preisen bedacht wurden, und zwar in der Chirurgie, in der Erfindung und Herstellung medizinischer Instrumente, in wissenschaftlichen Abhandlungen und vielleicht in der Lösung einer bestimmten, von der Kommission gestellten medizinischen Aufgabe.

Viele Ärzte fanden bei Gladiatorenschulen, einzelne als „Kassenärzte" bei Vereinen, eine sehr große Anzahl bei den Truppen aller Gattungen Anstellung. Nach Inschriften zweier Kohorten der Polzeiwachen *(vigiles)* der Stadt Rom aus dem Jahre 210 hatten diese je vier Ärzte, die der Truppe als Brandambulanz beigegeben waren. Dagegen gehörten die Ärzte der Legionen und Kohorten wenigstens teilweise selber zum Soldatenstande. Darf man dasselbe Verhältnis bei den Legionen annehmen, so hatten diese etwa je 24, die alle den Titel Legionsarzt geführt zu haben scheinen. Bei der britannischen Flotte kommt sogar ein eigener Augenarzt vor. Ein M. Ulpius Sporus, der bei zwei Korps der Reiterei Arzt gewesen war, wurde dann besoldeter Arzt der Stadt Ferentis. Die Ärzte der Legionen sowie der städtischen und prätorischen Kohorten mußten römische Bürger sein, und Cäsar mag zur Verleihung des Bürgerrechts an sämtliche Ärzte auch durch die Rücksicht auf die Gesundheitspflege des Heeres veranlaßt worden sein. Auf der Trajanssäule sieht man zwei an der besonderen Art der Uniform kenntliche Ärzte mit dem Untersuchen und Verbinden von Wunden beschäftigt.

Der (wohl zuerst unter den Seleuciden für Hofärzte gebräuchliche) Titel ἀρχίατρος (Oberarzt), wovon das deutsche „Arzt" (ahd. *arzât,* mhd. *arzât, arzet)* stammt, wurde in den griechischen Ländern auch den von den Kommunen angestellten und besoldeten Stadtärzten gegeben. Am häufigsten kommt er in Kleinasien unter den Antoninen vor, seit Antoninus Pius durch den oben erwähnten Erlaß die Zahlen der von städtischen Leistungen zu befreienden Ärzte nach der Größe der Städte bestimmt hatte. Von dort verbreitete er sich über das ganze Reich; in Rom findet er sich zuerst in einem Schreiben Constantins vom Jahre 326. In Benevent war Archiater ein Mann von ritterlicher Abkunft, zugleich erster Kommunalbeamter, in Äclanum ein Grieche, in Venusia ein Jude. Ein Erlaß Kaiser Valentinians I. vom Jahre 368 an den Stadtpräfekten von Rom ordnet die Anstellung von 14 Archiatern für die 14 Regionen der Stadt außer den bereits angestellten der Athletengenossenschaft (Porticus Xysti) und der Vestalischen Jungfrauen an; sie sollen öffentliche Besoldungen erhalten (und deshalb auch Arme behandeln), doch auch Honorare annehmen dürfen. Im Falle einer Vakanz sollen die fungierenden Archiater dem Kaiser nach sorgfältiger Wahl einen Kandidaten vorschlagen, der „ihrer Gemeinschaft, der Archiatrie und des kaisersichen Urteils würdig" sei. Nach einem Erlaß vom Jahre 370 soll die Wahl eines neuen Archiaters an Stelle eines verstorbenen nur mit Zustimmung mindestens der sieben Ersten des Stands *(ordo)* erfolgen, und der Neugewählte die letzte Stelle erhalten, während die übrigen aufrücken.

Von der ärztlichen Praxis haben wir durch die medizinischen Schriften eine viel genauere Vorstellung als von den übrigen gelehrten Berufsarten, vor allem durch die höchst umfangreichen Werke des Galenus, eines der fruchtbarsten und redseligsten Schriftsteller aller Zeiten. Geboren im Jahre 129 zu Pergamum, hatte er dort, in Smyrna, Korinth und Alexandria Medizin studiert, war darauf (157—161) in seiner Vaterstadt als Gladiatorenarzt angestellt gewesen, lebte dann vier Jahre in Rom und kehrte im Jahre 166 beim Ausbruch der großen Epidemie nach Kleinasien zurück. Nicht lange darauf aber wurde er von den beiden Kaisern nach Aquileja berufen und blieb nach Ablehnung des Auftrags, Marc Aurel auf seinem Feldzuge in Deutschland zu begleiten, seit 169 als Leibarzt des jungen Commodus in Rom; um das Jahr 199 starb er. Von dem Umfang seiner ärztlichen Praxis gibt es eine Vorstellung, daß er in einem einzigen Sommer (wahrscheinlich in Rom) mehr als 400 akute Kranke gesehen hatte. Heim behandelte freilich in Berlin (das damals wohl noch nicht 200.000 Einwohner hatte) 975 Kranke im August 1802. Die Zahl der von ihm unentgeltlich behandelten, nicht bettlägerigen Kranken stieg jährlich auf 3000—4000.

Da es in den ersten beiden Jahrhunderten der Kaiserzeit keine Prüfungen und nur eine sehr beschränkte Verantwortlichkeit der Ärzte gab, drängten sich viele Unberufne, besonders aus den untern Ständen, zur Ausübung der Kunst, die im Fall des Gelingens sehr einträglich war. Schuster, Zimmerleute, Färber, Schmiede gaben ihr Handwerk auf und wurden Ärzte; wie denn auch wohl Ärzte, denen es nicht glückte, das Leichenträger- oder Gladiatorenhandwerk ergriffen; wenigstens witzelt Martial über solche, die nun in ihren neuen Gewerben dasselbe taten, was sie in ihrem alten getan hatten. Unter diesen Pfuschern nahmen die Bereiter von Salben und offizinellen Waren schon einen hohen Rang ein. Galen versichert, daß die meisten, die sich zu seiner Zeit dem ärztlichen Beruf widmeten, nicht einmal gut lesen konnten, und mahnt seine Kollegen, sich im Gespräch mit gebildeten Patienten vor Sprachfehlern zu hüten; solchen Ignoranten fehlte es natürlich auch an Kenntnis der Rhetorik, Dialektik und Philosophie überhaupt, von welchen Wissenschaften sehr viele nicht mehr verstanden, als der Esel vom Lautenspiel. Der Zudrang steigerte sich, seit Thessalus, der ursprünglich Lehrling seines Vaters, eines Webers, gewesen war, aber trotzdem als Arzt unter Nero den ungeheuersten Erfolg hatte, erklärte, daß ein halbes Jahr zur Erwerbung der nötigen medizinischen Kenntnisse hinreiche. Fortan folgte den Ärzten bei ihren Besuchen ein Schwarm von Schülern, oft zur Qual der Kranken. Martial sagt, bei einem Unwohlsein habe ihn der Arzt Symmachus mit hundert Schülern besucht, und durch die Berührung von hundert eiskalten Händen habe er das Fieber, das er noch nicht hatte, bekommen. Bei Philostrat wird der kranke Philiscus von Seleucus aus Cyzicus und Stratocles aus Sidon mit über dreißig Schülern besucht.

Vielleicht hat das handwerksmäßige Betreiben der Heilkunde zur Vermehrung der (freilich schon im alten Ägypten sehr zahlreichen) Spezialärzte beigetragen, deren wenigstens ziemlich viele beiläufig erwähnt werden, abgesehen von den ärztlichen Gehilfen, welche Wurzeln schnitten, Salben und Tränke kochten, Umschläge auflegten, Klistiere setzten, zur Ader ließen und schröpften. Niemand, sagt Philostrat, kann die ganze Medizin umfassen; sondern der eine versteht sich auf Verletzungen, der andere auf Fieber, ein dritter auf Augenleiden, ein vierter auf Schwindsucht. Am zahlreichsten dürften unter den Spezialisten die Augenärzte gewesen sein, von denen aus Stempeln allein weit über hundert bekannt sind und die auch auf Inschriften und bei Schriftstellern am häufigsten vorkommen; auch gab es besondre Augenoperateure. Der Freigelassene des Caligula C. Julius Callistus, dem Scribonius Largus sein Rezeptbuch widmete, hatte unter seinen Sklaven mehr als einen verständigen Augenarzt. Galen rühmt sich, Augenleiden durch allgemeine Behandlung der Kranken geheilt zu haben, die „die sich so nennenden Okulisten" nur örtlich behandelten. Sodann werden Ohrenärzte, Zahnärzte und solche erwähnt, die sich ganz besonders mit der Behandlung von Brüchen, Fisteln, Krankheiten des Zapfens beschäftigten. Martial nennt eine Anzahl der damals (unter Domitian) in Rom in Ruf stehenden Spezialärzte: Cascellius zieht kranke Zähne aus oder ergänzt sie, Hyginus brennt die den Augen schädlichen Wimperhaare ab, Fannius beseitigt das triefende Zäpfchen, ohne zu schneiden, Eros entfernt die Brandmarken der Sklaven aus der Haut, Hermes gilt als der beste Arzt für Bruchschäden.

Neben Frauenärzten gab es auch Ärztinnen; diese waren in der Regel zwar nichts weiter als Hebammen — eine Valeria Verecunda zu Rom heißt in ihrer Grabschrift „erste ärztliche Hebamme ihrer Region" —, doch behandelten sie auch Frauenkrankheiten. Nach Soranus sollte eine tüchtige Hebamme eine vollständige ärztliche Bildung haben. Sie sollte lesen können, damit sie imstande wäre, ihre Kunst auch theoretisch zu erlernen; nicht geldgierig sein, damit sie sich nicht zum Verkauf von Abortivmitteln bestimmen ließe; nicht abergläubisch, um nicht wegen eines Traums oder irgendwelcher Vorbedeutungen etwas Geeignetes zu unterlassen. Galen erwähnt, daß hysterische Frauen sich selbst als solche bezeichneten, wie sie es eben von ihren Ärztinnen gehört hatten. Bei Juvenal behandelt eine „dicke Lyde" unfruchtbare Frauen mit einem schmackhaften Medikament. Doch gibt Galen auch das Rezept eines erweichenden Pflasters für Milzkranke, Wassersüchtige und Gichtleidende, das von einer Antiochis herrührte.

Besonders scheinen Chirurgen sich auf ihr Gebiet beschränkt zu haben. Plutarch sagt, daß sie mit den Ärzten für innere Krankheiten zusammen wirkten, ohne sich gegenseitig zu beeinträchtigen. Nach Galen enthielten sich namentlich in Rom Nichtchirurgen in der Regel der Behandlung chirurgischer Fälle und der Operationen; und so auch er selbst während seines dortigen Aufenthalts. Doch sagt er, daß ihn die Ärzte nicht bloß in Rom, sondern auch in den ebenfalls volkreichen Orten Portus und Ostia bei allen interessanten Fällen zu Rate zogen, so daß er wohl sämtliche ungewöhnliche Schulterverrenkungen gesehen habe, die während jener Zeit dort vorgefallen seien. Auch in diesem Falle gab es ohne Zweifel zahlreiche Spezialitäten. Galen nennt die der Bruch- und Steinoperation, des Bauchstichs, des Zusammennähens der Augenlider. Der Chirurg Alcon, den Martial neben Symmachus und Dasius, die gesuchtesten Ärzte Roms, stellt, „schnitt unbarmherzig eingeklemmte Brüche und bearbeitete Knochen mit kunstfertiger Hand". Seneca nennt zusammen mit Bränden, Einstürzen und Schiffbrüchen die Zerfleischungen der Ärzte, die Knochen herausnehmen und ihre ganzen Hände in die Eingeweide versenken. Instrumente zu Fisteloperationen sowie andre chirurgische haben sich zahlreich (namentlich in Pompeji) erhalten. Übrigens wurde schon damals bei Operationen ein Betäubungsmittel angewendet, der Saft des (auch als Schlafmittel dienenden) Mandragora und andre. Die zur Einschläferung durchschnittlich genügende Dosis war ein gewöhnlicher Schöpflöffel (= 0,455 l); bei manchen soll der bloße Geruch zur Betäubung hingereicht waben. Zur leichtern Ausführung des Starstichs wurde die Pupille durch ein Mittel (Anagallis) erweitert.

Daß unter den angedeuteten Verhältnissen zwischen Handwerk und Kunst auch in der Medizin keine feste Grenze sein konnte, ist selbstverständlich. Ebenso ist es begreiflich, daß im Gegensatz zu der rohen Empire sich eine einseitige Beschäftigung mit medizinischen Theorien ausbildete, deren Vertreter, sogenannte ärztliche Sophisten (λογιατροί, ἰατροσοφισταί), „auf hohem Stuhle sitzend in vornehmem Tone ihre Zuhörer mit Erörterungen über wissenschaftliche Fragen überschütteten", über den Verlauf einer Krankheit aber völlig unwissend waren. Daher die Leute Ärzte und Sophisten unterschieden, und wenn sie einen ein Buch lesen sahen und eine Theorie zur Erklärung der Wirkungen von Heilmitteln anwenden hörten, ihn zu den letztern rechneten. Die wissenschaftlichen Theorien waren es wohl, denen die Medizin den Namen einer Schwester der Philosophie oder einer zweiten Philosophie verdankte.

Die Honorare und Einnahmen gesuchter Ärzte, die ihre Praxis in der Aristokratie Roms hatten, waren sehr hoch. Wohlhabende hatten gewiß in der Regel ihre eigenen Hausärzte. Galen erzählt, daß ein reicher Mann, der ein Gut bei Rom hatte, ihn bat, einen seiner Verwalter zu behandeln; derselbe war in Gefahr zu erblinden, da der Hausarzt, ein Anhänger des Erasistratus, dessen Lehre gemäß sich zu keinem Aderlaß entschließen konnte. Die Hausärzte erhielten feste Gehälter. Q. Stertinius, Bruder des C. Stertinius Xenophon, wies, wie erwähnt, dem Claudius ein Einkommen von 600.000 Sesterzen (130.500 Mark) „durch Aufzählung der Häuser" nach, in denen er Arzt war. In den Pandekten wird ein Vermächtnis erwähnt, wonach das Jahresgehalt nach dem Tode der Patientin an den Arzt fortgezahlt werden soll. Die Zahlung scheint gewöhnlich am 1. Januar erfolgt zu sein. Daneben werden sehr hohe Honorare für einzelne Kuren angegeben, die zuweilen im voraus festgesetzt wurden. Der gewesene Prätor Manilius Cornutus, Legat von Aquitanien, gab sich bei einem Flechtenleiden für 200.000 Sesterzen (43.500 Mark) in Behandlung; für dieselbe Summe übernahm der Arzt Charmis aus Massilia die Behandlung eines reichen Provinzialen zum zweiten Male. Galen erhielt von dem Konsularen und spätern Statthalter von Judäa Flavius Boethus für die Herstellung seiner Gemahlin 400 Goldstücke (8700 Mark). Seine Einnahmen vermehrten sich auch dadurch, daß er, wie vermutlich die berühmten Ärzte Roms überhaupt, auch von auswärts konsultiert wurde. Aus Asien, Gallien, Spanien, Thracien wandten sich Augenleidende brieflich an ihn; er ließ sich gewisse auf die Krankheit bezügliche Fragen beantworten, sandte dann das Mittel und stellte die Patienten und durch sie andre in denselben Gegenden mit demselben Leiden Behaftete her, ohne einen gesehen zu haben. Wir besitzen noch seine Ratschläge für den epileptischen Sohn eines Cäcilianus, die er auf dessen Wunsch brieflich erteilte, ebenfalls ohne den Patienten gesehen zu haben, doch nachdem er sich mit dem Hausarzt Dionysius beraten hatte. Von den Gehältern der Hofärzte ist bereits die Rede gewesen. Crinas aus Massilia hinterließ 10 Millionen

(2,175.000 Mark), nachdem er die Mauern seiner Vaterstadt und andre Mauern für eine kaum geringere Summe hatte erbauen lassen. Den Chirurgen Alcon verurteilte Claudius zur Zahlung von 10 Millionen, doch gewann er diese Summe während seines Exils in Gallien und nach seiner Zurückberufung innerhalb weniger Jahre aufs neue. Doch waren die Einnahmen der Ärzte im alten Rom nicht so groß wie in modernen Großstädten. Dr. Hunter erhielt in London um 1787 für eine Konsultation in seiner Wohnung 2, für einen Krankenbesuch 4 Guineen; Heim nahm in Berlin schon zu Anfang des 19. Jahrhunderts in manchem Jahre über 12.000 Taler ein; die Einnahmen der gesuchtesten Ärzte Londons, Brodie und Bright, wurden 1851 auf je 10.000 Lstr. geschätzt. Billroth brachte die Privatpraxis in Wien bereits im ersten Jahre (1868) über 14.000 Gulden. Daß im Altertum auch an kleinen Orten die Praxis verhältnismäßig einträglich war, beweist die Grabschrift des freigelassenen klinischen Arztes, Chirurgen und Augenspezialisten P. Decimius Eros Merula in Assisi. Nach derselben hatte er für seine Freilassung 50.000 Sesterzen (10.875 Mark), für seine Ernennung zum Sevir an die Stadtkasse 2000 Sesterzen (435 Mark) gezahlt, zur Aufstellung von Statuen im Herkulestempel 30.000 Sesterzen (6525 Mark), zur Straßenpflasterung 37.000 Sesterzen (8050 Mark) geschenkt: und am Tage vor seinem Tode betrug sein Vermögen, wie es scheint, 5,3 Millionen Sesterzen (1,15 Millionen Mark). Ein Arzt Heraclitus in Rhodiapolis in Lycien, der dort seine Kunst unentgeltlich geübt, sein Vermögen also durch Praxis an andern Orten (namentlich wohl Alexandria, Rhodus und Athen) erworben hatte, erbaute in seiner Vaterstadt einen Tempel des Äskulap und der Hygiea, deren Bildsäulen er darin aufstellte, und schenkte ihr zu Verteilungen und Wettkämpfen am Äskulapfest 60.000 Sesterzen (13.050 Mark). Nicht das Anstandsgefühl der Ärzte, sagt Plinius, sondern allein die Konkurrenz ermäßige ihre Honorarforderungen, zu deren Bewilligung sie die Kranken überdies oft im Augenblick der Gefahr zu bestimmen wußten; „das raubsüchtige Feilschen unter dem Schweben der Todesverhängnisse“ nennt es Plinius in seiner schwülstigen Sprache. Ulpian sagt: wenn ein Arzt einen Augenleidenden durch schädliche Mittel in die Gefahr des Erblindens gebracht und ihn durch diese Gefahr bewogen habe, ihm seine Güter unter ihrem Werte zu verkaufen, so solle der Statthalter der Provinz gegen diese böse Tat *(incivile factum)* einschreiten und die Rückerstattung veranlassen. Im Jahre 370 n. Chr. erinnert ein kaiserliches Reskript die von den städtischen Kommunen besoldeten Oberärzte *(archiatri)*, „lieber in rechtschaffner Weise den Armen zu Hilfe zu kommen, als schmählich den Reichen zu dienen. Wir erlauben ihnen, anzunehmen, was ihnen die Gesunden für ihre Dienste anbieten, aber nicht, was ihnen die Kranken in der Gefahr für ihre Rettung versprechen“. Der Verfasser eines in der ersten Hälfte des 4. Jahrhunderts aus der Naturgeschichte des Plinius zusammengestellten Heilmittelbuchs hatte auf seinen Reisen in Krankheitsfällen von Ärzten viel Übles erfahren. Sie übernahmen aus Habsucht Kuren, für welche ihre Kenntnisse nicht ausreichten, verkauften die wohlfeilsten Heilmittel zu enormen Preisen; sie zogen Krankheiten, die in wenigen Tagen oder Stunden hätten geheilt werden können, in die Länge, um von den Patienten größre Einnahmen zu erzielen. Um solchen nicht ferner als Gegenstand der Ausbeutung zu dienen, hatte er sich die bewährtesten Mittel für eine große Anzahl von Krankheiten zusammengestellt.

Über das ganze Verhalten der Ärzte dem Kranken gegenüber gibt Galen sehr ausführliche Vorschriften. Seine Besuche muß der Arzt je nach dem Wunsche des Kranken seltner oder häufiger machen; manchen sind häufige Besuche lästig. Einige Ärzte sind so unverständig, daß sie die Kranken durch lautes Reden oder das Geräusch ihrer Tritte aus dem Schlafe wecken und so gegen sich erzürnen: dies sowie alles Unzeitige oder Unpassende im Auftreten muß natürlich vermieden werden. Auch in den mit dem Kranken zu führenden Gesprächen muß der Arzt Takt beweisen und sich nicht etwa Äußerungen entschlüpfen lassen, wie der Herophileer Callianax, der einem Kranken auf die Klage, er werde sterben müssen, erwiderte: „auch Patroclus mußte sterben". Auch gegenwärtig machen sich manche Ärzte durch rauhes Benehmen den Kranken verhaßt, während andre sich durch servile Untertänigkeit Verachtung zuziehen. Beide Extreme hat der Arzt zu vermeiden und mit Freundlichkeit und Mäßigung die Bewahrung seiner Würde zu verbinden. Als passenden Unterhaltungsgegenstand mit dem Patienten kann man z. B. den Satz des Hippokrates wählen, daß die Kunst auf dreien beruhe, dem Kranken, der Krankheit und dem Arzt: der Kranke müsse sich mit dem Arzt der Krankheit entgegenstellen, dann sei die beste Aussicht, daß die eine von den beiden werde überwunden werden. Doch gibt es auch Kranke, die man nicht mit ernsten, sondern mit muntern Gesprächen oder durch Erzählen von Geschichten unterhalten muß. Ferner muß der Arzt auf seine Haltung acht haben. Einige treten gespreizt und breitspurig auf, andre geziert, wieder andre gebückt und demütig. Am empfehlenswertesten ist auch hier die Mittelstraße, doch ist es erlaubt, bis auf einen gewissen Grad sich den Neigungen der Kranken anzupassen, ebenso in bezug auf die Kleidung und selbst die Haartracht: z. B. am Hofe des Marc Aurel trug man ganz kurz geschornes, an dem des L. Verus langes Haar. Manche Ärzte sind so nachlässig, daß sie bei ihren Krankenbesuchen nach Zwiebel oder Knoblauch riechen. Ein Landsmann des Galen, Quintus, roch stark nach Wein, als er einen im Fieber liegenden reichen Mann zu Rom besuchte. Der Kranke bat ihn, sich etwas von ihm zu entfernen, da ihn der Geruch belästige, worauf Quintus plump genug erwiderte, er selbst müsse ja den viel üblern Geruch des Krankenzimmers ertragen. Viele Ärzte fügten sich allen Wünschen der Kranken in sklavischer Weise und erlaubten ihnen kaltes Wasser, schneegekühlten Wein und Bäder, so oft sie es verlangten. Solchen standen dann freilich die Türen der meisten Häuser offen. Sie wurden schnell reich und vermochten viel, und viele übergaben ihnen ihre Leibpagen, wenn sie heranwuchsen, zur Ausbildung in der Medizin. Die ungehorsamsten und eigenwilligsten Kranken waren natürlich die Reichen und Mächtigen. Am besten wäre es, sagt Galen, sie gar nicht zu behandeln, aber freilich seien die Ärzte, der eine aus diesem, der andre aus jenem Grunde, mit oder gegen ihren Willen genötigt, ihre Weichlichkeit zu ertragen. Mißbilligt er auch eine schmähliche Nachgiebigkeit, so rät er doch dem Arzt, unter Umständen die Wünsche des Kranken auch gegen seine Überzeugung zu erfüllen, wenn dadurch nicht zu viel geschadet werde; denn wenn der Kranke den Arzt hasse, werde er ihm auch nicht gehorsam sein.

Um die Folgsamkeit des Kranken zu erzielen, hatte schon Hippokrates gesagt, müsse der Arzt es dahin bringen, daß er vom Kranken bewundert, womöglich wie ein höheres Wesen angesehen werde. Man sah ja in Pergamum die Kranken, die sich dem Gotte Äskulap zur Behandlung übergeben hatten, die härtesten Verordnungen befolgen, z. B. sich oft 15 Tage lang aller Getränke enthalten, was sie niemals auf die Verordnung eines Arztes hin getan haben würden. Auch darauf hatte schon Hippokrates hingewiesen, daß der Arzt die Bewunderung des Kranken am besten durch richtige Diagnosen und Voraussagungen erregen könne. Galen selbst pflegte womöglich die Krankheitsursache anzugeben, ohne den Kranken darauf bezügliche Fragen vorgelegt zu haben. Wiederholt hatte er, wie einst der Arzt Erasistratus, am Pulse des Kranken eine heftige Liebesleidenschaft als Krankheitsursache erkannt, wenn der oder die Geliebte ins Zimmer getreten war; und als ein reicher Patient heimlich gegen seine Vorschrift Medikamente (und zwar, um sich nicht durch die Farbe der Zunge zu verraten, in Pillen) genommen hatte und dies hartnäckig ableugnete, fragte ihn Galen, ob er schwöre wolle, und faßte ihn gleichzeitig an den Puls, dessen Beschleunigung das böse Gewissen des Kranken offenbar machte. In der Selbstzufriedenheit, die solche Erzählungen verraten, geht Galen so weit, daß er geradezu erklärt, in seinen Prognosen und Diagnosen „sich mit Gottes Hilfe nie getäuscht zu haben". Bei Erörterung des, wie er bemerkt, scheinbar trivialen Satzes des Hippokrates, daß der Arzt dem Kranken helfen oder doch nicht schaden solle, versichert er, daß er das letztere stets zu vermeiden gewußt habe. Während er nun aber auf seine Prognosen und Diagnosen den größten Wert legte, glaubten andre, sie seien keine Ärzte, wenn sie nicht sofort beim Eintritt in das Krankenzimmer sich gürteten und ein Pflaster auflegten, oder eine Übergießung machten, oder ein Klistier setzten, oder zur Ader ließen u. dgl. Für solche war wohl auch die Erinnerung an die Vorschrift des Hippokrates nicht überflüssig, das Gewand nicht über den Ellbogen zurückzustreifen, was für die Würde der Medizin um so weniger paßte, als sich sogar die Sachwalter scheuten, in dieser Weise gleich Faustkämpfern zu erscheinen.

Die ärztliche Scharlatanerie wurde in allen Formen geübt, vom bedenklichen Hinaufziehen der Augenbrauen bei den unbedeutendsten Fällen bis zur Ausführung von Operationen im Theater vor einer Menge von Zuschauern. Celsus sagt, es sei Schauspielerart, bei Kleinigkeiten wichtig zu tun, um sich den Schein zu geben, daß man mehr geleistet habe. Galen bemerkt, daß das Theriak in sehr vielen Fällen wunderbare Dienste leiste, daß aber diejenigen, die es auch als Mittel für Schwerhörigkeit und schwaches Gesicht anpreisen, es nicht auf ärztliche, sondern auf marktschreierische Weise empfehlen. Eine gewisse Öffentlichkeit bei Ausübung der ärztlichen Praxis war durch die Gewohnheiten des antiken Lebens bedingt. Die Ärzte erteilten ihren Rat, verkauften und verabreichten Mittel und machten selbst Operationen in Buden und Läden, die nach der Straße zu offen waren: dort trat einer mit einer ausgefallnen Schulter, der andre mit einem Geschwür, ein dritter über Kopfschmerz klagend ein. Die unwissendsten Ärzte waren am meisten darauf bedacht, ihre Lokale mit elfenbeinernen Büchsen, silbernen Schröpfköpfen und Messern mit vergoldeten Griffen auszustaffieren. Epictet sagt, in Rom sei es bereits so weit gekommen, daß die Ärzte die Patienten zum Eintreten bei sich einlüden.

Allem Anschein nach war es nicht selten, daß Ärzte in großen Hörsälen öffentliche Vorträge hielten und mit Demonstrationen begleiteten, wie Galen zu Rom im Tempel des Friedens und anderwärts; wobei denn auch Disputationen stattfanden. Als Galen kurz nach seiner ersten Ankunft in Rom über einen Fall, wo ihm ein Aderlaß unerläßlich schien, mit mehreren ältern Ärzten von der Schule des Erasistratus in Streit geraten war, las am folgenden Tage sein Landsmann und Mitschüler Teuthras die Bücher des Erasistratus „vor allen Philosophen“ vor, wies nach, daß eine Anzahl von Todesfällen durch seine verkehrte Methode herbeigeführt war, und forderte die alten Ärzte zur Disputation auf. Diese lehnten sie ab, da sie es unter ihrer Würde hielten, mit einem jungen Manne zu streiten. Da aber Galen damals täglich öffentlich Vorträge über Fragen zu halten pflegte, welche die Zuhörer ihm stellten, wurde er auch veranlaßt, die Frage zu behandeln, ob Erasistratus des Aderlasses sich mit Recht enthalten habe. Dieser Vortrag, den Galen für Teuthras auf dessen Wunsch einem Sklaven diktierte, wurde ohne sein Wissen veröffentlicht und hatte, obwohl seiner Form nach nur für ein Auditorium bestimmt, die unerwartete Wirkung, die Erasistrateer sämtlich zum Aderlaß zu bekehren. Ein andres Mal erzählt Galen, daß ein Theoretiker (Sophist), dem der Chor seiner Anhänger lebhaft applaudierte, nach einem Vortrage, in dem er eine unhaltbare Ansicht entwickelt hatte, mit diesem Gefolge sich eiligst entfernte, weil er wußte, daß Galen ihn widerlegen würde. Am folgenden Tage überreichte Galen seinen Anhängern eine Schrift, welche die Widerlegung enthielt, und keiner wußte etwas darauf zu erwidern. Auch Marktschreier ließen sich öffentlich über die Organe des menschlichen Körpers und ihre Funktionen vernehmen und lockten durch den Schein der Gelehrsamkeit Patienten an.

Übrigens braucht kaum gesagt zu werden, daß es auch an wissenschaftlich gebildeten Ärzten zu keiner Zeit fehlte, von denen viele, namentlich Griechen, schriftstellerisch tätig waren. Hermogenes aus Smyrna hatte in 77 Lebensjahren 90 Bücher (darunter 72 medizinische) geschrieben. Ein kaiserlicher Leibarzt Ti. Claudius Menecrates schrieb 150 Bücher, in welchen er eine neue logische Heilkunde begründete. Der bereits genannte Heraclitus aus Rhodiapolis in Lycien, der in einer ihm dort gesetzten Ehreninschrift als der erste Arzt aller Zeiten gepriesen wird, war Verfasser ärztlicher und philosophischer Schriften in Vers und Prosa, die erstern hatten ihm den Namen eines Homer der Medizin eingetragen; seine sämtlichen Werke hatte er seiner Vaterstadt und den Städten Alexandria, Rhodus und Athen verehrt, in Rhodiapolis war ihm außer andern Ehrenbezeigungen auch eine „Statue für wissenschaftliche Bildung“ (τῷ τῆς παιδείας ἀνδριάντι) zuerkannt worden.

Die Kenntnis der Heilmittel hatte für die antiken Ärzte eine ganz andre Bedeutung als für die modernen, weil Apotheken, wo die Medikamente vorschriftsmäßig und unter Aufsicht hätten bereitet werden können, ebensowenig existierten wie (mit seltner Ausnahme) im Mittelalter diesseits der Alpen. An kleinen Orten fehlten sie in Deutschland noch zu Ende des 18. Jahrhundert: Hufeland mußte in Weimar (seit 1783) „nach der damaligen fast allgemein herrschenden Sitte“ Dekokte, Pillen, Pulver selbst machen und dispensieren. Vielleicht wurden auch in Tempeln der Heilgötter Arzneien bereitet, wie in dem der Bona Dea in Rom, wo den Priesterinnen Kräuter aller Art zu deren Herstellung zu Gebote standen. Den Verkauf der Medizinalstoffe sowie der fertigen Medikamente besorgten im Altertum die Salben-, Drogen- und Spezereihändler; die letztern *(aromatarii)* bildeten zu Rom eine Innung; daneben gab es, und gewiß sehr zahlreich, von Ort zu Ort reisende Händler, Scharlatane und Quacksalber. Aus den Läden der Händler kauften sehr häufig auch die Ärzte, wie schon der ältere Plinius klagt, anstatt die Heilmittel selbst zu bereiten, was früher als das eigentlichste Geschäft der Arzneikunde galt. Die Ingredienzien selbst kannten sie nur unvollkommen oder gar nicht, und wollten sie nach Anweisung von Lehrbüchern Medikamente bereiten, so wurden sie von den Kaufleuten mit schlechter und gefälschter Ware betrogen. Viele kauften sogar fertige Salben und Pflaster. Galen, der ebenfalls vielfach über den Betrug der „verwünschten Drogenhändler" klagt, sagt, daß sie auch ihrerseits von den Lieferanten und diese wieder von den Kräutersammlern betrogen würden, welche die Säfte, Blüten, Früchte und Sprossen der Pflanzen nach den Städten brachten. Die Händler verstanden aber ihre Fälschungen den echten Mitteln so täuschend ähnlich zu machen, daß selbst die besten Kenner sie nicht von diesen unterscheiden konnten. Galen hatte selbst in seiner Jugend bei einem Manne Unterricht genommen, welcher Balsam, lemnische Siegelerde, weiße Zinkblumen und andre kostbare Medizinalstoffe aufs genauerste nachahmen lehrte und sich dafür ein hohes Honorar zahlen ließ. Er wollte aber die Rezepte zur Herstellung der unechten Medikamente nicht bekanntmachen, da gewissenlose Menschen daraus Gewinn gezogen haben würden. Vielmehr hoffte er durch seine Schriften wohldenkende junge Leute anzuspornen, daß sie sich selbst von der Natur aller heilkräftigen Stoffe durch Augenschein und wiederholte Prüfungen unterrichteten. Wer im Besitz aller Hilfsmittel sein wolle, der müsse sämtliche offizinellen Bestandteile der Pflanzen, Tiere, Metalle und übrigen Mineralien so genau kennen, daß er echte und unechte zu unterscheiden wisse, und möge sich dann nach seinem Buche „von der Wirkung der einfachen Heilmittel" in der Anwendung üben.

Da nun aber viele wichtige Heilmittel im Handel selten zu bekommen waren, so mußte man sie sich aus den Gegenden, wo sie in der vorzüglichsten Qualität zu finden waren, durch zuverlässige Freunde zu verschaffen suchen und womöglich einen so großen Vorrat davon erwerben, daß er für das ganze Leben ausreichte. Galen hatte zu diesem Zweck sowohl mehrere Reisen gemacht, als auch regelmäßige jährliche Sendungen aus den verschiedensten Provinzen, teils von dortigen Freunden, teils durch Vermittlung der kaiserlichen und senatorischen Statthalter empfangen, namentlich aus Syrien, Palästina, Ägypten, Cappadozien, Pontus, Mazedonien, Gallien, Spanien und Mauretanien. Er hatte eigens eine Reise nach Lemnos gemacht, um sich die dortige Siegelerde, und nach Kypros, um sich verschiedne metallische Substanzen aus den kyprischen Kupfergruben zu verschaffen. Er hatte auf der Insel einen vielvermögenden Freund, der mit dem kaiserlichen, den Betrieb des Bergwerks bei Soli leitenden Prokurator befreundet war, und so erhielt er Kupfervitriol, Kupfervitriolwasser, Galmei, Vitriolerz und weiße Zinkblumen in so großen Massen, daß er nicht nur selbst lebenslänglich daran genug hatte, sondern auch Freunden mitteilen konnte. Bleiglätte war in einem Bergwerk zwischen Pergamum und Cyzicus zu finden. Den Fluß Gagates in Lycien, in dem der Gagat vorkommen sollte, fand er nicht, obwohl er in einem kleinen Fahrzeuge längs der Küste von Lycien fuhr, um alle dortigen Sehenswürdigkeiten kennenzulernen. Vom Toten Meer holte er (außer Asphalt) gewisse poröse schwarze brennbare Steine; der Hauptzweck der Reise nach Palästina aber war die Erwerbung des Balsams, der zu Engeddi in Judäa auf einer kaiserlichen Domäne wuchs und auf Rechnung des Fiskus verkauft wurde, doch im Handel fast nie echt vorkam. Auf der Rückreise war er so glücklich, einem Zuge von Kamelen zu begegnen, welche indische Aloe und indisches Lycium nach Phönizien brachten, und das letztere Medikament in unzweifelhafter Echtheit erwerben zu können, da man dort die Substanz, aus der das unechte bereitet wurde, gar nicht kannte. Bei manchen Medikamenten kam es darauf an, daß sie ein gewisses Alter hatten, namentlich bei Öl. Die Händler verkauften aber den Ärzten statt des geforderten alten Öls, welches angeblich ganz besondre Eigenschaften hatte, meist Schweinefett mit gewöhnlichem Öl vermischt, eine Mischung, die jenem an Aussehen und Geruch sehr ähnlich war; auch das reine Öl, das man im Handel erhielt, pflegte nicht alt zu sein. Galen überkam von seinem Vater Öl, das dieser schon seit Jahren aufbewahrt hatte, und legte seit seiner Jugend von Zeit zu Zeit immer neue Vorräte an, um sich ihrer bedienen zu können, wenn die frühern verbraucht waren, und so glaubte er genug zu haben, auch wenn er hundert Jahre leben sollte.

Die offiziellen Pflanzen zogen Ärzte ohne Zweifel, soweit Klima und Boden es erlaubten, häufig in eignen Gärten (deren es im 16. Jahrhundert zuerst in Padua, Pisa und Bologna, bald auch in allen deutschen Städten gab, die sogenannten Wurzelgärten. Plinius klagt über die damaligen Kräuterkenner, die ihre Wissenschaft von den verborgnen Kräften der Pflanzen andern mißgönnten, und preist den uneigennützigen und aufopfernden Forschergeist der Alten, die, selbst unwegsame Berggipfel, abgelegene Einöden und alle Eingeweide der Erde durchsuchend, die Kraft jeder Wurzel, den Nutzen jeden Pflanzenfaser ausfanden und selbst die von dem weidenden Vieh unberührten Gewächse zu heilsamen Zwecken verwandten. Die Abbildungen in einigen griechischen botanischen Werken waren täuschend oder ungenügend, in den übrigen fand man nur Beschreibungen oder Angaben von Namen und Wirkungen; doch Plinius hatte das Glück gehabt, die offizinellen Pflanzen, mit Ausnahme sehr weniger, durch Augenschein kennenzulernen, und zwar in dem kleinen botanischen Garten des Arztes Antonius Castor (vielleicht eines Freigelassenen einer Tochter des M. Antonius), der als Botaniker in seiner Zeit das höchste Ansehen genoß (auch über seine Wissenschaft schrieb) und die meisten Heilkräuter selbst zog. Er war über hundert Jahre alt geworden, ohne je krank gewesen zu sein, und ohne daß seine Rüstigkeit und sein Gedächtnis durch das Alter gelitten hatten.

Für den Privatgebrauch des kaiserlichen Hauses waren in Rom Magazine angelegt, an welche fort und fort die Heilmittel aller Länder in bester Qualität und reichlicher Menge eingesendet wurden. Jährliche Sendungen kamen im Sommer aus Sizilien, Afrika und besonders Kreta, wo die Kaiser eigne Pflanzensammler unterhielten, „welche die dort in Fülle vorhandenen Medizinalstoffe, sorgfältig in Papier verpackt und mit der Aufschrift des Namens und des Fundorts bezeichnet", auch geflochtne Körbe mit Heilkräutern gefüllt, teils für die kaiserlichen Apotheken, teils zum Verkauf in Rom versendeten. Galen erwähnt auch kaiserliche Sklaven, welche Nattern fangen mußten, deren man sich zur Bereitung verschiedner Medikamente bediente. Der ganze Reichtum jener kaiserlichen Magazine stand Galen als kaiserlichem Leibarzt zur

Herstellung der erforderten Arzneimittel zu Gebot. Er konnte die passenden Jahrgänge alten Falerners aus langen Reihen von Tonkrügen, auf denen die Jahre der Weinlese verzeichnet waren, ebenso den hymettischen Honig aus den Erträgen verschiedner Jahre wählen. Die hölzernen Gefäße mit Zimt stammten aus den Regierungen des Trajan, Hadrian und Antoninus Pius; darunter befand sich ein 4½ Ellen langes Behältnis, das einen ganzen Zimtbaum erster Gattung enthielt. In ähnlicher Fülle werden die übrigen Stoffe (wie der Balsam von Engeddi) vorhanden gewesen sein: Pausanias erwähnt beiläufig, daß das vorzügliche, zur Bereitung von Salben besonders geschätzte Öl von Tithorea an die Kaiser gesendet wurde.

Nicht minder wichtig als die Beschaffung der Medizinalstoffe war natürlich die Kenntnis der Bereitung der Medikamente, und der Besitz einer guten Rezeptsammlung bildete für jeden Arzt ein sehr wichtiges, für viele wahrscheinlich das einzige Erfordernis zur Betreibung der Praxis. Ein solches Rezeptbuch, nach den Körperteilen (vom Kopfe bis zu den Füßen) geordnet, schrieb unter andern der oben erwähnte Leibarzt des Kaisers Claudius, Scribonius Largus, auf Veranlassung seines Gönners, des Freigelassenen C. Julius Callistus, der auch diese Schrift „den göttlichen Händen“ des Kaisers übergab. Die Heilkunde schien dem Verfasser derselben ganz hauptsächlich in der Kenntnis wohlerprobter Mittel zu bestehen. Hatte doch selbst Asklepiades, von dem man (wiewohl fälschlich) behauptete, er habe die Krankheiten ganz ohne Medikamente behandeln wollen, gesagt, ein Arzt, der nicht für jedes Übel zwei bis drei bewährte Rezepte in Bereitschaft habe, stehe auf der niedrigsten Stufe. Von den Medikamenten habe die Medizin ihren Namen. Nach ihrer Kenntnis soll man also vor allem streben und sich nicht scheuen, sich deshalb auch an geringe und oft, wie man mit Beschämung gestehen müsse, der Wissenschaft der Heilkunde ganz fernstehende, aber erfahrne Personen zu wenden, die nicht selten durch ein wirksames Mittel Krankheiten heilten, gegen welche die Ärzte alle ihre Kunst vergebens aufgeboten hätten. So hatte Scribonius selbst ein über alle Erwartung wirksames Mittel gegen Kolik von einer alten Frau aus Afrika, die vielen in Rom damit geholfen hatte, für den von ihr geforderten Preis erworben. Er gibt ein Mittel gegen Schlangenbisse an, das die Jäger in Sizilien im Gurt zu tragen pflegten. Gegen Tollwut bereitete sein Lehrer Apulejus Celsus ein Medikament, das er jährlich an die Gemeinde seines Geburtsorts Centuripä in Sizilien schickte, wo es viele tolle Hunde gab; doch verschaffte es den Kranken nur Linderung. Scribonius hatte aber erfahren, daß auf Kreta ein alter Mann aus einem Barbarenlande, der durch Schiffbruch dorthin verschlagen worden war, von den Gemeinden für die Bereitung eines Mittels besoldet wurde, das die Wasserscheu im höchsten Stadium heilen sollte; und als ein Arzt aus Cortyn auf Kreta, Zopyrus, als Gesandter nach Rom kam und bei ihm wohnte, erfuhr er von diesem, daß das Mittel in einem Stückchen eines Hyänenfells, in Zeug eingewickelt, bestehe; er hatte sich auch sofort ein solches Fell verschafft, aber (glücklicherweise, wie er sagt) noch keine Gelegenheit gehabt, seine Wirkung zu erproben. Daß der Arzt Ambrosius von Puteoli bei einem Mittel gegen den Stein angab, es müsse mit einer hölzernen Mörserkeule gestoßen werden, und der, der es bereite, dürfe keinen eisernen Ring tragen, bezeichnet er zwar als Aberglauben, ohne jedoch die Unterlassung dieser Vorschrift anzuraten. Die meisten seiner Mittel, unter denen sich auch ein von der Kaiserin Messalina gebrauchtes Zahnpulver befindet, versichert er selbst erprobt zu haben. Nur wenige hatte er auf eidliche Versicherung von Freunden, daß sie sich als wirksam erwiesen, aufgenommen. Marcellus Empiricus sagt in der Vorrede zu seiner für seine Söhne bestimmten Rezeptsammlung, seine Arbeit werde ihnen ohne Mitwirkung eines Arztes die nötige Hilfe und Heilung bringen. Doch solle die Bereitung der Medikamente nicht ohne einen Arzt erfolgen.

Auch von Galens Schriften bezieht sich ein beträchtlicher Teil auf die Zubereitung der Medikamente. Er wollte den Arzt in den Stand setzen, sich auch da, wo die eigentlich erforderten Ingredienzien fehlten, namentlich auf Reisen, durch Surrogate zu helfen; waren doch sogar Ärzte, die ihre Heimat nie verlassen hatten, durch den Verlust ihrer Handapotheken so rat- und hilflos geworden, daß sie vor Kummer gestorben waren. Sehr viele Medikamente wurden aus sehr zahlreichen Bestandteilen bereitet, der Theriak aus 61, wozu auch getrocknete Nattern gehörten. Einer unübersehbaren Menge von Stoffen schrieb man Heilkraft zu, und darunter den widerlichsten und scheußlichsten; auch Bettwanzen und Tausendfüße dienten zu Medikamenten. Galen wundert sich, daß der Arzt Xenokrates aus Aphrodisias (aus der zweiten Hälfte des 1. Jahrunderts n. Chr.) zuversichtlich den Genuß von Menschenhirn, -fleisch, -leber, -blut und -knochen für verschiedne Übel anzuraten wagte, da doch der Kannibalismus im römischen Reiche gesetzlich verpönt war. Derselbe empfahl auch sämtliche Ausscheidungen des menschlichen Körpers sowie verschiedner Tiere (darunter der Nilpferde und Elefanten) als Heilmittel; auch römische Ärzte, wie Serenus Sammonicus und andre, nennen Exkremente als Medikamente oder Ingredienzien derselben. Obwohl Galen aufs entschiedenste seinen Abscheu vor derartigen Mitteln äußert, berichtet er doch selbst, daß sie in manchen Fällen gute Wirkungen taten, so z. B. der Kot eines Knaben bei gefährlichen Halsgeschwülsten äußerlich angewendet; doch durfte der Patient nicht wissen, woraus das Mittel bestand, weil es nur durch die hierauf beruhende Antipathie wirkte. Ziegenmist hat ein Dorfarzt mit bestem Erfolge gegen Schlangenbisse und andre Übel angewendet. Solcher Mittel, fügt Galen wie zur Beruhigung seiner Leser hinzu, darf sich der Arzt bei Städtern, bei angesehenen Männern nicht bedienen, aber er muß sie kennen, um sie erforderlichenfalls bei Gräbern, Mähern und Leuten ähnlichen Schlages anwenden zu können, die nicht besser als Esel und für dergleichen nicht zu gut sind.

In ärztlichen Büchern fand man auch Anweisungen zur Bereitung von Giften und Zaubertränken, mit denen Haß und Liebe erregt, Träume gesendet, die Zunge eines Gegners vor Gericht gefesselt werden sollte usw. Von diesen wollte Galen ebensowenig reden wie von den todbringenden Mitteln, deren Wirkung, wenn überhaupt, nur durch Verbrechen erprobt sein konnte. Ein Mann hatte zwei Ärzten, die bei den Salbenhandlungen standen, Honig zum Verkauf angeboten und, nachdem sie davon gekostet, sich schnell entfernt; beide waren ums Leben gekommen. Es gab angeblich auch Medikamente, welche die Entleerung des Körpers vom Blute bewirkten und so den Tod herbeiführten. Galen sagt, daß er folgendes als sicher mitteilen könne. In seiner Kindheit hatte ein Mensch im bithynischen Thrazien, d. h. im Gebiet von Byzanz, zufällig ein Kraut entdeckt, das diese Wirkung tat. Er hatte, wie er später vor Gericht aussagte, eine Schweinsleber darauf gelegt, und als er sie wieder aufhob, überall von ihr Blutstropfen abfließen sehen, dann mit dem Kraute an dem ersten besten experimentiert, und als die erwartete Wirkung eintrat, viele so ums Leben gebracht. Auf der Folter blieb er dabei, daß er das Kraut niemandem gezeigt habe; da es aber nach seiner Aussage überall wuchs, ließ ihn der Statthalter mit verbundenen Augen zur Hinrichtung führen, damit er es nicht noch auf diesem Wege zeigen könne.

Die Verbreitung der Giftmischerei machte den Gebrauch von Gegengiften sehr allgemein, in deren Bereitung die Ärzte eine ihrer wichtigsten Aufgaben sahen. Das Theriak sollte, wie der Erfinder, Neros Leibarzt Andromachus, in einem langen Gedichte rühmt, nicht nur alle Gifte unschädlich machen, sondern auch gegen die verschiedenartigsten Übel wirksam sein. Daher gebrauchten es auch viel Gesunde täglich als Präservativ, wie der Kaiser Marc Aurel, besonders aber solche, die durch widriges und plumpes Wesen sich viel Haß zugezogen hatten und die Nachstellungen ihrer Feinde fürchteten. Scribonius gibt die Symptome der Vergiftungen mit den am meisten gebrauchten Giften, wie Schierling, Opium, Bilsenkraut, Gips, Bleiglätte, Bleiweiß usw., und die für jeden Fall geeigneten Gegenmittel an. Unter den Gegengiften befindet sich auch eines des Arztes Marcianus, das „vollkommene" genannt, das für Augustus bereitet wurde.

Viele Ärzte mißbrauchten ihre Kunst zu kosmetischen Zwecken, wie ein kaiserlicher Leibarzt Crito, der eine Kosmetik in vier Büchern geschrieben hatte, aus der Galen nur die Mittel mitteilen wollte, welche zur Erhaltung der natürlichen Schönheit dienen. Denn Enthaarungsmittel, Mittel zur Verbesserung der Hautfarbe, vollends Rezepte wohlriechender Essenzen zum Besprengen von Kleidern, Zimmern u. dgl. anzugeben, hielt er unter der Würde der Medizin.

Der Verkauf der Medikamente war für die Ärzte um so einträglicher, als die Meinung verbreitet war, daß die teuersten Mittel auch die wirksamsten seien, und manche reiche Leute wohlfeile, wenn auch wirksame, geradezu mit Verachtung zurückwiesen. Ein reicher Mann, dessen Sklaven Galen von einem bösartigen Geschwür geheilt hatte, verlangte das Rezept des Medikaments; als er hörte, daß es aus lauter wohlfeilen Ingredienzien bestehe, sagte er: „Dies kannst du für Bettler aufheben, mich lehre ein teureres." Galen willfahrte ihm; jener experimentierte nun an Freien und Sklaven und beschenkte Galen reichlich, da der Erfolg alle Erwartung übertraf. Von den beiden Arten des Storax riet Galen in der Regel, die häufig vorkommende und wohlfeile zu brauchen, die seltne und teure in Medikamenten für den Kaiser und für solche, die zur Verschwendung bei Arzneien geneigt waren. Sogar für Abführmittel, die unnützerweise künstlich zusammengesetzt waren, ließen Ärzte sich „unermeßliches Geld" zahlen.

Die Bereitung gesuchter Medikamente wurde ohne Zweifel meist geheimgehalten. Ein Freund Galens Claudianus fand in einem Nachlaß ein Pergamentbüchlein mit einem Mittel gegen vorzeitige Kahlheit, von dem er wußte, daß es ausgezeichnete Wirkungen getan hatte; aber das Rezept war in symbolischen Ausdrücken abgefaßt, die Galen nur mit Mühe und vermutungsweise enträtseln konnte. Scribonius Largus gibt das Rezept zu einer „wunderbaren" Mixtur gegen Brustschmerzen, die schon den Alten bekannt war, hauptsächlich aber durch den auch von Galen oft erwähnten Arzt Paccius Antiochus berühmt wurde, der damit in sehr schweren Fällen vortreffliche Erfolge erzielte und einen bedeutenden Gewinn daraus zog. Er bereitete sie nur bei verschlossenen Türen und ließ von seinen Gehilfen, um sie zu täuschen, mehr Ingredienzien als erforderlich reiben. Doch nach seinem Tode wurde seiner Bestimmung gemäß das Rezept dem Kaiser Tiberius übergeben, der es in die öffentlichen Bibliotheken niederlegen ließ, so wie später Hadrian und Antoninus Pius die Aufstellung der Werke des Arztes Marcellus von Side in ihnen anordneten.

Auf den Etiketten der Medikamente pflegte der Name des Mittels, des Erfinders, der Krankheit, gegen die es diente, häufig auch eines namhaften Kranken, für den es bereitet worden war oder bei dem es sich wirksam erwiesen hatte, angegeben zu sein, wie einige aus Galen gewählte Beispiele zeigen mögen. „Berytisches Mittel, das Strato aus Berytus gegen die stärksten Augenflüsse gebrauchte, hilft auf der Stelle. Augensalbe, die Florus bei Antonia, der Mutter des Drusus, anwandte, als sie von den andern Ärzten fast blind gemacht worden wäre. Flechtenmittel, durch die Pamphilus in Rom viel Geld gewann, als dort die Kinnflechte grassierte. Einreibung (gegen Gicht), für den kaiserlichen Freigelassenen Patroclus komponiert, befreit von jeder Affektion." Eine andre Einreibung, von Pompejus Sabinus, genannt „die kostspielige", für Aburnius Valens, vielleicht den berühmten Juristen, bereitet, „hilft Hüftkranken, Gichtleidenden, Podagrischen, mit Zittern Behafteten und gegen jede Affektion der Nerven" usw. Oft wurden den Mitteln hochklingende Namen gegeben, wie Ambrosia, Nectarium, Anicetum (Unübertreffliches), Phosphorus (Morgenstern), Isis, Galene (der von beiden Andromachus ihrem Theriak beigelegte Name), Papagei, Phönix, Schwan (von der weißen Farbe) usw. Die Etiketten waren wahrscheinlich auf die Gefäße selbst oder auf die darüber gebundene Haut geschrieben (Galen erwähnt einmal, daß Natterngift in einem Zinnbehältnis in Gärung geriet und die Haut und den Bindfaden sprengte), vielleicht auch auf angebundne Zettel. Gestempelt scheinen nur die Augensalben (Kollyrien) worden zu sein, die trocken, in Form viereckiger Stäbchen versandt wurden. Noch sind etwa 230 Steinstempel von Augenärzten erhalten, fast sämtlich in England, Frankreich, Deutschland, Österreich und den Niederlanden gefunden (nur knapp ein Dutzend aus Italien), „welche ebenfalls den Namen des Arztes, die Bestimmung des Mittels, die Bestandteile desselben und die Art seiner Auflösung (Ei, Wasser, Wein) enthalten".

Es ist selbstverständlich, daß ein Stand, zu dem der Zutritt niemandem verwehrt war, und dessen Mitglieder starken Versuchungen ausgesetzt waren, sehr viele unlautere Elemente enthielt. Bei Martial stiehlt sogar ein Arzt dem Kranken den Medizinlöffel. Außer der Giftmischerei wurden die Ärzte besonders der Erbschleicherei und des Ehebruchs geziehen; und man glaubte, daß sie nicht selten die Gatten der von ihnen verführten Frauen „ohne Fieber sterben ließen", d. h. durch Gift aus dem Wege räumten. Nach Seneca gab es Ärzte, welche die Krankheiten steigerten, um durch deren Heilung größern Ruhm zu gewinnen. Dazu kamen die zum Teil schon berührten Vorwürfe der Habsucht und Erpressung; der Streitsucht, der die Gegensätze und Feindseligkeiten der zahlreichen Schulen immer neue Nahrung gaben, und der rohen Leidenschaftlichkeit gegen Kollegen, von der sich manche bei Disputationen und am Krankenbett zu Schimpfreden, zum Ausstrecken der Zunge, zu Schlägereien hinreißen ließen; der Rechthaberei, die bei manchen so groß war, daß sie nicht einmal auf Apollo und Äskulap hätten hören mögen, wenn diese sie ihrer Lehren gewürdigt hätten; des Brotneids, der durch die Größe der zu gewinnenden Einnahmen in Rom mehr Nahrung erhielt als anderwärts und nicht bloß gehässige Verleumdungen und Verfolgungen, sondern selbst Morde veranlaßte. Galen wurde durch den Haß der Kollegen aus Rom vertrieben, der mit der Bewunderung der Kranken in gleichem Grade wuchs (der treffliche, durch ihn wunderbar von der Melancholie befreite L. Marcius sagte, daß seine Stimme von einem goldnen Deifuß ertönte). Doch am meisten verbreitet war wohl im ärztlichen Stande überall Scharlatanerie, Unwissenheit und handwerksmäßige Verachtung aller wissenschaftlichen Bildung.

Neben den hauptsächlichsten Schulen der Dogmatiker, Empiriker, Methodiker, Pneumatiker, Eklektiker gab es noch viele Sekten, die sich zum Teil nach dem Namen ihres Stifters nannten, wie Erasistrateer usw. Dem kaiserlichen Leibarzt Ti. Claudius Menecrates, „Verfasser einer besondern, einleuchtenden Logik in 156 Büchern, weshalb er von ansehnlichen Städten mit Ehrendekreten ausgezeichnet wurde“, errichteten seine Anhänger zu Rom als ihrem Schulhaupte ein Grabdenkmal. Zum Teil bezeichneten diese Sekten sich nach ihrer Kurmethode, z. B. als Weinverordner (οἰνοδόται) oder Wasserärzte; die Hydrotherapie wurde in Rom, wie unter Augustus durch Antonius Musa, unter Nero durch Charmis aus Massilia Mode, welcher kalte Bäder sogar im Winter verordnete, die Kranken in Bassins tauchen ließ, und unter dessen Anhängern selbst alte Konsulare wie Seneca „die Erstarrung bis zur Ostentation übertrieben“. Wie feindselig die verschiednen Schulen einander befehdeten, ergibt sich auch aus der Polemik Galens gegen den „läppischen“ Thessalus, „die Esel aus seiner Herde“, die „steinernen (stupiden) Methodiker“ usw. Keine Wissenschaft, sagt Plinius, sei unbeständiger gewesen und werde auch jetzt noch häufiger umgewandelt. Auf Vettius Valens, der, als Hofarzt zur Macht gelangt, eine neue Schule stiftete, folgte Thessalus, der alle frühern Grundsätze verwarf, mit einer an Raserei grenzenden Leidenschaft gegen die Ärzte aller früheren Zeiten donnerte und sich auf seinem Monument an der Via Appia „Ärztebezwinger“ nannte. Er stand auf der Höhe seines Rufs, und kein Wagenlenker oder Pantomimentänzer hatte auf der Straße ein größres Gefolge, als ihm Crinas aus Massilia den Rang ablief, der sich durch Verbindung der Medizin mit der Astrologie den Schein größrer Sorgsamkeit und Gewissenhaftigkeit gab und die Stunden der Mahlzeiten nach dem Stande der Planeten bestimmte. Diesen verdrängte wieder jener Charmis, so daß unter Nero drei nach ganz verschiednen Prinzipien verfahrende Ärzte nacheinander, wie Plinius sagt, die Schicksale Roms lenkten. „Unzweifelhaft“, fährt er fort, „jagten sie alle durch ihre Neuerungen nach Berühmtheit und machten mit dem Leben der Patienten Geschäfte; daher auch jene unseligen Zänkereien im Krankenzimmer, wo jeder etwas andres rät, um nicht von einem andern abhängig zu erscheinen; daher jene unglückliche Inschrift eines Grabmals, durch die Menge der Ärzte sei der Verstorbene umgekommen. Täglich wird die so oft umgemodelte Wissenschaft verändert und wir durch den Hauch der Talente Griechenlands hin und her getrieben. Sobald jemand unter jenen redemächtig ist, wird er sofort für uns Gebieter über Tod und Leben, als ob nicht Tausende von Völkern ohne Ärzte und doch nicht ohne Arznei lebten, wie auch das römische Volk mehr als 600 Jahre, das im Aufnehmen der

Wissenschaften keineswegs langsam, nach der Medizin sogar begierig war, bis es sie aus Erfahrung verwünschen lernte."

Auch die Magie stand mit der Medizin in vielfältigem Zusammenhange; sie wurde von den Ärzten keineswegs bloß aus Scharlatanerie, sondern vielleicht ebenso oft in gutem Glauben angewendet. Denn von dem unermeßlichen medizinischen Aberglauben des Altertums war gewiß die große Mehrzahl der Ärzte mehr oder weniger angesteckt. Am meisten verbreitet war wohl im ganzen Altertum (und nicht bloß unter den Ärzten) der Glaube an die in der ganzen Natur herrschende Antipathie und Sympathie, „die Feindschaften und Freundschaften der stummen bewußtlosen Dinge. Aus der Erkenntnis derselben war nach Plinius die Heilkunde entstanden. So hatte die Natur einfache, leicht zu findende und ohne Kosten zu erlangende Heilmittel erschaffen, die teuren, seltnen, sowie deren künstliche Zusammensetzungen und Mischungen hatten Betrug und Gewinnsucht ersonnen. Auch Dioskorides, dessen Heilmittellehre für die gesamte medizinische Welt sechzehn Jahrhunderte lang eine Quelle des Wissens wurde und für die türkischen Ärzte noch heute die alles arzneilichen Wissens ist, empfiehlt sympathetisch wirkende Mittel. Er berichtet auch, daß man bei der Ausgrabung der in vielen Krankheiten (besonders Epilepsie und Geistesstörungen) angewandten Nieswurz stehend zu Apoll und Äskulap betete und sich sehr hütete, von einem etwa vorüberfliegenden Adler gesehen zu werden: denn dies brachte dem Grabenden den Tod. Alle Arten des Jaspis dienten nach ihm als Amulette; um die Schenkel kreißender Frauen gebunden, beschleunigten sie die Geburt. Galen gibt an, daß der Jaspis gegen Magenleiden helfe. Einige ließen nach der Vorschrift des ägyptischen Königs Nechepsos eine Schlange mit einem Strahlenkranz darauf gravieren, Galen wußte aber aus Erfahrung, daß der Stein auch ohne diese Eingravierung wirksam war; er hatte eine Halskette, aus Jaspisstückchen angefertigt, so um den Hals hängen lassen, daß die Steine den Magenmund berührten, und einen guten Erfolg gehabt. An die Wirksamkeit von Besprechungen hatte er anfangs nicht geglaubt, sich aber später davon überzeugt. Dagegen von der sehr beliebten Anwendung der Pythagoreischen Zahlenmystik auf die Lehre von den kritischen Tagen wollte er nichts hören. Denn was haben wohl, so fragt er, die sieben Plejaden oder sieben Mündungen des Nil damit zu tun, daß öfters am siebenten Tage in der Lungen- oder Brustfellentzündung die Krisis eintritt? Ebenso oft tritt sie an andern Tagen ein. Ulpian sagt, solche, die besprechen und, „um ein gewöhnliches Wort der Betrüger zu brauchen, exorzisieren", seien nicht für Ärzte zu halten, obwohl manche rühmend versichern, daß ihnen dergleichen geholfen habe. Das Austreiben von Dämonen, welche die Krankheiten verursachen sollten, war in Ägypten uralt; außer den Ägyptern verstanden sich besonders Juden darauf. Selbst diejenigen aber, die alle Zaubermittel verwarfen, stellten nicht leicht den Wert astrologischer Berechnungen in Abrede, die besonders in Ägypten der Therapie zugrunde gelegt wurden und vielen Ärzten und Nichtärzten als unentbehrlich galten. Ein Arzt, D. Servilius Apollonius, der nach seiner Grabschrift 93 Jahre alt wurde, „wie er gesagt", hatte diese Prophezeiung wohl nicht auf Grund seiner ärztlichen, sondern seiner astrologischen Wissenschaft getan. Auch Galen war nicht bloß überzeugt, daß die siebentägign Perioden des Mondwechsels auf alle irdischen Dinge den größten Einfluß übten, sondern hatte auch die Entdeckung der ägyptischen

Astrologen durchaus wahr gefunden, daß aus der Stellung des Monds zu den guten und bösen Planeten sich für Gesunde und für Kranke ergebe, ob die Tage für sie gute oder böse sein würden. Wenn z. B. bei der Geburt eines Menschen die guten Gestirne im Widder, die bösen im Stier stehen, so sind für ihn Krankheiten am gefährlichsten, wenn der Mond im Stier, Löwen, Skorpion oder Wassermann steht, dagegen ist keine Gefahr, wenn er durch den Widder, Krebs, die Waage und den Steinbock geht. Wer solche Erscheinungen weder selbst beobachten, noch den Beobachtungen andrer Glauben schenken wolle, gehöre wohl zu den jetzt sich überall breitmachenden Sophisten, welche für offenbare Tatsachen Gründe verlangen, während sie doch vielmehr aus den erwiesnen Tatsachen deren unbekannte Gründe zu ermitteln versuchen sollten. Mit der Anwendung von Heilmitteln sind vermutlich oft auch Anrufungen von Göttern verbunden worden.

Auch die Astrologie war eine einträgliche Kunst, und obgleich nicht erlaubt und bei besondern Veranlassungen wiederholt mit strengen Strafen belegt, doch geduldet, insofern sie nicht auf die Person des Kaisers oder Staatsangelegenheiten angewandt wurde. Zu den Lehrern, welchen Alexander Severus Gehalte auswarf, Hörsäle bestimmte und Söhne aus armen, aber freien Familien, für deren Lebensunterhalt gesorgt wurde, als Schüler zuweisen ließ, gehörten außer Rhetoren, Grammatikern, Ärzten, Mechanikern, Architekten auch Haruspices und Astrologen. Der Großvater des Ausonius, Cäcilius Argicius Arborius, übte die Astrologie, die er sehr gut verstand, nur heimlich: die Tafeln, auf denen er das Leben seines Enkels verzeichnete, hatte er versiegelt; doch seine Tochter konnte sich nicht enthalten, das Siegel zu erbrechen. Augustinus, der als junger Mann zu den Prophezeiungen der Astrologen großes Vertrauen hatte, wurde von einem ältern Freunde über ihre Trüglichkeit belehrt. Dieser hatte die Sterndeuterei zu seinem Beruf erwählen wollen und sie gründlich studiert, da er von ihr ganz allein zu leben gedachte, aber nachdem er ihre völlige Nichtigkeit erkannt, sich der Medizin zugewendet. Dagegen Firmicus Maternus, ein Mann senatorischen Standes, der seine Einführung in die Astrologie *(Mathesis)* zwischen 334 und 337 begann, hatte sich von der Anwaltschaft, die ihm durch das damit verbundne „hündische" Gezänk, durch ihre Gefahren und ihre Gehässigkeit verleidet war, zurückgezogen, um in voller Muße die Seele von den Fehlern, die sie im Verkehr mit schlechten Menschen angenommen hatte, durch Untersuchungen über göttliche und himmlische Dinge, d. h. durch astrologische Schriftstellerei, zu reinigen. Wenn er also selbst auch, wie es scheint, die Astrologie nicht zum Erwerbe betrieb, so erwähnt er doch in seinem Buch Astrologen neben andern Wahrsagern als solche, die durch ihre Kunst ihren Lebensunterhalt gewinnen. Die Gewerbesteuer, welche die Astrologen zu Alexandria zu entrichten hatten, nannte man die „Narrensteuer", weil sie von der Bezahlung der jene befragenden Toren erhoben wurde. Das Ansehen der Astrologie scheint während der ganzen Kaiserzeit gleich groß geblieben zu sein. Astrologen, vorzugsweise Griechen, Orientalen und Ägypter, gingen wie am Hofe, so auch in den großen Palästen ein und aus, waren im engsten Vertrauen der Vornehmen, bei den wichtigsten und gefährlichsten Unternehmungen Anstifter und Berater und darum häufig in Hochverratsprozesse verwickelt. Pammenes, ein berühmter Astrolog, der wegen seiner Kunst zu vielen in freundschaftlicher Beziehung stand, erhielt noch auf der Insel, auf der er in der letzten Zeit Neros als Verbannter lebte, häufige Botschaften und Anfragen und von dem Konsularen P. Antejus ein Jahrgeld. Ein andrer auf derselben Insel lebender Verbannter, dem es gelang, sich der geheimen Papiere des Pammenes zu bemächtigen, denunzierte im Jahre 66 Antejus und Ostorius Scapula wegen ihrer Korrespondenz mit demselben; beide betrachteten ihre Verurteilung als gewiß und kamen ihr durch Selbstmord zuvor. Die Astrologie war die eigentlich aristokratische Art der Prophezeiung und verhielt sich in bezug auf das Ansehen, das sie genoß, zu den populären etwa wie in neuer Zeit der Somnambulismus, das Tisch- und Geisterklopfen, der Psychograph, der Spiritismus u. dgl. zu Wahrsagen aus Zinnguß, Kaffeesatz, Karten usw. Der Traumdeuter Artemidorus, der die Wahrsagung aus Gesichtszügen, Gestalt und Händen, aus Würfeln, Schüsseln, Sieben, Käse und Feuer und selbst das Geisterzitieren als gemeine Arten der Prophezeiung verachtete, erkannte außer der Traumdeutung nur Opfer- und Leberbeschauung, Deutung des Vogelflugs und der Gestirne als berechtigt an; ihm war freilich selbst die Zuverlässigkeit der Berechnungen aus Horoskopen zweifelhaft. Doch war damals die von den höhern Ständen allein oder vorzugsweise begünstigte Art der Prophezeiung auch in den übrigen Schichten der Gesellschaft sehr verbreitet, und neben jenen vornehmen „heiligen" und anspruchsvollen Propheten gab es auch überall (in Rom besonders am Zirkus) Winkelastrologen, die gemeinen Leuten für ein billiges ihre Zukunft ausrechneten. Auch das Wetter behaupteten die Sterndeuter vorhersagen zu können, da gewisse Veränderungen der Luft an bestimmten Tagen eintreten sollten, was Columella in einer eignen Schrift widerlegte. Von ihnen erfuhr der Landwirt, wie die Ernte ausfallen, der Kaufmann, ob ein Geschäft für ihn sich günstig gestalten, der lauernde Erbe, wann der reiche Mann sterben würde, der ihn in seinem Testamente bedacht hatte. Dies letztere war wohl der Gegenstand, um den die Astrologen am häufigsten befragt wurden, und sie verfehlten nicht, ihre Prophezeiungen nach den Wünschen der Fragenden einzurichten; Galen sagt, daß die Reichen sich um Astrologie nur kümmerten, um vorher zu wissen, wen sie beerben würden. Brautpaare ließen sich von Sterndeutern den günstigen Tag für die Hochzeit, Bauherren für die Grundsteinlegung ihres Hauses, Reisende für den Antritt ihrer Fahrt bestimmen. Als Honorar für eine Konsultation der letztern Art wird einmal die Summe von hundert Denaren (87 Mark) genannt. Um den Fragenden jeden Zweifel an der Untrüglichkeit ihres Wissens zu nehmen, zeigten sich die Astrologen auch über deren Vergangenheit aufs genaueste unterrichtet. Der Trimalchio Petrons erzählt, daß ihm sein Astrolog sogar Dinge gesagt habe, die er selbst vergessen hatte; ferner: „Du bist nicht glücklich in der Freundschaft. Niemand erweist dir die Dankbarkeit, die du verdienst. Du besitzest große Begüterungen. Du nährst eine Schlange an deinem Busen"; endlich, daß er noch 30 Jahre 4 Monate und 2 Tage leben und nächstens eine Erbschaft machen werde.

Der oben erwähnte Firmicius Maternus, der sein Werk über Astrologie auf Veranlassung des Prokonsuls Mavortius Lollianus schrieb und diesem widmete, ist bemüht, die Astrologie als eine nicht nur vollkommen unsträfliche, sondern auch den Geist erhebende und die Seele läuternde Wissenschaft darzustellen, weshalb auch diejenigen, die sich ihr weihen, sich durch priesterliche Reinheit und Heiligkeit ihrer würdig machen sollen. Die Vorschriften und Warnungen, die er angehenden Astrologen für ihr ganzes Verhalten erteilt, zeigen zugleich, wodurch dieselben sich am häufigsten Tadel oder Gefahren zuzogen. Wer in die Lehre des heiligen Werks eingeweiht ist, sagt er am Schluß des zweiten Buchs, muß sich dem Bilde der Gottheit ähnlich machen, um stets mit dem Ruhme der Wahrheit geschmückt zu sein. Er sei leicht zugänglich, und wer ihn befragen wolle, müsse sich ihm nicht mit Zittern nahen; er sei keusch, nüchtern, mäßig, mit wenigem genügsam, damit nicht unedle Geldgier den Ruhm der göttlichen Wissenschaft entwürdige. Als Priester der Sonne und des Monds und der übrigen Götter, durch die alles Irdische gelenkt wird, muß er stets danach trachten, nach dem Zeugnisse aller so großer Verrichtungen würdig erachtet zu werden. Er gebe seine Antworten öffentlich und sage dies den Fragenden vorher, damit er um nichts gefragt werde, was man weder fragen noch sagen darf. Fragen nach der Lage des Staats und dem Leben des Kaisers beantworte er nicht: beides ist verbrecherisch und das letztre nicht einmal möglich. Denn das Schicksal des Kaisers allein hängt nicht von den Bahnen der Gestirne ab; da er der Herr der ganzen Welt ist, wird sein Schicksal durch das Urteil des höchsten Gottes gelenkt, und er selbst gehört zu dem Kreise der Götter, welche die Urgottheit zur Vollbringung und Erhaltung aller Dinge eingesetzt hat. Auch bei den Haruspices zeigt es sich, daß keine Gottheit, die sie anrufen, das Wesen der höhern Macht, welche in dem Kaiser ist, zu deuten vermag, da die eigne Macht einer jeden geringer ist. Denn wem alle Geister, alle Stände, alle Reichen und Adligen, alle Würden und Mächte dienen, dem ist die Macht einer Gottheit und eine Stelle in den Reihen der Götter zuteil geworden. Man soll denjenigen, der eine Frage über den Kaiser tut, nicht mit hartem Tadel anfahren, sondern belehren, daß es unmöglich ist, über ihn etwas zu ergründen, damit er seinen sträflichen Wahn ablege. Es ist aber auch nicht zu verlangen, daß der Astrologe eine unerlaubte Frage anzeige, damit er nicht, wenn der Fragende wegen seines strafwürdigen Begehrens zum Tode verurteilt wird, mit einer Mitschuld an seinem Blute behaftet sei, von der das Priesteramt rein bleiben muß. Er habe eine Gattin, ein Haus, ehrbare Freunde, halte sich von dem öffentlichen Verkehr nicht zurück, bleibe allen Streitigkeiten und strafbaren Handlungen fern und lasse sich die Sorge um den Erwerb nicht kümmern. Er sei jeder grausamen Leidenschaft fremd, habe nicht an den Feindschaften andrer Freude, in jedem Verkehr gefalle ihm ruhige Mäßigung. Er fliehe den Aufruhr, sei treu in der Freundschaft, in allen Handlungen bewähre sich seine Rechtlichkeit als makellos. Nie beflecke er sein Gewissen durch falsches Zeugnis, treibe keinen Wucher, noch ziehe er aus fremder Not elenden Gewinn. Eidliche Versicherungen verlange er weder noch verspreche er sie, am wenigsten um des Gelds willen, damit es nicht scheine, als wenn er wegen einer armseligen Gabe die Hilfe der Götter anflehe. Irrenden, besonders Freunden zeige er den rechten Weg, damit sie durch seine Unterweisung von ihren Irrtümern frei werden. Niemals nehme er an nächtlichen Opfern teil, mögen sie öffentliche oder private heißen, spreche mit niemandem im geheimen, sondern, wie gesagt, öffentlich vor den Augen aller übe er die göttliche Kunst aus. Die Laster der Menschen soll er nicht bei der Deutung ihrer Horoskope zu offenbar darlegen, sondern seine Antworten über solche Dinge mit Zurückhaltung geben, damit er nicht jemandem das, was ihm der feindselige Gang der Gestirne verhängt hat, zum Vorwurf zu machen scheine.

Stets halte er sich von den Verlockungen der Schauspiele fern, damit er nicht als Anhänger einer Partei gelte; denn für die Priester der Götter ziemt es, den bösen Verlockungen der Wollüste fremd zu bleiben. Wenn er seinen Geist mit diesen Zierden der Tugend ausgerüstet habe, möge er ans Werk gehen und die folgenden Bücher über den Einfluß der Gestirne auf die Schicksale der Menschen mit ruhigem Sinn studieren. In einem eingenommenen und von verruchter Leidenschaft befleckten Geiste kann die Lehre der ehrwürdigen Wissenschaft nicht einmal haften, sondern stets erleidet der eine große Einbuße, der sie durch einen gottlosen Willen schändet. Unbefleckt, rein und keusch gehe der Geist an das heilige Werk, dann werde der Astrolog noch mehr durch die Weissagungskraft des Geistes als durch das Studium erreichen. In der Vorrede des fünften Buchs wendet sich Firmicus in einem schwungvollen Gebet an den höchsten Gott, der „zugleich Vater und Mutter aller Wesen, zugleich Vater und Sohn, durch ein Band der Verwandtschaft geeint" ist. Er möge es gnädig aufnehmen, daß der Verfasser auf höhern Antrieb und mit reinem Sinn die Bahnen der Gestirne und ihre Wirkungen zu erklären unternehme: „Für deine Römer habe ich diese Bücher geschrieben, damit nach Übertragung aller Wissenschaften in ihre Literatur dies Werk nicht das einzige bliebe, an das kein römischer Geist sich gewagt hätte." Dann bittet er die Gestirne, namentlich Sonne und Mond, um Verzeihung, daß er in ihre Geheimnisse eingedrungen sei. Nicht frevelhafte Begier und unheiliger Sinn habe ihn dazu getrieben, sondern ein durch göttliche Inspiration gestärkter Geist, der es unternahm, was die alten Seher aus ägyptischen Heiligtümern ans Licht gefördert haben, zu den Tempeln des tarpejischen Felsens zu tragen.

d) Landbau. Seehandel. Subalternämter. Militärdienst.

Von den übrigen Berufsarten preist Columella die Landwirtschaft als die vor allen andern (namentlich Kriegsdienst, Seefahrt und Handel, Zinswucher, Anwaltschaft, Klientendienst) zu erwählende Berufsart. Als unter Augustus der Zinsfuß auf 4 Prozent sank, stiegen die Preise der Güter, weil man Kapitalien nun lieber in diesen anlegte. Doch die „kleinen Kulturen", deren Produkte auf den römischen Märkten guten Absatz fanden, wie Geflügel-, Gemüse- und Obstzucht, warfen gewiß viel höhere Renten ab: gaben doch einzelne Obstbäume in der Nähe Roms einen Jahresertrag von 2000 Sesterzen (435 Mark), und auch die Blumenzucht war dort sehr lohnend. Im Jahre 227 zahlte ein Pächter von Gemüsegärten an der Straße nach Ostia eine jährliche Pacht von 26.000 Sesterzen (5655 Mark). Die hohen Erträge der Kleinwirtschaft bewogen ohne Zweifel sehr viele, vielleicht die meisten mittlern und großen Grundbesitzer, die Bodenrente in der Form der Pachtzinse zahlreicher Kleinpächter zu ziehen; aus solchen *(coloni)* hat in der Kaiserzeit ein beträchtlicher Teil der Bevölkerung Italiens (wie des römischen Reichs überhaupt) bestanden, und sicherlich sind diese nicht selten zu einem gewissen Wohlstande gelangt, wie es in einigen Fällen durch Inschriften bezeugt ist; eine in Mactaris in der Byzacena gefundne Grabinschrift erzählt den Lebenslauf eines Mannes, der erst als gemeiner Schnitter zwölf Jahre, dann elf weitere Jahre als Vorarbeiter der Schnitter tätig gewesen war, schließlich aber ein eignes Stadt- und Landhaus besaß und auch kommunale Ehrenämter bekleidet hatte.

Auch damals also war die Kleinwirtschaft, wie von jeher und wie auch heutzutage, im italienischen Landbau die vorherrschende Form: die Großwirtschaft bestand regelmäßig aus einem Komplex von Kleinwirtschaften. Für die kleinen Eigentümer aber, wohl auch in einigem Umfang für die Selbstwirtschaft der Gutsherren, waren im Laufe der Zeit mehr und mehr Kleinpächter eingetreten, und der ältere Plinius kann bei seinem bekannten Ausspruch, daß der Großgrundbesitz Italien zugrunde gerichtet habe und nun auch die Provinzen, wohl nur an die Verdrängung der ansässigen Kleinbauern durch die eigentumslosen Kleinpächter gedacht haben. Doch daß er auch hier, wie so oft, übertrieben hat, zeigen namentlich zwei Obligationsurkunden über die von Trajan zur Erziehung freigeborner Kinder unbemittelter Eltern bewilligten Kapitalien, für welche Landgüter etwa vom zwölffachen Schätzungswert verpfändet waren, und zwar in der Gegend von Veleja (bei Parma) und Placentia (Piacenza) und in der Gegend von Benevent. In der letztern war die Bauernwirtschaft noch vorwiegend: von 50 Besitzern der verpfändeten Grundstücke waren nur 2 Großbesitzer (mit Komplexen im Werte von 451.000 und 501.000 Sesterzen, rund 98.000—109.000 Mark), 9 Besitzer von Gütern im Werte von 100.000—400.000 Sesterzen (21.750—87.000 Mark), die übrigen mit kleinern (der röm. Morgen = 0,252 Hektar kulturfähigen Bodens wurde auf 1000 Sesterzen = 217 Mark geschätzt). Ein sehr viel beträchtlicherer Teil des alten Kleinbesitzes war in der Ämilia an Großbesitzer übergegangen, „wahrscheinlich weil die reichen Fluren der Polandschaft das Kapital mehr anlockten als das Hirpinische Hügelland“. Von 52 Besitzern hatte dort die knappe Hälfte Güter im Werte von weniger als 100.000 Sesterzen (21.750 Mark), ungefähr ebenso viele im Werte von 100.000—400.000 Sesterzen (21.750—87.000 Mark), ein Fünftel darüber, von diesen drei im Werte von mehr als einer Million.

Am einträglichsten war übrigens in Italien für den Landwirt auch damals der Weinbau. Das Anlagekapital für ¾ Hektar Weinland betrug mit Einschluß des Sklaven, der sie als Winzer zu besorgen hatte, der Weinstöcke und des Inventars und der Zinsen zweier Jahre, in denen die Weinstöcke noch nicht trugen, 32.480 Sesterzen (7064 Mark); und dieses Kapital verzinste sich nach Columella bei guter Kultur mit etwa 19 Prozent, während außerdem der Verkauf der Setzlinge noch eine erhebliche Rente gewährte, so daß, auch wenn man Mißernten, Unterhaltungskosten und außerordentliche Ausgaben abrechnet, diese Kapitalanlage offenbar eine sehr vorteilhafte war: wie es ja auch der von Remmius Palämon erzielte Gewinn beweist.

Unsicherer, aber auch noch gewinnbringender war der Seehandel, der von römischen Kaufleuten in allen Meeren betrieben wurde. Es war nach der in der Zeit des Tiberius verfaßten Astrologie des Manilius das Himmelszeichen des Krebses, das die Kunst des Erwerbens und Gewinnens mitteilte. Die unter ihm Gebornen trugen ihr in ausländische Waren verwandeltes Vermögen durch die Städte, kundschafteten große, durch Brand eingetretene Verluste an Korn aus und vertrauten dann ihre Schätze den Winden an. Sie verkauften der ganzen Welt die Güter der ganzen Welt, knüpften ihre Handelsbeziehungen durch unbekannte Länder und erwarben unter einer neuen Sonne neue Reichtümer. Daher rühmt sich auch der durch Seehandel reich gewordene Trimalchio Petrons, im Krebs geboren zu sein. Ein nach der Inschrift einer ihm 136 n. Chr.

von seinem Sohne in Präneste gesetzten Statue auch in Rom wohlbekannter und wegen seiner Rechtlichkeit angesehener Getreidehändler, der seine Einkäufe mindestens zum Teil in Etrurien und Umbrien machte, war „gewohnt, in eifrigem Bemühen jene Häfen zu bereisen, die den ermüdeten Seefahrern sichre Landung gewähren". Doch von der Ausdehnung und Vielfältigkeit des römischen Handelsverkehrs, von den nicht bloß zu den fernsten Punkten des Reichs, sondern weit über dessen Grenzen hinaus reichenden kaufmännischen Unternehmungen sowie von den Gefahren und dem Gewinn derselben wird an einer andern Stelle ausführlich die Rede sein.

Sehr gesucht waren ferner ohne Zweifel die Subalterndienste bei den Magistraten und Priesterschaften. Sie standen sämtlich den Freigelassenen offen und wurden daher auch größtenteils von ihnen versehen. Sie waren besoldet und konnten vielleicht kumuliert werden, und wenn auch die Anstellung gesetzlich nur für die Amtsdauer des Magistrats, also in der Regel auf ein Jahr erfolgte, war sie, da Weiteranstellung die Regel war, faktisch eine lebenslängliche. Auch konnten diese Subalternen *(apparitores)*, wenn sie freiwillig abtraten, einen Nachfolger stellen, an den sie ihre Stelle verkauften. Eine Konsequenz dieser faktischen Lebenslänglichkeit der meisten hauptstädtischen Apparitoren sind die ihnen schon in der Republik zugestandnen Korporationsrechte, durch die ihre Genossenschaften *(decuriae)* bei der in der bessern Kaiserzeit obwaltenden strengen Beschränkung des Koalitionsrechts in Rom eine gewisse Bedeutung gewannen. Wenn auch nicht ausschließlich, so doch vorzugsweise bestanden sie aus der Aristokratie der Freigelassenen. Der Trimalchio Petrons will in seine Grabschrift setzen lassen, daß er in Rom in sämtliche Dekurien hätte aufgenommen werden können, wenn er gewollt hätte.

Bei weitem die angesehensten und am besten besoldeten dieser Subalternen waren die Sekretäre und Rechnungsführer *(scribae)*, von denen jedoch nur die der Quästoren (in drei Dekurien) und die der kurulischen Ädilen (in einer Dekurie) korporiert waren; beide Körperschaften waren hauptsächlich bei der Verwaltung desÄrariums (das nicht bloß Kasse, sondern auch Archiv war) und der öffentlichen Rechnungsbücher beschäftigt. Bei dem jährlichen Wechsel der Magistrate ist es leicht erklärlich, daß die Verwaltung des Ärariums faktisch wenigstens vielfach von diesen ständigen Subalternen geführt wurde, denen es auch nicht an Gelegenheit fehlte, durch Auskunft über Gesetze, Rechnungen und andre Aktenstücke des Archivs, sowie durch Anordnungen in der Kassenverwaltung, auch durch Rechtskunde, sich die Städte Italiens, aber auch Provinzialstädte zu verpflichten, die sich dann ihrerseits durch Verleihung von Bürgerrechten, Ehrenämtern und andern Auszeichnungen dankbar bewiesen. Dieser so ansehnliche Dienst ist denn auch verhältnismäßig selten von Freigelassenen versehen worden, obwohl sie nicht ausgeschlossen waren; sehr häufig von Söhnen Freigelassener, aber auch, wie bemerkt, keineswegs selten von Männern des Ritterstands. Wie die Leiche des Augustus von den Rittern, so wurde die des ältern Drusus von den Dekurien der Scribae eingeholt. Vitruv erwähnt das stattliche Haus eines Scriba Faberius auf dem Aventin, in dessen Peristylen alle Wände mit Zinnober gestrichen waren.

Von den übrigen Apparitoren standen den Scribae am nächsten die Liktoren, von denen die der Magistrate in Rom eine Genossenschaft von drei Dekurien unter einem Vorstand von zehn Männern bildeten. Mitunter waren auch sie nicht ohne Einfluß. Einem konsularischen Liktor ist von der Gilde der Tiberfischer und -taucher, deren Patron er war, ein Denkmal gesetzt worden, besonders weil ihnen die Kahnschiffahrt durch ihn verschafft und bestätigt worden war. Söhne von Oberliktoren *(lictores proximi)* erscheinen mehrmals als römische Ritter. Noch einflußreicher als die Liktoren war der neben denselben fungierende Amtsdiener *(accensus)*, den der Magistrat gewöhnlich aus seinen eignen Freigelassenen wählte, der ihm daher persönlich näher stand und leicht sein Vertrauensmann wurde. Einem L. Licinius Secundus, der diese Stelle bei seinem Patron, dem sehr mächtigen Freunde Trajans, Licinius Sura, in dessen drei Konsulaten (zuletzt 107) bekleidete, sind zu Barcelona von einzelnen und Körperschaften mindestens fünfzehn Statuen errichtet worden.

Tiefer im Range als die Liktoren standen unter den Subalternen die Boten *(viatores)*, der großen Mehrzahl nach Freigelassene und geringe Leute, doch hatten die quästorischen teilweise den Ritterstand. Die niedrigste Klasse ist die der Ausrufer *(praecones)*, deren geringes Ansehen sich aus der Bescholtenheit des Ausrufergewerbes erklärt. Die Inschriften nennen fast nur freigelassene und unehelich geborne Präkonen. Manilius führt in seinem astrologischen Werke eine eigne Konstellation an, unter der sich die zu den verschiednen Subalterndiensten erforderlichen Fähigkeiten entwickeln sollen. Wer unter ihr geboren ist, wird ein Kenner der Stadt. Er sorgt (als Praeco) für Gebote auf die amtlich zu versteigernden und zu parzellierenden Güter, zieht (als Bote oder Liktor) den Verbrecher zur Strafe und hält (als Scriba) die Schuldner der Staatskasse zur Zahlung an. Übrigens betrieben die geringeren Subalternen öfters nebenbei ein Handwerk oder ein Handelsgeschäft; wir finden Liktoren als Topfgießer, Weinhändler u. a.

Am größten war der Zudrang von Männern und Jünglingen aus dem Volke vielleicht zum Militärstande. Die Besatzung Roms (zuerst 9, seit Trajan 10 prätorische und 3 oder 4 städtische Kohorten, im ganzen 13—14.000 Mann) wurde ausschließlich aus Freien, die ebenfalls militärisch organisierte Feuerwehr (zugleich Nachtwache und Polizeimannschaft — etwas 7000 Mann) aus Freigelassenen angeworben. Die Gemeinen der römischen Besatzung standen im Solde und Range über denen der Legionen. Die der Stadtkohorten hatten bei zwanzig Dienstjahren einen Jahressold von 1500 Sesterzen (326 Mark), die Garden (Prätorianer) bei sechzehn Dienstjahren einen solchen von 3000 (652 Mark), seit Domitian von 4000 Sesterzen (870 Mark). Hierzu kamen noch sehr ansehnliche Geschenke bei außerordentlichen Gelegenheiten; mit Claudius, der den Prätorianern bei seiner Erhebung auf den Thron Mann für Mann 15.000 Sesterzen (3262 Mark) versprach, begann die Sitte, sie durch große Summen zu erkaufen; kleinere Schenkungen wurden von einigen Kaisern jährlich, von andern alle 5 oder 10 Jahre wiederholt. Es war aber nicht bloß der Sold, die Aussicht auf Beförderung und militärische Ehren, auf eine Altersversorgung nach erhaltenem Abschied, die Lust am Waffenhandwerk und Waffenschmuck, was zum Eintritt in den Militärstand lockte: es war ganz gewiß auch dessen mit der Zeit immer zunehmende Geltung. Wie die Personen der bessern Stände konnten auch die Soldaten und besonders die Veteranen nicht zu gewissen schweren Strafen, wie Arbeit in den Bergwerken, verurteilt, auch nicht gefoltert werden. In einem Gedicht aus dem Anfange des 2. Jahrhunderts wird unter andern Vorzügen des Militärdienstes in Rom besonders hervorgehoben, daß Gardisten sich ungestraft manchen Übermut gegen Nichtsoldaten erlauben durften. Schlug ein Gardist einen Mann in der Toga, so wagte dieser nicht nur nicht, den Schlag zu erwidern, sondern auch nicht einmal, vor Gericht über den ausgeschlagenen Zahn, das hoffnungslos zugerichtete Auge zu klagen. Vor dem Militärgericht, in der Prätorianerkaserne, wo die Sache verhandelt wurde, nahm die ganze Kohorte gegen den Ankläger Partei, und niemand wagte für ihn als Zeuge aufzutreten; es war leichter, einen falschen Zeugen gegen einen Nichtsoldaten, als einen wahren gegen einen Soldaten zu finden.

Daß die Truppen in den Provinzen an trotzigem Übermut den Garden Roms nicht nachstanden, versteht sich von selbst. Wenn die Legionen auch vorzugsweise durch Aushebung gebildet wurden, so wird immer ein beträchtlicher Teil derselben aus Freiwilligen bestanden haben, und diese bewog meist Armut und Abneigung gegen ein geregeltes Leben zum Eintritt in das Heer und damit zu dem Entschlusse, die Zeit vom 17. bis zum 37., später (vielleicht seit Hadrian) bis zum 42. Jahre im Lager, oft in fernen, rauhen Grenzgebieten, ehelos zu verleben. Konkubinate der Soldaten wurden geduldet, ohne rechtlich anerkannt zu sein; erst Septimius Severus gestattete ihnen zum großen Schaden der Heereszucht das Zusammenleben und Zusammenwohnen (außerhalb des Lagers) mit ihren Weibern, für die jetzt der Name *focaria* (Köchin) gebräuchlich wird. In langem und hartem Dienst ohne Zweifel größtenteils je länger je mehr verwildernd, wurden sie überdies nicht selten durch die Verkürzung ihres Solds von seiten der Offiziere zu Raub und Plünderung getrieben. Quintilian warnt den Gerichtsredner davor, beleidigende Äußerungen über ganze Stände zu machen, oder rät doch wenigstens eine Entschuldigung hinzuzufügen. Man möge die Soldaten habgierig nennen, aber bemerken, es sei kein Wunder, wenn sie ihr Blut und Leben eines größern Lohns wert hielten; desgleichen frech, aber sie seien eben mehr an Krieg als an Frieden gewöhnt.

Dem Pescennius Niger wird von seinem Biographen offenbar als etwas Ungewöhnliches nachgerühmt, daß unter ihm niemals ein Soldat Holz oder Öl erpreßt oder Arbeitsleistungen erzwungen habe. Pertinax war den Soldaten verhaßt, weil er ihren Plünderungen und Gewalttätigkeiten Einhalt tat. Wie weit ihre Frechheit den Provinzialen gegenüber gehen konnte, zeigt eine Erzählung in dem Roman des Apulejus. Ein Legionssoldat begegnet in der Provinz Mazedonien auf der Landstraße einem Gärtner, der auf einem Esel reitet. Er richtet in hochmütiger und anmaßender Sprache eine Frage auf lateinisch an ihn, die dieser nicht versteht und daher nicht beantwortet. Der Soldat kann die gewohnte Unverschämtheit nicht zurückhalten; er schlägt dem Gärtner sogleich mit seinem Rebstock den Kopf blutig und wirft ihn von seinem Esel. Der Gärtner entschuldigt sich demütig. Darauf will ihm der Soldat den Esel gewaltsam entreißen; der Gärtner legt sich erst aufs Bitten, das der Soldat mit brutalen Drohungen beantwortet; dann aber wirft er diesen zu Boden und bearbeitet ihn mit Schlägen, bis er sich tot stellt, entreißt ihm seine Waffen und flieht nach der nächsten Stadt, wo er sich bei einem Freunde versteckt. Der Soldat begibt sich ebendahin und fordert seine Kameraden zur Rache auf; diese klagen den Gärtner bei den Behörden an, sich ein Silbergefäß des Statthalters angeeignet zu haben; er wird entdeckt und ins Gefängnis geführt, um mit dem Tode zu büßen.

Der Eintritt in die am meisten bevorzugte Garde wurde natürlich am meisten gesucht: auch jüngere Söhne der Honoratioren der Munizipien und der dortigen höchsten Beamten dienten hier als Gemeine. Er war aber auch am schwersten zu erlangen; vermutlich wurden aus den Bewerbern nur die größten und stärksten Leute gewählt und keiner angenommen, der nicht ein gewisses Maß (5 Fuß 10 Zoll römisch, d. i. etwas über 1,72 m) hatte. Einen Bewerber um den Dienst in der Garde, dem etwa 4 Zoll an diesem Maß fehlen, ließ Hadrian nur bei den Stadtkohorten zu. Bei diesen fanden auch Söhne von Freigelassenen Zutritt und erscheinen überhaupt die in den Legionen wie in der Garde so gut wie ganz fehlenden Bürger der städtischen Tribus zahlreich, die zwischen den Vollbürgern der ländlichen und den Freigelassenen eine Art von Mittelstellung einnahmen. Diesen Stadtkindern scheint Augustus als Tribulen zweiter Klasse den Dienst nur in den Stadtkohorten zugestanden zu haben. Die ganze römische Besatzung wurde aber, und zwar offenbar vorwiegend aus Freiwilligen, anfangs ausschließlich in Rom und Italien gebildet, unter Tiberius namentlich in Etrurien und Umbrien, in den erst 90 v. Chr. des vollen Bürgerrechts teilhaft gewordnen Latinerstädten und den alten Bürgerkolonien in Italien. Doch wurden auch schon vor Claudius die Transpadaner zugelassen. Dann erfolgte die Anwerbung wenigstens in solchen Provinzen, deren Bewohner in äußerer Erscheinung und Sitten nicht gar zu sehr von den Römern abwichen, wie Mazedonien, Noricum und Spanien. Auf diese drei Provinzen fallen von Heimatangaben der Prätorianer vor Septimius Severus 23, 18 und 13; außerdem auf Pannonien 11, die Narbonensis 6, Dalmatien 5. Ganz ausgeschlossen waren vom Dienst in dieser Elitetruppe die Afrikaner, die Leute des semitisch-griechischen Ostens und des barbarischen Teils des Donaugebiets, endlich die Bewohner von Rätien, Gallien außer der Narbonensis, Germanien und Britannien. Diese Ausgeschlossenen, namentlich die Afrikaner, dienten aber in den geringeren Truppenkörpern der städtischen Besatzung, den Stadtkohorten und der Feuerwehr. Auch im 2. Jahrhundert waren die Prätorianer der weit überwiegenden Mehrzahl nach Italiker: dies zeigen die erhaltenen Fragmente ihrer Listen. In einem Leute der Jahrgänge 119/120 umfassenden kommen auf 102 Italiker 10 Fremde, in einem von 141/142 auf 36 vier, in einem von 143/144 auf 260 höchstens zwölf, 153/156 auf 47 zwei, 172/178 auf 60 fünfzehn. Dasselbe gilt von den Stadtkohorten: in einer Liste von 197/198 sind von 172 nur 16 Nichtitaliener. Erst Septimius Severus, der die Truppe der Prätorianer im Jahre 193 auflöste und neu organisierte, ließ zur großen Unzufriedenheit der Römer die Veteranen aus den Legionen aller Provinzen in die Garde aufrücken, wodurch die Stadt mit einer Menge von Soldaten aus allen Ländern gefüllt wurde, von wildem Aussehen, rohen Sitten und furchtbar klingenden Mundarten. Der großen Mehrzahl nach bestand die Garde nun aus Illyriern, Afrikanern, Syrern. Ihre noch vorhandenen Grabsteine von schlechter Schrift und voll von Sprachfehlern zeigen, daß sie mindestens zum großen Teil von römischer Bildung wenig annahmen und Barbaren blieben, auf welche die geborenen Italiker mit Verachtung und Widerwillen sahen. „Hier liegt", so lautet die Grabschrift eines Centurionen der Garde, „ein billiger und gerechter Mann, den Sassina gebar, jetzt Aquileja aufgenommen hat, der trefflich in Treue eine Centurie einer Prätorianerkohorte führte, nicht einer barbarischen Legion". Die junge Mannschaft Italiens aber, die sich aus dem bisher ihr vorzugsweise zugänglichen Kriegsdienst in der Stadt verdrängt sah, wandte sich nun in Masse dem Gladiatoren- und Räuberhandwerk zu.

Wer seinen Dienst „im Stiefel" begann, d. h. vom Gemeinen auf diente, beschloß gewöhnlich seine militärische Laufbahn mit dem Centurionat; dies war schon eine ansehnliche Stellung. Den Primipilat, die höchste Centurionenstelle, erlangten wohl verhältnismäßig nur wenige; und gar manche von diesen, die jahrelang, um martialisch auszusehen, sich weder gewaschen noch gekämmt und in den verschiedensten Himmelsgegenden herumgeschlagen, Baracken der Mauren und Festungen der Briganten (in Britannien, in der Zeit Hadrians) zerstört hatten, erst im sechzigsten Jahre. Gewöhnlich, wie gesagt, traten die bis zu dieser Stelle vorgerückten Veteranen aus dem Kriegsdienste aus. Sie bildeten als „Primipilaren" (welchen Titel sie lebenslänglich führten) einen besondern, sehr angesehenen Stand, erfreuten sich wahrscheinlich wertvoller Privilegien und jedenfalls infolge der günstigen Bedingungen, unter denen die Entlassung erfolgte, einer nicht geringen Wohlhabenheit; nicht selten wurden sie in den Ritterstand erhoben, dem ihre Söhne stets angehört zu haben scheinen. Waren in den Städten Italiens und der Provinzen schon die übrigen dort im Ruhestand lebenden Centurionen tonangebende Persönlichkeiten, die nicht weniger Ansehen genossen, als sie durch Wichtigtuerei und breitspuriges Auftreten beanspruchten, so war dies bei den Primipilaren in noch höherem Grade der Fall. Schon Augustus hatte allen ehrenvoll verabschiedeten Centurionen die Toga mit dem Purpursaum und den Rang der Dekurionen (Stadträte) verliehen. Die Primipilaren bekleideten (wohl in der Regel) die höchsten städtischen Ämter und wurden von den Stadtgemeinden zu Patronen gewählt, auch von den Kaisern als Vertreter in städtischen Ämtern und als Regierungskommissäre zur Leitung der Stadtverwaltung (Kuratoren) ernannt. Übrigens wurden sie gelegentlich bei wichtigen Dienstleistungen und Sendungen verwendet, die nur vollkommen zuverlässigen Männern anvertraut werden konnten.

Doch konnte der Centurionat auch der Ausgangspunkt einer weitern Beförderung werden, und zwar in doppelter Weise. Junge Männer des dritten (aber auch des zweiten) Standes traten mit kaiserlicher Erlaubnis, ohne als Gemeine gedient zu haben, als Centurionen in das Heer, und wenn sie drei ritterliche Offizierstellen (die Präfektur einer Auxiliarkohorte, den Legionstribunat und die Reiterpräfektur) — zu denen vermutlich unter Septimius Severus eine vierte trat — bekleidet hatten, verließen sie entweder den Dienst mit dem Titel *a (tribus, quattuor) militiis* oder traten als Prokuratoren in die Verwaltung ein, um hier zu immer höhern Ämtern aufzurücken. Die als Centurionen eintretenden Ritter entsagten mit der Übernahme dieses nicht zu den ritterlichen Stellungen zählenden Postens zeitweise ihrem Range: sie taten es in der nicht immer erfüllten Hoffnung auf Beförderung zu den ehrenvollen und gut besoldeten Offiziersstellen, besonders aber auf die mit hohen Gehältern verbundenen Prokuratoren.

Aber auch der Eintritt von Veteranen, die von unten auf dienend in regelmäßiger Beförderung bis zum Primipilat vorgerückt waren, in die Offizierslaufbahn wurde in der frühern Kaiserzeit begünstigt, und vorzugsweise der ritterliche Posten eines Platzkommandanten *(praefectus castrorum)* denselben verliehen, nachdem sie oft noch vorher den Legionstribunat bekleidet hatten. Auch zu Tribunen der städtischen Kohorten in Rom wurden sie häufig, seltner zu Präfekten von Auxiliarkohorten ernannt. Mit der Zeit bildeten die (mindestens seit Commodus als *militiae* — d. h. *militiae equestris* — *petitores* bezeichneten) Avantageure eine eigne Klasse, zu welcher zwar auch junge Leute vom Ritterstande gehörten, die aber je länger je mehr aus Veteranen (meistens, vielleicht sämtlich, der prätorianischen Kohorten) bestand. Auch diese konnten, wenn sie den Ritterrang verhältnismäßig früh erreicht hatten, zu den höchsten ritterlichen Stellungen, ja selbst dem Senatorenstande aufsteigen, welches letztere allerdings vor dem Ende des zweiten Jahrhunderts kaum vorgekommen ist.

Wir kennen eine nicht ganz geringe Anzahl von Männern, die auf die eine oder auf die andere Art emporgestiegen sind. Clodius Quirinalis, der im Jahre 56 als Präfekt der Flotte zu Ravenna der Verurteilung wegen mannigfacher Gewalttaten durch Selbstmord zuvorkam, hatte seine höhere Laufbahn als Primipilus begonnen. Catonius Justus, im Jahre 14 Primipilus in einer pannonischen Legion, starb im Jahre 43 als Präfekt der Garden. Plotius Firmus, der, als Gemeiner eingetreten, im Jahre 69 bereits Präfekt der Feuerwehr war, wurde von den Prätorianern selbst zum Befehlshaber gewählt. Zu demselben Amt ernannte Vitellius im Jahre 69 den Centurio Julius Priscus. Sulpicius Similis, der unter Trajan Centurio war, war unter demselben Kaiser Vorsteher der Getreideverwaltung und unter Hadrian Präfekt des Prätoriums Haterius Nepos, der im Jahre 121 Vizekönig von Ägypten war, nachdem er vorher die Präfektur der Feuerwehr bekleidet hatte, hatte sich etwa zu Anfang des 2. Jahrhunderts wohl noch in keiner höhern Stellung befunden. Auch der (ebenfalls — spätestens im Jahre 140 — zur Präfektur von Ägypten beförderte) Rhetor Avidius Heliodorus, der Vater des Prätendenten Avidius Cassius, war Centurio gewesen. Der spätere Kaiser Pertinax erhielt durch den Konsularen Lollius Avitus den Centurionat, stieg, nachdem er sich im parthischen Kriege ausgezeichnet, schnell zu immer bedeutendern ritterlichen Ämtern in Heer, Flotte und Verwaltung, und durch sie zur senatorischen Würde und zum Konsulat. Auch der Gegenkaiser des Severus, Pescennius Niger, der im Jahre 193 bereits Statthalter (Konsularlegat) von Syrien war, hatte lange als Centurio gedient. Bassäus Rufus, der in der Zeit der Antonine niedrig geboren und ohne Erziehung aufgewachsen war, begann seine Laufbahn als Centurio, wurde dann Tribun der römischen Feuerwache und, nachdem er bis zum Tribunat einer Kohorte Garden aufgerückt war, nacheinander kaiserlicher Prokurator in Spanien, Noricum, Belgien und beiden Germanien. Hierauf wurde er Chef der kaiserlichen Finanzverwaltung, Getreidepräfekt, Vizekönig von Ägypten, endlich Präfekt der Garden und erhielt die konsularischen Ehrenzeichen. Seine ganze amtliche Laufbahn ist auf den Postamenten dreier Statuen verzeichnet, die ihm der Senat an verschiednen Orten zu Rom errichten ließ. Bis zum Konsulat gelangte 218 der als gemeiner Soldat eingetretne Oclatinius Adventus; bis zum höchsten senatorischen Amt der als Centurio eingetretne T. Petronius Taurus Volusianus, der nach der Bekleidung der Gardepräfektur im Jahre 261 ordentlicher Konsul und in den Jahren 267/268 Stadtpräfekt war.

e) Klienten

Endlich muß in Rom zu allen Zeiten die Masse derer sehr groß gewesen sein, die von sogenannten Klientendiensten teils ausschließlich lebten, teils diesen

Erwerb neben einem andern betrieben. Tacitus hebt bei seiner Schilderung der Stimmung nach Neros Tode aus der Masse des dritten Standes in Rom nur zwei Klassen hervor: den gemeinen, an Zirkus und Theater gewohnten Pöbel und den soliden und den großen Häusern anhängenden Teil des Volks, die Klienten und Freigelassenen der Verbannten und Verurteilten. Wie wenig zutreffend und erschöpfend auch die Einteilung des ganzen Volks in diese beiden Klassen sein mochte, so ergibt sich doch schon hieraus die große Verbreitung der Klientel, und sie ist überhaupt eine für das damalige Rom so charakteristische Erscheinung, daß sie eine besondre Betrachtung verdient. Von der ursprünglichen Klientel hatte sie kaum mehr als den Namen; jene war ein heilig geachtetes Pietäts-, diese ein Mietsverhältnis. Der Klient der frühern Republik war ein treuer Anhänger, je selbst, wie es Ennius schildert, Vertrauter seines Patrons, den dieser mit Rat und Tat unterstützte, schützte und vertrat; der Klient der Kaiserzeit ein karg belohnter und verächtlich behandelter Figurant in dem Troß seines „Herrn“ oder „Königs“.

In der letzten Zeit der Republik hatte die Klientel noch etwas von ihrem frühern Charakter bewahrt, wie das von Horaz geschilderte Verhältnis zwischen dem Konsularen L. Marcius Philippus und Voltejus Menas zeigt. Der erstere zieht den letztern, dessen Wesen ihm aufgefallen, in sein Haus, nachdem die Erkundigung über ihn ergeben, daß er ein zwar geringer, doch unbescholtner, übrigens lebensfroher Mann sei, von dessen Gesellschaft der mit Geschäften überhäufte Staatsmann sich Unterhaltung und Zerstreuung versprechen darf; in dieser Hoffnung macht er ihn zu seinem täglichen Tischgenossen und Reisebegleiter und bemüht sich, ihm durch ein Geschenk und ein Darlehen eine bescheidne, aber gesicherte Existenz zu schaffen. Doch dieser persönliche Anteil des Patrons am Klienten und umgekehrt hörte allmählich auf, je zahlreicher die Klienten des einzelnen Hauses, je äußerlicher die Beziehungen zwischen ihnen und dem Patron wurden. Denn mehr und mehr bildete sich die aus der Republik überkommne Sitte aus, daß jeder einigermaßen hervorragende Mann sich mit einem Gefolge umgab, dessen Größe und Ansehnlichkeit sich nach seinem Stande und Vermögen richtete und hierauf wieder zurückschließen ließ; das an jedem Morgen sein Atrium füllte, ihn überall begleitete, wo er öffentlich erschien, und überhaupt die Bestimmung hatte, sein Auftreten so achtunggebietend und glänzend wie möglich zu machen. Da diese Sitte mit der Zeit so allgemein wurde, daß selbst wenig begüterte Geschäftsleute um ihres Kredits willen eine Anzahl Klienten halten mußten, die ihre Tragsessel umgaben, wurde der Zudrang zur Klientel, und dies schon seit der ersten Kaiserzeit, bei der entschiednen Abneigung der Römer gegen den kleinen, ehrlichen Erwerb immer größer, und eine große Menge dürftiger Menschen stand für geringen Lohn den Reichen und Vornehmen zur Bildung oder Vergrößerung eines Gefolgs oder Hofstaats zu Gebot. Für eine Reihe von bestimmten Diensten wurde ihnen eine bestimmte Entschädigung gewährt, die zunächst in Beköstigung, seit der Zeit Neros aber in einer an deren Stelle tretenden Geldentschädigung bestand. Der Name dieser letztern, *sportula,* d. h. Körbchen, weist darauf hin, daß schon vor der Ablösung die Speisung der Klienten in der Regel nicht mehr in Gestalt der *cena recta* im Hause ihres Patrons erfolgte, sondern sie die Mahlzeit, in ein Körbchen verpackt, zum Mitnehmen erhielten. In der Zeit Domitians hat man vorübergehend wieder auf die Naturalverpflegung der Klienten zurückgegriffen, doch hat das nur kurze Zeit gedauert und ist die Geldabfindung bald wieder in ihre Rechte getreten. Ohne Zweifel drückte die zunehmende Konkurrenz den ohnedies kargen Lohn der Klienten immer mehr herab und verschlechterte überhaupt ihre Stellung. In Martials und Juvenals Zeit klagten die Klienten, daß die Großen hart und knausrig seien und ihre demütigen „Freunde" schlecht behandelten, und priesen die Freigebigkeit und Leutseligkeit der Memmier und Pisonen, der Cotta und Seneca „in der guten alten Zeit". Allerdings war die Prachtliebe und Freigebigkeit der großen adligen Häuser nicht mehr die alte. Doch ob sich die Vergangenheit in der Erinnerung nicht mit zu glänzenden Farben schmückte, steht, wie bei allen solchen Klagen über Verschlechterung der Zeiten, wohl dahin. Wenigstens einem Zeitgenossen jener so gerühmten Männer schien schon damals die Lage der Klienten erbärmlich genug.

Außer der regelmäßigen Belohnung, gleichviel ob sie in Geld oder Speisung bestand, pflegte den Klienten noch manche andre gelegentlich gewährt zu werden. Dazu gehörte eine Einladung an die Tafel des Herrn, wenn dieser sich nach langer Zeit seines vernachlässigten Anhängers erinnerte, falls gerade ein Platz leer war; eine solche Belohnung langer Dienste wurde hoch angerechnet und hoch aufgenommen. Auch erhielten die Klienten hin und wieder ein Geschenk: einen abgetragnen Mantel, eine höchstens drei- oder viermal gewaschne Toga, aber auch wohl einige tausend Sesterzen — fast überall, wo Material von der Knauserei der Reichen gegen ihre armen Freunde spricht, ist an Klientel zu denken — oder einige Morgen Lands, dies vermutlich als endliche Belohnung jahrelanger Dienste. Auch Martials nomentanisches Gütchen war wohl das Geschenk eines Patrons (vermutlich aus der Erbschaft der Seneca). In einem seiner spätesten in Rom verfaßten Gedichte ergeht er sich in komischen Übertreibungen der Winzigkeit eines Gütchens, das ihm sein Freund Lupus geschenkt hatte. Es sei kleiner als die Erde, in der er Blumen an seinem Fenster ziehe; der Flügel einer Zikade könne es bedecken, eine Gurke darin nicht gerade liegen, die Ernte fülle kaum ein Schneckenhäuschen, der Most eine Nußschale usw. Andre fanden es zweckmäßiger, alte ausgediente Klienten zu Aufsehern ihrer Güter zu machen: einen von den „Soldfronern", wie Columella sagt, „der jenen täglichen Dienst nicht mehr leisten will" und des Geschäfts, dem er vorstehen soll, ganz unkundig ist. Zuweilen gab der Patron seinen Klienten und Freigelassenen freie Wohnung. Auch Unterstützungen durch Darlehen, Bürgschaft, Rechtsbeistand und sonstiger Schutz scheinen immer noch in der Regel erwartet und gewährt worden zu sein. Dem Pätus Thrasea wurde von seinem Ankläger vorgeworfen, daß er, statt wichtige Senatssitzungen zu besuchen, sich den Privatangelegenheiten seiner Klienten gewidmet habe. Im ganzen war jedoch der Erwerb der Klienten ein sehr spärlicher. Manche wurden ganz und gar mit Hoffnungen gespeist, und „kaum zwei oder drei", sagt Martial, „hat der Besuch vornehmer Atrien wirklich ernährt, die übrige Menge ist vor Hunger blaß". Trotzdem ließen sich immer wieder Leute in Menge zu diesem Dienste auch bei solchen bereit finden, die ihnen nicht nur nicht die geringsten Vorteile boten, sondern auch selbst nichts besaßen: wieviel Dummheit steckt doch in Rom in der Toga! ruft derselbe Dichter aus.

Der karge Tagelohn, der in Martials Zeit 6¼ Sesterzen (25 As, etwa 1 Mark

35 Pfennig) zu betragen pflegte, eine Summe, die man einem Sklaven als Trinkgeld gab, die aber nebst den übrigen Einnahmen für den Lebensunterhalt der Klienten notdürftig hinreichte, mußte durch eine Reihe mühseliger Dienste erworben werden, von denen der beschwerlichste, aber zugleich unerläßlichste war, dem „Herrn" oder „König" täglich in der ersten Frühe aufzuwarten, da, wie bemerkt, ein täglich gefülltes Atrium zu den Erfordernissen eines angesehenen Hauses gehörte. Die Morgenbesuche wurden überhaupt in der ersten und zweiten Tagesstunde gemacht. Da aber die Klienten sich pünktlich einstellen mußten und lieber auf Einlaß warteten, als zu spät kamen, auch oft sehr weite Wege hatten, traten sie gewöhnlich noch im Finstern ihre Wanderungen an, um, wie Martial sagt, bei nächtlicher Weile Freunde zu besuchen, die den Besuch nicht erwiderten, und hatten oft nicht Zeit zum Ausschlafen und zur Verdauung. „Wenn der Schein der Gestirne ungewiß zu werden anfangt", sagt Juvenal, „oder wenn sich noch der träge Wagen des kalten Bootes am Himmel herumdreht, entreißt sich schon der arme Klient seinem Schlaf und vergißt in der Hast seine Schuhe zu schnüren, voll Angst, das Heer der Besucher möchte seinen Kreislauf schon beendet haben." Besonders beweglich klagt Martial: er verlange ja für seine kleinen Gedichte nichts, als ausschlafen zu können; die Unmöglichkeit, diesen Wunsch zu erfüllen, wie überhaupt die unendlichen Beschwerden und Mühseligkeiten des so schlecht gelohnten Dienstes vertrieben ihn zuletzt aus Rom; in seiner Heimat fand er Ruhe und Schlaf wieder. Eine fernere Unbequemlichkeit war, daß der Klient vor seinem Patron nicht anders erscheinen durfte, als in dem Staats- und Feierkleide, der Toga, einem heißen, schweren, wollnen Umwurf, der in Rom seit dem Anfange der Monarchie immer seltner und bald für die Klienten eine auszeichnende Tracht wurde, überdies eine für Arme nicht unerhebliche Ausgabe — in einem Sommer konnte man vier oder mehr verbrauchen. In dieser viel verwünschten Toga traten sie ihre Wanderungen, wie gesagt, in der Regel schon vor Tagesanbruch beim Krähen der Hähne an, wenn auf den Straßen noch kaum jemand anzutreffen war als die Bäcker, die ihre Ware ausriefen, und deren erste Kunden, die Knaben, die mit Lampen in der Hand in die Schule gingen, oder hin und wieder ein Nachtschwärmer, der von einem späten Gelage heimkehrte. Kein Wetter durfte sie zurückhalten, weder der pfeifende Nordwind und Hagelschauer, noch selbst Schneefall, welchen man sonst als genügenden Grund ansah, einer angenommenen Einladung nicht Folge zu leisten. Dazu kam der Straßenschmutz, die weiten Entfernungen — viele Klienten hatten täglich mehrere Besuche zu machen — und, wenn sich nun die Straßen mit dem lärmenden Getriebe des Tages zu füllen begannen, die Hemmungen bei jedem Schritt, ja selbst die Gefahren, die Fußgängern in den engen und gewundenen Straßen, namentlich von den schwer beladnen Lastwagen drohten, schließlich das Gedränge vor der Tür des Herrn und die Demütigungen bei der Empfangnahme des täglichen Geldbetrages. Die tägliche Wiederkehr all dieser Beschwerden war wohl allein schon hinreichend, manchem diese Lebensweise zu verleiden; bei Martial fingiert ein Klient, welcher der täglichen Morgenbesuche müde ist, das Podagra.

Die Aufwartung in der Frühe war die wichtigste Obliegenheit der Klienten, daher sie auch „Morgenbesucher" *(salutatores)*, sowie nach ihrer Kleidung „Togaträger" *(togati)* hießen; doch viele waren einen großen Teil des Tags oder selbst bis zum Abend durch ihren Dienst in Anspruch genommen, da sie, wie gesagt, bei dem öffentlichen Erscheinen ihres Herrn überall dessen Gefolge bilden mußten. Sie mußten seinem Tragsessel oder seiner Sänfte vorausgehen oder folgen, seine sämtlichen Besuche (mitunter bei zehn alten Weibern) mitmachen, um ihn endlich vielleicht um die zehnte Tagesstunde in die Thermen des Agrippa zu geleiten, während sie selbst ihr Bad in den eine halbe Stunde entfernten des Titus nehmen wollten. Sie mußten Raum im Gedränge schaffen, nötigenfalls mit Schimpfreden und Ellbogenstößen. Ging der Herr aufs Land oder auf Reisen, so mußten sie sich bereit halten, einen leeren Platz in seinem Wagen einzunehmen. Las er seine Gedichte vor, so gaben sie das Zeichen für die Beifallsäußerungen der Zuhörer durch Aufstehen und Gebärden der Bewunderung; redete er vor Gericht, so brüllte „der Haufe in der Toga" Bravo, was, wie Martial sagt, nicht die Beredsamkeit des Patrons, sondern die seiner Küche bewies. Alles, was er redete oder tat, lobten sie und waren stets ergeben und untertänig. Bei dem sehr jähzornigen Redner Cälius Rufus speiste einmal ein Klient von ausgesuchter Geduld, dem es jedoch schwer ward, Streit zu vermeiden. Endlich wurde Cälius sein fortwährendes Jasagen unerträglich, und er rief aus: Widersprich einmal, damit man merkt, daß hier zwei sind. Nicht immer waren die von den Klienten geforderten Dienste gefahrlos. Mitunter mußten sie sich auch als Werkzeuge zur Ausführung von Plänen und Komplotten verwenden lassen, deren Entdeckung oder Vereitelung allen Beteiligten Verderben brachte. Junia Silana bediente sich im Jahre 55 ihrer Klienten Iturius und Calvisius, um Agrippina bei Nero des Strebens nach der Herrschaft verdächtig zu machen. Der Plan mißlang, Silana büßte mit Verbannung, ihre beiden Klienten mit Relegation. In Pompeji sehen wir Klienten für die Wahlen ihrer Patrone zu städtischen Ämtern agitieren. Zuweilen vereinigten sich die Klienten eines vornehmen Hauses, um den Patron durch Errichtung seiner Statue in seinem Atrium zu ehren.

Nicht nur von ihrem Herrn, sondern auch von dessen Sklaven hatten die Klienten die größten Demütigungen zu ertragen. Columella nennt ihr Gewerbe die lügenhafte Vogelstellerei des „Besuchers für Sold", der die Schwelle des Mächtigen umschwärmt und nach Hörensagen Vermutungen anstellt, wie sein König geschlafen habe. Denn seine Frage, was drinnen vorgehe, würdigen die Sklaven keiner Antwort, und häufig muß er, von einem angeketteten Pförtner zurückgewiesen, in später Nacht vor der undankbaren Türe liegen. Hatten sie ein dringendes Anliegen und wollten nicht unter den gewöhnlichen Vorwänden abgewiesen werden, daß der Herr nicht zu Hause sei, so mußten sie die Dienerschaft bestechen, und aus dem sauern Erwerb der viel ärmern Klienten floß mancher Tribut den Ersparnissen dieser geputzten Sklaven zu, die übrigens auch von ihren eignen Klienten sprachen. War es ihnen gelungen, durch die halbgeöffnete Tür hineinzuschlüpfen, so hatten sie im Innern des Hauses den Übermut andrer, vornehmerer Sklaven („den Stolz des Anmelders, das Stirnrunzeln des Kammerdieners") zu überwinden und neue Anstrengungen zu machen, um endlich vorgelassen zu werden. Oft ließ sich der Hausherr nur herbei, den Morgengruß „des Haufens" in vorher bestimmter Reihenfolge entgegenzunehmen, und öffnete nicht einmal den Mund zum Gegengruße. „Wie viele", sagt Seneca, „die noch vom gestrigen Rausche beschwert und schläfrig sind, werden jene Armen, die ihren Schlaf abbrechen, um einen fremden abzuwarten, mit kaum geöffneten Lippen bei dem tausendmal eingeflüsterten Namen nur mit dem hochmütigsten Gähnen anreden?" Es galt schon für Herablassung, wenn der Herr sich an den Namen seines demütigen Besuchers erinnerte. Der Klient dagegen durfte nicht wagen, dem Patron anders als mit der größten Ehrerbietung zu begegnen, ihn anders als „Herr" und „König" zu nennen, wenn er sich nicht seine Ungnade zuziehen und der gehofften Belohnung verlustig gehen wollte. Seine „Freundschaft" bewies der Patron höchstens etwa dadurch, daß er sich in Gegenwart des Klienten durchaus keinen Zwang auferlegte. Selbst jahrelange Dienste brachten oft in diesem Verhältnis keine Veränderung hervor. Die „glücklichen Freunde" verstanden nur zu zürnen, und dabei gewannen sie noch, da Hassen wohlfeiler war als Schenken; und nichts wurde von den Großen in Rom leichter verschmerzt, als der Verlust eines Klienten: in der Tat wurden die letztern dem Patron oft genug gerade durch ihre Dienstbeflissenheit lästig. Natürlich konnte aber dieser, wenn er Untertänigkeit forderte, auch keine Liebe erwarten.

Der schmählichsten Behandlung aber waren die Klienten an der Tafel ihres Patrons ausgesetzt. Juvenal hat diese in seiner fünften Satire breit geschildert; einzelnes mag hier zu stark aufgetragen sein, daß aber die Schilderung im allgemeinen richtig ist, dafür bürgt die Übereinstimmung Martials und andrer. In vielen Häusern wurden nämlich die Klienten, wie andre geringere Tischgenossen, namentlich Freigelassene, in jeder Weise anders bewirtet als der Herr und die ihm gleichstehenden Gäste; Speisen, Getränke, Geschirr und Bedienung waren hier und dort verschieden, und den Klienten wurde der Abstand zwischen ihnen und den geehrten Gästen auf jede Weise fühlbar gemacht. Der jüngere Plinius warnt einen jungen Freund vor dieser Verbindung von Luxus und Knauserei, die er kürzlich bei einem Gastmahl angetroffen hatte, wo unter anderm drei verschiedne Weinsorten aufgestellt waren: für den Hausherrn und seine Gäste, für die „geringern Freunde", für die Freigelassenen. Auf Plinius' Äußerung, daß er allen, auch seinen Freigelassenen, an seiner Tafel dasselbe vorsetze, bemerkte sein Tischnachbar, das müsse ihn viel kosten; worauf Plinius erwiderte: keineswegs, da nicht seine Freigelassenen denselben Wein wie er, sondern er denselben wie sie trinke. Bei Martial speist der Patron Lucriner Austern, die feinsten Pilze, eine Butte, eine fette Turteltaube oder Drossel, der Klient wäßrige Muscheln, Sauschwämme, ein schlechtes Fischchen und eine im Käfig gestorbne Elster; dieser trinkt heurigen Sabiner aus einem gläsernen, jener einen uralten Jahrgang aus einem Becher von Murrha: das letztere, wie Martial bemerkt, damit die Undurchsichtigkeit des Materials die Verschiedenheit der Sorten nicht bemerken lasse. Und dabei wundern sich die Reichen noch, daß es keine Freundschaften mehr gebe wie die des Orest und Pylades, aber Orest und Pylades aßen und tranken dasselbe! Wollten sie geliebt sein, so schließt er mit einem auch von Seneca erteilten Rat (des Stoikers Hekaton), so müßten sie selbst Liebe beweisen. Ganz ähnlich schildert Juvenal die Bewirtung der Klienten. Der Hausherr trank aus kostbaren Gefäßen; ward dem Klienten ein solches anvertraut, so stand ein Wächter bei ihm, der die Edelsteine an dem Becher zählte und dem Gast scharf auf die Finger sah; oder er erhielt einen irdenen, noch dazu zerbrochnen Topf. Dem Hausherrn wartete die Blüte der Jugend Kleinasiens auf, dem Klienten ein afrikanischer Läufer, ein Mohr mit knöchernen Fäusten, dem man bei Nacht nicht auf der Landstraße begegnen möchte. Die Sklaven lassen sich vergebens rufen, sie sind unwillig, einem alten Klienten zu gehorchen, unwillig, daß er fordern und liegen darf, während sie stehen müssen. Sie reichen ihm steinhartes, schimmliges Brot, das zarte, weiße Weizenbrot bleibt für den Herrn. Wagt der Klient es anzurühren, so heißt es: willst du dir wohl den Leib aus deinem Korbe füllen! Dem Herrn wird eine Languste mit Riesenspargeln und das feinste Öl gereicht, dem Klienten ein gemeiner Tiberfisch und Öl, das nach Lampe riecht. Er darf nicht wagen, dem Herrn zuzutrinken; öffnet er unaufgefordert den Mund, so läuft er Gefahr, hinausgeworfen zu werden; dagegen muß er sich gefallen lassen, der Gegenstand schmählicher Scherze des Herrn und seiner Gäste zu sein. Auch der Verfasser des Lobgedichts auf Piso sagt, daß man die armen Klienten gewöhnlich auf diese Weise den geringen Lohn, den man ihnen reichte, verdienen ließ, und rühmt von dem Hause seines Gönners, daß dort „niemandes Kränkung plötzliches Gelächter errege". Noch im 5. Jahrhundert spricht der gallische Bischof Valerianus seine Entrüstung darüber aus, daß armen Gästen an den Tafeln der Reichen zerbrochne Gefäße gereicht, der Bart gezupft, die Stühle weggezogen, und sie gegeneinander gehetzt wurden, um durch Schlägereien dem Gastgeber ein ergötzliches Schauspiel zu bieten.

Die gelegentlichen Erwähnungen des Klientelverhältnisses bei Epictet stimmen durchaus mit den Schilderungen Juvenals und Martials überein. Er hebt „das Getümmel und die Morgenbesuche" als besonders für Rom charakteristische Erscheinungen hervor. Man solle es mit Gelassenheit ertragen, wenn man zu einem Gastmahl nicht eingeladen, an der Tafel, bei der Aufwartung oder bei der Zuziehung zu Sitzungen zurückgesetzt worden sei. Die Bevorzugten müßten die ihnen erwiesene Ehre durch Morgenbesuche, Begleitungen und Schmeicheleien erkaufen. Wer bei einem Großen Zutritt suche, solle darauf gefaßt sein, daß er abgewiesen, die Tür vor ihm zugeworfen werden, der Hausherr ihn keiner Beachtung würdigen werde. Epictet erwähnt auch, daß manche Große sich von Bittstellern die Hände küssen ließen.

Aus dem 2. Jahrhundert haben wir nur gelegentliche und spärliche Andeutungen über das Verhältnis und den Dienst der Klienten. Beides scheint im ganzen unverändert geblieben zu sein. Die veränderte Stellung der Aristokratie nach Nero, das Sinken und die Abnahme des alten Adels, das Emporkommen neuer, aus den Munizipien und Provinzen stammender Familien kann schwerlich auf das Klientelverhältnis einen wesentlichen Einfluß geübt haben. Daß die Anzahl der reichen und vornehmen Familien im 2. und 3. Jahrhundert geringer gewesen sei als im ersten, haben wir keinen Grund anzunehmen, und ohne Zweifel konnten Männer des Senatorenstands von neuem Adel durch Macht, Reichtum und Einfluß dieselben Vorteile gewähren wie die Repräsentanten der ältesten und edelsten Geschlechter. Auch die von den Klienten geforderten Leistungen waren immer noch dieselben. Fronto sagt, daß der Senator Gavius Clarus ihm unverdrossen von Jugend auf die Willfährigkeit bewiesen habe, die Klienten oder treue und diensteifrige Freigelassene ihrem Patron zu erzeigen pflegen. Galen gibt eine Verordnung für die vielen, die kein ruhiges Leben erwählt haben, sondern sich vor Tagesanbruch zu den Türen der Mächtigen begeben müssen, nicht vermeiden können, oft in Schweiß zu geraten und sich dann zu erkälten, die bei dem Bade andrer zugegen sein und sie nach Hause begleiten, hierauf in großer Hast selbst baden und zur Mahlzeit eilen müssen. Tertullian spricht wiederholt von der schimpflichen Geduld, welche die Knechte des Bauchs unter der schmachvollen Gönnerschaft reicher Gastgeber beweisen. Nach den Schilderungen Lucians im Nigrinus hat es den Anschein, daß der Abstand zwischen Klienten und Patronen sich noch erweitert hatte, so daß auf der einen Seite sklavische Unterwürfigkeit, auf der andern hochfahrende Geringschätzung noch auffallender hervortrat; doch läßt es sich bei der rhetorischen Färbung der ganzen Schrift nicht mit Sicherheit behaupten. Im wesentlichen erscheint jedenfalls das Verhältnis und die Lebensweise der Klienten auch hier wie im 1. Jahrhundert. Sie stehen um Mitternacht auf, laufen in der ganzen Stadt umher, werden durch Sklaven von der Tür gewiesen und müssen es ertragen, Hunde, Schmeichler und dgl. gescholten zu werden. Die Reichen dagegen prangen in Purpurgewändern, strecken die Finger aus, um ihre Ringe sehen zu lassen, und tragen überhaupt einen geschmacklosen und überladnen Pomp zur Schau; die ihnen Nahenden müssen zufrieden sein, wenn sie stumm angeblickt und statt von dem Herrn von einem aus dem Gefolge angeredet werden. Die Hochmütigsten lassen sich sogar Fußfälle tun, nicht viel anders als es bei den Persern Sitte ist, schon im Herankommen muß man sich bücken und von fern die Seele erniedrigen und ihren Zustand durch die entsprechende Körperhaltung ausdrücken; so muß man ihnen die Brust oder die rechte Hand küssen, wobei man von denen beneidet wird, die dieser Ehre nicht teilhaft geworden sind. Als Lohn erfolgte eine schmähliche Bewirtung, wobei die Gäste oft gegen ihren Willen genötigt wurden, sich zu berauschen, dann im Rausch Geheimnisse ausplauderten und schließlich mit Verwünschungen über das Gastmahl, die Knickerei und die verächtliche Behandlung nach Hause gingen. Dann sah man sie an den Straßenecken sich übergeben, vor schlechten Häusern in Schlägereien geraten; am andern Tage lagen die meisten zu Bett und mußten Ärzte holen lassen, manche hatten aber nicht einmal Zeit, krank zu sein.

Die meisten, die sich zu dieser unwürdigen Dienstbarkeit hergaben, waren allerdings von niederm Stande, „Leute mit durchlöcherten Mänteln", wie Juvenal sagt; in der Regel werden die Freigelassenen ihren frühern Herren Klientendienste geleistet haben. Auch Soldaten waren darunter; denn wenn Claudius den Soldaten verbot, senatorische Häuser der Aufwartung halber zu betreten, so kann dies sich doch nur auf stehende Verhältnisse beziehen, die allein Befürchtungen für die Sicherheit des Throns veranlassen konnten. Auch Lucian spricht von der Menge der Soldaten, die bei der Aufwartung nicht an ihrem durch die Reihenfolge bestimmten Platze bleiben, sondern sich vordrängen. Aber auch manche, die aus bessern Verhältnissen heruntergekommen waren, fristeten ihr Leben in Klientenstellungen. So heißt es von den bereits erwähnten Klienten der Junia Silana, Iturius und Calvisius, daß sie sich nach Aufzehrung ihres ganzen Vermögens auf das Verlangen ihrer Patronin zur Anklage der Agrippina hergaben. Auch Männer von Bildung konnte Dürftigkeit nötigen, sich unter den rohen Haufen zu mischen, der in vornehmen Häusern Klientendienste tat, wie den Stoiker P. Egnatius Celer (Klient, dann Ankläger des Bara Soranus), Martial (der dem Ritterstande angehörte) und den jugendlichen Verfasser des Lobgedichts auf Piso. Wir dürfen dem letztern glauben, daß die Häuser, in denen man gebildete Männer zu Klienten wählte, zu den Ausnahmen gehörten; das seines Gönners rechnet er vor allem dazu. Die Angehörigen desselben waren in irgendeiner Kunst oder Wissenschaft unterrichtet, um Bildung bemüht. Piso fand keinen Gefallen an einer Schar plumper und roher Klienten, die nur elende Dienstleistungen zu bieten haben, die nichts verstehen, als dem Herrn vorauszugehen und ihm Platz im Volksgedränge zu schaffen. Sein Haus war darum auch keines von denen, wo man den geringen Freund verschmähte, den Klienten hochmütig mit Füßen trat.

Auch für die Patrone war das Klientenverhältnis nicht ohne Beschwerden, besonders in der frühern Zeit, wo die Klienten noch etwas mehr waren als bezahlte Nachtreter. Manchem ließ „das um ihn her ergossne Volk von Klienten keine Zeit übrig", der Patron rettete sich nach der Horazischen Regel durch eine Hintertür, während sie im Atrium warteten, was aber Seneca inhumaner fand als eine Abweisung. Sie behelligten ihn mit ihren Anliegen oder Betteleien; sie plauderten mit unheilvoller Geschwätzigkeit die Geheimnisse seines Hauses aus. An seiner Tafel betrugen sie sich ungebührlich, es kam wohl gar zu Schlägereien zwischen ihnen und den Freigelassenen. An den Saturnalien, am Neujahrs- und Geburtstage brachten sie kleine Geschenke, wie z. B. Servietten, Löffelchen, Wachslichter, Papier, ein Körbchen mit Damascenerpflaumen, doch dies waren „Angeln", mit denen sie größre Gaben zu fischen hofften: der Arme, sagt Martial, ist dann am großmütigsten gegen seinen reichen Freund, wenn er ihm nichts schenkt. Häufig entsprachen aber die Gegengeschenke nicht den gehegten Erwartungen; „es war selten, daß ein Patron Goldstücke klingen ließ". Statt der gehofften Quittung über seinen jährlichen Mietzins erhielt der Klient vielleicht eine Flasche Wein, einen Hasen oder ein Stück Geflügel. Manches unterschlugen auch die Sklaven, oder sie überbrachten die Geschenke in ganzen Haufen, und jeder forderte ein Trinkgeld. Acht stämmige Träger, sagt Martial, hätten ihm an den Saturnalien eine Menge Dinge ins Haus geschleppt, die zusammen kaum 30 Sesterzen (6,50 Mark) wert waren: wie viel leichter hätte ein einziger Bursche fünf Pfund Silber tragen können! Überdies mußte der Arme das Geschenk des Reichen aufs höchste loben, während das seine oft mit Verachtung beiseite geworfen wurde. Bei Gelegenheit der Feste an den Saturnalien, wo die Klienten insgesamt gespeist zu werden pflegten, wiederholt Lucian fast wörtlich alle Klagen Juvenals über die Bewirtung und Behandlung der Klienten an der Tafel des Patrons, gesteht aber zugleich ein, daß auch die Klienten ihrerseits durch ihr Betragen Grund zu Klagen gaben.

f) Die Freigelassenen

Zum Schlusse muß hier abermals daran erinnert werden, daß die Bevölkerung Roms im höchsten Grade aus allen Nationalitäten zusammengesetzt war, und zwar hauptsächlich infolge der unaufhörlichen massenhaften Einführung von Sklaven aus allen Teilen des Reichs wie aus Barbarenländern, von denen jahraus jahrein Hunderte, ja Tausende die Freiheit erhielten und in den dritten Stand eintraten. Noch jetzt bilden unter den Grabmälern, die sich zu beiden Seiten der Heerstraßen vor den Toren Roms hinziehen, die der Freigelassenen die weit überwiegende Mehrzahl. Die 80.000 Bürger, die Cäsar an überseeischen Orten angesiedelt haben soll, scheinen größtenteils Freigelassene gewesen zu sein; jedenfalls war dies bei den nach Korinth gesandten Kolonisten der Fall. Einen Maßstab für die Ausdehnung der Freilassungen gibt es auch, daß Augustus, der sie auf jede Weise einzuschränken suchte, das Maximum der testamentarisch freizulassenden Sklaven doch auf die immerhin erhebliche Zahl von hundert festsetzte. Dazu kam jene fortwährende Masseneinwanderung von Freien aus allen Provinzen, besonders aber aus den südlichen und östlichen, die Rom überflutete und dem gebornen Römer je länger je mehr den Boden streitig machte. Schon Lucan nennt Rom nicht von eignen Bürgern bevölkert, sondern mit der Hefe des Erdballs erfüllt. Rom war, so klagten die Römer zu Anfang des 2. Jahrhunderts, eine griechische Stadt geworden, obwohl der geringste Teil der griechisch redenden Eindringlinge wirklich aus Hellas stammte, die überwiegende Mehrzahl vielmehr aus Kleinasien und dem Orient: es war gleichsam „der ganze Orontes (der Hauptfluß Syriens) in den Tiber eingeströmt". Die Städte, heißt es bei Athenäus (zu Anfang des dritten Jahrhunderts), die in Rom enthalten seien, könne man gar nicht aufzählen, ja es seien die Bevölkerungen ganzer Provinzen dort angesiedelt, wie die Bewohner Cappodociens, Scythiens, des Pontus und mehrerer andrer Länder. Wie ungemein groß die Menge der in Rom lebenden Orientalen war, kann man nach einigen Angaben über die dortigen Juden ermessen. Eine Gesandtschaft des Judenkönigs Herodes wurde angeblich von achttausend ihrer in Rom ansässigen Glaubensgenossen zu Augustus begleitet; und im Jahre 19 n. Chr. wurden viertausend Freigelassene in waffenfähigem Alter, „die von ägyptischem und jüdischem Aberglauben angesteckt waren", zur Deportation nach Sardinien verurteilt. Während nun die Einwanderung der Ausländer fortdauerte, nahm die echtrömische und freigeborne Bevölkerung hauptsächlich durch die unaufhörliche Vermischung mit fremdem und unfreiem Blute immer mehr ab; im Jahre 24, wo man einen neuen Sklavenkrieg besorgte, war in Rom die Angst wegen der ins Grenzenlose wachsenden Zahl der Sklaven groß, „während die freigeborne Plebs sich von Tage zu Tage verminderte". Obwohl, wie gesagt, bereits Augustus die Freilassungen eingeschränkt und seinen Nachfolgern und dem Senat den Rat hinterlassen hatte, ebenso zu verfahren, „um die Stadt nicht mit allerlei Volk anzufüllen", war die Zahl der Freigelassenen offenbar in stetem Wachsen begriffen, und die Einwohnerschaft Roms gestaltete sich je länger je mehr zu einem bunten, chaotischen Gemenge der verschiedenartigsten Elemente und ihrer unzähligen Mischungen und Kreuzungen.

Gerade die freigelassenen Ausländer waren häufig im Besitze großer Reichtümer. Teils hatten sie diese im Dienste vornehmer Häuser erworben, wo namentlich Griechen und Orientalen es verstanden, sich unentbehrlich, bei den Herren beliebt oder (als Mitwisser schwerer oder schimpflicher Geheimnisse) gefürchtet zu machen, oder die Neigung der Herrinnen zu gewinnen; teils durch kaufmännische und andre geschäftliche Unternehmungen, die zum großen Teil in den Händen dieser rührigen und betriebsamen Söhne der östlichen Länder waren. Bei Juvenal verlangt der reiche Freigelassene, dessen Geburt am Euphrat sich durch die Löcher in den Ohrläppchen verrät, den Vortritt vor Prätoren und Tribunen; denn fünf Läden bringen ihm (jährlich) 400.000 Sesterzen (87.000 Mark) ein. Wie der Grund zu solchem Reichtum gelegt wurde, deutet derselbe Dichter an einer andern Stelle an, wo er sagt, daß ein Hister sein ganzes Vermögen seinem Freigelassenen hinterlassen habe. Ausführlicher erzählt der Trimalchio Petrons selbst, daß er als Knabe aus Asia nach Rom gekommen und vierzehn Jahre lang der Geliebte seines Herrn gewesen, doch zugleich auch mit der Herrin auf gutem Fuße gestanden habe; man werde ihn verstehen, er wolle sich nicht rühmen, denn er gehöre nicht zu den Prahlern. So sei er nach dem Willen der Götter Herr im Hause geworden; der Herr habe ihn zum Miterben des Kaisers eingesetzt und ihm ein senatorisches Vermögen hinterlassen. Doch da nun einmal niemand je genug habe, so habe er angefangen, Geschäfte zu machen, fünf Schiffe erbaut, mit Wein befrachtet, der damals mit Gold aufgewogen wurde, und nach Rom gesandt, aber alle seien gestrandet, und Neptun habe an einem Tage 30 Millionen Sesterzen (6½ Millionen Mark) geschluckt. Dadurch sei er aber nicht abgeschreckt worden, er habe größre und beßre Schiffe gebaut, sie mit Wein, Speck, Bohnen, Parfümerien und Sklaven beladen und so durch eine Fahrt 10 Millionen Sesterzen zusammengeschlagen, hierauf alle Güter seines ehemaligen Herrn zurückgekauft, in der Seestadt am Golf von Neapel, wo er sich niedergelassen, ein prachtvolles Haus gebaut, und nachdem er mehr erworben, als seine ganze Vaterstadt besitze, sich vom Handel zurückgezogen und mache jetzt nur noch Geldgeschäfte durch seine Freigelassenen. Auf sein Grabmal solle man schreiben, daß er klein angefangen habe und groß geworden sei, 30 Millionen Sesterzen hinterlassen und nie einen Philosophen gehört habe. Auch die Mitfreigelassenen Trimalchios sind Leute, „vor denen man Respekt haben muß"; einer, der mit nichts angefangen, Holzbündel auf dem Rücken geschleppt hat, besitzt 800.000 Sesterzen (174.000 Mark), ein andrer, dessen Kredit augenblicklich stark erschüttert ist, hat schon einmal seine Million gehabt. Wie auch sonst bei Petron ist hier alles nach dem Leben geschildert, am wenigsten der Reichtum der Freigelassenen übertrieben. Schon Demetrius, ein Freigelassener des Pompejus, soll 4000 Talente (18,860.000 Mark) hinterlassen haben; und Didymus und Philomelus, die in Domitians Zeit oder kurz zuvor zu den Reichsten in Rom gehörten, waren ohne Zweifel ebenfalls Sklaven gewesen. Der Reichtum der Freigelassenen war schon zu Anfang der Kaiserzeit ebensowohl sprichwörtlich wie die Geschmacklosigkeit und Insolenz, mit der sie ihn zur Schau trugen. Von dem ebenso reichen wie ungebildeten Calvisius Sabinus (Konsul 26 n. Chr.) sagt Seneca, er habe sowohl das Vermögen als die Sinnesart eines Freigelassenen gehabt. Auf den Tafeln von Freigelassenen prangten Schüsseln, „in welche der Ertrag ganzer Silberbergwerke verarbeitet war". In ihren Bädern sah man eine Unzahl von Statuen, von Säulen, die nichts trugen, sondern nur zur Zierde und Vermehrung der Kosten dienten, und eine Menge von Wasserströmen rauschend über Stufenreihen hinabfallen. Die Spiegel, vor denen ihre Töchter sich schmückten, kosteten mehr, als in alten Zeiten die Töchter verdienter Männer vom Staate zur Mitgift erhalten hatten. In sybaritischem Luxus wetteiferten sie mit den Höchsten und Vornehmsten; um so mehr forderte die Gemeinheit ihrer Sitten, die Niedrigkeit ihrer Gesinnung, ihre Unwissenheit und Roheit Spott und Verachtung heraus. Sie, die ehemals die Peitsche gefürchtet hatten, die wohl gar die Spuren früherer Brandmale unter Schönheitspflästerchen verstecken oder von verschwiegnen Ärzten aus der Haut tilgen lassen mußten — wozu Scribonius Largus ein Rezept gibt —, sah man jetzt in schneeweißer Toga, echt tyrischem Purpurmantel, scharlachroten Schuhen von feinstem Leder, die Finger mit blitzenden Ringen besetzt.

das Haar von Wohlgerüchen duftend, auf den vordersten Bänken des Marcellustheaters sitzen. Mit besondrer Vorliebe schwelgten sie in dem Genuß, gegen Beßre mit plumpem Hochmut auftreten zu können. Der reiche Freigelassene war in jener Zeit der eigentliche Typus des gemeinen, unverschämten, prahlenden Emporkömmlings. Der Zoilus, der bei Martial diese Klasse in Rom repräsentiert, wie bei Petron Trimalchio in seiner Kolonie, trägt pfundschwere Fingerringe, fast so schwer, wie er sie vor kurzem an den Beinen getragen; er bedient sich einer Sänfte von ungeheurer Größe, er stellt sich krank, um seinen Besuchern die aus Ägypten verschriebnen Polster mit echt purpurnen Überzügen und Scharlachdecken zu zeigen; er wechselt während einer Mahlzeit elfmal die Kleider; er schwelgt in den köstlichsten Speisen und Weinen, während er seinen Gästen gemeine Kost und Krätzer vorsetzt, und wenn er über Tisch einschläft, müssen sie sein Schnarchen mit ehrfurchtsvollem Schweigen anhören und dürfen sich nur mit stummem Nicken zutrinken; wen ein solches Gastmahl glücklich macht, sagt der Dichter, der ist wert, Bettlerbrot zu essen. Zur Erhöhung des Selbstgefühls dieser Menschen trug die Macht ihrer Standesgenossen am Hofe ohne Zweifel nicht wenig bei, da ein Teil des Glanzes, der diese umgab, auf den ganzen Stand zurückstrahlte; auch stiegen ihre Söhne und Enkel, wie bemerkt, nicht selten zu den höchsten Stellungen der beiden höhern Stände, und schon in Neros Zeit stammten sehr viele ritterliche, manche senatorische Familien von solchen Ahnen ab.

Doch neben diesem plumpen Hochmut, den die reichgewordnen ehemaligen Sklaven zur Schau trugen, fehlt es auch nicht ganz an Äußerungen eines edleren Stolzes, den der niedriggeborne, aber tüchtige und seiner Kraft sich bewußte Freie gegenüber dem unfähigen und verderbten Adel empfand. Cicero hatte in einer Zeit der unerschütterten Adelsherrschaft nur sehr schüchtern anzudeuten gewagt, daß auch der Mittelstand vor der Aristokratie einen Vorzug besitzen könne: „Die Adligen", sagt er mit ironischem Beiklang, „überschreiten im Guten wie im Bösen so sehr das Maß des Gewöhnlichen, daß ein in unsern Kreisen Geborner sie nicht erreichen kann." Zweihundert Jahre später, als der Adel durch die Monarchie tief herabgedrückt war, betonte Juvenal mit einem ganz andern Bewußtsein den Wert der mittlern und untern Klassen. Was war erlauchter als der Stammbaum des Catilina und Cethegus, welche die Brandfackel für die Häuser und Tempel Roms bereit hielten, gleich Abkömmlingen der Gallier? Aber der Konsul Cicero vereitelte ihre Pläne, der ahnenlose „neue Mann" aus Arpinum, der vor kurzem in Rom nicht mehr gewesen war als ein Ritter aus einer Landstadt: ihn hat das freie Rom den Vater des Vaterlands genannt. Und ein andrer Mann aus Arpinum holte sich in den Volskerbergen den Tagelohn, wenn er von der Arbeit auf fremdem Acker erschöpft war; später schwang er als Centurio den knotigen Rebstock, wenn der Soldat beim Schanzen die Axt lässig führte. Und doch hat er als Konsul den Cimbern standgehalten und allein die angstvolle Stadt in der höchsten Gefahr geschützt. Darum ward sein hochadliger Kollege mit dem zweiten Lorbeer geschmückt, als zu der Wallstadt der Cimbernschlacht die Raben flogen, die noch nie riesigere Leichen berührt hatten. Plebejisch waren die Seelen der Decier, plebejisch ihre Namen, und doch nahmen die Götter der Unterwelt sie als Sühneopfer für das ganze Heer an. Der letzte gute König Roms war der Sohn einer Sklavin; die Söhne des Konsuls Brutus öffneten verräterisch den verbannten Tyrannen die Tore, ein Sklave machte den Verrat kund. Mögt ihr übrigens euern Stammbaum noch so hoch hinaufführen, euer erster Ahn war doch nur ein Hirt oder ein Räuber, der in dem Asyl des Romulus Schutz fand. Unzüchtige andalusische Tänze und Gesänge, sagt derselbe Dichter, passen nicht in ein bescheidnes Haus, sondern in die prächtigen Paläste der Reichen. Würfelspiel und Ehebruch ist für Geringe schändlich; tun jene dasselbe, so werden sie munter und artig genannt; der hohe Adel verzeiht sich, was einen Schuhflicker beschimpfen würde. Im niedrigsten Volke, heißt es an einer andern Stelle, wirst du Männer von Beredsamkeit finden, sie führen die Prozesse des unwissenden Adligen; aus dem Volke kommen Männer, welche die Knoten des Rechts und die Rätsel der Gesetze entwirren; seine Jugend, im Waffenhandwerk geübt, zieht nach dem Euphrat und zu den Adlern, die über die gebändigten Bataver wachen: während jene, die keinen Vorzug aufzuweisen haben als ihre unermeßliche Ahnenreihe, armlosen Hermenbildern gleichen; in hoher Lebensstellung ist gesunder Sinn selten.

Wie aber diese kräftigen Elemente aus den untern Schichten der Bevölkerung fort und fort in die Höhe stiegen, während die unkräftigern aus den obern allmählich auf den Grund sanken, wie die drei Stände in stetem Wechsel, in unaufhörlichen Übergängen bis zu einem gewissen Grade ihren Inhalt gegeneinander austauschten: das kann freilich aus so vereinzelten Tatsachen und Andeutungen, wie sie in der obigen Schilderung benutzt sind, nur in sehr unvollkommner Weise erkannt werden.

IV. DER GESELLIGE VERKEHR

Bereits ist darauf hingewiesen worden, daß die Formen des Verkehrs am Hofe sich nach den sonst in Rom üblichen festgestellt, dann aber diesen wieder vielfach zum Vorbilde gedient und auf sie bestimmend eingewirkt haben. Auch diese Wechselwirkungen lassen sich freilich nur unvollkommen erkennen, zum Teil nur vermuten. Das bereits geschilderte Verhältnis der Klienten zu ihren Patronen bietet die meisten Analogien für die Hofsitte, da es dem der am Hofe verkehrenden Personen zum Kaiser in manchen Beziehungen entsprach. Aus der Betrachtung eines Verhältnisses zwischen Vornehmern und Geringern läßt sich aber natürlich nur eine einseitige und unvollständige Kenntnis der Umgangsformen jener Zeit gewinnen. Auch waren die Verpflichtungen *(officia)*, die der gesellige Verkehr mit sich brachte, sehr mannigfacher Art, und sie konnten von niemandem, der sich der Geselligkeit nicht ganz entzog, ungestraft umgangen werden, am wenigsten von Hochgestellten; der Einfluß einer mehr und mehr sich ausbildenden Hofsitte trug, wie gesagt, sowohl zu ihrer Vermehrung wie zu ihrer genaueren Regelung bei.

Wie am Hofe war auch in den vornehmen Häusern nicht bloß für die Klienten, sondern für alle Besucher die eigentliche Empfangszeit in den beiden ersten Tagesstunden. Dies war der römischen Tageseinteilung ganz angemessen, welche die sämtlichen Verrichtungen und Geschäfte in die Zeit der Tageshelle verlegte und am Nachmittage mit dem Hauptmahle beschloß: wo denn für einen großen Teil der geselligen Verpflichtungen keine andre Zeit übrig blieb als die des Tagesanbruchs. Den großen Palästen strömte darum in jeder Frühe eine bunte Menge zu, von deren Tritten der Boden dröhnte. Die Klienten des Hauses, gar mancher in schmutziger Toga und geflickten Schuhen, lärmten und drängten sich schon seit der Dämmerung auf dem Vorplatz, zuweilen in solcher Masse, daß sie die Gasse stopften und den Durchzug der Vorübergehenden hinderten. Sänftenträger in roten Mänteln, ähnlich wie Soldaten gekleidet, brachten einen reichen Mann in eiligem Laufe getragen, der hinter zugezognen Vorhängen seinen Morgenschlummer fortsetzte und von einem Gefolge eigner Klienten umgeben war. Man vernahm den bekannten Ruf des Liktors, der die Ankunft eines Konsuls ankündigte, und vor den mit Rutenbündeln voraustretenden und an die Tür schlagenden Amtsdienern wich die Menge auseinander und machte dem hohen Würdenträger in purpurverbrämter Toga Platz. Da war der dürftige griechische Gelehrte, der sich um eine Lehrerstelle in dem vornehmen Hause bewarb und deshalb sich über sein Vermögen gekleidet und in Schnitt und Farbe seine Tracht nach Möglichkeit dem Geschmack des vornehmen Manns anbequemt hatte, oder (nametnlich in Marc Aurels Zeit) der griechische Philosoph in grobem Mantel und langem Barte, der sich bei einem Sklaven eifrig um eine Einladung zur Tafel bemühte, aber auch der Senator, der sich um ein Konsulat, der Ritter, der sich um ein Legionstribunat bewarb — und überhaupt der ganze Schwarm derer, die etwas für sich zu erlangen hofften, die Plutarch mit den Fliegen in einer Küche vergleicht. Seneca sagt (gewiß aus eigner Erfahrung), daß manche sich gerade bei denen selten zur Aufwartung einstellten, denen sie das Leben oder eine Würde verdankten, und so, indem sie es vermeiden wollten, für Klienten zu gelten, den Namen von Undankbaren verdienten. An der Türe hielt, mit einem Rohrstabe bewaffnet, der Pförtner Wache, dessen guten Willen man gewöhnlich erkaufen mußte; Vernünftige, sagt Seneca, betrachteten ihn wie den Pächter eines Brückenzolls, während andre, die den Eintritt erzwingen wollten, ihm grobe Antworten gaben, sein Rohr zerbrachen oder sich an den Herrn wandten und seine Durchpeitschung verlangten. Geringere wurden barsch abgewiesen und die Tür vor ihnen zugeworfen.

Der zum Empfang bestimmte Raum, das Atrium, eine Säulenhalle mit einer großen Lichtöffnung in der Decke, vermochte in vornehmen Häusern eine große Menge von Besuchern zu fassen. Bänke standen hier für die Wartenden; als am Neujahrstage des Jahres 31 alles in den Palast Sejans strömte, um ihm beim Antritt des Konsulats zu huldigen, brach ein Sofa unter der Menge der darauf Sitzenden zusammen: eines von den unglücklichen Vorzeichen, die seinen bevorstehenden Sturz andeuteten. Die Großartigkeit und Pracht der weiten, hohen, mit buntem Marmor prangenden Räume, die endlosen Reihen der Ahnenbilder, die Menge der geschmückten Dienerschaft — alles vereinte sich, um den solchen Glanzes ungewohnten Besucher mit Scheu und Beklommenheit zu erfüllen. Hier mußte man mit den einflußreicheren Sklaven und Freigelassenen des Hauses wegen der Vorlassung unterhandeln oder sie bestechen; der Nomenklator, dessen Geschäft die Nennung der Namen der Vorgelassenen war, bedurfte langer schriftlicher Verzeichnisse, obwohl man zu diesem Amte nur Leute von besonders gutem Gedächtnis wählte. Wie am Hofe waren die Besucher in Klassen erster und zweiter Vorlassung abgeteilt; im Innern der Paläste gab es wieder viele Türen, die sich nur für eine kleine Anzahl öffneten; nur Vertraute oder Bevorzugte wurden einzeln oder in kleiner Zahl in die innern Gemächer oder selbst in das zum Empfange eingerichtete Schlafzimmer vorgelassen, die große Mehrzahl von dem Hausherrn im Atrium begrüßt. Wenn Plautianus, so erzählt Cassius Dio, seine Freunde vor den andern Besuchern zu sich hereinrufen ließ, folgte ihnen Cöranus, der sich den Anschein geben wollte, zu den Vertrauten des mächtigen Manns zu gehören, bis an die letzte Tür; und wenn diese auch für ihn verschlossen blieb, so erreichte er doch in den Augen der im Atrium wartenden Menge seinen Zweck. Überhaupt war der Empfang der mächtigen Großen dem Empfange am Hofe sehr ähnlich. Vor Sejans Türe drängte man sich wie vor dem kaiserlichen Palast, da jeder fürchtete, zu spät oder gar nicht bemerkt zu werden; Senatoren huldigten seinen Klienten, legten selbst auf die Bekanntschaft mit seinen Türstehern und Freigelassenen hohen Wert und ertrugen ihren Hochmut und ihre Gunst. Plutarch sagt, daß diejenigen, die in den Häusern der Reichen und Hochgestellten ein großes Gewühl und Getöse von Begrüßenden, Huldigenden und Aufwartenden sehen, jene wegen ihres Reichtums an Freunden glücklich preisen. Seneca, der, um Neros Verdacht von sich abzulenken, im Jahre 62 überhaupt den mit seiner bisherigen hohen Stellung notwendig verbundenen Glanz vermied, verbat sich auch die Morgenaufwartungen. Auch gesuchte Gerichtsredner hatten die Genugtuung, ihre Häuser täglich durch das Zusammenströmen der angesehensten Männer gefüllt und belebt zu sehen. War die Empfangszeit vorüber, dann spieen, wie Vergil sagt, die großen

Paläste aus stolzen Pforten eine gewaltige Woge von Morgenbesuchern aus.

Die Sitte der Morgenaufwartung und der Begleitung der Patrone beim Ausgange durch ihre Klienten scheint sich im wesentlichen unverändert bis in die letzte Zeit des römischen Altertums erhalten zu haben. Tertullian sagt (um 2000), daß Bewerber um ein Amt bei Nacht und vor Beendigung des Verdauungsprozesses sich in sämtlichen Atrien einen Platz sicherten. Der Astrolog Firmicus (um 334—337) spricht von Leuten, die in Morgenbesuchen über alle Schwellen eilen. „Ich schäme mich", sagt der heilige Hieronymus in einem Briefe, „von der Häufigkeit der Besuche zu reden, die wir entweder täglich bei andern machen oder bei uns empfangen", und Symmachus spricht etwa um dieselbe Zeit von den vor den Türen der Mächtigen verwachten Nächten. Der Gallier Orientius beschreibt (um die Mitte des 5. Jahrhunderts), wie ein Bewerber bei Tagesanbruch aufsteht, dann von der Tür des Reichen, an den er sich wenden will, einschläft oder vom Liktor mit Schlägen fortgejagt wird, falls er nicht den Pförtner besticht. Sidonius Apollinaris rühmt von zwei sehr vornehmen Konsularen, die beim Ausgehen stets von einem gewaltigen Gefolge von Klienten umgeben waren, daß der Zutritt bei ihnen weder schwierig noch kostspielig war. Paulinus von Pella sagt in seinem im Jahre 459 verfaßten Gedicht, daß sein ehrenvoller Aufzug mit Scharen unterwürfiger Klienten prangte.

Nicht bloß die Höflichkeitsbesuche, die nach damaliger Sitte so viel häufiger und regelmäßiger gemacht werden mußten, als nach der heutigen, sondern auch eine Anzahl von Feierlichkeiten, die nur im Beisein geladner Gäste vollzogen werden konnten, pflegten in der ersten Frühe stattzufinden. Dazu gehörte namentlich die Anlegung der Männertoga, die den Eintritt des erwachsenen Knaben in das reifere Alter und seine Befähigung zur Teilnahme am öffentlichen Leben bezeichnete: daß der spätere Kaiser Claudius, der als Knabe geflissentlich zurückgesetzt wurde, sich zu dem diese Feierlichkeit beschließenden Opfer auf dem Kapitol in einer Sänfte bereits um Mitternacht, und zwar ohne die übliche Begleitung, begeben mußte, geschah eben, um auch bei diesem Akt die gewohnte Öffentlichkeit auszuschließen. Auch bei Hochzeiten wimmelten die Häuser beider Verlobten schon von Gästen, wenn kaum der Tag angebrochen war. Desgleichen wurden Verlobungsfeste in der ersten und zweiten Tagesstunde gefeiert, und die dazu Geladnen kamen so zuweilen um die für die Verdauung erforderliche Nachtruhe. Bei den Familienfesten der ersten Bartschur und der Haarweihe pflegten sich Gratulanten einzufinden. Besonders aber erforderte die Sitte, daß zum Amtsantritt der Magistrate sich alle einstellten, die zu ihnen in Beziehung standen, und zwar selbstverständlich ebenfalls in der ersten Frühe; namentlich der feierliche Zug der Freunde, Bekannten und Klienten, in dem sich die neuen Konsuln auf das Kapitol begaben, wird oft erwähnt, aber auch die Aufwartung bei andern Beamten. Hadrian wohne dem Amtsantritt von Konsuln und Prätoren bei, und der große Gönner des jüngern Plinius, der dreimalige Konsul Verginius Rufus, der im Jahre 97 starb, kam bei jedem von jenem anzutretenden neuen Amt vom Lande in die Stadt, auch als er sich sonst bereits von allen solchen Feierlichkeiten fernhielt. Auch der etwa um dieselbe Zeit verstorbne Corellius Rufus hatte dem jüngern Plinius bei allen Amtsantritten das Geleit gegeben. Ein Brief, in dem der letztere sein

Ausbleiben bei dem Antritt des Konsulats des Valerius Paulinus durch die dringende Notwendigkeit, die Verpachtung seiner Güter selbst zu besorgen, entschuldigt, zeigt, mit welcher Sicherheit die Beamten auf das Erscheinen ihrer sämtlichen Freunde zählen durften, und daß sie ihr Wegbleiben ohne triftige Gründe übelnahmen. Es fehlte übrigens auch nicht an solchen, die sich aus der Erfüllung dieser Pflichten ein Vergnügen machten, und ohne deren Begleitung man keinen neuen Konsul oder Tribunen öffentlich erscheinen sah. Noch Ammianus Marcellinus sagt, daß kleinmeisterliche Beurteiler von Geschichtswerken es tadelten, wenn darin nicht die Namen aller angegeben waren, die sich zum Geleit des antretenden Stadtprätors eingefunden hatten.

Andre im Beisein zahlreicher Teilnehmer begangene Akte oder Feierlichkeiten fielen in die spätern Tagesstunden, wie z. B. Leichenbegängnisse; und für solche, deren gesellige Beziehungen einigermaßen ausgedehnt waren, wurde die Erfüllung dieser Obliegenheiten höchst zeitraubend und füllte nicht selten ganze Tage aus, ohne daß sie doch allen Ansprüchen genügen konnten. Hat man zahlreiche Freunde, sagt Plutarch, so verlangt vielleicht gleichzeitig der eine, daß man ihn in einem Prozeß verteidigt, der andre, daß man ihn im Richteramt als Beisitzer unterstützt, der dritte Beistand bei einem Kauf oder Verkauf, wieder andre Teilnahme an einem Hochzeitsfest oder Begräbnis. Entschuldigung mit Vergeßlichkeit oder Unwissenheit wird nicht so übelgenommen, als wenn man die Versäumnis mit der Notwendigkeit entschuldigt, der Aufforderung eines andern Freundes zu folgen, z. B. einen unterlassenen Krankenbesuch mit einer Einladung zu Tisch. Martial mußte vor Tagesanbruch aufstehen, um Besuche zu machen und Gratulationen abzustatten, die nicht erwidert wurden. Dann hatte er bald etwas beim Dianatempel mit zu untersiegeln, bald war er eine Verabredung für die erste, dann wieder für die fünfte Stunde eingegangen, bald war er durch einen Konsul oder Prätor in Anspruch genommen, bald mußte er eine Vorlesung eines Dichters anhören, die einen ganzen Tag ausfüllte. Aber auch einem Anwalt konnte man nicht ungestraft versagen, sich bei seiner Rede, oder einem Grammatiker oder Rhetor, sich bei ihren Vorträgen einzufinden. So kam er endlich müde nach der zehnten Stunde (der zweiten vor Sonnenuntergang) ins Bad und hatte keine Zeit zum Dichten. „Es ist merkwürdig", sagt der jüngere Plinius, „wie in Rom an jedem einzelnen Tage die Rechnung stimmt oder zu stimmen scheint, im ganzen aber, und wenn man mehrere zusammen nimmt, gar nicht. Denn wenn man jemanden fragt: Was hast du heute getan? so ist die Antwort: Ich habe einer Bekleidung mit der Männertoga beigewohnt, eine Verlobung oder Hochzeit besucht; jener hat mich zur Mituntersiegelung seines Testaments, dieser zum Beistande vor Gericht, ein dritter zur Teilnahme an einer Sitzung eingeladen. Dergleichen Dinge erscheinen an dem Tage, wo man sie getan hat, notwendig; wenn man bedenkt, daß man sie täglich getan, nichtig, und das um so mehr, wenn man Rom verlassen hat." Unter den von Plinius erwähnten Sitzungen sind Gerichtssitzungen zu verstehen, zu denen die Magistrate wie die Präfekten, Prätoren und Ädilen ihre Freunde (wohl auch der Ehre halber) als Beisitzer einluden. Außerdem hat Plinius einige gesellige Verpflichtungen beispielsweise genannt, die wohl hingereicht haben mögen, einen Tag auszufüllen;

doch gab es deren noch viele andre, auch von Plutarch und Martial nur teilweise angeführte, die oft noch lästiger und zeitraubender waren; wobei man in Anschlag bringen muß, daß meistens ein festlicher Anzug erfordert wurde, dies z. B. auch bei der Abfassung von Urkunden und Testamenten. Plinius erzählt, daß eine angesehene Frau, Aurelia, zur Untersiegelung ihres Testaments ihre besten Tuniken angelegt hatte; der zu diesem Akt miteingeladene Regulus war schamlos genug, sie zu bitten, daß sie ihm diese vermachen möchte. „Zu welchem Zwecke", fragt Seneca, „sind jene geschmückten Männer eingeladen und drücken ihr Siegel auf? Damit dieser nicht ableugnen könne, empfangen zu haben, was er wirklich empfangen hat." Außer den Testamenten (bei deren Eröffnung die Besiegler ebenfalls gegenwärtig sein mußten) erforderten noch viele andre Handlungen, z. B. die Freilassung von Sklaven, zu ihrer Rechtsgültigkeit Unterschrift und Siegel mehrerer Zeugen; die Reihenfolge, in der dieselben beides unter das betreffende Dokument setzten, bestimmte sich nach ihrem Range und nach der Rücksicht, die man auf sie nahm. Der Wert, der auf Behauptung des Rangs gelegt wurde, zeigt sich übrigens auch in der strengen Etikette, die bei der Anordnung der Plätze an der Tafel herrschte; Seneca rügt es wiederholt als Torheit, unwillig zu werden, wenn man bei einem Gastmahl einen minder ehrenvollen Platz, als man erwartete, erhalte. Die für die halbrunden Speisesofas festgesetzte Rangordnung hat sich bis in das Mittelalter erhalten.

Eine gewiß sehr häufige Veranlassung zu Höflichkeitsbesuchen war die Abstattung von Geburtstagsgratulationen. Außer Krankenbesuchen waren auch Kondolenzbesuche zu machen; als Regulus seinen einzigen Sohn verloren hatte, strömte die ganze Stadt zu ihm, obwohl er allgemein verabscheut war. Oder man mußte einen neu ernannten Beamten zu seiner Ernennung beglückwünschen, einem in die Provinz abgehenden das Geleit geben. Der Beistand bei einer gerichtlichen Verhandlung konnte viele Tage, die Unterstützung eines Kandidaten bei seiner Amtsbewerbung sogar Wochen in Anspruch nehmen. Am häufigsten und zugleich zeitraubendsten dürften aber die Vorlesungen der Autoren gewesen sein; diese, welche selbst in den heißen Sommermonaten zuweilen wochenlang an jedem Tage stattfanden, rechnet Juvenal neben den unaufhörlichen Einstürzen und Bränden zu den schlimmsten und gefährlichsten Übeln Roms. Bei allen derartigen Veranlassungen wurde der Sitte gemäß die Anwesenheit nicht nur der Freunde und Klienten, sondern aller, die zu dem Beteiligten in irgendwelcher Beziehung standen, erwartet. Cicero sagt, daß man vor Tagesanbruch die weitesten Wege machte, um die mit der Männertoga bekleideten Söhne selbst der geringsten Leute auf das Forum zu geleiten: und wenngleich nicht ganz in demselben Umfange wie in der Republik, wurden solche und ähnliche Verpflichtungen gewiß auch in der Kaiserzeit anerkannt. Aus dem Wunsche, namentlich Festlichkeiten im Beisein möglichst zahlreicher Versammlungen zu begehen und sich für die erwiesne Ehre sowie für die verursachte Mühe dankbar zu zeigen, entwickelte sich die Sitte, sämtlichen Teilnehmenden eine Gabe in Geld zu verabreichen, welche in Rom im Anfange des zweiten Jahrhunderts bereits bestanden zu haben scheint.

In diesem Strudel der Geselligkeit war es schwer, sich selbst zu leben, und tiefere Naturen retteten sich aus den „Fluten und Stürmen" Roms gern in die ländliche Stille und Einsamkeit; nicht alle vermochten es, die Fesseln, deren Druck sie schmerzlich empfanden, abzustreifen; Senecas Schriften z. B. enthalten fast auf jeder Seite Klagen über die Unersprießlichkeit und Inhaltslosigkeit des Lebens in Rom. Nie, sagt Martial, ist man Herr seiner Zeit, man wird in dem Meere der Stadt umhergeworfen, und das Leben vergeht in fruchtlosem Abmühen. Dagegen für den geschäftigen Müßiggang war dies die eigentliche Lebensluft, in der er so wie nirgends gedieh und eine ungewöhnliche Ausbreitung gewann. Die Zahl derer, die ihr Leben in Begehung unnützer Förmlichkeiten, in Bezeigung leerer Höflichkeiten verbrachten, war schon zu Anfang der Kaiserzeit unverhältnismäßig groß; sie bildeten eine eigne, in die Augen fallende Klasse und wurden mit einem, wie es scheint, aus dem Minus stammenden Namen „Ardalionen" benannt. In einem unter Tiberius geschriebnen Buche des astrologischen Werks des Manilius heißt es, daß die unter einer gewissen Konstellation Gebornen von regem Geist, behendem Körper und unermüdet im Diensteifer sein, einem Volke gleichen und in ganz Rom wohnen werden, „über alle Schwellen eilend und als Allerweltsfreunde überallhin in der Frühe dieselben Worte des Grußes tragend". Es gibt, so schreibt ein andrer Dichter unter Tiberius, zu Rom eine Nation von Ardalionen, die eilfertig umherrennt, voller Geschäftigkeit im Müßiggang, um nichts in Atem, vieles betreibt und nichts zustande bringt, sich selbst beschwerlich, andern aufs höchste widerlich ist. Seneca vergleicht diese geschäftigen Müßiggänger, welche sich in Häusern, Theatern und auf den Foren umhertrieben, mit Ameisen, die (wie er meinte) ohne Plan und Zweck an Bäumen zum Gipfel hinauf und wieder zur Wurzel hinab laufen. Es sind die Leute, deren Leben eine ruhelose Untätigkeit ist, die nie etwas zu tun haben, aber immer so aussehen, als hätten sie etwas zu tun, die nicht ein bestimmtes Vorhaben, sondern der neue Morgen aus dem Hause treibt, die nur ausgehen, um das Gedränge zu vermehren. Wenn sie aus der Tür treten, geben sie auf die Frage: Wo gehst du hin? Was hast du vor? zur Antwort: Ich weiß es in der Tat selbst nicht; aber ich will einige Besuche machen, irgend etwas unternehmen. Man fühlt Mitleiden mit ihnen, wenn man sie laufen sieht wie zum Feuerlöschen, so sehr rennen sie an die Begegnenden an und stürzen sich und andre kopfüber. Und weshalb laufen sie? Um einen Besuch zu machen, der nie erwidert wird, um sich dem Leichenbegängnis eines Unbekannten anzuschließen, oder zu einer gerichtlichen Verhandlung in der Angelegenheit eines Prozeßsüchtigen, oder zur Verlobungsfeier einer Frau, die häufig Hochzeit macht. Wenn sie aus den nichtigsten Veranlassungen in der ganzen Stadt umhergerannt sind und endlich wieder nach Hause kommen, beteuern sie, sie wüßten gar nicht, weshalb sie ausgegangen, wo sie gewesen seien, und — treten am nächsten Tage ihre Wanderungen von neuem an. Es gab selbst Greise, die keine Schwelle unbetreten ließen und an jedem Morgen schweißbedeckt und „von den Küssen des ganzen Rom feucht" umherkeuchten; Männer über sechzig Jahre mit weißen Haaren, die täglich die ganze Stadt durcheilten und vor dem Lehnsessel jeder Frau ihren Morgengruß abstatteten, die bei dem Amtsantritt jedes Tribunen, aller Konsuln sich einstellten, zehnmal an jedem Tage die Straße zum kaiserlichen Palast hinaufliefen und die Namen der mächtigsten Höflinge im Munde führten. „Dies mögen", so schließt Martial, „immerhin junge Männer tun, aber nichts ist häßlicher als ein alter Ardalio." Etwa ein Jahrhundert später schildert Galen die, wie er versichert, in Rom gewöhnliche Art, den Tag hinzubringen, folgendermaßen: in der Frühe macht jedermann Besuche, dann begibt sich eine große Menge auf das Forum zu den Gerichtsverhandlungen, eine größre zu den Wagenlenkern und Pantomimen, eine nicht geringe Anzahl verbringt die Zeit mit Liebschaften, Würfelspiel, Bädern, Trinkgelagen und andern körperlichen Genüssen, bis sich abends wieder alles bei den Gastmählern versammelt, wo dann die Unterhaltung nicht in Musik und ernsten Gesprächen besteht, sondern in wüstem Zechen, das oft bis an den Morgen währt.

Wie groß aber auch in Rom die Zahl der Ardalionen sein mochte, so wurden doch natürlich bei weitem die meisten jener Besucher, die in den Frühstunden unaufhörlich die Straßen durchzogen, nicht von bloßer Ruhelosigkeit oder dem Verlangen, die Zeit zu töten, getrieben, sondern von dem Streben nach Gewinn und Vorteilen welcher Art auch immer. In der Tat war dies Streben ganz eigentlich die Haupttriebkraft des geräuschvollen und rastlosen Treibens, das Tag für Tag Straßen und Paläste erfüllte: es war eine allgemeine Jagd nach dem Besitz als dem höchsten oder vielmehr einzigen Gut, von dem alle übrigen abhingen, das Rang und Stand, Ehre und Ansehen verlieh. Die freilich überall und zu allen Zeiten erhobne Klage, daß Reichtum allein geschätzt werde und Geltung verschaffe, erhielt ihre besondre Berechtigung im damaligen Rom nicht bloß dadurch, daß für die Armen die Existenz je länger desto unerschwinglicher wurde (schon längst hätten sie, sagt Umbricius bei Juvenal, in Masse auswandern sollen), sondern namentlich dadurch, daß der Stand sich nach dem Vermögen richtete, und daß im ersten Stande die hohen Ehrenstellen wegen des erforderlichen Aufwands nur von sehr Begüterten bekleidet werden konnten. Dadurch, sagt der ältere Plinius, sei alles zugrunde gegangen, was dem Leben wahren Wert und Erhebung verleihe, und Erniedrigung das beste Mittel zum Emporkommen geworden; dieser ergebe sich der eine auf diese, der andre auf jene Art, doch die Wünsche und das Streben aller seien auf ein und dasselbe Ziel, den Besitz, gerichtet, und selbst ausgezeichnete Männer sehe man vielfach fremden Lastern größre Ehre erweisen als den eignen Tugenden. „Wenn auch das verderbliche Geld", sagt Juvenal, „noch nicht als Gottheit in einem Tempel wohnt, noch keine Altäre der klingenden Münze erbaut sind, so wird doch der Majestät des Reichtums die höchste Verehrung gezollt." Auch Galen klagt wiederholt, daß die Jagd nach Geld und Ehre, Macht und Genuß alle idealen Bestrebungen vernichtet habe.

Wenn sich nun die grobe Selbstsucht, der plumpe Materialismus auch unter den feinsten und glättesten Formen verbarg, so wurde doch niemand dadurch getäuscht, der nicht blind oder verblendet war. Es war ein öffentliches Geheimnis in Rom, daß gerade die Aufmerksamsten und Eifrigsten unter allen Höflichkeitsbeflissenen *(officiosi)* gewerbsmäßige Erbschleicher waren, die also mit gespannter Erwartung auf den Tod derer lauerten, die sie mit Freundschafts- und Ehrerbietungsbezeugungen überhäuften; ja die sich nicht immer begnügten, den Eintritt des ersehnten Ereignisses von Astrologen berechnen zu lassen, sondern auch vielleicht Ärzte bestachen, ihn durch Gift zu beschleunigen, was nach der Invektive des ältern Plinius gegen die Medizin nur zu oft geschah. Keine Erscheinung ist für das damalige Rom charakteristischer, keine zeigt die Lügenhaftigkeit dieses ganzen Formenwesens in so grellem Licht wie der Umfang, in dem die Erbschleicherei wie ein Gewerbe betrieben wurde. Kaum wäre dafür in irgendeiner Periode der Geschichte eine Analogie zu finden. Daß damals, und keineswegs bloß von Glücksrittern und Spekulanten, grade dieser Weg eingeschlagen wurde, um zu dem gewünschten Ziele zu gelangen, das hatte seinen Grund in der beispiellosen und unnatürlichen Ausdehnung der Ehe- und Kinderlosigkeit in den höhern Ständen. Die Ehe hatte schon in der Republik für eine Last gegolten, der sich zu unterziehen der Bürger nur durch die Pflicht gegen den Staat bewogen werden könne. Die Zeit der Bürgerkriege untergrub die schon gelockerten sittlichen und sozialen Zustände vollends auf die Dauer, und die von Augustus versuchte Restauration mußte oberflächlich bleiben, da all seine Maßregeln nur gegen die Symptome des Übels gerichtet waren, dessen Wurzeln abzugraben er nicht vermochte. Vergebens hatte er sich bemüht, die Ehe durch Belohnungen und Auszeichnungen der Verheirateten und Eltern, durch Strafen der Ehe- und Kinderlosen zu heben und zu stützen. Denn die Vorteile, die den letztern zuflossen, wenn sie eine Erbschaft zu vergeben hatten, konnten dadurch nicht aufgewogen werden; und hatte ihr Stand schon längst als der gemächlichste und sorgenfreiste gegolten, so wurde er nun noch weit mehr beneidet und gepriesen.

Schon in der Zeit des Augustus hatte die Erbschleicherei sich zur Kunst ausgebildet, die nach Regeln systematisch betrieben wurde, ihre technischen Ausdrücke hatte, in der man Virtuosen und Anfänger unterschied. Seneca rechnet die Redner L. Arruntius und Q. Haterius (beide von senatorischem Stande) zu denjenigen, die aus der Erschleichung von Testamenten ein Geschäft machten. Schon damals waren die Verhältnisse zwischen den Erbschleichern und den Reichen ohne Erben ein willkommener Gegenstand für die Satire. In einem der witzigsten Horazischen Gedichte befragt Ulixes den Schatten des Tiresias, wie er seine durch die Freier zerrütteten Vermögensumstände verbessern könne, und erhält den Rat, sich auf Erbschleicherei zu legen, nebst den nötigen Anweisungen. Schon hier finden sich fast alle Züge, die sich bei den Spätern immer wiederholen, sowohl in der Schilderung der Künste, mit denen sich die Erbschaftsjäger die schwer zu fassende Beute zu sichern suchten, ohne sich Blößen zu geben, als von dem Verfahren der Reichen, Hoffnungen zu nähren, die sie keineswegs zu erfüllen gedachten, um daraus für sich möglichst große Vorteile zu ziehen. Es gab kaum etwas, was sie nicht fordern und erwarten durften, von kleinen Aufmerksamkeiten bis zu den wichtigsten, mit persönlicher Aufopferung verknüpften Dienstleistungen. Sie wurden mit Geschenken überhäuft, man sandte ihnen Leckerbissen aller Art. Edelobst, Gebäck, Fische, Wild, alten Wein; die Erbschleicher konnten so Jahr für Jahr bedeutende Summen verausgaben. Martial rät spottend einem Bithynicus, sich nicht zu beklagen, da ihm Fabius an den er jährlich 6000 Sesterzen (1300 Mark) wandte, nichts vermacht habe: in der Tat habe er ihm ja doch durch seinen Tod diese Summe als jährliche Rente hinterlassen. Die Gesundheit der Reichen war der Gegenstand der zärtlichsten Sorgfalt. Lagen sie krank, so hatten sie sich der aufmerksamsten Pflege, der sorgsamsten Wartung, die sich bis auf die Dienstleistungen des Schneuzens und Abwaschens erstreckte, zu erfreuen. Gebete und Opfer stiegen zu den Göttern auf, die Wände der Tempelhallen bedeckten sich mit Gelübden, Wahrsager wurden befragt, man vermaß sich, sagt Juvenal, im Falle ihrer Genesung Elefanten und Menschen zu opfern. Gefiel ihnen das Haus eines ihrer Freunde, so wurde es ihnen unentgeltlich eingeräumt; brannten sie ab, so wurde ihr Verlust durch Beisteuern mehr als ersetzt. Waren sie in einen Rechtshandel verwickelt, so drängte man sich, sie zu verteidigen; ihre Sache mußte verzweifelt stehen, wenn sie nicht gewannen. Im Jahre 58 wurde Pompejus Silvanus wegen Mißbrauchs der Amtsgewalt als Prokonsul von Afrika angeklagt. Seine Ankläger waren zahlreich, doch erwirkte er durch seinen Reichtum und seine Kinderlosigkeit bei hohem Alter die Freisprechung und überlebte noch die, deren Gunstbuhlerei ihm dazu verholfen, und die ihn zu beerben gehofft hatten. Machten die reichen Alten Verse, so fanden diese eifrige Bewunderung; hielten sie Vorlesungen, so drängte man sich zu ihren Hörsälen; der kinderlose Philosoph Annäus Cornutus, den Nero im Jahre 65 verbannte, soll sein gedrängt volles Auditorium hauptsächlich der Hoffnung sehr vieler, ihn zu beerben, zu verdanken gehabt haben. Ihre handgreiflichsten Lügen hörte man scheinbar gläubig an, im Brettspiel ließ man sie stets gewinnen; all ihren Neigungen kam man entgegen, ihre Schwächen wurden auf das schonendste berücksichtigt. Die Frauen gaben ihren Anträgen williges Gehör. Ihre Atrien waren an jedem Morgen von einem Schwarme vornehmer Besucher gefüllt. Martial zählt einmal unter den Diensten, die der Patron von seinen Klienten verlangt, auch den auf, ihn täglich zu ungefähr zehn alten Weibern zu begleiten. Man sieht, sagt Juvenal, einen Prätor am frühen Morgen den voraufgehenden Liktor zu größrer Eile treiben: warum ist er so hastig? Die kinderlosen Frauen sind längst aufgestanden und er fürchtet, es möchte ihm bei Frau Modia oder Albina ein Kollege zuvorkommen. War es aber nicht leicht, alle Nebenbuhler zu überbieten und allen Ansprüchen der verwöhnten Reichen zu genügen, so war es noch schwerer, dieser unermüdlichen Dienstfertigkeit den Schein uneigennütziger Freundschaft zu geben. Man zeigte sich um die Verlängerung ihres Lebens besorgt, den Kinderlosen wünschte man Leibeserben, man testierte zu ihren Gunsten, natürlich in der Voraussetzung, daß sie ein Gleiches tun würden; diese erbschleicherischen „Verfügungen“ müssen häufig gewesen sein, da mehrfach gesetzliche Bestimmungen über ihre Ungültigkeit getroffen worden sind. Zuweilen starben die Erbschleicher vor den Alten, denen sie ihr Vermögen vermacht hatten, und diese wurden nun ihre Erben. Manche stellten die bisherigen Sendungen von Geschenken plötzlich ein, wenn sie sich durch Einsicht in das Testament von der Erreichung ihres Zwecks überzeugt hatten: sie setzten sich dadurch der Gefahr aus, wie Martial sagt, daß der eingefangene Eber, weil nicht genügend genährt, aus dem Käfig wieder ausbrach.

Dieser schmählichen und entwürdigenden Dienstbarkeit unterzogen sich die Erbschleicher immer auf sehr ungewisse Aussichten hin, weil diejenigen, die sie zu beerben hofften, sie vielleicht noch öfter überlisteten als überlebten. Sie suchten, wie gesagt, ihrerseits die Hoffnungen der Erbschaftsjäger zu nähren, ohne sie zu befriedigen, ihre Opferwilligkeit auszubeuten, ohne sie zu entschädigen. Sie verwiesen ihre Freunde immer von neuem auf ihr Testament, sie testierten wohl dreißigmal in einem Jahre, um sie zu den äußersten Anstrengungen zu treiben. Sie stellten sich krank und schwach, sie hüstelten, und Plinius erzählt, daß Julius Vindex, der mit großem Sinne das römische Reich von Neros Tyrannei zu befreien unternahm, nicht verschmäht habe, zur Anlockung von Erbschaftsjägern sich durch ein Medikament eine künstliche Gesichtsblässe zu erzeugen. „Tongilius", sagt Martial, „soll am anderthalbtägigen Fieber leiden, aber ich kenne seine Schlauheit, er hat nur Hunger und Durst; er stellt mit seiner simulierten Krankheit nur Netze für fette Drosseln, für Hechte und Seebarben aus und rechnet auf Sendungen alten, edlen Falerner- und Cäcuberweins." Ja bisweilen mochte es einem Meister in solchen Künsten gelingen, sich in den Besitz aller Vorteile der kinderlosen Reichen zu setzen, ohne reich zu sein. Die ungeheuren Güter in Afrika, die Kauffahrteischiffe, die von Karthago unterwegs waren, die Sklavenheere usw., mit denen er groß tat, waren bloße Aufschneidereien. Es gab viele, die solchen Betrug der Betrüger billigten. Auf der andern Seite hatte jeder, der sich nicht der Erbschleicherei verdächtig machen wollte, kinderlosen Reichen gegenüber die größte Zurückhaltung zu beobachten: ihnen ein Geschenk zu machen, hielt der jüngere Plinius nicht für anständig.

Über die ungeheure Ausdehnung dieses Treibens lauten die Äußerungen der Schriftsteller aus verschiedenen Perioden dieses Zeitraums gleich; sie klingen unglaublich, aber sie bestätigen einander durch ihre völlige Übereinstimmung. Vielleicht die einzige Stelle in der ganzen Literatur dieses Zeitraums, in der die Kinderlosigkeit beklagt wird, findet sich in einem Gratulationsgedicht des Statius an den Ritter Vibius Maximus bei der Geburt eines Sohnes: „die Kinderlosigkeit, die der feindselige Erbe mit seinen Wünschen bedrängt, die ohne Tränen zur Gruft bestattet wird usw.". Bei den so überaus zahlreichen Schilderungen der Vorteile der Kinderlosigkeit darf man freilich nicht vergessen, daß sie, wie fast alles, was damals geschrieben wurde, von einer zum Teil unabsichtlichen rhetorisierenden Übertreibung nicht frei sind. In dieser Stadt, schrieb unter Nero Petron (der das in Rom heimische Treiben nach Kroton verlegt), werden weder wissenschaftliche Studien getrieben, noch findet Beredsamkeit einen Platz, weder Bravheit noch Sittenreinheit kommen auf einen grünen Zweig, sondern alle Menschen, die ihr sehen werdet, sie mögen sein, welche sie wollen, sind in zwei Parteien geteilt: entweder angeln sie oder lassen nach sich angeln. In dieser Stadt erkennt niemand Kinder an; denn wer Leibeserben hat, wird weder zu Gastmählern geladen, noch zu Lustbarkeiten zugelassen, sondern von allen Vorteilen ausgeschlossen, und führt unter den mit Schande Bedeckten ein unbekanntes Leben. Die aber nie geheiratet und keine nahen Verwandten haben, gelangen zu den höchsten Ehren und werden für die einzigen vortrefflichen Menschen und sogar für schuldlos gehalten. Ihr werdet eine Stadt sehen, die einem Gefilde in einer Pest gleicht, auf dem es nichts gibt als Leichen und Raben, die sie zerfleischen. Die Erzählung bricht bei der Erwähnung eines Testaments ab, nach welchem die Legatare ihre Vermächtnisse nur dann erhalten sollen, wenn sie die Leiche des Testators in Stücke geschnitten und im Beisein des Volks verzehrt haben werden. Von einer Rede, in welcher diese Bedingung als eine keineswegs unerfüllbare dargestellt wurde, ist noch ein Fragment vorhanden. Man möge nur die Augen schließen und sich vorstellen, daß man nicht Menschenfleisch, sondern 10 Millionen hinabschlucke. Die Einwohner belagerter Städte hätten nicht selten dasselbe getan, ohne daß sie eine Erbschaft zu erwarten hatten usw. Daß Petrons Schilderung, wie sehr auch karikiert, doch nichts weniger als ein bloßes Phantasiegemälde ist, zeigen die gleichzeitig (im Jahre 63) im Senat vernommenen Klagen über Scheinadoptionen, durch welche Kinderlose die Vorrechte der Familienväter erschlichen: „Vorteil genug hätten die Kinderlosen, da ihnen bei größter Sorglosigkeit und ohne Belastung Gunst und Ehren bereit seien und entgegengebracht würden." Ja noch mehr, Seneca, der oft mit großer Bitterkeit von der Erbschleicherei spricht, der er freilich von seinen Gegnern selbst bezichtigt wurde, konnte in einer Trostschrift an eine Mutter, die ihren einzigen, hoffnungsvollen Sohn verloren hatte, folgende Worte richten: „Um einen sehr unwahrscheinlich klingenden, aber doch wahren Trost anzuwenden, so gibt in unsrer Stadt Verwaisung mehr Einfluß, als sie entreißt, und Einsamkeit führt das Alter, das sie seiner Stützen zu berauben schien, vielmehr so sicher zur Macht, daß viele Feindschaft gegen ihre Söhne heucheln, ihre Kinder abschwören und sich eine künstliche Verwaisung schaffen." Auch der ältere Plinius nennt Erbschleicherei den einträglichsten Erwerb, auch nach ihm stand die Kinderlosigkeit in Ehre und höchstem Ansehen; sie hatte, sagt Tacitus, in guten und schlimmen Zeiten gleiche Macht, und daß sie in Germanien keine Vorzüge gewähre, unterläßt er nicht als Beweis für die unverdorbnen Zustände dieses Landes anzuführen. Der jüngere Plinius berichtet von einem seiner Freunde als Beweis wahren Bürgersinns, daß seine Ehe reich mit Kindern gesegnet, daß er sogar Großvater geworden sei „in einer Zeit, wo den meisten schon ein Sohn durch die Vorzüge der Kinderlosigkeit zur Last wird". Die Kinderlosen wurden von den Reichen zu Gaste geladen, die Vornehmen schmeichelten ihnen, die Redner erteilten ihnen ihren Beistand umsonst; ward ihnen ein Kind geboren, so wurden sie plötzlich freund- und machtlos. In einem unter Hadrian verfaßten Gedicht äußert Juvenal seine lebhafte Freude über die Errettung eines Freunds aus Seegefahr und ordnet dafür ein Dankopfer an: dies, fügt er hinzu, könne verdächtig erscheinen; er wolle daher sogleich bemerken, daß der Gerettete drei Kinder habe, also ein Mann sei, an den sonst nicht leicht jemand auch nur das Opfer eines kranken Huhns oder einer Krähe wenden würde. Auch unter Marc Aurel gehörte die Erbschleicherei zu den Schattenseiten der sittlichen Zustände Roms, die dem Fremden zunächst in die Augen fielen. Unter Septimius Severus rechnete Tertullian zu den Arten der Geduld, die der Teufel die Heiden gelehrt habe (gleichsam um mit der christlichen Geduld zu wetteifern), auch jene, die „in Umgarnung der Kinderlosigkeit die Mühsal erzwungner Willfährigkeit mit erlogner Neigung erträgt". Und hierin hat sich bis auf die letzten Zeiten schwerlich etwas geändert.

Wenn eine solche Häufung gleichlautender Zeugnisse ermüdend ist, so bedarf es derselben doch, um zu ermessen, in welchem Grade den Zeitgenossen diese Erscheinung auffällig war, die für die damaligen geselligen Zustände so charakteristisch ist und auf Wert und Zweck jener wohlgeregelten Höflichkeitsbezeigungen ein so überraschendes Licht wirft.

Der gesellige Verkehr erhielt durch die Sitte, an öffentlichen Orten zur Unterhaltung und selbst zu Geschäften zusammenzukommen, wie in sogenannten „Stationen", auf freien Plätzen und Wandelbahnen, in Bädern, Tempeln, Bibliotheken, Buchläden, Geringere in Barbier- und Arzneibuden usw., Ähnlichkeit mit dem modernen italienischen: nur daß freilich diese Sitte im alten Rom in ungleich höherem Grade verbreitet war, teils infolge der antiken Lebensweise, teils der Großartigkeit und Menge der öffentlichen Anstalten, zu denen der Zutritt niemandem versagt war. In den spätern Tagesstunden fand man sich nach Beendigung der Geschäfte auf den öffentlichen Spaziergängen zwischen Buchshecken oder im Schatten von Lorbeer- und Platanenalleen, oder in den Säulenhallen, die mit Statuen, Bildern, kostbaren Teppichen reich geschmückt waren. Inschriften gaben für die Spaziergänger die Summen der Schritte an, die man gemacht hatte, wenn man eine bestimmte Zahl von Malen hin- und zurückgegangen war; Liebhaber von Brettspielen fanden auf den Stufen und Fußböden der Hallen die nötigen Vorzeichnungen. Auf dem grünen Boden des Marsfelds tummelte sich eine unzählbare Menge in Leibesübungen, man lief um die Wette, ritt, fuhr, schlug Ball und Reifen, maß sich in Waffen und im Ringkampf, schwamm in den gelben Fluten des vorüberströmenden Tiber, und Gewandtheit und Kraft wurden durch die Zurufe der Zuschauer belohnt. Unmittelbar vor der Hauptmahlzeit versammelte die Sitte des täglichen Bads viele Tausende in den hohen, weiten, von königlicher Pracht strahlenden Sälen und Hallen der Thermen. Es versteht sich, daß auch das Zusammensein in den Schauspielen zur geselligen Unterhaltung benutzt wurde. Diese fand in den erwähnten Orten in Kreisen *(circuli)* von Bekannten statt, die sich gewiß zum größten Teil regelmäßig versammelten. So erwähnt Martial einen Versammlungsort der Dichter *(schola poetarum)*, und die Säulenhalle des Quirinustempels, in der man sich allenfalls über seine Gedichte unterhielt, wenn man der Gespräche und des Wettens über den Zirkus müde war: eine müßigere Gesellschaft als die dortige gab es selbst in den Säulenhallen des Pompejus, der Europa und der Argonauten nicht. In solchen Kreisen wurden die Tagesereignisse, auch die literarischen Neuigkeiten besprochen. Wenn Cäsius Sabinus an Martials Gedichten Gefallen fand, war diesem für ihren Ruhm nicht bange, „dann würden Gastmähler, Foren, Tempel, Plätze, Portiken, Tabernen von ihnen widerhallen und das einem zugesendete Buch von allen gelesen werden". Der Vater des großen Juristen Ulpianus hatte nach Athenäus von den gelehrten Fragen, die er zu jeder Stunde auf den Straßen, Spaziergängen, in Buchläden und Bädern an die Anwesenden richtete, einen Spitznamen erhalten, der bekannter war als sein wirklicher. Dürfte er sein Leben nach eigner Wahl genießen, sagt Martial, so würde er das Marsfeld, seine Säulenhallen und den Schatten seiner Haine zu Aufenthaltsorten, Bäder in der besonders kühlen Aqua Virgo (der Wasserleitung, die jetzt Fontana Trevi bildet) und in den Thermen, Spaziergänge, Plaudereien und Lektüre als Beschäftigungen wählen.

Gesellige Zusammenkünfte geladner Gäste werden außer den Gastmählern nie erwähnt und können auch, da diese die von Geschäften freien späten Tages- und Abendstunden füllten und in die Nacht hinein dauerten, kaum anders als ausnahmsweise vorgekommen sein. Bei den Gastmählern war es Sitte, den Gästen eine möglichst reiche Auswahl von Unterhaltungen und Ergötzlichkeiten zu bieten, die natürlich nach dem Geschmack, den Neigungen und dem Bildungsgrade des Gastgebers sehr verschieden waren. Die gemeinen Belustigungen, die reiche Freigelassene zum besten gaben, die Unschicklichkeiten und Lächerlichkeiten, durch die sie ihre Feste zum Gespött der feinern Gesellschaft machten, hat Petron sicherlich ohne erhebliche Übertreibung geschildert; zwar spielt sein Gastmahl des Trimalchio nicht in Rom, doch daß es dort in ähnlichen Kreisen ähnlich zuging, liegt in der Natur der Sache. Auf der andern Seite hat Plutarch ausführlich erörtert, welche unter den üblichen Unterhaltungen für Gäste von hoher Bildung und geläutertem Geschmack die empfehlenswertesten seien; obwohl das Gespräch, in dem dies geschieht, nach Chäronea verlegt ist, kann man hier doch nach der Widmung an einen römischen Freund, den Konsularen Sossius Senecio, entweder geradezu römische oder doch Rom und Griechenland gemeinsame Sitte voraussetzen. Plutarch erwähnt auch einiges Ungewöhnliche, wie die damals in Rom aufgekommenen, aber noch wenig verbreiteten Aufführungen platonischer Dialoge und den „Wettkampf der Figurenbildner“, die vermutlich vor den Augen der Gäste einander im Formen von Figuren und Figürchen (etwa Saturnaliengeschenken) aus weichen Massen, wie Wachs, Ton, Stuck u. dgl., zu übertreffen suchten. Auch die in gebildeter Gesellschaft gewöhnlichen Unterhaltungen waren mannigfacher Natur. Bei ausgelaßnen Festen tanzten üppige Andalusierinnen ihre verrufnen Tänze nach dem Takt der Kastagnetten und Flöten, beim Schall unzüchtiger Gesänge; trieben Possenreißer und Narren ihre Zoten; belustigten Kinder, die man namentlich aus Alexandrien kommen und eigens hierzu einüben ließ, die Gäste durch naive oder freche Bemerkungen und Antworten; führten Mimen Szenen auf, die nicht einmal für Sklaven ehrbarer Herren anständig waren. Wo der Anstand mehr beobachtet wurde, tanzten Pantomimen, wurden Szenen aus Komödien und Tragödien gespielt, besonders aus der neuern Komödie. Plutarch sagt, wenn bei einem Gastmahl der Kitharöde eines Freunds schlecht singe, oder ein teuer gekaufter Komöde den Menander mißhandle, so habe man nicht nötig, in das Lob und Klatschen der andern Gäste einzustimmen. Am allgemeinsten waren Vorlesungen und musikalische Unterhaltungen aller Art, Chöre wie Einzelgesänge, Lyra und Flötenspiel, oft zur Beschwerde der Gäste; das beste Gastmahl, sagt Martial, sei das, bei dem keine rauschende Musik stattfinde. Doch ganz ohne Musik, Deklamationen und Vorlesungen wurden auch frugale und bescheidne Mahlzeiten selten begangen; namentlich scheinen Rezitationen aus Vergil und Homer gewöhnlich gewesen zu sein. Es gab auch wohl Leute, die ein Gewerbe daraus machten, Gedichte zu deklamieren und Tischgesellschaften durch Scherze und Anekdoten zu ergötzen. Ein Ti. Claudius Tiberinus, kaiserlicher Freigelassener, rühmt sich in seiner selbstverfaßten Grabschrift, daß man die Gastmähler, an denen er teilnahm, durch ihn stets heiter und die Gäste bei seinen Scherzen die Nächte durchwachen sah, und daß er auch geübt war, die Werke der Dichter und namentlich der Epiker vorzutragen, was er besonders auf dem Forum des Augustus getan hatte. Ob die dramatische Aufführung homerischer Szenen durch sogenannte „Homeristen“, die natürlich auch in den Versen des Dichters redeten, bei Gastmählern öfters stattgefunden hat, ist ungewiß, doch scheint es so. Auch war es nicht selten, daß der Hausherr selbstverfaßte Schriften oder Gedichte vortrug.

Nach der Tafel waren Glücksspiele, namentlich Würfel, eine sehr gewöhnliche, natürlich nicht immer harmlose Unterhaltung. Das Laster des Spiels mit allen seinen verderblichen Folgen war offenbar kein seltnes. Manche, sagt Galen, bringen bei Gastmählern mit dem Würfel- und Brettspiel so viel Zeit zu, wie ernste Männer bei den edeln Wissenschaften, und bei diesem unedlen Zeitvertreibe sind sie so ausdauernd, daß sie auch heftige Kälte und unmäßige Hitze ertragen und keines von beiden empfinden, daß sie hungern und dürsten, die Nächte schlaflos verbringen und sich schwere Übel zuziehen. In einer christlichen Predigt heißt das Würfelbrett eine offenbare Schlinge des Teufels, die das tödliche Gift der Schlange in sich trägt. Noch Ambrosius schildert Spielergesellschaften *(alaetorum conventicula)*, wo unter dem Beifallsgeschrei der Zuschauer und dem Jammer der Verlierenden ganze Vermögen den Besitzer wechselten, den besten Gewinn aber die Wucherer machten. Die in diesen Kreisen anerkannten Gesetze wurden mit unverbrüchlichem Gehorsam befolgt, eine andre Ehre und Schande galt hier als in der übrigen Welt, und ein von einem Rate von Spielern *(aleonum consilium)* gefälltes Urteil ward mehr gefürchtet als ein Richterspruch. Von Augustus, der das Würfelspiel sehr liebte und noch in seinem Alter nicht bloß an den Saturnalien, sondern auch an andern Fest- und Werktagen spielte, teilt Sueton ein Billett an seine Tochter Julia mit, mit welchem er ihr 250 Denare schickt: soviel hatte er jedem seiner Gäste bei einer Mahlzeit gegeben, um Würfel oder „Gerade und Ungerade“ zu spielen. Auch Claudius liebte das Würfelspiel leidenschaftlich und schrieb sogar ein Buch darüber.

Was „bei Gastmählern und in geselligen Kreisen“ gesprochen wurde, war auch den Kaisern keineswegs gleichgültig; dort bildete sich die öffentliche Meinung. „Wohl weiß ich“, sagte Tiberius in einer Rede im Senat im Jahre 22, „daß man bei Gastmählern und in geselligen Kreisen über das Überhandnehmen des Luxus klagt und einschränkende Maßregeln verlangt.“ Die gesellige Unterhaltung war im damaligen Rom in mehr als einer Hinsicht von andrer Natur und hatte eine andre Bedeutung als in irgendeiner Stadt des heutigen Europa, weil sie das Hauptsurrogat für die fehlende Publizistik war und eine Menge von Nachrichten und Neuigkeiten in Umlauf brachte, zu deren Verbreitung es sonst kein Mittel gab. Überhaupt hatte bei dem Mangel der Presse die schriftliche Verbreitung von Ansichten und Tatsachen nur eine sehr untergeordnete Bedeutung im Vergleich mit der mündlichen, und die Tragweite, die Wirkungen und die Wichtigkeit dieser letztern waren unendlich größer als gegenwärtig. „Es gab in Rom“, sagt ein französischer Schriftsteller, „eine Art von Öffentlichkeit, die wir bei unsern nordischen seßhaften und häuslichen Lebensgewohnheiten nicht kennen; eine Öffentlichkeit, die ohne Zweifel mit der Entfernung an Kraft verlor, die Provinz nur langsam erreichte, doch im Innern der Stadt ganz ungemein wirksam war. Vielleicht war Rom Tag für Tag und Stunde für Stunde über seine eignen Angelegenheiten und Stimmungen besser unterrichtet als das heutige Paris. Die gesprochne Zeitung der ewigen Stadt entzog sich dem Stempel, der Zensur, der Polizei, der Warnung und der Beschlagnahme.“ Allerdings hatte Rom auch eine geschriebene Zeitung, aber sie war ein Regierungsorgan, und dieser offizielle Tagesanzeiger *(acta diurna)* enthielt über die öffentlichen Angelegenheiten nichts, als was die Regierung bekannt werden lassen wollte, also sehr vieles gar nicht, andres entstellt, und das wenige der Wahrheit gemäß Mitgeteilte in großer Kürze: außerdem Hofberichte, Familiennachrichten aus den höhern Ständen, Stadtereignisse u. dgl. Die unterdrückte öffentliche Meinung äußerte sich hie und da, wie im neueren Rom, durch Anschläge an Säulen und Statuen; durch lebhafte Aufnahme von Anspielungen, die kühne Schauspieler auf der Bühne wagten; zuweilen auch durch Rufe oder Demonstrationen des bei Schauspielen versammelten Volks, selbst im Beisein der Kaiser, die hier eine sonst nirgends gestattete Freiheit der Äußerung duldeten. Doch diese dürftigen, verstohlenen und seltnen Kundgebungen reizten natürlich das Bedürfnis mehr, als sie es befriedigten; und die gewaltsame Ausschließung der Öffentlichkeit gerade an dem Orte, wo unaufhörlich die Nachrichten aus der ganzen Welt zusammenströmten und das Schicksal der Welt bestimmt wurde, konnte keine andre Folge haben, als in der „redelustigen, alles deutenden Stadt" Vermutungen, Gerüchte, Kombinationen und Erdichtungen ins Grenzenlose zu vermehren und Neugier und Phantasie unaufhörlich rege zu erhalten. Auch Tacitus hielt die Stadtgespräche für wichtig genug, um sie wiederholt in seiner Zeitgeschichte zu erwähnen. So berichtet er im Jahre 54, daß beim Bevorstehen eines Partherkriegs die unerfahrne und unselbständige Jugend des (siebzehnjährigen) Kaisers Nero die einen mit Besorgnis erfüllte, während die andern voll Vertrauen auf seine Freunde und Berater Seneca und Burrus blickten; ferner im Jahre 69, daß die Nachrichten von dem Abfalle der germanischen Legionen von Galba immer häufiger wurden und der „Hang der Stadtbevölkerung, alles Neue, wenn es traurig ist, anzunehmen und zu glauben", den Senat zur Absendung einer Gesandtschaft an dieselben veranlaßte. Als dann in demselben Jahre Vitellius seinen Amtsantritt als oberster Pontifex auf den 18. Juli, den Tag der Niederlagen an der Cremera und Allia, ansetzte, wurde dies natürlich in der Stadt, „wo man alles deutet", als übles Vorzeichen aufgenommen. Das Verbot des Vitellius, von den Kriegsereignissen zu sprechen, hatte nur die Wirkung, daß um so mehr davon gesprochen und um so beunruhigendere Gerüchte verbreitet wurden; bei völliger Redefreiheit wäre die Wahrheit bekannt geworden. Martial hat den gewerbsmäßigen Neuigkeitskrämer geschildert. Er weiß, was König Pacorus in dem Palast der Arsaciden beschließt, kennt die Stärke der Heere am Rhein und an der Donau aufs genaueste, ist imstande anzugeben, was die noch unentsiegelte Depesche von der dacischen Armee enthält, und sieht den Siegeslorbeer, bevor er kommt. Er weiß, wie oft im Laufe des Jahrs in Oberägypten Regen gefallen, wie viele Schiffe aus den afrikanischen Häfen ausgelaufen sind, welcher Dichter bei der nächsten Preisverteilung auf dem Kapitol den Kranz erhalten wird. „Spare deine Kunst", schließt das Gedicht, „du sollst heute bei mir speisen; aber unter der Bedingung, daß du mir nichts Neues erzählst." Auch Frauen gab es, die alles wußten, was in der ganzen Welt geschah, die neuesten Gerüchte an den Toren auffingen oder selbst veranlaßten, den Kometen, der (im November 115 n. Chr.) dem Partherkönig drohte, zuerst gesehen hatten, von allen Überschwemmungen und Erdbeben im fernsten Osten erzählen konnten.

Wenn über dergleichen Dinge Mitteilungen unverwehrt waren, so konnte dagegen jedes Gespräch, das an die innere oder äußere Politik der Regierung auch nur streifte, unter dem Drucke des schrankenlosesten Despotismus, in der unmittelbaren Nähe des kaiserlichen Hofs, sich nur mit tastender Behutsamkeit bewegen. Martial sagt in einem Gedicht, in dem er sechs Freunde zu einem frugalen Mahle ladet, diesem Feste solle die Freimütigkeit fernbleiben, die man am andern Tage bereuen könne: „Meine Gäste mögen sich von den Blauen und Grünen im Zirkus unterhalten, und meine Becher sollen niemanden auf die Bank der Angeklagten bringen.“ Dieses Gedicht steht in einem bereits unter Trajan herausgegebenen Buche, zum Beweise, daß man auch unter den besten Regierungen keineswegs völlig zwanglos war: „Das Glück, denken zu dürfen, was man will, und sagen zu dürfen, was man denkt“, ist in dem kaiserlichen Rom wohl nie zur vollen Wahrheit geworden. Hiernach mag man sich vorstellen, welche drückende Schwüle in jenen furchtbarsten Zeiten der kaiserlichen Schreckensherrschaft über Rom lagerte, wo man sich nicht begnügte, das im traulichen Zwiegespräch harmlos hingeworfene, in fröhlicher Weinlaune unwillkürlich entschlüpfte Wort gegen den Sprecher zeugen zu lassen; wo man die zum Verderben Ausersehenen mit Spionen umgab, die über ihre Blicke, Seufzer, gemurmelten Worte Buch führten; ihnen ihre Gedanken künstlich ablockte, um sie dann ihr unvorsichtiges Vertrauen mit dem Leben büßen zu lassen. Der Verkehr des Redens und Hörens war durch Spürerei und Horcherei so gut wie abgeschnitten: „Auch das Gedächtnis selbst“ — dies sind Tacitus' Worte — „hätten wir mit der Sprache verloren, wenn es ebenso in unsrer Macht stände zu vergessen wie zu schweigen“. In seiner Darstellung der Majestätsprozesse, die sich wie ein leitender Faden durch die innre Geschichte dieser Zeit schlingt, hat Tacitus aber nur jene höher gestellten, den Blicken der Mitwelt ausgesetzten Delatoren gebrandmarkt, die ihr schändliches Gewerbe in Hoffnung auf hohe Gunst, Beförderung oder andre Vorteile trieben; die unheilvolle Tätigkeit der im Verborgnen schleichenden bezahlten Späher und Horcher zu schildern, hat er sich nicht herabgelassen.

In welchem Umfange diese geheime Polizei organisiert war, darüber haben wir nur gelegentliche Andeutungen. Vielleicht ist auch hier wie bei so manchen Einrichtungen des Kaiserreichs die geheime Polizei des persischen Reichs das Vorbild gewesen. Mäcen erteilt Augustus bei Cassius Dio die Warnung, da es nun einmal nötig sei, in seinem ganzen Reiche Späher und Horcher zu haben, damit ihm nichts unbekannt bleibe, was der Vorkehrung oder der Abhilfe bedürfe, möge er den Angebereien dieser Menschen nicht zu viel trauen, die sie oft völlig grundlos aus den schändlichsten Beweggründen machten. Ähnliche Warnungen hat derselbe Geschichtsschreiber der Livia in den Mund gelegt. Die Spione, heißt es dort, denunzieren oft gegen Unschuldige aus Haß, oder weil sie von deren Feinden Geld erhalten oder von jenen selbst keines erhalten haben; und zwar nicht bloß, daß der oder jener etwas Übles getan habe oder tun werde, sondern auch, daß einer das und das gesagt, ein andrer dazu geschwiegen oder geweint oder gelacht habe. Claudius hatte sich von seinen Spähern behufs der in seiner Zensur zu erlassenden Rügen genaue Nachrichten auch über persönliche und Familienverhältnisse (vermutlich der ganzen beiden ersten Stände) geben lassen: sie hatten ihn übrigens sehr schlecht unterrichtet. Denn solche, denen Claudius vorhielt, daß sie unvermählt, kinderlos oder in Dürftigkeit lebten, wiesen nach, daß sie verheiratet, Väter, vermögend seien. Einer, der eines Selbstmordversuchs bezichtigt wurde, legte seine Kleider ab und zeigte, daß er unverletzt war. Nero bediente sich der Bordelle und ihrer Bewohnerinnen, um die dort Verkehrenden auszuforschen, und diese Spürerei erwies sich, wie Plinius in seiner schwülstigen Weise sagt, noch verderblicher als seine Totenbeschwörungen, da sie die Stadt auf grausame Weise mit Geistern (der infolge von Denunziationen Hingerichteten) füllte. Soldaten in bürgerlicher Tracht als Geheimpolizisten werden zuerst unter Otho im Jahre 69 erwähnt, wo sie überall in den Häusern des Adels, der Reichen oder der sonst irgendwie hervorragenden Personen spionierten und deren Inneres mit Angst und Argwohn erfüllten. „Durch vorschnelles Vertrauen", sagt Epictet, „lassen sich Unvorsichtige in Rom von den Soldaten fangen. Ein Soldat in bürgerlicher Tracht setzt sich neben dich und fängt an, vom Kaiser übel zu reden; du, in der Meinung dadurch, daß er zuerst beleidigende Äußerungen getan, ein Pfand für seine Zuverlässigkeit erhalten zu haben, sagst auch, was du denkst: dann wirst du in Ketten und ins Gefängnis geworfen." Das ist wahrscheinlich unter Hadrian geschrieben, von dem es bekannt ist, daß er ein eignes Truppenkorps, die *frumentarii* (Furiere), als eine Art von Gendarmen zu polizeilichen Zwecken und namentlich auch zur geheimen Polizei im weitesten Umfange verwendete, wozu sie auch später benutzt wurden. Daß er auch in den Häusern seiner Freunde Spione hielt, ist oben bemerkt worden. Natürlich war die geheime Polizei nirgends so zahlreich und so tätig wie in der Hauptstadt. Tigellinus läßt in dem Roman des Philostrat den Apollonius von Tyana „mit allen Augen beobachten, mit denen die Regierung sieht, wenn er redete oder schwieg, stand oder saß; welche Nahrung er zu sich nahm und von wem er sie erhielt, und ob er opferte oder nicht". Apollonius selbst nennt Rom dort eine Stadt, in der lauter Augen und Ohren sind für alles, was ist und was nicht ist; da könne man nicht an Neuerungen im Staate denken, falls man nicht nach dem Tode großes Verlangen trage; die Vorsichtigeren und Vernünftigen würden dort auch in bezug auf das Erlaubte zurückhaltend. Lucian sagt in der Schrift gegen den ungebildeten Reichen, der durch den Ankauf einer großen Bibliothek sich dem Kaiser Marc Aurel empfehlen wollte, er hoffe vergebens, jenen über sich zu täuschen; ob er denn nicht wisse, daß der Kaiser viele Augen und Ohren habe. Ohne Zweifel wurden die höhern Stände von der geheimen Polizei am eifrigsten beobachtet. Caracalla machte die Soldaten, die er dazu verwandte, sich allein verantwortlich; außer ihm konnte sie niemand zur Strafe ziehen: die Folge war, daß sie, die ihm alles, auch das Kleinste berichteten, eine Willkürherrschaft über die Senatoren übten. In einer dem Aristides zugeschriebenen, aber sicher erst dem 3. Jahrhundert angehörenden Rede heißt es: das ganze Reich sei niedergedrückt und von Furcht geknechtet gewesen, da in allen Städten Spione umhergingen und behorchten, was man sprach, und es nicht möglich war, frei zu denken und zu reden, da die vernünftige und gerechte Freimütigkeit vernichtet war und jedermann vor einem Schatten zitterte; von dieser Furcht habe der jetzige Kaiser die Seelen aller erlöst und befreit, indem er ihnen die Freiheit völlig und ganz zurückgab. Von Alexander Severus rühmt sein Biograph, daß er über alle Personen Nachforschungen durch zuverlässige Leute anstellen ließ, deren Verwendung zu diesem Zweck niemandem bekannt war; er sagte, daß durch die Aussicht auf Beute alle verdorben werden könnten. Im 4. Jahrhundert scheinen, infolge einer neuen Organisation der über das ganze Reich erstreckten Geheimpolizei, durch deren nur auf ihre eigne Bereicherung bedachte Agenten die Verfolgungen und Plünderungen Unschuldiger sowie die Verheimlichung von Verbrechen (wie der Falschmünzerei) den weitesten Umfang erreicht zu haben und, wenn man dem Libanius glauben darf, systematisch betrieben worden zu sein. Doch sein Vergleich der damaligen Spione und Angeber mit Hunden, welche den Wölfen Beistand leisten, sowie überhaupt die häufigen und leidenschaftlichen Klagen der damaligen Schriftsteller passen auch auf die frühern Jahrhunderte. Seiner Natur nach war das pestartig wütende Unwesen zu allen Zeiten dasselbe, und neu eben nur, daß es weiter um sich gegriffen hatte.

Wenn nun auch die Tätigkeit wie die Macht dieser im Verborgenen schleichenden Späher und Horcher unter milden Regierungen, namentlich unter der der Antonine, eingeschränkt war, so versteht es sich doch von selbst, daß freie Gespräche über politische Dinge in größern Kreisen, vollends an öffentlichen Orten, im kaiserlichen Rom zu keiner Zeit möglich waren. Übrigens empfahl sich aber auch, abgesehen von der Furcht vor der überall lauernden Angeberei, die äußerste Behutsamkeit im Reden; Tacitus nennt Rom eine Stadt, in der man alles erfährt und nichts verschweigt. Die Verbreitung gefährlicher Geheimnisse erfolgte nicht immer in böser Absicht; auch Zudringlichkeit, Neugier und Unvorsichtigkeit stifteten Unheil genug. Seneca leitet solche Umträgereien aus dem Bedürfnis des in Rom so verbreiteten beschäftigten Müßigangs her, die Zeit zu füllen. „Daher rührt", sagt er, „jenes scheußlichste Laster, die Horcherei und Ausspürung von öffentlichen und geheimen Angelegenheiten und die Wissenschaft vieler Dinge, die weder ohne Gefahr angehört noch ohne Gefahr mitgeteilt werden." Man bemerkt die Vorsicht, mit der Seneca sich ausdrückt, und es ist dies in seinen zahlreichen Schriften das einzige Mal, wo er den Gegenstand überhaupt berührt. Den größten Vorschub leisteten diesen Umträgereien die weitausgebreiteten Klientelen und ungeheuren Dienerschaften der großen Häuser. Den Klienten wurde unheilvolle Geschwätzigkeit vorgeworfen, aber noch weit mehr den Sklaven, an denen die Zunge der schlimmste Teil war. Ein Geheimnis ihrer Herren ausplaudern war ihnen ein noch größres Vergnügen als gestohlnen Falerner trinken, und es gab kein Verbrechen, dessen sie jene nicht beschuldigten, um sich für empfangene Züchtigungen zu rächen. Ein reicher Mann konnte kein Geheimnis haben. Schweigen seine Sklaven, sagt Juvenal, so reden seine Pferde und Hunde, seine Türpfosten und Marmorwände; er schließe die Fenster, verstopfe die Spalten und lösche das Licht; niemand schlafe in seiner Nähe: und doch weiß vor Tagesanbruch der nächste Schenkwirt, was er um die Zeit des zweiten Hahnenschreis getan hat. Martial sagt, ein Kutscher sei mit 20.000 Sesterzen (4350 Mark) bezahlt worden, weil er — taub war.

So konnte es denn nicht fehlen, daß die Kunde von persönlichen Ereignissen aller Art sich schnell in den nächststehenden Kreisen verbreitete und der Unterhaltung immer neuen, willkommnen Stoff zuführte. Neben Umträgerei waren Skandalsucht und Verleumdung geschäftig. Schon Cicero hat gesagt, daß es „in einer so übelredenden Stadt" schwer sei, üblem Leumunde zu entgehen, und Hieronymus hat es fast fünfhundert Jahre später wiederholt. In der Unterhaltung, sagt der letztre, werden die Abwesenden zerfleischt, der Lebenswandel andrer geschildert, und während wir bissig über jene herfallen, werden wir wieder von ihnen vernichtet. Am meisten waren natürlich Verhältnisse zwischen Männern und Frauen, welcher Art sie auch sein mochten, der Nachrede ausgesetzt; diese war, nach Properz, über die Schönen wie eine Art Buße für ihre Schönheit verhängt; und er wie die andern Dichter jener Zeit klagen wiederholt, wie Liebende von ihr verfolgt wurden. Auf Straßen und Plätzen vernahm man ihre Geschichte, an fröhlichen Tafeln wurde sie von den Gästen belacht. In dem Gedicht auf die Vermählung Stellas mit Violentilla sagt Statius, nun endlich habe die Stadt die Umarmung gesehen, von der sie sich schon so lange erzählt hatte. Besonders eifrig waren die Frauen in der genauesten Erkundung aller Einzelheiten. Aber natürlich beschränkten sich die Stadtgespräche nicht auf dieses Gebiet. Die Klätscher wußten, welchem geheimen Laster dieser und jener frönte, wieviel den einen seine Maitresse koste, daß der andre seine Mahlzeiten bis zum Anbruch des Tags verlängre, daß Titus dem Lupus 700.000 Sesterzen (152.250 Mark) schuldig sei. Die Schwelger ihrerseits wünschten nichts lebhafter, als daß von ihrem Luxus gesprochen würde. Starb ein reicher Mann plötzlich, ohne ein Testament zu machen, gab jemand in dürftigen Verhältnissen einen großen Schmaus, so waren alle Gastmähler, Thermen, Stationen, Theater von dem Gerede voll. Der jüngere Plinius berichtet einem Freunde über den Tod und das Testament des reichen Domitius Tullus, der gegen die allgemeine Erwartung statt seiner Erbschleicher seine Verwandten freigebig bedacht hatte, und teilt die verschiednen Beurteilungen mit, die diese letzten Verfügungen erfuhren; viele lobten es als zeitgemäße Klugheit, daß er die auf seinen Tod Lauernden hintergangen habe. Plinius schließt mit den Worten: „Da hast du das ganze Stadtgespräch, denn die ganze Stadt spricht nur von Tullus". Oder man unterhielt sich von Palästen und Landhäusern, oder von der Vorlesung eines neuen Trauerspiels, in dem gewagte Stellen vorgekommen waren, oder kritisierte den Tanz eines berühmten Pantomimen. Die Schauspiele vor allem boten der Unterhaltung unerschöpflichen Stoff. Die Anstrengungen der Kaiser, das Volk durch diese zu beschäftigen, sind allbekannt, und kolossal, wie sie waren, sind sie durch den Erfolg noch überboten worden. Die Leidenschaft für die Bühne, die Arena und den Zirkus glich einer epidemischen Krankheit, von der auch die höhern Stände ergriffen waren; die Leidenschaft für Gladiatoren und Rennpferde, so wird in einer gegen das Ende des 1. Jahrhunderts verfaßten Schrift geklagt, erfüllte die Gemüter so völlig, daß sie keinen Raum für edlere Bildung ließ. Äußerungen über diese Dinge gehörten neben den Bemerkungen über das Wetter (einer gewöhnlichen Einleitung der Gespräche, „dem törichten Geschwätz derer, die nach Worten suchen") zu den Lückenbüßern auch in der Unterhaltung der Gebildetsten. Epictet empfiehlt, wenig und nichts Unnützes zu reden: nicht von Fechterspielen, Wagenrennen, Athleten, nicht von Speisen und Getränken, wovon überall geredet werde, am wenigsten aber über Personen, lobend, tadelnd oder vergleichend. Hiermit sind die Kreise bezeichnet, innerhalb deren sich die triviale Unterhaltung vorzugsweise zu bewegen pflegte, und einige davon berührt auch Martial in einer bekannten Schilderung der damaligen römischen Stutzer. „Du bist ein artiger Mann, Cotilus, so sagen viele; doch was ist ein artiger Mann? Einer, der seine Locken in kunstvoller

Ordnung trägt, der stets nach Balsam und Zimtöl duftet, der die Melodien alexandrinischer und spanischer Tänze summt, der seine glatten Arme tänzerartig bewegt, der den ganzen Tag zwischen den Sesseln der Frauen sitzt und immer in irgendein Ohr flüstert, der Briefchen schreibt und die Briefchen andrer liest, der sich vor der Berührung mit dem Ellbogen seines Nachbars in acht nimmt, der weiß, in welches Mädchen einer verliebt ist, der von einem Gastmahl zum andern läuft, der den Stammbaum des edelsten Renners im Zirkus auswendig weiß. Was sagst du? Das also, das, Cotilus, ist ein artiger Mann? Dann, Cotilus, ist es eine sehr verwickelte Sache, ein artiger Mann zu sein."

Bei Gastmählern war es eine Hauptpflicht des Gastgebers, den Anwesenden Gelegenheit zum Sprechen über Gegenstände zu geben, die ihnen nicht bloß geläufig, sondern auch angenehm waren. Plutarch hat sich weitläufig über diese Kunst verbreitet, das Gespräch durch geschickte Fragen zu leiten, er bezeichnet sie als einen Hauptteil der Kunst des Umgangs überhaupt. Er gibt zahlreiche Beispiele von geeigneten Fragen, wie nach einem rühmlich verwalteten Amt, nach einer Audienz beim Kaiser, nach den Fortschritten studierender Söhne, nach erfreulichen Dingen, die Freunden, noch besser nach Niederlagen und Beschämungen, die Feinden des Gefragten widerfahren waren. An der Sucht, ihre Erlebnisse zu erzählen, litten seiner Meinung nach am meisten Personen, die weite Seereisen nach entlegenen, wenig bekannten Ländern gemacht hatten; Epictet dagegen erwähnt die bei jeder Gelegenheit wiederkehrenden Geschichten des Kriegsmanns von seinen Taten in Mösien: „Ich erzählte dir bereits, Bruder, wie ich die Anhöhe erstieg" usw. Wenn der Jagdliebhaber am liebsten Fragen nach seinen Hunden, der Freund der Gymnastik nach turnerischen Wettkämpfen hörte, der Fromme und im Gottesdienst Eifrige gern erzählte, wie er dieses oder jenes mit Hilfe von Träumen und Opfern durch die Gnade der Götter glücklich vollbracht habe, so erwies man alten Leuten stets einen Gefallen, wenn man ihnen Veranlassung zu Erzählungen wovon auch immer gab.

Die Kunst, ein heitres, geistig belebtes Gastmahl zu veranstalten, wurde im römischen wie im griechischen Altertum hoch geschätzt, und bedeutende Schriftsteller haben es der Mühe wert gehalten, Anweisungen dazu zu geben. Im Gegensatz zu den üppigen Festen der Reichen in Sälen, die dreißig Tafeln faßten, ein ganzes Volk aufnehmen konnten, und wo man unter dreihundert Gästen allein sein konnte, weil man keinen kannte, sollte nach Varros Regel die Zahl der Gäste von der der Grazien nur bis zu der der Musen steigen dürfen; und vor allem sollten sie so gewählt werden, daß eine allgemeine Unterhaltung stattfinden konnte. Bei den Gastmählern, wo geistreiche und feingebildete Männer sich in kleinern Kreisen zusammenfanden, war das vertraute Gespräch so erquickend wie nirgends sonst. Cicero meinte, daß das römische Wort für Gastmahl, *convivium* (Zusammenleben), glücklicher gewählt sei als die griechischen, die das Zusammenessen und -trinken bedeuten, denn gerade da lebe man am meisten zusammen. Das Vergnügen, das man genoß, ließ das Bewußtsein nicht aufkommen, daß man sich bildete. Einer wahrhaft herzlichen Zuneigung waren allerdings die Römer nur selten fähig. Fronto sagt, daß er in seinem ganzen Leben in Rom nichts weniger gefunden habe, als wahre Herzensfreundschaft, zu deren Bezeichnung er sich auch eines griechischen Wortes (φιλοστοργία) bedienen muß, und sein kaiserlicher Schüler Marc Aurel zählt zu den Wahrheiten, deren Kenntnis er ihm verdankte, auch die, daß die vornehmen Römer von Herzen kalt (ἀστοργότεροι) seien. Aber wie die Italiener noch heute bei aller Zurückhaltung in Gewährung ihrer Herzensfreundschaft etwas Gewinnendes haben, das dem Fremden ihre Gesellschaft schnell behaglich macht, so war auch im alten Rom Liebenswürdigkeit im Umgange häufig. Bei den Gastmählern entfaltete sich die eigentümliche Begabung der Südländer am freiesten, die anmutige Gewandtheit der Rede, das Talent, leicht und artig zu erzählen, und, was am höchsten geschätzt wurde, der schlagfertige Witz, auf dessen „nur innerhalb der Stadtmauern erzeugtes Salz" die echten Römer stolz waren, und dessen spezifisches Wesen sie durch die Bezeichnung der „Urbanität" für sich ausschließlich in Anspruch nahmen. Cicero meinte sogar, der altrömische Witz habe mehr Salz als der attische: er schätzte ihn um so höher, je seltner er noch in ganzer Echtheit zu finden war, seit Rom zuerst so viel lateinische, dann ausländische Elemente, selbst aus behosten und transalpinischen Völkerschaften in sich aufgenommen hatte, daß von der alten Grazie keine Spur mehr übrig war.

Wer die Gabe der Unterhaltung besaß, um dessen Gesellschaft bemühten sich um die Wette „die Mächtigen" in Portiken und Theatern. Allerdings wurde das Gespräch zuweilen durch ein Übermaß der Rezitationen, der musikalischen, theatralischen und sonstigen Unterhaltungen beeinträchtigt, da manche ihren Speisesaal geradezu zur Bühne oder zum Hörsaal machten, und es war dann den Gästen wohl nicht immer zu verdenken, wenn sie aufbrachen oder gelangweilt dalagen, wie der jüngere Plinius klagt. Doch im rechten Maße geboten, hatten jene Unterhaltungen auch den Vorteil, dem Gespräch eine bestimmte Richtung zu geben, wie z. B. die Vorlesungen von Dichterwerken jene ästhetischen Tischgespräche herbeiführten, an denen auch Frauen so eifrigen Anteil nahmen. Überhaupt darf man die Sitte, bei Gastmählern geistige, besonders künstlerische Genüsse zu bieten, nicht nach ihren Übertreibungen und Ausartungen beurteilen. Vielmehr zeigt auch diese Sitte, daß die damalige Zeit sich auf die Verfeinerung des Genusses verstand wie keine andre. Auch war das Bestreben, der Unterhaltung bei Tische einen geistigen Inhalt und ein höheres Interesse zu geben, offenbar sehr verbreitet, da ja selbst die Trimalchios es in ihrer Weise nachahmten. Gespräche über Gegenstände aus dem Gebiet der Wissenschaft, Literatur und Kunst, die sich für Zeit und Ort schickten, waren für eine gebildete, geschmackvolle Gesellschaft der angenehmste Nachtisch, und selbst gemeine und ungebildete Menschen, sagt Plutarch, empfanden und befriedigten das Bedürfnis einer geistigen Unterhaltung nach der Mahlzeit durch Aufgeben und Erraten von Rätseln und ähnlichen Problemen. Die von Plutarch mitgeteilten Tischgespräche, die teils an der Tafel des Konsularen Sossius Senecio in Rom, teils in Plutarchs Kreisen in Griechenland geführt worden waren, bewegen sich auf den verschiedensten Gebieten. Einige beziehen sich unmittelbar auf die Mahlzeiten selbst: ob der Wirt den Gästen die Plätze anweisen oder ihnen die Wahl überlassen solle; warum der sogenannte konsularische Platz der vornehmste sei; ob zusammengesetzte oder einfache Speisen leichter verdaulich seien; ob das Meer oder das Land beßre Nahrung liefere. Andre gehören zu den besonders in philosophischen Kreisen beliebten, zur Übung und Schaustellung des Scharfsinns aufgeworfnen Problemen: warum A der erste Buchstabe sei; ob die Henne früher war oder das Ei. Mehrere sind naturwissenschaftlich: warum ältre Leute besser aus der Entfernung lesen; weshalb man den Schnee unter Spreu und Tüchern aufbewahre; ob es möglich sei, daß neue Krankheiten entstehen und aus welchen Gründen. Wieder andre gehören dem Gebiet der Philologie, besonders der homerischen an: warum Homer das Salz göttlich und das Öl von allen Flüssigkeiten allein feucht nenne; an welcher Hand Diomedes die Aphrodite verwundete. Auch ätshetische Fragen werden erörtert; warum wir der Darstellung des Zorns und der Trauer auf der Bühne mit Vergnügen folgen, in Wirklichkeit aber die Äußerungen dieser Affekte ungern wahrnehmen; daß man sich vor allem vor den entsittlichenden Wirkungen unedler Musik hüten müsse und auf welche Weise. Außerdem werden Wissenswürdigkeiten aus den verschiedensten Fächern behandelt: die Geburtstage berühmter Männer; das Verbot des Pythagoras, Fische zu essen; ob sich die Juden des Schweins aus Verehrung oder Abscheu enthalten; wer der Juden Gott sei; warum die nach den Planeten benannten Tage nicht in der Reihenfolge derselben, sondern in umgekehrter gezählt werden; über die Menschen mit dem bösen Blick usw. Waren Gelehrte bei Tische, so ließen sie sich nicht immer abhalten, Erörterungen über Gegenstände ihres Fachs von unerwünschter Ausführlichkeit zum besten zu geben. Der unter Nero in Rom lebende griechische Dichter Lucilius klagt namentlich über die Philologen und beschwört den Hausherrn, ihn an seiner Tafel nicht diesen Pedanten und Wortklaubern von der Zunft des Aristarch zur Beute werden zu lassen; heute möge ihm nicht das „Singe den Zorn, o Göttin“ aufgetischt werden. Auch Philosophen konnten oft der Versuchung nicht widerstehen, sich in Untersuchungen und Disputationen über schwierige und abstrakte Probleme zu vertiefen, zur Qual der übrigen Gäste, die ihnen nicht zu folgen vermochten und sich dann mit Gesängen, possenhaften Erzählungen, banausichen und trivialen Reden schadlos hielten. Vor solchen Tischgesprächen hatte schon Varro gewarnt. Plutarch erklärt die Beschäftigung mit dialektischen Spitzfindigkeiten bei Tische für unzuträglich. Es gab auch Leute, die darauf bedacht waren, sich etwas aus der Philosophie anzueignen, was sie einmal bei einem kaiserlichen Gastmahl zur Schau stellen könnten; die philosophische Lehrbücher studierten und Vorträge zu keinem andern Zwecke hörten, als um die Bewunderung eines Senators zu erregen, den ihnen das Glück etwa zum Tischnachbar geben würde; oder um die Gäste durch Aufzählung sämtlicher Schriftsteller in Erstaunen zu setzen, die über eine gewisse Schlußform geschrieben hatten.

Wie sehr dergleichen übrigens auch bespottet wurde, so konnte es doch nicht so völlig ungehörig erscheinen, wie es heutzutage der Fall sein würde. Denn Bildung, Belehrung und geistige Förderung wurde damals wie überhaupt im Altertum weit mehr in persönlichem Verkehr, „im lebendigen Ideentausch, durch heitre Geselligkeit“ erstrebt und erreicht als in neuern Zeiten, und dieses Bestreben gab unter anderm auch zu den so häufigen Gastmählern der Philosophen und Gelehrten Veranlassung, die in der Tat eine Art von wissenschaftlichen Sitzungen waren und sein sollten. Auf sie näher einzugehen, ist hier, wo nur die gesellige Unterhaltung gebildeter Kreise in Betracht gezogen werden sollte, nicht der Ort.

V. DIE FRAUEN

Wenn alle Darstellungen von Zuständen der hier geschilderten Zeit um so unvollständiger bleiben, je mehr sie auf gelegentlichen, zerstreuten, nicht selten einseitigen Äußerungen beruhen, so gilt dies am meisten von dem Leben der Frauen, von dem sich zusammenhängende Anschauungen am schwersten gewinnen lassen. Überdies beziehen sich die uns erhaltnen Nachrichten zum allergrößten Teil auf die Frauen der höhern Stände.

Der Mädchenstand der Römerinnen war kurz; kaum dem Kindesalter entwachsen, wurden sie schon verlobt und vermählt. Die Wünsche und Sorgen der Mütter, Verwandten und Wärterinnen; die von der Zärtlichkeit eingegebnen Liebkosungsworte und Schmeichelnamen (Vögelchen, Täubchen, kleine Krähe, Mütterchen, Fräulein); die tändelnde, das Kinderlallen nachahmende Sprache und die Schlaflieder der Ammen; der Gebrauch der Kinderklappern und sonstigen Beschwichtigungsmittel (z. B. den Stein zu schlagen, an dem das Kind sich gestoßen hatte); den mannigfachen Aberglauben, der sich an alle Entwicklungsmomente des Kindesalters knüpfte (Wolfs- oder Pferdezähne wurden z. B. den Kindern als Mittel leichten Zahnens angebunden); die Angst vor dem Beschreien und dem bösen Blick und die zahllosen Mittel und Amulette dagegen — alles dies hatten die Kinderstuben jener Zeit mit den heutigen gemein. Zum Schutz gegen die Nachtunholde, die den Kindern das Blut aussogen (Strigen), knüpfte man ihnen Knoblauch in die Windeln und legte Weißdornruten in die Fenster. Ging die Mutter an einem Venustempel vorüber, so murmelte sie wohl ein Gebet an die Göttin, daß dem Töchterchen Schönheit zuteil werden möchte, und fügte ein Gelübde hinzu. Überdies wurde natürlich nichts unterlassen, was zur Ausbildung einer tadellosen Gestalt beitragen konnte. Dazu gehörte das feste Einschnüren der Brust der Mädchen mit Binden von frühster Kindheit an, um die Hüften stärker hervortreten zu lassen, wodurch infolge der Nachlässigkeit oder Unerfahrenheit der Wärterinnen häufig Verkrümmungen des Rückens entstanden und eine Schulter höher als die andre wurde. Schwerlich war das Schnüren und seine üblen Folgen auf Pergamum beschränkt, wo Galen am meisten Gelegenheit hatte, die letztern zu beobachten, sondern es ist vermutlich ziemlich allgemein, namentlich auch in Rom, und zwar von jeher in Gebrauch gewesen. Schon bei Terenz wird (in einer Stelle, die wohl auch für Rom Geltung gehabt haben muß) geklagt, daß die Mütter sich bemühen, die Mädchen schmächtig zu machen, mit herabfallenden Schultern und geschnürter Brust. Ist eine etwas kräftiger, so sagen sie, sie sähe aus wie ein Faustkämpfer, und lassen sie fasten; so machen sie durch ihre Pflege auch die von Natur trefflichen Gestalten binsenähnlich.

Viele Mütter überließen die Kinder ganz den Ammen oder Wärterinnen, in der Regel ohne Zweifel Sklavinnen, also sehr oft „Ausländerinnen aus irgendeinem Barbarenvolke". Das Selbstnähren der Mütter scheint weder in Italien noch in Griechenland die Regel gewesen zu sein, so sehr es auch Philosophen wie Favorinus und Plutarch empfahlen; auch die Frau des letztern hatte wenigstens ihr früh verstorbnes Töchterchen nicht selbst genährt. Über die Wahl einer Amme geben die ärztlichen Schriftsteller ausführliche Vorschriften: unter anderm, daß ihre Milch durch Gesicht, Geschmack und Geruch geprüft werden sollte. Zuweilen wurden für ein Kind mehrere Ammen bestellt. Der Arzt Soranus von Ephesus, der unter Trajan und Hadrian in Rom praktizierte, empfiehlt Griechinnen zu wählen, nicht bloß damit die Kinder von ihnen die schönste Sprache lernen, sondern weil sie ihren Säuglingen am meisten Liebe und Sorgfalt erweisen; der Mangel an beidem bei den Römerinnen war nach seiner Ansicht an den in Rom so häufigen Verkrümmungen der Beine bei Kindern schuld.

Als Spielzeug kleiner Mädchen dienten Blumen, bunte Steine, Muscheln (auch Bernstein), farbige Bälle und Kugeln oder Nüsse (mit denen man mannigfache, zum Teil noch jetzt in Italien übliche Spiele spielte), Knöchel (Astragalen), mit denen spielend Mädchen öfters von Künstlern dargestellt wurden; vor allem Puppen, von denen mehrere (aus Terrakotta und Elfenbein), zum Teil mit beweglichen Gliedern, in Kindergräbern gefunden worden sind. Plutarch erwähnt in der Trostschrift an seine Frau über den Tod jenes einzigen, nach vier Söhnen gebornen Töchterchens, Timoxena, wie die freundliche Natur der Kleinen sich auch darin zeigte, daß sie Geschirre und Spielzeuge, an denen sie ihre Freude hatte, zu ihrer Amme brachte und sie aufforderte, ihnen die Brust zu reichen.

Hatten die kleinen Mädchen sich müde gespielt, dann saßen sie erwartungsvoll zu den Füßen der alten Wärterin, von deren Lippen das wohlbekannte: „Es war einmal ein König und eine Königin" ertönte. Nicht bloß in diesem Anfange stimmt das römische Märchen mit unsern Haus- und Volksmärchen überein; es führte überhaupt die kindliche Phantasie in dasselbe bunte, glänzende Reich der Wunder. Auch unter seinen Heldinnen war die wunderschöne Königstochter, „so schön, daß es mit Worten gar nicht zu sagen war". Sie war die jüngste von dreien und wurde von ihren minder schönen Schwestern beneidet und mit bösen Ränken verfolgt, heiratete aber endlich doch den schönsten Prinzen, während die beiden andern zur Strafe ihrer Schändlichkeit einen schrecklichen Tod fanden. Auch wir kennen die angstvolle Spannung, welche die kleinen Hörerinnen ergriff, wenn die Königstochter die drei schweren Arbeiten verrichten mußte, und das frohe Aufatmen, wenn ihr jede unter dem freundlichen Beistande wunderbarer Wesen gelang. Wenn sie auf Befehl der bösen Herrin einen großen Haufen verschiedner Sämereien bis zum Abend auseinanderlesen sollte, kamen Ameisen und verrichteten für sie das Geschäft. Das Schilfrohr am Flusse flüsterte ihr zu, wie sie Flocken von den Vließen der wilden, goldwolligen Schafe erhalten könne, und der Adler holte für sie das Wunderwasser aus der von Drachen bewachten Quelle.

Dann kamen die Jahre des Lernens. Die Mädchen lernten zunächst weibliche Arbeiten. Die Stickerei, die zu den Gewerben der Männer gehörte, scheint allerdings auch von Frauen betrieben worden zu sein. Varro verlangt, daß die Mädchen im Sticken *(pingere*, d. h. *acu pingere)* unterrichtet werden sollen, weil sie sonst die Stickerei von Teppichen und Vorhängen nicht beurteilen können. Hauptsächlich lernten sie spinnen und weben; denn auch damals wurden die Kleider für die Familie in Häusern, wo man auf gute alte Sitte hielt, unter der Mitwirkung oder doch Leitung der Hausfrau verfertigt. Bekanntlich mußten selbst Augustus' Töchter und Enkelinnen spinnen und weben, und er trug gewöhnlich keine andern Kleider als die von ihnen oder seiner Frau und Schwester gearbeiteten. Der Gatte der Turia, deren zwischen 8 und 2 v. Chr. gehaltene Grabrede uns noch vorliegt, rühmt an der Verstorbnen unter andern Tugenden, die sie mit allen ehrbaren Frauen gemein gehabt habe, auch ihren Fleiß bei der Wollarbeit. Selbstverständlich wurde dieser in den mittlern und untern Ständen noch mehr zu den Pflichten der Hausfrau gerechnet als in den höhern; und selbst Frauen, die auf matronale Ehrbarkeit keinen Anspruch machten, entzogen sich der allgemeinen Sitte nicht, wie die Cynthia des Properz, die Delia des Tibull. Der letztere beschwichtigt den Schmerz der Trennung von der Geliebten, indem er sich das Wiedersehn ausmalt: wie Delia am späten Abend bei der Lampe, von den Märchen einer Alten wach gehalten, während den ringsum spinnenden Mägden schon die Augen zufallen, bei seinem plötzlichen Erscheinen aufspringen, mit bloßen Füßen und aufgelösten Haaren ihm entgegeneilen werde. Wenn nun Columella klagt, die meisten Frauen seien so üppig und träge, daß sie sich nicht einmal um das Spinnen und Weben im Hause kümmern wollten, so ist klar, daß die Sitte es nach wie vor von ihnen forderte, wenn es auch vielfach in Abnahme gekommen sein mochte. Auch Musonius Rufus betrachtete Spinnen und Weben als die den Frauen ganz eigentlich zukommenden Arbeiten, und Tertullian hebt unter den Pflichten der Hausfrau die Einteilung und Beaufsichtigung der Wollarbeit hervor. Grabsteine, die Frauen als fleißige Spinnerinnen rühmen oder als Symbol ihres Fleißes das Bild eines Webstuhls tragen, bestätigen die Fortdauer der Sitte, für die es an Zeugnissen auch aus der spätesten Zeit nicht fehlt. Ausonius hat in den Nachrufen an seine Mutter und die Frau seines Schwestersohns ihre „in der Bereitung der Wolle emsigen Hände“ nicht übergangen, und auch Symmachus dankte seiner „Frau Tochter“ für ein aus Bajä übersandtes Kleid, ein treffliches Denkmal ihrer Wollarbeit, das ebensosehr ihre kindliche Liebe wie ihren Fleiß als Hausfrau bewies.

Den wissenschaftlichen Unterricht erhielten die Töchter der höhern Stände ohne Zweifel im Hause, und nur geringere Leute sandten die ihren in jeder Frühe in die Schule, die der Schulmeister, „dies den Knaben und Mädchen verhaßte Haupt“, in strenger Zucht hielt; und zwar scheinen Knaben und Mädchen (bis zu einem gewissen Alter vielleicht gewöhnlich) zusammen in die Schule gegangen zu sein. Martial fragt, ob es für einen Dichter wünschenswert sei, daß ein aufgeblasener Lehrer seine Gedichte mit heiserer Stimme vorlese und er dadurch heranwachsenden Mädchen und guten Jungen verhaßt werde. Das Grabdenkmal eines Schulmeisters zu Capua zeigt einen ältern Mann auf einem erhöhten Stuhle sitzend, zu seiner Rechten einen Knaben, zu seiner Linken ein Mädchen. Nach Paulus von Ägina sollte der Unterricht im Lesen und Schreiben bei beiden Geschlechtern mit dem sechsten und siebenten Jahre beginnen. Aus den seltnen Erwähnungen des höhern Mädchenunterrichts darf man schließen, daß er ebenso wie der der Knaben wesentlich in der Lesung und Erklärung der geeigneten Dichter beider Sprachen bestand. Knaben und Mädchen, sagt Ovid, lesen die Stücke des Menander, obwohl in jedem eine Liebesgeschichte vorkommt. Martial nennt Tragödien und Epen als Gedichte, die in den (von beiden Geschlechtern besuchten) Schulen gelesen wurden, und noch Claudianus rühmt von der Braut des Honorius, Maria, daß sie nicht aufhöre, unter Anleitung ihrer Mutter griechische und römische Dichter zu lesen, und nennt von den erstern Homer, Orpheus und Sappho. Ein christlicher Dichter aus der letzten Zeit des Altertums sagt, daß die christlichen Lehrer selbst daran schuld seien, wenn die Mädchen statt der Schriften des Paulus und Salomo Vergil, Ovid, Horaz und Terenz lesen. Mitunter mochten sich wohl unerwünschte Verhältnisse zwischen Lehrern und Schülerinnen ergeben. Q. Cäcilius Epirota, ein Freigelassener von Ciceros Freunde Atticus und namhafter Gelehrter, unterrichtete die Tochter seines Patrons nach ihrer Vermählung mit M. Agrippa; er wurde wegen des Verdachts eines Liebesverhältnisses mit seiner Schülerin entlassen. Wenn hier die Schülerin bereits vermählt war, so kann doch die Gefahr der Verführung, die Quintilian nur in bezug auf den Privatunterricht der Knaben hervorhebt, für Mädchen nicht geringer gewesen sein.

Besondrer Wert wurde auf die Ausbildung der Mädchen in Musik und Tanz gelegt. Catilinas Freundin Sempronia, in griechischer und römischer Literatur gebildet, tanzte und spielte besser, „als für eine rechtschaffene Frau erforderlich ist". Angesehene Musiker wie Demetrius und Tigellius brachten schon in der Zeit des Horaz einen großen Teil des Tags neben den Lehnsesseln ihrer Schülerinnen zu. In einer Liebeselegie, in der er seine Empfänglichkeit für alle weiblichen Reize und Vorzüge schildert, nennt Ovid als für ihn unwiderstehlich den süßen Gesang einer wohlgeschulten Stimme, die Kunst einer fertigen Hand, die klagenden Saiten zu durchlaufen, und die anmutigen Bewegungen einer geübten Tänzerin. Die Geliebte des Properz, eine Hostia, war in beiden Künsten ausgezeichnet. Der Dichter Statius rühmt seine Stieftochter als ein vollkommen gebildetes Mädchen. Sie werde, versichert er seiner Frau, bald einen Mann finden, wenigstens verdiene sie es durch die Vorzüge des Geistes und der Gestalt; mag sie die Laute schlagen oder väterliche Gedichte nach eignen Melodien singen oder die weißen Arme gefällig im Tanze bewegen. Doch Talent und Kunst wird bei ihr durch Trefflichkeit des Gemüts und Sittsamkeit noch übertroffen. Auf Grabdenkmälern bezeichnet zuweilen die Kithara in der Hand der Mädchen die weibliche, wie die Schriftrolle in der der Jünglinge die männliche Bildung; und wenn Hieronymus von der christlichen Jungfrau verlangt, daß sie für die Orgel taub sein, von Flöte, Lyra und Kithara nichts wissen solle, so geht daraus hervor, daß in der heidnischen Welt die Ausbildung in der Musik noch immer ein wesentlicher Bestandteil des Mädchenunterrichts war. Die Kunst des Tanzes bestand vorzugsweise in rhythmischen Bewegungen des Oberkörpers und der Arme, und wie die heutigen Nationaltänze, die diesen Charakter im ganzen bewahrt haben, nicht am wenigsten zu der Grazie in Gang und Haltung beitragen, welche die Römerinnen so sehr auszeichnet, so haben sie im Altertum ohne Zweifel ähnliche Wirkungen geübt. Ein edler Gang wurde an Frauen besonders geschätzt. Nicht bloß Ovid sagt, es liege auch im Gange ein nicht gering zu achtender Teil des Reizes: selbst auf einer Grabschrift aus der Zeit der Republik wird von der Verstorbenen gerühmt: „Sie war von artiger Rede und von edlem Gang". Außer dem Gesange lernten die Mädchen auch auf Saiteninstrumenten spielen; einige derselben wurden als weichlich und aufregend von strengen Beurteilern verworfen, sowie manche griechische Tänze. Von ihrer Gesangskunst legten sie auch wohl öffentliche Proben ab. An Bettagen und Götterfesten, so auch bei den Säkularfeiern, gingen Chöre von dreimal neun Jungfrauen aus edlen

Familien Hymnen singend der Prozession voraus; manche Frau, so hoffte Horaz, werde sich einst erinnern, wie sie als Mädchen das von ihm gedichtete Festlied gelernt und geübt habe. Bei Augustus' Bestattung sangen Kinder beiderlei Geschlechts aus den vornehmsten Familien die Totenklage. Bei der der Apotheose eines Kaisers vorausgehenden Totenfeier auf dem Forum sang an der Bahre ein Chor edler Knaben und ein Chor edler Frauen Lobgesänge auf den Verstorbenen, die in klagenden und feierlichen Weisen gesetzt waren. Übrigens scheinen Mädchen und Frauen sehr gewöhnlich die Fertigkeit erworben zu haben, Texte von Dichtern nach selbstgesetzten Melodien zur Laute vorzutragen, was nicht bloß Statius von seiner Stieftochter, sondern auch der jüngere Plinius von seiner Gemahlin rühmt.

Unter solchen Beschäftigungen und Unterhaltungen, unter der Aufsicht von Wärterinnen und Pädagogen, reifte das Kind zur Jungfrau. Das Bild eines liebenswürdigen und wohlerzogenen Mädchens aus vornehmem Hause gibt aus der jüngere Plinius in seinem Lobe der kurz vor der Hochzeit verstorbenen Tochter des C. Minicius Fundanus (Konsul 107). „Noch war sie nicht volle dreizehn Jahre alt, und schon hatte sie die Klugheit des Alters und die Würde einer Frau, und doch mädchenhafte Anmut mit jungfräulicher Züchtigkeit vereint. Wie hing sie am Halse des Vaters! Wie liebevoll und sittsam zugleich umarmte sie uns väterliche Freunde! Wie liebte sie ihre Wärterinnen, Pädagogen und Lehrer, jeden nach seinem Amt! Wie fleißig, mit welchem Verständnis trieb sie ihre Studien! Wie selten und vernünftig spielte sie! Mit welcher Fassung, Geduld und Kraft ertrug sie ihre letzte Krankheit!" Die marmorne Aschenurne dieser jungen Braut ist in einem Grabmal auf Monte Mario gleich hinter der Villa Mellini gefunden worden. Nach der Inschrift ist sie im Alter von 12 Jahren 11 Monaten und 7 Tagen gestorben.

Schon früh suchten, wie gesagt, die Eltern das künftige Schicksal einer Tochter durch eine angemessene und glückverheißende Heirat zu sichern. Die zur Ehe erforderliche Volljährigkeit trat schon mit dem zurückgelegten zwölften Jahre ein; in der Grabschrift eines gerade zwölfjährig verstorbenen Mädchens heißt es, daß ihr Alter ihr die Aussicht auf Hochzeit und Ehe gab. Zuweilen wurden die Mädchen schon früher dem verlobten Gatten zugeführt, erreichten dann aber die gesetzmäßigen Gattinnenrechte erst mit der Vollendung des zwölften Jahrs. Wegen eines vorher begangnen Ehebruchs konnten sie (nach einem Reskript des Septimius Severus) zwar nicht die Gattinnen, wohl aber als Verlobte angeklagt werden. Man darf annehmen, daß die Mädchen in der Regel zwischen dem dreizehnten und sechzehnten oder siebzehnten Jahre vermählt wurden. Der Arzt Rufus (unter Trajan), der das von Hesiod empfohlne Alter von 18 Jahren für das normale hält, gibt zu, daß es „nach den gegenwärtigen Verhältnissen" ein spätes sei. Eine Frau, die zwanzig Jahre alt geworden war, ohne Mutter zu sein, verfiel schon den Strafen, die Augustus über Ehe- und Kinderlosigkeit verhängt hatte; hier also war das achtzehnte und neunzehnte Jahr als äußerste Grenze für die Schließung der Ehe in naturgemäßem Alter angesehen. Ohne Zweifel war der Wille der Eltern in der Regel für die Töchter durchaus und allein entscheidend; er mußte es auch, abgesehen von der väterlichen Gewalt, schon wegen der unerfahrnen Jugend der letztern sein. Zwar war der Konsens der Tochter zur Verlobung und Heirat notwendig, doch wurde vorausgesetzt, wenn sie keinen Widerspruch erhob, und dieser war ihr nur gestattet, wenn der Vater einen schimpflichen oder durch seinen Charakter unwürdigen Verlobten für sie wählte.

Gewiß sehr häufig war die Eingehung der Ehe nur Sache der Konvenienz zwischen zwei Familien. Einige Belehrung über die Gesichtspunkte, die bei der Wahl eines Schwiegersohns in guten Familien der höhern Stände die leitenden waren, gibt ein Brief des jüngern Plinius. Sein Freund Junius Mauricus hatte ihn ersucht, für die Tochter seines Bruders Arulenus Rusticus einen Gemahl vorzuschlagen. Plinius nennt einen jüngern Freund, Minucius Acilianus, der über dreißig Jahre alt war, da er schon die Prätur bekleidet hatte. Er war aus Brixia gebürtig, einer der Städte Norditaliens, in denen man noch auf gute alte Sitte hielt. Sein Vater gehörte zu den Ersten des Ritterstands, seine Großmutter war eine Frau von hoher Sittenstrenge, auch sein Oheim ein trefflicher Mann: überhaupt in der ganzen Familie nichts, was Mauricus nicht gefallen würde. Der Empfohlene war ein Mann von großer Energie und Tätigkeit und dabei nicht minder großer Bescheidenheit. Er hatte ein edles Gesicht, eine gesunde frische Wangenröte, eine Gestalt von edler Schönheit, einen vornehmen (senatorischen) Anstand. „Dergleichen muß man nicht gering achten; denn es gebührt den Mädchen gleichsam als Preis der Keuschheit. Ich weiß nicht, ob ich hinzufügen soll, daß der Vater ein sehr großes Vermögen besitzt. Denn wenn ich an euch denke, für die ich einen Schwiegersohn vorschlage, glaube ich davon schweigen zu müssen; blicke ich dagegen auf unsre Sitten und auch auf die Staatseinrichtungen, die ja ganz vorzugsweise auf das Vermögen Rücksicht nehmen, so meine ich es nicht übergehen zu dürfen. In der Tat, wenn man an die Nachkommenschaft, und zwar eine zahlreiche denkt, so muß man bei der Wahl eines Gatten auch diesen Punkt in Betracht ziehen." Daß das Vermögen bei der Wahl sehr häufig den Ausschlag gab, bedarf kaum der Bestätigung durch ausdrückliche Zeugnisse. Horaz zählt unter die Güter, die das allmächtige Geld verschafft, auch eine Frau mit reicher Mitgift, und Juvenal fragt, ob schon je ein Schwiegersohn annehmbar gefunden worden sei, der dem Mädchen an Vermögen nachstand. Daß auf beiden Seiten Stand und Herkunft berücksichtigt wurde, ist ebenfalls selbstverständlich. Agricola heiratete die Tochter einer Familie von ritterlichem Adel, und diese Ehe gereichte ihm bei seinem Streben nach höhern Stellungen zur Empfehlung und Unterstützung.

In der Regel werden übrigens die Männer in früherm Alter geheiratet haben als der von Plinius Empfohlene. Die von Augustus für Kinderlosigkeit festgesetzten Strafen traten für Männer mit dem Alter von mehr als 25 Jahren in Kraft. Ummidius Quadratus hätte im Alter von weniger als 24 Jahren schon Vater sein können; Agricola war es im Alter von 23; als Tacitus dessen dreizehnjährige Tochter heiratete, war er höchstens 23 Jahre alt; Ovid bei seiner ersten Verheiratung „fast noch ein Knabe". In dem Roman des Apulejus ist eine Braut nur um drei Jahre jünger als ihr mit ihr seit frühester Jugend verlobter und zusammen aufgewachsner Bräutigam. Nach den bisher bekannten, allerdings nicht zahlreichen Angaben scheinen selbst in den mittlern und untern Ständen Ehen von Männern unter 18 (vielleicht sogar unter 20) Jahren Ausnahmen gewesen zu sein; womit ja auch die Bestimmung des Augustus über die Strafen der Kinderlosen sich sehr wohl vereinigen läßt. Auf keinen Fall sind wir zu der Annahme berechtigt, daß Ehen „halbwüchsiger

Buben“ zu irgendeiner Zeit die Regel waren. Im Senatorenstande mag für die jungen Männer die Bekleidung des ersten Amts, der Quästur (die man in der Regel im fünfundzwanzigsten Jahre erhielt), oft eine Vorbedigung der Eheschließung gewesen sein. Helvidius Priscus war von Pätus Thrasea „noch als Quästorier“ zum Schwiegersohn gewählt worden. Junius Avitus, der als designierter Ädil starb, hatte ein Jahr vorher geheiratet und war eben Vater geworden.

Oft wurden die Töchter schon als Kinder verlobt, und die Verlobungen erfolgten gewöhnlich durch Mittelspersonen; für freien und werben hat die lateinische Sprache kein Wort. In Rom scheint es auch Makler gegeben zu haben, die in eignen Bureaus die Vermittlung von Heiraten als Geschäft betrieben. Die Fürsprecher oder die jungen Männer selbst wandten sich natürlich an die Eltern oder Vormünder der Mädchen. Die Verlobung wurde festlich, im Beisein einer großen, zur Feier geschmückten Gesellschaft begangen. Der ältere Plinius hatte Lollia Paullina, einst Caligulas Gemahlin, bei einem Verlobungsschmause in einer nicht gerade vornehmen Familie mit einem im Lampenscheine funkelnden Schmuck von Smaragden und Perlen angetan gesehen, der 40 Millionen Sesterzen (8,7 Millionen Mark) gekostet hatte, wie die Trägerin aus den Rechnungen zu beweisen sofort bereit war. Daß bei der Verlobung die Frage der Mitgift eine sehr wichtige, wenn nicht die wichtigste war, versteht sich von selbst. Nach dem Traumbuche des Artemidor bedeuten Träume von Kindern zwar immer Kummer und Sorgen, denn ohne diese kann man sie nicht aufziehen; doch ist es schlimmer, von einer Tochter als von einem Sohn zu träumen, es bedeutet einen Verlust, weil eine Tochter der Mitgift bedarf, es ist dasselbe, wie wenn man von einem Gläubiger träumt. „Denn auch die Forderung der Tochter ist eine unabweisbare, und wenn sie mit vielen Sorgen erzogen ist, geht sie mit der Mitgift davon, wie ein Gläubiger mit der geliehenen Summe.

Übrigens scheint die Verlobung, auch wenn sie Jahre dauerte, in dem Verhältnis der zukünftigen Gatten nichts geändert zu haben. Ein bräutliches Verhältnis gab es nicht; die Römer so wenig wie die Griechen haben einen Ausdruck wie das deutsche Wort Braut, der die aus dem Mädchenstand in die Ehe tretende Jungfrau in einer Art von Weihe und Verklärung erscheinen läßt. Der Verlobte schenkte seiner zukünftigen Gattin außer andern Brautgaben einen eisernen Ring ohne Stein (weil eiserne Ringe in älterer Zeit von Männern als Siegelringe allgemein getragen wurden), später einen goldnen als Pfand der Treue, erhielt aber keinen von ihr zurück; dieser Ring hat also mit dem bei uns üblichen Verlobungsringe nur eine entfernte Ähnlichkeit. Nahte dann die Hochzeit, so gab die Anschaffung des hochzeitlichen Schmucks, die Ausstattung, die Auswahl, Vervollständigung und Ausrüstung der Dienerschaft, welche der jungen Frau in das neue Haus folgen sollte, allen Hausgenossen zu schaffen und zu sorgen. Der jüngere Plinius sendet einem (unbekannten) Quintilian, der nur ein mäßiges Vermögen hatte, seine Tochter aber an einen Mann verheiratete, dessen amtliche Stellung einen gewissen Glanz erforderte, zur Ausstattung derselben mit Kleidern und Dienerschaft ein Geschenk von 50.000 Sesterzen (10.875 Mark), da er sich wie ein zweiter Vater der Braut betrachte, mit der Bemerkung, daß seine Beisteuer nur deshalb so klein sei, weil er glaube, daß Quintilian sich durch seine Bescheidenheit von der Annahme einer größern abhalten lassen würde. Daß ein reicher Schmuck, namentlich Perlen und Edelsteine, bei der Ausstattung einer Braut aus vornehmem Hause nicht fehlen durfte, ist selbstverständlich. Zum Teil werden kostbare Schmuckgegenstände zu den regelmäßigen Gaben des Bräutigams gehört haben. Die Jungfrau nahm von ihrer Kindheit Abschied, indem sie ihre Puppen und andres Spielzeug den Gottheiten weihte, die ihre Kindheit beschützt hatten, und endlich kam der Tag, an dem die Mutter die Tochter zu dem bedeutungsvollen Gange schmückte. Der Hauptteil des Brautschmucks war ein viereckiges, feuerfarbnes Kopftuch, das auf den Seiten und hinten herabfallend das Gesicht freiließ.

Schon in der ersten Frühe füllten sich die Wohnungen beider Verlobten mit Freunden, Verwandten und Klienten, die zugleich bei der Unterzeichnung des Ehekontrakts als Zeugen dienten. Beide Häuser prangten in festlicher Erleuchtung, besonders die Atrien, in denen die Schränke der Ahnenbilder geöffnet waren, mit ausgehängten Teppichen, Kränzen und grünen Zweigen. Die Brautführerin gab das Paar zusammen, das nunmehr an den Altar trat, um ein Opfer zu bringen. Auch in den Tempeln wurde den Göttern geopfert; auf den Straßen, durch welche der Hochzeitszug gehen sollte, drängte sich die Menge, um das Schauspiel zu sehen. Zuweilen scheinen dazu selbst Gerüste aufgeschlagen worden zu sein. In alter Zeit war die Verlobte erst beim Aufgang des Abendsterns in das Haus ihres Gatten geleitet worden; dies war zwar längst außer Gebrauch gekommen, aber noch immer leuchteten Fackeln bei der Heimführung der Braut und bestrahlten die Häuser der Straßen. Der Klang der Flöten mischte sich mit dem Jubel ausgelassner Gesänge. Die Braut ward über die Schwelle ihres neuen Hauses gehoben, und falls nicht schon das Hochzeitsmahl in ihrem elterlichen Hause stattgefunden hatte, beschloß ein Schmaus im Hause des jungen Ehemanns, an dessen Seite die Neuverwählte lag, das Fest. Den Luxus dieser Mahlzeiten hatte Augustus durch ein Gesetz einzuschränken gesucht; für Hochzeit und Nachfeier sollten nicht mehr als 1000 Sesterzen (217 Mark) ausgegeben werden; die Geringfügigkeit dieser Summe läßt kaum glauben, daß die Bestimmung je beobachtet worden ist. Die Kosten dieses Schmauses wurden (abgesehen von den Massenbewirtungen und Geldverteilungen an Klienten) noch durch die Sitte erhöht, den Gästen als Anerkennung der dem Hause erwiesnen Ehre ein Geldgeschenk zu überreichen. Paare, welche diese rauschenden Festlichkeiten und großen Ausgaben zu vermeiden wünschten, begingen ihre Vermählung in der Stille eines ländlichen Aufenthalts; sie hatten dadurch zugleich den Vorteil, den „vielen und lästigen" Einladungen zu Festmahlzeiten zu entgehen, mit denen Neuvermählte überhäuft zu werden pflegten. So verfuhren wenigstens Apulejus und Pudentilla in Oea (Afrika); daß die Sitte aber in den übrigen Provinzen und in Rom dieselbe war, darf man wohl unbedenklich annehmen.

Der Eintritt in die Ehe mußte bei der großen Jugend der Frauen in der Regel ein jäher Übergang aus unbedingter Abhängigkeit in unbeschränkte Freiheit sein, eine plötzliche unermeßliche Erweiterung des Lebenshorizonts: denn daß die Mädchen überall, wo man auf gute Sitte hielt, in ziemlich strenger Abgeschlossenheit gehalten wurden, darf man schon nach der Analogie der gegenwärtigen Mädchenerziehung in den südlichen Ländern voraussetzen. Wenn Ovid zur Entschuldigung der Frivolität seiner Gedichte sagt, daß sie noch lange nicht so unzüchtig seien wie die Mimen, deren Aufführungen doch Frauen und erwachsne Mädchen beiwohnten, so ist es schwer zu glauben, daß die letztern aus guten Familien waren. In diesen dürfte man die Töchter vielmehr wie in alter Zeit auch von Gastmählern ferngehalten haben, bei denen sie in Gefahr waren, Reden zu hören, die sich für ein jungfräuliches Ohr nicht eigneten. In der Tat traten wohl die Töchter edler Häuser aus der Kinderstube unmittelbar in die Ehe, was auch die oben angeführten Äußerungen des jüngern Plinius über die Tochter des Minicius Fundanus bestätigen. Beinahe eben noch in den engsten Raum gebannt, sahen sie sich nun mit einem Schlage in eine weite, glanzerfüllte, farbenprangende Welt versetzt. Von den Genüssen und Zerstreuungen, die diese neue Welt in Überfülle und unaufhörlichem Wechsel bot, waren sie durch Sitte und Herkommen ebensowenig ausgeschlossen, wie vor ihren unzähligen Versuchungen und Gefahren geschützt.

Im eignen Hause nahmen sie eine höchst selbständige Stellung ein. Das alte römische Familienrecht, das dem Hausherrn die unumschränkte Gewalt über alle Angehörigen verliehen hatte, hatte sich im Lauf der Jahrhunderte allmählich gelockert und endlich völlig gelöst, und die Emanzipation der Frauen war dadurch vollendet worden, daß das Gesetz ihnen das Eigentumsrecht an ihrem eingebrachten Vermögen gab. In der sogenannten freien Ehe, die in der Kaiserzeit durchaus die gewöhnliche war, ging nur die Mitgift in das Vermögen des Manns über — nicht einmal an diese war sein Anrecht unbeschränkt; ihr übriges Hab und Gut behielt die Frau als Eigentum, und rechtlich stand dem Manne nicht einmal dessen Nießbrauch zu. Die Gültigkeit der Schenkungen zwischen Mann und Frau war auf bestimmte Fälle beschränkt. Vermutlich kam es häufig vor, daß Frauen von dem Rechte Gebrauch machten, ihren Männern durch eine Schenkung den Ritter- oder Senatorenrang zu verschaffen. Martial preist eine Nigrina, welche mit ihrem Gemahl Antistius Rusticus (der später in Cappadocien starb) ihr väterliches Vermögen geteilt hatte; sie habe ihre Liebe besser bewiesen als Euadne und Alcestis. Die Unantastbarkeit des Vermögens der Frauen wurde denn auch bei betrügerischen Bankerotten mißbraucht. Hatte der Mann, der seine Zahlungen einstellte, sein Hab und Gut noch vor Erklärung seiner Insolvenz seiner Frau verschrieben, so hatten die Gläubiger keinen Anspruch darauf. Apulejus behauptet, daß der Vater seines Anklägers Herennius Rufinus bei seinem Bankerott diesen Betrug verübt und so, dürftig und entblößt, doch von seiner Schande bedeckt geblieben sei, seinem Sohne aber nichtsdestoweniger 3 Millionen hinterlassen habe.

Die Hausverwalter reicher Frauen, denen sie ihre „Edelsteine, Goldgeschirre, Weine, Lieblingssklaven" anvertrauten, werden in der Regel erprobte Freigelassene gewesen sein. Doch häufig hatten sie außerdem ihre eignen, womöglich rechtskundigen Geschäftsführer (Prokuratoren), die natürlich bis zu einem gewissen Grade zugleich Freunde, Ratgeber und Vertraute waren. Das Grabmal einer Paulina zu Sestinum in Umbrien ist von ihrem Freunde und Prokurator Petronius Justus errichtet. Ein gelehrter Freigelassener des M. Lepidus (Konsul 6 n. Chr.), namens Pudens, war Prokurator von dessen mit dem Adoptivenkel des Tiberius, Drusus († 33 n. Chr.), vermählter Tochter Ämilia Lepida, welche im Jahre 36 sich den Tod gab, um der Verurteilung wegen Ehebruchs mit einem Sklaven zu entgehen. Pudens rühmt sich in einer Inschrift, über ihre Sittlichkeit gewacht zu haben: solange er gelebt, sei sie Gemahlin des kaiserlichen Prinzen geblieben. Cicero spottet in der Rede für Cäcina über Äbutius, der die Geschäfte und Prozesse der Witwe Cäsennia führte und ihr eine solche Meinung von sich beigebracht hatte, daß sie glaubte, ohne ihn könne nichts auf kluge Weise betrieben werden. Die Rolle, die er spiele, sei aus dem täglichen Leben bekannt: ein ergebner Diener der Frauen, Vertreter der Witwen, ein streitsüchtiger Verteidiger, albern und töricht unter Männern, unter Frauen rechtsgelehrt und verschmitzt. Solche Verhältnisse erschienen um so bedenklicher, wenn die Erwählten schöne, stutzerhafte, junge Männer waren, die zugleich die Rolle von Cicisbeen spielten. „Wer ist das krausgelockte Männchen", fragt Martial einen nachsichtigen Ehemann, „der deiner Frau nicht von der Seite geht, der unaufhörlich in ihr Ohr zu zischeln hat und ihren Sessel mit dem rechten Arm umfaßt hält? Er besorgt die Angelegenheiten deiner Frau? Das ist denn freilich ein zuverlässiger und strenger Mann, dem man den Prokurator schon am Gesicht ansieht. An Schärfe wird ihn selbst Aufidius Chius (ein als Ehebrecher bekannter Jurist) nicht übertreffen. Er besorgt die Angelegenheiten deiner Frau? O Tor, deine eignen Angelegenheiten besorgt er." Auch in den erdichteten Kriminalfällen, die den Rhetorenschülern zur Übung in Anklage und Verteidigung vorgelegt wurden, kam „der schöne Prokurator" vor und war vielleicht eine in Ehebruchthemen öfters verwendete Figur. Folgendes Thema wurde in Augustus' Zeit zum Sprechen für und wider aufgegeben: „Ein Mann nahm nach dem Tode seiner Frau, von der er einen Sohn hatte, eine zweite, die ebenfalls einen Sohn gebar. Er hatte einen schönen Prokurator im Hause. Da zwischen Stiefmutter und Stiefsohn häufig Streit war, befahl er dem letztern, auszuziehen. Derselbe mietete eine Wohnung im Nebenhause. Man redete von einem ehebrecherischen Verhältnis des Prokurators und der Frau. Eines Tages wird der Mann in seinem Schlafzimmer ermordet gefunden, die Frau verwundet, die Zwischenmauer der beiden Häuser durchbrochen. Die Verwandten beschließen, den fünfjährigen Sohn, der bei den Eltern geschlafen hatte, zu fragen, ob er den Mörder kenne. Das Kind zeigt mit dem Finger auf den Prokurator. Der Sohn klagt den Prokurator des Mords, dieser den Sohn des Vatermords an." Unter dem Gefolge, das die junge Frau in ihr neues Heim mitbringt, wird u. a. genannt der Prokurator „mit gekräuselten Locken, unter welchem Namen sich ein Liebhaber verbirgt". Der Astrolog Firmicus Maternus erwähnt wiederholt die Prokuratoren reicher und edler Frauen, und Hieronymus ermahnt seine christlichen Freundinnen, sich nicht in Begleitung eines „Prokurators mit gekräuselten Locken" zu zeigen.

Daß Frauen in so unabhängiger Stellung — zumal wenn sie überdies auf eine lange Ahnenreihe stolz sein konnten — häufig die Zügel des Hauswesens ergriffen und die Gebieterinnen ihrer Männer im eigentlichsten Sinne des Worts wurden, liegt in der Natur der Sache. Horaz hat in seine Schilderung der Urzustände der Scythen als charakteristisch aufgenommen, daß dort nicht die „begüterte Gattin den Mann beherrscht". „Warum ich keine reiche Frau heiraten will?" fragt Martial: „weil ich nicht Lust habe, die Frau meiner Frau zu werden"; er fand, daß die Ziererei und der Übermut verwöhnter schöner Knaben leichter zu ertragen war als eine Mitgift von einer Million. Auch nach Juvenal gab es „nichts Unerträglicheres als eine reiche Frau". Beiläufig war schon den Römern wie den Griechen der Pantoffel das Symbol der Herrschaft der Frau über den Mann.

Auch Scheinehen, zu denen sich arme Männer für Bezahlung hingaben, wurden vermutlich nicht selten geschlossen, um die Gesetze gegen Ehelosigkeit zu umgehen und eine schrankenlose Freiheit zu genießen. Seneca hatte dies in seinem Buch über die Ehe erwähnt, und Martial spottet: „Deine Lälia, die dich des Gesetzes halber geheiratet hat, Quintus, kannst du in der Tat eine gesetzmäßige Gattin nennen." Tertullian spricht von der Geduld erkaufter Ehemänner gegen ihre Rivalen, desgleichen Hieronymus von armen Männern, die sich dazu hergeben, nur den Namen der Gatten zu führen, und wenn sie sich den leisesten Widerspruch erlauben, fortgewiesen werden. Dagegen lebten Frauen von senatorischem Stande zuweilen im Konkubinat mit Männern, die sie nach den Ehegesetzen nicht heiraten konnten, ohne ihren Stand zu verlieren, namentlich mit Freigelassenen (sowie aus demselben Grunde Senatoren mit freigelassenen Frauen); der römische Bischof Callistus (218—223) gestattete solche Verhältnisse vornehmen Frauen, die seiner Gemeinde angehörten, ausdrücklich. Daß Frauen der übrigen Stände ihre Freigelassenen heirateten, war seltner, als daß ehemalige Sklavinnen von ihren Herren zu rechtmäßigen Gattinnen erhoben wurden, und wenigstens seit dem Anfang des 3. Jahrhunderts gesetzlich nur bei Frauen der untersten Stände zulässig. Ein Freigelassener Ti. Claudius Hermes, der seine fünfundzwanzigjährige Herrin geheiratet und zweiundzwanzig Jahre „durch ihre Güte ohne Mißgunst" mit ihr gelebt hatte, sagt in der „seiner trefflichen Patronin und zugleich treusten Gattin" gesetzten Grabschrift, daß er dank ihrer Wohltat sich für sein ganzes Leben Vertrauen und Ansehen erworben habe. Dagegen lautet die Grabschrift einer von ihrem Herrn zur rechtmäßigen Gattin erhobnen Sklavin (in Aquileja): „Ich war Anicia Glycera, Freigelassene des P. Anicius. Von meinem Leben habe ich genug gesagt: ich habe mich wohl bewährt, da ich die Zufriedenheit eines guten Manns erworben; er hat mich aus niedrem Range zu hoher Ehre emporgehoben." Das Verbot in einem von Augustus erlassnen Gesetze, daß die mit ihrem Patron vermählte Freigelassene sich gegen seinen Willen nicht von ihm scheiden dürfe, galt noch im Justinianischen Recht.

Nicht minder selbständig als innerhalb des Hauses war die Stellung der Römerinnen in der Gesellschaft. Auch in der frühern Zeit der Republik waren sie nie einer Einschränkung unterworfen gewesen wie die Griechinnen, deren höchster Ruhm es war, „wenn ihrer unter Männern so wenig wie möglich, weder im Lobe noch im Tadel, gedacht wurde", und als deren Grenze die Schwelle des Hauses galt, die sie ohne Gefahr ihres Rufs nur ausnahmsweise überschreiten konnten. Wenngleich auch im alten Rom die häuslichen Tugenden an der Matrone allein oder vorzugsweise geschätzt wurden, so hatte die Sitte sie doch niemals von der Geselligkeit und Öffentlichkeit ausgeschlossen. Cornelius Nepos stellt in der Vorrede zu seinen Biographien die Hauptunterschiede zwischen griechischer und römischer Sitte zusammen. Welcher Römer, fragt er, schämt sich, seine Gattin zu einem Gastmahl zu führen, oder wessen Hausfrau bewohnt nicht den Hauptraum des Hauses und hält sich vom Verkehr fern? Auch der Besuch der Schauspiele sowie öffentlicher Orte war den römischen Frauen stets gestattet. Mit der fortschreitenden Auflösung des Familienrechts, mit dem Aufhören der alten Sittenstrenge machte sich mehr und mehr die Tendenz geltend, auch jeden äußern Zwang abzustreifen, und schon zu Anfang der Kaiserzeit war die gesellschaftliche Stellung der Römerinnen kaum noch durch irgendwelche Schranken eingeengt.

Die Ranges- und Standesverhältnisse der Frauen und die ihnen gebührenden Titel, Vorrechte und Auszeichnungen waren nicht minder genau geregelt als die der Männer. Wenn, wie sich von selbst versteht, in der Regel Rang und Stand der Frau sich nach dem des Manns bestimmte, so erteilten doch die Kaiser zuweilen auch Frauen, namentlich verwandten, die nicht mit Konsularen verheiratet waren, den (wie es scheint, auch für sie mit Insignien verbundnen) konsularischen Rang, oder ließen ihnen (obwohl sehr selten) diesen, wenn sie in zweiter Ehe einen Mann von geringerm Rang heirateten, wie dies Elagabal seiner Tante Julia Mamäa bei der Eingehung ihrer Ehe (aus der der spätre Kaiser Alexander entsproß) mit Gessius Marcianus, einem Manne von Ritterrang, bewilligte. Derselbe Kaiser erhob die Mutter seines Günstlings Hierocles, eine karische Sklavin, zu konsularischem Range. Die Auszeichnungen der Konsularinnen (zu denen nach Ulpian nur die Frauen, nicht auch die Mütter der Konsulare gehörten) müssen sehr groß gewesen sein; ob ein Mann selbst vom Range der Präfekten vor ihnen den Vortritt hatte, war eine bestrittne Frage, die von Ulpian nicht mit voller Sicherheit bejaht wird.

Eine „Korporation der Frauen“ *(conventus matronarum)*, welche, ursprünglich ohne Zweifel zu religiösen Zwecken organisiert, vielleicht schon in alter Zeit bestand, wird einmal im 1. Jahrhundert n. Chr. erwähnt. Agrippina, die Mutter Neros, hatte nach dem Tode ihres Gemahls Domitius dem mit einer Lepida vermählten spätern Kaiser Galba so offenbar auf alle Weise nachgestellt, daß sie in dem Frauenkonvent von der Mutter der Lepida heftig zur Rede gestellt und sogar geschlagen worden war. Doch über Zusammensetzung, Verfassung und Kompetenz dieser Korporation wissen wir aus keiner Zeit etwas Näheres. Sie hatte jedenfalls, wie ähnliche Vereine in andern Städten, z. B. die bei einer öffentlichen Festlichkeit mit einer doppelten Mahlzeit bedachte Frauenkurie in Lanuvium und die Frauenkorporation in Neapel, deren „heiligem Hause“ eine Priesterin vorstand, ein eigenes Versammlungslokal, vielleicht auf dem Forum Trajans, wo sich Inschriften: „Die Kaiserin Sabina den Frauen“, „Julia, die Mutter der Kaiser (Caracalla und Geta) und der Truppen, hat es für die Frauen wiederhergestellt“, gefunden haben. Den Müttern dreier Kinder war (wie es scheint, bereits unter Augustus) ein besondres Ehrenkleid bewilligt worden, eine durch irgendwelchen Schmuck ausgezeichnete Form der allen unbescholtenen Frauen zustehenden Stola; auch als diese (unter den ersten Kaisern) aus der Mode kam, erhielt sich das Ehrenkleid und der Titel der Stolaträgerin *(stolata femina)*, und zwar ohne Zweifel nicht bloß für die Mütter, sondern auch für die Frauen, denen die Kaiser das Kinderrecht verliehen hatten.

Die Mädchen der höhern Stände wurden, wie gesagt, durch die Heirat aus der Stille und Abhängigkeit im elterlichen Hause in eine fast unbegrenzte Freiheit versetzt. Zahllose Eindrücke, verwirrend und berauschend, stürmten von allen Seiten auf sie ein. Die junge Frau hörte sich nun, selbst von ihrem

Manne, mit der ehrerbietigen Anrede *domina* begrüßen, die dem französischen *madame* entspricht (das neuere *donna*). Hunderte von Händen waren ihrer Winke gewärtig. In der kleinen Welt, die ein großes Haus mit seinen ausgedehnten Besitzungen, seinen Legionen von Sklaven, seinem Anhange von Klienten und Untergebnen bildete, entschied ihr Wille über Glück und Unglück, ja über Leben und Tod. Jünglinge und Männer in grauen Haaren, Gelehrte und Tapfre, Verdiente und Hochgeborne sah sie wetteifernd sich um ihre Huld bemühen. Welche Ansprüche auf Bewunderung sie auch besaß, mochte es Schönheit, Geist, Talent oder Bildung sein, sie war eines glänzenden Erfolgs gewiß. In den Kreisen, in die sie nun eintrat, wurde der Eitelkeit und Gefallsucht die vollste Befriedigung, fand die Intrigue den günstigsten Boden, die Leidenschaft die stärktsen Aufregungen, die Koketterie den unerschöpflichsten Wechsel, und wie hätten schwächre Naturen so vielen Versuchungen nicht erliegen sollen! Auch dem weiblichen Ehrgeiz öffnete sich die weiteste Aussicht. Wie manche Frau aus edlem Geschlecht hat in einer späteren Ehe auf dem kaiserlichen Thron gesessen!

Zur Beurteilung der sittlichen Zustände der Frauen fehlt es weder an bezeichnenden Tatsachen noch an allgemeinen Äußerungen der Zeitgenossen aus den verschiednen Perioden dieses Zeitraums. Die letztern lauten fast ohne Ausnahme ungünstig, aber freilich erwecken sie gerade durch ihre Allgemeinheit Mißtrauen, und ihre Benutzung erfordert Vorsicht. Auch war die Klage über die Sittenlosigkeit der Frauen in Rom sehr alt: schon seit der Zensur des M. Messalla und C. Cassius (154 v. Chr.), so meldete ein gewichtiger Gewährsmann, der Konsul (133) L. Piso Frugi in seinen Annalen, sei die Keuschheit in Rom vernichtet gewesen. Dagegen gerade aus der Zeit der letzten Bürgerkriege, deren unheilvollste Folge gewiß eine tiefgreifende Zerrüttung aller sittlichen Verhältnisse war, haben wir das unverdächtige, für die Frauen Roms höchst ehrenvolle Zeugnis des Vellejus: während die Söhne der von den zweiten Triumvirn Geächteten sich durchweg treulos, ihre Freigelassenen und Sklaven nur teilweise treu erwiesen, sei die Treue ihrer Gattinnen die größte gewesen. Den hierzu sehr schlecht stimmenden Äußerungen aus dem nächsten Menschenalter wird man also kein gar zu großes Gewicht beilegen dürfen. Bei Augustus' Eifern gegen die Ehelosigkeit berief man sich im Jahre 18 v. Chr. im Senat auf die Zuchtlosigkeit der Frauen, und Horaz' pathetische Deklamationen wie Properz' schmerzliche Klagen stimmen mit den frechen Scherzen Ovids überein: daß in Rom Frauentugend nicht zu finden sei. „Die an Sünde reiche Zeit", sagt Horaz in einer seiner feierlichen Staatsoden, „hat zuerst Ehe, Familie und Haus befleckt. Aus dieser Quelle fließend, hat sich das Unheil über Staat und Volk ergossen." Eher, heißt es bei Properz, vermöchte man die Meeresfluten zu trocknen und mit Menschenhand die Sterne vom Himmel zu reißen, als unsre Frauen am Sündigen zu hindern. Frauentreue gibt es im fernen Osten, wo die Witwen wetteifern, sich auf den Scheiterhaufen des Gemahls zu stürzen. Hier sind die Gattinnen treulos und keine unter ihnen eine Euadne oder Penelope. Keusch, sagt Ovid, seien nur die Frauen, um die niemand geworben habe, und gar zu ländlich und mit den Sitten unbekannt der Mann, der über eine untreue Gattin zürne. Ähnliche Klage wiederholen sich dann in spätern Zeiten immer von neuem, und auch an Maßregeln hat es nicht gefehlt, um der überhand nehmenden Unsittlichkeit der Frauen zu steuern. Im Jahre 19 n. Chr. hatte eine aus prätorischer Familie stammende Frau, Vistilia, sich selbst bei den Ädilen als Prostituierte angemeldet. Sie wurde auf eine Felseninsel im Archipel verbannt, und es erfolgte ein Senatsbeschluß, durch den die Prostitution Frauen, deren Großvater, Vater oder Ehemann Ritter gewesen, ausdrücklich verboten wurde; gegen Frauen, die sich der Verletzung der Keuschheit schuldig machten, sollten, wenn ein öffentlicher Ankläger fehlte, nach alter Sitte die Verwandten einschreiten. Der Sittenverfall in Rom, heißt es bei den ältern Seneca, ist schon so weit vorgeschritten daß bei dem Verdacht weiblicher Untreue niemand zu leichtgläubig erscheinen kann. Der jüngere Seneca preist seine Mutter, daß nicht die Unkeuschheit, das größte Übel des Zeitalters, sie der Mehrzahl der Frauen beigesellt habe. Wer nicht, sagt er an einer andern Stelle, sich durch eine Liebschaft bemerklich gemacht hat, wer nicht einer verheirateten Frau ein Jahrgeld zahlt, ist bei den Frauen in Verachtung und wird für einen Mägdeliebhaber gehalten. Es sei so weit gekommen, behauptet er, daß sie Männer nur haben, um Liebhaber anzureizen. Keuschheit ist ein Beweis von Häßlichkeit. Wo findet man eine Frau, die so vernachlässigt ist, daß sie sich mit einem Paar von Männern neben dem eignen begnügen müßte? Sie teilen die Zeit für ihre Liebhaber ein, und der Tag reicht nicht für alle aus. Ein Verhältnis mit nur e i n e m Liebhaber nennen sie Ehe, und eine, die das nicht weiß, ist einfältig und altmodisch. Als Vespasian die Regierung antrat, hatte, wie Sueton sagt, Unzucht und Üppigkeit infolge des Mangels an Strafgesetzen überhand genommen; auf den Antrag des Kaisers beschloß der Senat, daß Frauen, die sich mit fremden Sklaven eingelassen, als Sklavinnen gelten sollten. „Ich frage schon lange in der ganzen Stadt“, sagt Martial, „ob keine Frau nein sagt: keine sagt nein, als ob es erlaubt oder schimpflich wäre, nein zu sagen: keine sagt nein. Also keine ist keusch? Tausend sind es. Was tun denn nun die keuschen? Sie sagen nicht ja, aber sie sagen auch nicht nein.“ Tacitus rühmt an Germanien im Gegensatz zu Rom, daß dort niemand des Lasters lache und nicht verführen und sich nicht verführen lassen, Zeitgeist genannt werde. Die Schilderungen der sechsten Satire Juvenals, wie karikiert auch immer, müssen doch in der Wirklichkeit ihre Vorbilder gehabt haben. Marc Aurel war genötigt, der Üppigkeit der Frauen und edeln Jünglinge zu steuern; Cassius Dio fand infolge der von Septimius Severus gegen den Ehebruch erlassnen Gesetze als Konsul dreitausend darauf bezügliche Prozesse auf der Liste vor, und dies können nur solche gewesen sein, die bei dem konsularisch-senatorischen Gericht schwebten: die Angeklagten gehörten also vorzugsweise den höhern Ständen an. Als nach dem Friedensschlusse des Septimius Severus mit den Caledoniern (210) die Kaiserin Julia gegen die Frau eines Häuptlings derselben über die dort herrschende Weibergemeinschaft spottete, erwiderte diese: die Caledonierinnen seien besser als die Römerinnen, die im geheimen mit den Schlechtesten Ehebruch trieben, während jene offen mit den Besten Umgang pflegten. Übrigens war auch im Altertum Hörnerträger die Bezeichnung des betrognen Ehemanns.

Wenn nun freilich Äußerungen, wie die hier angeführten der Zeitgenossen, zum großen Teil auf schiefen und einseitigen Beobachtungen, auf momentanen Stimmungen und Verstimmungen beruhen mögen, zum Teil offenbar ihre Färbung mit Rücksicht auf rhetorischen Effekt erhalten haben: so sind doch die mitgeteilten Tatsachen bedeutsam genug, und auch sonst fehlt es nicht an Symptomen, die auf eine weite Verbreitung der Korruption schließen lassen. Dazu gehört vor allem der durch die Willkür der Ehescheidung erzeugte und genährte frevelhafte Leichtsinn, mit dem die Ehen eingegangen und gelöst wurden. Ein Mann von prätorischem Stande hatte unter Julius Cäsars Diktatur eine vor zwei Tagen geschiedne Frau geheiratet: Cäsar trennte diese Ehe, obwohl der Verdacht eines vorausgegangenen Ehebruchs nicht vorlag. Tiberius setzte einen Quästor ab, weil er sich von einer Frau, die er (um als Verheirateter bevorzugt zu werden) einen Tag vor der Verlosung der quästorischen Stellen geheiratet, am Tage darauf geschieden hatte. Bei Martial verläßt eine Frau ihren Mann im Januar des Jahrs, in dem er die Prätur antritt, weil die Ausgaben dieses Amts ihr zu groß sind: sie hat, sagt der Dichter, keine Scheidung, sondern einen Gewinn gemacht. Wenn Seneca sagt, es gebe Frauen, die ihre Jahre nicht nach Konsuln, sondern nach ihren Männern zählten, und Juvenal, manche Frauen ließen sich schon wieder scheiden, wenn die grünen Zweige noch nicht abgewelkt seien, die beim Einzuge der Neuvermählten die Haustür schmückten, und brächten es so zu acht Männern in fünf Jahren; wenn auch Tertullian versichert, die Frauen heirateten nur, um sich scheiden zu lassen: so sind dies freilich bittre oder scherzhafte Übertreibungen. Aber es mußte doch um die Wirklichkeit schlimm bestellt sein, die zu solchen Übertreibungen Anlaß geben konnte. Sicherlich waren Ehen von sehr langer Dauer seltner, als es bei den frühen Heiraten naturgemäß gewesen wäre. In der Lobschrift auf die zwischen 8 und 2 v. Chr. verstorbne Turia heißt es: „Selten sind so lange Ehen, die durch den Tod gelöst, nicht durch Scheidung zerrissen werden; denn uns war beschieden, daß die unsre ohne Grund zur Klage bis zum einundvierzigsten Jahre fortdauerte." Aber auch in dieser Ehe hatte nach dem Tode der, wie es scheint, einzigen Tochter die Gattin dem Manne die Scheidung vorgeschlagen, damit er eine andre Ehe eingehen und Kinder erzielen könne (ein schon wegen der Benachteiligung der Kinderlosen bei Erbschaften gewiß häufiger Scheidungsgrund). Sie selbst wollte ihm eine neue Gattin suchen, seinen Kindern eine zweite Mutter, für ihn eine Schwester oder Schwiegermutter sein, keine Trennung des Vermögens sollte stattfinden. Doch der Mann hatte dies Anerbieten in leidenschaftlichster Erregung von sich gewiesen. Auch der Trimalchio Petrons rühmt sich, die ihm aus demselben Grunde angeratne Scheidung abgelehnt zu haben, weil er gutmütig sei und sich nicht den Vorwurf der Leichtfertigkeit zuziehen wolle. Doch setzte wohl die Mehrzahl der Männer sich über solche Bedenken leichter hinweg, und solche, die (wie Ovid und der jüngere Plinius) drei, oder (wie Cäsar und Antonius) vier, oder selbst (wie Sulla und Pompejus) fünf Frauen hatten, dürften keineswegs selten gewesen sein. Ob bei dem Epigramme Martials, in dem es heißt: „Du begräbst schon die siebente Frau, Phileros, auf deinem Gute. Mehr Ertrag hat noch keinem ein Gut gebracht", eine Übertreibung angenommen werden muß, mag dahingestellt bleiben. Nicht minder häufig dürften mehrfache Wiederverheiratungen der Frauen gewesen sein. Ciceros Tochter Tullia war z. B. dreimal, Poppäa in dritter, Statilia Messalina in fünfter Ehe mit Nero vermählt. Martial spricht von einer Frau, die sechs bis sieben mißlungne Heiratsversuche gemacht hat; von einer andern, die wieder heiratet, nachdem sie sieben Männer durch den Tod verloren, von einer dritten, die im Verdacht stand, sieben Männer umgebracht zu haben.

Sodann ist nicht zu vergessen, daß die Sklaverei, in Rom wie überall, auch auf die eheliche Sittlichkeit in höchstem Grade verderblich einwirkte. Von jeher war, und zwar hauptsächlich infolge der Sklaverei, die eheliche Untreue des Manns, und nicht bloß in Rom, sehr nachsichtig beurteilt worden. Selbst Plutarch sagt in seinen an ein hochgebildetes, neu vermähltes Paar gerichteten ehelichen Vorschriften: wenn der Mann mit einer Hetäre oder Sklavin einen Fehltritt begehe, müsse die Frau nicht unwillig werden, sondern bedenken, daß er aus Scheu vor ihr eine andre zur Teilnehmerin seiner Zügellosigkeit macht; wie die Könige der Perser ihre Königinnen vom Mahle fortsenden und Kebsweiber und Musikantinnen kommen lassen, wenn sie sich berauschen wollen. Aber auch die Frauen nahmen infolge der fortschreitenden Emanzipation und des zunehmenden Verfalls der Zucht mehr und mehr die den Männern gestattete Freiheit für sich in Anspruch oder benutzten sie wenigstens als Entschuldigung ihrer eignen Treubrüche. Die in den Armen eines Sklaven oder Ritters von ihrem Manne überraschte Frau verliert bei Juvenal keinen Augenblick die Fassung: „Es war ja seit lange ausgemacht, daß du tun solltest, was dir beliebte, und ich ebenfalls nach meinem Gefallen leben könnte." Auch für die Frauen lag ohne Zweifel in der Gewißheit, unter ihren Sklaven stets unterwürfige und verschwiegne Liebhaber wählen zu können, eine Versuchung, und derartige Verhältnisse waren schwerlich seltne Ausnahmen. „Deine Frau", so lautet ein Epigramm Martials, „nennt dich einen Mägdeliebhaber und ist selbst ein Sänftenträgerliebchen: ihr habt einander nichts vorzuwerfen." In einem andern zählt er die sieben Kinder einer Marulla auf, deren Gesichtszüge nur zu deutlich erkennen lassen, welche Sklaven des Hauses ihre Väter sind: der maurische Koch, der plattnasige Athlet, der triefäugige Bäcker, der zarte Liebling des Herrn, der spitzköpfige, langohrige Kretin, der schwarze Flötenbläser und der rothaarige Hofverwalter.

Auch eine andre, noch unheilvollere Wirkung der Sklaverei auf die Frauen muß hier erwähnt werden, die Gefahr der Gewöhnung an Härte und Grausamkeit, die in Rom durch die blutigen Schauspiele des Amphitheaters so furchtbar gesteigert wurde. Juvenal hat in seiner Satire gegen die Frauen nicht unterlassen zu schildern, wie die mißgelaunte Gebieterin ihre Sklavinnen unmenschlich peitschen läßt, ohne sich in ihren Beschäftigungen zu unterbrechen, bis die Prügelknechte ermüden und das gräßliche: Hinaus! ertönt; aber auch Ovid ermahnt die Frauen, den Dienerinnen, die sie schmücken, nicht das Gesicht zu zerkratzen, sie nicht mit Nadeln in die bloßen Arme zu stechen. Hadrian verwies eine Frau, die ihre Sklavinnen mit scheußlicher Grausamkeit behandelte, auf fünf Jahre nach einer Insel; und ehe derselbe Kaiser den Herren das Recht nahm, ihre Sklaven willkürlich zu töten, hatte es entmenschten Weibern freigestanden, Sklaven, „die ja keine Menschen waren", ohne Angabe eines Grunds zum Kreuzestode zu verdammen.

Aber noch andern korrumpierenden Einflüssen der verderblichsten Art waren die Frauen ausgesetzt. Zwar die entsittlichenden Wirkungen der schönen Literatur wird man kaum sehr hoch anschlagen dürfen: eher ist man berechtigt, Produktionen wie Ovids Elegien und seine „Kunst zu lieben", die an Unsittlichkeit (im höheren Sinne) kaum je überboten sind, als Symptome einer schreckenerregenden Verderbnis anzusehen, die aber nicht notwendig eine weitverbreitete gewesen sein muß. Auch ist nicht zu vergessen, daß die damaligen, völlig von den unsrigen verschiednen Anstandsbegriffe ehrbare Frauen vieles unbedenklich erscheinen ließen, was heute jedes weibliche Schamgefühl empören würde. Wenn man erwägt, daß Leibniz eines der gewagtesten Gedichte Johann von Bessers der verwitweten Kurfürstin Sophie von Hannover (Mutter der ersten Königin von Preußen) schickte, daß diese es für die verwitwete Herzogin von Orleans (Elisabeth Charlotte) abschreiben ließ, und daß alles „entzückt über die amoureusen Verse" war: so wird man Abstand nehmen, über die Sittlichkeit selbst derjenigen Römerinnen ohne weitres den Stab zu brechen, die Martial und Petron lasen; mit Besser verglichen, dürfen beide keusch genannt werden. In der Tat hat Martial seiner hochverehrten Gönnerin, der etwa im Alter von 40—50 Jahren stehenden Witwe Lucans, Polla Argentaria, sein an groben Obszönitäten nicht eben armes zehntes Buch mit der Bitte überreicht, seine Scherze nicht mit finstrer Stirn aufzunehmen. Ebenso läßt sich schwerlich ermessen, inwiefern lüsterne Darstellungen der bildenden Künste schädlich gewirkt haben. Zwar klagt Properz über die Bilder an den Wänden, welche die unschuldigen Augen der Frauen und Mädchen verdarben, und gelegentlich werden derartige Bilder auch erwähnt. Aber man kann kaum glauben, daß gesittete Frauen in Rom oft solchen Anblicken ausgesetzt waren, da man dort wohl auf keinen Fall eine größre Lizenz voraussetzen darf als in Pompeji, wo unter so vielen Hunderten von Wandgemälden obszöne Bilder schwerlich anderswo als in Bordellen gefunden worden sind. Auch spricht nichts dafür, daß in dem kaiserlichen Rom die Schamlosigkeit jemals so weit ging wie in Paris um die Mitte des 18. Jahrhunderts, wo man auf die Karossen anstatt der Wappen mit großen Kosten anstößige Bilder malen ließ: eine Mode, die nach Rousseau von den Frauen eingeführt war, deren Kutschen sich von denen der Männer nur durch die etwas größre Üppigkeit der Gemälde unterschieden.

Am schlimmsten waren ohne Zweifel im alten Rom „die Verlockungen der Schauspiele, die Aufregungen der Gastmähler": beide nennt Tacitus als die Hauptaufgaben für Unschuld und Sittenreinheit; daß die Frauen der Germanen beiden entzogen waren, sah er als einen Hauptgrund ihrer Keuschheit an.

Die Leidenschaft für die Schauspiele gehört zu den Schwächen, die den Römerinnen dieser Zeit am meisten vorgeworfen worden sind, und an der die Frauen aller Stände gleich sehr litten. Bei der Entführung der Gemahlin eines Senators durch einen Gladiator fand Juvenal am staunenswertesten, daß sie sich entschlossen habe, von den Schauspielen und dem Pantomimen Paris sich zu trennen. Ebenso konnte sich Statius nicht erklären, warum es seiner Frau schwer falle, Rom zu verlassen, da sie doch nicht am Zirkus und Theater hing. Diese Leidenschaft entsprang nicht bloß aus Schaulust, sondern auch, wie Ovid an einer bekannten Stelle sagt und Spätre wiederholen, aus dem Wunsch, gesehen zu werden. Er vergleicht die im höchsten Schmuck zum Theater strömenden Frauen mit wimmelnden Ameisen oder schwärmenden

Bienen. Nie schmückten sie sich reicher und sorgfältiger als für die Schauspiele: hier, wo das kaiserliche Rom seine Pracht am blendendsten entfaltete, waren sie des größten und glänzendsten Kreises von Bewundrern gewiß. Wenn Tacitus und Cassius Dio nicht verschmäht haben, den Mantel von gewebtem Golde zu erwähnen, in dem die Kaiserin Agrippina bei dem Schiffskampf auf dem Fucinersee erschien (ein Prachtstück, das auch Plinius seiner Merkwürdigkeit halber anführt), so mag man sich vorstellen, mit welcher Aufmerksamkeit die Frauen sich gegenseitig musterten, und wie sie alles aufboten, um mit möglichstem Glanze aufzutreten. Zuweilen war dieser Glanz nur erborgt. In Rom, wo die dem italienischen Nationalcharakter tief eingepflanzte Leidenschaft des *far figura* die reichste Nahrung fand, wo Tausende mehr scheinen wollten, als sie waren, war alles zu mieten, bis auf Fingerringe, die erfahrne Advokaten bei der Verteidigung anlegten, um von ihren Klienten höher bezahlt zu werden. Als Gegenstände, die Frauen bei erschöpfter Kasse für das Erscheinen im Theater mieteten, nennt Juvenal: Kleider, Gefolge, einen Tragsessel (der nach Herausziehung der Tragstangen als Sitz diente), Kopfkissen, eine alte Wärterin und eine blonde Zofe. In dem Märchen des Apulejus läßt sich Venus durch Psyche von Proserpina das Schönheitswasser holen, um sich zum Besuch des Theaters der Götter damit zu besprengen.

Durch die Anwesenheit der Frauen in so großer Zahl erhielten natürlich die Schauspiele auch für die männliche Jugend eine starke Anziehungskraft. Properz freut sich über den Entschluß Cynthias, aufs Land zu gehen, wo keine Schauspiele sie verderben können, und Ovid empfiehlt sie als besonders geeignet zur Anknüpfung von Liebesverhältnissen. Zwar im Theater und Amphitheater mußten seit der Zeit des Augustus die Männer sich damit begnügen, ihre Blicke nach den obern Sitzreihen zu richten, die den Frauen ausschließlich angewiesen waren; im Zirkus aber waren die Plätze beider Geschlechter nicht getrennt. „Mögen junge Männer hingehen", schreibt Juvenal, „für die es sich schickt, mitzuschreien, hoch zu wetten und neben einer geschmückten Schönen zu sitzen." Besonders hier knüpfte sich die Bekanntschaft leicht durch das gemeinsame Interesse an dem Schauspiel und die zahlreichen kleinen Dienste, die man seiner Nachbarin erweisen konnte: z. B. ihr ein Kissen zurechtlegen, eine Fußbank herbeischaffen, ihr Luft zufächeln und gegen etwaige Belästigungen andrer Schutz gewähren. Ovid, der über dies alles ausführliche Regeln gibt, hat auch Proben aus den dort angeführten Unterhaltungen mitgeteilt. Der Wagenlenker, an dem die schöne Nachbarin Anteil nahm, ward glücklich gepriesen, man wünschte an seiner Stelle zu sein. Man war zweifelhaft, ob es wirklich so heiß sei, oder ob man es der innern Glut zuzuschreiben habe usw. Für die christlichen Eifrer gegen den Besuch der Schauspiele war das Zusammensein der beiden Geschlechter ein Grund der Verdammung mehr. Im Schauspiel, sagt Tertullian, gibt es keinen größern Anstoß als den Anblick der aufs feinste geputzten Männer und Frauen. Durch die Parteinahme für und wider entstehen Beziehungen, welche die Funken der Begierde anblasen, kurz niemand hat beim Besuch des Schauspiels etwas mehr im Auge, als zu sehen und gesehen zu werden. Auch Clemens von Alexandria fand, daß diese Zusammenkünfte von Männern und Frauen ein Grund zur Zuchtlosigkeit waren.

Doch dieser Gegenstand hat auch seine furchtbar ernste Seite. Die entsittlichenden Wirkungen der Schauspiele kann man sich kaum groß, kaum entsetzlich genug vorstellen. Der Zirkus, wo Pöbelmassen von Parteileidenschaft zur Raserei entflammt gegeneinander tobten, bot noch bei weitem unschuldigere Szenen als das Theater und Amphitheater. Auf der Bühne herrschten die Pulcinellkomödie *(Atellana)* und die Posse *(mimus)* voll grober, unzweideutiger Unzüchtigkeit, an denen sich die Masse, und der pantomimische Tanz, an dem sich die feine Welt ergötzte, wo in der Darstellung der meist schlüpfrigen Gegenstände das Äußerste für erlaubt galt und der raffinierteste Sinnenkitzel aufgeboten ward, um auch erschlaffte und übersättigte Nerven zu reizen. Die Verdammung des Theaters bei den Christen ist namentlich durch diese Aufführungen nur zu sehr begründet: wohl durften sie sagen, daß eine Frau, die keusch in das Schauspiel gegangen war, unkeusch daraus zurückkehre. Wie vollends die Gewöhnung an die Schlächtereien und Marterszenen der Arena die Seelen verwüsten und die zartere Empfindung abtöten mußte, das ist eine Vorstellung, vor der man zurückschaudert.

Das Interesse der Frauen an den Schauspielen erstreckte sich auch auf die darin auftretenden Künstler. Auch Athleten, Zirkuskutscher und Gladiatoren hatten, die letztern selbst bei Frauen der höchsten Stände, Glück; wenn es galt, sich von einem Gladiator entführen zu lassen, scheuten nach Juvenal vornehme Damen selbst die Seekrankheit nicht, ja sie gaben, was (wie gesagt) das Erstaunlichste war, sogar die Schauspiele auf. Nicht minder waren Bühnenkünstler, Sänger und Musiker bei Frauen beliebt, die sich durch ihre Leidenschaft zuweilen zu den größten Torheiten hinreißen ließen: so wartete z. B. dem Schauspieler Stephanio (in Augustus Zeit) eine verheiratete Frau in Knabentracht mit kurzgeschornem Haar auf. Die Gemahlin des Kaisers Pertinax hatte ein offenkundiges Verhältnis mit einem Kitharöden. Man behauptete sogar, daß jene Virtuosen ihre Gunst teuer verkauften. Die Instrumente berühmter Kitharaspieler wurden von ihren Verehrerinnen hoch bezahlt, als kostbarer Besitz geschätzt und zärtlich geküßt. Eine Frau aus einem der edelsten Häuser suchte nach Juvenal durch ein feierliches Opfer zu erforschen, ob ein damals berühmter Kitharaspieler bei der nächsten Preisbewerbung den Kranz erhalten werde: was hätte sie mehr tun können, fügt der Dichter hinzu, wenn ihr Mann oder Sohn gefährlich erkrankt wäre? Doch der allgemeinsten und höchsten Gunst erfreuten sich die Pantomimentänzer, um die Männer und Frauen sich wetteifernd bemühten. Für die Kunst des Pylades und Bathyllus, schreibt Seneca in der spätern Zeit Neros, gibt es viele Schüler und viele Lehrer. Überall in der Stadt sind Bühnen in den Privathäusern errichtet, auf denen Männer und Frauen tanzen: Gatten und Gattinnen machen einander den Vorzug streitig, am üppigsten zu tanzen. Die Pantomimen waren vorzugsweise schöne, junge Männer, die überdies durch ihre Kunst die höchste, verführerische Anmut und Gewandtheit erwarben. Schon im Jahre 22 oder 23 n. Chr. kam es zu einer Ausweisung der beliebtesten von ihnen aus Italien wegen der Parteispaltungen, die sie im Publikum erregten, und wegen ihrer anstößigen Verhältnisse mit Frauen, ohne Zweifel mit angesehenen, sonst würde dies kein Grund für die Maßregel gewesen sein. Der schöne Mnester, der gefeiertste Pantomime unter Claudius, besaß unter anderm die Gunst der älteren Poppäa, der schönsten Frau jener Zeit; daß er auch, obgleich nur gezwungen,

Messalinens Liebhaber war, brachte ihm den Tod. Den Pantomimen Paris ließ Domitian, dessen Eifersucht er erregt hatte, auf offner Straße niederstoßen; auf dem Fleck, wo er gefallen war, streuten viele seiner Verehrer Blumen und gossen Wohlgerüche aus. Das Gerücht brachte sogar die spätre Ermordung Domitians mit der Leidenschaft seiner Gemahlin für diesen oder einen andern Pantomimen in Verbindung. Mit mehr Gelassenheit ertrug Marc Aurel die Liebschaften Faustinas, die nach dem Stadtgespräch ebenfalls diese Künstler begünstigte. Die Leidenschaft der Gemahlin eines Justus für den Pantomimen Pylades erkannte Galen auf ähnliche Weise, wie einst der Arzt Erasistratus die Liebe des Antiochus zu Stratonice. Da er für die Schlaflosigkeit der Kranken in ihrem körperlichen Befinden keinen Grund zu entdecken vermochte, schloß er auf eine tiefe Gemütsbewegung, und die plötzliche Veränderung ihrer Gesichtsfarbe, ihres Blicks und Pulses, als der Name jenes Tänzers genannt wurde, gab ihm über die Natur dieses Übels Gewißheit.

Tacitus hat neben den Verlockungen der Schauspiele die der Gastmähler genannt; doch können selbst in den schlimmsten Zeiten die üppigen Feste, an die er gedacht hat, nie so allgemein gewesen sein, daß sich Frauen ihnen nicht hätten entziehen können, und deshalb ihre Wirkungen auch nicht entfernt so weit- und tiefgreifend wie die der Schauspiele. Bei diesen schwelgerischen Gastmählern war man allerdings ähnlichen Eindrücken ausgesetzt wie im Theater; denn Musik, Tänze und theatralische Szenen waren hier gewöhnliche Unterhaltungen. Hier wurden keusche Ohren durch unzüchtige Gesänge und obszöne Theaterszenen, und keusche Augen durch die berüchtigten Tänze von Syrerinnen oder Andalusierinnen beleidigt, die an wollüstiger Üppigkeit und Zuchtlosigkeit den schlimmsten pantomimischen Darstellungen der ägyptischen Almés nicht nachgestanden zu haben scheinen. Gar viele, sagt Plutarch, lassen (bei ihren Mahlzeiten) Darstellungen von Handlungen und Reden aufführen, welche die Gemüter in weit größre Aufregung bringen als jeder Rausch, und das in Gegenwart von Frauen und unerwachsenen Kindern.

Aber auch abgesehen von diesen Aufregungen konnten die Gastmähler der Tugend der Frauen gefährlich werden, sie boten den Männern eine noch viel günstigere Gelegenheit der Annäherung als die Schauspiele, und diese wurde eifrig gesucht und benutzt. Bei den Gelagen, sagt der ältere Plinius, schätzen gierige Augen den Preis der Frauen ab, während die schlaftrunknen (der Gatten) sie hingeben. In einem der frechsten unter Ovids Namen erhaltnen Gedichte ist die Verführung der schönen Frau eines einfältigen Mannes geschildert; den Namen nach ist es die Geschichte von Paris und Helena; aber dieser Namen bediente man sich allgemein, um eine untreue Gattin und ihren Liebhaber zu bezeichnen; auch ist jeder Zug dem wirklichen Leben jener Zeit entnommen, und dies gibt der Darstellung eine wunderbare Realität. So entspricht auch das Betragen des Liebenden bei der gemeinsamen Mahlzeit den Anweisungen, die Ovid selbst erteilt. Die Schöne fühlt die kühnen, unverwandten Blicke ihres Bewundrers auf sich geheftet; er seufzt, er ergreift ihren Becher und berührt ihn an der Stelle mit den Lippen, wo sie ihn zum Trinken angesetzt hat, er macht ihr Zeichen mit Augen und Fingern, er schreibt mit Wein zärtliche Chiffren auf den Tisch, er erzählt Liebesgeschichten, die in durchsichtiger Verhüllung seine eigne Leidenschaft verraten, ja er stellt sich betrunken, um seine Kühnheit unverfänglich erscheinen zu lassen. Übrigens hatte die frühere Sitte, daß die Frauen bei Tische saßen, schon unter Augustus aufgehört, sie lagen ebenso wie die Männer. In der ältern Zeit hatte dies für unanständig gegolten, aber in der Kaiserzeit wurde die alte Strenge nur noch auf dem Kapitol festgehalten, wo man bei dem Mahl der Götter Juppiter in liegender Stellung, Minerva und Juno auf Stühlen sah. Es komme ja wohl, spottete Valerius Maximus, mehr darauf an, daß die gute Sitte bei den Göttern, als daß sie bei den Frauen bewahrt bleibe.

Inwiefern außer den Gastmählern eigentliche gesellige Zusammenkünfte beider Geschlechter stattfanden, wissen wir nicht. Eine andre Gelegenheit, sich den Frauen zu nähern, hatten die Männer an öffentlichen Orten, wo jene sich zum Lustwandeln einfanden, besonders in den zahlreichen Säulenhallen, die sich um freie, garten- und parkartig bepflanzte Plätze zogen. Hier versah dann wohl statt des Pagen oder Eunuchen, der seiner Gebieterin zuweilen als Wächter beigegeben war, ein Verehrer den Dienst, den Sonnenschirm über ihr Haupt zu halten. Übrigens berührten Frauen von Stande, die meist nur mit großem Gefolge in der Öffentlichkeit erschienen, wohl selten das schwarze Basaltpflaster der Straßen mit ihren Füßen. Gewöhnlich zeigten sie sich im Tragsessel oder in der von riesigen ausländischen Sklaven getragnen Sänfte; der Sänfte, und zwar der bedeckten, sich zu bedienen, war, wie es scheint, eine Auszeichnung der Senatorenfrauen, obwohl die Sitte sowie die bezüglichen Bestimmungen gewiß nicht zu allen Zeiten gleich waren, und die letztern auch häufig übertreten wurden. Cäsar hatte das Recht der Sänfte auf Ehefrauen und Mütter im Alter von mehr als 40 Jahren, überdies auf gewisse Tage beschränkt; Domitian entzog es Frauen von schimpflichem Lebenswandel. Die strengere Sitte forderte dicht zugezogne Vorhänge, da diese Sänften, wo sie sich zeigten, von den Blicken der Neugierigen verfolgt wurden; wir sehen sagt Plutarch, nichts Tadelnswertes darin, wenn wir die Augen auf die Sänften der Weiber heften und nicht von deren Fenstern weichen. Aber Ehemänner, die ihren Gattinnen verboten, „sich im Tragsessel auszustellen und sich den von allen Seiten auf sie gerichteten Blicken der ohne Unterschied zugelaßnen Beschauer preiszugeben", galten, wie Seneca sagt, bei den Frauen als bäurisch, übelgesittet und ihre Gattinnen als beklagenswerte Opfer ehelicher Tyrannei. Denn die Frauen bedienten sich, wie auch Clemens von Alexandria zu bemerken Gelegenheit hatte, der Sänften keineswegs, um sich den Blicken zu entziehen, sondern gerade um kokettierend einherzustolzieren. Bei zurückgeschlagnen Vorhängen scharf nach den sie Anblickenden umschauend, sogar sich häufig hinausbiegend, beschämten sie die angenommne Würde durch diese Ausbrüche ihrer Neugier. Der Wagen bediente man sich in Rom nicht; bei Fahrten über Land aber scheinen Frauen nicht selten selbst die Pferde gelenkt zu haben.

Auch die Schamlosigkeit der Tracht ist den Frauen in jener Zeit vorgeworfen worden; doch ist aus den bezüglichen Äußerungen der zum Übertreiben und Generalisieren geneigten Schriftsteller, namentlich der beiden Seneca und des älteren Plinius, nicht zu entnehmen, welche Ausdehnung das gerügte Übel gewonnen, besonders inwieweit die berüchtigten, nichts verhüllenden koischen Florkleider (eine Tracht der Prostituierten) bei den Frauen überhaupt Eingang gefunden hatten; noch weniger, ob jene Klagen damals mit mehr oder auch nur mit ebensoviel Grund erhoben wurden, als in Deutschland und anderwärts in den verschiedensten Perioden des Mittelalters und der neuern Zeit. Vollends die völlige Durchsichtigkeit der weiblichen Kleidung zur Zeit des Direktoriums in Paris, wo Frau Tallien, und bei den Festen Stanilaw Augusts in Grodno, wo die Marquise von Lulli das Beispiel gaben, kann wohl überhaupt niemals überboten worden sein. In Paris ergab in jener Zeit die Wägung einer bewunderten Damentoilette mit Einschluß des Kameen- und Goldschmucks ein Gewicht von nur ein Pfund. Seitdem strebten die Frauen, ihre Anzüge so leicht wie möglich zu machen, und man wurde nicht müde, sie zu wägen. Die ebenfalls von den Schriftstellern der ersten Jahrhunderte öfters (namentlich als Ursache der Käuflichkeit) beklagte Putzsucht der Frauen und ihre Verschwendung, hauptsächlich mit orientalischen Stoffen und Fabrikaten (namentlich Seide, Byssus, Edelsteinen, Perlen und Wohlgerüchen), ist, wenn auch unzweifelhaft in einzelnen Fällen kolossal, doch einerseits bloß auf kleine Kreise beschränkt gewesen, und hat auch andrerseits allem Anschein nach den Luxus der Tracht in neuern Zeiten kaum erreicht.

In der selbständigen und unabhängigen Stellung der Frauen lag eine starke Versuchung, die Fesseln, die Natur und Sitte ihnen auferlegt hatten, abzustreifen, nach Vorzügen zu streben, die ihrem Geschlecht versagt, Beschäftigungen zu wählen, die mit echter Weiblichkeit unvereinbar waren. Zwar jene widerwärtigen Abnormitäten, die besonders Juvenal mit soviel Vorliebe schildert, werden zu allen Zeiten nicht häufig gewesen sein: die turnenden, in Gladiatorenrüstung fechtenden, die mit den Männern um die Wette die Nächte durch zechenden und den zu reichlich genoßnen Wein wieder von sich speienden, oder die prozeßsüchtigen Frauen, welche die Klageschrift selbst ausarbeiteten. Daß solche Emanzipationsversuche Ausnahmen waren, sagt Juvenal selbst ausdrücklich. Häufiger dürften die gewesen sein, die an den Weltangelegenheiten eifrigen Anteil nahmen. Sie wußten über die entlegensten Länder aufs genaueste Bescheid, sie fingen die Gerüchte an den Toren auf oder veranlaßten sie, führten hohen Militärpersonen gegenüber dreist das Wort und erzählten jedem, der ihnen auf der Straße begegnete, von den neuesten Erdbeben, Überschwemmungen und was sich in der ganzen Welt zugetragen hatte.

Der Ehrgeiz feiner organisierter Naturen nahm einen höhern Flug an; es war in der Natur der Verhältnisse begründet, daß Frauen in hoher Stellung mittelbar oder unmittelbar in den Gang der Dinge bestimmend eingriffen, und das Trachten nach Macht und Einfluß kann unter ihnen nicht anders als sehr verbreitet gewesen sein. Es ist bekannt, daß das Schicksal der römischen Welt nicht selten von Frauen bestimmt worden ist, daß mehr als eine Kaiserin im Namen ihres Gemahls regiert hat, daß nicht wenige an der Regierung bedeutenden Anteil hatten. Selbst Augustus, einer der größten Staatsmänner aller Zeiten, ließ sich häufig von seiner klugen Gemahlin — diesem „Ulyß im Weiberkleide", wie sie Caligula nannte — beraten, und man erzählte sich in Rom, daß er nie mit Livia ein wichtiges Gespräch führe, ohne (wie er übrigens auch sonst tat) sich schriftlich darauf vorzubereiten. Zu dem vielen Guten, das die Kaiserin Eusebia, Gemahlin des Kaisers Constantius, getan habe, rechnet der Kaiser Julian in einer Lobrede auf sie, „daß der eine durch sie im Besitz seines väterlichen Erbes ist, ein andrer von der ihm durch das Gesetz auferlegten Strafe befreit wurde, ein dritter der dringenden Gefahr entging, die ihm eine Denunziation bereitete, Unzählige Ehre und Amt erlangten". Die Witwe Trajans, Plotina, erwirkte von Hadrian, daß der Vorsteher der epikureischen Schule in Athen seinen Nachfolger selbst ernennen durfte, und zwar auch aus Nichtbürgern, was bis dahin nicht zulässig gewesen war. Der Sophist Philiscus erhielt den Lehrstuhl der Beredsamkeit zu Athen durch die Kaiserin Julia Domna. Aber auch den Einfluß der vornehmen, besonders der den Kaiserinnen befreundeten, dem Hofe nahestehenden Frauen wird man sich als einen sehr großen und weitverzweigten vorzustellen haben. Wie sehr man sich bemühte, ihre Gunst zu gewinnen, zeigt eine gelegentliche Äußerung Juvenals. Er rügt die Schwelgerei des Günstlings Domitians Crispinus, der eine sechs Pfund schwere Seebarbe mit 6000 Sesterzen (1305 Mark) bezahlte; hätte er sie zum Geschenk für eine vornehme Freundin gekauft, die in einer riesigen, von großen Scheiben geschloßnen Sänfte dahergetragen wird, so wäre die Ausgabe gerechtfertigt gewesen. Besonders wirksam zeigte sich der weibliche Einfluß natürlich bei der Besetzung von großen wie kleinen Stellen und Ämtern, in Rom wie in den Provinzen. Seneca rühmt von seiner mütterlichen Tante, daß sie ihre Zurückhaltung so weit überwunden habe, um den ihrigen zugunsten seiner Ernennung zum Quästor geltend zu machen. Gessius Florus wurde Prokurator von Judäa durch seine Gemahlin Cleopatra, die mit der Kaiserin Poppäa befreundet war. Der Obervestalin Campia Severina wurde im Jahre 240 von jemandem eine Statue errichtet, weil er auf ihre Verwendung die Erhebung in den Ritterstand, ein Kohortentribunat und die Überspringung eines Grads bei der militärischen Beförderung, von einem andern, weil er ebenfalls durch ihre Empfehlung *(suffragium)* die oberste Direktion der kaiserlichen Bibliotheken erlangt hatte. Epictet läßt einen unredlichen Beamten sich mit der Hoffnung trösten, er werde nicht zur Strafe kommen: „Wir haben einflußreiche Freunde und Freundinnen in Rom." Wo die eignen Verbindungen ehrgeiziger Frauen nicht ausreichten, nahmen sie ihre Söhne in Anspruch, deren Beredsamkeit und Vermögen sie rücksichtslos zu ihren Zwecken oder den Zwecken andrer ausbeuteten. Unter den Wahlempfehlungen zu städtischen Ämtern, die an die Mauern der Pompejanischen Häuser angeschrieben sind, sind einige auch von Frauen unterzeichnet.

In den Provinzen sah man die Gemahlinnen der Statthalter den Übungen und Paraden der Truppen beiwohnen, sich unter die Soldaten mischen, von Centurionen umgeben: so die stolze Plancina, Tochter des Gründers von Lyon, Munatius Plancus, Gemahlin des im Jahre 17 zum Statthalter von Syrien ernannten Cn. Piso, und Cornelia, Gemahlin des Statthalters von Pannonien, Calvisius Sabinus († im Jahre 39). Cäcina Severus unterstützte seinen im Senat im Jahre 21 eingebrachten Antrag, kein Statthalter solle seien Frau mit in die Provinz nehmen dürfen, durch Hinweisungen auf das Auftreten der Plancina in Syrien. Der Senat möge bedenken, wie oft bei Anklagen wegen Erpressungen das meiste den Frauen zur Last falle. An sie hänge sich sogleich der ganze Auswurf der Provinz. Von ihnen würden Geschäfte übernommen und durchgeführt. Die Provinzialen hätten zwei Hofhaltungen ihre Aufwartungen zu machen. Die Weiber seien herrischer und maßloser im Befehlen; von allen Fesseln gelöst seien sie zu Gebieterinnen nicht bloß über die Häuser und Gerichte, sondern auch über die Heere geworden. Doch wurde diesem Antrag nicht stattgegeben, und auch in spätern Zeiten wiederholen sich die

Klagen über Erpressungen der Gemahlinnen von Statthaltern, die „wie Harpyien mit scharfen Klauen, um Geld zusammenzuraffen, durch die Städte und Kreistage stürmten".

Auch dem literarischen Treiben konnten die Frauen unmöglich fremd bleiben, um so weniger, als sie (wenigstens in den höhern Ständen) in der Regel eine gewisse literarische Bildung durch den Jugendunterricht erhalten hatten. Quintilian bezeichnet in seiner „Erziehung zum Redner" eine möglichst große Bildung der Eltern des auszubildenden Knaben als wünschenswert, und er spreche nicht von den Vätern allein. Eine mit allen Vorzügen ausgestattete Frau bei Martial ist reich, von edler Abkunft, gebildet *(erudita)*, keusch. Ovid freilich (der in seiner „Kunst zu lieben" trotz aller Versicherungen, daß er nur von Libertinen und ihresgleichen rede, die Frauen überhaupt schildert, wie er sie kannte und wie sie ihm erschienen) sagt: „Es gibt auch gelehrte (d. h. literarisch gebildete) Weiber, ein sehr dünnes Häuflein, und andre, die es zwar nicht sind, aber dafür gelten wollen." Es ist bekannt, mit welcher Intensität und in welcher Ausdehnung in den beiden ersten Jahrhunderten literarische Tendenzen sich geltend machten, und wie verbreitet namentlich in der gebildeten Gesellschaft der poetische Dilettantismus war. In dem Hause des Augustus, der diese Bestrebungen so geflissentlich begünstigte und förderte, konnten auch die Frauen nicht umhin, zur Literatur in ein Verhältnis zu treten. Seine Schwester Octavia nahm die Widmung eines philosophischen Werks an; Vergil las ihr und ihrem Bruder das sechste Buch der Äneide vor; bei den Versen, die sich auf ihren in der Blüte des Lebens hinweggerafften Sohn Marcellus beziehen, soll sie in Ohnmacht gefallen sein. Besonders nahe stand ihr und ihrer Familie der Dichter Krinagoras aus Mytilene, der als Gesandter seiner Vaterstadt zweimal (709 = 45 und 729 = 25) zu Augustus in Beziehung getreten war. Wir besitzen noch Gedichte, die er an Octavias Sohn Marcellus und ihre schöne und tugendhafte Tochter Antonia (als Mädchen und als Gemahlin des Drusus) richtete; eins derselben begleitete die Übersendung einer Sammlung lyrischer Gedichte, ein andres ist ein Gebet für Antonias leichte und glückliche Entbindung, einige beziehen sich auf ihren Gemahl Drusus und auf seinen Bruder, den nachmaligen Kaiser Tiberius. Zu der Beliebtheit der Tochter des Augustus Julia trug auch ihr Interesse für Literatur und ihre reiche (in jenem Hause, wie Macrobius sagt, leicht zu erwerbende) Bildung bei. Ohne Zweifel war (auch abgesehen von der Nachahmung solcher Beispiele) unter den Frauen jener Zeit die Beschäftigung mit der Literatur verbreitet. So war Perilla (wohl Ovids Stieftochter) Dichterin. Auch die Gemahlin des Lucan, Polla Argentaria, zeichnete sich nach Statius durch Geist und Bildung aus. Von der Beteiligung der Frauen der spätern Kaiserhöfe an der Literatur ist nur bekannt, daß Agrippina, Neros Mutter, ihre Denkwürdigkeiten hinterließ, die Tacitus und der ältere Plinius benutzt haben, und daß Statilia Messalina, die dritte Gemahlin Neros, nach dessen Tode ebensosehr durch Geist wie durch Schönheit und Reichtum glänzte und sich sogar durch schulmäßige Studien die Redekunst zu eigen zu machen suchte; von den literarischen Beschäftigungen der Gemahlin des Septimius Severus, Julia Domna, wird später die Rede sein. Die Tochter des Rhetors Nazarius (unter Constantin) kam ihrem Vater in der Beredsamkeit gleich.

Die Frauen, die an der Literatur nicht tätigen Anteil nahmen, teilten doch wenigstens die Interessen ihrer Männer oder Freunde und waren auf deren Erfolge stolz. Der jüngere Plinius rühmt von seiner Frau, daß sie aus Liebe zu ihm Interesse an der Literatur gefaßt habe. Seine Bücher las sie wiederholt und lernte sie sogar auswendig. Hielt er eine Vorlesung, so hörte sie hinter einem Vorhange zu und lauschte begierig auf die Beifallsbezeigungen der Zuhörer. Führte er eine Verteidigung vor Gericht, so wartete sie den Erfolg mit höchster Spannung ab, und Boten, in Zwischenräumen vom Gerichtshof bis zu ihrer Wohnung aufgestellt, meldeten von Minute zu Minute die Stimmung der Zuhörer, das Beifallsgemurmel, die Bravorufe usw. Seine Gedichte sang sie zur Kithara nach selbst gesetzten Melodien, worin, wie Plinius sagt, kein Musiker sie unterrichtet hatte, sondern die beste Lehrerin, die Liebe. Auch die Fertigkeit, sich leicht und geschmackvoll auszudrücken, war wohl unter den Frauen von Stande sehr allgemein. Ovid empfiehlt den Frauen, in Liebesbriefen in gewählten, doch nicht ungewöhnlichen Ausdrücken zu schreiben; oft sei eine dem Erlöschen nahe Liebesglut durch einen Brief neu angefacht worden und andrerseits durch Sprachfehler einem schönen Gesicht Eintrag geschehen. Wenn die Frauen sich mit ihren etwaigen schriftstellerischen Versuchen nicht an die Öffentlichkeit wagten, so wurden diese doch Freunden vorgelegt. Plinius erzählt, daß ihm ein befreundeter Schriftsteller Briefe von seiner Frau vorgelesen, man hätte Plautus und Terenz in Prosa zu hören geglaubt. Er zweifelt sogar, ob sie wirklich von ihr selbst geschrieben seien; sei dies aber der Fall, so gereichte ihre Ausbildung dem Manne, der sie als ungebildetes Mädchen geheiratet, zu hohem Ruhme: in der Tat muß es eine Folge der frühen Verheiratung der Mädchen gewesen sein, daß auch ihre geistige Bildung häufig, wenn nicht in der Regel, erst in der Ehe vollendet wurde. Sehr verbreitet dürfte auch bei den Frauen die Sucht gewesen sein, griechisch statt lateinisch zu reden, wenigstens zierliche und zärtliche griechische Phrasen einzumischen (schon in der Zeit des Lucretius war Griechisch die Lieblingssprache der Liebenden); man möchte dies, sagt Juvenal, ihnen hingehen lassen, solange sie jung seien, aber bei Sechsundachtzigjährigen sei es unerträglich.

Doch in einer Zeit des wuchernden poetischen Dilettantismus waren natürlich auch die Dichterinnen zahlreich, die sich sowohl in griechischen als in lateinischen Versen versuchten und es gerne hörten, wenn man ihnen sagte, daß sie nur der Sappho und auch dieser kaum nachständen. Diese Dilettantinnen gegenüber unvermeidliche Schmeichelei hat schon Ovid jener Perilla gegönnt, deren poetische Begabung er von früh an zu entwickeln bemüht gewesen war; oft hatten sie sich ihre Verse gegenseitig vorgelesen, oft war er ihr Lehrer und Kritiker gewesen. Die Dichterin Sulpicia, deren poetische Liebesbriefe in die Sammlung Tibulls aufgenommen sind, war wahrscheinlich eine Enkelin des berühmten Juristen Servius Sulpicius Rufus und Tochter eines Freundes des Horaz. Hostia, die Geliebte des Properz, durfte sich mit Sappho und Corinna vergleichen. Persius spottet über die Afterdichterinnen seiner Zeit als „dichterische Elstern". Martial rühmt von Theophila, der Braut seines Landsmanns, des Dichters Canius Rufus aus Gades, daß sie keuscher als Sappho und als Dichterin ihr ebenbürtig sei; mit derselben Wendung verherrlicht er die Gemahlin des Calenus, Sulpicia, unter deren Namen wir noch ein recht schwächliches „Gespräch mit der Muse" in Versen über die Philosophenaustreibung durch Domitian besitzen. In den Gedichten, die Martial von ihr las, hatte sie die Freuden einer glücklichen Ehe ohne jede Prüderie besungen. Auf dem Memnonskoloß sind griechische Verse einer Cäcilia Trebulla und einer Julia Balbilla eingehauen. Die letztre rühmt sich der Abstammung von Claudius Balbillus (Statthalter von Ägypten unter Nero, auch als Schriftsteller bekannt) und einem syrischen Fürsten Antiochus, auf die sie sehr stolz gewesen zu sein scheint. Den Memnonskoloß besuchte sie im November des Jahres 130 im Gefolge des Kaisers Hadrian und „der liebenswürdigen Kaiserin" Sabina, die an ihren Versen großes Gefallen gefunden zu haben scheinen, da diese in den sehr harten Stein mit tiefen großen Buchstaben sorgfältig eingehauen sind. Diesen Beifall mögen ihnen besonders die dem Kaiserpaar reichlich gespendeten Schmeicheleien erworben haben: Memnon habe früher als die Sonne den Kaiser begrüßt, er habe sich vor dessen Zorn gefürchtet usw. Bei einer gewissen Gewandtheit zeigen Balbillas Gedichte einen hohen Grad gelehrter Pedanterie in dem strengen Festhalten des äolischen Dialekts, in welchem Sappho gedichtet hatte; ihre Werke waren also offenbar das eifrig studierte Vorbild auch dieser gelehrten Dilettantin.

Machten die Frauen nicht selbst Verse, so kritisierten sie wohl fremde, und diese Kritikerinnen hält Juvenal für noch schlimmer als die, welche den Wein zu sehr liebten. Kaum hatten sie sich bei Tafel niedergelassen, so begannen sie schon die ästhetische Unterhaltung über Vergil und Homer und wogen die Vorzüge beider gegeneinander ab; so unaufhaltsam rauschte der Strom ihrer Rede, daß niemand zu Worte kam, es war, als ob eherne Becken und Schellen geschlagen würden. Nicht minder unleidlich war das Auskramen der sonstigen Gelehrsamkeit: wenn sie Zitate aus verschollnen Büchern anzuführen wußten, die ihre Männer nicht kannten, immer das grammatische Lehrbuch aufgeschlagen hatten, die Ausdrücke ihrer Freundinnen korrigierten und ihren Männern keinen Sprachfehler durchschlüpfen ließen. Eine Frau, sagt Juvenal, muß nicht die ganze Enzyklopädie im Kopfe haben und einiges in Büchern auch nicht verstehen; auch Martial spottet zynisch über pedantische Puristinnen und zählt unter seine Lebenswünsche eine nicht zu gelehrte Frau.

Den meisten Widerspruch aber fand wohl die Beschäftigung der Frauen mit der Philosophie. Von denen, die nach altrömischer Ansicht sie durchaus mißbilligten, ward teils angeführt, daß diese Studien nur, um damit zu prunken, getrieben würden (aus diesem Grunde hatte der ältere Seneca, ein streng an der alten Sitte festhaltender Mann, seiner Frau nicht gestatten wollen, sich mehr als oberflächlich damit bekannt zu machen, was der Sohn sehr bedauert); teils, daß die Frauen anmaßend und keck werden müßten, wenn sie, anstatt zu Hause zu spinnen und zu weben, unter Männern verweilten, Reden studierten, gelehrt sprächen und Schlüsse auflösten. Zu den Vertretern der entgegengesetzten Meinung gehörten namentlich die Stoiker, die dafür eintraten, daß Knaben und Mädchen auf dieselbe Weise zu erziehen seien; Musonius Rufus erörterte in einer besondern Schrift, „ob man den Töchtern dieselbe wissenschaftliche Bildung geben solle wie den Söhnen". Plutarch schrieb ebenfalls darüber, „daß auch die Frauen eine wissenschaftliche Bildung erhalten müssen". Musonius wollte die Frauen auf Moralphilosophie beschränkt wissen, die er als Grundlage auch der weiblichen Sittlichkeit für unentbehrlich erklärte; Plutarch ging weiter und riet, nach Sokratischer Methode mit dem Studium der Philosophie auch das der Mathematik und Astronomie zu verbinden, weil ein von den erhabensten Ideen und Vorstellungen erfüllter Geist für Eitelkeiten, Aberglauben und Torheiten unzugänglich sei; eine Frau, die Mathematik verstehe, werde sich schämen zu tanzen, und die den Zauber Platonischer und Xenophontischer Dialoge kenne, Beschwörungen und Zauberei verachten.

In der Tat scheinen jene Wissenschaften von Frauen neben der Philosophie nicht selten und nicht immer zum Vorteil ihrer Anmut und Liebenswürdigkeit getrieben worden zu sein. Plutarch rühmt von Cornelia, die erst die Gemahlin des Crassus, dann des Pompejus war, daß sie außer ihrer Schönheit noch andre Reize besaß: eine gute Bildung in Literatur, Musik, Geometrie; auch hatte sie mit Nutzen philosophische Vorträge gehört und war dabei von der Pedanterie und Unliebenswürdigkeit frei, „die junge Frauen durch solche Studien leicht annehmen". Ciceros Freundin Cärellia hatte sich, „offenbar von Eifer für die Philosophie entbrannt", eine Abschrift seiner Bücher vom höchsten Gut vor der Veröffentlichung verschafft. Wohl mochten tiefre Naturen in den Lehren der Weisen Trost im Unglück suchen und finden. Livia soll ihn bei dem Tode ihres Sohnes Drusus in den Worten des stoischen Philosophen Areus gefunden haben. Der an demselben Hofe lebende Stoiker Athenodorus aus Kana durfte eine seiner Schriften Augustus' Schwester Octavia widmen. Der Beziehungen der Kaiserin Plotina zur Schule Epikurs ist bereits gedacht worden. Auch die Kaiserin Julia Domna wandte sich, als sie durch die Intriguen des Günstlings Plautianus mit ihrem Gemahle Septimius Severus zerfallen war, der Philosophie und wissenschaftlichen Beschäftigungen zu. Sie umgab sich mit Mathematikern und Rhetoren, und Philostrat, der zu diesem Kreise gehörte, schrieb auf ihre Veranlassung den Roman von Apollonius von Tyana. Jene von Martial als Dichterin gerühmte Theophila war in der epikureischen und stoischen Philosophie gleich sehr zu Hause. In einer dem Galen zugeschriebnen Schrift wird eine dem Verfasser befreundete Frau, namens Arria, erwähnt, welche von den Kaisern (Sever und Caracalla) wegen ihrer ernsten Studien (namentlich der Platonischen Philosophie) hochgeschätzt worden sei: vielleicht dieselbe Verehrerin des Plato, der Diogenes Laertius seine Lebensbeschreibungen der Philosophen widmete.

Doch bei der Mehrzahl blieben freilich wohl auch diese Beschäftigungen bloße Tändelei. Horaz spricht in einem Spottgedichte auf eine verliebte Alte von den zwischen seidnen Polstern liegenden stoischen Büchern. Zu Epictets Zeit lasen die Frauen in Rom mit Vorliebe Platons Republik, weil hier die Aufhebung der Ehe und die Weibergemeinschaft in einer gewissen Ausdehnung für die Grundbedingung des idealen Staats erklärt wird; sie meinten darin eine Entschuldigung für eigne Fehltritte zu finden; und Lucian versichert, daß es Philosophen gab, die jene Lehre Platons mit den von ihnen verführten, zur Philosophie bekehrten Frauen verwirklichten, ohne zu begreifen, in welchem Sinne jener heilige Mann die Weibergemeinschaft verstanden hatte. Als Marc Aurels Beispiel die Studien der Philosophie und der Wissenschaften überhaupt allgemein machte, besoldeten auch vornehme Frauen unter ihrer übrigen Umgebung griechische Weltweise, Rhetoren und Philologen, von ehrwürdigem Äußern, mit langen grauen Bärten, zu deren Obliegenheiten es gehörte, unter dem übrigen Gesinde ihre Sänfte zu begleiten. Anders als bei Tafel oder während des Ankleidens fanden sie aber nicht Zeit, sich philosophische Vorträge halten zu lassen; wenn ihnen etwa während eines Vortrags über Züchtigkeit die Zofe das Billett eines Liebhabers übergab, so unterbrachen sie sich nicht länger als nötig war, um die Antwort zu schreiben, und hörten dann aufmerksam weiter. Selbst auf Reisen wurden die Philosophen mitgenommen, wobei man sie freilich zuweilen nach langem Warten im Regen mit einem Tänzer, Koch oder Haarkräusler in den letzten Wagen packte. Lucian erzählt, daß eine reiche und vornehme Frau einem alten, in ihrem Solde stehenden Stoiker ihre trächtige Malteser Schoßhündin zur besonderen Beaufsichtigung übergeben und daß diese während der Fahrt auf dem Mantel des Philosophen Junge geworfen habe.

Wenn aber auch ein großer oder der größte Teil der Frauen nur mit dem Schein philosophischer Bildung prunkte, so fehlte es doch, wie gesagt, zu keiner Zeit an solchen, die mit allem Ernste durch die Philosophie einen Halt und eine Richtschnur für das Leben zu gewinnen strebten. Auch der Ägypter Plotinus, der Begründer des Neuplatonismus, der letzten großen Schöpfung des antiken Geistes, fand bei seinem Aufenthalte in Rom (seit 244 n. Chr.) zahlreiche eifrige und ergebne Schülerinnen, auch in den höhern Ständen, unter ihnen die Kaiserin Salonina; er wollte ihre und ihres Gemahls Gallienus Gunst benutzen, um mit seinen Anhängern auf dem Gebiet einer untergegangenen Stadt in Campanien (wahrscheinlich Pompeji) einen platonischen Philosophenstaat, eine Platonopolis, zu gründen. Doch seine Gegner vereitelten die Ausführung dieses Plans, und das antike Ikarien ist nie ins Leben getreten. Der Schüler Plotins, Porphyrius, vermählte sich mit der Witwe eines Freunds, Marcella, nicht bloß um die nicht mehr junge, kränkelnde Frau in der Erziehung ihrer sieben Kinder zu unterstützen, sondern auch wegen ihrer hohen Begabung für wahre Philosophie, in welche sie bereits eingeweiht war.

Am tiefsten wurden die Frauen von den religiösen Bewegungen berührt und ergriffen, die schon seit dem 1. Jahrhundert begonnen hatten, im 2. an Umfang und Intensität sehr zunahmen, im 3. und 4. ihren Höhepunkt erreichten. Es waren die letzten Anstrengungen des Heidentums, durch eine Regeneration sich gegenüber dem neuen Geist zu behaupten, dessen von Osten ausgegangenes Wehen immer gewaltiger die Welt erfüllte. Der scheinbar schon ganz in Verfall geratne griechisch-römische Götterglaube erlebte eine überraschende Restauration, die seine immer noch ungeschwächte Lebenskraft bewies; aber auch jede fremde Form der Gottesverehrung, die einen positiven Inhalt zu haben schien, war mit Begierde ergriffen, und ein großer Teil der Gläubigen suchte nicht in einer einzigen, sondern in einer Häufung und Mischung der verschiedenartigsten Religionen und Kulte das Heil.

Orientalische Kulte waren jedoch bei weitem am meisten verbreitet und standen im höchsten Ansehen. Ihr Pomp war auf die Sinnlichkeit wohl berechnet, ihr umständliches Zeremoniell imponierte der Einfalt, in ihren Symbolen, Wundern und Geheimnissen ahnten Gläubige eine höhere Offenbarung, der mystische Hang nach inniger Vereinigung mit dem Göttlichen fand hier vollste Befriedigung. Wenn diese Kulte so gerade den Bedürfnissen des weiblichen Gemüts am meisten entgegenkamen, so wirkte noch stärker die Verheißung, durch Büßungen und Sühnungen zur Reinigung und Heiligung und zu einer höhern Seligkeit im Jenseits zu führen. Die Neigung zur Askese war eine natürliche Wirkung der sittlichen Auflösung und Zügellosigkeit; dieselbe sittliche Schwäche, welche die Verschuldung herbeiführte, wähnte auch, sich durch äußerliche Bußen von der Schuld befreien zu können.

So steigerte sich denn namentlich bei den Frauen das Verlangen, in diesen Religionsübungen entweder eine höhere Weihe oder Trost und Entsündigung zu finden, zur Leidenschaft; und Frömmigkeit ohne Aberglauben, die einer Frau in ihrer Grabschrift von ihrem Gatten nachgerühmt wird, mag unter ihnen nicht häufig zu finden gewesen sein. Plutarch empfiehlt in seinen Ehevorschriften der Frau ausdrücklich, nur die Götter zu verehren, die ihr Mann anerkenne, jedem andern Dienst und Aberglauben aber die Tür zu verschließen. Denn die von den Frauen im Verstohlenen dargebrachten Opfer könnten keinem Gotte angenehm sein. In den Verehrerinnen der orientalischen Gottheiten hatten deren Priester die blindgläubigsten, gehorsamsten und freigebigsten Anhängerinnen. Bald ließen sie sich von einer herumziehenden Bande von Bettelpriestern der Großen Mutter einreden, daß ihnen die ungesunde Septemberluft ein Fieber zuziehen würde, wenn sie sich nicht mit einem Geschenk von hundert Eiern und einem getragnen Gewande sühnten, in welchem Falle die bevorstehende Gefahr in die Kleider fahren sollte. Bald tauchten sie auf priesterliche Vorschrift dreimal am frühen Morgen in dem mit Eis gehenden Tiber unter und rutschten eine bestimmte Strecke in der notdürftigsten Kleidung vor Kälte und Seelenangst zitternd auf bloßen Knien. Bald reisten sie nach Ägypten, um Nilwasser zu holen, wenn ihnen Isis im Traum befahl, damit in ihrem Tempel zu sprengen. Die große Göttin Isis, die „millionennamige", wurde von den Frauen in der ganzen römischen Welt als gnadenreiche Heil- und Schutzgöttin am allgemeinsten und inbrünstigsten angerufen. Zu ihren schon seit der Mitte des 1. Jahrhunderts in Rom zahlreichen Tempeln wallfahrteten in Masse die Beterinnen in den vorgeschriebnen leinenen Gewändern, sangen mit aufgelöstem Haar zweimal am Tage in den Chören zum Preise der Göttin mit, ließen sich mit Nilwasser besprengen und beobachteten die Fasten und die sonstige Enthaltsamkeit, welche die Priester ihnen aufzulegen für gut fanden; hatten sie dagegen gefehlt, so legten diese für gute Bezahlung ihre Fürbitte bei Osiris ein, und durch das Opfer eines Kuchens oder einer fetten Gans ließen sich die erzürnten Götter beschwichtigen.

Es kann nicht wundernehmen, daß die von Frauen so viel besuchten Tempel der Isis vielfach zu schändlichen Zwecken mißbraucht wurden. Ihre Priesterinnen, Priester und Tempeldiener wurden allgemein der gewerbsmäßigen Kuppelei bezichtigt, und der ganze Kultus war aus diesem Grunde verrufen. Was im Innern dieser Tempel vorgehen konnte, davon gibt ein Ereignis, das sich im Jahre 19 n. Chr. in Rom zutrug, eine Probe. Ein Ritter Decius Mundus hatte eine edle Frau von unbefleckter Keuschheit, Paulina, lange vergeblich mit Anträgen verfolgt. Sie war dem Isisdienst sehr ergeben; die Priester des von ihr besuchten Tempels, durch eine Summe von 5000 Denaren bestochen, redeten ihr ein, der Gott Anubis wünsche ein nächtliche

Zusammenkunft mit ihr, und natürlich erschien Mundus in der Maske des Gottes. Der Frevel kam zu Tiberius' Kenntnis; er verbannte den Hauptschuldigen, ließ die Priester ans Kreuz schlagen, den Tempel niederreißen und das Bild der Göttin in den Strom werfen. Aber nicht bloß die Tempel der Isis, sondern alle, in denen Frauen aus- und eingingen, waren als Orte der Verführung verrufen; es gab keinen, sagt Juvenal, in dem Frauen sich nicht preisgaben, und wenn auch mit Übertreibung, so doch auch sicher nicht ohne Wahrheit brandmarken christliche Schriftsteller Tempel, Haine und andre heilige Orte als Brutplätze nicht bloß des Ehebruchs und der Unzucht, sondern auch der schwersten Verbrechen. In den Tempeln, heißt es bei Minucius Felix und Tertullian, werden Verabredungen zum Ehebruch getroffen, zwischen den Altären Kuppelei geübt, in den von Weihrauch duftenden Zellen der Tempelwächter und Priester geht es zu wie in Bordellen. Tertullian führt die Götzendienerei redend ein: Meine (von Andächtigen besuchten) Haine, Berge und Quellen und in den Städten die Tempel wissen, wieviel Vorschub ich der Untergrabung der Keuschheit leiste — Zauberer und Giftmischer wissen, wie oft ich der Eifersucht zur Rache verhelfe, wieviel Wächter, Angeber, Mitwisser ich aus dem Wege räume. Auch Properz nennt die Tempel neben den Schauspielen als Hauptursache der Untreue seiner Cynthia, und Ovid empfiehlt die Tempel neben Theatern und Portiken Männern, die Liebesabenteuer suchen, und unter den nicht zu versäumenden Festen auch die Sabbatfeier der Juden.

Die ungemeine und immer wachsende Ausbreitung, die das Judentum damals schon in der westlichen Welt gewonnen hatte, ist vielfach bezeugt, und sicherlich zählte es mehr Proselytinnen als Proselyten. Zu jenen scheint die Kaiserin Poppäa gehört zu haben. Josephus nennt sie als eifrige Fürsprecherin der Juden: „denn sie war gottesfürchtig"; und vielleicht war dies der Grund, weshalb ihre Leiche nicht verbrannt, sondern nach der Weise der ausländischen Könige mit Wohlgerüchen einbalsamiert und in der Grabstätte der Julier beigesetzt wurde. Die erste harte Maßregel gegen die Juden in Rom erfolgte im Jahre 19 gleichzeitig und im Zusammenhange mit jenem Einschreiten gegen den Isisdienst: 4000 waffenfähige Freigelassene, „die von ägyptischem oder jüdischem Aberglauben angesteckt waren", wurden nach Sardinien zur Bekämpfung der dortigen Räuberbanden geschickt; die übrigen erhielten den Befehl, Italien zu verlassen, falls sie nicht vor einem bestimmten Termin ihren unheiligen Gebräuchen entsagt hätten. Die Veranlassung zur Verfolgung der Juden soll zunächst ein gegen eine vornehme, dem Judentume ergebne Römerin Fulvia, verübter Betrug gegeben haben. Ihre jüdischen Lehrer hatten sie bewogen, eine Tempelsteuer nach Jerusalem zu senden, und diese fromme Gabe unterschlagen. Unter Domitian spottete Martial (im Jahre 88) über den nüchternen Atem sabbatfeiernder Frauen.

Auch die Lehren des Christentums entzündeten vorzugsweise die Herzen der Frauen, und seine Sendboten haben sicherlich den Wert ihrer Empfänglichkeit für die Verbreitung der neuen Lehre nicht unterschätzt. Wie bekannt, erfolgte diese zunächst in den untern Ständen. Die Heiden spotteten noch im 2. Jahrhundert, daß die neuen Gemeinden vorwiegend aus geringen Leuten, aus Handwerkern und alten Frauen beständen, daß die Christen nur die Einfältigsten und Niedrigsten, nur Sklaven, Weiber und Kinder zu bekehren vermöchten. Doch vielleicht gewann wie im Osten, so auch in Rom das Christentum schon früh einzelne Bekennerinnen in den höhern Ständen. Aber die Annahme, daß zu diesen Pomponia Gräcina, Gemahlin des Konsuls Plautius, des Besiegers von Britannien, gehört habe, ist so äußerst schwach begründet, daß man ihr nicht die geringste Wahrscheinlichkeit beimessen kann. Sie wurde im Jahre 57 des „ausländischen Aberglaubens“ angeklagt, das Urteil aber ihrem Gemahl überlassen, der sie freisprach. Unter ausländischem Aberglauben liegt es am nächsten, eine der beiden von Tiberius verfolgten Religionen, die ägyptische oder die jüdische, zu verstehen. In der lebenslänglichen, vierzigjährigen Trauer der Pomponia Gräcina um eine ermordete Verwandte die Abwendung einer Christin von der Welt zu erkennen, ist schon darum unzulässig, weil Fälle einer leidenschaftlichen, jahrelangen Trauer aus jener Zeit auch von unzweifelhaft heidnischen Frauen berichtet werden. Auch die altchristliche Tradition kennt diese Konvertitin nicht, während doch die Legende von persönlichen Beziehungen zwischen Seneca und dem Apostel Paulus zeigt, wie sehr sie geneigt war, hervorragende Personen der heidnischen Welt auf irgendeine Weise als Proselyten in Anspruch zu nehmen. Mehr Grund hat die Annahme, daß die Schwestertochter Domitians, Flavia Domitilla, sich zum Christentum bekannt habe. Gegen sie und ihren Gemahl, T. Flavius Clemens (Konsul im Jahre 95), wurde die Anklage des Atheismus erhoben, wegen dessen damals viele, die sich „den Gebräuchen der Juden“ zugewandt hatten, teils zum Tode, teils zur Einziehung der Güter verurteilt wurden: Clemens wurde hingerichtet, Domitilla auf eine Insel verbannt. Vielleicht sind die von dieser Verfolgung Betroffnen, wie Renan vermutet hat, Judenchristen gewesen. Die nicht vor Ende des 5. Jahrhunderts verfaßten Märtyrerakten der als Schutzpatronin der Musik verehrten heiligen Cäcilia, nach welchen diese aus edler senatorischer Familie (des beginnenden 3. Jahrhunderts) gewesen sein soll, sind völlig unglaubwürdig. und es bleibt zweifelhaft, ob und welche Tatsachen ihnen zugrunde liegen.

Die Zeit vom Tode Marc Aurels bis zu der großen Verfolgung des Decius war für die Kirche im ganzen eine Zeit der Ruhe und der Ausbreitung des neuen Glaubens sehr günstig. Unter der Regierung des Commodus, dessen Maitresse Marcia, wie bemerkt, wahrscheinlich eine Christin war, traten in Rom ganze vornehme Familien zum Christentum über; Septimius Severus nahm in den ersten Jahren seiner Regierung Männer und Frauen von senatorischem Stande, deren christliches Bekenntnis offenkundig war, gegen die Verfolgungssucht in Schutz; Julia Mamäa, die Mutter des Alexander Severus, soll durch die Vorträge des Origenes für das Christentum günstig gestimmt worden sein. Der römischen Kirche erwuchsen durch die vornehmen Proselytinnen, für die selbst der eifernde Tertullian die ihnen durch Geburt und Stand auferlegte Notwendigkeit einer prachtvollen Kleidung anerkannte, manche Verlegenheiten. Der Bischof Callistus (218—223) gestattete, wie erwähnt, Jungfrauen und Witwen von senatorischem Stande, die ihren Rang nicht durch die Vermählung mit einem Geringeren einbüßen wollten, Konkubinate, selbst mit Sklaven, indem er offenbar diesen durch Gesetz und Sitte gebrandmarkten Verhältnissen vor den Ehen mit Ungläubigen den Vorzug gab. Die Denkmäler der Katakomben machen uns auch mit den Namen einiger edler Römerinnen aus jener Zeit bekannt, die sich zum Christentume bekannten. In den Krypten der Lucina ist der Sarkophag einer Jallia Clementina gefunden vorden, der Tochter des Jallius Bassus und der Catia Clementina; der Vater ist vielleicht ein Mann, der unter Marc Aurel und Verus hohe Stellungen bekleidete und es bis zum Konsulat brachte; ebenda sind die Inschriften einer Annia Faustina, Licinia Faustina, Acilia Vera zum Vorschein gekommen, die einer sowohl mit den Pomponii Bassi als mit dem kaiserlichen Hause der Antonine verwandten Familie angehört zu haben scheinen.

Daß in dem Jahrhunderte währenden Ringen zwischen Heidentum und Christentum immer von neuem die heiligsten Bande der Natur zerrissen und Herzen gebrochen werden mußten, wer möchte daran zweifeln, auch wenn von all diesen Leiden und Kämpfen keine Kunde auf uns gekommen ist. Doch sagt Origenes, daß die Sendboten des Christentums sich nicht scheuten, ins Innere der Familien einzudringen und sich zwischen Blutsverwandte zu stellen, daß christliche Sklaven, wie die Heiden ihnen vorwarfen, Frauen und Kinder ihrer Herren zu ihrem Glauben hinüberzuziehen suchten, daß die Eifrigsten die Kinder zu Versagung des Gehorsams gegen Väter und Lehrer antrieben. Ein Fall, den der christliche Schriftsteller Justinus (unter Antoninus Pius) erzählt, muß sich seinem wesentlichen Inhalt nach tausendfach ereignet haben. Ein Ehepaar war schändlichen Lüsten ergeben, die Frau wurde Christin: vergebens versuchte sie durch Mitteilung der neuen Lehre und Hinweisung auf die ewigen Strafen den Mann zu bessern; endlich fürchtete sie, wenn sie länger seine Gattin bliebe, Teilhaberin an seiner Gottlosigkeit zu werden, und schied sich von ihm. Wenn sich hier sittliche Bedenken zu den religiösen gesellt haben sollen, so reichte doch vermutlich in den meisten Fällen die Verschiedenheit des Glaubens, die Gewissensangst hin, um auch die für das Leben geschlossenen Bündnisse zu lösen. Es kam aber auch wohl vor, daß der heidnische Gemahl seiner christlichen Frau die Mitgift abdrang und sich damit für sein Schweigen bezahlt machte. Die Zahl der christlichen Frauen, die es über sich gewannen, „Heidinnen unter den Heiden, Gläubige unter den Gläubigen" zu sein (wie es in einer Inschrift heißt), war wohl zu keiner Zeit groß, und sicherlich mußte nur zu oft „Lieb und Treu wie ein böses Unkraut ausgerauft" werden. Zwar messen die christlichen Schriftsteller begreiflicherweise die Schuld an solchen Spaltungen und Trennungen ausschließlich dem heidnischen Teile bei. Aber die Härte, mit der Tertullian in seiner montanistischen Periode die in gemischten Ehen Lebenden als der Unzucht Schuldige und von der Gemeinde Auszuschließende bezeichnet, läßt vermuten, daß die Scheidungen solcher Ehen oft genug durch christlichen Glaubenseifer herbeigeführt wurden. Zuweilen stand denselben allerdings auch ein starker heidnischer Fanatismus gegenüber. Porphyrius teilt eine Antwort eines Apolloorakels auf die Frage eines Mannes mit, welchen Gott er zu versöhnen habe, um seine Frau vom Christentum abzuziehen: „Eher könntest du ins Wasser schreiben oder durch die Luft fliegen, als den Sinn deiner befleckten, gottlosen Gattin wandeln. Möge sie nach ihrem Willen bei eitlem Truge verharren und mit trügerischem Wehklagen ihren Gott besingen, den nach seiner Verurteilung durch gerechte Richter ein arger Tod getroffen hat."

Wenn die Frauen sich auch damals auf religiösem Gebiet als „Führerinnen in der Gläubigkeit“ erwiesen, so waren sie ohne Zweifel nicht minder für jeden neuen Aberglauben am empfänglichsten, so wie sie an jedem alten mit der zähesten Festigkeit hingen. Nur eine von den zahllosen Formen der in jenen Jahrhunderten unendlich vielgestaltig und üppig wuchernden Superstition scheint von den Männern in höherm Grade gehegt worden zu sein, die Astrologie, deren Weissagungen die größten und gefahrvollsten Unternehmungen veranlaßt und gelenkt und auf die Schicksale der damaligen Welt keinen geringen Einfluß geübt haben. Doch versteht es sich von selbst, daß diese für jene Zeit vorzugsweise charakteristische und ganz besonders von den höhern Ständen begünstigte Art, die Zukunft zu erforschen, auch bei den Frauen weit verbreitet war. Kein Astrolog, sagt Juvenal, gelte bei ihnen für geistvoll, der nicht einmal verurteilt worden sei; am gefeiertsten waren die Sterndeuter, wenn sie in einen großen politischen Prozeß verwickelt gewesen, wenn sie lange in Ketten gelegen hatten, mit Not zur Verbannung auf eine wüste Insel begnadigt waren. Auch gab es Frauen, die selbst in der Astrologie gelehrt waren und nicht das Geringste unternahmen, ohne den astrologischen Kalender nachzuschlagen. Manche sorgten sogar, wenn sie ihre Niederkunft erwarteten, dafür, daß ein Chaldäer auf einer Sternwarte in der Nähe sich zur Beobachtung der Gestirne bereit hielt, der von der erfolgten Geburt durch einen Schlag an eine Metallscheibe augenblicklich benachrichtigt wurde, um dem zur Welt gekommenen Kinde sofort die Nativität zu stellen. Augustinus erzählt von zwei Freunden, die der Astrologie so eifrig ergeben waren, daß sie selbst die Momente der Geburten ihrer Haustiere und die Konstellationen, unter denen sie erfolgten, aufs genaueste aufzeichneten. Es begab sich, daß die Frau des einen und eine Sklavin des andern zugleich gebaren, und die genaueste Beobachtung der Tage, Stunden und kleinern Zeitteile ergab, daß die beiden Kinder in demselben Augenblick, also auch unter derselben Konstellation, zur Welt gekommen waren. Trotzdem stieg der eine hoch, der andre blieb ein Sklave: diese Tatsache zerstörte bei Augustus auch den Rest des Glaubens an die Astrologie.

Vor allem aber war das ganze unermeßliche Zauberwesen mit all seiner Gaukelei und Betörung, mit seinem Wahnwitz, seinen Verbrechen und Greueln unter den Frauen im Schwange. Auch diese Superstition erlitt unter dem wachsenden Einflusse orientalischer Mystik im Laufe dieser Periode eine völlige Umwandlung, und die Zauberer der ersten Kaiserzeit sind von denen des 2. Jahrhunderts sehr verschieden. Zu jenen gehörten ganz besonders die Hexen des Volksglaubens. Es waren verrufne und gehaßte Weiber, die zweideutige Gewerbe trieben, vor allem Kuppelei; sie wußten Salben und Schönheitsmittel zu kochen, aber auch andre Medikamente, die mehr oder minder mit Giftmischerei zusammenhingen; auch pflegten sie den Wein sehr zu lieben. Dieses ganze Treiben war zu armselig und bettelhaft, um bei den Gebildetern Eingang finden zu können, und war doch nicht aus den Gemächern der Frauen zu verbannen, unter denen namentlich der Glaube an die Macht des Liebeszaubers ungemein verbreitet war; selbst Plutarch übergeht ihn in seinen „Lehren für die Ehe“, die an ein hochgebildetes, neuvermähltes Paar gerichtet sind, nicht mit Stillschweigen. In Italien scheint er übrigens erst im letzten Jahrhundert v. Chr. Eingang gefunden zu haben.

Aber das Ansehen der Zauberei wuchs, und ihre Gläubigen mehrten sich ungemein, seit sie sich zeitgemäß umgestaltete. In der zweiten Hälfte des 2. Jahrhunderts, wo bereits die ersten Vorläufer des Neuplatonismus auftraten, wie der Chaldäer Julianus, berührte sich die Philosophie mit der Theurgie und Magie je länger, je mehr. Schon Apulejus sagt, daß die Philosophen bei der Menge im Verdachte der Zauberei standen, und Zauberer wie Naturphilosophen schöpften nun immer häufiger aus jenen Urquellen höherer Weisheit, die im Morgenlande fließen sollten; sie gingen am Nil, am Euphrat und Ganges in die Schule. Nun traten statt jener kuppelnden und betrunknen Hexen fromme und heilige Wundertäter in Rom auf, die entweder aus dem Orient stammten oder doch viele Jahre in den ägyptischen Katakomben zugebracht hatten, oder gar der Gemeinschaft der Brahminen gewürdigt worden waren, frei von menschlichen Leidenschaften, irdische Speise und Trank verschmähend, in weißen, leinenen Gewändern, würdevoll in ihrer Erscheinung und gern gesehene Gäste in großen Palästen. Kurz, wenn jene frühern Hexen denen unsres Mittelalters gleichen, so haben diese spätern Zauberer die täuschendste Ähnlichkeit mit den Großkophtas des 18. Jahrhunderts; auch ihre Zaubermacht wurde von ihren Anhängern aus der Heiligkeit ihres Lebenswandels hergeleitet: denn wer die menschliche Natur überwinde, werde den Göttern ähnlich und vermöge mit ihrer Hilfe Wunder zu vollbringen. Auch sie verdankten ihre Erfolge nicht zum geringsten Teil den Frauen, die zu gewinnen sie sich vor allem bemühten. Auf ihre äußre Erscheinung verwandten sie die größte Sorgfalt. Alexander von Abonuteichos war nach Lucians Schilderung ein schöner Mann, von stattlicher, würdevoller Gestalt, weißer Haut, wohlgepflegtem Bart, feurigem und schwärmerischem Blicke, höchst sanfter und zugleich klangreicher Stimme; außer seinem eignen Haar trug er eine sehr täuschend gemachte Perücke, so daß sein Kopf von einer reichen Lockenfülle umflossen war; er erschien in einem weiß und purpurnen Unterkleid und einem weißen Mantel, in der Hand ein Hakenschwert, als Zeichen seiner Abkunft von Perseus. Die Gunst der Frauen wurde ihm überall zuteil, Lucian versichert sogar: mit Wissen, ja auf den Wunsch der Männer, und ohne Zweifel war ihm die Erwerbung ihrer Gunst nicht bloß Zweck, sondern auch Mittel zur Befestigung seiner Stellung. Vielleicht würden wir ähnliches von Apollonius von Tyana erfahren, wenn Lucian auch sein Leben geschrieben hätte. Philostrat verrät nur gelegentlich, daß die Sage ging, er habe eine vielbewunderte, schöne Frau in Seleucia in Cilicien geliebt, und diese, die andre Bewerber zurückwies, sich ihm ergeben, lediglich aus Verlangen, mit trefflichen Kindern gesegnet zu werden, da er von göttlicher, über die Menschheit erhabner Natur war; aus dieser Verbindung soll der Sophist Alexander, genannt Peloplaton, entsprossen sein, der ein vorzüglich schöner Mann war. Doch erklärt Philostrat, wie natürlich, das Gerücht für durchaus unglaublich.

Wenn hier vorzugsweise Schwächen und Torheiten, Verirrungen und Laster der Frauen geschildert worden sind, so ist der Grund nur der, daß die Zeitgenossen sich mit Vorliebe darüber verbreitet, bei ihren scheinlosen Tugenden aber selten verweilt haben, da diese der Satire wie der Rhetorik keinen oder keinen so dankbaren Stoff boten. Doch fehlt es nicht ganz an Schilderungen von Ehen, in welchen die Gatten „durch gegenseitige Liebe, und indem wechselweise eines sich dem andern unterordnete, in wunderbarer Eintracht lebten: wobei das Verdienst einer guten Frau um ebensoviel größer ist als (bei einer unglücklichen Ehe) die Schuld einer schlechten"; an Schilderungen von Gattinnen und Müttern, die „das Licht ihres Hauses" waren, wie Annia Regilla, die Gemahlin des Herodes Atticus, auf der Basis einer ihrer Statuen genannt wird. Namentlich die Briefsammlung des jüngern Plinius lehrt uns eine Reihe edler und trefflicher Frauen kennen. Er berichtet auch den heldenmütigen Tod einer Frau aus seiner Vaterstadt Como, den er mit Recht dem so viel gepriesnen der ältern Arria gleichstellt. Bei einer Fahrt über den Comer See hatte ihm ein ältrer Freund eine Villa und in dieser ein über das Wasser vorspringendes Gemach gezeigt, aus dem jene Frau mit ihrem Manne sich hinabgestürzt hatte. Dieser litt infolge einer langen Krankheit an fressenden Geschwüren; er zeigte sie seiner Frau und fragte, ob sie das Übel für heilbar halte. Es erschien ihr hoffnungslos, sie ermahnte ihn, sich den Tod zu geben, und war dabei nicht bloß seine Gefährtin, sondern auch seine Führerin und sein Vorbild; sie banden sich aneinander und stürzten sich so in den See.

Auch die Geschichte hat manches leuchtende Beispiel weiblicher Seelengröße und Hochherzigkeit gerade aus Zeiten aufbewahrt, die, im ganzen betrachtet, ein abschreckendes Bild tiefster Herabwürdigung und erbärmlichsten Knechtsinns zeigen. In jenen furchtbarsten Perioden der kaiserlichen Schrekkensherrschaft, wo Frauen selbst um der Tränen willen verfolgt wurden, die sie ihren geopferten Angehörigen nachweinten, haben sie nicht selten den Männern das Beispiel des Muts, der Treue und der Aufopferung gegeben; wie ja auch in der Zeit der Proskriptionen die Gattinnen den Geächteten die höchste Treue bewiesen, während die Söhne sich durchweg treulos zeigten. Auch in den Schreckenszeiten der Julischen Dynastie starben Frauen oft mit den Ihrigen, wenn ihre Bitten diese nicht zu retten vermochten; Mütter folgten ihren Söhnen, Gattinnen ihren Männern ins Exil. Nur ausnahmsweise hat Tacitus die Schicksale einzelner von diesen Frauen erzählt. Antistia Pollitta sah ihren Gatten Rubellius Plautus (im Jahre 62) durch Neros Schergen fallen; sie hatte seinen blutigen Nacken umschlungen, bewahrte das blutbespritzte Gewand und lebte als Witwe in tiefer Trauer, ohne mehr Nahrung zu sich zu nehmen, als zur Fristung des Lebens unumgänglich war. Als dann im Jahre 65 auch ihr Vater L. Vetus auf den Tod angeklagt wurde, versuchte sie vergeblich, zu Nero vorzudringen, um sein Schicksal abzuwenden, und beschloß dann, es zu teilen; auch die Schwiegermutter des Vetus, Sextia, wollte beide nicht überleben. Vetus verschenkte seine ganze Habe an seine Sklaven und behielt nur drei Betten zurück; auf diesen durchschneiden die drei sich mit demselben Messer die Adern und werden dann eiligst, jedes in ein Gewand schamhaft verhüllt, ins Bad getragen. „Der Vater heftet den Blick auf die Tochter, die Großmutter auf die Enkelin, diese auf beide, und alle flehen wetteifernd um schnellen Ausgang des hinschwindenden Lebens" — das Schicksal beobachtete die Naturordnung, die beiden ältern starben zuerst, die junge Frau zuletzt. Servilia, die Gemahlin des im Jahre 65 verbannten Annius Pollio, wurde im folgenden Jahre in die Anklage ihres Vaters Soranus verwickelt, weil sie in ihrer Angst den Ausgang des Prozesses durch verpönte Zauberkünste zu erforschen gesucht hatte. Vater und Tochter suchten jedes die Schuld von dem andern ab und auf sich zu wälzen, doch mußten beide sterben, und nur die Wahl der Todesart ward ihnen verstattet. Senecas Gemahlin Paulina bestand darauf, mit ihrem nach der Pisonischen Verschwörung zum Tode verurteilten Gatten zugleich zu sterben; beide öffneten sich die Adern, doch wurde sie ins Leben zurückgerufen. „Sie lebte dann noch einige Jahre, in löblicher Erinnerung an den Gemahl, so leichenblaß an Gesicht und Körper, daß man sah, ein großer Teil der Lebenskraft sei ihr entzogen worden." Folgende rührende Geschichte meldet die Inschrift eines in den Fels gehauenen Grabdenkmals zu Cagliari. Ein Cassius Philippus war nach Sardinien (einem gewöhnlichen Verbannungsort) verwiesen worden, seine Frau Atilia Pomptilla ihm dahin gefolgt; der Mann erkrankte, vielleicht infolge des ungesunden Klimas, sie weihte sich für ihn dem Tode und starb wirklich (nach einundzwanzigjähriger Ehe), während er am Leben blieb. Vielleicht sind diese Opfertode von Frauen für ihre Männer, die der Glaube veranlaßte, daß die unterirdischen Mächte ein Leben statt des andern annehmen, öfter vorgekommen. Auch eine griechische Grabschrift nennt eine neue Alcestis namens Kallikrateia, die „für ihren trefflichen Gemahl Zeno gestorben war, den einzigen, den sie je an die Brust gedrückt hatte, den ihr Herz höher schätzte als das Sonnenlicht und die süßen Kinder".

Unter so vielen Frauen, deren Heldenmut das stärkre Geschlecht beschämte, ist der höchste Ruhm jener Arria geworden, die ihrem zaudernden Gemahl A. Cäcina Pätus (Cos. suff. 37) den Dolch, den sie sich selbst in die Brust gestoßen, mit den unsterblichen Worten reichte: „Pätus, es schmerzt nicht." Andre kaum minder denkwürdige Züge von der Seelengröße dieser seltnen Frau erzählt der jüngere Plinius. Ihr Gemahl und ihr Sohn lagen zu gleicher Zeit an lebensgefährlicher Krankheit darnieder. Der Sohn, die Hoffnung der Eltern, starb, und Arria trug ihn zu Grabe, ohne daß Pätus es erfuhr. Seine Fragen beantwortete sie mit erheuchelter Ruhe; es gehe besser, er habe geschlafen, Speise zu sich genommen. Wenn dann die lange zurückgehaltnen Tränen mit Gewalt hervorbrachen, verließ sie das Krankenzimmer und gab sich ihrem Schmerze hin; hatte sie sich gesättigt, so kehrte sie mit trocknen Augen und ruhigem Antlitz zurück. So nach dem Verlust des Sohns die Mutter zu spielen, sagt Plinius, war größer, als ihrem Gatten jenes Beispiel der Todesverachtung zu geben. Der Grund zu Pätus' Verurteilung war seine Teilnahme an der Verschwörung des Legaten Scribonianus in Illyrien gegen Kaiser Claudius (42 n. Chr.) Scribonianus wurde getötet und Pätus gefangen nach Rom geführt. Arria bat vergebens, das Schiff mit ihm besteigen zu dürfen; sie wollte die Stelle der Sklavin vertreten, die man einem Manne von seinem Range nicht werde versagen wollen. Als dies abgeschlagen wurde, mietete sie sich einen Schifferkahn, in dem sie dem Schiffe folgte. Zu der Gemahlin des Scribonianus, die von Claudius als Zeugin vernommen wurde, sagte sie: „Ich soll auf dich hören, die du lebst, nachdem Scribonianus in deinem Schoße getötet worden ist?" Ihr Schwiegersohn beschwor sie, sich zu erhalten, und sagte unter anderm: „Wünschest du denn, daß deine Tochter mit mir sterbe, wenn ich sterben muß?" Ihre Antwort war: „Wenn sie so lange und so einträchtig mit dir gelebt hat, wie ich mit Pätus, ja." Die Sorge der Ihrigen um sie wurde durch diese Antwort vermehrt. Man bewachte sie aufmerksamer, sie wurde es gewahr und sagte: „Ihr erreicht nichts, ihr könnt bewirken, daß ich einen harten Tod leide; daß ich sterbe, könnt ihr nicht hindern." Mit diesen Worten sprang sie vom Sessel auf und rannte mit solcher Gewalt ihre Stirn gegen die Wand, daß sie zusammenstürzte. Als sie wieder ins Leben zurückgebracht war, sprach sie: „Ich hatte euch gesagt, daß ich einen Weg in den Tod finden würde, wenn gleich einen schweren, falls mir ein leichter versagt wäre." Die spätre Zeit nannte Arria in einer Reihe mit den durch Gattenliebe berühmten Frauen der Heldensage. In der Grabschrift einer Frau in Anagnia bittet der überlebende Gatte sie und Laodamia, die Seele der Verstorbnen zu empfangen und durch Aufnahme als geweihte in die Schar der römischen und griechischen Frauen zu ehren.

Arrias Tochter gleichen Namens wollte nach dem Beispiel ihrer Mutter das Schicksal ihres Gemahls Thrasea Pätus teilen, der im Jahre 66 zum Tode verurteilt ward; doch er beredete sie, am Leben zu bleiben und ihrer Tochter nicht die einzige Stütze zu entziehen. Auch diese Tochter, Fannia, bewies sich der Mutter und Großmutter würdig. Sie begleitete ihren Gemahl Helvidius Priscus zweimal in die Verbannung (unter Nero, 66, und unter Vespasian); nach seiner Hinrichtung (im Jahre 93) erlitt sie um seinetwillen dieselbe Strafe zum dritten Male: Herennius Senecio, ein Freund des Helvidius, schrieb sein Leben und wurde deshalb angeklagt: sie bekannte frei, daß sie ihn aufgefordert, ihm die Papiere ihres Mannes gegeben habe, stellte jede Mitwissenschaft ihrer Mutter in Abrede; Gefahr und Drohungen konnten ihr kein weiteres Geständnis abpressen. Herennius wurde hingerichtet, Fannia nach Konfiszierung ihres Vermögens verbannt. Das Buch, das die Ursache des Urteils gewesen, obwohl auf Senatsbeschluß verboten und vernichtet, hegte und bewahrte sie und nahm es mit in ihr Exil, das ihre Mutter mit ihr teilte und aus dem beide im Jahre 97 zurückkehrten. Plinius gibt ihr das Zeugnis, daß sie nicht weniger anmutig und liebenswürdig als verehrenswert war. Welche Frau, fragt er, werden, wenn sie aus dem Leben scheidet, die Männer ihren Gattinnen als Muster vorhalten?

Anschauungen wie die hier mitgeteilten beschränken sich, wie gesagt, fast durchaus auf die Existenz der Frauen, die auf die Höhen des Lebens gestellt waren, und geben, einseitig, fragmentarisch und unzusammenhängend wie sie sind, auch von dieser kein Gesamtbild. Wie das weibliche Leben sich in den mittlern und untern Schichten der Gesellschaft gestaltete, darüber finden wir in der Literatur kaum hier und da eine flüchtige Andeutung. Nur Grabsteine von Frauen dieser Stände sind erhalten, auf denen ihre hinterbliebnen Gatten ihre Tugenden rühmen; einmal freilich gesteht auch ein Witwer mit naiver Aufrichtigkeit in der Grabschrift seiner Frau: „An dem Tage ihres Tods habe ich bei den Göttern und den Menschen meinen Dank bezeugt." Daß die Grabschriften der Frauen aller Stände einander gleichen mußten, ist in einer ausführlichen Lobrede auf eine (keinesfalls einer vornehmen Familie angehörige) Verstorbne (Murdia, vielleicht aus der zweiten Hälfte des 1. Jahrhunderts) ausdrücklich gesagt: „Da das Lob aller guten Frauen einfach und ähnlich zu sein pflegt, weil die von der Natur verliehnen, durch eigne Hut bewahrten Tugenden keiner Mannigfaltigkeit bedürfen, und es genug ist, daß alle sich desselben guten Rufs würdig erwiesen haben; und weil es für eine Frau schwer ist, neuen Ruhm zu erwerben, da ihr Leben nicht in so vielen Wechselfällen umhergeworfen wird: so müssen sie notwendig nach dem allen Gemeinsamen streben, damit nicht die Unterlassung irgendeines von den gerechten Geboten alles Übrige schände. Um so größern Ruhm hat meine teuerste Mutter erworben, da sie in Bescheidenheit, Rechtschaffenheit, Keuschheit, Gehorsam, häuslicher Arbeit *(lanificio)*, Sorgfalt und Treue den übrigen rechtschaffnen Frauen gleich und ähnlich gewesen ist und keiner nachgestanden hat." Ähnlich sagt der Gatte der Turia in seiner bereits erwähnten Lobschrift auf seine verstorbne Gemahlin: „Wozu sollte ich die häuslichen Tugenden der Keuschheit, Unterwürfigkeit, Freundlichkeit, Nachgiebigkeit, des Fleißes bei der Wollarbeit, der Religiosität ohne Aberglauben, der Vermeidung des Auffallenden und Übertriebnen in Schmuck und Tracht — wozu sollte ich dies alles überhaupt erwähnen? Wozu von deiner Liebe zu den Deinen, der Anhänglichkeit an die Verwandten reden, da du meine Mutter ebenso wie deine Eltern geehrt und für jene nicht minder als für deine eignen Angehörigen gesorgt, überhaupt Unzähliges mit allen Frauen gemein gehabt hast, die auf Frauenehre halten?"

Diese Auffassung des Frauenlebens wird auch in mittlern Kreisen überall und zu allen Zeiten die herrschende gewesen sein; um so eher kann es erlaubt sein, diese Grabschriften zusammenzustellen, trotz der Verschiedenheit oder Ungewißheit von Ort und Zeit, welch letztre sich zum Teil ebensowenig bestimmen läßt wie Stand und Verhältnisse der betreffenden Personen. Geben übrigens die Inschriften auch von diesen, welchen sie die Prädikate der „seltensten, sittenstrengsten, unvergleichlichen" Gattinnen und ähnliche aufs freigebigste spenden, gewiß keine zuverlässigen Nachrichten, so zeigen sie doch, welche Eigenschaften an Frauen vorzugsweise geschätzt wurden. In einer Grabschrift aus der Zeit der Republik ist der Stein selbst redend eingeführt: „Kurz, Wandrer, ist mein Spruch; halt an und lies ihn durch. Es deckt der schlechte Grabstein eine schöne Frau. Mit Namen nannten Claudia die Eltern sie; mit eigner Liebe liebte sie den eignen Mann; zwei Söhne gebar sie; einen ließ auf Erden sie zurück, den andern barg sie in der Erde Schoß. Sie war von art'ger Rede und von edlem Gang, besorgt' ihr Haus und spann. Ich bin zu Ende, geh." Es gereichte den Frauen zum Ruhm, nur e i n e m Manne gehört zu haben, was bei den frühen Vermählungen, leichtsinnigen Scheidungen und Wiederverheiratungen mindestens nicht die Regel war. Ein kaiserlicher Freigelassener rühmt seiner Frau nach, sie habe durch ihre Keuschheit ein herrliches Beispiel gegeben „und auch ihre Söhne mit eignen Brüsten genährt"; ein andrer Witwer hebt an seiner Frau hervor, daß sie „Amme von zwei Senatoren" gewesen war. Oft spricht sich in diesen Inschriften ein inniges Verhältnis der beiden Gatten einfach und rührend aus. Eine derselben lautet: „Hier liegen die Gebeine der Urbilla, Frau des Primus. Sie war mir mehr als mein Leben. Sie starb mit dreiundzwanzig Jahren, den Ihren unendlich teuer." In einer andern heißt es: „Meiner teuersten Gattin, mit der ich achtzehn Jahre ohne Klage gelebt; aus Sehnsucht nach ihr habe ich geschworen, nie eine zweite Frau zu nehmen." Einer im Alter von fünfundzwanzig Jahren gestorbnen Frau ist in der Grabschrift der Wunsch in den Mund gelegt, daß ihre Tochter an ihrem Beispiel lernen möchte, ihren Mann zu lieben. Ein Monument, das einem Manne von seiner überlebenden Frau errichtet ist, hat eine Inschrift, die sich in ähnlichen Wendungen auch sonst oft wiederholt:

„Was ich hoffte, daß nach meinem Tode mir von meinem Gatten geschehen sollte, das habe ich Unselige jetzt an seiner Asche getan.“ Ein gemeinsames Grabmal zweier Gatten hatte nach der Inschrift die überlebende Frau errichten lassen, um von dem Manne, mit dem sie 35 Jahre als Gefährtin glücklich und in ungestörter Eintracht gelebt hatte, auch im Grabe nicht getrennt zu sein. „Lebe wohl, mein Trost!“ so schließt in einer andern Grabschrift der Nachruf des Manns an die Frau. Auf dem Denkmal eines Paars von Freigelassenen stehen bei dem Namen der zuerst verstorbnen Frau nur die Worte: „Ich erwarte meinen Mann.“ Der schöne Nachruf: „Nie habe ich einen Schmerz von ihr erfahren als durch ihren Tod“, oder „nie habe ich von ihr eine Kränkung erfahren oder ein böses Wort gehört“ — ist so vielfach angewandt worden, daß er zur Formel geworden ist. In andern Grabschriften rühmen Ehemänner ihren Frauen nach, daß sie mit ihnen „ohne Zank und Streit“, „ohne Verdruß“, „ohne Ärger“ gelebt haben. Ein kaiserlicher Freigelassener sagt zum Lobe seiner Gattin, daß er sie stets frei von Begehrlichkeit gefunden habe. Ein Witwer erklärt: wenn er den Verdiensten seiner Frau den gebührenden Lohn geben könnte, müßte ihre Inschrift in goldnen Buchstaben prangen. Ein kaiserlicher Kammerdiener, der (vielleicht im Gefolge Hadrians) nach Karthago gekommen war, hat seiner dort im Alter von 17 Jahren gestorbnen Frau ein Grabmal errichtet, wie es ihr gebührte, „weil sie ihm in die Provinz Afrika gefolgt war“; und auch in einer Grabschrift in Rom wird einer Frau von ihrem Manne nachgerühmt, daß sie aus Liebe zu ihm in eine Provinz gereist sei. Eine römische Grabschrift lautet wörtlich wie folgt: „Der tugendhaftesten Gattin und sorgsamen Hauswirtin, dem Verlangen meiner Seele, die mit mir 18 Jahre, 3 Monate und 13 Tage gelebt hat. Ich habe ohne Klage mit ihr gelebt, aber jetzt klage ich bei ihren Manen und verlange von dem Gotte der Unterwelt: entweder gebt mich meiner Gattin wieder, die mit mir bis zum Tage des Verhängnisses so einträchtig gelebt hat, oder du, Mevia Sophe, erwirke (falls es abgeschiedne Geister gibt), daß ich eine so schreckliche Scheidung nicht länger erdulden darf. Fremdling, so möge dir die Erde leicht sein, wie du an diesem Grabe nichts versehrst; wer aber daran etwas versehrt, der soll weder den Göttern gefällig sein, noch die Unterwelt ihn aufnehmen, und die Erde soll ihm schwer sein.“ Nicht bloß die Tage der Ehe und des Lebens, wie in dieser Inschrift, sondern auch die Stunden sind öfters in Zahlen angegeben; was nur in Zeiten geschehen konnte, wo man auf die Stunden der Geburt und wichtiger Zeitereignisse sorgfältig achtete, um astrologische Berechnungen darauf zu basieren; und die Häufigkeit solcher Inschriften ist ein Beweis mehr für die ungemeine Verbreitung dieses Aberglaubens, die sich z. B. auch aus der Erzählung des Plinius ergibt, daß die erkrankte Verania (Witwe des von Galba adoptierten Piso) die Frage des Regulus nach ihrer Geburtsstunde sofort beantworten konnte, worauf dieser eine Berechnung ihrer Lebensdauer anstellte. Ein Witwer in Lyon fordert diejenigen, welche die Grabschrift seiner Frau lesen, auf, in das Apollobad zu gehen und dort zu baden; er habe es mit ihr zusammen getan und wünsche, er könnte es noch. Eine Witwe empfiehlt ihren gestorbenen Gatten den Unterweltsgöttern und bittet sie, seinem Geiste zu gestatten, ihr während der Nachtstunden zu erscheinen.

Auf den Denkmälern, welche die häuslichen Tugenden der Frauen rühmen, heißt es öfters, sie seien gute Beraterinnen und Erhalterinnen des Vermögens gewesen und hätten sich die Bereitung der Wolle angelegen sein lassen. „Als erste erhob sie sich vom Lager, als letzte begab sie sich zur Ruhe, nachdem sie alles im Hause in Ordnung gebracht; nie legte sie ohne dringenden Anlaß die Wollarbeit aus der Hand", heißt es in der neuerdings gefundnen Grabschrift der Allia Potestas, die neben der Hervorhebung der vortrefflichen Charaktereigenschaften der Verstorbnen auch eine recht indiskrete Schilderung ihrer körperlichen Reize gibt. Ein kaiserlicher Sklave, der Dispensator in Niedermösien war, rühmt von seiner Frau: „Sie war der Schutzgeist meines Hauses, meine Hoffnung, mein einziges Leben. Was ich wünschte, wünschte auch sie, mied, was ich mied. Keiner ihrer innersten Gedanken war mir je verborgen. Auch ermangelte sie nicht des Fleißes bei der Wollarbeit, war sparsam, doch freigebig aus Liebe zu ihrem Mann. Speise und Trank mundete ihr nicht ohne mich. Trefflich war ihr Rat, klug ihr Sinn, edel ihr Ruf." Ein gewaltiger Sarkophag, in welchem sich ein andrer kleiner befand, trägt folgende Inschrift in großen, sehr schönen Buchstaben: „Amymone, Frau des Marcius, liegt hier: gut war sie und schön, eine fleißige Spinnerin, wirtlich, häuslich, züchtig, keusch und fromm."

Es ist zu bedauern, daß diese Inschriften — aus dem bereits angedeuteten Grunde — nicht mehr Individuelles enthalten. Wäre dies der Fall, so würden sie uns ganz andre Einblicke in das Leben der Frauen gewähren als Geschichte und Sittenforschung. Denn jene, die von hoher Warte aus die Weltschicksale übersieht, bewahrt das Bild des Einzelnen nur dann für die Nachwelt auf, wenn Verhältnisse oder eigner Wert ihn über das Niveau der Masse erhoben haben; während die Sittenschilderung, welche die Menge der einzelnen Eindrücke zu Gesamtbildern zu vereinigen sucht, auch bei der strengsten Wahrheitsliebe in Auffassung wie Darstellung sich von dem Einfluß der Subjektivität nie völlig freimachen kann.

VI. VERKEHRSWESEN

1. DIE VERKEHRSANSTALTEN

Einer der größten Kenner des modernen Weltverkehrs, Heinrich Stephan († 1897), hat darauf hingewiesen, „daß weitaus die meisten Gebiete des alten Römerreichs einen solchen Verkehr und eine solche Kultur, wie sie zu jener Zeit besaßen, in einer langen Reihe von Jahrhunderten nicht wiedererlangt haben und noch jetzt sehr fern davon sind". Die folgende Betrachtung soll versuchen zu zeigen, wieviel die alte Welt auch auf dem Gebiete des Verkehrs der „mehr geschmähten als gekannten" römischen Kaiserzeit verdankt, und wie weit hier das Mittelalter, zum großen Teil selbst die neuere Zeit hinter ihr zurückstehen. Die Bedingungen für Leichtigkeit, Sicherheit und Schnelligkeit des Reisens waren im größten Teil des römischen Reichs in einem Grade vorhanden, wie sie es in Europa vielfach erst wieder seit dem Anfange des 19. Jahrhunderts gewesen sind, die Veranlassungen zur Ortsveränderung sogar zahlreicher und mannigfaltiger als in unserer Zeit, und Land- und Wasserstraßen (auch abgesehen vom Handelsverkehr) von Reisenden stets und überall belebt. „Die tief eingeschnittenen Fahrgeleise selbst auf den harten Basaltpflastern der Römerstraßen, auch in den von Rom weit entfernten Gegenden, legen noch heute Zeugnis von dieser Regsamkeit des Verkehrs ab." Stand dieser im Norden und großenteils auch im Westen des Reichs hinter dem des 19. Jahrhunderts auch sehr zurück, so fällt dagegen im Süden und Osten der Vergleich um so mehr zugunsten der römischen Zeit aus.

Zunächst gab das römische Kaisertum der erschöpften Welt den Frieden, der mit geringen und auf kleine Gebiete beschränkten Unterbrechungen drittehalb Jahrhunderte dauerte: niemals weder vorher noch nachher hat unsere Hemisphäre einen Frieden von so langer Dauer auf einem so großen Gebiete genossen. Daß die Monarchie unter den übrigen Segnungen des Friedens auch Sicherheit, Ordnung und Regelmäßigkeit des Verkehrs brachte, das haben die Zeitgenossen oft und dankbar anerkannt. Eine Inschrift zu Halikarnaß preist Augustus als „Heiland des ganzen Menschengeschlechts, dessen Vorsehung die Gebete aller nicht bloß erfüllt, sondern auch überboten hat: denn in Frieden sind Land und Meer, die Städte blühen in Gesetzlichkeit, Eintracht und Wohlstand, und an allen Gütern ist Überfluß". Im Preise des Weltfriedens vereinen sich Stimmen aus allen Provinzen, aus allen Perioden dieses Zeitraums. Seit das Haus der Cäsaren die Erde beherrschte, hatte der Dämon des Neides die Macht, ganzen Ländern und Völkern zu schaden, eingebüßt, die schädlichen Elemente waren in die äußerste Ferne vertrieben, die heilsamen dagegen von den Grenzen der Erde und des Meers in das Weltreich zusammengeführt. Wie dem Durcheinanderwogen und Zusammenprallen der Urkörper erst die Gestaltung des Erdballs ein Ziel setzte, so Rom den durch endlose Kämpfe der Staaten und Mächte herbeigeführten endlosen Wirren und Wandlungen: Völkerstämme und Fürstengewalten vereinend, hatte sich seine Macht zu einer Weltordnung des Friedens und zu einem einzigen, unauflöslichen Ringe zusammengeschlossen. In den beiden Jahrhunderten seit dem Tode des ersten Cäsar stiegen die Einkünfte des Reichs ungemein, und in einem langen und festbegründeten Frieden gelangte alles zu sicherem Wohlstand. Berg und Tal waren bebaut, alle Meere von Schiffen erfüllt, die die Erzeugnisse der Länder gegeneinander austauschten. Nirgends gab es Kriege und Schlachten, große Räuberhorden und Piratenflotten, sondern zu jeder Jahreszeit konnte man wandern und schiffen vom Anfang bis zum Niedergang. So war der Erdkreis durch die Majestät der römischen Herrschaft vereint, Rom war für die Menschheit ein heiliger Herd, ein ewiges Lebensprinzip, ein Anker in Sturm und Brandung; es war der Welt von den Göttern gleichsam als ein neues Leben geschenkt worden, und die Völker stimmten wohl in ihrer Mehrheit in das Gebet ein, daß dies Geschenk ein ewiges sein möchte.

Noch enthusiastischer als diese gelegentlichen Äußerungen des alexandrinischen Juden Philo, des alexandrinischen Griechen Appian, der Philosophen Plutarch aus Chäronea und Epictet aus Hierapolis in Phrygien, des römischen Ritters Plinius lautet, was der Smyrnäer Aristides in einer Prunkrede auf die römische Weltherrschaft schrieb. Die ganze Erde hat ihre alte Tracht, das Eisen, abgelegt und erscheint nun im Festgewande. Jetzt können Hellenen und Barbaren außerhalb ihres Landes überallhin wandern und ihr Eigentum mit sich führen, als wenn sie aus einer Heimat in die andre gingen, und weder die cilicischen Pforten sind jetzt furchtbar, noch die schmalen und sandigen Wege durch Arabien nach Ägypten, nicht ungangbare Gebirge, nicht unermeßliche Ströme, nicht unzugängliche Barbarenstämme; zur Sicherheit genügt es Römer zu sein, oder vielmehr euer Untertan. Das Homerische „die Erd' ist allen gemeinsam" habt ihr zur Wirklichkeit gemacht. Ihr habt die ganze Erde vermessen, die Ströme habt ihr überall überbrückt, Fahrwege in die Berge gehauen, die Wüsten mit Nationen gefüllt und alles durch Ordnung und Zucht veredelt. Jetzt bedarf es keiner Weltbeschreibung mehr, noch ist es nötig, die Sitten und Gesetze der einzelnen Völkerschaften aufzuzählen; ihr seid die Führer für alle in der ganzen Welt geworden, habt all' ihre Tore aufgetan und jedem die Freiheit gegeben, alles mit einen Augen zu sehen. Ihr habt allen gemeinsame Gesetze gegeben, die früheren, in der Erzählung ergötzenden, in der Wirklichkeit unerträglichen Zustände aufgehoben und durch die Vermählungen der Völker untereinander die Welt gleichsam zu einer Familie gemacht. Auch diese Rede schließt mit dem Gebet, „daß diese Stadt und dieses Reich blühe in Ewigkeit und nicht aufhöre, bis Eisen auf dem Meere schwimmen wird und die Bäume im Frühling nicht mehr blühen". Nicht minder enthusiastisch wird in einer Rede auf einen der Kaiser der ersten Hälfte des 3. Jahrhunderts (Opellius Macrinus oder Philipp den Araber) die Leichtigkeit und Sicherheit des Verkehrs im ganzen römischen Reich und die Zugänglichkeit der ganzen Welt gepriesen: können nicht alle unbesorgt gehen, wohin sie immer wollen? Sind nicht alle Häfen überall voll Geschäftigkeit, haben nicht die Gebirge dieselbe Sicherheit für die Wanderer wie die Städte für ihre Bewohner, hat nicht Anmut alle Gefilde erfüllt, ist nicht die Furcht überall gelöst? Welche Bahnen der Ströme sind für den Übergang gehemmt, welche Furten des Meeres geschlossen?

Auch die Christen verkannten die Leistungen der damaligen Kultur, der sie abhold oder feindselig gegenüberstanden, für die materielle Wohlfahrt des römischen Reichs keineswegs. Die Welt, so schrieb um die Wende des 3. Jahrhunderts der Afrikaner Tertullian, ist kultivierter und reicher ausgestattet als ehedem. Alles ist bereits zugänglich, alles bekannt, alles vom Verkehr erfüllt. An die Stelle der einst berüchtigten Einöden sind die lachendsten Kulturen getreten, Kornfelder haben die Wälder, Herden die wilden Tiere verdrängt, Sandwüsten werden bepflanzt, Felsen durchbrochen, Sümpfe getrocknet; schon gibt es so viel Städte wie einst nicht einmal Hütten. Die Inseln starren nicht mehr in Unfruchtbarkeit, die Klippen schrecken nicht mehr, überall ist Anbau, Bevölkerung, staatliche Ordnung, Leben. Ja Tertullian glaubte, daß bereits Überbevölkerung das Dasein zu erschweren beginne, und daß man Hungersnot, Seuchen und zerstörende Naturereignisse als Mittel dagegen zu betrachten habe.

So überschwenglich die angeführten Äußerungen klingen, so war doch eine hohe Bewunderung, wenn für irgendeine Schöpfung des Römertums, vor allem für seine Organisation des Verkehrs berechtigt. Die Herrlichkeit des gewaltigen Straßensystems, welches das ganze Reich umspannte, ist in der Tat über jedes Lob erhaben; und „seine großartigen Spuren verkünden noch heute oft in weit entlegenen Einöden unter Gräberresten und Dorngestrüpp, in der Sierra Morena, in der Eifel, in Schottland und Siebenbürgen, am Euphrat und an der großen Syrte Afrikas dem forschenden Wanderer in unvertilgbaren monumentalen Zügen die Größe des römischen Namens". „Dieses planmäßig ausgeführte Netz geregelter Straßenanlagen beförderte die allgemeine Sicherheit, erleichterte den Ackerbau, garantierte den Reisenden ein sicheres und bequemes Fortkommen, gewährte dem Handelsverkehr die unberechenbarsten Vorteile, schützte den Frieden des Reichs, ermöglichte den geordneten Gang der großen Verwaltungsmaschine, rief Ansiedlungen hervor und begünstigte auf das wirksamste die Entwicklung der Kultur." Nur dadurch, daß nicht allein diese die ganze alte Welt umfassenden Riesenbauten untergegangen, sondern auch der Begriff einer so vollkommenen und ununterbrochenen Kommunikation der neueren Zeit völlig verlorengegangen war, erklären sich manche auf völliger Verkennung der römischen Kultur beruhende, früher verbreitete Irrtümer, namentlich daß Reisen auch im späteren Altertum selten gewesen seien.

Allerdings darf man nicht glauben, daß die römischen Straßen, auch nur der großen Mehrzahl nach, der ältesten und berühmtesten, der von Appius Claudius im Jahre 312 v. Chr. bis Capua geführten Via Appia glichen. Diese „Königin der Straßen" erregte im 6. Jahrhundert n. Chr. das Staunen des byzantinischen Geschichtsschreibers Procopius, der sie höchst sehenswürdig nennt. Sie war breit genug für zwei sich begegnende Wagen und aus einem Stein erbaut, der sonst zu Mühlsteinen genommen und in der Gegend nicht gefunden wurde. Die glatt und scharf behauenen Steine waren ohne Metall oder andre Bindemittel so genau ineinandergefügt, daß sie zusammengewachsen zu sein schienen. Und trotz eines vielhundertjährigen Verkehrs von Wagen und Tieren zeigte der Fahrdamm nirgends Fugen oder schadhafte Stellen, ja hatte nicht einmal den Glanz der Politur verloren. Noch heute weist sein oft streckenweise bloßgelegtes Pflaster von Basaltpolygonen zum Teil das festeste Gefüge auf. Übrigens kostete die römische Meile Chaussee (zwischen

Benevent und Aeclanum, unter Hadrian) etwa 100.000 Sesterzen (21.750 Mark).

Aus der Beschreibung des Procopius geht hervor, daß die für zwei Wagen ausreichende Breite der Appischen Straße mindestens keine gewöhnliche war. Die Breite ihres Fahrdamms schwankt zwischen 4,25 und 4,30 m; bei einem großen, wenn nicht dem größten Teil der römischen Straßen war sie also geringer. Man reiste viel zu Pferde, und die zweirädrigen Wagen, deren man sich meistens bediente, mögen eine geringe Spurweite gehabt haben. In Italien betrachtete man noch im 15. und 16. Jahrhundert die Anlegung von Straßen „von der Breite einer Kutsche" als namhaften Fortschritt, und die ersten Fürsten, die solche bauen ließen, waren Emanuel Philibert von Savoyen, Cosimo de'Medici und Gregor XIII. Immerhin kann, wie bemerkt, die Lebhaftigkeit des Verkehrs auf den schmalen Straßen der Römerzeit auch nicht annähernd die des heutigen in Mitteleuropa erreicht haben.

Noch mehr als durch ihre Breite dürfte sich die Via Appia durch ihre kunstvolle und bis zur Unzerstörbarkeit dauerhafte Pflasterung vor der großen Mehrzahl der römischen Straßen ausgezeichnet haben. Ein großer Teil von ihnen war überhaupt nicht gepflastert, sondern nur mit Kies belegt.

In dem großen Kommunikationssystem des römischen Reichs lassen sich fünf Hauptstränge erkennen, die von Rom nach verschiedenen Richtungen auslaufen. Der erste, der Rom mit dem Süden verband, lief auf der Via Appia bis Capua, von da über Forum Popili und Thurii nach ad Columnam (ad Traiectum), von wo die Überfahrt (etwa 10 km) nach dem gegenüberliegenden Messana in etwa einer Stunde erfolgte. Von hier lief eine Straße die Nordküste Siciliens entlang über Palermo nach dem sehr lebhaften Hafen von Lilybäum in der Nähe des heutigen Marsala (etwa 380 km), wo man sich nach Karthago einschiffte; die Überfahrt (rund 250 km) erforderte 24 Stunden und darüber. In der günstigen Jahreszeit zog man wohl die Seereise von Portus Augusti an der Tibermündung oder von Puteoli nach Karthago (970, bezw. 790 km) vor. Karthago war durch eine westliche Hauptstraße mit Tingi (Tanger) verbunden, von wo die Überfahrt nach Baelo (Bolonia) in Spanien (40 km) etwa 4 Stunden dauerte; durch eine östliche mit Alexandria, von wo über die Landenge von Suez die Verbindung mit Asien auf der Hauptstraße nach Antiochia stattfand. Ferner konnte man von Alexandria sowohl auf dem Nil als auf zwei zu beiden Seiten den Strom entlang laufenden Straßen bis Hiera-Sykaminos (Maharraka) an der Grenze Äthiopiens gelangen. Auf dem rechten Ufer bildete Koptos (Kuft) einen wichtigen Knotenpunkt, von dem sich Straßen nach den beiden Haupthäfen des arabisch-indischen Handels am Roten Meer, Myoshormos (Maushafen) und Berenice abzweigten.

Auch für die Verbindung Roms mit dem Osten diente zunächst bis Capua die Appische Straße, von wo man auf zwei Wegen nach Brundisium (Brindisi) gelangte. Die Überfahrt von hier nach Dyrrhachium (Durazzo) oder Aulona (Valona) — 180 km — dauerte etwa 24 Stunden. Von Dyrrhachium führte die große Egnatische Straße quer durch Macedonien und Thracien nach Byzanz-Konstantinopel (1130 km); von ihr zweigten sich zwei das nördliche Griechenland auf der Ost- und Westseite durchschneidende Straßen ab, die in Athen zusammenliefen. In Thracien führte von der Egnatischen Straße ein Seitenweg nach Calliupolis (Gallipoli) auf dem Thracischen Chersones. Die Überfahrt von hier über den Hellespont nach Lampsacus (10 km) dauerte wenig über eine Stunde. Von Lampsacus führte die Hauptstraße, „das eigentliche Industrie- und Handelsgebiet Asiens durchschneidend, seine uralten Kulturstätten berührend", nach Antiochia (von Konstantinopel etwa 1100 km), und von hier liefen Straßen sowohl östlich zum Euphrat als südlich durch Syrien und Palästina „in einer damals höchst blühenden Gegend über volkreiche und berühmte Städte" und weiter über die Landenge von Suez nach Alexandria, wo die östliche afrikanische Hauptstraße einmündete.

Mit dem Norden hatte Rom eine dreifache Verbindung. Die Flaminische, in ihrem Anfange dem heutigen Korso entsprechende, bei Ponte Molle den Tiber überschreitende Straße ging über Narni und Spoleto bis Ariminum (Rimini), von wo die Via Aemilia über Bologna, Modena, Parma, Piacenza nach Mediolanium (Mailand) führte (433 Mill. = 650 km). In Modena zweigte sich jedoch schon die Straße nach Norden ab, welche in Verona auf die nördlich vom Po und parallel mit ihm von Mailand nach Aquileja (über Bergamo, Brescia, Verona und Vicenza) führende Straße stieß. In der Regel ging der schnelle Verkehr von Rimini nach Aquileja längs der Küste auf Ravenna, dann zu Wasser über die sogenannten sieben Meere (die Polagunen) nach Altinum, einem Hauptstapelplatz der italienischen Waren für den Verkehr mit dem Norden, von welcher einst sehr blühenden Stadt nur noch kümmerliche Reste unter dem Wasser der Lagunen in der Nähe von Venedig zu sehen sind; sodann von Altinum nach Aquileja, dem Zentralpunkt für den gesamten Verkehr Italiens mit dem Donaugebiet. Von Aquileja führten Straßen in Istrien bis Pola, durch Damatien bis Durazzo, ferner nordwestlich durch die Karnischen Alpen bis Vipitenum (Sterzing im Wiptal), wo diese Straße in die von Verona nach Veldidena (Wilten bei Innsbruck) und Augusta Vindelicorum (Augsburg) führende mündete; endlich nordöstlich über Emona (Laibach), Poetovio (Pettau), Savaria (Stein am Anger), Scarabantia (Ödenburg) nach der Donaustadt Carnuntum (Petronell, gegenüber dem Einflusse der March unweit Hainburg). Von hier gelangte man donauaufwärts über Vindobona (Wien) und Lauriacum (Lorch bei Enns) nach Castra Regina (Regensburg) und donauabwärts über Brigetio (O-Szöny) nach Aquincum (Alt-Ofen). Die große Straße von Aquileja nach Konstantinopel führte über Siscia (Sissek), Sirmium (Mitrowitsch), Serdica (Sofia), Philippopel und Adrianopel (1128 Millien = 1700 km). Von Konstantinopel fand die Überfahrt über den Bosporus nach Chalcedon statt, von wo eine Hauptstraße über Nicomedia, Nicäa und Ancyra mit mannigfachen Abzweigungen in das Innere Kleinasiens führte.

Die zweite nördliche Hauptstraße Italiens, die Aurelische, lief längs der Westküste über Centumvellä (Civita Vecchia), Pisa, Luna (östlich von Spezia) nach Genua und weiter (als Via Julia Augusta) über die Paßhöhe, wo der Name des 7 oder 6 v. Chr. nach Unterwerfung der Alpenstämme errichteten Siegesdenkmals *(Tropaea Augusti)* sich im heutigen Turbia erhalten hat, nach Nicäa (Nizza) und über Massilia (Marseille) bis Arelate (Arles). Von hier gelangte man nach Narbo Martius (Narbonne) und weiter auf zwei Straßen nach Tarraco (Tarragona), nämlich durch den Pyrenäenpaß des Col de Pertus und über Barcino (Barcelona) oder weiter westlich durch den Paß von Puycerda und über Ilerda auf der von Augustus benannten und teilweise regulierten, teilweise neu angelegten durchgehenden Reichsstraße, welche südlich von Tarragona bei Dertosa (Tortosa) den Ebro überschritt und an der Ost- und Südküste Spaniens bis Gades lief.

Endlich bildete den wichtigsten Ausgangspunkt für den Verkehr mit dem Norden und Westen das mit Rom, wie bemerkt, durch die Flaminische und Ämilische Straße verbundene Mailand, von wo die meisten Alpenstraßen ausliefen, deren Bau Augustus seit dem Jahre 15 v. Chr. eifrig förderte, und die unter seinen Nachfolgern immer zahlreicher wurden. Die drei wichtigsten waren im Westen über die Alpis Cottia (Mont Genèvre), Graia und Poenina (Kleinen und Großen St. Bernhard); der Mont Cenis scheint im Altertum keine Bedeutung gehabt zu haben. Ob es eine römische Straße über den Simplon gab, ist zweifelhaft; wurde eine solche in der späteren Kaiserzeit gebaut, so hat sie nur dem lokalen Verkehr gedient. Für die Benutzung des St. Gotthard „war die Schöllenenschlucht noch ein unüberwindliches Hindernis", als gangbar wird er zum erstenmal 1236 erwähnt. Von den Bündner Pässen benutzten die Römer den Splügen und den Julier, der Weg über den ersteren (vielleicht nur ein Saumpfad) hielt sich auf der sonnigen Höhe des linken Ufers und trat nicht in die Schlucht der Via Mala ein. In Tirol führte die älteste, 15 v. Chr. von Trient nordwärts geführte, später die Claudische genannte Staatsstraße durch die Reschenscheideck; die erste inschriftliche Erwähnung der direkten Brennerstraße stammt aus dem Jahr 195 n. Chr.

Fahrbar waren von den (im ganzen 17) römischen Alpenstraßen im Westen (außer der durch die Seealpen führenden) die von Augustus „mit monumentalen Brücken, Felsdurchsprengungen und sorgsamsten Unterbauten" über den Mont Genèvre gelegte und die über den Kleinen St. Bernhard; im Zentrum mindestens die über den Julier und Brenner, im Osten die über die Ocra (Birnbaumer Wald), den niedrigsten Alpenpaß (520 m), über welchen schon in Strabos Zeit die Waren auf Frachtwagen von Aquileja nach Nauportus (Oberlaibach) gingen, um von dort bis zur Donau verschifft zu werden, sowie die über eine ebenfalls niedrige Paßhöhe von Aquileja nach Tarsatica bei Fiume am Golf von Quarnero. Über den zu Strabos Zeit für Fuhrwerke noch unzugänglichen Großen St. Bernhard muß später eine, wie jetzt zwei, bezw. drei Stunden unter der Paßhöhe endende Fahrstraße geführt worden sein, da er 69 n. Chr. sogar zur Winterszeit von Legionen überschritten werden konnte. Ebenso wie die durch Tirol führende Claudische Straße war dieser Weg im Jahre 47 instand gesetzt und mit Meilensteinen versehen worden. „Es kann mit allem Fug bezweifelt werden, ob die Alpen in ihrer Gesamtheit zu irgendeiner Zeit bis zum Ende des 18. Jahrhunderts in gleichem Maße erschlossen und zugänglich gewesen sind wie unter der Herrschaft der römischen Kaiser". In der Anlage der Alpenstraßen haben die römischen Ingenieure große Umsicht bewiesen. Von der über den Julier führenden sind einzelne Stücke vortrefflich erhalten, welche auf beiden Seiten nach der Schnur gelegte, meist sehr große Randsteine zeigen und die Wölbung des 2,8—3,5 m breiten Fahrdamms sehr wohl erkennen lassen. Die kunstgerecht ausgeglichene Steigung erhebt sich nicht über 15 Prozent. Die sehr schönen und weiten Kehren lassen an der Fahrbarkeit der Straße keinen Zweifel.

Trotz alledem kann der Wagenverkehr in den Alpen nur ein verhältnismäßig beschränkter gewesen sein, schon wegen der Schmalheit der Straßen, deren besteinte Fahrdämme nur 2—3,5, zuweilen nur 1,5 m breit sind. Nur einem Wagen und einem Maultiergespann, sagt der Kaiser Julian, gestatten die schroffen Felswände dort den Übergang zu erzwingen. Ebenso auffallend wie die Schmalheit der römischen Alpenstraßen ist ihre Steilheit: so z. B. erstieg die antike Straße den Malojapaß (1811 m) in 3 Kurven, die spätere brauchte deren 9, die heutige 22. Außer der Zeit von Mai bis September, in welcher die meisten Pässe schneefrei waren, müssen Alpenfahrten immer mit größeren oder geringeren Schwierigkeiten und Gefahren verbunden gewesen sein. Ammian schildert, wie im Frühling auf der steil abfallenden, durch Schneewasser überschwemmten und schlüpfrig gemachten Straße des Mont Genèvre Menschen, Tiere und Fuhrwerke ausglitten und stürzten: die Wagen wurden hinten an starken Stricken von Menschen und Ochsen zurückgehalten, um ein zu schnelles Hinabgleiten zu verhindern. Im Winter, wo alles mit Schnee und Eis bedeckt war, steckte man Stangen auf, um den Weg kenntlich zu machen und vor den überschneiten Abgründen zu warnen; waren auch diese Signale unter dem Schnee begraben oder von Wildbächen umgerissen, so ließen die Reisenden Führer vorausgehen. Noch größere Gefahren boten (auch abgesehen von den Lawinen, die oft ganze Karawanen begruben) die schmalen Saumpfade, die vielfach so hart am Rande des Abgrundes hinführten, daß ein Fehltritt unfehlbar den Sturz zur Folge hatte; Fußgänger und fremde Saumtiere wurden vom Schwindel ergriffen, die einheimischen trugen ihre Lasten sicher hinüber.

Die sehr belebte Straße über Segusio (Susa) und den Mont Genèvre war der kürzeste Weg von Mailand nach Arles (rund 600 m); über Augusta Praetoria (Aosta) und den Kleinen St. Bernhard gelangte man nach Vienne (460 km); zuerst bis Darantasia (Moutiers-en-Tarantaise) auf derselben Straße, dann über Genava (Genf) und Vesontio (Besançon) nach Argentorate (Straßburg) (820 km); von Aosta über den Großen St. Bernhard, Octodurum (Martigny), Viviscus (Vevey), Augusta Rauracorum (Basel-Augst) nach Straßburg und von dort über Noviomagus (Speier) und Borbetomagus (Worms) nach Mogontiacum (Mainz), Mailand—Mainz etwa 630 km; über den Splügen nach Brigantium (Bregenz) und von dort sowohl nach Basel als nach Augsburg; endlich von Verona über den Brenner, Wilten und Parthanum (Partenkirchen) nach Augsburg (410 km). Von Augsburg führten Straßen weiter nach Regensburg, östlich nach Lorch bei Enns, wo die Straße von Wien her mündete, und westlich bis zum Neckar; von Mainz nach Augusta Treverorum (Trier) und Colonia Agrippina (Köln) und weiter über Noviomagus (Nimwegen) und Traictum (Utrecht) nach Lugdunum Batavorum (Leyden); ferner westlich nach Durocortorum (Reims). Reims war mit Lugdunum (Lyon), dem Zentralpunkt der südlichen, und Cenabum (Orleans), dem der westlichen Verkehrsadern Galliens, ferner mit Lutetia (Paris) und Rotomagus (Rouen) verbunden, ebenso Lyon mit Straßburg und Burdigala (Bordeaux), wo die westlichen Pyrenäenstraßen mündeten. Die große Straße nach Britannien führte von Reims über Suessiones (Soissons) und Ambiani (Amiens) nach Gesoriacum (Boulogne), von wo die Überfahrt nach Rutupiä (Richborough) — 80 km — 8—9 Stunden erforderte. Auch Britannien erhielt als römische

Provinz ein Straßennetz, das die Hauptpunkte, namentlich Camulodunum (Colchester), London und Eboracum (York) miteinander und mit den Häfen verband und über den Hadrianswall zum Wall des Antoninus Pius, der Nordgrenze des römischen Reichs, sich erstreckte.

Eine zuverlässige Schätzung der Gesamtlänge aller römischen Hauptstraßen (soweit sie mit den vorhandenen Mitteln möglich ist, existiert noch nicht. Die um das Jahr 333 n. Chr. für Pilger aus Bordeaux nach dem heiligen Lande verfaßte Reiseroute (über Arles, Mailand, Aquileja, Konstantinopel, Nicomedia, Ancyra, Tarsus, Antiochia, Tyrus, Cäsarea, Jerusalem usw.) ergibt eine Entfernung von ungefähr 5100 km. Eine Reise im größten Längendurchmesser vom Hadrianswall bis zur Grenze Äthiopiens (Hiera-Sykaminos) würde etwa 7500 km lang gewesen sein. Auf einer Rundreise von Alexandria aus über Leptis, Karthago, Cäsarea, Cadix, Cordova, Barcelona, Lyon, Reims, Boulogne, Dover, London, die schottische Grenze, zurück nach Dover, Leyden, Köln, Mainz, Straßburg, Mailand, Verona, Aquileja, Sofia, Konstantinopel, Nicomedia, Ancyra, Antiochia und Alexandria würde man etwa 13.680 km zurückgelegt haben.

Eine Vergleichung der Straßenverbindungen in den Mittelmeerländern sowie den Ländern an der unteren Donau während der späteren römischen Kaiserzeit mit denen, die dort etwa zu Anfang des 19. Jahrhunderts bestanden, würde (vielleicht mit Ausnahme von Nord- und Mittelitalien) sehr zum Nachteile der letzteren Zeit ausfallen. Am größten ist der Rückschritt hierin wie in der Kultur überhaupt auf dem ganzen ungeheuren Gebiete, das infolge der Herrschaft des Islams völlig in die Barbarei zurückgefallen ist, und das bis auf die neueste Zeit Verbindungen durch Kunststraßen so gut wie ganz entbehrt hat.

An Afrika, dessen große Küstenstraße von Tingi (Tanger) über Karthago nach Alexandria bereits erwähnt ist, besaß das östliche Mauretanien ein dichtes Straßennetz mit dem Knotenpunkt Sitifis (Setif); desgleichen Numidien, wo Cirta (Constantine) im NW., Theveste (Tebessa) im SO. die Knotenpunkte waren, und Afrika Proconsularis, wo die Hauptlinien in Karthago, Hadrumetum (Susa) und Thaenae (Thine) zusammenliefen. In den beiden letzteren Provinzen reichten die Straßenzüge tief ins Innere. In Numidien war der Djebel Aurês auf allen Seiten von Straßen umzogen, welche das an seinen nördlichen Ausläufern gelegene Lambaesis (Lambessa) über Bescera (Biscra) mit den Oasen am Rande der Wüste verbanden. Als General Saint-Arnaud 1850 dort das von den Eingebornen als ungangbar geschilderte Defilé von Kanga passierte, schmeichelte er sich, der erste zu sein, der es betrete. Doch eine in der Mitte des Engpasses in den Fels gehauene Inschrift belehrte ihn, daß 145 n. Chr. eine Abteilung der dritten Legion hier eine Straße hergestellt hatte. Auf dem Wege nach der Oase El Kantara überschreitet man noch heute den Wad Brenis, der sich durch eine Felsschlucht gewaltig schäumend Bahn bricht, auf einer Römerbrücke. Zum größten Teil waren die Straßen in diesen Provinzen von den Kaisern gebaut, z. B. die von Theveste nach Karthago von Hadrian 123; am meisten geschah seit dem Anfange des 3. Jahrhunderts. Die Bauten wurden von Soldaten ausgeführt. Aber auch Straßen, die von Stadtgemeinden angelegt waren, sind sehr zahlreich nachweisbar, und nicht bloß bei Hauptorten. Zur Sicherung des Verkehrs wurden an geeigneten Stellen Burgen errichtet und Posten ausgestellt. In der Regentschaft Tunis kannte man bis zur Zeit des französischen Protektorats außer 3 oder 4 kurzen Straßen nur Saumpfade; Marokko hat überhaupt keine Straßen.

Von den römischen Straßen in Ägypten, Vorderasien und der europäischen Türkei ist zum Teil schon die Rede gewesen. Zu den wichtigsten Straßen des römischen Reichs gehörte die von Sirmium (Mitrowitza) über Singidunum (Belgrad) und Serdica (Sofia) nach Konstantinopel führende (über 1000 km). Noch immer tritt in unbebauten Gegenden ihr festes Gefüge klar hervor, während in der Nähe größerer Städte und in dichter bevölkerten Landschaften ihre Reste als Steinbruch benutzt und so rasch zerstört werden. „Lateinerweg" heißt sie in der Gegend von Nisch (Naissus), „Trajansweg" in der von Sofia und anderen. Die Einwohner von Ichtiman erzählen, der gepflasterte Weg sei in alten Zeiten für eine Kaisertochter errichtet worden, damit sie nicht auf den bloßen Erdboden trete. Auf der Strecke von Philippopel nach Adrianopel scheinen sie die Kreuzfahrer zu Ende des 12. und Anfang des 13. Jahrhunderts noch begangen zu haben. Auch von der auf der Peutingerschen Tafel verzeichneten Römerstraße von Philippopel über den mittleren Hämus nach Novä (Svistov) läßt sich das Pflaster noch gut verfolgen.

Griechenland, das im Jahre 1833 noch keine einzige Fahrstraße besaß, hatte auch im Altertum den Straßenbau (sowie den Bau der Kloaken und Wasserleitungen) um so mehr vernachlässigt, als die Küstenschiffahrt den Mangel der Verbindungen zu Lande einigermaßen ersetzen konnte. Den Römern verdankte es nicht bloß die beiden oben erwähnten großen Straßen im Norden; Hadrian verband diesen auch mit dem Peloponnes durch eine für Lastwagen fahrbare Kunststraße, die er aus dem gefährlichen Saumpfade an den skironischen Klippen mit Überwindung ungeheurer Terrainschwierigkeiten schuf. Übrigens ist allerdings in dieser sehr verödeten Provinz für Straßenbau in der Kaiserzeit so gut wie nichts geschehen.

Auch in Italien hat mindestens der Süden eine Straßenverbindung, wie er sie im Altertum besaß, erst vor nicht langer Zeit wiedererhalten. Im ehemaligen Königreich Neapel war diese noch im Laufe des 19. Jahrhunderts äußerst unvollkommen, namentlich fehlte es an Brücken; in der Basilicata verirrte sich im Jahre 1846 der König von Neapel auf einer militärischen Promenade mit vielen Tausenden seiner Getreuen in den dortigen Tälern, Wäldern und Schluchten dermaßen, daß man 14 Tage lang in der Hauptstadt nichts von ihm erfuhr. Sicilien, wo 1872 auf den Quadratkilometer 0,09 km Straßen kamen, wo das Reisen im Innern noch vor nicht so langer Zeit mit großen Schwierigkeiten verbunden war und die verheerenden (im Altertum unbekannten) Fiumaren zu langen Umwegen nötigten, hatte unter den Römern ein Straßennetz von einer Gesamtlänge von über 1000 Millien (1500 km); nicht nur alle Punkte der Küste waren miteinander, sondern außerdem auch Girgenti mit Palermo, Syrakus mit Catania und das letztere über Termini mit Palermo verbunden. Die Straßen Sardiniens, wo jetzt im Innern der Wanderer einen Viandante braucht, der ihn durch die Wildnis sicher von Ort zu Ort geleitet, hatten im ganzen eine Ausdehnung von über 1000, die Corsikas, wo sich die römische Herrschaft auf die Ostküste beschränkte, gegen 100 Millien.

In Spanien liefen von der oben erwähnten, an der Ost- und Südküste von Barcelona nach Cadix geführten Straße nach allen Richtungen Seitenstraßen aus. Im Süden waren namentlich Hispalis (Sevilla) und Cordova, im Norden Caesaraugusta (Saragossa) und Asturica (Astorga), im Westen Augusta Emerita (Merida) die Hauptpunkte des dichten Straßennetzes. Über Merida ging (wie noch heute) die Hauptverbindung mit Lusitanien bis Olisipo (Lissabon), von dort nördlich weiter nach Aeminium (Coimbra) und Bracara Augusta (Braga). Eine prächtige, bei Calzada de Oropesa anhebende römische Kunststraße (wohl sicher ein Stück der Straße von Toledo nach Merida) erregte 1806 die Bewunderung J. G. Rists: „Sie kontrastierte seltsam mit der öden Leere dieser ganzen Gegend, ihre Schönheit und Dauer deuteten auf eine glücklichere Zeit." Wenn man dagegen Spanien um das Jahr 1830 durchreiste, so fand man nur die großen Routen von Madrid nach Bayonne, Saragossa, Barcelona, Valencia, Sevilla und Lissabon und einige wenige Provinzialstraßen, wie von Valencia über Barcelona nach Perpignan, von Burgos nach Valladolid, für vierrädrige Wagen passierbar; alles übrige lag wie völlige Wildnis da. Von Madrid nach Toledo, der einzigen größeren Stadt im Umkreise von 25 Meilen, hatte man zwar eben eine öffentliche Fahrgelegenheit eingerichtet, aber die Wagen mußten fast die ganze Strecke querfeldein passieren, ohne die Spur von einer Straße zu berühren.

Bei der großen Lebhaftigkeit des Verkehrs im römischen Reich mußten Wegekarten und Stationenverzeichnisse, auf denen Richtungen der Straßen, Entfernungen, Haltestellen und Nachtquartiere angegeben waren, zu einem allgemein empfundenen Bedürfnisse werden. Daß solche Verzeichnisse sehr verbreitet waren, darauf läßt eine zufällige, im Jahre 1852 gemachte Entdeckung schließen. Auf dem Grunde der Bäder von Vicarello am Lago die Bracciano fand man unter anderm vier Silbergefäße in Form von Meilensäulen, auf denen die vollständige Reiseroute von Gades nach Rom mit Angabe aller Stationen und Entfernungen eingraviert war. Offenbar haben diese aus verschiedenen Zeiten herrührenden Gefäße Spaniern gehört, die in den Bädern von Vicarello Heilung suchten und nach antiker Sitte die heilende Quelle durch eine fromme Gabe ehren wollten. Daß die Gefäße aus verschiedenen Zeiten herrühren, läßt eine fortgesetzte Fabrikation vermuten, und schwerlich war doch Spanien die einzige Provinz, wo man dergleichen verfertigte. Auch wäre die für den Luxus arbeitende Industrie kaum darauf verfallen, Stationsverzeichnisse an Silbergefäßen anzubringen, wenn nicht das Bedürfnis, sie bei sich zu führen, ein sehr allgemeines gewesen wäre. Vielleicht haben diese Verzeichnisse auch öfters Nachrichten über Sehenswürdigkeiten und Merkwürdigkeiten, historische und andre Notizen zum Gebrauch der Reisenden nach Art neuerer Handbücher enthalten, wenn auch nur kurze. Wenigstens enthält die oben erwähnte um 333 n. Chr. für Pilger nach dem heiligen Lande abgefaßte Reiseroute von Bordeaux nach Jerusalem nicht bloß sehr zahlreiche Angaben über Ereignisse aus der heiligen Geschichte, die sich an den einzelnen

Orten zugetragen haben, und über Erinnerungen und Denkmäler aus jenen Zeiten (besonders ausführlich bei Jerusalem und der Umgegend), sondern einige historische, naturwissenschaftliche und andre Notizen: so bei Bordeaux, daß sich die Ebbe und Flut in der Garonne ungefähr 100 Leugen (222 km) weit bemerkbar machte; bei Viminacium (östlich von Belgrad), daß Diocletian dort den Carinus tötete; bei Libissa (Djebize in der Nähe von Nicomedia in Bithynien), daß dort der afrikanische König Annibalianus (gemeint ist Hannibal) begraben war; bei der Station Andavalis (bei Tyana), daß von da Rennpferde kamen; bei Tyana, daß von hier der Zauberer Apollonius gebürtig war (wie auch Pella als Geburtsort Alexanders des Großen bezeichnet ist); bei der Station des Euripides, daß hier das Grab des Dichters war; bei Cäsarea in Palästina, daß 3 Meilen entfernt der Berg Syna war und dort eine Quelle, welche die Fruchtbarkeit der Frauen beförderte. Einiges wenige der Art enthält auch das sogenannte Stationsverzeichnis des Antoninus (aus Diocletians Zeit), wo bei der Aufzählung der griechischen Inseln die in den Götter- und Heroensagen dorthin verlegten Ereignisse erwähnt werden.

Die von Augustus geschaffene Staatspost war nicht für den Personen- und Briefverkehr des Publikums und eine daraus zu ziehende Staatseinnahme eingerichtet, sondern allein für die Beförderung der Regierungsdepeschen und der Beamten. Jene erfolgte durch militärische Kuriere; für die reisenden Beamten waren die Stationen in *mutationes* (Umspannungen) und *mansiones* (Nachtquartiere) eingeteilt. Man gab die Entfernungen auch nach der Zahl der letzteren an, die durchschnittlich etwa 25 Millien (37 km) auseinander gelegen zu haben scheinen; nach einer in Asolo bei Treviso gefundenen Inschrift z. B. war eine Witwe aus Gallien 50 Mansionen weit dorthin zu dem Grabe ihres Mannes gekommen; also, da von Bordeaux bis Aquileja etwa 40 Mansionen waren, aus dem nördlichen oder nordwestlichen Gallien. Auf den Mansionen wurden mit der Zeit für den Gebrauch der Statthalter und Kaiser *palatia* oder *praetoria* errichtet. Privatpersonen wurde der Gebrauch der Staatspost in den Provinzen eine Zeitlang durch besondere Bevollmächtigung des Statthalters *(diploma)*, später nur vom Kaiser selbst nach genauen, darüber erlassenen Bestimmungen gestattet. Die Kosten der Posthalterei fielen anfangs überall den angrenzenden Ortschaften ohne Entschädigung zur Last, bis zuerst Nerva Italien hiervon befreite; in den Provinzen hat erst Septimius Severus die Kosten des Postwesens auf den Fiskus übernommen, obwohl bereits Hadrian dasselbe zu einem Staatsinstitut gemacht hatte. Trotzdem ist es für die Provinzialen stets eine drückende Last geblieben. Mit der Reform Hadrians war auch die Einsetzung von Rittern an der Stelle von Freigelassenen als Direktoren des Postbureaus in Rom *(praefecti vehiculorum)* mit einem Gehalt von 100.000 Sesterzen (21.750 Mark) verbunden; Unterdirigenten für bestimmte Distrikte, mit einem Gehalt von 60.000 Sesterzen (13.050 Mark), welche die Leitung des Postverkehrs in mehreren aneinander grenzenden Provinzen hatten, scheinen erst von Septimus Severus eingesetzt worden zu sein. Im 4. und 5. Jahrhundert war der Postdienst ein dreifacher. Die Depeschen besorgten Kuriere, welche außer dem Pferde, das sie selbst ritten, ein Handpferd mit dem Felleisen führten. Die Beförderung der Personen geschah auf Eilwagen *(raedae)*, welche mit Maultieren, der Transport von Kriegsmaterial und Gütern auf Packwagen, die mit Ochsen bespannt waren. Außerdem dienten nicht bloß Flußschiffe zur Brief- und Personenbeförderung, sondern auch in den hauptsächlichsten Seehäfen müssen stets Postschiffe bereit gelegen haben. Wir kennen aus einer Inschrift einen Freigelassenen des Hadrian als Prokurator der Briefbestellung durch die in Ostia stationierten Postschiffe *(naves vagae)*.

Die Staatspost, bei welcher wie bei vielen andern Einrichtungen des Kaiserreichs ein altpersisches Institut das Vorbild gewesen war, diente also dem Privatverkehr so gut wie gar nicht. Doch nachdem die öffentlichen Einrichtungen für einen fortlaufenden regelmäßigen Verkehr einmal getroffen waren, konnte es nicht fehlen, daß sich Privatunternehmungen überall anschlossen, wo das Bedürfnis vorhanden war, so daß wenigstens in größeren Orten an den Hauptstraßen die Mittel zur Beförderung gewiß leicht beschafft werden konnten. Spuren von der Organisation dieses Privatfuhrwesens haben sich wenigstens in Italien erhalten. Die Vermieter von vierrädrigen *(readae)* und zweirädrigen Wagen *(cisiarii)* und Zugtieren *(iumentarii)* bildeten in mehreren Städten Italiens Innungen, die zuweilen verbunden waren, wie z. B. in Tibur die Innung der *iumentarii* zu der (nach dem dort hoch verehrten Hercules benannten) Korporation der *cisiarii* gehörte. In Präneste scheint die Innung der *cisiarii* schon zur Zeit der Republik bestanden zu haben. Offenbar bedienten sich Reisende (wie bemerkt) in der Regel zweirädriger Wagen (zu denen ja auch die durch das ganze vorige Jahrhundert in Italien gebräuchlichen Sedien gehörten); mit vierrädrigen, deren Besitz als Beweis von Reichtum gegolten zu haben scheint, ereigneten sich, wie noch ein Schriftsteller des 4. Jahrhunderts bemerkt, leicht Unfälle. In einer unter Vergils Namen erhaltenen Parodie eines Catullischen Gedichts wird ein Vetturin Sabinus, „der Maultiertreiber weitgepriesenster", scherzhaft besungen, der sich rühmt, daß „keines fliegenden Wägelchens Ungetüm" ihn überholen konnte, „sei es, daß es galt nach Mantua zu eilen oder Brixia"; dies könnte auch das bekannte Haus seines Konkurrenten Trypho nicht leugnen. Caligula veranstaltete während seines Aufenthalts in Gallien eine Auktion des kaiserlichen Hausrats und ließ, um diesen von Rom herbeizuschaffen, sämtliche Mietwagen in Beschlag nehmen. Sehr viele Prozessierende wurden dadurch außer stand gesetzt, ihre Termine wahrzunehmen, und verloren so ihre Prozesse. Da sich Innungen von *iumentarii* in Mediolanium, Brixia, Forum Sempronii (Fossombrone), Tuder (Todi), von *cisiarii* zu Präneste, Cales und Pompeji und von beiden, wie gesagt, in Tibur nachweisen lassen, darf man wohl annehmen, daß sie in Italien überall, vermutlich auch an den Hauptorten der Provinzen bestanden haben. In den Städten selbst wurde so gut wie gar nicht gefahren, ihr Haupterwerb mußte daher die Beförderung von Reisenden sein. Ihre Standorte hatten sie an und vor den Toren; in größeren Städten gab es vermutlich mehrere Innungen, die sich in die Haupttore und -straßen teilten. So bestand in Mediolanium die Innung der Vetturine des Vercelliner- und Juppitertors, in Forum Sempronii des Gallischen Tors (der Straße nach Sena Gallica), in Cales des Stellatinertors. Sie konnten entweder den Wagen- und Pferdewechsel von Station zu

Station besorgen oder, wie die neueren Vetturine, die Reisenden mit demselben Fuhrwerk auf weitere Strecken befördern. Mit einem Vetturin dieser letzteren Klasse *(mulio perpetuarius)* wird in dem Pasquill Senecas auf den Tod des Claudius Hercules wegen seiner Wanderung durch die ganze Welt verglichen.

2. DIE SCHNELLIGKEIT DES REISENS ZU LANDE UND ZUR SEE

Mit der Staatspost konnte man bei längeren Reisen einschließlich allen Aufenthaltes 5 Millien (7,5 km) in der Stunde, also 120 Millien (180 km) im Tage zurücklegen; man gelangte von Antiochia bis Konstantinopel (rund 740 Mill. = 1100 km) in nicht ganz sechs Tagen. Bei Reisen mit Mietfuhrwerk galt dieselbe Schnelligkeit als sehr groß, und mit Recht, da hier das Mieten neuer Pferde und Leute auf den Stationen notwendig mehr Aufenthalt verursachte. Cäsar, dessen Reisen wegen ihrer Schnelligkeit angestaunt wurden, machte den Weg von Rom bis an die Rhone in nicht vollen acht Tagen: nach dem Stationenverzeichnis betrug die Entfernung von Rom bis Arles auf dem Wege durch Toscana und die Seealpen 796 Mill. (= 1178 km); Sueton, welcher sagt, daß Cäsar die größten Strecken mit unglaublicher Schnelligkeit zurückgelegt und ohne Gepäck in einem Mietfuhrwerk 100 Mill. = 150 km in 24 Stunden gemacht habe, meint offenbar dieselbe Reise. Den Weg nach Obulco in Bätica legte Cäsar in 27 Tagen zurück, während die Nachricht von der Schlacht bei Munda (ebenfalls in Bätica) erst am 35. Tage nach Rom gelangte. Etwas schneller als Cäsar fuhr der Bote, der die Nachricht von der Ermordung des S. Roscius nach Ameria brachte, 56 Millien (84 km) auf zweirädrigen Wagen in 10 Stunden, und zwar bei Nacht; aber dies war eine kurze Strecke, die nur etwa einen zweimaligen Wagenwechsel erforderte. Auch die Reise des Hicelus, der die Nachricht von Neros Ermordung an Galba nach Spanien brachte, galt als eine außerordentlich schnelle, er reiste im Juni 68 von Rom bis Clunia in nicht vollen sieben Tagen: die Seereise von Ostia bis Tarraco erforderte im günsrigsten Falle wohl nicht weniger als 5 Tage, da der ältere Plinius eine Reise vom diesseitigen Spanien — wohl Tarraco — nach Ostia in weniger als 4 Tagen zu den schnellsten jemals vorgekommenen zählt; wozu noch die Strecke von Rom bis Ostia kommt; da Hicelus am siebenten Tage noch vor Sonnenuntergang anlangte, wird er für die Landreise von Tarraco bis Clunia nicht einmal 36 Stunden gebraucht haben, es waren 332 Millien (498 km). Cervantes nannte schon eine zwölftägige Fahrt von Neapel nach Barcelona eine glückliche. Der Weg von dort nach Toledo wurde mit Postpferden in 7 Tagen zurückgelegt. Noch sehr viel schneller als Hicelus reiste allerdings der Kurier, der die Nachricht von der Ermordung des Maximin aus Aquileja nach Rom brachte; er langte „mit gewechselten Pferden“ am vierten Tage an: er muß, wenn er ganz zu Lande (über Bologna) reiste, 140 Millien = 210 km den Tag gemacht haben, wohl zu Pferde. Vitellius erhielt in Köln in der Nacht vom 1. zum 2. Januar 69 die Nachricht von dem in Mainz am ersteren Tage ausgebrochenen Aufstande der 4. und 22. Legion gegen Galba; der Überbringer legte also eine Strecke von 108 Millien = 160 km in höchstens 14 Stunden zurück, machte also den Kilometer in 5¼ Minuten. Der Bericht des Prokurators von Belgica über diesen Aufstand traf schon vor dem 10. Januar in Rom ein: die Kuriere, die ihn brachten, hatten also den Weg von Mainz nach Rom (über Reims, die Residenz des Statthalters), im ganzen 1440 Millien (2160 km), in weniger als 9 Tagen zurückgelegt, d. h. mehr als 160 Millien (240 km) in 24 Stunden. Vielleicht war (abgesehen von besonders schwierigem Terrain) als Normalgeschwindigkeit des Stafettendienstes ½ Stunde für 5 Millien (= 7,5 km) angesetzt. Die schnellste bekannte Reise ist die des Tiberius zu dem erkrankten Drusus aus Ticinum (Pavia) nach Germanien „durch eben besiegtes Barbarenland" (das der Chatten), wobei er in 24 Stunden mit mehrmals gewechselten Pferden, nur von einem Führer begleitet, 200 Millien (300 km) zurücklegte. Wenn Statius sagt, daß man auf der von Domitian im Jahre 95 über Sinuessa erbauten Straße in einem Tage von Rom nach Bajä gelangen konnte, so ist auch hier an eine Kurierreise zu denken, da nur bei einer solchen die Strecke von 141 Millien (210 km) in etwa 24 Stunden zurückgelegt werden konnte. Gewöhnliche Reisende, die natürlich übernachteten, brauchten zu Wagen mehr als die vierfache Zeit. Der Überbringer eines Briefes an Cicero war von Dyrrhachium nach Rom zehn, also von Brundisium (360 Millien = 540 km) etwa acht bis neun Tage unterwegs. In gemächlicher Fahrt gelangte man von dem letzteren Ort nach Rom in weniger als zehn Tagen; von Tarraco nach Bilbilis (224 Millien = 336 km) allenfalls am fünften. Ciceros Freund Rutilius Lupus langte von Mutina in Rom am sechsten Tage an, die Entfernung beträgt 317 Millien. Die Nachricht von der am Abend des 15. April 43 v. Chr. entschiedenen Schlacht bei Forum Gallorum (zwischen Mutina und Bononia) kam am 21. nach Rom. Hiernach kann man annehmen, daß Reisende mit Vetturinen in der Regel 40—50 Millien (etwa 60—75 km) oder wenig mehr täglich zurücklegte. Fußgänger legten nach Procopius an einem Tage 210 Stadien (etwa 25 Millien = 37,5 km) zurück; so viel betrug z. B. der Weg von Athen nach Megara; hiernach sind die zahlreichen Angaben von Entfernungen nach Tagereisen von Fußgängern bei Prokop zu berechnen. So rechnet er z. B. für die Entfernung von Rom nach Capua (124 Millien) 5 Tage. Natürlich wurden auch größere Strecken in kürzerer Zeit zurückgelegt: so geht Damis bei Philostrat von Rom nach Puteoli (141 Millien = 210 km) nur 3 Tage. Cicero erhielt auf seinem Gute bei Pompeji Briefe aus Rom durchschnittlich am vierten oder fünften Tage, frühestens am dritten; offenbar machten also die Briefboten den Weg zu Fuß. Wie billig, wurden für diejenigen, die sich zur Wahrnehmung gerichtlicher Termine, zur Übernahme einer Vormundschaft usw. von auswärts einzufinden hatten, kurze Tagereisen (von 20 Millien = 30 km) angenommen. Wahrscheinlich blieben Reisen zu Fuß wie zu Pferde immer häufig. Auch im 16. Jahrhundert reiste man in Italien trotz der zahlreichen von Gregor XIII., Cosimo und Emanuel Philibert gebauten neuen Straßen „von der Breite einer Kutsche" noch wenig zu Wagen; erst ganz zu Ende dieses Jahrhunderts kam diese Art der Bewegung allenthalben auf. Einige Strecken konnten übrigens im alten Italien auch zu Wasser zurückgelegt werden. Von Placentia gelangte man zu Schiff auf dem Po bis Ravenna in 48 Stunden.

Seefahrten waren allerdings fast ganz auf das Frühjahr, den Sommer und Frühherbst beschränkt. Im Anfage des Spätherbstes kehrten die Schiffe von allen Seiten in die heimischen Häfen zurück, falls sie nicht in der Fremde überwinterten. Die Schiffahrt ruhte vom 11. November bis zum 10. März, kurz vor der Wiederaufnahme des Seeverkehrs, am 5. März, wurde das „Schiff der Isis" (der Schutzpatronin der Schiffahrt) an allen Küsten des Mittelmeeres weit und breit gefeiert, wobei Prozessionen sich ans Meer begaben, ein Schiff feierlich einweihten und mit allerhand guten Dingen beladen ins Meer hinausstießen. Nun schleppten überall die Maschinen die aufs Trockne gezogenen Fahrzeuge ins Meer. Den Gefahren einer winterlichen Seereise setzte sich zwar niemand ohne dringende Veranlassung aus; doch völlig verschloß auch das Wüten der Stürme, wie Plinius sagt, das Meer keineswegs: denn die Habsucht trieb nun zum Bestehen der Seegefahr im Winter, in die man sich früher nur aus Furcht vor Piraten gewagt hatte. Doch selbst abgesehen von den kaufmännischen Reisen, kann die Zahl der Schiffe, die Depeschen und Beamte beförderten oder Gefangene und Verbannte transportierten, auch in den Wintermonaten nicht klein gewesen sein. Ovid mußte sich z. B. Anfang Dezember nach Tomi einschiffen und hatte mit Sturm zu kämpfen. Aber auch schon im Oktober war das Mittelländische Meer oft vor schweren Stürmen heimgesucht; so mußte Cicero, als er im Jahre 704 = 50 in der Zeit vom 9.—25. November, d. h. julian. 24. September bis 10. Oktober, von Actium nach Brundisium reiste, der Stürme wegen bis zum 23. November (julian. 8. Oktober) auf Corcyra bleiben, während viele, die früher ausgefahren waren, Schiffbruch litten. Und auch der im Oktober 38 n. Chr. in Alexandrien verhaftete und alsbald als Gefangener zu Schiff nach Rom überführte Präfekt von Ägypten, Avillius Flaccus, hatte eine sehr schwierige Überfahrt.

Gegen Schiffbrüchige übten die Uferbewohner nur zu oft das Strandrecht, trotz aller Gegenbemühungen der Kaiser, wie Hadrian, Antoninus Pius und Marc Aurel; namentlich die Bewohner der Cycladen waren in dieser Hinsicht verrufen. Sie verkauften die Unglücklichen, die in ihre Hände fielen, sogar als Sklaven; so war ein Rechnungsführer *(dispensator)* des Calvisius Sabinus (Consul 26, † 38), der Schiffbruch gelitten hatte, in ein Sklavenarbeitshaus verkauft und dort gebrandmarkt worden. Manilius erwähnt Taucher, die begierig den Meeresboden durchforschten und Wertvolles aus gesunkenen Schiffen heraufholten. Auch kam es offenbar nicht selten vor, daß Fischer durch Anzünden von Lichtern das Stranden von Schiffen herbeiführten. In diesem Verdacht scheinen besonders die Anwohner gefährlicher Küsten, wie der sogenannten Höhlungen von Euböa an der Ostküste der Insel am Vorgebirge Kaphereus, gestanden zu haben. Die Schiffbrüchigen stellten zu den Bettlern, namentlich in Rom, ein stehendes großes Kontingent. Sie bildeten auch eine Klasse der von den christlichen Gemeinden regelmäßig Unterstützten.

Piraten waren im Mittelmeere seit der Wiederherstellung des Weltfriedens in den beiden ersten Jahrhunderten wohl in der Regel nicht zu fürchten, und nur ausnahmsweise und vorübergehend wurde, besonders infolge von Kriegsunruhen, die Sicherheit der Seefahrt gestört, wie im jüdischen Kriege eine große Anzahl von flüchtigen und vertriebenen Juden sich in Joppe befestigte und durch Seeraub den Schiffsverkehr zwischen Syrien, Phönizien und Ägypten eine Zeitlang unmöglich machte. Auf entfernteren Meeren vermochte die römische Weltmach freilich nichts gegen die Piraten, wie im Indischen Ozean und selbst im nordöstlichen Teile des Schwarzen Meers. Im dritten Jahrhundert hatte sie die Herrschaft über das Meer schon ganz verloren.

Seefahrten wurden besonders in sternhellen Nächten gemacht. Der Steuermann bestimmte den Lauf des Schiffes nach dem Stande der Gestirne, denen auch die Reisenden vor der Abfahrt ihre Verehrung bezeigten. Solche Nachtfahrten werden öfters erwähnt. Philostrat sagt, daß die von Puteoli nach Ostia fahrenden Schiffe regelmäßig abends beim Anzünden der Lichter die Anker lichteten. Die Tibermündung erreichte man von Puteoli am dritten Tage; wahrscheinlich wurde am ersten Morgen in Cajeta (einem in Ciceros Zeiten von Schiffen gedrängt vollen Hafen), am zweiten in Antium angelegt. Nach Stabiä gelangte man vom Rom zur See am vierten Tage. Von Brundisium nach Corcyra oder Dyrrhachium (ebenso in umgekehrter Richtung) setzte man bei gutem Wetter und Winde in einem Tage über, bei stürmischem Wetter dauerte die Fahrt natürlich länger. Ebenso lang war die Überfahrt von Brundisium oder Hydrus (Otranto) nach Aulona (Valona) im südlichen Illyrien. Cicero wählte im November 704 =50 die Überfahrt von dem Hafen Kassiope auf Corcyra nach Hydrus. Von Rhegium nach Puteoli schiffte der Apostel Paulus mit Südwind in wenig mehr als einem Tage, doch Apollonius und Damis gelangen bei Philostrat mit gehörigem Winde von Puteoli durch die Meerenge von Messina nach Tauromenium erst am dritten Tage. Eine regelmäßig befahrene Linie ging von Sicilien durch das offene Meer nach dem Hafen Kyllene in Elis; man konnte am sechsten Tage von Syrakus aus dahin, bei sehr günstigem Winde von Korinth nach Puteoli sogar am fünften Tage gelangen.

Bei Fahrten von Italien nach dem Ägäischen Meere, Attika und Kleinasien war es gewöhnlich, in Lechäum anzulegen, zu Wagen oder zu Fuß den Isthmus zu passieren und sich in Kenchreä von neuem einzuschiffen. Auch fand wohl vielfach mechanische Überführung von Schiffen (wahrscheinlich auf Bretterbahn) statt. Neros sorgfältig vorbereitetes Unternehmen eines Durchstichs des Isthmus (wobei die beste, seit 1893 wirklich ausgeführte Linie gewählt war) wurde vor der Vollendung abgebrochen, nachdem es bereits ziemlich weit vorgeschritten war. Später hat auch Herodes Atticus diesen Plan gehegt. Zu Lande über den Isthmus gedachte Properz zu reisen; so reiste Ovid (der in Kenchreä ein neues Schiff „Minerva“ kaufte oder mietete) auf der Fahrt nach Tomi. Auf diesem Wege wurde auch Avillius Flaccus nach der ihm als Verbannungsort angewiesenen Insel Andros befördert. Galen machte eine Rückreise von Rom nach Kleinasien mit einem Freunde aus Gortyn über Korinth; dieser ließ sein Gepäck und seine meisten Sklaven zu Schiff nach Athen gehen; er selbst mietete einen Wagen, um die Reise in Begleitung einiger Sklaven zu Lande durch Megara dorthin zu machen. Aristides machte die Rückreise von Rom im September 145 zur See. Nachdem das Schiff gleich anfangs mit Sturm zu kämpfen gehabt hatte und an die Nordostspitze Siciliens Peloris getrieben und in der Meerenge von Messina hin- und hergeworfen worden war, erfolgte die Überfahrt über das Adriatische Meer in zwei Nächten und einem Tage bei ruhiger See, doch war die Landung bei Kephallenia schwierig. Dann fuhren die Schiffer gegen den dringenden Rat des Aristides von Paträ um die Zeit der Tag- und Nachtgleiche aus, und die Fahrt erwies sich wieder als sehr schwierig. Nachdem offenbar der Isthmus zu Lande passiert war, erforderte die Fahrt bis Milet noch vier Tage, so daß die ganze Seereise vierzehn gedauert hatte. Daß aber auch häufig der Peloponnes umfahren wurde, lehrt die Inschrift eines Kaufmannes oder Fabrikanten Flavius Zeuxis zu Hierapolis in Phrygien, der 72mal über das seiner Gefährlichkeit wegen sprichwörtlich gewordene Cap Malea nach Italien geschifft war. Denselben Weg in umgekehrter Richtung legte im September (wohl 111) der jüngere Plinius mit seinem Gefolge glücklich zurück, wie er aus Ephesus an Trajan meldet. Von dort wollte er teils wegen der Hitze die Küste entlang zur See, teils wegen der entgegenwehenden Passatwinde zu Wagen nach Bithynien reisen.

Wer auf der Reise von Italien nach Asien die Seefahrt soviel wie möglich vermeiden wollte, konnte zu Lande durch Macedonien und Thracien auf der von Apollonia im griechischen Illyrien bis zum Flusse Heburs in Thracien führenden Egnatischen Straße reisen, und dies scheint nicht selten geschehen zu sein. Als Galen sich zum zweiten Male nach Rom begab, machte er sowohl die Hin- als die Rückreise auf diesem Wege. Er wollte bei dieser Gelegenheit die Insel Lemnos besuchen und benutzte daher auf der Hinreise ein Schiff, das von Alexandria Troas nach Thessalonice ging; doch da er glaubte, daß auf Lemnos wie auf den übrigen Inseln des Ägäischen Meeres nur eine Stadt sei, landete er bei Myrina an der Westküste statt bei Hephästias an der Ostküste, wo er die Bereitung der Siegelerde hatte kennenlernen wollen. Da der Schiffer nicht auf ihn warten konnte, verschob er die Ausführung seines Vorhabens auf die Rückreise; auf dieser begab er sich von Philippi in Macedonien an die 120 Stadien (21,5 km) entfernte Küste, setzte nach Thasos (200 Stadien = 36 km), von dort nach Lemnos (700 Stadien = 125 km) über, endlich wieder nach Alexandria Troas (ebenfalls 700 Stadien = 125 km). Aristides trat die Hinreise nach Rom auf der Egnatischen Straße mitten im Winter an. Regengüsse, Reif, Frost und Stürme wechselten ab. Der Hebrus war ganz mit Eis bedeckt, das man eben aufgehauen hatte, um ihn für Boote passierbar zu machen; die Felder überschwemmt, soweit das Auge reichte; Mangel an Gasthäusern, und von den Decken (der Zimmer) floß mehr Wasser herab als vom Himmel. Dabei reiste Aristides so schnell, daß ihn nicht einmal die Kuriere der kaiserlichen Post überholten. Die Mehrzahl seiner Sklaven ließ er langsam nachfolgen. Führer suchte er selbst auf, wo es nötig war, und dies war nicht leicht; denn als barbarische Menschen ergriffen die Leute die Flucht, und man mußte sich ihrer mit Überredung oder Gewalt bemächtigen. In Edessa lag Aristides längere Zeit krank darnieder und gelangte erst am hundertsten Tage nach seinem Aufbruch nach Rom. Ein Teil seiner Zugtiere war auf der Reise zugrunde gegangen, die übrigen verkaufte er. Die Akten über das Märtyrertum des hl. Ignatius berichten, daß er im Spätherbst oder Winter vom Seleucia zur See über Smyrna nach Troas, dann zu Lande durch Macedonien bis Epidamnus, dann wieder zur See bis Ostia gebracht worden sei: wenn sie auch in der vorliegenden Form kaum älter als das 4. Jahrhundert sind, so rühren sie doch jedenfalls von einem des Weges völlig Kundigen her. Ovid fuhr von Korinth über Imbros nach Samothrake, von wo, wie er in einer dort gedichteten Elegie sagt, nur ein kurzer Sprung nach Tempyra (in der Nähe von Trajanopolis) war. Von hier wollte er zu Lande durch Thracien und Mösien nach Tomi reisen, während seine „Minerva" durch den Hellespont und an der Küste des Schwarzen Meeres entlang segeln sollte. Die Dauer seiner Reise ist unbekannt; wenn er in einer seiner Episteln aus dem Pontus sagt, bis ein Brief von ihm nach Rom und die Antwort darauf nach Tomi zurückgelange, vergehe ein Jahr, so gibt dies natürlich keinen Maßstab. Die Nachricht vom Tode des C. Cäsar in Limyra in Lycien am 21. Februar n. Chr. kam am 2. April nach Pisa.

Von der Mötischen See (dem Asowschen Meer) gelangten Lastschiffe mit günstigem Winde häufig am zehnten Tage nach Rhodos, von dort am vierten nach Alexandria, und dann auf dem Nil am zehnten Tage nach Äthiopien: so daß, wie Diodor bemerkt, die Fahrt aus der kalten Zone bis zu den heißesten Gegenden der Erde in 24 Tagen zurückgelegt werden konnte. Nach Alexandria war der Präfekt Galerius von der sicilischen Meerenge am siebenten Tage gelangt, der Präfekt Balbillus am sechsten, Valerius Marianus, Senator mit prätorischem Range, von Puteoli am neunten bei sehr gelindem Winde. In der Zeit der Monsune reiste man von Italien nach Syrien lieber über Alexandria, als direkt von Brundisium, welches eine lange und beschwerliche Reise war; besonders da die alexandrinischen Schiffe im Rufe standen, am schnellsten zu segeln und die besten Steuermänner zu haben: so reiste der Judenkönig Agrippa auf Caligulas Rat. Dagegen konnte, wer die Meerfahrt soviel wie möglich vermeiden wollte, Alexandria auch auf dem langen Umwege über Griechenland, Kleinasien und Syrien erreichen: so sollte Caligula selbst die Reise machen. Wenn übrigens bei einer Schiffsanleihe für die Reise von Berytus nach Brundisium und zurück eine Frist von 200 Tagen gegeben wurde, so versteht sich von selbst, daß dabei die möglichen und mutmaßlichen Aufenthalte einer solchen Geschäftsreise, und zwar in sehr liberaler Weise veranschlagt sind. Ein von Cassius nicht weit von Apamea in Syrien an Cicero nach Rom gerichteter Brief kam in wenig mehr als fünfzig Tagen an; dagegen gelangte ein Brief des Antistius Vetus an Balbus erst in mehr als hundert Tagen aus Syrien nach Rom. Ein von der tyrischen Faktorei in Puteoli am 23. Juli 174 geschriebener Brief kam in Tyrus am 8. Dezember, also nach 137 Tagen zur Vorlage. Der jüngere Cicero erhielt zu Athen einen Brief seines Vaters erst 46 Tage nach der Absendung, ein andrer wurde am 21. Tage überbracht, was als eine sehr schnelle Bestellung galt. Ein Brief Tiros an Cicero kam aus Paträ am 15. Tage nach Brundisium, Briefe aus Britannien in der Regel am 27., einmal am 34. Tage nach Rom, ein Brief aus Afrika am 20., obwohl bekanntlich schon der alte Cato ein drei Tage zuvor in Karthago gepflückte Feige im Senat hatte vorweisen können. Die Nachricht von der Schlacht bei Munda (nordwestlich von Malaga) am 17. März 45 v. Chr. traf erst am 20. April ein. Auch über die schnellsten Fahrten nach einigen westlichen Häfen des Mittelmeers macht Plinius einige Angaben. Nach ihnen hatte man von Ostia aus Gades am siebenten, das diesseitige Spanien (wohl Tarraco) am vierten, das Narbonensische Gallien (wohl Forum Julii) am dritten, Afrika am zweiten Tage, dies letztere auch bei sehr gelindem Winde, erreicht. Mit einem Kauffahrteischiff galt eine Fahrt von Alexandria nach Massilia in 30 Tagen als eine glückliche. Auch eine Reise, bei der man von

Narbo am fünften Tage Afrika (wohl Utika), von da am siebenten Tage Alexandria erreichte, war eine schnelle.

Aus der Zusammenfassung der bezüglichen Nachrichten läßt sich die durchschnittliche Geschwindigkeit der damaligen Schiffe, an denen übrigens zuweilen auch Vorrichtungen zur Messung zurückgelegter Strecken angebracht waren, die Vitruv beschreibt, ziemlich genau ermitteln. Zwar bemerkt der Geograph Marcianus von Heraclea, daß die Angaben der Entfernungen zur See (in griechischen Stadien) sehr voneinander abwichen, weshalb er die höchsten und niedrigsten nebeneinander stellt. Er sagt, es sei bekannt, daß ein Schiff mit günstigem Winde an einem Tage 700 Stadien (70 Seemeilen) zurücklegen könne, ein sehr gut gebauter Schnellsegler auch wohl 900 (90 Seemeilen), während ein unzweckmäßig gebautes Schiff kaum 500 (50 Seemeilen) machen werde. In dem unter dem Namen des Scylax von Karyanda gehenden Periplus werden als durchschnittlich an einem Tage zurücklegende Entfernungen für eine lange Reise nur 500 Stadien angenommen. Daß hier wie dort die Nächte nicht mitgerechnet sind, ergibt sich aus andern Angaben, namentlich der Herodots, daß ein Schiff (in der Zeit der längsten Tage) höchstens 70.000 Faden (700 Stadien = 70 Seemeilen) am Tage und 60.000 (600 Stadien = 60 Seemeilen) bei Nacht zurücklegen könne. Von der Mündung des Phasis bis zur Westküste des Schwarzen Meers dauerte die Fahrt in gerader Linie 9 Tage und 8 Nächte, die Entfernung betrug also 11.100 Stadien = 1110 Seemeilen. Nach Aristides konnte ein Schiff mit starkem, günstigem Winde in einem ganzen Tage (d. h. in 24 Stunden) 1200 Stadien (= 120 Seemeilen) zurücklegen; er selbst hatte dies oft bei günstigen Fahrten erlebt, wie sich aus der nachträglichen Verteilung der ganzen Entfernung auf die Tage der Reise ergab. Die durchschnittliche Fahrgeschwindigkeit ist also im ganzen Altertum (mindestens von der Zeit Herodots bis auf die des Marcianus, d. h. etwa 400 n. Chr.) dieselbe geblieben. Sie betrug zwischen 1000 und 1500 Stadien (rund 180 bis 270 km oder 100 bis 150 Seemeilen in 24 Stunden, d. h. 7,5—11,25 km oder $4^1/_6$ bis $6^1/_4$ Seemeilen in der Stunde). Damit werden sich alle Angaben über die Schnelligkeit der Sereisen aus dem früheren wie aus dem späteren Altertum vereinigen lassen. Nach Diodor dauerte die Fahrt von den Pityusen bis zur Meerenge von Gibraltar 3 Tage und Nächte, bis zur Küste von Afrika 24 Stunden, bis zu der von Spanien einen Tag, ebenso war Mallorca von Spanien eine Tagereise entfernt. Strabo gibt die Entfernung von dem Vorgebirge Kretas Kriu Metopon (Widderstirn) bis zur kyrenäischen Küste nach Eratosthenes auf 2000 Stadien (200 Seemeilen) an, man brauchte dazu 2 Tage und 2 Nächte. Die Fahrt von der Nordostspitze Kretas Samonium nach Ägypten dauerte 3, nach andern 4 Tage und Nächte. Die Entfernung beträgt nach Strabo 5000 Stadien = 500 Seemeilen. Von den Kaletiern an der Seinemündung nach Britannien hält er eine knappe Tagfahrt für erforderlich. Daß man bei Fahrten an der ostafrikanischen Küste südlich vom Cap Guardafui in 24 Stunden nur 400—500 Stadien (40—50 Seemeilen) zurücklegte, lag an dem häufigen Umspringen des Windes in der Gegend des Äquators. Nach all diesem ist es keineswegs unglaublich, daß Arrian an der Südostküste des Schwarzen Meers von Tagesanbruch bis gegen Mittag mehr als 500 Stadien (50 Seemeilen), d. h. etwa 7—8 Seemeilen in der Stunde zurücklegte. Bei den von Plinius erwähnten schnellsten Fahrten kommen in einem Falle weniger als 140, zweimal 160, dann 175 bis 185 Seemeilen auf 24 Stunden. „Die geringste Schnelligkeit ist also zwischen 6 und 7 Seemeilen die Stunde, die größte etwas über 8, und das Mittel von 7 Seemeilen würde auch für Schiffer unserer Zeit eine ganz ansehnliche Schnelligkeit sein. Die ‚Novara' legte auf ihrer Fahrt von Valparaiso nach dem atlantischen Äquator durchschnittlich 6½ Seemeilen zurück." „Unsere schnellsten Postdampfer machen gegenwärtig durchschnittlich 14 Seemeilen in der Stunde, bei längeren Reisen 10 bis 12", während die Personen-Schnelldampfer es bis auf 25½ Seemeilen in der Stunde bringen und der 1914 vom Stapel gelassene Turbinendampfer der Hamburg-Amerika-Linie „Vaterland" seine beste Fahrgeschwindigkeit mit 33,2 Seemeilen erreicht hat.

3. ART DES REISENS ZU LANDE

Die Einrichtungen bei Reisen über Land werden hie und da geschildert. Einfache Reisende zogen hochgeschürzt zu Fuß, oder mit geringem Gepäck auf bescheidenem Maultier oder zu Pferde im Regenmantel ihre Straße; aber auch weniger begüterte wohl selten ohne einen oder einige Sklaven. Wurde die Reise zu Wagen gemacht, so folgten diese dem Herrn ebenfalls, wenigstens bei einer längeren Reise, gewöhnlich in einem oder mehreren Wagen. Seneca hatte einmal den Einfall, eine Reise nach sehr bescheidenem Zuschnitt einzurichten. Auf einem Wagen fuhr er selbst mit seinem Freunde Cäsonius Maximus, ohne irgendwelches Gepäck, außer dem, was sie an und auf sich hatten, mit so geringer Dienerschaft, daß ein einziger Wagen hinreichte, dieselbe aufzunehmen. Sollte geruht werden, so legte man ihm eine Matratze auf die bloße Erde, von zwei Regenmänteln diente der eine als Unterlage, der andre als Decke. Die Mahlzeit konnte nicht einfacher sein, sie war in nicht mehr als einer Stunde zubereitet; niemals fehlten dabei trockne Feigen und die Schreibtafel zum Aufzeichnen von Bemerkungen und Gedanken. Sein Wagen war ein Bauernwagen, der Schritt der Maultiere gerade hinreichend, um für ein Lebenszeichen zu gelten, der Fuhrmann barfuß, und zwar nicht bloß weil es Sommer war. So hatte er zwei höchst glückliche Tage verlebt; diese Reise hatte ihn gelehrt, wie viel Überflüssiges wir besitzen, was wir gar nicht vermissen, wenn es uns fehlt. Doch konnte er sich eines unbehaglichen Gefühls nicht erwehren, sobald er auf einen glänzenden Reisezug stieß; er konnte die falsche Scham nicht los werden, sich nicht zu dem Wunsch entschließen, daß dieser Wagen für den seinigen gehalten werden möchte. Ein solches Gefühl war bei einer für den bejahrten, ungeheuer reichen Konsularen allerdings höchst wunderlichen Art zu reisen mindestens sehr erklärlich; denn Personen der höheren Stände reisten nicht leicht ohne zahlreiche Dienerschaft und umfangreiches Gepäck. Dies war schon zur Zeit der Republik ganz gewöhnlich, und Luxus und Üppigkeit in der Einrichtung des Reisens schon damals nicht selten gewesen. Auf einer Reise nach Lanuvium mit seiner Frau nahm Milo unter dem übrigen großen Gefolge von Sklaven und Mägden auch die ganze Hauskapelle mit; Cäsar führte auf seinen Feldzügen Mosaikfußböden mit sich; die Reisen des Marcus Antonius mit ihrem ungeheuren Troß, den löwenbespannten Wagen, der Menge von Goldgefäßen, die wie in einer Prozession getragen wurden, erinnern bereits an orientalische Gewohnheiten.

Dieser Luxus wurde in der Kaiserzeit noch überboten. Nero soll nie anders als mit tausend Karossen gereist sein, die Hufeisen der Maultiere von Silber, die Maultiertreiber in roten Röcken, Vorreiter und Läufer aufs reichste geschmückt; Poppäa ließ ihre Zugtiere mit Gold beschlagen und führte 500 Eselinnen mit sich, um täglich in ihrer Milch baden zu können; in dem Reisezuge der Braut des Kaisers Constantius Eusebia (353) befanden sich „Wagen aller Art, die aus Gold, Silber, Messing aufs allerkunstvollste gearbeitet waren". Die höheren Stände scheinen sich bemüht zu haben, dem kaiserlichen Beispiel so viel wie möglich nachzueifern; wenigstens war der Luxus des Reisens sehr groß und nach Senecas Versicherung sehr allgemein, weil die meisten die Mode mitmachen zu müssen glaubten; wobei es denn nicht fehlen konnte, daß manche der so prächtig Einherziehenden eben nur „auf der Landstraße reich" waren und bereits überlegten, ob sie nach dem Ausbruch ihres Bankrotts sich als Tierfechter oder Gladiatoren vermieten sollten. Buntgekleidete Mohren, numidische Vorreiter und Läufer eröffneten einen solchen Zug, um jedes Hindernis zu beseitigen, das einen Aufenthalt verursachen konnte. Wohlgefütterte Maultiere, die man gern gleichfarbig wählte, oder kleine, dicke, aber schnelle gallische Pferde zogen den Wagen. Zelter wurden zum Reiten mitgeführt. Die Zugtiere waren mit purpurnen oder gestickten Decken behängt, trugen vergoldete Gehänge und Gebisse; die Reisewagen waren mit kostbaren Verzierungen, selbst goldenen und silbernen Figuren beschlagen, so daß sie den Wert eines Landguts haben konnten, mit Seide oder anderen kostbaren Stoffen gepolstert. Tafelgeschirr aus wertvollsten Materialien, wie Gold, Kristall, Murrha, befand sich unter dem Reisegepäck, selbst Gefäße, die hohen Kunstwert hatten und daher den Stößen des Wagens nicht ausgesetzt werden durften, sondern getragen werden mußten. Großes Gefolge und Dienerschaft verstehen sich bei einer derartigen Reiseeinrichtung von selbst; die Lieblingspagen trugen Teigmasken vor dem Gesicht, um ihre Haut vor Frost und Hitze zu schützen. Auch reiche Provinzialen reisten so. Dem Sophisten Polemo von Smyrna folgten auf seinen Reisen viele Lasttiere, viele Pferde, viele Sklaven, viele Koppeln von Hunden zu verschiedenen Jagden, er selbst fuhr mit einem phrygischen oder gallischen Gespann in silbernem Geschirr.

Die bequeme Einrichtung der Reisewagen und das Raffinement, durch welches man sie noch immer mit neuen Bequemlichkeiten auszustatten suchte, lassen übrigens schon allein eine sehr starke Benutzung voraussetzen. Man konnte darin lesen, und zwar dienten als Reiselektüre statt der nur auf einer Seite beschriebenen und mit beiden Händen zu haltenden Papyrusrollen die bequemeren Pergamentbücher, die auch umfassende Werke in einem mäßigen Bande enthalten konnten. Martial rät dem Leser, der seine Büchlein überall bei sich und als Begleiter auf weiten Reisen zu haben wünsche, eine solche Miniaturausgabe auf Pergament zu kaufen. Wer mit einem Pergamentexemplar des Cicero reise, sagt er, könne sich einbilden, den großen Mann selbst zum Reisegefährten zu haben. Man konnte im Wagen auch schreiben; der ältere Plinius hatte auf der Reise stets einen Stenographen mit Buch und Schreibtafel bei sich, dessen Hände im Winter durch lange Ärmel gegen die Kälte geschützt wurden. Es gab auch zum Schlafen eingerichtete Wagen. In den Pandekten wird ein Vermächtnis eines Mannes an seine Frau erwähnt, bei welchem die Frage entstanden war, ob der Schlafwagen *(carrura dormitoria)* nebst dem dazu gehörigen Maultiergespann einbegriffen sei. Claudius, der das Würfelspiel sehr liebte, hatte Wagen mit befestigten Würfelbrettern, auf denen man im Fahren spielen konnte. Commodus hatte deren mit Vorrichtungen zur Drehung der Sitze, um die Sonnenstrahlen abzuwenden oder einen kühlenden Luftzug aufzufangen, und andere, an denen Apparate zur Messung des zurückgelegten Wegs und zum Zeigen der Stunden angebracht waren.

Frauen von Stande reisten wohl gewöhnlich in Sänften. Antonius führte nach einem Briefe Ciceros aus dem Jahre 49 v. Chr. seine Maitresse Cytheris in einer offenen Sänfte mit sich, und sieben Maitressen seiner Freunde folgten in andern Sänften. Als Julia, die Tochter des Augustus und Gemahlin des Agrippa, einmal bei Nacht nach Ilium unterwegs war, geriet sie in Gefahr, samt ihren Sänftenträgern in dem plötzlich angeschwollenen Scamander zu ertrinken. Agrippa, erzürnt, daß die Stadtbewohner ihr keine Hilfe geleistet hatten, legte ihnen, obwohl sie von Julias Ankunft gar nicht unterrichtet gewesen waren, eine Strafe von 100.000 Denaren (87.000 Mark) auf, deren Eintreibung jedoch auf Vermittlung des Nicolaus von Damascus durch die Fürsprache des Königs Herodes abgewendet wurde.

Der Umfang und die Üppigkeit der Reiseanstalten hatten ihren Grund teils in dem Sklavenwesen, teils in der Mangelhaftigkeit der Gasthäuser. Den Reichen, denen Hunderte von Sklaven zu Gebote standen, war es möglich, die Genüsse und Bequemlichkeiten ihrer Paläste sich auch auf der Reise zu verschaffen, während eine massenhafte Bedienung ihnen zugleich durch die Gewohnheit unentbehrlich geworden war. Die Gastwirte kamen selten in die Lage, den Bedürfnissen der verwöhnten Reisenden zu genügen, um so seltener, als das südliche Klima meist das Übernachten in mitgebrachten Zelten erlaubte, und je weniger Ansprüche an sie gestellt wurden, desto weniger vermochten sie zu befriedigen. Allerdings gab es, und zwar nicht selten, auch gute, selbst üppig eingerichtete Gasthäuser, in denen man sich wohl bewegen lassen konnte, länger als nötig zu verweilen. Epictet vergleicht diejenigen, welche, statt auf den wahren Zweck der Philosophie hin zu arbeiten, zu lange bei dem Nebenstudium der Beredsamkeit sich aufhalten, mit einem Reisenden, der auf der Rückkehr in das Vaterland in einem fein eingerichteten Gasthause, wo es ihm behaglich ist, längere Zeit bleibt. Du vergaßest, ruft er ihm zu, den Zweck deiner Reise, für die das Gasthaus nur ein Mittel ist. „Wie viele andre feine Gasthäuser gibt es noch? Aber sie sollen doch nur zum vorübergehenden Aufenthalt dienen!“ An sehr besuchten Orten, namentlich an Handelsplätzen, waren solche gewiß zahlreich, wie es Strabo z. B. von Berenice in Oberägypten am Roten Meer, das für den arabisch-indischen Handel einen wichtigen Stapelplatz bildete, ausdrücklich sagt; desgleichen an Badeorten. Strabo nennt die in Canopus an dem Kanal gelegenen Gasthäuser wohl geeignet für die dortige Üppigkeit und Schwelgerei und erwähnt beiläufig die des Fleckens Carura auf der Grenze von Phrygien und Carien, der heiße Quellen hatte. Aber daß die Gasthäuser mindestens zum großen Teil dürftig waren, ist sehr wahrscheinlich; doch nicht deshalb, weil sie nur Herbergen für die gemeinste Volksklasse gewesen wären. Sie sind es noch heute im Süden überall, wo der Einfluß der nordeuropäischen Sitte und Kultur nicht hinreicht, da der Südländer in bezug auf häusliche Einrichtung sehr genügsam ist, und vielleicht waren es die Alten, die an enge, wenig möblierte Wohnungsräume gewöhnt waren, noch mehr als die Neueren. Um so leichter waren die Reisenden zufrieden gestellt, die nur ein Nachtlager, eine Mahlzeit oder Schutz vor Unwetter suchten, und darum blieben die Gasthäuser meist bescheiden oder ärmlich, wenn auch die bei weitem überwiegende Mehrzahl der Reisenden hier einkehrte; denn die Zahl derer, die Zelte und alle sonstigen Bedürfnisse mit sich führten oder bei Gastfreunden Aufnahme fanden, kann verhältnismäßig nur sehr klein gewesen sein.

Reisenden Beamten, Richtern nebst ihrem Gefolge, durchmarschierenden Soldaten usw. Quartier zu geben, war eine Reallast der Hausbesitzer, welchen die Aufzunehmenden nach Maßgabe der Zeit wie des Standes und Vermögens zugeteilt wurden. Doch waren Philosophen, Grammatiker, Rhetoren und Ärzte schon durch Vespasian und Hadrian von der Einquartierung befreit. Diese war für die Quartiergeber vermutlich oft genug durch ungebührliches Betragen der Aufzunehmenden doppelt lästig. Plinius erzählt, daß die Bewohner von Hippo Diarrhytus in Afrika einen wunderbar zahmen Delphin töteten, um von den Ungebührlichkeiten der Beamten, die, um ihn zu sehn, dorthin kamen, befreit zu werden. Als der jüngere Cato vor der Bekleidung öffentlicher Ämter in Asia reiste, schickte er immer seinen Bäcker und Koch am Morgen zu dem bestimmten Nachtquartier voraus. Diese betraten die Stadt ruhig und bescheiden, und wenn sie dort keinen väterlichen Gastfreund oder sonstigen Bekannten Catos fanden, so bereiteten sie für ihn ein Unterkommen in einem Gasthause vor, ohne jemandem zur Last zu fallen; wo es kein Gasthaus gab, wandten sie sich an die Behörden und begnügten sich mit dem Quartier, das diese ihnen anwiesen; aber gerade weil sie nicht lärmten und drohten, wurden sie oft gering geachtet und abgewiesen. Absteigequartiere in genügender Anzahl konnten auch die Großen höchstens für kleinere Reisen in Italien, etwa nach ihren Besitzungen, haben; Cicero hatte deren für die Reisen nach seinen Villen in Anagnia, Atina, Frusino, Lanuvium, Sinuessa; zu Tarracina suchte er eins.

Da nun die hier erwähnten Klassen von Reisenden, wie gesagt, ohne Zweifel nur einen sehr kleinen Bruchteil der Reisenden überhaupt bildeten, so kann es keine Frage sein, daß es an allen Straßen, wo der Reiseverkehr lebhaft war, Gasthäuser gab, in Italien wie in den Provinzen. Zu den Kosten, die ein für eine Handelsgesellschaft reisendes Mitglied derselben in Rechnung stellen durfte, gehören die Gasthausunkosten ebenso regelmäßig wie die Fuhrkosten. Der Rhetor Aristides beschreibt eine Reise von

Smyrna nach Pergamum, und selbst er, dem es gewiß in jenen Gegenden an Bekannten nicht fehlte, kehrte meist in Gasthäusern ein. Er brach im Sommer nachmittags auf, nachdem er seine Gepäckwagen hatte vorausgehen lassen, und gelangte um Sonnenuntergang zu dem Gasthause vor dem Flusse Hermus, fand aber die Hitze der Zimmer unerträglich und setzte die Reise fort. Spät abends kam er nach Larissa, wo das Unterkommen nicht besser war, und nach Mitternacht nach Kyme, wo er alles verschlossen fand. So reiste er abermals weiter und langte um die Zeit des Hahnenschreis in Myrina an; dort holte er seine Leute ein, die er reisefertig vor einem der Gasthäuser antraf, weil sie ebenfalls keines mehr offen gefunden hatten; er versuchte auf einem in der Vorhalle stehenden Feldbett zu ruhen, fand dann endlich in das Haus eines Bekannten Einlaß, reiste aber bei Tagesanbruch weiter nach Gryneum, ruhte dann in Eläa, wie es scheint wieder in einem Gasthause, aus und kam am folgenden Tage nach Pergamum. Daß seine Reise durch Thracien im Winter unter andrem auch wegen Mangels an Gasthäusern beschwerlich war, ist begreiflich, da dies Land nur unvollkommen zivilisiert und nur wenig bereist war.

Aber ganz fehlte es an Gasthäusern auch in solchen Gegenden nicht. Wie hoch, sagt Seneca, schätzt man eine Herberge in einer Einöde, ein schützendes Dach im Regenguß, ein Bad oder Feuer bei der Kälte, und doch weiß man, für welchen Preis man dieses erhalten wird, wenn man in ein Gasthaus einkehrt. Julius Cäsar reiste einst in Begleitung seines Freundes C. Oppius durch einen Wald; Oppius erkrankte plötzlich, und Cäsar trat ihm die einzige kleine Herberge, die es dort gab, ab und schlief im Freien auf dem Boden. Konnte ja doch auch der barmherzige Samariter den von Räubern Verwundeten und Geplünderten, den er an der Straße von Jerusalem nach Jericho fand, in eine Herberge führen. Daß es in Städten in der Regel Gasthäuser gab, versteht sich ohnehin von selbst, auch ein Flecken wie Bethlehem war ja nicht ohne Herberge. Zuweilen, vielleicht nicht selten, sorgten die Kommunen für die Aufnahme von Fremden. Bei der vielbesuchten Quelle des Clitumnus hatte die Stadt Hispellum (Spello), der Augustus dies Stück Land geschenkt hatte, ein Bad und ein Gasthaus errichtet. In der nordafrikanischen Stadt Calama ließ im Anfang des 5. Jahrhunderts der die städtische Verwaltung leitende Beamte *(curator)* einen wüsten, mit Schutt bedeckten Ort auf eigene Kosten „für den Gebrauch der Bürger und die gastliche Aufnahme von Fremden“ zu einem besseren Zustande und Aussehn herstellen.

Gewiß hatte man an größeren Orten überall zwischen mehreren Gasthäusern die Wahl. Plutarch warnt davor, aus falscher Scham in einem schlechtern Gasthofe einzukehren, weil man von dem Wirte wiederholt gegrüßt worden sei; man dürfe sich dadurch nicht abhalten lassen, den bessern zu wählen. Aber auch Landbesitzer bauten sehr häufig auf ihren an Straßen grenzenden Grundstücken Schenken und Herbergen, die ihre Freigelassenen oder Sklaven für ihre Rechnung verwalteten; und dies war eine sehr vorteilhafte Verwertung des Bodens. Zuweilen wurden aber solche Häuser auch vom Fiskus an den Straßen erbaut, besonders vermutlich in schwach bevölkerten und wenig zivilisierten Provinzen. Nero ließ im Jahre 61 durch den Prokurator von Thracien an den Heerstraßen dieser Provinz Tabernen und herrschaftliche Häuser (*praetoria* — für höhere Beamte) errichten, und in einem inschriftlichen Erlasse des Statthalters derselben Provinz aus der Zeit des Septimius Severus wird den Behörden eines neugegründeten Marktfleckens die Erhaltung dieser Baulichkeiten eigens zur Pflicht gemacht; Hadrian ließ im Jahre 137 die von ihm längs des Roten Meeres gebaute Straße mit reichlichen Brunnen, Stationen und Kastellen versehen. An den Stationen waren vermutlich oft (wo nicht in der Regel) Tabernen, von denen manche ihren Namen führten; bekannt ist aus der Apostelgeschichte die Station der drei Tabernen (bei Luther Tretabern) an der Appischen Straße unweit der Pontinischen Sümpfe); denselben mehrfach vorkommenden Namen führte u. a. auch eine Station an der Straße von Dyrrhachium nach Byzanz; an der Latinischen Straße hieß die dritte Station von Rom „Zu den Bunten" (Tabernen), und diese bezeichnet Strabo ausdrücklich als Gasthäuser. Noch mehrere andre Stationen waren nach solchen benannt, sei es, daß sie allein ein Unterkommen gewährten, sei es, daß sie an die auf öffentliche Kosten gebauten und unterhaltenen Mansionen sich anschlossen; vielleicht standen auch diese, wenn Raum war, gewöhnlichen Reisenden für Geld zur Benutzung offen.

Die Wirtshausschilder scheinen häufig mit Tierbildern bezeichnet gewesen zu sein. Artemidor erwähnt ein Gasthaus zum Kamel, das dieses Tier im Schilde führte; in Pompeji ist ein Gasthaus, wie es scheint eines Sittius, ausgegraben worden, auf dessen Außenwand ein Elefant von einem Pygmäen geführt gemalt ist. In Narbonne hat sich das Schild eines freigelassenen „Gastwirts zum Hahn, aus Tarragona" erhalten. „Zum Haushahn" heißt auch eine Station zwischen Utica und Karthago, und wie diese werden auch die an verschiedenen Straßen gelegenen Stationen „Zum größeren Adler", „Zum kleineren Adler", „Zu den Schlangen", „Zum großen Kranich", „Zum Schwert", „Zum Rade", „Zum Olivenstall" nach Wirtshäusern benannt sein. Auf den Schildern versprachen Inschriften freundliche Bedienung, Bäder und alle Bequemlichkeiten, in Italien öfters „nach hauptstädtischer Weise"; die Inschrift eines wohl besonders von Geschäftsreisenden besuchten Gasthauses in Lyon (das Mercur und Apoll im Schilde geführt zu haben scheint) lautet: Hier verspricht Mercur Gewinn, Apollo Gesundheit, Septumanus (der Wirt) Aufnahme nebst Mahlzeit. Wer einkehrt, wird nachher besser daran sein; Fremder, siehe zu wo du bleibst. Auf einem Gasthofschilde in Antibes heißt es: „Ein Wörtchen, lieber Wanderer! Komm einmal herein: Dort meldet alles eine Kupfertafel Dir" (offenbar ein Tarif). Überdies verfehlten Wirt oder Wirtin nicht, die Reisenden zu begrüßen und die Vorzüge und Annehmlichkeiten ihres Hauses anzupreisen; in der unter Vergils Namen erhaltenen Elegie „Die Schankwirtin" (*Copa*) ladet eine syrische Wirtin, mit griechischem Kopfbunde, die weinselig vor ihrer räucherigen Taberne einen üppigen Kastagnettentanz aufführt, den Reisenden, dessen müder Esel von Schweiß trieft, zur Einkehr ein. Sie verheißt ihm in der Zeit, wo die Bäume vom Geschwirr der Zikaden ertönen und selbst die Eidechsen sich verstecken, einen kühlen Aufenthalt in der schattigen

Laube ihres Gartens am murmelnden Bach, ein Mahl, bestehend aus Käse, gelben Pflaumen, Maulbeeren, Trauben, Gurken, Kastanien und Äpfeln, dazu heurigen Wein, Kränze aus Violen, Rosen und Lilien und eine ländliche Musik; aber der Gast soll nicht nur Ceres und Bacchus, sondern auch Amor bei ihr finden.

Zum dauernden Aufenthalt waren die gewöhnlichen Herbergen (von denen fast ausschließlich hie und da gesprochen wird), wie bemerkt, nicht einladend: voll gemeiner Gesellschaft von Pferdeknechten und Maultiertreibern; mit diesen pflegte der Kaiser Vitellius, der vor seiner Thronbesteigung den tiefsten Ton der Leutseligkeit anzuschlagen liebte, „in Ausspannungen und Herbergen" aufs vertraulichste zu verkehren. Plutarch, der in seinen Vorschriften zur Erhaltung der Gesundheit fortwährende Übungen im Lautreden empfiehlt, sagt, man dürfe sich davon auch bei einem Aufenthalt in einem Wirtshause nicht abhalten lassen, und nicht darauf achten, daß man von Schiffern, Maultiertreibern und Gastwirten verspottet werde. Die Schilderung, die Apollinaris Sidonius von dem Innern einer „feuchten Taberne" gibt, dürfte auch auf die gemeineren Herbergen der früheren Zeit passen. Sie war ganz von dem Rauche der Küche erfüllt, der den Eintretenden zwang, die Nase zuzuhalten; auf quendelbekränzten Näpfen dufteten rote Würste, Töpfe dampften, Schüsseln klapperten, und die Gäste ließen unmelodische Gesänge ertönen. Die mit Büscheln der Rohrblüte statt mit Federn gestopften Polster der Wirtshäuser wimmelten im Sommer von Flöhen und „runden Wanzen"; von den Decken der Zimmer fielen oft allerlei Tiere, wie Eidechsen und Giftspinnen, herab. Natürlich waren auch die Preise nicht hoch. Zu Polybius' Zeit waren in den gesegneten Niederungen der Lombardei die Wirtshäuser so wohlfeil gewesen, daß man gar keine Rechnung machte, sondern Wohnung und Kost für einen halben As (damals 2 bis 3 Pf.) gab. Auf einem aus der Kaiserzeit herrührenden Relief von Äsernia in Samnium (Isernia) rechnet ein Mann in Reisekleidern, den Maulesel am Zügel führend, mit der Wirtin ab; oberhalb des Bildes ist das Gespräch selbst verewigt, nach welchem außer dem Wein, der wohl umsonst gegeben wurde, für Brot 1 As (damals 6½ Pf.), für Zukost 2 As, für das Mädchen 8 As, für Heu 2 As zu bezahlen waren. Die 2 Denare (1 M. 74 Pf.), die der barmherzige Samariter dem Wirt zur Bestreitung der Kosten der Pflege für den Verwundeten zurückläßt, sind offenbar eine mehr als hinreichende Bezahlung, die ja überdies auch für ungewöhnliche Ausgaben (der Heilung und Verpflegung) verwandt werden soll. Vielleicht brachten die Reisenden auch damals wie in älteren Zeiten und wie noch jetzt in griechischen Khans öfters ihre Nahrungsmittel selbst mit und übergaben sie dem Wirt zur Bereitung.

Übrigens waren die Wirtshäuser sehr häufig Orte der Prostitution und die Wirte zugleich Kuppler. Wiederholt wird von den juristischen Schriftstellern erwähnt, daß die weibliche Bedienung der Tabernen sowohl in den Städten als an den Landstraßen aus feilen Dirnen zu bestehen pflegte und die Wirtschaft häufig nur ein Deckmantel für Kuppelei war. Nach einem Erlaß des Kaisers Alexander Severus durfte eine Sklavin, die unter der Bedingung verkauft worden war, daß sie nicht prostituiert werden sollte, auch nicht in ein Wirtshaus verkauft werden, wo die Verwendung zur Aufwartung nur ein Vorwand war, um das Gesetz zu umgehen. Von der gesetzlichen Bestimmung, daß mit dem weiblichen Personal der Tabernen ein Ehebruch nicht begangen werden könne, nahm erst Constantin im Jahre 326 die Wirtin selbst aus, aber nur in dem Falle, daß sie die Gäste nicht selbst bediente.

Die Gastwirte hafteten für Schaden, den Gäste in ihren Häusern erlitten. Teils als Kuppler, teils aus andern Gründen waren sie im allgemeinen verrufen und ihr Gewerbe bescholten. In den Verzeichnissen der Polizeisoldaten waren sie neben Dieben und Würfelspielern eingeschrieben. Sie prellten und betrogen, fälschten den Wein — nach der Ansicht des Petronischen Trimalchio waren sie unter dem Zeichen des Wassermanns geboren — und nahmen den Maultiertreibern den Hafer ab, den diese für ihre Tiere empfangen hatten. Nach dem Traumbuch Artemidors, der viel gereist war, bedeuteten eherne oder eiserne Stirnen im Traume Gastwirten und Zöllnern „und allen, die mit Unverschämtheit leben", Gutes; Dornen im Traume zu sehen, war für Gastwirte, Zöllner, Räuber und solche, die mit Gewicht und Rechnung betrügen, besonders günstig, „weil sie andern das Ihrige auch mit Gewalt und wider deren Willen entreißen". Galen sagt, daß Menschenfleisch sehr ähnlich schmecke wie Schweinefleisch und von schändlichen Gastwirten zuweilen statt des letzteren aufgetischt worden sei. Glaubwürdige Männer hatten ihm erzählt, daß sie in einem Wirtshause eine köstliche Brühe mit sehr wohlschmeckendem Fleisch gegessen, dann aber darin ein Fingerglied gefunden hätten. Voll Entsetzen hätten sie das Wirtshaus verlassen, das Gegessene ausgebrochen und ihre Reise fortgesetzt. Später seien die Leute im Wirtshause bei einer Menschenschlächterei ergriffen worden. Die Wirtinnen scheinen oft im Rufe gestanden zu haben, Hexen zu sein; eine solche kommt auch bei Apulejus vor. Noch Augustinus hörte in Italien, daß Wirtinnen im Käse ihren Gästen ein Zaubermittel beibrachten, durch welches diese in Lasttiere verwandelt wurden, ohne jedoch ihr menschliches Bewußtsein zu verlieren. Wenn sie die erforderlichen Dienste geleistet hatten, erhielten sie ihre frühere Gestalt zurück.

Der üble Ruf der Zöllner aller Art ist sprichwörtlich geworden, und sicherlich nicht ohne Grund. Freilich waren Zolldefraudationen ohne Zweifel ganz gewöhnlich, und die Beamten erregten den Verdruß der Reisenden schon, wenn sie vorschriftsmäßig verfuhren. Wir zürnen den Zöllnern, sagt Plutarch, nicht wenn sie offen daliegende Waren untersuchen, sondern wenn sie, nach versteckten spürend, in fremdem Gepäck herumwühlen; und doch gestattet ihnen dies das Gesetz, und wenn sie es unterlassen, leiden sie Schaden. Bestimmungen in fingierten Rechtsfällen, die in der Rhetorenschule zur Übung aufgegeben wurden, kommen schwerlich mit der Wirklichkeit überein. Bei einem dieser Themen werden folgende gesetzliche Bestimmungen vorausgesetzt: Von allen Gegenständen außer den zur Reise unentbehrlichen soll die Steuer von 2½ Prozent erhoben werden. Der Zollpächter soll das Recht haben, das Gepäck zu untersuchen; steuerbare Gegenstände, die nicht angegeben worden sind, sollen konfisziert werden; Frauen zu betasten, soll nicht erlaubt sein. Eine Frau, die auf der Reise 400 große Perlen bei sich hatte, verbarg sie in ihrem Busen. Der Zollpächter fragte nach den Perlen

Die Frau stellte ihm frei, zu untersuchen, was er ablehnte. Als sie die Zollgrenze überschritten hatte, legte er Hand an sie und erklärte, daß die Perlen ihm gehörten. Die Effekten der Soldaten waren zollfrei, und vermutlich wurde Zollfreiheit auch sonst öfters durch kaiserliche Gunst verliehen. Trajan erteilte sie dem Sophisten Polemo aus Smyrna für alle Reisen zu Wasser und zu Lande, Hadrian auch dessen Nachkommen.

Ein schlimmres Übel als die Belästigungen und Erpressungen der Zöllner und die Prellereien der Gastwirte war für Reisende die öfters eintretende Unsicherheit auch belebter Straßen. Zum Teil war die Fürsorge für die Polizei auf denselben den Kommunen überlassen. In der westlichen Reichshälfte begegnet in einzelnen Ortschaften (Nyon, bei Bingen) ein gegen die Straßenräuber eingesetztes städtisches Kommando *(praefectus arcendis latronibus)* als munizipales Anfangsamt: in der östlichen, besonders in Kleinasien, ständig und allgemein mit gleicher Kompetenz, das Amt der Irenarchen, die die Lokalmiliz der Diogmiten kommandierten. Doch wurden außerdem in allen Provinzen nach Anordnung der Zentralstelle Militärposten unter Subalternen bis hinauf zum Centurio aufgestellt, und die Statthalter angewiesen, Streifzüge gegen die Störer des öffentlichen Friedens zu unternehmen; doch solange die Natur der Menschen dieselbe bleibe, meinte Cassius Dio, werde das Brigantentum nicht aufhören.

Am hartnäckigsten behauptete es sich wohl in den Grenzprovinzen, in denen wir daher im dritten Jahrhundert an allen wichtigen Straßenkreuzungen Militärposten *(stationes)* unter dem Kommando eines Unteroffiziers *(beneficiarius)* begegnen. Eine im untern Pannonien (im Komitat Stuhlweißenburg gefundene Inschrift meldet, daß Kaiser Commodus im Jahre 185 das ganze Donauufer durch Erbauung von Kastellen und Garnisonen an geeigneten Stellen gegen die Einfälle von Räubern gesichert habe. Unter den Grabschriften Daciens melden drei (bei Mehadia und Cernetz) den Tod zweier Männer und einer Frau durch Räuber; zwei der Ermordeten wurden von den Ihrigen gerächt. Denkmäler von Personen, die durch Räuberhände fielen, sind auch in Obermösien, in Aquileja, bei Darmstadt und bei Trier gefunden worden. Wie unsicher zuweilen die Straßen (trotz der an geeigneten Stellen zum Schutz des Verkehrs errichteten Burgen) in den afrikanischen Provinzen waren, zeigt die Äußerung des Bischofs Cyprianus von Karthago, daß, wenn eine Herberge an der Landstraße von Räubern besetzt gehalten werde, die Reisenden, zu denen ein Gerücht davon gedrungen sei, andre Wirtshäuser aufsuchen. Ein Ingenieur der in Lambaesis stehenden dritten Legion, der zu einem Tunnelbau nach Saldä (Bougie) im Jahre 152 berufen worden war, sagt, daß er auf dem Wege unter Räuber gefallen und von allem entblößt und verwundet mit den Seinen entkommen sei. Lucian erwähnt, daß zur Zeit des Propheten Alexander von Abonuteichos in Ägypten viele Räuber waren. Die Nilsümpfe in der Umgegend von Damiette bildeten die Schlupfwinkel eines ganzen Räubervolkes von entsetzlicher Wildheit, das schon Eratosthenes kannte, der sogenannten Bukolen; ihr abenteuerliches Leben auf Barken und Inselchen schildert der Roman des Heliodor (etwa unter Alexander Severus) sehr anschaulich. Unter Marc Aurel bedrohten sie sogar Alexandria, und kaum war Avidius Cassius imstande, ihrer Herr zu werden.

Nächst den Grenzprovinzen werden die gebirgigen, besonders die nur unvollkommen zivilisierten, die meisten Briganten gehabt haben. Unter den Grabschriften von Salona in Dalmatien berichtet eine die Ermordung eines zehnjährigen Mädchens wegen ihres Schmucks; andre die Fortschleppung oder Tötung von Männern durch Räuber. Unter den Grabschriften in Spanien sind zwei von solchen, die ihren Tod durch Räuber gefunden haben. Auch in Judäa waren nach den Evangelien die Reisenden offenbar nicht selten in Gefahr, unter Räuber zu fallen. Wie weit es den Herodeern und später den Römern gelungen ist, die Bevölkerung des Ost-Jordanlandes, namentlich des Haurân und der Trachonitis, welcher die dortigen Höhlen zahlreiche geräumige Schlupfwinkel boten, von dem Räuberhandwerk zu entwöhnen, darüber fehlt es an Nachrichten. Die Unausrottbarkeit des Räuberwesens in dem durchaus gebirgigen und im Innern zum Teil öden Kleinasien erklärt sich auch durch die (außer den zur Grenzhut bestimmten Mannschaften) sehr geringe militärische Besatzung des Landes. Die Pamphylier, sagt Strabo, haben die Räuberei nicht gänzlich aufgegeben und lassen ihre Nachbarn nicht in Frieden leben; der mysische Olymp hat ungeheure Eichenwälder und sehr feste Orte, in denen sich Räuberbanden sehr lange halten können, wie zu meiner Zeit der Räuberhauptmann Kleon. Galen erzählt von einem Räuber, der vor kurzem bei Korakesion in Pamphylien sein Wesen getrieben und seinen Opfern die Beine abgehauen habe. Isaurien ist schwerlich erst seit dem 3. Jahrhundert, wo seine Bewohner eine Landplage des südlichen Kleinasiens waren, ein Räuberland gewesen, was es bis in die byzantinische Zeit blieb. Eine Inschrift erwähnt die Aufhebung der Räuberbanden am Hellespont durch einen T. Valerius Proclus, Beamten des Drusus Cäsar, eines Sohnes des Germanicus. Unter Hadrian hatte auf dem Gebirge Ida bei Troja ein Räuber Tilliboras gehaust und von dort aus Streifzüge in die Umgegend gemacht. Trotz der Bemühungen Hadrians und seiner Nachfolger wurden auch die Landstraßen der Provinz Achaja und der nächsten Nachbarlande von Räubern unsicher gemacht, und der glückliche Räuberhauptmann ist nach Lucian eine in den Gesprächen des gemeinen Lebens geläufige Figur. Auch die vielen Räubergeschichten in dem gleichzeitigen, in Griechenland spielenden Roman des Apulejus dürften wenigstens zum Teil der Wirklichkeit entnommen sein. Nach Sardinien, wo ebenso wie in Lusitanien in Varros Zeit Gebiete von vorzüglicher Bodenbeschaffenheit wegen der Räubereien der Nachbarn nicht bebaut werden konnten, und wo vom Jahre 6 n. Chr. ab einige Jahre hindurch gegen die Räuber förmlich Krieg geführt werden mußte, sandte Tiberius im Jahre 19 n. Chr. 4000 Freigelassene, „die von jüdischem und ägyptischem Aberglauben angesteckt waren", um die dortigen Räuberbanden zu bekämpfen. Die Bewohner der Gebirge Corsikas lebten nach Strabo von Räuberei und waren wilder als Tiere. Vorsichtige Reisende schlossen sich auf unsichern Straßen gern dem Gefolge eines höheren Beamten, eines Gesandten, Quästors oder Prokonsuls an; manche erwirkten sich militärische Begleitung; so erhielt Lucian bei einer Reise durch Cappadocien von dem ihm befreundeten Statthalter zwei Lanzenträger als Eskorte bis an das Meer.

Aber auch die kultiviertesten und friedlichsten Teile des römischen

Reichs wurden zeitweise durch Räuberhorden beunruhigt. Im Jahre 186 sammelte ein desertierter Soldat Maternus eine Bande, mit welcher er ganz Gallien und Spanien in Schrecken setzte, indem er anfangs Dörfer und Gehöfte, zuletzt große Städte angriff, die dort in den Gefängnissen befindlichen Verbrecher in Freiheit setzte, brannte und plünderte. Als Commodus Truppen gegen ihn sandte, gelang es ihm, mit seinen Genossen nach Italien zu entkommen; sein Plan, den Kaiser zu ermorden, wurde verraten und er mit den Seinigen hingerichtet.

In Italien war die Unsicherheit am größten natürlich unmittelbar nach den Bürgerkriegen, wo bewaffnete Räuber in großer Anzahl sich überall ganz öffentlich zeigten, und bei Nacht von Rom nach Tibur zu reisen ein gefährliches Wagnis war, bis Augustus diesem Unwesen durch Aufstellung von Militärposten an geeigneten Stellen steuerte, aber nicht so völlig, daß nicht Tiberius, der sich die Befestigung der Sicherheit besonders angelegen sein ließ, von neuem ähnliche zahlreichere Posten hätte aufstellen müssen. Ergriffene büßten mit verschärften Todesstrafen, namentlich Zerreißung durch wilde Tiere, und ihre Leichen wurden zum abschreckenden Beispiel und „zum Trost für die Angehörigen der Ermordeten“ an den Orten, wo sie ihr Wesen getrieben hatten, an den Galgen (wie im Kirchenstaat noch 1819) oder das Kreuz gehängt, oder blieben auch, besonders im Gebirge, den Vögeln zum Fraß am Wege liegen, wo sie dann zuweilen vorüberreisenden Ärzten eine erwünschte Gelegenheit boten, die inneren Körperteile zu sehen. So hatte Galen das Gerippe eines Räubers an der Landstraße liegen gesehen, den ein von ihm angegriffener Reisender getötet hatte; da die Bewohner der Gegend aus Haß gegen den Toten ihn nicht begraben wollten, hatten die Vögel in zwei Tagen das Fleisch so völlig aufgezehrt, daß das Skelett einen belehrenden Anblick bot. Doch war das Brigantentum selbst in Italien nicht auszurotten. Bei Nacht, wo man übrigens gewöhnlich mit Fackeln reiste (die am Morgen noch brennend fortgeworfen wurden und zuweilen Hecken anzündeten), war, wer irgend wertvolle Dinge bei sich führte, in Besorgnis vor „Schwertern und Stangen“ und erschrak vor dem Schatten des im Mondlicht wankenden Rohrs. Unmittelbar vor den Toren Roms ist die Grabschrift eines 28jährigen Mannes gefunden worden, der mit 7 Pflegebefohlenen *(alumni)* seinen Tod durch Räuberhand fand. Auch in Häuser brachen Räuber ein: der ältere Plinius erzählt, wie ein kranker Senator Cälius zu Placentia von Bewaffneten überfallen, von seinem Hunde verteidigt worden war. Der jüngere Plinius erhielt etwa im Jahre 106/7 die Aufforderung, Nachforschungen nach einem senatorischen Ritter anzustellen, welcher auf einer Reise hinter Otricoli spurlos verschwunden war; er fürchtete, es werde ihm ergangen sein wie einem seiner Landsleute, der mit einer Geldsumme abgereist war, um sich für den Centurionat auszurüsten; weder von ihm noch von seinen Sklaven hatte man jemals wieder gehört. Es blieb zweifelhaft, ob er mit ihnen oder durch sie umgekommen sei. Nicht bloß die Habe, sondern auch die Person der Reisenden war für den Räuber eine zu verwertende Beute und Menschenraub in Italien wie in den Provinzen gewöhnlich; gar mancher schutzlose Wanderer verschwand für immer in den scheußlichen, halbunterirdischen Bagnos, in denen die Sklaven großer Grundbesitzer in

Gewahrsam gehalten wurden. Selbst bei Tage trieben berittene Banden weidende Herden fort. Marc Aurel erzählt als Prinz in einem Briefe an Fronto, wie Schafhirten, die ihn mit seinen Begleitern daherreiten sahen, sie für Räuber hielten, worauf er zum Scherz auf die Herde einsprengte und einer der Hirten einen Gabelstock nach ihm schleuderte. Am verrufensten blieben immer die Pontinischen Sümpfe und der meilenlange, sandige Gallinarische (seit dem Mittelalter Pineta genannte) Buschwald, wo auch die Schiffsführer des S. Pompejus während des Krieges mit den Triumvirn Räuberbanden organisiert hatten. Die Truppensendungen, die von Zeit zu Zeit gegen die dort hausenden Banditen erfolgten, bewirkten nur, daß sie sich für den Augenblick nach andern Orten, besondres nach Rom selbst zogen.

Außer innern Kriegen und Unruhen leisteten auch andre Ursachen dem Räuberwesen Vorschub. Als Septimius Severus aufhörte, die Leibgarde der Prätorianer, wie es bisher geschehen war, hauptsächlich in Italien auszuheben, wandte sich die waffenfähige Jugend in Masse dem Fechter- und Räuberhandwerk zu. Gegen Ende von Severus' Regierung brandschatzte ein Bandenführer, Felix Bulla, an der Spitze von 600 Räubern ganz Italien und behauptete sich zwei Jahre lang trotz aller gegen ihn ausgesandten Mannschaften. Durch List und Freigebigkeit erreichte er, daß, obwohl der Kaiser sehr großen Wert auf seine Auffindung legte, „er weder gesehen wurde, wenn man ihn sah, noch gefunden, wenn man ihn fand, noch ergriffen, wenn man ihn gefangen nahm". Er erfuhr von allen, die von Rom abreisten und in Brundisium landeten, wer sie waren und was sie bei sich führten; die übrigen entließ er sofort, nachdem er sie eines Teils ihrer Habe beraubt hatte, nur die Handwerker hielt er einige Zeit fest und ließ sie für sich arbeiten, bezahlte sie und gab sie dann frei. Als zwei seiner Kameraden gefangen und zum Tierkampf verurteilt worden waren, begab er sich zu dem Kerkermeister, gab sich für den obersten Beamten des Bezirks aus, der für seine Schauspiele solche Leute brauche, und spielte seine Rolle so gut, daß man sie ihm mitgab. Dem gegen ihn abgesandten Centurionen bot er sich selbst als Führer an und lockte ihn in einen Hinterhalt. Hier gab er sich zu erkennen, ließ dem Centurionen den Kopf kahl scheren und beauftragte ihn, seinen Herren zu sagen, sie sollten ihre Sklaven besser halten, damit sie nicht Räuber würden. In der Tat hatte er sehr viele, teils schlecht, teils gar nicht bezahlte kaiserliche Sklaven in seiner Bande. Endlich sandte Severus, im höchsten Grade aufgebracht, einen Tribunen der kaiserlichen Leibwache mit einer großen Reiterabteilung gegen ihn aus, der ihn um jeden Preis lebendig gefangen nehmen sollte. Diesem gelang es durch den Verrat einer Geliebten, ihn in einer Höhle schlafend zu ergreifen. Dem Präfekten Papinianus, vor den er geführt wurde, antwortete er auf die Frage: Warum bist du Räuber? mit der Gegenfrage: Warum bist du Präfekt? Er wurde unter dem Ausrufe des Herolds von wilden Tieren zerrissen und seine Bande darauf mit leichter Mühe zerstreut. So sehr, sagt Cassius Dio, war die Kraft der Sechshundert in ihm allein gewesen. Proculus, der ums Jahr 280 als Thronprätendent auftrat, stammte aus einem vornehmen, reichen Räubergeschlecht im Gebiet von Albenga an der Genuesischen Riviera; er gebot über 2000 bewaffnete

Sklaven. Räubergeschichten bildeten neben Gespenster- und Liebesgeschichten einen beliebten Gegenstand der Unterhaltungsliteratur, und die Räuber spielen in den antiken Romanen eine große Rolle, namentlich bei Apulejus spricht sich „Bewunderung für die Kühnheit, Standhaftigkeit, Treue der Räuber größeren Stils" deutlich aus. Wie sehr die großen Banditen das allgemeine Interesse erregten, sieht man auch daraus, daß ein Schriftsteller wie Arrian eine Biographie des oben erwähnten Räubers Tilliboras schrieb.

Wenn es also zu allen Zeiten in allen Teilen des römischen Reichs und oft in großer Anzahl Räuber gab, so ist dabei nicht zu vergessen, daß die mitgeteilten Angaben aus einem Zeitraum von mehreren Jahrhunderten zusammengetragen sind. Wollte man entsprechende Angaben aus der europäischen Literatur der letzten drei Jahrhunderte sammeln, so dürfte das Ergebnis um so viel reicher ausfallen, als die Quellen hier zahlreicher und ergiebiger sind. Nicht viel mehr als ein Jahrhundert ist vergangen, seit die englischen Highwaymen, die noch 1816 die Straße von Dover nach London unsicher machten, die großen Räuberbanden im westlichen Deutschland ihr Wesen trieben und die Räuberromane auch in unserer Unterhaltungsliteratur einen bedeutenden Raum einnahmen. Es fragt sich sogar, ob die Unsicherheit der Straßen selbst im 19. Jahrhundert in den Mittelmeerländern und den Ländern an der unteren Donau nicht ebenso groß gewesen ist, und zum Teil noch ist, wie in der römischen Kaiserzeit; selbst wenn man von dem unter der Herrschaft des Islam stehenden Gebiet und von Griechenland ganz absehen will, wo noch im 20. Jahrhundert die Tätigkeit des Räubers Athanas und die Aufhebung des deutschen Ingenieurs Richter im thessalischen Olymp die öffentliche Meinung Europas in Aufregung versetzte. Im heutigen Ungarn beschäftigt vor allem der schweifende „arme Gesell" und der „raubende Betyar" die Phantasie des Volks und die Sagendichtung. Von Szolnok nach Kecskemet ließ man Bismarck 1852 nicht ohne Eskorte reisen; in dieser Gegend lagen die übelsten Raubnester, an der Theiß, wo die Sümpfe und Wüsten ihre Ausrottung fast unmöglich machen; trefflich bewaffnete und berittene Banden von 15 bis 20 Mann überfielen die Reisenden und die Höfe. In Szegedin sollen im Jahre 1873 an 800 Räuber und Mörder gefangen gesessen, an 1500 als Mitschuldige aufgezeichnet gewesen sein. Doch schwerlich war auch nur der größere Teil entdeckt und gefangen worden. In Dalmatien hört man fast in jedem Monat, die Malviventi seien von den Bergen herabgestiegen und niemand hindere sie daran. Der Kreis Zara zählte 157.000 Einwohner: hier wurden 1851—1863 2659 „Handlungen öffentlicher Gewalttätigkeit" verübt, 1919 Personen schwer an ihrem Leibe geschädigt, 507 ohne weiteres ermordet. In der Verlikka kam auf je 21 Menschen ein Mörder oder Totschläger. Die Geschichte des Banditentums in Italien seit 1799, der Camorra und der Mafia würde allein Bände füllen. Hier kann nur an einige besonders bezeichnende Tatsachen erinnert werden. Im Kirchenstaat waren die Aufstände gegen die Franzosenherrschaft zum Teil durch Raublustige erhoben und durch sie Raublust verbreitet worden. Die daraus verstärkten Räuberbanden zehnteten das flache Land auch nach der Rückkehr von Pius VII., schleppten Familien fort und überfielen

Klöster. Als das Räubernest Sonnino abgebrochen worden war, zogen sie weiter nördlich, bedrängten Frosinone und Alatri, bedrohten Subiaco, Palestrina, Tivoli, ja die römischen Villen mit Feuer und Raub. Noch schlimmer war es im Königreich Neapel nach der Rückkehr Ferdinands I., der mit den Häuptlingen der Banden bald wie Macht mit Macht unterhandelte, bald sich ihrer durch Verrat zu entledigen suchte. Mit den Räubern schlossen weitverbreitete regierungsfeindliche Verbrüderungen Bündnisse, und namentlich in der Provinz Otranto war die friedliebende Bevölkerung der Hefe des Volks tributpflichtig und wurden bis 1818 die größten Verbrechen in Masse straflos verübt. Als im Jahr 1861 die Contrerevolution in der Form des Brigantentums organisiert wurde, verübten die unter dieser Fahne kämpfenden Banden nicht geringere Greuel als die des Kardinals Ruffo, und es bedurfte eines dreijährigen blutigen Krieges, um sie völlig aufzureiben. Wieviel noch bis in die jüngste Zeit in Unteritalien sowie in einem großen Teil von Mittelitalien (namentlich überall da, wo das Brigantentum im Massenelend wurzelt) zur Herstellung einer völligen Sicherheit fehlte, ist allbekannt. Ebenso allbekannt sind die der modernen Zivilisation Hohn sprechenden Zustände Siciliens. Im Jahre 1838 betrug dort die Zahl der von der Obrigkeit als notorisch anerkannten Verbrecher, der Vogelfreien, nach der eigenen Aussage des Polizeiministers Marchese del Carreto gegen 6000. Kleinere Städte im Innern waren von ihnen mit offener Gewalt geplündert worden. Bis 1860 beruhte die ganze dortige gesellschaftliche Ordnung auf der Macht der Einzelnen, und diese wurde seit unvordenklichen Zeiten durch Gewalt zur Geltung gebracht. In dem bei weitem größern westlichen Teil der Insel ist das Brigantentum gewissermaßen eine regelmäßige und anerkannte Institution, die Briganten und Mitglieder der Mafia die einzige Autorität, die allgemeinen Gehorsam findet. Alle seit 1860 gemachten Versuche der Regierung, diese Übel auszurotten, sind fruchtlos geblieben und werden es bleiben, solange es nicht gelingt, ihre Wurzeln abzugraben. Im September 1866 wurde Palermo von Räubern eingenommen und 5 Tage besetzt gehalten. Aber auch in dem jetzt beruhigten Osten der Insel hat bis 1875 der Bandenführer Ignazio Cucinotta eine Tyrannenherrschaft geübt, „mit der verglichen die der Bourbonen in den schlimmsten Zeiten wohltätig und gerecht war". In Sardinien war bis zu der 1899 von Pelloux unternommenen Unterdrükkung des Banditentums die Sicherheit geringer als in der Türkei. Die Räuberei wurde im großen betrieben, Angriffe von Diligencen und ganzen Ortschaften, Besetzung von Bahnstationen und Kasernen der Karabinieri durch bewaffnete Banden waren nicht selten; in einigen Gegenden lud man zu solchen Raubzügen ein, und solche Einladungen galten als Ehre. In Corsica gab man 1851 die Zahl der eigentlichen Banditen auf 200 an, und ebensoviele mochten in Sardinien als Flüchtlinge leben. In Spanien herrschte ums Jahr 1830 eine unglaubliche Unsicherheit. Alle Hauptposten, mit Ausnahme der von Barcelona nach Perpignan, erkauften sich von den Banditen Schutz. Die große und belebte Straße von Sevilla nach Cadi konnte zwischen San Lucar und Puerto de Santa Maria ohne starke bewaffnete Eskorte gar nicht bereist werden. Die Straße von Cadix nach Gibraltar stand in so bösem Rufe, daß man sich nur im Notfall darauf wagte; dennoch wurden während des Sommers 1830 in acht Wochen nicht weniger als 35 Personen ausgeplündert. Selbst in einigen der größten Städte war niemand seines Lebens und Eigentums sicher. In Sevilla verging kaum eine Nacht, ohne daß ein Mord begangen wurde. Auch in Malaga erfreuten sich die Mörder einer fast vollständigen Sicherheit. Vierzig Jahre später waren die Zustände des Landes um nichts besser. Im Winter 1869 wurde ein kleiner Badeort in den südlichen Gebirgen von einer Räuberbande überfallen und ausgeplündert und 18 Badegäste erschossen. Im Jahre 1842, also sieben Jahre nach Beendigung des Bürgerkriegs in Portugal, hielten im Königreich Algarbien kaum hundert Guerrilhas, sogenannte Miguelisten, aber in der Tat nur gewöhnliche Straßenräuber, in den Schluchten der Serra von Monchique dreitausend Mann regulärer Truppen in Schach. Bis jetzt hat sich also wenigstens bei den Völkern Südeuropas jene Prophezeiung des Cassius Dio bewährt, daß das Räuberwesen nicht aufhören werde, solange die menschliche Natur dieselbe bleibe.

4. DER VERKEHR

a) Der durch die Natur, Größe und Verwaltung des römischen Reichs bedingte Verkehr

Bei dem Versuche, von dem Verkehrswesen im römischen Reiche eine Vorstellung zu gewinnen, kommt zunächst in Betracht, daß schon der ungeheure Umfang des in ihm vereinigten Ländergebiets einen lebhaften, fortwährenden und sehr umfassenden Verkehr mit Notwendigkeit bedingte. Die Zentralisation der Verwaltung und Rechtspflege hatte eine ununterbrochene Kommunikation aller Teile des Reichs mit Rom, sowie aller Teile der Provinzen mit den Residenzen der Statthalter zur Folge. Diese letztern unterhielten einen fortdauernden Depeschenwechsel mit den Kaisern, wie es die Korrespondenz des Plinius als Konsularlegat von Bithynien in den Jahren 111—113 mit Trajan zeigt, wenn freilich auch nicht alle Statthalter bei so geringfügigen Veranlassungen, wie er, in Rom angefragt haben werden; und ebenso standen die Prokuratoren und kaiserlichen Hausbeamten in den Provinzen mit den vorgesetzten Behörden in Rom oder dem Kaiser selbst in steter Verbindung. Beamte, die sich auf ihre Posten begaben oder in außerordentlichen Sendungen reisten, waren fortwährend unterwegs, und diese Reisen, die oft unmittelbar aus den Mooren Schottlands an den Atlas, aus den Städten Syriens in die Standlager Germaniens führten, wurden natürlich immer mit größerem oder geringerem Gefolge unternommen. Die Zahl der Provinzialen, die eigne Angelegenheiten, Rechtssachen (namentlich Appellationen an die Kaiser), Anstellungen und Beförderungen usw. persönlich in Rom betrieben, wird zu allen Zeiten groß gewesen sein. Martial erwähnt z. B. eine dorthin behufs Erlangung des Dreikinderrechts unternommene Reise, Epictet, daß jemand die Seefahrt von Kreta machte, um Vorsteher der Stadt Knossos zu werden. Die in den Provinzen eines Kapitalverbrechens angeklagten Personen, welche der Gerichtsbarkeit der Statthalter nicht unterworfen waren (Senatoren, höhere Offiziere, Decurionen der Munizipien), wurden nach Rom gesandt: auch solchen begegnete man gewiß auf den dorthin führenden Straßen häufig genug.

Auch Gesandtschaften der Städte und Landtage der Provinzen dürften zu allen Zeiten in Rom anzutreffen gewesen sein: zugleich mit der Gesandtschaft der alexandrinischen Juden an Caligula, bei der sich Philo befand, warteten Gesandte „fast aus der ganzen Welt" auf Audienz und Bescheid. Öfters wird die freiwillige Übernahme von Gesandtschaften an den Kaiser in griechischen und römischen Inschriften als ein Verdienst erwähnt, das wohlhabende Bürger sich um ihre Stadt erwarben; und welche Verschwendung mit solchen Gesandtschaften getrieben wurde, kann man daraus entnehmen, daß nach dem Bericht des jüngern Plinius aus Byzanz alljährlich ein Gesandter zur Begrüßung Trajans mit einem Reisegeld von 12.000 Sesterzen (2610 Mark) nach Rom und ein andrer mit einem Reisegelde von 3000 Sesterzen (652,5 Mark) zur Begrüßung des Statthalters von Mösien geschickt wurde. Trajan genehmigte auf den Vorschlag des Plinius, daß an die Stelle dieser Gesandtschaften die Übersendung von Begrüßungsschreiben treten sollte; Vespasian hatte die Zahl der städtischen Gesandten auf drei beschränkt. Auch die zeitweiligen Aufenthaltsorte der Kaiser auf Reisen und Feldzügen wurden Mittelpunkte eines ähnlichen lebhaften Verkehrs. Daß Augustus während seines mehr als zweijährigen Aufenthaltes in Tarraco (728/29 = 26/25) wie 733/34 = 21/20 auf Samos Gesandte aus nahen und fernen Ländern und allen Weltgegenden in großer Zahl empfing, dürfen wir annehmen, wenn wir auch nur von einer lesbischen und einer indischen wissen. Das Erdbeben, das Antiochia im Jahre 115 betraf, während Trajan dort überwinterte, wurde, wie Cassius Dio sagt, für viele Städte unheilvoll; denn da zahlreiche Soldaten und Privatleute behufs Entscheidung von Prozessen oder als Gesandte, in Handelsgeschäften oder aus Schaulust von allen Seiten dorthin zusammengeströmt waren, blieb kein Stamm und keine Provinz unbeschädigt, und so litt in Antiochia das ganze römische Reich.

Sodann hatte die vollkommen ungehemmte Freizügigkeit bei der Vortrefflichkeit der Verkehrsanstalten und der verhältnismäßig großen Sicherheit der stets belebten Straßen ein unaufhörliches Hin- und Herziehen, Wandern und Reisen eines nicht geringen Teils der Bevölkerungen zur Folge: und je länger das ein Gebiet von mehr als 5 Millionen Quadratkilometern umfassende Weltreich bestand, desto zahlreicher wurden die Beziehungen zwischen den verschiedenen Ländern, folglich auch die Motive für die Bewohner, ihren Aufenthalt auf längere oder kürzere Zeit zu verändern. Unternehmungen, Geschäfte, Gewerbe, die in irgendeiner Provinz erfolglos geblieben waren, konnten in jeder andern aufs neue versucht oder mit lohnenderen vertauscht werden. Der Vater des Kaisers Vespasian, Flavius Sabinus, aus Reate gebürtig, hatte den Einfuhrzoll von 2½ Prozent in der Provinz Asia gepachtet, später machte er Geldgeschäfte in Helvetien, wo er auch starb. Allerdings strömte es am stärksten aus den Provinzen nach Rom, aber doch auch wieder von dort zurück, und nicht minder muß der Verkehr der Provinzen untereinander fortwährend sehr lebendig gewesen sein. Griechen und Kleinasiaten lebten als Schullehrer (wie Asclepiades von Myrlea in Turdetanien), Rhetoren (wie Lucian in Gallien), Ärzte (wie der von Eusebius unter den Märtyrern zu Lugdunum erwähnte Phrygier Alexander), Maler und Bildhauer (wie der Erzgießer Zenodorus bei den Arvernern, d. h. in Clermont, in Neros Zeit) in allen westlichen Provinzen. König Herodes von Judäa hatte Gallier und Germanen zu Leibwächtern. Juden waren in allen Teilen des Reichs ansässig und unterhielten ohne Zweifel lebhafte Beziehungen untereinander und mit dem Mutterlande. Aus ihren sämtlichen Gemeinden brachten angesehene Männer zu bestimmten Zeiten die Tempelabgaben nach Jerusalem; zum Passahfest zogen aus allen Weltgegenden Tausende von jüdischen Pilgern nach der heiligen Stadt. Wie lebendig der persönliche Austausch und Verkehr unter den Christen des römischen Reichs in den ersten Jahrhunderten gewesen ist, lehren uns nicht bloß die Reisen der christlichen Missionare, sondern auch andrer hervorragender Christen, und auch ihr brieflicher und literarischer Verkehr war ein ungemein lebhafter. Daß an allen Zentralpunkten Fremde sich zahlreich aufhielten, ist selbstverständlich; von dem Fremdenverkehr in den Handelsstädten wird unten die Rede sein. Es gab aber überhaupt keine Stadt, in der nicht zahlreiche Fremde wohnten; selbst auf einer so rauhen, kulturlosen, ja abschrekkenden Felseninsel wie Corsica war nach Senecas Zeugnis ihre Zahl größer als die der Einheimischen.

Ferner führte der Kriegsdienst fortwährend Tausende aus ihren Geburtsländern an immer wechselnde Standorte und zuletzt bleibende Wohnsitze in weiten Fernen, auch nachdem Hadrians Durchführung der örtlichen Aushebung die früher sehr weitläufigen und kostspieligen Verschickungen wesentlich vermindert hatte. Denn nur ein Teil der Provinzen, wie Afrika und im ganzen auch Ägypten, war imstande, die für ihre Garnisonen erforderlichen Mannschaften so gut wie vollständig zu stellen. Daher mußten bei der für ein Heer von höchstens 300.000 Mann bei meist 25jähriger Dienstzeit jährlich höchstens rund 20.000 Rekruten erfordernden Heeresergänzung diejenigen Länder, welche selbst keines oder nur eines geringen militärischen Schutzes bedurften oder einen Überschuß an kriegerischen Kräften besaßen, andern Provinzen mit Rekruten aushelfen. So erwähnt Tacitus, daß im Jahre 65 im Narbonensischen Gallien, in Afrika und Asia Aushebungen zur Ergänzung der Legionen in Pannonien, Mösien und Dalmatien stattfanden. Doch bestand eine im ganzen festgehaltene Scheidung zwischen Orient und Okzident. Die in den westlichen Provinzen stehenden Legionen wurden nur hier, die in den östlichen stehenden nur dort ausgehoben, wenngleich es an Ausnahmen nicht fehlte; und zwischen den Korps des Orients und denen des Okzidents hat der sonst so häufige Lagerwechsel so gut wie gar nicht stattgefunden. Für die Offiziere gilt dies jedoch nicht; sie wurden überhaupt viel umhergeworfen. Nicht bloß die höheren Offiziere aus dem Senatoren- und Ritterstande, sondern auch die Centurionen, die noch im 2. Jahrhundert fast durchweg Italiker waren oder aus römischen Militärkolonien stammten, wurden sehr häufig von einer Legion zur andern, also auch aus einer Provinz in die andre versetzt, um den Legionen ein gleichartiges Offizierskorps römischen Blutes zu erhalten. Es finden sich Centurionen, die in 5, 6, 7, ja sogar in 10 Legionen nacheinander, oder dazwischen in andern Truppengattungen dienten. Bei der Ernennung des Vettius Crispinus zum Legionstribunen fragt Statius, ob er an den Rhein oder nach Afrika, nach

Pannonien oder an die Donaumündung, nach Judäa oder Armenien werde gesandt werden. Im ganzen erfolgte die Aushebung der Legionen in den Provinzen mit städtischer Zivilisation (den Senatsprovinzen). Die Mehrzahl der Heimatangaben der Soldaten in den rheinischen, dalmatinischen, afrikanischen Legionen führt auf die Narbonensis, Afrika und Macedonien: seit Hadrian dienten die Leute dieser keiner Garnisonen bedürfenden Länder in der Garde. Dagegen die Hilfskorps (Auxiliarkohorten) wurden in den kaiserlichen Provinzen gebildet; sie waren gewissermaßen eine Hausmacht der Kaiser. Ebenso wurde die Aushebung für die Mannschaften der Flotten wesentlich auf dieselben Provinzen gelegt; namentlich auf Ägypten, Syrien, Cilicien, Cappadocien, Bithynien, Pontus und Thracien in der östlichen, Dalmatien, Sardinien und Corsica in der westlichen Reichshälfte.

Obwohl nun ökonomische wie sanitäre Gründe die Verwendung der Soldaten in ihrer Heimat empfahlen, mußte von derselben aus entgegenstehenden Erwägungen vielfach Abstand genommen werden. Nicht bloß gaben die Provinzen mit geringer oder gar keiner Besatzung ihre Hilfskorps anderswohin ab, und wurden mehrere orientalische Korps dadurch, daß der Osten die Bogenschützen für das ganze Heer stellte, nach dem Westen geführt: sondern ganz besonders waren hier die politischen Rücksichten maßgebend. Gebiete, die erst kürzlich mit den Waffen unterworfen oder aus andern Gründen schwierig waren, belegte man nicht mit ihren eignen Nationaltruppen. In Britannien ist nur eine der dort zahlreich gebildeten Reiterabteilungen und Infanteriekohorten stationiert worden; in Rätien haben von den 8 dort ausgehobenen Kohorten nur zwei gestanden; in Pannonien nennt ein Soldatenabschied vom Jahre 60 allerdings nur 7 Kohorten (also keineswegs alle dortigen Hilfskorps), aber unter diesen keine einzige aus den Donauländern, sondern 5 spanische und 2 der Alpiner. In Dacien waren im Jahre 110 unter einem Oberbefehl vereint Nationaltruppen aus Ituräa (im Nordosten von Palästina), Spanien, Thracien, Gallien, Rätien und Britannien; in Rätien im Jahre 107 Spanier und Lusitaner, Italiener, Thracier, Slavonier, Gallier, Bataver, Briten. So lagen denn auf den Begräbnisplätzen großer Garnisonorte Männer aus den verschiedensten und fernsten Teilen des Reichs nebeneinander: z. B. in Mainz nach den Inschriften der dort zahlreich erhaltenen Grabsteine Soldaten und Offiziere aus dem Rheinlande, aus Holland und Brabant, aus Ungarn, Kärnten, Steiermark, Tirol, Dalmatien, Rumelien, Syrien, Spanien, Frankreich und aus allen Gegenden Italiens, von Friaul und Piemont bis Neapel.

Die Soldaten, welche bei der Garde mindestens 16, in den Legionen 20, den Hilfskorps 25, auf den Flotten 26 Jahre dienten, kehrten allerdings nach ihrer Entlassung zuweilen in ihre Heimat zurück, besonders wenn diese ihrem letzten Garnisonort nahe lag; in der Regel aber ließen die aus den Provinzen stammenden Veteranen sich in der Provinz nieder, in welcher sie zuletzt gestanden, und wo sie gewöhnlich auch Ehen geschlossen hatten. Die Versorgung der Veteranen durch Landanweisungen war in großem Umfange bereits durch Augustus erfolgt, der nach der Schlacht bei Actium 28 Militärkolonien in Italien und 14 v. Chr. eine große Anzahl anderer in den Provinzen anlegte, namentlich in Spanien und im Narbonensischen Gallien, den afrikanischen Provinzen, wo in den beiden Mauretanien elf bekannt sind, in Cilicien, Macedonien, Achaja, Asia, Galatien und Syrien. Die späteren Kaiser fuhren fort, die ausgedienten Soldaten in derselben Weise zu belohnen, zugleich in der Absicht, durch die militärischen Ansiedlungen den Provinzen Sicherung und Schutz gegen innere und äußere Feinde zu gewähren. So siedelte Claudius Veteranen in Köln, Aequum in Dalmatien, Camulodunum in Britannien, in Noricum und in beiden Mauretanien u. a., Nero in Capua, Tarent, Nucceria, Antium, Puteoli, Pompeji, Vespasian u. a. in Aventicum, in Deultus in Thracien, in Sirmium und Siscia in Pannonien und in Cäsarea in Palästina an. Die Garden erhielten gewöhnlich in Italien, die Mannschaften der übrigen Teile des Heers in den Provinzen Land: so wurden Veteranen der fünften und zehnten Legion in Corduba und Augusta Emerita in Spanien, der zweiten in Cartenna (Mauretanien), der zweiundzwanzigsten in Paträ (Achaja), der fünften und achten in Berytus und Heliopolis (Syrien) angesiedelt, und zahlreiche Orte, wie Arausio Secundanorum, Arelate Sextanorum, Forum Julii Octavanorum, Bovianum Undecumanorum, trugen die Legionsnummer ihrer Kolonisten im Namen.

Der erste Kaiser, der zur Versorgung der notleidenden bürgerlichen Bevölkerung Kolonien anlegte, war Nerva, der zu diesem Zweck in Italien für 60 Mill. Sesterzen (über 13 Mill. Mark) Land ankaufen und verteilen ließ. Einzig in ihrer Art war die Kolonisation der 106 eroberten Provinz Dacien, in welche Trajan „unermeßliche Menschenmassen aus dem ganzen römischen Reich führen ließ“, um das durch den Krieg völlig verwüstete und von Menschen entblößte Land neu zu bebauen und zu bevölkern. Unter diesen nicht militärischen Kolonisten Daciens kennen wir namentlich die zur Ausbeutung der Goldbergwerke um das heutige Abrudbanya aus Dalmatien herbeigezogenen, des Bergbaus kundigen Piruster und sonstige Dalmatiner; die große Mehrzahl der gewöhnlichen Bergarbeiter lieferte natürlich das benachbarte Pannonien; doch die Hauptmasse der Einwanderer war syrischer und kleinasiatischer Abkunft (aus Asia, Bithynien, Carien, Galatien): so daß also damals wie heute in Siebenbürgen die verschiedensten Nationalitäten zusammentrafen und sich vermischten. Übrigens ist trotz dieser bürgerlichen Kolonistenbevölkerung Dacien „stets eine wesentlich von aktiven und ausgedienten Soldaten bevölkerte Militärgrenze geblieben, und die städtischen Gemeinden, die allmählich auf diesem Boden bei zunehmendem Gefühl der Sicherheit entstanden, verleugnen nicht ihren Ursprung aus Ansiedlungen von Veteranen, Marketendern und anderm Troß, der sich naturgemäß an die großen Lagerstätten anschloß“.

In wie hohem Grade nun die in allen Teilen des Reichs angelegten Veteranenkolonien die Assimilation der unterworfenen einheimischen Bevölkerung und die Romanisierung der Provinzen befördern mußten, ist klar; ebenso aber auch, daß die fortwährenden Verpflanzungen zahlreicher Kolonisten aus ihren Geburtsländern in andre Gegenden zur Steigerung und Vervielfältigung des Verkehrs nicht wenig beitrugen.

Daß auch der briefliche Verkehr im römischen Reiche lebendiger war, als man bei dem Fehlen einer Briefpost erwarten sollte, läßt die Tatsache erschließen, daß ein berühmter Arzt wie Galen mit Personen in den verschiedensten Provinzen in Briefwechsel stehen konnte und in weitem Umfange von seinen Patienten, namentlich Augenleidenden, aus entfernten Provinzen brieflich konsultiert wurde. Ebenso empfing er regelmäßige jährliche Sendungen von Medizinalstoffen aus allen Teilen des Reiches. In der Zeit des Augustus sandten römische Buchhändler Bücher in überseeische Provinzen, wie nach Spanien und Afrika, aber auch schwierigere Versendungen und Transporte erfolgten fortwährend in allen Richtungen. Die in einem Falle (von einer Heilquelle bei Santander) bezeugte Versendung von Mineralwasser hat ohne Zweifel häufig stattgefunden. Auf einen lebhaften Austausch der landwirtschaftlichen Produkte der verschiedenen Provinzen läßt die Nachricht des Plinius schließen, daß Herden lebender Gänse von Boulogne bis über die Alpen getrieben wurden. Die Verbreitung der Fruchtbäume aus Italien in die Provinzen geschah zum Teil mit überraschender Schnelligkeit: schon vier Jahre nach der Eroberung Britanniens war die Kirsche dorthin verpflanzt. Von den massenhaften Transporten von Tieren, darunter den größten und wildesten, aus den fernsten Ländern behufs der Tierhetzen nach Rom und den Hauptorten der Provinzen wird später die Rede sein. Wenn gegen Ende des 4. Jahrhunderts zu den Zirkusspielen in Antiochia in Syrien Pferde aus Spanien bezogen wurden, so darf man annehmen, daß die Versendung der gesuchtesten und edelsten Pferde, namentlich auch der cappadocischen und afrikanischen, zur Zucht und zu Wettrennen in der umfassendsten Weise betrieben worden ist.

b) Der Handelsverkehr

α) Handelsreisen

Wenn nun aber das gesamte Verkehrswesen im römischen Reich seit der Begründung der Monarchie an Umfang ebensowohl wie an Lebendigkeit ungemein gewonnen hatte, so war am größten ohne Zweifel der Aufschwung des Handelsverkehrs, auf dessen Hebung außer der allgemeinen Sicherheit und der Großartigkeit des Straßensystems noch andre wesentliche Bedingungen mächtig einwirkten, die damals in einer Weise vereinigt waren, wie niemals weder zuvor, noch nachher. Das römische Reich umschloß einen Teil der reichsten und gesegnetsten Länder der Erde, von denen mehrere in jenen Jahrhunderten sich einer Kultur und Wohlhabenheit erfreuten, die sie, wie gesagt, seitdem nicht wieder erreicht haben. Der freie Handel war durch die bestehenden Binnenzölle nur wenig belastet, während ihm zugleich alle Vorteile der Einheit des Rechts, der Münze, der Maße und Gewichte zugute kamen. „Der römische Denar ist höchstwahrscheinlich schon in der republikanischen Zeit die einzige, allgemein gültige Reichswährung gewesen, so daß man mit diesem Gelde überall, in Italien so gut wie in Spanien und Syrien, Zahlung leisten konnte. Die Neuerung des Augustus bestand offenbar darin, daß er alle öffentlichen Ansetzungen und Berechnungen lediglich auf den Denar zu stellen vorschrieb." Nur Ägypten, wo auch in der Kaiserzeit nach Drachmen gerechnet wurde, behielt auch hierin seine Ausnahmestellung. Der Denar war in der dem späteren okzidentalischen Kaisertum entsprechenden westlichen Reichshälfte das einzige Silbergeld, in der östlichen bestand neben ihm die alte Silberwährung als Provinzialmünze fort. Das Reichskupfergeld galt ohne Zweifel ebenfalls im ganzen Reiche; doch scheint es im Orient neben der Lokalscheidemünze wenig gangbar gewesen zu sein. Im Golde stand die Reichswährung allein.

Die römische Münze hatte aber auch weit über die Reichsgrenzen hinaus Ansehen und Geltung. Unter Kaiser Claudius kam eine Gesandtschaft von der Insel Ceylon nach Rom, geführt von einem Freigelassenen des Annius Plocamus, Pächter der Warenzölle im Roten Meer. Dieser war auf einer Seefahrt um Arabien nach Ceylon verschlagen worden und hatte einen dortigen Fürsten bewogen, sich um die Freundschaft des Kaisers zu bemühen, da namentlich das gleiche Gewicht der römischen Denare, deren verschiedene Bilder doch zeigten, daß sie von mehreren geprägt waren, ihm Bewunderung für die Römer eingeflößt hatte. „Von Nero ab (unter dem eine erhebliche Verschlechterung der Silberwährung eintrat) war für die Barbaren zu solcher Bewunderung keine Ursache mehr vorhanden.“

Für Handelsunternehmungen im Auslande gewährte die Macht und das Ansehen des Weltreichs seinen Angehörigen einen trefflichen Schutz. Schon Cicero konnte sagen, daß der edle und bei allen berühmte Name eines römischen Bürgers selbst dem Unbekannten bei Barbaren, bei den äußersten und fernsten Völkern, bei Indern und Persern, von Nutzen war, und daher die Welt von jeher den Römern am meisten offenstand. In noch weit höherem Grade gilt dies für die Zeit der Monarchie. Die damalige kaufmännische Welt, welche die Hauptwege des Handels in den drei Weltteilen bereits gebahnt fand, sah sich durch die beispiellose Gunst aller Verhältnisse in den Stand gesetzt, diese Wege mit neuen glänzenden Aussichten zu verfolgen, zu erweitern und vervielfachen. In einem Grade und einem Umfange wie nie zuvor fielen ihr die enormen Vorteile des Welthandels zu, dessen Rentabilität für europäische Nationen darauf beruht, daß er mit tiefer in der Kultur stehenden Völkern getrieben wird, und die im Verhältnis zu der Größe des Kulturunterschiedes zunimmt. Die Gewinne des damaligen römischen Welthandels müssen ebenso groß oder größer gewesen sein als in neuerer Zeit dic des großbritannischen, französischen, belgischen und niederländischen, die man schon vor mehr als einem Menschenalter im eignen Kreise zusammen auf durchschnittlich 10 Prozent, dagegen im außereuropäischen Verkehr auf 29 Prozent berechnete. Die Ausdehnung des Welthandels ist wohl (neben der langen Dauer des Weltfriedens, der Ausbeutung so vieler neuen Provinzen und dem wahrscheinlich schnelleren Geldumlauf) eine Hauptursache, weshalb in der Kaiserzeit der Reichtum bei weitem größer war als selbst in der letzten Zeit der Republik, die schon dem ältern Plinius mit der Gegenwart verglichen als eine Zeit der Armut erschien. Haben wir über den Land- und Seehandel des römischen Reichs in jener Zeit auch nur dürftige und zerstreute Nachrichten, so reichen diese doch hin, um uns von seiner Ausdehnung, Lebendigkeit und Vielfältigkeit einen sehr hohen Begriff zu geben.

Weit mehr als gegenwärtig war der Kaufmann damals genötigt, einen großen Teil seiner Zeit auf Reisen zuzubringen. Gerade im Handel mußte in vielen, wo nicht den meisten Fällen, in denen gegenwärtig brieflicher Verkehr ausreicht, persönlicher stattfinden. Man mußte sich persönlich kennenlernen, ehe man in direkte Handelsbeziehungen trat, persönlich sich über die Konjunkturen fremder Märkte unterrichten, „ganz wie im Mittelalter vor Herstellung der ersten regelmäßigen Posten die deutschen Kaufleute wegen desselben Zweckes in Person nach Antwerpen, Brüssel, Amsterdam, Augsburg usw. reisten".

Eile, ruft Horaz dem Kaufmann zu, daß dir in den Häfen keiner zuvorkomme, damit du nicht die cibyratischen und bithynischen Geschäfte (mit Eisenfabrikaten und Räucherwaren) verlierst. „Tummle dich", ermahnt ihn bei Persius die Habsucht; „hole gesalzene Fische, Werg, Bibergeil, Ebenholz, Weihrauch, koische Seidenflore vom Schwarzen Meere, hebe vor allen andern die Pfeffersäcke von den durstenden Kamelen". Juvenal spricht von Seereisen nach Cilicien und Kreta zum Einkauf von Safran und Rosinenwein. So zog denn nach Horaz der „unstäte Kaufmann" vom Aufgang bis zum Niedergang, von den kältesten bis zu den heißesten Zonen, und setzte sich selbst den Gefahren winterlicher Seefahrten aus. Er trug (nach einem wenig späteren Dichter) sein in ausländische Waren verwandeltes Vermögen durch die Städte, kundschaftete große, durch Brand eingetretene Verluste an Korn aus und vertraute dann seine Schätze den Winden an. Er verkaufte der ganzen Welt die Güter der ganzen Welt, knüpfte seine Handelsbeziehunglen durch unbekannte Länder und erwarb unter einer neuen Sonne neue Reichtümer. Eine unermeßliche Menge, sagt Plinius, schiffte des Gewinns halber auf jedem irgend eröffneten Meere. Die zufällig erhaltene, bereits erwähnte Grabschrift eines Geschäftsmannes aus Hierapolis in Phrygien, Flavius Zeuxis, welcher in dieser sich rühmt, daß er 72mal über Malea nach Italien geschifft sei, läßt annehmen, daß von vielen Kaufleuten und Geschäftsreisenden große und gefährliche Seefahrten jahraus, jahrein unternommen wurden. Talmudische Traktate erwähnen Handelsreisen palästinischer Juden nach Rom und Spanien. Horaz sagt, daß der Kaufmann drei- und viermal im Jahr das Atlantische Meer besuche, wahrscheinlich im Hinblick auf Gades, dessen Handelsbeziehungen zu den Häfen Italiens die lebhaftesten waren. Ein C. Octavius Agathopus erklärt in seiner zu Puteoli gefundenen Grabschrift, daß er nach ermüdenden Reisen vom Orient zum Okzident hier ausruhe.

Nicht bloß das Mittelländische und das Schwarze, sondern auch das Atlantische Meer war von römischen Schiffen belebt. Sieh, heißt es bei Juvenal, die Häfen und die von großen Kielen erfüllte See, fast sind schon mehr Menschen dort als auf dem Lande; wohin auch immer die Hoffnung auf Gewinn ruft, kommen ganze Geschwader; sie durchziehen nicht nur den Archipel und die afrikanischen Gewässer, sondern lassen auch Kalpe (Gibraltar) weit hinter sich und hören die in der Flut versinkende Sonne zischen. Tag für Tag ohne Unterbrechung, sagt Aristides, fahren Lastschiffe und Kaufleute durch beide Meere (das Mittelländische und das Atlantische), und nach Britannien setzen fortwährend nicht bloß Beamte und Truppen, sondern auch unzählige Privatleute (ohne Zweifel in Handelsgeschäften) über. Schon unter Augustus, dem mehrere Häuptlinge der Insel gehuldigt hatten, verkehrten die Römer dort wie in einem eigenen Lande, und bereits unter Domitian waren auch die Häfen und Landungsplätze von Irland durch den Handelsverkehr bekannt.

Eine neue Ära war für den römischen Handel mit der Eroberung Ägyptens angebrochen, die ihm den Weg nach Ostindien öffnete. Die Kaufleute, sagt Plinius, haben die kürzeste Fahrt ausfindig gemacht, und so ist uns

Indien durch die Gewinnsucht näher gebracht. Hippalos hieß der (ägyptische) Seemann, der (etwa unter Nero) zuerst den fortan nach ihm benannten Südwestmonsun zur Fahrt über das offene Meer nach Indien benutzte. Die Fahrt begann von Alexandria aus im Hochsommer und ging zuerst auf dem Nil stromaufwärts bis Koptos, das man bei günstigem Winde in zwölf Tagen erreichte. Hier wurden die Warenballen auf Kamele geladen, und die Karawanen gingen teils nordöstlich nach dem Maushafen (Myos Hormos), den sie etwa in sechs, oder südöstlich nach Berenice, einer sehr belebten Seestadt mit großen Magazinen und Karawansereien, die sie in zwölf Tagen erreichten. Der Verkehr ging von der in Strabos Zeit vorzugsweise benutzten ersten Straße allmählich auf die zweite über, die in Plinius' Zeit der so gut wie einzige Weg für den Handel nach Arabien, Indien und Äthiopien war und daher auch durch römische Besatzungen geschützt wurde. Die Reisen der Karawanen durch die oberägyptische Wüste geschahen wegen der Hitze des Hochsommers bei Nacht; „nach den Sternen schauend", wie Strabo sagt, zogen sie von Wasserplatz zu Wasserplatz und rasteten am Tage. Schon unter Augustus waren Brunnen oder Zisternen durch die römischen Soldaten an geeigneten Stellen der Straßen nach dem Maushafen und Berenice angelegt worden. Von dem ersteren segelten schon in Strabos Zeit wohl 120 Kauffahrteischiffe durch den arabischen Meerbusen nach Indien; wie Plinius angibt, mit Bogenschützen bemannt, zur Abwehr von Piraten, unter welchen die auf verbundenen Ochsenschläuchen fahrenden Asciten Südarabiens sich vergifteter Pfeile bedienten. In Plinius' Zeit gelangte man von Berenice am 30. Tage nach Ocelis in Arabien am Südende des Roten Meeres oder nach Cane an der Südküste Arabiens, von dort in 40 Tagen nach dem Hafen Muziris an der Malabarküste (wahrscheinlich Mangalur), in dem aber wegen der Nähe von Piraten und aus andern Gründen nicht angelegt wurde; man zog den etwas nördlicher gelegenen Hafen Becare (Barygaza, heute Barôč am Golf von Khambay) vor. Man beeilte sich zu löschen und zu laden, trat noch im Dezember mit dem nun wehenden Nordostmonsun die Rückfahrt nach dem Roten Meere an, und benutzte dort die Südwinde, die bis zur Höhe von Berenice hinauf herrschten. Den Weg von Alexandria nach Indien, der jetzt 18 Tage erfordert, legte man also in 94 zurück, die gesamte Hin- und Rückreise mochte sechs bis sieben Monate (von der Sommersonnenwende bis zum nächsten Februar) dauern.

Es ist verständlich, daß die Kaufleute Italiens und der westlichen Provinzen in einem Handel, der einen so kolossalen Gewinn abwarf, die Konkurrenz mit den Griechen und Ägyptern aufnahmen, wenn sie auch nicht imstande gewesen sind, diese ganz zu verdrängen. Ohne Zweifel ist der Ausspruch des Horaz, daß der Kaufmann rüstig zu den äußersten Indern reise, buchstäblich zu fassen und auf römische Kaufleute zu beziehen; auch Seneca, der bei seiner Betrachtung über die Winzigkeit der Erde sagt, daß zwischen der äußersten Küste Spaniens und Indien bei günstigem Winde ein Zwischenraum „von sehr wenigen Tagen" sei, hätte doch diese Hyperbel kaum gebraucht, wenn die Fahrt nicht damals wirklich gemacht worden wäre. Wie dieser selbst eine Monographie über Indien verfaßt hatte, so beweist auch die Vertrautheit des älteren Plinius mit den Naturerzeugnissen Vorderindiens, daß es zu seiner Zeit bereits von zahlreichen griechischen und römischen Handelsleuten besucht worden war, aus deren teils mündlichen, teils schriftlichen Mitteilungen er seine Nachrichten zusammenstellte. Der uns erhaltene Periplus des Erythräischen Meeres, ein Lotsenbuch für alexandrinische Kauffahrer, welche die Ostküste Afrikas bis zu dem Vorgebirge Rhapta (Pangani) nördlich der Insel Sansibar und die Malabarküste besuchten, ist in der ersten Hälfte der Regierung Vespasians verfaßt. Dionysius, der Verfasser einer poetischen Weltbeschreibung unter Hadrian, sagt er sei kein Kaufmann und Seefahrer und gehe nicht durch das indische Meer an den Ganges, „wie so viele, die das Leben aufs Spiel setzen, um unermeßlichen Reichtum zu gewinnen".

Eine bedeutende Entwicklung und Erweiterung der Handelsbeziehungen zwischen dem römischen Reiche und Indien ergibt sich aus der gegen die Mitte des 2. Jahrhunderts abgefaßten Geographie des Ptolemäus, dem bereits „Reiseberichte zu Gebote standen, in welchen die Entfernungen der Orte nicht nur von dem Vorgebirge Kory, dem heutigen Kalymeer, bis zu den Mündungen des Ganges, sondern auch von da nach der goldenen Halbinsel oder Malaka und von hier aus nach Kattigara (Hanoi in Tonking?) nach Stadien angegeben waren". Auch die zahlreichen griechischen Übersetzungen indischer Städtenamen in dem Werk des Ptolemäus (die meisten auf Taprobane-Ceylon) beweisen den lebhaften Verkehr griechischer und ägyptischer Kaufleute mit diesen Orten, die sich vermutlich auch dort wie in Südarabien oder auf der Insel Sokotra auf längere Zeit niedergelassen haben werden. Ptolemäus hatte Berichte über die Lage des indischen Hafens Simylla in der Gegend des heutigen Bombay „von denen, die dorthin geschifft waren und jene Gegenden sehr lange Zeit hindurch besucht hatten, sowie von denen, die von dort aus zu uns gekommen waren". Im Pendschab und besonders im Süden Vorderindiens (namentlich in dem Distrikte Madura sowie auf Ceylon) kommen nicht selten römische Münzen zum Vorschein, namentlich goldene Kaisermünzen und Denare aus der letzten republikanischen und der ersten Kaiserzeit. „Merkwürdigerweise ist hier ganz besonders gemein ein Denar des Augustus mit den Bildern seiner beiden Adoptivsöhne Gajus und Lucius, welcher überwiegend oft, ja vielleicht durchaus plattiert ist; es ist wohl möglich, daß diese Sorte eigens für den Verkehr mit Indien bestimmt war, wo man wohl nicht so gut wie in der Heimat die guten und schlechten Denare unterschied." Aus den Münzfunden im Vereine mit den sonstigen Nachrichten geht hervor, daß der römische Handel mit Indien, namentlich in Gewürzen, feinen Musselinen, Parfumerien, Edelsteinen (Beryll) und Perlen, in der früheren Kaiserzeit bis auf Nero am stärksten war, dann sich mehr auf Baumwolle und Industrieprodukte verlegte und nach Caracalla verfiel. Über Ceylon und das Kap Komorin gehen die Münzfunde nur ausnahmsweise hinaus.

Das Sererland lag für Plinius und Strabo da, wo die Seidenkarawanen den Boden der bekannten Welt betraten, nämlich in Tocharistan, welches noch zum griechisch-baktrischen Reiche gehörte. Die Gesandten aus Ceylon an den Kaiser Claudius berichteten, sagt Plinius, „ebenso wie unsere Kaufleute", daß die den Serern zum Tausch angebotenen Waren an einem Flußufer neben die von ihnen dargebotene Seide niedergelegt und von ihnen, falls sie mit dem Tausch zufrieden seien, fortgenommen würden. Doch der Geograph

Marinus von Tyrus (spätestens in der ersten Hälfte des 2. Jahrhunderts) hatte bereits eine Beschreibung eines Karawanenpfades nach China von einem macedonischen Kaufmann Maës, genannt Titianus, erhalten, der eine Expedition nach der serischen Stadt Issedon veranstaltet hatte. Seine Karawane war aus Balch (Bactra) in Afghanistan in nordöstlicher Richtung etwa bis Hissar, von hier durch das im Osten beginnende Gebirgsland zum Surkhab gezogen, wo die Schlucht der Komeder (Karategin) anfing. Unmittelbar jenseits der Engen, wo die Berge zurücktreten, lag der vielgesuchte „Steinerne Turm“ im Pamir, die äußerste Westgrenze des chinesischen Reiches; in derselben Breite (43°) genau östlich der Ort, von dem die nach dem Sererlande ziehenden Karawanen ausgingen, Kaschgar. Von dort führte die Seidenstraße weiter nach der in weiter Ferne liegenden „Serischen Hauptstadt“, wahrscheinlich Ssi-ngan-fu oder auch Liang-tschu. In der Provinz Schansi sind 16 römische Münzen aus der Zeit von Tiberius bis Aurellian gefunden worden. Nach chinesischen Berichten waren die Einfuhrartikel aus dem römischen Reich Teppiche, Glasarbeiten, Metalle, Farbstoffe, Juwelen, Gemmen, Bernstein, Korallen, Drogen u. a. Übrigens muß nach einem im Jahre 300 verfaßten chinesischen Werke über die auf dem Seewege eingeführten Pflanzen (zu denen z. B. Jasmin und Lawsonia inermis, letztere aus Ta-Tsin, gehören) Kanton damals schon dem Fremdenverkehr eröffnet gewesen sein.

Die amtlichen Geschichten der chinesischen Dynastien enthalten einige Nachrichten über die Beziehungen Chinas zu An-si (Parthien) und Ta-Tsin (Groß-Tsin), worunter der östliche Teil des römischen Reichs (besonders Syrien) zu verstehen ist. Im Jahre 120 n. Chr. sandte der König von Parthien syrische Gaukler und Musiker an den Hof von China, wo sie am Neujahrstage 121 eine Vorstellung vor dem Kaiser An-ti gaben. Im Oktober 166 kam eine Gesandtschaft von An-Tum (M. Antonius), dem Könige von Ta-Tsin, zur See über Tongking zu dem Kaiser Houan-ti. Von jeher hatten nach dem chinesischen Bericht die Könige von Ta-Tsin den Wunsch gehabt, Gesandtschaften nach China zu senden, aber die An-hsi, welche den Zwischenhandel mit chinesischer Seide in der Hand behalten wollten, hatten einen direkten Verkehr zwischen beiden Reichen verhindert. Doch dürften diese „Gesandten“ Kaufleute gewesen sein, die sich selbst einen offiziellen Charakter beilegten; dafür sprechen auch die von ihnen überreichten, keineswegs kaiserlichen Geschenke (Elefantenzähne, Rhinozeroshörner, Schildkrötenschalen). Auch eine angebliche Gesandtschaft aus Ta-Tsin, die 284 als Geschenk für den Kaiser von China 30.000 Rollen Papier überbrachte, wird für eine Gesellschaft syrischer oder alexandrinischer Kaufleute zu halten sein. Andrerseits berichten die chinesischen Historiographen von zwei Sendungen aus China nach Ta-Tsin, die jedoch beide ihr Ziel nicht erreichten. Der im Jahre 97 dorthin gesendete Kan-Ying gelangte nur bis an die Küste des persischen Meerbusens. Im Jahre 226 wurde ein syrischer Kaufmann dem Kaiser von China vorgeführt, welchen ein chinesischer Beamter nach Ta-Tsin zurückbegleiten mußte. Dieser sollte dem Könige dieses Landes (auf den Rat des Syrers) zehn Zwerge und zehn Zwerginnen als Geschenk überbringen, doch starb er auf der Reise. Immerhin war man in China imstande gewesen, einige Nachrichten über Ta-Tsin zu sammeln: von der dortigen Anwendung des Kristalls (Glases) zur architektonischen Dekoration, von den Heerstraßen und den (den chinesischen ähnlichen) Postanstalten, von den Löwen und Tigern, welche (in Mesopotamien) die Wege unsicher machten; auch von den Amazonen und den (im Süden von Ta-Tsin lebenden) Pygmäen. Von der Hauptstadt von Ta-Tsin, An-tu (Antiochia), wußte man, daß sie aus vier ummauerten Städten bestand und außerdem von hohen Steinmauern umgeben war; auch daß es dort eine künstliche Vorrichtung zum Melden der zwölf Tagesstunden durch das Herabfallen je einer goldenen Kugel gab.

Die Kenntnis des Nordens von Europa wurde den Römern wohl nur zu einem geringen Teil durch den Bernsteinhandel erschlossen. Allem Anschein nach war zwar die Ostseeküste lange vor der römischen Periode bekannt gewesen und aufgesucht worden, und wir wissen auch durch Plinius von einer im ersten Jahrhundert nach derselben unternommenen Reise. Unter Vespasian lebte noch ein römischer Ritter, der dorthin gesandt worden war, um für ein Gladiatorenspiel des Kaisers Nero Bernstein in Massen einzukaufen. Er hatte von Carnuntum (Petronell bei Wien) aus die Handelsplätze und die baltischen Ufer bereist, über welche man durch ihn in Rom zum ersten Male Näheres erfuhr, namentlich daß ihre Entfernung von Carnuntum 600 römische Meilen (900 km) betrage. Doch dürfte dieser Besuch des Bernsteinlands durch einen Römer vereinzelt geblieben sein; größtenteils ist der Bernstein dem Süden offenbar durch Zwischenhandel zugeführt worden. Auch kann er nur einen (nicht großen) Teil der aus dem Norden bezogenen Artikel gebildet haben. Denn römische Münzen und römische Fabrikate (besonders Bronzearbeiten) sind über den ganzen Norden von Deutschland (von Westpreußen bis Hannover) sowie über Dänemark, das südliche Schweden und Norwegen verbreitet. Die Münzfunde in diesen Ländern zeugen von langdauernden, lebhaften Verbindungen mit der römischen Welt, und ihre örtliche Verteilung zeigt die Richtung der Handelswege längs den großen Flüssen und über dieselben hinweg an den natürlichen Überfahrtsorten in die zwischen den Flüssen höher und trocken gelegenen Landstriche. Von Schlesien (in dessen südlichem Teil die ältesten römischen Münzen — aus der Zeit der Republik — gefunden sind) scheinen die Wege gen Süden über Mähren und Böhmen geführt zu haben und von dort ins römische Reich und an das Adriatische Meer. Die römischen Münzen, die in Ostpreußen teils einzeln, teils in größeren Mengen gefunden worden sind (woraus man früher auf einen direkten Bernsteinhandel der Römer geschlossen hat), können frühestens seit dem Ende des 2. Jahrhunderts dorthin gelangt sein, wahrscheinlich infolge der Völkerschiebungen, die sich zuerst im Markomannenkriege kundgeben. Denn in diese Zeit sind die Gräber, in welchen die Münzen ausschließlich vorkommen und in denen zugleich ganz neue Formen sämtlicher Schmucksachen auftreten, frühestens zu setzen.

Während nun der nordische Handel der Römer durch unzählige Funde von Fabrikaten und Münzen auf einem so weiten Gebiet in einer Weise bezeugt ist, daß wir nicht nur vom Beginn des ersten Jahrhunderts ab häufige, weit über die Reichsgrenzen hinausführende Reisen römischer Kaufleute und Agenten annehmen, sondern auch zeitweilige Niederlassungen derselben in den Barbarenländern für wahrscheinlich halten müssen, findet sich in der Literatur nur eine einzige Erwähnung solcher Unternehmungen, bei Tacitus.

Bereits im Jahre 19 n. Chr. fanden nach seinem Bericht die in die Burg des Markomannenfürsten Marbod (Boihemum oder Bojohemum in Böhmen) eindringenden Römer dort Marketender und Kaufleute aus den römischen Provinzen, die „erst die (infolge eines Vertrags bestehende) Handelsfreiheit, dann die Begierde nach Geldgewinn, endlich das Vergessen des Vaterlands aus den heimatlichen Wohnsitzen auf feindlichen Boden hinübergeführt hatte".

Wenn so große Handelsreisen schon in den beiden ersten Jahrhunderten, und zum Teil regelmäßig, gemacht wurden, darf man annehmen, daß römische, griechische und ägyptische Kaufleute um so häufiger zu minder fernen Punkten jenseits der Grenzen des römischen Reichs gelangten. Schon in Strabos Zeit gingen ganze Flotten von Alexandria nach dem äußersten Äthiopien und nach dem Troglodytenlande. Koptos in Oberägypten war voll von Kaufleuten, die nach Äthiopien und Indien reisten. Diodor gibt Schilderungen der Ichthyophagen Südarabiens nach Berichten von ägyptischen Kaufleuten, die an deren Küsten gelandet waren. Von Ptolemaïs Therôn (an der äthiopischen Küste des Roten Meeres) bis Adule, dem Haupthafen der Troglodyten und Äthiopen (in einer Bucht südlich von Massaua), dauerte die Fahrt nach Plinius zwei Tage; nach Adule kam aus dem Innern sehr viel Elfenbein, Rhinozeroszähne, Felle von Nilpferden, Schildkrot, Affen und Sklaven. Doch die Fahrten der Kaufleute erstreckten sich viel weiter südlich: nach dem zehn Tagereisen von Adule entfernten Isishafen (südlich von der Straße Babelmandeb), wohin von den Troglodyten Myrrhe gebracht wurde, und nach dem Hafen der Mossyler (gegenüber der Südküste von Arabien), einem Hauptplatz für den Zimt- und Cassiahandel. Nach der südlichsten den ägyptischen Kaufleuten bekannten Station an der ostafrikanischen Küste, Rhapta in der Gegend von Sansibar, segelten in Vespasians Zeit mindestens die Handelsschiffe von Muza im südwestlichen Arabien. Über die Entfernung der Stadt Charax Spasinu (nahe an der Tigrismündung) von der Küste des Persischen Meerbusens verdankte man römischen, von dort zurückgekehrten Kaufleuten die ersten zuverlässigen Nachrichten; vielleicht waren diese bereits mit Karawanen (συνοδίαι) von Palmyra gereist, deren Reisen an den Persischen Meerbusen im 2. und 3. Jahrhundert mehrfach bezeugt sind. In Petra in Arabien fand der mit Strabo befreundete Philosoph Athenodorus unter andern Fremden, die sich dort des Handels wegen aufhielten, auch viele Römer, ebenso Trajan in Ktesiphon. Die Bewohner der Dioscorides-Insel (Sokotra bei Kap Guardafui) waren nach dem Lotsenbuch des Erythräischen Meeres ein Gemisch von Arabern, Indern und (ägyptischen) Griechen, die Handelsunternehmungen in jene Meere veranstalteten.

Schon vor der Eroberung des „langhaarigen" Galliens durch Cäsar waren offenbar Reisen römischer Kaufleute dorthin, teils aus der römischen Provinz (Narbonensis), teils aus Italien über den Großen St. Bernhard, wo der Übergang mit großer Gefahr und hohen Abgaben an die anwohnenden Stämme erkauft werden mußte, sehr häufig und erstreckten sich zuweilen bis zu den wilden Belgen. Namentlich mit Wein, den sie auf den Flüssen in Schiffen, zu Lande auf Wagen fortschafften, machten die italischen Kaufleute in Gallien gewinnreiche Geschäfte; für ein Faß Wein gaben die Kelten einen Sklaven. Bereits während der Feldzüge Cäsars wird es in allen größeren Orten des Landes, wie in Cenabum (Orléans), Cabillonum (Chalon-sur-Saône), Noviodunum (Nevers), Niederlassungen römischer Kaufleute gegeben haben; wahrscheinlich aber schon früher, wie es deren in der letzten Zeit der Republik auch ziemlich an allen wichtigen auswärtigen Handelsplätzen gab: z. B. in Delos, Alexandria, Cirta in Numidien. Der Feldzug des M. Vinicius im Jahre 729 = 25 v. Chr. gegen keltische Völkerschaften war dadurch veranlaßt, daß römische Kaufleute von jenen Barbaren ermordet worden waren. An der Ostküste des Schwarzen Meeres hatte Trajan eine militärische Postenkette aufstellen lassen: ein dort am Ausflusse des Phasis für die Sicherung der Schiffahrt sehr günstig gelegenes Kastell fand Arrian von 400 Elitesoldaten bewacht; zum Schutze der außerhalb desselben wohnenden Veteranen und Kaufleute sowie des Hafens ließ er einen Graben von den Festungsgräben an den Fluß ziehen. In dem bereits in Plinius' Zeit verödeten Dioskurias (Sebastopolis), das einst der Hauptmarkt der kaukasischen Völker gewesen war, wo 70, nach andern 300 Sprachen geredet worden waren und die römischen Kaufleute zur Führung ihrer Geschäfte 130 Dolmetscher bedurft hatten, stand damals (unter Hadrian) ebenfalls eine römische Garnison. Auch in den Häfen des Asowschen Meeres blieb der Austausch der Fabrikate der Kulturländer gegen die Rohprodukte der Steppen Südrußlands ein lebhafter.

So waren denn auch Kaufleute und Händler aller Art, aus Italien wie aus den Provinzen, die ersten Einwanderer, die den römischen Heeren in jedes neu eroberte Land nachströmten: sie waren neben den Soldaten überall Pioniere der römischen Kultur. Aus den Gassen ihrer Buden und Baracken *(canabae)*, die sich rasch neben den Lagern erhoben, sind so manche Städte entstanden. In der Lagerstadt Mainz errichteten „die mit Geldbeuteln handelnden römischen Bürger" im Jahre 43 dem Kaiser Claudius ein Denkmal: wurde dies Geschäft damals dort von einer Anzahl von Italikern betrieben (in den Provinzen war das Bürgerrecht noch selten), so doch wohl auch alle übrigen, die den Bedürfnissen der Soldaten und des Trosses entsprachen. So hat auch der Genius des Handels die Romanisierung der Provinzen mächtig gefördert. Von allen Teilen Galliens leistete, wie Ammianus Marcellinus bemerkt, Aquitanien dem Eindringen der römischen Kultur den geringsten Widerstand, weil es dem Handel am ersten zugänglich war. Zahlreiche Nachrichten zeigen, wie schnell und energisch die Kaufleute sich des Handels in den Provinzen bemächtigten, wie sie vielfach ihn monopolisierten. Das Narbonensische Gallien war 50 Jahre nach der Eroberung voll von Kaufleuten und römischen Bürgern; kein Bewohner der Provinz machte ohne einen von ihnen ein Geschäft; jeder Denar, der dort gezahlt wurde, ging durch ihre Bücher. Mit der Ermordung der römischen Kaufleute, mit welcher der Aufstand in Pannonien im Jahre 6 n. Chr. (15 Jahre nach der Eroberung) begonnen hatte, sollte auch der Aufstand der Treverer im Jahre 27 n. Chr. beginnen. Als im Jahre 88 v. Chr. auf Befehl des Königs Mithridates in der (seit etwa 40 Jahren römischen) Provinz Asia alle Italiker ermordet wurden, sollen 80.000, nach andern Berichten 150.000 Menschen jedes Geschlechts und Alters umgekommen sein. Ohne Zweifel war auch dorthin ein großer, wenn nicht der größte Teil dieser Bevölkerung durch den Handel gezogen worden: zweiundzwanzig Jahre später sagt Cicero, daß tätige und betriebsame Geschäftsmänner aus allen Ständen in derselben Provinz Handel trieben oder ihr Geld angelegt hatten. In Utica waren im Jahre 46 v. Chr. 300 römische Bankiers und Großhändler, und auch in den benachbarten Städten Thapsus und Hadrumetum gab es römische Handelsgesellschaften. Londinium (London) war bereits im Jahre 61, 19 Jahre nach der Eroberung Britanniens, durch die Menge der Kaufleute und den Handelsverkehr ungemein volkreich, ohne Zweifel gehörte ein sehr großer Teil der 70.000 Bürger und Bundesgenossen, die damals in dieser Provinz ermordet wurden, dem Handelsstande an. Die hauptsächlich oder ausschließlich aus Kaufleuten bestehenden Genossenschaften *(conventus)* römischer Bürger blieben während der beiden ersten Jahrhunderte in der östlichen Reichshälfte eine dauernde Institution und nahmen, gestützt auf ihre Privilegien und ihr Ansehen, in den dortigen Stadtgemeinden eine bevorzugte Stellung ein.

Neben den Italikern fehlte es natürlich auch nirgendwo an Provinzialen, welche die Betreibung ihrer Geschäfte veranlaßt hatte, ihre Heimat mit einem neuen Wohnsitz zu vertauschen. Eine Inschrift in Celeja (Cilli) ist (unter Antoninus Pius) „von den in Rätien ansässigen römischen Bürgern aus Italien und andern Provinzen" gesetzt. Unter den romanisierten Provinzen des Westens stellte namentlich Gallien (samt dem römischen Germanien) zahlreiche Vertreter des Außenhandels. Inschriften in Augsburg nennen Kaufleute aus Lyon, Trier und Bourges. Zu Aquileja ist der Grabstein eines Kölners gefunden worden, der von dort nach Dacien und umgekehrt handelte; zu Gythion in Laconien der eines Schiffsreeders aus Nicomedia, der in Cyzicus ansässig war; in Pola der eines Kleiderhändlers aus Gallien, in Celeja (Cilli) der eines afrikanischen Handelsmannes. An Orten wie Aquileja, dem großen Stapelplatze des Transithandels aus den nordöstlichen Provinzen nach Italien, dem Orient, Afrika und umgekehrt, wird die fremde kaufmännische Bevölkerung aus allen Nationen gemischt gewesen sein, und das gleiche gilt in der andern Reichshälfte z. B. von dem großen Mittelpunkte des Karawanenverkehrs, Palmyra, wo sich der gesamte Import- und Exporthandel des Ostens konzentrierte.

Doch am zahlreichsten waren allem Anschein nach überall die Orientalen. Berytus, vermutlich auch Damascus und gewiß noch viele andere phönicische und syrische Städte, hatten Faktoreien in Puteoli. Tyrus, noch im 4. Jahrhundert der größte Handelsplatz des Orients, hatte eine in Puteoli und eine in Rom; die letztere wurde im Jahre 174 von dem tyrischen Senat angewiesen, der ersteren jährlich 10.000 Denare zur Bestreitung ihrer Mieten (von Speichern, Verkaufslokalen u. dgl.) zu zahlen. Eine Statue in Perinthus wurde von den daselbst Handel treibenden Alexandrinern errichtet. Wie dort und in Tomi am Schwarzen Meer (wo sie dem Sarapis und den Kaisern Marc Aurel und L. Verus einen Altar errichteten), werden Genossenschaften alexandrinischer Kaufleute an allen größeren Handelsplätzen, ihre Schiffe in allen Häfen zu finden gewesen sein. Der den Apostel Paulus nach Italien begleitende Centurio fand ein dorthin segelndes alexandrinisches Schiff auf der Reede von Myra in Lycien. Bei weitem am häufigsten werden die Syrer genannt. Dagegen fehlt es so gut wie ganz an Anhaltspunkten dafür, daß von den sehr zahlreichen auswärtigen Niederlassungen der Juden irgendeine des Handels wegen erfolgt sei, was schwerlich zufällig sein kann. Syrische Kaufleute aber und syrische Faktoreien finden wir überall: so in den Häfen Italiens, wie Portus, Neapel, Ravenna und am zahlreichsten wohl in Puteoli. Eine spanische Inschrift nennt einen Vorsteher des Vereins der Syrer in Malaga; ein syrischer Handelsmann Aurelius Flavus war nach der Inschrift seines zu Salona von seinem Vater errichteten Grabmals in Sirmium gestorben; ein andrer, Bürger und Ratsherr zu Canatha in Syrien, der Geschäfte von Aquitanien nach Lugdunum (Lyon) machte, am letzteren Orte; in Apulum in Dacien ist ein von zwei syrischen Kaufleuten dem Juppiter gesetzter Votivstein gefunden worden. Als Kaufleute wird man mindestens zum größten Teil auch die nicht als solche bezeichneten Syrer in den Inschriften des Okzidents anzusehen haben. Die auf dem Begräbnisplatz der kleinen norditalischen Landstadt Concordia im 5. Jahrhundert bestatteten Ausländer sind alle Syrer, meist Apamener; ebenso rühren alle in Trier gefundenen griechischen Grabschriften von Syrern her. Bis auf den heutigen Tag, schreibt Hieronymus gegen Ende des 4. Jahrhunderts, dauert bei den Syrern die angeborene Leidenschaft für den Handel fort. Aus Gewinnsucht durchstreifen sie die ganze Welt, und eine wahre Geschäftswut beherrscht sie so sehr, daß sie jetzt, wo das römische Reich (von Barbaren) eingenommen ist, zwischen Schwertergeklirr und Mord, unter steten Gefahren nach Reichtümern trachten. In der Sprache des 5. Jahrhunderts scheint (wenigstens in Gallien) „Syrer“ für Bankier gesagt worden zu sein, wie im Mittelalter „Lombarde“. Salvianus spricht von den Massen der Kaufleute und Syrer, welche den größeren Teil fast aller Städte in Besitz genommen haben, und Apollinaris Sidonius sagt in einer Schilderung des Treibens zu Ravenna, welches er als eine verkehrte Welt darstellt, daß dort die Geistlichen wuchern, die Syrer Psalmen singen. Im Leben der h. Genoveva (etwa um die Mitte des 5. Jahrhunderts) ist von Kaufleuten die Rede, die zwischen Gallien und Antiochia hin- und herreisten. Noch im 6. Jahrhundert waren syrische Kaufleute in Gallien zahlreich ansässig. Gregor von Tours spricht von solchen in Bordeaux und Paris und unterscheidet sie von den nach seinen wiederholten Erwähnungen in Gallien offenbar ebenfalls sehr zahlreichen Juden. Als König Guntram am 4. Juli 585 in Orléans einzog, vernahm man in den Lobgesängen der ihn empfangenden Menge die Sprache der Lateiner, der Syrer und der Juden. Im Jahre 589 beschloß das Konzil von Narbonne, daß Gote, Römer, Syrer, Grieche und Jude am Sonntag keine Arbeit verrichten sollten. Syrische Weine, namentlich die von Gaza, Sarepta und Ascalon, waren im 5. und 6. Jahrhundert in Gallien beliebt. Noch Karl der Große konnte die Evangelien mit Hilfe von Griechen und Syrern berichtigen.

β) Vertrieb und Verbreitung der Waren

Über die Verbreitung der Handelsartikel im römischen Reich haben wir zwar nur sehr spärliche und vereinzelte Nachrichten; doch auch nach diesen kann nicht bezweifelt werden, daß alle Waren und Produkte durch den Handel allen Orten zugeführt wurden, wo sie Absatz fanden. Am reichsten waren die Magazine und Läden Roms gefüllt; hier konnte man die Güter der ganzen Welt in der Nähe prüfen; hierher kam aus allen Ländern und allen Meeren, was die Jahreszeiten hervorbrachten und alle Zonen trugen, was Flüsse und Seen und was die Arbeit der Hellenen und Barbaren erzeugte. Die Produkte und Waren aller Völker waren hier zu allen Zeiten im Überfluß vorhanden. In ähnlicher Weise rühmt Aristides den Reichtum Korinths an Gütern aus allen Ländern und Meeren. In Alexandria war, wie er sagt, außer Schnee alles zu haben. Nach Antiochia brachten Lastschiffe von allen Himmelsgegenden die Güter und Erzeugnisse der drei Weltteile, des Festlands wie der Inseln; vom Besten aller Länder kam das Beste hierher, da die Schnelligkeit des Absatzes den Sinn der Kaufleute diesem Ort zuwandte; so zog man auch hier von allem Vorteil, was die ganze Erde bot. Auch die übrigen großen See- und Handelsstädte waren sicherlich stets ihrem eigenen Bedürfnis und dem des von ihnen versorgten Hinterlandes entsprechend reichlich versehen. Von Arelate heißt es in einer Urkunde aus dem Jahre 418, daß dort die Produkte und Waren des Orients, Spaniens, Galliens und Afrikas in Fülle vorhanden seien, da sie zu Schiff und zu Wagen, auf dem Meere, dem Flusse und zu Lande dahin gelangen können.

Auch Gegenstände, die nur an einzelnen Orten, zum Teil außerhalb des Reichs erzeugt wurden, waren überall vorhanden, wo man ihrer bedurfte. In einer im 4. Jahrhundert im Orient abgefaßten Weltbeschreibung, welche besonders den handelsgeographischen Gesichtspunkt ins Auge faßt, wird von Alexandria gerühmt, daß diese Stadt allein in die ganze Welt das Papier versende, welche zwar wohlfeile, aber überaus nützliche und notwendige Ware in keiner andern Provinz vorhanden sei; noch im 6. Jahrhundert brachten alexandrinische Schiffe neben den übrigen alexandrinischen Waren wie Wurzeln und Kräutern auch Papier nach Massilia, wie ohne Zweifel nach allen übrigen Häfen des Mittelmeers. Unter den kostbaren Waren, die von Alexandria in alle Länder gingen, hebt die Weltbeschreibung die Spezereien hervor, wobei sicherlich auch an den dort fabrizierten Weihrauch zu denken ist, dessen Verbrauch im ganzen Reiche ein ungeheurer gewesen sein muß. Zu den am allgemeinsten verbreiteten Handelsartikeln gehörte ferner das für den Bronzeguß unentbehrliche, aber nur an wenigen Orten (damals im spanischen Galizien, westlichen Gallien, den Scilly-Inseln und Cornwallis) gefundene Zinn. Noch im Anfange des 7. Jahrhunderts segelten alexandrinische Schiffe direkt nach Britannien, um das Korn, mit dem sie befrachtet waren, gegen das begehrte Metall einzutauschen, von dem auch die alexandrinischen Indienfahrer Vorräte zu führen pflegten, da es in indischen Häfen mit Vorteil abgesetzt wurde. Die Wohlfeilheit des Bernsteins ergibt sich daraus, daß in Plinius' Zeit die lombardischen Bäuerinnen Bernsteinhalsbänder, zugleich als angebliches Mittel gegen Anschwellung des Halses, trugen. Die aus dem Eisen von Elba in den Werkstätten von Puteoli gefertigten sehr mannigfaltigen Werkzeuge und sonstigen Fabrikate wurden schon in Diodors Zeit so weithin vertrieben, daß, wie er sagt, viele Teile der bewohnten Erde von dieser Industrie Nutzen zogen. Und so mögen auch unter den römischen eisernen Waffen und Geräten, die so zahlreich aus den Gräbern der nordischen Länder, von Schlesien bis Jütland und Skandinavien, zum Vorschein gekommen sind, manche in Puteolanischen Werkstätten geschmiedet sein; bei weitem die meisten stammen freilich aus den römischen Grenzprovinzen, wo sich durch Assimilation barbarischer Elemente eine Abart der römischen Kultur bildete, und von wo sich seit dem Anfange des 1. Jahrhunderts die Fabrikate der dem Geschmack und den Gewohnheiten derselben entsprechenden provinziellen Industrie über die nordischen Länder ergossen, in welchen sie vielfach als Muster dienten. Unter den im Norden gefundenen Bronzearbeiten tragen einige den Stempel italischer Fabriken. Kasserollen mit dem Namen eines P. Cipius Polybius und L. Ansius Epaphroditus sind in denselben Formen wie in Pompeji und Herculaneum auch in Pommern, Dänemark, Schweden, in der Schweiz, in England und Schottland gefunden worden; andere aus der Werkstatt eines Nigellus auf Fünen und in Savoyen. Zu den Töpfereien, die ihre Waren weit und breit versendeten, wie die der griechischen Inseln (Knidos, Rhodos und Thasos), kamen in römischer Zeit noch andere hinzu, wie die von Pergamum, Saguntum (in Spanien), Arretium (Arezzo) und Mutina (Modena) in Italien, deren Tonwaren mit den bekannten Stempeln der berühmten Werkstätten durch Länder und Meere gingen. Auch das Tongeschirr der südgallischen Fabriken war der Gegenstand eines lebhaften Exports, der nicht nur die nördlich der Alpen gelegenen Provinzen umfaßt, sondern auch in Italien selber der dortigen alteinheimischen Tonindustrie Konkurrenz macht. In den Glashütten von Alexandria wurden Gläser in allen Formen des Tongeschirrs angefertigt, das aus allen Ländern dorthin eingeführt war. Auch von der Leinwand der berühmten Fabriken von Skythopolis, Laodicea, Byblus, Tyrus, Berytus heißt es in der Weltbeschreibung aus dem 4. Jahrhundert, daß sie in die ganze Welt exportiert werde; und dasselbe sagt Procopius von den Seidenwaren von Berytus und Tyrus. Der im Jahre 301 für den Orient erlassene Maximaltarif Diocletians nennt zwar hauptsächlich orientalische Waren und Fabrikate, aber doch auch manche aus den westlichen Ländern, die also ebenfalls in der östlichen Reichshälfte gangbar waren, als: italische Weine (7 Sorten), Schinken und Würste, afrikanische Teppiche und Mäntel, nervische Mäntel aus den noch jetzt berühmten Webereien von Tournai in Flandern und norische aus Sirmium (Mitrovitza) und andern Fabrikorten an der Donau; in den verlorengegangenen Teilen des Tarifs können noch manche andre aufgeführt gewesen sein. In Laodicea wurden Mäntel nach Art der nervischen verfertigt. Angeblich echter Falerner wurde nach Galen in das ganze römische Reich versandt; d. h. da er, wie der Champagner, nur auf einem sehr beschränkten Gebiet (Campaniens) wuchs, entsprachen die Händler der Nachfrage durch andre Weine, denen sie durch Zubereitung einen ähnlichen Geschmack zu geben wußten. Schließlich mag des Vertriebs zubereiteter Luxusnahrungsmittel gedacht werden, den man sich ebenfalls als einen sehr ausgedehnten und umfassenden vorstellen muß. Von den Fischsaucen kam z. B. das berühmte *garum sociorum* aus Cartagena, Thunfischsauce *(muria)* unter anderm sowohl aus Antibes als aus Byzanz; aus Spanien gingen auch Schüsseln frischer Quittenmarmelade nach Rom; ein Wein- und Delikatessenhändler in Reate nennt sich „Verkäufer aller Arten von überseeischen Waren“.

c) *Der sonstige Verkehr*

Auch abgesehen von dem durch Umzüge und Wohnungswechsel herbeigeführten, von dem amtlichen und offiziellen, dem militärischen und kaufmännischen Verkehr im römischen Reich war die Zahl der Berufsarten und Beschäftigungen nicht gering, durch die man zu regelmäßigen oder doch häufigen Reisen genötigt war.

Die Zahl derer, die Forschungstrieb und der Wunsch, ihre Kenntnisse zu erweitern, in fremde Länder führte, war im Altertum zu allen Zeiten groß. Das Bedürfnis, sich durch Anschauung zu belehren, war viel verbreiteter als in neueren Zeiten: nicht bloß weil die antike Wissenschaft viel mehr auf Anschauung gerichtet war als die moderne, sondern auch weil die aus Bücherstudien zu gewinnende Belehrung so viel unzusammenhängender und spärlicher, auch unzuverlässiger, endlich schwerer zugänglich war. Aber nicht nur die eigentlichen Fachgelehrten, die vorzugsweise der Anschauung bedurften, wie Geschichtschreiber und Geographen, Kunst- und Altertumsforscher, Naturforscher und Ärzte, machten große Reisen — es genügt, an Posidonius, Diodor, Strabo, Apio, Pausanias, Dioscorides, Apulejus, Galen zu erinnern, welcher letztere die Notwendigkeit des Reisens für Ärzte besonders hervorhebt —, auch ohne solche unmittelbaren Zwecke führt das Streben nach umfassender und vielseitiger Bildung und Belehrung Männer der Wissenschaft offenbar äußerst häufig zu weiten und gefahrvollen Wanderungen. Die berühmtesten Philosophen, sagt Cicero, haben ihr ganzes Leben auf fortwährenden Reisen zugebracht; „unzählige“ derselben sind, seit sie ihre Heimat verlassen haben, nie wieder dahin zurückgekehrt. Plutarchs Freund Kleombrotos aus Sparta, ein vermögender und im Gebrauche seiner Zeit unbeschränkter Mann, reiste nicht des Handels halber, sondern aus Schaulust und Wißbegierde und um seinen Geist zu bilden, bis zu den Troglodyten, besuchte auch das Orakel des Ammon und schiffte weit ins Rote Meer hinauf. Die unverschämten Lügen, die dieser „heilige“ und ganz auf höhere Zwecke gerichtete Mann von einem dorisch redenden Propheten am Roten Meer erzählte, der sich nur einmal im Jahr vor Menschen hören ließ, geben eine Probe von der Zuverlässigkeit der Reiseberichte über wenig besuchte Gegenden. Auch um persönliche Mitteilungen zu erhalten, wurden gewiß nicht selten Reisen gemacht; Galen sagt, er habe auch die weitesten, zur See und zu Lande, nicht gescheut, um sämtliche Schüler des Arztes Quintus kennenzulernen. Der Traumdeuter Artemidor von Daldis, ein Mann, dem es allerdings um die Vervollkommnung seiner „Wissenschaft“ heiliger Ernst war, war in Griechenland, Italien, Kleinasien und auf den Inseln gereist, um möglichst viele Fachgenossen kennenzulernen und seine Kenntnisse durch ihre Erfahrungen zu bereichern.

Doch am meisten geziemte es der Jugend, zu reisen und „sich über die Grenzen der Heimat zu erheben“. Daß Jünglinge auf längere Zeit das elterliche Haus verließen, um an einem andern Orte bessern Unterricht zu genießen, war durchaus gewöhnlich. „Sollen junge Leute deswegen ihre Heimat, Eltern, Freunde, Verwandte, Hab und Gut verlassen", fragt Epictet einen Afterphilosophen, „um dich Wörtchen auslegen zu hören und bei deinen Redeschlüssen oh! zu rufen?" Jede Provinz, jede Landschaft in den höher kultivierten Teilen des Reichs hatte ihren Studiensitz, der zunächst von der Jugend der näheren und ferneren Umgegend, doch auch von weiter ab Wohnenden besucht wurde. Der berühmte Sophist Scopelianus ward sehr gebeten, in seiner Vaterstadt Clazomenä eine Schule zu errichten, da die Clazomenier überzeugt waren, daß die Stadt sich dadurch sehr heben würde. Schulstädte, die zum mindesten aus ihrer örtlichen Nachbarschaft eine größere Anzahl auswärtiger Schüler heranzogen, waren z. B. Pergamum, Cyzicus, Lampsacus, ferner Mediolanium im cisalpinischen Gallien, Augustodunum (Autun) im Gebiet der Äduer; Orte wie Karthago in Afrika, Apollonia in Epirus und Massilia hatten schon mehr als provinzielle Bedeutung; in der letzten Stadt studierten auch Römer. Tiberius besuchte während seines Aufenthalts auf Rhodos (6 v. bis 2 n. Chr.) fleißig die Schulen und Hörsäle der dortigen Lehrer, die vermutlich auch in der späteren Zeit zahlreiche Fremde anzogen. In den asiatischen Provinzen gehörte Tarsus in Cilicien zu den Orten, deren Unterrichtsanstalten die meisten (obwohl in Strabos Zeit fast nur einheimische) Studierenden hatten — Philostrat läßt den Apollonius von Tyana hier seine Bildung suchen —; vermutlich auch Antiochia in Syrien, das schon in Ciceros Zeit von den gelehrtesten Männern und den edelsten Studien erfüllt war, und vor vielen andern Smyrna, dessen berühmteste Lehrer die Jugend nicht nur Kleinasiens, sondern auch des griechischen Festlandes, Assyriens, Phöniciens und Ägyptens herbeizogen. Von allen Musen, sagt Aristides, welche die Städte der Menschen besuchen, hält sich keine hier fern; groß ist die Zahl der Einheimischen, groß auch die der aus der Fremde Zugewanderten; man möchte die Stadt einen Bildungsherd für das ganze Festland nennen. Alle übrigen Studiensitze aber verdunkelten Rom, Alexandria und Athen, zu deren Schulen Bildungsbeflissene aus der ganzen Welt strömten. Athen verdankte seine Fremdenfrequenz nicht bloß der Anziehungskraft seiner Rhetoren- und Philosophenschulen, sondern auch seiner Erziehungsanstalt für die männliche Jugend (dem Ephebenintitut), das besonders stark aus den halbgriechischen Ländern des Nordens und Ostens besucht wurde, wo man offenbar Wert darauf legte, die anerkannteste Schule der Hellenisierung durchgemacht zu haben. Im 3. Jahrhundert fand man, daß die Sprachreinheit der Athener durch fortwährenden Verkehr mit jungen Leuten aus Thracien, Pontus und andern Barbarenländern gelitten habe. Die Zahl der fremden Epheben war zuweilen größer als die der einheimischen; unter Marc Aurel gab es deren aus dem ganzen Orient, aus Arabien und Mesopotamien, wie aus Libyen und Ägypten. Athen und Rom (wie später Konstantinopel) erhielten auch durch ihre vom Staate begründeten und besoldeten Lehrstühle am meisten Ähnlichkeit mit den Universitäten des modernen Europa.

Auf der andern Seite führten auch die Gelehrten und Lehrer aller Fächer ein Wanderleben im eigentlichsten Sinne des Worts. Besonders Rhetoren und Sophisten reisten unaufhörlich von einer Stadt zur andern, um Unterricht zu erteilen und Vorträge zu halten, und ernteten so am sichersten Beifall, Ruhm und große Reichtümer. Lucian war für die Bildhauerei bestimmt, er wählte die Beredsamkeit; in seinem „Traum" läßt er beide um ihn werben; die Bildhauerei stellt ihm vor, wenn er sich ihr widme, brauche er nicht in die Fremde zu gehen und seine Angehörigen zu verlassen; während in einer andern Schrift die Beredsamkeit erklärt, sie habe sich mit ihm vermählt und sei ihm auf all seinen Reisen gefolgt, um ihm Ehre und Wohlstand zu verschaffen, in Griechenland und Ionien, über das Meer nach Italien und zuletzt selbst nach Gallien. Oft hielten Wanderlehrer, Spezialisten in ihrem Fach, freiwillig oder auf eine Berufung durch die Schulbehörden, Kurse in einzelnen Städten ab, und die berühmten Lehrer jener Zeit führten, wie namentlich ihre Biographien von Philostrat zeigen, ein höchst unstätes Leben; wie ja auch die Dozenten der Renaissancezeit, die in so vielen Stücken an das Altertum erinnert, von Ort zu Ort zogen. Von Aristides hebt Philostrat ausdrücklich hervor, daß er nicht viele Reisen gemacht habe; denn er sei nur in Griechenland, Italien und Ägypten gewesen. Mit einer Lobrede auf die Stadt, in der sie auftraten, pflegten jene Redekünstler ihre Vorträge zu eröffnen; es war ganz gewöhnlich, daß den berühmteren an Orten, die sie mit ihrer Gegenwart beehrten, von den Behörden oder dankbaren Zuhörern Statuen errichtet wurden; Apulejus rühmt sich, daß ihm diese Auszeichnung auch von unbedeutenden Städten erwiesen worden sei.

Aber nicht nur unter den Rhetoren und Sophisten, auch unter den Grammatikern und Ärzten unterschied man die Herumziehenden (πεφιοδευταί *circulatores*) von den Ansässigen. Ein freigelassener Arzt L. Sabinus Primigenius sagt in seiner Grabschrift, daß er, in Iguvium geboren, viele Orte besucht habe und überall durch seine Kunst, noch mehr durch seine Zuverlässigkeit bekannt sei. Daß außer den Ärzten auch Quacksalber von Ort zu Ort zogen, ist selbstverständlich. Da in einer Zeit, der Briefpost und Presse fehlten, Reisen das sicherste Mittel waren, um schnell bekannt zu werden, wurde es natürlich auch von Gauklern und Scharlatanen angewendet, wie von Apollonius von Tyana und Alexander von Abonuteichos, welcher letztere überdies nach allen Seiten Emissäre aussendete, um den Ruf seines Orakels überall im römischen Reiche zu verbreiten.

Auch die meisten Künstler und Kunsthandwerker waren fortwährend auf der Wanderung begriffen. Wie in der ganzen römischen Welt das Bedürfnis verbreitet war, die Existenz durch künstlerischen Schmuck zu veredeln, ist aus den unermeßlichen Kunsttrümmern in fast allen Provinzen ersichtlich; ein so ungeheures Kunstbedürfnis konnte nur befriedigt werden, wenn „ganze Kolonien, Züge, Schwärme, Wolken, wie man es nennen will, von Künstlern und Handwerkern da heranzuziehen waren, wo man ihrer bedurfte". Noch existiert eine Inschrift eines solchen wandernden Künstlers, eines Bildhauers Zenon aus Aphrodisias, welche besagt, daß er im Vertrauen auf seine Kunst viele Städte durchzogen habe; Statuen mit seinem Namen sind in Rom und Syrakus gefunden worden.

Aber noch viel unstäter mußte das Leben aller Bühnenkünstler, musikalischen Virtuosen und Athleten sein, die teils einzeln, teils truppenweise umherzogen; besonders in Griechenland und Kleinasien, wo selbst kleinere Orte ihre periodisch wiederkehrenden Schauspiele und Agone hatten; was aber auch in den westlichen Provinzen mehr und mehr Nachahmung fand. Die Theaterlust der Griechen hatte früh zur Bildung wandernder Schauspielertruppen geführt, deren Zahl schon zu Demosthenes Zeit sehr groß gewesen zu sein scheint. Die dionysischen, d. h. dramatischen Künstler bildeten mit der Zeit ständige, dem Kult des Dionysos geweihte Verbände (Synoden), die teils in bestimmten Gegenden auftraten, teils von Ort zu Ort zogen; ein athenischer wird bereits in einem im Jahre 278 v. Chr. abgefaßten Amphiktyonendekret erwähnt, und nicht viel jünger ist der isthmische Technitenverein, während unter den Ioniern Kleinasiens eine bedeutende Künstlergesellschaft mit dem Sitze in Teos, der ‚Stadt des Dionysos', bestand, die in römischer Zeit nach dem benachbarten Lebedos übersiedelte und dort noch in Strabos Zeit ihre Feste in jährlichen Zusammenkünften zu feiern pflegte, bei denen die in Griechenland und Kleinasien umherziehenden Abteilungen zu Opfern und Wettkämpfen sich vereinigten. Ein Zusammenschluß der einzelnen Vereine zu einem großen Reichsverbande der Bühnenkünstler erfolgte unter Hadrian, dessen Name daher auch im Titel dieses neuen Verbandes neben dem des Dionysos oder an seiner Stelle erscheint. Seitdem heißt dieser Verband der heilige hadrianische Bühnenkünstlerverband der aus dem ganzen Reiche vereinigten Verehrer des Dionysos und des neuen Dionysos Hadrian, eine Bezeichnung, in welcher später unter Antoninus Pius der Name dieses Kaisers an die Stelle Hadrians tritt. Der Verband mag zahlreiche Abteilungen gehabt haben, die vielleicht auch für kürzere oder längere Zeit an ein und demselben Orte (namentlich in Rom) ihren ständigen Aufenthalt hatten und unter denen die römische eine Art Vorortstellung genoß. Teils als Mitglieder dieser Vereine, teils selbständig machten die berühmteren Schauspieler und Musiker und ebenso die hervorragenden Athleten, die zum Teil ebenfalls in Synoden inkorporiert waren, regelmäßig Rundreisen, wenigstens durch Griechenland, Kleinasien und Italien, wie ihre sehr zahlreichen Denkmäler bezeugen. Ein M. Sempronius Nicocrates sagt in einer selbstverfaßten Grabschrift, er sei Musiker, Dichter und Kitharaspieler gewesen, vor allem aber Mitglied einer Synode; er habe zur See und auf Wanderungen zu Lande viele Mühsale ausgestanden. Bühnenkünstler und Athleten wurden oft von den Städten, in denen sie enthusiastische Bewunderung erregt hatten, mit dem Ehrenbürgerrecht beschenkt. Ein Aurelius Charmus, berühmter Sänger, Bürger von Philadelphia, Nicomedia und Athen, hatte in allen heiligen Wettkämpfen, vom kapitolinischen bis zu denen in Antiochia in Syrien, Kränze gewonnen. Ein Athlet, M. Aurelius Asclepiades, Bürger von Alexandrien, Hermopolis, Puteoli, Neapel und Elis, Senator von Athen und von vielen andern Städten Bürger und Senator, rühmt sich, in drei Ländern aufgetreten zu sein, Italien, Griechenland und Kleinasien; dasselbe sagt ein Dichter der ersten Kaiserzeit von dem pergamenischen Pankratiasten Glykon. In einem Verzeichnis der Bauten, die ein Poseidonpriester zu Korinth, P. Licinius Priscus Juventianus (vielleicht zu Ende des 2. Jahrhunderts), aufgeführt hatte, werden auch Herbergen für die Athleten genannt, die aus der ganzen Welt zu den isthmischen Spielen reisen. Festgeber ließen wohl oft zu jeder Gattung ihrer Schauspiele Künstler aus den Orten kommen, die im Rufe standen, die besten zu besitzen: so im 4. Jahrhundert (mindestens in der östlichen Reichshälfte) Wagenlenker aus Laodicea, Mimen aus Tyrus und Berytus, Pantomimen aus Cäsarea, Chorausen aus Heliopolis, verschiedene Gattungen von Athleten aus Gaza, Ascalon und Castabala. Daß Unternehmer von Gladiatorenspielen mit ihren Banden ebenfalls umherzogen, darf auch ohne besondere Zeugnisse angenommen werden. Das „fahrende Volk" der Gaukler und Taschenspieler, Seiltänzer und Akrobaten, Sänger und Musikanten trieb wie im Mittelalter sein Gewerbe im Herumziehen, von Ort zu Ort. Von den Transporten wilder Tiere zu den Venationen, die zum Teil ungeheure Entfernungen zurückzulegen hatten, wird später die Rede sein.

Jene Feste und Schauspiele aber, die damals so häufig in allen Provinzen stattfanden, zogen auch immer eine große Menge von Zuschauern und Teilnehmern an. Zu den großen Schauspielen Roms strömten Fremde aus der ganzen Welt herbei. Bei den olympischen und den pythischen Spielen kam nicht bloß gegen Ende des 2. Jahrhunderts fast ganz Griechenland zusammen, sondern auch noch in der Zeit Julians des Abtrünnigen; und wenn am Schluß des Festes alles aufbrach, war es nicht leicht, ein Fuhrwerk zu erhalten. Peregrinus Proteus vollzog seine Selbstverbrennung bei der Feier der olympischen Spiele im Jahre 167, dem besuchtesten Feste Griechenlands, wie Lucian sagt (der demselben viermal beigewohnt hatte), um mit diesem Akt einen möglichst großen Effekt zu machen.

Daß bei solchen Versammlungen Händler und Gewerbetreibende und überhaupt alle, die dort auf gewinnreiche Geschäfte hoffen konnten, sich zahlreich einfanden, ist selbstverständlich. Dio von Prusa sagt, daß Kuppler mit ihren Dirnen zu der Herbstversammlung der Amphiktyonen in Pylä und anderen Festversammlungen reisten. Überhaupt scheinen Kuppler viel umhergezogen zu sein; die Unseligen, sagt Clemens von Alexandria, gehen zur See mit einer Fracht von Dirnen, wie von Weizen oder Wein. Strabo erzählt, daß in dem wegen seiner Bäder viel besuchten Karura (auf der Grenze von Phrygien und Karien) in einem Gasthause ein Kuppler mit einer großen Menge von Dirnen bei einem Erdbeben von der Erde verschlungen worden sei. Der erwähnte Sempronius Nicocrates, der seine künstlerische Laufbahn aufgab, um, wie er selbst sagt, ein Händler mit schönen Frauen zu werden, dürfte also auch in diesem neuen Gewerbe das alte Wanderleben fortgesetzt haben.

Übrigens wurde es selbst den Verbannten auf den Inseln des Archipels gestattet, an großen Festen sowie an religiösen Feierlichkeiten teilzunehmen. „Sie konnten sich also während der Mysterien in Eleusis aufhalten, das Dionysosfest in Argos mitfeiern, zur Zeit der Pythien sich nach Delphi, zur Zeit der Isthmien nach Korinth begeben." Unter den religiösen Festen übten die eleusinischen Mysterien noch immer die größte Anziehungkraft auch auf Römer; zur Zeit ihrer Feier war Athen von Fremden überfüllt. Daneben standen die Mysterien von Samothrake im größten Ansehen, besonders bei den Römern, seit der Glaube an die von dort aus erfolgte Gründung Trojas verbreitet war, daher viele römische Feldherren und Beamte sich auf Samothrake einweihen ließen und die Heiligtümer mit reichen Geschenken bedachten; so zog diese abgelegene, für Seefahrer schwer zugängliche Insel fort und fort, namentlich aber an dem im Hochsommer jährlich stattfindenden Hauptfeste, wie jetzt der Athos, ganze Züge von Wallfahrern von nah und fern herbei. Die neuerdings bekanntgewordenen Inschriften von Samothrake nennen solche, die teils als Gesandte, teils aus eigenem Antriebe dorthin pilgerten, aus den Städten Macedoniens, Kleinasiens und Thraciens, aus Kreta, Elis und Rom, welche letztere sich als *mystae pii* bezeichnen. „Mit derselben Andacht, mit der der griechische Schiffer oder Wanderer heute nach dem Athosgipfel hinüberblickt, mochte das Auge der Alten den ragenden Berg von Samothrake suchen, während eine vielleicht ebenso ungebildete Priesterschaft damals auf Samothrake wie heute am Athos althergebrachte, immer gedankenloser überlieferte, dem Volke gegenüber aber mit dem Glanze alter Heiligkeit umgebene Gebräuche ausübte und dabei Sitte, Sprache und Kunst in unbeweglicher Starrheit fesselte." Heute stört nur der Ruf der Hirten die schweigende Einsamkeit des Strandes, den damals Scharen von Wallfahrern belebten.

Neben diesen Hauptzielen frommer Wanderungen gab es aber noch eine große Menge besuchter Wallfahrtsorte. Ein solcher war z. B. Comana in Pontus, wo bei dem sogenannten Auszuge der dort verehrten Göttin Männer und Frauen von allen Seiten zusammenströmten und fortwährend solche anzutreffen waren, die wegen eines Gelübdes sich dorthin begeben hatten und der Göttin Opfer brachten. Der Ort, zugleich ein Hauptmarkt für den armenischen Handel, war überdies voll von Hetären, die größtenteils dem Tempel gehörten, und also in jeder Beziehung ein Kleinkorinth. Gewiß war die Zahl der Gläubigen nicht gering, die, wie Apulejus, von einem Heiligtum zum andern zogen und sich in jeden Geheimdienst einweihen ließen, um keines göttlichen Segens verlustig zu gehen. Auch die Orakel Griechenlands, Kleinasiens, Ägyptens, Italiens waren vielleicht zu keiner Zeit des Altertums besuchter als in den beiden ersten Jahrhunderten unserer Zeitrechnung.

Endlich waren auch Reisen zur Wiedererlangung der Gesundheit ungemein häufig. Mit Recht, sagt Epictet, schicken die Ärzte die an langwierigen Krankheiten Leidenden in ein andres Land und ein andres Klima. Bei einer großen Anzahl von Übeln, als anhaltendem Kopfschmerz, Geisteskrankheit, Lähmung, Wassersucht, Blasenleiden, ganz besonders aber bei beginnenden Brustkrankheiten und bei Blutauswurf empfahlen die Ärzte Seereisen und Veränderung des Klimas; aus Italien wurden die Schwindsüchtigen, für welche auch eine lange Fahrt auf dem Meere an sich als zuträglich galt, gewöhnlich nach Ägypten oder nach Afrika geschickt. Galen sagt, daß manche, die wegen eines Lungengeschwürs von Rom nach Afrika gereist waren, scheinbar ganz hergestellt zurückkehrten und wirklich einige Jahre gesund blieben, doch bei unzweckmäßiger Lebensweise erfolgten Rückfälle des Übels. Zuweilen wurde ihnen auch der Aufenthalt in Nadelholzwäldern oder eine Milchkur im Gebirge oder an einem hochgelegenen Orte in der Nähe der See angeraten; Galen empfiehlt hierzu besonders wegen seiner Lage, seiner Luft, seiner Vegetation und Viehzucht Stabiä (Castellamare, das also damals schon sein Quisisana hatte). Noch im 6. Jahrhundert war der „Milchberg" (Mons Lactarius) bei Stabiä ein Kurort hauptsächlich für Schwindsüchtige, wo, wie Cassiodor rühmt, „die gesunde Luft zusammen mit der Fruchtbarkeit des fetten Bodens Kräuter von süßester Beschaffenheit hervorbringt; die auf dieser Weide gemästeten Kühe geben eine Milch von solcher Heilkraft, daß denen, welchen alle Ratschläge der Ärzte nichts nützen, jener Trank allein zu helfen scheint. Unter den Orten, wo besonders heilkräftige Mittel erzeugt oder bereitet wurden, ist Anticyra am Busen von Krisa der berühmteste, wohin mehr Kranke reisten als nach der gleichnamigen Stadt am Fuße des Öta, obwohl hier die beste Nieswurz wuchs; doch wurde sie dort besser zubereitet. Wie groß der Zudrang zu den oft mit Heilanstalten oder Traumorakeln verbundenen Tempeln der Heilgötter Äskulap, Isis und Sarapis war, ist allbekannt; eine eigene Art von Weihgeschenken in Gestalt von Fußspuren oder Sandalen wird für die glückliche Hin- und Rückreise bei solchen Fahrten zum Heilgotte dargebracht.

Der Gebrauch der Badeorte war im Altertum kaum minder allgemein als gegenwärtig, und ein sehr großer Teil der jetzt benutzten Heilquellen damals schon entdeckt; so war Baden bei Zürich schon in der zweiten Hälfte des 1. Jahrhunderts ein durch den Gebrauch seiner Quellen lebhafter Ort; auch die Thermen von Ems, Pyrmont, Aachen, Wiesbaden, Baden-Baden u. a. sind durch römische Gebrauchsgegenstände und Weihinschriften, die man darin gefunden hat, als von Römern benutzt erwiesen. Die heißen Quellen von Bath (Aquae Sulis) „scheinen vom Beginn der römischen Okkupation an mit Vorliebe der Heilung wegen besucht worden zu sein" und wurden also gewiß sehr bald „mit reicher Ausstattung zum Gebrauche der Sterblichen versehen", wie ein alter Schriftsteller sagt. Schöne Ruinen des Tempels der dort verehrten (von den Römern Minerva genannten) Göttin Sul sowie andrer Gottheiten und bedeutende Überreste der Thermen, auch einige Kunstwerke von besserer Arbeit (darunter eine Frauenbüste aus Domitians Zeit) sind noch vorhanden. Fast alle dort gefundenen Inschriften (besonders Widmungen) gehören dem Ende des 1. oder Anfange des 2. Jahrhunderts an, woraus man nicht auf eine Abnahme der Frequenz des Bades in späterer Zeit schließen darf, da vermutlich die Monumente der älteren Zeit bei der Aufführung späterer Gebäude verwendet wurden. Die Überbleibsel römischer Bäderanlagen, die oft von großer Pracht zeugen, finden sich in allen Ländern am Mittelmeer und weiter auf afrikanischem Boden, z. B. in Hamman-Righa (Algerien), wie in den Pyrenäen (Bagnères-de-Bigorre), in den südlichen Karpathen (Herculesbad bei Mehadia), in den Westalpen (Aix-les-Bains) oder in der Auvergne (Vichy). Von den Badeorten, die zugleich oder vorzugsweise Vergnügungsorte waren, wie Bajä, Ädepsus und Canopus, wird unten die Rede sein. Auch zur Zerstreuung und Erholung scheinen Reisen sehr häufig unternommen worden zu sein.

Schon aus dieser Übersicht der Hauptveranlassungen zum Reisen in der römischen Kaiserzeit wird man den Eindruck gewinnen, daß damals zu Lande mindestens nicht weniger, vielleicht mehr gereist wurde als im neueren Europa vor dem Anfange des 19. Jahrhunderts. Dieser Eindruck verstärkt sich aber noch sehr, wenn man die bisher nicht berührten Reisen in Betracht zieht, die nur zum Vergnügen und zur Belehrung unternommen wurden und deren ausführliche Erörterung für das Verständnis der damaligen Kultur unentbehrlich ist.

VII. DIE REISEN DER TOURISTEN

1. SELTENHEIT UND BESCHRÄNKTHEIT DER ENTDECKUNGSREISEN. GRENZEN DES GEOGRAPHISCHEN WISSENS. GEBIET UND ZIELE DER TOURISTENREISEN

Die Leichtigkeit des Reisens und die Großartigkeit und Vielfältigkeit des Verkehrs, wie beides bisher geschildert worden ist, mußte auch die Wanderlust mächtig reizen und das Verlangen, neue Eindrücke aufzunehmen, sich durch sie zu bilden und zu belehren, in weiten Kreisen verbreiten. In der Tat sind auch zu diesen Zwecken Reisen damals kaum weniger häufig unternommen worden als in der neuern Zeit. Plinius nennt die menschliche Natur „reiselustig und nach Neuem begierig". Manche, sagt Seneca, machen Seefahrten und erdulden die Mühseligkeiten sehr langer Reisen einzig und allein, um etwas Verborgenes und Entlegenes kennenzulernen. Die Natur habe im Bewußtsein ihrer Kunst und Schönheit uns als Beschauer so großer Sehenswürdigkeiten erschaffen; wenn sie diese nur der Einsamkeit zeigte, würde sie die Frucht ihres Daseins einbüßen. Die Zahl derer war groß, die „gern durch unbekannte Städte zogen, ein neues Meer erforschten und in allen Ländern der Welt Gäste waren". Jener Hang zum Wandern war sehr verbreitet, der Hadrian durch alle Provinzen seines Reiches führte, und der in ihm so mächtig war, „daß er alles, was er über irgendwelche Gegenden der Welt gelesen hatte, aus eigener Anschauung kennenlernen wollte". Trotz der Unsicherheit des menschlichen Lebens, sagt der Epikureer Philodemus, sind manche, und sogar Philosophen, töricht genug, in Zukunftsplänen so viele Jahre für einen der Studien halber in Athen zu nehmenden Aufenthalt, so viele für Bereisung Griechenlands und der Barbarenländer anzusetzen.

Doch nichts wäre irriger, als aus solchen Äußerungen zu schließen, daß die Unternehmungen, die aus der Wanderlust der Alten hervorgingen, auch nur entfernt mit den Entdeckungsfahrten und Weltwanderungen in neueren Zeiten verglichen werden könnten. Der Trieb, in unbekannte Welträume vorzudringen, war im Altertum gering, und so blieb den Römern wie den Griechen die Erde nach allen Richtungen hin von verhältnismäßig nahen Grenzen umschlossen, über die hinauszuschweifen kaum die Phantasie Verlangen trug. In der Zeit seiner höchsten Ausdehnung erstreckte sich das Wissen der Alten nur über zwei Drittel unseres Festlands, über das südwestliche Viertel Asiens und über das nördliche Drittel Afrikas; und selbst auf den schon vielfach betretenen Grenzgebieten der bekannten Welt vermochte die Erkundung des Wahren nie völlig die Fabeln und Wundersagen früherer Zeiten zu verdrängen, die immer von neuem auftauchten und auch bei den Gebildeten Eingang fanden.

Noch wagte kein kühner Schiffer sich in das unermeßliche Westmeer hinaus, von dem man glaubte, daß es wie das Nordmeer in einer gewissen Entfernung von der Küste für Schiffe undurchdringlich würde; obwohl die Existenz eines Festlandes zwischen dem westlichen Europa und Asien nicht bloß von Strabo, sondern auch von Aristides für wohl möglich gehalten wurde. Auch Seneca ahnte, daß in späteren Jahrhunderten der Ozean aufhören werde, eine unübersteigliche Schranke zu bilden; dann würde ein neuer Tiphys neue Welten entdecken und Thule nicht mehr das äußerste Land sein. „Doch mehr als die Ahnung war den Römern nicht beschieden." Gerade die Geschichte ihrer Seefahrt lehrt, wie fern ihnen die Natur als Objekt verständiger Forschung lag. „Umfang und Grenzen des großen Reichs boten Anlaß genug, sich auf der hohen See zu versuchen. Die Weltherrscher waren im Besitz der iberischen, lusitanischen und mauretanischen Küsten", doch die atlantischen Inseln, die das Gestade Nordafrikas beleben, blieben ihnen fast völlig unbekannt. Andalusische Schiffer, welche die Madeiragruppe (angeblich in einer Entfernung von 10.000 Stadien = 1800 km von Afrika) entdeckt hatten, schilderten dem C. Sertorius ihr mildes, durch feuchte Seewinde erfrischtes, das ganze Jahr hindurch nur geringen Änderungen unterworfenes, höchst gesundes Klima und ihre üppige Fruchtbarkeit: man glaubte dort das Elysium Homers gefunden zu haben und nannte sie die Inseln der Seligen. Sertorius überkam die Sehnsucht, sich aus den Stürmen des Krieges in die zauberische Abgeschiedenheit dieser paradiesischen Eilande zurückzuziehen; aber seine Anhänger verhinderten die Ausführung dieser Absicht, und, soviel wir wissen, hat auch später nie ein Römer die Inseln der Seligen betreten. Doch waren die Canarischen Inseln nicht bloß von dem mit einer Tochter des M. Antonius und der Cleopatra vermählten König Juba von Mauretanien, dem größten Kenner Afrikas im Altertum, sondern auch von einem Römer Statius Sebosus (in unbekannter Zeit) beschrieben worden. Pausanias hatte sich nach den Satyrn unter andern bei einem karischen Schiffer Euphemus erkundigt, der auf der Fahrt nach Italien in das äußere (Atlantische) Meer verschlagen worden war, „in das sie nicht mehr schiffen". Dort war das Schiff des Euphemus an eine von Satyrn bewohnte Insel getrieben worden. Diese seien geschwänzte, rötliche Geschöpfe, die, ohne einen Laut von sich zu geben, einen Anfall auf die Weiber im Schiffe machten, deren eines man ihnen preisgab.

An der atlantischen Küste Afrikas war der Karthager Hanno auf seiner um die Mitte des 5. Jahrhunderts v. Chr. unternommenen Expedition noch 16 Tagefahrten über das Grüne Vorgebirge hinausgelangt; doch das von ihm gewonnene geographische Wissen ging der spätern Zeit teils ganz verloren, teils verdunkelte es sich wenigstens sehr. Strabo leugnet z. B. die Existenz der von Hanno entdeckten Insel Kerne. Hanno war an der Sierra-Leone-Küste zweimal durch das nächtliche Glühen von Gras- und Waldbränden erschreckt worden und landete auf einer Insel an der Mündung des Ceßflusses, wo er am Tage nur Wälder erblickte, bei Nacht aber durch viele Feuer, den Schall von Flöten, Cymbeln und Pauken und unzählige Stimmen erschreckt wurde, so daß er die Insel verließ. Bei der weiteren Fahrt sah er bei Nacht ein himmelhohes Feuer, das sich bei Tage als ein gewaltiger Berg erwies, den Hanno den Götterwagen nennt und in dem man mit großer Wahrscheinlichkeit den Kamerunberg erkannt hat. Seine Angaben sind ganz in Übereinstimmung mit den Berichten neuerer Reisenden, nach denen in jenen Breiten bei Tage die übermäßige Hitze die Neger zur tiefsten Ruhe zwingt, die erst bei Anbruch der Nachtkühle ihre lärmenden Feste und Tänze beginnen. Beide Teile des Hannonischen Berichtes waren verbunden und ins Fabelhafte ausgemalt bei einem Autor, auf den sowohl Pomponius Mela als der ältere Plinius zurückgehen. Doch der erstere nennt als Lokal ein Gestade südlich vom Götterberge, der zweite den Ausläufer des Atlas an der nach ihm benannten Westküste. Dieses höchst fabelhafte Gebirge sei gegen den Ozean hin rauh und wüst, gegen Afrika von schatten- und fruchtreichen Wäldern und Quellen erfüllt. Bei Tage erblicke man niemand, alles schweige im Schauer der Einsamkeit, Ehrfurcht und Grauen ergreife die Nahenden vor den über die Wolken bis in den Kreis des Mondes ragenden Höhen. Bei Nacht leuchte das Gebirge von vielen Feuern und halle von dem Lärm schwärmender Satyrn und Pane, dem Klange der Flöten und Pauken wider. Plinius, der den Atlas mit den Bergen der afrikanischen Westküste vermengt, entschuldigt die Verworrenheit und die Widersprüche in seinen Angaben mit der Indolenz der römischen Behörden in der (im Jahre 42) eingerichteten Provinz Mauretanien, wo es doch fünf römische Kolonien gab und für deren Statthalter es ein Ehrenpunkt war, bis zum Atlas vorgedrungen zu sein. Doch da sie zu träge seien, das Wahre zu erforschen, scheuten sie sich nicht, aus Scham über ihre Unwissenheit zu lügen, und die von so gewichtigen Gewährsmännern gegebenen Nachrichten fänden bereiten Glauben. Der Zug des Suetonius Paulinus im Jahre 41, vielleicht des einzigen römischen Feldherrn, der den Hohen Atlas überschritt, scheint ganz ohne Folgen geblieben zu sein. Er fand die untersten Hänge des Gebirges mit hohen, dichten Wäldern einer unbekannten Gattung von zypressenähnlichen Bäumen (wohl der jetzt *ar'ar* genannten), seine Gipfel mit ewigem Schnee bedeckt. Jenseits des Atlas drang er durch Wüsten von schwarzem Sande, in dem wie verbrannt aussehende Felsen ragten, und welche die Glut auch im Winter unbewohnbar machte, bis zum Flusse Ger (Gir) vor. Er erhielt Nachrichten über die nach Hundeart vor rohem Fleisch lebenden Bevölkerungen einer südlichen, von wilden Tieren, besonders Elefanten und Schlangen, wimmelnden Waldregion, versuchte aber offenbar nicht, sie zu erreichen.

Viel weiter nach Süden reichten die Feldzüge der Römer sowie ihre militärischen und Handelsniederlassungen in der Mitte des Kontinents. Schon im Jahre 19 v. Chr. war L. Cornelius Balbus von Oea (Tripolis) durch das Gebiet eines in Häusern von Steinsalz wohnenden Volks und eine langgestreckte Kette schwarzer Felsen (jetzt Harudj-el-aswed) in der Landschaft Phazania (Fezzan) vorgedrungen; er hatte auf diesem Zuge zahlreiche Städte eingenommen und Stämme besiegt, deren Bilder in seinem Triumphzuge aufgeführt wurden; darunter Cidamus (Ghadâmes) und die Hauptstadt des Königs der Garamanten (Tedastämme) Garama (an der Stelle der jetzt seit lange verlassenen Stadt Djema-kadim, d. h. Alt-Djerma). Cidamus (30° 15') blieb seitdem den Römern wie den Byzantinern bis zum Einfall der Araber befreundet. Die Bewohner der Gegend bekehrten sich unter Justinian zum Christentum; der Ort nahm, ohne Zweifel für die Dauer, eine römische Besatzung auf, von welcher sich dort eine Inschrift aus der Zeit des Alexander Severus erhalten hat. So weit reichten wohl die römischen Straßen mit Meilensteinen ,deren südlichsten Barth unter 31° 30' n. Br. fand. Am nördlichen Rande der Hamâda stieß derselbe' Reisende auf mehrere Grabmäler, von denen zwei vortrefflich erhaltene, 15 und 8 Meter hoch, vermutlich für

Befehlshaber dortiger vorgeschobener Posten der dritten Legion errichtet waren. Das südlichste dieser Monumente bei Alt-Djermi (26° 22′) zeigt, daß auch hier die Niederlassungen der Römer keine ganz vorübergehenden gewesen sein können. Plinius berichtet, daß der Weg zu den Garamanten früher nicht zu finden gewesen sei, da die „Räuber dieses Volks" die (für Ortskundige in geringer Tiefe zu öffnenden) Brunnen verschüttet hatten; doch nach einem Kriege, den sie im Jahre 70 gegen Oea führten, hatte man einen um vier Tagereisen abgekürzten Weg dahin entdeckt, welcher „Am Haupt des Felsens vorbei" genannt wurde; höchstwahrscheinlich, weil diese direkte und westlichste Straße den Gebirgsabfall des Ghurian an der steilsten Stelle passierte. Plinius wiederholt über die Garamanten und die Troglodyten Äthiopiens die Nachrichten Herodots: daß bei den ersteren die Rinder rückwärts gehend weiden, und daß die letzteren sich von Schlangen nähren und ihre Sprache ein bloßes Gezisch ist. Ein Hauptgegenstand des Handels mit den Garamanten und Troglodyten waren Edelsteine, besonders, schon in der Zeit der Herrschaft von Karthago, Rubine; Balbus hatte in seinem Triumph ein Bild des Berges Gyri aufgeführt, auf welchem, wie eine vorausgetragene Inschrift lehrte, Edelsteine wuchsen. Garama war der Ausgangspunkt für zwei römische Entdeckungsreisen ins innere Afrika, von denen Ptolemäus berichtet. Septimius Flaccus gelangte von dort, drei Monate südwärts reisend, zu den Äthiopen; Julius Maternus aus Groß-Leptis (Lebida) ebenfalls von Garama, und zwar, wie noch heute reisende Europäer, unter dem Schutze eines auf Beute gegen die Äthiopen ausgezogenen Garamantenfürsten, in vier Monaten nach Agisymba, „wo die Rhinozerosse zusammenkommen", ein Land, welches auf keinen Fall nördlicher als in der bewässerten Tiefebene des Tsad gesucht werden kann.

„Das größte Naturrätsel Afrikas", den Ursprung des Nil, unternahm Nero zu ergründen, da er unter andern Kriegen auch einen Feldzug nach Äthiopien beabsichtigte. Die von ihm ausgerüstete Expedition „gelangte auf dem Weißen Nil bis zu den großen Schilfsümpfen an der Einmündung des Keilak und des Gazellenflusses, wo der Hauptstrom, wie man erfuhr, von den Eingeborenen Kir genannt ward. Unter den nubischen Negerstämmen, welche durch die Neronische Nilexpedition bekannt wurden, sind die Syrbotae oder die Anwohner des Syr (Kir) die heutigen Schir; die Medimni die Medin; die Olabi die Eliab; die Simbarri und Palugges des Nilreisenden Aristocreon bei Plinius die Barri-Neger und die Poludschi des Herrn Brun Rollet. Wenn die Neronischen Entdecker auch Sagen von mißgestalteten Menschen, Zwergen ohne Ohren, mit einem beinahe zugewachsenen Mund heimbrachten, so lag zwar zu allen Zeiten der Sitz der Fabelgeschöpfe immer jenseits der Grenze des Bekannten, aber der Weiße Nil ist bis auf unsere Tage vorzugsweise die Freistätte der anthropoiden Gespenster gewesen, mit denen noch vor wenigen Jahren die Eingeborenen einen kühnen Elfenbeinjäger abzuschrecken gedachten".

Am erklärlichsten ist es, daß die Phantasie zu allen Zeiten geschäftig war, die Länder des Ostens, vor allen Indien, mit immer neuen Wundern zu schmücken. Lucrez sagt, daß viele Tausende von „schlangenhändigen Elefanten" Indien so dicht mit einem Gehege von Elfenbeinzähnen umschließen, daß man nicht ins Innere zu dringen vermöge; Vergil, die Bäume der indischen Wälder seien so hoch, daß man keinen Pfeil über ihre Wipfel schießen könne. Noch Dio von Prusa schildert Indien (und zwar nach Erzählungen von Kaufleuten, die seine Häfen besucht, aber schwerlich viel vom Innern gesehen hatten) als ein Paradies. Dort strömen Flüsse von Milch, Honig, Öl und Wein, die Erde bietet dem Menschen freiwillig seine Nahrung, die Wiesen prangen mit den schönsten Blumen, die Bäume geben aufs reichlichste Früchte und Schatten, der Gesang der Vögel ist schöner als Musik von Instrumenten, eine milde Wärme, wie im Anfang des Sommers, herrscht das ganze Jahr, die Gestirne sind zahlreicher und glänzender als in den griechischen Ländern, nud die Menschen leben über vierhundert Jahre, ohne Krankheit, Alter und Armut zu kennen. Während aber das Volk jeden Tag als Fest verbringt, geben sich die Brahmanen ganz der Betrachtung und Enthaltsamkeit hin und legen sich freiwillig die Erduldung unerhörter Kasteiungen auf; sie trinken auch aus der Quelle der Wahrheit, nach der ewig dürstet, wer einmal davon gekostet hat.

Auch über den äußersten Norden behaupteten sich Sagen und wunderliche Vorstellungen hartnäckig. Den Berichten von einem seligen Hyperboreerlande, mit ewigem Frühlinge, wo die Sonne nur einmal im Jahre auf- und einmal untergeht und der Tag ein halbes Jahr dauert, mochte Plinius nicht völlig den Glauben versagen. Tacitus sagt, daß im Norden ein starres, unbewegliches Meer den Erdkreis abschließt; dorthin setze man mit Wahrheit die Grenze der Natur, denn so nahe gehe dort die Sonne unter, daß ihr Glanz die Nacht erhelle und die Sterne verdunkle, ja man wolle ihr Rauschen beim Aufgehn aus dem Meere vernommen haben. Die fabelhaften Berichte über die nördlichsten Völker, die Menschengesichter, aber Tierleiber haben sollten, wollte er als unerwiesen dahingestellt lassen. Ein gelehrter Freund Plutarchs, Demetrius aus Tarsus, hatte im kaiserlichen Auftrage oder doch auf kaiserliche Kosten eine Reise gemacht, um über die bei Britannien zerstreuten, unbewohnten Inseln Genaueres zu erfahren, von denen einige Eilande der Dämonen und Heroen genannt wurden. Er hatte zu diesem Zweck die Britannien zunächst gelegene, bewohnte Insel besucht, deren nicht zahlreiche Einwohner angeblich den Britanniern als heilig und unverletzlich galten. Als dort ein plötzliches, heftiges Unwetter die Luft erfüllte, erfuhr er von den Insulanern, dies rühre daher, daß eben die Seele eines der „Mächtigen" ausgefahren sei. Auf einer jener wüsten Inseln werde Kronos schlafend von Briareus gefangengehalten, und viele Geister seien dort als seine Dienerschaft und sein Gefolge. Die Vorstellung, daß jene Küsten und Inseln ein Teil des Totenreichs, ein Aufenthalt der abgeschiedenen Seelen seien, kehrt auch in späteren Zeiten in mehreren Formen wieder.

Aber auch innerhalb der Grenzen der bekannten Erde beschränkten sich bei weitem die meisten Reisen auf ein verhältnismäßig enges Ländergebiet. Über die Grenzen des römischen Reichs wagten sich, mit Ausnahme von Kaufleuten, offenbar nur sehr wenige. Strabo meinte, daß nicht leicht ein Geograph viel weitere Reisen gemacht haben möchte als er: er war in der Richtung von Osten nach Westen von Armenien bis an die Westküste Italiens, von Norden nach Süden vom Schwarzen Meer bis an die Grenze Äthiopiens gekommen.

Pausanias hatte auf seinen langen und weiten Reisen (in Libyen, Ägypten,

Arabien, Palästina, Kleinasien, Griechenland, Italien, Sicilien) niemanden angetroffen, der in Babylon oder in Susa gewesen war. In den Donauländern waren in Trajans Zeit außer Kaufleuten und Armeelieferanten Fremde höchst selten zu finden. Im römischen Reiche selbst konnten Reisen, die ohne eigentlich wissenschaftlichen Zweck nur zum Vergnügen und zur Belehrung unternommen wurden, so gut wie nie nach den nördlichen Ländern gerichtet sein. Von diesen galt ohne Zweifel in bezug auf Reisen im allgemeinen, was Tacitus in bezug auf Auswanderungen von Germanien sagt: es war undenkbar, daß jemand Italien verlassen sollte, um diese Gegenden aufzusuchen.

Dagegen wurden allerdings in die westlichen Provinzen, wie es scheint, nicht ganz selten Reisen aus bloßer Schaulust gemacht, da namentlich Gallien und Spanien, in denen römische Sitte und Kultur in hohem Grade verbreitet war, manches Anziehende boten, und besonders das erstere ein völlig andres Land geworden war, als in Ciceros Zeit, wo es weder durch Anmut der Gegenden, noch durch Bildung und Gesittung der Menschen und Völker Fremde festzuhalten vermochte. Der afrikanische Dichter P. Annius Florus hatte, nachdem er im kapitolinischen Agon zu Rom (90 oder 94) durchgefallen war, um sich zu zerstreuen, weite Reisen unternommen: zuerst allerdings nach Sicilien, Kreta, den Cycladen, Rhodus und Ägypten; dann aber war er über Italien zu Lande nach den gallischen Alpen und den bleichen Völkern des Nordens gereist, hierauf westwärts bis an die den Alpen durch ihre Schauerlichkeit, ihre Höhe und ewigen Schnee gleichenden Pyrenäen. Zuletzt hatte er sich in Tarraco niedergelassen. In Spanien scheint besonders Gades, wo auch Posidonius sich längere Zeit aufhielt, ein vielbesuchtes Reiseziel gewesen zu sein. Schon Cicero sagt: Diejenigen meinen etwas erreicht zu haben, welche die Mündung des Schwarzen Meeres gesehen haben und jene Meerenge, durch welche zuerst die Argo eindrang, oder diejenigen, welche jenen Sund des Ozeans gesehen hatten, „wo die reißende Flut Europa von Afrika scheidet". Auch Aristides hatte die Absicht, zwischen den Säulen des Hercules durchzuschiffen, doch wurde er durch seine Krankheit daran verhindert. Übrigens dürfte auch der weltberühmte uralte Tempel des phönicischen Hercules, d. h. des Melkart, eine Veranlassung zur Reise nach Gades gewesen sein.

Die Reisen der Provinzialen erhielten gewiß vorzugsweise durch den Wunsch, Rom zu sehen, ihre Richtung. Jener Florus traf z. B. in Tarraco mit einigen Bätikern zusammen, „welche von der Beschauung der Stadt zurückkehrten". Dagegen schlug die weit überwiegende Mehrzahl der römischen Reisenden, insofern sie sich nicht mit Wanderungen in Italien und Sicilien begnügte, die Richtung nach Süden und Osten ein. Daß Griechenland, Kleinasien und (seit der Zeit des Augustus) Ägypten die damals von der Hauptmasse der eigentlichen Touristen ausschließlich besuchten Länder waren, kann niemandem zweifelhaft sein, der die damalige Literatur auch nur oberflächlich kennt. Ovid (geb. 711 = 43 v. Chr.) war nur in Sicilien, Athen und Kleinasien gewesen. Vermutlich war es in der Zeit, wo er reiste, noch nicht gewöhnlich, auch (das erst im Jahre 724 = 30 v. Chr. zur römischen Provinz gewordene) Ägypten zu besuchen. Doch in einem während der Fahrt nach Tomi im Jahre 8/9 n. Chr. geschriebenen Gedicht nennt er es bereits als ein gewöhnliches Reiseziel: er sei nicht auf dem Wege nach

Athen oder den Städten Kleinasiens, wie ehemals, oder nach der herrlichen Stadt Alexanders und den Reizen des lusterfüllten Nil. Viele sehenswerte Dinge in und bei Rom selbst, sagt der jüngere Plinius, habe man nie gesehen, ja kenne sie nicht einmal vom Hörensagen, die man aus Büchern, Erzählungen, durch eigenen Besuch kennen würde, wenn Griechenland, Kleinasien, Ägypten sie hervorgebracht hätte, oder ein andres Land, das an Merkwürdigkeiten reich wäre und sie anzupreisen verstände. Nächst den Reisen in Italien müssen also diese Länder und die in ihnen besuchten Orte Gegenstand der Betrachtung sein.

2. ITALIEN UND SICILIEN

Zu kleineren Ausflügen bot Italien eine große Anzahl anziehender Punkte in allen Richtungen. Seneca schildert, wie man durch kleine Streifereien zur See und zu Lande und fortwährenden Szenenwechsel dem Mißbehagen und der Langeweile zu entfliehen suchte. Bald reiste man nach Campanien; dann ward man der lieblichen Gegend überdrüssig und verlangte nach Wildnissen, und es wurden die lucanischen und bruttischen Waldschluchten durchzogen. Doch in diesen Einöden empfand man wieder Sehnsucht nach einem freundlichen Anblick, an dem die verwöhnten Augen sich von der starren Rauheit jener Gegenden erholen sollten: so ging es nach Tarent, und endlich wieder nach Rom zurück, um nicht länger das Klatschen und Gebrause des Zirkus und Amphitheaters zu entbehren.

Doch solche Streifereien aus Langeweile wurden natürlich nur von einzelnen gemacht. Dagegen bedeckten sich im Sommer und Frühherbst alle Chausseen mit Reisenden, die der drückenden Schwüle und der Fieberluft, die dann über der Stadt brütete, entflohen, und die hohen Straßen Roms wurden leerer und leerer. Zu Sommeraufenthalten wurden namentlich die bequem zu erreichenden Orte in den nahen Gebirgen und an der Küste von Latium und Campanien gewählt, doch auch an der etrurischen. Schon die Großen der Republik pflegten in diesen Gegenden zahlreiche Villen zu besitzen; so Cicero (außer denen zu Arpinum und dem besonders geliebten Tusculanum) bei Antium, Astura, Formiä, Cumä, Puteoli und Pompeji; Pompejus zu Alba, Tusculum, Formiä, im Falernergebiet, bei Cumä, Bajä, Tarent, Alsium usw. Unter einer nicht minder großen Zahl von Landsitzen werden die Großen der Kaiserzeit für ihre Villeggiatur in der Regel die Wahl gehabt haben. Die Aurelii Symmachi besaßen im 4. Jahrhundert deren 15, teils in unmittelbarer Nähe der Stadt, teils an den beliebtesten Orten der latinischen Küste und des Gebirges, teils am Golf von Neapel. Martial und Statius geben Listen der beliebtesten Sommeraufenthalte; kaiserliche Villen fehlten vermutlich an keinem derselben. Augustus besuchte von den seinigen am häufigsten die am Meer und auf den Inseln Campaniens (wie Capri) gelegenen oder die in den nahe gelegenen Städten, wie Lanuvium, Tibur und Präneste. Als Martial sein fünftes Buch an Domitian sandte, war er ungewiß, ob der Kaiser von den albanischen Höhen die Aussicht auf den See von Nemi einerseits und das Meer andrerseits genieße; ob er sich zu Antium befinde, „wo so nahe bei Rom die glatte Woge des Meers ruht", oder zu Cajeta, Circeji oder auf den weißen Felsen von Tarracina mit ihren heilbringenden Quellen. In Tusculum gab es mindestens 4 kaiserliche Villen, die von einem eigenen, an der Spitze eines zahlreichen Personals stehenden Prokurator verwaltet wurden; in Privatbesitz befindliche lassen sich etwa 40 nachweisen.

So war nicht nur im reichsten Maße durch Abwechslung in der landschaftlichen Szenerie für Mannigfaltigkeit des Naturgenusses gesorgt, man konnte auch das der Jahreszeit angemessene oder sonst zusagende Klima aus einer ganzen Skala wählen. In Neapel, schreibt Marc Aurel als Cäsar im Jahre 143 an Fronto, sei das Klima sehr angenehm, doch sehr wechselnd. Die Nacht zuerst lau wie in Laurentum, um die Zeit des Hahnenschreis kühl wie in Lanuvium, gegen Sonnenaufgang kalt wie auf dem Algidus, der Vormittag sonnig wie in Tusculum, der Mittag glühend wie in Puteoli, der Nachmittag und Abend gemäßigter wie in Tibur. Für Bajä war die Hauptsaison im März und April; Nero lud seine Mutter dorthin zur Feier der Quinquatrus (19.—23. März) ein. Im Hochsommer begab man sich nach Präneste, Aricia, Tibur, Tusculum, an den Anio oder auf das von Tusculum und Veliträ gegen Präneste sich hinziehende Waldgebirge des Algidus. Caligula ließ sich mit ungeheurem Aufwande ein palastähnliches Prunkschiff, ausgestattet mit Säulenhallen, Bädern und Gartenanlagen, erbauen, auf dem er an der campanischen Küste unter Musik und Gesang entlang fuhr. Viele Orte waren (wie auch die laurentinische Villa des Plinius) gleich sehr zu Sommer- wie zu Winteraufenthalten geeignet: so war z. B. der Winter an der in weitem Bogen von schützenden Felsen umgebenen Küste von Luna (Spezia) wie der Maremmen durchweg mild, aber auch der Sommer nicht zu heiß. Vorzugsweise dienten natürlich Orte im südlichen Italien als Winteraufenthalte, wie Velia und Salernum; doch vor andern lud hierzu das liebliche, für viele zugleich durch seine Abgeschiedenheit anziehende Tarent ein, wo der Winter so lau und der Frühling so lang war und die Natur in so überschwenglicher Fülle ihre Gaben spendete wie kaum in dem glücklichen Campanien.

Außer den Überresten römischer Bauten an vielen dieser Orte vergegenwärtigen gelegentliche Äußerungen römischer Autoren den Reiz der dortigen Villeggiatur. In Centumcella (Cività Vecchia) stand nach der Beschreibung des Plinius die herrliche Villa Trajans mitten in grünen Feldern, hart über dem Gestade, wo gerade damals (106/07) ein Hafen gebaut wurde, an dessen Mündung eine künstliche Insel, aus gewaltigen Felsblöcken aufgetürmt, den Anprall der See aufhalten und den Schiffen zu beiden Seiten den Eingang gewähren sollte. Schon ragte aus dem Wasser ihr steinerner Rücken hervor, an dem die Fluten sich brachen, und ringsum schäumte und toste das Meer. An die Insel sollten später Molen angebaut werden.

An Alsium (in der Nähe des heutigen Palo), wo schon Pompejus, später Verginius Rufus († 97) eine Villa, „das Nestchen seines Alters", hatte, ziehen sich große Ruinen längs dem Meer in der Ausdehnung von etwa 450 Meter, landeinwärts von mehr als 200 Meter hin mit Trümmern von

Mosaikfußböden, edlen Marmorarten, Antefixen, Bleiröhren einer Wasserleitung, Scherben von Frauenglas: vermutlich die Überreste des dortigen kaiserlichen Lustschlosses, dessen Verwaltung ein eigener Prokurator leitete. An diesen „reizenden Seeaufenthalt“ hatte sich M. Aurel im Jahre 161 auf 4 Tage zurückgezogen, und Fronto machte ihm in einem dahin gerichteten Brief zärtliche Vorwürfe, daß er auch dort den Geschäften obliege, statt mittags in der Sonne zu liegen und zu schlafen, am einsamen Ufer zu schlendern, bei ruhiger Luft ein Boot zu besteigen und auf die See hinausfahrend auf die Hammersignale der Rudermeister und die entsprechenden taktmäßigen Ruderschläge zu horchen, endlich nach dem Bade ein königliches Mahl mit Muscheln, Fischen und frutti di mare aller Art sowie andern köstlichen Dingen zu halten.

An dem lieblichen Strande des im 2. Jahrhundert sehr blühenden und volkreichen Ostia, wo bereits Varro die Villa des Sejus erwähnt, wandelte Gellius an einem Sommerabend mit Favorinus und andern Philosophen in Gesprächen über den Wert der Tugend für die Glückseligkeit; und vielleicht nicht viele Jahre später begab sich in den Ferien der Weinlese der Christ Minucius Felix mit einem heidnischen und einem christlichen Freunde dorthin. Sie ergingen sich am äußersten Rande des sanftgekrümmten Ufers, wo auf hartem Sande die leichtgekräuselten Wellen ihre Sohlen bespülten, sahen an der Stelle, wo die aufs Land gezogenen Kähne auf Baumstämmen ruhten, Knaben um die Wette flache, runde Steine über die Wasserfläche hin werfen, so daß sie wiederholt aufhüpfend die Spitzen der Wellen durchschnitten, und ließen sich endlich auf den zum Schutz der Badenden weit ins Meer hinausgeführten Felsenmauern nieder, um den Wert des alten und neuen Glaubens gegeneinander abzuwägen.

An dem jetzt so öden Strande von Ostia bis Lavinium (Pratica) zog sich eine bald zusammenhängende, bald unterbrochene Reihe von Landhäusern hin, so daß man mehrere Städte zu sehen glaubte; seit Augustus’ Zeit bestand hier eine eigene Villenkolonie Laurentum. Zu ihr gehörte außer der so ausführlich beschriebenen Villa des jüngeren Plinius auch eine kaiserliche, in deren kühle Lorbeerhaine sich Commodus im Jahre 188 zurückzog, um der in Rom herrschenden Seuche zu entfliehen.

Bei Astura auf der Insel, die der gleichnamige Fluß vor seiner Mündung bildet, lag eine Villa Ciceros; sie war von dichtem Walde umgeben, Land und Meer verliehen ihr die Reize der Stille und Einsamkeit, in der man ungestört dem Schmerz nachhängen konnte. Man hatte von dort die Aussicht sowohl auf Antium, als auf das ebenfalls viel besuchte Vorgebirge der Circe, „die blaue Felsensphinx, die von jedem Standpunkt sichtbar, jenseits der Pontinischen Sümpfe den Eingang in das eigentliche Paradies des Südens bewacht“. Auch in Circeji gab es eine kaiserliche Villa.

Doch alle diese Orte überglänzte die auf einer weit vorspringenden, felsigen Landspitze gelegene Prachtstadt Antium, schon in der letzten Zeit der Republik, noch mehr in der Kaiserzeit mit Tempeln und Palästen prangend, die zum Teil ins Meer hinausgebaut waren, ein Lieblingsaufenthalt der Kaiser, namentlich Caligulas und Neros, welche beide dort geboren waren. Aus den dortigen Palästen stammen viele der berühmtesten Kunstwerke (wie der Borghesische Fechter und neuerdings das sogenannte

„Mädchen von Anzio"); 3 Millien weit erstrecken sich die Ruinen von Antium; auch aus dem Meer ragen Reste dieser versunkenen Herrlichkeit oder schimmern durch die durchsichtige Flut herauf; weit und breit ist das Gestade mit Stücken der kostbarsten, von den Wellen plattgeschliffenen Marmorarten (wie Verde und Giallo antico, Pavonazetto usw.) wie mit Kies bedeckt.

Dann war auch die Bucht, die sich bei Terracina öffnet (der Golf von Gaeta), von einer Reihe herrlich gelegener Seestädte eingefaßt, zwischen denen wieder überall Villen und Landhäuser sich erhoben. Martial genoß einst den ersten Frühling auf der Villa seines Freundes Faustinus bei Anxur (Tarracina), als Boden und Bäume sich mit Grün bedeckten und die Nachtigallen schlugen. Wie schön war es dort in der bloßen Tunica im Sonnenschein zu ruhen, wie schön der Hain, die Quellen, der feste Sand des von der Flut benetzten Ufers und die leuchtenden Felsenhöhen, die sich im Wasser spiegelten, wie schön das Ruhebett in jenem Zimmer, von dem man zugleich das Meer und den Fluß — den neben der Appischen Straße bis Rom hinlaufenden Kanal — sah! Nahe bei Tarracina war unter andern „gewaltigen Höhlen, welche große und prachtvolle Wohnungen in sich fassen", die Villa Spelunca (jetzt Sperlonga) zwischen den weinbelaubten Höhen von Fundi und dem Meer, wo einst Sejan mit Tiberius in einer natürlichen Grotte speisend diesem mit eigener Gefahr das Leben rettete, als ein Teil des Felsengewölbes herabstürzte.

Dann folgten Cajeta und „das süße Ufer des milden Formiä", wo Martials Freund Apollinaris eine Villa besaß, die er leider zu wenig besuchen konnte, und deren Reize weit mehr von den glücklichen Verwaltern und Türstehern genossen wurden als von dem Herrn. Dort kräuselte ein sanfter Wind die Fläche des stillen, doch nicht leblosen Meers und förderte den Lauf des buntbemalten Kahns. Die Angelschnur konnte man auf Polstern liegend aus den Fenstern ins Meer werfen; überdies war der Fischteich mit den köstlichsten Meerfischen gefüllt. Auch S. Julius Frontinus hatte in Formiä eine Villa. Minturnä am Liris mit dem Hain und Tempel der Nymphe Marica wird als Aufenthalt des berühmten Schlemmers Apicius genannt; auch der Verehrer des Plotinus, Castricius Firmus, hatte in jener Gegend ein Landhaus. An der Küste zwischen Cumä und Misenum lag die von Seneca beschriebene Villa des Servilius Vatia, deren Ruinen noch erhalten sind, mit zwei großen künstlichen Grotten, von denen die eine niemals, die andre den ganzen Tag von der Sonne beschienen wurde, mit einem aus dem Meere durch einen Platanenhain zum Acherusischen See (Lago di Fusaro) geführten Kanal, in dem gefischt wurde, wenn das Meer zu stürmisch war. Man genoß hier die Annehmlichkeiten des benachbarten Bajä, ohne unter den Beschwerden des dortigen Badelebens zu leiden.

Das Hauptziel der Erholung und Zerstreuung Suchenden aber war der Golf von Neapel, „jener reizende Krater", eine „zum Trost des Gemüts geeignete Gegend", und schon in der letzten Zeit der Republik zum Sammelplatz der feinern Welt auserkoren. Von Misenum bis zu dem „lieblichen Sorrent" säumte ihn eine fortlaufende Reihe von hellschimmernden Flecken, Städten und Villen gleich einer Perlenschnur, so daß man eine einzige zusammenhängende Stadt zu sehen glaubte; und so bot sich hier eine überreiche Auswahl der herrlichsten Aufenthalte dar. Einen Teil derselben nennt Statius in dem Gedicht an seine Frau, in dem er sie auffordert, ihn aus Rom dorthin in seine Heimat zu begleiten: wo der Winter mild und der Sommer kühl ist, die ein friedliches Meer mit schlummernden Wogen bespült, wo Friede und Sorglosigkeit und ungestörte Ruhe herrschen und das Leben müßig verträumt wird. Dort liegt das prächtige, reich geschmückte Neapel mit seinen Tempeln, seinen von unzähligen Säulen eingefaßten Plätzen, seinem bedeckten und unbedeckten Theater, wo ein dem kapitolinischen nahekommendes periodisches Festspiel gefeiert wird. Dort herrscht Heiterkeit und eine Freiheit, wie Menander sie gepredigt, in der sich römische Würde und griechische Ausgelassenheit vereinen. Die Umgegend bietet die mannigfachsten Zerstreuungen dar, möge man nun das liebliche Gestade von Bajä oder die Grotte der Sibylle zu Cumä oder Misenum besuchen wollen oder die üppigen Rebengehänge des Gaurus oder Capri, von dessen Leuchtturm den Schiffen ein mit dem Monde wetteiferndes Licht strahlt, oder die von Bacchus, doch auch von andern Göttern geliebten Höhen von Sorrent, oder die heilenden Wasser von Ischia.

Die hier genannten und noch andere Orte werden auch sonst öfters als Erholungsaufenthalte erwähnt. Ohne Zweifel flüchteten zu allen Zeiten viele wie Vergil aus dem rastlosen Treiben Roms für immer in die genußreiche, friedliche Stille Neapels, „der zu tatloser Ruhe geschaffenen Stadt“, welche die „griechische Muse, die griechischen Spiele, das gesamte künstlerische und gelehrte griechische Treiben bis zum Zusammenbruch italischen Wohlstands und italischer Bildung zu einer hellenischen Kulturinsel machten“. Andre zogen sich wenigstens nach einem geschäftsvollen Leben im Alter dorthin zurück, wie Silius Italicus, der bei Neapel mehrere, sämtlich mit Statuen und Büsten reich geschmückte Landhäuser besaß. Der Name einer der dortigen römischen Villen lebt noch heute fort. Bekanntlich heißt nach dem Pausilypon (Sorgenfrei) jenes Vedius Pollio, der seine Muränen mit Sklaven fütterte, der Bergrücken zwischen Neapel und Puteoli. Den Tunnel durch denselben ließ Agrippa durch Coccejus brechen. Seneca hatte unter dem Staube dieser mit düster brennenden Fackeln beleuchteten *crypta Neapolitana* zu leiden, als er einmal bei der Fahrt von Bajä nach Neapel aus Furcht vor Seekrankheit den Landweg wählte. In der Hafenstadt Puteoli, wo man sich schon in Ciceros Zeit gern anbaute, verbrachte z. B. Gellius einst die Sommerferien in Gesellschaft des Rhetors Antonius Julianus, und der große griechische Grammatiker Herodian verfaßte dort sein Gastmahl. Von Bajä wird später ausführlich die Rede sein. In Misenum ist namentlich die hochgelegene, von Lucull erbaute, später kaiserliche Villa mit weiter Aussicht auf den Golf von Neapel wie auf das Toskanische Meer bekannt, in der Tiberius sich öfters aufhielt und wo er auch starb.

Die gegenüberliegende Küste bot bis zum Jahre 79, in dem der erste bekannte Ausbruch des Vesuv die Umgegend so furchtbar verwüstete, einen ganz andern Anblick als später. Mit Ausnahme des Kraters, den man für erloschen hielt, war der ganze Berg mit Feldern und Weinbergen bedeckt; die Aussicht (von Capri) auf diese Küste war herrlich, sagt Tacitus, ehe der

Brand des Vesuv die ganze Gegend verwandelte; wo jetzt alles in Asche begraben liegt, sagt Martial im Jahre 88, hatte sonst die Kelter die edelsten Trauben gepreßt; auf diesen Höhen, die Bacchus über alles liebte, hatte der Schwarm der Satyrn seine Reigentänze aufgeführt, hier hatte die Stadt der Venus (Pompeji), hier die des Hercules gestanden. Die Umgegend des mit beiden zugleich verschütteten Stabiä (Castellamare) diente, wie bereits erwähnt, bis ins 6. Jahrhundert als ländlicher Aufenthalt für Kranke, denen eine Milchkur verordnet war. Am reichsten mit Villen besetzt waren vermutlich die Höhen von Sorrent, auf deren vorspringender südwestlicher Landspitze ein Tempel der Minerva stand, deren Namen dies Kap noch heute trägt. Die Beschreibung des Statius von der dortigen Villa des Puteolaners Pollius Felix zwischen den Kaps von Sorrent und Massa gibt eine Vorstellung von der Pracht und Schönheit der Bauten und Anlagen dieser ganzen Küste. Auch sie, über deren Wein die Ansichten allerdings sehr geteilt waren, durfte sich rühmen, in besonderer Gunst des Bacchus zu stehen; zu den Göttern, die sie außerdem beschützten, scheint neben Minerva und Neptun Venus gehört zu haben, die Vergil dort anrief, ihm ihren Beistand zur Vollendung des Gedichts zu leihen, das ihren Sohn verherrlichen sollte.

Endlich Capri hatte schon Augustus, der von der Stadt Neapel die Insel sich gegen Überlassung von Ischia abtreten ließ, mit Palastbauten geschmückt. Weltbekannt ist des Tiberius dortiger zehnjähriger Aufenthalt (27—37). Von einigen der zwölf, nach den Hauptgöttern benannten Villen, die er dort erbaute, sind dürftige Trümmer übrig, bedeutendere nur von seinem eigentlichen Wohnsitz, der Villa des Juppiter, auf der höchsten Nordostspitze der Insel in der Nähe der ebenfalls noch vorhandenen Unterbauten des von Statius erwähnten Leuchtturmes. „Welch ein Anblick, denkt man sich alle diese Gipfel mit Marmorpalästen geschmückt und das schöne Eiland bedeckt mit Tempeln, Arkaden, Statuen, Theatern, mit Lusthainen und Straßen." Mit der Aussicht, die man von jener Villa des Juppiter auf den ganzen Golf mit seinen Küsten und Inseln sowie auf den Golf von Salerno und das offene Meer genießt, dürften in der ganzen Welt wenige zu vergleichen sein.

So zog sich „das ganze Meeresufer Toscanas bis nach Terracina entlang, von Terracina bis nach Neapel und rings um den Golf und weiter über Salerno hinaus eine Reihe von Marmorpalästen, von Bädern, Gymnasien und Tempeln hin, ein fortlaufender Kranz römischer Herrlichkeit. Wer damals an diesem Strande entlang fuhr und die Menge der Lustanlagen sah, die mit den Städten wetteiferten, der mußte eines schönen Anblicks menschlicher Kultur froh werden. Heute stehen an diesen elysischen Ufern einsame verwitterte Türme des Mittelalters, welche zum Schutz gegen anlandende Sarazenen gebaut wurden".

Daß die von Rom aus weiter entfernten und schwerer zu erreichenden Küsten Italiens seltener besucht und zu Aufenthalten gewählt wurden als die Westküste, ist selbstverständlich; unbesucht aber blieben ihre schönen Punkte gewiß nicht. Einen derselben hat Cassiodor geschildert, das an der Südostküste des heutigen Calabrien gelegene Scyllacium (jetzt Squillace an dem nach ihm benannten Golf). Die Stadt lag in traubenförmiger Gestalt auf Hügelabhängen über der Bucht ausgebreitet und gewährte einen entzückenden

Blick auf grüne Fluren und die blaue Fläche des Meers. Sie war so ganz der aufgehenden Sonne zugewendet, daß deren volles Licht sie gleich nach dem Aufgange bestrahlte; sie hatte sonnige Winter, kühle Sommer, einen großen Reichtum an den Erzeugnissen des Meers, Cassiodor selbst hatte dort Fischbehälter angelegt. Überall konnte man aus der Stadt auf Weingärten, Getreidefelder und Ölwälder sehen und fühlte deshalb dort nicht das Bedürfnis, sich an der Schönheit ländlicher Natur zu erfreuen. Die reizende Lage der Stadt hatte zur Folge, daß viele, die nach Erholung verlangten, sie besuchten und der Gemeinde durch ihre Forderungen Kosten verursachten.

Daß es auch an der Ostküste an prachtvollen Lustorten und Villen nicht fehlte, geht aus gelegentlichen Erwähnungen hervor. Neros Vaterschwester Domitia hatte Besitzungen bei Bajä und bei Ravenna, welche seine Begier so sehr erregten, daß er um ihretwillen Domitia vergiftete. Er erbaute an beiden Orten Lustschlösser, die noch in der Zeit des Cassius Dio aufs beste erhalten waren. Eine Entscheidung des Juristen Celsus (unter Trajan und Hadrian) bezog sich auf Bauten eines Ballspielsaals und unter dem Boden angebrachte Heizungsanlagen in dem Park eines Aurelius Quietus bei Ravenna, in dem dieser sich in jedem Sommer aufzuhalten pflegte. Der Seehafen Altinum zwischen Patavium und Aquileja war in Martials Zeit mit prächtigen, den bajanischen gleichkommenden Villen besetzt, wie jetzt die Kanäle der Terra Ferma von Venedig, und das dortige Meeresufer so lieblich, daß Martial sein Leben hier zu beschließen wünschte, wie Horaz zu Tibur. Vermutlich wurden die Ufer des Adriatischen Meers seit der Diocletianischen Zeit mehr und mehr besucht und angebaut, namentlich aber seit Ravenna Residenz geworden war. Cassiodor preist Istrien, diese an Wein, Öl und Korn gleich reiche, köstliche Gegend, als das Campanien Ravennas, das auch sein Bajä, mehr als einen Avernus, Fischbehälter und Austernbassins besitze. „Weit und breit hin leuchtende Schlösser *(praetoria)* sind dort wie Perlen aneinandergereiht." Eine herrliche Kette von Inseln zieht sich am Ufer hin, von denen die Brionischen vor Pola die berühmtesten waren: im Val Catena auf Brione Grande haben sich bedeutende Reste römischer Wirtschafts- und Luxusvillen gefunden.

Von den Gebirgen Italiens wurden natürlich die Rom zunächst gelegenen Albaner- und Sabinerberge während der Republik wie in der Kaiserzeit am meisten zur Villeggiatur benutzt, wie sich schon aus den früheren Erwähnungen ergibt. In den Mauern der römischen Villen haben sich die Kastelle mittelalterlicher Barone und städtische Ansiedlungen eingenistest, wie Frascati und Albano, welches letztere, bereits von Constantin aus dem Lager der zweiten Parthischen Legion entstanden, auf und aus den Trümmern dortiger Villen erbaut ist, von denen die des Domitian in der Gegend der jetzigen Villa Barberini zwischen Albano und Kastell Gandolfo gelegen zu haben scheint. Auch die wildschönen Ufer des Anio waren von Reihen von Landhäusern eingefaßt, unter denen das Lustschloß Neros bei Subiaco bekannt ist. Der prachtvollste wie an landschaftlicher Schönheit reichste dieser Orte war Tivoli; seine sämtlichen Lustbauten aber, von deren Glanz die später zu erwähnende Beschreibung der Villa des Manilius Vopiscus von Statius eine Vorstellung gibt, übertraf weit die kolossale Villa Hadrians, die unter anderm architektonische und landschaftliche Nachahmungen berühmter und interessanter Punkte, namentlich Griechenlands und Ägyptens, enthielt, und deren unerschöpfliche, schon seit Alexander VI. ausgebeutete Ruinen drei Jahrhunderte hindurch die Museen und Paläste Roms mit plastischen Werken gefüllt haben und vielleicht noch immer reiche Kunstschätze in sich bergen.

Ein sehr großer Teil der Reisenden schlug die Appische Straße ein, die von Rom in schnurgerader Richtung auf das Albanergebirge zu, von da nach Campanien und den beiden Haupthäfen Italiens, Puteoli und Brundisium, führte; und auch zu kürzeren Lustfahrten wurde die schöne, belebte Straße viel benutzt. Da fuhr der reiche Mann, welcher der Stadt überdrüssig war, in einer Eile, als gälte es ein brennendes Haus zu löschen, nach seiner Villa im Albanergebirge, um sich dort zu langweilen und zu gähnen oder bald ebenso eilig nach Rom zurückzukehren. Da ließ der emporgekommene Freigelassene seine teuer gekauften Ponys sehen. Da zeigten sich üppige Frauen mit einem Gefolge von Männern. Auch Cynthia fuhr dort, wie Properz berichtet, angeblich um die Juno in Lanuvium zu verehren, sie selbst ein Schauspiel, wie sie ihre Pferde lenkte, und zum Verdrusse des Dichters begleitete sie ein Nebenbuhler auf einem reich ausgestatteten Wagen mit seidenen Vorhängen, neben dem zwei Molosserhunde mit großen Halsbändern hersprangen. Auch nach dem Dianentempel an dem waldumkränzten See von Nemi, dem „Spiegel der Diana", wo in der heißesten Jahreszeit ein großes Fest gefeiert wurde, bei welchem See und Wald abends und nachts von Fackeln glänzten, wallfahrteten Frauen, die der Göttin ein Gelübde zu lösen hatten, zahlreich, Kränze in den Haaren und Fackeln in den Händen; und es wird nicht an jungen Männern gefehlt haben, die den Rat Ovids befolgten, diese Gelegenheit zum Anknüpfen zärtlicher Verhältnisse zu benutzen. Wie besucht der Ort war, ergibt sich schon daraus, daß in dieser Gegend (spätestens zu Ende des 1. Jahrhunderts) sich eine Art Bettlerkolonie niedergelassen hatte.

Jetzt liegt auf der „Königin der Straßen" statt des bunten, glänzenden Lebens, das damals über sie hinwogte, die tiefste Einsamkeit. Endlos dehnen sich zu beiden Seiten die hügeligen Flächen der Campagna, aus deren Grün die halbzerstörten Bogen der Wasserleitungen ragen; hier und da steht ein graues Haus am Wege. Selten rollt ein Karren, mit hochgestapelten Weinfässern beladen, über das antike Pflaster, Campagnahirten zu Pferd treiben Schaf- und Rinderherden vor sich her, und der schwermütige Gesang eines Feldarbeiters schallt aus der Ferne herüber.

Aber auch über Alba und Lanuvium hinaus blieb die Appische Straße lebendig, denn der Hauptstrom der Reisenden wälzte sich nach Campanien, um in jenem von der Natur zu tatenlosem Genuß wie bestimmten Paradiese, vor allem, wie gesagt, an dem üppigen Golf von Neapel, Erholung oder Genesung zu suchen oder sich Schwelgereien und Ausschweifungen aller Art zu überlassen. Als die Perle unter den dortigen überaus zahlreichen Lustorten galt Bajä, das erste Luxusbad der alten Welt, „das goldene Ufer der seligen Liebesgöttin, das holde Geschenk der stolzen Natur", am ebenen Strande, doch rings von einem Kranz grüner Berge umschlossen. Es war die Herberge der Welt und zugleich die Wohnung der Nereiden und der Quellnymphen.

Die Heilquellen waren mannigfacher Art, vorzüglich aber bediente man sich der an vielen Stellen der Erde entsteigenden heißen Schwefeldämpfe zu Schwitzbädern, die an Ort und Stelle angelegt waren. Auch sonst war Bajä mit großartigen Anstalten für die Kur der Kranken und glänzenden Gebäuden für den Aufenthalt und die Vergnügungen der Gesunden aufs reichste ausgestattet; es prangte mit einer Anzahl kaiserlicher Paläste, in deren Pracht jeder Monarch seine Vorgänger zu überbieten suchte. Die wichtigsten Gebäude und Anlagen an der Küste von Bajä sind mit Unterschriften wie „Leuchtturm, Teich Neros, Austernbehälter, anderer Teich, Wald (oder Park)“ sehr roh auf drei der Zeit des Verfalls angehörenden Glasgefäßen dargestellt, wie dergleichen wahrscheinlich für Badegäste und andre Fremde zur Erinnerungen oder Geschenken verkauft oder auf Bestellung fabriziert wurden. Villen erhoben sich in und bei Bajä teils auf weitschauenden Höhen, teils unmittelbar am Rande des Meeres, oder waren ins Meer hinausgebaut. Daß sie in der Regel von Gärten umgeben waren, ist selbstverständlich; diese scheinen meistens kunstvoll angelegt gewesen zu sein und mit ihren Myrten- und Platanenhainen und Gängen, die von geschorenen Buchshecken eingefaßt waren, weite Räume eingenommen zu haben. Auch an schattigen Lauben fehlte es natürlich nicht. Ein Dichter findet den Ort zu einem Stelldichein für Mars und Venus besonders geeignet, weil Vulcan durch die Gewässer, der spähende Sonnengott durch den Schatten ferngehalten werde. Eine wahrhaft ländliche Besitzung, wie die von Martial beschriebene seines Freundes Faustinus, mit vollen Kornscheunen und reicher Weinlese, Viehherden, einem großen Geflügelhof, Jagd und Fischerei, war dort offenbar eine Ausnahme. Die prachtvollen Villenbauten Bajäs bildeten eine Stadt für sich, nicht kleiner als Puteoli, und vermutlich war diese in fortwährendem Wachstum begriffen. Mindestens seit dem Anfange des 2. Jahrhunderts unterschied man schon Alt- und Neu-Bajä, das nach Puteoli zu auf fiskalischem Grunde entstanden war; am ersteren Orte starb Hadrian am 10. Juli 138. Aber auch in den spätern Jahrhunderten hat sich der Ort wohl noch vergrößert, da Alexander Severus hier prachtvolle Paläste und andre Bauten aufführte und mit Meerwasser gespeiste Teiche anlegte; mindestens fünf Jahrhunderte lang blieb er der berühmteste und besuchteste Lustort der alten Welt. In Ciceros Zeit galt die Luft dort (wohl nur im Sommer) nicht für gesund; aus späterer Zeit haben sich keine Klagen darüber erhalten. Vielleicht hatte die Erweiterung des Ausbaus die schädlichen Einflüsse beseitigt; noch im 6. Jahrhundert wird die Heilsamkeit der bajanischen Luft gerühmt. Obwohl ohne Zweifel mit der Zunahme der Verödung der Einfluß der Malaria wuchs, blieb der Ort auch im Mittelalter besucht. Im Jahre 1191 beschrieb Alcadinus, Leibarzt Kaiser Heinrichs VI., 31 Bäder von Puteoli und Bajä. Petrarca nennt die Küste dieser Bucht in den Wintermonaten äußerst angenehm, doch im Sommer gefährlich. Boccaccio erwähnt wiederholt das dortige lebhafte, auch damals für die Keuschheit der Frauen gefährliche Badeleben. Die Bäder waren auch im 15. und selbst im Anfange des 17. Jahrhunderts besucht, obwohl Bajä im Jahre 1538 durch einen Erdbrand zerstört worden sein soll.

Im Altertum hatten Natur und Kunst gewetteifert, diesen Ort zu einem in seiner Art einzigen zu machen. Die unvergleichliche Schönheit der Lage, die

Pracht und Großartigkeit der Paläste und Gärten, die Überfülle der Genußmittel jeder Art, die herrliche Klarheit und Milde der Luft, die tiefe Bläue des Himmels und des Meeres — alles lud hier zum Genuß des Moments, zu seliger Weltvergessenheit ein, und prachtvolle Feste, in dieser Umgebung doppelt zauberisch, reihten sich in ununterbrochener Folge aneinander. Auf den Wogen des sanftesten Meeres schaukelten zahllose leichtgezimmerte, bunte Barken und Gondeln, unter denen hier und da eine fürstliche Prachtgaleere steuerte, oder maßen sich in Wettfahrten. Heitere, rosenbekränzte Gesellschaften waren zu festlichen Schmäusen an Bord oder am Strande vereint; Betrunkene einhertaumeln zu sehen, war ein gewöhnlicher Anblick. Ufer und Meer erschallten vom Morgen bis zum Abend von Gesängen und rauschender Musik. Zärtliche Paare saßen in leisem Geflüster am stillen Strande beisammen oder ließen sich auf dem Lucriner und Averner See in kleinen Booten umherrudern, und kamen sich, wenn sie von Mücken und Sonnenbrand ein paar kleine Beschwerden zu ertragen hatten, wie neue Argonauten vor. Die Kühle des Abends und sternheller Nächte lud zu neuen Festen und Lustfahrten ein, und der Schlaf der Badegäste wurde bald durch Serenaden, bald durch das Gezänk aneinander geratener Rivalen gestört. Die Üppigkeit und Zügellosigkeit des bajanischen Badelebens war sprichwörtlich. Varro scheint es in einer besonderen Satire geschildert zu haben, aus der angeführt wird, daß dort nicht nur die Mädchen Gemeingut seien, sondern auch viele Alte zu Kindern und Knaben zu Mädchen würden. Cicero fürchtete, es werde ihm übel ausgelegt werden, daß er sich in einer Zeit öffentlichen Unglücks nach Bajä begebe. Seneca meint, der Ort habe eine Herberge der Laster zu werden begonnen: Wüstlinge, die ihre Zahlungsunfähigkeit aus Rom vertrieb, verpraßten hier das Geld ihrer Gläubiger in Austernschmäusen. Von Frauen wurde Bajä besonders viel besucht, und mancher Badegast, meinte Ovid, trug statt der gehofften Heilung eine Wunde im Herzen davon. Einst, sagt ein andrer Dichter, war das Wasser in Bajä kalt, Venus ließ Amor darin schwimmen, ein Funke seiner Fackel fiel hinein und entzündete es; seitdem verfällt, wer dort badet, in Liebe. Für weibliche Tugend galt der Ort als höchst gefährlich. Schon manches zärtliche Verhältnis, klagt Properz, habe sich hier gelöst. Ein Fall, den Martial erzählt, daß eine höchst strenge Frau, die in Bajä als Penelope ankam, es als Helena verließ, das heißt sich von einem Liebhaber entführen ließ, dürfte nicht selten gewesen sein. Diejenigen, welche wie Gellius sich in keuschen und ehrbaren Vergnügungen zu ergötzen wünschten, zogen andre Orte, wie Puteoli, vor. Freilich war, wie Symmachus sagt, die Gegend von Bajä an den dortigen Ausschweifungen unschuldig, und er selbst lebte dort „ohne Gesang auf Barken, ohne Schwelgerei bei Gastmählern“.

Nächst Italien lud am meisten durch seine bequeme Nähe Sicilien zu kürzeren Ausflügen ein, anziehend durch seine Naturwunder, vor allen den Ätna, seinen milden Winter, die Schönheit und Berühmtheit seiner Städte, endlich durch eine Fülle historischer, bis in die Sagenzeit hinaufreichender Erinnerungen. Zu diesen gehörte besonders die Sage vom Raube der Prosperina auf der Wiese bei Henna, auf welcher die Fülle der Veilchen und andrer wohlriechender Blumen so groß war, daß, wie man sagte, die Stärke des Duftes es den Jagdhunden unmöglich machte, die Spur des Wildes zu verfolgen, „ein sehenswerter Ort"; daneben der Schlund, aus dem Pluto hervorgebrochen sein sollte, und in der Stadt selbst der hochberühmte, altehrwürdige Cerestempel. Schon in der Zeit der Republik wurde Sicilien von Römern viel besucht; Cicero sagt, daß dort kaum ein ganz sonnenloser Tag vorkomme. Die meisten von euch, sagt derselbe zu den Richtern des Verres, haben die Steinbrüche bei Syrakus gesehen. Ovid hatte sich in Sicilien in Gesellschaft seines Freundes Macer längere Zeit aufgehalten. Er nennt als hauptsächlichste Sehenswürdigkeiten den Ätna, die Seen von Henna, den Anapus und die Quellen Cyane und Arethusa bei Syrakus, endlich die Seen der Paliken; zwei kleine, sehr tiefe, milchfarbene Seen, aus denen unter starkem Schwefelgeruch und lautem Geräusch fortwährend Wasser aufsprudelte; hier wurden, weil Meineide sofort von der göttlichen Strafe getroffen werden sollten, Eide geleistet. In der Nähe war ein großer und reich geschmückter Tempel, der flüchtigen Sklaven als Asyl diente. Caligula, der nach dem Tode der Drusilla, um sich zu zerstreuen, längs der Küste Campaniens und Siciliens bis Syrakus reiste, machte sich über die Merkwürdigkeiten lustig, die man ihm an den einzelnen Orten zeigte; plötzlich aber floh er in einer Nacht von Messana, aus Schreck über den Rauch und das Getöse des Ätna. Von den Besteigungen des Ätna wird unten die Rede sein. Seneca zählt die Annehmlichkeiten einer Fahrt nach Syrakus auf. Der Reisende bekommt die märchenhafte Charybdis zu Gesicht, die ruhig ist, solange der Südwind weht, dann aber sich in weitem und tiefem Schlunde öffnet und Fahrzeuge hinabreißt. Er sieht die von den Dichtern so hoch gefeierte Quelle Arethusa mit ihrem blinkenden, bis auf den Grund durchsichtigen Spiegel und eiskalten Wasser. Ferner den stillsten von allen natürlichen und künstlichen Häfen, der vor der Wut auch der heftigsten Stürme sicheren Schutz gewährt. Sodann die Stelle, wo die Macht der Athener gebrochen ward, wo die Steinbrüche, zu unermeßlicher Tiefe ausgehauen, als ein natürlicher Kerker viele Tausende umschlossen; und die gewaltige Stadt selbst mit ihrem Gebiet, das größer ist, als die Gebiete vieler Städte; endlich erfreut er sich im Winter des mildesten Klimas, in dem kein Tag ohne Sonnenschein vergeht. Der Astrolog Firmicus Maternus, der sein Werk auf Sicilien im 4. Jahrhundert verfaßte, erwähnt in der Widmung an seinen vornehmen Freund Mavortius Lollianus, daß dieser bei einem Besuch auf der Insel sich durch ihn über alle ihre Merkwürdigkeiten unterrichten ließ: die Scylla und Charybdis, die Eruptionen des Ätna, die Seen der Paliken und alles übrige, was er von wunderbaren Dingen in dieser Provinz seit frühester Jugend in griechischen und römischen Schriften gelesen hatte.

3. GRIECHENLAND

Das nächste Ziel aller weitern Reisen war Griechenland. In Griechenland verehrten die Römer schon früh das Land, von dem alle Kultur ausgegangen war, sie verehrten es um seines hohen Ruhmes, selbst um seines Alters willen; seine Vergangenheit mit ihren großen Taten und Ereignissen, selbst mit ihren Sagen war ihnen ehrwürdig. Der Ruhm, sagt ein römisches Epigramm, bleibt, die Größe ist dahin, doch sucht man die Asche der Gefallenen auf, und noch in ihrem Grabe ist sie heilig. Das

Land, in dem fast jeder Zoll breit Erde eine bedeutende Erinnerung aufzuweisen hatte, in dem der Wanderer auf Schritt und Tritt durch unzählige aus jener Vorzeit stammende Denkmäler, durch die berühmtesten Werke aller Künste festgehalten wurde, dessen Städte und Tempel zum Teil noch immer so schön, so glänzend und reich wie alt und berühmt waren, hatten schon seit den punischen Kriegen die Römer von allen fremden Ländern am meisten besucht. „Die meisten von euch", so läßt Livius die Gesandten der Rhodier 190 v. Chr. im römischen Senat sprechen, „haben die Städte Griechenlands und Asias besucht". Aemilius Paullus bereiste Griechenland im Herbst 167 v. Chr., um jene Dinge kennenzulernen, die „durch das Gerücht verherrlicht, nach Hörensagen für größer gehalten werden, als sie sich beim Augenschein erweisen"; die Beschreibung, die Livius von dieser Reise gibt, ist aus Polybius geschöpft, der nach Autopsie schilderte. Der römische Feldherr besuchte die berühmtesten Tempel (wie zu Delphi, Lebadea, Oropus, Epidaurus, Olympia) und Städte (Athen, Korinth, Sicyon, Argos, Sparta, Pallantium, Megalopolis); Orte, die, wie Aulis, durch historische Erinnerungen oder aus andern Gründen merkwürdig waren, wie Chalkis mit der Dammbrücke über den Euripus; den größten Eindruck empfing er zu Olympia, wo ihn der Anblick des Phidiasischen Zeus wie der eines gegenwärtigen Gottes im Innersten ergriff.

Die Verheerungen, die Griechenland in den römischen Kriegen von 88 bis 31 v. Chr. erlitten hatte, hat es nie ganz verwunden. Allerdings erholte sich das Land unter der römischen Verwaltung. Das Festland der Provinz Achaja besaß unter den Antoninen neben zahlreichen Dörfern und kleinen Städten noch hundert größere Orte, in denen ein städtisches Leben fortbestand. Doch einzelne Landschaften wie Ätolien blieben völlig verödet, und auch in den begünstigteren erreichte die Bevölkerung nicht wieder die Höhe der Zeit vor den Mithridatischen Kriegen. Obwohl aber Griechenland nur noch ein Schattenbild der früheren Größe bot, vermehrte sich doch gerade dadurch seine Anziehungskraft für die Römer eher, als daß sie sich verminderte. In der Stille und Einsamkeit, die über Land und Städte gebreitet war, trat das Bild der großen Vergangenheit nur um so überwältigender vor die Seele des Wanderers und melancholische Gedanken an die Hinfälligkeit alles menschlichen Werkes drängten sich auf. Unter den Städten verdienten manche kaum noch diesen Namen, wie das einst große und herrliche Panopeus in Phokis, das in Pausanias Zeit aus ärmlichen Hütten bestand; weder ein Palast noch ein Theater, kein Marktplatz, kein Gymnasium, nicht einmal ein Brunnen war dort zu finden. In Theben war nur die Burg Kadmeia noch mäßig bewohnt, und diese wurde nun mit dem Namen Theben bezeichnet; in der Unterstadt standen nur die alten berühmten Tore und verschiedene Heiligtümer. An andern Orten weideten Schafe vor dem Rathause das Gras, und das Gymnasium war in ein Kornfeld verwandelt, aus dessen wogenden Ähren die Häupter der Marmorbilder kaum hervorragten; oft genug sah man auch leere Postamente, deren Inschriften verkündeten, welche Statuen darauf gestanden hatten. Von vielen Städten waren nur noch Ruinen übrig, und bei der Entvölkerung des Landes konnte in menschenleeren Einöden und Wildnissen der Wanderer, der wie Dio von Prusa gern mit Hirten und Jägern verkehrte, hie und da auf abgelegene Hütten und Gehöfte stoßen, deren Bewohner kaum je eine Stadt gesehen und, in ihrer Abgeschiedenheit von der Verfeinerung wie von der Verderbnis der Zivilisation unberührt, sich die volle Einfalt und Unschuld eines ursprünglichen Zustandes bewahrt hatten.

Doch die meisten Reisenden besuchten ohne Zweifel nur die Städte, von denen auch die kleineren und halb oder ganz in Ruinen liegenden an Denkmälern und Überbleibseln aus der Vergangenheit reich waren, die größeren zum Teil ihren alten Glanz bewahrt oder unter römischer Herrschaft sich sogar noch vergrößert und verschönert hatten. Vor allen blieb Athen auch nach der Vernichtung seines Wohlstandes durch Sulla in seiner Stille und Verödung unvergleichlich schön. Ovid, der es in der Zeit wohl seines tiefsten Verfalls sah, vermochte sich vorzustellen, wie es gewesen war, als noch eine Fülle von Geist, Reichtum und festlicher Friede es erfüllte; der Dämon des Neides, sagt er, weinte vor Grimm, wenn er die makellose Herrlichkeit dieser Stadt erblicken mußte. Dem Zauber jener wundervollen Werke, mit denen die Zeit des Perikles Athen geschmückt hatte, vermochte sich auch der für Kunstschönheit wenig empfängliche römische Gast nicht zu entziehen; obwohl schon ein halbes Jahrtausend alt, erschienen sie wie neu und eben vollendet, die Zeit hatte sie nicht angetastet, ein Duft der Frische schwebte darüber, als wäre ihnen ein ewig blühendes Leben und eine nie alternde Seele eingepflanzt worden. Im 2. Jahrhundert erlebte die unter Trajan noch tief darniederliegende Stadt durch Hadrian und die Antonine eine Art von Nachblüte und Wiedergeburt. Der erstere schuf durch seine Bauten ihren südöstlichen Teil zu einer „neuen Hadrianstadt“ um, deren Kern der kolossale, von 104 je 17,25 m hohen korinthischen Säulen umgebene Tempel des olympischen Zeus war; unter seinen übrigen Prachtbauten war ein Bibliotheksgebäude mit 100 Säulen aus Pavonazetto und ein Gymnasium mit 100 Säulen aus Giallo antico. Die von Hadrian begonnene Wasserleitung, die dieser Neustadt Wasser aus Kephisia zuführte, vollendete 140 Antoninus Pius. Andre Prachtbauten fügte der Sophist Herodes Atticus hinzu, namentlich das großartige Odeum am Fuße der Akropolis. Die Errichtung von Lehrstühlen für die hauptsächlichsten vier philosophischen Schulen neben der Professur der Beredsamkeit durch Marc Aurel trug durch Steigerung des Zudranges der studierenden Jugend natürlich auch zur Beförderung der Wohlhabenheit der Stadt bei. Der spätere Kaiser Septimius Severus besuchte Athen als Legionslegat, „um der Studien, der Heiligtümer (der eleusinischen Mysterien), der Bauten und der Altertümer willen“.

Unter der Regierung Marc Aurels hat Aristides Athen und ganz Attika in einer seiner überschwenglichen Prunkreden gefeiert. Er nennt die Stadt ihrem Umfange nach die größte unter den griechischen, die schönste unter den überhaupt existierenden: Natur und Kunst haben gewetteifert, Stadt und Land zu schmücken. Der Natur verdankt sie ihre Häfen, die Lage der Akropolis und „die Anmut, von der man sich überall wie von einem sanften Hauche angeweht fühlt“; ferner die herrliche Luft, die hier ausnahmsweise in der Stadt noch schöner ist als auf dem Lande, obwohl sich auch das übrige Attika durch die ungemeine Reinheit seiner Luft auszeichnet, so daß man es an dem leuchtenden Glanze seiner Atmosphäre erkennen kann. Nicht weniger hat die Kunst für Athen getan; es besitzt die größten und schönsten Tempel, die ersten Meisterwerke alter und neuer Plastik, und als einen ihm besonders eigentümlichen Schmuck Bücherschätze, wie es deren nirgends sonst gibt; überdies prachtvolle und mit Luxus ausgestattete Bäder, Rennbahnen, Gymnasien: so daß Athen auch durch äußere Schönheit diejenigen Städte übertrifft, die auf diese am stolzesten sind. Dazu kommt, daß das wie eine Insel rings vom Meer bespülte Land inmitten der Inseln liegt, die es wie ein Chor umgeben. Welche Ergötzung daher schon die Fahrt nach Attika bietet, darüber mag man diejenigen befragen, die unaufhörlich als Kaufleute oder um das Land kennenzulernen dorthin reisen: es ist, als ob die Seele, um den Anblick Athens in sich aufzunehmen, vorher gereinigt und erhoben würde. Auch das Licht ist dort voller und stärker, wie wenn Athene, wie bei Homer, den Nahenden die Nebel von den Augen nehmen wollte, und auf allen Seiten ist man von so viel und so mannigfacher Schönheit umgeben, daß man wie in einem Reigen dahinschwebt und die ganze Fahrt einem lieblichen Traume gleicht. Und wer möchte nicht die Schönheit und Anmut der Fluren bewundern, die sich unmittelbar vor der Akropolis ausdehnen und in die Stadt hinein erstrecken, die teils sich überall an den Küsten hinziehen, teils von den sie umgebenden Bergen wie Meeresbuchten abgegrenzt werden! Wer bewunderte nicht den Glanz und die Anmut dieser Berge selbst, die den Stoff zur Darbringung des Dankes gegen die Götter (den Marmor) enthalten! So ist durch die Mannigfaltigkeit der Bodenbildung Attika gewissermaßen ein Abbild der ganzen Erde, und nirgends sonst findet sich dies harmonische Ineinandergreifen von Land und Meer, die anmutvolle Vereinigung und Abwechslung von Berg und Tal.

Wenn Athen den Freund der Kunst, des Altertums und der Wissenschaft anzog, so übte Korinth eine ganz andre, aber nicht geringere Anziehungskraft. In mancher Beziehung war der Abstand zwischen beiden Städten ein ähnlicher wie zwischen dem heutigen Rom und Neapel: dort Ernst und Stille und überall Denkmäler und Erinnerungen aus der großen Vergangenheit, hier alles modern und ein üppiges, buntes, geräuschvolles, ganz dem Genuß der Gegenwart geweihtes Leben. Korinth übertraf Athen noch durch die Schönheit seiner Lage. Die herrliche Aussicht von Akrokorinth, die nach Norden über die Bucht von Krisa und das sie umspannende Land bis zu den Schneegipfeln des Parnaß und Helikon reicht, hat schon Strabo geschildert. Gerade 100 Jahre nach der Zerstörung durch Mummius war Korinth im Jahre 46 v. Chr. durch die Neugründung Julius Cäsars als römische Kolonie Laus Julia Corinthus aus dem Schutt wieder erstanden. Die nunmehrige Residenz der Statthalter der Provinz Achaja prangte, abgesehen von andern Neubauten, auch mit einem Tempel des kapitolinischen Juppiter und erhielt durch Hadrian eine ausgezeichnete Wasserversorgung und prächtige Thermen. Infolge ihrer unvergleichlichen Lage an zwei Meeren, die bei demselben Winde die Ein- und Ausfahrt in ihren beiden Häfen Lechäum und Kenchreä möglich und sie selbst zum

„Durchgangspunkt für alle Menschen“ machte, wurde sie bald wieder, was sie einst war, „das reiche Korinth“, ein das ganze Jahr hindurch von allen Hellenen besuchter Markt und Festversammlungsort, eine ihnen allen gemeinsame Stadt und in Wahrheit die Metropole von Hellas. Noch mehr als in seinen Bauten mag Korinth in seiner Bevölkerung den Charakter einer ungriechischen Stadt gehabt haben. Das römische Element war in dieser, wenn nicht vorwiegend, so doch jedenfalls stark genug, um auf Leben und Sitten einen entscheidenden Einfluß zu üben: wie sich denn die Gladiatorenspiele und Tierhetzen von hier aus über Griechenland verbreiteten. Überdies strömte hier ohne Zweifel die Hefe des Orients wie des Okzidents zusammen.

Auch Korinth hat Aristides in einer (bei den isthmischen Spielen auf Poseidon gehaltenen) Prunkrede geschildert. Noch immer war es wie einst die Stadt der Aphrodite, die gleich dem Homerischen Gürtel der Göttin so viel Schönheit, Anmut, Reiz, Liebesgeflüster und Verführung in sich barg, daß es alle unwiderstehlich anzog und den Sinn auch der Selbstvertrauendsten berückte; ferner eine Stadt der Najaden, deren Quellen überall sprudelten, und der Horen, vor allem aber der Hof und Palast des Poseidon, der ihr die Güter und Reichtümer aller Länder in solcher Menge zuführte, daß sie gleichsam wie in einer Flut darin schwamm. Aber sie war auch reich an Bücherschätzen. Wohin man blickte, sah man solche auf den Straßen und in den Hallen, sah man Gymnasien und Schulen, deren Lehrer auch auswärtige Studierende anzogen; wie z. B. Galen dahin kam, um den Arzt Numisianus zu hören. Endlich konnte Korinth sich auch in bezug auf Sagen und Erinnerungen an eine ruhmvolle Vergangenheit mit jeder andern Stadt messen.

Nächst Korinth mag im Peloponnes das Heiligtum des Äskulap zu Epidaurus von den Römern am meisten besucht gewesen sein, das sich in der Kaiserzeit zu neuer Geltung erhob. Die natürliche Abschließung des heiligen Kurortes durch die Bergabhänge war durch Mauern vervollständigt. Innerhalb der Grenze des Tempelgebiets „breitete sich der dichte Hain aus, in dessen Schatten die Kurgäste sich ergingen und die Festgenossen lagerten. In dem Haine lagen die verschiedenen, den gottesdienstlichen und therapeutischen Zwecken gewidmeten Gebäude zerstreut; die Masse der Ruinen beweist die Großartigkeit der baulichen Ausstattung“. Die Freigebigkeit des römischen Senators (Major) Antoninus hatte diese Anlagen sehr erweitert; zu seinen Neubauten gehörte unter andern ein eignes Sterbe- und Entbindungshaus an der äußeren Grenze des Tempelgebiets, da in diesem niemand geboren werden und niemand sterben durfte. „Dies eingeschlossene Tal muß eine der lieblichsten Gegenden Griechenlands gewesen sein, solange es im vollen Schmucke seiner Tempel und Festgebäude zwischen den mit heiligen Anlagen besetzten Waldhöhen sich ausbreitete, ein schöner Garten und zugleich ein reiches Kunstmuseum, angefüllt mit zahllosen Denkmälern aus der ganzen Reihe von Jahrhunderten, während welcher der Ruhm des Epidaurischen Gottes aus allen Teilen der Welt Hilfsbedürftige herbeilockte“.

Eine Aufzählung auch nur der berühmteren Städte, der Tempel mit ihrer Fülle von Kunstwerken und Schätzen, der historisch merkwürdigen

Punkte, der Ruinen der Vorzeit, die von Reisenden in Griechenland besucht wurden, würde allein ein Buch füllen; auch wird von den Orten und Sehenswürdigkeiten, die Freunde der Kunst, des Altertums und der Geschichte vorzugsweise aufsuchten, noch später die Rede sein. Von den Lustorten war der berühmteste Ädepsus im nördlichen Euböa, hart am Meer, mit warmen, noch jetzt von Kranken besuchten schwefelhaltigen Quellen, ein Sammelplatz für ganz Griechenland; doch fehlte es natürlich auch nicht an römischen Besuchern, schon Sulla hatte sich dort aufgehalten. Am lebendigsten war Ädepsus im Frühling. Für die Aufnahme der Gäste war durch Wohngebäude mit Hallen und Sälen, für die Bäder durch Bassins aufs beste gesorgt, und Land und Meer lieferten zu den Gastmählern, die am liebsten am Strande des Meeres veranstaltet wurden, die köstlichsten Leckerbissen in Fülle. Schwelgerei und Üppigkeit waren jedoch, wie es scheint, hier nicht so wie in Bajä an der Tagesordnung; man fand dort eine angenehme Geselligkeit und vielfache Gelegenheit zu edleren Vergnügungen. Jetzt ist das alte Ädepsus mit seinen Gebäuden unter einer Masse gelblichen Kalksinters, den die erstaunlich reichen Quellen absetzen, und der einen zehn Minuten langen und 30—40 m hohen Hügelrücken gebildet hat, förmlich begraben.

4. DIE GRIECHISCHEN INSELN UND KLEINASIEN

Die meisten Römer, die in Griechenland reisten, besuchten gewiß auch Kleinasien. Die Inseln des Ägäischen Meeres, einst blühend und volkreich, nun verödet und zum Teil von Verbannten bewohnt, boten den Vorüberfahrenden reichlichen Stoff zu Betrachtungen über die Vergänglichkeit alles Irdischen; um so weniger luden sie zum Aufenthalt ein. Die Verbannung nach den traurigen, nur von armen Fischern bewohnten Felseninseln, wie Seriphos, Pholegandros, Gyaros, wurde zu den härtesten Strafen gerechnet; milder war natürlich die Verweisung nach einer der größeren oder freundlicheren Inseln, wie Andros oder Naxos. Nur um Freunde oder berühmte Männer zu besuchen, die dort im Exil lebten, oder nach dessen Aufhören die Stätten ihres Leidens zu sehen, mochten Reisende an jenen kleinen Klippeneilanden anlegen. Als Musonius Rufus nach Gyaros verbannt war, schifften viele Griechen dorthin, um den berühmten Philosophen kennenzulernen, später um eine Quelle zu sehen, die er auf der sonst wasserlosen Insel entdeckt hatte. In einer Höhle auf Pholegandros sind unter den angeschriebenen Namen von Besuchern auch römische.

Auch das einst so volkreiche Delos, das, von den Römern zum Freihafen erklärt, als Hauptstation des Handelsverkehrs zwischen Orient und Okzident in den Jahren von 168—88 zu einer neuen hohen Blüte gelangt war, hatte sich von seiner völligen Zerstörung durch die Feldherren Mithridats im Jahre 88 nie wieder erholt. Die Römer gaben die Inseln den Athenern zurück, in deren Besitz sie bis in die späte Kaiserzeit blieben; Pausanias fand sie, abgesehen von der athenischen, zur Bewachung des Tempels dort liegenden Besatzung so gut wie menschenleer. Doch dürften die nach Asien reisenden Römer, wie Cicero im Jahre 703 = 51 v. Chr., häufig daselbst angelegt haben. Auch hier wurden die aus der Geschichte und Sage berühmten Orte aufgesucht. Noch immer wurde auf Delos die von Latona in ihren Geburtswehen erfaßte Palme gezeigt, unter der Apollo geboren war. Natürlich wurden auch die Tempel mit ihren Säulenhallen, die darin noch vorhandenen Weihgeschenke von Königen, der berühmte aus Hörnern (nach der Legende von Apollo als Kind) erbaute Altar in Augenschein genommen, die Menge der überall aufgestellten Statuen und andern Sehenswürdigkeiten bewundert.

Von den größern Inseln werden namentlich Chios und Samos viel besucht worden sein, am meisten nächst Rhodos aber Lesbos, dessen vielgepriesene Hauptstadt Mytilene schon Cicero eine Stadt nennt, die durch Natur und Lage, durch Regelmäßigkeit ihres Planes und Schönheit ihrer Gebäude berühmt, deren Umgebung lieblich und fruchtbar sei. Hierher zog sich Agrippa zurück, da er den Schein vermeiden wollte, als ob er dem zum Thronfolger designierten Marcellus im Wege stehe; Germanicus nahm hier im Jahre 18 n. Chr. Aufenthalt, während dessen ihm Agrippina die Julia gebar; dem im Jahre 32 aus Italien verwiesenen Junius Gallio ward die Übersiedelung nach der „berühmten und anmutigen Insel", als ein zu leichtes Exil, nicht gestattet. Noch sind Ruinen einer, wie es scheint, römischen Villa auf Lesbos in reizender Gegend erhalten. „Durch reichlichen Baumwuchs, durch die erquickende Nähe des Meeres und eine entzückende Aussicht auf den Meeresarm und die Höhenzüge der asiatischen Küste besonders gehoben, läßt die Lieblichkeit der Lage des Ortes, dessen ausgezeichnet gesundes Klima außerdem von den Bewohnern gerühmt wird, noch heute es lebendig begreifen, daß der vornehmen römischen Welt die Hauptstadt der Insel als einer der wünschenswertesten Aufenthaltsorte erschien".

Doch das hauptsächlichste Reiseziel auch der Römer in diesen Meeren war ohne Zweifel die Insel Rhodos, deren Hauptstadt während dieser ganzen Zeit die bedeutendste Stadt Griechenlands blieb. Der herrlichen Rhodos, wie sie Horaz nennt, kam nach Strabo keine andre griechische Stadt gleich, geschweige daß eine sie übertroffen hätte; sie war auch in Vespanians Zeit die reichste und blühendste Stadt von Griechenland und blieb es, bis um die Mitte des 2. Jahrhunderts ein furchtbares Erdbeben sie großenteils in Trümmer legte. In einer unter dem frischen Eindruck dieser Katastrophe gehaltenen Rede sagt Aristides: die größte griechische Stadt sei von dem härtesten Schlage getroffen worden. Noch unmittelbar vorher erschien sie nach seiner Schilderung so imposant wie in der Zeit ihrer Seeherrschaft, so neu, als wäre sie eben vollendet, und so schön, daß sie sich mit Recht die Stadt des Sonnengottes nennen durfte. Die Molen ihrer stets mit Schiffen aus Ionien, Karien, Ägypten, Cyprus und Phönicien gefüllten Häfen reichten weit in die See hinaus, ihre ungeheuren Schiffswerften glichen von oben gesehen schwebenden Feldern: die Trieren, Trophäen von Schiffsschnäbeln und andre Erinnerungen alter Siege riefen dort die Zeiten ihrer einstigen Macht und Freiheit zurück. Darüber erhob sich amphitheatralisch am Ufer aufsteigend die von dem berühmten Architekten Hippodamus aus Milet 408 v. Chr. angelegte Stadt. Ihre Akropolis war voll von Fluren und Hainen, ihre Straßen breit und schnurgerade, die Bauart und Ausstattung so durchaus gleichartig, daß die ganze Stadt nur ein Haus zu sein schien. Am meisten Bewunderung erregten die überaus starken Mauern, deren hohe, schöne Türme den Schiffern als Landmarke dienten; und der von den Mauern gebildete Umkreis war völlig ausgefüllt, so daß er die Stadt wie ein Kranz das Haupt umgab. Ihre Tempel und Heiligtümer prangten im reichsten Schmuck von Statuen und Gemälden: Rhodos allein war von Neros Kunsträubereien verschont geblieben. Nach der Angabe des Licinius Mucianus hatte die Stadt (wie Athen, Delphi und Olympia) 3000 Statuen. Selbst nach dem Erdbeben, sagt Aristides übertreibend, seien noch so viel Tafelgemälde und Bronzewerke übrig geblieben, daß andre Städte an einem Teil dieses Restes genug hätten. Überdies zeichnete sich die ganze Insel durch Naturschönheit und Gesundheit des Klimas aus und wurde daher von den Römern auch deshalb gern als Wohnort gewählt. Bekannt ist des Tiberius dortiger siebenjähriger Aufenthalt, während dessen er eifrig der Astrologie oblag. Sein Haus stand (wie die Villa des Juppiter auf Capri) auf einem Felsen hart über dem Meer, in das er dort die ihm verdächtig gewordenen Gehilfen seiner Arbeit hinabstürzen ließ. Auch Nero bezeichnete Rhodos als seinen künftigen Aufenthaltsort, als er, um sich der Bevormundung Agrippinas zu entziehen, die Regierung niederlegen zu wollen vorgab.

Eine wohl nicht gewöhnliche Richtung und Ausdehnung gab Germanicus seiner Reise im Jahre 18, wo er von Athen über Euböa und Lesbos die Küste Asiens, dann Perinth und Byzanz mit der Propontis besuchte und in den Pontus einfuhr, „voll Begier die alten und durch den Ruf gefeierten Orte kennenzulernen"; auf der Rückreise hielten ihn von dem Besuche Samothrakes widrige Winde zurück. Wenn diese nördlichen Küsten und Inseln wohl von der Mehrzahl der römischen Reisenden nicht besucht wurden, so versäumten dagegen gewiß die wenigsten, „Ilium und was dort durch den Wechsel des Schicksals und den Ursprung Roms ehrwürdig ist" zu sehen.

Die kleine, von äolischen Griechen bewohnte, nicht sehr alte Stadt Ilium (jetzt Hissar-lik, d. h. die Paläste) war bis auf die Besitznahme Asias durch die Römer ein dorfartiger Ort gewesen, ohne Mauern, selbst ohne Ziegeldächer; doch hatte sie den damals noch von niemandem angefochtenen Ruhm, an der Stelle der heiligen Ilios Homers zu stehen, die nach der Behauptung der Ilienser sogar nie aufgehört hatte zu existieren, sondern nach der Abfahrt der Griechen von geflüchteten Trojanern wieder aufgebaut worden war. Pallas Athene, zu der Hecuba und Andromache gebetet hatten, war die Schutzgöttin auch der neuen Stadt geblieben, Xerxes und Alexander der Große hatten ihr hier geopfert; dem letzteren waren in ihrem Tempel schon die Lyra des Paris und Rüstungen der Homerischen Helden gezeigt worden. Ebensowenig zweifelten die Römer an der Identität von Ilium und dem alten Troja. Sie machten die Stadt, von der sie ihre Abstammung herleiteten, zur Herrin der ganzen umliegenden Küste, und infolge der ihr verliehenen Steuerfreiheit und andrer mannigfacher Begünstigungen erhob sie sich zu einer nicht unbedeutenden Mittelstadt. Im Jahre 85 nahm der Marianer Fimbria das dem Sulla ergebene Ilium durch Verrat ein, zerstörte die Mauern und brannte die Stadt und sogar den Tempel der Athene nieder. Selbst bei der Einnahme durch Agamemnon, sagt Appian, hatte sie nicht so viel gelitten; kein Tempel, kein Haus, keine Statue blieb stehen; nur das

Pallasbild sollte, wie einige behaupteten, unter den einstürzenden Mauern des Tempels unverletzt geblieben sein. Sulla gewährte den Iliensern manche Unterstützungen; ganz besonders tatkräftig aber bewies ihnen sein Wohlwollen Julius Cäsar, der sein Geschlecht von dem Sohne des Äneas Julus ableitete. Er vermehrte ihren Landbesitz und bestätigte ihre Selbständigkeit und Abgabenfreiheit. Als sie sich im Jahre 26 n. Chr. mit zehn andern Städten der Provinz Asia um die Ehre bewarben, dem Tiberius einen Tempel zu bauen, stützten sie ihren Anspruch darauf, daß ihre Stadt die Mutter Roms sei; sie wurden abgewiesen, weil sie eben nur den Ruhm des Altertums für sich hatten, gegen den sich also kein Zweifel erhob. Im Jahre 53 erteilte ihnen Claudius für alle Zeiten Freiheit von allen Leistungen. Als ihren Anwalt im Senat hatte man den sechzehnjährigen Nero auftreten lassen, der beredt ausführte, daß das römische Volk von Troja stamme, Äneas der Ahnherr des Julischen Geschlechts sei, „und andre sagenhafte Überlieferungen des Altertums". Auch ein Reskript des Antoninus Pius, das ihre Freiheiten bestätigte (namentlich die Befreiung von der Vormundschaft für nicht iliensische Kinder), führte die hohe Berühmtheit der Stadt und ihre Verwandtschaft mit Rom als Motive an. Der Glaube an die Identität von Ilium und Troja war also bei den Römern ein offiziell anerkannter und ohne Zweifel allgemeiner.

Nun war freilich ein Versuch gemacht worden, den Ruhm, dem Ilium seine neue Blüte verdankte, mit den Waffen wissenschaftlicher Kritik zu vernichten. Ein berühmter Philologe Demetrius und eine als Erklärerin Homers geschätzte Schriftstellerin Hestiäa bestritten die Identität von Ilium und Troja mit gelehrten Argumenten und behaupteten, das letztere habe auf der Stelle des 30 Stadien (über 5 km) von dem ersteren entfernten „Dorfes der Ilienser" (also nicht weit von dem heutigen Bunarbaschi) gestanden. Beide waren aus Nachbarstädten (Skepsis und Alexandria Troas) gebürtig, vielleicht also durch lokale Eifersucht mit zu diesem Angriff bestimmt, der um so gefährlicher war, als er von dem Hauptsitz der griechischen Philologie und Altertumsforschung, von Alexandria, ausging. In der gelehrten Welt scheint diese neue Ansicht Anklang gefunden zu haben, wenigstens gewann sie in Strabo eine gewichtige Autorität für sich; in die weiteren Kreise der Gebildeten scheint sie nicht einmal in Griechenland gedrungen zu sein, um so weniger ließen sich römische, von Jugend auf an die Verehrung Iliums als der Mutterstadt Roms gewöhnte Reisende den Genuß, auf dem klassischen Boden jede einzelne in der Geschichte Trojas genannte Stelle wiederzufinden, durch kritische Bedenken beeinträchtigen.

Die Ilienser befriedigten übrigens auch die leidenschaftlichste Wißbegierde und Schaulust. Gewissenhafte Reisende, die sich „mit der ganzen dortigen Altertumskunde anfüllen" wollten, durchwanderten ohne Zweifel außer der Stadt und Umgebung an der Hand der Führer auch die Ebene bis zum Meer, um das Lokal der Kämpfe vor Troja gründlich kennenzulernen. Man zeigte ihnen die Standorte der beiden Heere, die Stelle, wo das Schiffslager der Griechen gestanden hatte, und alle übrigen in der Ilias erwähnten Punkte, wie den Feigenbaum (nach Strabo war es ein rauher, mit wilden Feigenbäumen besetzter Platz), die Buche, das Denkmal des Ilus, das Grab des Aiax usw.; auch die Höhle, in der Paris sein verhängnisvolles Urteil sprach. Namentlich scheinen die Gräber der dort gefallenen oder gestorbenen Helden in größter Vollzähligkeit vorhanden gewesen zu sein: zum Beweise, daß Anchises bei Mantinea in Arkadien begraben sei, führt Pausanias an, daß die Ilienser sein Grab nicht zeigten. An den Gräbern des Aiax bei Rhöteum, des Achilles, Patroclus und Antilochus bei Sigeum brachten die Ilienser Totenopfer, und vermutlich opferten dort auch viele Reisende, wie es z. B. Caracalla am Grabe Achills tat und Philostrat den Apollonius von Tyana tun läßt. Auf dem Grabe des Protesilaus standen jene Bäume, die jedesmal verdorrten, wenn ihre Wipfel hoch genug gewachsen waren, um Ilium erblicken zu können, und dann von neuem anfingen zu wachsen. Das vom Himmel gefallene, von Diomedes entführte Pallasbild konnten die Ilienser römischen Reisenden nicht wohl vorweisen, da diese Reliquie sich in Rom befand und dort zu den Beweisen der Abstammung von Troja gehörte. Ovid ließ sich in dem Tempel der Göttin die Stelle zeigen, wo es gestanden hatte. Von vorhandenen Reliquien werden außer den schon genannten auch die beiden Ambosse erwähnt, mit denen Zeus die Füße der zur Strafe aufgehängten Hera beschwert hatte.

In dem Gedichte Lucans besucht Cäsar die Gegend nach der Schlacht bei Pharsalus; ohne Zweifel hat der Dichter, der vielleicht während seines Aufenthalts in Athen einen Ausflug hierher machte, in seiner Schilderung seine eignen Reiserinnerungen verwertet. Unfruchtbare Wälder und morsche Stämme, heißt es bei ihm, lasteten auf den alten Königspalästen und wurzelten in den Tempeln der Götter; ganz Pergamum ist von Gestrüpp überwuchert, sogar die Ruinen sind verschwunden. Er sieht den Fels, an den Hesione gebunden war, und im Dickicht verborgen das Gemach des Anchises, die Höhle, in welcher der Richter der Göttinnen gesessen, die Stelle, von der Ganymed zum Himmel entrafft ward, den Fels, auf dem die Nymphe Önone spielte: kein Stein ist ohne Namen. Achtlos hatte er einen im trockenen Staube schleichenden Bach überschritten: es war der Xanthus; unbesorgt setzt er im hohen Grase seine Schritte: der Eingeborene warnt ihn, nicht auf Hectors Asche zu treten. Auseinandergeworfen lagen Steine, und keine Spur verriet, daß sie ein Heiligtum gebildet hatten: siehst du, sagte sein Führer, die Altäre nicht an, an denen Priamus fiel?

Überhaupt war aber diese Küste von Kleinasien an schönen und anziehenden Punkten sehr reich; namentlich Ionien stand hierin selbst Griechenland nicht nach, das es durch die Schönheit seines Klimas noch übertraf. Hier waren die berühmtesten, größten und ältesten Tempel (wie zu Kolophon, den auch Germanicus im Jahre 18 besuchte, um das Orakel des Klarischen Apollo zu befragen, Ephesus und Milet) und die schönsten Städte, verschwenderisch mit Prachtbauten neuerer Zeit, besonders mit Bädern, ausgestattet. Unter diesen waren Ephesus und Smyrna die bedeutendsten; beide nennt z. B. Dio von Prusa neben Tarsus und Antiochia als Vorbilder, denen seine Vaterstadt nachstreben müsse; und vermutlich wurden auch von Reisenden beide am meisten besucht. Die erste, als reicher Haupthandelsplatz des vorderen Asiens eine Schatzkammer des Landes, war unter den Römern die Hauptsadt der Provinz und galt für eine der volkreichsten und am schönsten gebauten Städte der Welt.

Doch den Ruhm, die schönste von allen zu sein, behauptete schon in Strabos Zeit Smyrna, obwohl damals ihre Straßen wegen Mangel an Abzugsgräben noch sehr schmutzig waren. Diesem Übelstande wurde vermutlich später abgeholfen, und überhaupt vergrößerte und verschönerte sich die Stadt in den beiden ersten Jahrhunderten immer mehr, so daß sie sich mit Wahrheit „die erste Stadt Asias an Größe und Schönheit, die glänzendste, und Metropole von Asia" nennen durfte. Lucian nennt sie die schönste von allen ionischen Städten, Philostrat sogar die schönste von allen, die unter der Sonne sind, und der Beiname „die schönste", den sie auf Inschriften (des 3. Jahrhunderts) führt, scheint ein allgemein anerkannter gewesen zu sein: denn bei Aristides heißt sie „die nach ihrer Schönheit benannte". Der letztere hat sie in seiner Weise geschildert, bevor ein Erdbeben sie (im Jahre 178) verwüstete. In herrlicher Lage amphitheatralisch vom Meere und Hafen zu den Höhen ansteigend, bot sie überall einen gleich prachtvollen Anblick, man mochte von oben herab auf das Panorama des Meeres, der Vorstädte und der Stadt blicken oder von der Einfahrt in den Hafen aus. Den Anblick aus der Ferne aber übertraf noch das Innere. So durchaus in Anmut blühend lag sie da, als wäre sie nicht allmählich erbaut, sondern auf einmal aus dem Boden entsprossen. Überall glänzte sie mit Gymnasien, Plätzen, Theatern, Tempeln und Tempelbezirken. Bäder so viele, daß man in Verlegenheit war, zu welchem sich wenden; Wandelbahnen von jeder Gestalt, bedeckte und offene, eine schöner als die andre; Quellen und Brunnen, Haus für Haus und mehr als Häuser; Straßen wie Plätze, in rechten Winkeln einander durchschneidend, marmorgepflastert, von ein- und zweistöckigen Arkaden eingefaßt. Dazu Unterrichtsanstalten und Bildungsmittel aller Art, einheimische und fremde, ein Überfluß von Wettkämpfen, Schauspielen und andern Ergötzlichkeiten, ein Wettstreit zwischen den Erzeugnissen menschlicher Arbeit und Kunst und den Erzeugnissen des Meeres und des Landes; endlich das schönste Klima, da auch im Sommer und Frühling die von der See herwehenden Westwinde die Stadt zu einem Lustort schufen. Kurz es war eine Stadt, beiden Nationen (d. i. Griechen und Römern) am meisten gemäß, gleichviel, ob man sein Leben in Erholung verbringen oder sich aufrichtig um Bildung bemühen wollte. Ihre Schulen wurden, wie bereits erwähnt, von Studierenden aus allen drei Weltteilen besucht. Der berühmte Sophist Scopelianus (zu Ende des 1. Jahrhunderts) erwählte sie, wie Philostrat sagt, als den seiner würdigsten Ort: denn, wenn ganz Ionien als ein großer Musensitz eingerichtet sei, so nehme doch Smyrna die hauptsächlichste Stelle ein, wie bei den musikalischen Instrumenten der Steg, über den die Saiten gespannt sind. Es fehlte dort wohl niemals an namhaften Lehrern für sämtliche Wissenschaften: Galen begab sich in seinem 21. Jahre (150) nach Smyrna, um den Pelops, einen Schüler des Numisianus, und den Platoniker Albinus zu hören.

5. ÄGYPTEN

Über die so leicht zu erreichende Provinz Asia erstreckten sich wohl Reisen, die nicht zu eigentlich wissenschaftlichen Zwecken, sondern zur Belehrung und zum Vergnügen unternommen wurden, auch zu Lande selten nach Osten und Süden hinaus. Auch die Insel Cyprus wurde wohl in der Regel nicht als eigentliches Reiseziel, sondern nur als Station auf der Reise nach

Syrien oder Ägypten besucht: so von Titus, als er im Jahre 70 sich von Korinth nach Judäa begab und Lust empfand, den von Einheimischen und Fremden gepriesenen Tempel der Venus zu Paphos kennenzulernen. Er sah die Spitzsäule, die dort statt eines Bildes der Göttin stand, die Tempelschätze und Weihgeschenke der Könige, „und was sonst die Griechen, die ihre Lust an Altertümern haben, der ungewissen Vorzeit andichten", und befragte das Orakel. Reisen nach Syrien, Phönicien und Palästina, die nicht durch Geschäfte oder Amtspflichten veranlaßt waren, scheinen in den ersten Jahrhunderten selten gewesen zu sein. Zwar boten auch diese Länder des Merkwürdigen und Sehenswerten genug, aber die weite und beschwerliche Seefahrt schreckte gewiß die meisten Touristen von ihrem Besuche zurück, und vor dem 3. Jahrhundert kamen wohl nach Hierosolyma, das Plinius, vielleicht nach Agrippa, die berühmteste Stadt des ganzen Orients nennt, die wenigsten römischen Reisenden, und auch griechische, wie Pausanias, der am Jordan und am Toten Meere gewesen war, wohl nur ausnahmsweise. Die prachtvolle Hauptstadt Syriens, Antiochia, wird in der Literatur der beiden ersten Jahrhunderte ebenso selten, wie Alexandria häufig genannt; von dem älteren Plinius z. B. nur zweimal bei geographischen Angaben und einige Male als Standort gewisser Pflanzen, offenbar aus griechischen Quellen.

Sehr groß war dagegen die Zahl derer, die jahraus jahrein von Italien wie von Griechenland aus Ägypten besuchten, das namentlich mit Italien während der Zeit der Schiffahrt durch einen lebhaften und ununterbrochenen Verkehr verbunden war. Die zwischen beiden Ländern regelmäßig befahrene Linie ging von Alexandria nach Puteoli. Dies war seit der Versandung der Flußmüdung bei Ostia bis zur Vollendung eines neuen Tiberhafens (Portus) durch Claudius und Trajan der eigentliche Hafen Roms, insbesondere für den Verkehr mit dem Orient. Ein griechischer Dichter unter Augustus und Tiberius, Antiphilus, fragt, weshalb Puteoli so gewaltiger, weit in die See hinausreichender Molen bedürfe. Die Antwort ist: sein Hafen müsse eine Flotte fassen, die aus den Fahrzeugen der ganzen Welt bestehe; blicke man auf Rom, so erscheine er noch klein. Glasgefäße und Abbildungen der Küste, wie Badegäste von Bajä sie als Andenken mit in die Heimat zu nehmen pflegten, zeigen auch Bauwerke von Puteoli, insbesondere die Molen *(pilae)*, von welchen 16 gemauerte Pfeiler noch vorhanden sind (die sogenannte Brücke des Caligula); es sollen deren 25 gewesen sein, die 24 Bogen trugen. Von der Landseite betrat man sie durch ein Eingangstor. Seneca schildert, wie ganz Puteoli auf die Molen hinausströmte, wenn die Ankunft der alexandrinischen Kornflotte gemeldet wurde. Das Erscheinen der ihr vorausgehenden sogenannten Postschiffe *(tabellarie)* war für ganz Campanien eine Freude. Man erkannte sie aus allen andern Segeln heraus, wie viele auch das Meer bedeckten; sie allein behielten nach der Durchfahrt zwischen Capri und dem Vorgebirge, „wo von umwetterter Höh' auf die Flut Minerva herabschaut" (Kap Campanella), ein Topsegel, das die andern Schiffe dann fallen lassen mußten. In dem jetzt so stillen Becken des Hafens von Pozzuoli drängten sich damals Mast an Mast Schiffe von allen Küstenländern des Mittelmeers. Die Grabschrift eines aus Rom stammenden Schiffsreeders, der zugleich Sevir der Augustalen zu Lyon und zu Pozzuoli war, läßt auf einen direkten Verkehr zwischen beiden Orten schließen. Den Umfang des spanischen Exporthandels konnte man nach Strabo aus der Größe und Menge der von Spanien nach Puteoli und Ostia gehenden, mit Getreide, Wein, Öl, Wachs, Honig, Pech, Scharlach und Mennig befrachteten Kauffahrteischiffe erkennen. Ihre Zahl war nicht viel geringer als die der afrikanischen. Bei Philostrat heißt es, daß von den vielen Schiffen in dem Hafen von Puteoli die einen nach Afrika segeln, die andern nach Ägypten, nach Phönicien und Cyprus, nach Sardinien oder über Sardinien hinaus. Die Vermietung der dortigen Speicher und Magazine war schon in der letzten Zeit der Republik sehr gewinnbringend. Neben dem Korn Afrikas und Ägyptens, dem Öl und Wein Spaniens, dem Eisen von Elba (das hier und in andern Häfen der Westküste von Großhändlern gekauft und zu Werkzeugen verarbeitet wurde, die dann wieder in alle Welt gingen) und den sonstigen Rohprodukten der westlichen Länder lagerten hier auch die Fabrikate Alexandrias, wie Leinwand, bunte Teppiche, Glaswaren, Papier, Weihrauch usw., und die kostbarsten Erzeugnisse und Waren des äußersten Südens und Ostens, die der alexandrinische Transithandel dorthin brachte. Eine spätestens aus der ersten Kaiserzeit stammende Inschrift ist von Kaufleuten gesetzt, die von Puteoli aus mit Alexandria, Asia und Syrien Geschäfte machten. Augustus, der in seinen letzten Tagen bei der Vorüberfahrt an diesem Hafen durch jubelnde Zurufe von der Bemannung eines alexandrinischen Schiffes erfreut worden war, schenkte jedem seines Gefolges 40 Goldstücke unter der Bedingung, sie nur für alexandrinische Waren auszugeben. Gewiß galt von vielen Bewohnern Puteolis, was jener C. Octavius Agathopus von sich sagt, daß er nach ermüdenden Reisen vom Orient zum Okzident hier ausruhe. Die Bevölkerung war sehr stark mit orientalischen Elementen versetzt. Griechen und Juden, Ägypter und Syrier ließen sich hier zahlreich auf die Dauer nieder, die großen Handelsstädte des Ostens, wie Hierapolis, Berytus und Tyrus und ohne Zweifel noch viele andere, hatten in Puteoli ihre Faktoreien und Gottesdienste. An dem dort gefundenen Postament einer kolossalen Statue des Tiberius sind 14 Städte der Provinz Asia abgebildet, die Tiberius nach Erdbeben in den Jahren 17, 23 und 29 wiederhergestellt hatte, darunter Ephesus, Sardes, Cibyra u. a., die Augustalen von Puteoli, die diese Statue errichten ließen, stammten wohl teils aus diesen Städten, teils standen sie mit ihnen in Handelsbeziehungen. So hatte der Reisende, der sich hier einschiffte, in dem Getümmel des Hafens, wo alle Trachten und Bildungen der orientalischen Völker zu sehen, ihre Mundarten zu vernehmen waren, ihre Produkte und Waren feilgeboten wurden, bereits ein Stück des Orients vor Augen.

Gewiß lagen in diesem Hafen in der Zeit der Schiffahrt stets alexandrinische Schiffe vor Anker, von allen Größen und Gattungen, von dem kleinen, leichtgebauten Schnellsegler bis zu dem riesigen Last- und Kornschiff, wie sie außerhalb Ägyptens besonders in Nicomedia gebaut wurden. Lucian hat ein solches Riesenschiff beschrieben, das, durch Sturm in den Piräus verschlagen, dort als seltenes Schauspiel eine Menge von Neugierigen herbeilockte; die „Isis", ein Dreimaster, maß in der Länge über 53 m, in der größten Breite mehr als den vierten Teil der Länge, in der größten Tiefe gegen 13 m, wonach sich ihre Tragkraft auf etwa 1575 Tonnen berechnen läßt; sie kam also einem großen Vollschiff gleich; sie brachte ihrem Besitzer wohl zwölf attische Talente (rund 56.500 Mark) und darüber jährlich ein. Sie war bemalt, hatte zu jeder Seite des Vorderteils ein Bild der Gottheit, von der sie den Namen trug, und manchen andern Schmuck; Besucher des Hafens, die noch nichts Ähnliches gesehen hatten, versäumten nicht, sich überall herumführen zu lassen, und betrachteten mit Bewunderung Masten und Segel, Tauwerk, Anker und Winden und die Kajüten auf dem Verdeck und sahen mit Staunen die braunen, fremd redenden Matrosen furchtlos in den Tauen umherklettern. Ägyptische Steuermänner galten als die seekundigsten und waren vermutlich allgemein gesucht. Als die höchste Zahl von Menschen, die ein ägyptisches Schiff fassen konnte, nennt Aristides 1000. Das Schiff, auf dem der Kaiser Claudius, auf seiner Rückkehr aus dem unterworfenen Britannien, in den Hafen von Hadria einlief, war eher ein ungeheurer Palast als ein Schiff.

Übrigens standen auch die größten Kornschiffe hinter den für den Transport von Marmorblöcken und Marmorsäulen eigens gebauten und vollends hinter den zum Tragen von Obelisken bestimmten Riesenschiffen zurück. Zu diesen gehörte das alexandrinische Schiff, das unter Augustus als erstes im Hafen von Ostia eingelaufen war und den nachher im großen Zirkus (jetzt auf Piazza del Popolo) aufgerichteten Obelisken gebracht hatte; seiner Merkwürdigkeit halber hatte es der Kaiser in den Werften von Puteoli aufstellen lassen, doch war es schon verbrannt, als Plinius schrieb. Es soll 1200 Passagiere und außer dem Obelisken eine Ladung von Papier, Nitrum, Pfeffer, Leinwand und 400.000 Scheffel (etwa 34.920 Hektoliter) Weizen enthalten haben. Doch als das größte Wunder, das auf dem Meere gesehen worden sei, bezeichnet Plinius das Schiff, das auf Caligulas Befehl den für den vatikanischen Zirkus bestimmten Obelisken (jetzt auf dem Petersplatze) nebst vier Blöcken desselben Steines brachte, die sein Postament bilden sollten. Es führte als Ballast etwa 120.000 Scheffel (etwa 10.470 Hektoliter) ägyptische Linsen, sein Hauptmast konnte nur von vier Männern umspannt werden, in seiner Länge füllte es die linke Seite des Hafens von Ostia zum großen Teil aus; denn dort ließ es Claudius später versenken, nachdem er drei turmhohe Massen aus puteolanischem Mörtel darauf hatte aufführen lassen. Auch von dem Schiffe, das den von Constantius im Jahre 357 im großen Zirkus aufgerichteten größern (jetzt auf dem Platze des Lateran befindlichen) Obelisken brachte, sagt Ammian, es sei von einer bis dahin unbekannten Größe gewesen und habe eine Bemannung von 300 Ruderern gehabt. Allem Anschein nach ist erst in neuester Zeit die Größe der riesigen Transportschiffe des Altertums übertroffen worden, namentlich seitdem man die großen Schiffe nicht mehr aus Holz, sondern aus Eisen und Stahl herstellt. Noch in den Vierzigerjahren des 19. Jahrhunderts wurden Schiffe von 1500—2000 Tonnen Gehalt als Wunder angestaunt. Doch die Persia (1856), 122 m lang, 14 m breit, hatte eine Tragfähigkeit von 5400 Tonnen; der Great-Eastern (1857), 207,25 m lang, 25,14 m breit, eine Tragfähigkeit von 27.400 Tonnen; der letztere konnte 4000 Passagiere außer der Bemannung aufnehmen, neben welchen dann noch für 5000 Tonnen Güterfracht Raum blieb. Von den Ausmessungen der heutigen Riesenschiffe gibt der Turbinendampfer Vaterland (1914) mit einer Länge von 289 m, einer Breite von 30 m und einem Rauminhalt von 54.282 Br.-Reg.-Tonnen eine Vorstellung; freilich handelt es sich hier um eine Ausnahmegröße; die für lange Fahrt übliche

Größe der Frachtdampfer bewegt sich zwischen 10.000 und 12.000 Tonnen, über 18.000 Tonnen hinauszugehen, gilt bei Frachtdampfern nicht als vorteilhaft.

Die durchschnittliche Dauer einer günstigen Fahrt von Puteoli nach Alexandria kann man wohl auf zwölf Tage und darüber veranschlagen, wenn nach der angeführten Angabe des älteren Plinius die schnellste bekannte Fahrt neun gedauert hatte. Ägypten war also den Römern damals noch nicht so nahe, wie Amerika uns jetzt ist. Die Fahrt ging über Sicilien und Malta. Die letztere Insel war nach Diodor wohlhabend und hatte (wie auch Gaulus und Cercina) gute Häfen; von Syrakus war sie 800 Stadien (= 80 Seemeilen, etwa eine knappe Tagereise) entfernt. Der Apostel Paulus machte die Fahrt von Malta nach Puteoli mit einem alexandrinischen Schiffe, das auf Malta überwintert hatte, den „Dioskuren"; in Syrakus und Rhegium wurde angelegt. Die weitere Reise bis Rom machte Paulus zu Lande, während Apollonius von Tyana in Puteoli das Schiff wechselte und so bis Ostia fuhr.

Die Nähe der gefahrvollen ägyptischen Küste verkündete das Licht des Leuchtturms von Pharos schon auf 300 Stadien (30 Seemeilen). Wie ein Stern schien es durch die Finsternis der Nacht und konnte wegen der Beständigkeit seines Scheins leicht für einen solchen gehalten werden, bis dann auch am Tage der hochragende Marmorbau sich weißschimmernd aus der blauen Flut hob und endlich die Palmen auf Pharos in Sicht kamen. Der Leuchtturm, mit dessen Verwaltung in der römischen Zeit ein kaiserlicher Freigelassener beauftragt war, erhielt sich bis tief in das Mittelalter und spielt in allen arabischen Berichten über Alexandria eine große Rolle. Auf einem dreistufigen Unterbau erhob sich der Turm in drei Geschossen, von denen das untere quadratischen, das mittlere achteckigen und das oberste, das die eigentliche Laterne trug, zylindrischen Grundriß hatte, bis zur Gesamthöhe von rund 120 m: auf der Höhe des Turmes befand sich eine Spiegelanlage, die die am Horizont erscheinenden Schiffe auf weite Entfernungen zeigte, später auch als Brennspiegel verwendet wurde; der Sage nach wurde sie im frühen Mittelalter durch byzantinische List zertrümmert. Nachdem im Jahre 796 die Sptize durch ein Erdbeben zerstört worden war, erfolgte die erste Restauration durch den kraftvollen Herrscher Ahmed ibn Tulun (868—883), der oben darauf eine kleine Moschee setzte, die auch bei den späteren Wiederherstellungen des allmählich immer kleiner werdenden Bauwerks ihren Platz stets behauptete. Es waren ausschließlich elementare Gewalten, die Brandung des Meeres und die Erdbeben und Winterstürme, die eine beständige Schädigung und Gefährdung und schließlich am Anfange des 14. Jahrhunderts den völligen Einsturz herbeiführten. An seiner Stelle baute 1477 der Mamelukensultan Kaitbey das nach ihm benannte, heute noch stehende Kastell. Heutzutage gibt keine Landmarke ein fernes Signal, als etwa im Westen der Araberturm, und gegen Alexandria Gruppen von Dattelpalmen und die Pompejussäule.

Der Grieche oder Römer, der den Boden Ägyptens betrat, fand sich dort wie in einer neuen Welt. War das Nilland ihnen von jeher als ein einziges, von allen übrigen durchaus verschiedenes erschienen, so mußte dies in jener Zeit noch in höherem Grade der Fall sein. Denn je länger die römische Weltherrschaft dauerte, desto einförmiger wurde die Welt. Mehr und mehr nivellierte im Westen die ausschließlich römische, im Osten die griechisch-römische Kultur die nationalen und landschaftlichen Eigentümlichkeiten. In Ägypten allein erhielten sich gleichsam mumienartig Reste einer Kultur, mit deren Uralter verglichen die griechische und römische von heute und gestern zu sein schien, und so ragte dies Land der Vergangenheit mit seinen Wundern und Geheimnissen wie in fossiler Erstarrung in die lebendige Gegenwart hinein. Seine Natur regte die Wißbegier wie keine andre an. Mit Ehrfurcht sah der Fremde den heiligen, als Gott verehrten Strom, den berühmtesten der Welt, seine mächtigen, segenspendenden Fluten wälzen, deren Ausfluß das Meerwasser angeblich weiter von der Küste ab trinkbar machte, als das Land sichtbar blieb. Sein in Dunkel gehüllter Ursprung reizte mächtig den Forschungstrieb des ganzen Altertums. Lucan läßt Cäsar in Alexandria sagen, er möchte kein Geheimnis lieber ergründen als dies: würde ihm eine sichere Aussicht geboten, die Quellen des Nil zu sehen, so wolle er den Bürgerkrieg im Stiche lassen. Bei Lucian wünscht sich Timolaus einen Zauberring, der die Kraft besäße, ihn im Fluge in ferne Länder zu tragen; dann würde er in alle unbekannten Teile der Erde vordringen und allein die Quellen des Nils kennen.

Die Schwellung des Nils verwandelte im Hochsommer ganz Unterägypten in eine weite Wasserfläche, aus der Städte, Flecken und Häuser, auf natürlichen oder künstlichen Anhöhen erbaut, gleich Inseln ragten; unzählige Fahrzeuge, manche nur aus gehöhlten Baumstämmen oder gar aus zusammengebundenem Tongeschirr bestehend, durchkreuzten sie. In einer um die Zeit der Annexion Ägyptens geschriebenen Stelle spricht Vergil von dem glücklichen Volke, das an den Ufern des seeartig austretenden Nils wohnt und seine Ländereien auf bunten Kähnen umschifft. Wie lebhaft die Eindrücke der eigentümlichen Vegetation und Tierwelt Ägyptens die Phantasie der Römer beschäftigten, davon geben die zahlreichen ägyptischen Landschaften auf Mosaiken und Wandgemälden Zeugnis, mit denen man Wohnzimmer und andre Räume schmückte. Auf Gewässern, die dicht mit den weißen Blumen des Lotus bewachsen sind, sieht man hier Sumpfvögel schwimmen; zwischen hohen Schilf- und Staudengewächsen verbirgt sich der Hippopotamus, lauert das Krokodil; am Ufer schleicht der Ichneumon, züngelt die Schlange, putzt sich der Ibis mit seinem krummen Schnabel; hoch über dem Dickicht wiegen Palmen auf schlanken Stämmen ihre befiederten Kronen. Auch für den Kaiser Septimius Severus hatte die Reise durch Ägypten besonders wegen der Neuheit der Tiere und der Gegenden Reiz. Das Interesse an der Tierwelt des Landes zeigt am meisten das Mosaik von Palestrina, dessen obere Hälfte eine öde Berglandschaft darstellt, die verschiedenen wirklichen und fabelhaften Tieren als Aufenthalt dient; in der untern, wo man angebaute Gegenden am Nil mit vieler Architektur und das menschliche Treiben in denselben sieht, dienen zur Staffage der Nillandschaften Ibisse, Wasservögel, Krokodile und Flußpferde, welche letztere von Jägern auf einer Nilbarke mit Lanzen gejagt werden. Da auch ein Taubenhaus dort abgebildet ist, scheint es, daß diese schon damals in Ägypten häufig waren; gegenwärtig bilden sie in Form kegelartiger Aufsätze, namentlich in Oberägypten, eine Art von zweitem Stockwerk der Hütten in den Dörfern. Daß übrigens die Wunder Ägyptens ins Fabelhafte erweitert wurden, zeigt unter anderm die Sage vom Phönix: daß dieser Vogel in Ägypten zu gewissen Zeiten gesehen werde, war nach Tacitus nicht zweifelhaft. Plinius berichtet von einer Palme in Unterägypten, die mit dem Phönix zugleich absterben und darauf aus sich selbst neu erwachsen sollte; er fügt hinzu, als er dies schrieb, habe sie eben Frucht getragen. Auch an die Existenz der Pygmäen, mit denen die ägyptischen Landschaften gern staffiert wurden, glaubte man, und zwar wie neuere Forschungen gelehrt haben, nicht ganz ohne Grund. Der Epicureer Philodemus gibt an, daß dergleichen in Akoris (in Mittelägypten am östlichen Nilufer) gezeigt werde. Man hatte auch Nachahmungen ägyptischer Architekturen und Gegenden im großen, wie Hadrian in seiner Villa zu Tibur ein Canopus, Sever, wie es scheint, ein Labyrinth und ein Memphis.

Und wie die Natur Ägyptens ewig dieselben wunderbaren Schauspiele bot, so auch seine Monumente, die ältesten, kolossalsten, staunenswürdigsten, die das Altertum kannte. An diesen künstlichen Steinbergen, Riesentempeln und Riesenpalästen, unermeßlichen, in Felsen gegrabenen Gängen und Höhlen, den Wäldern von Kolossen und Sphinxen, den zahllosen, mit farbenprangenden Bildern und geheimnisvollen Schriften überdeckten Wänden schien die Zeit machtlos vorüberzugehen. Es war immer dasselbe, was schon seit Jahrhunderten Tausende und Abertausende angestaunt, beschrieben und geschildert hatten, und doch immer neu und überwältigend. Keine modernen Bauten und Gebilde störten die Einheit dieser übermenschlichen Werke, da auch neuere Tempel und Skulpturen den alten nachgebildet und Hieroglyphen nach wie vor angewendet wurden.

Endlich erhielten sich dort manche fremdartige und in der ganzen übrigen Welt unerhörte Sitten und Gebräuche: dahin gehörte z. B. das künstliche Ausbrüten der Hühnereier durch Mistwärme, das auch das Interesse der über Ägypten nach dem heiligen Lande reisenden Pilger des Mittelalters erregte und noch heute (besonders in Kairo) betrieben wird; ferner das ebenfalls noch jetzt geübte Erklettern der Palmen in der Weise, daß die Kletternden ein Seil zugleich um ihren Leib und den Stamm schlingen und innerhalb dieser Schlinge von einem Knoten des Stammes zum andern aufsteigen. Doch am fremdartigsten und merkwürdigsten erschien den Besuchern Ägyptens immer der dortige Gottesdienst, in welchem begreiflicherweise die Verehrung der Tiere ihre Neugier und Verwunderung am meisten erregte.

So blieb das Interesse für Ägypten nicht nur immer gleich lebendig, sondern es hatte auch immer den gleichen Inhalt; noch gegen Ende des 3. Jahrhunderts waren nach dem Verfasser der „äthiopischen Geschichten", Heliodor, Erzählungen und Berichte von Ägypten für griechische (und gewiß auch römische) Ohren die anziehendsten, und die Hörer wurden nicht müde, nach den Pyramiden, den Königsgräbern und all den andern Wundern des Fabellandes zu forschen. Von den vorzugsweise oder ausschließlich aus Interesse für Ägypten unternommenen Reisen einiger Kaiser, Kaiserinnen und kaiserlichen Prinzen, wie des Germanicus im Jahre 19, des Hadrian (130), des Septimius Severus, der in Begleitung von Caracalla und Julia Domna bis zur Grenze Äthiopiens gelangte (199/200), wird später die Rede sein. Titus besuchte auf der Rückkehr von Judäa im Jahre 70 von Alexandria aus wenigstens Memphis, die Absicht Caligulas und Neros, nach Ägypten zu reisen, blieb unausgeführt; doch M. Aurel ist dort gewesen, wahrscheinlich auch L. Verus. Römischen Senatoren war seit Augustus der Aufenthalt in Ägypten ohne besondre kaiserliche Erlaubnis verboten, die aber in einzelnen Fällen erteilt worden ist.

Die Hauptstadt Ägyptens, Alexandria, bot dem Fremden ganz andre Eindrücke als das übrige Land. Eine relativ moderne, nicht ägyptische, sondern griechisch-orientalische Stadt, war sie in Bauart und Anlage von andern in der macedonischen Zeit entstandenen Städten nicht wesentlich verschieden, wie das die Ruinen dieser in Kleinasien, Syrien, Cyrene bestätigen. Über die Anlage Alexandrias haben die auf Veranlassung Napoleons III. durch den Hof-Astronomen des Vizekönigs von Ägypten Mahmud-Bey veranstalteten, im Jahre 1867 vollendeten Ausgrabungen neues Licht verbreitet. Die Zuverlässigkeit ihrer Ergebnisse ist durch neue, 1898 bis 1902 ausgeführte Grabungen im allgemeinen bestätigt worden. Wenn Mahmuds Straßennetz, das aus der vierten Bauperiode der Stadt stammt, auch erst der nachhadrianischen Zeit anzugehören scheint, ist es doch von dem ursprünglichen so gut wie gar nicht abgewichen. Nach Mahmud betrug der ganze Umfang der Stadt innerhalb der Mauern 15.800 Meter oder ungefähr 86 Stadien, so daß bei den zum Teil höhern Angaben der Alten die Vorstädte eingerechnet sein müssen. Die Nachgrabungen haben ein völlig rechtwinkliges Netz von 7, der Länge nach von WSW nach ONO, und 12, der Breite nach von NNW nach SSO die Stadt durchschneidenden Hauptstraßen erwiesen. Die eigentliche Zentralverkehrsader unter den Längsstraßen, welche nach Osten hin die Stadt in ihrer mittleren Breite durchschnitt und weiterhin nach Canopus führte (und vielleicht die canopische, sicher „der Korso“ δρόμος hieß), ist fast ihrer ganzen Länge nach Hauptstraße geblieben. Ihre Breite, die Strabo auf 36 Meter angibt, beträgt in der Tat nicht volle 20. An beiden Seiten zogen sich, die Fußwege vom Fahrdamm abschließend, in der ganzen Länge der Straße (30 Stadien = 5,4 km) Säulengänge hin, von denen sich vielfache Spuren erhalten haben. In den dieser Hauptstraße parallellaufenden Längsstraßen betrug die Pflasterbreite nur 6,65 Meter. Die ebenfalls mit Säulengängen eingefaßte (wahrscheinlich von dem Tor der Sonne nach dem des Mondes führende) Hauptquerstraße hatte dieselbe Breite wie die canopische. Das Straßenpflaster besteht aus Blöcken der härtesten Gesteine (Basalt und harter Kalkstein) und ist an den Seiten durch eine ununterbrochene Reihe oblonger Quadern fest eingefaßt. Die 12 in der Richtung nach dem Meere laufenden Hauptstraßen waren sämtlich mit verdeckten Kanälen versehen. Die stattlichen, massiv aus Stein gebauten, sämtlich mit fließendem Wasser ausgestatteten Häuser hatten flache Dächer. Nach Strabo bildete das Quartier der Königspaläste mit den dazu gehörigen Lustgärten, dem Museum und der Königsgruft, die auch den Leichnam Alexanders des Großen in einem gläsernen Sarge enthielt, den vierten Teil der (griechischen) Stadt. Unter den Prachtbauten, von denen sie voll war, hebt er besonders das Gymnasium mit mehr als 1 Stadium langen Säulengängen und das Paneum hervor, einen künstlichen Hügel, dessen Spitze man auf Schneckenwegen erstieg, um von dort das ganze Panorama der Stadt zu übersehen. Das von Strabo nur beiläufig erwähnte, dem ersten Kaiser geweihte Cäsareum oder Augusteum, ein von Cleopatra als Tempel des Antonius begonnener Bau, mag seine Vollendung erst später erhalten haben; Philo beschreibt es als einen weiten Tempelbezirk mit Portiken, Sälen, Bibliotheken, Hainen, Propyläen, voll von Weihgeschenken, Statuen und Gemälden, in Gold und Silber prangend. Das ebenfalls von Strabo nur beiläufig genannte Serapeum ist vielleicht von Hadrian, der auch Alexandria mit Bauten reich ausstattete, sehr erweitert und verschönert worden. Es bestand aus einem Säulenhof, dessen Mitte die Pompejussäule einnahm, davor zwei Obelisken; hinter den Hallen lagen Räume für Kultuszwecke und die nachmals von den Arabern verbrannte Bibliothek, vor ihnen ein Propyläum mit Kuppel. Ammian sagt, daß es mit seinen gewaltigen Säulenhallen, lebenatmenden Statuen und der übrigen Masse von Kunstwerken so reich geschmückt erschien, daß es nur hinter dem römischen Kapitol zurückstand; in der unter Constantius verfaßten Weltbeschreibung wird es ein in der ganzen Welt einziger Anblick genannt.

Schon in Diodors Zeit hatte Alexandria nach amtlichen Angaben mehr als 300.000 freie Einwohner. Da nun der Wohlstand der Stadt seit der Schlacht von Actium ungemein wuchs und sie überdies durch die Leichtigkeit des Erwerbs und die lockendsten Genüsse eine fortwährende Einwanderung aus den übrigen Städten und vom Lande herbeigezogen haben muß, dürfte sich die Bevölkerung während der ersten Jahrhunderte mehr als verdoppelt und mit Einschluß der Fremden und Sklaven über eine Million betragen haben. Die Folge dieses Wachstums war eine Erweiterung der Stadt: die in Strabos Zeit verödete Insel Pharos wurde (vielleicht nebst dem Heptastadion) neu besiedelt, und die Neugründung erhielt den in zwei Inschriften des 2. Jahrhunderts vorkommenden Namen Neapolis. Die Bevölkerung bestand teils aus Ägyptern, Griechen und Juden, teils war sie eine Mischbevölkerung, hauptsächlich, doch keineswegs ausschließlich, aus der Vermischung der beiden ersten Nationen hervorgegangen. Römer und andre Europäer müssen hier, auch abgesehen von der starken, zum großen Teil aus der Bürgerschaft und dem Lager von Alexandria rekrutierten, wenig Occidentalen enthaltenden Garnison und dem großen Beamtenpersonal, immer in nicht geringer Zahl vorübergehend oder auf die Dauer ansässig gewesen sein. Dazu führte der Welthandel die afrikanischen und asiatischen Völkerschaften in Menge aus den weitesten Fernen wie in keiner andern Stadt der Erde zusammen: Äthiopier, Libyer und Araber sah man hier neben Skythen, Persern, Baktrern und Indern.

Der Hafen von Alexandrien war der einzig sichere auf der ganzen, 5000 Stadien (900 km) langen Strecke der asiatischen und afrikanischen Küste zwischen Joppe und Parätonium. An der Mündung der einzigen Wasserstraße eines unermeßlich reichen Hinterlandes, „im Angelpunkt dreier Weltteile, an der Schwelle zwischen Orient und Occident und an der Straße nach Indien“ gelegen, war Alexandria, wie Dio von Prusa sagt, ein Mittelpunkt der ganzen Erde, der die fernsten Völker, wie der Markt die Bewohner einer Stadt, versammelte und miteinander bekannt machte. Diese beispiellos günstige Lage machte Alexandria zum ersten Handelsplatz, ja vor der Kaiserzeit in den Augen mancher zur ersten Stadt der alten Welt. Später behauptete es unbestritten die zweite Stelle nach Rom, welche ihm auch im 3. Jahrhundert nur Karthago und Antiochia allenfalls streitig machen konnten. Aber erst seit Ägypten ein Glied dieses ungeheuren Handelsgebiets geworden war, konnten all jene Vorteile seiner Lage ihre volle Wirkung üben. Der Handel nahm sogleich einen gewaltigen Aufschwung, und die Alexandriner erkannten dankbar den ungemeinen Gewinn an, den ihnen die Annexion ihres Landes durch Augustus brachte. Sie verehrten ihn in dem erwähnten Tempel als Beschützer der Schiffahrt, sie feierten ihn als den Herrscher des Meeres und des Festlandes, als Zeus's Befreier, als den Stern von Hellas, den der rettende Zeus habe aufgehen lassen; und als er in seinen letzten Tagen bei Puteoli vorüberfuhr, brachte ihm die Bemannung eines dort eben gelandeten alexandrinischen Schiffes, bekränzt und in weißen Kleidern, wie einem Gotte Weihrauchspenden dar; sie priesen ihn als den, dem sie das Leben, die Schiffahrt, den Genuß der Freiheit und aller Glücksgüter verdankten. Die Einfuhr aus Arabien und Indien betrug schon 6 Jahre nach der Schlacht bei Actium weit mehr als das Sechsfache von dem, was sie unter den letzten Ptolemäern betragen hatte: damals waren kaum 20 Schiffe jährlich nach Indien ausgelaufen, im Jahre 25 v. Chr. gingen allein aus Myos-Hormos dorthin 120; nicht minder steigerte sich die Einfuhr aus dem Innern Afrikas; und der Absatz der Waren, die den Gegenstand dieses alexandrinischen Transithandels bildeten, nach Italien und dem Westen muß mit dem Steigen des Luxus und dem Fortschritt der Kultur in den Provinzen während der ersten Jahrhunderte noch sehr zugenommen haben. Karawanen und Handelsflotten brachten Jahr aus Jahr ein die Schätze des Südens und Ostens, selbst der fernsten Fabel- und Wunderländer hierher. Das Köstlichste und Seltenste, was die Welt kannte, lagerte hier in Massen. Goldstaub, Elfenbein und Schildkrötenschalen aus dem Troglodytenlande, Gewürze und Wohlgerüche aus Arabien, Perlen vom Persischen Meerbusen, Edelsteine und Byssus aus Indien, Seide aus China — all diese und unzählige andre Waren, meist von der höchsten Kostbarkeit, wurden hier aufs neue verladen, um in Rom und anderwärts zum Teil zum Hundertfachen des Einkaufspreises abgesetzt zu werden. Schon in Strabos Zeit war die Ausfuhr bedeutender als die Einfuhr.

Neben diesem Welthandel, der Tausenden Lebensunterhalt, Wohlstand und Reichtum gab, von dem großen Kaufmann, dessen Schiffe nach der Malabarküste und Puteoli segelten, bis herab zu den Lastträgern des Hafens, hatte Alexandria eine großartige Industrie. Die dortigen Webstühle lieferten die in alle Welt, selbst nach Britannien versendete, berühmte Leinwand aus dem einheimischen Flachs in allen Graden der Feinheit; für den Export nach Arabien und Indien wurden die Kleider der Nationaltracht des Volks, für das sie bestimmt waren, entsprechend gearbeitet. Nicht minder berühmt und weit verbreitet waren die bunt gemusterten Wollenstoffe, die noch im Mittelalter ihren Ruf behaupteten, darunter kostbare Zeuge mit eingewirkten Figuren von Tieren und Menschen, auch ganzen Szenen, zu Kissenüberzügen, Teppichen und Gewändern. Aus den Glasbläsereien gingen die buntesten, künstlichsten und kostbarsten Gläser in allen Gestalten und Farben hervor; aus den Papyrusfabriken alle Arten des Schreibmaterials, vom dünnsten Blatt bis zum gröbsten Packpapier. Der Ertrag der Papierfabriken des Firmus, der unter Aurelian als Kronprätendent auftrat, war so groß, daß er sich rühmte, von Papyrus und Leim ein Heer unterhalten zu können. Auch die wohlriechenden Öle und Essenzen von Alexandria erfreuten sich eines großen Rufs. In den Weihrauchoffizinen mußten die Arbeiter, um Entwendungen zu vermeiden, mit angesiegelten Schürzen und Masken oder dichten Netzen vor dem Gesicht arbeiten und nackt die Werkstatt verlassen.

Das rastlose Treiben einer so ungeheuren erwerbenden, arbeitenden und schaffenden Bevölkerung imponierte um so mehr, wenn man es mit dem müßiggängerischen und unproduktiven Gewühl und Getümmel Roms verglich. Es war dies, was neben der in einem Welthafen natürlichen Vermischung und Verwirrung der Religionen und Kulte von allem Staunen bei einem Besucher von Alexandria erregte. Niemand, so heißt es in einem auf den Namen des Kaisers Hadrian gefälschten Briefe, ist hier untätig, jeder treibt irgendein Gewerbe. Die Podagrischen haben zu schaffen, die Blinden haben zu tun, nicht einmal wer das Chiragra hat, geht müßig.Das Geld ist ihr Gott, ihn beten Juden, Christen und alle andern an.

Daß die Bevölkerung der reichen Fabrik- und Handelsstadt in hohem Grade übermütig war, ist natürlich. Zu dem Kaufmannsstolz gesellte sich „bei der aufgeblasenen und frechen Nation“ das Bewußtsein der Unentbehrlichkeit Ägyptens für Rom, dessen Existenz zum großen Teil auf dem Ausfall der dortigen Ernten und der Kornzufuhr von dort beruhte. Wenn jemand den Nil lobt, sagt Dio von Prusa den Alexandrinern, seid ihr so stolz, als kämt ihr selbst aus Äthiopien geflossen. Wo die ungeheuersten Reichtümer gewonnen wurden, wo Millionen in Umlauf waren und auch der Proletarier mit leichter Mühe genug erwarb, um seine Mahlzeit von frischen oder geräucherten Fischen mit Knoblauch, Schnecken, Mehl- oder Linsenbrei oder einem aus Gekröse bereiteten Gericht in einer Garküche zu halten und sich in dem beliebten Gerstenbier zu berauschen — da war natürlich auch die Üppigkeit und Ausgelassenheit groß. Die den Ägyptern eigentümliche Witzelei und Spottlust war hier unbezähmbar und steigerte sich bis zur zügellosen Frechheit; selbst die Mächtigsten, selbst die Kaiser, selbst ihre Wohltäter blieben nicht verschont, auch die Gefahr konnte die Ausbrüche dieses Hanges nicht zurückhalten. Dio von Prusa betrachtete es als Beweis von Mut, daß er vor dem Alexandrinern aufzutreten wagte, ohne ihren Lärm, ihr Gelächter, ihren Zorn, ihr Pfeifen und Zischen und ihren Spott zu fürchten, womit sie alle in Schrecken setzten. Seneca durfte es seiner mütterlichen Tante zum Ruhme anrechnen, daß sie als Gemahlin des Vizekönigs von Ägypten während einer Zeit von sechzehn Jahren von aller üblen Nachrede verschont geblieben sei, in einer Stadt, „die so geistreich und redefertig ist, wo es die Verunglimpfung ihrer Regierung gilt“. Der milde Vespasian wurde durch die Schmähungen, mit denen die Alexandriner ihn wegen der ihnen auferlegten Steuererhöhung überhäuften (sie nannten ihn u. a. den „Salzfischhändler“), so aufgebracht, daß er sie ernstlich zu bestrafen beabsichtigte; als Titus für sie gebeten hatte, riefen sie diesem zu: „Wir verzeihen ihm: er versteht noch nicht, sich als Kaiser zu benehmen!“ Caracalla rächte sich für die Spöttereien der Alexandriner, die ihm zu Ohren gekommen waren, im Jahre 215 durch ein furchtbares Blutbad.

So war also dort, wie auch Dio rügt, Scherz, Gelächter und Lustbarkeit überall, Ernst und Sammlung für höhere Interessen nirgends zu finden. Auch hier drehte sich alles um Brot und Schauspiele. Obwohl Alexandria schon in Strabos Zeit ein Amphitheater hatte, waren wenigstens hundert Jahre später die Spiele der Rennbahn und des Theaters am meisten beliebt, und neben Possen, Vorstellungen von Gauklern und Tierkämpfen war es vor allem Tanz und Musik, woran das Volk mit Leidenschaft hing. Die Bevölkerung von Alexandria war so musikverständig wie keine andre; auch Leute, die nicht einmal lesen und schreiben konnten, hörten jede falsche Note eines Kitharaspielers heraus. Die alexandrinischen Künstler waren im Spiel der Saiten- und Blasinstrumente gleich geschickt. Gesang und Saitenspiel war in Alexandria ein unfehlbares Beschwichtigungsmittel der lärmenden Massen, eine Panacee für alle Übel, und Sänger, Sängerinnen und Kitharaspieler entzückten das Volk bis zur Raserei. Auch die leidenschaftliche Teilnahme für den Ausgang der Wagenrennen führte häufig zu tumultarischen, ja blutigen Szenen.

Überhaupt war der Pöbel von Alexandria besonders gefährlich, nicht bloß, weil es der Pöbel einer großen Seestadt war, sondern auch, weil er aus der Hefe verschiedener Nationen und einer daraus hervorgegangenen Mischlingsbevölkerung bestand. Es bedurfte nur eines Funkens, um den hier immer bereiten Zündstoff in Brand zu setzen: ein Nichts konnte diese üppige, vergnügungssüchtige Stadt in ein wildgärendes Chaos verwandeln. Aufwiegler und Demagogen bedienten sich zur Erregung von Unruhen hauptsächlich der vielen aus zahlreichen Mitgliedern bestehenden Genossenschaften (Θίασοι), in denen, wie Philo versichert, Trunkenheit, Ausgelassenheit und Frechheit herrschte. Diese sprachen und handelten einmütig nach der von den Führern erteilten Parole. Auf die geringsten Anlässe, wie eine vernachlässigte Begrüßung, eine Beschlagnahme von Lebensmitteln, die Abweisung eines unbedeutenden Gesuchs, die mißfällige Bestrafung eines Sklaven, rotteten sich Massen zusammen, blitzten Waffen, flogen Steine: und wenn diese Aufstände sich auch zuweilen in ein Absingen von Gassenliedern auflösten, so mußten doch mehr als einmal bedeutende Truppenmassen aufgeboten werden, um sie zu dämpfen. Noch in einer Beschreibung des römischen Reiches aus dem 4. Jahrhundert heißt es, daß die Statthalter Alexandria nur mit Zittern und Zagen betreten, weil sie die Volksjustiz fürchten; denn auf jedes ihrer Vorgehen folgt sogleich Brandlegung und Schleudern von Steinen.

Auch der religiöse Fanatismus der Ägypter veranlaßte vermutlich nicht selten Unruhen. Diodor erzählt als Augenzeuge, daß, als ein Römer unter dem Könige Ptolemäus Auletes in Ägypten unabsichtlich eine heilige Katze tötete, weder die sehr große Furcht des Volkes vor Rom noch die Vermittlung des Königs ihn vom Tode retten konnte. Unter Hadrian erregten die von verschiedenen Gemeinden an einen nach vielen Jahren aufgefundenen Apisstier erhobenen Ansprüche zu Alexandria einen Aufruhr. Und wenn auch in dem Welthafen die Vertreter der verschiedensten Religionen zusammenströmten, so standen diese doch im schroffsten Gegensatze zueinander, und diese Gegensätze, durch den Rassenhaß geschärft und gesteigert, werden nicht selten zu Ausbrüchen geführt haben, wie die von Philo geschilderte große Judenverfolgung unter Caligula und die Kämpfe der Juden mit den Griechen im Jahre 66. Bei diesen letztern verwandte der Präfekt Tiberius Alexander, ein jüdischer Renegat, um den Widerstand seiner ehemaligen Glaubensgenossen zu brechen, außer den in Alexandria stehenden zwei Legionen noch 2000 auf dem Durchmarsch befindliche Soldaten; 50.000 Juden sollen damals ums Leben gekommen sein.

Unter den gewiß sehr verschiedenen Klassen von Reisenden, welche die große, prachtvolle und in so vieler Beziehung eigentümliche Stadt anzog, verdienen diejenigen besondere Erwähnung, die dort Genesung, und diejenigen, die wissenschaftliche Belehrung suchten. Eine Seereise nach Ägypten wurde (wie erwähnt) von den Ärzten namentlich gegen beginnende Abzehrung empfohlen. Unter dem milden Himmel, wo nie Schnee fiel, auch im Winter die Rosen blühten und kein Tag ohne Sonnenschein verstrich, während zugleich die Sommerhitze durch die Monsune gemildert wurde, hoffte mancher Kranke, für den das Klima Italiens sich als zu rauh erwiesen hatte, von seinem Bluthusten zu genesen. Auch waren die Ärzte Alexandrias die berühmtesten, und in den dortigen medizinischen Schulen fand man die beste Gelegenheit zur Ausbildung in der Heilkunde. Galen, der selbst in Alexandria studiert hatte, sagt, daß die dortigen Ärzte ihren Schülern Gelegenheit verschafften, die Knochen aus Anschauung kennenzulernen, und schon allein aus diesem Grunde müsse man danach streben, nach Alexandria zu kommen; auch erwähnt er, daß er dort oft die schnelle und schmerzlose Hinrichtung von Verbrechern durch Natterbiß gesehen habe. Zu allen Zeiten hielten zahlreiche Jünger dieser Kunst sich hier auf; es war für einen jungen Arzt eine wirksame Empfehlung, in Alexandria seine Studien gemacht zu haben; und so kam von dieser Stadt Gesundheit für die ganze Welt.

Aber auch für die meisten andern Wissenschaften waren dort die besten Lehrer und Unterrichtsanstalten, die fort und fort zahlreiche Fremde, natürlich vorzugsweise aus den Ländern griechischer Zunge, herbeizogen. Alexandria blieb bis in die letzte Zeit des Altertums und zum Teil sogar noch später eine hohe Schule für Philosophie, Musik, Rechtswissenschaft, Philologie und Literaturwissenschaft, Mathematik und Astronomie, an die sich Astrologie, Alchemie, Magie und andre Geheimwissenschaften anschlossen, in welche die Ägypter am tiefsten eingedrungen zu sein sich rühmten. Den Mittelpunkt jener Studien bildete auch jetzt noch die von den Ptolemäern gegründete Akademie (das Museum) und die Bibliothek, die ohne Zweifel stets eine große Zahl von Schreibern beschäftigte, so daß die Kunst des Schön- und Schnellschreibens, wie es scheint, sehr verbreitet war.

Endlich werden auch religiöse Zwecke zahlreiche Reisen nach Alexandria veranlaßt haben. Nirgends, heißt es in der unter Constantinus verfaßten Weltbeschreibung, werden die Mysterien der Götter so gut gefeiert wie dort von alters her und noch heute. Die größte Anziehungskraft auf die Gläubigen aller Länder übte wohl der Kultus des hier ganz besonders hochverehrten, in so vielen Gefahren hilfreichen Gottes Sarapis. Der

Kaiser Septimius Severus legte auf seine Reise in Ägypten besonders auch darum Wert, weil sie ihm Gelegenheit gab, dem Sarapis seine Verehrung zu bezeigen, und Caracalla nahm dies zum Vorwande seines Erscheinens in Alexandria im Jahre 215. Auch an Pilgerinnen zu den Tempeln der im ganzen römischen Reiche von den Frauen so allgemein verehrten Isis wird es nicht gefehlt haben, die sich zugleich das bei deren Kultus erforderliche Nilwasser in unzweifelhafter Echtheit verschaffen wollten.

Besonders anziehend war für die Alexandriner wie für die Fremden, die sich dort aufhielten, die Ostküste mit ihren berühmten Lust- und Badeorten, vor allen Canopus, etwas westlich von Abukir, die sämtlich jahraus, jahrein von Gästen gefüllt waren. Die Ufer des etwa 20 Kilometer langen Kanals, der Canopus mit Alexandria verband, waren mit üppig eingerichteten Gasthäusern besetzt. Die griechische Inschrift eines solchen (oder des Versammlungslokals eines geselligen Vereins), in elegischem Versmaß, hat sich teilweise erhalten. Diese Mauern, heißt es darin, sind stets von Gelagen belebt, von Scharen junger Männer erfüllt; nicht der Ton der Trompete, nur der der Flöten erschallt hier, Blut von Stieren, nicht von Männern, rötet die Erde, Gewänder schmücken uns, nicht Waffen, und bekränzte Chöre, den Kelch in der Hand, feiern in nächtlichen Gesängen den großen Gott Armachis. Auch die hier gelegene Vorstadt Eleusis, „ein Anfang der canopischen Schwelgerei", hatte zahlreiche Fremdenwohnungen, zum Teil mit Vorrichtungen für Fernsichten versehen und überhaupt mit allem Luxus ausgestattet; noch mehr Canopus selbst, ein Ort zur Lust geschaffen, wo man bei dem erfrischenden Hauch der sanften Seewinde, dem leisen Gemurmel der Wellen, unter dem sonnigsten Himmel träumen konnte, der Welt entrückt zu sein. Der alexandrinische Gelehrte Apio fand dort das elysische Gefilde Homers. Kranke besuchten vor allem den berühmten, vor andern heilig gehaltenen Tempel des Sarapis, um daselbst im Schlaf die orakelhaften Anweisungen des Gottes zu ihrer Herstellung zu empfangen. Ein großer Teil der Gäste aber suchte Canopus auf, um sich den zügellosesten Ausschweifungen zu überlassen, als deren Schauplatz diese Stadt wie kein andrer Vergnügungsort in der damaligen Welt berüchtigt und sprichwörtlich war. Tag und Nacht war in Strabos Zeit der Kanal mit Barken gefüllt, die Gesellschaften von Männern und Frauen von Alexandria dorthin führten. Manche dieser mit Gemächern (die vergitterte Fenster hatten) versehenen Barken legten im Schatten des hoch aus dem Wasser ragenden Gesträuchs der (später ebenso wie der Papyrus in Ägypten untergegangenen) ägyptischen Bohne (Nymphaea Nelumbo L.) an, und hier sah man die Lustfahrenden mitten in Duft und Blütenpracht ihre Mahlzeiten halten, auf andern beim Schall der Flöte Tänze von der äußersten Ausgelassenheit aufführen. Mehrere Darstellungen solcher Szenen haben sich in Pompeji erhalten; auch das Mosaik von Palestrina zeigt ein Gelage, bei dem eine Flötenspielerin Musik macht, unter einer Weinlaube, die von einem Ufer eines mit den Blüten der ägyptischen Bohne gefüllten Wassers zum andern gespannt ist.

Aber welche Fülle von Schauspielen und Anregungen Alexandria und seine Umgegend auch bot, die Reisenden, welche, wie Germanicus, Ägypten besuchten, um seine Altertümer kennenzulernen, konnte es auf die Dauer nicht fesseln. Denn die Stadt mit ihrem Leben und Treiben gehörte ganz und ausschließlich der Gegenwart. Aber nach einer kurzen Reise ins Land auf Kamelen oder stromaufwärts auf der Nilbarke war man aus dem Gewühl und Getöse, aus Glanz und Pracht in Schweigen und Einsamkeit entrückt und fühlte sich überall vom Hauch einer unendlich fernen Vergangenheit angeweht. Ohne Zweifel fehlte es nicht an Reisenden, die wie Apollonius von Tyana bei Philostrat gewissenhaft von Ort zu Ort zogen, um jede Sehenswürdigkeit in Augenschein zu nehmen, und deshalb fortwährend von einem Ufer auf das andre übersetzten, um keine Stadt und keinen Tempel unbesucht zu lassen.

Doch das nächste Ziel der Mehrzahl war vermutlich Memphis, nicht weil es auch damals an Größe und Volksreichtum die zweite Stadt Ägyptens war, sondern wegen der hochberühmten Denkmäler des uralten Königssitzes. Zwar die Paläste der ältesten Pharaonen waren Ruinen, die Reihen von Sphinxen, die zum Sarapistempel führten, halb oder ganz unter Flugsand begraben; aber die Pyramiden hatten die Jahrhunderte nicht zu versehren vermocht. Schon aus weiter Ferne sah man sie auf einer öden hohen Felsebene im Westen der Stadt aus zusammengewehten, schwer zu durchschreitenden Sandhügeln gleich Bergen ragen. Ihr Anblick war damals ein andrer als gegenwärtig; die stufenartig aufsteigenden Steinblöcke waren durchaus bekleidet, die Außenseiten bestanden also aus vier geneigten, glatten, mit Hieroglyphen bedeckten Flächen, die in eine Spitze zusammenliefen. Der arabische Schriftsteller Abdellatif (im Anfange des 13. Jahrhunderts) sagt, daß Kopien der Schriften auf den beiden großen Pyramiden mehr als 10.000 Seiten füllen würden. Der Abbruch der Bekleidung fand nicht vor der ersten Hälfte des 14. Jahrhunderts statt, bei der großen Pyramide war er nach dem Zeugnis eines französischen Pilgers 1395 schon sehr vorgeschritten; Cyriacus von Ancona konnte 1440 bereits bis auf ihre Spitze hinaufsteigen. Die Bekleidung der zweiten existierte großenteils noch 1638 nach dem Zeugnis des englischen Reisenden Greaves, die der dritten (von den Arabern die rote genannt) noch am Ende des 14. oder Anfang des 15. Jahrhunderts. Eingeborene, aus dem nahen Orte Busiris, verstanden es im Altertum, die geneigten Flächen bis zur Spitze zu erklimmen: eine Kunst, mit der sie sich ohne Zweifel, wie im Mittelalter die Araber, vor den Fremden für Geld sehen ließen. Die ägyptischen Priester versicherten, daß die Pyramiden ebenso tief in die Erde hinab, als über den Grund in die Höhe gebaut seien, eine Sage, die sich auch bei der Marienburg und vermutlich öfter bei großen und viel bewunderten Bauten findet. Griechische und römische Reisende ließen auch hier das Andenken ihrer Gegenwart durch eingehauene Inschriften verewigen, die mit der Bekleidung der Pyramiden verschwunden sind. Eine derselben haben Pilger nach dem Heiligen Lande im 14. und 15. Jahrhundert noch gelesen und abgeschrieben. Die Schwester eines C. Terentius Gentianus, der unter Trajan und Hadrian hohe Ämter (auch das Konsulat) bekleidete, hat sie dem Andenken ihres (bereits verstorbenen) „süßesten Bruders" geweiht: sie habe die Pyramiden ohne ihn gesehen, um ihn trauernd reichliche Tränen vergossen und lasse nun zur Erinnerung an ihren Gram diese Klage hier einmeißeln. Eine Anzahl von andern Inschriften sind auf der Klaue eines kolossalen Löwen mit Menschenhaupt bei der Pyramide des Chefren eingehauen, der in neuerer Zeit wieder aus dem Sande, unter dem er verschüttet war, ausgegraben worden ist.

Ein ferneres Hauptziel für römische und griechische Reisende in Ägypten waren die Ruinen von Theben, die sich auf beiden Seiten des Nil mehr als 3 Kilometer weit von Norden nach Süden erstreckten. Auch Germanicus besuchte sie im Jahre 19, und vielleicht verstand der junge Fürst die ernste Mahnung, die in diesem großen Schauspiel untergegangener Herrlichkeit auch für sein Volk enthalten war; denn was ihm ein alter Priester auf Verlangen aus der noch übriggebliebenen Hieroglyphenschrift der Denkmäler vorlas, lehrte ihn, daß das alte Reich von Theben so groß und mächtig gewesen war, wie damals allein das römische und das parthische Reich. Mit einem Heer von siebenmalhunderttausend Männern, so war dort zu lesen, hatte König Ramses (der zweite, im 13. Jahrhundert v. Chr.) Libyen, Äthiopien und einen großen Teil von Asien durchzogen und unterjocht; auch die den besiegten Völkern auferlegten Tribute an Gold und Silber, an Pferden und Waffen, an Elfenbein und Wohlgerüchen, an Getreide und Erzeugnissen jeder Art waren verzeichnet. Noch heute sind in den Ruinen von Theben umfassende Darstellungen der Kriege und Siege des Ramses in Bild und Schrift vorhanden.

Auch das tönende steinerne Bild des Memnon betrachtete Germanicus; und dies nahm, wie es scheint, bald die Aufmerksamkeit der meisten Reisenden in höherem Grade in Anspruch, als alle übrigen Überbleibsel Thebens, ja vielleicht als alle Wunderwerke Ägyptens. Auf dem westlichen Ufer des Nils war ein großes Trümmerfeld, das Philostrat im Leben des Apollonius von Tyana (vielleicht nach den Schilderungen der Kaiserin Julia Domna) wie den Marktplatz einer verlassenen Stadt beschreibt, auf dem man Reste von Pfeilern und Mauern, Steinsitze und Bildwerke, teils durch Menschenhand, teils durch die Zeit zerstört, erblicke. Aus diesen durcheinandergeworfenen Trümmern ragten zwei sitzende Kolosse, die man schon in einer Entfernung von vier Stunden sah, der Inschrift nach Standbilder des Königs Amenophis III. Jeder war aus einem Felsblock gehauen, von etwa 20 m Höhe, nackt bis auf einen Schurz, mit jugendlichem Antlitz, in aufrechter Haltung, die herabgesenkten Arme eng an den Leib geschlossen, die Hände auf den Knien ruhend. Seit ein Erdbeben, vielleicht im Jahre 27 v. Chr., den oberen Teil des einen herabgestürzt hatte, so daß nur noch die Beine mit den auf den Knien liegenden Händen an dem Throne hafteten, beobachteten Besucher der Ruinen von Theben ein seltsames Phänomen. Wenn beim Aufgange der Sonne die beiden Kolosse ihre ungeheuren Schatten über die schweigende Einöde warfen, erklang aus dem zertrümmerten ein leiser, aber deutlicher Ton. Strabo, der erste Berichterstatter über dies Phänomen, nennt es ein Geräusch, wie durch einen leichten Schlag verursacht. Andre verglichen den Ton dem einer zerspringenden Saite, wieder andre dem Schall eines kupfernen Gefäßes, an das man schlägt. Manche glaubten darin eine Ähnlichkeit mit der menschlichen Stimme zu entdecken. So entstand die Vorstellung, daß dies ein Bild Memnons sei, der nach einem seit lange bei den Griechen verbreiteten Glauben der Erbauer auch dieser Paläste war, und daß der Sohn der Morgenröte mit diesem Laut seine Mutter begrüße. Wann die Benennung des Kolosses als Memnon aufgekommen und allgemein geworden ist, läßt sich nicht bestimmt ermitteln; doch hat bereits der bekannte gelehrte alexandrinische Scharlatan Apio (unter anderm Verfasser der von Josephus widerlegten judenfeindlichen Schrift), der unter Tiberius und Caligula lebte, seinen Namen darauf mit der Bemerkung verewigt, daß er den Memnon dreimal gehört habe. Der erste Schriftsteller, der den Koloß als Memnon erwähnt, ist der ältere Plinius in seiner im Jahre 77 vollendeten Naturgeschichte. Als das tönende Bild des Sohnes der Göttin der Morgenröte erlangte der Koloß eine ganz neue Anziehungskraft für griechische und römische Reisende. Von den vielen, die seinetwegen nach Theben pilgerten, haben manche ihren Namen, zum Teil auch das Datum ihrer Anwesenheit, und längere oder kürzere Bemerkungen, selbst Gedichte, fast sämtlich in die Beine der Figur einhauen lassen, die beinahe bis zu den Knien mit diesen Inschriften bedeckt sind. Von 72 derselben sind 35 datiert, die erste aus Neros, 3 aus Domitians, eine aus Trajans Zeit, die meisten (27) aus der Hadrians; sein eigner Name, der seiner Gemahlin und verschiedener Personen seines Gefolges stehen hier zur Erinnerung an einen im November 130 abgestatteten Besuch. Außerdem liest man die Namen von 8 Vizekönigen Ägyptens, 2 Gemahlinnen von Vizekönigen, 3 Kommandanten der Thebais, von verschiedenen Offizieren, 2 Oberrichtern, einem Priester des Sarapis zu Alexandria, einem „homerischen Dichter“ aus dem dortigen Museum usw. Die letzten datierten Inschriften sind aus der Zeit des Septimius Severus. Er ließ wahrscheinlich bei seiner Anwesenheit in Ägypten im Jahre 200 den Koloß restaurieren, und diese Restauration ist bis auf den heutigen Tag dauerhaft geblieben; aber der Druck der ungeheuren, auf das Fragment aufgesetzten Steinmassen verhinderte die Vibration bei dem starken Temperaturwechsel des Sonnenaufgangs, die früher jenen Ton hervorgebracht hatte. Das Bild des Memnon war nun verstummt und geriet seitdem allmählich in Vergessenheit.

In vielen der erwähnten Inschriften bezeugen die Reisenden dem Memnon ihre Verehrung als einem göttlichen Wesen und empfehlen sich seiner Huld. Öfters tun sie dieses zugleich im Namen ferner Lieben, die sie zur Stelle wünschen, oder deren sie in andrer Weise gedenken. Und dies ist überhaupt die gewöhnlichste Form auch der später zu erwähnenden Inschriften von Reisenden in Ägypten und anderwärts. Sie enthalten großenteils eine Verehrung einer Landes- oder Ortsgottheit, in deren Tempel man sich befand, oder unter deren waltendem Schutze man hier, so fern von der Heimat und den Seinigen, zu stehen glaubte.

Nächst dem Memnonskoloß bewunderten Griechen und Römer bei Theben vorzugsweise die Gräber der Könige in der zweiten libyschen Bergkette im Westen von Theben. Der Anblick des Tals Biban-el-muluk war ohne Zweifel damals derselbe wie heute, wo es die traurigste Öde zum rechten Wohnplatz der Toten macht; „kein Strauch, kein Halm findet an den steilen, kahlen Wänden eine Stätte, wo er wurzeln könnte, die Felsen sind gelbbraun, mit hellem Sande überschüttet und von schwarzen Gängen durchzogen; nur der Schakal und die Hyäne wohnen in den finstern

Klüften des Gesteins, hungrige Geier umkreisen die höchsten Gipfel". Die Königsgräber sind tief in die Felsen gehauene Kammern und Gewölbe, Gänge und Hallen; die Griechen nannten sie Syringen (Röhren). Auch hier sind zahlreiche (über 100) Inschriften von Reisenden gefunden worden, bei Fackelschein flüchtig eingeritzt, oder mit roter Farbe gemalt, meist aus römischer Zeit; die datierten reichen von der Zeit Trajans bis zu der Constantins, keine ist älter als die Regierung der Ptolemäer. Die Namen Aurelius Antoninus und Lucius Aurelius scheinen die der beiden Kaiser Marc Aurel und Lucius Verus zu sein. Der größte Teil enthält nur Namen und Daten oder kurze Ausdrücke der Bewunderung. „Die, welche dies nicht gesehen haben, haben nichts gesehen", lautet eine griechische Inschrift im Grabe des neunten Ramses; „glücklich sind, die dies geschaut haben". Ein andrer Besucher bemerkt allerdings in schroffem Gegensatze zu dieser Begeisterung, er habe nichts andres zu bewundern gefunden als das Gestein. Ein hoher ägyptischer Finanzbeamter (etwa des 4. Jahrhunderts) bemerkt, daß er sich lange Zeit in der Kaiserstadt Rom aufgehalten und ebensowohl die dortigen Sehenswürdigkeiten gesehen habe wie die hiesigen.

Ähnliche Inschriften von Reisenden finden sich an den meisten Orten, die sich zu beiden Seiten des Nils hinziehen, auf Tempelwänden, Obelisken, Pylonen usw. eingehauen, und zwar nicht bloß bis zur Grenze von Ägypten (bis Philä und Syene), sondern bis Hiera-Sykaminos, dem Grenzort Äthiopiens und südlichsten Punkt des römischen Reichs. Wenige darunter haben ein besonderes Interesse. In den Ruinen von Groß-Apollinopolis (Edfu) in Oberägypten liest man: Es preist Gott Ptolemäus, Dionysius' Sohn, ein Jude. Preis Gott. Theodotus, Dorions Sohn, ein Jude, gerettet aus — (der hier vermutlich folgende Landesname fehlt): die Reisenden waren wohl ägyptische Juden, die von einer weiten und gefährlichen Handelsreise zurückkehrten und vielleicht aus Rücksicht auf heidnische Mitreisende dem Ausdruck ihrer Gottesverehrung eine Fassung gaben, die allenfalls auch eine Beziehung auf einen heidnischen Gott zuließ. In Philä ist u. a. der Name des C. Numonius Vala eingehauen, mit dem Horaz einst in behaglicher Muße über die klimatischen und sonstigen Vorzüge von Velia und Salernum korrespondierte; er war hier im 13. Konsulate des Augustus (2 v. Chr.) am 25. März; zehn Jahre später fand er auf der Flucht aus der Schlacht im Teutoburger Walde nach dem Rhein den Tod.

Von den übrigen Sehenswürdigkeiten der verschiedensten Art, an denen Ägypten überreich war, können hier nur einige genannt werden, die das Interesse der Fremden vorzugsweise in Anspruch nahmen. Bei den sämtlichen Heiligtümern und Tempeln machten Priester die Führer und Erklärer. Aristides sagt, daß er auf seinen vier Reisen in Ägypten kein Bauwerk ununtersucht gelassen und ihre Maße, wo er sie nicht in Büchern angegeben fand, mit Hilfe der Priester und Propheten ausgemessen habe. Die Priester zeigten namentlich auch die heiligen Tiere, wie den von Apio erwähnten unsterblichen Ibis zu Hermopolis. Diodor sagt, von dem Stier Apis in Memphis, dem Stier Mnevis in Heliopolis, dem Bock in Mendes, dem Krokodil im See Möris, dem Löwen in Leontopolis ließe sich viel erzählen; aber, wer es nicht selbst gesehen habe, werde es nicht glauben. Er beschreibt ausführlich die Wartung dieser Tiere durch die angesehensten Männer, die sie mit den besten Speisen nährten, sie mit warmen Bädern und Wohlgerüchen pflegten, ihnen prächtige Lager bereiteten, weibliche Tiere für sie zur Paarung hielten und große Summen auf ihre Bestattung verwendeten; auch zu seiner Zeit hatten solche Bestattungen hundert Talente (471.500 Mark) gekostet. Den Stier Apis, den die Priester in einem eigens dazu bestimmten Hofe sehen ließen, besuchte auch Germanicus; Titus wohnte der Einweihung eines Apis bei. Die Krokodile erkannten die Priester an der Stimme, ließen sich von ihnen berühren und öffneten den Rachen, um sich die Zähne reinigen und mit leinenen Tüchern abtrocknen zu lassen; das zahme Krokodil Suchos zu Arsinoë pflegten auch die Reisenden mit Brot, Fleisch und Wein zu füttern.

Unter den großen Baudenkmälern scheint außer den genannten das Labyrinth, unter den Wasserbauten der Mörissee am meisten bewundert worden zu sein. Zu den berühmtesten Naturschauspielen gehörte der Anblick der nahezu unter dem Wendekreise gelegenen Grenzorte Ägyptens, Elephantine und Syene, zur Zeit der Sommersonnenwende. Um die Mittagsstunde war dann dort völlige Schattenlosigkeit, und alles Aufrechtstehende leuchtete in vollem Sonnenglanz, Tempel, Obelisken und Menschen; in Syene aber war ein (jetzt verschwundener) heiliger Brunnen, auf dessen Grunde man am selben Tage und zur selben Stunde das Bild der Sonne sah, das die ganze Wasserfläche genau bis zum Rande füllte. Auch die (kleinen) Katarakten des Nils oberhalb Syene wurden viel besucht. Der Strom stürzt hier bei hohem Wasserstande über eine Reihe von Klippeninseln in der Mitte seines Bettes, während er zu beiden Seiten ruhig fließt. Kamen Statthalter und andre vornehme Personen, den Wasserfall zu sehen, so fuhren die Schiffer, um ihnen ein Schauspiel zu geben, am westlichen Ufer bis über die Klippenreihe stromaufwärts und ließen sich dann von dem Wasserfall hinabschleudern, ohne Schaden zu nehmen. Aristides erhielt auf seine Bitte von dem Kommandanten der römischen Garnison zu Syene eine militärische Begleitung, welche die Schiffer nötigenfalls zu dieser Fahrt zwingen sollte, und machte sie dann auch selbst mit. Die großen Katarakten des Nils in Äthiopien scheinen Reisende nur selten erreicht zu haben. Ebenso werden die Punkte, die von den Ufern des Nils westlich oder östlich weit entfernt waren, bloß um ihrer Sehenswürdigkeit willen so gut wie nie besucht worden sein, da ihre Erreichung mit zu großen Schwierigkeiten verknüpft war. Aristides hat Ägypten viermal in seiner ganzen Ausdehnung durchreist, ohne „die berühmten Porphyrbrüche am Roten Meer“ gesehen zu haben, die seit der Zeit des Claudius in Betrieb waren (Mons Claudianus, jetzt Djebel-Dôchan), wo Hunderte von Verurteilten mitten in der wasserlosen Wüste, in sengender Sonnenglut das überaus harte Gestein zu Säulen und andrem Schmuck für die Paläste Roms verarbeiteten.

6. DIE INTERESSEN DER RÖMISCHEN REISENDEN

Für den Nachweis der in jener Zeit von Reisenden hauptsächlich besuchten Länder und Orte konnten griechische ebensowohl als römische

Zeugnisse benutzt werden. Für die Erörterung der Gegenstände, welche die Aufmerksamkeit der Reisenden vorzugsweise in Anspruch nahmen und die mehrfach bereits berührt worden sind, kann die Benutzung der Zeugnisse nicht ganz ohne Unterschied geschehen, da die Interessen und Zwecke der Gebildeten beider Nationen oder, besser gesagt, der römisch und der griechisch Gebildeten auch in jener Zeit keineswegs durchaus zusammenfielen.

Ob die Anerkennung der sieben hauptsächlichsten Sehenswürdigkeiten der ganzen Welt als der sogenannten sieben Wunderwerke jemals die Orte, an denen sie sich befanden, zu Reisezielen gemacht hat, muß in Ermangelung von Zeugnissen dahingestellt bleiben. Die Zusammenstellung dieser sieben Werke ist offenbar in der Diadochenzeit, und zwar zwischen 284 und 220 v. Chr. gemacht, bevor der in der Regel dazu gerechnete Koloß von Rhodos durch ein Erdbeben umgestürzt ward, und zwar in Alexandria (vielleicht von Callimachus). Die Orte, wo sie sich befanden, liegen nicht bloß sämtlich innerhalb des von Alexander dem Großen eroberten Gebiets, sondern auch in einer Peripherie, von deren Zentrum Alexandria nicht zu weit entfernt ist: Olympia (mit dem Zeus des Phidias), Rhodos (mit dem Koloß), Halikarnaß (mit dem Mausoleum), Ephesus (mit dem Artemistempel), Babylon (mit den Mauern und hängenden Gärten), Memphis (mit den Pyramiden). Wenn auch die Siebenzahl festgehalten werden konnte, indem man den Koloß durch eine andre Sehenswürdigkeit ersetzte (bei Plutarch und Martial geschieht dies z. B. durch den aus Hörnern bestehenden Altar des Apollo auf Delos), so hat doch, soviel sich erkennen läßt, auf die Reisen der späteren Zeit das Bestreben, alle sieben Wunder zu sehen, keinen Einfluß geübt. Der vielgereiste Pausanias hatte, wie erwähnt, niemanden angetroffen, der in Babylon gewesen war, und schon seit der augusteischen Zeit verknüpfte sich für den Griechen und Römer mit dem Namen dieser Stadt die unrichtige, aber durch die Rhetorik genährte Vorstellung einer großen Einöde und zwischen ihren halbverfallenen Mauern hausender Tiere.

Das Interesse an der nationalen Eigentümlichkeit fremder Völker, an ihren Einrichtungen, Sitten und Gebräuchen, tritt bei den damaligen Touristenreisen der Römer am wenigsten hervor, und das ist aus zwei Gründen natürlich. Erstens waren, wie oben bemerkt, die nationalen Eigentümlichkeiten der am meisten bereisten Länder bereits bis zu einem gewissen Grade von der griechisch-römischen Kultur ausgeglichen, und die oberflächliche Betrachtung ward sie nur ausnahmsweise gewahr. Sodann aber interessierte in diesen Ländern die Vergangenheit die römischen Besucher fast überall unendlich mehr als die Gegenwart. Das Streben, die Vergangenheit in all ihren Denkmälern, Überbleibseln und Erinnerungen Schritt für Schritt zu verfolgen, tritt hier in den Vordergrund. Neben diesem ganz eigentlich historischen Interesse macht sich sodann das Streben bemerklich, die Merkwürdigkeiten und Sehenswürdigkeiten aller Art kennenzulernen, oft nicht aus unmittelbarem Interesse an den betreffenden Gegenständen, sondern um ihrer Berühmtheit willen, namentlich wenn diese eine durch vielgelesene Schriften vermittelt war, sodann aber auch wegen ihrer Seltenheit und Ungewöhnlichkeit. Inwiefern das Interesse für Kunst wesentlich, das für Natur bis zu einem gewissen Grade sich nach diesem Gesichtspunkte bestimmte, kann erst zuletzt erörtert werden.

a) Das historische Interesse

Die reichste Gelegenheit, Schaulust, Neugier und Wißbegier zu befriedigen, boten überall die Tempel; ihnen galten, nicht allein aus religiösen Gründen, gewöhnlich die ersten Schritte der Reisenden. Selbst kleine Orte hatten sehenswürdige Tempel, nicht bloß in den griechischen Ländern, sondern auch in Italien. So schreibt Marc Aurel an Fronto von Anagnia, es sei eine alte Stadt, zwar winzig, doch habe es viele Altertümer, Tempel und überaus heilige Zeremonien. Die Tempel waren die schönsten, größten, zum Teil auch die ältesten und berühmtesten Gebäude, oft in herrlicher Lage. Wie vielfach sie das Interesse erregen konnten, mag die bereits erwähnte Beschreibung zeigen, die Philo von dem großen, prachtvollen Augustustempel zu Alexandria gibt.

Die Bezirke der Tempel umschlossen oft außer zahlreichen Baulichkeiten Parks und andre Anlagen, auch Gehege von heiligen Tieren und Vögeln; man fand dort Erquickung „durch die Schönheit und Menge der Bäume, durch Kühlung aushauchende Kanäle und die Reinheit der Luft". Den berühmten Aphroditetempel auf Knidos umgab nach Lucians Beschreibung ein herrlicher Park von fruchttragenden oder ihrer Schönheit wegen gepflanzten Bäumen, die in üppigster Fülle gediehen und reichen Schatten gewährten, namentlich Myrten und Lorbeeren, hohen Zypressen und Platanen. Alle Stämme bedeckte Efeu; weit ausgebreitete Weinstöcke hingen voll Trauben. Unter dem dichten, von dem Schwirren der Zikaden erfüllten Laube waren Sitze für die Festmahlzeiten der Opfernden angebracht. Bei dem Apollotempel zu Gryneum in Kleinasien war „ein herrlicher Park sowohl von Fruchtbäumen als von andern, die Wohlgeruch oder Augenlust geben". Die Insel Tenos hatte einen sehenswerten Tempel des Poseidon, der in einem Haine außerhalb der Stadt lag, in dem man umfangreiche Vorrichtungen für Opfermahlzeiten sah. In der Nähe des Tempels der syrischen Göttin in Hierapolis (nicht weit vom Euphrat und der Grenze Mesopotamiens) befand sich ein großer Park für die geweihten Tiere, Ochsen, Pferde, Adler, Bären und Löwen. Öfters wurden Herden heiliger Gänse bei Tempeln gehalten.

Die Tempel waren ferner reich an Weihgeschenken, Kostbarkeiten und Seltenheiten aller Art, besonders an Bildern, Skulpturen und andern Kunstschätzen, die teils in frommer Absicht hierher gestiftet wurden, teils weil die Tempel die sichersten und besuchtesten Aufbewahrungsorte waren. Die Weihgeschenke, die Augustus in fünf Tempeln Roms (dem des Juppiter auf dem Kapitol, des Divus Cäsar, des Apoll, der Vesta und des rächenden Mars) aus der Kriegsbeute hatte aufstellen lassen, kosteten nach seiner eignen Angabe im ganzen 100 Millionen Sesterzen (21¾ Millionen Mark). Der ältere Plinius sagt, er wolle seinem Werke durch die Widmung an Titus einen höheren Glanz verleihen, wie viele Dinge nur dadurch kostbar erscheinen, daß sie in Tempeln geweiht seien. Auch Bibliotheken waren mit diesen oft verbunden, und in gewisser Art vertraten sie zugleich die Stelle von Museen, da sie außer Kunstgegenständen naturwissenschaftliche, ethnographische und historische Merkwürdigkeiten enthielten; diese letzten allerdings vereinzelt und wie sie der Zufall zusammengebracht hatte, die Kunstwerke aber zuweilen in so großer Menge, wie moderne Galerien und Kabinette. Dem Apollotempel zu Rhegium (Reggio an der Meerenge von Messina) vermachte einmal jemand ein Pergamentbuch in Elfenbein gebunden, ein Elfenbeinkästchen und 18 Bilder. In Tempeln zu Athen, Delphi, Olympia, Rom, um andrer nicht zu gedenken, sah man viele der berühmtesten Bilder und Statuen, zu Rom auch Sammlungen von geschnittenen Steinen: die Gemmensammlung des Königs Mithridates stiftete Pompejus auf das Kapitol, Julius Cäsar sechs Gemmensammlungen in den Tempel der Ahnfrau Venus, der Neffe des Augustus Marcellus eine in den Tempel des palatinischen Apollo. Bekanntlich sind auch in christlichen Kirchen hin und wieder profane Kunstwerke aufbewahrt worden, wie in der Kathedrale von Girgenti der Sarkophag mit der Geschichte des Hippolyt, im Dome von Siena die Gruppe der drei Grazien.

Auch Naturseltenheiten — die ebenfalls mitunter in christlichen Kirchen ihren Platz fanden, wie z. B. ein Kaiman in der Kirche Notre Dame zu Cimiez (Nizza) — scheinen vorzugsweise in Tempeln aufbewahrt worden zu sein. In diesen konnte man nach Plinius die Größe der Elefantenzähne kennenlernen. Unglaublich große sah man zu Ciceros Zeit in einem alten Junotempel auf einem Vorgebirge von Malta; nach einer darauf befindlichen Inschrift waren sie für König Masinissa ohne dessen Wissen geraubt, doch von ihm zurückgegeben worden; außerdem befand sich dort noch eine große Masse Elfenbein und viele daraus verfertigte Stücke, namentlich Siegesgöttinnen von alter und höchst kunstvoller Arbeit: dies alles ließ Verres für sich fortnehmen. In dem Tempel der syrischen Göttin zu Hierapolis sah man barbarische Gewänder, indische Edelsteine und Elefantenzähne; alles angeblich aus der von Dionysos, dem die Erbauung zugeschrieben wurde, in Indien gemachten Beute herrührend. Pausanias beruft sich für seine Ansicht, daß die Elefantenzähne abwärts gebogene Hörner seien, auf einen Elefantenschädel in dem berühmten Tempel der Diana (Tifatina) bei Capua, an welchem man dies sehen könne. Haut und Kinnladen einer 36 Meter langen Schlange, welche im ersten punischen Kriege unter dem Befehl des Regulus beim Flusse Bagradas mit Wurfmaschinen getötet worden war, hatten sich bis zum Numantinischen Kriege zu Rom in einem Tempel erhalten. Hadrian ließ eine indische Schlange in dem von ihm erbauten Tempel des olympischen Zeus zu Athen aufbewahren, in den Erostempel zu Thespiä stiftete er das Fell einer selbsterlegten Bärin. Zu Plinius' Zeit sah man in dem Isistempel zu Cäsarea in Mauretanien ein Krokodil aus einem dortigen See, welches König Juba zum Beweise, daß daselbst der Nil entspringe, hatte aufstellen lassen. Der Karthager Hanno hatte an der Westküste von Afrika „drei behaarte wilde Weiber" gefunden und getötet, welche die Dolmetscher Gorillen nannten (und die wohl wirklich eher Gorillen als Schimpansen waren). Ihre Felle waren bis zur Zerstörung von Karthago dort in dem Tempel der Juno Astarte zu sehen gewesen. Die Soldaten des Marius stießen im Jugurthinischen Kriege in Afrika auf Tiere, die angeblich wilden Schafen ähnlich sahen, durch ihren Blick töteten und Gorgonen genannt wurden. Nachdem einige von numidischen Reitern aus der Ferne mit Wurfspießen erlegt worden waren, schickte Marius ihre Felle nach Rom, wo sie im Tempel des Hercules bei der Ara Maxima auf dem Forum Boarium aufbewahrt wurden. Eine Walfischrippe sah Pausanias im Äskulaptempel bei Sikyon. In Erythrä befanden sich in einem Heraklestempel Hörner indischer Ameisen. Häufig sah man nach Philostrat in griechischen Tempeln indische Nüsse (vermutlich Kokosnüsse) und indische Rohre in der Dicke von Bäumen; die Wurzel des Zimtbaumes sah Plinius in dem von Livia zu Ehren des Augustus erbauten palatinischen Tempel auf einer goldnen Schale; in einem Äskulaptempel zu Panticapäum wurde ein Gefäß aufbewahrt, das durch das Gefrieren des darin enthaltenen Wassers geborsten war. Auch der größte Kristall, den Plinius gesehen hatte, ein Stück von 150 (röm.) Pfunden (= 49 kg), war von Livia auf das Kapitol gestiftet worden; als Probe des schwarzen spiegelnden Obsidian hatte Augustus im Concordientempel vier daraus verfertigte Elefanten aufgestellt, einen aus britannischen Perlen verfertigten Harnisch Cäsars im Tempel der Ahnfrau Venus.

Auch merkwürdige Geräte, Instrumente und künstliche Arbeiten befanden sich in Tempeln, wie im Apollotempel zu Delphi eine bleierne Zahnzange, welche nach dem Arzte Erasistratus zeigen sollte, daß nur solche Zähne gezogen werden müßten, deren Entfernung leicht und ohne Anwendung stärkerer Instrumente erfolgen könnte. Einen Spiegel, der verzerrte Bilder zurückwarf, sah man in einem Tempel zu Smyrna. Zu Erythrä wurden in einem Tempel zwei Amphoren gezeigt, die wegen der Dünnheit ihres Tons dort aufgestellt waren; ein Meister und ein Schüler hatten gewetteifert, wer von beiden ein Gefäß von dünnerem Ton verfertigen könnte. Eine Flöte mit vier Löchern, wie sie in alter Zeit im Gebrauch gewesen waren, hatte Varro in einem Tempel des Marsyas gesehen. Der heilige Hieronymus erwähnt eine große eherne Kugel auf der Akropolis von Athen neben der Athenastatue, die zu Kraftproben für die Athleten vor der Zulassung zu den Agonen diente; er selbst hatte sie bei seiner Schwächlichkeit kaum rühren können. Auch ausländische Waffen und Geräte wurden zuweilen in Tempeln aufbewahrt; wenigstens sah Pausanias in dem Tempel des Äskulap zu Athen einen aus Pferdehufen verfertigten sarmatischen Panzer und leinene Panzer im Apollotempel zu Gryneum und anderwärts. Ein mit Gold eingefaßtes Horn des Auerstiers hatte Trajan aus der getischen Kriegsbeute dem Zeus Kasios bei Antiochia gestiftet.

Endlich dürften auch angebliche Naturwunder in und bei Tempeln nicht selten gezeigt worden sein. Die Pergamener hatten die Haut eines Basilisken für eine hohe Summe gekauft, um dadurch einen Tempel, der mit Gemälden von Apelles geschmückt war, vor Spinngeweben und dem Hineinfliegen der Vögel zu schützen. Horaz machte sich darüber lustig, daß man ihn auf der Reise nach Brundisium in Gnathia glauben machen wollte, der Weihrauch werde dort auf einem Altar ohne Feuer verzehrt; dergleichen möge ein abergläubischer Jude sich aufbinden lassen. Augustinus erzählt, daß vor einem Venustempel ein Kandelaber unter freiem Himmel gestanden habe und darauf eine Lampe, deren Flamme weder Wind noch Regen auslöschen konnte; er erklärt sich dies entweder durch Anwendung von Asbest oder durch Magie, die auch durch den im Tempel wohnenden Dämon geübt sein könne.

Doch noch häufiger wurden offenbar in Tempeln Gegenstände von historischem Interesse aufbewahrt, besonders solche, die im Besitz berühmter Personen gewesen waren, und zwar aus allen Perioden der Geschichte, von der jüngsten Vergangenheit bis zu den Anfängen der Menschheit hinauf. Das dem Vitellius überreichte Schwert Julius Cäsars war aus einem Marstempel genommen worden. Den Dolch, mit dem Otho sich getötet hatte, stiftete Vitellius in einen Tempel desselben Gottes in Köln; den Dolch, mit dem Scävinus, einer der im Jahre 65 gegen Nero Verschworenen, den Kaiser töten wollte, hatte er aus einem Tempel der Salus oder Fortuna genommen; Nero stiftete ihn später auf das Kapitol mit einer Weihung an den rächenden Juppiter. Spindel und Rocken der Tanaquil sah Varro in einem Tempel des Sancus und ein von ihr verfertigtes königliches Kleid, das Servius Tullius getragen, in einem Tempel der Glücksgöttin zu Rom. In dem verfallenen Tempel des Juppiter Feretrius sah noch Augustus den leinenen Panzer, welchen A. Cornelius Cossus dem von ihm im Zweikampfe getöteten Vejenterkönige Tolumnius abgenommen und dem Gotte dargebracht hatte. Den angeblichen Ring des Polykrates (dessen Stein ein Sardonyx war) zeigte man zu Rom im Concordientempel in einem goldnen, von Augustus geschenkten Horn. Von dem leinenen Panzer, den König Amasis von Ägypten in den Tempel der Athena zu Lindos auf Rhodus gestiftet hatte, und an dem jeder Strang aus 360 Fäden bestand, sah noch Mucianus, der Freund des Kaisers Vespasian, geringe Überreste, der größte Teil war durch das unaufhörliche Betasten zugrunde gegangen. Delphi besaß einen eisernen Stuhl Pindars. Der goldene Panzer des Masistius, der unter Mardonius die persische Reiterei führte, war im Erechtheum zu Athen, nebst einem Säbel des Mardonius, dessen Echtheit aber Pausanias bezweifelt. Die Lanze des Agesilaus sah man zu Sparta, Rüstung und Lanze Alexanders des Großen zu Gortys in Arkadien, Rüstungen Mithridats zu Nemea und Delphi; einen von Alexander in Theben erbeuteten und von ihm dem Apollo zu Cumä geweihten Kandelaber in der Form eines fruchttragenden Baums im Tempel des palatinischen Apollo zu Rom; von vier Statuen, die einmal Alexanders Zelt gestützt hatten, zwei vor dem des rächenden Mars, die beiden andern vor der Regia, dem Amtshause des obersten Pontifex.

Wahrscheinlich erregten die Reliquien aus der Heroenzeit, mit der ein großer Teil der Gebildeten durch die allgemein gelesenen Dichterwerke und den Schulunterricht vertrauter war als mit der neueren Geschichte, das größte Interesse, ohne daß ihre Echtheit im allgemeinen größeren Bedenken unterlag als die der historischen Stücke; denn auch die Sage gilt als geschichtliche Überlieferung, wenngleich als eine mit Fabeln und Märchen durchsetzte. Unter den Reliquien aus der Heroenzeit werden aber die aus der Zeit des Trojanischen Krieges und der damit zusammenhängenden Begebenheiten, wie die geschätztesten, so auch die am meisten verbreiteten gewesen sein. Man hatte deren an den verschiedensten Orten, von dem Ei der Leda, das in einem Tempel zu Sparta von der Decke herabhing (vermutlich ein Straußenei), und einem von Helena in den Athenatempel zu Lindos gestifteten Kelch aus Elektron (wie man sagte, ein Maß ihres Busens) bis zu dem noch in Justinians Zeit zu Rom befindlichen Schiffe des Äneas; damals wurde auch noch zu Geraistos auf Euböa ein von Agamemnon der Artemis geweihtes Schiff und zu Cassiope auf Corcyra das versteinerte Schiff der

Phäaken gezeigt, das Odysseus nach Ithaka gebracht hatte. Das von Hephaistos ursprünglich für Zeus verfertigte Zepter des Agamemnon war zu Chäronea, sein Schild und sein Schwert in einem Apollotempel am Markte zu Sikyon; daselbst auch Mantel und Harnisch des Odysseus, Bogen und Pfeile des Teukros, das Gewebe der Penelope, das Gewand eines der Freier, Ruderstangen und Steuer der Argonauten, der Kessel, in dem die Glieder des alten Pelias aufgekocht worden waren, ein Stück der Haut des Marsyas u. a. Durch hohes Alter zu fabelhafter Winzigkeit zusammengeschrumpfte Mumien der Sibyllen wurden an mehr als einem Orte gezeigt. In einem Tempel in Lycien befand sich ein auf Papyrus geschriebener Brief des Sarpedon, worüber Plinius sich nur deshalb wundert, weil Ägypten, das Vaterland der Papyrusstaude, damals für Fremde noch nicht zugänglich war. Aber aus noch viel ferneren Zeiten gab es Reliquien, zu Panopeus in Phocis sogar Überbleibsel des Lehms, aus dem Prometheus Menschen formte, vor einer Kapelle dieses Halbgottes, sie rochen nach Menschenhaut; im Tempel von Samothrake Schalen, welche von den Argonauten geweiht waren. Vermutlich wurde nicht selten derselbe Geegnstand auch an zwei verschiedenen Orten gezeigt, wie das Haar, das Isis sich aus Schmerz über den Tod des Osiris ausgerissen hatte, zu Koptos und zu Memphis. In den beiden nicht sehr weit voneinander gelegenen Städten in Cappodocien und im Pontus, die den Namen Comana führten, sah man dieselben auf die taurische Artemis bezüglichen Altertümer in gleicher Vollständigkeit, namentlich hier wie dort das echte Schwert der Iphigenia. Selbst Orte der westlichen Länder hatten derartige Seltenheit aufzuweisen, die durch die Wanderungen der Helden oder auf andre Weise dorthin gekommen sein sollten. So war in Gades ein goldner Gürtel des Teukros, in Circeji eine Trinkschale des Odysseus, in Capua der Doppelbecher des Nestor. In Benevent sah noch Procopius die von dem angeblichen Gründer der Stadt Diomedes dort niedergelegten Hauer des Calydonischen Ebers, welche drei Spannen lang waren. Selbst in Barbarenländern stieß man auf Reminiszenzen aus der griechischen Sage, die natürlich erst von griechischen Reisenden dorthin gebracht, aber hier und da von den Landeseinwohnern festgehalten worden waren. So zeigte man auf der Insel Meninx (Djerba) an der kleinen Syrte außer andern Erinnerungen an Odysseus auch einen von ihm errichteten Altar; Schilde und Schiffsschnäbel als Erinnerungszeichen an die Irrfahrten des Odysesus sah Asklepiades von Myrlea in einem Athenatempel des südlichen Spanien, und von demselben Helden geweihte Altäre mit griechischen Inschriften zeigte man sogar am Niederrhein und in Schottland. Arrian sah bei der Mündung des Phasis einen eisernen Anker des Schiffes Argo, der ihm aber trotz seiner Größe und seines altertümlichen Aussehens zu modern erschien. Eher wollte er Überbleibsel eines andern, steinernen Ankers für echt halten. Im Kaukasus wurde ihm der Berg gezeigt, an den Prometheus geschmiedet gewesen war. Von der Stadt Apsarus in Pontus waren in Procops Zeit nur Ruinen übrig; doch zeigten die Eingeborenen dort noch damals das Grab des Bruders der Medea Apsyrtus. Joppe in Palästina galt allgemein als der Schauplatz der Befreiung der Andromeda durch Perseus; die Knochen des großen Meertiers, die diese Annahme veranlaßt haben mochten (und wegen deren die Juden die Geschichte des Propheten Jonas hierher verlegten), hatte zwar schon Scaurus nach Rom gebracht, aber noch in Josephus' Zeit zeigte man dort die Spuren von Andromedas Fesseln, noch in Pausanias Zeit ein blutfarbiges Wasser, in dem sich Perseus nach dem Kampfe mit dem Meerungeheuer gewaschen haben sollte.

Bei den Tempeln fanden die Fremden auch in der Regel für Bezahlung Führer (Periegeten) und Erklärer (Exegeten) der städtischen Sehenswürdigkeiten, falls sie nicht ein gefälliger Gastfreund damit bekannt machte. In Griechenland fehlten solche Erklärer auch in kleinen Städten nicht. Wie sicher man darauf rechnen konnte, sie an jedem fremden Ort zu finden, wo es etwas zu sehen gab, sieht man daraus, daß Lucian sie in seiner „Wahren Geschichte" auch den Besuchern der Unterwelt die Gründe für die Strafen der Verdammten angeben läßt. In der Regel versahen Priester und Tempeldiener dies Amt, und besonders angestellte Führer hatten wohl nur die größten und besuchtesten Orte. Unter diesen gab es zuweilen Männer von höherer Bildung, wie z. B. zu Hermione ein Oberarzt Perieget war; die meisten betrieben jedoch, wie sich erwarten läßt, ihr Geschäft handwerksmäßig. Wenngleich ihre Leitung den Reisenden oft erwünscht war, so konnten sie doch auch, besonders Gebildeten und zumal an Orten wie Athen und Olympia, zur Qual werden, wenn sie ihre auswendig gelernten Erklärungen und nach dem Geschmack der Menge erfundenen Geschichten in größter Ausführlichkeit hersagten oder Anweisungen zur Betrachtung der Kunstwerke gaben. Plinius erwähnt eine Hecatestatue im Artemistempel zu Ephesus aus einem Marmor von blendendem Glanze, welche die Tempeldiener den Fremden nicht lange anzusehen rieten, um ihre Augen zu schonen. Könnte man, sagt Lucian, die Sagen und Legenden aus Griechenland verbannen, so müßten die Führer Hungers sterben, denn das Wahre wollen die Fremden auch umsonst nicht hören. In einer der kleinen Schriften Plutarchs wird von einem Besuche berichtet, den eine Gesellschaft dem Tempel zu Delphi und seinen Sehenswürdigkeiten abstattet. Die Führer sind hier trotz aller Bitten nicht zu bewegen, ihre Erklärungen der Gegenstände, über deren Besichtigung man einig geworden ist, abzukürzen, und bestehen sogar darauf, die Inschriften vorzulesen; durch eine Frage aber, die außer der gewohnten Reihenfolge an sie gerichtet wird, geraten sie in Verwirrung und bleiben die Antwort schuldig.

In Griechenland und Kleinasien unterhielten die Führer die Reisenden ganz vorzugsweise mit Erinnerungen aus der Heroenzeit, für welche das Interesse lebhafter war als sonst irgendwo, und die (wie gesagt) einem großen Teil der Gebildeten näherstand als die historischen Zeiten. Dies zeigt sich auch in römischen Länderbeschreibungen überall. In der Erdbeschreibung des Pomponius Mela sind die mythologischen Reminiszenzen ungleich zahlreicher als die historischen. In der von Solinus benutzten, verlorenen Chorographie war außer Naturmerkwürdigkeiten besonders Mythologisches berücksichtigt. In dem den Itinarien angehängten Verzeichnisse der Inseln sind außer der Notiz, daß Paros einen sehr weißen Marmor liefert, alle übrigen mythologischen Inhalts, wie daß auf Samos Juno, auf Delos Apollo und Diana geboren seien, auf Naxos Ariadne von Theseus verlassen und von Bacchus gefunden wurde usw. Auch wo griechische Sagen im Orient lokalisiert waren, behaupteten sie sich mit auffallender Hartnäckigkeit: wie es die Memnonsage in Theben, die

Prometheussage im Kaukasus, die Argonautensage in Kolchis, die Perseussage in Palästina beweisen. Tacitus übergeht selbst in seinem sehr kurzen Bericht über die Reise des Germanicus in Ägypten die Herleitung des Namens Kanobos von dem gleichnamigen Steuermann des Menelaus nicht. Aristides hörte allerdings von einem ägyptischen Priester, daß der Ort schon zehntausend Jahre vor der Landung des Menelaus so geheißen habe, und daß der ägyptische Name, dessen Hellenisierung Kanobos war, „goldner Boden" bedeute. Doch bei Griechen und Römern erhielt sich jene Sage, auch Ammianus Marcellinus wiederholt sie.

In Griechenland hatte es offenbar auch für römische Reisende hohen Reiz, sich die Sagen an Ort und Stelle erzählen zu lassen, die „das von so großer Liebe für die Altertümer erfüllte Volk einer ungewissen Vorzeit andichtete". Auch wo Bauten, Ruinen und Denkmäler fehlten, wurden den Fremden die Spuren der Vergangenheit gewiesen. Fast überall hörte man nur von dem reden, was einst war, wie Aristides sagt; was man sagt, war etwa der Überrest eines Tropäum, ein Denkmal, eine Quelle, oder der Führer wies auf kaum sichtbare Spuren hin: dies sei das Gemach der Helena, oder der Harmonia, oder der Leda gewesen, und dergleichen mehr. Von diesem Tempel der Liebesgöttin zu Trözen schaute Phädra herab, wenn Hippolyt sich dort in der Rennbahn im Laufe übte; hier stand eine Myrte mit durchlöcherten Blättern, die Unglückliche hatte sie in ihrem Liebeswahnsinn mit einer Haarnadel durchbohrt. Auf diesem Steine am Hafen von Salamis hatte der alte Telamon gesessen und dem Schiffe nachgeblickt, das seine Söhne nach Aulis trug. In Aulis zeigte man eine Quelle, daneben hatte die Platane gestanden, auf der vor den Augen des versammelten Griechenheers eine Schlange den Sperling mit seinen neun Jungen fraß; ein Stück von ihrem Holze wurde dort aufbewahrt. Unweit Sparta stand an der Straße nach Arkadien eine Bildsäule der Schamhaftigkeit. Hier hatte Ikarios den Wagen eingeholt, auf dem Odysseus seine Tochter Penelope heimführte; er hatte die Einwilligung zu dieser Ehe bereut und beschwor nun die Tochter, ihn nicht zu verlassen; Odysseus hieß sie zwischen Gemahl und Vater wählen, statt der Antwort verhüllte sich Penelope. Ikarios kehrte allein zurück; die Stelle, an der die junge Gattin ihren Entschluß so kundgegeben, bezeichnete jenes Standbild. So konnte der Wanderer in dem sagenreichen Lande kaum einen Schritt tun, ohne die Stätte eines denkwürdigen Ereignisses zu betreten, auch hier war „kein Stein ohne Namen".

Natürlich fehlte es aber auch nicht an historischen Erinnerungen aus jüngeren Zeiten. Man besuchte die Wohnhäuser und Grabstätten berühmter Männer und andre Orte, die an sie erinnerten. Auch römische Reisende bewiesen ihre Pietät für ihr Andenken durch Opfer, die sie ihren Manen brachten. So hatte schon M.'Acilius Glabrio im Jahre 191 v. Chr. den Öta bestiegen und an der sogenannten Pyra (dem Orte, wo sich Herakles verbrannt hatte) geopfert. Caracalla opferte, auch hierin Alexander den Großen nachahmend, am Grabe Achills bei Ilium, Trajan in Babylon in dem Hause, in dem Alexander der Große gestorben war, dessen Manen. Hadrian erneuerte das von der See zerstörte Grab des Ajax bei Troja, setzte auf dem des Epaminondas bei Mantinea einen Stein mit einer selbstverfaßten Inschrift, brachte ein Totenopfer am Grabe des Pompejus und stellte dessen Denkmal auf eine würdige Art wieder her. Germanicus brachte an allen Denkmälern berühmter Männer, die er berührte, Opfer; ein von ihm auf Hectors Manen verfaßtes Epigramm besitzen wir noch. Pausanias erwähnt als Grabmäler, die den Reisenden in Griechenland gezeigt wurden, das des Königs Kodros am Ilissus, des messenischen Helden Aristomenes in Rhodus, des Demosthenes auf Kalauria u. a. Jede Stadt hegte liebevoll das Andenken ihrer großen Männer und bewahrte sorgfältig ihre etwaigen Reliquien: so Theben außer dem Grabmal Pindars die Reste seines Hauses bei der Quelle Dirke. Cicero suchte in Metapont das Wohn- und Sterbehaus des Pythagoras auf, noch ehe er bei seinem dortigen Gastfreunde einkehrte. Keine Stadt war aber an großen Männern so reich wie Athen und gewiß auch keine eifriger bemüht, die Erinnerungen an sie festzuhalten; auf Schritt und Tritt sah man sich auf ihre Spuren gewiesen.

Doch das größte Interesse erregten in Griechenland vermutlich die Schlachtfelder und Lagerstätten aus den Perserkriegen. Auf der Ebene von Marathon sah man die Gräber und Denkmäler der gefallenen Helden sowie auch das des Miltiades und das marmorne Tropaion der Athener; in stiller Nacht vernahm man hier den Lärm wiehender Pferde und kämpfender Männer. Die Ruinen einiger von den Persern eingeäscherten Tempel standen noch in Pausanias Zeit. Doch wurden natürlich auch Punkte aufgesucht, die durch Ereignisse späterer Zeiten denkwürdig geworden waren. „Wir erblickten“, schreibt Arrian an den Kaiser Hadrian, „mit Freude das Schwarze Meer von derselben Stelle, von der es Xenophon sah und du.“ Er fand dort Altäre von unbehauenem Stein mit schlecht und unorthographisch geschriebenen Inschriften und setzte marmorne Altäre und gute Inschriften an die Stelle.

Mit besonderer Vorliebe, so scheint es, verfolgte man in Griechenland und im Orient auch die Erinnerungen an Alexander den Großen, seine Züge und Taten. Noch in Plutarchs Zeit zeigte man eine alte Eiche am Kephissos, unter der bei der Schlacht von Chäronea sein Zelt stand; nicht fern davon war das gemeinsame Grab der Macedonier. Als König Mithridates in Phrygien einrückte, übernachtete er um der guten Vorbedeutung willen in derselben Herberge, in der einst Alexander eingekehrt war. Bei Tyrus wurde eine Quelle gezeigt, an der Alexander von dem Fang eines Satyrs träumte, was die Traumdeuter auf die Eroberung von Tyrus bezogen. Bei Minnagara (einer am untern Indus gelegenen Stadt) besuchte der ägyptische Kaufmann, der auf der Indienfahrt hier anlegte, die Stellen, wo Kapellen, Altäre, Fundamente von Lagern und tiefe Brunnen als Erinnerungen an den Aufenthalt des macedonischen Heeres gezeigt wurden. Die Gruft zu Alexandria, in der die von Ptolemaeus II. Philadelphus aus Memphis dorthin überführte Leiche Alexanders, in Honig aufbewahrt, in einem gläsernen Sarge ruhte und die vermutlich für die meisten Reisenden unzugänglich war, ließen wohl die römischen Kaiser, die dorthin kamen, niemals unbesucht. Erwähnt wird der Besuch der Gruft von Cäsar, von Augustus, von Septimius Severus, der sie verschließen ließ; nichtsdestoweniger besuchte sie auch Caracalla. Caligula hatte Alexanders Harnisch aus der Gruft nehmen lassen. Noch die Muhammedaner verehrten das Grab Alexanders zu Alexandria. „Wehe dir“, sagt Plinius in der Schilderung von Trajans Kriegsdiensten in fernen Ländern, „wie dir dort die heiligen Spuren großer Feldherren gezeigt wurden, so wird einst die

Zeit kommen, wo die Nachkommen verlangen werden, zu sehen und ihren Kindern als sehenswürdig zu nennen das Feld, auf dem dein Schweiß geflossen, die Bäume, unter denen du gerastet, die Felsen, die deinen Schlummer beschützt, die Häuser, die dich als Gast aufgenommen haben". Daß diese Prophezeiung wirklich in Erfüllung gegangen ist, bezeugt Ammianus Marcellinus, der bei seinem Bericht über den Marsch Julians durch die Euphratebene erwähnt, daß dort in der Stadt Ozogardana das Tribunal gezeigt wurde, von dem Trajan zu seinem Heere gesprochen hatte.

Erinnerungen aus der römischen Geschichte waren die einzigen, die Italien und die westlichen Provinzen zu bieten hatten, da dort eine Sagenperiode so gut wie ganz fehlte, und ohne Zweifel wurden auch diese eifrig aufgesucht. Man zeigte bei Laurentum den Ort, wo das Lager des Äneas gewesen war, Troja genannt, bei Liternum Ölbäume, die von dem ältern Scipio gepflanzt waren, und eine gewaltige Myrte, darunter eine Grotte, wo, wie es hieß, eine Schlange seine Manen bewachte; in Bajä Schmucksachen und ein Mäntelchen, das Tiberius als Kind von der Schwester des Sextus Pompejus zum Geschenk erhalten hatte, auf dem Boden der Aponusquelle bei Padua Würfel, die er hineingeworfen, auf Capri die Stelle, von wo er seine Opfer nach langen Martern hatte ins Meer stürzen lassen; das Haus des Horaz bei Tibur und allerwege die Geburtshäuser berühmter Männer, besonders der Kaiser. Obwohl Augustus zu Rom auf dem Palatin „zu den Ochsenköpfen" geboren und der betreffende Teil des Geburtshauses in eine Kapelle verwandelt worden war, galt doch in der ganzen Umgegend von Velletri ein kleiner, einer Vorratskammer ähnlicher Raum auf einem dortigen Landgute als sein Geburtsort, wo noch in Suetons Zeit jeder, der ohne Not und nicht mit reinem Sinne eintrat, angeblich durch Spuk bis zum Tode erschreckt wurde. Titus war in einem kleinen, dunkeln Zimmer eines schlechten Hauses am (älteren) Septizonium geboren, das noch in Suetons Zeit erhalten war und gezeigt wurde. „Das verehrungswürdige Haus, das so glücklich gewesen war, Domitians erstes Geschrei zu hören und seine ersten Kriechversuche zu sehen", war von ihm in ein Heiligtum des Flavischen Geschlechts verwandelt worden und strahlte weit geöffnet ganz von Gold und Marmor. Das Haus des Pescennius Niger auf dem Juppiterfelde zu Rom wurde noch in Diocletians Zeit besucht und trug den Namen seines ehemaligen Besitzers. Seneca stellte in der Villa des Scipio Africanus bei Liternum eine Vergleichung der damaligen und der gegenwärtigen Zustände an, nachdem er den Manen des großen Mannes und seinem mutmaßlichen Sarge seine Verehrung bezeigt hatte. Er sah „die von Quadersteinen erbaute Villa, den Park von einer Mauer umgeben, von beiden Seiten Türme zum Schutz des Hauses errichtet, eine gewaltige Zisterne, in der Nähe Gebäude und Pflanzungen, ein kleines, enges, nach alter Sitte dunkles Bad". „In diesem Winkel wusch der Mann, welcher der Schrecken Karthagos war, seinen von ländlichen Arbeiten ermüdeten Leib; denn er bebaute sein Land selbst. Unter diesem so geringen Dach hat er gestanden. Dieser schlechte Estrich hat ihn getragen" usw.

Es versteht sich von selbst, daß namentlich Geschichtsschreiber die Stätten der von ihnen darzustellenden Ereignisse zu sehen suchten; besonders gewissenhaft scheint hierin Sueton zu Werke gegeangen zu sein. Appian hatte die Stelle bei Cajeta besucht, wo Cicero ermordet worden war, Plutarch das

Schlachtfeld von Bedriacum und in Brixellum das Monument Othos gesehen.

Ebenso wurden auch von Juden und Christen in Palästina und anderwärts Erinnerungen aus der biblischen Geschichte überall aufgesucht. Josephus nennt als solche die Überbleibsel von Noahs Arche auf einem Berge in Armenien — andre wurden in einer Gegend von Adiabene gezeigt; die Salzsäule, in die Lots Weib verwandelt ward (er hatte sie selbst gesehen); bei Hebron die Gräber der Enkel Abrahams und eine riesige Terebinthe, die seit Erschaffung der Welt stehen sollte. Daß bei den seit dem Anfange des 4. Jahrhunderts häufigen christlichen Pilgerfahrten nach dem heiligen Lande kein Ort unbesucht gelassen wurde, an den sich Erinnerungen aus dem Alten oder Neuen Testament knüpften, versteht sich von selbst. Außer der Reiseroute für Pilger von Bordeaux nach Jerusalem im Jahre 333 ist an bezüglichen Mitteilungen auch der Bericht einer vornehmen, wahrscheinlich gallischen Pilgerin über ihre Fahrt nach den heiligen Stätten reich. Der Dornbusch, aus dem Gott im Feuer zu Moses sprach, befand sich damals in einem schönen Garten vor einer von Klöstern umgebenen Kirche, und man zeigte auch die Stelle, wo Moses gestanden hatte. Bei Carrhä in Mesopotamien zeigte man den Brunnen, aus dem die heilige Rebekka die Kamele des heiligen Abraham und den, aus welchem der heilige Jakob die Tiere der heiligen Rahel tränkte; daneben sah man den ungeheuren Stein, den der Heilige von dem Brunnen fortgewälzt hatte usw. Doch die Salzsäule, in welche Lots Weib verwandelt worden war, hatte die Pilgerin nicht gesehen, nur den Ort, wo sie gestanden haben sollte: sie wolle, sagt sie, ihre ehrwürdigen Schwestern hierüber nicht täuschen. Dagegen heißt es in der Beschreibung einer im letzten Viertel des 6. Jahrhunderts gemachten Pilgerfahrt: Lots Weib stehe noch, so wie sie war, und es sei eine falsche Angabe, daß sie von Tieren durch Lecken verkleinert werde.

b) Das Interesse für Kunst

Das historische Interesse, wie es bisher geschildert worden ist, überwog bei den Reisen der Römer jedes andre weit; und dies tritt auch in folgender Betrachtung eines römischen Dichters der frühen Kaiserzeit am Schlusse eines Gedichts über die Wunder des Ätna unverkennbar hervor. Prächtige Tempel, merkwürdig durch Schätze und heilige Altertümer, zu schauen, ziehen wir durch Länder und Meere und bestehen Lebensgefahren; begierig forschen wir nach den Märchen alter Sage und wandern von Volk zu Volk. Jetzt freuen wir uns, die von den beiden unähnlichen Brüdern erbauten ogygischen Mauern Thebens zu sehen, und versetzen uns gern in jene fernen Zeiten, bewundern bald die Steine, die sich beim Klange des Liedes und der Lyra zusammenfügten, bald den Altar, von dem der Rauch des Doppelopfers getrennt aufstieg, dann die Taten der sieben Helden und wie Amphiaraus vom Abgrunde verschlungen ward. Dort fesselt uns der Eurotas und die Stadt des Lykurg und die heilige ihrem Führer in den Tod folgende Schar. Dann wird Athen besucht, stolz auf seine Sänger und seine siegreiche Göttin Minerva. Hier vergaß einst der treulose Theseus bei seiner Rückkehr das weiße Segel für seinen Vater aufzuziehen; auch Erigone, jetzt ein berühmtes Gestirn, ist ein Sang von Athen geworden; von dort stammte Philomele, die nun in gesangdurchtönten Wäldern, Procne, die an Dächern nistet, der wilde Tereus, der auf einsamen Feldern umherirrt. Wir bewundern die Asche Trojas und das mit Hector gefallene Pergamum, wir erblicken den kleinen Hügel des großen Hector, hier liegt auch der schnelle Achill und der Rächer des großen Hector.

Doch derselbe Dichter erwähnt nach dem historischen Interesse auch das Interesse an der Kunst als ein solches, das Reisen veranlaßte oder deren Richtung mitbestimmte. Er fährt fort: Ja auch griechische Gemälde und Bildwerke fesseln viele; bald die Anadyomene mit triefenden Haaren, bald die schreckliche Kolcherin, zu deren Füßen ihre Kleinen spielen, bald das Opfer Iphigenias mit dem verhüllten Vater, bald das berühmte Werk Myrons: diese Fülle der Werke und ihre Kunst zieht viele an, und du glaubst gefahrvolle Reisen zu Lande und zu Wasser machen zu müssen, um sie zu sehen.

Daß wißbegierige und um Bildung bemühte Römer auf ihren Reisen nicht versäumten, die Kunstwerke zu besichtigen, die namentlich Griechenland und Kleinasien in so großer Fülle besaßen, braucht nicht erst gesagt zu werden. Cicero rühmt von Pompejus, er habe sich in Griechenland durch nichts aufhalten lassen, nicht einmal sich Zeit genommen, Bilder und Statuen und die übrigen Zierden der griechischen Städte, die andre zu rauben pflegten, auch nur zu betrachten. Derselbe nennt eine Anzahl von Kunstwerken in Sicilien, die Verres geraubt und die sich vorher teils im Privatbesitz, teils in Tempeln befunden hatten: jeder Fremde war von den Einwohnern dahin geführt worden und hatte sie in Augenschein genommen. In der Kapelle des Hejus zu Messana war ein Eros von Praxiteles, ein Herakles von Myron, zwei Kanephoren von Polyclet. Jeder Römer, der nach Messana kam, ging dahin, um diese Werke zu betrachten, die täglich zu sehen waren, so daß das Haus ebensosehr der Stadt wie dem Besitzer zur Zierde gereichte. Alle Fremden, die nach Segesta kamen, besichtigten dort die Statue der Diana; als Cicero Quästor war, war sie das erste, was ihm gezeigt wurde. In Syrakus galt nichts für so sehenswert wie das Bild einer Reiterschlacht des Agathocles im Minerventempel usw. Neben den Studien des Plato, des Demosthenes und des Menander wollte sich Properz in Athen auch mit Betrachtung von Bildern und von Werken in Bronze und Elfenbein beschäftigen. Apulejus erwähnt, daß er auf dem Schilde der Athena auf der Akropolis den Porträtkopf des Phidias, den der Künstler dort angebracht, gesehen habe.

Besonders aber mußte man natürlich solche Kunstwerke aus eigner Anschauung kennen, die viel genannt und jedem Gebildeten dem Namen nach bekannt waren, wie die bedeutenderen Städte Griechenlands deren auch noch in der Kaiserzeit aufzuweisen hatten, wenn sich gleich ein Teil derer, die Cicero als Hauptzierden der Städte Griechenlands und Asias nennt, damals schon in Rom befand. Auch um ihretwillen wurden Reisen unternommen. Man besuchte in Ciceros Zeit Thespiä, das sonst durchaus nichts Sehenswürdiges besaß, einzig und allein, um den Eros des Praxiteles zu sehen, und um seiner Aphrodite willen, die manchen für das erste Kunstwerk in der Welt galt, hatten nach Plinius viele die Seereise nach Knidos gemacht. Ihr reiset nach Olympia, sagt Epictet, um den Zeus des Phidias kennenzulernen, und jeder von euch hält es für ein Mißgeschick, zu sterben, ohne ihn gesehen zu haben. Wenn diese Äußerung sich zunächst auch nur auf die Griechen bezieht und nur für diese gilt, so werden doch ohne Zweifel auch Römer nicht selten dieselbe Reise zu demselben Zweck gemacht haben.

Doch wie sehr das historische Interesse bei den Reisen der Römer das Kunstinteresse überwog, geht schon allein daraus hervor, daß jenes fast überall als das leitende hervortritt, dieses nur ganz gelegentlich und ausnahmsweise zur Sprache kommt. In der Tat war dieses Interesse meistens ein ganz oberflächliches und äußerliches, gewöhnlich durch den Namen des Künstlers und die Berühmtheit des Werkes bedingt. Man sah, um gesehen zu haben, und auch in dieser Beziehung glichen die Reisen der damaligen Römer denen der heutigen Engländer ebensosehr wie in dem eifrigen und gewissenhaften Aufsuchen historischer Erinnerungen. Wie sich Atticus bei Cicero über Athen äußert, so hat, wie wir nach allem annehmen dürfen, die große Mehrzahl der gebildeten Römer zu allen Zeiten empfunden. Orte, sagte er, an denen Spuren derer sind, die wir lieben und bewundern, machen einen gewissen Eindruck auf uns. Ja selbst meine Lieblingsstadt Athen erfreut mich nicht so sehr durch ihre griechischen Bauten und kostbaren Werke alter Künstler, als durch die Erinnerung an ihre großen Männer, wo sie gewohnt haben, wo sie zu sitzen, wo sie sich im Gespräch zu ergehen pflegten, und auch ihre Gräber betrachte ich mit Interesse.

c) Das Interesse für Natur und das Naturgefühl überhaupt

Ungleich mehr als das Kunstinteresse tritt bei den Reisen der Römer das Interesse an der Natur hervor: auch in allem, was sich auf Erholung des Gemüts und auf Genuß bezieht, sagt Atticus, hat die Natur den Vorrang. Doch zeigt sich dies Interesse meist als ein von dem modernen sehr verschiedenes. Es war ebenfalls sehr häufig kein unmittelbares, sondern hervorgerufen und bestimmt durch Berühmtheit, Seltenheit und Ungewöhnlichkeit, endlich durch Heiligkeit der betreffenden Gegenstände und Erscheinungen.

Das antike Naturgefühl unterscheidet sich von dem modernen am meisten durch seinen religiösen Charakter. Bedeutende Naturerscheinungen ergriffen die Gemüter der Alten mit einer andern Macht als die der Neueren, sie fanden sich hier einem göttlichen oder dämonischen Walten gegenübergestellt, und zu Staunen und Verwunderung gesellte sich immer religiöse Verehrung. Während aber die Phantasie der Griechen die Erscheinungen und Wirkungen der Natur zu göttlichen Personen gestaltete und sie so der menschlichen Empfindung nahe brachte, blieb den Italikern die Gottheit, wenn auch allgegenwärtig, dennoch geheimnisvoll und fremd. Sie erfaßten sie als ein die ganze Natur erfüllendes „Fluten und Weben unpersönlichen Geistes", das aber keine feste Gestalt gewann. Der fromme Sinn, der überall und in jedem Moment die Einwirkung schützender und erhaltender Mächte empfand, wurde am stärksten durch die Eindrücke der freien Natur angeregt. „Wo immer ein heimlicher Platz liebe Erinnerungen weckte, eine schöne oder erhabene Aussicht die Seele beschwingte, eine fruchtbare Trift oder ein wohlbestellter Acker die Vorstellung göttlichen Segens erregte, liebte man es durch einen einfachen Altar und das Bild einer Schlange an die höhere Ursache und die verborgene Seele des Ortes *(genius loci)* zu erinnern." Wie sehr auch der alte Götterglaube sich im Laufe der Jahrhunderte gewandelt hatte, das religiöse Gefühl der Natur gegenüber war den Römern zu jener Zeit so wenig wie den Griechen verlorengegangen: blieben doch auch die Erscheinungen, die es hervorriefen, immer dieselben und wirkten immer von neuem mit der alten Gewalt auf das menschliche Gemüt.

Von zahlreichen Äußerungen römischer Schriftsteller und Dichter aus jener Zeit, in denen dies religiöse Naturgefühl sich offenbart, mag hier nur eine von Seneca stehen. „Erblickst du einen Hain von dichtstehenden, alten, über die gewöhnliche Höhe aufragenden Bäumen, wo die Masse des über- und durcheinander sich erstreckenden Gezweiges den Anblick des Himmels ausschließt, dann gibt der riesige Baumwuchs, das Geheimnis des Orts und die Bewunderung des im offenen Felde so dichten und zusammenhängenden Schattendunkels dir das Gefühl von der Gegenwart einer Gottheit. Und wenn eine Grotte mit tief ausgefressenem Felsgestein sich in einen Berg hineinerstreckt, keine künstliche, sondern durch natürliche Ursachen zu solcher Weite ausgehöhlt, so wird sie dein Gemüt mit der Ahnung von etwas Höherem ergreifen. Wir verehren die Ursprünge großer Flüsse; wo ein gewaltiger Strom plötzlich aus dem Abgrunde hervorbricht, stehen Altäre, heiße Quellen haben ihren Gottesdienst, und manche Seen werden wegen ihres dunkeln oder unermeßlich tiefen Wassers für heilig gehalten." In der Einsamkeit und Stille der Natur, wo man sich der Gottheit näher, von ihrem Walten unmittelbar berührt und ihres Schutzes bedürftiger fühlt, regten sich religiöse Empfindungen eben öfter und stärker als in dem Lärm und Gewühl der Städte, und vor dämmernden Grotten, alten Bäumen, eingehegten Hügeln verweilte der Wanderer oft in unwillkürlicher Andacht. So suchte man Orte, die sich durch eine großartige oder schöne Natur auszeichneten, nicht bloß auf, um sich an ihrem Anblick zu erfreuen, sondern zugleich um die Gottheit, der sie geweiht waren, zu verehren.

„Ganz besonders fand das lebendige Wasser, wo es ohne menschliche Vorrichtung zutage kommt, wie die Juristen sagen, als *caput aquae* eine *perpetua causa* hat, eine allgemeine, das Heidentum sogar überdauernde Verehrung." Man bewies diese durch Hineinwerfen frommer Spenden, namentlich Münzen, die, wie bemerkt, noch jetzt auf dem Boden von Flüssen und Quellen häufig gefunden werden, und durch die Erbauung von Kapellen und Heiligtümern. So stand an den Quellen der Seine ein, wie es scheint, zu Ende des 1. Jahrhunderts gebauter Tempel, ein namentlich von Kranken, die hier Heilung suchten, vielbesuchter Wallfahrtsort. So erhob sich über der kristallhellen, in reichlichster Fülle sprudelnden Quelle des Djebel Zaghuan, welche die von den Arabern unter die Weltwunder gezählte, wohl von Sever und Caracalla erbaute Wasserleitung des römischen Karthago speiste, ein großartiger Tempel, der, mit einer weiten Halbkreisnische sich an die steile Felswand lehnend, mit seiner Öffnung „die lieblichste aller Gegenden überschaute", und von dem noch imposante Ruinen übrig sind. So zog die Quelle des Clitumnus in Umbrien die Besucher ebensosehr durch ihre Heiligkeit wie durch ihre Schönheit an. Unter einem mit Zypressen bestandenen Hügel strömte sie hervor, eiskalt und von durchsichtigem Grün, in dem sich die Eschen der beiden Ufer spiegelten, und erweiterte sich bald zum schiffbaren Flusse, der von Landhäusern eingefaßt war. Ein alter Tempel und viele Kapellen (von denen eine, etwa in der Zeit des Theodosius für den christlichen Gottesdienst geweiht, noch existiert) standen am Ursprunge; Wände und Säulen waren von den Besuchern vollgeschrieben, die sich hier offenbar besonders zahlreich einfanden, auch Caligula machte einmal einen Ausflug nach Mevania, um den Hain und den Strom des Clitumnus zu sehen. Aber ohne Zweifel wurden auch andere schöne und merkwürdige Flüsse und Quellen viel besucht. Vom Po sagt der ältere Plinius, er entspringe aus einer sehenswürdigen Quelle.

Unter den Grotten und Höhlen waren die berühmtesten die korykische am Parnaß, die Pausanias die größte und sehenswürdigste von allen nennt, die er gesehen, und die gleichnamige bei der Stadt Korykos in Cilicien, diese letztere offenbar keine eigentliche Höhle, sondern eine überwölbte Felsschlucht, wie man sie in Süddeutschland mit dem Namen „Klamm" bezeichnet; drei andere große und merkwürdige, verschiedenen Göttern geweihte Höhlen in Kleinasien beschreibt Pausanias. Daß das Naturgefühl der Alten in diesen kühnen Wölbungen mit ihren wunderlichen Stalaktiten und anderen seltsamen Gesteinbildungen Wohnungen von Göttern (besonders von Nymphen) zu erkennen, daß man in dem Rauschen von der Decke herabtropfender oder tief unten strömender Wasser Klänge einer dämonischen Musik zu vernehmen glaubte, daß man in dem geheimnisvollen Dämmerschein oder dem von Fackellicht schwach erleuchteten Dunkel sich von unbestimmter Angst erfaßt fühlte, ist begreiflich. Das Innere der korykischen Grotte in Cilicien war nach Pomponius Mela zu schauerlich, als daß jemand darin hätte vordringen können, und blieb daher unbekannt. Wohl alle größeren Grotten waren bestimmten Gottheiten geweiht, deren Bilder auch darin standen.

Ebenso natürlich ist die Verehrung der Haine und Bäume, die sich durch Uralter und riesigen Wuchs auszeichneten. Einst, sagt Plinius, waren Bäume die Tempel der Götter, und noch jetzt weihen nach altem Brauch die einfachen Landbewohner einen hervorragenden Baum einem Gotte, und wir verehren Bilder, die von Gold und Elfenbein funkeln, nicht mehr als Haine und das in ihnen herrschende Schweigen. In der Tiefe der Haine und Wälder regte sich vor allem jenes geheimnisvolle Bangen, das den Alten die Nähe der Gottheit verkündete. Pausanias zählte die ältesten, in die graue Vorzeit hinaufreichenden Bäume in Griechenland auf, wie die Weide auf Samos, die Eiche zu Dodona, den Ölbaum auf der Akropolis zu Athen. Auch die Palme des Apollo auf Delos, die bereits Odysseus bewunderte, stand noch in Plinius' Zeit. In der Tat reicht die natürliche Lebensdauer auch der Dattelpalme nicht so weit, und seit Odysseus Zeiten hatte mehr als ein neues Exemplar das alte ersetzen müssen. Plinius nennt auch die ältesten Bäume in Rom, einen Lotosbaum auf dem Volcanal, der älter sein sollte als die Stadt selbst; eben dort eine gleichaltrige, in der letzten Zeit Neros umgestürzte Zypresse, einen Lotosbaum in dem Hofe des 375 v. Chr. gegründeten Lucinatempels, der dort schon vor dessen Erbauung gestanden und ein Alter von rund 500 Jahren haben sollte, und andere; ebenso gedenkt er der ungeheuersten, in deren Höhlungen zum Teil mehrere Menschen Platz hatten. Solche Bäume, wie die sogenannte schöne Pinie am Ida von etwa 70 Meter Höhe, die schon der erste Attalus von Pergamum beschrieben hatte, wurden offenbar viel besucht, besonders aber gewaltige Platanen. „Was konnte in den dürren Felsenlabyrinthen südlicher Sonnenländer erwünschter sein, ja mehr zur Andacht und Bewunderung stimmen, als der Baum, der mit herrlichem, hellem Laube an grünlich-grauem Stamme, mit schwebenden, breiten, tief ausgezackten Blättern, murmelnde Quellen und Bäche beschattet und noch heute den Ankömmling empfängt, wie er vor Jahrhunderten die Voreltern empfangen und mit Kühlung erquickt hat?" Pausanias erwähnt unter andern uralten Platanen auch die bei Kaphyai in Arkadien von Menelaus, nach andern von Agamemnon gepflanzte. „Griechenland hatte den Baum und die Freude an ihm aus Asien überkommen, wo die Platane wie die Zypresse von alters her bei den baumliebenden Iraniern und den vorderiranischen Stämmen Kleinasiens in religiöser Verehrung stand." In Aulocrene in Phrygien zeigte man noch in Plinius' Zeit die Platane, die Apollo wegen ihrer Höhe gewählt hatte, um den Marsyas daran aufzuhängen. Eine der größten stand in Lycien, ohne Zweifel gleichfalls durch den Mythus geheiligt, wie immer an einer Quelle; die Weite ihrer Höhlung betrug 24 Meter, obgleich die Krone noch so kräftig grünte, daß sie ein breites, undurchdringliches Schattendach bildete; der Konsul Licinius Mucianus, „als er in dieser Platane mit achtzehn Gästen gespeist und nach dem Schmause geruht, gestand, daß sie ihm eine schönere Umgebung gewährt habe, als die gold- und bildgeschmückten Marmorsäle Roms bieten konnten". Bei Gortyn auf Kreta stand die angeblich immergrüne Platane, unter welcher der Sage nach Zeus die Europa umarmt hatte; sie war in lateinischen und griechischen (vermutlich an ihrem Stamm befestigten) Gedichten gefeiert.

Ein zweites Moment, das auf den Ruf der Sehenswürdigkeit einer Lokalität wesentlichen Einfluß übte, war Berühmtheit, die sie der Poesie und Literatur verdankte. Durch Einflüsse, wie sie der Titan Jean Pauls mindestens bis in das 4. Jahrzehnt des 19. Jahrhunderts auf den Besuch der Borromeischen Inseln und der Insel Isch, und in weit höherem Grade die Dichtungen Walter Scotts auf den der schottischen Hochlande geübt haben, ist die Richtung der römischen Reisen offenbar sehr häufig bestimmt worden. War die Schilderung einer Gegend erst zum Lieblingsthema der Schriftsteller und Dichter geworden, dann vermehrten diese Schilderungen gewiß die Zahl ihrer Besucher; und dies war auch bei einem großen Teil der eben genannten Orte und Sehenswürdigkeiten der Fall. In der Beschreibung, die Pomponius Mela von der korykischen Höhle in Cilicien gibt, klingen Reminiszenzen an poetische Schilderungen durch; ebenso bei Plinius in der des Tempetals, „zu dessen beiden Seiten sanft geneigte Wände in unabsehbare Höhe hinaufragten; die schmale Sohle durchströmte der Peneus, zwischen grasigen Ufern inmitten eines schönen Hains, Vogelgesang tönte aus den Wipfeln der Bäume". Das Tempetal war auch unter den Gegenden, mit deren Nachahmungen Hadrian seine Villa bei Tibur schmückte. Seneca erkundigte sich bei seinem Freunde Lucilius, nachdem dieser ganz Sicilien bereist hatte, nur nach der Natur des ganz allein durch die Dichtung berühmt gewordenen Charybdisstrudels; daß die Scylla ein ungefährlicher Fels sei, wußte er bereits. Noch Hieronymus erwähnt in einem kurzen Bericht über seine Reise aus Italien in den Orient, daß er bei Rhegium an der Scylläischen Küste sich die alten Sagen erzählen ließ, von der gefährlichen Fahrt des Odysseus, den Gesängen der Sirenen und dem unersättlichen Schlunde der Charybdis. Das Reisen, sagt Seneca an einer andern Stelle seiner Briefe, wird dir Kenntnis von Völkern verschaffen, wird dir neue Gebirgsformen zeigen, unbekannte

Ausdehnungen von Ebenen, von unversieglichen Wassern durchrieselte Täler oder die merkwürdige Natur irgendeines Flusses: möge er nun wie der Nil in sommerlicher Anschwellung wachsen, oder wie der Tigris sich dem Blicke entreißen und nach unsichtbar vollbrachtem Laufe zu ungeschmälerter Größe sich wiederherstellen, oder wie der Mäander, ein Gegenstand für Spiel und Übungen sämtlicher Dichter, sich in häufigen Windungen schlängeln und oft, bis an sein eigenes Bett herangewunden, wieder umbiegen, bevor er in sich selbst fließt: übrigens wird es dich weder besser machen noch vernünftiger. Man sieht, diese Flüsse sind genannt, nicht weil sie durch die Schönheit ihrer Ufer, sondern weil sie durch ihre Größe, ihre Berühmtheit und merkwürdige Phänomene interessieren. Sidonius Apollinaris beschreibt seine Reise nach Rom einem Freunde, der sich erkundigt hatte, welche berühmten Städte, Schlachtfelder, heiligen Berge oder „durch die Gesänge der Dichter verherrlichten Ströme" er gesehen habe. Weil wir zu Großem geboren sind, sagt der Verfasser der Schrift vom Erhabenen, bewundern wir nicht die kleinen Flüsse, wenn sie auch klar und nützlich sind, sondern den Nil, die Donau und den Rhein, noch weit mehr aber den Ozean. Jenes Verschwinden des Tigris „tief in gähnender Kluft" und „sein Fortströmen unter dem Boden" scheint so wie ähnliche (wirkliche oder gefabelte) Phänomene an anderen Strömen auch die dichterische Phantasie viel beschäftigt zu haben. Die angeführten Worte sind Versen Neros entlehnt; außerdem haben wir Beschreibungen desselben Gegenstandes von Lucan und dem Verfasser einer griechisch geschriebenen poetischen Erdbeschreibung, Dionysius unter Hadrian.

Dies führt auf ein drittes, hier in Betracht zu ziehendes Moment, das ebenfalls bei mehreren schon genannten Punkten zur Erhöhung der Sehenswürdigkeit beitrug: die Anziehung, die alle abnormen, seltenen, von der Regel abweichenden Naturerscheinungen übten. Von den schwimmenden Inseln im vadimonischen See bei Ameria sagt der jüngere Plinius, wie bereits angeführt ist, eine solche Naturmerkwürdigkeit lasse man in Italien unbeachtet, während man Reisen mache und Seefahrten unternehme, um ähnliche, nicht sehenswertere Phänomene in andern Ländern kennenzulernen. Römer und Griechen, die sich in den westlichen Provinzen aufhielten, reisten nach Gades oder an die Westküste von Gallien, um die Ebbe und Flut des Atlantischen Ozeans zu sehen; in Gallien reiste in dieser Absicht Lucians Freund Sabinus. Auch Philostrat hatte dies Schauspiel hier gesehen; nach Gades läßt er ebendeshalb seinen Apollonius reisen und berichtet von dort die auch jetzt in Küstengegenden heimische Sage, daß Todkranke während der Flutzeit nicht sterben können, erst mit dem Eintritt der Ebbe verläßt die Seele den Körper. Strabo, Apulejus und Cassius Dio beschreiben aus eigener Anschauung einen Schlund bei Hierapolis in Phrygien, aus dem kohlensaure Dämpfe aufstiegen, die alle Menschen und Tiere töteten (mit Ausnahme, wie dort behauptet wurde, von Eunuchen); sie hatten mit Vögeln und andern Tieren Experimente angestellt. Wie sehr der Ort besucht war, geht daraus hervor, daß man einen eigenen Bau zum bequemeren Betrachten dieses Phänomens errichtet hatte; dieses Theater, wie Cassius Dio es nennt, scheint erst nach Strabos Zeit erbaut worden zu sein, der es nicht erwähnt; noch im 6. Jahrhundert wurde das Phänomen beobachtet. Es versteht sich von selbst, daß alle solche Orte, aus denen tödliche Dünste aufstiegen und die dem Volksglauben als Eingänge zur Unterwelt galten *(Averni*, Χαρώνεια), eine ähnliche Beachtung fanden: zu diesen gehörte der noch heute Lago d'Averno genannte See bei Cumä, wo in alter Zeit ähnliche Erscheinungen beobachtet worden sein sollen wie jetzt an der dortigen Solfatara, und der durch Vergil, welcher dort seinen Äneas in die Unterwelt hinabsteigen läßt, weltberühmt geworden ist. Doch auch nur die berühmtesten wirklichen oder eingebildeten, oder doch fabelhaft ausgeschmückten Naturerscheinungen, die von Reisenden aufgesucht wurden, aufzuzählen, würde unmöglich sein; Beispiele zu häufen ist um so überflüssiger, als mehreres Derartige bereits früher erwähnt ist.

Das unmittelbare Interesse an der Natur tritt zunächst in der so lebhaften und so verbreiteten Vorliebe der Römer für das Landleben hervor. War diese freilich auch durch die Ungesundheit Roms im Sommer wesentlich mit bedingt, so hatte sie doch nicht minder ihren Grund in dem Verlangen, aus dem Dunst und Staube, dem Lärm und Getümmel, dem Brausen und Tosen der Stadt in die Einsamkeit, Stille und Frische der ländlichen Natur zu entfliehen und sich, wie ein griechischer Schriftsteller sagt, die Erquickung zu verschaffen, die der Anblick der Fluren zu gewähren pflegt: und wie oft regte sich dann bei der Vergleichung von Stadt und Land das Gefühl, daß gegenüber dieser immer gleichen Fülle, Pracht und Herrlichkeit alles Menschenwerk armselig und gering sei. Allerdings sind manche derartige Äußerungen des Naturgefühls unter dem Einflusse hellenistischer Poesie entstanden; auch gehörte die Vergleichung von Stadt und Land, wie ohne Zweifel die eng damit zusammenhängenden von Kunst und Natur, Überkultur und Ursprünglichkeit, zu den Gemeinplätzen der Rhetorenschulen. Doch läßt sich bei mehreren der hervorragendsten römischen Schriftsteller und Dichter ein echtes und inniges Naturgefühl nicht verkennen. Das Land, sagt Varro, hat uns die göttliche Natur gegeben, die Städte hat menschliche Kunst erbaut: er mochte lieber die Obstkammern in der Villa des Scrofa als die Bildergalerie in der des Lucullus sehen. Auch Lucrez war zufrieden, am Wasserbach im weichen Grase unter den Zweigen eines hohen Baums zu liegen, wenn die Jahreszeit lachte und die grünen Wiesen mit Blumen bestreute, während andre in prachtvollen, von Gold funkelnden Sälen bei Lampenschein unter dem Klange der Saiteninstrumente schmausten. Atticus sagt bei Cicero, er könne sich am Anblick der Inseln im Fibrenus nicht satt sehen und verachte dabei prächtige Villen mit ihren marmornen Fußböden und Felderdecken; wer wollte nicht der gegrabenen Kanäle (in den Gärten) spotten, wenn er diesen Strom sähe! Ganz ähnlich heißt es bei dem ältern Seneca: Kaum kann ich glauben, daß einer von denen, die in ihren Häusern Wälder, Meere und Flüsse nachahmen, jemals wirkliche Wälder oder weite grüne Fluren gesehen hat, auf die ein reißender Strom herabstürzt oder durch die er in der Ebene fließend ruhig dahinwallt; daß sie das Meer von einer Höhe gesehen haben, wenn es still daliegt oder im Winter durch Stürme von Grund aus aufgewühlt ist. Denn wer, der die Wirklichkeit kennengelernt hat, möchte seinen Geist an so Wertlosem ergötzen?

Allbekannt ist, wie Vergil die Landbewohner glücklich preist, wenn sie sich ihres Glücks nur bewußt wären; sein Verlangen nach der friedlichen Stille, der Reinheit und Sorglosigkeit des Landlebens; seine Freude an Tälern, die kalte Ströme erfrischen, an Wäldern, Fluren, Grotten und Seen, dem Gebrüll der Rinder, dem Schlummer unter Bäumen; seine Sehnsucht nach den in griechischer Dichtung gepriesenen Auen des Spercheus, den kühlen, von gewaltigen Laubdächern beschatteten Schluchten des Taygetus und Hämus. Vor allen andern aber hat das Land im Gegensatze zur Stadt Horaz gepriesen. Dort im Walde, am Ufer der Bäche, unter moosigen Felsen ward ihm erst wohl. Dort war der Winter lau, die Sommerhitze durch frischen Hauch gekühlt, der Schlaf ungestört; wieviel schöner das Grün des duftenden Grases als buntes Gestein, wieviel reiner die mit Gemurmel herabrinnende Quelle als das in Bleiröhren fließende Wasser der städtischen Leitungen! In demselben Sinne rühmt Properz die Pracht der sich selbst überlassenen Natur im Gegensatz zu der künstlich verschönerten, die prangenden Farben der Wiesenblumen, den kräftigen Wuchs des Efeus, des Baums in einsamer Felsschlucht, den Bach, der seinen eigenen Lauf nimmt, das von bunten Steinchen schimmernde Ufer. Auch Martial, der ein großer Freund des Landlebens war, hat ein Wort der Sympathie für die „wahre und von keiner Kultur berührte Ländlichkeit". Ebenso bedauert Juvenal die Verkünstelung der Nymphengrotte im Hain der Egeria: wieviel unmittelbarer würde man die Nähe der Gottheit der Quelle empfinden, wenn grüner Rasen sie einfaßte und nicht Marmorbekleidung den natürlichen Tuffstein entstellte. Die Herrlichkeit der Natur im Gegensatz zu allem von Menschen Geschaffenen haben aber nicht bloß die römischen Dichter mit Vorliebe besungen, auch die Prosaschriftsteller gedenken gern der Erfrischung, die es gewährt, den Blick auf dem „schweigenden Grün, dem vorüberströmenden Flusse ruhen oder in die weite Ferne schweifen zu lassen; dem Gesange der Vögel, dem Murmeln oder Brausen der Wellen zu lauschen, den labenden Lufthauch zu atmen, in Einsamkeit und Stille die Stunden zu verträumen; und allgemein galt den Römern die Natur als die wahre Geburtsstätte der Dichtung sowie der Gedanken.

Diese Liebe der Natur bekundete sich aber auch in der Anlage der Stadtwohnungen der Reichen und Vornehmen, zu deren Vorzügen vor allem sowohl Gärten als schöne Aussichten gerechnet wurden. Nach Plinius wäre die Anlage von Gärten bei Stadtwohnungen zuerst von Epicur eingeführt worden. Wenn diese Nachricht auch vielleicht nicht zuverlässig ist, so darf man doch annehmen, daß die Sitte sich in der Diadochenperiode ausgebildet hat, in der sich ein dem modernen bis zu einem gewissen Grade verwandtes Naturgefühl entwickelte. Auch bei der Anlage von Wohnhäusern trug diese Epoche dem Bedürfnisse nach Naturgenuß Rechnung. Ihr gehört wahrscheinlich die Erfindung der kyzikenischen Zimmer und Speisesäle an. „Diese Räume waren nach Norden orientiert, und in der Mitte mit einer Tür, zu beiden Seiten mit Türfenstern versehen und gestatteten somit von den zwei in ihnen befindlichen Triclinien nach allen Richtungen die Aussicht in das Freie. Man sieht hieraus deutlich, wie sie recht eigentlich auf den Naturgenuß in der Sommerzeit berechnet waren. Vitruv erwähnt diese Räume als Bestandteile des griechischen Wohnhauses, gibt aber zugleich an, daß sie bisweilen, wenn auch zu seiner Zeit nur selten, in italischen Häuseranlagen Platz fanden. Mit dem zunehmenden Steigen des hellenistischen Einflusses wurden auch die kyzikenischen Speisesäle in Italien häufiger. Räume dieser Art fanden sich in zwei Gärten des jüngern Plinius". Gärten und Parks hatten die Stadtwohnungen der Römer mindestens schon in Sullas Zeit. Die sechs Lotosbäume im Garten des Redners Crassus auf dem Palatin wurden im Jahre 92 v. Chr. ebenso hoch wie der Palast, zu dem sie gehörten, auf 3 Millionen Sesterzen (652.500 Mark) geschätzt. Ciceros Freund Atticus hatte sein Haus auf dem Quirinal, das früher einem Tamphilus gehört hatte, von einem mütterlichen Oheim geerbt; die Hauptschönheit desselben bestand in einem Park. Nach Sallusts Hyperbel von Palästen, „die nach Art ganzer Städte gebaut seien", darf man vermuten, daß weitläufige Gartenanlagen damals in Rom nicht selten waren. Auch Horaz spricht wiederholt von kleinen Wäldern und Hainen zwischen den bunten Säulen der Peristylien; ein Haus wurde gelobt, welches auf weite Felder sah. Je länger je mehr strebten die Reichen und Großen, auch in ihren Stadtwohnungen soviel wie möglich die Annehmlichkeiten der Villen zu vereinigen. Martial beschreibt den auf einem der höchsten Punkte Roms gelegenen Petilianischen Palast: man konnte dort den Landaufenthalt in der Stadt genießen, die Lese im Weingarten war größer als auf einem falernischen Hügel, es gab hinreichenden Raum zur Spazierfahrt im leichten Wagen innerhalb der Hausschwelle, und kein Straßenlärm, keine zu früh eindringende Tageshelle störte den Schlaf. Bei Philostrat sagt der Besitzer eines prächtigen Hauses auf Rhodus, dessen Erbauung an 24 Talente (ungefähr 113.000 Mark) kostet, er werde wenig auszugeben brauchen, denn es seien Wandelbahnen und Haine darin. In diesen Wandelbahnen werden die auch in öffentlichen Portiken gewöhnlichen Angaben ihrer Länge nach Fuß, und wieviel Male man sie auf und ab schreiten mußte, um eine Strecke von 1000 Schritt (eine Miglie) oder eine größere zurückzulegen, nicht gefehlt haben. Selbst aus Badezimmern wollte man eine weite Aussicht haben; Seneca sagt, daß die verwöhnten Reichen Bäder ohne große, helle Fenster, in denen man nicht aus der Badewanne auf Felder und Meere blicken konnte, Bäder für Nachtschmetterlinge nannten. Das goldene Haus Neros, das der Inbegriff aller erdenklichen Pracht und Herrlichkeit werden sollte, erregte weniger durch Gold und Edelsteine, „eine längst gewöhnliche Art des Luxus", Bewunderung, als „durch Fluren und Teiche, durch Nachahmungen der Einsamkeit der Wälder und der freien Natur und durch Fernsichten". In einer Erörterung der Servituten von Grundstücken bei einem Juristen des 2. Jahrhunderts heißt es, sie beständen nicht in Leistungen, sondern in Zulassungen oder in Unterlassungen, also z. B. nicht darin, daß jemand in seinem Gebäude Malereien ausführe oder einen Garten anlege oder eine schöne Aussicht herstelle.

Wenn man nun schon die Aussichten bei Stadtwohnungen so hoch schätzte, so wurden um so mehr Villen auf hohen Punkten angelegt, die weite, heitere und mannigfaltige Aussichten beherrschten. Martial rühmt die auf dem Monte Mario gelegene Villa seines Freunds Julius Martialis vor allem wegen ihrer reichen Aussicht. Man überblickte von dort ganz Rom und die Campagna bis zum Albaner-Gebirge mit den darin zerstreut liegenden Ortschaften und den großen, vom Wagenverkehr belebten Landstraßen, sowie den Tiber bis Ponte Molle mit den stromabwärts gleitenden und stromaufwärts gezogenen Fahrzeugen. Die Lage der toscanischen Villa des jüngeren Plinius kann als Beispiel einer in römischem Sinne vollkommen schönen Binnenlandschaft dienen. Man überschaute von hier eine weite Ebene, die wie ein ungeheures Amphitheater ringsum von den Vorbergen des Appennin eingerahmt war; von den höheren Gipfeln zogen sich alte dichte Wälder herab, dazwischen fruchtbare, mit dem üppigsten Kornwuchs prangende Abhänge, unter diesen Weinberge, endlich Felder und Wiesen von schönstem Grün und buntester Blumenfülle, denn durch die ganze Ebene strömte der Tiber und überdies zahlreiche Bäche. Es war ein großer Genuß, diese Gegend von der Höhe aus zu betrachten, man glaubte nicht eine wirkliche Landschaft, sondern ein schönes Bild zu sehen, überall erfreute sich das Auge an der Mannigfaltigkeit, an den Linien und Umrissen, die sich ihm darboten.

Kaum wird man in der antiken Literatur eine Landschaft gelobt finden, der das Wasser mangelt, wie dies im Süden durchaus natürlich ist. Es war nicht bloß der erquickende Blick auf die grenzenlose azurne Fläche des Meers, auf die blauen und grünen Spiegel der Seen, die silberhellen Windungen der Bäche und Flüsse, die weißschäumenden Wasserstürze: es war auch die erfrischende Kühlung, die von den Wassern herwehte, die ihre Nähe so begierig aufsuchen ließ. Noch mehr, das Wasser ist in der südlichen Landschaft das eigentlich belebende Element; wo es fehlt, herrscht Dürre und Öde. An seinen Ufern ist das Grün am frischesten, das Laub am üppigsten, gewähren die Baumwipfel den dichtesten Schatten. Was kann schöner genannt werden als die Gewässer? fragt Petron. Ufer von Landseen, enge, von Bächen durchrieselte Täler und Schluchten, weite, lachende, von Flüssen durchströmte Ebenen zogen die Freunde der Naturschönheit vor allem an.

Das Tempetal, ein Ideal schöner Landschaft im Sinne der Alten, „vereinigt in seltener Weise den Charakter der Anmut eines Flußtals mit dem der Wildnis und Großartigkeit einer tiefen Felsschlucht". Der Fluß Peneus tritt hier in eine anderthalb Stunden lange, durch die fast unmittelbar an sein Bett herantretenden Abhänge des Ossa und Olymp gebildete Schlucht, die auf beiden Seiten von beinahe senkrechten, zerklüfteten, malerisch mit Grün bewachsenen Felsenmauern eingefaßt ist. Die Abhänge des Olymp fallen fast durchweg schroff ab; dagegen ist am rechten Ufer meist ein schmaler Saum fruchtbaren Landes, der sich manchmal zu kleinen Ebenen erweitert, welche von zahlreichen Quellen erfrischt, mit üppigem Rasen bedeckt, von Lorbeer, Platanen und Eichen beschattet sind. Der Fluß fließt in stetem und ruhigem Lauf, hier und da eine kleine Insel bildend, bald breiter, bald durch die vortretenden Felsen in ein schmales Bett gedrängt, unter einem Laubdache mächtiger Platanen, durch welches die Sonnenstrahlen nicht hindurchdringen, dahin.

So erscheint in allen Naturschilderungen der Alten die Verbindung von Vegetation und Wasser als Hauptерfordernis landschaftlicher Schönheit.

Das schattige Tal des Horaz im Sabinergebirge, sein „süßes Versteck", verdankte seinen Hauptreiz dem Quell Bandusia, dessen plaudernde Wellen von hohlen Steinen herabhüpften, auf denen eine alte Steineiche stand; klarer als Kristall, und selbst in der Siriushitze liebliche Kühle aushauchend. Catulli liebte wie seinen Augapfel „vor allen Inseln und Halbinseln, soviele in klaren Landseen und Meereswellen rings der Wassergott hütet", das liebliche, ohne Zweifel damals gartenartig angebaute Sirmio im blauen Gardasee, auf dem noch Trümmer römischer (wie man glaubt, von Thermen aus Constantins Zeit herrührender) Gebäude sind. Weit und breit, sagt Seneca, gab es keinen See, an dem nicht die Dächer von Villen der römischen Großen ragten, keinen Fluß, den ihre Gebäude nicht einfaßten. Plinius rühmt von Trajan, daß er nicht wie sein Vorgänger die Besitzer von ihrem Eigentum treibe, nicht wie er alle Teiche, alle Seen, alle Waldungen in einer einzigen unermeßlichen Besitzung vereinige, daß nicht mehr wie ehedem Flüsse, Quellen und Meere zur Augenweide eines Einzigen dienen. Ruinen eines Pausilypon (Sorgenfrei) aus Tiberius' Zeit (das einer Metia Hedonium gehörte) hat man am See von Bracciano gefunden. Der jüngere Plinius bezeugt, daß die reizenden, reich belaubten Ufer des Comersees mit Villen bedeckt waren. Sie waren es noch in der Zeit Cassiodors, dessen Beschreibung bei allem Schwulst ein tiefes Naturgefühl verrät. Er nennt die Lage der Stadt Comum so schön, daß sie zur Lust allein geschaffen zu sein scheine. Der See hat die Form einer Muschel, deren Umriß von der Weiße des schaumbenetzten Ufers gezeichnet wird; ihn umgeben nach Art eines Kranzes herrliche Gipfel hoher Berge, seine von glänzenden Palästen *(praetoriorum luminibus)* schön geschmückten Ufer werden wie von einem Gürtel von dem immerwährenden Grün der Ölwaldungen eingefaßt. Darüber ziehen sich reich belaubte Weinpflanzungen die Abhänge hinan. Die Kämme sind von der Natur mit Kastanienwald wie mit krausem Lockenhaar geschmückt. Schneeweiße Wasserfälle stürzen von der Höhe in die Fläche des Sees. Noch in der karolingischen Zeit pries ein Dichter dessen Herrlichkeit: das wie in ewigem Frühling prangende Grün des Rasens an seinen Ufern, die sein Bett auf beiden Seiten einrahmenden Olivenhaine, die Lorbeeren und Myrten, die Granaten, Pfirsiche und Zitronen seiner Gärten. Doch auch bei viel bescheidenerer landschaftlicher Schönheit verfehlten Wasserspiegel, die von Laub eingefaßt waren, ihre Wirkung nicht. Apollinaris Sidonius schildert in einer modern klingenden Stelle die Flüsse der Lombardei, „den binsenreichen Lambro, die grüne Adda, die reißende Etsch, den trägen Mincio"; ihre Ufer säumten teils Eichen- und Ahornwälder, die von Vogelgesang ertönten, teils Schilf- und Rohrdickichte, in denen die Vögel nisteten.

Der Lauf des Anio, „des reizendsten unter allen Flüssen", war von Wäldern beschattet und wurde von den in ununterbrochener Reihe an seinen Ufern entlang gebauten Villen gleichsam festgehalten, unter denen die Neros bei Subiaco berühmt war. Tibur mit der „tönenden Grotte der Albunea, dem Sturz des Anio, dem Hain des Tiburnus" verdankte seine Beliebtheit vor allem eben jenem berühmten Wasserfall. Auf der dortigen von Statius beschriebenen Besitzung des Manilius Vopiscus standen zwei Paläste an beiden Ufern des Flusses einander gegenüber, an einer Stelle, wo er ruhig dahinfloß, während er ober- und unterhalb mit lautem Krachen schäumend über Felsen stürzte. Dichter und hoher Wald trat bis an den Rand des Wassers, dessen Fläche das Laub widerspiegelte, weithin lief die Welle durch Schatten. Auch hier war es selbst in den Tagen der Siriushitze kühl, und der Brand der Julisonne vermochte nicht, in das Innere der Wohnräume zu dringen. Die Ufer des Tiber waren nach dem älteren Plinius vielleicht von mehr Villen besetzt als die aller übrigen Flüsse in der ganzen Welt. Herodes Atticus besaß eine seiner Villen in jenem Kephisia, das noch heute durch seine kühle Lage, seinen Reichtum an frischen Quellen, seine üppigen Gärten und Wälder von Oliven, Zypressen, Platanen und Silberpappeln „die freundliche Oase des öden attischen Lands ist". Dort gewährten nach Gellius' Schilderung auch während der höchsten Glut des Frühherbstes ungeheure Haine Schatten und Kühlung, und von allen Seiten ertönte das melodische Rauschen der Wasser und der Gesang der Vögel.

Im Sinne des damaligen griechisch-römischen Naturgefühls und in der Weise der griechischen Sophisten schildert Josephus die den See Gennesar entlang sich erstreckende gleichnamige Gegend „als eine Landschaft von wunderbarer Natur und Schönheit", zu deren fast unglaublicher Fruchtbarkeit und Üppigkeit übrigens die Quelle Kapharnaum sehr viel beitrug. Die früher (S. 459) erwähnte vornehme gallische Pilgerin erklärt, ein schöneres Land als das Land Gessen (d. i. Gosen) glaube sie nie gesehen zu haben; denn der Weg führte fortwährend zwischen Wein-, Balsam- und Fruchtgärten und trefflich angebauten Feldern dahin. Die zauberischen, an herrlichen Fruchtbäumen und Wasser reichen Paradiese der Römer bei Karthago, in denen die Vandalen sich der üppigsten Schwelgerei hingaben, schildern Procopius und Luxorius: der letztere rühmt die von Vogelgesang erfüllten Haine, die in moosigen Betten fließenden klaren Quellen, die duftenden Blumen, die im Grünen erbauten Pavillons und die Aussichtstürme.

Doch in erster Reihe unter den Gegenden, welche die Alten durch ihre Naturschönheit anzogen, stehen die Meeresufer; so sehr suchte man gerade hier auch den Naturgenuß, daß es möglich war, die Ausdrücke für schöne Gegenden und Strandgegenden als synonym anzusehen. Die antike Poesie und Sage bietet eine Fülle der beredtesten Zeugnisse für ein tiefes und inniges Verständnis der Schönheit und Herrlichkeit des Meers. Statt andrer mag eine Stelle Catulls hier stehen, in der er schildert,

Jetzt wie des ruhigen Meers Flutplan mit dem Atem der Frühe
Zephyrus leicht anschauernd hinauslockt hüpfende Wellen,
Wenn an der wandernden Sonne Gezelt Aurora emporsteigt;
Die anfangs schlafträge, gedrängt vom säuselnden Luftzug,
Seewärts gehn, leis rauschend, es hallt wie heimlich Gekicher;
Aber der Wind schwillt an, schon rollen sie höher und höher,
Und bald fernhin sprühn die entschwimmenden unter dem Glührot.

Auch die antike Kunst hat diesem Element die Motive zu manchen ihrer anmutigsten und prachtvollsten Darstellungen entnommen. Der Anblick des Meers war den Römern wie den Griechen der erhabenste und zugleich der schönste in der Natur. Wie groß, ruft Cicero in seiner Schilderung der

Wunder der Schöpfung aus, ist die Schönheit des Meers, welches Schauspiel der Anblick des Ganzen, welche Menge und Mannigfaltigkeit der Inseln, welche Reize in seinen Ufern und Küsten! An dem Genuß dieser Schönheit sättigte man sich nie und kehrte immer wieder zu ihm zurück. Ciceros Freund M. Marius ließ auf seinem Gut bei Stabiä (Castellamare) einen Durchstich machen oder ein Gebäude abbrechen, um aus seiner Villa den freien Blick über den von der Morgensonne beschienenen Golf zu gewinnen. Cicero selbst schreibt an Atticus aus Puteoli: Du fragst, ob ich mich mehr an der Aussicht von den Höhen oder an einem Gange hart am Meere erfreue, und meinst, ich wisse das selbst nicht. In der Tat ist beides so schön, daß man zweifeln kann, welches den Vorzug verdient. Ähnliche Äußerungen finden sich noch öfters in den Briefen Ciceros wie in denen des jüngeren Plinius. Auch Apulejus sagt, ihm sei die liebste Aussicht die auf das Meer. Plutarch führt als etwas oft Gesagtes an, daß, wie eine Schiffahrt längs dem Lande, so ein Spaziergang längs dem Meere der angenehmste sei. Libanius sucht in seiner Lobrede auf Antiochia zu beweisen, daß dessen Bewohner für die Entbehrung des Blicks auf das Meer dadurch entschädigt würden, daß sie den Schattenseiten des Lebens in einer Seestadt nicht ausgesetzt wären. Doch vielleicht nichts ist für den Wert, der auf diesen Anblick gelegt wurde, so charakteristisch wie eine Bestimmung Justinians, daß in Konstantinopel niemand durch Bauten, die in einer Entfernung von weniger als 100 Fuß vom Meere aufgeführt würden, die Aussicht auf dasselbe, „die größte Annehmlichkeit" (πρᾶγμα χαριέστατον), sollte absperren dürfen. Auch Procop, der die Herrlichkeit der Lage der Stadt gebührend preist, unterläßt in der Beschreibung der hart am Ufer aufgeführten Bauten des Kaisers nicht, das Zusammenwirken der Architektur mit dem Spiegel des Meeres, das ihre Fundamente bespült, ausdrücklich hervorzuheben.

Aber weit mehr als durch die Literatur ist die Liebe der Römer für das Meer durch die Anlagen ihrer Villen bezeugt, welche, wie oben ausführlich geschildert ist, in gedrängter Reihenfolge die Küste Italiens von dem Golf von Spezia bis zu dem von Salerno und weiter hinaus säumten. Wie sehr man hier darauf bedacht war, das Meer auf jede Weise zu genießen (welchem Zwecke ja auch die öfters als Beweis eines ausschweifenden Luxus angeführten Wasserbauten dienten), wie man dafür sorgte, sich diesen Genuß durch die verschiedensten Aussichtspunkte so mannigfaltig wie möglich zu machen, zeigt außer manchen oben angeführten Angaben besonders die ausführliche Beschreibung, die der jüngere Plinius von seiner Villa bei Laurentum gibt. Hier war ein Speisesaal so weit auf die Küste hinausgebaut, daß er bei Südwestwind von der äußersten Flut der Brandung bespült wurde. Durch die Flügeltüren und bis zum Boden hinabreichende Fenster sah man auf drei Seiten das Meer. Ein Fenster eines großen Zimmers gewährte den Blick auf dessen weiter entfernte, aber ruhige Fläche. Auch beim Schwimmen in dem Warmwasserbassin hatte man es vor Augen, und aus einem Speisesaal in einem oberen Stockwerke sah man zugleich sehr weit auf seine Fläche hinaus und das Ufer mit reizenden Villen entlang. Aus drei Fenstern eines Alkovens konnte man die Aussichten auf Meer, Villen und Wald bald verbunden, bald getrennt genießen usw. Auch die Villa des Pollius Felix auf der Höhe von Sorrent bot aus jedem Fenster eine andre Aussicht, auf Ischia, Capri, Procida, aus allen aber die Aussicht auf das Meer; dort weilte die sinkende Sonne, „wenn der Tag sich neigte, der Schatten der laubgekrönten Berge in die Flut fiel und die Paläste im kristallenen Meere zu schwimmen schienen". Von den Lustorten und Bädern an der Westküste Italiens, an der Nordküste Ägyptens ist oben die Rede gewesen. In der Gegend des alten Canopus seht man (oder sah man früher) die Grundmauern eines Gebäudes in der Art der römischen Villen, die, von den Fluten bedeckt, ein ganzes Stück in das Meer hineinreichten; Bruchstücke von Statuen waren überall zerstreut. Auch in Griechenland stößt man auf die Ruinen römischer Villen hauptsächlich an den Küsten.

Ganz besonders tritt die Verschiedenheit des römischen Naturgefühls von dem unsern im Gartenbau hervor. Wenn es gleich an Freunden und Fürsprechern der freien, sich selbst überlassenen Natur in der augusteischen wie der nachaugusteischen Zeit keineswegs fehlte, so scheint doch seit Anfang der Kaiserzeit bis mindestens tief ins 4. Jahrhundert das Streben, die Natur künstlerisch zu gestalten, den Charakter der Gärten in Italien vorzugsweise bestimmt zu haben. Namentlich in den beiden von dem jüngeren Plinius ausführlich beschriebenen Gärten seiner laurentischen und toscanischen Villa zeigt sich die allem Anschein nach allgemein beliebte architektonische Regelmäßigkeit der Anlage, mit der dann wieder stellenweise Szenen ländlicher Natur kontrastieren. Das Ganze war teils durch Terrassen, teils durch zirkusförmige Plätze (Hippodrome), teils durch geradlinige oder in großen Kurven geführte Alleen und Gänge abgeteilt, welche letztere durch geschorene Wände oder Hecken (von Buchs oder Rosmarin), die gelegentlich auch treppenartig gezogen wurden, eingefaßt waren. Mit der Vegetation wirkte die Architektur, deren Schatten zugleich die zunächst liegenden Teile kühlte, zusammen, aber auch die ferneren Umgebungen; denn für schöne und mannigfache Aussichten war so viel wie möglich gesorgt. Dazu kam eine reiche Dekoration mit Bildwerken, zu denen auch Tierfiguren gehörten. Seen und Kanäle, Springbrunnen und Wasserkünste aller Art belebten diese Anlagen: in dem Garten der toscanischen Villa des Plinius quoll aus einer halbrunden Marmorbank das Wasser durch Röhren, als ob die Last der darauf Ruhenden es herausdrängte. Auch an allen übrigen Ruheplätzen und in dem Hippodrom plätscherten zahlreiche Wasserstrahlen. In den größten Gärten, besonders außerhalb Roms, befanden sich auch Vogelhäuser, Fischteiche und Wildparks; besonders wurden wohl Pfauen (und andre seltne und schöne Vögel) in Gärten häufig gehalten. Vielleicht waren auch Nachahmungen berühmter Landschaften und Bauwerke, wie in der tiburtinischen Villa Hadrians, nicht selten. Aussichtstürme, deren es auch in den zauberischen Paradiesen der Vandalen in Karthago gab, werden den römischen Gartenhäusern ebenfalls nicht gefehlt haben. Von Bäumen wurden in Gärten außer den Fruchtbäumen und der Platane, dem beliebtesten Zierbaume des Altertums, namentlich die immergrünen gezogen, wie Myrte, Lorbeer, Eiche Zypresse und Pinie. Sie wurden teils in Alleen oder in der Form des Quincunx, teils in großen, ganz aus Bäumen derselben Gattung bestehenden Gruppen oder kleinen Parks gepflanzt. Florentinus (zu Anfang des 3. Jahrhunderts) empfiehlt, die Bäume nicht etwa (in der Absicht, durch ihre Verschiedenheit einen angenehmen Eindruck zu erzielen) ordnungslos zu pflanzen, sondern nach Gattungen gesondert. An manchen Stellen wurde ihr Laub durch Ziehen und Beschneiden zu künstlichen, oft wunderlichen Formen gestaltet: eine Mode, deren Einführung einem Freunde des Augustus, dem Ritter C. Matius, zugeschrieben wird. Man bildete nicht bloß Namenszüge, Kegel und Pyramiden aus Buchsbaum, Zypressen und andern Bäumen, sondern auch Figuren wilder Tiere, sogar ganze Jagden und Flotten. Auch die Kultur von Zwergbäumen (namentlich Platanen und Zypressen, vermutlich aber auch andern Gattungen) war beliebt, desgleichen Künsteleien des Pfropfens, wie das Pfropfen eines Stammes mit den Reisern verschiedener Fruchtbäume. Die Blumenbeete bestanden ebenfalls vorzugsweise aus Blumen einer Gattung, vor allem Rosen und Lilien, neben denen Mohn, Violen (Levkojen), Hyazinthen (Schwertlilien?), Anemonen u. a. genannt werden. Florentinus rät die Zwischenräume der (wie es scheint geradlinig gepflanzten) Bäume mit Rosen, Lilien, Violen und Krokus auszufüllen. Der Boden wurde mit Acanthus, Wände und Säulen sowie Baumstämme mit Efeu und Weinlaub überkleidet, aus jenem Bögen von Baum zu Baum gezogen, aus diesem Schattengänge und Lauben gebildet.

Daß übrigens der hier geschilderte Gartenstil, wenn auch der herrschende, doch nicht der ausschließlich angewendete war, daß vielmehr jene Vorliebe für Szenen der sich selbst überlassenen Natur auch zu parkartigen Anlagen führte, zeigt namentlich das 1863 entdeckte, die vier Wände eines Saales der Villa in Prima Porta bei Rom umfassende, etwa der Zeit des Augustus angehörige Gemälde, das einen Lustgarten mit naturalistischer Treue darstellt. Den Vordergrund bildet ein Wiesenstreifen, der durch ein Staket aus Rohrgeflecht und eine aus Stein oder Backstein erbaute Einfriedung eingefaßt ist. Hinter der letzteren, deren gerade Linie mehrfach durch Ausbiegungen unterbrochen wird, erhebt sich aus reichem, von blühenden Blumen üppig durchwachsenem Unterholz ein höchst anmutiger Wald von hinter- und nebeneinander gruppierten Bäumen, unter denen man Pinien, Palmen, Lorbeeren und verschiedene Fruchtbäume (Granat-, Äpfel-, Quittenbäume) erkennt. In den Ausbiegungen der hinteren Einfriedung stehen (außer einigen nicht sicher zu bestimmenden Bäumen) dunkle Nadelhölzer, deren Zweige bis auf den Boden reichen. Weiter aus dem Hintergrunde ragen besonders Zypressen herüber. Die ganze Anlage ist von einer reichen und mannigfaltigen Vogelwelt belebt, und zwar der Rasen, die Stakete, das Blumendickicht von größeren, besonders hühnerartigen, die Bäume von kleineren Vögeln der verschiedensten Arten. „Das ganze blühend-bunte, fröhliche, aber nicht wilde, sondern offenbar gehegte Dickicht macht einen überaus anmutigen und die Phantasie poetisch ansprechenden Eindruck".

Aber mögen auch Anlagen wie die hier dargestellten nicht ganz selten gewesen sein, so ist doch der Gartenbau der römischen Kaiserzeit im allgemeinen, wie gesagt, offenbar durch das Streben nach künstlicher, architektonisch regelmäßiger Gestaltung der Natur bestimmt worden, und dieser Geschmack hat sich aus dem Altertum ins Mittelalter fortgepflanzt. Die

Anweisungen, die der mit den Schriften der Alten wohlbekannte Bologneser Petrus de Crescentiis (geb. 1230) in seinem Werke über den Landbau für den Gartenbau gibt, beweisen seine Fortdauer. In den Gärten der Personen des Mittelstands von drei oder vier Morgen empfiehlt er, schnurgerade Reihen von edlen Fruchtbäumen, und zwar jede Reihe nur aus Bäumen derselben Gattung, zu pflanzen, dazwischen Weinstöcke, im übrigen soll der Garten Wiesen und Lusthäuser enthalten. Von Blumen ist hier ebensowenig die Rede wie in den Anweisungen für die „Gärten der Könige und andrer erlauchter und reicher Herren“, für welche er eine Bodenfläche von 20 und mehr Morgen annimmt, die von einer Quelle durchflossen ist. Hier soll im Norden ein Park für zahmes Wild aller Art angelegt werden, im Süden ein Kasino *(palatium speciosum)*, das einen tiefen Schatten geben wird, und dessen Fenster auch in der Hitze eine kühle Luft einlassen und zugleich die Aussicht auf den Garten und die darin befindlichen Tiere gewähren werden. In diesem soll sich auch ein Fischteich und ein großes, über Büschen und Bäumen aus Gitterwerk errichtetes Vogelhaus befinden, das mit Fasanen, Rebhühnern, Stieglitzen, Staren, Nachtigallen, Amseln und andern Singvögeln gefüllt ist. Ferner soll in demselben Garten ein Sommerhaus mit Sälen und Gemächern aus Bäumen allein hergestellt werden, in dem der König und die Königin mit ihren Baronen und Damen sich bei schönem Wetter aufhalten können. Die Wände werden aus Reihen schnell wachsender Fruchtbäume oder noch besser Weiden und Ulmen gebildet, deren Wachstum während mehrerer Jahre durch Beschneiden und Anbinden, mit Hilfe von Latten und Pfählen, in entsprechender Weise geregelt wird. Auch kann man ein solches Haus aus trocknem Holz aufführen, das man ganz mit Weinlaub überzieht. Ferner gewähren wunderbare und mannigfaltige Inokulierungen von Pfropfreisern auf denselben Bäumen viel Ergötzung, besonders aber gereichen einem solchen Garten die immergrünen Bäume zur Zierde wie Pinien und Zypressen und Zedern und Palmen, wo sie ausdauern. Jede Gattung von Bäumen und Kräutern soll nach der Ordnung und von der andern gesondert gepflanzt werden. Endlich wird noch eine Anweisung gegeben, durch jahrelanges Binden, Beschneiden, Biegen und Nachpflanzen dichte lebendige Umfassungsmauern der Gärten und Höfe mit Zinnen und Türmen und Häuser mit grünenden Säulen und Dächern zu bilden. Auch Leon Battista Alberti, der in seinem Werke von der Baukunst (1451) zuerst einige der Züge feststellte, welche seither für den italienischen Prachtgarten bezeichnend geworden sind, zeigt sich von den Traditionen des Altertums, namentlich von Plinius, durchaus abhängig.

Diese Traditionen übten auch auf die Ausbildung des Gartenbaus im 16. Jahrhundert einen bestimmenden Einfluß. Die neuere italienische Gartenkunst „will nicht die freie Natur mit ihren Zufälligkeiten künstlich nachahmen, sondern die Natur den Gesetzen der Kunst dienstbar machen. Das Wesentliche ist vor allem die große, übersichtliche, symmetrische Abteilung in Räume mit bestimmtem Charakter. Der im nächsten Zusammenhang mit dem Gebäude der Villa stehende Prunkgarten und seine Umgebung von Terrassen mit Ballustraden und Rampentreppen erhält durch halbrunden Abschluß, durch Abstufung, durch Grotten und Fontainen eine reiche architektonische Ausbildung. Dann werden Täler und Niederungen stilisiert durch Absätze und das in stets gerader Linie durchfließende Wasser zu Bassins erweitert und womöglich zu Kaskaden aufgesammelt, deren mäßiges Träufeln durch architektonischen und mythologischen Schmuck motiviert wird. Oder es wird eine Niederung als Zirkus gestaltet; oder ein ganzes Tal, eine ganze Gegend wird auch einer bestimmten Vegetation überlassen, doch nicht bis zum vollen Eindruck des Ländlichen (wie z. B. den Pinienhain der Villa Pamfili niemand für einen wild gewachsenen Pinienwald halten wird). Sodann erhalten die sämtlich geradlinigen Gänge, die womöglich auf bedeutende Ausblicke, auch auf Brunnen und Skulpturen gerichtet sind, entweder eine bloße Einfassung oder eine Überwölbung von immer grünen Bäumen, im ersteren Falle dichte Zypressenhecken und Lorbeeren, im letzteren vorzugsweise Eichen. Der Kontrast der freien Natur oder Architektur, welche von außen in den italienischen Garten hereinschaut, der Bergfernen, der ländlichen oder städtischen Aussichten, des Meers und seiner Küsten, möchte geradezu eine Grundbedingung des Eindrucks sein".

Übrigens hat der im Laufe des 15. und 16. Jahrhunderts in Italien ausgebildete, dann nach Frankreich, Deutschland, England und Holland verpflanzte und weiter entwickelte Gartenstil nicht bloß während des ganzen 17. Jahrhunderts geherrscht, sondern trotz einer seit Rousseau immer lauter werdenden Opposition vielfach noch bis tief in das 18., und bis in die neueste Zeit hat es ihm an Liebhabern durchaus nicht gefehlt. Hegel gibt der architektonischen Anlage des Gartens den Vorzug vor der malerischen, parkartigen, deren „Absichtlichkeit des Absichtslosen" und „Zwang des Ungezwungenen" er abgeschmackt findet; Vischer rühmt an dem sogenannten französischen Garten, daß man hier „den Vorteil einer von Menschenhand gepflegten, gereinigten Natur" genießt. Auch Goethe spendete ihm (1825) Lob, wenigstens für große Schlösser: „die geräumigen Laubdächer, Berceaux, Quinconces lassen doch eine zahlreiche Gesellschaft sich anständig entwickeln und vereinen, während man in unseren englischen Anlagen, die ich naturspäßige nennen möchte, allerwärts aneinanderstößt, sich hemmt oder verliert".

Daß das Streben, die Natur der Kunst dienstbar zu machen, den Charakter der italienischen Gärten ebenso im Mittelalter und der neueren Zeit bestimmt hat wie im Altertum, ist eine um so bedeutsamere Erscheinung, als die Flora und Vegetation Italiens seit dem 16. Jahrhundert durch die Einführung einer großen Anzahl von Gewächsen, besonders Zierpflanzen aus dem Orient und Amerika, wesentlich umgestaltet worden ist. Erwägt man überdies, daß bei einer beispiellos reichen Entwicklung der bildenden Künste im Altertum wie seit der Renaissancezeit die Landschaftsmalerei im Süden nie auch nur annähernd dieselbe Bedeutung gewonnen hat wie im Norden: so muß man um so mehr anerkennen, daß das Naturgefühl unter demselben Himmel, in denselben Umgebungen sich in zwei Jahrtausenden nicht wesentlich verändert hat, außer insofern es von Einflüssen der transalpinischen Kultur berührt worden ist.

Solcher und verwandter Art waren die Naturszenen, welche Freunde landschaftlicher Schönheit im Altertum am liebsten aufsuchten, und kaum wird man in der antiken Literatur eine Spur davon finden, daß Landschaften von sehr abweichendem oder entgegengesetztem Charakter als schön gegolten hätten. Rauheit und Wildheit, furchtbare Majestät, großartige, aber düstere Monotonie der Natur schlossen das Lob der Schönheit nach antiker Empfindung aus; es war nächst dem Meeresufer auf Täler und Hügellandschaften beschränkt. Das Gebirge galt nur insofern für schön, als es eine anmutige Begrenzung des Horizonts, eine erwünschte Einrahmung der Landschaft bildete; aber für die Schönheit seines Innern sowie für die des Hochgebirges hatte jene Zeit ebensowenig ein Verständnis, wie für den schwermütigen Reiz der Einöde; für den Zauber, den auf uns der Anblick der Campagna Roms in ihrer jetzigen Gestalt übt, war sie unempfänglich. Catull, den die Halbinsel Sirmio an dem flachen Ufer von Desenzano so sehr entzückte, würde für das von schroffen Felsen eingeschlossene Riva kaum ein Wort des Lobs gefunden haben.

Das Naturgefühl der Alten war nicht weniger lebhaft, innig und tief, aber es war enger begrenzt als das der Modernen. Es ist für sein eigentliches Wesen höchst bezeichnend, daß bei der Römern Anmut *(amoenitas)* das häufigste Lob einer schönen Natur, ja dasjenige Wort ist, das unserm „Naturschönheit" am nächsten kommt. Quintilian sagt einmal, das Lob der Schönheit *(species)* komme unter den Gegenden „den ebenen, den anmutigen, den am Meere gelegenen" zu. Und zu diesen drei Gattungen gehören auch die Ländereien, die in dem „Schiff" Lucians (wo alle Herrlichkeiten der Welt aufgezählt werden, in deren Besitz man sich bei ungeheurem Reichtum zu setzen vermöchte) als die wünschenswertesten genannt sind: die Umgegend von Athen, das am Meere gelegene Gebiet von Eleusis, die sicyonische Flur und „überhaupt alles, was schattig, bewässert und fruchtreich in Griechenland ist". Der Rhetor Hermogenes nennt als Beispiele von Gegenständen, die ebensowohl in der Beschreibung wie durch ihren Anblick erfreuen, die „Schönheit einer Gegend, verschiedenartige Pflanzungen und Mannigfaltigkeiten fließender Wasser u. dgl. m."; wobei an die allbekannte Beschreibung der Platane am Bach in Platos Phädrus erinnert wird. Libanius lobt Julian den Abtrünnigen, weil er als Prinz zum Aufenthaltsort Athen statt Ioniens wählte, das ihm die begehrtesten Vorzüge, wie Gärten und Gefilde am Meeresstrande, geboten hätte.

Aber es fehlt auch nicht an noch ausdrücklicheren Äußerungen, in denen als selbstverständlich vorausgesetzt wird, daß eine Gebirgsgegend überhaupt nicht schön sein könne. Cicero führt zum Beweise für die Macht der Gewohnheit an, daß wir auch an Gegenden, in denen wir lange verweilt haben, Gefallen finden, „selbst an bergigen und waldigen". Den von der Schönheit der Fibrenusinsel überraschten Atticus läßt er sagen, er habe sich in der Umgegend von Arpinum nur Felsen und Gebirge gedacht und sich daher gewundert, daß sein Freund an dieser Gegend solches Gefallen finde. Für die Abneigung gegen das Heroische in der Natur darf man einen Beleg auch darin finden, daß weder Cicero noch sonst jemand der beiden Fälle gedenkt, mit welchen die Isola umfassenden Arme des Liris, der eine senkrecht, der andre auf schiefer Ebene, etwa 25 Meter hoch herabstürzen. Die Bewunderung, die Vergil für den „Vater Appenninus" äußert, in dessen schwankenden Eichen es braust und der, seines schneeigen Scheitels froh, gewaltig zum Himmel aufsteigt, gilt nur dem Anblick, den das Gebirge von ferne bietet. In seinem begeisterten Preise der Schönheit Italiens rühmt Vergil seine Fruchtbarkeit an Korn, Öl und Wein, an Herden aller Art, sein herrliches Klima, seine Städte und Völker, seine Landseen und Meere, seinen Reichtum an Metallen: von seinen Bergen sagt er kein Wort. Wenn Seneca Corsica eine kahle Felsklippe von abschreckender Rauheit nennt, so ist seine Schilderung freilich von der leidenschaftlichen Abneigung des ohnedies stets übertreibenden Schriftstellers gegen den ihm aufgezwungenen Aufenthaltsort diktiert; sie zeigt aber doch auch, daß jene Zeit für die „entzückende Schönheit" der dortigen, an Farben und Formen so reichen Landschaft gar kein Verständnis hatte. Den am Fuße des Berges Casius gelegenen Stadtteil Antiochias rühmt Libanius, weil seinen Bewohnern der Schrecken der Berge nicht drohte, während er alles in Fülle bot, was Freude und Lust erwecken kann: Quellen, Bäume, Gärten, Blüten und Früchte, Vogelstimmen, und daß man dort den Frühling am frühesten genoß.

Vollends für die Wunder der Alpenwelt fehlte der damaligen Bildung das Verständnis völlig; die Empfindungen, mit denen die Römer sie betrachteten, bezeichnet der Ausdruck des Livius: „die Scheußlichkeit *(foeditas)* der Alpen". Diese Empfindungen glichen etwa denen, die neuern Reisenden die Eiswüsten des Nordpols erregen, nur ohne die jetzige Bewunderung für die schauerliche Erhabenheit solcher Szenen. In einer Zeit, wo jahraus, jahrein Hunderte, ja Tausende von Römern zahlreiche Alpenstraßen überschritten und die Schweiz ein von Römern bewohntes Land war, hatten die Alpenreisenden nur Augen für die Schwierigkeiten, Gefahren und Schrecken, die den Reisenden drohten, für die steile Steigung und die Schmalheit der Saumpfade, die sich schwindelerregend an grauenvollen Abgründen hinzogen, für die unwirtliche Öde der kolossalen Eis- und Schneewüsten, die Furchtbarkeit der abstürzenden Lawinen. Dieser Mangel an Gefühl für den Zauber des furchtbar Erhabenen in der Natur, und dieser allein ist der Grund, weshalb „von dem ewigen Schnee der Alpen, wenn sie sich am Abend oder am frühen Morgen röten, von der Schönheit des blauen Gletschereises, von der großartigen Natur der schweizerischen Landschaft keine Schilderung aus dem Altertum auf uns gekommen ist; weshalb Silius Italicus die Alpen als eine schreckenerregende, vegetationslose Einöde schildert, während er mit Liebe alle Felsenschluchten Italiens und die buschigen Ufer des Liris besingt".

Gebirgswanderungen und Bergbesteigungen werden im ganzen Altertume äußerst selten erwähnt, und je seltener sie erfolgten, je weniger zu ihrer Erleichterung geschah, desto schwieriger und zum Teil gefahrvoller blieben sie. Wie sehr das Besteigen von Bergen in der Regel nur als Beschwerde angesehen wurde, zeigt das Lob, das Plinius den ältern Naturforschern für ihre Unermüdlichkeit im Aufsuchen von Heilkräutern erteilt, da sie „auch unwegsame Berggipfel und abgeschiedene Einöden durchforscht haben"; doch freilich die Alpenpflanzen kennt keiner der antiken botanischen Schriftsteller. Polybius sagt in seiner Vergleichung der griechischen Gebirge mit den Alpen, die Höhe dieser könne man in fünf Tagen nicht erreichen, während ein rüstiger Mann jene fast sämtlich in einem Tage ersteigen könne, wie den Taygetus, Parnaß, Olymp, Pelion, Ossa, den Hämus und das Rhodopegebirge. Darf man hiernach annehmen, daß die griechischen Berge damals bereits wiederholt bestiegen worden waren, so fragt sich doch, ob es der Aussicht wegen geschehen war. Immerhin ist möglich, daß Griechen nach den Eroberungen Alexanders des Großen in Asien auch hierin „die Erbschaft der Perser antraten", die weite Umblicke geliebt zu haben scheinen. Strabo erwähnt ein von ihnen erbautes marmornes Belvedere auf dem Tmolus bei Sardes, wo man eine weite Rundschau über das Land, namentlich die Kaysterebene hatte. Eine freilich sehr flüchtige und dürftige Beschreibung der Aussicht vom Olymp bei Apollonius Rhodius könnte möglicherweise auf eigner Anschauung beruhen: „unten erschien hier die nährende Erde und die Städte der Männer und die heiligen Ströme, dort wieder Höhen und rings das Meer". Eine Messung der Höhe des (thessalischen) Olymps, von einem Xenagoras mit Hilfe von Instrumenten „nach der Kathete" angestellt, hatte 1879,3 m (in Wirklichkeit 2985 m) ergeben. König Philipp von Macedonien unternahm im Jahre 183 v. Chr. die Besteigung des Hämus keineswegs des Naturgenusses halber, sondern in dem Glauben, daß man dort bis ans Adriatische Meer sehen könne, und um die nächsten an dasselbe führende Straße zu ermitteln. Als Grund für die Zurücklassung seines Sohnes Demetrius gab er diesem die Gefahr des Unternehmens an. Der Gipfel wurde mit großer Mühe am dritten Tage erreicht, und darauf dem Zeus und dem Sonnengotte Altäre errichtet. Der nach der Angabe des Polybius allgemein verbreitete Glaube, daß man von dort das Adriatische und das Schwarze Meer sehen könne, erhielt sich. Strabo widerlegt diese Ansicht, aber noch Pomponius Mela wiederholt sie. Plinius gibt die Höhe des Hämus auf 6 Millien (9000 m) an! Diejenigen, welche den mit ewigem Schnee bedeckten Gipfel des Argäus bei Mazaca in Cappadocien bestiegen haben, sagt Strabo, berichten, daß man von dort zwei Meere sieht, das Issische und das Pontische, aber ihrer sind wenige; daher, sagt Solinus, glauben die Völker, daß er von einem Gotte bewohnt werde. Dagegen mag der neptunische Berg an der Nordspitze Siciliens häufig bestiegen worden sein, von dem man die Aussicht auf das Toscanische und das Adriatische Meer haben sollte.

Der einzige Berg, von dem es unzweifelhaft ist, daß er öfters bestiegen wurde, ist der Ätna. Strabo sagt, daß man zu seiner Besteigung von der kleinen Stadt Ätna an seinem Fuße aufbreche und ebendahin zurückkehre. Kurz bevor er schrieb, hatte eine Gesellschaft von mehreren Personen den Berg bestiegen, deren Angaben über den Hauptkrater er mitteilt. Bedenkt man aber, daß damals der Vesuv noch nicht als tätiger Vulkan bekannt war, so wird man es wahrscheinlich finden, daß diese Besteigungen nicht sowohl durch das Verlangen nach einem Naturgenuß von beispielloser Großartigkeit veranlaßt wurden, sondern durch Wißbegierde und naturwissenschaftliches Interesse. Seneca, der seinem Freund Lucilius, kaiserlichen Prokurator in Sicilien, auffordert, ihm zu Ehren den Ätna zu besteigen, was er übrigens ja auch aus eigner Neigung getan haben würde, hofft von ihm zu erfahren, wie weit von dem feuerspeienden Krater der ewige Schnee entfernt sei. Das von einem unbekannten Dichter der frühen Kaiserzeit herrührende Gedicht über den Ätna, das wir noch besitzen, ist rein naturwissenschaftlichen Inhalts und enthält von der Aussicht auf dem Gipfel kein Wort: während gegenwärtig auch in Berichten über Besteigungen zu rein wissenschaftlichen Zwecken Beschreibungen dieser Aussicht kaum jemals fehlen. Hadrian bestieg den Ätna, um die eigentümliche Erscheinung der aus dem Meere auftauchenden Sonne zu beobachten, die vom Gipfel aus gesehen wie ein lang gekrümmter Schweif erscheint. Der sogenannte Turm des Philosophen auf dem Ätna, ehemals ein ausgedehntes Gebäude von mehreren Zimmern, an dem Fazello 1541 noch ein wohlerhaltenes Gewölbe von Backsteinen fand, also ohne Zweifel römischen Ursprungs, ist nach Gemellaros Vermutung erbaut worden, um Hadrian bei seiner Besteigung des Kegels als Nachtlager zu dienen. Den Berg Casius bestieg er (und nach ihm Julian), weil man von seiner Höhe die Sonne schon um die Zeit des zweiten Hahnenschreis sehen sollte. Angeblich sah man sie auch auf dem Gipfel des Ida vor Tagesanbruch.

Nach allem Angeführten muß auch dem spätern Altertum im großen und ganzen der Sinn für die Schönheit der eigentlichen Gebirgswelt abgesprochen werden. Wenn es trotzdem möglich bleibt, daß einzelne diesen Sinn besessen haben, so gibt es doch keine bestimmten Zeugnisse dafür. Wenn Seneca schildert, wie der an Genüssen Übersättigte, des Paradieses von Campanien überdrüssig, die Einöden und Wildnisse von Lucanien und Bruttien aufsucht, so liegt hierin offenbar nur eine Bestätigung der eben gemachten Behauptung; denn die Heftigkeit des Verlangens nach Abwechslung soll sich nach Seneca darin zeigen, daß es sogar dazu treibt, die schöne Natur mit der unschönen zu vertauschen. Wenn ferner Cicero in seiner Schilderung der Herrlichkeit der Schöpfung außer der unendlichen Mannigfaltigkeit der Vegetation neben kühlen, unversieglichen Quellen, klaren Strömen, grünen Ufern auch „hochgewölbte Grotten, zackige Felsen, ragende und überhangende Berge und unermeßliche Ebenen“ anführt: so umfaßt diese Betrachtung, die allerdings von der Schönheit der Natur ausgeht, doch offenbar auch ihre durch Größe, Mannigfaltigkeit, Wunderbarkeit bedeutenden Erscheinungen. Dies ergibt sich schon daraus, daß Cicero seine Aufzählung noch durch „die verborgenen Adern des Goldes und Silbers und die unermeßliche Masse des Marmors“ vervollständigt. Sodann ist oben gezeigt worden, daß das römische Naturgefühl Berge und Felsen als Bestandteile, besonders als Hintergründe der schönen Landschaft vollkommen gelten ließ und nur für das Rauhe, Düstere und Öde, das Groteske und Wilde, sowie das furchtbar Erhabene der eigentlichen Gebirgsnatur unempfänglich war.

Ebenso fremd wie die erst auf Grund der von Rousseau ausgehenden Anregungen mehr und mehr verbreitete subjektive Auffassung, welche die Natur beseelt und in ihr nur Spiegelbilder des eignen Innern erblickt, war dem Altertume auch die ästhetische Naturbetrachtung, welche in der Landschaft ein von der Natur gleichsam in künstlerischer Absicht geschaffenes und mit einer bestimmten Individualität ausgestattetes Ganze sieht. Auch diese Betrachtungsweise ist eine sehr moderne. Zwar hat die auf ihr beruhende Landschaftsmalerei sich als selbständig darstellende Kunst schon im 16. Jahrhundert entwickelt. Doch in der Literatur dürfte sie sich erst weit später nachweisen lassen, da die Darstellungen der Landschaft die künstlerische Anschauungsweise nur sehr allmählich dem Bewußtsein weiterer Kreise vermitteln konnten. Völlig ausgebildet findet sie sich bereits bei Diderot in seinen Beurteilungen der Pariser Gemäldeausstellungen von 1765 bis 1767, der u. a. bei der Beschreibung Vernetscher Landschaften sich den Anschein gibt, als rede er von wirklichen Naturszenen, diese aber mit Prädikaten lobt, die nur einem Bilde zukommen. Er liebte vor allen die historische Landschaft und bewunderte unter deren Meistern namentlich Poussin; sein Naturenthusiasmus war ein sehr lebhafter, dem der römischen Dichter nahe verwandter, aber (wie er glaubte) nur von wenigen geteilter.

Wie unvollkommen wir auch über die antike Landschaftsmalerei unterrichtet sind, so können wir doch mit Sicherheit behaupten, daß trotz ihrer Fähigkeit, die Formen der Gegend stilvoll zu gestalten, ihre Entwicklung nicht reich und vielseitig genug war, um eine ästhetische Naturbeschreibung ins Leben zu rufen, wie diese unter dem Einfluß künstlerischer Darstellungen im 18. Jahrhundert entstanden ist. An den zahlreichen trefflichen Naturbeschreibungen, die wir aus dem Altertume haben, vermissen wir durchaus den landschaftlichen Sinn, der immer „das Resultat langer, komplizierter Kulturprozesse ist“. Die Aufmerksamkeit ist überall mehr auf die einzelnen Erscheinungen, als auf ihr Zusammenwirken zum Ganzen gerichtet. Vor allem fehlt ganz und gar — und dies ist der wesentlichste Unterschied zwischen der heutigen und der antiken Naturbeschreibung — die Hervorhebung der Wirkungen des Lichts und ihrer Modifikationen durch das Medium der Luft. In der von Älian gegebenen Beschreibung des Tempetals z. B. ist nur einmal von der Farbe, dem frischen Grün, das überall die Augen labt, die Rede, doch nirgends von der Wirkung der Atmosphäre auf die Erscheinung der Gegenstände: sie hat im wesentlichen einen topographischen und plastischen Charakter. Ähnlich verhält es sich mit den Landschaftsschilderungen des Apollonius von Rhodus. Auch der jüngere Plinius, der in der oben angeführten Schilderung der Lage seiner toscanischen Villa von der „herrlichen Form“ *(regionis forma pulcherrima)* der Gegend spricht, in der man viel mehr ein Gemälde als Wirklichkeit zu erblicken glaube, scheint doch vorzugsweise die Gestaltungen und Umrisse der Landschaft im Auge zu haben, wenn er auch nicht verkannte, daß deren Wirkung durch die Mannigfaltigkeit der Farben unterstützt werde. „Alle diese Schilderungen machen den Eindruck, als sei für dieselben eine klare Luft und ein volles Licht vorausgesetzt, welche die Plastik der Gegenstände allenthalben zur vollendetsten Geltung kommen lassen.“

Allerdings werden hin und wieder auch andre Beleuchtungen erwähnt, und es fehlt in der antiken Poesie nicht ganz an schönen Ausdrücken tiefer Empfindung für die Pracht der Lichterscheinungen: des reinen Monds, der im nächtlichen Meere lächelt, unter dessen zitterndem Lichte die Flut glänzt, der bei kühlem Abendhauche die tauigen Wälder erfrischt; des von den Strahlen der Sonne geröteten Meers, der Wellen, die weithin schwimmend in purpurnem Glanze schimmern; des Taus, der im goldroten Morgenlichte gleich Diamanten auf dem Grase funkelt, wenn Seen und Ströme Nebel aushauchen und die Erde dampft. Aber so sehr sich manche dieser mit wenigen sicheren Strichen gemalten Naturbilder moderner Schilderung nähern: immer bleibt doch auch hier der Blick an der einzelnen Erscheinung haften. Von dem eigentümlichen Charakter, den die Landschaft und ihre Teile durch die Beleuchtung erhalten, ist nirgends die Rede, nirgends von den verschiedenen Wirkungen der Nähen und Fernen, nirgends von all den Abstufungen, die zwischen einem kalten Mondlicht und der Glut der Abendsonne liegen, nirgends von den wundervollen Farben, in die sich im Süden morgens und abends der Horizont und ferne Berge tauchen, und die vom zartesten Rosenrot durch alle Grade zum tiefsten Blau gehen. In der ganzen antiken Literatur wird man vergebens einen Ausdruck wie „blaue Berge", „dämmernde Fernen" suchen, in der ganzen antiken Poesie vergebens eine Stelle, die, wenn auch nur in wenigen Zügen, ein charakteristisches Bild einer Landschaft in bestimmter Beleuchtung und Stimmung vor die Seele stellt, wie etwa jene im Faust:

Ich säh' im ew'gen Abendstrahl
Die stille Welt zu meinen Füßen,
Entzündet alle Höh'n, beruhigt jedes Tal,
Den Silberbach in goldne Ströme fließen.

In keiner der Inschriften der Memnonsäule wird auch nur mit einem Worte der landschaftlichen Wirkung der steigenden Morgenröte und des Sonnenaufgangs gedacht. Ovid sah Rom zum letzten Male im Mondschein, und wie hätte ein moderner Dichter von seiner Begabung bei dem Bilde der so beleuchteten Stadt verweilt: er, der es sonst so sehr liebt, Nebendinge auszumalen, hat kaum ein flüchtiges Wort dafür, während er über den tränenreichen Abschied von den Seinigen äußerst wortreich ist. Tacitus erzählt, daß bei einem nächtlichen Gefecht zwischen den Flavianern und Vitellianern der Mond im Rücken der ersteren aufging; aber nur, um die Nachteile zu erwähnen, welche diese Beleuchtung für die letzteren hatte, nicht um ihrer malerischen Wirkung zu gedenken, was sich auch der strengste, doch gleich Tacitus künstlerisch darstellende moderne Historiker kaum versagt hätte. Vergil vergleicht den Gang des Äneas durch das Schattenreich mit einer Wanderung durch den Wald bei trügendem Schein des verhüllten Monds, ohne hier und an einer andern ähnlichen Stelle die Wirkung des trüben Lichts auf die nächtliche Landschaft auch nur anzudeuten. Dagegen läßt er die Penaten dem Äneas in klarem, vollem Mondlicht erscheinen, so daß sie aufs deutlichste erkennbar vor ihm stehen; offenbar ohne, wie wir Modernen, etwas „Geisterhaftes" in dieser Beleuchtung zu finden, statt deren übrigens ein neuerer Dichter für eine solche Erscheinung wohl eher ein „ahnungsvolles Dämmerlicht" gewählt haben würde.

Denselben Unterschied wie zwischen antiker und moderner Naturauffassung dürfen wir nach den Philostratischen Gemäldebeschreibungen und einigen erhaltenen Bildern auch zwischen antiker und moderner Landschaftsmalerei voraussetzen. „Jene legte das Hauptgewicht auf das topographische und plastische Element und strebte danach, schöne und bedeutungsvolle Formen in übersichtlicher Weise zu einem organischen Ganzen zu entwickeln; dagegen waren die in der Gegend wirkenden Potenzen von Luft und Licht für sie von nebensächlichem Interesse, und sie hat der atmosphärischen Stimmung niemals den Platz eingeräumt, welchen dieselbe in der modernen und namentlich der modernsten Malerei einnimmt." „Jenes Dämmernde, Träumerische, Ahnungsvolle, wie es die letztere vorwiegend durch die atmosphärische Schilderung erzielt, ist ein der Klarheit des klassischen Geistes vollständig zuwiderlaufendes Element. Die künstlerische Verwirklichung solcher Eindrücke setzt ein sentimentales Versenken in die Natur voraus, wie es den Alten stets fremd blieb und auch in der modernen Entwicklung erst spät zur vollendeten Ausbildung gekommen ist. Außerdem hat man zu bedenken, daß der südliche Himmel, welcher die antike Malerei bedingte, im Vergleich mit dem nordischen ungleich weniger Erscheinungen darbietet, die geeignet sind, eine solche träumerische oder gar schwermütige Stimmung zu befördern." Endlich war auch der antiken Landschaftsmalerei die koloristische Stimmung, welche namentlich durch Verwirklichung atmosphärischer Erscheinungen erzielt wird, um so weniger erreichbar, je schwerer malerischer Reiz und plastisch vollendete Formenbildung, nach welcher letzteren sie vor allem strebte, sich vereinigen lassen.

Die Beschränkung der Reisen im Altertum auf ein verhältnismäßig enges Ländergebiet war zwar zunächst und hauptsächlich durch den Mangel des germanischen Wandertriebes bedingt, doch hängt sie auch, wie es scheint, mit der Beschränkung des Naturgefühls auf ein enges Gebiet der Erscheinungen zusammen. Reisen ins Innere Afrikas blieben offenbar vereinzelt, die Inseln an seiner Westküste unbetreten. Auch das Märchenland Indien scheint die Reiselust der Römer nicht gereizt zu haben. Obwohl jahraus, jahrein große Handelsflotten von Alexandria an die Küste von Malabar segelten, und also die Gelegenheit, Indien zu sehen, stets geboten war, scheinen Reisen dorthin zu andern als kaufmännischen Zwecken in den beiden ersten Jahrhunderten äußerst selten gewesen zu sein. Dio von Prusa beruft sich bei seinen Berichten über Indien auf die Angaben solcher, die dort gewesen seien; diese hätten die Fahrt des Handels wegen gemacht und ihre Zahl sei nicht groß, auch lernten sie nur die Küstenbewohner kennen. Hin und wieder mochte jemand aus Lust an Abenteuern die Reise mitmachen, wie Lucian von einem jungen Paphlagonier erzählt, der in Alexandria studierte und sich bereden ließ, da ein Schiff an das Südende des Roten Meeres ging, nach Indien zu fahren. Das einzige Motiv solcher Fahrten, das erwähnt wird, ist nicht der Wunsch, die Tropenwelt, sondern die Lehren und die Lebensweise der Brahmanen kennenzulernen, denen, wie überhaupt den Philosophen der Barbarenländer, man nach einer schon in Alexanders des Großen Zeit verbreiteten, später namentlich durch peripatetische Gelehrte befestigten Ansicht eine überlegene Weisheit zuschrieb. Aus diesem Grunde läßt auch Philostrat unter Berufung auf das angebliche Tagebuch des Damis seinen Apollonius von Tyana nach Indien pilgern. Der Verfasser mag seine Nachrichten aus schriftlichen oder mündlichen Mitteilungen, wie man sie in Alexandria von Indienfahrern leicht erhalten konnte, geschöpft haben. Vielleicht sind seit dem 2. Jahrhundert griechische Philosophen nicht ganz selten nach Indien gewandert, um bei den hochgepriesenen indischen Weisen in die Schule zu gehen. Lucian erzählt es von einem attischen Kyniker Demetrius, der die Reise von Alexandria dorthin machte. Plotinus schloß sich, um die persische und indische Philosophie kennenzulernen, im Jahre 242 dem Zuge des Kaisers Gordian nach Persien an; nach dessen Ermordung entkam er mit Not nach Antiochia. Auch bei der Reise des Philosophen Metrodorus (eines Mannes von persischer Abkunft) nach Indien in der ersten Hälfte des 4. Jahrhunderts war ein Besuch der Brahmanen der Zweck oder doch Vorwand, und es soll ihm gelungen sein, durch Enthaltsamkeit und Mitteilung von Erfindungen, die ihnen unbekannt waren, ihr volles Vertrauen zu gewinnen. Hieronymus wußte bereits, daß nach den indischen Gymnosophisten der Stifter ihrer Lehre Buddha von einer Jungfrau geboren sein sollte. Mögen nun aber solche Reisen auch viel öfter vorgekommen sein, als wir es durch diese spärlichen Nachrichten wissen, so blieben sie doch ohne Zweifel vereinzelt und waren ihrer Zwecke wegen nicht geeignet, eine Kenntnis der Tropenwelt zu vermitteln.

Diese Seltenheit der Reisen in ferne, besonders tropische Länder und das Fehlen der wirksamen Anregungen zu solchen Reisen stand in Wechselwirkung. Humboldt nennt solcher Anregungen hauptsächlich drei: dichterische Naturbeschreibung, Landschaftsmalerei und Kultur von tropischen Gewächsen. Bei ihm selbst haben zu einer unvertilgbaren Sehnsucht nach der Tropengegend den ersten Anstoß gegeben: Georg Forsters Schilderungen der Südseeinseln, Gemälde der Gangesufer im Hause von Warren Hastings zu London, ein kolossaler Drachenbaum in einem alten Turme des botanischen Gartens bei Berlin.

Wie sehr das Altertum diese Anregungen entbehrte, ergibt sich zum großen Teil schon aus der bisherigen Darstellung. Die Naturbeschreibung, die es bezweckt und erreicht, den Eindruck der geschilderten Szenen zu reproduzieren, die dargestellte Natur vor die Seele des Lesers zu zaubern, wie sie nächst Forster vor allen Humboldt selbst ins Leben gerufen hat, ist einer der modernsten Zweige der Literatur, und zu ihrer Entstehung hat es außer andern Bedingungen einer Verbindung der Darstellungskunst mit der Naturwissenschaft bedurft. Landschaftliche Bilder, welche die Sehnsucht nach fernen Ländern hätten erregen können, gab es im römischen Altertum nur von Ägypten. Die Kultur exotischer Gewächse war sehr beschränkt. In ihren Treibhäusern zogen die Römer nur frühe Früchte und Blumen im Winter. Von den „fremden Bäumen, die es nicht lernen wollen, anderwärts zu wachsen als in ihrem Geburtslande“, scheint die Palme im Altertum und Mittelalter in Italien allerdings häufiger gewesen zu sein, als sie es (mit Ausnahme des Plamenhaines von Bordighera) gegenwärtig ist. Schon im Jahre 291 v. Chr. wird sie in Antium erwähnt und mag auch wohl bei griechischen Städten der Westküste als Begleiterin apollinischer Heiligtümer gestanden haben. In Plinius' Zeit war sie in Italien bereits gemein. Der oben (S. 413) erwähnte Bologneser Petrus de Crescentiis empfiehlt für die Gärten nicht bloß der Fürsten und Edeln, sondern auch der Personen des Mittelstands die Anpflanzung der (wohl von den Sarazenen in Calabrien und Sicilien aufs neue eingeführten) Palmen. Die in der ersten Kaiserzeit aus Asien eingeführten Fruchtbäume, Aprikose, Pfirsich und Pistazie, verloren durch die Akklimatisation schnell den Charakter des Fremdartigen, doch die Zitronen blühten im Freien vielleicht nicht vor dem 4. Jahrhundert; und die Orangen sind bekanntlich, so wie manche andre, jetzt für die Natur Italiens als charakteristisch geltende Bäume und Gewächse, im Altertum völlig unbekannt gewesen. In Gärten sah man allerdings außer offizinellen auch einige fremde Gewürz- und Zierpflanzen, wie den Pfefferbaum und die Weihrauchstaude, die blätterreiche Cassia, Myrrhe und Krokus; aber gewiß nichts weniger als gruppenartige Zusammenstellungen exotischer Gewächse, die ein Bild der tropischen Vegetation im kleinen zu geben vermocht hätten.

VIII. DIE SCHAUSPIELE

1. ALLGEMEINES

Für jeden Versuch, die Kultur der römischen Kaiserzeit zu schildern, ist eine möglichst umfassende Anschauung der Schauspiele unentbehrlich; nicht bloß, weil sie den besten Maßstab für die Großartigkeit des damaligen Rom geben, sondern weil sie in so hohem Grade und in so vielen Beziehungen für die geistigen und sittlichen Zustände der Weltstadt charakteristisch sind.

Die Schauspiele, ursprünglich größtenteils zur Verherrlichung von Götterfesten eingeführt, hatten ihre religiöse Bedeutung längst so gut wie völlig verloren. Schon in der spätern Zeit der Republik waren sie das wirksamste Mittel zur Erwerbung der Volksgunst gewesen, und so benutzten sie auch die Kaiser, um das Volk in guter Stimmung zu erhalten. Augustus, so wird erzählt, machte einst dem Pantomimen Pylades Vorwürfe wegen seiner Rivalität gegen einen Kunstgenossen, und Pylades durfte antworten: „Es ist dein Vorteil, Cäsar, daß das Volk sich mit uns beschäftigt." Doch nicht bloß der Zweck, den Interessen der Menge diese Richtung zu geben, wurde völlig erreicht, auch ihre Herzen gewannen prachtvolle Schauspiele den Kaisern am sichersten. Diese wußten ebensogut wie Ludwig XIV., wie sehr die Bewunderung den Völkern die volle Hingebung an den Willen der Monarchen erleichtert, ebensogut wie Napoleon, daß man immer auf die Phantasie der Menschen wirken müsse; auch ihnen waren Pracht und Aufwand in Festen und Schauspielen wie in Bauten unentbehrliche Herrschermittel und haben ihre Wirkung in vollem Maße getan. Selbst Caligula war, wie Josephus sagt, infolge der Torheit des Volks geehrt und beliebt; namentlich den Weibern und der Jugend war sein Tod unerwünscht, da sie durch das, was der Pöbel liebt, Fleischverteilungen, Schauspiele und Gladiatorenkämpfe, gewonnen waren, welches alles angeblich aus Rücksicht auf die Menge geschah, während wenigstens die letzteren doch nur den Zweck hatten, den Blutdurst seiner Raserei zu sättigen. Daß Neros Andenken im Volke so lange fortlebte, daß man seinen Tod nicht glaubte, seine Wiederkehr noch dreißig Jahre später hoffte und wünschte, daß mehr als ein Pseudo-Nero auftreten konnte, erklärt Dio von Prusa aus seiner verschwenderischen Freigebigkeit, die sich aber eben in seinen Schauspielen am großartigsten bewährte. In seiner Schilderung der Stimmung Roms nach seiner Ermordung sagt Tacitus, der gemeine Haufe, an den Zirkus und die Theater gewöhnt, sei niedergeschlagen und nach Gerüchten begierig gewesen. Otho wurde in den Schauspielen als Nero begrüßt und lehnte diese Benennung nicht ab, um sich die Gunst der Menge zu erhalten.

Aber die Schauspiele hingen bald nicht mehr von dem Belieben der allmächtigen Weltherrscher ab. Sie waren in dem kaiserlichen Rom schnell zur unabweisbaren Notwendigkeit geworden. In der Bevölkerung der

Hauptstadt überwog das Proletariat, und dieser Pöbel war wilder, roher und verdorbener als in modernen Weltstädten, weil hier wie nirgends der Auswurf aller Nationen zusammenfloß, und doppelt gefährlich, weil er großenteils müßig war. Die Regierung sorgte durch die großen, regelmäßigen Getreideverteilungen für seinen Unterhalt, und die Folge war, daß sie auch die Sorge für seinen Zeitvertreib übernehmen mußte. In einer von Sallust an Cäsar gerichteten Broschüre über die Neuordnung des Staats heißt es, der Regent müsse darauf bedacht sein, daß der durch Geschenke und Staatskorn verdorbene Pöbel seine Beschäftigung habe, durch welche er von Schädigung des öffentlichen Wohls abgehalten werde. Diese Beschäftigung gewährten ihm die Schauspiele. Die bekannten Worte, mit denen Juvenal die Wünsche des Volks zusammenfaßt, das einst die höchste Gewalt, Fasces, Legionen, kurz alles vergab, *panem et circenses*, sind nur Wiederholung eines älteren, offenbar als schlagend anerkannten und daher allgemein gebrauchten Ausspruchs. Wie es scheint, war dieser zuerst in bezug auf Alexandria geprägt worden: man müsse der Bevölkerung der Stadt viel Brot und die Schau von Wettrennen vorwerfen, denn um alles Übrige kümmere sich dort niemand. Auf Rom hat dies vielleicht Trajan zuerst angewandt. Brot und Spiele wurden in Rom bald nicht mehr als Gnade der Regierung, sondern als Recht des Volks angesehen; jede neue Regierung mußte wohl oder übel die Hinterlassenschaft ihrer Vorgänger antreten, und in Pracht und Großartigkeit dieser Feste haben die besten Kaiser mit den schlechtesten gewetteifert.

Augustus „übertraf alle durch die Häufigkeit, Mannigfaltigkeit und Pracht seiner Schauspiele", und sowohl die Ausführlichkeit, mit der er in der Denkschrift über sein Leben von ihnen Bericht gibt, als auch seine umfassenden und eingehenden hierauf bezüglichen Anordnungen zeigen, welche Wichtigkeit der Begründer der Monarchie dem Gegenstande beilegte. Der karge Vespasian baute das größte Amphitheater der Welt; der Wert des im Jahre 1756 am Colosseum noch vorhandenen Travertins wurde von Sachverständigen nach damaligen Preisen auf 3,218.065 Scudi (rund 13½ Millionen Mark) geschätzt, die Kosten des gesamten Mauerwerks neuerdings von einem italienischen Architekten auf 5 Millionen Scudi (etwa 21 Millionen Mark) veranschlagt. Allerdings mag das Baumaterial größtenteils durch die Demolierung des Goldnen Hauses gewonnen worden sein. Doch machte Vespasian auch für Schauspiele einen ungeheuren Aufwand, den Titus vielleicht noch überbot. Vielleicht am eifrigsten sorgte Trajan für die Befriedigung der Schaulust der Römer. Man müsse es aus der höchsten Staatsweisheit ableiten, sagt ein späterer Schriftsteller, daß dieser Fürst selbst Tänzer und die übrigen Künstler der Bühne, des Zirkus und der Arena nicht unbeachtet gelassen habe, da er wohl wußte, daß das römische Volk vorzüglich an zwei Dingen hänge, an Brot und Schauspielen; daß die Trefflichkeit der Herrschaft sich nicht weniger in Kurzweil als im Ernste erweise: daß zwar der Ernst mit größerem Schaden, die Kurzweil aber zu größerer Unzufriedenheit verabsäumt werde; daß sogar Geldverteilungen mit minder heftigem Verlangen erstrebt werden als Schauspiele; daß durch Geld- und Getreideverteilungen nur ein Teil des Volks, und zwar jeder Einzelne besonders beruhigt werde, durch Schauspiele aber das ganze Volk in seiner Gesamtheit. Selbst der Stoiker Marc Aurel gewann es über sich, prächtige Schauspiele zu geben, und verordnete, daß in seiner Abwesenheit für die Belustigungen des Volks durch die reichsten Senatoren gesorgt werde. Auch Septimius Severus, nach Herodian der habgierigste aller Kaiser, ließ sich durch seine Geldgier nicht abhalten, zu diesem Zweck kolossale Summen zu opfern. Die einzige Ausnahme macht auch hier Tiberius, der seine gründliche Verachtung des Pöbels am auffälligsten dadurch bewies, daß er überhaupt keine Schauspiele gab. Andre begnügten sich, was Tiberius namentlich durch Verkürzung des Solds der Schauspieler und Festsetzung einer höchsten Zahl der Fechterpaare in den Gladiatorenspielen ebenfalls getan hatte, dem übermäßigen Aufwande ein Ziel zu setzen, wie Augustus, Nerva, der viele zirzensische und andre Schauspiele aufhob, Antoninus Pius und Marc Aurel, welche beide die Gladiatorenspiele (der letztere auch die Schenkungen an die Schauspieler) einschränkten. Die öftere Wiederholung dieser Verordnungen zeigt schon allein, daß sie wenig fruchteten.

Auch insofern erhielten die Schauspiele in der Kaiserzeit eine neue Bedeutung, als sie dem Volke die Möglichkeit boten, sich in Masse zu versammeln und in Gegenwart des Kaisers seine Stimmungen, Abneigungen und Zuneigungen, seine Wünsche, Bitten und Beschwerden laut werden zu lassen; und diese Äußerungen wurden mit einer sonst nirgends geübten Nachsicht geduldet (im Zirkus und Theater war nach Tacitus die Ausgelassenheit des Volks am größten); durch den gänzlichen Mangel sonstiger Gelegenheiten zu öffentlichen Kundgebungen erhielten sie eine um so größere Wichtigkeit.

Zunächst gehörten dazu die Begrüßungen beim Erscheinen der Kaiser und andrer hoher Personen. Es ist bekannt, welchen Wert schon in der Republik die Staatsmänner dem Empfange beilegten, der ihnen im Theater ward, wie erfreut Cicero war, wenn er bei Schauspielen und Gladiatorenkämpfen „wunderbare Manifestationen ohne jede Beimischung der Hirtenflöte davontrug". Ausnahmsweise wurde auch einem Dichter eine solche Ehre zuteil; als einst im Theater Verse von Vergil rezitiert wurden, erhob sich das ganze Volk und begrüßte den anwesenden Dichter ebenso ehrfurchtsvoll wie Augustus. Zur Kaiserzeit werden solche Begrüßungen, wenn sie auch bei Privatpersonen vorkommen mochten, abgesehen von den Festgebern selbst, sich in der Regel auf die kaiserliche Familie und die höchstgestellten und dem Kaiserhause am nächsten stehenden Personen beschränkt haben. Das versammelte Volk empfing die hohen und höchsten Personen mit allgemeiner Erhebung von den Sitzen und Klatschen (schon Augustus mußte sein Mißfallen bezeigen, daß seine noch im Knabenalter befindlichen Enkel so geehrt wurden); mit Schwenken von Tüchern (die Aurelian zu diesem Zweck dem Volke schenkte) und Zurufen von Ehrennamen und Glückwünschen, die zum Teil stehend waren und vielmals wiederholt, oft auch nach damaliger Sitte in bestimmten Melodien taktmäßig abgesungen wurden.

Auch die Kaiser benutzten gern die Schauspiele als die besten Gelegenheiten, mit dem versammelten Volke persönlich zu verkehren und seine Zuneigung durch Huld und Herablassung zu gewinnen. Je mehr sie sich volksfreundlich zu zeigen wünschten, desto öfter erschienen sie bei eignen und fremden Schauspielen. Selbst Tiberius tat das letztere häufig im Anfange seiner Regierung trotz seiner Abneigung gegen derartige Belustigungen, teils um, wie Cassius Dio sagt, den Festgebern eine Ehre zu erweisen, teils um die Menge in Ordnung zu halten und ihr seine Teilnahme an ihrem Vergnügen zu bezeigen. Augustus hatte das Volk daran gewöhnt, dies von dem Kaiser zu erwarten. So oft er ein Schauspiel besuchte, beschäftigte er sich mit nichts andrem, sei es, sagt Sueton, um den Tadel zu vermeiden, der Cäsar getroffen hatte, weil er dort Depeschen und Eingaben las und beantwortete, sei es aus Schaulust, von der er keineswegs frei war, wie er öfters offen bekannte. Wie Cäsar, so hatte auch Marc Aurel die Gewohnheit, im Schauspiel zu lesen, Audienz zu geben und zu unterschreiben, weshalb er oft vom Volke mit Witzreden geneckt wurde. Nero schaute anfangs den Spielen liegend aus den Fenstern einer ganz geschlossenen Loge zu, später auf dem offenen Podium, wobei er sich seiner Kurzsichtigkeit halber eines geschliffenen Smaragds bediente. Doch wurde, wahrscheinlich von Domitian, wieder eine kaiserliche Loge hergestellt; Plinius lobt Trajan, daß er sie bei seinem Ausbau des großen Zirkus habe eingehen lassen: „Deine Bürger werden also deinen Anblick haben, wie du den ihren; es wird vergönnt sein, nicht bloß die Loge des Fürsten zu sehen, sondern den Fürsten selbst, in voller Öffentlichkeit, unter dem Volke dasitzend."

Die Herablassung, Güte, selbst Zuvorkommenheit der Kaiser gegen das Volk bei den Schauspielen heben die Geschichtschreiber und Biographen oft hervor; das Gegenteil wird von wenigen berichtet. Das brutale Vergnügen, das Claudius an den Schlächtereien der Arena fand, gab selbst in Rom Anstoß; doch weil er im Schauspiel sehr leutselig war, alle Wünsche gewährte und sich zu seinen Ankündigungen und Antworten möglichst wenig der Herolde bediente, sondern sie auf Tafeln schreiben und umhertragen ließ, wurde er sehr gelobt. Als der seinem Herrn entlaufene und deshalb zur Zerreißung durch wilde Tiere verurteilte Sklave Androclus von dem Löwen, dem er einst in Afrika einen Dorn aus dem Fuß gezogen, in der Arena wiedererkannt und verschont worden war, wurde auch dieses ganze Ereignis, wie der Alexandriner Apio als Augenzeuge berichtet, sofort auf eine Tafel geschrieben, die man im Zirkus umhertrug, um das Volk damit bekannt zu machen. Claudius zählte auch die Goldstücke, welche die Sieger als Lohn erhielten, zugleich mit den Zuschauern an den Fingern ab, und forderte diese oft zur Heiterkeit auf, wobei er sie wiederholt „meine Herren" nannte und ihnen abgeschmackte Scherze zum Besten gab. Auch Titus kam allen Wünschen entgegen, er nahm für eine Gattung der Gladiatoren mit Partei und neckte wie einer aus dem Volke die Gegenpartei mit Wort und Gebärde, doch ohne daß die Majestät oder die Billigkeit (gegen die Fechter) darunter litt. Domitian dagegen zeigte sich im Schauspiel öfters herrisch und schroff; man durfte nicht wagen, gegen seine Fechter Partei zu nehmen. Trajan stellte die frühere Freiheit wieder her und bewies sich überhaupt in jeder Beziehung gütig. Strenger war Hadrian, der sogar einmal, wie Domitian, dem Volke, das mit Ungestüm etwas verlangte, durch den Herold Schweigen gebieten ließ, ohne es einer Antwort zu würdigen. Gallienus ließ einem Stierkämpfer, der zehn Stöße auf einen sehr großen Stier geführt hatte, ohne ihn zu erlegen, einen Kranz überreichen; als ein Murren entstand, ließ er durch den Herold sagen: einen Stier so oft zu verfehlen, ist nicht leicht.

Die Wünsche, die vom Volke geäußert und von den Kaisern gewährt wurden, bezogen sich zunächst und hauptsächlich auf die Schauspiele selbst. Die Zuschauer begehrten irgendeine bestimmte Aufführung oder Gattung von Wettkämpfen, das Auftreten berühmter Gladiatoren, die Entlassung eines tapferen Fechters, die Freigebung eines Schauspielers oder Wagenlenkers, die großenteils dem Sklavenstande angehörten, die Begnadigung eines zum Kampfe mit den Tieren verurteilten Verbrechers. So erfolgte auf allgemeines Verlangen die Begnadigung und Freilassung jenes Androclus, der darauf seinen Löwen an einem dünnen Seile führend von einer Taberne zur andern umherzog; überall beschenkte man ihn mit Geld und bestreute den Löwen mit Blumen. Auch Verbrecher, die sich im Tierkampf tapfer erwiesen und die Tiere getötet hatten, wurden zuweilen dem Volke zu Gefallen, das für sie bat, begnadigt und beschenkt. Freilassungen von Sklaven, zu denen dasselbe den Besitzer durch stürmische Zurufe gezwungen hatte, erklärte Marc Aurel für ungültig. Zuweilen wurden die Kaiser selbst angegangen, Sklaven andrer Herren freizulassen. Tiberius gewährte eine solche für einen Schauspieler getane Bitte nur nach erfolgter Einwilligung des Herrn, Hadrian schlug die Bitte um Freilassung eines ihm nicht gehörigen Wagenlenkers ab und ließ die auf eine Tafel geschriebene abschlägige Antwort umhertragen. Seit Tiberius genötigt worden war, einen Komöden Actius freizugeben, vermied er die Schauspiele, um nicht mit Forderungen belästigt zu werden.

Denn auch sonstige Bitten der verschiedensten Art wurden den Kaisern vorgetragen, weil hier Abweisungen nur selten und ausnahmsweise erfolgten. Josephus betrachtet die Gewißheit, hier keine Fehlbitte zu tun, als einen Hauptgrund dafür, daß die Römer so großen Wert auf die Zirkusspiele legten. Bei den im Jahre 9 n. Chr. gegebenen Triumphalspielen baten die Ritter Augustus freilich vergebens um Aufhebung des neu erlassenen strengen Ehegesetzes. Bei einer großen Teuerung im Jahre 32 wurden mehrere Tage hindurch im Theater Forderungen des Volks laut, und zwar mit größerem Ungestüm, als gegen den Kaiser gewöhnlich war. Als Tiberius eine von Agrippa vor seinen Thermen aufgestellte Lysippische Statue, den Athleten mit dem Schabeisen, in seinen Palast hatte schaffen lassen, verlangte das Volk sie im Theater lärmend zurück, und Tiberius gab sie heraus, obwohl er an ihr besonderes Gefallen fand. Caligula wurde im Zirkus kurz vor seiner Ermordung vom Volke um Ermäßigung des Steuerdrucks angegangen, worüber er so in Wut geriet, daß er die lautesten Schreier ergreifen und töten ließ. Als Palfurius Sura, den Domitian aus dem Senat gestoßen hatte, im kapitolinischen Agon den Preis als Redner erhielt, bat die ganze Versammlung einstimmig um Wiederherstellung seines Standes, doch vergeblich. So sehr waren solche Rufe der im Schauspiel versammelten Menge als Ausdruck der Volkswünsche anerkannt, daß Titus während seiner Verwaltung der Gardepräfektur, um Hinrichtungen von Personen zu rechtfertigen, die ihm verdächtig waren, Leute im Theater verteilte, die sie verlangen mußten. Unter Galba verlangte das Volk im Zirkus und Theater unaufhörlich die Hinrichtung des Tigellinus, bis der Kaiser es durch ein Edikt zur Ruhe verwies. Bekanntlich erfolgten auch die Ausbrüche feindlicher Gesinnung gegen die Christen in den späteren Jahrhunderten vorzugsweise im Zirkus und Amphitheater.

Aber nicht bloß Bitten und Beschwerden des Volks wurden in den Schauspielen laut, auch seiner Spottlust scheint in der Regel eine gewisse Freiheit gestattet worden zu sein, und zwar durfte sie sich nicht allein gegen Privatpersonen, sondern selbst gegen die Kaiser richten. Nicht selten ertönte der Zirkus von Schmähungen und Verwünschungen gegen die Beherrscher der Welt, da hier einzelne die Schwierigkeit der Entdeckung, größere Massen das Bewußtsein ihrer Anzahl die Gefahr solcher Verwegenheit vergessen ließ. Tertullian, welcher dergleichen wiederholt erwähnt, fragt: was ist bittrer als der Zirkus, wo sie nicht einmal die Kaiser oder ihre Mitbürger schonen? Der Kaiser Macrinus war wegen seiner Grausamkeit verhaßt; wie der alte Etruskerfürst Mezentius ließ er Verurteilte mit Leichen zusammenbinden und so umkommen. Als sein Sohn Diadumenus, ein wegen seiner Schönheit allgemein beliebter Knabe, im Zirkus mit lautem Beifall begrüßt wurde, rief man ihm mit Vergilischen Versen zu: „Der herrliche Jüngling, wert, daß nicht ein Mezentius sein Vater wäre!" Diocletian beging die zwanzigjährige Feier seiner Regierung in Rom am 20. November 303, doch konnte er, wie ein christlicher Autor sagt, die Freimütigkeit des römischen Volkes (d. h. ohne Zweifel die Äußerung derselben bei den Schauspielen) nicht ertragen und verließ Rom schon im Dezember. Dagegen ergötzte sich Constantius II. bei seinem Besuche Roms im Jahre 357, als er Zirkusspiele gab, oft an dem Witze des Volks, „das weder übermütig war noch die angeborne Freimütigkeit aufgab, wobei er auch selbst achtungsvoll das gebührende Maß beobachtete". Noch im Jahre 509 schrieb Cassiodor: „Was immer im Zirkus von dem frohen Volke gesagt wird, gilt nicht als Beleidigung, der Ort entschuldigt die Ausschreitung. Wird ihre Redseligkeit geduldig aufgenommen, so steht sie selbst den Kaisern wohl an." Natürlich richtete der Spott der Menge sich auch gegen Privatpersonen, namentlich allgemein bekannte und unbeliebte; obwohl Beleidigungen, die bei den Schauspielen erfolgt waren, als besonders schwere bestraft wurden. Als der ehemalige Sklave Sarmentus unter Augustus auf den Ritterplätzen erschien, wurde er mit einem Spottliede empfangen, das wir noch besitzen. Kaiser Claudius wies das Volk im Jahre 47 durch strenge Edikte zurecht, weil es im Theater gegen den Konsularen P. Pomponius und gegen vornehme Frauen Schmähungen ausgestoßen hatte.

Auch zu eigentlich politischen Demonstrationen wurden die Schauspiele benutzt. Im Jahre 59 v. Chr. wurden Cäsars Gegner im Theater und bei den Gladiatorenspielen überall mit stürmischem Beifall begrüßt, er und seine Anhänger mit Schweigen oder Zischen empfangen, der Schauspieler Diphilus durch das Geschrei des Publikums genötigt, Verse, in denen man feindselige Anspielungen auf Pompejus finden konnte, „tausendmal" zu wiederholen. Mitten im Bürgerkriege wurde der Vers des Laberius „Wen Viele fürchten, der hat selbst vor Vielen Furcht" durch die Aufnahme, die er bei dem im Theater versammelten Volke fand, zum Ausdruck der herrschenden Stimmung gestempelt. Im Jahre 45 v. Chr. freute sich Cicero über die treffliche Haltung des Volks bei den Zirkusspielen, bei denen man Cäsars Bild in der Prozession von Götterbildern mit aufgeführt hatte; wegen des bösen Nachbars war auch das Bild der Siegesgöttin nicht beklatscht worden. Als man im Jahre 40 v. Chr. in Rom dringend die Beendigung des Krieges wünschte, den die Triumvirn mit Sextus Pompejus führten, wurde das Bild des Neptun, den der tapfere Seemann als seinen Schutzgott verehrte, im Zirkus mit lauten Beifallsbezeigungen empfangen, und als es infolgedessen am andern Tage nicht in der Prozession erschien, entstand ein Tumult. Der Untergang des an Commodus' Hofe allmächtigen Oberkämmerers Cleander wurde durch eine wohlvorbereitete Demonstration im Zirkus eingeleitet. Eine Schar von Knaben, geführt von einer hochgewachsenen, furchtbar anzuschauenden Jungfrau, stürzte in einer Pause des Schauspiels in die Bahn und erhob wilde Verwünschungen gegen den verhaßten Mann; das Volk stimmte ein, und in immer steigender Aufregung stürmte die Menge bis zur Villa des Kaisers, von dem sie die Preisgebung des Günstlings erzwang. Als unter derselben Regierung der spätere Kaiser Pertinax bereits die allgemeine Aufmerksamkeit auf sich gezogen hatte, gewann ein Rennpferd der von Commodus begünstigten grünen Partei, das diesen Namen trug, den Sieg; die Grünen riefen: es ist Pertinax!, die Blauen erwiderten: oh, daß er es wäre! Solche Ausbrüche der Volksstimmung erfolgten im Zirkus zuweilen teils scheinbar ohne Vorbereitung, teils wirklich durch jene unerklärlichen Impulse, von denen große Massen plötzlich zu einmütigen Äußerungen oder Handlungen unwiderstehlich fortgerissen werden. Cassius Dio berichtet als Ohrenzeuge, wie im Jahre 196 während des Bürgerkriegs zwischen Severus und dem Prätendenten Albinus eine unzählbare Menge im Zirkus mit staunenerregender Einstimmigkeit wiederholte Klagen über den Krieg und Wünsche für die Wiederkehr des Friedens ertönen ließ; es erschien dem Historiker wie eine göttliche Eingebung: „Denn ohne eine solche hätten wohl nicht so viele Myriaden von Menschen zugleich angefangen, dasselbe zu rufen, wie ein gut eingeübter Chor, noch es ohne Anstoß zu Ende gesprochen wie etwas Auswendiggelerntes." Dem allmächtigen Günstlinge des Severus, Plautianus, war kurz vor seinem Sturze (205) vom Volk im Zirkus zugerufen worden: er besitze mehr als die drei andern (Severus und seine beiden Söhne). Mit Bezug auf die Aussaugung des ganzen römischen Reichs durch Caracalla rief man im Zirkus im Jahre 212 unter anderm: wir werden die Lebenden töten, um die Toten zu begraben. Daß Cassius Dio allein aus seiner Zeit viele solcher Demonstrationen berichtet, zeigt, wie häufig sie waren. Von den Kundgebungen, die im Theater durch Beziehung von Stellen in den aufgeführten Stücken auf die Gegenwart stattfanden, wird unten die Rede sein.

Die Anwesenheit der Kaiser und andrer hoher Personen beim Schauspiel nötigte die Zuschauer zur Beobachtung mancher zum Teil lästigen Rücksichten. Augustus sah dort einen Ritter trinken und ließ ihm sagen: Wenn ich frühstücken will, gehe ich nach Hause; jener antwortete: Du hast auch nicht zu fürchten, daß dir jemand deinen Platz wegnimmt. Schon in der ersten Zeit der Monarchie wurden über den Anzug der Zuschauer ausdrückliche Vorschriften erlassen, die übrigens unter den verschiedenen Regierungen verschieden waren. Namentlich durften römische Bürger nur in ihrem Staats- und Festkleide, der Toga, erscheinen, die besonders in der Sommerhitze so lästig war, daß sie Bequemeren das Schauspiel ganz verleiden konnte. Während der Zirkus ganz Rom faßt, schreibt Juvenal (als Sechziger), soll meine verschrumpfte Haut die Strahlen der Aprilsonne einsaugen und von der Toga verschont bleiben. Schon Augustus, der die alte Sitte überall auch in bezug auf die Kleidung herzustellen bemüht war, gab den Ädilen den Befehl, nur mit der Toga bekleidete Zuschauer im Zirkus zuzulassen. Die beiden höheren Stände mußten in ihrer Standeskleidung, die Beamten in ihrer Amtstracht erscheinen, die nur bei der öffentlichen Trauer um den Tod des Kaisers abgelegt wurde. Daß Commodus bei einem Gladiatorenspiele kurz vor seinem Tode als Tracht der Zuschauer den (auch von Trauernden getragenen) dunklen, zugeknöpften Regenmantel statt der Toga vorschrieb, galt später als Vorzeichen seines Todes. Im Sommer gestattete Augustus, unbeschuht ins Theater zu kommen, Tiberius hob diese Erlaubnis auf, Caligula führte sie von neuem ein und erlaubte auch den Senatoren im Jahre 37 zum erstenmal, sich zum Schutz gegen die Sonne thessalischer Hüte zu bedienen; bis dahin hatten sie also barhäuptig bleiben müssen. Bei schlechtem Wetter waren Mäntel über die Toga erlaubt, die aber beim Erscheinen hoher Personen abgelegt wurden. Als bei einem Schauspiel Domitians ein heftiger Regenguß eintrat, wurde niemandem gestattet, fortzugehen oder sich umzukleiden, während der Kaiser selbst fortwährend den Mantel wechselte; infolgedessen erkrankten und starben viele der Zuschauer. Domitian hielt überhaupt mit Strenge die Theatervorschriften aufrecht und erneuerte die in Vergessenheit geratenen. Der von seinen Vorgängern geduldete Gebrauch farbiger Kleidungsstücke wurde im allgemeinen wieder aufgehoben, doch außer den weißen, wie es scheint, auch scharlachrote und purpurne gestattet. Außer Sonnenhüten waren auch Sonnenschirme erlaubt. Die Aufrechterhaltung der gesetzlichen Bestimmungen sowie überhaupt der Ruhe und Ordnung in den Schauspielen lag dem Stadtpräfekten ob, der sie nötigenfalls mit Zuziehung der zu diesem Behuf aufgestellten Militärposten handhabte, auch Übertretern und Unruhestiftern den Besuch der Schauspiele verbieten konnte.

Die für Volksvergnügungen verausgabten Summen waren schon in der früheren Zeit der Republik nach heutigen Begriffen keineswegs gering gewesen. Für das viertägige Hauptfest im September, das an den ersten drei Tagen seit 364 v. Chr. mit Bühnenspielen, am letzten mit Wagenrennen gefeiert wurde (die römischen Spiele), war die Summe von 200.000 Assen (etwa 35.000 Mark) aus der Stadtkasse ausgeworfen, und diese wurde bis zum zweiten Punischen Kriege nicht erhöht. Auch die übrigen Staatsspiele waren auf die Staatskasse angewiesen. Aber allmählich stiegen die Ansprüche, und von den Festgebern wurde ein Aufwand verlangt, der mit den ausgesetzten Dotationen auch nicht annähernd zu bestreiten war, so daß die Ädilen bedeutende Zuschüsse aus ihrem Privatvermögen machen oder die Unterstützung von Freunden in Anspruch nehmen mußten und nicht wenige sich zugrunde richteten, während die meisten das Geld von Bundesgenossen und in den Provinzen erpreßten. In der Mitte des 2. Jahrhunderts v. Chr. kosteten glänzende Gladiatorenspiele 30 Talente (über 141.000 Mark). Doch diese Summe erscheint gering im Vergleich mit der kolossalen Verschwendung, mit der die Schauspiele in der letzten Zeit der Republik gegeben wurden: solche, wie die des Scaurus (58), Pompejus (55), Cäsar, können auch später, wenn überhaupt, nur von den Kaisern überboten worden sein; Milo verschwendete bei seiner Bewerbung um das Konsulat im Jahre 53 „drei Erbschaften, um den Pöbel durch Spiele zu beschwichtigen"; sie gehörten, wie Cicero an seinen Bruder Quintus schreibt, zu den kostspieligsten überhaupt dagewesenen, der dabei gemachte Aufwand war so ungeheuer, daß er Milo für verrückt erklärte. Doch werden sie in der späteren Zeit nicht mehr, wie die andern erwähnten, genannt. In der Kaiserzeit waren die aus dem Staatsschatz für die (allerdings unterdessen sehr verlängerten) Staatsspiele gezahlten Summen erhöht. Nach einer Urkunde aus dem Jahre 51 n. Chr. betrugen sie für die römischen Spiele 760.000 Sesterzen (ungefähr 165.000 Mark), für die plebejischen 600.000 Sesterzen (ungefähr 130.000 Mark), für die Apollinarischen 380.000 Sesterzen (etwa 82.600 Mark), für die neugestifteten Augustalischen 10.000 Sesterzen (2175 Mark). Doch geben auch diese Summen keinen Maßstab für die Gesamtkosten, da die Zuschüsse der Beamten unberechenbar bleiben. Über diese letzteren sowie überhaupt über den aus Privatmitteln für Spiele gemachten kolossalen Aufwand haben wir nur vereinzelte Nachrichten aus verschiedenen Zeiten. Als Herodes von Judäa zu Ehren des Augustus ein Festspiel begründete, das in Zeiträumen von vier Jahren wiederkehren sollte, erhielt er von Augustus und Livia alles zur Ausstattung desselben Gehörige zum Geschenk: der Gesamtwert wurde auf 500 Talente (2,358.000 Mark) geschätzt. Im Anfange der Kaiserzeit konnte in einer Stadt Campaniens ein gutes Gladiatorenspiel, das drei Tage dauerte, 400.000 Sesterzen (87.000 Mark) kosten. In der Regel dürfte aber der Aufwand der munizipalen Spiele kleiner gewesen sein. Nach dem Stadtrecht von Urso erhielten die Duumvirn für die Ausrüstung der viertägigen Spiele zu Ehren von Juppiter, Juno und Minerva jeder 2000 Sesterzen (435 Mark) und mußten mindestens die gleiche Summe aus eigenem Vermögen zulegen, so daß sich die Gesamtkosten auf 8000 Sesterzen (1740 Mark) belaufen; für die ädilischen Spiele ergibt sich dort in gleicher Weise der Betrag von 6000 Sesterzen (1305 Mark). Die Stadt Pisaurum (Pesaro) erhielt ein Vermächtnis von 600.000 Sesterzen (130.500 Mark), von dessen Zinsen im jeden fünften Jahre ein Gladiatorenspiel gegeben werden sollte. Bei einer Verzinsung mit 5 Prozent würden also dazu 120.000 Sesterzen (etwa 26.000 Mark) jedesmal verwandt worden sein. Der Senatsbeschluß vom Jahre 27. n. Chr., daß niemand ein Gladiatorenspiel geben solle, der nicht mindestens 400.000 Sesterzen (87.000 Mark) besitze, konnte nur den Zweck haben, unvermögende Spekulanten auszuschließen, die dergleichen um des Gewinns willen unternahmen; denn für die übrigen Festgeber war wohl auch in den Munizipien ein höherer Besitz erforderlich. Das Fest der großen Mutter (4.—10. April) konnte der Prätor in Rom unter Domitian mit einem Zuschuß von 100.000 Sesterzen (21.750 Mark) aus eignen Mitteln nur dann bestreiten, wenn er den mitwirkenden Künstlern, namentlich den Wagenlenkern, sehr karge Belohnungen gab. In der Regel kam er damit nicht aus, und es kam vor, daß ihn die Wagenrennen 400.000 Sesterzen (87.000 Mark) kosteten. Hadrian erhielt zu den in seiner Prätur (107) zu veranstaltenden Schauspielen von Trajan 2 Millionen Sesterzen (435.000 Mark). Die siebentägigen Spiele, die Symmachus bei der Prätur seines Sohns ausrüstete, sollen 2000 Pfund Gold (1,827.000 Mark) ungefähr gekostet haben; doch gehörte Symmachus nicht zu den reichsten Senatoren seiner Zeit; einer von diesen, Maximus, verwandte angeblich die doppelte Summe auf denselben Zweck. Auch die Ausgaben des Konsulats betrugen wegen der dabei zu gebenden Schauspiele in jener Zeit mehr als 2000 Pfund Gold, wozu die Kaiser das meiste beizusteuern pflegten. Justinian verausgabte in seinem Konsulate im Jahre 521, das alle früheren orientalischen Konsulate an Pracht überbot, zu Schenkungen und Schauspielen im ganzen 288.000 Solidi (ungefähr 3,630.000 Mark). Die Gesamtkosten der Fechterspiele allein kann man für das ganze römische Reich mit Ausnahme von Rom in der Zeit Marc Aurels auf weit mehr als 20 Millionen Mark jährlich veranschlagen. Die Bestimmungen, die Marc Aurel und Commodus behufs ihrer Ermäßigung (177/78) vom Senate beschließen ließen, taten, wie es in einer bei dieser Gelegenheit gehaltenen Rede heißt, dem drohenden Verfall der Stadtgemeinden Einhalt und sicherten die dem Ruin entgegengeführten Vermögen der vornehmsten Männer, d. h. der aus der Aristokratie der Provinzen gewählten Provinzialpriester und der städtischen Beamten, von denen jene wohl durch gesetzliche Bestimmungen, diese vielfach durch das Herkommen und die Erwartungen ihrer Mitbürger zur Veranstaltung dieser Spiele veranlaßt waren.

In Rom lastete die erdrückende Verpflichtung, dem Volke diese äußerst kostbaren Unterhaltungen zu gewähren, so gut wie ganz auf dem Senatorenstande, dem die von der Staatskasse gezahlten Zuschüsse, wie gesagt, dabei eine verhältnismäßig nur geringe Erleichterung gewährten. Es war eine Jahrhunderte hindurch bis zur Grenze der Leistungsfähigkeit getriebene Besteuerung der Aristokratie zugunsten des Proletariats. Fort und fort erkauften ihre Mitglieder Rang, Titel und äußeren Prunk der Ehrenämter durch einen Aufwand, der manche alte und vornehme Familie zugrunde richtete oder mit mit Hilfe kaiserlicher Beiträge und durch Vorschüsse oder Unterstützung von Standesgenossen bestritten werden konnte. In den ersten Jahrhunderten scheint bei der Mehrzahl der Glanz der senatorischen Würden und Ämter noch immer als hinreichende Entschädigung für eine so schwere Belastung angesehen worden und die Zahl der Senatoren und Senatsfähigen, die sich den erdrückenden Ehren ihres Stands zu entziehen suchten, verhältnismäßig nicht groß gewesen zu sein. Sie wuchs aber ohne Zweifel, je mehr die Ämter ihrer wirklichen Macht entkleidet und ihre ganze Bedeutung auf die Verpflichtung, Schauspiele zu geben, herabgedrückt ward, und es kam die Zeit, wo es an Bewerbern für die so teuer bezahlten Würden und Titel zu mangeln begann. Schon Constantin mußte die Kandidaten, die sich der Ernennung zur Prätur durch Flucht zu entziehen suchten, zur Annahme dieses Amts zwingen, und vielleicht war er nicht der erste Kaiser, der sich zu solchen Gewaltmaßregeln genötigt sah. Eine Reihe von kaiserlichen Erlassen regelte im 4. Jahrhundert die Wahl zur Prätur und Quästur, die in Rom und Constantinopel durch den Senat für die nächsten zehn Jahre aus der Zahl aller Mitglieder, die das fünfundzwanzigste Jahr vollendet hatten, erfolgte, und machte die gültigen Entschuldigungen namhaft, die von der Verpflichtung zur Übernahme entbanden. Es wurden für die verschiedenen Präturen Summen festgesetzt, unter welche die Ausgabe für die Schauspiele nicht herabgehen durfte. Diejenigen, welche sich ohne genügende Gründe ihrer Verpflichtung entzogen, hatten nicht bloß die Kosten der Schauspiele zu tragen, die der Fiskus nun in ihrem Namen veranstaltete, sondern mußten zur Strafe überdies eine bedeutende Getreidelieferung an die hauptstädtischen Magazine entrichten. Selbst auf die Erben der erwählten, aber vor dem Antritte des Amts verstorbenen Prätoren ging die Verpflichtung zur Ausrichtung der Schauspiele über.

Auch die Zahl der Tage, die im Laufe des Jahrs durch die Spiele ausgefüllt waren, läßt sich für keine Zeit genau bestimmen, da selbst die jährlich gefeierten Staatsspiele einem gewissen Wechsel unterworfen waren, die außerordentlichen aber sich aller Berechnung entziehen. Die aus der Kaiserzeit erhaltenen Festkalender geben nur von der durch die ersteren besetzten Zeit eine annähernd richtige Vorstellung. Während der Republik hatte es sieben jährliche Schauspiele gegeben, die unter Augustus zusammen 65 Tage dauerten: die römischen Spiele 15, seit Cäsars Tode 16 (4.—19. September), die plebejischen 14 (4.—17. November), die der Ceres 8 (12.—19. April), des Apollo 8 (6.—13. Juli), der Großen Mutter 7 (4.—10. April), der Flora 6 (28. April. bis 5. Mai), der Sullanischen Siegesfeier 7 (26. Oktober bis 1. November). Von diesen 65 Tagen waren 13 für Spiele der Rennbahn, 2 für Prüfungen der Rennpferde, 2 für Opfermahlzeiten, die übrigen 48 für Bühnenspiele bestimmt; Gladiatoren traten in öffentlichen Spielen während der Republik in der Regel gar nicht auf. Alle genannten Feste, mit Ausnahme des letzten, bestanden, wenn auch zum Teil in verminderter Dauer, noch im 4. Jahrhundert.

Die Vermehrung der Spiele erfolgte nach dem Untergang der Republik anfangs in bescheidener Weise. Bis zum Jahre 4 v. Chr. kamen nur die elftägigen Spiele der Ahnfrau Venus (20.—30. Juli, wovon vier Tage zirzensisch waren) und das eintägige ebenfalls zirzensische Fest des Mars (12. Mai) hinzu. Noch ein zweites eintägiges zirzensisches Fest des Mars (1. August) wurde unter Augustus, unter Tiberius das Fest zu Ehren des Augustus von 8, später 10 Tagen (3.—12. Oktober) eingeführt. Später wurde die Zahl der mit Spielen begangenen Festtage, die also unter Tiberius 88 betrug, aus den verschiedensten Veranlassungen, zur Feier von Siegen, Tempeleinweihungen, kaiserlichen Geburtstagen usw., erheblich vermehrt, und obwohl Nerva (dessen Beispiel Severus und Macrinus nachahmten) sie herabgesetzt hatte, war sie wohl im ganzen stets im Wachsen begriffen. Marc Aurel vermehrte die Zahl der Gerichtstage auf 230, damals können also höchstens 135 Tage zu Spielen bestimmt gewesen sein. Um die Mitte des 4. Jahrhunderts waren es nach dem Kalender des Furius Dionysius Philocalus vom Jahre 354 im ganzen 176, von denen 10 mit Fechterspielen, 64 im Zirkus, 102 im Theater begangen wurden. Gerade die Gladiatorenkämpfe und Tierhetzen aber, die in früheren Kalendern gar nicht vorkommen, in diesem neuesten, wie gesagt, auf zehn Tage (im Dezember) beschränkt sind, müssen nach den so zahlreichen Erwähnungen in der Literatur und den Denkmälern zu Rom in allen Perioden der Kaiserzeit sehr häufig gewesen sein. Alexander Severus hatte die Absicht, die Fechterspiele auf das ganze Jahr zu verteilen, so daß monatlich eins stattfinden sollte; doch führte er sie aus unbekannten Gründen nicht aus. Auch die Zahl der außerordentlichen Schauspiele war immer eine verhältnismäßig große, und diese dauerten zuweilen Wochen und Monate. So gab Titus zur Einweihungsfeier des Flavischen Amphitheaters im Jahre 80 ein Fest von hundert, Trajan zur Feier des zweiten dacischen Triumphs im Jahre 107 ein Fest von hundertdreiundzwanzig Tagen. Sämtliche größeren Schauspiele begannen mit Tagesanbruch, weshalb schon vor demselben die Zuschauerräume sich füllten, und dauerten (mindestens zum großen Teil) bis zum Sonnenuntergange. Schon Celsus (unter Tiberius) spricht von dem Sitzen in den Schauspielen während des ganzen Tags. Augustinus erwähnt, daß zuweilen Theater- und Zirkusspiele an demselben Tage gegeben wurden.

Ursprünglich waren die Spiele des Zirkus die vornehmsten von allen und darum der Beschluß jedes Volksfestes gewesen. In der letzten Zeit der Republik waren die damals schon mit ungeheurer Pracht und Verschwendung gegebenen Kämpfe der Gladiatoren bei der Masse am meisten beliebt. An drei Orten, sagt Cicero im Jahre 56, gebe sich die Ansicht und der Wille des römischen Volks hauptsächlich kund: bei Volksversammlungen, bei Abstimmungen *(comitia)* und bei den Spielen und Gladiatorenkämpfen; bei den letzteren sei die Menge der Anwesenden aus allen Klassen am größten: denn an diesem Schauspiele finde das Volk am meisten Gefallen. Doch als sich, spätestens zu Anfang der Kaiserzeit, die Organisation der Zirkursparteien vollendet hatte, drängte das Interesse an ihrem Wettstreit jedes andere in den Hintergrund. Die Bühnenspiele, obwohl auch sie noch in der Kaiserzeit eine große Anziehungskraft übten, standen doch erst in dritter Reihe. Wie das Volk, haben offenbar auch die Kaiser auf jene beiden ersten Gattungen bei weitem den größten Wert gelegt, bei denen zur Unterhaltung der Massen so kolossale Mittel verwandt wurden. Den Beweis geben die Münzen, die als eine Art von öffentlichen Dokumenten in Ermanglung andrer Ereignisse sehr häufig die Kundgebungen kaiserlicher Munifizenz verewigen. Bauten und Spiele im Amphitheater und Zirkus finden sich darauf oft, Theaterbauten und Bühnenspiele niemals angedeutet oder erwähnt. Bei den Säkularspielen wurden drei Tage und drei Nächte im Marsfelde szenische Vorstellungen gegeben; doch auf den zum Andenken an die tausendjährige Jubelfeier Roms unter Kaiser Philipp geschlagenen Münzen sind sie nicht angedeutet, während ein Löwe, ein Nilpferd und verschiedenes Wild an die damals gegebenen Tierhetzen erinnern.

Außer diesen drei Hauptgattungen der Schauspiele hatten schon während der Republik Athletenkämpfe und musikalische Aufführungen aus Griechenland in Rom Eingang gefunden, die teils an besonderen periodischen Festen, von denen unten die Rede sein wird, veranstaltet, teils mit andern Schauspielen verbunden wurden. Bei größeren, glänzend ausgestatteten Festen wurde noch auf manche andre Weise für Abwechslung gesorgt. Von Knaben, die bei den Spielen Rad schlugen, hatte bereits Varro in seinem Buch über die Theaterspiele gesprochen. Plinius hatte einen starken Mann namens Athanatus mit einem bleiernen, 500 Pfund (= 163,7 kg) schweren Harnisch und ebenso schweren Schuhen angetan über die Bühne schreiten gesehen. Ein bei den *ludi Romani*, dem alten Hauptfeste, auftretender Seiltänzer wird in einer Inschrift erwähnt. Auch bei dem von Claudian besungenen Feste des Konsuls Flavius Manlius Theodorus sah man außer Wagenrennen, Athletenkämpfen, Tierhetzen, Theaterspielen und Musikaufführungen verschiedener Art Gaukler, die sich „gleich Vögeln in die Lüfte schnellten" und Pyramiden bildeten, auf deren Spitze ein Knabe schwebte, ferner künstliche Bühnenverwandlungen, ein Kunstfeuer, das nichts versehrte, und eine Wettfahrt von Kähnen. So wird man auch bei den equilibristischen Leistungen, von denen Manilius wiederholt spricht, an Schauspiele zu denken haben. Er erwähnt außer Seiltänzern Gaukler, die sich von einem Gerüste schnellen, und zwar abwechselnd, so daß der eine zu Boden fällt, während der andre in der Luft schwebt, die durch Flammen- und Feuerkreise springen, die gleich Delphinen sich durch den leeren Raum bewegen, ohne Federn fliegen und in der Luft scherzen.

Auch prachtvolle Beleuchtungen machten sehr häufig einen Teil der Festlichkeiten aus, wie denn der Gebrauch von brennenden Lichtern, Lampen und Fackeln bei gottesdienstlichen und festlichen Gelegenheiten in Rom und überhaupt im Altertum nichts Seltenes war. Schon in alter Zeit war bei Schauspielen das Forum und das Comitium mit Lampen beleuchtet worden; später wurden zuweilen Feste bei künstlicher Beleuchtung auch in die Nacht hinein oder die ganze Nacht hindurch fortgesetzt. Die von Augustus im Jahre 17 v. Chr. wieder eingeführten Säkularspiele dauerten nach altem Brauch die Nächte durch. Augustus verbot der Jugend beiderlei Geschlechts, diesen nächtlichen Schauspielen anders als in Begleitung älterer Personen beizuwohnen. Während der tausendjährigen Jubelfeier Roms im Jahre 248 legte sich, wie die Chronisten berichten, das Volk drei Nächte lang nicht zur Ruhe. Sodann dürften an den Saturnalien, wo der Gebrauch der Lichter allgemein war (der um die Zeit des kürzesten Tags, wie am Weihnachtsfest, die Erneuerung des Lichts bedeutete), Beleuchtungen gewöhnlich gewesen sein. Bei dem Fest am 1. Dezember, das Domitian als Vorfeier der Saturnalien (im Jahre 88?) veranstaltete, wurde mitten im Amphitheater bei Einbruch der Nacht ein Kreis von Flammen von oben herabgelassen, der die Nacht zum Tage machte und bei dessen Lichte das Fest fortgesetzt wurde. Auch das von Nero im Jahre 60 eingeführte, in fünfjährigen Perioden wiederkehrende Fest scheint von Anfang an während der Nächte fortgedauert zu haben, und auf die Bedenken, daß dies Veranlassung zu Unfug geben würde, wurde geantwortet, daß bei der so hellen Beleuchtung nichts Unerlaubtes verborgen bleiben könne. Übrigens waren Nachtfeste bei den Schauspielen in Rom in der Kaiserzeit wohl überhaupt nicht selten, da selbst in den Städten Italiens „Schauspiele und Illuminationen" häufig zusammen genannt werden; auch in einem auf der Insel Ebusus (Iviza) gefundenen Vermächtnis wird verordnet, daß an einem gewissen Tage Schauspiele mit Leuchtgefäßen (Pechpfannen) gegeben werden sollen. Caligula gab einmal Nachtschauspiele im Theater, wobei die ganze Stadt erleuchtet war. Das Wagenrennen in Neros Gärten, bei welchem Christen in Pech gehüllt gleichsam als Fackeln verbrannt wurden, scheint ebenfalls ein Nachtschauspiel gewesen zu sein. Domitian veranstaltete sogar nächtliche Tierhetzen und Gladiatorenspiele bei Beleuchtung; auch eine Darstellung der Geschichte von Hero und Leander muß bei Nacht stattgefunden haben, da Martial von der nächtlichen Woge spricht, welcher der letztere entronnen sei.

Endlich wurden, wie schon während der Republik, Bewirtungen und Beschenkungen der Zuschauer in größtem Maßstabe nicht selten mit den Schauspielen verbunden. Seit diese ganze Tage ausfüllten, wurde wahrscheinlich regelmäßig um die Mittagszeit eine Pause gemacht, wobei die Zuschauer entweder sich zur Mahlzeit entfernten oder im Theater und Zirkus selbst bewirtet wurden, indem Sklaven Speisekörbe und ungeheure Schüsseln, unter deren Last sie schwankten, überall umhertrugen; auch wurden Marken mit Anweisungen auf Speisen und Getränke verabreicht, und es fehlte bei solchen Gelegenheiten im Publikum natürlich nicht an Klagen über Unbescheidenheit und Übervorteilung. Bei größeren, mehrtägigen Festen waren auch ganze Tage ausschließlich zu allgemeinen Schmäusen bestimmt. Die bei den Spielen der beiden städtischen Prätoren stattfindenden Verteilungen hörten mit dem Jahre 217 n. Chr. auf, jedoch mit Ausnahme des Festes der Flora. Bei diesem genügte eine reichliche Bewirtung mit Bohnen- und Erbsenbrei, um die Wünsche des Volks zu befriedigen; bei kaiserlichen Festen war sie natürlich feiner. Bei dem schon erwähnten Dezemberfest Domitians war nach Statius Beschreibung die Zahl der im Amphitheater selbst aufwartenden, durch alle Sitzreihen verteilten jungen, schönen und reich geschmückten kaiserlichen Diener ebenso groß wie die der Zuschauer. Die einen brachten köstliche Mahlzeiten in Körben und weiße Tischtücher, die andern alte Weine herbei. Kinder und Frauen, Volk, Ritter und Senat, alles speiste wie an einer Tafel, der Kaiser selbst geruhte, am Mahle teilzunehmen, und der Ärmste war glücklich in dem Gefühl, sein Gast zu sein. Caligula sandte bei einem solchen Schmause einem römischen Ritter, den er mit ganz besonderem Behagen essen sah, in einer gnädigen Laune seine eigene Portion, einem Senator aus demselben Grunde ein Handschreiben mit der Ernennung zur Prätur außer der Reihe.

Mitunter wurden auch Geschenke, besonders Früchte und andre Eßwaren, in Masse unter die Zuschauer geworfen; so bei jenem Dezemberfest Domitians, wo es am Morgen Feigen, Datteln, Nüsse, Pflaumen, Gebäck, Käse, Kuchen, am Abend Vögel, und zwar auch Fasanen und numidische Hühner regnete. Sehr häufig wurden auch Marken geworfen, welche die Empfänger wie Lotterielose auf die verschiedenartigsten, zum Teil wertvollen Gewinne anwiesen; einige solche haben sich erhalten. Domitian bewilligte an einem Feste, wo am ersten Tage der größte Teil der Gewinne auf die Plätze des dritten Stands gefallen war, am folgenden Tage je fünfzig Marken für die einzelnen Abteilungen der Senatoren- und Ritterplätze besonders. Bei einem sehr großen, mehrtägigen Fest, das Nero für die ewige Dauer des römischen Reichs veranstaltete, wurden an jedem Tage tausend Vögel aller Art ausgeworfen, ferner Lose, deren Gewinne vom verschiedensten Wert waren, wie z. B. mannigfacher Hausrat, Getreidemarken, Kleidungsstücke, Gold, Silber, Edelsteine, Perlen, Gemälde, Zugtiere, gezähmte wilde Tiere, zuletzt Schiffe, Miethäuser und Landgüter. Ähnliche Lose ließ Titus bei der Einweihung des Flavischen Amphitheaters auswerfen. Bei einem Fest Elagabals gewann man durch ein Los zehn Bären, durch andere zehn Haselmäuse, zehn Salathäupter, zehn Pfund Gold usw.; nur keine Schweine, da diese der Glaube des Kaisers zu essen verbot. Daß bei solchen Gelegenheiten das Gedränge sehr groß war, daß es ohne Gewalttätigkeiten und Raufereien nicht abging, ist selbstverständlich, und gewiß nicht selten gingen Menschenleben verloren. Vorsichtige entfernten sich, ehe dieser Akt des Festes begann, sie wußten, daß dort geringe Dinge teuer zu stehen kamen. Auch kauften wohl Spekulanten denen, die sich in das Getümmel wagten, alles, was sie erhaschen würden, auf gutes Glück im voraus ab.

Daß bei großen, mit ungewöhnlicher Pracht gefeierten Festen nicht bloß ganz Rom zu den Schauplätzen strömte, sondern auch Fremde von nah und fern in Menge herbeikamen, braucht kaum gesagt zu werden. Schon während der Republik versammelten die Schauspiele ebensowohl wie die Komitien und der Zensus einen großen Teil der Bevölkerung Italiens in der Hauptstadt, und seit sie der Mittelpunkt der Welt geworden war, Schaulustige aus allen Ländern. Bei den Triumphalspielen Julius Cäsars war der Zudrang der Fremden so groß, daß die meisten in Buden und Zelten wohnen mußten, die man auf den Straßen aufschlug, und sehr viele Menschen, darunter zwei Senatoren, wurden im Gedränge totgedrückt. Augustus stellte bei seinen größten Schauspielen Wachen an verschiedenen Orten der Stadt auf, um Einbrüche und Raubanfälle in den verlassenen Straßen zu verhüten; zu der von ihm veranstalteten Aufführung einer Seeschlacht kamen, wie Ovid sagt, Männer und Frauen von Osten und Westen, und die ganze Welt war in Rom beisammen. In Martials Schilderung der Schauspiele bei der Einweihungsfeier des Flavischen Amphitheaters heißt es, es gebe kein so fremdes und barbarisches Volk, aus dem nicht Zuschauer herbeigekommen seien. Da war der Ackerwirt vom Fuße des Balkan, der von Pferdemilch genährte Sarmate, der Anwohner der Nilquellen und der Gast vom Ufer des Weltmeers, neben Sabäern und Arabern Sigambrer, die Haare auf dem Scheitel im Knoten gebunden, und krausköpfige Neger: das Gemisch so vieler verschiedener Sprachen vereinte sich zu dem einstimmigen Ruf, der den Kaiser als Vater des Vaterlands begrüßte. Cassius Dio erzählt, daß am Tage der Volcanalien (23. August) im Jahre 217 das Amphitheater vom Blitz getroffen und durch den Brand zerstört wurde: dies Unglück habe nicht nur Rom, sondern die ganze Welt betroffen, deren Bewohner es stets anfüllten.

Aus den bisherigen Mitteilungen ergibt sich schon, welch kolossale Mittel zur Unterhaltung der Bevölkerung Roms aufgeboten wurden. Allerdings war diese Bevölkerung an das Größte in einem Grade gewöhnt, wie nie eine andere. Die damals lebenden Geschlechter hatten nicht vergessen, daß durch eben diesen Zirkus in einer Reihe von Triumphzügen, die Jahrhunderte umfaßte, die besiegten Könige der fernsten Länder als Roms Untertanen, die Reichtümer der Erde als Roms Eigentum geführt worden waren. Ihnen war das Erbteil dieser großen Vergangenheit zugefallen, noch immer gehorchte ihnen die Welt, das Ungeheure war ihnen geläufig, das Unglaubliche alltäglich, und das größte Wunder der alten und neuen Welt, das ewige Rom, hatten sie stets vor Augen. Die Wirkungen der Schauspiele konnten sich aber nicht auf die Massen beschränken, für welche sie zunächst bestimmt waren. Wer hätte sich auch der Gewalt dieser aufregenden und berauschenden, die Sinne berückenden, die Leidenschaften entfesselnden Eindrücke zu entziehen vermocht? Sie erfüllten die geistige Atmosphäre Roms mit einem Ansteckungsstoff, dessen Einflüsse selbst hohe Bildung und bevorzugte Lebensstellung nicht zu brechen vermochte, für die auch das andere Geschlecht nur zu empfänglich war. Wie nahe der Gedanke an die Schauspiele und alles, was dabei vorging, stets für jedermann lag, zeigen zahlreiche sprichwörtliche Redensarten. Man atmete das leidenschaftliche Interesse für den Zirkus, die Bühne, die Arena gleichsam mit der Lebensluft ein, „es gehörte zu den eigentümlichen Übeln der Stadt, die man schon im Mutterleibe empfing". So gewiß nun aber die verderblichen Wirkungen der Schauspiele auf die sittlichen Zustände auch der höheren Klassen sich im allgemeinen voraussetzen lassen, so schwer, ja unmöglich ist es begreiflicherweise, sie im einzelnen nachzuweisen.

Doch eine Erscheinung muß hier erwähnt werden, die allerdings hinreicht, um die Tragweite dieser entsittlichenden Einflüsse aufs klarste erkennen zu lassen: das öffentliche Auftreten von Männern und selbst Frauen aus edeln Familien sowie mehrerer Kaiser auf dem Theater, in der Arena und in der Rennbahn. Allerdings wirkten verschiedene Motive zusammen, um eine so beispiellose Abweichung von der Bahn der Sitte und des Gesetzes möglich zu machen, namentlich Verkommenheit und Verarmung eines Teils der höheren Stände und ein von den Kaisern geübter Zwang; aber diese Ursachen reichen nicht hin, um eine solche Erscheinung völlig zu erklären, und schon die persönliche Beteiligung der Kaiser an den Schauspielen genügt, um zu beweisen, daß auch in den höchsten Sphären der Gesellschaft eine zur Manie ausgeartete Leidenschaft für sie verbreitet war, die keine durch Sitte und Gesetz gezognenen Schranken zurückhalten vermochten. Wenn mehrere Kaiser sich nicht bloß eifrig bemühten, in den Künsten des Schauspiels, des Tanzes, der Musik, des Wagenlenkens, der Gladiatur sich auszuzeichnen, sondern auch ihre Fertigkeit von kleineren und größeren Kreisen bewundern ließen; wenn Nero wie ein gewerbsmäßiger Künstler in Griechenland umherzog, Commodus aus dem Palast in die Gladiatorenschule übersiedelte, Caracalla ganz öffentlich in blauer Livree seinen Wagen in der Rennbahn lenkte: so kann es nicht zweifelhaft sein, daß auch Personen von edler Geburt vielfach eben durch nichts anderes als durch unbezwingliche Leidenschaft zu solcher Selbstbeschimpfung getrieben wurden.

Allerdings war schon unter Augustus die Gladiatur eine nicht ungewöhnliche letzte Zuflucht ruinierter Wüstlinge aus den beiden höheren Ständen; doch blieb ein so hoher Grad von Verkommenheit gewiß immer vereinzelt und war im ersten Stande noch viel seltener als im zweiten. Auch eine direkte oder indirekte Nötigung der Ritter und Senatoren zur Beteiligung an den Schauspielen von seiten der Kaiser hat nur ausnahmsweise stattgefunden. Abgesehen von dem Wunsche einiger weniger, die Anstößigkeit ihres eigenen Auftretens durch eine möglichst allgemeine Nachahmung zu mindern, mochte freilich dem Cäsarismus mit seinem Haß der Aristokratie, seinem Nivellierungssystem und seiner Pöbelfreundschaft eine solche Herabwürdigung der höheren Stände nicht unerwünscht sein: und was konnte den Pöbel mehr kitzeln, als die Abkömmlinge der edelsten Geschlechter ihre Person zu seiner

Ergötzung gleich Verbrechern, Sklaven und gemeinen Söldlingen preisgeben zu sehen?

Doch der Mehrzahl der Kaiser lagen entweder solche Intentionen fern, oder sie wurden durch die Rücksichten auf Herkommen und Gesetz und auf das Verhältnis zu den höheren Ständen in Schranken gehalten. Zwar der erste Cäsar trug seine absolutistische Nichtachtung der Standesehre auch in dieser Beziehung zur Schau. In seinen Zirkusspielen fuhren junge Männer von Adel um die Wette, Zwang und Belohnungen bewogen den Ritter Laberius, auf der Bühne, andere, in der Arena aufzutreten. Bald nach seinem Tode aber wurde (38 v. Chr.) das Auftreten von Senatoren in der Arena verboten; außerdem muß später noch ein Senatsbeschluß erfolgt sein, der auch den Rittern die Mitwirkung auf der Bühne wie in der Arena untersagte. Denn von Augustus sagt Sueton, er habe allerdings Männer des Ritterstands mehrmals in beiderlei Schauspielen verwandt, aber nur, bevor es durch Senatsbeschluß verboten war. In den Schauspielen, die Augustus im Jahre 29 v. Ch. zur Einweihung des Tempels Cäsars gab, ritten und fuhren nicht bloß Patrizier um die Wette, sondern es trat auch ein Senator, Q. Vitellius, als Gladiator auf, und der Großvater Neros, L. Domitius Ahenobarbus, ließ in seiner Prätur und in seinem Konsulat (16 v. Chr.) Mimen von Rittern und verheirateten Frauen aufführen. Im Jahre 10 n. Chr. wurde den Rittern sogar ausdrücklich gestattet, als Gladiatoren zu fechten. Tiberius, durch und durch Aristokrat, verachtete den Pöbel noch tiefer, als er den Adel haßte, und er war weit entfernt, irgendwie die höheren Stände ihm zu Gefallen herabzusetzen; er hielt den Senatsbeschluß mit Strenge aufrecht und bestrafte die verkommensten Jünglinge beider Stände, die sich für ehrlos erklären ließen, um ihn zu umgehen, mit Verbannung. Im Jahre 15 n. Chr. fochten allerdings bei einem von Drusus gegebenen Schauspiel zwei Ritter. Tiberius sah es nicht mit an und ließ, nachdem der eine gefallen war, den andern nicht weiter fechten. Bei einigen Spielen Caligulas lenkten ausschließlich Männer von senatorischem Range die Wagen, währen derselbe Kaiser anderseits zur Strafe für wirkliches oder angebliches Auftreten auf der Bühne und in der Arena viele Ritter und wohl auch Senatoren umbringen ließ. Claudius scheint nicht bloß den ernsten Willen gehabt zu haben, dem Unwesen ganz und gar zu steuern, sondern es scheint ihm auch gelungen zu sein.

Unter Nero aber, dem ersten Kaiser, der selbst öffentlich auftrat, erreichte es seine größte Höhe; weder Stand noch Geschlecht, weder Reichtum noch makelloser Ruf vermochten damals gegenüber dem kaiserlichen Belieben vor der Schmach der Bühne und der Arena zu schützen. Vitellius erließ ein neues, scharfes Edikt gegen solche Herabwürdigung des Ritterstands; auch Domitian zeigte sich, wenigtsens äußerlich, um Aufrechthaltung der Standesehre bemüht; einen Mann von quästorischem Range (Cäcilius Rufinus) stieß er aus dem Senat, weil er sich seiner Liebhaberei für den Tanz hingab. Acilius Glabrio mußte als Konsul im Jahre 91 auf der albanischen Villa mit einem Löwen kämpfen, und als Grund für seine Hinrichtung im Jahre 95 wurde unter anderm auch seine Teilnahme am Tierkampf angegeben. Am wenigsten kann von den folgenden Kaisern bis auf Commodus angenommen werden, daß sie Männer der beiden ersten Stände zum Auftreten zwangen. Nichtsdestoweniger konnte Marc Aurel ein übelberüchtigter Mann von senatorischem Stande sagen, er sehe viele als Prätoren, die mit ihm in der Arena gekämpft hätten, und Septimius Severus im Senat zur Entschuldigung von Commodus' Auftreten im Amphitheater fragen, ob denn etwa niemand von den Senatoren als Gladiator fechte, oder wozu sonst einige von ihnen des Commodus Schilde und goldne Helme gekauft hätten. Und doch galt die Arena für noch schimpflicher als die Rennbahn und das Theater. Wenn die Stirn von der Maske lange genug abgerieben ist, sagt Seneca, geht man zum Helm über; und Juvenal: unter einem Kaiser, der als Kitharöde auftrat, könne ein Possenreißer von Adel auf der Bühne nicht wundernehmen; was gebe es darüber hinaus noch anderes als die Gladiatorenschule?

Nach all diesem ist es, wie gesagt, offenbar, daß die Hauptschuld dieser entehrenden Teilnahme der höheren Stände an den Schauspielen (wenn man die Neronische Zeit ausnimmt) nicht auf seiten der Kaiser lag: und damit ist auch ein ebenso unzweideutiges wie schreckenerregendes Symptom jener unwiderstehlich hinreißenden, entsittlichenden Gewalt festgestellt, mit der diese wunderbaren, wie von Zauberhänden bereiteten Feste die Gemüter der Menschen ergriffen und bezwangen.

2. DER ZIRKUS

Das 650 Meter lange, wenig über 100 Meter breite Tal, das sich zwischen den fast parallel streichenden Abhängen des Aventin und Palatin hindehnt, erscheint zum Schauplatze von Wettkämpfen, namentlich rennender Wagen, wie geschaffen; hier hatten schon in den ältesten Zeiten Wettfahrten der Ackergespanne zu Ehren des Erntegottes Consus in der Nachbarschaft seines unterirdischen Altars stattgefunden, hierher verlegte die Sage auch das Schauspiel, bei dem die ersten Römer sich ihre Bräute raubten. Mit der wachsenden Macht und Größe der Stadt wuchs auch die Pracht und Feierlichkeit des Kultus. Immer häufiger und regelmäßiger wurden die Feste der einheimischen oder der vom Staate anerkannten fremden Götter, die in der Regel eine Zirkuslustbarkeit beschloß; und neben diesen bestimmten Feiertagen mehrten sich die außerordentlichen Veranlassungen, die das Volk in der Rennbahn versammelten. Einrichtungen für Sitzplätze sollen hier schon von den Königen getroffen worden sein. Aus hölzernen Gerüsten wurden mit der Zeit steinerne Bauten, endlich ersetzte Marmor den Tufstein, Vergoldung den farbigen Anstrich. Nach dem von Julius Cäsar unternommenen, von Augustus zu Ende geführten Ausbau gehörte der große Zirkus zu den ersten Prachtbauten Roms. Der Zuschauerraum mit seinen von der Bahn durch einen nahezu 3 Meter breiten Graben getrennten, sich amphitheatralisch erhebenden Sitzreihen bestand aus drei Stockwerken. Nur das unterste war von Stein, die beiden oberen von Holz und blieben auch so, wenigstens zum großen Teil, da Einstürze derselben noch in später Zeit erwähnt werden; unter Antonius Pius sollen bei einem solchen Unglücksfall 1112 Menschen ums Leben gekommen sein; auch unter Diocletian und Maximian erfolgte ein Einsturz. Unter Augustus war der Bau noch nicht sehr hoch; man konnte aus den Oberstockwerken der benachbarten Häuser zuschauen, was Augustus selbst liebte.

Den ersten umfassenden Neubau scheint Nero unternommen zu haben, da der große Brand im Jahre 64 den Zirkus, in dem er ausbrach, mindestens zum großen Teile zerstörte; er ließ auch den die Bahn umgebenden Kanal zuschütten und benutzte den gewonnenen Raum zur Schaffung besonderer Plätze für die Ritter. Durch Bauten des Domitian und besonders des Trajan erhielt der Zirkus eine mit einer Verschönerung verbundene bedeutende Erweiterung; Trajan rühmte sich in der Dedikationsinschrift, ihn für das römische Volk geräumig genug gemacht zu haben. Die unermeßliche Länge des Zirkus wetteiferte nun nach dem Ausdruck des jüngeren Plinius (im Jahre 100) mit der Pracht der Tempel; es war ein Raum, würdig der völkerbesiegenden Nation und nicht weniger sehenswürdig als die Schauspiele, die man dort sah. Von späteren Restaurationen und Erweiterungen werden nur wenige beiläufig erwähnt. Die Zahl der Zuschauer, die der Zirkus nach allen Erweiterungen fassen konnte, ist auf 180.000—190.000 berechnet worden. Die untersten, der Bahn zunächst gelegenen Sitzreihen waren für die Senatoren, die zunächst höheren für die Ritter, die übrigen für den dritten Stand bestimmt. Die Frauen hatten hier nicht, wie in den übrigen Schauspielen, gesonderte Plätze, sondern saßen unter den Männern. Der Platz des Kaisers und seiner Familie war unter den Senatoren und eben dort auch die Logen, die sich einige Kaiser erbauen ließen.

Der Zirkus war in jeder Beziehung prächtig ausgestattet. In einer Beschreibung aus dem 4. Jahrhundert wird z. B. die überaus reiche Bronzeverzierung der wohlgeordneten Sitzreihen gerühmt. Sein Hauptschmuck aber war der von Augustus in seiner Mitte aufgestellte Obelisk (jetzt auf Piazza del Popolo), zu dem Constantius noch einen zweiten, größeren (jetzt auf dem Platz des Lateran) hinzufügte. Von außen zogen sich um den ganzen Zirkus fortlaufende Arkaden mit Eingängen und Treppen, vermittels derer viele Tausende leicht und ohne Gedränge hinaus und hinein gelangen konnten. Außerdem enthielt diese Halle in ihren Gewölben Läden und für den Verkehr bestimmte Räumlichkeiten jeder Art, über denen sich Wohnungen für die Inhaber befanden; wie es scheint, dienten die Gewölbe abwechselnd das eine als Verkaufslokal, das andere als Eingang. Daher war hier immer ein lebhaftes und buntes, aber nichts weniger als anständiges Treiben. Schon in Ciceros Zeit war der Zirkus ein stehender Aufenthaltsort für Winkelastrologen; Horaz nennt ihn daher den trügerischen; er liebte es, auf seinen Abendspaziergängen dort bei den Wahrsagern stehenzubleiben, und auch in Juvenals Zeit erteilten derartige Propheten geringen Leuten dort Rat und Bescheid. Die Artisten, die dort die untersten Klassen durch ihre Aufführungen ergötzten, verschmähte Augustus nicht, zur Unterhaltung seiner Gäste auftreten zu lassen. Der Neronische Brand (im Jahre 64) brach in dem Teile des Zirkus aus, der dem Palatin und Cälius zunächst lag, und zwar in den mit leicht entzündlichen Waren gefüllten Läden. Ein Obsthändler vom großen Zirkus ist aus einer Inschrift bekannt. Ganz besonders aber dienten die Gewölbe, die den Zirkus (wie auch diejenigen, welche die Theater und das Studium) umgaben, feilen Dirnen zum Aufenthalt, daher es in einer christlichen Schrift heißt, der Zugang zum Zirkus führe durch das Bordell. Unter diesen Prostituierten waren viele Syrerinnen und andere Orientalinnen in fremder Tracht, die beim Schall von Handpauken, Cymbeln und Kastagnetten ihre unzüchtigen Tänze tanzten.

Die Schauspiele des Zirkus hatten, wie alle übrigen, im Laufe der Jahrhunderte an Dauer, Mannigfaltigkeit und Pracht der Ausstattung ungemein zugenommen. Die hauptsächlisten waren zu allen Zeiten die Wagenrennen. Daneben fanden Wettrennen von Reitern statt, die in Nachahmung einer, wie es scheint, von den Numidern entlehnten Kampfart während des Laufs von ihrem Pferde auf ein zweites sprangen. Manilius schildert, wie sie bald auf dem Rücken des einen, bald des andern saßen und standen, über sie hinflogen und auf den im Fluge eilenden Kunststücke ausführten, oder auf einem Pferde bald mit Waffen spielten, bald während des vollen Laufs die Siegespreise vom Boden aufhoben. Auch andere Kunstreiterstücke, die öfters erwähnt werden, wie Liegen auf rennenden Pferden oder Sprünge über Viergespanne, waren wahrscheinlich ebenfalls bei Zirkusspielen zu sehen. Faustkämpfer, Läufer und Ringer zeigten sich hier in der früheren Zeit, und zuweilen auch noch in der späteren, wo solche Wettkämpfe gewöhnlich in eigens dazu erbauten Stadien gehalten wurden, wie z. B. im Jahre 44 n. Chr. ein Athletenkampf im Zirkus stattfand. Eine unweit des Arvalenhains gefundene Grabschrift eines im Alter von 24 Jahren gestorbenen Läufers der (hier zum ersten Male erwähnten) Grünen, Fuscus, meldet, daß derselbe 53mal in Rom, zweimal im Zirkus der Arvalen, einmal zu Bovillä gesiegt habe (von welchen Siegen er einen bei der Wiederholung des Laufs gewann), und daß er von allen Läufern der erste gewesen sei, der schon bei seinem ersten Auftreten (im Jahre 35) siegte. Plinius berichtet von Dauerläufen, die zu seiner Zeit im Zirkus ausgeführt worden waren; seine Angaben der zurückgelegten Entfernungen klingen freilich unglaublich: im Jahre 59 soll ein achtjähriger Knabe von Mittag bis Abend 75 Millien (111 km), andere sollen 160 Millien (237 km) gelaufen sein, während eine Grabschrift eines kaiserlichen Läufers schon die Zurücklegung von 94 Millien (140 km) an einem Tage als etwas Außerordentliches berichtet. Der englische Läufer Fletcher soll 60 englische Meilen (91 km) in 14, Barclay 90 (137 km) in 21½ Stunden gegangen sein; die Schnelläufer der Inkas in Peru vermochten gegen 50 Leguas (= 220 km) in 24 Stunden zurückzulegen.

Während der Republik veranstalteten im Zirkus junge Bürger in voller Rüstung Scheingefechte und andere militärische Schauspiele; in der Kaiserzeit wurden dergleichen öfters von Truppenabteilungen, sowohl Fußvolk als Reiterei, ausgeführt. Andere Schauspiele gab im Zirkus die Ritterschaft, die bei solchen Gelegenheiten in ihren sechs Abteilungen (Turnen), geführt von ebensoviel Hauptleuten, an der Spitze des Ganzen der „Erste der Jugend“ (gewöhnlich der Thronfolger), und ohne Zweifel im reichsten Festschmuck erschien. Auch die Knaben aus edlen Geschlechtern zeigten sich dem Volk im Zirkus in dem sogenannten Trojaspiel, das Augustus mit andern abgekommenen alten Gebräuchen wieder in Aufnahme brachte, und das unter den Julischen Kaisern, die ihre Abkunft von Äneas herleiteten, mehrmals wiederholt wurde. Die Knaben, vorzugsweise aus senatorischen Familien (auch die kaiserlichen Prinzen nahmen teil), führten, in Abteilungen von jüngeren (etwa bis zu elf) und älteren (etwa bis zu siebzehn Jahren) geordnet, in glänzendem Waffenschmuck Reiterübungen aus. Auch Tierhetzen und Fechterspiele, deren Schauplatz in der Regel die Arena des Amphitheaters war, fanden zuweilen, besonders wenn sie in sehr großem Maßstabe veranstaltet wurden, im Zirkus statt, wo sie vor der Vollendung des Kolosseums wohl immer gegeben worden waren: wie z. B. die sehr große Tierhetze, bei der die Geschichte des Androclus und seines Löwen sich ereignete.

Von den hier genannten Vorführungen, so prächtig und durch die Personen der Auftretenden ausgezeichnet sie zum Teil waren, gewann jedoch, wie gesagt, keine eine Bedeutung und Wichtigkeit, die auch nur entfernt der der Wagenrennen zu vergleichen wäre. Das Interesse für dieses Schauspiel, das in einer so beispiellosen Weise die Neigungen und Leidenschaften der Massen absorbierte, beruhte zunächst nicht, wie bei den heiligen Spielen der Griechen, auf der Teilnahme für die Personen der Wettfahrenden, noch, wie bei modernen Wettrennen, auf dem Interesse an den rennenden Pferden, sondern ganz vorzugsweise auf der Parteinahme für die sogenannten Faktionen, welchen Pferde und Lenker angehörten. Doch mußte mit der Steigerung und Ausbreitung der Leidenschaft für die Rennbahn auch für die letzteren das Interesse zunehmen und, wenngleich ursprünglich nur ein mittelbares, bald ein intensives werden.

In alter Zeit hatten die Bürger sich mit ihren Gespannen und Sklaven am Wagenrennen beteiligt, und der hier erworbene Kranz hatte für so ehrenvoll gegolten, daß er ebenso wie der dem siegreichen Kämpfer zuerkannte dem Besitzer des siegreichen Gespanns auf die Bahre gelegt wurde. Doch an der Preisgebung der eigenen Person zur Belustigung des Volks haftete ein Makel, wenngleich der Wagenlenker niemals wie der Bühnenspieler und der Fechter für ehrlos galt; und so war das schwierige und gefahrvolle Gewerbe geringen Leuten, Freigelassenen und Sklaven zugefallen, von denen die letzteren zuweilen für ihre Siege die Freiheit erhielten; die gewöhnlichen Belohnungen bestanden teils in Palmen und Kränzen, teils in Geldpreisen und später in wertvollen und prächtigen Kleidern. Vielleicht noch mehr als die Freigebigkeit der Festgeber war es die Konkurrenz der Parteien, deren jede die bewährtesten Leute für sich zu gewinnen suchte, wodurch diese nicht selten zu bedeutendem Vermögen gelangten. Unter den Wagenlenkern, die aus ihren Denkmälern bekannt sind, sind Beispiele wie das des Scirtus, der 13 Jahre bei ein und derselben (der weißen) Partei im Dienste blieb, verhältnismäßig selten. Ein andrer (Diocles) wandte sich der roten ausschließlich erst zu, nachdem er sich bei den drei übrigen versucht hatte; und so ergibt sich aus den Inschriften anderer, daß sie für alle vier Parteien gesiegt haben, wofür ihnen hohe Bezahlungen oder reichliche Anteile an den gewonnenen Preisen zufielen. Der unter Domitian berühmte Wagenlenker Scorpus trug nach Martial als Sieger in einer Stunde fünfzehn Beutel Gold davon, und das Einkommen eines andern (von der roten Partei) schätzte Juvenal dem von hundert Rechtsanwälten gleich. Zuweilen waren sie imstande, sich an der Direktion der Parteien zu beteiligen. Doch stiegen ihre Einkünfte später noch sehr, obwohl sie die der berühmtesten Jockeis der Gegenwart schwerlich erreicht haben. Den Reichtum der Wagenlenker im Orient erwähnt noch Libanius.

Wie gesagt, erregten die Helden der Rennbahn die Teilnahme und Aufmerksamkeit des Publikums auch persönlich in hohem Maße. Zurufe und Siegeswünsche empfingen und begleiteten sie in der Bahn. Zum Teil war dieser Beifall freilich ein erkaufter. Hieronymus spricht ausdrücklich vom Kaufen der Volksgunst nach Art der Wagenlenker. Doch fehlte es den berühmteren unter ihnen niemals an einer großen Zahl aufrichtig ergebener Anhänger und Freunde, die überall, wo sie sich zeigten, ihr Gefolge bildeten. Martial hat Scorpus, „den Ruhm des lärmenden Zirkus, die Wonne Roms und den Gegenstand seines Beifalls", nach seinem frühen Tode im Alter von 27 Jahren in zwei Gedichten besungen. Er fordert die Gottheiten des Sieges, der Gunst, der Ehre, des Ruhms auf, ihn zu betrauern. Die neidische Parze habe ihn für einen Greis gehalten, als sie seine Palmen zählte. Die müßigen Besucher der Porticus des Quirinus hatten sich mit den neuesten Epigrammen des Dichters, wie er selbst gesteht, nicht eher beschäftigt, als bis sie der Gespräche und Wetten über Scorpus und den Renner Incitatus müde waren. Vergoldete Bronzebüsten oder Bildsäulen des ersteren sah man schon im Jahre 89 zahlreich in Rom, und ohne Zweifel wurden die Ehrendenkmäler für Siege in der Rennbahn je länger, desto häufiger. Den Fremden, die Rom um die Mitte des 2. Jahrhunderts besuchten, fiel die Menge von Statuen auf, die Zirkuskutscher in ihrem eigentümlichen Kostüm darstellten, und noch heute zeigen zahlreiche Monumente der verschiedensten Gattungen, daß sich alle Künste mit der Verewigung ihres Ruhms und ihrer Siege beschäftigten.

Überdies wurden die Leistungen der „hervorragendsten" Wagenlenker, für welche selbst die Ehre einer Erwähnung in dem öffentlichen Tagesanzeiger der Stadt Rom als nicht zu groß gegolten zu haben scheint, wohl nicht selten (teils von ihnen selbst, teils von ihren Verehrern) in ausführlichen Urkunden auf Steintafeln verzeichnet. Einige derselben haben sich erhalten. Darauf werden die Pferde, mit denen die Siege gewonnen waren, genannt, die erhaltenen Preise klassenweise aufgezählt, die „Auszeichnungen *(insignia)* der Sieger als womöglich noch nie dagewesene gerühmt. Aus diesen Inschriften ergibt sich auch die ganz ungeheure Zunahme der Wagenrennen während des 1. Jahrhunderts. Der Wagenlenker Scirtus von der weißen Partei hatte laut seiner Inschrift in den dreizehn Jahren 13—25 n. Chr. (allerdings in der an Schauspielen ärmsten Periode) alles in allem mit dem Viergespann 7mal gesiegt, und 4mal beim zweiten Lauf *(revocatus)*, 39mal den zweiten, 60mal den dritten Preis davongetragen. Hundert Jahre später gab es unter den Wagenlenkern schon eine Klasse von sogenannten „Tausendern" *(miliarii)*, d. h. solchen, die tausend Siege und darüber erlangt hatten. Der Wagenlenker Crescens von der blauen Partei, ein Maure, der schon im Alter von dreizehn Jahren mit dem Viergespann gefahren war, war in den zehn Jahren von 115—124 im ganzen 686mal gerannt, hatte davon 47mal gesiegt, 130 zweite, 111 dritte Preise davongetragen und im ganzen 1,558.346 Sesterzen (gegen 339.000 Mark) gewonnen, wovon ihm wahrscheinlich ein beträchtlicher Anteil zufiel. In dem unter Antoninus Pius (nach 146) gesetzten Denkmal des spanischen Wagenlenkers C. Apulejus Diocles von der roten Partei werden sogar Flavius Scorpus (ohne Zweifel der von Martial besungene) und Pompejus Musclosus mit den Zahlen von 2048 und 3559 Siegen aufgeführt. Das Monument des Diocles ist von seinen Verehrern und Parteigenossen gesetzt, nachdem er sich im Alter von 42 Jahren von den Wagenrennen zurückgezogen hatte. Er hatte im Alter von 18 Jahren angefangen, mit dem Viergespann zu fahren, war 4257mal gerannt und hatte 1462 Siege davongetragen (davon 1361 für die Roten): im Rennen von je einem Wagen (jeder

Partei, also im ganzen von vier) hatte er 1064mal, im Rennen von je zweien 347mal, von je dreien 51mal gesiegt. Unter den 1064 Rennen von je einem Wagen waren mehrere mit Sechs- und Siebengespannen gewesen, und 92, wo um Geldpreise (von 30.000 bis 60.000 Sesterzen = 6525 bis 13.050 Mark) gerannt wurde. Der Gesamtbetrag seiner Gewinne war 35,863.120 Sesterzen (über 7¾ Mill. Mark). Er hatte 9 Pferde zu „Hundertern" gemacht (d. h. je 100 Siege mit ihnen gewonnen), eins zum „Zweihunderter". Seine „Auszeichnungen" bestanden in Leistungen, in denen er seine berühmtesten Vorgänger übertraf. Er hatte in einem Jahre unter 134 Siegen 118 in Rennen von je einem Wagen (diese wurden am höchsten geschätzt) davongetragen, also mehr als Thallus, der vor ihm die verhältnismäßig größte Zahl von Siegen in solchen Rennen erreicht hatte. Er war der erste, der seit Erbauung der Stadt in Rennen um Preise von 50.000 Sesterzen (= 10.875 Mark) achtmal, und zwar mit denselben drei Pferden gesiegt hatte; überhaupt hatte er 29 solche Preise gewonnen, d. h. einen mehr als seine drei berühmtesten Vorgänger zusammen. Er war an einem Tage zweimal mit Sechsgespannen um den Preis von 40.000 Sesterzen (= 8700 Mark) gerannt und hatte ihn beide Male gewonnen, was noch nie vorgekommen war; hatte mit sieben ohne Joch aneinander gespannten Pferden (etwas ebenfalls noch nie Gesehenes) in einem Preisrennen zu 50.000 Sesterzen (= 10.875 Mark) gesiegt, in einem anderen Rennen zu 30.000 Sesterzen (6525 Mark) ohne Peitsche, und sich durch diese Neuheiten mit doppeltem Ruhm bedeckt usw.

Mit diesen Helden der römischen Rennbahn dürfen die großen Jockeis der Gegenwart auch insofern verglichen werden, als sie für die sportsmännischen Kreise von ganz Europa dieselbe Bedeutung haben wie jene für die Faktionen Roms und als sie selbst enorme Summen gewinnen und für Interessenten und Spekulanten enorme Gewinne und Verluste herbeiführen. Ein Bericht über Fred Archer, „den berühmtesten und gleichzeitig glücklichsten Jockei unserer Zeit", in einer Fachzeitung erinnert in mehr als einer Beziehung an die Inschriften des Diocles und Crescens. Bei der Abfassung desselben war Archer „570mal in den Sattel gestiegen, hatte 199mal gewonnen, davon einmal nach totem Rennen, war 5mal als Sieger über die Bahn gegangen, hatte 126mal als Zweiter, 80mal als Dritter und 165mal unplaciert geendet. Das reine Reitsalair, zu 3 und 5 Lstr. berechnet, würde die stattliche Summe von 2108 Lstr. ausmachen. Man behauptet aber, daß der Jockei sich auf 8000—10.000 Lstr. jährlich stehe bei den bedeutenden Gratifikationen, welche ihm in Form fester Honorare wie einmaliger Geschenke von Pferdebesitzern zufließen. Ein Haufe von Wettenden folgt systematisch seinen Ritten. Im ganzen hat dieser unübertroffene Jockei innerhalb 6 Jahren, in denen er an der Spitze der Profession sich behauptet, 1172 Siege gefeiert und alle die großen Rennen auf dem englischen Turf gelandet. Auf Archer folgt Charles Wood, der 458mal geritten und 89mal gesiegt hat usw. Die sechs ersten Jockeis in Frankreich bringen unter sich knapp so viel Siege auf, wie Fred Archer allein durchs Ziel getragen hat". Als er am 8. November 1886 erst 29jährig starb, belief sich die Zahl seiner Siege schon auf 2749, und er hinterließ ein beträchtliches Vermögen.

Daß das Interesse für die Helden der Rennbahn auch im alten Rom bis in die höchsten Kreise hinaufreichte, war nicht bloß durch die Teilnahme derselben an dem Parteitreiben, sondern auch durch die hier vorzugsweise verbreitete, leidenschaftliche Liebhaberei für die Kunst des Wagenlenkens bedingt, eine Liebhaberei, die mildere Beurteiler wenigstens der Jugend nachzusehen geneigt waren, wenn sie auch an Männern von reifem Alter und hoher Stellung, vollends an Kaisern streng gerügt wurde. Junge Männer aus den edelsten Familien lenkten nicht nur ihre Rosse auf den Landstraßen selbst, sondern legten auch eigenhändig den Hemmschuh an, schütteten Gerste in die Krippen und schwuren gleich Kutschern und Maultiertreibern bei der Pferdegöttin Epona. Neros Vater Cn. Domitius Ahenobarbus war in seiner Jugend „durch die Kunst des Wagenlenkens berühmt" gewesen. Vitellius, den man in seiner Jugend oft in den Ställen der blauen Partei die Pferde striegeln gesehen hatte, gewann die Gunst Caligulas und Neros durch seinen Eifer für die Kunst des Wagenlenkens, in welcher der erstere Dilettant war, der letztere sogar als Virtuose zu glänzen suchte. Zu Caligulas Günstlingen gehörte der Wagenlenker Eutychus von der grünen Partei, dem er nach einem Gelage ein Geschenk von 2 Mill. Sesterzen (435.000 Mark) gab, und für dessen Pferde die Prätorianer Ställe bauen mußten. Auch L. Verus, Commodus, Caracalla, Geta und Elagabal teilten in höherem oder geringerem Grade die Vorliebe für diese Kunst und ihre Virtuosen. Besonders Elagabal wählte unter ihnen seine Günstlinge und erhob die Mutter seines Hauptfavoriten Hierocles aus dem Sklavenstande zu konsularischem Range; einen Wagenlenker Cordius machte er zum Präfekten der Stadtwache.

Daß die Zirkuskutscher, die sich so allgemein als Personen von Bedeutung anerkannt und behandelt sahen, sich durch Unverschämtheit und Frechheit auszeichneten, liegt in der Natur der Sache. Schon im Anfange der Kaiserzeit war die Unsitte eingerissen, daß sie (wahrscheinlich an gewissen Tagen) sich in der Stadt umhertreiben und unter der Maske des Scherzes Betrügereien und Diebstähle verüben durften, was unter Nero verboten ward. Doch natürlich konnten vereinzelte Maßregeln nicht einer Zügellosigkeit Schranken setzen, die, auch abgesehen von den Begünstigungen der Kaiser, bei diesen Menschen schon durch das Bewußtsein ihrer Unentbehrlichkeit hervorgebracht und gesteigert werden mußte.

Die besten Rennpferde wurden aus den Provinzen bezogen, obwohl auch in einigen Landschaften Italiens die Pferdezucht in großem Umfange betrieben ward, namentlich auf den weiten Triften Apuliens und Calabriens. Auf seinen dortigen Besitzungen züchtete Tigellinus mit großem Eifer Zirkuspferde; durch ihn soll Nero in seiner Leidenschaft für die Rennbahn bestärkt worden sein. Am meisten waren die hirpinischen Pferde geschätzt; auch standen die italischen auf den Übungsplätzen nach Plinius' Versicherung überhaupt keinen anderen nach. Ungeheure Gestüte besaß Sicilien, wo mit zunehmender Verödung schon zu Anfang der Kaiserzeit die Kornfelder mehr und mehr sich in Weiden verwandelt hatten; noch als Gregor der Große die sämtlichen, auf den dortigen Gütern der römischen Kirche befindlichen Pferde verkaufen lassen wollte, erschien die Zahl von vierhundert, die zurückbehalten werden sollten, als so gering, daß sie gegen die Gesamtsumme gar nicht in Betracht kam. Auch die sicilischen Renner wurden zu den besten gezählt. In Griechenland, wo ebenfalls infolge der Verödung weite, ehemals bebaute Landstrecken als Weide benutzt wurden, lieferten außer Thessalien namentlich Ätolien, Akarnanien und Epidaurus ausgezeichnete Pferde; auch lakonische werden genannt. Unter denen der übrigen Provinzen kommen auf Verzeichnissen am häufigsten afrikanische vor, von denen maurische und cyrenaische unterschieden werden; namentlich waren die in Afrika aus spanischem Blut gezüchteten wegen ihrer Schnelligkeit berühmt; im 3. und 4. Jahrhundert behaupteten den ersten Rang die kappadocischen und spanischen Renner. In jener Zeit scheute Antiochia, die üppige Hauptstadt Syriens, deren Zirkusspiele vor andern berühmt waren, die mit der ungeheuren Entfernung verbundenen Schwierigkeiten und Kosten nicht, um in seinen Bahnen die edlen Tiere rennen zu sehen, die auf den Wiesen des Tajo und Guadalquivir geweidet hatten.

Mit dem Training der Rennpferde begann man, nachdem sie das dritte Lebensjahr vollendet, ließ sie aber nicht vor dem fünften Jahre laufen, also erheblich später als bei uns, wo die Rennen der Dreijährigen eine große Rolle spielen. Die auf Verzeichnissen und sonst überlieferten Namen von Zirkuspferden sind der ganz überwiegenden Mehrzahl nach männlich. Auch die Dauerhaftigkeit berühmter Rennpferde war erstaunlich. Wenn der Renner Tuscus als Leitpferd des Fortunatus von der grünen Partei 386mal, der Victor des Gutta Calpurnianus 429mal siegte, „so müssen sie nach allen überlieferten Zahlenverhältnissen wenigstens viermal so oft am Viergespann gerannt sein, also etwa 1600- bis 1700mal, im großen Zirkus weit mehr als ebensoviel Meilen. Doch galten (wie bemerkt) schon 100 Siege eines Rennpferds für eine ausgezeichnete Leistung. Ein solches Roß wurde durch den Titel *centenarius* geehrt, wahrscheinlich auch durch besonderen Schmuck". Es ist selbstverständlich, daß die Preise dieser Tiere oft sehr hoch waren, und daß sie mehr kosteten als Sklaven, sowie daß auf die Züchtung große Sorgfalt gewandt, und namentlich siegreiche Renner dafür gesucht wurden. Liebhaber und Kenner waren mit Namen, Abkunft, Stamm, Alter, Dienstzeit und bereits gewonnenen Siegen der berühmtesten Zirkuspferde bekannt, wußten ihre Geschlechtsregister auswendig und hatten manche Anekdote von ihrer Klugheit und Dressur zu erzählen. So geschah z. B. nach Plinius bei den Säkularspielen des Kaisers Claudius, als ein Wagenlenker von den Weißen gleich beim Ausfahren stürzte, daß seine Pferde die Spitze nahmen und sie trotz aller Bemühungen der übrigen Wettfahrer behaupteten, alles von selbst taten, was sie unter der erfahrensten Leitung hätten tun können, den Sieg gewannen und am Ziele stehenblieben. Ein anderer Schriftsteller sagt, bei den Zirkusspielen zeige sich, daß die Pferde im Lauf angetrieben werden durch Flötenblasen, Tänze, bunte Farben und brennende Fackeln. Bei dem Rennen mit Viergespannen, dem gewöhnlichsten von allen, wurde das beste Pferd immer zum linken Außenpferde gemacht, da es auf dessen Schnelligkeit und Dressur bei der Wendung um das Ziel hauptsächlich ankam: von ihm hing die Erlangung des Preises ab, ihm galt daher die Aufmerksamkeit der Zuschauer fast ausschließlich. Die Namen solcher Pferde waren in aller Munde, auch sie wurden in der Bahn mit lauten Zurufen begrüßt, die Menge wußte sehr genau, ob Passerinus oder Tigris rannte; und Martial war trotz aller Anerkennung, die seinen Gedichten geworden war, in Rom nicht bekannter als der Gaul Andrämon. Noch existieren Denkmäler, auf denen diese und andere berühmte Renner abgebildet sind. Oft artete die Leidenschaft für edle Pferde zur Manie aus. Caligula soll beabsichtigt haben, den Hengst Incitatus zum Konsul zu ernennen; wenn er rennen sollte, wurde tags zuvor in der Nachbarschaft durch Soldaten die Vermeidung von Geräusch anbefohlen, damit seine Ruhe nicht gestört würde. Epictet erwähnt, daß ein Zuschauer, der sein Lieblingspferd in der Bahn zurückbleiben sah, sich in seinen Mantel hüllte und ohnmächtig wurde; als es wider Erwarten die Spitze gewann, mußte er durch Bespritzen mit Wasser zum Bewußtsein zurückgebracht werden. Nero erteilte ausgezeichneten Rennern, die durch Alter dienstunfähig geworden waren, Gnadengehälter. Ähnliches wird von Verus und Commodus erzählt.

Da die Festgeber nur ausnahmsweise die Zirkusspiele mit eignen Leuten und Pferden bestreiten konnten, übernahmen Gesellschaften von Kapitalisten und Besitzern großer Sklavenfamilien und Gestüte die Lieferung und Ausrüstung. Wie in der Regel vier Wagen um die Wette rannten, so gab es auch vier solche Gesellschaften, die zu jedem Rennen je einen Wagen stellten und, seit Wagen und Lenker Farben als Abzeichen trugen, je eine dieser Farben zu der ihrigen machten; daher sie Faktionen oder Parteien genannt wurden. An ihrer Spitze standen Direktoren *(domini factionum)*, einzelne oder mehrere, gewöhnlich wie alle Inhaber größerer Geschäfte dem Ritterstande angehörig; doch auch Wagenlenker schwangen sich, wie bemerkt, zu solchen Stellungen auf. Mit diesen Gesellschaften mußten die Veranstalter der Spiele sich über die Lieferung von Pferden, Wagen und Leuten einigen; ihre Forderungen wechselten natürlich nach Umständen. Als Nero gleich im Anfange seiner Regierung die Zirkusspiele so sehr erweiterte, daß sie ganze Tage ausfüllten, wollten die Direktoren der Parteien sich gar nicht dazu verstehen, ihr Personal für Spiele von kürzerer Dauer zu vermieten, und behandelten überhaupt die Anerbietungen der Konsuln und Prätoren mit dem höchsten Übermut. Im Jahre 54 ließ der Prätor Aulus Fabricius, der ihre unbilligen Forderungen nicht zugestehen wollte, Wagen mit abgerichteten Hunden statt mit Pferden in der Bahn erscheinen; durch diese Demonstration ließen sich zwar die rote und die weiße Partei zur Nachgiebigkeit bewegen, aber die blaue und die grüne nicht eher, als bis Nero selbst die Preise bestimmt hatte. Von Commodus wird erzählt, daß er die Zirkusspiele in der Absicht sehr vermehrt habe, die Direktoren der Parteien zu bereichern. Wohl nicht selten erhielten die letzteren Unterstützungen und Geschenke, wie Gordian der Erste noch als Privatmann hundert kappadocische und hundert sicilische Pferde unter sie verteilte (zu deren Annahme eine kaiserliche Erlaubnis erforderlich war), und Symmachus ihnen bei Gelegenheit der quästorischen Spiele seines Sohns je fünf Sklaven schenkte. Nur einmal (im Jahre 12 n. Chr.) wird erwähnt, daß die Vorsteher der Parteien auf eigne Kosten Schauspiele veranstalteten, und zwar, wie es scheint, im Verein mit Pantomimen; doch mag es öfter geschehen sein, da Schauspiele, welche die letzteren gaben, später noch einige Male erwähnt werden.

Das sehr zahlreiche Personal der Parteien bestand teils in Sklaven, teils in besoldeten Freien und umfaßte außer den Rennfahrern *(agitatores)* selber nicht bloß die zum Dienst in den Gestüten, Ställen und in der Bahn erforderlichen Leute, sondern auch eine nicht geringe Anzahl von Handwerkern, Künstlern und Beamten verschiedener Art. Wagner, Schuhmacher, Schneider, ferner Ärzte, Lehrer (im Fahren), Boten, Läufer, Kellermeister, Beschließer und Verwalter werden in Verzeichnissen und Urkunden als im Dienste der Parteien stehend aufgeführt und gingen auch aus dem Dienste der einen in den einer andern über. Die sämtlichen Stallungen der vier Parteien lagen in der neunten Region beisammen, vermutlich am Fuße des Kapitols in der Nähe des Flaminischen Zirkus. Sie waren, wenigstens zum Teil, von Kaisern erbaut (namentlich hatte auch Vitellius während seiner kurzen Regierung zu solchen Bauten große Summen verwendet) und wohl mit kaiserlicher Pracht ausgestattet, da Caligula sich sehr viel in den Ställen der Grünen aufzuhalten und dort auch zu speisen pflegte. Das Verhältnis der Parteien zum Fiskus und zur städtischen Verwaltung Roms ist ganz unklar.

Die Farben, deren sich die Parteien als Abzeichen bedienten, waren Weiß, Rot, Grün und Blau. Ursprünglich sollen nur die beiden ersten im Gebrauch gewesen sein, seit wann ist unbekannt; doch fällt die Annahme der Parteifarben kaum vor dem Beginn der Kaiserzeit. Domitian führte dazu noch zwei neue Farben, Gold und Purpur, ein, die vielleicht eine ausschließlich kaiserliche Bedeutung hatten, aber bald wieder eingegangen zu sein scheinen, wenigstens werden sie später nie mehr erwähnt. Die Grünen und Blauen hatten schon seit Anfang der Kaiserzeit die beiden älteren Parteien in den Hintergrund gedrängt; zuletzt verbanden diese sich mit jenen (und zwar die weiße mit der grünen, die rote mit der blauen), ohne daß sie ganz zu existieren aufhörten. Vier Farben gab es in Constantinopel noch im 9. Jahrhundert, ein Schriftsteller des 12. spricht von den Parteien als von einer vergangenen Sache.

Die Parteiung, die sich in der Bevölkerung von Rom und Constantinopel für die Farben der Zirkusfaktionen bildete, ist eine der bedeutsamsten und merkwürdigsten Erscheinungen der Kaiserzeit. Sie spaltete die ungeheure Mehrzahl des Volks von den Beherrschern der Welt bis zum Proletarier und Sklaven in vier und später in zwei Lager. Nichts andres ist so bezeichnend für die Unnatürlichkeit der politischen Zustände wie diese Konzentration des allgemeinen Interesses auf diesen Gegenstand, und nichts zeigt so deutlich die wachsende geistige und sittliche Verwilderung Roms. Den Regierungen war dieses Parteitreiben ohne Zweifel erwünscht; daß die Leidenschaften der Massen in eine Richtung abgelenkt wurden, in der sie scheinbar ohne Gefahr für den Thron austoben konnten, darauf wirkten auch wohl die besten hin, und wir erfahren nicht, daß irgendeine versucht hätte, dem Unwesen zu steuern. Vielmehr nahmen mehrere Kaiser aufs unverhohlenste Partei, wie Vitellius und Caracalla für die Blauen, Caligula, Nero, Domitian, L. Verus, Commodus, Elagabal für die Grünen, die in der früheren Kaiserzeit meist den Vorrang behauptet zu haben scheinen. Die Kaiser begnügten sich aber nicht damit, das Parteitreiben durch ihre Teilnahme zu befördern, sondern unterdrückten und terrorisierten zum Teil auch die wehrlosen Gegenparteien mit der brutalsten Gewalt. Beim Volke waren die Faktionen eines weit verzweigten Anhangs schon deshalb gewiß, weil sie eine systematische Organisation hatten, über bedeutende Summen geboten, eine Menge von Menschen unterhielten und beschäftigten und gewiß keine Mittel sparten, um sich zu vergrößern und zu befestigen. Aber von unendlich größerer Wichtigkeit war die Einrichtung der vier Farben an sich, wie geschaffen für das Bedürfnis der Menge, bei jedem Wettstreit, der vor ihren Augen vorgeht, für und wider Partei zu nehmen. Sie will nur ein Feldgeschrei, nach seinem Inhalt fragt sie nicht. Für Pferde und Wagenlenker konnte eine verhältnismäßig nur geringe Zahl von Sachverständigen und Anhängern sich interessieren, für die Farben jedermann. Pferde und Wagenlenker wechselten, die Farben waren permanent. Während eines halben Jahrtausends pflanzte sich das Feldgeschrei der Farben von Geschlecht zu Geschlecht fort, und zwar in einer mehr und mehr verwildernden Bevölkerung, und wenn schon bei allen Schauspielen Exzesse und Tumulte gewöhnlich waren, so war vorzugsweise der Zirkus der Schauplatz wilder, selbst blutiger Szenen. Mochte Nero oder Marc Aurel die Welt regieren, das Reich ruhig oder von Aufstand und Bürgerkrieg zurrüttet sein, die Barbaren die Grenzen bedrohen oder von den römischen Heeren zurückgetrieben werden: zu Rom war für Hohe und Niedre, Freie und Sklaven, Männer und Frauen die Frage, ob die Blauen oder die Grünen siegen würden, immer von derselben Wichtigkeit und der Gegenstand unzähliger Hoffnungen und Befürchtungen. Als das Christentum die alten Götter entthront hatte, denen zu Ehren die Zirkusspiele gestiftet worden waren, kämpften im Zirkus die Parteien noch immer mit der gleichen Leidenschaft um den Vorrang. Auch die Christen ließen sich durch die Ermahnungen ihrer Prediger nicht von dem Besuche des Schauspiels zurückhalten. Sie wandten ein, daß man die Ergötzlichkeiten, die Gottes Güte gewährt habe, nicht verschmähen dürfe. Ja sie beriefen sich auf die heilige Schrift und führten an, Elias sei auf einem Wagen gen Himmel gefahren, folglich könne die Kunst des Wagenlenkens nicht sündlich sein. Noch Leo der Große, Bischof in Rom 440—461, klagte bitter vor seiner Gemeinde, daß die schändlichen Schauspiele mehr Volk versammelten als die Stätten der heiligen Märtyrer, deren Schutz die Stadt vor dem furchtbarsten Untergange durch die Horden Attilas errettet hatte. Als die Völker der Barbaren die Mauern von Cirta und Karthago bedrohten (439), schreibt der Presbyter Salvianus von Massilia, raste die karthagische Gemeinde in den Rennbahnen. Als Trier dreimal erobert und zerstört war, verlangten einige Edle der Stadt, die ihren Untergang überlebt hatten, von den Kaisern Zirkusspiele, die also auf Schutt und Asche über dem Blut und den Gebeinen der Erschlagenen hätten veranstaltet werden sollen.

Seinen höchsten Grad aber erreichte das Faktionenwesen nicht im Westen, nicht in Rom, sondern in Constantinopel, wo schon um die Mitte des 4. Jahrhunderts die leidenschaftliche Teilnahme der Zuschauer Tumulte veranlaßt zu haben scheint. In der Zeit, über die wir näher unterrichtet sind, bestand dort trotz der Fortdauer der beiden schwächeren Parteien ein eigentlicher Wettstreit nur noch zwischen den Grünen und den Blauen. Hier, wo die Zwietracht wenigstens zuzeiten eine religiöse und politische Färbung annahm, raste sie mit verdoppelter Wut und erfüllte das Reich mit Aufruhr. Für die Partei verschwendete man sein Vermögen, ertrug Martern und Tod und beging Verbrechen; das Parteiinteresse stand höher als Verwandtschaft und Freundschaft, Haus und Vaterland, Religion und Gesetz; auch die Frauen, die damals keine Schauspiele besuchten, wurden von dem Schwindel ergriffen; man konnte es nur eine allgemeine Geisteskrankheit nennen. „Die Pferderennen", sagt Choricius (unter Justinian), „versetzen die Gemüter der Zuschauer mehr in Raserei, als daß sie sie ergötzten, und haben schon viele große Städte zugrunde gerichtet." Der sogenannte Nikaaufruhr, der im Jahre 532 im Zirkus zu Constantinopel entbrannte, hätte Justinian Thron und Leben gekostet, wäre er nicht durch die Geistesgegenwart seiner Gemahlin Theodora und Belisars Treue gerettet worden; dreißigtausend Menschen sollen dabei ums Leben gekommen sein. Daß übrigens die Anhänger der Parteien deren Farben wenigstens im Zirkus trugen, muß man für sehr wahrscheinlich halten; angedeutet wird es nur ein einziges Mal in einem Epigramm Martials, wo es heißt, ein Scharlachmantel passe nicht für einen Anhänger der Grünen oder Blauen; falle er einem solchen bei einer Lotterie durchs Los zu, so könne er ihn leicht abtrünnig machen.

Der Zirkus Roms und seine Parteien werden von den Zeitgenossen zu selten erwähnt, als daß man im Zusammenhange verfolgen könnte, wie aus unscheinbaren Anfängen das Unheil zu so gigantischer Größe erwuchs. Wir müssen uns begnügen, auf den Grad und das Umsichgreifen der Krankheit aus vereinzelten Symptomen zu schließen. Schon unter Tiberius geschah es, daß bei der Bestattung eines Wagenlenkers von der roten Partei, namens Felix, einer von seinen Anhängern sich mit auf den Scheiterhaufen stürzte. Dies berichtet der ältere Plinius aus dem öffentlichen Anzeiger, einer in diesem Falle ganz unverdächtigen Quelle. Man würde glauben, es sei ein Verrückter gewesen; aber Plinius fügt hinzu, die Gegenpartei habe, um den Ruhm des Künstlers zu verkleinern, behauptet, der Selbstmörder sei durch die bei der Verbrennung angewandten Wohlgerüche betäubt gewesen, während sie doch sicherlich den Selbstmord am liebsten auf Rechnung des Wahnsinns geschoben hätte, wenn es mit einigem Schein möglich gewesen wäre. Doch trotz dieses einzelnen Falls kann die Parteibildung damals noch nicht in der umfassenden Weise organisiert gewesen sein wie eine Generation später. Ovid hat den Zirkus zum Schauplatz einer seiner Elegien gewählt: er sieht neben seiner Geliebten dem Rennen zu; zwar spricht er von der verschiedenfarbigen Schar, die aus den Schranken hervorbricht, aber sein und seines Mädchens Interesse ist nur auf die Person eines Wagenlenkers, nicht auf eine Farbe gerichtet. Horaz, welcher das Interesse für Theater und Gladiatoren öfters erwähnt, spricht kaum je vom Zirkus und nie von den Parteien. Erst im Laufe des 1. Jahrhunderts und zum Teil infolge der leidenschaftlichen Beteiligung der Kaiser Caligula, Nero, Vitellius bildete das Faktionenwesen sich aus. Von Caligulas Parteinahme für die Grünen ist bereits die Rede gewesen; wie Cassius Dio erzählt, ließ er Pferde und Wagenlenker der Gegenpartei vergiften. Nero zog sich schon als Schulknabe eine Rüge von seinem Lehrer wegen seines unaufhörlichen Redens von den Zirkusspielen zu; als er einmal trotz des Verbots gegen seine Mitschüler einen grünen, von seinen Pferden geschleiften Wagenlenker bedauerte, schalt der Lehrer, und der hoffnungsvolle Schüler erklärte, er habe von Hektors Schleifung durch Achill gesprochen. Als Kaiser begnügte er sich nicht, die Grünen aufs parteiischste zu begünstigen; er trat auch selbst in dieser Farbe auf, wobei der Zirkus statt mit Sand mit Kupfergrün (Chrysocolla) bestreut wurde; so bei den Schauspielen, die er dem armenischen Könige Tiridates gab. Vitellius, der, wie erwähnt, nicht verschmäht hatte, bei der blauen Partei die Dienste eines Stallknechts zu tun, soll seine Beförderung zum Statthalter des Untern Germanien dem an Galbas Hofe mächtigen T. Vinius verdankt haben, dem er durch die Parteigenossenschaft verbunden war. Auf den Thron gelangt, buhlte er im Zirkus in unwürdigster Weise mit seiner Parteinahme um die Gunst des gemeinen Pöbels; doch ließ er auch einige Leute aus dem Volke, welche die Blauen laut geschmäht hatten, töten, in der Meinung, dies sei aus Verachtung gegen ihn selbst und in Hoffnung auf eine Staatsumwälzung geschehen. Wenn auch ohne direkte Beteiligung von seiten der folgenden Kaiser, hielt die Entwicklung des Faktionenwesens natürlich mit dem Wachstum und der Ausbreitung der Leidenschaft für die Schauspiele überhaupt gleichen Schritt; und diese Leidenschaft, die schon gegen das Ende des 1. Jahrhunderts so ganz die Gemüter beherrschte, daß sie keinen Raum für edle Bildung ließ, war wohl geeignet, tiefer Blickende mit ernstlicher Sorge zu erfüllen. Man hörte die Jugend zu Hause und in den Hörsälen von nichts andrem reden, und selbst die Lehrer glaubten, überall sich zu solchen Gesprächen herbeilassen zu müssen. Auch in den Kreisen gebildeter Männer war die Unterhaltung von den Blauen und Grünen schon wegen ihrer politischen Unverfänglichkeit beliebt. Es war die glänzendste Periode des Kaisertums, in der die Interessen des römischen Volks in dem berühmten *panem et circenses* zusammengefaßt werden konnten. Unter der Regierung Trajans erregte es das Staunen unbefangener Beobachter, wie so viele Tausende im Zirkus sich nicht durch die Schnelligkeit der Pferde noch durch die Kunst der Lenker fesseln ließen, sondern durch ein so oder so gefärbtes Stück Zeug; würde dies mitten im Rennen vertauscht, so würde auch Gunst und Anteil sich wenden, dieselben, die eben Pferde und Lenker von weitem kannten und anriefen, würden sie dann plötzlich verlassen. Und wenn nur der Pöbel an einer elenden Tunika hinge! Aber auch ernste Männer waren unersättlich im Genuß einer solchen Unterhaltung; und der jüngere Plinius, der diese Betrachtungen anstellte, durfte einige Genugtuung empfinden, daß er über solche Interessen erhaben war. Verlören die Grünen im Zirkus, schrieb Juvenal unter Hadrian, so wäre Rom so bestürzt und niedergeschlagen, wie nach der Niederlage bei Cannä. Marc Aurel, der an Hadrians Hofe aufwuchs, glaubte sich seinem Erzieher zu besonderem Danke dafür verpflichtet, daß er ihn davor bewahrt habe, ein Parteigänger der Grünen oder Blauen zu werden. Ohne Zweifel ist dies mit einem Hinblick auf seinen Mitregenten Lucius Verus geschrieben, der nicht nur ein leidenschaftlicher Freund der Zirkusspiele überhaupt war und wegen derselben eine umfassende Korrespondenz mit Provinzialen unterhielt, sondern auch ein leidenschaftlicher Anhänger der Grünen, für die er in der unziemlichsten Weise Partei nahm, weshalb er von den Blauen selbst in Marcus' Gegenwart häufige Schmähungen zu erdulden hatte. Auch den Lehrer beider Kaiser, Fronto, schützte ein Übermaß gelehrter Pedanterie nicht gegen die epidemische Leidenschaft; er stand, wie zu erwarten, auf derselben Seite wie sein kaiserlicher Schüler, und selbst durch ein sehr schmerzhaftes Chiragra ließ er sich vom Besuche des Zirkus nicht zurückhalten. In einer um diese Zeit von einem griechischen Besucher verfaßten Schilderung Roms wird als charakteristisch das Treiben im Zirkus, die Statuen der Wagenlenker, die Gespräche über diese Dinge auf den Straßen und Plätzen und die große Verbreitung einer wahren Hippomanie, die sich vieler anscheinend trefflicher Männer bemächtigt hatte, hervorgehoben; daß die Bedeutung des Faktionenwesens, das hier nicht erwähnt ist, einem fremden Beobachter entgehen konnte, ist allenfalls erklärlich. Doch Galen, der von 162—166 und von 169 ab in Rom war, führt das Interesse für die verschiedenen Farben als Beispiel unvernünftiger Leidenschaft an und erwähnt gelegentlich, daß die Anhänger der Blauen und Grünen den Mist der Rennpferde berochen, um sich von der Verdaulichkeit und Zuträglichkeit ihres Futters zu überzeugen.

Bei der ungemeinen Dürftigkeit der Nachrichten aus dem 3. Jahrhundert geschieht auch des Zirkus und seiner Parteien in dieser Zeit nur selten und beiläufig Erwähnung, ausführlicher fast nur unter Caracalla, der selbst in schamloser Öffentlichkeit in der Bahn seinen Wagen lenkte und, als einst gegen einen Wagenlenker seiner (der blauen) Partei Schmähungen ausgestoßen wurden, durch den der Wache gegebenen Befehl, die Schreier zu töten, den Zirkus mit wilder Verwirrung, Gewalttat und Mord erfüllte. Anderthalb Jahrhunderte später schilderte Ammianus Marcellinus die Sitten Roms in einer Zeit, in der die innere Zerrüttung des Reichs aufs höchste gestiegen war und die Gefahren von Osten und Norden immer näher und furchtbarer drohten: auch er, den die Leidenschaft der Römer für den Zirkus so sehr mit Erstaunen und Verachtung erfüllte, läßt seltsamerweise das Treiben der Parteien unerwähnt. Für die Masse war der Zirkus Tempel, Wohnort, Versammlungsort und Ziel aller Wünsche. Überall sah man Gruppen in eifrigster Unterhaltung über die Wettrennen beisammenstehen, bejahrte Männer pochten auf ihre vieljährige Erfahrung und verschworen sich bei ihren Runzeln und grauen Haaren, das Reich könne nicht bestehen, wenn es nicht so gehen werde, wie sie voraussagten. An den Tagen der Zirkusfeste strömte das Volk schon vor Aufgang der Sonne zur Rennbahn, viele verbrachten in Angst und Spannung auch die Nächte schlaflos. Es war ein wunderbarer Anblick, eine so unzählbare Menge in leidenschaftlicher Aufregung den Verlauf dieser Wettkämpfe verfolgen zu sehen. Aber nicht minder lebhaft war die Teilnahme des hochmütigen Adels, in dessen Kreisen Boten, welche die Ankunft neuer Wagenlenker und Pferde meldeten, empfangen wurden, wie einst die Dioskuren, als sie die Nachricht von dem Siege Roms über die Tarquinier brachten. Und wieder nach anderthalb Jahrhunderten, als das Reich längst von den Wogen der Völkerwanderung in Trümmer geschlagen war und der Gotenkönig Theoderich Rom regierte, tobten im Zirkus immer noch die alten Leidenschaften. Theoderich gewährte den Römern öfters ihre Lieblingsschauspiele und wurde von ihnen dafür mit den Namen des Trajan und Valentinian, deren Regierungen er sich zum Vorbilde wählte, begrüßt. Im Jahre 509 kam es im Zirkus zu einem Gefecht. Zwei Senatoren, Importunus und Theodorus, Anhänger der Blauen, griffen die Faktion der Grünen an, und ein Mensch wurde im Tumult erschlagen. Theoderich nahm die schwächere Partei in Schutz. In einem der von dem gelehrten Geheimsekretär des Königs, Cassiodor, verfaßten, auf den Zirkus bezüglichen Reskripte heißt es, es sei staunenswürdig, wie die Gemüter im Zirkus von einer größeren Aufregung als in allen andern Schauspielen hingerissen würden. Der Grüne gewinnt den Vorsprung, ein Teil des Volks ist niedergeschlagen; der Blaue gewinnt ihn, ein andrer Teil grämt sich; ohne einen Vorteil zu haben, triumphieren sie leidenschaftlich, ohne einen Nachteil zu leiden, fühlen sie den tiefsten Schmerz; man führt die nichtigsten Streitigkeiten mit einem Eifer, als wenn diese Bestrebungen einem gefahrbedrohten Vaterlande gälten. Noch immer vertrieben die Zirkusspiele den sittlichen Ernst, beförderten die eitelsten Kämpfe, vernichteten die Rechtschaffenheit und waren für Hader und Zwietracht eine befruchtende Quelle. Zum Schluß heißt es, mit Recht nehme man an, daß ein Schauspiel, bei dem man sich so weit von der Ehrbarkeit entferne, der Abgötterei geweiht gewesen sei. Der König begünstigte es nur mit Rücksicht auf das Volk, das hier Erholung zu suchen gewohnt sei, und man müsse zuweilen töricht sein, um seine Wünsche zu erfüllen. Übrigens wurde unter Theoderich wohl nicht mehr der ganze Zirkus zu den Wagenrennen benutzt. Eines seiner Reskripte erwähnt, daß der Senator Volusianus einen Turm des Zirkus (sowie einen Platz des Amphitheaters) besaß, der nach seinem Tode seinen Kindern unrechtmäßigerweise entrissen wurde.

So hat also der Kampf der Farben das weströmische Reich überlebt und in Rom erst mit den Zirkusspielen selbst geendet. Denn die letzten Wagenrennen veranstaltete in der bereits sehr verödeten und verarmten Stadt im Jahre 549 der Gotenkönig Totila.

Um eine Vorstellung von der Großartigkeit zu gewinnen, mit welcher die hohen Beamten Roms auch in der früheren Kaiserzeit die von ihnen zu gebenden Zirkusspiele ausrüsteten, dürfen wir uns einer sehr viel späteren Quelle bedienen, der noch erhaltenen Korrespondenz, die Symmachus am Ende des 4. Jahrhunderts über die Vorbereitungen zu den prätorischen Spielen seines Sohns geführt hat. Denn schwerlich standen die Senatoren Roms in den ersten Jahrhunderten ihren Nachkommen im Zeitalter des Theodosius an fürstlichem Reichtum und fürstlicher Prachtliebe nach, und die Zurüstungen der einen und der andern zu ihren Schauspielen haben sich vermutlich kaum anders als durch die verschiedene Beschaffung des erforderlichen Apparats, der Menschen und Pferde, unterschieden. Im Anfange der Kaiserzeit scheinen die Parteien diese Lieferungen übernommen zu haben, während Symmachus, wenigstens so viel seine Briefe ergeben, Wagenlenker und Pferde ohne deren Vermittlung kaufte und mietete. Wenn übrigens Symmachus auch (wie erwähnt) nicht zu den reichsten Senatoren seiner Zeit gehörte und die Schauspiele seines Sohns von andern noch sehr überboten wurden, so machten sie doch offenbar großes Aufsehen und können nur für ungewöhnlich glänzende Spiele einen Maßstab geben.

Quintus Aurelius Symmachus, der in Rom drei Paläste besaß, hatte die höchsten Staatsämter bekleidet und war in jedem Sinne einer der hervorragendsten Männer seiner Zeit. Mit einer Anzahl geistesverwandter Verbündeter strebte er mit der äußersten Anstrengung, die schon verlorene Sache des Heidentums gegen das siegreiche Christentum zu behaupten. Seine und seiner Freunde Bemühungen waren auf eine Neubelebung der klassischen Literatur ebensosehr wie des heidnischen Glaubens gerichtet, mit dem die Schauspiele im innigsten Zusammenhange standen; und wie diese von den Christen als abgöttischer Greuel verabscheut wurden, so sah es Symmachus ohne Zweifel gerade deshalb als heilige Pflicht an, ein für seine gefährdete Religion so wichtiges Institut nach Kräften aufrechtzuerhalten, um so mehr, als er zwei der höchsten Priestertümer bekleidete. Andre Gründe von weltlicher Natur erhöhten seinen Eifer: ein hoher Begriff von dem, was der Würde des römischen Volks gebührte, die Größe seines Hauses und der Wunsch, seinen Standesgenossen nicht nachzustehen. So bot er denn alle Mittel auf, über die sein großer Einfluß, sein immerhin sehr bedeutendes Vermögen und seine weitreichenden Verbindungen ihn verfügen ließen, um auch bei der Prätur seines Sohnes (im Jahre 401) die durch den Glanz seiner früheren Spiele hochgespannten Erwartungen womöglich noch zu übertreffen. Die für die Zirkusspiele erforderlichen Pferde bezog er fast ausschließlich aus Spanien. Einem Manne in seiner Stellung konnte es nicht schwer werden, für seine Beauftragten die Benutzung der kaiserlichen Post zu erwirken. So gingen denn zahlreiche Agenten nach Spanien, wohl versehen mit großen Geldsummen, Verzeichnissen und Briefen an die Besitzer der besten Gestüte und Pferdekenner, die ihnen bei der Wahl behilflich sein sollten, überdies der Unterstützung einflußreicher Personen und der Behörden in Spanien wohl empfohlen. Symmachus glaubte, den Wunsch des Publikums nach Abwechslung berücksichtigen zu müssen; er bittet daher einen Gestütsbesitzer Euphrasius, obwohl dessen eigne Herden, wie er sagt, alle übrigen spanischen an edlem Blut übertreffen, ihm auch aus den Ställen eines Laudacius vier Viergespanne auszusuchen. Überhaupt hatten seine Agenten den Auftrag, die vorzüglichsten Renner aus allen Rassen zu wählen. Die Auswahl, die mit so großer Sorgfalt getroffen werden sollte, zog das ohnehin langwierige Geschäft noch mehr in die Länge, so daß der Winter darüber einbrechen und die Schiffahrt und somit den Transport nach Italien verhindern konnte. Für diesen Fall hatte Symmachus an einen Freund im südlichen Frankreich geschrieben, daß er die gekauften Pferde während der drei bis vier Wintermonate in seinen Ställen beherbergen und füttern, und falls sich gerade auf dem Gebiet von Arles vorzügliche Renner befänden, diese dazukaufen möchte. Aber bei einem so weitläufigen Transport konnte es nicht ausbleiben, daß Krankheiten und andre Unfälle die Zahl der Pferde sehr verminderten; von vier Viergespannen, die ein Sallustius als Geschenk übersandt hatte, waren zwar elf Pferde lebendig angekommen, aber bald darauf auch von diesen ein Teil gefallen. Daher wurden auch Anerbietungen eines Pferdezüchters Helpidius in Italien angenommen, den Symmachus bittet, aus seinen Viergespannen die besten für ihn auszusuchen und mehr auf die Güte als auf die Zahl der Pferde zu sehen, da bei der sicheren Aussicht, eine größere Menge aus Spanien zu erhalten, die Auswahl der aus nächster Nähe zu beziehenden mit um so größerer Sorgfalt getroffen werden könne. Wegen der mangelhaften und unregelmäßigen Verbindung zur See machten auch die Wagenlenker Symmachus große Sorge, obwohl diese nur aus Sicilien verschrieben waren. Sobald ihm sein sicilischer Agent ihre Abreise von dort gemeldet hatte, erteilte er seinem am Golf von Neapel lebenden Schwiegersohn den Auftrag, zuverlässige Leute die Küste entlang bis Salerno zu senden, die sie bei ihrer Landung in Empfang nehmen sollten. Dann sollte ein gemeinschaftlicher Freund sie mit allem Nötigen versehen und ihre Reise nach Rom zu Schiffe fortsetzen lassen. Aber die Zeit verstrich, und von ihrer Ankunft war nichts zu vernehmen, so daß Symmachus für gut fand, einen Beamten zu Nachforschungen längs der Küste zu verlangen. Ob das Schiff zur rechten Zeit angekommen ist, erfahren wir nicht.

Das Herannahen von Festen, zu denen so kolossale Vorbereitungen getroffen wurden, erfüllte ganz Rom mit Spannung und Aufregung. Nun vollends war der Gespräche, Streitigkeiten und Wetten über den Ausgang der zu erwartenden Rennen kein Ende. Wahrsager wurden befragt; Firmicus Maternus gibt dem Astrologen den Rat, den Verlockungen der Schauspiele fernzubleiben, damit man ihn nicht für den Anhänger einer Partei halte. Auch Zauberei wurde vielfach angewandt, um den Lauf der Pferde zu beschleunigen oder zu lähmen. Man legte Bleitafeln in Gräbern nieder, in denen dort hausende Dämonen beschworen wurden, die namhaft gemachten Wagenlenker und Pferde beim Rennen zu hemmen und zu beschädigen; eine Anzahl solcher Tafeln ist u. a. an der Via Appia und zu Karthago gefunden worden. Der Dämon, heißt es einmal, solle den Pferden die Kraft nehmen, so daß sie weder laufen noch gehen, nicht aus den Schranken heraus, nicht in der Bahn vorankommen, nicht um die Zielsäulen biegen können, sondern mit ihren Lenkern stürzen. Diesen solle der Dämon das Gesicht rauben oder lieber sie aus ihren Wagen reißen und auf die Erde werfen, so daß sie geschleift werden, besonders am Ziel, mit Schaden für ihre Leiber, zusammen mit ihren Pferden. Nach einer andern Beschwörung soll ein Wagenlenker „morgen im Zirkus gefesselt sein, wie dieser Hahn gefesselt ist, an Füßen, Händen und Kopf". Ammian erzählt unter anderm von einem Wagenlenker, der im Jahre 364 zum Tode verurteilt wurde, weil er geständig war, seinen Sohn, einen Knaben, einem Zauberer zur Erlernung verbotener Magie in die Lehre gegeben zu haben. Ein andrer wandte sich an den heiligen Hilarion mit der Bitte um Schutz gegen einen Zauberer, der durch Geisterbeschwörungen den Lauf seiner Pferde hemmte. Cassiodor erwähnt, daß der aus dem Orient nach Rom gekommene Wagenlenker Thomas wegen der Häufigkeit seiner Siege im Rennen für einen Zauberer galt. Die Zirkusleute, deren Aberglaube durch die Gefährlichkeit ihres Gewerbes ohne Zweifel gesteigert wurde, machten für sich und ihre Pferde einen sehr reichen Gebrauch von Amuletten. Zu diesen hat man auch einen Teil der im 4. und 5. Jahrhundert gearbeiteten und in ihren Darstellungen vielfach auf das Zirkusleben hinweisenden Schaumünzen mit hohem Rande (Contorniaten) gerechnet, namentlich solche mit dem Kopfe Alexanders des Großen, dem ein sehr verbreiteter Glaube eine besondere Schutzkraft zuschrieb. Die Pferde behängte man zum Schutz gegen Bezauberung mit Glocken.

Kam dann endlich der ersehnte Tag der Zirkusspiele, so waren schon mehrere Stunden vor seinem Anbruch die Straßen mit Schaulustigen gefüllt. Caligula wurde einst mitten in der Nacht durch das Getöse der zum Zirkus strömenden Menge im Schlafe gestört, er ließ sie mit Stockhieben auseinandertreiben, und in dem hierdurch entstehenden Gedränge kamen mehr als zwanzig Männer aus dem Ritterstande, ebensoviel verheiratete Frauen und eine unzählbare Menge aus den niederen Ständen ums Leben. Elagabal soll einmal unter das wie gewöhnlich bereits vor Tagesanbruch zahlreich versammelte Volk eine Menge Schlangen haben werfen lassen, deren Bisse im Finstern doppelten Schrecken erregten und eine allgemeine Flucht zur Folge hatten, wobei viele beschädigt wurden. Unter Claudius und Nero erhielten die Senatoren und Ritter gesonderte Plätze, zu denen sie natürlich bequem gelangen konnten, während die vielen Tausende des dritten Stands die ihren trotz der zahlreichen Eingänge nur unter gewaltigem Gedränge erreichten, da bei der Größe und Schaulust der Bevölkerung der Zirkus, wenigstens in den früheren Jahrhunderten, nie Raum genug hatte. Der Besitz von zwei handfesten mösischen Sklaven, unter deren Schutz man ungefährdet einen guten Platz erlangen konnte, gehörte in Hadrians Zeit zu den Hauptwünschen der Ärmeren. Sitzkissen mit einer groben Binsenfüllung (der sogenannten Zirkuspolsterung) scheinen den Zuschauern zum Kauf angeboten worden zu sein. Da übrigens der Zuschauerraum nicht mit einem Zeltdach überspannt werden konnte, gab es hier keinen Schutz gegen die Sonne als Hüte und Sonnenschirme, und keinen gegen Wind und Regen als große Mäntel. Nichtsdestoweniger wurde auch der Zirkus von Frauen aufs eifrigste besucht, die trotz Gedränge, Hitze und Staub im besten Putz erschienen und deren Gegenwart dem Schauspiel auch für die Männer eine Anziehung mehr verlieh, da sie, wie gesagt, unter ihnen saßen.

Die Zirkusspiele leitete eine gottesdienstliche Feierlichkeit ein. Vom Kapitol kam eine große Prozession mit zahlreichen Götterbildern herunter über das festlich geschmückte Forum; dann rechts zwischen den Läden des Tuskerquartiers über das Velabrum und den Ochsenmarkt gehend, zog sie in das mittlere Haupttor des Zirkus ein und die Bahn entlang um die Zielsäulen herum. Der Magistrat, der die Spiele veranstaltete, führte sie an, wenn es ein Prätor oder Konsul war, auf hohem Wagen stehend, in der Tracht eines triumphierenden Feldherrn, von den Falten der weiten, goldgestickten Purpurtoga umwallt, darunter die mit Palmzweigen gestickte Tunika, das Elfenbeinszepter mit dem Adler in der Hand; einen gewaltigen Kranz aus goldnen Eichenblättern, mit Edelsteinen besetzt, hielt ein öffentlicher Sklave über seinem Haupte. Auf dem Wagen oder den Pferden scheinen, ebenfalls wie beim Triumph, seine Kinder gesessen zu haben. Musik und andre Begleitung ging in langem Zuge voraus, eine Schar von Klienten in weißen Togen umgab den Wagen. Augustus ließ sich bei einer Unpäßlichkeit in einer Sänfte vorantragen, um dieser Ehre nicht verlustig zu gehen. Unter dem Schalle der Flöten und Tuben zog die Prozession einher; die Bilder der Götter wurden auf Bahren und Thronen getragen, ihre Attribute *(exuviae)* auf schön verzierten, kostbaren Wagen gefahren, welche Maultiere, Pferde oder Elefanten zogen; zahlreiche Priesterschaften und religiöse Korporationen begleiteten sie. Das Zeremoniell dieser Prozession war bis ins Einzelnste mit der pedantischen Genauigkeit des römischen Kultus vorgeschrieben, und ein kleiner Vorstoß konnte die ganze Feier ungültig machen, worauf dann die Spiele von neuem angefangen werden mußten. Da nun diejenigen, die aus einer solchen Wiederholung Vorteil zogen, sie nach Belieben durch Fehler gegen das Zeremoniell herbeiführen konnten, verordnete Claudius, daß die Zirkusspiele nur für einen Tag erneuert werden sollten, womit der Mißbrauch so gut wie beseitigt war. Die Versammlung empfing auch diesen Zug sowie den ihn führenden Magistrat mit Aufstehen, Klatschen und Beifallrufen, und wie noch heute in Italien bei Prozessionen von Heiligenbildern viele ihre Schutzpatrone anrufen und ihrem Wohlwollen sich empfehlen, so klatschten damals Landleute der Ceres, Soldaten dem Mars, Liebende der Venus zu und glaubten wohl gar, wie Ovid andeutet, wenn ein Bild auf seinem Wagen wackelte, es mit dem Kopfe nicken zu sehen. Doch auch politische Sympathien und Wünsche wurden, wie bemerkt, gelegentlich laut, und dies konnte um so eher geschehen, als in dem Zuge außer den Götterbildern auch Bilder der Kaiser und Personen aus den kaiserlichen Familien aufgeführt wurden, zunächst die, welchen die damals so freigebig gespendeten göttlichen Ehren zuerkannt waren. Wohl mochten dem ernsten Beobachter der Dinge in der Zeit des Titus oder Trajan große und düstere Bilder aus der Vergangenheit aufsteigen, wenn die Gestalten der schönen Männer und Frauen aus der Familie der Cäsaren an ihm vorüberzogen, wenn er in die genialen Züge des ersten Cäsar, das unergründlich tiefe Gesicht des Augustus, auf die makellose Schönheit der Frau blickte, die Augustus beherrschte, den herrlichen Germanicus, die hochherzige Agrippina und alle andern bis auf das rührende Bild des Knaben Britannicus, dessen zarte, hoffnungsreiche Jugend einem so grauenvollen Morde erlegen war. Doch den meisten schien der oft gesehene Zug, der sich in feierlicher Langsamkeit bewegte, gar kein Ende nehmen zu wollen: man verglich ihn mit einer langweiligen Vorrede.

Um die Richtung des Laufs zu bestimmen, waren sowohl zu Anfang als zu Ende des zu durchmessenden Raums je drei Kegelsäulen aufgestellt, und zwischen diesen beiden Zielen durch die ganze Länge der Bahn eine niedrige Mauer (oder Mauern, die Wasserbecken umgaben) gezogen, auf der die beiden oben erwähnten Obelisken und außerdem Säulen, Götterbilder und kleine Heiligtümer standen. Der große Zirkus hatte ursprüglich zu beiden Seiten des mittleren Haupttors je vier, im ganzen also acht Tore, deren Zahl vielleicht in Domitians Zeit auf zwölf vermehrt wurde, wie die Zahl der Parteien von vier auf sechs. Nach der Wiederherstellung der Vierzahl der Parteien waren also Rennen mit drei Wagen jeder Partei möglich, doch kamen sie selten vor; viel häufiger waren die Rennen von je zwei, doch bei weitem die gewöhnlichsten die von je einem Wagen. Der oben erwähnte Diocles hatte in Rennen der ersten Art 51mal, der zweiten 347mal, der dritten 1064mal gesiegt. Die in der Regel rennenden vier Wagen liefen aus den vier dem Haupttor auf der rechten Seite zunächst gelegenen Toren aus. Um den Unterschied der Bahnen auszugleichen, welche die Wagen zurückzulegen hatten, bildete die die Tore enthaltende Eingangsseite nicht eine gerade, sondern eine gekrümmte Linie, so daß das der Mitte zunächst befindliche Tor am weitesten zurück, die folgenden mehr nach vorn lagen; überdies wurden die Plätze, wie es scheint, verlost. Die Wagen durchmaßen die Bahn auf der rechten Seite der Mauer vom Eingange bis an die hinteren Zielsäulen, bogen um diese herum und fuhren auf der linken Seite der Mauer bis zur Stelle des Ablaufs zurück. Dieser Doppellauf wurde siebenmal wiederholt; damit die Zuschauer in jedem Augenblick wissen konnten, wie viele von den sieben Umläufern eines Rennens bereits gemacht waren, hatte man auf der Mauer zwischen den Zielsäulen in genügender Höhe sieben Delphine und ebenso viele eiförmige Aufsätze angebracht, und nach jedem Umlauf wurde eines dieser Zeichen heruntergenommen. Sieger war der, welcher bei dem siebenten Rücklauf zuerst über eine nah dem Eingange auf dem Boden der linken Seite mit Kreide gezogene Linie fuhr. Außer den Preisen der Sieger wurden auch zweite und dritte Preise erteilt.

Die Zahl der aus je sieben Umläufen bestehenden Rennen *(missus)* war nicht immer dieselbe. Noch in der ersten Kaiserzeit waren in Rom zehn oder zwölf an einem Tage das Gewöhnliche; im Jahre 37 veranstaltete Caligula bei der Einweihungsfeier eines Tempels für Augustus am ersten Tage zum erstenmal 20, am zweiten 24. Diese Zahl, bei welcher das Schauspiel den ganzen Tag von Morgen bis Abend dauerte, wurde bald gewöhnlich und seit Nero, wie es scheint, stehend, so daß eine geringere nur an untergeordneten Festtagen stattfand. Mehr als 24 Rennen wurden teils bei außerordentlichen Schauspielen veranstaltet, teils wenn zwei Feste auf einen Tag zusammenfielen, wie im 4. Jahrhundert auf den 18. September der Geburtstag Trajans und der Sieg Constantins über Licinius, auf den 8. November die Geburtstage Nervas und Constantius des Zweiten; beide Doppelfeste wurden mit der doppelten Zahl von 48 Rennen gefeiert. An drei andern besonders hochgehaltenen Festtagen fanden je 30 oder 36 statt. Doch mag, wenn die Zahl von 24 erheblich überschritten wurde, die Dauer der einzelnen Rennen nach Bedürfnis abgekürzt worden sein.

Die gewöhnlichen Rennen waren solche mit Zwei- und Vier-, seltener mit Dreigespannen. Mit Zweigespannen versuchten sich die Anfänger zuerst. Die Grabschrift eines dem Sklavenstande angehörigen, im Alter von 22 Jahren gestorbenen Wagenlenkers in Tarraco lautet: „In diesem Grabe ruhen die Gebeine eines Anfängers in der Rennbahn, der jedoch der Lenkung der Zügel nicht unkundig war. Schon wagte ich Viergespanne zu besteigen, doch blieb ich noch bei den Zweigespannen". Aber der oben erwähnte Crescens hatte schon als Dreizehnjähriger das Viergespann gelenkt, und die Zügel von Zweigespannen sah man wohl in den Händen von noch viel jüngeren Knaben. Virtuosen der Kunst (die sich überhaupt mit mancherlei ungewöhnlichen Fertigkeiten sehen ließen) fuhren auch mit sechs-, sieben-, acht- und zehnspännigen Wagen um die Wette. Mit einem Zehngespann trat Nero zu Olympia auf, obwohl er in einem seiner Gedichte den König Mithridates (der nach andern sogar mit 16 Pferden gefahren sein soll) deshalb getadelt hatte, und erhielt den Preis, trotzdem die Fahrt sehr unglücklich verlief. Die zweirädrigen Wagen, deren Form aus zahlreichen antiken Darstellungen allbekannt ist, waren sehr leicht und klein. Bei den beliebtesten Rennen, mit Viergespannen, waren die Pferde nebeneinander gespannt, das beste, wie bemerkt, als linkes Außenpferd, die mittleren gingen im Joch und hießen darum *introiugi,* die nur angesträngten Außenpferde *funales.* Auf den genaueren Abbildungen sind die Schwänze der beiden Außenpferde durchweg aufgebunden oder gestutzt, offenbar um Verwicklungen mit andern Gespannen möglichst zu vermeiden. Die Wagenlenker standen auf den Wagen, bekleidet mit einer kurzen, am Oberkörper mit Binden festumschnürten Tunika ohne Ärmel, auf dem Kopfe eine helmartige Kappe, die auch Stirn und Wangen deckte und bei einem Sturz einigen Schutz gewähren konnte, in der Hand die Peitsche, in dem Gürtel ein Messer zum Durchschneiden der Zügel im Falle der Not: eine Vorsicht, die um so nötiger war, als die Zügel am Gürtel befestigt zu sein pflegten. Als Heilmittel bei den gewiß sehr häufigen Verletzungen besonders durch Schleifungen und Überfahrungen, wandten die Wagenlenker äußerlich und in Tränken Ebermist an; auch Nero soll die Asche desselben in Wasser getrunken haben. Die Tuniken (sowie gewiß auch Geschirr und Wagen) waren in den vier Farben gehalten.

Wenn das Schauspiel beginnen sollte, ging durch die aufgeregte Menge ein dumpfes Brausen, gleich dem Getöse des wogenden Meers. Aller Augen hingen an den gewölbten, durch ein Seil gesperrten Toren auf der Eingangsseite, in denen stampfend und schnaubend die zum Rennen bestimmten Gespanne standen. Der Vorsitzende, der sich auf einem über dem Haupteingange angebrachten Balkon befand, gab das Zeichen zum Anfang, indem er ein weißes Tuch in die Bahn warf. Genau so wie Ennius das im Zirkus auf das Zeichen des Konsuls harrende Volk sah und beschrieb, schildert es etwa vierhundert Jahre später ein christlicher Schriftsteller, Tertullian, dem das heidnische Spiel sündhaft und verdammlich und das fallende Tuch wie ein Bild des aus der Höhe herabstürzenden Lucifer erschien. Nun fiel das Seil, das die Tore sperrte, durch einen nicht mehr bekannten Mechanismus wurde für gleichzeitiges Aufgehen der Tore gesorgt, die Wagen stürmten in die Bahn, und ein ungeheures Geschrei erfüllte von allen Seiten die Luft. Bald hüllte, obwohl vermutlich in den Pausen immer mit Wasser gesprengt wurde, eine dichte Staubwolke die rennenden Wagen ein, auf denen die Lenker, weit vorgebeugt, ihre Pferde mit Zurufen antrieben. Die Entfernung, die sie bei dem vierzehnmaligen Durchmessen der Bahn zurückzulegen hatten, betrug etwa 28.000 Fuß (etwa 8,3 Kilometer); jedes Rennen mußte in weniger als einer Viertelstunde beendet sein. Zur Gewinnung des Siegs wurden von erfahrenen und geschickten Lenkern die mannigfachsten Künste angewandt. Bald fuhren sie, wenn sie die Spitze genommen hatten, in schrägen Linien, so daß sie den Nachfolgenden die Bahn sperrten; bald beschrieben sie, wenn sie sich in der Mitte der rennenden Wagen befanden, „der freien Bahn vertrauend", weite Kreislinien auf der rechten Seite; bald lenkten sie gerade auf das Ziel los; besonders aber suchten sie die Entscheidung bis zum Schlusse des Rennens hinzuhalten, sparten die Kraft ihres Gespanns zum letzten Lauf und überholten dann leicht die Neulinge, die anfangs voraus geeilt waren und ihre erschöpften Pferde nun umsonst mit der Peitsche antrieben. Jede Wendung des Rennens, jedes neue Moment in seinem Verlaufe war für die Lenker wie für die kundigen Zuschauer von Wichtigkeit und auf die Schätzung des gewonnenen Siegs von Einfluß. Siege von solchen, die sich anfangs unter den letzten befunden hatten, scheinen höher geachtet worden zu sein, als wenn gleich anfangs die Spitze genommen oder die zweite Stelle behauptet worden war. Oft stürzten die Lenker und wurden von den Pferden geschleift; doch die Hauptschwierigkeit und Gefahr lag in der siebenmaligen Wendung um das hintre Ziel. Durch das Bemühen, hier die kürzeste Wendung zu machen, wurden die Wagen oft aneinander und an das Ziel geschleudert, die folgenden stürzten darüber, die Wagenlenker schlugen aufeinander los, und Menschen, Tiere und Trümmer waren in einen wüsten, blutigen Knäuel geballt.

Das größere Schauspiel aber waren, wie ein christlicher Schriftsteller mit Recht gesagt hat, die Zuschauer selbst. Die in bedeutender Weite sich hinziehenden, hoch übereinander aufsteigenden Sitzreihen waren von einem wogenden Menschenmeer überflutet, und diese Tausende erfüllte eine Leidenschaft, die in der Tat an Raserei grenzte. Je mehr das Rennen sich seinem Ende näherte, desto mehr steigerten sich Spannung, Angst, Wut, Jubel und Ausgelassenheit. Mit den Augen unablässig die Wagen verfolgend, klatschten und schrien sie aus allen Kräften, sprangen von den Sitzen auf, bogen sich vor, schwenkten Tücher und Gewänder, trieben die Pferde ihrer Partei mit Zurufen an, streckten die Arme aus, als wenn sie in die Bahn reichen könnten, knirschten mit den Zähnen, drohten mit Mienen und Gebärden, zankten, schimpften, frohlockten und triumphierten. Endlich kam der erste Wagen am Ziel an, und das donnernde Jubelgeschrei der Gewinnenden, in das Flüche und Verwünschungen der Verlierenden sich mischten, hallte weit über das verlassene Rom hin, verkündete denen, die in ihren Wohnungen geblieben waren, das Ende des Wettkampfs und traf noch das Ohr des Reisenden, der die Stadt schon weit hinter sich gelassen hatte. Obgleich das Rennen sehr gewöhnlich mit geringen Pausen (namentlich um die Mittagszeit) vom frühen Morgen bis zum Abend dauerte, harrte das Volk doch trotz Sonnenglut und Regenschauer unablässig aus und ward nicht müde, das über alles geliebte Schauspiel mit derselben leidenschaftlichen Aufmerksamkeit zu verfolgen.

Das einst so prachtvoll geschmückte, von so rauschendem Leben erfüllte Tal zwischen Aventin und Palatin gehört gegenwärtig zu den wüstesten, stillsten und einsamsten Stellen des alten Rom. Auf dem Palatin ragen die weitläufigen Ruinen der Kaiserpaläste, auf dem Aventin stehen einzelne Kirchen und Klöster zwischen Vignen und Gärten zerstreut. Große Schuttmassen von den Trümmern der einst hier prangenden Tempel und Paläste sind auf die Abhänge des Aventin und in das Tal hinabgesunken. Mitten in dieser traurigen Wüstenei liegt eine ärmliche, elende, nicht einmal eingefriedigte Ruhestätte, der Kirchhof der Juden. Die Sohle des Tals durchströmt der Bach la Marrana, auf dessen beiden Ufern ein undurchdringlicher Wald des weit über Manneshöhe wachsenden römischen Schilfrohrs flüstert und rauscht (geschrieben 1864).

3. DAS AMPHITHEATER

Während an den Spielen des Zirkus das Volk durch das Parteiinteresse in so hohem Grade beteiligt war, daß es beinahe mithandelte, und deshalb hier ein verhältnismäßig geringer Aufwand von Mitteln hinreichte, um es in unablässiger Spannung zu erhalten, war es bei den übrigen Schauspielen, wo es müßig zusah, um so schwerer zu beschäftigen und zu befriedigen. Die ungeheuersten Anstrengungen wurden zu diesem Zweck im Amphitheater gemacht, wo neben Schauspielen der aufregendsten Art eine wahre Feenpracht der Ausstattung, eine Aufeinanderfolge stets wechselnder Überraschungen und der ganze Reiz des „Unzähligen, Seltsamen und Ungeheuern" immer von neuem aufgeboten ward, um die Erwartungen und Ansprüche der in so hohem Grade verwöhnten und übermütigen Hauptstadt zu erfüllen und zu übertreffen.

a) *Die Gladiatorenspiele*

Die Gladiatorenkämpfe, die in Campanien, hervorgegangen wohl aus am Grabe gebrachten Menschenopfern, nicht nur bei Leichenfeiern, sondern auch bei üppigen Mahlzeiten zur Ergötzung der Gäste stattfanden und wohl von dort erst nach Etrurien kamen, waren in Latium ursprünglich unbekannt. In Rom wurden sie fast fünfhundert Jahre nach Erbauung der Stadt zum ersten Male gesehen und bis zum Ausgange des 2. Jahrhunderts v. Chr. Geb. nur zur Feier von Begräbnissen, nicht, wie Wettrennen und Bühnenspiele, bei Staatsfesten veranstaltet. Das anfangs seltene Schauspiel ward mit der Zeit häufiger und häufiger, und je öfter es sich wiederholte, desto größer wurde die Pracht der Ausstattung und die Verschwendung von Menschenleben. Im Jahre 490 = 264 hatten bei der Bestattung des D. Junius Brutus Pera dessen Söhne Marcus und Decimus zum ersten Male auf dem Ochsenmarkte Gladiatoren, und zwar drei Paare fechten lassen. Bei den Leichenspielen des M. Ämilius Lepidus (538 = 216) fochten bereits 22 Paare auf dem Forum, bei denen des M. Valerius Lävinus (554 = 200) 25, bei denen des P. Licinius (571 = 183) 60 Paare. Im Jahre 580 = 174 fanden mehrere kleine Gladiatorenspiele statt, vor welchen sich das von T. Flamininus bei der Bestattung seines Vaters gegebene auszeichnete, wo 74 Mann drei Tage lang kämpften. Ein C. Terentius Lucanus, der die Leichenfeier seines Großvaters durch ein dreitägiges Fechterspiel von 30 Paaren beging und ein Bild desselben in dem Dianatempel zu Aricia aufstellen ließ, gehört vielleicht in den Anfang des 7. Jahrhunderts der Stadt. Im Jahre 649 = 105 gaben die beiden Konsuln P. Rutilius Rufus und C. Manlius zum erstenmal Gladiatorenspiele von Amts wegen: eine vermutlich zunächst durch einen militärischen Zweck (systematische Schulung der Soldaten in der Fechtkunst) veranlaßte, vielleicht auch mit dem Antagonismus gegen griechische Kultur zusammenhängende Neuerung. Es erfolgten nun gesetzliche Bestimmungen über die Veranstaltung von Fechterspielen durch Beamte in Rom, dann auch in den Munizipien und Kolonien.

In der letzten Zeit der Republik hatten das Buhlen um die Gunst des Pöbels und die demagogischen Wühlereien die Festgeber zu immer größeren Anstrengungen getrieben. Julius Cäsar hatte zu den Schauspielen, die er als Ädil (689 = 65) geben wollte, so viele Gladiatoren zusammengekauft, daß die Besorgnis seiner Gegner erwachte, und auf ihre Anträge die höchste Zahl, die ein Privatmann sollte besitzen dürfen, durch einen Senatsbeschluß bestimmt ward. Obwohl Cäsar hierdurch genötigt wurde, eine sehr viel geringere Menge von Gladiatoren, als er beabsichtigte, zu geben, ließ er doch nicht weniger als 320 Paare fechten. Augustus verordnete (732 = 22), daß die Prätoren nur zweimal im Jahre Fechterspiele, und zwar von nicht mehr als 120 Mann, geben sollten. Bei Privatschauspielen jedoch scheinen 100 Paare damals (wie auch später) nicht ungewöhnlich gewesen zu sein. Horaz erwähnt in einem etwa ein Jahrzehnt vor jener Verordnung verfaßten Gedichte, daß ein Staberius seinen Erben die Verpflichtung auferlegt hatte, die von ihm hinterlassene Summe auf seinem Grabmonument zu verzeichnen; falls sie es unterließen, sollten sie dem Volk 100 Fechterpaare und ein Gastmahl geben. Persius läßt einen reichen

Mann die Absicht aussprechen, wegen der angeblichen Siege Caligulas in Deutschland zu Ehren der Götter und des Genius des Kaisers 100 Paare auftreten zu lassen. Tiberius' Festsetzung einer höchstens zulässigen Zahl von Fechterpaaren hat die von Augustus getroffene Maßnahme erneuert und vielleicht verschärft. Bei den acht Schauspielen, die Augustus selbst während seiner Regierung gab, haben nach seiner eignen Angabe im ganzen etwa 10.000 Mann gefochten. Aber allein bei den Festen, die Trajan im Jahre 107 nach der Eroberung Daciens in Rom gab, und die vier Monate dauerten, sollen 10.000 Mann gefochten haben. Auch die Schauspiele der Magistrate waren zuweilen verhältnismäßig nicht minder großartig. Im Jahre 69 feierten die Konsuln Cäcina und Valens den Geburtstag des Kaisers Vitellius durch Fechterspiele in allen Stadtbezirken Roms, deren es damals 265 gab, „mit ungeheurem und bis dahin ungewohntem Aufwande".

Mit den Zahlen der Fechter wuchs die ganze Anlage und Ausstattung der Spiele. Schon im 2. Jahrhundert v. Chr. veranschlagte man die Kosten eines glänzenden Gladiatorenspiels (wie bereits erwähnt) auf 30 Talente (über 141.000 Mark); bei dem von Julius Cäsar als Ädil gegebenen war der ganze erforderliche Apparat von Silber, bei einem von Nero gegebenen aus Bernstein oder mit Bernstein ausgelegt. Wie die Ausdehnung des Reichs zunahm und immer neue Länder unterworfen wurden, schleppte man die Menschen aus immer weiterer Ferne nach Rom, um sich in der Arena umzubringen. In der Republik hatte man Samniten, Gallier, Thraker aus angrenzenden Landschaften und von einer nahen Küste fechten gesehen; in der Kaiserzeit sah man die tätowierten Wilden Britanniens, die blonden Deutschen vom Rhein und der Donau, die braunen Mauren aus den Kralen des Atlas, Neger aus dem Innern Afrikas und Nomaden aus den russischen Steppen. In dem Triumphzuge Aurelians im Jahre 274 gingen vor dem Wagen des Kaisers gefangene Goten, Alanen, Roxolanen, Sarmaten, Franken, Sueben, Vandalen, Germanen, mit gebundenen Händen; ferner Palmyrener und ägyptische Rebellen, auch zehn Weiber, die in männlicher Tracht kämpfend unter den Goten gefangen worden waren: ein Teil dieser Gefangenen, wenn nicht alle, mußten bei den auf den Triumph folgenden Schauspielen in der Arena kämpfen. Nach dem Triumphe des Probus über die Germanen und Blemmyer (ein äthiopisches Volk) mußten von den aufgeführten Gefangenen 300 Paare miteinander fechten, unter denen außer den Blemmyern und Germanen sich auch Sarmaten und isaurische Räuber befanden. Zu Ende des 4. Jahrhunderts, wenn nicht früher, fochten auch Sachsen im römischen Amphitheater.

Mit den Fechtern der fremden Länder wurden auch ihre Waffen, Trachten und Kampfarten eingeführt, wie die großen viereckigen Schilde der Samniten, die kleinen runden der Thraker, die Schuppenpanzer der Parther und die Streitwagen der Britannier; und neben diesen nationalen Bewaffnungen und Kampfarten wurde noch durch phantastische neuerfundene für Mannigfaltigkeit der Schauspiele gesorgt. So traten die Gladiatoren in den verschiedensten Rüstungen und Waffen auf, Mann gegen Mann, oder in ganzen Scharen; aber auch förmliche Schlachten wurden geliefert, in denen Tausende fochten und nach welchen der Boden mit Leichen bedeckt war, und historisch berühmte Seeschlachten teils auf größeren Wasserflächen, teils in der überschwemmten Arena des Amphitheaters in voller Wirklichkeit dargestellt.

Doch selbst die Aufregung blutiger Gefechte und die märchenhafte Pracht der Szenerie reichte zuletzt nicht mehr hin, die abgestumpften Nerven des vornehmen und niedern Pöbels zu reizen; das Seltsamste mußte erdacht, das Unsinnigste und Widernatürlichste hervorgesucht werden, um dem kannibalischen Schauspiel neue Würze zu geben. Domitian gab Tierhetzen und Gladiatorenspiele bei Nacht, und die Schwerter blitzten beim Schein von Lampen und Kandelabern. An dem Dezemberfest (im Jahre 88?) ließ er Zwerge und Weiber fechten). Bei den Schauspielen, die Nero dem Partherkönig Tiridates zu Puteoli gab, traten an einem Tage nur Mohren beiderlei Geschlechts und von jedem Alter auf. Frauen haben nicht selten in der Arena gekämpft, im Jahre 63 unter Nero selbst hochgeborene, und noch im Jahre 200 erfolgte ein Verbot gegen deren Auftreten.

So waren im Lauf der Jahrhunderte die Gladiatorenspiele aus kleinen Anfängen ins Ungeheure gewachsen. Die Einrichtungen für die Zuschauer vergrößerten und verschönerten sich in demselben Verhältnis. Auf Holzgerüsten, die auf dem engen Markte eilig aufgeschlagen wurden, drängte sich das Volk noch in der letzten Zeit der Republik, als es in Campanien bereits für dies Schauspiel eigens eingerichtete steinerne Gebäude gab, die den Halbkreis des Theaters zum vollen Kreise ergänzend sich um eine elliptische Arena erhoben: die Amphitheater, wie man sie bereits unter Augustus nannte. Im Jahre 53 ließ C. Scribonius Curio nach dem Berichte des älteren Plinius zwei hölzerne Theater bauen, die mit dem Rücken gegeneinander gestellt wurden und drehbar waren. Am Vormittage fanden in beiden Bühnenspiele statt, dann wurden sie mit der ganzen Zuschauermenge auf Zapfen herumgedreht, die halbkreisförmigen Gerüste schlossen sich zum Kreise, die beiden Bühnen verschwanden, und in dem so gebildeten Amphitheater wurden am Nachmittage desselben Tags Gladiatorenspiele gegeben. Das erste wirkliche Amphitheater in Rom erbaute vielleicht Julius Cäsar im Jahre 46 aus Holz, ein von Statilius Taurus im Jahre 29 v. Chr. erbautes steinernes ging wahrscheinlich im Neronischen Brande unter, und noch Nero ließ, wie vorher Caligula, auf dem Marsfelde im Jahre 57 ein hölzernes aufführen. Erst der Ausgang des ersten Jahrhunderts sah die Vollendung des kolossalen Amphitheaters der Flavier, dessen Ruine als der gewaltigste Rest jener versunkenen Welt in die unsrige hineinragt.

Die Gladiatoren waren verurteilte Verbrecher, Kriegsgefangene, Sklaven und freiwillig angeworbene. Die Verurteilungen zum Schwerte der Gladiatoren *(ad gladium)* und zu den wilden Tieren gehörten zu den geschärften Todesurteilen, die nur gegen Nichtbürger und in der spätern Kaiserzeit gegen Personen niedern Stands gefällt wurden. Unter Marc Aurel ließ der Statthalter der Lugdunensis nach Anfrage bei dem Kaiser die verurteilten Christen, die römische Bürger waren, enthaupten, die übrigen den Tieren vorwerfen. Die Verurteilung zur Gladiatoren schule *(ad ludum)* war kein unbedingtes Todesurteil; zum Kampfe geeignete Verbrecher wurden teils an die kaiserlichen, teils an die privaten Anstalten dieser Art abgegeben, und ihnen, falls sie nicht auf dem Kampfplatze blieben, Schonung des Lebens in Aussicht gestellt. Der Schwere nach kam diese Strafe der Bergwerksstrafe gleich und war wie diese mit dem Verlust der Freiheit verbunden. Doch konnten die Verurteilten sich frei schlagen und nach drei Jahren das Stockrapier (als Zeichen der Befreiung vom Auftreten in der Arena), nach fünf den Hut (das Zeichen der gänzlichen Freilassung) erhalten. Der jüngere Plinius berichtet an Trajan, daß in vielen Städten Bithyniens, besonders in Nicomedia und Nicäa, manche vor längerer Zeit zur Gladiatorenschule oder zu ähnlichen Strafen verurteilte Verbrecher wie städtische Sklaven zu öffentlichen Arbeiten verwandt wurden, ohne daß ihre Begnadigung durch Prokonsuln oder Legaten nachgewiesen werden konnte. Darauf verfügt Trajan, daß die innerhalb der letzten zehn Jahre Verurteilten in die Fechtschule zurückgeliefert, die früher Verurteilten und schon alt Gewordenen wenigstens zu schweren Arbeiten, wie Kloakenreinigen und Straßenbauten, verwandt werden sollen. Nur die schwersten Verbrechen, wie Raub, Mord, Brandstiftung, Tempelschändung, Meuterei im Heere, wurden mit jenen Strafen belegt, doch die gesetzlichen Bestimmungen auch wohl von der kaiserlichen Willkür überschritten, wenn es an Menschen für die Arena fehlte.

Während der Republik war dies von den Provinzialstatthaltern vermutlich oft genug und in größerem Maßstabe geschehen. So behauptet Cicero, daß L. Piso Cäsoninus als Prokonsul von Macedonien dem P. Clodius zu seinen ädilicischen Spielen eine große Anzahl unschuldig Verurteilter schickte, um sie mit den Tieren kämpfen zu lassen. Der jüngere L. Cornelius Balbus zwang als Quästor in Spanien (in den Jahren 44/33 v. Chr.) einen römischen Bürger und Pompejanischen Soldaten Fadius in Gades, zweimal umsonst als Gladiator zu kämpfen, und ließ, als er sich nicht anwerben lassen wollte und das Volk ihn in Schutz nahm, gallische Reiter einhauen und jenen in der Gladiatorenschule lebendig verbrennen. Den wilden Tieren ließ er römische Bürger vorwerfen, darunter einen Mann aus Hispalis wegen seiner Mißgestalt.

Ähnliche Gewalttaten waren wenigstens unter den Regierungen des Caligula und Claudius selbst in Rom nicht unerhört. Der erstere zwang eine große Anzahl von Bürgern, in der Arena zu fechten. Einen Esius Proculus, den Sohn eines Primipilaren, den man wegen seiner Größe und Schönheit Kolosseros nannte, ließ er während des Schauspiels von seinem Platz in die Arena schleppen und nacheinander mit zwei schwer gerüsteten Gladiatoren kämpfen, dann, als er beide besiegt hatte, enthaupten. Claudius, der an Tierkämpfen eine grausame Freude hatte, verurteilte dazu auch solche, die eines größern Betrugs überführt waren, mit Überschreitung der gesetzlichen Strafe; ja, er ließ auch aus geringfügigen Ursachen Menschen den Tieren entgegenstellen, wie Zimmerleute und Maschinisten, welche das Mißglücken eines Dekorationswechsels verschuldet hatten. Die erstaunlich großen Zahlen der in der Arena auftretenden angeblichen Verbrecher würden schon allein Verdacht gegen die strenge Rechtmäßigkeit der Urteile erregen. Bei dem Schiffskampfe, den Claudius im Jahre 52 auf dem Fucinersee veranstaltete, waren die beiden kämpfenden Flotten mit 19.000 Bewaffneten bemannt, die nach Tacitus sämtlich Verurteilte gewesen wären: eine Zahl, die ungeheuer bleibt, wenn man auch annehmen muß, daß sie aus allen Provinzen nach Italien zusammengebracht waren. Daß in Rom stets eine große Anzahl Verurteilter für die Fechterspiele zur Verfügung stand, darf man auch daraus schließen, daß Hadrian, um seine Verachtung der ihm von dem Ibererkönig Pharasmanes gesandten Geschenke zu zeigen, 300 Verbrecher mit vergoldeten Mänteln, wie sie sich unter jenen Geschenken befunden hatten, bekleidet in der Arena auftreten ließ. Daß Verbrecher auf den Wunsch des Volks, das wegen ihrer Tapferkeit oder auch aus andern Gründen für sie bat, begnadigt wurden, ist bereits erwähnt. Bei dem Schauspiel, das Nero in dem von ihm auf dem Marsfelde erbauten Amphitheater gab, ließ er selbst von den Verbrechern keinen töten.

Kriegsgefangene wurden nach glücklichen Feldzügen zu Hunderten in die kaiserlichen Fechtschulen geliefert, und die Schauspiele des Amphitheaters boten die beste Gelegenheit, sich ihrer zu entledigen. So geschah es mit den gefangenen Britanniern bei den Schauspielen zur Feier des britannischen Triumphs unter Claudius im Jahr 44. Nach der Eroberung von Jerusalem schickte Titus einen Teil der über 17 Jahre alten jüdischen Gefangenen in die Bergwerke von Ägypten; die meisten verschenkte er in die Provinzen, wo sie in Fechterspielen oder Tierhetzen sterben sollten, eine große Anzahl ließ er sogleich auf diese Weise zu Cäsarea Philippi und Berytus umbringen. Noch Constantin der Große verfuhr so. Die besiegten Brukterer, „die ihre Treulosigkeit ebenso zum Kriegsdienst wie ihre Wildheit zum Sklavendienst untauglich machte", ermüdeten (vielleicht im Amphitheater von Trier) durch ihre Menge die wilden Tiere, denen sie vorgeworfen wurden; und der Kaiser ward von seinen Lobrednern gepriesen, daß er „die massenhafte Vernichtung der Feinde zur Ergötzung des Volks benutzte; welcher Triumph hätte schöner sein können?"

Unter den Sklavenheeren der Großen fehlten in der letzten Zeit der Republik Gladiatorenbanden wohl gewöhnlich nicht, sie dienten ihren Herren teils als Leibwachen und Bravi, teils wurden sie in eignen Schauspielen verwandt, oder zu fremden verliehen und vermietet. Schon aus einer Posse eines Dichters der Sullanischen Zeit „der Verdungene" *(Auctoratus)*, d. h. Gladiator werden die (wahrscheinlich von einem Gladiator gesprochenen) Worte angeführt: ich gehöre weder dem Memmius, noch dem Cassius, noch dem Munatius Ebria. Cicero erkundigte sich angelegentlich nach der Bande, die sein Freund Atticus im Jahre 56 v. Chr. gekauft hatte, er hörte, daß sie sich ganz herrlich schlügen; hätte Atticus sie vermieten wollen, so würde er nach zwei Schauspielen sein Geld zurückgehabt haben. Mehrere der damaligen Großen hatten eigene Schulen, namentlich zu Capua, in denen sie Hunderte von Gladiatoren ausbilden ließen. Die älteste dort bekannte ist die des C. Aurelius Scaurus, die im Jahre 105 v. Chr. erwähnt wird. Aus der Schule des Cn. Lentulus Batiatus (Vatia?) beschlossen im Jahre 73 v. Chr. 200 Fechter zu entfliehn, aber nur 78 entkamen unter der Führung des Spartacus wirklich. Auch Cäsar hatte seine Gladiatoren in Capua, die er dem Cicero im Jahre 49 empfahl; der Konsul Lentulus rief sie unter der Zusage der Freiheit zu den Waffen und machte sie beritten; doch da diese Maßregel allgemein getadelt wurde, verteilte sie Pompejus, indem er je zwei einzelnen Bürgern zur Bewachung überwies. In Ravenna ließ Cäsar sich unmittelbar vor der Überschreitung des Rubico den Plan einer neu zu erbauenden Fechtschule vorlegen. Im Catilinarischen Kriege wollte man die Gladiatoren aus Rom nach Capua und andern Munizipien überführen und dort internieren. Catilina zählte auf sie „obwohl sie besser gesinnt waren als mancher Patrizier". Der Anhänger Catilinas C. Marcellus, der vor dem von Cicero nach Capua gesandten P. Sestius die Flucht ergriff, hatte sich dort mit der zahlreichsten Fechterbande in den Waffen geübt, um unter diesem Vorwande sich ihr nähern und sie verführen zu können. Im Jahre 65 v. Chr. wurde (wie bemerkt) die höchste Zahl, die ein Einzelner besitzen durfte, durch einen Senatsbeschluß bestimmt, da die Menge der von Cäsar zusammengekauften Gladiatoren die Besorgnis seiner Gegner erregt hatte. Caligula erlaubte, dies Maximum zu überschreiten. Vielleicht wurde unter Domitian zugleich mit der Übernahme der Fürsorge für das Fechterwesen durch die Regierung den Privaten das Halten von Gladiatoren in der Hauptstadt untersagt.

Hier hatte die Sitte, sich öffentlich mit einem solchen Gefolge zu umgeben, ohne Zweifel schon viel früher aufgehört, wenn auch noch Nero sich von einem solchen bei seinen Nachtschwärmereien in den Straßen Roms begleiten ließ. In den Provinzen dagegen, wo sich in bezug auf den Privatbesitz von Fechtern in der Kaiserzeit nichts geändert zu haben scheint, mögen Banden derselben öfters im Dienst ihrer Herren verwendet worden sein; bei dem Aufruhr der drei pannonischen Legionen im Jahre 14 n. Chr. behaupteten die Aufwiegler, daß der sie befehligende Legat Junius Bläsus durch seine Gladiatoren, die er zum Verderben der Truppen im Lager halte, Soldaten, die ihm mißliebig seien, ermorden lasse. Nach wie vor erscheinen Gladiatoren in großer Anzahl unter den Sklaven reicher Häuser. Auch Frauen besaßen solche, wie eine Hecatäa auf der Insel Thasos. In Pompeji kennen wir aus Anzeigen von Fechterspielen mehrere Familien, welche den angesehensten Männern der Stadt gehörten; nur ein dort genannter Besitzer, N. Festius Ampliatus, war vielleicht ein umherziehender Fechtmeister. Auch die Legionen, bei deren Standlagern und Garnisonsorten sich oft Amphitheater befanden, hielten zuweilen ihre eignen Gladiatoren. Diese gingen mit anderm Eigentum durch Kauf, Verkauf und Versteigerung aus einer Hand in die andre. Caligula, der Konsuln und Prätoren zwang, die von seinen Schauspielen übriggebliebenen Fechter zu ungeheuren Preisen zu kaufen, bemerkte bei einer zu diesem Zwecke abgehaltenen Auktion, daß der gewesene Prätor Aponius Saturninus eingeschlafen war. Er machte den Ausrufer darauf aufmerksam, daß derselbe durch sein Kopfnicken mitbiete, und ließ ihm 13 Gladiatoren für 9 Millionen Sesterzen (= 1,96 Millionen Mark) zuschlagen.

Ebenso war im 1. Jahrhundert das Recht der Herren, ihre Sklaven in die Arena zu verkaufen, unbeschränkt; so hatte Vitellius seinen Lieblingssklaven Asiaticus, der ihn durch seine Sprödigkeit und seine Diebereien erzürnte, an einen herumziehenden Fechtmeister verkauft. Erst Hadrian verbot, eine Magd an den Kuppler, einen Sklaven in die Fechtschule ohne Angabe des Grunds zu verkaufen; ein ähnliches Verbot bestand in bezug auf den Verkauf von Sklaven zum Tierkampf, den schon am Anfange der

Kaiserzeit, wie es scheint unter Augustus, ein Petronisches Gesetz von richterlichem Urteilsspruch (in Rom des Stadtpräfekten, in den Provinzen der Statthalter) abhängig gemacht hatte. Jener Sklave Androclus, der (wahrscheinlich unter Claudius) im Zirkus von dem Löwen, mit dem er lange zusammen gelebt hatte, erkannt und beschützt worden sein soll, war seinem Herrn entlaufen, als dieser Prokonsul von Afrika war. Ergriffen und nach Rom zurückgebracht, wurde er auf Veranlassung seines Herrn (vom Stadtpräfekten) zum Tierkampf verurteilt. Inwiefern, abgesehen von dieser Beschränkung des Strafrechts der Eigentümer, die Verwendung und Verwertung der Sklaven als Gladiatoren eingeschränkt war, ist nicht ersichtlich. Die Juristen erörterten im 2. Jahrhundert die Frage, ob bei einem Kontrakt, nach welchem dem Besitzer für das Auftreten eines Fechters, wenn er unverletzt blieb, z. B. zwanzig Denare, wenn er getötet oder verstümmelt wurde, tausend gezahlt werden sollten, Verkauf oder Vermietung anzunehmen sei. Sklaven, welche sich der Strafe für Unterschlagung oder ein andres Vergehen durch Selbstübergabe zu den Schauspielen der Arena zu entziehen suchten, sollten nach einem Erlaß von Antoninus Pius ihren Herren, gleichviel ob vor oder nach erfolgtem Kampf mit den Tieren, zurückgegeben werden. Von Macrinus wird als ein Beweis von Härte angeführt, daß er flüchtige Sklaven im Falle der Ergreifung ohne weiteres zum Gladiatorenkampfe bestimmte.

Die Freilassung entband Sklaven, die als Gladiatoren gedient hatten, von der Pflicht des fernern Auftretens, während andre Freigelassene ihren ehemaligen Herrn zu den frühern Dienstleistungen zum Teil verbunden blieben. Doch dürften auch Freigelassene öfters auf den Wunsch ihrer Patrone in der Arena gefochten haben; sie galten in den Augen des Publikums, unter dem die Zahl ihrer Standesgenossen stets sehr groß war, höher als Sklaven, und in der Tat durfte man von freiwilligen Fechtern mehr erwarten als von gezwungenen. Einer der Gäste Trimalchios rühmt, daß man nächstens ein ausgezeichnetes dreitägiges Gladiatorenspiel sehen werde, und zwar nicht von der Bande eines Fechtmeisters, sondern es würden sehr viele Freigelassene auftreten. Übrigens ist es keine Frage, daß auch Freie zu dem blutigen Handwerke gewaltsam gepreßt wurden, wie jener Fadius von dem Quästor L. Cornelius Balbus zu Gades; und schon im Anfange der Kaiserzeit wurde geklagt, daß die Reichen die Unerfahrenheit junger Männer sich zunutze machten, um sie schändlich zu hintergehen und die schönsten und für den Kriegsdienst am besten geeigneten in die Fechtschule zu sperren.

Daß Freie sich anwerben ließen, muß in der Kaiserzeit immer häufig gewesen sein; schon in der letzten Zeit der Republik war es offenbar nicht selten. In einem aus dieser Periode stammenden Dokument in Sassina nimmt ein dortiger Bürger von der Bestattung auf einem von ihm den Stadtbewohnern geschenkten Begräbnisplatz diejenigen aus, die sich als Gladiatoren verdungen, durch Erhängen sich selbst entleibt oder ein schmutziges Gewerbe getrieben haben. Auch in der Charakterkomödie (Atellane) kam die Anwerbung für die Fechtschule wiederholt vor. Namen wie L. Sempronius, Q. Petillius, L. Fabius begegnen in einem auf einer pompejanischen Wand eingekratzten Gladiatorenverzeichnis, zwei Bruchstücke von Gladiatorenlisten aus Venusia weisen unter 28 Namen nicht weniger als 9 von Freien auf. Wohl mochte es hin und wieder geschehen, daß ein edles Motiv einen Unglücklichen in die Gladiatorenschule trieb, der kein andres Mittel zum Erwerb hatte. Doch wenn dergleichen in den Themen der Rhetorenschule vorkommt (zu denen z. B. die Rede des edlen Jünglings gehörte, der sich anwerben lassen muß, um mit dem Handgelde das Begräbnis seines Vaters zu bestreiten), so ist darauf wenig zu geben; denn hier wurden gerade romanhafte Situationen mit Vorliebe gewählt. Romanhaft klingt auch die Erzählung Lucians von dem Scythen Sisinnes, der, um seinen Freund aus großer Not zu befreien, sich in Amastris für den ausgesetzten Preis von 10.000 Drachmen zum Zweikampf mit einem Gladiator stellt.

Ein großer, wenn nicht der größte Teil derer, welche den furchtbaren Eid der freiwillig eintretenden Fechter schwuren, daß sie sich „mit Ruten hauen, mit Feuer brennen und mit Eisen töten lassen wollten", waren verzweifelte oder verworfene Menschen, für die innerhalb geordneter Zustände kein Raum war. Aber auch die Zahl derer war nicht gering, und es waren dies gewiß nicht die schlechtesten Männer aus dem Volke, die allein die Lust an dem Waffenhandwerk den Fechtmeistern zuführte. Von den Kampflustigen sagt ein Dichter unter Tiberius, daß sie sich zum Tode in der Arena verkaufen und, wenn die Kriege ruhen, sich selbst ihren Feind schaffen. Und Tertullian ruft aus: wie viel Müßige bringt die Waffenlust dazu, sich zum Schwert zu verdingen! Als Severus die Leibgarde der Prätorianer, in der zu dienen bis dahin ein Vorrecht der Italiker gewesen war, aus Legionssoldaten bildete, wandte sich die waffenfähige Mannschaft Italiens in Masse dem Fechterhandwerk zu oder ergab sich dem Räuberleben.

In der Tat mußte die Gladiatur für rohe Tapferkeit eine große Anziehungskraft gehabt haben, denn sie hatte ihre Vorteile, ihren Gewinn und ihren Ruhm. Die Sieger wurden gut belohnt; der Festgeber sandte ihnen Schalen mit Goldstücken in die Arena, deren Zahl sich die Zuschauer laut zuriefen oder durch die emporgehaltenen Finger der linken Hand angaben; auch die (oft wertvollen) Schalen waren selbst ein Teil der Belohnung. Bewährte Fechter konnten hohe Preise fordern; so zahlte Tiberius ausgedienten Gladiatoren für das Auftreten in einem seiner Schauspiele 100.000 Sesterzen (21.750 Mark). Nero beschenkte den Murmillonen Spicullus mit einem Palast und Besitztümern von Feldherren, die Triumphe gefeiert hatten. Auch die prachtvolle Ausstattung der Gladiatoren wird ihre Wirkung getan haben. In Pompeji und anderwärts haben sich Stücke ihrer reich und künstlerisch verzierten Rüstungen erhalten, wie Helme (darunter ein Visierhelm mit schöner erhabener Arbeit), Schienen, Schulterstücke von Retiariern, ein Leibgurt, Schwert, Panzerstück usw. Die Helme waren mit wallenden Büschen von Pfauen- oder Straußenfedern geschmückt. Auf Bildern und Mosaiken erscheinen die Fechter in bunten, goldgestickten Kleidern; auch Halsketten (die vielleicht wie die Palmzweige Preise der Sieger waren) gehörten zu ihrem Schmuck. Pertinax ließ aus dem Nachlasse des Commodus reich vergoldete und mit Edelsteinen besetzte Gladiatorenwaffen, „Herculesschwerter" und Gladiatorenketten verkaufen. Die Helden der Arena waren in Rom nicht weniger populär als die der

Rennbahn; sie waren wie diese nicht bloß im Munde des Volks, auch in höhern Kreisen hatten sie Schüler, Bewunderer und Nachahmer.

Schon in der Zeit der Republik war der Dilletantismus mit Gladiatorenwaffen nichts weniger als unerhört gewesen. Bereits Lucilius erwähnte einen Q. Velocius, der sich trefflich auf die Fechtart der Samniter verstand und jedem Gegner mit dem Rapier hart zusetzte. Daß der Catilinarier C. Marcellus unter dem Vorwande, sich in den Waffen üben zu wollen, mit einer Gladiatorenbande in Capua Verbindungen anknüpfte, ist oben erwähnt worden. Julius Cäsar ließ seine jungen Gladiatoren von römischen Rittern und selbst Senatoren, die gute Fechter waren, einüben; in Suetons Zeit waren noch Briefe vorhanden, in denen er um Übernahme eines solchen Unterrichts bat. Auch mehrere Kaiser bemühten sich, in der Führung der Gladiatorenwaffen Fertigkeit zu erwerben. Caligula focht als Thraker mit scharfen Waffen. Titus war als Jüngling bei den Juvenalia zu Reate in einem Scheinkampfe mit Gladiatorenwaffen gegen Allienus (vielleicht A. Cäcina Allienus, Konsul 69) aufgetreten. Auch Hadrian übte sich mit solchen Waffen; L. Verus tat es in Antiochia, während seine Legaten den Parthischen Krieg führten. Dem Didius Julianus warf man vor, daß er solche Fechtübungen als alter Mann trieb, während es ihm in seiner Jugend nicht nachgesagt worden war. Caracalla und Geta werden die Gesellschaft von Gladiatoren und Zirkuskutschern, die sie als Cäsaren aufsuchten, benutzt haben, um sich in der Kunst der einen wie der andern unterrichten zu lassen.

Am weitesten ließ sich von der Leidenschaft für das Fechtergewerbe Commodus treiben. Er ließ jeden seiner Besuche in der Gladiatorenschule durch den öffentlichen Anzeiger bekanntmachen; nach Cassius Dio bewohnte er darin einen Saal und beabsichtigte am 1. Januar 193 von dort aus in der Rüstung eines Secutors das Konsulat anzutreten, doch wurde er tags zuvor ermordet. Er hatte an den Ehrentiteln der Gladiatoren, die ihm beigelegt wurden, die größte Freude; er soll im ganzen 1000mal (davon 365mal unter der Regierung seines Vaters), natürlich stets siegreich, gefochten haben, unter anderm auch bei den Schauspielen, die Clodius Albinus als Prätor gab, auf dem Forum und im Theater. Nach Cassius Dio focht er öffentlich nur mit stumpfen Waffen (und zwar mit der linken Hand, worauf er besonders stolz war) als Secutor gegen Fechtmeister und Gladiatoren, doch auch bei einem vierzehntägigen Schauspiel, das er kurz vor seinem Tode gab, gegen den Präfekten des Prätoriums Ämilius Lätus und den Kämmerer Ecletus, die bereits seine Ermordung beschlossen hatten. Für jedes Auftreten ließ er sich eine Million Sesterzen (217.500 Mark) aus der Gladiatorenkasse zahlen. Cassius Dio berichtet auch die Akklamationen und Glückwünsche, welche die Senatoren (und darunter er selbst) ihm als Sieger zurufen mußten.

Sogar Frauen gab es, die tapfer den Druck des Visierhelms und der Rüstung aushielten und ächzend die Stöße und Hiebe des Schulfechtens nach der Anweisung des Fechtlehrers gegen einen in die Erde gerammten Pfahl in vorschriftsmäßiger Stellung ausführten. Bei den Frauen aller Stände hatten die Gladiatoren Glück. Unter den zahlreichen, auf Fechter bezüglichen Wandkritzeleien auf den Peristylsäulen eines 1880 ausgegrabenen Hauses in Pompeji sind auch einige, die den Thraker Celadus als „Sehnsucht und Stolz der Frauen und Mädchen“ *(suspirium* und *decus puellarum)*, den Retiarier Crescens als „Herrn“ und „Arzt der Mädchen“ *(puparum)* rühmen. Selbst für die höchsten Damen hatte „das Eisen“ einen unwiderstehlichen Reiz und ließ ihnen die Kämpfer der Arena als Hyacinthe erscheinen. Ohne Zweifel waren Heldengestalten unter diesen nicht selten. Antonius, der Cicero an einen Gladiator erinnerte, wurde von andern mit seinem Ahnherrn Hercules verglichen. Nymphidius Sabinus, unter Nero Präfekt des Prätoriums, galt für den Sohn des Gladiators Martianus, in den sich seine Mutter, eine Freigelassene, wegen seiner Berühmtheit verliebt hatte. Aber auch von der Gemahlin Marc Aurels, Faustina, wurde behauptet, daß sie zu Cajeta Verhältnisse mit Schiffern und Gladiatoren gehabt habe, und daß Commodus die Frucht einer Liebschaft der letztern Art gewesen sei. Die Gladiatoren hörten sich von Dichtern besingen, sie sahen ihre Porträts auf Töpfen und Schüsseln, Lampen, Gläsern und Siegelringen in allen Läden prangen, ihre Taten wurden von müßigen Händen mit Kohlen und Nägeln auf alle Wände gekritzelt. In Rom und in den Provinzen waren Künstler fort und fort beschäftigt, Theater, Grabmonumente, Paläste und Tempel mit Skulpturen, Mosaiken und Gemälden zu schmücken, die ihren Ruhm auf die Nachwelt bringen sollten und wirklich gebracht haben.

Man begreift hiernach vollkommen, nicht bloß daß der Hang zu dem blutigen Gewerbe verbreitet sein, sondern auch, daß er sich zur Leidenschaft steigern konnte. Die Gefahr gab ihm für Verwegene nur einen Reiz mehr, und sie konnten hoffen, aus einer Reihe von Kämpfen frei und wohlhabend hervorzugehen. Wenn auch manche zufrieden sein mußten, sich nach erhaltenem Abschiede als Bellonapriester in den Straßen umherziehend das Leben zu fristen, so beschlossen andre (wie der von Horaz erwähnte Vejanius), nachdem sie ihre Waffen als Weihgabe im Herculestempel aufgehängt hatten, ihr Leben auf einem Landgute. Daß Caligula einige Thraker zu Anführern, namentlich einen durch Körperstärke ausgezeichneten Sabinus zum Tribunen seiner germanischen Leibwache machte, gehörte allerdings zu seinen Extravaganzen; doch konnten Gladiatoren wohl ohne besondere Schwierigkeit zu ehrenvolleren Berufsarten übergehen: behauptete doch das Gerücht sogar von dem Kaiser Macrinus, er sei einmal Gladiator gewesen. So verlor auch die durch das Gesetz über sie verhängte Infamie bis auf einen gewissen Grad ihre Bedeutung; auch die Beteiligung von Personen aus den höhern Ständen trug dazu bei, das Gefühl für das Schimpfliche des Fechterhandwerks abzustumpfen, und die Schranken fielen mehr und mehr, welche diese verachteten und ausgestoßenen Menschen von der übrigen Gesellschaft trennten.

Das Gewerbe der Stierfechter übt gegenwärtig in Spanien eine ähnliche Anziehungskraft wie im Altertum das Gladiatorenhandwerk, und aus ähnlichen Gründen; allerdings ist es nicht mit Infamie behaftet und auch minder gefährlich, doch immerhin gefährlich genug. Man nahm im Jahre 1833 an, daß jährlich zwei bis drei Stierfechter in ganz Spanien im Zirkus getötet wurden; viele mußten sich früh infolge von Wunden zurückziehen, wenige erreichten ein höheres Alter. Mehr als der hohe Lohn lockte zu diesem Gewerbe der Ruhm und die leidenschaftliche Teilnahme des Publikums (das übrigens ebensowenig wie das altrömische nachsichtig war und das geringste Zeichen von Furcht mit Zischen und Pfeifen bestrafte). Ein Menschenalter später erschienen die Stiergefechte einem deutschen Beobachter, Th. von Bernhardi, als „das einzige, was Geist und Sinn des spanischen Volks mit Macht in Anspruch nahm“, während das Interesse für das Theater ein auffallend geringes war. „Kein siegreicher Feldherr“, sagt derselbe, „kein Staatsmann kann je auf eine Popularität hoffen, die der der berühmten Stierkämpfer gleichkäme.“ Ganz Spanien kennt die Namen, unter denen die beliebten Toreros auftreten, und die nicht ihre bürgerlichen sind; ihr Ruhm erstreckt sich weit über das europäische Spanien hinaus, sie treten zuweilen auch jenseits des Weltmeers (z. B. in Peru) auf. Die schwere Verwundung eines berühmten Stierfechters versetzte ganz Madrid in eine Aufregung ohnegleichen, wie sie kein politisches Ereignis hervorrufen könnte; alle vornehmen Damen fuhren wiederholt bei ihm vor, sich persönlich zu erkundigen, öfters hielten im Laufe des Tags lange Reihen von Karossen vor seiner Wohnung, und zu Anfang wurden stündlich, später zweimal täglich Bulletins über sein Befinden ausgegeben. Daß Liebhaber von hoher Geburt die Gefahren und den Ruhm der gewerbsmäßigen Toreros teilten, ist in Spanien wohl niemals selten gewesen (wie es auch in der Zeit des Cervantes geschah); Prosper Mérimée sah zu Sevilla einen Marchese und einen Grafen als Picadore auftreten. Graf Schack kannte einen jungen Prinzipe, der in seinem Garten einen Zirkus erbaut hatte und dort sich mit seinen Bekannten in der Kunst der Tauromachie durch Kämpfe mit jungen Stieren auszubilden suchte, auf deren Hörner Holzkugeln geschraubt waren. Im Winter 1869 fanden in Madrid Stiergefechte fünfjähriger, in derselben Weise ziemlich ungefährlich gemachter Stiere für Dilettanten statt, und zweijährige Stiere wurden in einem geschlossenen kleinen Zirkus von Frauen und Mädchen bekämpft (die zum Teil nichts weniger als jung und schön waren).

Bei der ungeheuren Menge von Fechtern, die jahraus, jahrein in Italien und den Provinzen zu den Schauspielen erfordert wurden, muß der Gladiatorenhandel ein gewinnbringendes Geschäft gewesen sein. Nach dem Senatskonsult von 177/178, das die Spielgeber im ganzen Reich mit Ausnahme Roms erheblich entlasten sollte, enthielten damals die Ankündigungen der Fechterspiele stets die Angabe der Kostensumme, welche die Editoren durch Kontrakte mit den gewöhnlich die Fechter stellenden Unternehmern *(lanistae)* im voraus bestimmten. Nach den so stipulierten Summen zerfielen die Schauspieler in fünf Klassen: die geringsten zu 30, die übrigen von 30 bis 60, 60 bis 100, 100 bis 150, 150 bis 200 Tausend Sesterzen (= 6525, bis 13.050, bis 21.750, bis 32.625, bis 43.500 Mark) und darüber. Das Senatskonsult bestimmte nun Maximalpreise für die in jeder dieser Klassen auftretenden Gladiatoren. Man unterschied gewöhnliche *(gregarii)*, die mit Preisen von 1000 bis 2000 Sesterzen (217,5 bis 435 Mark), und bessere, die, wiederum nach drei oder fünf Qualitätsstufen unterschieden, mit Preisen von 3000 bis höchstens 15.000 Sesterzen (652,5 bis 3262,5 Mark) bezahlt werden sollten. Bei jedem Schauspiel der vier höheren Klassen sollte aber an jedem Tage die Hälfte der Fechter aus *gregarii* bestehen: erklärten die Unternehmer, die erforderliche Zahl nicht stellen zu können, so wurden die statt derselben gestellten besseren Fechter ihnen nur zum Preise der *gregarii* angerechnet. Die Preisnormierungen der Gladiatoren sollten aber nur für die (größeren)

Städte gelten, in denen bisher höhere Preise gezahlt werden mußten; für kleinere Städte sollten Durchschnittspreise maßgebend sein, die sich aus den Rechnungen der Schauspiele während der letzten zehn Jahre ergaben. Waren außer den Preisen der Fechter noch Prämien für die Sieger zwischen Editoren und Unternehmungen bedungen worden, so sollte davon den freiwilligen *(auctorati)* der vierte, den Sklaven der fünfte Teil zufallen. Die sich freiwillig verdingenden (welche dies vor einem Volkstribunen erklären mußten, doch gewiß nur, wenn sie römische Bürger waren) erhielten 2000 Sesterzen (435 Mark); die von der Pflicht des Kampfes entbundenen *(liberati)* sollten bei einem nochmaligen Auftreten nicht über 12.000 Sesterzen (2610 Mark) geschätzt werden. So wenig den vornehmen Besitzern solcher Banden die Vermietung oder der Verkauf ihrer Fechter zur Unehre gereichte, so sehr galt doch die gewerbsmäßige Betreibung derartiger Geschäfte als ehrlos. Martial wunderte sich, daß ein Mensch, der zu jeder Schändlichkeit bereit war, nicht Geld hatte: er war ja doch Angeber, Verleumder, Betrüger und Gladiatorenhändler. Diese Leute, meist selbst Fechtmeister, waren teils ansässig, teils zogen sie umher, und kauften und verkauften Gladiatoren; teils vermieteten sie ihre Banden an Veranstalter von Spielen, teils werden sie auf eigne Rechnung Spiele für Geld gegeben haben, was ebenfalls als ein schmutziger Gewinn galt. Daß solche Banden unter Augustus' Regierung in Rom zahlreich waren, geht daraus hervor, daß sie bei der Teuerung in den Jahren 6—8, wo die Familien der Sklavenhändler und die Fremden ausgewiesen wurden, ausdrücklich mitgenannt werden.

Eine Gladiatorenschule gab es in Rom schon zur Zeit des Horaz. Caligula, der eine bedeutende Zahl von Gladiatoren unterhielt, scheint dort ebenfalls eine solche gehabt zu haben; der ältere Plinius erwähnt, daß in derselben der Thraker Studiosus eine rechte Hand hatte, die länger war als die linke, und daß unter zwanzig Paaren, die sich dort befanden, nur zwei Fechter waren, die bei einem Zucken mit der Waffe nicht mit den Augen blinzten. Die vier seitdem oft erwähnten kaiserlichen Schulen — die große, gallische, dacische und Tierkampfschule *(ludus matutinus)* —, welche das Flavische Amphitheater umgaben, hat Domitian nicht, wie es in der Stadtchronik heißt, neu, sondern wohl nur ausgebaut. Sie umfaßten umfangreiche Baulichkeiten, von denen Rüstkammer, Waffenschmiede und Leichenkammer genannt werden, und hatten ein großes Verwaltungspersonal, namentlich Fechtmeister, Ärzte, Rechnungsführer, Aufseher der verschiedenen Gebäude und Anstalten; an der Spitze der großen und der weniger angesehenen Tierkampfschule standen seit Domitian Prokuratoren aus dem Ritterstande. Zu dieser Stellung wurden teils gewesene Offiziere, namentlich Legionstribunen, teils Verwaltungsbeamte, auch solche, die schon die Oberleitung der fiskalischen Verwaltung einer ganzen Provinz gehabt hatten, befördert; sie war eine Vorstufe für höhere Finanzämter, wie für die Verwaltung der Erbschaftssteuer; selbst die Stellung des Unterprokurators bei einer kaiserlichen Schule war schon eine angesehene.

Auch außerhalb Roms gab es kaiserliche Gladiatorenschulen, von denen vier zu Capua, Präneste, Alexandria (diese bereits unter Augustus bestehend) und Pergamum bekannt sind, die (wie vielleicht noch andre) ihre eigne Verwaltung haben. Im allgemeinen aber war in den Provinzen die Zahl der kaiserlichen Gladiatoren nicht so groß, daß auch nur jede Provinz ihren eignen Prokurator gehabt hätte; die Oberleitung der sämtlichen Familien in Gallien, Spanien, Germanien, Britannien und Rätien lag in der Hand eines einzigen Beamten, ebenso die der Familien in den asiatischen Provinzen einschließlich Cyprus. Diese Beamten bereisten ohne Zweifel von Zeit zu Zeit ihre Bezirke, um die nötigen Anordnungen, namentlich auch in bezug auf die Auswahl der erforderlichen Leute für die Schauspiele Roms zu treffen, und standen überhaupt gewiß mit den Prokuratoren in Rom in steter Korrespondenz. In den einzelnen Provinzen besorgten wahrscheinlich Unterprokuratoren die laufenden Geschäfte. Die Provinzialstatthalter konnten Fechter und Tierkämpfer nur aus ihrer eignen Provinz requirieren; zum Transport derselben aus einer Provinz in die andre bedurfte es nach einem Reskript des Severus und Caracalla kaiserlicher Erlaubnis. Die zum Tierkampf Verurteilten freizugeben, hatten die Statthalter nicht das Recht, sondern sollten, wenn jene durch Stärke und Geschicklichkeit „würdig" waren, dem römischen Volk gezeigt zu werden, beim Kaiser anfragen. Ob und wie lange ein im Jahre 57 von Nero erlassenes Edikt in Kraft geblieben ist, daß die Provinzialstatthalter weder Gladiatorenspiele noch Tierhetzen oder andre Schauspiele geben sollten (da sie häufig so die Gunst der Massen zu gewinnen und Anklagen wegen Bedrückung abzuwenden gesucht hatten), ist unbekannt.

Die Zahl der kaiserlichen Gladiatoren in Rom selbst war zu allen Zeiten sehr beträchtlich. Josephus, der bei der Erzählung der Ereignisse nach Caligulas Ermordung erwähnt, daß die Masse der in das Lager der Prätorianer geströmten Gladiatoren ansehnlich war, meint offenbar nur die kaiserlichen. Nach Neros Tode waren es 2000, durch welche Otho sein Heer verstärkte, und 200 Jahre später unter dem dritten Gordian ebensoviele, welche der Kaiser Philippus sämtlich bei der Feier des tausendjährigen Bestehens der Stadt fechten ließ; in einem Festzuge des Kaisers Gallienus gingen zwölfhundert, in dem Triumphzuge Aurelians angeblich sechzehnhundert. Da nun die in Italien und den Provinzen befindlichen kaiserlichen Fechter in kurzer Zeit in beliebiger Anzahl nach Rom zu ziehen war, so konnten bei außerordentlichen Gelegenheiten ohne Schwierigkeit mehrere Tausende verwendet werden.

Von der Einrichtung der Gladiatorenschulen haben wir eine Vorstellung durch den Grundriß der großen Schule auf einem Fragment des in Marmor gegrabenen Stadtplans von Roms aus der Zeit der Severe; eine viel deutlichere jedoch, seit man entdeckt hat, daß der früher für ein Soldatenquartier oder einen Markt gehaltene Platz in Pompeji die Überreste einer durch einen Umbau aus einer älteren Anlage hergestellten Gladiatorenkaserne enthält, was sich namentlich aus den dort gefundenen, eben nur von Gladiatoren getragenen Visierhelmen ergibt. Ein länglich-viereckiger Platz (56 m lang, 45 m breit) ist von einer Halle umgeben, deren Dach 74 dorische Säulen trugen. Außer einigen nicht mit Sicherheit zu bestimmenden Räumen enthält das Gebäude eine große Küche, ein Gefängnis, endlich in zwei Stockwerken übereinander 71 (wohl von je zwei Mann zu bewohnende) Wohn- und Schlafzellen, die im Durchschnitt 4 m im Quadrat messen, keine Fenster haben und auf die Säulenhalle münden. Wände und Säulen waren mit Inschriften und Bildern, die sich auf Gladiatoren beziehen, bekritzelt; an der Außenmauer befand sich unter anderm die Anzeige eines Fechterspiels; zwei Bilder, die Trophäen von Gladiatorenwaffen vorstellen, sind noch erhalten.

Um Banden im Zaume zu halten, die ganz oder zum Teil aus Verbrechern und Kriegsgefangenen bestanden, aus verzweifelten Menschen, von denen man sich des Äußersten versehen konnte, mußten die wirksamsten Maßregeln getroffen werden. Die Gladiatoren waren völlig entwaffnet, wurden in mehr oder minder strenger Haft gehalten, in kaiserlichen Schulen von Soldaten bewacht. Spartacus und seine Genossen entkamen aus der Schule zu Capua, in der sie gehalten wurden, nach Überwältigung der Wachen, bewaffneten sich mit Schwertern, die sie in Capua raubten, mit Stöcken und Dolchen von Reisenden und selbstgeschmiedeten Waffen. Die gelegentlich berichteten Selbstmorde von Gladiatoren wurden nach Überlistung der Wachen ohne Waffen ausgeführt. Ein im Jahre 64 von den kaiserlichen Gladiatoren zu Präneste versuchter Ausbruch ward durch die dortige Wachmannschaft verhindert. Die Zucht wurde mit der grausamsten Härte betrieben, wie es schon bei der Anwerbung der erwähnte Eid verkündete. Außer den Strafen der Geißelung und des Brennens mit glühendem Eisen wurde besonders Kettenstrafe angewendet. In dem Gefängnis der pompejanischen Fechtschule, in dem man nur sitzen oder liegen konnte, hat man ein zur Fesselung von zehn Gefangenen eingerichtetes Fußeisen und die Gebeine von vier derselben gefunden.

Nur eins unterschied die Behandlung der Gladiatoren von der verurteilter Verbrecher: die aufmerksame Fürsorge für ihr körperliches Wohlbefinden. Die Schulen wurden besonders an Orten angelegt, die sich durch gesunde Luft auszeichneten, wie Capua mit seinem paradiesischen Klima, Präneste mit seiner reinen Gebirgsluft, Alexandria, wo die Seewinde die Sommerhitze milderten. Ihre Kost war eine auf übermäßige Herausbildung der Muskeln berechnete Mast, zu der namentlich Gerstenspeisen verwendet wurden, daher man sie spottweise Gerstenesser *(hordearii)* nannte. Galen sagt, daß die (von ihm ärztlich behandelten) Gladiatoren zu Pergamum Tag für Tag Bohnenbrei mit Gerstengraupen aßen, wodurch sie allerdings nicht straffes und festes, sondern lockeres Fleisch erhielten. Auch das von Juvenal erwähnte „Gemengeessen der Fechtschule", zu dem sich der Schlemmer entschließen muß, der sein Vermögen verpraßt hat, zeigt, daß die Gladiatorenkost im allgemeinen für schlecht galt. Die Speisen wurden ihnen vorschriftsmäßig bereitet und gereicht; so „aßen und tranken sie, was sie in Blut wieder von sich geben sollten". Bewährte Chirurgen heilten ihre Verletzungen; mehrere Rezepte solcher Spezialisten für Gladiatorenwunden hat Scribonius Largus aufbewahrt; Ärzte wachten darüber, daß die ganz genau geregelte Diät streng beobachtet wurde; besondere Sklaven *(uctores)* besorgten die Einreibungen, auf die man im Altertum großen Wert legte.

Behufs gemeinsamer Verehrung von Schutzgottheiten, vielleicht auch zu andern Zwecken wurde den Gladiatoren ebenso wie andern, namentlich kaiserlichen Sklaven gestattet, Vereine zu bilden. So bildete eine Anzahl der Gladiatoren des Commodus nach einer Inschrift aus dem Jahre 177 eine Genossenschaft, die den Silvanus verehrte, ebenso hatten sich dort die Träger der *summa rudis* zu einer Vereinigung zusammengetan. In Dea (Die) bildeten die „Jäger, die in der Arena Dienst tun" (d. h. im Amphitheater bei Tierhetzen auftreten), eine Innung, und ähnliche gab es auch an anderen Orten. Auch die einzelnen Waffengattungen, die unter sich durch strenge Rangabstufung geschieden waren, schienen kameradschaftlich zusammengehalten zu haben. Einem Thraker wurde z. B. ein Grabmal von der „gesamten Mannschaft *(armatura)* der Thraker" errichtet, einem Secutor von seinem Waffenbruder *(coarmio)*, doch bildeten sich natürlich in denselben Schulen auch freundschaftliche Verhältnisse zwischen Fechtern verschiedener Waffen. Das Grabmal eines Retiariers der großen Schule zu Rom wurde von einem Murmillonen derselben Schule errichtet, dessen Tischgenoß *(convictor)* er gewesen war.

Jede Waffengattung hatte, wie sich versteht, ihre eignen Lehrer. Die Neulinge übten sich an einem Strohmann oder Pfahl zuerst mit Stockrapieren; die später zur Übung dienenden Waffen waren schwerer als die zum wirklichen Kampf bestimmten; vielleicht haben die in der Schule zu Pompeji gefundenen, außerordentlich schweren zu den erstern gehört. Die Fechtkunst der Gladiatoren war offenbar eine systematisch ausgebildete, ihre technischen Ausdrücke auch dem Publikum geläufig. Quintilian vergleicht die Erwiderungen der Gerichtsredner auf Gegenreden mit den Fechterkünsten der Gladiatoren, „deren Sekunden Terzen werden, wenn die erste geführt war, um den Gegner zu einem Stoß zu veranlassen, und Quarten, wenn die Finte eine zwiefache war, so daß zweimal pariert und zweimal nachgestoßen werden mußte". Die Kommandos des Schulfechtens *(dictata)*, deren sich die Lehrer bei den Übungen bedienten, wurden den Fechtern auch in der Arena aus dem Publikum zugerufen, und solche Zurufe sollen zuweilen selbst den bestgeschulten Gladiatoren von Nutzen gewesen sein. Der Konsul P. Rutilius (105 v. Chr.) ließ durch Lehrer aus der Fechtschule „die feinere Kunst des Parierens und Stoßens" den Legionssoldaten beibringen. Besonderer Wert wurde, wie es scheint, auf die Fertigkeit im linkshändigen Fechten gelegt, durch welche sich auch Commodus auszeichnete.

Die Schulen hatten eine Art militärischer Organisation. Wohlklingende und schmeichelhafte Namen wurden freigebig erteilt, und auch die Namen berühmter Fechter aus früherer Zeit gern aufs neue angewandt. Glückliche Kämpfe erhoben die Gladiatoren zu den höheren Stellen in ihrer Waffe, mit denen vermutlich eine Befehligung der Gemeinen verbunden war, und machten sie zu Veteranen. In der zur Verehrung des Silvanus vereinten Genossenschaft der Gladiatoren des Commodus bestand z. B. die erste Dekurie aus Veteranen von sechs verschiedenen Waffen, in der zweiten stand ein Veteran an der Spitze, die übrigen waren meistens Tironen. Endlich erhielten sie als Zeichen der Entlassung das Stockrapier *(rudis)*, doch traten auch ausgediente Gladiatoren für gute Belohnung wieder auf oder taten als Lehrer Dienste.

Gewiß war die Zahl derer nicht klein, die ihren Stand mit keinem andern vertauschen mochten. Unter den kaiserlichen Gladiatoren, sagt Epictet, sind manche unwillig, wenn man sie nicht auftreten läßt. Sie beten deshalb zu den Göttern und bestürmen die Prokuratoren, fechten zu dürfen. Unter Tiberius' Regierung, als Spiele selten waren, hörte Seneca einen Murmillonen klagen: „Welch hübsche Jahre gehen da verloren!" Ein Gefühl von Standesehre beseelte sie häufig; sie hielten es für Schande, mit Schwächeren zu fechten. Eine wilde Tapferkeit und die Gewißheit, daß Liebe zum Leben am wenigsten Erbarmen bei den Zuschauern fand, erfüllte sie mit der äußersten Todesverachtung. Sie empfingen die schwersten Wunden ohne Laut, sandten, von Blutverlusten erschöpft, zu ihren Herrn mit der Frage, ob sie aufhören oder sterben sollten; auch die Furchtsamsten wußten zu fallen.

Wo Gladiatoren in Bürgerkriegen verwandt worden sind, was auch in der Kaiserzeit öfters geschehen ist, haben sie auch im offenen Felde vielfach mit Tapferkeit gekämpft, ja, sie haben denen, die sie für die Arena mästeten, aufopfernde Hingebung bewiesen. Als nach der Schlacht bei Actium Fürsten und Völker sich von der verlornen Sache Marc Antons abwandten, blieben die Gladiatoren, die er in Cyzicus für seine vermeintlichen Siegesfeste hatte einüben lassen, ihm treu. Auf eigene Hand brachen sie auf, um zu ihm nach Ägypten vorzudringen, ließen sich durch Vorstellungen und Hindernisse nicht zurückhalten, sandten, da sie sich nicht durchschlagen konnten, Botschaft an Antonius, daß er zu ihnen nach Syrien kommen möchte, und gaben ihn erst auf, als er weder kam noch antwortete. Auch L. Antonius und D. Brutus verstärkten ihre Scharen durch Gladiatoren. Die zweitausend von Otho in sein Heer eingereihten, „eine häßliche Hilfe, die aber im Bürgerkriege auch von strengen Führern angewendet worden war", erwiesen im Gefechte nicht dieselbe Standhaftigkeit wie Soldaten; von den zu Terracina überfallenen Gladiatoren des Vitellius waren es nur wenige, die Widerstand leisteten und nicht ungerächt fielen. Marc Aurel, der in der Not des Markomannenkrieges sogar Sklaven bewaffnete, bildete eine Schar von Gladiatoren, die er die „Gehorsamen" *(obsequentes)* nannte. Auch Didius Julianus ließ bei dem Anmarsche des Severus die Gladiatoren zu Capua bewaffnen.

Unter diesen Banden von verworfnen und herabgewürdigten, rohen und stumpfsinnigen Menschen war das Geschick derer, die bessere Tage gesehen hatten, doppelt trostlos. In jener Schulrede des Jünglings, der sich hat anwerben lassen, um seinen Vater bestatten zu können, wird geschildert, wie ihm, der nun eine Sklavenrüstung trägt, im Augenblicke, wo er einen schimpflichen Tod erwartet, die Bilder einer glücklichen Vergangenheit vor die Seele treten, wie er alles dessen gedenkt, was er nie wiedersehen soll, seines Hauses, seiner Familie, seiner Freunde, und daß er einst in bezug auf Abkunft, Vermögen, Bildung über dem Veranstalter des Schauspiels gestanden. Wehe dem, den in der Gesellschaft von Gemeinheit, Laster und Elend solche Erinnerungen überkamen! Ihm ward das Leben zur unerträglichen Qual, er sehnte und suchte den Tod als einziges Glück. Vergebens war dann die strengste Bewachung, vergebens, daß man ihm alle Mittel zum Selbstmorde entzogen hatte, er führte seinen Vorsatz nur mit um so größerem Heroismus aus. Es liegt in der Natur der Sache, daß solche Fälle nur vereinzelt berichtet werden; sie werden deshalb nicht selten gewesen sein. Welche Greuel, die niemand erfuhr, im Innern jener scheußlichen Höhlen vorgehen konnten, davon gibt jene von L. Balbus an Fadius verübte Untat eine Probe. Seneca berichtet (in der letzten Zeit Neros) zwei heroische Selbstmorde von Tierkämpfern, die damals kürzlich vorgefallen waren. Der eine derselben, der am frühen Morgen auf einem Karren zwischen Wachen sitzend zum Schauplatze gefahren wurde, stellte sich, als wenn er vom Schlaf überwältigt einnickte, ließ endlich den Kopf so tief sinken, daß er ihn zwischen die Radspeichen bringen konnte, und hielt sich in dieser Stellung so lange, bis ihm die Umdrehung des Rads das Genick brach. Auch Verschwörungen, Meutereien und gewaltsame Ausbrüche waren in den Gladiatorenschulen vermutlich häufig, wenngleich ein zweiter Spartacus sich nicht mehr fand. Ein Versuch der Gladiatoren zu Präneste, sich zu befreien, erregte im Jahre 64 zu Rom ernstliche Besorgnisse, wurde aber von dem dort zu ihrer Bewachung aufgestellten Militärposten unterdrückt. Unter der Regierung des Kaisers Probus gelang es 80 Gladiatoren, in Rom selbst auszubrechen; erst nach tapfrer Gegenwehr wurden sie überwältigt. Ein Ereignis, das alle erwähnten an Furchtbarkeit weit übertrifft, erwähnt Symmachus gelegentlich in einem Briefe. Ein Teil jener kühnen Sachsen, die sich damals auf kleinen Booten aus der Nordsee in den Ozean wagten und durch ihre Raubzüge die Küsten Galliens mit Schrecken erfüllten, war in die Hände der Römer gefallen. Eine Anzahl von ihnen sollte in den von Symmachus veranstalteten Spielen auftreten. Am ersten Tage hatten sich 29 von ihnen mit bloßen Händen gegenseitig erwürgt.

Die Fechterspiele wurden durch Anzeigen bekanntgemacht, welche die Festgeber an den Mauern der Häuser und öffentlichen Gebäude, auch an denen der Grabdenkmäler, die sich vor den Toren der Städte zu beiden Seiten der Landstraßen hinzogen, durch eigens dazu bestellte Schreiber mit Farbe anmalen ließen; daher in Grabschriften diese Schreiber zuweilen ersucht werden, das betreffende Grab zu verschonen. Auf zwei Grabmonumenten vor dem Nuceriner Tor von Pompeji standen Anzeigen von amphitheatralischen Spielen in Nola und Nuceria. Von den Anzeigen der in Pompeji selbst abzuhaltenden Spiele haben sich an verschiedenen Orten mehrere erhalten, z. B. „Dreißig Gladiatorenpaare des Quinquennalen Cn. Allejus Nigidius Majus und deren Ersatzmänner (die für die Getöteten eintraten) werden in Pompeji vom 24. bis 26. November kämpfen. Es wird auch eine Tierhetze sein. Hoch Majus der Quinquennal!" „Die Gladiatorenfamilie des Ädilen A. Suettius Cerius wird zu Pompeji am 31. Mai fechten. Es wird eine Tierhetze sein und ein Zeltdach ausgespannt werden." In andern Anzeigen werden überdies Sprengungen mit Wasser gegen Staub und Hitze verheißen. Statt des Datums heißt es einmal: „wenn das Wetter es erlauben wird", ein andres Mal: „ohne irgendwelchen Aufschub". Diese Anzeigen enthielten öfters die Namen der hauptsächlichsten Kämpfer, paarweise geordnet, wie sie gegeneinander fechten sollten, wobei die Festgeber, um die Spannung des Volks rege zu erhalten, auf alle Tage des Fests neue, noch nicht gesehene Paare zu verteilen pflegten; solche Verzeichnisse wurden abgeschrieben, in den Straßen verkauft und nach auswärts versandt.

Am letzten Tage vor dem Schauspiel wurde den Gladiatoren und Tierkämpfern öffentlich eine sogenannte „freie Mahlzeit" *(cena libera)* gegeben, wobei man sie mit köstlichen Speisen und Getränken aufs reichste bewirtete, und Neugierigen der Zutritt gestattet war. Während hierbei die Roheren und Halbvertierten unter diesen Unglücklichen unbekümmert um den nächsten Morgen sich unmäßiger Schwelgerei überließen, sah man doch auch manche von den Ihrigen Abschied nehmen, ihre Weiber Freunden empfehlen, ihren Sklaven die Freiheit schenken, und Christen, die für ihren Glauben in der Arena bluten sollten, ein letztes Liebesmahl feiern.

Das Schauspiel begann mit einem Paradezug der Gladiatoren im Festschmuck durch die Arena; vielleicht war dabei der einmal von Sueton erwähnte Zuruf an den Kaiser: „Heil dir, Imperator, die zum Tode gehen, grüßen dich" gewöhnlich. Die neuangeworbenen Gladiatoren mußten, wie es scheint, beim ersten Auftreten eine Art Spießrutenlaufen durchmachen, das auch sonst im Amphitheater öfters vorkam und namentlich unter den Martyrien der Christen erwähnt wird. Dem Festgeber wurden die Waffen zur Prüfung vorgelegt. Eine Gattung der schärfsten Gladiatorenschwerter führte den Namen von Tiberius' Sohne Drusus, der bei dieser Prüfung in angeborener Grausamkeit besonders unnachsichtig verfuhr. Auch Domitian scheint Bestimmungen zur Verschärfung der Gladiatorenkämpfe getroffen zu haben. Martial rühmt (im Jahre 93), daß jetzt die alten Gewohnheiten der römischen Arena erneuert werden und die Tapferkeit mit einfacherer Fechtweise kämpfe. Dagegen ließ Marc Aurel bei den von ihm selbst gebotenen Gladiatorenkämpfen nur mit abgestumpften Waffen fechten.

Zuerst fand ein Scheinkampf statt, wobei namentlich auch Lanzen geschleudert und, zuweilen wenigstens, wie es scheint, nach dem Takte der Musik gefochten wurde. Zu dem Kampfe mit scharfen Waffen gab der düstere Schall der Tuben das Zeichen, und unter dem Schmettern der Trompeten und Hörner, den schrillen Tönen der Pfeifen und Flöten begann er. Die mannigfaltigsten Szenen lösten hier in fortwährendem Wechsel einander ab. Einzeln und in Scharen traten die Retiarier auf, halbnackte bewegliche Gestalten, fast ohne Rüstung, mit Netz, Dreizack und Dolch bewaffnet. Bald von den mit Visierhelm, Schild und Schwert bewaffneten Secutoren verfolgt, bald die Murmillonen umschwärmend, die sie in halb kauernder Stellung erwarteten, suchten sie ihren Gegnern das Netz überzuwerfen, um ihnen dann mit dem Dreizack oder Dolch den Todesstoß zu geben. Die Samniten, von dem großen, viereckigen Schilde von Manneslänge gedeckt, kreuzten ihre kurzen, geraden Schwerter mit den gebognen der schwerer gerüsteten, aber nur mit einem kleinen runden Schilde versehenen Thraker. Die Reiter rannten mit langen Lanzen gegeneinander, die Essedarier fochten auf britannischen Streitwagen, deren Gespanne von einem neben dem Kämpfer stehenden Lenker gezügelt wurden. Noch manche andre Arten von Gladiatoren werden erwähnt, aber zu selten und beiläufig, um uns von ihrer Bewaffnung und Kampfart eine deutliche Anschauung zu geben.

Wurde im Einzelkampfe ein Fechter getroffen, so ertönte aus den Reihen der Zuschauer der Ruf: Er hat's. War der eine von beiden überwunden und noch lebend in der Gewalt seines Gegners, so überließ der Festgeber die (selbstverständlich eigentlich ihm zustehende) Entscheidung, ob er getötet werden sollte, in der Regel den Zuschauern. Die verwundeten, um ihr Leben bittenden Kämpfer legten den Schild nieder und hoben (nach einer auch in Griechenland bestehenden Sitte) einen Finger der linken Hand in die Höhe. Von seiten der Zuschauer war das Zeichen der Gewährung, wie es scheint, das Schwenken von Tüchern; das Wenden des

Daumens nach unten bedeutete den Befehl zur Erteilung des Todesstoßes. Tapfere Fechter wiesen wohl die Einmischung des Volks zurück und deuteten durch Winke an, ihre Wunden seien nicht erheblich; während sie am meisten Teilnahme fanden, erregten Zaghafte gerade die Erbitterung des Volks, das es als eine Art Beleidigung gegen sich empfand, wenn ein Gladiator nicht gern sterben wollte. Mit Peitschen und glühenden Eisen wurden Säumige und Furchtsame in den Kampf getrieben. Aus den Reihen der zur Wut entflammten Zuschauer ertönte es: „Töte, peitsche, brenne! Warum fällt dieser so furchtsam in das Schwert? Warum führt der den Todesstreich so wenig herzhaft? Warum stirbt jener so verdrossen?" Schauspiele zu geben, bei denen die Entlassung *(missio)* der verwundeten Fechter von vornherein ausgeschlossen war, und der Kampf so lange fortgesetzt wurde, bis einer von beiden auf dem Platze blieb, hatte Augustus verboten; die Grausamkeit eines von Neros Vater, Cn. Domitius, gegebenen Gladiatorenspiels rügte er, nachdem eine vertrauliche Warnung vergeblich geblieben war, öffentlich durch ein Edikt. Unter Umständen konnte der Kampf unentschieden bleiben, so daß die Gegner ohne Niederlage des einen oder des andern abtreten konnten. Sehr häufig scheint es gewesen zu sein, daß dem Sieger sogleich ein durchs Los bestimmter Ersatzmann als neuer Gegner gegenübergestellt wurde. In den Pausen des Gefechts wurde der blutgetränkte Boden von Knaben umgeschaufelt, und Mohrensklaven schütteten frischen Sand darauf. Die Sieger schwenkten vor den Zuschauern ihre Palmenzweige. Die Gefallenen nahmen Menschen in der Maske des Unterweltgottes Merkur in Empfang, um mit glühenden Eisen zu prüfen, ob sie nicht etwa den Tod nur heuchelten, andre in der Gestalt des etruskischen Unterweltdämons Charon mit dem Hammer schleppten die Leichen weg, für welche Totenbahren bereitstanden, auf denen sie durch das „Tor der Todesgöttin" hinausgetragen und in die Leichenkammer geschafft wurden. Dort wurden auch die vollends getötet, in denen noch Leben war.

Obwohl sich auch im Amphitheater Parteien unter den Zuschauern bildeten, haben sie doch niemals auch nur annähernd die Bedeutung der Zirkusfaktionen gewonnen, teils weil das Parteiinteresse durch diese schon absorbiert war, teils auch wohl, weil der Anschluß an feste Korporationen und damit die Organisation fehlte. Außer den persönlichen Anhängern berühmter und tapferer Gladiatoren gab es im Amphitheater auch Parteien für die verschiedenen Waffen: wenigstens standen sich „Großschildner" (Anhänger der Murmillonen und Samniten) und „Kleinschildner" (Anhänger der Thraker) feindlich gegenüber. Auch diese Parteien waren durch alle Schichten der Gesellschaft verbreitet, und auch hier beteiligten sich selbst die Kaiser. Caligula und Titus begünstigten den kleinen Schild, Domitian den großen; daher Martial von dem kleinen, der oft besiegt zu werden, selten zu siegen pflege, sowie von dem „Haufen" seiner Anhänger mit Geringschätzung spricht. Einen Zuschauer, der beim Unterliegen eines Thrakers geäußert hatte, er sei wohl seinem Gegner gewachsen gewesen, aber nicht der Willkür des Festgebers, ließ Domitian von seinem Platz in die Arena schleppen und den Hunden vorwerfen mit einem Zettel am Halse, auf dem geschrieben stand: Ein Kleinschildner, der frech *(impie)* geredet hat. Dieser

Vorfall oder andre ähnliche veranlaßten den jüngeren Plinius, zu rühmen, daß unter Trajan die Neigungen der Zuschauer des Amphitheaters wieder frei, ihre Beifallspenden gefahrlos waren. „Niemanden wird, wie früher, Frechheit *(impietas)* vorgeworfen, weil er einen Gladiator haßt, niemand wird aus einem Zuschauer zum Gegenstand des Schauspiels gemacht und hat die jammervolle Lust mit einem Martertode zu büßen. Rasend und der wahren Ehre unkundig war jener, der Stoff zu Anklagen auf Majestätsbeleidigungen in der Arena sammelte und sich verachtet glaubte, wenn wir nicht auch seine Fechter verehrten, der in ihnen seine Göttlichkeit beleidigt fand, indem er sich den Göttern, seine Fechter sich selbst gleichstellte." Marc Aurel gereichte es zur Befriedigung, daß er den beiden Parteien der Groß- und Kleinschildner ebenso fernstand, wie den Blauen und Grünen im Zirkus. Welche Wichtigkeit diesen Parteistellungen beigelegt wurde, zeigt namentlich die Grabschrift eines dem Sklavenstande angehörigen Ölhändlers Crescens, in der derselbe angibt, daß er im Zirkus zu den Blauen, im Amphitheater zu den Kleinschildnern gehört habe.

Große Massenkämpfe, für welche die Arena des Amphitheaters keinen Raum hatte, fanden an verschiednen andern Orten, natürlich nur selten, statt. Julius Cäsar ließ bei seinen Triumphalspielen eine Schlacht im Zirkus aufführen, wo die Zielsäulen weggenommen und zwei Lager aufgeschlagen waren: auf jeder Seite fochten 500 Mann zu Fuß, 300 zu Pferde und 20 Elefanten, die bemannte Türme auf den Rücken trugen. Im Jahre 7 v. Chr. wurde zu Ehren des (im Jahre 12 verstorbenen) Agrippa in den von ihm erbauten Saepta ein Massenkampf ausgeführt. Claudius ließ nach der Besiegung Britanniens im Jahre 44 die Eroberung und Plünderung einer dortigen Stadt und die Übergabe der Häuptlinge auf dem Marsfelde in vollster Wirklichkeit vorstellen, wobei er im Feldherrnmantel präsidierte. Ein kleineres Gefecht zweier gleicher Scharen von Fußtruppen veranstaltete Nero im Jahre 57 im Amphitheater, größere Schlachten von Reitern und Fußgängern Domitian bei seinen Triumphalspielen im Zirkus.

b) Die Tierhetzen.

Die erste bekannte Tierhetze gab in Rom M. Fulvius Nobilior, der Besieger Ätoliens, 568 = 186, etwa 80 Jahre nach Einführung der Gladiatorenspiele. Seitdem wurde dieses Schauspiel, das während der Republik (wie zuweilen auch später) meist im großen Zirkus stattfand, häufig und mit immer größerer Pracht veranstaltet. Die Tiere wurden teils nur gezeigt, teils gehetzt und erlegt, indem man sie abwechselnd miteinander und mit Menschen kämpfen ließ. Auch die Tierkämpfer waren nicht bloß verurteilte Verbrecher und Kriegsgefangene, sondern auch Gemietete und Geworbene; der zugrunde gerichtete Verschwender überlegt bei Seneca, ob er sich als Gladiator oder als Tierkämpfer verdingen soll. Auch dieses Gewerbe, obwohl ebenso ehrlos wie die Gladiatur, hatte seine Anziehungskraft. Sie drängen sich dazu, sagt Tertullian, und dünken sich schöner, wenn sie Narben von Bissen der wilden Tiere tragen; auch Ulpian spricht von solchen, die, um ihre Tapferkeit zu zeigen, diese Kämpfe bestanden haben, ohne Lohn zu empfangen. Es gibt Menschen, schreibt der Bischof Cyprian von Karthago, die sich den wilden Tieren entgegenstellen, ohne daß sie jemand verurteilt hat, im Alter der vollsten Kraft, von schöner Gestalt, in kostbarer Kleidung. Lebend lassen sie sich für das freiwillig erwählte Grab schmücken, und die Elenden rühmen sich noch ihres Unglücks. Sie kämpfen mit den wilden Tieren nicht wegen eines Verbrechens, sondern aus einer Raserei der Leidenschaft. Es gab Truppen *(familiae)* von Tierkämpfern wie von Fechtern, sie werden in besondren Schulen unterrichtet, wie auch unter Ferdinand VII. in Sevilla 1830 mit beträchtlichem Aufwande eine „königliche Schule für Tauromachie" gegründet wurde. Eine der vier von Domitian erbauten kaiserlichen Schulen (oben S. 477) war ganz oder vorzugsweise zur Ausbildung von Tierkämpfern bestimmt, der *ludus matutinus;* denn wenn Tierhetzen mit andern Spielen zugleich stattfanden, gingen sie diesen in der Regel voraus und begannen am frühen Morgen.

Auch die Tierhetzen erhielten mit jeder Erweiterung des römischen Reichs immer wachsende Dimensionen, jedes neu eroberte Land sandte seine seltensten und wildesten Tiere nach Rom. Das Schauspiel war erst eingeführt worden, nachdem das afrikanische Gebiet Karthagos bereits in die Abhängigkeit der Römer geraten war; 40 Jahre später wurde es zur Provinz. Die wilden Tiere dieses Landstrichs waren die ersten und blieben länger als ein Jahrhundert die einzigen europäischen, die im Zirkus gesehen wurden. Schon bei jener ersten Tierhetze sah man Löwen und Panther in solcher Fülle und Mannigfaltigkeit, daß das Schauspiel, wie Livius meinte, den Venationen der Augusteischen Zeit fast gleichkam; 17 Jahre später (585 = 169) „bei wachsender Pracht" in den Zirkusspielen der Kuruladilen Scipio Nasica und P. Lentulus 63 afrikanische Tiere (Panther und Leoparden, vielleicht auch Hyänen), 40 Bären und Elefanten. Auch Strauße hatte schon Plautus „im Laufe durch den Zirkus fliegen" gesehen. Außer diesen fremden Tieren wurden Rehe, Hasen und Hirsche, Eber, Bären und Stiere aus den Wäldern Apuliens und Lucaniens, den Pontinischen Sümpfen und den Apenninen im Zirkus gehetzt, und gewiß häufig diese einheimischen Tiere allein; bei den Spielen der Flora (ein stehendes Fest seit 581 = 173) nur das unschädliche Wild.

Die Schauspiele im letzten Jahrhundert der Republik lassen erkennen, daß die römische Macht bereits bis in die äußersten Fernen der Erde reichte. In den dreizehn Jahren von 58—46 v. Chr. folgten drei Schauspiele von beispielloser Pracht aufeinander, in welchen Tiere dem Volke vorgeführt wurden, deren Namen bis dahin kaum nach Rom gedrungen und deren Fang mit den allergrößten Schwierigkeiten verknüpft war: die Ungeheuer des Nil, Krokodil und Hippopotamus, bei den Festen des Scaurus im Jahre 58; das Rhinozeros, eine weder vorher noch nachher gesehene afrikanische Affenart und der Luchs aus Gallien bei den fünftägigen Venationen, die Pompejus im Jahre 55 zur Einweihungsfeier seines Theaters gab, endlich die Giraffe bei den ebenfalls fünftägigen Venationen, die Cäsar zur Feier seiner Triumphe im Jahre 47 veranstaltete. Auch diese seltensten und kostbarsten Tiere sind später in Rom zu wiederholten Malen und in größerer Anzahl gezeigt, selbst getötet worden: Commodus tötete, wie Cassius Dio als Augenzeuge berichtet, eigenhändig an einem Tage fünf Nilpferde und an verschiedenen andern Tagen zwei Elefanten, eine Giraffe und einige Nashörner. Auch den Tiger, dessen Fang nach Varro für eine Unmöglichkeit gehalten hatte, sah man in Rom schon im Jahre 11 v. Chr. und später nicht selten, wild und gezähmt.

Im Mittelalter und in neuerer Zeit haben einzelne Exemplare der in Rom verhältnismäßig so oft gesehenen seltensten, aber auch der minder seltnen Tiere, die hin und wieder nach Europa kamen, wiederholt das größte Aufsehen erregt. Daß Karl der Große von Harun al Raschid im Jahre 801 (durch seinen Gesandten, den Juden Isaak) unter andern Geschenken einen Elefanten und Affen erhielt, von einem afrikanischen Emir einen numidischen Bären und einen maurischen Löwen, erzählen der Mönch von St. Gallen, der Karls Leben schrieb, und Einhard in seinen Annalen; der letztere berichtet auch über die Reise des Elefanten und erwähnt seinen im Jahre 810 im Münsterlande plötzlich erfolgten Tod. Heinrich I. von England hatte zu Woodstock Löwen, Leoparden, Luchse und Kamele. Besonders in Italien machte es der leichte Transport aus den südlichen und östlichen Häfen des Mittelmeers und die Gunst des Klimas möglich, die Tiere des Südens anzukaufen oder von Sultanen als Geschenk anzunehmen. Kaiser Friedrich II. hatte in seinen Gärten Kamele, Löwen, Tiger, Leoparden und eine Giraffe, ein Geschenk eines Sultans von Ägypten, die Albertus Magnus sah und beschrieb. Friedrich pflegte seltne Tiere auf Reisen und Kriegszügen mit sich zu führen; bei seinem Einzuge in Cremona 1237 zog ein Elefant den Fahnenwagen. Bei großen Anlässen dienten ihre Kämpfe gegeneinander und gegen Hunde auch zur Belustigung des Volks. Vor allem hielten Städte und Fürsten gern lebendige Löwen, die bisweilen auch als Vollstrecker politischer Urteile dienten, die Florentiner außerdem schon sehr früh (1291) Leoparden.

Zu Ende des 15. Jahrhunderts aber gab es schon an mehreren Fürstenhöfen Italiens wahre Menagerien (Serragli) als Sache des standesgemäßen Luxus; die von Neapel enthielt unter Ferrante unter anderm eine Giraffe und ein Zebra. In Florenz sah man eine Giraffe 1459; eine zweite, die der Mamelukensultan Kaytbay nebst andern seltnen Tieren an Lorenzo Magnifico schenkte und die Antonio Costanzio 1487 beschrieb, veranlaßte Polizian zur Zusammenstellung der Nachrichten bei alten Schriftstellern über dies merkwürdige Tier. Seit 1487 aber ist vor dem 19. Jahrhundert (mit Ausnahme der Türkei) keine in Europa gesehen worden. Johannes Schiltberger aus München, der sie Surnasa nennt, sah sie am Anfang des 15. Jahrhunderts in Dily (Delhi), der Ulmer Predigermönch Felix Fabri zu Kairo. Buffon mußte sich damit begnügen, sie nach Berichten von Reisenden zu beschreiben, ohne daß er wagen konnte, eine Abbildung zu geben. Erst 1827 wurde eine von Alexandria nach Frankreich gebracht. Nach den Berichten des Franzosen Thibaut, der die ersten lebenden Giraffen in den Steppen Kordofans gefangen hatte, erlangt man die Jungen erst, nachdem die Mütter getötet sind, und der Fang verursacht unglaubliche Mühen und Beschwerden. Man muß wochenlang in den Steppen verweilen, vortreffliche Pferde, Kamele und Kühe mit sich nehmen und sich das Geleit geborener Araber zu verschaffen suchen, weil man sonst doch vergeblich ausziehen würde; der Kühe bedarf man, um den jung gefangenen Giraffen sogleich die geeignete Nahrung bieten zu können. Vom inneren Afrika führt man sie mit den Kühen in kleinen Tagereisen der Küste zu, wo eigne Kasten für die Überfahrt hergerichtet werden müssen.

Daß man „Anno 1513 am ersten Tage des Mayen dem König von Portugal

Emanuel gen Lisbona aus India ein lebendigen Rhinozeros" gebracht, hat Sebastian Münster einer Erwähnung in seiner „Cosmographei" für wert gehalten. Von diesem Rhinozeros gab Albrecht Dürer nach einer schlechten Zeichnung die erste, sehr unvollkommene, doch oft wiederholte Abbildung; erst Chardin († 1713), der ein Nashorn zu Ispahan sah, lieferte zu Anfang des 18. Jahrhunderts eine bessere, obwohl schon 1664 und 1689 Exemplare nach London gekommen waren, was seitdem öfters geschah, wie 1739 und 1741; dies letztere, das auch nach Deutschland gebracht und von Gellert in einer bekannten Erzählung und von Lessing im „Jungen Gelehrten" erwähnt wurde, galt nach der Unterschrift auf einem guten Kupferstich für den Behemoth der Bibel (Hiob 40, 15). Im Jahre 1793 kam eins nach Paris, 1816 wieder eins nach Deutschland.

Der erste Hippopotamus aber, der in Europa seit dem Altertum gesehen worden ist, war der für den zoologischen Garten in London erworbene, der dort am 25. Mai 1850 eintraf. Der ganze Einfluß des englischen Konsuls in Kairo reichte kaum hin, den Pascha von Ägypten zum Versprechen eines so schwer zu beschaffenden Geschenks zu bewegen. Sein Fang beschäftigte eine ganze Truppenabteilung, sein Transport vom Weißen Nil bis Kairo dauerte allein fünf bis sechs Monate; in Kairo kam er am 14. November 1849 an und überwinterte dort. Von Alexandria wurde er in einem eigens zu diesem Zweck erbauten Dampfschiffe befördert, in dem sich ein 400 Gallonen fassender Wasserbehälter befand, dessen Wasser täglich erneuert werden konnte. Zwei Kühe und zehn Ziegen reichten noch nicht hin, um den täglichen Milchbedarf des Tiers zu liefern. Nach solchen Angaben mag man versuchen, sich eine Vorstellung von den kolossalen Anstalten und Kosten zu bilden, welche der Fang und Transport der Tiere für die Arena im römischen Kaiserreiche fort und fort veranlaßte.

Am meisten erstaunt man jedoch sowohl über die Zahlen der Tiere von einer Gattung als über die Gesamtzahlen der verschiedenen, die bei einzelnen großen Schauspielen in Rom zusammengebracht worden sein sollen. Wenn diese Zahlen unglaublich klingen, so ist nicht zu vergessen, daß gerade die Gattungen der großen Tiere innerhalb zweier Jahrtausende eine ungeheure, schwer zu bemessende Abnahme erlitten haben. Ohne Zweifel ist zwar die Bemerkung des Cassius Dio richtig, daß alle solche Zahlen übertrieben sind; aber sie bleiben auch nach großen Abzügen, ja wenn man sie auf die Hälfte herabsetzt, enorm. In dieser Beziehung sind die Spiele des Pompejus und Cäsar später nicht nur nicht übertroffen, sondern nicht einmal erreicht worden. Bei den erstern sah man angeblich 18 oder 20 Elefanten, 500 oder 600 Löwen, 410 andre afrikanische Tiere; bei den letztern 400 Löwen und 40 Elefanten. Doch daß 100 und selbst 200, ja 300 Löwen, 300, 400, 500 Bären, ebensoviel afrikanische Tiere bei einem einzigen Schauspiel gezeigt oder gehetzt wurden — solche Angaben (und von gemeineren Tiergattungen zum Teil nach höhere) sind bei den Geschichtschreibern der Kaiserzeit nicht weniger als selten. Nach der eignen Angabe des Augustus, der „an der unzähligen Menge und unbekannten Gestalt der Tiere" besondre Freude hatte, wurden in den von ihm gegebenen 26 Schauspielen an afrikanischen Tieren allein ungefähr 3500 erledigt. Bei dem hunderttägigen Feste, das Titus zur Einweihungsfeier des

Flavischen Amphitheaters im Jahre 80 gab, sollen an einem Tage 5000 wilde Tiere aller Art gezeigt, im ganzen 9000 zahme und wilde getötet worden sein; bei den viermonatigen Festen, die Trajan im Jahre 107 zur Feier des zweiten dacischen Triumphs veranstaltete, sogar 11.000.

Mit den Tieren, die damals in Rom zu einem einzigen großen Feste zusammengebracht waren, könnte man also gegenwärtig alle zoologischen Gärten Europas reichlich versorgen. Auch damals waren sie nicht ganz ohne Nutzen für die Wissenschaft. Galen erwähnt, daß viele Ärzte sich zu der Sektion eines sehr großen Elefanten einfanden; das Herz nahmen die Köche des Kaisers heraus. Auch zur Bereitung von Medikamenten dürften Körperteile von wilden Tieren öfters benutzt worden sein. Natürlich unterließen auch die Künstler nicht, nach denselben ihre Studien zu machen; der berühmte Bildhauer Pasiteles (Zeitgenosse des Pompejus) geriet einmal durch den Ausbruch eines Panthers aus seinem Käfig in große Gefahr, als er einen in einem andern Käfig befindlichen Löwen modellierte.

Da während der Kaiserzeit nicht bloß in Rom, sondern in allen großen und vielen kleinern Städten Venationen gegeben wurden, müssen, um die erforderlichen Tiere zu schaffen, unaufhörlich Jagden in großem Maßstabe nicht nur in den Provinzen des Reichs, sondern auch jenseits seiner Grenzen gehalten worden sein, sowohl für die Kaiser als für Privatpersonen, und zwar nicht nur für die Festgeber selbst, sondern auch für Kaufleute, die mit den Tieren handelten. Da diese Jagden Jahrhunderte hindurch fortgesetzt wurden und, um junge Tiere zu fangen, die alten in der Regel getötet werden mußten, veränderte sich der Charakter der Tierwelt großer Gebiete völlig; die wilden Tiere wurden teils ausgerottet, teils tiefer in Wildnisse und Wüsteneien hineingetrieben und so für Ackerbau und Zivilisation neuer Boden gewonnen.

Schon in Strabos Zeit konnten die Nomadenstämme der überaus gesegneten Landstriche zwischen Karthago und den Säulen des Hercules sich dem Ackerbau zuwenden, was früher wegen der Menge wilder Tiere nicht möglich gewesen war; jetzt vermochten sie sich ihrer hinlänglich zu erwehren, teils weil sie selbst ausgezeichnete Jäger waren, teils weil die Römer infolge ihrer Leidenschaft für Tierhetzen sie unterstützten. Ihr fernen nasamonischen Länder der Libyer, sagt ein griechischer Dichter, eure dürren Ebenen werden nicht mehr von den Schwärmen der Raubtiere heimgesucht, ihr zittert nicht mehr vor dem Gebrüll der Löwen in der Wüste, da der Cäsar eine unzählige Menge, in Schlingen gefangen, zu einem einzigen Schauspiel verwendet hat, und die Höhen, die zuvor Lagerplätze wilder Tiere waren, sind nun Viehtriften geworden.

Ebenso befreiten die für die römischen Venationen veranstalteten Jagden die Saatfelder Ägyptens von den Verwüstungen der nächtlich weidenden Flußpferde, die in Plinius' Zeit noch oberhalb der Präfektur von Sais häufig waren, im 4. Jahrhundert aber sich schon ganz nach Nubien hinaufgezogen hatten. Wir bedauern es, sagt ein Schriftsteller in der zweiten Hälfte des 4. Jahrhunderts, daß die Elefanten aus Libyen, die Löwen aus Thessalien, die Nilpferde aus den Nilsümpfen verschwunden sind. Gegenwärtig sind die letzteren auch in Nubien so gut wie völlig ausgerottet und erst in den

Strömen und Wäldern des Ost-Sudan, wie überhaupt im innern Afrika, noch heute eine gewöhnliche Erscheinung.

Wenn jedoch die Ergiebigkeit dieser Jagden auch in Afrika bereits im Altertum abnahm, so blieb der Reichtum der asiatischen Länder an wilden Tieren unerschöpflich, mit denen die Könige und Satrapen von Persien fort und fort ihre Tiergärten und zuweilen auch die nach dem Muster derselben angelegten der römischen Kaiser des 4. Jahrhunderts versorgten. Noch in Ammians Zeit schweiften zwischen den Rohrdickichten und Dschungeln Mesopotamiens „unzählige Löwen", und wimmelte Hyrkanien von Tigern und andern wilden Tieren. An der Grenze des römischen Reichs wurde, wie für die übrigen asiatischen Waren, so für die zu den Schauspielen bestimmten Tiere, namentlich Löwen, Löwinnen, Parder, Leoparden, Panther, ein Eingangszoll erhoben. Symmachus erwähnt den Hafenzoll für wilde Tiere (in diesem Falle Bären), von dem aber Festgeber senatorischen Rangs damals befreit waren.

Ein besonderes Jagdrecht des Grundeigentümers kannten die Römer nicht, zum Schutze seiner Interessen genügte das Eigentumsrecht, kraft dessen er das Betreten seines Bodens verwehren konnte; dagegen gehörte nach Völkerrecht dem Jäger das Tier, das er, gleichviel ob auf eigenem oder fremdem Boden, erjagt hatte. Doch war der Besitz der Elefanten ein ausschließlich kaiserliches Vorrecht; der erste Privatmann, der nach dem Untergang der Republik ein Stück von diesem „keinem Untertan zum Eigentume bestimmten Vieh des Kaisers" besaß, war der spätere Kaiser Aurelian, der einen besonders stattlichen Elefanten von dem Perserkönige zum Geschenk erhalten hatte, und dies galt als Vorbedeutung seiner Herrschaft. Auch die Elefantenjagd konnte daher nur auf Befehl oder mit Erlaubnis des Kaisers stattfinden. Ebenso haben, wenigstens in späterer Zeit, die Kaiser das Recht der Löwenjagd sich allein vorbehalten. Niemand, heißt es in einem Erlasse der Kaiser Honorius und Theodosius vom Jahre 414, der einen Löwen tötet, soll deswegen eine Anklage zu befürchten haben, da das Heil unserer Untertanen unserem Vergnügen notwendig voranstehen muß und dieses überdies keine Einbuße erleidet, insofern wir wohl die Erlaubnis, diese Tiere zu töten, aber nicht zu jagen und zu verkaufen gegeben haben. Unter den „königlichen Tieren", die Aurelian im Jahre 271 beim Einfall der Barbaren in Italien dem Senat zu liefern sich erbot, falls die Sibyllinischen Bücher ihre Opferung zur Abwendung der Gefahr verlangen sollten, sind also wohl Elefanten und Löwen zu verstehen. Die für die Erhaltung der kaiserlichen Elefanten bestimmte Kasse verwaltete ein eigner Prokurator.

Wie reich die kaiserlichen Zwinger und Tiergärten zu Rom mit den seltensten und kostbarsten Tieren versehen waren, mag folgende Aufzählung der unter dem dritten Gordian zu Rom befindlichen Tiere zeigen: 32 Elefanten, 10 Elentiere, 10 Tiger, 60 zahme Löwen, 30 zahme Leoparden, 10 Hyänen, 6 Flußpferde, 1 Rhinozeros, 10 „Bärenlöwen" (?), 10 Giraffen, 20 Wildesel, 40 Wildpferde und „unzählige" andre Tiere, welche der Kaiser Philipp sämtlich zu den tausendjährigen Säkularspielen im Jahre 248 verwandte. Die Versorgung und Instandhaltung dieser Zwinger erforderte ein großes Verwaltungspersonal und verschlang jahraus, jahrein erhebliche

Summen; Caligula fütterte seine Tiere, als Fleisch einmal teuer war, mit Verbrechern, Aurelian verschenkte die in seinem Triumph aufgeführten, um den Fiskus nicht mit den Kosten für ihre Ernährung zu belasten. Der kaiserliche Zwinger, den noch Procop bei der Bestürmung Roms durch Vitiges im Jahre 537 erwähnt, lag bei dem pränestinischen Tor (Porta maggiore) und war äußerlich an die Mauer angebaut. Auch in den kaiserlichen Gärten in Rom mögen Tiere gehalten worden sein, wie in einem zu Neros Goldenem Hause gehörigen Park.

Vermutlich schenkten die Kaiser nicht selten ihren Freunden und andern bevorzugten Senatoren Tiere zu amphitheatralischen Schauspielen. Symmachus erhielt zu den prätorischen Schauspielen seines Sohns auf Stilichos Verwendung von Honorius ein Geschenk von mehreren Leoparden. Übrigens wurde den römischen Großen die Beschaffung der Tiere oft dadurch sehr erleichtert, daß sie in Asien und Afrika Güter besaßen und außerdem die Hilfe der Provinzialstatthalter in der Regel in Anspruch nehmen konnten, wenn auch die Beiträge an Geld und wilden Tieren zu den von den Freunden der Statthalter zu gebenden Schauspielen nicht mehr wie in der Zeit der Republik zu den stehenden Abgaben der Provinzialen gehörten. Wie sehr die höheren römischen Beamten gewöhnt waren, die Beschaffung wilder Tiere als eine geringfügige, von den Statthaltern der betreffenden Provinzen mit Sicherheit zu erwartende Gefälligkeit anzusehen, zeigen die hierüber von M. Cälius als Ädil im Jahre 51 mit Cicero als Prokonsul von Cilicien gewechselten Briefe. Da Patiscus an Curio 10 Panther geschickt habe, schreibt der erstere, werde es für Cicero eine Schande sein, wenn er ihm nicht sehr viel mehr schicke; er habe übrigens nichts zu tun, als die erforderlichen Aufträge zu erteilen, da für Transport und Fütterung der erwarteten Tiere bereits im voraus gesorgt sei. Dergleichen Bitten wurden um so weniger abgeschlagen, als man leicht in den Fall kommen konnte, selbst die Gegendienste des Bittenden in Anspruch zu nehmen.

So bestanden denn Tausende von kühnen Jägern Jahr für Jahr in allen Zonen Gefahren aller Art, um die zu den überall begehrten Schauspielen nötigen Tiere in der erforderlichen Anzahl zu liefern. Damit ein einziges großes Fest mit der Pracht gefeiert werden konnte, an die man in Rom gewöhnt war, richtete der Hindu seine zahmen Elefanten zur Jagd der wilden ab, stellten die Bewohner der Rheinufer Netze um das sumpfige Rohrdickicht, in dem der Eber hauste, fingen in Deutschland liegende Legionen die Bären der germanischen Wälder in großer Zahl, jagten die Mauren auf ausdauernden Wüstenpferden den Strauß in immer engeren Kreisen und lauerten in den grauenvollen Einöden des Atlas bei ihren Fanggruben auf den Löwen. Waren diese gefährlichen Jagden von glücklichen Erfolgen gekrönt, dann forderte die Sorge für die Fortschaffung der erbeuteten Tiere eine neue Tätigkeit. Nun klang die Axt, knirschte die Säge des Zimmermanns, rauchte die Esse des Schmieds, und bald ließen die furchtbaren Gefangenen ihre Wut an den Gitterstäben ihrer Käfige aus. In seinem Gedicht auf Stilicho besingt Claudian eine von diesem gegebene Tierhetze. Seinem Gönner zu Ehren läßt der Dichter Diana selbst mit ihren Nymphen in allen Wäldern, Wüsten und Gebirgen der Welt jagen, und da freilich reichen die Zimmerleute gar nicht aus, um für alle erforderlichen

Käfige auch nur die Balken zu behauen; aus rohen Buchen- und Ulmenstämmen werden sie zusammengefügt und sind von dem darangebliebenen Laube noch ganz grün.

Der Transport erfolgte großenteils zur See, wo dann die betreffenden Schiffe nicht selten durch widrigen Wind zurückgehalten wurden, bis es zu spät war, oder mit ihren kostbaren Ladungen Schiffbruch litten; bei den Werften im Marsfelde waren in der letzten Zeit der Republik Käfige, wo man die ausgeschifften wilden Tiere vorläufig aufbewahrte. Aber auch zu Lande kamen lange Züge schwerfälliger, mit Käfigen beladener Wagen, von Stieren gezogen. Bei den ungeheuren Entfernungen, welche diese Züge zum großen Teil zurückzulegen hatten, waren sie oft monatelang unterwegs, wobei es denn leicht geschehen konnte, daß die Tiere massenhaft umkamen oder in unbrauchbarem Zustande an ihren Bestimmungsort gelangten. Aus einem Erlasse der Kaiser Honorius und Theodosius vom Jahre 417 geht hervor, daß die Transporte kaiserlicher Tiere von den Städten, die sie durchzogen, während ihres Aufenthalts verpflegt werden mußten, was vermutlich auch früher der Fall gewesen war. Welche Mißbräuche diese Bestimmung zur Folge hatte, zeigt der erwähnte Erlaß, nach welchem ein solcher Zug in der Hauptstadt der damaligen Euphratprovinz Hierapolis sich statt 7—8 Tage 3—4 Monate aufgehalten und die Führer gegen alles Herkommen überdies noch Käfige verlangt hatten: weshalb die Kaiser verordneten, daß fortan kein Zug länger als sieben Tage in einer Stadt bleiben solle.

Bei den Schauspielen des Amphitheaters wurden die Tiere, wie gesagt, nicht bloß gehetzt und zum Kampf gegeneinander und gegen Menschen losgelassen, sondern auch, namentlich seltenere und unschädliche, nur zur Schau gestellt. Dabei pflegte man sie wie bei Opfern und Prozessionen nach damaligem Geschmack zu putzen. Bei der Feier der Dezennalien im Jahre 263 gingen dem großen Zuge, in dem sich Gallienus auf das Kapitol begab, unter anderm 200 gezähmte, auf jede Art geschmückte wilde Tiere und 200 weiße Opferstiere mit vergoldeten Hörnern voraus, die mit breiten bunten, seidenen Schärpen behängt waren; Abbildungen nicht bloß von Opfern, sondern auch von Tierkämpfen zeigen die Tiere öfters auf die letztere Weise geschmückt. Auch mit Platten von Goldblech wurden sie behängt. Seneca zieht den ungeschmückten Löwen, dessen Schönheit in seiner Furchtbarkeit liegt, dem vor, dessen Mähne vergoldet ist und der von Goldblech schimmert. Bei dem sechsten der zwölf Schauspiele, welche der erste Gordian zu Rom als Ädil gab, sah man unter anderen 300 mit Zinnober gefärbte Strauße, die wie alle übrigen Tiere dem Volk überlassen wurden.

Die Zahlen der im Amphitheater gezeigten gezähmten und abgerichteten Tiere waren ebenso große wie die Leistungen der Tierbändiger erstaunlich. Plutarch sagt in einer in der Zeit Vespasians abgefaßten Schrift, die kaiserlichen Schauspiele Roms böten Beispiele in Hülle und Fülle für die Klugheit und Gelehrigkeit der Tiere. Schon unter Augustus und Tiberius wurde die Kunst der Tierbändigung, auf die man sich besonders in Alexandrien verstand, so vielfach geübt, daß Manilius sie unter den Berufsarten nennt, zu denen die unter gewissen Konstellationen geborenen Menschen besonders geschickt sind. Seit Julius Cäsar sich von Elefanten, die Fackeln trugen, hatte nach Hause leuchten lassen, und Marc Anton mit der Schauspielerin Cytheris auf einem löwenbespannten Wagen gefahren war, wurden Löwen, Panther, Bären, Eber, Wölfe, gezähmt oder ungezähmt, in den Palästen der Kaiser und der Vornehmen offenbar sehr häufig gehalten. Abgerichtete Affen, die Stücke aufführten, auf Wagen fuhren, auf Hunden ritten usw., mögen nur zur Unterhaltung des Gassenpublikums gedient haben. Die antiken Tierbändiger scheinen es sich zur Aufgabe gemacht zu haben, die Tiere gerade zu dem abzurichten, was ihrer Natur am meisten zuwider war. Wilde Stiere (Wisente) ließen Knaben auf sich tanzen, standen auf den Hinterfüßen, zeigten zugleich mit Pferden ihre Kunststücke im Wasser und blieben auf schnellfahrenden Zweigespannen „als Wagenlenker" unbeweglich. Hirsche lernten dem Zügel gehorchen, Parder im Joch gehen. Kraniche beschrieben im Laufen Kreise und bekämpften sich gegenseitig. Friedliche Antilopen rannten mit den Hörnern aneinander, bis eine oder beide tot auf dem Platze blieben. Seehunde wurden abgerichtet, das Volk mit Blick und Stimme zu begrüßen, und wenn man sie bei Namen rief, mit einem mißtönenden Gebell zu antworten. Löwen wurden bis zum äußersten Grade hündischen Gehorsams gebracht; in Domitians Schauspielen sah man sie in der Arena Hasen fangen, unversehrt in den Zähnen halten, loslassen und wieder fangen. Elefanten machten vor dem Kaiser die Gebärde der Adoration, ließen sich auf den Wink ihrer schwarzen Lehrmeister auf die Knie nieder, ließen Knaben und Frauen auf sich tanzen, führten Tänze auf, zu denen einer von ihnen die Zymbeln schlug, lagen zu Tisch, trugen je vier einen fünften wie eine Wöchnerin in einer Sänfte, gingen auf dem Seil und schrieben griechisch und lateinisch. Plinius versichert, daß, als mehrere zusammen abgerichtet wurden, einer, der einen „langsamen Geist" zum Lernen hatte und deshalb häufig mit Schlägen bedroht wurde, bei Nacht belauscht worden sei, wie er sich selbst das Gelernte einübte. Die Römer hatten eine Art von Zärtlichkeit für die Elefanten, in deren Sanftheit und Gelehrigkeit sie etwas Menschliches fanden. Bei den Schauspielen des Pompejus, wo eine größere Anzahl von Elefanten umgebracht wurde, erregten sie das Mitleid des Volks in so hohem Grade, daß der beabsichtigte Eindruck sich fast in sein Gegenteil verkehrte.

Mit den Produktionen gezähmter Tiere wechselten die Kämpfe der aufeinander gehetzten wilden, wie des Rhinozeros mit dem Elefanten, dem Bären, dem Stier, des Elefanten mit dem Stier usw. Die natürliche Wildheit der Tiere ward durch scharfe Reizmittel gesteigert. Man trieb sie mit Stacheln und Bränden an, warf ihnen mit Lappen behängte Strohpuppen vor, die sie wütend in die Luft schleuderten, fesselte sie je an zwei langen Seilen zusammen, und das Volk jauchzte vor Entzücken, wenn sie rasend gemacht einander zerfleischten. Ähnliche, zum Teil noch grausamere Schauspiele haben auch in neueren Zeiten das leidenschaftliche Interesse der Massen erregt: wie diejenigen, deren Schauplatz bis zum Ende des 18. Jahrhunderts das „Hetzhaus" zu Wien war, und noch im Jahre 1850 im Zirkus von Madrid der Kampf des Stiers Senorito mit einem Tiger, wobei der erstere Sieger blieb.

Sodann traten im römischen Amphitheater gewiegte und gut bewaffnete Jäger auf, die mit Hunden von guter Rasse einzeln oder in Menge den wilden Bestien standzuhalten vermochten. Die Hunde verschrieb man aus der weitesten Ferne; schon in Strabos Zeit wurden britannische, die zur Jagd vorzüglich geeignet waren, eingeführt; die Gallier bedienten sich ihrer neben den einheimischen auch im Kriege. Symmachus hatte zu den quästorischen Schauspielen seines Sohnes von Flavius sieben schottische Hunde erhalten, die in Rom die allgemeinste Bewunderung erregten, so daß es hieß, sie seien in eisernen Käfigen gekommen. Die Hunde wurden zu den Tierhetzen eigens dressiert: von der Jagdhündin Lydia eines Dexter sagt Martial, sie sei bei den Meistern des Amphitheaters erzogen worden. Durch den Kampf mit ihnen ermüdet, erlagen den Bogen, Jagdspießen und Lanzen (auf deren Führung vor allen Mauren und Parther sich verstanden) selbst Löwe und Panther, Bär und Auerochs. Man sah auch in der Arena Bären zuweilen durch einen geschickt auf den Kopf geführten Faustschlag töten, Löwen durch einen über den Kopf geworfenen Mantel blenden und dann ohne Schwierigkeit überwinden. Der von Martial besungene Jäger Carpophorus hatte bei einer Tierhetze 20 wilde Tiere erlegt: hätte er in der Vorzeit gelebt, meint der Dichter, so würde er allein die Erde mit leichterer Mühe von allen Ungeheuern befreit haben als Hercules und die übrigen Helden zusammen. Nachdem die an verschiedenen Orten der griechischen Welt üblichen, namentlich aber in Thessalien heimischen Stierhetzen, die dort zunächst dem Einfangen des Opferstieres dienten und von berittenen Jünglingen als Kultbrauch geübt wurden, von Cäsar unter die Veranstaltungen des römischen Amphitheaters eingereiht worden waren, begegnen Stierhetzen und Stierkämpfe häufig sowohl in Rom wie auch im griechischen Osten: den wilden, durch Vorhalten roter Tücher noch gereizten Tieren standen Kämpfer zu Fuß und berittene gegenüber; von den letzteren wurden sie nach thessalischer Sitte bis zur Ermattung gehetzt und dann an den Hörnern zu Boden gerissen. Claudius ließ eine Abteilung der berittenen prätorianischen Leibwache unter Anführung ihrer Offiziere gegen afrikanische Panther, Nero dieselben Reiter gegen 400 Bären und 300 Löwen fechten.

Aber zu den Schauspielen des Amphitheaters gehörte auch die öffentliche Bestrafung von Verbrechern durch Ausstellung, Auspeitschung oder Verbrennung, insbesondere die Vollstreckung jener entsetzlichen Todesurteile, durch welche Menschen teils an Pfähle gebunden und völlig wehrlos, teils zur Verlängerung ihrer Qual mit Waffen versehen den wilden Bestien überliefert wurden, die zuweilen überdies zum Menschenfressen abgerichtet waren. Welch ein Anblick, wenn diese Elenden mit zerrissenen Gliedern, von Blut bedeckt, nicht um Gnade, sondern um Aufschub ihres Martertods bis zum nächsten Tage flehten! Wenn ihre ungeheuren Wunden so weit auseinanderklafften, daß sie wißbegierigen Ärzten die willkommene, von Celsus wie von Galenus erwähnte Gelegenheit boten, die inneren Teile des Körpers sehen zu können! Und wenn nun vollends dieser gräßlichen Wirklichkeit der Schein einer Theaterszene gegeben wurde! Vielleicht meinte man dieses unmenschliche Schauspiel so minder abschreckend zu machen: für unser Gefühl ist es doppelt empörend, daß Maschinist und

Dekorateur aufgeboten wurden, um die Agonien von Delinquenten zu verlängern und mit dem Prunk der Bühne zu umgeben.

Schon Strabo erwähnt ein Beispiel einer in solcher Weise zum Schauspiel benutzten Hinrichtung. Ein Räuber, Selurus, Sohn des Ätna genannt, weil er dort sein Wesen getrieben, war zum Tode durch die wilden Tiere verdammt: auf dem Forum war ein Gerüst errichtet, auf dem der Verurteilte stand, das Gerüst fiel auseinander, und er stürzte in die Käfige der Bestien hinab, die ihn zerrissen. Im Flavischen Amphitheater war für eine völlige theatralische Ausstattung der Schauspiele durch Dekoration und Maschinenwesen in der großartigsten Weise gesorgt. Den ganzen für die dortigen wie überhaupt für die kaiserlichen Schauspiele erforderlichen Bühnenapparat enthielt ein, wie es scheint, in unmittelbarer Nähe des Colosseums gelegenes Gebäude, das *summum choragium;* die Verwaltung dieses Apparats leitete ein (vielleicht ebenfalls von Domitian eingesetzter) Prokurator, der, wenn auch ein Freigelassener, doch im Range den Prokuratoren der kleineren Provinzen nicht nachstand und ein zahlreiches Beamtenpersonal unter sich hatte. Wie in den Amphitheatern zu Puteoli und Capua (die beide vermutlich oft zu kaiserlichen Schauspielen benutzt wurden), ruhte auch im Colosseum der Boden der Arena auf kolossalen Substruktionen, welche bis zu 9 m tief unter den jetzigen Boden hinabreichen. In die so gebildeten unterirdischen Räume konnten Menschen, Tiere und Maschinen durch Eingänge außerhalb des Gebäudes von den Zuschauern ungesehen gelangen; beim Amphitheater von Capua, das dem Flavischen an Größe ungefähr gleichkommt, war hier angeblich für tausend Menschen Platz. Der Architekt Apollodorus schlug dem Kaiser Hadrian vor, die Substruktionen des von ihm erbauten Tempels der Venus und Roma mit denen des Amphitheaters zu verbinden, um mehr Raum für den szenischen Apparat der Schauspiele zu gewinnen. Durch diese Unterbauten war es möglich, die ganze Szenerie mit allen handelnden Personen und dazugehörigen Tieren aus der Tiefe aufsteigen und wieder verschwinden zu lassen und überhaupt die überraschendsten Verwandlungen auszuführen. Die römischen Maschinisten hatten ihre Kunst bis zu einem hohen Grade von Vollkommenheit gebracht; es war ihnen ein leichtes, ihre Gerüste und Kulissen geräuschlos in die Höhe wachsen und hinabsinken, sich voneinander lösen und zusammenschließen zu lassen. Bei den Schauspielen des Septimius Severus im Jahre 202 war die Arena in die Gestalt eines Schiffs umgeformt, das plötzlich auseinanderfiel und ein Gewimmel der mannigfaltigsten Tiere entlud. Bären, Löwen, Panther, Strauße, Auerochsen rannten und drängten sich durcheinander; 700 Tiere wurden so während des siebentägigen Festes gezeigt und erlegt. Bei dem Schauspiel Neros, das der Dichter Calpurnius beschreibt, klaffte der Boden auseinander, und aus den unterirdischen Schlünden stieg ein Zauberwald von goldschimmernden Gebüschen mit duftenden Springbrunnen auf, den zugleich aus der Tiefe emporgestiegene Ungeheuer fremder Zonen erfüllten. Claudius ließ Maschinisten, denen etwas mißlang, als Gladiatoren fechten.

Auch eigentlich theatralische, besonders pantomimische Vorstellungen fanden in der Arena statt, nur daß die Schauspieler verurteilte Verbrecher waren, die eigens dazu unterrichtet und eingeübt wurden, und daß sie Tod und Martern nicht fingierten, sondern wirklich erlitten. In kostbaren, golddurchwirkten Tuniken und Purpurmänteln, mit goldenen Kränzen geschmückt, traten sie auf; doch wie aus den todbringenden Gewändern der Medea fuhren plötzlich Flammen aus diesen prächtigen Kleidern, in denen die Elenden grauenvoll umkamen. In solchen, aus leicht entzündlichen Stoffen gewebten und damit bestrichenen Anzügen, die der grausame Volkswitz die „unbequeme Tunika“ *(tunica molesta)* nannte, wurden im Jahre 64 die der Urheberschaft des Brands von Rom beschuldigten Christen in den Gärten Neros dem Feuertode übergeben, oder auch mit Harz und Pech überzogen bei Nacht gleich Fackeln angezündet, andre, in Tierfelle gehüllt, von Hunden zerrissen. Tertullian versichert, daß sich Menschen sogar anwerben ließen, eine gewisse Strecke in einer brennenden Tunika zurückzulegen. Es gab wohl kaum eine aus der Geschichte und Literatur bekannte Folter oder furchtbare Todesart, mit deren Aufführung das Volk nicht im Amphitheater unterhalten worden wäre. Wir haben, sagt Tertullian, dort die Entmannung des Attis gesehen, und einer, der lebendig verbrannt wurde, erschien in der Tracht des Hercules, dessen Flammentod auf dem Oeta dargestellt wurde; auch ein griechisches Epigramm erwähnt die zu diesem Schauspiele benutzte Verbrennung eines Diebs. Martial sah einen Verbrecher als Mucius Scävola die Hand über das Kohlenbecken halten, bis sie verzehrt war, einen andern in der Rolle des Räuberhauptmanns Laureolus, dessen Kreuzigung schon unter Caligula im Mimus dargestellt worden war, wie er, am Kreuz hängend, von Bestien zerrissen wurde. Er schildert, wie die Glieder tropfenweis herabfielen und der Körper kein Körper mehr war; wie zu seiner Beruhigung fügt er hinzu, der so Gemarterte sei gewiß ein Vatermörder, Tempelräuber oder Mordbrenner gewesen. Ein anderer Verdammter stieg bei demselben Schauspiel als Orpheus aus der Versenkung auf, wie wenn er aus der Unterwelt zurückkehre. Die Natur schien von seinem Spiele bezaubert, Felsen und Bäume bewegten sich auf ihn zu, Vögel schwebten über ihm, zahlreiche Tiere umgaben ihn; als das Schauspiel lange genug gewährt hatte, ward er von einem Bären zerrissen. Christinnen erlitten in der Rolle der Danaiden oder der vom Stier geschleiften Dirke den Märtyrertod.

Mit diesen gräßlichen mythologischen Szenen wechselten aber auch heitere, selbst schlüpfrige, wie Darstellungen der Europa mit dem Stier oder der Pasiphae mit dem Stier. Knaben wurden bis zu dem Zeltdach, das über den Zuschauerraum ausgespannt war, emporgerafft. Dabei kamen wunderliche Änderungen in der Aufführung bekannter Mythen vor, wie z. B. ein von einem Bären zerrissener Dädalus, ein von einem Stier gen Himmel getragener Hercules erwähnt wird. Dann wider verwandelte sich die Arena plötzlich in eine Wasserfläche, Leander schwamm zu Hero, bunte Züge von Nereiden bildeten wechselnde Gruppen, und über den Häuptern der Dioskuren leuchteten Sterne.

c) Die Naumachien

Auf der unter Wasser gesetzten Arena des Amphitheaters wurden auch Schiffskämpfe veranstaltet. Schon die Arena des von Nero auf dem Marsfelde erbauten Amphitheaters wurde bei einem Schauspiel im Jahre 57 oder 58 überschwemmt, Fische und große Seetiere schwammen im Wasser umher, dann wurde eine Seeschlacht zwischen Athenern und Persern aufgeführt, zuletzt das Wasser abgelassen und auf der trockengelegten Arena Gladiatorenkämpfe und eine Landschlacht gegeben. Ebenso folgten bei einem Fest im Jahre 64 Gladiatorenkämpfe auf eine Seeschlacht in derselben Arena, die zuletzt abermals überschwemmt wurde, um auf dem Wasser Raum für ein üppiges Gelage zu bieten, das Tigellinus gab. Im Flavischen Amphitheater veranstaltete Titus bei der Einweihungsfeier im Jahre 80 außer den andern Wasserschauspielen auch einen Schiffskampf zwischen Corcyräern und Korinthern. Auch Domitian gab eine Seeschlacht im Amphitheater.

Den ersten Schiffskampf in größerem Maßstabe veranstaltete Julius Cäsar bei seinen Triumphalspielen im Jahre 708 = 46. Er ließ auf dem Marsfelde, etwa in der Gegend des Palastes Farnese, einen See graben, auf dem eine tyrische und eine ägyptische Flotte, jede aus Zwei-, Drei- und Vierruderern bestehend und mit 1000 Seesoldaten und 2000 Ruderern bemannt, gegeneinander kämpften. Der See wurde im Jahre 711 = 43 wieder zugeschüttet, da man glaubte, daß seine Ausdünstungen zur Erzeugung einer damals herrschenden Epidemie beigetragen hätten. Die zweite große Naumachie gab Augustus im Jahre 752 = 2 bei der Einweihung des Tempels des Mars Ultor, in einem etwa gegenüber der Stelle der cäsarischen Naumachie auf dem jenseitigen Tiberufer gegrabenen See, der (nach seiner eigenen Angabe) 1800 Fuß (= 533 m) Länge und 1206 (= 357 m) Breite hatte; 30 geschnäbelte Zwei- und Dreiruderer und noch mehr kleinere Schiffe, mit 3000 Soldaten (ohne die Ruderer) bemannt, führten hier eine Seeschlacht zwischen Athenern und Persern auf.

Diese beiden sowie alle späteren Naumachien wurden weit durch den kolossalen Schiffskampf überboten, mit dem Kaiser Claudius im Jahre 52 die Vollendung der mehrjährigen Arbeiten zur Führung eines Emissars aus dem Fucinersee (Lago di Celano) durch das Gebirge in den Liris (Garigliano) auf dem genannten See feierte. Eine sicilische und eine rhodische Flotte von Drei- und Vierruderern, im ganzen mit 19.000 Bewaffneten bemannt, standen einander gegenüber. Ein silberner Triton tauchte aus dem Wasser auf und gab mit der Trompete das Zeichen zum Anfang. Der See, so berichtet Tacitus, war mit Flößen eingefaßt, damit nicht hier oder dort einer entkäme. Doch war Raum genug für die volle Tätigkeit der Ruderer, für Kunst und Gewandtheit im Gebrauche des Steuers, für die Angriffe der Fahrzeuge und das ordentliche Seegefecht. Auf den Flößen standen Abteilungen der prätorischen Kohorten zu Fuß und zu Roß; Brustwehren waren angebracht, von denen die Wasserfläche mit Wurfgeschützen bestrichen werden konnte. Den übrigen Teil des Sees besetzten die Flottensoldaten in gedeckten Schiffen. Die Ufer, Hügel und Bergabhänge erfüllte, wie in einem Theater, eine unzählige Menschenmenge, die aus den nächsten Landstädten oder auch aus Rom Schaulust oder Rücksicht auf den Kaiser herbeigelockt hatte. Er selbst in prächtigem Feldherrnmantel und in seiner Nähe Agrippina, in einem ganz aus Gold gewebten Oberkleide, führten den Vorsitz. Gekämpft wurde, obgleich unter Missetätern, mit dem Mute tapferer Männer, und nach vielen Wunden wurden sie dem Tode entzogen. Als aber nach beendetem Schauspiel der Abfluß des Wassers erfolgen sollte, zeigte sich, daß die Arbeiten ungenügend ausgeführt waren und die Kanäle noch vertieft werden mußten. Nach Vollendung dieser neuen Arbeit wurde die Menge abermals (im Jahre 52) durch ein Gladiatorenspiel versammelt, wobei zum Fußgefecht Brücken über das Wasser geschlagen worden waren. Ein an der Stelle des Abflusses veranstaltetes Gastmahl unterbrach der zu heftige Strom, der einen Teil der Holzbauten fortriß und alles mit Schrecken erfüllte.

Die Naumachie des Augustus benutzte Nero zu einem auf Schiffen dargebotenen Gastmahl und Titus bei seinen hunderttägigen Festen im Jahre 80 zu glänzenden Schauspielen. Am ersten Tage fand auf der mit Balken zugedeckten Wasserfläche ein Gladiatorengefecht und eine Tierhetze statt, am zweiten ein Wagenrennen, am dritten wurde ein Seegefecht zwischen Athenern und Syrakusanern aufgeführt, wobei die ersteren siegten, zum Schluß eine kleine Insel erstiegen und eine dort erbaute Befestigung erstürmten. Nach diesem Fest, meinte ein Hofdichter, würden alle früheren, selbst das auf dem Fucinersee, vergessen sein. Domitian gab, um Titus in jeder Hinsicht zu überbieten, nicht nur wie er einen Schiffskampf in der Arena des Amphitheaters, sondern ließ auch einen neuen, großen See graben und darauf eine Seeschlacht von so viel Schiffen ausführen, daß ihre Zahl beinahe der wirklicher und regelmäßiger Flotten gleichkam. Obwohl sich während des Schiffskampfs ein Wolkenbruch entlud, durfte das Schauspiel weder unterbrochen werden, noch die Zuschauer sich entfernen oder nur die Kleider wechseln, was vielen Krankheit und Tod brachte. Endlich scheint auch Kaiser Philipp der Araber bei den Festen, mit denen er die 1000jährige Dauer der Stadt Rom feierte, eine Naumachie veranstaltet zu haben, wozu aber wohl nur der von Augustus gegrabene See erneuert wurde.

d) Schlußbetrachtung

Nichts zeigt so sehr den ungeheuren Unterschied zwischen der Denk- und Empfindungsweise des römischen Altertums und des heutigen Europa wie die Beurteilung, welche die Schauspiele des Amphitheaters damals und jetzt bei Gebildeten fanden. In der ganzen römischen Literatur begegnen wir kaum einer Äußerung des Abscheus, den die heutige Welt gegen diese unmenschlichen Lustbarkeiten empfindet. In der Regel werden die Fechterspiele mit der größten Gleichgültigkeit erwähnt. Die Kinder spielten Gladiatoren wie jetzt in Andalusien Stier und Matador, oder sonst in Rom Räuber und Sbirren. Die erwachsene Jugend widmete ihnen ein leidenschaftliches Interesse, Bemerkungen über die Helden der Arena waren Lückenbüßer auch in der Unterhaltung der Gebildetsten, und zahlreiche sprichwörtliche Redensarten zeigen, wie nahe der Gedanke an die Szenen, die sich dort abspielten, für jedermann lag. Es sei Torheit, sagt Horaz, sich bei einem Streit, ob Castor ein besserer Fechter sei als Docilis, zu ereifern; ein anderes Mal sagt er, Mäcenas, für dessen Vertrauten er gelte, würdigte ihn zuweilen der Mitteilung, daß es am Morgen für zu leicht Gekleidete schon zu kalt sei, oder der Frage nach der Zeit, oder ob der Thraker Gallina dem Syrus gewachsen sei. Epictet zählt zu den trivialen Gesprächsgegenständen, die man zu vermeiden habe, auch Gladiatorenkämpfe. Noch mehr, Ovid fand nichts Arges darin, das Schauspiel, in dem man sich am Anblick des Mords ergötzte, zur Förderung von Liebesverhältnissen besonders zu empfehlen. Wer, sagt er, im Gespräch mit seiner Nachbarin ihre Hand berührt, sich das Programm erbittet, über den Ausgang des Kampfs wettet, der hat oft selbst die Wunde gefühlt.

Wo diese Schauspiele mißbilligt werden, geschieht es nicht immer aus denselben Gründen, aus denen wir sie verdammen, ja sie werden auch in Schutz genommen oder gepriesen. Daß dies letztere von Dichtern geschah, die alles besangen, was von der Regierung ausging, kann freilich nicht wundernehmen. Statius und Martial, die ihr Talent zu begeisterten Lobeserhebungen der Regierung Domitians mißbrauchten, haben es an Gedichten auf seine Schauspiele nicht fehlen lassen. Martial fand, daß die Leistungen der Tierkämpfer die Taten des Hercules überträfen. Statius verglich die Weiber, die in der Arena als Klopffechterinnen auftraten, mit Amazonen, und unglückliche Zwerge einander zerfleischen zu sehen, war ihm ein guter Spaß, über den Vater Mars und die blutige Göttin der Tapferkeit lachten. Aber auch einseitige und bornierte Verteidiger des Römertums nahmen diese Spiele, zum Teil vielleicht in einer Art von Trotz gegen die griechische Kultur, in Schutz; auch Cicero, dem im Grunde die rohe Metzelei zuwider war, stellt sich gegelegentlich auf ihre Seite. „Die Fechterspiele“, sagt er, „erscheinen e i n i g e n unmenschlich und grausam, und mögen es auch sein, wie sie jetzt sind. Als aber noch Verbrecher mit der scharfen Waffe auf Tod und Leben fochten, da konnte es für das Ohr vielleicht manche stärkere Lehre gegen Schmerz und Tod geben, für das Auge keine.“ Der jüngere Plinius lobt seinen Freund, der zum Andenken seiner verstorbenen Frau zu Verona ein glänzendes Fechterspiel mit vielen Panthern veranstalten wollte, und preist Trajan, daß er auch dieses Schauspiel dem Volke gewährt habe: „Nicht ein kraftloses, weichliches, das die Seelen von Männern zu entnerven und zu schwächen, sondern das sie zu rühmlichen Wunden und Todesverachtung zu entzünden geeignet war, da selbst in den Leibern von Sklaven und Verbrechern Liebe zum Ruhm und Begierde nach Sieg sich zeigte.“ Mit Recht nennt der englische Geschichtsschreiber des sinkenden Reichs dies ein eitles und grausames Vorurteil, so edel widerlegt durch die Tapferkeit des alten Griechenland und des neueren Europa.

Fast noch schlimmer als diese Verteidigungen ist die Art, wie sich Cicero gegen die Venationen ausspricht: „Was kann es für einen gebildeten Mann für ein Vergnügen sein, wenn ein schwacher Mensch von einem ungeheuer starken Tiere zerfleischt, oder ein herrliches Tier von einem Jagdspieß durchbohrt wird?“ Aus einer Satire Varros werden allerdings die Wort angeführt: „Seid ihr nicht Barbaren, daß ihr Verbrecher wilden Tieren vorwerft?“, aber ob er damit seine eigne Ansicht aussprach, muß bei dieser aus dem Zusammenhang gerissenen Frage dahingestellt bleiben. Marc Aurel, der so viel wie möglich dem Blutvergießen Einhalt tat, sagt in seinen Selbstbetrachtungen vom Amphitheater nur, daß man dort immer dasselbe sehe und des einförmigen Anblicks überdrüssig werde. Tacitus bemerkt an der Stelle, wo er die grausame Lust rügt, mit der sich Tiberius' Sohn Drusus an dem Morden weidete, er habe, „wenn auch über feiles Blut", zu große Freude gezeigt. Noch von einem der letzten Vertreter des Römertums, von Symmachus, haben wir eine für die römische Auffassung des Gegenstands höchst charakteristische Äußerung. Über jenen Selbstmord der kriegsgefangenen Sachsen in der Gladiatorenschule sagt er, keine private Bewachung habe die ruchlosen Hände dieses verzweifelten Volks zurückhalten können, und erklärt die Selbstmörder für noch nichtswürdiger als Spartacus und seine Genossen; er beschließt, den Unfall mit derselben philosophischen Resignation zu tragen, mit der sich Sokrates über die Vereitelung seiner Wünsche zu trösten pflegte.

Der einzige unter den uns erhaltenen römischen Schriftstellern, der sich in der Auffassung auch dieses Gegenstands zum allgemein menschlichen Standpunkte erhoben habe, ist der Philosoph Seneca, und auch er vielleicht nur momentan oder erst in seinen letzten Jahren; wenigstens nennt er in einer im reifen Mannesalter geschriebenen Schrift die Gladiatorenspiele unter den leichten Zerstreuungen, mit denen man vergebens den Kummer zu bannen sucht. Dagegen hat er sich in seinen spätesten Schriften wiederholt mit Unwillen darüber geäußert, daß ein Mensch, eine heilige Sache für den Menschen, zum Zeitvertreib getötet werde, und einmal auch der Empörung über ein Schauspiel von freilich ungewöhnlicher Unmenschlichkeit einen lebhaften Ausdruck gegeben, an dessen Aufrichtigkeit trotz der rhetorischen Färbung nicht zu zweifeln ist. Er erzählt, daß er zufällig um die Mittagszeit ins Amphitheater geraten sei. Aber gerade dann, wenn die meisten Zuschauer sich entfernt hatten, mußten zur Unterhaltung des zurückbleibenden Teiles Verbrecher, die ungeübt und ohne Schutzwaffen waren, sich umbringen, weil ihre Gefechte für das ganze Publikum zu wenig Interesse gehabt hätten. Hiermit verglichen, sagt Seneca, sind alle bisherigen Kämpfe Erbarmen. Jetzt werden alle Spielereien weggelassen, es ist reiner Mord. Sie haben nichts, sich zu schützen; den Wunden mit ganzem Leibe preisgegeben, führen sie Hieb und Stoß niemals vergebens. Dies ziehen die meisten regelmäßigen und auf Verlangen gegebenen Zweikämpfen vor. Und warum auch nicht? Hier wird nicht mit Helm und Schild das Eisen abgewehrt. Wozu diese Schutzwaffen? Wozu die Fechterkünste? Alles das sind ja nur Mittel, den Tod hinzuhalten. Am Morgen werden die Menschen Löwen und Bären, am Mittag ihren Zuschauern vorgeworfen. Mit Hieben werden sie in die Wunden gejagt und empfangen ihre wechselseitigen Stöße mit bloßgegebener und nackter Brust. Das ist die Pause im Schauspiel. Man schlachtet unterdes Menschen, damit sie nicht ungenutzt verfließe.

Wenn der Ausdruck einer für uns so natürlichen Empfindung in der römischen Literatur so vereinzelt steht, so darf man wohl behaupten, daß diese Schauspiele auch den Besten und Gebildetsten unendlich unschuldiger erschienen, als sie waren. Die Ursachen, welche zwischen der sittlichen Auffassung der damaligen und der heutigen Welt einen so unermeßlichen Abstand hervorbrachten, sind hauptsächlich drei: die Scheidung der Menschheit in eine berechtigte und eine unberechtigte Hälfte, die Macht der Gewohnheit und die blendende und berauschende Großartigkeit und Pracht in der Ausstattung der Schauspiele. Dem römischen Altertume war der Begriff der Menschenrechte fremd und deshalb auch die Ehrfurcht vor der Heiligkeit des Menschenlebens an sich, die zarte Fürsorge für seine Erhaltung. Die geringe Entwicklung des Völkerrechts, vor allem aber das Institut der Sklaverei befestigte zwischen der berechtigten und der unberechtigten Menschheit eine weite und unübersteigliche Kluft, nährte bei jener die Gewohnheit, die Existenz dieser mit einem besonderen Maßstabe zu messen und gering zu achten, ihre Leiden und ihren Untergang ohne Teilnahme anzusehen. Die Kämpfer der Arena waren Landesfeinde, Barbaren, Verbrecher, Sklaven oder verlorene Menschen; ihre Existenz war für die Gesellschaft entweder gleichgültig oder schädlich. In einer rauhen und kriegerischen Zeit hatte Rom das fremde Schauspiel bei sich eingeführt; anfangs selten gesehen, war es langsam häufiger und erst nach Jahrhunderten gewöhnlich geworden. Allmählich übte die von Geschlecht zu Geschlecht vererbte, tiefer und tiefer wurzelnde Gewohnheit ihre unwiderstehliche Gewalt. Keine Macht ist so ungeheuer wie diese, sie ist die einzige, welche den ursprünglichen Widerwillen am Gräßlichen in Behagen zu verwandeln vermag, und niemand ist imstande, sich dem Einfluß des Geistes zu entziehen, der sein Zeitalter durchdringt. Übrigens sind ja martervolle Hinrichtungen zu allen Zeiten vielbegehrte Schauspiele gewesen. Hier sei nur erwähnt, daß bei einer Hexenverbrennung in Palermo die vornehmsten Zuschauerinnen mit Sorbett und Eis bedient wurden.

Endlich darf man nicht vergessen, daß das Amphitheater auch abgesehen von den Kämpfen der Arena eine große Anziehungskraft zu üben vermochte; denn hier bot sich ein Schauspiel, so überwältigend groß, wie es die Welt nie, weder vorher noch nahher, gesehen hat. Wenn es in der Kaiserzeit noch etwas gab, das den Traum von der vergangnen römischen Größe heraufrufen konnte, so war es der Anblick des im Amphitheater der Flavier versammelten Volks. Das Bewußtsein, einer Nation anzugehören, die auch in ihrem Sinken noch so gewaltig erschien, mochte manche Brust mit einem stolzen Gefühl schwellen. Der Bau der Flavier wurde mit Recht von den Zeitgenossen den Wundern der Welt beigezählt. Auf achtzig mächtigen Bogen gegründet, erhob er sich mit vier Stockwerken bis zur Höhe von über 48 m und vermochte 40—45.000 Zuschauer zu fassen. Die innerste und unterste Reihe unmittelbar über der Arena war der Sitz der Senatoren. Hier saßen die Stammhalter der alten fürstlichen Geschlechter, die Würdenträger der Monarchie in ihrer Amtstracht, die Priesterkollegien im Ornat, die Vestalinnen; in der Mitte dieses glänzenden Kreises, auf offenem Sitz oder in einer prachtvollen Loge, der Kaiser mit seinem Hause und Gefolge. Hier zog auch wohl ein orientalischer Fürst in hoher Mütze und weiten, bunten, juwelenbedeckten Gewändern die Blicke auf sich, oder ein deutscher Häuptling in knapp anschließender Tracht erregte durch seine Riesengestalt die Bewunderung und durch sein blondes Haar den Neid der Römerinnen; denn hier war auch der Platz der fremden Könige und Gesandten. Die Tausende und Abertausende der übrigen Stände bedeckten die marmornen Sitze, die sich über dieser ersten Reihe in immer weitern Kreisen erhoben. Unter sie mischten sich die Formen, Farben und Trachten aller Rassen und Nationen. Alle römischen Bürger waren mit Rücksicht auf die kaiserliche Gegenwart und zu Ehren des Festes in die weite Toga gekleidet und bekränzt. Die Plätze der Frauen befanden sich in den höheren Reihen des Amphitheaters; nur die Vestalinnen und die Frauen der kaiserlichen Familie hatten das Vorrecht, die blutigen Szenen der Arena aus unmittelbarster Nähe anzusehen. Auf den höchsten Plätzen drängte sich die Menge derer, die ihr niederer Stand und zerlumpter, schmutziger Anzug von den unteren Sitzen ausschloß.

Dem Auge, das über den weiten Raum hinschweifte, erschienen diese ungeheuren Massen in einer ebenso einfachen wie imposanten Anordnung. Alle architektonischen Linien waren durch reiche und kunstvolle Verzierung gehoben, und das gewaltige Bild in den würdigsten Rahmen gefaßt. Über den ganzen Zuschauerraum konnte zum Schutz gegen die Sonne ein ungeheures Zeltdach gespannt werden, dessen bunte Felder dann einen farbigen Schimmer über das Innere des Gebäudes gossen; bei einem Schauspiel Neros stellte es den gestirnten Himmel vor. Aus der Arena warfen Springbrunnen Strahlen wohlriechender Wasser bis zu erstaunlicher Höhe und kühlten die Luft, welche sie zugleich mit Düften füllten. Eine rauschende Musik übertönte den Lärm des Gefechts.

Alles vereinigte sich also, die Sinne mit einer Trunkenheit zu befangen, die ebenso geeignet war, die Seele für den Eindruck des Wunderbarsten und Ungeheuersten empfänglich zu machen, wie die Regungen sittlicher Empfindung in Schlummer zu wiegen. In einer großen, leidenschaftlich aufgeregten Masse hörte die geistige Selbständigkeit des einzelnen momentan bis zu einem gewissen Grade auf, und auch der Widerstrebende ward in den allgemeinen Taumel fortgerissen. Eine Geschichte, die Augustinus erzählt, gibt hierzu einen merkwürdigen Beleg und ist um so lehrreicher, als sie gewiß die Geschichte von Tausenden gewesen ist. Einer seiner Freunde, namens Alypius, ein junger Mann von guten Sitten, hielt sich in Rom auf, um die Rechte zu studieren. Er begegnete eines Tags einigen Bekannten, die ihn trotz seines Sträubens mit freundschaftlicher Gewalt ins Amphitheater führten; er, ein Christ, rief wiederholt: sie könnten seinen Leib zwar dahin schleppen, aber nicht seine Seele, er werde mit geschlossenen Augen dasitzen und in Wirklichkeit abwesend sein. Er befolgte seinen Vorsatz, aber als ein ungeheures Geschrei, durch irgendeinen Zufall des Kampfs veranlaßt, sein Ohr traf, ließ er sich von Neugier verleiten, die Augen aufzuschlagen; und, sagt Augustin, seine Seele wurde von einer schwereren Wunde getroffen, als der Leib dessen, den zu sehen er begierig war, und er fiel jammervoller als der, bei dessen Fall jenes Geschrei sich erhoben hatte. Denn mit dem Anblicke des Bluts sog er Unmenschlichkeit ein, er wandte sich nicht ab, er heftete den Blick unablässig auf das grausame Schauspiel, er ward von der blutigen Wollust berauscht. Was soll ich noch mehr sagen? Er sah zu, er schrie, er entbrannte, er nahm jenen Wahnsinn mit sich fort, der ihn zum Wiederkehren stachelte.

Wie weit auch die spanischen Stiergefechte an Pracht und Großartigkeit sowie an aufregender Wirkung hinter den Schauspielen des Amphitheaters zurückstehen, so sind sie doch immerhin geeignet, uns die Vorstellung der Eindrücke, die man dort empfing, zu vermitteln. Schon der Anblick der amphitheatralisch gebauten, ganz von Menschen gefüllten Corrida de toros soll ein ganz überwältigender sein, obwohl sie nur 9500 Zuschauer faßte und ganz elend gebaut ist. J. G. Rist konnte sich (1804) dem fremd- und großartigen Reize der Stierkämpfe nicht entziehen. Was ihn bestach, war die

Schönheit und äußerste Kraftanstrengung der edlen Stiere, in höchster Wildheit und Wut, und dennoch durch den Instinkt bald mit mehr, bald mit weniger Schlauheit gepaart. Und außerdem der unendliche Reiz eines wahren Volksschauspiels, desgleichen Europa kein andres hat. Prosper Mérimée erklärt die Anziehungskraft der Stiergefechte für geradezu unwiderstehlich. Er beruft sich auf die eben angeführte Erzählung des Augustinus und bekennt, daß keine Tragödie in der Welt ihn in so hohem Grade interessiert, daß er während seines Aufenthalts in Spanien kein Stiergefecht versäumt habe, und daß er die blutigen Kämpfe denen vorziehe, bei denen die Gefahr für die Fechter durch Kugeln, die man auf die Hörner der Stiere setzt, so gut wie beseitigt ist.

Nur sehr langsam und allmählich vermochte das Christentum die alte Welt von den mörderischen Schauspielen der Arena zu entwöhnen. Offenbar hing auch ein großer Teil der Christen an ihnen; wie sehr sie ihre Phantasie beschäftigten, zeigt z. B., daß unter den Erscheinungen, die den Sinn des heiligen Hilarion in der Wüste berücken und der Weltlust wieder zuwenden sollten, außer einem Wagenlenker, der ihm auf den Rücken sprang und ihn wie ein Pferd ritt, auch ein Kampf von Gladiatoren war, von denen einer wie getötet zu seinen Füßen niederfiel und ihn um ein Begräbnis bat. Der Erlaß Constantins aus Berytus vom 1. Oktober 325, welcher die „blutigen Schauspiele“ während der Ruhe des Friedens mißbilligt und bei Verurteilungen die Arbeit in den Bergwerken an Stelle der Gladiatorenspiele zu setzen befiehlt, ist wohl nicht als ein eigentliches Verbot zu betrachten. In einem später erlassenen Schreiben an die Stadt Hispellum (Spello) bewilligt Constantin die Bitte derselben, daß es den Priestern Umbriens gestattet sein solle, fortan dort ihre szenischen und Gladiatorenspiele zu geben; die Priester Tusciens aber sollen die ihrigen nach wie vor in Volsinii veranstalten. Der Astrolog Firmicus Maternus, der noch vor Constantins Tode schrieb, gibt die Konstellationen an, unter denen Gladiatoren oder Athleten geboren werden, und spricht von solchen Gladiatoren, denen durch ihre Nativität bestimmt ist, im Anblick des Volks durch einen schrecklichen, grausamen Tod umzukommen. Ein Gesetz Valentinians vom Jahre 365 verbietet nur, Christen zur Gladiatorenschule zu verdammen. Erst Honorius, den Prudentius vergeblich beschworen hatte, die Todesstrafe nicht ferner zur Ergötzung des Volks dienen zu lassen und in der Arena nur Tierhetzen zu gestatten, soll im Jahre 404 die Gladiatorenspiele in Rom aufgehoben haben, nachdem ein asiatischer Mönch, Telemachus, der sich mitten unter die Kämpfenden gestürzt hatte, um sie zu trennen, von dem über diese Unterbrechung des Schauspiels zur Wut empörten Volke zerrissen worden war. Die kaiserlichen Gladiatorenschulen waren schon 399 aufgehoben worden. Dennoch mögen die Fechterspiele in den westlichen Provinzen sich noch einige Zeit erhalten haben. Augustinus spricht kurz nach dem Jahre 410 von den Gladiatoren so, als ob sie noch kämpften. Im Orient hatten ihre Kämpfe schon zu Ende des 4. Jahrhunderts aufgehört: Johannes Chrysostomus, der in seinen Predigten wiederholt den Besuch des Zirkus und Theaters als sündhaft und verderblich verdammt, nennt diese Schauspiele, die er mit noch viel größerem Rechte bekämpft haben würde, niemals. Dagegen eifert er und andre christliche Prediger gegen die Tierhetzen, in denen man Fühllosigkeit und Grausamkeit lerne. Ebenso klagt um die Mitte des 5. Jahrhunderts der Presbyter Salvianus von Massilia über die Schauspiele, bei denen es der höchste Genuß für die Zuschauer ist, daß Menschen zerrissen, Tiere mit ihrem Fleisch gefüttert werden: zu diesem Zweck durchstreife man Wildnisse und undurchdringliche Wälder, ersteige die Alpen und dringe in schneebedeckte Täler.

Die Tierhetzen haben sich im Orient wie im Occident mindestens bis ins 6. Jahrhundert erhalten. Im Jahre 469 verboten die Kaiser Leo und Anthemius „die tränenreichen Schauspiele" der Venationen nur für den Sonntag. Auch Turcius Rufius Apronianus Asterius (Konsul 494) rühmt sich in seiner (in der mediceischen Bibliothek zu Florenz befindlichen) Handschrift des Vergil, im römischen Zirkus Bühnenspiele, Wagenrennen und Venationen veranstaltet zu haben. Noch im Jahre 536 verordnete Justinian ausdrücklich, daß die Konsuln unter andern Schauspielen auch Tierkämpfe geben sollten. Er gestattete im ganzen sieben sogenannte *processus consulares,* von denen der erste und der letzte mit dem Tage des Antritts und der Niederlegung des Amtes zusammenfielen, der zweite und sechste *(mappa* genannt) für die zirzensischen Spiele bestimmt waren, während bei dem dritten eine Tierhetze, bei dem vierten eine besonders beliebte Art desselben Schauspiels (μονημέριον) wobei das Volk sich an dem Mute der gegen die Tiere kämpfenden Männer erfreuen sollte, bei dem fünften außer dem Auftreten von Tragödien und Chören theatralische Aufführungen voll Ausgelassenheit (πόρναι) stattfanden. Zwei Jahre früher hatte Justinian in einem Schreiben an den Erzbischof von Constantinopel beklagen müssen, daß Geistliche sich des Besuchs auch dieser Schauspiele nicht enthielten. In derselben Zeit bewunderte Cassiodor in Rom die Gewandtheit und Schnelligkeit, mit der sich die Tierkämpfer den Angriffen der Bestien zu entziehen wußten, sowie die mancherlei künstlichen Vorrichtungen, die zu ihrem Schutze getroffen waren und die wir zum Teil noch auf den geschnitzten Elfenbeindeckeln der Einladungen dargestellt sehen, welche die Konsuln zu ihren Schauspielen versandten: wenigstens war man also damals in Rom bemüht, die Venationen, wenn nicht unblutig, so doch weniger blutig zu machen.

Soweit die alte Welt das Gepräge römischer Kultur getragen hat, sind auch die Schauspiele des Amphitheaters verbreitet gewesen, und von Jerusalem bis Sevilla, von Schottland bis zum Rande der Sahara hat es gewiß keine bedeutende Stadt gegeben, in deren Arena nicht Jahr für Jahr zahlreiche Opfer geblutet hätten. Daß vielfach gesetzliche Bestimmungen die Beamten der Munizipien und Kolonien zur Veranstaltung wie von andern Spielen, so auch von Gladiatorenkämpfen verpflichteten, darf nach dem (vor oder kurz nach dem 15. März 44 verfaßten) Stadtrecht von Urso in Spanien angenommen werden, nach welchem die jedesmaligen Duumvirn zu Ehren der drei kapitolinischen und der übrigen Gottheiten ein Fechterspiel oder Bühnenspiele zu veranstalten hatten, welche 4 Tage dauern und den größten Teil des Tages ausfüllen mußten. Für dieselben Gottheiten sollten die Ädilen dreitägige Schauspiele der einen oder der andern Gattung geben. Jeder Duumvir sollte aus der Stadtkasse 2000, jeder Ädil 1000 Sesterzen aufwenden dürfen, und jeder Spielgeber mindestens 2000 Sesterzen aus eignen Mitteln zuzuschießen verpflichtet sein. Die Beamten und Priester der Munizipien heben daher auf ihren Inschriften mit besonderer Vorliebe die Verdienste hervor, die sie sich durch Ausrüstung der öffentlichen oder auch aus Stiftungsmitteln unterhaltenen Fechterspiele erworben haben. Andrerseits unterlagen dieselben allerdings auch gesetzlichen Beschränkungen, deren Aufhebung die einzelnen Gemeinden vom Senat oder vom Kaiser auszuwirken hatten. In den Provinzen sind es in erster Linie die Provinzialpriester, die durch Gesetz verpflichtet sind, amphitheatralische Spiele zu geben, die, wenigstens als Tierhetzen, auch dann noch fortbestanden, als Theodosius den Zwang zu dieser Leistung aufhob. Außer gelegentlichen Erwähnungen der alten Schriftsteller lassen Denkmäler verschiedener Art, vor allem die noch erhaltnen Ruinen der Amphitheater in mehreren römischen Provinzen, die Verbreitung dieser Schauspiele einigermaßen verfolgen.

Am häufigsten waren sie, wie natürlich, in Italien, das auch noch jetzt bei weitem die meisten Amphitheater hat. Kaum war dort ein Städtchen so klein und armselig, in dem nicht von Zeit zu Zeit einige Klopffechter aufgetreten oder Wildschweine und Bären gehetzt worden wären, und in größeren Orten fand nach dem Maßstabe, den wir an Volksvergnügungen anzulegen gewohnt sind, für diese Schauspiele eine unverhältnismäßige Verschwendung statt. Wenn auch die gesetzlichen Bestimmungen nur einen mäßigen Aufwand, wie in dem Stadtrecht von Urso 14.000 Sesterzen (= 3045 Mark) jährlich, verlangten, so zwang doch die Rücksicht auf die Sitte und öffentliche Meinung die Beamten ohne Zweifel zu sehr viel höheren Ausgaben. Wenn in Urso die sämtlichen Schauspiele drei oder vier Tage dauern sollten, so fehlt es nicht an Zeugnissen, daß in italienischen Städten Fechterspiele und Venationen allein zwei, drei und vier Tage dauerten. Es wurden nicht bloß Stiere, Hirsche, Hasen, Wildschweine und Bären, die in den Apenninen häufig waren, gehetzt, sondern auch Leoparden und Panther; und Plinius sagt, daß man in den Munizipien bereits die Tierkämpfer mit silbernen Waffen gerüstet sehe, was hundert Jahre früher in den Schauspielen Cäsars zu Rom großes Aufsehen gemacht hatte. In kleineren und ärmeren Orten traten drei, vier oder sechs Fechterpaare, in größeren zehn, zwanzig, dreißig und mehr auf. In Pompeji gab ein A. Clodius Flaccus, als er zum zweitenmal das Duumvirat (das höchste städtische Amt) bekleidete, unter anderm 30 Paar Athleten und 5 Paar Gladiatoren allein, 35 Fechterpaare und Stierkämpfe und eine Hetze von Ebern, Bären und andern Tieren mit seinem Kollegen gemeinschaftlich. Außerdem kennen wir aus Anzeigen, die sich in Pompeji erhalten haben, sieben Honoratoren dieser Stadt als Veranstalter von Fechterspielen. Ein N. Festus Ampliatus, dessen Bande ebenfalls dort auftrat und in einer Anzeige als „Gegenstand des Verlangens der ganzen Welt" bezeichnet wird, war vielleicht ein umherziehender Unternehmer. Offenbar war es sehr gewöhnlich, daß reiche Munizipalen ihren Mitbürgern dieses Schauspiel gewährten. Die Gäste Trimalchios unterhalten sich von einem solchen, das in ihrer Stadt kürzlich stattgefunden hat, und von einem bevorstehenden dreitägigen. In Pollentia ließ unter Tiberius das Volk die Leiche eines Primipilaren nicht eher bestatten, als bis es von den Erben gewaltsam Geld zu einem Fechterspiel erpreßt hatte. Martial spottet, daß zu Bononia ein Schuster, zu Mutina ein Walker ein solches gegeben habe, er fragt, an welchem Ort es nun wohl ein Schenkwirt tun werde. In Pisaurum wurde einem der Honoratioren, der die höchsten städtischen Ämter bekleidet hatte, eine Statue auf einem Zweigespann gesetzt, weil er außer andern Beweisen großer Freigebigkeit mit kaiserlicher Erlaubnis achtmal Gladiatorenkämpfe und überdies Floraspiele gegeben hatte; bei der feierlichen Aufstellung des Denkmals gab der Sohn des Geehrten im Beisein seines Vaters 30 Fechterpaare und eine Tierhetze. In Allifä gab ein „Bürger von großartiger Freigebigkeit" aus Anlaß der Ehre des Duumvirats in dem Jahre, in welchem er es erhielt, 30 Paar Gladiatoren und eine Hetze von afrikanischen Tieren und in seinem Duumvirat, nach Empfang von 13.000 Sesterzen (= 2827 Mark) von seiten der Stadt, „vollständige" Tierhetzen und 21 Gladiatorenpaare, außerdem nach einem Jahre Theaterspiele auf eigne Kosten. Dergleichen Angaben sind in großer Zahl erhalten. Sie sind in Postamente von Statuen und andern Ehrendenkmälern, auch in Grabmonumente eingehauen, um die ruhmwürdige Pracht und Freigebigkeit der Festgeber auf die Nachwelt zu bringen; und die Inschriften zeigen, wie sowohl die Kommunen als die einzelnen bemüht waren, ihre Vaterstadt bei solchen Gelegenheiten in möglichst großem Glanze erscheinen zu lassen. Die Feste galten aber für um so glänzender, je mehr Menschenleben sie kosteten. Auf dem Postamente einer Statue, die im Jahre 249 einem Bürger errichtet ward, der alle Ämter bekleidet und prächtige Schauspiele gegeben hatte, heißt es: Er hat zu Minturnä an vier Tagen elf Paare auftreten und so lange fechten lassen, bis elf von den ersten Gladiatoren Campaniens auf dem Platze geblieben sind; auch hat er zehn grausame Bären tothetzen lassen, wie euch, wohledle Bürger, wohl bewußt ist. In der Grabschrift eines höchsten städtischen Beamten zu Peltuinum wird gerühmt, daß er ein dreitägiges Gladiatorenspiel „und vier Verbrecher" gegeben habe, deren Exekution also auch als erwünschte Zugabe des Schauspiels angesehen wurde.

Nächst Italien haben Gallien und das nördliche Afrika die meisten Amphitheater, und in diesen Provinzen sowie in Spanien waren die Fechterspiele ohne Zweifel auch am meisten verbreitet. Nach einer Inschrift von Xeres de la Frontera hatte ein Beamter des dortigen Munizipiums für das Wohl und den Sieg der Kaiser ein Schauspiel mit zwanzig Fechterpaaren gegeben. In Karthago wird in der Ehreninschrift eines unter Hadrian bis zum Posten eines Legionstribunen aufgestiegenen Mannes gerühmt, daß er zum Danke für die erreichten städtischen Würden außer einer reichen Spende an die Stadtkasse viertägige amphitheatralische Spiele mit Gladiatoren und afrikanischen Tieren gegeben habe. In den nördlichen Ländern werden diese Schauspiele ohne Zweifel seltener gewesen sein, aber nur weil dort die Armut und Roheit der Bewohner, die Spärlichkeit der Bevölkerung und die Vereinzelung der römischen Städte der Ausbreitung der römischen Kultur überhaupt hinderlich war; doch besaßen auch hier, um von kleineren Bauten abzusehen, z. B. Metz und Trier stattliche steinerne Amphitheater.

In Griechenland setzte die Bildung und Gesittung des Volks der Einführung der Fechterspiele einen lebhaften Widerstand entgegen, der immerhin so viel vermochte, daß sie dort nicht so allgemein wurden wie in den westlichen Provinzen. Doch freilich bewies die Gewohnheit ihre unwiderstehliche Macht auch hier. Dies hatte sich schon damals gezeigt, als König Antiochus Epiphanes zum erstenmal in Syrien und vermutlich auch in Griechenland Gladiatorenspiele einführte. Zuerst erregten sie mehr Entsetzen als Vergnügen, aber durch häufige Wiederholung, und indem er die Kämpfe anfangs nur bis zu Verwundungen, dann bis zum Fall eines Fechters fortsetzen ließ, brachte er es dahin, daß sie Beifall fanden und bald Freiwillige für geringen Lohn sich zum Kampf anboten. Um so begreiflicher ist, daß die Gladiatorenspiele in Griechenland Eingang fanden, seit mit der Unterwerfung unter die Römer die Beziehungen dieses Lands zu Rom je länger desto inniger und vielfacher wurden und römische Sitten sich dort mehr und mehr einbürgerten. Der Herd, von welchem die Verbreitung dieser fremden Einflüsse ausging, war das von Cäsar als römische Kolonie neugegründete Korinth. Auch abgesehen von dem ungriechischen Charakter dieser Kolonie und ihrer Bevölkerung war es natürlich, daß die Gladiatorenspiele gerade hier, in der üppigen und reichen Handels- und Seestadt, mit einem ohne Zweifel großen, verdorbenen Pöbel, sich am festesten behaupteten: und dies ist auch der einzige Ort in Griechenland, wo sich (wenngleich nicht vor dem 2. Jahrhundert) ein Amphitheater bestimmt nachweisen läßt; seine Ruine steht noch heute. Bald wurde das Schauspiel auch in Athen eingeführt, wie es scheint, weil man dort den Korinthern nicht nachstehen wollte; und obwohl es gegen Ende des 1. Jahrhunderts an einigen Orten, wie Rhodus, noch nicht Eingang gefunden hatte, war es doch damals in Griechenland nicht mehr selten. Plutarch empfiehlt den Männern, welche die Leitung der öffentlichen Angelegenheiten in ihren Gemeinden übernehmen wollen, die Gladiatorenkämpfe ganz zu verbannen; wenn dies aber nicht möglich sei, sie doch zu beschränken und der Masse, die solche Schauspiele verlange, Widerstand zu leisten. Doch seine Klagen über die ungebildeten Reichen, die unter andern unedlen Mitteln auch dies nicht scheuten, um eine geehrte Stellung in ihrer Stadt einzunehmen, und so das Volk verdarben, zeigen, daß es selbst an der Ausführbarkeit seiner Ratschläge verzweifelte. Leichter fanden die Tierhetzen Eingang, um so mehr, als die Stierkämpfe bereits üblich waren. Wer die Gunst des Volks erwerben will, sagt Dio von Prusa, muß nicht bloß Gaukler, Spieler und Athleten herbeischaffen, sondern auch einen wilden Löwen oder hundert Stiere, ja diejenigen, welche der Menge gefallen wollen, streben noch nach anderm, was man nicht einmal sagen kann (vermutlich sind Fechterspiele gemeint). Hadrian ließ bei einem Schauspiel im Stadium zu Athen tausend Tiere hetzen. Aber immer war es in Griechenland nur die Hefe des Volks, die an diesen grausamen Vergnügungen Gefallen fand; die Gebildeten waren, wie es scheint, einstimmig in ihrer Verdammung. Wie Plutarch äußern sich auch Dio von Prusa und Lucian mit Abscheu über die Gladiatorenspiele, sie nennen sie roh, tierisch, mörderisch und überdies auch insofern schädlich, als sie das Land gerade der tapfersten Männer berauben. Ein Neupythagoreer, der wider den Fleischgenuß eifert, behauptet, die Entartung des Geschmacksinns habe auch die übrigen Sinne angesteckt und das Auge gelehrt, statt sich an Tänzen, Bildern und Statuen zu erfreuen, Mord, sterbende Menschen, Wunden und Schlachten als das kostbarste Schauspiel zu schätzen. Der Philosoph Demonax soll den Athenern, als sie mit der Einführung dieses Schauspiels umgingen, geraten haben, zuvor den Altar umzustürzen, den sie der Gottheit des Erbarmens errichtet hatten. Der Kaiser Julian, welcher Priestern nicht einmal den Besuch des Theaters gestatten wollte, meinte, daß den Tierhetzen nicht bloß sie selbst, sondern auch ihre Söhne fern bleiben sollten.

Viel leichter fanden die Fechterspiele in den kleinasiatischen Provinzen mit ihrer halborientalischen Mischlingsbevölkerung Eingang, noch mehr im eigentlichen Orient; in Berytus erbaute der Judenkönig Agrippa I. († 44 n. Chr.) ein prunkvolles Amphitheater, bei dessen Einweihung er zwei Haufen von je 700 Missetätern gegeneinander kämpfen ließ. In Kleinasien kannte schon Strabo ein Amphitheater zu Nysa in Karien, ein andres zu Laodicea am Lycus wurde im Jahre 79 erbaut; in Ancyra hielt, wie es scheint, der Brauch der Gladiatorenkämpfe und Tierhetzen zusammen mit der Verehrung des (lebenden) Augustus seinen Einzug. Auch Alexandria hatte bereits unter Augustus ein Amphitheater. Der Antiochener Libanius war trotz seiner griechischen Bildung in der Jugend wie im Alter ein Bewunderer der Gladiatorenspiele, „in denen Männer fielen und siegten, die man Schüler der Dreihundert bei Thermopylä hätte nennen können".

Ruinen von Amphitheatern sind fast in allen Teilen des römischen Reichs erhalten, die meisten und größten, wie gesagt, in Italien und Südfrankreich, die wenigstens in Griechenland und den andern östlichen Provinzen. Ihre Erhaltung ist nach den Schicksalen, die sie betroffen haben, verschieden. Einige sind schon im Altertum nach dem Aufhören der Gladiatorenspiele verfallen und ihre Steine zur Errichtung neuer Gebäude verwendet worden, wie dies zu Verona unter Gallienus, in Catania unter Theoderich mit dessen ausdrücklicher Erlaubnis geschehen ist. Diese Art der Zerstörung hat an den meisten Orten durch das ganze Mittelalter und die neuere Zeit fortgedauert, durch sie ist ohne Zweifel ein großer Teil der Amphitheater völlig verschwunden, von vielen sind nur geringe, kaum erkennbare Spuren geblieben. In verlassenen Gegenden sind sie unter dem langsam wirkenden Einfluß der Naturkräfte in Trümmer gesunken, und die auf den Ruinen wuchernde Vegetation, die ihre Wurzeln in alle Fugen trieb, hat die Zerstörung vollendet. Sehr viele sind, wo Kriege oder innere Fehden wüteten, besonders während der Stürme des früheren Mittelalters, als Festungen benutzt worden, namentlich auch von den Arabern. Die Verteidiger befestigten sie mit Türmen und Gräben, Mauerbrecher donnerten und Brände und Pfeile flogen gegen die Bogentore, durch die einst eine festlich geschmückte Menge wogte. Mit der Wiederkehr friedlicher Zeiten erfuhren sie neue Zerstörungen, wenn die Armut in den alten Mauern ihre Hütten baute. An manchen Orten fielen sie der Prostitution anheim, die sie zum Schauplatz ihrer Orgien machte. Ihre halbverschütteten und verfallenen Gewölbe und Gänge boten dem Auswurf der Gesellschaft willkommene Schlupfwinkel, und manche Untat ward in dieser Verborgenheit verübt. Schatzgräber durchwühlten ihren Schutt, in der Hoffnung, Reste der alten Herrlichkeit zutage zu fördern, und Zauberer und Beschwörer mochten in den verrufenen und schauerlichen Ruinen gern ihr Wesen treiben. Noch immer wurde hier und da eine Arena zu ritterlichen Kämpfen, Gottesurteilen und Turnieren benutzt. Anderwärts ward ihr blutgetränkter Boden vom Pfluge durchfurcht, oder er bedeckte sich mit dem

Grün der Rebe und des Ölbaums. Wie an alle Reste längst vergangner, verschollner Zeiten heftete sich die Sage auch an diese alten Gemäuer und bevölkerte sie mit den Geistern des Volksglaubens: Grotten der Feen heißen sie noch jetzt an einigen Orten. Das Amphitheater zu Pola, das außen völlig erhalten, innen ganz zerstört ist, gilt dem Volke in der Umgegend als das unvollendete Werk einer Fee; sie sollte in einer einzigen Nacht einen Palast bauen, die Morgendämmerung und der Hahnenschrei setzten ihrer Arbeit für immer ein Ziel. Die Amphitheater zu Bordeaux und Poitiers erhielten den Namen *Palais Gallienne* von einer so genannten spanischen Prinzessin, die nach mittelalterlichen Ritterromanen von Karl dem Großen entführt worden war: erst infolge gelehrter Umdeutung wurde der Name in den des Kaisers Gallienus *(Gallien)* verwandelt.

Die Geschichte einiger von diesen Ruinen läßt sich wenigstens in ihren Hauptmomenten durch das Mittelalter und die neuere Zeit verfolgen. Als die Franken unter Chlodwig 508 in das südliche Frankreich eindrangen, befestigten die Westgoten das Amphitheater zu Nîmes; sie zogen einen breiten Graben herum, erbauten zwei viereckige Türme, die erst 1809 abgebrochen wurden, und im Innern Wohnungen für die Besatzung; fortan hieß das Gebäude *Castrum arenarum.* Von 720 bis 737 diente es den Sarazenen als Festung, die Karl Martell nach heftigem Widerstande daraus vertrieb. Sein Versuch, es durch Feuer zu zerstören, mißlang. Das Amphitheater blieb Festung und bis zum Ende des 14. Jahrhunderts im Besitz einer Art von Ritterorden, der *milites castri arenarum.* Mit der Zeit fiel es dann den unteren Klassen der Einwohnerschaft anheim, sein innerer Raum bedeckte sich mit armseligen Hütten und bildete durch mehrere Jahrhunderte ein eigenes Quartier *(quartier des arènes),* dessen Bevölkerung bis auf 2000 Seelen stieg und sich durch einen eigentümlichen Sprachakzent auszeichnete. Im Jahre 1533 besuchte Franz I. Nîmes, und die Überbleibsel des Altertums erfüllten ihn mit hoher Bewunderung. Man sah ihn kniend über römische Inschriftensteine gebeugt, die er mit seinem Tuche vom Staube reinigte, um sie zu entziffern. Die Stadt beschenkte ihn mit einem silbernen Modell des Amphitheaters, doch sein Befehl, die eingebauten Häuser abzubrechen, blieb unausgeführt. Erst im Jahre 1809 erfolgte die Räumung der Arena. Gegenwärtig werden hier die in Nîmes sehr beliebten Reiterspiele, Ringkämpfe und Stiergefechte veransaltet; bis 15.000 Menschen finden noch jetzt in dem Gebäude Platz. Ähnliche Schicksale hat das benachbarte Amphitheater von Arles gehabt, dessen Räumung (sowie die Aufstellung eines im Rhoneschlamme versunkenen Obelisken) schon Heinrich IV. hatte ausführen wollen.

Als die Sarazenen bei Fréjus landeten, um die Provence zu plündern, errichteten sie in dem dortigen Amphitheater ein verschanztes Lager. Die Bevölkerung, welche die von ihnen völlig zerstörte Stadt verlassen hatte, siedelte sich auf Veranlassung der die dortige Kirche seit dem 7. Jahrhundert leitenden Bischöfe allmählich wieder an; die neu aufgebaute Stadt wurde im 10. Jahrhundert von Bischof Riculph aus Furcht vor Barbaren befestigt. Bei dem Neubau der Kirche diente als Steinbruch besonders das Amphitheater, das man übrigens auch deshalb zerstörte, um nicht den Sarazenen bei ihren Angriffen gegen die Stadt einen Stützpunkt zu lassen.

So ward es zur völligen Ruine. Als Karl V. Fréjus mit einer Belagerung bedrohte (zu der es nicht kam), gehörte die Abtragung seines noch aufrecht stehenden Teils zu den Verteidigungsmaßregeln der Stadtbewohner. Im Jahre 1828 wurde es ausgegraben.

Das Amphitheater zu Verona erlitt, wie gesagt, die erste Zerstörung schon im Altertum; Steine daraus befinden sich in der Mauer, die eilig zum Schutz der Stadt aufgeführt wurde, als man unter Gallienus einen Einfall der Barbaren besorgte. Eine Beschreibung der Stadt aus der Zeit des Königs Pipin nennt es das Labyrinth, aus dessen Gängen man nur mit Lampe oder Faden den Ausweg finde, das von Bischof Ratherius im 10. Jahrhundert „den Zirkus, der Arena genannt wird". In dieser Zeit und später wird sein Gebrauch als Festung mehrfach erwähnt. Es diente sodann zu gerichtlich verordneten und wohl auch andern Zweikämpfen; noch im Jahre 1263 wird bezeugt, daß einige Visconti das Recht besaßen, für jeden darin abzuhaltenden Zweikampf 25 Lire zu erheben, für welche Summe sie die Pflicht übernahmen, den Kampfplatz durch bewaffnete Leute abzusperren und freizuhalten. Nicht selten fanden auch in der Arena Enthauptungen von bedeutenden Verurteilten statt, namentlich in den Zeiten der Scaliger. Seit dem Anfange des 15. Jahrhunderts und bis zu dessen Ende wurden seine Gewölbe von feilen Dirnen bewohnt, die dafür der Stadt einen Zins zahlten. Wie in allen Städten, wo es Amphitheater gab, hatte man sich seiner Steine fort und fort als Baumaterial bedient; doch ist die Stadt Verona vor allen andern dadurch ausgezeichnet, daß sie schon sehr früh auf Erhaltung der Ruine bedacht war. Schon in einem Statut von 1228 verspricht der Podestà zur Herstellung der Arena in dem ersten halben Jahre seiner Regierung aus der Gemeindekasse 500 Lire anzuweisen, eine für jene Zeit beträchtliche Summe. In einem zweiten, vor 1376 abgeschlossenen Statut wird angeordnet, die Arena zu schließen und die Schlüssel in Verwahrung der Gemeinde zu behalten, da dort viele Übeltaten begangen worden seien und noch ferner begangen werden könnten; zugleich werden Strafen festgesetzt gegen Erbrechung der Tore, Verletzung der Mauern und Verunreinigung des Gebäudes. Ein drittes Statut von 1475 verordnet Strafen gegen Fortschaffung von Steinen und Stufen aus demselben. Doch waren die letzteren damals schon zum größten Teil verschwunden; im Jahre 1480 nennt ein Dichter die Arena von Stufen entblößt *(gradibus vacua)*. Mit dem 16. Jahrhundert begann die Restauration. Seit 1545 wurde von Zeit zu Zeit ein Bürger gewählt, der die Erhaltung der Ruine zu überwachen hatte, im Jahre 1568 eine Geldsammlung zur Herstellung der Stufen veranstaltet, 1579 eine jedes vierte Jahr zu erhebende Steuer eingeführt behufs Instandhaltung des Gebäudes, wozu auch der vierte Teil der Geldbußen verwandt werden sollte. Ähnliche Beschlüsse faßte der Rat der Zwölf und der Fünfzig mehrmals. Im 17. Jahrhundert wurden zur Fürsorge für das Gebäude zwei Presidenti dell' Arena ernannt. Turniere wurden damals öfters dort abgehalten, so 1622 und 1654; dies war auch schon im 16. und in früheren Jahrhunderten nicht selten geschehen; so wird eins vom Jahre 1222 erwähnt. Im Jahre 1712 veranstaltete man dort zu Ehren des Kurfürsten von Bayern ein Ringstechen. Der edle Veroneser, dem wir diese Geschichte des bedeutendsten Monuments seiner Vaterstadt verdanken,

Marchese Scipione Maffei, fordert am Schlusse derselben die adlige Jugend Veronas auf, sich dieses einzigen und unvergleichlichen Schauplatzes von Zeit zu Zeit zu bedienen, um ihren Mut zu zeigen und ihre Tapferkeit zu üben. Als Napoleon 1805 die Stadt besuchte, gab man ihm im Amphitheater das Schauspiel eines Kampfes zwischen Hunden und Stieren; die Beifallsrufe von 40.000 Zuschauern bei seinem Erscheinen hatten für ihn an dieser Stelle etwas Ergreifendes. Beim Kongreß von 1822 wurde dort zuweilen ein Feuerwerk oder Wettrennen veranstaltet: „dann trieb die k. k. Polizei das Landvolk aus der Nachbarschaft herbei, weil die Bevölkerung des modernen Verona mitsamt ihren erlauchten Gästen nicht ausreichte, um den riesigen Rundbau zu füllen".

Doch bei weitem die gewaltigste unter all diesen Ruinen ist das Colosseum. Wenn auch von Habsucht und Glaubenseifer früh ihrer Zierden beraubt, blieben seine Mauern doch noch manches Jahrhundert nach dem Untergange des römischen Reichs unangetastet stehen und riefen im achten unserer Zeitrechnung jenes Wort der Bewunderung hervor: Solange das Colosseum stehen wird, wird Rom stehen; wenn das Colosseum fallen wird, wird Rom fallen; wenn Rom fallen wird, wird die Welt fallen! Die erste wesentliche Zerstörung erfolgte vielleicht erst 1084, in welchem Jahre Robert Guiscard den größeren Teil der Stadt zwischen Cälius und Kapitol verwüstete; andere Zerstörungen brachten die inneren Fehden, in denen es während des 12. und 13. Jahrhunderts meist den Frangipani als Festung diente; sie waren Hauptleute der Regione del Colosseo, einer von den damaligen 13 Regionen Roms. Im Jahre 1244 zwang sie Friedrich II., einen Teil des Gebäudes den Annibaldi abzutreten; bei diesen suchte und fand Konradin 1268 nach der Schlacht von Tagliacozzo hier Schutz und Zuflucht. Im Anfange des 14. Jahrhunderts kam es in die Botmäßigkeit des Senats und Volks von Rom, welche darin am 3. September 1332 ein großes Stiergefecht veranstalteten. Alle Barone der Umgegend wurden eingeladen, drei hohe Damen hatten das Amt, die Frauen der Stadt an ihre Plätze zu führen; die Namen der Kämpfer, die das Los ergab, werden gemeldet, sowie ihre Farben und Mottos. Achtzehn von ihnen blieben auf dem Platze, neun wurden verwundet und elf Stiere getötet; die Leichen der gefallenen Paladine wurden mit großem Pomp und unter allgemeinem Zulaufe des Volks in S. Maria Maggiore und S. Giovanni del Laterano bestattet. Im Jahre 1381 schenkten Senat und Volk den dritten Teil des Colosseums der Brüderschaft der Kapelle Sancta Sanctorum, in Anerkennung der Verdienste, die sich diese um Herstellung der Ordnung in jener Gegend erworben hatte; denn so viele Missetäter hatten sich in die Ruine geflüchtet, daß sie zu einer Räuberhöhle geworden war. Durch Vermauerung der äußeren Bögen in den höheren Stockwerken hatte die Brüderschaft einige Korridore zu einem Hospital eingerichtet, das später mit dem lateranischen vereinigt wurde. Infolge des Zuströmens einheimischer und fremder Gläubigen, welche den mit Märtyrerblut getränkten Boden verehren wollten, wurde aus Almosen eine Kapelle in der Höhe des alten Podiums und daneben die Wohnung eines Eremiten errichtet; über der Kapelle war eine Bühne mit Mauern abgeschlossen, auf der alljährlich am Karfreitage ein Passionsspiel aufgeführt wurde, das in vielen Schriften des 15. und 16. Jahrhunderts erwähnt wird: unter Pius III. wurde es aufgehoben. Unterdessen hatte die Ausbeutung der Ruine als Steinbruch immer fortgedauert. Schon am Anfange des 15. Jahrhunderts klagte Poggio, daß „durch die Torheit der Römer" die Überreste des Colosseums größtenteils zu Kalk verbrannt seien. Paul II. bediente sich seiner Travertinquadern zum Bau des Palastes San Marco (di Venezia), der Kardinal Riario benutzte sie für die von Bramante erbaute Cancelleria, Paul III. für den Palast Farnese. Der Plan Sixtus V., eine Tuchfabrik nebst Wohnungen für die Arbeiter im Colosseum einzurichten, wurde durch seinen Tod vereitelt. Eine Konzession, Stiergefechte darin zu veranstalten, die im Jahre 1671 zwei Bewerbern auf zwei Jahre erteilt worden war, blieb unbenutzt. Im Jahre des Jubiläums 1675 wurden, um fernere Mißbräuche und Profanationen zu verhindern, die Eingangsbögen durch Vermauerung geschlossen. Aus dem Jahre 1727 hat sich eine Erlaubnis für den Eremiten erhalten, das im Colosseum wachsende Gras zu verpachten. Die für das Gebäude getroffenen Anstalten blieben unzureichend, bis Benedict XIV., zum Teil veranlaßt durch einen Mordanfall auf den Eremiten im Jahre 1741, die Erhaltung und Sicherung des Baues zum Gegenstand umfassender und nachhaltiger Fürsorge machte. Mit Pius VII. begann die Zeit der Restauration, die leider vielfach mit dem in Italien so gewöhnlichen Mangel an Verständnis und Schonung für ursprüngliche Gestalt und Charakter des Herzustellenden geschehen ist.

Das Colosseum bietet nicht mehr den Anblick, den es damals gewährte, als Byrons gewaltige Phantasie die Geister der Toten, die diesen Boden mit ihrem Blut getränkt hatten, in die vom Mondlicht beschienenen Trümmer heraufbeschwor. Das auf den Mauern waldartig wuchernde Grün ist verschwunden, die neuen Backsteinbauten stechen häßlich von den alten Travertinquadern ab. Über den höchsten Mauerrand läuft ein Telegraphendraht. Am Eingange steht eine französische Schildwache. An zwei Nachmittagen in jeder Woche erbaut die Predigt eines Kapuziners in der Arena eine Zahl von Andächtigen, meist Frauen aus den untersten Klassen, und die alten Bogen hallen dann von Lob- und Bußgesängen wieder (geschrieben 1864).

4. DAS THEATER

Wie bereits erwähnt ist, fanden die Schauspiele des Theaters, die von allen am wenigsten Kosten und Schwierigkeiten verursachten, auch bei weitem am häufigsten statt; doch war das Interesse für sie ein weit geringeres als für die beiden andern Gattungen. Zwar besaß Rom seit dem Anfange der Kaiserzeit drei stehende Theater, aber alle drei enthielten zusammen nicht sehr viel mehr als die Hälfte der Plätze des Amphitheaters, nach der Schätzung Hülsens das des Balbus 6000—7000, das des Pompejus etwa 12.000, das des Marcellus etwa 10.000. Vermutlich aber wurde nur ausnahmsweise und an großen Festen in allen drei Theatern zugleich gespielt, für gewöhnliche Aufführungen genügte wohl das Pompejustheater. Neben den gewaltigen Aufregungen, die Zirkus und Arena boten, konnte die Bühne ihre Anziehungskraft für die Massen nur durch unedle Mittel behaupten, durch rohe Belustigung und raffinierten Sinnenkitzel: und so hat sie, anstatt dem verderblichen Einfluß jener andern Schauspiele die

Waage zu halten, zur Korruption und Verwilderung Roms nicht am wenigsten beigetragen.

Unter den bereits existierenden Gattungen des Dramas gewannen in der Kaiserzeit die beiden niedrigsten die Herrschaft auf der Bühne, die Atellane und der Mimus. Die erstere, eine Art Pulcinellkomödie, aus Campanien stammend, wo sie noch heute heimisch ist, war schon früh nach Rom verpflanzt worden; ursprünglich improvisiert, wurde sie in Sullas Zeit in die Literatur eingeführt. Eine kurze, wohl in der Regel einaktige Handlung knüpfte sich an vier stehende Masken, welche die Prototypen der modernen italienischen Charakterkomödie sind. Pappus, der Alte, entsprach ungefähr dem Pantalon, Dossennus, der Mann mit dem Buckel des Gelehrten und Philosophen (da man, wie das Beispiel des Äsopus zeigt, Buckligen besondere Klugheit zuschrieb), der als Schulmeister, Wahrsager u. dgl. auftrat, etwa dem Dottore; dazu kamen noch die beiden Figuren des Fressers und des Dümmlings, Bucco und Maccus. Die zahlreichen erhaltenen Titel von Atellanen, wenn auch aus früherer Zeit stammend, machen uns mit den beliebtesten Gegenständen dieser Gattung bekannt, die wahrscheinlich in der Kaiserzeit im ganzen dieselben waren wie in der Republik. Dazu gehörten auch Travestien von Mythen, z. B. der Geschichte des Pentheus und „der untergeschobene Agamemnon". Öfters wurden bestimmte Nationalitäten auf die Bühne gebracht, „die Campaner, die transalpinischen Gallier, die Soldaten von Pometia", deren provinzielle Sprache und Haltung das städtische Publikum ohne Zweifel sehr belustigte. Den reichsten Stoff lieferte wohl das Landleben: „das Zicklein, der kranke Eber, der gesunde Eber, die Kuh, der Hühnerhof, die Winzer, die Holzbauer" usw., sodann die städtischen Gewerbe: Fischer, Maler, Ausrufer, vor allem die Walker, die überhaupt auf der römischen Bühne eine große Rolle spielten. Eine Anzahl von andern Titeln zeigt die Hauptpersonen in allerlei komischen Situationen und Verwicklungen: „Die beiden Maccus, Maccus als Jungfer, als Soldat, als Schenkwirt, als Verbannter, die beiden Dossennus, Pappus als Landmann, die Braut des Pappus, Bucco in der Gladiatorenschule." Auch Gespenster scheinen oft vorgekommen zu sein. Daß in dieser Volkskomödie die Komik eine durchaus groteske, die Späße sehr derb waren, und daß es namentlich von Zoten wimmelte, versteht sich von selbst.

Auch der Mimus war ein lose zusammenhängendes Charakterbild aus dem gemeinen Leben, possenhaft wie die Atellane, aber ohne ihre stehenden Masken. Wie die Atellane, wurde er in Ciceros Zeit als Nach- oder Zwischenspiel andrer Aufführungen gegeben und erfreute sich damals größerer Gunst als diese; in der Kaiserzeit tritt der Mimus als eine burleskrealistische Posse mit eingelegten Couplets immer mehr in den Vordergrund und drängt alle andern Arten der dramatischen Dichtung zurück; er erhielt sich von allen Gattungen des Dramas am längsten und überdauerte das weströmische Reich; im oströmischen beherrschte er bereits unter Justinian die Bühnen völlig, da Tragödienszenen sowie Produktionen von Musikern und Gauklern das größere Publikum langweilten. Nach den erhaltenen Titeln waren die Gegenstände des Mimus im ganzen dieselben wie in der Atellane, nur daß sie mehr dem städtischen als dem bäuerlichen

Leben entnommen gewesen zu sein scheinen, besonders dem der unteren Stände und Handwerker, ferner auch hier Schilderungen von fremden Nationalitäten, endlich, wenn auch wohl ebenfalls nur ausnahmsweise, mythologische Gegenstände. In den Mimen des Lentulus und Hostilius wurden nach Tertullian die Götter dem Gelächter preisgegeben; er erwähnt einen Anubis als Ehebrecher, eine männliche Luna, eine ausgepeitschte Diana, die Vorlesung des Testaments des verstorbenen Juppiter, die drei gefoppten hungrigen Herkulesse. Der Anubis als Ehebrecher hatte vielleicht die unter Tiberius vorgekommene Verführung einer edlen Frau durch einen Liebhaber in der Maske dieses Gottes oder ein ähnliches Ereignis zum Gegenstande. Wenigstens wissen wir, daß Ereignisse und Personen der jüngsten Vergangenheit in diesen Stücken auf die Bühne gebracht wurden. In einem Mimus, der am Tage von Caligulas Ermordung gespielt ward, kam die Kreuzigung des berühmten Räuberhauptmanns Laureolus vor, wobei das Fließen des Blutes künstlich dargestellt und von mehreren Spaßmachern nachgeäfft wurde. In einem andern, der im Beisein Vespasians im Theater des Marcellus aufgeführt ward, spielte ein Hund die Hauptrolle, der ein narkotisches Mittel erhielt und sowohl das allmähliche Einschlafen als das Erwachen zu allgemeiner Bewunderung darstellte. Gaunereien und Rabulistenstücke kamen häufig, am häufigsten Liebeshändel und Ehebruchszenen vor. Der überraschte Liebhaber ließ sich in einem Kasten davontragen, um dem betrogenen Ehemanne zu entgehen; der Gatte schickte seine hübsche Frau zu einem mächtigen Feinde, um ihren Reizen seine Sicherheit zu verdanken u. dgl. Plötzliche Veränderungen des Schicksals erinnern an jetzige Zauberpossen: Bettler wurden mit einem Schlage reich; Reiche, genötigt, ihr Heil in der Flucht zu suchen, liefen über die Bühne, den Kopf mit dem Mantel verhüllt, mit Ausnahme der Ohren, mit denen sie vermutlich angstvoll nach ihren Verfolgern lauschten. Eine große Rolle spielten Schimpfreden und Prügel im Mimus, und das Klatschen der Ohrfeigen scheint zu den beliebtesten Späßen gehört zu haben. Die Sprache war voll von Ausdrücken und Wendungen, wie sie die untersten Klassen gebrauchten, der Witz häufig possenhaft und gemein, das Spiel karikiert und grobkomisch; Grimassen, skurrile Gebärden, groteske Tänze gehörten notwendig dazu, die Tänze (mit Flötenbegleitung) waren ein Hauptbestandteil dieser Stücke. Die Mehrzahl der Mimen der Kaiserzeit waren Stücke, aus Prosa, Poesie und Gesang gemischt, mit zahlreichen Personen und wohldurchgeführter Handlung, und vielleicht entlehnte die Posse um so mehr von der kunstmäßigen Komödie, je mehr sie diese auf der Bühne verdrängte. Doch dürften, wie früher, auch damals solche gewöhnlich gewesen sein, wo man es sich mit der Lösung des dramatischen Knotens leicht machte: sollte das Stück aufhören, so lief etwa eine von den Personen (z. B. der ertappte Liebhaber) davon, die Musik fiel ein, und ein Tanz machte den Schluß. Die szenische Ausstattung war sehr einfach. Die Mimen spielten auf dem vordersten, durch einen Zwischenvorhang abgeteilten Raum der Bühne, ohne den auch im Lustspiel üblichen Theaterschuh und ohne Maske; ihr Kostüm war das des Lebens, wenn auch mit einer gewissen Neigung zur Eleganz. Neben dem Hauptspieler, dem die Durchführung der Posse eigentlich oblag, war die Person des Dümmlings *(stupidus)* ständig, der sich durch Pausbacken, kahlen Schädel und buntscheckige Harlekinstracht auszeichnete.

In frecher Verhöhnung der Sitte und unzweideutiger, unverhüllter Obszönität überbot offenbar der Mimus die übrigen Possen weit. In der Republik war diese Ausgelassenheit durch den Charakter des Florafestes entschuldigt worden, an dem die Mimen hauptsächlich aufgeführt wurden, später bedurfte es wohl solcher Entschuldigungen nicht mehr. Die weiblichen Rollen wurden hier allein von Frauen gespielt, denen in der Polemik der Kirchenväter unzüchtige Entblößung des Körpers vorgeworfen zu werden pflegt. Ovid fand den seinen Gedichten gemachten Vorwurf der Unsittlichkeit mit Recht unbillig, wenn der Kaiser und Senat, wenn Frauen Jungfrauen, ja Kinder Mimen sahen, wo unaufhörlich der Ehemann von der Frau und ihrem zärtlichen Liebhaber betrogen wurde, und wo nicht nur die Ohren sich an unkeusche Reden, sondern auch die Augen an Schauspiele gewöhnten, welche die Scham empörten. Die frechsten Szenen wurden am lautesten beklatscht und solche Stücke von den Prätoren am besten bezahlt. Auch Martial konnte sagen, daß Frauen, die Mimen sähen, keinen Anstand nehmen dürften, selbst seine schlimmsten Gedichte zu lesen; in seinem achten Buche hatte er den Epigrammen die sonst gewohnte „mimische Ausgelassenheit der Sprache“ nicht gestatten dürfen, da es dem Kaiser gewidmet war. Mit vollem Recht eiferten daher die christlichen Prediger ganz besonders auch gegen den Besuch des Theaters, freilich vielfach ohne Erfolg. Salvianus fragt seine christlichen Leser auf ihr Gewissen, wo, wenn an ein und demselben Tage ein Kirchenfest und Theaterschauspiele stattfinden, die Zahl der Christen größer sei, wie viele den Worten Christi vor denen des Mimus den Vorzug geben; und doch würden im Theater Seele, Auge und Ohr befleckt, und die dort vorgeführten Bilder der Unzucht seien so schändlich, daß man ohne Verletzung der Scham davon nicht einmal reden könne. Was in der Tat bei diesen Aufführungen als erlaubt galt, geht z. B. daraus hervor, daß Älian die Frechheit einer Buhlerin der gemeinsten Art in Wesen und Gebärden am besten bezeichnen zu können glaubt, indem er sie „zügelloser als die in den Mimen auftretenden“ nennt; auch geben davon Procops Berichte über die mimischen Vorstellungen der Theodora immerhin einen Begriff, wenn auch die spätere Kaiserin des christlichen Byzanz die frechsten Tänzerinnen der römischen Bühne an Schamlosigkeit noch so sehr übertroffen haben mag. Übrigens ist völlige Nacktheit der Darstellerinnen auch im 15. und 16. Jahrhundert bei festlichen Gelegenheiten, auf der Bühne und anderwärts, nicht unerhört gewesen.

Eine von dem Rhetor Choricius unter Justinian für die Mimen verfaßte Schutzrede zeigt, daß damals im oströmischen Reiche die Gegenstände dieser Possen sowie die Art der Aufführung noch immer im wesentlichen dieselben waren, wie früher in Rom. Ehebruchszenen (wobei z. B. der Gatte sich von einem Sklaven ein Schwert bringen ließ, um den ertappten Ehebrecher zu töten, dann aber sich entschloß, ihn lieber zu verklagen) waren auch damals in Mimen stehend, auch kamen unsittliche Verhältnisse zwischen Männern häufig vor. Die unanständigen Gesänge aus diesen Stücken, die sich durch leicht faßliche Melodien den Zuhörern einprägten, hörte man überall auf der Straße singen. Darstellungen aus dem Trojanischen Kriege (Szenen zwischen Trojanern und Myrmidonen) werden Travestien gewesen sein. Es gab in den Mimen Rollen der verschiedensten Art: Herren und Sklaven, Krämer, Wursthändler, Köche, Wirte und Gäste, Leute, welche im Geschäftsverkehr miteinander standen, stammelnde Kinder, Liebhaber, jähzornige junge Männer und andre, die sie beschwichtigten. Viele Stücke waren von Anfang bis zu Ende verständig: man hörte darin Männer ihre Frauen zur Züchtigkeit und zur Vermeidung üblen Leumunds ermahnen, man sah Soldaten und Rhetoren, von welchen letzteren z. B. ein geschickter und ein ungeschickter einander gegenüberstanden und dieser das Gelächter der Zuhörer erregte, während jener beklatscht wurde. Die Mimen mußten eine wohllautende Stimme haben, zu tanzen und mit Blicken zu bezaubern verstehen. Übrigens aber sah man auch die geschorenen Köpfe (der Dümmlinge und Parasiten) in diesen Stücken regelmäßig, sowie auch schallende Ohrfeigen darin noch immer reichlich ausgeteilt wurden.

Sowohl die Mimen als die Atellanen wurden in Rom häufig benutzt, um Anspielungen auf öffentliche Angelegenheiten und auf die Kaiser selbst anzubringen. Schauspieler und Publikum kamen einander darin entgegen, Stellen, die auf die Gegenwart gedeutet werden konnten, hervorzuheben und den hineingelegten Sinn unzweideutig zu machen; auch wurden anzügliche Improvisationen und Zusätze gewagt, und die Gewißheit, das Publikum zu elektrisieren, riß wohl nicht selten die Schauspieler und selbst Dichter hin, die Gefahr zu vergessen. Im ganzen scheinen die Kaiser für gut befunden zu haben, solche Anspielungen soviel wie möglich unbeachtet zu lassen. Schon Julius Cäsar hatte eine Anspielung des Mimendichters Laberius auf seinen Staatsstreich zu dulden, und nach seiner Ermordung ließ sich Cicero von Atticus die Witzworte der Mimen und die Aufnahme, die sie beim Volke fanden, berichten. Als einmal in Augustus' Gegenwart in einem Mimus die Stelle vorkam: „Oh, der milde und gute Herr!" brach ein lauter Jubel aus, der diese Worte zum Ausdruck der allgemeinen Gesinnung gegen den Kaiser stempeln sollte: eine Schmeichelei, die Augustus sogleich durch Miene und Gebärde am folgenden Tage durch einen Erlaß zurückwies. Ein andres Mal dagegen gab das Publikum einem unverfänglichen Verse durch einen hineingelegten Sinn eine derbe Beziehung auf Augustus' Weichlichkeit. Während Tiberius' Aufenthalt auf Capri wurde eine Stelle in einer Atellane, die man auf seine Ausschweifungen deuten konnte, mit rauschendem Beifall aufgenommen. Schon im Jahre 22 oder 23, also einige Jahre vor seiner Entfernung von Rom, hatte Tiberius aus Veranlassung verschiedener von den Prätoren über die Schauspieler erhobenen Beschwerden einen Bericht über deren Frechheit an den Senat gerichtet, worin es hieß, die Atellane, die leichtfertigste Belustigung des Pöbels, sei so schändlich und unbändig geworden, daß die Väter dagegen einschreiten müßten. Ob und in welcher Art dies geschehen ist, wird nicht überliefert, die Geschichtschreiber erwähnen nur die damals aus andern Gründen erfolgte Ausweisung der Pantomimen. Caligula ließ einen Atellanendichter wegen eines Scherzes, der auf ihn bezogen werden konnte, in der Arena des Amphitheaters verbrennen. Nach dem Muttermord Neros wagte ein

Atellanenspieler Datus die Worte: Heil dir, Vater! Heil dir, Mutter! mit den Gebärden eines Trinkenden und eines Schwimmenden als Hindeutung auf die Vergiftung des Claudius und die Ertränkung Agrippinas zu begleiten; Nero begnügte sich damit, ihn aus Italien zu verweisen. Als Galba, dem das Gerücht der Härte und Habsucht vorausging, als Kaiser in Rom eintraf, und beim nächsten Schauspiel in einer Atellane ein bekanntes Chorlied angestimmt wurde, in dem, wie es scheint, die Hausgenossen über die unwillkommene Ankunft eines alten Sklaven vom Lande klagten, fiel das ganze Publikum ein und wiederholte den Vers mehrmals. Der damaligen Zeit erschien diese Lizenz der Bühne sogar mit dem Ernst einer Totenfeier nicht unvereinbar. Bei Vespasians Bestattung stellte der Archimime Favor die Person des verstorbenen Kaisers vor, dessen Wesen und Reden er der Sitte gemäß zu kopieren suchte; als er auf die Frage, wieviel das Begräbnis koste, die Antwort erhielt: 10 Millionen Sesterzen, rief er aus: man möge ihm nur 100.000 Sesterzen geben und ihn dann, wenn man wolle, in den Tiber werfen. Helvidius Priscus der Jüngere wurde unter Domitian hingerichtet, weil er in einer Atellane, Paris und Oenone, auf die Scheidung des Kaisers von seiner Gemahlin angespielt haben sollte. Der Mimendichter Marullus durfte M. Aurel und L. Verus ungestraft auf der Bühne verspotten; auf die stadtkundigen Liebschaften der Kaiserin Faustina, auf das schmachvolle Leben des Commodus wurden in Mimen unzweideutige Anspielungen gemacht; ja der Kaiser Maximinus, der kein Griechisch verstand, sogar in seiner Gegenwart mit griechischen Versen verhöhnt. Auch im oströmischen Reich blieb den Mimen eine derartige Lizenz gestattet. Nach Choricius erlaubten sie sich freimütige Äußerungen nicht bloß über hohe Beamte, sondern selbst gegen die Kaiser, und bewirkten nicht selten, daß die von ihnen getadelten Übelstände aufhörten oder seltener wurden, oder wenigstens, daß man sie zu verbergen suchte. Übrigens dürften Mimen auf der Bühne nicht selten bekannte Persönlichkeiten kopiert haben. Von einem Hostius Quadra sagt Seneca, er sei ein Mann von einer bis auf die Bühne gebrachten Unzüchtigkeit gewesen. Der Mime Vitalis sagt in seiner selbstverfaßten Grabschrift: Der, den ich darstellte, schauderte, in mir seinen Doppelgänger leibhaft vor sich zu sehen; und wie oft sind Frauen, die sich in meinem Spiel nachgeahmt fanden, rot geworden und im Innersten erregt gewesen!

Während die Theaterlust der Massen sich an diesen Possen befriedigte, reichte die Teilnahme der kleineren Kreise der Gebildeten kaum hin, das kunstmäßige Drama auf der Bühne zu erhalten, dessen Anziehungskraft für die Ungebildeten nicht groß war. Der Trimalchio Petrons sagt, er habe eine Truppe von Komödienschauspielern gekauft, ziehe es aber vor, sie Atellanen spielen zu lassen. Die Zeit der Produktivität auf dem Gebiete der Tragödie und Komödie, die doch immer nur Reproduktion griechischer Muster war, hatte längst aufgehört; ihre vereinzelten letzten Ausläufer reichen, wie es scheint, nicht über das 1. Jahrhundert hinaus. Auch die klassische Tragödie (Ennius, Pacuvius, Accius) ist seit dem Ende der Republik von der Bühne verschwunden, die letzte bezeugte Aufführung aus diesem Kreise (des Tereus von Accius) fällt in das Todesjahr Cäsars. Der letzte Dichter, von dem es bekannt ist, daß seine Tragödien aufgeführt wurden, der Konsular P. Pomponius Secundus, lebte unter Claudius: die meistens damals geschriebenen Dramen waren nur für den Lesesaal bestimmt. Neue Mimen sind bis in die späteste Kaiserzeit geschrieben worden, und die Gegenstände dürften mit Rücksicht auf die jedesmaligen Tagesereignisse und -interessen gewählt worden sein; die Nachricht, daß der spätere Märtyrer Genesius unter Diocletian (im J. 286) zu Rom in einem Mimus spielte, in dem die christliche Taufe verspottet wurde, klingt an und für sich sehr glaublich. Dagegen wurde der sehr beschränkte Bedarf der Bühne an kunstmäßigen Stücken durch die große Zahl der älteren Lust- und Trauerspiele ohne Zweifel mehr als gedeckt, die man vermutlich in mehr oder minder modernisierten Bearbeitungen aufführte.

Die einzige römische Komödie *(togata)*, deren Aufführung in der Kaiserzeit erwähnt wird, ist der „Brand" des Afranius; sie wurde bei einem großen, von Nero gegebenen Feste gespielt, und den Mitwirkenden war gestattet, die Einrichtung des darin, wie es scheint, bei offener Szene abbrennenden Hauses zu plündern und als Eigentum zu behalten. Doch darf man wohl vermuten, daß sich diese ganze Gattung auf der Bühne erhalten hat. Am festesten aber behauptete sich unter den kunstmäßigen Dramen in der Gunst des Publikums die sogenannte Palliata, die neue Komödie der Griechen, zu deren Meistern vor allem Menander gehörte, und von deren römischen Bearbeitungen wir in den Stücken des Plautus und Terenz Muster haben. Nicht bloß in Rom und Italien, auch in den Provinzen ergötzte sich ein Jahrhundert nach dem andern an den allbekannten stereotypen Figuren der travestierten Götter, der polternden und gutmütigen Väter, liederlichen Söhne, verschmitzten Sklaven, der Bramarbasse, Dirnen usw. Eine feine und künstlerische Darstellung war hier nicht bloß durch die Natur dieser Komödien und die Tradition bedingt, sondern auch unerläßlich, um das Interesse für Stücke rege zu erhalten, die ein großer Teil der Zuhörer genau kannte, was mindestens in Rom der Fall war. Die Bildung der Schauspieler für die Komödie war wenigstens am Ende des 1. Jahrhunderts, vermutlich aber auch später, eine streng schulmäßige, und die Lehrer der Beredsamkeit empfahlen sie ihren Schülern zum Unterricht in Korrektheit der Aussprache, Angemessenheit des Vortrags, Modulation der Stimme, Haltung, Mienen- und Gebärdenspiel. Zu den ersten Lehrern M. Aurels gehörte auch der Komöde Geminus, und man darf vermuten, daß bei einer allseitigen Ausbildung in der Regel der Unterricht im Vortrage durch einen Komöden erteilt wurde. Die studierte Eleganz, welche die ciceronische Zeit an einem Roscius bewundert hatte, erschien dem hundert Jahre später lebenden Geschlecht altmodisch und lächerlich: eine finstere, jedes Schmucks bare Altertümlichkeit, sagt Tacitus, würden die Zuhörer bei den Gerichtsverhandlungen ebensowenig ertragen, wie wenn jemand auf der Bühne die Gebärden des Roscius oder Ambivius Turpio kopieren wollte. Das Spiel war ohne Zweifel realistischer geworden, aber noch immer viel weniger realistisch als etwa gegenwärtig auf deutschen Bühnen. Die Schauspieler faßten ihre Aufgabe mit Ernst auf; Quintilian hatte oft gesehen, wie Komöden nach rührenden Szenen selbst weinend die Bühne verließen. Die Deklamation entfernte sich zwar nicht zu weit von der Sprechweise des täglichen Lebens, kopierte sie aber auch keineswegs, sondern stilisierte sie durch eine angemessene Veredlung. Auch das Gebärdenspiel war offenbar durch sehr bestimmte Vorschriften geregelt; die genauen Anweisungen, die Quintilian für die Gestikulation des Redners gibt, lassen mit Bestimmtheit voraussetzen, daß entsprechende, aber wohl umfassendere und schärfer bestimmte für die Bühne existierten. Die größere oder geringere Schnelligkeit des Ganges wurde genau nach dem Charakter der darzustellenden Rolle bemessen. Bei Jünglingen, Greisen, Soldaten, verheirateten Frauen war er langsamer, bei Sklaven, Mägden, Parasiten, Fischern schneller.

Unter den Schauspielern der Komödie zeichneten sich auf den Theatern Roms in Quintilians und Juvenals Zeit vor allen Griechen aus, diese geborenen Schauspieler, wie der letztere sie nennt; die berühmtesten waren Demetrius und Stratocles. Die Charakteristik, die Quintilian von beiden gibt, zeigt nicht bloß, wie scharf noch in der damaligen Schauspielkunst die Grenzen zwischen dem Erlaubten und Unerlaubten gezogen waren, sondern auch, wie fein und lebhaft die Empfindung für die Überschreitung dieser Grenzen war. Demetrius war durch ein herrliches Organ, große Schönheit und tadellosen Wuchs begünstigt und mehr für ruhigere Rollen beanlagt; sein Fach waren Götter, Jünglinge, gute Sklaven und Väter, Gattinnen und würdige alte Frauen; in gewissen Dingen war er unnachahmlich, wie in leidenschaftlichen Bewegungen der Hände, in lang ausgehaltenen, wohlklingenden Ausrufungen; die Art, wie er im Gehen seine Gewänder durch den Luftzug aufbauschen ließ, die Bewegungen, die er zuweilen mit der rechten Seite machte, standen ihm allein wohl. Stratocles hatte eine schärfere Stimme, er war von der höchsten Beweglichkeit und Geschmeidigkeit, er durfte ein Gelächter wagen, das nicht zu seiner Maske paßte, sogar sich erlauben, den Nacken zusammenzuziehen. Sein Fach waren polternde Alte, spitzbübische Sklaven, Parasiten, Kuppler u. dgl. Die kleinen Überschreitungen der Regel, die beide Schauspieler sich gelegentlich gestatteten, gingen nicht aus Unkenntnis, sondern aus Nachgiebigkeit gegen den Geschmack des Publikums hervor. Übrigens wäre, was bei dem einen die beste Wirkung tat, bei dem andern geradezu häßlich gewesen. Juvenal nennt außer beiden als bewundernswürdige Künstler noch Antiochus und den sanften Hämus, er erwähnt als vollendete Leistungen die drei Frauenrollen der Palliata: die Ehefrau, die Kurtisane und die Magd.

Doch ungleich mehr noch als die Komödie war die Tragödie auf die Teilnahme der kleinen Minorität der Gebildeten ausschließlich angewiesen. Der Menge, welche an die Schauspiele der Arena gewöhnt war, deren Nerven kaum durch die krasseste Wirklichkeit erschüttert werden konnten, blieb der Schein der Bühne natürlich unendlich fern und die Gestalten der idealen Welt wesenlose Schatten: was war ihnen Hecuba? Aber auch unter den Gebildeten war die Zahl derer wohl niemals groß, die nicht lieber die lustigen Szenen des Plautus, Szenen, wie sie die Gegenwart in andrer Form auf allen Seiten bot, auf der Bühne gesehen hätten, als die Schicksale der Könige und Helden aus der Vorzeit Griechenlands. Überdies ließ schon das Kostüm die Tragödien wie Gestalten aus einer andern Welt erscheinen. Diese seltsamen, auf dem Kothurn wie auf Stelzen einhertretenden, ausgestopften, von langen, bunten Schleppkleidern umwallten Figuren, mit hohen künstlichen

Haaraufsätzen und einer Maske, deren Mund so weit geöffnet war, als wollten sie die Zuschauer verschlingen, mochten wohl nicht wenigen häßlich oder lächerlich erscheinen. Philostrat erzählt, daß die Bewohner einer Stadt in Bätica, die noch nie einen Tragöden gesehen hatten, vor dem ersten, der dahin kam, erschraken und aus dem Theater liefen. Schon in der letzten Zeit der Republik war eine prunkvolle Ausstattung das beste oder einzige Mittel, um das Publikum im Trauerspiele festzuhalten. Militärische Evolutionen großer Scharen zu Fuß und zu Pferde, ungeheure Triumphzüge und andre Prozessionen, wobei fremde, kostbare Trachten und Prachtstücke aller Art in größter Menge gezeigt, Schiffe, Wagen und sonstige Kriegsbeute, sogar Giraffen und weiße Elefanten vorübergeführt wurden, so daß die Stücke vier Stunden und länger dauerten — solche Schauspiele waren es, die auch für die Gebildeten den Hauptreiz der Tragödie in Horaz' Zeit ausmachten. Auch bei den Rittern, sagt er, ist die Ergötzung des Ohrs durch eitle Schaulust verdrängt worden. Diejenigen, die einen künstlerischen Genuß im Theater suchten, kamen doch nicht sowohl um des Dramas, sondern um der Darstellung willen, nicht um den Dichter, sondern um den Schauspieler zu bewundern. Die natürliche Folge dieses gänzlichen Schwindens des dramatischen Interesses war eine Auflösung der Tragödie, wobei die den Zuschauern gleichgültig gewordene zusammenhängende dramatische Entwicklung geopfert, und nur solche einzelne Szenen beibehalten wurden, welche die wirksamsten Momente enthielten und zugleich den Darstellern die beste Gelegenheit gaben, ihre Kunst zu zeigen. Zwar werden immer noch vollständige, wenn auch verkürzte Tragödien in Rom wie in den Provinzen (namentlich den griechischen) aufgeführt worden sein; in der Regel aber geschah es wohl, wenigstens seit dem 2. Jahrhundert, nicht mehr, und die Stelle des Trauerspiels nahmen nun Gesangsszenen und pantomimische Tänze ein.

Musik und Tanz waren von jeher wesentliche Bestandteile aller dramatischen Aufführungen auf der römischen wie auf der griechischen Bühne. Die eigentliche, durch gesprochene Szenen nicht unterbrochene Oper kannte das Altertum zwar nicht; denn der iambische Dialog wurde immer gesprochen. Doch für einen großen Teil des Dramas war neben dem Dichter auch der Komponist tätig. Im Dialog vermochte der Schauspieler Gestikulation und Vortrag zu vereinigen, im lyrischen Monolog aber trat zuweilen eine solche Steigerung des Ausdrucks ein, daß die erste in Tanz, der letztere in Gesang überging. Hier mußte entweder auf ein Darstellungsmittel Verzicht geleistet oder die Aufführung zwei verschiedenen Darstellern übertragen werden. Es geschah das letztere; und dies zeigt wie nichts andres, wie fern die antike Bühne von dem Streben und die Zuschauer von dem Verlangen nach Illusion waren; die ganze Bühneneinrichtung ließ keinen Augenblick die Täuschung aufkommen, man habe einen wirklichen Vorgang vor Augen, sie entfernte sich mit Absicht weit von der Wirklichkeit, die Darstellung sollte und konnte eben nur als eine Produktion der Kunst verstanden und gewürdigt werden, die nicht nur keine Realität hatte, sondern jeden Gedanken an Realität ausschloß. Allerdings haben die tragischen Schauspieler, die immer auch kunstgerechte Sänger sein mußten, oft (vielleicht sogar in den meisten Fällen) die Gesangspartien behalten; aber daneben kam es auch vor, daß man sie ihre Szene in stummem, pantomimischem Tanz ausdrücken sah, während ein Sänger, ruhig daneben stehend, die Worte vortrug, die sie hätten sprechen sollen. Diese für uns höchst seltsame Trennung von Vortrag und Aktion erschien so natürlich, daß in Plinius' Zeit Dichter einem geladenen Publikum ihre Gedichte von andern vortragen ließen, die ein gefälligeres Organ hatten, und den Vortrag mit „Gemurmel, Mienenspiel und Gestikulation" begleiteten.

Durch diese Trennung von Gesang und Tanz auf der Bühne war die Auflösung der Tragödie in ihre Elemente schon vorbereitet. Der Verfall des dramatischen Interesses, die Steigerung des Interesses für Gesang und Tanz vollendete sie, und schon in der letzten Zeit der Republik wurden die Leistungen des Sängers, des Tänzers und des begleitenden Flötenspielers als selbständige geboten und aufgenommen. Hier sollen zunächst nur diejenigen Darstellungen in Betracht gezogen werden, die den dramatischen Charakter wenigstens teilweise beibehielten, die Pantomimen und die Vorträge der Tragöden. Zusammenhängende und zu Ganzen abgeschlossene Aufführungen waren, soviel wir wissen, nur die ersteren, während die letzteren immer mehr rhapsodisch geblieben zu sein scheinen. Da sie nie auch nur annähernd zu der Geltung der Pantomimen auf der Bühne wie im Publikum gelangten, sind wir über sie nur sehr unvollkommen unterrichtet.

Die Tragöden traten in Maske und vollem Kostüm auf wie im eigentlichen Drama. Ihre Produktion beschränkte sich aber im wesentlichen auf Gesang; zwar begleiteten sie sich natürlich auch mit Gestikulation, doch diese konnte für sie nur ein untergeordnetes Darstellungsmittel bleiben und in der angemessenen Vollständigkeit nur durch einen zweiten Schauspieler ausgeführt werden. Ob dieser, der zuweilen erwähnt wird, gewöhnlich neben dem Sänger auftrat, ob die Einzelvorträge öfters mit einem Chor verbunden waren, ob derselbe Tragöde mehrere Rollen eines Stückes nacheinander vortrug und ob und wie der Zusammenhang zwischen diesen Soli vermittelt wurde, ob stumme Nebenpersonen die Aufführung vervollständigten, ob und wie sich an die Einzelgesänge gesprochene Dialoge anschlossen — über alle diese Fragen sind wir in völliger Ungewißheit. Nur soviel ist klar, daß die Einzelgesänge der Tragöden den Kern dieser Darstellungen bildeten, und daß sie so gut wie ausschließlich das Interesse des Publikums in Anspruch nahmen. Es war dies die dramatische Gattung, in der Nero aufzutreten liebte, weil er vorzugsweise durch seine Stimme und Gesangskunst glänzen zu können meinte. Er sang, sagt Sueton, Tragödienszenen in der Maske, wobei die Masken der Götter und Helden seinem, die der Göttinnen und Heroinen dem Gesichte der Frauen ähnlich gemacht wurden, die er gerade liebte. Unter anderm sang er die kreißende Kanake, Orest als Muttermörder, den geblendeten Ödipus, den rasenden Herakles. Man erzählte, daß ein junger Soldat, der am Eingang Wache stand, als er ihn für die letztere Rolle ankleiden und mit Ketten belasten sah, herbeieilte, um ihn zu befreien. Man bemerkte, daß in dem letzten Stück, in dessen Szenen er öffentlich auftrat, einer damals sehr berühmten Bearbeitung des verbannten Ödipus, sein Gesang mit den Worten schloß: „Zum Tode treiben Gattin, Vater, Mutter mich." Die angeführten Textworte sind griechisch, und in dieser Sprache mögen die Texte der Tragöden in Rom damals öfters abgefaßt gewesen sein, da eine fremde Sprache auch die Unkundigen hier kaum mehr stören konnte, als gegenwärtig in der italienischen Oper außerhalb Italiens. Überhaupt wurde die griechische Sprache und selbst andre auf den Bühnen Roms in der Kaiserzeit wohl nicht selten gehört; schon Cäsar und Augustus hatten „Schauspieler von allen Sprachen“ auftreten lassen. Bei dem von Nero im Jahre 59 veranstalteten Feste der Juvenalia „befreite weder Adel noch Alter oder verwaltete Ämter irgend jemanden von dem Zwange, als griechischer oder lateinischer Schauspieler aufzutreten“. Doch läßt sich nicht ermitteln, ob ganze griechische Dramen aufgeführt worden sind, was sehr möglich ist, oder ob nur halbdramatische, konzertartige und deklamatorische Vorträge griechische Texte hatten. Übrigens haben sich die Gesangsvorträge aus Tragödien im römischen Reich mindestens bis in die Zeit Justinians erhalten, wo sie freilich (wie bemerkt) das größere Publikum langweilten. Choricius erwähnt Szenen des Orest und der Medea und sagt, daß es bei den Tragöden auf eine gute Stimme weit mehr ankam als bei den Mimen.

Zu einer weit andern Bedeutung als diese Tragödengesänge gelangten, wie gesagt, auf der Bühne die pantomimischen Aufführungen. Daß die pantomimische Aktion von jeher für ein wichtigeres Darstellungsmittel galt als Deklamation und Gesang, geht schon daraus hervor, daß im eigentlichen Drama der Schauspieler, der auf eins von beiden verzichten mußte, gerade das letztere dem außerhalb der Handlung stehenden Sänger überließ und den Inhalt der Dichterworte selbst durch das erstere ausdrückte. Die Aktion mußte das Mienenspiel ersetzen helfen, das der Gebrauch der Masken ausschloß, und wieviel reicher, feiner, ausgebildeter und lebendiger die Gebärdensprache der damaligen Pantomimen war als die der heutigen, das können wir uns aus zahlreichen Andeutungen und aus der Gebärdensprache der heutigen Südländer wenigstens annähernd vorstellen. Die allgemeine Verständlichkeit dieser Darstellungen auch für die des Lateinischen und Griechischen Unkundigen trug vielleicht gerade in Rom mit seiner aus allen Ländern zusammengeflossenen Bevölkerung nicht am wenigsten dazu bei, dieser Gattung auf der Bühne Eingang und bald eine Herrschaft zu verschaffen, die sich am besten mit der der heutigen Kinodarstellungen vergleichen läßt.

Aber die neue selbständige Kunstgattung, welche unter Augustus im Jahre 732 = 22 v. Chr. zuerst in Rom Eingang fand, war nicht eine Ausgestaltung älterer italischer Tänze, sondern eine aus dem Griechisch redenden Auslande, wahrscheinlich aus Ägypten, eingeführte Neuheit. Als ihre Begründer gelten der Cilicier Pylades und der Alexandriner Bathyllus; neben oder unmittelbar nach beiden glänzten der Syrer Nomius, der Karer Hylas, der Tiburtiner (mit griechischem Namen) Pierus; ein auf der Inschrift einer römischen Tessera zusammen mit diesen als „das Licht und der Besieger der Pantomimen“ genannter Gajus Theorus, von dem es weiter heißt, „durch seine Kunst sei selbst der Gott (der Kaiser) gefesselt worden, wie konnten Menschen zögern, dem Gotte nachzufolgen?“, ist wahrscheinlich kein andrer als der eben genannte Bathyllus. Aus der Osthälfte des Reiches stammte auch die überwiegende Mehrzahl der bekannten Pantomimen, und griechisch waren auch durchweg oder überwiegend die zur

Begleitung ihrer Tänze gesungenen Lieder. Das Wesen der neuen Kunst beruht in der Verbindung stummen und ausdrucksvollen Solotanzes mit Chorgesang und Orchesterbegleitung. Die neue Gattung beschränkte sich bald auf das tragische Fach; komische Pantomimen scheinen allmählich in Abnahme gekommen zu sein, so daß man den Pantomimus geradezu als einen Ersatz für die absterbende Tragödie ansehen kann. Die Bearbeitung geschah in der Art, daß die bedeutendsten und wirksamsten Momente der Handlung in eine Reihe von Soloszenen zusammengefaßt wurden, die ein einziger Pantomime darstellte, der also immer mehrere Rollen, und zwar sowohl männliche als weibliche, hintereinander geben mußte, während der jedem Solo entsprechende Text nicht wie im eigentlichen Drama von einem einzelnen Sänger, sondern von einem ganzen Chor gesungen wurde. Die Textbücher der Pantomimen mögen vielleicht nicht selten eigene Dichtungen gewesen sein, öfter waren sie aber wohl gewiß aus bereits vorhandenen griechischen und römischen Stücken zurechtgeschnitten. Auch bedeutende Dichter verschmähten es nicht, die Texte dieser Tanzstücke *(fabulae salticae)* zu verfassen. Lucan soll ihrer vierzehn geschrieben haben. Sie wurden von den Pantomimen gut bezahlt; Statius, der für seine Thebais nur unfruchtbares Lob einerntete, hatte durch den Verkauf des noch unbekannten Textes zu einer Agaue an den berühmten Tänzer Paris einen namhaften Gewinn. Im allgemeinen aber scheinen die Pantomimentexte für wertlos gegolten zu haben, und gewiß nicht mit Unrecht. Plutarch sagt, die Tanzkunst habe sich eine gewisse Poesie zugesellt und den Zusammenhang mit der erhabenen aufgegeben; so herrschte sie in den unsinnigen und urteilslosen Theatern, doch bei den Verständigen und Edlen habe sie alle Achtung verloren. Die Gegenstände waren, wie es die Entlehnung aus der Tragödie mit sich bringt, fast durchweg mythologisch und nur ausnahmsweise historisch. Zwar erklärt Lucian alle Gegenstände vom Anfange der Welt bis zum Tode der Kleopatra als geeignet für den Pantomimus; doch die tragische Geschichte des Polykrates und seiner Tochter und die Leidenschaft des Seleucus für die Geliebte seines Vaters Stratonike sind die einzigen historischen Gegenstände, die er außer dem Tode der Kleopatra anführt; auch sonst werden solche nirgends erwähnt, während die Zahl der uns bekannten mythologischen sehr groß ist. Ausnahmsweise waren sie der römischen Sage entnommen: so wird ein nach Vergil bearbeiteter Turnus erwähnt, in dem Nero auftreten wollte, eine Pantomime Dido, ebenfalls nach Vergil, war noch in späterer Zeit auf der Bühne beliebt; auch der ägyptischen (die Geschichte des Osiris, die Verwandlungen der Götter); aber der ganz überwiegenden Mehrzahl nach der griechischen, und vermutlich wurden auch von diesen manche als Pantomimen zum ersten Male auf die Bühne gebracht. Darunter waren allerdings hochtragische Gegenstände nicht selten, wie Atreus und Thyest, der rasende Ajax, der rasende Herakles, Niobe, Hektor und ähnliche. Doch bei weitem am häufigsten und beliebtesten waren Liebesgeschichten, und zwar nicht wenige vom bedenklichsten Inhalt, teils aus der Göttersage, wie die Liebesabenteuer und Verwandlungen des Zeus, Aphrodite und Adonis, Aphrodite und Ares im Netze des Hephaistos, Apollo und Daphne usw.; teils aus der Heldensage, wie Phädra und Hippolyt, Meleager und Atalante, Protesilaos und Laodamia, Iason und Medea, Achill auf Skyros, Achill und Briseis, Ariadne auf Naxos, Pasiphae, Kinyras und Myrrha usw.; der zuletzt genannte Pantomimus wurde bei dem Feste aufgeführt, das Caligula am Tage seiner Ermordung im Palatium gab, und das reichlich fließende Blut des sich selbst tötenden Helden galt später als ein Vorzeichen seines Todes. Diese und ähnliche Gegenstände wurden während der ganzen Kaiserzeit von Pantomimen auf allen Bühnen vorzugsweise dargestellt und fesselten überall die Zuschauer am meisten.

Da die Textbücher der Pantomimen nach Tragödien bearbeitet oder doch in entsprechender Form gehalten waren, wurde wohl auch die Einheit des Orts beobachtet, so daß kein Kulissenwechsel stattfand; wenigstens wird ein solcher ebensowenig wie die sonstige szenische Ausstattung erwähnt. Vermutlich war diese wie in der Tragödie sehr einfach. Der Chor sang außer den Texten der Tanzstücke vielleicht auch in den Pausen derselben, da die Aufführung doch kaum ohne eine verbindende Erzählung (etwa in der Art des Rezitativs in unseren Oratorien) gedacht werden kann: durch sie würde zugleich der Tänzer die Zeit erhalten haben, Kostüm und Maske zu wechseln. Den Chorgesang hatte statt des einzelnen Sängers der Tragödie der Begründer der neuen Gattung Pylades eingeführt, und statt der einfachen Begleitung durch den Aulos ein reiches, stark instrumentiertes Orchester. Auf die Frage, worin seine Neuerung bestehe, soll er mit einem homerischen Verse geantwortet haben: „In der Oboen und Pfeifen Getön und der Menschen Getümmel." Neben dem Aulos gehörten auch Syringen und Zimbeln, Kithara und Lyra zu diesem Orchester, und der Takt wurde durch das Scabillum angegeben, ein Instrument, bestehend aus zwei verbundenen, an der Sohle befestigten Platten, die beim Auftreten lautschallend zusammenschlugen. Natürlich hatte die Musik zugleich den Zweck, die rhythmischen Bewegungen des Tänzers zu leiten. Diese Musik stand nicht höher als die gewöhnlichen Texte, sie war voll Geschmetter und Getriller, weichlich, würdelos und unzüchtig, nur auf gemeinen Ohrenkitzel berechnet, so daß ernstere Kunstfreunde glaubten, den Verfall der Musik überhaupt von der Herrschaft des Pantomimus auf der Bühne herleiten zu müssen.

Je mehr Musik und Gesang dem Tanz untergeordnet waren, desto ausschließlicher nahm dieser das ganze Interesse der Zuschauer in Anspruch. Zwar ward das Verständnis des Tanzes durch eine die Vorstellung eröffnende Ankündigung des Programms durch einen Herold und während des ganzen Verlaufes der Handlung durch den Chorgesang unterstützt und vermittelt, doch die eigentliche Aufgabe, die die neue dramatische Gattung sich stellte und löste, war, das stumme Spiel soviel wie möglich auch ohne solche Hilfe verständlich zu machen. Diese Aufgabe war um so schwieriger, als ein Pantomime in demselben Stücke, wie gesagt, mehrere, und zwar die verschiedensten Rollen durchzuführen hatte. Er erschien z. B. erst als rasender Athamas, dann als furchterfüllte Ino; erst als Atreus, dann als Thyest und wieder als Ägisth oder Aërope, oder hintereinander als Bacchus, Cadmus, Pentheus und Agaue, als Hercules, Venus und Cybele. Sodann lag es dem Darsteller ob, durch sein Spiel die Phantasie der Zuschauer zur Ergänzung der übrigen Personen des Stücks anzuregen und deren Beziehungen zu der von ihm dargestellten Hauptperson auszudrücken: er mußte bei der Darstellung des Achill die Person des Paris, bei der der Athene den Poseidon, bei der des Ganymed den Zeus mit andeuten usw. Der berühmte kynische Pilosoph Demetrius (unter Nero) soll sich einst über die Pantomimen geringschätzig ausgesprochen haben, die, wie er meinte, ohne Chor und Musikbegleitung nichts zu leisten vermöchten. Der damals bedeutendste Pantomime Roms (wahrscheinlich Paris) beschloß, ihn vom Gegenteil zu überzeugen, und tanzte vor ihm den Ehebruch des Ares und der Aphrodite. Er drückte die Anzeige des Sonnengottes an den betrogenen Gemahl, die Nachstellung des Hephaistos und die unsichtbaren Fesseln, die Scham der Aphrodite, die Bitten des Ares, die sämtlichen andern von Hephaistos herbeigerufenen Götter durch sein stummes Spiel so verständlich aus, daß der Philosoph bewundernd die Unrichtigkeit seines Urteils eingestand. Im Achill auf Skyros stellte der Künstler die spinnenden und webenden Jungfrauen und Achill in Weibertracht unter ihnen vor, sein Spiel bewirkte, daß man Odysseus an der Tür erscheinen zu sehen und Diomed in die Trompete stoßen zu hören glaubte; aber auch Achill vor Troja, in der Schlacht die Lanze schleudernd und mordend, mit Hektor kämpfend und seine Leiche schleifend, der Fall Trojas und der Tod des Priamus, die Kämpfe des Theseus, die Arbeiten des Herakles, selbst der Kampf der Kentauren und Lapithen wurde vorgestellt. Der geschickte Darsteller, sagt Manilius, wird durch seinen Tanz jeden Wechsel des Schicksals vorführen, er wird mit seinem Gebärdenspiel hinter dem Gesange des Chors nicht zurückbleiben und bewirken, daß die Zuschauer Troja und den Fall des Priamus vor sich zu sehen glauben. Auch Nonnus, der einen Wettkampf im pantomimischen Tanze zwischen den beiden Begleitern des Bacchus, Maro und Silen, beschreibt, gibt in seiner Schilderung offenbar Eindrücke der Bühne wieder. Maro stellt „mit lautlosen Händen“ die Gestalt des Ganymedes dar, der den Göttern beim Mahle einschenkt, und zugleich „in sinnvollem Schweigen“ die Nektar spendende Hebe. Der Gegenstand des Tanzes des Silen ist der Streit zwischen Aristäus und Bacchus, welcher von beiden den Göttern das bessere Getränk zu spenden vermöge. Zeus sitzt als Richter da, Eros steht in der Mitte, die Siegespreise, einen Efeu- und Ölzweig, in der Hand. Zuerst bietet Aristäus bei allen Göttern den Honig herum, aber schon beim dritten Becher sind sie dessen überdrüssig und berühren den vierten nicht mehr. Dann reicht Bacchus jedem einen Becher Wein, zuerst dem Zeus, der Hera, dem Poseidon und so allen nach der Reihe, alle sind erfreut, nur Apollo, der Vater des Aristäus, niedergeschlagen. Je mehr sie trinken, desto mehr verlangen sie nach dem Wein, sie erkennen jubelnd dem Bacchus den Sieg zu, und Eros, selbst trunken, kränzt ihn mit dem traubigen Efeu. Noch Cassiodor schildert, wie die Hand des Pantomimen den Gesang des Chors für die Augen der Zuschauer auslegt, wie man gleichsam Schriftzeichen in ihr liest, und wie sie, ohne zu schreiben, dasselbe leistet wie die Schrift. „Derselbe Körper stellt Hercules und Venus, Mann und Weib, einen König und einen Soldaten, einen Jüngling und einen Greis dar; so daß man glauben möchte, es seien in ihm viele Personen enthalten.“

Besondre Wirkungen erzielten die Pantomimen durch verschiedenartige Drapierung des Gewandes, das je nach dem Zusammenhange z. B. „den Schweif des Schwans, das Haar der (aus dem Meer aufsteigenden) Venus, die Geißel einer Furie“ andeuten konnte. Diese, offenbar den mimisch-plastischen Darstellungen der Händel-Schütz und den von Goethe beschriebenen der Maitresse des Ritters Hamilton, Emma Harte sowie dem Serpentintanz der Loïe Fuller sehr verwandte Tanzart war vermutlich eine Probe großer Virtuosität, und es liegt in der Natur der Sache, daß eine solche nur ausnahmsweise vorkommen konnte.

Die pantomimische Kunst, die solche Aufgaben zu lösen vermochte, mußte um so größer sein, als neben dem einzigen Tänzer auch nicht einmal Statisten als Darsteller von Nebenpersonen aufgetreten zu sein scheinen. Doch die Leistungen, die den Pantomimen nachgerühmt werden, erscheinen überhaupt nur dann begreiflich, wenn man sich erinnert, daß die antike Kunst (und namentlich die Kunst der Bühne) die Phantasie des Betrachters zur Ergänzung des Gebotenen in ungleich höherem Grade aufforderte und an solche Tätigkeit gewöhnte als die moderne. Übrigens kannte man in Augustus' Zeit auch pantomimische Szenen, in welchen zwei Darsteller auftraten und jeder von beiden seine Rolle selbständig durchführte; ob solche aber auch auf der Bühne stattfanden, ist unbekannt; keinesfalls scheinen sie sich darauf erhalten zu haben, da sie nie weiter erwähnt werden.

Der Pantomimentanz war kein Tanz im heutigen Sinne, er bestand hauptsächlich an ausdrucksvollen und rhythmischen Bewegungen des Kopfs und der Hände, obwohl natürlich Bewegungen des ganzen Körpers, Biegungen und Wendungen aller Art, und selbst Sprünge dabei nicht fehlen konnten. An dem Syrer Nomius, dem Zeitgenossen und Rivalen des Pylades und Bathyllus, tadelte man die zu langsamen Bewegungen der Hände, während die Schnelligkeit seiner Füße nicht bloß anerkannt, sondern sogar zu groß gefunden wurde. Galen sagt, daß die angestrengten Bewegungen der Tänzer, wobei sie hoch aufspringen, sich sehr schnell herumdrehen, niederkauern und aufschnellen, die Beine zusammenziehen und auseinanderspreizen, wie überhaupt alle sehr heftigen Bewegungen den Körper kräftigen. Dergleichen scheint aber nach der eigentlichen pantomimischen Darstellung sattgefunden zu haben; so beschreibt es auch Nonnus in der angeführten Stelle. Silen springt bald auf einem Fuße in die Höhe, bald auf beiden; er stellt sich fest auf den rechten und hebt den linken bis zur Brust und Schulter; er biegt ihn nach hinten so weit aufwärts, daß er den Nacken berührt; dreht sich nach hinten übergebogen im schnellen Wirbel um sich selbst, so daß sein Kopf im Kreise umhergeschleudert den Boden zu streifen scheint. Alles dies geschieht aber erst, nachdem er jene Szene „mit weiser Hand webend" zu Ende geführt hat. An besonderen Glanzstellen gebot der Tänzer dem Chor durch einen Wink Schweigen, um ohne die Worte des Textes nur durch seine Ausdrucksmittel zu wirken; oft gipfelte die Darstellung in einer besonders effektvollen Schlußpose.

Die Sprache der Hände, diese (wie Quintilian sagt) bei so großer Verschiedenheit der Mundarten allen Völkern gemeinsame Sprache, war offenbar im Altertume noch reicher an bezeichnenden und allgemein verständlichen Gesten als die Gebärdensprache der heutigen Südländer. Wir bewundern, sagt Seneca, die Tanzkünstler, weil ihre Hände zu jeder Bezeichnung der Dinge und Empfindungen geschickt sind und ihre Gebärden die Schnelligkeit der Worte erreichen. Jede veränderte Haltung der Hand und er einzelnen Finger drückte einen andern Sinn aus, und diese „Beredsamkeit des Tanzes" wurde ohne Zweifel durch die fortdauernde Übung der Kunst mehr und mehr erweitert, ausgebildet und verfeinert. Griechische Enthusiasten meinten sogar, daß „philosophische" Tänzer in ihrem Schweigen, gleichsam neue Pythagoriker, beredter seien als Rhetoren in ihren Vorträgen. Natürlich wurden aber die Gebärden der Hände durch entsprechende und ergänzende sonstige Bewegungen unterstützt. Maro tanzt bei Nonnus, „ein vielredendes Schweigen mit sprachloser Hand zeichnend; er wirft nach allen Seiten die Blicke umher, ein Bild der Reden, mit kunstvollem Neigen sinnreichen Rhythmus webend; er schwingt den Kopf und würde die Locken schütteln", wenn er nicht kahl wäre. Denkende Künstler suchten nicht sowohl die einzelnen Worte als den Sinn des Textes durch entsprechende Bewegungen auszudrücken; sie verschmähten es z. B., Krankheit durch die Gebärde des Pulsfühlens, Kitaharaspiel durch die des Saitenschlagens zu bezeichnen. Als Hylas (in einer Probe oder in der Tanzschule) die Textworte: „den großen Agamemnon" dadurch ausdrückte, daß er sich auf die Zehen stellte, tadelte ihn sein Lehrer Pylades, weil er ihn lang, aber nicht groß mache; er selbst nahm bei diesen Worten die Stellung eines Nachdenkenden an. Wie überhaupt in der antiken Kunst sich überall eine ungleich festere Tradition gebildet hat als in der modernen, und wie diese dann für die ganze folgende Entwicklung eine sichere Richtschnur, ein Korrektiv gegen Verirrungen und törichte Experimente der Originalitätssucht geblieben ist: so scheint es auch im Pantomimus der Fall gewesen und so den Künstlern das Spiel, den Zuschauern das Verständnis in hohem Grade erleichtert worden zu sein. Lucian erzählt, daß ein Pantomime bei der Darstellung des kinderverschlingenden Kronos sich in die der Mahlzeit des Thyest, ein andrer bei der Darstellung des Flammentods der Semele in die der Glauke verirrte, welche von dem feurigen Gifte der von Medea gesandten Hochzeitsgewänder verzehrt wurde. Weder eine solche Verirrung aus einer Rolle in die andre ist ohne eine sehr bestimmte Tradition für jede Rolle denkbar, noch die Wahrnehmung des Irrtums von seiten der Zuschauer. Nach allen Schilderungen dürfen wir eine feine Charakteristik bei den besseren Künstlern voraussetzen. Mit einer Darstellung des blinden Ödipus durch Hylas soll Pylades unzufrieden gewesen sein, weil seine Bewegungen die eines Sehenden waren. In rührenden Szenen vermochten die Pantomimen, welche das Leid der von ihnen dargestellten Personen mitzuempfinden schienen, die Zuschauer nicht selten zu Tränen hinzureißen. Weichliche Tänzer, ruft ein christlicher Schriftsteller, flößen die Leidenschaft ein, welche sie heucheln; sie schänden eure Götter, indem sie sie unzüchtig, seufzend, haßerfüllt vorführen; durch erlogenen Schmerz erregen sie mit eitlen Gebärden und Winken eure Tränen.

Wenn aber auch die besten Künstler ihre Erfolge einer geistvollen, durchdachten und künstlerisch schönen Darstellung zu verdanken bemüht waren, so beruhte der Zauber, den dies Schauspiel auf den größten Teil der Zuschauer und Zuschauerinnen ausübte, doch in seinem sinnlichen Reiz. Prachtvolle bunte und faltenreiche Gewänder und eine Maske ohne die häßliche Schallöffnung der Tragödenmaske hoben die Wirkung einer tadellosen jugendlichen Gestalt, die für den Pantomimen unerläßlich war; in ihm sollte man nach Lucians Meinung den Kanon Polyklets verkörpert sehen. Gegen

Mängel der äußeren Erscheinung waren die Zuschauer am wenigsten nachsichtig. In Antiochia wurde einem kleinen Tänzer, der als Hektor auftrat, zugerufen: das ist Astyanax, wo ist Hektor?, einem sehr langen, der als Kapaneus die Mauer von Theben zu ersteigen sich anschickte: steige über, du brauchst keine Leiter!, einem dicken, der große Sprünge zu machen versuchte: Schonung für die Bühne!, einem sehr mageren: gute Besserung! Eine reiche, natürliche Lockenfülle, nach antikem Begriff ein noch wesentlicherer Bestandteil jugendlicher Schönheit als nach modernem, durfte nicht fehlen. Toilettenkünste jeder Art unterstützten ohne Zweifel die Natur. Galen teilt das Rezept zu einem sehr wirksamen Enthaarungsmittel mit, das von dem Pantomimen Paris, einem Günstlinge des Kaisers L. Verus, herrührte.

Durch unablässige Übung und Beobachtung einer geregelten Lebensweise, namentlich Enthaltsamkeit im Genusse von Speisen, erlangten die Pantomimen eine unbedingte Herrschaft über ihren Körper, eine Gelenkigkeit, Geschmeidigkeit und Elastizität, die sie in den Stand setzte, jede ihrer Bewegungen mit Anmut, Eleganz und Weichheit auszuführen. Durch diese Eigenschaften entzückten sie am meisten in Frauenrollen, in denen es ihnen gelang, ihr Geschlecht völlig vergessen zu machen. Apulejus sagt von dem Schwiegervater seines Stiefsohns, dem er Schändlichkeiten und Laster aller Art vorwirft, er habe in seiner Jugend als Pantomimentänzer freilich eine so große Geschmeidigkeit gezeigt, als wenn er keine Sehnen und Knochen hätte, aber eine kunstlose und ungeschulte. In schlüpfrigen Szenen, welche die eigentliche Würze dieses Schauspiels waren, verband sich die verführerische Anmut der Darstellung oft mit einer Üppigkeit und Schamlosigkeit, der das Äußerste für erlaubt galt. Wenn der schöne Bathyllus die Leda tanzte, dann fühlte sich selbst die frechste Dirne solcher Meisterschaft in der Kunst des raffinierten Sinnenkitzels gegenüber als ländliche Novize und Schülerin.

Den Vorwurf der Unsittlichkeit und der korrumpierenden Wirkung, der den Pantomimen allgemein gemacht wurde, vermochten auch ihre eifrigsten Verteidiger nicht zu entkräften. Selbst junge Männer von ernster Richtung vermieden, sie zu sehen. Ummidia Quadratilla (die etwa 107 n. Chr. beinahe 80 Jahre alt starb) besaß Pantomimen, für die sie ein lebhafteres Interesse hatte, als sich für eine Frau vom höchsten Range ziemte. Ihr Enkel, ein junger Mann von sehr strenger Lebensweise, sah dieselben weder auf der Bühne noch in ihrem Hause tanzen. Sie selbst schickte ihn, wenn sie sich mit ihren Aufführungen unterhalten wollte, fort, was sie, wie der jüngere Plinius meinte, ebensowohl aus Achtung als aus Liebe für ihn tat. Daß die Pantomimen nicht am wenigsten zur Entsittlichung der Frauen beitrugen, welche den Schauspielen überhaupt leidenschaftlich ergeben waren, würde auch ohne die sehr grelle Schilderung Juvenals sehr glaublich erscheinen. Älius Aristides verfaßte eine (verlorene) Invektive gegen die Tänzer, gegen welche sich die erhaltene Verteidigungsrede des Libanius und wahrscheinlich auch die unter dem Namen des Lucian überlieferte Schrift über den Tanz wendet. Der Kaiser Julianus, welcher eine Reinigung der Theaterschauspiele von Zuchtlosigkeit und Frechheit für unmöglich hielt, verlangte von den Priestern, daß sie sich des Theaterbesuchs enthielten und keinen Schauspielern, Pantomimen oder Mimen bei sich den Zutritt gestatten sollten.

Einer der letzten heidnischen Geschichtsschreiber des Kaiserreichs, Zosimus, sah in der Einführung der Pantomimen unter Augustus ein Symptom eines allgemeinen sittlichen Verfalls der Welt, der mit dem Beginne der Monarchie begonnen habe. Dagegen schrieb Augustinus die Erfindung dieses Schauspiels der List der bösen Geister zu, die, voraussehend, daß die Pest des Zirkus einst nachlassen würde, diese viel verderblichere Seuche, an der sie die größte Freude haben, in die Welt sandten.

Man unterschied zwei Hauptgattungen des Pantomimus, die auf die beiden Urheber dieser Darstellungsart, Bathyllus und Pylades, zurückgeführt wurden. Der letztere, der auch über seine Kunst schrieb, war der Begründer des tragischen Pantomismus. Die von Bathyllus eingeführte Gattung war einfach, heiter, dem burlesken griechischen, der alten Komödie eigentümlichen Tanz Kordax verwandt; ihre Stoffe waren vielleicht laszive Behandlungen von Göttermythen, wie sie in der alten und mittleren Komödie häufig vorkamen, vielleicht auch direkte Parodien von Tragödien. Echo, Pan, ein mit Eros schwärmender Satyr — von solcher Art waren die Rollen, in denen Bathyllus glänzte, der für die pathetischen, feierlichen, aus vielen Personen zusammengesetzten Pantomimen des Pylades ebensowenig Begabung besaß wie dieser für den leichteren Tanz. Pylades riß besonders als Bacchus die Zuschauer hin; es war, sagt ein griechischer Dichter, als wäre der Gott in ihn übergegangen, dieser Bacchus stammte wahrlich vom Himmel; wäre er so in den Olymp gekommen, sagt ein anderer, so hätte die Götterkönigin selbst ihn als ihren Sohn beansprucht. Als rasender Herakles scheint er sich in der Darstellung des Wahnsinns den Vorwurf der Übertreibung zugezogen zu haben. Aus der Inschrift eines der höchsten Beamten in Pompeji, der dort bei einem Apollofeste Schauspiele mit aller Art von Musik und Rezitation *(acroamata)* sowie „mit allen Pantomimen und Pylades“ veranstaltete, sieht man, daß er, ohne Zweifel für hohes Honorar, auch in den Städten Italiens auftrat. Beide Künstler bildeten Schulen, und spätere Virtuosen des Pantomimus führten nach einem damals verbreiteten Gebrauch der Künstler aller Art wiederholt die Namen dieser berühmten Vorgänger. Die von Bathyllus begründete Gattung erhielt sich mindestens bis auf Plutarchs Zeit, doch scheint sie früh von der andern in den Hintergrund gedrängt worden zu sein, die bald allein die Herrschaft auf der Bühne behauptete: Lucian erwähnt in seiner sehr ausführlichen Schrift über den Tanz nur den tragischen Pantomimus.

Außer dem Pantomimus sah man auf der römischen Bühne noch mancherlei andre orchestische Aufführungen. Wie die Gesangstücke der Tragödien, wurden auch sonst in Musik gesetzte Gedichte pantomimisch dargestellt oder mit pantomimischen Tänzen begleitet. So waren Gedichte Ovids, obwohl nicht für das Theater bestimmt, in Rom aufgeführt worden, und noch in seinem Exil erfreute ihn die Nachricht, daß seine Verse im Theater getanzt und beklatscht würden; so wurden Lobgedichte auf die Kaiser zum Ärgernis strengerer Beurteiler unter Begleitung weibischer Tänze auf der Bühne abgesungen, und Redner, die nach einer marklosen Überzartheit des Ausdrucks strebten, rühmten, daß man ihre Reden singen und tanzen könne. Eine Art des Balletts, die als Zwischenspiel diente *(embolium)*, wurde ganz oder teilweise von Tänzerinnen ausgeführt.

Doch außer dem Pantomimus ist nur einer der damals auf der Bühne vorkommenden Tänze etwas genauer bekannt, die griechische Pyrrhiche. Der Name bezeichnet ursprünglich einen Waffentanz, der sich noch spät in Sparta erhielt; in der Kaiserzeit scheint es verschiedene Gattungen der Pyrrhiche gegeben zu haben, von denen die vorzüglichste in Ionien und andern kleinasiatischen Provinzen heimisch war und dort von Kindern der edelsten Familien öffentlich bei festlichen Veranlassungen getanzt wurde. Solche Knaben ließen die Kaiser zu ihren Schauspielen wiederholt nach Rom kommen und beschenkten sie öfters nach der Aufführung mit dem Bürgerrechte, doch wurden auch Sklaven und Sklavinnen, besonders im kaiserlichen Hause, in diesem Tanze geübt. Vielleicht gab es Pyrrhichen, die nur von Knaben, und andre, die von beiden Geschlechtern ausgeführt wurden, die letzteren wohl ausschließlich von Sklaven oder doch gewerbsmäßigen Tänzern und Tänzerinnen. Die Pyrrhichisten erschienen prächtig und bunt in goldgestickte Tuniken, Purpur- und Scharlachmäntel gekleidet und bekränzt. Immer neue Gruppierungen, Verschlingungen und Lösungen folgten in stetem Wechsel aufeinander; bald bildeten sie Kreise, bald Reihen, zerstreuten sich in scheinbar regellose Haufen oder ordneten sich im Viereck. Auch Scheinkämpfe, von Tänzern und Tänzerinnen gegeneinander mit hölzernen Waffen aufgeführt, gehörten zu dieser Gattung, hauptsächlich aber Tänze von bacchischem und verwandtem Charakter. Die Tanzenden stellten Titanen, Satyrn, Korybanten, Hirten vor und schwangen als Bacchanten Thyrsusstäbe und Fackeln. Leicht konnte diesen Tänzen ein dramatischer Inhalt gegeben werden, wie die Abenteurer des Dionysos in Indien oder die Geschichte des Pentheus; doch wurden die Gegenstände auch andern Sagenkreisen entnommen, wie bei einem Feste Neros die Geschichte der Pasiphae im Amphitheater als Pyrrhiche aufgeführt ward, wobei der von einer Maschinerie hoch emporgetragene Icarus herabstürzte und den Kaiser mit seinem Blut bespritzte.

Wie die an letzter Stelle genannten Stoffe, bei denen eine Person im Mittelpunkte der Handlung steht, eher für den Pantomimus als für den Reigentanz der Pyrrhiche geeignet erscheinen, so haben sich offenbar beide dem Theaterpublikum sehr beliebte Gattungen eng verbunden und vermengt. Eine ausführliche Beschreibung einer solchen Vorstellung, die dem modernen Ballett sehr ähnlich ist, gibt Apulejus bei der Schilderung eines Festes in der römischen Kolonie Korinth, offenbar nach eigener Anschauung. Eine Pyrrhiche ohne dramatischen Inhalt geht diesem Ballett voraus. Die Bühne zeigt das Idagebirge aus Holz hoch aufgebaut, mit Gebüsch und lebendigen Bäumen bepflanzt, von dem Quellen herabfließen; einige Ziegen grasen darauf, die Paris, ein schöner Jüngling in Barbarentracht mit goldener Tiara, weidet. Mercur, ein schöner blonder Knabe, nur mit der Chlamys bekleidet, Stab und Caduceus in der Hand, goldene Flügel am Haupt, erscheint im Tanzschritt, überreicht Paris einen goldenen Apfel, indem er durch Gebärden den Auftrag Juppiters andeutet, und geht ab. Nun tritt Juno auf, eine schöne Frau mit Diadem und Zepter; dann stürmt Minerva herein, mit blankem, olivenbekränztem Helm, Schild und Lanze schwingend; endlich erscheint Venus, bis auf ein durchsichtiges seidenes, um die Hüften geschlagenes Pallium von blauer Farbe ganz nackt. Juno, die von Castor und Pollux begleitet wird, drückt zuerst unter Flötenbegleitung in gemessenen Tanzbewegungen pantomimisch das Versprechen aus, dem Paris für den Preis der Schönheit die Herrschaft über Asien gewähren zu wollen. Minerva, von den Dämonen des Schreckens und der Furcht begleitet, die nackt einen Schwertertanz aufführen, verspricht in wildbewegten Rhythmen, zu denen kriegerische dorische Weisen gespielt werden, dem Paris Kriegsruhm. Endlich tritt Venus unter lautem Klatschen der Zuschauer hold lächelnd in die Mitte der Bühne, umgeben von einer Schar kleiner Liebesgötter mit Flügeln, Bogen und Fackeln, und von Mädchen, welche die Grazien und Horen vorstellen. Die Flöten stimmen eine sanfte lydische Melodie an, zu der Venus einen verführerischen Tanz aufführt („zuweilen schien sie nur mit den Augen zu tanzen"), in dem sie Paris die schönste Frau verspricht. Dieser reicht ihr den Apfel, Juno und Minerva drücken im Abgehen Zorn und Verdruß, Venus in einem Schlußtanze mit ihrem ganzen Chor Triumph und Freude aus. Hierauf springt vom Gipfel des Idagebirgs ein Springquell von Krokus und Wein hoch in die Höhe, und nachdem er das ganze Theater mit Wohlgeruch erfüllt hat, versinkt der Berg.

Unter allen Gattungen des Tanzes nicht bloß, sondern auch unter allen Theaterschauspielen überhaupt war es der Pantomimus, der auf der Bühne der Kaiserzeit die allgemeinste und leidenschaftlichste Teilnahme fand. Wie sehr er die übrigen Gattungen in den Hintergrund drängte, geht schon daraus hervor, daß das Wort, das früher alle Schauspieler bezeichnet hatte *(histrio)*, in der damaligen Sprache ganz besonders diese Tänzer bedeutet. Ihre Aufführungen bezeichnet Philostrat (in der Zeit des Commodus) ausdrücklich als die gewöhnlichen Bühnenspiele, die von Senatoren und Rittern eifrig besucht wurden. Wenn die Vorliebe für Pantomimen auch in allen Schichten der Gesellschaft verbreitet war, so wurde sie doch von den unteren Klassen am wenigsten geteilt. Diese ergötzten sich sicherlich mehr an den derben Zoten und Possen der Mimen, auf welche die Anhänger der Pantomimen mit Verachtung herabsahen. Die letzteren setzten schon wegen ihres mythologischen Inhalts eine gewisse Bildung voraus, in ungleich höherem Grade aber war diese für das Verständnis der Feinheiten der Darstellung erforderlich; überdies war kein andres Theaterschauspiel so geeignet, Nerven, die ein Übermaß von Genüssen erschlafft hatte, aufs neue anzuregen. Eine Leidenschaft für die Pantomimen verbreitete sich bald in der höheren Gesellschaft Roms; schon der ältere Seneca spricht von dieser seiner „Krankheit"; sie gehörte nach Tacitus zu den eigentümlichen Übeln der Stadt, die man im Mutterleibe empfing; am meisten ergriff sie die Frauen. Die öffentlichen Schauspiele reichten nicht aus, das Verlangen der Liebhaber zu sättigen, und schon in der ersten Kaiserzeit gehörten zu den Sklaven und Freigelassenen großer Häuser sowie des Hofs neben andern Bühnenkünstlern auch Pantomimentänzer und -tänzerinnen. Diese letzteren besaßen zuweilen die Gunst ihrer Herren in so hohem Grade, daß sie eine Million Sesterzen als Mitgift erhielten.

Zwar beschloß der Senat im Jahre 15 n. Chr., daß Pantomimen sich nur öffentlich sehen lassen dürften; doch sicherlich ist dieser Beschluß nicht lange in Kraft geblieben; ausdrücklich gestattete Domitian, der ihr öffentliches Auftreten verbot, ihnen das Auftreten in Privathäusern. Eine so leidenschaftliche Neigung für die Tanzkunst führte notwendig zum ausübenden Dilettantismus, so sehr auch ein solcher mit den römischen Anstandsbegriffen im Widerspruch stand. Schon in der letzten Zeit der Republik war dieser Dilettantismus so verbreitet gewesen, daß selbst Männer von edler Geburt und hoher Stellung nicht bloß wegen Liebhaberei für den Tanz, sondern auch wegen Fertigkeit in dieser Kunst verspottet wurden, wie Ciceros Freunde M. Cälius Rufus und P. Licinius Crassus (der Sohn des Triumvirn) und sein Gegner A. Gabinius (Konsul 58), dessen Haus, wie Cicero sagt, von Gesang und Getön der Zimbeln widerhallte, und der selbst vor seinen Gästen ohne Obergewand tanzte. Auch L. Afranius (Konsul 60) soll ein besserer Tänzer als Staatsmann gewesen sein. Die Ausbildung des Pantomimus zur selbständigen Kunstgattung und die Gunst, die er sich rasch gewann, wird auch die ausübenden Liebhaber vermehrt haben. Unter Augustus strebten gebildete Männer und solche, die gebildet scheinen wollten, nach Fertigkeit im Tanz, die bereits zu den Vorzügen eines guten Gesellschafters gerechnet wurde. Ovid rät dem Liebenden, bei einem Gastmahl, wo er mit seiner Dame zusammen ist, zu tanzen, falls seine Arme zu gefälliger Bewegung geübt sind; ein Zudringlicher, der Horaz bestürmt, ihm bei Mäcenas Zutritt zu verschaffen, führt zu seiner Empfehlung auch an, daß er ein trefflicher Tänzer sei. Manilius rechnet die Gabe des Tanzes neben der Kunst des Gesangs und Saitenspiels zu den Vorzügen der heiteren, durch anmutige Feinheit gewinnenden Geister. Bald ward die Klage laut, daß diese verweichlichenden und unziemlichen Übungen ernsteren Studien bei der männlichen Jugend Abbruch täten. Die Leidenschaft Caligulas für den Tanz leistete der Verbreitung dieses Dilettantismus Vorschub. Gute Lehrer des Tanzes wie der Musik wurden von Liebhabern eifrig gesucht. Seneca sagt, daß die Kunst des Pylades und Bathyllus zahlreiche Lehrer und Schüler finde, daß überall in Privathäusern Bühnen errichtet seien, die von den Tanzübungen der Männer und Frauen widerhallten. Auch in der späteren Zeit fehlt es nicht an Zeugnissen für die Fortdauer dieses Dilettantismus; so muß man nach einer Äußerung Lucians annehmen, daß zu dem Personal der vornehmen Häuser Roms in der Regel auch ein Tanzlehrer gehörte. Zwar galt die Ausübung der Tanzkunst für hochgestellte Männer immer als unschicklich, selbst beschimpfend, nichtsdestoweniger wird sie von einigen Kaisern berichtet.

Die Teilnahme besonders der höheren Stände und der höchsten Personen an den Bühnenspielen konnte auf die gesellschaftliche Stellung der Schauspieler nicht ohne Einfluß bleiben, wenn auch ihre rechtliche Stellung sich nicht veränderte. Noch immer traf jeden, der sich auf öffentlicher Bühne zur Kurzweil des Volks preisgab, bürgerliche Ehrlosigkeit, gleich dem schimpflich entlassenen Soldaten, dem Kuppler, dem überwiesenen Diebe, Betrüger und Verleumder; in einem Einzelfalle entschied Diocletian, daß Personen, die während ihrer Minderjährigkeit die Bühne betreten hatten, nicht der Ehre verlustig sein sollten. Auch in Munizipien und Kolonien waren Schauspieler gesetzlich von jedem Ehrenamte ausgeschlossen. Mit einem Schauspieler oder dem Sohne eines Schauspielers oder einer Schauspielerin konnten selbst Enkelinnen und Urenkelinnen von Senatoren im Mannesstamme keine gültige Ehe schließen, ebensowenig wie Enkel und

Urenkel von Senatoren mit Schauspielerinnen oder Töchtern aus Schauspielerfamilien. Der Ehemann, der einen Schauspieler in seinem eigenen Hause im Ehebruch mit seiner Frau betraf, konnte ihn ebensowohl wie im gleichen Falle seinen Sklaven und Freigelassenen straflos töten. Der Soldat, der sich zum Schauspiel hergab, wurde ebenso mit dem Tode bestraft, als wenn er sich hatte zum Sklaven machen lassen. Das alte Recht der Beamten, die Schauspieler überall und zu jeder Zeit körperlich zu züchtigen, beschränkte erst Augustus auf die Dauer der Schauspiele und den Bereich des Theaters, und bei dieser Bestimmung scheint es später verblieben zu sein. Übrigens war Augustus gegen die Schauspieler, die gegen die Sitte verstießen, unnachsichtig streng. Den Tänzer Stephanio ließ er in den drei Theatern Roms mit Ruten hauen und verbannte ihn wegen eines Verhältnisses mit einer verheirateten Frau, die ihm in Knabentracht mit kurzgeschorenem Haar aufgewartet hatte. Den Pantomimen Hylas ließ er auf die Beschwerde eines Prätors in dem Atrium seines Hauses öffentlich mit Peitschenhieben züchtigen, und den berühmten Pylades verwies er aus Italien, weil er auf einen Zuschauer, der ihn im Theater auszischte, mit dem Finger gewiesen hatte.

Es war natürlich, daß die Kunst, an welcher der Makel der Ehrlosigkeit haftete, in der Regel nur von Sklaven und Freigelassenen, oder von Freien solcher Länder geübt wurde, in denen das römische Vorurteil nicht bestand, namentlich von Griechen, Asiaten und Ägyptern; und dieser Umstand konnte nicht dazu beitragen, die Schauspieler geachteter zu machen. Übrigens standen sie auch in Griechenland im allgemeinen nicht in gutem Ruf. Gellius erzählt, daß ein Schüler des Philosophen Taurus, ein reicher, junger Mann, den Umgang mit Tragöden, Komöden und Flötenspielern (welche, wie er für seine römischen Leser bemerkt, freie Leute waren) sehr liebte. Taurus empfahl ihm, um ihn von diesem Verkehr abzuziehen, täglich einen Ausspruch des Aristoteles zu lesen, der den sittlichen Unwert der meisten dionysischen Künstler daraus herleitete, daß ihre Kunstübung sie von der Philosophie abhalte und daß sie bald in Ausschweifung, bald in Not leben, da beides zur Verkommenheit führe. In Rom pflegten sich während der Kaiserzeit Pantomimen, Komöden, Tragöden und andre Bühnenkünstler in den Sklavenfamilien großer Häuser zu befinden, teils einzeln, teils in ganzen Truppen; zwar gehörten zur Aufführung von Tragödien wie Komödien nur je drei Schauspieler, aber außerdem noch Statisten, so daß Martial von einem „Haufen“ junger Komöden sprechen konnte, die alle so anmutig waren, daß keiner sich für den „Verhaßten“ Menanders, aber jeder für den „zweimal Betrügenden“ desselben Dichters eignete. Die zahlreichsten und vorzüglichsten Schauspieler besaß das kaiserliche Haus. Bühnenkünstler gingen wie andere Sklaven durch Vermächtnis, Kauf und Schenkung aus einer Hand in die andere und dienten teils zur Unterhaltung ihres Herrn und seiner Gäste, besonders bei und nach der Tafel, teils und vorzugsweise wurden sie zu öffentlichen Schauspielen verwandt, verliehen und vermietet und gewährten für die Kosten ihrer Ausbildung einen reichlichen Ertrag. Freunde des Hauses und Personen, die dem Besitzer ihre Aufmerksamkeit beweisen wollten, versäumten nicht, das Schauspiel zu besuchen, wenn seine Leute auftraten, und eifrig zu klatschen. Sehr häufig erlangten diese Sklaven die Freiheit als Belohnung ihrer Kunstfertigkeit, zuweilen auch auf Verwendung des Publikums. Doch gewöhnlich übernahmen sie bei der Freilassung die Verpflichtung, unter gewissen Bedingungen sich ihrem Patron zur Verfügung zu stellen, auch sich von ihm vermieten zu lassen; in seinen und seiner Freunde Schauspielen mußten sie unentgeltlich auftreten.

Doch die Mißachtung, welche den ganzen Schauspielerstand drückte, hinderte nicht, daß vorzügliche und beliebte Künstler sich zu sehr glänzenden Stellungen aufschwangen. Schon Roscius und Äsop war dies gelungen; beide hatten großen Reichtum erworben, der erstere überdies von Sulla den goldenen Ring erhalten, den auch der jüngere Balbus als Quästor in Gades einem Schauspieler Herennius Gallus verlieh. Viel leichter war die Gewinnung von Vermögen und Ansehen für große Talente in einer Zeit, wo die Schauspiele eine so viel höhere Wichtigkeit hatten und das Vorurteil gegen die Kunst durch die zunehmende Anpassung an griechische Sitten und Anschauungen und durch die Leidenschaft der höheren Stände für die Bühne mehr und mehr von seiner Schärfe verlor. Der Abstand zwischen der Lebensstellung eines untergeordneten und eines gefeierten und berühmten Schauspielers war damals sehr viel größer als gegenwärtig. Gar mancher der ersteren, der auf der Bühne als Agamemnon oder Kreon prächtig im Purpurmantel einhertrat, lebte von einer monatlichen Brotration, wie sie die Sklaven erhielten, und schlief unter einer Decke aus Lumpen, erhielt einen kargen Lohn, wenn er beklatscht, und selbst Peitschenhiebe, wenn er ausgezischt wurde. Das letztere kam wahrscheinlich oft genug vor, da das Publikum schwerlich nachsichtiger war als in Ciceros Zeit, wo jeder falsche Ton, jeder Verstoß gegen Takt und Rhythmus im Vortrage und in den Bewegungen sofort durch Zischen, Pochen und Massenausrufe gerügt wurde. Auf der andern Seite bewegten die Künstler, welche die Bühnen Roms beherrschten, sich in den höchsten Kreisen, besaßen nicht bloß Reichtum, sondern auch Macht, und sahen hochgeborene Männer sich um ihre Gunst und hochgeborene Frauen um ihre Neigung bemühen. Komöden und Pantomimen, sagt Plutarch, die auf der Bühne Glück machen, werden von Freien, ja selbst von Hochgeborenen angestaunt und glücklich gepriesen.

Es versteht sich von selbst, daß es hervorragenden Schauspielern nicht an Ehrenbezeigungen und Auszeichnungen von seiten ihrer Kollegen fehlte; namentlich pflegten sie in den Gesellschaften, Korporationen und Festgenossenschaften der Bühnenkünstler, besonders den sogenannten heiligen Synoden, Ehrenämter und Priestertümer zu bekleiden. Aber auch die Städte, in deren Theatern sie sich sehen und hören ließen, waren gegen sie freigebig nicht bloß mit Inschriften und selbst Statuen, sondern auch mit kommunalen Auszeichnungen. Zwar die römischen Kommunen waren in ihren Verleihungen, namentlich des Bürgerrechts, an durchreisende Künstler aller Art nicht so verschwenderisch wie die griechischen, die ihr Bürgerrecht aufs freigebigste an Schauspieler verschenkten, wie dies Cicero von den Rheginern, Lokrern, Neapolitanern und Tarentinern sagt. Doch auch die „glänzendsten Städte Italiens“ nahmen nicht Anstand, Pantomimen, welche den gebräuchlichen Ehrentitel „der Erste seiner Zeit“ beanspruchen durften, die Insignien der Dekurionen, Duumvirn und andere Ehren, selbst das Augurat, zuzuerkennen. In dem kleinen Ort Bovillä ist sogar der Direktor einer Mimentruppe, der zugleich Komiker und Tragiker war, trotz der Bestimmung, welche Schauspieler von Gemeindeämtern ausschloß, Dekurio gewesen: bei der feierlichen Errichtung einer ihm von der Mimengenossenschaft gesetzten Statue im Jahre 169 veranstaltete er eine große Geldverteilung an die sämtlichen Einwohner der Stadt.

Namhafte und gesuchte Schauspieler wurden für ihre Leistungen hoch bezahlt (schon im Jahre 15 waren Beschränkungen ihres Solds nötig befunden worden); überdies erhielten sie Geschenke von den Festgebern, deren wetteiferndes Bestreben, ihre Prachtliebe und Freigebigkeit auch hierin zu zeigen, zu solcher Verschwendung führte, daß Marc Aurel sich veranlaßt sah, ein Maximum (von zehn Goldstücken) für diese Geschenke zu bestimmen, doch schwerlich mit den beabsichtigten Erfolge. Auch die Preise für Sieger in den Wettkämpfen, die unter den Bühnenkünstlern stattfanden, bestanden in Gold oder waren sonst wertvoll, namentlich goldene Kränze, obwohl statt deren auch kupferne, mit Ochsengalle gefärbte gegeben wurden. Vespasian schenkte bei den Schauspielen, die er zur Einweihung der wiederhergestellten Bühne des Marcellustheaters gab, keinem der mitwirkenden Künstler außer vielen goldenen Kränzen weniger als 40.000 Sesterzen (= 8700 Mark), dem Tragöden Apelles sogar das Zehnfache. Die Günstlinge, an welche Nero 2200 Millionen Sesterzen (etwa 478½ Mill. Mark) verschenkt hatte (wovon Galba neun Zehntel zurückforderte), waren nach Plutarch und Sueton sämtlich Bühnenkünstler und Athleten gewesen; daß ein beträchtlicher Teil dieser enormen Summe den ersteren zugefallen war, wird man allerdings annehmen dürfen. Es ist hiernach zu glauben, daß beliebte und berühmte Schauspieler gewöhnlich vermögend waren. Pylades war es z. B. in so hohem Grade, daß er in seinem Alter selbst Schauspiele (im Jahre 752 = 2 v. Chr.) in Rom geben konnte; ein späterer Pylades (unter Commodus) wird wegen seiner bei Veranstaltung eines Gladiatorenspiels nebst Tierhetze in Puteoli bewiesenen ungemeinen Freigebigkeit gerühmt. Der ältere Plinius sagt, der höchste für einen Sklaven (den Grammatiker Daphnis) gezahlte Preis (700.000 Sesterzen = 152.250 Mark) sei in seiner Zeit durch das jährliche Einkommen eines Pantomimen weit übertroffen worden, der sich freigekauft habe: womit vermutlich der sogleich zu erwähnende Paris gemeint ist. Der Mime Vitalis rühmt sich in seiner bereits angeführten Grabschrift, daß seine Kunst ihn in der ganzen Welt bekannt gemacht, ihm Geltung, ein stattliches Haus und Reichtum verschafft habe. Auch in Constantinopel erwarben hervorragende Schauspieler viel: die in der ganzen Welt gefeierten Mimen prunkten nach Choricius mit kostbaren Kleidern, einem Überfluß an Gold, mit Silbergeschirr und zahlreichen Sklaven.

Die gefeiertsten Schauspieler gehörten, wie bereits bemerkt, häufig zum kaiserlichen Hause und genossen schon aus diesem Grunde allgemeines Ansehen, überdies erfreuten sie sich, besonders die Pantomimen, nicht selten der höchsten Gunst der Kaiser und Kaiserinnen. Caligulas Gunst besaß eine Zeitlang der Tragöde Apelles, bis an seinen Tod der schöne Pantomime Mnester, den er leidenschaftlich liebte; derselbe war, obgleich nur gezwungen, der Liebhaber Messalinens, die ihn vom Theater entfernt hielt und von den eingeschmolzenen Münzen Caligulas ihm zu Ehren Bildsäulen gießen ließ; er wurde gleichzeitig mit ihr im Jahre 48 hingerichtet. Der Pantomime Paris stand bei Nero als Genosse seiner Ausschweifungen in so hoher Gunst, daß er nicht bloß wagen durfte, die Kaiserin-Mutter anzuklagen, sondern auch straflos ausging, als Agrippina die Bestrafung ihrer übrigen Ankläger erwirkte. Er forderte von seiner früheren Herrin, der Vaterschwester des Kaisers, Domitia, die Rückerstattung der Summe von 10.000 Sesterzen (= 2175 Mark), die er für seine Freilassung gezahlt hatte, unter dem Vorgeben, daß sie ihn widerrechtlich als Sklaven besessen habe, und gewann den Prozeß, wie allgemein bekannt war, auf Befehl des Kaisers (56 n. Chr.). Erst elf Jahre später (67 n. Chr.) ließ Nero ihn hinrichten, weil er selbst auch in der Kunst des Tanzes glänzen wollte und in Paris, der darin sein Lehrer war, einen gefährlichen Gegner fürchtete. Zu Domitians Günstlingen gehörte der Mime Latinus; den berühmtesten Pantomimen jener Zeit, der (nach der bereits erwähnten Sitte der Künstler, die Namen berühmter Vorgänger anzunehmen) sich ebenfalls Paris nannte, ließ er ermorden, weil er die Gunst seiner Gemahlin Domitia besaß; mit ihrer Leidenschaft für diesen oder einen andern Pantomimen brachte später das Gerücht die Ermordung Domitians in Verbindung. Juvenal soll wegen einer Stelle in seinen Satiren verbannt worden sein, in der er die Gönnerschaft eines Tänzers bei der Bewerbung um Ämter oder Stellen im Heer für wirksamer erklärt hatte als die aller Großen Roms, weil dies als Anspielung auf einen gerade damals am Hofe in hoher Gunst stehenden Pantomimen erschien, dessen Schützlinge mehrfach befördert worden waren. Auch Trajan, ein großer Freund aller Schauspiele, liebte einen Pantomimen Pylades. Antoninus Pius liebte die Kunst der Pantomimen. Unter den Freigelassenen, die an dem üppigen Hofe des L. Verus eine hervorragende Stellung einnahmen, werden nicht weniger als drei Pantomimen genannt, Memphis oder Apolaustus (eigentlich Agrippius), den der Kaiser aus Syrien mitgebracht hatte, Paris (eigentlich Maximinus) und abermals ein Pylades, und unter denen, die das Stadtgespräch als begünstigte Liebhaber der Kaiserin Faustina bezeichnete, waren ebenfalls Pantomimen. Caracalla machte den Tänzer Theokrit sogar zum Befehlshaber eines Heers in Armenien.

Es kann hiernach nicht wundernehmen, daß die Gesellschaft von Schauspielern auch von Personen der höheren Stände eifrig gesucht wurde. Jener Senatsbeschluß vom Jahre 15 mußte bereits untersagen, daß Senatoren die Häuser von Pantomimen besuchten, daß römische Ritter beim Ausgehen ihr Gefolge bildeten; doch diese Verbote fruchteten nichts. Unter Nero sah man junge Männer aus den edelsten Geschlechtern sich wie ihre Knechte gebärden; die schmählichsten Verhältnisse angesehener Personen mit ihnen waren stadtkundig; auch unter Neros Nachfolgern drängte sich um sie auf den Straßen die größte Menge, und unter den Antoninen brachten viele einen Teil des Vormittags regelmäßig bei Pantomimen oder Zirkuskutschern zu. Auf der Stelle, wo jener Paris, den Domitian ermorden ließ, gefallen war, streuten viele seiner Verehrer Blumen und gossen Wohlgerüche aus, und Martial dichtete ihm folgende Grabschrift: „Wanderer auf der Flaminischen Straße, gehe nicht an diesem edlen Marmorbau vorüber. Die Wonne Roms, der Witz Alexandriens, Kunst und Anmut, Scherz und Freude, die Zierde und der Schmerz des römischen Theaters und alle Liebesgöttinnen und Liebesgötter sind in diesem Grabe mit Paris bestattet." Vor allem die Frauen auch der höheren Stände standen im Rufe, für die persönlichen Vorzüge der Bühnenkünstler nur zu empfänglich zu sein, ja deren Gunst nicht selten zu erkaufen.

Bei dem so allgemeinen und intensiven Interesse für das Schauspiel und die Schauspieler war es unvermeidlich, daß die Rivalität bedeutender Künstler auch im Theater Parteiungen herbeiführte, um so mehr, als auch zwischen den Schauspielern schon seit alter Zeit ein Wettkampf stattfand, bei welchem die Sieger Palmen, Kränze und sonstige Ehrenpreise erhielten. Schon in der Zeit der Republik suchten die Schauspieler diese Anerkennung durch einen künstlich organisierten Beifall herbeizuführen. Sie sicherten sich eine möglichst große Zahl einflußreicher Anhänger, verteilten gut bezahlte Klatscher unter die Zuschauer und suchten, das Publikum durch Leute, die dieses Geschäft gewerbsmäßig betrieben, zu ihren Gunsten zu stimmen. Der Hauptanstifter des Aufruhrs der pannonischen Legionen im Jahre 14 n. Chr., der Soldat Percennius, ein frecher Wühler, hatte die Geschicklichkeit, Massen aufzuwiegeln, in seinem früheren Gewerbe als Leiter der Beifallsklatscher erworben. Die Organisation dieser Theaterparteien erweiterte und befestigte sich in der Kaiserzeit teils unter dem Einfluße der Parteiungen im Zirkus, teils durch die Beteiligung hoher Personen und selbst einiger Kaiser mehr und mehr; ihre Versuche, sich gegenseitig zu terrorisieren und zu unterdrücken, führten auch hier, trotz der im Schauspiel aufgestellten Wache von einer ganzen Kohorte (1000 Mann), nicht selten zu blutigen Schlägereien und Tumulten, infolge deren wiederholte Verweisungen der Schauspieler und Bestrafungen ihrer Anhänger stattfanden. Dieses Unwesen verbreitete sich aus den römischen Theatern auch in die der Provinzen. Der kaiserliche Prokurator von Epirus beklagte sich gegen Epictet, daß er von den Gegnern eines Komöden Sophron im Theater geschmäht worden war, für den er doch selbst in ungebührlicher Weise Partei genommen hatte. Er hatte geschrien, war von seinem Sitze aufgesprungen, seine Sklaven hatten das gleiche getan. Wie konnte er sich wundern, daß ihn die Menge, der er sich gleichgestellt hatte, wie ihresgleichen behandelte? Namentlich scheinen in den Provinzen die Jünglingsvereine *(collegia iuvenum)* häufig bei Theaterunruhen beteiligt gewesen zu sein. Der Jurist Callistratus, der unter den Severen schrieb, sagt, daß Leute, die sich Jünglinge nennen, sich zur Mitwirkung bei den stürmischen Beifallsbezeigungen des Publikums hergeben. Wenn sie sonst nichts verbrochen haben und nicht bereits von dem Statthalter verwarnt sind, sollen sie nur Stockschläge (eine Strafe für Freie von geringem Stande) erhalten, oder ihnen auch die Schauspiele verboten werden; im Wiederholungsfalle sollen sie verbannt, wenn sie mehrmals Unruhen angestiftet und sich trotz gelinder Bestrafung unverbesserlich gezeigt haben, mit dem Tode bestraft werden. Daß nur Pantomimen als die Veranlasser solcher Parteiungen und Unruhen genannt werden, zeigt wieder deutlich, wie sehr dieses Schauspiel alle übrigen in den Hintergrund gedrängt hatte.

Die Geschichtsschreiber haben solchen Vorgängen in den Theatern Roms hinreichende Wichtigkeit beigemessen, um wenigstens über die bedeutenderen und das Verhalten der einzelnen Kaiser dabei zu berichten. Schon die Rivalität des Pylades und Bathyllus hatte (im Jahre 18 v. Chr.) Unordnungen im

Theater veranlaßt; doch Augustus hatte die Künstler, welche die Aufmerksamkeit der Menge in so willkommener Weise von den öffentlichen Angelegenheiten abzogen, und von denen der zweite überdies Mäcens Liebling war, mit Schonung behandelt. Auch die unmittelbar nach seinem Tode (im Jahre 14) ihm zu Ehren gefeierten Schauspiele wurden durch die Rivalität der auftretenden Pantomimen gestört, aber Tiberius wagte nicht, das an nachsichtige Behandlung der Theaterfreiheit gewöhnte Volk gleich im Anfang seiner Regierung durch strenges Einschreiten zu erbittern. Doch im nächsten Jahre führte der Kampf der Parteien im Theater, erhitzt durch die Teilnahme des kaiserlichen Prinzen Drusus, abermals zu tumultarischen Auftritten: die Beamten wurden verhöhnt, die Wache schritt ein, und im Handgemenge fielen nicht nur mehrere aus dem Volke, sondern auch Soldaten und ein Centurio, der Tribun der wachthabenden prätorischen Kohorte, ward verwundet. Hierauf erfolgte jener bereits erwähnte Senatsbeschluß, durch den die Prätoren unter anderm die Befugnis erhielten, Exzesse der Ruhestörer mit Verbannung zu bestrafen. Doch dieselben Szenen wiederholten sich immer von neuem, und nachdem die Beschwerden der Prätoren mehrmals vergeblich geblieben waren, verhängte Tiberius im Jahre 22 oder 23 die Ausweisung aus Italien über diejenigen Schauspieler, die sich teils der Erregung von Theaterunruhen, teils andrer Vergehen schuldig gemacht hatten, namentlich gegen die Pantomimen, und keine Bitten des Volks konnten ihn bewegen, sie zurückzurufen. Caligula gestattete ihre Rückkehr gleich beim Antritt seiner Regierung, und unter ihm und seinem Nachfolger werden keine gegen die Theaterfreiheit getroffenen Maßregeln erwähnt. Nero entfernte sogar Ende des Jahrs 55 die prätorische Kohorte, welche bei den Spielen die Wache hatte, aus dem Theater, angeblich um die Soldaten den Verführungen des Schauspiels zu entziehen; die Folge war, daß die Kämpfe der Parteien sich mit vermehrter Heftigkeit erneuerten, um so mehr, als Nero die Kämpfer durch Straflosigkeit und Belohnungen anfeuerte, ja selbst erst verborgen, dann öffentlich als Anführer teilnahm; bei einem Handgemenge, wo Steine und zerbrochene Bänke als Wurfwaffen umherflogen, warf er eifrig mit und verwundete einen Prätor am Kopfe. Man überzeugte sich nun, daß die Wache im Theater unentbehrlich sei, die beteiligten Pantomimen wurden wieder aus Italien verwiesen, die Hauptschuldigen unter den Zuschauern vom Prätor mit Gefängnis bestraft, und der Versuch eines Volkstribunen, diese unpopuläre Maßregel zu verhindern, vom Senat zurückgewiesen. Doch wurde das Wiederauftreten der Pantomimen sehr bald (schon vor dem Jahre 60) gestattet. Titus enthielt sich der Bezeigungen des Beifalls auch gegen einige seiner Lieblingspagen, die damals als Tänzer die Bühne beherrschten, aufs strengste. Domitian verbot das Auftreten der Pantomimen auf öffentlichen Bühnen ganz, Nerva gestattete es auf dringende Bitten des Volks, Trajan verbot es von neuem im Anfange seiner Regierung; doch hob er das Verbot nach dem zweiten dacischen Triumphe (107) wieder auf. Hadrian bestimmte, wie später Alexander Severus, die Hofpantomimen zum öffentlichen Dienst. Lucius Verus begünstigte gerade diese Gattung des Schauspiels vorzugsweise. Verbote desselben werden aus dem 2. Jahrhundert und später nicht erwähnt, und es ist auch nicht wahrscheinlich, daß sie in jenen Zeiten zunehmender Verwilderung, wo die Schauspiele mehr und mehr alle übrigen Interessen absorbierten, erfolgt sind. Im 4. und 5. Jahrhundert haben die Eifersüchteleien und Umtriebe der Pantomimen in Antiochia, Alexandria und Constantinopel in ähnlicher Weise Anlaß zu öffentlichen Unruhen gegeben wie der Streit der Zirkusparteien. Durch Justinian erfolgte die Aufhebung dieser Vorstellungen, erst in Antiochia, dann auch in der Hauptstadt.

5. DAS STADIUM

Am spätesten bürgerten sich in Rom die griechischen Kämpfe und Spiele von Athleten und musischen Künstlern ein. Während der Republik blieben sie selten, erst in der Kaiserzeit wurden sie mit der zunehmenden Verschmelzung römischer und hellenischer Kultur und Sitten allmählich populär. Hier soll nur von den Athletenkämpfen die Rede sein. Auch dieses Schauspiel hatte (ebenso wie die Tierhetzen) zuerst M. Fulvius Nobilior im Jahre 186 veranstaltet, viele Künstler waren aus Griechenland dazu herübergekommen. Hundert Jahre später gab Sulla zur Feier des Triumphs über Mithridat (81 v. Chr.) Kämpfe von Athleten, deren er so viele nach Rom gezogen hatte, daß in Olympia (es war das Jahr der 175. Olympiade), mit Ausnahme des Wettlaufs im Stadium, aus Mangel an Teilnehmenden keine Spiele stattfinden konnten. Das Schauspiel wiederholten 58 v. Chr. M. Aemilius Scaurus in seiner Ädilität (vermutlich in einem noch nie dagewesenen Umfange, daher ihm Valerius Maximus irrig die Einführung desselben zuschreibt), Pompejus bei der Einweihung seines Theaters im Jahre 55, C. Scribonius Curio bei den Leichenspielen für seinen Vater (53). Was damals Cicero an M. Marius schrieb, er werde wohl nach den Athleten kein Verlangen tragen, da er s o g a r Gladiatoren verschmähe — das bezeichnet gewiß den Geschmack der großen Mehrzahl des damaligen römischen Publikums; und Pompejus gestand selbst, daß er „Mühe und Öl" verschwendet habe. Doch ließ auch Cäsar bei seinen Triumphalspielen im Jahre 46 Athleten in einem auf dem Marsfelde erbauten, später wieder abgebrochenen Stadium drei Tage lang kämpfen.

Augustus, der auch diesem Schauspiel besondere Aufmerksamkeit zuwandte und großes Gefallen daran fand, veranstaltete (ebenfalls im Marsfelde) Kämpfe von Athleten, „die von allen Seiten herbeigerufen waren", zweimal in seinem eigenen Namen, das drittemal in dem seines Neffen. Er gab auch zuerst die Veranlassung nicht nur zu seiner häufigen Abhaltung, sondern auch zu seiner regelmäßigen Wiederkehr. Zur immerwährenden Feier des Siegs bei Actium hatte er die dort seit alter Zeit dem Apollo gefeierten Festspiele erneuert und erweitert, die fortan in dem von ihm neugegründeten Nicopolis in Zwischenräumen von vier Jahren mit gymnischen und musischen Wettkämpfen begangen wurden, im Spätherbst, denn die Athleten begaben sich dorthin nach Beendigung der Augustalien in Neapel, die, wie es scheint, seit dem Tode des Augustus an dessen Geburtstage (23. September) stattfanden. Dieses periodische Fest wurde zum Zyklus der vier großen heiligen Wettkämpfe Griechenlands als fünfter hinzugefügt, und im Anfange der Kaiserzeit hie und da nach Actiaden wie nach Olympiaden gerechnet. Es erhielt sich bis in das späteste Altertum (noch Julian erneuerte es) und stand in hohem Ansehen. Zahlreiche Inschriften von Athleten und Musikern aus den verschiedensten Ländern griechischer Zunge bezeugen, daß die Ehre des dort errungenen Siegs nicht minder hochgehalten wurde als die des Kranzes zu Olympia und Delphi. Ähnliche periodische Feste stifteten zu Ehren des Augustus Fürsten, wie Herodes von Judäa (im Jahre 8 v. Chr.), und in vielen Provinzen wurden solche außer Tempeln und Altären beinahe Stadt für Stadt beschlossen.

Auch in Rom selbst beschloß der Senat gleich nach der Schlacht bei Actium (724 = 30 v. Chr.) zu Ehren des Siegs ein vierjähriges periodisches Fest, das zum ersten Male im Jahre 726 = 28, in welchem auch die Einweihung des palatinischen Apollotempels stattfand, von Octavian und Agrippa als mehrtägige Feier abgehalten wurde. Diese „für die Wohlfahrt des Cäsar" gelobten und dem actischen Apollo geweihten Schauspiele wurden fortan in Zwischenräumen von je vier Jahren abwechselnd von den Konsuln und je einem der vier großen Priesterkollegien veranstaltet; doch scheinen sie nicht über den Tod des Augustus hinaus bestanden zu haben; die letzte Feier, die erwähnt wird, ist vom Jahre 762 = 9 v. Chr. Bei der ersten (im Jahre 726 = 28 v. Chr.) lenkten edle Männer und Knaben wie bei den heiligen Spielen in Griechenland die Wagen in der Rennbahn, und Athleten kämpften in einem auf dem Marsfelde eigens erbauten Stadium; außerdem wurde auch ein Fechterspiel gegeben. Daß auch bei den späteren Wiederholungen dieses Fests athletische Kämpfe regelmäßig waren, ist wohl unzweifelhaft. Als bei einer solchen Feier, bei der gerade die Pontifices die Leitung hatten, das Volk einen Faustkampf verlangte, verschob Augustus diesen auf den Morgen des folgenden Tags und verbot zugleich den Frauen (die er von allen athletischen Spielen fernhalten wollte), vor der fünften Stunde zu erscheinen.

Durch solche öftere Wiederholungen wurden die athletischen Spiele in Rom beliebt, und bald verlangte das Volk „die griechischen Wettkämpfe" von den die Staatsspiele gebenden Beamten, welche diese Wünsche gewiß ebensowohl berücksichtigten wie die Kaiser. Von den letzteren gab Caligula im Jahre 38 gymnische Spiele, desgleichen im Jahre 39 am Geburtstage der Drusilla an mehreren Orten gleichzeitig, und Claudius ließ bei den Spielen zur Feier des britannischen Triumphs im Jahre 44 im Zirkus zwischen den Wagenrennen Athleten auftreten. Doch weit mehr förderte Neros Vorliebe für griechische Sitten und Einrichtungen die Popularisierung dieser Schauspiele in Rom. Er stiftete hier im Jahre 60 das erste ganz nach griechischem Muster eingerichtete „heilige" Fest mit drei Arten von Wettkämpfen: im Wagenrennen, in Gymnastik, in Gesang, Musik, Poesie und Beredsamkeit; dieses Fest sollte in fünfjährigen Perioden wiederkehren und war auf die Staatskasse fundiert. Die musischen Wettkämpfe, die bei den dem actischen Apoll geweihten Spielen in Rom offenbar gefehlt hatten, bildeten hier den Mittelpunkt, wie denn die ganze Stiftung zunächst durch Neros Wunsch, als Dichter, Sänger und Kitharaspieler zu glänzen, veranlaßt war; sie fanden im Theater statt, Konsulare präsidierten, die vornehmsten Römer beteiligten sich nach dem Beispiele des Kaisers daran, die Sieger wurden bekränzt. Die gymnischen Kampfspiele wurden bei der ersten Feier in den Saepten abgehalten und hierzu die vestalischen Jungfrauen eingeladen, weil auch in Olympia die Priesterinnen der Demeter dem Feste beiwohnten. Der gleichzeitige Bau eines mit seinen Thermen verbundenen Gymnasiums und die bei dessen Einweihung erfolgende Verteilung von Öl an Senat und Ritterschaft deutete den Wunsch des Kaisers in verständlicher Weise an, daß Männer der höheren Stände auch an diesen Wettkämpfen sich beteiligen möchten. Was die Gegner des Schauspiels als die äußerste Schmach bezeichneten, welche der Adel sich selbst zufügen könnte, sich zu entblößen, Schlagriemen anzulegen und sich in solchen Kämpfen statt im Waffendienste zu üben, ist in der Tat einmal geschehen. Palfurius Sura, der Sohn eines Konsularen, ein ebenso hochbegabter wie sittlich haltloser Mann, trat als Ringer auf, und zwar soll er nach einer Nachricht mit einer lacedämonischen Jungfrau gerungen haben. Doch scheint diese ungeheure Verletzung des römischen Anstandsgefühls keine Nachahmung gefunden zu haben. Während des Fests hatten viele griechische Tracht angelegt. Seit der zweiten Feier im Jahre 65 (und deren Fortsetzung im folgenden Jahre) werden die Neroneen nicht mehr erwähnt, wahrscheinlich sind sie gleich nach Neros Tode abgeschafft worden. Gordian III. erneuerte und erweiterte sie, bevor er (im Jahre 241) gegen die Perser ins Feld zog, vermutlich im Jahre 240, in welches die 37. Feier der Neroneen gefallen sein würde. Das Fest scheint aber von nun ab den Namen „Wettkampf der Minerva" geführt zu haben.

Ungleich höheres Ansehen gewann und behauptete der von Domitian im Jahre 86 gestiftete kapitolinische Agon, der ebenfalls dem olympischen gleichgeachtet ward. Auch er wurde in vierjährigen Perioden abgehalten (und zwar, um die Beteiligung überseeischer Preisbewerber zu ermöglichen, während der Zeit der Schiffahrt, jedenfalls im Sommer, und auch hier in den drei Hauptgattungen der Wettkämpfe um den Kranz gerungen; einige ungewöhnlichere, die Domitian hinzugefügt hatte, fielen später wieder fort. So ließ man die Bewerbung um den Preis in griechischer und lateinischer Beredsamkeit fallen; aber der Preis für griechische und lateinische Poesie, der in seiner Art einzig war, blieb das höchste Ziel des Ehrgeizes der Dichter im ganzen römischen Reich. Für die musikalischen Aufführungen ließ Domitian von dem berühmten Architekten Apollodor ein bedecktes Theater, das Odeum, auf dem Marsfelde erbauen, das ungefähr 5000 Zuhörer faßte und noch im 4. Jahrhundert zu den schönsten Gebäuden Roms gerechnet ward.

Die gymnischen Kämpfe waren beim kapitolinischen Agon die überall in Griechenland üblichen, für Knaben wie für Männer; die bei der ersten Stiftung nach spartanischem Muster eingeführten Wettläufe von Jungfrauen hörten bald wieder auf. Die Konkurrenz in diesen Kämpfen blieb natürlich in der Regel den Athleten der griechischen Länder überlassen, deren mehrere in noch erhaltenen Denkmälern sich des hier gewonnenen Kranzes rühmen. Ein T. Flavius Archibius hatte ihn in vier aufeinanderfolgenden kapitolinischen Olympiaden (von 94—106 n. Chr.) gewonnen, das erstemal im Pankration der Knaben, die drei andern Male im Pankration der Männer; und der Geschichtsschreiber Cassius Dio berichtet, daß der Athlet Aurelius Helix unter Elagabal (219) im kapitolinischen Agon zugleich im Ringen und im Pankration siegte, was in Olympia nur sieben Kämpfern nach Herakles, in Rom noch keinem gelungen war. Für die Athletenkämpfe erbaute Domitian ebenfalls auf dem Marsfelde ein Stadium, das 15.000 Zuschauer faßte, von dem im Mittelalter noch bedeutende Reste übrig waren und dessen Andenken Piazza Navona (ursprünglich Agon, Campus Agonis) noch heute in Gestalt und Namen bewahrt. Der griechische Charakter des ganzen Fests sprach sich wenigstens unter Domitian auch äußerlich aus. Der Kaiser führte den Vorsitz in griechischem Purpurmantel und in griechischen Schuhen, auf dem Haupte einen goldenen Kranz mit den Bildern der drei kapitolinischen Gottheiten, Juppiter,

Juno, Minerva; Beisitzer und Kampfrichter waren der Flamen des Juppiter und das Priesterkollegium des Flavischen Hauses in gleicher Tracht, nur daß in ihren Kränzen (wohl nach alexandrinischer Sitte) auch noch das Bild des Kaisers angebracht war. Später hatten die Priesterkollegien unter dem Vorsitze des Kaisers abwechselnd die Leitung der Wettkämpfe. Die Versammlung der Zuschauer und Zuhörer war die glänzendste in der ganzen Welt, deren Beifall einem Kämpfer, Künstler oder Dichter zuteil werden konnte. Die kapitolinischen Spiele erhielten sich bis in die letzten Zeiten des Altertums.

Zwar sind noch mehrere, wohl überwiegend gymnische Agone von verschiedenen Kaisern gestiftet worden: so ein wohl von Antoninus Pius eingesetztes Hadriansfest, ein (wahrscheinlich von Caracalla gestiftetes) Kampfspiel des Hercules zu Ehren Alexanders des Großen, das mindestens noch unter Alexander Severus gefeiert wurde, der schon erwähnte Agon der Minerva von Gordian III. und der in jedem vierten Jahre gefeierte des Sonnengottes von Aurelian (im Jahre 274). Ein griechischer Athlet rühmt sich in seiner Inschrift, daß er im Laufe die Römer besiegt und im Stadium wie im Doppellaufe bei den Wettkämpfen des Sonnengottes, der Mondgöttin und des Hercules Kränze und Preise davongetragen habe. Bei der Feier des tausendjährigen Bestehens der Stadt Rom durch Kaiser Philipp den Araber im Jahre 248 wurden unter Wettkämpfen aller Art auch athletische abgehalten. Der Bischof Cyprianus von Karthago († 258) schreibt: Zu dem Wettkampfe des Säkularfestes üben sich die Menschen und bereiten sich vor und rechnen es sich zu hohem Ruhm, wenn es ihnen gelingt, im Angesichte des Volks und in Gegenwart des Kaisers den Kranz zu erhalten. In einer griechischen Anekdote tröstet ein Schulpedant einen in diesem Wettkampf unterlegenen Athleten: er werde beim nächsten tausendjährigen Agon siegen. Doch von all diesen Agonen ist weiter nichts bekannt, und keiner hat auch nur annähernd die Bedeutung des kapitolinischen erlangt. Aber auch abgesehen von denselben wurde im Laufe der Kaiserzeit, namentlich seit dem 3. Jahrhundert, das Auftreten von Athleten in Rom bei Schauspielen jeder Art ohne Zweifel immer häufiger. So verschrieb Septimius Severus bei seinen Triumphalspielen die musischen und gymnastischen Künstler aus allen Teilen des Reichs; wie die auf diese Spiele geprägte Münze, zeigt auch eine des dritten Gordian vom Jahre 244 Athleten im Zirkus, desgleichen das Zirkusmosaik von Barcelona. Bei den großen von Carinus veranstalteten Schauspielen traten tausend Athleten auf, welche wie die übrigen griechischen Künstler reich mit Gold, Silber und seidenen Kleidern beschenkt wurden. Seit dem 5. Jahrhundert mußten gymnastische Kämpfe zugleich die nun abgeschafften Gladiatorenspiele ersetzen, doch vermutlich zuweilen schon früher: so traten bei den konsularischen Spielen des Flavius Manlius Theodorus Athleten auf, aber keine Gladiatoren. In dem etwa 335 verfaßten astrologischen Buch des Firmicus Maternus kommen die Nativitäten der letzteren weit seltener vor als die der ersteren, die auch als im Dienste vornehmer Personen stehend nebst ihren Vorgesetzten wiederholt erwähnt werden.

Die Einführung der griechischen Agone in Rom stieß auf einen entschiedenen Widerstand des eigentlichen Römertums, der hauptsächlich gegen die Athletenkämpfe gerichtet war. Zwar waren einige derselben in Italien und sonst im Westen von jeher heimisch gewesen und auch in Rom bei öffentlichen

Schauspielen gesehen worden, namentlich Ringen, Wettlauf und Faustkampf. Der letztere, eine in Etrurien, Latium und Campanien sowie in Afrika nationale Kampfart, wurde in Italien auch von ganzen Scharen gegeneinander ausgeführt; neben solchen ließ einmal einer der höchsten Beamten von Pompeji (unter Augustus) dort auf dem Forum auch griechische Faustkämpfer auftreten. Dieses Schauspiel war in Rom immer sehr beliebt, nicht bloß in der Zeit des Terenz, dessen „Schwiegermutter" bei der ersten Aufführung im Jahre 165 v. Chr. durchfiel, weil das Publikum durch Faustkämpfer mehr angezogen wurde, sondern auch in der des Horaz, wo die Masse häufig mitten in einem Bühnenstück einen Bären oder Faustkämpfer verlangte; „denn daran hat der süße Pöbel seine Freude". Doch müssen sich die italischen Wettkämpfe von den griechischen wesentlich unterschieden haben, am meisten wohl durch ihre Kunstlosigkeit. Der Widerwille der Römer gegen die griechische Gymnastik und Athletik beruhte zunächst auf ihrem Schicklichkeitsgefühl, dem Nacktheit für unanständig galt — mit Recht, meint Cicero, habe Ennius gesagt: „Unter Bürgern sich entblößen, Anfang ist's der Schändlichkeit"; ferner auf der Mißbilligung aller nicht auf praktische Zwecke, namentlich Ausbildung für den Kriegsdienst, gerichteten Körperübungen; endlich auch auf der Besorgnis einer Korruption der heranwachsenden Jugend und einer Gewöhnung aller an müßiggängerisches Treiben durch die Gymnasien, welche durch beides nach römischer Ansicht hauptsächlich zum Verfall und Untergange von Griechenland beigetragen hatten.

Trotz dieser weitverbreiteten Ansicht hatten die griechischen Übungen bereits in der letzten Zeit der Republik so viel Anhänger gefunden, daß e i n Gymnasium auf jeder Villa, wie Varro mit Mißvergnügen bemerkt, kaum für hinreichend angesehen wurde. Dieselben dienten ohne Zweifel hauptsächlich zu Zwecken der Heilgymnastik *(iatraliptice)*, durch deren Begründung Prodicus von Selymbria, ein Schüler des Hippokrates, wie der ältere Plinius sagt, auch den Einreibern und Handlangern der Ärzte eine Einnahme verschafft hatte. Bei einem von Q. Asconius in einer besonderen Schrift geschilderten Gastmahle des berüchtigten Schlemmers Apicius, an dem auch Q. Junius Bläsus (Kons. 10 n. Chr.) teilnahm, war die Gymnastik Gegenstand des Tischgesprächs; als lebendiger Beweis ihrer herrlichen Wirkungen auf Erhaltung der Kraft und Gesundheit war ein 91jähriger, noch völlig rüstiger Palästrit Isidorus anwesend. Celsus erklärt sich entschieden gegen die Anwendung der Heilgymnastik bei Gesunden, wie er auch von eigentlich athletischen Übungen abrät; doch fand sie vermutlich, wie alles Griechische, je länger, je mehr Beifall. Der alte Trimalchio läßt sich in dem Roman des Petronius von drei Heilgymnasten ins Bad begleiten.

Am meisten Vorschub leistete Nero der Verbreitung der Gymnastik, der, wie gesagt, die Athletenkämpfe in ein römisches Staatsfest aufnahm, ein Gymnasium baute, eine lebhafte Vorliebe für diese Übungen zur Schau trug (deren Veranstaltung im Gymnasium zu Neapel er am Tage, wo er die Nachricht von dem Aufstande in Gallien erhalten hatte, mit der größten Teilnahme beiwohnte) und die Athleten mit reichen Geschenken überhäufte. Er und seine Freigelassenen, namentlich Patrobius, ließen, wie einst die Feldherren Alexanders des Großen, für ihre Gymnasien Sand vom Nil kommen; die Meldung der Ankunft eines damit befrachteten Schiffs aus Alexandria während einer

Hungersnot in Rom steigerte die Wut des Volks aufs äußerste. Das Beispiel des Kaisers und des Hofs verbreitete das Interesse für griechische Gymnastik in weiten Kreisen. Als nun die zur Mode gewordene Kunst von ihren Lehrern und Freunden nicht bloß als unentbehrlich für die vollkommene Gesundheit und naturgemäße Ausbildung des Körpers angepriesen ward, sondern sich auch wohl Stimmen für ihre Aufnahme in die Jugenderziehung erhoben, da wurde in konservativ-römischen Kreisen die Befürchtung rege, es werde mit der griechischen Gymnastik auch griechische Sittenverderbnis in Rom einziehen. Die bereits allmählich in Abgang gekommenen Sitten der Väter, hieß es, würden durch die aus der Fremde eingeführte Zügellosigkeit von Grund aus umgestürzt, damit, was irgend verführbar und verführerisch sei, in Rom zum Schauspiel diene, und die Jugend durch ausländisches Treiben, durch Gymnastik, Müßiggang und schändliche Liebschaften entarte. Schon die Einführung der Gymnastik in die Diätetik der Gesunden erklärten die Vertreter dieser Richtung, denen die Griechen als Urheber aller Laster galten, nicht bloß für unnütz, sondern auch für höchst sittenverderblich und klagten, daß die römische Jugend durch Übung der Körperkraft die sittliche Kraft einbüße. Auch Lucan hat in der Zeit seiner Ungnade und Opposition gegen den Hof Neros diesen Gesinnungen einen starken Ausdruck gegeben, indem er „die aus griechischen Gymnasien ausgehobene junge Mannschaft schlaff durch das Umhertreiben auf dem Ringplatz und kaum fähig, die Waffen zu tragen“ nennt. Martial lobt einen Atticus, daß er sich mit der einfachen Bewegung des Laufens begnüge und die vielen Turnübungen, mit denen nur Zeit verdorben werde, verschmähe, während andre junge Männer sich von einem Lehrmeister mit zerschlagenen Ohren (wie man sie häufig an Faustkämpfern sah) ausbilden lassen und einem schmutzigen Einreiber eine unverdient hohe Besoldung zahlen. Ein andres Mal fragt er, warum die Kraft der Arme mit den „dummen Hanteln“ vergeudet werde: eine viel bessere Übung der Männer sei das Graben im Weinberge. In demselben Sinne beklagt der jüngere Plinius, daß die altrömischen, von einem mit der Mauer- oder Bürgerkrone geschmückten Veteranen geleiteten Waffenübungen von Turnübungen verdrängt seien, zu denen ein griechischer Gymnast Anweisung erteile. Selbst Griechen waren der Meinung, daß die Römer die Entblößung zum Schaden ihrer Sitten von den Hellenen gelernt, dann aber freilich ihren Lehrern diesen Schaden mit Zinsen vergolten hätten.

Der kapitolinische Agon Domitians, der, wie es scheint, die Einrichtungen der griechischen Feste im weitesten Umfange in Rom einführen sollte, rief jene Opposition aufs neue hervor; und sie bestand fort, wenn auch das anstößigste Schauspiel, die Wettläufe der Jungfrauen, wie gesagt, abgeschafft wurde. Als einst im Kabinettsrate Trajans über die Aufhebung eines gymnischen Agons zu Vienna (in Gallien) abgestimmt wurde, gab Junius Rusticus, ein Mann von hoher Festigkeit und Geradheit, seine Stimme dafür mit dem Zusatz ab: „Ich wünschte, er könnte auch in Rom aufgehoben werden“; was der jüngere Plinius, der selbst an der Sitzung teilnahm, als Beweis von Unerschrockenheit und Entschiedenheit anführt. Er schließt seinen Bericht: „Es wurde beschlossen, den Agon aufzuheben, der zur Sittenverderbnis in Vienna beigetragen hatte, wie der unsere zu einer allgemeinen. Denn die Laster der Viennenser bleiben unter ihnen, die unseren breiten sich weit aus, und wie in den Körpern, so ist in einem Reiche die Krankheit am gefährlichsten, die vom Haupte aus sich dem übrigen Leibe mitteilt."

Solange die national-römische Abneigung und Opposition gegen Athletentum und griechische Agone in Rom bestand (also mindestens noch am Anfange des 2. Jahrhunderts), bewirkte sie wenigstens so viel, daß die Beteiligung an diesen Schauspielen bei den Männern aus den höheren Ständen sich auf ganz vereinzelte Fälle beschränkte und auch in den unteren Ständen Roms keine sehr verbreitete war. Während Ritter und Senatoren im 1. Jahrhundert auf der Bühne, im Zirkus und in der Arena so zahlreich aufgetreten sind, ist jener Palfurius Sura der einzige, dessen Auftreten im Stadium berichtet wird. Geringere Leute ergriffen freilich auch in Rom das Gewerbe der Athleten. Ein Pankratiast Regulus wird als von Titus bevorzugt genannt, Martial war mit einem Liber befreundet, der „mit italischer Hand griechische Schläge führte" und als Sieger im Faustkampf bekränzt worden war, und Juvenal sagt, es sei mit der Ausländerei in Rom schon so weit gekommen, daß die Bürger des Quirinus „am frottierten Halse Athletenprämien" tragen. Aber obwohl Neapel die beste Gelegenheit zur schulmäßigen Ausbildung in der Athletik bot, scheint Italien immer vorzugsweise nur jene Klasse von Kämpfern hervorgebracht zu haben, die, wie Horaz sagt, von Dorf zu Dorf ziehend, an ländlichen Festen ihre Streitbegier ausließen, auf den Kranz in den großen Olympien aber keinen Anspruch machten, während Griechenland und der Orient nach wie vor die Virtuosen in dieser Kunst lieferten. Denn während die Inschriften und Denkmäler griechischer Athleten ebenso häufig sind wie die römischer Wagenlenker und Fechter, fehlt es an Denkmälern römischer Athleten so gut wie ganz.

War nun aber auch das Interesse der Römer für diese Schauspiele niemals ein so leidenschaftliches wie für die übrigen, so war doch (wie bereits früher erwähnt) die Liebhaberei für die Athletik seit Nero, noch mehr seit Domitian in Rom sehr verbreitet und führte wohl nicht selten auch zum ausübenden Dilettantismus, da sogar Frauen hie und da athletische Übungen mitmachten. In Neros Zeit nahmen die Freunde dieser Kunst die „neuesten Athleten" gastlich auf und waren eifrige Zuschauer ihrer Übungen, und schon damals scheinen unter den Sklaven vornehmer Häuser Athleten sehr gewöhnlich gewesen zu sein, die dann auch häufig die Diät ihrer Herren regelten und, wenn man sie gewähren ließ, wohl gar vorschrieben, wie man die Beine beim Gehen und die Backen beim Kauen zu bewegen habe. Unter Vespasian schmückten reiche Leute ihre Ringschulen und -plätze mit Athletenbildern. In Domitians Zeit besuchten junge Männer zahlreich die Plätze der griechischen Übungen; auch Lieblingssklaven und -freigelassene ließ man in der Palästra ausbilden, wie Atedius Melior den schönen Glaucias. Auch Quintilian zeigt in seiner Vergleichung der Ringerkünste mit der Taktik des Redners Kenntnis des dortigen Unterrichts, den übrigens vorzugsweise die erteilt zu haben scheinen, die in Wettkämpfen unglücklich waren. Es gab in Martials und Juvenals Zeiten Enthusiastinnen auch für diese Kunst, die ihre Vorliebe nicht selten auf die Künstler übertrugen und ihnen kostbare Geschenke machten, hier und da selbst Mannweiber, welche die schwere zur Athletendiät gehörige Kost aßen, sich mit gelbem Sande einrieben, rangen und schwere Hanteln schwenkten. Im Laufe des 2. Jahrhunderts scheint die Anerkennung der Zweckmäßigkeit griechischer gymnastischer Übungen immer allgemeiner geworden zu sein. Während noch Hadrian trotz der Vielseitigkeit seines Dilettantismus sich auf Waffenübungen beschränkte, war Marc Aurel, der nach Galen von allen Kaisern am meisten Sorgfalt auf den Körper verwandte, ein regelmäßiger Besucher der Palästra, in welcher er sich an den kurzen Tagen bei Sonnenuntergang, an den langen zur neunten oder zehnten Stunde einfand. Er liebte, sagt sein Biograph, Faustkampf, Ringen und Lauf. Desgleichen liebte L. Verus die Palästra und alle Übungen der Jugend. Der Athlet Narcissus, mit dem Commodus sich zu üben pflegte und der sein Mörder wurde, hatte einen so großen Einfluß auf ihn, daß, wie man glaubte, alles durch ihn geschah. Alexander Severus war „ein Ringer vom ersten Range".

Die bürgerliche Stellung der Athleten war auch in Rom immer eine günstigere als die der übrigen in öffentlichen Schauspielen auftretenden Künstler. Die Geltung, die sie in Griechenland genossen, konnte ihnen nicht ganz entzogen werden; auch forderte das Ansehen der von den Kaisern gestifteten „heiligen" Wettkämpfe, daß die hier um den Preis Ringenden mehr Ehre genossen als Schauspieler und Gladiatoren, mindestens von deren Ehrlosigkeit frei blieben: schon die großen Juristen Masurius Sabinus (unter Tiberius) und Cassius Longinus (Konsul 30) hatten sich dahin ausgesprochen, daß die Athleten nicht zu denen zu zählen seien, die ein Spielergewerbe trieben, da sie vielmehr in ihrem Auftreten ihre Bravheit bewiesen. Während in den übrigen Schauspielen so häufig Sklaven auftraten, scheint in den kaiserlichen Agonen (wo die Sieger den Kranz aus der Hand des Kaisers selbst empfingen) wie in den heiligen Spielen Griechenlands nur Freien die Teilnahme gestattet gewesen zu sein. Sodann fand auch insofern eine Anbequemung an die griechische Sitte statt, als die Athleten von seiten der Behörden und Regierungen mit einer gewissen Rücksicht und Zuvorkommenheit behandelt wurden. Zu den Auszeichnungen, durch welche die Kaiser die hervorragendsten unter ihnen ehrten, gehörte die Ernennung zu dem lebenslänglichen Amt eines Xystarchen.

Unter ihren zahlreichen Genossenschaften, die, von Ort zu Ort ziehend, bei den überall in größeren Städten gestifteten Agonen und sonstigen Festen auftraten und sich wahrscheinlich noch früher als die dionysischen Technitenvereine zu einem Reichsverbande zusammengeschlossen haben, zeichnete sich im 2. Jahrhundert die „Athletengesellschaft der den Herakles verehrenden bekränzten Sieger in den heiligen Spielen" aus, welche, wie alle diese Verbindungen, ihre Beamten, Priester und Vorsteher aus ihrer Mitte ernannte. Sie hatte in Rom eine Station, und ihr oberster Beamter erscheint dort einigemal mit dem Amte eines Aufsehers der kaiserlichen Bäder bekleidet. Hadrian und Antoninus Pius bewilligten ihr Versammlungslokale zu Beratungen, Opfern und Aufbewahrung von Urkunden, namentlich bei den kapitolinischen Spielen; das von Antoninus Pius bewilligte Lokal lag bei den Thermen des Titus. Einige in griechischer Sprache abgefaßte Schreiben der Kaiser an diese Athletenkorporation sind noch er halten. In dem Versammlungslokal *(curia athletarum)* wurden auch Statuen hervorragender Athleten aufgestellt. So hatten die Kaiser Valentinianus, Valens und Gratianus (zwischen 367 und 375) die eines Philumenus dort errichtet, der „vom Aufgang bis zum Niedergang in jedem athletischen Wettkampf" in den aus Ringen und Faustkampf gemischten Kampfarten Sieger gewesen war. Nicht bloß alle Athleten hatten es dankbar aufgenommen, daß er „des Ruhms der Ewigkeit für würdig erklärt worden war", sondern auch Senat und Volk von Rom hatten dieser Ehre den größten Beifall gezollt. In derselben Athletenkurie ließen die Kaiser zwischen 384 und 392 die Statue eines Johannes aufstellen; was nicht geschehen wäre, wenn die Christen auch dies Gewerbe, wie die der übrigen in den Schauspielen auftretenden Künstler, verabscheut hätten. Übrigens erhielten berühmte Athleten, wie natürlich, auch in ihren Geburtsorten Statuen. Einem solchen, der in zahlreichen Wettkämpfen auch in Städten von Asien und Afrika gesiegt hatte, votierte der Senat von Ostia „zum erstenmal" auf Verlangen der Bürgerschaft ein auf Gemeindekosten aufzustellendes Standbild „wegen seiner außerordentlichen Virtuosität *(peritia)* und großen Gefälligkeit gegen seine Vaterstadt".

Doch trotz solcher Bevorzugungen war (wenigstens im 1. Jahrhundert) die Geringschätzung, mit der namentlich Seneca von den Athleten redet, in Rom vermutlich eine sehr verbreitete. Er nennt sie stumpfsinnige, ihr Leben abwechselnd mit Trinken und Schwitzen verbringende Menschen, deren Körper gemästet, deren Geist roh und vernachlässigt sei, deren Kunst aus Öl und Schmutz bestehe. Plinius vergleicht ihre Gefräßigkeit mit der des Viehs. Ein christlicher Schriftsteller sagt, ihr erster Sieg sei, eine über das Maß des menschlichen Magens hinausgehende Eßbegier erworben zu haben; sie verdingen ihr unseliges Gesicht zum Zerschlagen, um ihren unseligen Bauch zu mästen. Anders dachte man in den griechischen Provinzen. Zwar beurteilte man die Athleten auch hier in gebildeten Kreisen ohne Zweifel meist geringschätzig. Plutarch sagt, daß sie, durch ihre Lehrer von Büchern ferngehalten und gewöhnt, ihre Tage mit Späßen und Possen zu verbringen, den Säulen der Gymnasien gleich, nämlich glänzend und steinern werden; und Epictet stellt die „schmutzigen Pankratiasten" sogar mit den Gladiatoren in eine Reihe. Zu den unbedingten Verächtern der Athletik gehört Galen: er war durch die Anmaßung ungebildeter Athleten noch besonders gereizt, die es wagten, in einer barbarischen und übellautenden Sprache gegen Ärzte ihr Geschrei zu erheben und sogar über Fragen der Diätetik zu schreiben, von denen sie nichts verstanden. Mit Vorliebe hat er die Gelegenheit benutzt, seine Gesinnung in den stärksten Ausdrücken zu äußern. Nach ihm glich das Leben der Athleten dem der Schweine oder war noch schlimmer wegen des unaufhörlichen Zwangs zu übermäßigem Essen und Schlafen und zu gewaltsamen Körperanstrengungen: es war ein Kreislauf von Essen, Trinken, Schlaf, Ausleerung und Herumwälzen in Staub und Kot. Überdies zerstöre die Athletik die männliche Schönheit und gebe dem Körper eine widernatürliche, aber nur scheinbare Stärke, da er so zu einer Menge von Tätigkeiten untauglich werde und auch den Krankheiten viel weniger Widerstand leiste als im naturgemäßen Zustande; auch würden die Athleten (selbst abgesehen von den unvermeidlichen Beschädigungen und Verstümmelungen) früh untauglich zu ihrem Beruf, und es sei ihnen überdies nicht einmal möglich, Reichtum zu erwerben. Das Gymnasium mache faul, schläfrig und geistesträge; viele würden dort so beleibt, daß sie nur mit Mühe Atem zu holen vermöchten; wichtige Geschäfte würde man eher Schweinen als Athleten anvertrauen. Und nicht einmal in ihrer eigenen Kunst vermöchten sie etwas wirklich Erhebliches zu leisten. In einem gegen sie gerichteten Spottgedichte (wie es scheint eines Zeitgenossen) hieß es: wenn Zeus außer den Menschen auch alle Tiere zu den Wettkämpfen im Stadium berufen ließe, so würde nie ein Mensch bekränzt werden, sondern im einfachen Lauf der Hase, im Doppellauf das Reh, im Dauerlauf das Pferd, in den Kämpfen, welche die größte Stärke erfordern, Elefanten und Löwen, im Faustkampf der Stier, im Pankration der Esel siegen, und in den Geschichtsbüchern würde verzeichnet sein, daß in der 21. Olympiade der Iahschreier die Männer besiegte.

Aber daß solche Ansichten damals in den griechischen Ländern keineswegs allgemein waren, geht schon daraus hervor, daß Galen junge Männer aufs ernstlichste warnen zu müssen glaubte, bei der Wahl ihres Lebensberufs nicht der Athletik vor nützlichen Künsten und Wissenschaften den Vorzug zu geben, wozu namentlich die Berühmtheit, die man dadurch bei der Menge erlangte, verleiten könne. Seit das griechische Leben seinen realen Inhalt verloren hatte, füllte ein Spielen mit den Schatten vergangener Herrlichkeit es aus. Mit leicht erklärlicher, zuweilen rührender Zärtlichkeit hingen die Epigonen an den alten Erinnerungen und suchten die trümmerhaften, zum Teil unkenntlich gewordenen Reste der Grundlagen hellenischer Kultur und hellenischen Ruhms zu erhalten. Dazu gehörte die Gymnastik in erster Reihe; sie war nach wie vor als eins der wichtigsten Bildungsmittel anerkannt und fand eine eifrige Pflege in den Epheben-instituten, die in allen einigermaßen bedeutenden griechischen Gemeinden von Massilia bis Berytus unverändert fortbestanden.

Gymnasien und Agone erhielten nun eine um so größere Wichtigkeit, je enger der Kreis der höheren und edleren Interessen geworden war. „Die guten Griechen“, schreibt Trajan an den jüngeren Plinius, „hängen an den Gymnasien“. Man konnte in Griechenland nicht bloß „diese spielenden Künste mit Ehren betreiben“; auch hochgebildeten Männern erschienen die hervorragenden Athleten als Ideale von Mannheit, Kraft und Mut, von Schönheit und Keuschheit, die wohl mit den Heroen der Vorzeit verglichen werden könnten. Noch immer strömte ganz Griechenland zu den pythischen und olympischen Spielen zusammen, wo die seit Jahrhunderten bestehenden Ordnungen und Gebräuche im wesentlichen unverändert festgehalten wurden; noch immer galt der Sieg zu Olympia als hoher Ruhm; um ihn zu erlangen, unterzog man sich nicht nur den beschwerlichsten und durch ihre lange Dauer kostspieligsten Übungen, sondern wagte selbst das Leben. Auch die Abstammung von einem Olympiasieger galt, besonders für einen Athleten, als ruhmvoll. Bewährte Kämpfer wurden von ihren Gegnern mit vielem Gelde bestochen, sich besiegen zu lassen. Pausanias, der eine Reihe von Beispielen solcher Bestechungen aus Olympia berichtet, wundert sich, daß dies nicht nur von Ägyptern, also Ausländern, geschehen war, sondern selbst von einem Eleer, der in der 192. Olympiade (12 v. Chr.), um seinem Sohne den Preis im Ringkampf zu verschaffen, dessen Gegner

Geld gegeben hatte. Olympiasieger wurden von Festgebern mit hohen Summen zur Mitwirkung bei ihren Schauspielen angeworben; Dio von Prusa gibt als Bezahlung 5 Talente (23.575 Mark) an. Die Namen derer, die an einem Tage den Doppelsieg im Ringen und im Pankration gewonnen hatten (Paradoxoniken), wurden in der ganzen Welt noch von Enkeln und Urenkeln mit Bewunderung genannt: wie der des Ciliciers Nicostratus, dem dies zu Olympia in der 204. Olympiade (37 n. Chr.) als siebentem oder achtem nach Herakles, und des Phöniciers Aurelius Helix, des ersten, dem es im kapitolinischen Wettkampfe (219 n. Chr.) gelang.

Überdies erfreuten sich die Athleten, namentlich die in Kampfspielen gekrönten, mancher Privilegien, die Augustus bestätigte und erweiterte. Vermutlich gehörte schon damals dazu die Befreiung von lästigen und kostspieligen Kommunalämtern, die aber nach einem Reskripte von Diocletian und Maximian nur eintreten sollte, wenn sie sich lebenslänglich an Wettkämpfen beteiligt hatten und mindestens in drei „heiligen" Agonen (und zwar einmal zu Rom oder im alten Griechenland) mit Recht und nicht infolge von Bestechung der Mitbewerber bekränzt worden waren. Heilige Agone waren diejenigen, welche die Kaiser mit dem Privilegium der feierlichen Einholung der Sieger in ihre Vaterstadt und der (auf die Reichskasse übernommenen) lebenslänglichen Speisung derselben ausgestattet hatten. Die Städte, in denen berühmte Kämpfer auftraten, wetteiferten, sie durch Büsten und Statuen, Dekrete, Erteilung des Ehrenbürgerrechts und der Ratsherrenwürde auszuzeichnen.

Zuweilen erwiesen die Athleten auch im Kriege ihre Tapferkeit. Mnasibulus aus Elatea, der in der 235. Olympiade (161 n. Chr.) zu Olympia gesiegt hatte, schlug (wohl 170) an der Spitze einer Freischar einen Kostobokenschwarm zurück und fiel selbst im Kampf. An der tapferen Verteidigung von Byzanz gegen Septimius Severus (193—195) hatte ein Faustkämpfer einen hervorragenden Anteil. Nach all diesem kann man kaum glauben, daß es in den griechischen Provinzen Anstoß gab, wenn Männer aus guten, selbst angesehenen Familien als Athleten öffentlich auftraten, obwohl freilich nur eine dies bestätigende Inschrift eines aus konsularischer Familie stammenden Athleten Claudius Apollonius Rufus aus dem 4. Jahrhundert bekannt ist. Römer vom Stande werden sich nur mit ihren Gespannen am Wagenrennen beteiligt haben, wie in einer der Olympiaden 190—195 (20 v. Chr. bis 1 n. Chr.) ein Viergespann des späteren Kaisers Tiberius, in der 199. Olympiade (17 n. Chr.) eines des Germanicus, in der 227. Olympiade (129 n. Chr.) eines des L. Minicius Natalis, Sohns des Konsuls 106 oder 107, der später selbst Konsul war, zu Olympia siegte. Auf dieselbe Art siegte gewiß der römische Senator, der dort in der Zeit des Pausanias sein Standbild errichten ließ, falls es ein Römer war.

Im allgemeinen war also die gesellschaftliche Stellung der Athleten während der früheren Kaiserzeit in den griechischen Provinzen eine bei weitem bessere als in Rom und Italien. Doch je mehr die immer massenhaftere Aufnahme griechischer und orientalischer Kulturelemente die allmähliche Zersetzung und endliche völlige Auflösung des eigentlichen Römertums beförderte, desto mehr mußte auch in Rom die Abneigung und Opposition gegen das Athletentum schwinden. Als der Fußboden eines glänzenden

Raums in den Thermen des Caracalla mit langen Reihen von Bildern siegreicher Athleten geschmückt ward, als Cassius Dio den Doppelsieg des Aurelius Helix im kapitolinischen Agon in seine Jahrbücher eintrug, standen die Helden des Stadiums in der Hauptstadt und überall im Okzident gewiß in höherer Achtung als in der Zeit, in welcher Seneca, beide Plinius, Tacitus und Juvenal über den Unwert und die Verwerflichkeit der griechischen Übungen und Wettkämpfe sich so einstimmig aussprachen.

IX. DIE MUSIK

Zwar haben auch die Römer, wie jedes höher organisierte Volk, seit den ältesten Zeiten Musik und Gesang gehabt; aber die bescheidenen Instrumente, die ohne Zweifel einfachen Weisen verstummten in den Tempeln wie auf den Bühnen vor den reicheren und kunstvollen Klängen griechischer Musik. Gegenüber der aus der Fremde eingeführten, hoch entwickelten Kunst konnte die einheimische sich nicht behaupten. Eine römische Musik, insofern damit eine Kunst im höheren Sinne des Worts gemeint ist, hat es nie gegeben, sondern nur eine auf römischen Boden verpflanzte griechische.

Die Kunst, welche die Römer von den Griechen überkamen, war von der modernen Musik wesentlich verschieden und hatte keineswegs deren Bedeutung, schon wegen ihrer viel geringeren Selbständigkeit, ihrer entschiedenen Unterordnung unter die Dichtkunst, mit der ihr Zusammenhang ungleich inniger und umfassender war als gegenwärtig. Der musikalische Vortrag war für die meisten Gattungen der Poesie ein notwendiger und unentbehrlicher Bestandteil der Kunstform, auch für solche, die nach heutigen Begriffen von der musikalischen Komposition ganz ausgeschlossen sind. Juvenal nennt den Dichter den, welcher tönende Wortkunst mit melodischen Weisen verknüpft.

Es ist bekannt, daß die antike Tragödie und Komödie weit mehr Ähnlichkeit mit Oper und Singspiel hatte als mit unserm rezitierenden Schauspiel. Das römische Drama enthielt außer bloß gesprochenen Szenen musikalische unter Begleitung der *tibia* vorgetragene *(cantica)*, und zwar sowohl rezitativische als eigentliche Gesangsszenen; auch wurde es wohl in der Regel von einer Ouvertüre eingeleitet. Die ganze lyrische Poesie war für musikalischen Vortrag in Begleitung von Saiteninstrumenten bestimmt: es waren eben „Gesänge zur Lyra". Dies gilt nicht bloß von den Oden der griechischen Lyriker, wie Anakreon, Sappho, Alcäus, die in der Kaiserzeit allem Anschein nach häufig gesungen wurden, sondern auch von denen des Horaz: er selbst nennt sie „Worte, die sich den Saiten gesellen sollen"; und da ihre Bestimmung für Gesang mit Instrumentalbegleitung unzweifelhaft ist, dürfen wir auch ohne ausdrückliche Zeugnisse annehmen, daß sie gesungen wurden. Aristides erhielt von Äskulap im Traume die Anweisung, sich auf Lieder und Gesänge zu legen, zu musizieren und dazu Knaben zu halten: er dichtete auch im Auftrage des Gottes (sowie der Athene) Päane und Hymnen auf verschiedene Götter, welche dann von seinen Knaben gesungen wurden. Und wenn die Hendekasyllaben des jüngeren Plinius unter Begleitung der Lyra und Kithara gesungen wurden, so wird man von den Hendekasyllaben des Catull dasselbe glauben dürfen. Zur anakreontischen Poesie gehören die Verse des Dichterkomponisten Seikilos, die auf seinem in Aidin (bei Tralles im westlichen Kleinasien) gefundenen Grabdenkmal mit darüber gesetzten Noten und rhythmischen Zeichen eingemeißelt sind. Der musikalische Vortrag elegischer Gesänge unter Begleitung des Aulos ist für die ältere Zeit mehrfach ausdrücklich bezeugt: auch die paränetischen Elegien des Theognis wurden so vorgetragen, er selbst sagt, daß junge Männer den Namen des Kyrnos zum Ton der kurzen Auloi singen würden; ebenso sind die Elegien des Mimnermus, Phoklydes, Tyrtäus gesungen worden. Ovid spricht die Hoffnung aus, daß seine Heroiden in Zukunft mit kunstvoller Stimme gesungen werden würden. Gellius beschreibt ein Gastmahl, das ein reicher, junger, aus Kleinasien gebürtiger Musikfreund auf dem Lande bei Rom gab. Er besaß vortreffliche Chöre von Knaben und Mädchen, die nach der Tafel „in lieblicher Weise" viele Gedichte von Anakreon und Sappho und anmutige Liebeselegien neuerer Dichter sangen und auf der Kithara begleiteten. Wenn also elegische Distichen auch damals gesungen wurden, so ist der bei demselben Gastmahl stattfindende Vortrag von Distichen der alten römischen Dichter Valerius Aedituus, Porcius Licinus und Q. Catulus durch den Rhetor Julianus ebenfalls als wirklicher Gesang zu denken: nur daß eben der antike, wesentlich rezitativische Gesang sich der Deklamation mehr oder weniger näherte, daher auch die Ausdrücke „singen" und „sagen" abwechselnd von demselben Vortrag gebraucht werden konnten. Die ausdrückliche Nachricht, daß Vergils Eclogen auf dem Theater von Sängern vorgetragen wurden, kann nach all diesem nicht anders als buchstäblich verstanden werden. Solche Vorträge wurden oft von rhythmischen Gesten begleitet, so daß die Darstellung eine halb musikalische, halb ballettartige war. Ovid wurde im Exil durch die Nachricht erfreut, daß seine Gedichte oft auf dem Theater mit Beifall „getanzt" würden. Obwohl wir über diese Darstellungsweise nichts Bestimmtes wissen, ist es doch nach der Analogie der Pantomimen sehr denkbar, daß der Text z. B. der Heroiden etwa von einem Chor gesungen wurde, während ein Tänzer den Inhalt pantomimisch ausführte. Und auch wenn vom „Gesange" der Epen Vergils und Homers die Rede ist, wird man an wirklichen Gesang zu denken haben, der sich freilich der Rezitation hier noch mehr genähert haben mag als bei den übrigen Gattungen.

Auch im Mittelalter blieb die Poesie lange mit der Musik aufs engste verknüpft. Die französischen Jongleurs des 12. und 13. Jahrhunderts sangen ihre Romanzen zur Begleitung der Viole oder Rotta (ein der Kithara ähnliches Saiteninstrument). Wie in Frankreich trat auch in Deutschland erst allmählich eine Scheidung zwischen Singen und Sagen, zwischen dem musikalischen und dem bloß rezitierenden Vortrage der Gedichte ein. Gesang und Instrumentalmusik waren gewöhnlich verbunden, und noch der Dichter der höfischen Zeit hatte nicht bloß die Worte, sondern auch die Weise zu erfinden, die er auf der Harfe, der Rotte oder der Fidel begleitete. Noch zu Ende des 16. Jahrhunderts wurden die Epen des Ariost (wie des Tasso) überall in Italien gesungen und, wie es scheint, mit der Laute begleitet. Der Gesang der Serben ist „mehr ein Sagen als ein Singen: der eintönige Klang des begleitenden Instruments, der Gusle, das nur eine Saite hat, fällt erst zu Ende des Verses ein".

Die Ausdehnung des musikalischen Vortrags auf fast alle Formen der Poesie im Altertum setzt ein Verhältnis zwischen Musik und Text voraus, das von dem gegenwärtig bestehenden ganz verschieden war. Während in der heutigen Gesangskomposition zu Zeiten wenigstens die Musik den

Vorrang vor dem Texte behauptet, war es in der antiken gerade umgekehrt. Gegenüber dem poetischen Text hatte die Melodie nur eine sekundäre Bedeutung, wie Rhythmus und Versmaß: wie diese war sie nur ein formelles Element der Komposition, wobei allerdings zu bedenken ist, daß die Form in der alten Kunst einen ganz andern Wert hatte als in der modernen. Also auch in der Vokalmusik, die allein im Altertum eine reiche und kräftige Entwicklung gehabt hat, hatte die Melodie kein selbständiges Leben, ihr Wert lag in der Treue, mit der sie dem Text angepaßt war, in der Wahrheit und Angemessenheit der Deklamation, sie muß eben, wie gesagt, wesentlich rezitativisch gewesen sein. „Dies zeigen besonders die neu entdeckten delphischen Hymnen, wo die Linienführung der Melodie durchaus durch den Sprachakzent in ihrem Steigen und Fallen bestimmt ist. Dieser rezitativische Stil scheint der vorherrschende gewesen zu sein. Es gab aber auch schon sehr früh einen Melodienstil, der sich von dieser Bevormundung durch die Sprache frei machte, wie er sich in einem der ältesten und dem jüngsten Beispiele der uns erhaltenen Gesangskompositionen (einem Fragment aus dem Orest des Euripides und dem Liede des Seikilos) zeigt. Soweit wir über diese Fragen ein geschichtlich begründetes Urteil haben, verdankt die Musik diese Emanzipation dem jüngeren Dithyrambos, dem sich Euripides angeschlossen hat. Beide Stilarten scheinen dann bis tief in die römische Kaiserzeit nebeneinander weiter geblüht zu haben“ (Crusius).

Das griechische Tonsystem hatte einen sehr viel geringeren Umfang als das unsere, dessen höchste und tiefste Tonlagen ihm fehlten. Für die Singstimme ward als Äußerstes der Umfang zweier Oktaven angenommen, doch bewegte sie sich am liebsten und besten innerhalb einer einzigen.

Außer dem Gesange der Einzelstimmen kannte das Altertum nur den Chorgesang. Aber dieser war von jenem nur dadurch verschieden, daß der Vortrag der Melodie durch eine größere Stimmenzahl verstärkt wurde; denn er war unison und Mehrstimmigkeit des Gesangs dem Altertum überhaupt unbekannt (wie es die Harmonie den Griechen und Orientalen noch heute ist); erst das christliche Mittelalter ist dazu gelangt. Es gab im antiken Chor nur eine Verschiedenheit in Oktaven, wenn Männer und Knaben oder Männer und Frauen zusammen sangen. Der Chor wurde von einem in der Mitte stehenden Dirigenten geleitet, der gewiß immer zugleich Vorsänger war und dem es natürlich hauptsächlich oblag, die Singenden in Takt und Einklang zu erhalten. Während aber über den Mangel dessen, was wir Harmonie nennen, im Gesange kein Zweifel sein kann, scheint nicht bestritten werden zu können, daß die Instrumentalbegleitung sich schon in der klassischen Zeit auch heterophon, also abweichend von der Melodie des Gesangs, bewegen konnte. Nur darf man diese Begleitung (welche höher lag als der Gesang) nicht für eine mehrstimmige halten. Es handelte sich vielmehr lediglich um eine vom Spieler vorgenommene Auszierung der Melodie des Sängers, nicht um eine selbständige Kontrapunktierung.

In der Instrumentalmusik lag der Schwerpunkt nicht im Zusammenspiel mehrerer Instrumente, sondern im Solospiel, also in der Wirkung des einzelnen Instruments, der Virtuosität des einzelnen Künstlers: schon dies beweist hinlänglich, daß die ganze Gattung in der klassischen Zeit nur kümmerlich entwickelt war. Ebenso macht die Einfachheit oder vielmehr Dürftigkeit der instrumentalen Mittel es vollkommen begreiflich, wie sehr diese Musik dem Gesange untergeordnet war und bleiben mußte. Denn sie war im wesentlichen auf zwei Instrumente beschränkt, die Kithara und den Aulos, alle übrigen standen außerhalb der eigentlichen Kunst, wie Hörner und Tuba, die besonders zur Schlachtmusik, Zimbeln, Pauken und andere Lärminstrumente, die besonders zu bacchischen Festlichkeiten verwandt wurden. Der Wasserorgel, einem spät erfundenen Luxusinstrument, scheint in der römischen Kaiserzeit ein Platz unter den künstlerischen Instrumenten eingeräumt worden zu sein, wie sie denn auch (allerdings wohl eben nur in Rom) zur Preisbewerbung in musikalischen Wettkämpfen zugelassen wurde. Daß ihre Ausdrucksfähigkeit als nicht unbedeutend galt, bezeugt Quintilian, der ihren Tönen die Macht zuspricht, das Gemüt des Hörers anders zu stimmen, aufzuregen und zu beruhigen.

Unter den Blasinstrumenten war der Aulos *(tibia)* das eigentliche Instrument der Künstler und Virtuosen, namentlich der alexandrinischen. Es war bekanntlich keine Flöte, sondern ein Rohrblattinstrument, und zwar mit doppelter Zunge, unseren Schalmeien und Oboen entsprechend. Sein Ton war nicht sanft und milde, zum Ausdruck der Trauer und Zärtlichkeit geschaffen, sondern wird als keck und leidenschaftlich, wild und aufregend geschildert: doch darf man bei diesen Schilderungen nicht vergessen, daß sie mit Rücksicht auf den farblosen Klang der antiken Saiteninstrumente gemacht sind.

Die Saiteninstrumente, Lyren und Kitharen (nahe verwandte, daher auch identifizierte Formen derselben Gattung), waren Instrumente ohne Griffbrett, mit Darmsaiten oder Tiersehnen (Metallsaiten waren dem Altertum unbekannt), deren Zahl sehr allmählich auf elf, dann gelegentlich auf achtzehn stieg. Daneben fand eine Menge von orientalischen Harfen in Griechenland Eingang, die alle mehr oder minder dem assyrisch-hebräischen Psalter ähnlich gewesen zu sein scheinen. Keine derselben erlangte die Bedeutung der Lyren; diese, die man in sehr verschiedenen Größen hatte, „waren in der griechischen Musik, was die Geigeninstrumente in der unsern sind, die auch in allen Größenabstufungen die Töne von den tiefsten Tiefen des Basses an bis zur höchsten Höhe des Diskants beherrschen". Gespielt wurden die Lyren teils mit den Händen, teils mit einem kleinen Schlaginstrument (Plectrum), das, wie es scheint, nur bei der Begleitung des Gesangs angewandt wurde, nicht bei der instrumentalen Kitharistik, da sich Läufe und schnelle Passagen mit den Fingern besser ausführen ließen. Die Kunst, Saiten mit dem Bogen zu streichen (eine Erfindung der Araber), ist dem Altertum völlig unbekannt geblieben.

Lyra und Kithara nun, deren Tonwirkung und Ausdrucksfähigkeit wir uns nur als eine nach jetzigen Begriffen höchst geringe vorstellen können, nahmen in der griechischen Instrumentalmusik unbestritten den ersten Rang ein. Auch deshalb hatte die Kithara ein höheres Ansehen als der Aulos, weil sie schwerer zu spielen war. Ihr wandten sich die Virtuosen hauptsächlich zu, die Technik war trotz der beschränkten Kunstmittel (wie auch beim Gesange) eine schwierige, um so mehr Bewunderung fand eine vollendete Ausführung. Ausgezeichneten Kitharaspielern wurde nachgerühmt, daß sie die Saiten mit beredtem Finger durchliefen und sie gleichsam wie mit menschlicher Stimme ertönen ließen.

Kithara und Aulos wurden auch verbunden, sowohl zu selbständigem Zusammenspiel als zur Begleitung des Gesangs. Bei den Römern begleitete der Aulos allein mehr den dramatischen, die Kithara den nichtdramatischen Gesang, namentlich lyrische Chöre. Überhaupt war anerkannt, daß dieselbe Gattung des Gesangs nicht für Kithara und Aulos passe. Auch die Verbindung von Instrumenten derselben Gattung zu selbständigem Spiel kannte bereits die ältere griechische Musik; es gab u. a. eine Hochzeitsmusik für zwei in Oktaven gestimmte Auloi, einen größeren und einen kleineren, die durch ihr Zusammenspiel die Harmonie der Ehe und zugleich den Vorrang des Manns ausdrücken sollten.

Wie groß der Abstand aber auch vom Zusammenspiel des Aulos und der Kithara zu unserm Orchester, von antiker Instrumentalmusik zur modernen Symphonie ist, braucht nicht erst gesagt zu werden. Zunächst tritt auch hier jene Eigentümlichkeit der antiken Kunst hervor, die durch ihren strengen Idealismus bedingt ist und durch welche sie sich nicht am wenigsten von der modernen unterscheidet: die ungemeine Sparsamkeit in den Mitteln, mit denen sie ihre Wirkungen erstrebt. Aber auch in ihren Zwecken sind moderne und antike Instrumentalmusik grundverschieden. Gewisse Stimmungen und Empfindungen ausdrücken und hervorrufen, das allerdings wollte und vermochte auch jene; und auch zu einer gewissen Mannigfaltigkeit des Ausdrucks befähigten sie (namentlich in der späteren Zeit) ihre Mittel. Aristides Quintilianus teilt die Instrumente in männliche und weibliche. Unter den Blasinstrumenten gehört zu den ersteren die Trompete (Tuba), zu den letzteren der phrygische Aulos, zwischen beiden stehen der (tiefere) pythische, der mehr Männliches, und der (höhere) Choraulos, der mehr Weibliches hat. Unter den Saiteninstrumenten ist die Lyra männlich, die Sambyke (mit kurzen Saiten und hohen Diskanttönen) weiblich, das Polyphthongon nähert sich der letzteren, die Kithara der ersteren. Zwischen diesen die Hauptcharaktere repräsentierenden Instrumenten stehen dann wieder noch andere. Im allgemeinen galt als Wirkung der Saiteninstrumente eine Erhebung des Geistes in eine Sphäre friedlicher Ruhe und ungetrübter Klarheit, als Wirkung der Blasinstrumente eine Steigerung der Affekte. Der Aulet Canus, der in der zweiten Hälfte des 1. Jahrhunderts als unerreicht galt, und von dem die Äußerung berichtet wird: wenn seine Zuhörer wüßten, wie viel mehr Genuß sein Spiel ihm selbst als ihnen bereite, würden sie ihn dafür nicht bezahlen, sondern sich bezahlen lassen, rühmt bei Philostrat von seinem Instrument (dem pythischen Aulos), daß es vermöge, die Trauer zu lindern, die Freude zu steigern, den Liebenden noch mehr zu entflammen, den Andächtigen zu erheben.

Aber niemals hat die antike Musik sich die Aufgaben auch nur gestellt, welche die moderne Symphonie mit ihren freilich unendlich reicheren Mitteln löst: sie, die den Hörer auf alle Höhen, in alle Tiefen des Gemütslebens trägt, durch den Ausdruck des Unaussprechlichen erschüttert und rührt, die finstern Geister und die Lichtgestalten beschwört, die um die Herrschaft in der Menschenseele ringen. Schon J. M. Gesner erklärte, daß sein Kollege an der Thomasschule Johann Sebastian Bach allein mit der Orgel Wirkungen hervorzubringen vermöchte, die viele Zitherspieler und sechshundert Flötenbläser nicht zustande bringen würden; und obwohl „ein besonderer Verehrer des Altertums", meinte er, daß ein Bach, und wer ihm etwa gleiche, viele Orpheus und zwanzig Arions in sich vereinige. Vollends von einer Beethovenschen Symphonie mit der elementaren, hinreißenden und schmelzenden Gewalt ihrer Tonfluten zu den einfachen Klängen der Kitharen und Auloi kann der Abstand nicht geringer gedacht werden, als von einem der großen Gemälde von Raffael oder Michelangelo mit ihrer Gestaltenfülle, ihren großen Licht- und Schattenmassen, ihrem gewaltigen Inhalt und hinreißenden Ausdruck zu den einfachen und anspruchslosen, wenn auch oft edlen und anmutigen Figuren griechischer Vasenbilder.

Doch unternahm allerdings schon die griechische Instrumentalmusik auch ohne Gesangbegleitung Handlungen darzustellen, wie in der für den Aulos ohne Gesang gesetzten sogenannten „pythischen Weise", die den Kampf Apolls mit dem Drachen zum Gegenstand hatte und aus fünf Sätzen bestand. Im ersten Satz erkor sich der Gott den Kampfplatz, im zweiten forderte er den Drachen heraus, der Gegenstand des dritten war der Kampf selbst: hier ahmte der Aulos die Trompetenstöße der Schlachtmusik und das Zähneknirschen des von Apollos Pfeilschüssen getroffenen Ungeheuers nach. Der vierte Satz enthielt den Sieg, im fünften tanzte der Gott den Siegesreigen. Der als Kitharöde berühmte Milesier Timotheus hatte in seinem Dithyrambus „Nauplios" einen Seesturm musikalisch darzustellen versucht; freilich spottete der Aulet Dorion: er habe schon in siedenden Kochtöpfen größere Stürme gehört.

Insofern überhaupt von einer Weiterentwicklung der griechischen Musik bei den Römern die Rede sein kann, ist diese auf keinen Fall ein Fortschritt in künstlerischem Sinne gewesen. Sie bestand, wie bei allen übrigen Künsten, die von griechischem auf römischen Boden verpflanzt worden sind, in einer Verstärkung oder vielmehr Vergröberung der Mittel und in einer Vermischung heterogener Elemente zu zwar stärkeren, aber auch unreineren Wirkungen, wie sie dem roheren Geschmack der Römer zusagten. Schon in Augustus' Zeit war der Aulos durch Verlängerung des Rohrs, Vermehrung der Löcher und Messingbeschlag ein Instrument geworden, das mit der Tuba wetteifern konnte, und unterschied sich wohl vom alten Aulos nicht weniger als ein jetziger Konzertflügel von den kleinen Spinetten unserer Urgroßeltern. Und diese Verstärkung der Klangwirkung beim Aulos dürfte entsprechende Veränderungen im Bau andrer Instrumente sehr bald zur Folge gehabt haben; wenn auch freilich erst Ammianus Marcellinus von Lyren „so groß wie Karossen" spricht.

Außer den Verstärkungen der einzelnen Instrumente war es ebensowohl die massenhafte Vereinigung von Instrumenten derselben Gattung wie das Zusammenspiel von zahlreichen verschiedenen, wodurch starke Wirkungen erzielt wurden. Jenes war mindestens schon in der Diadochenzeit, namentlich am Hofe von Alexandria vorgekommen, wo Ptolemäus Philadelphus bei einer riesenhaften, überprächtigen Prozession unter anderm einen Chor von 600 Männern aufführte, unter denen 300 Kitharisten zusammenspielten, die durchaus vergoldete Kitharen und goldne Kränze trugen. Wahrscheinlich war auch das Zusammenspiel verschiedenartiger Instrumente bereits in Alexandria nicht ungewöhnlich, da es ja der ägyptischen Musik seit urältester Zeit eigentümlich war. Schon in den Monumenten des Alten Reichs sieht man Saiten-, Blas- und Schlaginstrumente zusammenwirken, zuweilen auch gleichartige, z. B. zwei Harfen, acht Flöten usw. Noch glänzender und prächtiger als im Alten ist das ägyptische Musiktreiben nach den Darstellungen auf den Monumenten im

Neuen Reiche. „Die Orchester dieser Epoche sind zahlreicher besetzt, Harfen mischen ihre Töne mit Lyren, mit Flöten, mit Doppelpfeifen, mit Gitarren und Handpauken"; wobei übrigens vorwiegend Frauenzimmer als Spielerinnen und Sängerinnen erscheinen. Schwerlich unterließ der prachtliebende Hof von Alexandria, seinen zauberhaften Festen und Aufzügen durch die deren Charakter so angemessene einheimische Instrumentalmusik noch höheren Glanz zu geben.

In Rom hatte ungriechische Musik schon früh Eingang gefunden. Schon seit den Feldzügen in Kleinasien spielten Weiber (in deren Händen die Musik im Orient von jeher in erster Linie war) bei Gastmählern und Gelagen die Sambyke, und später strömten syrische Musikantinnen *(ambubaiae,* vom syrischen *abbub* Pfeife), die sich auf öffentlichen Plätzen mit ihren heimischen Instrumenten (Pfeifen, Saitenspiel und Pauken) hören ließen, immer zahlreicher nach Rom. Die babylonische Sackpfeife wird in Rom erst in der Kaiserzeit erwähnt (Nero wollte sich darauf hören lassen), mag aber ebenfalls dort schon lange bekannt gewesen sein. Am meisten dürfte jedoch seit dem Anfang der Kaiserzeit der Einfluß der ägyptisch-alexandrinischen Musik zur Neugestaltung der römischen, besonders der Instrumentalmusik, beigetragen haben. Alexandria blieb auch unter den römischen Kaisern der Sitz eines reichen und mannigfaltigen musikalischen Lebens. In Rom standen alexandrinische Sänger und Spieler schon seit Augustus' Zeit in hohem Ansehen und errangen die größten Erfolge. Ein von dort stammender Virtuose auf dem Trigonon, einem harfenartigen Instrument, der sich etwa zu Ende des 2. oder Anfang des 3. Jahrhunderts in Rom öffentlich hören ließ, erregte eine allgemeine Begeisterung, sehr viele wußten die von ihm vorgetragenen Melodien auswendig. Aber schon 30 Jahre nach der Eroberung Ägyptens sangen in Rom die Frauen alexandrinische Melodien ebenso allgemein wie Theaterarien, und zu Ende des 1. Jahrhunderts wurden die ersteren von römischen Stutzern neben denen der gaditanischen Ballette geträllert.

In der letzten Zeit der Republik werden allerdings „Symphonien" und die sie ausführenden Musikchöre *(symphoniaci)* häufig erwähnt, namentlich bei schwelgerischen Gelagen und üppigen Festen. Doch dürften diese Chöre damals ausschließlich aus Kitharisten und Auleten bestanden haben. Zur Einführung einer eigentlichen Orchestermusik in das römische Theater hat vielleicht die Erfindung des Pantomimus (22 v. Chr.) den Anlaß gegeben. Hier wurden die von den Tänzern dargestellten Texte von Gesangschören vorgetragen, und diese Chöre verlangten, zumal in sehr großen, unbedeckten Theatern, dem ganzen Charakter des vorzugsweise auf sinnliche Wirkung berechneten Schauspiels gemäß, eine sehr starke Begleitung. Sein Begründer, Pylades, war auch der Begründer des neuen römischen Theaterorchestes. In diesem wird der Aulos das führende Instrument geblieben sein, wie die Violine in dem unserigen, doch wirkten in rauschenden Tutti Syringen und Zimbeln, Kitharen und Lyren — also wie in den ägyptischen Orchestern — mit ihm zusammen. Der Takt wurde bei der Begleitung der Pantomimen wie auch zu andern Tänzen durch das an den Fußsohlen der Choristen befestigte, laut schallende *scabillum* angegeben: ein Orchester, das durch ein solches, im Chor ausgeführtes Takttreten nicht völlig verschlungen wurde, konnte unmöglich schwach, freilich auch diese Musik kaum etwas andres als eine geräuschvolle

Darstellung des Rhythmus sein. Übrigens hat sich die Unempfindlichkeit gegen das Geräusch des lauten Taktierens auch im heutigen Italien bis zu einem für Nordländer erstaunlichen Grade erhalten.

Allem Anschein nach war also die Veränderung, welche die griechische Musik in Rom erfahren mußte, um den dort an sie gestellten Ansprüchen genügen zu können, wenigstens teilweise eine Orientalisierung. Jedenfalls blieb in der römischen Musik das Zusammenspiel verschiedener Instrumente so gewöhnlich, wie es in der griechischen (abgesehen von der Verbindung von Kithara und Aulos) ungewöhnlich oder unerhört gewesen zu sein scheint, und zwar sowohl bei der reinen Instrumentalmusik als bei der Begleitung des Gesangs. In der Zeit des Horaz hörte man in Tempeln der Venus Gesänge mit Begleitung der Lyra, der Pfeife und des berecyntischen Aulos, und in der Zeit des Athenäus an den Parilien, die seit Hadrian als Fest der Göttin Roma gefeiert wurden (21. April), in der ganzen Stadt Gesänge zum Schall der Auloi, Zimbeln und Pauken. Maximus von Tyrus vergleicht die Homerische Poesie wegen der Mannigfaltigkeit ihrer Eigenschaften und Wirkungen mit einem panharmonischen Instrument, oder besser mit einem Orchester, in dem Aulos, Lyra, Tuba, Syrinx und noch manche andere Instrumente zusammenwirkend einen Gesangschor begleiten.

Auch Aufführungen von Vokalmusik fanden im kaiserlichen Rom mit kolossalen Mitteln statt. Seneca sagt, daß in seiner Zeit bei solchen Aufführungen mehr Sänger im Theater versammelt seien als ehemals Zuschauer, daß Sänger und Musiker nicht bloß die Bühne, sondern alle von den Zuschauern nicht besetzten Räume füllten, daß die Begleitung aus einer Menge metallener Blasinstrumente bestand, die im Zuschauerraum, und aus Auloi und Orgeln aller Art, die auf der Bühne aufgestellt waren. Erinnert man sich, daß die Theater Roms 7000—12.000 Zuschauer faßten, so darf man glauben, daß diese Aufführungen selbst englische Monstrekonzerte an Dimension noch sehr übertrafen. Der Geschmack für musikalische Massenwirkungen scheint auch in der späteren Zeit nicht abgenommen zu haben. Ammian, der die Aristokratie Roms in seiner Zeit als höchst musikliebend, aber aller übrigen geistigen Interessen bar schildert, sagt, daß in den großen Palästen Wasserorgeln und Auloi aller Art und (jene schon erwähnten) Lyren „so groß wie Karossen" gebaut wurden.

Mit der Verstärkung der Mittel stand es in Wechselwirkung oder doch im Zusammenhange, daß die Musik in Rom je länger je mehr ihre sittliche Würde einbüßte und zu grobsinnlichen Effekten, zu gemeinem Ohrenkitzel mißbraucht wurde. Den Charakter der altrömischen Theatermusik in der Zeit des Livius Andronicus und Nävius bezeichnet Cicero als den einer „lieblichen Strenge". Sie mag sich zur Musik der Kaiserzeit verhalten haben wie eine vormozartische Oper zu einer Oper von Meyerbeer oder Wagner. An die Stelle der alten Gebundenheit und Dürftigkeit trat bald eine größere Freiheit der Rhythmen und Weisen, Abwechslung und Mannigfaltigkeit der Modulationen, Reichtum und Bewegung der Melodien. Doch diese Emanzipation von der altmodischen Einfachheit der Kunst führte, wie es scheint, schnell zum Verfall; wozu hauptsächlich die Herrschaft des Pantomimus auf der Bühne beitrug, dessen Musik als weichlich, würdelos, lasziv und voll von Geschmetter und Getriller geschildert wird. Ernstere Kunstfreunde in den ersten Jahrhunderten wiederholten — und ohne Zweifel mit viel größerem Recht — die Klagen, die schon in der Zeit des Aristophanes und seitdem stets von neuem laut geworden waren: die Alten hätten die Würde der Kunst zu bewahren gewußt, die jetzigen Komponisten wollten von ihrem Ernste nichts wissen, durch sie sei statt jener mannhaften und göttlichen Musik eine entnervte und plaudernde ins Theater eingeführt worden. Dort, sagt Plutarch, herrsche die Tanzkunst, die sich fast die ganze Musik untertan gemacht habe; und Quintilian meint, daß die weibische und unzüchtige Theatermusik nicht am wenigsten dazu beigetragen habe, den Rest von männlicher Kraft zu vernichten, den das damalige Geschlecht noch besaß. Dagegen heißt es an einer andern Stelle, die Verweichlichung und Verzärtelung des Gehörs, das in schmählicher Weise gestreichelt und gekitzelt sein wolle, sei als eine Krankheit anzusehen, und sie habe die Musik verdorben.

Kurz, die Klagen über den damaligen Verfall der Musik lauten denen sehr ähnlich, die im 19. Jahrhundert von den Vertretern einer ensteren musikalischen Richtung vielfach geäußert worden sind und noch geäußert werden. In der Tat waren die Erscheinungen hier und dort verwandter Natur. Schon vor 100 Jahren sprach es Thibaut in seiner „Reinheit der Tonkunst" aus, daß in der Musik „unvermerkt mit vollen Zügen genossen werde, was durch den Pinsel oder durch Worte dargestellt schon ehrenhalber zurückgestoßen werden müßte". „Wüßten viele unserer tugendhaften Mädchen, was sie oft hören, oder selbst oft spielen oder singen müssen, so würden sie in Scham und Unmut vergehen." Schon damals eiferte er gegen das „Nervenschwache, Wilde, Ungereimte und Gemeinverliebte" in der Musik, gegen das „krampfhafte, verzerrte, übertriebene, betrübende, rasende Unwesen, welches in den Menschen alles Schlechte hervorwühlt"; fragte, ob uns die Musik, deren Hälfte Unnatur und eine Mischung ungesunder Elemente ist, nicht mehr schade als nütze; sie könne sich am wenigsten rühmen, daß sie an der jetzigen Verbildung keinen Teil gehabt habe. Not tue es, durch Rückkehr zur Einfalt und Natürlichkeit den erschlafften musikalischen Nerven gehörige Spannkraft zurückzugeben, und neu zu beleben, was am Aussterben sei: „den reinen Sinn für Musik als Musik und den veredelten Sinn, der durch die Musik geläutert und gehoben, aber nicht in Gemeinheit und Unnatur hineingeführt und befestigt sein will". Sehr denkbar ist übrigens, daß im Altertum der Sitz jener weichlichen Musik, deren Überhandnehmen damals so sehr beklagt wurde, Alexandria war.

Wenn aber die Römer die Kunst zum Werkzeuge des Sinnenkitzels herabwürdigten, so muß man ihnen wenigstens den Ruhm lassen, daß sie ihre Ausbeutung zu diesem Zwecke vortrefflich verstanden haben. Wie alle übrigen Künste, haben sie auch die Musik in viel weiterem Umfange zur Erhöhung des Lebensgenusses, zur Verschönerung der Existenz verwandt, als dies gegenwärtig geschieht und geschehen kann. Denn nur durch das Institut der Sklaverei war jene massenhafte Verwendung der Kunst im Dienste des Luxus möglich; nur dadurch, daß die Künste, die wir als ein köstliches Produkt selten vereinter Faktoren, als die höchste Blüte unsres Geisteslebens zu betrachten gewohnt sind, damals von Sklaven auf Befehl der Herren und nach der Anweisung der Aufseher in Masse erlernt und geübt wurden. Unter den Sklavenheeren römischer Großen, die wenigstens zum Teil aus hochkultivierten Ländern stammten, konnten Begabte und Bildungsfähige niemals selten sein: und in der antiken Kunst konnte weit mehr durch Unterricht mitgeteilt und durch Erlernen angeeignet werden als in der modernen. So war es denn auch nicht schwer, aus den Hunderten oder Tausenden von Sklaven eines vornehmen Hauses, wie früher in Rußland aus noch zahlreicheren Leibeigenen, Kapellen von Sängern und Spielern aller Art zu bilden und durch Ankauf neuer Künstler zu ergänzen, die übrigens auch durch Verschenkung und Vererbung aus einer Hand in die andre gingen, was ebenfalls in Rußland geschah, wie zum Beispiel Potemkin dem Grafen Rasumowski ein Musikkorps von 50 Mann für 40.000 Rubel abkaufte. Chrysogonus, der reiche Freigelassene Sullas, hatte unter seinen Sklaven so viele Musiker, daß die ganze Umgegend seines Hauses Tag und Nacht von dem Schall der Gesänge, des Saitenspieles und des Aulos erfüllt war. Bei kleinen Ausflügen zu nahe gelegenen Orten begleiteten Sänger- und Musikchöre die Herrschaft; die Villen, die von der vornehmen Welt besuchten Badeorte hallten vom Morgen bis zum Abend von Gesang und Spiel wider. Mäcenas ließ sich durch sanft aus der Entfernung herübertönende Klänge von Symphonien in Schlummer wiegen, Caligula unter dem Schall von Chören und Instrumenten auf Prachtgaleeren von den sanften Wellen des Golfs von Neapel schaukeln.

Vor allem bei Tafel, wo man mit allen Sinnen zugleich genießen wollte, durfte Musik nicht fehlen; sie blieb hier bis in die letzte Zeit des Altertums gewöhnlich und gereichte nicht selten den Gästen zur Qual. Ihr fragt, sagt Martial, wie ein Gastmahl am besten einzurichten sei? Indem man den Chorgesang mit seiner Begleitung wegläßt. Wenn bei üppigen Festen große Chöre zu den Kastagnettentänzen schöner Andalusierinnen *(Gaditanae)* sangen, bei den heitern Mahlzeiten eines gelehrten Kreises griechische Sänger und Sängerinnen Lieder von Sappho und Anakreon zur Kithara vortrugen, so läßt doch auch der jüngere Plinius dem einzigen Gaste, den er zu einem einfachen Mahle ladet, die Wahl zwischen einer Vorlesung, einer Lustspielszene und Saitenspiel; und Martial, der im dritten Stock zur Miete wohnte, verspricht einem Freunde, die äußerst frugale Kost, die er ihm vorsetzen werde, wenigstens durch das Spiel des kurzen Aulos zu würzen. In welchem Übermaße musikalische Genüsse vollends bei den Festen ungebildeter Emporkömmlinge geboten wurden, zeigt die (schwerlich sehr karikierte) Schilderung des Gastmahls des Trimalchio bei Petron, die freilich aus einer Periode herrührt, in der wirkliche und affektierte Liebe zur Musik besonders verbreitet war. Hier erfolgt die ganze Bedienung der Tafel und der Gäste unter Gesang und Musik, selbst das Auftragen und Herumbieten der Speisen, das Abfegen und Abwischen der Tische usw.: „Man mußte glauben, nicht in einem Privathause, sondern im Theater zu sein."

Musik fand in Rom von jeher bei allen Kultushandlungen und Schauspielen statt. In der Kaiserzeit scheint es bei den Tempeln griechischer und orientalischer Gottheiten (wie z. B. der Großen Mutter und des Attis) eigene Hymnensänger *(hymnologi)* gegeben zu haben; namentlich im Kult der Isis spielte die Musik eine große Rolle. Doch einen Unterschied zwischen heiliger und profaner Musik hat das Altertum nicht gekannt und konnte ihn nicht kennen, da die Schauspiele einen Teil des Gottesdienstes ausmachten und dieser durchaus einen heiter festlichen Charakter hatte. Vielleicht ist es Mendelssohn in dem Chor des Paulus „Seid uns gnädig, hohe Götter" gelungen, den Eindruck antiker gottesdienstlicher Musik so weit annähernd wiederzugeben, wie es überhaupt mit modernen Kunstmitteln möglich ist. Beruhte doch auch der katholische Gottesdienst bis zu der auf Veranlassung des Tridentiner Konzils von Palestrina unternommenen Reform der Kirchenmusik großen Teils auf volksmäßigen, weltlichen Grundmelodien, daher auch die vor Madonnenbildern gesungenen Lauden gelegentlich nach der Weise von Karnevalsliedern gesungen wurden und man bemerkt findet, daß die Weise dieselbe ist wie bei Tänzen oder Strambotti, volkstümlichen Liederchen, die unsern Gassenhauern am nächsten stehen. Auch im heutigen Italien ist ja ein wesentlicher Unterschied zwischen religiöser und weltlicher Musik bei dem alltäglichen Gottesdienst selbst in Rom kaum noch vorhanden, in Neapel gar nicht mehr.

Bei der unbeschränkten Öffentlichkeit der Schauspiele im Altertum müssen die Theatermelodien eine sehr viel schnellere und weitere Verbreitung gefunden haben, als es gegenwärtig möglich ist: auf Straßen und Plätzen hörte man das Volk die Weisen singen, die es im Theater gelernt hatte. Es gab bereits in Ciceros Zeit auch Kenner genug, die beim ersten Ton eines Flötenritornells zu sagen wußten, ob das Stück aus der Antiope oder der Andromache sei, worüber Cicero selbst staunte; und schon damals übte das größere Publikum eine scharfe Kritik gegen die Sänger und ließ Fehler nicht ungerügt.

Am deutlichsten aber ergibt sich die Verbreitung musikalischen Interesses in jener Zeit daraus, daß schon konzertartige Aufführungen ohne Unterstützung einer dramatischen Handlung stattfinden konnten, während noch im Jahre 167 v. Chr. das Publikum Roms so völlig roh gewesen war, daß die bedeutendsten griechischen Auleten mit ihren Chören sein Interesse nicht anders erregen konnten, als indem sie eine Art Balgerei aufführten. Doch ein Jahrhundert später war es schon etwas ganz Gewöhnliches, daß musikalische Virtuosen, die ihren Gesang auf der Kithara selbst begleiteten (Kitharöden), im Rom Beifall fanden. Sie traten in der prachtvollen pythischen Festtracht auf: in langem, goldgesticktem Talar und purpurnem, buntverziertem Mantel, einen goldenen, mit großen blitzenden Edelsteinen geschmückten Kranz auf dem Kopf, die kunstvoll gearbeitete, mit Gold und Elfenbein ausgelegte Kithara in der Hand. Neben den Kitharöden ließen sich in der Kaiserzeit Künstler mit Vorträgen auf verschiedenen Instrumenten ohne Gesang hören, namentlich der Kithara und deren verschiedenen Abarten, dem Aulos, der Orgel und andern; und außer dramatischen Sängern (Tragöden), deren oft in Maske und Kostüm vorgetragene Arien und Gesangsszenen schon auf der Grenze der dramatischen Aufführung standen, auch lyrische, die namentlich Hymnen auf die Götter gesungen haben werden, wie Nero bei den isthmischen Spielen einen Hymnus auf Poseidon und Amphitrite und ein kurzes Lied auf Melikertes und Leukothea vorgetragen haben soll. Virtuosinnen und Sängerinnen, die in Alexandria das Publikum entzückten, werden auch in Rom öffentlich aufgetreten sein. Ein herculanisches Wandgemälde zeigt eine Konzertszene: in der Mitte sitzt in gesticktem Talar ein Aulet, der den Doppelaulos bläst und mit dem Scabillum den Takt tritt, rechts steht eine Kitharistin, die mit der Linken in die Saiten greift, in der Rechten das Plectrum hält, links sitzt eine Sängerin mit einem Textblatt in der Hand, die auf den Augenblick wartet, wo sie einfallen soll; allerdings scheint hier eine öffentliche Aufführung dargestellt zu sein, doch ergibt sich aus dem Bilde nichts Gewisses über Zeit und

Ort. Chöre teils allein, teils in Verbindung mit Einzelsängern sangen sehr häufig mit verschiedner, zum Teil (wie bemerkt) sehr reicher Instrumentalbegleitung. Daß Orchestervorträge ohne Gesang bei öffentlichen Aufführungen stattfanden, etwa als Einleitungen zu Instrumentalsoli, ist zwar sehr glaublich, aber nicht bezeugt. Alle diese Darbietungen gehören (ebenso wie die Vorträge der Dichter und Redner) zu den im Gegensatze zu den dramatischen Aufführungen als thymelisch bezeichneten, weil bei ihnen die Darsteller ursprünglich nicht auf der Bühne, sondern in der (unter dem Namen Thymele verstandenen) Orchestra auftraten.

Regelmäßig gefeierte „griechische Wettkämpfe" musischer Künstler führte in Rom zuerst Nero ein, der selbst nicht bloß als Dichter, sondern auch als Sänger und Kitharöde zu glänzen wünschte. Bei dem von ihm im Jahre 60 gestifteten periodischen „heiligen" Feste bildeten die musischen Wettkämpfe den Mittelpunkt. Auch sie fanden in konservativ römischen Kreisen Mißbilligung, obgleich sie nicht so viel Anstoß gaben wie die Athletenkämpfe: die Gerechtigkeit, hieß es, würde nicht dadurch gewinnen und die Ritter ihr Richteramt nicht besser versehen, wenn sie weichlichen Gesang und schmelzende Töne mit Kennerschaft angehört hätten.

Viel höher aber stand der von Domitian begründete kapitolinische Wettkampf. In dem für die musikalischen Vorträge neu erbauten geräumigen Odeum auf dem Marsfelde bewarben sich bei dem in jedem vierten Sommer wiederkehrenden Feste neben Dichtern auch Sänger und Musiker um den Kranz von Eichenlaub, den der Kaiser nach dem Ausspruche der Richter eigenhändig erteilte. Diese Ehre sowie die Seltenheit und Feierlichkeit des Festes und die aus den Großen Roms bestehende Zuhörerschaft gab diesen Wettkämpfen der Sänger und Virtuosen in der damaligen musikalischen Welt einen Wert und eine Wichtigkeit ohnegleichen. Hier den Preis erringen hieß in der Tat als der Erste in seiner Kunst anerkannt werden, nicht bloß in Rom, sondern in der ganzen Welt. Aus weiter Ferne, aus Asien und Ägypten, kamen Künstler, um sich an diesem Wettkampfe zu beteiligen, und noch jetzt sind mehrere Denkmäler vorhanden, deren Inschriften melden, daß dieser oder jener „ruhmreiche" Musiker auch den kapitolinischen Kranz erworben habe. Namentlich erwähnt werden die Wettkämpfe im Gesange, der Kitharodik, dem pythischen (Solo-) Aulos und dem Choraulos, sowie in dramatischen Vorträgen; die von Domitian eingeführten Bewerbungen um den Preis für das Spiel auf der Kithara ohne Gesang und auf der Chorkithara gingen bald wieder ein.

Die ausübenden Musiker werden natürlich hauptsächlich die Kompositionen der anerkanntesten Meister vorgetragen haben, wie z. B. der Gesandte der Teier an die kretischen Städte Menekles in Knossos öfters Kompositionen des Timotheus und des (etwa gleichzeitigen) Polydus sowie der alten kretischen Dichter (z. B. Thaletas) „trefflich und wie es einem technisch gebildeten Manne geziemte" zur Kithara vorgetragen hatte. Übrigens waren die ausübenden Musiker im Altertum nicht bloß viel häufiger als jetzt, vermutlich in der Regel, zugleich Komponisten, sondern sie waren auch nicht selten Dichter, wie es die so viel engere Verbindung von Poesie und Musik mit sich brachte. Die berühmtesten Virtuosen, wie der Sänger Tigellius, der am Hofe des Augustus, die Kitharöden Menecrates und Mesomedes, die an denen Neros und Hadrians lebten, glänzten durch den Vortrag selbstverfaßter oder doch selbstgesetzter Gesangsstücke: von den Gedichten des Mesomedes hat sich noch einiges, zu drei Hymnen auch die Musik erhalten.

Im übrigen hat das musikalische Virtuosentum der römischen Kaiserzeit große Ähnlichkeit mit dem heutigen. Auf die Ausbildung durch einen bewährten Gesanglehrer (φωνασκός) wurde selbstverständlich der größte Wert gelegt, und daher auch zuweilen von Sängern in ihren Inschriften der Name desjenigen, dessen Unterricht sie genossen hatten, ausdrücklich erwähnt; ein M. Aurelius Musäus war „der erste und einzige Gesanglehrer", dem für seine Leistungen im Unterricht in Elis und Delphi Statuen errichtet worden waren. Zu den langen und mühseligen Vorbereitungen, durch die man zur Meisterschaft gelangte, gehörte namentlich das Solfeggieren von den tiefsten zu den höchsten Tönen. Außerdem mußten Gesangskünstler eine streng geregelte, höchst zwangvolle Lebensweise führen, die zur Ausbildung und Stärkung der Stimme als notwendig galt. Sie schonten ihre Kehle so viel wie möglich, setzten nach jeder Anstrengung den Gebrauch der Stimme eine Zeitlang aus und hielten, wenn sie laut sprechen mußten, ein Tuch vor den Mund. Sie beobachteten eine große Enthaltsamkeit, auch im Genusse von Speisen und Getränken, brauchten Purganzen und Einreibungen, hielten auf dem Rücken liegend Bleiplatten auf der Brust, füllten bestimmte Stunden mit Umhergehen aus, nahmen sich vor Sonne und Wind, vor Nebel und trockener Luft in acht u. dgl. m. In der Tat mußte für Gesangsleistungen in sehr großen, zum Teil unbedeckten Räumen eine sehr viel größere Stärke und Dauerhaftigkeit der Stimme erworben werden, als heutige Sänger sie bedürfen. Und doch strengten Kitharöden und Tragöden beim öffentlichen Auftreten die Stimme zuweilen so stark an, daß sie Gefäße sprengten.

Von der Zeit ab, wo sie ihre künstlerische Ausbildung vollendet hatten, befanden sich die Virtuosen fast immer auf Reisen, da eine dauernde Beschäftigung dieser Künstler an ein und demselben Orte im Altertum, in welchem man nicht einmal stehende Theater kannte und alle Aufführungen nur bei besonderen Festen stattfanden, überhaupt nicht möglich war. Die berühmteren griechischen Virtuosen machten offenbar regelmäßig Rundreisen, wenigstens durch Kleinasien, Griechenland und Italien, und wurden oft in den Städten, wo sie enthusiastische Bewunderung gefunden hatten, mit Statuen, dem Bürgerrecht und andern Auszeichnungen geehrt. Die Honorare und Einnahmen bedeutender Künstler waren — auch durch die bei Festspielen zu gewinnenden Preise — sehr glänzend. Der sonst so karge Vespasian ließ bei den Spielen, die er zur Einweihung des von ihm wiederhergestellten Marcellustheaters gab, mehrere seit lange bewährte Musiker auftreten; von diesen belohnte er einen Tragöden mit 400.000, die Kitharöden Terpnus und Diodorus mit 200.000, einige mit 100.000 (also 87.000 bis 21.750 Mark, keinen unter 40.000 Sesterzen (87.900 Mark), überdies wurde noch eine große Anzahl von goldenen Kränzen verteilt. Auch der Musikunterricht in vornehmen Häusern war in Rom sehr einträglich und die Honorare der berühmten Sänger und Kitharöden ein Gegenstand des Ärgers und Neids für die Männer der Wissenschaft und Literatur. Martial, der, seiner mühseligen und fruchtlosen Klientendienste müde, sich aus der Hauptstadt für einige Zeit nach Imola (Forum Cornelii) begab, meldete seinen Freunden von dort, er werde nicht eher wiederkehren, als bis er Kitharöde geworden sei. Derselbe rät voll Bitterkeit einem Vater, seinem Sohne doch ja keine wissenschaftliche Bildung zu geben, ihn ja nicht Bücher von Cicero und Vergil in die Hände nehmen zu lassen; wolle er vollends Verse machen, so möge der Vater ihn enterben: solle er aber eine Kunst lernen, die Brot gebe, so möge er sich auf die Kithara oder auf den Aulos legen.

Natürlich hatten die Virtuosen enthusiastische Verehrer und Verehrerinnen in Menge. Namentlich die Begeisterung der Frauen für Sänger und musikalische Virtuosen hat der Skandalsucht sowie der Satire und dem Spottgedicht viel Stoff gegeben. Reiche und vornehme Frauen besaßen Stäbchen, mit denen berühmte Kitharisten die Saiten geschlagen, drückten Küsse auf diese kostbaren Andenken, brachten Opfer für den Erfolg der von ihnen bewunderten Künstler bei einer bevorstehenden Preisbewerbung und man behauptete sogar, daß sie die Gunst derselben oft teuer erkauften. Auch in hohen Kreisen, selbst an mehreren Höfen, waren Virtuosen geehrte und reich belohnte Gäste. Dem sehr berühmten Kitharöden Anaxenor, den seine Vaterstadt Magnesia am Mäander durch ein Priestertum und öffentlich aufgestellte Denkmäler ausgezeichnet hatte, übertrug der Triumvir Marc Anton die Steuererhebung von vier Städten und gab ihm eine Truppenabteilung bei. Der Sänger und Flötenspieler Tigellius aus Sardinien, der schon zu Cäsars engerem geselligen Kreise gehört hatte, war auch an den Höfen der Cleopatra und des Augustus gern gesehen. Der dramatische Sänger (Tragöde) Apelles aus Askalon, ein vielvermögender Günstling Caligulas, fiel in Ungnade, weil er auf die Frage des Kaisers, ob er oder Juppiter ihm größer scheine, mit der Antwort zögerte. Caligula ließ ihn peitschen und lobte die Stimme des Schreienden, die noch im Schmerzgeheul höchst angenehm klinge. Den Kitharöden Menecrates beschenkte Nero mit einem Palast und einem großen Besitztume. Der oben erwähnte Komponist und Dichter Mesomedes aus Kreta, ein Freigelassener und Liebling Hadrians, auf dessen schönen Antinous er ein Lobgedicht verfaßte, erhielt ein Gehalt, das Hadrians Nachfolger zu vermindern für gut fand.

So vielfache, lebhafte und schmeichelhafte Gunst und Teilnahme konnte nicht anders als Künstlerlaunen, Künstlereitelkeit und Künstlerhochmut nähren und großziehen. Mit großem Behagen erzählt der Fabeldichter Phädrus, wie einer dieser aufgeblasenen Virtuosen sich kürzlich durch seine lächerliche Eitelkeit zum allgemeinen Gespött gemacht habe. Der Flötenspieler Princeps (d. i. Fürst), der den berühmten Pantomimentänzer Bathyllus (Freigelassenen des Mäcenas und Erfinder der komischen Gattung des Pantomimus) zu begleiten pflegte, erlitt bei einem Szenenwechsel (durch Unvorsichtigkeit oder Einsturz einer Kulisse) einen Beinbruch. Sein Krankenlager dauerte mehrere Monate, und das kunstsinnige Publikum vermißte sein Spiel. Als er notdürftig wieder gehen konnte, bewog ihn ein vornehmer Mann, der ein Schauspiel veranstaltete, darin aufzutreten. Der Vorhang fiel, der Donner rollte ab, die Götter sprachen (es scheint ein allegorisches

Festspiel gewesen zu sein) nach üblicher Weise; hierauf stimmte der Chor ein dem Virtuosen noch unbekanntes Lied an, dessen Text war: „Laut juble Rom, denn wohlbehalten ist dein Fürst!" Das Publikum erhob sich und klatschte; Princeps, der diesen Beifall auf sich bezog, warf Kußhände, die Ritter bemerkten seine törichte Einbildung und verlangten mit lautem Gelächter das Stück da capo. Es wird wiederholt, Princeps verbeugt sich auf der Bühne bis zur Erde, die Ritter klatschen, um ihn zu verhöhnen. Das übrige Publikum glaubt anfangs, er bewerbe sich um den Kranz. Als man über seine wirkliche Meinung im Theater ins klare kam, wurde der freche Mensch, der die Ehre des göttlichen (d. i. kaiserlichen) Hauses auf sich bezogen hatte, „samt den schönen weißen Binden, mit denen sein Bein verbunden war, den weißen Tuniken und weißen Schuhen", unter allgemeiner Entrüstung hinausgeworfen.

Die Launenhaftighkeit sah schon Horaz als eine nie fehlende Eigenschaft der Virtuosen an. Alle Sänger, sagt er, haben den Fehler, unter Freunden sich durch keine Bitten zum Singen bewegen zu lassen, dagegen, wenn sie nicht aufgefordert sind, gar nicht aufzuhören. Er hat namentlich jenen Tigellius aus Sardinien (der durch seine anspruchsvolle Empfindlichkeit im Jahre 45 Ciceros Verdruß erregt hatte) als einen Typus der Unbeständigkeit und Launenhaftigkeit geschildert. Selbst Augustus, der befehlen konnte, bat ihn öfters vergebens, zu singen, und scheint die Ungezogenheit des schon von Cäsar verwöhnten Künstlers mit Nachsicht ertragen zu haben. Fiel es diesem dagegen ein, sich hören zu lassen, so sang er sein „Io Baccheus" vom ersten bis zum letzten Gange der Mahlzeit in allen Tönen. In nichts blieb er sich gleich. Bald lief er wie auf der Flucht, bald schritt er wie in einer Prozession einher. Bald hatte er zweihundert Sklaven, bald nur zehn. Bald redete er im höchsten Grade großsprecherisch, bald wünschte er weiter nichts als einen dreifüßigen Tisch, ein Salzfaß und eine grobe Toga, um sich warm zu halten. Erhielt er dann eine Million zum Geschenk, so war in fünf Tagen nichts mehr in seiner Kasse. Mit vollen Händen streute er den leicht erworbenen Reichtum aus und versammelte durch seine Freigebigkeit um sich einen Hofstaat von Quacksalbern, Bettlern, Tänzerinnen, Gassenmusikantinnen und Spaßmachern. Die Nächte wachte er bis zum frühen Morgen und verschlief den Tag.

Der Neid und die Eifersucht der Künstler gegeneinander wurde ganz besonders durch die musikalischen Wettkämpfe, in denen sie um den Preis rangen, rege gehalten. Nebenbuhler beobachteten sich hier gegenseitig und bemühten sich einander zu gewinnen, während sie sich insgeheim verlästerten, auch kam es zu öffentlichen Schmähungen. Gefährliche Mitbewerber suchte man durch Bestechung zu beseitigen oder unschädlich zu machen. Den Preisrichtern und dem Publikum gegenüber wurde die größte Ehrerbietung zur Schau getragen. Nero, der die für das öffentliche Auftreten der Kitharöden üblichen Vorschriften mit ängstlicher Genauigkeit beobachtete (so daß er z. B. ermüdet sich nicht niedersetzte, nicht ausspuckte, den Schweiß der Stirn nur mit der Hand oder dem Gewande abtrocknete), redete das Volk mit den Worten an: „Meine Herren, schenkt mir geneigtes Gehör!" Am Schlusse des Vortrags empfahl er sich aufs neue, mit Knie und Hand der Versammlung huldigend, der Gunst der Zuhörer und erwartete mit erheuchelter oder wirklicher Bangigkeit den Urteilsspruch.

Auch die berühmtesten Virtuosen betraten nicht leicht die Bühne, ohne vorher für einen bezahlten Beifall gesorgt zu haben. Wenn irgendwo, so war dies (auch abgesehen von der Rücksicht auf die Preisbewegung) bei Künstlern zu entschuldigen, die vor Tausenden von Zuhörern aus den untersten Klassen sich hören lassen mußten, welche mit Äußerungen ihres Mißfallens keineswegs sparsam waren; wie denn Kitharöden oft genug das Schicksal hatten, im Pompejustheater ausgezischt zu werden, und daher nicht ohne Grund beim Auftreten zitterten. Offenbar war die Zahl derer in Rom, die kein andres Gewerbe hatten, als „einem Canus, einem Glaphyrus Beifall zu klatschen", nicht klein, und das Gewerbe galt für einträglich.

Eine so lebhafte Empfänglichkeit, wie sie in Rom für Musik verbreitet war, mußte notwendigerweise auch zum ausübenden Dilettantismus führen. Allerdings hatte sich das römische Vorurteil lange dagegen gesträubt, dem für den Freigeborenen, vollends für den Mann von Stande nicht bloß die gewerbsmäßige Fertigkeit in Gesang und Spiel als unanständig galt, sondern auch die spielende Beschäftigung mit solchen Künsten. Doch hatte schon längst infolge des steigenden Einflusses griechischer Kultur und griechischer Sitten die alte Strenge auch in diesem Punkte einer immer weiter ausgedehnten Toleranz Platz gemacht. Schon in der Zeit der Gracchen gab es zu Rom Tanz- und Singschulen, die von Knaben und Mädchen aus guten, selbst adligen Familien besucht wurden, freilich zum tiefsten Unmut des jüngeren Scipio. Doch bald beurteilte man wenigstens die Erwerbung und Übung der Fertigkeit im Gesange milder. Cicero läßt in einem ins Jahr 91 verlegten Gespräch einen der ersten Männer des damaligen Rom, den Redner L. Licinius Crassus (Konsul 95, Zensor 92), ohne alle Mißbilligung erwähnen, daß sein Freund, der Ritter Numerius Furius, ein Familienvater, gelegentlich noch als Dilettant die Kunst des Gesanges übe, die er als Knabe erlernt habe. Wenn freilich ein Mann von Sullas Stellung nicht bloß Schauspieler in seinen Umgang zog, sondern auch das Lob nicht verschmähte, selbst ein sehr guter Sänger zu sein, so gab dies sicherlich großen Anstoß, da noch Cornelius Nepos unter den Verschiedenheiten griechischer und römischer Sitten und Anschauungen hervorhebt, daß nach römischer Ansicht Ausübung der Musik einem Manne von hervorragender Stellung nicht zieme. Die stutzerhafte verdorbene Jugend, die zu Catilinas Anhang gehörte, verstand sich nach Cicero auf Liebeshändel, auf Gesang, Saitenspiel und Tanz. Und so wurde Dilettantismus in der Musik ohne Zweifel damals von vielen unter allen Umständen mißbilligt; eine theoretische Beschäftigung mit dieser Kunst kann aber in dieser Zeit schon nicht mehr selten gewesen sein, da bereits Varro sie in den Kreis der Wissenschaften aufnahm, auf denen die allseitige Bildung beruhte; sein Buch ist die Hauptquelle für die Darstellung der Musik in den späteren enzyklopädischen Sammelwerken, namentlich des Martianus Capella und des Augustinus, gewesen. Seit dem Anfange der Monarchie dürfte die Theorie der Musik nicht bloß ganz allgemein zu den Gegenständen des höheren Unterrichts gerechnet worden, sondern auch die Ausbildung der Knaben in Gesang und Saitenspiel sehr gewöhnlich gewesen sein: Columella nennt Schulen der Musiker neben denen der Rhetoren und Mathematiker. Titus, der, am Hofe des Claudius gemeinsam mit dessen Sohne Britannicus erzogen, „in denselben Wissenschaften und von denselben Lehrern unterrichtet wurde", machte in allen Fächern schnelle Fortschritte, nicht bloß in der Beredsamkeit und Poesie beider Sprachen, „auch der Musik war er nicht unkundig, er sang und spielte auf der Kithara angenehm und geschickt". Britannicus (geb. den 12. Februar 41), der Neros Eifersucht durch seine bessere Stimme erregt hatte, war ebenfalls musikalisch gebildet. An dem Saturnalienfest im Dezember 54 war Nero in der Gesellschaft der Altersgenossen durchs Los zum Könige gewählt worden; er gab dem noch nicht 14jährigen Prinzen auf, vorzutreten und einen Gesang vorzutragen, in der Hoffnung, er werde sich lächerlich machen. Aber Britannicus sang ohne Befangenheit ein Gedicht, das deutliche Anspielungen auf den an seinem Thronrechte verübten Raub enthielt. Die allgemeine Rührung, die der Gesang erregte, schärfte Neros Haß und gab den unmittelbaren und nächsten Anlaß zu der scheußlichen Ermordung des hoffnungsvollen Knaben im nächsten Jahre. Daß Nero schon als Knabe wie in den übrigen Fächern so auch in der Musik Unterricht erhalten hatte, sagt Sueton ausdrücklich, und Seneca rühmte schon im Jahre 54, daß er dem Apoll an Gesang und Stimme nicht nachstehe. Unter den Lehrern Marc Aurels wird Andron als derjenige genannt, der ihn in der Musik und zugleich in der Geometrie unterrichtete. Von Commodus sagt sein Biograph, daß ihm der Unterricht der besten wissenschaftlichen Lehrer nichts nützte, daß er dagegen von Kindheit auf Fertigkeit in Dingen bewies, die zur kaiserlichen Würde nicht passen, wie z. B. im Formen von Bechern, Tanzen, Singen und Pfeifen.

Bei den Mädchen wurde natürlich von jeher noch mehr Wert auf die Ausbildung in der Musik gelegt als bei den Knaben. Berühmte Musiker wie Demetrius und Tigellius Hermogenes (vielleicht ein Freigelassener des früher erwähnten Tigellius) brachten schon in der Zeit des Horaz einen großen Teil ihrer Tage neben den Lehnsesseln ihrer Schülerinnen zu. Auch diese lernten nicht bloß singen, sondern auch die Kithara und andre Saiteninstrumente spielen und scheinen sehr häufig die Fertigkeit erworben zu haben, Texte von Dichtern nach selbst gesetzten Melodien vorzutragen und zu begleiten. Chöre von Knaben und Mädchen, auch von Frauen, aus guten Familien dürften bei religiösen Festlichkeiten nicht selten gesungen haben. Es gab aber auch Veranlassungen, bei denen es für Männer von Stande unbedenklich, ja geboten war, öffentlich zu singen. Ein so ernster und strenger Mann wie Thrasea Pätus hatte bei einem uralten, feierlichen, nur in Zwischenräumen von dreißig Jahren wiederkehrenden Schauspiel in seiner Vaterstadt Patavium eine Tragödienszene, und zwar im Kostüm gesungen.

Auch der Dilettantismus der Frauen und Mädchen in der Musik war in der älteren Zeit von Strengeren wenigstens nur bis zu einem gewissen Grade gebilligt worden; noch Sallust stellt sich auf diesen Standpunkt, wo er von der mit Catilina vertrauten Sempronia sagt, sie habe mit mehr Kunst gesungen, als für eine rechtschaffene Frau erforderlich sei. Doch später verstummte nicht bloß allem Anschein nach jeder derartige Tadel ganz, sondern Fertigkeit in der Musik wurde auch allgemein zu den wesentlichen Erfordernissen weiblicher Bildung gerechnet. Statius zählt unter die Vorzüge, durch welche seine Stieftochter verdiente, einen Mann zu finden, daß sie die Lyra zu schlagen und seine Gedichte nach eigenen Melodien zu singen verstand; der jüngere Plinius rühmt dasselbe von seiner dritten Frau. Lucian preist in überschwenglicher Weise den Gesang und das Saitenspiel der Geliebten des L. Verus, der schönen Smyrnäerin Panthea. Er vergleicht sie mit den Musen und den Sirenen; dieser Stimme gegenüber muß die Nachtigall verstummen, es ist ein Gesang, wie man ihn eben aus einem so schönen Munde zu hören erwarten kann. Am vollendetsten ist ihr Gesang zur Kithara: die streng richtige Durchführung der Melodie (ἁρμονία) so daß der Text durchaus festgehalten wird, und der Gesang im wohlgemessenen Wechsel von Hebung und Senkung fortgeht; daß die Kithara dazu stimmt, das Plectrum mit der Kehle gleiches Zeitmaß hält, die Beweglichkeit der Finger, der Wohllaut der Modulation — alles dieses vermöchten selbst Orpheus und Amphion nicht zu erreichen.

Aber auch gegen den musikalischen Dilettantismus der Männer scheint sich schon in Augustus' Zeiten nur noch vereinzelter Widerspruch erhoben zu haben. In der Tat ist der einzige Schriftsteller, der sich nach dem Untergange der Republik mißbilligend dagegen äußert, der ältere Seneca, ein starrer Anhänger der alten Einfachheit und Sittenstrenge. Er klagt, daß die edlen Studien darniederliegen, und Interessen, die noch schlimmer sind als der Müßiggang, sich der Geister bemächtigt haben, daß die unanständigen Beschäftigungen mit Gesang und Tanz die weibisch gewordene Jugend in Anspruch nehmen. Der Tadel des jüngeren Seneca ist nur gegen die Übertreibung dieses Dilettantismus gerichtet. Die leidenschaftlichen Musikliebhaber verbrachten nach seiner Schilderung den ganzen Tag mit Hören, Singen und Komponieren von Arien, quälten ihre Stimme durch künstliche Modulationen zu einem andern als ihrem natürlichen Klange; ihre Finger schlugen fortwährend den Takt zu einem Stücke, das sie im Kopfe hatten, und auch bei ernsten, ja traurigen Veranlassungen konnten sie sich nicht enthalten, eine Melodie zu summen. Ähnlich schildert bereits Manilius den Musikfreund, der beim Gelage den Genuß des Weins durch süßen Gesang erhöht, auch unter Arbeit und Geschäften mit verstohlenen Gemurmel Lieder singt und, wenn er allein ist, sich stets durch Gesang unterhält.

Die große Verbreitung des musikalischen Dilettantismus der Männer in Rom seit dem Anfange der Kaiserzeit bestätigen auch zahlreiche andre Äußerungen und Angaben. Durch eine schöne Stimme konnte man hoffen, den Frauen zu gefallen, als fertiger Sänger Zutritt in gute Gesellschaft zu erhalten: überhaupt wurde musikalisches Talent, wie es scheint, besonders wegen seines Werts für die Geselligkeit geschätzt. Der Trimalchio Petrons fordert einen seiner Gäste, der sonst für einen guten Sänger gegolten hatte, auf, etwas zum besten zu geben; dieser bedauert, nicht mehr singen zu können, in seiner Jugend freilich habe er sich „fast die Schwindsucht an den Hals gesungen". Trimalchio selbst „mißhandelt" die Arien des in Neros Zeit berühmten Kitharöden und Komponisten Menecrates. Der allseitige

Dilettant bei Martial, der alles hübsch, aber nichts gut macht, singt auch hübsch und spielt hübsch die Lyra.

Auch in hohen Kreisen scheint dieser Dilettantismus sehr verbreitet gewesen zu sein. C. Calpurnius Piso, das Haupt der Verschwörung gegen Nero im Jahre 65, spielte nach der Versicherung eines zu seinem Preise verfaßten Gedichts die Lyra so trefflich, daß man glauben konnte, Apollo selbst habe ihn unterrichtet: und er hatte sich in einer Zeit des Friedens der Beschäftigung mit dieser Kunst nicht zu schämen, hatte doch auch Achill die Saiten mit derselben Hand gerührt, mit der er die schreckliche Lanze gegen die Feinde schleuderte. Die Zahl der Kaiser, von denen berichtet wird, daß sie ausübende Dilettanten der Vokal- oder Instrumentalmusik waren, ist verhältnismäßig auffallend groß. Hadrian tat sich auf seine Fertigkeit im Gesang und Kitharaspiel etwas zugute. Fronto, der seine Ermahnung an Marc Aurel, die Muße des Aufenthalts in Alsium zu genießen, mit den Beispielen früherer Kaiser unterstützt, sagt von Hadrian, auch er habe neben seinen Regierungssorgen zu andern Dingen Zeit gehabt; er sei ein Freund trefflicher Mahlzeiten und der Beschäftigung „mit Kompositionen und Auleten" ergeben gewesen. Caracalla übte gleichfalls die Kitharodik und errichtete dem berühmten Kitharöden Mesomedes, der an den Höfen des Hadrian und Antoninus Pius geglänzt hatte, ein Denkmal. Elagabal sang, auch mit Aulosbegleitung (d. h. dramatische Szenen), blies die Tuba und spielte die Pandura (ein Saiteninstrument) und die Orgel. Alexander Severus liebte gleichfalls Musik und spielte Lyra, Aulos und Orgel, „auch die Tuba, auf der er sich jedoch als Kaiser nicht hören ließ". Man sieht, daß die Kithara, wenn auch ohne Zweifel das gewöhnliche, doch keineswegs das einzige Instrument der Dilettanten war. Nero hatte gelobt, wenn es ihm gelingen würde, der gegen ihn ausgebrochenen Empörung Herr zu werden, bei den Spielen zur Feier des Siegs sich auf der Wasserorgel, der Sackpfeife und dem Choraulos hören zu lassen; die in der Zeit der dringendsten Gefahr berufenen Großen führte er nach einer eilig abgemachten Beratung den ganzen übrigen Tag unter neu erfundenen Wasserorgeln umher, die er ihnen erklärte, wobei er die Schwierigkeiten der einzelnen Instrumente auseinandersetzte. L. Norbanus Flaccus war ein eifriger Tubabläser und übte sich fleißig auf seinem Instrument, selbst am Morgen des Tags, an dem er das Konsulat antrat (1. Jänner 19 n. Chr.): von der vor seinem Palast zur Aufwartung versammelten Menge ward es als ein böses Omen aufgefaßt, daß man den Konsul ein Kriegssignal blasen hörte. Daß das Beispiel der Kaiser dazu beitrug, diesen Dilettantismus namentlich in hohen Kreisen zu verbreiten, ist selbstverständlich.

Nach der Art, wie alle diese Fälle mitgeteilt werden, ist unzweifelhaft, daß in Neros musikalischem Treiben es weder die Liebhaberei für diese Kunst, noch deren dilettantische Ausübung sein konnte, was in den Augen der Mitwelt als unwürdig und schmachvoll erschien: sondern gerade, daß er kein Dilettant, daß er ein Künstler von Fach sein wollte, daß und wie er seine Leistungen dem öffentlichen Urteile preisgab. Die Überzeugung, er sei zum Künstler geboren, beherrschte ihn mit der Stärke einer fixen Idee sein ganzes Leben hindurch; und mit den immer wiederholten Worten: welch ein Künstler geht in mir verloren! ist er ja auch gestorben.

Durch welches Übermaß von Äußerungen enthusiastischer Bewunderung er in dieser Überzeugung bestärkt wurde, kann man sich vorstellen. Selbst sein Lehrer Seneca nennt ihn in einem bei seiner Thronbesteigung verfaßten Gedicht (wie erwähnt) dem Apollo „gleich in der Kunst des Gesangs und in der Stimme Gewalt". Ein andrer Dichter vergleicht ihn als Kitharöden nicht bloß mit dem seinen Sieg über den Drachen besingenden Apollo, sondern auch mit der das Heptachord der Weltzonen spannenden Gottheit: „Gibt es Himmelsgötter, so reden sie mit einer solchen Stimme." Als die Empörung gegen ihn ausbrach, soll ihn nichts so sehr in Aufregung versetzt haben, als daß er in einer Proklamation des Vindex ein schlechter Kitharöde genannt worden war. Die Falschheit dieses Vorwurfs, durch den ihm die Kenntnis einer mit vollendeter Meisterschaft geübten Kunst abgesprochen werde, betrachtete er als den besten Beweis für die Falschheit der übrigen Anklagen und fragte fortwährend seine Höflinge, ob sie einen bessern kennten. Ihm war schon früh von Astrologen geweissagt worden, er werde abgesetzt werden, worauf er die (in Rom allgemein verbreitete) Antwort gab: die liebe Kunst wird mir dann durchhelfen. Kaum war er Kaiser geworden, so berief er den damals berühmtesten Kitharöden Terpnus, ließ sich Tag für Tag nach der Tafel bis tief in die Nacht vorsingen und vorspielen und suchte durch unablässige Übungen und Studien und die strengste Beobachtung aller diätetischen Vorschriften seine dumpfe und schwache Stimme auszubilden. Zuerst trat er im Jahre 59 (dem fünften seiner Regierung, dem zweiundzwanzigsten seines Alters) in seinem Garten und Palast am rechten Tiberufer, dann im Jahre 64 in der „griechischen Stadt" Neapel, und erst im Jahre 65 in Rom ganz öffentlich bei dem von ihm gestifteten Wettkampf als Kitharöde im Pompejustheater auf; gegen das Ende des Jahrs 66 unternahm er seine Kunstreise durch Griechenland, von welcher er erst zu Anfang des Jahrs 68 zurückkehrte. Neben den kitharödischen waren es vorzugsweise die halbdramatischen Vorträge von Soloszenen aus Tragödien, in denen er sich zeigte, und zwar in diesen letzteren in Kostüm und Maske. Wahrscheinlich war er, wie die Kitharöden wohl gewöhnlich, auch selbst Komponist. Für den Beifall bei seinem Auftreten war stets durch ein ganzes Heer wohlgeschulter und -organisierter Beifallrufer und -klatscher gesorgt. Wie so oft in der Geschichte dieser Zeit mischte sich auch hier in das Lächerliche das Gräßliche. Spione lauerten überall, und wehe dem, der nicht genug geklatscht oder vor Beendigung des kaiserlichen Gesangs sich fortgeschlichen hatte oder eingeschlafen war und sich so als Feind der „himmlischen" (d. i. kaiserlichen) Stimme gezeigt hatte.

Von den ersten Jahrzehnten des 3. Jahrhunderts bis gegen Ende des 4. sind die Nachrichten über die Kulturzustände äußerst spärlich. Aus den letzten Zeiten des Altertums erfahren wir über die Musik wenigstens, daß Liebe für sie in der heidnischen wie in der christlichen Gesellschaft sehr verbreitet war. Der Astronom Firmicus: Maternus erwähnt „öffentliche Musiker, die vom Volke geehrt werden", „Chormusiker", spricht wiederholt von Komponisten und außerdem von Erfindern von Melodien für die Bühne. Ammianus Marcellinus sagt, daß die Paläste Roms, die einst durch die Pflege der Wissenschaften berühmt waren, nun von der Kurzweil schlaffen Müßiggangs erfüllt seien, von Gesang und Saitenspiel widerhallen. Statt des Philosophen gehe der Sänger, statt der Lehrer der Beredsamkeit derjenige der Musik ein und aus, und man sehe musikalische Instrumente aller Art, während die Bibliotheken gleich Grüften geschlossen seien. Und in Constantinopel richtete Johannes Chrysostomus von der Kanzel an seine Gemeinde die Frage: Wer von euch könnte einen Psalm oder ein andres Stück aus der heiligen Schrift hersagen, wenn er dazu aufgefordert würde? Wenn man aber nach diabolischen Arien, nach buhlerischen, unzüchtigen Gesängen fragen wollte, dann würde man gar viele finden, die alles aufs genaueste wissen und mit großer Lust vortragen würden. Daß nicht bloß vom christlichen Standpunkt aus diese Verdammung der Musik gerechtfertigt war, daß sie in der Tat nur noch frivolen Sinnengenuß und namentlich die Theatermusik bei der unumschränkten Herrschaft des Pantomimus auf der Bühne nichts als gemeinen Ohrenkitzel bezweckte, läßt der allgemeine Verfall der antiken Kultur in jenen Zeiten voraussetzen.

Je mehr die Musik ihren Ernst und ihre Würde eingebüßt hatte, desto bedenklicher mußte ihre Anwendung für den christlichen Gottesdienst erscheinen, in dem der Kirchengesang doch von Anfang an ein wesentliches Element gewesen war; mindestens wurde die Gefahr seiner Verweltlichung mit Grund befürchtet. Hieronymus warnt die Sänger, deren Amt es ist, in der Kirche zu singen: man müsse Gott nicht mit der Stimme, sondern mit dem Herzen singen, nicht nach Art der Tragöden Hals und Kehle mit Süßigkeiten schmeidigen, damit in der Kirche theatralische Melodien und Arien gehört würden. Aus demselben Grunde nahmen manche an dem Gesange der Frauen in der Kirche Anstoß. Für die meisten, sagt Isidorus von Pelusium, wird auch dies ein Anlaß zur Sünde, da sie, statt sich durch die göttlichen Psalmen zerknirscht zu fühlen, in der Süßigkeit der Melodie einen Anreiz zur Leidenschaft finden und sie nicht höher achten als die Theatergesänge. Wolle man gottgefällig handeln, so müsse man den Weibern, welche die göttliche Gabe so mißbrauchen, das Singen in der Kirche und den Aufenthalt in der Stadt verbieten. Cyrillus, Bischof von Jerusalem († 386), hatte den Gesang der Frauen überhaupt nicht dulden wollen, weil ihnen der Apostel Paulus in der Gemeinde Schweigen auferlege. Den Asketen erschien das Wohlgefallen an der Musik geradezu als unerlaubte fleischliche Lust. Auch Augustinus, der für musikalische Eindrücke sehr empfänglich war und oft bei den Hymnen des Ambrosius Tränen vergoß, fand es gerade darum bedenklich, sich diesen Empfindungen hinzugeben, und fürchtete, der Inhalt der Lieder möchte nur wegen der schmeichelnden Töne bei ihm Eingang finden: in solchen Augenblicken wünschte er allen anmutigen Gesang aus der Kirche fort und wollte die Psalmen, wie Athanasius es in Alexandria eingeführt hatte, mehr hersagen als singen lassen.

Der eifrigste Förderer des Kirchengesangs in der abendländischen Kirche (wie Basilius in der morgenländischen) war Ambrosius. Freilich sollten Christen nicht „die todbringenden Gesänge theatralischer Koloraturen *(chromata)* ergötzen, die das Herz für die sinnliche Liebe empfänglich machen“; desto höher schätzte er den Wert des wahrhaft erbauenden

Kirchengesangs. „Was ist lieblicher", sagt er „als ein Psalm! Es ist das Lob Gottes und ein wohllautendes Bekenntnis des Glaubens. Der Apostel befiehlt zwar, daß die Weiber in der Kirche schweigen sollen, aber die Psalmen singen sie sehr gut. Zum Psalmensingen ist jedes Alter, jedes Geschlecht geschickt. Die Greise legen beim Singen desselben die Strenge des Alters ab, die jüngeren Männer singen ihn ohne den Vorwurf der Üppigkeit, die Jünglinge ohne Gefahr für ihr empfängliches Alter und ohne Versuchung zur Wollust, die zarten Mädchen ohne Einbuße an frauenhafter Schamhaftigkeit, die Jungfrauen und Frauen lassen ohne Ausgleiten der Sittsamkeit in ernster Würde das Loblied Gottes mit der Lieblichkeit ihrer tonreichen Stimmen melodisch erschallen. Und was hat man für Mühe, das Volk in der Kirche zum Schweigen zu bringen, wenn bloß vorgelesen wird. Sobald aber der Psalm ertönt, wird gleich alles still".

„Allerdings war in die christliche Musik bereits ein fremdes Element eingedrungen: der hebräische Tempelgesang. Er scheint mit seiner Psalmodie die erste Entwicklung des christlichen Kirchengesanges vorwiegend beherrscht zu haben, bis sich dann, je mehr sich das Christentum auch die gebildete Welt eroberte, mehr und mehr antike Einflüsse hervorwagten. Indes sind die Musikverhältnisse der ersten christlichen Jahrhunderte noch stark umstritten und werden wohl keine sichere Aufklärung finden, solange nicht (was kaum zu hoffen ist) wirkliche Tondenkmäler aus dieser Zeit gefunden werden." (H. Abert.)

X. DIE SCHÖNE LITERATUR

Die folgende Betrachtung wird versuchen zu zeigen, daß die Bedeutung der Poesie für die Gesamtbildung im späteren römischen Altertum eine wesentlich andre, und zwar umfassendere und tiefer greifende war als gegenwärtig. Zu diesem Zweck ist das Verhältnis der gebildeten Welt zur Poesie, die dieser gestellten Aufgaben, die durch beides bedingte Stellung der Dichter, endlich die Ablösung der Poesie durch die Kunst der Prosa ins Auge zu fassen.

Das Verhältnis der gebildeten Welt zur Poesie war zum großen Teil durch den Jugendunterricht bestimmt, und hier wurden ganz andre Zwecke verfolgt und auf ganz andren Wegen als gegenwärtig. Wenn der heutige Jugendunterricht eine erste Orientierung auf den wichtigsten Gebieten menschlichen Wissens, ein möglichst vielseitiges Verständnis der mannigfachen wissenschaftlichen Arbeit und die Fähigkeit sich an ihr zu beteiligen bezweckt, so war er im Altertum schon darum sehr viel einfacher, weil die jetzt auf den Schulen gelehrten Wissenschaften teils gar nicht oder nur in ihren ersten Anfängen existierten, teils nicht als zur allgemeinen Bildung gehörig betrachtet wurden. Nicht zu einer möglichst großen Empfänglichkeit, sondern zur eignen Gestaltungsfähigkeit sollte der jugendliche Geist gebildet werden. Das Hauptziel des Unterrichts war die Gewinnung nicht eines umfangreichen Wissens, sondern eines virtuosen Könnens, einer möglichst vollkommnen Herrschaft über den sprachlichen Ausdruck, die Erwerbung der Kunst, das Wort zur klaren und überzeugenden Entwicklung der Gedanken, zum angemessenen und geschmackvollen, wenn möglich reichen, schönen und hinreißenden Ausdruck zu gebrauchen.

Für die Zeit der Republik, wo die Rede mit weit größerem Recht als heute das Wissen „eine Macht" heißen konnte, wo, wie Tacitus sagt, „niemand ohne Beredsamkeit zu großer Macht gelangte", bedarf dies keiner Erläuterung. Aber wenn auch mit dem Untergange der Republik die politische Beredsamkeit verstummte, so war doch durch die lebhafte Empfänglichkeit der Südländer für das lebendige Wort und durch die ganzen Lebensgewohnheiten des Altertums ein gewisser Grad von Öffentlichkeit und Mündlichkeit für alle Verhältnisse mit Notwendigkeit bedingt, und auch in der Monarchie stand Schrift und Rede in bezug auf Wichtigkeit und Einfluß zueinander im umgekehrten Verhältnis wie in der heutigen Welt. Durch die Macht der Rede, sagt Diodor, haben die Hellenen vor den Barbaren, die Gelehrten vor den Ungebildeten den Vorrang; durch sie allein kann ein einzelner der Masse überlegen sein. Von der Beredsamkeit, sagt der ältere Seneca, ist der Übergang zu allen Kenntnissen und Fertigkeiten leicht, sie rüstet auch diejenigen aus, die sie nicht für sich selbst erzieht.

Nicht bloß für den Advokaten und Lehrer, auch für den höheren Offizier oder Beamten, für den Senator oder Staatsmann, überhaupt für jeden, der nach einer hervorragenden Lebensstellung strebte, war Beredsamkeit unentbehrlich. Der beste Maßstab für den Wert, den auch die Monarchie auf die Redekunst legte, der beste Beweis dafür, daß sie auch jetzt als das wichtigste

Moment der allgemeinen Bildung galt, liegt darin, daß sie das erste Fach des Unterrichts war und lange das einzige blieb, für das zu sorgen der Staat als seine Pflicht erkannte. Die ersten von der Regierung in Rom begründeten, mit einem reichen Gehalt (von 100.000 Sesterzen = 21.750 Mark) dotierten öffentlichen Lehrstühle waren die der römischen und griechischen Beredsamkeit, und der Kaiser, der dem Budget diese Last auferlegte und Quintilian, „den Ruhm der römischen Toga", zu der römischen Professur berief, „ihn zum höchsten Leiter der unsteten Jugend machte", war Vespasian, der haushälterische, allen idealen Tendenzen abholde, ganz den praktischen Bedürfnissen zugewandte Regent. Bald hatten nicht bloß die größeren, sondern (wenigstens um die Mitte des 2. Jahrhunderts) auch viele kleinere Städte Italiens und der Provinzen ihre von den Kommunen angestellten Professoren der Beredsamkeit; die größten ohne Zweifel so gut wie Rom griechische und lateinische zugleich.

Die Vorbereitung zum Unterricht in der Beredsamkeit war eine sehr intensive und ganz ausschließliche Beschäftigung mit der Poesie. Der Dichter „formte schon den stammelnden Mund des Kindes", und die Lesung und Erklärung der Dichter war der so gut wie einzige Gegenstand des eigentlichen Schulunterrichts der heranwachsenden Jugend. Daneben wurde nur etwa einige Kenntnis der Geometrie und der Musik als notwendig oder wünschenswert anerkannt; die letztere, in welcher der Unterricht sich häufig auf die Theorie beschränkte, scheint ihre Aufnahme unter die Lehrgegenstände ihrem im Altertume so viel engeren Zusammenhange mit der Poesie verdankt zu haben. Einige andre Kenntnisse wurden dem jugendlichen Geiste durch die Poesie vermittelt, namentlich aus der Geographie, Astronomie (welche daher auch in beiden Sprachen immer von neuem zum Gegenstande poetischer Darstellungen gemacht wurde), Philosophie, Literaturgeschichte und Geschichte, als deren Teile Sage und Mythologie allgemein betrachtet wurden. Zugleich sollten die Kinder auch die Lehren der Sittlichkeit und Lebensweisheit aus den Dichtern sich aneignen und einprägen, deren Sinnsprüche zu diesem Zweck wahrscheinlich in zahlreichen, besonders für den Schulgebrauch bestimmten Blütenlesen (Sentenzensammlungen) zusammengestellt waren.

Wo eine höhere Bildung bezweckt wurde, erstreckte sich der Schulunterricht selbstverständlich auch auf die griechischen Dichter. Mit Homer begann er zu allen Zeiten, was Quintilian billigt; denn wenn auch für ein volles Verständnis seiner Poesie ein reiferes Alter erforderlich sei, so werde doch jeder diese Gedichte mehr als einmal lesen. Von den übrigen griechischen Dichterwerken nennt er die Tragödien und lyrische Gedichte; ausgeschlossen will er, wie es scheint, nur solchen wissen, die durch ihren Inhalt Bedenken erregen konnten, wie Elegien; ganz besonders empfiehlt er Menander, dessen Stücke schon in Ovids Zeit in Knaben- und Mädchenschulen gelesen wurden. Noch in der spätesten Zeit des Altertums wurden Homer und Menander den Knaben zum Erlernen des Griechischen in die Hand gegeben. Der Vater des Dichters Statius hielt zu Neapel eine Schule, die, wie der Sohn versichert, nicht bloß von Knaben der nächsten Städte, sondern auch aus Lucanien und Apulien besucht wurde. In dieser Schule wurden Homer, Hesiod, Epicharm, Pindar, Ibycus, Alcman, Stesichorus, Sappho, Corinna, Callimachus, Lycophron, Sophron und andere Dichter gelesen. Eine so ausgedehnte Beschäftigung mit griechischer Poesie mochte freilich außerhalb der eigentlich griechischen Länder eben nur in einer Stadt wie Neapel vorkommen, wo sich griechische Sprache und Sitte behauptet hatte; daß aber Bekanntschaft mit den bedeutendsten griechischen Dichtern bei jedem Gebildeten — also doch wohl von der Schule her — vorausgesetzt wurde, zeigt auch Senecas Erzählung von jenem Calvisius Sabinus, der, um gebildet zu scheinen, seine Sklaven die Dichter auswendig lernen ließ, aus denen er Zitate anführen wollte: wo außer Homer und Hesiod auch die neun griechischen Lyriker genannt werden.

Während wir aber über die Wahl der griechischen Dichter für den Schulunterricht nicht näher unterrichtet sind, namentlich nicht, ob und inwiefern sie in verschiednen Zeiten verschieden getroffen wurde, wissen wir, daß die lateinischen Dichter, die in der Schule gelesen wurden, im 2. Jahrhundert ganz andre waren als im ersten; und zwar erfolgte diese Veränderung auf Grund der großen Umwälzung der literarischen und Geschmacksrichtung, die sich etwa seit Neros Zeit vorzubereiten anfing und zu Anfang des 2. Jahrhunderts vollzog.

Von den lateinischen Dichtern war im 1. Jahrhundert Vergil der erste, welcher der Jugend in die Hände gegeben wurde, und seine Gedichte ebenso das Fundament und der Hauptgegenstand des lateinischen, wie die Homerischen des griechischen Unterrichts. Nächst ihm dürfte Horaz am meisten gelesen worden sein; die Büsten beider schmückten, wie es scheint, noch zu Anfang des 2. Jahrhunderts gewöhnlich die Schulstuben. Mit der Einführung der neuesten Dichter in den Schulunterricht soll der Grammatiker Q. Cäcilius Epirota, ein Freigelassener von Ciceros Freunde Atticus, vorangegangen sein, der seine Schule nach dem Tode seines Gönners, des Dichters Cornelius Gallus, 26 v. Chr. eröffnete. Hier las er Gedichte Vergils (offenbar noch vor dessen Tode 19 v. Chr.) und andrer lebender Dichter vor und erklärte sie, was ihm von einem Epigrammdichter die Benennung „Kinderfrau der Poeten im Säuglingsalter" eintrug. Doch vermutlich machte Cäcilius Epirota durch sein Beispiel nur zur Sitte, was zuvor vereinzelt geschehen war; denn Horaz erklärt es schon in einer um mehrere Jahre älteren Satire für Torheit, wenn ein Dichter den Beifall der Menge wünsche und es gern sehe, daß seine Gedichte in niedrigen Schulen gelesen werden. Allem Anscheine nach las man hier seit dieser Zeit gerade die lebenden neuesten Dichter vorzugsweise. Daß auch Lucans Epos unmittelbar nach seiner Veröffentlichung in der Schule allgemein gelesen wurde, darf man daraus schließen, daß in Vespasians Zeit von dem Redner dichterischer Schmuck, „aus dem Heiligtume des Vergil, Horaz und Lucan entnommen", verlangt wurde; übrigens bezeugt es Sueton ausdrücklich, daß die Buchhändler übermäßige Sorgfalt auf die Ausstattung seiner Werke verwandten, sowie deren Absatz für den Dichter bewies, heißt es, daß er ein Dichter war. Es sei doch schön, sagt Martial, am besten bei Persius, wenn seine Verse hundert lockigen Kindern vordiktiert werden. Statius konnte schon am Schluß seiner Thebaide sich rühmen, daß dieses Werk, die Frucht zwölfjähriger Arbeit, bereits von der Jugend Italiens eifrig gelernt werde. Martial, dessen Gedichte ihr laszivер Inhalt natürlich für Unterrichtszwecke völlig ungeeignet machte, läßt sich von seiner scherzhaften Muse die Frage vorlegen, ob er etwa zum tragischen Kothurn übergehen oder Kriege in epischen Gedichten besingen wolle, „damit ein aufgeblasener Schulmeister ihn mit heiserer Stimme vorlese, und er heranwachsenden Mädchen und guten Jungen zum Gegenstande des Hasses werde".

Aber damals hatte sich schon längst in den literarischen Kreisen der Streit erhoben, ob die alte oder die neue Literatur den Vorzug verdiene, und die unbedingten Anhänger der ersteren wollten natürlich die letztere auch in der Schule nicht dulden. Schon in Vespasians Zeit hatte sich eine scharfe Opposition gegen die moderne Prosa mit ihren Extravaganzen, ihrer Unnatur und Gespreiztheit gebildet, auf deren Seite Quintilian sich stellte, dessen Autorität ohne Zweifel für weite Kreise maßgebend war. Er fand beim Antritt seines Lehramts den glänzendsten Autor der Modernen, Seneca, von der Jugend allgemein und enthusiastisch bewundert, und zwar gerade wegen seiner blendenden und verführerischen Fehler, welche die Nachahmer noch vervielfachten und überboten. Quintilian erstrebte und bewirkte mit Gleichgesinnten eine Regeneration der Prosa auf der Basis des ciceronischen Stils, der allerdings, von den Schriftstellern dieser Richtung dem Bedürfnis der Zeit gemäß umgestaltet, mehr Beweglichkeit, Farbigkeit und Glanz erhielt.

Aber dies war schon damals einem Teil der Freunde des Alten viel zu wenig: sie glaubten noch um ein Jahrhundert weiter, selbst zu den Inkunabeln der römischen Literatur zurückgreifen zu müssen, um die Muster zu finden, an denen der entartete Geschmack neu erzogen werden sollte; sie priesen den alten Cato, die alten Chronisten und Redner, wie Gracchus, und die Dichter aus der Zeit der punischen Kriege, Nävius, Ennius, Plautus, Accius, Pacuvius, Lucilius und deren Zeitgenossen, und wollten sie natürlich auch in die Schule eingeführt sehen. Diese Richtung hatte ums Jahr 90 schon so weit Boden gewonnen, daß Quintilian die letzte Forderung als berechtigt anerkannte. Seine Natur war zu maßvoll, sein Blick zu frei, sein Geschmack zu fein, als daß er in diesem Streit überhaupt hätte Partei nehmen sollen; am wenigsten konnte er es für die Altertümer, vielmehr stand er seiner ganzen Richtung nach den Modernen weit näher, er teilte den Enthusiasmus für Ennius und Plautus nicht und wollte dem ersteren nur die Ehrfurcht zollen, die das durch Alter Geheiligte fordern darf, Cato und Gracchus hat er in seiner Übersicht der Musterschriftsteller nicht einmal genannt. Aber doch gab er zu, daß es zweckmäßig sei, die alten Dichter in der Schule zu lesen. Sie seien allerdings geeignet, den Geist des Knaben zu nähren und in seinem Wachstum zu fördern, obwohl ihre Stärke mehr in ihrer Naturanlage als in ihrer Kunst liege; namentlich den Reichtum des Ausdrucks zu vermehren, für welchen die Tragödie Muster des Ernstes und der Würde, das Lustspiel solche der Eleganz biete. Auch sei die künstlerische Komposition sorgfältiger als bei den meisten neueren, welche Sentenzen als die Hauptschönheit aller Dichterwerke ansähen. Sodann müsse man bei ihnen sittlichen Ernst und innerliche Kraft suchen, da der Ausdruck der Modernen zur äußersten Üppigkeit entartet sei. Endlich beruft sich Quintilian auf Cicero und andre große Redner, die doch wohl wußten, was sie taten, wenn sie in ihren Reden so viele Stellen aus Ennius, Accius, Pacuvius, Lucilius, Terentius u. a. anbrachten. Allem Anscheine nach gewann die Partei der Altertümler die Oberhand unter Hadrian: es mußte ihren Sieg entscheiden, daß der Kaisr sich offen zu ihr bekannte, dem Cicero den Cato, dem Vergil den Ennius vorzog, und unter den beiden Antoninen gelangte sie, wie es scheint, zu einer fast unumschränkten Herrschaft in der Schule und in der Literatur, wie schon allein das Ansehen, dessen eine solche Null wie Fronto als ihr extremster Vertreter sich erfreuen konnte, schließen läßt.

Auch in dieser Partei gab es natürlich verschiedne Richtungen; die ausschließlichste und unbedingte Anbetung der Alten, verbunden mit ebenso unbedingter Ignorierung und Verwerfung der Modernen, lernen wir, wie gesagt, bei Fronto kennen. In seiner Korrespondenz mit seinen fürstlichen Schülern Marc Aurel und Lucius Verus, die von Zitaten aus der alten Literatur wimmelt, wird man selbst die Namen Vergil und Livius vergebens suchen, Horaz erwähnt er einmal. Nur wo er seinen bereits auf den Kaiserthron gelangten Schüler Marcus um Erlaubnis bittet, sein altes Lehrerrecht wieder üben zu dürfen, um ihm mit unbeschreiblich komischer Angst seine ernsten Besorgnisse wegen einer gewissen Neigung zum Modernen auszusprechen, die eine seiner Reden verrate, nennt er Seneca und Lucan, um aufs dringendste vor beiden zu warnen. Es sei ja freilich bei Lucan manches Hübsche, aber auch in Kloaken werden Silberstückchen gefunden, wer werde deshalb dort herumstöbern wollen! Das Sicherste sei, sich solcher Lektüre ganz zu enthalten, denn auf schlüpfrigem Boden gleite man immer leicht aus.

Gellius stand zwar im ganzen auf demselben Standpunkt wie Fronto, auch er hat für nötig gefunden, Seneca einmal zu erwähnen, um sich stark und entschieden gegen ihn auszusprechen; es werde wohl genug sein, meint er, wenn er die mißfälligen Urteile dieses „abgeschmackten und törichten“ Menschen über Ennius, Vergil und Cicero anführe; Lucan nennt er nirgends. Aber Gellius, obwohl ein großer Pedant, war doch keineswegs ohne Geschmack und nicht so borniert wie Fronto, er bewunderte Vergil nicht minder als Ennius. Sonst erwähnt er allerdings keine Dichter der Augusteischen Zeit, nur daß er dem Horaz die Ehre erweist, eine Erörterung über die Namen der Winde an eine Stelle aus seinen Oden anzuknüpfen.

So hatte sich also im Laufe von etwa 100 Jahren eine völlige Umwälzung des Geschmacks vollzogen, die im 1. Jahrhundert bewunderten und nachgeahmten Schriftsteller und Dichter wurden im 2. verachtet und ignoriert und umgekehrt. Die Zahl der Dichter, in deren Bewunderung sich beide Zeitalter vereinigten, scheint nicht groß gewesen zu sein; es gehörte dazu außer Vergil, dessen Größe auch die Altertümler nicht bestritten, besonders Catull, den auch die Modernen liebten, wie denn Martial ihn vor allen andern nachgeahmt hat. Juvenal ist der letzte der Modernen; er erinnerte sich noch lebhaft, wie Statius, der gepriesene Epiker der Partei in der Domitianischen Zeit, ganz Rom durch die Anzeige erfreute, daß er seine Thebaide vorlesen werde, wie alles zu der Vorlesung strömte, alles hingerissen war und die Sitze unter den rasenden Beifallsbezeigungen der Zuhörer zusammenbrachen. Aber ein Menschenalter später war Statius wie verschollen, und Lucan wurde, wie es scheint, schon unter Hadrian gewöhnlich nicht mehr in der Schule gelesen. Immerhin behielten manche der Modernen Freunde und Leser, wie z. B. Aelius Verus neben Ovid besonders gern Martial las, den er seinen Vergil nannte, und der bis zum Ende des Altertums zu den gelesensten Dichtern gehörte. Aber zahlreich waren die dieser Richtung angehörenden Literaturfreunde im 2. Jahrhundert schwerlich. Ennius, dem Quintilian hinlängliche Pietät erwiesen zu haben glaubte, wenn er ihn als ehrwürdige Antiquität gelten ließ, war in aller Munde. Enniusvorleser zogen in Italien von Ort zu Ort, und Gellius beschreibt, wie ein solcher *(Ennianista)* im Theater von Puteoli die Annalen des Ennius vortrug und vom rauschenden Beifall des Publikums begleitet wurde. Grammatiker (Philologen) mußten vor allem in Ennius Bescheid wissen. Fronto malt sich in einem Briefe an seinen ehemaligen Schüler, den Kaiser Marc Aurel, der auf einige Tage zur Erholung nach Alsium gegangen war, aus, wie derselbe sich nach der Siesta mit angenehmer Lektüre unterhalte, wie er sich „durch Plautus ausglätte oder durch Accius anfülle oder durch Lucretius sänftige oder durch Ennius entzünde". Plautus, dessen Witze dem Cicero fein und geistreich, dem Horaz dagegen plump und täppisch erschienen waren, ist dem Gellius „der Stolz der lateinischen Sprache".

Daß sich die wenigen poetischen Talente, die jene Zeit hervorbrachte, in den Formen der Alten bewegten, ist fast selbstverständlich. Gellius' Freunde, die Dichter Annianus und Julius Paullus, waren in der alten Sprache und Literatur wohlbewandert, der letztere gehörte zu den gelehrtesten Männern der Zeit; auch ein andrer damals berühmter Dichter, ein Freund des Fronto, war gelehrt und in Plautus und Ennius belesen. Eine kleine, doch immerhin charakteristische Probe der altertümelnden Poesie ist in der selbstverfaßten, allerdings sehr maßvoll plautinisierenden, zierlich altmodischen Grabschrift eines M. Pomponius Bassulus erhalten, der in Aeclanum das höchste städtische Amt bekleidete. Sie lautet etwa wie folgt:

Um nicht in Trägheit hinzubrüten gleich dem Vieh,
Hab' einige von Menanders feinen Stücklein ich
Gedolmetscht, eigne auch verfaßt mit allem Fleiß.
Dies alles, übel oder wohl geraten, ist
Von mir schon lange treuen Blättern anvertaut.
Jedoch von Kümmernis und Ängsten heimgesucht
Und auch von mancher Pein des Leibes so geplagt,
Daß dies wie jenes mir Verdruß schuf ohne Maß,
Hab' endlich ich den langersehnten Tod erwählt,
Um all' der Güter willen, die er schenken mag.
In meinen Grabstein meißelt diese Inschrift ein,
Die allen künftig Lebenden zur Lehre sei,
Daß keiner, der an Lebens Klippen strandete,
Dort allzu ängstlich festgeklammert zappeln soll,
Da offen stets der ew'gen Ruhe Hafen steht.
Genug! Lebt wohl, so lang es euch zu leben frommt!

Selbstverständlich gestaltete diese so gründliche Umwälzung des Geschmacks auch den Schulunterricht gründlich um, und die modernen Dichter wurden von den alten teils ganz aus der Schule verdrängt, teils höchstens neben ihnen geduldet. In Quintilians Zeit mochten die alten schon in vielen Schulen neben den neueren gelesen werden; als Gellius in die Schule ging, las man den Ennius überall.

Aber immer blieben es doch Dichter, die der Jugend in die Hand gegeben, die in der Schule gelesen, erklärt und auswendig gelernt wurden. Die Werke der Dichter waren der damaligen Jugend nicht eine Nebenbeschäftigung, eine Unterhaltung freier Stunden, nicht zunächst Gegenstand des Genusses, sondern des Studiums. Es ist schwer, die Wirkungen eines Unterrichts zu ermessen, der die Werke der vaterländischen Dichter und der Dichter eines nahverwandten Volks als wichtigste Bildungsmittel anwandte, ja sie fast zur alleinigen Nahrung des jugendlichen Geistes machte. Notwendig füllte er das Gedächtnis mit poetischen Wendungen und Ausdrücken, regte die Phantasie durch eine Fülle von Bildern zu erhöhter Tätigkeit an, entwickelte früh das Gefühl für Formenschönheit und künstlerische Darstellung und machte es empfänglichen Geistern zur zweiten Natur. Immer aber mußten die in den Jahren der größten Empfänglichkeit in so reichem Maße aufgenommenen und fest eingeprägten Eindrücke ihre Wirkungen für das ganze Leben behalten.

Dazu kam noch der Umstand, daß die Lehrer zuweilen, vielleicht nicht selten, selbst Dichter waren und ihren Schülern Anregung und Anleitung zu poetischen Versuchen geben konnten und wirklich gaben. Gelehrsamkeit und Poesie waren in Rom ebensowenig Gegensätze wie vordem in Alexandria und wieder im Zeitalter des Humanismus, ja es war hier wie dort gewöhnlich, daß der Dichter und Gelehrte in einer Person vereinigt war, und unter den philologischen Größen Alexandrias machte Aristarch eine Ausnahme, indem er der Poesie fern blieb. Nur ein Geist, sagt der Dichter bei Petron, der mit einem gewaltigen Strom der Literatur befruchtet ist, kann eine poetische Geburt empfangen und hervorbringen. Das Lob der „Gelehrsamkeit" gehört zu den gewöhnlichsten ehrenden Prädikaten der Dichter, das freilich nicht in unserem Sinne, sondern von einem durch das Studium der besten Muster erworbenen Besitz aller Formen und Regeln der Kunst zu verstehen ist. Die ältesten Schullehrer Roms waren Dichter gewesen, Livius Andronicus, Ennius, und vermutlich war dies auch in späterer Zeit nicht selten. Valerius Cato, mit dem Beinamen „die lateinische Sirene", der in der letzten Zeit der Republik lebte, galt besonders für die, welche sich der Poesie befleißigten, als ein sehr geeigneter Lehrer, „der Dichter nicht bloß las (d. h. erklärte), sondern auch machte". Auch C. Melissus, den Augustus zum Vorsteher der Bibliothek in der Porticus der Octavia machte, war Dichter und erfand eine neue Gattung des römischen Lustspiels. Der Vater des Dichters Statius hatte nicht bloß in seiner Vaterstadt Neapel, sondern auch in Griechenland in poetischen Wettkämpfen den Preis davongetragen; er hatte den Brand des Kapitols im Bürgerkriege des Jahrs 69 besungen und die Absicht gehabt, den Ausbruch des Vesuvs im Jahre 79, durch den Herculaneum und Pompeji verschüttet wurden, zum Gegenstande eines Gedichts zu machen; der Sohn erhielt von ihm zu seiner Thebaide Rat und Anleitung.

Aber auch ohne direkte Veranlassung mußte schon für diejenigen Knaben, die Formgefühl und Formtalent besaßen, die so intensive Beschäftigung mit der Poesie in der Schule eine hinreichende Anregung zu eignen poetischen Versuchen sein, und allem Anscheine nach waren die frühreifen Talente damals nicht nur nicht wie jetzt Ausnahmen, sondern äußerst häufig. Schon Catull hatte seine ersten Liebeslieder in der Zeit verfaßt, wo er das Knabenkleid ablegte. Noch früher begann Ovid zu dichten. Ihn zog schon als Knaben die Muse verstohlen an sich, und die Verse flossen ihm von selbst zu, lange ehe er die Männertoga erhielt; als er seine ersten Gedichte öffentlich vorlas, „keimte ihm eben der Bart". Properz begann seine poetischen Versuche nach Anlegung der Männertoga. Lucan, der ein Lebensalter von nicht voll 26 Jahren erreichte (geb. 39, † 65), verfaßte im Alter von etwa fünfzehn Jahren ein Gedicht (Iliacon), das die Geschichte von Hectors Tod und Lösung behandelte, und ein Gedicht über die Unterwelt (Catachthonion) sowie mehrere weitere Dichtungen, im einundzwanzigsten Jahre erwarb er sich mit einem Lobgedicht auf Nero den Preis in dem von diesem gestifteten Wettkampfe, seine Pharsalia begann er bald darauf. Die Knabengedichte des Persius vernichtete seine Mutter nach seinem Tode auf den Rat des Cornutus. Auch Nero hatte schon als Knabe durch Gedichte bewiesen, daß er die Elemente der Bildung besitze, ebenso liebte Lucius Verus in demselben Alter Verse zu machen. Die von dem ersten Gordianus (wie es scheint noch vor dem Eintritt in die Rhetorenschule) verfaßten Gedichte (darunter eine Antoninias in 30 Büchern) waren noch in der Zeit Constantins vorhanden. Martial sah nicht ungern, daß die poetischen Bagatellen seiner Knabenjahre, die er selbst kaum noch kannte, im Buchladen zu haben waren; der Ruhm des früh verstorbenen Serranus war schon durch seine Knabengedichte, die Großes erwarten ließen, begründet worden. Wie der ältere Statius schon als Knabe sich an dem Wettkampf der Dichter beteiligte, so daß er allgemeine Bewunderung erregte, und die Eltern ihre Kinder auf sein Beispiel hinwiesen, so rang auch der Rhetor P. Annius Florus als Knabe mit einem Gedicht auf den dacischen Triumph, der elfjährige Q. Sulpicius Maximus im Jahre 94 mit improvisierten griechischen Hexametern um den kapitolinischen Kranz, und der dreizehnjährige L. Valerius Pudens aus Histonium erhielt ihn 106 n. Chr. nach einstimmigem Richterspruch.

Auch die poetische Improvisation, mit welcher in älterer Zeit griechische Dichter, wie Antipater von Sidon und der Antiochener Licinius Archias geglänzt hatten, und die in Strabos Zeit eine in Tarsus sehr verbreitete Fertigkeit war, dürfte in Rom häufig geübt worden sein, um so mehr, als einerseits der außerordentliche Reichtum der Dichtersprache an festen Formeln und Wendungen, sowie der allgemein zugängliche Vorrat an Bildern und Gleichnissen, Gemeinplätzen, mythologischen Parallelen ihr großen Vorschub leistete, andrerseits ihre Übung sich zur Gewinnung einer völligen Beherrschung des Ausdrucks und der Versmaße empfahl. Der aus Syrien stammende Mimograph Publilius soll die damaligen Bühnendichter zu einem Wettkampf in der Improvisation über gegenseitig aufgegebene Themen herausgefordert und durch seine Virtuosität in der in seinem Vaterlande heimischen Kunst über alle, auch seinen bedeutendsten Rivalen Laberius, den Sieg davongetragen haben. Quintilian nennt die Improvisation eine in seiner Zeit von manchen geübte Kunst. Von Lucan gab es einen (wie es scheint, infolge einer mehreren Dichtern zugleich erteilten Aufgabe) improvisierten Orpheus in Hexametern. Martial, bei dem sich eine spielende Leichtigkeit in der Behandlung der Form mit der Fähigkeit verband, die verschiedensten Tonarten anzuschlagen, hat ohne Zweifel einen nicht geringen Teil seiner Epigramme improvisiert, zum Teil bei lustigen Gelagen und über gegebene Themen. Auch die Gelegenheitsgedichte des Statius, die ihre Entstehung dem Augenblicke verdankten, waren Improvisationen, wenigstens im weiteren Sinne. Sidonius Apollinaris, der öfters kleinere Improvisationen erwähnt, teilt auch eine größere, bei einer Mahlzeit entstandene mit, wo er mit drei Freunden in der Behandlung desselben Themas, doch in verschiedenen Versmaßen, gewetteifert hatte.

Durch solche Studien vorbereitet, traten reifere Knaben und Jünglinge in die Rhetorenschule ein und studierten nun die Muster der Prosa wie früher der Poesie, zum Teil auch hier unter Anleitung der Lehrer. Natürlich übte die herrschende literarische Richtung hier dieselben Einflüsse auf die Wahl der Autoren wie in der Knabenschule. Quintilian empfahl für junge Anfänger Livius und Cicero (Sallust erst für Gereiftere) und fand bereits nötig, davor zu warnen, daß man Knaben Gracchus und Cato in die Hand gebe. Fronto dagegen empfahl dem jungen Marc Aurel diese und ihresgleichen vor allen, und der junge, damals 21- bis 22jährige Prinz (geb. 121) teilte ganz den Geschmack seines Lehrers; früh gab er das Studium des Horaz auf; er gab sich, wie er sagt, dem Cato ganz hin und war von den Reden des Gracchus höchst erbaut. Doch Cicero wurde auch von den Altertümlern als Muster anerkannt, wenn er gleich nicht ganz ein Redner nach Frontos' Herzen war und von manchen dem Gracchus nachgesetzt wurde, was den Unwillen des Gellius erregte; er behauptete auch im 2. Jahrhundert seinen Platz in der Rhetorenschule mindestens ebenso sicher wie Vergil in der grammatischen.

Ganz hauptsächlich aber bestand in der Rhetorenschule der Unterricht in den eigenen, allmählich vom Leichteren zum Schwereren fortschreitenden Übungen, welche die Schüler unter der Leitung des Lehrers anstellten, und diese knüpften an die in der grammatischen Schule aus den Dichtern gewonnenen Stoffe und Anschauungen an und waren zum Teil sehr geeignet, die dort geweckten poetischen Neigungen zu nähren und weiter zu entwickeln. Zunächst machten die Schüler schriftliche Arbeiten über gegebene Themen. Bei den Erzählungen historischer Ereignisse, in denen sie sich zuerst versuchen mußten, pflegten sie „in Nachahmung der dichterischen Freiheit" Schilderungen herbeizuziehen und übermäßig auszuführen; doch sahen vernünftige Lehrer dergleichen jugendliche Verirrungen, die immerhin Talent bewiesen, lieber als Magerkeit und Trockenheit. Die nächste Aufgabe waren Untersuchungen über Wahrscheinlichkeit und Unwahrscheinlichkeit von Sagen und sagenhaften Erzählungen: ob es glaublich sei, daß sich auf das Haupt des Valerius in seinem Zweikampfe mit einem Gallier ein Rabe gesetzt habe, der diesem mit den Flügeln ins Gesicht schlug und die Augen mit dem Schnabel aushackte; über die Schlange, die Scipio erzeugt haben sollte, oder die Wölfin des Romulus und Remus, oder die Egeria des Numa; besonders reichen Stoff bot hier die ältere griechische Geschichte. Des weiteren Lob und Tadel berühmter Männer und Anstellung von Vergleichen zwischen mehreren Helden; ferner sogenannte Gemeinplätze, d. h. besonders über Laster und Torheiten, z. B.: der Ehebrecher, der Spieler, der Ausgelassene, der Kuppler, der Schmarotzer; der blinde Ehebrecher, der arme Spieler, der ausgelassene Greis; Vergleichungen, z. B. des Stadt- und Landlebens, des Berufs des Rechtsgelehrten und des Soldaten, der Ehe- und Ehelosigkeit; Untersuchungen über die Gründe von Gebräuchen und Vorstellungen: warum Venus bei den Lacedämoniern bewaffnet dargestellt, warum Cupido als Kind, geflügelt, mit Bogen, Pfeil und Fackel gerüstet gedacht werde: Themen, die sich zum größten Teil für eine poetische Behandlung eigneten, wie denn z. B. das letzte wirklich von Properz in einer Elegie behandelt ist, und die Vorzüge des Landlebens vor der Stadt ein Lieblingsthema der Dichter waren.

Nach solchen und ähnlichen Vorbereitungen begannen die Schüler sich in Übungsreden, sogenannten Deklamationen, zu versuchen. Und zwar hielten die Anfänger Vorträge, in denen sie im Sinne irgendeiner aus der Geschichte bekannten Persönlichkeit Überlegungen darüber anstellten, wie in einer gegebenen Situation zu handeln sei, und nach Erwägung aller für und wider sprechenden Gründe eine bestimmte Entscheidung anempfahlen (Suasorien). Auch hier wurden zuweilen Personen und Situationen aus Gedichten genommen, z. B. Agamemnon überlegt, ob er Iphigenie opfern soll; doch vorwiegend aus der älteren römischen Geschichte: Hannibal überlegt (nach der Schlacht bei Cannä), ob er seine Truppen gegen Rom führen, Sulla, ob er die Diktatur niederlegen, Cicero, ob er bei Antonius Abbitte tun soll, um sein Leben zu retten. Persius hatte sich oft als Knabe Öl in die Augen gerieben, um unter dem Vorwande eines Augenübels die Schule versäumen zu können, wenn er nicht Lust hatte, die pathetische Rede des zum Selbstmorde schreitenden Cato auswendig zu lernen: eine Rede, die ein vernünftiger Lehrer nicht loben konnte, zu der aber der Vater des hoffnungsvollen Sohns seine Freunde einlud und die er selbst schwitzend vor Aufregung anhörte. Wenn solche Aufgaben, bei denen von den jungen Leuten verlangt wurde, sich in die Seelen der Menschen der Vorzeit zu versetzen und die Spannung und Aufregung ihrer entscheidenden Lebensmomente nachzuempfinden, in vollkommner Weise nur von wahren Dichtern gelöst werden konnten, so mußten sie doch die jugendliche Phantasie aufs mannigfachste anregen und zu einer der dichterischen sich nähernden Tätigkeit ausbilden.

Dies war aber in noch weit höherem Grade bei den letzten, schwersten und am längsten fortgesetzten Übungen der Rhetorenschule der Fall, die völlig dramatischer Natur waren, den sogenannten Kontroversen, d. h. Streitfällen, in denen die Schüler wie Ankläger und Verteidiger oder wie Advokaten für die eine oder für die andre Partei auftraten. In der älteren Zeit wählte man historisch bekannte Fälle oder doch solche, die sich vor kurzem wirklich ereignet hatten, von denen Sueton folgende zwei anführt. Mehrere junge Leute machten von Rom einen Ausflug nach Ostia und sahen Fischer im Begriff ihr Netz herauszuziehen, sie kauften ihnen ihren Fang im voraus ab und bezahlten das Geld; nach langem Warten kam das Netz ohne Fische in die Höhe, aber mit einem zugenähten Korbe voll Gold. Beide Parteien beanspruchen nun diesen Schatz. Oder: Sklavenhändler schifften bei Brundisium ihre Sklaven aus, und um die Zöllner um den Zoll für einen sehr schönen und kostbaren Sklaven zu betrügen, bekleideten sie ihn mit einer mit Purpur umsäumten Toga und hingen ihm eine goldene Kapsel um den Hals (Tracht und Schmuck eines freien Knaben). In Rom wird der Betrug entdeckt und die Freilassung des Knaben verlangt, da die Anlegung jener Stücke eine Verzichtleistung des Herrn auf seinen Besitz voraussetze.

Aber solche Fälle galten bald nicht mehr interessant und spannend genug. An die Stelle der Fragen über Mein und Dein traten Kriminalfälle, erdichtete an die Stelle der wirklichen; die zivilrechtlichen wie die historischen bilden einen sehr geringen Teil der erhaltnen Sammlungen von Kontroversen, und auch die historischen Fälle sind zum Teil zugunsten des Effekts entstellt. Zwar verlangten vernünftige Lehrer, daß die erdichteten Fälle sich von der Wirklichkeit nicht entfernen, jedenfalls möglichst wahrscheinlich sein sollten, aber allem Anscheine nach hatte ihr Widerstand gegen den herrschenden Geschmack, der packende und pikante Situationen, starke Würzen und drastische Effekte verlangte, so gut wie gar keinen Erfolg, wie schon die erste, aus der Zeit des Augustus stammende Sammlung von Kontroversen, die des älteren

Seneca, noch mehr die folgenden, und die wiederholten Klagen über die Herrschaft des Unsinns in der Rhetorenschule zeigen. Die Hauptschuld trugen, sagt ein Schriftsteller der Neronischen Zeit, nicht die Lehrer, die, wenn sie nicht leere Klassen haben wollten, gezwungen waren, mit den Verrückten zu rasen, sondern die Eitelkeit der Eltern. Die Forderung, alle „unglaublichen und im eigentlichen Sinne des Wortes poetischen" Themen auszuschließen, fand auch Quintilian zu streng und unerfüllbar, etwas Erholung und Vergnügen müsse man den jungen Leuten gewähren, nur sollten die Gegenstände, wenn auch pathetisch und voll Schwulst, doch nicht geradezu töricht und lächerlich sein.

Beides waren nun aber die Kontroversen nur zu oft in hohem Grade. Sie lagen großenteils weit von der Wirklichkeit ab oder standen mit ihr im Widerspruch, sie setzten als Regel voraus, was höchstens Ausnahme sein konnte, sie bewegten sich an der Grenze der Möglichkeit oder jenseits dieser Grenze. Mit der Zeit schuf sich die Rhetorenschule ihre eigene, vom Leben durch eine weite, nicht auszufüllende Kluft getrennte, phantastische Welt. Ein erdichtetes Recht, erdichtete, ja unmögliche Gesetze wurden hier vorausgesetzt, es gab z. B. eine Anklage auf Undank, eine Anklage auf ein im Gesetz nicht vorhergesehenes Verbrechen. Die Personen und Zustände dieser Fiktionen waren Schatten; ihnen Realität beizulegen, sie als Abbilder des Wirklichen zu betrachten, kam niemandem in den Sinn. Man hat es auffallend gefunden, daß in den Zeiten des schlimmsten kaiserlichen Despotismus, wo der furchtbarste Druck auf den Geistern lastete und die Redefreiheit bis auf die letzte Spur vernichtet war, die Tyrannen zu den stehenden Figuren der Kontroversen gehörten, die Deklamatoren in ihren Reden Tyrannenhaß atmeten und den Tyrannenmord priesen. Aber diese Tyrannen, „die Edikte erließen, daß die Söhne ihren Vätern die Köpfe abhauen sollten", waren ebenso unschädliche Geschöpfe wie die Puppen eines Marionettentheaters und niemandem furchtbar als dem Lehrer, „wenn in der gefüllten Klasse einer nach dem andern seinen Tyrannen umbrachte". Wenn Caligula den Rhetor Secundus Carrinas wegen einer solchen Deklamation verbannte, Domitian den Rhetor Maternus aus demselben Grunde hinrichten ließ, so war eben Caligula zu jeder Extravaganz fähig und für Domitian kein Vorwand zu einer Gewalttat zu schlecht; beide Fälle stehen ganz vereinzelt, und es zeigt sich nirgends, daß sie einen Einfluß auf die Tyrannenthemen geübt haben.

Neben den schrecklichen Tyrannen waren die entmenschten Piraten in der Rhetorenschule besonders beliebt, die „mit Ketten rasselnd am Ufer standen"; zuweilen hatten sie liebenswürdige Töchter, wie in folgendem Thema. Ein junger Mann, der Piraten in die Hände gefallen ist, bittet vergebens seinen Vater in einem Briefe, ihn loszukaufen. Die Tochter des Piratenhauptmanns läßt ihn schwören, sie zu heiraten, wenn er frei würde. Er schwört, sie flieht mit ihm, er kommt nach Hause und heiratet sie. Hierauf wird dem Vater die Verheiratung seines Sohns mit einer reichen Waise angetragen, er verlangt, daß der Sohn darauf eingehe und die Piratentochter verstoße; da er es verweigert, verstößt er ihn. Die handelnden Personen wurden überhaupt gern in die denkbar stärksten Konflikte zwischen gleich heiligen Pflichten, gleich starken und berechtigten Empfindungen oder Neigungen versetzt. Ein Kranker verlangt von seinem Sklaven Gift, der es ihm verweigert; er verordnet im Testament die Kreuzigung des Sklaven; dieser ruft den Beistand der Tribunen an. In einem

Bürgerkriege steht der Vater und der Bruder einer Frau auf der einen, der Mann auf der andern Seite, sie folgt dem letzteren. Er fällt, sie flüchtet zu ihrem Vater, der sie zurückweist und auf die Frage: wie soll ich dich versöhnen? antwortet: stirb! Sie erhängt sich vor seiner Tür. Der Sohn stellt den Antrag, den Vater für wahnsinnig zu erklären. Ein Vater von drei Söhnen verliert zwei durch den Tod und weint sich die Augen blind. Er träumt, er werde das Gesicht wiedererhalten, wenn der dritte Sohn sterbe. Er erzählt der Frau diesen Traum, sie erzählt ihn dem Sohn, der Sohn erhängt sich. Der Vater wird sehend und verstößt die Frau, diese bestreitet sein Recht dazu. Ein Mann verstößt seine Frau wegen Ehebruchs, der Sohn beider erbittet und erhält vom Vater Geld, angeblich um eine Geliebte zu unterhalten, ernährt aber damit die darbende Mutter, der Vater entdeckt es und verstößt ihn; der Sohn verteidigt sich. Auch sonst wurden möglichst grelle Kontraste gehäuft. Zu den stehenden Figuren gehören auch der Arme und der Reiche in gegenseitiger Feindschaft (einmal z. B. suchen die Bienen des Armen im Garten des Reichen Honig, dieser vergiftet die Blumen und tötet so die Bienen), während ihre Kinder sich zuweilen zärtlich lieben; edle Jungfrauen werden ins Bordell verkauft, entehrten Jungfrauen steht die Wahl zwischen der Hinrichtung des Verbrechers oder der Verheiratung mit ihm frei; edle Jünglinge sind gezwungen, sich zu dem ehrlosen Handwerke des Gladiators zu vermieten, z. B. um mit dem Handgelde das Begräbnis eines Vaters zu bestreiten. Ungeheure Schicksale treffen einzelne und ganze Länder, beliebt war namentlich die Pest, die nach dem Orakel erst aufhören soll, wenn einige Jungfrauen geopfert werden; ein Land wird von Hungersnot heimgesucht, und die Bewohner nähren sich zuletzt von den Leichen der Hingerafften. Körperliche und geistige Ausnahmezustände, wie Blindheit (und deren wunderbare Heilung) und Wahnsinn, Wunder (eine Frau bringt ein Mohrenkind zur Welt und wird des Ehebruchs beschuldigt), grausame Todesstrafen (wie Herabstürzen vom Felsen) und Folter, Mord und Selbstmord, besonders mit Strick und Gift (das „Durchschneiden des Stricks", das „Ausgießen des Giftbechers" waren stehende Motive), scheußliche Verbrechen, wie Vatermord, Verstümmlung von Kindern, um sie betteln zu lassen und von dem Ertrage ihrer Bettelei zu leben; namentlich aber Familiengreuel aller Art (selbstverständlich sind „Stiefmütter, noch böser als im Trauerspiel", oft gebrauchte Figuren) — von solcher Art waren die erprobtesten Ingredienzien zur Anfertigung stark wirkender und begehrter Kontroversen, bei deren Deklamation die Schule von rasendem Beifall erdröhnte.

Es ist bemerkenswert und zeigt am klarsten den novellistischen Charakter dieser Erfindungen, daß das Buch des Seneca in einer zunächst zu erbaulichen Zwecken zusammengestellten, dann aber auch als Unterhaltungsbuch im Mittelalter sehr verbreiteten Sammlung von Novellen und Anekdoten, den Gesta Romanorum, vielfach und mit sichtbarer Vorliebe benutzt ist. Die „Zauberer", die später auch eine große Rolle in diesen Themen spielten, sind vielleicht erst später eingeführt, denn über sie klagt zuerst Quintilian, während sie bei Seneca, Petron und Tacitus noch nicht vorkommen; dagegen in der Sammlung, die Quintilians Namen trägt, findet sich Erregung von Haß durch einen Zaubertrank, eine astrologische Prophezeiung und ein wahres Prachtstück dieser Gattung: „das bezauberte

Grab". Einer Mutter, die ihren Sohn verloren hat, erscheint der Tote nächtlich im Traum. Als sie dies ihrem Mann erzählt, läßt er einen Magier das Grab bezaubern, die Erscheinungen hören auf, und die Frau klagt nun gegen den Mann „wegen übler Behandlung". Vielleicht stammt die Zauberei aus der griechischen Rhetorenschule. In einem gegen Ende des 2. Jahrhunderts in Griechenland gebräuchlichen Thema sucht ein Magier einen andern, der seine Frau verführt hat, durch Zauber zu töten und will sich das Leben nehmen, da es ihm nicht gelingt.

In der griechischen Rhetorenschule waren die Gegenstände der Übungsreden wesentlich verschiedener Natur. Zwar wurden auch hier Kontroversen deklamiert, und allem Anschein nach in der Regel über dieselben Themen, wie denn außer den Zauberern der Tyrann, der Tyrannenmörder, die Entehrte, der Arme als stehende Figuren gelegentlich auch hier erwähnt werden. Aber als die schwerste und dankbarste Aufgabe für die vorgeschrittensten Schüler und die Meister selbst galten hier offenbar nicht Kontroversen, sondern teils an- oder abratende Reden in der Art der lateinischen Suasorien, teils Verteidigungs- und Anklagereden, teils epideiktische oder Prunkreden, von denen unten ausführlich die Rede sein wird. Diese Verschiedenheit der Methode war in der verschiedenen Geltung der Beredsamkeit bei Griechen und Römern begründet. Diesen war sie zunächst Mittel zu dem Zweck, das eigene Interesse jedem feindlichen gegenüber zu behaupten und durchzusetzen, namentlich vor Gericht; den damaligen Griechen war auch die schöne Form noch immer Selbstzweck und die Virtuosität in ihrer Handhabung ein sehr begehrter, viel bewunderter und eifrig erstrebter Vorzug.

Doch in Rom, Italien und den westlichen Ländern besuchte ohne Zweifel die überwiegende Mehrzahl der Gebildeten die lateinische Rhetorenschule teils allein, teils vorzugsweise, wenngleich die meisten großen Städte sicherlich auch Lehrer der griechischen Beredsamkeit besoldeten, und namentlich in Rom das von Hadrian begründete und fortan von den Kaisern unterhaltene und besetzte Athenäum einen eignen Lehrstuhl auch für dies Fach hatte. Übrigens darf man annehmen, daß in den westlichen Ländern auch die griechischen Rhetoren sich der in der lateinischen Schule herrschenden Methode anbequemt haben werden, und wir sehen sie ja auch bei Seneca in der Behandlung derselben Themen wetteifern und wissen, daß Isäus bei seinem Auftreten in Rom sich Kontroversenthemen zur Improvisation geben ließ. Diese Methode also, namentlich das oft jahrelang fortgesetzte Deklamieren der Kontroversen, übte auf den Charakter der damaligen römischen Bildung immer den wesentlichsten Einfluß, um so mehr, als mit diesen Studien für die meisten die Lehrjahre abschlossen und sie unmittelbar „von den Märchen der Dichter und den Epilogen der Rhetoren" ins praktische Leben eintraten, um hier das in der Schule erworbene Können zu verwerten.

Übrigens wurde in der Schule die Behandlung der rhetorischen Themen auch in poetischer Form geübt; sowohl Beispiele von versifizierten Reden bestimmter Personen in gewissen Situationen, die, wie es scheint, öfters improvisiert wurden (ἠθοποιίαι, *ethicae*, eine Übung für Anfänger), haben sich erhalten als Kontroversen und Suasorien in Versen. Bis zum Ausgange des Altertums blieben Methoden und Aufgaben in der griechischen wie in der lateinischen Rhetorenschule dieselben; selbst Themen, welche den heidnischen Götterglauben und Kultus voraussetzten, wurden von christlichen Schülern fort und fort behandelt: offenbar galten die sonst so streng verpönten Vorstellungen als integrierende Bestandteile des rhetorischen wie des grammatischen Unterrichts. Auch die christliche Predigt der großen Kanzelredner des 4. Jahrhunderts, Basilius, Gregor von Nazianz, Johannes Chrysostomus, steht ganz und gar unter dem Einflusse der heidnischen Rhetorenschule.

Die Wirkungen dieser allen Gebildeten gemeinsamen Unterrichtsmethode liegen in der Literatur jener Zeit zutage. Die Gefahren, Verführungen und Abwege des rhetorischen Unterrichts vermochten nur besonders gute und klare Köpfe ganz zu vermeiden. Für die Mehrzahl mußte in der Schule durch das fortwährende Streben nach Effekt, die Gewohnheit, sich in Phrasen zu berauschen und in ein permanentes Pathos hinaufzuschrauben, eine innerlich unwahre Schönrednerei bis auf einen gewissen Grad zur zweiten Natur werden: um so mehr, da hier gerade das Gekünstelte und Gesuchte, das Überraschende und Blendende, auch das Überkühne und Ungeheuerliche des lautesten Beifalls gewiß zu sein pflegte. Ganz konnten sich diesen Einflüssen der Jugendbildung auch die großen Geister jener Zeit nicht entziehen; am meisten treten sie in der Poesie des 1. Jahrhunderts hervor, die beim Mangel eigner Schwungkraft sich selten über den Stelzengang der Rhetorik zu erheben vermocht hat: mit Recht meinte Quintilian, Lucan, das bedeutendste poetische Talent dieser Zeit, verdiene mehr von den Rednern als von den Dichtern nachgeahmt zu werden. Während aber die Poesie eine rhetorische Färbung trägt, hat die Prosa eine poetische, und auch dies war eine notwendige Folge der Erziehung. Die grammatische Schule hatte den Knaben in der Welt der Poesie heimisch gemacht, die rhetorische ließ den Jüngling ihr nicht fremd werden. Es ist klar, wie sehr die ihm dort gestellten Aufgaben mit ihren melodramatischen Situationen, ihren hochromantischen Motiven und abenteuerlichen Gestalten die Phantasie beflügeln, zu poetischer Behandlung herausfordern mußten, und wie die Stoffe werden auch die Darstellungen sich oft auf der Grenze der Poesie bewegt haben oder ganz und gar poetisch gewesen sein. Der Rhetor Arellius Fuscus, ein Lehrer des Ovid, erging sich nach einer von Seneca mitgeteilten Probe gern in völlig poetischen Schilderungen und entlehnte geflissentlich vieles geradezu aus Vergil. Umgekehrt nahm Ovid manche Sätze eines andern Lehrers, des Rhetors Porcius Latro, fast wörtlich in seine Gedichte hinüber; und wenn nach Seneca seine eignen Reden in der Schule, wo er für einen guten Deklamator galt, nichts als aufgelöste Verse waren, so wird das bei vielen beanlagten Schülern der Fall gewesen sein. Auch diese Gewohnheiten der Schule pflanzten sich notwendig ins Leben fort. Man verlangt jetzt, sagt der Vertreter der Modernen im Dialog des Tacitus, von der Rede poetische Schönheit, die aus dem Heiligtume des Vergil, Horaz und Lucan stammen muß, und die Reden der Gegenwart verhalten sich zu den früheren, wie die neuen, von Gold und Marmor glänzenden Tempel zu den alten, aus rohen Bruchsteinen und unförmlichen Ziegeln aufgeführten. Auch darf man wohl dem Dichter bei Petron glauben, daß viele, die sich als Redner versucht hatten, zur Poesie übergingen, die ihnen wie ein Ruhehafen erschien, da sie glaubten, es sei leichter, ein Gedicht zu machen, als eine von hübschen Sentenzen funkelnde Kontroverse. Die Poesie war der Beredsamkeit nahe verwandt, sie wurde zu den Formen der Wohlredenheit im weitesten Sinne des Worts gezählt, und „beredt" *(facundus)* gehörte zu den gewöhnlichsten ehrenden Prädikaten auch der Dichter. Infolge dieser vielfachen Wechselbeziehungen und Berührungen von Poesie und Prosa schillert die Prosa des nüchternsten und poesielosesten Volks in poetischen Farben wie kaum irgendeine andre und beweist schon allein, daß das in der Schule gewonnene innige Verhältnis zur Poesie für das Leben fortdauerte. Daß auch die siegreiche Reaktion der Altertümler diese Wirkungen zwar zu modifizieren, doch nicht aufzuheben vermochte, zeigt die so sehr poetische Prosa des Apulejus.

Schließlich ist zu erwähnen, daß die Bedeutung der Schulbildung für das öffentliche Leben seit der Mitte des 2. Jahrhunderts im Sinken begriffen ist. Je länger je mehr bahnten militärisches Verdienst und Geschäftskenntnis auch Niedriggeborenen, also oft Ungebildeten den Weg zu hohen Stellungen, die früher ausschließlich den Abkömmlingen von Familien der beiden ersten Stände offen gestanden hatten. Sodann traten in diese Stände immer mehr Männer aus Provinzen ein, die der römischen Bildung erst in geringerem Grade teilhaft geworden waren. Aus beiden Gründen hörte auch in den höheren Ständen die Schulbildung auf, als ein unumgängliches Erfordernis, ihr Mangel als schimpflich oder lächerlich zu gelten. Von Augustus erzählte man, er habe einen Konsularlegaten wegen Unbildung von seinem Posten abberufen, da er ein Wort von ihm geschrieben sah, wie es von den unteren Klassen gesprochen wurde. Doch je mehr Provinzialen in den Senat eintraten, desto öfter wird man vermutlich auch in Rom selbst bei hochgestellten Personen schlechte Aussprache und sogar Sprachfehler zu tadeln gefunden haben. Hadrian wurde im Senat als Quästor bei der Verlesung einer kaiserlichen Rede wegen seines Akzents ausgelacht. Als Marc Aurel einst im Felde in lateinischer Sprache einen Befehl erteilte, wurde er von seiner ganzen Umgebung nicht verstanden; allem Anscheine nach, weil seinen Offizieren eine gebildete Ausdrucksweise fremd war; ja der ohne alle Erziehung aufgewachsene Präfekt des Prätoriums Bassäus Rufus bemerkte dem Kaiser, der Mann, an den er sich gewandt habe, verstehe kein Griechisch; daß das letztere auch bei manchen Angehörigen der beiden ersten Stände der Fall war, läßt die Angabe Philostrats über den Beifall vermuten, den der Sophist Hadrian in Rom selbst bei denjenigen Rittern und Senatoren fand, die ihn nicht verstanden. Der hochbejahrte Konsul im Jahre 218 Oclatinius Adventus konnte nach Cassius Dio nicht lesen und war der Rede so wenig mächtig, daß er sich krank meldete, wenn er eine Verhandlung leiten sollte.

Schon um die Mitte des 2. Jahrhunderts waren in Rom selbst die Anzeichen des beginnenden Verfalls der lateinischen Sprache zahlreich und erschreckend genug. Von vielen Wörtern war die Bedeutung oder die Form zweifelhaft und bestritten, über Grundregeln der Grammatik waren die Gelehrten verschiedner Ansicht; man hörte Ausdrücke aus der Sprache der gemeinen Leute vor den Schranken von Advokaten gebrauchen. Die Barbarismen, die in der Zeit des Severus bereits in die öffentlichen Urkunden und das Gebiet der eigentlichen Steintechnik eindrangen, treten in einzelnen Privatinschriften schon früher auf. Das Gefühl der zunehmenden sprachlichen Unsicherheit und Verwirrung, das Streben, der einreißenden Barbarei entgegenzuwirken, auch das Beispiel der ganz ähnlichen Bestrebungen der Atticisten in Griechenland spornte die Kenner und Freunde der Sprache und Literatur zu eifrigen Nachforschungen in den alten Klassikern, mit denen wir die Kreise des Gellius so viel beschäftigt sehen: mit Hilfe dieser Studien hofften sie einen sicheren Boden wiederzugewinnen, Reinheit und Klarheit des Ausdrucks herzustellen. Aber diese wohlgemeinten Bemühungen konnten im besten Falle doch nur auf kleine Kreise ihre Wirkung üben: den auf dem ganzen Gebiete der lateinischen Sprache arbeitenden, seit dem 3. Jahrhundert übermächtigen, Sprache und Bildung unaufhaltsam zerstörenden Einflüssen gegenüber waren sie völlig bedeutungslos. Doch diese spätere Zeit liegt außerhalb der Grenzen dieser Betrachtung; wir kehren zu den literarischen Zuständen der beiden ersten Jahrhunderte zurück.

Ein zweites Moment, das mit dem Jugendunterrichte zusammenwirkte, der Poesie einen so bedeutenden Einfluß auf die damalige Gesamtbildung zu geben, war, daß diese Zeit die Erbschaft der glänzendsten Epoche der römischen Dichtung, des Augusteischen Zeitalters, antrat. Man darf nur Vergil, Horaz, Tibull, Properz und Ovid nennen (denn von manchen andern gleichzeitig gefeierten Dichtern, wie von Varius, ist uns wenig mehr als der Name geblieben), um die reiche und glänzende Fülle poetischer Produktionen zu vergegenwärtigen, die damals im engen Zeitraum eines Menschenalters nebeneinander reiften. Alle Gattungen waren hier vertreten, Heldengedicht und Scherzlied, die zärtliche oder leidenschaftliche Liebesklage und die Satire, Idyll und poetische Epistel, das beschreibende und Lehrgedicht. Selbst das Drama fehlt nicht, doch wurde hier nichts Lebensfähiges mehr geschaffen, die Zeit der dramatischen Produktion war für immer vorüber, und darum sind diese Stücke für uns völlig verschollen. Auf den sämtlichen übrigen Gebieten aber waren die Leistungen in ihrer Art vollendet. Niemand kann es in den Sinn kommen, sie zu dem Höchsten zu rechnen, was die Poesie überhaupt geschaffen hat; keinen Augenblick kann man sich über ihren Mangel an Ursprünglichkeit täuschen, nie über der reichen Begabung, dem großen Darstellungstalent, der vollendeten Anmut, dem sicheren und reinen Geschmack, der hohen Bildung dieser Dichter ihren Mangel an wahrer Genialität vergessen. Wie damals, als es Hannibal bezwungen, „der Quiriten hartem Volk" die Muse aus Griechenland gekommen war, so wollte auch die neue Poesie auf keinen andern Bahnen wandeln als auf denen der Griechen und bekannte sich laut und entschieden als ihre Schülerin. Aber teils wählte sie andre Vorbilder als jene Alten, namentlich die erreichbareren alexandrinischen, teils war seit jener Zeit das Verständnis für griechische Kunst unendlich feiner und tiefer geworden, und so gelang den Zeitgenossen des

Augustus die Reproduktion des Adels und der Schönheit der griechischen Form in ganz andrer Weise als den Zeitgenossen der Scipionen und selbst noch des Sulla und Cicero, deren Werke nun neben den neuen Leistungen unbehilflich, formlos und rauh erscheinen mußten. Für jede Empfindungs- und Darstellungsweise wurden jetzt edle und mustergültige Formen auf allen Gebieten geschaffen, der Versbau, die künstlerische Komposition auf die Höhe gehoben, wie die nun gewonnene Erkenntnis der griechischen Kunst es verlangte, vor allem aber in der Sprache für die Poesie dasselbe geleistet, was Cicero in der Prosa geleistet hatte, und dies war die größte und unvergänglichste Schöpfung jener Zeit.

Wie Cicero der Begründer einer der fortgeschrittenen Bildung angemessenen Prosa war, so waren die Augusteischen Dichter die Schöpfer einer neuen Dichtersprache. Sie bildeten die poetische Ausdrucksfähigkeit des Lateinischen nach allen Seiten hin in einer früher kaum geahnten Weise aus, verliehen ihm Reichtum, Mannigfaltigkeit und Fülle, Schönheit und Grazie, Würde und Kraft. So haben sie nicht bloß auf die poetische und prosaische Literatur der folgenden Jahrhunderte des Altertums einen unermeßlichen Einfluß geübt, sondern auch auf die aller späteren Zeiten, und werden ihn wahrscheinlich auch in Zukunft üben, solange es überhaupt eine Literatur geben wird. Ein wahrer und echt römischer Patriotismus beseelte diese Dichter; sie wollten ihre Nation in den Besitz des Einzigen setzen, um das sie Griechenland noch zu beneiden hatten. Mit den Griechen in den bildenden Künsten oder der Kunde der Gestirne um den Preis zu ringen, das schien des großen Volks nicht würdig, das wie kein andres sich in der Kunst bewährt hatte, die Völker zu beherrschen, die Besiegten zu schonen und die Übermütigen zu bekriegen: aber ihre poetische Kunstform auch zum römischen Besitz zu machen, war ein hohes und erstrebenswertes Ziel. „Auch diesen Ruhm dem großen Volke und der vaterländischen Sprache noch anzueignen, war der große Zweck und das ernste Streben der Augusteischen Dichter"; und soweit es überhaupt gelingen konnte, ist es ihnen gelungen.

Bei diesem Streben wurden sie von dem hohen Bewußtsein getragen, daß sie nicht für ein einzelnes Land und Volk, sondern für die Menschheit schufen, daß ihre Werke der Weltliteratur angehörten. Ennius war stolz gewesen, für die Beherrscher Italiens zu dichten, Vergil und seine Zeitgenossen wußten, daß sie für die Menschheit dichteten, und der Blick auf einen so unermeßlichen Horizont war in der Tat schwindelerregend. Bekannt ist die Prophezeiung des Horaz, „daß ihn die fernsten Völker kennenlernen würden". Buchstäblich hat sich diese, buchstäblich auch Ovids Prophezeiung erfüllt, daß die von ihm im Exil an den öden Ufern des Pontus erhobenen Klagen einst, über Länder und Meere getragen, vom Aufgang bis zum Niedergang vernommen werden würden. Ja diese Dichter haben schon selbst einen Teil dieser Erfüllung erlebt. Ovid durfte sagen, daß er in der ganzen Welt gelesen werde; und Properz, daß der Ruhm seines Namens bis zu den Anwohnern des winterlichen Borysthenes gedrungen sei. In der Tat werden die Werke der lebenden Dichter überall, wo römische Schulmeister einwanderten, gelesen worden sein.

Auch bei der höchsten Vorstellung von der Großartigkeit des neuen weltumfassenden Staatsorganismus, der Unermeßlichkeit seiner Hilfsmittel und der welterobernden Macht der römischen Sprache muß man erstaunen, wie schnell es den Römern gelang, „so viele zwieträchtige und barbarische Zungen durch den Verkehr zu vereinen". Kaum mehr als zwanzig Jahre waren seit der völligen Unterwerfung Pannoniens vergangen, als Vellejus schrieb, und schon war in diesen wüsten, rauhen und ganz barbarischen Ländern (dem östlichen Teile Österreichs, besonders Ungarn) die Kenntnis römischer Sprache und vielfach auch römischer Schrift verbreitet. Ein Teil der älteren Provinzen des Westens gehörte schon zu Augustus' Zeit zu dem Gebiet der römischen Literatur. Livius begann eines seiner späteren Bücher mit der Äußerung: Ruhm habe er schon genug erworben, und er setze sein Werk nur deshalb fort, weil der unruhige Geist Nahrung verlange; und dieser Ruhm erstreckte sich damals schon über Italien hinaus, denn er bewog, wie erzählt wird, einen Spanier, aus Gades eigens nach Rom zu kommen, um Livius kennenzulernen; als er diesen Zweck erreicht hatte, reiste er sogleich wieder ab. Schon damals wurden die nach dem Absatz in Rom übriggebliebenen Exemplare neuer Werke in die Provinzen gesandt. Horaz entläßt das erste Buch seiner Episteln mit der Aussicht, wenn es von den Händen des römischen Publikums abgegriffen und schmutzig sein werde, entweder in stiller Verborgenheit den Motten als Futter zu dienen oder im Bündel nach Utica oder Ilerda (Lerida in Spanien) geschickt zu werden. Gerade die besten Bücher, die den Buchhändlern am meisten einbrachten, gingen über das Meer.

Wenn die Koryphäen der Literatur also damals in gewissem Sinne ihren Weltruhm schon erlebten, so waren sie um so mehr der vollsten und glänzendsten Befriedigung ihres Ehrgeizes in Rom selbst gewiß, wo ihre Gedichte (die sie nach der kürzlich eingeführten Sitte in größeren Kreisen vortrugen), wie wir gesehen haben, sofort in die Schule übergingen oder auch auf den Theatern unter dem Beifalle vieler Tausende gesungen wurden; wo endlich ein umfassender und tätiger Buchhandel sich deren Vervielfältigung und Vertrieb angelegen sein ließ. Vergil, der die Veröffentlichung seiner Äneide bekanntlich nicht erlebte, hatte mit seinen Erstlingsgedichten, den Eclogen, einen solchen Erfolg, daß sie auf der Bühne häufig von Sängern vorgetragen wurden; eine in den literarischen Kreisen jener Zeit viel genannte Schauspielerin Cytheris, einst die Geliebte Marc Antons, dann des Dichters Cornelius Gallus, der sie unter dem Namen Lycoris besang, soll die sechste Ecloge gesungen haben, in der Vergil den Dichterruhm seines Freunds Gallus preist. Als Vergil bei einer solchen Gelegenheit im Theater anwesend war, erhob sich das ganze Volk und begrüßte den Dichter ebenso ehrfurchtsvoll wie Augustus: in der Tat wurde eine solche Auszeichnung in der Regel sonst nur dem Kaiser und Personen aus der kaiserlichen Familie zuteil. Wenn Vergil in seiner späteren Zeit, die er größtenteils im südlichen Italien, namentlich in Neapel verlebte, ausnahmsweise nach Rom kam und sich öffentlich sehen ließ, so mußte er sich vor der Menge, die ihm folgte und ihn sich gegenseitig zeigte, in ein Haus flüchten.

Allerdings ist nun der Ruhm und die Popularität Vergils bei der Mitwelt und Nachwelt und folglich auch die Wirkung seiner Poesie so groß wie die keines andern römischen Dichters und in der Tat beispiellos gewesen. Mit der Popularität Schillers kann man die seinige auch darum vergleichen, weil sich in beiden Fällen zeigt, daß das Erhabene, Ideale und Edle in der Kunst die Massen noch in höherem Grade fortzureißen vermag als selbst das Volkstümliche, obwohl man denken sollte, daß nur dies sie anziehen, jenes abstoßen und einschüchtern müsse; aber die Menschen hängen mit größerer Dankbarkeit, Ehrfurcht und Liebe an dem Geist, der sie aus ihrer Niedrigkeit zu sich emporhebt und sie mit dem Gefühle erfüllt, daß auch in ihnen etwas seiner höheren Natur Verwandtes wohnt, als an dem, der sich zu ihnen herabläßt. Vergils Poesie drang in alle Bildungskreise, in alle Schichten der Gesellschaft, auch Handwerker und Krämer führten seine Verse im Munde und gebrauchten sie als Mottos, einige Brocken aus der Äneide waren auch die Ungebildetsten imstande anzubringen, und bei ihren Gastmählern, wo die Gäste mit Jongleurkünsten, Nachahmungen von Tierstimmen, Aufführungen von Possen unterhalten wurden, hörte man doch auch Stellen aus der Äneide, allerdings abscheulich, deklamieren. Wie jetzt die Bibel, wurde damals in schweren Lebensmomenten Vergil aufgeschlagen, und die Stelle, auf die der Blick fiel, als Schicksalsspruch betrachtet, was dann auch in der Zeit der Renaissance wieder geschehen ist. In literarischen Kreisen wurde sein Geburtstag (15. Oktober) wohl von vielen gefeiert, und Tempelorakel (wie noch im 3. Jahrhundert die von Präneste und Patavium) antworteten mit Vergilischen Versen.

Eine so beispiellose Popularität hat nun allerdings, wie gesagt, kein andrer Dichter erreicht; aber daß auch Properz und Ovid schnell in weite Kreise drangen, zeigen die Wände von Pompeji, wo außer Vergilischen (zum Teil sichtlich von Schulknaben geschriebenen) auch Verse dieser und andrer Dichter mit dem Schreibgriffel angekritzelt sind, teils wörtlich zitiert, teils parodiert, namentlich in der Basilika, die von der eleganten Welt zum Spazierengehen benutzt wurde. Zur Erklärung ihrer Popularität mag auch an das erinnert werden, was Jakob Grimm in bezug auf die Schillers gesagt hat, „daß der Menge gerade die Poesie gefällt, die den Stil der gebildeten Gegenwart hält und auf deren Gipfel steht", da dem Volke „gleichfalls die alte Weise der Vergangenheit fremd geworden ist, und es nun in den jetzigen Standpunkt vorschreiten und sich darin einweihen lassen will". „Die Menge, auf die ein schönes Gedicht einwirkt, will es gerade mit allen neuen Vorteilen genießen und ist den alten zu entsagen bereit."

Auch im Altertume darf man bei dem Volke Italiens dieselbe überaus lebhafte und weitverbreitete Empfänglichkeit für Poesie voraussetzen wie zu Ende des 16. Jahrhunderts, wo Tassos Befreites Jerusalem so schnell populär wurde, und Montaigne erstaunt war, von Schäferinnen überall die Stanzen Ariosts zu hören. Wieviel allgemeiner mußte im 1. und 2. Jahrhundert die Verbreitung der Poesie des Augusteischen Zeitalters schon durch die Einflüsse der Schule sein, die in der neuern Zeit so gut wie ganz fehlten! Mit der Schule wirkte im Altertum das Theater zusammen, in welchem allem Anscheine nach Gedichte häufig gesungen wurden; und ihre Wirkungen beruhten zum Teil auch auf der großen Freude der Südländer am Wohllaut und Rhythmus, wie denn auch gegenwärtig das Entzücken und der Genuß selbst gebildeter Italiener an ihrer vaterländischen Poesie eine sinnliche Beimischung hat. Im Altertum war aber das Gefühl führ Wohllaut und Rhythmus noch feiner und entwickelter und verlangte auch in der Prosa seine Befriedigung, allerdings bei den Griechen in noch höherem Grade als bei den Römern. Doch wie lebhaft auch bei diesen der Sinn für die bloße Schönheit des Klangs war, zeigt u. a. der Bericht Philostrats über den Beifall, den der Phönizier Hadrianus (Professor der Beredsamkeit unter Marc Aurel und Commodus) in Rom fand. Ritter und Senatoren ließen sich aus dem Theater abrufen, wenn er seine Vorträge begann, und strömten ins Athenäum, selbst solche, die nicht Griechisch verstanden: man bewunderte die wohltönende Stimme, den Tonfall, die Modulation und den Rhythmus seiner Rede und hörte ihn mit demselben Entzücken wie eine schön schlagende Nachtigall.

Aber auch abgesehen von allen begünstigenden Nebenumständen mußten die Wirkungen der klassischen Poesie der Augusteischen Epoche auf die gebildete Welt des folgenden Zeitalters unermeßlich sein. Diese Periode war im wesentlichen unproduktiv, besaß aber die zarte Empfänglichkeit einer hohen Kultur. In einer solchen Zeit mußte die Entstehung der zahlreichen vollendeten poetischen Kunstwerke, die Herstellung mustergültiger Formen auf den verschiedensten Gebieten, vor allem die Erschaffung einer neuen poetischen Sprache voll hinreißender Schönheit und blendenden Glanzes den Trieb der Aneignung und Nachahmung aufs stärkste und im weitesten Umfange hervorrufen. „Zum Genuß der Kunstwerke", sagt Goethe, „haben alle Menschen eine unsägliche Neigung; der Mensch aber erfährt und genießt nichts, ohne sogleich produktiv zu werden. Dies ist die innerste Eigenschaft der menschlichen Natur selbst." So ist in jeder hochkultivierten Zeit ein weit verbreiteter Dilettantismus eine notwendige Folge einer hohen und reichen Kunstentwicklung. Auch wir haben dies vor allem auf dem Gebiete der Poesie erlebt. Auch wir haben eine dichterische Blütezeit ohnegleichen gehabt, auch wir sind durch sie erst mit einer poetischen Sprache beschenkt worden, auch bei uns sind die Epigonen bis zum Übermaß eifrig und geschäftig gewesen, sich des ererbten kostbaren Besitztums in unaufhörlichem Gebrauch und Mißbrauch zu versichern, das Empfangene immer von neuem zu reproduzieren. Dieselben Erscheinungen würden sich auch ohne ausdrückliche Zeugnisse in der nachaugusteischen Zeit voraussetzen lassen. Die Versuchungen einer gebildeten Sprache, „die für uns dichtet und denkt", waren damals ebenso unwiderstehlich und die Illusionen der Dilettanten über ihre Leistungen dieselben wie heute, weshalb sich unbefangenen Zuschauern des literarischen Treibens auch dieselben Wahrnehmungen aufdrängten. „Viele", sagt ein geistreicher Schriftsteller unter Nero, „hat die Poesie in die Irre geführt. Sobald einer einen Vers richtig zustande gebracht und einen einigermaßen zarten Gedanken in eine Periode eingewebt hat, glaubt er schon auf den Helikon gestiegen zu sein". Überdies begünstigte den Dilettantismus auch die innigere Verbindung der Poesie mit der Schule, die wohl die Folge haben mußte, daß poetische Übungen mit oder ohne Veranlassung der Lehrer mehr oder weniger allgemein stattfanden, zu keinem andern Zweck, als um eine vollendetere Herrschaft über die Form zu gewinnen und sich zur Virtuosität in blühender und schwungvoller Prosa vorzubereiten. Auch für diejenigen, die hierbei nicht der Täuschung verfielen, Reminiszenzen, Angelerntes und Anempfundenes für originell und für ihr Eigentum anzusehen, mußte es doch einen Reiz haben, die erworbne formelle Fertigkeit weiter zu üben und sich zu erhalten. Aber ohne Zweifel verführte nicht wenige die Freude an dem wirklichen oder vermeintlichen Gelingen solcher poetischen Exerzitien (die übrigens eine Hauptveranlassung zu Interpolationen der gelesensten Dichter wurden), die Beschäftigung, die nur Mittel hatte sein sollen, als Zweck zu behandeln. Selbst unter den Oden des Horaz, der doch eine fast zu strenge Selbstkritik übte, befinden sich Übungsstücke, deren Verdienst ein rein formelles ist. Wenn Horaz aber nach Quintilians Urteil der einzige des Lesens werte römische Lyriker war, so dürfen wir wohl annehmen, daß die Lyrik der nachaugusteischen Zeit ganz vorzugsweise Schul- und Dilettantenpoesie gewesen ist.

Mit den Einflüssen der Schule und der klassischen Poesie im Zeitalter des Augustus wirkten die politischen Zustände der Monarchie, die Interessen und Neigungen der Regierungen, der Höfe und Hofkreise zusammen, um die literarischen Neigungen, Liebhabereien und Beschäftigungen vorzugsweise der Poesie zuzuwenden. Der allgemeine Friede nach der Schlacht bei Actium und das Absterben des politischen Lebens seit der Alleinherrschaft des Augustus verschlossen die beiden Gebiete fast ganz, auf denen sich die geistige Kraft des römischen Volks während so vieler Jahrhunderte aufs reichste und kräftigste entfaltet hatte. Eine Masse von von Talent, Kraft und Regsamkeit, die durch diese Revolution aus ihrer natürlichen Bahn gedrängt war, warf sich nun auf die Literatur. Aber selbst hier standen die Felder, die in der Republik am glücklichsten angebaut worden waren, nur teilweise offen: die Redefreiheit war verkümmert, die Geschichtschreibung bis zu der Zeit Nervas und Trajans, die das „seltene Glück" brachte, „daß man denken durfte, was man wollte, und sagen, was man dachte", gefahrvoll, und dies bereits unter der toleranten Regierung des Augustus. Titus Labienus, einer der letzten Republikaner und unversöhnlicher Gegner der neuen Zustände, überschlug, als er seine Geschichte der neuesten Zeit öffentlich vorlas, große Stücke mit den Worten: „Dies wird man nach meinem Tode lesen." Dennoch wurde über sein Werk das bisher unerhörte Urteil der Verbrennung ausgesprochen: er wollte dessen Untergang nicht überleben; wie einen lebendigen Toten ließ er sich in das Begräbnis seiner Ahnen bringen und dort einschließen. Elf Jahre nach Augustus' Tode wurde Cremutius Cordus angeklagt, weil er in seinen Jahrbüchern Brutus und Cassius die letzten Römer genannt hatte, er kam der sicheren Verurteilung durch freiwilligen Hungertod zuvor; auch seine Bücher wurden verbrannt. In solchen Zeiten bot die Poesie den friedlichen Geistern, die einen idealen Inhalt für ihr Leben suchten und der Wirklichkeit zu entfliehen strebten, ein doppelt willkommenes Asyl. Völlig sicher war freilich auch dieses nicht, die „Gemüter der Mächtigen" waren leicht gereizt, zuweilen schon durch die Wahl der

Stoffe und durch scheinbare oder wirkliche Beziehungen einzelner Stellen auf die Gegenwart. So brachte unter Tiberius dem Letzten des erlauchten Geschlechts der Scaurer seine Tragödie „Atreus" den Tod, in der besonders der Vers: „Der Herrscher Torheit muß man tragen mit Geduld" strafwürdig erschien. Doch solche Gefahren drohten natürlich den Dichtern, die wirklich die Absicht hatten, sie zu vermeiden, nur in den allerseltensten Fällen und konnten den poetischen Neigungen dieses Zeitalters keinen Eintrag tun. Ausdrücklich heißt es in dem Dialoge des Tacitus, daß der Beschäftigung mit der Poesie zur Rechtfertigung hauptsächlich diene, daß sie weniger der Gefahr, Anstoß zu geben, ausgesetzt sei als die der Redner. So füllte die Poesie vor allem die große Leere aus, die der Untergang der Republik in dem Leben Roms zurückließ, und es lag in nichts weniger als in der Wandelbarkeit der menschlichen Neigungen, wie es Horaz in seiner Epistel an Augustus darstellt, daß das früher auf so ganz andre Zwecke gerichtete römische Volk nun allein von dem Eifer der Schriftstellerei glühte, daß Söhne und strenge Väter ihre Stirn mit Laub umkränzten, und Gelehrte und Ungelehrte überall Gedichte schrieben.

Die französische Literatur des ersten Kaiserreichs bietet manche Parallelen mit der damaligen. Diejenigen Dichter, die nicht (wie Fontanes und so viele andere) „sich in den vorgeschriebenen und belohnten Lobpreisungen erschöpften", gingen (wie Delisle) „politischen und sozialen Problemen sorgfältig aus dem Wege und hielten sich an untergeordnete oder gleichgültige Stoffe", die sie — wie zum Ersatz — in gefälliger Form behandelten, zu deren hoher Schätzung in Frankreich „diese Periode eingeschränkten Denkens und gehemmter Phantasie" wohl nicht wenig beigetragen hat. Dem Theater schenkte der Kaiser eine ganz besondere Aufmerksamkeit. Zwei Dichter wurden (1805) beauftragt, Corneille, Racine und Voltaire zu „verbessern": doch die ausgemerzten Verse traten gerade, weil sie vermißt wurden, um so bedeutungsvoller hervor. Napoleon wollte keine Stücke aufgeführt sehen, deren Gegenstände naheliegenden Zeiten entnommen waren; die Bühne „bedürfe etwas Altertümlichkeit"; die Zeit Heinrichs IV. lag seiner Ansicht nach noch nicht fern genug, um nicht Leidenschaften zu erwecken. Aber auch der „Tiberius" von Joseph Chénier durfte nicht aufgeführt werden, weil einige Stellen darin auf die Gegenwart bezogen werden konnten, und auch in dem „Ajax" von Ugo Foscolo entdeckte die Napoleonische Polizei in Mailand (1812) politische Anspielungen, was dem Verfasser nicht geringe Unannehmlichkeiten zuzog.

In solcher Weise die Poesie uniformieren und disziplinieren zu wollen, davon war Augustus weit entfernt. Er verstand es, sie durch bereitwilliges Entgegenkommen seinen Zwecken dienstbar zu machen. Nächst der langersehnten Wohltat der „Ruhe und Ordnung", welche die Monarchie brachte, sollten Schutz und Förderung geistiger Bestrebungen, insofern sie sich innerhalb der gezogenen Schranken hielten, die Gebildeten mit dem Cäsarentum aussöhnen, wie die Massen in Rom durch große Fortschritte in der Verbesserung ihrer materiellen Lage und durch Feste und Schaugepränge für den Verlust der Freiheit schadlos gehalten wurden. Die Pflege, die Augustus und die ihm zunächst stehenden Großen, wie Messalla und vor allen Mäcenas, der neu erblühenden Poesie angedeihen ließen und an der sich auch die Frauen des kaiserlichen Hauses beteiligten, ist mit Recht sprichwörtlich geworden. Noch folgenreicher als die Gunst dieser Kreise, denen sich auch der frondierende Asinius Pollio anschloß, wirkte wohl ihr Beispiel. Augustus stand auf der Höhe der damaligen Bildung; sein Interesse an der Literatur war ein aufrichtiges, und er bekundete es nicht bloß durch Beförderung und Unterstützung der Dichter und Schriftsteller, sondern, was mehr war, durch die lebhafte Teilnahme an ihrem Schaffen, die er an den Tag legte; „wohlwollend und geduldig" hörte er ihre Vorlesungen an. Ihm verdankte das vierte Buch der Horazischen Oden seine Entstehung, Vergils Äneide ihre Erhaltung, an ihn durfte Horaz die Epistel richten, in der er die alte und neue Poesie gegeneinanderhielt. Aber auch an eigenen Versuchen ließ es Augustus nicht fehlen; großenteils waren diese zwar in Prosa, mit der Poesie befaßte er sich, wie Sueton sagt, „nur obenhin". Ein größeres Gedicht in Hexametern existierte von ihm über Sicilien, und eine kleine Sammlung von Sinngedichten, die er im Bade auszudenken pflegte. Eine Tragödie „Ajax" vernichtete er vor der Vollendung; „sein Ajax", sagte er, „habe sich in den Schwamm gestürzt". Für einen Staatsmann, auf dem die Aufgabe lastete, die Welt in ihre Fugen einzurichten, sind dies immerhin Poesien genug. Auch Asinius Pollio, Messalla, Mäcen machten Verse; die Gedichte des letzteren lieferten nach den Berichten einen Beleg für die auch auf andern Kunstgebieten zu machende Beobachtung, daß der reinste Geschmack und die vollste Sicherheit des Urteils über fremde Leistungen nicht immer vor Geschmacklosigkeit und Affektation in eigenen Versuchen bewahrt. Mäcens poetische Spielereien zeigten, wie alles, was er schrieb, eine korrupte, schwülstige Manier, Augustus spottete über die „salbentriefenden Löckchen" seines gleichsam „mit dem Brenneisen gekräuselten" Stils. Seneca hat eine Probe davon aufbewahrt, in welcher der merkwürdige Mann die Lust an der Gewohnheit des Daseins mit einem an Heine erinnernden Zynismus malt:

Mache lahm mich an Hand und Fuß,
Lahm an Schenkel und Hüfte;
Lade Schwär' und Buckel mir auf,
Gib mir wackelnde Zähne,
Darf ich leben nur, ist's genug!
Leben laß mich, und müßt' ich
Hocken auf spitzigem Marterholz!

Tiberius, der die zur allgemeinen Bildung erforderlichen Studien mit dem größten Eifer trieb, war ein Bewunderer der Alexandriner und hatte eine besondere Liebhaberei für die mythologische Gelehrsamkeit, mit der sie ihre Werke zu putzen pflegten; in seinen griechischen Gedichten ahmte er Euphorion, Rhianus und Parthenius nach; er verfaßte ein lyrisches Gedicht in lateinischer Sprache: Klagen über den Tod des Lucius Cäsar (755 = 2 n. Chr.) — ein Ereignis, das den damals dreiundvierzigjährigen Mann dem Thron um einen großen Schritt näher brachte; auch gab es von ihm Gedichte leichtfertigen Inhalts. Schwerlich hätte eine so groß angelegte und auf die größten Zwecke gerichtete Natur wie die des Tiberius sich zu poetischem Dilettantismus herbeigelassen, wenn nicht sein Streben, sich die damalige Bildung im weitesten Umfange anzueignen, beinahe mit Notwendigkeit darauf geführt hätte. Auch der edle Germanicus fand in seinem vielbewegten Leben Muße zur Poesie, er hinterließ unter anderm griechische Lustspiele; seine Bearbeitung des astronomischen Lehrgedichts des Aratus ist noch vorhanden. Caligula beschränkte sich auf das Studium der Beredsamkeit, in der er es zu einer guten Fertigkeit brachte; Claudius verfaßte zahlreiche gelehrte Werke, doch nur in Prosa.

Nero war der erste und blieb der einzige Kaiser, der die Poesie nicht als Übung, Spiel oder zur Ausfüllung müßiger Augenblicke trieb, sondern mit dem Anspruch, in der Dichterwelt eine hervorragende Stelle einzunehmen. Ernste und gründliche Bildung war ihm fremd geblieben, teils hielt ihn sein Naturell, teils seine Umgebung davon zurück. Von dem Studium der Philosophie soll ihm seine Mutter abgeraten haben, da es für einen künftigen Regenten unzuträglich sei, von dem Studium der älteren Literatur sein Lehrer Seneca, um ihn desto länger in der Bewunderung seiner eignen Werke zu erhalten. Obgleich er vor und nach seiner Thronbesteigung (im noch nicht vollendeten siebzehnten Lebensjahre) sich vor großen Versammlungen mit Prunkreden hören ließ, mußte er sich doch seine öffentlichen Reden von Seneca schreiben lassen, was viel Aufsehen erregte: er war der erste Kaiser, der sich einer fremden Feder bediente. Je weniger aber seine Bildung wissenschaftlich war, desto vielseitiger war sein Dilettantismus in den schönen Künsten. Von seiner Beschäftigung mit der Musik, in der er seine Hauptstärke zu haben glaubte, ist bereits die Rede gewesen; er tändelte mit Meißel und Modellierstab und dichtete fast ebenso eifrig, wie er sang und spielte; die Dichtkunst sollte zugleich (wie Tacitus meint) seinen andern, einem Fürsten weniger anständigen Kunstübungen in der öffentlichen Meinung das Gegengewicht halten. Ob und wieviel Talent zur Poesie er hatte, ist nicht mit völliger Sicherheit zu entscheiden. Tacitus spricht es ihm ganz und gar ab. Nach ihm „umgab er sich mit solchen, die im Dichten eine gewisse Leichtigkeit, aber keine hervorragende Berühmtheit besaßen. Diese kamen zusammen, verbanden die mitgebrachten oder auf der Stelle gedichteten Verse zu einem Ganzen und ergänzten seine irgendwie hingeworfenen Worte. Dies zeigt auch der Charakter dieser Gedichte, die ohne Schwung und Ursprünglichkeit und nicht aus einem Gusse sind". Man wird nicht irren, wenn man annimmt, daß so manche Gedichte der vornehmen Dilettanten, die „Elegien", die sie während der Verdauung auf Ruhebetten von Citrusholz liegend diktierten, auf diese Art zustande kamen, da sie ohne Zweifel hier ebensogut wie auf wissenschaftlichem Gebiete die Leistungen ihrer Klienten, Sklaven und Freigelassenen als ihr rechtmäßiges Eigentum ansehen und verwerten zu können glaubten. Auch bei den Gedichten des Lucius Verus hatten, wie man sagte, seine talentvollen Freunde das Beste getan. Nero nimmt freilich Sueton in Schutz: er habe um so weniger nötig gehabt, sich mit fremden Federn zu schmücken, als ihm die Verse leicht geflossen seien. Von Neros Hand geschriebene Entwürfe, die er vor Augen gehabt hatte, waren, wie er sagt, offenbar keine Nachschriften oder Abschriften, sondern trugen alle Spuren eigener Abfassung, so vieles war ausgestrichen, übergeschrieben und hineinkorrigiert. Neros Gedichte waren zahlreich und mannigfaltig: kleine Tändeleien (in einer derselben war von Poppäas „Bernsteinhaaren" die Rede, Spottgedichte, lyrische für den Gesang zur Kithara gedichtete Poesien, darunter vermutlich auch Soli aus Tragödien, ein großes Epos Troica, in dem Paris als Held auftrat und bei einem Ringkampf unerkannt alle Ringer, selbst Hektor, überwand; ein andres Epos sollte die ganze römische Geschichte umfassen, doch scheint es nie zur Aufführung gekommen zu sein. Martial, der Nero sonst geflissentlich schmäht, spricht von seinen Gedichten mit Anerkennung. Einige zufällig erhaltene Verse zeugen wenigstens von Gewandtheit:

Wenn er der Perser Gebiet durchirrt, dann schwindet der Tigris
Tief in gähnender Kluft: fortrauschend unter dem Boden
Taucht der verlorene Strom erst auf, wo er nimmer gesucht wird.

Bei dem von Nero zum ersten Male nach griechischem Muster gestifteten Festspiel, das sich in fünfjährigen Perioden wiederholen sollte, aber nur zweimal (60 und 65) gefeiert worden zu sein scheint, bildeten die musischen Wettkämpfe den Mittelpunkt; und die Verteidiger dieser neuen Stiftung meinten, daß die Siege der Redner und Dichter ein Sporn für Talente sein würden. Doch in der Tat wollte Nero hier allein als Dichter wie als Musiker glänzen; die auf seinen Wunsch erfolgte Beteiligung der Vornehmsten sollte nur seinen Ruhm erhöhen, ihm wurde der Kranz zugesprochen. Bei der zweiten Feier las er die Troica vor. Er vermochte überhaupt keinen Dichterruhm neben dem seinigen zu dulden; Lucan, den er in seinen poetischen Kreis gezogen hatte, erregte bald seine Eifersucht; der Kaiser verließ in auffallender Weise eine Vorlesung des Dichters und untersagte ihm sogar, wie es scheint, sich öffentlich hören zu lassen. Dieser ließ sich zu offener Feindschaft gegen den Hof fortreißen und nahm Anteil an der Pisonischen Verschwörung, deren Entdeckung ihm den Tod brachte. So gefährlich es aber unter Nero war, auf wirklichen Dichterruhm Anspruch zu machen, so ratsam, ja für jeden, der zu ihm in Beziehung stand, notwendig war es, seine Teilnahme und Neigung zur Poesie zur Schau zu tragen, womöglich sich mit poetischen Versuchen sehen zu lassen, die geeignet waren, den seinen zur Folie zu dienen. Niemand, der jene Zeit kennt, kann zweifeln, daß auch dieses Bestreben die Regsamkeit auf dem Gebiete der Poesie sehr gesteigert hat. Unter den gegen Seneca von seinen Feinden erhobenen Vorwürfen war auch, daß er eifriger und häufiger Verse mache, seit Nero Liebe zur Dichtkunst zeige.

Dies änderte sich völlig unter Vespasian, der der Poesie ganz fern stand, dagegen gerade hervorragende, auch poetische Talente begünstigte und freigebig unterstützte. Titus aber, der als Knabe an Neros Hof gelebt hatte, besaß für lateinische und griechische Poesie ein leichtes, selbst zur Improvisation ausreichendes Talent und besang unter anderm einen Kometen, wie der ältere Plinius sagt, „in einem herrlichen Gedichte". Unter Domitian wiederholten sich in vieler Beziehung der Zustände der Neronischen Zeit, ja ein noch furchtbarerer Druck lastete auf den Geistern, aber poetische Bestrebungen wurden aufrichtig gefördert und aufgemuntert; vor allem durch den im Jahre 86 gestifteten kapitolinischen Wettkampf, in dem die Talente sich frei entfalten konnten; überhaupt machte dieser zweite Nero als Kaiser auf dichterischen Ruhm keinen Anspruch, obwohl er in seiner unfreiwilligen Muße als Prinz eine eifrige Beschäftigung mit der Poesie zur Schau getragen hatte. Natürlich wurden an seinem Hofe auch seine Jugendgedichte für unübertrefflich erklärt. Quintilian sagt, es habe den Göttern zu gering geschienen, daß er weiter nichts sein sollte als der größte Dichter, und deshalb haben sie ihn durch Übertragung der Sorge für den Erdkreis von diesen Beschäftigungen abgelenkt. Ob er ein Epos über den jüdischen Krieg, von dem Valerius Flaccus spricht, auch nur begonnen hat, ist zweifelhaft: sicher dagegen, daß er den Kampf um das Kapitol in den Dezembertagen des Jahrs 69, währenddessen er in großer Gefahr geschwebt hatte, zum Gegenstand eines Gedichts machte; denn Martial erwähnt im Jahre 89 das himmlische (d. h. in der damaligen Hofsprache „allerhöchste") Gedicht vom „kapitolinischen Kriege". Domitian ließ sich also nicht ungern an seine poetischen Versuche erinnern, wenn er sie auch ganz aufgegeben hatte; und Martial huldigt ihm als „dem Herrn der neun Schwestern".

Auch Domitians Nachfolger Nerva rechneten die Dichter zu den ihrigen, Plinius nennt ihn unter denen, die mutwillige, scherzhafte Kleinigkeiten geschrieben hatten. Martial bezeichnet ihn als den „Tibull unsrer Zeit", ein aus einem Gedichte Neros, zu dessen Kreise Nerva einst gehört hatte, entlehnter Ausdruck; Martials in demütigem Kliententon auf ihn verfaßte Epigramme zeigen, daß er sich damals (in der letzten Zeit Domitians) noch gern als Dichter loben hörte. Trajans großartige Soldatennatur hatte keine poetische Faser, ihm scheint auch jedes Interesse für Poesie gefehlt zu haben; Hadrian dagegen, der allseitigste Dilettant, der je auf dem römischen Throne gesessen hat, war in Vers und Prosa gleich gewandt, auch laszive Gedichte las man von ihm; einige seiner Kleinigkeiten haben sich erhalten. Noch auf seinem qualvollen Sterbebette hatte er Laune genug zu jenen bekannten Versen, aus denen man, nach der Angabe seines Biographen, den Durchschnittswert seiner Dichtungen kennenlernen kann:

Unstetes, zärtliches Seelchen, du,
So lange des Leibes Gesellin und Gast,
Wohin, du arme, wanderst du jetzt,
Bleich, ohne Hülle, schaudernd vor Frost?
Vorbei ist Scherzen und Kosen nun!

Hadrians Beispiel scheint übrigens die Poesie an seinem Hofe zur Mode gemacht zu haben, auch sein Adoptivsohn Aelius Verus war versgewandt, der auf seine Veranlassung von Antoninus Pius adoptierte Lucius Verus hatte, wie erwähnt, sich ebenfalls als Knabe der Poesie beflissen; auch Marc Aurel hat noch im Alter von 22 Jahren (143) Hexameter gemacht, die er so liebte, daß ihnen nicht, wie seinen übrigen Versuchen, die Gefahr drohte, in Rauch aufzugehen.

Mit ihnen schließt aber diese Reihe von fürstlichen Dichtern, die wohl kaum in der Geschichte und Literatur ihresgleichen hat, und die Poesie blieb nun lange dem Hofe fern; denn der nächste Kaiser, von dem berichtet wird, daß er (griechische) Verse machte, ist erst Alexander Severus, dessen Bildung und poetischer Dilettantismus, wie der des Balbinus, der beiden älteren Gordiane, des Gallienus und Numerianus, dafür zeugt, daß auch noch im 3. Jahrhundert die alten literarischen Traditionen, die Pflege geistiger Interessen sich in einzelnen Kreisen der vornehmen Gesellschaft — gleichsam Inseln in der immer höher schwellenden Flut der Barbarei — erhielten.

Wenn nun aber in der Zeit von Augustus bis Hadrian beinahe Regel war, was sonst eine seltene Ausnahme ist, die Beschäftigung der Regenten, zum Teil in ihrer Prinzenzeit, zum Teil nach ihrer Thronbesteigung, mit der Poesie, so ist diese Erscheinung ohne Zweifel ebensowenig zufällig, wie daß die spätere Zeit der Antonine und die der Severe bis auf Alexander auch nicht einen einzigen fürstlichen Dichter aufzuweisen hat, obwohl auch diese Kaiser großenteils auf der Höhe der damaligen Bildung standen. Vielmehr teilten offenbar diese wie jene eben nur die herrschenden Richtungen und Interessen ihrer Zeit, und auch ihr Verhältnis zur Poesie war im wesentlichen kein andres als das des gebildeten Teils der Mitlebenden überhaupt. Man darf daher schon hieraus allein mit ebenso großer Sicherheit auf eine sehr allgemeine Verbreitung des poetischen Dilettantismus in der gebildeten Gesellschaft des 1., wie auf dessen starke und auffallende Abnahme gegen die Mitte des 2. Jahrhunderts schließen.

In der Tat kann nicht bezweifelt werden, daß überhaupt in der Hadrianischen Zeit eine neue geistige Strömung in der Zeitbildung die Oberhand gewann, die jene im 1. Jahrhundert herrschende Richtung auf Poesie zurückdrängte. Die Geschichte der römischen Poesie ist bis zu der Grenze der beiden Jahrhunderte an Namen ebenso reich wie in den folgenden Zeiten arm, ja fast völlig leer. Der Grund dieser Erscheinung ist nicht etwa in einer Abnahme der schöpferischen Kraft, in einer Abnahme des Originalgenies zu suchen, die Gibbon zu den charakteristischen Erscheinungen des 2. Jahrhunderts zählt, denn auch die Dichter der nachaugusteischen Zeit waren doch nur sehr gebildete und begabte Dilettanten (freilich im höheren und besseren Sinne des Worts); auch hat es an Dichtern in den spätern Jahrhunderten keineswegs ganz gefehlt. Beigetragen hat ohne Zweifel zur Abnahme der poetischen Tendenzen die Herrschaft, welche die Altertümelei in der Literatur gewann, da die Beschäftigung mit den alten Dichtern auch nicht entfernt die Anregung zu eigner Produktion und Reproduktion bieten konnte wie die mit den modernen. Sodann fiel die Wirkung fort, welche die Beschäftigung der Kaiser mit der Poesie, die, wie gesagt, selbst nur eine Wirkung der herrschenden Zeitrichtung gewesen war, als ein für die höheren Stände maßgebendes Beispiel geübt hatte, und damit ein erhebliches Motiv des poetischen Dilettantismus. Der Hauptgrund dürfte aber in dem großen Eindruck der in Griechenland entstandenen kunstvollen Prosa der Sophisten zu suchen sein, die auch die Römer mächtig zur Bewunderung und Nachahmung anregte und einen großen Teil der empfänglichen Geister in ihre Bahnen fortriß, wovon weiter unten die Rede sein wird. Außerdem ist nicht zu vergessen, daß, je mehr sich (namentlich infolge von Hadrians neuer Organisation) der Militär- und Beamtenstaat ausbildete und gliederte, je mehr Kräfte er in Anspruch nahm, je glänzendere Aussichten er in der amtlichen Laufbahn bot, desto mehr sich Talent und Streben von der schönen Literatur überhaupt ab- und dem Kriegsdienst, der Verwaltung und dem Rechtsstudium zuwandten, während Beredsamkeit, wo nicht als Zweck, so doch als Mittel, und auf andern Wegen als früher allgemein erstrebt wurde, und auch die Fachwissenschaften, darunter namentlich die mit der neu aufblühenden Rechtswissenschaft eng zusammenhängende Philologie, eine eifrige Pflege fanden.

Die neue Bedeutung, die Poesie und Literatur überhaupt mit der Begründung der Monarchie gewannen, zeigt sich hauptsächlich in folgenden drei Dingen: in der Entstehung eines ausgebreiteten Buchhandels und der Begründung öffentlicher Bibliotheken, in der Einführung öffentlicher Vorlesungen der neuen Werke (Rezitationen), endlich in der Stiftung einer ganz neuen, den Dichtern eigentümlichen Ehre, der Dichterkrönungen, dieses letzte in der Zeit Neros und Domitians, während alles übrige bereits der Zeit des Augustus angehört.

In Rom begegnen uns die Anfänge eines berufsmäßigen Buchhandels, wie ihn zuerst Alexandrien zur Entwicklung brachte, in der Zeit Ciceros. Sein Freund Atticus, der erste, von dem bekannt ist, daß er Vervielfältigung und Vertrieb von Büchern in größerem Umfange unternahm, hatte in diesem von ihm neben vielen andern betriebenen Geschäfte bereits Konkurrenten. Spätestens unter Augustus war der Buchhandel in Rom schon ein selbständiges Geschäft, bald auch in den Provinzen. Die Sortimentsbuchhandlungen lagen in Rom in den belebtesten Gegenden, sie waren an Pfeilern und Eingängen mit ausgestellten Exemplaren und Anzeigen dekoriert und bildeten (wie noch im heutigen Rom) einen Versammlungsort für Freunde der Literatur, die sich teils die neuen Bücher ansahen, teils Unterhaltung suchten. Die Sklavenarbeit setzte diese Industrie in den Stand, ihre Ware schnell, wohlfeil und massenhaft zu liefern. Hunderte von Schreibern, die gleichzeitig nach einem Diktat schrieben, leisteten, was heute eine Presse vollbringt, vielleicht in wenig längerer Zeit, wenn auch freilich sehr viel unvollkommener; die Inkorrektheit war der Hauptfehler der antiken Bücher. Da zwei Stunden jedenfalls genügten, um Martials zweites Buch nach Diktat zu schreiben, konnte ein vollständiges Exemplar seiner Epigramme in wenig mehr als dreißig Stunden geliefert werden; ein Buchhändler, der fünfzig Schreiber gleichzeitig arbeiten lassen konnte, vermochte also in zwei Monaten bequem eine Auflage von 1000 Exemplaren dieses Werkes herzustellen. Da von einer Gelegenheitsschrift, die ein rein persönliches und ganz vorübergehendes Interesse hatte, eine so starke, von dem Verfasser auf eigene Kosten veranstaltete Auflage erwähnt wird, darf man annehmen, daß große Buchhändler von beliebten und vorzüglichen Werken sehr viel größere gemacht haben.

In unsrer Zeit ist man leicht geneigt, die Leistungsfähigkeit der handschriftlichen Vervielfältigung zu gering anzuschlagen, indem man sie mit der der Presse vergleicht. Doch hat sich bei verschiedenen Gelegenheiten, wo Abschrift an Stelle des Drucks treten mußte, gezeigt, daß der Abstand zwischen den Leistungen beider nicht so groß ist, wie man gewöhnlich annimmt. Von Voltaires Pucelle wurden in Paris in einem Monat vielleicht 2000 Abschriften verbreitet. Von dem (zwei Druckbogen starken) Memorandum von Burgos an den König (Januar 1826) sollen in Spanien 5000 Abschriften zirkuliert haben. Von dem Protest der Göttinger Sieben existierten bereits am zweiten Tage, nachdem A. Oppermann das erste Exemplar erhalten hatte, Tausende von Abschriften. Kossuth ließ seine Reichstagsszeitung, die er nicht drucken lassen durfte, mit dem größten Erfolge in ganz Ungarn abschriftlich verbreiten. Daß die handschriftliche Vervielfältigung im Altertum bei einer umfassenden, auf vielhundertjährigen Erfahrungen beruhenden Organisation und mit Benutzung der Sklavenarbeit ungleich mehr zu leisten vermochte, versteht sich von selbst. So konnte denn auch die Verbreitung der Bücher in weite Fernen in kurzer Zeit erfolgen. Schon Cicero sagt, er habe die Zeugenaussagen in dem Prozeß des Catilina von allen Schreibern abschreiben, in Rom verbreiten, in ganz Italien verteilen, in alle Provinzen senden lassen: so daß es keinen Ort im römischen Reiche gebe, wohin sie nicht gelangt seien. Varro hatte nach Plinius den 700 Personen, deren Porträts sich in seinem großen Bilderwerk befanden, durch dessen Versendung in alle Länder eine Art Allgegenwart verliehen. Das Buch des Sulpicius Severus über das Leben des heiligen Martinus, das der Bischof Paulinus von Trier nach Rom gebracht hatte, wurde dort sogleich allgemein begehrt, und die Buchhändler waren sehr erfreut über die guten Geschäfte, die sie damit machten; nichts wurde teurer, nichts schneller verkauft. Ein Freund des Autors, der von dort nach Afrika reiste, fand, daß es ihm vorausgeeilt war und in ganz Karthago gelesen wurde. Als er darauf nach Alexandria kam, fand er es auch hier in den Händen aller und ebenso in ganz Ägypten, dem Natrontal und der Thebaide; in der Wüste sah er einen Greis darin lesen.

Eine Vergleichung der alten Bücherpreise mit den modernen ist nicht mit Sicherheit durchführbar, weil es unmöglich ist, die Verschiedenheit der Kaufkraft des Geldes richtig in Anschlag zu bringen. Das erste Buch Martials (über 700 Verse in 118 Gedichten) kostete in elegantester Ausstattung 5 Denare (4,36 Mark), in wohlfeiler, wie es scheint, nur 6—10 Sesterzen (1,30 bis 2,18 Mark); das Buch seiner Xenien (274 Verse unter 127 Titeln), das jetzt in der Teubnerschen Ausgabe 14 Druckseiten, also noch nicht einen Druckbogen, füllt, verkaufte der Buchhändler Tryphon für 4 Sesterzen (87 Pfennig), wie Martial sagt, zu teuer, er konnte es zu 2 Sesterzen (43 Pfennig) verkaufen und doch noch einen Gewinn machen. Das führt auf einen Preis von etwa 1 Mark für den Umfang eines heutigen Druckbogens, ein Ansatz, der jedoch unter Berücksichtigung des gesunkenen Geldwertes wohl verdoppelt bis verdreifacht werden muß. Bei einem von Statius an Plotius Grypus gesandten Büchlein hatte der von dem Dichter selbst geschriebene Text nichts, der Purpurumschlag, das neue Papier und die beiden Knöpfe des Stabs, um den die Rolle gewickelt war, im ganzen einen Decussis (55 Pfennig) gekostet. Die Makulatur wanderte teils in die Schule, wo die Knaben die leergelassenen Rückseiten der Blätter zu ihren Exerzitien benutzten, teils in die Läden der Höker und Gewürzkrämer, wo sie zu Pfeffer- und Weihrauchtüten oder zum Einwickeln eingesalzener Fische diente.

Aber auch unentgeltlich waren für jedermann reiche Bücherschätze in beiden Sprachen zugänglich. Den Plan Julius Cäsars, in Rom öffentliche Bibliotheken zu stiften, der wie so mancher andre durch seinen Tod vereitelt worden war, führte Asinius Pollio aus, dem Rom die erste öffentliche (griechische und lateinische) Bibliothek verdankte, der dann Augustus zwei andre (in der Halle der Octavia und auf dem Palatin) und spätere Kaiser (namentlich Vespasian und Trajan) immer neue hinzufügten, so daß man im 4. Jahrhundert 28 zählte. Auch sie dienten natürlich zu Versammlungsorten für Freunde der Literatur. Die Räume der Bibliotheken benutzte ebenfalls Asinius Pollio zuerst, um den Größen der Literatur in einer früher unbekannten Weise zu huldigen. Ihre Statuen, mit Bücherbehältern zu ihren Füßen (wie wir deren noch von Sophokles und andern besitzen), und Büsten mit Efeu, „dem Lohn der Denkerstirnen", bekränzt, zum Teil aus Bronze, aber auch aus Gold und Silber, schmückten diese Hallen und Säle. In der von Asinius Pollio gestifteten Bibliothek war das einzige Bildnis eines Lebenden das des Varro, doch wurde diese Ehre, wie es scheint, bald sehr allgemein. Noch Sidonius Apollinaris konnte sich rühmen, daß seine Statue unter den in der Trajansbibliothek errichteten Bildsäulen von Dichtern und Schriftstellern stand.

Doch daß öffentliche Bibliotheken die anerkanntesten, also vorzugsweise ältere Werke allgemein zugänglich machten, ein umfassender und betriebsamer Buchhandel eifrig für schnelle Verbreitung des Neuen sorgte, reichte in jener Zeit eines außerordentlich reichen und bewegten literarischen Lebens und eines ebenso regen und verbreiteten literarischen Interesses zur Vermittlung zwischen den Gebenden und Empfangenden, zwischen den Dichtern und Schriftstellern auf der einen und dem Publikum auf der andern Seite noch nicht aus: namentlich da diese Zeit noch immer in so hohem Grade an mündlichen Vortrag und lebendiges Wort gewöhnt war und das Lesen schon darum nie so allgemein werden konnte wie in den Perioden der lebhaftesten literarischen Entwicklung in neueren Zeiten, weil es bei den ohne Interpunktion und Trennung der Wörter, sicher sehr oft mit Abkürzungen, nicht selten schlecht und inkorrekt geschriebenen Texten fast immer eine Mühe war, die den Genuß beeinträchtigte. Am meisten verlor die Poesie, wenn sie nicht durch das Ohr aufgenommen werden konnte. Denn da sie (namentlich die lyrische) entweder geradezu für den Gesang mit Musikbegleitung oder doch für einen musikalischen oder dem musikalischen sich nähernden Vortrag bestimmt war, da Wohlklang und Rhythmus zu ihren wesentlichen, am allgemeinsten und feinsten empfundenen Eigenschaften gehörten: so mußten wohl Gedichte, die man las, statt sie zu hören, für die antike Empfindung etwas Wesenloses und Schattenhaftes erhalten, und selbst Prosa verlor (wenn auch in geringerem Maße) beim bloßen Lesen von ihrer Wirkung. Wenn Juvenal sagt, auf die Anzeige, daß Statius seine Thebaide vorlesen werde, sei man herbeigeströmt, um das angenehme Organ und das beliebte Gedicht zu hören, so sieht man, daß auch das erstere seine Anziehungskraft übte. Auch in der hellenistischen Periode waren die Werke der Dichter und Geschichtsschreiber, wie überhaupt alle künstlerisch angelegten, weniger für das Lesen als für das Hören in mehr oder minder großen Versammlungen bestimmt. Asinius Pollio führte die Sitte der Rezitationen, d. h. Vorlesungen neuer Werke durch ihre Verfasser vor größeren, geladenen Kreisen, in Rom ein und kam damit ohne Zweifel einem allgemeinen Bedürfnisse entgegen. Das immer zunehmende Publikum, das sich für die neuesten Erzeugnisse der Literatur aufs lebhafteste interessierte, lernte diese so aus erster Hand und in unzweifelhaft authentischer Form kennen und befriedigte zugleich die natürliche Neugier nach der Person des Autors. Gleich willkommen war es natürlich für Schriftsteller und Dichter, sich dem Publikum persönlich vorzustellen, sich von der Wirkung ihrer Werke überzeugen, aus dem Urteil der Gebildeten Nutzen ziehen, vor allem den Beifall der Mitwelt unmittelbar und in möglichst reichem Maße genießen zu können, Vorteile, die ja auch in neuester Zeit das Vorlesen eigener Werke durch die Dichter wieder stark in Aufnahme gebracht haben. Doch tritt bei den modernen, gegen Eintrittsgeld stattfindenden Vorlesungen das Moment des Gelderwerbs hinzu, das bei den antiken Rezitationen völlig fehlt.

Daß die an und für sich so höchst zweckmäßige neue Sitte sehr bald ausartete, war unvermeidlich bei der Masse der Müßiggänger, denen jede neue Ausfüllung leerer Stunden sehr erwünscht war, bei der Menge der Dilettanten und Dichterlinge, die vor allem für ihre Eitelkeit Befriedigung suchten und die dem Dilettantismus eigentümilche Nachsicht und Gunst, die sie selbst übten, selbstverständlich auch von andern erwarteten. „Ich soll dir meine Epigramme vorlesen, Celer?" so lautet ein Epigramm Martials „Ich habe keine Lust! Du wünschest nicht zu hören, sondern selbst zu lesen." Während Dilettanten wie der jüngere Plinius selbst in der heißesten Jahreszeit nicht müde wurden, Tag für Tag Rezitationen zu besuchen und Beifall zu spenden, litten wirkliche Dichter am meisten unter der je länger je mehr um sich greifenden Vorlesewut. Schon für Horaz war das Schrecklichste der Schrecken der Dichter in seiner Raserei; er wütet wie ein Bär, dem es gelungen ist, das Gitter seines Käfigs zu durchbrechen, Gelehrte und Ungeheuer jagt der bittere Vorleser in die Flucht, wen er aber gepackt hat, den hält er fest und bringt ihn mit Lesen um, gleich dem Blutegel, der die Haut nicht losläßt, bis er sich vollgesogen hat. „Der Vorleser", sagt Seneca, „bringt eine gewaltige Geschichte, sehr klein geschrieben, sehr enge zusammengefaltet, und wenn er einen großen Teil gelesen, sagt er: ich will aufhören, wenn es gewünscht wird. Der Zuruf: lies! lies! erschallt von seinen Zuhörern, welche doch wünschen, er möchte augenblicklich stumm werden." Zu den Figuren des Petronischen Romans gehört ein alter, von der Wut des Improvisierens und Rezitierens besessener Dichter, der noch auf einem untergehenden Schiffe im Angesicht des Tods fortfährt, Verse zu brüllen und auf ein ungeheures Pergamentblatt zu schreiben. An allen belebten öffentlichen Orten, in Portiken, Bädern, Theatern beginnt er sofort seine Vorträge, wird aber überall durch Steinwürfe verjagt. Der Dichter mit seinem Manuskript, sagt Martial, sei furchtbarer und mehr gefürchtet als die Tigerin, der die Jungen geraubt sind, die giftigste Schlange und der Skorpion. Er hält sein Opfer auf der Straße fest, folgt ihm bis ins Bad, bis an den Tisch, bis in das geheime Gemach, weckt ihn aus dem Schlaf. Wo er sich sehen läßt, flieht alles, man meidet seine wohlbesetzte Tafel, wie der Sonnengott sich von der Mahlzeit des Thyest abwandte, um ihn entsteht eine weite Einsamkeit. Durch die Schauspiele des Amphitheaters, meint derselbe, befriedigte der Kaiser in noch höherem Grade die Ohren als die Augen des Publikums; denn solange sie dauerten, konnten die mit zuschauenden Dichter nicht vorlesen. Juvenal läßt seinen Freund Umbricius unter den Gründen, die ihn aus Rom vertreiben, außer den unaufhörlichen Bränden und Häusereinstürzen die Vorlesungen der Dichter im Monat August anführen; ihn selbst hat, wie er es in einem Ausbruch komischer Verzweiflung schildert, der Wunsch, sich für diese Qual zu rächen, zu dem Entschlusse gebracht, nun auch seinerseits das Papier nicht zu schonen, das ja doch sonst von andern verdorben würde, da es überall von Dichtern wimmele.

Wenn die Eitelkeit die Dichter verführte, die Geduld der Hörer durch die Länge und Häufigkeit ihrer Vorträge auf die Probe zu stellen, so verfielen sie überdies nur zu oft bei dem Streben, ihre Person und ihr Werk auf die vorteilhafteste Weise darzustellen, in schauspielerhafte Affektation aller Art. Eine Versuchung dazu lag schon in den hohen Ansprüchen, die an schönen Vortrag und angemessenes Gebärdenspiel gemacht, dem großen Wert, der auf beide wie auf andre Äußerlichkeiten gelegt wurde. Quintilian gibt für den angehenden Redner ausführliche Vorschriften über die Stimmbildung, über die erforderlichen Eigenschaften eines guten Organs, das die ganze Stufenleiter der Töne enthalten soll, über Vermeidung der höchsten und tiefsten Tonlagen sowie der Eintönigkeit; er warnt vor einem gesangartigen Vortrag, in den damals die meisten Redner verfielen, und behandelt ebenso ausführlich die Gestikulation und Gebärdensprache, die Tracht und die ganze äußere Erscheinung des Redners, für dessen Ausbildung er den Unterricht nicht nur eines Musikers, sondern auch eines Schauspielers empfiehlt. Selbstverständlich galten alle diese oder entsprechende Regeln auch für den Vorleser. Als der jüngere Plinius erfuhr, daß er schlecht Verse lese, beschloß er, seine Gedichte vor einem befreundeten Kreise von einem Freigelassenen vorlesen zu lassen, war jedoch im Zweifel, ob er selbst ganz wie unbeteiligt dabei sitzen oder, wie es manche machten, den Vortrag mit Gemurmel, Mienenspiel und Gestikulation begleiten solle: er glaubte aber, daß er ebenso schlecht gestikuliere wie lese, und bittet Sueton, ihm in dieser Verlegenheit Rat zu erteilen. Die Affektation der Vorleser schildert Persius, wie sie in einer glänzend weißen Feiertagstoga, wohlfrisiert, einen Ring mit großem Edelstein am Finger, ihren erhöhten Sitz einnahmen und nun mit schmachtenden Blicken und Hin- und Herwenden des Halses ihren Vortrag begannen, in den schmelzendsten Tönen, deren die durch langes Solfeggieren wohlgeschmeidigte Kehle fähig war; zuweilen erschienen sie mit einer wollenen Binde um den Hals, um die Stimme zu schonen oder eine Heiserkeit anzudeuten; in der Tat gaben sie dadurch zu erkennen, wie Martial meint, daß sie ebensowenig zu sprechen imstande waren wie zu schweigen.

Wie das Auftreten der Vorleser erinnerte auch der Beifall der Zuhörer an das Theater. Obwohl diese persönlich oder brieflich Eingeladenen größtenteils befreundet oder doch höflich genug waren, um reichlichen Beifall zu spenden, besonders wenn sie selbst schrieben und ein gleiches auch bei eignen Vorlesungen erwarteten, sorgten doch viele, vielleicht die meisten, noch für Verstärkung des Applauses durch gedungene Bravorufer und Klatscher; in Trajans Zeit geschah dies auch von Sachwaltern, doch mag die Unsitte in die Gerichtsverhandlungen erst aus den Rezitationen eingedrungen sein. Ein Gönner des Dichters stellte hier Freigelassene mit starken Stimmen zur Verfügung, die an geeigneten Stellen, namentlich an den Ecken der Bänke, ihre Plätze erhielten und auf ein von dem „Chordirektor" gegebenes Zeichen in lärmenden Beifall ausbrachen, oder es wurden applaudierende Zuhörer durch Geschenke, etwa eines getragenen Mantels, durch das Versprechen einer guten Mahlzeit (weshalb sie mit einem unübersetzbaren Wortspiel „Laodicener" genannt wurden, was im Lateinischen fast genau so klingt wie „Mahlzeitlober"), auch wohl geradezu durch Geld geworben. Wenn dieses in den Basiliken (wo die Gerichtsverhandlungen stattfanden) ganz öffentlich gezahlt wurde (Plinius erzählt, daß zwei seiner jüngeren Sklaven kürzlich für je drei Denare zu diesem Zwecke gemietet worden seien), so darf man es auch bei der Rezitation voraussetzen; die Preise werden sich nach der Fertigkeit in der Kunst des Applaudierens gerichtet haben, die sich unter anderm auch in der Modulation der Zurufe zeigte. So wurden also die Vorlesungen von den Zuhörern mit Händeklatschen, Akklamationen aller Art und Gebärden des Entzückens begleitet, man erhob sich, um dem Vortragenden zustimmende Bewunderung auszudrücken, und warf ihm Kußhände zu.

Aber auch das lebhafteste Interesse, der beste Wille und die größte Höflichkeit reichten bei den meisten nicht aus, um die Qual unaufhörlicher, oft ganze Tage (und zwar in den heißesten Monaten Juli und August) füllender Vorlesungen immer mit guter Miene durchzumachen. Plinius, dessen Begeisterung für Literatur und Schriftstellerei keine Grenzen kannte, ermüdete freilich selbst nie und lehnte nicht leicht eine Einladung zu einer Vorlesung ab, aber er hatte betrübende Wahrnehmungen zu machen. „Dieses Jahr" (97), schreibt er, „hat eine reiche Dichterernte gebracht. Im ganzen Monat April verging fast kein Tag, ohne daß jemand las. Es ist mir eine Freude, daß die Wissenschaft blüht, die Geister sich hervortun und sehen lassen. Doch kommt man zum Hören träge zusammen. Die meisten sitzen auf nahen Posten, unterhalten sich und lassen sich von Zeit zu Zeit Botschaft bringen, ob der Vorleser schon eingetreten, ob er die Vorrede gesprochen, ob er schon ein großes Stück abgerollt; dann erst kommen sie und dann auch langsam und zögernd; und doch bleiben sie nicht durch, sondern gehen vor dem Ende fort, einige versteckt und heimlich, andre offen und ohne Umstände. Die größten Müßiggänger, wenn sie auch lange zuvor eingeladen und wiederholt erinnert sind, kommen entweder gar nicht, oder wenn sie kommen, klagen sie über den verlorenen Tag, eben weil sie ihn einmal nicht verloren haben. Um so mehr Lob und Billigung verdienen die, welche von dem Eifer des Schreibens und Vorlesens der Übermut und die Trägheit der Zuhörer nicht zurückschreckt. Ein anderes Mal berichtet er einem Freunde mit großem Unwillen, daß kürzlich bei der Vorlesung eines ganz vortrefflichen Werks zwei oder drei wie stumm und taub dagesessen hätten. Welche Trägheit, Anmaßung, Unschicklichkeit, ja welche Verrücktheit, ruft er aus, den ganzen Tag damit zuzubringen, daß man jemanden beleidigt, daß man den als Feind verläßt, zu dem man als zu einem besonders Befreundeten gekommen ist.

Gewiß war die Regel Epictets nicht überflüssig, Einladungen zu Vorlesungen nicht unbedacht anzunehmen; habe man es aber getan, ihnen mit Würde und Ruhe beizuwohnen und keinen Anstoß zu geben. Plinius war ein Muster in Beobachtung aller Rücksichten. Er erzählte, wie er nach einer Vorlesung an den jungen Dichter herantrat, ihn umarmte, ihm Lob spendete, ihn zum Beharren auf dem eingeschlagenen Wege ermunterte. „Auch die Familie, die Mutter, der Bruder des jungen Mannes waren zugegen: der letztere hatte durch seine innige und lebendige, erst ängstliche, dann freudige Teilnahme die allgemeine Aufmerksamkeit erregt; auch an sie wandte sich Plinius mit seinem Glückwunsche, und zu Hause angelangt, schrieb er eines jener zierlichen Briefchen über diese kleine Begebenheit, das die Kunde von dem glücklichen Erfolge des jungen Dichters auch auswärts verbreitete." Eine solche Vorlesung war für die literarischen Kreise das Ereignis, mit dem man sich in den nächsten Tagen beschäftigte, die weitere Verbreitung des so eingeführten Werks übernahm dann der Buchhandel.

Bei der großen Bedeutung der Rezitationen für das literarische Leben Roms darf man annehmen, daß die Kaiser sie häufig mit ihrer Gegenwart beehrten, wie dies von Augustus bereits erwähnt ist. Claudius ließ als Kaiser seine zahlreichen Werke durch einen Vorleser vortragen, Nero las bald nach seiner

Thronbesteigung seine Gedichte selbst im Theater vor, was so große Freude erregte, daß ein Dankfest beschlossen und die vorgelesenen Gedichte mit goldenen Buchstaben im kapitolinischen Juppitertempel angebracht wurden. Auch Domitian ließ als Prinz sich öffentlich hören. Seit dem 2. Jahrhundert scheinen die Vorlesungen besonders im Athenäum stattgefunden zu haben, wo ein amphitheatralischer Raum dazu benutzt wurde. Pertinax hatte am Tage seiner Ermordung die Absicht gehabt, sich dahin zu begeben, um einen Dichter zu hören; Alexander Severus wohnte dort häufig den Vorträgen der griechischen und lateinischen Rhetoren und Dichter bei.

Übrigens haben auch im Mittelalter und selbst nach Erfindung der Buchdruckerkunst Dichter und Schriftsteller ihre Werke oft zuerst durch Vorlesungen bekannt gemacht. So las Giraldus Cambrensis 1200 nach seiner Rückkehr aus Irland seine Topographie dieser Insel öffentlich in Oxford vor. Die Rederijkskamers (poetische Korporationen der Niederlande) und die italienischen Akademien des 15., 16. und 17. Jahrhunderts bieten ebenfalls Analogien zu den altrömischen Rezitationen. Bojardo las seinen Verliebten Roland am Hofe von Ferrara vor, und Frau von Sévigné spricht von den Vorlesungen Racines und andrer klassischer Autoren.

Endlich wurde auch durch die Einführung der griechischen Sitte regelmäßig wiederkehrender poetischer Wettkämpfe in Rom den Dichtern die lockende Aussicht auf die früher unerhörte Ehre der Dichterkrönung eröffnet und damit dem poetischen Ehrgeiz ein ganz neuer Sporn gegeben. Für griechische Poesie bestand ein solcher Wettkampf bereits an den Augustalien in Neapel, die im Jahre 2 n. Chr. zu Ehren des Augustus gestiftet, in vierjährigen Perioden zunächst im August, später zur Erinnerung an den Geburtstag des Augustus am 23. September gefeiert und in der griechischen Welt zu den glänzendsten und berühmtesten Festspielen dieser Art gezählt wurden. Claudius ließ hier ein griechisches Lustspiel seines Bruders Germanicus, dessen Andenken er auf jede Weise ehrte, aufführen und erteilte demselben nach dem Ausspruche der Richter den Preis, er erschien dabei in griechischer Tracht. Auch Statius erhielt hier einmal den Preis (einen Ährenkranz). In Rom war der erste poetische Wettkampf der Neronische, doch dieser war, wie bemerkt, nur zur Verherrlichung Neros bestimmt und ging für die römische Poesie so gut wie spurlos vorüber.

Desto größere Bedeutung erlangte der von Domitian im Jahre 86 gestiftete kapitolinische Agon (Wettkampf), der ebenfalls in vierjährigen Perioden abgehalten wurde: die anfangs hierbei stattfindende Bewerbung um den Preis in griechischer und lateinischer Beredsamkeit (wobei das Lob des kapitolinischen Juppiter ein stehendes Thema war) ging bald ein. Dagegen der Preis für griechische und lateinische Poesie, der in seiner Art einzig war, blieb das höchste Ziel des dichterischen Ehrgeizes im ganzen römischen Reich, und die Hoffnung, diesen aus Eichenzweigen geflochtenen Kranz nach dem Ausspruche der Richter unter der lebhaftesten Teilnahme der Zuhörer aus der Hand des Kaisers zu empfangen, führte die talentvollsten Dichter aus fernen Provinzen über das Meer in die Hauptstadt. Im Fall des Mißlingens konnten sie sich damit trösten, daß man in Rom den Provinzialen den Preis nicht gönne; der Afrikaner P. Annius Florus, der in einem der ersten Agone mit einem Gedicht über den dacischen Triumph durchfiel, versichert, die Zuhörer hätten einmütig für ihn den Preis verlangt, der Kaiser aber ihn abgelehnt, damit nicht der Kranz des großen Juppiter an Afrika falle. Natürlich war es in den literarischen Kreisen Roms ein Gegenstand häufiger Erörterungen, wer das nächste Mal den kapitolinischen Kranz erhalten werde. Auch Statius bewarb sich um ihn vergebens. Ein Collinus, der ihn im Jahre 86 erhalten zu haben scheint, ist uns gar nicht, der Tragödiendichter Scaevus (oder Scaevius) Memor, der ihn ebenfalls noch unter Domitian erhielt (ein Bruder des Satirendichters Turnus), fast nur dem Namen nach bekannt.

Zu Rom ist das Grabdenkmal eines römischen Knaben (wie es scheint von freigelaßnen Eltern), Q. Sulpicius Maximus, entdeckt worden, der im Alter von noch nicht elfeinhalb Jahren starb: laut seiner Grabschrift im kapitolinischen Agon im Jahre 94 unter 52 griechischen Dichter aufgetreten, hatte er „die Gunst, die er durch sein zartes Alter erregt, durch sein Genie zur Bewunderung gesteigert und war mit Ehren aus dem Kampf hervorgegangen". Seine über das in der Rhetorenschule vermutlich öfter behandelte Thema: „Wie Zeus gesprochen habe, als er Helios schalt, weil dieser dem Phaethon den Wagen gab" improvisierten 43 griechischen Hexameter sind in das Monument eingehauen, „damit man nicht glaube, daß die Eltern bei ihrem Urteil durch ihre Liebe beeinflußt worden seien"; sie zeigen ein fleißiges Studium der griechischen Epik. Von zwei griechischen Epigrammen zum Lobe des Verstorbenen berichtet das eine, daß Krankheit und Erschöpfung ihn hingerafft haben, weil er Tag und Nacht seinen Geist den Musen hingab. Im Jahre 106 erhielt den Preis, wie bemerkt, nach einstimmigem Richterspruche der dreizehnjährige L. Valerius Pudens aus Histonium. Von den späteren Dichterkrönungen, obwohl diese wahrscheinlich regelmäßig in jedem vierten Jahre erfolgten und bis in die späteste Zeit des Altertums fortgesetzt wurden, wissen wir nichts.

Der Glanz und die Feierlichkeit der Festversammlung, die Anwesenheit der höchsten Personen des Hofs und der Würdenträger der Monarchie, die Erteilung des Kranzes durch die Hand des Kaisers, die weltgeschichtliche Bedeutung des Orts — alles dieses vereinigte sich, um die Ehre der Dichterkrönung in ihrer Art zu einer einzigen und berauschenden zu machen. Die Erinnerung an sie erhielt sich im Mittelalter lebendig, und der Gebrauch wurde seit dem Ende des 13. Jahrhunderts in italienischen Städten erneuert, in Padua und Prato wurden Dichter schon vor Petrarca gekrönt, und Dante hoffte im Exil, dieser Ehre einst in der Kapelle St. Johann zu Florenz teilhaft zu werden. Petrarca, der in Vaucluse gleichzeitig von der Pariser Universität und dem römischen Senat die Aufforderung erhielt, den Lorbeerkranz öffentlich zu empfangen, entschied sich dafür, ihn in Rom „über der Asche der alten Sänger" zu nehmen. Am Ostersonntage des 8. April 1341 erfolgte seine feierliche Krönung auf dem Kapitol in dem Saale des Senats durch den Senator Ursus, worauf der Dichter in Prozession nach St. Peter zog und den empfangenen Lorbeer in Demut auf den Altar des Apostelfürsten niederlegte. Die kapitolinischen Dichterkrönungen, welche die Akademie der Arkadier noch im 18. Jahrhundert an Bernardino Perfetti (1725) und der Dichterin Corilla (1776) vollzog, brachten die altehrwürdige Zeremonie in dauernden Verruf.

Neben dem kapitolinischen Wettkampf feierte Domitian noch einen andern jährlich am 19. März, dem Feste der von ihm besonders verehrten Minerva, auf seinem Landsitz bei Alba. Die Veranstaltungen und Anordnungen zu diesem Feste hatte ein durch Los zum Vorsitz bestimmtes Mitglied eines vom Kaiser gestifteten Kollegiums zu treffen; außer Bühnenspielen und prachtvollen Tierhetzen fanden auch hierbei Wettkämpfe von Rednern und Dichtern statt. Statius erhielt hier (vor dem Jahre 94) für Gedichte auf die germanischen und dacischen Feldzüge den Preis, den goldenen Olivenkranz, der aber selbstverständlich nicht so hoch geschätzt wurde wie der kapitolinische Kranz von natürlichem Eichenlaub. Ohne Zweifel hörte das Fest mit Domitians Tode auf. Über andre poetische Wettkämpfe in der späteren Zeit Roms sowie über die Erneuerung des Neronischen durch den dritten Gordian und die poetischen Agone in den Städten Italiens und der Provinzen ist nichts Näheres bekannt; doch dürfte die Zahl der letzteren keine geringe gewesen sein. Bei Petron sagt Eumolpus, er sei ein Dichter, und zwar kein unbedeutender, „wenigstens wenn etwas auf die Kränze zu geben ist, welche freilich durch Gunst auch solchen zugewandt werden, die sie nicht verdienen". Ein römischer Ritter in Benevent wird in seiner Grabschrift „lateinischer Dichter, gekrönt bei dem Festspiele seiner Vaterstadt" genannt. Daß bei dem pythischen Agon in Karthago neben Athleten und Musikern noch gegen Ende des 4. Jahrhunderts auch Dichter auftraten, kann nach Augustins Erwähnung seiner eigenen Dichterkrönung durch den Prokonsul nicht zweifelhaft sein.

Es fehlte also den Dichtern in jenen Jahrhunderten weder an Gelegenheit, sich hören zu lassen und zu glänzen, noch an Teilnahme und Interesse, an Beifall, Ehre und Ruhm; alles dieses wurde ihnen vielleicht sogar in reicherem Maße zuteil als zu irgendeiner andern Zeit. Materielle Vorteile dagegen, namentlich ein Einkommen, gewährte die Poesie nicht, da die Buchhändler in einer Zeit, die noch keinen Rechtsschutz des literarischen Eigentums kannte, im Ankauf von Manuskripten sehr zurückhaltend waren und natürlich in der Regel keine hohen Preise für sie zahlen konnten. Auch die Befreiungen von städtischen Leistungen, die Lehrern und Ärzten gewährt wurden, erstreckten sich nach einem Reskript des Kaisers Philipp nicht auf die Dichter. Ein reicher Dichter mochte freilich seine Gedichte im Selbstverlage herausgeben und sich mit dem Ruhme begnügen, wie Lucan, der in marmorprangenden Gärten auf seinen Lorbeeren ruhte, oder der Konsul Silius Italicus, welcher der Poesie erst den Abend seines Lebens widmete, den er auf seinen mit zahlreichen Statuen und Büsten glänzend ausgestatteten Villen an der paradiesischen Küste Campaniens verbrachte. Doch die Poesie nicht zum Schmucke, sondern zum Inhalte des Lebens zu machen, war für jeden, der sich nicht in einer gesicherten Lebensstellung befand, äußerst bedenklich.

Trotzdem war die Zahl derer, die das Bewußtsein eines wirklichen oder eingebildeten Talents auf diesen Weg führte, offenbar sehr groß, wie es bei der ungewöhnlichen Menge und Stärke der Anregungen und Versuchungen zur Poesie auch nicht anders sein konnte; aber ihr Glück zu machen gelang freilich den wenigsten, und die nüchternen, auf praktische Zwecke gerichteten Verächter dieser brotlosen Kunst konnten sich auf die armselige Lage der meisten Poeten und deren eigne Klagen berufen. Ovid konnte von der Poesie nicht lassen, trotz der Ermahnungen seines

Vaters, eine so unnütze Beschäftigung aufzugeben, selbst Homer habe nichts hinterlassen; aber obwohl er der Sorge für den Erwerb überhoben war, klagte er doch über das Los der Dichter. Einst, meinte er, in der guten alten Zeit des Ennius, war der Dichtername ehrwürdig und stand in hohem Ansehen, und reiche Schätze flossen den Dichtern zu; jetzt ist die Poesie in Mißachtung gesunken, und der Dienst der Muse wird als Müßiggang gescholten.

Wenn diese Klage in der glänzendsten Zeit der römischen Poesie von einem der ersten und gefeiertsten Dichter erhoben werden konnte, so ist es klar, daß die altrömische Geringschätzung der Dichtkunst und der Dichter zu allen Zeiten eine große Verbreitung behielt. Auch in dem Dialoge des Tacitus wird diese Ansicht mit größerer Eindringlichkeit vorgetragen, als die Poesie gepriesen wird. Außer dem Ruhme wird dort als Glück der Dichter anerkannt, daß sie, dem sorgen-, drang- und schuldvollen Getriebe der Welt entrückt, ihr Leben in der Abgeschiedenheit der Natur, in der Einsamkeit der Wälder und Haine verbringen, ihr Geist sich in reine, unschuldige Räume flüchten, an heiligen Stätten leben darf. Gerade nach der Lebensauffassung des Tacitus aber ziemte dem Manne diese Weltflucht nicht, wenn er auch der Poesie nicht so abgeneigt war wie ihr Gegner in seinem Dialog. Gedichte und Verse, läßt er den Gegner der Poesie sagen, verschaffen ihrem Urheber keinerlei Würde, bringen ihm keinen dauernden Nutzen: man erreicht damit ein kurzes Vergnügen, eitles und unfruchtbares Lob. Ja wenn der Dichter ein ganzes Jahr, in dem er manche Nacht durchwachte, mit der Vollendung eines Werks vollbracht hat, muß er noch obendrein umhergehen und bitten, daß es jemand anzuhören würdige, und das nicht einmal ohne Kosten: denn er muß ein Haus mieten, einen Hörsaal einrichten, Leihgeld für Bänke bezahlen und Einladungen herumtragen lassen: und wenn der glücklichste Erfolg seine Vorlesung krönt, so hat er seinen ganzen Lohn in einem oder zwei Tagen dahin; und alles, was er davonträgt, ist unbestimmter Beifall, leere Worte und eine kurze, momentane Freude. Selbst der Ruhm des Dichters ist ein geringer, die mittelmäßigen kennt niemand, die guten wenige, äußerst selten verbreitet sich der Ruf einer Vorlesung in der ganzen Stadt, geschweige denn in den Provinzen. Die wenigsten, die aus fernen Provinzen, wie Spanien und Kleinasien, nach Rom kommen, suchen selbst die berühmtesten Dichter auf, und wenn sie es tun, sind sie mit einer oberflächlichen Bekanntschaft zufrieden. Wie ganz anders ist in jeder Beziehung die Stellung eines hervorragenden Redners, ihm wird Reichtum, Ehre, Einfluß und Weltberühmtheit zuteil. Jener Eumolpus Petrons, der sich rühmt, ein anerkannter Dichter zu sein, antwortet auf die Frage, warum er so schlecht gekleidet sei: „Gerade deshalb." Auch Martial rät einem Freunde, den Helikon, der nur laute, aber unfruchtbare Bravorufe zu bieten habe, zu verlassen und sich dem Forum zuzuwenden: „Dort klingt bares Geld, aber um unsere Bühnen und nichts einbringenden Sessel nur der Schall von Kußhänden." Sah man Leute in dünnen Mänteln, so konnte man sicher sein, daß es die Ovide und Vergile des damaligen Rom waren: der rechtschaffene, gelehrte, liebenswürdige Mann ging frierend in einer braunen Kapuze einher, weil er den einen, aber freilich großen

Fehler hatte, ein Dichter zu sein: wenn ein Sohn Verse machte, mochte der Vater sich nur von ihm lossagen.

Am breitesten hat Juvenal die Not und das Elend des Dichterlebens geschildert. Bevor der Kaiser (Hadrian) den trauernden Carmenen seine Huld zuwandte, war es in Rom schon so weit gekommen, daß bekannte und berühmte Dichter im Begriffe standen, zur Fristung ihres Lebens industrielle Unternehmungen der niedrigsten Art zu versuchen, eine Badestube in Gabii, einen Backofen in Rom zu pachten, oder Auktionatoren zu werden. Denn die Reichen waren nur mit ihrem Lobe freigebig; wenn ein Dichter einem reichen Gönner seine Verehrung darbrachte, erfuhr er, daß dieser selbst Verse mache und allein dem Homer wegen seines tausendjährigen Alters den Vorrang lassen müsse. Zu Luxusausgaben fehle es ihnen nie an Geld, einen zahmen Löwen konnten sie füttern, aber für den Dichter hatten sie nichts übrig, als ob dieser einen größeren Magen hätte. Höchstens liehen sie ihm ein leerstehendes, lang verschlossen und verriegelt gewesenes Haus mit stockfleckigen Wänden zu einer Vorlesung, doch nicht einmal das Geld zur Bezahlung der aufzuschlagenden Bühne, zur Miete der Sessel und Bänke gaben sie her. Was nützte aber dem armen Dichter der größte Ruhm, wenn es eben nichts als Ruhm war? Selbst der gefeierte Statius hatte nichts zu essen, wenn er nicht dem Tänzer Paris ein noch unbekanntes Libretto zu einem Pantomimus Agaue mit einer dankbaren Hauptrolle verkaufen konnte. Und doch ließ das unheilbare chronische Übel des Schreibens so viele nicht los und alterte mit dem kranken Geiste, und die Dichter hörten nicht auf, beim Scheine der nächtlichen Lampe in kleiner Zelle erhabene Gedichte zu verfassen, um ihr mageres Gesicht in einer efeubekränzten Porträtbüste verewigt zu sehen. Aber wie war es möglich, daß der Geist sich zu poetischer Begeisterung aufschwang, während der Leib darbte und Tag und Nacht an die Befriedigung seiner Bedürfnisse mahnte? Große dichterische Anschauungen konnte der Geist nicht haben, den die Sorge um Anschaffung eines Bettuchs beunruhigte; selbst Vergils Phantasie würde erlahmt sein, wenn ihm ein Sklave zur Aufwartung und eine leidliche Wohnung gemangelt hätte: und man verlangte, daß ein Rubrenus Lappa sich zur Höhe des alten Kothurns erhebe, der, um sein Trauerspiel Atreus zu schreiben, sein Geschirr und seinen Mantel hatte verpfänden müssen. Der wahren Dichterweihe konnte doch nur ein von allen Erdensorgen befreites, ganz von Sehnsucht nach der Einsamkeit der Wälder, der Grotten und Quellen der Musen erfülltes Gemüt teilhaft werden. So verflossen die zum Erwerb durch Landwirtschaft, Seefahrt und Kriegsdienst geeigneten Lebensjahre in eitlem Bemühen, ein Alter mit Nacktheit und Blöße kam heran, und der Dichter verwünschte nun trotz der erworbenen Wohlredenheit sich selbst und seine Muse. Einst war es anders, in der Zeit der Mäcenas, Cotta, Fabius brachte es vielen Gewinn, blaß auszusehen und selbst in der Karnevalszeit des Dezember nüchtern zu bleiben. Die Blässe gehörte nämlich ebenso notwendig zur Erscheinung der Gelehrten überhaupt, besonders aber der Dichter, wie der Bart zu der des Philosophen; als Oppianus übel aussah, sagt Martial, fing er an, Verse zu schreiben.

Doch die Schilderung Juvenals gibt, abgesehen davon, daß bei ihm überall die Farben zu stark aufgetragen sind, auch darum kein richtiges Bild, weil sie Not und Mangel als das unvermeidliche und ausschließliche Los der Dichter erscheinen läßt, wenn sie nicht Vermögen besaßen oder sich zu einem Erwerb entschließen konnten. Allerdings waren sie in diesem Falle wie in allen Zeiten, in denen literarische Produktion nicht unmittelbar verwertet werden kann, ganz und gar auf die Gunst und Freigebigkeit der Reichen und Mächtigen angewiesen. Aber diese wurden ihnen damals auch vielleicht in größerem Umfange zuteil als zu irgendeiner andern Zeit. Denn auch damals bestand noch die im ganzen griechischen und römischen Altertum allgemein verbreitete Ansicht, daß Reichtum, Adel und hohe Stellung große Verpflichtungen auferlege, und daß namentlich der Besitz eines großen Vermögens zu großen Leistungen verbinde, nicht bloß für öffentliche Zwecke, sondern auch zu reichlicher Mitteilung von dem eignen Überfluß an Ärmere. Fürstliche Freigebigkeit wurde besonders von den Großen Roms erwartet, und wie hätte in einer Zeit, in der das Interesse für Poesie so lebhaft und allgemein war, diese nicht den Dichtern ganz besonders zugute kommen sollen? Allerdings wurde sie nicht mehr in der großartigen Weise geübt wie ehemals. Auch klagt der jüngere Plinius, daß die gute alte Sitte, Dichter, von denen man gelobt worden, mit Geld zu belohnen, allmählich in Abnahme gekommen sei; indessen er selbst beobachtete sie und glaubte ein für ihn ehrenvolles Gedicht Martials durch das Geschenk eines Reisegelds für den in seine Heimat zurückkehrenden Dichter erwidern zu müssen, und auch sonst fehlte es Martial keineswegs an freigebigen Gönnern. Und selbst Juvenals Klagen über die Knauserei der Reichen zeigen doch, daß Unterstützung der Dichter nach wie vor gewissermaßen als eine ihrer Pflichten erschien, deren Vernachlässigung in literarischen Kreisen Unzufriedenheit erregte und ihnen üble Nachrede zuzog. Der Eintritt eines Dichters in das Klientelverhältnis zu einem der Großen vollzog sich gewöhnlich in der Form der Widmung eines oder mehrerer Werke an ihn, wodurch der Beschenkte sich moralisch verpflichtet fühlte, die Sorge für den Lebensunterhalt seines Schützlings ganz oder teilweise zu übernehmen und sich auch wohl um Veröffentlichung und Verbreitung seiner Werke zu bemühen. Vielfach haben diese Gönner auch auf die Wahl der dichterischen Stoffe, die ihre Klienten wählten, eingewirkt.

Auf der andern Seite waren die Dichter in diesen Verhältnissen keineswegs nur die Empfangenden, sie konnten sogar das ihnen Gewährte mehr als vergelten; denn Ehre und Ruhm bei der Mitwelt, ewiges Gedächtnis und Unsterblichkeit des Namens bei den Nachkommen zählten die Menschen dieser Zeit, wie des Altertums überhaupt, zu den höchsten Gütern: und wer konnte dies in vollkommenerer Weise gewähren als die Dichter? Aber auch durch das ganze Leben wollten die Großen von der Poesie geleitet sein, vor allen andern Künsten sollte sie jeden bedeutenden Moment des Daseins erhöhen und verklären. Die Auffassung, daß auch der bevorzugtesten Existenz ohne diesen Schmuck etwas fehle, blieb verbreitet und verlor sich nie ganz, wenn sie auch allmählich selten wurde. In diesem Sinne bedurften die auf die Höhe des Lebens Gestellten der Dichter und waren im eignen Interesse gern bereit, sie sich zu verpflichten und an sich zu fesseln. Nur freilich lag es in der Natur der Sache, daß die Zahl der Gunst und Freigebigkeit suchenden Poeten immer unverhältnismäßig größer war als die der Großen, die das Dichterlob zu erkaufen wünschten.

Die Kaiser gingen auch hier mit ihrem Beispiele voran. Auch sie erwarteten und verlangten natürlich von den mitlebenden Dichtern vor allem die Verherrlichung ihrer Regierung und ihrer Taten, ihrer Person und ihres Hauses, ihrer Bauten und sonstigen großen Unternehmungen, Feste und Schauspiele, und forderten, wie namentlich auch Augustus, direkt dazu auf. Sicherlich hat jede Regierung ihre eigne, ausschließlich ihrer Verherrlichung gewidmete poetische Literatur gehabt. Schon zwei Jahre nach Trajans Thronbesteigung gab es (im Gegensatz zu den „weichlichen Lobgedichten auf Domitian") „ernste Gedichte", in denen er gefeiert wurde. Ja die Verherrlichung des Kaisers galt so sehr als die natürlichste Aufgabe der Poesie, daß hervorragende, besonders epische Dichter, die in der Regel doch andre, hauptsächlich mythologische Stoffe als die unverfänglichsten wählten, nötig fanden, dies zu entschuldigen oder zu erklären: sie seien jener hohen Aufgabe überhaupt nicht oder jetzt noch nicht gewachsen, sie wollten es einst mit besserer Kraft versuchen usw. In der Tat hatte Statius, der sich im Eingange seiner Thebais sowie seiner Achilleis in dieser Weise äußert, bereits Gedichte über Domitians deutsche und dacische Kriege verfaßt, doch vermutlich waren sie kurz gewesen. Schon die Dichter der Augusteischen Zeit meinten solche Erklärungen abgeben zu müssen. Vergil sagt in seinem Gedicht über den Landbau, er wolle nach dessen Beendigung sich gürten zum Gesang tobender Kämpfe und des Kaisers Ruhm den spätesten Geschlechtern verkünden. Ich würde die Kriege des Kaisers besingen, sagt Properz, Mutina, Philippi, den sicilischen, perusinischen und alexandrinischen Krieg, sowie den actischen Triumph, wenn ich es vermöchte. Und noch dreihundert Jahre später verspricht Nemesianus im Eingange seines Lehrgedichts über die Jagd, einst „mit besserer Lyra" die Triumphe der Söhne des Carus zu besingen. Noch Julian der Abtrünnige sagt in seiner Lobrede auf den Kaiser Constantius, daß alle, die sich mit Literatur befassen, ihn in Vers und Prosa preisen, und daß das Lob seiner Taten den Dichtern besonders leicht falle.

Aber auch abgesehen von dem Ruhme, den sie erwarteten, erkannten die Kaiser offenbar in der Regel für sich eine gewisse Verpflichtung an, ihr Interesse an der Poesie auch durch Unterstützungen und Ehrengaben an hervorragende Dichter zu betätigen, und man war gewohnt, sie als die natürlichsten höchsten Gönner, Förderer und Beschützer der Poesie und der Poeten anzusehen, daher sich diese mit ihren Dedikationen und Huldigungen vor allen an sie wandten. Dabei verdient bemerkt zu werden, daß, während Rhetoren öfters zu einträglichen und einflußreichen Ämtern erhoben wurden, von einer solchen Beförderung und Versorgung eines Dichters kein einziges Beispiel bekannt ist. Vielmehr waren bedeutende Geldgeschenke offenbar das Gewöhnlichste.

Welche Ansprüche und Erwartungen das so entschieden kundgegebene Interesse des Augustus für die neu aufblühende Poesie in der damaligen Dichterwelt erregte, würden wir uns auch ohne die Äußerung des Horaz vorstellen können: schon sei die Hoffnung allgemein, es werde dahin kommen, daß es für Augustus nur der Nachricht bedürfe, man widme sich der Poesie, um ihn sofort zur Gewährung eines ausreichenden Unterhalts und zu der Aufforderung zu veranlassen, man möge nur ja fortfahren. Nach einer Anekdote darf man sich die Zudringlichkeit und die Unverblümtheit der Gesuche der ihn mit Widmungen und Huldigungen bestürmenden Dichter groß genug vorstellen. Ein Grieche überreichte ihm einmal mehrere Tage hintereinander, wenn er aus dem Palatium heraustrat, kleine schmeichelhafte Gedichte, ohne daß Augustus darauf zu achten schien: als er denselben wieder auf sich zukommen sah, schrieb er selbst einige Verse auf und ließ sie ihm durch einen aus seinem Gefolge überreichen. Der Grieche las sie, drückte mit Mienen und Gebärden die höchste Bewunderung aus, dann näherte er sich der Sänfte des Augustus und überreichte ihm einige Denare mit dem Bedauern, daß ihm seine Mittel nicht mehr zu geben erlaubten; dieser Einfall trug ihm ein Geschenk von 100.000 Sesterzen (21.750 Mark) ein.

Augustus bewährte, wie Horaz rühmt, auch bei seinen Spenden an die Dichter die Feinheit und Sicherheit seines Urteils, vor allem gereichten ihm die Vergil und Varius gewährten fürstlichen Geschenke zum Ruhm. Dieser hatte für seinen bei den Schauspielen zur Feier des actischen Triumphs aufgeführten Thyest eine Million Sesterzen (217.500 Mark) erhalten; Vergil wurde namentlich für das sechste Buch der Äneide, welche das Haus der Cäsaren verherrlicht, reich belohnt und soll zehn Millionen hinterlassen haben. Horaz, dem im Leben eine bescheidene Verborgenheit über alles ging, hatte sich der Anerbietungen des Augustus förmlich zu erwehren, ihm wäre Reichtum und Glanz vor allen andern zugefallen, wenn er nicht beides verschmäht hätte; sterbend setzte er Augustus zu seinem Erben ein.

Daß auch die Freigebigkeit der späteren Kaiser von den Dichtern in der Regel in großem Umfange in Anspruch genommen wurde, darf man um so mehr annehmen, als fast alle Dichter dieser Zeit sich in Dedikationen oder gelegentlichen schmeichelhaften Anreden und Erwähnungen an die Kaiser wenden; so daß also auch bei den nicht eigentlich zu der (sicherlich ungeheuer massenhaften) panegyrischen Fest- und Gelegenheitspoesie gehörigen Gedichten meist von vornherein eine Überreichung an die Kaiser, wenn nicht geradezu beabsichtigt, doch in Aussicht genommen war. Eine Probe der von bedürftigen Poeten an die Kaiser gerichteten Huldigungen geben z. B. die Eclogen des Calpurnius. Zwar hatte der Dichter einen Gönner („Meliböus", vielleicht C. Calpurnius Piso, † 65) gefunden, der selbst Dichter war; dieser schützte ihn vor Mangel und enthob ihn der Notwendigkeit, Rom mit der Provinz (Bätica) zu vertauschen. Aber immer klagt er noch über Armut, die ihn zwinge, an den Erwerb zu denken, und hindere, so Gutes zu leisten, wie er wohl vermöchte. Meliböus möge seine Gedichte dem Kaiser überreichen und ihm so das werden, was Mäcen dem Vergil war: er habe ja Zutritt zu den „heiligen Gemächern" des Kaisers, „des palatinischen Phöbus" (Nero). Diesen, der eben erst den Thron bestiegen hatte, läßt der Dichter von dem Gotte Faunus preisen und durch den Wechselgesang der Hirten feiern. Ihn betet die ganze Erde, alle Völker an, ihn lieben die Götter, mit seiner Regierung ist ein neues goldenes Zeitalter angebrochen, er ist ein vom Himmel gesandter Gott in Menschengestalt usw. Ein andres Gedicht beschreibt ein prachtvolles Schauspiel, das „der jugendliche Gott" in dem im Jahre 57 erbauten hölzernen Amphitheater gegeben hatte.

Daß die Kaiser die ihnen gewidmeten Poesien in der Tat nicht unbelohnt ließen, geht aus manchen, wenn auch vereinzelten gelegentlichen Nachrichten hervor, Tiberius belohnte den Ritter Clutorius Priscus glänzend für eine Elegie auf den Tod des Germanicus, die allgemeinen Beifall fand. Als nun im Jahre 21 Tiberius' Sohn Drusus erkrankte, verfaßte der Dichter, in der Hoffnung einer neuen Belohnung, für den Fall seines Todes im voraus ein neues Trauergedicht und ließ sich verleiten, es in einem großen Kreise vornehmer Frauen vorzulesen; er wurde denunziert und vom Senat wegen Majestätsverletzung zum Tode verurteilt. Auch Claudius muß gegen die Dichter freigebig gewesen sein, da die „neuen Dichter" seinen Tod betrauerten. In einem Epigramm eines in Rom lebenden griechischen Dichters heißt es: „Hätte nicht bares Geld mir der Kaiser Nero gegeben, übel, ihr Töchter des Zeus, Musen, erging' es mir dann." Vespasian unterstützte hervorragende Dichter reichlich, namentlich erhielt der bedürftige Salejus Bassus ein Geschenk von 500.000 Sesterzen (108.750 Mark). Juvenal begrüßt den eben auf den Thron gelangten Kaiser Hadrian als die einzige Hoffnung der Dichter: er allein beschützt noch in dieser Zeit, wo sie von andern Seiten Gunst und Unterstützung nicht zu erwarten haben, die trauernden Musen, er wird nicht zulassen, daß ein Dichter in Zukunft auf eine seiner unwürdige Weise für das Brot sorgen und arbeiten müsse; möge seine Huld und Gnade, die nach würdigen Gegenständen umherblickt, für jüngere Talente ein Sporn sein. Der griechische Dichter Oppianus soll von dem Kaiser (Marc Aurel) für jeden Vers seiner vorgelesenen Gedichte ein Goldstück erhalten haben.

Nächst den Kaisern, die auch bei der größten Freigebigkeit doch nur einen geringen Teil der an sie gerichteten Wünsche und Bitten befriedigen konnten, waren es, wie gesagt, die Großen Roms, von denen die Dichter Schutz und Unterstützung erwarteten und erhielten. Doch unter all diesen Gönnern der Poesie kam keiner Mäcenas gleich, dessen Bedeutung als Diplomat, Staatsmann und Mitbegründer der neuen Ordnung schon für die nächste Generation hinter dem Ruhm zurücktrat, der edelste Beschützer der Dichter gewesen zu sein. Dazu mag außer dem einstimmigen, begeisterten Preise der bedeutendsten Dichter jener Zeit auch der Umstand beigetragen haben, daß Mäcenas in seinem späteren Alter, wo er nach Tacitus mehr den Schein des fürstlichen Vertrauens als eigentliche Macht besaß, in seiner Zurückgezogenheit von den Geschäften sein Interesse vermutlich in der Tat vorzugsweise der Literatur zuwenden konnte.

Mit bewundernswerter Sicherheit des Takts erkannte er in der Masse der Poeten die wirklich bedeutenden Talente, zum Teil lange vor ihrer Entfaltung, was in jener Zeit des wuchernden poetischen Dilettantismus an und für sich nicht leicht war und noch schwerer wurde, seit man wußte, daß poetische Begabung ein Mittel sei, die Gunst des mächtigen Manns zu gewinnen. Die Zahl derer, die sich in dieser Absicht mit größerer oder geringerer Berechtigung den Dichternamen beilegten, muß groß gewesen sein, wenn selbst die plumpe, zudringliche Gemeinheit sich dieses Mittels bedienen zu müssen glaubte; wenn Menschen sich an ihn drängten, die zu ihrer Empfehlung sich rühmten, niemand könne schneller oder mehr Verse schreiben als sie. Mäcenas wählte seine Freunde und Gesellschafter ohne Rücksicht auf Geburt, Rang und äußere Verhältnisse, aber er sah auch nicht auf Talent und Bildung allein; er wußte nicht bloß unlautere, sondern auch störende Elemente fernzuhalten. Es gab, so sagt Horaz, kein reineres, kein von Ränken freieres Haus in Rom; jeder hatte seinen Platz, und keiner suchte den andern zu verdrängen. Der Zutritt war darum nicht leicht. Horaz, der nach der Schlacht bei Philippi sich auf sein Talent angewiesen sah und, wie er sagt, durch die Not dreist genug wurde, um Verschen zu machen, wurde Mäcen durch Vergil und Varius empfohlen, diese lautersten Seelen, deren Freundschaft ihm über alles ging. Die erste Vorstellung war kurz; der damals etwa im sechsundzwanzigsten Jahre stehende Dichter war so befangen, daß er sich nur stockend über seine Verhältnisse äußern konnte, Mäcen sprach überhaupt wenig. Schon glaubte Horaz sich vergessen, als er nach drei Vierteljahren die Aufforderung erhielt, in ein vertrauliches Verhältnis zu Mäcen zu treten, das von da ab bis an den fast gleichzeitigen Tod beider über 30 Jahre ungestört dauerte. Mäcen gab dem Dichter so viel und mehr, als er bedurfte, eine sorgenfreie Lage und ein Fleckchen in reizender Einsamkeit mit Garten, Quelle und Wald, sein „süßes Versteck" im Sabinergebirge: und was er gab, gab er in der zartesten Weise. Und wenn in späteren Jahren der immer kränkelnde (namentlich an Schlaflosigkeit leidende), oft von trüben Stimmungen heimgesuchte Mann an Horaz, dessen Gesellschaft er so wenig wie möglich entbehren wollte, zu große Ansprüche machte, konnte dieser sie bei aller Feinheit und Herzlichkeit doch sehr unumwunden ablehnen, ohne daß Mäcen zürnte: noch in seinem Testament richtete er an Augustus die Bitte: „des Horatius Flaccus sei wie meiner selbst eingedenk!" Offenbar stand ihm Horaz unter den Dichtern jener Zeit am nächsten; doch alle, die er an sich zog, fesselte er nicht bloß durch Geist, Feinheit der Bildung und lebendige, anregende Teilnahme an ihren Arbeiten, sondern wohl nicht am wenigsten durch die Meisterschaft in der Kunst, die auch in neueren Zeiten die Großen Italiens vor denen anderer Länder besessen haben, mit geistig bedeutenden Menschen auf gleichem Fuße zu verkehren. So war er wie kein anderer geeignet, der Mittelpunkt eines aus dem höchsten geistigen Adel seiner Zeit gebildeten Kreises zu sein. Wie manche Paläste sich später auch den Dichtern öffneten, eine so glänzende Versammlung sah keiner mehr; aber keiner bot auch wieder denselben gastlichen Empfang wie das Haus Mäcens, das in imponierender Masse mitten in weiten Park- und Gartenanlagen auf der Höhe des Esquilin emporragte und aus seinen oberen Stockwerken einen weiten, reichen Blick auf das Getümmel der Stadt, auf die Campagna und das Gebirge, auf Tibur, Aefulae und Tusculum gewährte. Dort erhob sich später der Grabhügel Mäcens und daneben der des Horaz. Nach Mäcens Tode ging Garten und Palast in kaiserlichen Besitz über (Nero sah aus seinen Fenstern dem Brande von Rom im Jahre 64 zu), später in den des Fronto.

Wenn die Stellung der Dichter zu ihren vornehmen Beschützern später in der Regel eine Klientenstellung war, so lag dies zwar zum Teil daran, daß, je mehr der Glanz dieses unvergleichlichen Blütenalters der römischen Poesie erblaßte, auch die edle Würdigung dichterischer Größe, die zur Signatur der Augusteischen Periode gehört, sich in den hohen Kreisen verlor. Aber einen großen Teil der Schuld trugen ohne Zweifel die Dichter selbst, denen bei aller Selbstüberschätzung doch das sicher machende Gefühl des eignen Werts sowie das Selbstgefühl der Männer fehlte, „die noch die Republik gesehen hatten"; jenes Selbstgefühl, das der arme Sohn des Freigelassenen von Venusia seinem mächtigen, von etruskischen Fürstengeschlechtern stammenden Wohltäter gegenüber zu behaupten wußte. Daß dies freilich auch schon damals mittelmäßigen und von Armut gedrückten Poeten fehlte, beweist, wenn es des Beweises bedürfte, das Lobgedicht eines Ungenannten auf Messalla, ein aus Phrasen zusammengestoppeltes, dürftiges, mit mythologischer oder sonstiger Schülergelehrsamkeit überladenes, stellenweise bis zur Albernheit geschmackloses Machwerk, das dennoch der Aufbewahrung in der unter Tibulls Namen vereinigten Sammlung für wert gehalten worden ist. Der Dichter bittet, mit seinem guten Willen vorlieb zu nehmen, er sei sich seiner schwachen Kräfte, der Mangelhaftigkeit seines Gedichts wohl bewußt. Er war, wie er sagt, einst wohlhabend gewesen, dann verarmt, und stellt sich nun seinem Gönner ganz zur Verfügung; wenn Messalla sich auch nur ein wenig um ihn kümmern wolle, werde dies für ihn ebensoviel Wert haben wie das Gold Lydiens und der Ruhm Homers. Wenn dem Gepriesenen seine Verse auch nur zuweilen auf die Lippen kommen, solle ihn das Schicksal nie abhalten, dessen Lob zu singen; aber er sei bereit, noch mehr zu tun, für Messalla wolle er selbst durch die reißenden Fluten des Meers schreiten, sich allein dichten Reitergeschwadern entgegenstellen und seinen Leib den Flammen des Ätna anvertrauen.

Um die Mitte des 1. Jahrhunderts war unter den großen Häusern Roms das vornehmste und glänzendste das jenes Piso, der sich an die Spitze einer Verschwörung gegen Nero stellte, die ihn auf den Thron erheben sollte, ihm aber in der Tat den Tod brachte (65 n. Chr.); seine fürstliche Freigebigkeit scheint er ganz besonders auch den Dichtern zugewandt zu haben. Denn er selbst war der Poesie nicht fremd, die Verse flossen ihm, wie in einem Lobgedichte auf ihn gerühmt wird, leicht, auch die Kithara spielte er meisterhaft, sein ganzes Haus „ertönte von den mannigfachen Leistungen der Bewohner", alles trieb dort Kunst und Wissenschaft. Das recht leidliche Gedicht, mit dem ein noch sehr junger Poet sich bei Piso einführen wollte, gibt eine nicht uninteressante Probe dieser Klientenpoesie. Zuerst wird der Ruhm des Geschlechts gepriesen, dann die Trefflichkeit des jetzigen Herrn, vor allem seine Beredsamkeit, die ihm bereits zuteil gewordene Ehre des Konsulats hervorgehoben; seine edle Erscheinung, sein lauterer Sinn, seine Freigebigkeit und Leutseligkeit gerühmt, ferner seine feine Bildung, sein Talent für Poesie und Musik, seine Kunst im Fechten, Ball- und Brettspiel: eine Schilderung, die im wesentlichen mit der von Tacitus gegebenen durchaus übereinstimmt. Am Schluß erklärt der Dichter, um nichts zu bitten, als daß Piso ihn der Aufnahme in sein Haus würdigen möge; denn ihn erfülle nicht Gier nach Gold, sondern nur Ruhmliebe. Er werde glücklich sein, wenn er sein Leben mit Piso verbringen und seine Gedichte mit dessen Tugenden wetteifern lassen dürfe; wolle Piso ihm die Bahn des Ruhms eröffnen, ihn aus dem Dunkel hervorziehen, so werde er hoch emporsteigen. Selbst Vergil würde vielleicht ohne einen Beschützer wie Mäcenas unbekannt geblieben sein: und Mäcenas begnügte sich nicht damit, dem einen sein Haus zu öffnen, er begründete auch den Ruhm des Varius und Horaz, unter seinem Schutz hatten die Dichter niemals ein darbendes Alter zu fürchten. Wolle Piso die Wünsche des Dichters erhören, so werde dieser ihn in wohlgerundeten Versen als seinen Mäcen besingen: er vermöge wohl einen Namen der Ewigkeit zu überliefern, wenn es erlaubt sei, etwas der Art zu versprechen. Er fühle den Mut und die Kraft, Größeres zu leisten, nur möge Piso dem Schwimmenden die Hand reichen, ihn aus der Verborgenheit emporziehen, in der seine niedere Geburt und Dürftigkeit ihn halte. Sein Geist sei stärker, als man es bei seinen Jahren erachten könne, da ihm eben der erste Flaum die Wangen bedecke und er noch nicht den zwanzigsten Sommer erlebt habe.

Nach Nero änderte sich mit der Stellung der Aristokratie auch die der von ihr abhängigen Dichter, und zwar zu deren Nachteil. Manche von den großen Familien hatten sich durch Prunk und Verschwendung zugrunde gerichtet, andre waren dem Argwohn, dem Haß oder der Habgier des kaiserlichen Despotismus zum Opfer gefallen. Mit Vespasian kamen in Rom neue Männer aus den Städten Italiens und den Provinzen herauf, die ihre aus den früheren engeren Verhältnissen mitgebrachten Lebensgewohnheiten beibehielten, und Vespasian ging mit dem Beispiel der haushälterischen Sparsamkeit voran; unter Domitian war überdies die Entfaltung von Glanz und Freigebigkeit und der Verdacht, nach einer ausgebreiteten Klientel zu streben, für die Angehörigen der ersten Kreise überaus gefährlich. So hatten die damaligen Dichter allerdings Grund, die gute Zeit nicht nur des Mäcenas, sondern auch der Seneca und Piso zurück zu wünschen. Als Martial um 63 als junger Mann nach Rom kam, stand ihm die von Ahnenbildern erfüllte Halle der Pisonen und die drei Häuser seiner Landsleute, der drei Seneca (des Philosophen, des Junius Gallio, des Annäus Mela, Vaters des Lucan), offen. Alle diese fielen in den Jahren 65 und 66, und von der großen Familie der Seneca war gegen Ende des Jahrhunderts die einzige Überlebende die Witwe Lucans, Argentaria Polla, die Martial noch im Jahre 96 durch die Anrede „Königin" als seine Patronin bezeichnet. Unter Domitian gab es solche Gönner der Literatur, wie die Piso und Seneca, wie Vibius Crispus (cons. suff. unter Nero) und Memmius Regulus (Konsul 63) nicht mehr: wenigstens sehen wir die beiden hervorragendsten Dichter, Martial und Statius, sich um die Gunst einer großen Anzahl von Personen bemühen, ohne doch erlangen zu können, was früher ein einziger gewährt hatte.

Zum Hofe hatte Martial mindestens schon unter Titus in Beziehung gestanden, von ihm hatte er die Privilegien der Väter von drei Kindern erhalten, die Domitian bestätigte; auch war er (vielleicht schon von Titus) durch Verleihung des Titulartribunats in den Ritterstand erhoben worden. Wenn wir seinen Worten Glauben schenken, so reichte sein Fürwort hin, um mehreren Petenten das Bürgerrecht zu verschaffen, aber auf die von ihm in den höchsten Tönen gepriesene Ehre, zur kaiserlichen Tafel eingeladen zu werden, hat er allem Anscheine nach vergebens gewartet, und ein Gesuch um einige tausend Sesterzen lehnte der Kaiser, wenn auch nicht ungnädig, ab. Überhaupt scheint er von ihm nie eine wirkliche Besserung seiner Umstände erlangt zu haben, um die er „weder blöde noch befangen" in immer neuen Wendungen bettelte, denn wir finden nie, daß er sich für empfangene Geschenke bedankt; nicht einmal die Vergünstigung der Leitung eines Rohrs des Marcischen Aquädukts auf sein Landgut und in sein Haus in der Stadt scheint er erhalten zu haben. Dies ist um so auffallender, als Domitian seine Gedichte gern las; sonst hätte sich Martial nicht wiederholt auf seinen Beifall berufen dürfen. Auch war er unermüdlich bestrebt, die Gunst der am Hofe einflußreichen Freigelassenen und andrer Hofleute, zum Teil durch die niedrigsten Schmeicheleien, zu gewinnen, er preist sie im allgemeinen und schmeichelt außerdem in mehreren Gedichten jedem besonders: wie dem Kämmerer Parthenius, dem Vorsteher des Amts der Bittschriften Entellus, dem Tafelaufseher Euphemus, dem Mundschenken Earinus, dem kaiserlichen Günstlinge Crispinus, dem alten, bereits in den Ruhestand versetzten Vater des Etruscus, einem Sextus, der kaiserlicher Studienrat gewesen zu sein scheint.

Doch Martial hatte während eines zwanzigjährigen Aufenthalts in Rom sich auch in der Aristokratie zahlreiche Beziehungen verschafft und suchte sie zu erhalten und zu vermehren, indem er möglichst vielen hochgestellten Männern durch ehrenvolle Erwähnung in seinen Gedichten, wie er selbst sagt, dauernden Ruhm verlieh, wenn ihm auch diese Huldigungen nichts einbrachten. Wohl infolge seines alten Verhältnisses zu den Seneca war er befreundet mit Q. Ovidius, der Cäsennius (oder Cäsonius) Maximus, einen Freund des Philosophen Seneca, nach Sicilien in die Verbannung begleitet hatte. Zu der großen Zahl von Männern des senatorischen Standes, denen Martial in seinen in die letzten 12 Jahre seines römischen Aufenthalts (86—98) und die dann noch in Spanien bis 101 oder 102 verlebte Zeit fallenden Epigrammen huldigt oder schmeichelt, bei denen er bettelt oder sich bedankt, gehören der Dichter Silius Italicus (Konsul 68) und dessen Söhne, der spätere Kaiser Nerva, der als Ankläger in Majestätsprozessen berüchtigte, reiche Redner M. Aquilius Regulus, die ungeheuer reichen Brüder (beide Konsulare) Domitius Tullus und Domitius Lucanus, der Dichter Stertinius Avitus (Konsul 92), der im Jahre 94 das Bild Martials in seiner Bibliothek aufstellen ließ, der als Schriftsteller bekannte S. Julius Frontinus (zum zweitenmal Konsul 98, zum drittenmal 100), der jüngere Plinius (Konsul 100), der Dichter Arruntius Stella (Konsul 101), L. Norbanus Appius Maximus (zweimaliger Konsul), der Besieger des L. Antonius Saturninus, Licinius Sura (zum zweitenmal Konsul 102, zum drittenmal 107), der mächtige Freund Trajans, der ehemalige Parteigänger Vespasians M. Antonius Primus aus Tolosa und mehrere andre. Natürlich suchte und fand Martial auch im Ritterstande Gönner. Diesem mögen der elegante Atedius Melior, der in seinem schönen Hause und Garten auf dem Cälius so vortreffliche Mahlzeiten gab, und andre wohlhabende Freunde des Dichters angehört haben. Aber zu seinen am häufigsten besungenen Freunden gehört auch ein Centurio Aulus Pudens, der zwar die Primipilarenstelle, aber nicht das Ziel seines Strebens, die Ritterwürde, erlangt zu haben scheint; auch mit andern Centurionen stand Martial in Beziehungen, auf die er Wert legte, wie die ehrenvollen Erwähnungen in seinen Gedichten zeigen.

Zum Teil in denselben Kreisen wie Martial bewegte sich Statius und bewarb sich zum Teil um die Gunst derselben Männer, vor allen natürlich des Kaisers; er veröffentlichte nichts, „ohne dessen Gottheit anzurufen". Auch ihm scheinen jedoch immer von neuem wiederholte demütige Huldigungen und ins Lächerliche übertriebene Schmeicheleien von seiten Domitians außer gnädigem Beifalle nichts eingetragen zu haben als eine Einladung zur Tafel und eine Versorgung seines Hauses bei Alba mit Wasser aus einer öffentlichen Leitung. Wie Martial schmeichelte Statius auch den kaiserlichen Freigelassenen, er besang außer Etruscus und dessen Vater und dem jungen Eunuchen Earinus namentlich den kaiserlichen Sekretär Abascantus. Von den Gönnern Martials gehörten auch zu denen des Statius Arruntius Stella, Argentaria Polla, Lucans Witwe, und Atedius Melior. Bei den von ihm, wie es scheint, häufig veranstalteten Vorlesungen fanden sich Senatoren zahlreich ein. Mehrere seiner senatorischen Gönner und Freunde hat Statius besungen, wie den bejahrten Konsular und Stadtpräfekten Rutilius Gallicus, den jungen Vettius Crispinus und Mäcius Celer; aber auch mit Männern vom Ritterstande, wie Septimius Severus, dem Urgroßvater des gleichnamigen Kaisers, und auch mit reichen Literaturfreunden, die er in seiner Vaterstadt Neapel gekannt hatte, blieb er in freundlichem Verkehr.

Doch trotz so vieler eifrig gesuchten und sorgsam bewahrten Beziehungen zu den Großen und Reichen und trotz des auch in diesen Kreisen allgemeinen Beifalls blieben beide Dichter arm. Von Statius wissen wir es durch die oben angeführte Äußerung Juvenals; er selbst war nicht so würdelos, um wie Martial fortwährend in seinen Gedichten zu klagen und zu betteln. Er besaß zwar ein Gütchen bei Alba, vermutlich das Geschenk eines Patrons, aber es war dürftig und ohne Viehstand, und daß er auf der Höhe seines dichterischen Ruhms wieder in die Heimat zurückkehren und in der Vaterstadt sein Alter verbringen wollte, dazu bewog ihn schwerlich allein der Mißerfolg bei dem kapitolinischen Agon. Auch Martial besaß ein kleines Weingut bei Nomentum, aber es war trocken, holzarm, und außer einem geringen Wein scheint nur schlechtes Obst („bleierne Äpfel") dort gewachsen zu sein; freilich war Martial auch nichts weniger als ein Landwirt. Wenn ihm nicht sein Freund Stella Ziegel schickte, um das Dach seines Häuschens zu decken, so regnete es ein, und der Hauptvorteil, den er von diesem Besitz hatte, war, daß er zuweilen dort von den Plagen seiner Klientenstellung sich erholen und ausschlafen konnte. In der letzten Zeit seines römischen Aufenthalts hatte er auch ein Maultiergespann zum Geschenk erhalten und besaß ein kleines Haus auf dem Quirinal, wo er früher drei Treppen hoch zur Miete gewohnt hatte. Aber eine unabhängige und sorgenfreie Existenz gewann er nicht, bis er sich im Alter von 57 Jahren entschloß, Rom, dessen Atmosphäre für ihn die Lebensluft war, zu verlassen und seine Tage in seiner Heimat Spanien zu beschließen, wo ihm die Wohlfeilheit des Lebens und die Freigebigkeit heimischer Gönner (namentlich Terentius Priscus und Marcella) den Vollgenuß der lang ersehnten Faulheit und Bequemlichkeit möglich machte.

Wenn nun schon bei dem Abhängigkeitsverhältnis der Dichter von einem Patron nur die edelste Auffassung von beiden Seiten die Gefahr der Erniedrigung für die ersteren ganz ausschließen konnte, so wuchs diese Gefahr natürlich mit der Unsicherheit und Gedrücktheit ihrer Lage, und das Beispiel Martials zeigt, daß bei minder edlen Naturen die Klientenstellung fast mit Notwendigkeit zum Mißbrauch der poetischen Begabung und zu persönlicher Herabwürdigung führte. Martial erinnert nicht bloß wiederholt seine Leser im allgemeinen und seine Gönner insbesondere daran, daß ein Dichter vor allen Dingen Geld brauche, er bettelt auch fortwährend, selbst um eine Toga, einen Mantel und dergl. Er schreibt einmal an Regulus, es fehle ihm so sehr an Geld, daß er genötigt sei, dessen Geschenke zu verkaufen; ob Regulus etwas kaufen wolle. Ja er hat es auch mit zynischer Offenheit ausgesprochen, daß seine Poesie jedem zur Verfügung stand, der sie bezahlen wollte: „Einer, den ich in meinem Gedichte gelobt habe, tut so, als ob er mir nichts schuldig sei: er hat mich angeschmiert." Er läßt sich von dem Kaiser fragen, was es ihm denn genützt habe, daß er so vielen durch ehrende Erwähnung in seinen Epigrammen ewigen Ruhm verliehen, und antwortet: freilich nichts, aber es mache ihm doch Vergnügen. Vermutlich dachten eben nicht alle so wie der jüngere Plinius, der (wie bemerkt) für ein lobendes Gedicht Martials glaubte, sich durch Übersendung eines Reisegeldes erkenntlich erweisen zu müssen: denn welche Gabe könne größer sein als die von dem Dichter empfangene, des Ruhms, „des Preises, der Unsterblichkeit"? Doch ein großer Teil der von Martial Gepriesenen hat sicherlich für die erwiesene Ehre bezahlt, wenn auch nicht immer so viel, wie er erwartete.

Ganz hauptsächlich verwertete er sein Talent aber, wozu es sich am besten eignete, zu geistreicher und witziger Unterhaltung geselliger Kreise, und hier würdigte er es zum Teil kaum weniger herab als durch seine kriechendsten Schmeicheleien. Es war ihm freilich nicht übelzunehmen, daß er auf Bestellung oder auf gegebene Themen Gedichte lieferte, so viel man wollte; wie denn namentlich seine Xenien allem Anschein nach ursprünglich gemacht sind, um als Etiketten für Saturnaliengeschenke in reichen Häusern zu dienen. Aber da den lustigen Gästen bei den Trinkgelagen der Saturnalien und den meisten Lesern überhaupt nichts so sehr mundete wie Obszönitäten, so richtete sich Martial auch in dieser Beziehung nach dem Geschmacke seines Publikums. Die Anstandsbegriffe jener Zeit gestatteten allerdings dem Dichter jede Obszönität in eleganter Form: es ist eben die unverhältnismäßig große Menge von schmutzigen Gedichten, welche zeigt, wie sehr Martial bereit war, sich auch den gemeinsten Neigungen der Masse dienstbar zu machen, und seine Beschönigungen lassen erkennen, daß auch er sich bewußt war, die Grenze des Erlaubten überschritten zu haben.

Martial erinnert mit seiner lustigen Saturnalienpoesie trotz seines glänzenden Talents etwas an jene Vaganten der alten Zeit, die sich bei Gastmählern einzustellen pflegten und gern gesehen, aber gering geachtet waren. Den Dichter Statius bewahrte vor ähnlicher Erniedrigung die

Natur seiner auf das Pathetische und Feierliche gerichteten Begabung; aber er hatte auch mehr Gefühl der eignen Würde und einen höheren Begriff von der Poesie. Die Sammlung seiner kleineren Gedichte macht uns mit der höheren Gelegenheitspoesie jener Zeit und ihren gewöhnlichen Gegenständen und Veranlassungen bekannt. Von den drei Hauptgattungen der Gedichte, bei Hochzeiten, Geburten und Todesfällen, war es die letzte, in der Statius seine besondere Stärke hatte; die vier „Trostgedichte" seiner Sammlung sind aus der großen Anzahl der überhaupt von ihm verfaßten ausgewählt. Er nennt sich „den milden Tröster der Trauernden, der so oft den Schmerz der offnen Wunden von Vätern und Müttern gelindert, liebenden Söhnen am Grabe der Väter Trost gespendet, der so viele Tränen getrocknet habe, dessen Stimme um trauervolle Grabhügel von den abscheidenden Geistern vernommen worden sei": Offenbar hatte er also solche Gedichte in Menge geliefert. Übrigens bestellten reiche Leute auch für die Leichenfeiern von Lieblingssklaven und -freigelassenen, selbst von Lieblingstieren Klage- und Trostgedichte; Statius hat zwei solche, auf den Tod eines grünen sprechenden Papageien des Atedius Melior und eines in der Arena von einem andern wilden Tiere zerrissenen zahmen Löwen des Kaisers, in seine Sammlung aufgenommen. Überhaupt wurde offenbar in vornehmen Häusern in der Regel jedes frohe oder traurige Ereignis von den Hauspoeten und dichterischen Klienten besungen. Die Gedichte des Statius auf die Genesung des Rutilius Gallicus von schwerer Krankheit, auf das siebzehnte Konsulat Domitians, auf die Abreise des Mäcius Celer in seine Garnison in Syrien geben nur einige Beispiele der unzähligen Veranlassungen zu Gelegenheitsgedichten. Ganz besonders aber wurden Poeten zur Verherrlichung von Festen, großen Bauten, Kunstunternehmungen in Anspruch genommen. Statius erhielt nach dem Tage der Aufstellung der kolossalen Reiterstatue Domitians auf dem Forum den Befehl, dem Kaiser sein Gedicht darauf zu überreichen.

In solchen für weitere Kreise bestimmten Anpreisungen vertrat die Gelegenheitspoesie die Stelle der fehlenden Journalistik; reiche Leute bedienten sich ihrer gern, um rühmende Beschreibungen ihrer schönen Villen und Gärten, ihrer Bäder, ihrer Prachtbauten, Kunstsammlungen und Kostbarkeiten in die Öffentlichkeit gelangen zu lassen, und es fehlte wahrscheinlich nie an Dichtern, die gern bereit waren, ihren Wünschen zuvorzukommen. „Du lobst, Sabellus", sagt Martial, „das Bad des Ponticus, der so gute Mahlzeiten gibt, in einem Gedicht von dreihundert Versen: du willst nicht baden, sondern speisen." Aber auch ohne besondre Veranlassung von einem berühmten Dichter angesungen zu werden, war natürlich den meisten sehr erwünscht und ist auch auf direkte Aufforderung geschehen.

Je größer und vornehmer ein Haus war, desto zahlreicher werden in der Regel auch die Dichter gewesen sein, die sich beeiferten, allen bedeutenden Erlebnissen seiner Mitglieder, traurigen wie freudigen, die Weihe der Poesie zu geben. Octavia verschloß in ihrer leidenschaftlichen Trauer um ihren Sohn Marcellus ihr Ohr „den zur Verherrlichung seines Andenkens verfaßten Gedichten". Das an die Kaiserin Livia beim Tode ihres Sohnes Drusus gerichtete Trostgedicht und die von dem gleichen Verfasser herrührenden beiden Elegien auf den Tod des Mäcenas bieten Beispiele solcher Gelegenheitsdichtungen aus Augusteischer Zeit. Bei einem Vermählungsfeste im Hause des Kaisers Gallienus trugen alle griechischen und lateinischen Dichter viele Tage hindurch Hochzeitsgedichte vor: aber „unter hundert Dichtern" gewann der Kaiser mit wenigen Versen den Preis. Selbstverständlich ist die Zahl 100 hier nicht buchstäblich zu nehmen; liefen doch nach der Geburt des Königs von Rom in weniger als acht Tagen über 2000 Oden, Hymnen und sonstige poetische Huldigungen in den Tuilerien ein, die von Napoleon mit 100.000 Francs honoriert wurden. Wenn nun auch die Beteiligung der Dichter an der Verherrlichung von Festen im Kaiserhause natürlich am größten war, so scheint sie doch überhaupt in den vornehmen Häusern Roms groß gewesen zu sein, und man erfreute sich wohl nach römischem Geschmack auch hierbei an der Masse der dargebrachten Kunstleistungen. Bei dem Hochzeitsfest des Stella und der Violentilla fordert Statius die ganze „Schar" der Poeten auf, in verschiednen Weisen des Gesanges zu wetteifern, wie ein jeder der Lyra mächtig sei, vor allem aber die Elegiendichter, die Sänger der Liebe. Von der gewiß nicht kleinen Zahl von Gedichten, mit denen die damaligen Poeten Roms dieser Aufforderung entsprechend die Hochzeit ihres vornehmen Kollegen in allen Tönen besangen, ist uns (außer dem des Statius) nur das des Martial erhalten.

Wie hier haben aber auch sonst bei den verschiedensten Veranlassungen beide Dichter für dieselben gemeinsamen Gönner und Freunde Gedichte über dieselben Themen geliefert. Beide haben den Tod des Lieblingsfreigelassenen des Atedius Melior und des alten Vaters des Claudius Etruscus beweint, beide das von dem letztern erbaute kostbare Bad und die kleine Lysippische Bronzestatue des Novius Vindex gerühmt, beide der Witwe Lucans Gedichte zur Feier seines Geburtstags überreicht; und als der Eunuch und Mundschenk Domitians Flavius Earinus sein abgeschnittenes Haar in einem mit Edelsteinen besetzten Behältnisse nebst seinem Spiegel an den Tempel des Äsculap zu Pergamum sandte, verfaßte Statius auf seinen Wunsch über dies Ereignis ein längeres, Martial dagegen sechs kleine Gedichte. Wenn wir nun die beiden einzigen Dichter jener Zeit, deren Gelegenheitsgedichte wir kennen, so oft und geflissentlich dieselben Gegenstände behandeln sehen, dürfen wir wohl annehmen, daß außergewöhnliche Veranlassungen in der Regel auch eine Menge von Poeten begeisterten, und daß es dann kleine und große Gedichte in allen Versmaßen regnete.

Obwohl nun Statius und Martial so vielfach in denselben Häusern aus und ein gingen, und jeder oft genug Zeuge des Beifalls gewesen sein muß, den der andre erntete, erwähnt doch keiner jemals den andern, während beide sonst zahlreichen dichterischen Kollegen das reichste Lob spenden. Offenbar liebten sie einander nicht, was bei dem tiefen innerlichen Gegensatz ihrer Naturen auch kaum sein konnte, selbst wenn der alternde spanische Dichter bei dem neuen Ruhme des Neapolitaners, der den seinen zu verdunkeln drohte, sich jeder mißmutigen und eifersüchtigen Regung hätte erwehren können. Er hat sich aber wiederholt wegwerfend über große mythologische Epopöen geäußert, wenn er auch die Thebaide des Statius nie genannt hat. Sie würden freilich allgemein gepriesen und bewundert, aber seine Epigramme würden gelesen.

Dort seien nur ungeheuerliche Ausgeburten der Phantasie zu finden, er greife ins volle Menschenleben; ihn müsse lesen, wer sich selbst, wer seine Zeit verstehen wolle. Wer Epigramme für Tändeleien halte, verkenne ihr Wesen: in Wahrheit tändle der Dichter, der Fabeln und Sagen behandle. Die Figuren der Epopöen seien Riesen, aber tönerne; er schaffe kleine Figuren, aber sie seien lebendig. Von seinen kleinen Büchern sei Schwulst und Bombast fern, und seine Muse stolziere nicht in einem verrückten, aufgebauschten Schleppkleide. Möchten denn immerhin jene ernsten, überstrengen Leute, welche die Mitternacht noch bei der Lampe findet, die hochtragischen, erhabenen Gegenstände der griechischen Mythologie behandeln; er wolle echt römische Gedichte mit Witz würzen und sei zufrieden, gleichsam eine bescheidene Hirtenflöte zu spielen, wenn ihr Ton die Trompetenstöße so mancher übertreffe. Gegenüber diesen Äußerungen aber, die in denselben Jahren getan wurden, in denen Statius vor großen Kreisen die letzten Gesänge seiner Thebaide und die ersten der Achilleis unter rauschendem Beifall vorlas, hat der letztere sich zu keinem mißfälligen Urteil über Epigramme herbeigelassen. Von seinen eignen „in der Art von Epigrammen" verfaßten kleinen Gedichten spricht er als von unbedeutenden, gelgentlich hingeworfenen Bagatellen; man hatte getadelt, daß er dergleichen herausgegeben, aber er war der Meinung, daß auch der Scherz seine Berechtigung habe. Am Schlusse seiner Thebaide klagt er über die Nebelwolken, die der Neid auftürmt, um ihren Glanz zu verdunkeln.

In jener Zeit wurde Neid und Eifersucht der Dichter gegeneinander nicht bloß, wie zu allen Zeiten, durch ihre leicht gereizte Eitelkeit, ihre Selbstüberschätzung und Ruhmsucht hervorgerufen: auch ihre Klientenstellung, ihre wetteifernden und sich notwendig oft kreuzenden Bemühungen um die Gunst und den Beifall der Großen, von denen ihre Existenz abhing, waren nur zu sehr geeignet, die häßlichen Leidenschaften unedler Naturen aufzuregen, und haben gewiß oft genug zu Hetzereien, Verfolgungen und Verleumdungen, zu Ränken und Kabalen aller Art geführt. Martial hatte von Feinden, Neidern und mißgünstigen Kritikern verschiedner Art zu leiden. Die Kritik, die in den literarischen Kreisen Roms geübt wurde, war überhaupt nichts weniger als wohlwollend, manche (Neider, wie Martial sagt) tadelten noch die Unanständigkeit seiner Epigramme; größer war vermutlich, wie zu allen Zeiten, die Zahl derer, die lebende Dichter überhaupt nicht anerkannten und nur die älteren lobten. Im allgemeinen sah Martial den Tadel der Dichter als einen Beweis mehr für die Allgemeinheit des Beifalls an, den er fand, und wollte mit Recht lieber, daß seine Gerichte den Gästen, als daß sie den Köchen gefielen. Unter denen, die „vor Neid bersten wollten", daß ihn ganz Rom las, daß man sich ihn mit Fingern zeigte, daß er bei vielen ein gern gesehener Gast, daß er zu einiger Wohlhabenheit gelangt war, befand sich auch ein jüdischer Dichter, der überall seine Gedichte tadelte und sie nichtsdestoweniger plünderte. Aber daß dieser und andre Plagiatoren seine Verse für die ihrigen ausgaben und vorlasen, machte Martial wenig Sorge, besonders da der Abstand der Seinigen von dem Fremden so groß war, daß man den Diebstahl sofort bemerken mußte. Viel schlimmer, und nicht bloß für seinen Dichterruhm, sondern für seine ganze Stellung, war, worüber er wiederholt klagt, daß anonyme Dichter aus sicherer Verborgenheit unter seinem Namen giftige Schmähungen und pöbelhafte Verunglimpfungen gegen edle Männer und Frauen verbreiteten. Diese Perfidie konnte ihm um so eher in der Meinung seiner Gönner schaden, als er ohnedies fortwährend besorgen mußte, daß Personen, an deren Gunst ihm gelegen war, den Spott seiner Epigramme auf sich bezogen; daher seine wiederholten Beteuerungen, daß er nie eine bestimmte Person im Auge habe.

Außer solchen und ähnlichen Einblicken, die uns Martials Gedichte in das Treiben der Kreise gestatten, welche sich in dem „Klub der Dichter" *(schola poetarum)* oder in der Säulenhalle des Quirinustempels zusammenfanden, geben sie noch manche andre Belehrungen über die damaligen literarischen Interessen und Bestrebungen. Durch sie, durch die gleichzeitigen Gedichte des Statius (90—96) und die sich an beide unmittelbar anschließenden Briefe des jüngeren Plinius (97—108/109) kennen wir namentlich das Verhältnis der gebildeten Gesellschaft zur Poesie in der Zeit Domitians, Nervas und zum Teil in der früheren Trajans genauer als in irgendeiner andern Periode. Doch die Erscheinungen, die hierbei wie überhaupt auf literarischem Gebiet als charakteristisch hervortreten, sind nicht etwa dieser Periode besonders eigentümlich, sondern dürfen im wesentlichen für die ganze Zeit von Augustus bis Hadrian vorausgesetzt werden. Auch hier bestätigt sich die Wahrnehmung, daß der Poesie eine höhere Wichtigkeit, ein größerer Einfluß auf die Gesamtbildung zugestanden wurde als gegenwärtig.

Zunächst erhält man den Eindruck einer übermäßigen Emsigkeit und Produktivität auf dem ganzen Gebiet der poetischen Literatur, dessen sämtliche Felder von Dichtern und Dilettanten wetteifernd angebaut wurden; wie ja auch Juvenal in seinem Verzweiflungsausbruch über die unaufhörlichen Rezitationen Gedichte der verschiedensten Art nennt, die man täglich anhören müsse: der eine liest eine Theseide, der andre römische Lustspiele, der dritte Elegien vor, eine Tragödie Telephus, ein endloser Orest nehmen den ganzen Tag in Anspruch, unaufhörlich hallen die Säulen und Platanen eines von den Vorlesern benutzten Peristyls wider von den Schilderungen der Centaurenkämpfe, des Totengerichts, der Erbeutung des goldenen Vließes. Manche versuchten sich in mehreren Gattungen zugleich. Ein Varro z. B. war nach Martial als Tragiker und Mimendichter, als Lyriker und Elegiker gleich ausgezeichnet, nicht minder vielseitig scheint der Gaditaner Canius Rufus gewesen zu sein. Manilius Vospicus schrieb lyrische und epische Gedichte, Satiren und Episteln, Pollius Felix Hexameter, Epoden oder Distichen und Iamben. Außer den gangbarsten Gattungen werden auch seltenere und ungewöhnlichere, wie die Aristophanische Komödie und der Mimiambus, erwähnt; viele dichteten griechisch. Daß wir übrigens aus Martial, Statius und Plinius doch nur einen kleinen Teil der damaligen Dichter kennenlernen, ist selbstverständlich; nach Quintilians Äußerungen scheint die Zahl der namhaften Satiriker und lyrischen Dichter nicht klein gewesen zu sein.

Von allen Gattungen aber dürfte die epische diejenige gewesen sein, der sich die meisten zuwandten, besonders das mythologische Epos: wie auch aus jener Zeit hauptsächlich große Epopöen sich erhalten haben, die außer dem Punischen Kriege des Silius sämtlich zur letzteren Art gehören, die Argonautica des Valerius Flaccus, die Thebaide und Achilleide des Statius. Auch nach Juvenals Äußerungen über die Rezitationen darf man ein Vorwiegen des Epos annehmen. Seine Gegenstände waren die unverfänglichsten: der Dichter, der Äneas mit Turnus kämpfen ließ, war sicher, nirgends Anstoß zu geben, und über einen verwundeten Achill oder einen ertrinkenden Hylas konnte sich niemand beschweren. Sodann leitete auch die Schule notwendig die dichterischen Bestrebungen auf das Gebiet der griechischen Sage hin. Auch schien die Fülle des in ihr enthaltenen poetischen Stoffs vermutlich die Behandlung, für die man überdies (auch außer Vergil) die zahlreichsten, besonders alexandrinischen Muster hatte, zu erleichtern und den Mangel an Erfindung und Gestaltungskraft zu ersetzen. Dann bot diese Gattung den weitesten Spielraum zur Entwicklung aller Vorzüge, die auch ein minder begabter Dilettant sich aneignen konnte, wie Schönheit der Sprache und Tadellosigkeit des Versbaus, rhetorisches Pathos, vor allem lebhafte Schilderung. Schon Horaz spricht von Naturschilderungen, die als „Purpurlappen" angewendet würden, um manche Blößen in großen Gedichten zu verdecken: „Ein Hain und Altar der Diana, der sich schlängelnde Lauf einer Quelle durch lachende Gefilde, der Rheinstrom, der Regenbogen"; Seneca nennt als derartige Gemeinplätze der Dichter den Ätna und die Sonnenauf- und -untergänge. Juvenal sagt, niemandem sei sein eignes Haus so bekannt wie ihm die Höhle des Vulkans und der Hain des Mars. Der Dichter des Ätna erklärt, er wolle einen ungewohnten Weg betreten, denn die alten Sagen seien schon zu oft behandelt. Jedermann kenne das goldene Zeitalter besser als seine eigne Welt. Wer habe nicht den Argonautenzug, den Trojanischen Krieg, das Schicksal der Niobe, des Atridenhauses, die Abenteuer des Kadmos, die verlassene Ariadne besungen? In ähnlicher Weise kündigt Nemesianus zu Ende des 3. Jahrhunderts im Eingange seines Gedichts über die Jagd an, nicht „auf dem bekannten Pfade" wandeln zu wollen. Er zählt eine lange Reihe von mythologischen Gegenständen auf: „Dies alles hat schon eine Menge großer Dichter vorausgenommen, und die alten Sagen der Vorzeit sind schon allbekannt." Von größter Bedeutung war endlich auch die Autorität Vergils, dessen maßgebende Form man hier am leichtesten reproduzieren zu können meinte. Übrigens ist zu glauben, daß von seinen Werken nicht bloß die Äneide, sondern auch seine Eclogen und sein Gedicht vom Landbau zahlreiche Nachahmungen hervorriefen. Columella machte den Gartenbau nur deshalb zum Gegenstande eines Gedichts, weil „der göttliche Maro", „der am höchsten zu verehrende Dichter", seine Nachfolger zur poetischen Behandlung dieses Teils der Landwirtschaft ausdrücklich aufgefordert hatte. Martials Freund Julius Cerealis hatte außer einer „Gigantenschlacht" auch ländliche Gedichte verfaßt, „die dem ewigen Vergil nahekamen". Auch die von dem Gegenkaiser des Septimus Severus, Clodius Albinus, verfaßten Georgica waren wohl ein Gedicht.

Doch die Mehrzahl der Gebildeten, welche die Poesie nicht zu ihrem Berufe machten, sondern nur, wie Atticus, den Reiz nicht entbehren wollten, den sie dem Leben verleiht, die ihre poetischen Beschäftigungen zur Erholung, Zerstreuung und Unterhaltung oder zur Übung trieben, hatte natürlich zu langatmigen epischen Dichtungen in der Regel keine Zeit. Der jüngere Plinius empfiehlt einem Freunde, der sich zum Redner ausbildete, zuweilen auch etwas Historisches oder einen Brief zu schreiben. „Man darf sich auch manchmal an einem Gedicht erholen, nicht an einem zusammenhängenden, langen, fortlaufenden (denn dies kann nur bei ganz freier Zeit ausgeführt werden), sondern an den geistreichen Kleinigkeiten, die für Beschäftigung und Arbeit jeder Art eine passende Abwechslung bieten. Man nennt sie Tändeleien; aber diese Tändeleien erzielen zuweilen größeren Ruhm als der Ernst. Daher haben die größten Redner, ja die größten Männer sich in dieser Weise teils geübt, teils ergötzt, oder vielmehr beides zugleich. Denn es ist erstaunlich, wie bei diesen Kleinigkeiten der Geist sich zugleich spannt und doch auch erfrischt, denn hier ist Raum für den Ausdruck von Liebe, Haß, Zorn, Witz, Mitleid, kurz allem, was im Leben und auch auf dem Forum und vor Gericht vorkommt. Sie bieten auch denselben Vorteil wie andre Gedichte, daß man sich um so mehr an der Prosa erfreut, sobald man von dem Zwange des Versmaßes entbunden ist, und sie lieber schreibt, nachdem der Vergleich gezeigt hat, daß sie leichter ist."

Auch abgesehen von diesen poetischen Exerzitien bestand die Dilettantenpoesie und selbst die der eigentlichen Dichter ohne Zweifel zum großen, wenn nicht zum größten Teil in Reproduktionen der klassischen römischen oder griechischen Muster und war im letzteren Fall wohl sehr oft nur mehr oder minder freie Übersetzung. Und diese Reproduktion war keineswegs eine unbewußte. Während gegenwärtig auch die poetischen Dilettanten nach dem Schein der Originalität um so mehr strebten, je weniger sie einer wirklichen fähig sind, lag dies Streben den römischen Dichtern der späteren Zeit um so ferner, als es ja das Ziel ihrer größten Vorgänger von jeher gewesen war, die Blüten der griechischen Poesie auf den heimischen Boden zu verpflanzen. Und war in der ganzen antiken Kunst auf allen Gebieten die Ehrfurcht vor der Tradition groß, so daß die einmal gefundenen und als mustergültig anerkannten Formen gleichsam die Kraft von bindenden Gesetzen hatten, gegen die kein Künstler sich aufzulehnen wagte, die jede Willkür ausschlossen; erschien Nachahmung, Kopie und Reproduktion als berechtigt und zulässig, und Fleiß und Studium bis zu einem gewissen Grade als ausreichender Ersatz für mangelnde Ursprünglichkeit: so gilt dies alles ganz besonders von der römischen Poesie der ganzen nachaugusteischen Zeit, für welche nichts so charakteristisch ist wie die beispiellose Häufigkeit der Nachahmungen und Wiederholungen, der Anklänge und Reminiszenzen jeder Art. Gab es doch sogar „Ovidische" und „Vergilische Dichter", d. h. wie es scheint solche, die ihre Gedichte nur in Wendungen, Phrasen und Versen Ovids und Vergils verfaßten.

Der unermeßliche Einfluß des letzteren auf die spätere Poesie, vor allem aber auf das Epos ist bereits hervorgehoben worden. Wie Ennius und Vergil Homer nachgestrebt hatten, so dichteten die späteren Epiker unter dem Banne des Zaubers, den Vergil auf ihre ganze Zeit übte. Silius Italicus verehrte sein Bild von denen aller andern großen Männer, feierte seinen Geburtstag gewissenhafter als den eignen, betrat sein Grabmal zu Neapel wie einen Tempel. Statius, der am Schlusse seiner Thebaide für sie die Unsterblichkeit erfleht, fügt hinzu, sie möge sich begnügen, der göttlichen Äneide von fern zu folgen und ihre Fußspuren mit heiliger Scheu zu verehren. Und auch auf andern Gebieten gereichte es den Dichtern zum höchsten Lobe, ein großes Vorbild mit Glück nachgeahmt zu haben. Passennus Paulus, ein Freund des jüngeren Plinius, eiferte überhaupt den Alten nach, kopierte, reproduzierte sie, vor allen Properz, aus dessen Familie er stammte und dem er gerade in der Gattung am nächsten kam, in welcher Properz sich besonders auszeichnete; seine Elegien waren ein „ganz im Hause des Properz geschriebenes Buch". Später wandte er sich zur Lyrik, indem er den Horaz mit derselben Treue wiedergab.

Für die große Zahl derer, die ihre dichterische Lust an Kleinigkeiten, Epigrammen, poetischen Tändeleien aller Art büßten, war offenbar Catull das auch damals wie ja schon in der Augusteischen Zeit am allgemeinsten kopierte Vorbild; selbst die Epigramme eines Dichters wie Martial, der doch zu den originellsten der späteren gehörte, sind von Reminiszenzen an ihn voll: er sende seine kleinen Gedichte an Silius, sagt er, wie vielleicht auch der zärtliche Catull gewagt habe, dem großen Vergil sein mit der Klage über den toten Sperling beginnendes Gedichtbuch zu senden. Dieses Sperlingsgedicht Catulls ist für alle ähnlichen Gegenstände das unvermeidliche Muster gewesen und allem Anschein nach unendlich oft nachgeahmt worden: Stella, so schmeichelt Martial, habe in seiner „Taube" Catull um so viel übertroffen, wie die Taube größer sei als der Sperling. Der Spanier Unicus, ein Verwandter Martials, schrieb Liebesgedichte wie die Catulls an Lesbia oder Ovids an Corinna. Der Freund des Plinius, Pompejus Saturnius, der als Redner und Geschichtsschreiber ausgezeichnet war, machte nebenbei auch Verse „wie Catullus oder Calvus, voll Anmut, Süßigkeit, Bitterkeit, Leidenschaft; unter das Zärtliche und Spielende mischte er etwas Strenges ein: auch dies wie Catullus oder Calvus". Es würde also höchst unbillig sein, ihn weniger bewundern, weil er noch lebe. Einen andern Freund, Sentius Augurinus, hörte Plinius mit dem größten Vergnügen, ja mit Bewunderung drei Tage hintereinander seine kleinen Gedichte vorlesen; alles war darin fein, vieles erhaben, vieles anmutig, vieles zart, vieles von Süßigkeit, vieles voll Galle: in mehreren Jahren, meinte Plinius, sei in dieser Gattung nichts Vollendeteres geschrieben worden, falls ihn nicht das Lob parteiisch mache, das der Dichter ihm selbst gespendet habe. Denn er hatte gesagt, er singe in kurzen Versen, wie einst Catull und Calvus und die Alten. Aber wozu diese nennen? Plinius, der ja auch Verschen machte, gelte ihm allein soviel wie alle Früheren.

Das Beispiel des Plinius, der erst als Konsular und im Alter von mehr als vierzig Jahren „die Pfade Catulls" zu wandeln begann und die Entstehungsgeschichte dieses „einigermaßen spät eingetretenen Liederfrühlings" mit größter Ausführlichkeit erzählt, zeigt aufs deutlichste, wie damals jede lebhafte Teilnahme an der Literatur auch die nüchternsten und poesielosesten Naturen zur Poesie mit Notwendigkeit hinzog. In Versen hatte er sich schon früher mehrfach versucht, wie dies in einer Zeit, deren Bildung so sehr mit poetischen Elementen gesättigt war, bei seinem von jeher auf literarische Auszeichnung gerichteten Streben kaum anders sein konnte. „Du sagst", schreibt er an einen Freund, „du habest meine Hendekasyllaben gelesen, und fragst, wie ich dazu gekommen sei, dergleichen zu schreiben, da ich doch, wie du meinst, ein ernster und, wie ich selbst zugebe, gerade kein törichter Mann bin. Niemals (denn ich muß etwas weit ausholen) bin ich in der Poesie fremd gewesen. Ich habe sogar im Alter von vierzehn Jahren ein griechisches Trauerspiel geschrieben. Wie war es? fragst du. Das weiß ich nicht, genug, es hieß Trauerspiel. Dann auf der Rückkehr aus dem Kriegsdienst, als ich auf der Insel Ikaria durch widrige Winde zurückgehalten wurde, schrieb ich lateinische Elegien auf jene See und die Insel selbst. Ich habe mich auch einmal in Hexametern versucht, in Hendekasyllaben jetzt zum erstenmal, deren Veranlassung und Ursprung folgender ist. Auf meiner Villa bei Laurentum ließ ich mir einmal das Buch des Asinius Gallus über die Vergleichung seines Vaters und des Cicero vorlesen; darin kam ein Epigramm des Cicero auf seinen Lieblingsfreigelassenen Tiro vor. Als ich mich darauf mittags zur Siesta zurückzog (denn es war im Sommer) und der Schlaf sich nicht einstellen wollte, fing ich an zu bedenken, daß die größten Redner diese literarische Tätigkeit zum Vergnügen geübt und sich zum Ruhm angerechnet haben. Ich sann nach, und zu meiner Überraschung gelang es mir, obwohl ich so lange außer Übung gewesen war, in äußerst kurzer Zeit beides, was mich zum Schreiben angeregt hatte, in Versen auszudrücken." Die Hexameter, in denen er auseinandersetzt, wie er sich durch Ciceros Beispiel veranlaßt fühle, sich in Gedichten ausgelassen und schalkhaft zu zeigen, sind durch und durch prosaisch und unbeholfen, die Hendekasyllaben werden vermutlich in noch abschreckenderer Weise gezeigt haben, was entsteht, wenn „einen Pendanten es juckt, locker und lose zu sein". „Ich machte mich darauf", fährt er fort, „an elegische Gedichte; auch diese brachte ich nicht minder schnell zustande; durch meine Fähigkeit ließ ich mich verführen, noch andre hinzuzufügen, und als ich in die Stadt zurückkam, las ich sie meinen Bekannten vor und fand Beifall. Später versuchte ich verschiedne Versmaße, wenn ich gerade Zeit hatte, besonders auf der Reise. Zuletzt beschloß ich nach dem Beispiele so vieler, eine Sammlung von Hendekasyllaben besonders abzuschließen, und es tut mir nicht leid. Sie wird gelesen, abgeschrieben, auch gesungen und sogar von Griechen, die aus Liebe zu diesem Büchlein Latein gelernt haben, bald zur Kithara, bald zur Lyra vorgetragen. Doch wozu diese Ruhmredigkeit? Freilich, Dichtern ist etwas Schwärmerei gestattet, und doch rede ich ja nicht von meinen eignem Urteile, sondern von dem andrer, das, sei es nun richtig oder unrichtig, mir angenehm ist. Ich kann nur wünschen, daß auch die Nachwelt ebenso urteilen oder ebenso irren möchte." Späterhin hat Plinius noch eine Sammlung kleiner Gedichte in verschiednen Versmaßen, wenn nicht herausgegeben, so doch zur Herausgabe vorbereitet. Die Vorlesung dauerte auf den Wunsch der Zuhörer zwei Tage, denn Plinius machte es nicht wie andre, die einen Teil überschlugen und dies den Zuhörern als eine Wohltat anrechneten; er las alles, denn es war sein Wunsch, alles zu verbessern, und wie konnte er dies, wenn er nur Ausgewähltes der Kritik seiner Freunde unterwarf? So schnell konnten damals Dilettanten, die der Wunsch einer geistreichen Unterhaltung in müßigen Stunden, Nachahmungstrieb, literarische Belesenheit, Versgewandtheit, das Beispiel andrer, das Streben nach allseitiger Vervollkommnung zu poetischen Versuchen geführt hatte, sich einbilden, Dichter zu sein, wenn sie so eitel wie Plinius und wie er vornehm oder reich waren: doch an Gunst und Nachsicht fehlte es überhaupt bei einer so allgemeinen Verbreitung des Dilettantismus nicht leicht.

Es war aber damals offenbar keine Ausnahme, daß Männer von Stande, in hoher Stellung, in geschäftsvollen Ämtern selbst noch im höheren Alter ihre Mußestunden der Poesie widmeten. Wenn Plinius den glänzenden Erfolg, den Calpurnius Piso mit seinen elegischen Gedichten über die Sternbilder gehabt habe, mit der Bemerkung berichtet, er erzähle es um so lieber, je schöner es bei einem jungen Manne, je seltener bei einem vom Adel sei: so ist dies so zu verstehen, daß freilich unter der Masse von Dichtern, die sich monatelang Tag für Tag hören ließen, verhältnismäßig wenige aus vornehmeren Familien gewesen sein, und besonders, daß die Dilettanten der höheren Stände selten zu größeren poetischen Unternehmungen Zeit und Trieb gehabt haben werden. Von den Konsularen jener Zeit kennen wir als poetische Dilettanten, außer

Plinius und Silius Italicus, Stertinius Avitus, Arruntius Stella und den hochbejahrten Arrius Antoninus; auch der bis zum Amte des Stadtpräfekten aufgestiegene Rutilius Gallicus war Dichter. Vestricius Spurinna, der die höchsten Ämter (das Konsulat zwei- oder dreimal) verwaltet hatte und durch eine Ehrenstatue in Triumphaltracht (wahrscheinlich von Nerva) ausgezeichnet worden war, widmete im Alter von 77 Jahren zwischen dem Spaziergange und dem Bade täglich einige Zeit der Abfassung lyrischer Gedichte in griechischer und lateinischer Sprache, die nach Plinius vortrefflich waren. Der Ritter Titinius Capito, der unter Domitian, Nerva, Trajan das höchst geschäftsvolle Amt eines kaiserlichen Sekretärs bekleidete, war nebenbei auch eine Hauptstütze der Literatur, Gönner und Beförderer aller Schriftsteller und Dichter, er gab sein Haus zu Vorlesungen her, er besuchte die Vorlesungen andrer, er las selbst und schrieb auch ausgezeichnete Gedichte auf große Männer. Der Freigelassene Parthenius, Oberkämmerer Domitians und noch unter Nerva einflußreich, war nach Martial ein Geliebter des Apoll und der Musen; wer trank reichlicher aus ihrer Quelle als er? Leider hatte er zur Poesie zu wenig Zeit. Daß der poetische Dilettantismus auch in den höheren Ständen der Städte Italiens verbreitet war, lassen die Beispiele des Puteolaners Pollius Felix, des Comensers Caninius Rufus voraussetzen. Er gehörte damals nicht etwa zu den Symptomen eines geistigen Klärungsprozesses der unreifen Jugend, zu den Entwicklungskrankheiten: die Poesie begleitete einen sehr großen Teil der Gebildeten durch das Leben. Sie wurde nicht bloß geübt, um das geistige Leben zu veredeln und zu schmücken, sondern auch weil sie als wesentliches Bildungsmittel geschätzt war, und die Fähigkeit, die poetische Form zu handhaben, galt daher auch als Beweis einer höheren Bildung. Wie auch Frauen der höheren Gesellschaftskreise dieser allgemeinen Neigung folgten, sehen wir an Sulpicia, die „die Schlüpfrigkeit der damals modernen Hendekasyllaben- und Sotadeenpoesie mitmachte" und in ihren Gedichten „in gesuchter Ehrbarkeit die Geheimnisse ihres ehelichen Lagers preisgab". Sogar Menschen von der Klasse, die der Trimalchio des Petron repräsentiert, glaubten eigne Gedichte aufweisen zu müssen, um als gebildet erscheinen zu können: um so begreiflicher ist es, daß kluge Dichter, die das Geld dem Ruhm vorzogen, für ihre Verse zuweilen Käufer fanden.

Während nun im Anfange des 2. Jahrhunderts die Richtung auf die Poesie in der Zeitbildung noch so mächtig wirkte, daß auch prosaische Naturen wie Plinius sich ihrem Einflusse nicht entziehen konnten, trat schon in der Zeit Hadrians der große Umschwung ein, durch den die Prosa wieder so sehr das Übergewicht gewann, daß nicht nur die Poesie mehr und mehr aufhörte, das Hauptgebiet der literarischen Bestrebungen für Dilettanten und Künstler zu sein, sondern selbst poetisch beanlagte Geister wie Apulejus sich der Prosaschriftstellerei vorzüglich zuwandten. Dieser Umschwung vollzog sich, wie bereits bemerkt, hauptsächlich unter dem Einflusse der sogenannten zweiten Sophistik.

Die vollendete Kunst des griechischen Vortrags, deren Virtuosen mit dem alten Namen der Sophisten bezeichnet wurden, tritt seit dem Ende des 1. Jahrhunderts mit besonderer Deutlichkeit als für das allgemeine geistige Leben bestimmende Kraft in den Vordergrund; und die Bedeutung, die sie gewann, die große Zahl der Talente, die sich ihr zuwandten, die allgemeine, leidenschaftliche, ans Unglaubliche grenzende Bewunderung, die sie in der griechischen Welt hervorrief — alles dies beweist, daß sie dort nicht bloß dem Zeitgeschmacke völlig entsprach, sondern auch eine tief empfundene Leere im geistigen Leben in einer für die große Mehrzahl der Gebildeten befriedigenden Weise ausfüllte. Der unersättliche Drang nach immer neuer, geistreicher Unterhaltung, die Empfänglichkeit für Kunst lebte in der alternden Nation mit unverminderter Stärke fort; aber das reine und sichere Gefühl für wahre Kunst, das in den Jahrhunderten griechischer Geistesblüte sich auf allen Gebieten an einer so wunderbaren Fülle der herrlichsten Schöpfungen hatte bilden können, war verlorengegangen.

Die Kunst der Sophisten, die dem entarteten Geschmacke der späteren Jahrhunderte so sehr zusagte, war eine Afterkunst. Sie schuf schwer zu handhabende, bis ins Kleinste ausgebildete Formen, genaue und kleinliche Regeln für „jede Art des Stils, jede Art Gedankenform, Satzbildungen und Rhythmen"; auch auf die Korrektheit des Ausdrucks, die man durch Studium und (nicht selten verkehrte und pedantische) Nachahmung der alten, besonders attischen Muster zu erreichen strebte, wurde großer Wert gelegt. Die Virtuosität der Sophisten bestand (wie die der Meistersinger) zum großen Teil in der scheinbar mühelosen Überwindung der technischen Schwierigkeiten ihrer Kunst: „Wenn Polemo eine Periode drechselte, brachte er das letzte Kolon derselben mit Lächeln vor, um zu zeigen, wie leicht es ihm wurde." Die in dem gebildeten Publikum je länger je mehr verbreitete Kenntnis der Technik der neuen Prosakunst schärfte das Verständnis und erhöhte die Bewunderung der Zuhörer. Vor allem aber bewunderte man die Kunst der Improvisation, die freilich nicht alle Sophisten erreichen konnten, und auf die einer der größten, Herodes Atticus, mehr Wert gelegt haben soll als auf seinen konsularischen Rang und seine Abstammung aus einer konsularischen Familie. Dazu kam eine studierte Deklamation, die nur zu oft wie Auftreten, Mienenspiel und Gebärden ins Theatralische fiel oder sich dem musikalischen Vortrage zu sehr näherte.

Alles dies aber, verbunden mit der auch damals noch unersättlichen Empfänglichkeit des griechischen Ohrs für den Zauber kunstvoller Rede, erklärt vielleicht noch nicht hinreichend die erstaunlichen Erfolge dieser Prunkreden, deren anspruchsvolle Formenkünstelei durch den Mangel an wahrem Inhalt auf uns immer abstoßend wirkt, und die es überdies oft genug mit ihrer süßlichen Affektation, ihrer gespreizten Unnatur, ihrem Schwulst und Bombast nur zu einer widerlichen Karikatur jener alten großartigen Beredsamkeit bringen, die sie in erneuerter Gestalt reproduzieren wollen. Der Enthusiasmus für die Sophisten und ihre Leistungen, der sich auch in Ehrenbezeigungen aller Art kundgab, das Zuströmen der bildungsbeflissenen Jugend zu den Städten, wo sie sich als Lehrer niederließen, die Bedeutung, die man ihnen zugestand, die sie als Strafredner, Ermahner und Versöhner aufzutreten berechtigte, und ihre eigne, an Verrückheit grenzende Einbildung von der Wichtigkeit und Wirkung ihrer Tätigkeit: alles dieses wäre wenigstens in diesem Grade nicht möglich gewesen, wenn die Sophistik nicht auch der Nationaleitelkeit der Griechen eine neue, lang entbehrte Befriedigung geboten hätte. Die Griechen „hatten noch immer die Neigung, sich für die große Nation zu halten", und wurden in dem Stolze, die Lehrer auch der Römer gewesen zu sein, von diesen bestärkt; nun hatte Griechenland eine neue glänzende Bildungsform hervorgebracht, aufs neue auf dem Gebiete der Literatur den Ton angegeben. Aber was der Sophistik vor allem die leidenschaftliche Teilnahme der griechischen Welt gewann, war, daß sie die Verherrlichung der großen Vorzeit Griechenlands zu ihrer Hauptaufgabe machte: die herabgekommene Nation kannte keine größere Freude, als sich in diesen Erinnerungen zu spiegeln.

Die Themen der Improvisation wurden von den Sophisten wie von ihren Zuhörern am liebsten aus der griechischen Geschichte gewählt. „Die Taten der Vorfahren waren durch die Geschichte überliefert, und diese konnte man feiern. Aber ihre Reden bei hundert Gelegenheiten waren nicht überliefert. Also konnte man reden, was sie hätten reden können, und was man ihnen hätte erwidern können, und was sie bei der oder jener Gelegenheit, wo sie gar nicht geredet, hätten sie geredet, würden geredet haben. Einige solche Themen waren zum Beispiel: Demosthenes nach der Schlacht bei Chäronea. Wie verteidigte sich Demosthenes gegen die Anklage des Demades, vom Perserkönig mit fünfzig Talenten bestochen zu sein? Rede an die Griechen nach Beendigung des Peloponnesischen Kriegs als eines Bürgerkriegs, daß man die Tropäen niederreißen müsse. Beratung der Lacedämonier, ob man die aus Sphakteria ohne Waffen heimkehrenden Spartiaten in Sparta wieder aufnehmen dürfe. Ob man Sparta, das nach Lykurgs Gesetzen ohne Mauer sein sollte, beim Herannahen der Perser mit einer Mauer schützen solle." „Die meisten dieser genannten Themata und ähnliche waren beliebt: man hörte sie gern, und die Sophisten behandelten sie wetteifernd. Aber keine trugen es davon über die sogenannten medischen oder attischen Themata. In jenen ließ man den Darius und Xerxes ihre barbarischen Prahlereien gegen die Griechen sprechen. In den attischen waren es Salamis und Marathon mit ihren einzelnen Akten und Helden, die gefeiert wurden. Das schildert Lucian, indem er einem Rhetor den spöttischen Rat gibt, worauf es ankomme. ‚Vor allem erwähne Marathon und Cynägirus, ohne welche nichts geschehen darf; immer laß den Athos beschiffen und den Hellespont beschreiten, die Sonne werde von den Pfeilen der Perser verfinstert, Xerxes fliehe, Leonidas werde bewundert, immer lese man die Schrift des Othryades und nenne Salamis, Artemision und Plataä'." Noch in der Leichenrede auf Proäresius, einen berühmten Sophisten des 4. Jahrhunderts, hieß es: „O Marathon und Salamis! Welche Posaune eurer Tropäen habt ihr verloren!"

Diese Rhetorik strebte nach einer Alleinherrschaft im Gebiet der redenden Künste. Sie wollte die Poesie verdrängen oder vielmehr in ihr eigenes Gebiet hinüberziehen. In dieser Neigung scheint jene Vermischung des prosaischen und poetischen Stils der Rede und des Ausdrucks zu wurzeln, jene poetische Prosa, die wir in fast allen Erzeugnissen der damaligen und späteren Sophistik wahrnehmen. Aber auch der Gegenstände der Poesie glaubten die Rhetoren sich bemächtigen zu können. In Festreden auf Götter und Heroen, die man auch geradezu „Hymnen" nannte, in Lobreden auf bedeutende und mächtige Menschen der Gegenwart und Vergangenheit konnte man einen Ersatz für die Lyrik großen Stils der Vorzeit erblicken. Auch in der Gattung der „Beschreibungen" knüpfte man an die Schilderungen der Dichter wetteifernd an. Dieses Bestreben, eine eigne rhetorische Poesie zu erschaffen, trieb denn auch aus dem

Boden der neuen Sophistik dessen eigentümlichste Blüte hervor: ihre Neugestaltung des griechischen Liebesromans.

Obwohl nun die Bedeutung dieser Kunst für die griechische Welt eine wesentlich nationale war, übte sie doch auch auf die römische große Wirkungen, vermöge der althergebrachten Ehrfurcht der Römer vor der Autorität der Griechen auf dem ganzen geistigen und namentlich literarischen Gebiet, ihrer Abhängigkeit von griechischem Urteil, ihrem Streben, sich griechische Bildung anzueignen, das damals vielleicht eifriger war als in irgendeiner früheren Zeit. Wie sie von jeher bei den Griechen in die Schule gegangen waren, seit sie angefangen hatten, ihre Beredsamkeit zur Kunst auszubilden, so bemühten sie sich auch damals eifrig, von den neuesten Vervollkommnungen der griechischen Darstellungskunst Vorteil zu ziehen. Junge Männer reisten aus Italien und den westlichen Ländern zahlreich nach Athen und andern griechischen Bildungsstätten, um sich durch Hören der gefeiertsten Lehrer den feinsten Schliff anzueignen; aber diese traten auch selbst auf ihren Kunstreisen regelmäßig in Rom und andern großen Städten des Westens auf oder ließen sich dort für die Dauer nieder, und namentlich den Lehrstuhl der griechischen Beredsamkeit am Athenäum in Rom inne zu haben, rechneten auch die berühmtesten sich zur Ehre.

Zur Erhöhung ihres Ansehens bei den Römern trug auch das Interesse bei, das die Kaiser für sie kundgaben, die Auszeichnungen und Geschenke, die sie ihnen reichlich zuteil werden ließen, der Wert, den sie auf den von ihnen den Thronfolgern zu erteilenden Unterricht legten, die hohen Stellungen, zu denen sie sie beförderten (namentlich die griechische Abteilung des kaiserlichen Sekretariats), die Höflichkeit, Nachsicht und Geduld, mit der sie ihre lächerliche Prätention und selbst Insolenz ertrugen; sowie anderseits schon allein dieses ganze Verhalten der Kaiser gegen die Sophisten eine in der gebildeten römischen Gesellschaft sehr verbreitete hohe Achtung für ihre Leistungen voraussetzen läßt, welche die Kaiser nicht minder teilten als andre in der Zeitbildung herrschende Richtungen und Interessen.

Hadrian, zugleich der größte Verehrer der Griechen und der eifrigste literarische Dilettant, war auch ein besondrer Freund der Sophisten, deren Lebensbeschreiber Philostrat ihm das Lob erteilt, daß er von allen früheren Kaisern am meisten Sinn dafür hatte, ausgezeichnete Talente zu fördern. Das von Trajan dem berühmten Polemo verliehene Recht der Abgabenfreiheit bei allen seinen Reisen dehnte er auf dessen Nachkommen aus, nahm ihn in die Akademie (das Museum) zu Alexandria auf, bezahlte für ihn unaufgefordert eine Schuld von 250.000 Denaren usw. Ob diese Angabe zuverlässig ist, muß freilich dahingestellt bleiben, um so mehr, als andres, was Philostrat erzählt, offenbar abgeschmackt erfunden oder doch lächerlich übertrieben ist; daß es Glauben fand, zeigt die kindische Einbildung der Sophisten von ihrer Wichtigkeit und ihrer Stellung zu den Kaisern. Polemo soll einst Hadrians Nachfolger Antoninus Pius, als dieser noch Prokonsul von Asia war, in der gröbsten Weise bei Nacht aus seinem Hause gewiesen haben; um nun Polemo gegen eine etwaige Rache von seiten des Antonius zu schützen, habe Hadrian in seinem Testament ausdrücklich gesagt, daß Polemo ihm zur Adoption des Antoninus geraten, auch habe dieser nach seiner Thronbesteigung dem Polemo alle Ehre erwiesen!

Von solchen und ähnlichen Geschichten ist das Buch des Philostrat voll. Der Sophist Aristides machte Marc Aurel bei einem Aufenthalte desselben in Smyrna seine Aufwartung nicht früher, als bis der Kaiser nach ihm verlangte; er habe, sagte er, seine Studien nicht unterbrechen wollen. Als Smyrna später durch ein Erdbeben zerstört worden war, gab er durch seine (noch vorhandene, ganz aus Exklamationen bestehende) „Klage über Smyrna" Veranlassung zur Wiederherstellung der Stadt. Bei der schönen Stelle: „Die Abendwinde wehen über eine Öde" hatte Marc Aurel Tränen vergossen. Obwohl es nun unmöglich ist, zu entscheiden, wieviel in der angeführten Darstellung Philostrats im einzelnen Wahrheit und wieviel Lüge oder doch Entstellung, Übertreibung und Einbildung ist, so kann doch weder die auffallende Höflichkeit der Kaiser im 2. und zum Teil im 3. Jahrhundert gegen die Sophisten noch ihr Interesse für deren Kunst bezweifelt werden: hiernach allein würde schon, wie gesagt, dasselbe für die gebildete Welt Roms vorauszusetzen sein.

Es fehlt aber auch sonst nicht an unverdächtigen Zeugnissen für das große Interesse, das diese an den Sophisten nahm. Einer der Begründer der neuen Kunst, der Assyrer Isäus, trat (wohl kurz vor dem Jahre 100) in Rom auf; welchen Eindruck er mit seinem gewaltigen Redeflusse machte, zeigt die Schilderung des jüngeren Plinius: „Dem Isäus war ein großer Ruf vorangegangen, größer hat er sich bewährt. Da ist höchste Fertigkeit, Reichtum, Fülle. Er spricht immer nur aus dem Stegreif und doch ebenso, als hätte er es lange geschrieben. Sein Ausdruck ist echt griechisch, ja attisch. Die Vorreden sind zierlich, einschmeichelnd, bisweilen würdig und in höherem Ton. Dann läßt er sich mehrere Kontroversthemen geben, überläßt aber den Zuhörern die Wahl, oft auch die Bestimmung, ob er für oder gegen reden solle. Er erhebt sich, macht den Mantelwurf, beginnt. Augenblicklich ist ihm alles zur Hand: entlegene Gedanken stellen sich ihm zu Gebote und die Worte: und was für Worte! Ausgesuchte und gebildete. Viel Belesenheit, viel schriftliche Übung ist in diesen unvorbereiteten Ergüssen ersichtlich. Seine Einleitung ist dem Gegenstande angepaßt, seine Widerlegung scharf, seine Beweisführung energisch, das Schmuckwerk erhaben. Kurz, er lehrt, unterhält, ergreift. Häufig sind bei ihm die sogenannten Enthymemata, häufig die Syllogismen; und diese scharf umgrenzt und abschließend. Was er aus dem Stegreif gesprochen, faßt er, streckenweit wiederholend, zusammen und irrt sich mit keinem Wort. Zu solcher Fertigkeit hat er es durch frühe Übung gebracht. Denn Tag und Nacht treibt, hört und spricht er nichts anderes. Er ist über das sechzigste Jahr hinaus und immer noch bloß ein Mann der Schule." Nach dieser Schilderung darf man den Angaben Philostrats buchstäblich Glauben beimessen, daß die Feindschaft der beiden Sophisten Favorinus und Polemo dadurch genährt wurde, daß Konsuln und Söhne von Konsuln teils für diesen, teils für jenen Partei nahmen; daß der Sophist Hadrianus solche Bewunderung erregte, daß Ritter und Senatoren sich ins Athenäum drängten, um ihn zu hören, und selbst solche, die des Griechischen unkundig waren.

Daß die großen, durch den griechischen Lehrstuhl in Rom energisch unterstützten Wirkungen der sophistischen Beredsamkeit in der gebildeten römischen Welt nicht ohne Einfluß auf die dortigen literarischen Bestrebungen blieben, zeigen selbst die geringen Überbleibsel der römischen Literatur in der nachhadrianischen Zeit des 2. Jahrhunderts deutlich genug. Ja, vielleicht sind diese Überbleibsel auch darum so gering, weil manche Römer sich durch den Glanz der neuen griechischen Prosa verführen ließen, griechisch statt lateinisch zu schreiben. Bei Marc Aurel ist, wie vorher bei dem Volsinier Musonius, die Wahl der ersten Sprache zwar ohne Zweifel durch das Studium der Originalwerke griechischer Philosophen veranlaßt worden; doch daß der Arelatenser Favorinus und der Pränestiner Claudius Aelianus nach dem Ruhme strebten, nicht in ihrer Muttersprache, sondern in der griechischen als Stilkünstler zu glänzen, wie sie denn in der Tat zu den hervorragenden griechischen Sophisten gezählt wurden: das gehört zu den unzweideutigsten Symptomen des Einflusses der griechischen Sophistik auf die literarischen Kreise der römischen Welt. Römische Prosaschriftsteller besitzen wir aus dieser Zeit nur drei, von denen Gellius, der nichts als eine Sammlung von gelehrten Ergötzlichkeiten bieten wollte, kaum den Namen eines Schriftstellers verdient, aber doch auch in der studierten Eleganz, besonders seines Erzählens, wohl die Nachahmung gleichzeitiger griechischer Muster verrät; sein großer Freund Herodes, dieser „durch anmutigen Geist und griechische Beredsamkeit berühmte Mann“, hatte ähnliche Sammlungen gelehrter Art herausgegeben. Fronto, der Bewunderer des Polemo, hat sich in mehreren Formen versucht, in denen die Sophisten ihre Kunst zur Schau stellten; außer der zierlichen Erzählung gehörten dazu besonders Briefe, die teils im eignen Namen, teils im Namen und Charakter der verschiedensten Personen, Stände, Klassen geschrieben wurden; von Fronto haben wir auch griechisch geschriebene. Auch seine Lobreden auf den Staub, den Rauch und die Faulheit sind Versuche in der bei den Sophisten beliebten Aufgabe, schädliche, verächtliche und unnütze Dinge zu preisen.

Apulejus endlich, der in Athen, wie er selbst sagt, griechische Bildung im weitesten Umfange sich aneignete, hat es geradezu zu seiner Lebensaufgabe gemacht, in der Kunst der lateinischen Prosa dasselbe zu leisten wie die Sophisten in der griechischen. Die Verbindung der Philosophie mit der Beredsamkeit, durch die er hauptsächlich sein großes Ansehen bei der Mitwelt und Nachwelt gewann, war auch bei den griechischen Sophisten nicht ungewöhnlich; wie sie reiste er von Ort zu Ort und ließ sich mit wohlvorbereiteten Vorträgen hören (eine Sammlung sorgfältig ausgearbeiteter Glanzstellen und Einleitungen hat sich erhalten); wie sie verwertete er seine Kunst auch vor Gericht. Auch sein Hauptwerk, der Roman des in einen Esel verwandelten Lucius, ist ein sophistisches Schau- und Prachtstück. Denn auch diese Form wurde (wie bemerkt) von den Sophisten benutzt, um die Vorzüge der prosaischen Darstellungskunst auf verschiedenen Gebieten zu entfalten: auch hier war die Darstellung der Zweck, der Gegenstand nur das Mittel. Wie die griechischen Romane besteht auch der des Apulejus aus lose aneinandergeknüpften Szenen und Abenteuern aller Art, die dem Darsteller Gelegenheit bieten, seine Kunst bald in komischen und tragischen, schmutzigen und schaudervollen Geschichten, bald in Schilderungen von Naturszenen und Kunstwerken, bald in Dialogen und Reden zu entfalten.

Wenn der Versuch des Apulejus, die griechische Sophistik in die römische Literatur zu verpflanzen, der schlagendste Beweis der ungemeinen

Wirkung ist, welche die neue griechische Kunst auf die gebildete Welt auch des Westens übte, so zeigt zugleich seine ganze Schriftstellerei, wie die Herrschaft dieser Form notwendig die bisherige Bedeutung der Poesie beeinträchtigte. Daß Apulejus eine poetisch beanlagte Natur war, wird niemand bestreiten; er war es wohl in höherem Grade als der größte Teil der uns bekannten nachaugusteischen Dichter; schon die Wahl eines Volksmärchens (Amor und Psyche) zum Gegenstand der Darstellung und dessen liebevolle Behandlung zeigt ein in jener Zeit wohl sehr seltenes Verständnis auch für die wilden Blumen der Poesie, welche die poetischen Kunstgärtner und deren Bewunderer hochmütig ignorierten. Allerdings hat sich nun Apulejus auch in Gedichten aller Art versucht, wie er sagt, Epen, Lyrisches, Komödien, Tragödien, Satiren und Rätsel geschrieben; aber seinen Ruhm suchte und fand er doch in der Prosaschriftstellerei. Hundert oder fünfzig Jahre früher würde er höchstwahrscheinlich als Dichter geglänzt haben, aber wie die herrschende Richtung der früheren Zeit stark genug gewesen war, selbst nüchterne Pedanten wie Plinius auf poetische Pfade zu locken, so zog jetzt die Prosakunst unwiderstehlich das Talent an und vermochte es selbst aus der ihm zusagenden Sphäre zu reißen. Freilich hat es Apulejus in ungewöhnlicher Weise verstanden, die Doppelnatur des poetisierenden Rhetors, des in Prosa darstellenden Dichters festzuhalten.

Mit der Wiedergeburt der antiken Kultur gewann die römische Poesie der Augusteischen und nachaugusteischen Zeit aufs neue eine so hohe Geltung, wie sie nur je im Altertum besessen. Während Homer, Pindar, Aeschylus, Sophokles, Theokrit Jahrhunderte hindurch wenig gekannt und noch weniger verstanden wurden, waren Vergil, Horaz, Ovid, Juvenal allgemein als höchste Muster anerkannt. Mit der Herstellung der Geltung der römischen Dichtung und ihres Einflusses auf die Gesamtbildung kehrten aber auch manche Erscheinungen wieder, die in dem Verhältnisse der gebildeten Welt des späten Altertums zur Poesie ihren Grund hatten. Zunächst stellte der Humanismus die innige Verbindung der Poesie mit der Wissenschaft und Gelehrsamkeit her; auch ihm galt ihr Studium als wichtiges, ja unentbehrliches Bildungsmittel, die Virtuosität in der Handhabung ihrer Formen und ihres Ausdrucks als feinste Blüte edler Bildung: „Poeten" hießen geradezu die Humanisten in befreundeten wie in feindlichen Kreisen, und nicht mit Unrecht. „Wer nicht die Poesie getrieben hat", sagt Melanchthon in einem Brief an Micyllus 1526, „der hat in keinem wissenschaftlichen Fach ein rechtes Urteil, und auch die Prosa derer, welche nicht von der poetischen Kunst einen Geschmack haben, hat keine Kraft." Die Poesie galt den Humanisten als erlernbare Kunst, die, wie jede andere, durch Fleiß und Übung von jedermann erworben werden könne. Zugleich erhielt sie die Aufgabe zurück, das Leben der Bevorzugten zu schmücken und jedem bedeutenden Moment eine höhere Weihe zu geben. Zum Teil haben diese Richtungen bis zum Ende des 18. Jahrhunderts und selbst darüber hinaus fortgewirkt. Die Poesie blieb ein regelmäßiger Unterrichtsgegenstand an den Universitäten und begleitete oft genug Männer, die eine höhere Bildung erworben hatten, durchs Leben, indem sie ihnen in Mußestunden eine geziemende Ergötzung und Erholung bot: auch die offizielle wie die nicht offizielle Gelegenheitspoesie behielt eine gegenwärtig kaum noch verständliche Bedeutung und Breite. Erst um die Mitte des 18. Jahrhunderts vollzog sich jene große geistige Revolution, die der Poesie wie der Kunst überhaupt das hohe Ziel steckte, die Befreierin des menschlichen Gemüts von den dunklen Mächten der Leidenschaft zu werden. Diese gewaltige Bewegung, die aus Künstlichkeit, Konvenienz und Formenwesen so mächtig zur Natur zurückstrebte, die das Verständnis der Griechen, Shakespeares und der Volkspoesie erschloß: sie hat, wie sie das ganze Verhältnis der gebildeten Welt zur Poesie völlig umgestaltete, auch die Schätzung der römischen Dichter sehr herabgedrückt, doch freilich weit weniger bei den romanischen als bei den germanischen Völkern.

XI. DER LUXUS

VORBEMERKUNG

Vor mehr als einem Menschenalter schickte ich diesem Abschnitt folgende Bemerkung voraus: „Ich habe versucht, allgemein verbreitete Ansichten vom römischen Luxus als unhaltbar zu erweisen. Als ich meine Untersuchungen über diesen Gegenstand begann, teilte ich diese Ansichten durchaus; je weiter ich aber darin fortschritt, desto unmöglicher schien es mir, sie festzuhalten. Ihre Unhaltbarkeit glaubte ich namentlich auch durch Vergleichungen mit dem Luxus anderer Zeiten dartun zu müssen. Ohne Zweifel würde mich eine bessere Kenntnis der mittelalterlichen und neueren Kulturgeschichte in den Stand gesetzt haben, bessere Parallelen zu wählen und Irrtümer zu vermeiden, die bei der Benutzung eines nur durch den Zufall gebotenen und großenteils aus abgeleiteten Quellen geschöpften Materials fast unausbleiblich sind. Da ich überdies hier auch dadurch der Gefahr zu irren ausgesetzt gewesen bin, daß ich nicht umhin konnte, das mir fremde Gebiet der Nationalökonomie zu streifen, habe ich um so mehr Grund, diesen Abschnitt, als einen ersten Versuch der Vergleichung des römischen Luxus mit dem Luxus anderer Zeiten, der Nachsicht sachkundiger Leser zu empfehlen."

Ich bin seitdem fortwährend bemüht gewesen, zur Beurteilung des römischen Luxus aus dem Luxus anderer Zeiten zahlreichere und sicherere Anhaltspunkte zu gewinnen, namentlich mit Hilfe neu erschienener Arbeiten. Freilich habe ich dabei je länger je mehr die Mißlichkeit aller solcher Vergleichungen eingesehen, da man selten oder nie die wirkenden Kräfte und Einflüsse, durch welche die zu vergleichenden Erscheinungen bedingt waren, auch nur in einiger Vollständigkeit übersieht und daher gewiß nur zu oft genötigt ist, Tatsachen zu verwerten, die, aus ihrem natürlichen Zusammenhange gerissen, einen täuschenden Eindruck zu machen und das Urteil irrezuleiten als zu berichtigen geeignet sind.

Trotzdem halte ich diese Vergleichungen nicht nur nicht für wertlos, sondern auch für unentbehrlich. Auch die Beurteilung des römischen Luxus beruht vorzugsweise auf solchen aus dem Zusammenhang gerissenen, zum Teil überdies von den alten Schriftstellern tendenziös ausgewählten Tatsachen. Wenn ich zur Verbreitung der Überzeugung beigetragen haben sollte, daß es einer größeren Vorsicht als der bisher angewandten zur Beantwortung der hier aufzuwerfenden schwierigen Fragen bedarf, und wenn es mir außerdem gelungen sein sollte, den römischen Luxus von dem Nimbus des Fabelhaften und Unerhörten zu befreien, so würde meine Arbeit nicht fruchtlos gewesen sein.

Wer eine seit Jahrhunderten herrschende Ansicht zu bekämpfen unternimmt, muß auf vielfachen und entschiedenen Widerspruch gefaßt sein. Ich erkenne aber auch bereitwillig an, daß er sehr der Gefahr ausgesetzt ist, eine Vorliebe für die neue gewonnene Ansicht zu fassen und denjenigen Momenten, die zu ihren Gunsten zu sprechen scheinen, einen zu großen Wert beizulegen. Wie weit es immer gelungen ist, mich von einer solchen Befangenheit freizuhalten, muß ich dem Urteil meiner Leser überlassen.

Der Vorwurf, daß ich den römischen Luxus zu günstig aufgefaßt habe, ist mir wiederholt gemacht, aber bisher nicht hinlänglich begründet worden, um mich zu einer Änderung meiner Ansicht zu veranlassen. Die sehr allgemein gehaltenen Einwendungen von Baudrillart in seiner (sonst überaus wohlwollenden) Anzeige der französischen Bearbeitung dieses Buchs und in seiner Histoire du luxe, II, 393 ff., haben meine Überzeugung ebensowenig erschüttert wie folgende Bemerkung von Nissen in den Pompejanischen Studien, S. 667: „Man kann den römischen Luxus erklären, vielleicht entschuldigen, aber mit keinen Künsten der Interpretation hinwegdeuten. Die Klagen patriotischer Schriftsteller sind doch ganz anders begründet, als uns z. B. Friedländer glauben machen will. Der Luxus hat die Freiheit der Römer vernichtet. Und wer das Verschwinden der Atrien Pompejis in den Gärten der Sullaner verfolgt, dem mag wohl das trübe Wort des Plinius in den Sinn kommen: *latifundia perdidere Italiam.*"

Daß ich „Künste der Interpretation" wenigstens nicht wissentlich angewandt habe, brauche ich hoffentlich nicht erst zu versichern. Ich wiederhole, daß meine Resultate sich mir nicht bloß als ungesuchte ergeben haben, sondern auch als unerwartete. Welche der von mir für unbegründet erklärten Klagen römischer Schriftsteller Nissen für begründet hält, geht aus seinen Worten nicht hervor. Die Klage des Plinius über die Latifundien aber kann unmöglich dazu gehören, da ich bei den meiner Arbeit gesteckten Grenzen ihre Berechtigung ebensowenig zu prüfen als die Frage zu beantworten hatte, und inwiefern der Luxus die Freiheit der Römer vernichtet habe. Ich würde sie allerdings anders beantworten als Nissen. Ohne zu leugnen, daß auch der Luxus zum Untergange der Republik mitgewirkt habe, halte ich ihn doch weit mehr für ein Symptom als für eine Ursache, für eine der notwendigen Folgen der großen volkswirtschaftlichen und sozialen Umwälzungen, die seit den punischen Kriegen die Fundamente der Republik untergraben haben: der Anhäufung großer Kapitalien neben der Abnahme des Mittelstands und der Zunahme des Proletariats einerseits, und der Zerstörung der alten Einfachheit und Sittenstrenge durch die Steigerung der Bedürfnisse, die Vermehrung der Genußmittel und das Überhandnehmen der Genußsucht anderseits. (Geschrieben 1909.)

1. ALLGEMEINES

Die sehr verbreitete Ansicht, das der Luxus des späteren römischen Altertums ein ebenso beispielloser und fabelhafter wie unsittlicher und törichter gewesen sei, ist noch heute nicht wesentlich anders begründet, als es von Meursius in seiner 1605 erschienenen kleinen Schrift: „Roma luxurians sive de luxu Romanorum" geschehen ist; denn sie beruht auf dem Gesamteindruck einer Anzahl bunt zusammengewürfelter, durchaus heterogener Tatsachen, von denen die erstaunlichsten und ungeheuerlichtsen auch die bekanntesten sind. Bei dem Gedanken an das kaiserliche Rom drängen sich der Erinnerung jene so oft wiederholten Erzählungen auf von den Bauten im Meer, den Gärten auf hohen Dächern, der Verwendung von Gold und Silber zu den Hufbeschlägen der Maultiere sowie zu den Behältern für Kot, von den Bädern in Eselsmilch und wohlriechenden Essenzen, den Getränken, in denen kostbare Perlen aufgelöst waren, den aus Pfauengehirnen und Flamingozungen bereiteten Gerichten, und was dergleichen mehr ist.

Zur Festhaltung übertriebener Vorstellungen hat übrigens auch hier wie anderwärts die Neigung beigetragen, die Erscheinungen des römischen Lebens im Guten wie im Bösen von vornherein im Verhältnis zu den entsprechenden der modernen Welt als riesenhaft anzusehen: eine Neigung, von der selbst die besten Altertumskenner keineswegs immer frei gewesen sind, wie C. G. Zumpt, welcher meinte, daß wir in der Kunst des Genießens gegen die Alten Kinder sind, und W. A. Becker, demgegenüber der verschwenderischen Pracht Roms der ausschweifendste Luxus aller Zeiten als ärmliches Unvermögen erschien. Bei näherer Betrachtung ergibt sich jedoch, daß die Tatsachen, auf die man sich zu berufen pflegt, wenigstens zum Teil falsch aufgefaßt oder falsch gruppiert sind, und daß die herrschende Ansicht wesentlicher Einschränkungen bedarf. Dies würde selbst dann der Fall sein, wenn die betreffenden Angaben überall den vollen Glauben verdienten, der ihnen zum Teil ihrer Natur nach von vornherein versagt werden muß.

Übrigens würden auch diejenigen, die vor ein paar Menschenaltern den römischen Luxus als einen beispiellosen und ungeheuerlichen ansahen, heute wahrscheinlich anders urteilen. Gerade seit den ersten Jahrzehnten des 19. Jahrhunderts, noch mehr seit dessen Mitte, ist in der ganzen zivilisierten Welt eine außerordentlich große Zunahme des Luxus eingetreten und unser Maßstab dadurch ein völlig anderer geworden. Der Luxus des ersten französischen Kaiserreichs, der damals die Welt in Erstaunen setzte, erscheint mit dem des zweiten verglichen, sehr bescheiden. Ein englischer Autor, Alfred Austin, sagte im Jahre 1883, daß im letzten Menschenalter in England das Wachstum des Luxus mit dem des Reichtums gleichen Schritt gehalten habe, und (nach Gladstone) die Vermehrung des letzteren in den letzten fünfzig Jahren größer gewesen sei als in allen früheren Jahrhunderten seit der normannischen Eroberung. Die ganze Lebensführung der Reichen biete ein Schauspiel, wie es die Welt nicht gesehen habe, seit Rom sich seinem Falle zuneigte.

Sodann ist die durch die Natur der Überlieferung auf dem ganzen Gebiete der Altertumswissenschaft bedingte Gefahr, aus einzelnen zufällig berichteten Fällen falsche Schlüsse zu ziehen und Ausnahmen für die Regel anzusehen, auch von den Beurteilern des römischen Luxus keineswegs immer vermieden worden. Aber man hat überdies auch, wie gesagt, seit dem Vorgange von Meursius Berichte aus den verschiedensten Zeiten und von der verschiedensten Art durcheinandergeworfen: Berichte von den Extravaganzen berüchtigter Verschwender, der fürstlichen Lebensweise prachtliebender Großen, den raffinierten Schwelgereien der Virtuosen des Genusses — und zwar gewöhnlich ohne Rücksicht auf den Standpunkt der Berichterstatter und auf den Zusammenhang, in dem die Tatsachen mitgeteilt werden.

Vor allem hätte immer ganz von der Betrachtung ausgeschlossen bleiben sollen, was von dem Luxus einzelner Kaiser berichtet wird. Der Luxus eines Caligula und Nero erhielt seinen Ausnahmecharakter dadurch, daß er eine Dokumentation ihres Allmachtschwindels war. Sie wollten auch hierin die übermenschliche Macht und Größe des Cäsarentums, den unermeßlichen Abstand des Weltherrschers von seinen Untertanen zur Anschauung bringen, für sie sollte es keine Unmöglichkeit, für ihren Willen keine Schranke geben. In diesem Sinne ließ Caligula — dessen Cäsarenwahnsinn übrigens vielleicht nicht ohne eine Beimischung wirklicher Verrückheit war — an tiefen und gefährlichen Stellen des Meeres Bauten aufführen und verpraßte den Tribut dreier Provinzen (10 Millionen Sesterzen, d. h. über 2 Millionen Mark) an einem Tage; in diesem Sinne unternahmen er und Nero, bei ihren Festen, in ihren Prachtschiffen und Palästen die Träume einer ausschweifenden Phantasie zu verwirklichen.

Doch Caligula und Nero sind auch in dieser Beziehung unter den Kaisern der beiden ersten Jahrhunderte fast alleinstehende Ausnahmen, da man ihnen nicht einmal Lucius Verus an die Seite stellen kann, und der Luxus des Vitellius sich auf die Befriedigung einer monströsen Gefräßigkeit beschränkte. Dagegen sind Tiberius, Galba, Vespasian, Pertinax bis zur Kargheit sparsam, und unter den übrigen keiner ein eigentlicher Verschwender gewesen. Und es fragt sich wohl noch, ob selbst der Luxus Caligulas und Neros widersinniger und verderblicher war als der mancher kleinen deutschen Despoten des 17. und 18. Jahrhunderts. Denn wenn August der Starke allein für eine einzige Oper 80.000 Taler, für das Lustlager von Mühlberg 5 Millionen verausgabte; wenn Karl Eugen von Württemberg (der Stifter der Karlsschule) seinen Hof zum glänzendsten in ganz Europa machte, die ersten Künstler in seinen Schauspielen auftreten, unter seinen Gästen die kostbarsten Geschenke verlosen, für die Menge Weinfontänen springen ließ, Feuerwerke gab, die eine halbe Tonne Golds kosteten, Seen auf Bergen graben ließ und Schlittenfahrten veranstaltete, zu denen der Schnee meilenweit herbeigeschafft werden mußte: so wurden dic Mittel zu dieser rasenden Verschwendung doch in Ländern erpreßt, deren Steuerkraft schwerlich die einer einzigen größeren römischen Provinz erreichte. Unter August dem Starken beliefen sich die Einkünfte Sachsens auf 6 Millionen Taler. In Württemberg (einem Lande mit 152 Quadratmeilen und etwa 650.000 Einwohnern) deckten unter Herzog Karl Eugen (1737—1793) die ordentlichen Einnahmen aus dem Kammergut und den Steuern die Ausgaben nicht. Jedenfalls aber würde ein Schluß von dem Luxus Caligulas und Neros auf den des damaligen Rom ebenso unzulässig sein, wie ein Schluß von den Ausschweifungen der absolutistischen Höfe auf die Sitten des damaligen Deutschland.

Ebensowenig wie auf die Beispiele der römischen Kaiser kann man sich bei der Beurteilung des römischen Luxus ohne weiteres auf die jener Großen in der letzten Zeit der Republik berufen, die in siegreichen Feldzügen reiche, zum Teil noch unerschöpfte Länder plünderten und von dort ungeheure Schätze heimbrachten. Die kolossale Verschwendung eines Lucullus, Scaurus, Pompejus, Cäsar war durch Umstände und Veranlassungen bedingt, die später im Altertum nicht wieder eingetreten sind; sie ist selbst von den Kaisern kaum jemals überboten worden. Plutarch sagt, daß die Gärten des Lucullus trotz der großen, seitdem erfolgten Zunahme des Luxus zu den prachtvollsten unter den kaiserlichen gezählt wurden; Plinius, daß ein Privatmann wie Scaurus durch sein Theater die Bauten des Caligula und Nero an unsinniger Verschwendung übertroffen habe. Es mag dahingestellt bleiben, ob die seit Jahrhunderten von orientalischen Despoten aufgehäuften Gold- und Juwelenschätze, die den römischen Besiegern Asiens zufielen, der Beute der spanischen Konquistadoren, der englischen Eroberer Ostindiens nachstanden. Das Lösegeld für den Inka Atahualpa von Peru wird auf 23,300.998 Frcs. angegeben (eine Summe, deren damaliger relativer Wert das Vierfache des heutigen betragen soll); auf Pizarros Anteil kam ein Wert von 1,402.748 Frcs. Für Clive wäre es in Bengalen während seiner zweiten Verwaltung, wie Macaulay sagt, leicht gewesen, Reichtümer aufzuhäufen, wie sie kein Untertan in Europa besaß. Ohne die reichen Bewohner der Provinz einem stärkeren Drucke zu unterwerfen, als an den sie ihre mildesten Beherrscher gewöhnt hatten, hätte er Geschenke im Belauf von 300.000 Lstr. jährlich empfangen können; die benachbarten Fürsten würden gern jeden Preis für seine Gunst gezahlt haben. Den römischen Feldherren und Beamten im Orient boten sich dieselben Gelegenheiten wie Clive und Warren Hastings; von der Mäßigung und verhältnismäßigen Uneigennützigkeit des ersteren aber waren sie ebenso weit entfernt wie der letztere. Wie ungeheure Summen ihnen zuströmten, mögen einige Angaben zeigen. Der Judenfürst Aristobulus bestach bei seinem Streite mit seinem Bruder, dem Hohenpriester Hyrcanus, den Legaten A. Gabinius mit 300, den Quästor M. Aemilius Scaurus mit 400 Talenten, und versuchte dasselbe auch bei Pompejus mit einem goldenen Weinstock im Wert von 500 Talenten (nahezu 2½ Millionen Mark). Ptolemäus Mennäi, Fürst eines Raubstaats am Libanon, kaufte von Pompejus Freiheit und Fortbestand seiner Herrschaft für 1000 Talente (4,7 Millionen Mark), die Pompejus zur Besoldung seiner Truppen verwandte. Ariobarzanes von Cappadocien zahlte an ihn monatlich 33 Talente (155.600 Mark), die noch nicht zur Abtragung der Zinsen seiner Schulden hinreichten. Gabinius hatte als Prokonsul in Syrien 100 Millionen Denare (70 Millionen Mark) erpreßt. Dem Könige von Ägypten Ptolemäus Auletes hatte er angeblich seine Unterstützung für 10.000 Talente (47 Millionen Mark) zugesagt, nachdem Cäsar in seinem eigenen und Pompejus' Namen demselben bereits gegen 600 Talente (über 28 Millionen Mark) abgenommen hatte. Crassus raubte aus dem Tempel zu Jerusalem an Geld und Geldeswert 10.000 Talente. Auch Gallien, dessen Reichtum bei den Römern sprichwörtlich blieb, war in Cäsars Zeit ein goldreiches Land. Der von Q. Servilius Cäpio (etwa 106) aus der Tektosagenstadt Tolosa geraubte Tempelschatz hatte nach Posidonius 15.000 Talente (über 70 Millionen Mark) betragen. Im ganzen Gebiete des Rheins und in dem der Loire und Seine ist bis auf Cäsar in großer Menge, ja vielleicht an vielen Orten allein Gold geschlagen worden, und Cäsar brachte von der gallischen Beute dessen so viel auf den Markt, daß das Pfund zu 3000 (statt 4000) Sesterzen in Italien und den Provinzen verkauft wurde, also um 25 Prozent gegen Silber fiel.

Ebenso groß wie die Beute jener Römer in der letzten Zeit der Republik waren aber auch die Ausgaben, zu denen ihre Stellung und die Ruchbarkeit ihrer Verbrechen sie nötigte. Oft mußten sie, wie Warren Hastings, die geraubten Schätze ganz oder teilweise opfern, um eine Freisprechung von den gegen sie erhobenen Anklagen zu erwirken. Immer aber verschlang der zu den großen politischen Unternehmungen erforderliche Aufwand die kolossalen Bestechungen, die Unterhaltung eines ungeheuren Trosses von Anhängern und die Schauspiele, deren Pracht ans Fabelhafte grenzte, enorme Summen. Die Ädilität des Scaurus erschöpfte sein Vermögen und stürzte ihn in Schulden.

So zerrannen jene Schätze zum großen Teil so, wie sie gewonnen waren, und der wirkliche Besitz der damaligen Nabobs stand weder zu ihren Erwerbungen noch zu ihrer Verschwendung im Verhältnis. Selbst Crassus, dessen Reichtum in seiner Zeit als beispiellos gegolten zu haben scheint, war nicht so reich wie mehrere Freigelassene der ersten Kaiserzeit, wie Pallas, Callistus und Narcissus. Er besaß vor dem parthischen Kriege etwa 7100 Talente (33½ Millionen Mark). Dem älteren Plinius erschien die letzte Zeit der Republik, mit der Gegenwart verglichen, als eine Zeit der Armut. Wahrscheinlich erreichten in der Tat die großen Kapitalansammlungen in der Kaiserzeit nicht nur eine größere Höhe, sondern waren auch häufiger als in der Republik. Die Ursachen, die eine Hebung des Wohlstands überhaupt bewirkten, trugen auch zur Bildung kolossaler Einzelvermögen bei: namentlich die Ausbeutung zahlreicher neuer, noch unerschöpfter Provinzen, der Aufschwung des Handels, besonders mit Völkern, die in der Kultur tiefer standen, die Sicherung und die vielfachen Erleichterungen des Verkehrs, wohl auch die Beschleunigung des Geldumlaufs.

Aber auch die Summen der größten Reichtümer in der Kaiserzeit stehen (obwohl sie ein dem modernen Reichtum in der Regel fehlendes, sehr bedeutendes Wertobjekt, die Sklaven, in sich schlossen) hinter den Summen, zu welchen die höchsten Vermögen und Einkünfte in neueren und neuesten Zeiten geschätzt worden sind, zurück. Wenn ein Freigelassener Neros einen Besitzer von 1,3 Millionen Mark für einen seiner Armut wegen beklagenswerten Mann erklärte, so beweist dies (die Wahrheit der Erzählung vorausgesetzt) nicht, daß ein solches Vermögen als Armut galt, sondern daß der Übermut der damaligen Millionäre ebenso groß war wie der der heutigen: nur daß diesen ganz andere Reichtümer, mit ihrem so viel größeren Maßstabe gemessen, ärmlich erscheinen. Von einem Kapitalisten, dessen Vermögen bei seinem Tode 2 Millionen Lstr. betrug, soll „der größte Bankier Europas" gesagt haben: Ich glaubte nicht, daß er so arm war." Die größten bekannten Vermögen des römischen Altertums betragen 300 und 400 Millionen Sesterzen (65¼ und 87 Millionen Mark); nur zwei Personen werden genannt, welche die letztere Summe besessen haben sollen, der Augur Cn. Lentulus und der Freigelassene Neros Narcissus. Als Zinsen für sichere Anlagen finden wir (mit Ausnahme von Griechenland und Kleinasien, wo sie 8 bis 9 Prozent betrugen) im ganzen römischen Reiche 3 bis 15, doch das typische Niveau lag überall und zu allen Zeiten zwischen 4 und 6, mit einer schwachen Senkung gegen 4 unter Caracalla bis Alexander Severus, die aber wieder dem früheren Stande wich, endlich unter Justinian vielleicht mit einem schwachen Steigen (gegen 6 und 7). Das höchste aus dem Altertum bekannte Jahreseinkommen ist dasjenige, welches die reichsten römischen Familien am Anfang des 5. Jahrhunderts bezogen haben sollen: etwa 4000 Pfund Gold bar, und Naturalien im Werte des dritten Teils dieser Summe; im ganzen nach heutigem Gelde 4,872.480 Mark.

Zur richtigen Schätzung dieser Summen können einige Angaben der größten Vermögen und Einkünfte in verschiedenen Zeiten und Ländern als ein zwar sehr unvollkommenes, aber doch nicht ganz wertloses Hilfsmittel dienen; mehrere derselben sind, wie gesagt, höher als die Angaben aus der römischen Kaiserzeit, und zwar beträchtlich. Ungeheure Reichtümer, die ebenso schnell zerrannen, wurden von einzelnen im Reiche der Kalifen gewonnen. Unter

Kalif Mahdy hatte ein reicher Hâshimide in Bassora ein tägliches Einkommen von 100.000 Dirhem (soviel wie Francs); er soll 50.000 Klienten gehabt haben. Ein Lorenzo de' Medici hinterließ bei seinem Tode (1440) 235.137 Goldgulden (etwa 2⅓ Millionen Mark). Jacques Cœur (etwa 1400—1456), der reichste Mann Frankreichs im Mittelalter, der das ganze Bankgeschäft sowie fast den ganzen Ein- und Ausfuhrhandel des Landes in seiner Hand vereinigte, in zahlreichen Häfen der Levante Kontore, in der Mehrzahl der französischen Städte Niederlassungen hatte, Kupfer-, Blei- und Silbergruben besaß, war imstande, Karl VII. zur Vertreibung der Engländer aus der Normandie 200.000 écus (entsprechend 13—16 Millionen Mark in heutigem Gelde) zu leihen. Er erwarb mehr als 20 Herrschaften und Kastellaneien, hatte Häuser und Schlösser in den größeren Städten Frankreichs und stattete mehrere der letzteren mit Bauten aus. Die ihm durch eine ungerechte Verurteilung auferlegte Buße betrug 400.000 écus. Der Bankier von Julius II., Agostino Chigi, der mehr als 100 Schiffe auf den Meeren und Handelshäuser in Lyon, Constantinopel, Amsterdam, selbst in Babylon besaß und mehr als 20.000 Menschen unterhielt, soll ein Einkommen von 70.000 Dukaten gehabt haben. Das Vermögen der Fugger, das 1511 rund 250.000 Gulden betrug und bis Ende 1527 auf 2 Millionen gestiegen war, erreichte 1546 mit 4¾ Millionen Gulden seinen höchsten Stand; in der ersten Hälfte des 17. Jahrhunderts erfolgte nach einem Verlust von 8 Millionen der Bankrott des Hauses. Mazarins Vermögen schätzt Voltaire auf etwa 200 Millionen Frcs. nach damaliger Währung. Unter Ludwig XIV. besaß der Bankier Samuel Bernard 33 Millionen Livres, der ehemalige Steuereinnehmer Bretonvilliers ein Jahreseinkommen von über 3 Mill. Frcs. in heutigem Gelde. Das Barvermögen des Fürsten Alexei Danilowitsch Menschikow († 1729) soll bei seiner Verbannung 5, nach andern 10 Millionen Rubel betragen. Er hatte allein in Kleinrußland 4 Städte, 88 Kirchdörfer, 99 Dörfer, 15 kleine Flecken und 87 Fischereien besessen, in Ingermanland 16 Güter, 98 Dörfer, Diamanten und Wertsachen für eine Million Rubel, 72 Dutzend silberne Teller, 150 Pud (= 1720 Kilogramm) Tischservice in Gold. Potemkin brachte, unter kolossalen Verschwendungen bei einem Prasserleben, dessen Muster in den Märchen von 1001 Nacht zu suchen ist, in 16 Jahren ein Vermögen von 90 Mill. Rubel zusammen, während damals die ganze Jahreseinnahme des Reichs etwa 50 Millionen betrug. Der jährliche Verbrauch des Grafen Brühl wurde auf 6 Millionen Mark geschätzt. Die Einkünfte des Kardinals Ludwig Rohan werden auf ungefähr 5 Millionen Mark angegeben. Das Privatvermögen Talleyrands schätzte man auf 18 Millionen Frcs. Von den spanischen Granden hatte im 18. Jahrhundert der Herzog von Alba eine Revenue von 8 Millionen Realen (über 1,600.000 Mark), der Herzog von Berwick nahe an 2 Millionen, aber diese Einkünfte wurden größtenteils durch ungeheure Dienerschaften aufgezehrt. Der Herzog von Ossuna hatte (nach Bismarck 1859) ein Einkommen von Millionen; er besaß prächtige Gärten und Schlösser in Spanien, Italien, Belgien und Sardinien, die er selbst nur im Bilde kannte. Unter den polnischen Magnaten in der Zeit Stanislaw Augusts konnte Felix Potocki 30 Meilen ohne Unterbrechung auf eigenem Grunde reiten, sein Besitz brachte ihm trotz der großen vom Vater her darauf lastenden Schulden anfangs jährlich 700.000 Mark, machte ihn aber bald zum reichsten Mann Kronpolens. Die Czartoryski hatten 15 Städte,

11 schloßähnliche Landsitze, 2 Paläste in Warschau, die Hinterlassenschaft August Czartoryskis brachte etwa 1,800.000 Mark Einkünfte. Karl Radziwill hinterließ trotz einer echt polnischen Mißwirtschaft einen Besitz von gegen 3 Millionen Mark jährlicher Einkünfte.

In Rußland bildeten bekanntlich bis 1863 die Leibeigenen (nahezu ein Drittel der Gesamtbevölkerung) einen sehr bedeutenden Teil der großen Vermögen. Fürst Nicolai Borissowitsch Jussupow gab bei dem Besuche Friedrich Wilhelms II. in Moskau nach der Geburt Alexanders II. (1818) auf seinem dortigen Gute in Archangelsk ein Fest, bei dem er unter anderm seine Gäste durch 40.000 Leibeigene in festlichen Gewändern mit Salz und Brot, den russischen Symbolen der Gastfreiheit, empfangen ließ. Das Vermögen der Jussupows, obwohl mehrmals zur Strafe für Verschwörungen halb konfisziert, war im Jahre 1870 immer noch größer als das der meisten deutschen Fürsten und hatte dadurch, daß zwei Leibeigene, Vater und Sohn, die nacheinander als Verwalter fungierten, während ihrer Dienstzeit 3 Millionen an sich gebracht hatten, keine sehr merkliche Verminderung erlitten. Die Demidows sollen unter anderm einen ungeheuren Felsen von Malachit besessen haben, von dem jedes Pud 800 Rubel kostete; der enorm reiche Astaschew hatte allein im Jahre 1843 in Sibirien 111 Pud Gold brutto, d. h. einen Wert von 5,104.890 Mark gewonnen; das Vermögen des Fähnrichs Jakubow, „1847 vielleicht das kolossalste auf dem Kontinent", schätzte man auf mehr als 300 Millionen Mark.

Im übrigen Europa (besonders in England) sowie in Amerika hat sich seit der Mitte des 19. Jahrhunderts eine Anhäufung ungeheurer Kapitalien in den Händen einzelner in einem Umfang bis zu einer Höhe vollzogen wie vielleicht nie zuvor. Wohl niemand in Frankreich würde heute, wie Frau von Rémusat 1818, ein Einkommen von (höchstens) einer Million Frcs. „ein unermeßliches nennen. In England, wo in Johnsons Zeit der Gesamtverbrauch eines Mannes von hohem Range mit 5000 Lstr. vollständig bestritten werden konnte, und wo nach Macaulay um 1760 ein Einkommen von 40.000 Lstr. mindestens ebenso selten war wie 1840 eines von 100.000, gab es noch 1854 kaum 20 Mitglieder des Hauses der Gemeinen, die ein Einkommen von 10.000 Lstr. hatten; im Jahre 1888 konnte man deren unschwer fünfmal soviel zählen, die ein drei- und vierfaches Einkommen besaßen, und „Zehntausend jährlich" galten nicht mehr wie damals als großer Reichtum. In der Stadt New York zählte man 1847 nicht mehr als 25 Personen, die ein Vermögen von einer Million Dollar hatten; unter diesen „bescheidenen Millionären" ragte Johann Jakob Aster hervor, der bei seinem Tode (1848) auf 20 Millionen Dollar geschätzt wurde. Die Bildung kolossaler Einzelvermögen begann mit dem gewaltigen Aufschwung Amerikas nach dem Sezessionskriege. Alexander F. Stewart gab 1865 sein Jahreseinkommen auf 4,071.256 Dollar an und zahlte an Einkommensteuer 407.000. Cornelius Vanderbild, der 1846 nur 750.000 Dollar besaß, soll, als er 1877 im Alter von 81 Jahren starb, gesagt haben, daß er seit seiner Geburt im Durchschnitt jährlich 1 Million erworben habe; er hinterließ seinem Haupterben 90 Millionen, außerdem Legate im Betrage von 15 Millionen. Jay Gould, der 1884 für den reichsten Mann der ganzen Welt galt, besaß angeblich 275 Millionen, J. W. Mackay, der in der Liste der größten Millionäre die zweite Stelle einnahm, 250 Millionen Dollar; bei J. Pierpont Morgan wurde allein der Gewinn, den er bis 1909 durch den

Zuckertrust gemacht hatte, auf 660 Millionen Dollar geschätzt; auf das Vermögen Andrew Carnegies läßt die Tatsache einen Schluß zu, daß sich die von ihm gemachten Stiftungen gegenwärtig auf ungefähr 157 Millionen Dollar belaufen.

Wenn aber Amerika die höchste Ziffer der Einzelvermögen aufweist, so ist England nichtsdestoweniger das reichste Land, auf welches man gegen Ende des 19. Jahrhunderts von den 700 Besitzern von einer Million Lstr., die damals auf der ganzen Erde leben sollten, nicht weniger als 200 rechnete. Ein Einkommen von mehr als 10.000 Lstr. oder 200.000 Mark jährlich hatten dort 2418 Personen, in Frankreich 700—800, in Deutschland nur 144. Nach jener 1884 aufgestellten Liste der 12 größten Millionäre, die 7 Amerikaner und 5 Engländer enthält, besaß der reichste Mann in England, Rothschild, ein Vermögen von 800, der Herzog von Westminster 320 Millionen Mark; die drei übrigen waren die Herzöge von Sutherland und Northumberland und der Marquis von Bute, der mit einem Vermögen von 80 Millionen Mark die letzte Stelle in der Liste einnahm.

Alle solche Angaben genügen nun freilich nicht zur Beantwortung der Frage, ob die reichsten Leute des Altertums reicher waren als die reichsten der neueren Zeiten. Diese Frage wäre selbst dann nicht leicht zu beantworten, wenn es gelänge, den Sachwert festzustellen, den das Geld in den beiden verglichenen Perioden hatte. Daß nun der Sachwert des Gelds im Altertum weit höher gestanden habe als heute, ist eine Ansicht, zu der auch die Untersuchung von Rodbertus über diesen Gegenstand gelangt. Zwar wird dort zugestanden, daß er die letzten Jahrhunderte der Republik hindurch bis jedenfalls zu Nero etwas sank, doch nur für Rom und Italien; von da ab sei er aber wieder im ganzen römischen Reiche gestiegen. Doch abgesehen von manchen andern sich hier aufdrängenden Bedenken, erscheinen die zugrunde gelegten Angaben aus dem Altertum zur Aufstellung so weitgehender Folgerungen keineswegs ausreichend. Immer ist nicht zu vergessen, daß im Altertum die Genußmittel wie die Fabrikate überhaupt einerseits (wenigstens großenteils) durch die verhältnismäßige Unvollkommenheit der Fabrikation und des Transports verteuert wurden, anderseits durch ihre verhältnismäßige Seltenheit, da der sehr viel geringeren Masse von Edelmetall, die im römischen Reiche zirkulierte, auch eine sehr viel geringere Masse von Genußmitteln wie von Wertobjekten überhaupt gegenüberstand. Freilich war die Entwicklung der Geldsurrogate eine verhältnismäßig sehr geringe, und die Schnelligkeit des Geldumlaufs, die in so vieler Hinsicht ähnlich wirkt wie die Geldmenge, bleibt völlig unmeßbar. Ob aber die Masse der durch Fabrikation erzeugten oder durch Handel eingeführten Genußmittel seit dem Untergang des Altertums nicht in demselben Maße gewachsen ist wie die Masse des Edelmetalls, wird zwar wohl nie zu ermitteln sein, doch für unmöglich kann es gewiß nicht erklärt werden. Ebensowenig wird sich wahrscheinlich jemals feststellen lassen, worauf es bei dem Vergleich der heutigen Reichtümer mit den damaligen hauptsächlich ankommt: ob die größten Einkommen in der Kaiserzeit eine mittlere Jahresrente höher überragten als in der Gegenwart. Jedenfalls sind gegenwärtig alle Angaben über den ralativen Wert derselben Geldsummen im Altertum und in irgendeiner Periode der neueren Zeit ganz willkürlich.

Doch nicht bloß der Luxus der Kaiser und der Großen in der letzten

Zeit der Republik ist ein exzeptioneller; auch von den übrigen Beispielen des Luxus, auf die man sich zu berufen pflegt, werden manche ganz offenbar als einzeln stehende Ausnahmen berichtet. Jener M. Gavius Apicius, der unter Augustus und Tiberius ungeheure Reichtümer (60 oder 100 Millionen Sesterzen) in raffinierter Schwelgerei verpraßte, und als er sein Vermögen bei einer Überrechnung auf 10 Millionen Sesterzen (über 2 Millionen Mark) herabgeschwunden fand, sich nach glaubwürdiger Mitteilung den Tod gab, weil er angeblich mit einer so geringen Summe zu leben nicht für möglich hielt, und vielleicht noch mehr, weil er alle Genüsse bis zum Ekel ausgekostet hatte, galt auch seinerzeit als ein Wunder von Üppigkeit. Ein gelehrter Vielschreiber (Apio) gab ein Buch über seinen Luxus heraus, sein Name ward sprichwörtlich, er selbst zum Mythus, und durch diesen zu einer Art von Typus der vollendetsten Schwelgerei; noch zweihundert Jahre später wählte ein Elagabal ihn zum Vorbilde. Von den Anekdoten, deren Gegenstand er war, genügt als Probe die folgende (vielleicht aus Apios Buch entlehnte): er habe eigens eine beschwerliche Seereise von Minturnä nach Afrika unternommen, weil er gehört hatte, daß dort die Krebse sehr groß seien, und als er sich vom Gegenteil überzeugt, sei er sofort wieder umgekehrt. Wenn es aber überall unzulässig ist, aus Anomalien und Ausnahmen auf allgemeine Zustände zu schließen, so gilt dies ganz besonders für das kaiserliche Rom, auf dessen Boden, unter Einflüssen und Bedingungen, wie sie so nie wiedergekehrt sind, Laster und Ausschweifungen die Tendenz hatten, ins Kolossale und Monströse auszuarten: und so mögen freilich Apicius und seinesgleichen die berüchtigsten Verschwender neuerer Zeiten hinter sich zurücklassen, wie den Grafen Brühl und den durch den Halsbandprozeß bekannten Kardinal Rohan, von dem die Äußerung berichtet wird: er begreife nicht, wie man mit weniger als anderthalb Millionen Livres als Einkommen leben könne.

Vollends jener widersinnige Luxus, der nicht im Genuß, sondern in der Herabwürdigung und Zerstörung des Kostbaren und Wertvollen seine Befriedigung findet, kann der Natur der Sache nach nie anders als vereinzelt vorgekommen sein, und nichts spricht dafür, daß er in Rom verhältnismäßig häufiger war als in modernen Weltstädten, wo zu allen Zeiten großer Reichtum und Übermaß des Genusses Übersättigung und einen mit dem Frevel prahlenden Übermut erzeugt hat. Übrigens fehlt es auch an sonstigen Beispielen dafür nicht. Auch die Großen des Mittelalters suchten ihren Ruhm in völliger Nichtachtung des Besitzes und betätigten diese nicht bloß durch rücksichtslose Verschwendung, sondern auch durch Zerstörung. Bei einer 1174 von Heinrich II. von England nach Beaucaire berufenen Versammlung, wo eine außerordentliche Menge von Freiherren und Rittern zusammenkamen, ließ Bertram Rambaut ein Stück Land pflügen und 30.000 Sols in Pfennigen aussäen, Wilhelm von Martell, der 300 Ritter im Gefolge hatte, alle Speisen in seiner Küche an Wachsfackeln bereiten, Raimund von Venous 30 Pferde herbeiführen und lebendig verbrennen. Als Joachim I. von Brandenburg 1500 nach Frankfurt kam, um die Huldigung der Stadt zu empfangen, schritt ein Herr von Belkow in Samtstiefeln, die mit Perlen geschmückt waren, zur Seite seines Pferdes mitten durch den Kot. Derselbe pflegte mit seinen Brüdern auf den

Töpfermarkt zu reiten, sie ließen das sämtliche Geschirr von ihren Pferden zertrümmern und zahlten den doppelten Preis dafür, dann führten sie die Pferde in den Ratskeller und wuschen sie mit Malvasier. Erwägt man, daß in Rußland gewisse Festlichkeiten, wo es hoch hergeht, ohne das Zertrümmern des Geschirrs nicht für vollständig gelten; daß Tanzen auf Porzellan auch zu den Extravaganzen unserer Seeleute gehört, wenn sie sich am Land befinden; daß Kreolinnen in Habana „ihre neuen, soeben aus Paris bezogenen Kleider im Werte von vielen hundert Talern über die Räder ihrer Wagen breiten, um sie in wenigen Minuten total zu verderben und dadurch mit ihrem Reichtum zu prunken": so muß man glauben, daß der Hang zu dieser Art der Perversität nicht ein gewissen Kulturperioden eigentümlicher und für sie bezeichnender, sondern ein der menschlichen Seele tief eingepflanzter ist.

Fast die einzigen auffallenden Beispiele dieser Form des Luxus, die aus dem alten Rom berichtet werden, sind (wenn man von den Kaisern absieht) das des Verspeisens von Singvögeln, abgerichteten und sprechenden Vögeln, und des Schlürfens aufgelöster Perlen. Nach Valerius Maximus soll der Sohn des großen, durch seine Kunst sehr reich gewordenen tragischen Schauspielers Äsop das letztere zu tun gepflegt, nach Plinius soll er jedem von seinen Gästen eine aufgelöste Perle vorgesetzt haben. Nach Horaz schlürfte er selbst eine solche, die Metella im Ohr getragen, um auf einmal eine Million hinabzuschlucken. Auch das Braten von Singvögeln und sprechenden Vögeln schreibt Valerius Maximus dem Sohn, Plinius dagegen dem Vater Äsopus zu; der letztere gibt sogar den Preis der einzelnen auf 6000, den Preis der ganzen berühmten Schüssel auf 100.000 Sesterzen an; bei Horaz endlich sind es die beiden Söhne des Q. Arrius, die teuer gekaufte Nachtigallen zu speisen pflegten. Die Abweichungen der Berichterstatter zeigen, wie diese und ähnliche Anekdoten sich im Munde jedes Erzählers anders gestalteten, daß daher ihre Zuverlässigkeit in Einzelheiten äußerst gering ist, und ihr Wert nur darin besteht, daß sie allgemein geglaubt wurden. Weil sie nun unendlich oft wiederholt worden sind (wobei zuweilen auch die Perle der Cleopatra auf die Rechnung des römischen Luxus gesetzt wurde), bildete man sich nicht selten unwillkürlich ein, sie müßten auch oft vorgekommen sein. In der Tat aber haben diese und andre „Solözismen der Wollust" eben auch damals für Anomalien gegolten. Augustus, erzählte man, habe Eros, seinen Prokurator in Ägypten, weil er eine in allen Kämpfen siegreich gebliebene Wachtel kaufte und braten ließ, an einen Schiffsmast nageln lassen. Solche und ähnliche Extravaganzen (wie das Zerbrechen eines Silbergefäßes von Mentor, einem antiken Cellini, um dessen Reliefs an dem Nachtgeschirr einer Maitresse anbringen oder gar es daraus anfertigen zu lassen) kennzeichneten außer dem unsinnigen Verschwender höchstens noch den ungebildeten Emporkömmling: bei Trimalchio sind die Kissen mit Purpurwolle gestopft, und ein Sklave, der dessen verletzten Arm mit weißer statt mit Purpurwolle verbindet, wird gepeitscht. Zur Charakteristik des damaligen Luxus im allgemeinen kann dergleichen ebensowenig benutzt werden, wie man auf den Luxus des 18. Jahrhunderts etwa daraus schließen darf, daß der Prinz von Conti die Tinte eines Billetts mit Diamantenstaub bestreute, und die Töchter des Bankiers Tepper in Warschau (um 1790) ihren Kaffee auf einem Feuer von Sandelholz bereiten ließen.

Zu Irrtümern hat es ferner geführt, daß man öfters ohne Prüfung in die verdammenden Urteile römischer Schriftsteller über manchen Luxus eingestimmt hat, der einer unbefangenen Betrachtung tadelfrei und vernünftig, ja selbst als erfreuliches Symptom fortgeschrittener Kultur und vermehrten Wohlstands erscheint. Bekanntlich ist der Begriff des Luxus ein durchaus relativer. „Jeder einzelne und jeder Stand, jedes Volk und jedes Zeitalter erklärt alle diejenigen Konsumtionen für Luxus, welche ihm selbst entbehrlich scheinen." Im ganzen war nun aber die Ansicht des Altertums in dieser Beziehung eine strengere als die neuerer Zeiten. Das Leben der Alten war (und das der Südländer ist, wenn auch in geringerem Grade, noch heute) weit mehr an die Natur gebunden und darum naturgemäßer als das der Modernen. Jede durch die steigende Kultur herbeigeführte künstliche Befriedigung der Bedürfnisse erschien jenen darum viel eher nicht bloß als überflüssig, sondern selbst als widernatürlich, während bei den hochkultivierten Nationen der nördlichen Zonen, die von vornherein auf einen künstlichen Ersatz der ihnen zu ihrem Wohlbefinden von der Natur versagten Bedingungen gewiesen sind, eine Erhöhung dieser Künstlichkeit nicht nur als unschuldig, sondern sogar oft mit Recht als ein Fortschritt erscheinen muß. Dazu kommt, daß zufälligerweise gerade die drei Schriftsteller, denen wir hauptsächlich die Nachrichten über den römischen Luxus verdanken, Varro, Seneca und der ältere Plinius, Männer von besonders einfachen und strengen Gewohnheiten, ja von einer grundsätzlichen Enthaltsamkeit waren, deren Ansichten die durchschnittlichen ihrer Zeitgenossen gewiß an Strenge übertrafen. Namentlich gilt dies von Seneca, der sich in seiner Jugend sogar ein Jahr lang der animalischen Nahrung enthielt, sich auf den Rat des Attalus nicht bloß unerlaubte, sondern auch überflüssige Genüsse versagte und, wenn er gleich allmählich in der Strenge seiner Lebensweise nachließ, sich doch selbst im höheren Alter der Austern und Pilze, der Wohlgerüche, des Weins, der warmen Bäder enthielt und auch in den Genüssen, die er sich gestattete, eine an Enthaltsamkeit grenzende Mäßigkeit beobachtete. Sein Körper war, wie sich bei seinem Tode zeigte, durch die dürftige Ernährung abgemagert. Er, Plinius und Varro verdammen mehr oder minder unbedingt jede Bequemlichkeit, jede Verfeinerung des Genusses, ja sogar jeden entbehrlichen Genuß, und sind selbst von Anwandlungen einer Sehnsucht nach dem ursprünglichen Naturzustande nicht frei. Plinius, bei dem die Betrachtung des unergründlichen Reichtums der sich selbst überlassenen Schöpfung diesen Hang nährte und steigerte, geht unter anderm so weit, die Erfindung des Segelschiffs als einen frevelhaften Eingriff in die Ordnung der Natur zu verwünschen. Varro mißbilligt das Herbeischaffen von Nahrungsmitteln aus fremden Ländern. Plinius findet in der künstlichen Spargelzucht den Beweis einer monströsen Schlemmerei; er und Seneca deklamieren, der letztere wiederholt, gegen das Kühlen von Getränken mit Schnee als einen naturwidrigen Luxus, während dies heutzutage im Süden auch dem Ärmsten als unentbehrlicher Genuß gilt und schon seit Jahrhunderten gegolten hat; Addison, der Neapel in den ersten Jahren des

18. Jahrhunderts besuchte, meinte, ein Mangel an Schnee würde dort ebensogut wie anderswo ein Mangel an Korn einen Aufstand erregen. Gewiß ist es aber auch ein sehr naturgemäßer Genuß; auch rühmt der Arzt Galenus die Leichtigkeit der Beschaffung von Schnee als einen Vorzug von Rom. In Sicilien soll mit dem zunehmenden Gebrauch des Schnees sich auch der Gesundheitszustand gehoben haben. Die Bereitung des Gefrorenen von Fruchtsäften und andern wohlschmeckenden Substanzen ist übrigens eine (französische) Erfindung aus dem Ende des 17. Jahrhunderts. Auch der kolossale Aufschwung, den Eishandel und Eisfabrikation in der neuesten Zeit genommen haben, ist wohl geeignet, an den Abstand des heutigen Luxus von dem antiken und die engen Schranken, in der der letztere gebannt war, zu erinnern. Der amerikanische Eishandel, der um die Mitte des 19. Jahrhunderts seinen Höhepunkt erreichte, indem er jährlich für mehr als 1 Million Mark Natureis von den nördlichen Seen bis in die Äquatorialgegenden regelmäßig lieferte, hat auf den meisten Märkten der Konkurrenz des künstlichen Eises weichen müssen; und man erwartet, daß die Eismaschinen, die bereits die mannigfachste Verwendung finden, bald zu den Utensilien jedes wohleingerichteten Haushalts gehören werden.

Begründeter als gegen den Luxus der Kühlung durch Schnee ist das Bedenken des Plinius gegen die Verweichlichung durch den Gebrauch von Federkissen: doch schwerlich kann diese nordische, dem wärmeren Klima durchaus nicht zusagende Sitte, die bereits Varro und Cicero erwähnen, im Altertum jemals große Verbreitung gefunden haben. Ein Übermaß des Luxus aber vermögen wir auch hierin keineswegs zu erkennen. Ein Volkswirtschaftslehrer des 18. Jahrhunderts sieht sogar darin einen Beweis für die Armseligkeit des römischen Handels, daß die Römer sich zur Füllung ihrer Kissen und Pfühle nur der Federn deutscher Gänse und der Schwäne bedienten, während die Daunen der Eidergänse aus den Polarländern ihnen unzugänglich blieben. Den Preis der Gänsefedern gibt Plinius auf 5 Denare (zirka 4⅓ Mark) für das römische Pfund (327 gr.) an. Ein Pfund der feinsten Eiderdaunen kostete in Frankfurt a. M. im Jahre 1786 sechs Taler.

Außerdem darf man nicht vergessen, daß die meisten römischen Schriftsteller dieser Zeit die Tendenz haben, die Vergangenheit zu preisen und zu rühmen, die Gegenwart auf deren Kosten herabzusetzen. Durch die ganze spätere römische Literatur zieht sich wie ein roter Faden die Klage über Verschlimmerung der Zeiten, wobei die Klage über das Überhandnehmen der Üppigkeit und Schwelgerei, wie berechtigt auch in vieler Hinsicht, doch viel zu sehr verallgemeinert und übertrieben wird. Man glaubt in diesen „Kapuzinerpredigten", wie sie Goethe genannt hat, eine der von der Rhetorenschule anhaftenden Gewohnheiten zu erkennen, wo derartige Vergleichungen zu den Gemeinplätzen gehört haben mögen: eine Gewohnheit, der sich selbst die nicht immer entziehen können, die wie Seneca überzeugt waren, daß der Zustand der menschlichen Dinge im wesentlichen zu allen Zeiten derselbe gewesen sei und bleiben werde. Namentlich Plinius entlehnt den Maßstab zur Beurteilung des Luxus im kaiserlichen Rom den Zuständen der Zeit, in der Mehlbrei, aus irdenen

Töpfen gegessen, die Hauptnahrung der Römer war, die Wände der Wohnungen noch keinen Bewurf hatten und ein einziger Sklave den Dienst eines großen Hauswesens besorgte. Er und andere reden so, als wenn es auch nur denkbar wäre, daß diese Einfachheit hätte dauern können, nachdem Rom eine Weltstadt geworden war, in der die Genußmittel aller Zonen zusammenströmten, nachdem eine hochentwickelte Kultur Bedürfnisse und Genüsse unendlich vervielfacht, verfeinert und verallgemeinert hatte. Ihnen erscheint der Glanz und die Pracht, die Anmut und das Behagen, mit denen diese Kultur das Leben geschmückt hatte, kaum minder bedauernswert als ihre schlimmsten Schattenseiten. Ihre Klagen haben deshalb oft keine größere Berechtigung, als wenn jemand heutzutage die Zustände der Jahrhunderte zurückwünschen wollte, wo die Straßen der Stadt weder Pflaster noch Beleuchtung, die Fenster der Wohnhäuser keine Glasscheiben hatten und der Gebrauch der Gabel beim Essen unerhört war. Auch dieser Gebrauch, der in Frankreich im 14., in Italien zu Anfang des 15. Jahrhunderts aufkam, hat seinerzeit Anstoß gegeben; ein alter Chronist Dandolo erzählt, daß die Gemahlin eines Dogen, die sich einer goldenen Gabel bediente, zur Strafe für diese Üppigkeit lange vor ihrem Tode einen Leichengeruch aushauchte. Ebenso wird über jede Neuerung, die eine Erhöhung der Bequemlichkeit oder Annehmlichkeit bezweckte, in den Chroniken des 14. und 15. Jahrhunderts als über ein Symptom des Sittenverfalls geklagt; so über die Einführung der Matratzen statt der Strohsäcke, der Betthimmel und -vorhänge, der Beleuchtung durch Talg- und Wachskerzen statt durch Fackeln; desgleichen in der Einleitung von Hollindsheds Chronik 1577 über die Errichtung von Kaminen in England und die Einführung zinnerner Schüsseln statt irdener und hölzerner.

Endlich ist die Beurteilung des Luxus dadurch erschwert worden, daß man seine verschiedenen Gattungen nicht auseinandergehalten und aus der Größe gewisser Arten der Verschwendung auf die Größe des Luxus überhaupt geschlossen hat. Aber bei demselbem Volke und in derselben Zeit kann sehr wohl neben großem Luxus auf einem Gebiete Sparsamkeit und Dürftigkeit auf einem andern bestehen. So waren nach Wilhelm von Malmesbury die Bankette der Angelsachsen sehr verschwenderisch, aber ihre Wohnungen armselig; dagegen waren die Normannen im Essen sehr mäßig, aber bauten sich prachtvolle Schlösser. In Deutschland hatte man in den früheren Jahrhunderten (mindestens seit dem sechzehnten) in den dürftig ausgestatteten Häusern wenig Komfort; der Hauptluxus bestand in der Kleiderpracht, welche so zahlreiche Kleiderordnungen veranlaßte. Auch in Rußland zeigte sich im 17. Jahrhundert der Luxus, außer in verschwenderischem Gebrauch der Edelmetalle, fast ausschließlich in der Kostbarkeit der (meist orientalischen) Kleiderstoffe, besonders Seidenzeuge. Der Patriarch Nikon gab 1652 in 7 Monaten 700 Rubel (= 150.000 Pfund Roggen) für seine Kleidung aus, während er sich mit einer bäurischen Kost begnügte und auch seine sonstigen Ausgaben für Hausgerät u. dgl. überaus gering waren. Selbst am Hofe hatte man zwar goldene Schüsseln, aber ebensowenig Teller wie Servietten. In der Existenz der spanischen Großen des 17. Jahrhunderts war Prunk und Knauserei überall verbunden. Ihr Luxus bestand in einer kolossalen Verschwendung des aus den Gruben von Mexiko und Peru massenhaft einströmenden Edelmetalls, namentlich zu Tafelgeschirren; in einer Anhäufung kostbarer Möbel und Zimmerdekorationen; in ungeheuren, aber schlecht bezahlten (daher ärmlich lebenden, selbst hungernden) Dienerschaften; in entsprechend großartigen Wohnräumen; in prachtvollen Sänften und reich behangenen Maultieren mit silberbeschlagenen Hufen, Karossen und Pferden zu enormen Preisen (erstere z. B. zu 12.000, letztere zu 25.000 écus); in einer unglaublichen Überladung der Frauentrachten mit Edelsteinen, Perlen usw. Dagegen die sehr hochgeschätzte feine Wäsche war so selten, daß mancher nur ein einziges Hemd besaß und, während dies gewaschen wurde, im Bett bleiben oder ohne Hemd gehen mußte. Überhaupt verbarg sich hinter all jener Pracht vielfach die größte Armseligkeit; denn bares Geld fehlte überall, und man bewahrte es hinter Schloß und Riegel, statt es zinsbar anzulegen. Der Präsident de Brosses bemerkt (1739/40), daß die Begriffe von Glanz und Pracht bei Italienern und Franzosen sehr verschieden waren. „Bei uns in Frankreich besteht, was wir ein großes Haus, eine große Figur nennen, gewöhnlich in einer wohl besetzten Tafel." Reiche Leute hielten ein zahlreiches Küchenpersonal, große Livréen, ließen dreimal mehr Gerichte als nötig, den Nachtisch sehr zierlich geordnet auftragen; die Italiener verwandten ihr Vermögen auf die Ausschmückung ihrer Vaterstadt mit einem Monument oder schönen Gebäude, das ihren Namen und Kunstsinn auf die Nachwelt brachte. Derselbe sagt, daß die venezianischen Patrizierinnen, die bei Festlichkeiten im Glanze der kostbarsten Geschmeide strahlten, sich mit einer sehr geringen Kost begnügten und die einfachsten Zimmer jener stolzen Paläste bewohnten, von denen ein einziger in weniger als sieben Stunden das glänzende und imposante Schauspiel von 40 prachtvoll möblierten Gemächern bieten konnte.

Die verschiedenen Gattungen des Luxus hängen also keineswegs notwendig miteinander zusammen. Der Luxus der Tafel, der Kleidung und des Schmucks, der Wohnungen und der häuslichen Einrichtung, der Bestattungsluxus, der Sklavenluxus, der Kunstluxus im römischen Altertum beruhten zum Teil auf sehr verschiedenen Bedingungen und fordern eine gesonderte Betrachtung. Ebenso ist der öffentliche und der Privatluxus jener Zeit zu trennen. Hier soll nur der letztere der Gegenstand einer eingehenden Behandlung sein.

Die erste Periode eines enormen Luxus in Rom war jene Zeit der Nabobs, und Lucull, den die Beute zweier orientalischen Königreiche in den Stand setzte, als „Xerxes in der Toga" zu leben, galt damals wie später als ihr Hauptrepräsentant, der die ungeheure Verschwendung besonders in Bauten und Gastmählern in Rom eingeführt habe. Doch blieb diese während der Republik natürlich vereinzelt oder auf kleine Kreise beschränkt und verbreitete sich erst nach Begründung der Monarchie, in der auch, wie oben bemerkt, der Reichtum größer war. Darum sagt Tacitus ohne Zweifel mit Recht, die Periode des größten Luxus in Rom sei das Jahrhundert von der Schlacht bei Actium bis zum Regierungsantritt Vespasians gewesen, der, selbst ein Mann von altertümlicher Lebensweise, durch sein Beispiel mehr zur Einschränkung der Üppigkeit beitrug, als Verordnungen und Gesetze vermocht hätten. Dazu kam, daß vielen großen Familien gerade die Sucht, sich durch Glanz und Pracht hervorzutun, unter den Julischen Kaisern den Untergrang gebracht hatte, wodurch die übrigen weiser und vorsichtiger geworden waren. Endlich waren aus den Städten Italiens und der Provinzen viele „neue Männer" in die römische Aristokratie eingetreten, welche die heimische Sparsamkeit mitbrachten und, auch wenn sie reich wurden, den früheren Sinn bewahrten. Alle diese Bedingungen zur Einschränkung des Luxus haben durch das ganze 2. Jahrhundert fortbestanden: das Beispiel der Kaiser (mit Ausnahme des L. Verus), eine stete Abnahme des alten, eine stete Zunahme des neuen Adels. Es ist daher nicht anzunehmen, daß nach Trajan, in dessen letzter Zeit Tacitus jene Äußerung tat, in dieser Beziehung eine wesentliche Änderung eingetreten wäre.

2. DER TAFELLUXUS UND DIE EINFÜHRUNG VON NAHRUNGSMITTELN AUS DEM AUSLANDE

Nur mit großer Vorsicht darf man die Klagen der Alten über den Luxus der Tafel aufnehmen. Das Nahrungsbedürfnis der Südländer ist so gering, ihre Mäßigkeit im Genuß von Speise und Trank so groß, daß ihnen sehr leicht als Völlerei erscheint, was uns als erlaubter Genuß gilt, um hier nur an das Trinken des ungemischten Weins zu erinnern. Selbst die Philosophie Epikurs machte ja ihren Schülern die größte Einfachheit der Genüsse, die größte Genügsamkeit zur obersten Regel. Der „Lehrer der Wollust" pries den dem Zeus gleich, der sich an Wasser und Brot genügen lasse, und befolgte diesen Grundsatz so streng, daß er nur, wenn er schlemmen wollte, sich ein Töpfchen Käse gestattete; ja er versuchte (wie Pascal in Port Royal) das geringste Maß der zur Fristung des Lebens erforderlichen Nahrung zu ermitteln, um sich darauf zu beschränken. Er rühmte sich, daß seine Beköstigung noch nicht einen ganzen As (5½ Pfg.) koste, während Metrodor, der es nicht so weit gebracht hatte, für die seinige einen ganzen brauchte.

In Rom erhielt sich die größte Einfachheit des Tisches sehr lange. Auch nachdem das aus Kleinasien zurückkehrende Heer (im Jahre 188) Rom zuerst mit orientalischer Üppigkeit und Schwelgerei bekannt gemacht, nachdem man erfahren hatte, daß es eine Kochkunst gebe, und nun anfing, für Köche, sonst die verachtetsten Sklaven, gute Preise zu zahlen, auch da kann der Luxus der Tafel (mindestens während der nächsten hundert Jahre) noch nicht groß gewesen sein. Denn bis zum Jahre 174 bereiteten die Hausfrauen das Brot selbst, und es gab keine Bäcker in der Stadt, und noch im Jahre 161 erregte das Mästen von Hühnern so viel Anstoß, daß es durch eine eigene zensorische Verordnung verboten und dies Verbot seitdem in allen folgenden Luxusgesetzen wiederholt wurde: man umging es dadurch, daß man Hähne mästete. Noch viel später wurden ausländische Vögel und Muscheln in Rom eingeführt: eine Verordnung, die beides (und außerdem Haselmäuse) verbietet, ist im Jahre 115 erlassen worden. Noch um das Jahre 100 wurde auch bei prächtigen Mahlzeiten griechischer Wein nie mehr als einmal herumgegeben: was bei der

Leichtigkeit des Verkehrs zwischen Italien und Griechenland am besten für die große Bescheidenheit der damaligen Tafelgenüsse zeugt. Der Stoiker Posidonius berichtet nach seinen zu Anfang des letzten Jahrhunderts v. Chr. gemachten Beobachtungen, daß die Wohlhabenden in Italien ihre Kinder an eine überaus einfache Kost gewöhnten, so daß sie aßen, was es gerade gab, und meist Wasser tranken; „und oft fragte der Vater oder die Mutter den Sohn, ob er Obst zur Mahlzeit haben wolle, und wenn er davon etwas gegessen hatte, war er zufrieden und legte sich schlafen".

Doch der aufblühende Handel erhob mit den übrigen Waren auch die Nahrungsmittel der Fremde zum Bedürfnis. Infolge der immer ausgedehnteren Beziehungen Roms zu den überseeischen Ländern, des immer lebhafteren Verkehrs, in welchem die Küsten des Mittelmeers ihre Produkte austauschten, wußte man in Rom bald sehr gut, daß die Böckchen in Ambracia, die Eselfische in Pessinus, die Austern in Tarent, die Datteln in Ägypten usw. in größter Vollkommenheit zu finden seien. Strengere Zeitgenossen, wie Varro, bemerkten dies mit der größten Mißbilligung, weil sie offenbar — ganz wie in Deutschland im 16. Jahrhundert Luther und Hutten — schon darin eine tadelnswerte Üppigkeit fanden, daß man sich nicht an den doch so vortrefflichen einheimischen Nahrungsmitteln genügen ließ. Schwerlich ist aber eine so strenge Auffassung selbst im Altertum zu irgendeiner Zeit allgemein gewesen. Thucydides hebt es als Vorzug Athens hervor, daß dort die Erzeugnisse aller Länder eingeführt würden und seinen Bewohnern der Genuß fremder Güter nicht minder eigentümlich sei als einheimischer; und Dichter der späteren attischen Komödie, wie Antiphanes, und der von Ennius bearbeitete Archestratus von Gela (in einer gastronomischen Reise um die Welt) haben Verzeichnisse von Leckerbissen verschiedener Länder mit einem ähnlichen Behagen zusammengestellt wie Brillat-Savarin, der die Mahlzeiten von Paris als kosmopolitische rühmt, weil jeder Weltteil dazu seine Erzeugnisse beigesteuert habe.

Am wenigsten dürfte Varros Ansicht heutzutage auf Zustimmung zu rechnen haben, wo „bei einem Frühstück des deutschen Mittelstands ostindischer Kaffee, chinesischer Tee, westindischer Zucker, englischer Käse, spanischer Wein, russischer Kaviar vereinigt sein können, ohne als Luxus aufzufallen". Der Erdball, sagt Gulliver (der sich hier auf den Standpunkt Varros stellt) muß dreimal umkreist werden, ehe eines unserer besseren Yahooweibchen (d. h. eine Engländerin der höheren Klassen) ihr Frühstück oder die Tasse hat, in die sie es hineintun kann. Gegenwärtig aber, wo man in dem täglichen Genusse von Nahrungsmitteln aus andern Weltteilen nicht nur keinen tadelnswerten, sondern überhaupt gar keinen Luxus erblickt, können Varros Klagen um so weniger Zustimmung finden, als wir nicht den mindesten Grund haben zu glauben, daß die Beschaffung von Nahrungsmitteln aus Asien, Amerika und Afrika heute für Deutschland leichter und weniger kostspielig ist, als damals von den nahen Küsten des Mittelmeers für Rom, das fast eine Seestadt war. Vollends die Bevorzugung der an gewissen Orten in anerkannter Vorzüglichkeit erzeugten Eßwaren ist zu allen Zeiten eine der notwendigen Folgen der Zunahme des Wohlstands und der Erweiterung der Handelsbeziehungen gewesen. In

Paris z. B., das im 13. Jahrhundert in so vielen Beziehungen für die erste Stadt Europas galt, war damals die Lebhaftigkeit des Verkehrs schwerlich so groß, der Reichtum sicherlich sehr viel geringer als zu Rom in Varros Zeit: doch „in Hinsicht auf die Bezugsquellen der einzelnen Nahrungsmittel herrschte keineswegs Gleichgültigkeit, man wußte gar wohl, welche Landschaft das eine oder das andre Produkt am besten erzeuge, und woher der Feinschmecker seine Speisekammer versorgen müsse. So hielt man die Erbsen von Vermandois über alle andern, holte die Kresse aus dem Orléanais, die Rüben aus der Auvergne, die Zwiebeln aus Corbeilles, die Schalotten aus Estampes und schätzte den Käse aus der Champagne und Brie namentlich hoch, sowie Fische aus den Teichen von Bondi, Burgunder Birnen und Äpfel aus der Auvergne. Die besten Kastanien wurden aus der Lombardei, Feigen aus Malta und Rosinen aus der Levante bezogen"; von fremden Weinen waren außer dem Moselwein besonders die spanischen, die von Cypern, griechische und italienische Sorten beliebt. Ähnliche Angaben werden sich aus allen Zeiten und Ländern mit einigermaßen entwickelten Handelsbeziehungen machen lassen, über welche wir genügend unterrichtet sind. Nicolai läßt im Leben des Sebaldus Nothanker einen gräflichen Eßkünstler die besten Nahrungsmittel nur der deutschen Provinzen aufzählen: aber dies ist ein deutscher Patriot, der das französische Essen nicht leiden kann. Er erhält posttäglich pommersche große Maränen, dreiviertel Ellen lang, Flundern von der Insel Hela, berlinische Sander; kalte Pasteten aus Hanau und gewürzte Schwartenmagen aus Frankfurt a. M. muß man nach ihm im März, Krammetsvögel vom Harz desgleichen, Fasanen aus Böhmen im Februar beziehen; Krebse aus Sonnenburg, westfälische Schinken, in Champagner gekocht, Kaviar aus Königsberg, astrachansche Mesonen und Ananas gehören ebenfalls zu seinen Bedürfnissen. Ein wie überaus armes Land Deutschland und wie unentwickelt seine Verkehrsmittel damals waren, ist allbekannt.

Liest man freilich die Äußerungen römischer Schriftsteller über die „verabscheuungswürdigen Jagden", das Durchsuchen aller Länder und Meere nach Leckerbissen, die Ausstattung einer einzigen Tafel durch das, was viele Schiffe aus mehr als einem Meer herbeiführen: so möchte man glauben, es seien besonders umfassende Anstalten getroffen, ganze Scharen auf weite, schwierige und gefahrvolle Expeditionen ausgesandt worden, um die Tafeln der römischen Schwelger zu versorgen. In der Tat ist dies von Vitellius geschehen, der die Ingredienzien zu einer vielberufenen Riesenschüssel, Makrelenlebern, Fasanen- und Pfauengehirne, Flamingozungen, Muränenmilch, durch die römischen Flotten bis aus Spanien und Parthien holen ließ. Aber Vitellius scheint selbst unter den römischen Kaisern nur einen Nachahmer gefunden zu haben, Elagabal; viel zahlreicher dagegen unter den französischen Schlemmern des 18. Jahrhunderts. Einer derselben, Verdelet, ließ sich z. B. eine Schüssel aus den Zungen von 2000 oder 3000 Karpfen bereiten, die 1200 Livres kostete, und der Prinz von Soubise speiste oft eine von dem Koch Marin für Ludwig XV. erfundene omelette royale aus Hahnenkämmen und Karpfenmilch, die jedesmal 100 écus kostete. Sieht man aber von jenen Ungeheuerlichkeiten der kaiserlichen Schwelgerei im alten Rom ab, so ist allem Anschein nach dort nicht mehr geschehen, als daß unter den Produkten aller Länder auch ihre Nahrungsmittel und Leckerbissen auf den Markt kamen und guten Absatz fanden. Und fragt man, welches denn die Köstlichkeiten waren, deren Beschaffung aus weiter Ferne so großen Anstoß erregte, so findet man fast überall nur einige Geflügelarten genannt, den Fasan und das numidische Huhn (Perlhuhn), den Flamingo und wenige andre, die aber zum großen Teil schon in Italien gezogen wurden und dann schwerlich sehr teuer gewesen sein können: wie denn der Fasan in dem Maximaltarif Diocletians zu einem nur um ein Viertel höheren Preise angesetzt ist als die Gans. Beide Vögel lieferten Festbraten; auf der für eine kaiserliche freilich sehr frugalen Tafel des Alexander Severus, wo täglich zwei Hähne, ein Hase und viel Wild aufgetragen wurden, erschien eine Gans nur an gewöhnlichen, ein Fasan (wie auch auf der Tafel des Kaisers Tacitus) nur an hohen Festtagen.

Übrigens ist nicht bloß die Akklimatisation ausländischer Tiere und Gewächse, von welcher später ausführlich die Rede sein soll, sondern auch deren Beschaffung im Handelswege für die Tafeln Roms in größerer Ausdehnung sicher erst seit Begründung der Monarchie erfolgt, und es waren eben nur die Anfänge dieses Luxus, die Varros Unmut in so hohem Grade erregten. Denn in seiner Zeit scheinen ausländische Gerichte selbst bei üppigen Mahlzeiten noch selten gewesen zu sein. Wir haben das Verzeichnis der Speisen bei einer zwischen 74 und 63 v. Chr. gehaltenen priesterlichen Antrittsmahlzeit, und darunter ist nur eine zum Teil ausländische, und keine seltene oder kostbare Schüssel. Die Mahlzeit fand am 24. August statt. Das Voressen bestand aus Meerigeln, rohen Austern nach Belieben, zwei Muschelarten, einer Drossel auf Spargeln, einer gemästeten Henne, einem Austern- und Muschelragout, schwarzen und weißen Maronen; dann wieder verschiedene Muscheln und Meertiere mit Feigenschnepfen, Lenden von Rehen und Wildschweinen, Geflügel in einer Teigkruste, Purpurschnecken mit Feigenschnepfen. Die Hauptmahlzeit: Saueuter, Schweinskopf, Frikassee von Fischen, Frikassee von Saueuter, Enten, eine andere Art Enten gesotten, Hasen, gebratenes Geflügel, eine Mehlspeise, picentinische Brote. Das Verzeichnis des Nachtisches fehlt. Diese Mahlzeit, an der die vornehmsten Männer und Frauen des damaligen Rom (unter andern Julius Cäsar als Pontifex), teilnahmen, muß doch wohl selbst unter den wegen ihrer Schwelgerei sprichwörtlichen priesterlichen Gastmählern sich besonders ausgezeichnet haben: sonst würde ein vier bis fünf Jahrhunderte später lebender Schriftsteller den Bericht über sie kaum der Mitteilung wert gehalten haben. Es würde jedoch leicht sein, aus verschiedenen Perioden der neueren Zeit Mahlzeiten anzuführen, deren Luxus ebenso groß war, ohne daß sie besonderes Aufsehen erregten: vollends mit solchen, die im 18. und 19. Jahrhundert als ungewöhnlich köstlich, reich und verschwenderisch gegolten haben, hält jene berufene römische Priestermahlzeit nicht entfernt den Vergleich aus. In der Zeit, die zwischen ihr und den Äußerungen Varros liegt, könnte nun freilich der Bezug von Leckerbissen aus der Fremde sehr zugenommen haben. Aber auch bei dem von Horaz geschilderten Gastmahl, mit dem der reiche Nasidienus Mäcen und dessen Freunde bewirtet, kommen nur inländische Schüsseln vor, und die Satire des Dichters richtet sich hier und anderwärts nicht sowohl gegen den übermäßigen Aufwand der Tafel als gegen die lächerliche Wichtigkeit, mit der die Koch- und Eßkünstler ihre Kunst betrieben, und die dem mit den einfachsten Speisen, am liebsten mit Pflanzenkost sich begnügenden Freunde Epikurischer Lehre, doppelt töricht erscheinen mußte.

Erst nach der Schlacht bei Actium begann, wie Tacitus in der oben angeführten Stelle bestätigt, die Periode des größten Tafelluxus, wozu der Aufschwung des Handels nach Wiederherstellung des Weltfriedens und namentlich die Eröffnung des Verkehrs mit Ostindien und ganz Asien über Alexandria ohne Zweifel sehr wesentlich beitrug. Nun erst wurde Rom eine Stadt, welcher der Welthandel jahraus, jahrein im Überfluß zuführte, „was bei allen Völkern erzeugt und bereitet ward", „wo man die Güter der ganzen Welt in der Nähe prüfen konnte": nun erst konnten auch die seltensten und köstlichsten Erzeugnisse aller Zonen für die Tafelgenüsse der Schwelger in reichem Maße verwertet werden. Nun wurden, sagt Plinius, die verschiedenen Ingredienzien in der Art vermengt, daß jedes durch einen ihm eigentlich fremden Geschmack den Gaumen zu reizen genötigt ward, und so auch die verschiedenen Erd- und Himmelsstriche miteinander vermischt. Bei einer Speise wird Indien hinzugenommen, bei einer andern Ägypten, Cyrene, Kreta und so fort. Und selbst vor den Giften bleiben die Menschen nicht stehen, um ja nur alles zu verschlingen.

Wenn nun aber auch der Luxus der Tafel in Rom während der Periode von Augustus bis Vespasian ohne Zweifel einen sehr hohen Grad erreichte, so war er doch sicherlich weder so ausschweifend und ungeheuerlich, noch so allgemein, wie man nach manchen Äußerungen von Zeitgenossen, namentlich eben des älteren Plinius und des jüngeren Seneca, vielfach angenommen hat. Manches, was ihnen als unbedingt verdammenswert galt, erscheint uns in milderem Lichte, manches, was ihnen neu und unerhört war, sind wir gewohnt und finden es natürlich, andres hat nicht die Bedeutung, die es zu haben scheint.

Wenn große Gastmähler ungeheure Summen kosteten, so wurden diese keineswegs allein für die Bewirtung, sondern auch (und vielleicht zum größten Teil) für Ausstattung, Dekoration u. dgl. ausgegeben und gestatten daher keinen unbedingten Schluß auf den Luxus der Tafel. Bei Meimers, holländischem Gesandten in Madrid (1804—1806), wischten sich, nachdem er drei Jahre hausgehalten und täglich Leute gesehen, seine Gäste noch stets mit neuen Servietten den Mund. Zur Herstellung eines eleganten Desserts, das auf 10.000 Taler geschätzt wurde, war in Paris (1804) außer der Arbeit des Zuckerbäckers die des Dekorateurs, Malers, Architekten und Blumisten erforderlich. Bei den Lordmayorsessen in London betrug die Ausgabe für Speisen und Getränke früher die Hälfte, unter Georg III. ein Drittel, bei dem Citybankett 1853 für Napoleon nur noch ein Viertel der Gesamtausgabe; bei dem letzteren Fest wurden 1000 Lstr. für Beleuchtung, 1860 für die Anordnung der Stühle und Sitze, 1750 für die Dekoration des Raums ausgegeben. Auch das üppige Fest des Q. Metellus Pius in Spanien (72 v. Chr.) zeichnete sich vorzugsweise durch die Pracht der Dekoration und des übrigen Zubehörs aus. Bei einem Gastmahl eines der Freunde Neros kosteten die (ohne Zweifel im Winter und in großen

Massen verschwendeten) Rosen mehr als 4 Millionen Sesterzen (870.000 Mark), wie denn überhaupt Gastmähler und Gelage eine Hauptveranlassung eines oft ausschweifenden Blumenluxus waren, der in neueren Zeiten schwerlich jemals auch nur annähernd erreicht worden ist. Bei einem berühmten, von dem großen Condé im April 1676 zu Chantilly gegebenen Feste kosteten die Narzissen *(jonquilles)*, mit denen alle Räume förmlich tapeziert waren, nur 1000 écus. Allerdings hat auch dieser Luxus in den letzten Jahrzehnten außerordentlich zugenommen. In England werden zuweilen 2000 Lstr. auf Blumen für einen Ball verwendet. Zu dem (von Sachverständigen angeordneten) Schmuck der Tafel auf den Landsitzen der vornehmen Welt kommen Blumenkörbe aus Paris oder Nizza, um das Mittelstück einer aus dem Garten oder Treibhaus gelieferten Gruppe zu bilden. Die seltensten Orchideen schmücken „Bankette, die eines Lucull nicht unwürdig sind", und riesige Blumensträuße finden auch außerhalb der Saison Käufer zu Preisen, die von drei Guineen bis zum Fabelhaften steigen.

Eine andre Verschwendung wurde im Altertum bei großen Bewirtungen durch die Sitte veranlaßt, Geschenke unter die Gäste zu verteilen oder zu verlosen. Bei den Verlosungen wählte man öfters Gewinne von sehr verschiedenem Werte: so gewann man bei Festen Elagabals zehn Kamele oder zehn Fliegen, zehn Pfund Gold oder Blei, zehn Strauße oder zehn Hühnereier u. dgl. Auch bei den von Martial für solche Verlosungen gedichteten Distichen sind immer zwei Gewinne, je ein wertvoller und ein geringer, paarweise zusammengestellt. Dazu gehören Schreibmaterialien, Toilettengegenstände, Kleider, Geräte, Geschirre und Instrumente aller Art (auch musikalische), Eßwaren, Spiele, Käfigvögel, Möbel, Waffen, Kunstwerke, Bücher, Tiere (auch ein zur Jagd abgerichteter Habicht) und Sklaven; es sind Gegenstände von bedeutendem Werte darunter, wie Scharlachmäntel, Pokale von alten Meistern, Gefäße aus Kristall und Murrha, goldene und silberne Statuetten, auch Sklaven mit besonderen Eigenschaften: eine Tänzerin, ein Stenograph, ein Zwerg, ein Narr, ein Koch, ein Kuchenbäcker. Bei einem Gastmahl, das L. Verus für 6 Mill. Sesterzen (1,305.000 Mark) gab, scheinen die Geschenke sämtlich kostbar gewesen zu sein; genannt werden schöne Sklaven, lebendige Tiere, Gefäße aus den wertvollsten Materialien, Kränze aus Blumen andrer Jahreszeiten mit goldenen Bändern, silberbeschlagene Wagen mit Maultiergespannen und den dazugehörigen Treibern.

Wenn also die Kosten jenes Mahls des Lucullus im Apollosaal auf 200.000 Sesterzen (35.000 Mark) angegeben werden, wenn die Arvalen bis auf die Zeit Gordians zu 100 Denaren (87 Mark) das Kuvert speisten: so bleibt es ungewiß, wieviel von solchen Summen auf Kränze, Blumen, Wohlgerüche (mit denen bei Gelagen vielleicht der größte Luxus getrieben wurde), Beleuchtung, Schmuck des Lokals und der Dienerschaft, Aufführungen und Schauspiele, Gastgeschenke usw. verwandt wurde. Daß aber die Pracht und der Aufwand bei römischen Gastmählern ebenso wie das Raffinement derselben in späteren Zeiten vielfach überboten worden sind, wird sich aus zahlreichen, unten anzuführenden Angaben und Beschreibungen ergeben. Hier sei nur erwähnt, daß die Verlosungen von

Geschenken in Frankreich im 17. Jahrhundert aus Italien eingeführt wurden. Bei einem zu Ehren der Königin von England im Louvre veranstalteten Feste Mazarins, wo alle Lose gewannen, war der Hauptgewinn ein Diamant im Werte von 4000 écus; bei einem von dem Oberintendanten Foucquet am 17. August 1661 dem Könige gegebenen Feste waren die Gewinne Juwelen, prachtvolle Anzüge, kostbare Waffen und Luxuspferde.

Übrigens kommt die Verschwendung für üppige Gastmähler im kaiserlichen Rom, namentlich aber die hohen Preise, die für einzelne Leckerbissen gezahlt wurden, nicht allein auf Rechnung der Schwelgerei, sondern auch auf die der Mode, der Prahlerei, der Sucht, sich hervorzutun und in den Kreisen der Genußkünstler von sich reden zu machen, und dasselbe gilt von vielen andern Erscheinungen des damaligen Luxus. „Die Verschwender", sagt Seneca, „streben danach, ihr Leben fortwährend zum Gegenstand der Gespräche zu machen. Bleibt es verschwiegen, so glauben sie, ihre Mühe verloren zu haben. Sooft etwas, was sie tun, dem Gerücht entgeht, sind sie mißvergnügt. Es gibt viele, die ihr Vermögen verprassen, viele, die Maitressen halten: um sich unter diesen einen Namen zu machen, genügt es nicht, üppig zu leben, man muß es in auffallender Weise tun, eine gewöhnliche Verschwendung verursacht in einer so beschäftigten Stadt kein Gerede." „Du bist nicht zufrieden, Tucca," sagt Martial, „ein Schlemmer zu sein, du wünschest auch als solcher zu erscheinen und genannt zu werden." Eben das Bestreben, Gerede zu verursachen, ist es gerade gewesen, was z. B. mehr als einen Verschwender bewogen hat, jene großen Summen für Exemplare der Seebarbe *(mullus)* von ungewöhnlichem Gewicht zu zahlen, die so oft als Beweise beispielloser Üppigkeit angeführt worden sind. So erkaufte ein P. Octavius, ein hochgestellter Mann, mit der Summe von 5000 Sesterzen (1087 Mark) für ein 4½ Pfund (römisch = 1,47 kg) schweres Exemplar den Ruhm, einen Fisch erstanden zu haben, der nicht nur dem Kaiser Tiberius, sondern auch seinem Rivalen Apicius zu teuer gewesen war, „und erlangte damit unter seinesgleichen großes Ansehen". Diese und gewiß noch manche andere Preise gehören also zu den Eitelkeitspreisen, deren Höhe nur von den Zahlungsmitteln der Käufer begrenzt wird. Juvenal spricht von Leuten, die ohne Rücksicht auf die Preise alle Elemente nach Leckerbissen durchsuchen und im Grunde das am liebsten haben, was am meisten kostet; sie richten sich zugrunde, um Schüsseln auftragen zu lassen, die 400 Sesterzen kosten. Daß eine solche Summe (87 Mark) für enorm galt, zeigt wieder, daß der damalige Maßstab für die Preise von Luxusnahrungsmitteln ein kleinerer war als der gegenwärtige. In der Tat kostete von einer der teuersten Delikatessen, der nur in geringen Quantitäten zu verwendenden, aus den inneren Teilen der Makrele *(scomber)* bereiteten Fischsauce *(garum)*, ein Liter aus der berühmten Fabrik in Cartagena *(garum sociorum)* nur 33 Mark im heutigen Gelde. Um 1596, in der Zeit einer Hungersnot, gab es in Paris Bankette, bei denen die Schüssel 45 écus (etwa 440 Frcs. in jetzigem Gelde) kostete; bei einem Abendessen des Marschalls de l'Hospital (in der Zeit Mazarins) kosteten einzelne Schüsseln 400 écus. In Petersburg gaben in Potemkins Zeit die Großen für die den Glanzpunkt schwelgerischer Gastmähler bildende, aus Stör bereitete Fischsuppe, in deren Preisen man einander zu überbieten suchte, bis 300 Rubel aus; bei seinen eigenen Bällen (1791), deren jeder 14.000 Rubel gekostet haben soll, erschien auf der Tafel jedesmal eine Fischsuppe im Werte von 1000 Rubeln in einem Silbergefäß, das gegen 300 Pfund wog. Die Kosten einer von der Stadt Genf dem Erzkanzler Cambacérès gesandten Riesenforelle nebst Sauce sollen vom Rechnungshof auf 6000 Frcs. veranschlagt worden sein. Plinius sagt mit übertreibender Phrase, daß Köche in seiner Zeit mehr kosteten als vormals ein Triumph, und schon der Geschichtschreiber Sallust soll dem Koch Dama, Freigelassenen des Nomentanus, ein Jahresgehalt von 100.000 Sesterzen (17.550 Mark) gezahlt haben; aber schwerlich erhielten die Köche damals so hohe Bezahlungen wie im 19. Jahrhundert in London und Paris. Anton Carême, der bei Lord Steward, Talleyrand, Rothschild und Kaiser Alexander angestellt war, erhielt bei letzterem monatlich 2400 Frcs. Gehalt, und seine Ausgaben für die Küche beliefen sich monatlich auf 80.000 bis 100.000 Frcs.; nach dem Fürsten von Pückler-Muskau gab es in England Köche, die ein Gehalt von 1200 Lstr. bezogen. Seneca erzählt von einer „berühmten, zum Stadtgespräch gewordenen Schüssel" wie von einer Monstrosität: es waren darin die feinsten Leckerbissen, die sonst auch bei großen Gastmählern nacheinander aufgetragen wurden (wie Austern und andre Schaltiere, Seeigel, ausgegrätete Seebarben), so durcheinander gemischt und mit der gleichen Brühe übergossen, daß man das einzelne nicht unterschied: „der Auswurf eines Erbrechenden könnte nicht mehr durcheinander gemengt sein". Wenn ein solches Gericht wirklich großes Aufsehen erregte, möchte man glauben, daß die Kochkunst der Neronischen Zeit an Raffinement der modernen französischen sehr nachgestanden habe. Auch der rohe (als Plinius schrieb, gewöhnliche) Luxus, den P. Servilius Rullus etwa in Sullas Zeit eingeführt hatte und der in der Zeit der Regentschaft in Paris wieder Mode wurde, ganze Eber für wenige Gäste auftragen zu lassen, erregt Zweifel an dem Raffinement der römischen Tafelgenüsse, zu denen das wilde und zahme Schwein, das man auf fünfzig Arten zu bereiten verstand, zu allen Zeiten sehr beliebte Beiträge geliefert hat. Ein vielgenanntes, von Aelius Verus erfundenes Lieblingsgericht Hadrians, der ein Freund guter Mahlzeiten war, das noch auf der Tafel des Alexander Severus erschien, bestand aus Fasanen, Pfauen, Eberfleisch oder Saueuter und Schinken in einer Teigkruste.

Endlich muß hier noch erwähnt werden, daß der Gebrauch von Brechmitteln nach der Mahlzeit keineswegs ein so unbedingter Beweis für Unmäßigkeit und Völlerei ist, wie es nach heutigen Begriffen scheint. Wenn Cäsar, der nichts weniger als unmäßig war, nach einem reichlichen Mahle bei Cicero ein Brechmittel nahm und der letztere dies ohne jede Mißbilligung erwähnt, so folgt daraus nicht, daß damals eine viehische Maßlosigkeit im Genusse so allgemein war, daß sie niemandem mehr auffiel, sondern vielmehr, daß das gegenwärtig nur in Krankheitszuständen angewandte Mittel damals auch als ein rein diätetisches angesehen und gebraucht wurde, wie in der Zeit unserer Großväter der Aderlaß und das Purgieren. Ein jeder, sagt Seneca, kennt die Mängel seiner Leibesbeschaffenheit; daher erleichtert der eine den Magen durch ein Brechmittel, ein andrer stärkt ihn durch reichliche Nahrung, ein dritter leert und reinigt ihn durch Einschaltung eines Fastens. Auch die alten Ägypter, nach Herodot die gesündesten Menschen, brauchten in jedem Monate drei Tage hintereinander Brechmittel und Klistiere, und das regelmäßige Purgieren auch durch Vomitive war von der größten ärztlichen Autorität des griechischen Altertums, von Hippokrates, ebenfalls empfohlen worden: ihm schließen sich die späteren Ärzte, die nur den Mißbrauch widerraten, wenigstens zum großen Teil an. Daß Asklepiades den diätetischen Gebrauch der Brechmittel in seinem Buche über Erhaltung der Gesundheit ganz verworfen habe, wollte Celsus nicht tadeln, wenn er durch die Unsitte mancher, sie täglich zu nehmen, dazu veranlaßt worden sei: der Schlemmerei wegen dürfe es allerdings nicht geschehen, doch wußte Celsus aus Erfahrung, daß das Mittel, hin und wieder angewandt, der Gesundheit nur zuträglich sein könne. Auch der berühmte Arzt Archigenes (unter Trajan) erklärt den zwei- bis dreimaligen Gebrauch im Monat für erstaunlich heilsam, Galen rät ihn mehr vor als nach der Mahlzeit an. Zu denen, die das Mittel nur in Krankheiten angewandt wissen wollten, gehören Plinius und Plutarch. Immerhin mag unter den Schlemmern, für welche das Essen ein Lebenszweck war, die für sich allein sieben Gänge auftragen ließen, sich auf die Zubereitung feiner Schüsseln verstanden und eine so große Kennerschaft erwarben, daß sie beim ersten Biß zu sagen wußten, von welcher Küste eine Auster stammte, — unter solchen mag auch die Zahl derer groß genug gewesen sein, welche „spien, um zu essen, aßen, um zu speien, und die aus allen Weltteilen zusammengebrachten Mahlzeiten nicht einmal verdauen wollten", wenigstens in Neros Zeit, wo Seneca dies schrieb. Aber die Äußerungen einiger zum Übertreiben und Generalisieren geneigter Schriftsteller berechtigen schwerlich zu dem Glauben, daß die ekelhafte Unsitte des täglichen Vomierens mit all ihren schlimmen und widerlichen Folgen auch nur in größeren Kreisen allgemein war, selbst in der Zeit der größten Schwelgerei, geschweige denn in einer späteren. Von den Kaisern, deren Lebensgewohnheiten die Biographen bis ins kleinste angeben, ist, außer dem durch beispiellose Gefräßigkeit ausgezeichneten Vitellius, Claudius der einzige, von dem berichtet wird, daß er sich der Brechmittel gewohnheitsmäßig bediente. Vielleicht war er nicht unmäßiger als Karl V., dessen „Heldentaten ekelhafter Schlemmerei" bei seinen vier täglichen Mahlzeiten im Kloster San Juste seinen „entsetzten" Arzt zur Verordnung reichlicher Senna- und Rhabarbertränke nötigten.

Wie die bisherige Betrachtung ergibt, hat der Tafelluxus der Kaiserzeit hauptsächlich deshalb als ausschweifend und unnatürlich gegolten, weil man auch hier Ausnahmen für die Regel angesehen, die Klagen der Alten über die Maßlosigkeit der Schwelgerei als durchaus berechtigt und die von ihnen angeführten Tatsachen als vollgültige Beweise für die Richtigkeit ihrer Urteile angenommen hat, ohne sie zu prüfen und ohne den Maßstab anzulegen, den die Vergleichung derselben Form des Luxus in andern Zeiten und Ländern bietet. Zur Beantwortung der Frage, ob und inwieweit der römische Tafelluxus seit dem Untergange der antiken Kultur überboten worden ist, mögen außer den bereits mitgeteilten Angaben noch folgende als Anhaltspunkte dienen.

Im frühen Mittelalter ist im Reich der Kalifen sowohl das Raffinement der Schwelgerei als die Pracht und der Aufwand bei festlichen Bewirtungen sehr groß gewesen. Der Sohn Gabriels, des Leibarztes des Kalifen Harun Rashyd, speiste im Sommer in einem durch Schnee gekühlten Raume, im Winter in einem Gewächshause, dessen Wärme durch Kohlen von wohlriechendem Holze unterhalten wurde; unter den für ihn aufgetragenen köstlichen Speisen waren gebratene Hühner, die man mit Mandeln und Granatäpfelsaft gefüttert hatte. Bei dem Beschneidungsfeste des Sohns des Kalifen Motawakki war der Boden mit Teppichen aus Goldstoff belegt, die mit Edelsteinen gestickt waren; darauf waren Figuren aus einer Paste von Ambra, Aloe und Moschus angeordnet; vor den Gästen wurden Haufen von Gold- und Silberstücken ausgeschüttet, mit denen sie nach Belieben ihre Taschen füllen konnten, zum Schluß erhielt jeder ein Ehrenkleid. Auch in dem durch alle Künste des Luxus ausgezeichneten maurischen Spanien scheint das Raffinement der Kochkunst groß gewesen zu sein.

Im christlichen Europa, und so auch in Deutschland, waren überall die Klöster Hauptstätten des Tafelluxus. Auch dort gehörten Fasanen und Pfauen zu den ausgesuchten Speisen großer Tafeln, beide kommen in den Küchenzetteln der Klöster am Bodensee im 11. Jahrhundert vor. Auch dort verwandte man ausländische Nahrungsmittel und Ingredienzien; im Kloster zu Hirsau kannte und brauchte man unter Abt Wilhelm (1069 bis 1091) eine Anzahl von ausländischen Fischen, von fremden Früchten (Zitronen, Feigen, Kastanien), von fremden Gewürzen (Pfeffer und Ingwer). Peter von Clugny klagt um 1130, daß manche Mönche sich nicht mit den auserlesenen heimischen Speisen begnügen, sondern ausländische suchen. Übrigens war auch der Aufwand der adligen Herren im Mittelalter für ihre Tafeln nicht gering, und sogar die (wie im Goldenen Hause Neros) zum Herabschütten von wohlriechenden Essenzen und Zuckerwerk auf die Gäste eingerichteten Zimmerdecken nicht unbekannt.

In Frankreich war die Kochkunst schon im 14. Jahrhundert verhältnismäßig entwickelt; noch größere Fortschritte machte sie im fünfzehnten. Die Köche aus der Schule des berühmten Kochs Karls VII., Taillevent, bestrebten sich, durch künstlerische Dekoration der Schüsseln einen gefälligen Anblick zu bieten und zugleich die Natur der Speisen durch künstliche Bereitung unkenntlich zu machen. Der Hauptgang der Mahlzeit bestand aus süßen Speisen, unter denen ein Pfau, Fasan oder Schwan, in Haut und Federn, mit vergoldetem Schnabel auf einer Erhöhung hervorragte. Die Pfauen, die man unter Trompetenschall und Händeklatschen der Anwesenden auftrug, lieferten die geschätztesten Braten bis ins 16 und 17. Jahrhundert, wo die Truthähne und Fasanen sie allmählich verdrängten. Bei der Hochzeit des Tirolers Adam Geizkofler, Rats und Anwalts der Fugger, im Jahre 1590, wurden neben sechs Indianen noch sieben Pfauen aufgetragen. Am längsten sind sie in Spanien beliebt geblieben; in Sevilla war in altmodischen Häusern noch 1815 ein mit Nüssen gemästeter Pfau die Hauptschüssel bei großen Mahlzeiten.

In England zeichnete sich bereits die Zeit Richards II. durch eine große Neigung zur Schwelgerei aus; eine gewöhnliche anständige Mahlzeit eines Manns von Stande bestand zu Ende des 14. Jahrhunderts aus drei Gängen von je sieben, fünf und sechs Schüsseln; bei größeren Festen wurden neun, elf und zwölf Schüsseln aufgetragen. Auch im 15. Jahrhundert war die Schwelgerei groß. Bei der Ernennung von George Neville zum Erzbischof von York, im Jahre 1466, fand ein ungeheures Bankett statt, bei dem außer 4000 kalten Wildpasteten usw. 104 Pfauen und 200 Fasanen verzehrt wurden.

Von dem größten italienischen Fest- und Tafelluxus des 15. Jahrhunderts gibt die Beschreibung des Gastmahls eine Vorstellung, welches der Florentiner Benedetto Salutati, ein Enkel des berühmten Kanzlers, mit seinen Handelsgenossen am 16. Februar 1476 den Söhnen König Ferantes I. in Neapel gab. Die Treppe des Hauses war mit gewirkten Teppichen und Taxusgewinden behangen, der große Saal mit figurenreichen Teppichen geschmückt, während von der mit Tuch in den aragonischen Farben überzogenen Decke zwei Wachslichter tragende Kronleuchter von geschnitztem, vergoldetem Holz herabhingen. Dem Haupteingang gegenüber stand auf einer mit Teppichen belegten Estrade die Speisetafel, feinste Leinwand war darauf über einer gewirkten Decke ausgebreitet. Eine andre Seite nahm der große Kredenztisch ein, gefüllt mit etwa achtzig Schaustücken, meist silbern, einige golden, außer dem silbernen Tischgeräte (gegen dreihundert Teller verschiedener Art, Näpfe, Becher, Schalen). Unter dem Schall der Trommeln und Pfeifen nahmen die Gäste Platz. Erst kam die Vorkost, für jeden eine kleine Schüssel mit vergoldetem Kuchen von Pinienkernen und ein kleiner Majolikanapf mit einer Milchspeise. Es folgten acht Silberschüsseln mit Gelatine von Kapaunerbrust, mit Wappen und Devisen verziert, die für den vornehmsten Gast, den Herzog von Calabrien, bestimmte Schüssel mit einer Fontäne in der Mitte, welche einen Regen von Orangenblütenwasser sprühte. Die erste Abteilung des Mahls bestand aus zwölf Gängen verschiedener Fleischgattungen, Wild und Kalb, Schinken, Fasanen, Rebhühner, Kapaune, Hühner, Blankmanger: am Schlusse wurde vor den Herzog eine große silberne Schüssel hingestellt, aus welcher bei Aufhebung des Deckels zahlreiche Vögelchen emporflogen. Auf zwei mächtigen Präsentierschüsseln sah man zwei Pfauen, dem Anscheine nach lebend und das Rad schlagend, im Schnabel brennende, duftende Essenzen, auf der Brust an seidenem Band des Herzogs Wappenchild. Die zweite Abteilung bestand aus neun Gängen süßer Speise verschiedener Art, Torten, Marzipane, leichtes zierliches Backwerk mit Hippokras (wie man den mit Zucker, Zimt und andern Gewürzen vermischten Wein nannte). Die Weine waren meist einheimische, italienische und sicilische, und zwischen je zwei Gästen lag eine Liste der fünfzehn Gattungen. Am Ende des Mahls wurde jedem wohlriechendes Wasser zum Händewaschen gereicht, und dann das Tischtuch weggenommen, worauf man eine große Schüssel auf die Tafel stellte; darin war ein aus grünen Zweiglein geformter Berg mit kostbaren Essenzen, deren Duft sich durch den Saal verbreitete. Während und nach der Mahlzeit wurden die Gäste durch Musik und eine Mummerei unterhalten. Der nach etwa einer Stunde aufgetragene Nachtisch bestand aus verschiedenem Zuckerwerk in silbernen Schüsseln mit Deckeln aus Wachs und Zucker, auf denen sich Wappen und Devisen befanden. Gegen die fünfte Stunde der Nacht schieden die Gäste, nachdem sie beinahe vier Stunden verweilt hatten.

Im 16. Jahrhundert sind vielleicht die Feste der Venezianer die prachtvollsten in ganz Italien gewesen. Bei einem 1552 von dem Kardinal Grimani, einem Neffen des Papstes, dem Ranuccio Farnese, gegebenen Bankett wurden auf einer Tafel, die hundert Gäste faßte, 90 Schüsseln aufgetragen, und das Essen dauerte vier Stunden. Bei gewöhnlichen Festschmäusen gaben die venezianischen Bürger in der Regel 400 bis 500 Dukaten aus. Nicht bloß Gewürze und Wohlgerüche wurden bei der Bereitung der Speisen verschwenderisch angewandt, sondern auch Gold hinzugetan. Bei einem dem Könige Heinrich III. in den Gemächern der Zehn gegebenen Frühstück bestand alles aus Zucker, aus dem auch Tischtücher, Gedecke, Teller, Brot aufs täuschendste hergestellt waren. Die Dekoration der Speisesäle und Tafeln war überaus kunstvoll, prächtig und mannigfaltig. Zu den Tafelaufsätzen gehörten z. B. einmal weiße, radschlagende Pfauen, über und über mit Bändern von Gold und Seide in allen Farben und mit vergoldetem Zuckerwerk behängt, die ganz wie lebend aussahen, in ihren brennenden Schnäbeln Wohlgerüche und zwischen den Füßen Liebesdevisen hatten; ferner drei vier Palmen hohe Figuren aus Marzipan usw. Gesänge, Gedichte, Aufführungen von Opern und andre der verschiedensten Arten erheiterten diese Mahlzeiten. Von den Gastmählern Agostino Chigis hat seine Biographie drei beschrieben, bei denen Papst Leo X. zugegen war. Nach einem derselben (das verhältnismäßig bescheiden sein sollte, aber 2000 Dukaten kostete) fehlten 11 schwere Silberschüsseln; doch Chigi verbot der Dienerschaft, danach zu forschen, und äußerte seine Verwunderung, daß von so vielen nicht mehr vermißt würden. Vor einem andern, im Sommer in einer Kolonnade am Tiber veranstalteten waren Netze im Wasser unter der Oberfläche gespannt worden, und nach jedem Gange wurde das gesamte dabei gebrauchte Silbergeschirr vor den Augen der Gäste in den Fluß geworfen, so daß kein Stück zweimal auf die Tafel kam, und die übriggebliebenen Speisen unter das zahlreich versammelte Volk verteilt. Bei einem dritten, wo außer dem Papst zwölf Kardinäle und andre Vornehme zugegen waren, fand jeder Gast auf dem Silber, von dem er speiste, sein Familienwappen fehlerlos eingraviert, und rechtzeitig abgegangene, an diesem Tage wieder eintreffende Läufer brachten jedem aus seiner Heimat das dort am meisten geschätzte Gericht in der landesüblichen Zubereitung ganz frisch.

Gegen Ende des 16. Jahrhunderts bestanden in Rom, nach dem Kochbuch des Bartolomeo Scuppi, Leibkochs von Pius V. (1566—72), Festmahle aus vier Gängen, und zwar der erste aus verzuckerten Früchten und Pasteten, welche die Wappen des Papstes darstellten und mit kleinen Vögeln gefüllt waren. Die übrigen waren aus einer Menge von Speisen aller Art gebildet: das Geflügel mit seinen Federn, in Flaschen gekochte Kapaunen, Fisch, Wildbret, Fleisch und süße Speisen wechselten ab in einer unseren kulinarischen Begriffen widerstrebenden Weise. Es gab Gerichte, welche mit Rosenwasser bereitet wurden, und auf derselben Schüssel fand man die heterogensten Stoffe zu einem Ganzen verarbeitet. Die Vereinbarung der Gegensätze galt für die höchste Leistung der Kochkunst. Vor dem Nachtische ward abgedeckt, man wusch sich die Hände, und die Tafel wurde mit verzuckerten Eiern und Syropen besetzt, welche betäubende Wohlgerüche verbreiteten. Am Ende der Mahlzeit ließ der Hausherr Blumensträuße verabreichen. Welche Rolle wohlriechende Substanzen in der damaligen Küche spielten, ergibt sich namentlich aus ihrer Anwendung bei Fleischspeisen, die Montaigne, ein großer Freund der Wohlgerüche, mit Beifall erwähnt. Bei einem Besuche, den der Bei von Tunis Karl V. in Neapel abstattete, hatte man die Speisen des ersteren mit wohlriechenden Spezereien von solcher Kostbarkeit gefüllt, daß ein Pfau und zwei Fasanen auf 100 Dukaten zu stehen kamen; und als man sie zerlegte, erfüllten sie nicht nur den Saal, sondern alle Gemächer des Palastes und selbst die Häuser der Nachbarschaft mit einem sehr lieblichen Duft, der sich nicht so bald verlor. Bei der sehr prachtvollen Hochzeit eines Signor Gottofredo in Rom (1588) kostete das Abendessen 500 Scudi.

Überhaupt nahm Italien im 16. Jahrhundert in der Kochkunst ebenso unbestritten die erste Stelle unter den Ländern Europas ein wie in allen übrigen Künsten. Montaigne erzählt, daß ihm der Haushofmeister des Kardinals Caraffa, ein Italiener, „eine Rede von dieser Wissenschaft des Schlundes hielt, mit einer magisterhaften Haltung, als wenn er von einem großen Problem der Theologie gesprochen hätte. Er enträtselte mir die Verschiedenheit des Appetits, den man vor der Mahlzeit und den man nach dem zweiten und dritten Gange hat; die Mittel, ihn in kunstloser Weise zu befriedigen und ihn zu erregen und zu reizen. Er erörterte die Behandlung seiner Saucen, erstens im allgemeinen, und dann die Eigenschaften und Wirkungen der Ingredenzien im besondern; die Verschiedenheit der Salate nach den Jahreszeiten, und welche kalt und welche warm aufgetragen sein wollen; die Art, sie zu schmücken und zu verschönern, um sie dem Auge gefällig zu machen. Dann vertiefte er sich in schöne und wichtige Betrachtungen über die Anordnung der Tafel, und alles das in mannigfachen und prächtigen Ausdrücken, auch solchen, die man anwendet, wenn man von der Regierung eines Reichs zu reden hat".

Zwar hatte auch die französische Kochkunst im 16. Jahrhundert große Fortschritte gemacht, aber erst unter Ludwig XIV. „unterwarf Frankreich ganz Europa den Gesetzen seiner Küche". Dennoch gilt den Geschichtsschreibern der französischen Kochkunst die damalige Küche (welche im wesentlichen noch immer die von Taillevent begründete war, aber auch der italienischen des 16. Jahrhunderts viel verdankte) als eine sehr unvollkommene. Von ihrer Reichhaltigkeit gibt das Menu einer Mahlzeit eine Vorstellung, die der Kriegsminister Ludwigs XIV., Louvois, dem Dauphin und mehreren andern Mitgliedern der königlichen Familie gab: 11 potages différents, 11 entrées, 13 hors-d'œuvre pour le premier service, 24 plats d'entremets, 11 hors-d'œuvre de légumes, d'omelettes, de crêmes, de foi gras et de truffes (das Dessert wird nicht erwähnt). Bei jenem von dem Oberintendanten Foucquet am 17. August 1661 dem Könige gegebenen Feste schätzte man die Kosten des für 6000 Personen bereiteten Gastmahls auf 120.000 Livres; dasselbe wurde von dem berühmten Vatel angeordnet. Es waren 80 Tafeln und 30 Büfetts errichtet, man verwandte 120 Dutzend Servietten, 500 Dutzend silberne Teller, 36 Dutzend silberne Schüsseln und ein Tafelgeschirr von massivem Golde. Nach der Tafel wurde im Garten Molières Lustspiel „Les Fâcheux" aufgeführt, wobei Molière selbst auftrat; ein prachtvolles Feuerwerk machte den Schluß. Welch hohe Bedeutung man der Kochkunst und ihren Adepten bereits einräumte, beweist der Bericht der Frau von Sévigné über den Selbstmord dieses unvergleichlichen Kochs im April 1676. Bei jenem Feste, das der große Condé Ludwig XIV. zu Chantilly gab, und das 180.000 Livres kostete (das Feuerwerk allein 16.000), waren schon einige kleinere Unglücksfälle vorgekommen, als auch die Seefische, welche aus allen Häfen verschrieben waren, nicht eintrafen: „Der große Vatel, dieser Mann von einer so hervorragenden Begabung, dessen Kopf alle

Sorgen einer Staatsverfassung in sich zu fassen hingereicht hätte, konnte die Schmach, die ihm, wie er glaubte, bevorstand, nicht ertragen: er hat sich erstochen."

Mit ihm beginnt die Reihe der großen französischen Köche, deren Namen die Geschichte verzeichnet hat: eine Ehre, die auch in den Zeiten der ausschweifendsten Schwelgerei des kaiserlichen Rom, aus welchen Namen von Gladiatoren und Zirkuskutschern zahlreich überliefert sind, keinem ihresgleichen zuteil geworden ist.

Die Zeit der Regentschaft war vielleicht nicht die Zeit der besten Küche, aber die des größten Tafelluxus: „Man dachte an nichts als an Essen", sagte ein Zeitgenosse. In der Mitte der damaligen Tafeln prangten große Fleischmassen und Pyramiden von Wild und Geflügel: ein ganzes junges Wildschwein, ein Kalbsnierenbraten, von drei Hühnern und sechs Tauben, eine Rehkeule, von allerlei Wildbret, ein großer Stör, von Seebarben umgeben. Am weitesten wurde auch diese Art der Verschwendung in der Lawschen Periode getrieben. Für einen Liter Erbsen wurden bis 100 Pistolen bezahlt. In der Fastenzeit von 1720 reichten die Vorräte der Fleischer zur Befriedigung der Nachfrage nicht aus. Bei einer Dame in Paris wurde täglich ein Ochse, zwei Kälber, sechs Hammel verzehrt usw.

Unter Ludwig XV. war die Küche bereits ausgezeichnet; Kenner haben sogar behauptet, daß sie zu Ende seiner Regierung ihre höchste Vollendung erreicht habe. Doch sind gewichtige Autoritäten der Ansicht, daß ihre Kulmination erst unter Ludwig XVI. erfolgte. Im Jahre 1783 sprach ganz Paris vierzehn Tage lang von einem Abendessen, welches der große Gastronom Grimod de la Reynière (Sohn) für zweiundzwanzig Personen gab. Von den neun Gängen desselben bestand jeder nur aus einer Gattung Fleisch, das aber auf zweiundzwanzig verschiedene Arten zubereitet war.

Jedenfalls war das 18. Jahrhundert die Zeit „der großen Küche und der großen Köche", unter welchen Marin, der Koch des Prinzen Soubise, der Verfasser der „Dons de Comus" (mit einer Vorrede des gelehrten Jesuiten Pater Brumoy, Übersetzers des „Théâtre de Grecs" 1748), hervorragt. Unter dem Befehl des chef de cuisine stand in großen Häusern eine ganze Schar von Gehilfen und Unterbeamten. Die Leitung des Dienstes bei der Tafel hatte der maître d'hôtel, der in reicher Kleidung, einen Degen an der Seite, einen Diamantring am Finger, eine Dose mit parfümiertem Tabak in der Hand, erschien; zuweilen hatte er zu konstatieren, daß der gnädige Herr im vergangenen Jahre 100.000 écus verzehrt habe. Ein einziges Diner, das Soubise dem Könige und dem Hofe gab, kostete mehr als 80.000 Livres. Zahlreiche Rezepte trugen die Namen hoher Personen, welche sie angegeben hatten. In der Küche des Prinzen Condé wurden wöchentlich 120 Fasanen gebraucht. Dem Herzog von Penthièvre reisten, als er die Stände von Burgund eröffnen sollte, 152 „hommes de bouche" voraus.

In der Dekoration der Tafel lösten die verschiedensten Moden einander ab. Auf künstlerisch geordnete und ornamentierte Tafelaufsätze folgten Nachahmungen von Blumenbeeten durch Tonlagen, die mit abgeschnittenen Blumen bepflanzt waren; dann Darstellungen von Gebäuden, Statuengruppen und Landschaften. Ein gewisser Carade erfand einen künstlichen Reif, den die Wärme der Mahlzeit zum Schmelzen brachte: „Man sah dann den Fluß auftauen, die Bäume grünen, die Blumen erblühen, kurz den Frühling auf den Winter folgen." Unter Ludwig XVI. führten sogenannte „sableurs" mit gefärbtem Sande, Marmor-, Glas- oder Zuckerstaub unmittelbar vor dem Eintritt der Gäste mit unglaublicher Schnelligkeit persische Teppichmuster und andere Bilder aus, die ein Hauch, ein Wassertropfen zerstörte.

Die Revolution verursachte nur eine sehr vorübergehende Einschränkung des Tafelluxus: schon in der Zeit des Direktoriums war die Schwelgerei so groß wie nur je zuvor. Barras soll seine Pilze mit Extrapost von der Rhonemündung haben kommen lassen, übrigens auch Danton Mahlzeiten zu 400 Francs das Kuvert gegeben haben.

Die höhere Gesellschaft in Deutschland nahm, wie in allen Stücken, so auch in der Einrichtung der Mahlzeiten die französische Sitte zum Vorbild. Lady Montague wurde bei ihrem Aufenthalte in Wien 1716 bei Gastmählern des hohen Adels wiederholt mit mehr als fünfzig in Silber angerichteten Schüsseln und einem entsprechenden Nachtisch auf dem feinsten Porzellan bewirtet; wozu öfters bis achtzehn feine Weinsorten gereicht wurden, von welchen Verzeichnisse neben den Gedecken lagen. Aber auch in bürgerlichen Kreisen war in jener überaus armen Zeit der Tafelluxus nicht gering. Bei einem gewöhnlichen Freundschaftsgebot, sagt ein Schriftsteller 1730, seien 5 bis 6 delikate Speisen genug; ein großes Bankett müsse aus 12 bis 16 Gängen ohne das Dessert bestehen. Für Überfluß halte er es, wenn manche Private bis zu 50, 60, 80 Gerichten gäben. Bei Standespersonen (Ministern u. dgl.) sei es freilich etwas anderes. Um 1780 bestand in Wien die tägliche Tafel der Leute vom Mittelstande, der geringeren Hofbedienten, Kaufleute, Künstler und besseren Handwerker aus 6, 8 bis 10 Gerichten, wozu 2, 3 bis 4 Gattungen Wein aufgesetzt wurden. In der Speiseliste einer bei der Investitur des Superintendenten Deyling zu Leipzig am 13. August 1721 veranstalteten Mahlzeit ist der Einfluß der damaligen französischen Tafelsitte unverkennbar. An der ersten Tafel von vierundzwanzig Personen, wo die hohe evangelische Geistlichkeit, der Rat, der Rector magnificus speisten, bestand der erste Gang aus sieben Schüsseln: Wildbretpastete; Potage mit angeschlagenen Rebhühnern; große Forellen, gesotten; Pörsche mit Butterbrühe, Birangen, Pistazien, Meerrettich; Hamburger Fleisch und Bohnen; zwei Schöpskeulen mit Satellerbrühe; zwei Krebstorten. Der zweite Gang bestand aus fünf Schüsseln: Schweinsrücken mit sechs Fasanen belegt; ein ganzes gebratenes Reh; Schweinskopf mit Rindszunge belegt, allerlei Salate; zwei Babtißtorten. Die Aufstellung der Speisen und Konfitüren erfolgte nach einer vorher angefertigten Zeichnung. An drei Tafeln zu je vierundzwanzig Personen, wo die Geistlichen speisten, wurden nur je sechs Schüsseln aufgetragen. Außerdem erhielt die Frau Superintendentin folgendes „Köstgen für sechs Personen": eine Truthühnerpastete, eine Rehkeule mit zwei gebratenen Rebhühnern, gesottene Forellen, Johannisbeertorte. Die zwölf Musikanten und die zweiunddreißig Aufwärter erhielten je vier Schüsseln. An Konfekt wurde verzehrt: dreißig Mandeltorten, dreißig Krafttorten, dreißig Schälchen Konfekt (an der ersten), achtzig Krafttorten (an den drei übrigen Tafeln), ein Korb Konfekt, eine Mandeltorte, eine Krafttorte und Obst an dem Tische der Superintendentin. Getrunken wurden drei Eimer und sechs Kannen Rheinwein, ein Eimer alter Rheinwein, zwei Faß Wurzener Bier, drei Achtel Faß Lobgünner Bier. War diese Bewirtung freilich auf Kosten der Stadt veranstaltet, so läßt sie doch immerhin einen Schluß auf den Zuschnitt der Gastmähler in den wohlhabenden Bürgerhäusern des damaligen Leipzig zu.

Doch nirgends war in Deutschland der Tafelluxus so groß wie in Hamburg, wo ihn ein Berichterstatter um 1780 „überschwenglich" fand. Ein „ländliches" Abendessen bei einem Hamburger Kaufmann (1778) hat J. H. Voß in einer eigenen Idylle besungen. Die Schilderung des vom „Kanditor" kunstvoll geformten Tafelaufsatzes (eine große, äußerst mannigfaltige Landschaft mit zahlreichen Figuren von Menschen und Tieren) geht der Beschreibung der Gerichte voraus, von denen zwölf beim Beginn der Mahlzeit bereits auf der Tafel stehen, „einige kalt nach der Regel und einige brätelnd auf Marmor, heißem, in Silber gefaßtem geründetem". Das Menu ist folgendes: Fasan mit indischen Vogelnestern und Azia, junge Kalkuten mit Soja; Forellen in Wein gesotten, Kabeljau mit Austernsauce; ein Spanferkel mit Gallert; eine getrüffelte Rebhühnerpastete aus Bordeaux; verschiedene Gemüse mit frischen Heringen, Hummer, Elblachs, Paderborner Schinken und Göttinger Mettwurst; Ragout von Hahnenkämmen, Lämmerzungen usw. mit Pinienkernen und Kapern; der Rücken eines Rehbocks aus dem Harz, ein Häschen, ein Birkhahn aus dem Erzgebirge, Ortolane; ein überaus reiches Dessert (wobei Aprikosen und Pfirsiche aus Potsdam). Die Zahl der Weinsorten ist verhältnismäßig sehr klein: sechziger Rheinwein, Pontac und Burgunder; Sillery, Tokaier und Kapwein. In der Regel wurde in Hamburg nach dem oben erwähnten gleichzeitigen Berichte nicht bloß bei Festen, sondern auch bei den täglichen Mahlzeiten der Reichen zu jeder Speise ein besonderer Wein gegeben: „Zu jungen grünen Bohnen (die Schüssel oft für einen Dukaten) mit neuen Heringen Malaga, zu neuen grünen Erbsen Burgunder, zu Austern Champagner, zu köstlichen gesalzenen Fischen Port oder Madeira."

Beispiele des sarmatischen Tafelluxus mit seinem rohen Überflusse, seiner massiven, aber geschmacklosen Pracht und seiner grenzenlosen Verschwendung bieten im 18. Jahrhundert vor allem die schwelgerischen Feste des polnischen Adels unter Stanislaw August in Warschau. Eines der prachtvollsten gab 1789 Fürst Karl Radziwill. Viertausend Einladungen waren dazu ergangen. In dem Saale, wo der König speiste, war alles Geschirr von Gold; in den drei zu einem Ganzen verbundenen Nebensälen auf einer endlosen Tafel das herrlichste Silbergerät von Augsburger Filigranarbeit gehäuft, die ebenso langen Kredenztische an den Wänden ebenfalls mit Silber überfüllt, die Tapeten, der Schmuck der Dienerschaft entsprechend prachtvoll. Die Bewirtung war die reichste. Der Imbiß begann mit Austern, die auf eigenen Wagen von Hamburg gebracht waren; einige hundert Schüsseln wurden davon geleert. Man schätzte die Kosten des Festes auf eine Million Mark.

Die Feste Potemkins, von denen oben beiläufig bereits die Rede gewesen ist, übertrafen vielleicht an Pracht alles schon Dagewesene. Mit der ausschweifendsten Verschwendung in der Bewirtung verband sich ein Luxus der Ausstattung, der die Schilderungen der Feenmärchen zur Wirklichkeit zu machen schien. Bei einem Feste, das Potemkin der Kaiserin Katharina am 1. April 1791 in Petersburg gab, lieferte das Hofkontor 16.000 Pfund Wachs für die Illumination, und man erzählte, daß außerdem noch für 70.000 Rubel Wachs aus Moskau gekommen sei. Der Wintergarten (sechsmal so groß als der im kaiserlichen Palais) hatte künstlichen Rasen, mit Kies bestreute Wege, zahllose Fruchtbäume, zum Teil allerdings mit gläsernen Früchten behangen, Jasminsträucher, Grotten mit Spiegeln, einen Springbrunnen mit eau de lavande, einen mit Kristallen und Edelsteinen geschmückten Obelisken; im Rasen sah man Nester mit Singvögelchen und große Glaskugeln mit Goldfischen, ferner Laternen in Form von Melonen und Ananas, endlich einen Tempel, dessen von sechs Säulen getragene Decke das Bild der Kaiserin überwölbte. Gegen dreitausend Gäste waren eingeladen. An das Volk wurden für mehrere tausend Rubel Geschenke verteilt; die Ballettmeister La Pica und Canziani erhielten je 5000 und 6000 Rubel. Die Gesamtkosten des Fests schätzte man auf 200.000 Rubel, gewiß viel zu niedrig.

Von der Verschwendung für Tafelgenüsse in Nordamerika gibt die Angabe eine Vorstellung, daß im Jahre 1775, wo das Papiergeld noch wenig entwertet war, bei einem Gastmahl in Philadelphia für die Pasteten allein 800 Lstr. ausgegeben wurden.

Die bewährten Traditionen der Koch- und Eßkunst des 18. Jahrhunderts wurden im 19. vor allem von den großen Gastronomen Frankreichs festgehalten und fortgepflanzt. Im Jahre 1803 erschien der von Grimod de la Reynière herausgegebene „Almanac des Gourmands", der einen ungeheuren Absatz fand und mehrere Auflagen erlebte, nach dem Zeugnis des Herzogs von York „das angenehmste Buch, das je die Presse verlassen hat". Macaulay wußte vieles Ergötzliche aus diesen acht Bänden auswendig, womit er seine Tischgäste zu unterhalten liebte, z. B. daß die Austern nach dem sechsten Dutzend aufhören, den Appetit anzuregen; er konnte die Gerichte dort beschriebener erlesener Mahlzeiten vom *potage brulant tel qu'il doit etre* bis zum *biscuit d'ivrogne* herzählen. In Frankreich war das Haus Talleyrands auf dem Gebiete der Gastronomie das erste *(la première maison dinante)*, und die Diners im Hotel des auswärtigen Ministeriums in der Rue de Varennes hatten nicht ihresgleichen, am wenigsten konnten die des (nach dem Urteil Carêmes) als Eßkünstler unendlich überschätzten Erzkanzlers Cambacérès mit ihnen rivalisieren. Auch die Köche dieser Zeit waren würdige Nachfolger ihrer großen Vorgänger, sie wurden nicht minder hochgeschätzt und waren von der Bedeutung ihrer Kunst für die menschliche Gesellschaft nicht minder durchdrungen als jene. Der Marquis de Cussy, ein Hof- und Küchenbeamter Napoleons, rühmte sich, ein Huhn auf 365 Arten zubereiten zu können. Anton Carême wies die Stelle eines Chef de cuisine bei Georg IV. von England zurück, obwohl ihm ein Jahresgehalt von 500 Lstr. nebst ganz freier Verfügung über die für die Küche erforderlichen Summen, fünfzehn Ruhetage in jedem Monat und eine lebenslängliche Pension angeboten wurde. Er hat sein Werk „über die französische Kochkunst im 19. Jahrhundert" der Lady Morgan gewidmet, welche in ihrem Buch über Frankreich ein von der Baronin Rothschild am 6. Juli 1829 unter seiner Leitung gegebenes Diner verherrlicht und u. a. gesagt hatte, daß es weniger Genie bedurft habe, um manche epische Gedichte, als um ein solches Diner zu schaffen. In dieser Widmung erklärt er, daß ihn ein höheres Streben als das nach Reichtum beseele. Zu allen Zeiten habe es uneigennützige Charaktere gegeben, die alles für die Entwicklung und den Fortschritt der Künste und Gewerbe geopfert hätten. Er werde sich glücklich schätzen, durch sein großes Werk das Los derjenigen verbessert zu haben, die sich dem schwierigen und mühevollen Gewerbe des Kochs widmen.

Auch der Aufwand für Gastmähler war bereits in der ersten Hälfte des 19. Jahrhunderts schwerlich geringer als in irgendeiner früheren Zeit. Macaulay, der im Jahre 1833 das jährliche Mittagessen der Londoner Fischhändler zwar sehr gut, aber nicht so überaus glänzend fand, wie er erwartet hatte, bemerkt, daß bei demselben das Gedeck in früherer Zeit auf 10 Guineen zu stehen gekommen sei.

Die Bedeutung, welche die Gastronomie schon in der Zeit unserer Väter zugestanden wurde, reflektiert sich in einer umfangreichen Literatur, die ihre klassischen Autoren wie Grimod de la Reynière, Rumohr und Brillat-Savarin hat, und für die es bei weitem mehr Analogien im griechischen als im römischen Altertum gibt. Selbst ein Byron hat nicht verschmäht, ein großes Diner in einer Reihe von Stanzen zu beschreiben.

Wenn nun der Tafelluxus schon in der ersten Hälfte des 19. Jahrhunderts hinter dem des vorigen nicht zurückstand, so hat er seitdem infolge der gewaltigen Steigerung des Weltverkehrs, die ihm in so hohem Grade Vorschub geleistet hat und noch leistet, erheblich zugenommen. Bei einem am 5. Februar 1877 in Berlin bei Gelegenheit der ersten Berliner Kochkunstausstellung veranstalteten Festessen gehörten zu den aufgetragenen Gerichten u. a.: Perigordtrüffeln, Austern vom Rocher de Cancale, Kaviar von der Wolga, Forellen aus dem Gardasee, Sterlets aus dem Schwarzen Meere, Elenziemer aus dem Bialowiczer Forst, indische Vogelnester aus Bombay, Langusten aus Ostende, Schnepfen aus den Pyrenäen, schottische Rebhühner, Wachteln aus Florenz, italienische Birnen, Tiroler Äpfel, spanische Weintrauben. Die von Zola in Pot-Bouille beschriebenen Diners im Café Anglais, die für jeden Teilnehmer 300 Frcs. kosten, bestehen ebenfalls aus den Köstlichkeiten ferner Länder nebst einer „wahrhaft königlichen" Auswahl von Weinen; außerdem aber auch aus gastronomischen Merkwürdigkeiten, „selbst ungenießbaren", und aus Seltenheiten, die mit unverhältnismäßigen Kosten außer der Zeit erzeugt oder herbeigeschafft sind, wie Rebhühner im Juli und Pfirsiche im Dezember. U. Sinclair beschreibt ein Diner in New York, zu dem die Pfirsiche aus Südafrika, die Weintrauben aus Hamburger Treibhäusern, andere Früchte aus Japan gekommen sein sollen; ferner Wachteln aus Ägypten, Champignons aus den Gängen verlassener Gruben in Michigan, Limabohnen aus Portorico, Artischocken aus Frankreich. Man höre jetzt von Diners, die 100 Dollar das Kuvert kosten. Auf seltene, mit Überwindung der größten Schwierigkeiten aus den weitesten Fernen bezogene Leckerbissen scheint aber die chinesische Gastronomie noch größeren Wert zu legen als die europäische und amerikanische, wenn folgende Angaben über eine am 6. März 1877 in Hongkong veranstaltete Mahlzeit Glauben verdienen: „Eine Pilzart stammte von den Eisbergen des Südpolarmeers, die Walfischsehnen sollten aus dem nördlichen Eismeer, die Haifischflossen von den Südseeinseln gekommen sein; die Vogelnester waren von einer Art, die nur in einer gewissen Höhle, auf einer gewissen Insel gefunden wird.

Wieviel mehr Grund hätten heutzutage Deklamationen über das Durchsuchen aller Länder und Meere nach Leckerbissen, als in den Tagen des Varro und Sallust, des Plinius und Seneca, und wie klein würde Apicius sich erscheinen, wenn er dem Gastmahl eines großen Gastronomen in einer heutigen Weltstadt beiwohnen könnte!

Der Tafelluxus hat auch im römischen Altertum keineswegs nur schädliche oder gleichgültige Wirkungen geübt; sondern dadurch, daß er die Hauptveranlassung zur Einführung fremder Kulturgewächse und eßbarer Tiere in den Ländern des Okzidents und somit zur Veredelung und Verfeinerung der Nahrungsmittel überhaupt war, ist er ebenso wie in neueren Zeiten ein nicht unwichtiger Faktor zur Verbreitung und Hebung der Gesamtkultur gewesen.

Schon in der Zeit der Republik war ein großer Teil der zur Luxusnahrung dienenden Tiere und Gewächse in Italien eingeführt worden. Bei den unbedingten Gegnern des Luxus fand nun freilich die Akklimatisation fremder Fische und Vögel zur Bereicherung der Tafelgenüsse ebenso strenge Mißbilligung wie deren Beschaffung auf dem Handelswege. Unter Tiberius gelang es dem Flottenpräfekten Ti. Julius Optatus Pontianus, einen sehr hochgeschätzten Fisch, den Scarus, aus dem Meere zwischen Kreta und Rhodus an die Westküste Italiens zwischen Ostia und Campanien zu verpflanzen; Plinius, in dessen Zeit er dort schon häufig war, sagt darüber: „So hat sich also die Schlemmerei durch Aussäen von Fischen Leckerbissen herbeigeschafft und dem Meere einen neuen Bewohner gegeben, damit man nicht erstaune, daß ausländische Vögel in Rom Eier legen!“ Aus dem Tafelluxus Gewinn zu ziehen, haben freilich auch seine größten Tadler nicht für Unrecht gehalten, wie denn Varro nicht verschmäht hat, zur künstlichen Zucht von Wild, Geflügel, Fischen und Schaltieren die ausführlichsten Anweisungen zu geben, auch von solchen, die aus der Fremde eingeführt waren, wie afrikanische Perlhühner, gallische und spanische Hasen und Kaninchen, illyrische und afrikanische Schnecken.

Auch zu der Erfindung der künstlichen Austernbassins im Lucrinersee (durch Sergius Orata) gab nach dem Zeugnis des Plinius nicht Schlemmerei die Veranlassung, sondern Gewinnsucht. Übrigens war die künstliche Austernzucht schon früher, doch ohne Erfolg, versucht worden. Nach Aristoteles hatten einige Chier aus Pyrrha in Lesbos lebendige Austern mitgenommen und in einigen ganz ähnlichen Stellen ihres Meers versenkt. Nach längerer Zeit hatten diese zwar an Größe bedeutend zugenommen, aber ihre Zahl hatte sich nicht vermehrt. Außerhalb Italiens sind aus dem Altertume Austernparks nur in Bordeaux bekannt. Doch was im Altertume nur gewinnbringende Spekulation einzelner war, gilt der heutigen Volkswirtschaft als wichtige Erwerbsquelle für ganze Bevölkerungen, als erhebliche Vermehrung des Nationalvermögens, und der Naturwissenschaft als ein ihrer eifrigsten Bemühungen würdiges Problem. In Frankreich ist die durch Coste erfolgte Erneuerung und Einführung der künstlichen Austernzucht (die noch jetzt im Lago di Fusaro in ursprünglicher Einfachheit und Zweckmäßigkeit fortgetrieben wird) vom Staate kräftig unterstützt und glänzend belohnt worden.

Die Tiere, deren Einführung in Italien der Tafelluxus veranlaßte, waren größtenteils Vögel. Der Pfau, den Hortensius zuerst gebraten auf die Tafel brachte, war damals dort nicht mehr neu. Bei steigendem Begehr wurde die Pfauenzucht zum Gegenstand landwirtschaftlicher Industrie. Die kleinen Eilande um Italien wurden schon zu Varros Zeiten zu Pfaueninseln eingerichtet, und auch auf dem Festlande Pfauenparks angelegt. Zu Athenäus' Zeit war Rom voll von Pfauen. Das Perlhuhn *(Numidica, gallina Africana),* das in Varros Zeit bereits gegessen wurde, war damals in Italien noch selten, folglich teuer; in Martials Zeit dürfte es auf größeren Geflügelhöfen schon gewöhnlich gewesen sein. Die Fasanen, die schon zur Zeit des Ptolemäus Euergetes II. (Physkon, 145—116) aus Medien, d. h. den südkaspischen Landen, nach Alexandria kamen, nennt weder Varro noch auch Horaz unter den Leckerbissen der römischen Schwelger, sondern dies geschieht erst seit Anfang der Kaiserzeit. Wenn nun auch immer so gesprochen wird, als wenn der Fasan aus seinem fernen Heimatlande bezogen worden sei, so wissen wir doch aus Martials ausdrücklicher Angabe, daß er mindestens im vorletzten Jahrzehnt des 1. Jahrhunderts schon in Italien gezüchtet wurde. Dasselbe bezeugt Martial für den Flamingo, der übrigens selten erwähnt wird; seinen Genuß hatte vielleicht Apicius eingeführt, wenigstens machte er zuerst auf den vorzüglichen Geschmack seiner Zunge aufmerksam.

Weil die Geflügelzucht übrigens ganz eigentlich im Gebiete der kleinen Gartenkultur gedeiht, nahm sie auch in Italien die größten Dimensionen an, wie noch heute in Europa „die romanischen Völker nach ihrem Wohnort und ihrer Tradition die vögelessenden und vögelerziehenden" sind. „In Italien hatte zur Zeit der Römer von reicher Jagdbeute nicht die Rede sein können, und das Hochwild der germanischen Wälder, das Federwild der Moore des Nordens nach Italien zu schaffen, wurde durch die Entfernung und das warme Klima unmöglich. So sahen sich die Römer auf künstliche Zucht delikater Wildvögel angewiesen, die denn auch in oft kolossalen Anstalten derart betrieben wurde und auf verschiedenen Stufen zu mehr oder minder erreichter Zähmung führte. Diese Versuche sind von der neueren Tierzucht nicht wiederholt worden, und wenn auch in Europa die Wildnis immer weitergerückt ist, so führen jetzt die Eisenbahnen die erlegten Jagdtiere der fernsten Einöden blitzschnell den großen Konsumtionszentren zu: der Markt von Paris bezieht seine Rebhühner schon aus Algier und dem nördlichen Rußland.

In weit größerem Umfang als die Einführung von Tieren erfolgte in Italien die Akklimatisation von Fruchtbäumen und eßbaren Gewächsen, die sich dann von dort in andere Länder verbreiteten. Aber auch hier hat das spätere Altertum nur fortgesetzt, erweitert und vervielfacht, was das frühere angebahnt und begonnen hatte, die Wanderungen der Kulturpflanzen nur auf fernere Gebiete ausgedehnt, und so freilich im Laufe der Jahrhunderte den Charakter der Vegetation von Süd- und Mitteleuropa völlig umgestaltet.

Wenn auch die Rebenkultur in Italien uralt ist, so werden doch die an seinen Küsten landenden griechischen Seefahrer zu ihrer Verbreitung nicht wenig beigetragen haben, und der Weinstock „gedieh an den Bergen Unteritaliens so üppig, daß schon im 5. Jahrhundert Sophokles Italien das Lieblingsland des Bacchus nennen konnte". Auch die Ölkultur erhielten die Römer von den Griechen, und zwar, wenn die von Plinius mitgeteilte Nachricht des Chronisten Fenestella richtig ist, erst in der Zeit der Tarquinier. Der Feigenbaum dagegen ist dort wahrscheinlich so alt wie die griechische Kolonisation. Zu Varros Zeit waren chiische, lydische, chaldicidische, afrikanische und andere ausländische Feigenarten in Rom eingeführt. Noch unter Tiberius wurden syrische direkt nach Italien versetzt. Cato kennt bereits die Mandel unter dem Namen der griechischen Nuß, vielleicht auch die Kastanie *(nux calva?)*; „auf jeden Fall kann bei dem Mangel fester Namen an eine allgemeine Kultur dieser Bäume im damaligen Italien nicht gedacht werden". Den Namen Kastanie nennt zuerst Vergil, die Walnüsse (Juppiters Eicheln, *iuglandes)* Varro und Cicero. Der Name *amygdalum* findet sich zuerst unter Augustus. Auch von einer allgemeinen Kultur des Pflaumenbaumes war in der Zeit Catos, der ihn einmal nennt, noch nicht die Rede; dagegen bestand sie bereits unter Augustus. Plinius, der eine verwirrende Menge von Varietäten nennt, sagt, daß die edelste, die Damascenerpflaume, schon längst, eine andere syrische Art erst seit kurzem in Italien wachse. Die Granate dagegen war in Catos Zeit in Italien schon gewöhnlich. Ebenso war die Quitte, welche die Griechen zunächst aus Kreta erhielten, in Italien alt. Die Kirsche, die bei Cato fehlt, brachte bekanntlich Lucullus von der pontischen Küste nach Rom; Varro nennt sie einmal, bei Späteren ist sie häufig. Diese für Italien neue Frucht mag eine edlere, größere, saftreiche Sauerkirsche gewesen sein; die wilde Süßkirsche (Prunus avium L.) war dort heimisch; unzweifelhafte Reste davon sind in den Pfahldörfern der Poebene nachgewiesen; eine veredelte Süßkirsche scheint es in Kleinasien schon in der Zeit des Königs Lysimachus gegeben zu haben. „Beide Hauptarten wurden rasch vermehrt, aus Asien vielfach bezogen, auf die einheimischen wilden gepfropft, und eine Menge Varietäten erzeugt."

Von den Blumen „kam die orientalische Gartenrose früh mit den griechischen Kolonien nach Italien, und mit ihr auch wohl die Lilie", um von hier aus in alle Welt zu gehen. „Neben Rosen, Lilien, Violen finden wir in römischen Gärten auch den orientalischen (besonders in Cilicien heimischen) Krokus." „Doch war die Blume fremd, und sie zu erziehen ein Triumph der Akklimatisationskunst, wie die Erziehung der Casia, des Weihrauchs, der Myrrhe in römischen Gärten, mit welchen Columella den Krokus zusammenstellt. Nach Plinius lohnt es sich nicht, in Italien den Safran anzupflanzen", doch muß es geschehen sein. Von den aus dem Orient eingeführten Futterpflanzen kennt Cato die *medica* und den *cytisus* noch nicht; Varro aber erwähnt sie bereits, sie waren also in dem zwischen beiden liegenden Jahrhundert in Italien verbreitet worden.

Man sieht, daß auch Italien schon in den letzten Jahrhunderten v. Chr., wie die antike Welt überhaupt, „in einer selbstgeschaffenen Bodenwirtschaft lebte". Varro konnte bereits sagen, Italien sei ein großer Obstgarten, während die älteren Griechen (im Peloponnesischen Kriege und noch bis in die alexandrinische Zeit) „die Halbinsel als ein Land kennen, das im Vergleich mit ihrem eigenen und mit dem Orient einen nordischen, primitiven Charakter trug, und dessen Produktion hauptsächlich in Getreide, Vieh und Holz bestand. An die Stelle von ungeheueren, unwirtlichen Wäldern und Wildnissen mit ihren Holz- und Pech-, Jagd- und Weideerträgen war jetzt eine Waldung orientalischer Obstbäume, an Stelle der Fleisch- und Breinahrung der Alten der orientalisch-südliche Genuß von erfrischendem Fruchtsaft getreten. Die Vermittler dieser Umwandlung waren großenteils asiatische Sklaven und Freigelassene, Syrer, Juden, Phönicier, Cilicier: Gartenkunst und Freude an dem stillen, liebevollen Geschäft der Erziehung und Pflege der Pflanzen war ein Erbteil des aramäischen Stamms von altersher".

Das ungemeine Anwachsen des Weltverkehrs seit Augustus steigerte natürlich auch die Erwerbungen an orientalischen Kulturgewächsen. Schon Columella rühmt von Italien, daß es durch den Fleiß seiner Bebauer die Früchte fast der ganzen Welt tragen gelernt habe. Zu den in der früheren Kaiserzeit eingeführten Gewächsen gehört vielleicht die afrikanische Lotusfrucht, die Schalotte aus Askalon, gewiß die Pfirsichmandel und der Pfirsichnußapfel, die S. Papinius, Konsul 36 n. Chr., in der letzten Zeit des Augustus aus Afrika und Syrien nach Italien verpflanzte, die Colocasia aus Ägypten, der Rettich aus Syrien, die Hirse aus Ostindien (jener nicht lange, diese weniger als zehn Jahre, bevor Plinius schrieb, in Italien eingeführt); Reis und Mais wurde erst zu Ende des 15. oder Anfang des 16. Jahrhunderts dorthin verpflanzt. Die Aprikose und den Pfirsich „hatten gegen die Mitte des 1. Jahrhunderts n. Chr. gewerbsame Gärtner in Italien angepflanzt und ließen sich die ersten gewonnenen persischen Äpfel und armenischen Pflaumen teuer bezahlen". Die Pistazie verpflanzte L. Vitellius (der Vater des Kaisers), der unter Tiberius Legat in Syrien gewesen war, unter mancherlei andern Gartenfrüchten von dort auf sein Landgut bei Alba. Die Melone scheint im Laufe des ersten christlichen Jahrhunderts von den Oasen am Oxus und Jaxartes in die Gärten Neapels gebracht worden zu sein; Plinius beschreibt zuerst die neuen, wunderbaren campanischen *melopepones;* die späteren Quellen nennen die Frucht *melo.* Ob die Naturalisation des Johannisbrotbaums zur Römerzeit bereits begonnen habe, ist zweifelhaft. Der Zitronenbaum dagegen, welcher die lange, als Hesperidenfrucht bewunderten medischen Äpfel trug *(arbor citri,* die Zitronatzitrone, Citrus medica Riss.), ist im Laufe der ersten christlichen Jahrhunderte in Italien wirklich naturalisiert worden. Plinius erwähnt mißlungene Versuche, Bäumchen in tönernen, durchlöcherten Kübeln nach Italien überzuführen; doch hat Florentinus (wohl zu Anfang des 3. Jahrhunderts) schon eine Treibhauskultur der Zitronenbäume (wie jetzt in Oberitalien, durch Mauern gegen Norden, im Winter durch Bedeckung geschützt), endlich Palladius (im 4. oder 5. Jahrhundert) Zitronenbäume völlig im Freien auf Sardinien und in Neapel, doch nur auf erlesenem Boden. Auch der neueste, ebenso geistvolle wie gelehrte Forscher auf diesem Gebiet, der in der Kaiserzeit nur eine Epoche unrettbaren, beschleunigten Verfalls sieht, erkennt hier an, daß diese Jahrhunderte „doch auch in manchen Zweigen menschlichen Handelns, die weniger den Blick auf sich zu ziehen pflegen, wie in Austausch und technischer Verwertung der Naturobjekte der verschiedensten Länder, eine aufwärts gerichtete Entwicklung zeigen". Von den übrigen Agrumi ist die Limone (die wir fälschlich Zitrone nennen, arabisch limûn) und die bittere Pomeranze (orange) in der Zeit der Kreuzzüge, die süße Pomeranze (Apfelsine, portogallo) im 16. Jahrhundert (durch die Portugiesen aus China), eine neue Varietät, die Mandarine, erst im 19. Jahrhundert aus China nach Europa gekommen.

Die Veredlung der Früchte und Gewächse, die Vervielfältigung der Arten hatte schon in der ersten Kaiserzeit einen so hohen Grad erreicht, daß Plinius meinte, sie sei bereits auf ihrem Gipfel angelangt und fernere Erfindungen nicht mehr möglich. Von seinem Standpunkt aus hätte er die Akklimatisation der ausländischen Gewächse ebensosehr mißbilligen müssen, wie er in der Tat ihren Bezug durch den Handel (z. B. des Pfeffers aus Indien) vom Übel fand. Doch tut er es nirgends, teils wohl, weil die Gegner des Luxus der pflanzlichen Nahrung vor der tierischen den Vorzug gaben und daher auch ihre künstliche Vermehrung und Verfeinerung eher dulden mochten, teils weil er den Widersinn einer Mißbilligung der seit Jahrhunderten im weitesten Umfange und mit offenbarstem Nutzen betriebenen Verbreitung der Gewächse zu empfinden unmöglich umhin konnte. In welchem Grade auch sie einst den Zwecken einer ausgesuchten Schwelgerei dienstbar gemacht werden würde, konnte man damals noch nicht ahnen. Ein Beispiel der modernen Akklimatisation im ausschließlichen Interesse des Tafelluxus mag hier genügen. Im Jahre 1806 berichtete der Almanac des gourmands als einen Triumph der Zivilisation, daß das große Problem der Fabrikation des echten Maraschino auf französischem Boden gelöst sei! Ein Fabrikant in Grasse hatte den Kirschbaum, dessen Frucht in Zara dazu verwendet wird, auf seinen Besitzungen angepflanzt: nach fünfzehnjährigen angestrengten und kostspieligen Bemühungen war es ihm gelungen, ihn zu akklimatisieren, und der aus seinen Früchten bereitete Maraschino übertraf nach dem Urteil mehrerer großer Kenner sogar den dalmatischen. Derselbe Industrielle hatte auch persönlich eine bei der Destillation von Likören angewandte Wurzel aus England geholt und mit Erfolg in Grasse naturalisiert. „Gesegnet", ruft der Berichterstatter aus, „sei der arbeitsame und intelligente Bürger, dessen tätige Industrie das allgemeine Wohl mit seinem Privatinteresse zu verbinden weiß, der zugleich die Genüsse der verwöhntesten Feinschmecker verdoppelt und das Wohl seines Lands fördert. Darin besteht der wahre Patriotismus, und Herr Fargeon verdient den Namen eines Patrioten in der ehrenvollsten Bedeutung des Worts, welches der vorgebliche Civismus unserer republikanischen Revolutionäre schließlich herabgewürdigt hatte, das aber all seine Rechte und seine wahre Bedeutung unter einer Regierung der Wiederherstellung wieder aufnehmen soll."

Wenn Plinius auch die Akklimatisation nicht tadelte, so konnte er sich doch nicht entschließen, die künstliche Garten- und Obstkultur im allgemeinen gutzuheißen, da ja in der Tat jeder ihrer Fortschritte die Entfernung von der ursprünglichen Natur vergrößerte, nach seiner Ansicht also die Unnatur der neugeschaffenen Genüsse immer augenfälliger machte. Zwar erkennt er das Verdienstliche der Veredlung der eßbaren Gewächse und Früchte gelegentlich an, klagt aber, daß infolge „der ehebrecherischen Verbindung der Bäume" (des Pfropfens), durch die man es so weit gebracht, daß ein Obstbaum in unmittelbarer Nähe Roms mehr einbringe als ehemals ein Landgut (2000 Sesterzen = 435 Mark), das Obst den Armen entzogen würde. Und wenn es auch zu ertragen sei, daß Früchte wachsen, die ihre Größe, ihr Geschmack, ihre ungewöhnliche Gestalt den Armen unerschwinglich macht, „mußten selbst bei den Kräutern Unterschiede erfunden werden, und der Reichtum auch in Speisen, die einen As kosten, Abstufungen einführen? Müssen Spargel bis zu solcher Dicke gezüchtet werden, daß der Tisch der Armen sie nicht mehr faßt? Die Natur hat wilde Spargel wachsen lassen, die jeder überall ernten konnte; jetzt sind künstliche zu sehen, und in Ravenna wiegen drei ein Pfund" (327 g). „O über die Monstrositäten der Schlemmerei!" Vollends von der gewinnreichsten Kultur könne man nicht ohne Beschämung reden: kleine mit Artischocken *(cardui)* bepflanzte Felder bei Karthago und besonders bei Corduba bringen jährlich 6000 Sesterzen (= 1305 Mark) ein, „da wir ja sogar die Mißgeburten des Bodens zur Völlerei verwerten, welche selbst das Vieh verschmäht". Ja wahrhaftig, man befördert ihr Wachstum durch Düngen und macht sie mit Essig und verdünntem Honig nebst einigen Zutaten ein, um die Artischocke nicht einen Tag im Jahre zu entbehren.

So großes Staunen übrigens die Leistungen der Gärtnerei damals erregten, so waren sie doch im Vergleich zur heutigen Gartenkultur wohl nur sehr dürftig. Im größten Handelsgarten der Umgegend Londons sah man im Jahre 1828 unter andern 435 Arten Salat, 261 Erbsen, 240 Kartoffeln usf. in gleichem Verhältnis mit allen Gegenständen des Gartenhandels. Auch dürfte die Verwertung der von der heutigen Gartenkultur erzielten Resultate eine höhere sein als im Altertum. Bei einem Rothschildschen Diner in London kostete schon damals das Dessert allein 100 Lustres. Die Trüffel, die im Altertum wenig beliebt war, da die schwarze unbekannt gewesen zu sein scheint, ist jetzt in Frankreich der Gegenstand einer Kultur und eines Exporthandels, der von Jahr zu Jahr größere Verhältnisse annimmt, und wird deshalb als „schwarzer Diamant" gepriesen. Die Ausfuhr betrug im Jahre 1865: 104.000, 1866: 120.000, 1867: 140.000 Pfund nach Rußland, England und Amerika. In einem Geschäft in Carpentras, wo 1832 nur 18.000 Pfund umgesetzt wurden, betrug der Umsatz 1866: 109.000 Pfund. Nur beiläufig sei hier noch an den ebenfalls modernen Luxus der narkotischen Genußmittel erinnert. Für Tabak wurden in Deutschland 1882/83 etwa 313 Mill. Mark ausgegeben (während die Gesamtausgabe für das Heer etwa 345 betrug), und in England beläuft sich in einzelnen Fällen die Ausgabe für Zigarren auf 5 Lustres täglich.

Bisher ist nur von den Erwerbungen Italiens an Kulturgewächsen die Rede gewesen. Von diesen teilte es, nachdem es das Zentralland eines Weltreichs geworden war, je länger je mehr auch den Provinzen mit und gestaltete so auch deren Vegetation sowie die Nahrung ihrer Bevölkerungen allmählich um.

Daß fort und fort Akklimatisationsversuche aller Art gemacht wurden zeigt unter anderm die Bemerkung Galens, daß Gewächse bei der Verpflanzung aus einem Boden in den andern, selbst nur ein wenig (2 Stadien) entfernten, auch ihre Natur verändern, wie denn namentlich die Reben auf neuem Boden auch andern Wein geben; von Nährpflanzen finde man dasselbe in landwirtschaftlichen, von andern in botanischen Werken erwähnt. Die Fruchtbäume gingen zum Teil erstaunlich schnell über die Alpen. Die Kirsche war nach Britannien schon 47 n. Chr. (4 Jahre nach der Eroberung des Lands, 120 Jahre nach der Anpflanzung in Italien) gekommen; in Belgica (zwischen Seine, Saône, Rhône, Rhein und Nordsee) und an den Rheinufern galten in Plinius' Zeit lusitanische Kirschen für die beste Sorte. Die von L. Vitellius nach Italien gebrachte Pistazie führte sein Waffengefährte, der römische Ritter Pompejus Flaccus, in Spanien ein. In Plinius' und Columellas Zeit war in der Provence schon eine große Art des Frühpfirsichs erzeugt worden. Eine ihres Wohlgeruchs halber gezogene Casia gedieh in Plinius' Zeit bereits „am äußersten Rande des Reichs, wo der Rhein anspült", man pflanzte sie dort in Bienengärten. Ein in der Gegend von Boulogne neu angepflanzter Schattenbaum war nicht, wie Plinius angibt, die Platane, sondern wahrscheinlich der nordische Ahorn. Auch die Anfänge seiner jetzt so blühenden Obstkultur verdankt Deutschland, das

Tacitus dazu noch für zu kalt hielt, so gut wie Frankreich und England den Römern.

Am folgenreichsten und wichtigsten waren die Einflüsse der römischen Kultur auf die Verbreitung des Öl- und Weinbaus. „Als das römische Weltreich fertig war, fielen seine Grenzen ungefähr mit denen des Weins und Öls zusammen." Doch nur sehr allmählich hatte sich das Gebiet dieser beiden Nahrungsmittel auf Kosten des Biers und der Butter erweitert. Mit der Ausbreitung der griechischen, dann der römischen Kultur war auch „die edle Olive von ihrem Ausgangspunkt, dem südöstlichen Winkel des Mittelländischen Meeres, über alle Länder verbreitet worden, die ihren heutigen Bezirk bilden". Von Massilia war sie in Gallien bis an ihre nördliche Grenze vorgerückt, von dort aus hatten sich auch die ligurischen Küsten mit Ölpflanzungen erfüllt; und wenn im Gebiet der Pomündungen der niedrige, wasserreiche Boden ihre Einführung verbot, so gediehen sie desto besser in Istrien und Liburnien; das istrische Öl wetteiferte mit dem des südlichen Spaniens. Auf der Pyrenäischen Halbinsel hatte der Ölbau sich mit der von den Küsten ins Innere fortschreitenden Zivilisation verbreitet und Bestand gewonnen.

Weit nördlichere Gebiete vermochte der Weinstock zu erobern und zu behaupten. „Columella führt aus dem älteren landwirtschaftlichen Schriftsteller Saserna den Ausspruch an, das Klima habe sich geändert, denn die Gegenden, die sonst zum Wein- und Ölbau zu kalt gewesen, hätten jetzt Überfluß an beiden Produkten." Aber dies ist nicht geschehen, nur der Anbau beider Gewächse im Lauf der Jahrhunderte allmählich immer weiter nach Norden gerückt, während umgekehrt in neueren Zeiten sich der Weinbau aus nordischen Landstrichen, wo er nicht mehr vorteilhaft war (dem nördlichen Frankreich, südlichen England, der Mark Brandenburg, Westpreußen usw.), zurückgezogen hat. Von den Ufern des Adriatischen Meers aus erstieg die Rebe nicht bloß die Abhänge der Euganeen, sondern früh auch die Vorhügel und Südabhänge der Alpen: schon Cato hatte die rätischen (Tiroler und Veltliner) Weine gelobt. In Nordafrika war der erst durch den Islam vernichtete phönizische Weinbau uralt. Der pyrenäischen Halbinsel fehlte der Wein sowie Feigen und Oliven mit Ausnahme des Südens und Ostens nach Strabo so gut wie ganz, der Nordküste wegen der Kälte, dem Binnenlande wegen der Barbarei seiner Bewohner. Bei den biertrinkenden Lusitanern war der Wein noch selten, der aber doch damals schon in das Land des Portweins vorzudringen begann, und noch in Plinius' Zeit galt Spanien als ein vorzügliches Bierland. Wir kennen einen kaiserlichen Beamten vom Ritterstande in Bätica (Granada, Sevilla, überhaupt Andalusien) „zur Anpflanzung von Falernerreben". Auf gallischem Boden wurde auch die Rebe ohne Zweifel zuerst in Massilia gepflanzt, verbreitete sich mit dessen Kolonien östlich und westlich längs der Küste und drang allmählich ins Innere, so daß die Römer bald im Interesse der italienischen Ausfuhr den gallischen Öl- und Weinbau beschränkten. Unmittelbar nach der Eroberung Cäsars, mit der die Romanisierung von ganz Gallien begann, gab es dort außerhalb der römischen Provinz neben dem Bier nur importierten Wein, und noch Strabo sagt, daß jenseits des Gebiets der Feige und Olive und gegen die Cevennen hin der Wein nicht mehr gut gedeihe. Doch bei Plinius und Columella erscheint „das heutige Frankreich bereits als ein selbständiges, rivalisierendes Weinland, mit eigenen Trauben und Weinsorten, mit Ausfuhr und Verpflanzung nach Italien"; sie nennen unter andern Burgunder, auch Bordeauxweine. Im Laufe der Kaiserzeit bemächtigte sich der Weinbau der Täler der Garonne, der Marne und der Mosel, verbreitete sich auch in der Schweiz, wo sich am nördlichen Ufer des Genfer Sees bei St. Prex zwischen Rolle und Morges eine inschriftliche Spur davon erhalten hat, und längs der ganzen Mosel, scheint aber am linken Rheinufer spärlich geblieben zu sein und erstreckte sich nicht auf das rechte. Vom Kaiser Probus wird berichtet, er habe den Provinzen Gallien, Spanien und Britannien, nach andern Gallien, Pannonien und Mösien den uneingeschränkten Weinbau erlaubt. Durch Pflanzung von Reben am Südabhange der Karpathen, auf dem Berge Alma bei Sirmium (Mitrovitza), wurde er der Begründer des ungarischen Weinbaus. Schon hundert Jahre nachher besang Claudian die „von Weinbergen beschattete Donau". Doch im Altertum blieb Italien das erste Weinland der Welt. Jetzt ist es das mittlere und südliche Frankreich, und der Weinstock bringt ganz nahe an der Nordgrenze seiner Verbreitungssphäre (als Burgunder, Johannisberger usw.) den edelsten Fruchtsaft hervor.

So vollendete sich im römischen Kaiserreich unter Einflüssen, die sich nur in ihm vereinigen und wirksam erweisen konnten, der lange Assimilationsprozeß, dessen Resultat die Gleichartigkeit der Bodenkultur in allen Uferländern des Mittelmeeres war. Und wenn wir zugestehen, daß das mittlere Europa auch auf diesem Gebiet das meiste dem Süden, „in dem alle Quellen unserer Bildung liegen", verdankt, so dürfen wir doch auch nicht vergessen, welchen Anteil an dieser Kulturarbeit die bisher mit zu großer Ungerechtigkeit beurteilte römische Kaiserzeit gehabt hat.

3. DER LUXUS DER TRACHT UND DES SCHMUCKS

Der Luxus der Tracht war in jenen Jahrhunderten größtenteils auf andre Dinge gerichtet als im Mittelalter und in neueren Zeiten. Kostbare Stoffe gab es bei der geringen Entwicklung der Manufaktur und Fabrikation nur wenige. Die ältesten Kleiderstoffe waren wollene gewesen, doch wurden leinene von Frauen schon in der Republik getragen, während Männer sich der feinen Leinwand in deren letzter Zeit sowie später hauptsächlich zu Taschentüchern bedienten. Leinene Tuniken trug man allgemein in Rom mindestens schon im 3. Jahrhundert n. Chr., vielleicht schon früher. Die feinste Leinwand (Byssus) kam aus Ägypten, Syrien und Cilicien. Die ostindische Baumwolle (skr. *carpasa, carbasus)* war in Rom wo nicht früher so mindestens seit den asiatischen Kriegen (191 v. Chr.) eingeführt, und Musseline wurden vielleicht auch zur Kleidung verwandt. Die chinesische Seide wurde anfangs nur als Garn und Rohseide eingeführt, aber auch die fertigen Zeuge aufgelöst, gefärbt und mit Leinen oder Baumwolle zu einer leichten Halbseide verwebt. Diese durchsichtigen, bunten, halbseidenen Zeuge wurden im 1. Jahrhundert nicht nur von Frauen, sondern auch von weichlichen Männern getragen; und erst viel später brachte die zunehmende Handelsverbindung mit dem Orient die schweren, ganzseidenen Stoffe nach Europa: Elagabal war der erste, welcher solche trug. Atlas und Samt aber sind im Altertum ganz unbekannt gewesen, der erstere *(atlas* arabisch = glatt) ist in der Zeit der sarazenischen Herrschaft nach Europa gekommen. Der ebenfalls orientalische Luxus der mit Gold durchwirkten, besonders seidenen Stoffe verbreitete sich zugleich mit dem übrigen Gebrauch der Seide. Dagegen beschränkte sich die Goldstickerei teils auf Teppiche, Vorhänge und Decken und die Prachtgewänder der triumphierenden Feldherrn, teils auf Borten und Auf- oder Einsatzstücke an Frauenkleidern. Kleider aus Gold- und Silberstoffen, die in neueren Zeiten so häufig waren, scheinen im Altertum selten gewesen zu sein. Der Mantel „aus gewebtem Golde ohne andern Stoff", den die Kaiserin Agrippina bei dem Schiffskampf auf dem Fucinersee trug, war ein beispielloses Prachtstück, das nicht bloß Plinius, sondern auch Cassius Dio und Tacitus als Merkwürdigkeit erwähnen, während z. B. Karl der Kühne zur Schlacht von Granson 400 Kisten mit Silber- und Goldstoffen, darunter allein 100 gestickte goldene Röcke, für sich mitgenommen hatte. Pelzkleider hat es zwar auch in Italien seit alter Zeit zu besonderen Zwecken gegeben; eine gewöhnliche Tracht aber sind sie vor der germanischen Einwanderung im Süden nie gewesen, und auch von einem Luxus des Pelzwerks wissen wir aus dem Altertume nichts. Im Mittelalter erreichte dieser Luxus eine enorme Höhe. Marco Polo gibt den Preis der Zobelfelle, mit denen Hallen und Gemächer Kublai Chans (1214—1294) geschmückt waren, auf 2000 goldene Byzantiner an, wenn sie fehlerlos und so groß waren, daß sie ein Kleid (?) gaben; wenn sie nicht ganz ohne Fehler waren, auf 1000. Zur Fütterung eines Mantels des Königs Johann II. von Frankreich (1350—64) verwandte man 670 Marderbäuche, einer seiner Söhne ließ deren 10.000 kommen, um fünf Mäntel und fünf Frauenwämse zu füttern. Die Fütterung eines Kleids für einen seiner Enkel erforderte 2790 Felle von grauen Eichhörnchen. Der ungeheure Verbrauch des Pelzwerks steigerte die Preise entsprechend. Das der Kaiserin Eugenie gehörige, ihr 1870 nach England nachgesandte Pelzwerk hatte einen Wert von 600.000 Francs.

Dem Altertume war auch die Verschwendung der Stoffe zu übermäßiger Weite und Länge der Kleider unbekannt, sowie alle jene geflissentlichen Entstellungen der Gestalt, welche der mittelalterlichen und neueren Mode so häufig beliebt haben (wie Schnabelschuhe, Pumphosen, Hüftpolster, Fischbeinröcke, Schleppkleider, Allongeperücken), und die zum Teil sehr kostspielig waren; die gewöhnliche Allongeperücke, welche der vornehme Mann trug, kostete 150 Mark, doch gab es deren auch, die 3000 Mark kosteten. Die antiken Trachten waren aber im ganzen nicht nur naturgemäßer und geschmackvoller, sondern, wenngleich auch im Altertum die Mode vielfach wechselte, sehr viel stabiler als die modernen. Die Unterschiede zwischen Generationen erscheinen hier zuweilen größer als dort zwischen Jahrhunderten. Der Luxus also, der durch den fortwährenden Wechsel der Mode bedingt ist, war im Altertume sicherlich viel geringer als im Mittelalter und in neueren Zeiten. Endlich war die antike Tracht insofern viel einfacher als die moderne, als sie aus einer geringeren Zahl von Stücken bestand. Den Luxus der Handschuhe kannte man ebensowenig wie den der Hüte und sonstigen Kopfbedeckungen; eine solche kommt z. B. im heutigen Persien wegen der drei- bis viermaligen Erneuerung auf nahe an 60 Dukaten das Jahr zu stehen. Von den an der ganzen Südwestküste von Amerika allgemein getragenen (allerdings fast unvergänglichen) Panamahüten kostet die beste Sorte 340 Dollar, auch 50 Lstr.; die am häufigsten gewählte 20—30 Lstr. Auch waren die durch den Wechsel der Jahreszeiten herbeigeführten Veränderungen der Kleidung im Süden bei weitem nicht so vielfach und durchgreifend wie im Norden. Daß sie jedoch von manchen in lächerlicher Weise bis ins Kleinste durchgeführt wurden, zeigt der Spott Juvenals über den Stutzer, der eigene Sommerringe an den schwitzenden Fingern spielen läßt, da er das Gewicht eines größeren Edelsteines nicht zu ertragen vermag.

Ein häufiger Kleiderwechsel war im Sommer durch das Klima bedingt und ohne Zweifel (wie im heutigen Persien) die Garderobe der besser Gekleideten sehr umfangreich. Ihre Kleiderpressen enthielten Mäntel von so viel verschiedenen Farben wie die Blumen einer Wiese; ebenso bunt war das Innere der mit Tafelkleidern gefüllten Truhen, und mit den Togen aus apulischer Wolle konnte man eine ganze Tribus bekleiden. Natürlich wird man auch an demselben Tage die Kleider oft gewechselt haben. Erwähnt aber wird dies nur ein einziges Mal, und zwar ist es ein Repräsentant der ungebildeten reichen Emporkömmlinge bei Martial, der während einer Mahlzeit elfmal seine Synthesis wechselt, angeblich um nicht vom Schweiße zu leiden, in der Tat aber doch nur, um den Reichtum seiner Garderobe zu zeigen. In neueren Zeiten dagegen ist der Luxus des täglichen mehrmaligen Kleiderwechsels auch ohne eine durch das Klima herbeigeführte Nötigung nicht nur nicht selten gewesen, sondern zuweilen bis ins Lächerliche übertrieben worden. Gegen das Ende des 16. Jahrhunderts klagen in Deutschland die Geistlichen darüber; im Anfange des 17. hinterließ eine Ehefrau 32 vollständige Anzüge, während ihr Mann Hans Meinhard von Schönberg deren 72 besaß, nebst ungefähr einer gleichen Anzahl mit Gold und Silber gestickter Handschuhe und 21 Hüten, wozu 26 Stück farbige Federn gehörten. Clive bestellte (zwischen 1767 und 1770) 200 Hemden, so gut und fein sie irgend für Geld und gute Worte zu haben waren. Bis zum Unsinn trieb diesen Luxus Graf Brühl, der ein Kleid nie mehr als zweimal anzulegen pflegte, und dessen Sammlungen von abgelegten Kleidungsstücken zu einem unglaublichen Umfange anschwollen. In der Revolutionszeit wurde von Frauen auch mit den Perücken täglich mehrere Male je nach der Beschaffenheit der Toilette gewechselt. Am Anfange des 19. Jahrhunderts brauchte ein englischer Dandy wöchentlich 20 Hemden, 24 Schnupftücher, 9—10 Sommertrousers, 30 Halstücher, wenn er nicht schwarze trug, 1 Dutzend Westen, und Strümpfe à la discrétion.

Der dem Süden so sehr zusagende Luxus mit prächtigen und kostbaren Farben tritt auch in dem Kleiderluxus der römischen Kaiserzeit am meisten hervor, und zwar in der Tracht beider Geschlechter. Bei Persius trägt ein vornehmer Stutzer einen hyazinthfarbenen Mantel *(laena)*. Bei Martial ist jemand, der für Männer nur dunkle, graue oder braune Mäntel für anständig hält, violette oder Scharlachmäntel für weibisch erklärt, ein Heuchler, der seine Lasterhaftigkeit unter der Maske der Sittenstrenge verbirgt.

Einem nachts vom Gelage heimkehrenden vornehmen jungen Manne aus dem Wege zu gehen, macht (bei Juvenal) sein großes Gefolge mit vielen Fackeln und sein Scharlachmantel rätlich. Der Freund des Statius, Atedius Melior, ließ seinen Lieblingspagen Glaucias immer die schönsten Kleider tragen, bald rote, bald grüne oder purpurne. Scharlach, vor allem aber die verschiedenen Purpursorten waren am meisten geschätzt. Ein Pfund beste (tyrische, doppelt gefärbte) Purpurwolle kostete über 1000 Denar (870 Mark), eine geringere Sorte (Amethyst- oder Veilchenpurpur) nur den zehnten Teil. Martial gibt als Preis für einen tyrischen Purpurmantel von bester Farbe nur 10.000 Sesterzen (2175 Mark) an. Der Preis müßte also, wenn auch hier die in Augustus' Zeit am höchsten geschätzte Sorte gemeint wäre, in einer Weise gesunken sein, wie es kaum glaublich ist, so daß der von Martial gemeinte Purpur wohl nur eine Mittelgattung gewesen sein kann. Die so höchst kostbare echte Purpurwolle war aber auch von fast unvergänglicher Dauer, und die daraus gefertigten Gewänder konnten also wohl, wie im Orient Schale, auf Generationen vererbt werden. Allem Anschein nach sind aber ganz purpurne Kleider in der früheren Kaiserzeit sehr selten gewesen. Gewöhnlich diente der Purpur nur streifenweise oder in Bandform zu Galonierung, als Besatz, Tresse, Saum, Falbel und Franse. Den Gebrauch ganz purpurner Gewänder schränkte schon Cäsar auf gewisse Personen und gewisse Tage ein. Augustus gestattete das Ganzpurpurgewand nur den ein Amt bekleidenden Senatoren bei den von ihnen zu veranstaltenden Spielen. Tiberius suchte der vielfach übertretenen Verordnung durch sein Beispiel Nachdruck zu geben. Nero verbot sogar den Verkauf des tyrischen und Amethystpurpurs; doch unter Domitian (vermutlich schon früher) muß er wieder erlaubt gewesen sein. Marc Aurel und Pertinax ließen die kaiserlichen, jedenfalls an Purpurgewändern reichen Garderoben öffentlich versteigern.

Mit dem Kleiderluxus neuerer Zeiten hält auch der Purpurluxus des römischen Altertums keinen Vergleich aus. In Italien war in der Zeit der Renaissance „die Kleidung so kostbar wie schön, und nur mit Verachtung würden die damaligen Kleiderkünstler auf die unsrer Gegenwart herabsehen, denn im Zeitalter der höchsten Kunstentfaltung waren auch jene wirkliche Künstler; sie arbeiteten mit den herrlichsten Stoffen von Samt, Seide und Goldstickerei, während die Farbenstimmung, den Faltenwurf und die Form der Gewänder Maler angaben. Die Kleidung war daher etwas, worauf man als eine wesentliche Bedingung der Erscheinung schöner Persönlichkeit den höchsten Wert legte". Deshalb schreiben die Berichterstatter großer Feste jener Zeit über die Kleidung nicht bloß der hervorragenden Frauen, sondern auch der Männer mit der größten Genauigkeit. Bei einem berühmten Turnier, das Lorenzo de' Medici 1469 auf der Piazza Sta. Croce zu Florenz veranstaltete, und das ihn nach seiner eigenen Angabe gegen 10.000 Goldgulden kostete, war auch die Pracht der Anzüge sehr groß; den des Giuliano de' Medici schätzte man auf 8000 Dukaten. Benedetto Salutati hatte zur Verzierung von Schabracke und Geschirr seines Pferds 168 Pfund feinen Silbers zum Preise von 16 Dukaten das Pfund verwendet, und den Wert des Geschmeides berechnete man auf 8000 Dukaten. Daß sein silberner Helm von der Hand Antonios del Pollajuolo war, zeigt, daß mit der Verschwendung Kunstliebe Hand in Hand ging. Zu der Aussteuer der Lucrezia Borgia bei ihrer Vermählung mit Alfons von Este (1501) gehörte nach dem Berichte des Agenten des Markgrafen Gonzaga an seinen Herrn unter anderm auch ein besetztes Kleid von mehr als 15.000 Dukaten an Wert, und 200 kostbare Hemden, von denen manches Stück einen Wert von 100 Dukaten hatte; jeder einzelne Ärmel (mit Goldfransen u. dgl.) kostete allein 30 Dukaten. Ein andrer Berichterstatter schätzt ein einziges Kleid der fürstlichen Braut auf 2000, einen einzigen Hut auf 10.000 Dukaten. Welchen Wert man auf Kleiderpracht legte, ergibt sich namentlich aus folgendem. Die beiden Abgesandten Venedigs zu dieser Hochzeitsfeier mußten sich vor dem versammelten Senat in ihren neuen Mänteln von karmoisinrotem Samt mit Pelzbesatz und ähnlichen Kapuzen öffentlich vorstellen. Mehr als 4000 Personen bestaunten sie im Saale des großen Rats, und auf dem Markusplatze drängte sich das Volk, um sie zu sehen. Eben diese Mäntel (von 28 und 32 Ellen Samt) brachten die Gesandten der Herzogin Lucrezia als Brautgabe dar.

In Deutschland war der Kleiderluxus in der zweiten Hälfte des 15. Jahrhunderts „auf eine fast unglaubliche Höhe gestiegen". Nach Geiler von Kaisersberg trug manche Bürgersfrau an Kleidern und Kleinodien oft über 300 und 400 Gulden an Wert und hatte in ihren Schränken deren für mehr als 3000. In England war es in der Zeit der Königin Elisabeth nach dem Bericht eines Zeitgenossen etwas ganz Gewöhnliches, daß 1000 Eichenstämme und 100 Ochsen zur Herstellung eines Anzugs draufgingen, und daß ein Modenarr sein ganzes Vermögen am Leibe trug. Unter Franz I. ruinierten sich die Höflinge durch ihren Kleiderluxus; sie trugen „ihre Güter und ihre Wälder auf ihren Schultern"; wenn man nicht 30 Anzüge hatte, um an jedem Tage des Monats zu wechseln, galt man in den Kreisen des Adels für nichts. Der Luxus mit Kleiderstoffen wurde gegen Ende des 16. Jahrhunderts noch sehr überboten durch die Verzierung mit Spitzenbesatz, Stickerei und Goldborten, Perlen und Juwelen, wodurch sich zugleich der Lohn der Arbeit ins Unglaubliche steigerte, so daß dieser allein bei einem männlichen Gewande 1800 Mark betragen konnte. Ein Kleid des Marschalls Bassompierre (um 1620), an dem die Stickerei so hoch zu stehen kam, kostete 42.000 Mark. Kaum minder groß war die Kleiderpracht im 17. und 18. Jahrhundert. Bei dem Einzuge der Königin Christine von Schweden in Rom (1655) sollen die Anzüge der sie empfangenden römischen Damen 500.000—600.000 Scudi, die der Prinzessin von Rossano sogar 700.000 Scudi wert gewesen sein. Bei der Ankunft der Infantin Maria Theresia Antoinette von Spanien, der Braut des Dauphins, in Paris (1745) waren die Toilettenzurüstungen so kostspielig, daß man die Kleider nur mietete. Der Marquis von Mirepoix mietete drei für 6000 Livres, von denen er jedes nur einen Tag anlegte; bei einem Galakleide des Marquis von Stainville, aus Silberstoff mit Gold gestickt, kostete das Futter aus Marderfell allein 25.000 Livres usw. Eine Modedame jener Zeit kaufte eine bestellte Robe, deren Preis sie nicht erschwingen konnte, für eine lebenslängliche Jahresrente von 600 Livres und schloß einen Kontrakt, nach welchem ihr für 24.000 Livres jährlich an jedem Tage ein neues Kleid geliefert wurde. In Frankreich herrschte von der Regentschaft bis zur Revolution der Geschmack für Spitzen, der sich oft bis zur Leidenschaft steigerte. Selbst ernste Männer huldigten ihm, man sah Magistrate von jedem Alter, die deren an Halstuch, Jabot und Manschetten bis zum Wert von 15.000 oder 20.000 Livres trugen. Kurfürst Johann Philipp von Trier (1756—68) trug Spitzenmanschetten, von denen das Paar 30, 40, auch 60 Carolines gekostet hatte. Der nordische Kleiderluxus bestand wohl vorzugsweise in der Verschwendung kostbarer Stoffe, besonders des Pelzwerks, und Kleinodien. Bei dem überaus prachtvollen Aufzuge, den Adam Rzewuski bei seiner Abschiedsaudienz als Gesandter in Kopenhagen beim Könige hielt, soll der Sattel des Pferdes 45.000 Goldgulden (405.000 Mark) wert gewesen sein. Der Preis von ein Paar Zobelfellen stieg zu Ende des 18. Jahrhunderts in Rußland bis auf 170 und mehr Rubel, ein Zobelpelz soll damals zuweilen bis 20.000 Rubel gekostet haben.

Im 19. Jahrhundert ist der Luxus der männlichen Tracht, wenn man von außerordentlichen Veranlassungen absieht, vielleicht geringer gewesen als in irgendeiner früheren Zeit; ob auch der der weiblichen, mag dahingestellt bleiben. Die Preise einzelner kostbarer Stücke von Prachttoiletten — ein Kaschmirschal 6000 Mark, der Spitzenschleier einer reichen Braut 14.700 Mark — sowie die fabelhaft klingenden Schätzungen der jährlichen Gesamtausgaben der Königinnen der Mode in den größten Städten sprechen für das Gegenteil. Auch haben wohl in keiner Zeit die großen, künstlerisch denkenden und schaffenden Frauenschneider solche Bezahlungen erhalten und eine solche Stellung eingenommen wie in Paris unter dem zweiten Kaiserreich, wo ihnen von den Damen der höchsten Kreise eine grenzenlose Verehrung und Unterwürfigkeit entgegengebracht wurde. Dem Toilettenluxus dieser Periode gegenüber erscheint der des ersten Kaiserreichs, wo die Ausgaben der elegantesten Damen (Frau von Savary und von Maret) dafür 50.000—60.000 Francs jährlich betrugen, fast ärmlich.

Im römischen Altertume war der Luxus mit orientalischen Stoffen, Produkten und Fabrikaten, die zum Schmuck im weistesten Sinne dienten (Seide, Byssus, Edelsteine, Perlen, Wohlgerüche), schon insofern beschränkt, als er ganz vorzugsweise nur von Frauen getrieben wurde; aber auch abgesehen hiervon scheint er sich nicht über enge Kreise hinaus erstreckt zu haben. Plinius macht die (wahrscheinlich auf Verzeichnissen der Grenzsteuerämter beruhende) Angabe, daß in keinem Jahre für weniger als 55 Millionen Sesterzen (etwa 12 Millionen Mark) indische Waren in das römische Reich eingeführt, und daß für arabische, indische und syrische Waren dem Reich auch bei der geringsten Berechnung jährlich 100 Millionen Sesterzen (21¾ Millionen Mark) entzogen wurden; „so viel kosten uns unsere Liebhabereien und unsere Frauen!" Selbst wenn man dieses Zusatzes wegen annehmen dürfte, daß hier nicht von allen orientalischen Luxuswaren die Rede ist, die aus Asien eingeführt wurden, sondern vorzugsweise nur von denen, die zum Schmuck, besonders der Frauen, gehörten, so würde man diese Einfuhr nicht nur nicht sehr groß, sondern auffallend gering finden müssen, wenn sie wirklich mit den angegebenen Summen g a n z bezahlt worden wäre; wobei freilich der Unwille römischer Patrioten, daß jahraus, jahrein solche Summen ins Ausland, sogar in feindliche Länder flossen, immer noch sehr berechtigt wäre. Denn diesem Goldabfluß stand keine entsprechende Goldproduktion gegenüber, und seine Jahrhunderte hindurch währende Fortdauer hat ohne Zweifel zum Verfall des römischen Münzwesens im 3. Jahrhundert n. Chr. erheblich beigetragen. Freilich betrug um die Mitte des 19. Jahrhunderts die Metallausfuhr nach Asien neben einem sehr bedeutenden Warenexport jährlich durchschnittlich etwa zwölfmal so viel als in der Zeit des Plinius (13²/₃ Millionen Lstr.). Nach Johann von Horneck entzogen im Anfange des 18. Jahrhunderts die wollenen, leinenen und französischen Waren, „diese wahren Blutegel des österreichischen Staats", demselben wenigstens 15—20 Millionen Gulden (und zwar die Seidenwaren 7, französische 3 Millionen). An Deutschland setzte Frankreich schon in der zweiten Hälfte des 18. Jahrhunderts allein an Seide- und Galanteriewaren für 67 Millionen Livres ab, und im Jahre 1913 belief sich der Wert seiner Ausfuhr allein nach Deutschland an pflanzlichen Spinnstoffen und daraus gefertigten Waren, sowie Schmuckfedern, Fächern und Hüten auf über 123 Millionen Mark.

An dem Maßstabe des modernen Verkehrs gemessen, erscheint also der Verbrauch asiatischer Luxusartikel für das ganze römische Reich überraschend gering: mögen auch die Summen der Ausgaben für den asiatischen Gesamtimport bei Plinius deshalb hinter der Wirklichkeit zurückgeblieben sein, weil der Wert der eingeführten Waren behufs der Versteuerung an der Grenze viel zu niedrig angegeben wurde, und mag die Kaufkraft des Gelds auch damals erheblich größer gewesen sein als jetzt. Denn andrerseits waren die Preise der einzelnen orientalischen Produkte damals zum Teil sehr hoch und wohl durchweg höher als gegenwärtig. Seide wurde noch in der zweiten Hälfte des 3. Jahrhunderts mit Gold aufgewogen (eine auch in der chinesischen Literatur erwähnte Tatsache); ein römisches Pfund (327 g) Malabathrumöl konnte bis 400 (348 Mark), ein Pfund Zimtsaft bis 1500 Denar (1305 Mark) kosten: es gab Perlen, die mit einigen Millionen Sesterzen bezahlt wurden. Zu solchen Preisen veranschlagt, würde die ganze jährliche Einfuhr von Luxusartikeln aus dem Orient in einem einzigen Kaufladen der Heiligen Straße oder auf dem Forum des Friedens bequem Raum gehabt haben. Nun überstiegen freilich die in Rom gezahlten Preise die Einkaufspreise um ein Bedeutendes (nach Plinius um das Hundertfache). Aber bei der Verzollung der Waren an der römischen Grenze war schon ein großer, in vielen Fällen der größere Teil des Transports zurückgelegt, folglich eine entsprechende Preiserhöhung bereits eingetreten: auf den Angaben dieser höheren Preise aber müßte die Veranschlagung der gesamten Einfuhr auf hundert Millionen bei Plinius eben beruhen. Kostete sie wirklich nicht mehr, so müßte der damalige Luxus mit orientalischen Waren und Produkten auf Rom und einige große Städte beschränkt gewesen sein. Dies scheinen allerdings noch für das Ende des 2. Jahrhunderts einige Äußerungen Galens zu bestätigen. Er sagt, daß Seide „bei den reichen Frauen" an vielen Orten des Reichs zu finden sei, besonders in den großen Städten, wo es deren viele gebe, und bezeichnet die Nardenessenz als einen der Wohlgerüche, „die in Rom für die reichen Frauen fabriziert werden". Im 4. Jahrhundert war infolge völlig veränderter Handelsverhältnisse der Gebrauch der Seide bei allen Ständen üblich geworden.

Vielleicht hat nun aber Plinius nur angeben wollen, was der Orienthandel dem römischen Reich an barem Geld entzogen. Denn chinesische Produktenverzeichnisse des Lands Ta-Tsin (Syrien) führen zu der Annahme, daß ein nicht geringer Teil der asiatischen Einfuhr durch eine Ausfuhr aus dem Westen gedeckt wurde. Die längste dieser Listen enthält 60 Artikel, unter denen die charakteristischen Industrieerzeugnisse des syrisch-phönizischen, auch des alexandrinischen Markts leicht zu erkennen sind. Dazu gehören die Stoffe aus Ta-Tsin (die nach einem chinesischen Autor die babylonischen weit übertrafen) mit gestickten und gewirkten Mustern von Tieren, Menschen, Bäumen, Wolken usw. in verschiedenen Farben; die Glaswaren (besonders die farbigen), die in China bis zum Anfange des 5. Jahrhunderts sehr gesucht gewesen sein müssen, da sie sehr beliebt waren und die Chinesen erst damals anfingen, von indischen, vielleicht syrischen Arbeitern unterrichtet, ihren eigenen Bedarf zu decken; die sämtlichen im römischen Reiche verarbeiteten Metalle; Auripigment und Realgar (Spezialitäten Syriens); Juwelen, Gemmen und alle zum Schmucke dienenden Artikel (wie Bernstein und Korallen), von welchen das Schönste und Beste von Händlern aus Ta-Tsin gebracht wurde; endlich Drogen. Je umfangreicher man sich die Ausfuhr dieser Waren vorstellt, desto höher muß man natürlich den Wert und die Menge der in das römische Reich eingeführten asiatischen veranschlagen. Doch möchte man nach jenen Äußerungen Galens glauben, daß Einfuhr und Ausfuhr damals noch nicht sehr bedeutend waren: beide mögen erst seit dem 3. Jahrhundert große Dimensionen angenommen haben.

Der Luxus mit Perlen und Edelsteinen kam in Rom seit dem Triumphe des Pompejus über Mithridates auf. Der Diamant, obwohl nach römischer Schätzung das kostbarste unter allen Juwelen, ist, soviel wir wissen, zum Schmucke so gut wie gar nicht verwendet worden, mit Ausnahme der Ringe, und auch diese scheinen nicht häufig gewesen zu sein. Der Diamant, den Trajan als designierter Thronfolger von Nerva, und Hadrian von Trajan empfing, war allem Anschein nach in einen Ring gefaßt; einen in Juvenals Zeit vielbesprochenen Diamantring hatte die Jüdin Berenice, die Geliebte des Titus, von ihrem Bruder, dem Judenkönig Agrippa II., zum Geschenk erhalten. Den nächsten Rang behauptete unter den Steinen der Smaragd. Die nach Plinius besten (scythischen) kamen vielleicht aus den Gruben des Ural und Altai, die auch in neuester Zeit sehr schöne Smaragde geliefert haben. An dritter Stelle schätzte man den Beryll und Opal (diese beiden scheinen besonders von Frauen getragen worden zu sein), dann folgte der (auch für die Siegelringe sehr geeignete) Sardonyx: soweit stand nach Plinius, hauptsächlich auf Grund der Entscheidung der Frauenwelt, die Rangordnung fest. In der Schätzung des Diamanten sind die Römer den Indern gefolgt. Die Perser setzten ihn im 13. Jahrhundert an die fünfte Stelle, nach der Perle, dem Rubin, Smaragd und Chrysolith. Benvenuto Cellini setzt ihn nach dem Rubin und Smaragd und nur zum achten Teil des Preises des ersteren an. Auch Garcias ab Horto (1565) erklärt den Diamant zwar für den König der Edelsteine in betreff seiner

Härte, doch in bezug auf Wert und Schönheit stehen der Rubin an erster, der Smaragd an zweiter Stelle. Der bis ins 16. Jahrhundert sehr hohe Wert des Smaragds (Cellini schätzt ihn auf 400 Goldscudi das Karat) sank beträchtlich durch die Zufuhr aus den Gruben Perus und ist jetzt wieder durch das völlige Aufhören der Zufuhr aus Amerika gestiegen, so daß ein vollkommener Smaragd auf dem Juwelenmarkte zu London von allen Edelsteinen im höchsten Preise steht.

Aus dem römischen Altertum ist von Preisen edler Steine äußerst wenig bekannt. Der angebliche Smaragd, in den eine Amymone geschnitten war, und den der Flötenspieler Ismenias mit 4 Goldstücken bezahlte, kann nur ein Chrysopras gewesen sein. Geschnittene Smaragde kommen kaum vor Hadrians Zeiten vor, die besten sollen Porträts von ihm und Sabina sein; vielleicht hatte Hadrian eine Vorliebe für diesen Stein, die eine eifrigere Bearbeitung seiner Hauptfundstätte (der Gruben von Dschebel Zaburah in Ägypten) veranlaßte. Der Preis eines Jaspisrings, mit dem die Statue einer Frau im südlichen Spanien von ihrem Sohn geschmückt worden war, wird auf 7000 Sesterzen (über 1500 Mark) angegeben, was einen geschnittenen Stein voraussetzen läßt. Der Senator Nonius besaß einen zum Ring gefaßten Opal von der Größe einer avellanischen (Lamberts-, d. h. lombardischen) Nuß; wegen dieses Rings wurde er von Antonius proskribiert und nahm ihn von all seinen Besitztümern allein auf der Flucht mit. Der Preis, zu dem er geschätzt war, betrug 2 Millionen Sesterzen (435.000 Mark).

Über Nachahmung von Edelsteinen macht Plinius zahlreiche und genaue Angaben und spricht von Schriften, die Anleitung dazu gaben, namentlich falschen Smaragd durch Färbung von Kristall, Sardonyx aus Karneol herzustellen: es sei dies unter allen betrügerischen Industrien die gewinnreichste. Der Kunst der Fälschung entsprechend vervollkommneten sich auch die Methoden der Untersuchung der Echtheit: die Experten unterwarfen die zu prüfenden Steine mehr als einer Probe. Unter den äußerst zahlreich erhaltenen antiken Arbeiten in gefärbten Glasflüssen zeichnen sich ganz besonders die Glassmaragde aus, die an Farbe, Glanz und Härte die modernen Glaspasten weit übertreffen und noch gegenwärtig von Gemmenhändlern häufig als wirkliche Smaragde verkauft werden. Übrigens hat auch im Altertum die Industrie der imitierten Edelsteine sicherlich nicht allein in betrügerischer Absicht gearbeitet, sondern auch um ein unter den ärmeren Klassen verbreitetes Bedürfnis nach buntem und augenfälligem Schmuck zu befriedigen.

Der größte und deshalb am meisten gerügte Luxus wurde von Frauen mit Perlen getrieben; für diese wurden höhere Preise als für irgendwelche Edelsteine bezahlt. Die Verwendung der Perlen zum Schmuck verbreitete sich in weitere Kreise erst seit der Eroberung von Alexandria, dessen Handel die Erträge der Fischereien im Persischen Meerbusen und im Indischen Ozean nun wohl ganz vorzugsweise nach Rom führte. Durch diese regelmäßig fortgehende Einfuhr mögen sich die Perlen in Rom in ähnlichen Massen gehäuft haben wie zu Ende des 16. Jahrhunderts in Venedig, wo die dortigen Patrizierinnen ungeheure Schätze davon besaßen, die Frucht des alten Handelsverkehrs mit Ormuz am persischen Golf und all den übrigen Ländern des fernen Orients, die Venedig so lange allein ausgebeutet hatte. Die Verbote der Proveditori delle Pompe (der 1514 zur Überwachung des Luxus eingesetzten Magistrate) waren hauptsächlich gegen den Perlenluxus gerichtet. Gegenwärtig ist das an Perlen reichste Land Rußland, wo man in dem einzigen Kloster Troitza an Meßgewändern, bischöflichen Kleidungen, Altar- und Grabdecken deren vielleicht mehr findet als im übrigen Europa zusammengenommen; wo in manchen Gouvernements jede Bäuerin an ihrem Kopf- und Haarschmuck wenigstens 200—300, oft aber 1000 und mehr echte Perlen trägt, und in Nischnij Nowgorod selbst die ärmsten Fischweiber zwei bis drei Schnüre echter Perlen um den Hals haben. Nero konnte sogar ganze Sänften *(cubilia viatoria)* von Perlen erbauen, d. h. ohne Zweifel ihre Wände damit tapezieren. Die römischen Frauen trugen sie besonders als Ohrgehänge; nach Plinius strebten auch „arme" Frauen nach solchen, da, wie sie sagten, eine große Perle im Ohr auf der Straße die Stelle eines vorausgehenden Liktors vertrete; doch wurden sie auch an den Schuhen angebracht und nicht bloß deren Schnüre und Bänder, sondern ganze Pantöffelchen mit Perlen besetzt. Ohne Zweifel waren die dafür gezahlten Summen oft sehr hoch, Seneca sagt wohl ohne große Übertreibung, daß Frauen zuweilen zwei oder drei Besitztümer in den Ohren trügen. Nähere Angaben fehlen. Julius Cäsar kaufte in seinem ersten Konsulat im Jahre 59, wo Perlen in Rom noch selten waren, der von ihm sehr geliebten Mutter des Marcus Brutus, Servilia, eine Perle für 6 Millionen Sesterzen (1,305.000 Mark); ein solches Liebesgeschenk des ersten Manns der damaligen Welt, der auch durch großartige Extravaganzen imponieren wollte, läßt keinen Schluß auf die durchschnittlichen höchsten Preise zu. Ebensowenig gibt einen Maßstab, was Plinius von einer der Gemahlinnen Caligulas, Lollia Paulina, berichtet. Er hatte sie, und zwar nicht bei einer großen Feierlichkeit, sondern bei einem bescheidenen Verlobungsfeste, mit einem Schmuck von Smaragden und Perlen gesehen, der den ganzen Kopf, Haare, Ohren, Hals und Finger bedeckte und einen Wert von 40 Millionen Sesterzen (8,7 Millionen Mark) hatte, was sie sogleich durch Vorzeigen von Dokumenten zu beweisen bereit war. Dieser Schmuck war nicht ein Geschenk ihres kaiserlichen Gemahls, sondern ein Familienerbstück, und stammte aus den Plünderungen, die ihr Großvater M. Lollius im Orient verübt, und deren Ruchbarkeit ihm die Ungnade des C. Cäsar zugezogen und ihn gezwungen hatte, sein Leben durch Gift zu enden (im Jahre 2 v. Chr.)

Dem enormen Juwelenreichtum in den Familien jener Männer, deren Willkür die Schatzkammern orientalischer Fürsten überlassen gewesen waren, kann man aus neueren Zeiten wohl nur den Juwelenreichtum der spanischen Konquistadoren des 16. und der englischen Nabobs des 18. Jahrhunderts zur Vergleichung gegenüberstellen. Das Hochzeitsgeschenk des Cortez an seine Braut im Jahre 1529 waren fünf, von mexanischen Juwelieren höchst kunstvoll aus Smaragden geschnittene, mit Perlen und Gold verzierte Juwelen: für eins derselben hatten genuesische Kaufleute zu Sevilla 40.000 Dukaten geboten. Der ganze Schmuck ging durch einen Schiffbruch bei der Expedition gegen Algier 1541 verloren. Die Beute Nadir Schahs bei der Einnahme Delhis, die hauptsächlich aus Edelsteinen bestand, wurde in Europa auf 70 Millionen Lstr. geschätzt. Clive, der in den Gewölben von Murshadabad zwischen Haufen von Gold und Juwelen umhergewandert war, mit voller Freiheit zu nehmen, was ihm beliebte, hatte hier und sonst in Indien große Mäßigung bewiesen; doch seine Diamantenankäufe beliefen sich in Madras allein auf 25.000 Lstr., und ein Schmuckkästchen seiner Gemahlin wurde auf 200.000 Lstr. geschätzt. Vielleicht besaß Lady Clive mehr Juwelen als die größten Fürstinnen jener Zeit. Sophie Charlotte trug bei ihrer Krönung als erste Königin von Preußen (1701) einen Schmuck von Diamanten und Perlen über eine Million Taler an Wert. Das berüchtigte Halsband, das Maria Antoinette für sich zu teuer gefunden hatte, kostete nur 1,600.000 Frcs. Noch heute ist im Orient der Perlen- und Juwelenluxus, der dort unter den Kalifen enorm war, nicht gering. In Persien tragen Frauen außer anderm Schmuck Arm- und Fußbänder von Perlen, Damen vornehmen Stands auch einen Diamantenstrauß von hohem Wert; Gürtelschnallen, mit Edelsteinen besetzt, haben oft einen Wert von 1000 bis 2000 Dukaten; auch Sättel und Pferdegeschirre sind mit Gold, Perlen und Juwelen überladen. Man trägt 15—16 Ringe, je 5—6 an einem Finger, und der Schah von Persien ist noch immer der größte Besitzer von Diamanten in der Welt.

Übrigens wurde in Europa auch im Mittelalter mit Perlen, mit welchen man z. B. Texte von Liedern auf Kleider stickte, und Edelsteinen großer Luxus getrieben, der größte am Hofe Karls des Kühnen von Burgund. Sein mit Perlen und Edelsteinen besetztes Prachtgewand wurde auf 200.000 Dukaten geschätzt; die Hofdamen seiner Gemahlin erhielten für ihren Putz jährlich 40.000 Brabanter Taler. Der Luxus mit kostbarem Geschmeide stieg aber sehr nach der Entdeckung der Neuen Welt. Maria von Medici hatte sich zu der Taufe ihres Sohnes 1606 einen Brautrock machen lassen, der mit 3200 Perlen und 3000 Diamanten besetzt war und auf 60.000 écus geschätzt wurde; aber er war so schwer, daß sie es unmöglich fand, ihn zu tragen. In dem Inventar der Schmucksachen des Meinhard von Schönberg († 1625) füllt der Schmuck an Perlen allein zwei enggeschriebene Folioseiten; darunter kommen 3 Halsbänder mit Rosen von Perlen vor, 15 große Perlen wurden für 3286 Gulden verkauft. Die Kunst, Perlen nachzuahmen, ist erst 1680 von Jacquin in Paris erfunden worden, der jährliche Export dieses Fabrikats von dort soll sich auf 40.000 Lstr. belaufen.

Inwiefern der Luxus der Tracht und des Schmucks im Altertum sich auch auf die unteren Klassen erstreckt hat, namentlich inwiefern die in vielen, besonders halbzivilisierten und südlichen Ländern bestehende Sitte, einen Teil des Vermögens (zugleich als Reservekapital) am Leibe zu tragen, verbreitet gewesen ist, darüber fehlt es so gut wie ganz an Nachrichten. Doch das lange Goldgeschmeide, das nach Juvenal die in Schenken aufwartenden Mädchen in Rom am bloßen Halse trugen, war ohne Zweifel ebenso echt wie der Goldschmuck der Frauen und Mädchen der unteren Klassen im gegenwärtigen Italien. Die Bernsteinhalsbänder, die in der Zeit des älteren Plinius die lombardischen Bäuerinnen im Norden des Po (zugleich als angebliches Mittel gegen Anschwellungen des Halses) trugen, waren schwerlich kostbar.

Der Luxus der Wohlgerüche ist seit den ältesten Zeiten im Orient heimisch gewesen. Arabien war, wie bereits Herodot wußte, das mit Wohlgerüchen am meisten gesegnete Land und selbst im höchsten Altertume dort die Vorliebe für feines Räucherwerk und Wohlgerüche allgemein verbreitet. Nach dem Buch Esther wurden die für das Bett des großen Königs bestimmten Frauen ein ganzes Jahr lang mit Wohlgerüchen „geschmückt"; sechs Monate mit Balsam und Myrrhen und sechs Monate mit „guten Spezereien". Nach dem Talmud war es der jungen Ehefrau gesetzlich gestattet, ein Zehntel ihres eingebrachten Guts hierauf zu verwenden. In Rom ist dieser Luxus aber nicht erst mit dem übrigen asiatischen Luxus aus dem Orient, sondern schon viel früher aus Großgriechenland eingedrungen. In der Kaiserzeit dürfte er außerhalb Roms, wie gesagt, nur in den größten Städten vorgekommen sein. Nach Plinius wandten die Römerinnen Wohlgerüche so reichlich an, daß die Nähe einer vorübergehenden Frau (wie jetzt einer vornehmen Araberin) durch die aus ihren Haaren und Kleidern strömenden Düfte sich auch denen bemerkbar machte, deren Aufmerksamkeit anderweitig in Anspruch genommen war. Er fand diesen Luxus um so törichter, als der teuer erkaufte Genuß nicht nur bloß ein augenblicklicher sei, sondern auch andern weit mehr zugute komme als dem, der ihn bezahlt habe. Auch Männer machten von Parfümerien reichlichen Gebrauch, namentlich von Balsam und Zimt; der Günstling Domitians, Crispinus duftete nach der Morgentoilette stärker als zwei Leichenbegängnisse. Dasselbe ist dann wieder in der Renaissancezeit geschehen; der Vetter der Marchese von Pescara, Alfonso d'Avalos, wollte Wohlgerüche selbst im Kriege nicht entbehren, sogar die Sättel seiner Pferde dufteten von Essenzen. Die hohen Preise der teuersten Wohlgerüche im alten Rom sind bereits angegeben. Martial überlegt, ob er seiner Phyllis „10 Gelbe aus der Münze des Kaisers" (etwa 210 Mark) oder 1 Pfund (327 g) aus den Läden der damals berühmtesten Salben- und Essenzenhändler Cosmus oder Niceros schenken solle. In diesen Läden mögen manche Frauen ebenso hohe Rechnungen gehabt haben, wie Marion de Lormes, die in einem Jahre einem einzigen Parfümeur 150.000 Mark schuldig war. Von der Verschwendung der Wohlgerüche bei Totenbestattungen wird unten die Rede sein.

Doch dem orientalischen Luxus der Wohlgerüche ist der europäische offenbar weder im Altertum noch in neueren Zeiten gleichgekommen. In den Gemächern der reichen Araber standen in der Zeit der Kalifen immer, besonders an Empfangstagen, Gefäße mit stark duftendem Inhalt (meistens Moschus) oder Rauchpfannen mit Aloeholz. Selbst die strengen Gesetzesgelehrten hielten nach dem Beispiel des Propheten (dem außer den Weibern Wohlgerüche als das einzige galten, was immer für ihn Reiz hatte) darauf, stets gut parfümiert zu sein. Vor und nach dem Speisen hielt man die Kleider über eine Rauchpfanne oder beugte den Körper über dieselbe. Ebensowenig wie starkriechende Blumen durfte feines Räucherwerk an der Tafel fehlen; es wurde mit Gold aufgewogen, und man bediente sich dessen zu kostbaren Geschenken. In reichen Häusern hatte man stets einen Vorrat der verschiedenen Arten, wie graue Ambra, Aloeholz, Moschus, Kampfer, gelbe Ambra (Bernstein), und verschiedener Mischungen von wohlriechenden Stoffen, namentlich Zibet. In der Industrie der Parfümerien beherrschten in der ersten Zeit des Kalifats Irak und Persien, dessen Rosenwasser bis Spanien und China versandt wurde, den Markt, später nahm in dieser wie in allen Luxusindustrien das maurische Spanien die erste Stelle ein. Gegenwärtig gibt manche arabische Dame jährlich 500 Dollar für Parfümerien aus.

Die Nachrichten über den römischen Luxus der Tracht und des Schmucks lassen, unzusammenhängend und dürftig wie sie sind, auch nur eine sehr unvollkommene Beurteilung zu. Zu der Annahme, daß die antike Welt die moderne in diesem Luxus im allgemeinen überboten habe, geben sie durchaus keinen Anlaß, vielmehr lassen sie weit eher glauben, daß auch hier der Luxus der römischen Kaiserzeit den mancher Periode der neueren Zeit keineswegs erreicht hat.

4. DER LUXUS DER WOHNGEBÄUDE

a) Städtische Paläste

Die ersten Anfänge des Luxus in der inneren Einrichtung der Wohngebäude reichen in die Zeit zwischen dem ersten und zweiten punischen Kriege zurück: schon damals gab es Häuser, die „mit Citrus, Elfenbein, punischen Estrichen" geschmückt waren. Doch der Luxus der Bauten scheint erst im letzten Jahrhundert v. Chr. begonnen zu haben; bis dahin waren die Wohnungen selbst der Vornehmen ebenso einfach wie wohlfeil. Sulla (geb. 138), der allerdings als junger Mann in sehr knappen Verhältnissen lebte, bewohnte noch ein Erdgeschoß (das vornehmste Stockwerk) für eine Jahresmiete von 3000 Sesterzen (525 Mark), im Oberstock desselben Hauses wohnte ein Freigelassener für 2000 Sesterzen (348 Mark). Der Travertin wurde bereits im letzten Jahrhundert der Republik je länger je mehr bei Bauten, besonders zur Verkleidung der Fassaden, verwandt; dagegen der Marmor noch so gut wie gar nicht. Noch ums Jahr 92 v. Chr., nach so vielen Feldzügen und Siegen in den an Säulenbauten überreichen griechischen und orientalischen Ländern, hatte nach Plinius kein öffentliches Gebäude in Rom Marmorsäulen. Um so mehr Anstoß gab es, daß der damalige Zensor L. Crassus, einer der ersten Männer des Staats, das Atrium seines Hauses auf dem Palatin zuerst mit sechs Säulen aus hymettischem Marmor schmückte, die er übrigens nicht zu diesem Zwecke, sondern für das in seiner Ädilität erbaute Theater hatte kommen lassen; er wurde deshalb von Cn. Domitius, seinem Kollegen in der Zensur, scharf getadelt, von M. Brutus mit dem Spottnamen „Palatinische Venus" belegt. Das Haus des Crassus stand jedoch dem Hause des Besiegers der Cimbern, Q. Catulus, Konsul 102 (ebenfalls auf dem Palatin), und dem des rechtsgelehrten Ritters C. Aquilius (auf dem Viminal) nach, welches letztere damals allgemein für das schönste in Rom galt. Dann war im Jahre 78 das Haus des damaligen Konsuls M. Lepidus das schönste, dessen Schwelle aus dem bisher in Rom unbekannten numidischen Marmor (Giallo antico) ebenfalls viel üble Nachrede veranlaßte.

Aber 35 Jahre später gab es schon mehr als hundert schönere Häuser in Rom. Diese riesenhafte Zunahme der Pracht und des Luxus der Bauten, die ihm bei der Kürze des menschlichen Lebens doppelt töricht erschien, berichtet Plinius als eins der größten Wunder in der Geschichte der Stadt. Das Wunderbare ist vielmehr, daß Rom, schon lange seiner Bedeutung nach die erste Stadt der Welt, in baulicher Hinsicht bis dahin so sehr zurückgeblieben war, so daß nun die Veränderungen der Privatbauten plötzlich in großem Umfange erfolgten, die sonst in aufblühenden Städten mehr allmählich einzutreten pflegen, wie sie z. B. Macaulay für die englischen in seiner Darstellung der seit dem Ende des 17. Jahrhunderts so gewaltig fortgeschrittenen Kultur mehrfach nachgewiesen hat. In Rom wurde die Versäumnis aller früheren Zeiten in einem einzigen Menschenalter nachgeholt. Jene 35 Jahre vom Konsulat des Lepidus (dem Todesjahre Sullas) bis zum Todesjahre Julius Cäsars (78—44) waren eine Zeit der größten Eroberungen und Erwerbungen im Orient und Okzident. Es war die Zeit der Kriege des Q. Metellus Creticus, P. Servilius Isauricus, Pompejus und Lucullus im Osten, des Julius Cäsar in Gallien; das Reich erhielt die neuen Provinzen Bithynien und Pontus, Kreta, Cilicien und Syrien. In diesen Kriegen erbeuteten Feldherren, Offiziere, Zivilbeamte und Geschäftsleute — wie Pompejus' Freigelassener Demetrius, der 4000 Talente, d. i. 18,860.000 Mark hinterlassen haben soll — ungeheure Reichtümer, die zum Teil zu den glänzendsten öffentlichen Bauten (selbst temporären, wie das überprächtige Theater des Scaurus 58) verwandt wurden. Doch diese Pracht und Großartigkeit teilte sich schnell auch den Privatbauten mit. Die größten der 360 Säulen (von mehr als 11 Meter Höhe), mit denen er seine Bühne geschmückt hatte, ließ Scaurus in dem Atrium seines Hauses auf dem Palatin aufstellen; sie waren aus dem schwärzlichen Marmor von der Insel Melos, den zuerst Lucull in Rom eingeführt hatte, und der daher der Lucullische hieß. Der erste, der in seinem ganzen Hause (auf dem Cälius) nur Marmorsäulen hatte, und zwar Monolithe aus grün geädertem Cipollino (aus Carystus auf Euböa) und carrarischem Marmor, war der römische Ritter Mamurra aus Formiä, Cäsars Feldzeugmeister in Gallien. Sein Haus legte, wie Plinius sagt, ein beredteres Zeugnis von seinen schamlosen Plünderungen in Gallien ab als die bitteren Verse, in denen Catull sie ihm vorwarf. Er war auch der erste, der ganze Wände mit Marmortafeln auslegte, also die (alexandrinische) Inkrustation in Rom einführte. Sallust konnte bereits von Palästen sprechen, die nach Art ganzer Städte gebaut seien. Mit der Zunahme der Bauten stieg auch der Wert des Baugrunds — der Boden des in der belebtesten Gegend von Julius Cäsar erbauten Forums kam auf 100 Millionen Sesterzen, d. h. 17½ Millionen Mark zu stehen — und die Höhe der Wohnungsmieten. Sie war in Rom durchschnittlich viermal so hoch als in den Städten Italiens. Cälius wohnte in einem Miethause des Clodius nach Ciceros Angabe für 10.000 Sesterzen (1750 Mark) bescheiden, seine Ankläger hatten das Dreifache angegeben und ihm dies als Verschwendung vorgeworfen, zugleich damit Clodius sein Haus höher verkaufen könne. Cicero kaufte sein Haus auf dem Palatin von Crassus für 3⅓ Millionen Sesterzen (614.000 Mark). Als er es bei seiner Rückkehr aus der Verbannung als Ruine wiederfand, bot ihm der Senat 2 Millionen Entschädigung, wobei also der Wert des Bodens auf 1½ Millionen (= 43 Prozent der Gesamtsumme) veranschlagt worden wäre.

Einen neuen großen Aufschwung nahm das Bauwesen in Rom nach der Schlacht bei Actium, nicht bloß infolge des durch den Weltfrieden wiederkehrenden Gefühls der Sicherheit, des steigenden Wohlstands, des Wachstums der Bevölkerung, des Zuströmens von Kapitalien, sondern auch infolge des von Augustus ausgehenden Strebens, Rom mit dem Glanz und der Pracht auszustatten, welche die Würde der Hauptstadt einer Weltmonarchie erforderte, die Lehmstadt in eine Marmorstadt zu verwandeln. Im Zusammenhang mit diesem steigenden Bauluxus stand die, wie es scheint, im großen wohl erst in der späteren Zeit des Augustus betriebene Ausbeutung der von Vitruv noch gar nicht erwähnten Brüche von Carrara, deren Blöcke und Balken sowie sonstiges Baumaterial zur See nach Ostia und von da stromaufwärts nach Rom geschafft wurden.

Die Gedichte des Horaz, Tibull und Properz, die diesem Zeitraume angehören, sind voll von den Eindrücken, die der nun in weiten Kreisen sich verbreitende Bauluxus auf die Freunde der früheren Einfachheit machte. Die „in neuer Art“ gebauten Atrien großer Paläste imponierten durch ihre Höhe; vielleicht war das des Scaurus das erste derselben gewesen, der Abstand seiner Höhe von 38 röm. Fuß (= 11,25 m) von der des Atriums des Crassus (12 röm. Fuß = 3,5 m) entspricht dem Abstande des Palastes vom Bürgerhause und hatte notwendigerweise auch eine Vergrößerung der übrigen Dimensionen zur Folge. In diesen Atrien erregten Wandpfeiler von phrygischem (violett geflecktem) Marmor (Pavonazzetto) neidisches Staunen. Balken aus (weißem) hymettischem Gestein belasteten Säulen aus rötlich-gelbem und aus grün geädertem Marmor und aus Serpentin, die in Numidien, auf Euböa und am Vorgebirge Tänarum gebrochen waren. An den vergoldeten Felderdecken, wie man sie zum ersten Male nach der Zerstörung Karthagos am kapitolinischen Juppitertempel gesehen hatte, glänzte Elfenbein. Zwischen den bunten Säulen der Höfe standen Gebüsche und Baumgruppen, plätschterten Springbrunnen, und Purpurdecken, von einem Säulendach zum andern gespannt, hielten die Sonnenstrahlen ab und warfen einen roten Schimmer auf das Pflaster oder den Moosteppich des Bodens. Wie allgemein die unter Sulla in Rom aufgekommenen Mosaikfußböden damals waren, mag man daraus entnehmen, daß Cäsar sie sogar auf Feldzügen mit sich führte, um sie in seinen Zelten auslegen zu lassen. Mit den Schilderungen des Horaz, Properz und Tibull stimmen die gleichzeitigen Angaben und Vorschriften für den Bau eines vornehmen Hauses, die Vitruv gibt, wohl überein. Für Männer von hohem Stande, sagt er, muß man königliche hohe Vorhöfe, sehr weite Atrien und Peristylien, Parks und geräumige Wandelbahnen von imposanter Wirkung, ferner Bibliotheken, Gemäldegalerien, Basiliken in derselben Großartigkeit wie bei öffentlichen Bauten anlegen. Der Palast des Freundes des Augustus, des Ritters Vedius Pollio, bedeckte „mehr Raum, als viele Städte mit ihren Mauern umschließen“; seine Stelle nahm später die von Augustus erbaute Kolonnade der Liva ein. Auch in bescheidenen Wohnungen war, wie man es in Pompeji sieht, die Zahl der für einzelne Lebenszwecke hergerichteten Zimmer eine verhältnismäßig große, die freilich bei der Kleinheit der nicht für die Repräsentation bestimmten Räume doch nur einen beschränkten Flächenraum einnahmen.

Der Luxus der Paläste war aber während der Zeit von Augustus bis auf Neros Tod in vielen Stücken noch sehr im Steigen begriffen, da die großen Familien damals noch durch fürstliche Pracht zu glänzen und einander zu überbieten strebten; und wenn auch seit Vespasian eine Abnahme des Luxus überhaupt eintrat, so werden nichtsdestoweniger auch später noch Prachtbauten genug entstanden sein, die sich mit den früheren messen konnten. Gegen das Ende von Tiberius' Regierung sagt Valerius Maximus, daß ein Palast, der mit seinem ganzen Zubehör (d. h. namentlich Garten) vier Morgen (= 1 Hektar) Lands einnahm, für eine enge Wohnung galt. Wenn dies übertrieben sein mag, so ist die gleichzeitige Äußerung des Vellejus Paterculus gewiß buchstäblich zu nehmen: wer für eine Jahresmiete von 6000 Sesterzen (1305 Mark) wohne, werde kaum für einen Senator gehalten. Diese Äußerung ist freilich zugleich geeignet, vor zu weitgehenden Vorstellungen von der Allgemeinheit des Luxus der Wohnungen zu warnen, da im heutigen London, Paris, Wien oder Berlin auch wohl die drei- oder vierfache Summe für einen Würdenträger von dem Range eines römischen Senators zur Jahresmiete kaum hinreichen würde. In Jahre 1462 betrug dieselbe für die von Edelleuten bewohnten Häuser in Venedig 50—120 Dukaten (600—1440 Frcs.) 1658 zahlte der venezianische Gesandte für das von ihm bewohnte Haus in Paris jährlich 400 Doppie (4400 Frcs.); diese wie jene Summen entsprechen höhern in heutigem Gelde. Dagegen zahlte die Gemahlin des russischen Gesandten in Wien dort 1852 für ihre Wohnung eine Miete von 11.100 Gulden Konventionsmünze (damals etwa so viel wie 9000 Mark). Bismarck wohnte als Bundestagsgesandter in Frankfurt 1851 für 4500 Fl. (für Frankfurt billig) und zahlte in Petersburg für das möblierte Hotel Stenbak 7000 Rubel als Miete, der Herzog von Ossuña für das seine (ebenfalls möblierte) 12.000. Im Jahre 1883 gab es in Paris 9985 Steuerzahler, deren Wohnungsmiete 4000 bis 8000 Frcs. betrug; 1413 Wohnungen kosteten 10.000—25.000 Frs. jährlich, etwas über 400 mehr als die letztere Summe.

Ob in Rom der Umfang der Paläste seit der Zeit des Tiberius noch zugenommen hatte, läßt sich mindestens aus der Phrase Senecas, daß sie Städten gleich waren, die Ausdehnung von Landgütern hatten, nicht entnehmen, da ja schon Sallust sich ähnlich ausdrückt. Die Bauart der großen römischen Häuser rechtfertigt diese rhetorischen Übertreibungen wenigstens einigermaßen. Schon weil sie in der Mitte immer, zuweilen wohl auch auf den Flügeln, nur ein Stockwerk hatten, nahmen sie stets ein verhältnismäßig großes Areal ein, sodann weil ihnen wohl gewöhnlich Gärten und Parks nicht fehlten und sie auch sonst eine Menge von Baulichkeiten und Anlagen umschlossen, wie sie ja zum Teil Vitruv schon erwähnt, wie Springbrunnen, Bäder, Säulenhallen und Fahrbahnen; wo denn freilich zuweilen bei aller Pracht und Großartigkeit die eigentlichen Wohnräume zu kurz gekommen waren. Den von seinem Gönner Sparsus bewohnten Petilianischen Palast nennt Martial ein Königreich. In dem Palast der Voilentilla ruhten die Giebeldächer auf unzähligen Säulen, hauchten alte Haine Kühlung aus, sprangen lebendige Quellen in Marmorbecken, war es in der Hundstagshitze kühl und im Winter lau.

Angaben über Werte und Preise solcher Besitzungen in Rom fehlen. Für den Preis von 100.000 Sesterzen (= 21.750 Mark), den Martial einmal angibt, kann nur ein kleines, ohne Luxus gebautes Haus, und auch für den doppelten Preis kein glänzendes zu haben gewesen sein. Denn nach Juvenal konnte ein Bad allein 600.000 Sesterzen (130.500 Mark) kosten, ein Säulengang noch darüber; und daß diese Summen nicht zu hoch, vielmehr für manche derartige Bauten zu niedrig gegriffen sind, zeigt die Angabe, daß Fronto, ein nicht reicher Senator, ein Bad für 350.000 Sesterzen (76.125 Mark) baute, noch mehr aber die unten anzuführende Beschreibung des Bads des Claudius Etruscus.

Ein Luxus aber, der wohl in der ganzen Geschichte der Baukunst ohne Beispiel ist, wurde mit der architektonischen Dekoration getrieben. Mit dem Gebrauch des farbigen Marmors zu Säulen kam auch die altasiatische Bekleidung der Wände mit bunten Steinarten und andern kostbaren Materialien auf, die sich ebenfalls unter Augustus zu verbreiten anfing. Vitruv berücksichtigt sie noch nicht; zuerst eifert Seneca gegen den Luxus der Wände, „die von mächtigen und kostbaren Marmorfüllungen strahlen, in denen alexandrinische Tafeln mit numidischen kontrastieren". Neben den Bekleidungen der Wände mit Marmortafeln aus dem Vollen wurde es bereits unter Claudius Mode, Stücke aus ganzen Platten herauszuschneiden und die Vertiefungen mit andern Steinen auszulegen; so war man imstande, allerhand Gegenstände und Tiere darzustellen und, wie Plinius sagt, „mit dem Steine zu malen". Zwei in dieser Weise eingelegte Marmorinkrustationen sind auf dem Palatin gefunden worden. Unter Nero wurden dann durch Einsetzen von bunten Adern und Drusen in Tafeln von anders gefärbten Gesteinsarten Phantasiemarmore hergestellt.

Überhaupt aber nahm die Verschwendung kostbarer und seltener, namentlich farbiger Steinarten im Laufe des 1. Jahrhunderts ungemein zu. In einem von dem Freigelassenen Caligulas, Callistus, erbauten Speisesaal sah Plinius dreißig Säulen aus orientalischem Alabaster; vier kleinere Säulen aus diesem Stein hatte Cornelius Balbus in seinem (unter Augustus erbauten) Theater der Merkwürdigkeit halber aufstellen lassen. Mit den Erwerbungen neuer Länder wuchs auch die Zahl der von den Römern ausgebeuteten Steinbrüche. So gewannen sie aus den Brüchen des Gebirgsrückens in der arabischen Wüste Ägyptens am Dschebel Dokhan Porphyr, am Dschebel Fatireh Granit, bei Hamamat die in Rom sehr beliebte ägyptische Breccia, am Dschebel Urakan den begehrten honigfarbenen orientalischen Alabaster. Doch sind die beiden ersteren Brüche erst unter Claudius eröffnet und so ohne Zweifel im Laufe der Kaiserzeit zahlreiche neue (wie unter Marc Aurel in Numidien) in Angriff genommen worden. Nach den vorhandenen Überresten müssen mehr als vierzig in Betrieb gewesen sein, die für die Architektur Roms Luxusmaterial lieferten. In dem kleinen prachtvollen Bade, das Claudius Etruscus erbaute, waren nach der Beschreibung des Statius oft gesehene, wenn auch kostbare Marmorarten angeblich als zu gering gar nicht verwendet, wie der thasische, carystische, der Schlangenmarmor *(ophites)* und jener Alabaster *(onyx)*. Kaum war der grüne lakonische Serpentin zugelassen, um große Tafeln des weißen, violett gefleckten synnadischen (Pavonazzetto) in langen Leisten einzufassen; auch sah man hier einen schneeweißen phönizischen Marmor, den Plinius noch nicht zu kennen scheint. Die Gewölbe glänzten mit bunten Bildern aus Glasmosaik, aus silbernen Röhren sprang das Wasser in silberne Becken, durch das von Marmor eingefaßte Bassin war fließendes Wasser geleitet, so klar, daß man das bloße Marmorpflaster zu sehen glaubte; der Ballspielsaal hatte einen von unten zu erwärmenden Fußboden. Daß die Verschwendung bunter Steinarten bei Prachtbauten damals durchaus gewöhnlich war, zeigen andre Beschreibungen des Statius und Martial. Nach dem ersteren prangte der Palast der Violentilla mit afrikanischem, phrygischem und lakonischem Stein, mit Onyx und Marmorarten, die mit der Farbe des Meers und des Purpurs wetteiferten. Bei dem letzteren baut ein reicher Mann Thermen aus carystischem, synnadischem, numidischem, lakonischem Marmor. Von den Villen jener Zeit und von Domitians Palast wird unten die Rede sein. Unter Hadrian mag der Luxus der farbigen Steinarten seine größte Höhe erreicht haben, beliebt aber ist er bis ins späte Altertum geblieben.

Erst im Jahre 1867 hat die Entdeckung des antiken Marmorlagers am Flußhafen des Tiber unter dem Fuße des Aventin einen neuen, überraschenden Einblick in die Marmorpracht des kaiserlichen Rom gewährt. Man hat dort ungefähr 1000 Steinmassen gefunden, unter den Arten herrschen die zu architektonischen Zwecken dienenden farbigen ganz überwiegend vor. Wahrscheinlich ist der Neronische Brand im Jahre 64 die Veranlassung zur Einrichtung dieses Marmorlagers gewesen; doch bildete es nur den Teil des kaiserlichen Depots, in welchem sich die Sendungen aus Asien, Afrika und Griechenland (und selbst diese nicht vollständig) befanden, wogegen ägyptischer und carrarischer Marmor dort ganz fehlt. Benutzt wurde die Niederlage bis zum Anfang des 3. Jahrhunderts, und was hier an Marmor gefunden ist, kann man als den Überschuß ansehen, der von den ungeheuren Lieferungen aus den Steinbrüchen bei den Bauten der Flavier und Antonine nicht zur Verwendung gekommen ist. Daneben geben auch die wenngleich dürftigen Überreste des Marmorschmucks des Kaiserpalastes von der Größe und Mannigfaltigkeit dieser Pracht eine Vorstellung. Auch in den Provinzen ist neben einheimischen Steinarten fremder, namentlich carrarischer und griechischer Marmor, und wahrscheinlich in sehr reichem Maße, zur Verwendung gekommen. Die Wände der römischen Villen in der Gegend von Zürich sind bis zur Brusthöhe mit schön geschliffenen Tafeln von Juramarmor bekleidet, doch die reicheren, sowie die Bäder zu Baden, auch mit italienischen geschmückt. In dem Garten des erzbischöflichen Palastes zu Narbonne erinnern großartige Architekturtrümmer aus den Brüchen der Pyrenäen, Afrikas, Carraras und Griechenlands an den einstigen Glanz der römischen Marsstadt Narbo.

Die Anwendung des Glases zu dekorativen Zwecken wurde ebenfalls früh übertrieben. Schon Seneca spricht von gewölbten Decken, die hinter Spiegelglas verschwinden. „Der Boden Roms ist gleichsam übersäet mit Glasscherben, Resten von Wand- und Fußbodenbekleidungen aus künstlich gemustertem und skulpiertem Glase. Zu Veji fand man einen Fußboden von kompaktem Glase von der Größe des Zimmers. Kameenartig geschliffene, zweifarbige Gläser (nach Art der Portlandvase) finden sich zum Teil noch mit den Stucküberresten der Mauer, in die sie gefügt waren. Auch fehlt es nicht an Bruchstücken echter Glasmalerei“. Die Übertragung von Glasmosaik auf Gewölbe erwähnt Plinius als neue Erfindung. Derselbe erwähnt auch bereits die Bekleidung der Wände mit vergoldeten Platten, einen Luxus, der in dem Goldenen Hause Neros seinen Höhepunkt erreichte. „Auf dem Palatin fand man unter andern Trümmern eine ganz mit Silberblech inkrustierte Stube, und in das Silber waren edle Steine eingelassen ... Im 17. Jahrhundert fand man auf dem Aventin eine Stube, deren Wände hinter vergoldeten Bronzeplatten mit inkrustierten Medaillen verschwanden.“ Auch andre Erfindungen eines ausschweifenden Luxus der Architektur rühren wohl aus Neros Zeiten her: so die Konstruktion beweglicher Felderdecken, besonders in Speisesälen, die dann bei jedem Gange der Mahlzeit einen andern Anblick boten. Zuweilen kontrastierten in den Palästen jener Zeit mit dieser Überpracht sogenannte „Armenzimmer“, deren künstliche Einfachheit ohne Zweifel den Glanz der übrigen Räume noch wirksamer machen sollte.

Doch all dieser Glanz erblich vor der Feenpracht der beiden Paläste Caligulas und Neros, „welche die ganze Stadt umfaßten“. Von dem ersteren wissen wir wenig. Der letztere, das „Goldene Haus", nach dem Brande im Jahre 64 von neuem begonnen, lag im wesentlichen auf der Velia, dem Esquilin und dem zwischen beiden gelegenen Tale; auf dem Esquilin schloß er sich an die kaiserlichen Gärten des Mäcenas an und wurde von mehreren Straßen durchschnitten. Auf dem Vorplatz stand ein Koloß Neros von 120 Fuß (= 35 m) Höhe. Der Palast schloß unter andern dreifache Säulenhallen von der Länge einer römischen Meile (1480 m) ein; einen Teich „gleich einem Meer" (an dessen Stelle später das Flavische Amphitheater stand), umgeben von Gebäuden, nach Art einer Stadt; ländliche Anlagen mit Feldern, Weingärten, Wiesen und Wäldern, darin eine Menge zahmer und wilder Tiere aller Art. Säle und Zimmer waren mit Gold überzogen, mit Edelsteinen und Perlmutter ausgelegt. Die herrlichsten, aus Griechenland und Kleinasien zusammengeraubten Bildwerke waren zur Dekoration verwandt. Von den damaligen bei der Ausschmückung beschäftigten Künstlern nennt Plinius einen durch seine blühende Farbe ausgezeichneten Maler Famulus (vielleicht Fabullus). Reste von bemalten Wänden, die unter den Thermen des Titus und Trajan verborgen waren, zeigen einen dem letzten pompejanischen Stil verwandten, doch vornehmeren und gehalteneren Charakter, sowohl in den umrahmten Bildern wie in der Ornamentik, aus der Raffael und Giovanni da Udine Anregungen und Vorbilder für ihre „Grotesken" entnommen haben. Neue Erfindungen und Entdeckungen wurden hier verwertet: ein Fortunatempel war aus einem in Kappadocien gefundenen, so durchscheinenden Steine erbaut, daß er auch bei geschlossenen Türen hell blieb. Die elfenbeinerne Täfelung der Decken der Speisesäle konnte verschoben werden, um Blumen oder aus Röhren wohlriechende Wasser auf die Speisenden herabzuschütten. Der Hauptspeisesaal war ein Kuppelsaal, der sich Tag und Nacht um seine Achse drehte. Die Bäder enthielten Meer- und Mineralwasser. Als der Palast soweit vollendet war, daß Nero ihn beziehen konnte, äußerte er seine Zufriedenheit dahin, daß er sagte, er fange nun an, wie ein Mensch zu wohnen. Otho bewilligte zur Fortsetzung des Baus 50 Mill. Sesterzen (gegen 11 Mill. Mark), Vitellius fand das bereits Fertige einer kaiserlichen Wohnung unwürdig, Vespasian ließ den größten Teil einreißen, und er und Titus ersetzten das Zerstörte durch Gebäude, die dem Vergnügen des Volks gewidmet waren. Das Amphitheater erhob sich, wie gesagt, an der Stelle des Teichs, die Thermen des Titus auf dem Esquilin. Den Koloß Neros verwandelte Vespasian in einen Sonnengott, sein Postament ist noch vorhanden.

Unter den Palastbauten der späteren Kaiser zeichneten sich die Domitians durch ihre Pracht aus. Plutarch sagt, daß in dem von ihm erbauten (vierten) Juppitertempel auf dem Kapitol die Vergoldung mehr als 12.000 Talente (etwa 56½ Mill. Mark) gekostet habe; doch wer erst in seinem Palast einen Säulengang oder eine Halle, ein Bad oder eine Wohnung seiner Maitressen sähe, der müsse sagen: der Erbauer habe gleich Midas seine Freude daran gefunden, durch seine Berührung alles in Gold zu verwandeln. Die Decke des Speisesaals in diesem Palaste, von kolossaler Spannweite, mit einer großen Lichtöffnung, ruhte nach Statius' preisender Schilderung nicht auf sehr zahlreichen Säulen, aber auf so gewaltigen, daß sie den Himmel stützen könnten; dort wetteiferte numidischer, synnadischer, chiischer, carystischer Marmor und Granit aus Syene, nur die Postamente der Säulen waren aus carrarischem Stein:

die Höhe so groß, daß der ermüdete Blick kaum die vergoldeten Deckenfelder erreichen konnte.

b) Villen und Gärten

War aber in Rom selbst der Bauluxus durch die verhältnismäßige Beschränktheit des Stadtgebiets und den hohen Wert des Bodens vielfach behindert, so konnte dagegen auf den ungeheuren Gütern der Großen die Leidenschaft des Bauens sich an den Villen um so schrankenloser befriedigen. Durch die Ungesundheit Roms im Sommer und Frühherbst wurde die Neigung zum Landleben genährt, eine regelmäßige Villeggiatur für die höheren Stände zum Bedürfnis. Ausgedehnte Besitzungen gewährten schon in der letzten Zeit der Republik die Wahl zwischen verschiedenen, gleich anmutigen Aufenthalten. Die Zunahme der Villenbauten trieb die Preise der günstig gelegenen Grundstücke sehr in die Höhe. Wenn freilich Lucull für die Misenische Villa des Marius, die von Cornelia, der Mutter der Gracchen, mit 75.000 Denar bezahlt worden war, 2,500.000 Denar zahlte, so ist unberechenbar, wieviel Verschönerungen und Bauten zu einer so enormen Preissteigerung beigetragen haben mögen.

Noch mehr griff nach der Schlacht bei Actium die Baulust in ganz Italien um sich. Bald, meinte Horaz, würden die fürstlichen Paläste dem Pfluge nur wenige Morgen Lands übriglassen, überall künstliche Teiche, größer als der Lucrinersee, sich ausdehnen, die Platane überall die rebenumschlungene Ulme verdrängen, an Stelle fruchtbarer Ölpflanzungen Myrten- und Lorbeerhaine Schatten und Violenbeete Duft verbreiten, an Stelle des naturwüchsigen Rasens Säulenhallen, vor Sonne und Nordwind Schutz gewährend, sich erheben. Die Senatoren wurden überdies wiederholt durch Senatsbeschlüsse und kaiserliche Verordnungen zu Güterankäufen in Italien genötigt, und diese Erwerbungen bewirkten natürlich auch eine Vermehrung der Villenbauten. Wollten sie im Hochsommer die reine Gebirgsluft des Sabiner- oder Albanergebirgs atmen, im Frühling oder Spätherbst von der schmeichelnden Wärme des süditalischen Himmels umfangen sein, in der berauschenden Schönheit und Pracht der Küste des Golfs von Neapel schwelgen, in der Abgeschiedenheit und Stille der Platanenhaine an einem oberitalischen See das Getriebe Roms vergessen: überall standen wohnliche Landhäuser oder glänzende Paläste zu ihrem Empfange bereit. Der jüngere Plinius, der nur ein mäßiges Vermögen besaß, hatte Besitzungen in Etrurien (bei Tifernum Tiberinum), bei Comum, im Beneventanischen, mehrere Villen am Comersee und einen Landsitz bei Laurentum. Der in jener Zeit viel genannte Redner Regulus, dessen Vermögen sich auf beinahe 60 Millionen Sesterzen (über 13 Millionen Mark) belief, besaß Güter in Umbrien, in Etrurien, bei Tusculum und in der Campagna an der Straße nach Tibur.

Nicht selten wurde der Luxus und die Kostspieligkeit der Villenbauten durch die Überwindung von Bodenschwierigkeiten gesteigert. Schon Sallust spricht von den Reichtümern, die durch das Ausbauen des Meers und Ebnen der Berge verschwendet werden. Von der Villa des Pollius Felix bei Sorrent rühmt Statius, daß die Natur sich dort dem Willen des Menschen unterworfen und Dienste tun gelernt habe. „Wo du jetzt eine Ebene siehst, war ein Berg, wo du unter Dach wandelst, eine Wildnis; wo du hohe Bäume erblickst, war nicht einmal Erde — schau hier, wie das Gestein sein Joch tragen lernt, der Palast vordringt, der Berg auf das Geheiß des Herrn zurückweicht." Klippen im Meere waren in Weinberge verwandelt, und die Nereiden pflückten hier im Schatten der Nacht süße Trauben. In der Villa am Lago Fusaro, in welcher Servilius Vatia, ein reicher Mann von prätorischem Range, unter Tiberius sein Alter in tatenlosem Genusse verbrachte, waren zwei mit großer Arbeit ausgeführte künstliche Höhlen von der Ausdehnung der größten Atrien; die eine traf die Sonne niemals, die andre beschien sie bis zum späten Abend. Ein Kanal, vom Meere zum Acherusischen See geführt, durchschnitt einen Platanenhain; hier wurde gefischt, wenn das Meer zu stürmisch war. Die Villa bot die Annehmlichkeiten des benachbarten Bajä ohne dessen Unannehmlichkeiten.

Die Vorliebe für das Meer und der Wunsch, es aus unmittelbarster Nähe zu genießen, veranlaßte, wie es scheint, häufig kostbare Wasserbauten, deren Mauern, wie Ovid sagt, die blauen Wellen verdrängten. Auch Horaz spricht wiederholt von den das Meer füllenden Quadermauern. Wo immer sich das Meer zu einer Bucht krümmt, sagt Seneca, da legt ihr sogleich eure Fundamente und schafft künstlich neuen Boden. Noch sind Überreste dieser ins Meer gebauten Paläste bei Antium und sonst unter dem Wasserspiegel sichtbar. Auch an den Küsten der Provinzen gab es künstliche Wasserbauten. Auf den Gütern des reichen Sophisten Damianus von Ephesus am Meer waren künstliche Inseln und Hafendämme, die für landende und abfahrende Lastschiffe die Ankerplätze sicherten. Seine Häuser in der Vorstadt waren teils nach Art der Stadtwohnungen, teils grottenartig eingerichtet, all seine Ländereien mit schattigen Fruchtbäumen bepflanzt.

Wir haben beinahe gleichzeitige Schilderungen sowohl prachtvoller als bescheiden eingerichteter Villen, die letzteren von dem jüngeren Plinius, die ersteren von Statius. Die laurentische und toscanische Villa des Plinius waren durch ebenso schöne wie gesunde Lage, die eine am Meer, die andre im Tale des Tiber am Abhange der Apenninen, ausgezeichnet; sie boten die mannigfachsten, für alle Tages- und Jahreszeiten passenden Räume und aus allen Fenstern andre, immer reizende Aussichten. Die Einrichtung war freundlich, bequem und zierlich, doch fast ganz ohne eigentlichen Luxus. Mit Ausnahme von vier kleinen Säulen aus carystischem Marmor, die einen Weinstock in der toscanischen Villa stützten, war hier wie dort nur weißer Marmor, und selbst dieser allem Anschein nach spärlich verwendet, oder die Wände mit einfachen Malereien geschmückt; in der laurentischen Villa waren die Öffnungen von zwei bedeckten Gängen mit Frauenglas geschlossen. Sie hatte keinen Springbrunnen, die toscanische mehrere. Die Gärten und Anlagen enthielten nur die gewöhnlichsten dem Boden zusagenden Pflanzen und Bäume: dort Violen, Buchs, Rosmarin, Weinstöcke, Maulbeer- und Feigenbäume; hier Rosen, Akanthus, Buchs, Weinstöcke, Lorbeer, Platanen, zum Teil mit Efeu bekleidet, und Zypressen.

Die eine der beiden von Statius geschilderten Villen, die sich der reiche Puteolaner Pollius Felix auf der Punta della Calcarella in der Bucht zwischen den Kaps von Massa und Sorrent erbaut hatte, ist bereits wegen der großen, bei ihrer Anlage ausgeführten Bodenarbeiten erwähnt worden. Die zu ihr gehörenden Bauten, Gärten, Parks usw. bedeckten die ganze Küste zwischen der Marina di Puolo und der Ostseite des Kaps von Sorrent. Unmittelbar am Ufer erhob sich ein warmes Bad mit zwei Kuppeln, ein Tempel des Neptun und einer des Hercules; ein Säulengang führte einen gewundenen Weg entlang zur Villa hinauf. Ihre Gemächer boten die mannigfachsten Blicke auf das Meer und die Inseln. Vor allen andern Teilen des Gebäudes ragte ein Saal oder Flügel hervor, der die Aussicht gerade über den Golf nach Neapel hatte; er war mit buntem Marmor aus den gesuchtesten Brüchen Griechenlands, Kleinasiens, Numidiens und Ägyptens verschwenderisch ausgestattet. Man sah überall kostbare Gemälde und Skulpturen alter Künstler und Porträts von Feldherren, Dichtern und Pilosophen. Geringe Reste dieser Pracht, wie Fußböden von buntem Marmor, Säulen usw., sind zu verschiedenen Zeiten auf den Anhöhen der dortigen Küste und an der Marina di Puolo gefunden worden.

Auf der Besitzung des Manilius Vopiscus bei Tibur standen zwei Paläste an den beiden Ufern des Anio einander gegenüber, an einer Stelle, wo der Strom ruhig dahinfloß, während er ober- und unterhalb mit lautem Krachen schäumend über Felsen stürzte; man konnte von einem Ufer zum andern sich sehen und sprechen, fast die Hände reichen. Dichter und hoher Wald trat bis an den Rand des Wassers, dessen Fläche das Laub widerspiegelte, weithin lief die Welle durch Schatten. Hier war es auch in den Tagen der Siriushitze kühl, und der Brand der Julisonne vermochte nicht ins Innere der Wohnräume zu dringen. Diese prangten mit vergoldeten Deckenbalken, mit Türpfosten aus gelbem Marmor, mit Wandbekleidungen, auf denen Malereien durch Einlegung bunter Adern ausgeführt waren, mit kostbaren Mosaikfußböden, zahlreichen Kunstwerken aus Bronze, Elfenbein, Gold und Edelsteinen von berühmten Meistern; eine Wasserleitung versah jedes Gemach mit seinem eigenen Quell. Auch hier wechselte in jedem Zimmer die Aussicht, bald blickte man auf uralte Haine, bald auf den Strom; überall war Ruhe und Stille, und das sanfte Gemurmel der Wellen wiegte die Schläfer ein: dicht am Ufer des Anio war ein warmes Bad. Mitten in einem der beiden Paläste stand ein schöner Baum, dessen Wipfel über das Dach hinausragte. Ein Obstgarten, der dem Dichter die Gärten des Alcinous und der Circe zu übertreffen schien, lag bei der Villa. Niebuhr erteilt den Gedichten des Statius das Lob, daß sie die rechte Farbe des Lands an sich tragen, daß man sie in Italien besonders gern liest; und wohl mag man sich in jenen Gegenden in sie vertiefen, wenn man sich aus Trümmern ein Schattenbild der Pracht heraufrufen will, die sich einst mit dem Zauber einer herrlichen Natur verband, um das Dasein der Reichen und Großen beneidenswert zu machen.

Vielleicht nirgends fühlt man sich zu solchen Betrachtungen so sehr aufgefordert, als wenn man die weite, von unermeßlichen Trümmern erfüllte grüne Wildnis durchwandert, die einst die tiburtinische Villa Hadrians war. Die mit zusammenhängenden baulichen Anlagen bedeckte Fläche umfaßt etwa zwei Drittel Quadratkilometer, ist also etwa viermal so groß als der ganze Palatin. Sie enthielt architektonische und ohne Zweifel auch landschaftliche Nachbildungen der Orte und Gegenden, die das Interesse Hadrians auf seinen mehrjährigen Reisen durch alle Provinzen seines Reichs am meisten erregt hatten: es gab dort ein Lyzeum, eine Akademie, eine Poikile, ein Prytaneum, ein Canopus, ein Tempe; auch eine Unterwelt. Vielleicht waren solche Nachbildungen auf den Villen der fast immer viel gereisten Großen nicht selten, wenigstens befand sich auf einer Besitzung des Septimius Severus, der die Denkmäler Ägyptens mit besonderer Aufmerksamkeit in Augenschein genommen hatte, ein Memphis, auf einer andern ein Labyrinth. Galen erzählt, daß ein reicher Mann aus dem Toten Meer eine zur Füllung eines Bassins hinreichende Quantität Wasser nach Italien gebracht habe. Unter den Villen der späteren Zeit verdient die der Gordiane an der Pränestinischen Straße Erwähnung. Sie enthielt unter anderm einen viereckigen, mit 200 Säulen von gleicher Höhe geschmückten Raum *(tetrastylum)*, von denen je fünfzig aus Giallo antico, Cipollino, Pavonazzetto und rotem Porphyr waren; dreihundert Fuß lange Basiliken, Thermen, wie es deren außer Rom nirgends in der Welt gab, und alles übrige in demselben Maßstabe und Stil. Von dem Luxus der Villen in den Provinzen wird später die Rede sein.

Eine Vergleichung des römischen Palast-, Villen-, Park- und Gartenluxus mit dem der neueren Zeiten wäre schon darum schwierig, weil dieser Luxus im Altertum zum Teil durch ganz andere Einflüsse bedingt und auf ganz andere Dinge gerichtet war als im modernen Europa; auch bedürfte es dazu zahlreicher genauer Beschreibungen. Hier kann nur auf einige Prachtbauten und -anlagen in verschiedenen Zeiten und Ländern hingewiesen werden.

Unter den italienischen Palästen der Renaissancezeit zeichneten sich die venezianischen schon gegen Ende des 15. Jahrhunderts durch ihre Pracht aus. In einem Gemach von nur 12 Ellen Länge, in dem eine vornehme Wöchnerin Besuche empfing, hatte die bauliche, niet- und nagelfeste Ausstattung allein 2000 Dukaten (24.000 Frcs.) gekostet. Gegen Ende des 16. Jahrhunderts zählte man in Venedig fast hundert Paläste, von denen mehrere mit einem Aufwande von je 200.000 Dukaten erbaut worden waren.

Dem noch existierenden Hause, das sich Jacques Cœur um 1450 in seiner Vaterstadt Bourges erbaute, kam nach dem Urteil eines Zeitgenossen kein Schloß des Königs gleich; noch vor seiner Vollendung wurden die Kosten des Baus auf 100.000 écus (gleich 8 bis 10 Mill. Frcs. jetzt) geschätzt; außen und innen war es mit kunstvollen Skulpturen überreich geschmückt, die Gemächer mit kostbaren gestickten Tapeten, Gold- und Silbergeschirr ausgestattet. Unter den herrlichen Privatbauten Frankreichs aus der Zeit der Renaissance, von denen der Vandalismus der ersten Revolution einen großen Teil zerstört hat, ragte das Schloß Gaillon hervor, das der Minister Ludwigs XII., Georg von Amboise, Erzbischof von Rouen, erbauen ließ. Richelieu gab für sein Schloß, „die glänzendste Wohnung in Frankreich vor der Erbauung von Versailles", 10 Millionen aus. Für die königlichen Bauten wurde unter Ludwig XIV. eine Summe ausgegeben, die sich nach heutiger Währung auf rund 300 Mill. Francs berechnet, etwa ein Drittel davon fällt allein auf das Schloß Versailles mit seinen Gärten und Wasserkünsten. Das Schloß und die Gärten des 1661 gestürzten Ministers Ludwigs XIV., Foucquet, zu Vaux hatten 18 Millionen Livres gekostet, die nach Voltaires Schätzung den Wert der doppelten Summe in seiner eigenen Zeit hatten. Die unermeßlichen Gärten nahmen den Flächenraum von drei Dörfern ein, die Foucquet behufs dieser Anlagen angekauft hatte. Sie waren zum Teil eine Schöpfung Le Nôtres und galten für die schönsten Europas; ihre springenden Wasser erschienen damals als Wunderwerke, und selbst die königlichen Lustschlösser von St. Germain und Fontainebleau waren mit dem von Vaux nicht zu vergleichen. Die Bleiröhren für Wasserleitungen wurden später für beinahe eine halbe Million verkauft. In der zweiten Hälfte des 18. Jahrhunderts verschlang die Anlage englischer Gärten in unmittelbarer Nähe von Paris ungeheure Summen. Man nannte dieselben daher *folies;* die folie Brumoy richtete ihren Gründer, den Marquis de Brumoy, einen zehnfachen Millionär, zugrunde. Der Generalpächter und Hofbankier Joseph de la Borde gab für seine folie Méréville 30 Millionen aus; er hatte dort, mitten in der Beauce, eine Alpennatur mit Wasserfällen und Tannenwäldern geschaffen; eine Teufelsbrücke über einem Abgrund fehlte nicht, welche zu einem Marmortempel der Freundschaft führte.

Die französischen Lustschlösser des 18. Jahrhunderts waren die Vorbilder für die des übrigen Kontinents. Auf Roßwalde bei Hotzenplotz in Mähren hatte Graf Hoditz mit einem Aufwande von 3 Millionen Gulden einen Feensitz gegründet. Pulawy, die Residenz Adam Czartoryskis, war ein kleines Versailles inmitten ungeheurer Gärten. Das von Felix Potocki in Tulczin mit dem Aufwande vieler Millionen erbaute weitläufige Schloß glich mehr der Residenz eines Königs als dem Hause eines Privatmanns. Mit ebenso großem Aufwande und mit der Verwendung von 10.000 Arbeitern schuf Potocki in den letzten 10 Jahren seines Lebens (1795—1805) für seine Sophie das Schloß Sofijowska, „eine aus dem Nichts entstandene Zauberwelt".

Von den Lustschlössern des 19. Jahrhunderts sind uns die der englischen Großen besonders durch die Beschreibungen des Fürsten Pückler bekannt. Woburn Abbey, ein Schloß der Familie Bedford, bildet „mit seinen Ställen, Reitbahn, Statuen- und Bildergalerie, Gewächshäusern und Gärten eine kleine Stadt" und ist ein „so vollendetes Ganze des raffiniertesten Luxus", wie es nur eine seit Jahrhunderten darauf gerichtete Kultur hervorbringen konnte. Unter den verschiedenen Gärten besteht z. B. eine unermeßliche Pflanzung nur aus Azaleen und Rhododendron; in dem chinesischen Garten zeichnet sich der Milchkeller aus, der als chinesischer Tempel gebaut ist, mit einem Überfluß von weißem Marmor und buntem Glase, in der Mitte ein Springbrunnen usw. Das Aviary besteht aus einem sehr großen, eingezäunten Platz und hohen Pflanzungen und einer Cottage nebst einem kleinen Teich in der Mitte; die Wohnungen der unzähligen, zum Teil ausländischen und seltenen Vögel sind von Eichenzweigen mit Draht umflochten, die Decke gleichfalls von Draht, die Sträucher Immergrün. Der Park hält vier deutsche Meilen, Ashridge Park, der Sitz der Grafen von Bridgewater, über drei im Umkreise; den letzteren zieren 1000 Stück Wild und unzählige Gruppen von Riesenbäumen; pleasureground und Gärten sind noch größer als in Cashbury Park. Und doch kostet die Unterhaltung von Cashbury Park (Sitz des Grafen Essex) mit prachtvollem Park, Gewächshäusern und Gärten jährlich 10.000 Lstr. Warwick Castle (am 3. Dezember 1871 teilweise abgebrannt) war „ein Zauberort". Die Gesellschaftszimmer zogen sich auf beiden Seiten der Halle 340 Fuß in ununterbrochener Reihe hin. 8 bis 14 Fuß dicke Mauern bildeten in jedem Fenster, welche auch 10 bis 12 Fuß breit sind, ein förmliches Kabinett mit den schönsten und mannigfaltigsten Aussichten. Auch in bezug auf die Zahl ihrer Landsitze haben die Mitglieder der englischen Aristokratie den Vergleich mit denen der römischen nicht zu scheuen, wenn als glaubhaft erzählt wird, ein englischer Lord habe 1848 einem französischen Freunde als Zufluchtsort eines seiner Schlösser angeboten, das er zwar noch nicht kenne, das aber für sehr schön gelte, und wo täglich für den Fall seiner Ankunft eine Tafel mit 12 Gedecken und eine angespannte Kutsche bereitstehe.

Unter den Schlössern des Kontinents ragt das 1860 in Ferrières von dem englischen Architekten Paxton erbaute des Barons Alfons Rothschild durch mehr als fürstliche Pracht hervor; „der Mittelstand kann's nicht", soll König Wilhelm gesagt haben, der es bekanntlich 1870 bewohnte. Der feenhafte Anblick seiner Halle mit ihrer gewaltigen, von herrlichen Teppichen bedeckten Galerie, in der Beleuchtung von 1100 Gasflammen, ist nach Drumont allein eine Reise dorthin wert. Freilich zeigt die geschmacklose Überfüllung aller Räume mit den Wunderwerken aller Künste und Kunstgewerbe aus vielen Jahrhunderten nur den brutalen Triumph des Reichtums und bewirkt mehr Ermüdung als Bewunderung. Im Park sind die Treibhäuser und Vogelhäuser überaus anziehend. Eins der prachtvollsten russischen Schlösser ist die palastartige, in italienischem Stil erbaute Villa zu Archangelsk bei Moskau, die der Fürst Jussupow dem Fürsten Michael Galitzin für 6 Mill. Rubel abkaufte. Sie ist von einem weiten Park umgeben, gewährt herrliche Fernsichten auf Wälder und Fluren, enthält eine große Galerie von wertvollen Bildern alter Meister, eine reich ausgestattete Hauskapelle, einen Konzertsaal, ein 500 Zuschauer fassendes Theater, zahlreiche mit kostbaren Skulpturen geschmückte Gesellschaftsräume usw. In Alupka, einer Besitzung des Fürsten Woronzow auf der Krim, sah Haxthausen 1843/44 einen Palast, der bis dahin schon 7 Millionen Rubel gekostet haben sollte und im Innern noch lange nicht vollendet war. Nach einer Beschreibung des Grafen E. M. de Vogué aus dem Jahre 1886 übertrifft er die umfangreichen Paläste des Sultans auf beiden Seiten des Bosporus „an Pracht gewisser Einzelheiten, Schönheit der Lage und der Gärten". Die Prachtliebe des Erbauers strebte mit Tausend und einer Nacht zu wetteifern. „Nur ein Russe aus der ersten Hälfte dieses Jahrhunderts konnte dieses orientalische Feenmärchen erdenken und ausführen. Man liebt in Rußland nur das Unmögliche und wird es schnell müde." Die hohen maurischen Säle, die labyrinthischen Gänge des Parks von Alupka sind verödet.

Während die Pracht der englischen Schlösser das Produkt einer fortgesetzten Arbeit von Jahrhunderten ist, waren die römischen Paläste der Kaiserzeit sehr junge Bauten, da Rom, wie bemerkt, erst im letzten Jahrhundert v. Chr. palastartige Gebäude erhielt. Nichtsdestoweniger ist vielleicht der Bauluxus der Zeit von Augustus bis auf Vespasian in keiner andern Zeit erreicht worden. Vieles vereinigte sich damals, um den Luxus gerade auf diesem Gebiete zu einem beispiellosen zu machen. Die im römischen Wesen tief begründete, durch die Weltherrschaft aufs höchste entwickelte Richtung auf das Imposante und Kolossale, die leicht ins Maßlose und Ungeheure ausschweifte, konnte sich in der „Massenhaftigkeit und Weiträumigkeit" der Gebäude, und nicht bloß der öffentlichen, volles Genüge tun. Mit dem Triebe, die eigene Existenz würdig, glanzvoll und prächtig zu gestalten und darzustellen, verband sich die stolze Lust des Triumphs über scheinbar unübersteigliche Hindernisse und die durch die Sklaverei genährte und gesteigerte Gewohnheit, selbst augenblickliche Launen und Phantasien zu verwirklichen: Tendenzen, die in dem kaiserlichen Allmachtsschwindel gipfelten, aber in minder ungeheuerlichen Formen bei den Reichen und Großen dieser Zeit, die sich als Herren der Erde fühlten und fühlen durften, sehr verbreitet waren. Julius Cäsar ließ in einer

Zeit, wo er noch arm und verschuldet war, eine mit großem Aufwande ganz neu erbaute Villa niederreißen, weil sie seiner Erwartung nicht entsprach. Cassius Dio erzählt, daß ein Sextus Marius, der als Freund des Tiberius zu großem Reichtum und großer Macht gelangt war, einen Nachbar, auf den er zürnte, zwei Tage lang bei sich bewirtete und während dieser Zeit die Villa desselben erst niederreißen, dann schöner und größer wieder aufbauen ließ, um ihm zu zeigen, wie sehr er als Freund zu nützen und als Feind zu schaden vermöge. Bei Horaz heißt es: wenn ein reicher Mann sein Entzücken an der Küste von Bajä geäußert hat, empfindet auch sogleich der See und das Meer die Leidenschaft des ungeduldigen Bauherrn; wandelt ihn eine neue Laune an, so müssen die Arbeiter morgen ihre Gerätschaften nach Teanum schaffen. Strabo bemerkt, daß die unaufhörlichen Verkäufe von Häusern in Rom fortwährend Veranlassungen zu Um- und Neubauten gaben. Selbstverständlich stürzte die ganz eigentlich zu den noblen Passionen dieser Zeit gehörende Leidenschaft des Bauens viele in Schulden oder richtete sie völlig zugrunde. Ein kostbares Haus, sagt Plutarch, macht manchen zum Borger. Cretonius, heißt es bei Juvenal, hatte die Bausucht *(aedificator erat)* und ließ bald am gekrümmten Ufer von Gaeta, bald auf der Höhe von Tivoli, bald in den Bergen von Palestrina hochragende Villen entstehen, die mit griechischen und sonst aus der Ferne herbeigeschafften Marmorarten die Tempel der Fortuna und des Hercules überboten. So verminderte er sein Vermögen beträchtlich, immer aber blieb noch viel übrig; doch der verrückte Sohn, der neue Villen aus noch kostbarerem Marmor erbaute, ruinierte sich ganz. Auf die Kleinen, die es im Bauen den Großen gleichzutun suchten, wenden Horaz und Martial die Fabel von dem Frosch an, der sich zur Größe des Ochsen aufblasen wollte. Bei dem letzteren ist der Gerngroß ein Bezirksvorsteher *(vici magister)*, der mit einem Konsul wetteifert. Jener besitzt einen Palast 4 Millien vor der Stadt: auch dieser kauft sich 4 Millien vor der Stadt ein Stückchen Land; jener baut elegante Thermen aus buntem Marmor, dieser ein Bad von der Größe eines Kessels; jener hat eine Lorbeerpflanzung auf seinem Gute, dieser säet hundert Kastanien.

Die (wie bemerkt) bis zum Übermaß getriebene, für den damaligen Bauluxus besonders charakteristische Verschwendung der kostbarsten farbigen Materialien war eben nur im Mittelpunkt eines Weltreichs möglich, dem zur See Säulen, Balken und Blöcke aus den so überaus zahlreichen und mannigfaltigen Steinbrüchen der Mittelmeerländer zugeführt werden konnten, die seit dem Untergange der antiken Kultur größtenteils der Barbarei und der Verödung anheimgefallen sind. Dennoch wunderte sich Macaulay bei seinem Besuche des Vatikanischen Museums im Jahre 1838 nicht mit Unrecht, daß es in unserm so reichen und verschwenderischen Zeitalter niemand versuche, Brüche gleich denen zu eröffnen, aus welchen sich die Alten versorgten. „Der Reichtum des modernen Europa ist weit größer als der des römischen Reichs; und diese Materialien werden hoch geschätzt und enorm bezahlt. Und doch begüngen wir uns, sie in den Ruinen dieser alten Stadt und ihrer Umgebungen auszugraben, und es fällt uns nicht ein, sie in den Felsen zu suchen, aus denen die Römer sie brachen." Seine Erwartung, daß die Niederlassung der Franzosen in Afrika und die Regierung eines bayrischen Prinzen in Griechenland derartige

Unternehmungen veranlassen würden, hat sich bis jetzt nur in sehr geringem Maße erfüllt. In den Brüchen des numidischen Marmors bei Schimtu (Simitthu) werden die von den Römern begonnenen, seit einem Jahrtausend verlassenen Stollen fortgeführt, und der von römischen Meißeln behauene Block von einer Dampfsäge zerschnitten.

Mag aber die Pracht altrömischer Paläste die der englischen und sonstigen modernen Schlösser überboten haben, so standen dagegen die römischen Gärten und Parks hinter den englischen unzweifelhaft sehr zurück. Schwerlich hatten die ersteren den Umfang der letzteren. Es muß dahingestellt bleiben, ob den Großen des römischen Reichs zu derartigen Anlagen ebensoviel Raum zur Verfügung stand wie den britischen. Nach John Bright gehörte im Jahre 1866 die Hälfte des Bodens von England 150, der gesamte Boden von Schottland 10 oder 12 Personen; der Herzog von Sutherland, der größte englische Grundeigentümer, besitzt 482.676 Hektar, der Marquis von Beadalbane kann 150 Kilometer (30 lieues) in gerader Linie reiten, ohne seine Ländereien zu überschreiten. Jedenfalls befriedigte sich aber das antike Naturgefühl mehr an gartenartigen, künstlich gestalteten Szenen als an großen Landschaftsbildern und war also der Entstehung einer „Parkomanie" nicht günstig. Sodann fehlte dem Altertume der Luxus der Gewächshäuser und damit die Möglichkeit, die Vegetation fremder Zonen und Weltteile im kleinen zu reproduzieren.

Im Gegensatz zur Buntheit der Palastdekoration mangelte den römischen Gärten gerade die bunte Pracht der modernen Flora. Der Blumenluxus des römischen Altertums war nicht auf Mannigfaltigkeit der Arten, sondern auf eine zu verschwenderischem Gebrauch verfügbare Fülle einer verhältnismäßig kleinen Anzahl von Gattungen, besonders Lilien. Rosen und Violen, gerichtet. Das Übermaß dieses in seiner Art beispiellosen Luxus lernt man aus der bereits angeführten Angabe kennen, daß bei einem Gastmahl eines der Freunde Neros die Rosen mehr als 4 Mill. Sesterzen (870.000 Mark) kosteten, sowie aus den Berichten über die ganz aus Rosen und Lilien hergestellten Ruhebetten und Eßtische des Aelius Verus. Schon in Varros Zeit war die Anlage von Rosen- und Violengärten in unmittelbarer Nähe Roms einträglich, und allmählich umgab die Stadt ein immer ausgedehnterer Gartenrayon. Aber auch im weiteren Kreise bis nach Campanien und Pästum hin sorgten Blumenanlagen für ihr Bedürfnis. Bereits unter Nero verlangte man Rosen auch im Winter, die dann teils zu Schiff aus Ägypten gebracht, teils ebenso wie Lilien unter Gals getrieben wurden. Im Winter 89/90 war die Fülle Pästanischer Rosen in Rom so groß, daß alle Straßen von den überall feilgebotenen Kränzen rot schimmerten; Ägypten, sagt Martial, das sonst in dieser Jahreszeit der Hauptstadt Rosen lieferte, hätte sie damals aus ihr beziehen können.

Das neue Europa verdankt einen großen Teil seiner prächtigen Gartenflora der Blumenlust der Türken. Aus Stambul wanderte die Tulpe, der duftende Syringenstrauch, die orientalische Hyazinthe, die Kaiserkrone, die Gartenranunkel über Wien und Venedig in die Gärten des Okzidents; aber auch der Kastanienbaum (Aesculus hippocastanum), der Kirschlorbeer und die Mimosa oder Acacia Farnesiana. Die Nelke verbreitete sich in der Renaissancezeit aus Italien über die Alpen. Dann begann mit der Entdeckung von Amerika eine neue, sehr viel massenhaftere Einführung von Blumen und Ziergewächsen: wie der wilde Wein, die peruanische Kapuzinerkresse, die lombardische oder Pyramidalpappel, die amerikanische Platane, die nordamerikanische Akazie, die Bignonia Catalpa, der Tulpenbaum, jenseits der Alpen die Magnolie, der Pfefferbaum usw. Der Opuntienkaktus und die Aloe „haben den Typus der mediterranen Landschaft, die längst vom Orient her ihr strenges, stilles Kolorit erhalten hatte, durch ein völlig einstimmendes Element wesentlich ergänzt."

Auch die so überaus große, durch Kunst ins Unendliche gesteigerte Vermehrung der Gattungen und Arten hat einen dem Altertum völlig unbekannten Luxus ins Leben gerufen, und die von Liebhabern für gesuchte oder seltene Blumen in neueren Zeiten gezahlten Preise (z. B. 70.000 Fr. 1838 für ein Georginenbeet in Frankreich, 100 Lstr. 1839 für eine vorzügliche Varietät in England) können nur mit den im Altertume für Seltenheiten und Gegenstände der Liebhaberei gezahlten Preisen verglichen werden. Ebenso unbekannt war den Alten der Luxus der exotischen Gewächse, der ebenfalls allmählich kolossale Dimensionen angenommen hat. Von den Araukarien der Villa Pallavicini in Pegli wurde 1865 kein Stück unter 10.000, eines sogar auf 30.000 Frcs. geschätzt. Eine Londoner Handelsgärtnerei (James Veitch and Sons), deren Spezialität Orchideen und fleischfressende Pflanzen sind, hatte 1879 sechs Gärtner, welche jahraus, jahrein die Länder in den Tropen und im inneren Asien, in den Dschungeln, Sümpfen und den Wäldern der Ebene sowie bis hoch in den Himalaja, nach neuen und interessanten Exemplaren durchstreiften.

5. DER LUXUS DER HÄUSLICHEN EINRICHTUNG

Die Ausstattung der Wohnungen war im Altertum — und ist zum Teil noch heute im Süden — von der gegenwärtig in Nord- und Mitteleuropa gewöhnlichen wesentlich verschieden, sie stand zwischen dieser und der orientalischen in der Mitte. Sie war nicht auf behaglichen Aufenthalt, nicht auf Komfort berechnet, den der Süden ebensowenig kennt, wie seine Sprachen ein Wort dafür besitzen, sondern auf möglichst imposante und glanzvolle Darstellung der Würde des Besitzers. Waren schon die eigentlichen, am Tage wenig benutzten Wohnräume nach unsern Begriffen mit Hausrat und Mobilien nur spärlich ausgestattet, so enthielten vollends die hohen, weiten, zum Empfange bestimmten Räume, die sich morgens dem Schwarm der Besucher, gegen Abend den zur Mahlzeit geladenen Gästen öffneten, verhältnismäßig wenige, dafür aber um so kostbarere und gediegenere, ausschließlich oder vorzugsweise zur Dekoration bestimmte Prachtstücke: wie Tische mit Citrusplatten auf Elfenbeinfüßen, Ruhebetten mit Schildpatt ausgelegt oder reich mit Gold und Silber verziert und mit babylonischen Teppichen behängt, Prachtvasen aus korinthischer Bronze und Murrha, äginetische Kandelaber, Schenktische mit alten Silberarbeiten, Statuen und Gemälde berühmter Künstler.

Von mehreren der beliebtesten Luxusmöbel und -geräte werden Preise angegeben, die durchweg sehr hoch, zum Teil enorm sind. Äginetische Kandelaber wurden mit 25.000 Sesterzen (5437 Mark) und zuweilen selbst der doppelten Summe bezahlt. Gefäße aus Murrha, einem schon den Alten rätselhaften, orientalischen, dem Golde gleich geachteten Material (vielleicht einer Art des Achats), die zuerst Pompejus nach dem Siege über Mithridat nach Rom brachte, gab es im Privatbesitz bis zum Preise von 300.000 Sesterzen (65.250 Mark). Nero ließ daraus eine Schale machen, die eine Million kostete. Mit diesen Preisen dürften sich allenfalls die des Porzellans im 18. Jahrhundert vergleichen lassen. Graf Brühl soll ein Service für eine Million Taler besessen haben. In Paris war 20.000 Livres für ein Service von sächsischem Porzellan schon ein hoher Preis, doch gibt es auch gegenwärtig einzelne Porzellanvasen, die 15.000 Mark kosten. Auch für Bergkristalle hegten in Rom manche eine unsinnige Leidenschaft; Plinius erzählt, vor wenigen Jahren habe eine nicht reiche Frau eine Schöpfkelle daraus für 150.000 Sesterzen (32.625 Mark) gekauft. Unter Nero wurden zwei auf eine neue erfundene Art verfertigte, nicht große künstliche Trinkgläser zu 6000 Sesterzen (1305 Mark) verkauft. Die Leidenschaft für kunstvolle Silberarbeiten war schon seit dem 2. Jahrhundert v. Chr. in Rom verbreitet. Schon der Redner L. Crassus (Konsul 95) besaß Gefäße, bei denen das Pfund auf 6000 Sesterzen (damals 1053 Mark) zu stehen kam, so daß der Preis der Fasson mehr als zwanzigfach den Wert der Masse überstieg; 5000 Sesterzen (1087 Mark) auf das Pfund scheint in Martials Zeit ein hoher Preis gewesen zu sein. Doch wurden angebliche oder wirkliche Arbeiten berühmter Künstler meist höher bezahlt. Babylonische gestickte Teppiche zur Bedeckung der Ruhebetten in einem Speisesaal waren schon im 2. Jahrhundert v. Chr. für 800.000 Sesterzen (damals 140.400 Mark) verkauft worden, Nero besaß solche, die 4 Millionen (870.000 Mark) gekostet hatten. Doch am weitesten ging die „Raserei“ für Citrustische, die den Männern von den Frauen entgegengehalten wurde, denen jene ihre Verschwendung für Perlen zum Vorwurf machten. Schön gemaserte große Scheiben vom Stamme des Citrus, einer am Atlas wachsenden Thujaart, wurden mit unsinnigen Preisen bezahlt, da die Stämme selten die für Tischplatten erforderliche Dicke erreichten; es gab deren aber bis zu 4 Fuß Durchmesser. Cicero besaß einen noch in Plinius' Zeit existierenden Citrustisch für 500.000 Sesterzen (damals 87.750 Mark), was Plinius wegen des Geistes jener Zeit noch auffälliger findet als wegen ihrer relativen Armut. Es gab später noch teurere, bis zum Preise von 1,300.000 Sesterzen (282.750 Mark); Seneca soll 500 Citrustische besessen haben.

Daß alle diese Preise keine Durchschnittspreise sind, sondern ungewöhnlich hohe, ist selbstverständlich; als solche und ihrer Merkwürdigkeit halber werden sie ja gerade berichtet; sie können daher auch nur mit den höchsten Preisen von Luxusgeräten und -möbeln, die aus andern Zeiten bekannt sind, verglichen werden. Bedarf es noch eines Beweises, daß die Durchschnittspreise der zur häuslichen Einrichtung gehörigen Luxusartikel erheblich niedriger waren, so liefert auch diesen ein Gedicht Martials. Er schildert jemanden, der damit groß tut, daß alles, was er besitzt, von ausgezeichneter Güte und teuer bezahlt ist. Er kauft Sklaven zu hundert- und zweihunderttausend Sesterzen, trinkt uralten Wein, hat Silberarbeiten, von denen das Pfund auf fünftausend Sesterzen zu stehen kommt, eine vergoldete Karosse von dem Werte eines Grundstücks, ein Maultier, das mit dem Preise eines Hauses bezahlt ist: und seine ganze, nicht umfangreiche häusliche Einrichtung kostet ihm eine Million (217.500 Mark). Diese Summe galt also damals als hinreichend, um ein Haus (vielleicht einen Palast) glänzend auszustatten.

Aber die von Plinius mitgeteilten Preise sind nicht bloß ungewöhnlich hohe, es sind größtenteils auch sogenannte Affektionspreise, d. h. solche, die nur für Gegenstände einer besonderen Liebhaberei oder, wie Plinius wiederholt sagt, Raserei gezahlt werden. In der Tat steigern sich ja derartige Modeleidenschaften nicht selten zum Unsinn und äußern sich in krankhaften Erscheinungen. Plinius berichtet von einem Konsularen, bei dem die Leidenschaft für Murrhagefäße zur Sammelwut ausartete, daß er den Rand eines großen, fast 3 Sextarii (1,64 Liter) fassenden, mit 700.000 Sesterzen (152.250 Mark) bezahlten murrhinischen Kelchs aus Liebe angenagt habe, infolgedessen sei dieser noch sehr im Preise gestiegen. Auch in neueren Zeiten sind für Seltenheiten ganz anderer Art, die aber ebenfalls „durch die Raserei einiger weniger kostbar waren" (wie Seneca von den korinthischen Bronzen sagt), von Liebhabern, namentlich englischen, ungeheure Preise gezahlt worden: z. B. 600 Lstr. für einen Heller aus der Zeit Heinrichs VII., 2260 Lstr. (im Jahre 1812) für einen Dekameron u. dgl.; während im Altertum unter derartigen Kuriositäten hauptsächlich Gegenstände, die im Besitze berühmter Personen gewesen waren, für hohe Summen gekauft wurden, wie die Lampe des Epictet für 3000 Drachmen (2340 Mark), der Stock des Peregrinus Proteus für ein Talent (4715 Mark). Doch scheint allerdings die Höhe der damaligen Affektionspreise niemals wieder selbst annähernd erreicht worden zu sein: wie es denn überhaupt auf diesem wie auf andern Gebieten gerade vereinzelte Extravaganzen sind, in denen jene Zeit alle andern überboten hat.

Was dagegen den Luxus der Ausstattung der Wohnungen betrifft, so dürfte die größere Kostbarkeit verhältnismäßig weniger Prachtstücke in den römischen Palästen durch die ungleich größere Menge und Mannigfaltigkeit der Luxusgeräte und -möbel in modernen mehr als aufgewogen worden sein: um so mehr, als die Kostbarkeit auch dieser nicht selten eine sehr große, zum Teil enorme war und noch ist.

In der Renaissancezeit war in Italien der Zimmerschmuck nicht weniger prachtvoll als künstlerisch schön. Es gehörten dazu, außer reich ornamentierten Plafonds und Marmorkaminen, Tapeten von Goldleder oder von Seide und Samt, mit Gold und Silber gemustert, Arrazzia, Bilder in kostbaren Rahmen, Möbel von der edelsten Holzarbeit, schwere Vorhänge, orientalische Stickereien, Gefäße aus vergoldetem und emailliertem Silber, Kristall, Glas (von Murano) und Majolika, Figuren und Geräte aus Bronze, Arbeiten aus Elfenbein und andere Erzeugnisse der Kleinkunst. Unter den Palästen Venedigs, in denen der Luxus der inneren Einrichtung, namentlich des künstlerischen Schmucks, im 16. Jahrhundert die größte Höhe erreichte, zeichnete sich der Palast Vendramin Calergi durch die Verwendung kostbarer Steinarten zu Kaminen und Säulen und die Ebenholz- und Elfenbeininkrustation seiner Türen aus. In dem „Goldenen Zimmer" des Hauses Cornaro war ein prachtvoller Kamin mit goldenen Karyatiden geschmückt, die Wände mit Tapeten von Goldstoff bedeckt, die Vergoldung des Gebälks schätzt man auf 18.000 Zechinen. Im Palaste des Kardinals Wolsey waren die acht Gemächer, die man durchschreiten mußte, um in sein Audienzzimmer zu gelangen, sämtlich mit kostbaren Tapeten behängt, welche jede Woche gewechselt wurden.

In Frankreich wurde der Luxus der Wohnungseinrichtungen gegen das Ende der Regierung Ludwigs XIV. hauptsächlich durch die Geldmänner wieder ins Leben gerufen, die ihre Gemächer mit Tapeten aus Beauvais und Gobelins, Möbeln des berühmten Ebenisten Boulle, chinesischen und japanesischen Arbeiten, venezianischen und Nürnberger Spiegeln, Bildern von französischen und fremden Meistern, Silbergeschirr und kostbarem Porzellan anfüllten. Dieser Luxus, der unter der Regentschaft Ludwig XV. noch sehr zunahm, war je länger je mehr auf eine auch den Ansprüchen der äußersten Verwöhnung genügende Vereinigung von Geschmack und Komfort gerichtet. In dem Boudoir einer mit der raffiniertesten Verschwendung ausgestatteten Wohnung (1758) waren die Wände durchaus mit Spiegeln bekleidet, deren Fugen künstliche, wie in der Wirklichkeit gruppierte und belaubte Baumstämme verdeckten. Die Bäume waren mit Porzellanblüten und vergoldeten Armleuchtern geschmückt, deren rosenfarbene und blaue Kerzen ein sanftes, von den zum Teil mit Gaze verhüllten Spiegeln in stufenweise abnehmender Stärke zurückgeworfenes Licht verbreiteten. In einer ebenfalls mit Spiegeln bekleideten Nische stand ein üppiges, mit Goldfransen geschmücktes Ruhebett auf einem Parkettboden von Rosenholz. In die Farben, mit denen die Täfelung und Skulptur gemalt war, hatte man wohlriechende Ingredienzien gemischt, so daß das künstliche Boskett die Gerüche von Veilchen, Jasmin und Rosen zugleich aushauchte. Und ebenso reiche und künstlerisch geschmückte Boudoirs besaß Paris damals ohne Zweifel mehrere hundert. Unter Ludwig XVI. war der Luxus der ziselierten und vergoldeten Bronzen so groß, daß ihr Wert dem des Golds gleichkam. Die Ziselierung eines von dem berühmten Gouthière gearbeiteten Piedestals wurde von dem Künstler selbst auf 50.000 Livres geschätzt, und die Gräfin Dubarry war ihm bei ihrem Tode 756.000 Livres schuldig. Bei reichen Häusern wurden die Kosten des Rohbaus nur auf ein Viertel der Gesamtkosten veranschlagt: „die ganze Pracht der Nation offenbarte sich im Innern". In Beaumarchais' durch seine architektonische und Gartenpracht hervorragendem Palast glichen die luxuriös ausgestatteten Prunkzimmer wahren Kunstsammlungen; sein reich bemalter Schreibtisch soll 30.000 Frcs. gekostet haben. Bonaparte hatte 1796 für die prachtvolle Einrichtung des kleinen Hotels seiner Gemahlin, das nur 40.000 Frcs. wert war, 120.000—130.000 zu zahlen. Auch dieser Luxus verbreitete sich aus Frankreich auf den übrigen Kontinent. Der Kurfürst Max Emanuel II. von Baiern z. B. zahlte (im Anfang des 18. Jahrhunderts) 60.000 bis 100.000 Taler für einen Kamin und zwei Tische im Rokokostil aus Paris; die Möbel in dem für die Gräfin Kosel eingerichteten Lustschloß Pillnitz kosteten 200.000 Taler usw.

Von dem Luxus der Wohnungseinrichtungen im 19. Jahrhundert, der in dessen letzten Dezennien so sehr gewachsen ist (auf Pariser Ausstellungen sah man Bücherschränke für 25.000, Schreibtische für 10.000 bis 15.000 Frcs., auf der Berliner Gewerbeausstellung 1879 Einrichtungen einzelner Zimmer zum Preise von 4000—14.000 Mark), soll hier nicht weiter die Rede sein. Nur von der Pracht, die auch das Innere der englischen Schlösser schmückt, mögen einige Mitteilungen des Fürsten Pückler eine Vorstellung geben. Der Wert der Einrichtung von Northumberlandhouse wird auf mehrere hunderttausende Lstr. veranschlagt. In den Zimmern von Warwick Castle glaubte man sich „völlig in versunkene Jahrhunderte versetzt". Fast alles war dort „alt, prächtig und originell". Man sah „die seltsamsten und reichsten Zeuge, die man jetzt gar nicht mehr auszuführen imstande sein möchte, in einer Mischung von Seide, Samt, Gold und Silber, alles durcheinander gewirkt. Die Möbel bestehen fast ganz aus alter, außerordentlich reicher Vergoldung, geschnitztem, braunem Nuß- und Eichenholz oder jenen alten französischen, mit Messing ausgelegten Schränken und Kommoden. Auch sind viele herrliche Exemplare von Mosaik wie von ausgelegten kostbaren Hölzern vorhanden. Die Kunstschätze sind unzählbar und die Gemälde fast alle von den größten Meistern". Diese und ähnliche Beschreibungen englischer Schlösser erinnern daran, daß die römische Kaiserzeit (trotz aller Liebhabereien für Altertümer) auch den Luxus der Durchführung bestimmter historischer Stile in der Zimmereinrichtung, durch Vereinigung von gleichzeitigen Möbeln und Geräten oder künstlerische Nachbildung derselben, allem Anschein nach nicht gekannt hat.

Eine besondere Betrachtung verdient der Luxus des Silbergeschirrs. Den Gebrauch des goldenen Geschirrs hatte Tiberius bei Privatpersonen auf Opferhandlungen beschränkt, erst Aurelian gestattete ihn wieder allgemein. Doch scheint Tiberius' Bestimmung nicht streng aufrechterhalten worden zu sein, wenigstens wird goldenes Geschirr hin und wider erwähnt und war wohl kaum seltener als in neueren Zeiten. Mit Silbergeschirr wurde großer Luxus getrieben, auch abgesehen von dem schon erwähnten Luxus derjenigen Silbergefäße, deren Hauptwert in ihrem Alter und der Kunst der Arbeit (Cälatur) bestand, und die vorzugsweise als Prunkstücke dienten. In der früheren Zeit der Republik war Silbergeschirr in Rom so selten gewesen, daß einmal die karthagischen Gesandten bei jeder Mahlzeit, zu der sie geladen wurden, dasselbe von Haus zu Haus geliehene fanden: eine lange Reihe von Erwerbungen und Eroberungen machte es allmählich allgemein. Die Eroberung Spaniens, des Peru der alten Welt (206 v. Chr.), brachte unter anderm die Silbergruben bei Neu-Karthago in den Besitz des Staats, in denen (nach Polybius) 40.000 Menschen arbeiteten, und die einen täglichen Reingewinn von 25.000 Drachmen (etwa 19.500 Mark) abwarfen. Dann häuften die Feldzüge in Syrien und Macedonien, die Eroberung von Karthago und Korinth, die Erwerbung der Provinz Asia, die Eroberung der Provence, endlich die Kriege gegen Mithridates ungeheure Massen von Edelmetall in Rom an. Ist auch die infolge der Entdeckung von Amerika erfolgte Einfuhr desselben, durch welche die sich bis dahin in Europa auf 34 Mill. Lstr. belaufende Masse am Schlusse des 16. Jahrhunderts auf 130 Mill., am Schlusse des 17. Jahrhunderts auf 297 Mill. gestiegen sein soll, ohne Vergleich größer gewesen, so war dagegen im römischen Altertum die Anhäufung des Edelmetalls auf ein kleineres Gebiet beschränkt und konnte darum ähnliche Wirkungen hervorbringen wie jene in den Jahrhunderten vom sechzehnten zum achtzehnten. Einige freilich sehr vereinzelte Tatsachen mögen von dem Gold- und Silberluxus in der letzteren Periode eine Vorstellung geben.

Schon im 15. Jahrhundert war derselbe keineswegs gering. Zwar in Florenz liehen bei Festlichkeiten die befreundeten Familien einander das kunstreiche Silbergeschirr; für den gewöhnlichen Gebrauch bediente man sich neben silbernen Löffeln und Gabeln meist messingenen Tischgeräts. Doch welche Massen von Edelmetall sich in dem Besitze einzelner befanden, zeigt das Verzeichnis der von dem Kardinal Pietro Riario, als er 1473 die Braut des Herzogs von Ferrara in seinem Palaste zu Rom beherbergte, zur Schau gestellten Kostbarkeiten: vier Leuchter der Kapelle nebst zwei Engelfiguren von Gold, der Betstuhl mit Löwenfüßen ganz von Silber und vergoldet, ein vollständiges Kamingerät ganz von Silber, ein silberner Nachtstuhl mit goldenem Gefäß darin usw.; im Speisesaal ein großes Büfett von zwölf Stufen voll goldener und silberner, mit Edelsteinen besetzter Gefäße; außerdem das Tafelgeschirr lauter Silber und nach jeder Speise gewechselt. In Frankreich nahm unter Ludwig XII. der Luxus der Vergoldung an Bauten und architektonischen Ornamenten ebensosehr zu wie der des Silbergeschirrs: große Herren und Prälaten hatten vergoldetes oder massiv goldenes. In Deutschland, das nach den Erträgen seiner Bergwerke im 15. Jahrhundert das damalige Peru Europas genannt worden ist, staunte Aeneas Silvius über die Allgemeinheit des Luxus in edlen Metallen, namentlich an Geschirren, Waffen und Schmuck. An den Tafeln der Kaufleute aß man nach Wimpheling nicht selten aus Gefäßen von Silber und Gold, und bei Reisen ins Ausland ließen sie sich solche von 30, 50, 150 Pfund Gewicht nachsenden.

Im 16. Jahrhundert erwähnt Guicciardini das massive Silbergeschirr der Bürger in Flandern, und beklagt Holinshed die Einführung silberner Löffel in England. Das Silbergeschirr des Kardinals Wolsey schätzte man auf 150.000 Dukaten. Im 17. Jahrhundert war in Spanien namentlich unter Karl II. (1665—1700) der Luxus des Silbergeschirrs enorm, während (wie bemerkt) zugleich der größte Geldmangel herrschte. Als der Herzog von Albuquerque starb, brauchte man 6 Wochen, um sein silbernes und goldenes Tafelgeschirr zu wiegen und zu verzeichnen: darunter waren u. a. 1400 Dutzend Teller, 500 große, 700 kleine Schüsseln und 40 silberne Leitern, deren man sich bei der Benutzung der Silberschränke bediente. Der Herzog von Alba, der nach seiner Ansicht nicht reich genug an Tafelsilber war, besaß 600 Dutzend Teller und 800 Schüsseln von Silber. All dies Gerät wurde schon fertig aus Mexiko und Peru bezogen. In England nahm in dieser Zeit die Verwendung des Edelmetalls zu Verzierungen und Gerätschaften sehr zu. Die Zivil- und Militärtrachten wurden mit Gold- und Silberborten und Stickereien verschwenderisch ausgestattet. Man sah bei Adligen und bei reichen Bürgern Spiegel und Gemälde in silbernen Rahmen, auch Tische, wenn nicht von massivem Silber, doch mit Silberblech bedeckt. In Frankreich besaßen viele adlige Familien Silber im Wert von 400.000—500.000 Frcs., das man um so höher schätzte, je mehr es geschwärzt und verbogen war. Im Jahre 1689 verordnete Ludwig XIV. zur Bestreitung der Kosten des Kriegs gegen die große Allianz, daß alle Möbel von massivem Silber, die man bei den Großen in ziemlich beträchtlicher Zahl sah, in die Münze wandern sollten. Er selbst beraubte sich aller seiner Tische, Kanapees, Kandelaber und sonstiger Möbel aus massivem Silber (Meisterwerke des ausgezeichneten Goldschmieds Balin nach Zeichnungen von Le Brun); sie hatten 10 Millionen gekostet und brachten 3 ein. Der Ertrag aus den Silbermöbeln der Privatpersonen belief sich auf dieselbe Summe. Neue Einschmelzungen im Jahre 1711 lieferten wieder 3 Millionen, doch wurde beide Male ein großer Teil der Geräte durch Verheimlichung gerettet. Einen kurzen Aufschwung erlebte dieser Luxus in Laws Zeit (1716—20): 20—25 Millionen Edelmetall wurden für Goldschmiedearbeiten verwandt. Ein Maler, der sich durch unsinnige Verschwendung auszeichnete, besaß außer einem fürstlichen Tafelgeschirr auch Tischchen, Spiegel, Orangenkübel, Blumentöpfe, Küchengeräte aus massivem Silber. Zu den häufig in Silber gearbeiteten Gegenständen gehörten u. a. Wasserkrüge, Lichtputzer, Salzfässer usw. In England scheint die Manufaktur von Silbergeschirr unter Königin Anna einen plötzlichen Aufschwung genommen zu haben, worauf der vermehrte Gebrauch des Tees großen Einfluß übte. In der Zeit von 1765—1780 nahm der Gebrauch von silbernen Teemaschinen, Terrinen, Tee- und Kaffeekannen, Präsentiertellern, und Weinkühlflaschen sehr zu; silberne Teller und Deckel verbreiteten sich bis in die untersten Klassen, Uhren bis zu den Ärmsten, und die Vergoldungen der inneren Wohnungsräume absorbierten bereits viel Gold. „Das Haus manches Amsterdamer Kaufherrn tat es (1792) in schwerem Prunk fürstlichen Palästen zuvor, und im Haag sah man wohl einzelne Gärten durch massive Silbergitter von der Straße geschieden". Professor Gottfried Sell, der eine reiche Holländerin geheiratet hatte, hielt (1735) in seinem Hörsaal in Göttingen silberne Spucknäpfe und silberne Kandelaber. Die Juwelen des Grafen Wartenberg wurden bei der Taxation seines Vermögens nach seinem Tode (1711) auf 100.598 Taler, der Metallwert der silbernen Geräte und Möbel auf 18.896 Taler geschätzt.

Auch in den Palästen der russischen und polnischen Großen sah man im 18. Jahrhundert in Zimmern mit getünchten Wänden, rohem Holzwerk, plumpem und schlecht gearbeitetem Gerät große Massen von Edelmetall. Fürst W. W. Golizyn (1643—1714) besaß 400 silberne Schüsseln. In dem Palast Karl Radziwills zu Nieswiesch waren tausend goldene und silberne Kostbarkeiten zur Schau gestellt, darunter Tische aus gegossenem Silber, vor allem die Statuen der zwölf Apostel, jede zwei Fuß hoch, aus lauterem Golde gegossen.

In den dreißiger Jahren des 19. Jahrhunderts befanden sich in England wahrscheinlich 10.000 Familien, deren jede von Artikeln verschiedener Art in Gold und Silber einen Wert (bloß nach dem Metallgewicht) von 500 Lstr., und ungefähr 150.000 Familien, deren jede für 100 Lstr. (Anschaffungskosten) Luxusartikel aus Gold und Silber besaß; kleine Artikel solcher Art, wie Ohrringe, Löffel und dgl., besaßen auch die ärmsten Tagelöhnerfamilien. Frankreich verbrauchte 1855 (nach M. Chevalier) für 60 Millionen Frcs. Gold und Silber außer der Verwendung beider Metalle als Zirkulationsmittel; 1880 wohl mehr als 70 Millionen. Fast ebenso groß ist der Bedarf Englands, wo übrigens die Verarbeitung des Golds für Schmuck und Geräte sich in einem Jahrzehnt (1870 bis 1880) mehr als verdoppelt hat, während die des Silbers in der gleichen Zeit stationär blieb.

In welchem Verhältnis der Silberluxus in Rom seit dem Ende des 2. Jahrhunderts v. Chr. zu dem des modernen Europa stand, wird nach den ungenügenden und vereinzelten Angaben, die wir besitzen, schwerlich mit einiger Sicherheit beurteilt werden können. Wenn es schon vor den Sullanischen Kriegen in Rom über 100 Schüsseln von je 100 Pfund (römisch, fast 33 Kilogr.) gab, deren manche ihren Eigentümern die Proskription zuzogen; und wenn ein Sklave des Claudius, Rotundus, Dispensator im diesseitigen Spanien, eine Silberschüssel von 500, mehrere seiner Begleiter solche von 250 römischen Pfund (164, bezw. 82 Kilogr.) besaßen: so hat man auch hier vielleicht eine diesen Zeiten eigentümliche Art des Luxus zu erkennen, der Mode und Eitelkeit eine ungewöhnliche Verbreitung gaben, wie z. B. in Paris im 13. Jahrhundert mit Prachtgefäßen (aus Gold, Silber, Kristall, mit Edelsteinen besetzt oder emailliert), „in deren Fertigung die mittelalterliche Goldschmiedekunst ihresgleichen suchte", großer Luxus getrieben wurde, während die Zimmer sehr dürftig möbliert waren. „Der größte Teil des Vermögens wurde in Gold und Edelsteinen angelegt — Fürsten und Grafen häuften in Frankreich Goldmassen auf, die oft an die angestaunten orientalischen Reichtümer erinnern."

Vermutlich wirkte aber hier, und so vielleicht auch bei dem Silberluxus des römischen Altertums, die Absicht mit ein, sich einen Reservefonds oder einen stets bereiten, der Verminderung nicht wie Geld ausgesetzten, leicht umzusetzenden oder zu verpfändenden und im Notfalle leicht fortzuschaffenden Schatz zu sichern. So legten die Bauern in Schweden zu Ende des 16. Jahrhunderts erübrigtes Geld in „starken döllpischen" silbernen Löffeln im Gewicht von 3 bis 4 Reichstalern an; selbst arme Bauern, die kein Bett besaßen, hatten deren mindestens für sich und ihre Frauen, reiche sollen bis 50, ja in älterer Zeit eine halbe Tonne voll gehabt haben. Ebenso schafften im Anfange des 19. Jahrhunderts und noch später reiche Hofbesitzer im Weichseldelta, wenn sie bereits silbernes Tee-, Kaffee- und Tischgeschirr, silberne Wagenverzierungen und Pferdegeschirr besaßen, silberne Spucknäpfe (nach glaubwürdiger Mitteilung auch silberne Nachttöpfe) an. Im Jahre 1720, wo der Lawsche Aktienschwindel sich seinem Ende näherte, ersetzte in Paris Gold und Silber das Kupfer und Zinn auch in den gemeinsten Geräten, selbst Nachttöpfen: auch diese Verwendung der Edelmetalle war doch wohl nicht allein durch das Übermaß des Luxus, sondern auch durch das Sinken der Aktien veranlaßt. Bei den jetzigen russischen und polnischen Juden sind Ankäufe von Juwelen und Geräten aus Edelmetall, die für ihr Vermögen und ihren sonstigen Besitz unverhältnismäßig groß sind, auch gegenwärtig ganz gewöhnlich; bettelhafte, mit Walnüssen handelnde Juden kaufen in Königsberg silberne Leuchter u. dgl., „um ein Pfandstück zu besitzen". Wie im heutigen Orient, wo es „die Bedingung alles Reichtums ist, daß man ihn flüchten könne", scheint auch im römischen Kaiserreich die Vorliebe für die Anlage in Juwelen, wenigstens in den östlichen Provinzen, bestanden zu haben: in einem Gleichnis Christi steckt der Kaufmann sein ganzes Vermögen in eine einzige Perle. Nicht wenige mögen auch ebensoviel Grund gehabt haben, stets auf alles gefaßt zu sein, wie der spätere Kaiser Galba, der unter Nero nicht einmal eine Spazierfahrt unternahm, ohne in einem zweiten Wagen eine Million Sesterzen in Gold mit sich zu führen. Die Anschaffung von Silber als Reservekapital mag infolge der seit Nero eingetretenen Münzverschlechterung je länger desto beliebter geworden sein. Der früher aus möglichst reinem Silber geprägte Denar erhielt nun einen Zusatz von unedlem Metall, der unter Nero 5—10, unter Trajan 15, unter Hadrian beinahe 20, unter Marc Aurel 25, unter Commodus 30, unter Septimius Severus 50 bis 60 Prozent betrug; und obwohl er so zu einer immer weniger vollwertigen Scheidemünze herabsank, blieb sein Münzwert doch der frühere. Schon zu Ende des 1. Jahrhunderts wurde bei größeren Summen Goldzahlung ausbedungen.

Auf die Absicht einer Verwendung des Silbergeräts als Wertobjekt läßt auch die Sitte der genauen Eingravierung von Gewichtsangaben schließen, die offenbar auch bei Inventarisierungen dienten, da der Besitz in Silber regelmäßig nach dem Gewicht angegeben wird; ferner die Sitte, bei festlichen Gelegenheiten vorzugsweise Silbergerät zu schenken. An den Saturnalien schenkten Arme oder Sparsame silberne Löffelchen, Reiche und Freigebige silberne Schüsseln und Pokale, selbst goldene Schalen. Martial klagt über die jährliche Abnahme der Saturnaliengeschenke eines Freunds: vor 10 Jahren habe er Silbergerät im Gewicht von 4 Pfund erhalten, im fünften Jahre ein Geschenk von 1 Pfund Gewicht, im sechsten nur noch ein Schüsselchen im Gewicht von ²/₃ Pfund, im siebenten ein Schälchen, das knapp ½, im achten und neunten Löffelchen, die weniger als ¹/₆ Pfund und als eine Nadel wogen. Bei Juvenal verschafft sich der Schlemmer die für seine kostspieligen Mahlzeiten erforderlichen Summen durch Verpfändung silberner Schüsseln und Zerbrechen eines Porträtmedaillons seiner Mutter. Ambrosius läßt den Wucherer zum Borger sprechen: er wolle, um ihm das gewünschte Geld zu schaffen, ererbtes Silbergerät zerbrechen; es sei kunstvoll gearbeitet, er werde viel verlieren, keine Zinsen könnten die getriebenen Figuren ersetzen, aber um eines Freundes willen wolle er den Verlust nicht scheuen, nach der Zurückzahlung werde er es wieder zurecht machen lassen.

Einen Begriff von der Größe des Silberluxus in der früheren Kaiserzeit gibt die Nachricht des Plinius, daß Pompejus Paullinus (Schwiegervater des Seneca) als Befehlshaber der Armee im unteren Germanien (im Jahre 58) 12.000 Pfund (also beinahe 4000 Kilogr.) Silber mit sich geführt habe. Ein so großer Vorrat war ohne Zweifel selten. Alexander Severus, dessen Haushalt für einen kaiserlichen äußerst bescheiden war, hatte an seiner Tafel auch bei Gastmählern kein goldenes Geschirr, und silbernes nicht über 200 Pfund (65½ Kilogr.). Doch mögen die Kredenztische in manchen großen Häusern sehr viel glänzender ausgestattet gewesen sein. Im Jahre 1868 hat der Silberfund in Hildesheim (im ganzen etwa 60 Stück) daran erinnert, wie reich die Tafeln römischer Feldherren, Beamten, Offiziere und Kaufleute auch in Germanien mti Silbergeschirr besetzt waren, wovon natürlich manches als Kriegsbeute oder sonst in die Hände der rechtsrheinischen Deutschen kam.

Die übrigen Angaben des Plinius sind wenig geeignet, bestimmte Vorstellungen gewinnen zu lassen, zum Teil weil sie zu hyperbolisch sind, z. B. daß Frauen andere Badewannen als silberne verschmähten. Er bestätigt aber auch, daß der Gebrauch des Silbers bis zu einem gewissen Grade in den mittleren und unteren Ständen verbreitet war. Soldaten hatten Silberbeschlag an Schwertgriffen und Gürteln, silberne Kettchen an den Schwertscheiden, Frauen aus dem Volke trugen silberne Spangen an den Füßen, und selbst Sklavinnen besaßen silberne Handspiegel. Die Ausgrabungen von Pompeji, dessen Bewohner nach der Verschüttung die meisten Häuser durchsucht und das Wertvollste daraus fortgeschafft haben, haben aus diesem Grunde an Silbergefäßen nur eine verhältnismäßig bescheidene Ausbeute ergeben; doch der 1894 in der noch unberührten Villa eines Pompejaners bei Boscoreale gefundene Silberschatz besteht allein aus 109 Stücken (wovon gegen 100 zum Tafelgeschirr gehören). Auch in den Provinzen, namentlich Spanien und Gallien, sind Silbergefäße in nicht geringer Anzahl gefunden worden: der Fund von Bernay in der Normandie (1830) bestand aus 69 Gegenständen in getriebener Arbeit.

6. DER LUXUS DER TOTENBESTATTUNG

Im Luxus der Totenbestattungen hat das römische Altertum wohl alle späteren Zeiten weit überboten. Manche im Wesen der römischen Kultur begründete Momente wirkten mit der Neigung, die Größe des Schmerzes auch durch Verschwendung zu betätigen, und mit der Prachtliebe zusammen, um diesen Luxus zu einer außerordentlichen Höhe zu steigern: die Auffassung der Pflichten der Lebenden gegen die Toten, die Vorstellungen von deren Fortdauer und der Wunsch, ihr Andenken bei der Nachwelt als ein unvergängliches zu erhalten. Schon die Zwölftafelgesetze enthielten eine Anzahl von Bestimmungen zur Einschränkung des Bestattungsluxus. Eine derselben, daß man den Leichen kein andres Gold auf den Scheiterhaufen oder in die Gruft mitgeben solle als das, mit welchem ihre Zähne befestigt seien, zeigt zugleich, wie früh die Zahnheilkunde in Rom geübt worden ist.

Jede feierliche Bestattung verursachte beträchtliche Kosten schon durch den Leichenzug, dem Chöre von Flöten-, Horn- und Tubabläsern vorausgingen, und in welchem andre Chöre von Tänzern und Mimen Tänze und dramatische Szenen aufführten, wobei auch (wenigstens zuweilen) der Verstorbene selbst dargestellt wurde. Ganz besonders prachtvoll aber und entsprechend kostspielig waren die Leichenbegängnisse von Personen des hohen Adels, bei welchen ein den Toten zu Grabe geleitender Zug der Ahnen das Hauptschauspiel war. Zu Darstellern derselben wählte man Personen (hauptsächlich Schauspieler), welche ihnen an Gestalt und Größe soviel wie möglich glichen. Diese trugen die in den Atrien vornehmer Häuser oft seit Jahrhunderten aufbewahrten Bilder der Ahnen, d. h. deren dem Leben möglichst treu nachgebildete Wachsmasken, vor dem Gesicht und erschienen in den ehrenvollsten Trachten, zu deren Anlegung jene berechtigt gewesen waren: die kurulischen Magistrate in der purpurumsäumten Toga, die Zensoren in der Purpurtoga, die Triumphatoren im goldgestickten Purpur, unter dem Vortritt von Liktoren mit Rutenbündeln und Beilen und umgeben von allen übrigen Attributen der bekleideten Ämter und Würden. Die Zahl der Tragbahren und Wagen, auf welchen diese Gestalten der Vorzeit der Totenbahre voraus zogen, belief sich oft auf mehrere Hundert. Als im Jahre 22 n. Chr. Junia Tertulla, die Schwester des Marcus Brutus, Gemahlin des Gajus Cassius, starb, „gingen die Bilder von zwanzig der erlauchtesten (verwandten) Familien ihr voran, die Manlier, Quinctier und andre von ebenso hohem und altem Adel, doch vor allen glänzten Brutus und Cassius, gerade darum, weil ihre Bilder nicht zu sehen waren". Auch bei dem Leichenbegängnisse des Sohnes des Kaisers Tiberius, Drusus (im folgenden Jahre) war das Schauspiel durch das Gepränge der Ahnenbilder überaus prachtvoll. Man sah Aeneas als Stammvater des Julischen Geschlechts, die sämtlichen Könige von Alba, den Gründer Roms, König Romulus, sodann den sabinischen Adel, Attus Clausus, den Urahnen des gewaltigen Stamms der Claudier, und dessen übrige Häupter in unermeßlicher Reihe vorüberziehen. Mochte auch der Apparat solcher Darstellungen größtenteils von den verwandten Familien geliefert werden, welche die Masken aus ihren Ahnensälen hergaben, so erforderte der ganze Zug doch selbstverständlich einen nicht geringen Aufwand.

Sodann wurde ein großer Luxus mit Wohlgerüchen sowohl bei dem Leichenzuge selbst als bei der Bestattung getrieben, wo man sie auf den Scheiterhaufen oder bei Begräbnissen auf die Leiche selbst schüttete und träufelte. Deshalb wurden auch von solchen, die den Toten und dessen Familie ehren wollten, Wohlgerüche zur Bestattung gesandt. Am allgemeinsten wurde der Weihrauch angewandt, „den man den Göttern körnerweise streute, zu Ehren der Leichen in Massen darbrachte". In Ostia wurden z. B. bei der Bestattung eines dem Dekurionenstande angehörigen Jünglings auf Gemeindekosten zwanzig römische Pfund (6,55 Kilogramm), bei der Bestattung einer Frau aus der städtischen Aristokratie fünfzig Pfund (16,37 Kilogramm) Weihrauch verbraucht. Nach Plinius kostete von den drei im Handel befindlichen Sorten des Weihrauchs das römische Pfund je 6, 5 und 3 Denar (etwa 5,20, 4,35, 2,60 Mark). Andre kostbarere Wohlgerüche scheinen, wie überhaupt, so auch bei Leichenbegängnissen, außerhalb Roms selten gebraucht worden zu sein. In Rom dagegen war bei Bestattungen der Reichen und Vornehmen die Verschwendung der teuersten Wohlgerüche Arabiens und Indiens oft eine ungeheure. Der Günstling Domitians, Crispinus, der an jedem Morgen von Amomum triefte, duftete nach Juvenal „stärker als zwei Leichenbegängnisse". Bei Sullas Bestattung sollen die Frauen Roms so viel Spezereien und Wohlgerüche herbeigebracht haben, daß zwei sehr große Figuren, Sullas und eines Liktors, „aus teurem Weihrauch und Zimmet" hergestellt werden konnten; beide wurden, wie es scheint, in dem aus 210 Wagen bestehenden Zuge der Ahnen mitaufgeführt. Bei der Bestattung Poppäas im Jahre 65 n. Chr., deren nach orientalischer Sitte mit Spezereien gefüllter Leib im Mausoleum des Augustus beigesetzt wurde, soll Nero nach der Schätzung Sachverständiger mehr Wohlgerüche haben verbrennen lassen, als Arabien in einem Jahre erzeugte. Bei der Bestattung der Annia Priscilla, Gemahlin des Flavius Abascantus, Freigelassenen und Sekretärs des Kaisers Domitian, im Jahre 95, deren Leib ebenfalls mumifiziert in einem Marmorsarkophage beigesetzt wurde, erfüllten (nach einer poetischen Beschreibung) die Ernten Arabiens und Ciliciens, der Sabäer und Inder, sowie Safran und Myrrhen und der Balsam von Jericho mit ihren Düften die Luft.

Auch die Ausstattung der Scheiterhaufen war ein Gegenstand des Luxus. Allerdings wissen wir nur von denen der Kaiser, daß sie (wenigstens im 3. Jahrhundert) in mehreren Stockwerken pyramidalisch aufgebaut, über und über mit goldgestickten Teppichen, Gemälden und Reliefs bedeckt, den Flammen preisgegeben wurden. Doch da Plinius von der Bemalung der Scheiterhaufen spricht, darf man vermuten, daß zuweilen auch bei der Bestattung von Privatpersonen diese Pracht nach Vermögen nachgeahmt wurde.

Die Urnen, in welchen die Asche, sowie die Sarkophage, in welchen die Leichen beigesetzt wurden, waren oft durch Material und Arbeit kostbar. Goldene und silberne Urnen werden selten gewesen sein (Trajans in dem Postament seiner Ehrensäule beigesetzte Aschenurne war aus Gold), dagegen waren sie offenbar häufig aus teuern und seltenen Steinarten. Eine Urne aus orientalischem Alabaster umschloß die mit Setinerwein gelöschte Asche und die Gebeine des Philetus, eines Sklaven des Flavius Ursus (etwa im Jahre 90). In einem Kolumbarium kaiserlicher Freigelassener und Sklaven aus den beiden ersten Jahrhunderten ist (außer mehreren plastisch verzierten marmornen Aschengefäßen) eine ebenfalls aus orientalischem Alabaster gearbeitete Urne eines kaiserlichen Sklaven Africanus gefunden worden, der sich dort auch laut der Inschrift „eine kleine Kapelle mit Gitter und bronzenen Ornamenten" hatte machen lassen. Eine in einem Grabe zu Pompeji gefundene gläserne Aschenurne mit weißen, erhabenen Figuren auf dunkelblauem Grunde, welche eine Weinlese von Genien darstellen, gehört zu den schönsten aus dem Altertum erhaltenen Glasarbeiten. Der Sarkophag, der die Überreste Neros enthielt, welche von seiner ehemaligen Geliebten Acte und seinen beiden Wärterinnen Ecloge und Alexandria bestattet wurden, war aus ägyptischem Porphyr; darauf stand ein Altar von carrarischem Marmor, rund herum lief eine Einfassung von thasischem (weißem) Marmor. Wie überaus reich Sarkophage und Urnen oft mit künstlerischem Schmuck ausgestattet waren, ist allbekannt.

Eine andre Art der Verschwendung wurde durch die Sitte veranlaßt, zugleich mit den Toten Gegenstände aller Art zu begraben oder zu verbrennen, deren sie sich im Leben bedient hatten, wie Kleider, Waffen, Schmuck, Geräte, Kinderspielzeug usw. Diese Sitte beruhte auf der Vorstellung einer körperlichen Fortdauer der Abgeschiedenen, zugleich aber wollte man ganz besonders in dieser Verschwendung die Größe und Leidenschaftlichkeit des Schmerzes über den erlittenen Verlust offenbaren. Bei Lucian sagt ein Witwer, daß er seine Liebe zu seiner seligen Frau durch Verbrennung ihres ganzen Schmucks und ihrer Kleider bei ihrer Bestattung bewiesen habe. Der Redner Regulus, der bei dem Verlust eines etwa 14- oder 15jährigen Sohns mit seinem Schmerze Ostentation trieb, ließ an dessen Scheiterhaufen die zahlreichen Ponys und Ponygespanne, großen und kleinen Hunde, Nachtigallen, Papageien und Amseln schlachten, die der Knabe besessen hatte. Namentlich wurden die Leichen in möglichst prachtvolle Gewänder gehüllt dem Scheiterhaufen oder der Gruft übergeben. Selbst ein so strenger Philosoph wie Cato von Utica zeigte bei dem Tode seines geliebten Halbbruders Quintus Servilius Cäpio zu Aenus in Thracien, wie sehr ihn der Schmerz überwältigte, „auch durch den Aufwand bei der Bestattung und die Verbrennung von kostbaren Gewändern und Wohlgerüchen“. Die Erben des in der weltbekannten Pyramide zu Rom bestatteten Gajus Cestius (eines Zeitgenossen des Augustus) legten den Erlös der Attalischen (mit Gold durchwirkten) Teppiche, welche sie ihm nach dem Edikt der Ädilen nicht, wie er im Testament bestimmt hatte, ins Grab mitgeben durften, zu der für die Erbauung der Pyramide erforderlichen Summe hinzu. Eine ernstliche Handhabung der den Bestattungsluxus einschränkenden Gesetze, welche den Ädilen oblag, hat übrigens in der Kaiserzeit wohl ebensowenig stattgefunden wie bei den übrigen Luxusgesetzen. Nero wurde in weißen, golddurchwirkten Teppichen bestattet, deren er sich beim Empfange am letzten Neujahr vor seinem Tode bedient hatte; die oben erwähnte Annia Priscilla in tyrischem Purpur.

Über die Gesamtkosten sowohl glänzender als bescheidener Bestattungen haben wir einige Angaben. Die Kurie, d. h. der Stadtrat von Pompeji, bewilligte bei dem Tode eines dortigen Ädilen außer dem Boden für das Grabmal 200 Sesterzen (435 Mark) für das Leichenbegängnis, dieselbe Summe (und überdies eine Reiterstatue) bei dem Tode eines Duumvirn (des höchsten städtischen Beamten): dies galt also für die Ausrichtung einer ehrenvollen Bestattung dort schon als hinreichend. Ein Veteran in Lambäsis hatte für Bestattung und Grabmal zusammen in seinem Testamente nur 2000 Sesterzen ausgesetzt, doch die Hinterbliebenen fügten noch 500 hinzu. Aber für die Bestattung eines Sorrentiners, der in seiner Vaterstadt die höchsten Ämter und Priestertümer bekleidet hatte, bewilligte der dortige Stadtrat (außer zwei Statuen und dem Boden für das Grabmal) 5000 Sesterzen (1087 Mark). Ganz andere Summen wurden natürlich in Rom ausgegeben. Ein Freigelassener, Cäcilius Isidorus, der in seinem vom 27. Januar 8 v. Chr. datierten Testament angab, daß er trotz großer Verluste 4117 Sklaven, 3600 Joch Ochsen, 257.000 Stück andern Viehs und 60 Millionen Sesterzen (über 13 Millionen Mark) bar hinterlasse, hatte für seine Bestattung eine Million Sesterzen (gegen 218.000 Mark) ausgeworfen. Diese Summe, welche Plinius ihrer Merkwürdigkeit wegen berichtet, war ohne Zweifel eine ganz exorbitante, denn auch die offenbar beträchtlichen Kosten der Bestattung Neros beliefen sich nur auf 200.000 Sesterzen (43.500 Mark). Bei der Bestattung Vespasians erhielt der Schauspieler, welcher den verstorbenen (wegen seiner Sparsamkeit viel gescholtenen und verspotteten) Kaiser darstellte, auf seine Frage, wie viel der Zug und das Leichenbegängnis koste, von den Prokuratoren zur Antwort: 10 Mill. Sesterzen; worauf er ausrief, man möchte ihm 100.000 Sesterzen geben, dann möge man ihn in den Tiber werfen. Wie groß die Pracht der Kaiserbestattungen auch schon damals gewesen sein mag, so ist es doch mindestens zweifelhaft, ob hier nicht, um die beabsichtigte komische Wirkung herbeizuführen, absichtlich eine fabelhafte Summe genannt wurde.

Einen noch größeren Aufwand aber als die Leichenbegängnisse selbst verursachte die Sitte angesehener und vornehmer Familien, die ganze Gemeinde an der Totenfeier teilnehmen zu lassen, indem man bei der Bestattung selbst oder später zum Gedächtnis der Verstorbenen Bewirtungen und Schauspiele, namentlich Gladiatorenkämpfe, veranstaltete. Zahlreiche Beispiele solcher Totenfeste sind bereits aus der Zeit der Republik bekannt. Oft wurden sie letztwillig angeordnet. Nach Horaz hatte ein Staberius in seinem Testamente verfügt, daß seine Erben die Summe der Hinterlassenschaft in das Grabmal einhauen, falls sie dies unterließen, ein Kampfspiel von 100 Fechterpaaren und eine öffentliche Mahlzeit nach der Bestimmung eines bekannten Verschwenders Arrius geben sollten. Auch in den Städten Italiens bestand diese Sitte schon in der Zeit der Republik. So bewirtete z. B. ein Duumvir zu Sinuessa beim Tode seines Vaters die Bürger der Stadt mit Honigwein und Gebackenem (wohl bei der Bestattung selbst), veranstaltete für sie und die Bewohner eines nahen Fleckens ein Gladiatorenspiel, und für die Bürger und alle Angehörigen seines Geschlechts ein Gastmahl. Allem Anschein nach blieb dergleichen in der Kaiserzeit häufig. Der jüngere Plinius lobt einen Freund, daß er der Stadt Verona ein Fechterspiel versprochen habe, da er dort so allgemeine Liebe und Achtung besitze und überdies dem Andenken seiner verstorbenen Frau, einer Veroneserin, eine solche Feierlichkeit schuldig sei. Freilich habe man auch so allgemein in ihn gedrungen, daß er es nicht abschlagen konnte. Doch verdiene seine Freigebigkeit in der Ausstattung noch besonderes Lob, denn gerade in solchen Dingen zeige sich ein großer Sinn. Unter anderm war zu diesem Schauspiel eine Anzahl von Panthern aus Afrika verschrieben worden. Unter Tiberius ließ einmal in einer Stadt Italiens der Pöbel den Leichenzug eines Offiziers den Marktplatz nicht eher überschreiten, als bis er den Erben das Versprechen eines Fechterspiels abgetrotzt hatte. Statt der Bewirtungen bei Totenfeiern erfolgten auch Geldverteilungen. In Gabii verteilte ein Seidenhändler bei der Einweihung des seiner Tochter errichteten Grabtempels (im Jahre 168) an die Honoratioren des ersten Stands je 5, an die des zweiten je 2, an die Ladeninhaber innerhalb der Stadtmauern je 1 Denar und zahlte außerdem 100.000 Sesterzen (21.750 Mark) an die Stadtkasse, von deren Zinsen jährlich am Geburtstage seiner Tochter die Honoratioren der beiden ersten Stände öffentlich an besonderen Tafeln gespeist werden sollten. Ähnliche Urkunden über Stiftungen zur Bestreitung jährlicher Gedächtnismahle für Tote sind zahlreich erhalten.

Endlich stand die Pracht und Großartigkeit der Grabdenkmäler sowie der Reichtum ihrer äußeren und inneren Ausstattung und Dekoration nicht bloß im Verhältnis zu dem übrigen, in seiner Art einzigen Kunstluxus jener Zeit, sondern wurde durch mannigfache Rücksichten noch sehr erhöht; auch hier haben gesetzliche Einschränkungen allem Anschein nach so gut wie nichts gefruchtet. Den so allgemeinen, oft bis zur Leidenschaft gesteigerten Wunsch, im Andenken der Nachwelt fortzuleben und auch seinen Angehörigen ein solches Fortleben zu sichern, meinte man am besten durch Bauten zu erreichen, deren hochragende, für die Ewigkeit gegründete, mit architektonischem und plastischem Schmuck aufs reichste ausgestattete Massen die staunenden Blicke noch der spätesten Geschlechter auf sich ziehen sollten. Sodann forderte der Kultus der Toten nicht bloß Räumlichkeiten und Vorrichtungen für die am Grabe abzuhaltenden Opfer, sondern veranlaßte auch öfters die Errichtung der Grabmäler in Form von Tempeln und tempelartigen Gebäuden. Endlich führte die Vorstellung von einem körperlichen Fortleben der Toten zur Anlegung der letzten Ruhestätten (der „ewigen Behausungen“) in der Art von Wohnungen (sowie ihrer Ausstattung mit Gegenständen des Gebrauches im Innern), welche auch oft mit Gärten umgeben wurden.

Bei dem Mangel an allgemeineren Begräbnisplätzen mußten diejenigen, welche nicht auf ihrem eigenen Grund und Boden Grabstätten errichten konnten, geeignete Grundstücke, gewöhnlich an Landstraßen, erwerben. Diese häufigen Familienbegräbnisse waren in der Regel nicht bloß für die Angehörigen und Nachkommen des Stifters, sondern auch für seine männlichen und weiblichen Freigelassenen und deren Nachkommen bestimmt. In der Schenkung eines Begräbnisplatzes an die Gemeinde zu Sassina in Umbrien werden für jedes einzelne Grab hundert Quadratfuß bestimmt. Dieser Raum genügte aber schon für ein Familienbegräbnis: das eines Freigelassenen des Trajan, welcher Direktor des kaiserlichen Postbureaus in Rom war, hatte nicht mehr als 10¼ Fuß im Quadrat. Doch waren größere auch in der Zeit des Verbrennens nicht ungewöhnlich. Das Grabmal des N. Istacidius zu Pompeji z. B. hat einen Flächeninhalt von 15×15 = 225 Quadratfuß. Der Gemüsegärtenpächter Geminius Eutyches in Rom wollte das seine auf einer Fläche von 20 Fuß im Quadrat erbauen, Grabstätten von 25×25 = 625 Quadratfuß, von 25×30 = = 750 Quadratfuß, von 26×35 = 910 Quadratfuß (die beiden letzteren in Ostia) waren offenbar nicht ungewöhnlich. Es gab deren aber auch, die einen Morgen (28.000 Quadratfuß) umfaßten, und noch größere. Der Trimalchio des Petronius bestimmt seine Grabstätte, auf welcher sich außer dem Monumente Wein- und Obstpflanzungen, auch ein Wächterhäuschen, befinden sollten, auf 20.000 Quadratfuß. Als Preis des für das zu errichtende Grabmal gekauften Bodens werden einmal 100.000 Sesterzen angegeben.

Von der Pracht so vieler Mausoleen, die an den Landstraßen Roms und der übrigen Städte Italiens aus der unabsehbaren Menge der geringeren Grabmäler in imposanter Masse und Höhe emporragten, stehen nur noch einzelne, wie die Grabtürme der Cäcilia Metella und des Plautius (an der Straße nach Tivoli), das Torre d'Orlando genannte Denkmal des Munatius Plancus bei Gaeta und die Pyramide des Cestius. Die meisten sind spurlos oder bis auf mehr oder weniger dürftige Trümmer verschwunden, und Martials Wort hat sich erfüllt, daß man seine Gedichte noch lesen werde, wenn Feigenbäume ihre Wurzeln in die hohen Marmordenkmäler des Licinus und Messalla treiben, ja wenn diese Massen zu Staub zerfallen sein würden. Daß auch an kleineren Orten Italiens der Aufwand für Grabdenkmäler verhältnismäßig groß war, zeigen in Pompeji unter anderm die Überreste des einst sehr stattlichen Monuments der Mamia, eines tempelartigen Bauwerks mit Pilastern auf erhöhtem Unterbau. Das im Jahre 168 von dem oben erwähnten Seidenhändler in Gabii seiner Tochter errichtete Grabmal war laut der Inschrift ein Tempel mit der Bronzestatue der Verstorbenen als Venus und vier andern in Nischen aufgestellten Bronzestatuen, mit bronzenen Türen, einem Bronzealtar und sonstigem Schmuck.

Auch in den Provinzen fehlt es nicht an bedeutenden, ja prachtvollen Denkmälern. Das Grabgebäude eines begüterten Manns in Langres, wohl aus der früheren Kaiserzeit, enthielt nach dessen noch erhaltenen testamentarischen Bestimmungen in einem vorspringenden Raum wahrscheinlich zwei Statuen des Verstorbenen, wohl beide sitzend, aus bestem griechischen Marmor und bester Bronze zweiter Sorte. Vor dem Gebäude stand ein Altar „aus bestem carrarischem Marmor bestens gearbeitet", der Asche und Gebeine des Toten in sich schloß. Auf dem dazugehörigen Grundstück befand sich ein Teich und Obstgärten, welche drei Gärtner mit ihren Lehrlingen in Ordnung zu halten hatten. Für die Instandhaltung des ganzen Komplexes von Gebäuden waren (wie ohne Zweifel in der Regel) Bestimmungen getroffen.

Hier und da haben sich römische Grabdenkmäler auch in den Provinzen erhalten. Das 23 Meter hohe, aus festem grauen Sandstein aufgeführte, reich ornamentierte und mit (ehemals polychromen) Bildwerken geschmückte der Secundinier zu Igel bei Trier gehört zu einer großen, in der Maas- und Moselgegend offenbar sehr beliebten (in kleineren Exemplaren aber auch im rechtsrheinischen Germanien bis nach Regensburg hin verbreiteten) Klasse von Denkmälern. Von vielen ähnlichen (skulpierten, mindestens 3 Meter hohen Pfeilergräbern, die auf der Vorderseite Porträts der Verstorbenen, auf den übrigen sehr realistische, ehemals bemalte Reliefdarstellungen aus ihrem Leben enthielten) sind Bruchstücke vorhanden, die teils aus Luxemburg, teils aus Arlon in Belgien stammen, besonders zahlreich aber durch Ausgrabungen in Neumagen (seit 1877/78) zutage gefördert worden sind. Die vom Volke für ein Grabmal des Pilatus gehaltene sogenannte Aiguille zu Vienne ist „eine hochragende, auf einen Janusbogen gesetzte Pyramide, von gewaltigen Steinen getürmt, ohne allen ornamentistischen Schmuck". Das bis zur Spitze des Kegeldachs 17,90 m hohe römische Mausoleum der Julier zu St. Remy (in der Nähe von Tarascon) ist in der Zeit des Übergangs der Republik zur Monarchie einem Ehepaare von seinen drei Söhnen errichtet worden. Ein auf Stufen emporsteigender, mit malerisch bewegten Reliefdarstellungen der Taten und des Ruhms des verstorbenen Vaters geschmückter viereckiger Unterbau trägt eine ebenfalls viereckige, nach allen Seiten offene korinthische Bogenhalle, und diese wieder einen offenen Rundtempel von zehn korinthischen Säulen mit einer kegelartigen Kuppel, welcher die Statuen der beiden Gatten enthielt. Der sogenannte Turm der Scipionen bei Tarragona, ein großes, freistehendes Denkmal, rührt wohl aus Augusteischer oder wenig späterer Zeit her. In der ostjordanischen Landschaft stehen noch zahlreich die dort als römische Grabmonumente beliebten viereckigen Türme, die zugleich als Taubenhäuser dienten. Das Denkmal des Präfekten der in Lambäsis stationierten dritten Legion, Titus Flavius Maximus, ein viereckiger, auf einem Sockel stehender, von einer Pyramide gekrönter Steinbau (im ganzen 6—7 Meter hoch), wurde nach einer Erschütterung durch ein Erdbeben 1849 von der dortigen französischen Garnison von Grund aus restauriert. Die in einer bleiernen Urne (welche bei der Berührung auseinanderfiel) gefundene Asche des Toten ward in einer Umhüllung von Zink aufs neue bestattet, und ein ganzes Bataillon erwies durch eine Salve den Manen des römischen Offiziers die letzten militärischen Ehren. Das weit südlich von den Salzseen gelegene, 1894 entdeckte Mausoleum eines Appulejus Maximus von Amruni ist mit einer Darstellung des Abschieds von Orpheus und Eurydice geschmückt. Heinrich Barth kam (1850) auf seinen Wanderungen von Tripolis in das Innere des Lands und auf der Reise nach Mursuk an zahlreichen, zum Teil sehr imposanten Ruinen römischer Grabdenkmäler vorüber, die in früheren Jahrhunderten Gegenstände der religiösen Verehrung der Berberstämme gewesen waren. Am nördlichen Rande der Hamâda (31—30° n. Br.) fand er deren zwei von etwa 15 und 8 Meter Höhe, die „wie einsame Leuchttürme der Macht und Bildung aus der meerähnlichen Fläche der wüsten Hochebene ragten", beide vortrefflich erhalten. Die Bauart ist bei beiden dieselbe: auf einer mehrstufigen Basis (welche die Grabkammer einschließt) erheben sich zwei vierseitige, mit korinthischen Ecksäulen geschmückte, reich mit Ornamenten und Skulpturen (darunter Porträts der Verstorbenen) ausgestattete Stockwerke, die von einer Pyramide gekrönt werden. Das südlichste dieser Monumente (ein vierseitiger, einstöckiger, von korinthischen Pilastern eingefaßter Bau mit hohem Hauptgesimse, auf dreistufiger Basis) bei Alt-Djerma (Garama 26° 22′ n. Br.) beweist, daß die Römer längere Zeit die tripolitanische Wüstenstraße beherrscht haben.

Die Kosten der Grabdenkmäler, die oft testamentarisch bestimmt waren (wo dann zuweilen die Erben zu den angesetzten Summen freiwillig Zuschüsse machten), sind in einer Anzahl von Grabinschriften genau angegeben. Die Summen steigen von 200 bis 100.000 Sesterzen (43,5 bis 21.750 Mark). Das Grabmal eines Dekurionen des römischen Augsburg, welcher zu Epfach starb und bestattet wurde, kostete 600 Sesterzen (130 Mark); das des Legionspräfekten Flavius Maximus zu Lambäsis das Doppelte. Die Grabmäler, deren Preise wir kennen, sind aber so gut wie sämtlich für Soldaten und Offiziere niederer Grade (höchstens Legionstribunen) in Algerien und für Honoratioren der Städte Italiens und der Provinzen errichtete. Daß die Monumente der Großen Roms ganz andre Summen erforderten, zeigt schon der Preis desjenigen, das der jüngere Cato seinem Halbbruder zu Aenus in Thracien aus thasischem Marmor aufführen ließ, gegen 38.000 Mark; doch in der Kaiserzeit wird auch diese Summe schwerlich für eine ungewöhnlich hohe gegolten haben. Wenigstens verwendet die Witwe eines Sulpicius Similis — es kann wohl kaum der früher erwähnte Gardepräfekt unter Hadrian gemeint sein — in Rom auf das Grabmal ihres Gatten und ihrer beiden Söhne nebst den zugehörigen Baulichkeiten nicht weniger als 400.000 Sesterzen (87.000 Mark).

Das prachtvollste Mausoleum des gesamten römischen Altertums war das Hadrians; und mag es auch alle übrigen so weit hinter sich zurückgelassen haben wie seine Villa bei Tivoli alle andern Villen, so gibt es immerhin einen hohen Begriff von der Pracht und Großartigkeit der Denkmäler, die in der Herrlichkeit dieses unvergleichlichen Baus gipfelte. Hadrian hatte ihn schon sechs Jahre vor seinem Tode begonnen, aber erst Antoninus Pius vollendete ihn im Jahre 139. Er konnte sich wohl mit den Pyramiden Ägyptens messen und hat vielleicht selbst gewisse Details der inneren Anlage denselben entlehnt. Der jetzt verschüttete quadratische Unterbau aus parischen, ohne Bindemittel zusammengefügten Marmorquadern überragte die Stadtmauer; jede seiner Seiten war nach Procopius eine Steinwurfsweite (104 Meter) lang. Der zylindrische Mittelbau von 73 Meter Durchmesser und Höhe (die Engelsburg) gibt nur von den kolossalen Dimensionen des Ganzen eine Vorstellung, über die architektonische Gestaltung und sonstige Ausstattung der höheren Teile ist nichts Gewisses bekannt. Eine Kolossalstatue Hadrians (vielleicht auf einem Viergespann) krönte dieses Mausoleum, in welchem mit Ausnahme des Didius Julianus sämtliche Kaiser und Mitglieder des Kaiserhauses von Hadrian bis auf Commodus bestattet worden sind. Die herrlichen, wohl sämtlich kolossalen Bildwerke „von Männern und Rossen", mit denen es ausgestattet war, standen entweder auf der Plattform des Unterbaus oder (nach der neuesten Rekonstruktion) über dem Hauptgesimse des zylindrischen Geschosses. Dieses plastischen Schmucks wurde die Plattform ganz oder größtenteils schon im Jahre 537 beraubt. Als die Römer sich damals hier gegen die unter Witigis Rom belagernden Goten verteidigten, stürzten sie die Statuen auf die Köpfe der anstürmenden Feinde herab. Eine einzige derselben ist, wenn auch verstümmelt, noch vorhanden; der sogenannte Barberinische schlafende Faun, der beim Aufräumen des die Engelsburg umgebenden Grabens gefunden wurde und jetzt zu den Zierden der Glyptothek in München gehört. Im übrigen blieb das Denkmal bis zum Jahre 1379, wo es von den Römern zerstört wurde, im ganzen wohlerhalten.

7. DER SKLAVENLUXUS

Die Anfänge des Sklavenluxus fallen mit dem Aufschwunge des Sklavenhandels infolge der Eroberungen von Karthago und Korinth zusammen, die zugleich große Reichtümer und große Massen von Gefangenen nach Rom führten. Die große Vermehrung des Sklavenbesitzes führte mit Notwendigkeit zum Sklavenluxus: der Verkauf des Überschusses der Sklavenfamilien, die sich um so schneller vermehrten, je zahlreicher sie waren, und das Einkommen aus den Nutzungssklaven, deren Kaufpreise nicht hoch und deren Unterhaltung sehr wohlfeil war, gewährte zur Bestreitung dieses Luxus reichliche Mittel. Der Ertrag der Sklavenarbeit war ein sehr viel größerer als in neueren Zeiten, weil die Sklaven Geschäfte, Handwerke und Künste aller Art teils im Dienste und für Rechnung ihrer Herren betrieben, teils von ihnen an andre zu denselben Zwecken vorteilhaft vermietet wurden, so daß in der Tat der größte Teil von dem, was im jetzigen Europa durch freie Arbeit geleistet wird, im römischen Altertume von Sklaven getan wurde. Die Sklaverei war es auch, die jenen in der modernen Welt undenkbaren Kunstluxus möglich machte, von dem später zu reden sein wird.

Der Sklavenluxus bestand teils in der Unterhaltung nutzloser Sklaven zu Luxuszwecken, teils (da sich der Luxus vorzugsweise auf die wohlfeilsten Waren wirft) in der Verschwendung der Arbeitskraft, namentlich durch eine bis zum Übermaß getriebene Arbeitsteilung, wobei auch die geringfügigsten Dienste durch besondere Sklaven versehen wurden. In dieser Beziehung glichen die römischen großen Haushaltungen denen aller Länder, in denen die Arbeitskraft fast wertlos ist, namentlich denen des früheren Rußland. Zu Anfang des 19. Jahrhunderts hatten manche Paläste in Moskau bis 1000 Bediente und darüber, die so schwach beschäftigt waren, daß einer vielleicht nur das Mittagstrinkwasser, ein andrer nur das Abendtrinkwasser zu holen hatte. Auch in Bukarest, wo man 1866 bei einer Bevölkerung von etwa 100.000 Seelen 30.000 Dienstleute zählte, wimmelten damals die Häuser von Domestiken. Jeder Diener hatte eine engbegrenzte Sphäre von Pflichten, und jede Bojarenfamilie von einigem Anspruch ihre Wäscherinnen, Bleicherinnen, Plätterinnen, ihre Badefrauen, Haarkräuslerinnen, Kammermädchen und Kinderwärterinnen, und ihren Schwarm von Lakaien, Köchen, Küchenjungen, Läufern, Kutschern, Pferdewärtern, Jägern usw. In den Inschriften der gemeinsamen Begräbnisstätten von Sklaven und Freigelassenen großer römischer Häuser kommen z. B. vor: Fackelträger, Laternenträger, Obersänftenträger, Begleiter auf der Straße, Verschließer der Kleider zum Ausgehen — die Besetzung dieser einen Abteilung des Dienstes für die Ausgänge der Herrschaft gibt einen Begriff von der übrigen. Die Verschwendung der Arbeitskraft wurde auch dadurch befördert, daß manches, was jetzt durch Maschinen oder Instrumente geschieht, damals durch Menschen geleistet wurde: so hatte man statt der Uhren Sklaven, die stets die Tageszeit anzugeben wußten. Als Maßstab für die Zahl der Sklaven in großen Häusern mag es dienen, daß unter Augustus der Sänger Tigellius, der aus einem Extrem ins andre fiel, bald 200, bald 10 Sklaven hatte, und daß im Jahre 61 sich in dem Palast des Stadtpräfekten Pedanius Secundus (des höchstgestellten Manns in Rom) 400 befanden.

Sodann suchte man soviel wie möglich sich von persönlichen Anstrengungen und Bemühungen, auch geistigen, durch Übertragung auf Sklaven zu befreien. „Bediene dich der Sklaven wie der Glieder deines Leibs, eines jeden zu einem andern Zwecke", hatte schon Demokrit gesagt; doch „das römische Haus war eine Maschine, in der dem Herrn auch die geistigen Kräfte seiner Sklaven und Freigelassenen zuwuchsen; ein Herr, der diese zu regieren verstand, arbeitete gleichsam mit unzähligen Geistern". Nicht nur diktierte man Sekretären und Stenographen und ließ sich vorlesen, man hatte auch wahrscheinlich sehr häufig „Studiensklaven", die für ihren Herrn lasen, Notizen, Auszüge, Vorarbeiten und Untersuchungen aller Art machten. Bezeugt ist dies allerdings nur von den Kaisern, doch bei dem großen Werte, der auf literarische Bildung und Beschäftigung gelegt wurde, darf man annehmen, daß diese Abteilung in den Sklavenfamilien vornehmer Haushaltungen gewöhnlich nicht fehlte. Nur so läßt sich z. B. die gewaltige schriftstellerische Tätigkeit des älteren Plinius bei einem durch geschäftsvolle Ämter scheinbar ganz ausgefüllten Leben begreifen, und namentlich zu seiner Naturgeschichte sind die massenhaften und vielartigen Vorarbeiten gewiß größtenteils, wenn nicht durchweg, von Sklaven und Freigelassenen gemacht worden. Und wenn Quintilian sagt, daß Seneca von denen, die in seinem Auftrage Untersuchungen anstellten, öfters durch falsche Angaben betrogen worden sei, so ist auch hier gewiß an Sklaven und Freigelassene zu denken.

Das Streben, so wenig wie möglich selbst zu tun, ja zu denken, wurde bis zur Lächerlichkeit übertrieben. Man wälzte nicht bloß die Mühe des Behaltens der Namen von Klienten und Anhängern auf das Gedächtnis der Nomenklatoren ab („wir grüßen mit fremdem Gedächtnis", sagt Plinius): es gab auch Leute, die sich von Sklaven erinnern ließen, um welche Zeit sie ins Bad, wann zur Tafel gehen sollten. Sie sind, sagt Seneca, so völlig erschlafft, daß es sie zu viel Anstrengung kostet, sich bewußt zu werden, ob sie Hunger haben. Einer von diesen Weichlingen hatte, als er aus dem Bade gehoben und in einen Ruhesessel niedergelassen worden war: gefragt: Sitze ich schon? Hundert Jahre später berichtet Lucian mit Erstaunen und Widerwillen, daß es bei den Vornehmen in Rom Sitte war, sich auf der Straße von vorausgehenden Sklaven benachrichtigen zu lassen, wenn irgendeine Unebenheit oder ein Anstoß zu vermeiden war, wenn der Weg eine Anhöhe hinauf oder einen Abhang hinab führte: „sie lassen sich erinnern, daß sie gehen, und wie Blinde behandeln". Die ihnen Nahenden mußten zufrieden sein, wenn sie stumm angeblickt und statt von dem Herrn von jemandem aus dem Gefolge angeredet wurden. So konnte man auf den Gedanken kommen, selbst den Mangel eigener Bildung durch die Bildung von Sklaven zu ersetzen. Seneca erzählt, daß ein reicher Mann, den er noch gekannt hatte, Calvisius Sabinus, für unterrichtet zu gelten wünschte, obwohl er ganz ungebildet und ohne Gedächtnis war. Er ließ nun einen seiner Sklaven den ganzen Homer auswendig lernen, einen andern den

Hesiod, andre die neun lyrischen Dichter: diese Sklaven mußten bei seinen Gastmählern hinter ihm stehen und ihm Verse angeben, die er in der Unterhaltung passend anbringen konnte. Jeder kam ihm auf 100.000 Sesterzen zu stehen: „ebensoviele Bücherkisten", sagt einer seiner Parasiten, „würden dich weniger gekostet haben". Derselbe Spötter forderte ihn auf, zu ringen, obwohl er im höchsten Grade krank und hinfällig war. Wie ist das möglich? fragte jener, ich lebe ja kaum! Sage das nicht! war die Antwort. Vergißt du denn, daß du so viele riesenstarke Sklaven hast?

Die eigentlichen Luxussklaven wurden besonders bei großen Gastmählern zur Schau gestellt, wo sie nicht nur die Gäste bedienen, sondern ihnen auch zur Augenweide und Unterhaltung dienen sollten. Sie waren nach Farbe, Rasse und Alter in Scharen abgeteilt, in welchen keiner durch einen stärkeren Flaum am Kinn, durch krauseres oder gelockertes Haar von den übrigen abstechen durfte. Schöne Knaben, „die Blüte Kleinasiens", mit 100.000 oder gar 200.000 Sesterzen (21.750, bezw. 43.500 Mark) bezahlt, dienten als Mundschenken; man liebte es, an ihren Haaren die Hände abzutrocknen. Dagegen wurden Knaben aus Alexandrien verschrieben, weil die Bewohner dieser Stadt durch schlagfertigen und beißenden Witz berühmt waren: zu boshaften Antworten förmlich abgerichtet, hatten sie das Recht, ihren Spott voll frühreifer Verdorbenheit nicht bloß gegen den Hausherrn, sondern auch gegen seine Gäste zu richten. Frauen ließen kleine Kinder nackt um sich spielen und sich durch ihr unschuldiges Geschwätz unterhalten. Doch wurden auch, wie an den Höfen früherer Jahrhunderte, Zwerge, Riesen und Riesinnen, „echte" Kretins, angebliche Hermaphroditen und andere Abnormitäten und Mißgeburten gehalten und vorgeführt; es gab selbst in Rom einen „Markt der Naturwunder", auf dem „wadenlose, kurzarmige, dreiäugige, spitzköpfige" Menschen zu kaufen waren; die Zwerggestalt wurde durch künstliche Vorrichtungen hervorgebracht, und zahlreiche groteske Bronzefigürchen aus jener Zeit, welche die verschiedensten Verkrüppelungen und Verkrümmungen darstellen, bezeugen die Verbreitung einer so scheußlichen Liebhaberei.

8. SCHLUSSBETRACHTUNG

Was uns an dem römischen Sklavenluxus hauptsächlich empört, ist nicht das Übermaß der Verschwendung und Üppigkeit, sondern die frevelnde Nichtachtung der Menschenwürde: also nicht eine der Seiten des damaligen Luxus, sondern eine der jederzeit und überall eintretenden Folgen der Sklaverei. Mit Ausnahme des Sklavenluxus, für den die jetzige Welt zum Glück wenig Analogien mehr bietet, ergeben die Vergleichungen des antiken und modernen Luxus selten, daß der erstere den letzteren überbot, öfter das Gegenteil. Dieses Resultat kann nicht überraschen, wenn man erwägt, daß die zur Entwicklung des Luxus erforderlichen Bedingungen im Altertum fast auf allen Gebieten in ungleich geringerem Grade vorhanden waren als in der Gegenwart.

Man vergißt nur zu leicht, nicht bloß wie klein die Welt der Alten im Vergleich zu der jetzigen, sondern auch um wie viel ärmer sie war, um wie viel weniger damals die Erde den Menschen bot. Das römische Reich hatte noch nicht zwei Dritteile des Flächeninhalts von Europa, und von der übrigen Welt war nur ein geringer Teil zugänglich. Die Länder des Ostens, wie überhaupt die barbarischen Länder, gaben an das römische Reich nur einen kleinen Teil ihrer kostbaren Erzeugnisse ab. In einem großen Teile seiner Provinzen hatte die Kultur erst begonnen, die Produktionskraft war noch wenig entwickelt und stand auch in den am höchsten kultivierten in vielen Beziehungen weit hinter der heutigen zurück. Die Ausbeutung der Natur für die Zwecke des Menschen, die künstliche Entwicklung und Steigerung ihrer Kräfte war trotz großer Fortschritte verhältnismäßig noch unvollkommen. Die wichtigsten Erfindungen waren noch nicht gemacht, tausend Quellen zur Erhöhung des Lebensgenusses noch unentdeckt oder noch nicht erschlossen. Der Verkehr der Länder, der gegenseitige Austausch ihres Überflusses, trotz der kolossalen, mit Recht bewunderten Anstrengungen des Römertums für diese Zwecke, kam doch nicht entfernt dem heutigen gleich, und Handel und Industrie waren in vielen Beziehungen noch in der Kindheit. Dieselben Genüsse zu schaffen — mit Ausnahme derer, welche die Natur mit reicher Hand spendete —, erforderte deshalb damals fast überall größere Mittel, größere Anstrengungen und Anstalten als heute.

Die relative Kleinheit und Armut der römischen Welt bewirkte mit Notwendigkeit, daß der Maßstab der Alten für eine große Anzahl von Erscheinungen ein anderer, geringerer war als der unsere: was ihnen kolossal, enorm erschien, ist es nicht immer auch für uns. Selbst die Riesenstadt Rom, die Hauptstadt der Welt, übertraf an Größe vielleicht niemals das heutige Paris und stand weit hinter dem heutigen London zurück, von dessen Bevölkerung sie schwerlich selbst in ihrer glänzendsten Zeit auch nur die Hälfte gehabt hat. Daß aber der Luxus Roms den Zeitgenossen größer erschien, als er der heutigen Welt erscheinen würde, dazu trug außer der Verschiedenheit des Maßstabs und außer jener durch die größere Naturgemäßheit des antiken Lebens bedingten Verschiedenheit der Auffassung noch der Umstand bei, daß, wie es scheint, der höchste Grad des Luxus viel ausschließlicher auf Rom beschränkt war, als er es jetzt auf die größten und reichsten Städte ist. Je mehr der Luxus Roms in der damaligen Welt im vollen Sinne des Worts beispiellos war, um so eher konnte er auch unermeßlich und ungeheuer erscheinen. Sehr richtig sagt Höck, daß „der Luxus des Altertums sich in sehr viel engeren Grenzen sowohl der bürgerlichen Gesellschaft als auch der Verbrauchsgegenstände hielt und mit dem in unseren Tagen, wo eine Menge ausländischer Nahrungs- und Kleidungsgegenstände in die armselige Hütte eingedrungen ist und den Charakter des Unentbehrlichen angenommen hat, in keine Vergleichung zu stellen ist".

Wenn die bisherige Betrachtung ergeben hat, daß der römische Luxus nicht so maßlos und fabelhaft war, wie er nach den Äußerungen der Alten erscheinen muß, so wird sie auch gezeigt haben, inwiefern die Ansicht Roschers der Einschränkung bedarf, daß Rom in der Kaiserzeit das großartigste Beispiel des unklugen und unsittlichen Luxus bietet, wie er bei verfallenden Nationen einzutreten pflegt. Es kann dies um so weniger unbedingt zugestanden werden, als ein großer Teil der Erscheinungen, die Roscher als charakteristisch für den gesunden Luxus reifer und blühender Nationen hervorhebt, auch in der damaligen Kultur hervortreten. Er bezeichnet als solche namentlich: die Rückkehr zur verlassenen Natürlichkeit, die Verbindung des Luxus mit Sparsamkeit, einen hohen Grad des Luxus der Reinlichkeit, die Liebe zur freien Natur. Die

Erfüllung des ganzen Lebens und aller Klassen des Volks von diesem Luxus zeigt sich namentlich darin, daß gewisse feinere, zum Leben entbehrliche Waren Gegenstände der Volkskonsumtion werden. Eine solche Art des Luxus ist nur da möglich, wo keine allzu schroffe Ungleichheit des Vermögens im Volke stattfindet. Der Luxus des Staats richtet sich in Perioden höchster Kultur vornehmlich auf solche Dinge, welche vom ganzen Volke genossen werden können.

Die Dürftigkeit unserer Nachrichten läßt freilich nur sehr unvollkommen erkennen, inwiefern diese Erscheinungen der römischen Kultur in der früheren Kaiserzeit eigentümlich waren. Die verhältnismäßig große Natürlichkeit der Kleidertracht ist schon erwähnt; der einheitliche Charakter tritt hier noch weit mehr hervor als selbst in unserer jetzigen Tracht, wie vorteilhaft diese sich auch gerade dadurch vor der Tracht früherer Jahrhunderte auszeichnet. Doch freilich fand im römischen Altertume keine Rückkehr zu einer verlassenen Natürlichkeit statt: vielmehr blieb erstens das antike Leben selbst in Zeiten der Entartung der Natur vielfach näher als das moderne, sodann trat hier wie in so vielen andern Beziehungen das Kaiserreich nur die Erbschaft der Republik an, deren durch ein halbes Jahrtausend in Kraft gewesene Sitten wenigstens während der ersten Jahrhunderte der Monarchie noch ihre Nachwirkung übten. Man brauchte eben nur einen Zustand festzuhalten, zu dem die neuere Zeit erst auf weiten Umwegen gelangt ist. Dasselbe auch dem Armen erschwingliche Kleidungsstück, die Toga, blieb die Feiertracht aller Bürger, vom Kaiser bis zum ärmsten Tribulen. Vielleicht war dieser fortdauernde Hang zur Gleichförmigkeit der Grund, daß der Gedanke des Alexander Severus, den Beamten und Würdenträgern auszeichnende Trachten zu geben, nicht zur Ausführung kam. Eine „Kutschenaristokratie" kann es erst seit dem 3. Jahrhundert gegeben haben; vorher konnte in antiken Städten davon um so weniger die Rede sein, als man dort während der ersten Jahrhunderte nicht einmal reiten, geschweige denn fahren durfte. Trottoirs anzulegen wurden die römischen Städte durch Cäsars Stadtrecht verpflichtet und sind dieser Verpflichtung auch nachgekommen: „hierin wie in allen Dingen, die Wege- und Straßenbau betreffen, steht die Neuzeit durchaus auf den Schultern der Römer". Wenn Roscher ferner auch die Verdrängung der französischen Gärten durch die englischen als Symptom der Rückkehr zur Natürlichkeit anführt, so ist zu bemerken, daß die unter Augustus aufgekommene Mode der geschorenen Hecken (und ohne Zweifel auch der übrigen architektonischen Gartenanlagen) nicht mit dem damaligen Luxus zusammenhängt, sondern ihren Grund vielmehr in einer Richtung des Naturgefühls hat, die dem Süden vorzugsweise eigen ist.

Inwiefern der römische Luxus mit Sparsamkeit verbunden war, läßt sich nur in einigen Punkten beurteilen. Daß in Rom, wo es soviel „glänzende Armut", soviel Scheinwesen aller Art gab, die Industrie tätig war, „wohlfeile Ersatzmittel für kostbare Prunkgegenstände" zu schaffen, ist an und für sich wahrscheinlich. So hatte der Luxus mit Tischen aus kostbarem Holze schon in der ersten Kaiserzeit zur Anwendung des Furnierens geführt. Am massenhaftesten ist der Gebrauch wohlfeiler Ersatzmittel in der künstlerischen Dekoration sowohl der Wohnungen als der öffentlichen Gebäude gewesen, wie ihn vor allem die Mittelstadt Pompeji zeigt, wo Stuck, Ton, Terrakotta, Gips und Glas den Marmor und das Elfenbein, Bronze die edlen Metalle, lebhafter

Anstrich das bunte Gestein, Kopien die Originale ersetzen, und der Schein einer heiteren Pracht überall mit verhältnismäßig sehr geringem Aufwande hervorgebracht ist. Wie das Kunstbedürfnis damals in einem neueren Zeiten kaum begreiflichen Umfange verbreitet war, Befriedigung verlangte und fand, daran kann hier nur im Vorübergehen erinnert werden: dese edelste Seite des römischen Luxus muß einer besonderen Besprechung vorbehalten bleiben.

Am großartigsten entwickelt war der Luxus der Reinlichkeit. Die in römischen Städten so überaus häufigen, zum Teil so imposanten Überbleibsel und Spuren von Wasserleitungen sind beschämend für die moderne, erst so spät zur vollen Erkenntnis der Wichtigkeit dieser Anstalten gekommene Welt. Ihre Allgemeinheit in allen Teilen des römischen Reichs sowie ihre Vortrefflichkeit kann hier nur durch Beispiele veranschaulicht werden. „Pompeji war eine wasserreiche Stadt; in allen nicht ganz geringen Häusern sprang das Wasser, zum Teil in größtem Überfluß; z. B. nicht weniger als 16 Strahlen im Hause der Vettier. Große Massen absorbierten die öffentlichen Bäder." In einer Anzahl von Städten Italiens bezeugen teils Bogenreihen, teils Inschriften, die als Erbauer öffentlicher Aquädukte Kaiser, Patrone, Magistrate, Privatpersonen, auch die Gemeinden selbst nennen, teils Röhren mit städtischen Stempeln das Vorhandensein von Leitungen, deren nicht für städtische Zwecke erforderliches Wasser zum Besten der Stadtkasse verwertet wurde. Zu dieser Einnahme der Städte „steuerten außer den reicheren Hausbesitzern, die sich das Wasser ins Haus leiten ließen, und den Grundbsitzern, welche (soweit dies überhaupt aus dem Aquädukt zulässig war) ihre Felder vermittels desselben bewässerten, hauptsächlich die Handwerker, welche des Wassers zu ihrem Gewerbe bedurften, besonders die Walker; dann aber auch diejenigen, welche auf ihre Kosten Bäder (sei es für den Privatgebrauch, sei es aus Munifizenz für die Ärmeren) anlegten".

Auch in den Provinzen war die Beschaffung guten und reichlichen Wassers überall eine Hauptsorge der Kommunen. Libanius rühmt von seiner Vaterstadt Antiochia, daß sie alle andern Städte durch die Fülle und Trefflichkeit ihres Wassers übertreffe. Die (achtzehn) Stadtbezirke suchten einander durch die Vorzüglichkeit ihrer Badeanstalten zu überbieten. „Soviel der Wohnhäuser, soviel sind auch der fließenden Wasser, ja sogar in den einzelnen Häusern oft mehrere, und auch die Mehrzahl der Werkstätten hat den gleichen Vorzug." „Bei uns fließen die öffentlichen Brunnen zur Zierde, da jeder innerhalb der Türen sein Wasser hat. Und es ist dies Wasser so klar, daß der Eimer leer scheint, und so anmutend, daß es zum Trinken einladet." In der Quantität des zugeführten Wassers, das gibt Libanius indirekt zu, war anderwärts ebenso Bedeutendes geleistet worden, und von Smyrna z. B. wissen wir, daß dort jedes Haus seine eigene Leitung und manche mehr als eine hatten. In den Städten Pamphyliens und Pisidiens waren im 2. Jahrhundert n. Chr. Nymphäen besonders beliebt, eine Art von „Wasserschlössern", wo aus zahlreichen Mündungen reich verzierter Fassadenbauten Ströme sich in geräumige Bassins ergossen: das besterhaltene ist das (dem Septizonium des Septimius Severus in Rom sehr ähnliche) Nymphäum von Side, wo das Wasser aus drei Nischen einer prächtigen, säulengeschmückten Marmorwand in neun Strömen in ein 400—500 Quadratmeter großes Becken fiel. In Alexandrien mußte in Cäsars Zeit, wo das den Privathäusern zugeführte Nilwasser dort einen Klärungsprozeß durchmachte, die Masse des Volks sich seiner in ungereinigtem Zustande bedienen, in dem es gesundheitsschädlich war; doch wird später für eine Versorgung der ganzen Bevölkerung mit gereinigtem Wasser gesorgt worden sein.

Auch in den afrikanischen Provinzen haben, soweit die bisherigen Forschungen urteilen lassen, selbst kleine Orte die dort doppelt segensreiche Wohltat der Versorgung mit gutem Wasser nirgends entbehrt. Verecunda erhielt seine Wasserleitung durch Antoninus Pius, in Lambäsis wurden Aquädukte durch Diocletian und Maximian hergestellt. Eine 25 Millien (37 km) lange Leitung hatte dort 226 die dritte Legion ausgeführt. Einer ihrer Ingenieure war 152 nach Saldä (Bougie) gesandt worden, um einen Tunnel für eine dahin zu führende, schon 147—149 begonnene Wasserleitung zu bohren, der den dortigen Technikern nicht gelungen war. Die Stadt Thysdrus hatte ein vom Kaiser zur Leitung ihrer Verwaltung eingesetzter Kommissar mit genügendem Wasser versehen, es durch die Straße in Bassins geleitet und unter gewissen Bedingungen auch den einzelnen Häusern gewährt. In Groß-Leptis, wo man das gute und schmackhafte Wasser des Flüßchens, an dem die Stadt liegt, in einem verdeckten Kanal hätte leiten können, zog man es vor, reines Bergwasser hoch über der Erde in die Stadt zu führen, und leitete außerdem noch das Wasser des Cinyps herbei; von beiden Leitungen sind bedeutende Reste vorhanden. Die Lage der südlichsten römischen Stadt in dem noch wenig erforschten Mauretanien, Sala (Rebat-Saleh, 34° n. Br. am Atlantischen Meere), ist durch die Ruine eines Aquädukts bezeichnet. Bogenreihen von solchen, zum Teil sehr großartige, stehen noch bei Cäsarea (Scherschell), Cirta (Constantine) und anderwärts. In dem Nymphäum von Bulla regia fiel das Wasser der mitten in der Stadt entspringenden Quelle über mehrere Terrassen in ein Bassin, um von hieraus weitergeleitet zu werden. Die Ruinen der riesenhaften Wasserleitung von Karthago begleiten den Reisenden in einer geraden Entfernung von 60 Kilometer, die aber durch deren Windungen mindestens verdoppelt wird. Zahlreich haben sich Systeme von Behältern und Zisternen erhalten, die zum Teil noch benutzt werden.

Nicht anders war es in den westlichen und nördlichen Provinzen. Die Wasserleitung von Segovia, „frisch, wie sie aus der Hand des Meisters hervorgegangen, erhalten, erhebt sich leicht und schlank in den edelsten Verhältnissen, und doch fest und unerschütterlich über der schmutzigen Stadt und tränkt noch nach zwei Jahrtausenden die späten Abkömmlinge mit erquicklichem Wasser". Von den vier mächtigen Aquädukten des alten Tarraco versorgt der dritte noch heute Tarragona mit Wasser, und die Bogen, auf denen der Kanal des zweiten über eine Schlucht geleitet war, stehen noch zum größten Teil. In Merida ist eine römische Wasserleitung erhalten, eine zweite bis auf wenige, sehr großartige Bogen zerstört. Ausonius kann nicht Worte genug finden, um in Burdigala die marmorüberdachte, herrlich klare Quelle Divona zu preisen, „die stürmisch mit dem bis zum Rande sie füllenden Strome durch zwölf Öffnungen hervorbricht, nie erschöpft durch des Volks vielfältige Nutzung"; im Jahre 1855 hatte Bordeaux keine stattliche Fontäne. Der großartige, in einer wilden, einsamen Talschlucht den Gardon in drei Stockwerken von Arkaden überbrückende Pont du Gard ist ein Rest der Wasserleitung, die das treffliche

Wasser der Quellen Airan und Eure 9 Lieues weit nach Nîmes führte. Ein Gelehrter in Lyon macht (1854) bei Gelegenheit der von ihm herausgegebenen Inschriften der dortigen alten Röhren die bittere Bemerkung, „daß unsere Zeit, so stolz auf den Fortschritt der Mechanik und im Besitz ganz andrer Mittel, als die Alten hatten, z. B. der Dampfkraft, selbst für große Städte in dieser Hinsicht bei weitem nicht das leistet, was die Römer selbst für die kleinsten Orte unter den erheblichsten Schwierigkeiten geleistet haben. Das alte Lyon lag auf einer Höhe und war reichlich versorgt mit reinem und gesundem Quellwasser; das neue Lyon liegt in der Ebene, zwischen zwei Flüssen, die es überschwemmen, ohne ihm Trinkwasser zu gewähren, und muß sich mit stinkendem Wasser, unreinen Gräben und ungesunder Luft begnügen". Die römische Leitung ging von den Wassern des Mont Pila aus und nahm dann die des Gien Jaunon und Furand auf; sie überschritt die Täler, zum Teil Abgründe von 70—100 Meter, auf 14 hohen Brückenbauten und durchlief eine Strecke von 15 Lieues. Die Leitungen von Trier, Metz, Mainz, Köln und manch andre führten den Städten meist kalkhaltiges, für die Römer an seiner schönen, der der Alpenseen gleichen, blaugrünen Farbe erkennbares Wasser zu, das Risse und andre kleine Schäden durch den Kalksinter, den es absetzte, bald selbst ausbesserte. Die Leitung von Köln schöpfte ihr treffliches Wasser in der Eifel 52 Kilometer von der Stadt und führte es ihr in einem fast 80 Kilometer langen, meist unterirdischen Kanale zu. Als man in neuerer Zeit bei Remagen zwei Wasserläufe zur Leitung faßte, ahnte man nicht, daß dies schon von den Römern genau an derselben Stelle geschehen war, und bewunderte nun ebensosehr die geniale Einfachheit ihres Verfahrens wie die Sorgsamkeit der technischen Ausführung. In Rom wie an manchen andern Orten hat sich an die Reste der Aquädukte die Sage geheftet, daß sie zur Leitung von Wein bestimmt gewesen seien: sie findet sich in Avenches und in Köln. Diese Sage, charakteristisch für die Vorstellung von der Größe und Herrlichkeit der untergegangenen römischen Kultur, zeigt doch zugleich auch, wie ganz das Verständnis für die wirklichen Zwecke solcher Bauten späteren Zeiten verlorengegangen war.

Die Wasserleitungen versorgten, wie gesagt, die in Italien schon seit alter Zeit weit verbreiteten, später wohl nirgends fehlenden öffentlichen und Privatbäder. In Italien gab es selbst dorfartige Orte, die mehr als eine für Geld zu benutzende Badeanstalt hatten; und vielleicht für keinen Zweck sind in den Inschriften der Städte Italiens sowie sämtlicher Provinzen Stiftungen und Vermächtnisse häufiger bezeugt als für Erbauung, Erhaltung, Ausstattung und unentgeltliche Freigebung öffentlicher warmer und kalter Bäder für Männer und Frauen, zuweilen sogar für Sklaven und Sklavinnen. Auch in den Provinzen erkannten selbst die kleinsten Kommunen es als Pflicht, ihren Angehörigen wohlfeile und gute Bäder zur Verfügung zu stellen. Nach der Gemeindeordnung eines Bergmannsdorfs im südlichen Portugal mußte der Pächter des dortigen öffentlichen Bads dasselbe von Tagesanbruch bis zur ersten Nachmittagsstunde für Männer, von da ab bis zur zweiten Nachtstunde für Frauen geöffnet halten; die ersteren hatten ein Eintrittsgeld von etwa 3, die letzteren von etwa 6 Pfennig zu zahlen (das Doppelte der in Rom üblichen Sätze); frisches, fließendes Wasser mußte in den kalten und warmen Bassins vor- und nachmittags vorhanden sein und bis zu einer bestimmten Höhenmarke reichen; die Kessel mußten monatlich gereinigt und frisch mit Fett eingerieben werden. Die Stelle des täglichen Bads war nach Galen selbst für Landbewohner allgemein geworden: hierin erkennt er insofern mit Recht eine Verweichlichung, als die Entbehrung sehr schwer ertragen wurde, während Seneca, seinem Standpunkte getreu, auch in der Zunahme der Reinlichkeit ein Symptom des Sittenverfalls erblickt, da man doch in der guten alten Zeit nur Arme und Beine täglich wusch, ein Bad aber nur am achten Tage nahm. Der Gebrauch der Seebäder, der sich bei uns so spät und mühsam durchgekämpft hat (das älteste deutsche Seebad Doberan ist erst 1793 eröffnet), war wohl an allen Küsten des Mittelmeers verbreitet, wie es von denen Italiens, Griechenlands und Ägyptens ausdrücklich bezeugt ist.

Daß auch auf den Naturgenuß — soweit das römische Altertum dafür empfänglich war — sich keine Zeit besser verstanden hat als die damalige, und daß es mindestens schon im letzten Jahrhundert der Republik „für die höheren Stände eine fast ausnahmslose Sitte geworden war, die schöne Jahreszeit auf dem Lande zuzubringen", ist bereits ausgeführt worden. Schon damals konnten die Reichen und Vornehmen in der Regel aus verschiedenen Naturszenen und Klimaten für jede Jahreszeit das Zusagendste wählen, aber auch in der Stadt war ein großer Garten der geschätzteste Teil eines Palasts und verdoppelte dessen Wert. Die Fenster der Speisesäle sollten eine Aussicht ins Grüne gewähren. Selbst auf flachen Dächern und Balkonen blühten Sträucher und Blumen, und mag auch dieser Luxus in einzelnen Fällen übertrieben worden sein, so darf man doch die hyperbolischen Schilderungen der beiden Seneca gewiß nicht buchstäblich nehmen. Auch an den Fenstern bescheidener Wohnungen sah man Blumen und Grünes; übrigens fehlte es Rom auch nicht an großen Gärten und Parks, diesen „Lungen der großen Städte", von denen ein Teil dem Volke offen stand. Und wenn zwei Kommunalbeamte von Signia (Segni) der Stadt einen Platz mit Gartenanlagen schenkten, so wird eine derartige Fürsorge für Gesundheit und Behagen der Stadtbewohner nicht vereinzelt gewesen sein.

Über die Verbreitung des Luxus in den unteren und mittleren Schichten der Gesellschaft haben wir nur sehr spärliche Nachrichten, und diese beziehen sich fast ausschließlich auf Italien. Ihrem glücklichen Klima verdanken die Mittelmeerländer, daß das feinste Brotkorn, dessen Genuß im Norden erst nach großen Fortschritten der Kultur und des Wohlstands allgemein geworden ist, seit alter Zeit die Volksnahrung bildete. Von Wein, Öl und Weizenmehl lebten in Italien selbst die Sklaven schon in Catos Zeit, und wie die römische Kultur den Wein in den Bierländern verbreitete, ist oben gezeigt worden. Die Ungleichheit des Vermögens war allerdings zwar nicht so groß wie in der gegenwärtigen Welt, doch immer noch groß genug. Aber erstens ist im Süden Armut nicht notwendig auch Elend. Sodann trug die Nachwirkung republikanischer Sitten in hohem Maße dazu bei, den Abstand zwischen Reichtum und Armut auszugleichen.

Von den Reichen und Großen wurde immer noch erwartet, daß sie ihren

Überfluß nicht bloß zur Unterstützung der Armut verwenden würden — was ja namentlich durch das so umfassend organisierte Institut der Klientel auch in hohem Grade geleistet wurde —, sondern auch, daß sie die Armen an ihren Genüssen in reichem Maße teilnehmen lassen, ihnen Vorteile und Vergnügungen aller Art gewähren würden, von denen sie in der modernen Welt meist ausgeschlossen sind. Die Menge, sagt Plutarch, haßt mehr den Reichen, der von seinem Vermögen nicht mitteilt, als den Armen, der öffentliche Gelder stiehlt; dieses entschuldigen sie mit der Not, in jenem erblicken sie eine hochmütige Verachtung des Volks. Und nach Lucian übten die Armen sogar oft eine Tyrannenherrschaft über die Reichen aus: diese mußten für jene Bäder bauen, Wettkämpfe und andre Schauspiele veranstalten, sie durch Geldverteilungen günstig stimmen und lebten doch immer in Angst und Schrecken vor der Unzufriedenheit ihrer Mitbürger. In wie großartiger Weise die Wohlhabenden überall im römischen Reiche durch Anlagen und Bauten für den Nutzen und die Annehmlichkeiten der Gemeinden sorgten, wird später ausgeführt werden: und diese Leistungen kamen zum Teil (wie die schon erwähnten Bäder) ganz besonders den Armen zugute. „Bauen und Schenken" ziemte nach der damaligen Ansicht dem reichen Manne vor allem. Wie auf dem Gebiete der öffentlichen Anstalten und Bauten, so ging auch in der Sorge für die Ernährung des ärmeren Teils der Bevölkerung die Freigebigkeit der Wohlhabenden mit den Maßregeln der Kommunalbehörden Hand in Hand. Stiftungen, Schenkungen und Vermächtnisse zu Ankäufen von Öl und Mehl behufs unentgeltlicher Verteilung oder Lieferung zu Durchschnittspreisen waren häufig, auch Stiftungen, durch welche arme Eltern in den Stand gesetzt werden sollten, ihre Kinder bis zum erwerbsfähigen Alter zu erziehen, keineswegs ungewöhnlich; unter den uns bekannten gehört eine schon der Zeit des Augustus an. Ferner gab es deren für das hilflose Greisenalter. Begräbnisplätze für Arme wurden nicht bloß von den Gemeinden, sondern auch von einzelnen angelegt. Endlich wurden die Kommunen auf dem Gebiete des Unterrichtswesens durch den Gemeinsinn reicher Bürger unterstützt. Um das Jahr 100 n. Chr. gab es in Como noch keine Lehrer für die höchste Stufe des Unterrichts, die Beredsamkeit, und die jungen Leute, die sich darin ausbilden wollten, mußten in dem freilich sehr nahen Mailand studieren. Der jüngere Plinius zeichnete, obwohl kinderlos, den dritten Teil der für die Besoldung eines Lehrers erforderlichen Summe; und da er der Stadt auch eine Bibliothek von bedeutendem Werte schenkte und ein Kapital zur Erhaltung und Vermehrung derselben hinzufügte, dürfen wir annehmen, daß die Freigebigkeit der Munizipalpatrioten nicht selten auch für die Lehrmittel sorgte.

Freilich wurde aber noch mehr als auf diese edlen Zwecke auf öffentliche Vergnügungen und Feste verwandt, nicht bloß von den Kommunen, sondern namentlich von Reichen, welche sich die Gunst ihrer Mitbürger zu erwerben wünschten. Von diesen forderte überdies die Sitte, daß sie auch bei ihren Privatfesten einen großen Teil der Gemeinde zuzogen. Feierte ein reicher Mann seinen Geburtstag, ließ er seinen Sohn mit der Männertoga bekleiden, richtete er die Hochzeit einer Tochter aus, trat er ein städtisches Amt an, weihte er einen auf eigene Kosten erbauten öffentlichen

Bau ein: in allen solchen Fällen mußte er in der Regel den Gemeinderat, oft auch noch einen großen Teil der Bürgerschaft, im ganzen viele hundert, ja tausend Personen und darüber zu Gast laden, oder ihnen statt der Bewirtung eine Gabe in Geld verabreichen. Die öffentlichen Lustbarkeiten waren hauptsächlich Bewirtungen der ganzen Gemeinde, für deren jährliche Wiederholtung auch nach ihrem Tode reiche Leute zuweilen durch Stiftungen und Vermächtnisse sorgten, und Schauspiele, unter denen die des Amphitheaters, d. h. Tierhetzen und Gladiatorenkämpfe, die beliebtesten waren. Ohne Zweifel wurden die Wohlhabenden durch die Rücksicht auf die öffentliche Meinung und die keineswegs blöde geäußerten Volkswünsche zur Veranstaltung solcher Feste oft geradezu gezwungen. In der Stadt am Golf von Neapel, in welcher ein Teil des Petronischen Romans spielt, erwartet man von einem der Honoratioren eine Bewirtung und Geldverteilung, von einem andern ein dreitägiges Gladiatorenspiel; da er von seinem Vater 30 Millionen Sesterzen geerbt habe, könne er sehr wohl 400.000 Sesterzen (87.000 Mark) draufgehen lassen: dann werde er auch ewig mit Ruhm genannt werden.

Schließlich mögen aus der sehr großen Zahl von Inschriften aller Provinzen, in denen die Schenkungen von Bürgern an ihre Städte namhaft gemacht sind, beispielsweise zwei angeführt werden, um zu zeigen, welche Summen auch in Städten zweiten Rangs die Reichen für den Nutzen und das Vergnügen der Gemeinden opferten. In Philadelphia in Lydien gab von zwei Bürgern, welche die höchsten Ämter und Priestertümer bekleideten, der eine (außer einem ungenannten Beitrag an die Stadtkasse) beim Antritt der Ädilität 10.000 Denar; für ein „Kochen von 15 Tagen" (vermutlich eine Volksküche) 5000, zur Errichtung der Vorhalle der Basilika 50.000, im ganzen 65.000 Denar (über 56.000 Mark); der andre (außer mehreren nicht namhaft gemachten Schenkungen und Leistungen für sich und seine Söhne und der Veranstaltung einer Tierhetze) zum Ankauf von Getreide in verschiedenen Zahlungen 610.000 Denar, zur Erbauung eines Dachs des Theaters 10.000, den sieben Zünften der Stadt zur Errichtung je einer Statue 7000, im ganzen 627.000 Denar (etwa 545.000 Mark). In einer Stadt Pamphyliens (Sillyon oder Aspendos) spendete eine Familie (außer Geld- und Getreideverteilungen an acht Gruppen der Stadtbewohner) zur Auferziehung von Kindern 300.000 Denar (261.000 Mark). Und so bezeugen Hunderte von munizipalen Inschriften, daß in allen Städten des Reichs die ganze Einwohnerschaft von dem Vermögen der Reichen einen erheblichen Teil mitgenoß, und daß diese viel mehr davon für die Gemeinde freiwillig opferten, als es bei der höchsten Einkommensteuer der Fall gewesen wäre.

Auch der Luxus des Staats und der Regierungen war in hohem Grade „auf solche Dinge gerichtet, welche vom ganzen Volke mitgenossen werden konnten". Auch die zum allgemeinen Gebrauche bestimmten kaiserlichen Prachtbauten Roms (vor allen die Thermen), die Schauspiele der Kaiser und Beamten, die Congiarien und Frumentationen — wie verwerflich dies alles auch zum größten Teil vom sittlichen wie vom volkswirtschaftlichen Standpunkte aus war — kamen doch einer ganzen Bevölkerung zugute; während bei den Luxusbauten und üppigen Festen moderner

Höfe ungeheure Mittel nur zum Vorteil und Genuß einer kleinen Anzahl von Begünstigten verwandt wurden. Und denselben demokratischen Charakter hatte der öffentliche Luxus der Kommunen im ganzen römischen Reiche.

Ohne Zweifel hat der Luxus wie die ganze Kultur der früheren Kaiserzeit große Schattenseiten. Aber er war weder so töricht und unsittlich, wie ihn der einseitige Rigorismus damaliger Schriftsteller dargestellt hat, noch so fabelhaft und ungeheuerlich, wie er in der ungesichteten Kompilation von Meursius erscheint. Trotz aller Schäden und Gebrechen war jene Kultur doch eine sehr hohe und reiche: „Sie hat unzählige Keime ausgestreut, die noch heute Frucht tragen." In der Verfeinerung des Lebensgenusses wie in der Verbreitung und Verallgemeinerung des Wohlstands und der übrigen materiellen Bedingungen eines gesunden Luxus hat diese Zeit nicht bloß das ganze übrige Altertum übertroffen: ihr Luxus hat auch gar manches hervorgebracht, was (zum Teil in verkümmerter Gestalt) in späteren Jahrhunderten segensreich fortgewirkt und das Dasein in unserem Weltteile menschenwürdiger gemacht hat; ja die damalige Menschheit hat manches Gut besessen, dessen späte Wiedererlangung noch in unserm Jahrhundert hoch angeschlagen oder gar erst angestrebt wird. So gilt denn auch hier das Wort Mommsens: „daß die römische Kaiserzeit mehr geschmäht als gekannt ist".

XII. DIE BILDENDEN KÜNSTE

1. ZWECKE UND VERWENDUNG DER ARCHITEKTUR

Wäre auch von der Römerzeit jede andere Kunde verschollen, so würden die auf dem ganzen Boden der alten Welt in so großer Zahl stehengebliebenen, zum Teil so gewaltigen Ruinen ihrer Bauten, sowie die unermeßlichen, aus bergenden Schutt- und Aschendecken hervorgezogenen Überbleibsel der bildenden Künste schon allein laut genug bezeugen, welche hohe und reiche Kultur mit dem römischen Weltreiche zugrunde gegangen ist. Bei weitem die meisten und bedeutendsten erhaltenen römischen Bauten stammen aus der Kaiserzeit. Sie stehen zum Teil in weiten Einsamkeiten als Marksteine jener Kultur, deren Herrschaft sich über ungeheure Gebiete erstreckte, die seit Jahrhunderten wieder der Barbarei oder völliger Verödung anheimgefallen sind: wie die gewaltigen Ruinen von Baʿalbek und Tadmor; die Hunderte von ganz aus Stein erbauten verlassenen, noch bewohnbaren Städten und Dörfern in Ostsyrien mit ihren eigentümlichen Bogen- und Kuppelbauten, Grabpyramiden und Taubentürmen; die überraschend wohlerhaltenen Reste so überaus zahlreicher römischer Städte in Kleinasien und Nordafrika. Manche sind erst im letzten Jahrhundert verschwunden: die in den französisch-spanischen Kriegen zerstörte Brücke von Almarez stand noch 1806, die die Riesenschlucht des Rumad überwölbende, die den einzigen Zugang zu Constantine bildete, ist erst 1857 eingestürzt. Zum Teil beschämen sie in Ländern der heutigen Kultur mit ihrer imposanten Großartigkeit, ihrer unverwüstlichen Solidität, ihrer hohen, noch dem jetzigen Bedürfnis entsprechenden Zweckmäßigkeit alles, was spätere Jahrhunderte ihnen an die Seite gestellt haben: wie die Brücken von Rimini, von Alcantara und Merida, der Pont du Gard, die Aquädukte von Segovia und so manche andre Römerbauten in den Mittelmeerländern. „Eine zweite Natur, die zu bürgerlichen Zwecken handelt, das ist ihre Baukunst." Versucht man vollends, aus der unübersehbaren, verwirrenden Masse von Trümmern aller bildenden Künste ein Bild von der unermeßlichen Fülle und Mannigfaltigkeit des künstlerischen Schmucks zu gewinnen, in dem die so äußerst zahlreichen größeren und reicheren Städte des römischen Reichs prangten: wie gering und armselig erscheinen dann die modernen Bestrebungen, das öffentliche und Privatleben durch den Schmuck der Kunst zu verschönern und zu adeln.

Eine so großartige und umfassende Verwendung der Architektur und der bildenden Künste setzt eine Verbreitung nicht nur der Kultur, sondern auch des Wohlstandes voraus, wie das ganze frühere Altertum beides nicht gekannt hat. Das römische Kaisertum brachte der bis zum Tode erschöpften Welt den allgemeinen Frieden, der mit geringen Unterbrechungen mehr als zwei Jahrhunderte dauerte; den aufs äußerste ausgesogenen Provinzen eine bessere Verteilung der Lasten und eine im ganzen wenigstens leidliche Verwaltung. Mit der wiederhergestellten Sicherheit und Ordnung, dem gewaltigen Aufschwunge des Verkehrs hob und verbreitete sich Wohlstand und Reichtum in einem Grade wie nie zuvor.

Am augenfälligsten gab sich dies in der fortwährend im Wachsen begriffenen Schönheit und Pracht der Städte in fast allen Provinzen kund. Auch die Zahl derselben nahm durch neue Anlagen, Kolonisationen, Verleihungen von Stadtrechten und Vereinigungen mehrerer kleiner Orte zu einer Kommune stetig zu. So namentlich in den gallischen und spanischen Provinzen, wo früher die Gauverfassung in voller Geltung gewesen war. Im tarraconensischen Spanien waren unter Augustus von 293 Gemeinden nur 179 in Städten vereinigt, doch unter Antoninus Pius gab es nach Ptolemäus dort bereits 248 Städte. Auch „in den östlichen Provinzen, in Galatien, in Cappadocien und den gräzisierten Teilen Syriens entstanden zwar langsam, aber doch fortwährend neue Kommunen, und selbst in den Uferländern der Donau und in Numidien und Mauretanien hatte die durch die militärische Besatzung sich vollziehende Romanisierung zahlreiche neue Städteanlagen zur unmittelbaren Folge".

Nur auf eine Art der Entstehung neuer Städte, die aus Lagern, soll hier näher eingegangen werden. In Afrika verdankten die Städte Lambäsis (Lambessa) und Verecunda ihren Ursprung dem am Ende der Regierung Trajans oder am Anfange der Hadrians errichteten und 128 an den endgültigen Platz verlegten Lager der dritten Legion. Aus den Baracken und Buden der dort nicht zugelassenen, in einer Entfernung von etwa einem Kilometer angesiedelten Marketender, Frauen und Mädchen, Kaufleute, Händler, Lieferanten, Handwerker usw. entstanden jene beiden Ortschaften, die Antoninus Pius sofort als Gemeinden konstituiert haben wird; Lambäsis erhielt Stadtrecht spätestens 207, Verecunda wohl erst durch Valerian und Gallienus. Lambäsis war mit dem Lager durch eine schöne, mit Quadern gepflasterte Straße verbunden, die durch einen dreitorigen Triumphbogen in die Stadt eintrat und durch einen andern Bogen hinaus auf den Weg nach Verecunda führte. Sie war reich an stattlichen Bauten aller Art (Tempeln, Thermen, einem Amphitheater, einem viele Quellen in eine große Leitung zusammenfassenden Septizonium; vor dem Haupttempel war eine forumartige Anlage mit zahlreichen Statuen von Legionslegaten; im Jahre 208 erhielt die Stadt ihr Kapitol. Als sie für immer von der Legion verlassen wurde, ist sie schnell verfallen. Als die Byzantiner die Städte Afrikas in Verteidigungszustand setzten, errichteten sie dort aus Architraven, Friesen, Altären, Grabsteinen und Postamenten eine Zitadelle; wie sie den Ort verließen, haben ihn die Franzosen bei der Besitznahme Algeriens gefunden.

In derselben Weise entstanden aus Ansiedelungen von Römern in Baracken *(canabae)* neben den Lagern mehrere Städte in den nördlichen Provinzen, wo die Lager oft, wenn nicht in der Regel, in der Nähe schon bestehender einheimischer Niederlassungen errichtet wurden, die dann allmählich mit den römischen zu einem Gemeinwesen verschmolzen. Das Lager der 15. Legion wurde (wohl unter Claudius) nach dem, wie es scheint, schon ansehnlichen keltischen Handelsplatz Carnuntum (Petronell in der Nähe von Wien) verlegt; bereits Hadrian erhob bei seinem dortigen

Aufenthalte die römische Ansiedlung zur Stadt. In der Nähe des Lagers von Castra vetera (Xanten) waren infolge des langen Friedens Bauten „nach Art einer Stadt“ entstanden, die im Jahre 69 niedergerissen wurden, um nicht den aufständischen Barbaren als Stützpunkt beim Angriff auf das Lager zu dienen. Der Komplex von Ortschaften bei dem großen Lager von Mainz wurde eine römische Stadt erst unter Diocletian, ihre Blüte fällt ins 4. Jahrhundert, diesem werden die noch erhaltenen Architekturstücke angehören, die einen Schluß auf sehr stattliche Bauwerke gestatten. Eine ähnliche Entstehungsgeschichte haben Straßburg (Argentorate), Alt-Ofen (Aquincum), Wien (Vindobona), Iglitza (Troesmis), Karlsburg (Apulum) und viele andre Städte gehabt.

In der im Jahre 145 gehaltenen Prunkrede des Aristides auf die Größe Roms kann man bei aller Überschwenglichkeit die Wirkung großer, ja überwältigender Eindrücke nicht verkennen, die allerdings vorzugsweise aus den östlichen Ländern stammten. Wann, heißt es dort, gab es soviel Städte auf dem Festlande und auf dem Meere, oder wann waren sie so durchaus geschmückt. Oder welcher Herrscher der Vorzeit konnte jemals in seinem Reiche mit jeder Tagereise eine Stadt erreichen, manchmal auch an demselben Tage durch zwei und drei Städte wie durch Straßen fahren? Man möchte sagen, daß alle früheren nur Könige einer Wüste mit festen Plätzen waren, ihr allein aber über Städte herrscht. Unter euch haben sich jetzt alle griechischen Städte, und alle ihre monumentalen Zierden und Kunstwerke suchen bei euch Ehre einzulegen; mit Städten sind Küsten und Binnengegenden angefüllt, die teils unter, teils durch euch gegründet, teils vergrößert sind. Ionien steht durch Glanz und Schönheit an erster Stelle, und um wieviel es früher durch Schmuck und Anmut andre Länder überragte, um soviel hat es nun selbst im Vergleiche zu seiner eignen Vergangenheit gewonnen. Die große und stolze Stadt Alexanders ist eine Zierde eurer Herrschaft geworden, wie ein Halsschmuck einer reichen Frau unter vielen andern Besitztümern. Die ganze Erde ist im Festkleide, sie hat ihre alte Tracht, das Eisen, abgelegt und sich zu Pracht, Zier und Lustbarkeit aller Art gewandt. Alle Städte beherrscht nur der eine Wetteifer, daß jede als die schönste und gefälligste erscheine. Alles ist voll von Ringplätzen, Wasserleitungen, Propyläen, Tempeln, Werkstätten und Schulen, und mit Fug darf man sagen, daß die Erde, die von Anbeginn krank war, nun genesen ist. Unablässig kommen Gaben von euch, und von eurer gegen alle gleichen Huld kann man keine Stadt vor andern bevorzugt finden. Die Städte strahlen in Glanz und Lieblichkeit, und die ganze Erde ist wie ein Garten geschmückt.

Daß die Bewunderung des Rhetors für die Menge und Schönheit der Städte des Weltreichs in der Tat begründet war, beweisen außer ihren zahlreichen Ruinen manche statistische und sonstige Angaben. Bei der Angabe Aelians, daß Italien „einst“ 1197 Städte gehabt habe, ist freilich ebenso ungewiß, auf welche Zeit sie sich bezieht, wie worauf sie beruht; vielleicht hat aber auch das Land, trotz der Verödung mancher Orte, wie überhaupt seine höchste Blüte, so namentlich die größte Zahl bedeutender und reicher Städte in der Zeit von Augustus bis Marc Aurel gehabt. Von den 18 „durch Reichtum, Bauart und Lage an Schönheit hervorragenden“

Städten Italiens, welche die Triumvirn 711 = 43 v. Chr. den Soldaten als Lohn aussetzten, nennt Appian als die ansehnlichsten Capua, Rhegium, Venusia, Benevent, Nuceria, Ariminum und Hipponium (Vibo). In Strabos Zeit übertraf Oberitalien (Gallia cisalpina) die übrigen Landschaften an Reichtum und Größe der Städte. Von diesen ist Verona die einzige, deren Ruinen noch jetzt an den alten Glanz erinnern; unter Augustus war die bedeutendste Stadt der ganzen Gegend Patavium mit 500 Familien, die den Ritterzensus und darüber besaßen. Erst in der späteren Zeit erhob sich Mediolanium zur „ersten Stadt Italiens (nach Rom) an Größe, Bevölkerung und Reichtum", wie Procop es nennt; seine Angabe, daß bei der Zerstörung der Stadt durch Witigis 300.000 Erwachsene männlichen Geschlechts ums Leben gekommen seien, ist allerdings ohne Zweifel stark übertrieben. Andre bedeutende Städte Oberitaliens waren Altinum und Ravenna — beide im Wasser auf Pfählen gebaut, das letztere ein antikes Venedig, nur auf Brücken oder Fahrzeugen gangbar —, Aquileja, Placentia, Cremona (bis zur Zerstörung im Jahre 69 sehr reich, blühend und stark bevölkert), Parma, Mutina, Bononia, Ariminum, Ticinum, Dertona. Aquileja, das große Emporium für den nordischen Handel, „in mehr als einem Sinne die Mutterstadt Venedigs", galt im 4. Jahrhundert der Volkszahl nach als die vierte Italiens (nach Rom, Capua, Mediolanium). Außerhalb der sie umschließenden doppelten Mauer breiteten sich weite Vorstädte aus. Der Boden der bis auf die Fundamente zerstörten Stadt ist reich an industriellen Erzeugnissen. An mehreren Orten Istriens stehen noch stattliche Ruinen aufrecht; so in Tergeste (Triest), Tarsatica (Fiume), Parentium (Parenzo). Doch die bedeutendsten Reste aus römischer Zeit hat Pola: einen ganz und einen größtenteils zerstörten Tempel, einen eleganten, reich verzierten Triumphbogen, das berühmte Amphitheater, das 20.000—25.000 Menschen fassen konnte; die letzten Reste eines im 17. Jahrhundert zerstörten Theaters sind erst um 1870 hinweggeräumt worden; von den ebenfalls erst im 19. Jahrhundert eingerissenen Stadtmauern stehen noch zwei Tore. In Mittelitalien zeugen Ruinen, wie die von Ocriculum (Otricoli), Asisium (Assisi), Hispellum (Spello) sowie die sehr stattlichen von Ancona in Picenum von der Ansehnlichkeit auch der Mittelstädte. Das von Trajan als Hafen für die Kriegsmarine ins Leben gerufene Centumcellä (Cività Vecchia) war noch in Procops Zeit groß, bedeutend und volkreich. Von dem Wohlstande der Hafenstadt Ostia (mit wohl mehr als 50.000 Einwohnern) zeugen ihre Ruinen und die Kunstschätze, die sie bergen, ihre stattlichen Straßen, Kaufhallen, Tempel, Thermen, Theater. Der Herculestempel der Villenstadt Tibur gehörte zu den größten und reichsten in Latium, ebenso der Fortunatempel des „zinnenreichen", in fünf Terrassen zu seiner Burg hinankletternden Präneste. In Unteritalien haben Pompeji und Herculaneum in der überraschendsten Weise gezeigt, daß es auch Orten, die von den antiken Autoren nur ganz selten und beiläufig erwähnt werden, an zahlreichen stattlichen, mit bescheidenem Luxus dekorierten öffentlichen Bauten nicht fehlte. Neapel war unter Domitian eine prächtige, reich geschmückte Stadt, mit vielen Tempeln, mit Plätzen, die von unzähligen Säulen eingefaßt waren. Von dem alten Glanze Capuas, das noch in Domitians Zeit nicht allzu weit hinter Rom zurückstand und noch in Ausonius' Zeit zu den 14 berühmten Städten des Reichs gerechnet wurde, ist außer seinem mächtigen Amphitheater wenig übrig. Puteoli, die erste Handelsstadt Italiens (mit vielleicht nicht viel unter 100.000 Einwohnern), war reich an Prachtbauten aller Art. Unter den 68 Städten Siciliens war gegen Ende der Republik die größte und blühendste Centuripä mit 10.000 Bürgern, d. h. etwa 100.000 Einwohnern; Syrakus und Catina (Catania) nennt Ausonius unter den 14 berühmten Städten. Corsica hatte 32 Städte.

Die Städte Galliens gibt Josephus nach einem offiziellen Verzeichnis auf etwa 1200 an, und wenn ein großer oder der größte Teil noch in der Kaiserzeit dorfartig gewesen sein mag, so haben andrerseits auch manche, namentlich im Narbonensischen Gallien, die heute auf demselben Boden stehenden Städte weit übertroffen. Unter den neun, die Pomponius Mela um die Mitte des 1. Jahrhunderts dort als die ansehnlichsten nennt, haben Vasio (Vaison) und Bäterrä (Béziers) wenig oder gar keine Reste aus dem römischen Altertum aufzuweisen, nicht geringe Avennio (Avignon), wo sich unter andern Trümmer eines Triumphbogens aus der ersten Kaiserzeit finden; sehr großartige Arausio (Orange), dessen Triumphbogen und Theater zu den am besten erhaltenen Bauten dieser Gattungen gehören. Die erste Stelle behauptete in Melas Zeit dort Narbo, die Residenz des Prokonsuls und der größte Hafen Galliens, welches noch um die Mitte des 5. Jahrhunderts von Sidonius Apollinaris hochgepriesen wird. Aber die imposantesten und am besten erhaltenen römischen Bauten außerhalb Italiens sind die von Nemausus (Nîmes), das unter Hadrian und den Antoninen zu seiner höchsten Blüte gelangte, und von Arelate, „dem „zwiefachen" (da es sich seit Constantin auf beiden Rhôneufern ausbreitete), „dem gallischen Rom", wie es Ausonius nennt, das seinen Höhepunkt erst nach dem Niedergange von Lugdunum erreichte und noch im 5. Jahrhundert eine sehr blühende Handelsstadt war. Tolosa, das gegen Ende des 4. Jahrhunderts neben Narbo die erste Stelle einnahm, war eine fünffache Stadt: vier Städte hatte sie aus sich geboren, die sie mit ihren gewaltigen Backsteinmauern umschloß. Vienna, früher ein offener Flecken, eine Stadt erst seit Augustus und von ihm mit einer 5—6 Kilometer langen Mauer umgeben, war reich an schönen Bauwerken; Ruinen eines Tempels (vielleicht des Augustus und seiner Gemahlin Livia), Amphitheaters, Theaters, Thermengebäudes, einer Porticus sind noch vorhanden.

Vienna galt als die zweite Hauptstadt von ganz Gallien. Die erste war Lugdunum (Lyon), welche sich als Residenz des Statthalters von Lugdunensis, Zentralpunkt für die Verwaltung, am Zusammenfluß zweier großer Ströme und im Schnittpunkt der Hauptstraßen gelegen, schnell zu großem Glanz entwickelte und schon unter Nero an den herrlichsten Bauwerken reich war, deren jedes allein hingereicht hätte, eine Stadt zu schmücken. Seit die „große und reiche" Stadt 197 von den Soldaten des Septimius Severus zerstört worden war, scheint sie die alte Bedeutung nicht wiedergewonnen zu haben. Das „Städtchen der Pariser", wie der Kaiser Julian Lutetia nennt, auf der Seineinsel gelegen, hatte sich auf das linke Ufer ausgebreitet; bekannt sind dort die Überreste des sogenannten Palais des thermes; ein in der Nähe des Pantheons aufgedecktes Amphitheater ist etwa im 3. Jahrhundert erbaut. Augustodunum („Augustusburg“, ehemals Bibracte), die Hauptstadt der Äduer, hatte wie Vienna einen Mauerumfang von 5—6 Kilometer mit 220 Türmen und zwei dreibogigen Stadttoren; im 17. Jahrhundert waren dort noch bedeutende Reste eines Theaters und Amphitheaters, das zu den größten bekannten gehörte (154×130 m), vorhanden.

In Aquitanien war um die Mitte des 1. Jahrhunderts die ansehnlichste Stadt Eliumberrum (Auch). Burdigala (Bordeaux), gewiß von jeher der wichtigste Handelsplatz an der atlantischen Küste, wird als bedeutend nicht vor dem Ende des 4. Jahrhunderts erwähnt, auch tragen die Überreste den Charakter der spätrömischen Zeit. Ihre Mauern bildeten ein Viereck mit hohen Türmen und genau einander entsprechenden Toren; ihre Straßen waren breit und regelmäßig, ihr Stolz die herrliche, die ganze Stadt überreichlich mit Wasser versorgende Quelle Divona.

In Belgica war die bereits unter Augustus sehr volkreiche, noch im 4. Jahrhundert bedeutende Stadt der Römer, Durocortorum (Reims), die Residenz des Statthalters. Die (wahrscheinlich durch Claudius mit einer Militärkolonie besiedelte) Hauptstadt der Treverer (Trier) nennt schon Mela eine sehr ansehnliche Stadt; ihr 6148 m langer Mauerring umschließt ein (nur auf dem rechten Moselufer gelegenes) Areal von 285 Hektar, so daß ihr Umfang den des mittelalterlichen und bis vor kurzem auch des modernen Trier um das Doppelte übertraf; ihre Mauer (mit der Porta Nigra) ist zu Anfang der zweiten Hälfte des 3. Jahrhunderts erbaut. Ihre Glanzzeit war das 4. Jahrhundert, wo die Kaiser oft hier residierten; aus dieser stammen die Prachtbauten, von denen noch bedeutende Reste vorhanden sind; doch gehört das Amphitheater einer früheren Periode an. Die Ubierstadt, die unter Claudius eine römische Grenzfestung geworden war und im Jahre 50 als Militärkolonie ihren neuen Namen (Colonia Agrippinensis, Köln) erhalten hatte, war schon im Jahre 71 durch ihre Wohlhabenheit und ihr Wachstum ein Gegenstand des Neids für die Deutschen auf dem rechten Rheinufer. Ihre (derselben Zeit wie die die von Trier angehörige) Ringmauer umschließt einen Flächenraum von 97 Hektar, auf dem eine Einwohnerschaft von 30.000 Seelen Platz finden konnte. Köln und Deutz sind ergiebige Fundstätten von Architekturstücken, Skulpturen, Mosaiken, Metallarbeiten, Glas- und Tongefäßen. In der westlichen Schweiz waren, wie die baulichen Trümmer beweisen, die Flecken Vindonissa (Windisch, bis zur Verlegung der Grenze Standquartier einer Legion), Salodorum, Turicum, Lousonna, Genava zu Städten aufgeblüht, wenn sie auch rechtlich *vici*, d. h. Dorfgemeinden blieben; auch Baden bei Zürich war zu Anfang des 2. Jahrhunderts ein lebhafter, „in städtischer Weise gebauter“ Ort. Die bedeutendste Stadt dieser Gegend, Aventicum (Avenches), stand „an Glanz und Stattlichkeit der öffentlichen Gebäude, an Luxus und Pracht der Wohnungen und Landhäuser der reicheren Bewohner wohl nur wenigen Provinzialstädten des Westens nach“. Ihre Mauern waren mit vielleicht gegen 100 Türmen bewehrt, eine treffliche Leitung versorgte sie mit Wasser, sie hatte ein Theater und ein Amphitheater, welches letztere 17.000 Zuschauer fassen konnte.

Das tarraconensische Spanien (der Norden und die östliche Hälfte) hatte, wie bemerkt, bereits unter Augustus 179, unter den Antoninen 248 selbständige Kommunen. Die Hauptstadt Tarraco war reich an Tempeln und öffentlichen Gebäuden aller Art sowie an plastischen Kunstwerken; Häuser, Villen und Grabdenkmäler zeugten von ihrer Wohlhabenheit. Bätica (Sevilla, Cordova, Granada und Teile der angrenzenden Provinzen) besaß schon unter Augustus 175 Städte, unter denen Gades, nach der Ansicht Strabos von keiner Stadt außer Rom an Einwohnerzahl übertroffen, mit 500 Bürgern, die mindestens 400.000 Sesterzen im Vermögen hatten, zu den größten und reichsten der Monarchie gehörte. „Die Ruinen von Emerita Augusta (Merida), der Hauptstadt von Lusitania (einer der 14 Städte des Ausonius), erregten schon, damals noch vollständiger erhalten, das Staunen der arabischen Schriftsteller; obwohl sie seitdem jahrhundertelang als Steinbruch benutzt wurden, sind doch noch Zirkus, Theater, Amphitheater, Stadtmauer, Wasserleitung, eine Brücke über das Anastal von 81 Bogen fast vollständig vorhanden, zahlreiche Tempelreste, Statuen u. a. mehr oder weniger zerstört.

Auch in Afrika hat die Zahl und der Wohlstand der Städte bis gegen das Ende des 3. Jahrhunderts wohl stetig zugenommen. Bereits Ptolemäus zählt deren 324, darunter nur wenige als Flecken bezeichnete. In einem Seitental des Medscherda (Bagradas) findet man in einer Zone von 55.000 Hektar eine Gruppe von 6 Städten, deren Entfernung voneinander nur wenige Kilometer beträgt; weiter südlich auf der Hochebene, die sich zu den Schotts (Salzseen) und zum Meere abdacht, liegen die Städte noch so dicht (im Abstand von 30 bis 40 Kilometer), daß man bequem in einer Tagereise von einer zur andern gelangen kann. Die Militärkolonien, deren wir in beiden Mauretanien 33, in der Doppelprovinz Numidia-Afrika (wo es in Plinius' Zeit nur 6 gab) 50 kennen, führten nicht bloß zur Vergrößerung, sondern auch zur Vermehrung der Städte, da Dörfer, in denen Veteranen angesiedelt wurden, sich allmählich zu städtischer Verfassung entwickelten. Auch bei manchen der als Zufluchtsorte für die Landbevölkerung bei Einfällen unabhängiger Stämme dienenden „Türme" und Burgen vermehrte sich die seßhafte Bevölkerung so, daß sie Stadtrecht beanspruchen konnte und erhielt. Von der Entstehung der Lagerstädte Lambäsis und Verecunda ist die Rede gewesen. Landgemeinden, die als unselbständige Glieder zu selbständigen Stadtgemeinden gehörten, erwuchsen mit der Zeit selbst zu solchen, wie die anfangs zum Kommunalverbande von Cirta gehörigen Orte Chullu, Mileu und Rusicade (Philippeville) etwa zu Ende des 3. Jahrhunderts; das letztere war reich an öffentlichen Gebäuden und statuarischem Schmuck. Ebenso erscheinen die vier Landgemeinden Thignica, Thibursicum Bure, Thugga, Agbia unter Gallienus sämtlich als Städte, und bedeutende Ruinen geben eine Vorstellung von ihrem Wohlstande.

Überhaupt ist die Blüte der römischen Städte in Afrika in der Zeit von Hadrian bis zu den Severen vorzugsweise durch ihre Überreste bezeugt. Während solche, die für nahegelegene arabische Orte als Steinbrüche dienen konnten, zum Teil so gut wie ganz von der Erde verschwunden sind, wie Karthago — das im 3. Jahrhundert mit Alexandria um die zweite Stelle nach Rom rivalisierte —, Utica, Hadrumetum (Susa), geben von andern in der antiken Literatur nie genannten, wie Uthina, Seressita (jetzt von ihren vier noch stehenden Toren Um-el-Abuab, d. h. Mutter der Tore, genannt, Sufetula, Gigthis, Thubursicum u. a., sehr ansehnliche Reste Zeugnis. In dem jetzt spärlich bewohnten, im Frühjahre von Fieberluft erfüllten Tale des Bagradas, einer afrikanischen Campagna, stößt man bei jedem Schritt auf Ruinen römischer Tempel, Bäder, Wasserleitungen; stellenweise deuten nur noch Trümmerhaufen die einstigen Ortschaften an, anderswo ragen wieder großartige Bauten, mit Skulpturen und Inschriften bedeckt, über das elende Gemäuer der hier eingenisteten arabischen Duars. In Groß-Leptis, von wo ganze Schiffsladungen von Säulen nach England und Frankreich gegangen sind, erkennt man in dem westlichen, tief verschütteten Stadtteile noch zahlreiche Reste von Bauten, die sich durch Kostbarkeit des Materials sowie durch Menge und Größe der Säulen auszeichnen. Sehr umfangreich sind u. a. die Ruinen von Thamugadi (Timgad), einem unter Wüstensand begrabenen afrikanischen Pompeji, sowie die der Vaterstadt des Augustinus, Thagaste, und der des Apulejus, Madaura. Theveste (Tebessa) ist „eine antike Stadt mit antiken Häusern, die noch bewohnt werden, wenn auch noch viel mehr in Schutt und Ruinen liegen“; ein Tempel, ähnlich der Maison carrée in Nîmes, Thermen, ähnlich denen des Caracalla, das Forum, eine Basilika und andres ist wohl erhalten. Auch von den Hauptstädten des östlichen Mauretaniens Sitifi und Cäsarea sind große Überreste vorhanden; das letztere hatte einen Umfang von einer geographischen Meile, mindestens den achtfachen des heutigen Scherschell. Die Ruinen der in West-Marokko (Mauretania Tingitana) gelegenen Stadt Volubilis (Reste eines Triumphbogens, eines Tempels und der Umfassungsmauer) bedecken, obwohl sie lange als Steinbruch für das nahe Miknes gedient haben, noch einen Hügel. Auf eine Zunahme der Gesamtbevölkerung während der Kaiserzeit läßt die Vermehrung und das Wachstum der Städte um so mehr schließen, als nach Herodian um die Mitte des 3. Jahrhunderts auch die ackerbautreibende Bevölkerung groß war. Nach Procop sollen in Afrika durch die Vandalen 5 Millionen Menschen umgekommen sein.

Die Bevölkerung Ägyptens, das unter den Ptolemäern 7 Millionen Einwohner gehabt haben soll, war im 1. Jahrhundert auf etwa 8½ Millionen gewachsen (das sind vielleicht 280 auf den Quadratkilometer, wie etwa heutzutage im dicht bevölkerten Königreich Sachsen). Es sollte in alter Zeit 20.000, unter den Ptolemäern 30.000 Ortschaften gehabt haben, und noch in der Kaiserzeit war es reich an Städten, wenn auch die Mehrzahl derselben klein und unberühmt war, zumal die Metropolen der Gaue mit Ausnahme der Griechenstädte Naukratis und Ptolemais (wozu später Antinoupolis kam) bis auf Septimius Severus der Autonomie entbehrten und daher staatsrechtlich nur den Charakter von Dörfern trugen. Die Weltstadt Alexandria aber, die wohl über 1 Million Einwohner hatte, konnte mit Rom wie in andern Beziehungen so namentlich in der Pracht und Größe ihrer Bauten wetteifern. Noch im 4. Jahrhundert hatte Ägypten mit Libyen und der Pentapolis zusammen 100 Bischofssitze.

Die Hauptstadt Syriens, Antiochia, stand an Umfang, Glanz und Volksreichtum Alexandria gleich; sie bestand aus vier, von besonderen Mauern und einer Hauptmauer umschlossenen Städten und hatte wie Alexandria zwei von bedeckten Säulengängen eingefaßte, einander rechtwinklig schneidende Hauptstraßen, deren längere 36 Stadien (6,5 km) lang war. Durch die Trefflichkeit und Fülle ihrer Wasserleitungen übertraf sie nach Libanius alle Großstädte, und sie war die einzige, von der wir wissen, daß sie (im 4. Jahrhundert) Straßenbeleuchtung hatte. Die beiden einander ebenfalls rechtwinklig schneidenden Hauptstraßen von Apamea am Orontes (mit 117.000 freien Einwohnern im Jahre 759/60 = 6/7 n. Chr.) waren etwa 1½ und 1 km lang; seine Akropolis, auf der jetzt ein Araberdorf von 100 Häusern steht, hatte wenigstens für 400 bis 500 Häuser Raum. Von Apamea bis zur Wendung des Orontes gegen das Meer stehen an seinem rechten Ufer auf einer Strecke von 150—180 km Länge „heute noch die Ruinen von gegen hundert Ortschaften, ganze noch erkennbare Straßen, die Gebäude mit Ausnahme der Dächer ausgeführt in massivem Steinbau, die Wohnhäuser von Säulenhallen umgeben, mit Galerien und Balkonen geschmückt, Fenster und Portale reich und oft geschmackvoll dekoriert mit Steinarabesken, dazu Garten- und Badeanlagen, Wirtschaftsräume im Erdgeschoß, Ställe, in den Felsen gehauene Wein- und Ölpressen, auch große, ebenfalls in den Felsen gehauene Grabkammern mit Sarkophagen gefüllt und mit säulengeschmückten Eingängen". Es sind die Landwohnungen der Kaufleute und Industriellen von Apamea und Antiochia, Ansiedlungen, die der Zeit vom Anfang des 4. bis zur Mitte des 6. Jahrhunderts angehören, denen aber sicher ähnliche, minder dauerhafte Villenanlagen vorausgegangen sind: bis zu einem gewissen Grade kann der Wohlstand der syrischen Kaufmannswelt, von dem wir hier ein Bild haben, auch für die frühere Kaiserzeit vorausgesetzt werden. Das „heilige und sehr große Damascus" nennt Kaiser Julian „das Auge des ganzen Orients" und rühmt die Schönheit und Größe seiner Tempel, die Pracht und Reichlichkeit seiner Wasserleitungen. Samosata am Euphrat war eine große und volkreiche Stadt mit einem große Zeustempel. Für die Bedeutung von Heliopolis (Baʿalbek) zeugen die großartigen Tempeltrümmer, die zu den imposantesten Ruinenstätten der Alten Welt gehören. Das schon in der ersten Kaiserzeit zum römischen Reiche gezogene Palmyra verdankte dem Karawanenhandel nach den Handelsplätzen am Euphrat und Persischen Meerbusen seine Bedeutung und seinen Wohlstand, von dem „die noch heute stehenden Tempel der Stadt und die langen Säulenreihen der städtischen Hallen, sowie die massenhaften, reich verzierten Grabmäler zeugen"; „mit Hilfe der großen unterirdischen Wasserleitungen und ungeheuren, künstlich aus Quadern angelegten Wasserreservoirs, von denen sich in der Umgegend noch Reste finden, muß der jetzt aller Vegetation bare Boden einst eine reiche Kultur entwickelt haben". Nach der Zerstörung der Stadt durch Aurelian (272) „suchte und fand der Handel andere Bahnen, und dem kurzen, meteorartigen Aufleuchten Palmyras folgte unmittelbar die Öde und Stille, die seither bis auf den heutigen Tag über dem kümmerlichen Wüstendorf und seinen Kolonnadenruinen lagert.

Unter den Städten Phöniziens waren Sidon und Tyrus (mit sechsstöckigen Häusern) die größten: Zabulon, sagt Josephus, hatte schöne Häuser, gleich denen in Sidon, Tyrus und Berytus; auch Ptolemais war eine große, Aradus eine sehr volkreiche Stadt mit vielstöckigen Häusern. Unter den

Städten Palästinas ragte nächst Jerusalem (mit 60.000 Einwohnern im Jahre 70) Gaza und die von Herodes prachtvoll erbaute Hafenstadt Cäsarea hervor; ihr Tetrapylon, ein Triumphbogen mit vier Toren (wohl auf dem Schnittpunkt ihrer beiden Hauptstraßen), wurde noch im 4. Jahrhundert als Sehenswürdigkeit genannt.

Für Ostsyrien und das Nabatäerland brach mit der Einrichtung der Provinz Arabien und der Verlegung einer Legion nach der Hauptstadt Bostra (106) die einzige Epoche der Ruhe und guten Verwaltung an, deren diese Länder, jetzt eine fast unbewohnte, nur von Beduinen durchstreifte Wüste, sich jemals erfreut haben: der Zeit der römischen Herrschaft (von Trajan bis Justinian) gehören fast sämtliche dort erhaltene bauliche Überreste an. In der Ledjâ, einem 13 Stunden langen und 8—9 Stunden breiten, jetzt fast menschenleeren, damals hochkultivierten Lavaplateau, durch welches die Bostra mit Damascus verbindende Römerstraße führte, und um sie zählt man die Ruinen von 12 größeren und 39 kleineren Ortschaften. Schon der erste Statthalter der neuen Provinz ließ Aquädukte bauen, die das Wasser vom Gebirge des Haurân nach Canatha (Kerak) und Arrha (Rahâ) führten. Bostra, durch eine römische Straße mit dem Persischen Meerbusen verbunden, nahm als Handelsplatz einen gewaltigen Aufschwung; es vermittelte nun neben Palmyra und Petra den Verkehr vom Osten zum Mittelmeer; seine langen Reihen steinerner Buden bezeugen noch jetzt seine damalige sowie die Möglichkeit seiner künftigen Größe. Die bei dem Mangel des Holzes ganz aus Stein aufgeführten Bauwerke des Haurân geben von der ganz eigenartigen dort in dem halben Jahrtausend zwischen Trajan und Mohammed blühenden Kultur ein überraschend anschauliches Bild. Durch die römische Herrschaft „erhielt das Bauen einen Anstoß, der nicht wieder zum Stillstand kam: überall erhoben sich Häuser, Paläste, Bäder, Tempel, Theater, Aquädukte, Triumphbogen; Städte stiegen aus dem Boden binnen weniger Jahre, mit der regelmäßigen Anlage, den symmetrisch geführten Säulenreihen, die die Städte ohne Vergangenheit bezeichnen und für diesen Teil Syriens während der Kaiserzeit gleichsam die unvermeidliche Uniform sind" (M. de Vogué). Die östliche und südliche Abdachung des Haurân weist ungefähr 300 derartige verödete Städte und Dörfer auf, während dort jetzt nur 5 Ortschaften vorhanden sind; einzelne von jenen zählen bis 800 ein- bis zweistöckige, noch bewohnbare Häuser, durchaus aus Basalt gebaut, mit wohlgefügten, ohne Zement verbundenen Quadermauern, meist ornamentierten, oft auch mit Inschriften versehenen Türen, die flache Decke gebildet durch Steinbalken, welche von Steinbogen getragen und durch eine Zementlage regenfrei gestellt werden. Die Bauweise ist im ganzen die gewöhnliche griechische der Kaiserzeit mit einzelnen Anklängen an die ältere orientalische; doch mit einer durch das Fehlen des Holzes bedingten Entwicklung des Steinbogens und der Kuppel, die diesen Bauten technisch wie künstlerisch einen originellen Charakter verleiht. Die Stadtmauer wird gewöhnlich nur durch die zusammengeschlossenen Rückseiten der Häuser gebildet und ist durch zahlreiche Türme geschützt. Vor den Toren liegen die oft unterirdischen oder mit künstlichem Steindach versehenen, zum Teil noch heute von den Beduinen instand gehaltenen Zisternen.

Unter den dortigen römischen Städten ist Gerasa von einer noch überall zu verfolgenden, stellenweise 3,5 m dicken, 3552 m langen Quadermauern umgeben und von drei gewaltigen Säulenstraßen durchzogen; außer dem großartigen Haupttempel sind noch zwei kleinere Tempel, zwei Theater, mehrere große Bäder, Aquädukte und andere Reste übrig. Eine gräberreiche Nekropolis, welche die Größe der Bevölkerung beweist, umgibt die Stadt auf allen Seiten. Das erst von Kaiser Philipp dem Araber zur Stadt erhobene Philippopolis war nach seinen Ruinen ein bedeutender Ort, von einer rechteckigen Mauer umschlossen, von zwei gepflasterten Hauptstraßen kreuzweise durchschnitten, mit einem Theater, einer Wasserleitung, Bädern, Tempeln und zahlreichen andern öffentlichen Gebäuden. Die meist in den lebendigen Felsen gehauenen, größtenteils erst der Römerherrschaft angehörigen Prachtbauten von Petra (der alten Residenz der nabatäischen Könige) zeigen alle phantastischen Ausartungen des sinkenden Architektur- und Skulpturstils des 2. bis 3. Jahrhunderts. „Die Grabstätten, welche in die östlich und westlich von Petra aufsteigenden Felswände und in deren Seitentäler eingebrochen sind, mit ihren oft in mehreren Reihen übereinandergestellten dorischen oder korinthischen Säulenfassaden und ihren an das ägyptische Theben erinnernden Pyramiden und Propyläen sind nicht künstlerisch erfreulich, aber imponierend durch Masse und Reichtum. Nur ein reges Leben und ein hoher Wohlstand hat also für seine Toten zu sorgen vermocht."

Von den 500 Städten der Provinz Asia, welche die Küstenstriche und Inseln von Äolis, Ionien und Doris, die Landschaften Mysien, Lydien, Karien und Phrygien umfaßte, ist wiederholt die Rede: auch diese Zahl beruht auf einer amtlichen Angabe. Ein der reichsten und prachtvollsten Städte nicht bloß dieser Provinz, sondern ganz Kleinasiens, deren Größe noch jetzt die Ruinen ihres Theaters und Amphitheaters bezeugen, war Cyzicus, die bedeutendste des Binnenlands Apamea (Κιβωτός); daß aber auch Städte zweiten Ranges an Umfang, Wohlstand und Denkmälern sehr ansehnlich waren, haben die Ausgrabungen auf dem Boden des durch seine heißen Quellen berühmten phrygischen Hierapolis gezeigt. Von elf Städten, die sich im Jahre 26 n. Chr. um die Ehre bewarben, dem Kaiser Tiberius einen Tempel erbauen zu dürfen, wurden fünf als zu unbedeutend sogleich zurückgewiesen, darunter Laodicea; doch sagt Strabo von dieser Stadt, daß ihre Wollproduktion und die Fruchtbarkeit ihres Bodens sie reich und die Munifizenz einiger Bürger groß gemacht hatte. Ein Hiero hatte ihr eine Erbschaft von mehr als 2000 Talenten (nahezu 9½ Millionen Mark) hinterlassen; überdies hatte er, und nach ihm der Rhetor Zeno und der (von Antonius und Augustus zur Königswürde erhobene) Polemo sie durch Bauten und Monumente verschönert. Hiernach mag man sich den Glanz und Reichtum der zur Bewerbung zugelassenen Städte Halikarnaß, Pergamum (mit 120.000 Einwohnern), Ephesus, Milet, Sardes und Smyrna vorstellen. Unter ihnen galten Pergamum und Ephesus für die Zierden Asias, das letztere, die Residenz der Statthalter, für eine der volkreichsten und am schönsten gebauten Städte der Welt; doch Smyrna behauptete unbestritten den Ruhm der schönsten in der Provinz. Von Aphrodisias, von dessen Wohlstande und Blüte die reichlichen, auf Inschriftsteinen erhaltenen, bis in die Zeit der Gordiane reichenden Nachrichten über den dort für Schauspiele gemachten Aufwand einen hohen Begriff geben, haben sich trotz der Benutzung der älteren Bauten zu einer im 4. Jahrhundert aufgeführten Mauer und der fortwährenden Ausbeutung der Trümmer als Steinbruch bedeutende Reste aus römischer Zeit erhalten; desgleichen von Stratonicea. Die Hauptstadt der wahrscheinlich unter Vespasian der Provinz Asia einverleibten Insel Rhodus war bis zu ihrer Zerstörung durch ein Erdbeben um die Mitte des 2. Jahrhunderts die reichste und blühendste griechische Stadt, und zugleich eine der am schönsten und regelmäßigsten gebauten und an prachtvollen Anlagen reichsten Städte der Welt.

Im übrigen Kleinasien war das wasserlose, zum Teil nur zur Weide geeignete Binnenland Phrygiens, Lykaoniens, Galatiens, Cappadociens auch in jener Zeit nur dünn bevölkert, doch die übrige Küste stand hinter Asia nicht weit zurück. Unter den Städten Bithyniens stritten Nicäa und Nicomedia um den ersten Rang. Die letztere war nach Ammian von früheren Kaisern, namentlich Diocletian, so erweitert und verschönert worden, daß sie dem Kaiser Julian nach der Masse ihrer öffentlichen und Privatgebäude wie ein Teil von Rom erschien; außer Rom übertrafen es damals nur Antiochia, Alexandria und Constantinopel an Größe, keine an Schönheit. In der Provinz Pontus, wo die Hauptstadt des Königs Mithridates, Amasea, ein blühender Ort blieb, erwuchs Trapezunt erst in der römischen Kaiserzeit zu einer bedeutenden Stadt. Die Einwohnerzahl der Hauptstadt von Cappadocien, Cäsarea, wurde im 3. Jahrhundert auf 400.000 geschätzt. Die dort an der Grenze von Armenien erbaute Festung Melitene, von Trajan zur Stadt erhoben, wurde mit der Zeit groß und volkreich und breitete sich nun unter dem Kastell aus. Die Ebene bedeckte sich mit Tempeln, Wohnungen für Behörden, Straßen und Markt, Läden und Magazinen, Säulenhallen, Bädern, Theatern und allem, was zum Schmuck einer großen Stadt gehört; Justinian ummauerte sie.

Doch die überraschendsten und reichsten Anschauungen von der Menge, Größe und Pracht der Städte Kleinasiens in jener Zeit bieten die massenhaften, wohlerhaltenen Ruinen in Pamphylien und Pisidien, jetzt „einem vergessenen, verschollenen Winkel der Welt". Die einzig lebendig gebliebene Stadt der ganzen lykisch-pamphylischen Küste, Attila (Adalia), zeigt als bedeutendstes Denkmal ein dreibogiges Prachttor, das die Erinnerung an einen Einzug Hadrians verewigt. Termessus, 940 m hoch auf einer von Höhen umgebenen Einsenkung mit dem Blick aufs Meer gelegen, ist „ein herrliches, überaus vollständiges Bild einer alten Stadt mit allen ihren wichtigen Bestandteilen, Tempeln, Theater, Gymnasium, öffentlichen Bauten, die den schön und zierlich geordneten Marktplatz umringten, und Gräberfeldern, die sich an den Abhängen hinaufziehen". Perge erscheint wie ein bewohnter oder eben erst verlassener Ort. An den Burgberg schließen sich in einer Länge von 900 m und einer Breite von beinahe 600 m lückenlos die zinnengekrönten Mauern, auf denen von 70 zu 70 Schritten viereckige Türme stehen, oft bis zu ihrer ursprünglichen Höhe erhalten. Die Straßen kreuzen sich regelmäßig, aus dem Haupttor im Süden führt eine von Säulenhallen flankierte Straße auf die Mitte der Burg zu; Theater und Stadium konnten etwa 15.000 Zuschauer fassen. Unter den Ruinen von Aspendus ragt außer einem großartigen Aquädukt, der das Wasser auch über die Berge führte, neben den Trümmern des Stadiums das Theater mit der überladenen Marmorpracht seiner Szenenwand hervor, das etwa 8000 bis 9000 Zuschauer fassen konnte. Side zieht sich auf einer spitzen Halbinsel ins Meer hinaus, gegen das Festland abgemauert; eine zweite, innere Festlandsmauer schließt das gewaltige, gleich einem Berge aus dem niedrigen Trümmerhaufen der Stadt emporsteigende Theater ein, das für mehr als 15.000 Zuschauer Raum hatte. Die Ruinen von Selge zerfallen in zwei Massen: der stark befestigte obere Teil der Stadt, der zwei Akropolen nebst dem dazwischen liegenden Sattel (dem prächtigsten Bezirk) umfaßte, enthielt die öffentlichen und religiösen Gebäude. Im untern stehen noch fünf Säulen einer Kolonnade, die einst den ganzen Marktplatz umzog; oberhalb derselben das auf 8000 bis 9000 Menschen berechnete Theater und das Stadium. Auch in dem 1000 m hoch gelegenen Cremna, das unter Augustus eine römische Kolonie erhielt, gehören die meisten Bauten der mittleren und späteren Kaiserzeit an. Sagalassus liegt auf einem ansteigenden und zugleich wellenartigen Terrain: „Indem jede der wellenartigen Erhebungen mit bedeutenden Gebäuden gekrönt war, die durch Säulenhallen und bei der Unebenheit des Bodens durch breite Treppen und Terrassen miteinander verbunden waren, entstand ein überaus malerisches Bild, dessen Eindruck auch die ungeheuren Trümmer noch ganz hervorzurufen vermögen.“ Unter ihnen ist die Ruine eines korinthischen Tempels (vielleicht aus der Zeit Trajans) und die des Theaters, über dem sich wieder die Reste eines sehr großen Tempels befinden. Auch eine Kleinstadt wie Sillyon hatte ein Theater, ein Odeum und ein Stadium. „Am Ausgange des 2. Jahrhunderts n. Chr., so kurz vor dem nahenden Verfall, müssen diese Städte den Eindruck von großen, einheitlichen Kunstwerken, von Idealbildern gemacht haben, mit ihrem malerischen Mauerringe, aus dem wohlgepflegte, gräberumsäumte Wege hinausführten, ihren gerade gezogenen Straßen, den öffentlichen Anlagen, Tempeln, Bädern, Gymnasien, Markthallen in jedem Quartier, darüber die Burg mit stolzen Säulenbauten, dem Wohnplatz der die Stadt beschützenden Götter.“ Die baulichen Anlagen der Küste Ciliciens sind ebensogut erhalten, wie die pamphylischen, „desto mehr tritt eine verhältnismäßige Ärmlichkeit im Material und der ganzen Bauweise hervor“. Eine Ausnahme macht Antiochia am Kragos mit seinen beiden Hallenstraßen und dem prächtigen Marmortempel. Reste von Hallenstraßen haben sich auch in Pompejopolis, Seleucia am Calycadnus und in Hierapolis-Castabala erhalten. Von der einstigen Bedeutung von Mopsuestia zeugen eine ansehnliche Stadtbefestigung, ein Theater und eine große Wasserleitung. Das Innere der gänzlich verlassenen Stadt Anazarba ist tief verschüttet und überwuchert von einer üppigen Vegetation, aus welcher einzelne Säulen einstiger Hallenstraßen hervorragen; von andern aus dem Altertum stammenden Bauten sind zwei großartige Wasserleitungen, ein Theater, Stadium und Amphitheater erkennbar.

Aber nicht bloß hier, sondern überall, wo „ein von der Verwüstung der anderthalb Jahrtausende, die uns von jener Zeit trennen, vergessener Winkel des Lands sich der Forschung erschließt, da ist das erste und mächtigste Gefühl das Entsetzen, fast möchte man sagen die Scham über den Kontrast der elenden und jammervollen Gegenwart mit dem Glück und dem Glanz der vergangenen Römerzeit“. Als unter Claudius Lycien Provinz ward, verlegte man die alte Bergstadt Kragos in die Ebene; auf dem Marktplatz der neuen Stadt Sidyma stehen noch die Reste des viersäuligen, dem Kaiser damals gewidmeten Tempels und einer stattlichen Säulenhalle, welche ein von dort gebürtiger und als Arzt zu Vermögen gelangter Bürger in seiner Vaterstadt baute. Statuen der Kaiser und verdienter Mitbürger schmückten den Markt; es gab in der Stadt einen Tempel ihrer Schutzgötter Artemis und Apollon, Bäder, Gymnasien für die ältere wie für die jüngere Bürgerschaft; vor den Toren zogen sich an der Hauptstraße, die steil hinab nach dem Hafen von Kalabatia führte, Reihen hin von steinernen Grabmonumenten, stattlicher und kostbarer als die Pompejis und großenteils noch aufrecht. Dies Kragos-Sidyma gehörte nicht zu den Städten erster Klasse der kleinen Provinz Lycien, war ohne Theater, ohne Ehrentitel, eine bescheidene Provinzialstadt und durchaus eine Schöpfung der römischen Kaiserzeit. Aber im ganzen Vilajet Aidin ist heute kein Binnenort, der für zivilisierte Existenz auch nur entfernt diesem Bergstädtchen, wie es war, an die Seite gestellt werden könnte.

Byzanz, die größte, sehr wohlhabende und volkreiche Stadt Traciens, wurde bei der Einnahme durch Septimius Severus nach einer zweieinhalbjährigen Belagerung 195 größtenteils zerstört, ihrer Theater, Bäder und allen Schmucks, sogar des Stadtrechts beraubt; ihre gewaltigen, auf der Landseite 5 Stadien (rund 900 m) langen Quadermauern, mit hohen, die Verteidiger völlig deckenden Schutzwehren und zahlreichen, kunstvoll angelegten Türmen, erregten noch als Ruinen Bewunderung. Im Innern des Landes, das in der Zeit seiner Selbständigkeit nur Dörfer und Fürstenburgen enthalten hatte, sind außer Philippopolis, das im Jahre 251, wo es den Goten erlag, 100.000 Einwohner gezählt haben soll, die größeren Orte erst unter den Römern entstanden oder städtisch ausgebaut worden, namentlich unter Trajan und Hadrian (u. a. Hadrianopolis, wo sich im späteren Altertum ausgedehnte Waffenfabriken befanden. Die Hauptstadt Macedoniens, Thessalonice, preist Lucian in einer dort gehaltenen Rede wegen ihrer Schönheit und Volksmenge, ihres Reichtums und Glanzes und nennt sie eine mit allen wünschenswerten Gütern geschmückte Stadt. Die Hauptstadt Dalmatiens, Salonä, die als bedeutendster Handelsplatz in diesen Gewässern neben Aquileja eine der volkreichsten und wohlhabendsten des Okzidents gewesen sein muß, war von einer Mauer mit 88 Türmen und 3 Toren umgeben. Ihre im 17. Jahrhundert noch sehr bedeutenden Überreste sind zu Neubauten verbraucht, doch Reste eines Theaters und Amphitheaters noch vorhanden. Der gewaltige Palast, den Diocletian sich in der Entfernung von etwa einer halben Meile am Meere erbaute, war nach Art eines Lagers angelegt und erschien von außen als ein von Mauern umschlossenes Rechteck (175×215 m) mit 4 Türmen an den Ecken. Die heutige Hauptstadt Spalato hat zum größten Teil innerhalb seiner Mauern Platz gefunden, und dessen Tempel dienen ihr als Dom und Baptisterium. Auch in Jader (Zara) zeugen Säulen und Architravblöcke von entschwundener Pracht, und die Lage des alten Burnum bezeichnen zwei luftige Bögen bei Kistagne, nach denen die Stätte im Volksmunde noch heutigen Tages „*archi Romani*“ heißt.

Griechenland (ohne Thessalien und Epirus) besaß, obgleich sehr verarmt und verödet, unter den Antoninen auf dem Festlande neben einer großen Zahl von Dörfern und Flecken noch über 100 Orte (davon 60 im Peloponnes), in denen ein wirkliches städtisches Leben fortbestand: die meisten waren ohne Zweifel sehr herabgekommen, doch hatten sich auch manche gehoben, wenigstens von Tithorea sagt es Plutarch. Von dem neuen Glanze, den Athen durch die Bauten Hadrians und des Herodes Atticus erhielt, wird unten die Rede sein. Die Hauptstadt und Residenz des Statthalters, Korinth, war auch als römische Kolonie groß, reich, glänzend und stark bevölkert. Die von Augustus als Denkmal des Seesiegs von Actium an dem südlichsten Punkt von Epirus (1½ Stunden n. von Prevesa) gegründete Stadt Nicopolis „blieb, wie die ausgedehnten Ruinen und zahlreichen Münzen beweisen, ebenfalls verhältnismäßig blühend und bevölkert".

Auch in den nördlichen Ländern blühten die Städte in erstaunlich kurzer Zeit empor. Selbst in dem sehr allmählich eroberten, durch Kriege und Aufstände fortwährend in Unruhe erhaltenen Britannien, wo die Spuren städtischen Lebens sehr gering sind, waren die römischen Orte an stattlichen Bauten nicht arm. Die Hauptstadt Camulodunum (Colchester) wurde im Jahre 61, 18 Jahre nach der Eroberung des Lands, von den aufständischen Einwohnern leicht eingenommen, weil man bei ihrer Anlage mehr für Annehmlichkeit als für Festigkeit gesorgt hatte. Sie besaß eine Kurie, ein Theater und einen Tempel des Claudius, in dem sich die römischen Soldaten zwei Tage lang halten konnten. Londinium (London) war ein durch Handel sehr lebhafter Ort; an beiden Orten und Verulamium (nahe St. Albans) zusammen wurden im Jahre 61 an 70.000 Bürger und Provinzialen von den Aufständischen erschlagen. Die in bedeutendem Umfange auf dem Boden Londons gefundenen, zum Teil Prachtgebäuden angehörigen römischen Reste bestätigen diese Angabe vollkommen. Auch von Viroconium (Wroxeter, dem infolge der 1859 begonnenen Ausgrabungen sogenannten „britischen Pompeji") sind erhebliche Ruinen übrig. In Bath, wo keine Spur von städtischem Leben sich gefunden hat, sind bedeutende Reste von Thermen und einem Tempel, geringere auch von andern Tempeln entdeckt worden; an verschiedenen Orten Britanniens werden Tempel in Inschriften genannt. Agricola benutzte schon den ersten Winter seines Aufenthalts in Britannien 78 dazu, die zerstreuten und rohen und deshalb kriegslustigen Einwohner durch Lebensgenuß an Ruhe und Frieden zu gewöhnen, indem er Bauten von Tempeln, Foren und Wohngebäuden durch Ermahnungen und Unterstützungen förderte; und bald ging man zu Bädern und Säulenhallen über. So schnell schmückte sich auch diese abgelegenste Provinz mit Luxusbauten, deren besiegter Fürst Caratacus nur ein Menschenalter früher beim Anblick Roms unbegreiflich gefunden hatte, daß die Besitzer solcher Pracht die armseligen Hüttchen von Wilden begehren konnten.

Die Ebene am rechten Rheinufer und das Neckargebiet bis zur Schwäbischen Alb hinauf mit Einschluß des Schwarzwalds (das Zehntland) ist nur vom Ende des 1. bis in die zweite Hälfte des 3. Jahrhunderts in römischem Besitz gewesen; doch sind in Württemberg allein an weit über 100 Orten Spuren römischer Niederlassungen gefunden worden, und das städtische Leben blühte innerhalb des neuen Grenzschutzes auf, fast wie auf dem linken Rheinufer: „Sumelocenna (Rottenburg am Neckar), Aquä (*civitas Aurelia Aquensis*, Baden-Baden), Lopodunum (Ladenburg) hatten, wenn man von Köln und Trier absieht, in römisch-städtischer Entwicklung den Vergleich mit keiner Stadt der Belgica zu scheuen"; auch die römische Ortschaft bei Wiesbaden *(aquae Mattiacae)* wird zu den bedeutenderen gehört haben. Sumelocenna war am Ende des zweiten und im dritten Jahrhundert der bedeutendste Ort nicht allein des Neckargebiets, sondern vielleicht der rechtsrheinischen Provinz überhaupt. Die römische Stadt erstreckte sich auf beiden Seiten des Flusses weit über die heutige hinaus. Fortwährend werden in und bei Rottenburg die Werkstücke monumentaler

Bauten, Säulen, Kapitelle und Gesimse, Bildwerke und Inschriften aufgefunden, die Ruinen von Heiligtümern und Bädern, auch ein großes Theater ist zum Vorschein gekommen. Bei Rottweil war auf dem rechten Neckarufer eine sehr bedeutende römische Niederlassung, Arae Flaviae, wohl der Vorort einer Gaugemeinde, deren Blüte in der mittleren Kaiserzeit Grundmauern vornehmer Privathäuser, ein sehr stattliches Bad, schöne Mosaiken und Einzelfunde aller Art aus Bronze, Glas und Terrakotta beweisen. Die 1784 durch Zufall entdeckten Bäder in Badenweiler, deren Bauten eine Fläche von gegen 300 m^2 bedeckten, setzen eine ständige Niederlassung voraus, und sicherlich war das römische Badenweiler, wenn es auch an Baden-Baden nicht heranreichte, ein ansehnlicher Vicus.

Die Hauptstadt des mit dem nur sehr unvollkommen und spät romanisierten Rätien verbundenen Vindelicien, die unter Augustus gegründete und nach ihm benannte, schon zu Ende des 1. Jahrhunderts sehr ansehnliche Niederlassung Augusta Vindelicorum (Augsburg) besaß vielleicht ein Amphitheater, und zahlreiche Inschriften und Skulpturen zeugen von ihrer einstigen Blüte. Während sie aber in Rätien das einzige Zentrum römischer Zivilisation blieb, drang diese in dem angrenzenden Noricum so tief ein, daß es „ein Vorland und gewissermaßen ein Teil Italiens" wurde. Die kleinen dortigen Standlager und selbst das von Marc Aurel eingerichtete Lager einer Legion Lauriacum bei Enns waren für die städtische Entwicklung Noricums ohne Bedeutung. Die großen Ortschaften, wie Celeja (Cilli), Aguontum (Lienz), Teurnia (St. Peter im Holz), Virunum (Zollfeld bei Klagenfurt), der Zentralpunkt der Provinz, von dem sehr ausgedehnte Reste übrig sind, im Norden Juvavum (Salzburg), sind rein aus bürgerlichen Elementen hervorgegangen.

Dagegen in Pannonien stand und blieb die Zivilisation ganz unter dem Einflusse der Lager der drei, später, wie es scheint, nur zwei Legionen; das Hauptquartier wurde wohl unter Vespasian Carnuntum (Petronell, östlich von Wien) und daneben Vindobona (Wien); von der neben dem ersten Ort entstandenen Lagerstadt sind weit ausgedehnte Ruinen übrig. Erst seit dieser Zeit ging die Regierung daran, die Provinz, die bis dahin nur in ihrem westlichen Teil Städte gehabt hatte, wie Emona (Laibach) und Savaria (Stein am Anger), städtisch zu organisieren. In dem westlichen, ursprünglich norischen Gebiet erhielt Scarbantia (Ödenburg am Neusiedler See) Stadtrecht unter den Flaviern, zwischen Save und Drau Siscia (Sziszek) und Sirmium (Mitrovitza) zu derselben Zeit, an der Drau Poetovio (Pettau) unter Trajan, Mursa (Eszeg) unter Hadrian Kolonialrecht. Die Hauptorte waren Sirmium und Savaria, das unter seinem alten Namen bis zur magyarischen Eroberung im 10. Jahrhundert fortbestand und an römischen Resten sehr reich ist. Von dem Wohlstande Sirmiums zeugen namentlich auch die zahllosen, vielgestaltigen Funde an plastischen Kunstwerken, Geräten aller Art, Münzen usw. und z. B. auch die im Agramer Museum lagernden mächtigen Brunnenröhren, welche aus beträchtlicher Höhe weither von Norden klares Wasser leiteten.

Noch geringer als in Pannonien war die Entwicklung der Städte in Mösien. Auch hier ging die italische Zivilisation von den Lagern aus, von denen die bei Singidunum (Belgrad) und Viminacium (Kostolatz) wahrscheinlich die ältesten waren; die Bedeutung der letzteren Stadt beweist ein großes Ruinenfeld und die Menge der von hier durch das benachbarte Serbien verschleppten Kunstreste. In Untermösien (zwischen Balkan und Donau) entstanden die Anfänge einer römischen Zivilisation erst mit der Gründung der Legionslager von Novä (bei Svischtova), Durostorum (Silistria) und Troesmis (Iglitza bei Galatz).

Auch in der jüngsten und nach 170 Jahren wieder aufgegebenen Provinz Dacien (Siebenbürgen, Banat, Moldau und Walachei) haben anderthalb Jahrtausende nicht völlig zu zerstören vermocht, was die römische Herrschaft in so kurzer Zeit geschaffen hat. In dem ganz neu mit Ansiedlern aus verschiedenen Provinzen (namentlich Dalmatien und Kleinasien) bevölkerten Lande entwickelte sich das römische Städtewesen schneller und kräftiger als in den übrigen Donaulandschaften. Eine Fülle der mannigfaltigsten Überreste aller Art bezeugt die Existenz von weit über 100 mehr oder minder blühenden römischen Orten, größtenteils in Siebenbürgen. Sarmizegetusa (Várhely), die von Trajan zur römischen Kolonie umgeschaffene Landeshauptstadt, blieb der Mittelpunkt der Provinz und die Residenz des Statthalters: zwölf walachische Dörfer erfüllen heute den Raum ihres einstigen Umfangs, noch sieht man den Felsen ihres Kapitols und die Arena ihres Amphitheaters. Von der Bedeutung des militärischen Zentrums der Provinz, Apulum, zeugt das weite Trümmerfeld um das heutige Karlsburg. Eine Reihe von Dorfgemeinden in Dacien erwuchs zu Städten, und die Militär- und Straßenstationen, mit denen das Land wie mit einem Netze überzogen war, gewannen mit der Zeit mehr oder weniger stadtartige Bedeutung.

Sowohl für die Kommunen als für die einzelnen Bürger war der im Altertum in so hohem Grade entwickelte und auch in jener Zeit noch durch die relative Selbständigkeit der Gemeinden genährte Munizipalpatriotismus (eine der besten Seiten des antiken Städtelebens) der stärkste Sporn, nach Kräften, ja selbst mit großen Opfern zur Ausstattung der Städte mit notwendigen und nützlichen Bauten und Anstalten, sowie zu ihrer Verschönerung auf jede Weise beizutragen. Der in der antiken Menschheit so mächtig wirkende Trieb, sich ansehnlich, würdig und prächtig darzustellen, beherrschte die Gemeinden nicht weniger als die einzelnen und trieb sie allem Anscheine nach nicht selten zu Anstrengungen, die ihr Vermögen überstiegen. Dazu kam besonders in den griechischen Ländern die Eifersucht der Städte aufeinander, „diese alte Krankheit der Hellenen“, und das daraus entspringende Trachten, einander zu überbieten.

Die römischen Kolonien sollten „Abbilder der Hauptstadt im kleinen“ sein, was sich selbst in der Anwendung von Namen römischer Lokalitäten zeigt: die (je 7) Bezirke zweier von Augustus kolonisierter Städte, Ariminum und Antiochia in Pisidien, sind allem Anscheine nach mit denselben von Gegenden Roms entlehnten Namen (wie Cermalus, Aventin, Velabrum, Tuskerquartier) bezeichnet gewesen, und wahrscheinlich wurden solche in Kolonien häufig angewandt, doch nicht bloß in ihnen. So hatte Falerii eine heilige Straße, Benevent eine esquilinische, Puteoli eine palatinische Region, Lyon und die Chattenhauptstadt Mattiacum einen Vatikan, Aquileja vielleicht eine Region Isis und Serapis usw. Das Recht, ein Kapitol zu besitzen, das wie das römische Tempel des Juppiter, der Juno und der Minerva trug, oder die Statue des Marsyas (wie ebenfalls in Rom) auf dem Forum aufzustellen, scheinen (bis auf Caracalla) nur Kolonien gehabt zu haben. An einigen Orten, wie Köln, Florenz, Nîmes,

Cagliari, hat sich die Erinnerung an die Kapitole in Benennungen von Kirchen („St. Maria im Kapitol" und dgl.) erhalten.

Die Ausführung der städtischen Bauten erfolgte entweder durch eigens ernannte Baukommissare *(curatores operum)* oder durch die jährlich wechselnden obersten Gemeindebeamten, die sie in der Regel an den Mindestfordernden in Akkord gaben und nach der Vollendung abnahmen. „Wenn die Städte eine Vergebung von Tempelbauten oder Errichtung von Kolossen ausschreiben", sagt Plutarch, „so hören sie die Künstler an, die sich um die Übernahme bewerben und ihre Anschläge und Risse vorlegen; dann wählen sie den, der bei den geringsten Kosten die beste und schnellste Ausführung verspricht."

Den Umfang, die Bedeutung und die Zwecke der städtischen Bauten mögen zunächst einige Mitteilungen aus der Korrespondenz veranschaulichen, die Plinius (in den Jahren 111—113 etwa) als Statthalter von Bithynien mit Trajan führte. Zu allen städtischen Neubauten aus öffentlichen Mitteln bedurfte es der kaiserlichen Erlaubnis. Für Prusa am Olymp erwirkte Plinius diese zum Bau eines neuen Bads, wie es „die Würde der Stadt und der Glanz der Regierungsperiode" erforderte; der Bau erfolgte auf der Stelle eines in Ruinen liegenden Hauses, und so wurde zugleich die häßlichste Stelle der Stadt verschönert. Zu Nicomedia war eine Wasserleitung, die der Stadt 3,329.000 Sesterzen (gegen 724.000 Mark) gekostet hatte, unvollendet geblieben, dann abgebrochen worden, ebenso eine zweite, für die bereits 200.000 Sesterzen (43.500 Mark) ausgegeben waren. Nun erteilte Trajan die Erlaubnis zum Bau einer dritten, die auf Bogen (teils aus Quadern, teils aus Backstein) das Wasser auch in die höheren Teile der Stadt führen sollte: Plinius versicherte, daß sowohl der Nutzen als die Schönheit des Baus der Regierungszeit Trajans höchst würdig sein werde. Kurz vorher hatte dieselbe Stadt den Bau eines neuen Forums neben dem alten begonnen. Zu Nicäa hatte der Bau eines Theaters bereits mehr als 10 Millionen Sesterzen (2,175.000 Mark) verschlungen; Privatleute hatten sich anheischig gemacht, es aus eigenen Mitteln mit mannigfachen Verschönerungen auszustatten, namentlich einen Säulengang oberhalb des Zuschauerraums und Basiliken im Umkreise aufzuführen. Aber noch vor Vollendung des Hauptgebäudes zeigten sich so große Risse, daß eine Reparatur kaum zu lohnen schien. Gleichzeitig wurde an Stelle des abgebrannten Gymnasiums ein weit größeres und weitläufigeres gebaut, dessen Mauer aber der mit der Fortführung des (von einem andern begonnenen) Baus beauftragte Architekt trotz der kolossalen Dicke von 22 römischen Fuß (6½ m) für zu schwach erklärte, um die in Aussicht genommene Belastung zu tragen. Zu Claudiopolis befand sich eine ungeheure städtische Badeanstalt im Bau. Zum Bau eines Aquädukts, der das Wasser aus einer Entfernung von 16 Millien (24 km) nach Sinope führen sollte, gab Trajan der Stadt die Erlaubnis, falls der Bau ihre Kräfte nicht überstiege, da er sehr zur Erhöhung der Gesundheit und Annehmlichkeit beitragen würde. Die schöne und prächtige Stadt Amastris hatte unter andern herrlichen Bauwerken eine sehr stattliche und lange Straße, die aber ein übelriechender Fluß ihrer ganzen Länge nach durchfloß; auch hier genehmigte Trajan dessen Bedeckung aus städtischen Mitteln.

Dieselbe Wohlhabenheit der Städte und dieselbe Verwendung großer Mittel für bauliche Zwecke, wie sie diese Angaben für Bithynien erweisen, darf für die meisten Provinzen des römischen Reichs in jener Zeit vorausgesetzt werden. Bauten, die für eine ganze Landschaft wichtig waren, wurden von mehreren Städten gemeinsam ausgeführt: wie die im Jahre 105/6 vollendete Brücke von Alcantara von elf Munizipien der Provinz Lusitanien.

Zu den regelmäßigen Einnahmen der städtischen Gemeinden Italiens und der Westprovinzen (seltener im Osten des Reiches) gehörten die Antrittsgelder, welche die zu Ehrenämtern und Priestertümern erwählten Männer und Frauen sowie die in den Gemeinderat (Dekurionat), den zweiten Stand (die Augustalität) oder dessen Vorstand (den Sevirat) Erwählten auf Grund der Festsetzungen des Gemeindestatuts an die Stadtkasse zu zahlen hatten, und welche nach der Bedeutung des Orts und des Amts sehr verschieden waren. Sie betrugen für den Duumvirat 2000, 3000, 4000 bis 10.000 Sesterzen (die letzte Summe in Pompeji), für die Ädilität 4000, aber auch 20.000 (Rusicade), für den Dekurionat 1000, 2000, in Cirta und Rusicade 20.000, für das Priestertum des Pontifex 10.000, aber auch 55.000 (in Rusicade), für den Flaminat 2000, 10.000 (zu Musti im prokonsularischen Afrika und Diana in Numidien), 12.000 (zu Lambäsis in derselben Provinz), 2000 für den Sevirat. Die Summe von 400.000 Sesterzen, die eine zu Calama in Numidien auf Lebenszeit zur Flaminica erwählte Frau zum Bau eines Theaters versprochen hatte, war eine ganz ungewöhnlich hohe. Aber es war wohl überall Sitte, über den Minimalsatz hinauszugehen oder andre Leistungen hinzuzufügen, die auch anstatt der Zahlungen erfolgen konnten, wie Schauspiele, Volksbewirtungen oder Bauten. So zahlte z. B. ein Flavius Justinus in Porto Torres (Turris Libisonis) auf Sardinien für die Erwählung zum höchsten Amt (der Quinquennalität) die außergewöhnlich hohe Summe von 35.000 Sesterzen und legte überdies auf eigne Kosten ein Bassin an, in welches er auch das Wasser hineinleiten ließ. In Äclanum ließen einmal die Quattuorvirn für das Geld, das sie für die Erwählung zu diesem Ehrenamt zu zahlen verpflichtet waren, auf den Beschluß des Gemeinderats einen Weg durch den Viehmarkt führen und pflastern. In Lanuvium (Città Lavigna) wurden die aus den Antrittsgeldern der Priester geflossenen Kapitalien neben andern Einnahmen (mit Erlaubnis von Septimius Severus und Caracalla) zum Bau von Thermen verwendet usw.

Derselbe Munizipalpatriotismus, der die Städte trieb, nach Kräften oder selbst über ihre Kräfte in Bauten miteinander zu wetteifern, beseelte gewöhnlich auch ihre wohlhabenden Bürger. Zum Teil spornte diese auch die Ruhmbegier, ihre Namen in würdigster Weise auf großen Bauwerken durch Inschriften auf die Nachwelt zu bringen, deren Unvergänglichkeit gesetzliche Bestimmungen gewährleisteten. Aber auch schon der Ehrgeiz, der seine Befriedigung in den städtischen Ämtern, in Belobungen, Bekränzungen, Statuen, Ehrenplätzen u. dgl. fand, trieb manche, große Summen für öffentliche Bauten herzugeben, ja nicht selten sich zu ruinieren: und die öffentliche Meinung, die, wie in den alten Republiken, noch immer von den Angesehenen und Reichen große Leistungen für die Gemeinde erwartete, ja forderte, bestimmte ohne Zweifel viele selbst wider ihren Willen zu großen Opfern. In der Tat sind die in der damaligen Zeit in allen größeren und kleineren Städten der ganzen Monarchie fort und fort von Privaten zu Kommunalzwecken freiwillig gegebenen Beisteuern wahrhaft erstaunlich, und namentlich die aus Privatmitteln aufgeführten Bauten haben wahrscheinlich an sehr vielen Orten die städtischen an

Umfang und Bedeutung weit übertroffen, deren Einschränkung sie ja auch eben ermöglichten und veranlaßten. Öffentliche Bauten aus Privatmitteln bedurften keiner kaiserlichen Erlaubnis, „außer wenn sie aus Rivalität gegen eine andre Stadt unternommen wurden, oder Veranlassung zum Aufruhr wurden, oder in der Umgegend eines Theaters oder Amphitheaters stattfanden". In größter Menge sind in der Literatur, noch mehr in den Denkmälern aller Provinzen Zeugnisse von gemeinnützigen Bauten einzelner erhalten, von den geringfügigsten bis zu wahrhaft fürstlichen. Zahlreiche Inschriften bezeugen die Errichtung der größten öffentlichen Gebäude, wie Tempel, Portiken, Theater, Amphitheater, Brücken, durch reiche Privatpersonen aus eignen Mitteln. Andre Inschriften zeigen, daß auch minder Wohlhabende zur Wohlfahrt und Behaglichkeit der Städte beizutragen bemüht waren, indem sie z. B. Straßen pflasterten, die öffentlichen Spielplätze ebnen und einfassen, Sonnenuhren aufstellen, auf den Märkten Buden für die Verkäufer und Steintische für die Waren errichten ließen, für Normalmaße und Gewichte sorgten u. dgl. Seit durch Nerva die Städte die Erlaubnis zur Annahme von Legaten erhalten hatten, erfolgten auch Vermächtnisse zu öffentlichen Bauten sehr häufig, und es war keineswegs selten, daß Testamente den Erben die Verpflichtung zur Ausführung eines Bads, Theaters oder Stadiums auferlegten.

Einige Beispiele werden die Allgemeinheit der Beteiligung einzelner an der Verschönerung ihrer Städte sowie die Großartigkeit solcher Leistungen veranschaulichen. Nach der Zerstörung Cremonas im Jahre 69 wurden Foren und Tempel durch die Munifizenz von Bürgern wiederhergestellt. Der Großvater der dritten Frau des jüngeren Plinius erbaute zu Como in seinem und seines Sohns Namen eine prachtvolle Kolonnade und schenkte der Stadt ein Kapital zur Verschönerung der Tore. In Oretum (in der Tarraconensis) ließ ein Bürger „auf die Bitte des Rats und der Bürgerschaft zu Ehren des göttlichen (d. h. Kaiser-) Hauses" eine Brücke für 80.000 Sesterzen (17.400 Mark) bauen und gab bei ihrer Einweihung Zirkusspiele. In Thagaste (Numidien) errichtete ein römischer Ritter eine Portikus für 300.000 Sesterzen (65.250 Mark). Der Arzt Crinas ließ Mauern in seiner Vaterstadt Massilia und andre Mauern für beinahe 10 Millionen Sesterzen (2,175.000 Mark) erbauen; die beiden Brüder Stertinius, Leibärzte des Claudius, erschöpften ihr Vermögen durch Ausstattung der Stadt Neapel mit Bauwerken. Die Inschrift an dem Postament einer Ehrenstatue eines Bürgers von Citium auf Cypern meldet, daß derselbe ein Theater von Grund auf nebst allem Zubehör auf eigene Kosten habe aufführen lassen. Dio von Prusa, dessen Großvater sein ganzes Vermögen für Kommunalzwecke geopfert hatte, erbaute in seiner Vaterstadt eine Kolonnade bei den Thermen nebst Läden und Werkstätten; den Boden allein hatte er mit 50.000 Drachmen (etwas über 39.000 Mark) bezahlt. C. Antius A. Julius Quadratus, der um 106 das Prokonsulat der Provinz Asia bekleidete, war nach Aristides von Gott gesandt worden, um seine Vaterstadt, das gealterte Pergamum, neu zu verjüngen, und hatte sie zu dem gemacht, was sie nur war; wenn andre Geschlechter von der Stadt abstammten, so konnte man sagen, die Stadt stamme von ihm: „Sie selbst bekannte es laut in den Ratssälen, den Theatern, den Versammlungsplätzen, in welchem Teil man will, da ja alles durch jenen verschönert ist." Die schönste Ruine von Ephesus sind die Überreste der prächtigen öffentlichen Bibliothek, die unter Trajan der Konsular Ti. Julius Aquila als Heroon seines Vaters Ti. Julius Celsus Polemeanus errichtete und mit Mitteln reichlich ausstattete. Die meisten noch mit Weihinschriften versehenen öffentlichen Gebäude in den Städten Pamphyliens und Pisidiens sind von Privaten errichtet.

In den griechischen Ländern waren es ganz besonders die Sophisten, die einen Teil der oft ungeheuren, durch ihre Kunst erworbenen Reichtümer zur baulichen Verschönerung ihrer Geburts- oder Wohnorte verwandten. Nicetes legte in Smyrna glänzende Straßen an und erweiterte die Stadt bis an das nach Ephesus führende Tor. Alexander von Cotyäum erbaute (nach dem übertreibenden Ausdruck des Aristides) diese seine Vaterstadt fast ganz neu. Damianus von Ephesus (ein Schüler des Aristides und Hadrianus) verband unter anderm den dortigen Artemistempel mit der Stadt durch eine (in ihren Fundamenten neuerdings wieder aufgefundene) bedeckte Halle von der Länge eines Stadiums (180 m), damit die Andächtigen auch bei Regenwetter in den Tempel gehen könnten, und erbaute in dem heiligen Bezirke selbst einen ungeheuren Saal zu Opferschmäusen, der aufs prachtvollste mit Pavonazetto geschmückt war. Auch seine Nachkommen wurden in Ephesus „wegen der Geringschätzung des Geldes“ hoch geehrt.

Doch selbst die größten derartigen Leistungen verdunkelte die beispiellose, mehr als fürstliche Munifizenz des Herodes Atticus (geb. zu Marathon um 101, † gegen 177), der an Reichtum und Rang zu den Ersten seiner Zeit gehörte (er war Konsul 143), unter den damaligen Virtuosen der Redekunst (Sophisten) unbestritten der erste war. Sein Ehrgeiz war, seinen Namen nicht minder durch massenhafte, prachtvolle und gemeinnützige Bauten als durch seine von der Mitwelt hochbewunderten Reden auf die Nachwelt zu bringen; von jenen sind zahlreiche Reste und noch mehr Nachrichten, von diesen nichts erhalten. Schon als Herodes um das Jahr 130 Präfekt der freien Städte Asias war, hatte ihn sein Vater Tiberius Claudius Atticus in den Stand gesetzt, gegen die Stadt Alexandria Troas eine großartige Freigebigkeit zu üben: zu den 3 Millionen Drachmen, die ihr Hadrian zu einer Wasserleitung bewilligt hatte, ermächtigte er ihn, die noch erforderlichen 4 Millionen (über 3 Millionen Mark) zuzulegen. Die Freigebigkeit des Herodes erstreckte sich später auch auf Italien, wo er die Stadt Canusium (Canosa) mit einer Wasserleitung versorgte, galt aber hauptsächlich Griechenland, vor allem seinem Vaterlande Attika und dessen Hauptstadt, in deren Nähe er in dem reizenden, noch jetzt als Sommeraufenthalt benutzten Kephisia den Abend seines Lebens in vornehmer Zurückgezogenheit verbrachte. Er ließ den Städten in Euböa, im Peloponnes, in Böotien Unterstützungen zufließen, half dem herabgekommenen Oricum in Epirus auf, errichtete in Korinth ein bedecktes Theater, in Olympia eine Wasserleitung, in Thermopylä Bassins zu Schwefelbädern und baute zu Delphi das Stadium in Stein aus, wie er auch für die Ausschmückung des isthmischen Heiligtums reiche Mittel verwendete. Selbst die Durchstechung des korinthischen Isthmus hatte er ins Auge gefaßt. In Attika ließ er in dem Demos Myrrhinus einen Tempel der Athene herstellen, in Athen selbst das panathenäische Stadium des Lycurgus innerhalb von vier Jahren aufs prächtigste vollständig mit pentelischem Marmor auslegen, errichtete auf einem der Felshügel oberhalb seiner Langseiten einen Tempel der Glücksgöttin mit deren elfenbeinernem Bilde und erbaute am Fuße der Akropolis zu Ehren seiner gestorbenen Gemahlin Regilla ein mit Zedernholz gedecktes Theater (Odeum) für etwa 6000 Personen, das nach Pausanias an Größe und Pracht der Ausstattung alle ähnlichen Bauten übertraf und jetzt wieder bloßgelegt ist.

Man sieht, daß die Freigebigsten unter den Reichen und Vornehmen ihre Munifizenz nicht auf ihre eignen Städte beschränkten, wenn es auch vielleicht niemand dem Herodes gleichtat, der, als er, des Mords der Regilla angeklagt, vor Gericht stand und sein Gegner sich einer Wohltat gegen eine Stadt Italiens rühmte, erwidert haben soll: „Auch ich könnte vieles der Art von mir sagen, wenn ich auf der ganzen Erde vor Gericht gezogen würde."

Es war wohl die Regel, daß Munizipale, die sich zum Senatorenstande (durch den sie aufhörten, Bürger ihrer Vaterstadt zu sein) oder sonst zu hohen Stellungen in Rom aufgeschwungen hatten, und römische Große, die als Patrone oder anderweitig zu einer Stadt in Beziehung standen, ihr durch Bauten und Zuwendungen ihre Anhänglichkeit und ihr Wohlwollen bewiesen. Der jüngere Plinius, der in seinem Testament seine Vaterstadt Como mit einem bedeutenden Kapital zur Erbauung, Einrichtung und Instandhaltung von Thermen bedachte, erwies der Stadt Tifernum Tiberinum, die ihn sehr jung zum Patron erwählt hatte, seine Erkenntlichkeit durch den Bau eines Tempels, dessen Einweihung er mit einem Festmahl beging. Die sehr vornehme Ummidia Quadratilla, die in Rom einen Palast in der 12. Region bewohnte und etwa im Jahre 107 fast 80jährig starb, stammte aus Casinum: eine dort gefundene Inschrift meldet in fünf Zeilen, daß sie den Casinaten auf eigene Kosten ein Amphitheater (von dem noch stattliche Überreste vorhanden sind) und einen Tempel erbaute. Dasumius (wahrscheinlich der Urheber des S. C. Dasumianum 98 oder 99 n. Chr.) hatte seine Vaterstadt Corduba mit öffentlichen Bauten zu schmücken begonnen, deren Vollendung und Übergabe er in seinem (im Jahre 108 verfaßten) Testament einer Kommission rechts- und sachverständiger Personen übertrug. Ein L. Dasumius Tullius Tuscus (Konsul unter Marc Aurel) vollendete zu Tarquinii den Bau von Thermen, zu welchen sein Vater, der Konsular P. Tullius Varro, der Stadt 3,300.000 Sesterzen (717.750 Mark) vermacht hatte, indem er das Kapitol vergrößerte und den Bau erweiterte: auch bei dieser Munifizenz war ohne Zweifel der Grund einer der angegebenen. Um den Kurort Epidaurus machte sich in der Antoninenzeit der Senator Julius (Major) Antoninus, ein Gönner des Periegeten Pausanias, durch eine stattliche Reihe von Baulichkeiten hochverdient.

Auch kaiserliche Freigelassene statteten nicht selten ihre Geburtsorte und andre Städte mit Bauten aus. Cleander z. B., der mächtige Freigelassene des Commodus, verwandte einen Teil seines ungeheuren Vermögens auf Häuser, Bäder und „andre, sowohl einzelnen als ganzen Städten nützliche Anstalten". Endlich betätigten auch abhängige oder befreundete Fürsten ihre Freigebigkeit und Prachtliebe vor allem durch Bauten, und nicht bloß in ihren eigenen Ländern. Herodes der Große, der Judäa mit zahlreichen, großartigen Bauwerken und Anlagen hauptsächlich zu Ehren des Augustus füllte, unter welchen die von ihm geschaffene Hafenstadt Cäsarea die großartigste war, schmückte auch die Städte Phöniziens, Syriens, Kleinasiens und Griechenlands aufs reichste und prächtigste. Athen, Sparta, Nicopolis, Pergamum waren nach Josephus voll von seinen Gaben; in Antiochia hatte er eine bis dahin sehr schmutzige, zwanzig Stadien (über 3½ Kilometer) lange Straße mit Marmorplatten gepflastert und mit einer ebenso langen Kolonnade zum Schutz gegen den Regen ausgestattet. Auch die übrigen Herodeer bauten viel, namentlich Herodes Antipas, der Gründer der neuen, glänzenden Hauptstadt Tiberias.

Zu den Motiven dieser Munifizenz gehörte für die Fürsten wie für die hochgestellten Männer Roms auch das Beispiel, ja die direkte Aufforderung der Kaiser (eine solche erließ z. B. Nerva in einer „herrlichen Rede"), so wie die Kaiser ihrerseits offenbar mit durch die Absicht bestimmt wurden, eine möglichst ausgedehnte Nachahmung ihres Beispiels zu veranlassen. Sie veranstalteten fort und fort große öffentliche Bauten nicht bloß in Rom, sondern auch in den Städten Italiens und selbst der Provinzen, und unterstützten diese namentlich bei den so häufigen Kalamitäten, wie Überschwemmungen, Feuersbrünsten, Erdbeben, in freigebigster Weise zu den erforderlichen Neubauten.

Große Brände haben wahrscheinlich oft ungeheure Verheerungen angerichtet, obwohl sie außerhalb Roms selten berichtet werden. In Nicomedia hatte kurz vor Plinius' Anwesenheit eine Feuersbrunst gewütet: in dieser so bedeutenden Stadt waren weder Feuereimer noch Spritzen vorhanden, noch überhaupt von seiten der Kommune die geringste Fürsorge für Löschanstalten getroffen. Den Antrag des Plinius auf Errichtung einer Gilde von (höchstens 150) Zimmerleuten, die hauptsächlich als Feuerwehr dienen sollten, lehnte Trajan als bedenklich ab und ordnete nur die Anschaffung der nötigen Gerätschaften und die Aufforderung der Hausbesitzer an, erforderlichenfalls unter dem Beistande des Volks zu löschen. Aber auch in den Städten, wo Gilden von Zimmerleuten und Verfertigern von Lappendecken *(centonarii)* bestanden (welche letztere, wie noch im 17. und 18. Jahrhundert in Holland und Bremen Schiffssegel, mit Wasser getränkt, zum Feuerlöschen dienten), haben sie schwerlich viel ausgerichtet, da ja auch die größte und bestorganisierte Feuerwehr, die 7000 Mann starke Nachtwache der Stadt Rom, gegen die dortigen unaufhörlichen Brände so wenig vermochte. Auch anderwärts nahmen diese gewiß nicht selten große Dimensionen an. Im Jahre 64/65 brannte Lyon so völlig ab, daß Seneca, wenn auch mit noch so großer Übertreibung, sagen konnte, man suche es vergebens: eine Nacht habe diese große Stadt völlig vernichtet und so viele herrliche Bauwerke, deren jedes allein eine Stadt hätte schmücken können, in Schutt gelegt. Im Jahre 65 bewilligte Nero für den Wiederaufbau die Summe von 4 Millionen Sesterzen, welche die Lugdunenser früher bei dem großen Brande Roms angeboten hatten. Auf einen sehr großen Umfang des Brandes in Bologna im Jahre 53 läßt die zur Unterstützung bewilligte Summe von 10 Millionen Sesterzen schließen.

In einem am Schlusse des selbstverfaßten Rechenschaftsberichts des Augustus hinzugefügten Anhange heißt es: die Geschenke, die er in Italien und den Provinzen Städten, die durch Brand und Erdbeben zerstört waren, zugewendet habe, seien zahllos. Durch anderweitige Nachrichten sind solche Unterstützungen von ihm bezeugt für Neapel, Paphus auf Cypern, Chios, mehrere Städte Kleinasiens, wie Laodicea am Lycus, Thyatira, Tralles. Auch Vespasian „stellte sehr viele Städte im Reiche schöner wieder her, die durch Brand oder Erdbeben gelitten hatten"; und die Bemerkung des Tacitus, daß Laodicea nach einem Erdbeben im Jahre 60 sich aus eignen Mitteln ohne Staatshilfe wieder erhoben habe, zeigt, daß diese letztere in solchen Fällen in der Regel erfolgte. Noch existiert ein in Puteoli dem Tiberius von 14 Städten Kleinasiens errichtetes Monument, die — zwölf im Jahre 17, die beiden andern 23 und 29 — durch Erdbeben mehr oder weniger zerstört worden waren, und die er beim Wiederaufbau reichlich unterstützt hatte. Die Weltchronik des Eusebius verzeichnet in der Zeit von Augustus bis Commodus elf Erdbeben, davon 10 in Griechenland und im Orient; aber auch für diese Länder ist das Verzeichnis durchaus unvollständig. Unter andern fehlt darin das ungeheure Erdbeben, das zwischen 138 und 142 auf dem griechischen Festlande Sicyon, von den Inseln Rhodus und Kos, in Asien Lycien und Carien furchtbar verwüstete. Die erforderlichen Neubauten ließ Antoninus Pius mit bedeutenden Summen aufs herrlichste ausführen. Stratonicea erhielt allein 1 Million Sesterzen. Ganz besonders war Lesbos wie die nahen Inseln und das gegenüberliegende Festland von Erdbeben heimgesucht; eines derselben verwüstete im Jahre 151/52 Mytilene und erschütterte auch Kleinasien. Unter den von Eusebius verzeichneten Erdbeben waren die bedeutendsten das von 115, das u. a. Antiochia etwa zum dritten Teil völlig zerstörte, das von 122, das Nicomedia und Nicäa hart beschädigte, und das von 178, das ganz Ionien erschütterte, am furchtbarsten aber Smyrna verwüstete. Bei den beiden letzten wird die in umfassendster Weise zum Wiederaufbau geleistete kaiserliche Hilfe ausdrücklich erwähnt. Im Westen war namentlich Campanien „niemals vor diesem Übel sicher"; im Jahre 62 am 5. Februar wurde Pompeji sehr hart, Herculaneum in geringerem Grade, einigermaßen auch Neapel und Nuceria durch ein Erdbeben beschädigt.

Aber die durch Verwüstungen veranlaßten Neubauten waren nur ein geringer Teil der Bauunternehmungen, die von allen Regierungen (mit Ausnahme der des Tiberius) in großem Maßstabe in und außerhalb Roms betrieben wurden, nicht bloß zum Besten der damit bedachten Städte, sondern gewiß auch, um große Massen freier Arbeiter lohnend zu beschäftigen. Doch haben die Julischen und die Flavischen Kaiser bei ihren gemeinnützigen Bauten außerhalb Roms vorzugsweise oder ausschließlich Italien berücksichtigt: so baute Claudius den Emissar des Fucinersees und den neuen Hafen bei Ostia (Portus) mit mächtigen Molen und einem sehr hohen Leuchtturm, Nero den Hafen von Antium. Vespasian scheint sich, abgesehen von seinen großen Neubauten in Rom, im wesentlichen auf Herstellung des dort, in Italien und den Provinzen Zerstörten beschränkt zu haben, ohne doch, wenigstens in Rom, alles Begonnene vollenden zu können; und da während der kurzen Regierung des Titus wieder ein großer Brand einen Teil Roms in Asche legte, fand Domitian dort selbst Raum genug zur Befriedigung seiner fast leidenschaftlichen Baulust; übrigens ließ er auch in Italien einige Straßenbauten ausführen.

Trajan, der gleich bei seinem Regierungsantritte seine großen, zum Teil alle früheren überbietenden Bauunternehmungen in Rom in Angriff nahm und sie in seiner späteren Regierungszeit in solchem Umfange betrieb, daß er in Rom und der Umgegend kaum Techniker genug hatte, sorgte auch für das übrige Italien in der großartigsten Weise, namentlich durch Straßen-, Hafen- und Wasserbauten, führte aber außerdem in den Provinzen, auch abgesehen von seinen Städte- und Kolonieanlagen, bedeutende Werke aus; das größte von allen war nach Cassius Dio die auf 20 Pfeilern ruhende, 1070 Meter lange Donaubrücke. Ihre nach der Abtragung stehengebliebenen Pfeiler schienen ihm da zu sein, um zu zeigen, daß der menschlichen Natur nichts unmöglich sei.

Die Bauten Hadrians, dessen erster Regierungsakt ein Erlaß rückständiger Steuern im Betrage von 900 Mill. Sesterzen (über 195 Mill. Mark) war, geben einen gleich hohen Begriff von den unerschöpflichen Hilfsquellen des römischen Reichs, wie von der rastlosen Tätigkeit dieses merkwürdigen Manns. Er, der Rom mit den glänzendsten Prachtgebäuden schmückte, zu denen die Erneuerung des 110 abgebrannten Pantheon (etwa 115—125) gehörte, in Tibur sich einen auch architektonisch überreich ausgestatteten Feensitz schuf, ließ sich auf den Reisen, in denen er von 121—134 sein ganzes Reich durchzog, von einem militärisch organisierten, in Kohorten geteilten Heer von Architekten, Bauhandwerkern, Technikern und Künstlern begleiten, die überall die Ausführung seiner nie versiegenden Pläne durch einheimische Arbeiter leiten konnten. Darunter waren auch Gründungen neuer Städte wie Hadrianotherä in Mysien, Hadrianopolis in Thracien, Aelia Capitolina auf den Trümmern von Jerusalem und Antinoupolis in Ägypten.

Von den Bauten, mit denen Hadrian, wie sein Biograph sagt, fast alle von ihm berührten Städte schmückte, werden in den westlichen Provinzen nur einzelne erwähnt, wie die Herstellung des Augustustempels zu Tarraco, eine zu Ehren Plotinas erbaute Basilika in Nemausus, eine Wasserleitung in Sarmizegetusa, eine der „unzähligen", die seinen Namen trugen. Aus dem langen Verzeichnisse seiner noch jetzt nachweisbaren Bauten im Orient und Griechenland, wo fast jede Stadt Wohltaten von ihm aufzuweisen hatte, mehrere ihn mit Recht als ihren „Erretter" und „Gründer" preisen konnten, genügt es, hier einige der bedeutendsten hervorzuheben. Auch Palmyra, das er im Jahre 130 besuchte, verdankte ihm so viel, daß es sich fortan Hadriansstadt nannte. Auf dem Isthmus schuf er aus dem höchst gefährlichen und beschwerlichen Bergpfade der skironischen Klippen durch umfassende Felsarbeiten und kolossale Substruktionen eine fast 2 Kilometer lange, bequeme, für Lastwagen gangbare Kunststraße, deren Möglichkeit an dieser Stelle man heute kaum noch begreift; führte aus dem Hochtale von Stymphalus in einem gewaltigen Aquädukt eine Überfülle kühlen Bergwassers nach Korinth und schmückte diese Stadt mit prächtigen Thermen. Vor allem aber erhob er Athen durch eine Menge der prächtigsten Bauten zu neuem Glanz, dessen südöstlichen Teil er in eine „neue Hadriansstadt" umschuf. Antoninus Pius hat namentlich in Rom und Italien mehrere bedeutende Bauwerke teils wiederhergestellt (wie den Leuchtturm — wohl zu Ostia — und die Häfen zu Terracina und Puteoli), teils neu ausgeführt, wie den Hafen zu Cajeta, ein Bad zu Ostia, einen Aquädukt zu Antium, Tempel zu Lanuvium. Außerdem setzte er viele Städte durch Geldunterstützungen zur Ausführung neuer wie zur Restauration älterer Bauten instand und baute unter anderm, wie bemerkt, in Athen und den von dem Erdbeben zwischen 138 und 142 betroffenen Gegenden, ferner in Syrien und Karthago und in dem von einer großen Feuersbrunst heimgesuchten Narbo. Von Septimius Severus sah man in sehr vielen Städten herrliche Bauwerke. Unter den späteren Kaisern war Diocletian (nach einem feindseligen christlichen Berichte) von einer maßlosen Leidenschaft des Bauens beherrscht, die schwere Belastungen der Provinzen zur Folge hatte. „Hier entstanden Basiliken, dort ein Zirkus, hier eine

Münze, dort eine Waffenfabrik, hier ein Palast für seine Gemahlin, dort für seine Tochter." Oft mußte behufs der Neubauten ein Teil der Stadt geräumt werden und die Einwohner mit Frauen und Kindern ausziehen, wie nach einer Einnahme durch Feinde. War alles zum Ruin der Provinzen fertig gebaut, so erklärte er es für schlecht, es solle anders werden; dann mußte wieder zerstört und aufgebaut werden und das Neuerrichtete vielleicht nochmals fallen. In der Tat aber stand seine fast fieberhafte Bautätigkeit ganz im Dienste des Staats. Überall erhoben sich auf sein Geheiß monumentale Bauten, in Alexandria, in Antiochia und Palmyra, in Mailand und Karthago. Seine Thermen in Rom übertrafen an Größe und Pracht selbst die Caracallas. Die kolossale Bautätigkeit Justinians, der sich auch dadurch gleichsam als ebenbürtiger Nachfolger der römischen Kaiser zu legitimieren strebte, hat Procop zum Gegenstand einer ausführlichen Darstellung in drei Büchern gemacht.

Diese Nachrichten werden einige Vorstellung davon geben, wie großartig die Kaiser für die bauliche Ausstattung der Städte in Italien und, namentlich seit Trajan, auch in den Provinzen sorgten. Doch den ganzen Umfang der kaiserlichen Bauten außerhalb Roms auch nur annähernd zu schätzen, sind wir schwerlich imstande, da Erwähnungen und Spuren derselben sich nur gelegentlich und zufällig und sicher sehr unvollständig erhalten haben. Wenn z. B. Aristides in dem Briefe, in dem er Marc Aurel und Commodus um die Wiederherstellung Smyrnas nach dem Erdbeben von 178 bittet, sich beiläufig auf die Fürsorge beider Kaiser für die Städte Italiens beruft, die sie aus ihrem Verfall aufgerichtet und erhoben haben: so ist hier wie in der Angabe der Biographie Marc Aurels, „daß er wankenden Städten Hilfe geleistet habe", doch wohl auch an Förderung und Unterstützung städtischer Bauten zu denken. Die so überaus glänzenden öffentlichen Bauten der Kaiser in Rom selbst bedürfen hier keiner besonderen Aufzählung und Beschreibung.

Neben den im ganzen römischen Reiche während der beiden ersten Jahrhunderte fort und fort in den größten Dimensionen betriebenen öffentlichen Bauten wurde die Architektur überall auch für Privatzwecke vielleicht in umfassenderer Weise in Anspruch genommen als zu irgendeiner andern Zeit, da nicht nur der Privatwohlstand ein verhältnismäßig sehr hoher und weitverbreiteter war, sondern auch diese Kunst (wie bereits erwähnt) mehr als irgendeine andre den Neigungen und Tendenzen dieses Zeitalters zu entsprechen vermochte. Von der Pracht und Großartigkeit der Palast- und Villenbauten in Italien ist die Rede gewesen. In wie hohem Grade sich aber der Luxus der Privatbauten auch in die Provinzen verbreitet hatte, bezeugen außer einzelnen Nachrichten noch heute Überreste römischer Wohngebäude in allen Teilen des Reichs; so die bereits erwähnten, so wohl erhaltenen von Villen am Orontes. Eine der zahlreichen Villen des Herodes Atticus, in Kephisia (nordöstlich von Athen), hatte elegante, reichlich versorgte, von Licht strahlende Bäder, lange und bequeme Wandelbahnen. Auch in der höchsten Glut gewährte das Haus, noch mehr sehr große Haine, Schatten und Kühlung, und von allen Seiten ertönte das melodische Rauschen der Wasser und der Gesang der Vögel. Daß auch bei der Ausstattung des Inneren nicht gespart war, darf man daraus schließen, daß Herodes beim Tode seiner Gemahlin Regilla die Räume seines Hauses nicht bloß mit schwarzem Anstrich, schwarzen Vorhängen und Teppichen, sondern auch mit schwarzem Marmor dekorieren ließ. Die Vorstadtvilla der Laberier bei Uthina (unweit Tunis) enthielt 67 Mosaikfußböden mit figürlichen Darstellungen. Ein in der Gegend von Constantine (Cirta) gefundenes Mosaik zeigt ein herrschaftliches Schloß, einen ausgedehnten mehrstöckigen Bau mit flankierenden Türmen, den Besitzer selbst zu Pferde jagend, ein andres seinen Marstall mit beigeschriebenen Namen der Pferde. Auf einem bei Hadrumetum (Sussa) gefundenen Mosaik sitzt die Gutsherrin sich fächelnd unter einer Palme; ein Diener hält den Sonnenschirm über ihr und ein Hündchen an der Leine. In den prachtvollen Villen und Gärten von Karthago überließen sich die Vandalen einer ebenso zügellosen Schwelgerei wie die früheren Besitzer. Aus dem 5. und 6. Jahrhundert haben wir Schilderungen des Lebens auf den behaglich und herrschaftlich eingerichteten Landsitzen an den Ufern der Garonne mit seinen mannigfachen Lustbarkeiten, wie Falkenjagden und Fahrten auf schönen Flußgondeln, die nicht bloß mit hohen Geländern, Polster und Zeltdach, sondern auch mit Mosaiktischen und kunstvoll gearbeiteten Würfelspielen ausgestattet waren. Wie reich die künstlerische Dekoration mancher der größten unter denselben war, haben in überraschender Weise die Überreste der am linken Ufer der Garonne (40 km von Toulouse) gelegenen Villa von Chirangy (Martres-Tolosanes) gezeigt, deren wohl aus der Zeit des Augustus stammendes, durch mehrfache Umbauten auf das Dreifache erweitertes Wohnhaus bis ins 4. Jahrhundert bestanden und seinen Skulpturenschmuck hauptsächlich unter den Antoninen erhalten hat. Zum Teil sind diese Bildwerke an Ort und Stelle nach guten Vorbildern mittelmäßig ausgeführt, zum Teil von Rom oder einem andern Kunstzentrum beschafft. Zu den letzteren gehört eine etwa unter Trajan begonnene, durch 200 Jahre fortgesetzte Sammlung von Kaiserbüsten (einige in mehreren Exemplaren) und Büsten von Mitgliedern der kaiserlichen Familie; zu den ersteren Medaillons mit Götterköpfen (in anderthalbfacher Lebensgröße), und zwar außer den zwölf Olympiern Äskulap, Hygiea, Mithras, Hercules aus Marmor von St. Bréat, frühestens aus dem 2. Jahrhundert; ferner zwei Serien von Reliefs der Herculesarbeiten mit Figuren von zwei Drittel Lebensgröße aus demselben Marmor und derselben Zeit; bacchische und szenische Masken aus italienischem Marmor; Statuen und Büsten von Göttern, Philosophen, Rednern usw.

An die heimatlichen Ufer der Garonne fand sich Ausonius durch die ebenfalls mit Wein bepflanzten und mit Villen geschmückten der Mosel erinnert, und zahlreiche Funde hier und an der Saar zeigen, daß die ganze Gegend, selbst heute unwirtliche Gebiete der Eifel, angefüllt waren mit römischen Landhäusern von sehr umfassender Anlage und reicher Ausstattung, namentlich mit Mosaikfußböden (wie z. B. die Villen zu Nennig bei Trier und Kreuznach) und Skulpturenschmuck (wie die Villa zu Welschbillig), in denen durch vorgelegte Säulenhallen dem Bedürfnisse nach Aussicht Rechnung getragen war. Auch im Zehntlande waren die Villen, wie zahlreiche Überreste zeigen, mit Bädern und Wasserleitungen ausgestattet, mit Marmorornamenten, Skulpturen, Mosaiken und Bronzen geschmückt. Überhaupt darf man sich nach den Ausgrabungen in den Rheinlanden und der Schweiz die Wohnungen der Wohlhabenden auch in den Grenzprovinzen nicht ohne den Schmuck von Mosaik und Wandmalerei vorstellen. Selbst in den vereinzelten römischen Ansiedelungen der niemals völlig romanisierten Ostschweiz fehlt beides nicht, wenn auch der künstlerische Wert dieser Dekorationen sehr gering ist. Auch Britannien erhielt mit der Zeit, wie die erhaltenen Reste (besonders Mosaiken) schließen lassen, in seinen mittleren und südlichen Teilen so viele große und reich dekorierte Villen wie nur irgendeine andre Provinz des römischen Reichs. Sogar vorübergehende Aufenthalte erhielten eine den Ansprüchen eines verwöhnten Geschmacks entsprechende Gestalt. Unter den Maßregeln, die Hadrian zur Herstellung der gelockerten Disziplin in den Heeren Germaniens traf, war auch die Wegräumung von Speisesälen, Kolonnaden, Krypten und Gärten aus den dortigen Lagern.

2. VERWENDUNG UND ZWECKE DER PLASTIK UND MALEREI

a) Dekorative Kunst

Schon allein durch die wahrhaft unermeßliche Tätigkeit der Architektur auf einem so ungeheuren Gebiete war eine höchst umfassende Beschäftigung der sämtlichen bildenden Künste bedingt, die überall zur Ausschmückung und Dekoration des Äußern und Innern von Bauten aller Art in reichem Maße in Anspruch genommen wurden. Nirgends, am wenigsten in Rom, erhob sich ein bedeutenderer öffentlicher Bau, zu dessen Verzierung nicht auch der Meißel des Bildhauers mit tätig gewesen wäre, neben dem nach Bedürfnis Stukkateur, Ziseleur, Schnitzer, Gießer, Maler und Mosaizist mitarbeiteten. Statuen, einzeln und in Gruppen, füllten Giebel und Dächer, Nischen, Interkolumnien und Treppenwangen der Tempel, Theater (das des Scaurus hatte 3000 Bronzestatuen), Amphitheater, Basiliken und Thermen, schmückten Brückenportale und -geländer und Bogen aller Art, wie von Stadttoren und Viadukten; vor allem Triumphbogen pflegten mit Reiterfiguren, Trophäen, Vier- und Sechsgespannen, die von Viktorien gelenkt wurden, bekrönt zu sein. Reliefs und Medaillons zierten die Friese, Reliefs oder Malereien die Wandflächen; Gewölbe und Decken prangten mit Stuckverzierungen oder buntem Farbenschmuck, die Fußböden mit schimmernden Mosaiken. Alle architektonischen Glieder, Pfosten und Schwellen, Gesimse und Fenster, selbst Dachrinnen waren mit plastischem Schmuck wie aus einem unerschöpflichen Füllhorn überschüttet.

Schon von der Masse öffentlicher Anlagen und Bauten, die in Rom allein während der ersten Jahrhunderte neben- und nacheinander wie durch Zauber aus der Erde wuchsen, ist es kaum möglich, sich eine Vorstellung zu machen. Diese unaufhörlich sich drängenden großen Unternehmungen waren bereits an sich hinreichend, neben den Architekten und Bauhandwerkern einem ganzen Heer auch von bildenden Künstlern und Kunsthandwerkern vollauf dauernde Beschäftigung zu geben. Agrippa, der während seiner Ädilität (33 v. Chr.) durch großartige Bauten für die Versorgung Roms mit Wasser tätig war, legte in diesem einen Jahre nach Plinius 700 Bassins, 500 Röhrenbrunnen, 130 Reservoirs *(castella)* — worunter mehrere prachtvoll geschmückte — an und verwandte zur dekorativen Ausstattung dieser Werke 400 Marmorsäulen und 300 Bronze- und Marmorstatuen. Die späteren derartigen Anlagen standen hinter denen Agrippas wohl nicht zurück: auch Claudius leitete das Wasser des von ihm gebauten Aquädukts „in sehr viele und sehr reich verzierte Bassins". Das Bassin des Orpheus in der fünften, das des Ganymedes in der siebenten Region hatten ohne Zweifel von Bildwerken, die sie schmückten, den Namen. Domitian baute u. a. in allen Regionen Roms so viele und so große Durchgangs- und Triumphbogen mit Viergespannen und Triumphinsignien, daß darüber gespottet wurde. Die Pracht dieser Bauten veranschaulicht eine Abbildung des auch von Martial beschriebenen Triumphtors, das nach der Rückkehr Domitians aus dem Sarmatenkriege im Januar 93 errichtet wurde: Medaillonbüsten schmückten die Räume über den Bogenöffnungen, Reliefs oder runde Skulpturen Gebälk und Attika, zwei Elefantenquadrigen, beide von kolossalen Figuren des Kaisers aus vergoldeter Bronze gelenkt, krönten den Bau. Wie überreich das alle Prachtbauten Roms verdunkelnde Forum Trajans und dessen Teile (die Basilika Ulpia, der Triumphbogen und der ihm von Hadrian errichtete Tempel) auch mit plastischem Schmuck ausgestattet waren, lassen, außer großen (zum Teil durch die Ausgrabungen des ersten Napoleon zutage geförderten) Trümmern, ebenfalls Abbildungen auf Münzen ahnen.

Überhaupt entbehrten die öffentlichen Plätze Roms wie der übrigen Städte des Schmuckes der Plastik so wenig wie die Gebäude: natürlich bestand er dort vorzugsweise oder ausschließlich aus freistehenden Statuen. Der ungeheure Vorrat derselben in griechischen und asiatischen Städten war auch durch die systematischen, zwei Jahrhunderte fortgesetzten Plünderungen der Römer, die selbst die Marktplätze der kleinsten Orte wie Andros und Mykonos geleert hatten, um die Foren und Tempel Roms zu füllen, nur teilweise erschöpft worden. Eine sehr umfassende Plünderung erfolgte durch Nero, dessen Kommissar, der Freigelassene Acratus, „fast die ganze Welt zu diesem Zwecke bereiste und kein Dorf überging". Rhodus allein war angeblich von ihm wie von allen früheren Kunsträubern verschont worden; dort befanden sich (vermutlich nach amtlichen Verzeichnissen) unter Vespasian 3000 Statuen, doch schätzte man die Summen der zu Athen, Olympia und Delphi befindlichen nicht niedriger: nach dieser Angabe muß für Griechenland und die Inseln allein die Gesamtzahl von 10.000 bis 20.000 in jener Zeit eher zu klein als zu groß erscheinen. Aber selbst noch dritthalb Jahrhunderte später wurden zur Ausstattung der neuen Reichshauptstadt Constantinopel die Reste dieses Reichtums noch nicht völlig aufgebraucht. Die Beamten der Kanzlei des Kaisers Constantius fanden in den alten Städten immer noch genug zu rauben, „und Prachtwerke, die der Zeit getrotzt hatten, wurden über das Meer geführt, um Söhnen von Walkern ihre Wohnungen glänzender zu schmükken als die Kaiserpaläste". Wie reich an Kunstwerken die griechischen Länder aber nach allen Plünderungen und Zerstörungen des Altertums und Mittelalters immer noch blieben und welche Schätze sie bargen, das zu ermessen ist erst dem 19. Jahrhundert beschieden gewesen, in dem nach den Gestalten des Phidias die Venus von Melos, der Hermes des Praxiteles und die Trümmer des Pergamenischen Zeusaltars der Welt wiedergegeben worden sind.

Schmückte nun gleich im Altertum ein großer Teil der Skulpturen die öffentlichen Gebäude, namentlich (als Weihgeschenke) die Tempel, so blieb von einem solchen Reichtume noch immer genug übrig, um auch Straßen und Plätze mit älteren und neueren Erz- und Marmorbildern von Göttern und Heroen, von verdienten und geehrten Männern und Frauen zu bevölkern: und wie während der ersten Jahrhunderte nicht bloß die Lücken dieses Vorrats sich wieder füllten, sondern auch sein Bestand sich noch vermehrte, wird bald ausführlich nachgewiesen werden.

Die Städte Italiens (außer Rom) und der westlichen Provinzen hatten zu Anfang der Kaiserzeit allerdings einen statuarischen Schmuck, der sich mit dem seit der Alexandrinischen Zeit angesammelten der griechischen messen konnte, nicht aufzuweisen. Ganz ohne solchen Schmuck waren jedoch auch sie schon in der späteren Zeit der Republik nicht mehr. Vitruv sagt, die Güte des auf dem Gebiete von Tarquinii am See von Bolsena gebrochenen Steins werde bewiesen durch die Monumente der Stadt Ferentinum (in Etrurien): dort seien große, trefflich gearbeitete Statuen, kleine Figuren (wohl Reliefs) und zierliche Blumen- und Acanthusornamente aus diesem Stein, die, obwohl alt, so neu erschienen, als wären sie eben fertig geworden. Zu den neu aufgestellten Statuen gehörten wahrscheinlich in vielen Städten Italiens die der siegreichen Könige und Feldherren Roms, in derselben Auswahl, wie sie Augustus im Jahre 2 v. Chr. in den Säulenhallen des Marstempels auf seinem Forum aufgestellt hatte. In Arezzo sind sieben Postamente derselben gefunden worden: des M. Valerius Maximus, Appius Claudius Caecus, Q. Fabius Maximus, L. Aemilius Paullus, Tib. Sempronius Gracchus, C. Marius, L. Licinius Lucullus; in Pompeji zwei (des Aeneas und Romulus), desgleichen in Lavinium (der Lavinia und ihres Sohnes Aeneas Silvius).

Überhaupt wurde eine angemessene Ausstattung der öffentlichen Plätze mit Statuen zu den wünschenswertesten Zierden der Städte gerechnet und allgemein erstrebt; wenigstens die Foren der großen Orte werden überall von Säulenhallen umgeben und mit Bildsäulen geschmückt gewesen sein, wie beides von dem Forum zu Arles noch im 5. Jahrhundert bezeugt ist. In Cirta (Constantine) verengten einmal die Statuen das Forum so sehr, daß Raum zum Gehen geschafft werden mußte. Hier hatte der Ehrgeiz oder Bürgersinn solcher Personen Gelegenheit sich zu betätigen, deren Mittel zur Ausführung öffentlicher Bauten nicht hinreichten. Wie diese wurden auch Statuen vielfach aus den Antrittsgeldern der Priester und Beamten oder als Äquivalent derselben errichtet, oder ihre Herstellung testamentarisch angeordnet. Ein Provinzialpriester von Bätica, der zugleich die höchsten Priestertümer und städtischen Ämter in Corduba bekleidet hatte, ließ hier in Anerkennung der sämtlichen ihm von der Stadt erwiesenen Ehren Statuen im Gesamtwert von 400.000 Sesterzen (87.000 Mark) aufstellen, eine Summe, die, je nach Größe und Kosten der einzelnen Statuen, auf eine Gesamtzahl von etwa 20—130 schließen läßt. Die für öffentliche Gebäude und Plätze bestimmten Statuen waren wohl meistens Kaiser- oder Götterbilder. Unter den letzteren werden Bilder des Genius der Stadt in der Regel um so weniger gefehlt haben, als auch auf dem Forum Roms der Genius des römischen Volks (seit Aurelian eine Statue aus Gold oder vergoldeter Bronze) stand. In welcher Ausdehnung auch im Westen die überhandnehmende Verschwendung persönlicher Ehrendenkmäler dazu beitrug, die öffentlichen Plätze der Städte mit Statuen zu füllen, wird unten gezeigt werden.

Aber vielleicht noch in höherem Grade als die Ausschmückung der Plätze und öffentlichen Gebäude nahm die der Privatbauten die Tätigkeit der bildenden Künste in Anspruch: denn auch für Paläste, Landhäuser, Parks und Gärten galt eine reiche Ausstattung mit künstlerischem Schmucke jeder Art als unentbehrlich. Bilder und Statuen schmückten schon in Sullas Zeit ein reiches Haus ebenso regelmäßig wie Teppiche und Silbergerät, und nicht minder die Landhäuser der Großen. Es war eine Ausnahme, wenn sie fehlten, wie in dem des M. Sejus bei Ostia und später in den Villen des Augustus, wo statt der Kunstwerke Altertümer und naturhistorische Seltenheiten zur Dekoration dienten. Cicero stattete eine auf seinem arpinatischen Gute gelegene, als Amaltheum bezeichnete Anlage sowohl mit Wandgemälden wie mit den Statuen berühmter Männer (darunter kurze metrische Inschriften) aus, und ließ für die sogenannte Akademie in seinem Tusculanum Ankäufe von Kunstwerken durch Atticus machen. Für megarische, von diesem erworbene Statuen wies er 20.400 Sesterzen (gegen 3600 Mark) an; außerdem hatte Atticus für ihn Herculeshermen aus pentelischem Marmor mit Bronzeköpfen und eine Hermathena gekauft, und Cicero bat, ihm noch so viel wie möglich andere geeignete Kunstsachen anzuschaffen; ausdrücklich bat er um Reliefs, die man in die Stuckbekleidung eines kleinen Atriums einlassen könnte, und zwei mit erhabener Arbeit verzierte Brunneneinfassungen. Alles von Atticus Gekaufte sollte nur im Tusculanum verwandt werden, die Villa bei Gaeta wollte er ausstatten, wenn er einmal Überfluß haben werde. Dagegen mit dem Ankaufe von vier oder fünf Statuen (worunter Bacchantinnen und ein Silen, den Fadius Gallus für ihn gemacht hatte) war er unzufrieden, weil sie ihm viel zu teuer waren und nicht in die Akademie paßten. Er hatte dort in einer Kolonnade neue Ruheplätze anlegen lassen, diese wünschte er mit Gemälden zu schmücken: denn wenn ihn überhaupt etwas aus diesem ganzen Gebiet interessierte, so war es die Malerei. Je weniger aber Cicero Liebe und Verständnis für Kunst besaß, desto schlagender beweist sein Beispiel die damalige Allgemeinheit der Mode, Häuser und Landsitze künstlerisch zu dekorieren.

In der Kaiserzeit hat diese Mode mehr zu- als abgenommen. Wenn das Haus eines Reichen abbrannte, schafften die für den Neubau beisteuernden Freunde schon „nackte Marmorstatuen“, herrliche Bronzen von berühmten Künstlern, alte Ornamente aus kleinasiatischen Tempeln und Minervenbüsten für die Bibliothek herbei. Betrat man Bäder von Freigelassenen, so staunte man über die Menge der Statuen und der nichts tragenden, sondern nur zum Schmuck aufgestellten Säulen. Besonders Villen und Gärten mögen wohl oft von Kunstwerken dermaßen angefüllt gewesen sein, daß man von „marmornen Gärten“ sprechen konnte. Rund um eine Quelle im Garten des Arruntius Stella z. B. stand eine Schar von Marmorfiguren schöner Knaben, in einer Grotte daneben sah man einen Hercules: die Ausstattung des übrigen wird entsprechend gewesen sein. Der reiche Domitius Tullus hatte in seinen Magazinen einen solchen Vorrat der herrlichsten Kunstwerke (um die er sich nicht kümmerte), daß er einen sehr weitläufigen Park an demselben Tage, wo er ihn gekauft hatte, mit sehr zahlreichen und alten Statuen ausstatten konnte. Silius Italicus besaß mehrere Villen, auf jeder sah man eine Menge von Statuen und Bildern. In den Gärten des Regulus in Trastevere war eine sehr große Fläche durch ungeheure Säulengänge eingenommen, das Ufer mit den Statuen des Besitzers gefüllt. Die künstlerische Dekoration der Häuser und Gärten Pompejis dürfen wir als eine in den Städten Italiens allgemeine voraussetzen. In dem 1894—1895 ausgegrabenen Hause der Vettier, dessen Wände im ganzen 192 Bilder enthalten, ist der reiche plastische Schmuck des (jetzt wiederhergestellten) Gartens fast vollständig erhalten: von 12 Statuetten, die Wasserstrahlen in Marmorbecken entsandten, sind noch 9 vorhanden, auch mitten im Garten stehen Skulpturen.

Wären aus früheren Jahrhunderten mehr und genauere Ausgrabungsberichte erhalten, so würde sich vielleicht von der künstlerischen Ausstattung mancher römischen Villen eine ebenso deutliche Vorstellung gewinnen lassen, wie sie uns alte Aufzeichnungen von der sogenannten Villa des Epikureischen Philosophen in Herculaneum geben. Dort war in einem großen Hofe ein länglicher, an beiden Enden halbkreisförmig abgeschlossener Teich, mit Gartenstücken umgeben, und der ganze Platz mit Säulen besetzt, aus denen oben Balken bis in die Gartenmauer gingen, so daß sich eine Laube um die ganze Anlage zog. Unter der Laube waren Abteilungen zum Waschen oder Baden, abwechselnd halbrund und eckig; in jedem Winkel stand ein marmorner Terminus mit einer Bronzebüste, zwischen den Säulen abwechselnd Hermen (Römerköpfe und Götterbüsten, griechische Dichter und Weise, Porträts nach dem Leben und der Idee) und weibliche Bronzefiguren. Vor jeder Herme war ein kleines Bassin, aus einer Schale am Boden erhob sich ein Säulchen mit einer zweiten, muschelartigen Schale, die den Wasserstrahl emporsandte. Um einen andern kleinen Teich waren zehn Statuetten von Putten, Satyrn und Silenen gruppiert als Wassergießer, in der Mitte ritt Silen auf einem Schlauch. Aus dem Garten führte ein langer Gang zu einer erhöhten runden Loggia, wahrscheinlich im Meere selbst angelegt, deren Boden mit einem runden Mosaik aus Africano und Giallo geschmückt war. Die zehn schönen Statuen, welche später, als Achill mit den Töchtern des Lycomedes ergänzt, in den Antikentempel zu Sanssouci kamen, sind 1792 in den Ruinen des sogenannten Landhauses des Marius zu Frascati gefunden worden. Die jetzt in Madrid befindliche Sammlung des Ritters Azára, hauptsächlich aus (mindestens 30) Büsten bestehend, stammt ganz oder größtenteils aus den von Azára 1779 in der sogenannten Villa der Pisonen zu Tivoli gemachten Ausgrabungen.

Alle derartigen Anlagen übertraf die Villa Hadrians zu Tivoli durch den ungeheuren Reichtum ihrer künstlerischen Ausstattung ebensosehr wie durch ihren kolossalen Umfang; sie schloß eine ganze Kunstwelt in sich. Aus ihren unerschöpflichen Ruinen haben sich der Vatikan, die Farnesina, die Villen der Este in Tivoli und auf dem Quirinal, das kapitolinische Museum, die Villa Albani bereichert. Schon unter Alexander VI. hatte man begonnen, diese Statuenschachte auszubeuten. Aus den Grabungen, die der Kardinal Ippolito d'Este, wie es scheint unter Leitung Pirro Ligorios (1530—86), des Erbauers der Villa d'Este in Tivoli, veranstaltete, scheint nur ein sehr kleiner Teil des Statuenvorrats derselben herzurühren. Im 18. Jahrhundert wurden die Ausgrabungen im größten Maßstabe und fast durchaus mit Rücksicht auf den Kunsthandel betrieben; auch wurden sehr bedeutende Funde gemacht, von denen Benedikt XIV. mehreres, besonders die neuägyptischen Statuen des Canopus- oder Sarapisheiligtums, dem kapitolinischen Museum einverleibte.

Allerdings sind nun sehr vielfach zur Dekoration auch ältere Werke der Malerei und Skulptur verwendet worden, wie z. B. in jenem Parke des Domitius Tullus und in dem von Vespasian erbauten prachtvollen Friedenstempel. Aber teils war dies nicht überall möglich, teils konnten selbst die umfassendsten Plünderungen der griechischen Länder dem ins Grenzenlose wachsenden Bedürfnis gewiß nur zu einem geringen Teil genügen, besonders da die häufigen und massenhaften Zerstörungen von Kunstwerken, hauptsächlich durch die wiederholten ungeheuren Brände Roms, schon im 1. Jahrhundert immer neue Lücken hervorbrachten, deren Ausfüllung immer neue Massenproduktion erforderte. Bei weitem der größte Teil der Nachfrage nach künstlerischem Schmuck ist also nicht durch den alten Bestand, sondern durch die Produktion von Kunstwerken befriedigt worden, um so mehr, als in sehr vielen Fällen Beziehungen auf die Gegenwart verlangt wurden.

Es ist aber nicht bloß die Massenhaftigkeit der künstlerischen Produktion zu dekorativen Zwecken, durch die sich der damalige Kunstbetrieb von jedem späteren unterscheidet: ein viel wesentlicherer Unterschied beruht auf der viel größeren Allgemeinheit ihrer Verwendung. Denn die Verbreitung des Kunstbedürfnisses in der damaligen Welt, das die Produktion auf allen Gebieten der bildenden Künste zu befriedigen hatte, ist beispiellos; und beispiellos wie der kolossale Umfang ihres Schaffens ist auch die Universalität, mit der sie einer Unzahl der verschiedenartigsten Wünsche, Forderungen und Liebhabereien Genüge leistete, den höchsten und den gemeinsten, den ausschweifendsten wie den bescheidensten; mit der sie den Sultanslaunen der Herren der Erde diente, während sie zugleich die arme Zelle des Sklaven freundlicher machte. Die Kunst aller neueren Zeiten ist mehr oder weniger aristokratisch gewesen, sie hat mehr oder weniger ausschließlich für eine kleine Minorität von Bevorzugten gearbeitet. Sie hat im Dienste der Kirche, der Macht, des Reichtums gestanden und nur unter besonders günstigen Umständen dazu beigetragen, auch die Existenz der mittleren, nie der untersten Schicht der Gesellschaft zu verschönern. Sie hat in großen Zentren des nationalen Lebens, in Hauptstädten und an Fürstensitzen gewohnt und diesen vereinzelten Punkten einen Glanz verliehen, den ganze Provinzen und Länder entbehrten und noch entbehren. In Wechselwirkung mit dieser Ausschließlichkeit hat stets die Beschränkung der Genießbarkeit ihrer Schöpfungen auf kleine Kreise gestanden: zur Voraussetzung des Verständnisses derselben hat in der Regel eine Bildung und Abstraktionsfähigkeit gehört, die den Massen immer gefehlt hat. So hat die moderne Kunst nur für verhältnismäßig wenige existiert. Die Kunst der römischen Kaiserzeit produzierte für alle Bildungsgrade und alle Klassen der Gesellschaft und verbreitete darum auch Verständnis und Genußfähigkeit für einen sehr viel größeren Teil ihrer Leistungen und in sehr viel weitere Kreise. Sie schuf fein gedachte und virtuos ausgeführte Kabinettstücke zum Hochgenusse der Kenner und füllte zugleich Tempel, Hallen und Plätze mit allgemein verständlichen Figuren, und lange Wände und Fußböden mit bunten Schilderungen, die auch das Gassenpublikum fesselten. Ihre Werke machten nicht bloß die Hauptstadt der Welt zu einer Stadt der Wunder, sie verliehen auch den Munizipien und Kolonien Italiens und der Provinzen einen allerdings nach der Wohlhabenheit, der Kultur und dem Geschmack ihrer Bewohner sehr verschiedenartigen, im Verhältnis zu neueren Zeiten aber jedenfalls höchst reichen Schmuck, und dieser Schmuck wurde auch dort keineswegs nur für die öffentlichen Bauten beansprucht. Die Entdeckung von Herculaneum und Pompeji hat der modernen Welt zu ihrem Erstaunen offenbart, wie allgemein und in wie hohem Grade die Dekoration der Privatwohnungen durch Plastik und Malerei auch in Mittelstädten des Kaiserreichs zu den unentbehrlichsten Annehmlichkeiten selbst bescheidener Existenzen gerechnet ward.

Eine reiche Anwendung von kostbaren Materialien in der Architektur, von Marmor- und Bronzefiguren zur Dekoration der Räume konnte natürlich nur in den Häusern und Gärten der Wohlhabendsten stattfinden: zum Luxus dieser aber gehörten besonders die letzteren ganz allgemein, und nicht bloß in Rom. Auch in den Häusern von Pompeji und Herculaneum ergoß sich das Wasser der Brunnen aus Urnen und Schläuchen von marmornen und bronzenen Satyrn, Silenen und Nymphen. Doch mit der Allgemeinheit des Kunstbedürfnisses in den mittleren und unteren Klassen stand eine umfassende Anwendung wohlfeiler Materialien notwendigerweise in Wechselwirkung, namentlich des Tons und Stucks. Stuckreliefs und -ornamente, oft bemalt, besonders an Gesimsen, Decken und Gewölben, waren, wie Plinius sagt und die Ausgrabungen der verschütteten Städte bestätigen, in den Häusern allgemein. Gipsbüsten schmückten die Räume, besonders Bibliotheken und Studierzimmer derer, denen marmorne und bronzene zu teuer waren: überall sah man in Martials und Juvenals Zeit bei den Heuchlern des Stoizismus und sonstigen Afterphilosophen die Gipsköpfe des Demokrit, Chrysipp, Zeno, Plato und andre mit struppigen Bärten. Aus Ton sind architektonische Verzierungen an Säulen, Fenstern, Gesimsen und Dachrinnen und Friese zur Dekoration der äußeren und inneren Wände, Formen, in denen sie gearbeitet wurden, zahlreich erhalten; oft sind auch solche Tonornamente und -reliefs bemalt, teils mit einer aus dekorativen Gründen gewählten Farbe, teils mit den natürlichen Farben der dargestellten Gegenstände; und gerade in diesen geringen und fabrikmäßigen Arbeiten sind die herrlichsten Erfindungen, die edelsten Gestalten reproduziert, die der Blütezeit der griechischen Kunst ihren Ursprung verdanken.

Noch allgemeiner als die Plastik in weichen Stoffen, vielfach auch mit ihr in Verbindung, wurde (wo die Marmorinkrustierung unerschwinglich war) die Malerei zum Schmucke der Wohnräume verwandt. Farbendekoration war von Stuckbekleidung unzertrennlich. Wie in Pompeji Haus für Haus, Zimmer für Zimmer in heiterem, mit keckem Pinsel flüchtig hingeworfenem und doch oft hinreißend schönem malerischen Schmucke prangt, ist allbekannt; und daß diese Wandmalerei in den Wohnungen so weit verbreitet war wie die römische Kultur überhaupt, zeigen außer Überresten in den Provinzen zahlreiche gelegentliche Erwähnungen. Wenn übrigens auch die Entdeckung von Herculaneum und Pompeji allein hingereicht hat, die Vorstellungen von der antiken Malerei je länger je mehr umzugestalten, so ist doch klar, daß diese und andre vereinzelte Funde uns nur einen verschwindend kleinen Bruchteil des mit der Zeit im ganzen römischen Reiche angesammelten Bildervorrats, folglich nur einen beschränkten Teil der Gegenstände und Stoffe kennen lehren, welche die Dekorationsmalerei behandelte. Mythologische Bilder werden allerdings zu allen Zeiten die gewöhnlichsten gewesen sein; der Kampf bei den Schiffen vor Troja wird als ein gewöhnliches Wandbild erwähnt. Doch daß historische Darstellungen nicht fehlten, beweist neben den esquilinischen Bildern von Kriegsereignissen und Szenen aus der Gründungssage Roms die Beschreibung, welche Sidonius Apollinaris von der Villa Burgus des Pontius Leontius gibt. Dort waren außer Szenen aus der jüdischen Geschichte auch Ereignisse des dritten Mithridatischen Kriegs gemalt: wie Mithridates dem Meergott Rosse opfert, die Belagerung von Cyzicus und die Entsetzung der Stadt durch Lucull; man sah einen Soldaten durch das Meer schwimmend einen Brief emporhalten. Von einem des Krieges völlig Unkundigen sagte man in Griechenland, er habe ihn nicht einmal auf einer Wand gemalt gesehen; aber ohne Zweifel waren Schlachtenbilder nicht bloß dort häufig. Daß zu den Gegenständen der Wandmalerei auch komische Szenen aus dem Tierleben gehörten, erwähnt gelegentlich der Fabeldichter Phädrus, in dessen Zeit (unter Tiberius) man in den Tabernen Roms häufig den Krieg der Mäuse und Wiesel gemalt sah.

Wie die Verwendung der übrigen Künste zur Dekoration, so blieb namentlich auch die der Wandmalerei bis in die letzten Zeiten des Altertums im römischen Reiche allgemein. In dem Maximaltarif Diocletians vom Jahre 301, der auch für alle gangbaren Arbeiten die höchsten Tagelöhne festsetzt, werden unter den zum Hausbau erforderlichen Handwerkern folgende mit aufgezählt: der Marmorarbeiter (hauptsächlich für Inkrustation von Wänden und Fußböden, auch wohl für Ornamente), der Mosaizist, der Estrichleger, der Wandanstreicher, der Bildermaler; ferner werden Preise für den Bronzeguß in Reliefs und Statuen, für das Modellieren von Figuren (in Stuck und Ton) und für die sonstige Stuckarbeit angesetzt. Dieselben Arbeiter werden auch in einem Erlaß Constantins vom Jahre 337 an den Reichsverweser der westlichen Provinzen über die Freiheit der Künstler und Handwerker von kommunalen Leistungen aufgeführt, gehörten also auch damals noch zu denen, die in der Regel in den dortigen Städten ansässig waren. Noch größere Privilegien erteilte Valentinian I. den Malern (aber nur den freigeborenen) in einem Erlaß an den Statthalter von Afrika vom Jahre 374. Unter anderm sollten sie Lokale und Werkstätten auf städtischen Grundstücken zur Ausübung ihrer Kunst ohne Miete erhalten, sich in jeder Stadt niederlassen und von den Beamten nicht gezwungen werden dürfen, ohne Bezahlung heilige, d. h. kaiserliche Porträts zu liefern oder öffentliche Bauten auszumalen. Die bis in die letzten Zeiten fortdauernde Verwendung der Steinskulptur zu dekorativen Zwecken zeigt sich aufs anschaulichste auch in dem früh aufgezeichneten Bericht vom Martyrium der fünf Steinmetzen unter Diocletian, dessen Verfasser die Arbeiten in den Steinbrüchen Pannoniens (dem Lokal der Erzählung) offenbar aus Autopsie kannte. Der Kaiser ließ nach seinem Berichte dort aus Porphyr Säulen mit Blätterkapitälen, ferner Wasserbehälter in Wannenform *(conchae)* und Becken *(lacus)*, teils mit Früchten und Acanthusblättern, teils mit Figuren in erhabener Arbeit verziert, ausführen. Er bestellte auch Victorien und Liebesgötter, wasserspeiende Löwen, Adler und Hirsche und Bilder vieler anderer Tierarten, alles offenbar als Ornamente, vielleicht für große marmorne Brunneneinfassungen und Bassins: was auch für jene Zeit eine durchgehende Anwendung der Steinornamentik, soweit sie in der Architektur und Tektonik zulässig war, voraussetzen läßt.

Wie in der Plastik, so scheinen auch in der Wandmalerei bis in das späteste Altertum die Gegenstände und (wo diese der Gegenwart entnommen waren) die Darstellungsweisen der früheren Zeiten, wenigstens zum großen Teil, beibehalten worden zu sein. Im kaiserlichen Palast zu Mailand stellte ein Gemälde die Cäsaren thronend, scythische Fürsten zu ihren Füßen dar: Attila ließ es 452 in der Art umgestalten, daß die ersteren vor den letzteren in demütiger Haltung Tribute darbringend erschienen. Im Speisesaale des kaiserlichen Palasts zu Aquileja waren Constantin und Fausta, beide als Kinder, gemalt; das Mädchen reichte dem Knaben einen mit Gold und Edelsteinen geschmückten Helm mit einem wallenden Federbusch. Ausonius, der ein Epigramm auf ein Gemälde gedichtet hat, das den Kaiser Gratianus einen Löwen durch einen einzigen Pfeilschuß erlegend vorstellte, sagt, daß man auch damals mythologische Szenen häufig auf Wänden dargestellt sah; er beschreibt ein Wandgemälde in dem Speisesaal eines Zoilus zu Trier: Heroinen, welche die Liebe zu einem tragischen Schicksal geführt hat, peinigen und binden Cupido. Libanius erwähnt Bilder, welche die Liebschaften der Götter darstellten, und beschreibt zwei in der aus Pompeji bekannten Weise des Studius staffierte Landschaften: die eine mit ländlichen Gebäuden, verschiedenen Menschen und Tieren, einem zweirädrigen, beladenen, von Ochsen gezogenen Wagen, einem Tempel mit Bäumen; die andre mit einer bekränzten Festgesellschaft, die im Freien unter einem zwischen Bäumen ausgespannten Zeltdache schmaust, im Hintergrunde eine Stadt mit Mauern und Türmen. Sidonius Apollinaris (Bischof zu Clermont um 450), dem die ganze heidnische Kunst wegen ihrer Gegenstände, noch mehr wegen ihrer Nacktheit verhaßt war, ließ die inneren Wände des Bads auf seinem Landgut einfach weißen: „Da steht", sagt er, „keine Darstellung zur Schau, die durch die nackte Schönheit gemalter Körper häßlich ist, und wie sie die Kunst ehrt, so den Künstler verunziert"; da sind keine Komödianten mit lächerlichen

Fratzen und bemalten Harlekinstrachten, keine verschlungenen Ringerpaare. Auch die Gegenstände der von Luxorius, welcher unter dem Vandalenkönige Thrasamund (496—523) in Afrika dichtete, beschriebenen Bilder wird man für längst gebräuchliche oder in üblicher Weise behandelte zu halten haben: Fridamal, einen Eber erlegend; Romulus, wie er auf der Mauer Roms seinen Bruder Remus tötet; Diogenes, von einer Dirne am Barte gezupft, hinter seinem Rücken von einem Liebesgott verhöhnt. Daß endlich auch die christlichen Kunst (auf welche hier nicht eingegangen werden soll) bis zu einem gewissen Grade sich an die überlieferten Motive und Gestalten halten mußte, ist bekannt. Die Wichtigkeit der Malerei im Dienst der Kirche wurde früh erkannt. Paulinus von Nola sagt (403), daß die Betrachtung der Bilder in einer Säulenhalle bei der dortigen Basilika des heiligen Petrus (Darstellungen aus dem Alten und Neuen Testament und der Geschichte der Märtyrer) den zum Feste des Heiligen massenhaft herbeiströmenden, des Lesens unkundigen Pilgern die angemessenste Unterhaltung bot und sie von fleischlichen Genüssen zurückhielt. „Die Bilder sind die Bücher der Ungelehrten", ist ein Ausspruch Gregors des Großen.

Weit zahlreichere Reste als von den Wandmalereien haben sich von den so viel dauerhafteren Mosaiken der Fußböden in fast allen Provinzen erhalten, wie in Spanien, Frankreich, England, der Schweiz, den Rheinlanden, Bayern, Salzburg, Siebenbürgen, vor allem in Nordafrika: sie machen die Allgemeinheit auch dieser Dekoration, die sogar das Altertum überdauert hat, unzweifelhaft.

Dieselbe Allgemeinheit des künstlerischen Schmucks wie die Wohnungen zeigt der Hausrat. Schon allein die Geräte und Möbel der pompejanischen Häuser, deren größter Teil doch wohl von den fliehenden Einwohnern gerettet oder aus der lockeren Aschendecke sofort wieder herausgegraben worden sein wird, Tische, Bänke, Sessel, Sofas, Kandelaber, Gefäße, Lampen, Dreifüße, Toilettenutensilien und andre Schmuckgegenstände aller Art, haben der modernen Kunstindustrie eine kaum zu erschöpfende Fülle geschmackvoller Vorbilder geliefert. Und nicht bloß um marmorne und bronzene Kandelaber rankte sich der Schmuck phantastischer Vegetationsformen, nicht bloß silberne und goldene Schalen und Kannen prangten in getriebener Arbeit und mit schön verzierten Henkeln, gläserne Prachtvasen mit figurenreichen Reliefs in verschiedenen Farben: auch das irdene Geschirr des Armen, die Siegelringe aus Glasfluß, die tönerne Lampe, die bei später Arbeit leuchtete — alles hatte seinen bildlichen Schmuck, und namentlich die Deckel der Tonlampen haben einen reichen Schatz von künstlerischen Gegenständen und Motiven bewahrt. Auch die ärmste Wohnung entbehrte oft eher den notwendigsten Hausrat als den künstlerischen Schmuck. Juvenal schildert die Einrichtung eines blutarmen Gelehrten oder Dichters: da war ein kurzes Bett und eine alte Kiste mit göttlichen griechischen Gedichten, an denen ungebildete Mäuse nagten, doch auch eine marmorne Tischplatte mit sechs Henkeltöpfchen, darunter ein hoher gehenkelter Becher, und die Figur eines liegenden Zentauren als Stütze (Trapezophor). Figuren und Figürchen *(sigilla),* die als Zimmerschmuck dienen konnten, waren darum auch stets willkommene Geschenke und gehörten zu denen, die man in der Saturnalienzeit regelmäßig austauschte: man kaufte sie dann auf einem eigens eröffneten Markte, sonst auch in Läden der ebenfalls nach ihnen benannten Sigillarstraße. Unter den Saturnaliengeschenken, für die Martial Aufschriften gedichtet hat, sind Figuren aus Ton (der Lieblingsknabe des Brutus, Hercules, ein Buckliger, eine Germanenmaske), aus Marmor (ein Hermaphrodit, Leander), aus korinthischer Bronze (Hercules, Apoll als Eidechsentöter), aus Silber (Minerva), aus Gold (Victoria), außerdem drei Bilder (Hyacinthus, Danae, Europa). Überhaupt aber waren Kunstwerke gewöhnliche Geschenke; schon Horaz entschuldigte sich gleichsam, daß er nicht imstande sei, eine Arbeit von Skopas oder Parrhasius zu schenken; Seneca, der empfiehlt, zu Geschenken nicht schnell vergängliche Dinge zu wählen, sagt: er schenke lieber Silbergerät als Geld, lieber Statuen als Kleider und Teppiche; und unter den Gaben, die ein beschäftigter Rechtsanwalt in Martials Zeit an seinem Geburtstage von dankbaren Klienten erwarten durfte, waren auch Werke „des Phidiasischen Meißels".

Am deutlichsten aber zeigt sich in den Grabdenkmälern, wie die bildende Kunst jener Zeit auch dem Geringsten und Unbeglücktesten ihre Gaben spendete. Zwar die Sarkophage mit ihrem reichen Reliefschmuck waren, wenn auch ohne Zweifel im Verhältnis zu modernen Preisen wohlfeil, doch in der Regel nur für Wohlhabende erschwinglich; aber wenigstens im 1. Jahrhundert war nicht das Begraben, sondern das Verbrennen der Toten die Regel; in der Gräberstraße von Pompeji hat sich kein Sarkophag gefunden, das Begraben ist erst im 2. Jahrhundert wieder aufgekommen und allmählich immer allgemeiner geworden. Jene kleinen, oft so überraschend schönen, reich „mit Leben verzierten" marmornen Urnen aber, in denen „die Asche noch im stillen Bezirk sich des Lebens zu freuen scheint", sind offenbar größtenteils aus den Werkstätten untergeordneter Kunsthandwerker hervorgegangen und wohl auch für Unbemittelte nicht zu teuer gewesen. Vor allem schmückte die Malerei die inneren Räume der Grabdenkmäler ganz allgemein, wie namentlich auch die Beibehaltung dieser Dekoration in christlichen Grüften beweist, gewiß nicht selten auch die Außenwände. Selbst die Kolumbarien (große Gewölbe mit langen, übereinanderliegenden Reihen von Nischen für Aschenurnen), die Ruhestätten kleiner Leute, auch der Sklaven, also der Niedrigsten und Unseligsten, sind zuweilen freundlich wie Wohnräume mit Wandbildern dekoriert, die, manchmal recht leidlich, die unbenutzten Stellen der Pfeiler und Wände füllen. Wenn hier eine neue Urne in der für sie gekauften Nische beigesetzt wurde, mögen die Leidtragenden mit Wohlgefallen den Schmuck betrachtet haben, den sie aus ihren kleinen Ersparnissen für die Wohnungen ihrer Toten angeschafft hatten. Da waren mythologische Szenen, Bilder aus dem täglichen Leben, Landschaften, Tier-, Blumen- und Fruchtstücke; da schoß Hercules dem Prometheus den Geier von der Leber weg, Ulysses blickte gerührt auf den sterbenden Hund Argus, groteske Pygmäen ergriffen vor einem Krokodil die Flucht, Gaukler tanzten einen Kastagnettentanz, eine Giraffe mit einer Glocke um den Hals ward, wie im Amphitheater, von ihrem Wärter geführt u. dgl. mehr.

b) Monumentale Kunst

Neben dieser unermeßlichen Beschäftigung der Skulptur und Malerei für dekorative Zwecke ging eine Verwendung beider Künste für monumentale im eigentlichen Sinne des Wort, d. h. zur Verewigung von Personen und Ereignissen her, die weder vorher noch nachher jemals in so riesenhaften Dimensionen betrieben worden ist, wie in den beiden ersten Jahrhunderten, und selbst noch im dritten und vierten kolossal war.

Wie überall, war die Kunst den Römern auch hier nicht Zweck, sondern Mittel. Sie als Mittel zur Erhöhung der Schönheit, Pracht und Behaglichkeit ihrer Wohnungen und Städte zu verwenden, haben sie erst durch die Eroberung der griechischen Länder gelernt; sie als Mittel zur Fixierung des Erlebten und Geschehenen für Mit- und Nachwelt, zur Verewigung der Gesichtszüge und Gestalten geehrter und geliebter Personen zu benutzen, war ein nationales römisches Streben, das sich schon in der alten Sitte der adeligen Geschlechter offenbart, bemalte Wachsmasken der Ahnen aufzubewahren. Sehr alt war auch in Rom die Sitte der öffentlichen Aufstellung von Ehrenstatuen, sie reicht mindestens in die Zeit der Dezemvirn (450 v. Chr.) zurück, die älteste mit Sicherheit nachzuweisende ist die des griechischen Dolmetschers derselben auf dem Forum; diese, sowie alle aus den beiden nächsten Jahrhunderten bekannten, waren aus Bronze, die man zu Götterbildern seit 269 = 485 zu verwenden angefangen hatte; die erste aus vergoldeter Bronze war die Reiterstatue des Besiegers des Antiochus, Acilius Glabrio, von dessen Sohn im Tempel der Pietas 573 = 181 errichtet. Um die Mitte des 5. Jahrhunderts d. St. (etwa 300 v. Chr.) scheinen die Könige und berühmten Männer der ersten Republik Statuen erhalten zu haben. Nach dem zweiten punischen Kriege waren Kapitol und Forum bereits mit Statuen überfüllt. Von jenem wurde ein Teil derselben im Jahre 575 = 179 entfernt, und vom Forum ließen 596 = 158 die Zensoren sämtliche Ehrenstatuen von Beamten, die nicht auf Volks- oder Senatsbeschluß gesetzt waren, wegräumen. Schon Cato wollte lieber, daß die Leute fragten, warum ihm keine, als warum ihm eine Statue gesetzt sei; er hatte zu klagen, daß solche in den Provinzen schon sogar Frauen errichtet wurden, und bald geschah dies auch in Rom selbst. Die gleichzeitige Statue der Mutter der Gracchen, Cornelia, sah man noch in Plinius' Zeit in der Porticus der Octavia, wo ihre durch Feuer beschädigte, später zur Aufstellung einer Statue von Tisicrates verwendete Basis wieder aufgefunden worden ist.

Auch die Sitte, über große Taten und Ereignisse dem Volke durch Bilder zu berichten, kam früh auf. Zuerst stellt M.' Valerius Maximus Messalla das Bild seiner siegreichen Schlacht gegen die Karthager und Hiero in Sicilien 490 = 264 v. Chr. auf einer Wand der Curia Hostilia aus. Solche Bilder auf Holz und Leinwand wurden namentlich in den Triumphzügen getragen, wie in dem des M. Marcellus ein Bild der Einnahme von Syrakus (212). Ämilius Paullus ließ zur Illustration seines Triumphs im Jahre 168 einen Maler (Metrodorus) aus Athen eigens kommen. L. Hostilius Mancinus, der zuerst ein Außenwerk von Karthago im Jahre 148 eingenommen hatte, ließ Bilder der Stadt, der Belagerung und Erstürmung auf dem

Forum aufstellen, die er dem Volke selbst erklärte, wodurch er sich so populär machte, daß er (141) das Konsulat erhielt. Tiberius Gracchus ließ ein Gastmahl im Tempel der Freiheit malen, das die Beneventaner seinem Heer im Jahre 214 nach dem in der Nähe erfolgten glücklichen Gefecht gegeben hatten. Man sah darauf besonders die in das Heer eingestellten Sklaven mit den Zeichen der ihnen zum Lohn für die bewiesene Tapferkeit geschenkten Freiheit. Ein Bild eines Gladiatorenkampfs stellte zuerst (im Dianentempel zu Aricia) ein C. Terentius Lucanus (im Anfange des 7. Jahrhunderts d. St.) aus.

Diese Verwendung der bildenden Künste zur Veranschaulichung und Verherrlichung von Personen und Ereignissen, sowohl bei bestimmten Veranlassungen als für die Dauer, fand auch in der Kaiserzeit im weitesten Umfange statt. In dem „Hervortreten des schildernden Prinzips, das einen entschiedenen Gegensatz bildet zu dem plastisch-idealen in der Malerei der Griechen", „in dem breiten illustrierenden Ton der Darstellungen" (H. Semper), nähert sich die damalige Malerei in Zweck und Behandlung in hohem Grade der altägyptischen und altassyrischen, ihre Werke den Gemälden der Paläste von Theben, den Alabastertafeln derer von Ninive, den babylonischen Teppichen. Namentlich die römischen Kaiser selbst redeten durch sie zum Volke. Bilder vertraten in dieser Zeit ohne Presse die Stelle von Manifesten und Proklamationen, wie man auch im Mittelalter in Florenz und Rom durch historische und allegorische Bilder sich an das Volk wandte; durch solche entflammte z. B. Cola di Rienzi die Römer. Jeder Triumph beschäftigte eine Menge von Künstlern, welche die Natur des besiegten Landes und die Geschichte des Feldzuges den Zuschauern des Aufzugs durch bildliche Darstellungen aller Art zu veranschaulichen hatten; vermutlich konnten hierbei oft, wenn nicht in der Regel, Skizzen von Malern benutzt werden, welche zu diesem Zwecke den Heeren beigegeben waren. Bei dem Triumphe des Vespasian und Titus über Judäa wurden Schaugerüste von drei bis vier Stockwerken, mit goldgestickten Teppichen behängt, mit Ornamenten aus Gold und Elfenbein geschmückt, getragen; teils auf diesen, teils auf andern Bildern war der Krieg in seinem ganzen Verlaufe dargestellt. „Da sah man ein reiches Land verwüsten, ganze Scharen von Feinden töten, fliehen oder als Gefangene abgeführt werden, ungeheure Mauern unter den Stößen von Belagerungsmaschinen einbrechen, starke Festungen erstürmen, die Ringmauern volkreicher Städte ersteigen, das Heer sich ins Innere ergießen und alles mit Mord erfüllen, die Wehrlosen flehend die Hände erheben; man sah Feuer in Tempel schleudern, Häuser über den Bewohnern zusammenstürzen, und nach vieler Verwüstung und Trauer Wasserströme nicht über bebaute Felder, noch zum Trunk für Menschen und Tiere, sondern durch die von allen Seiten brennende Stadt sich ergießen." So wehten auch dem Don Juan d'Austria bei seinem Einzuge in Brüssel (1. Mai 1577) Banner voraus, deren Malerei die Schlacht von Lepanto und andre große Szenen seines Lebens verherrlichte. Im Altertum fehlten bei Triumphen auch plastische Darstellungen nicht, namentlich Figuren der nach antiker Weise personifizierten Berge, Flüsse, Länder und Städte. Noch heute sehen wir auf einem Relief des Titusbogens, wie bei dem Triumph über Judäa die liegende Statue des Jordans getragen wurde, und wenn Triumphe über deutsche Völker bevorstanden, wurden ganz gewiß kolossale Figuren des Rheins bestellt. In dem Triumphzuge Octavians nach der Schlacht bei Actium sah man ein Bild der Kleopatra mit der Natter am Arm.

Auch die künstlichen Scheiterhaufen, die bei der Konsekration verstorbener Kaiser nach asiatischem Gebrauche auf dem Marsfelde errichtet wurden und aus mehreren in Pyramidenform sich allmählich verjüngenden Stockwerken bestanden, deren oberstes die Bahre mit dem Toten trug, waren äußerlich über und über mit goldgestickten Decken, Elfenbeinreliefs und Gemälden bekleidet, die ohne Zweifel das Leben des vergötterten Herrschers darstellten. Wenn diese ganze, in echt barbarischer Weise zur Vernichtung bestimmte Pracht in heller Flamme aufloderte, schwang sich vom Giebeldache des Tabernakels auf dem obersten Stockwerke ein Adler in die Luft.

Nichts aber zeigt so sehr, in welchem Grade man sich gewöhnt hatte, die Malerei zur momentanen Veranschaulichung des Geschehenen zu benutzen, als ihre Verwendung vor den Schranken der Gerichte. Schon in der letzten Zeit der Republik wurden Anklagen wenigstens in Volksversammlungen durch Schildereien unterstützt, welche die angeblichen oder wirklichen Verbrechen der Angeklagten von Augen stellten. Der Tribun A. Gabinius zeigte und erklärte im Jahre 67 dem Volke ein Bild der tusculanischen Villa des Lucull, um es von der Üppigkeit des Konsulars zu überzeugen. Als Galba zu Cartagena im Jahre 68 seine Truppen aufforderte, gegen Rom zu ziehen, ließ er auf dem Tribunal vor sich, gleichsam als stumme Ankläger Neros, möglichst viele Porträts von Männern aufstellen, die Opfer seines Despotismus geworden waren. Quintilian hatte selbst zuweilen gesehen, wie die Richter durch Bilder auf Holz oder Leinwand, die den Angeklagten in beschämenden oder mitleiderregenden Situationen darstellten, gegen oder für diesen eingenommen werden sollten. Er mißbilligte dieses Mittel höchlich, weil damit der Ankläger sich das Armutszeugnis ausstelle, daß ein stummes Bild beredter sei als er selbst.

Wie es gemalte Anklagen gab, gab es auch gemalte Bettelbriefe. Die angeblichen oder wirklichen Schiffbrüchigen führten in der Regel Bilder bei sich, die sie auf einer dunkelblauen Meeresfläche von dem Wrack ans Land schwimmend darstellten, und solche wurden auch in den Tempeln als Votivtafeln aufgehängt, namentlich in denen der Isis, als der Schutzpatronin der Schiffahrt; man weiß, sagt Juvenal, daß die Maler von der Isis ernährt werden. Nur im Vorbeigehen mag hier der zahllosen Votivbilder und -reliefs gedacht werden, die das gefährliche Ereignis, aus dem der Darbringer entronnen war, möglichst genau mit allen Einzelheiten vor Augen stellten: Arbeiten, die zwar (wie die andern zuletzt erwähnten) in überwiegender Mehrzahl von untergeordneten Kunsthandwerkern geliefert wurden, doch sicherlich nicht ohne zahlreiche Ausnahmen; denn die Reichen und Vornehmen ließen natürlich auch solche Arbeiten von guten Künstlern ausführen. Tacitus erwähnt z. B., daß Domitian, der bei der Erstürmung des Kapitols in der Nacht des 18. Dezember 69 in großer

Gefahr geschwebt hatte, auf der Stelle der Wohnung eines Tempeldieners, in der er versteckt gewesen war, dem Juppiter Erhalter eine Kapelle erbauen und darin einen Altar aufstellen ließ, der mit der Darstellung seiner Gefahren in Marmor geschmückt war.

Überhaupt aber dürfte die Darstellung persönlicher Erlebnisse in Bildern und Skulpturen keineswegs ungewöhnlich gewesen sein. Wie die Amme des großen Schauspielers Roscius einst ihren im Freien schlafenden Säugling von einer Schlange umwunden gefunden, hatte Pasiteles in einem Relief aus Silber dargestellt. Im Roman des Apulejus will die Braut, die mit Hilfe des Esels den Räubern entflohen ist, ein Bild dieses Ereignisses im Atrium ihres Hauses aufstellen lassen. In dem Hause des Trimalchio bei Petron sind verschiedene Wände einer Kolonnade mit der Ilias und Odyssee, einem Gladiatorenspiel und der ganzen Laufbahn des Hausherrn in teilweise allegorischer Darstellung bemalt. Man sieht ihn als Knaben auf einem Sklavenmarkt, als künftigen Liebling Mercurs mit dem Caduceus in der Hand, von Minerva in Rom eingeführt. Dann folgen Bilder, auf denen er rechnen lernt, Kassierer wird usw., alles mit Unterschriften; am Ende der Wand wird er von Mercur auf eine hohe Tribüne gehoben, ihm zur Seite steht eine Glücksgöttin mit dem Füllhorn und drei Parzen, die goldene Fäden spinnen. Wie überhaupt in diesem Roman, darf man auch hier Schilderungen des in gewissen Kreisen der Gesellschaft Üblichen voraussetzen, wenigstens annehmen, daß derartige Geschmacklosigkeiten nicht gerade unerhört waren. Das Grabmal, das Trimalchio sich bestellt, erinnert übrigens daran, daß auch auf solchen Monumenten Ereignisse aus dem Leben der Verstorbenen dargestellt wurden, und zwar gewiß oft in breitester Ausführlichkeit Trimalchio will auf dem seinigen eine von ihm veranstaltete Bewirtung der ganzen Gemeinde abgebildet haben: ihn selbst soll man auf einer erhöhten Bühne sitzen sehen, in einer purpurumsäumten Toga, fünf goldene Ringe an den Fingern, wie er aus einem Beutel Geld unter das Volk streut, ringsumher Tafeln, an denen die ganze Bürgerschaft sich gütlich tut. Ein Grabstein mit Darstellungen, die den hier beschriebenen ähnlich sind, das Denkmal eines Sevirn der Augustalen in Brescia, hat sich erhalten. Namentlich die hohen, obeliskenartigen Grabmäler der Maas- und Moselgegend (wie das der Secundinier zu Igel und die zerstörten von Neumagen, deren Reliefs trotz ihrer schweren Beschädigung durch Fliegerbomben im Jahre 1918 einen besonderen Schmuck des Trierer Provinzialmuseums bilden) sind auf allen Seiten mit Szenen aus dem Leben der Verstorbenen geschmückt. Sie zeigen uns den Hausherrn zu Pferde von der Jagd heimkehrend, die Hausfrau im Ankleidezimmer, von ihren Sklavinnen bedient, Kaufleute im Kontor am Zahltisch, im Warenhause an der Schnellwaage, Küfer im Weinkeller, einen Obstverkauf, Gutsbesitzer, denen ihre Pächter Schafe, Fische, Geflügel, Eier bringen, einen mit Fässern beladenen Flußkahn usw. und beweisen, „daß in diesem schönen Lande bereits vor anderthalb Jahrtausenden friedliche Tätigkeit, heiterer Genuß und warmes Leben pulsiert hat“.

Aber nicht bloß Erlebnisse, auch bedeutende Träume wurden durch die bildenden Künste verewigt. Eine Darstellung der wichtigsten der zahlreichen Träume, die dem Septimius Severus die Herrschaft vorherverkündigten, in sehr großem Maßtstabe in Bronze ausgeführt, hatte Herodian auf dem Forum zu Rom gesehen. Severus hatte geträumt, daß er Pertinax auf einem königlich geschmückten Pferde über die heilige Straße reiten sah; aber am Anfage des Forums angekommen, warf das Pferd den Reiter ab, hob Severus auf seinen Rücken und blieb mitten auf dem Forum mit ihm stehen. Cassius Dio hatte in Mallos in Cilicien das Bild eines Traumorakels gesehen, das dem S. Quintilius Condianus dort von dem Heros Amphilochus erteilt worden war, und das jener sich hatte malen lassen: ein Knabe, der zwei Schlangen erwürgt, und ein Löwe, der ein Hirschkalb verfolgt. Daß und wie dies auf den Untergang der beiden Brüder Quintilius hindeutete, erkannte man erst, als derselbe im Jahre 183 erfolgt war. In Lebena auf Kreta weihte nach einer noch vorhandenen Inschrift ein Diodorus dem Asklepios für die Herstellung seiner Augen „zwei Traumgesichte“, d. h. bildliche Darstellungen derselben.

Die denkwürdigsten Vorgänge und Begebenheiten sollten durch plastische und malerische Darstellungen nicht bloß für bestimmte Veranlassungen veranschaulicht, sondern für alle Zeiten dem Andenken der Nachwelt erhalten werden. Schlachten und Belagerungen, Friedensschlüsse und Verträge, Triumphe, Standreden, Wohltätigkeitshandlungen, Opfer, Jagden usw. der Kaiser, ferner Schauspiele, besonders Gladiatorenkämpfe und Tierhetzen, wurden während der ganzen Kaiserzeit in allen Maßstäben massenweise durch Skulptur, Malerei und Mosaik verewigt, seit dem 3. Jahrhundert hauptsächlich durch die beiden letzteren Künste, da teils die Technik der Plastik immer unbehilflicher wurde, teils große bunte Schilderungen ohne Zweifel dem Geschmack wie dem Illusionsbedürfnis der Massen mehr zusagten. Der traurige Verfall, den schon die Reliefs am Triumphbogen des Septimius Severus zeigen, läßt vermuten, daß z. B. die gewiß sehr umfangreiche Darstellung seiner sämtlichen Taten in einer wahrscheinlich von seinem Sohne erbauten Säulenhalle in Malerei oder Mosaik ausgeführt war. Wenn nach dem Tode eines verhaßten Regenten seine Statuen und Denkmäler umgestürzt und zerstört wurden, blieben auch solche Bilder natürlich nicht verschont. So ließ der Senat ein großes, vor der Kurie aufgestelltes Bild, auf dem Maximinus einen von ihm über die Germanen erfochtenen Sieg hatte malen lassen, nach seinem Falle verbrennen. Doch vieles entging auch in solchen Fällen der Zerstörung, besonders im Innern der kaiserlichen Schlösser.

Porträtbilder lieferte die Malerei natürlich vorzugsweise für innere Räume, also mehr für private als öffentliche Zwecke, doch waren neben Ehrenstatuen auch Ehrenbilder, die in Tempeln oder öffentlichen Gebäuden angebracht wurden, besonders in griechischen Städten nicht selten. Nero ließ sich auf Leinwand in einer Figur von 120 Fuß (= 35½ Meter) Höhe malen. Herodian hatte ein Bild gesehen, auf dem ein Leib einen Kopf mit zwei Gesichtern, Alexanders des Großen und Caracallas, trug. Elagabal kündigte sich durch ein nach Rom vorausgesandtes großes, selbstgemaltes Bild dort an, auf dem er in einheimischer Priestertracht, seinem Gotte opfernd, dargestellt war, mit dem Befehl, es im Senatssaal über der Statue der Victoria anzubringen. Die Einfachheit der Kleidung des Claudius Gothicus sah man noch in Julians Zeit an dessen Bildern; und die Ähnlichkeit Theodosius des Großen mit Trajan ließ sich aus den Bildern der letzteren feststellen. Als Constantin die Statuen des alten Maximianus niederreißen ließ, verschwanden auch seine Bilder von den Wänden. Die „Sitte der Könige“, sich zur Brautwahl Porträts von Prinzessinnen senden zu lassen, von welcher Honorius bei Claudian spricht, dürfte im Orient heimisch gewesen sein und von dort sich in den Westen verbreitet haben. Die jüdische Fürstin Alexandra sandte auf den Rat des Dellius an Marcus Antonius Porträts ihrer beiden Kinder, des sechzehnjährigen Aristobulus und der Gemahlin des Herodes Mariamne, um durch die wunderbare Schönheit beider ihn für ihr Anliegen (die Verleihung des Priestertums an Aristobulus) günstig zu stimmen.

Auch im Privatleben wurde die Porträtmalerei ganz allgemein in Anspruch genommen, um die Züge und Gestalten berühmter und interessanter, geliebter und verehrter Personen für einzelne wie für größere Kreise festzuhalten. Ein Porträt der durch ihr Verhältnis zu dem jugendlichen Pompejus berühmten, wunderschönen Kurtisane Flora stellte Metellus Dalmaticus in dem von ihm restaurierten und mit Gemälden und Statuen geschmückten Kastortempel am Forum auf. Die Freunde des Atticus in Athen besaßen das Porträt Epikurs auf Bildtafeln, Trinkbechern und Ringsteinen. Die Bilder der damals gesuchtesten Porträtmaler Roms, Sopolis und Dionysius, füllten noch in Plinius' Zeit die Galerien; viel höher als ihre Bilder wurden jedoch die Frauenporträts der unvermählt gebliebenen Malerin Jaja aus Cyzicus bezahlt, die auch sich selbst im Spiegel gemalt hatte. Unter den Wandbildern Pompejis sind besonders bemerkenswert die Porträts des Bäckermeisters P. Paquius Proculus mit seiner Frau und ein neuerdings aufgedecktes Miniaturporträt hinter Bergkristall. Die Angabe des Plinius, daß die Porträtmalerei durch die Mode der bronzenen und silbernen Medaillons völlig verdrängt worden sei, bezieht sich zunächst auf die Atrien vornehmer Häuser; eine große Verbreitung dieser Medaillons war durch ihre Kostbarkeit ausgeschlossen.

Bereits in der letzten Zeit der Republik entstanden infolge der Beliebtheit von Porträtbildnissen Zusammenstellungen von solchen, die durch den Buchhandel verbreitet wurden. Atticus gab eine Sammlung von Porträts berühmter Römer mit kurzen Unterschriften biographischen Inhalts heraus; Varro ein großes Werk, das 700 Bildnisse von Griechen und Römern (Staatsmännern, Feldherren, Dichtern, Schriftstellern, Gelehrten, Künstlern usw.) enthielt und diesen nach dem Ausdruck des Plinius durch seine Versendung in alle Länder eine Art Allgegenwart verlieh. Mindestens die Porträts der Autoren vor ihren Schriften blieben gewöhnlich. Seneca spricht von den Werken großer Geister, die samt deren Bildnissen vervielfältigt sind; Martials erste Sammlung von Sinngedichten war mit dem Bildnisse des Dichters geschmückt; er erwähnt eine kleine Pergamentausgabe des Vergil mit einem solchen und bezeichnet philosophische Bücher als diejenigen, welche durch Köpfe mit struppigem Haar und Bart verunziert werden. Vermutlich ist auch bei den Augenkrankheiten, welche nach Galen Maler sich durch Malen auf weißem Pergament zuzogen, an diese Titelbilder und andre Illustrationen der Bücher zu denken. Der nestorianische Christ Honein ibn Ishâq († 873) sagt, daß in den alten Rollen, aus denen er griechische Autoren ins Syrische und Arabische übersetze, am Anfange jedes Buchs eines Philosophen dessen Figur auf einem Hochsitz, vor dem die Schüler standen, abgebildet war. Die Bibliotheken wurden nicht bloß mit Büsten und Hermen, sondern auch mit gemalten Porträts der Schriftsteller geschmückt. Der jüngere Plinius bestellte bei einem Freunde in einer Stadt Oberitaliens (im Lande der Insubrer) Bilder des Cornelius Nepos und des epikureischen Philosophen T. Catius, die dort geboren waren, für die

Bibliothek eines andern Freunds: er bittet, die Kopien der dort vorhandenen Porträts einem möglichst zuverlässigen Künstler zu übertragen.

Ohne Zweifel hatte man wenigstens in jeder größeren Stadt die Wahl zwischen mehreren Künstlern, und war in der Lage, sich nur für einen bewährten entscheiden zu dürfen. Martial ließ sich für den an der Donau kommandierenden Cäcilius Secundus malen; sein Porträt für die Bibliothek des Stertinius Avitus kann ebenfalls ein gemaltes gewesen sein; er erwähnt ferner Porträtgemälde des Tragödiendichters Memor, des Cäsonius Maximus, des (im Alter von 20 Jahren verstorbenen) Camonius Rufus als Kind, des M. Antonius Primus (das er mit Violen und Rosen bekränzte): sämtlich, wie es scheint, Brustbilder. Statius hatte die Mutter des Claudius Etruscus nicht persönlich gekannt; aber ihr Bild zeigte ihm, daß ihre außerordentliche Schönheit dem Rufe entsprach. Daß Familien von ihren verstorbenen Angehörigen nicht bloß plastische, sondern auch gemalte Bildnisse machen ließen, war offenbar ganz gewöhnlich. Die Züge des Antonius kannte Pausanias aus dessen Statuen und Bildern, letztere waren besonders zahlreich in seinem Tempel zu Mantinea, wo er meist als Dionysos gemalt war. Commodus ließ seine Geliebte Marcia als Amazone malen. Die Mutter des Sophisten Alexander Peloplaton war, wie ihre Gemälde bewiesen, von seltener Schönheit und der Helena des Eumelus ähnlich. Ein Bild des Sophisten Varus aus Perge sah man in dem dortigen Tempel der Artemis. Plotinus, der sich weigerte, einem Maler oder Bildhauer zu sitzen, wurde ohne sein Wissen von dem besten damaligen Maler Carterius gemalt, der seinen Vorträgen beiwohnte und dann sein Porträt nach der Erinnerung ausführte. Auch der Spott Lucians über die Torheit derer, die den Porträtmalern auftrugen, sie zu verschönern, „etwas von der Nase abzunehmen, die Augen schwärzer zu machen" usw., was besonders Frauen taten, setzt eine allgemeine Anwendung der Porträtmalerei voraus; desgleichen die Bemerkung Plutarchs, daß die Maler nur nach der Ähnlichkeit des Gesichts, in welchem sich der Charakter offenbart, strebten, um die übrigen Körperteile aber sich wenig kümmerten. Die Rede des Malers, der sich in ein von ihm porträtiertes Mädchen verliebt hat, war ein Thema der griechischen Rhetorenschule.

Einen überraschenden Einblick in die von ägyptischen Griechen geübte Porträtmalerei haben uns die zahlreichen, auf Holz gemalten Bildnisse gewährt, die im Faijûm am Mörissee zum Vorschein gekommen sind; sie waren bestimmt, über dem Gesichte der Mumie in deren Umhüllung eingelassen zu werden und so die Züge der Verstorbenen zu zeigen. „Sie stammen alle aus der Kaiserzeit, die meisten aus dem 2. Jahrhundert. Teils mit Wachsfarben, teils mit Temperafarben, teils in gemischter Technik ausgeführt, bieten sie lebensvolle Darstellungen von Männern und Frauen von höchst individuellem Gepräge; man glaubt, das Völkergemenge Ägyptens vor sich zu sehen."

Die zur Aufstellung in unbedeckten, besonders öffentlichen Räumen bestimmten Bildnisse von Personen konnten fast nur plastische sein. Ein immerhin nicht geringer Teil derselben hat sich erhalten, von einem bei weitem größeren die mit Inschriften versehenen Postamente: und diese äußerst zahlreichen Überbleibsel, verbunden mit Nachrichten der Schriftsteller, lassen uns von der wahrhaft unglaublichen Menge sowie den Gattungen und Veranlassungen dieser Monumente einen ganz andern Begriff gewinnen, als die angeführten dürftigen Nachrichten von der Verwendung der Malerei zu persönlicher Darstellung. In der Tat ist nichts so geieignet, von der Unermeßlichkeit der künstlerischen Produktion in den beiden ersten Jahrhunderten eine annähernde Vorstellung zu geben, wie eine Betrachtung der Hauptgattungen der zum öffentlichen oder Privatgedächtnis bestimmten persönlichen Bildwerke dieser Zeit.

In erster Reihe stehen hier die Büsten, Medaillons und Statuen der Kaiser und Personen der kaiserlichen Familie. Ein öffentlich aufgestelltes Bild des regierenden Kaisers konnte schon darum in keiner Stadt, in keinem Lager fehlen, weil es bald Gegenstand eines überall eingeführten und geforderten Kultus war. Schon zu Ehren Cäsars hatte der Senat beschlossen, „daß seine Statue in den Städten und in allen Tempeln Roms sein sollte". Augustus hatte den Kult seiner Person auf die Provinzen beschränkt, Tiberius die Aufstellung seiner Statue unter den Bildern der Götter überhaupt verboten und nur unter den zum Schmucke der Tempel dienenden Kunstwerken erlaubt. Noch Caligula erließ im Anfange seiner Regierung ein ähnliches Verbot, das er aber schnell zurücknahm; und bald hatten, wie Josephus sagt, alle unterworfenen Völkerschaften Stadt für Stadt neben den andern Göttern auch seine Bildsäule aufgestellt. Vielleicht schon seit dem Anfange des Kaisertums, jedenfalls wohl seit der Mitte des 3. Jahrhunderts, bestand die Sitte, daß bei jedem Regierungsantritt lorbeerbekränzte Bilder des neuen Kaisers (die allerdings auch gemalte sein konnten und in der späteren Zeit wohl in der Regel solche waren) in die Provinzialstädte gesandt wurden; Trompetenschall kündigte sie an, ein langer Zug von Soldaten schritt dem reich geschmückten Träger des Bildnisses voraus, das Volk zog ihm zum festlichen Empfange mit Lichtern und Weihrauchfässern entgegen. Verfolgten, namentlich Sklaven, boten die Kaiserbildnisse ein Asyl; man huldigte ihnen wie den Götterbildern mit Opfern und Spenden von Weihrauch und Wein. Unter Domitian war die auf das Kapitol führende Straße nicht breit genug für die Herden von Opfertieren, die dort fortwährend hinaufgeführt wurden, um, wie Plinius sagt, die scheußlichen Bilder des Despoten mit so viel Blut zu verehren, als er selbst Menschenblut vergoß. Die Weigerung der Adoration wurde als Majestätsbeleidigung bestraft und war ein Hauptgrund der Christenverfolgungen. Doch auch in der christlichen Zeit dauerte der heidnische Kultus der Kaiserbilnisse fort, und Theodosius II. sah sich im Jahre 425 veranlaßt, ihn durch einen eigenen Erlaß einzuschränken, damit „eine Verehrung, welche die Menschenwürde übersteigt, der Gottheit gewahrt bleibe". Noch viel strenger als die Weigerung der Adoration wurde jede Antastung oder Beleidigung der Kaiserbildnisse geahndet, am schärfsten bei Soldaten. Schon im Jahre 15 wurde Granius Marcellus, Prätor von Bithynien, der einer Statue des Augustus den Kopf abgenommen hatte, um den des Tiberius aufzusetzen, wegen Majestätsbeleidigung angeklagt und entging mit Not der Verurteilung; bald galt es als Kapitalverbrechen, bei dem Bilde des Augustus einen Sklaven geschlagen, die Kleider gewechselt zu haben. Ausdrücklich bemerken die Juristen des 3. Jahrhunderts, daß, wer verworfene Statuen des Kaisers einschmelze, sich der Majestätsverletzung nicht schuldig mache; ebensowenig, wer schadhaft gewordene ausbessere, wer eine durch einen Steinwurf zufällig treffe; auch den Verkauf von noch nicht konsekrierten Kaiserbildnissen erklärten Severus und Caracalla nicht für strafbar:

um so selbstverständlicher ist, daß es die Einschmelzung oder sonstige Antastung von bereits konsekrierten war.

Je schwerer nun unter der Regierung verhaßter Kaiser der Zwang der Verehrung der Bildnisse ertragen wurde, desto leidenschaftlicher tobte sich die lange verhaltene Volkswut bei einem Regierungswechsel in ihrer Zerstörung und Beschimpfung aus. Am allgemeinsten war vielleicht der Ausbruch der Volkswut beim Tode Domitians, und darum auch die Zerstörung seiner Denkmäler die gründlichste. Ganz Rom war voll von seinen prahlenden, häufig kolossalen Monumenten, die besonders zahlreich am Aufgange von der heiligen Straße zum Palatium standen, und nicht das Kapitol allein war mit seinen goldenen und silbernen Statuten und Bildnissen angefüllt, sondern, wie Cassius Dio sagt, fast das ganze Reich. Auf die Nachricht von seiner Ermordung machte der Senat seiner Freude nicht bloß durch laute Schmähungen des Gefallenen Luft, sondern beschloß, daß sogleich Leitern gebracht, seine Medaillons und Bildnisse herabgerissen und auf den Boden geschmettert, dann, daß seine Inschriften überall ausgemeißelt und sein ganzes Gedächtnis vertilgt werden solle. Der Umsturz und die Zerstörung seiner zahllosen kostbaren Statuen, sagt der jüngere Plinius vier Jahre später, war ein der allgemeinen Freude gebrachtes Opfer. Man freute sich, das übermütige Gesicht gegen den Boden zu schlagen, mit Eisen, mit Beilen dagegen zu wüten, als wenn die Schläge verwunden und Schmerzen zufügen könnten. Niemand konnte seine Freude und den so späten Jubel so weit mäßigen, daß es ihm nicht als eine Rache erschien, den Körper und die Glieder zerrissen und verstümmelt, endlich das finstere und abschreckende Gesicht in die Flammen geworfen und geschmolzen zu sehen. Diese oder eine ähnliche Stelle hat die von Procop erzählte Sage veranlaßt: Domitian sei in Stücke zerrissen worden, seine Gemahlin habe mit Erlaubnis des Senats die Stücke des Körpers zusammengesetzt und danach eine Bronzestatue gießen lassen; diese, die am Aufgange zum Kapitol vom Forum rechter Hand stand, war nach Procop die einzige vorhandene Domitians und zeigte die große Ähnlichkeit zwischen ihm und Justinian. Ähnliche Zerstörungen wie die Bildnisse des Domitian erfuhren die des Commodus, Maximinus (die Gemälde des letzteren wurden zum Teil mit schwarzer Farbe überzogen) und andre: infolge der unaufhörlichen Empörungen, Bürgerkriege und gewaltsamen Thronwechsel in den spätern Jahrhunderten wiederholten sich solche Szenen immer von neuem bis in die letzten Zeiten des Altertums. Daß in diesen (wie natürlich nicht selten auch früher) statt der Zerstörung meist eine Umwandlung der Bildnisse stattfand, bezeugt Hieronymus: wenn ein Tyrann getötet wird, werden auch seine Statuen und Bilder umgestürzt, und nachdem nur das Gesicht verändert und der Kopf abgenommen ist, das Gesicht des Siegers aufgesetzt, um später mit neuen Köpfen vertauscht zu werden, während der Körper derselbe bleibt.

Doch in den beiden ersten Jahrhunderten ist, soviel wir wissen, Domitian der einzige Kaiser gewesen, dessen Bildnisse überall vernichtet wurden und der Zerstörung nur ausnahmsweise entgingen. Denn die Statuen und Denkmäler des Commodus müssen wenigstens zum Teil wieder aufgerichtet worden sein. Am 1. Januar 193 hatte der Senat mit leidenschaftlichen Akklamationen die Niederreißung der Bildsäulen „des Vaterlandsfeinds, des Mörders, des Gladiators" dekretiert und an Stelle einer der Kurie gegenüber stehenden, ihn (wie so viele andre) als Hercules mit drohend gespanntem Bogen darstellenden Statue die der Göttin der Freiheit errichten lassen. Im Jahre 197 wurde derselbe Senat von Septimius Severus gezwungen, Commodus als Gott anzuerkennen. Selbstverständlich sicherte die Konsekration auch die fernere Dauer der Bildnisse und veranlaßte selbst die Errichtung neuer. Wie Severus die Apotheose des Commodus und Pertinax, so ließ Macrinus die des Caracalla, durch dessen Ermordung er auf den Thron gelangt war, vom Senat beschließen, bei welcher Gelegenheit er die Errichtung von zwei Statuen des Septimius Severus in Triumphaltracht, und sechs Caracallas (zwei Reiterstatuen, zwei stehende in kriegerischer, zwei sitzende in bürgerlicher Tracht) verfügte. Außer Domitian sind die nicht unter die Götter versetzten Kaiser der beiden ersten Jahrhunderte Tiberius, Caligula, Nero, Galba, Otho, Vitellius gewesen (die von Nero, wohl nach dem Tode der Octavia, aufgehobene Konsekration des Claudius wurde von Vespasian wiederhergestellt). Die auch von all diesen, zum Teil verhältnismäßig sehr zahlreich erhaltenen Bildnisse und Denkmäler bezeugen hinlänglich, daß die Konsekration keineswegs eine unerläßliche Bedingung der Erhaltung war. Daß sie diese aber am wirksamsten sicherte, ist selbstverständlich. In Tarraco, der Hauptstadt des diesseitigen Spaniens und zugleich dem Mittelpunkte des dortigen Kaiserkults, war einer der angesehensten Männer vom Provinziallandtage „zur Instandhaltung der Statuen des vergötterten Hadrian" eigens erwählt worden. In den Besitz des jüngeren Plinius waren mit verschiedenen Grundstücken auch die auf denselben errichteten Statuen der früheren Kaiser übergegangen und dort von ihm erhalten worden. Schon unter Nerva hatte er zu Como einen Tempel erbauen wollen, um sie darin aufzustellen, doch verzögerte sich die Ausführung, und im Jahre 101 erbat und erhielt er nochmals von Trajan die Erlaubnis, jene Statuen nach Como zu versetzen und die Trajans hinzuzufügen. Die Konsekration trug aber auch zur Vermehrung der betreffenden Denkmäler bei, insofern die immer wachsende Gruppe der vergötterten Kaiser und Kaiserinnen zu monumentalen und Kultuszwecken auch als Ganzes neu hergestellt wurde. So gab es in Rom seit der Mitte des 2. Jahrhunderts einen Gesamttempel der vergötterten Kaiser auf dem Palatin, einen andern erbaute der Kaiser Tacitus, Alexander Severus errichtete auf dem Forum des Nerva ihre Kolossalstatuen. Zuweilen verband sich mit dem offiziellen Kultus eine unbefohlene allgemeine Verehrung zur Erhaltung und Erneuerung kaiserlicher Bildnisse. Mit anhänglichster Pietät hielt die römische Welt die verklärte Gestalt Marc Aurels unter den guten Geistern fest, zu denen sie sich im Gebet wandte: länger als ein Jahrhundert nach seinem Tode sah man noch in vielen Häusern seine Statue unter den Hausgöttern.

Schon weil die möglichst schnelle Aufstellung der kaiserlichen Bildnisse in allen Städten und Lagern zu den ersten Sorgen jeder neuen Regierung gehörte, müssen auch in allen Zentralpunkten Italiens und der Provinzen Bildhauer und Maler zur Verfügung gewesen sein; vielleicht gehörten sie regelmäßig zu dem amtlichen Gefolge der Statthalter, Feldherren und hohen Beamten. Daß von Galba, der erst nach der Ankunft der Nachricht von Neros Tode (9. Juni 68) aus Spanien aufbrach und Italien in langsamem Marsche erreichte, sich zur Zeit seiner Ermordung (15. Januar 69) dort „in allen Munizipien" Bildnisse befanden, ist ebensowenig überraschend, wie daß noch vor der Schlacht von Cremona (Oktober 69) im Lager der Flotte zu Ravenna Bildnisse von

Vitellius umgestürzt werden konnten, der erst zu Ende des Mai in Oberitalien erschienen war. Aber schon auf dem Marsche von Köln über Lyon nach Italien waren ihm, bevor er noch Vienne erreicht hatte, an mehreren Stellen Reiterstatuen errichtet worden, deren Zusammensturz als übles Vorzeichen galt. Der Beschluß der Errichtung einer Statue der jüngeren Faustina in Olympia, deren Postament noch vorhanden ist, kann erst gefaßt worden sein, nachdem ihr Vater durch die Adoption von seiten Hadrians Thronerbe und Mitregent geworden war, d. h. nach dem 25. Februar 138; die Inschrift des Postaments muß aber eingehauen sein, bevor die Nachricht von dem am 10. Juli desselben Jahres zu Bajä erfolgten Tode Hadrians nach Griechenland gelangte. Die Herrschaft der beiden ersten Gordiane dauerte, wie es scheint, nur 20 Tage; gleich nach der Proklamierung des älteren hatten sich die Städte Afrikas mit seinen Statuen und Bildern geschmückt. Die Herrschaft des Pupienus und Balbinus dauerte drei Monate (Mai bis August 238): als Maximinus zu Anfang des Juli vor Aquileja ermordet wurde, stürzte man dort seine Statuen und Bildnisse um und nötigte seine in die Stadt zugelassenen Soldaten, die der beiden Senatskaiser zu adorieren; der Konsul Claudius Julianus beglückwünschte in einem an Pupienus und Balbinus (wohl gleich nach ihrer Ernennung) erlassenen Schreiben die Legionen und Hilfstruppen, „die bereits im ganzen Reiche eure Bildnisse anbeten". In den Lagern machte schon die Herstellung und Erneuerung der kaiserlichen und sonstigen Medaillonbilder, mit denen auch die Feldzeichen geschmückt waren, die Anwesenheit von Künstlern wünschenswert, die dann auch zu andern Zwecken verwandt werden konnten; Caracalla ließ z. B. von Alexander dem Großen auch in den Lagern zahlreiche Statuen errichten.

Die Statuen und Bildnisse der regierenden Kaiser fehlten aber nicht bloß an keinem Orte der Monarchie, sondern waren an allen größeren auch zahlreich. Sie schmückten wohl in der Regel die öffentlichen Plätze und Gebäude, besonders die der Regierung, Verwaltung und Rechtspflege. Apulejus äußert in seiner vor dem Prokonsul Claudius Maximus in Sabrata (Tripolis) gehaltenen Verteidigungsrede seinen Unwillen, daß „vor diesen Statuen des Kaisers Pius" der Sohn der Mutter schändliche Dinge vorwerfe. Für die Aufstellung an solchen Orten mögen die Statthalter und sonstige Regierungsbeamte gesorgt haben: aber auch landschaftliche und Provinzialverbände sowie alle wohlhabenderen Kommunen mußten den Kaisern ihre Huldigung durch Errichtung von Statuen darbringen; und wenn dies in ausgezeichneter Weise geschehen sollte, mußten es mehrere oder kolossale oder ungewöhnlich kostbare sein. Eine eigene Gesandtschaft z. B. überbrachte an Caligula im ersten Jahre seiner Regierung die ihm vom Provinziallandtage der Provinz Achaja (Synode der Panhellenen) votierten Ehrenbezeigungen; zu diesen gehörte auch der Beschluß, ihm eine große Menge von Statuen zu errichten, doch Caligula nahm nur vier an, die an den Orten der heiligen Spiele (Olympia, Delphi, Nemea und auf dem Isthmus) stehen sollten. Am zahlreichsten und ansehnlichsten werden die Bildsäulen der Kaiser in denjenigen Provinzialhauptstädten gewesen sein, deren Tempel die Mittelpunkte des von den Festgemeinschaften der Landtagsabgeordneten geübten, von den Provinzialpriestern geleiteten Kaiserkults bildeten; aber auch sonst muß es bildliche Darstellungen der Kaiser überall für die Zwecke des Kultus gegeben haben, an welchem sich alle Kommunen beteiligten. In Ägypten ist sogar, um die Kosten für die in den Tempeln allerorten aufzustellenden Kaiserstatuen aufzubringen, dem Volke eine (durch Scherbenquittungen bezeugte) „Statuensteuer" auferlegt worden, welche wie eine Kopfsteuer für alle Untertanen in gleicher Höhe normiert war.

Endlich aber durften auch Privatleute sehr oft nicht unterlassen, ihre Loyalität auf diese Weise zu bezeugen, namentlich in Rom selbst. Wenn man zur Zeit der Antonine die Bildnisse der Kaiser dort überall „in Wechselkontoren, Läden und Werkstätten, unter allen Vordächern, auf allen Vorplätzen, in allen Fenstern" aufgestellt sah, freilich meist schlecht gemalt und plump bossiert: so werden auch in reichen und vornehmen Häusern gute Bilder und Statuen von ihnen nicht gefehlt haben. Überdies war auch die öffentliche Aufstellung von Kaiserstatuen durch Privatpersonen in den größeren Städten keineswegs selten.

Von sämtlichen Kaisern ist vielleicht Hadrian derjenige gewesen, der in allen Provinzen durch die zahlreichsten Denkmäler geehrt wurde, gewiß aber nirgends durch so viele wie in dem von ihm mit Wohltaten am reichsten bedachten Griechenland. Mehrere von einzelnen Gemeinden, ganzen Kantonen, größeren Volksverbänden errichtete Statuen Hadrians lassen sich dort an vielen Orten nachweisen, wie zu Delphi, Olympia, Theben, Syrus, Coronea, auf Samothrace und sonst an zahlreichen Stellen: bei weitem die meisten aber in Athen, das ihm am meisten verdankte, und wo auch die umfassendsten Nachforschungen stattgefunden haben. In jedem der dreizehn keilförmigen Abschnitte des neuerdings bloßgelegten Dionysostheater hat eine Statue Hadrians gestanden, welche bis auf eine (die große, schon früher vom Rat und Volke errichtete des Kaisers als Archonten) von den zwölf Phylen (Stämmen) Attikas nach der von ihm veranstalteten prachtvollen Feier der Dionysien im Frühjahre 125 dargebracht waren. Zwei andere erwähnt Pausanias im Kerameikos und auf der Akropolis im Parthenon. Ein ganzer Wald von Statuen Hadrians aber befand sich in und bei dem von ihm ausgebauten (120 geweihten) Tempel des olympischen Zeus. Wahrscheinlich vor den Fronten standen zwei Statuen des Erbauers aus thasischem und zwei aus ägyptischem Marmor, vor den Säulen (wohl der ringsum laufenden Kolonnaden) bronzene von überseeischen Städten, an andern Stellen andre von griechischen Städten sowie von Privatpersonen, einzeln oder gemeinschaftlich, gestiftete Standbilder, von denen noch zahlreiche Postamente und Inschriften vorhanden sind. Alle überragte eine von den Athenern hinter dem Tempel errichtete „sehenswerte Kolossalstatue". Doch können die uns bekanten Statuen Hadrians nur ein kleiner Teil der sämtlichen in Athen vorhandenen gewesen sein, wenn die gut bezeugte Nachricht wahr ist, daß die Athener einst dem Demetrius von Phaleron 360 Statuen errichtet hatten. Gegen Hadrian hatten sie vielleicht noch mehr Grund zur Dankbarkeit, gewiß aber mehr Veranlassung, diese in der überschwenglichsten Weise zu äußern; überdies war die Herstellung der Statuen weniger kostspielig als 450 Jahre früher.

Wie sehr nun aber auch die Provinzen und Städte wetteifern mochten, ihre Treue und Loyalität gegen den regierenden Kaiser durch zahlreiche Bildsäulen zu bekunden, so dürfte doch deren Menge und Pracht in Rom immer am größten gewesen sein. Augustus sagt in der Denkschrift über seine Taten, daß ihm zu Rom etwa 80 silberne Statuen (teils auf dem Boden, teils auf Viergespannen stehend, teils Reiterstatuen) von Staaten und einzelnen errichtet worden seien, die er sämtlich einschmelzen ließ, um in dem Tempel des Apollo auf dem Palatin von dem gewonnenen Gelde im Namen der Stifter und dem seinigen goldene Weihgeschenke (besonders Dreifüße) aufzustellen. Man kann hiernach nicht anders glauben, als daß seine bronzenen und marmornen Standbilder in Rom bereits zu seinen Lebzeiten nach Hunderten, im ganzen Reiche vielleicht nach vielen Tausenden zählten, so fabelhaft solche Zahlen gegenwärtig auch klingen mögen. Wenn übrigens in der Zeit der werdenden Monarchie die sich in so massenhaften Darbringungen äußernde Untertänigkeit noch weit von ihrer größten Verbreitung und Stärke entfernt war und überdies von Augustus geflissentlich im Zaume gehalten wurde, so ist doch keinem späteren Kaiser wie ihm als Erretter der Welt und Begründer der neuen Ordnung gehuldigt worden, auch dauerte seine Herrschaft 44 Jahre; und so mag denn allerdings die Zahl der ihm während seines Lebens wie nach seinem Tode errichteten Denkmäler größer gewesen sein als bei irgendeinem andern Regenten. Von diesem Vorrat haben sich denn auch nicht ganz unbeträchtliche Überreste erhalten.

Übrigens hat noch im Anfange des 19. Jahrhunderts die Produktion eines Herrscherbildnisses durch die Skulptur trotz ihrer so vielfach gehemmten Entwicklung und der Kostbarkeit ihrer Arbeiten verhältnismäßig große Dimensionen angenommen. Der erste Napoleon beherrschte (unmittelbar oder durch die von ihm abhängigen Fürsten) ein im Verhältnis zum römischen Kaiserreiche nur kleines Gebiet; das Bedürfnis nach Darstellungen seiner Person, schon darum ein sehr viel geringeres, weil dieselbe nie der Gegenstand eines religiösen Kultus war, wurde ganz überwiegend durch die zeichnenden und vervielfältigenden Künste befriedigt: dennoch sind in den drei Jahren von 1809—1812 von Carrara etwa 1500 Büsten von ihm nach Chaudet in die Welt gestreut worden.

Nur sehr selten und ausnahmsweise können in den ersten Jahrhunderten Kaiserbildnisse durch Umarbeitung oder neue Benennung älterer hergestellt worden sein, weil diejenigen, die durch das Denkmal geehrt werden sollten, in einem solchen Verfahren, wie Dio von Prusa mit Recht sagt, eher eine Beleidigung als eine Huldigung erblicken konnten. Vorgekommen war dergleichen in Griechenland schon in der Zeit der Republik. Von falschen Inschriften fremder Statuen spricht Cicero im Jahre 50; zwei Kolosse des Eumenes und Attalus waren zu Athen auf den Namen des Antonius umbenannt worden. Pausanias sah von dem Heratempel bei Mykenä eine Statue, nach der Inschrift des Augustus, die aber nach dortiger Angabe eine des Orest war. Doch sind außer dem bereits angeführten wenige Beispiele der Umbenennung einer fremden Statue zu einer kaiserlichen aus der früheren Kaiserzeit bekannt. Seit dem Jahre 15 wagten wohl wenige um des Gewinns oder der Ersparnis willen auch noch so heimlich eine Handlung, deren Entdeckung sie der Gefahr einer Anklage auf Majestätsverletzung aussetzen konnte. Dio hat den Rhodiern, die mit der Ehre der Statue mehr als freigebig waren, aber sehr oft, statt neue aufzustellen, nur ältere auf den Namen des zu Ehrenden umtaufen oder umarbeiten ließen, die Unwürdigkeit dieses Verfahrens in einer langen Rede vorgehalten. Es sei, sagt er u. a., um so weniger zu entschuldigen, als sie ja doch fort und fort auch wirklich neue Bildsäulen errichteten, nämlich für die Kaiser und die hohen Beamten; ja man würde ihnen keine Vorwürfe machen, wenn sie wenigstens bei allen „außer den Kaisern" in gleicher Weise verführen; eine derartige Herstellung von Kaiserbildnissen erschien ihm also als ganz undenkbar. Philo erzählt, daß die Alexandriner alle dortigen Synagogen, die sie nicht zerstören konnten, durch Aufstellung von Bildern Caligulas entweihten, in der größten stellten sie seine Bronzestatue auf einem Viergespann auf. In der Eile aber hatten sie kein neues auftreiben können, sondern ein altes, verrostetes, schadhaftes aus dem Gymnasium genommen, welches, wie manche sagten, einer älteren Kleopatra dediziert gewesen war. „Was für einer Anklage die Aufstellenden sich dadurch aussetzten, ist klar; ja schon dann, wenn es ein neues, aber eines Weibes war, oder eines Mannes, aber ein altes, ja wenn es überhaupt einem andern gewidmet war. Mußten die, welche zu Ehren des Kaisers eine solche Aufstellung gemacht hatten, sich nicht offenbar hüten, daß er, der alles auf ihn Bezügliche besonders wichtig nahm, eine Anzeige erhielt?" Aber auch bei andern als kaiserlichen Monumenten scheint das Anbringen neuer Köpfe oder Inschriften statt der Errichtung neuer Figuren in der früheren Kaiserzeit keineswegs häufig gewesen zu sein; hauptsächlich geschah es wohl in denjenigen griechischen Städten, wo der Vorrat an alten Statuen sehr groß war. Nicht bloß sind die bekannten derartigen Fälle vereinzelt, sondern Dio sagt auch in der Rede, in der er den Rhodiern diese „seit einiger Zeit" bei ihnen eingerissene Unsitte vorhält, daß andere, weniger reiche, zum Teil äußerst arme Städte, wie Athen, Sparta, Byzanz, Mytilene, sich davon völlig frei erhielten. Allem Anschein nach war es im damaligen Griechenland eben nur Rhodus, wo dies Verfahren in großem Umfange geübt wurde; man sagte, daß die dortigen Statuen wie Schauspieler die Rollen wechselten.

Was von den Kaiserbildnissen gilt, gilt zum größten Teile auch von denen der Kaiserinnen und designierten Thronfolger, zum großen Teil selbst von denen anderer Angehörigen des Kaiserhauses. Wenn in der Zeit, wo Tiberius während seines Aufenthalts auf Rhodus in tiefster Ungnade stand, die Bewohner von Nîmes nach seinem Zerwürfnisse mit Gajus Cäsar seine Statuen und Bildnisse umstürzten, so wird es damals so gut wie dort deren in allen größeren, namentlich aber in denjenigen Städten gegeben haben, die wie Nîmes zum Kaiserhause in Beziehung standen. Bei der Nachricht vom Tode der Cäsaren Gajus und Lucius beschloß die Stadt Pisa, deren Patron der letztere gewesen war, die Errichtung eines mit den Spolien der von ihm besiegten Völker geschmückten Bogens, auf dem seine Statue im Triumphalschmuck und zu dessen beiden Seiten vergoldete Reiterstatuen von Gajus und Lucius stehen sollten. Ähnliches wird auch in andern Städten geschehen sein. Dem zur Thronfolge bestimmten Aelius Verus ließ Hadrian nach seinem Tode in einigen Städten Tempel bauen und „im ganzen Reiche" Kolossalstatuen errichten. Die Darstellung des Antinons hat bekanntlich die Malerei und Skulptur in den verschiedensten, wenn nicht in allen Provinzen beschäftigt.

Auch die höchsten Beamten, die Leiter der Regierung, wurden im ganzen Reiche durch Monumente in ähnlicher Weise wie die Kaiser geehrt, besonders natürlich, wenn sie deren erklärte Günstlinge waren. Als

Sejan im Zenit seiner Macht stand, wurden ihm von Senat und Ritterschaft, den Tribus und den vornehmsten Männern Roms so viele Bildsäulen errichtet, daß, wie Cassius Dio sagt, niemand ihre Zahl anzugeben vermocht hätte, besonders seit Tiberius auf den Beschluß des Senats sein Bronzestandbild im Theater des Pompejus hatte aufstellen lassen. Allgemein wurden Bilder und Statuen des Kaisers und seines anderen Ich nebeneinander gestellt, selbst in den Lagern, mit einziger Ausnahme der syrischen Armee, und Tiberius ließ es geschehen, daß die Bildnisse seines Günstlings dort auf den Sammelplätzen der Legionen sowie auf den Foren und in den Theatern der Städte verehrt wurden. Der jähe Fall Sejans im Jahre 31 war das Signal zum Umsturz seiner Denkmäler. Seine Statuen, sagt Juvenal, wurden an Seilen von den Postamenten herabgerissen und auf dem Boden geschleift. Beilhiebe zerschmetterten die Räder der Zweigespanne und die Beine der unschuldigen bronzenen Gäule, bald schmolz in den knatternden, von Blasebälgen angefachten Feuern der Gußöfen das vom Volk angebetete Haupt und verknisterte der ganze kolossale Sejanus, und aus dem Antlitz, das im ganzen Reiche das zweite war, wurden Töpfe, Pfannen, Becken und Nachtgeschirre verfertigt. Ganz Ähnliches wird von dem Günstlinge des Septimius Severus, Plautianus, berichtet, der von ebenso schwindelnder Höhe plötzlich herabstürzte. Cassius Dio sagt, daß ihm nicht nur viel mehr, sondern auch größere Statuen und Bilder errichtet wurden als den Kaisern, und nicht bloß in den andern Städten, sondern auch in Rom, und nicht bloß von Privatpersonen, sondern auch vom Senat. Gerade dies trug dazu bei, den Argwohn des Kaisers zu erregen; nach Plautianus' Fall wurden „im ganzen Reiche“ seine Statuen umgestürzt.

Wenn aber notwendig die Zahl derer sehr klein war, denen im ganzen Reiche Statuen errichtet wurden, so war dagegen die Menge derjenigen, denen diese Ehre innerhalb bestimmter Gebiete oder an einzelnen Orten widerfuhr, unglaublich groß. Sie war vor allem die gewöhnlichste Huldigung der Provinzialen gegen alle Römer, die wirklich oder scheinbar die Macht hatten, ihnen zu schaden oder zu nützen, in erster Reihe natürlich die Statthalter. Schon in den letzten Zeiten der Republik war es allgemein üblich, daß diesen in den Provinzen Tempel erbaut wurden. Cicero hatte in Cilicien als Prokonsul „Statuen, Tempel, Viergespanne“ abzulehnen: aber Verres hatte die Gemeinden Siciliens gezwungen, nicht bloß ihm selbst, sondern auch seinem Vater und seinem Sohne (einem Knaben) eine Menge von Standbildern zu errichten; in Syrakus waren deren so viele, daß es schien, er habe ihrer dort nicht weniger aufgestellt als weggenommen. Außerdem sah man von ihm in Rom vergoldete Reiterstatuen, die von den römischen Kaufleuten, den Getreideproduzenten, dem Provinzialverbande Siciliens gestiftet waren. Das entsetzliche Satrapenregiment jener Zeit hat die Monarchie nun zwar sehr eingeschränkt, doch nie ganz beseitigt; und wenn immer noch die Provinzialen direkt oder indirekt gezwungen wurden, ihre Plünderer und Tyrannen durch Denkmäler zu ehren, so konnten sie diese Ehre überhaupt keinem Statthalter vorenthalten, ohne damit eine Anklage auszusprechen. Nach Dio entschuldigten die Rhodier die Verwendung alter Statuen zu neuen Ehrenbezeigungen damit, daß es eine Notwendigkeit sei, so viele hohe Beamte zu ehren, und eingestandenermaßen geschah es sehr häufig nicht wegen ihrer wirklichen Verdienste, sondern nur wegen ihrer Macht. Jeden, der zu ihnen kam, fürchteten sie und glaubten ihre Freiheit in Gefahr, wenn sie einmal von einem kein Bronzestandbild aufstellten. Mußten sie wirklich jeden Ankommenden freundlich anwedeln wie gemeine Hunde und Haß und Zorn besorgen, wenn sie nicht dem und jenem schmeichelten, dann, meinte Dio, stand es schlimm um sie.

Die Ehre der Statue wurde auch (namentlich in Griechenland) angesehenen Römern, die sich in außeramtlicher Stellung dort aufhielten, und desgleichen vornehmen Römerinnen erwiesen, wie besonders in Athen die Inschriften zahlreicher Postamente aus der ersten Kaiserzeit beweisen. Um so unerläßlicher war es für Städte und Provinzen, sich für wirkliche Wohltaten auf diese Weise dankbar zu bezeigen, vor allem für die Übernahme ihres Schutzes und ihrer Vertretung (des Patronats). In den Städten Siciliens sah man überall auf den Foren Reiterstatuen der Marceller als der Patrone der Insel. Der Held des Apulejanischen Romans, aus einer in Thessalien angesehenen Familie stammend, wird in Hypata zum Gegenstande eines öffentlichen Scherzes gemacht; worauf die Magistrate ihn um Entschuldigung bitten und ihm anzeigen, daß die Stadt, um ihn zu versöhnen, ihn zum Patron gewählt und die Aufstellung seines Bildnisses in Bronze beschlossen habe. Von den amtlichen und halbamtlichen Stellungen in den Provinzen gaben schon die subalternen einen Anspruch auf diese Ehre. Dem Vater des Vespasian, Flavius Sabinus, der die Erhebung des Warenzolls von 2½ Prozent in der Provinz Asia gepachtet hatte, waren dort Bildnisse und lobende Inschriften aufgestellt worden. Titus hatte, wie Sueton sagt, als Militärtribun in Germanien und Britannien sich den Ruhm der Energie und zugleich der Mäßigung erworben, „wie sich aus der Menge und den Inschriften seiner Statuen und Bildnisse in beiden Provinzen ergibt". Unter den (mindestens fünfzehn) in Barcelona nachweisbaren Statuen des L. Licinius Secundus, welcher Amtsdiener des mächtigen L. Licinius Sura in dessen drei Konsulaten (zuletzt 107) war, sind vier von den Gemeinderäten spanischer Städte errichtet worden. Bei einer so grenzenlosen Verschwendung der monumentalen Ehren konnte eine wirkliche Auszeichnung auch von Untertanen nur durch ungewöhnlich große und kostbare Denkmäler erfolgen; und es ist wohl nicht zu sehr übertrieben, wenn Apulejus zum Ruhme des Konsularen Strabo Aemilianus (Konsul 156) sagt, daß alle Provinzen sich Glück wünschen, ihm vier- und sechsspännige Wagen (mit seinem Standbilde) zu errichten.

Die Errichtung von Statuen war auch in den Städten der ganzen Monarchie eine allgemeine Belohnung wirklicher oder angeblicher Verdienste einzelner um die Gemeinde. Der anfänglich seltene Gebrauch der Bildnisstatuen wurde später, wie Plinius sagt, von der ganzen Welt aus einem höchst menschenfreundlichen Ehrgeiz aufgenommen; Statuen fingen an, eine Zierde der Fora aller Munizipien zu sein; so wurde das Gedächtnis von Menschen auf die Nachwelt gebracht, auch ihre Ehren zur Kenntnis aller Zeiten auf den Postamenten verzeichnet, damit man sie nicht bloß auf den Gräbern läse. Tausende von erhaltenen Postamenten mit griechischen und römischen Inschriften bezeugen dies. Überall, wo der Spaten, gleichviel, ob im Osten oder im Westen des Reiches, den Mittelpunkt des öffentlichen Lebens einer antiken Stadt bloßlegt, fördert er eine geradezu überwältigende Menge von Überresten solcher Ehrendenkmäler zutage, auf der Agora von Ephesus und im Peribolos des pergamenischen Athenaheiligtums ebenso wie auf den Fora der nordafrikanischen Städte. Pompeji hat mehr Porträtstatuen gehabt als irgendeine moderne Hauptstadt. Auf dem Forum waren (außer den 5 Kolossalstatuen von Kaisern und Mitgliedern des Kaiserhauses) für Reiterstatuen in Lebensgröße wohl 70 bis 80 Plätze vorgesehen, und hinter jedem derselben einer für ein Standbild; doch sind vielleicht nicht alle diese Plätze besetzt gewesen. Die Vorhalle des Macellum enthielt 25 Statuen, 8 der offene Raum des städtischen Larentempels, 21 die Vorhalle des Gebäudes der Eumachia. Schwerlich hat aber die Zahl der dortigen Ehrenstatuen die durchschnittliche der Mittelstädte überstiegen. An einer wohl zu Anfang des 2. Jahrhunderts angelegten Doppelhalle zu Termessus in Pisidien sind 46 Basen von Standbildern verdienter Männer und Frauen gefunden worden, die meist vor oder zwischen den Säulen gestanden haben (darunter 26 von Siegern in Wettkämpfen, 15 von Beamten, Priestern und Priesterinnen). Eine Überfüllung der Fora mit Statuen, die den Verkehr behinderte, wie in Cirta, wo auch einmal eine gestohlen wurde, mag nicht selten gewesen sein. Ruhmbegier und Munizipalpatriotismus verbanden sich, wie bemerkt, mit der Rücksicht auf die öffentliche Meinung, um die Wohlhabenden und Angesehenen zu Leistungen für die Kommunen anzuspornen, und diese setzten ihrerseits einen Ruhm darein, durch zahlreiche Monumente zu bezeugen, daß viele es sich zur Ehre geschätzt hatten, ihnen Opfer zu bringen, und daß sie ihrerseits wohl imstande seien, solche zu belohnen und zugleich ihre Stadt zu schmücken. Schwerlich konnte eine reiche und ansehnliche Familie in einer größeren Stadt einige Generationen hindurch ihren Wohnsitz gehabt haben, ohne in die Notwendigkeit versetzt worden zu sein, sich die Ehre der Statue zu verdienen. Dio von Prusa rühmt, daß seine Großväter und andre Vorfahren, sein Vater (der lange Zeit der Stadt vorgestanden hatte), seine Brüder und Verwandten von der Stadt geehrt worden seien durch viele Statuen, öffentliche Begräbnisse, Kampfspiele in ihren Gräbern und viele andre Auszeichnungen: seiner Mutter war nach ihrem Tode nicht bloß ein Standbild, sondern auch ein Tempel errichtet worden.

Auch die Bekleidung mancher nur der Aristokratie der Provinzen zugänglichen hohen Würden hatte die Ehre der Statue mehr oder minder regelmäßig zur Folge, wie namentlich die des höchsten Provinzialpriestertums. In einem die Ehrenrechte desselben bestimmenden Gesetz von Narbo wird den nach Ablauf ihres Amtsjahrs abtretenden Provinzialpriestern das Recht eingeräumt, sich auf einen (wahrscheinlich durch den Provinziallandtag zum Beschluß erhobenen) Antrag ihres Nachfolgers eine Statue selbst zu setzen. Postamente solcher Statuen sind in Tarraco und Lugdunum zahlreich gefunden worden; doch hier nicht von den Priestern selbst, sondern in Lugdunum ausnahmslos, in Tarraco in weitaus überwiegender Zahl (52 unter etwa 70) von der Provinz, seltener von den

Heimatsgemeinden oder den eigenen Angehöhrigen auf Beschluß des Landtags gesetzt, und zwar ist in Spanien auch auf die an der Würde ihrer Gatten teilnehmenden Priesterinnen diese Ehre entweder sofort oder im Laufe der Zeit erstreckt worden. Ähnliche Bestimmungen werden auch in den übrigen Provinzen bestanden haben.

Um von der Allgemeinheit der Ehre der Statue in den Städten Italiens sowie aller Provinzen eine Vorstellung zu geben, genügt es, diejenigen Verdienste anzuführen, die am häufigsten durch diese Ehre belohnt wurden. Hauptsächlich waren es große, zum Besten der Stadt gebrachte Geldopfer und persönliche Leistungen: nächst den bereits erwähnten, so häufigen Verschönerungs- oder Nützlichkeitsbauten Zuwendungen und Schenkungen zu den verschiedensten Zwecken (z. B. zum Ankauf von Getreide bei Teuerungen), ganz besonders häufig aber (einmalige oder jährlich wiederkehrende) Bewirtungen der gesamten Bürgerschaft, bei denen auch Geld verteilt zu werden pflegte; ferner Schauspiele aller Art (namentlich Tierhetzen und Gladiatorenkämpfe), endlich freiwillig übernommene und auf eigene Kosten ausgeführte Gesandtschaften an die Kaiser und Statthalter. Aber neben diesen gewöhnlichsten Veranlassungen für die Ehre der Bildsäule gab es noch viele andre. Auch eine ausgezeichnete Wirksamkeit in einem Lehramt gab Anspruch darauf; und nicht bloß die weltberühmten Professoren der Beredsamkeit, die Scharen von Schülern aus weiter Ferne herbeizogen, erhielten sie, sondern zuweilen wurden auch bescheidene Schullehrer, wenn sie Gelehrte von Ruf waren, mindestens nach ihrem Tode so geehrt. Von Horazens Lehrer Orbilius Pupillus, der als fast hundertjähriger Greis in einer Dachkammer starb, sah man zu Benevent auf dem Kapitol eine sitzende Statue im griechischen Mantel mit zwei Bücherbehältern; zu Präneste eine des M. Verrius Flaccus über seinem dort auf dem Forum in Marmortafeln eingegrabenen Kalender. Auch literarische Leistungen (von Einheimischen und Fremden) wurden wenigstens in Griechenland durch diese Anerkennung belohnt, mit der die Städte zuweilen nur zu freigebig verfuhren. Nach Dio von Prusa hatten die Athener einem höchst unbedeutenden Dichter (vielleicht dem Improvisator Q. Pompejus Capito) eine Bronzestatue, und zwar neben der des Menander, aufgestellt. In Halikarnaß wurde der Tragödiendichter C. Julius Longianus aus Aphrodisias (unter Hadrian), der bei seinem dortigen Aufenthalt durch mannigfaltige poetische Vorträge „die Älteren erfreut und die Jüngeren gefördert" hatte, durch mehrere Bronzebüsten geehrt, die an den besuchtesten Orten, im Heiligtum der Musen und im Gymnasium der Epheben „neben dem alten Herodot" aufgestellt wurden: seinen Schriften wies man einen Platz in der öffentlichen Bibliothek an; außerdem ließ der Verein der Bühnenkünstler sein Bild in ganzer Figur malen, um es in Aphrodisias an einem von ihm zu wählenden Ort aufstellen zu lassen. Der Dichter Maximus von Apamea erhielt in Cyzicus, wo er in einem poetischen Wettkampfe zweimal den Preis davongetragen hatte, auch ein Standbild. Doch wird man natürlich von den auswärtigen Berühmtheiten überall die einheimischen geehrt haben. Unter diesen erhielten namentlich auch Künstler aller Art Statuen. So in Ostia ein Athlet oder Musiker, der in allen Weltteilen Siegespreise errungen hatte, „wegen seiner hervorragenden Virtuosität und großen Ergebenheit gegen seine Vaterstadt"; in Präneste der erste Pantomime seiner Zeit, M. Aurelius Agilius Septentrio, „wegen seiner ungemeinen Liebe zu seinen Mitbürgern und seiner Vaterstadt". Auch Frauen wurde diese Ehre sehr häufig erwiesen. Es war ferner Sitte, Verstorbenen Statuen zu errichten, um ihre Angehörigen, namentlich Eltern, zu trösten und zu ehren, selbst kleinen Kindern. In Brixia hat der Gemeinderat einmal für einen Knaben, der im Alter von 6 Jahren, 2 Monaten, 5 Tagen gestorben war, eine vergoldete Reiterstatue dekretiert, um den überlebenden Vater zu erfreuen: so gemein war also diese Art von Monumenten allmählich geworden, in denen noch Cicero einen Beweis für die Maßlosigkeit seines Zeitalters gefunden hatte. Eine noch höhere, doch ebenfalls nicht selten von städtischen Behörden beschlossene Auszeichnung war eine Statue auf einem Zweigespann. Eine solche hatte für einen dem Ritterstande angehörigen Patron der Stadt Präneste die dortige Bürgerschaft zum Dank für ein von ihm gegebenes glänzendes, zweitägiges Gladiatorenspiel verlangt; doch der Gemeinderat beschloß, ihm nur eine Reiterstatue zu setzen. Für einen vom Kaiser ernannten Verwalter des städtischen Zinsbuches in Panhormus (Palermo) war von der dortigen Einwohnerschaft eine größere Anzahl von Statuen auf Zweigespannen dringend verlangt worden, und es wurde ihm als Bescheidenheit angerechnet, daß er sich mit zwei solchen und (vermutlich) drei Reiterstatuen begnügte.

Eine andre Steigerung der Ehre war die Errichtung von mehreren Statuen derselben Person. Auf diese Weise belohnten z. B. die Athener ihren reichen (auch als epischen Dichter bekannten) Mitbürger Julius Nicanor, der (unter Augustus) die von ihnen aus Geldnot verpfändete oder verkaufte Insel Salamis für sie zurückkaufte: in rühmenden Inschriften wird er als „neuer Homer" und „neuer Themistocles" gepriesen. In der Zeit der Antonine erhielt ein P. Lucilius Gamala für seine zahlreichen Bauten und Schenkungen zu Ostia zwei Bronzestatuen, wovon eine vergoldet. Artemidor, Sohn des Theopomp, eines Freunds des Augustus, erhielt in seiner Vaterstadt Cnidus „drei marmorne, drei goldene und drei bronzene Büsten", außerdem stand eine goldene Büste von ihm in dem dortigen Artemistempel. In Sardes wurde kurz vor Beginn unserer Zeitrechnung ein um das Wohl der Stadt in hervorragender Weise verdienter Mann außer durch Verleihung zweier goldener Kränze durch die Errichtung von drei Statuen aus vergoldeter Bronze (darunter eine von mehr als Lebensgröße, eine andre als Reiterstandbild), weiter von vier Bronzestandbildern, drei Marmorstatuen und vier Porträtgemälden ausgezeichnet. In Aphrodisias beschloß man, für einen Unbekannten „vergoldete Porträtmedaillons und Statuen aus Marmor und Bronze in Tempeln und an öffentlichen Orten, die er selbst wählen sollte", zu errichten. Einer Priesterin in Calama in Numidien, die eine außerordentliche Freigebigkeit gegen die Stadt bewiesen hatte, beschloß der Gemeinderat fünf Statuen zu setzen. Ebensoviele Statuen der Sosia Falconilla wurden nach deren Tode ihrem Vater Q. Pompejus Sosius Priscus (Konsul 169) von der Gemeinde zu Cirta angeboten, von denen er jedoch nur eine annahm.

Die Fünfzahl erklärt sich in diesen beiden Fällen wohl daraus, daß von den zehn Kurien, in die hier wie in andern Städten Afrikas die Bürgerschaft geteilt gewesen sein wird, je zwei sich zur Errichtung einer Statue vereinigt hatten. Doch zu Hippo Regius in Numidien hatte einem Kaiserpriester und obersten Magistrat zum Dank für ein prachtvolles Gladiatorenspiel und andre Verdienste jede Kurie aus eignen Mitteln eine Statue (wohl auf seiner Villa) errichtet, und auch sonst finden sich in afrikanischen Städten Errichtungen von Standbildern durch „sämtliche Kurien", wie in den Städten andrer Provinzen durch sämtliche Stadtbezirke *(vici)*; so in Alexandria Troas, wo es deren mindestens zehn gab. In Rom hatten schon zu Sullas Zeit sämtliche Bezirke dem sehr populären M. Marius Gratidianus Statuen gesetzt, die Sulla nach dessen scheußlicher Ermordung umstürzen ließ. Einem C. Valerius Camillus beschloß nach einer in Avenches gefundenen Inschrift (etwa in Claudius' Zeit) die Gemeinde der Helvetier sowohl für sich als für ihre einzelnen Gaue Statuen zu errichten. Auf dieselbe Weise statteten, wie es scheint, die sämtlichen zwölf Phylen Attikas dem Tiberius Claudius Atticus ihren Dank für eine allgemeine Bewirtung ab: eine Ehre, die bis dahin vielleicht nur dem Kaiser Hadrian erwiesen worden war.

Sehr häufig, wenn nicht in der Regel, erfolgte übrigens die Errichtung der Statuen auf Kosten der Geehrten. Man liest auf ihren Inschriften die Formel: „mit der Ehre zufrieden, hat er die Kosten erlassen" so äußerst oft, daß man nicht zweifeln kann, die Statuen sind in sehr vielen Fällen erst dekretiert worden, nachdem eine vertrauliche Erklärung der zu ehrenden Personen erfolgt war, daß sie die Kosten selbst tragen würden. Ausnahmsweise ließ jemand auch wohl zu, daß die erforderlichen Beiträge gesammelt wurden, um sie dann zurückzuerstatten. In das Forum Sempronii (Fossombrone) ließ der Gemeinderat einmal eine im geheimen votierte Statue fertig zu dem Geehrten hinschaffen, damit er sie nicht aus zu großer Bescheidenheit, wie schon früher einmal, ablehne. In manchen Gegenden Griechenlands übernahmen öfters die Angehörigen des durch Votierung einer Statue Geehrten die Kosten der Errichtung.

Zu den ausgezeichneten Fremden, denen man diese Ehre erwies, gehörten im 2. Jahrhundert außer Dichtern besonders die bedeutendsten der von Ort zu Ort ziehenden Virtuosen der Beredsamkeit (Sophisten). So hatte Aristides an mehreren Orten Statuen erhalten; eine derselben zu Alexandria war ihm gemeinschaftlich von Alexandria, Hermopolis magna, Antinoe und den Griechen des Delta sowie des thebäischen Gaues errichtet worden. Eine Statue des Verfassers einer dem Dio von Prusa beigelegten Rede (Favorinus), welche die Stadt Korinth in ihrer öffentlichen Bibliothek hatte aufstellen lassen, damit er ihrer Jugend zum Vorbild diene, war bald nachher verschwunden. Apulejus sagt in seiner Dankrede für die ihm vom Gemeinderate zu Karthago votierte Statue, ihm sei diese Ehre bereits an andern Orten erwiesen worden; auch in mittelmäßigen Städten habe es dazu nicht an den Kosten für Bronze und an der Tätigkeit eines Künstlers gefehlt. Als der Philosoph Demonax einmal nach Olympia kam, votierten ihm die Eleer eine Bronzestatue: er lehnte sie ab, weil sie damit einen Tadel ihrer Vorfahren ausdrücken würden, die dem Sokrates und Diogenes keine gesetzt hätten. Bildnisse des Apollonius von Tyana hatte der Kaiser Aurelian in vielen Tempeln gesehen. Der unter Domitian wegen Fälschung verurteilte Philosoph Flavius Archippus in Bithynien hatte die Ehre der Statue dort öfters erhalten. Noch in der Zeit des Septimius Severus war es gewöhnlich, daß Philosophen durch Statuen geehrt wurden. Den Arzt und medizinischen Schriftsteller Heraclitus ehrte seine Vaterstadt Rhodiapolis in Lycien (im 1. Jahrhundert n. Chr.) mit einer vergoldeten Büste und „der Statue für wissenschaftliche Bildung" (d. h. einer solchen, wie sie Gelehrten und Schriftstellern gewöhnlich errichtet wurde); auf dieselbe Weise war er von den Gemeinden zu Alexandria, Rhodus, Athen, von dem dortigen Areopag, den dortigen Epikureischen Philosophen und der „heiligen" Genossenschaft der dramatischen Künstler geehrt worden.

Wie in den Munizipien diese Ehre im Namen der Stadt (wenn nicht durch die gesamte Bürgerschaft) durch den Gemeinderat dekretiert zu werden pflegte, so in Rom bis auf Diocletian durch den Senat. Für Lucilius Longus, einen der ältesten und nächsten Freunde des Tiberius, beschloß der Senat nach dessen Tode im Jahre 23 unter andern Ehren eine Statue auf dem Forum des Augustus auf öffentliche Kosten; denn damals, sagt Tacitus, wurde noch alles im Senat verhandelt. Caligulas Verbot, einem Lebenden ohne seine ausdrückliche Erlaubnis eine Statue oder ein Bildnis zu setzen, hob das selbständige Beschlußrecht des Senats auf; doch Claudius stellte es wieder her, da er sogar (im Jahre 45) die öffentliche Aufstellung der Bildsäulen durch Private von der Erlaubnis des Senats abhängig machte: nur solchen, die ein öffentliches Gebäude auf eigne Kosten aufgeführt hatten, oder deren Verwandten war es in demselben gestattet. Bis dahin hatte es jedermann frei gestanden, sein Bildnis gemalt oder in Stein und Erz öffentlich aufzustellen. Die Folge war eine Überfüllung Roms mit persönlichen Denkmälern gewesen, welcher Claudius durch eine neue Verteilung abhalf. Doch eine Errichtung von Statuen in Tempeln (wie z. B. der des Antonius Musa, des Arztes des Augustus, aus freiwilligen Beiträgen im Äsculaptempel) dürfte nach wie vor Privaten erlaubt gewesen sein.

Da übrigens der Senat diese Ehre sicherlich immer, wenn nicht auf den Befehl, so doch im Einverständnisse mit den Kaisern votierte, so wird die Errichtung von Statuen ebensogut auch diesen zugeschrieben. Von Tiberius sagt z. B. Cassius Dio, daß er viele Verstorbene durch Bildsäulen ehrte. Lebenden wurden (abgesehen von den Mitgliedern des Kaiserhauses) Statuen überhaupt in Rom nicht gar zu oft gesetzt; gegen Tote dagegen waren Senat und Kaiser mit dieser Ehre freigebig. Unter Nerva erhielt der sehr jung verstorbene Vestricius Cottius eine Statue; unter Marc Aurel die Vornehmsten der durch die Pest Hingerafften und die im Markomannenkriege gefallenen Adligen, die letzteren auf dem Trajansforum. Bei einem Regierungsantritte scheinen in der Regel die verstorbenen Verwandten des neuen Kaisers Statuen erhalten zu haben. Claudius wäre unter Caligula fast des Konsulats (37) entsetzt worden, weil er die Ausführung und Aufstellung der Statuen der verstorbenen Brüder des Kaisers, Nero († 31) und Drusus († 33), nachlässig betrieben hatte. Nero erbat noch im Jahre 54 vom Senat eine Statue für seinen Vater, Gnaeus Domitius. Antoninus Pius „nahm die (vom Senat) für seinen Vater, seine Mutter, seine Großeltern und Brüder, die sämtlich schon tot waren, dekretierten Statuen gern an".

Marc Aurel ehrte sogar die Freunde seiner Eltern nach ihrem Tode durch Statuen. Septimius Severus setzte solche seinen verstorbenen Angehörigen, seinen Eltern, seinem Großvater und seiner ersten Gemahlin.

Doch auch Lebenden erwiesen Senat und Kaiser zuweilen diese Ehre; so Trajan seinen besonders geschätzten Freunden Sosius Senecio, Cornelius Palma und Publius Celsus. Marc Aurel, der für seinen Lehrer in der Philosophie Junius Rusticus nach dessen Tode im Senat mehrere Statuen forderte, verlangte eine für seinen Lehrer in der Beredsamkeit, Fronto, offenbar noch bei dessen Lebzeiten. Auf seinen und seines Mitregenten Commodus Antrag votierte der Senat dem Präfekten des Prätoriums M. Bassäus Rufus drei Statuen: eine vergoldete auf dem Forum Trajans, eine in bürgerlicher Tracht in dem Tempel des Pius, eine im Harnisch wahrscheinlich in dem des rächenden Mars. Statuen gehörten zuweilen auch zu den militärischen Belohnungen. Constantius ließ z. B. die der Führer eines kühnen Ausfalls aus dem von den Persern (359) belagerten Amida in Armenien (Diarbekir) auf einem belebten Platze zu Edessa aufstellen, wo sie Ammian noch sah.

Mit Statuen waren in Rom vor allem die sämtlichen Fora mit ihren Kolonnaden und die bedeutendsten Tempel und deren Vorplätze gefüllt, das alte Forum und der Vorplatz des Juppitertempels auf dem Kapitol schon in der Republik. Von hier versetzte Augustus eine Anzahl von Statuen berühmter Männer wegen Mangels an Raum auf das Marsfeld. Auf dem Forum des Augustus wurden bis auf Trajan die vom Senat dekretierten Triumphalstatuen aufgestellt, nach Trajan gewöhnlich auf dessen Forum. Überhaupt wurde dieses je länger je mehr „der Mittelpunkt des Glanzes und der Auszeichnung", schon seit der Zeit der Antonine, wovon auch zahlreiche (bis ins 6. Jahrhundert hinabreichende) dort gefundene Postamente zeugen. Eine sehr seltene Ehre war eine Statue auf dem Palatium, die der Senat dem Vater des Kaisers Otho (L. Otho) für die Entdeckung eines Mordanschlags auf Claudius votierte. Dort, „über den Triumphalstatuen auf dem Forum", ließ Nero auch im Jahre 65 die Statuen des nachherigen Kaisers Nerva und des Tigellinus aufstellen. Sejan erhielt auf den Beschluß des Senats eine Statue im Pompejustheater, weil er die Ausbreitung eines Brandes, der darin im Jahre 22 ausgebrochen war, verhindert hatte. Passienus Crispus, der sich als Anwalt in Centumviralprozessen ausgezeichnet hatte, erhielt eine Statue in der Basilica Julia.

Die lebensgroßen Statuen der Obervestalinnen standen im Peristyl des jetzt wieder aufgedeckten Vestalinnenhauses ringsum unter der Säulenhalle; sechzehn davon sind ganz oder bruchstückweise erhalten, außerdem 30 Postamente mit Inschriften, von welchen 27 der Zeit vom Anfange des dritten bis zum achtzigsten Jahre des 4. Jahrhunderts angehören. Errichtet waren diese Statuen, deren feierlicher Ernst an dieser Stelle für den Beschauer etwas Ergreifendes hatte, teils von Priesterkollegien und einzelnen Priestern, teils von nahen Verwandten (meist Brüdern und Schwestern mit ihren Familien), teils von Untergebenen, Freigelassenen und solchen, die den Obervestalinnen zu Dank verpflichtet waren. Von Zeit zu Zeit muß hier immer durch Wegräumung älterer Statuen für neue aufzustellende Platz geschafft worden sein, zumal da die denselben Personen gesetzten sehr zahlreich sein konnten; wir kennen sieben einer Flavia Publicia aus der Mitte des 3. Jahrhunderts und ebenso viele einer Coelia Claudiana aus der nächstfolgenden Generation.

Derartige von Privatpersonen errichtete Denkmäler werden selbstverständlich weit seltener erwähnt als öffentliche; aber ob sie weniger zahlreich waren, ist die Frage. Zu ihnen gehören u. a. die von den Kollegien (Zünften, religiösen und andern Genossenschaften) ihren Patronen, Patroninnen und sonstigen Gönnern, von Soldaten ihren Befehlshabern usw. gesetzten Statuen. In Palmyra war es im 2. und 3. Jahrhundert offenbar gewöhnlich, daß die an einer Karawanenreise teilnehmenden Kaufleute dem Karawanenführer (συνοδιάρχης), der aus den angesehensten Bürgern der Stadt entnommen zu sein pflegte, eine Statue errichten ließen. Besonders häufig aber waren die beliebten und berühmten Bühnenküstlern, Musikern, Athleten und Wagenlenkern von ihren Anhängern und Verehrern errichteten Denkmäler; die der Wagenlenker waren wohl wenigstens großenteils von den Faktionen gestiftet. Die Menge solcher Statuen in dem eigentümlichen Kostüm des Zirkus fiel in Rom um die Mitte des 2. Jahrhunderts den Fremden auf, und nicht bloß diese Statuen, sondern auch die von Pantomimen sah man mit Götterbildern zusammen (d. h. in Tempeln) aufgestellt. Daß übrigens solche Künstler auch von den Gemeinden mit Standbildern geehrt wurden, und nicht bloß in Griechenland, ist bereits erwähnt worden. So werden denn die Denkmäler der berühmten sehr zahlreich gewesen sein. Nero zwang den schon sehr alten Tragöden Pammenes zum Wettkampf, um nach erlangtem Siege seine Statuen beschimpfen zu können. Berühmte Athleten kannte man nach ihren an vielen Orten aufgestellten Bronzestatuen. Solche wurden besonders von den Genossenschaften der Athleten errichtet; in manchen Spielen Griechenlands waren sie ein Teil des dem Sieger zuerkannten Preises; in den Leonideen zu Sparta erhielten die Sieger 100 Drachmen zu einer Büste.

In den mannigfachsten Verhältnissen des Privatlebens war die Errichtung einer Statue ein gewöhnlicher Ausdruck der Freundschaft und Hochachtung, der Ehrerbietung und Dankbarkeit. Schüler erwiesen diese Ehre ihren Lehrern, geheilte Patienten ihren Ärzten, freigesprochene Angeklagte ihren Verteidigern, Klienten und Freigelassene ihren Patronen (wie der ältere Plinius berichtet, in deren Atrien), Gastfreunde vornehmen Gästen. Der Obervestalin Campia Severina (im 3. Jahrhundert) errichtete jemand eine Statue, der ihr den Ritterstand und eine militärische Beförderung verdankte; ein andrer, weil er auf ihre Empfehlung zum Leiter der Verwaltung der kaiserlichen Bibliotheken ernannt worden war. Für einen D. Junius Melinus, der in der Stadt Cartima in Bätica zuerst römischer Ritter geworden war, hatten seine Freunde dort noch während seines Lebens eine Statue bestellt; als er (wie es scheint, vor der Errichtung) starb, setzte die Mutter sie dem Toten auf eigne Kosten. Von den oben erwähnten fünfzehn Statuen des konsularischen Amtsdieners L. Licinius Secundus zu Barcelona ist eine von den Sevirn der Augustalen zu Barcelona, zu denen er gehörte, eine von einem Kollegium, zwei von einzelnen Sevirn, fünf von Freunden, eine von einem Freigelassenen errichtet worden. Doch auch Höhergestellte bezeugten Geringeren auf diese Art ihre Achtung. Der Konsular Aemilianus Strabo hatte in einem Schreiben an den Gemeinderat zu Karthago erklärt, dort dem Apulejus eine Statue errichten zu wollen, und Apulejus äußert sich für diese Ehre überschwenglich dankbar.

Endlich war es offenbar zu allen Zeiten häufig, daß Privatpersonen sich selbst bei Lebzeiten durch Statuen verewigten, was ja, wie bemerkt, zu Rom vor dem Jahre 45 sogar an öffentlichen Orten hatte geschehen können. Wie seitdem dort der Senat, so mußte in den übrigen Städten der Gemeinderat zur öffentlichen Aufstellung von Privatdenkmälern die Erlaubnis geben, beziehentlich den Platz anweisen. In einer Stadt in Südspanien wurde einem lebenslänglichen Augustalen außer öffentlicher Bewirtung *(cenae publicae)* vom Gemeinderat ein Platz angewiesen, um Statuen für sich, seine Frau und Kinder zu errichten, was auch geschah. Auf eignem Grund und Boden stand selbstverständlich die Errichtung beliebiger Denkmäler jedermann frei. Der Redner M. Aquilius Regulus hatte in seinem Garten jenseits des Tiber eine sehr weite Strecke mit unermeßlichen Kolonnaden bebaut, das Ufer mit seinen Statuen besetzt; wie er denn (nach der Ansicht seines erbitterten Gegners Plinius) bei großem Geize verschwenderisch, bei all seiner Verrufenheit prahlerisch war. Seinem im Jahre 104 im Knabenalter verstorbenen Sohne ließ er eine Menge Statuen und Bildnisse errichten, betrieb die Herstellung in allen Werkstätten, ließ ihn in enkaustischen und andern Gemälden, in Bronze, Silber, Gold, Elfenbein, Marmor abbilden. Ebenso will Claudius Etruscus bei Statius die Züge seines in hohem Alter gestorbenen Vaters in „leuchtendem Stein“, in Elfenbein und Gold, und auf Tafeln mit farbigem Wachs verewigen lassen.

Wie unter den öffentlichen, so werden auch unter den Privatdenkmälern die Bildnisse der Toten, gemalte wie gemeißelte, zahlreicher gewesen sein als die der Lebenden. Herodes Atticus ehrte nicht bloß seine verstorbene Gemahlin Annia Regilla durch eine Menge von Monumenten, sondern errichtete auch von seinen Pflegesöhnen Achilles und Polydeukes († nach 130) nach ihrem Tode „auf Feldern, in Gebüschen, an Quellen und unter schattigen Platanen“ Marmorstatuen, die sie jagend, sich zur Jagd rüstend oder davon ausruhend darstellten; Inschriften (die zum Teil noch erhalten sind) sprachen Verwünschungen gegen jeden aus, der diese Figuren verstümmeln oder von der Stelle rücken würde. Ein Teil der Monumente von Verstorbenen schmückte natürlich ihre Gräber. Auch unter diesen waren öffentliche, deren Errichtung nicht selten mit einem Begräbnis auf öffentliche Kosten verbunden wurde. Sehr häufig wurden in Testamenten über die am Grabe zu errichtenden Statuen Bestimmungen getroffen; so z. B. von einem Duumvirn in Brixia über sieben Statuen nebst Postamenten, die ihm, seinem Sohne und fünf andern Personen gesetzt werden sollten. In einer nordafrikanischen Stadt vermachte jemand der Gemeinde ein Kapital, von dessen Zinsen eine jährliche Geldverteilung an seinem Geburtstage, außerdem aber die Errichtung seiner Statue für 3200 Sesterzen in jedem siebenten Jahre bestritten werden sollte. In einer Stadt Südspaniens verordnete eine Frau, daß ihr eine Statue für 8000 Sesterzen (1740 Mark) errichtet und verschiedene Geschmeide daran angebracht werden sollten, mit genauer Angabe der Zahlen der (goldenen) Glieder und Perlen, aus denen die einzelnen Schnüre bestehen mußten; ihr Sohn fügte noch silberne, mit Edelsteinen besetzte Armbänder und einen Jaspisring für 7000 Sesterzen hinzu. In dem Testament eines begüterten Manns in der Gegend von Langres wird die Errichtung eines zweistöckigen Grabmals angeordnet, dessen Oberstock einen nach vorn offenen, durch Säulen abgeschlossenen Raum *(exedra)* bilden sollte: hier sollten zwei Statuen des Verstorbenen stehen, eine, sitzend, „aus dem besten überseeischen (wohl griechischen) Marmor," die andre aus der besten Bronze zweiter Sorte (die zu öffentlichen Publikationen verwandt wurde — *aes tabulare)*, mindestens fünf Fuß hoch. Der Trimalchio Petrons (dessen testamentarische Bestimmungen in manchen Beziehungen an die dieser Urkunde erinnern) bestellt für sein Grabmal seine Statue mit einem Hündchen, nebst Kränzen und Salben am Boden; zu seiner Rechten soll die seiner Frau stehen, eine Taube in der Hand und ebenfalls ein Hündchen an einem Bande haltend. Der freigelassene Abascantus, Sekretär Domitians, errichtete seiner Gemahlin Priscilla ein palastartiges Grabmal, in welchem ihr Bild mehrmals wiederholt in den Gestalten verschiedener Göttinnen stand, als Ceres und Ariadne in Bronze, als Maja und keusche Venus in Marmor. Verstorbene in der Gestalt von Gottheiten darstellen zu lassen, war überhaupt nicht selten, doch die Darstellung nach dem Leben die Regel. Ein großer Teil der erhaltenen Porträtstatuen und -büsten stammt von Grabdenkmälern. Die Wanderer, welche zwischen diesen rechts und links an den Landstraßen sich hinziehenden Monumenten den Toren großer Städte zuschritten, sahen sich gleichsam von langen Reihen von Erz- und Marmorbildern der Männer und Frauen früherer Geschlechter begrüßt, ehe sie in das Gewühl des Lebens der Gegenwart eintraten.

Übrigens dürfte auch die Errichtung von Denkmälern hervorragender Männer aus älterer Zeit durch ihre Verehrer und Bewunderer immer häufig gewesen sein. So ließ Caracalla nicht bloß „in allen Städten" Bildnisse und Statuen von Alexander dem Großen, teils allein, teils zusammen mit dem seinigen, aufstellen (das letztere namentlich zu Rom auf dem Kapitol und sonst in Tempeln), sondern auch von Sulla und Hannibal.

Die Herstellung persönlicher Denkmäler ist bis in das späteste Altertum nicht bloß durch die Malerei, sondern auch durch die Plastik in verhältnismäßig großem Umfang betrieben worden. Die Sucht, sich durch prunkende Bildwerke, namentlich vergoldete Bronzestatuen zu verewigen, wurde noch zu Ende des 4. Jahrhunderts von Ammian zu den charakteristischen Neigungen des römischen Adels gezählt. Von den hervorragendsten Schriftstellern und Dichtern dieser Zeit wurde die Ehre der Statue dem Rhetor Marius Victorinus und dem Dichter Claudianus (beiden auf dem Trajansforum) zuteil; und Ausonius sagt, wenn er die Zuschrift des Kaisers, die seine Ernennung zum Konsul enthielt, überall anschlagen ließe, würde er mit so vielen Statuen geehrt werden, wie die Bücher Seiten haben. Noch unter Zeno wurden zu Rom Standbilder errichtet, und es gab deren dort auch von Theoderich (die Rusticiana umstürzen ließ). Unter den gewiß zahlreichen Statuen Justinians zu Constantinopel wird seine kolossale Reiterstatue aus Bronze auf dem Augusteum die hervorragendste gewesen sein: in der Linken hielt der Kaiser die Weltkugel mit dem Kreuz, und die Rechte war wie gebietend nach dem Osten ausgestreckt.

c) Religiöse Kunst

Das dritte große Kunstgebiet außer dem dekorativen und dem monumentalen, auf dem eine unaufhörliche Massenproduktion einem in der ganzen römischen Welt verbreiteten Bedürfnisse zu entsprechen hatte, war das religiöse.

Hier konnte freilich für die eigentlichen Kultuszwecke fast allein die Plastik tätig sein, Malerei und Mosaik nur für die Dekoration der heiligen Räume in Anspruch genommen werden. Die Natur, die Stärke und allgemeine Verbreitung des Götterglaubens in jener Zeit, von dem der Bilderdienst unzertrennlich war, wird später ausführlich behandelt werden. Mindestens von der großen Zahl der bedeutenderen Gestalten der römisch-griechischen Götterwelt hatte damals noch keine ihre Verehrung eingebüßt, dagegen hatten zahlreiche, früher auf enge Gebiete beschränkte Fremdgötter, namentlich des Orients, sich über das ganze Weltreich verbreitet: die Zahl der göttlichen Personen war also gewachsen. Doch das Ansehen und die Verbreitung der einzelnen Götterdienste nahm infolge verschiedener Einflüsse nicht selten erheblich ab oder zu. Namentlich der zur Schau getragene Eifer einzelner Kaiser für bestimmte Kulte (wie des Augustus für den des Apollo, des Domitian für den der Minerva, des Commodus für Hercules und verschiedene Fremdkulte, des Septimius Severus für Hercules und Bacchus) konnte nicht ohne Wirkungen bleiben: jede dieser Regierungen machte den von ihr ausgezeichneten Dienst in weiten Kreisen zum herrschenden und trug im entsprechenden Maße zur Vervielfältigung seiner Idole bei. Die Massen von Götterbildern, die infolge der zunehmenden Theokrasie sich in allen größeren, an Tempeln reichen Städten gesammelt haben müssen, sind wir völlig außerstande uns vorzustellen. Die Angabe einer Legende, daß auf dem Kapitol zu Trier hundert Götzenbilder gestanden haben, ist an sich nichts weniger als glaublich oder erstaunlich.

Der Eifer, die Götter zu verehren und ihre Gnade durch fromme Werke aller Art zu gewinnen, betätigte sich mit Vorliebe durch Schenkungen und Stiftungen zu Kultuszwecken, vor allem von Götterbildern, und zwar nicht bloß für die Tempel; sie galten, wie bemerkt, auch als der würdigste Schmuck für öffentliche Plätze und Bauten. Die zufällig bei dem ältern Plinius erhaltene Nachricht, daß die Hauptstadt der Arverner (Clermont) einen kolossalen Merkur ausführen ließ, dessen Herstellung zehn Jahre dauerte und wofür der Künstler an Honorar allein 400.000 Sesterzen (87.000 Mark) erhielt, gibt einen sehr hohen Begriff von dem auch in den Provinzen für Götterbilder gemachten Aufwande und nötigt zu der Annahme, daß deren Herstellung in allen Größen und Materialien sowie in allen Abstufungen des künstlerischen Werts Tausende von Werkstätten im römischen Reiche beschäftigte.

Sodann ist zu glauben, daß bei jedem größeren Tempel eine Ansiedlung von Künstlern und Kunsthandwerkern bestand, die den zuströmenden Gläubigen die Möglichkeit gewährte, sowohl durch fromme Darbietungen und Stiftungen (von Götterbildern, Weihgeschenken, Votivtafeln) der Gottheit ihre Verehrung zu erweisen, als auch Andenken aller Art von dem Heiligtum in die Heimat mitzunehmen: diese Künstler konnten dann auch zu den fort und fort erforderlichen Reparaturen und Dekorationsarbeiten herangezogen werden. Von dem neuen Gotte in Schlangengestalt mit Menschenantlitz, den Alexander von Abonuteichos seinen Gläubigen vorwies und Glycon nannte, waren sogleich in Paphlagonien und den angrenzenden Landschaften Gemälde und plastische Darstellungen in Bronze und Silber zu haben. Allbekannt ist der Silberschmied Demetrius, der zu Ephesus Nachbildungen des Tempels der großen Artemis verfertigte, was dort vielen Arbeitern einen großen Verdienst gab; selbstverständlich müssen andre Künstler Nachbildungen des berühmten Bilds der Göttin zu allen Preisen geliefert haben. Derartige Andenken für Wallfahrer mag auch ein Händler mit Elfenbeinsachen verkauft haben, dessen Inschrift in der Nähe des Tempels der Feronia am Soracte gefunden worden ist. Dasselbe läßt sich für alle großen und vielbesuchten Tempel voraussetzen, wenn es auch sonst nur für den der Aphrodite auf Cypern nachweisbar ist, deren tönerne Idole sich in Seegefahr wundertätig erweisen sollten: schon aus dem Anfange des 7. Jahrhunderts v. Chr. wird berichtet, daß ein Schiff des Naukratis aus einem furchtbaren Sturme aufs wunderbarste durch ein spannenlanges Aphroditebild von altertümlicher Arbeit gerettet wurde, das ein mitreisender Kaufmann in Paphus gekauft hatte und bei sich trug.

Erwägt man nun noch, daß nach Tertullian Kunstarbeiter, die Christen geworden waren, erklärten, nicht zu wissen, wovon sie leben sollten, wenn ihnen die Anfertigung von Götterbildern verboten wäre, so wird man glauben, daß das religiöse Gebiet dasjenige war, auf dem die Kunstfertigkeit im ganzen römischen Reiche am meisten in Anspruch genommen wurde.

Dreifach war also die Aufgabe, welche die römische Kultur den bildenden Künsten stellte: dem Glauben Bilder der Gottheit zu schaffen und die ihr geweihten Räume würdig zu schmücken, das Gedächtnis von Personen und Ereignissen der Nachwelt zu überliefern, die Wohnungen der Lebenden wie der Toten mit heiterer Pracht zu füllen. Jedes dieser Bedürfnisse war im Wesen der römischen Kultur, wie sie sich seit dem Beginne des römischen Weltreichs gestaltete, tief begründet: alle drei verbreitete sie über die Welt, die sie sich je länger, desto völliger unterwarf; und darum folgte ihr die Kunst, die jene Forderungen allein zu erfüllen vermochte, überall bis an die Grenzen ihres ganzen ungeheuren Gebiets.

Die bisher mitgeteilten Tatsachen beweisen dieses schon hinlänglich. Aber freilich, wollte man deren (was sehr leicht wäre) noch weit mehr häufen: niemals würde es doch gelingen, ein deutliches Bild dieser Massenproduktion der Künste, die (auf einem Gebiet von über 5 Millionen Quadratkilometer) jahrhundertelang unablässig fortdauerte, zu entwerfen. Wir Modernen kennen das Kunstbedürfnis und die ihm entsprechende künstlerische Tätigkeit nur als verhältnismäßig seltene, isolierte und engumgrenzte Erscheinungen. Jenes eine ganze Welt erfüllende Kunstbedürfnis, das mit der römischen Kultur untergegangen ist, bleibt uns bis auf einen gewissen Grad unfaßlich; die Tatsache, daß es wirklich nach allen Richtungen hin völlige Befriedigung fand, behält für uns etwas Fabelhaftes, wie viele Zeugnisse sie auch unzweifelhaft machen. Bei dem Versuch, die Überfülle der in Tausenden von Städten jahraus, jahrein neu entstehenden und trotz aller Zerstörung sich immer mehr häufenden Werke sämtlicher bildenden Künste sich vorzustellen, erlahmt die Phantasie.

Einen Blick freilich in diese versunkene Kunstpracht der römischen Welt hat uns die Entdeckung der verschütteten Städte gewährt: und wenn sie uns auch nur ein winziges Teilchen des ungeheuren Ganzen und noch dazu in sehr entstellter Gestalt zeigt, immer bleibt diese Anschauung unschätzbar. Denn hier erhält man den Eindruck, daß ein so verschwenderisch ausgestreuter Reichtum in der Tat unerschöpflich sein mußte. Daß sich Herculaneum und Pompeji durch künstlerischen Schmuck vor anderen Städten Italiens irgendwie ausgezeichnet hätten, läßt sich durchaus nicht annehmen, im Gegenteil führt alles darauf, daß sie uns höchstens das durchschnittliche Maß desselben kennen lehren. Ostia war schon im 15. Jahrhundert eine unerschöpfliche Fundgrube von Antiken; die Menge der Statuen, Sarkophage, Mosaiken und Trümmer erregte dort damals Verwunderung. Ausgrabungen in Aricia, die nur neun Jahre dauerten (1787—96), haben den größten Teil der stattlichen Skulpturensammlung des Kardinals Despuig zu Palma auf Majorca geliefert. Auch Werke wie der Zeus von Otricoli, die Athena von Velletri usw. lassen eine hohe Meinung von dem Schmuck der Mittelstädte gerechtfertigt erscheinen. Wie sie aber durch die Pracht und den Reichtum der großen Städte (wie Capua, Bononia, Ravenna) und der besonders glänzend ausgestatteten Orte (z. B. Antium) weit überboten wurden, ebenso weit müssen diese wieder hinter Rom zurückgestanden haben.

Von den Kunstwerken Roms haben wir einige Zahlenangaben. Sie sind teils in statistischen Notizen am Schluß einer Stadtbeschreibung aus dem 4. Jahrhundert (Curiosum) erhalten, denen aber eine nachlässig bearbeitete Urkunde aus dem 1. zugrunde liegt, teils stammen sie wohl aus einer vollständigeren Redaktion dieser Notizen, die der Rhetor und Bischof von Meletine, Zacharias, bei Abfassung seiner Kirchengeschichte im Jahre 546 benutzte. Wieviel von diesen Angaben aus dem 1. Jahrhundert (etwa der Zeit der Stadtvermessung Vespasians) herrührt, wieviel aus späteren Verzeichnissen — z. B. denen des schon unter Constantin begegnenden *curator statuarum* — hinzugetan ist, läßt sich nicht ermitteln; auf jeden Fall sind sie sehr unvollständig. Verzeichnet sind darin: 2 Kolosse (vielleicht der Bronzekoloß des Augustus in der Gestalt Apollos, in der Bibliothek beim Tempel des letzteren auf dem Palatin, und der von Vespasian in einen Sonnengott verwandelte Neros, 22 kolossale Reiterstatuen, 80 vergoldete und 74 oder 77 elfenbeinerne Götterbilder (nur außerhalb der Tempel aufgestellte sind hier gezählt) und 3785 Bronzestatuen „von Kaisern und andern Feldherrn". Nicht gezählt sind also die übrigen Porträtstatuen aus Bronze, die gewiß auch sehr zahlreichen profanen Marmorstatuen, die marmornen und unvergoldeten bronzenen Götterbilder, die natürlich um sehr vieles zahlreicher waren als jene kostbaren, und die überaus große Zahl der in den Tempeln, öffentlichen Gebäuden (Thermen, Portiken, Theatern usw.), Palästen und Privathäusern befindlichen Statuen. Dieses „Volk von Statuen", das nach einem Ausdrucke Cassiodors als eine zweite Einwohnerschaft neben der lebenden Bevölkerung in den Mauern Roms wohnte, war noch gegen den Ausgang der Antike sehr groß und ist auch unter den christlichen Kaisern nicht stark vermindert worden, da die aus Tempeln und andern öffentlichen Gebäuden entnommenen heidnischen Kunstwerke zum Schmuck der Städte verwandt wurden. „Eine große Menge dieser Zierden erhielt sich bis ins 7. Jahrhundert, wo Constans II. (seit 641) bei seiner Anwesenheit in Rom eine Plünderung vornahm, nach welcher nicht viel Bedeutendes übriggeblieben sein kann." Und dennoch haben die auf dem Boden der Stadt ausgegrabenen Überbleibsel der Marmorwerke allein hingereicht, so viele Paläste und Museen zu füllen.

3. DER KUNSTBETRIEB

Die bisherige Betrachtung hat die Verbreitung eines für die heutige Welt fast unglaublichen Kunstbedürfnisses über das ganze Gebiet der römischen Kultur, die Unentbehrlichkeit der sämlichen bildenden Künste für Staat, Religion und Privatleben gezeigt. Selbstverständlich stand die Ausbreitung sowie die Höhe und der Umfang ihrer Leistungen im ganzen überall im Verhältnis zu der Herrschaft der Kultur, in deren Dienst sie tätig waren. Wo diese fest, dauernd und tiefgreifend war, entfaltete sich ihr Leben reich, großartig und glänzend. So z. B. allem Anschein nach auch an der äußersten Ostgrenze des Reichs in den Städten der ostjordanischen Landschaft Batanäa und in Palmyra, dessen reiche Ruinenwelt uns trotz mancher nationalen Eigenart doch im wesentlichen das Bild einer griechisch-römischen Stadt bietet; in Samosata fand Moltke „einen Marmorfries von so schöner Arbeit, wie ich nie gesehen, Laubwerk, Vögel, Stiere, alles so wohlerhalten, als ob es erst fertig geworden wäre". Wo dagegen die römische Kultur nur für kurze Zeit und an der Oberfläche haftete, kam die Kunstübung nicht über kümmerliche Anfänge hinaus; ganz aber hat es daran selbst in den am unvollkommensten romanisierten Grenzlandschaften nicht gefehlt. Dies bezeugen teils inschriftliche Angaben über Errichtung von Statuen, z. B. in Mösien und Dacien, teils Überreste von Bildwerken, die nur an Ort und Stelle gearbeitet sein könnten. An den am weitesten südlich von Tripolis vorgeschobenen Posten der dritten Legion, am Rande der Hamâda, konnten Grabdenkmäler von Offizieren (wie erwähnt) mit Skulpturen ausgestattet werden. Von den Mithräen der Rheinlandschaften, die zu den allerbedeutendsten dieser Gattung von Denkmälern gehören, ist keines aus Marmor, die besten aus feinem Jurakalk. Sämtliche dortige Arbeiten aus diesem Material sowie aus Sandstein rühren von provinziellen Bildhauern und Steinmetzen her, deren große Mehrzahl allerdings nur eine handwerksmäßige Geschicklichkeit besaß, die jedoch zum Teil römische Muster nachahmten. Aus Jurakalk ist auch das in Köln gefundene Fragment einer Gruppe des mit Anchises aus Troja fliehenden Aeneas, eine tüchtige Arbeit, spätestens aus trajanischer Zeit. Recht gute Arbeiten einheimischer Künstler sind auch die beiden Minervenstatuen von Öhringen in Württemberg (vicus Aurelii im Zehntlande), aus einem feinkörnigen gelben Sandstein, wie er in der Umgegend sich findet und auch zu den römischen Denkmälern in Heidelberg, Ladenburg, Osterburken usw. besonders gern benutzt wurde. Das treffliche Orpheusmosaik zu Rottweil ist aus Steinen der Gegend gearbeitet, und der auf dem berühmten Neptunsmosaik von Vilbel an der Nidda genannte Künstler verrät sich durch seinen Namen Pervincus (der auch in Mainz und südlich davon mehrmals vorkommt) als ein Nichtrömer; die von den Bewohnern des Mainzer Lagerdorfes dem Kaiser Nero zu Ehren errichtete große Juppitersäule ist das Werk zweier einheimischer Künstler. Auch in England sind Inschriften eines Erzgießers und eines Bildhauers gefunden worden. In der Malerei dürfte übrigens wie in der Mosaikkunst der Abstand der provinziellen Leistungen von den italischen geringer gewesen sein als in der Skulptur. Die besseren Wandmalereien der römischen Villen im belgischen Gallien stehen den pompejanischen nicht nach.

Abgesehen nun von der sehr verschiedenen Höhe der Entwicklung in den mehr oder weniger kultivierten Ländern zeigen die Kunstreste in allen Teilen des römischen Reichs im großen und ganzen eine durchgehende Übereinstimmung, nicht bloß in der Komposition und Behandlung, sondern auch in den Motiven und Gegenständen. Nur auf einem Gebiet, dem keltischen, darf vielleicht von einer eigenartigen Kunstentwicklung gesprochen werden. Gegenüberdem „malerischen Gestaltengewimmel" der Reliefs am Grabmal der Julier zu St. Remy machen die übrigen Reliefs der Kaiserzeit fast den Eindruck „einer Rückkehr zu der schlichteren Art der früheren Zeit". Besonders aber tritt in jenen zahlreichen und bedeutenden, aus dem 2. und 3. Jahrhundert stammenden Grabmonumenten der Maas- und Moselgegend, die zu den interessantesten Leistungen provinzieller Künstler gehören, eine selbständige und entschieden realistische Richtung hervor und zugleich eine Frische und Gewandtheit der Formgebung, wie sie italische Monumente nach Hadrian nicht aufzuweisen haben. Die Reliefs, die diese Denkmäler schmücken, sind vorwiegend Darstellungen von Szenen aus dem täglichen Leben der Verstorbenen, die sich durch größte Lebenswahrheit auszeichnen, und in denen eine ungemeine Sorgfalt auf genaue Wiedergabe aller Einzelheiten verwandt ist. Von italischen Arbeiten weichen sie so sehr ab, daß selbst Kenner dieser letzteren anfänglich an ihrer Entstehung im römischen Altertum zu zweifeln pflegen. Auch im Aufbau und der Ornamentik haben sie manches Eigentümliche. Die Entwicklung dieser in ihrer Art einzigen Kunstrichtung im belgischen Gallien ist um so merkwürdiger, als in dem benachbarten lugdunensischen sowie in den beiden Germanien die Art der Kunst durchaus durch italischen Einfluß bestimmt ist. Man glaubt hier einen von Massilia ausgegangenen hellenisierenden Kultur- und Kunststrom längs Rhone und Saone bis zur Mosel verfolgen zu können.

Noch zwei Provinzen nehmen in bezug auf die Kunst in ganz andrer Weise eine Sonderstellung ein: Ägypten, das einzige Land, in dem eine uralte einheimische, von der universal gewordenen griechisch-römischen grundverschiedene Kunstübung fortbestand, und Palästina, wo die Religion die Bevölkerung mit Abneigung gegen die bildenden Künste erfüllte.

Die beispiellose Stabilität, die Ägypten vor allen Ländern des Altertums auszeichnet, zeigt sich namentlich auch darin, daß dort Baukunst, Malerei und Skulptur unter den römischen Kaisern im wesentlichen in derselben Weise geübt wurden, wie in der ganzen seit dem Verlust der nationalen Selbständigkeit vergangenen Zeit. Wie manche Wandlungen die Kunst auch in so vielen Jahrhunderten erfahren hatte, namentlich durch fremde Einflüsse und eine schon unter den Ptolemäern eingetretene Verrohung, der flüchtigen Betrachtung waren sie im Altertum ebensowenig wahrnehmbar wie in der Gegenwart. Von Skulpturen aus dem 2. Jahrhundert n. Chr., deren Entstehungszeit sich aus datierten Inschriften ergibt, haben Kenner des ägyptischen Altertums geglaubt, daß sie 3000 Jahre v. Chr. gearbeitet sein könnten. Nicht bloß die Tempelbauten der ägyptischen Götter wurden in der römischen Kaiserzeit nach den uralten Traditionen ausgeführt, auch die Technik aller übrigen Künste hatte sich völlig unverändert erhalten. Die Wände der Tempel füllten sich noch immer mit denselben Skulpturen, denselben Hieroglyphen, die Vergoldung der spulptierten und architektonischen Ornamente erfolgte in derselben Weise, die Farben der Gemälde waren noch immer so lebhaft und dauerhaft wie zur Zeit der Errichtung der Paläste von Theben und der nubischen Grotten. Daß aber neben der einheimischen Kunst in Ägypten auch eine griechisch-römische bestanden hat, ist zweifellos. Schon eine völlige Abschließung Ägyptens gegen die angrenzende Provinz Cyrenaica wäre kaum denkbar: und hier bezeugen bedeutende Überreste, daß Architektur, Skulptur und Malerei auch in römischer Zeit eine hohe Blüte gehabt haben. Doch die Verwendung der Kunst dieses Nachbarlands in dem römischen Ägypten hätte allein dem Bedürfnis nicht entsprechen können. In einer Provinz, in der ein römischer Statthalter mit seinem Hof residierte, die eine stehende Besatzung von zwei Legionen hatte, in der Römer und Griechen zahlreich wohnten und noch mehr reisten, mußten auch römische Künstler und Kunsthandwerker zu Kunstunternehmungen aller Art stets zur Verfügung sein. Schon von Antonius und Cleopatra waren dort zahlreiche Statuen errichtet worden, von denen die ersteren nach der Schlacht von Actium umgestürzt wurden, die letzteren stehen blieben; Statuen des Augustus wurden 7 oder 8 Jahre später aus den Grenzdistrikten Philä, Elephantine, Syene von den dort (24/23 v. Chr.) eingefallenen Äthiopiern als Siegeszeichen fortgeschleppt; später ist in Ägypten, wie erwähnt, zur Errichtung und Erhaltung von Kaiserstatuen eine allgemeine Steuer eingeführt worden; und der erste dortige römische Präfekt, Cornelius Gallus, ließ die seinigen im ganzen Lande aufstellen. Eine Steintafel in Philä mit einer von ihm herrührenden Urkunde (über die Unterdrückung eines Aufstands in der Thebaide) enthält ein Bild des Kaisers (in Gestalt eines gegen einen in die Knie gesunkenen Gegner ansprengenden Reiters) in vertieftem Relief, „das der ägyptischen Kunst fremd ist". Andre von den Schriftstellern der Kaiserzeit erwähnte Bildwerke wird man eher ägyptischen, in nationaler Weise arbeitenden Künstlern zuschreiben. Vitrasius Pollio, Prokurator in Ägypten unter Claudius, machte einen Versuch, den Porphyr der großen, damals eröffneten Brüche am Roten Meer (mons Claudianus) zu Statuen zu verwenden, und sandte Proben davon nach Rom; einige Überbleibsel dieser ohne Zweifel an Ort und Stelle ausgeführten Skulpturen scheinen noch vorhanden zu sein; doch die Neuerung fand keinen Beifall, erst im 3. Jahrhundert ist der Geschmack an Bildwerken aus Porphyr aufgekommen. Auch aus dem Stein von Memphis wurden Statuen (vielleicht vorzugsweise ägyptischer Gottheiten) gearbeitet.

Der auf religiösen Satzungen beruhende Widerwille der Juden gegen die bildenden Künste ist bekannt; sie lassen, sagt Tacitus, keine Bildnisse in ihren Städten, geschweige denn in ihren Tempeln zu; weder wird in dieser Weise den Königen geschmeichelt, noch den Kaisern Ehre erwiesen. Selbst das Betreten von Orten, an denen sich heidnische Bilder befanden, erschien den Strengsten unzulässig. Rabbi Gamaliel der Zweite (unter Hadrian) rechtfertigte seinen Besuch des Bads der Aphrodite zu Acco (Ptolemais) damit, daß das Bild der Aphrodite um des Bads willen, nicht das Bad um des Bilds willen da sei. Die Essener gingen so weit, daß sie die Städte nicht betraten, um nicht durch Tore gehen zu müssen, auf denen Statuen waren, weil sie es für unerlaubt hielten, unter Bildern zu gehen. Schon diese Nachricht erinnert daran, daß in Palästina (in den Städten mit teilweise oder überwiegend heidnischer Bevölkerung) die Tore und so gewiß auch andre öffentliche Bauten den Schmuck der Skulptur keineswegs entbehrten, daß also an solchen Orten der jüdische Bilderhaß höchstens die Ausübung der Künste durch Juden, aber nicht durch Fremde, noch die Einführung fremder Kunstwerke zu hindern vermochte. Schon Herodes der Große hatte seine Prachtbauten mit Skulpturen geschmückt, ohne sich an das Ärgernis zu stoßen, das er den Orthodoxen gab. An der Einfahrt des von ihm angelegten Hafens von Cäsarea standen drei Kolosse, und in dem dortigen Tempel des Augustus Kolossalstatuen des Kaisers und der Roma. Bei dem Ausbruche des jüdischen Kriegs wurde der Palast des Tetrarchen Herodes

Antipas in Tiberias wegen der wider das Gesetz verstoßenden Bildwerke zerstört, mit denen er ausgestattet war. Bei Cäsarea Philippi sind mehrere Nischen in eine Felswand eingehauen, in denen einst Götterbilder gestanden haben mögen.

Selbst zur Darstellung lebender Personen war die Verwendung der bildenden Künste in Palästina keineswegs unerhört, und es ist neuerdings sogar die Vermutung ausgesprochen worden, daß die Juden auf hellenistischer Grundlage namentlich auf dem Gebiet der Miniaturenmalerei eine eigene, stark orientalische figürliche Kunst herausgebildet haben. Die von der Fürstin Alexandra an Antonius gesandten Porträts ihrer Kinder wurden bereits erwähnt. Über den Tod des Königs Herodes Agrippa I. († 42) erhob sich in Cäsarea und Sebaste ein roher Jubel; die Soldaten schleppten die Statuen seiner drei Töchter (von 16, 10 und 6 Jahren) auf die Dächer der Bordelle und übten an ihnen den scheußlichsten Frevel. Als Caligula den Prokonsul von Syrien P. Petronius mit der Aufstellung seiner Kolossalstatue im Tempel zu Jerusalem beauftragte, ließ dieser die erfahrensten Künstler aus Phönizien kommen und übertrug ihnen die Ausführung, die in Sidon erfolgte; das Material lieferte er ihnen. Nachdem Agrippa schon den Kaiser bewogen hatte, von seinem Vorhaben abzustehen, kam dieser nochmals darauf zurück und ließ nun einen Koloß aus vergoldeter Bronze in Rom selbst arbeiten, um den Aufruhr zu vermeiden, den der Transport der in Sidon ausgeführten Statue durch das Land erregt haben würde.

Überhaupt dürfte ein nicht geringer Teil der für die Provinzen bestimmten Kunstwerke in Rom bestellt und gearbeitet worden sein, vielleicht selbst für Provinzialen, gewiß in der Regel für die Kaiser bei ihren auswärtigen Bauten und Kunstunternehmungen. Arrian fand bei Trapezunt an der Stelle, wo Xenophon und Kaiser Hadrian das Schwarze Meer erblickt hatten, eine Statue des letzteren, die zum Andenken an seinen dortigen Besuch errichtet war: sie wies auf das Meer. Da sie aber weder ähnlich noch gut gearbeitet war, bat Arrian den Kaiser, eine seiner würdige Statue in derselben Stellung zu senden. Auch für einen dortigen schönen Hermestempel aus Quadersteinen, in dem aber die Statue des Gottes schlecht war, erbat Arrian eine neue von fünf Fuß Höhe und eine des Philesios (eines dort verehrten, von Hermes abstammenden Heros) von vier Fuß. Ebenso wird die Statue der Victoria, die sich im Jahre 61 im Tempel des Claudius zu Camulodunum angeblich umgedreht hatte, sowie die selbstverständlich dort befindliche Statue des Kaisers aus Rom nach Britannien gesandt worden sein. Nicht wenige außerhalb Roms gefundene Sarkophage tragen den deutlichen Stempel stadtrömischer Arbeit, nicht bloß in Italien, sondern z. B. auch ein in Kreta gefundener des Cambridger Museums. Die Ausführung von Bildwerken in größtem Umfange war in Rom um so leichter, als dorthin die Erträge der (wie die meisten Bergwerke zur Domäne gehörigen) Gold- und Silberbergwerke, Kupfergruben und Marmorbrüche zur See und auf dem Tiber gelangen konnten, an dessen Hafen unter dem Aventin das kolossale Marmorlager des kaiserlichen Rom aufgedeckt worden ist. Vermutlich war in Rom ein zahlreiches, zum Ineinandergreifen wohlorganisiertes Heer von Künstlern und Kunsthandwerkern, wie Hadrian es auf seinen Reisen mit sich führte, im kaiserlichen Dienste fortwährend beschäftigt, und es mußten schon ungewöhnlich große oder sehr eilig betriebene Kunstunternehmungen sein, bei denen man genötigt war, Künstler von außen herbeizuziehen, wie Alexander Severus bei der Errichtung einer Menge von Kolossalstatuen, besonders der vergötterten Kaiser. Zahlreiche Bildhauerwerkstätten, in denen Statuen, vollendete und skizzierte Köpfe, verschiedene Marmorsorten, Bildhauergeräte aller Art gefunden worden sind, waren in der neunten Region in der Gegend der Piazza Navona, aber gewiß auch an andern Orten, wie in der Nähe des Abladeplatzes für Marmor am Hafen.

Daß sich aber auch in sämtlichen Marmor- und sonstigen Steinbrüchen, die Statuenmaterial lieferten, fortwährend zahlreiche Bildhauer und Steinmetzen befanden, die Skulpturwerke teils anlegten und aus dem gröbsten arbeiteten, teils ganz ausführten, davon sind noch an verschiedenen Orten Spuren vorhanden. Ein abbozzierter, dann verworfener 10,6 m langer Koloß des Apollo in Naxos liegt noch unvollendet, wie er ist, in den Marmorbrüchen, aus denen er gemeißelt wurde. Aus dem bei Megara gebrochenen Muschelkalk arbeitete man dort die geschätzten und verbreiteten „megarischen Skulpturen". Die Stadt Luna (Carrara) war aus ihren Brüchen reichlich mit Skulpturen aller Art versehen, und in der sogenannten Cava dei Fanti scritti daselbst hat man ein Relief entdeckt. In dem alten Luna wird übrigens ohne Zweifel die Produktion von Marmorarbeiten aller Art eine noch sehr viel umfassendere gewesen sein als in dem heutigen Carrara, wo es 1871 nicht weniger als 115 Bildhauerwerkstätten jeder Art gab, und von 10.000 Einwohnern (außer vielen Fremden) 3000 durch die Bildhauerei und Marmorindustrie Beschäftigung fanden.

Ein sehr interessantes Zeugnis für die Ausführung der Skulpturen in den Brüchen selbst liefert auch der Bericht von dem Märtyrertode des Claudius und seiner vier Gefährten unter Diocletian. Dem Verfasser dieses allem Anscheine nach auf mündlichen Überlieferungen oder schriftlichen Aufzeichnungen von Zeitgenossen oder doch den Ereignissen nahestehenden Personen beruhenden Berichts ist die ganze in Diocletians Zeit noch im weitesten Umfang geübte römische Kunsttätigkeit bekannt, die Gegenstände und technischen Ausdrücke geläufig. Er kannte (wie bemerkt) jedenfalls das Lokal seiner Erzählung, die Steinbrüche Pannoniens (wahrscheinlich in der Nähe von Mitrovitza an den Ausläufern der Fruschka-Gora) und die dortigen Arbeiten aus eigener Anschauung, hatte vielleicht selbst an den letzteren teilgenommen. Seine genauen Angaben, namentlich von Zahlen, machen durchaus den Eindruck der Zuverlässigkeit. Nach ihm wurden dort drei Gesteinsarten gewonnen, zwei Statuenmarmore, die dem thasischen (weißen) und prokonnesischen (schwarz und weiß gefleckten) glichen und auch so benannt wurden, und ein Grünsteinporphyr; alle drei finden sich dort noch jetzt, nebst zahlreichen Trümmern römischer Bauten. Dort arbeiteten unter der Leitung von fünf Theoretikern *(philosophi)* 622 Steinhauer *(quadratarii)*, in Distrikte oder Gruben *(officinae*, deren Unterabteilungen *loca* hießen) verteilt, die imstande waren, künstliche und umfangreiche Skulpturen zu liefern. Aus thasischem Marmor wurde auf Diocletians Befehl u. a. eine 25 Fuß (7,4 m) hohe Figur des Sonnengottes mit seinem (bildlich verzierten) Viergespann hergestellt; aus Grünsteinporphyr Säulen und Säulenkapitelle, künstlich verzierte Becken und Wannen, alles vielleicht für Diocletians Thermen in Rom. Die Arbeit an einer „mit wunderbarer Kunst ausgeführten" Säule mit Blätterkapitell dauerte 3 Monate, eine zweite erforderte nur 26 Tage. Die Zufriedenheit des Kaisers mit den Arbeiten der fünf christlichen Künstler (des Claudius und seiner vier Gefährten) erweckte den Neid der Direktoren. Da Diocletian außer mehreren ornamentalen Arbeiten auch eine Statue des Äsculap bei den Christen bestellt, liefern sie das übrige zur Zufriedenheit, verweigern aber die Anfertigung eines Götzenbildes, worauf die Philosophen die Statue durch andre Arbeiter aus prokonnesischem Stein innerhalb 30 Tagen vollenden lassen.

An vielen Orten wurden gewiß Bildwerke im Vorrat zum Verkauf gearbeitet, am meisten wohl immer noch in Griechenland und Kleinasien, welche Länder ja auch in der Kaiserzeit die meisten Künstler nach Rom sandten, außerdem aber vermutlich noch eine nicht unbedeutende Ausfuhr von Skulpturwerken hatten. Die alexandrinischen Indienfahrer, die in Cana im glücklichen Arabien anlegten, hatten für den dortigen König Statuen als Geschenke an Bord. Apollonius von Tyana trifft in dem Romane des Philostrat im Piräus ein nach Ionien bestimmtes Schiff, das von seinem Eigentümer, einem Kaufmann, mit kostbaren Götterbildern, teils von Gold und Marmor, teils von Gold und Elfenbein, befrachtet ist. Aus solchen Transporten von Kunstwerken, die Schiffbruch erlitten, stammen die mehrfach vom Meeresgrunde heraufgeholten bedeutenden Statuenfunde, wie in neuerer Zeit die von Antikythera (Cerigotto) und dem an der tunesischen Küste gelegenen Mehadia. Überhaupt waren es gewiß vorzugsweise Götterbilder und sonstige Kultusgegenstände, die nicht bloß auf Bestellung, sondern auch für den Vertrieb durch den Handel, also gewiß auch im Auftrage von Kaufleuten und Händlern, gearbeitet wurden, außerdem ein großer Teil der zur Dekoration bestimmten Kunstwerke. In den Läden der „Händler mit Ton- und Bronzefiguren" in den römischen Kolonien der Rhein- und Donaulandschaften konnten die dortigen Ansiedler ohne Zweifel alle Arten der kleinen, in diesen Gegenden so häufig gefundenen Götterbilder, namentlich die vorzugsweise beliebten des Merkur und der Fortuna, kaufen. Daß die Anfertigung von Götterbildern die Haupterwerbsquelle der bildenden Künstler und Kunsthandwerker war und blieb, ergibt sich aus der bereits erwähnten Äußerung Tertullians, daß solche, die Christen geworden waren, erklärten, die ihnen nun zum Vorwurf gemachte Tätigkeit nicht aufgeben zu können, da sie sonst nicht wüßten, wovon sie leben sollten. Außerdem beriefen sie sich darauf, daß Moses eine eherne Schlange verfertigt habe.

Sodann ist bei den Sarkophagen die fabrikmäßige Anfertigung schon durch ihre Masse, noch mehr dadurch unzweifelhaft, daß manche so gefunden sind, wie sie in den Lagern der Fabrikanten zum Verkauf standen, fertig bis auf die letzten Meißelschläge, die erst nach erfolgter Bestellung getan werden konnten. Die öfters in der Mitte angebrachten Porträtmedaillons haben nämlich häufig nur die ungefähren Formen eines Gesichts, so daß ihnen die Züge des zu Bestattenden noch zu geben waren; ebenso ist unter der Überschrift aller Epitaphe D. M. *(dis manibus)* die Stelle für den Namen leergelassen. Endlich wird ein großer Teil der schablonenmäßig gearbeiteten Ehrenstatuen zu dem Vorrate der Bildhauerwerkstätten gehört haben, natürlich ebenfalls mit unausgeführten Köpfen, die dann nach der Bestellung die gewünschte Porträtähnlichkeit erhielten, oder mit ausgehöhltem Halse behufs Einlassung der besonders gearbeiteten Köpfe, wie sie noch zahlreich vorhanden sind. Namentlich bei den Statuen im Harnisch sind die Köpfe (auch die Beine) vielfach von andrer Hand hinzugefügt.

Aber nur ein Teil der Kunstwerke konnte anderswo als am Orte der Aufstellung oder Verwendung gearbeitet werden. Bei allen besseren persönlichen Denkmälern mußte die ganze, auch bei den schlechteren doch in der Regel wenigstens die letzte Ausführung an Ort und Stelle erfolgen. Ebenso ist sicherlich der überwiegend größte Teil der künstlerischen Dekorationsarbeit, besonders Malereien, Mosaiken und Stukkaturen, in den Räumen selbst, die sie schmücken sollten, ausgeführt worden. Auch die schnelle und massenhafte Verbreitung der Kaiserbildnisse läßt sich nur durch Versendung allein, wenn auch von zahlreichen Punkten, nicht erklären. Ein Teil der Künstler sowie der Unternehmer größerer künstlerischer Arbeiten, welche die erforderlichen Arbeiter auf allen Kunstgebieten im Dienst hatten oder für Lohn beschäftigten, wird von Ort zu Ort gewandert sein; dergestalt, „daß ganze Kolonien, Züge, Schwärme, Wolken, wie man es nennen will, von Künstlern und Handwerkern da heranzuziehen waren, wo man ihrer bedurfte. Denke man an die Scharen von Maurern und Steinmetzen, welche sich in dem mittleren Europa zu jener Zeit hin und her bewegten, als eine ernst religiöse Denkweise sich über die christliche Kirche verbreitet hatte". Einer dieser wandernden Künstler, Zenos aus Aphrodisias, der von sich in einer Inschrift rühmt, daß er im Vertrauen auf seine Kunst viele Städte durchzogen habe, wurde früher gedacht. Ein Novius Blesamus hatte laut seiner Grabschrift Rom und das ganze Reich mit seinen Statuen geschmückt; ein Mosaikarbeiter zu Perinth laut der seinigen seine Kunst in vielen Städten vor allen andern geübt. Große Leistungen verbreiteten den Ruhm der Künstler weit und schnell. Zenodorus, der für Clermont die erwähnte kolossale Merkurstatue ausgeführt hatte, wurde von Nero nach Rom berufen, um dessen Kolossalstatue dort zu verfertigen. Der Architekt Pontius, durch welchen der Vizekönig von Ägypten P. Rubrius Barbarus im 18. Jahre des Augustus (13/12 v. Chr.) zu Alexandria einen Obelisken im Augusteum errichten ließ, ist wahrscheinlich derselbe, welcher die in neuerer Zeit in den Gärten des Mäcenas entdeckte schöne Brunnenmündung (in Form eines Rhyton) entworfen hat, „die in so hohem Grade den Einfluß der alexandrinischen Kunst zeigt".

Doch nach Lucians „Traum" war das Leben der Bildhauer (wenigstens im Vergleich zum Wanderleben der Sophisten) in der Regel ein seßhaftes, und gewiß gab es an allen größeren Orten auch ansässige Künstler, denen es an fortwährender Beschäftigung nicht fehlte. Dies ergibt sich noch für das 4. Jahrhundert aus dem Schreiben Constantins an den Statthalter der Provinzen Spanien, Gallien und Britannien vom Jahre 337, wonach die in den Städten sich aufhaltenden Künstler und Handwerker von kommunalen Leistungen frei sein sollten, damit sie ihre freie Zeit auf Erlernung ihrer Kunst verwenden und sowohl selbst um so kundiger werden, als ihre Söhne unterrichten könnten: zu den namentlich aufgeführten gehören, außer den Architekten und Bauhandwerkern, Maler, Bildhauer und Mosaizisten. Bildhauerwerkstätten werden an keinem auch nur mittelmäßigen Orte gefehlt haben; gefunden sind solche außer in Athen und Rom auch in Thysdrus und in Pompeji; in der letzteren befanden sich Geräte zur Steinskulptur, Marmorstatuen, Hermen, Büsten, Tische mit verschiedenen Füßen und ein unfertiger marmorner Mörser. Die in andern Städten Italiens sowie in den Provinzen zum Vorschein gekommenen Inschriften von Künstlern sind mit Ausnahme Griechenlands und Kleinasiens nicht zahlreich.

Obwohl nun ohne Zweifel an den verschiedensten Orten der römischen Monarchie Kunst und Kunsthandwerk auch von zahlreichen seßhaften Leuten betrieben wurden und sich sogar nicht selten wie in älterer Zeit in denselben Familien forterbten, wie es auch der Erlaß Constantins voraussetzt, so haben sich doch lokale und provinzielle Stile und Eigentümlichkeiten offenbar nur ganz ausnahmsweise entwickelt. Als das hauptsächlich Charakteristische der Kunst des Kaiserreichs erscheint vor allem ihre bei der Ausbreitung über ein so weites Gebiet doppelt auffallende Gleichförmigkeit in Gegenständen, Auffassung, Behandlung und selbst Technik. Mit Ausnahme Galliens, besonders des belgischen, wo jene eigenartige neue Kunstrichtung entstand, und Ägyptens, wo die uralte nationale fortdauerte, ist bei den Überresten der Kunst im ganzen Reich der Eindruck der Gleichartigkeit der weitaus überwiegende, und selten sind Differenzen wahrnehmbar, die nicht aus der Verschiedenheit der nachgeahmten Vorbilder, aus der höheren oder geringeren Blüte der Epoche und aus der größeren oder geringeren Kunstfertigkeit der Künstler herzuleiten wären. Man kann es keinem Mosaikbilde ansehen, ob es in Tunis oder England, in Andalusien oder Salzburg ausgegraben ist. Bei der Analyse von bemaltem Stuck von der Wandbekleidung römischer Häuser zu Bignor in Sussex fand Sir Humphry Davy dieselben Farbenbestandteile wie in dem bemalten Stuck der Titusbäder und der Häuser von Pompeji und Herculaneum; und ebenso stimmt die Wandmalerei der römischen Villen im belgischen Gallien und der pompejanischen nicht bloß in Dekoration und Technik überein, sondern auch die Zubereitung des Wandbewurfs sowie die Art des Farbenauftrags sind im wesentlichen dieselben hier wie dort. Überall arbeiteten Steinmetzen und Bildhauer nach italienischen Vorbildern. Im Echerntal bei Hallstatt ist ein römisches Grabdenkmal in Giebelform gefunden worden, das ein Medaillonporträt zwischen einer liegenden weiblichen Figur und einem Genius darstellt: ähnliche Monumente gibt es in Huesca in Aragonien, in Frankreich, Italien und Dalmatien.

Diese Gleichförmigkeit erklärt sich nur zum Teil durch die Wanderungen der Künstler und den Vertrieb der Kunstwerke im Wege des Handels. Ihr Hauptgrund ist erstens, daß die Entwicklung der griechischen Kunst bereits abgeschlossen war, als sie in den Dienst der römischen Kultur trat. Diese Entwicklung war eine beispiellos reiche gewesen. Ein unermeßlicher Schatz von Ideen und Formen war durch sie geschaffen, Darstellungs- und Behandlungsweise nach allen Seiten hin aufs vollkommenste durchgebildet worden. Mit dieser Erbschaft konnte auch eine epigonische Zeit, der es an eigener schöpferischer Kraft gebrach, noch jahrhundertelang haushalten, ohne arm zu erscheinen. Dieser Zeit nun gereichte das treue Festhalten an der Tradition — einer der Hauptunterschiede aller antiken Kunst von der modernen — doppelt zum Segen. Weit entfernt davon, nach einer unmöglich gewordenen Originalität zu streben und den kostbaren Erwerb der früheren glücklichen Perioden durch fruchtloses Experimentieren preiszugeben, hat sie ihn vielmehr lange Zeit mit lobenswerter Einsicht erhalten und verwertet. Fort und fort bewegte sich die Kunst in gewohnten Kreisen und löste auch die neuen Aufgaben nach altbewährten Gesetzen. So ist das auf den ersten Blick Unbegreifliche möglich geworden, daß sie sich noch Jahrhunderte nach dem Abschluß ihrer Entwicklung auf einer bewunderungswürdigen Höhe behauptete, daß namentlich die Skulptur in der Zeit eines, wenn auch langsamen Sinkens noch Werke schaffen konnte, denen die moderne Plastik wenige an die Seite zu stellen vermag; daß auch trotz der ungeheuren Massenproduktion ein Rest des Formenadels sich selbst bis in die spätesten Zeiten erhielt.

Die Bronzen, welche die Villa des Besitzers der Bibliothek in Herculaneum schmückten, geben auch von dieser Seite der damaligen Kunst eine Vorstellung. „Was der Gegenwart angehört, sind nur Porträts, und auch hier nur der Realismus der Köpfe, nicht die Haltung, nicht die Gewandung. Alles sonst sind Wiederholungen der Werke früherer schöpferischer Kunstalter. Aber an der Stelle der erloschenen Erfindungskraft hat sich geschichtliche Kennerschaft verbreitet und feinsinniges Geschick der Imitation; mit unwandelbarer Treue und Bescheidenheit ordnet man sich den Alten unter. Der strenge männliche Formenadel des einen Meisters, der weiche Linienfluß und die seelenvolle Anmut des andern, die Kraft und Fülle der Charakteristik eines dritten, die Härte und Zierlichkeit eines Kultusbilds, oder dessen geheiligte Grundformen durch den Naturalismus der vollendeten Kunst im einzelnen flüssig gemacht: das alles ist hier vertreten; und gewiß ist eine solche Produktion nicht ohne Liebhaber denkbar, die dergleichen zu unterscheiden, zu schätzen, zu genießen wußten."

War nun das mit dem Mangel an Originalität in Wechselwirkung stehende Festhalten an der Tradition der eine Hauptgrund für die Gleichförmigkeit der damaligen Kunst, so lag der andere in dem nivellierenden Einfluß der römischen Kultur. Auf allen Gebieten war Rom das Vorbild für die übrigen Städte des Reichs, aber auf diesem mit dem größten Recht. Hier war „durch die aus Griechenland, Asien und Ägypten entführten, in Tempeln und öffentlichen Gebäuden, in Palästen und Villen aufgehäuften Kunstwerke aller Zeiten und Schulen, jeder Technik und Art ein unerschöpfliches Material für Kunstbildung vorhanden"; hier waren die bedeutendsten Künstler der Welt versammelt, hier wurden die größten und fortwährend neue Werke geschaffen, hier war eine hohe Schule für Kunst, wie es nie wieder eine ähnliche gegeben hat. Dem Verlangen der Provinzialen, von allem, was in der Hauptstadt in Gunst und Ansehen stand, Nachbildungen zu besitzen, dem Anspruche der in den Provinzen für kürzere oder längere Zeit ansässigen Römer, den gewohnten Kunstluxus nicht ganz zu entbehren, kam die Tätigkeit einer weit verbreiteten, aus den Provinzen nach Rom und von dort in die Provinzen zurückströmenden Masse von Künstlern und Handwerkern entgegen: und so vereinigte sich alles, um einen und denselben Kunstgeschmack für das ganze Reich zum herrschenden zu machen.

Die dekorative und religiöse Kunst konnte ihre Aufgaben größtenteils durch unveränderte Reproduktion aus dem vorhandenen Vorrate lösen, die monumentale fand hier wenigstens für fast alle Gegenstände Vorbilder und Muster; und wo einfache Wiederholung unzulässig war, konnten meist „durch Umbildung und Ausbildung der ursprünglichen Motive neue Wendungen des Gedankens ausgedrückt", durch Variationen, Modifikationen, Trennungen und Verbindungen das Vorhandene in ein scheinbar Neues umgestaltet werden. Namentlich geschah dieses dadurch, daß man Figuren aus ihrem natürlichen Zusammenhang loslöste und selbständig machte, oder sie mit andern in Verbindung brachte, oder auch ursprünglich selbständige Figuren mit andern gruppierte, und es ist nicht zu leugnen, daß durch dieses Verfahren, das in der römischen Poesie seine leicht erkennbaren Analogien hat, manche durch Form und Gedanken ausgezeichnete Leistung hervorgerufen worden ist. So ist z. B. die sich im Schilde des Mars spiegelnde Venus in eine Siegesgöttin umgewandelt worden, die den Sieg auf dem Schilde verzeichnet: und diese findet sich nicht bloß als Statue, sondern auch auf Sarkophagreliefs, wo überhaupt besonders häufig Figuren, Motive und Gruppen aus älteren Werken entlehnt und in verschiedener Weise zu neuen Kompositionen verwandt sind. Sodann ist sie mit Mars zusammengestellt, den die Arme, mit welchen sie den Schild gehalten, dann umfaßten: auch diese in der Kaiserzeit sehr beliebte Zusammenstellung wiederholt sich auf Sarkophagen und in vier noch vorhandenen Statuengruppen. In derselben Weise ist eine bekannte treffliche Gruppe „Orest und Elektra" mit Festhalten der Komposition wie des poetischen Motivs in eine neue „Orest und Pylades" umgeschaffen worden. An der sogenannten Thusnelda in der Loggia de' Lanzi in Florenz gehört dem Künstler nur die höchst gelungene Charakteristik der dargestellten nationalen Eigentümlichkeit, die großartige Anlage entlehnte er trauernden Frauengestalten der älteren Kunst. Auch für die durch neu eingeführte Kulte erforderlichen Darstellungen wurden alte Formen zum Teil sehr glücklich verwandt. Erst seit der Kaiserzeit gewann der Mithrasdienst im Westen Verbreitung: auch in den Reliefs der Mithrashöhlen begegnen wir nur bekannten, aus dem Vorrat griechischer Kunst entlehnten Gestalten; namentlich der auf dem Stier kniende Gott ist nichts als eine Umbildung einer Figur der stieropfernden Siegesgöttin, und ebenso sind auch die übrigen Gestalten dieser Komposition entlehnt, und nur ihre Zusammenstellung und die Zutat einiger Symbole neu. Ein andres Beispiel dieses allgemeinen angewandten Verfahrens berichtet Josephus: in dem von Herodes erbauten Augustustempel zu Cäsarea war die kolossale Statue des Kaisers eine Nachbildung des Phidiasischen Zeus zu Olympia, „die hinter ihrem Vorbilde nicht zurückstand", die der Roma eine Nachbildung der Hera des Polyclet zu Argos. Eine mehr oder minder freie Nachbildung des Motivs der Phidiasischen Statue zeigt eine ganze Reihe von Kaiserstatuen mit nacktem Oberkörper und um die Schenkel geschlagenem Mantel. Überhaupt sind bei Porträtstatuen die Gestalten, wie gesagt, in der Regel nach älteren Typen gebildet. Die sogenannte Pudicitia im Vatikan sowie die „Herculanerinnen" gehören zu dem großen Vorrat weiblicher Gewandstatuen, deren Motive teils auf die attische Kunst des 4. Jahrhunderts, teils auf die hellenistische Zeit zurückgehen und bei der Gleichartigkeit griechischer und römischer weiblicher Tracht sich in Rom unmittelbar verwerten ließen; sie kehren namentlich in einer Anzahl von Sepulkralstatuen wieder.

Namentlich aber zu dekorativen Zwecken genügte nicht bloß die unveränderte Wiederholung der älteren Werke vollständig, sondern es war offenbar auch der Wunsch der meisten Besteller, die allbekannten und allbeliebten Gestalten in möglichst treuen Kopien zu besitzen. Lucian nennt folgende im Hof eines athenischen Privathauses aufgestellte Statuen: den Diskoswerfer des Myron, den Diadumenos des Polyclet, die Tyrannenmörder des Kritias und Nesiotes — selbstverständlich sämtlich Kopien dieser berühmten Werke. Die Nachbildung erfolgte vielfach auf mechanischem Wege, durch Abformung und vermittels des Punktierverfahrens, woraus sich die Übereinstimmung der Maße zwischen an ganz verschiedenen Orten gefundenen Kopien desselben Originals erklärt. Natürlich wurden die berühmtesten auch am meisten vervielfältigt. So sind die noch jetzt so zahlreichen Wiederholungen der Aphrodite, des Satyrs und des Apollo des Praxiteles und eine Menge andre (z. B. der sogenannten Mediceischen Venus) von zum großen Teil unbekannten Urbildern entstanden. Wären nicht die Inschriften der Statuen größtenteils verloren, so würden wir von diesen letzteren vermutlich manche kennen: eine Venus im Palast Chigi zu Rom ist laut der Inschrift von einem Menophantos nach einem Original in Alexandria Troas kopiert. Diese Kopien sind in allen Provinzen verbreitet gewesen. In Soissons hat sich eine Gruppe aus dem Kreise der Niobiden (der jüngste Sohn mit seinem Pädagogen), in Trier eine Kopie der Venus von Melos und der Matteischen Amazone gefunden. Ein Relief aus der Nähe von Trier zeigt deutlich die Einwirkung des praxitelischen Hermes. Der am Hofe des Augustus aufgewachsene König Juba II. von Mauretanien, der ebenso wie seine Gemahlin Cleopatra Selene, eine Tochter von Antonius und Cleopatra, ein lebhaftes Interesse für griechische Kunst und Literatur hatte, schmückte seine fortan Cäsarea genannte Hauptstadt Jol (Scherschell) mit Kopien von Werken aus der besten Zeit der griechischen Skulptur, von denen mehrere dort gefunden sind: eine Athena nach Alkamenes, zwei Kopien einer Frauenstatue aus der Zeit des Phidias, ein Dornauszieher, ein flöteblasender Satyr, eine Venus als Meergöttin. König Herodes Agrippa I. schmückte nach Josephus die ganze Stadt Berytus in Phönizien „durch Aufstellung von Statuen und Kopien alter Werke"; unter alten Werken sind hier wohl gewiß die der griechischen Blütezeit zu verstehen, obwohl die schon in Quintilians Zeit verbreitete, seit Hadrian sehr gesteigerte Richtung auf das Altertümliche, selbst die Inkunabeln der Kunst, zahlreiche Nachbildungen auch der vorphidiasichen Plastik veranlaßte.

Die Bildhauer, „die alte Meisterwerke unterschiedslos aus allen Stilepochen kopierten", dienten gewiß nicht selten geradezu einem kunstgeschichtlichen Interesse. Die völlige Abhängigkeit der Kunst von früheren Zeitaltern zeigt sich auch auf allen andern Gebieten. Quintilian spricht von Malern, die sich darauf beschränkten, fremde Bilder aufs genaueste zu kopieren, Lucian von freien Nachbildungen und Umbildungen älterer Gemälde. Nicht bloß die Mittelbilder der pompejanischen Wände sind im großen und ganzen freie Nachbildungen von kunstmäßigen Tafelbildern, besonders Kabinettbildern der Diadochenzeit: auch in der gesamten dortigen Wanddekoration des sogenannten dritten und vierten Stils hat man wohl mit Recht Nachwirkungen der phantastischen Pracht erkannt, die sich bei den Festen der Ptolemäer entfaltete. Die Erhaltung von Mosaikfußböden in den verschiedenen Provinzen zeigt, daß auch hier dieselben Gegenstände überall wiederholt wurden: Nereiden und Meerungeheuer besonders in Bädern, Nachbildungen von Speiseresten in Eßzimmern (diese Gattung war so allgemein, daß ihr Name — *asarotum* — geradezu für Mosaik gebraucht wird), Köpfe von Dichtern und Weisen etwa in Bibliotheken und Studierzimmern usw.

Auch bei der Verzierung von Geräten und Gebrauchsgegenständen wurden fort und fort dieselben Muster reproduziert, sowohl in Nachbildungen von Künstlerhand als in der fabrikmäßigen Massenproduktion. Der bereits erwähnte Bildgießer Zenodorus kopierte zwei von Kalamis ziselierte Becher so genau, „daß in der Kunst der Arbeit kaum ein Unterschied war". Die Darstellungen auf den in Hildesheim, Boscoreale und anderwärts gefundenen Silbergefäßen sind Reproduktionen älterer Muster, besonders alexandrinischer. Auch Gemmen, Glasflüsse und andere Erzeugnisse der Glasfabrikation zeigen bald mehr, bald minder gelungene Kopien derselben Vorbilder, die zahlreichsten aber die im ganzen römischen Reich in größter Masse vorhandenen Tonwaren, die Erzeugnisse eines ungemein reich und mannigfach ausgebildeten Kunsthandwerks (Friesplatten, Stirnziegel, Gefäße mit erhabenen Ornamenten und Figuren, besonders Lampen), das, wie gesagt, die edelsten und anmutigsten Erfindungen griechischer Kunst bis an die äußersten Grenzen römischer Kultur verbreitet hat. „Alle diese Tonware ist in Formen gepreßt, und die mechanische Vervielfältigung erklärt es, daß überall im römischen Reich, in Afrika, Spanien, Gallien, an der Themse, am Rhein, an der Donau, in Cilicien dieselben Formen, dieselben Figuren, dieselben Reliefs, dieselben Ornamente, dieselben eingepreßten Namen der Töpfer sich gleichmäßig wiederholt finden. — Indessen ist die römische Ware nur zum allergeringsten Teil direkt eingeführt; man fand es bequemer, die Formen und Stempel den Töpfereien zu liefern. Daher zeigen sich in dem, was an Ort und Stelle zu beschaffen war, in der Mischung und Bearbeitung des Tons, in Färbung und Firnis, überall Verschiedenheiten; was durch Form und Stempel hervorgebracht wurde, bleibt sich dagegen überall gleich. Es würde nicht schwerfallen, aus dem an verschiedenen Orten gefundenen Tongeschirr den Vorrat einer wohlassortierten römischen Tonwarenfabrik an Formen und Stempeln in ziemlicher Vollständigkeit wiederherzustellen. Darin aber verrät sich ein Mangel an Verständnis bei den Provinzialtöpfern, daß nicht selten die einzelnen Stücke der Formen verkehrt zusammengesetzt sind. Bei einer Anzahl dieser Verzierungen kann man auch noch den Weg verfolgen, auf dem sie dahin gekommen sind. Zum Teil kennen wir die Originale, einzelne Figuren oder Gruppen, als Kunstwerke von selbständiger Bedeutung, welche in Rom beliebt waren, und deshalb auch zur Verzierung angewandt wurden. Dieselben finden wir nun auf größeren architektonischen Gliedern, Metopen oder Friesplatten, dann auf Sarkophagreliefs, und endlich auf Tongefäßen wieder. So wurde von Rom aus, indem man den

Kunstgeschmack der Mode über das ganze Reich diktierte, auch den Unbemittelten in der Provinz noch eine gewisse Teilnahme an den Kunstschätzen der Hauptstadt ermöglicht."

Unter den früheren Zeitaltern, von denen die (wie gesagt, nur auf dem Gebiete der Porträtbildnerei originelle) Kunst der Kaiserzeit abhängig war, hat die hellenistische Periode einen weit größeren Einfluß ausgeübt als die klassische des 5. und 4. Jahrhunderts, und zwar ist dieser Einfluß allem Anscheine nach weit mehr von der alexandrinischen Kunst ausgegangen, als von der attisch-pergamenischen: wie auch die alexandrinische Poesie für die römische in deren bester Zeit maßgebend gewesen ist, und die alexandrinische Musik auf die römische bestimmend eingewirkt hat. Noch mehr aber als der eigentlichen Kunst kam die unermeßlich reiche Tradition der noch in hohem Grade schöpferischen hellenistischen Epoche dem Kunsthandwerk zugute; ihre Verwertung erstreckte sich bis in die bescheidenen Werkstätten der Töpfer, Steinmetzen, Zimmermaler, Gold- und Silberschmiede. Wenn es überhaupt im Altertum keine feste Grenze zwischen Kunst und Handwerk gab (wie denn auch die alten Sprachen keine scharf unterscheidenden Bezeichnungen für beides haben), so waren beide vollends in einer Zeit durch tausendfache Übergänge verbunden, wo die Produktion in so überwiegendem Maße nur Reproduktion war, wo von dem Künstler in der Regel nur Ausführung oder Verwendung fremder Erfindung gefordert ward. Da auch der Handwerker Auge und Hand an den herrlichsten Mustern bildete, reichte für ihn technische Fertigkeit hin, um gute Nachahmungen zu liefern, und so eroberte gleichsam das Handwerk einen großen Teil des Gebiets, das in andern Zeiten der eigentlichen Kunst gehört hat; und es entwickelte sich auf diesem Boden in einem Umfange, wie es eben nur bei einem bis in die untersten Schichten der Gesellschaft verbreiteten Bedürfnisse möglich war. Die Entdeckung der Zimmerdekorationen einer Mittelstadt wie Herculaneum im 18. Jahrhundert hat hingereicht, um auf dem Gebiete der damaligen hochentwickelten Pariser Kunstindustrie eine wahre Umwälzung zu bewirken. Der Geschmack für die neue, à la grecque genannte Manier steigerte sich (nach den Berichten Galianis aus den Jahren 1763 und 1767) zum Übermaß. Nicht bloß Bronzen, Schnitzereien, Gemälde wurden nach Herculaneum kopiert: Tabaksdosen, Fächer, Ohrringe, Budenschilder aller Art gab es à la grecque. Alle Goldschmiede, Juweliere, die Maler der Wagen- und Türstücke, Tapezierer, Ornamentenmacher konnten ohne die Pitture di Ercolano nicht mehr auskommen. Auf den Kaminen erschienen statt chinesischer Fratzen und sächsischer Porzellangruppen Dreifüße, wohl oder übel den herculaneischen Bronzen nachgebildet. Auch das (1767) in die Münze gewanderte Tafelsilber wollte man in neuem Geschmack gießen lassen, und endlich eroberte dieser sich sogar die Stickerei.

Der Kunstbetrieb war aber in der römischen Kaiserzeit vielfach nicht bloß ein handwerksmäßiger, sondern (auch außerhalb der Gebiete, für welche dies bereits bemerkt ist) ein geradezu fabrikmäßiger. Wie die Ausführung von Bauten, so wurde auch die von künstlerischen Arbeiten, besonders solchen, die größere Kräfte erforderten, sehr häufig, wenn nicht in der Regel, Unternehmern überlassen, die zum Teil selbst Künstler waren, zum Teil aber nur Künstler beschäftigten. Nach einer schon erwähnten Angabe Plutarchs wurden auch zur Errichtung von Kolossen Konkurrenzen ausgeschrieben, und die Arbeit dem Künstler übertragen, der bei den geringsten Kosten die beste Ausführung in Aussicht stellte. In dem Antrage Ciceros, dem S. Sulpicius Rufus eine Statue zu errichten, heißt es, die Konsuln sollen den Quästoren befehlen, die Anfertigung von Postament und Statue in Akkord zu geben, und dem Unternehmer *(redemptor)* die ausbedungene Summe zahlen; überhaupt ist „verdingen" *(locare)* der gewöhnliche Ausdruck für die Bestellung von Kunstwerken. Ein Durchschnittsmaß künstlerischer Leistungsfähigkeit durfte bei jedem Unternehmer vorausgesetzt werden, während ein ungewöhnlich hoher Grad derselben um so seltener war, je weniger er erfordert und geschätzt wurde. So konnte bei der Wahl unter den Anerbietungen der Preis und die Zeitdauer der Ausführung in erster Linie maßgebend sein.

Sowohl die hohe und reiche Entwicklung des Kunsthandwerks als der fabrikmäßige Kunstbetrieb bedingte eine weitgetriebene Arbeitsteilung, von der sich manche Spuren nachweisen lassen. Es gab z. B. Arbeiter, die nur den Statuen die Augen (aus einem farbigen Material) einsetzten. Alle größeren Kunstunternehmungen setzten ein Zusammenwirken einer größeren Anzahl verschiedener Künstler und Handwerker unter einer einheitlichen Leitung voraus. So ist die in der letzten Periode Pompejis (nach dem Erdbeben von 62) ausgeführte Dekoration der Wände in den dortigen Häusern, wo „die Verzierungen wie aus einem Geiste entsprungen und aus demselben Topfe gemalt sind", wohl, wenn nicht durchweg, so doch zum größten Teil durch eine und dieselbe Malergesellschaft erfolgt, in der Anstreicher, Arabesken-, Blumen-, Tier-, Landschafts- und Figurenmaler an denselben Wänden nach- und nebeneinander arbeiteten; nur so konnte die Ausmalung eines großen Teils der Häuser, wie jede andre künstlerische Massenproduktion, mit der erforderten Schnelligkeit geleistet werden. Die Festigkeit allgemein anerkannter Normen und Traditionen, denen gegenüber die künstlerische Individualität in den Hintergrund trat oder doch darauf verzichtete, sich in vollem Maße geltend zu machen, hatte im Altertum von jeher das Zusammenarbeiten zweier oder mehrerer Künstler an einem Werke ebenso häufig gemacht, wie es in der modernen Kunst gegenwärtig selten ist, und hierin hat sich allem Anschein nach in der Kaiserzeit nichts geändert.

Einige Analogien für diesen Gebrauch der antiken Plastik bietet die Malerei der früheren Jahrhunderte der neueren Zeit mit ihren ebenfalls festeren Schultraditionen.

Ein großer Teil der zur Ausführung umfassenderer Kunstunternehmungen verwandten Arbeiter waren Sklaven, und in der Tat gehört die Sklaverei ganz wesentlich zu den Faktoren, auf deren Zusammenwirken die künstlerische Massenproduktion beruhte. Die Kunsthandwerke, deren Leistungen vielleicht den größten Teil des Kunstbedürfnisses befriedigten, konnten so gut wie jedes andre Handwerk bei einiger Geschicklichkeit und Anstelligkeit von jedermann erlernt werden, und Sklavenbesitzer, die von ihren Leuten einen möglichst hohen Gewinn ziehen wollten, ließen sie natürlich in den Arbeiten unterrichten, nach denen die Nachfrage am größten war; dazu gehörten Kunstarbeiten je länger je mehr. Ebensogut wie die Gladiatorenbanden, Schauspielertruppen, Chöre von Sängern und Spielleuten, konnten aus großen Sklavenfamilien Gesellschaften von Malern und sonstigen Kunstarbeitern gebildet werden, die teils die Wohnungen ihrer Herren schmückten, teils Aufträge für deren Rechnung ausführten. Verres hatte unter seinen Leuten eine Anzahl von Ziseleuren und Arbeitern von Metallgefäßen. Zu den Annehmlichkeiten einer bescheidenen, aber gesicherten Existenz, die sich der Nävolus Juvenals für sein Alter wünscht, gehören auch „ein krumm gebückter Ziseleur und einer, der schnell viele Gesichter malen kann", d. h. Sklaven, die sein Einkommen durch besonders einträgliche Arbeiten vermehren sollen: die des Malers war dies wohl besonders durch Verwendung zu den so massenhaft angefertigten figurenreichen Darstellungen historischer Ereignisse, vielleicht auch zu Illustrationen von Büchern. Maler sind übrigens diejenigen Künstler, die am häufigsten als dem Sklavenstande angehörig bezeichnet werden. Der Jurist Julianus (unter Hadrian) führte in den Erörterungen über Schadenersatz für einen getöteten Sklaven aus, wenn einem „wertvollen Maler" *(pretioso pictori)* der Daumen abgehauen, und er dann innerhalb eines Jahres getötet worden, so sei er zu dem Werte zu schätzen, den er vor der Verstümmelung gehabt habe. Zu den Bedingungen der Freilassung künstlerisch gebildeter Sklaven gehörte in vielen Fällen die Fortdauer von Leistungen in der erlernten Kunst für den Patron: auch unter diesen werden Malerarbeiten ausdrücklich genannt.

Daß die Herstellung von Kunstwerken zum großen Teile durch Sklavenarbeit erfolgte, bedingte ihre Wohlfeilheit, die mit ihrer allgemeinen Verbreitung in Wechselwirkung stand. Aber auch die Leistungen der freien Kunsthandwerker wurden nicht hoch bezahlt. In dem Edikt Diocletians sind die Tagelöhne der Arbeiter, welche die künstlerische Dekoration der Häuser besorgten, in der Voraussetzung normiert, daß auch sie wie alle übrigen die Kost von dem Bauherrn erhielten. Der Lohn des Stukkateurs ist hier derselbe wie der des Maurers, Zimmermanns und Kalkbrenners, des Wagenbauers, Bäckers und Schmieds; der des Mosaizisten nur um ein Fünftel, der des Ton- und Stuckmodelleurs um die Hälfte höher, der des Bildmalers aber dreifach so hoch. Namentlich bei Statuen hatte die fabrikmäßige Herstellung eine große Ermäßigung der Preise zur Folge. Während in der Zeit Alexanders des Großen 3000 Drachmen (2358 Mark) der Durchschnittspreis einer Statue gewesen zu sein scheint, sagt Dio von Prusa in seiner rhodischen Rede, man könne ein (bronzenes) Standbild für 1000 Drachmen (870 Mark) oder selbst 500 Drachmen (435 Mark) errichten. Daß diese freilich absichtlich sehr niedrige Schätzung sich doch (wenn überhaupt) nicht weit von der Wahrheit entfernte, wird durch zahlreiche inschriftliche Preisangaben bestätigt. Von mehreren Götter- und Kaiserstatuen in Gallien, der Schweiz, Spanien und Afrika sind auf den noch erhaltenen Postamenten die Preise angegeben, welche (nach Größe, Arbeit und Material) sich in der mittleren Lage von etwa 3000—20.000 Sesterzen (652—4350 Mark) bewegen. Vermutlich waren in Fabriken und Handlungen die verschiedenen Gattungen für Käufer und Besteller zu festen Preisen tarifiert. Wenn also ein Provinzialpriester von Bätica, der zugleich das Amt eines Duumvirn in seiner Vaterstadt Corduba bekleidet hatte wie oben erwähnt), in Anerkennung der sämtlichen ihm erwiesenen Ehren dort Statuen im Gesamtbetrage von 400.000 Sesterzen (87.000 Mark) errichten ließ, so liegt die Gesamtzahl ungefähr zwischen 20 und 130; wenn ein freigelassener Arzt zu Assisi, der zugleich Sevir der Augustalen war, zur Aufstellung von Statuen im dortigen Tempel des Hercules 30.000 Sesterzen (6525 Mark) hergab, so konnten dafür (höchstens) 10 geliefert werden; und das Vermächtnis eines Reiteroffiziers in Grenoble von 50.000 Sesterzen (10.875 Mark) „zu Statuen" reichte zur Anschaffung von höchstens 16 hin.

Von eigentlichen Künstlerhonoraren wissen wir wenig. Lucullus bestellte bei dem ihm befreundeten Bildhauer Arcesilaus ein Bild der Göttin Felicitas für 60.000 Sesterzen (damals 10.530 Mark), das wegen des Tods beider unvollendet blieb; derselbe Künstler verkaufte an den römischen Ritter Octavius das Gipsmodell eines Kraters für ein Talent (4715 Mark). Das hohe Honorar, das die Restauratoren der Venus des Apelles und des Nerokolosses von Vespasian erhielten, gibt Sueton leider nicht an. Zenodorus erhielt von der Stadt der Arverner (Clermont) für die Ausführung des Merkurkolosses, die 10 Jahre dauerte, an Honorar *(manipretium)* allein 400.000 Sesterzen, erwarb also mit dieser Arbeit jährlich 40 000 Sesterzen (8700 Mark).

Diese Honorare erscheinen auch dann keineswegs niedrig, wenn man den damaligen Sachwert des Gelds nicht höher annimmt als den heutigen; sie sind ebenso hoch oder höher als die mancher der hervorragendsten Künstler des 18. und 19. Jahrhunderts. Die beiden Gruppen der Jagd und des Fischfangs, die Ludwig XV. bei dem älteren Adam für die Gärten von Choisy bestellte und später Friedrich dem Großen schenkte, kosteten (1756) 52.000 Livres, deren Wert dem heutigen von 160.000 Franken gleichkommen soll; eine Figur der Abundantia desselben Künstlers für das Schloß von Choisy (1758) 10.000 Livres. Der überaus bewunderte „Amor, der die Keule des Hercules zerbricht, um Pfeile daraus zu machen", von Bouchardon, wurde mit 20.000 Livres bezahlt. Pigalle, der 1750 für einen Amor 24.000 Livres erhalten hatte, übernahm die Ausführung des Grabdenkmals des Marschalls von Sachsen (in der Thomaskirche in Straßburg) für 85.000 Livres (angeblich so viel wie jetzt 300.000 Franken) und erhielt sie in vier Zahlungen, obwohl er die 1753—1756 auszuführende Arbeit unvollendet ließ, die dann erst unter Ludwig XVI. vollendet wurde. Rietschel erhielt für die Gruppe von Goethe und Schiller in Weimar, an der er 3 Jahre (1854—1856, davon 2½ ununterbrochen) arbeitete, ein Honorar von 16.500 Mark, seine Auslagen betrugen 4800: er erwarb also damals, wo er auf der Höhe seines Ruhms stand, jährlich im Durchschnitt nicht viel über 3900 Mark, also (selbst bei Annahme des gleichen Sachwerts des Gelds im 1. und 19. Jahrhundert) noch nicht halb so viel wie Zenodorus in einer Provinzialstadt. Rauch erhielt für das (zum zweitenmal ausgeführte) Modell der (über 2½ Meter hohen) Statue Kants in Königsberg (deren Erzguß über 10.000 Mark kostete) 6000 Mark: also nicht sehr viel mehr als Arcesilaus für das Gipsmodell eines Kraters.

4. DIE KÜNSTLER

Der unverhältnismäßig große Raum, den in der Kunst der römischen Kaiserzeit das Handwerk einnahm, und die niedrige Lebensstellung der überwiegenden Mehrzahl derer, welche beide ausübten, konnte auf die Schätzung der Kunst bei den Gebildeten nicht ohne Einfluß bleiben. Beides mußte namentlich alle, denen das Verständnis für ihr wahres Wesen fehlte, verleiten, Handwerk und Technik mit Kunst mehr oder weniger als gleichbedeutend anzusehen, und auch in dem wahren Künstler nur den höheren Handwerker zu erblicken. Wenn freilich Philosophen, die sittliche Veredlung allein als erstrebenswertes Ziel anerkennen, von der künstlerischen Tätigkeit mit Geringschätzung sprechen, so setzen sie darum die bildenden Künste nicht als solche herab. Wenn Plutarch sagt, kein Jüngling von edler Natur werde beim Anblick des Zeus zu Olympia ein Phidias oder bei dem der Hera zu Argos ein Polyclet zu werden wünschen, so fügt er auch hinzu: „Ebensowenig wie ein Anakreon, Philemon oder Archilochos, wenn er sich an ihren Gedichten ergötzt hat. Denn wenn uns auch ein Werk durch seine Anmut erfreut, so ist deshalb noch nicht notwendig sein Vollbringer schätzenswert." Plutarchs Äußerung beweist also keineswegs eine Geringschätzung der bildenden Künstler als banausischer Handwerker, die man aus ihr gefolgert hat, sondern im Gegenteil ihre Gleichstellung mit den größten Dichtern. Dagegen Seneca, der in den Künsten nur Werke des Luxus sah und ihnen keinen Platz unter den Studien einräumen wollte, die den jugendlichen Geist zur Sittlichkeit vorbereiten, wie Grammatik, Musik, Geometrie, Astronomie, sah auch in dem Künstler nur den Handwerker: „Während man", sagt er, „die Götterbilder anbetet, verachtet man ihre Verfertiger." Namentlich die ausschließliche und übermäßige Schätzung literarischer und rhetorischer Bildung war mit Geringschätzung der bildenden Künste und ihrer Vertreter verbunden. Auf diesem Standpunkte steht Plutarch allerdings, wenn er Alkamenes, Nesiotes und Iktinos mit allen Banausen und Handwerkern, die von der Redekunst nichts wissen wollen, in eine Reihe stellt; desgleichen der wirklich kunstsinnige Lucian, wenn er in seinem „Traum" die Bildhauerei als ein ungebildetes, rohes, schmutziges Weib mit schwieligen Fäusten einführt, die Redekunst als eine glänzende Erscheinung, und die letztere sagen läßt, daß auch Polyclet und Phidias selbst den Bewunderern ihrer Werke als banausische Handwerker erscheinen müßten. Philostrat, der zu den Weisen Dichter, Musiker, Astronomen und die besten Rhetoren zählt, will Maler und Bildhauer wenigstens neben Seefahrern und Landleuten zu den Halbweisen rechnen, „wenn sie den Horen folgen; denn auch diese Künste bleiben nicht weit hinter der Weisheit zurück". Galen zählt als die Wissenschaften und Künste, die sich für die Wahl eines Berufs am meisten empfehlen, folgende auf: Medizin, Rhetorik, Musik, Geometrie, Arithmetik, Dialektik, Astronomie, Grammatik, Jurisprudenz; wenn man wolle, könne man noch Malerei und Plastik hinzufügen. Im allgemeinen darf man annehmen, daß die Künstler wie die Künste in der griechischen Welt auch damals in höherer Achtung standen als in der römischen.

Von den beiden bildenden Künsten im engeren Wortsinne ist die Plastik auch in der Zeit der römischen Weltherrschaft offenbar so gut wie ganz in den Händen der Griechen und Halbgriechen geblieben. Vergil hat es mit echt römischem Bewußtsein ausgesprochen, daß die zur Welteroberung und Weltherrschaft berufene Nation in der Kunst, das Erz zu beseelen und lebende Züge aus dem Marmor zu ziehen, andern den Vorrang nicht streitig machte. Unter allen auch aus römischer Zeit zahlreich bekannten plastischen Künstlern sind äußerst wenige, die (wie Coponius, Decius und einige andere) als Römer von Geburt gelten können. Namentlich in Rom waren es in der letzten Zeit der Republik wie in der Kaiserzeit Griechen (besonders Athener) und Kleinasiaten, welche die bewundertsten Werke schufen, bei den bedeutendsten Kunstunternehmungen beschäftigt und am höchsten bezahlt wurden. Die Statue in dem von Cäsar 46 v. Chr. geweihten Tempel der Ahnfrau Venus war ein Werk des Arcesilaus; das Pantheon Agrippas schmückte der Athener Diogenes mit Karyatiden und Giebelstatuen; auch die meist paarweis arbeitenden Künstler, welche nach Plinius „die Kaiserpaläste mit den anerkanntesten Statuen füllten", waren sämtlich Griechen.

Ganz anders war es in der Malerei. Bei ihrer Anhänglichkeit an die uralte Überlieferung des Stukkierens der Mauern brachten es die Italer früh zu einiger Kunst in der Wandmalerei, die sie vielleicht früher als die Griechen zu mythologischen und historischen Bildern und sonstigen Darstellungen, welche die Grenzen der reinen Dekoration überschritten, in Anwendung brachten. Daß die Malerei in Rom vor der Plastik in Gunst stand, ist auch deshalb begreiflich, weil sie zur treuen und anschaulichen Darstellung des Geschehenen so viel geeigneter war. Ihre Ausübung gereichte in der älteren Zeit auch Männern des hohen Adels nicht zur Unehre. Ein Fabius malte im Jahre 304 v. Chr. den Tempel der Salus mit Bildern aus, die noch Dionys von Halikarnaß sehr lobt, und die erst unter Claudius durch den Brand des Tempels untergingen; der Beiname Pictor vererbte sich in der Familie dieses Fabius. Seit Pacuvius, dessen Leben bis zur Gracchenzeit herabreicht, war allerdings die Malerei nach Plinius nicht „in anständigen Händen" gesehen worden. Vermutlich räumten die römischen Künstler, die Rom nun mehr und mehr überfluteten, höher ausgebildeten griechischen allmählich das Feld, und je länger und allgemeiner die Malerei von Fremden, Unfreien und Freigelassenen geübt wurde, desto weniger galt ihre Ausübung für Römer als ehrenvoll: schon Valerius Maximus fand es kaum begreiflich, daß ein Fabius einer so niedrigen Beschäftigung ergeben gewesen sei und sich ihrer nicht geschämt habe.

Immer aber blieb die Malerei mehr in Ansehen als die Plastik, und auch in der Kaiserzeit haben die Römer ihre Ausübung keineswegs den Griechen ganz überlassen. Daß unter Augustus ein Knabe aus sehr vornehmer Familie Q. Pedius zum Maler ausgebildet wurde, war allerdings nur in dessen Stummheit begründet, welche ihm jeden seinem Stande angemessenen Lebensberuf verschloß. Doch von einem römischen Ritter Turpilius sah Plinius schöne Bilder zu Verona. Fabullus (oder wie sein Name sonst gelautet haben mag), ein ernster, strenger und zugleich glänzender Maler, der nur wenige Stunden am Tage und immer mit großer Würde in der

Toga auf dem Gerüst stehend malte, war hauptsächlich im Goldenen Hause Neros beschäftigt. Cornelius Pius und Attius Priscus malten den von Vespasian restaurierten Tempel des Honos und der Virtus aus. Unter Augustus hatte der römische Maler Studius (auch dieser Name ist unsicher) durch Einführung eines anmutigen und wohlfeilen Dekorationsstils (einer erweiterten Anwendung der Skenographie) für Zimmer einen sehr großen Erfolg: er erscheint mit seiner Virtuosität, welche den Bedürfnissen des Luxus seiner Epoche Genüge leistete, mit seiner scharfen Beobachtung, mit seinem Humor und seinen vortrefflichen Kenntnissen der Darstellungsmittel als eine echt römische Künstlernatur.

Die Malerei scheint auch von Frauen viel geübt worden zu sein, wenigstens sieht man auf antiken Bildern Malerinnen verhältnismäßig oft. Das Grab einer Malerin wurde im Jahre 1847 in der Vendée in St. Médard-des-Prés neben den Resten einer Villa entdeckt, in welcher sich Bruchstücke von zierlicher Wandmalerei fanden. Das Grab enthielt außer dem Skelett eine reiche Ausstattung von Malergerät. Nach dem Christen Justinus wäre auch Bildhauerei von Frauen getrieben worden. Wie ausschweifend die Verfertiger von Götterbildern seien, sagt er, ergebe sich daraus, daß sie die Sklavinnen verführen, die ihnen bei der Arbeit helfen; in der Tat dürften es jedoch weibliche Modelle gewesen sein, die Justinus in Bildhauerwerkstätten gesehen hatte, und deren Verhältnisse zu den Künstlern ihm zum Ärgernis gereichten. Die Technik der bildenden Künste wie der Malerei hat sich übrigens auch im Occident bis in die letzten Zeiten des Altertums erhalten.

Die Architektur ist die einzige Kunst, welche die Römer als eine ihrer nationalen Anlage verwandte schöpferisch behandelt haben, die einzige, die nicht bloß den großen Zwecken des Staats, dann der Weltherrschaft wirksam dienen, sondern auch allein den Weltherrschaftsgedanken zum Ausdruck bringen konnte. Auf allen andern Kunstgebieten von griechischem Einfluß abhängig, haben sie hier, völlig original, jene Werke geschaffen, die den Jahrtausenden trotzend noch heute eine so mächtige, fast schauerliche Wirkung üben, und denen die griechische Kunst nichts an die Seite zu stellen hat. Die stolze Frage eines Frontinus, ob man mit den römischen Aquädukten wohl die müßigen Massen der ägyptischen Pyramiden oder die nutzlose Herrlichkeit der berühmten griechischen Bauwerke vergleichen könne — sie ist der Ausdruck einer, wenn auch einseitigen, doch nicht unberechtigten Anschauung.

Die Unentbehrlichkeit und hohe Bedeutung der Architektur für das öffentliche wie für das Privatleben war der Grund, daß sie für die anständigste Kunst angesehen und von Cicero der Heilkunde gleichgestellt wurde, wie sie denn auch nicht bloß in Rom, sondern in allen großen Städten die lohnendste gewesen sein dürfte. Daher war nicht nur der Zudrang zu diesem Berufe sehr groß, sondern es waren auch unter den Architekten, wie es scheint, neben Sklaven, Freigelassenen und Fremden römische Bürger während der Republik sowie während der ganzen Kaiserzeit zahlreich. Das Werk des Vitruvius über die Baukunst war nicht das erste römische über diesen Gegenstand. Von den namhaften kaiserlichen Architekten, die wir kennen, ist Apollodorus von Damascus, der Trajans

Bauten leitete und (im Jahre 101) die Donaubrücke baute, der einzige, der mit Gewißheit als Nichtrömer bezeichnet werden kann. Als Architekten Neros nennt Tacitus Severus und Celer (letzterer vielleicht kaiserlicher Freigelassener), „die Geist und Kühnheit genug besaßen, um zu versuchen, was die Natur zu verweigern schien". Domitians Palast baute Rabirius, der dabei (nach Martial) das gestirnte Firmament als würdiges Vorbild erfaßt hatte: auch der Architekt Hadrians Decrianus war wohl ein Römer. Der jüngere Plinius trug den Bau eines Cerestempels einem Mustius auf, der die Schwierigkeiten des Terrains durch seine Kunst zu überwinden wußte. Den Erbauer der Brücke von Alcantara und eines damit verbundenen Kaisertempels auf einem Felsen am Tajo kennen wir aus einem dort in Stein gehauenen Gedichte, in welchem es heißt: „Die Brücke, die stehen wird, solange die Jahrhunderte des ewigen Weltalls dauern, hat Lacer, berühmt durch seine göttliche Kunst, gebaut." Der Erbauer des Pont du Gard hieß nach einer dort entdeckten Inschrift Veranius; auf einem Bogen in Antipolis (Antibes) war ein Sextus Julius (der dritte Name verstümmelt) als Erbauer *(architector)* genannt. Selbst in den östlichen Provinzen wurden Bauten von römischen Architekten ausgeführt.

5. DER KUNSTSINN

Von den vielen Tausenden von Künstlern, die während der ersten Jahrhunderte im ganzen römischen Reiche tätig waren, sind verhältnismäßig nur äußerst wenige namentlich bekannt, und diese fast nur aus ihren eigenen Inschriften auf ihren Arbeiten. In der Literatur wird trotz der häufigen Erwähnungen von künstlerischen Unternehmungen aller Art der ausführenden Künstler fast nie gedacht. Dies erklärt sich zum Teil aus der untergeordneten Stellung der Künstler in der damaligen Gesellschaft, sodann daraus, daß die künstlerische Produktion weit weniger durch einzelne als durch Verbände erfolgte, in welchen der einzelne als dienendes Glied eines Ganzen keine Beachtung fand. Andrerseits hatten auch, wie oben gezeigt ist, die Künste für die römische Kultur ihre Bedeutung und ihren Wert nicht an sich, sondern nur insofern sie als Mittel zur Erreichung wichtiger und allgemein festgehaltener Zwecke unentbehrlich waren. Endlich erschien die damalige künstlerische Produktion den Zeitgenossen geringer als uns, weil sie von ihnen mit dem Maß der Schöpfungen der griechischen Blütezeit gemessen wurde. Der Mangel der späteren Kunst an eigentlicher Originalität, das Zurücktreten der Innerlichkeit gegen das formale Element, selbst in ihren glänzendsten, imposantesten und anmutigsten Leistungen — dies mußte in einer Zeit, wo die Werke des Jahrhunderts von Phidias bis auf Lysippus noch in solcher Fülle vorhanden waren, von allen, die diese neben jenen sahen, auch bei sehr unvollkommenem Verständnis empfunden werden. Daß das Kunstinteresse in jener Zeit ganz vorzugsweise der Vergangenheit zugewandt war, ist vollkommen begreiflich. Seine Natur und Intensität war aber auch damals in der römischen und griechischen Welt keineswegs dieselbe: vielmehr ist dieses gerade eines der Gebiete, auf welchen die Verschiedenartigkeit der beiden Kulturen als eine noch unausgeglichene, auch für uns wahrnehmbar, hervortritt.

Es ist bekannt, wie die siegreichen Feldzüge der Römer in griechischen Ländern seit der Eroberung von Syrakus (212), später die während eines Zeitraums von dritthalb Jahrhunderten fortdauernden Plünderungen der Feldherren, Statthalter und Kaiser bis auf Nero herab Rom mit einer unglaublichen Menge der vollendetsten griechischen Kunstwerke aller Art füllten, ja überfüllten. Die Eindrücke dieser Kunstwelt ohnegleichen, denen sich auch der Gleichgültige, ja der Widerstrebende nicht gänzlich zu entziehen vermochte, ergänzten dann die seit der Eroberung Korinths immer allgemeiner werdenden Vergnügungs- und Bildungsreisen der Römer in Griechenland. Endlich sahen sich die Römer auch durch die griechische Literatur, die je länger je mehr als Basis aller höheren Bildung anerkannt wurde, vielfach auf die bildende Kunst hingewiesen. Zwar daß die griechischen Originalwerke über diese, die Plinius zum Teil in seiner Weltbeschreibung benutzt hat, von Römern viel gelesen worden sind, dafür spricht nichts. Dagegen trug die epigrammatische und rhetorische Literatur der Griechen zur Verbreitung von Kunstkenntnissen und Kunsturteilen bei. Die griechischen Fachschriftsteller über die Theorie der Beredsamkeit, welche die fort und fort benutzten und zu Rate gezogenen Quellen und Führer der Römer für diese ihre ganze Bildung beherrschende Wissenschaft blieben, liebten es, die Entwicklung und die Stilarten der Beredsamkeit mit denen der bildenden Künste zu vergleichen und Ausdrücke aus deren Technik für ihre Terminologie zu entlehnen. Alles dieses haben die römischen Schriftsteller über die Redekunst mit übertragen und durch ihre Schriften weiterverbreitet. Sodann hat die besonders seit Alexander dem Großen in Griechenland viel kultivierte Epigrammdichtung sich mit Vorliebe mit der bildenden Kunst beschäftigt und den Eindruck bedeutender Werke durch mehr oder minder geistreiche Pointen, Tändeleien und Witzesspiele wiederzugeben versucht. Eine Menge dieser Dichter hat sich in der späteren Zeit der Republik wie in der früheren Kaiserzeit wenigstens vorübergehend in Rom aufgehalten, wo sie für diese Art der Kleinpoesie einen unerschöpflichen Stoff und immer neue Anregung fanden; und es ist begreiflich, daß die Römer, die für Kunststudien wenig Zeit und noch weniger Sinn hatten, gern die Gelegenheit benutzten, sich ohne Mühe durch solche kurze, scheinbar oder wirklich treffende Urteile und Charakteristiken, die von Munde zu Munde gingen, über viel besprochene Werke zu orientieren. Daß dies sehr vielfach geschehen ist, darf man aus den von Plinius mitgeteilten Kunsturteilen schließen, die großenteils aus keiner andern Quelle stammen als eben aus griechischen Epigrammen; vielleicht fand übrigens Plinius solche Epigramme über die berühmtesten Kunstwerke bereits zu einer Sammlung vereinigt vor.

Die Anerkennung der bildenden Künste als eines für die Gesamtkultur wichtigen Elements von römischer Seite zeigt bereits ein Hauptwerk Varros. In seiner, die neun Hauptwissenschaften und Künste behandelnden Enzyklopädie hatte er zwar nur der Architektur einen Platz eingeräumt, doch in seiner Sammlung von 700 Porträts berühmter Männer mit Unterschriften neben Königen, Feldherren, Staatsmännern, Dichtern, Schriftstellern, Gelehrten, Baumeistern auch Maler und Bildhauer aufgenommen: und wie Varros Werke überhaupt, so hat namentlich auch dies auf die allgemeine Bildung seiner eigenen sowie der späteren Zeit großen Einfluß geübt. Auch

Lukrez rechnet Malerei und Plastik neben der Poesie zu den Erwerbungen einer fortgeschrittenen Kultur, die dem Leben Reiz verleihen. Die eingehende Berücksichtigung der Kunst- und Künstlergeschichte in der über ein Jahrhundert später verfaßten Weltbeschreibung des Plinius läßt eine Zunahme des Interesses für jene Gebiete in der gebildeten römischen Welt um so mehr voraussetzen, als Plinius selbst der Kunst ganz fern stand.

Inwiefern Varros' Forderung, daß die Mädchen Unterricht in der Malerei erhalten sollten, verwirklicht worden ist, wissen wir nicht: doch mögen unter den auf Bildern öfters vorkommenden Malerinnen auch Dilettantinnen sein. Das Beispiel des Ämilius Paullus, der seinen Söhnen auch griechische Maler und Bildhauer zu Lehrern gab, dürfte in den Kreisen, in denen man sich besonders um griechische Bildung bemühte, auch in der Kaiserzeit nicht selten befolgt worden sein. Nero hatte sich schon in seinen Knabenjahren viel mit Pinsel und Modellierstab beschäftigt. Ebenso war Hadrian eifrig bemüht gewesen, sich in beiden Künsten auszubilden, in der Malerei dilettierte er noch als Kaiser. Marc Aurel hatte zum Lehrer in derselben Kunst den Griechen Diognetus, der zugleich Philosoph gewesen zu sein scheint und auf seine Erziehung auch sonst Einfluß übte. Der ganz griechisch gebildete Alexander Severus „malte vortrefflich"; auch Elagabal übte diese Kunst, und noch Valentinian I. dilettierte in der Malerei wie in der Plastik. Wenn auch das Beispiel der beiden in Syrien aufgewachsenen Kaiser für römische Erziehung nichts beweist, so bleiben die übrigen noch zahlreich genug, um annehmen zu lassen, daß Unterricht der Jugend in den bildenden Künsten sowie ein dadurch veranlaßter Dilettantismus im späteren Leben in den höheren Ständen Roms zu allen Zeiten nicht allzu selten war. Ebenso ist klar, daß dieser Dilettantismus keineswegs an sich unzulässig gefunden wurde. Wenn dem Titedius Labeo, der Prokonsul von Narbonensis gewesen war, das Prahlen mit der Kunst, die er in kleinen Bilderchen zeigte, „zum Gespött, selbst zur Schmach gereichte", so war es hier eben nicht der Dilettantismus selbst, sondern die damit getriebene Ostentation, die den Anstoß gab. Vergleicht man aber mit diesen immer doch vereinzelten Zeugnissen des Dilettantismus der Römer in den bildenden Künsten die sehr zahlreichen für ihren Dilettantismus in der Musik, so gewinnt man den Eindruck, daß die Verbreitung des ersteren der des letzteren auch nicht annähernd gleichgekommen sein kann.

Daß die Römer auf ihren Vergnügungs- und Bildungsreisen, namentlich in Griechenland und Kleinasien, auch die dortigen Kunstwerke in Augenschein zu nehmen nicht versäumten, ist selbstverständlich; besonders solche mußte man natürlich gesehen haben, die viel genannt und jedem einigermaßen Belesenen dem Namen nach bekannt waren, um ihretwillen wurden Reisen auch eigens unternommen. Doch daß dieses Kunstinteresse mehr ein äußerliches und oberflächliches war und das historische Interesse weitaus überwog, haben wir früher gesehen.

Am wenigsten beweist die Anhäufung von Kunstwerken im Privatbesitz zu Rom, daß dort Kunstsinn verbreitet war. Schon die bloße Kunde von ihrer Kostbarkeit reichte hin, sie selbst solchen als begehrenswerte Beute erscheinen zu lassen, die für ihren Wert so wenig Verständnis besaßen, wie der rohe Eroberer von Korinth: und so unerschöpflich war der Reichtum der griechischen Länder an Kunstwerken, daß er der Gier der Römer Jahrhunderte hindurch die vollste Sättigung bot. Neben Marmorsäulen, Teppichen, Citrustischen, Silbergerät, Prachtgefäßen gehörten, wie bemerkt, Statuen und Gemälde je länger desto allgemeiner zur Ausstattung reicher Häuser und Villen. Bei dem ungeheuren Vorrat von Kunstwerken und der Leichtigkeit ihres Erwerbs oder Raubs bedurfte es zur Bildung von Sammlungen nicht einmal besonderer Liebhaberei. Gemäldegalerien waren schon in Augustus' Zeit so allgemein, daß in Vitruvs Plan für ein vornehmes Haus ein großer, nach Norden gelegener Saal für diesen Zweck nicht fehlen durfte; und sie blieben es auch später, ebenso die Sammlungen von Skulpturen.

Mögen diese Sammlungen auch Werke lebender Künstler enthalten haben, so werden solche doch niemals erwähnt, und wenn sie nicht vorwiegend aus alten Bildern und Statuen bestanden, so wurden doch diese wenigstens für das Wertvollste oder einzig Wertvolle darin angesehen. Daß Liebhaber und Sammler solche besonders suchten, wird auch öfters ausdrücklich gesagt; so von Julius Cäsar, von Damasippus, der alte Statuen „wie unsinnig" kaufte. Die Bildergalerien, sagt Plinius, stoppelt man aus alten Gemälden zusammen. Ganz besonders aber wurde bei Silberarbeiten auf das Alter gesehen, nach welchem die Werke dieser in Abnahme gekommenen Kunst so gut wie allein geschätzt wurden; Ziselierungen, die bis zur Unkenntlichkeit abgegriffen waren, hielt man am höchsten. Es fehlte auch nicht an Altertümlern, welche die eigentlichen Inkunabeln der Kunst allem übrigen vorzogen, die „fast rohen" Gemälde eines Aglaophon und Polygnot denen der späteren, wie Quintilian sagt, der hierin wohl nicht mit Unrecht ein Prahlen mit Kennerschaft fand. Augustus hatte eine Vorliebe für die altertümlich zierlichen Werke des Bupalos und Athenis von Chios (im 6. Jahrhundert); Statuen von beiden ließ er im Giebel des Apollotempels auf dem Palatin und fast in allen andern von ihm in Rom erbauten Tempeln aufstellen. Die größte Verbreitung wird diese Geschmacksrichtung in der Zeit Hadrians erreicht haben. Doch im allgemeinen verstand man unter „alten Kunstwerken" die der griechischen Blütezeit oder selbst der Diadochenperiode. Von den „Arbeiten der Alten", die Statius in der Villa des Manilius Vopiscus zu Tibur sah, werden die Meister nicht namentlich genannt; dagegen unter den „alten" Gemälden und Bildwerken in der Villa des Pollius Felix zu Sorrent Arbeiten von Apelles, von Phidias (aus seiner früheren Zeit), Polyclet und Myron; in der Sammlung „alter Werke" des Novius Vindex Bronzen von Myron und Polyclet, Marmorskulpturen von Praxiteles, Elfenbeinarbeiten von Phidias und Bilder, die schon von weitem den „alten Apelles" erkennen ließen. Bei solchen flüchtigen Erwägungen werden fast immer nur Namen von Künstlern ersten Ranges genannt, am häufigsten Polyclet. Bei Juvenal brennt ein reicher Mann ab: unter denen, die zur Ausstattung des neu zu bauenden Hauses beisteuern, bringt auch einer etwas ganz Vortreffliches von Euphranor und Polyclet. In der Tat galt der letztere vielen als der erste unter den bildenden Künstlern, der Meister in der Darstellung jugendlicher Schönheit, der „sich nicht über glatte Wangen hinauswagte", dessen Werke mehr durch Vollendung der Form als durch Tiefe des Gehalts bedeutend waren. Nächst ihm wird vielleicht am häufigsten Myron genannt, dessen Menschen- und Tierfiguren vor allem durch überwältigende Naturwahrheit wirkten;

von beiden sah man auch in Rom mehr als von Phidias, dessen bedeutendste Werke in Griechenland geblieben waren. Beide nennt Vitruv geradezu als Repräsentanten der bildenden Kunst, wie Apelles der Malerei. Künstler aus der Zeit nach Alexander dem Großen oder aus der letzten Zeit der römischen Republik, unter denen Pasiteles und Arcesilaus hervorragten, werden unter den „Alten" so gut wie nie genannt.

Bedenkt man die Massenhaftigkeit der im Privatbesitz angehäuften, angeblich alten Kunstwerke (mit denen ja Domitius Tullus z. B. einen sehr großen Park auf der Stelle füllen konnte) und das Umherwerfen mit den berühmtesten Namen einerseits, andrerseits die technische Virtuosität der damaligen Kunst und ihre so umfassende Beschäftigung mit Reproduktion klassischer und altertümlicher Werke, so muß man auch ohne Zeugnisse glauben, daß die Sammler oft genug von Künstlern und Kunsthändlern betrogen wurden und Kopien statt der Originale kauften. Von jemandem, der mit seinen Originalgemälden und echten (Silber-) Pokalen prunkt, sagt Martial, seine Freunde seien gerade so echt wie die Stücke seiner Sammlung. Auch gibt es ein ausdrückliches Zeugnis schon aus der ersten Kaiserzeit, daß solche Fälschungen häufig und offenkundig waren. Der Fabeldichter Phädrus sagt: wenn er sich des Namens Äsop bediene, so geschehe dies, um das Ansehen seiner Sachen zu erhöhen, „wie manche Künstler es in unserer Zeit machen, wenn sie auf ihren neuen Marmor Praxiteles schreiben, oder Myron auf poliertes Silber, Pausias auf ein Gemälde. So sehr begünstigt der bissige Neid mehr das Alter als das Gute der Gegenwart". Auch ein griechischer Autor unter Hadrian, welcher berichtet, daß Phidias seinem Lieblinge Agorakritos gestattet habe, sich auf einem seiner eigenen Werke, der Rhamnusischen Nemesis, als Urheber zu nennen, fügt hinzu: „So haben auch viele andre auf ihre eignen Werke einen fremden Namen geschrieben."

Begegnet man nun in der damaligen Literatur Angaben über Arbeiten großer Künstler, die sonst völlig unbekannt sind, so kann man sie nur mit Mißtrauen aufnehmen. Daß es von Phidias ein mit erhabenen Fischen ziseliertes Gefäß und eine Zikade, Biene und Fliege gab, ist allerdings nicht unmöglich, aber auf die bloße Angabe des Martial (die übrigens noch eine andere Erklärung zuläßt) und des Kaisers Julian ist es nicht zu glauben. Die Arbeit in edlen Metallen (Toreutik, Zälatur) war ein „Haupttummelplatz des Kunstbetrugs", da die Ausstattung der Schenktische mit „altem" Silbergerät, der Sammlungen mit „Originalpokalen" zum beliebtesten Kunstluxus gehörte. Die Blütezeit der Toreutik war aber kurz, die Zahl der namhaften Künstler klein gewesen. Von Mentor, dem größten derselben, dem Benvenuto Cellini des Altertums, wollten Kunstkenner nur vier Becherpaare als echt anerkennen; im Kunsthandel und in den Sammlungen dagegen scheinen sie keineswegs selten gewesen zu sein. Martial beschreibt einen Laden für kostbare Luxusgegenstände: dort findet man außer Statuen von Polyclet auch „Becher, von Mentors Hand geadelt"; und dieser Name kehrt regelmäßig wieder, wo er von alten Originalarbeiten in Silber spricht. Und wenn Kenner nur mit guten Kopien (wie jene des Zenodorus nach Kalamis) betrogen werden konnten, so gab es ohne Zweifel auch häufig genug Liebhaber und Sammler von dem Bildungsgrade des Trimalchio bei Petron, der als besonderer Freund von Silberarbeiten Becher besaß, auf denen vorgestellt war, „wie Kassandra ihre Söhne tötet, und die toten Kinder so daliegen, daß man es für wirklich hält; dann wie Dädalus die Niobe in das trojanische Pferd einschließt" (gemeint ist der Kindermord der Medea und die Kuh der Pasiphae). Er beschließt die Aufzählung seiner Geräte mit der Bemerkung, daß alle schwerwichtig seien. Nächst den Silberarbeiten waren auch Bronzearbeiten ein Gegenstand der Leidenschaft der Sammler, vor allem aus korinthischer Bronze, deren Mischung ein verlorenes Geheimnis war. Nichtsdestoweniger gab es Künstler, die Arbeiten in diesem Material lieferten und wahrscheinlich oft genug die Kenner betrogen, obwohl diese die echten unter anderm am Geruch erkennen wollten.

Ohne Zweifel ist es kein Zufall, daß bei Erwähnungen damaliger Kunstsammlungen Äußerlichkeiten, wie Altertum, Seltenheit, kostbares Material, so oft betont werden, sondern gewiß legte ein großer Teil der Sammler auf diese ihnen verständlichen Eigenschaften der Kunstwerke den Hauptwert. Auch das historische Interesse dürfte bei den Kunstsammlungen vielfach mit im Spiel gewesen sein. Wurden doch, wie früher bemerkt worden ist, überhaupt Gegenstände, die im Besitz berühmter Personen gewesen waren, sehr gesucht und hoch bezahlt: die irdene Lampe des Epictet mit 3000 Drachmen, der Stock des Peregrinus Proteus mit einem Talent. Der Wert des Diamanten, den die schöne jüdische Fürstin Berenice von ihrem Bruder Agrippa II. zum Geschenk erhalten hatte, war dadurch gestiegen, daß sie ihn am Finger getragen. Den gezwungenen Käufern bei einer von Caligula veranstalteten Auktion kaiserlicher Kleinodien wurde es bei den Kaufpreisen angerechnet, daß die Stücke Germanicus oder Agrippina, Antonius oder Augustus gehört hatten. An den Tafeln reicher Häuser mußten die Gäste sich nicht bloß von der Schwere des Silbergeschirrs durch Aufheben überzeugen, sondern auch die ausführliche Geschichte jedes Stückes anhören. Juvenal schildert einen Schiffbruch, bei dem unter anderm ziselierte Silbergefäße über Bord geworfen werden, die Philipp von Macedonien im Gebrauch gehabt haben sollte. Caracalla besaß Waffen und Trinkgeschirre, deren sich der von ihm leidenschaftlich verehrte Alexander der Große bedient hatte. Martial, der erforderlichenfalls selbst solche Reliquien, wie ein Brett des Argonautenschiffs, mit achtungsvollem Staunen zu betrachten verstand, fand es doch unerträglich, bei Tisch die „verräucherten Stammbäume" der vorgesetzten Silberbecher sich vortragen lassen zu müssen, die bis auf Nestor, Achill und Dido als erste Besitzer zurückgeführt wurden. Aber auch bei Gemälden und Skulpturen mußten sich die Beschauer vermutlich nicht selten deren frühere Schicksale erzählen lassen: der kleine Hercules des Lysipp in der Sammlung des Novius Vindex sollte Alexander dem Großen, Hannibal und Sulla gehört haben.

Die Sammler werden auch am meisten auf Kennerschaft Anspruch gemacht haben, selbst Trimalchio erklärt, daß er die seinige für kein Geld verkaufe. Doch wie zu allen Zeiten war die Prätention der Kennerschaft häufiger als diese selbst. Dionys von Halikarnaß, der mehr von Kunst verstand als die meisten Römer, scheint es nur Künstlern, und auch diesen nur nach langer Übung, zugetraut zu haben, die Urheber namenloser Werke zu bestimmen und Kopien von Originalen zu unterscheiden: doch nach Statius verstand sich auch Novius Vindex wie niemand sonst auf das erste. Damasippus hatte sich, wie Horaz ihn sagen läßt, darauf gelegt, die echte korinthische Bronze zu erkennen, zu beurteilen, ob etwas plump gemeißelt oder hart gegossen sei, den Preis einer Statue zu bestimmen: er charakterisiert sich auch durch das letztere als Kenner, denn sicherlich liebten es diese auch damals wie gegenwärtig, ihr Sachverständnis durch Taxieren von Kunstwerken zu bekunden. Selbstverständlich unterließen die Kenner auch nicht, von „Michung des Erzes", „Konturen", „Farbenauftrag", „Schattengebung", „Proportionen" und ähnlichen Dingen zu reden, von welchen die Laien gestanden, nichts zu verstehen; denn daß zur Betrachtung von Kunstwerken eine besondere Schulung erforderlich sei, war wohl allgemein anerkannt.

Zahlreicher als die Kenner waren natürlich die Liebhaber und Enthusiasten, die öfters erwähnt und vom stoischen wie vom streng römischen Standpunkt für Narren erklärt werden. Schon dem Marcellus war es von den Gegnern griechischer Bildung zum Vorwurf gemacht worden, daß er durch die Beute des syrakusischen Triumphs seine Landsleute verführt habe, die Zeit mit geistreichem Kunstgeschwätz zu verderben. Bei Sklaven (besonders vermutlich griechischen) scheint es nicht selten vorgekommen zu sein, daß sie über der Betrachtung der so überreichen, allgemein zugänglichen Kunstwerke Roms ihre Pflicht versäumten: denn bei Erörterung der Fehler von Sklaven, welche der Verkäufer anzugeben verpflichtet ist, führt der Jurist Venulejus als geistige Fehler neben der Sucht des Schauspielbesuchs und der Lügenhaftigkeit auch die eifrige Betrachtung von Gemälden auf.

Eine Verbreitung wahren Kunstsinns beweisen also die massenhaften Kunstsammlungen der Römer ebensowenig wie die kolossale Verwendung der Kunst zu dekorativen und monumentalen Zwecken. Auch das Anhäufen alter Kunstwerke war eben nur eine Äußerung der römischen Prachtliebe, die bei aller Großartigkeit immer etwas Barbarisches behielt; die Herren der Welt wollten womöglich alles Köstliche, was es auf der Welt gab, besitzen und genießen, von allem umgeben sein, was dem Leben Pracht und Glanz verleihen konnte. Deshalb schleppten sie auch die gepriesenen Werke aller bildenden Künste nach Rom, aber mehr als äußerlich vermochten sie sich diese Schätze nicht anzueignen. Gerade die Häufung der Eindrücke war, wie Plinius richtig erkannte, zugleich eine Abstumpfung, zumal da in dem rastlosen Drängen und Treiben Roms die zur Kunstbetrachtung unerläßliche Ruhe und Stille fehlte. Zur Vertiefung in Kunstwerke fanden dort die wenigsten auch nur die Zeit, den meisten genügte eine flüchtige und oberflächliche Kenntnisnahme.

Daß in der Tat trotz aller alten und neuen Kunstpracht Roms und des römischen Reichs die bildende Kunst einen Einfluß auf die römische Gesamtbildung niemals gewonnen hat, dafür liefert die römische Literatur, als Ganzes betrachtet, eine vollgültigen und unwiderleglichen Beweis. Von einer so großen Zahl von Dichtern und Schriftstellern verschiedener Perioden, die großenteils auf der Höhe der Bildung ihrer Zeit standen und uns als vollberechtigte Repräsentanten derselben gelten dürfen, verrät kaum einer Interesse und Verständnis für die bildende Kunst. In dieser so vielartigen, über einen Zeitraum von Jahrhunderten sich erstreckenden Literaur, die alle bedeutenden Richtungen und Interessen berührt, die in den ersten nachchristlichen Jahrhunderten ganz besonders der Betrachtung der Gegenwart zugewandt ist und auch deren geistige Zustände lobend und tadelnd vielfach erörtert, findet sich keine Spur von Verständnis für das wahre Wesen der Kunst und keine Äußerung einer wahren Ergriffenheit durch die Herrlichkeit ihrer Werke. Wo immer von ihr gesprochen wird, da geschieht es entweder geradezu mit Unverstand und Geringschätzung oder doch ohne Anteil und Wärme. Wie vielen einzelnen Römern es auch gelungen sein mag, in das Wesen der griechischen Kunst einzudringen, der römischen Kultur im großen und ganzen ist sie immer fern und fremd geblieben.

Wenn noch ein Zweifel darüber bestehen könnte, ob der Gesamteindruck der römischen Literatur einen gültigen Schluß auf den Mangel des Kunstsinns bei den Römern gestattet, so würde er durch eine Vergleichung mit der gleichzeitigen griechischen (obwohl viel weniger umfangreichen) Literatur gehoben werden: denn das Interesse und Verständnis, das wir dort vermissen, tritt eben hier vielfach und unzweideutig hervor, und es zeigt sich, wie gesagt, daß auf diesem Gebiete der Gegenstand griechischer und römischer Bildung unausgeglichen fortbestand. Schon allein das immer noch so rege Nationalgefühl der Griechen läßt erwarten, daß sie auch diesen Schöpfungen ihrer großen Vorzeit mit einem andern Anteil gegenüberstanden als die Römer.

Plutarch beklagt es, daß „die meisten" Vertiefung in Kunstbetrachtungen für wichtiger hielten als seine Einkehr in ihr eigenes Innere. „Die meisten glauben, wie Arcesilaus sagte, man müsse Gedichte, Gemälde und Statuen genau betrachten und alle ihre Einzelheiten im Geist und mit den Augen durchgehen; ihr eigenes Leben aber, das viele keineswegs unerfreuliche Betrachtungen bietet, lassen sie unbeachtet." Während alle Bemerkungen des Dionys von Halikarnaß über Malerei und Skulptur ein selbständiges Urteil verraten, sprechen die römischen Schriftsteller über Beredsamkeit in ihren Vergleichungen der redenden und bildenden Künste offenbar nur fremde, aus Büchern geschöpfte Urteile nach, und selbst der geschmackvolle und feingebildete Quintilian verrät gelegentlich seine Unsicherheit auf diesem Gebiet. Seine Bemerkung, Naturanlage vermöge viel ohne Ausbildung, diese dagegen nichts ohne jene, verdeutlicht er durch folgende Vergleichung: wenn Praxiteles versucht hätte, eine Statue aus einem Mühlstein auszuhauen, würde ich einen rohen parischen Marmorblock vorziehen; hätte aber der Künstler ein Werk aus diesem vollendet, so würde dessen Wert mehr in seiner Arbeit als in dem Marmor liegen. Ihm erschien also ein gutes Material wertvoller als ein von einem großen Künstler in einem schlechten abbozziertes Werk. Ein späterer griechischer Geschichtsschreiber Memnon beschreibt in der Geschichte seiner Vaterstadt Heraclea am Pontus ausführlich die Attribute einer durch Aurelius Cotta von dort fortgeschleppten Herakles-Statue (Keule, Löwenfell, Bogen und Köcher), „deren Darstellung in bezug auf schöne Verhältnisse, Anmut und technische Ausführung hinter keiner der gepriesenen Arbeiten zurückstand". Mit so viel Liebe würde schwerlich ein römischer Geschichtsschreiber einen solchen Gegenstand selbst in der eingehendsten Erzählung geschildert haben. Bei der Erzählung des Neronischen Brands erwähnt Tacitus den Untergang zahlloser griechischer Meisterwerke mit zwei Worten; Sueton gar nicht. Und wenn Herodian den jungen Elagabal nach seiner Schönheit, Jugendblüte und Formenweichheit mit den schönen Statuen des jugendlichen Dionysos vergleicht, so fühlt man wohl, daß es kein Zufall ist, wenn wir eine solche Vergleichung bei keinem römischen Historiker lesen. In einer Plutarchischen Schrift über die berühmten Männer Athens werden auch die dortigen Maler ausführlich besprochen; der von den Bildhauern handelnde Abschnitt ist uns nicht erhalten. Auch in den geographischen Werken der Griechen fehlen bei der Aufzählung der Merkwürdigkeiten der einzelnen Orte Erwähnungen ihrer Kunstwerke und dorther stammenden Künstler (selbst solcher, die minder bekannt waren) nicht. Die trockenen, mageren und äußerlichen Notizen des Pausanias über Kunstwerke lassen allerdings Liebe und Verständnis für Kunst nicht erkennen, und auch die erkünstelte Begeisterung in den Kunstbeschreibungen der Philostrate beweist nichts für den Kunstsinn der Verfasser. Kunstwerke wie Naturszenen gehörten eben zu den Gegenständen, in deren Darstellung die Stilkünstler ihre Virtuosität gern zur Schau stellten; nicht an sich, sondern nur insofern sie ein Substrat zur Entfaltung dieser Virtuosität bot, erregte die Kunst wie die Natur das Interesse der Sophisten, der römischen wie der griechischen; von den Kunst- und Naturbeschreibungen des Apulejus gilt ganz dasselbe wie von denen seiner griechischen Vorbilder.

Wie verschieden von dieser mühsam erkünstelten Überschwenglichkeit klingt die Sprache warmer Empfindung, die der überwältigende Eindruck der olympischen Zeusstatue dem Dio von Prusa eingab. Selbst vernunftlose Kreaturen, sagt er, müßte dieser Anblick erschüttern, und ein Mensch, der noch so mühselig und beladen wäre, müßte, wenn er diesem Bilde gegenüberstände, alles vergessen, was im Menschenleben Schweres und Schreckliches zu leiden ist: so viel Licht und so viel Lieblichkeit hat ihm die Kunst geliehen. In der Rechenschaft über dieses Zeusideal, die er dem Plinius in den Mund legt — „dem weisen und wunderbaren (dämonischen) Künstler des ehrwürdigen und ganz herrlichen Werks", dem Freunde und Genossen des Perikles —, spricht sich ein hoher Begriff von der Bedeutung und dem Darstellungsvermögen der bildenden Kunst aus, mit dem sich eine vielfach treffende und geistvolle Beurteilung des Unterschieds zwischen ihr und der Poesie verbindet. Lucian endlich zeigt von allen antiken Schriftstellern die umfassendste Kenntnis und das eindringendste Verständnis der Kunst; sein Urteil ist überall ein selbständiges, sein Geschmack an den besten Mustern gebildet, sein Talent, Kunstwerke mit wenigen Zügen zu charakterisieren oder ihren Eindruck in schwungvoller Schilderung wiederzugeben, ein (wie namentlich seine Beschreibung der knidischen Aphrodite des Praxiteles zeigt) nicht gewöhnliches. Übrigens war auch Lucians Interesse so gut wie ausschließlich der Blütezeit der griechischen Kunst zugewandt: je feiner gebildet sein Auge war, desto weniger konnte ihm neben ihren Werken alles, was die späteren Jahrhunderte hervorgebracht hatten, der Beachtung wert erscheinen. In demselben Sinne sagt Galen, die gegenwärtige schlechte Erziehung und der Umstand, daß Reichtum höher geschätzt werde als Tugend, mache es erklärlich, daß es jetzt keine Meister mehr gebe wie Phidias unter den Bildhauern, Apelles unter den Malern, Hippokrates unter den Ärzten. So nennt auch Aristides als die größten Meister, die das Höchste dadurch erreichten, daß sie über die frühere Kunst hinausgingen und ihre Vorgänger neben sich als Kinder erscheinen ließen, Phidias, Zeuxis, Hippokrates und Demosthenes.

Wenn also in der griechischen Literatur der Kaiserzeit die gleichzeitige Kunst ebenso geringe Berücksichtigung findet wie in der römischen, so beruht dieselbe Erscheinung hier und dort auf entgegengesetzten Ursachen. Mit dem großen Maße gemessen, das der wahre Kunstsinn der Griechen anlegte, konnte ihr Wert leicht unterschätzt werden: den Römern, welche die innere selbständige Bedeutung der Kunst überhaupt nicht verstanden, war sie nur ein Mittel zur Verfeinerung des Lebensgenusses und zur Verewigung des Gedächtnisses von Personen und Taten, neben anderen Mitteln, welche ihnen diesen wie jenen Zweck in ebenso vollkommener Weise erfüllten. Wäre nur die Literatur beider Sprachen aus jener Zeit erhalten, wie wir sie jetzt besitzen: wir würden weder ahnen, was die bildende Kunst damals noch zu leisten vermochte, noch in welch erstaunlichem Grade das Bedürfnis künstlerischen Schmucks und monumentaler Darstellung alle Schichten der Gesellschaft erfüllte, wie riesenhaft die dadurch ins Leben gerufene Tätigkeit der Malerei und Skulptur in der ganzen römischen Welt war. Wie reich war doch die Kultur, die sich gewöhnt hatte, über die Leistungen der Künste in einem Umfange zu verfügen, den die heutige Welt kaum zu fassen vermag, ihnen Aufgaben als alltägliche zu stellen, deren Lösung gegenwärtig überhaupt unmöglich sein würde; die Kultur, welche Schätze, deren Unermeßlichkeit uns beschämt und mit Staunen erfüllt, zu den geringsten ihrer Besitztümer zählte und sorglos mit vollen Händen ausstreute.

XIII. DIE RELIGIÖSEN ZUSTÄNDE

1. DER GÖTTERGLAUBE

Für die Erkenntnis der religiösen Zustände der antiken Welt in den ersten nachchristlichen Jahrhunderten besitzen wir zwei Quellen von sehr verschiedener, vielfach sogar entgegengesetzter Beschaffenheit: die eine in der Literatur, die andere in den Denkmälern, namentlich Inschriftsteinen. Die Literatur ist vorwiegend aus Kreisen hervorgegangen, die teils von Unglauben und Indifferenz ergriffen waren, teils durch Reflexion und Deutung den Volksglauben zu vergeistigen, zu läutern und umzugestalten strebten. Die Denkmäler dagegen stammen wenigstens zum großen Teil aus denjenigen Schichten der Gesellschaft, die von der Literatur und den dort herrschenden Richtungen wenig berührt wurden und teils nicht das Bedürfnis, teils nicht einmal die Fähigkeit hatten, ihren Überzeugungen dort Ausdruck zu geben, und sie sind ganz vorwiegend Zeugnisse eines positiven, weder zweifelnden noch grübelnden, naiven und reflexionslosen Götterglaubens. Wenn die moderne Welt einst in ähnlicher Weise unterginge, wie die antike untergegangen ist, und eine späte Nachwelt dann bemüht wäre, aus ebenso trümmerhaften Überresten der heutigen Kultur, wie sie uns vom Altertum geblieben sind, eine Anschauung von den religiösen Zuständen unsrer Zeit zu gewinnen: so würde auch sie aus sehr spärlichen Bruchtsücken der heutigen Literatur ganz andere, zum Teil entgegengesetzte Eindrücke erhalten, als aus Grabsteinen, Votivtafeln und andern kirchlichen Denkmälern jeder Art. Wie dann nur eine Verwertung beider einander ergänzenden Gattungen von Zeugnissen eine annähernd richtige Vorstellung geben könnte, so gilt dasselbe auch für die hier in Betracht gezogene Zeit des Altertums. Während die heidnische Literatur dieser Zeit uns einen Einblick in die Tätigkeit der Kräfte gewährt, die innerhalb des Heidentums an seiner Auflösung und Zersetzung arbeiteten, weht uns aus den Denkmälern ein Geist des Glaubens an, der allen zerstörenden Einflüssen jahrhundertelang Widerstand zu leisten vermochte. Weil nun, namentlich von theologischen Schriftstellern, die heidnische und christliche Literatur jener Zeit immer fast ausschließlich, jedenfalls weit mehr als die Denkmäler zur Darstellung religiöser Zustände verwertet wurde, ist man der zuletzt berührten Seite derselben nie völlig gerecht geworden.

Aber auch die Literatur hat man mit Vorurteil behandelt, vorzugsweise ihre irreligiöse Seite berücksichtigt und nicht hinreichend erwogen, in wie hohem Grade Glaube und Aberglaube Bedürfnisse der Massen sind, welche gebieterisch Befriedigung verlangen. Selbst die literarischen Quellen bestätigen doch nur sehr teilweise die herrschende Ansicht, daß das Heidentum sich schon im tiefsten Verfall, in voller Auflösung befunden habe, als das Christentum entstand.

Allerdings wird schon im letzten vorchristlichen Jahrhundert von römischen und griechischen Schriftstellern viel über Abnahme der Gottesfurcht, über Unglauben und religiöse Indifferenz geklagt und die Schuld an dem

Verfall der Religion ausdrücklich den Lehren „wahnwitziger Weisheit“ zugeschrieben, die sich aus den Schulen griechischer Philosophie verbreitet hatten. In der Tat herrschen in der damaligen römischen Literatur sowie in der des ersten nachchristlichen Jahrhunderts Richtungen, die von dem alten Glauben teils abgewendet, teils ihm geradezu feindlich sind. Die Notwendigkeit des Volksglaubens und der Staatsreligion wurde zwar von den Gebildeten aus Gründen der Zweckmäßigkeit nicht bloß bereitwillig zugestanden; sie gaben auch das Beispiel der Ehrerbietung gegen die Religion und alle religiösen Einrichtungen. Cicero erklärte in einer im Senat gehaltenen Rede, bei aller Vorliebe für literarische Studien doch derjenigen Literatur fernzustehen, welche die Gemüter dem Glauben entfremde; wir verdanken, sagt er, unsere Siege über alle Völker der Frömmigkeit, dem Glauben und der Erkenntnis, daß alles durch den Willen der Götter regiert wird. Namentlich wurde anerkannt, daß die Massen wegen ihrer sittlichen Roheit und geringen Bildung der Religion bedürften. Die Masse der Weiber und das ganze gemeine Volk, sagt Strabo, kann man nicht durch philosophische Belehrung zur Frömmigkeit, Heiligkeit und zum Glauben hinleiten, sondern es bedarf für diese auch der Götterfurcht, und dazu gehören Legenden und Wundergeschichten. Es hat seinen Nutzen, daß es Götter gibt, sagt Ovid mit zynischer Aufrichtigkeit, und da es ihn hat, wollen wir an sie glauben und fortfahren, ihnen zu opfern. Epictet tadelt diejenigen, die durch unbedachte Äußerungen des Zweifels an der Existenz der Götter in jugendlichen Gemütern die Keime der Tugend zerstören und manchem das rauben, was ihn vom Verbrechen zurückgehalten habe. Die Staatsmänner der Monarchie betonten noch besonders, daß die Verächter der Götter auch sonst niemanden in Ehren halten.

In jenem Geständnisse war aber freilich ausgesprochen, daß ein großer Teil der Gebildeten selbst des Volksglaubens in der überlieferten Form nicht zu bedürfen glaubte, über den sie sich in der Tat vielfach mit Gleichgültigkeit, Frivolität oder Verachtung äußern. Freilich war diese Freigeisterei oft nur eine Maske; Unglück oder Gefahr rissen sie dem Spötter vom Gesicht, und man sah solche sich dann eifrig der Religion zuwenden. Auch wird es nicht selten gewesen sein, daß völlig Ungläubige eine einzelne Superstition um so zäher festhielten; wie z. B. Sulla, welcher der Tempel zu Delphi geplündert hatte, ein kleines Bild des Apollo stets bei sich führte, das er öfters küßte, und an das er in Augenblicken der Gefahr inbrünstige Gebete richtete. und Nero, ein Verächter aller Religionen, eine ihm von einem unbekannten Plebejer geschenkte kleine weibliche Figur nach einer unmittelbar darauf entdeckten Verschwörung wie die höchste Gottheit verehrte. Daß übrigens auch unter den Gebildeten jener Zeit es nicht an Gläubigen fehlte, versteht sich von selbst, und Juvenal meint sogar, damals habe es noch keine Verächter der Götter gegeben.

Doch wir begegnen auch — bei Lucrez — einem leidenschaftlichen Ausdrucke des Hasses gegen den Glauben. Ihm erschien er als ein von der Erde zum Himmel ragendes Riesengespenst, dessen schwerer Tritt das Menschenleben schmählich zu Boden drückte, während sein Antlitz grauenvoll aus der Höhe herabdrohte: bis der kühne Geist eines griechischen Mannes — Epikur — dem Schrecken Trotz bot. Er erschloß die Pforten der Natur, drang weit über die flammenden Mauern des Weltalls ins Grenzenlose vor und brachte der Menschheit als Überwinder die Erkenntnis der Gründe alles Seins: so hat er den Glauben gestürzt, uns aber durch seinen Sieg zum Himmel erhoben. Man möge nicht meinen, mit der Annahme dieser Lehre den Weg des Frevels und der Gottlosigkeit zu betreten: im Gegenteil, gerade der Glaube habe öfter zu gottlosen und verbrecherischen Taten geführt. Der Dichter erinnert daran, wie Agamemnon die eigene Tochter dem Zorn der Göttin Artemis geopfert habe, und schließt seine rührende Schilderung des Opfertodes der unschuldigen Jungfrau mit dem Ausrufe: Zu so viel Unheil konnte der Glaube den Antrieb geben!

Aber so feindselig wie Lucrez stand der Volksreligion keineswegs die ganze Schule der Epikureer gegenüber, geschweige denn die philosophisch Gebildeten überhaupt. Denn Atheismus lehrte kein System, und seine Anhänger sind schwerlich zu irgendeiner Zeit zahlreich gewesen. Der Skeptizismus bestritt nur, daß das Dasein der Gottheit sich beweisen lasse, der Epikureismus lehrte die Existenz unzähliger ewiger, seliger Götter und leugnete nur ihre Fürsorge für die Welt und die Menschheit: aber die Epikureer schlossen sich ebensowenig wie die Skeptiker grundsätzlich vom Kultus aus. Die Gottheit bedürfe der Verehrung zwar nicht, äußert sich der Epikureer Philodemus, aber für uns sei es naturgemäß, sie ihr zu erweisen, hauptsächlich durch erhabene Vorstellungen, dann aber auch nach der in jedem Falle überlieferten väterlichen Sitte. Der Gewohnheit folgend, sagt der Skeptiker Sextus, sagen wir, daß es Götter gibt, daß sie eine Vorsehung üben, und verehren sie. Die überwiegende Mehrzahl der Gebildeten, die, ohne einer bestimmten Schule anzugehören, doch von philosophischen Einflüssen mittelbar oder unmittelbar berührt waren, stand dem Volksglauben mehr oder minder tolerant gegenüber, mochten sie auch selbst monotheistische oder pantheistische oder fatalistische Anschauungen hegen, oder einem geläuterten Polytheismus huldigen, oder endlich den überlieferten Glauben verloren haben, ohne einen neuen gewinnen zu können.

Die in der gebildeten römischen Welt des 1. Jahrhunderts n. Chr. außerhalb der eigentlich philosophischen Kreise verbreiteten religiösen Anschauungen bewegten sich zwischen dem Glauben an die Existenz der Volksgötter und eine durch sie geübte Vorsehung (wenn auch mit Verwerfung der ganzen legendarischen Überlieferung) einerseits und der absoluten Negation dieser Götter andrerseits. Auf dem ersteren Standpunkt scheint z. B. Tacitus gestanden zu haben. Bei Besprechung der jüdischen Religion äußert er den entschiedensten Widerwillen gegen die Vernachlässigung des ererbten Gottesdienstes und die Verachtung der Götter. Er glaubte, daß sie nicht bloß die unabänderliche Weltordnung vollziehen, sondern auch unmittelbar in ihren Gang eingreifen und die Zukunft durch Vorzeichen verkündigen. Quintilian gehörte zu der gewiß sehr zahlreichen Klasse derer, bei welchen die gewohnten und anerzogenen polytheistischen Anschauungen sich mit monotheistischen vermischten, ohne daß sie das Bedürfnis oder die Energie hatten, ihre Überzeugungen zur völligen Klarheit und Bestimmtheit durchzubilden. Bei ihm drängte schon die Vorstellung von der beseelten Natur, von „jenem Gott, der der Vater und

Schöpfer der Welt ist", den Glauben an die „unsterblichen Götter" in den Hintergrund. Der Glaube an eine Vorsehung stand ihm fest, und auch an der Verkündigung der Zukunft durch Orakel und Zeichen scheint er nicht gezweifelt zu haben.

Am entschiedensten ist in der Negation des Volksglaubens der ältere Plinius. Er meinte in seiner Darstellung des Kosmos die „unaufhörlich erörterte Frage nach dem Wesen der Gottheit" nicht übergehen zu dürfen und hat deshalb die damals am meisten verbreiteten Formen ihrer Beantwortung angegeben. Für ihn selbst war Gott und Natur nicht zu trennen: die Natur war ihm „die Mutter aller Dinge", die sich dem Menschen so oft im Zufall offenbarte; diesen mochte man also als den Gott bezeichnen, dem man die meisten Entdeckungen und Kulturfortschritte verdankte. Aber mit Grund durfte man das „heilige, unermeßliche, ewige" Weltall, „zugleich die Schöpfung der Natur und die Natur selbst", für eine Gottheit halten, als die Seele der Welt aber und ihr leitendes Prinzip die Sonne ansehen. Nur menschliche Schwäche konnte also nach dem Bilde und der Gestalt der Gottheit fragen. Welcher Art sie auch ist (wenn es noch eine außerhalb der Natur gibt), und wo auch immer, sie muß ganz Kraft, ganz Geist sein. Noch törichter ist es, an unzählige Götter zu glauben und auch menschliche Eigenschaften wie Eintracht, Keuschheit, Hoffnung, Ehre, Milde als Gottheiten zu betrachten; die gebrechliche und mühselige Menschheit hat, ihrer Schwäche sich bewußt, die eine Gottheit zerteilt, damit jeder diejenigen von ihren Seiten verehren könne, deren er am meisten bedarf. Daher finden wir bei andern Völkern andre Namen, und unzählige Götter bei denselben, selbst Krankheiten und Übel aus Furcht verehrt, wie das Fieber und die Verwaisung. Da nun noch der Glaube an Schutzgötter und -göttinnen aller einzelnen Männer und Frauen dazu kommt, ergibt sich eine größere Zahl der Götter als der Menschen. Die ganze Mythologie ist kindische Faselei, den Göttern Ehebrüche, Streit und Haß beilegen, an Gottheiten des Betrugs und der Verbrechen glauben, der äußerste Grad der Schamlosigkeit. Offenbarung der Gottheit ist das Wirken der Menschen für die Menschheit und dies zugleich der Weg zum ewigen Ruhm; auf diesem sind die Helden des alten Rom gewandelt, auf ihm schreitet jetzt mit übermenschlichem Schritte Vespasian mit seinen Söhnen, der erschöpften Welt Hilfe bringend. Uralt ist die Sitte, Wohltätern der Menschheit durch Versetzung unter die Götter Dank abzustatten. Überhaupt sind die Namen der Götter wieder Gestirne von Menschen entlehnt; wie sollte es ein himmlisches Namenverzeichnis geben! Ob die höchste Macht, welche es auch sei, für die menschlichen Dinge Sorge trägt, ob es denkbar ist, daß sie durch einen so traurigen und so vielfachen Dienst nicht herabgewürdigt werden würde? Kaum wäre zu entscheiden, ob es für das Menschengeschlecht nützlicher sei, diesen Glauben zu hegen oder nicht, wenn man sieht, wie ein Teil keine Rücksicht auf die Götter kennt, der andere in schimpflichem Aberglauben und Götterfurcht befangen ist. Um die Vorstellung von der Gottheit noch ungewisser zu machen, hat die Menschheit sich eine Macht erfunden, deren Wesen zwischen beiden entgegengesetzten Vorstellungen die Mitte hält: Fortuna, die bewegliche, von den meisten für blind gehaltene, umherschweifende, unbeständige, ungewisse, wechselnde, die Gönnerin der Unwürdigen, also der Zufall selbst wird als Gottheit verehrt. Ein anderer Teil verwirft auch diese, weist alle Ereignisse ihren Gestirnen zu, und glaubt an eine einmalige, unabänderliche, für alle Zukunft verhängte Bestimmung der Gottheit. Diese Ansicht hat angefangen Boden zu gewinnen, und die Menge der Gebildeten wie der Ungebildeten fällt ihr gleich bereitwillig zu. Sodann umfängt der Glaube an unzählige Vorbedeutungen die des Blickes in die Zukunft beraubte Menschheit, und unter allem diesem ist allein gewiß, daß es nichts Gewisses gibt und kein zugleich jammervolleres und hochmütigeres Wesen als der Mensch. Die übrigen Geschöpfe kennen keine Bedürfnisse als die, welche die Güte der Natur von selbst befriedigt, und überdies nicht den Gedanken des Todes. Aber für die Gesellschaft ist der Glaube an die Lenkung der menschlichen Dinge durch die Götter ohne Zweifel von Nutzen, und die Überzeugung, daß für Übeltaten Strafen unfehlbar eintreten, wenn auch spät, da die Gottheit nach so vielen Seiten hin in Anspruch genommen ist; sowie daß der Mensch nicht darum als das Gott nächste Wesen geschaffen sein könne, um an Niedrigkeit den Tieren gleich zu sein. Für die Unvollkommenheit der menschlichen Natur aber liegt darin ein ganz besondrer Trost, daß auch Gott nicht alles kann. Er kann sich nicht selbst den Tod geben, wenn er es wollte, was die Natur dem Menschen als das beste bei so viel Qualen des Lebens geschenkt hat; noch Sterbliche mit Unsterblichkeit beschenken oder Abgeschiedene zurückrufen; nicht bewirken, daß, wer gelebt hat, nicht gelebt, wer Ämter bekleidet hat, sie nicht bekleidet habe; er hat überhaupt keine Macht über die Vergangenheit als die des Vergessens; und (um auch scherzhafte Beweisgründe anzuführen) er kann nicht machen, daß zweimal zehn nicht zwanzig ist, und vieles der Art: woraus sich unzweifelhaft die Macht der Natur ergibt, und daß s i e das ist, was wir Gott nennen.

War nun allerdings die Negation des Volksglaubens wohl in den meisten Fällen eine mittelbare oder unmittelbare Wirkung philosophischer Einflüsse, so gab es doch auch philosophische Richtungen, mit denen er nicht bloß vollkommen vereinbar war, sondern die ihm sogar zur Stütze dienten. Der Stoizismus, dessen Wirkungen in jener Zeit sich vielleicht weiter erstreckten als die irgendeines anderen Systems, sucht in seiner Theologie Glauben und Philosophie zu versöhnen, die Berechtigung der Volksreligion wissenschaftlich darzutun, indem er von dem höchsten Gotte, dem Schöpfer und Weltbeherrscher, Untergötter, von der durch das All verbreiteten göttlichen Kraft als Einheit ihre zahllosen Äußerungen und Wirkungen unterschied und überdies Dämonen als Mittelwesen zwischen Gottheit und Menschheit annahm. Alles, sagt Epictet, ist voll von Göttern und Dämonen. Die Anstößigkeiten der legendarischen Tradition wurden durch künstliche allegorische Auslegung beseitigt. Da außerdem die stoische Theologie fortwährende Offenbarungen der göttlichen Mächte durch Sendung von Orakeln, Vorzeichen u. dgl. anerkannte, so darf man annehmen, daß ein großer Teil der Anhänger der Stoa an dem überkommenen Glauben mehr oder weniger streng festhielt, und daß diejenigen Gebildeten, die, wie Marc Aurel, in einer Welt ohne Götter nicht leben wollten, ihr vor andern Schulen (wie in den späteren Jahrhunderten der neuplatonischen und wie im neunzehnten die orthodoxen Protestanten der Hegelschen) auch darum den Vorzug gaben, weil sie eine Lösung des Konflikts zwischen Vernunft und Glauben bot.

Auch im 1. Jahrhundert also standen nicht einmal die philosophisch Gebildeten der Volksreligion durchaus feindlich gegenüber. Und wenn auch in der Literatur dieser Zeit, wie in der des 18. Jahrhunderts, glaubensfeindliche Stimmungen und Richtungen vorherrschen, so behaupteten sie keinesfalls diese Herrschaft über das Jahrhundert hinaus. Wie die Flut der antichristlichen Richtungen des 18. Jahrhunderts, nachdem sie ihre größte Höhe erreicht hatte, schnell sank, und dann eine mächtige Rückströmung eintrat, die auch einen großen Teil der gebildeten Kreise unwiderstehlich mit fortriß, ebenso sehen wir in der römisch-griechischen Welt nach den in der Literatur des 1. Jahrhunderts vorwiegenden Richtungen eine Tendenz zum positiven Glauben die Oberhand gewinnen, auch hier die gebildeten Kreise ergreifen, und auch hier den Glauben vielfach zu krassem Aberglauben, Wundersucht, Frömmelei und Schwärmerei ausarten.

Den Beweis für ein von den Gebildeten tiefer und allgemeiner als bisher empfundenes Bedürfnis, den Volksglauben mit einer reinen Gotteserkenntnis in Einklang zu bringen, gibt vor allem die Ausbildung, welche die, wie bemerkt, auch von den Stoikern angenommene Dämonenlehre seit dem Ende des 1. Jahrhunderts durch die Platoniker erhielt, und die für die religiöse Richtung dieser Zeit in hohem Grade charakteristisch ist. Die Vorstellung von diesem „Zwischenreich“ der Dämonen, die auf alter orphisch-pythagoreischer Überlieferung beruhte, entwickelte sich in der Art, daß die Dämonen den gläubigen Philosophen „überall an die Stelle der Volksgötter treten konnten, wo von den letzteren solches ausgesagt wurde, was man mit dem reinen Gottesbegriff unverträglich fand, ohne es doch darum geradezu leugnen zu wollen“.

Obwohl hier der Phantasie der weiteste Spielraum gegeben war, stimmen die Platoniker des 2. Jahrhunderts in allen wesentlichen Punkten der von ihnen mit Vorliebe behandelten Dämonenlehre völlig überein; offenbar hatte diese bereits in den gläubigen Kreisen der gebildeten Welt eine Art von dogmatischer Geltung gewonnen. Plutarch sagt: diejenigen, die entdeckt haben, daß ein Geschlecht von Dämonen zwischen Menschen und Göttern in der Mitte steht und beide miteinander verbindet und im Zusammenhange erhält (mag nun diese Lehre aus der Schule Zoroasters, von Orpheus, aus Ägypten oder Phrygien stammen), haben mehr und größere Schwierigkeiten gelöst als Plato durch seine Theorie von der Materie. Nach seiner Ansicht konnten die drei unteren Gattungen der Vernunftwesen durch Vervollkommnung jede zu der nächst höheren und zuletzt zu der höchsten aufsteigen: die besseren Menschenseelen konnten Heroen, diese Dämonen und einzelne der letzteren (wie Isis und Osiris) Götter werden. Den von den in dreifacher Ordnung die Vorsehung übenden Gewalten nehmen die Dämonen den untersten Rang ein. Die höchste Gewalt ist der Geist und Wille der Urgottheit, Schöpfer und Ordner des Weltganzen von Anbeginn, nächst ihm lenken die himmlischen Götter die menschlichen Dinge im großen und ganzen, zuletzt die Dämonen „als Wächter und Aufseher“ im einzelnen. Abweichend von andern Platonikern hält Plutarch die Dämonen nicht für notwendig unsterblich; ohne den geringsten Zweifel und als Erlebnis eines glaubwürdigen Mannes erzählt er, wie die Kunde von dem Tode des großen Pan von seinen Mitdämonen mit lautem Wehklagen aufgenommen worden sei; die Hofphilologen des Tiberius hatten sich dahin geäußert, dies sei Pan der Sohn des Hermes und der Penelope gewesen. Die Dämonen sind für Lust und Unlust empfänglich und auch dem Bösen zugänglich: auf sie beziehen sich die Überlieferungen von Entführungen, Umherirren, Versteckstein, Verbannungen und Sklavendiensten von Göttern; alles dies und ähnliches, wie die Leiden der Isis und des Osiris, sind nicht Schicksale von Göttern, sondern von Dämonen. Diese sind mit den Namen der Götter, denen sie beigesellt sind und von denen sie Macht und Ehre haben, benannt und so mit ihnen verwechselt worden, einige haben jedoch ihre wahren Namen behalten. Die bösen und furchtbaren Dämonen erfreuen sich an düsteren, trauervollen Kulten, und wenn ihnen diese zuteil werden, wenden sie sich zu nichts Schlimmerem; die guten und freundlichen tragen (wie schon Plato lehrte) als Boten und Dolmetscher die Gebete und Wünsche der Menschen zu den Göttern aufwärts und die Orakel und Gaben des Guten herab. Oft also steigen die Dämonen aus der Region des Mondes nieder, um die Orakel zu verwalten, an den höchsten Mysterien mitfeiernd teilzunehmen, Frevel zu bestrafen, in Krieg und Seegefahr Rettung zu bringen; lassen sie sich hierbei durch Zorn, ungerechte Gunst oder Neid bestimmen, so büßen sie dafür, indem sie wieder zur Erde herabgestürzt und in Menschenleiber geschleudert werden.

Ganz in demselben Sinne stellen Apulejus und Maximus von Tyrus die Dämonen als Vermittler zwischen der Götter- und Menschenwelt dar. Nach dem ersteren sind ihre Leiber weder von irdischer noch rein ätherischer Natur, sondern halten zwischen beiden die Mitte. Deshalb werden sie den Menschen nur ausnahmsweise und nach eigenem Willen sichtbar, wie die homerische Athena dem Achill. Diese Dämonen lassen die Dichter, keineswegs der Wahrheit zuwider, Menschen lieben und hassen, begünstigen und schädigen, daher auch Mitleid, Unwillen, Angst und Freude fühlen, überhaupt durchaus menschlich empfinden, was alles mit der ewig unveränderlichen Ruhe der Himmelsgötter unvereinbar ist. Auf der verschiedenartigen Empfänglichkeit der Dämonen für sinnliche Eindrücke beruht nach Apulejus auch die Verschiedenheit der Kulte und Opfer. Je nach ihrer Natur erfreuen sie sich an täglichen oder nächtlichen, öffentlichen oder geheimen, heiteren oder düsteren Opfern und Gebräuchen: so die ägyptischen an Klagegesängen, die griechischen an Tänzen, die barbarischen an rauschender Musik. Daher also die große Mannigfaltigkeit in den Formen der Götterdienste in verschiednen Ländern: die Prozessionen, Mysterien, Handlungen der Priester, Gebete der Opfernden, Götterbilder und -attribute, Lage und Gebräuche der Tempel, Blut und Farbe der Opfertiere — alles dies hat seine Gültigkeit je nach dem Gebrauch eines jeden Ortes, und oft erfahren wir durch Träume, Prophezeiungen und Orakel, daß die Gottheiten (d. h. Dämonen) zürnen, wenn in ihrem Dienst aus Nachlässigkeit oder Hochmut etwas versäumt wird.

Mit Ausnahme sehr weniger Gottesleugner, sagt Maximus von Tyrus, stimmt die ganze Menschheit in dem Glauben an einen Gott, den König und Vater aller, und an viele Götter, seine Kinder und Mitherrscher, überein: diese letzteren sind nicht dreißigtausend, wie Hesiod sagt, sondern zahllose, teils im Himmel die Naturen der Gestirne, teils im Äther die Existenzen der Dämonen. Teils sichtbar, teils unsichtbar nehmen diese göttlichen Wesen an der Herrschaft des höchsten Gottes teil; die ihm verwandtesten scharen sich gleichsam als seine Tisch- und Hausgenossen um seine Pforten und dienen ihm als Boten, andre sind Diener dieser, wieder andre noch geringer. So bildet eine ununterbrochen abgestufte Folge von übermenschlichen Wesen die Verbindung zwischen Menschheit und Gottheit, und die Untergötter (die Dämonen) vermitteln gleichsam als Dolmetscher zwischen der menschlichen Schwäche und der göttlichen Herrlichkeit. „Dies sind die, welche den Menschen erscheinen und zu ihnen reden und mitten unter ihnen verkehren und ihnen die Hilfe leisten, deren die menschliche Natur von den Göttern bedarf." „Sie heilen Krankheiten, geben ihnen Rat in der Not, verkünden das Verborgene, sind Helfer bei der Arbeit, Geleiter auf dem Wege; die einen walten in den Städten, die andern auf den Fluren, diese zu Lande, jene auf dem Meere; andre als Schutzgeister einzelner Menschen; die einen schrecklich, die andern menschenfreundlich, dem bürgerlichen Leben oder dem Kriege zugewandt: so viele Naturen der Menschen, so viele gibt es auch der Dämonen." Zu ihnen gehören namentlich die vom Leibe geschiedenen Menschenseelen, die ihre irdischen Neigungen und Beschäftigungen auch in jenem höheren Dasein nicht aufgeben wollen: so übt Asklepios noch immer die Heilkunde, verrichtet Herakles Taten der Kraft, Dionysos schwärmt, Amphilochus prophezeit, die Dioskuren fahren zur See, Minos richtet, Achilles waffnet sich. Maximus versichert, daß er die Dioskuren selbst gesehen habe, wie sie als leuchtende Sterne ein vom Sturm bedrängtes Schiff lenkten, und Asklepios nicht im Traume, sondern im Wachen. Daß Gegner des Christentums, wie der Platoniker Celsus, zwischen den Dämonen und den Engeln des christlichen und jüdischen Glaubens keinen Unterschied finden wollten, wird man hiernach völlig begreiflich finden.

So gewährte also die Dämonenlehre den Frommen die Möglichkeit, den Volksglauben im weitesten Umfange festzuhalten, ohne mit den Forderungen der Vernunft in Widerspruch zu geraten, und zwar im buchstäblichen Sinne festzuhalten, ohne jene (für Starkgläubige gewiß bedenklichen) gewaltsamen und künstlichen allegorischen Deutungen, deren sich der Stoizismus bediente: und auf diesem Umwege kehrte ein großer Teil der gebildeten Welt wieder zu jenen scheinbar durch die Kritik für immer beseitigten „Legenden und Wundergeschichten" zurück, deren nach Strabos Meinung nur die Massen und das weibliche Geschlecht bedurften. Daß eine solche Vermittlung der Volksreligion mit einer vernunftgemäßeren Gotteslehre gesucht und gefunden wurde, setzt, wie gesagt, eine gerade unter den philosophisch Gebildeten weit verbreitete, unzerstörbare Anhänglichkeit an die alten Götter voraus, eine tiefe Sehnsucht, in dem positiven Glauben der Vorzeit eine Befriedigung zu finden, den keine noch so erhabene Abstraktion gewähren konnte.

Der Gesamteindruck der griechischen und römischen Literatur des

2. Jahrhunderts, in der sich auch die religiösen Zustände der damaligen gebildeten Welt spiegeln, bestätigt dies durchaus. Unter den römischen Schriftstellern dürften Juvenal und der jüngere Plinius wie überhaupt, so namentlich in ihren religiösen Anschauungen der stoischen Lehre am nächsten gestanden haben, wofür bei Plinius auch ein sehr starker Glaube an Träume und Vorbedeutungen spricht. Von beiden wissen wir überdies, daß sie sich am Kultus beteiligten: Juvenal hat wahrscheinlich der in seiner Vaterstadt Aquinum verehrten Ceres (Helvina) zur Lösung eines Gelübdes eine Widmung dargebracht, Plinius zwei Tempel bauen lassen. Tacitus hat mit schweren Zweifeln gerungen, ohne doch (wie bemerkt) durch sie dem positiven Glauben völlig entfremdet zu werden. Suetons kindischer Vorbedeutungs- und Wunderglaube läßt über die Festigkeit seines Götterglaubens kaum einen Zweifel. Bei Gellius ist nach seiner ganzen Geistesrichtung und nach der seiner Lehrer in Griechenland ein streng konservatives Festhalten an der Tradition auch im Glauben mindestens als wahrscheinlich vorauszusetzen; bei Fronto, der während einer Krankheit der Faustina an jedem Morgen zu den Göttern betete und von ihnen Eingebungen in Träumen zur Heilung von der Gicht erbat und erhielt, sogar gewiß. Die Betrachtungen Marc Aurels atmen den Geist echter Frömmigkeit, die Schriften des Apulejus durchweht eine mystische Glaubensseligkeit, Aelian suchte für seine mit leidenschaftlichem Hasse gegen den Unglauben gepaarte wundersüchtige Strenggläubigkeit auch durch eigne Werke Propaganda zu machen.

Aber weit mehr als die römische trägt die griechische Literatur des 2. Jahrhunderts den Stempel einer Periode, deren geistige Zustände durch ein neu erwachtes religiöses Leben ganz eigentlich ihre Signatur erhielten. Mit Ausnahme Lucians steht von den griechischen Schriftstellern dieser Zeit nur Galen mit seinem an stoische Vorstellungen sich anlehnenden Pantheismus dem Volksglauben ganz fern; die Liebe, sagt er z. B., sei eine rein menschliche Affektion und werde nicht etwa von einem kleinen jugendlichen Dämon mit brennenden Fackeln bewirkt. Viel näher steht schon dem Volksglauben Dio von Prusa mit seinem zweifellosen Glauben an die Gottheit (wie es scheint, auch an Einzelgötter) und eine durch sie geübte Vorsehung; er war sogar überzeugt, daß die, welche über die göttlichen Dinge verwerfliche Meinungen hegen, notwendig ruchlos sein müssen. Auch Epictets Pantheismus nahm den Polytheismus in sich auf, und ebenso scheinen sich die religiösen Anschauungen seines Schülers Arrian an die Volksreligion angeschlossen zu haben. Alle übrigen stehen auf dem Boden eines ganz positiven Götterglaubens, wie verschieden er sich auch in der Auffassung jedes einzelnen gestaltete. Plutarch hielt es nicht für ratsam, nach Gründen des Glaubens an die Götter zu forschen; der alte und von den Vätern ererbte Glaube sei hinreichend als Grundlage für die Frömmigkeit; werde er irgendwo erschüttert und ins Schwanken gebracht, so sei sein fester Bestand ganz und gar in Frage gestellt. Auch hatte sein Wunderglaube kaum eine Grenze, wenn er gleich vor einem Übermaße der Leichtgläubigkeit warnt und Wunder wie das Schwitzen, Seufzen, Blutvergießen von Götterbildern sowie ihr Reden mit menschlicher Stimme halb rationalistisch zu erklären versucht. Doch sagt er, die göttliche Natur sei von der menschlichen so völlig verschieden, daß es nicht irrationell sei, ihr die Vollbringung des für Menschen Unmöglichen zuzutrauen. Die, wenn auch mit Bewußtsein erstrebte und künstlich festgehaltene, doch sicher aufrichtige Schlicht- und Altgläubigkeit des Pausanias, der unerschütterliche Wunderglaube des Artemidor, der krasse Supranaturalismus des Maximus von Tyrus, die bis zur Grenze des religiösen Wahnsinns gesteigerte Schwärmerei des Aristides — alle diese religiösen Richtungen kommen überein in dem Glauben an eine durch zahlreiche Einzelgötter wunderbar geübte Vorsehung. Und nur eine weite Verbreitung eines blinden Glaubens und kindischer Superstition konnte die religionsfeindliche Schriftstellerei etwa des Kynikers Oenomaus von Gadara, dessen „Schwindlerentlarvung" eine überaus scharfe und verächtliche Satire gegen Orakelglauben und Bilderdienst enthielt, und namentlich eines Lucian ins Leben rufen, deren unermüdliche, immer wiederholte Angriffe doch gewiß nicht für ein Fechten mit Schatten gehalten werden können. Noch weniger darf man daraus, daß Lucian keine Verfolgung erlitt, auf allgemeine Gleichgültigkeit gegen die von ihm verspottete Religion schließen. Wenn sein Spott auch ohne Zweifel das religiöse Gefühl der Gläubigen aufs tiefste verletzte, so konnte er doch selbst ihnen nicht so verdammenswert erscheinen, wie die Verspottung einer auf Offenbarung beruhenden Religion deren Gläubigen erscheinen muß: und im Heidentum gab es nicht bloß keine Dogmen, sondern auch keine Kirche, die zum Schutz des gefährdeten Glaubens hätte gegen dessen Angreifer einschreiten können. Parnys Götterkrieg, der in zynischer Verhöhnung des Heiligsten Lucians Göttergespräche ebenso weit übertrifft wie an Witz, ist allerdings vor der Restauration des Katholizismus in Frankreich erschienen (1799); aber auch später ist kein Versuch zu seiner Unterdrückung gemacht worden, sein Verfasser wurde (1803) Mitglied der französischen Akademie und ist gestorben (1814), ohne eine Verfolgung erlitten zu haben.

Auch die Kaiser des 2. Jahrhunderts haben sichtbar unter dem Einfluß der herrschenden geistigen Strömung gestanden und sie dann auch ihrerseits durch ihr Beispiel sowie durch ihre eifrige Fürsorge für den Kultus gefördert. Von Trajan rühmt Plinius, daß er nicht wie Domitian beanspruchte, gleich einem Gotte geehrt zu werden, daß er die Tempel der Götter nur betrat, um sie anzubeten. Hadrian bewies einen auch nach den hochgespannten Ansprüchen des Pausanias sehr großen Eifer in der Verehrung der Götter. Antoninus Pius ließ niemals ein Opfer durch einen Stellvertreter vollbringen, außer wenn er krank war, und ein ihm im Jahre 143 von Volk und Senat gesetztes Denkmal ist ihm „wegen seiner ungemeinen Sorgfalt und Gewissenhaftigkeit in bezug auf die Gebräuche der Staatsreligion" gewidmet. Marc Aurel strebte in allem, sich als Schüler seines Vorgängers zu bewähren; namentlich aber sollte dieser in seiner Frömmigkeit ohne Aberglauben sein Vorbild sein, damit er in seine letzte Stunde mit ebenso ruhigem Gewissen eintreten könne. Er selbst, der in einer Welt ohne Götter nicht leben wolle, scheint die Götter aller Nationen als gleich mächtig und gleich sehr der Verehrung würdig anerkannt zu haben. Beim Ausbruche des Markomannenkriegs ließ er Priester aus allen Ländern nach Rom kommen und fremde Gebräuche vollziehen und während des Kriegs einmal auf Veranlassung eines Orakels des Alexander von Abonuteichos zwei Löwen lebendig in die Donau werfen. Im Darbringen von Opfern war er so verschwenderisch, daß man einen Brief der weißen Rinder an ihn zirkulieren ließ: „Wenn du siegst, sind wir verloren."

Die Natur des im 2. Jahrhundert neu erwachten religiösen Lebens muß hier durch einige für dasselbe besonders charakteristische Erscheinungen veranschaulicht werden, welche zugleich wohl die höchsten von der Steigerung der Glaubensstärke erreichten Grade erkennen lassen. Der Prästiner Claudius Aelianus verfaßte an der Grenze des 2. und 3. Jahrhunderts in griechischer Sprache zwei Werke, von der Vorsehung und von göttlichen Erscheinungen, deren Tendenz wir aus zahlreichen Fragmenten kennen. Er führte den Beweis, „daß die unverständiger sind als Kinder, welche sagen, daß hienieden die Gottheit nicht die Vorsehung übe", durch Erzählungen zahlreicher Wunder, Orakel und andrer unmittelbarer Offenbarungen der göttlichen Macht, hauptsächlich wunderbarer Belohnungen von Frommen und Gläubigen und wunderbarer und schrecklicher Bestrafungen von Gottesleugnern und Ungläubigen. Bei diesen Erzählungen fehlt es nicht an Apostrophen an die Religionsverächter, wie z. B.: „Was sagt ihr zu diesem, ihr, die ihr meint, daß die Vorsehung blind umhertappe oder nur eine Fabel sei?", sowie an Äußerungen des Mitleids und Verwünschungen gegen die glaubensfeindlichen Philosophen: O ihr Xenophanes und Diagoras und Hippo und Epikuros und ihresgleichen, und die ganze übrige Zahl der unglückseligen und gottverhaßten Männer, fort mit euch!"

Die süßliche und salbungsvolle Sprache affektiert die fromme Einfalt einer guten alten Zeit; einige Proben werden eine hinreichende Vorstellung geben. Ein Mann Euphronios war ein unglückseliger Mensch und hatte Freude an dem Geschwätz des Epikuros, und aus selbigem zog er sich zwei Übel zu, gottlos und ruchlos zu sein. Dieser Mann verfiel in eine Krankheit, und von derselben (Lungensucht nennen sie die Söhne der Asklepiaden) arg gequält, verlangte er anfangs nach der ärztlichen Kunst der Menschen und suchte bei dieser Hilfe. Aber das Siechtum war gewaltiger als die Kunst der Ärzte. Als er nun bereits das Äußerste befürchtete, bringen ihn seine Angehörigen in den Tempel des Asklepios. Und da er eingeschlafen war, dünkte ihm, daß einer der Priester zu ihm sage, für den Mann gebe es nur einen Weg des Heils und ein Mittel gegen die ihn bedrängenden Übel, wenn er die Bücher des Epikuros verbrenne und die Asche dieser gottlosen, frevelnden und weibischen Bücher mit feuchtem Wachse knete, damit seinen Bauch und seine Brust bestreiche und alles mit Binden umwickle. Er aber bekannte alles, was er vernommen, seinen Nächsten, und jene waren sogleich großer Freude voll, daß er nicht als ein Verschmähter und Verachteter von dem Gotte sei verstoßen worden So wurde der Gottesleugner bekehrt und fortan ein Muster der Frömmigkeit für andre. Wunderbare Heilungen sowohl von Frommen als von Gottlosen, die sich dann besserten, waren in diesem Buch in großer Anzahl erzählt, und erbauliche Betrachtungen daran geknüpft wie folgende: „Aristarchos von Tegea, der Tragödiendichter, verfiel in eine Krankheit, und Asklepios heilte ihn und befahl ihm, ein Dankopfer für seine Genesung zu bringen, und der Dichter brachte dem Gotte das nach ihm benannte Schauspiel dar. Wie könnte es aber geschehen, daß die Götter für die Gesundheit einen Lohn verlangten und annähmen, da sie uns ja doch das Größte mit menschenliebendem und gütigem Sinne umsonst gewähren, die Sonne zu schauen und an dem allgenügenden Glanz eines so großen Gottes ohne Entgelt teilzuhaben, und den Gebrauch des Wassers und die unzähligen Hervorbringungen und mannigfaltigen Hilfen des uns bei der Arbeit fördernden Feuers, und aus der Luft Nahrung für unser Leben in uns zu ziehen? Sie wollen also nur, daß wir auch in jenen geringeren Dingen nicht undankbar und uneingedenk seien, und machen uns auch dadurch besser."

Bis zu welchem Grade kindischer Albernheit sich die Wundersucht dieser Glaubensrichtung verirren konnte, mag folgende Geschichte von einem tanagräischen Kampfhahne zeigen, der an einem Fuße verletzt war. „Der Hahn, wie mich dünkt, auf einen von Asklepios erhaltenen Antrieb, hüpfte auf einem Beine vor den Herrn, und da in der Frühe dem Gotte ein Lobgesang gesungen wurde, stellte er sich in die Reihe der Sänger, als wäre ihm von dem Leiter des Chors seine Stelle angewiesen, und versuchte, so gut er vermochte, sein Vogellied mitzusingen, harmonisch in den Gesang der andern einstimmend. Auf einem Beine aber stehend, streckte er das beschädigte und verstümmelte vor, als wollte er bezeugen und angeben, was er erduldet hatte. So sang er seinem Heilande, wie er es mit der Kraft seiner Stimme vermochte, und flehte, ihm den Gebrauch seines Fußes wiederzugeben." Nach einer Offenbarung des Gottes wurde er dann geheilt, „und mit den Flügeln schlagend und weit ausschreitend und den Hals aufrichtend und den Kamm schüttelnd wie ein stolzer Krieger, bekundete er das Walten der Vorsehung über den unvernünftigen Kreaturen". Den Erzählungen von dem Heil, das der Glaube brachte, standen (wie gesagt) Beispiele von den schrecklichen Folgen des Unglaubens und Frevels gegen die Götter gegenüber: wie ein Mann, der „mit lüsternem Auge" die Mysterien ansehen wollte, ohne eingeweiht zu sein, auf einen Stein stieg, von diesem herab und sich zu Tode fiel; wie ein Unglücklicher, dessen Seele von Epikuros' Lehre entnervt war, in den heiligen Raum des Tempels zu Eleusis eindrang, den nur der Hierophant betreten durfte, und zur Strafe von einer furchtbaren Krankheit befallen wurde und gräßliche Qualen litt, so daß er danach schmachtete, seine verfluchte Seele vom Leibe losreißen zu können, was ihm aber erst spät zuteil wurde; wie Sulla von Würmern („andre aber sagen nicht von diesen, sondern von Läusen"), die aus seinem Leibe herausquollen, langsam aufgefressen wurde, weil er den Tempel der Athene zu Alalkomenä zerstört hatte; wie ein Bildhauer, „auf den Gewinn schauend und blind gegen die Frömmigkeit", ein Götterbild schlechter ausführte, als er nach der erhaltnen Bezahlung gesollt hatte, unansehnlich, klein und aus schlechtem Marmor, dann aber dafür an seinem Leibe gestraft wurde, „und dies allen ein Beispiel und eine Lehre war, solches nicht zu wagen noch dergleichen Vorteil zu suchen", usw.

Von demselben Verfasser haben wir eine „Geschichte der Tiere", in welcher „die instinktive Sicherheit und Zweckmäßigkeit der niedern Organismen als die reinere Naturmanifestation den Menschen als moralisches Gegenbild vorgehalten wird". Die Elefanten, so wird z. B. hier berichtet, beten die Sonne an, indem sie ihr bei ihrem Aufgange ihre Rüssel gleich Händen entgegenstrecken: die Menschen aber zweifeln, ob es Götter gibt, und wenn sie existieren, ob sie für uns Sorge tragen. Die Mäuse auf einer dem Herakles heiligen Insel im Schwarzen Meer berühren dort nichts, was ihm geweiht ist; wenn nun die zu seinen Opfern bestimmten Trauben reifen, verlassen sie die Insel, um der Versuchung, sie zu benaschen, zu entgehen, und kehren erst nach der Weinlese zurück. Hippo, Diagoras, Herostrat und die übrigen Götterfeinde würden freilich diese Trauben ebensowenig schonen, als was sonst den Göttern geweiht ist. In einem andern Buche preist Aelian die Barbaren, welche noch nicht durch Überkultur dem Glauben entfremdet sind wie die Griechen: bei den Indern, Kelten, Ägyptern gibt es keine Zweifler und Gottesleugner wie Euhemerus, Epikur, Diagoras usw.

Wenn die Schriften Aelians uns mit der extremsten und starrsten, in der Tat zelotischen heidnischen Orthodoxie bekannt machen, so besitzen wir in den Bekenntnissen eines Mannes, der von Mitwelt und Nachwelt zu den ersten geistigen Größen seiner Zeit gezählt wurde, des Rhetors P. Aelius Aristides, auch ein merkwürdiges Zeugnis, bis zu welchem Grade sich damals unter besonderen Einflüssen die religiöse Überspannung steigern konnte. Aristides, zu Hadriani in Bithynien ums Jahr 120 geboren, aus einer vornehmen und begüterten Familie, Sohn eines Priesters des Zeus, von Jugend auf kränklich, ergab sich früh mit leidenschaftlichem Eifer den Studien. Die nervöse Reizbarkeit seiner zarten Natur war durch ein Übermaß der Anstrengung wie durch die von dem Berufe eines Sophisten unzertrennlichen Aufregungen im höchsten Grade genährt und gesteigert, einem Berufe, der zugleich wie kein andrer geeignet war, die ihm angeborenen Eigenschaften des Ehrgeizes und der Eitelkeit aufs stärkste auszubilden. Im Jahre 145 ergriff ihn eine Krankheit, mit der er sich zehn Jahre schleppte, und über die er in den nach seiner Genesung (teilweise erst 20 Jahre nach dieser) verfaßten „heiligen Reden" aufs ausführlichste berichtet hat. In dieser Krankheit entwickelte sich auch seine schwärmerische Frömmigkeit, die sich je länger je mehr in einer immer ausschließlicheren Verehrung des Heilgottes Asklepios befriedigte, hinter dessen Bilde ihm die übrigen Götter mehr und mehr zurücktraten. Da er, um Heilung zu finden, jahrelang in den Tempeln dieses Gottes und mit dessen Priestern verkehrte, richteten sich allmählich seine Gedanken im Wachen und Träumen auf diesen Mittelpunkt; denn nach dem allgemeinen Glauben erteilte der Gott den Hilfesuchenden, die in seinem Tempel schliefen, Rat durch Eingebungen in Träumen, und die ganze Existenz des Aristides drehte sich nun um seine Träume, die ihm der Gott sämtlich aufzuschreiben befohlen hatte. Die Erfüllung dieses Befehls war für ihn eine heilige Pflicht, und er diktierte, wenn er zum Schreiben zu schwach war. Selbstverständlich befolgte er alle Vorschriften, die er in Träumen empfangen zu haben glaubte, auch die unsinnigsten, wodurch er wahrscheinlich seinen Zustand vielfach verschlimmerte; er sagt selbst, daß seine Schwächlichkeit mit dem Fortgange der Zeit immer zugenommen habe. Zuweilen glaubte er sich in einem Mittelzustande zwischen Schlaf und Wachen zu befinden, in dem er ein körperliches Gefühl von der Nähe des Gottes hatte, seine Haare sich sträubten, seine Augen sich mit Tränen der Wonne füllten, und er ein stolzes Schwellen des Bewußtseins empfand: ein Zustand, den niemand zu beschreiben vermöchte, die Eingeweihten verstehen und kennen es. Der Gott befahl ihm unter anderm auch, mitten im Winter bei Nordwind und Frost im Flusse zu baden. Doch nach dem Bade befand er sich wunderbar leicht und wohl, „in einer gleichmäßigen, nicht wie künstlich bewirkten, den ganzen Körper kräftigenden Wärme — es war eine unaussprechliche Wohlgemutheit, worin er alles dem gegenwärtigen Augenblicke nachsetzte und auch sehend nichts andres sah: so ganz war er bei dem Gott". So unsäglich seine Leiden waren, so achtete er sie doch nicht wegen der Ehre, welcher der Gott ihn gewürdigt hatte; wer diese ermesse, werde ihn viel mehr beglückwünschen, als wegen seiner Leiden bedauern.

Wenn auch die Schwärmerei des Aristides im innigsten Zusammenhange mit der Überspannung seines Hochmuts steht, und diese, nicht die Versenkung in das Göttliche, ihre Grundstimmung ist, so erinnern seine Berichte doch in mehr als einer Beziehung an Bekenntnisse christlicher Pietisten, sowohl durch die unaufhörliche Selbstbeobachtung, Selbststeigerung und Selbsttäuschung, wie durch das Bewußtsein, einer besondern Begnadigung gewürdigt, ein Auserwählter der Gottheit zu sein, und die notwendig damit verbundne geistliche Überhebung. In einem Traume sah er das Bild des Gottes mit drei Köpfen und von feuriger Lohe umgeben, außer den Köpfen. Allen andern Betern winkte der Gott hinauszugehen, ihn hieß er bleiben. Aristides rief entzückt: Einziger! den Gott meinend. Dieser erwiderte: Bist's! „Dies Wort, o Herr Asklepios, ist besser als das ganze menschliche Leben, geringer als dies ist die ganz Krankheit, geringer als dies aller Dank; dies hat gemacht, daß ich ebensowohl kann als will." „Auch ich", sagt er an einer andern Stelle, „war unter denen, welchen durch die Gnade des Gottes, nicht zweimal, nein vielmal in mannigfacher Gestalt ein neues Leben geschenkt worden war, und welche die Krankheit deshalb für heilsam erachten." Für das, was ihm der Gott gewährt hatte, mochte er nicht die ganze, unter Menschen so genannte Glückseligkeit eintauschen.

Mit der Überzeugung, ein Auserwählter zu sein, stand bei Aristides in Wechselwirkung der Hang, die Hand der Gottheit überall zu erkennen, die Sucht, auch in alltäglichen Ereignissen besondre Fügungen und Wunder zu sehen. Auf Schritt und Tritt glaubte er von dem Gotte geleitet zu werden, fortwährend wird er von ihm gerufen, geschickt, zurückgehalten, und erhält seine Befehle, Aufträge und Verbote. Bei dem Erdbeben, das Smyrna zerstörte, war es der Gott, wie er an die beiden Kaiser schrieb, der ihn aus der Stadt forttrieb und an einen Ort brachte, wo er verschont blieb. Er rettete seine alte Amme Philumene, die Aristides über alles liebte, unzählige Male wider Erwarten und auch aus einer Krankheit. Als eine andre Philumene, die Tochter seiner Milchschwester Kallityche, starb, offenbarte ihm ein Traum, daß sie ihre Seele und ihren Leib für sein Leben hingegeben habe. Auch deren Bruder Hermias war „sozusagen beinah für ihn gestorben"; dieser, der liebste seiner Pfleglinge, starb nämlich, wie Aristides später erfuhr, an demselben Tage, wo er (ein Jahrzehnt nach dem Ende der 10jährigen Krankheit) von einem Anfalle der großen (durch das Heer des Verus in den Westen eingeschleppten) Epidemie genas. „So hatte ich die Zeit bis dahin als Geschenk von den Göttern und erhielt hierauf unter göttlicher Hilfe ein neues Leben, und dies war gleichsam die Gegengabe dafür.“ Damals hatte ihn „der Heiland (Asklepios) und die Herrin Athene sichtbarlich gerettet“; die letztere war ihm in der Gestalt der Statue des Phidias erschienen, ein süßer Duft strömte von ihrer Ägis aus, er allein sah sie und rief es zwei anwesenden Freunden und seiner Amme zu, welche glaubten, er deliriere, bis sie die von der Göttin ausgehende Kraft erkannten und die Reden vernahmen, die er von ihr vernommen hatte. Mönche, die im Mittelalter die Reden des Aristides lasen, haben hier und da in Randbemerkungen ihrem Unwillen über die Torheit, ja Verrücktheit dieses Menschen Ausdruck gegeben, „der noch dazu den Ruf eines Weisen hatte“ und dennoch sich so kindischen Einbildungen hingeben konnte.

Die Tatsache einer solchen religiösen Reaktion gegen die Einflüsse der Kritik und Philosophie, einer so völligen Wiederherstellung des positiven Götterglaubens auch im Bewußtsein der Gebildeten, wie sie die bisher geschilderten (und andre noch zu erwähnende) Erscheinungen beweisen: diese Tatsache zeigt, daß jene Klagen über den vermeintlichen Verfall des Glaubens nur durch oberflächliche, auf gewisse Gebiete beschränkte Zeitströmungen veranlaßt waren, die dann von einer mächtigen Gegenströmung rückwärts gestaut wurden. Daß aber die religionsfeindlichen Stimmungen und Richtungen selbst in der Zeit ihrer größten Stärke jemals außerhalb der engbegrenzten Kreise der Gebildeten sich verbreitet haben, dafür spricht nichts. Vielmehr sind sie in die Massen allem Anschein nach ebensowenig jemals tiefer eingedrungen, wie die antichristliche Literatur des 18. Jahrhunderts auf den christlichen Glauben der europäischen Bevölkerungen im großen und ganzen einen nachweisbaren Einfluß geübt hat.

Von jenen monotheistischen, pantheistischen und atheistischen Weltanschauungen, deren Anhänger in der Literatur des 1. Jahrhunderts so laut das Wort führen, blieb der Glaube des Volks an die alten Götter, der mit unzähligen Wurzeln in dem geistigen Leben von Millionen festgewachsen war, unberührt, oder doch unerschüttert. Trotz aller Veränderungen und Entwicklungen, trotz aller Verluste, Trübungen und Erweiterungen bestand er fort und stellte sich in seinen beiden Hauptformen immer von neuem her, von denen die eine, in den östlichen Ländern herrschende, sich innerhalb der griechischen Welt entwickelt hatte, die andre, im Westen und Norden (soweit der Einfluß der römischen Kultur reichte) verbreitete, aus einem Jahrhunderte dauernden Mischungs- und Verschmelzungsprozeß griechischer und italischer Elemente hervorgegangen war. In beiden Formen behauptete sich der Götterglaube dem ihn (zuletzt mit erdrückender Macht) bekämpfenden Christentume gegenüber fast ein halbes Jahrtausend. Ein so langer Widerstand beweist schon allein die noch ungeschwächte Lebenskraft des alten Glaubens. Nicht minder bewährte er diese in der Aufnahme und Assimilation zahlreicher heterogener, ja entgegengesetzter religiöser Elemente, die dennoch nicht vermochten, sein Wesen zu verändern, seine Auflösung und Zersetzung herbeizuführen. Endlich erwies er sich auch durch eine noch immer schöpferische Produktivität als eine lebendige Macht.

Zwar ist die massenhafte Aufnahme heterogener religiöser Elemente bisher allgemein zugleich als Symptom und als Ursache des Verfalls der römisch-griechischen Religion angesehen worden: aber diese Ansicht würde nur dann berechtigt sein, wenn sich nachweisen ließe, daß der Glaube an die alten Götter durch die Verehrung der fremden aufgehoben, erschüttert oder in seinem innersten Wesen umgestaltet worden sei. Nichts von alledem ist erkennbar. Daß eine Vermehrung der Gottheiten eines polytheistischen Systems schon an und für sich eine Abnahme des Glaubens oder eine Schwächung seiner Intensität voraussetze, wird ebensowenig jemand behaupten, wie daß die neuen Kanonisationen der katholischen Kirche durch ein Schwinden des Glaubens an die alten Heiligen veranlaßt werden oder daß sie diesen Glauben beeinträchtigen können. Nun besteht aber allerdings zwischen den orientalischen und den griechisch-römischen Kulten ein so tiefer Gegensatz, daß eine Verbindung beider schwer begreiflich erscheint. Für unser Gefühl stehen jene fremdartig und seltsam, zum Teil ungeheuerlich neben diesen, und noch tiefer erscheint uns der Gegensatz der Religionsanschauungen, auf denen hier und dort die Kulte und Gebräuche beruhen. Die düsteren, trauer- und geheimnisvollen Zeremonien, die schwärmerische Ekstase, die Selbstentäußerung und schrankenlose Hingebung an die Gottheit, die Entsagung und Buße als Bedingung der Läuterung und Weihe: alle diese Elemente sind ja dem römischen und griechischen Glauben ursprünglich ebenso fremd wie im tiefsten Westen der morgenländischen Religionen begründet. Im schroffsten Gegensatz dazu tritt uns, als dem griechischen und römischen Glauben und Kultus eigentümlich, feste Umgrenzung des Gottesbegriffs, klare Anschauung der Götterwelt, ein maßvolles und vertrauendes, selbst genau geregeltes Verhältnis der Gläubigen zur Gottheit, allgemeine Zugänglichkeit sowie anspruchslose Einfachheit und festliche Heiterkeit des Gottesdienstes entgegen. Dennoch sind von den Gläubigen des römischen und griechischen Altertums diese so tiefen inneren Gegensätze zu keiner Zeit als ein absolutes Hindernis der Verschmelzung empfunden worden. Orientalische Elemente sind bekanntlich in die griechische Region sehr früh, in die römische mindestens seit dem zweiten punischen Kriege eingedrungen. Wenn dies aber schon bei oberflächlichen Berührungen der Nationen geschehen konnte, so mußte ihre innige Verschmelzung und Vereinigung im römischen Universalreich auch ohne irgendwelche Änderung in der Natur und Stärke des Glaubens sogar notwendig die Göttermischung im weitesten Umfange zur Folge haben. Die Götterwelt war und blieb von der ersten bis zur letzten Zeit des Heidentums den Gläubigen ein nur sehr unvollkommen bekanntes, weil durch keine Offenbarung erschlossenes Gebiet, und der Glaube, daß es die verschiedenartigsten Gestalten und Erscheinungen in sich fassen könne, war um so natürlicher, als das Vermögen, jede Gestalt anzunehmen, ja recht eigentlich zum Wesen der Gottheit gehörte. Zu dieser grenzenlosen Expansivität des antiken Polytheismus kam aber noch die Tendenz, in den fremden Gottheiten die eigenen wiederzufinden, deren Stärke ja schon bei Herodot so erstaunlich groß ist; eine Tendenz, welche die Frommgläubigen so völlig beherrschte, daß sie sie nur das wirklich oder scheinbar Gleichartige in den verschiedenen Religionen gewahr werden ließ und sie auch gegen die schärfsten und grellsten Gegensätze völlig blind machte.

Wenn es nun im Wesen des antiken Polytheismus von jeher gelegen hat, eine Ergänzung der eignen noch unvollkommnen Gotteserkenntnisse auch in den Kulten fremder Nationen zu suchen; wenn in Griechenland wie in Rom völlig heterogene Götterdienste schon in Zeiten Aufnahme gefunden haben, für welche die ungeschwächte Kraft des Glaubens an die Landesgötter gar nicht in Zweifel gezogen werden kann: so ist der Grund, daß dies im früheren Altertume sparsamer geschah, offenbar nicht in der damals größeren Stärke des vaterländischen Glaubens zu suchen, sondern in dem geringeren Verkehr der Völker. Je mehr dieser wuchs, desto mehr steigerte und vervielfachte sich auch der Austausch der Kulte. Mit der Bildung des römischen Universalreichs trat die antike Welt und ihr Polytheismus in seine letzte Phase. Ein jahrhundertelang fortwährendes Wandern, Ziehen, Herüber- und Hinüberströmen der Bewohner dieses ungeheuren Ländergebiets führte eine beispiellose Mischung und Durcheinanderwirrung der Rassen und Nationen und damit auch der Religionen und Kulte herbei. Von der Themse bis zum Atlas, vom Atlantischen Meer bis zum Euphrat wohnten nun in allen Provinzen auch Anbeter der Isis und des Osiris, der Baale, der Astarte, des Mithras, die für ihre Götter geflissentlich oder durch ihr Beispiel Propaganda machten: und so gewannen diese und andre fremde Gottheiten unter verschiednen Namen zahllose neue Gläubige. Die Missionare ihrer Religionen waren die überall im römischen Reich, besonders in den See- und Handelsstädten angesiedelten (namentlich syrischen) Kaufleute, die Soldaten und Offiziere (vor allem die so viel umhergeworfenen Centurionen), besonders an den Grenzen und in der Hauptstadt, endlich die Sklaven und Freigelassenen in den römischen Palästen, auf den Latifundien und in den Provinzen als subalterne Angestellte der Staatsverwaltung. „Aber zur offiziellen Aufnahme in die Staatsreligion ist, soviel wir sehen können, vor dem Beginne des dritten Jahrhunderts nur ein einziger der orientalischen Fremdkulte gelangt, der Gottesdienst der Isis, der zu Anfang der Regierung des Caligula einen Staatstempel auf dem Marsfelde erhielt." Auch die privaten Heiligtümer der landfremden Gottheiten der östlichen Reichshälfte blieben von dem geheiligten Bezirk des Pomöriums ausgeschlossen oder gar noch weiter von der Stadtgrenze ferngehalten; „gefallen ist diese Schranke erst gleichzeitig mit der Scheidung von *cives Romani* und *peregrini* im römischen Reich, und es ist kein Zufall, daß Caracalla, der das römische Bürgerrecht an alle freien Reichsangehörigen verlieh, auch derjenige war, der den großen Staatstempel des Serapis auf dem Quirinal erbaute und damit den fremden Göttern die Pomöriumsgrenze öffnete. Seitdem strömen die Gottheiten aller Provinzen in Rom als dem *templum mundi totius* zusammen, und es ward das Wort zur Wahrheit, daß die übrigen Völker jedes seinen besonderen Gott verehrten, die Römer aber alle Gottheiten der Welt insgesamt".

Wenn nun auch unzweifelhaft in sehr vielen einzelnen Fällen die neuen Kulte die alten in den Hintergrund drängten, so konnten solche lokale oder individuelle Bevorzugungen einzelner Gottheiten doch ebensowenig auf die Dauer den Bestand des Glaubens im großen und ganzen alterieren, wie es von jeher der Fall gewesen war. Und auch die einzelnen, die doch in der Regel nicht die ganze Götterwelt mit ihrer Verehrung zu umfassen strebten, sondern diese mehr oder weniger ausschließlich auf einzelne Gottheiten richteten, konnten die vaterländischen Kulte sehr wohl mit den ausländischen verbinden, ohne daß diese jenen Eintrag taten. Domitian war ein Verehrer der Isis und des Sarapis, denen er zu Rom Tempel baute; selbst an seiner Tafel fielen nach Plinius „Verrichtungen ausländischer Superstition" seinen Gästen auf. Nichtsdestoweniger hielt er sogar mit grausamer Strenge darauf, daß die Heiligkeit des überlieferten Gottesdienstes nicht ungestraft verletzt würde, und Martial rühmt, daß unter seiner Herrschaft „den alten Tempeln" ihre Ehre gewahrt worden sei; er selbst verehrte vor den andern, namentlich auch den kapitolinischen Gottheiten Minerva „in superstitiöser Weise". Die Vermischung griechisch-römischer und fremder Kultformen hat sogar zuweilen besonders abgeklärte und hochstehende Religionsanschauungen gezeitigt. So zeigt das inschriftlich erhaltene Statut eines Privatheiligtums zu Philadelphia in Lydien, als dessen Hüterin die phrygische Agdistis, eine Erscheinungsform der vorderasiatischen Großen Mutter, genannt wird, während die Altäre den griechischen Gottheiten Zeus, Hestia und einer Reihe von Personifikationen segensreicher und sittlicher Mächte geweiht sind, in den Zulassungsvorschriften ein außergewöhnlich starkes Hervortreten moralischer Gesichtspunkte, so daß geradezu die sittliche Hebung aller Beteiligten als die Aufgabe des Gottesdienstes erscheint.

Mit den fortwährenden Umbildungen der religiösen Zustände hat auch fortwährend der Begriff „Superstition" gewechselt: worunter ein hauptsächlich auf übertriebener Gottesfurcht beruhender Irrglaube, namentlich aber Abgötterei und Verehrung fremder, vom Staate nicht anerkannter, weil seiner Anerkennung unwürdiger Gottheiten verstanden wurde. Zu allen Zeiten muß hiernach der Begriff der Superstition nicht bloß überhaupt ein relativer, sondern auch nach individueller Auffassung unendlich verschiedener gewesen sein. Die Dienste der ägyptischen Gottheiten verbot im Jahre 59 v. Chr. der Senat als „schändliche Superstition" und ließ ihre Altäre umstürzen; aber dies Verbot fruchtete ebensowenig wie das in den Jahren 53, 50 und 48 wiederholte Einschreiten gegen dieselben Kulte, die in jener Zeit schon bis auf das Kapitol vordrangen, ihre Verweisung aus Rom durch Agrippa 21 v. Chr. und die Verfolgung ihrer Anhänger unter Tiberius im Jahre 19 n. Chr. Caligula erbaute 38 im Marsfelde den großen Tempel der Isis Campensis. Allmählich verlor sich auch die Erinnerung, daß diese Götter jemals als den römischen Gottheiten nicht ebenbürtig gegolten hatten. Minucius Felix nennt ihren Kult geradezu einen einst ägyptischen, jetzt römischen.

Ganz ebenso wie die ägyptischen Götterdienste haben auch eine Anzahl andrer orientalischer Kulte anfangs als Superstition in allgemeiner Verachtung gestanden und sind dann allmählich in immer weiteren Kreisen als gleichberechtigt mit den einheimischen und seit unvordenklicher Zeit überlieferten anerkannt worden. Die Dauer des Zeitraums, innerhalb dessen ein solcher Prozeß sich vollzog, hing im einzelnen Falle ohne Zweifel von den verschiedensten, zum Teil allerdings unberechenbaren Einflüssen ab: aber in erster Linie doch ganz sicherlich davon, ob die Berührungen mit den Anhängern der fremden Religion innige, fortwährende und massenhafte waren oder nicht.

Immerhin mögen manche Kulte deshalb länger für superstitiös gegolten haben, weil ihre Gebräuche besonders fremdartig und seltsam, abstoßend oder lächerlich erschienen. Plutarch, der alle Seltsamkeiten des ägyptischen Gottesdienstes ehrwürdig fand, verachtete eine Menge asiatischer Kultgebräuche als superstitiös, namentlich das Beschmieren mit Kot, Sabbatfeiern, Niederwerfen aufs Angesicht und andres „lächerliche Tun und Leiden, Reden und Gebärden der Götterfurcht, ihre Gaukeleien und Zaubereien, das Herumlaufen, Paukenschlagen, unreine Reinigungen, schmutzige Kasteiungen, barbarische und gesetzwidrige Strafen und Beschimpfungen bei den Tempeln". Zu dieser verschiedenen Auffassung wirkte doch wesentlich mit, daß eine jahrhundertealte Gewöhnung den ägyptischen Kulten das Fremdartige genommen hatte, das jenen andern noch anhaftete; und allem Anscheine nach hat sich überhaupt die Auffassung eines fremden Kults als verächtlicher Superstition oder ehrwürdiger Religion wesentlich dadurch mitbestimmt, ob er seit langer oder seit kurzer Zeit bekannt war. Augustus verehrte nach Sueton von den fremden Kulten die alten und anerkannten (wie die eleusinischen Mysterien) aufs frömmste, die übrigen behandelte er mit Verachtung. Wenn jedoch Sueton zu den von ihm geringgeschätzten Kulten auch den jüdischen zählt, so hat er sich im Irrtum befunden. Augustus sandte nicht bloß (wie auch Livia) kostbare Weihgeschenke für den Tempel nach Jerusalem, sondern stiftete auch ein täglich dort in seinem Namen darzubringendes Brandopfer von zwei Widdern und einem Stier, dessen Abschaffung vor dem Ausbruche des jüdischen Kriegs der erste Akt offener Auflehnung gegen Rom war.

Übrigens mag auf die Beurteilung der ausländischen Gottesdienste in Rom auch das größere oder geringere Ansehen der Völker, denen diese angehörten, einen gewissen Einfluß geübt haben. Wenigstens den Kultus eines fernen, unbekannten Barbarenvolkes konnten aufgeklärte Römer unbedenklich verhöhnen. Ein Veteran, der Augustus zu Bononia bewirtete, antwortete auf dessen Frage, ob es wahr sei, daß der erste Plünderer des Tempels der (persischen, in Armenien, Cappadocien, Medien verehrten) Göttin Anaitis erblindet und gelähmt gestorben sei: er sei es selbst, sein ganzes Vermögen rühre von dem Raube her, und Augustus speise soeben von einem Beine der Göttin. Aber mit der zunehmenden Mischung der Nationalitäten im römischen Reiche erweiterten sich fortwährend die Kultgebiete der fremden Gottesdienste, und wurde in gläubigen Kreisen die Zahl derer, die als Superstitionen galten, immer kleiner. Obwohl die Göttermischung erst im 3. Jahrhundert ihren Höhepunkt erreichte, war sie doch bereits um die Mitte des 2. sehr weit vorgeschritten. Noch Hadrian, der für die römischen und griechischen Kulte aufs eifrigste sorgte, „verachtete die fremden": welche, wird freilich nicht gesagt, keinesfalls sind wohl die ägyptischen dazuzurechnen. Doch in der Zeit Marc Aurels, der bei dem allgemeinen Schrecken des markomannischen Kriegs Priester aus allen Ländern kommen, fremde Kultgebräuche vollziehen und die Stadt Rom mit allen Arten religiöser Zeremonien sühnen ließ, war die Grenze zwischen fremder Superstition und einheimischer Religion in Italien wie in Griechenland schon größtenteils verwischt.

Den Spott der Ungläubigen forderte freilich der immer wachsende, immer bunter gemischte „Haufe der Götter" je länger, je mehr heraus. Lucian hat die gemischte Gesellschaft dieser Götterwelt wiederholt zum Gegenstand seines Witzes gemacht. In einer Götterversammlung soll Hermes auf Zeus' Befehl die Götter nach dem Kunstwert und der Kostbarkeit ihrer Bildsäulen ordnen, darum wird den goldnen vor den marmornen der Vorzug eingeräumt, und so kommt es, daß Bendis, Anubis, Attis, Mithras und der phrygische Mondgott die obersten Plätze erhalten; bei einer Göttermahlzeit dagegen werden Attis und Sabazius, „die zweifelhaften und aus der Fremde zugezogenen Götter", untenan neben Pan und die Korybanten gesetzt. Ein andermal gehen die Götter zu Rat über die Menge neuer Eindringlinge von zweifelhafter Berechtigung. Momos meldet sich zum Worte und äußert sich über die orientalischen Gottheiten. Mithras in medischem Kaftan und Tiara gehöre nicht in den Olymp, er könne nicht einmal Griechisch und verstehe nicht, wenn man ihm zutrinke. Noch weniger seien die Ägypter zu dulden: der hundsköpfige, bellende, in feine Leinwand gekleidete Anubis, der Orakel erteilende Stier Apis, und vollends die Ibisse, Affen und Böcke. Momos stellt daher den Antrag: in Erwägung, daß sich viele unberechtigte, kauderwelschende Leute unter die Götter eingedrängt haben, Ambrosia und Nektar auszugehen anfängt, und das Maß bei der starken Nachfrage bereits auf eine Mine gestiegen ist, ferner die Fremden sich unverschämt vordrängen und die alten Götter ihrer Plätze berauben, eine Kommission von sieben volberechtigten Göttern einzusetzen, welche die Legitimation jedes einzelnen prüfen soll. Zeus bringt diesen Antrag nicht zur Abstimmung, da er voraussieht, daß die Majorität dagegen sein würde, erhebt ihn aber ohne weiteres zum Beschluß und weist die sämtlichen Götter an, sich zu der bevorstehenden Prüfung die nötigen Nachweise zu verschaffen, wie Namen der Eltern, Angabe, woher und auf welche Weise sie Götter geworden seien usw.

Man glaubt häufig, daß die Empfindung, aus der dieser Spott hervorging, die Empfindung des Widerspruchs, ja des Unsinns in der Vermischung ganz heterogener Kulte, wenigstens unter den Gebildeten der damaligen Welt notwendig verbreitet gewesen sein müsse: aber es gibt weder dafür ein Zeugnis, noch berechtigt die Natur der religiösen Zustände des Universalreichs, wie sie bisher geschildert worden sind, zu dieser Annahme. Der Eindruck, den ihre Betrachtung auf uns macht, fällt nur darum völlig mit dem Eindrucke zusammen, den Lucian und seinesgleichen empfingen, weil sie diesen Erscheinungen ebenso völlig unbeteiligt gegenüberstanden wie wir; weil auch für sie griechische und barbarische Götter gleich wenig Realität hatten und die Freiheit ihrer Kritik diesen Ausgeburten der mythenbildenden Substanz gegenüber eine völlige und unbedingte war. Aber eben nur die Ungläubigen empfanden und urteilten so, und diese waren allem Anschein nach selbst unter den Gebildeten nur eine Minorität.

Wie wenig aber unter den Gläubigen selbst die Gebildetsten durch die Theokrasie in ihrem nationalen Glauben beirrt wurden, zeigt vor allem die religiöse Anschauung Plutarchs. Auch er, der Priester des pythischen Apollo, war ein nicht minder inniger Verehrer der ägyptischen Götter als der griechischen. In der an eine hochgebildete Isispriesterin zu Delphi gerichteten Schrift über Isis und Osiris erklärt er, daß die Götter überall dieselben seien, dienende Kräfte einer höchsten weltregierenden Macht, die nur jedes Volk mit andern Namen benenne und auf andre Weise verehre. So sei auch Isis samt ihren Mitgottheiten von jeher allen Menschen bekannt gewesen, wenngleich ein Teil derselben sie erst vor kurzem bei ihrem ägyptischen Namen nennen gelernt habe: übrigens hielt Plutarch auch diese Namen für ursprünglich griechische, durch griechische Einwandrer nach Ägypten übertragene; und wenn Hesiod außer dem Chaos Eros, Erde und Tartarus als die ersten Dinge setze, scheine er Osiris, Isis und Typhon gemeint zu haben. Der Ursprung der Lehre, daß die

Welt weder von blindem Ungefähr noch von einer höchsten Vernunft allein beherrscht werde, sondern von vielen aus gut und böse gemischten Mächten, sei unbekannt und verliere sich im Dunkel; aber sowohl ihr Uralter als ihre übereinstimmende Überlieferung bei Philosophen, Dichtern, Theologen und Gesetzgebern, in Mysterien und Kultgebräuchen, bei Barbaren und Hellenen, sei ein schwerwiegender Beweis für ihre Wahrheit. Osiris und Isis sind gute Mächte, Typhon eine böse; darüber herrschte allgemeine Übereinstimmung, aber über ihr eigentlichstes Wesen waren die theologischen Spekulationen zu den verschiedensten Resultaten gelangt. Osiris erklärten die einen als den Nil, andre als das Prinzip der Feuchtigkeit überhaupt, andre als Bacchus, wieder andre als die Welt des Monds, des freundlichen, befruchtenden, feuchten Lichts: keine von diesen Deutungen treffe das Richtige, meint Plutarch, aber wohl alle zusammen. Ihn schreckten die Rätsel der ägyptischen Theologie, die, wie er glaubte, durch die Reihen der Sphingen vor den Tempeln angedeutet waren, nicht ab; sie reizten ihn nur um so mehr zur Erforschung ihres wahren Inhalts; diese mahnt er mit zugleich frommem und philosophischem Sinne vorzunehmen, nichts sei der Gottheit gefälliger, als wenn man zu richtiger Erkenntnis ihres Wesens gelange. So war er imstande, sich mit den widerlichsten ägyptischen Legenden und den seltsamsten dortigen Gebräuchen, namentlich der Tierverehrung, zu befreunden; auch für die Trauerfeste weiß er Analogien im griechischen Kultus und in der Form und den Verzierungen des bei den religiösen Zeremonien vielgebrauchten Klapperblechs (Sistrum) eine tiefe Symbolik zu entdecken. Aber diese Versenkung in die Monstrositäten des ägyptischen Glaubens und Kultus hat auf Plutarchs Verhältnis zu den nationalen Gottheiten auch nicht den geringsten Einfluß geübt, deren Persönlichkeiten ihm nicht nur völlig lebendig, sondern auch völlig die alten blieben. Sein Glaube an sie war zwar ein andrer als der des Herodot, aber schwerlich ein minder starker oder inniger.

Wenn nun im Bewußtsein der Gebildeten die fremden Götter neben den einheimischen Raum finden konnten, ohne den Glauben an diese zu beeinträchtigen oder umzugestalten, so muß es um so mehr in dem Bewußtsein der Massen der Fall gewesen sein, die in der gleichzeitigen Verehrung der heterogensten Gottheiten einen Widersinn noch weniger empfanden. So unzerstörbar war die Lebenskraft der alten griechisch-römischen Götter, daß ihre Gestalten aus allen Vermischungen und Trübungen sich doch immer von neuem herstellten, daß sie von ihrer Persönlichkeit nichts einbüßten. Schon deshalb haftete der Glaube an sie so tief in den Seelen der Menschen, weil er mit so vielen Wurzeln im Staatskultus, in der Kunst, der Poesie, der Schule, der ganzen Kultur festgewachsen war und aus allem diesem immer neue Nahrung zog. Die Menge, sagt z. B. Pausanias, glaubt, was sie von Kindheit auf in Chören und Tragödien gehört hat.

Aber noch mehr, sie waren auch unter allen Göttern der Welt die menschlichsten, und das menschliche Herz fühlte sich zu ihnen am unwiderstehlichsten hingezogen. Nicht sie verwandelten sich in der Phantasie der Gläubigen in die fremden Götter, sondern diese nahmen vielmehr mehr oder weniger von der Persönlichkeit der griechisch-römischen an, großenteils auch deren Namen. Der Mithras und Elagabal von Emesa wurden den Römern zum Sol, die Tanit von Karthago bald zur „himmlischen Jungfrau", bald zur „himmlischen

Juno", die Götter von Heliopolis und Doliche zum Juppiter. Ebenso erhielten in Palästina und den angrenzenden Gebieten die philistäischen, phönizischen und sonstigen Gottheiten Gestalt und Namen griechischer Götter: der Marnas von Gaza (ein Regen und Fruchtbarkeit spendender Höhengott) wurde den dortigen Occidentalen zum Zeus, der Aumu der Trachonitis zum Helios, der Dusares der Nabatäer, als dessen jungfräuliche Mutter ein Steinblock in Petra verehrt wurde, zum Dionysos, die edessenischen Götter Azizus und Monimus zu Ares und Hermes. Die Bewohner der ehemals phönizischen Gebiete des römischen Afrika beteten zu dem gräßlichen, wie es scheint, bis ins 2. Jahrhundert öffentlich und, wie Tertullian behauptet, im geheimen auch noch später mit Kinderopfern verehrten Moloch, als zu „dem erhabenen Geber der Früchte Saturnus" oder dem „unüberwindlichen Gotte Saturnus".

Wenn nun der griechisch-römische Polytheismus noch die Kraft besaß, die uralten Götter der alten Kulturländer des Orients trotz ihrer Fremdartigkeit sich anzueignen, so mußte sich derselbe Prozeß bei den rohen und obskuren Göttern der halb oder ganz unzivilisierten Länder vollends ohne Schwierigkeit vollziehen. Zahlreiche Denkmäler in Britannien, Germanien, Gallien, Pannonien, Spanien, Afrika zeigen, daß die dortigen römischen Ansiedler, Beamten, Kaufleute, Soldaten sich an den Kulten der Lokalgottheiten eifrig beteiligten. Auch Augustus gelobte und erbaute während eines Aufenthaltes in Gallien dem dortigen Windgotte Circius, als dem Herrn und Sender von Stürmen, die zwar Verwüstungen anrichteten, aber auch die Luft reinigten (wohl dem Mistral der Provence), einen Tempel. Der Konsul A. Fabricius Vejento (unter Nerva oder Trajan stiftet zusammen mit seiner Gattin der keltischen Göttin Nemetona in ihrem bei Mainz gelegenen Heiligtume eine Weihegabe, von der das Bronzetäfelchen noch erhalten ist; ein Altar der batavischen Göttin Vagdavercustis in Köln rührt von einem römischen Gardepräfekten des 2. Jahrhunderts her. Nur noch ein charakteristisches Beispiel aus späterer Zeit (Ende des 3. Jahrhunderts) sei hier angeführt: ein römischer Statthalter des östlichen Mauretanien stattet in einer Inschrift seinen Dank für die Vernichtung eines dortigen Stammes, die Wegführung seiner Familien in die Gefangenschaft und die gemachte Beute nicht einem römisch-griechischen Gotte ab, sondern „den einheimischen und den maurischen Göttern, den staatserhaltenden". Diese Kulte gewannen selten über das Gebiet ihrer Provinz oder Landschaft hinaus Verbreitung, wenn sie gleich ohne Zweifel von vielen einzelnen auch außerhalb desselben beibehalten oder angenommen wurden: wie z. B. Caracalla neben Aesculap und Sarapis auch zu dem keltischen, mit Apollo indentifizierten Gotte Grannus um Gesundheit betete.

Noch einige Beispiele mögen zeigen, wie die Soldaten durch Festhalten an den Kulten ihrer Geburtsländer zu deren Verbreitung beitrugen. Ein aus Dalmatien gebürtiger Legat von Numidien und designierter Konsul errichtete im Jahre 167 im Aesculaptempel zu Lambäsis eine Statue seines Landesgottes Medaurus (zu Pferde, eine Lanze schwingend). Ein Veteran in einer andern Stadt Numidiens (Thubursicum) empfiehlt seinen Sohn der Noreja, einer Landesgöttin von Noricum, von wo die schon vor dem Sohne gestorbene Mutter stammte. In jeder Garnison werden sich Landsleute zur Verehrung der heimischen Gottheiten vereinigt haben. So scheinen die in der Kaisergarde zu Rom dienenden Thracier im 3. Jahrhundert dort eine besondre Kapelle für ihre Landesgötter, wie den Gott Heron oder Heros, den (Aesculapius) Zimidrenus, den Zbelthiurdos u. a., gehabt zu haben. Ebenso fuhren die keltischen Gardisten in Rom fort, der Arduinna und dem Camulus zu opfern, besonders aber den „Müttern" und „Frauen" *(matres, matronae)* ihrer niederrheinischen Heimat, schützenden Gottheiten des Hauses und der Familie, doch auch ganzer Gemeinden und Völker, die Wohlstand, Fülle und Fruchtbarkeit verliehen, und die sich das Volk in der Dreizahl dachte. Alle ihre in Rom gefundenen Denkmäler stammen von Soldaten, auch in Britannien weitaus der größte, in Germanien ein immerhin beträchtlicher Teil, und zwar von einfachen Legionssoldaten oder Veteranen, selten von Centurionen und ritterlichen Offizieren: die Mütter waren (wie auch die Inschriften der Nichtsoldaten zeigen) Göttinnen der kleinen Leute.

Die in den Provinzen lebenden Römer begnügten sich nun zum Teil allerdings damit, diese barbarischen Götter zu verehren, ohne nach ihrem Namen oder Wesen zu forschen, wie die „Mütter" und die ihnen verwandten „Sulevien", die „Schutzgöttin" der Iberer und die „maurischen Götter" (zu denen auch göttlich verehrte Fürsten der Vorzeit gehörten), oder sie mit ihren landesüblichen Namen anzurufen, wie die aus Denkmälern Nordafrikas bekannten Götter Auzius, Bacax, Aulisua, oder die auf Inschriftsteinen Noricums und Pannoniens vorkommenden Laburus, Latobius, Marmogius u. a. Aber sehr häufig glaubte man doch in diesen Barbarengöttern die einheimischen wiederzuerkennen, und deren Namen traten dann als *interpretatio Romana* neben die fremdklingenden oder für römische Zungen unaussprechlichen eigentlichen und wurden auch geradezu statt dieser gebraucht: so bezeichnet Cäsar die keltischen Hauptgottheiten als Merkur, Apollo, Mars, Juppiter und Minerva. Der Grannus der rätischen und rheinischen Lande galt den Römern als Apollo, der Belatucader und Cocidius in Cumberland, der Leherennus und Albiorix des südlichen Frankreich (wie viele andre keltische Lokalgötter) als Mars, die Atäcina oder Adägina von Turobriga in Südspanien als Proserpina, die bei den Bädern von Bath verehrte Sulis als Minerva, die Arduinna der Ardennen, die Abnoba des Schwarzwalds als Diana usw. Zuweilen ist der einheimische Name zugunsten des römischen vollkommen verschwunden, wie z. B. bei dem auf zahlreichen Denkmälern namentlich des linksrheinischen Obergermanien neben einer bald mit einheimischem Namen als Rosmerta, bald griechisch-römisch als Maia bezeichneten Gefährtin erscheinenden Gotte, der stets den römischen Namen Mercurius führt. Unmöglich hätten auch diese keltischen Götter in den griechisch-römischen aufgehen können, wenn die letzteren für die Gläubigen nicht mehr reale und lebensvolle Persönlichkeiten gewesen wären.

Je weiter nun die Romanisierung einer Provinz vorgeschritten war, desto mehr sind dort die einheimischen Götter nicht bloß durch die römischen verdrängt worden, sondern haben sich auch in diese verwandelt. Am meisten ist beides in Spanien geschehen. „Zwar in dem noch später iberischen, von Einwanderung ziemlich freigebliebenen Gebiet, im Westen und Nordwesten (in Lusitanien, Callächen, Asturien), haben die einheimischen Götter mit ihren seltsamen, meist auf *-icus* und *-ecus* ausgehenden Namen, der Endovellicus, der Eaecus, Vagodonnaegus und wie sie weiter heißen, auch unter dem Principat noch sich in den alten Stätten behauptet. Aber im ganzen Süden (Baetica) ist nicht ein einziger Votivstein gefunden worden, der nicht ebensogut auch in Italien hätte gesetzt sein können; und vom Osten und Nordosten (Tarraconensis) gilt dasselbe, nur daß von dem keltischen Götterwesen am oberen Duero vereinzelte Spuren begegnen." Viel länger als in Südspanien hat sich in der Südprovinz von Gallien die Verehrung der nichtrömischen Gottheiten behauptet; „die große Handelsstadt Arelate freilich hat keine andern Weihungen aufzuweisen, als an die auch in Italien verehrten Götter, aber in Fréjus, Aix, Nîmes und überhaupt der ganzen Küstenlandschaft sind die alten keltischen Gottheiten in der Kaiserepoche nicht viel weniger verehrt worden als im inneren Gallien. Auch in dem iberischen Teil Aquitaniens begegnen zahlreiche Spuren des einheimischen, von dem keltischen durchaus verschiedenen Kultus". Zuweilen war allerdings die Verschiedenheit der Barbarengötter von den griechisch-römischen so ungeheuer, daß sie jede Identifikation ausschloß: so bei einigen in Gallien verehrten Lokalgottheiten, wie dem mit untergeschlagenen Beinen kauernden Cernunnos, aus dessen Kopfe ein Hirschgeweih wächst, oder der Göttin von Compiègne, an deren Brüsten Vögel saugen, oder dem dreiköpfigen Gotte von Reims.

Unter den fremden Kulten übten die größte Anziehungskraft die orientalischen. Sie ließen alle Saiten des Empfindungsvermögens klingen und stillten den Durst nach religiösen Erregungen, den der nüchterne römische Kultus nicht zu löschen vermocht hatte. Aber sie gaben auch der Intelligenz eine größere Befriedigung, sie wirkten zugleich auf die Sinne, die Vernunft und das Gewissen, sie nahmen von dem ganzen Menschen Besitz. Sie boten, so erschien es, mehr Schönheit in ihren Riten, mehr Wahrheit in ihren Lehren, ein höheres Gut in ihrer Moral.

Die größte Verbreitung fanden im ganzen römischen Reich die ägyptischen Gottheiten Isis und Sarapis, die in den Osten (wo ihre Denkmäler am zahlreichsten sind, besonders in der Krim) von Ägypten direkt, in den Westen und Norden über Italien (namentlich Aquileja, wo vielleicht eine Region den Namen Isis und Serapis führte) eindrangen und geradezu eine systematische Missionstätigkeit entfalteten. Auch in den Donau- und Rheinländern sind die auf sie bezüglichen Denkmäler häufig. Eine zu einem romanischen Kapitäl in der Ursulakirche zu Köln umgearbeitete Isisfigur aus Jurakalk stammt vielleicht aus einer dortigen Kapelle der Göttin. Allerlei in den Rheinlanden gefundene ägyptische Monumente mögen in dieses oder andre Heiligtümer gestiftet worden sein, um ihnen den Schein der Echtheit zu geben, freilich ohne alles Verständnis für ihre wirkliche Bedeutung: namentlich Apisstatuetten, Uschebtis (kleine Nachbildungen Verstorbener in Mumienform) und Skarabäen. Altäre der Isis und des Sarapis sind dort an verschiednen Orten, der Grabstein eines in der römischen Flotte dienenden Ägypters Horus, Sohn des Pabek, in Köln zum Vorschein gekommen. Noch Chnodomar, der alemannische Gegner Julians, gab seinem Sohne Agenarich den Namen Serapio, weil er, in Gallien als Geisel festgehalten, in griechische Geheimnisse (d. h. Isismysterien) eingeweiht worden war. Bis in die entlegensten Bergtäler drangen diese Kulte vor: auch im Stonstal in Tirol wurde bei Festen der Isis und des Serapis die Trauer der Göttin um ihren verschwundenen Gatten dargestellt. Noch im Jahre 394 beschrieb ein Augenzeuge die die Straßen Roms durchziehenden Isisprozessionen. Aber schon 391 hatte der Patriarch Theophilus das Sarapeum zu Alexandria und die drotige Kolossalstatue des Sarapis zerstört und so, wie Rufinus sagt, dem Götzendienst den Kopf abgeschlagen.

Die erste semitische Gottheit, die man in Italien kennenlernte, war die in einem großen Teile Syriens zusammen mit ihrem Gemahl Hadad verehrte Atargatis, die die Griechen und Römer die syrische Göttin (Θεὰ Συρια *Dea Syria,* in der Vulgärsprache auch *Jasura)* nannten. Schon seit dem 2. Jahrhundert v. Chr. war ihr Kult im Westen durch syrische Sklaven verbreitet worden. Nero, „ein Verächter aller Religionen", huldigte eine Zeitlang ihr allein, wandte sich dann aber, von einer andern Superstition angezogen, mit so großer Verachtung von ihr ab, daß er ihr Bild besudelte. In Trastevere auf dem Janiculum hatten die syrischen Gottheiten einen vor kurzem ausgegrabenen Tempel bis zum Ende des Heidentums.

Von den zahlreichen allmählich auch in die Religionen des Abendlandes eingedrungenen syrischen Baalen wurde der von Doliche in Kommagene erst seit Einverleibung dieses Lands durch Vespasian im Jahre 72 im Occident bekannt. Er war ein Donner- und Kriegsgott, dargestellt als ein gepanzerter, auf einem nach rechts schreitenden Stier stehender, in der Rechten die Doppelaxt, in der Linken den Blitz haltender Mann. Seine Denkmäler sind am zahlreichsten in den nördlichen, stark mit Truppen besetzten Grenzprovinzen. In Rom hatte dieser sogenannte Juppiter Dolichenus ein Heiligtum auf dem Aventin, ein zweites auf dem Esquilin. Sein Kultus scheint unter Commodus und den Severen seine Kulmination erreicht und im Laufe des 3. Jahrhunderts abgenommen zu haben.

Den Namen des iranischen Lichtgottes Mithras, der zugleich ein Gott der Wahrheit und Rechtschaffenheit und ein Sieg verleihender Gott der Heere war, hörte man im Occident zuerst von den cilicischen Seeräubern, die zu Ende der Republik den Römern die Herrschaft der Meere streitig machten. Der Hauptfaktor der Verbreitung auch dieses Kultus war das Heer, daher auch sie am größten in den nördlichen Grenzprovinzen; die meisten Mithräen hat Deutschland aufzuweisen. Schon im 2. Jahrhundert drang diese Soldatenreligion in die oberen Schichten der Gesellschaft. Commodus ließ sich in die Mysterien des Mithras einweihen, und die Gunst seiner Nachfolger scheint diesem Kult sicher gewesen zu sein.

Die Anhänger des Mithras sollten den Kampf gegen das Prinzip des Bösen, das Reich Ahrimans, ohne Unterlaß ausfechten, das Gute lag für sie in der Tat. Die Mysterien des Mithras befriedigten die Sehnsucht nach Unsterblickeit und nährten die Zuversicht auf den schließlichen Sieg der Gerechtigkeit. Das Zeremoniell des Kultus mußte einen tiefen Eindruck auf den Neophyten machen, der in einer natürlichen oder künstlichen Grotte *(spelaeum)* das Bild des jugendlichen, auf einem Stier knienden und ihn tötenden Gottes erblickte. Es gab sieben Weihegrade; der Myste empfing nacheinander die Namen Rabe *(corax),* Verborgener (κρύφιος *cryphius),* Soldat *(miles),* Löwe *(leo),* Perser *(Perses),* Sonnenläufer (Ἡλιόδρομος, *Heliodromus)* und Vater *(pater):* das Oberhaupt der Väter *(pater patrum)* behielt lebenslänglich die allgemeine Leitung des Kultus. Diese sieben Stufen der Initiation entsprachen den sieben Planetensphären, welche die Seele durchreisen mußte, um an den Aufenthaltsort der Seligen zu kommen. Den Neophyten waren vielfache Waschungen vorgeschrieben, eine Art Taufe, die bestimmt war, die sittlichen Befleckungen zu tilgen. Erst nach einem langen Noviziat wurde eine mystische Mahlzeit gewährt, die die Apologeten mit der Kommunion vergleichen. Kasteiungen und Prüfungen, mehr furchterregend als furchtbar, leiteten die Spendung der Sakramente ein.

Der Kampf zwischen Mithrasdienst und Christentum wurde um so hartnäckiger geführt, je ähnlicher beide Religionen ihrem Charakter nach waren. „Ihre Adepten bildeten in gleicher Weise geheime, fest geschlossene Konventikel, deren Mitglieder sich den Namen ‚Brüder' gaben. Die Riten, welche sie ausübten, boten zahlreiche Analogien: wie die Christen reinigten sich auch die Anhänger des persischen Gottes durch eine Taufe, empfingen durch eine Art Firmung die Kraft, die bösen Geister zu bekämpfen, und erwarteten von einer Kommunion das Heil der Seele und des Leibes. Wie jene heiligten sie den Sonntag ... Ebenso predigten sie eine imperative Moral, hielten die Askese für verdienstlich und rechneten zu den wichtigsten Tugenden Enthaltsamkeit und Keuschheit, Entsagung und Selbstbeherrschung. Ihre Vorstellungen von der Welt und dem Schicksal der Menschen waren ähnlicher Natur: sie glaubten beide an die Existenz eines Himmels der Seligen in überirdischen Regionen und einer von Dämonen bevölkerten Hölle in den Tiefen der Erde; sie setzten ohne Zweifel an den Anfang der Geschichte eine Sintflut, sie führten ihre Überlieferungen auf eine ursprüngliche Offenbarung zurück; sie glaubten endlich an eine Unsterblichkeit der Seele und eine jenseitige Vergeltung, an ein jüngstes Gericht und an die Auferstehung der Toten im Zusammenhang mit dem schließlichen Weltbrande." Gleich Christus war auch Mithras der Mittler (μεσίτης) zwischen seinem himmlischen Vater und den Menschen, und gleich ihm bildete er das Glied einer Trinität.

Daß Origenes den Mithrasdienst in einer Zeit, wo er auf der Höhe seiner Macht stand, einen im Vergleich mit den ägyptischen Kulten obskuren nennen konnte, erklärt sich daraus, daß Mithras von der hellenischen Welt so gut wie ganz ausgeschlossen blieb.

Doch der Glaube vermochte nicht bloß fremdartige Gottheiten zu assimilieren, er vermochte auch neue zu schaffen, und diese Produktivität ist der untrüglichste Beweis seiner unverminderten Energie und Lebenskraft. Noch immer wurden ihm, der das täglich und stündlich auf Schritt und Tritt so tief empfundene göttliche Walten nicht als ein einiges und Ganzes auffaßte, sondern die unendliche Gottheit in unzählige Einzelwesen aufzulösen das Bedürfnis empfand — noch immer wurden ihm bedeutende, tief ins Menschenleben eingreifende Erscheinungen und Wirkungen zu göttlichen Persönlichkeiten.

Der Glaube an eine Göttin der Getreideversorgung (Annona) und ihre Verehrung gehört erst der früheren Kaiserzeit an, einer Epoche, in der die Existenz und Sicherheit der ewigen Stadt auf der Regelmäßigkeit und hinlänglichen Reichlichkeit der überseeischen Kornzufuhren beruhte. Es mußte eine Gottheit sein, die diese unermeßlichen Vorräte in Afrika und

Ägypten zusammenströmen ließ, sicher über das Meer schaffte, in den Magazinen Roms berghoch aufschüttete und jahraus jahrein Hunderttausenden das tägliche Brot gab. Die „heilige Annona" ist gewiß oft genug in heißen Gebeten angerufen worden, am meisten von denen, welche in Rom die so höchst umfassende Getreideverwaltung und die mit ihr zusammenhängenden Gewerbe, in den Provinzen die Kornlieferungen beschäftigten und ernährten. Eine Widmung an die heilige Annona in Rom rührt von einem „lebenslänglich angestellten Messer der sehr ehrwürdigen Körperschaft der Feinbrotbäcker" her; nach einer Inschrift von Rusicade (Philippeville), einem Exporthafen des kornreichen Numidiens mit Staatsmagazinen, die für die Versorgung Roms bestimmt waren, ließ dort ein reicher Mann zwei Statuen, eine „des Genius unsrer Vaterstadt", eine andre „der Annona der heiligen Stadt (Rom)", im Theater aufstellen.

Vor allem bedingte der altrömische Genienglaube eine unaufhörliche, grenzenlose Vermehrung der göttlichen Wesen: und daß diese noch immer ihren Fortgang hatte, beweist schon allein die lebendige Fortdauer dieses Glaubens überhaupt. Die ihm zugrunde liegende Anschauung erfüllte noch immer Natur und Dasein mit zahllosen, waltenden und erhaltenden, zeugenden und belebenden, helfenden und schützenden göttlichen Mächten, den Genien, die, wie man glaubte, gern in der Gestalt von Schlangen erschienen. Jeder Einzelne, jedes Haus und jede Familie hatte ihren Genius, jedes Land, jede Stadt und Provinz, Legionen, Kohorten, Centurien, Körperschaften, Zünfte und Vereine. Aber auch jeden Raum bevölkerte der fromme Sinn, dem „alles eines Gottes Spur" wies, der in jeder Wohltat, jeder glücklichen Fügung die Hand einer Gottheit wahrnahm, mit göttlichen Wesen: Brunnen, Berge, Märkte, Paläste, Magazine, Bäder, Archive und Theater; und jeder, der dort ein und aus ging, brachte dem Genius oder der „Schutzmacht" (Tutela) „ob Gott, ob Göttin" seine Huldigung dar. Der Kaufmann, den seine Geschäfte in ferne Grenzländer führten, opferte dort „dem Genius des römischen Volks und des Handels"; der in unbekannten und unwirtlichen Gegenden Reisende „dem Gotte, der die Wege und Pfade ersonnen hat". In den Häusern Roms wie der übrigen Städte sah man noch im 5. Jahrhundert auf dem Flur hinter der Haustür ein Bild der Schutzgottheit und davor eine brennende Kerze oder ewige Lampe; auch der Kult der Hausgötter (des Lar, des Genius, der Penaten) erhielt sich trotz der dagegen erlassenen Verbote bis tief in die christliche Zeit. Hatten diese kleinen Gottheiten ihre Macht zu helfen wiederholt innerhalb einer bestimmten Sphäre bewährt, so erhielten sie auch wohl eigne Namen und damit mehr Persönlichkeit: wie einer der sämtlich dem Handelsstande angehörenden Gäste Trimalchios beim heiligen „Greifzu" oder „Haltfest" (Occupo) schwört, und die Laren des Hausherrn die Namen „Profitmann, Glücksmann, Gewinnmann" (Cerdo, Felicio, Lucrio) führen.

Eine notwendige Folge der Umwandlung der Republik in die Monarchie war, daß die Person des Kaisers zum Gegenstande göttlicher Verehrung wurde. Dieser hat Augustus für Rom und den öffentlichen Kult die Form gegeben, daß der Genius des Kaisers (nicht dieser selbst) in allen Stadtbezirken zwischen den Laren der Straßenkreuzungen *(compita)* einen regelmäßigen Gottesdienst erhielt; dieser Genius Augusti nahm nunmehr auch im religiösen Leben der Bürger eine ähnliche Stellung ein wie der Genius des Hausherrn für den Angehörigen des einzelnen Hausstandes. Es war unvermeidlich, daß im Glauben des Volks die Vorstellung des kaiserlichen Genius mit der Person des Kaisers selbst zusammenfloß, und so auch der Kaiser selbst ihm zum Gotte wurde. Doch wenn auf diese Weise auch der Genienglaube nicht ohne Einfluß auf die Vergötterung der Kaiser blieb, so ist doch die eigentliche Heimat des Glaubens an die Übermenschlichkeit der Monarchen der Orient gewesen; aus den griechischen Staaten des Orients ist er mit der Monarchie in den Westen verpflanzt worden.

Von jeher waren in Griechenland bedeutende und hochverdiente Männer nach ihrem Tode als Heroen (Halbgötter) verehrt worden: so namentlich Gründer von Städten und Kolonien, Gesetzgeber und Staatsoberhäupter, die Helden der Perserkriege, Befreier des Vaterlands (Harmodius und Aristogeiton in Athen, Timoleon in Syrakus), auch Dichter (Aeschylus, Sophokles), Philosophen (Anaxagoras, Platon, Epikur) und Olympiasieger. Hier und da steigerte sich die Heroisierung zur Apotheose; so genoß Philopoemen in seiner Vaterstadt göttliche Ehren, und auch manche andre Heroenkulte nahmen allmählich die Verehrungsformen der Götterdienste an. Auch unter der römischen Herrschaft erwiesen Städte hervorragenden Bürgern nach dem Tode heroische Ehren: so Mytilene dem Theophanes, welcher der Stadt bei Pompejus die Freiheit ausgewirkt hatte, Tarsus dem um sie hochverdienten Stoiker Athenodorus, dem Lehrer des Augustus. Und wenn in solchen und ähnlichen Fällen dieser Ausdruck der Dankbarkeit aus Schmeichelei und serviler Gesinnung gewählt wurde, so sind doch ohne Zweifel einzelne auch damals nach dem Tode in aufrichtigem Glauben an die Übermenschlichkeit ihrer Natur als Heroen verehrt worden, wie Apollonius von Tyana. Wie geläufig auch den Römern die Vorstellung der Erhebung verklärter Geister zu einer göttlichen oder halbgöttlichen Existenz geworden war, beweist die Absicht Ciceros, seine (im Alter von 32 Jahren verstorbenen) Tochter Tullia einen Tempel zu erbauen. Die Karpokratianer, eine gnostische Sekte in der ersten Hälfte des 2. Jahrhunderts, die Jesus neben den griechischen Philosophen als Muster höchster menschlicher Läuterung verehrten, sollen dem siebzehnjährigen Sohne ihres Stifters, Epiphanes, nach seinem Tode auf Kephallenia einen Tempel errichtet haben.

Doch seit dem Peloponnesischen Kriege sind in Griechenland auch Lebende als Götter verehrt worden; zuerst Lysander, dem asiatische Griechenstädte Altäre errichteten, Opfer brachten und Päane sangen, während Agesilaus ein ähnliches Anerbieten der Thasier zurückwies. Die Vergöttlichung Lebender erfolgte also in diesen ältesten Fällen nicht auf Druck von oben her, sondern als eine Äußerung des Huldigungsbedürfnisses der unten Stehenden. Aber auch die niedrigste Schmeichelei hätte auf diese Form der Huldigung nicht verfallen können, wenn nicht das gesamte griechische Altertum, das Gottheit und Menschheit nicht durch eine unausfüllbare Kluft getrennt zu denken vermochte, in hohem Grade dazu geneigt hätte, in jeder scheinbar oder wirklich die Menschheit überragenden Persönlichkeit ein Wesen höherer Art zu erblicken. Ganz fremd ist auch den Römern diese Anschauungsweise nicht gewesen: wurden doch dem Marius als Besieger der Cimbern und Teutonen in Rom allgemein bei den häuslichen Mahlzeiten wie einem Gotte Trankopfer gespendet. Auch außerhalb der griechisch-römischen Welt begegnet uns der Glaube an die Göttlichkeit einzelner Menschen. Bei den Geten galt der auf einem heiligen Berge in einer Höhle wohnende Prophet Decaeneus, der Berater des Königs Burbista, eines Zeitgenossen Cäsars, für einen Gott; Strabo nennt ihn einen Gaukler. Der Bojer Mariccus, der im Jahre 69 n. Chr. Gallien von römischer Herrschaft zu befreien unternahm, gab sich selbst für einen Gott aus und fand bei Tausenden Glauben.

Zur festen Ausbildung ist aber der Kult lebender Helden und Gewalthaber erst seit Alexander dem Großen, und zwar in den Fürstenhäusern, die im Orient sein Erbe teilten, gediehen, am frühesten vielleicht in Ägypten, wo ebenso wie in Persien bereits in alter Zeit die Anschauung, daß der König ein Gott oder doch der Sohn eines Gottes sei, öffentliche Geltung erlangt hatte. Wäre Alexander ein längeres Leben beschieden gewesen, so würde er sicherlich schon bei Lebzeiten dieselben oder noch höhere göttliche Ehren genossen haben, als sie seinen Nachfolgern in Ägypten, Syrien und im Pergamenischen Reiche zuteil geworden sind.

Neben den in den Diadochenreichen zur höchsten Ausbildung gelangten Königskult trat dann seit dem Eingreifen der Römer in die orientalischen Verhältnisse in den Städten Kleinasiens der Kult der Göttin Roma, der die Smyrnäer bereits 195 v. Chr. einen Tempel errichteten. Und zu diesem Romakult gesellten sich die den römischen Statthaltern und Feldherren erwiesenen göttlichen Ehren, wie sie vor allen T. Quinctius Flamininus, dem „Befreier Griechenlands", als ein jener Zeit vollkommen natürlich erscheinender Ausdruck enthusiastischer Dankbarkeit entgegengebracht wurden. In der letzten Zeit der Republik war die Weihung von Tempeln (wahrscheinlich gemeinsam mit der Göttin Roma) für römische Prokonsuln bereits zu einer ganz gewöhnlichen Huldigung geworden.

Waren die Römer also längst gewöhnt, die Apotheose auch für Lebende als eine nicht zu hohe Ehre anzusehen, so erschien der Anspruch der neuen Monarchen auf sie als selbstverständlich, und wenn die Vergötterung der Lebenden sich innerhalb gewisser Schranken hielt, lag dies nicht an der zu geringen Willfährigkeit der Untertanen, sondern an der Zurückhaltung der Kaiser. Was hätte auch dem Glauben an göttliche Naturen in menschlicher Gestalt gemäßer sein können, als in den allmächtigen, so unermeßlich hoch über so viele Millionen hinausgehobenen, auf Erden an Stelle der Götter waltenden Herrschern des Erdkreises „gegenwärtige und leibhaft erschienene Götter", in ihrem Tode eine Erhebung in die höhere Welt zu erkennen, der sie angehörten? War auch die Apotheose der Kaiser in der Regel ein Werk der bewußten Heuchelei des Servilismus, so entsprach sie doch mindestens in einzelnen Fällen dem Glauben des Volks. Die Versetzung Cäsars unter die Götter, sagt Sueton, erfolgte nicht bloß auf den Beschluß des Senats, sondern auch nach dem Glauben der Menge: ein Komet, der unmittelbar darauf sieben Tage lang sichtbar war, galt für seine in den Himmel aufgenommene Seele. Und wenn dem Kaiser Marc Aurel nicht bloß nach seinem Tode jedes Alter und Geschlecht, alle Stände und Klassen göttliche Ehren erwiesen und jeder für gottlos galt, der sein Bild nicht im Hause hatte, sondern auch noch in Diocletians Zeit in vielen Häusern seine Statue zwischen den Penaten stand, und viele durch den Erfolg bestätigte Prophezeiungen berichtet wurden, die man seinen Offenbarungen in Traumgesichten zu verdanken glaubte: so kann kein Zweifel sein, daß auch dieser gute, milde, allgeliebte Monarch dem Volke wirklich zum Gotte geworden war. Auch Alexander Severus verehrte in seiner Hauskapelle, wo er an jedem Morgen Gottesdienst zu halten pflegte, die besten der vergötterten Kaiser.

Begreiflicherweise widerstrebte jedoch dieser Glaube einer wirklichen Gottwerdung von Menschen auch einem großen Teil derer, die sonst in religiösen Dingen starkgläubig waren. Pausanias sagt, zu seiner Zeit seien Menschen nicht mehr zu Göttern geworden, wie einst Herakles, die Dioskuren, Amphiaraos, außer den Worten nach und aus Schmeichelei gegen die Macht; wobei er wohl zunächst an die Apotheose des Antinous gedacht hat. Auch dieser hatte übrigens ein orientalisches Vorbild nicht gefehlt: in Alexandria hatte einst „ein Barbarenweib von der Straße“, Belesticha, durch die Leidenschaft ihres königlichen Liebhabers als „Aphrodite Belesticha“ göttliche Ehre und Tempel erhalten. Die Vergöttlichung des Antinous selber knüpfte an die ägyptische Vorstellung an, wonach die im Nil Ertrunkenen göttliche Verehrung genossen und mit Osiris identifiziert wurden. Ohne Zweifel ward der Anordnung des Antinouskults im allgemeinen „aus Schmeichelei gegen die Macht“ Folge geleistet: aber schon der Glaube der nächsten Generation an die Göttlichkeit des schönen, schwermütig blickenden Jünglings war, wie Athenagoras ums Jahr 177 bezeugt, ein aufrichtiger, und er bestand mindestens bis ins dritte Jahrhundert. Noch heute bezeugt in Rom die Hieroglyphenschrift des Obelisken auf Monte Pincio, der einst am Eingange eines Mausoleums (Kenotaphs?) des Antinous an der Via Labicana stand, daß er zum Gott erhoben sei und als solcher in ewiger Jugend die Liebe und Verehrung der Menschen genieße. Celsus hatte die Verehrung Christi mit der des Antinous verglichen, und Origenes, der diese Vergleichung als eine völlig unzulässige zurückweist, zweifelte nicht, daß in der Tat ein Dämon unter dem Namen des Antinous in dessen Tempel sein Wesen treibe. Wenn man die Sache mit Wahrheitsliebe und unparteiisch prüfe, so werde man wohl finden, daß von dem, was Antinous in Antinoupolis auch nach seinem Tode angeblich vollbringe, ägyptische Zaubereien und Mysterien die Ursache seien. Auch an andern Tempeln, so werde erzählt, hätten Ägypter und andre Zauberer Dämonen festgebannt, welche prophezeiten, Kranke heilten und die Übertreter von Speiseverboten oder andern religiösen Vorschriften marterten. „Ein solcher ist auch der, welcher in Antinoupolis in Ägypten als Gott geachtet wird, dessen Macht manche, die in den Tag hineinleben, leugnen; andre aber, teils von dem dort gebannten Dämon betört, teils von ihrem Schuldbewußtsein angeklagt, glauben eine von der Gottheit des Antinous verhängte Strafe zu erleiden. Von dieser Art sind ihre Mysterien und die angeblichen Prophezeiungen, von denen die Weissagungen Jesu weit entfernt sind.“

Im allgemeinen war übrigens der Kaiserkult doch nichts andres als derjenige Ausdruck unbedingtester Ergebenheit, welchen der damalige Despotismus von den Untertanen wenigstens insofern fordern konnte, als die Anerkennung einer göttlichen Natur in einer menschlichen Persönlichkeit dem religiösen Gefühl nicht an und für sich widerstrebte. Wenn sich niemals ein christliches Zeitalter zur Anbetung eines Herrschers als Gott verirrt hat, so liegt dies nicht daran, daß der Abstand zwischen Herrscher und Beherrschten geringer, das Gefühl der Menschenwürde höher, oder der Knechtsinn minder erfinderisch in unwürdigen Huldigungen war (im byzantinischen Reich und in Frankreich unter Ludwig XVI. und Napoleon I. fand eher von allem diesem das Gegenteil statt): sondern daran, daß das religiöse Dogma des Christentums diese Verirrung, welche der heidnische Glaube begünstigte, ausschloß und in dem Herrscher nur den Stellvertreter Gottes auf Erden zu sehen erlaubte. Der römische Kaiserkultus war eine Form, über deren wesentlich politische Bedeutung kein Denkender im unklaren sein konnte, deren äußerliche Erfüllung das eigentliche religiöse Leben unberührt ließ, am wenigsten aber den Glauben zu erschüttern vermochte. Denn für den Gläubigen hört das Heilige niemals deshalb auf heilig zu sein, weil er es im einzelnen Falle mißbraucht oder entweiht sehen muß; er gibt vielmehr (wie auch Pausanias tat) den Mißbrauch bereitwillig dem Spott und der Verachtung preis, um an dem ihm ehrwürdigen und teuren Inhalt seines Glaubens um so fester zu halten.

Der beste Beweis für die Stärke und Lebendigkeit des Götterglaubens aber ist, daß er sich Jahrhunderte hindurch dem Christentume gegenüber behaupten, und nicht bloß dies, sondern auch in gewissem Sinne den Christen eine Anerkennung seiner Wahrheit abzwingen konnte. Denn die reale Existenz der heidnischen Götter zu leugnen, kam den Christen im allgemeinen nicht in den Sinn, auch ihr übermenschliches Wesen, die von ihnen vollbrachten Wunder bestritten sie nicht: nur waren sie ihnen natürlich Mächte der Finsternis, Dämonen, abgefallene oder verführte Engel oder deren Nachkommen und sündige Seelen, denen Gott die Fähigkeit zu schaden und Menschen zu verführen gelassen hatte. Auch sie also, die den Vernichtungskampf gegen den Götterglauben führten, standen noch so sehr in seinem Banne, daß sie nicht zur Erkenntnis seiner Wesenlosigkeit durchzudringen vermochten. Wohl mußte die Herrschaft dieses Glaubens eine allgemeine und aufs tiefste im Bewußtsein der Menschen begründete sein, wenn sich selbst seine unversöhnlichsten Gegner ihr nicht völlig entziehen konnten.

Doch all dieser indirekten Beweise sollte es gar nicht bedürfen, wo so zahlreiche und unbestreitbare direkte Zeugnisse für die Allgemeinheit und Stärke des Götterglaubens vorhanden sind. Je fester ein Glaube ist, je tiefer er das ganze Bewußtsein durchdringt, desto eifriger sucht und desto gewisser findet er in Natur und Leben überall Betätigungen des Daseins und Wirkens der geglaubten Mächte; wo der Unglaube nur Zufall oder natürliche Folgen natürlicher Ursachen sieht, erkennt er die Hand der Gottheit. Am leidenschaftlichsten verlangt er nach Tatsachen und Erscheinungen, welche ihr übermächtiges Eingreifen in die Gesetze der Natur unzweifelhaft dartun, und dies Verlangen befriedigt sich notwendig immer selbst:

das Wunder ist des Glaubens liebstes Kind. Wenn nun der Wunderglaube ein untrüglicher Gradmesser für die Intensität des Glaubens an die höhere Macht ist, die als die Urheberin des Wunders gilt, so kann es nicht zweifelhaft sein, daß in den ersten Jahrhunderten ein durchaus positiver, von keiner Skepsis angekränkelter Glaube an die Götter der Tradition und des Kultus durch alle Schichten der Gesellschaft verbreitet war, wenn auch in wechselnder Stärke und selbstverständlich immer am stärksten in den von Bildung am wenigsten berührten Kreisen. So bietet einen bedeutsamen Beweis für das Erstarken des Glaubens namentlich in Kleinasien das Einsetzen religiöser Selbsthilfe im Rechtsleben durch Eintreten der Verfluchung an Stelle des staatlichen Rechtsverfahrens und die Wirksamkeit dieses Mittels sowie der in den sogenannten Beichtinschriften namentlich Lydiens und Phrygiens uns entgegentretende Brauch, eine Schuld durch Bekenntnis vor dem Prieser der Gottheit und öffentliche Aufstellung einer Urkunde über diesen Akt zu sühnen, der geradezu auf eine sakrale Gerichtsbarkeit hinausläuft.

Der Anthropomorphismus des antiken Glaubens, mächtig unterstützt durch die Eindrücke der nirgends fehlenden lebensvollen Götterbilder, machte es dem Gläubigen möglich, in dem Vollbringer eines Wunders, das sich vor seinen Augen vollzog, den leibhaft erschienenen Gott selbst zu erkennen: und daß auch dies noch in jener Zeit geschehen konnte, wird durch das bekannte Erlebnis der beiden Apostel zu Lystra über jeden Zweifel erhoben. Wie gewiß mußte diesen Menschen das Dasein ihrer Götter sein, und wie nah mußten sie sich ihnen fühlen, wenn sie in dem Urheber der wunderbaren Heilung des Lahmen und seinem Gefährten nicht Gottgesandte, sondern Götter sahen, sogleich von der Überzeugung erfüllt waren, die Götter seien den Menschen gleich geworden und zu ihnen hernieder gekommen. „Und nannten Barnabam ‚Juppiter' und Paulum ‚Mercurius', dieweil er das Wort führte. Der Priester aber Juppiters, der vor ihrer Stadt war, brachte Ochsen und Kränze vor das Tor und wollte opfern samt dem Volk." Und die Apostel „stilleten kaum das Volk, daß sie ihnen nicht opferten". Hier war also damals noch ein Glaube lebendig, so kindlich und felsenfest wie jener der alten Athener, über deren unerhörte Einfalt sich Herodot nicht genug verwundern konnte, da sie in der schönen gerüsteten Frau, in deren Begleitung Pisistratus zurückkehrte, die Göttin Athene leibhaft zu sehen wähnten und anbeteten; ein Glaube so kindlich und felsenfest wie der, welcher in unseren Tagen einen italienischen Bauernburschen in einer jungen, schönen, madonnenhaften Wohltäterin die Mutter Gottes selbst erblicken lassen kann.

Allerdings ist nun im Innern Vorderasiens, wie es Lucian ja von Paphlagonien ausdrücklich bezeugt, der Glaube vielleicht am blindesten, zur Selbstbetörung am meisten geneigt gewesen, wie denn überhaupt in den östlichen Ländern sicherlich die Befangenheit im Glauben und Aberglauben stets größer war als im Westen. Aber wenn der Glaube auch nur selten stark genug sein mochte, um sich zum Schaden der leibhaftigen Gottheit selbst zu erheben, so sah er doch überall die von ihr gewirkten Wunder und entzündete sich an diesen immer von neuem, und auch Zweifelnde wurden durch die Gewißheit und Allgemeinheit des Wunderglaubens mit fortgerissen. Die Wunder, welche sich im Jahre 70 zu Alexandria ereigneten und „die Gunst des Himmels und eine gewisse Zuneigung der Götter für Vespasian andeuteten“, berichtet wie die andern Geschichtsschreiber auch Tacitus mit vollem Glauben. Ein Blinder und ein Lahmer wandten sich nach Eingebungen, die sie von Sarapis in Träumen erhalten hatten, flehend an Vespasian, um den Gebrauch ihrer Glieder durch seine Berührung wiederzuerlangen. Dieser entschloß sich endlich, öffentlich vor den Augen des Volkes das Verlangte zu tun. „Sogleich wandelte sich die Hand zur Brauchbarkeit, und dem Blinden leuchtete wieder der Tag. Beides erzählen noch jetzt Augenzeugen, wo die Lüge keinen Gewinn mehr bringt.“ Nun begab sich Vespasian, um seine Zukunft zu erfahren, allein in den Tempel des Sarapis und erblickte dort einen Mann namens Basilides, von dem später festgestellt wurde, daß er in jenem Augenblick viele Meilen entfernt gewesen war. In seinem Namen erkannte Vespasian eine Andeutung der ihm beschiedenen Herrschaft. Kaum konnte, wer diese Wunder glaubte, an der Größe und Macht des Gottes zweifeln, dem sie die Stimme des Volkes zuschrieb.

Dieses Wunder gehört einer Zeit an, wo auf heidnischer Seite gewiß die Absicht noch nicht vorausgesetzt werden kann, den christlichen Wundern gleich überzeugende entgegenzustellen. Als nun aber das Ringen beider Religionen um die Herrschaft über die Menschheit begonnen hatte, da mußte auch, je länger der Kampf währte und je heißer er wurde, auf beiden Seiten die Wundersucht immer leidenschaftlicher werden. Man darf annehmen, daß um die Wende des 2. und 3. Jahrhunderts das Bedürfnis bereits bestand, dem Stifter der christlichen Religion einen Propheten der alten Götter von ebenso übermenschlicher Natur und gleicher Wunderkraft entgegenzustellen. Wahrscheinlich ist dieses Motiv auf den im Auftrage der Kaiserin Julia Domna († 217) verfaßten Roman des Philostratus von Apollonius von Tyana von Einfluß gewesen. Die Geburt des Apollonius ist hier ebenso wunderbar wie sein Ende und sein Erscheinen nach seiner Entrückung, um einen Jüngling vom Zweifel am Unsterblichkeitsglauben zu heilen. Zu den von ihm vollbrachten Wundern gehört eine Dämonenaustreibung und eine Totenerweckung. Seine Kenntnis des Zukünftigen und Verborgenen grenzt an Allwissenheit. Ein ungenannter christenfeindlicher Schriftsteller, gegen den Lactanz heftig polemisiert, stellte ihn über Christus, dessen Taten von den Aposteln durch Erdichtungen ausgeschmückt seien, während man die des Apollonius aus den Berichten untadliger Zeugen kenne. Dieser blieb nicht bloß bei den Heiden, sondern auch bei den Christen der nächsten Jahrhunderte in hohem Ansehen. In einer zwischen 474 und 491 entstandenen christlichen Sammlung von „Orakelsprüchen hellenischer Götter“ heißt es: Gott gleich seien nur Moses, Hermes, Trismegistos und Apollonius gewesen. Der fromme Jansenist Tillemont († 1698) glaubte, der Teufel habe Apollonius, aus Furcht, sein Reich vernichtet zu sehen, fast gleichzeitig mit Jesus geboren werden lassen; Babyles Wörterbuch (1741) nennt ihn „den Affen des Gottessohns“.

Aber Heidentum und Christentum setzten nicht bloß Wunder gegen Wunder, sondern auch der Fall, daß dasselbe Wunder von beiden Seiten in Anspruch genommen wurde, kann kein seltener gewesen sein, wenngleich er nur einmal berichtet wird. Im Quadenkriege Marc Aurels sah sich im Jahre 171 das römische Heer einmal, in glühender Sonnenhitze schmachtend, von einer überlegenen Menge der Feinde eingeschlossen, mit der augenscheinlichsten Gefahr gänzlicher Vernichtung bedroht. Da zogen sich plötzlich dichte Wolken zusammen und ergossen sich in einem reichlichen Regenstrome, während auf der feindlichen Seite ein furchtbares Gewitter Verwirrung und Verderben anrichtete: die Römer waren gerettet, der Sieg wandte sich auf ihre Seite. Die Wirkung dieses Ereignisses war eine überwältigende, es wurde nach damaliger Sitte in bildlichen Darstellungen verewigt, allgemein galt es als ein Wunder, dessen man noch bis in das späteste Altertum gedachte, und auf das sich noch nach Jahrhunderten sowohl Christen als Heiden als einen Beweis für die Wahrheit ihres Glaubens beriefen. Die offizielle Darstellung dieses Ereignisses auf der Marc Aurelsäule führt die regenspendende Gottheit gewissermaßen als Naturelement in einem sehr charakteristischen Bilde ein, ohne einen bestimmten Gott als Urheber der Wunderhilfe zu bezeichnen. Auf einem Gemälde, das Themistius gesehen hatte, war der Kaiser selbst mit erhobenen Händen zu Juppiter flehend dargestellt, während die Soldaten den Regen mit ihren Helmen auffingen; diesem Gebet des Kaisers zu Juppiter wurde, wie es scheint, von den meisten die wunderbare Errettung zugeschrieben; doch behaupteten andre, daß sie der Kunst eines in seinem Gefolge befindlichen ägyptischen Zauberers Arnuphis zu verdanken gewesen sei, der durch eine Beschwörung der Götter, namentlich des „Hermes der Luft", den Regenguß herabgezogen habe. Aber nach der Erzählung eines christlichen Zeitgenossen war das Wunder durch die Gebete christlicher Soldaten in der zwölften (melitenischen) Legion bewirkt worden. Dasselbe erzählt als ein bekanntes Ereignis 197 Tertullian, der sich dabei (ebenso wie Cassius Dio) auf einen Brief Marc Aurels beruft.

Der Platoniker Celsus hebt in seiner Schrift gegen das Christentum unter den Wundern, die er zum Beweise für das Dasein der Götter anführt, ganz besonders die Orakel sowie die Vorzeichen und Vorbedeutungen aller Art hervor, durch die sie das Künftige warnend oder mahnend vorausverkündeten, und die den Gläubigen nicht bloß die Existenz der Götter, sondern auch ihre Fürsorge für die Menschheit bewiesen. „Wozu", sagt er, „soll man aufzählen, was alles aus Orakelstätten teils Propheten und Prophetinnen, teils andre begeisterte Männer und Frauen mit gotterfüllter Stimme vorhergesagt haben? Was für wunderbare Voraussagungen aus dem Innern der heiligen Räume ertönten? Was alles aus Opfertieren und andern Opfern den Befragenden geoffenbart wurde, was aus andern wunderbaren Zeichen? Manchen sind auch deutliche Erscheinungen zuteil geworden. Von all diesem ist das ganze Leben erfüllt. Wie viele Städte sind durch Orakel emporgekommen und von Seuchen und Hunger befreit worden, wie viele andre, die sie vernachlässigten oder vergaßen, elend zugrunde gegangen! Wie viele Kolonien sind ausgesandt worden und, wenn sie dem Gebote nachkamen, gediehen! Wie viele Fürsten, wie viele Privatpersone sind auf solche Weise schlimmer oder besser gefahren! Wie viele, die mit Kinderlosigkeit heimgesucht waren, haben erlangt, worum sie baten, wie viele sind dem Zorn von Göttern entgangen oder von Leibesgebrechen geheilt worden! Wie viele, die bei Heiligtümern gefrevelt, sind sogleich von der Strafe ereilt worden, indem sie teils von Raserei ergriffen wurden, teils selbst aussagten, was sie getan hatten, oder Hand an sich selbst legten, oder in unheilbares Siechtum verfielen! Auch hat solche schon eine aus dem Innern des Heiligtums erschallende Donnerstimme der Vernichtung geweiht!"

Der Glaube an wunderbare Zeichen und Verkündigungen der Zukunft, von denen auch damals noch immer „das ganze Leben erfüllt war“, ist allem Anscheine nach wenigstens im späteren Altertum die verbreitetste Form des Wunderglaubens gewesen. Auch ein großer Teil der Philosophen und philosophisch Gebildeten bekannte sich zu ihm: zwar Epikureer, Kyniker und Aristoteliker verwarfen und Akademiker bestritten ihn: um so mehr hielten Platoniker, Pythagoreer und Stoiker daran fest, und namentlich in der Theologie der letzteren bildete er einen integrierenden Bestandteil. „Der Glaube an eine so außerordentliche Fürsorge der Gottheit für die Menschen erschien ihnen viel zu tröstlich, als daß sie darauf hätten verzichten mögen; sie priesen nicht allein die Weissagung als den augenscheinlichsten Beweis für das Dasein der Götter und das Walten einer Vorsehung, sondern sie schlossen ebenso auch umgekehrt: wenn es Götter gebe, müsse es auch eine Weissagung geben, da den Göttern ihre Güte nicht erlauben würde, den Menschen eine so unschätzbare Gabe zu versagen.“ Dieser Glaube nun, der in der Tat den Götter- und Vorsehungsglauben notwendig voraussetzte und mit ihm stand und fiel, war auch unter den Gebildeten der damaligen Welt höchst verbreitet.

Livius sagt zwar, daß infolge derselben Indifferenz, welche die Ursache des jetzigen allgemeinen Unglaubens an wunderbare, von den Göttern gesandte Vorzeichen sei, Prodigien weder öffentlich bekannt gemacht noch in die Geschichtsbücher eingetragen würden. Aber diese Indifferenz kann nicht lange gewährt haben, denn alle Geschichtsschreiber der Kaiserzeit ohne Ausnahme verzeichnen dergleichen Wunder, viele mit besonderer Vorliebe, wie der zeichengläubige Cassius Dio; mit der Zeit sind die Prodigien sogar für die Gläubigen der Gegenstand eines ganz besonderen Interesses geworden, welchem die Sammlung aller in Italien geschehenen Wunder und Zeichen aus Livius (von einem Julius Obsequens, dessen Zeit wir nicht kennen) ihren Ursprung verdankt.

Auch Tacitus, der sich dem Glauben an Wunder und Zeichen gegenüber kritisch verhielt und sich ausdrücklich gegen den gemeinen Aberglauben verwahrt, der in jedem auffälligen Ereignisse eine Vorbedeutung sah, hat zwar deshalb ohne Zweifel einen großen Teil der angeblichen Prodigien als solche nicht anerkannt, aber an ihrem Vorkommen im allgemeinen nicht gezweifelt und in den späteren Büchern seiner großen Zeitgeschichte sie auch verzeichnet. Gegenüber der Frage nach der Geschichtlichkeit angeblicher Wunder befindet er sich wie andre Historiker derselben Zeit in einer gewissen Verlegenheit und wagt nicht eine prinzipielle Entscheidung zu fällen, sondern sucht sie von Fall zu Fall zu treffen. Schon in einem seiner ersten Bücher berichtet er, daß am Tage der Schlacht bei Bedriacum sich bei Regium Lepidum ein Vogel von nie gesehener Gestalt niedergelassen und weder von den Menschen noch von den ihn umschwärmenden Vögeln sich habe verscheuchen lassen, bis Otho sich selbst getötet; dann sei er verschwunden; als man die Zeit nachgerechnet, sei Anfang und Ende der Wundererscheinung mit Othos Tode genau zusammengetroffen. So sehr er es unter seiner Würde halte, fügt Tacitus ausdrücklich hinzu, sein ernstes Werk mit Fabeln zu schmücken, so wage er in diesem Falle doch nicht, dem, was allgemein berichtet werde, den Glauben zu versagen.

Die regelmäßigen Erwähnungen der Vorzeichen, namentlich solcher, die einem Privatmanne die künftige Kaiserwürde, und solcher, die den Tod des

Kaisers verkündeten, bei Sueton, Cassius Dio, Herodian, den späteren Kaiserbiographen, lassen an der Fortdauer dieses Glaubens, den die Schriftsteller doch gewiß auch bei der großen Mehrzahl ihrer Leser voraussetzen mußten, keinen Zweifel, und oft genug zeigt die Erzählung, bis zu welchem Grade die hervorragendsten Männer jener Zeit in diesem Glauben befangen waren. Augustus, sagt Sueton, achtete auf gewisse Wahrzeichen, deren Bedeutung ihm für völlig sicher galt. Wenn er morgens einen Schuh auf den falschen Fuß zog, war es ein übles, wenn beim Antritt einer längeren Reise Tau fiel, ein gutes Vorzeichen; auch wunderbare Ereignisse machten immer großen Eindruck auf ihn, wie daß vor seinem Hause aus den Fugen der Steine eine Palme hervorsproßte, und bei seiner Ankunft in Capri die zu Boden gesenkten, schon kraftlosen Äste einer alten Steineiche neue Kraft gewannen. Und hätte Livius bei Sueton das mit wahrem Bienenfleiß aus Büchern und Überlieferungen zusammengetragene Verzeichnis aller der Vorzeichen lesen können, die Augustus' künftige Größe, seine Siege und seinen Tod verkündeten, so würde er vielleicht seine Klage über die Gleichgültigkeit gegen solche Dinge zurückgenommen haben. Dieser Starkgläubigkeit wurde jedes Ereignis bedeutungsvoll, und kein Wunder war ihr zu groß oder zu lächerlich: Sueton berichtet ernsthaft, daß Augustus als Kind, da er eben zu sprechen anfing, einmal auf einem Familiengute den quakenden Fröschen zu schweigen befahl, und man versichere, daß die Frösche seit jener Zeit dort nicht mehr quakten.

Daß auch bei den Gläubigen verschiedne Arten von Vorbedeutungen in verschiedner Geltung standen, daß das Ansehen der mannigfaltigen Methoden der Prophezeiung nicht zu allen Zeiten dasselbe war, sondern bald jene, bald diese den meisten Glauben fand, ist selbstverständlich. Aber niemals ist doch eine der anerkannten Arten der Weissagung aus Mangel an Glauben ganz außer Gebrauch gekommen. Der vernichtende Spott Ciceros über die Haruspicin und Eingeweideschau überhaupt könnte zu der Ansicht verleiten, als sei diese Weissagung in eine zu tiefe Mißachtung versunken gewesen, um (wenigstens bei den Gebildeten) jemals wieder zu Ansehen gelangen zu können: aber nichts würde irriger sein. Cicero führt jene Äußerung des Cato an, er wundere sich, daß ein Haruspex, der einen andern sehe, sich des Lachens enthalten könne; weiter die Frage des Hannibal an König Prusias, der das Liefern einer Schlacht von einer Eingeweideschau abhängig machen wollte: ob er einem Stückchen Kalbfleisch mehr glaube als einem alten Feldherrn! Er erinnert daran, wie namentlich auch im letzten Bürgerkriege fast immer das Gegenteil von dem Prophezeiten eingetroffen sei. Aber der Spott der Ungläubigen machte die Gläubigen ebensowenig irre wie die Tatsachen, die ihren Glauben Lügen straften. Wie immer in ähnlichen Fällen hatten sie nur für die wirklich oder angeblich eingetroffenen Prophezeiungen Gedächtnis, und zahlreiche Zeugnisse aus den folgenden Jahrhunderten bestätigen die Fortdauer des Glaubens an die Eingeweideschau, sowie ihre Verbreitung auch in den gebildeten Klassen.

Schon das Verbot des Tiberius, die Haruspices im geheimen und ohne Zeugen zu befragen, setzt eine sehr allgemeine Benutzung dieser Weissagungsform voraus. Die Besorgnis des Claudius (im Jahre 47), daß diese älteste Wissenschaft Italiens durch Vernachlässigung erlöschen könnte, hat nicht sowohl eine Abkehr des allgemeinen Interesses von der Eingeweideschau als die drohende Gefahr einer Verfälschung der altetruskischen Lehre durch das Eindringen fremder Vorstellungen zur Voraussetzung. Der ältere Plinius sagt ausdrücklich, ein großer Teil der Menschen stecke in dem Glauben, daß die Tiere durch ihre Muskelfasern und Eingeweide uns vor Gefahren warnen. Dem Kaiser Galba meldete an dem Morgen des Tages, an dem er ermordet wurde (15. Januar 69), der Haruspex Umbricius, daß die Eingeweide des Opfers auf gefahrdrohende Nachstellungen und einen Feind im Hause deuteten; was Otho, welcher dabeistand, als ein für ihn frohes und seinem Unternehmen günstiges Zeichen auffaßte. Epictet, der den Lehren seiner Schule gemäß auch hier Offenbarungen der Gottheit erkannte und an der Kunst, die sie deutete, keinen Zweifel hegte, mahnt nur, man solle sich in seinen Handlungen nicht allein durch die Weissagung, sondern vor allem durch das Pflichtbewußtsein leiten lassen; wozu er keine Veranlassung gehabt hätte, wenn das erstere nicht sehr allgemein geschehen wäre. Nur die Angst vor der Zukunft sei es, welche die Menschen so oft zu den Wahrsagern treibe. Man nähere sich ihnen, zitternd vor Aufregung, mit Bitten und Schmeicheleien, als könnten sie unsre Wünsche erfüllen: „Herr, werde ich meinen Vater beerben? Herr, habe Erbarmen mit mir, mache, daß ich ausgehen darf!" Aber der Eingeweide- oder Vogelschauer kann doch nichts voraussehen, als die bevorstehenden Ereignisse selbst, wie Tod, Gefahr, Krankheit oder dgl. Ob sie dem Betreffenden in Wahrheit heilsam oder schädlich seien, weiß er nicht. Herodian sagt, der tapfere Widerstand der Stadt Aquileja gegen Maximinus sei hauptsächlich infolge der Prophezeiungen der dort anwesenden Haruspices geleistet worden; „denn auf diese Art der Weissagung vertrauen die Bewohner von Italien am meisten". Daß sie aber auch außerhalb Italiens Ansehen genug hatte, beweist außer den Äußerungen Epictets die Anerkennung, welche ihr der Traumdeuter Artemidor zollt, der neben seiner eignen Kunst nur sehr wenige Methoden der Weissagung gelten ließ: Sterndeutung, Opfer-, Vogel- und Leber- (d. h. Eingeweide-) Schau. Und daß es den Haruspicin auch unter den Gebildeten an Gläubigen niemals fehlte, darf man nach einzelnen zufälligen Angaben aus verschiedenen Zeiten schließen. Regulus, der in der Zeit von Nero bis Domitian als Redner und Ankläger in Majestätsprozessen eine unheilvolle Berühmtheit besaß, befragte jedesmal, wenn er auftrat, die Haruspices über den Ausgang des Prozesses. Nach Juvenal wurden sie von vornehmen Frauen wegen der Erfolge der von ihnen bewunderten musikalischen Virtuosen und Schauspieler so viel befragt, daß sie vom langen Stehen Krampfadern in den Beinen bekamen. Der Kaiser Gordian (der erste) war in dieser Wissenschaft über die Maßen erfahren, zu welcher auch Diocletian großes Zutrauen hatte, Constantin gestattete den privaten Gebrauch der Haruspicin, nur den innerhalb des Hauses vorgenommenen verbot er bei Todesstrafe; bei Blitzbeschädigung hat er sie noch selbst (321) von Staats wegen angeordnet. Ammianus Marcellinus zählt unter die Mittel, welche die Güte der Vorsehung den Menschen zur Erforschung der Zukunft verliehen habe, auch die Haruspicin und sagt, daß Julian schon in der Zeit, wo er noch das Bekenntnis des Christentums heuchelte, der Haruspicin und den Augurien ergeben war, „sowie allem übrigen, was die Verehrer der Götter von jeher getan haben". Noch bei der Einschließung Roms durch Alarich im Jahre 408 wurden — zum letzten Male, soviel uns bekannt — die Ratschläge der Haruspices eingeholt und die von ihnen empfohlenen heidnischen Opfer sogar unter heimlicher Zustimmung des Papstes Innocentius zur Ausführung gebracht. Nach diesen Angaben über die Fortdauer und Verbreitung des Glaubens an die Haruspicin, die sich noch sehr vermehren ließen, läßt sich dasselbe für alle übrigen herkömmlichen Prophezeiungsmethoden voraussetzen.

Unter den Arten die Zukunft zu erforschen setzt nun allerdings die Lieblingswissenschaft jener Zeit, die Astrologie, die namentlich unter den höheren Ständen das meiste Ansehen genoß, den Glauben an die Götter und eine durch sie geübte Vorsehung nicht notwendig voraus, obgleich sie ihn ebensowenig ausschließt: in der vorsehungsgläubigen stoischen Schule war unter den Älteren Panätius der einzige, der sie verwarf: und dieser bestritt die Vorbedeutungen und die Weissagungen überhaupt. Doch liegt es in der Natur der Sache, daß der in der damaligen Welt so ungemein verbreitete Glaube an ein unabwendbares Verhängnis, welcher der Astrologie gerade am meisten Vorschub leistete, leicht zur Entfremdung vom Götterglauben führen konnte. Der Glaube, der „alle Ereignisse durch die Gesetze der Geburt ihren Gestirnen zuwies", und dem, wie Plinius in einer bereits angeführten Stelle sagt, die Menge der Gebildeten wie der Ungebildeten gleich bereitwillig zufiel — dieser Glaube, nach welchem das einmal Beschlossene für alle Zukunft unabwendbar feststand, setzte die Gottheit für immer in Ruhe. Tiberius, sagt Sueton, verhielt sich in bezug auf die Götter und den Gottesdienst ziemlich gleichgültig, da er der Astrologie ganz ergeben und von der Überzeugung durchdrungen war, alles geschehe nach Verhängnis.

Aber auch die Weissagung der Orakel, in welcher die Götter gleichsam persönlich den Menschen die Zukunft offenbarten, die also, weil sie die unmittelbarste Eingebung der Gottheit voraussetzte, so auch am meisten den Glauben an sie befestigen und nähren mußte, auch sie hat in den ersten nachchristlichen Jahrhunderten kaum weniger allgemeines Ansehen genossen als zu irgendeiner früheren Zeit; und daß diese Weissagung nicht bloß fortbestand, sondern auch nach einem zeitweiligen Verfall eine vollständige Restauration erleben konnte, ist ein um so unzweifelhafterer Beweis für die Kraft des Götterglaubens. Strabo, der den Verfall und die Vernachlässigung der griechischen Orakel in der Zeit des Augustus ausdrücklich bezeugt, ist zwar zu seinen Äußerungen wohl mit von dem Gedanken an die Zeiten des Glanzes von Delphi bestimmt worden, der doch schon seit Jahrhunderten erloschen war; aber auch für das damals eingetretene Sinken des Ansehens der griechischen Orakel überhaupt gibt er allem Anscheine nach die richtige Ursache an: daß nämlich die Römer sich mit den Weissagungen der sibyllinischen Bücher und der etruskischen Prophezeiung (durch Beobachtung der Eingeweide, des Vogelflugs und der himmlischen Zeichen) begnügten. Es war eine natürliche Folge der Weltherrschaft, daß das Römische auf allen Gebieten zunächst das Unrömische in seiner Bedeutung herabdrückte; und der überwältigende Eindruck römischer Macht und Größe hatte gerade damals auch in der griechischen Welt seine Kulmination erreicht. Doch wenn dieser Eindruck gleich vermochte, dem Glaubensbedürfnisse der Menschen neue Richtungen zu geben, so war er doch keinesfalls stark genug, sie auf die Dauer ganz zu beherrschen. Der alte Glaube stellte sich völlig wieder her, und nicht nur das niedere Volk der von der Kultur weniger durchdrungenen Länder hielt an den landesüblichen Formen der Erkundung der Zukunft fest, sondern auch die altberühmten Orakeltempel füllten sich aufs neue mit Wallfahrern. Dort sagten „von Gott erfüllte und mit ihm eins gewordene Propheten die künftigen Dinge voraus, gewährten Verhütung von Gefahren, Heilung von Krankheiten, Hoffnung für Betrübte, Hilfe für Unglückliche, Trost in Leiden, Erleichterung in Mühsalen". Auch die christlichen Schriftsteller, welche behaupteten, mit dem Kommen des Erlösers in die Welt sei die Macht der falschen Götter gebrochen gewesen, der Zauber, durch den sie so lange Bildern von Holz und Stein Sprache verliehen, habe seine Kraft verloren, und ihre Orakel seien verstummt: auch sie mußten bekennen, daß die Dämonen in den Orakeltempeln aufs neue wahre Prophezeiungen und heilsame Warnungen erteilten und Heilungen bewirkten; aber freilich nur, um durch diese scheinbaren Wohltaten denen um so größeren Schaden zuzufügen, welche sie von dem Forschen nach der wahren Gottheit durch Einschwärzung der falschen ablenkten. Daß die Dämonen die Zukunft vorauswußten, erklärte man sich daraus, daß sie als ehemalige Diener Gottes seine Absichten kannten. Noch Petrarca, sonst auffallend frei von Aberglauben, glaubte an die heidnischen Orakel als von Dämonen erteilte.

Die Größe des römischen Reichs und der durch die Vortrefflichkeit seiner Kommunikationsmittel höchst entwickelte unaufhörliche Wechselverkehr aller seiner Teile miteinander hatte eine ungeheure Erweiterung des Gebiets zur Folge, auf das sich der Einfluß der angeseheneren Orakel erstreckte. Aus fernen Barbarenländern pilgerten nun Hilfe und Rat Suchende zu den griechischen Tempeln, und die Sprüche der griechischen Götter wurden mit Ehrfurcht in Gegenden vernommen, in die vor der Zeit der römischen Weltherrschaft ihre Namen nie gedrungen waren. Wenn (wie es scheint Ende des 2. Jahrhunderts) eine Kohorte von Tungrern in ihrem Standquartier zu Borcovicium (Housesteads) am Hadrianswall in Britannien „den Göttern und Göttinnen" eine Widmung darbrachte „gemäß der Auslegung des Orakels des klarischen Apollo" (bei Kolophon), und ähnliche Weihinschriften zu Corinium im nördlichen Dalmatien und in Cuicul in Numidien sich auf den Spruch desselben Orakels berufen: so wird man hier vielleicht an eine von Truppen verschiedner Provinzen vereinbarte Befragung dieses Gottes zu denken haben. Jedenfalls kann man nicht zweifeln, daß die berühmten Orakel in der römischen Kaiserzeit aus allen Provinzen des Reichs befragt wurden, und die zahlreichen gelegentlichen Erwähnungen der Schriftsteller bestätigen es. So befragte (um nur einiges anzuführen) Germanicus außer dem eben erwähnten Orakel des klarischen Apollo auch das des Stiers Apis zu Memphis, Tiberius das Losorakel des Geryones bei Patavium, Caligula das der Fortunen zu Antium, Nero das zu Delphi, Vespasian das auf dem Berge Karmel, Titus das der Venus zu Paphus auf Cypern, Caracalla das des Sarapis zu Alexandria und überhaupt alle berühmten Orakel. Wie sehr man in dieser Zeit bestrebt ist, die zukunftskündende Kraft aller Regionen und Völker sich nutzbar zu machen, zeigt die eigentümliche Tatsache, daß uns im Haushalte eines Statthalters von Ägypten eine germanische Prophetin, die semnonische Seherin Waluburg, begegnet. In den Kreisen der Gläubigen führte man Beweise von der Allwissenheit der Orakel an, die das noch überboten, was Herodot von den Antworten des delphischen auf die Fragen des Krösus berichtet. Bei Plutarch erzählt dessen Freund, der gelehrte Demetrius aus Tarsus, als ein selbsterlebtes Ereignis, wie ein ungläubiger Statthalter von Cilicien durch einen Orakelspruch zum Glauben bekehrt wurde. Er sandte auf Veranlassung einiger epikureischer Religionsspötter in seiner Umgebung einen Freigelassenen mit einem versiegelten Täfelchen, das die Frage enthielt, zu dem Traumorakel des Halbgottes Mopsus. Der Bote, der nach der dortigen Sitte im Tempel eine Nacht zubrachte, träumte, daß ein schöner Mann zu ihm trete und spreche: einen schwarzen — sodann sich entferne. Als er dies dem Statthalter meldete, erschrak derselbe, fiel auf die Knie, öffnete das Täfelchen und zeigte den Anwesenden seine Frage: werde ich einen weißen oder einen schwarzen Stier opfern? Auch die Epikureer waren bestürzt, der Statthalter aber brachte das Opfer und verehrte fortan den Mopsus.

Doch nichts zeigt so sehr, welcher Selbstbetörung der Wunderglaube fähig war, und macht zugleich so anschaulich, wie leicht und schnell Orakel in Gegenden Eingang und Geltung finden konnten, in denen sie früher unbekannt waren, als Lucians (allerdings durchaus voreingenommener und feindseliger) Bericht über das von dem Pseudopropheten Alexander in seiner Vaterstadt Abonuteichos in Paphlagonien eingerichtete angebliche Orakel des Apollo und Asklepios.

Alexander (geb. um 105, gest. gegen 175), schon als Knabe durch Schönheit ausgezeichnet, war von einem Landsmanne des Apollonius aus Tyana, einem Arzt, in den Gaukeleien der Magie unterwiesen worden und hatte diesem als Gehilfe gedient. Nachdem er dann mit einem Gefährten Bithynien und Mazedonien als Zauberer und Wahrsager durchzogen, wählte er zur Gründung eines eignen Orakels seine Vaterstadt, die dazu durch die krasse Götterfurcht und die Wohlhabenheit ihrer Bewohner besonders geeignet erschien. Erztafeln, von ihm im Apollotempel zu Chalcedon vergraben und wieder aufgefunden, meldeten, daß Apollo mit seinem Sohne Asklepios nach Abonuteichos übersiedeln werde, dessen hocherfreute Bewohner sogleich die Erbauung eines Tempels für den letzteren in Angriff nahmen. Nachdem sodann ein Sibyllenausspruch verbreitet worden war, daß Alexander, ein Abkömmling des Perseus und Asklepios, als Prophet erscheinen werde, hielt er selbst, eine imposante und gewinnende Erscheinung, prachtvoll in Weiß und Purpur gekleidet, die Sichel, wie sie einst Perseus geführt, in der Hand, seinen Einzug. Der Gott Asklepios sollte sich in der Gestalt einer Schlange zeigen. Alexander ließ seine Landsleute in dem Wasser, das sich beim Graben der Fundamente des Tempels gesammelt hatte, ein ausgeblasenes Gänseei finden, in dem sich eine kleine Schlange befand; bald darauf wies er eine längst in Bereitschaft gehaltene große, zahme vor, das schnelle Wachstum des Gottes erschien nur natürlich. Wenn Alexander sich mit der Schlange um den Hals in einem halbdunkeln Raume zeigte, ließ er statt ihres Kopfs einen aus bemalter Leinwand verfertigten Schlangenkopf aus seinem Gewande hervorstehen, der einem Menschengesicht ähnlich war und durch das Ziehen von innen angebrachten Pferdehaaren geöffnet und geschlossen werden konnte. Später wurde auch eine Röhre in den Kopf geführt, durch welche ein Gehilfe den Gott sprechen lassen konnte, doch wurden solche „selbstgesprochnen" Orakel nur ausnahmsweise und für hohe Bezahlung erteilt. Gewöhnlich wurden die Fragen versiegelt eingereicht und ebenso zurückgegeben; beim Eröffnen fand man die Antwort des Gottes darunter geschrieben. Dieser nannte sich selbst Glykon.

Schnell verbreitete sich der Ruf des Orakels in ganz Kleinasien und Thracien, und der Zudrang zu demselben, der während der ganzen Zeit seines Bestehens (über 20 Jahre) nicht abgenommen zu haben scheint, steigerte sich zuweilen so, daß in Abonuteichos Mangel an Lebensmitteln eintrat. Lucian schätzt das Einkommen des Propheten bei einer Gebühr von etwa 1 Mark für den Spruch auf etwa 60.000 Mark jährlich, wovon allerdings ein zahlreiches Personal von Gehilfen aller Art zu besolden war; doch zwei Exegeten rätselhafter Orakelsprüche mußten dem Propheten aus ihren Einnahmen eine Pacht von je etwa 4800 Mark jährlich entrichten. Öfters verhieß der Gott die Erfüllung der Wünsche der Fragenden, falls der Prophet für sie bitten würde. Nicht selten waren die Fragen in fremden Sprachen, wie in der syrischen und der (in Galatien sich als Umgangssprache behauptenden) keltischen, verfaßt, und es war nicht immer leicht, Leute zu finden, welche dieselben verstanden. Gelegentliche Mißgriffe in der Beantwortung schadeten dem Ansehen des Orakels nicht; seine Göttlichkeit offen zu leugnen, war nicht ohne Gefahr; denn Alexander verstand es, den Schwarm der Gläubigen gegen seine Widersacher (namentlich Epikureer) als „Atheisten und Christen" zu fanatisieren. Die Priester der angesehensten Orakel Kleinasiens machte er sich zu Freunden, indem er öfters die Besucher des seinigen an sie verwies.

Durch Emissäre ließ Alexander auch in andern Provinzen für seinen Gott Propaganda machen, und bald gewann er zahlreiche Gläubige auch in Italien und in Rom selbst. Viele der höchstgestellten und einflußreichsten Männer setzten sich mit ihm in Verbindung. Verfängliche Fragen (d. h. solche, die sich auf den Kaiser oder Staatsangelegenheiten bezogen) behielt Alexander zurück und hatte dadurch die Fragesteller in seiner Gewalt, die seine Verschwiegenheit teuer erkaufen mußten. In dem überaus gottesfürchtigen und abergläubischen P. Mummius Sisenna Rutilianus (consul suff. vor 172) gewann er einen so blindgläubigen Verehrer, daß der 60jährige Konsular sich auf das Geheiß des Gottes Glykon mit einer Tochter des paphlagonischen Schwindlers vermählte, deren Mutter angeblich die Mondgöttin war. Rutilianus war es auch, der den Kaiser Marc Aurel bewog, im Kampfe gegen die Markomannen, als ein Opfer, welches den Römern den Sieg sichern sollte, zwei Löwen in die Donau werfen zu lassen, worauf sie freilich eine große Niederlage erlitten (wohl unter Furius Victorinus 166). Als Lucian bei dem Statthalter von Bithynien, Lollianus Avitus, eine Klage wegen eines von Alexander gegen ihn gemachten Mordversuchs erheben wollte, beschwor ihn dieser, davon abzustehen, da er den Schwiegervater des Rutilianus nicht verfolgen könne. Mit den Schrecken des Kriegs vereinigten sich damals die verheerenden Wirkungen jener in einem großen Teile des Reichs wütenden Epidemie, um überall auch das religiöse Bedürfnis und die Glaubensseligkeit aufs höchste zu steigern. Überall las man auf den Haustüren einen von Alexanders Sendboten, die seinen Beistand gegen Seuchen, Feuersbrünste und Erdbeben empfohlen hatten, verbreiteten Orakelspruch, der ein sicheres Schutzmittel gegen jene Pest sein sollte.

Alexander starb im Alter von fast 70 Jahren in unangefochtenem Besitz von Ehre, Macht und Reichtum, und noch nach seinem Tode stand eine Statue von ihm auf dem Markt in Parium in Mysien, bei der ihm öffentliche Opfer und Feste gefeiert wurden. Lucians Berichte, die man als übertrieben ansehen könnte, erhalten volle Bestätigung durch Münzen von Abonuteichos mit den Köpfen der Kaiser Antoninus Pius und Marc Aurel, die auf der Rückseite eine Schlange mit einem Menschenkopfe, zum Teil mit der Beischrift „Glykon", zeigen. Die Legenden dieser Münzen bestätigen ferner, daß Alexander, wie Lucian ebenfalls berichtet (wohl bei L. Verus während dessen Aufenthalts in Asien 162 bis 166) die neue Benennung „Ionopolis" für seine Vaterstadt durchzusetzen vermochte, welche sogar die ältere verdrängt und sich in wenig veränderter Form (Ineboli) bis heute erhalten hat. Der erwähnte Münztypus findet sich dort bis in die Zeit des Trebonianus Gallus (251—253), und unter Caracalla und Gordian III. auch in Nicomedien, wohin also der Kultus des Gottes Glykon ebenfalls gedrungen sein muß. Andere Zeugnisse für die Verbreitung desselben haben sich in dem hauptsächlich von Kleinasien aus kolonisierten Dacien und dem oberen Mösien gefunden: zwei in Apulum (Karlsburg in Siebenbürgen) zum Vorschein gekommene Inschriften sind dem Gotte Glykon „auf dessen Befehl" geweiht; nicht ganz sicher ist die Deutung einer in Mösien (in Üsküb) gefundenen Weihung „dem Juppiter und der Juno, dem Drachen und der Drachenfrau und dem Alexander", wonach also Alexander, falls er hier gemeint ist, außer der von Lucian erwähnten Schlange noch ein weibliches Exemplar gehabt haben müßte.

Wenn ein so plumper Betrug so lange Zeit hindurch ohne ernstliche Bekämpfung und mit so ungeheurem Erfolge geübt werden konnte, so ergibt sich der Rückschluß auf den Glauben an die anerkannten Orakel und deren Einfluß von selbst. Mehrere derselben waren Traumorakel, wie das des Mopsus und Amphilochus zu Mallos in Cilicien, welches dem S. Quintilius Condianus seine und seines Bruders Ermordung durch Commodus in einem Traume (von dem die beiden Schlangen würgenden Herakleskinde) verkündete. Daß aber nicht bloß dort, sondern überall Träume die Zukunft voraussagten, war unter allen Formen des Glaubens an Vorbedeutungen die allgemeinste und die einzige, die selbst ein Teil derer nicht bestritt, welche den Weissagungsglauben im übrigen durchaus verwarfen. Aristoteles und Demokrit gaben das Vorkommen weissagender Träume zu, die aber nicht von den Göttern gesandt, sondern natürliche Wirkungen natürlicher Ursachen seien; und so neigte auch der ältere Plinius, der alle übernatürliche Offenbarung der Zukunft leugnete, zu dem Glauben an bedeutende Träume. In einem der früheren Bücher seiner Naturgeschichte läßt er die Frage unentschieden, aber in einem späteren berichtet er als unzweifelhafte Tatsache, daß ein Soldat der Kaisergarde in Rom, der durch den Biß eines tollen Hunds wasserscheu geworden war, durch ein Mittel gerettet worden sei, das seiner in Spanien lebenden Mutter ein Traum geoffenbart hatte. Ohne seinen Unfall zu ahnen, hatte sie ihm dieses in einem Briefe mitgeteilt, der gerade zur rechten Zeit ankam, um den Kranken wider alle Erwartung zu retten. Wenn Plinius sagt, dieses vorher unbekannte Mittel, das sich seitdem stets bewährte, habe „Gott" offenbart, so dachte er wohl an jenes geheimnisvolle Walten der Natur, das sich auch in den Sympathien und Antipathien ihrer Kräfte kundzugeben schien, keinesfalls an die Vorsehung einer persönlichen Gottheit.

Setzt aber der Glaube an weissagende Träume auch den Götter- und Vorsehungsglauben nicht notwendig voraus, so haben sicherlich immer nur die wenigsten den einen ohne den andern gehegt, bei der großen Mehrzahl hat sich der Glaube wie der Unglaube auf beide Gebiete zugleich erstreckt. Demokrits Theorie hat allem Anschein nach selbst bei den Epikureern wenig Eingang gefunden, und sie haben im allgemeinen mit der Vorsehung auch die Weissagung der Träume wie alles sonstige geleugnet. Dagegen allen, die eine Vorsehung annahmen, sagt Origenes, war es gewiß, daß es Erscheinungen im Traume gab, die teils ganz eigentlich göttlicher Natur waren, teils die Zukunft offenbarten, sei es deutlich, sei es in Rätseln. Im Schlafe, sagt der Vertreter des Heidentums in dem Dialoge des Minucius Felix, sehen, hören, erkennen wir die Gottheit, die wir am Tage gottlos leugnen, verschmähen, durch Meineid beleidigen. Namentlich die Stoiker legten den größten Wert auf diese von der Vorsehung den Menschen geschenkte „eigentümliche Tröstung eines natürlichen Orakels"; und auch die Christen glaubten, daß nicht bloß von Gott, sondern auch von Dämonen wahre Träume gesandt würden, freilich in der schon erwähnten bösen Absicht, und viel öfter trügerische und unreine. Man wird also nicht sehr irren, wenn man auf die Allgemeinheit und Festigkeit des Götter- und Vorsehungsglaubens aus der Allgemeinheit und Festigkeit auch des Glaubens an Träume schließt.

Über diese letztere kann nun aber niemand in Zweifel sein, der die Literatur der ersten Jahrhunderte, namentlich die historische, auch nur oberflächlich kennt. Selten wird ein großes Ereignis erzählt, ohne daß zugleich mindestens e i n Traum mitgeteilt wird, der es ankündete. Die hervorragenden Männer räumten Träumen den größten Einfluß auf ihre Handlungen ein, man ließ sich durch sie zu Unternehmungen jeder Art bestimmen; so schrieb Galen über Mathematik, der ältere Plinius seine Geschichte der römischen Kriege in Deutschland infolge eines Traums. Träume entschieden über die Wahl des Lebensberufs: Galen war zum Studium der Medizin durch einen Traum seines Vaters bestimmt worden. Er ließ sich auch in der Behandlung seiner Kranken vielfach von Träumen leiten, und zwar mit bestem Erfolge. So hatte er einmal auf die Eingebung zweier deutlicher Träume die Ader zwischen dem Zeige- und Mittelfinger der rechten Hand geschlagen und das Blut so lange fließen lassen, bis es von selbst aufhörte. Ebenso fest war übrigens sein Glaube an die Wissenschaft des Vogelflugs. Sueton wandte sich an den jüngeren Plinius mit der Bitte, den Aufschub eines Termins zu erwirken, an welchem er eine Verteidigung vor Gericht führen sollte, da ein Traum ihm einen unglücklichen Ausgang verkündet habe. Plinius rät, die Sache nochmals zu erwägen, da es darauf ankomme, ob Suetons Träume die bevorstehenden Ereignisse oder das Gegenteil bedeuten, er selbst befinde sich im letzteren Falle. Augustus, der nicht bloß seine eigenen Träume, sondern auch die auf ihn bezüglichen andrer sorgfältig beachtete, ließ sich durch einen Traum bewegen, alljährlich an einem bestimmten Tage und an einem bestimmten Orte den Vorübergehenden wie ein Bettler die hohle Hand hinzuhalten und die Kupfermünze in Empfang zu nehmen, die sie ihm reichten. Marc Aurel dankte den Göttern, daß sie ihm in Träumen Verordnungen gegen Schwindel und Blutspeien gegeben hatten. Über die Träume und Vorzeichen, welche die Herrschaft des Septimius Severus vorausverkündeten, schrieb Cassius Dio ein Buch, und Severus, der auf seine Träume so großen Wert legte, daß er z. B. einen derselben in Bronze ausführen ließ, nahm dasselbe sehr günstig auf. Einst hatte der spätere Kaiser sich auf eine hohe Warte geführt gesehen, von wo er alles Land und Meer überschaute; er griff hinein wie in die Saiten einer Laute, und Harmonien tönten ihm entgegen. Auch seine große römische Geschichte begann Cassius Dio „auf die Weisung der Gottheit im Traume" und fand den Mut und die Kraft, sie fortzusetzen und zu vollenden, durch neue Träume, in welchen Tyche (welcher als der Beschützerin seines Lebens er sich ganz geweiht hatte) ihm die Unsterblichkeit verhieß.

Das einzige, aus einer sehr umfangreichen, vorzugsweise griechischen Literatur auf uns gekommene Traumbuch ist namentlich auch als Beweis dafür interessant, wie sehr die Traumdeutung als eine Wissenschaft anerkannt war, deren Vertreter sich bemühten, auf Grund eines möglichst umfassenden und zuverlässigen Materials die Methode der Auslegung zum höchsten Grade der Strenge und Schärfe auszubilden. Der Verfasser, Artemidor von Daldis — so mochte er sich lieber nennen als nach seiner Geburtsstadt Ephesus, da er dem obskuren Geburtsorte seiner Mutter auch den Ruhm gönnen wollte, einen namhaften Mann hervorgebracht zu haben — lebte gegen Ende des 2. Jahrhunderts und schrieb auf das wiederholte Geheiß des Apollo, der ihm sichtbarlich erschienen war, und auf den Antrieb eines Cassius Maximus, der wahrscheinlich niemand anders ist als der Platoniker Maximus von Tyrus. Auch für Artemidor, der außerdem Schriften über Vogel- und Handbeschauung verfaßte, waren die Träume, welche die Götter „der von Natur prophetischen Menschenseele senden", eine Betätigung der göttlichen Vorsehung, und seine Gegner setzte er hauptsächlich unter denen voraus, welche weder an diese, noch an Weissagung überhaupt glaubten. Seine tiefe Ehrfurcht vor dem Walten der Gottheit beweist unter anderm die Mahnung, wenn man Träume von den Göttern erbitte, nicht nach Unnützem zu forschen und ja nicht so zu beten, als wolle man ihnen Vorschriften machen, nach dem Traume aber ein Opfer und Dankgebet zu bringen. Er betrachtete den ihm gewordenen Beruf, die Kundgebungen der Gottheit auszulegen, wie ein Priestertum, seine „Wissenschaft" war ihm heilig. Sein ganzes Leben hatte er an ihre Erforschung gesetzt, Tag und Nacht studiert, alle irgend aufzutreibenden Traumbücher gekauft und auf seinen Reisen in Kleinasien, Griechenland, Italien und auf den Inseln so viel Fachgenossen wie möglich kennenzulernen und seine Kenntnisse durch Erfahrung zu bereichern gestrebt. Der hohe Begriff von der Wahrheit und Würde seiner Wissenschaft ließ ihn jede Scharlatanerie und Künstelei verschmähen. Streben nach Effekt bei dem großen Publikum und dem Beifalle gewerbsmäßiger Schönredner, sagt er, habe ihm ferngelegen: sonst wäre es ihm leicht gewesen, ebensogut wie andre blendende und frappierende Dinge zu sagen. Stets dringt er auf einfache und leicht verständliche Erklärungen der Träume und verwirft die spitzfindigen und künstlichen, mit welchen den Laien imponiert werde: ja er fand sie gotteslästerlich, weil man damit den traumsendenden Göttern gewissermaßen die Absicht zu täuschen beilege. Stolz war er nur auf die Genauigkeit und Schärfe seiner Auslegung. Von seiner Aufrichtigkeit und Wahrhaftigkeit enthält sein Buch zahlreiche Beweise; auch hatte er die Genugtuung, daß, wenn übelwollende und kleinliche Beurteiler in bezug auf dessen Vollständigkeit und Ausführlichkeit einige Ausstellungen gemacht hatten, doch von niemandem behauptet worden war, daß es an

Wahrheit auch nur im geringsten fehle. Je weniger nun dieses Buch (dessen Entstehung und Verbreitung ohne einen gebildeten Leserkreis von gleicher Gesinnung undenkbar ist) auch nur eine Spur von eigentlicher Mystik und Phantasterei zeigt, je konsequenter, verständiger und methodischer es ist, desto schlagender beweist es, wie wenig in jener Zeit auch Nüchternheit und selbst ein gewisser Rationalismus den Glauben an eine fort und fort in Wundern sich offenbarende Vorsehung der Götter ausschloß.

Von diesen Wundern waren nun die Heilungen von Krankheiten durch Eingebungen von Träumen die greifbarsten und überzeugendsten, folglich auch diejenigen, die der Glaube am liebsten und häufigsten schuf und die ihm immer neue Nahrung gaben. Diese Wunder vollzogen sich natürlich ganz vorzugsweise auf dem heiligen Boden der Tempel der Heilgötter Asklepios, Isis, Sarapis, bei deren Heiligtümern unter dem Kultpersonal Traumdeuter nie gefehlt haben werden. Diese Götter taten dort auch andre Wunder. So versichert Aristides von dem unversieglichen „heiligen Brunnen" im Tempel des Asklepios zu Pergamum, daß durch das Baden in seinem Wasser viele ihr Augenlicht wiedererlangten, von Brustkrankheiten, Atembeschwerden, Fußverkrümmungen geheilt wurden, daß ein Stummer, der daraus trank, die Sprache erhielt, manchem schon das Schöpfen aus dem Brunnen Heilung brachte. Auch leibhaft erschien der Gott den Gläubigen keineswegs selten. Origenes beschwert sich, daß Celsus, der die Christen wegen ihres Glaubens an die Wunder Jesu einfältig nennt, ihnen zumute, zu glauben, „daß eine große Menge von Hellenen und Barbaren (wie sie versichern) den Asklepios nicht als eine Vision, sondern persönlich Heilungen und Wohltaten vollbringen und die Zukunft vorhersagen gesehen haben und noch sehen". Diesen Aussagen gegenüber beruft sich Origenes auf eine unzählbare Menge derer, welche die Wunder Christi bezeugen, und fügt hinzu, daß er selbst durch die bloße Anrufung des Namens Gottes und Jesu Menschen von schweren Krankheiten, von Besessenheit und Wahnsinn und vielen andern Leiden habe befreien sehen, „die weder Menschen noch Dämonen heilen konnten". Auch die beiden halbgöttlichen Söhne des Asklepios waren vielen zu Epidaurus und an andern Orten erschienen. In einer zu Rom inschriftlich erhaltenen Widmung an Pan für Herstellung aus schwerer Krankheit heißt es, daß der Gott dem Geheilten sichtbarlich erschienen war, nicht im Traume, sondern mitten am Tage.

Selbstverständlich aber war in der heidnischen Welt das größere Wunder, daß die Heilgötter in Person zu den Hilfesuchenden herabstiegen, auch das seltenere, und gewöhnlich erfolgten, wie gesagt, die Heilungen durch Träume, und zwar ohne Zweifel nicht bloß bei solchen, die in Tempeln schliefen. Artemidor hat in einem eignen Abschnitte „Von den Verordnungen" auch dieses Wunder auf seinen wahren Gehalt zurückzuführen gesucht, indem er es der schmückenden Zutaten entkleidete, durch welche die geschäftige Phantasie der Gläubigen es zu vergrößern meinte, die aber nach seiner Auffassung der Erhabenheit der Götter unwürdig waren. „In bezug auf die Verordnungen", sagt er, „daß nämlich die Götter den Menschen (im Traume) Behandlungen von Krankheiten verordnen, ist es unnütz, Fragen aufzuwerfen. Denn viele sind in Pergamum, Alexandria und an andern Orten durch Verordnungen geheilt worden, und manche glauben, daß die Wissenschaft der Heilkunde aus ihnen hervorgegangen sei." Nun aber werden lächerliche und widersinnige Verordnungen berichtet, die niemals geträumt, sondern erdichtet sind. So sollen z. B. einem Kranken im Traume „beißende Mohren" verordnet und damit Pfefferkörner gemeint gewesen sein, weil sie schwarz sind und beißen, einem andern „Jungfrauenmilch" und „Sternenblut", worunter Tau zu verstehen gewesen sei, und dgl. Diejenigen, die dergleichen ersinnen, zeigen, daß sie kein Verständnis für die Liebe der Götter zu den Menschen haben. Die wirklich von den Göttern in Träumen gegebenen Vorschriften sind einfach und ohne Rätsel: sie verordnen Salben und Einreibungen, Tränke und Speisen mit denselben Namen, mit denen wir sie nennen; kleiden sie einmal eine Vorschrift in Rätsel, so sind diese stets leicht verständlich. Eine Frau z. B., die eine Entzündung an der Brust hatte, träumte, sie lasse ein Schaf daran saugen; sie legte ein Kraut darauf, das Schafszunge heißt, und genas. Und so wird man immer finden, daß die vorgeschriebnen Kuren durchaus nichts der rationellen Medizin Widersprechendes enthalten, daß also die göttlichen Offenbarungen mit den sicheren Resultaten der Wissenschaft durchaus übereinstimmen. So träumte z. B. der sehr an Gicht leidende Fronto (der bekannte Konsular und Schriftsteller), der um Angabe einer Kur gebetet hatte, er wandle vor der Stadt umher: und in der Tat wurde er durch fortgesetztes Umhergehen erheblich gebessert. Aristides erhielt ganz besonders häufig im Traume die Anweisung von Asklepios, zu dichten und Reden zu halten. Wie der Gott einem Faustkämpfer, der damals im Tempel schlief, die Kunstgriffe angab, durch die er einen berühmten Gegner niederwarf, so hat er „mir Kenntnisse und Lieder und Stoffe zu Reden vorgeschrieben und dazu die Gedanken selbst und den Ausdruck, wie die Lehrer den Knaben die Buchstaben". Galen erwähnt, daß Asklepios vielen, die infolge heftiger Gemütsaufregungen leidend waren, verordnet habe, Oden, Lieder und Possen zu schreiben; andern, zu reiten, zu jagen und Waffenübungen zu veranstalten, und zwar mit genauer Angabe, in welcher Art die verordnete Übung vorzunehmen sei. Die Patienten, die sich dem Gott in Pergamum in Behandlung gegeben hatten, unterwarfen sich auch den härtesten Verordnungen, welche sie auf den Rat eines Arztes niemals befolgt haben würden, z. B. sich 15 Tage lang aller Getränke zu enthalten. Galen verdankte dem Asklepios seine Heilung von einem lebensgefährlichen Geschwür; und Marc Aurel verzichtete auf seine Begleitung im Markomannenkriege, da der Gott (vermutlich vermittels eines Traums) sich dagegen erklärt haben sollte. Zuweilen sind es an Stelle des Kranken die Priester, welche im Tempel schlafen und im Traume die heilenden Anweisungen für ihn erhalten; so in der unterirdischen Höhle des berühmten Plutonions bei Nysa am Mäander, die in der Regel überhaupt nur von den Priestern betreten werden durfte.

Den Tempelschlaf, der noch jetzt in Griechenland und Süditalien in Krankheiten häufig angewandt wird, übernahm die christliche Kirche aus dem Heidentum, und an die Stelle der im Traume Anweisungen spendenden Götter und Heroen traten die Madonna, der Erzengel Michael und verschiedene Heilige und Märtyrer.

Ausgrabungen im Asklepiostempel zu Epidaurus in den Jahren 1883 und 1884 haben von den sechs Tafeln, auf denen die von dem Gott an den im Tempel schlafenden Kranken vollbrachten Wunderkuren berichtet waren, zwei zutage gefördert. Diese Aufzeichnungen sind auf den rohesten Wunderglauben berechnet. Außer Heilungen von Lahmen, Blinden und Stummen ist darunter z. B. auch die Genesung einer Frau nach fünfjähriger Schwangerschaft von einem Knaben, der gleich nach der Geburt sich badete und mit der Mutter umherging. Auch fehlt es nicht an Bekehrungen von Leugnern und Zweiflern sowie an Beispielen der Bestrafung von Frevlern und solchen, die das Honorar nicht bezahlten. Außer diesen aus vorrömischer Zeit stammenden, von den Priestern verfaßten Wundergeschichten, die überall den Gott selber im Traume die Heilung vollziehen lassen, so daß der Kranke genesen das Heiligtum verläßt, ist u. a. auch der Bericht eines gebildeten Mannes aus dem 2. Jahrhundert n. Chr. über seine dort erfolgte Herstellung gefunden worden. Dieser, M. Julius Apellas aus Mylasa in Karien, der viel krank gewesen war und namentlich an mangelhafter Verdauung gelitten hatte, war von dem Gott (im Traume) nach Epidaurus beschieden worden. Auf der Fahrt erhielt er (bei der Insel Ägina) den Rat, sich nicht so viel zu ärgern; dann in dem Heiligtume selbst zahlreiche Verordnungen über die äußerlich und innerlich anzuwendenden Heilmittel, die zu befolgende Diät und die vorzunehmenden heilgymnastischen Übungen (wozu auch Schaukeln gehörte); bei der Anweisung, ohne Hilfe des Badewärters zu baden, unterließ der Gott nicht hinzuzufügen, daß er diesem nichtsdestoweniger ein Trinkgeld von einer Drachme geben solle. Als er den Gott gebeten hatte, ihn schneller abzufertigen, war es ihm, als ginge er mit Senf und Salz am ganzen Körper eingerieben aus dem Heiligtum hinaus, ein kleiner Knabe ging mit einem dampfenden Rauchfasse voran, und der Priester sagte: „Du bist nun hergestellt, mußt aber auch das Honorar bezahlen." Später erfolgte noch eine Verordnung von Anis und Öl gegen Kopfschmerz. Der Kranke hatte aber keinen Kopfschmerz. Doch infolge von zu eifrigem Studieren bekam er Blutandrang nach dem Kopfe und wurde nun durch das verordnete Mittel davon befreit. „Er befahl mir, auch dies aufzuschreiben. Dankbar und gesund reiste ich ab". Ein wesentlicher Unterschied gegenüber den ältern Heilberichten ist in denen der Kaiserzeit der, daß nicht mehr die Heilung selber während des Traumes erfolgt, sondern der Kranke hier nur Anweisungen darüber erhält, welche Mittel er anzuwenden und wie er sich überhaupt zu verhalten habe. Von vier Berichten einer an der Stelle des Äsculaptempels auf der Tiberinsel in Rom gefundenen Tafel über Heilungen durch Traumorakel beziehen sich zwei auf Blinde, zwei auf Brustkranke, die von den Ärzten aufgegeben waren.

Auf göttliche Verordnungen in Träumen beziehen sich offenbar auch manche Danksagungen auf römischen Inschriftsteinen für Wiedererlangung der Gesundheit. In der Nähe von Velleja und Placentia war ein Heiligtum der Minerva, die man „die gedenkende" oder „die Ärztin" Minerva von Cabardiacum nannte, weil sie sich in Krankheiten hilfreich erwies. Sie wurde natürlich besonders von Kranken der nächsten Umgegend angerufen, von deren Votivinschriften und Widmungen mehrere sich noch erhalten haben; eine darunter ist von einem Kohortenpräfekten aus Britannien gesandt, der wahrscheinlich aus jener Gegend gebürtig war. Eine Frau dankt der Göttin, daß sie sie „durch gnädige Gewährung von Arzeneien von einem schweren Gebrechen befreit“ hatte, eine andre bezahlt ihr Gelübde wegen Wiederherstellung ihrer Haare; ein Mann bringt ihr „silberne Ohren“ (für Herstellung von einem Gehörleiden) dar. Dieselbe Göttin hatte einen Tempel in Rom, dessen Lage (in der fünften Region) durch zahlreiche, in einem dazugehörigen unterirdischen Gewölbe gefundene Darstellungen menschlicher Glieder aus Ton (ebenfalls Darbringungen genesener Kranken) festgestellt ist. Ein Sklave der Pontifices zu Rom bringt laut einer in schlechtem Latein abgefaßten Inschrift der „Guten Göttin“ (Bona Dea) das Dankopfer einer weißen Kuh für Herstellung des Augenlichts, „nachdem er von den Ärzten verlassen und nach zehn Monaten durch die Gnade der Herrin mit Arzneien geheilt war“. Außerordentlich groß ist die Zahl der griechischen und lateinischen Inschriften, die von auf Grund eines Traumgesichtes oder der Weisung eines Gottes erfolgten Weihungen Zeugnis ablegen.

Überall, wo der Gläubige eine höhere Einwirkung erkannte, bezog er sie am natürlichsten und unwillkürlich auf d e n Gott, zu dem er von Jugend auf gebetet hatte, dessen Heiligkeit, Ansehen und Ruhm in Stadt und Land am größten war, dessen Macht er schon selbst erfahren zu haben glaubte. So hatte Aristides manche sagen gehört, der Gott Asklepios habe ihnen im Sturm auf der See rettend die Hand gereicht. Und wie Asklepios nicht bloß für alle, die in seinem Tempel Heilung gefunden hatten, sondern auch für die Bewohner der näheren und ferneren Umgegend von Pergamum und seinen übrigen berühmten Kultorten, so war für Ephesus die große Artemis, für Alexandria Sarapis, für Cäsarea Panias in Palästina Pan, für ganz Lycien Leto, für Nordafrika die „Himmlische Göttin“ von Karthago usw., überhaupt für jede Gegend die hauptsächlich dort verehrte Gottheit der natürlichste Helfer in aller Not, mochte er nun groß oder gering sein. Pausanias spricht von einem Tempel des Pan unweit Megalopolis in Arkadien und fügt hinzu: gleich den mächtigsten Göttern vermag auch dieser Pan die Gebete der Menschen zur Vollendung zu führen und den Bösen zu vergelten, wie es ihnen gebührt. In Stratonicea war neben Zeus (Panamaros oder Panemerios) die am höchsten verehrte Gottheit Hekate, die in dem unfern gelegenen Lagina ein berühmtes Mysterienheiligtum besaß. Beide hatten die Stadt von alters her oft aus den größten Gefahren errettet; daher beschloß einmal der Stadtrat nach einer noch vorhandenen Urkunde, daß täglich 30 Knaben aus guten Familien, in weißen Kleidern und mit Oliven bekränzt, beiden Gottheiten im Rathause, wo ihre Bildsäulen standen, unter Kitharabegleitung einen Lobgesang singen sollten. Außer den Göttern wurden (wie bemerkt) in den griechischen Ländern überall Heroen verehrt; jede Gegend hatte vermutlich ihren besondern Beschützer und Nothelfer, dessen Wirksamkeit in dem kleinen Gebiet, auf das sie sich beschränkte, um so erprobter und anerkannter war. Mochten die Ansprüche dieser Heroen auf Verehrung ursprünglich noch zweifelhaft gewesen sein: wenn ihre Kulte einmal Bestand gewonnen hatten, so behaupteten sie sich mit merkwürdiger Zähigkeit; was sich ja auch bei dem des Antinous zeigt. Ob die für Marathon und Rhamnus aus älterer Zeit bezeugte Verehrung eines „Arzt-Heros“ Aristomachus auch in den späteren Jahrhunderten fortgedauert hat, ist unbekannt. Doch dem Skythen Toxaris, der Athen angeblich von einer großen Epidemie befreit hatte, opferte man noch in Lucians Zeit, und sein Grabstein heilte Fieberkranke. Dem T. Quinctius Flamininus ernannte man in Chalcis auf Euböa noch in Plutarchs Zeit einen Priester, brachte ihm Opfer und sang einen ihm zu Ehren gedichteten Lobgesang. Alexander der Große hatte nicht bloß in Alexandria, sondern auch an andern Orten, namentlich in den ionischen Städten Kleinasiens, Tempel und Priester. Noch bis ins 6. Jahrhundert opferten ihm die Bewohner der Oase Augila im Innern von Marmarica, und eine große Zahl von Tempelsklaven war dort seinem Dienste geweiht: erst Justinian bekehrte diese Heiden und erbaute ihnen eine Kirche der heiligen Jungfrau. Dem Olympiasieger Theogenes opferte man in Pausanias Zeit nicht bloß auf Thasus als einem Gotte, sondern auch an andern Orten in griechischen und Barbarenländern wurden seine Bildsäulen verehrt und heilten Krankheiten. Oft heftete sich die Verehrung an eine bestimmte Statue eines Heros, die ihre Wunderkraft bewährt haben sollte. In Alexandria Troas standen mehrere Statuen des Nerullinus, vermutlich eines Wundermannes vom Schlage des Alexander von Abonuteichos und Peregrinus Proteus, mit denen er zusammen genannt wird; von einer dieser Statuen glaubte man dort (im Jahre 177), daß sie Krankheiten heile und Orakel erteile, man opferte ihr, vergoldete und bekränzte sie. Zuweilen beschränkte sich der Glaube an die Wunderkraft eines Standbilds auf die Bewohner eines Hause, in dem es sich befand: kleine Münzen und Silberplättchen, zum Teil mit Wachs an dessen Beine geklebt, waren Dankopfer solcher, die durch seine Hilfe das Fieber verloren hatten; ruchlose Sklaven, welche diese frommen Gaben hatten entwenden wollen, waren auf schreckliche Weise umgekommen.

Der Glaube, der so gar nicht durch Zweifel an fortwährenden übernatürlichen Offenbarungen der göttlichen Macht und Güte beirrt wurde, mußte um so bereiter sein, auch in allen dem nüchternen Sinne natürlich oder zufällig erscheinenden Erlebnissen und Ereignissen die waltende Hand der Vorsehung zu erkennen: denn das eigentliche Wunder war ja auch nur eine von ihren unablässig in Leben und Natur eingreifenden Machtäußerungen, freilich die augenfälligste und überzeugendste, gleichsam ihre durch hundertfältige unmerkliche Übergänge vermittelte Kulmination, und sein Begriff kein fester, seine Anerkennung subjektiv, durch das Gefühl der Gläubigen bedingt, also unendlich verschieden. Von den Göttern, die allein das Wunder wirken konnten, von ihnen allein konnte auch alles Gute kommen, vom kleinsten bis zum größten. Epictet schilt die Akademiker, die wie alles übrige, so auch das Dasein der Götter in Frage stellten: „wahrlich das sind dankbare und ehrfürchtige Menschen, die, wenn nichts andres, täglich ihr Brot essen und doch auszusprechen wagen: wir wissen nicht, ob es eine Demeter, Kore und Pluto (die Götter der Saat) gibt! Um nicht zu sagen, daß sie an Tag und Nacht, am Wechsel der Jahreszeiten, an den Gestirnen, dem Meer, der Erde und dem Bestande der menschlichen Gesellschaft ihren Anteil haben, ohne daß dies alles auf sie nur den geringsten

Eindruck macht, ohne daß sie sich darum kümmern, welche schwere Folgen ihre Zweifel für die Sittlichkeit andrer Menschen haben können".

Allerdings leugneten auch unter den Stoikern manche, wie Seneca, den Nutzen des Gebets, da die Gottheit ihrer Natur nach uns nichts andres als Gutes erweisen könne. Andre, wie Marc Aurel, mahnen, daß man ihr seine Gebete anheimgeben und nur um das wahrhaft Gute bitten solle; ebenso Juvenal: die Götter lieben den Menschen mehr als er sich selbst, sie wissen, wenn wir in unsrer Blindheit um eine Gattin, die Geburt eines Sohnes bitten, welche Folgen die Gewährung unsrer Bitten für uns haben werde; wolle man zu ihnen beten, so sei es um eine gesunde Seele in einem gesunden Leibe. Der jüngere Plinius sagt, die Götter erfreuen sich mehr an der Schuldlosigkeit der Betenden als an wohlgesetzten Gebeten, ihnen ist der gefälliger, der mit reinem Herzen, als der, welcher mit einer wohl eingeübten Litanei in ihre Tempel tritt.

Doch diese Erinnerungen bestätigen nur die Allgemeinheit des Gebets, und wer möchte zweifeln, daß die große Mehrzahl der Gläubigen nicht bloß bei jedem Unternehmen und Anliegen sich an die Götter wandte, sondern auch in regelmäßigen Gebeten ihnen Verehrung und Dankbarkeit bezeigte und sich und andre ihrem Schutz empfahl? Seneca vermochte sogar den Fatumglauben mit dem Glauben an Gebetserhörungen zu vereinigen. Man würde nicht überall die Stimmen der Betenden und Gelübde Tuenden vernehmen, wenn man nicht wüßte, daß die Götter Wohltaten nicht bloß freiwillig, sondern auch auf Bitten gewähren. Sie haben manches so in der Schwebe gelassen, daß es zum Guten ausschlagen kann, wenn Gebet und Gelübde hinzukommen. Wie Juvenal hat auch Persius die törichten Gebete der Menschen zum Gegenstande einer Satire gemacht. Nicht der Bildner, sagt Martial, sondern der Beter zeigt die Götter, wie sie wirklich sind, gnädig und gütig. Plutarch glaubte ausdrücklich erinnern zu müssen, man möge nicht glauben, mit dem Gebet alles getan zu haben, sondern seine Erhörung und die Hilfe der Götter nur dann erwarten, wenn man sich selbst helfe. Wenn die in Jerusalem belagerten Juden am Sabbat unbeweglich blieben, auch als die Römer schon die Leitern zum Sturm ansetzten, so waren sie in die Bande des Aberglaubens geschlagen. Gott ist die Hoffnung des Muts und der Kraft, nicht eine Entschuldigung für die Feigheit. Der Steuermann auf stürmischem Meer fleht freilich um Entrinnen und ruft die rettenden Götter an, aber zugleich stellt er das Steuer, läßt die Rahen herab und zieht die Segel ein.

Könnte irgendein Zweifel darüber entstehen, daß, wie die Gewährung jedes Gutes, so auch die Abwendung jedes Übels, jeder Not und Gefahr, auch in jenen Jahrhunderten fort und fort von den Göttern erbeten und ihnen verdankt wurde, so würde dies schon allein die unübersehbare Menge von Denkmälern und Inschriftsteinen religiösen Inhalts beweisen, die über den ganzen weiten Boden des römischen Reichs zerstreut sind. Sie bezeugen tausendfältig, daß der Glaube an die allgegenwärtige, Welt und Menschenschicksal lenkende Vorsehung der seit dem grauesten Altertum verehrten, sowie der erst in neueren und neuesten Zeiten bekanntgewordenen Götter in den Gemütern der Bevölkerungen fortlebte; daß er Hohen wie Niederen, Hochgebildeten wie Einfältigen in Nöten und Bedrängnissen jeder Art

Trost und Hoffnung gab. Immerhin mag ein Teil dieser Gebete, Gelübde, Danksagungen, Verehrungen und Anbetungen äußerlicher Anbequemung an die Formen des herrschenden Kultus, gedankenloser Gewohnheit, bewußter Heuchelei seinen Ursprung verdanken: in überwiegender Mehrzahl sind diese Steine doch ebenso viele unverdächtige Zeugnisse eines aufrichtigen, naiven und innigen Glaubens. Wenige Beispiele aus ihrer unermeßlichen Fülle werden genügen, um die Natur dieses Glaubens anschaulich zu machen.

Es liegt im Wesen des Polytheismus, daß sich Verehrung, Bitte und Dank in der Regel nicht an die Gesamtheit der göttlichen Mächte wandte, sondern wie im Heiligenkult an einzelne, und die Wahl der einzelnen Götter war, wie gesagt, teils durch deren Machtsphäre und die ihnen vorzugsweise zugeschriebene Wirksamkeit und ihre Gaben, teils durch lokale und individuelle Gründe bedingt. Die letzteren sind selbstverständlich nicht immer mit Sicherheit nachweisbar. Wenn ein Unternehmer von kaiserlichen und Staatsbauten der „heiligen himmlischen Guten Göttin" (Bona Dea) dankt, daß er mit ihrer Hilfe die unterirdische Führung eines Arms der Claudischen Wasserleitung vollendet habe, und seinen Dank durch Herstellung einer alten, zerfallenen Kapelle bezeugt, so ist die „Gute Göttin" hier wohl wie öfters als Beschützerin des Orts oder des Baus gedacht. Wenn auf einem Steine bei Koblenz (spätestens aus der Zeit der Antonine) jemand für Befreiung von schrecklichen Qualen des Körpers und Geistes dem Mars dankt, so ist unter diesem wohl ein keltischer Landesgott zu verstehen.

Daß Dank und Bitte in unzähligen Fällen eher an Landes- und Lokalgottheiten gerichtet wurde als an diejenigen, in deren Machtsphäre die erbetene Wirkung lag, ist selbstverständlich. So wird einmal zu Smyrna der Dank für Herstellung von einer Epidemie nicht an die Heilgötter, sondern an den Flußgott Meles gerichtet. Dem Genius einer Stadt in Numidien stiftete jemand eine Statue oder ein Heiligtum für 8000 Sesterzen an der Stelle, „an welcher er die Hilfe seiner göttlichen Macht gespürt hatte". Nicht bloß die Einheimischen, auch die Fremden verehrten natürlich die Gottheit, in deren Bereich sie verweilten, und empfahlen sich ihrem Schutze. Ein römischer Kaufmann, der mit feinem Tongeschirr nach Britannien handelte, bringt auf der Insel Walcheren der dortigen Göttin Nehalennia „wegen Erhaltung seiner Waren in gutem Zustande" sein Gelübde dar. Ein kaiserlicher Hausbeamter T. Pomponius Victor, der als Prokurator des kaiserlichen Vermögens zu Axima in den Grajischen Alpen (an der Straße von Lemens nach Aosta) stationiert und wahrscheinlich zu häufigen Dienstreisen verpflichtet war, richtet ein zierliches poetisches Dankgebet an den Waldgott Silvanus, dessen Bild in der Höhlung einer heiligen Esche als einer natürlichen Waldkapelle eingeschlossen war:

Weil auf der Reise über Täler und Alpenhöhn
Und durch deines duftenden Hains Bewohnerschaft,
Und während das Recht ich pflege in des Kaisers Dienst,
Du mich mit deiner glückverheißenden Gunst beschützt,
So bringe mich und die Meinen auch nach Rom zurück,
Und laß in deinem Schutz Italiens Flur uns bau'n..
Dann will ich gern dir tausend große Bäume weihn.

Von der Verehrung der nichtrömischen Landesgottheiten in den westlichen und nördlichen Provinzen durch die dort ansässigen oder verkehrenden Römer ist bereits die Rede gewesen. Der von ihnen mit Apollo identifizierte carnische Gott Belenus gewann besondere Bedeutung auch über sein ursprüngliches Verehrungsgebiet hinaus durch ein geschichtliches Ereignis. Als im Jahre 238 der Kaiser Maximinus mit aller Macht die Stadt Aquileja belagerte, wurde der Mut der Verteidiger durch die Zuversicht auf die Hilfe des einheimischen Gottes Belenus aufrechterhalten, und auch die Belagerer sahen oft seine Gestalt über der Stadt in der Luft schweben. Herodian läßt es unentschieden, ob sie ihnen wirklich erschienen war, oder ob diese nur durch die Erdichtung seines wunderbaren Beistands die Schande der Niederlage von sich abwälzen wollten. Doch fügt er hinzu, „der unerwartete Ausgang lasse alles glauben“, und auch eine bewußte Erdichtung beweist die Verbreitung des Glaubens an die sichtbare Hilfe der Götter, ohne den sie sinnlos gewesen wäre.

Auch Reisende und Wanderer beteten im fremden Lande zu den Lokalgöttern und brachten an jeder ihnen geheiligten Stelle ihre Verehrung dar. Fromme Wanderer, sagt Apulejus, verweilten, wo sie auf ihrem Wege einen heiligen Hain antrafen oder einen blumenbekränzten Altar, eine laubumschattete Höhle, eine mit Hörnern von Opfertieren behängte Eiche, eine mit deren Fellen geschmückte Buche, einen eingehegten Hügel, einen mit der Axt zum Bilde behauenen Baumstumpf, einen von Opferspenden dampfenden Rasen, einen mit Wohlgerüchen beträufelten Stein. Wenn der Fremde schon an diesen Stätten eines einfach ländlichen Kults seine Andacht verrichtete, so forderte um so unwiderstehlicher die in großen Naturerscheinungen waltende göttliche Macht zur Anbetung auf. „Dem höchsten besten Juppiter, dem Genius des Orts und dem Rhein“ löste zu Remagen ein römischer Gefreiter sein Gelübde, laut einem im Jahre 190 gesetzten Stein, der nicht der einzige dieser Art ist. Aber überall war man wohl in der Fremde, den Gefahren und Wechselfällen der Reise ausgesetzt, doppelt „der Götter eingedenk“, freilich auch der heimischen. Ein Stein von Urbisaglia hat die Erinnerung eines Geschenks aufbewahrt, das ein kaiserlicher Prokurator T. Flavius Maximus „den Göttern und Göttinnen von Urbssalvia“ aus dem Orient sandte. Dagegen löst in Nemausus (Nîmes) ein aus Berytus gebürtiger Primipilus sein Gelübde dem Gotte seiner Heimat, dem Juppiter von Heliopolis, doch zugleich auch dem Gotte Nemausus. Denn am unmittelbarsten fühlte man sich doch immer zur Verehrung der Götter aufgefordert, denen man nahe war, und daher sind die Inschriften von Reisenden, die sich dem Schutz und der Huld der Landesgottheiten empfehlen, zahlreich. Am überwältigendsten scheinen die uralten, kolossalen Heiligtümer Ägyptens auf den religiösen Sinn der fremden Besucher des Landes gewirkt zu haben, wie die an den meisten Orten zu beiden Seiten des Nils auf Tempeln, Obelisken, Pylonen usw. eingehauenen Inschriften von Reisenden bezeugen. Zu Talmis (Kalabsche) in Nubien bringt im Jahre 84 eine Anzahl von dorthin kommandierten römischen Centurionen und Soldaten dem in dieser Gegend verehrten Sonnengott Mandulis in einer im Vorhofe seines Tempels angebrachten Inschrift ihre Huldigung dar.

Aber auch als Träger einer besonderen Wirksamkeit wurden die Götter antürlich häufig angerufen, weil und insofern sie diese an einem bestimmten Orte ausübten. So z. B. löst in Apulum in Dacien (Karlsburg) ein römischer Veteran sein Gelübde „nach einem Traumgesicht“ zugleich im Namen seiner Frau und Tochter für die Wiederherstellung des Augenlichts „dem Äsculap und der Hygiea und den übrigen Heilgöttern und -göttinnen dieses Orts“. In vielen Fällen war die Wirksamkeit des Gottes eben an ein bestimmtes Lokal gebunden. So richtet sich selbstverständlich der Dank der in einem Bad genesenen Kranken an die Nymphen dieser Quelle; bei vielen Bädern sind Votivtafeln römischer Besucher gefunden worden, zahlreich unter andern auf Ischia für Apollo und die „Nymphen der Nitrumquellen“. Andre Heilquellen, bei denen sich Nympheninschriften gefunden haben, sind z. B. die von Les Fumades (Dep. du Gard), Warasdin-Töplitz, Tüffer bei Cilli, Bagnères de Bigorre, Lopresti haspól u. a. Bei den Quellen der Seine sind zahlreiche steinerne Nachbildungen menschlicher Glieder und andre von geheilten Kranken dargebrachte Votivgaben gefunden worden. Bei den noch heute so genannten Herkulesbädern bei Mehadia in Ungarn richtet sich der Dank an den „heilbringenden Herkules“ als den Gott, der auf seinen Weltwanderungen der Entdecker aller warmen Quellen wurde. Ein Jäger, den die Bäder der Solfatara bei Tivoli von einer Gelenkgeschwulst (der Folge einer Verwundung durch den Zahn eines etruskischen Ebers) befreit hatten, ließ zum Dank dafür, daß er wieder zu Pferde steigen konnte, der Gottheit der Quelle (Lymfa) seine marmorne Reiterstatue aufstellen. Den Nymphen dankte man auch für die Auffindung neuer Quellen, deren Gottheiten dann als die „neuen“ oder „neu entdeckten Nymphen“ verehrt wurden, oder für die Wiederkunft einer versiegten Wasserader. Ein Magistrat von Lambäsis in Numidien weihte einen Altar besonders aus Freude darüber, daß im Jahre seiner Amtsführung die Nymphe „unsere Stadt Lambäsis mit reichlichem Strome getränkt hat“. Eine Inschrift bei Auzia in Mauretanien meldet die Darbringung einer Opfergabe an den Geist eines Bergs, „der die Gewalt der Stürme von unsrer Vaterstadt abhält“. Bei den alten Marmorbrüchen von Martignac in der Nähe der Pyrenäen spricht eine Votivtafel den Dank zweier römischer Unternehmer oder Besitzer, „welche zuerst von dort Säulen von zwanzig Fuß Länge brachen und ausführten“, „dem Silvanus und den Geistern der Nimidischen Berge“ aus. Auch ein in Britannien dienender Reiteroffizier, der sein Gelübde dem Silvanus löste, weil er ihn einen gewaltigen Eber fangen ließ, den viele seiner Vorgänger nicht erlegen konnten, dachte sich den Waldgott doch sicherlich in diesem Walde hausend. Ihm brachten auch Holzsäger und Holzhändler ihre Verehrung dar. Ein Legat der 7. Legion errichtete bei deren Standquartier (Leon im nordwestlichen Spanien) etwa in der Zeit Trajans der Diana einen Tempel, „damit er flüchtige Rehe, Hirsche, borstige Eber und die Nachkommenschaft waldbewohnender Pferde mit dem Wurfspieß zu treffen vermöge“, und brachte ihr von seiner Jagdbeute Eberzähne, Hirschgeweihe und ein Bärenfell dar. Der Göttin von Turobriga danken Inschriften an verschiednen Orten in Spanien für Wiedererlangung der Gesundheit; an dieselbe wendet sich aber auch jemand in Emerita in Lusitanien mit der Bitte, den Dieb von 6 Tuniken, 2 leinenen Überziehmänteln, 1 Hemd usw. zu bestrafen. Dem Gott Nodon (im südwestlichen Britannien) verspricht jemand, der einen Ring verloren hat, im Falle der Wiedererlangung die

Hälfte desselben zum Geschenk. Er fügt einen sehr ungrammatisch gefaßten Satz hinzu: „Wenn unter denen, welche sich jetzt des Rings erfreuen, des Senicianus Name ist, so wolle ihm nicht eher Gesundheit verstatten, als bis er den Ring zu deinem Tempel bringt.“

Wenn die Zahl der Götter, die an bestimmten Orten entweder in allen Fällen oder wenigstens vorzugsweise angerufen wurden, ungemein groß war, weil sie mindestens der Zahl der angeseheneren Kultusorte und -stätten gleich kam, so wurde doch auch andrerseits überall jeder Gott um die Hilfe oder Gabe angefleht, die er nach dem Glauben vor allen andern zu gewähren vermochte. Dies gilt nicht bloß von den großen, sondern auch von den geringeren und geringsten Göttern. Ein Beispiel für die Verehrung auch ganz untergeordneter und momentan wirkender Schutzgeister bietet das Zeugnis Tertullians, daß man immer noch an dem Tage, an dem das Kind zum erstenmal auf dem Boden feststand, der Göttin Statina gedachte. Noch immer schwuren Fuhrleute und Maultiertreiber bei der ursprünglich keltischen, dann aber durch die römischen Kavalleristen weit über die Grenzen Galliens hinaus verbreiteten Pferdegöttin Epona, die ihre kleine Kapelle in einer Nische des Hauptbalkens zu haben pflegte, welcher die Decke des Stalles trug. Dort wurde ihr Bild an Feiertagen mit Rosen und andern Blumen bekränzt; auch Bildwerke, die sie darstellen, für Ställe ausgeführt, sind noch vorhanden. An Orten, wo böse oder erstickende Dünste aus dem Boden aufstiegen, wie bei Benevent, Cremona und anderwärts, betete man zu der Göttin Mefitis, und das Fortbestehen der Verehrung der alten Fiebergöttin ist durch inschriftliche Belege auch für die spätere Kaiserzeit gesichert.

Wie gern aber auch das Volk an den zahllosen dienenden Gottheiten festhalten mochte, weil sie mit ihrer geringen, doch genau bestimmten und darum sehr deutlichen Wirksamkeit einem Teil der Gläubigen näherstanden und ihrem Bedürfnisse, mit der übersinnlichen Welt zu verkehren, mehr entsprachen als die oberen Götter, deren Allmacht und Majestät das menschliche Herz eher in scheuer Entfernung hielt, so blieben doch immer diese als gewaltigste, die Welt regierende, die Vorsehung ganz eigentlich ausübende Mächte die überall am höchsten verehrten, am allgemeinsten angerufenen. Überall betete der Soldat zum Vater Mars, der Schiffer zum Neptun, der Kaufmann und Gewerbetreibende, auch der sorgsame Haushalter zum Merkur, „dem Lenker der Gewinne und Erhalter“, der Handwerker und Künstler zur Minerva, der Landmann zur Ceres, die Weinbauer und Weinhändler zu Bacchus, die Jäger zu Diana und Silvanus, kreißende Frauen zur Diana und Lucina, getrennte Liebende in Griechenland zum Liebesgott: in einem Dialoge Plutarchs erzählt einer der Sprecher, wie seine Eltern bald nach ihrer durch einen Familienzwist lange verzögerten Hochzeit nach Thespiä wallfahrteten, um ihrem beiderseitigen Gelübde gemäß dem Eros zu opfern. Die Götter wurden um so öfter angerufen, je umfassender ihre Machtsphäre und je allgemeiner ihre Verehrung war. Herakles, den unbesiegten Überwinder aller Schrecknisse und Gefahren, rief man im Osten in jeder Bedrängnis zu Wasser und zu Lande, in Seegefahr und Krankheiten an.

Doch die meisten Gebete richteten sich ohne Zweifel überall an den höchsten Gott. Zu ihm betete man als dem Donnerer, dem Blitzeschleuderer, dem Herrn der himmlischen Wetter, des heiteren Himmels: in langer Dürre zogen Prozessionen von Frauen mit bloßen Füßen und aufgelösten Haaren auf eine Höhe und flehten ihn um Wasser an. Auf Bergeshöhen fühlte man sich ihm vor allem nahe, dort huldigte man ihm als dem Juppiter des Vesuv, des Appenninus usw. Auf der Paßhöhe des großen S. Bernhard, dessen Umwohner (die keltischen Veragrer) in Hannibals Zeit den Gott Pöninus verehrten, stand bis ins 11. Jahrhundert zwischen dem (seit 962 dem Hl. Bernhard geweihten) Hospiz und dem See ein Juppitertempel, von welchem der Berg ehemals den Namen Mont-Joux (Mons Jovis) führte. Dort, „wo die Schrecken des Gebirges dem Wandrer in ungleich stärkerem Maße als auf den übrigen Pässen entgegentreten“, sind außer zahlreichen Münzen und andern Weihgaben große Mengen von bronzenen Votivtafeln von Soldaten und andern römischen Reisenden gefunden worden, die dem höchsten gütigsten Juppiter Pöninus ihr Gelübde für glückliche Hin- und Rückreise lösten. Aber nicht die Natur allein lenkte sein allmächtiger Wille; er war zugleich der „Lenker der göttlichen und menschlichen Dinge und Herr der Geschicke“, und als solcher Schützer, Erhalter, Sieger, Schlachtengott und Friedensbringer, überhaupt Vollender jedes Beginnens, Helfer in jeder Not und Gefahr. Es gab kein großes oder kleines, öffentliches oder privates Anliegen, das ihm nicht anbefohlen, kein Ereignis, in dem nicht die Offenbarung seiner Allmacht erkannt werden konnte. Ein hoher Beamter von senatorischem Stande löst in Campanien dem Juppiter sein Gelübde, „weil er an diesem Orte eine dringende Gefahr bestanden und seine Gesundheit wieder erlangt hat“; ein Verwalter des vornehmen Hauses der Roscier als dem Erhalter der Besitzungen dieser Familie (in der Gegend von Brescia). In Apollonia in Phrygien weihte ihm ein Galater einen Altar, an dem sich zwei Ochsen in Relief befanden, zum Dank dafür, daß der Gott Menschen und Vieh in einer Hungersnot am Leben erhalten, dem Darbringer in sein Vaterland zurückgeleitet, seinem Sohne bei den Trokmern Ansehen verliehen hatte. Ein Bewohner von Apulum (Karlsburg) löste ihm sein Gelübde „für sein und der Seinigen Heil“, weil er durch ihn aus der Gewalt der Karper befreit worden war, der im 3. Jahrhundert häufig in Dacien einfielen. In der umbrischen Stadt Tuder hatte einst „ein verruchter Sklav der Kommune“ „mit abscheulicher Arglist“ eine Tafel mit den Namen sämtlicher Dekurionen (Stadträte) in einem Grabe vergraben, um dieselben so den Mächten der Unterwelt zu weihen. Aber der höchste Gott hat durch seine Macht das Verbrechen an den Tag gebracht, den Täter der Strafe überliefert und Stadt und Bürgerschaft von der Angst vor den drohenden Gefahren befreit. Darum löste ein von der Stadt besonders ausgezeichneter Freigelassener sein Gelübde für das Wohl der Stadt, des Stadtrats und des Volks von Tuder „dem höchsten besten Juppiter, dem Bewacher und Erhalter“.

Diese römischen Inschriftsteinen entnommenen Beispiele zu häufen würde überflüssig sein; die gewählten werden genügen, um die Natur des Glaubens an eine durch die Gottheit geübte Vorsehung anschaulich zu machen; ihre Masse, Mannigfaltigkeit und Verbreitung über alle Teile der römischen Welt läßt eine im großen und ganzen entsprechende Verbreitung des Glaubens annehmen, den sie bezeugen: wenn auch immerhin ein Teil dieser Denkmäler von Ungläubigen oder Indifferenten herrühren mag, welche die Erhaltung der herrschenden Kultusformen durch ihre Anerkennung unterstützen oder sich nicht zu ihr in Widerspruch setzen wollten. Eine solche Anbequemung und Nachgiebigkeit konnte aber nur gegenüber einen Glauben stattfinden, dessen Herrschaft unbestritten war. Auch gibt es gegen die Tatsache dieser Herrschaft kein einziges Zeugnis wohl aber manche unverwerfliche, die sie ausdrücklich bestätigen. Allerdings ist wegen der großen Verbreitung des Epikureismus glaublich, daß die Zahl der Leugner der Vorsehung an sich beträchtlich war; aber das Verhältnis dieser Ungläubigen zu den Gläubigen auch nur annähernd zu bestimmen, war selbst für den sorgfältigsten und weitblickendsten Beobachter in jener Zeit ebenso unmöglich wie in irgendeiner andern, und die unbestimmten Ausdrücke der Schriftsteller, die über die religiösen Zustände der Mitwelt sich im allgemeinen äußern, sagen uns nichts, was wir nicht ohnedies schon wüßten. Wenn Plinius sagt, daß ein Teil der Menschen keine Rücksicht auf die Götter nehme, daß der blinde Zufall als Gottheit verehrt werde; und Juvenal, daß nach manchen alles vom Zufall abhänge, kein Lenker, sondern die Natur den Gang der Weltordnung regele; oder der Jude Philo, daß nach dem Glauben vieler alles in der Welt sich ohne höhere Leitung aus eigner Kraft bewege und Gesetze und Sitten, Rechte und Pflichten der Menschen einzig und allein der menschliche Verstand festgesetzt habe: so sind dies nur ungenaue Umschreibungen der Epikureischen Lehre, die auch Tacitus, als die Ansicht, daß in den menschlichen Dingen der Zufall walte, dem stoischen Vorsehungsglauben entgegenstellt. Der Glaube an ein unabänderliches Fatum, dessen weite Verbreitung er sowohl als Plinius bezeugt, schließt den Vorsehungsglauben keineswegs aus, wie denn auch bekanntlich die stoische Schule den einen mit dem andern zu vereinigen wußte. Auch bei Plutarch, der in einer eignen Schrift Aberglauben und Unglauben als die entgegengesetzten Abirrungen von der wahren Frömmigkeit behandelt hat, sind unter den Atheisten hauptsächlich Epikureer zu verstehen; eine Andeutung über das Verhältnis ihrer Zahl zu der der Gläubigen gibt er nicht; doch wenn er, dessen religiöse Richtung dem Aberglauben so nah verwandt war, trotzdem den Atheismus für den minder schädlichen Irrtum erklärt, so kann man kaum glauben, daß er von seinem Umsichgreifen eine Gefahr für die Religion befürchtete: hätte sich die materialistische Weltanschauung in einer Besorgnis erregenden und das fromme Gefühl beleidigenden Weise breitgemacht, so würde Plutarch sie schwerlich als eine natürliche Reaktion gegen das Übermaß der Superstition anerkannt und so milde beurteilt haben.

Daß der Glaube an die Götter allgemein, der Gottesleugner sehr wenige waren, sagt nicht bloß Maximus von Tyrus, sondern auch Apulejus: „Die in die Philosophie uneingeweihte Masse der Unwissenden, der Heiligkeit ledig, der wahren Erkenntnis bar, arm an Frömmigkeit, unteilhaftig der Wahrheit, mißachtet die Götter teils durch überängstliche Verehrung, teils durch trotzige Verschmähung, jene im Aberglauben, diese im Unglauben, jene voll Furcht, diese voll Selbstgenügsamkeit. Denn diese Gesamtheit der hoch im Äther wohnenden, von menschlicher Berührung abgeschiedenen Götter verehren, doch nicht in gebührender Weise, die meisten: es fürchten sie alle, doch aus Unkenntnis; es leugnen sie wenige, doch aus Gottlosigkeit.“ Hiernach erschien also mindestens damals die Zahl der Atheisten und Materialisten, wenn auch an und für sich nicht gering, doch der Masse der Gläubigen gegenüber als eine kleine Minorität: und diese Ansicht bestätigt im wesentlichen Lucian, dessen Zeugnis um so schwerer ins Gewicht fällt, als er ohne Zweifel sehr viel lieber die entgegengesetzte Wahrnehmung konstatiert hätte. Er läßt die um ihre fernere Verehrung besorgten Götter eine öffentliche Disputation zwischen einem Epikureer als Leugner und einem Stoiker als Verteidiger des Vorsehungsglaubens anhören, wobei der letztere eine schimpfliche Niederlage erleidet. „Aber“, sagt Hermes, „was ist denn dabei für ein großes Übel, wenn nur wenige mit dieser Überzeugung nach Hause gehen? Denn groß ist die Zahl derer, welche die entgegengesetzte Ansicht haben, die Mehrzahl der Hellenen, die große Masse, und alle Barbaren.“

Wie viele Erweiterungen auch die antike Götterwelt durch die massenhafte Aufnahme orientalischer und barbarischer Gottheiten erfahren hatte, so war doch im Verhältnis der Gläubigen zur Gottheit keine Veränderung eingetreten. Für die menschliche Schwäche und Hilflosigkeit, die nach Plinius' richtigem Ausdruck die Gottheit nicht anders als durch Auflösung in unzählige Einzelwesen begreifen konnte, war durch Vermehrung und Vermannigfaltigung der göttlichen Personen der Verkehr mit der höheren Welt eher erleichtert als erschwert. Nicht bloß der Glaube an eine durch die Götter geübte Vorsehung blieb der ungeheuren Mehrzahl der Menschen unentbehrlich, sondern das Glaubensbedürfnis dieser Mehrzahl forderte und schuf unaufhörlich das Wunder, und es waren nicht allein die Weiber und die große Menge, wie der aufgeklärte Strabo meinte, die der „Legenden und Wundergeschichten“ bedurften. Aber auch daß, so weit sich die römisch-griechische Kultur erstreckte, die aus der Verschmelzung der beiden Religionen hervorgegangene Götterwelt trotz des Ansehens der neuen Götter im großen und ganzen die Herrschaft behauptete und trotz aller Mischungen sich in den Gemütern der Menschen immer von neuem herstellte: auch das wird sich hoffentlich aus der bisherigen Darstellung ergeben haben.

Zum Schluß ist hier noch der Kultus in Betracht zu ziehen, dessen Wirkung auf unaufhörliche Kräftigung und Neubelebung des Glaubens sehr hoch angeschlagen werden muß. Selbst eine völlige Überschwemmung des Occidents durch die Religionen des Ostens hätte den Glauben an die alten Götter nicht zu entwurzeln vermocht, solange überall ihre Kulte in den überlieferten Formen fortdauerten, die mit dem ganzen öffentlichen und Privatleben im innigsten Zusammenhange standen, allen bedeutenden Momenten des einen wie des andern Weihe und Verklärung gaben und Sinn, Gemüt und Phantasie aufs mannigfachste fort und fort in Anspruch nahmen und fesselten. Solange überall die Tempel, „mehr erhaben durch die persönliche Gegenwart der sie bewohnenden Gottheiten als reich an

Schmuckstücken der Gottesdienstes und Geschenken", die Beter einluden; solange sehr zahlreiche Feiertage, Festlichkeiten und religiöse Zeremonien aller Art, wie Opfer, Prozessionen, Bittgänge, Schauspiele, an die Macht, Größe und Herrlichkeit der Götter sowie an ihr Verhältnis zu den Menschen fortwährend aufs eindringlichste erinnerten: so lange konnte der Glaube der Menschen unmöglich von den Bahnen weichen, die ihm die ehrwürdige Überlieferung so vieler Jahrhunderte vorzeichnete, und die unzählige Generationen als die zur Wahrheit führenden erprobt hatten.

Nicht bloß die Fortdauer aller angeseheneren römischen und griechischen Gottesdienste bis in das späte Altertum ist eine unbestrittene Tatsache, sondern auch die Erhaltung obskurer und lokaler Kulte sowie unverständlich gewordener religiöser Zeremonien, Gebräuche und Formen durch zahlreiche Nachrichten für so verschiedne Länder bezeugt, daß bei einer so ungemein zähen Lebenskraft der religiösen Überlieferung eine große und wesentliche Verminderung ihres Bestandes im Laufe der Jahrhunderte überhaupt als unannehmbar erscheint.

Das römische Ritual hat sich mindestens zum großen Teil bis in die letzten Zeiten des Altertums in Formen erhalten, die einer jenseits der Anfänge der römischen Geschichte liegenden Zeit ihren Ursprung verdanken und auf jenen urältesten Anschauungen der Götterwelt beruhen, die in Latium lange vor der Überflutung der römischen Religion durch die griechische geherrscht hatten. Die liturgischen Gesänge, auch den Priestern selbst, die sie Jahr für Jahr vorschriftsmäßig absangen, zum Teil unverständlich, enthielten die Anrufungen der Götter mit den längst verschollenen Namen, mit denen die ältesten Ansiedler der Hügel am Tiberufer sie genannt hatten, und jahraus, jahrein wurde ein ebenfalls aus grauer Vorzeit stammendes gottesdienstliches Zeremoniell mit derselben peinlichen Genauigkeit von den Priestern vollzogen. Die Stationslokale für die Prozession der Salischen Priester, in welchen die heiligen Schilde *(ancilia)* über Nacht aufbewahrt wurden, sind noch in der letzten Zeit des Heidentums restauriert worden. Der 354 nach offiziellen Quellen zusammengestellte Kalender des Philocalus führt noch eine nicht geringe Anzahl der angeblich von König Numa gestifteten, d. h. in eine unvordenkliche Zeit zurückreichenden religiösen Feste als damals in Rom gefeierte Staatsfeste auf, die auch selbst aus dem ein Jahrhundert jüngeren (448 aufgestellten) Kalender des Polemius Silvius noch nicht völlig verschwunden sind. Es waren gerade die ältesten Kulte, die noch fortdauerten, „als längst die geistigeren Gottesdienste der historischen Zeit der Religion des Kreuzes zum Opfer gefallen waren": so der Umzug zu den 24 Kapellen der Argeer (Binsen- oder Strohpuppen) am 16. und 17. März, das Hinabstürzen derselben in den Tiber am 14. Mai und das am 15. Oktober auf dem Marsfelde vollzogene Opfer eines mit Broten bekränzten Pferds (des Oktoberrosses), um dessen Haupt als um ein Heiltum zwei der ältesten Stadtteile Roms sich stritten. Das ebenfalls aus uralter Zeit stammende Fest der Luperkalien bestand noch im Jahre 494, in welchem Papst Gelasius I. gegen seine Begehung aufs kräftigste Einspruch erhob.

Doch am deutlichsten ergibt sich die unveränderte Fortdauer tausendjähriger, wie in Versteinerung erhaltener Kultusformen aus den Protokollen der Ackerbrüder *(fratres Arvales)*, den einzigen einer geistlichen Genossenschaft, die sich erhalten haben. Diese Brüderschaft, in der Kaiserzeit regelmäßig aus Männern des höchsten Adels und den Kaisern selbst bestehend, feierte im Mai „der göttlichen Göttin" *(Dea Dia* — eine uralte Benennung der mütterlichen Erdgöttin, der Spenderin des Fruchtsegens) ein dreitägiges Fest für das Gedeihen der jungen, sprossenden Saaten, in ihrem Haine mit uralten, von der Axt nie berührten Bäumen, der fünf Miglien von Rom an der „Felderstraße" lag. Jeder Gebrauch einer eisernen Axt in diesem Hain, wenn ein Baum durch Sturm oder Alter brach, überhaupt jeder Gebrauch eines eisernen Gerätes erforderte ein Sühnopfer: das Verbot des Eisens beim Gottesdienst ist aus der Unbekanntschaft der Zeit, aus welcher die Ritualgesetze stammen, mit diesem Metall zu erklären. Zu den Feierlichkeiten des zweiten Festtags gehörte, daß die Priester bei verschlossenen Türen im Tempel gewisse Töpfe berührten und mit frommem Gebet besprachen. Die neuesten Ausgrabungen im Arvalenhain haben Scherben von Gefäßen rohester Fabrik, ohne Drehscheibe aus freier Hand gefertigt, zutage gefördert, wie sie sonst in Latium nur unter dem Peperin (d. h. der Lava der in vorgeschichtlicher Zeit erloschenen Vulkane) des Albanergebirges vorkommen. „Offenbar waren dies die Breitöpfe aus jener Zeit, wo man das Korn noch nicht zum Brote buk, sondern als Brei stampfte." In einer späteren Stunde desselben Tages gürteten die Priester, nachdem alle nicht zum Kollegium gehörigen Personen den Tempel verlassen hatten, in den heiligen Raum eingeschlossen, ihr Gewand zum Tanze und sangen oder sagten nur ein Gebet an den Mars und die Laren oder Lasen um Abwendung des Verderbens „in einem Latein, welches bereits 400 Jahre vor Cicero eine veraltete Sprache gewesen sein muß", ihnen selbst „so unverständlich wie das Kyrie eleison dem Meßner, weshalb auch jedem Priester vorher sein Textbuch von den Dienern überreicht ward". Der Text dieser Litanei, in einem im Jahre 218 unter Kaiser Elagabal abgefaßten Protokoll erhalten, ist das älteste Dokument der lateinischen Sprache, das wir kennen. Ein Jahrtausend mochte damals vergangen sein, seit die Ackerbrüder zum erstenmal die Dea Dia mit diesem Gebet angerufen hatten. In diesem Jahrtausend hatten die ungeheuersten Umwälzungen die Gestalt der bewohnten Erde völlig verwandelt. Die Tiberstadt war aus einem Bauerndorf zum Mittelpunkt eines Weltreichs geworden, ihr Morgen und Mittag war vergangen, ihr Abend dämmerte herauf. Auf dem Throne, den Augustus errichtet hatte, saß ein Sonnenpriester aus dem so oft gedemütigten und so tief verachteten Syrien. Und noch immer tönte das alte Lied, dessen Worten schon die Könige Roms mit Andacht gelauscht hatten:

> Uns, Lasen, helfet!
> Nicht Sterben und Verderben, Mars, Mars, laß einstürmen auf mehrere!
> Satt sei, grauser Mars!

Mit derselben, allen zerstörenden Einflüssen trotzenden Zähigkeit erhielten sich auch im übrigen Italien uralte Lokalkulte: so in Oberitalien keltische und rätische, in Toscana etruskische, wie namentlich der der Schicksalsgöttin Nortia in Volsinii (Bolsena). Juvenal spricht von der

Nortia als der Schutzgottheit des von dort stammenden Sejan, und noch im 4. Jahrhundert nennt sich der Volsinier Rufius Festus Avienus (Prokonsul von Achaja, auch als Dichter bekannt) einen Verehrer der Nortia. So hielten auch andre aus den Städten Italiens nach Rom übergesiedelte Familien an ihren heimschen Kulten fest, wie die Turpilier an dem der Feronia, die hauptsächlich am Soracte und bei Terracina, doch auch an vielen Orten des übrigen Italiens verehrt wurde. Die Göttin Vacuna, neben deren in der Nähe seines sabinischen Landguts gelegenem, verfallenem Tempel Horaz die Epistel an seinen Freund Aristius Fuscus diktierte, wurde im Sabinerlande an vielen Orten verehrt; ihr angesehenstes Heiligtum war ein Hain in der Ebene von Rieti in der Nähe der Einmündung des Velino in den Veliner See. Dagegen erstreckte sich das Ansehen andrer Lokalgottheiten, wie Tertullian spottet, gleich dem der Ratsherren kleiner Städte, nicht über deren Weichbilder hinaus: so war der Kultus des Delventinus auf Casinum, des Numiternus auf Atina, des Visidianus auf Narnia, der Ancharia auf Asculum, der Valentia auf Ocriculum, der Hostia auf Sutrium beschränkt. Einen Tempel der an der Küste von Picenum verehrten Göttin Cupra in der gleichnamigen Stadt erneuerte noch Hadrian. Auch sehr eigentümliche Feste, bei welchen Wallfahrer und Schaulustige von allen Seiten zusammenströmten, und seltsame Gebräuche bestanden an verschiedenen Orten fort. Noch in Marc Aurels Zeit fiel das Priestertum der Diana von Nemi dem zu, der, nachdem er von einem bestimmten Baume ihres Hains einen Zweig abgebrochen, den derzeitigen Inhaber der Stelle im Zweikampfe erschlug; die Bewerber um diesen blutigen Preis waren damals flüchtige Sklaven.

Die erstaunliche Menge und Mannigfaltigkeit der in Griechenland fortbestehenden, großenteils ebenfalls aus einem fernen Altertume stammenden, oft seltsamen, selbst rohen, blutigen und entsetzlichen Lokalkulte lernen wir hauptsächlich aus Plutarch, Pausanias und inschriftlichen Denkmälern kennen. Eine Anzahl von charakteristischen Beispielen wird hinreichen zu zeigen, sowohl wie überreich, bunt und vielgestaltig die Fülle der griechischen Gottesdienste noch immer war, als auch mit wie staunenswerter Zähigkeit auch hier im Kultus uralte Traditionen sich behaupteten. In Paträ feierte man jährlich das Fest der Artemis Laphria folgendermaßen. Um den sehr großen Opferaltar wurden im Kreise grüne Baumstämme von je 16 Ellen Länge aufgepflanzt, inwendig das trockenste Holz gehäuft und ein bequemer Aufgang am Altar durch aufgeschüttete Erde hergestellt. Am ersten Tage fand eine prachtvolle Prozession statt, deren Beschluß die jungfräuliche Priesterin der Artemis auf einem von Hirschen gezogenen Wagen machte. Am zweiten Tage war das Opfer, zu dem sowohl die Stadtgemeinde als die einzelnen wetteifernd beisteuerten. Alle Opfertiere wurden lebendig auf den Altar geworfen, worunter eßbare Vögel, Wildschweine, Hirsche, Rehe, junge und ausgewachsene Wölfe und Bären, hierauf das Feuer angezündet. Man sah dann wohl einen Bären oder ein andres Tier sich losreißen und ausbrechen, worauf es wieder zurückgeschleppt wurde, doch nie war ein Mensch von einem Tier beschädigt worden. In derselben Stadt wurde ein Bild des Dionysos, mit dem Beinamen „der Volksrichter", in einem Schreine verehrt, der nach der Legende bei der Eroberung Trojas von dort fortgeführt worden war. Neun vom Volke aus den Angesehenen gewählte Männer und ebenso viele Frauen besorgten seinen Dienst. In einer bestimmten Nacht während des dem Gotte geheiligten Festes trug der Priester den Schrein aus dem Tempel heraus. Dann gingen alle Kinder aus der Stadt mit Ährenkränzen an den Fluß Meilichos: so waren nach der Legende die in alter Zeit der Artemis geopferten Kinder bekränzt worden. Die Kränze legten sie bei der Artemis nieder, badeten im Flusse, setzten Efeukränze auf und gingen so zum Tempel des Dionysos. In der Nähe des Flusses Krathis bei der achäischen Küstenstadt Aegae war ein Heiligtum der „breitbrüstigen Erdgöttin" mit einem uralten Holzbilde. Die Priesterinnen mußten keusch leben, und zugelassen wurden nur solche, die bis dahin nur einen Mann gekannt hatten. Die Wahrheit ihrer Aussage wurde durch einen Trunk von Ochsenblut erprobt, und die, welche die Probe nicht bestanden, sogleich bestraft, unter mehreren gleichberechtigten Bewerberinnen entschied das Los. Das Bild der Artemis Orthia zu Sparta war nach der auch von Pausanias geglaubten Sage dasselbe, das Orest aus dem taurischen Tempel entführt hatte; noch immer forderte die Göttin eine Bespritzung ihres Altars mit Menschenblut, daher wurden noch immer Jünglinge an ihrem Altar blutig gegeißelt. Die Priesterin hielt das kleine Holzbild der Göttin im Arm; wenn die Geißelnden einen Knaben wegen seiner Schönheit oder seines Standes schonten, wurde es ihr so schwer, daß sie es nicht tragen konnte: Plutarch sagt, man habe auch in seiner Zeit viele unter den Hieben sterben gesehen; diejenigen, welche sich durch Standhaftigkeit vor den andern auszeichneten, führten lebenslänglich den Titel „Altarsieger". Zu Alea in Arkadien wurden bei einem Fest des Dionysos nach einem Spruch des delphischen Orakels Frauen gegeißelt. In Orchomenos in Böotien verfolgte alljährlich an dem Feste der Agrionien der Priester des Dionysos die angeblich von den fluchbeladenen Minyastöchtern stammenden Frauen mit dem Schwert in der Hand; die Frau, die er einholte, durfte er töten, und dies hatte zu Plutarchs Zeiten der Priester Zoilos wirklich getan. Aber für diese fromme Wut traf der Zorn der Götter nicht bloß ihn selbst, der an einer scheußlichen Krankheit starb, sondern auch die Stadt Orchomenos, die in Verlust und Nachteil geriet: die Orchomenier nahmen dem Geschlechte des Zoilos das Priestertum und verliehen es fortan durch Wahl. Auf Cypern waren nach Lactantius dem Zeus Menschenopfer gebracht worden, bis Hadrian sie verbot; doch noch unter Marc Aurel glaubte man, daß sie dem Zeus Lykaios in Arkadien im geheimen gebracht würden, und auch in Rhodus soll Kronos alljährlich ein solches Opfer empfangen haben, wozu man (wie angeblich bei dem Fest des Juppiter Latiaris in Rom) einen todeswürdigen Verbrecher nahm. Zu Aliphera in Arkadien wurde vor andern Gottheiten Athene verehrt, die nach der Ortslegende dort von Zeus geboren und auferzogen war; vor dem großen Feste, das ihr jährlich gefeiert wurde, opferten die Bewohner dem Heros Myiagros, d. i. Fliegenscheucher, und beteten zu ihm, und wurden dann während des Festes nicht von den Fliegen belästigt. In dem unfern von Sikyon gelegenen Titane war ein von Kranken viel besuchter Asklepiostempel; innerhalb der Mauer des Tempelbezirks standen alte Zypressen. Von dem Bilde sah man nur Kopf, Hände und

Füße, im übrigen war es mit einem wollnen Leibrock und Mantel bekleidet; eine danebenstehende Statue der Hygiea war über und über mit Haaren bedeckt, welche die Frauen zu Ehren der Göttin sich abschoren, und mit Streifen babylonischer Teppiche. In der Nähe war ein Altar der Winde, denen der Priester jährlich in einer Nacht opferte, wobei er auch in vier Gruben geheime Opfer warf, um das Toben der Winde zu mildern, wozu er Beschwörungslieder, wie man sagte, von der alten Zauberin Medea sang. Bei Trözen war in der Nähe des Musentempels ein Altar des Schlafs, dem man mit den Musen zusammen opferte, da, wie sie dort sagten, dieser Gott den Musen der liebste sei. Hauptsächlich aber verehrte man zu Trözen Hippolyt, den Sohn des Theseus, in einem glänzenden Tempelbezirk. Die Trözenier leugneten, daß er von Pferden geschleift worden und so gestorben sei, vielmehr sei er zum Himmel aufgefahren und dort im Sternbilde des Wagenlenkers sichtbar. Sein Priester verwaltete das Amt lebenslänglich, jährlich wurde ihm ein Fest gefeiert, und außerdem schnitt jede Jungfrau ihm zu Ehren sich vor der Hochzeit eine Locke ab und legte sie in seinem Tempel nieder. Bei den Dionysosfesten dauerten die äußeren Zeichen der Verzücktheit, das Rohessen, das Würgen und Zerreißen von Schlangen durch die Bacchen fort.

Aus allem also, was wir über die religiösen Zustände Griechenlands bis zum Ende des 2. Jahrhunderts und zum Teil noch aus späterer Zeit wissen, gewinnt man, wie gesagt, den Eindruck, daß der alte Bestand der einheimischen Kulte durch die neu eingedrungenen ausländischen eine irgend wesentliche Einbuße oder Veränderung ebensowenig erlitten hatte wie in früherer Zeit durch die des Adonis, der asiatischen Göttermutter und des Ammon. Und doch waren auf dem griechischen Festlande wie auf den Inseln die (wenigstens zum Teil schon im 4. Jahrhundert v. Chr. eingeführten) Dienste der ägyptischen Gottheiten Isis, Osiris und Sarapis ungemein verbreitet und hochangesehen. Zu diesen hatten sich auf Delos bereits seit dem zweiten Jahrhundert v. Chr. die der phönizischen Aphrodite und der syrischen (dort als Sonnengott und Erdgöttin gepaarten) Gottheiten Hadad und Atargatis gesellt; selbst von dem im allgemeinen von Griechenland und Kleinasien ferngehaltenen Mithrasdienste lassen sich vereinzelte Spuren in Athen, Thespiae und Thera nachweisen; und Lucians Spöttereien über die Mischung der Göttergesellschaft lassen voraussetzen, daß noch manche andre Götter des Orients in Griechenland Verehrung gefunden hatten. Jener in Athen stattfindenden Disputation über die Vorsehung wohnen Bendis, Anubis, Mithras u. a. bei. Mindestens in vielbesuchten Häfen wie Korinth und Rhodus werden die fremden Götterdienste zahlreich gewesen sein, während allerdings in dem verödeten und vom Weltverkehr wenig berührten Innern des Landes die alten Kulte eine mehr oder minder ausschließliche Herrschaft behauptet haben mögen.

Nicht minder gewiß als die Fortdauer zahlloser alter römisch-italischer und griechischer Kulte in den Zeiten der Theokrasie ist, daß überall die regelmäßige Beteiligung am Gottesdienste eine so allgemeine war, daß die gänzliche Unterlassung der üblichen heiligen Gebräuche Anstoß erregte oder doch als Ausnahme auffiel. Gegen den Philosophen Demonax in

Athen erhoben sich sogar Ankläger, weil man ihn niemals opfern sah und er allein von allen nicht in die Eleusinischen Mysterien eingeweiht war: doch verstand er den ihm in der Volksversammlung drohenden Sturm (manche hatten bereits Steine gegen ihn in den Händen) zu beschwichtigen. Der Ankläger des Apulejus, Sicinius Ämilianus, hatte zu Öa wegen seiner ihn offenbar auszeichnenden Irreligiosität den Beinamen des aus Vergil bekannten „Verächters der Götter" Mezentius erhalten. Niemals hatte er zu einem Gotte gebetet, nie einen Tempel besucht; ging er an einem Heiligtume vorüber, so dachte er nicht daran, durch eine Kußhand seine Verehrung zu bezeigen. Selbst den Göttern des Lands, die ihn kleiden und nähren, sagt Apulejus, gibt er keinen Teil der Ernte oder die Erstlinge der Herde ab; auf seinem Gut ist kein Heiligtum, kein geweihter Ort oder Hain. Ja die, welche dort gewesen sind, sagen, daß auf seinem Gebiet nicht einmal ein Stein mit Wohlgerüchen beträufelt oder ein Baumast bekränzt ist. Bei seiner Übersiedlung nach Spanien empfahl Martial einem Marius, dem er sein Gütchen bei Nomentum überließ, die auf demselben befindlichen Heiligtümer: die den Faunen geweihten Pinien und Steineichen, die von der wenig geübten Hand des Verwalters errichteten Altäre des Juppiter und Silvanus („die oft das Blut eines Lamms oder Bocks färbte"); ferner Kapellen oder Tempel der Diana und des Mars und einen Lorbeerhain der Flora. Marius möge bei seinen Opfern stets auch Martial der Gunst der Götter empfehlen und sie bitten, beiden zu gewähren, was der eine wünschen werde. Bei der ungeheuren Mehrzahl übte die Gewöhnung an die gottesdienstlichen Gebräuche ihren unwiderstehlichen Einfluß von Jugend auf. Schon im zartesten Alter, sagt Prudentius (zu Ende des 4. Jahrhunderts), kosteten die Kinder vom Opfermahl, sahen sie die schwarzgeräucherten Bilder der Laren mit Wohlgerüchen beträufeln, die Mutter angstvoll vor der Statue der Schicksalsgöttin mit dem Füllhorn beten, küßten, noch auf dem Arm der Amme, die Götterbilder und richteten kindische Gebete an sie.

Namentlich die Allgemeinheit der Opfer bei allen freudigen Ereignissen ist durch zahlreiche Angaben und Äußerungen bezeugt, und zwar für alle Stände. Persius spottet über Gutsbesitzer, die zu Merkur um Vermehrung ihres Viehstands beten und diesen gleichzeitig durch zahlreiche Opfer junger Kühe vermindern. Bei jeder Beförderung eines Senators zum konsularischen Range „rauchte der Vorplatz des Palastes vom Blut junger Stiere". Einem Senator Rufus entschlüpfte im Rausch während einer Abwesenheit des Augustus von Rom der Scherz, sämtliche Stiere und Kälber wünschten, daß der Kaiser nicht glücklich zurückkehren möchte. Ein ähnlicher Scherz über die Wünsche der weißen Rinder während der Feldzüge Marc Aurels ist bereits erwähnt worden. Juvenal opferte für die glückliche Errettung seines Freundes Catullus aus Seegefahr den drei kapitolinischen Gottheiten zwei Lämmer und ein junges Rind; wäre er reich, sagte er, so würde er statt des letzteren einen gemästeten Stier von edler Rasse darbringen. Die für den Eintritt in die Tempel, das Darbringen des Opfers, das Einwerfen der Gabe in den Opferkasten *(thesaurus)* von den Gläubigen gezahlten Gebühren machten die Priestertümer oft sehr gewinnreich, daher sie in bestimmten Gegenden (besonders in Kleinasien und auf den griechischen Inseln) von Staats und Gemeinde wegen verpachtet, teilweise sogar versteigert wurden; in Ägypten geschah es für Rechnung der Kaiser als Nachfolger der Ptolemäer. Aus Rom besitzen wir noch einen Tarif von Opfersporteln. Das Umsichgreifen des Christentums in der Provinz Pontus machte sich, wie Plinius in seinem bekannten Schreiben an Trajan im Jahre 112 berichtet, dadurch bemerkbar, daß (zunächst wohl in der Stadt Amastris und den benachbarten Orten) die Tempel fast leer standen, die Feier der heiligen Feste unterblieb und die Nachfrage nach Opfertieren fast ganz aufhörte: doch besserte sich dieser für Plinius ebenso auffallende wie besorgniserregende Zustand infolge seines Einschreitens gegen die Christen. Wie ungeheuer der Verbrauch von Opfertieren im römischen Reiche war, mag man versuchen, sich nach der Angabe Suetons vorzustellen, daß infolge der allgemeinen Freude über Caligulas Regierungsantritt in nicht vollen drei Monaten (selbstverständlich in Rom allein) deren über 160.000 geschlachtet wurden. Noch in der Zeit des Prudentius erscholl an Festtagen die heilige Straße vom Gebrüll der (zum Opfer auf das Kapitol geführten) Stiere.

Daß aber die Frömmigkeit der Gläubigen sich auch fort und fort durch Erbauung und Instandhaltung von Tempeln und deren Ausschmückung mit Götterbildern, Gaben, Widmungen und Stiftungen aller Art aufs eifrigste betätigte, ergibt sich namentlich aus den bezüglichen, so äußerst zahlreich erhaltenen Inschriftsteinen. Selbst in der Zeit, die man als die Periode des tiefsten Verfalls der Religion zu betrachten pflegt, schrieb Lucrez: noch immer sei den Gemütern der Menschen jene Furcht eingepflanzt, die den Glauben und die Verehrung der Götter ins Leben gerufen habe; sie lasse auf dem ganzen Erdkreis neue Göttertempel entstehen und fülle sie an Festtagen mit zahlreichen Besuchern. Daß in einer Zeit unausgesetzter, furchtbarster Erschütterungen der Staatsordnung von einer Menge von Tempeln und Heiligtümern in Rom ein Teil verfiel und ihr Areal selbst von Privatpersonen widerrechtlich in Besitz genommen wurde, kann gewiß kein Beweis für eine allgemeine Abnahme des Glaubens sein; und wenn die Zahl sämtlicher der Herstellung bedürftigen und von Augustus im Jahre 28 v. Chr. wirklich hergestellten sich auf 82 belief, so ist es nicht auszumachen, ob diese Zahl im Verhältnis zur Gesamtzahl für klein oder für groß zu gelten hat.

Auch von der ungeheuren Menge der Bauten, Schenkungen und Stiftungen aus Privatmitteln zu Kultuszwecken, die wir aus den Inschriften Italiens sowie aller Provinzen kennenlernen, wird ohne Zweifel ein Teil aus andern als religiösen Beweggründen herzuleiten sein; aber ebensowenig liegt ein Grund vor zu bezweifeln, daß bei weitem die meisten dieser frommen Gaben und Opfer gebracht worden sind, um die Gnade der Götter zu verdienen oder zu erhalten oder geängstete Gewissen zu beruhigen: sehr viele sind laut den Inschriften „nach einem Gesicht" oder „auf Geheiß" oder „Mahnung" der Gottheit im Traum erfolgt. Man darf nach diesen Zeugnissen annehmen, daß ein sehr großer Teil der Tempel im ganzen römischen Reiche von Privatpersonen auf eigene Kosten erbaut worden ist, die zuweilen überdies ein Kapital zur Instandhaltung des Gebäudes auswarfen. Namentlich in Italien (wo in Appians Zeit, d. h. unter Antoninus Pius, nächst dem kapitolinischen Juppitertempel die der Fortuna zu Antium, der Juno zu Lanuvium, des Herkules zu Tibur und der Diana zu Aricia die reichsten waren) wetteiferten die wohlhabenden Munizipalen mit ihren zu hohem Range aufgestiegenen Landsleuten in Rom, den Patronen und sonstigen Gönnern ihrer Städte, ihre Munifizenz und Anhänglichkeit an die Heimat vor allem auch durch deren würdige Ausstattung mit Gotteshäusern zu beweisen. Ein P. Lucilius Gamala z. B., dessen Lebenszeit vom Ende der Regierung Trajans bis zum Ende der Regierung Marc Aurels reicht, ließ in Ostia sieben Tempel teils neu erbauen, teils herstellen: des Vulkan, der Dioskuren, der Venus, Spes, Fortuna, Ceres und des Vater Tiberinus. Martials Freund Cäsius Sabinus in Sassina erbaute einen Tempel für die Nymphe eines dortigen Sees. Ein Ehepaar zu Assisi baute einen Tempel, wie es scheint des Castor und Pollux, und fügte auch die Bildsäulen derselben hinzu. Auf der Insel Malta verwandte ein Privatmann auf den Bau eines marmornen Apollotempels die Summe von 110.792½ Sesterzen (rund 24.000 Mark) usw. Aber auch für die inländischen Tempel wurde von den großen Besitzern, auf deren Grundstücken sie standen, gesorgt: so ließ Plinius einen verfallenen Tempel der Ceres auf einem seiner Güter größer und schöner erneuern. Außer vollständigen Neubauten, außer Herstellungen und Ergänzungen verfallener Heiligtümer sind in Inschriftsteinen Darbringungen und Herstellungen einzelner Teile und Baulichkeiten jeder Art, wie Altäre, Opferküchen, Säulen und Kapitäle, Giebel, Fußböden, Ornamente usw., sowie Schenkungen und Stiftungen zu solchen Zwecken äußerst zahlreich verzeichnet.

Besonders häufig wurden Götterbilder in die Tempel gestiftet, zum Teil sehr kostbare. So schenkte z. B. eine Priesterin zu Äclanum eine silberne Statue der Felicitas; und wenn ein ritterlicher Offizier zu Formiä 100.000 Sesterzen (21.750 Mark) vermachte, um für diese Summe Prozessionswagen der Minerva nebst allem Zubehör aus 100 Pfund (etwa 33 Kilogramm) Silber anfertigen zu lassen, so wird auch die Tempelstatue der Göttin aus Edelmetall gewesen sein. Bei der testamentarischen Bestimmung einer Frau, daß das Bild eines Gottes in einem bestimmten Tempel ihrer Vaterstadt mit ihrer Namensunterschrift aus 100 Pfund errichtet werden sollte, entstand die Frage, ob die Erben eine Bronzefigur liefern dürften, oder angehalten werden könnten, eine silberne oder goldene machen zu lassen. Der berühmte Jurist Cervidius Scävola (Lehrer des Septimius Severus) entschied mit Rücksicht darauf, daß sich in dem Tempel nur silberne und bronzene Weihgeschenke befanden, daß eine silberne Statue zu liefern sei. Eine kleine silberne Figur des Merkur in Lambäsis hatte 14.000, eine silberne Statue zu Hippo regius über 51.000, eine ebensolche zu Vienna 100.000 Sesterzen gekostet. Fromme, deren Vermögen zu solchen Gaben nicht ausreichte, ließen die Bilder der verehrten Gottheiten wenigstens vergolden, ganz oder teilweise, z. B. die Füße, besonders aber das Gesicht oder den Bart; zu Corfinium ließ z. B. einmal eine „Dienerin der Großen Mutter die Große Mutter ausbessern und vergolden, dem Attis die Haare vergolden und die Bellona ausbessern", während zugleich der Priester des Attis für diesen einen Altar und silbernen Mond machen ließ.

Ferner stattete man die Götterbilder nach Vermögen mit Kleidungsstücken, Attributen oder Schmucksachen und Kostbarkeiten aus. Der Kaiser Galba träumte als Jüngling, Fortuna stehe Einlaß begehrend vor seiner Tür; beim Erwachen fand er eine Bronzestatue der Göttin an der Schwelle, die er persönlich auf sein Gut bei Tusculum brachte und lebenslänglich mit monatlichen Bettagen und einer jährlichen Nachtfeier verehrte. Als Kaiser hielt er kurz vor seinem Ende ein sorgfältig ausgewähltes Halsband aus Perlen und Edelsteinen zum Schmuck der Statuette bereit, beschloß dann aber, es der Venus auf dem Kapitol darzubringen; worauf Fortuna ihm im Traum erschien und drohte, ihm nun auch ihrerseits ihre Geschenke zu entreißen. In der Regel waren dergleichen fromme Gaben natürlich für Tempelstatuen bestimmt. In einem Tempel zu Puteoli ließ z. B. jemand nach Eingebung eines Traumes die Schlange (etwa des Äskulap) aus eigenem Gelde machen. Ein Augustale zu Ariminum bestimmte im Testament die Errichtung einer Statue, wie es scheint einer Bacchantin (in einem Bacchustempel), mit einem goldenen Halsbande, einem Thyrsus und einem silbernen Becher von 2½ Pfund. Zu Reji (Riez im südlichen Frankreich) brachte ein Ehepaar dem Äskulap „wegen der ungemeinen Wirkung der Kraft des Gottes, die sie an sich erfahren hatten", gemäß ihrem Gelübde eine Bronzestatue des Schlafgottes (vermutlich waren sie von dem Leiden der Schlaflosigkeit befreit worden) und einige Pretiosen dar, wie eine goldene Kette aus Schlänglein und eine silberne Schreibtafel. Zu Acci im Tarraconensischen Spanien schenkte eine Großmutter zu Ehren ihrer Enkelin der Isis eine Statue oder ein andres Weihgeschenk von 112⅔ Pfund Silber und außerdem einen Schmuck von Perlen, Smaragden und andern Edelsteinen für Kopf, Hals und andre Körperteile, unter anderm laut dem Verzeichnis: in den Ohren 2 Smaragde und 2 Perlen, am kleinen Finger 2 Diamantringe, am folgenden einen mit verschiedenen Steinen, Smaragden und einer Perle, am Mittelfinger einen mit einem Smaragd, an den Schuhen 8 walzenförmig geschliffene Edelsteine. Häufig wurden (wie in dem angeführten Falle in Reji) in die Tempel andre Statuen als die der dort verehrten Götter gestiftet und überhaupt Schenkungen gemacht, die nicht auf den Kultus Bezug hatten, sondern zur Erhöhung der Pracht und Schönheit der Tempel, zur Vermehrung ihrer Schätze dienen sollten: so vermachte ein Bürger von Rhegium dem Apollotempel seiner Vaterstadt ein kleines Pergamentbuch mit Elfenbeindeckeln, eine elfenbeinerne Büchse und 19 Gemälde.

Erwägt man, wie zahlreiche Angaben über silberne, auch goldene, zum Teil sehr kostbare Weihgeschenke wir selbst aus Mittelstädten des Orients wie des Occidents (z. B. Ostia) besitzen, deren Erhaltung doch nur dem Zufall verdankt wird; ferner daß des Augustus Gaben an fünf Tempel Roms (des kapitolinischen Juppiter, des Divus Julius, des Apollo, der Vesta, des rächenden Mars aus der Kriegsbeute einen Gesamtwert von etwa 100 Millionen Sesterzen (21¾ Millionen Mark) hatten; daß alte und schadhaft gewordene Tempelgeschenke, aus denen Hadrian (136) in Lanuvium eine Statue herstellen ließ, 3 Pfund Gold und 206 Pfund Silber ergaben u. a. dgl.: so möchte man glauben, daß es im römischen Reiche Tempel gab (und vielleicht nicht wenige), deren Reichtum an kostbaren Weihgaben hinter dem ehemaligen der Schatzkapelle der Casa Santa zu Loreto nicht zurückstand. Solche Schätze bedurften eines Schutzes, und zu ihrer Bewachung werden die einige Male erwähnten Militärposten bei Tempeln bestimmt gewesen sein. Zu den reichsten werden übrigens auch die gehört haben, deren Gottheiten nach Senatsbeschlüssen oder kaiserlichen Erlässen zu Erben eingesetzt werden konnten: wie der kapitolinische Juppiter, der didymäische Apollo zu Milet, Mars in Gallien, die Minerva in Ilium, der Herkules in Gades, die Diana zu Ephesus, die Göttermutter vom Sipylus, die Nemesis in Smyrna und die „Himmlische Göttin" in Karthago.

Aber auch an Zuwendungen für Priester und Tempeldiener fehlte es nicht. Scävola erörterte die testamentarische Bestimmung einer Frau, daß ihre Erben dem „Priester, dem Tempelwächter und den übrigen Freigelassenen“ in einem bestimmten Tempel am Tage eines von ihr bei demselben gestifteten Jahrmarktes 10 Denare geben sollten: dies sei als eine jährlich zu leistende Zahlung zu verstehen.

Im ganzen Kultus wirkt ohne Zweifel nichts so mächtig und zugleich so stetig zur Erhaltung und Kräftigung des Glaubens wie der Bilderdienst, das Anschauen der im Bilde gegenwärtigen Gottheit, das selbst widerstrebende oder wankende Gemüter überwältigend ergreifen konnte; die Möglichkeit, sie persönlich zu verehren, mit ihr gewissermaßen von Angesicht zu Angesicht zu verkehren. Wenn auch ein Teil der Philosophen, wie Seneca, den Bilderdienst verwarf, so machten andre, wie Maximus von Tyrus, im Anschlusse an Gedanken des Posidonius, mit vollem Rechte geltend, die Schwäche der menschlichen Natur, deren Abstand von der Gottheit so groß sei wie der der Erde vom Himmel, bedürfe der sinnlichen Zeichen, um die Gottheit zu erfassen, und die wenigsten könnten ihrer entbehren; und von den bei den verschiednen Völkern so verschiednen Symbolen der göttlichen Wesen sei das würdigste, weil das gottähnlichste, die Menschengestalt. Eine Rechtfertigung und wissenschaftliche Begründung des Bilderdienstes hat dann der Neuplatonismus unternommen.

Es bedarf nicht erst der Zeugnisse dafür, daß der naive Glaube der Massen das Bild unwillkürlich und unbewußt in den Gott selbst verwandelte, und daß jeder Gott sich für sie in ebenso viele Personen spaltete, als es berühmte und weit und breit verehrte Bilder von ihm gab; wie ja auch jetzt das Volk in Italien an verschiedne Madonnen, in Griechenland an verschiedne Panagias glaubt. Werden doch sogar in Griechenland und Süditalien noch gegenwärtig antike Götterbilder als örtliche Schutzheilige verehrt, so eine verstümmelte Ariadne bei Mateleone als Santa Venere, die besonders bei Frauenkrankheiten angerufen wird. Die Wegführung einer kolossalen Statue der Demeter aus Eleusis (1801, jetzt in Cambridge), deren Wohlwollen man den Erntesegen zuschrieb, rief dort ein ebenso allgemeines Jammern und Klagen hervor, wie einstmals die Wegführung der Ceres aus Henna durch Verres, welche Freveltat man in ganz Sicilien als den Grund des Darniederliegens des Ackerbaues ansah. Auch im Altertume wurden Lippen, Hände und Füße der Götterbilder von Andächtigen so viel geküßt, daß ihr Umfang merklich abnahm. Die Betenden ließen sich von dem Tempeldiener möglichst nah ans Ohr des Götterbilds bringen, um besser gehört zu werden, und flüsterten ihm Gebete und Gelübde, die geheim bleiben sollten, zu; sie hefteten die Wachstafeln, auf denen ihre Gelübde verzeichnet waren, an die Knie des Bildes, damit der Gott ihr Anliegen nicht vergessen möchte. Aber sie stießen auch, wenn ihre Gebete unerhört blieben, Verwünschungen und Drohungen gegen die Götter aus, wie später die Christen gegen die Heiligen. Paulinus von Nola berichtet, gewiß ganz der Wirklichkeit gemäß, wie ein Bauer dem heiligen Felix in ziemlich grober Weise die bestimmte Erwartung ausspricht, daß er ihm seine zwei entwendeten Ochsen wiederschaffen werde: „der Märtyrer ergötzte sich an dem unhöflichen Beter und belachte mit dem Herrn die an ihn gerichteten Schmähungen“. In ähnlicher Weise fluchten nach Epictet die Landleute bei schlechtem Wetter und die Schiffer im Sturme dem Juppiter und enthalten ägyptische Papyri Drohungen gegen die Götter, falls sie die an sie gerichteten Bitten nicht erhören sollten.

Doch damit begnügte man sich im Altertume ebensowenig wie in späteren Zeiten. Wo Bilderdienst in welcher Form auch immer bestanden hat oder noch besteht, haben die Gläubigen zu allen Zeiten ihren Zorn über die Nichterhörung ihrer Gebete und das Ausbleiben des erwarteten Beistands auch an den Bildern ihrer Götter oder Heiligen ausgelassen. Die alten Arkadier prügelten ihren Pan, wenn sie mit leeren Händen von der Jagd heimkehrten; der Ostjake und Lappe mißhandelte seinen Götzen und zerbricht ihn, wenn ihm ein Unglück widerfährt; der Lazzarone in Neapel tritt die Heiligen, mit denen er unzufrieden ist, mit Füßen, der Spanier wirft die Mutter Gottes ins Wasser, der bayrische Bauer den hölzernen Herrgott, wenn das Hagelwetter nicht nachläßt, auf den Mist. Die französischen Soldaten verbrannten 1692 bei der Belagerung von Namur die Bilder des heiligen Medardus, weil nach dem Volksglauben der Regen am Medardustage ihnen eine Regenzeit von 40 Tagen gebracht hatte. Daß Heilige, die bei großer Dürre den erbetenen Regen nicht senden, mit Stricken gebunden, auch ins Wasser geworfen werden, ist in Süditalien und Sizilien gewöhnlich. Während der Napoleonischen Feldzüge ließ ein altbayrisches Bataillon den heiligen Petrus Spießruten laufen, weil er ihm das erbetene gute Marschwetter versagt hatte. Eine alte hochadlige Spanierin züchtigte (1871) den sonst von ihr hochverehrten heiligen Martial (Feldmarschall der spanischen Armee) an dem Tage, wo die Karlisten die Waffen strecken mußten, mit der Reitpeitsche usw. Wenn, wie diese Beispiele zeigen, dergleichen Ausschreitungen zu den notwendigen Begleiterscheinungen des Bilderdienstes gehören, kann es nur Zufall sein, daß wir nicht mehr als einen derartigen gegen Heiligtümer und Götterbilder gerichteten Ausbruch der Wut schmerzlicher Enttäuschung aus dem späteren Altertume kennen; auch aus der Art, wie Sueton denselben erzählt, geht hervor, daß er keineswegs etwas Auffallendes zu erzählen glaubte. Als nach den ersten beunruhigenden Nachrichten von der Krankheit des Germanicus sich in Rom das Gerücht von seiner Genesung verbreitete, strömte noch am späten Abend alles mit Lichtern und Opfertieren auf das Kapitol, und die Pforten des Tempels wurden beinahe erbrochen, weil alle meinten, ihre Gelübde nicht schnell genug lösen zu können: am Tage seines Todes wurden Steine gegen die Tempel geschleudert, Altäre der Götter umgestürzt, von manchen die Hauslaren auf die Straße geworfen. Auch hier war der Glaube an die Existenz sowie an die Macht der Götter ein durch nichts zu erschütternder.

Kaum wäre es zu ermessen, wie weit der von keiner Reflexion, geschweige denn einem Zweifel, angekränkelte Volksglaube die Identifikation des Bildes mit der Gottheit durchzuführen und festzuhalten vermochte. Was Senecas Unwillen bei einem gelegentlichen Besuch auf dem Kapitol so sehr erregte, war zum Teil altes Ritual, zum Teil aber erschien ihm eben der Glaube, der in dem Bilde die Gottheit selbst sah, unbegreiflich kindisch, und doch waren die Äußerungen dieses Glaubens kaum seltsamer und lächerlicher als die bisher erwähnten. Nach uraltem gottesdienstlichen Brauche wurde den kapitolinischen Göttern von verschiednen dienenden Personen aufgewartet: Juppiter hatte einen Diener zum Vorstellen der Verehrer, einen zum Ansagen der Tagesstunden, einen zum Polieren des Bildes, einen andern zum Salben. Wie dieser mit Bewegungen der Arme in der Luft seine Verrichtung nur pantomimisch ausführte, ebenso bewegten Tempeldienerinnen der Juno und Minerva die Hände, als ob sie den Göttinnen die Haare ordneten, andre hielten ihnen den Spiegel vor. Dagegen diejenigen, welche „die Götter zu ihren Terminen vor Gericht einluden, ihnen ihre Klagschriften vorwiesen und ihre Sachen vortrugen", waren offenbar Betende, die den Beistand der Gottheit anflehten. Seneca sah auch Frauen auf dem Kapitol sitzen, die (vermutlich nach Träumen) glaubten, von Juppiter geliebt zu werden, und dort seinen Willen erwarteten. Alles dieses und ähnliches, wie die Übertragung von Ämtern an Götter, die Bekleidung ihrer Bilder mit der Tracht der Senatoren und hoher Beamten, das Vorausgehen von Liktoren mit Rutenbündeln vor ihnen (bei Prozessionen), ist nicht befremdender als z. B. Verleihungen der höchsten Orden an Madonnen in Spanien, das Einherziehen des heiligen Georg von Cappadocien am Fronleichnamsfeste zu Lissabon an der Spitze der portugiesischen Armee unter Begleitung von Pagen und Stallmeistern mit Handpferden, oder die Ernennung der heiligen Jungfrau von Guadeloupe zur Feldmarschallin des gegen die Spanier kämpfenden Insurgentenheeres in Mexiko durch dessen Führer Hildalgo, nebst der Anweisung eines Gehalts, das sie volle vierzehn Jahre (bis 1824) bezog, und der heiligen Jungfrau dos Dolores durch Don Carlos zu der gleichen Würde (1834). Wie jede Bilderverehrung in ihrer niedrigsten Form gestaltete sich also auch die damalige zu einem rohen Götzendienst. Seltsamer übrigens als jene nur angedeuteten Toiletten der kapitolinischen Gottheiten war eine Zeremonie, die bis 1864 alljährlich in der Kirche S. Maria del Carmine auf dem Mercato in Neapel vollzogen wurde. Einer dort befindlichen Figur des Heilands wurde am zweiten Weihnachtsfeiertage unter großem Zudrange des Volks in Gegenwart obrigkeitlicher Personen feierlich Haar und Bart geschnitten, was man *far la barba di Gesù* nannte.

So genügte also der Götterglaube noch immer dem Bedürfnisse der antiken Menschheit, indem er, dessen unendlich verschiednen Richtungen sowie den unzähligen Entwicklungsstufen des geistigen Bewußtseins entsprechend, sich in ebenso unzähligen Formen gestaltete. So groß der Abstand von dem Glauben eines Plutarch und Marc Aurel zu dem jener Schiffer und Bauern war, die bei schlechtem Wetter dem Juppiter fluchten: diese wie jene glaubten gleich fest an dieselben Götter und an deren Macht und Fürsorge für die Menschheit, und der Unterschied zwischen den voneinander am meisten abweichenden Glaubensformen war kein größerer als zwischen dem höchsten und niedrigsten Verständnis des Göttlichen innerhalb des Christentums.

2. JUDENTUM UND CHRISTENTUM

An der strengen und intoleranten Ausschließlichkeit der monotheistischen Religionen fand die Expansivpraft des Polytheismus ihre Schranke, mit ihnen war keine Vereinbarung möglich. Was den Bekennern des Götterglaubens als das Höchste und Heiligste galt, das verdammte das Judentum wie das Christentum als greuelvoll, fluchwürdig und seelenmörderisch. Unheilig, sagt Tacitus, ist bei den Juden alles, was bei uns heilig ist, wiederum erlaubt bei jenen, was für uns unrein; er nennt sie ein dem Aberglauben ergebenes, der

Religion abgeneigtes Volk. Die Götter, zu denen die Heiden beteten, waren den Juden wie den Christen tote Götzen oder böse Dämonen. Griechen und Römer, die die göttliche Lebensfülle als eine Göttergesamtheit, eine Götterwelt, auffaßten, verstanden den Glauben nicht, der die Gottheit zu einer einsamen, kaum zu fassenden Erhabenheit in eine unnahbare Ferne rückt, durch einen unermeßlichen, nicht auszufüllenden Zwischenraum von der anbetenden Menschheit trennt. Der Himmel des Judentums und des Christentums mutete sie an wie „eine erklärte Öde", der Glaube an Einen Gott war ihnen Entgötterung des Alls, Gottlosigkeit; Christen und Atheisten waren den göttergläubigen Heiden gleich verhaßte und oft nebeneinander genannte Feinde der Religion.

Beide Religionen kommen hier nur in ihrem Gegensatze zum Heidentum, und insofern sie mit ihm in Wechselwirkung standen, in Betracht. Eine Andeutung ihrer Stellung innerhalb des römischen Weltreichs und der wesentlichen Momente, die ihre Verbreitung beförderten oder hemmten, ist für den Versuch, eine Gesamtanschauung der religiösen Zustände auch in der früheren Kaiserzeit zu gewinnen, unerläßlich, doch kann diese Betrachtung nur die Spitzen der Erscheinung streifen.

Das Verhältnis der beiden monotheistischen Religionen zum Götterglauben war ein sehr verschiedenes. Obwohl die Verdammung des Heidentums bei beiden eine gleich unbedingte und uneingeschränkte war, stand doch nur das Christentum dem Heidentum eigentlich feindlich gegenüber. Das Judentum, „eine Religion, wunderbar geeignet zur Abwehr, aber niemals zur Eroberung bestimmt", schloß sich vielmehr ab, als daß es suchte, sich auf Kosten des Heidentums auszubreiten. Die überall zerstreuten, innig unter sich zusammenhängenden jüdischen Gemeinden übten allerdings auf das Heidentum eine gewisse Anziehung, taten ihm aber niemals in einer Weise Abbruch, daß seine Existenz hätte gefährdet erscheinen können, und trotz gelegentlicher Reibungen und Konflikte war die Stellung des Judentums zum Heidentum im großen und ganzen eine friedliche. Das Christentum dagegen trat von Anfang an mit dem vollen Bewußtsein seiner welterobernden Mission in die Geschichte ein und kündigte dem Heidentume den Kampf auf Leben und Tod an. Schon in seinen unscheinbaren ersten Anfängen, als seine Bedeutung nur dunkel geahnt werden konnte, wurde sein Gegensatz zur Welt, der als sein eigentliches Wesen erschien, als „Haß des Menschengeschlechts" empfunden und mit unversöhnlichem Hasse erwidert. Diese Feindseligkeit steigerte sich, je länger der Kampf dauerte, je mehr der noch im Besitz der Herrschaft und weltlichen Macht befindliche Glaube den Boden unter sich schwinden fühlte. Mindestens schon zu Anfang des 3. oder zu Ende des 2. Jahrhunderts, als das Christentum wie eine stetig wachsende Flut nach Überschwemmung der tieferen Schichten der Bevölkerungen mehr und mehr in höhere Lebenskreise eindrang, verbreitete sich unter den Anhängern des alten Glaubens die Neigung, alles öffentliche und allgemeine Unglück vom Zorne der Götter über den zunehmenden Verfall ihres Dienstes abzuleiten und das Christentum und seine Bekenner als die Verschulder dieses Zorns verantwortlich zu machen. Je länger desto mehr gewann die Ansicht Boden, daß mit dem Eintritt des Christentums in die Welt eine ununterbrochene Reihe schwerster Heimsuchungen und Unglücksfälle über das Menschengeschlecht gekommen sei. Bald sollte die Zeit kommen, wo als Ursache des göttlichen Zorns der Irrglaube der Juden und Heiden betrachtet und ihnen nun dieselben Übel und Unglücksfälle zur Last gelegt wurden, als deren Urheber früher die Christen gegolten hatten.

Die erste Verbreitung des Christentums ist durch die Zerstreuung der Juden in der ganzen alten Welt aufs wirksamste gefördert worden. Diese Zerstreuung hatte früh begonnen und schon in der vorchristlichen Zeit einen hohen Grad erreicht. In einem gegen Ende des 2. Jahrhunderts v. Chr. verfaßten Sibyllenorakel heißt es, daß jegliches Land und jegliches Meer vom jüdischen Volke erfüllt sei. Strabo sagt, daß „bereits in Sullas Zeit in jede Stadt eine Judenschaft eingedrungen war, und daß man nicht leicht einen Ort der Welt auffinden könne, der diesen Stamm nicht aufgenommen habe und von ihm behauptet werde"; Josephus, daß kein Volk auf der Erde sei, unter dem nicht ein Teil von ihnen lebe. Die Apostelgeschichte nennt als Juden und Judengenossen aus „allerlei Volk, das unter dem Himmel ist", die in Jerusalem die Apostel in Zungen reden hörten: Parther, Meder, Elamiter, Bewohner von Mesopotamien, Cappadocien, Pontus, Asia, Phrygien, Pamphylien, Ägypten, Cyrene, Rom, Kreta und Arabien. Der König Herodes Agrippa I. zählt in einem Schreiben an Caligula die Länder auf, wo sich jüdische Kolonien befanden: Ägypten, Phönizien, Syrien, Cölesyrien, Pamphylien, Cilicien, den größten Teil von Asia bis Bithynien und die Küsten der innersten Buchten des Schwarzen Meeres; in Europa Thessalien, Böotien, Mazedonien, Ätolien, Attika, Argos, Korinth, die meisten und besten Landschaften des Peloponnes, von Inseln Euböa, Cypern, Kreta; endlich die Länder jenseits des Euphrat.

Dafür, daß die jüdische Emigration vorzugsweise oder auch nur zum großen Teil eine handeltreibende war, fehlen nicht bloß ausdrückliche Zeugnisse, sondern auch Anhaltspunkte irgendwelcher Art, und manches spricht dagegen. Daß die Städte, in denen Juden sich nachweisen lassen, großenteils Handelsplätze waren, beweist es keineswegs, da diese zu jedem Erwerb, namentlich zu industriellem, die reichste und mannigfaltigste Gelegenheit boten. Auch zeigt sich eine einseitige Vorliebe für den Handel, der von dem Umsatz fremder Arbeit lebt, bei den Juden im Altertume nirgends; und in den 63 Schriften, aus denen der Talmud besteht (der voll ehrenvoller Anerkennung der Handarbeit und des Handwerks ist), findet man kaum ein Wort zu Ehren des Handels, wohl aber manches, welches auf die Gefahren der Geldmacherei und des vagierenden Lebens hinweist. „Ein arbeitsames Volk waren die Juden immer. Solange sie einen eignen Staat bildeten, waren Feldbau, Gartenbau und Handwerk ihre vorherrschende Beschäftigung. Auch in den ersten Jahrhunderten n. Chr. und nach der Zerstreuung des Volkes blieb dieses seinen alten Sitten getreu. Josephus rühmt noch im Anfange des 2. Jahrhunderts den Fleiß seiner Volksgenossen in Handwerk und Feldbau. In der römischen Literatur und den Gesetzen der Kaiser findet sich keine Spur, daß die Juden dem Schacher und Kleinhandel sich ergeben hätten, oder überhaupt ein Kaufmannsvolk geworden wären." Dagegen spricht auch die Armseligkeit der Juden in Rom und die großen Aufstände in Ägypten, Cyrene und auf den griechischen Inseln: eine Handel oder Trödel treibende Bevölkerung pflegt nicht zu den Waffen zu greifen. Inwiefern die von christlichen Schriftstellern des 4. und 5. Jahrhunderts den Juden im allgemeinen gemachten (gewiß mit Vorsicht aufzunehmenden) Vorwürfe der Habsucht, des Betrugs, der Bosheit und Treulosigkeit schließen lassen, daß diese damals mehr als früher Handel trieben, muß dahingestellt bleiben.

Außerhalb des römischen Reichs war es namentlich das parthische, das eine starke jüdische Bevölkerung hatte. In den dortigen Griechenstädten (von denen Seleucia am Tigris, mit angeblich 500.000 Einwohnern, der größte Handelsplatz außerhalb der römischen Grenzen war) fehlte es nicht an Konflikten zwischen den drei Nationen, aus denen die Bevölkerung bestand (Griechen, Syrern und Juden): unter Caligula z. B. wurden unter den Augen der parthischen Regierung die Juden aus den größeren Städten ausgetrieben. Sie zählten in Mesopotamien, Medien und Babylonien nach Millionen, Nisibis und Nehardea am Euphrat waren dort ihre Hauptsitze, und nach Unterdrückung der letzten nationalen Bestrebungen in Palästina wurde Babylonien das Zentrum eines neuen jüdischen Lebens, das sich über alle Teile des persischen Reiches verbreitete. Auch in Palmyra wohnten Juden, wahrscheinlich zahlreich; die dortige, im 3. Jahrhundert n. Chr. nachweisbare Gemeinde scheint im Mittelalter fortbestanden zu haben, im 12. Jahrhundert bezeugt Benjamin von Tudela ihr Dasein; Pfeiler und Oberschwelle einer Synagoge mit der Inschrift des Gebets „Höre Israel" sind dort gefunden worden. Zenobia und ihr Sohn Vaballath Athenodorus waren ihnen zum mindesten nicht abgeneigt, wie ihre Bestätigung des — von Ptolemäus Euergetes, wohl dem ersten (247—221), erteilten — Asylrechts einer Synagoge in Unterägypten beweist. In Arabien bieten jüdische, byzantinische und arabische Nachrichten viele Spuren eines weitverzweigten jüdischen Lebens. Die früher unabhängigen Juden, welche die Insel Jotaba im arabischen Meerbusen bewohnten, unterwarf Justinian. Der letzte König der jüdischen Homeriten (Himjariten) im südwestlichen Arabien, Dhu Nuwâs (Dunaas), war ein eifriger Christenverfolger, bis er 525 im Kampfe gegen Elesbaas, den König der christlichen Abessinier (Auxumiten), Reich und Leben verlor. In Abessinien scheinen die Niederlassungen der Juden sehr alt zu sein. Als ums Jahr 330 Frumentius das Christentum dorthin brachte, sollen sie die Hälfte der Bevölkerung ausgemacht haben.

Innerhalb des römischen Reichs mag die jüdische Bevölkerung außer Palästina in Kleinasien, Phönizien und Syrien am dichtesten gewesen sein. Namentlich in der Einwohnerschaft von Antiochia bildete die schon von Seleucus Nikator hier angesiedelte jüdische Kolonie ein sehr bedeutendes Kontingent, und die dortige Hauptsynagoge beschreibt Josephus als besonders prachtvoll. Wie in Alexandria war ihnen ein gewissermaßen selbständiges Gemeinwesen und eine privilegierte Stellung eingeräumt, und daß beide Städte Zentren der jüdischen Diaspora waren, ist nicht das schwächste Element in ihrer Entwicklung gewesen. Noch zu Ende des 4. Jahrhunderts war, wie die Predigten des Johannes Chrysostomus wider die Juden bezeugen, ihre dortige Gemeinde durch ihre Anziehungskraft der christlichen Kirche gefährlich. Auch hier waren sie als Ärzte gesucht. In Damascus sollen im jüdischen Kriege 10.500 oder 18.000 Juden niedergemetzelt worden sein.

Nach Kleinasien, das von altersher ein Hauptsitz der jüdischen Diaspora gewesen war, hatte schon König Antiochus der Große aus Mesopotamien 2000 jüdische Familien verpflanzt, um in Lycien und Phrygien eine zuverlässige und tapfere Bevölkerung zu haben. Zwei von den Synagogen auswärtiger Gemeinden in Jerusalem gehörten den Juden aus Asia und Cilicien. In Ionen hatte Ephesus früh eine zahlreiche Judengemeinde, die schon um die Mitte des 1. Jahrhunderts v. Chr. mannigfache Privilegien zu erwirken vermochte. In Smyrna und (wahrscheinlich) in Phocäa sind Synagogengemeinden durch Inschriften bezeugt; die letztere ehrte die Erbauerin des Betsaals und der Umfassungsmauer des Hofs der Synagoge durch einen goldenen Kranz und einen Ehrensitz. In Cappadocien ist Meschag, in Cilicien Tarsus, in Groß-Phrygien Apamea (Κιβωτός) als Sitz jüdischer Gemeinden bekannt; den Einfluß der letzteren zeigen Münzen von Apamea aus der Zeit des Septimus Severus, Macrinus und Philipp, auf welchen Noah in der Arche nebst dem Raben und der Taube mit dem Ölzweig geprägt ist. Von der aus Apamea in Bithynien nach Jerusalem zu sendenden Tempelsteuer belegte der Prätor Cn. Flaccus 62 v. Chr. gemäß seinem Verbote der Goldausfuhr fast 100 Pfund Gold öffentlich mit Beschlag, doch war dies schwerlich die ganze Summe; kleinere Summen derselben Steuer wurden in Laodicea, Adramyttium, Pergamum konfisziert. Zu Antiochia in Pisidien wie zu Iconium in Lycaonien predigte Paulus in den Schulen der Juden. Auch in Armenien waren sie zahlreich. Im 2. Jahrhundert n. Chr. sollen sie (aus Persien) in China eingewandert sein; mohammedanische Berichte erwähnen dortige Juden im 9. Jahrhundert, Marco Polo 1286; die Nachkommen dieser Einwanderer lebten dort nach dem Bericht eines Jesuiten im 18. Jahrhundert „treu ihrer Religion, ihrem Charakter, ihren Gebräuchen", und sind noch heute nicht ausgestorben.

Von den griechischen Inseln werden Kreta und Melos, wo Katakomben einer christlichen Gemeinde aus dem 3. Jahrhundert gefunden worden sind, als Wohnsitze wohlhabender jüdischer Bevölkerungen genannt, die unter Augustus einen Prätendenten, der sich für den von Herodes ermordeten Alexander ausgab, aufs reichste unterstützten; die zweite Frau des Josephus war eine Jüdin aus Kreta, „von sehr edeln und im Lande sehr angesehenen Eltern". Cäsar gestattete die religiösen Vereinigungen der Juden auf Delos und anderwärts; auch auf Kos lebten Juden. Euböa und Cypern sind in dem Briefe des Herodes Agrippa genannt; auf der letzteren Insel (wo namentlich die Gemeinde von Salamis aus der Apostelgeschichte bekannt ist) waren die Juden zahlreich bis zum Jahre 116; seit den in dem damaligen Aufstande verübten Greueln durften sie die Insel nicht mehr betreten. In Griechenland und Mazedonien sind die Gemeinden von Athen, Korinth, Thessalonice, Beröa und Philippi aus der Apostelgeschichte bekannt. Zwei Erlasse von Arcadius (397) und Theodosius II. (412) an den Präfekten von Illyricum (Mazedonien und Dacien) verbieten Beunruhigungen der dortigen Juden und ihrer Synagogen. Vor dem eben genannten Theodosius, der sie aus Konstantinopel verbannte, hatten sie ihre Synagoge dort auf dem von ihren Offizieren benannten Platze der Chalkopratien gehabt. Auch an den nördlichen Küsten des Schwarzen Meeres ist ihre Verbreitung früh erfolgt. Zu Panticapäum bestand eine jüdische Gemeinde ums Jahr 81 n. Chr.: in dortigen griechisch abgefaßten Freilassungsurkunden erfolgt die Freigabe der Sklaven in der Form des Scheinverkaufs an den jüdischen Gott.

Die jüdische Bevölkerung Ägyptens betrug im Anfange des 1. Jahrhunderts eine Million, mehr als ein Achtel der gesamten Einwohnerschaft. Die Anfänge ihrer dortigen Niederlassungen reichen bis in das 7. Jahrhundert v. Chr. Aus Papyrusurkunden wissen wir jetzt, daß in Elephantine schon vor der Eroberung durch Kambyses (525 v. Chr.) eine jüdische Gemeinde bestanden hat, deren Heiligtum 410 v. Chr. auf Betrieb der ägyptischen Priester zerstört wurde, wahrscheinlich aber bald darauf wiederhergestellt worden ist. Wahrscheinlich waren die dortigen Juden, die zum Teil auch in der gegenüber am Nilufer liegenden Festung Syene in Garnison lagen, militärische Ansiedler. In Alexandria hatte schon Alexander der Große Juden angesiedelt, wenn auch die spätere Behauptung der Juden, daß er ihnen auch das volle Bürgerrecht verliehen habe, durch die Urkunden widerlegt wird. Nach Alexanders Tode wanderten sie dorthin sehr zahlreich aus. Von den meisten Ptolemäern wurden sie begünstigt. In Philos Zeit bewohnten sie von den fünf Quartieren Alexandrias zwei (im Nordosten der Stadt) hauptsächlich, in der Zeit des Josephus besonders das sogenannte Delta, d. h. den vierten Stadtbezirk, saßen aber auch in den übrigen zerstreut, in allen Stadtteilen sah man ihre von Bäumen umgebenen Synagogen, sie hatten auch ihre eigne Synagoge zu Jerusalem. Die unter Trajan zerstörte Hauptsynagoge in Alexandria, in Form einer Basilka mit doppeltem Peristyl, hatte einen so großen Umfang, daß ein Tempeldiener ein Banner entfalten mußte, wenn die Gläubigen auf den Segensspruch des Vorbeters mit Amen einfallen sollten. Die alexandrinischen Juden trieben Handel und Schiffahrt, aber auch Handwerke. An der mit der Bewachung der Nilschiffahrt (Potamophylacia) verbundenen Verwaltung des Netzes der Nilzölle waren sie stark beteiligt. Unter den in der Gegend von Theben gefundenen Steuerquittungen auf Tontafeln finden sich zahlreiche Namen jüdischer Steuerpächter. Unter Ptolemäus Philometor (um 170 v. Chr.) gründete Onias, der Sohn eines Hohenpriesters, zu Leontopolis (im heliopolitischen Gau) eine jüdische Kolonie mit eignem Tempel, in welchem seitdem bis zur Zeit Vespasians geopfert wurde. Die hier wohnenden Juden müssen eine ansehnliche Macht dargestellt haben.

Auch auf dem Gebiet von Cyrene, wo schon Ptolemäus Lagi Juden angesiedelt hatte, war eine starke jüdische Bevölkerung, der ebenfalls eine von den fünf erwähnten Synagogen zu Jerusalem gehörte. Einen Aufruhr derselben hate schon Lucullus zu bekämpfen. An dem Aufstandsversuche eines Jonathas im Jahre 70 n. Chr. nahmen dort ihrer 2000 teil. Die Gemeinde von Berenice hatte (nach einem noch erhaltenen Ehrendekret für einen M. Titius), wie es scheint, im Jahre 13 v. Chr. neun Vorsteher (Archonten). Bei dem furchtbaren und weitverzweigten Aufstande der Juden, der im Jahre 116 in Cyrene, Ägypten und gleichzeitig auch in Cypern und Mesopotamien ausbrach, sollen dort 220.0000, in den beiden letzten Ländern 240.000 Menschen von ihnen umgebracht worden sein. Die an der großen Syrte gelegene Küstenstadt Boreum war größtenteils von Juden bewohnt und hatte einen besonders heilig gehaltenen, angeblich von König Salomo erbauten Tempel, welchen Justinian nach ihrer Bekehrung zum Christentum in eine Kirche verwandelte. In der Provinz Afrika, wo die jüdische Gemeinde zu Karthago die größte gewesen sein wird, ist kürzlich der Mosaikfußboden der Synagoge einer Stadt Naron entdeckt worden, nebst lateinischen Wandinschriften derer, die ihn machen ließen, aus später Zeit; wobei sich außer dem siebenarmigen Leuchter auch das christliche Monogramm befindet. Im westlichen Afrika hat sich die Spur einer jüdischen Gemeinde zu Sitifi in Mauretanien, jüdischer Einwohner auch anderwärts (namentlich in Cirta) erhalten. „Selbst im äußersten Westen von Mauretanien, in Volubilis, ist eine hebräische Inschrift gefunden worden."

Die Nachricht des Valerius Maximus, daß im Jahre 139 v. Chr. von dem Prätor Cn. Cornelius Hispalus außer den Chaldäern auch die Juden, „welche die römischen Gebräuche durch den Dienst des Juppiter Sabazius zu verunstalten versucht hatten", aus Rom und Italien ausgewiesen wurden, bezieht sich höchstwahrscheinlich auf die von Simon Makkabäus 140/139 nach Rom geschickten Gesandten: ansässige Juden gab es also damals in Italien offenbar noch nicht; die Identifizierung des Judengottes mit Sabazius erklärt sich daraus, daß die griechischen Juden den Namen Zebaoth Sabaoth aussprachen. Achtzig bis neunzig Jahre später bildeten sie, teils ohne Zweifel infolge der Kriege des Lucullus und Pompejus als Gefangene massenhaft nach Rom geführt und dort freigelassen, teils infolge der zwischen Orient und Occident so viel inniger und mannigfaltiger gewordnen Beziehungen, eine ansehnliche Masse: durch ihre Zahl, ihr enges Zusammenhalten und ihren Einfluß hofften (im Jahre 59 v. Chr.) die Ankläger des Prätors Flaccus eine Unterstützung zu erhalten. Die ganze Region jenseits des Tibers wurde hauptsächlich von ihnen bewohnt, wahrscheinlich war dort auch eine Synagoge. Eine Gesandtschaft des Judenkönigs Herodes wurde angeblich von 8000 ihrer in Rom ansässigen Glaubensgenossen zu Augustus begleitet, und im Jahre 19 n. Chr. 4000 Freigelassene in waffenfähigem Alter, „die von jüdischem und ägyptischem Aberglauben angesteckt waren", zur Deportation nach Sardinien verurteilt. Trotzdem spricht Philo im Jahre 40 von einer jüdischen Gemeinde in Rom, und unter Claudius waren die Juden dort wieder zu einer solchen Menge angewachsen, daß ihre infolge der unter ihnen ausgebrochenen Unruhen für rätlich erachtete Ausweisung wenigstens nur sehr teilweise ausgeführt werden konnte; jedenfalls fand der Apostel Paulus eine Gemeinde in Rom vor. Auch die römischen Juden hatten eine Synagoge in Jerusalem. Aus den Inschriften geht hervor, daß sie eine größere Anzahl einzelner, selbständig organiserter Gemeinden bildeten, jede mit eigner Synagoge und einem eignen Rat der Ältesten, an dessen Spitze ein Vorsteher (Gerusiarch) stand, und dessen geschäftsführende Beamte (Archonten) teils auf Zeit, teils lebenslänglich gewählt wurden; auch Unmündige konnten zu diesem Amt designiert werden. Den Gottesdienst leiteten Synagogenvorsteher (ἀρχισυναγωγοί), denen ein Diener (ὑπηρέτης, Chassan) zur Seite stand; die Titel „Synagogenvater, Synagogenmutter" bezeichnen Ehrenstellungen; auch die Schriftgelehrten (γραμματεῖς) waren keine Beamten, und auch für diesen Stand wurden bereits Kinder designiert. Die verschiednen Gemeinden in Rom hatten teilweise gemeinsame Begräbnisplätze. Ein von Bosio entdecktes, hauptsächlich von den Juden der Transtiberinischen Region benutztes Cömeterium (an der Via Portuensis bei Colle rosato) ist neuerdings wieder aufgefunden worden; ein andres lag in der Vigna Randanini an der Appischen Straße vor dem Capenischen Tor (wo in Juvenals Zeit der Hain der Egeria und der Camenen von ihnen gepachtet war), ein drittes an derselben Straße jenseits der Kirche S. Sebastiano in der Nähe des altchristlichen *ad catacumbas*; ein viertes an der Via Labicana im Osten der Stadt, das aus der Zeit der ersten Antonine stammt, zeigt, daß auch der Esquilin und Viminal ein Zentrum der jüdischen Bevölkerung Roms bildeten; ein fünftes ist 1885 an der Via Appia Pignatelli gegenüber dem an zweiter Stelle genannten entdeckt worden. Die Inschriften sind überwiegend griechisch, allerdings zum Teil bis zur Unverständlichkeit jargonartig; daneben finden sich lateinische (manchmal mit griechischen Buchstaben geschrieben), aber verhältnismäßig nur wenige hebräische. Das Hebräische erhielt sich in jenen Jahrhunderten nur im kirchlichen Gebrauch, die allgemeine Verkehrssprache der jüdischen Diaspora war (mit Ausnahme Syriens, wo Aramäisch gesprochen wurde) Griechisch. In gelegentlichen Erwähnungen erscheinen die römischen Juden armselig und zigeunerhaft, als Bettler und Wahrsager. Die Gräber sowie die ganze Anlage des zuerst von Bosio gefundnen Kirchhofs sind roh und dürftig, nirgends begegnen Fragmente von Marmor oder Malerei außer dem grob aufgemalten siebenarmigen Leuchter. Dagegen auf dem Begräbnisplatz in der Vigna Randanini finden sich Malereien und darunter sogar Figuren der heidnischen Mythologie, mit wahrscheinlich symbolischer, doch noch unenträtselter Bedeutung. Auch in Portus sind Spuren einer früh dort angesiedelten jüdischen Gemeinde vorhanden. Von dort stammte wahrscheinlich auch der zu Anfang des 8. Jahrhunderts geborene Peitan *(poeta)* Elazar, der für einen Dichter liturgischer Gesänge gilt, die noch heute bei dem Gottesdienst an großen Festen in Deutschland, Frankreich und Italien in Gebrauch sind.

Im übrigen Italien wird Puteoli ein Hauptsitz der Juden gewesen sein, von wo sie sich in die Städte Campaniens verbreiteten. In Pompeji ist der Inhalt eines irdenen Gefäßes als *gar(um) cast(imoniale)*, d. h. koschere (aus schuppenlosen Fischen, gemäß „dem Aberglauben der Juden", sagt Plinius, bereitete) Fischbrühe bezeichnet; eine dortige Wandinschrift in einem Triclinium *Sodoma-Gomora* kann nur von einem Juden oder Christen herrühren; eine (vielleicht alexandrinische) Karikatur des Urteils des Königs Salomo setzt die Bekanntschaft mit jüdischen Traditionen allerdings nicht notwendig voraus; in Wandinschriften kommen die Namen Maria (in einer Liste von Sklavinnen) und Martha vor. Die Existenz einer Gemeinde zu Capua ist durch die Grabschrift eines dortigen Synagogenvorstehers, zu Venusia durch die Entdeckung jüdischer Katakomben (aus dem 6. Jahrhundert) erwiesen, in denen sich u. a. die Grabschrift eines Oberarztes *(archiater)* gefunden hat. Bei der Belagerung Neapels durch Belisar erklärten die dortigen Juden, die Stadt mit Lebensmitteln versorgen zu wollen, und leisteten bei der Einnahme hartnäckigen und unerwarteten Widerstand. Auch in Tarent und Fundi sind jüdische Grabschriften gefunden worden. In Apulien und Calabrien (dessen Küstenbeschaffenheit der Midrasch besonders im Augen haben soll) bildeten die Juden im 4. Jahrhundert einen so großen Teil der Bevölkerung, daß nach einem kaiserlichen Erlaß vom Jahre 398 der Bestand der Gemeinderäte in vielen Städten in Frage gestellt war, weil sie zur Übernahme der städtischen Ämter nicht verpflichtet zu sein behaupteten. Im mittleren und nördlichen Italien, wo ihre Ansiedlungen vermutlich ebenso alt sind wie im südlichen, finden sich deren Spuren meist erst spät. In Brixia lassen die Inschriften eines Synagogenvorstehers und einer „Synagogenmutter“ mit Sicherheit auf eine jüdische Gemeinde schließen. Den Juden in Genua erlaubte Theoderich, ihre Synagoge herzustellen, doch nicht zu erweitern; er bestätigte die Rechte der Synagoge in Mailand, soweit dadurch der Kirche nicht Eintrag geschehe; während seiner Anwesenheit in Ravenna brach dort zwischen Christen und Juden ein Tumult aus, die ersteren zündeten die Synagogen an, wurden jedoch von dem Könige gezwungen, sie wieder herzustellen. In Bononia waren die Märtyrer Agricola und Vitalis auf einem Grundstücke der Juden unter deren Gräbern bestattet; Ambrosius ließ ihre Überreste von dort fortschaffen. Auch in Pola hat sich eine jüdische Grabschrift erhalten; eine römische Grabschrift nennt Aquileja als Geburtsort eines Gerusiarchen. Gregor der Große (der in seinen Briefen auch die Synagoge in Terracina erwähnt) schreibt an den Bischof von Luna, daß er keinem Juden auf seinen Gütern gestatten solle, christliche Sklaven zu besitzen, was dort vorgekommen war. Daß auch in Sizilien Juden früh in großer Anzahl gewohnt haben, ist an sich wahrscheinlich. Der Quästor und Scheinankläger des Verres, Q. Cäcilius Niger, war ein (von Freigelaßnen stammender) Jude. In den Schreiben der Päpste ist mit Bezug auf die Bewirtschaftung der Patrimonien der Kirche, die sich über beide Sizilien und Sardinien erstrecken, vielfach von ihnen die Rede. Nach den Briefen Gregors des Großen gab es in Palermo, Messina, Agrigent jüdische Gemeinden; er ließ sich 594 ein Verzeichnis aller Besitzungen, auf denen Juden lebten, anfertigen, um jedem einzelnen im Falle der Bekehrung ein Drittel der Steuer erlassen zu können. In Sardinien wird sich sicherlich die von Tiberius dorthin zwangsweise ausgeführte jüdische Kolonie fortgepflanzt haben; in Cagliari war jahrhundertelang ein jüdisches Gemeindeleben.

Nach Spanien, „das in Mischna und Talmud erwähnt wird“, beabsichtigte Paulus zu reisen — eine Absicht, die er vielleicht auch ausgeführt hat —, woraus man mit Wahrscheinlichkeit schließen hann, daß schon damals Juden dort lebten. Sonst haben sich in Spanien vor dem Illiberitanischen Konzil (nach der gewöhnlichen Annahme zwischen 300 und 309), das der Juden bestimmt Erwähnung tut, nur sehr schwache Spuren von ihnen erhalten: so eine Grabschrift eines jüdischen Kindes in Abdera (Adra) in Bätica, die nach der Form der Buchstaben dem Anfange des 3. Jahrhunderts anzugehören scheint. Auf Minorca gab es eine ansehnliche jüdische Gemeinde um 417 n. Chr. Mit Sisebut (612—620) beginnt die Reihe der drakonischen Gesetze des westgotischen Reichs gegen die Juden.

Auch von alten Verbindungen mit Gallien sollen jüdische Nachrichten zeugen. Archelaus, Sohn des Herodes, wurde von Augustus nach Vienna verwiesen, Herodes Antipas von Caligula im Jahre 39 nach Lugdunum Convenarum. Unter den Ländern, die Rabbi Akiba aufgesucht haben soll, um die Juden zur Teilnahme an dem Aufstande Bar-Cochebas zu bewegen, wird auch Gallien genannt. Hilarius vor Poitiers († 366) vermied selbst Begrüßungen von Juden und Ketzern auf der Straße. An die Dekurionen von Köln erließ Constantin im Jahre 321 die Verfügung: die Juden sollten im allgemeinen zur Übernahme des Dekurionats genötigt, nur zwei bis drei (wohl die Geistlichen und Beamten der Gemeinde) davon befreit werden dürfen. Die Kölner Gemeinde (deren Synagoge zuerst 1012 erwähnt wird) war also wohl nicht klein und auch ziemlich alt. Andre Erwähnungen in griechischen oder römischen Quellen vor Sidonius Apollinaris sind spärlich. Im 7. Jahrhundert vertrieb König Wamba die Juden aus Narbo; doch im 9. sollen sie dort sehr reich gewesen sein, die Mühlen der Stadt und viel Land besessen, Weinbau durch christliche Arbeiter, Handel (hauptsächlich mit den Arabern in Spanien) getrieben haben. Aus Gregors von Tours Geschichte der Franken ergibt sich ihre große Verbreitung in ganz Gallien im 6. Jahrhundert, die auf ein hohes Alter ihrer dortigen Niederlassungen schließen läßt. Als z. B. im Jahre 576 das Volk ihre Synagoge in Clermont zerstörte und der Bischof Avitus ihnen die Wahl ließ, ob sie auswandern oder sich taufen lassen wollten, nahmen mehr als 500 den christlichen Glauben an; die übrigen zogen nach Marseille. Der König Chilperich ließ 582 zu Paris viele Juden taufen. Als König Guntram 585 in Orléans einzog, vernahm man in den Lobgesängen der ihn empfangenden Menge auch die Sprache der Juden. Benjamin von Tudela nennt als Städte, in denen Juden wohnten, Narbonne (etwa 300), Béziers, Montpellier Lunelle (300), Beaucaire (400), Bourges de St.-Gilles, Arles (200), Marseille (300). Unter den Inschriften der Donauländer sind nur wenige jüdische im unteren Pannonien.

In England scheinen die Juden zur Zeit des Erzbischofs Theodor von Canterbury (im Amt 669—691) zahlreich, also wohl mindestens seit der Mitte des 7. Jahrhunderts dort ansässig gewesen zu sein, wahrscheinlich aber schon früher. Denn aus dem Mangel von Nachrichten auf das Fehlen einer jüdischen Bevölkerung zu schließen, ist überall um so weniger zulässig, als dieser vielmehr gewöhnlich seit dem frühen Mittelalter ein Beweis für ihre ungestörte Existenz ist. Hieronymus sagt, daß sie „von Meer zu Meer, vom britannischen bis zum Atlantischen Ozean, von Westen zu Süden, von Norden zu Osten, auf der ganzen Welt" wohnten. Sie glaubten, daß, wenn der Messias sie nach Jerusalem zurückführen würde, diejenigen von ihnen, die den senatorischen oder sonst einen hohen Rang hätten, aus Britannien, Spanien, Gallien (selbst von dessen äußersten Grenzen, aus dem Gebiete der Moriner, von den Ufern des Rheins) in Karossen kommen würden.

Seit dem großen jüdischen Kriege hatten die Juden die früher nach Jerusalem entrichtete Steuer von zwei Drachmen an den Tempel des kapitolinischen Juppiter zu entrichten; dies führte namentlich unter Domitian zu Vexationen und Bedrückungen, welche Nerva abstellte, ohne jedoch die Steuer zu erlassen. Abgesehen von derselben war die bürgerliche Berechtigung der Juden als solcher im römischen Reiche nicht bloß vollkommen unbeeinträchtigt, sondern sie erfreuten sich auch wichtiger Vorrechte. Septimius Severus und Caracalla erließen ihnen bei der Bestätigung ihrer Befähigung zur Bekleidung städtischer Ämter (die damals allerdings kein Vorzug mehr war) ausdrücklich diejenigen Leistungen, die ihrem „Aberglauben" zuwiderliefen. Ob eine allgemeine und dauernde Befreiung vom Militärdienste, die man auf einen Erlaß Cäsars zurückgeführt hat, bestanden hat, ist strittig. In Hinsicht der Teilnahme am Kaiserkult machte man ihnen, wenn auch nicht rechtlich, so doch tatsächlich weitgehende Konzessionen: wenn sie hierin und sonst vor den Christen bevorzugt waren, so rührt dies daher, daß sie immer noch als eine Nation betrachtet wurden, die Christen nur als eine Sekte. Augustus, der Cäsars judenfreundliche Politik im wesentlichen fortsetzte, hatte angeordnet, daß sie am Sabbat nicht gezwungen werden durften, vor Gericht zu erscheinen; daß die Verteilungen von Geld und Getreide in Rom, falls sie auf einen Sabbat fielen, für sie am folgenden Tage stattfinden, daß ihnen statt des von der Kommune gelieferten, für sie unbrauchbaren Öls eine Geldentschädigung gezahlt werden sollte: ein Recht, in dessen Genusse sie der Freund Vespasians Mucianus in Antiochia schützte. Außer der freien Übung ihres Kultus war den jüdischen Gemeinden das Recht der eignen Vermögensverwaltung und, wenigstens in einem gewissen Umfange, auch die eigne Gerichtsbarkeit gegen ihre Mitglieder eingeräumt worden. „Eine sehr weitgehende Machtbefugnis muß der jüdische Ethnarch oder Patriarch in Palästina gehabt haben, der nach dem Untergange des jüdischen Staatslebens das Oberhaupt der Nation bildete; das Amt war in der Familie Hillels geradezu erblich. Seiner Jurisdiktion scheinen sich die sämtlichen jüdischen Diasporagemeinden freiwillig unterworfen zu haben. Und seine Befugnisse waren so weitgehend, daß die Kirchenväter sich ernstlich Mühe geben mußten zu beweisen, daß trotzdem schon zur Zeit Christi das Szepter von Juda genommen worden sei". Seine Stellung war ähnlich der des griechischen Patriarchen in Konstantinopel unter der türkischen Herrschaft. Für die Juden war er der alte Hohepriester: und so hatten sie sich trotz der Zerstörung Jerusalems in gewissem Sinne als Nation wieder rekonstruiert.

Wenn nun trotz aller den Juden eingeräumten Rechte und Privilegien Philo sagt, daß sie schon zufrieden sein müßten, wenn sie andern gegenüber nur nicht zurückgesetzt würden, so erklärt sich dies aus ihrer sozialen Stellung, die allerdings im ganzen eine sehr ungünstige war: am meisten natürlich da, wo, wie in Ägypten, ein besonders starker Nationalhaß gegen sie bestand, oder unmittelbar nach Kriegen und Aufständen, in denen sie Ströme von Blut vergossen hatten; wie denn die Äußerungen des Judenhasses namentlich bei dem älteren Plinius, Quintilian, Tacitus wohl mit auf Rechnung des Eindrucks zu setzen sind, den der jüdische Krieg hinterlassen hatte. Aber auch abgesehen von dem wilden Fanatismus, der in diesen Verzweiflungskämpfen wütete, reichte schon ihre hochmütige Verachtung aller andern Nationen, Kulturen und Religionen, ihre Absonderung von Tisch und Bett ihrer Nachbarn, verbunden mit ihrem hartnäckigen Zusammenhalten untereinander, hin, sie „allen Menschen zuwider" zu machen und als ein von Menschenhaß erfülltes Volk erscheinen zu lassen. Die von judenfeindlichen Schriftstellern (hauptsächlich auf Grund ägyptischer Quellen) verbreiteten Beschuldigungen, Übertreibungen und Erdichtungen trugen dazu bei, den Judenhaß zu nähren, dessen Ausbrüche nicht selten gewesen zu sein scheinen. Nach Tacitus unterrichteten sie vor allem in Verachtung der Götter, Verleugnung des Vaterlandes, Geringschätzung der Eltern, Kinder und Geschwister. Nach Juvenal lehrte Moses, man solle nur Beschnittenen den Weg weisen, wenn sie verirrt sind, nur sie an die Quelle führen, wenn sie verschmachten. Nach Apio mästeten in der Zeit des Königs Antiochus Epiphanes die Juden jährlich einen Griechen mit Leckerbissen, opferten ihn dann feierlich an einem bestimmten Tage in einem Walde, aßen seine Eingeweide und schwuren dabei den Griechen ewige Feindschaft. Und zu der Feindseligkeit gegen die Juden gesellte sich Verachtung ihrer Niedrigkeit und Armseligkeit, ihrer widrigen Unsauberkeit, ihrer peinlichen, als abergläubisch verspotteten Befolgung so vieler anscheinend grundloser, lächerlicher und seltsamer Gebräuche und Satzungen. Außer der Beschneidung wurde besonders die Enthaltung von Schweinefleisch belacht, zu dessen Genuß sie der tumultuierende Pöbel wohl (wie bei der von Philo beschriebenen Judenhetze zu Alexandria) zu zwingen suchte; ferner das unverbrüchliche Festhalten an der Sabbatruhe, durch die sie, wie Seneca sagt, den siebenten Teil ihres Lebens verloren, sowie die Umständlichkeit der zur Vermeidung jeder Arbeit am Sabbat getroffenen Anstalten. Juvenal erwähnt die mit Heu gefüllten Körbe, in denen die Tags zuvor bereiteten Speisen warm gehalten wurden, als ein unentbehrliches Stück auch der ärmsten jüdischen Haushaltung. Rabbi Abahu klagte, daß Sticheleien auf die Juden bei dem geringsten Aufwande von Witz die Theater zum Lachen brächten. Dazu kam dann auch der geschäftliche Antisemitismus, dessen erstes Zeugnis ein aus dem Jahre 41 n. Chr. stammender Brief eines alexandrinischen Großkaufmanns ist, der einen Verschuldeten mit den Worten „hüte dich vor den Juden" vor den jüdischen Geldverleihern warnt.

Aber es fehlte dem Judentum auch nicht an Freunden, und diese gewannen ihm zum Teil jene Tugenden, die selbst seine Gegner anerkannten, und die Josephus in seiner (unter Trajan verfaßten) Verteidigungsschrift rühmt; ihre unwandelbare Frömmigkeit, ihr strenger Gehorsam gegen das Gesetz, ihre Bedürfnislosigkeit, ihre Mildtätigkeit, ihr einträchtiges Leben untereinander, ihre Todesverachtung im Kriege, ihr Fleiß in Handwerken und im Ackerbau im Frieden, ihr unerschütterliches Gottvertrauen. Sodann zog diese Religion wohl gar manche der aus dem Polytheismus zu einer reineren Gotteserkenntnis Strebenden als die wahrhaft aufgeklärte an: die Verwerfung des griechischen und ägyptischen Bilderdienstes ließ dem Strabo den jüdischen Gesetzgeber als einen wahren stoischen Philosophen erscheinen, und der geistvolle Verfasser der Schrift vom Erhabenen (um 40 n. Chr.) führt die Anfangsworte der Genesis als Musterbeispiel des großartigen Stils an und rühmt den Gesetzgeber der Juden als einen nicht gewöhnlichen Mann. Doch vermutlich war die Zahl derer weit größer, deren Glaubensbedürfnis im Judentume vollste Befriedigung fand als dem vor der Entstehung und Verbreitung des Christentums einzigen Bekenntnisse, das ein auf Offenbarung beruhendes, also jedem Zweifel entrücktes Dogma bot; und wie oft war die unerschütterliche Überzeugung, daß es die einzig wahre Religion sei, von seinen Bekennern heldenmütig bewährt worden. Daß es in allen Ländern sehr viele gab, die ganz oder teilweise das mosaische Gesetz befolgten, darin stimmen judenfreundliche und judenfeindliche Berichte überein, und namentlich die Frauen erwiesen sich auch hier als „Führerinnen zur Gläubigkeit". „Solche Macht", sagt Seneca, „haben die Bräuche dieses höchst verruchten Volks bereits gewonnen, daß sie in allen Ländern eingeführt sind; sie, die Besiegten, haben ihren Siegern Gesetze gegeben." Horaz, Ovid, Persius und Juvenal bezeugen, daß zu Rom viele sich am Neumondstage und am Sabbat aller Geschäfte enthielten, am letzteren nicht reisten, fasteten und beteten, Lampen anzündeten und Kränze aufhängten; andre studierten auch das mosaische Gesetz, besuchten Synagogen und sandten die Tempelsteuer nach Jerusalem. Schon lange, sagt Josephus, hat sich Nacheiferung unserer Frömmigkeit auch unter den Massen verbreitet, und es gibt keine griechische noch barbarische Stadt oder Provinz, wohin nicht unsere Sabbatruhe gedrungen ist, und die Fasten und das Lampenanzünden und die Enthaltung von den uns verbotenen Speisen beobachtet wird. Sie versuchen auch die unter uns herrschende Eintracht nachzuahmen und die Mitteilung vom Eignen und die Arbeitsamkeit in den Handwerken und die Standhaftigkeit in den für das Gesetz zu ertragenden Leiden. Was aber das wunderbarste ist, ohne das Lockmitel der Lust hat das Gesetz sich selbst in sich selbst stark erwiesen, und wie Gott durch die ganze Welt gegangen ist, so ist das Gesetz durch alle Völker gewandert. „Alle Menschen", sagt Philo, „unterwirft es sich und ermahnt sie zur Tugend, Barbaren, Hellenen, Festlands- und Inselbewohner, die Nationen des Ostens so gut wie des Westens, Europäer, Asiaten, die Völker der ganzen Erde". Der alexandrinische Philosoph glaubte hoffen zu dürfen, daß das Judentum dereinst die Religion der Welt sein werde.

Der Übertritt zum Judentum war bis auf Hadrian (jene kurze Zeit der Verfolgung unter Tiberius abgerechnet) gesetzlich durchaus unbehindert, sowie die von Cäsar und Augustus gewährleistete volle Religionsfreiheit der Juden, abgesehen von vorübergehenden Unterdrückungsversuchen, unangetastet. Im Jahre 42 erließ Claudius ein Edikt, „daß die Juden in seinem ganzen Reiche ihre väterlichen Gebräuche unbehindert beobachten sollten, wobei er sie zugleich erinnere, seine freundliche Gesinnung nicht zu mißbrauchen und nicht die Superstitionen andrer Völker zu verachten, sondern sich mit Beobachtung der eignen Gesetze zu begnügen"; und dieses Edikt blieb auch später in Kraft. Daß es auch von seiten der Juden an Bekehrungsversuchen Andersgläubiger nicht fehlte, bezeugt Horaz, und namentlich von den Pharisäern ist bekannt, daß sie „Wasser und Land umzogen, um einen Proselyten zu machen". Doch nach der Zerstörung Jerusalems wurde mit der Ausbildung des starren Rabbinismus die Abschließung des Judentums gegen das Heidentum eine immer schroffere, und die Kluft zwischen beiden erweiterte und vertiefte sich je länger je mehr: der babylonische Talmud nennt die Proselyten einen Aussatz für Israel. Nachdem Antoninus Pius die von Hadrian verbotene Beschneidung der Juden zwar an ihren Kindern nach wie vor zu vollziehen erlaubt, dagegen die Beschneidung von Nichtjuden aufs strengste untersagt hatte, können infolge dieses auch später in Kraft gebliebenen Edikts, abgesehen von den gewiß seltnen Übertretungsfällen, keine förmlichen Übertritte zum Judentum mehr stattgefunden haben, die Proselyten dieser späteren Zeit also nicht mehr „Proselyten der Gerechtigkeit", sondern nur sogenannte „Gottesfürchtige" (φοβούμενοτ oder σεβόμενοιτὸν θεόν) gewesen sein, die besonders den Sabbat beobachteten und sich der verbotenen Speisen enthielten. Zu dieser Klasse dürfte aber der größte Teil der Anhänger, die das Judentum im Heidentum gewann, schon in der vorhadrianischen Zeit gehört haben. Übrigens reichte der Einfluß des Judentums über die Kreise seiner eigentlichen Anhänger hinaus und führte zu heidnisch-jüdischen Mischbildungen. Zu diesen gehörten die Kultvereine der „Verehrer des höchsten Gottes“ (σεβόμενοι θεὸν ὕψιστον), die in Tanais im Bosporanischen Reich zu Anfang des 3. Jahrhunderts bestanden, und die von den Kirchenvätern des 4. Jahrhunderts bekämpfte Sekte der Hypsistarier in Kleinasien ist allem Anschein nach eine gleichartige gewesen.

Setzte aber die Natur des Judentums als der Religion eines auserwählten Volks seiner Verbreitung auf Kosten des Heidentums an und für sich Schranken, so hatte dagegen das Christentum ebensowohl die Tendenz, alle seinem Weltgange im Wege stehenden Hindernisse zu durchbrechen, als auch die Kraft dazu; und galt den Juden die Bekehrung von Ungläubigen höchstens als ein verdienstvolles Werk, so gab es für die Christen keine höhere und heiligere Pflicht als die Ausbreitung der Lehre des Heils. Das Beispiel der ersten Apostel erweckte unaufhörlich Nachfolger in stets wachsender Zahl, die wohl auch ihre Habe an die Armen verteilten und den Wanderstab ergriffen, um das Wort Gottes von Volk zu Volk zu tragen, und deren Eifer auch unter den größten Schwierigkeiten und Gefahren weder ermattete noch erkaltete. Die Christen waren eifrig, sagt Origenes, in der ganzen Welt das Wort auszusäen. Die Sendboten der neuen Lehre besuchten nicht bloß Städte, sondern auch Dörfer und Gehöfte, ja sie scheuten sich nicht, ins Innere der Familien einzudringen und sich zwischen Blutsverwandte zu stellen. Christliche Sklaven suchten, wie die Heiden ihnen vorwarfen, Frauen und Kinder ihrer Herren zu ihrem Glauben herüberzuziehen; ja die eifrigeren reizten die Kinder, Vätern und Lehrern den Gehorsam zu versagen, um die Seligkeit zu erwerben. So mußten, wie bei jeder welterschütternden und neugestaltenden Bewegung, auch damals nur zu oft Bande der Natur zerrissen, Herzen gebrochen und „Lieb und Treu wie ein böses Unkraut ausgerauft“ werden.

Die der jüdischen Nation als solcher ausnahmsweise zugestandere Toleranz, die eine stillschweigende Entbindung von allen ihrem Aberglauben zuwiderlaufenden Verpflichtungen, also auch vom Götter- und Kaiserkult, zur Folge hatte, konnte nach römischer Ansicht einer vom väterlichen Glauben abgefallenen Sekte nicht gewährt werden, am wenigsten der christlichen. Dem Christentum gegenüber befand sich der römische Staat im Stande der Notwehr. Die Erkenntnis seiner auf völlige Vernichtung der Staatsreligion zielenden, jeden Kompromiß ausschließenden Tendenz muß seit der Ablösung des neuen Glaubens vom Judentum (der die Zerstörung Jerusalems starken Vorschub leistete) schnell unabweisbar geworden und in die weitesten Kreise gedrungen sein.

Früher und öfter als die Verweigerung des Götterkults hat ohne Zweifel die des Kaiserkults, der zu den fundamentalen Institutionen des Reichs gehörte, Verfolgungen der Christen veranlaßt. Die ersten, von denen wir wissen, fanden in der Provinz Asia statt, die in mehreren Städten (Pergamum, Smyrna, Ephesus u. a.) Tempel für diesen Kult hatte, bei denen die jährlichen Versammlungen der ihm gewidmeten Festgemeinschaften stattfanden. „Es scheint, daß die Entscheidung über die Stellung, die der Staat dem Christentum gegenüber in der Folge einnahm, unter Domitian gefallen ist, wenn die Überlieferung es auch nicht gestattet, bestimmt zu sagen, in welcher Form eine solche Entscheidung, die tatsächlich maßgebend war, erfolgt ist." Die Offenbarung Johannis, eine unter Domitian entstandene Bearbeitung einer älteren jüdischen Apokalypse, von einem Judenchristen, in der der christliche Fanatismus gegen das Reich zu so lodernder Glut entflammt ist, wie sonst nie wieder, spricht von dem Tode des „treuen Zeugen" Antipas und andrer Christen in Pergamum, „wo der Satan wohnt", von solchen, „die geköpft sind wegen des Zeugnisses Jesu und wegen des Wortes Gottes, und die da nicht angebetet hatten das Tier noch sein Bildnis".

Als eine kriminalrechtliche konnte die Bestrafung der Christen erfolgen auf Grund der Auffassung des Majestätsverbrechens, welche die Verletzung der nicht bloß dem Kaiser als Gott, sondern auch den Nationalgöttern zu leistenden Huldigung als Vergehen gegen den Staat auffaßte. Doch ist bis zur Mitte des 3. Jahrhunderts in diesem Sinne nur von einzelnen Kaisern und Statthaltern verfahren worden. Viel häufiger wurde das den Oberbehörden, namentlich den Provinzialstatthaltern, gegen religiöse Kontraventionen zustehende außerordentliche Strafverfahren angewandt, sowohl gegen Proselytenmacher als gegen Proselyten, um den Abfall (zunächst der Bürger) vom nationalen Glauben zu hindern oder doch einzudämmen. Dieses nicht dem Gebiete der Rechtspflege angehörige, administrative, also von Willkür untrennbare Verfahren war seinem Wesen nach „abhängig von der Individualität der einzelnen Beamten und von der jeweiligen Volksstimmung"; deshalb waltete hier „eine Unstetigkeit, wie sie in der Rechtspflege auch in dieser Periode des Verfalls keineswegs wahrgenommen wird".

Die Volksstimmung aber war den Christen von Anfang an feindlich und wurde es je länger je mehr. Von den Gebildeten wurden sie verachtet wegen ihrer Niedrigkeit, ihrer Unwissenheit, ihrer Geringschätzung von Kunst und Wissenschaft sowie von allem, was dem Leben Anmut und Schmuck verleiht, wegen ihres Mangels an Patriotismus und ihrer Gleichgültigkeit gegenüber den vitalsten Staatsinteressen. Von den Massen wurden sie gehaßt; ihre Absonderung von der nichtchristlichen Gesellschaft, verbunden mit ihrem festen Zusammenhalten untereinander, ihr Abscheu mindestens vor allen mit dem heidnischen Kultus zusammenhängenden Festlichkeiten, die Strenge ihres Wandels, die wie eine Zensur jeder laxeren Lebensführung erschien, ihre Bedrohung der Andersgläubigen mit ewiger Verdammnis, überhaupt alles, worauf der Gegensatz des Christentums zur Welt beruhte: dies reichte schon hin, um ihnen „Haß des Menschengeschlechts" vorzuwerfen. Aber weit mehr noch machte sie ihr „Atheismus" verhaßt, ihre Feindseligkeit gegen die nationale Religion, ihre Verhöhnung dessen, was Millionen heilig war, ihre Schmähung der Götter, die den römischen Staat seit Jahrhunderten beschützt und zu solcher Größe emporgehoben hatten, und deren Gnade auch der einzelne alles zu verdanken glaubte, was ihm das Leben wert machte. Je länger je mehr verbreitete sich unter den Anhängern des alten Glaubens die Neigung, alles öffentliche und allgemeine Unglück vom Zorn der Götter über den zunehmenden Verfall ihres

Dienstes abzuleiten und das Christentum und seine Bekenner als die Verschulder dieses Zorns verantwortlich zu machen. Die meisten Todesurteile gegen Märtyrer sind in der Zeit vor Decius, „wie das über den Stifter der Religion selbst verhängte, durch den blinden Fanatismus der Massen und die Schwäche der Statthalter herbeigeführt worden". War der Tiber aus seinem Bette getreten, sagt ein christlicher Autor, hatte der Nil sich nicht auf die Felder ergossen, blieb der Himmel fest und regenlos, bebte die Erde, brach Hunger oder Seuche aus, so erhob sich sofort der Ruf: „Die Christen vor die Löwen!". Der greise Bischof Pothinus endete zu Lyon im Jahre 177 als Märtyrer unter den Mißhandlungen des Volks: „Alle glaubten sich schwer zu vergehen und gottlos zu handeln, wenn sie sich an dieser Roheit nicht beteiligten, denn ihre Götter würden sie dafür bestrafen." Je länger desto mehr gewann die Ansicht Boden, daß mit dem Eintritt des Christentums in die Welt ein allgemeiner Verfall des Menschengeschlechts begonnen habe.

Das unzweifelhafte Symptom der Stärke und Leidenschaftlichkeit des Christenhasses ist, daß der Glaube an abscheuliche Verbrechen, die man ihnen andichtete, nicht bloß bei den Massen, sondern auch bei den Höchstgebildeten sehr verbreitet war und lange unausrottbar blieb. Allerdings trug dazu auch das Geheimnis bei, mit dem die Christen ihren Gottesdienst umgaben. Von jeher haben geheime religiöse Zusammenkünfte Außerhalbstehenden den Verdacht erregt, daß dort unter dem Deckmantel der Religion Dinge geschähen, die das Licht zu scheuen hätten. In der altrömischen Welt hat der Eindruck des großen Bacchanalienprozesses (186 v. Chr.) jahrhundertelang nachgewirkt. Damals war in der Tat ein über Etrurien eingedrungener Geheimdienst des Bacchus als Deckmantel der schändlichsten Ausschweifungen und ärgsten Verbrechen benutzt worden; die endlich gegen die Teilnehmer eingeleitete Untersuchung hatte die Bestrafung von Tausenden, großenteils mit dem Tode, zur Folge gehabt. In ähnlicher Weise wiederholten sich gegen die Christen immer von neuem die Anklagen von „öpodeischen Verbindungen und thyesteischen Mahlzeiten", die mit ihrem Gottesdienst verbunden sein sollten, d. h. widernatürlichen Ausschweifungen und Ritualmorden. Man berief sich dabei auf Geständnisse, die von Sklaven, Weibern und Kindern erfoltert waren, doch allerdings auch auf gegenseitige Anklagen der christlichen Parteien und Sekten, die, wie ein heidnischer Autor sagt, einander die schändlichsten Dinge vorwarfen, die man gar nicht nennen könne. Hier sei nur erwähnt, daß Hippolyt, der Gegenpapst des Callistus, dem letzteren in seiner noch erhaltenen „Widerlegung aller Ketzereien" vorwirft, er habe Ehebruch und Mord gelehrt. So erhielt der Glaube an die schamlosen Orgien und Ritualmorde der Christen immer neue Nahrung. Beides hatte Tacitus im Sinne, als er (im Anfange der Regierung Hadrians) schrieb, der verderbliche Aberglaube der Christen, der durch die Kreuzigung des Stifters in Judäa unterdrückt war, sei aufs neue in Rom ausgebrochen, „wohin alles Scheußliche und Schamlose *(cuncta atrocia et pudenda)* zusammenströmt und Anhang gewinnt". Daß auch der jüngere Plinius in diesem Sinne inquiriert hatte, ergibt sich aus der von ihm an Trajan berichteten Aussage der Christen, sie seien zu einem u n s c h u l d i g e n Mahle zusammengekommen. Noch um das Jahr 200 wurde behauptet und geglaubt, daß bei der Einweihung zum Christentum ein Kind geopfert und mit dem in sein Blut getauchten Brote verzehrt werde. An die Leuchter seien Hunde gebunden; werde ihnen ein Bissen vorgeworfen, so werfen sie die Leuchter um, und in der Finsternis geschehe das Schlimmste.

Dieser Glaube an die Missetaten der Christen ist die Hauptveranlassung der sogenannten Neronischen Christenverfolgungen gewesen. Um den Verdacht der Urheberschaft des ungeheuren Brandes von sich abzuwälzen, der im Juli 64 Rom zum größten Teile in Asche legte, gab Nero der nach Opfern verlangenden Volkswut „die durch ihre Schandtaten verhaßten Christen" preis. Man ergriff zuerst diejenigen, die sich zum Christentum bekannten, dann nach deren Angabe eine sehr große Menge andrer. Wenn auch nicht der Brandstiftung, so doch des „allgemeinen Menschenhasses" überwiesen, wurden sie unter so gräßlichen Martern hingerichtet, daß sie Mitleid erregten, „obwohl sie schuldig waren und die härtesten Strafen verdient hatten". Sie wurden, in Tierfelle gehüllt, von Hunden zerfleischt oder ans Kreuz geheftet oder in Flammen gesetzt, die die einbrechende Dunkelheit erhellten. Die kaiserlichen Gärten, in denen die „Fackeln des Nero" durch die Stadt leuchteten, lagen in der Gegend der Peterskirche.

Die ersten uns bekannten Normen für die Behandlung der Christenfrage hat Trajan aufgestellt, und zwar in seinem Reskript an den jüngeren Plinius, der, als Statthalter von Bithynien und Pontus, im Jahre 112, von dem Umsichgreifen der neuen „Superstition" erschreckt, Anweisungen erbat, da er noch niemals einer Verhandlung gegen die Christen beigewohnt hatte. Trajan bestimmte, daß jeder des Christentums Beschuldigte und Überführte zu bestrafen sei; wer aber das Christentum ableugne und seine Lossagung von ihm durch ein den Göttern gebrachtes Opfer bestätige, solle ohne Rücksicht auf die Vergangenheit straflos ausgehen. Gefahndet solle auf die Christen nicht werden, auch mißbilligte der Kaiser die Berücksichtigung anonymer Denunziationen. Hadrian ist der einzige Kaiser gewesen, der den Christenglauben freigab, indem er in einem Erlasse an den Statthalter von Asia anordnete, daß der Christ nur wegen eines ihm zur Last gelegten nichtreligiösen Verbrechens zur Rechenschaft gezogen werden dürfe, und den falschen Ankläger auch in diesem Falle unnachsichtlich die gesetzliche Strafe treffen solle. Im allgemeinen hielten jedoch die Kaiser den Standpunkt des religionspolizeilichen Einschreitens auf geschehene Anzeige fest und straften, wo es sich nicht vermeiden ließ. Die Christen befanden sich in stetiger Rechtsunsicherheit.

Unter Marc Aurel verschlimmerte sich ihre Lage. Ein von ihm um 177 erlassenes Reskript, das die Bestrafung derjenigen befahl, die dazu beitragen würden, „die leicht erregbaren Gemüter der Menge durch Wahnglauben in Angst zu versetzen", fand auch auf die Christen Anwendung. In verschiednen Provinzen brach die Wut der städtischen Bevölkerungen gegen sie los. Wir besitzen das höchst interessante Schreiben der Gemeinden von Vienne und Lyon über die Verfolgungen in der letzteren Stadt (zu deren Opfern der Bischof Pothinus gehörte) an die Brüder in Asia und Phrygien. Von den verurteilten Christen in Lyon wurden die Bürger enthauptet, die Nichtbürger wilden Tieren vorgeworfen. Im Gegensatz zu der Verordnung Trajans hatte der Statthalter auf die Christen fahnden lassen, und dies ist nach der Äußerung eines Zeitgenossen damals allgemein oder doch vielfach geschehen.

Der Ausbruch eines fanatischen Christenhasses in jener Zeit ist sehr begreiflich. Niemals vorher war das Reich von so schwerem Unglück jeder Art heimgesucht worden. Im Jahre 166 waren deutsche Stämme, durch Völkerschiebungen gedrängt, über die Donau eingebrochen, hatten die nordöstlichen Grenzprovinzen von Ungarn und Siebenbürgen bis zur Ostschweiz überschwemmt und verheert und Hunderttausende von Gefangenen fortgeschleppt; bis Italien und Griechenland waren einzelne ihrer Horden vorgedrungen. Zum ersten Male wankte das Reich in seinen Fugen. Neun Jahre dauerten die schweren, verlustvollen, mit der äußersten Anspannung aller Kräfte geführten Kriege, in denen sie endlich überwältigt wurden. Zugleich wütete seit 162 jene furchtbarste Epidemie des Altertums, die, aus dem Orient eingeschleppt, bis nach dem Rhein und Gallien vordrang, die Lager der Legionen verheerte und ganze Landstriche in Einöden verwandelte. Dazu kamen Mißwachs und Hungersnot, um die Lasten der Bevölkerungen aufs höchste zu steigern. Wenn je, so hatte man damals Grund zu glauben, daß die Götter dem so lange von ihnen sichtbar beschützten Reiche ihre Gnade entzogen hätten; und welche Ursache ihres Zorns lag näher als der immer mehr um sich greifende Abfall vom Glauben der Väter, den die Irrlehren der lichtscheuen, von Menschenhaß erfüllten „Atheisten" verschuldeten? Schwerlich hat Marc Aurel solchen Anschauungen ganz ferngestanden. Er war ein nicht nur sehr gottesfürchtiger, sondern auch starkgläubiger Mann. In einer Welt ohne Götter, hat er gesagt, wolle er nicht leben.

Endlich kommt hier in Betracht, daß damals innerhalb des Christentums eine schwärmerische Glaubensrichtung aufgekommen war, die der Staatsgewalt mit herausforderndem Trotze gegenüberstand. Ihren schärfsten Ausdruck fand sie in der unter dem Einflusse des phrygischen Orgiasmus entstandenen Sekte der Montanisten, deren Stifter Montanus um 156 in Kleinsaien mit dem Anspruch aufgetreten war, der erschienene Paraklet zu sein. Die Montanisten, deren Anschauungen sich auch in der abendländischen Kirche verbreiteten, forderten strengste Askese und unbedingte Lossagung von allem Irdischen, verkündeten das nahe Bevorstehen des Weltendes und des tausendjährigen Reichs, legten übermäßigen Wert auf das Märtyrertum und ermahnten dazu. Diese Märtyrersucht, die auch in gemäßigten christlichen Kreisen Mißbilligung fand, erregte in heidnischen nur Spott und Hohn; man empfahl ihnen, sich doch selbst umzubringen, anstatt andern Leute Mühe zu machen. Als der Prokonsul A. Arrius Antoninus (etwa 185) die Christen in seiner Provinz Asia heftig verfolgte, zogen sie (wohl in Ephesus) haufenweise von sein Tribunal und boten sich freiwillig dar. Einige von ihnen ließ er abführen, zu den andern sprach er: „Ihr Elenden, wollt ihr durchaus sterben, so habt ihr ja Abgründe und Stricke."

Wie in Gallien und Kleinasien hat die damalige Verfolgung auch in Afrika, wo bisher noch kein Christenblut geflossen war, Opfer gefordert. Wir besitzen das Protokoll einer Verhandlung, die gegen 3 Christen und 3 Christinnen aus Scili in Numidien am 17. Juli 180 in Karthago von dem Prokonsul von Afrika geführt worden ist. Trotz seiner offenbaren Bemühung, ihnen den Rücktritt zum Heidentum zu erleichtern, beharrten die Angeklagten bei ihrem Bekentnnisse, wiesen das Ansinnen, beim Genius des Kaisers zu schwören und für sein Heil ein Opfer zu bringen, zurück und lehnten auch die angebotene Bedenkzeit von 30 Tagen ab. Sie wurden an demselben Tage enthauptet; über ihrem Grabe erhob sich später eine Basilika. In Rom sind damals oder wenig später die Christen zur Zwangsarbeit in den sardinischen Bergwerken verurteilt worden, deren Befreiung die Maitresse des Commodus, Marcia, um 190, erwirkte. Die Bergwerksstrafe war nächst der Todesstrafe die härteste; die Verurteilten waren durch sie zum Sklavenstande degradiert, arbeiteten (auf der einen Seite des Kopfes kahl geschoren) in Ketten und waren körperlichen Züchtigungen ausgesetzt.

Wenn auch die Verfolgung in den nächsten Jahren nach dem Tode Marc Aurels noch fortdauerte, so kam doch nun (zunächst durch Marcias Einfluß) für die Kirche eine bessere Zeit. Sie erfreute sich nun während einer Periode von fast 70 Jahren eines nur durch vereinzelte Verfolgungen unter Septimius Severus und Maximinus Thrax unterbrochenen Friedens. Die Märchen von den Ritualmorden und schamlosen Orgien verstummten allmählich, je mehr das Christentum mit zunehmender Ausbreitung aus der Verborgenheit ans Licht trat, je mehr Christen und Heiden (auch durch Ehen und Familienbeziehungen) in Berührung kamen. Es ist ein Beweis für die Abnahme des Christenhasses, daß die tausendjährige Säkularfeier der Stadt Rom, die im Jahre 248 drei Tage und drei Nächte hindurch aufs feierlichste begangen wurde und unzweifelhaft eine große Steigerung des religiösen Gefühls bewirkte, ohne christenfeindliche Demonstrationen verlief. War nun die Zahl der Märtyrer bis dahin eine an sich nicht geringe gewesen, so war sie es doch (abgesehen von den nicht im eigentlichen Sinne zu ihnen zu rechnenden Opfern der Neronischen Verfolgung) im Verhältnis zu der Größe des Reichs und einem Zeitraum von zwei Jahrhunderten. Dies bestätigt ausdrücklich in einer 248 verfaßten Schrift Origenes, der gelehrteste christliche Schriftsteller der vorconstantinischen Zeit. Er sagt: „Wenige und leicht zu Zählende haben von Zeit zu Zeit den Tod erlitten, um des Glaubens willen und um die übrigen zu mahnen." Sein Zeugnis wiegt um so schwerer, als seine persönlichen Erfahrungen ihn eher geneigt machen konnten, den Umfang und die Schrecklichkeit der Verfolgungen zu übertreiben. Er hatte selbst deren zwei erlebt und war von der ersten aufs schwerste mitbetroffen worden. Sein Vater Leonidas war im Jahre 202 in Alexandria als Christ zum Tode durch das Schwert verurteilt worden; er selbst, noch nicht 17 Jahre alt, hatte ein so stürmisches Verlangen nach dem Märtyrertum empfunden, daß die Mutter ihm die Kleider verstecken mußte, um ihn zu nötigen, zu Hause zu bleiben. Aber an den Vater im Gefängnis schrieb er einen eindringlichen Brief über das Martyrium, in dem er ihn mahnte, nicht etwa auf seine Familie Rücksicht zu nehmen: „Halt an Dich, daß Du Dich nicht unseretwegen umstimmen lässest!" Während der Verfolgung unter Maximinus Thrax hat er dann eine Aufforderung zum Martyrium geschrieben, in der er aufs dringendste mahnt, auch unter der Todesdrohung, auch auf der Folter sich mit keinem Worte zu beflecken.

Eine Bestätigung (deren es allerdings nicht bedarf) findet das Zeugnis des Origenes von der geringen Zahl der Märtyrer bis zur Mitte des 3. Jahrhunderts in der sehr leidenschaftlich (im Jahre 313) geschriebenen Schrift des Lactantius „Von den Todesarten der Verfolger". Hier folgt Decius (249 bis 251) unmittelbar auf Nero und Domitian. Wenn Lactantius sagt, die nach Domitian regierenden guten Kaiser seien nicht Feinde der Kirche gewesen, und die Leiden und Bedrängnisse der Christen in der Zeit zwischen Domitian und Decius ganz mit Stillschweigen übergeht, so konnten diese unmöglich einen sehr tiefen Eindruck hinterlassen haben. Aber selbst die Verfolgung des Diocletian ist „kein Schatten von dem gewesen, was Herzog Alba in den Niederlanden getan hat". Die Zahl der unter Karl V. um des Glaubens willen Hingerichteten schätzt Fra Paolo auf 50.000, Hugo Grotius auf 10.000.

Den Glaubens- und Bekehrungseifer der Christen haben übrigens die Verfolgungen bekanntlich eher entzündet als gedämpft. „Unsre Lehre", sagt Clemens von Alexandria, „hindern seit ihrer ersten Verkündigung Könige und Herrscher, Vorsteher der Provinzen und Statthalter, indem sie mit all ihren Söldnern und einer ungeheuren Menschenmenge wider uns streiten und unser, so viele sie nur können, zu vertilgen suchen: und doch blüht sie nur immer mehr. Sie stirbt nicht wie eine menschliche Lehre und welkt nicht wie eine schwache Gabe, denn keine Gabe Gottes ist schwach. Sie bleibt und kann nicht gehindert werden, ob man sie gleich, wie geweissagt ist, bis ans Ende verfolgen wird".

Doch trotz des glühendsten Bekehrungseifers der Christen hätte die erhabene — für einen großen, wenn nicht den größten Teil der heidnischen Welt nur zu erhabene — Lehre des Evangeliums nicht verhältnismäßig so schnell sich verbreiten können, wenn nicht noch andre Ursachen zu dieser Verbreitung mitgewirkt hätten, die teils in den Bedürfnissen und Schwächen der menschlichen Natur überhaupt, teils in den Zuständen der damaligen Gesellschaft begründet waren.

Die neue Lehre richtete sich an die ganze Menschheit, sie schloß keinen von der Verheißung des Heils aus, auch nicht den Geringsten und Verachtetsten. Sie fand naturgemäß den günstigsten Boden in der ungeheuren Mehrzahl der Mühseligen und Beladenen, der Armen und Unglücklichen. Die froheste Botschaft brachte sie den Sklaven; sie verkündete ihnen ihre Erhebung aus Niedrigkeit, Verachtung und Rechtlosigkeit, ihre Gleichstellung mit den Freien. In ihren Kreisen muß sie sich am schnellsten fortgepflanzt haben und ist gewiß oft genug aus den Sklavenzellen in die Wohnungen der Herren gedrungen. Sie spendete aber überhaupt den Verzweifelnden und Zagenden einen ungeahnten Trost, sie eröffnete auch dem Schuldbeladensten Aussicht auf Vergebung. Die Heiden spotteten: während zu andern gottesdienstlichen Weihen diejenigen geladen würden, die sich rein von Schuld fühlten, versprächen die Christen, das Reich Gottes werde auch die Sünder und die Toren aufnehmen, kurz gerade die Unseligen. Die Sprache, in der das Evangelium verkündet wurde, konnte hiernach nur die der kleinen Leute sein. Wie das Griechische, in dem die Bücher des Neuen Testaments verfaßt sind, ist auch das Latein, in dem sie zuerst dem Abendlande bekannt wurden, nicht die Schrift- oder Gelehrtensprache, sondern die alltägliche des Hauses und der Familie, des Markts und der Straßen, der Werkstätten, des platten Lands, des Feldlagers.

Sehr hoch ist auch der Einfluß anzuschlagen, den die Empfänglichkeit der Frauen für die neue Lehre auf deren Verbreitung übte. Das Christentum erhob die Frau in den griechischen Ländern, wo ihre Stellung eine tief herabgedrückte war, zur ebenbürtigen Gefährtin des Mannes; es gab der Ehe durch die innigere Seelengemeinschaft des gleichen Glaubens und der gleichen Hoffnung eine neue Weihe, dem Jungfrauentum eine neue Heiligkeit, dem ganzen Leben der Frau für die Gesellschaft eine höhere Geltung. Nicht immer hielten die Frauen sich innerhalb der Schranken, die für ihre Stellung auch in der christlichen Gemeinde gezogen bleiben sollten. Paulus hatte zu rügen, daß sie in Korinth mit unbedecktem Haupte beteten und weissagten; er mußte ermahnen, daß sie in der Gemeinde schweigen, nach dem Gesetz den Männern untertan sein sollten.

Was aber dem Christentum die meisten Gläubigen zuführte, das war dasselbe, wodurch selbst das Judentum bei aller seiner Ausschließlichkeit eine so starke Anziehungskraft geübt hatte: die innerhalb des Heidentums vergeblich gesuchte Befriedigung des Glaubensbedürnisses, die nur ein über jede Skepsis erhabenes, weil auf göttlicher Offenbarung beruhendes Dogma gewähren konnte; und das Unbegreifliche dieses Dogmas entsprach „dem Hange des menschlichen Geistes, am liebsten das Geheimnisvolle zu glauben", im höchsten Grade. Vielleicht ergriff aber nichts in diesem Dogma die Gemüter so unwiderstehlich wie die nie zuvor mit so überzeugender, alle Zweifel niederschlagender Gewißheit verkündete Verheißung eines bessern Jenseits, einer ewigen Seligkeit, während zugleich mit dieser beglückenden Hoffnung die Furcht vor den ewigen Strafen, die dem Unglauben drohten, nicht minder gewaltig wirkte, um so mehr, als der Glaube an das nahe Bevorstehen des tausendjährigen Reichs bei den Christen bis zur Mitte des 2. Jahrhunderts allgemein war.

Auch Wunder und Zeichen, nach denen die Gläubigen nicht minder als die Zweifelnden und Schwankenden verlangten, geschahen mindestens ebenso zahlreich zur Bekräftigung des christlichen wie des heidnischen Glaubens. Im Namen Jesu, sagt Irenäus, vollbringen seine Schüler, die von ihm die Gabe empfangen haben, Austreibungen von Teufeln, andre sehen und sagen die Zukunft voraus, andre heilen Kranke durch Auflegen der Hände und wecken Tote wieder auf. Es ist unmöglich, die Erweisungen der Gnade zu zählen, welche die Kirche für die ganze Welt von Gott erhalten hat und im Namen Jesu Christi, des unter Pilatus gekreuzigten, zum Wohle der Völker vollbringt, ohne Betrug zu üben oder Bezahlung anzunehmen; denn wie sie diese Gaben als Geschenk von Gott empfangen hat, teilt sie sie auch als Geschenk mit. Arnobius, für den (wie gewiß für die meisten) die von Christus vollbrachten Wunder die Göttlichkeit seiner Natur erwiesen, legte (auch für die Zurückweisung der heidnischen Behauptung, er sei ein Zauberer gewesen) besondern Wert darauf, daß er durch sein bloßes Wort und durch Handauflegen Kranke zu heilen und Tote zu erwecken vermochte, während die Heidengötter nur, wie Ärzte, Heilmittel verordneten, vielen Tausenden von Kranken aber zu helfen gar nicht imstande waren. Ebenso sagt Origenes, er habe Kranke durch die bloße Anrufung des Namens Gottes und Jesu von ihren Leiden befreit gesehen, „die weder Menschen noch Dämonen zu heilen vermochten". Augustinus berichtet zahlreiche selbsterlebte Wunder, darunter nicht weniger als fünf Totenerweckungen; besonders viele wunderbare Krankenheilungen hätten sich bei den Grabzellen des heiligen Stephanus zu Calama und Hippo Regius ereignet: über die bei der letzteren, die noch nicht zwei Jahre stand, erfolgte hatte man schon an 70 schriftliche Berichte. Und so sind, wie später im germanischen Norden, dem neueren Glauben unzählige Bekenner durch die Überzeugung gewonnen worden, „daß der Christengott den besseren Willen habe zu helfen als die Heidengötter und vor allem die größere Macht". Als in Gaza bei einem Pferderennen, bei welchem die Pferde eines eifrigen Christen und eines eifrigen Heiden liefen, „Christus den Marnas schlug“, ließen viele Heiden sich taufen. Daß der Übertritt zum Christentum sich durch die Vorteile empfehle, die der Christengott seinen Bekennern gewähre, spricht aufs naivste ein Gedicht des Rhetors Endelechius im 4. oder 5. Jahrhundert aus. Bucolus hat seine Herden durch eine Rinderseuche verloren, während die des Tityrus verschont geblieben sind. Welcher Gott, fragt jener, hat dich vor diesem Schaden bewahrt? und Tityrus antwortet, das Zeichen des Kreuzes, auf die Stirnen der Tiere gemalt, habe sie gesund erhalten: wolle Bucolus den Beistand des wahren Gottes erbitten, so genüge der bloße Glaube an ihn. Wenn das sich wirklich so verhalte, sagt Bucolus, so zögere er nicht, den wahren Glauben anzunehmen und den Irrtum zu fliehen, und der bei diesem Gespräch anwesende Ägon ist bereit, dasselbe zu tun: „denn warum sollte ich zweifeln, daß dasselbe Zeichen, das diese Krankheit überwindet, auch für die Menschen immerdar heilsam ist?“ Welche Beispiele von wunderbaren Bestrafungen hartnäckigen Festhaltens am Heidentum erzählt wurden, zeigt der Bericht des Augustinus über die Bekehrung der Oberarztes *(archiater)* Dioscorus. Dieser, der gewohnt gewesen war, die Christen zu verhöhnen, rief bei einer Erkrankung seiner Tochter das Erbarmen Christi an und gelobte, falls sie genese, Christ zu werden. Als er nach ihrer Genesung mit der Erfüllung des Gelübdes säumte, wurde er blind, und als er es erneuerte, wieder sehend; eine Zögerung, das christliche Bekenntnis abzulegen, hatte eine Lähmung aller Glieder, auch der Zunge, zur Folge; als er sich dazu bereit zeigte, hörte auch diese Heimsuchung auf.

Sodann erfüllte der felsenfeste, so oft und so heldenmütig bewährte Glaube der Christen mit Ehrfurcht vor einer Religion, die solche Bekenner fand. „Je mehr wir hingemäht werden“, sagt Tertullian, „desto mehr wächst unsre Zahl. Das Blut der Christen ist Samen. Jene starre Hartnäckigkeit, die ihr uns vorwerft, wird zur Lehrerin. Denn wer würde durch ihr Anschauen nicht erschüttert und zum Forschen angeregt, was hier eigentlich verborgen ist? Wer tritt, wenn er geforscht hat, nicht bei? Wer wünscht nicht, wenn er beigetreten ist, selbst zu dulden?“ Die Sittlichkeit der Christen nötigte auch Gegnern Bewunderung ab. Plinius war bei jener Untersuchung, die er als Statthalter von Bithynien gegen die dortigen Christen (zunächst in Amastris) einzuleiten sich veranlaßt sah, in dem allgemeinen Vorurteil befangen, daß sie in ihren geheimen Versammlungen Schandtaten verübten; doch fand er nach einer strengen Untersuchung, bei der auch zwei Sklavinnen gefoltert wurden, keine andre Schuld an ihnen, als einen „verkehrten und maßlosen Aberglauben“. Die Angeklagten beteuerten ihm, ihr Vergehen oder ihr Irrtum habe darin bestanden, daß sie gewöhnlich an einem bestimmten Tage vor Sonnenaufgang zusammengekommen seien, ein Gebet an Christus wie an einen Gott gesprochen und gelobt hätten, keinen Diebstahl, Raub oder Ehebruch zu begehen, die Treue nicht zu brechen, anvertrautes Gut nicht abzuleugnen. Dann wären sie auseinandergegangen und wieder zu einem unschuldigen gemeinsamen Mahle zusammengekommen. Galen fand, daß die Christen ihr Glaube so handeln lehre, wie die Vorschriften der echten Weltweisheit; er erkannte namentlich ihre Verachtung des Todes, ihr keusches, züchtiges, enthaltsames, streng sittliches Leben an: es gebe unter ihnen solche, die in Beherrschung des Gemüts und eifrigem Streben nach Tugend wahren Philosophen nicht nachständen.

Daß die christlichen Gemeinden freilich auch unlautere Elemente enthielten, daß nicht alle Sünder, die sie in der Hoffnung auf Besserung aufnahmen, wirklich gebessert wurden, dafür zeugen schon die Vorwürfe, die Paulus und ein in seinem Namen redender Autor den Gemeinden zu Korinth und Kreta machten; sowie „daß Jacobus sich genötigt sah, den sittlichen Mißbrauch der Paulinischen Lehre von der allein selig machenden Kraft des Glaubens zu rügen, und daß die Apokalypse gegen Verführer in Pergamus (Nikolaiten) zu eifern hatte, welche nicht nur die den Heidenchristen gegebenen Speisegesetze, sondern auch das Verbot der Unzucht nicht achteten". Gerade die werktätige Liebe und Barmherzigkeit, welche die Christen untereinander übten, wurde auch von Heuchlern mißbraucht, die sich der neuen Gemeinschaft in Hoffnung auf Unterstützung und andre Vorteile anschlossen, zumal da mit der Zeit übertriebne Gerüchte von dem Reichtume der christlichen Gemeinden in die heidnische Welt drangen. Man erzählte, daß „die Brüder" ihre Güter verkauften und den Erlös der Kirche darbrächten, daß es bei ihnen für die höchste Frömmigkeit gälte, die eignen Kinder zu entblößen, um die Kirche zu bereichern. Schon Paulus spricht von wandernden Christen, welche die fremden Gemeinden aufzehren und ihnen das Ihre nehmen, und er selbst mußte sich bei den Korinthern gegen den Vorwurf beabsichtigter Übervorteilung rechtfertigen. In der etwa in Hadrians Zeit verfaßten „Apostellehre" heißt es, daß die reisenden Missionäre höchstens zwei Tage an einem Ort bleiben dürfen; wer drei bleibe, sei ein falscher Prophet; ebenso, wer Geld zur Reise verlange; sie dürfen nichts nehmen als Brot, das bis zur nächsten Herberge ausreicht. Nicht jeder, der im Geist redet, sei ein Prophet, als solcher erweise man sich durch einen Lebenswandel, der dem des Herrn ähnlich sei. Lucian hat vom christenfeindlichen Standpunkte die Teilnahme geschildert, die der Philosoph Peregrinus Proteus bei den Christen in Palästina fand, als er sich zu ihrem Glauben bekannte und um seines Bekenntnisses willen ins Gefängnis geworfen wurde. Nachdem sie vergeblich alles aufgeboten hatten, um ihn zu befreien, suchten sie wenigstens seine Gefangenschaft auf jede Weise zu erleichtern. Vom frühen Morgen an sah man bei dem Gefängnis alte Frauen, Witwen und Waisenkinder. Die Vorsteher erlangten durch Bestechung der Wächter die Erlaubnis, auch die Nächte bei dem Gefangenen zuzubringen. Reichliche Mahlzeiten wurden hineingetragen und bei den Mahlen Gebete gehalten. Selbst von den Gemeinden in Kleinasien kamen Gesandte, um zu trösten, zu raten und zu helfen; denn sie beweisen, sagt Lucian, in solchen Fällen eine unglaubliche Hilfsbereitschaft, sie geben geradezu unbedenklich alles hin. So erhielt Peregrinus viel Geld und machte seine Gefangenschaft zur Quelle einer nicht unerheblichen Einnahme. Denn die Unseligen, heißt es weiter, bilden sich ein, daß sie ewig leben werden, und achten daher dieses Leben und seine Güter nicht; auch hat sie ihr erster Gesetzgeber gelehrt, daß sie alle untereinander Brüder seien, wenn sie nur alle hellenischen Götter verleugnet haben, dagegen jenen ihren gekreuzigten Weisen verehren und nach seinen Gesetzen leben. Sie achten also alles in gleicher Weise gering und halten es für gemeinsam, indem sie solcherlei Lehren ohne irgendeine Bürgschaft annehmen. Kommt nun ein verschmitzter Betrüger zu ihnen, so kann er mit den einfältigen Leuten sein Spiel treiben und in kurzem reich werden. Übrigens rügt auch Tertullian das Übermaß der leiblichen Pflege, das von seiten der Gemeinden den um des Glaubens willen eingekerkerten Brüdern zuteil wurde, und Ambrosius warnt die Priester ernstlich, ihre Gaben nicht an Unwürdige zu verschwenden, die unter den verschiedensten Vorspiegelungen Unterstützung erbaten.

Daß falsche Propheten aller Art, sowohl Betrüger als Schwärmer und Fanatiker, in den christlichen Gemeinden für Verbreitung ihrer Irrlehren und damit für die Gewinnung von Ansehen und Macht einen besonders günstigen Boden fanden, ist ebensowenig zu bezweifeln, wie daß Ehrgeizige, denen niedrige Lebensstellung oder sonstige Ungunst der Verhältnisse die Erreichung ihrer Ziele unmöglich machte, in dieser Genossenschaft eine Rolle zu spielen suchten, die ihnen im Staatsleben versagt war. Von Anfang an wucherte im Christentum das Sektenwesen, und die Kirche verfolgte die Sekten und diese einander mit bitterem Haß und leidenschaftlichen Beschuldigungen, die kaum hinter den von den Heiden gegen die Christen überhaupt gerichteten Anklagen an Heftigkeit zurückblieben. So sehr, behauptete Celsus, seien die Christen unter sich gespalten, daß sie außer dem Namen kaum noch etwas gemein hätten.

Die oben erwähnte, von dem stark zu montanistischer Strenge neigenden Gegenpapst des Callistus (213—228), Hippolyt, um 230 verfaßte „Widerlegung aller Ketzereien“ gibt einen höchst interessanten Einblick in die innerhalb der christlichen Gemeinden, namentlich durch Verschiedenheit der Lehrmeinungen, entstandenen Spaltungen und Gegensätze sowie in die Übelstände und Schwierigkeiten, die sich aus den Berührungen der christlichen Welt mit der heidnischen ergaben. Hippolyts Angriff gegen das Oberhaupt der römischen Gemeinde beweist nur zu klar, wie häßliche Leidenschaften schon damals Glaubensstreitigkeiten in der christlichen Welt wachriefen und nährten. Sein in mehr als einer Beziehung charakteristischer Bericht ist im wesentlichen folgender.

Callistus war ein christlicher Sklave eines ebenfalls christlichen Freigelaßnen im Hause des Kaisers Commodus, namens Carpophorus. Dieser vertraute ihm eine nicht unbedeutende Summe an, mit welcher Callistus unter dem Namen seines Herrn, aber zu seinem eignen Vorteil ein Bankgeschäft begründen sollte. Viele Witwen und Brüder legten darin ihr Geld an. Callistus aber geriet an den Rand des Bankrotts; um sich der Rechnungsablegung zu entziehen, floh er nach dem Hafen von Portus und begab sich auf ein zur Abfahrt bereites Schiff. Carpophorus folgte ihm; als jener seinen Herrn am Hafen erscheinen sah, sprang er ins Meer, wurde aber herausgezogen, nach Rom gebracht und von Carpophorus in die Stampfmühle (zu einer gewöhnlichen Strafarbeit der Sklaven) geschickt. Doch ließ sich Carpophorus bewegen, ihn wieder zu entlassen, da mehrere bei der Bank beteiligte Brüder ihm mit Tränen vorstellten, daß sie im Vertrauen auf ihn dem Callistus ihr Geld übergeben hätten, und daß dieser eingestehe, eine Summe in Sicherheit gebracht zu haben. Callistus aber, nicht imstande, seinen Verpflichtungen nachzukommen, wollte seinem Leben ein Ende machen und zugleich die Glorie des Märtyertums erwerben. Er begab sich, unter dem Vorwande, Geld einfordern zu wollen, am Sabbat in eine Synagoge und störte den Gottesdienst. Die Juden fielen über ihn her und schleppten ihn vor das Tribunal des Stadtpräfekten Fuscianus, der ihn geißeln ließ und zur Arbeit in den Bergwerken Sardiniens verurteilte, wo sich bereits andre wegen ihres Glaubens verurteilte Christen befanden. Die Geliebte des Kaisers Commodus aber, die bereits erwähnte Marcia, ließ in der Absicht, ein gutes Werk zu tun, sich von dem Bischof Victor ein Verzeichnis der dortigen Märtyrer geben und erwirkte deren Befreiung. Callistus, dessen Namen Victor absichtlich nicht auf die Liste gesetzt hatte, bewog den Überbringer der Botschaft, den Eunuchen Hyacinthus, der Marcias Pflegevater und damals Presbyter in der Gemeinde war, auch seine Befreiung bei dem Prokurator von Sardinien durchzusetzen. Victor war damit unzufrieden, begnügte sich aber, dem Zurückgekehrten Antium als Aufenthaltsort anzuweisen, wo er von einer monatlichen Unterstützung lebte. Die bisher erzählten Ereignisse fallen in die Zeit zwischen 186 und 190.

Nach Victors Tode wußte Callistus sich bei dessen Nachfolger Zephyrinus, der nach der Versicherung des Autors ein einfältiger, ungelehrter, in geistlichen Doktrinen unwissender, überdies bestechlicher und geldgieriger Mann war, in Gunst zu setzen, so daß ihn Zephyrinus nach Rom berief und über den von ihm neu begründeten Friedhof setzte. Callistus verstand es, jeder der in der Gemeinde hadernden Parteien die Meinung beizubringen, daß er auf ihrer Seite sei, und erreichte so seine Wahl zum Bischof. Als solcher trat er mit einer verderblichen Irrlehre auf, indem er die Einheit des Vaters und des Sohns behauptete, stiftete eine Schule und erklärte, daß, wer dieser beitrete, Vergebung der Sünden erhalte. Viele, die ihr Gewissen schlug, darunter solche, die der Verfasser nach erfolgtem Urteilsspruch aus der Gemeinde gestoßen hatte, traten der Schule bei. Callistus lehrte, daß ein Bischof auch wegen einer Todsünde nicht abgesetzt werden dürfe, setzte Bischöfe, Presbyter und Diakonen ein, die in zweiter und dritter Ehe lebten, und ließ Geistliche, die heirateten, im Amte. Er machte von dem Spruche „Lasset das Unkraut mit dem Weizen wachsen“ die Anwendung, daß die Sünder in der Gemeinde bleiben sollten, deren Gleichnis die Arche Noah sei, in der reine und unreine Tiere waren. Er übte eine sträfliche Nachsicht, namentlich gegen vornehme Frauen, denen er gestattete, mit Sklaven oder Männern von niedrigem Stande zu leben, mit denen sie keine gültige Ehe eingehen konnten, ohne ihres Standes verlustig zu werden; und die Abneigung, Kinder von solchen Männern zu erziehen, führte diese Frauen zu neuen Verbrechen. So lehrte jener Gottlose zugleich Ehebruch und Mord. Unter ihm wurde auch von seinen Anhängern zuerst die Wiedertaufe versucht.

An der materiellen Wahrheit der hier berichteten Tatsachen kann kein Zweifel sein, aber ebenso klar ist, daß sie in feindseliger Weise zusammengestellt, gedeutet und beleuchtet sind. Inwiefern die Lehre des Callistus und seine Handhabung der geistlichen Zucht eine günstigere Beurteilung zuläßt, soll hier nicht erörtert werden. Nach der Darstellung des Autors bleibt es unbegreiflich, wie er von derselben Gemeinde, die ihn als gemeinen Verbrecher kannte, zum Oberhaupt gewählt werden konnte. Verschwiegen ist hier mindestens sein Eintritt in die Geistlichkeit, und wahrscheinlich noch manches andre, was eine solche Erhebung nach einer derartigen Vergangenheit verständlich machen könnte. Callistus scheint Archidiakonus des Papstes Zephyrinus gewesen zu sein; als solcher hatte er die Verwaltung der Gemeindekasse, die Austeilung des Gehalts an die Geistlichen, der Almosen an die Witwen und Waisen; in dieser Stellung konnte er schwer vermeiden, Unzufriedenheit zu erregen, aber kaum zum Bischof gewählt werden, wenn seine (achtzehnjährige) Verwaltung nicht eine im wesentlichen untadelhafte gewesen war.

Mit dem Namen des Callistus ist eine ehrwürdige, für die Geschichte des ältesten Christentums bedeutungsvolle Anlage und zugleich eine der glänzendsten Entdeckungen auf dem Gebiete der Archäologie unzertrennlich verknüpft. Jener von Zephyrinus an der Appischen Straße auf Besitzungen der Cäcilier neubegründete Begräbnisplatz ist allem Anscheine nach der erste staatlich anerkannte Friedhof der römischen Christengemeinde gewesen, während bis dahin die Bestattungen auf den Grundstücken einzelner Mitglieder erfolgten, an deren Besitztitel der Bestand der Begräbnisplätze geknüpft war. Diesen fortan nach Callistus benannten Friedhof, der die Ruhestätte der Päpste bis auf Miltiades (gest. 314) war, hat in unsern Tagen die unermüdliche, geniale und glückliche Forschung De Rossis wiederentdeckt.

Die Erzählung Hippolyts erinnert daran, was zuweilen vergessen wird, daß die christlichen Gemeinden sich von der übrigen Welt unmöglich völlig abschließen konnten, vielmehr fort und fort in die Mitleidenschaft der Gebrechen und Schäden der damaligen Kultur gezogen wurden. Daß freilich die Apologeten des neuen Glaubens dort nur Liebe und Eintracht, hier nur Haß und gegenseitige Verfolgung sahen, ist begreiflich. Man möge, sagt Origenes, die christlichen Gemeinden zu Athen, Korinth und Alexandria mit den dortigen heidnischen zusammenhalten: jene seien sanftmütig und ruhig, weil sie Gott gefallen wollen, diese voll Aufruhr und mit jenen durchaus nicht zu vergleichen; auch die Häupter und Ältesten der Gemeinde Gottes, selbst die Lässigeren und minder Vollkommenen, werde man auf dem Wege der Tugend weiter vorgeschritten finden als die Vorsteher der Bürgerschaften. Doch kann man kaum glauben, daß z. B. die Gemeinde zu Korinth seit jener Zeit, wo Paulus von ihr so viel Übles sagte, sich völlig umgestaltet hätte. Damals gab es in ihren Versammlungen „Uneinigkeit, Eifersucht, leidenschaftliche Ausbrüche, Parteiumtriebe, geschäftige Verleumdung, zischelnde Ohrenbläsereien und gespreizte Aufgeblasenheit, Unbotmäßigkeit", kurz Unordnungen jeder Art; und auch der gegen das Ende des 1. Jahrhunderts geschriebne Brief des sogenannten Clemens Romanus hat den Zweck, eine dort entstandene Parteiung beizulegen: es sei eine Schande für diese alte und zuverlässigste Gemeinde, daß sie sich wegen einer oder zweier Personen gegen ihre Ältesten auflehne. Nach dem (gegen die Mitte des 2. Jahrhunderts abgefaßten) „Hirten" des Hermas litt damals auch die römische Gemeinde an mannigfachen sittlichen Schäden und Gebrechen. Es fehlt nicht an Streitigkeiten und Feindseligkeiten, und auch gegen Ehrbegier, Hochmut, Habsucht, Ehebruch, Trunksucht u. a. richtet der Verfasser seine Ermahnungen. Der Bischof Cyprianus von Karthago, der 257 den Märtyrertod erlitt, sagt, die Verfolgung (unter Decius, welcher er sich durch die Flucht entzogen hatte) sei vielmehr eine von Gott angestellte Erprobung gewesen; die Christen hatten durch ihre Sünden mehr zu leiden verdient, der lange Friede hatte die sittliche Zucht untergraben. Bei den Priestern war keine Frömmigkeit, in den Amtsverrichtungen keine lautere Rechtlichkeit, in den Werken keine Barmherzigkeit, in den Sitten keine Strenge. Die Männer verkünstelten den Bart, die Frauen schminkten sich, malten die Augen, färbten die Haare. Er klagt ferner über unersättliche Habsucht, über schlaue Betrügereien zur Täuschung Einfältiger, über Listen zur Hintergehung von Brüdern, über Schließungen von Ehen mit Ungläubigen, leichtsinnig geschworene Eide und Meineide, hochmütige Verachtung der Vorgesetzten, giftige Schmähungen, hartnäckigen gegenseitigen Haß von Entzweiten. Viele Bischöfe waren mit Vernachlässigung ihres geistlichen Amts Agenten (Prokuratoren) weltlicher Herren geworden, hatten ihre Gemeinden im Stiche gelassen, um, in andern Provinzen umherreisend, gewinnreiche Geschäfte zu machen. Während Brüder in der Gemeinde darbten, jagten sie dem Gelde nach, rissen Grundstücke durch hinterlistigen Betrug an sich, erhöhten ihre Einnahmen durch Wucherzinsen. Johannes Chrysostomus sagt, da Wunder nicht mehr geschehen, seien die Heiden nur durch das Vorbild des Wandels der Christen zu bekehren: aber dieser sei durch und durch verderbt, und auch von Liebe bei ihnen nirgends eine Spur zu finden. Und bei Augustinus erwidert der Heide dem Christen, der ihn bekehren will: „Wie kannst du mir zureden, Christ zu werden? Mich hat ein Christ betrogen, und ich habe es niemals getan; mir hat ein Christ falsch geschworen, und ich habe es niemals getan." Die äußersten Ausbrüche der Glaubenszwietracht wurden allerdings in den ersten Jahrhunderten noch durch den auf der ganzen christlichen Welt lastenden Druck der Verfolgung niedergehalten; später, als kirchliche Streitigkeiten zu Rom in blutigen Kämpfen ausgefochten wurden (367), äußerte ein wohlwollender und verständiger Heide, daß kein wildes Tier dem Menschen so feindlich und verderblich sei, wie die meisten Christen einander.

So viele Ursachen nun auch zur Verbreitung des Evangeliums zusammenwirkten, so hat es doch offenbar in den höheren Ständen vor der Mitte oder dem Ende des 2. Jahrhunderts nur vereinzelte Anhänger gefunden. Hier leistete nicht bloß die philosophische sowie die sonstige, mit dem Götterglauben innig zusammenhängende Bildung den stärksten Widerstand, sondern hier führte das christliche Bekenntnis auch zu den gefährlichsten Konflikten mit der bestehenden Ordnung; endlich mußte die Lossagung von allen irdischen Interessen in den Kreisen, die im Besitz von Ehre, Macht und Reichtum waren, am schwersten fallen. Die Armen und Niedrigen, sagt Lactantius, glauben leichter als die Reichen; bei den letztern wird ohne Zweifel vielfach eine geradezu feindselige Stimmung gegen die sozialistischen Tendenzen des Christentums bestanden haben. Dagegen in den untern Schichten der Gesellschaft muß die (durch die Zerstreuung der Juden so ungemein begünstigte) Ausbreitung des Christentums sehr schnell erfolgt sein, namentlich in Rom selbst, wo ihre Menge schon im Jahre 64 sehr groß war. Ein Teil der unterirdischen christlichen Friedhöfe Roms gehört nach ihrer architektonischen Anordnung sowie nach dem Stil ihrer künstlerischen Dekoration wohl noch dem 1. Jahrhundert an. Gerade die ältesten Krypten sind reich an Stukkaturen und Fresken, und zwar im Stil und Geschmack dieser Zeit, wie namentlich der ursprüngliche Teil des Cömeteriums der Priscilla an der Via Salaria; die Wand- und Deckenmalereien mehrerer Teile des Friedhofs der Domitilla stimmen ganz mit den pompejanischen überein. Auch die ältesten Teile der Krypten der Lucina, des frühesten Bestandteils des Cömeteriums des Callistus, zeigen den klassischen Dekorationsstil und scheinen aus dem 1. Jahrhundert zu stammen.

Weit größere Fortschritte machte das Christentum im 2. Jahrhundert. Jener allgemeine Abfall von der Volksreligion in Bithynien, der dort die Tempel verödete und den jüngeren Plinius erschreckte, wird wenigstens in den östlichen Provinzen damals keine vereinzelte Erscheinung mehr gewesen sein. Das Bestehen christlicher, von Kleinasien aus gegründeter Gemeinden in

Vienne und Lyon unter Marc Aurel läßt annehmen, daß auch in den Kulturzentren des Westens die Saat des Christentums verhältnismäßig früh aufgegangen ist. In der zweiten Hälfte dieses Jahrhunderts führten christliche Schriftsteller bereits eine sehr stolze Sprache. Es gibt kein Volk, sagt Justinus (gest. 166), von Barbaren oder Hellenen, oder wie es sonst genannt werden möge, mag es selbst ohne feste Wohnungen auf Wagen umherziehen oder in Zelten ein Nomadenleben führen, in dem nicht im Namen des gekreuzigten Jesus Dank und Gebet an den Vater und Schöpfer des Alls gerichtet wird. Irenäus (Bischof von Lyon 177—202) spricht von christlichen Gemeinden in Germanien, Iberien, Gallien, im Orient, Ägypten, Libyen und im Mittelpunkte der Welt (Rom). Noch überschwenglicher und schon drohend äußert sich Tertullian. An wen, ruft er den Juden zu, glauben denn alle Völker als an den Gesalbten, der schon gekommen ist? Er zählt außer den Ländern, in denen nach der Apostelgeschichte Juden wohnten, auch Gätulien, Mauretanien, Spanien, „die von den Römern unbetretenen, Christus aber unterworfenen Gegenden Britanniens", sowie die der Sarmaten, die der Germanen und „viele andre ferne und unbekannte Länder, Provinzen und Inseln" auf. Er behauptet, daß die Christen bereits fast überall die größere Hälfte der Bevölkerungen ausmachten. „Würde es uns etwa", fragt er (im Jahre 197), „wenn wir nicht Rache im Verborgenen, sondern offene Feindseligkeit üben wollten, an Zahl und Menge fehlen? Sind etwa die Mauren, Markomannen und selbst Parther, und die größten, doch auf eine Gegend und ihr eignes Gebiet beschränkten Völker zahlreicher als die Bevölkerung der ganzen Erde? Wir sind von gestern, und schon haben wir euer ganzes Gebiet erfüllt, die Städte, Inseln, Kastelle, Munizipien, Flecken, selbst die Lager, die Tribus, die Dekurien, den Palast, den Senat, das Forum."

Diese Äußerungen sind nun freilich große, vielleicht um das Zehnfache größere Übertreibungen, als sie es heutzutage in bezug auf das Verhältnis der christlichen zu den Gesamtbevölkerungen in allen Weltteilen sein würden. Auch stehen sie im entschiedensten Widerspruche mit der um mehrere Dezennien späteren Äußerung des Origenes, der, in entgegengesetzter Richtung übertreibend, sagt, daß die Christen im Vergleich zur gesamten Bevölkerung des römischen Reichs nur „sehr wenige" waren. Aus den vorhandenen Angaben, deren Erhaltung freilich eine ganz zufällige ist, ergibt sich, daß bis 98 etwa 42, bis 180 etwa 74 Orte nachweisbar sind, in denen es christliche Gemeinden gab; bis 325 mehr als 550.

Im römischen Reiche aber waren die Christen nicht bloß noch im 3. Jahrhundert eine kleine Minorität, sondern diese Minorität gehörte wenigstens bis zu dessen Anfang fast ausschließlich den untersten Schichten der Gesellschaft an. Die Heiden spotteten, daß sie nur die Einfältigsten, nur Sklaven, Weiber und Kinder zu bekehren vermöchten, daß sie ungebildete, rohe und bäurische Menschen seien, ihre Gemeinden vorwiegend aus geringen Leuten, Handwerkern und alten Frauen beständen. Auch bestritten die Christen dies nicht. Nicht aus dem Lyceum und der Akademie, sagt Hieronymus, sondern aus dem niedern Volke *(de vili plebecula)* hat sich die Gemeinde Christi gesammelt. Galen sagt, die Christen, unfähig, ihren Glauben philosophisch zu begründen, hätten ihn aus Parabeln geschöpft, deren die meisten Menschen zu ihrer Belehrung bedürften. Ausdrückliche Zeugnisse christlicher Schriftsteller bestätigen, daß der neue Glaube selbst bis zur Mitte des 3. Jahrhunderts in den höheren Ständen nur vereinzelte Anhänger zählte. Eusebius sagt, der Friede, den die Kirche unter Commodus genoß, habe sehr zu ihrer Ausbreitung beigetragen, „so daß auch von den zu Rom durch Reichtum und Geburt hervorragenden Männern mehrere mit ihrem ganzen Hause und Geschlecht sich dem Heile zuwandten". Unter Alexander Severus sagt Origenes, daß gegenwärtig auch Reiche und manche der hohen Würdenträger sowie üppige und edelgeborene Frauen die christlichen Boten des Worts aufnahmen: Erfolge also, deren das Christentum sich früher nicht zu rühmen gehabt hatte. Nach Tertullian nahm Severus Männer und Frauen von senatorischem Stande, deren christliches Bekenntnis offenkundig war, in Schutz; und wie bereits erwähnt, erregte in der römischen Gemeinde die von Callistus gegen vornehme Proselytinnen geübte Nachsicht Ärgernis. Der Kaiser Valerianus erließ 258 ein Reskript an den Senat, wonach die dem Senatoren- und Ritterstande angehörigen Christen ihrer Güter verlustig sein und, wenn sie bei ihrem Glauben beharrten, mit dem Tode bestraft werden, die christlichen Angehörigen des kaiserlichen Hauses und Hofstaats in Ketten zur Strafarbeit auf die kaiserlichen Besitzungen verteilt werden sollten. Von der Zeit des Commodus ab ist also die Verbreitung des Christentums in den höheren Ständen ebenso ausdrücklich und vielfach bezeugt, wie es an solchen Zeugnissen für die frühere Zeit durchaus fehlt.

Damit stimmt vollkommen, daß Christen und Christentum bis gegen Ende des 2. Jahrhunderts in der klassischen Literatur nur sehr selten und beiläufig, gleichgültig und geringschätzig erwähnt werden. Die Äußerungen des jüngeren Plinius und Tacitus zeigen, daß die neue Sekte in Trajans Zeit die Aufmerksamkeit der höheren Kreise Roms noch nicht so weit erregt hatte, daß man es der Mühe für wert hielt, sich genauer über sie zu unterrichten. Epictet und Marc Aurel gedenken zwar des Mutes, mit dem die Christen in den Tod gingen, aber beiden schien dieser Mut nicht auf vernünftiger Überzeugung, sondern auf Gewöhnung und hartnäckigem Trotze zu beruhen; Marc Aurel fand überdies, daß er der Würde ermangle und selbst etwas Theatralisches habe. Daß Lucian in dem Glauben der Christen nichts als Betörung und Einfalt sah, ist bereits angeführt worden. Bei Aristides sind wohl unter den „Gottlosen in Palästina", mit denen der Redner die verworfenen Philosophen gleichstellt, die Christen zu verstehen; ihm erschien ihre Demut als Niedrigkeit der Gesinnung, ihre Überzeugungstreue als Anmaßung, und die Vereinigung zweier so entgegengesetzter Eigenschaften als für sie besonders charakteristisch. Galen, der die Tugend der Christen anerkannte, hatte für den unbedingten Glauben, mit dem die Anhänger des Moses und Christus an unbewiesenen Sätzen hingen, nur verächtliches Staunen, da ihm wie allen Heiden der Begriff eines religiösen Dogmas etwas völlig Fremdes war. In der weitschichtigen und höchst ausführlichen Geschichte Roms, die Cassius Dio unter Alexander Severus bis auf seine eigne Zeit fortführte, war offenbar der Christen nirgends gedacht: die unter Domitian verfolgten Christen waren nach seiner Angabe „des Atheismus und der Befolgung jüdischer Gebräuche" angeklagt, auch er hielt also das Christentum für eine jüdische

Sekte. Auch Herodian nennt sie nicht, und selbst die Verfasser der Kaiserbiographien, die zum Teil schon unter Constantin schrieben, erwähnen sie nur äußerst selten und beiläufig. Die ersten heidnischen Schriften gegen das Christentum erschienen nicht vor der Mitte des 2. Jahrhunderts. Die des Fronto wiederholten noch die absurdesten Erdichtungen des Pöbels; aber auch der Platoniker Celsus, der durch einen Juden über den Inhalt der christlichen Lehre genau unterrichtet war, sprach sich in seiner ausführlichen gegen sie gerichteten Schrift dahin aus, daß der Streit zwischen Juden und Christen (der seiner Meinung nach sich einzig darum drehte, ob der prophezeite Heiland bereits erschienen sei oder nicht) ein Streit „um des Esels Schatten" sei.

Die einzigen Personen der höheren Stände in der Zeit vor Commodus, deren Bekehrung zum Christentume mit größerer oder geringerer Wahrscheinlichkeit angenommen worden ist, sind der im Jahre 95 hingerichtete Konsul Flavius Clemens und dessen nach Pontia verbannte Gemahlin Flavia Domitilla. Dagegen für die gleichzeitig erfolgte Hinrichtung des Acilius Glabrio (Konsul 91) das Bekenntnis des Christentums als Grund vorauszusetzen, bietet wenigstens das unklare Exzerpt aus Cassius Dios Geschichte keinen hinlänglichen Anhalt; nach Sueton erfolgte seine Verurteilung auf Grund angeblicher Umsturzpläne.

Auch für die alte Sage von persönlichen Beziehungen des Philosophen Seneca zu dem Apostel Paulus hat sich trotz eifriger Bemühungen ein tatsächlicher Anhalt bisher nicht auffinden lassen, während andrerseits ihre Entstehung sehr begreiflich ist. Die theologische Anschauung, welche dem Heidentum die Fähigkeit einer sittlichen Erhebung aus eigner Kraft durchaus bestritt, wollte und durfte damals so wenig wie jetzt die mit der christlichen so wesentlich übereinstimmende Sittenlehre Senecas als ein Produkt der heidnischen Philosophie allein gelten lassen. Ihren Ursprung auf die Einwirkung des Apostels zurückzuführen, lag um so näher, als seine zweijährige Gefangenschaft in Rom ihn leicht in Berührung mit Seneca bringen konnte, zumal da der Prokonsul Junius Gallio, der den in Korinth von den Juden vor sein Tribunal geführten Apostel freisprach, dessen Bruder war. Tertullian kennt die Tradition noch nicht, er sagt, Seneca „ist häufig der Unsere": seine Übereinstimmung mit christlichen Lehren erschien ihm also keine durchgängige und als die eines außerhalb Stehenden. Ebensowenig kennen sie Lactantius und Augustinus. Der erstere nennt Seneca „des wahren Glaubens unkundig"; er hätte ein Verehrer des wahren Gottes sein können, wenn jemand ihn ihm gezeigt hätte; er würde Zeno und seinen Lehrer Sotion verachtet haben, hätte er einen Führer zur wahren Weisheit gefunden. Augustinus betrachtet seine Freiheit vom Wahnglauben der Heiden, die er aber als römischer Senator nicht öffentlich kundzugeben wagte, als eine Wirkung der Philosophie; über die Ausbreitung des ihm verhaßten Judentums habe er gestaunt, weil er die Absicht Gottes nicht kannte; die Christen habe er niemals erwähnt, um sie nicht loben oder tadeln zu müssen; das erstere wäre gegen die alte römische Sitte, das letztere vielleicht gegen seine Neigung gewesen. Doch las bereits Hieronymus Briefe, die zwischen dem Philosophen und dem Apostel gewechselt sein sollten, von denen einige noch vorhanden sind:

eine der zahlreichen literarischen Fälschungen, die der christliche Glaubenseifer verursachte. Eine Inschrift etwa vom Ende des 3. oder Anfang des 4. Jahrhunderts zeigt, daß in einer christlichen Familie, die ihren Ursprung auf die Annäus Seneca zurückführte oder doch ihren Namen von ihnen ableitete, jene Tradition wert gehalten wurde: eine Grabschrift zu Ostia ist von einem M. Annäus Paulus seinem Sohne M. Annäus Paulus Petrus gesetzt worden. Die Namen der Apostel waren bei den Christen sehr beliebt, der letztere sowie die Verbindung beider bei Heiden unerhört; ohne Zweifel sind beide Annäus Christen gewesen.

Die oft fast wörtlich mit den Äußerungen des Paulus über die allgemeine Sündhaftigkeit übereinstimmenden Aussprüche Senecas, die freilich „aus gleichartigen Zuständen, Erfahrungen und Stimmungen hervorgegangen“ sein müssen, sowie alles, was bei Seneca an christliche Anschauungen streift, erklären sich vollkommen aus einer Entwicklungsform der stoischen Philosophie, die in deren innerstem Wesen begründet war und in milden Geistern sehr natürlich gerade so sich gestaltete, wie wir es nicht bloß bei Seneca, sondern bei Epictet und Marc Aurel finden, von denen keine Tradition behauptet, daß sie aus christlichen Quellen geschöpft haben.

Nach allem also, was wir über die ersten Jahrhunderte wissen, ist es kaum denkbar, daß in der heidnischen Welt vor der Zeit der Severe die welthistorische Bedeutung der neuen, so wenig beachteten und so geringschätzig beurteilten Religion auch nur geahnt worden ist. Was konnte dieser Haufe geringer, unwissender, weltscheuer Menschen gegen die Ordnung des für die Ewigkeit gegründeten Weltreichs vermögen? Herrschen die Römer, rief man ihnen zu, nicht ohne euren Gott über die ganze Welt und über euch selbst? „Euer Gott“, sagt Celsus, „hat denen, die sich zu ihm bekennen, seinen Beistand versprochen und noch viel Größeres, wie ihr sagt, und seht nun selbst, wie er jenen (den Römern), und wie er euch geholfen hat. Statt daß ihr Herren der ganzen Erde sein solltet, ist euch nicht einmal eine Erdscholle oder ein Herd geblieben, und irrt ihr noch im Verborgenen umher, so wird nach euch gefahndet, um euch mit dem Tode büßen zu lassen.“ Vollends die Idee einer Weltreligion mußte in einem Reiche, wo so viele Religionen nebeneinander bestanden, unbegreiflich erscheinen. „Wäre es nur möglich“, sagt derselbe Autor, „daß alle Hellenen und Barbaren in Asien, Europa und Afrika bis zu den Grenzen der Erde einmütig an ein Gesetz glaubten! Aber wer das für möglich hält, ist ohne allen Verstand!“

Als sich aber der Sieg des Christentums mit der Gewährleistung der vollkommenen Religionsfreiheit seiner Bekenner durch Constantin entschieden hatte, und nun auch die siegreiche Religion sogleich ihre Macht zur Unterdrückung des Heidentums zu üben begann, als der alte Glaube nicht nur keinen Vorteil mehr gewährte, sondern seinen Anhängern je länger je mehr Ungemach und Verfolgung brachte: da hätte sein völliger Untergang und der Fortschritt zur Alleinherrschaft des Christentums sich in kürzester Zeit vollziehen müssen, wenn das Heidentum wirklich schon seit Jahrhunderten in Verfall und Auflösung begriffen gewesen wäre. Daß sein Widerstand noch zwei Jahrhunderte währte, obwohl auf beiden Seiten mit den ungleichsten Waffen gekämpft wurde; daß der nun völlig macht- und wehrlose Götterglaube so lange nicht sterben konnte, obwohl das Christentum unermüdlich und je länger desto schonungsloser alle seine Lebensregungen mit Zwang, Plünderung, Zerstörung und Verfolgung jeder Art zu töten fortfuhr: das beweist allein schon, wie gewaltig die Lebenskraft auch des gealterten Heidentums noch war. Nachdem seit den Toleranzedikten Constantins das Christentum sich (mit Ausnahme der kurzen Reaktion unter Julian) während eines Zeitraums von siebzig Jahren der Gunst und Förderung durch die weltliche Macht erfreut hatte, hatte es doch, wie bemerkt, schwerlich auch nur die Hälfte der Bevölkerungen gewonnen. Fast der ganze römische Adel war zur Zeit Julians der alten Religion ergeben, zu der auch noch unter Theodosius etwa die Hälfte des Senats sich bekannte, obwohl das Christentum damals und später in den Städten weit mehr als auf dem Lande verbreitet war; im Laufe des 4. Jahrhunderts nahm das Wort *paganus* (Landmann) die Bedeutung Heide an, und noch Endelechius nennt in dem oben erwähnten Gedicht von der Rinderseuche Christus den Gott, der in den großen Städten als einziger verehrt wird. Auch das Judentum in der Diaspora war vornehmlich Städtereligion, wenn auch nicht ausschließlich.

Aber auch in der seit 380 von Theodosius begonnenen Verfolgung, die nach dem Falle des von dem Vorkämpfer des Heidentums Nicomachus Flavianus unterstützten Prätendenten Eugenius 394 mit erneuerter Stärke fortgesetzt wurde, erwies der alte Glaube eine ungemein zähe Widerstandskraft. Mit Feuer und Eisen wurden erst im Orient, dann im Occident Tempel, Kapellen und Stätten der alten Kulte in Schutt und Asche gelegt. Doch wenn die zerstreute und wehrlose ländliche Bevölkerung unter bitteren Klagen die Zerstörung der Heiligtümer geschehen lassen mußte, „auf die sie für Mann, Weib und Kind, für ihr Vieh, ihre Staaten und Pflanzungen ihre Hoffnung setzten, und mit denen ihnen alle Freuden des Lebens unterzugehen schienen“: so kam es in den Städten oft genug zu blutigen Kämpfen zwischen den gegen die Tempel wütenden Scharen der Geistlichen und Mönche und dem Volke. Mit Ausnahme der direkten Zwangsbekehrung wurde jede Art der Gewalt zur Unterdrückung des Heidentums angewendet: Verbote aller Opfer und Kulthandlungen sowie des Tempelbesuchs unter Androhung der schärfsten Strafen, Aufhebung der Privilegien der Priester, deren Verweisung aus den Städten, Einziehung der Tempelgüter; doch die wiederholte Einschärfung dieser Anordnungen und Strafen während des 5. und noch im 6. Jahrhundert zeigt, wie äußerst langsam die Ausrottung des alten Glaubens auch dann erfolgte, als ihm scheinbar schon alle Lebensbedingungen entzogen waren. Daß mit der drakonischen Härte der Gesetzgebung sich zur Verfolgung des wehrlosen Heidentums nun auch Frevel und Raubgier verbanden, beweisen die wiederholten Ermahnungen des Augustinus, nicht unter dem Deckmantel der Religion die Heiden zu plündern, und ein kaiserliches Reskript vom Jahre 423. Oft zeigen noch jetzt zu Tage kommende sorgfältig vermauerte Verstecke, in denen heidnische Götterbilder und Kultgeräte verborgen sind, von diesen Jahren schwerster Verfolgung. Auch das Heidentum hatte nun seine Märtyrer, und die scheußliche Ermordung der schönen und tugendhaften Hypatia zu Alexandria im Jahre 415 zeigt, bis zu welchen Greueln der Fanatismus des christlichen Pöbels fortgerissen werden konnte.

Anderthalb Jahrhunderte hatte der systematische Vernichtungskampf gegen das Heidentum gewährt, und noch immer war sein Leben nicht völlig erloschen. Im Jahre 528 sah Justinian sich veranlaßt, eine große Verfolgung der sogenannten Hellenen anzuordnen. In Constantinopel selbst wurden unter Patriziern, Gelehrten und Ärzten zahlreiche Anhänger des alten Glaubens entdeckt und ergriffen, von denen sich einer den Tod gab, die übrigen das Christentum annahmen. Der Bischof Johannes von Ephesus bereiste 532 in kaiserlichem Auftrage die Provinzen Karien, Lydien und Phrygien und bekehrte und taufte dort 70.000 Menschen. Wer auf Götzenopfern betroffen wurde, sollte mit dem Tode bestraft werden. Im Occident hat die Flut der Völkerwanderung, die mit den Fundamenten der antiken Kultur zugleich die des Heidentums zerwühlte, dessen Untergang mächtig beschleunigt; doch wurde der letzte Apollotempel auf Monte Cassino erst 529 (wo die Landbevölkerung der Umgebung noch größtenteils heidnisch war) von dem heiligen Benedikt in ein Kloster umgewandelt, in demselben Jahre, in welchem die sieben letzten athenischen Philosophen, durch ein Edikt Justinians vertrieben, auswanderten, um eine Zuflucht in Persien bei König Chosroes zu suchen. Gregor der Große (Papst 590—604) erfuhr zu seiner Betrübnis, daß alle Bauern in Sardinien Götzendiener seien, und sandte den Bischof Victor zu ihrer Bekehrung; den Bischof von Caralis wies er an, gegen Götzendiener, Haruspices und Sklaven, die sich nicht durch Predigten bekehren lassen wollten, einzuschreiten; Wahrsager sollten körperlich gezüchtigt, Freie durch strenge Haft „zur Reue gebracht werden“. Mit den alten Götterbildern erhielt sich im Verborgenen auch deren Verehrung namentlich in Griechenland bis über die Grenzen des Mittelalters hinaus. Unter Alexius Komnenus (1081—1118) zerstörten Mönche das Bild der Artemis auf Patmos; Michael Apostolius, der Anhänger des Gemistius Pletho, fand um 1465 in Kreta Götterstatuen, an die er seine Gebete richten konnte.

Wenn nun die alte Fabel von der mit der Entstehung des Christentums beginnenden und durch vier Jahrhunderte fortwährenden Auflösung des Götterglaubens trotz aller mit ihr unvereinbaren Tatsachen immer noch (namentlich unter Theologen) zahlreiche Gläubige findet, so ist doch auch die richtige Ansicht, und zwar von keinem Geringeren als J. Burckhardt, ausgesprochen worden. Zum Untergange der Religionen, sagt er, genügt noch lange nicht, was man die innere Zersetzung nennt. Ja, es genügt noch nicht die Anwesenheit einer neuen, dem zeitweiligen metaphysischen Bedürfnis viel besser entsprechenden Religion. Beim Volk ist von alters her die Religion das wesentliche Stück der Kultur. „Eine neue Religion kann sich neben die alte stellen, sich mit ihr in die Welt teilen, aber von sich aus sie unmöglich verdrängen, selbst nicht, wenn sie die Massen für sich hat, — falls nicht die Staatsgewalt eingreift. Jede ausgebildete Religion höheren Rangs ist vielleicht relativ ewig (d. h. so weit ewig, als das Leben der sie bekennenden Völker), wenn nicht ihre Gegner diese Macht gegen sie aufzubieten vermögen. Vor der Gewalt unterliegen sie alle, wenn dieselbe konsequent gehandhabt wird, und zumal wenn es sich um ein einziges, unentrinnbares Weltreich wie das römische handelt. Ohne Gewalt oder doch ohne gleichmäßig gehandhabte Gewalt leben sie fort und tränken ihre Macht stets neu aus dem Geiste der Massen" „Ohne die Kaisergesetzgebung von Constantin bis auf Theodosius würde die römisch-griechische Religion noch bis heute leben. Ohne ein wenigstens zeitweises völliges, vom weltlichen Arm gehandhabtes (nötigenfalls mit den äußersten Mitteln verbündetes) Verbot würde die Reformation sich nirgends behauptet haben. Sie hat alle diejenigen Territorien wieder verloren, wo sie diesen Vorteil des weltlichen Arms nicht besaß und irgend eine beträchtliche Quote von Katholiken mußte fortleben lassen. So kann selbst eine junge und kräftig scheinende Religion partiell, gebietweise untergehen, vielleicht für solche Gegenden auf immer."

Übrigens konnte die Vernichtung des Heidentums keine völlige sein. In ihm waren Elemente, die aller Zerstörung Trotz boten, weil sie auf unabweisbaren Bedürfnissen eines großen Teils der Menschheit beruhten: und diese haben in neuen Formen innerhalb des Christentums Raum gefunden und so den Untergang des alten Glaubens überdauert. Es war nicht bloß das unter jeder Glaubensform auftretende Streben, durch Anrufung höherer Mächte Unheil von sich und seinem Besitze abzuwenden, das sich auch unter den Anhängern des Christentums der nur wenig abgeänderten Mittel des heidnischen Aberglaubens bediente, sondern auch die heidnische Festlust, die auch im neuen Glauben Befriedigung forderte und die Kirche veranlaßte, Gelage und Lustbarkeiten an den Gräbern der Märtyrer zu dulden und durch Verlegung christlicher Fest auf die Tage der abgeschafften heidnischen dem Volke für diese Ersatz zu leisten. So ist die Weihnachtsfeier seit dem 4. Jahrhundert auf den 25. Dezember gelegt, weil an diesem Tage im Osten die Wintersonnenwende gefeiert wurde und im römischen Festkalender auf diesen Tag der Geburtstag des von Aurelian zum Reichsgotte erhobenen Sonnengottes fiel; die Lichtmeßprozession des 2. Februar knüpft an den uralten städtischen Sühnumgang, das *(sacrificium) amburbale* an, und ähnliches mehr. Doch noch ganz andre Wirkungen übte die tiefe Sehnsucht, den unendlichen Abstand zwischen Menschheit und Gottheit durch Mittelwesen zu füllen, die den entgötterten Himmel aufs neue mit einem bald ins Unermeßliche wachsenden Chor heiliger Gestalten bevölkerte. Wenn Augustinus die Vergleichung des Kultus der Heiligen und Märtyrer mit dem Polytheismus zurückweist, haben andre Kirchenschriftsteller, wie Basilius, ihnen genau denselben Platz in der Weltordnung angewiesen wie der spätere Platonismus den Dämonen und Heroen, oder, wie Theodoret, zwischen diesem und jenem Kultus geradezu Parallelen gezogen, um nachzuweisen, „daß an die Stelle des Falschen und Irrigen das wahrhaft Göttliche getreten sei". „An allem demjenigen", sagt Theodoret, „was an den Gräbern der Märtyrer geschieht, sollten die Griechen am wenigsten sich stoßen; denn von ihnen kommen ja die Libationen, die Sühnungen, die Heroen, die Halbgötter, die vergöttlichten Menschen. Herakles, Asklepios, Dionysos, die Dioskuren und so viele andre sind zu Göttern erhobene Menschen: wie kann man es also den Christen vorwerfen, wenn sie die Märtyrer nicht zu Göttern machen, sondern als Zeugen und Diener Gottes ehren? — wer verdient es besser als sie, die die Vorfechter der Menschen, ihre Helfer und Beschützer, die Abwehrer der Übel, die Vertreiber der von den Dämonen verhängten Plagen sind? Kinderlose und unfruchtbare Frauen bitten sie, daß sie Mütter werden; wer eine Gabe erlangt hat, fleht sie um ihre Bewahrung an; die eine Reise unternehmen, bitten sie um ihre Begleitung auf dem Wege, Zurückkommende bringen ihnen ihren Dank dar; Zeugnisse der erfüllten Wünsche sind die ihnen geweihten Geschenke, goldene und silberne Bilder von Augen, Füßen und Händen. Die Tempel der Götter sind zerstört, denn seine eigenen Toten hat der Herr des Alls statt jener eingeführt, jene hinausgewiesen und ihre Ehren diesen verliehen. Statt der Pandien, Diasien, Dionysien und der andern Feste werden jetzt die festlichen Tage des Petrus, Paulus, Thomas, Sergius, Marcellus und andrer Märtyrer begangen." Wenn Theodoret hinzufügt, dies geschehe nicht mit heidnischem Gepränge und sinnlicher Lust, sondern mit christlicher Nüchternheit und Sittsamkeit, so ergibt sich auch aus den oben angeführten Zeugnissen christlicher Autoren, daß diese Behauptung mindestens großer Einschränkungen bedarf.

Die im Heiligenkultus der katholischen Kirche enthaltenen antiken Elemente treten so unverkennbar hervor, daß ein moderner Kulturhistoriker behaupten konnte, in Sizilien habe sich „der Polytheismus so vollkommen im Heiligenkulte erhalten, daß man es begreiflich finde, wenn dort gebildete Männer noch heutigentags alles Ernstes dem monotheistischen Islam den Vorzug vor dem Christentum geben". Aber der Prozeß der Angleichung ist nicht in der Weise vor sich gegangen, daß einfach alte Götter in der Ganzheit ihres Wesens sich in bestimmte christliche Heilige verwandelt hätten, und z. B. eine ganze Anzahl namentlich in der Heilung von Krankheiten und im Schutze gegen Seenot wirksamer Heiligen, insbesondere wenn sie paarweise auftreten, nichts andres wären als die ins Christliche übersetzten Dioskuren: diese Anschauung hat sich, mit soviel Geist und Scharfsinn sie auch verfochten worden ist, nicht als haltbar erwiesen. Aber wie man in späteren Jahrhunderten zuweilen aus einer antiken Statue einen Heiligen gemacht hat, so haben für die Ausgestaltung der Heiligenvorstellungen an bestimmten Orten die dort heimischen Götterdienste des alten Glaubens reiche Beiträge geliefert, und es sind vielfach auch die neuen Heiligen in gewisse Funktionen eingetreten, in denen sie alte Götter und Dämonen ablösten; so hat sich z. B. der bis tief ins Mittelalter hinein fortlebende heidnische Kultus heiliger Bäume vielfach mit der Verehrung bestimmter christlicher Heiligen, wie des heiligen Silvester und des heiligen Silvanus, verbunden. Hier und da in Gallien kehren die „Mütter" des keltischen Volksglaubens als die heiligen drei Marien wieder, und der in der ostjordanischen Landschaft verehrte Lenker des Sonnenwagens Helios Aumu gestaltete sich zu dem mit feurigen Rossen gen Himmel fahrenden Propheten Elias um. In viel weiterem Umfange als die Volksvorstellung war es die literarische Fixierung der Heiligenlegende, die mit Vorliebe an Motive aus dem antiken Mythus anknüpfte, wie sie z. B., um nur ein Beispiel von sehr vielen anzuführen, den christlichen Märtyrer Hippolytus von Pferden zerreißen ließ, weil dies das Ende des attischen Königssohnes war, dessen Namen er trug. Im einzelnen Falle muß immer sorgfältig unterschieden werden, ob es sich um ein Fortleben von Stücken heidnischen Glaubens oder um eine Weiterverwendung allgemein verbreiteter Ausdrucksformen religiösen Denkens oder um die Herübernahme novellistischer Wandererzählungen handelt.

XIV. DIE PHILOSOPHIE ALS ERZIEHERIN ZUR SITTLICHKEIT.

Daß auch die ganze antike Sittlichkeit im innigsten Zusammenhange mit der Religion steht, daß die Götter als Lenker der sittlichen Weltordnung und Vollstrecker ihrer Gesetze von den Menschen die Erfüllung der sittlichen Pflichten fordern, das Gute belohnen, das Böse strafen: dieses alles braucht für niemanden, der die antike Literatur auch noch so oberflächlich kennt, erst gesagt zu werden. Nachdem aber oben nachgewiesen worden ist, daß der Götterglaube auch im späten Altertum in den Massen unverändert fortbestand, bedarf die Ansicht der Widerlegung, es habe der Anthropomorphismus der griechischen Religion, der sich dann auch dem römischen Volksglauben mitgeteilt hatte, entsittlichend wirken können, indem er den Göttern menschliche Schwächen und Leidenschaften beilegte und sie die sittlichen Gesetze übertreten ließ. Daß die Christen bei der Bekämpfung des Heidentums sich dieses Arguments mit Vorliebe bedienten, versteht sich von selbst. Die Heiden, sagt Lactantius, können unmöglich tugendhaft sein, selbst wenn sie von Natur gut sind, da ihre Götter sie durch ihr Beispiel zum Laster anweisen, wie Juppiter zum Ehebruch, Mars zum Blutvergießen, Merkur zum Betruge usw. Augustinus meinte sogar, daß die von den Heiden verehrten Dämonen sich Schandtaten zuschreiben ließen, die sie nie begangen hätten, um die Gemüter der Menschen zu umgarnen und sie mit sich ins Verderben zu reißen. Aber auch unter den Anhängern des Götterglaubens fanden manche jene „Geschichten, welche die Sünde lehrten", sehr bedenklich. Dionys von Halikarnaß gab der römischen Theologie den Vorzug vor der griechischen, da der Nutzen der Legenden in der letzteren gering sei und sich nur auf die wenigen erstrecke, die ihren wahren Sinn erkannt hätten. Der große, der philosophischen Bildung bare Haufe dagegen werde durch sie zur Verachtung der Götter geführt oder dazu, die den Göttern beigelegten Schändlichkeiten und Verbrechen für erlaubt zu halten. Daß Dionys in seiner Polemik gegen die Unvernunft des Volksglaubens sich zu einer solchen Behauptung hinreißen ließ, ist um so begreiflicher, als man annehmen darf, daß die Sophistik, die ihre Virtuosität auch in der Verteidigung, ja im Preise des Verwerflichen zu zeigen liebte, nicht verschmähte, der Legende Argumente zu entlehnen: wie ja auch bei Aristophanes in den Wolken die „Ungerechte Rede" die Frage aufwirft, warum, wenn es eine Gerechtigkeit gebe, Zeus nicht dafür bestraft worden sei, daß er seinen Vater in Fesseln geworfen. In den Homilien des sogenannten Clemens Romanus soll eine tugendhafte Frau durch ein „Lob des Ehebruchs" verführt werden: vielleicht war auch dies ein Thema der Rhetorenschule zur Übung in der Kunst, des Schlechte als gut, das Unrecht als Recht erscheinen zu lassen. Der Verteidigung des Ehebruchs, die hauptsächlich mit Berufung auf die Liebschaften des Zeus und der andern Götter (auch die

Lehren der Philosophen) geführt wird, folgt eine Widerlegung, vielleicht ebenfalls ein Thema für Übungsreden. Dürfe man die Götter in ihren Liebschaften zum Muster nehmen, so auch in ihren Mahlzeiten: Kronos habe seine Kinder, Zeus die Metis verschlungen, Pelops sei sämtlichen Göttern als Speise vorgesetzt worden.

In der Tat ist es völlig undenkbar, daß die Taten, welche die Legende von den Göttern berichtet, jemals wirklich im Altertume Menschen in ihrem sittlichen Bewußtsein hätten beirren können, die überhaupt geistig und sittlich zurechnungsfähig waren; daß Ehebrecher, Mörder, Diebe ihre Verbrechen mit den Beispielen Juppiters, Merkurs usw. vor sich und andern im Ernst gerechtfertigt haben sollten. Ovid führt zum Beweise, daß es nichts gebe, was nicht, wenn mißbraucht, Schaden stiften könne, unter anderm an, daß Frauen, die im Entdecken von Gründen zum Sündigen geistreich sind, auch durch die Vergehungen der Göttinnen darauf geführt werden können: „Verdorbne Gemüter kann alles irre leiten.“ Seneca drückt sich über diesen Punkt so aus, als wenn er die Möglichkeit eines so unbedingten Glaubens an den Inhalt der Legenden, daß er den Menschen die Scheu vor der Sünde benehmen würde, gar nicht befürchtete; und ohne Zweifel mit Recht. Denn wenn die Ungläubigen den Volksglauben gerade wegen dieser Fabeln verwarfen, lösten die Vernunftgläubigen zu allen Zeiten die Widersprüche zwischen der Überlieferung und den Forderungen der Vernunft durch künstliche (euhemeristische oder allegorische) Auslegungen oder durch die Annahme, daß die von den Göttern erzählten unsittlichen Handlungen den nur halbgöttlichen Dämonen beizulegen seien; und die naiv und reflexionslos Gläubigen beschieden sich, hier Mysterien zu erkennen, an die das menschliche Verständnis nicht reichte, aus denen also um so weniger Normen für menschliches Handeln hergeleitet werden konnten.

Gegenüber den so überaus zahlreichen Zeugnissen für den Glauben an eine auf dem Willen der Götter beruhende und durch ihn aufrechterhaltene sittliche Weltordnung, die in der griechischen und römischen Literatur überall verstreut sind, beruft man sich auf einige wenige frivole Scherze in Lustspielen und Liebesgedichten, wo Verliebte für ihre Listen und Verirrungen, selbst für Schändlichkeiten das Beispiel des Zeus und andrer Götter zur Entschuldigung anführen, ja sogar auf den Monolog der Byblis in Ovids Metamorphosen, die ihre unnatürliche Leidenschaft für ihren Bruder durch die Geschwisterehe der Götter vor sich selbst zu rechtfertigen sucht! Mit demselben oder noch besserem Grunde könnte man die öfters aufgestellte Behauptung, die schon die christlichen Apologeten des Altertums in Verlegenheit setzte, daß die Vergehungen der Erzväter und andrer gottgefälliger Männer des Alten Testaments als demoralisierende Beispiele gewirkt haben, durch ähnliche scherzhafte oder freche Äußerungen in der neueren Literatur zu stützen suchen, in denen sich „der Teufel auf die Schrift beruft“: hier sei nur an ein sehr gemeines Gedicht Bürgers (Frau Schnips) erinnert. Ist es noch nötig, hervorzuheben, daß nicht bloß die bürgerliche Gesetzgebung jene Vergehungen überall streng bestrafte, sondern daß die Götter auch als Beschützer derselben Gesetze, die sie nach der Legende gebrochen hatten, verehrt und angerufen wurden, wie namentlich der griechische Zeus, der römische Juppiter ein Gott der Ehe war?

Mißverständnis der Natur der Gottheit und ihres Willens ist in keiner Religion ausgeschlossen. Benjamin Constant, dessen Bemerkungen über den Polytheismus überhaupt auch auf den damaligen Polytheismus Anwendung finden, erinnert sehr richtig daran, daß der allgemeine Geist der Kulte oft mit ihren sittlichen Geboten in Widerspruch steht, und daß die Leidenschaften, die jener anregt, diesen hemmend entgegentreten; daß oft genug Morde in gutem Glauben vollbracht worden sind, um einem Gotte zu gefallen, zu dessen Geboten das „du sollst nicht töten!“ gehört. „Die Fabeln, die eine Religion heiligt, sind der Gegenstand einer in gewisser Hinsicht mechanischen Gläubigkeit: sie scheinen sich zuweilen in einem besondern Fach der menschlichen Köpfe festzusetzen, ohne es je wieder zu verlassen. Rom führte seinen Ursprung auf die Liebschaft des Mars und der Rhea Silvia zurück, nichtsdestoweniger erlitt jede verführte Vestalin eine furchtbare Strafe.“ Constant erläutert den unzweifelhaft richtigen Satz, daß die Freiheiten, die sich die Götter in der Legende in bezug auf das Sittengesetz erlauben, keineswegs ihre Gleichgültigkeit gegen dasselbe beweisen, durch das Beispiel der Könige, deren Ausschweifungen nichts an den Gesetzen gegen die Ausschweifungen der Staatsangehörigen ändern. „In dem mazedonischen Lager wurde der des Mords überführte Soldat von Alexander verurteilt, obwohl er selbst der Mörder des Clitus war. Gleich den Großen dieser Welt haben die Götter einen öffentlichen und einen Privatcharakter. In jenem sind sie die Stützen der Sittlichkeit, in diesem folgen sie nur ihren Neigungen, aber Beziehungen zu den Menschen haben sie nur in ihrem öffentlichen Charakter.“ „Die Götter sind nicht Urheber, sondern Gewährleister des Sittengesetzes. Sie beschützen es, aber ändern es nicht, sie erlassen seine Gebote nicht, sondern erhalten sie in Kraft. Sie belohnen das Gute, bestrafen das Böse, aber ihr Wille entscheidet nicht, was gut und böse ist, und die menschlichen Handlungen leiten ihr Verdienst aus sich selbst ab.“

Wenn nun auch der Glaube an das Walten göttlicher Mächte, die Ehrfurcht vor ihrem Willen, die Hoffnung auf ihre Gnade, die Furcht vor ihrem Zorn im ganzen Altertum zu den wesentlichsten Stützen der Sittlichkeit gehört und (wie bemerkt) auch als solche gegolten haben, so war doch die Sittlichkeit nicht eigentlich darauf gegründet. Die Pflichten der Menschen gegen Gottheit, Menschheit und ihr eigenes Selbst waren nicht durch Offenbarungen eines höheren Willens, nicht durch die Lehre eines göttlichen Propheten verkündet; die Heiden hatten das Gesetz nicht von außerhalb empfangen, sie waren, wie der Apostel sagt, sich selbst das Gesetz, und sie waren nicht bloß auf die eigne Erkenntnis ihrer Pflichten, sondern auch auf ihre eigne Kraft gewiesen. Der Begriff einer absoluten, auf übernatürlicher Offenbarung beruhenden Wahrheit fehlte ihnen ganz, und damit das Verständnis dafür, daß der Glaube und vollends die Unterordnung der Vernunft unter den Glauben ein Verdienst sein, eine erlösende und beseligende Kraft haben können. Für sie war die höchste Aufgabe des denkenden Geistes das Suchen nach Wahrheit, dem nach der Überzeugung der Christen die Offenbarung für immer ein Ziel gesetzt hatte, so daß es fortan nicht bloß überflüssig, sondern auch nicht mehr erlaubt war. Wir haben nach Christus keine Wißbegier nötig, noch nach dem Evangelium eine Forschung, sagt Tertullian; wenn wir glauben, verlangen wir nichts, was über den Glauben hinaus ist. Die Heiden bezeichnet Paulinus von Nola als die, die ewig nach der Erkenntnis suchen, aber sie nie finden. Du sollst glauben, das war nach Julian dem Abtrünnigen der letzte Schluß der christlichen Weisheit, und der Arzt Galen, der von der Sittlichkeit der Christen eine hohe Meinung hatte, konnte die Gläubigkeit nicht begreifen, mit der sie, ebenso wie die Juden, an unbewiesenen Sätzen hingen. Während die Sendboten des Christentums die Erlösung durch den Glauben verhießen, verkündete die heidnische Philosophie die Befreiung durch das Wissen. Die Erkenntnis des Bösen und des Guten (nach der Genesis die Verheißung des Versuchers) war für sie das erreichbare Ziel des menschlichen Strebens, der aus eigner Kraft zu gewinnende Grund, auf dem allein die Sittlichkeit beruhen konnte. Nach Sokrates ist das Wissen die Wurzel alles sittlichen Handelns, die Unwissenheit die aller Verfehlungen; es gibt aber so wenig ein Wissen ohne Tugend wie eine Tugend ohne Wissen, und in demselben Sinne definierten die Stoiker die Tugend als Wissenschaft, die Untugend als Unwissenheit. Durch die Vernunft war also die Tugend und mit ihr die Glückseligkeit schon in diesem Leben erreichbar: durch sie vermochte der Mensch dem Göttlichen in seiner Natur deren niedere Triebe zu unterwerfen; denn daß die menschliche Natur von Grund aus böse sei, davon wußte das Heidentum nichts — selbst nach orphischer Lehre war ja in ihr das dionysische Gute ebensowohl wie das titanische Böse vorhanden —, deshalb war auch das Bedürfnis der Erlösung durch übernatürliche Gnade dem eigentlichen Wesen des antiken Geistes fremd; und erst als das Heidentum gealtert und seine Kraft gebrochen war, hat es je länger je mehr über ihn Macht gewonnen. Unter den heidnischen Tugenden war für die Demut ebensowenig ein Platz wie für jene Geduld, die dem, der eine Backe schlägt, die andre hinreicht. Und wenn Lucan dem das Leben von sich werfenden Cato die Worte in den Mund gelegt hat, den Göttern habe die Sache der Sieger gefallen, ihm aber die der Besiegten, so steht dieser die himmlischen Mächte des Irrtums zeihende Trotz dem christlichen Gefühl menschlicher Ohnmacht und Nichtigkeit und der demütigen Ergebung in den Willen Gottes gegenüber wie ein Pol dem andern.

Dem Wissenden (dem Weisen) wurden die Übel, welche die Menschheit quälen, wesenlos, oder sie vermochten doch nicht eine in sich selbst ruhende und abgeschlossene Seligkeit zu stören; war doch, wie Sokrates sagt, das ganze Leben der Philosophen eine Vorbereitung auf den Tod, der ihnen unter allen Menschen am wenigsten Schrecken einflößte. Durch die Erkenntnis ward der Mensch über das Niveau menschlicher Schwäche erhoben, den Einwirkungen der Außenwelt entzogen, für ihre Schläge unverwundbar. Jene Seligkeit aber bestand nicht im Besitze, sondern in der Entsagung, der Bedürfnislosigkeit, wie sie mit vollster Konsequenz der Kynismus anstrebte, im Verzichte nicht bloß auf äußere Güter, sondern auch auf die wichtigsten Interessen, auf die angebornen und beglückenden Neigungen und Gefühle der menschlichen Natur. Der Wahlspruch Epictets: Ertrage und entsage! faßt in gewissem Sinne die Summe der Lebensweisheit, also auch der Glückseligkeitslehre aller philosophischen Systeme zusammen. Das Ziel aller Erkenntnis, sagt Seneca, ist, das Leben zu verachten; glückselig, sagt Demonax, ist nur der Freie, und frei nur, wer nichts hofft und nichts fürchtet. In der Abschließung vom Staatsleben kommen Epikureismus und Stoizismus mit dem Christentum überein; wie der Apostel Paulus stellte nicht bloß Epikur, sondern auch Epictet die Ehelosigkeit über die Ehe; die Skepsis gründete die Glückseligkeit auf die Erkenntnis der Unmöglichkeit des Wissens, also eigentlich auf einen Verzicht selbst auf die Erkenntnis.

Die antike Philosophie überwand also die Schrecken des Todes nicht durch die Hoffnung auf eine überirdische Seligkeit, sondern durch die Erkenntnis des geringen Werts des irdischen Daseins. Und ebensowenig wie den Glauben und die Hoffnung der Christen besaß das Heidentum die Liebe, die aus Ehrfurcht vor dem, was unter uns ist, entspringt. Erst das Christentum hat die Menschheit gelehrt, „auch Niedrigkeit und Armut, Spott und Verachtung, Leiden und Tod als göttlich zu erkennen, ja Sünde und Verbrechen nicht als Hindernisse, sondern als Fördernisse des Heiligen liebzugewinnen und zu verehren". Die antike Welt ist davon weit entfernt gewesen, wenngleich es auch dort an einzelnen Regungen dieses Gefühls nicht gefehlt hat. Plato und Aristoteles haben für ihren Idealstaat die Tötung gebrechlicher und verstümmelter Kinder in Aussicht genommen. Seneca mißbilligt das Ertränken verkrüppelter und mißgeborener Kinder ebensowenig wie das Ertränken toller Hunde und kranken Viehs, das die ganze Herde anstecken könnte. Daß der Weise nach stoischer Lehre weder Mitleid empfinden noch verzeihen solle, können, wie Seneca meint, nur Unverständige als zu große Härte ansehen. Der Weise darf sich die Heiterkeit der Seele ebensowenig durch Mitleid wie durch andre Affekte trüben lassen, es ist eine Schwäche kleiner Geister, besonders der Weiber; er wird die Tränen der Weinenden trocknen, aber nicht mit ihnen weinen, er wird nicht bemitleiden, sondern helfen. Ebenso wird er zwar Milde und Gnade walten lassen, aber nicht verzeihen, denn Verzeihung ist der Erlaß einer verdienten Strafe.

Von der Gottheit fühlte der antike Mensch sich schon darum nicht durch einen unermeßlichen Abstand getrennt, weil er ihr nicht als Geschöpf dem Schöpfer gegenüberstand, und das verschiedene Verhältnis zur Gottheit bedingte auch ein verschiednes Verhältnis zur Menschheit. Die christliche Grundanschauung, daß alle Menschen Erschaffene eines Schöpfers, Kinder eines Vaters, folglich durch das Band der Brüderlichkeit verbunden, gleichberechtigt und gleichverpflichtet zu gleicher Liebe sind: diese Anschauung hat sich im außerchristlichen Altertum erst in der Zeit des römischen Weltreichs entwickelt: allgemein ist sie nie geworden. Im Gegensatze zu jener unterschiedslosen Gleichheit aller Geschaffenen vor Gott erkannte das griechische und römische Altertum die zahlreichen Abstufungen der menschlichen Existenz, die politische, nationale und soziale Entwicklungen geschaffen hatten, als zu Recht bestehend an, und weder ein göttliches Gebot noch ein sittliches Gesetz hinderte den Bevorzugten, sein besseres Recht gegenüber dem minder Berechtigten in seiner ganzen

Tragweite geltend zu machen. Die Existenz des Menschen war für den Menschen nicht in dem Grade heilig, wie sie es vor einer Gottheit sein muß, von der alles Leben ausgeht, und die das ihr allein zustehende Recht, ihre Geschöpfe zu vernichten, diesen gegeneinander nicht nur nicht eingeräumt, sondern ausdrücklich versagt hat. Aus der Stellung, die dem Menschen die antike Auffassung der Weltordnung anwies, ergab sich ihm mit seiner größeren Freiheit und Selbständigkeit auch eine weitergehende Befugnis, über die eigne Existenz sowie über die der in seine Obhut oder Macht Gegebenen zu verfügen. Nicht bloß der Herr hatte das Recht über das Leben seiner Sklaven, auch der Vater hatte es über das seiner Kinder, deren Aussetzung erst sehr spät für strafbar erklärt worden ist. In der Frage über die sittliche Zulässigkeit des Selbstmords waren die Meinungen geteilt. Plato, auch hierin dem Christentum sich nähernd, verneinte sie (im Anschluß an die Pythagoreer): der Mensch als Eigentum der Gottheit dürfe den ihm angewiesenen Ort nicht eigenmächtig verlassen; doch Plotin fand den Selbstmord nicht unter allen Umständen verwerflich. Die Stoiker und Kyniker erklärten ihn nicht bloß für zulässig, sondern sahen darin die höchste Betätigung der sittlichen Freiheit.

Was endlich die Stellung der Christen in den ersten Jahrhunderten zu der heidnischen Ethik betrifft, so haben sie mindestens großenteils den fundamentalen Gegensatz „der Tugend aus Gerechtigkeit und der Tugend aus Gnade" offenbar nicht in seiner ganzen Schärfe empfunden. Für Clemens von Alexandria, wie für alle Christen, die in jener Zeit der Philosophie einen wesentlichen Teil ihrer Bildung verdankten, war es unzweifelhaft, daß auch sie die Wahrheit enthielt, mochte diese Wahrheit von den Philosophen aus dem Alten Testament entlehnt oder ihnen von niedern Engeln zugetragen worden sein; das Falsche daran rührte aus Mißverständnissen her oder war von Pseudopropheten eingeschwärzt, die der Teufel gesandt hatte. Die Philosophie verhielt sich zum Christentum wie das Abgeleitete zum Ursprünglichen, wie Bruchstücke und Teile zum Einen und Ganzen; sie war eine Vorläuferin Christi, die zu der in ihm kommenden Vollendung erzog; wie den Juden das Gesetz, so war sie den Heiden gegeben. So wurden von Juden und Heiden einige gerecht vor Gott, vor allen Plato und sein Lehrer Sokrates (die in Luthers Augen gottlose Heiden waren) redeten nach Gottes Geist. Auch für die Christen war sie wertvoll, ja unentbehrlich; die sie verschmähenden Glaubenschristen fürchteten sie, wie die Kinder die Larven, ohne sie beurteilen zu können.

Seit der Mitte des 2. Jahrhunderts v. Chr. hatte, wie gesagt, die Verbreitung griechischer Philosophie nach Rom und dem Westen begonnen und trotz aller Versuche sie aufzuhalten, stetig zugenommen. Die Vervielfältigung der Beziehungen zu Griechenland, die immer im Steigen begriffene Einwanderung griechischer Gelehrter in Rom, die immer häufigeren, oft mit längern Aufenthalten verbundenen Reisen der Römer nach Griechenland, alles dies leistete auch dem Eindringen griechischer Kunst und Wissenschaft und namentlich Philosophie mächtigen Vorschub. Als Cicero die unfreiwillige Muße seiner letzten Jahre (45—43) damit ausfüllte, die wichtigsten Resultate der nacharistotelischen Philosophie römischen Lesern in populärer Form zugänglich zu machen, kam er offenbar einem unter seinen gebildeten Landsleuten höchst verbreiteten und lebhaft empfundenen Bedürfnisse entgegen. Seine philosophischen Werke, die so wesentlich dazu beigetragen haben, allen folgenden Jahrhunderten die Kenntnis griechischer Philosophie zu vermitteln, bildeten den Kern der neu entstehenden römischen philosophischen Literatur; ihre gelesensten Schriftsteller zählt Quintilian auf: es waren (außer Lucrez) die Stoiker Brutus, Plautus und Seneca, der Anhänger der (der Stoa nahestehenden) Sextier Cornelius Celsus und der Epikureer Catius, zu denen dann im 2. Jahrhundert noch der Platoniker Apulejus und später die Neuplatoniker Cornelius Labeo und Marius Victorinus hinzugetreten sind.

Obwohl nun aber seit dem Untergange der Republik die der Verbreitung griechischer Philosophie in der römischen Welt günstigen Einflüsse sich vermehrten und an Stärke gewannen, so erhielt sich doch jene altrömische Abneigung gegen sie, die im wesentlichen auf dem Gegensatze des auf praktische Zwecke gerichteten Sinns gegen die Theorie, des Realismus gegen den Idealismus beruhte. Die Ansicht, die Ennius eine seiner Personen aussprechen ließ, daß es wohl gut sei, von der Philosophie zu nippen, aber nicht sich in sie zu versenken, war auch die des Tacitus und aller gleichgesinnten römischen Staatsmänner und Patrioten, die notwendig Gegner einer Spekulation sein mußten, die zur Gleichgültigkeit gegen den Staat und seine wichtigsten Interessen führte. Erkannte man gleich die Forderung an, sich mit den Lehren der Philosophie bekanntzumachen, gestand man ihr auch einen heilsamen, „die Leidenschaften mäßigenden" Einfluß zu: so erschien doch in diesen Kreisen ein allzu eifriges Studium ihrer Doktrinen für einen Römer und Senator unerlaubt. Helvidius Priscus, der das Studium der stoischen Philosophie trieb, „um gegen Schicksalsschläge gerüstet sich den Staatsgeschäften zu widmen", und in allen Lebensverhältnissen den höchsten sittlichen Anforderungen genügte, machte nach Tacitus' Ansicht eine Ausnahme, da die meisten die „höheren Studien" nur trieben, um „unter prächtigen Namen einen trägen Müßiggang zu verhüllen". Der so hoch verehrte Musonius Rufus spielt bei Tacitus die Rolle eines lächerlichen Pedanten, der seine Weisheit im ungeeignetsten Moment auskramt: er versucht (im Jahre 70) durch Vorträge über die Güter des Friedens und die Übel des Kriegs auf die vor den Toren Roms stehenden Legionen des Antonius Primus Eindruck zu machen und entgeht mit Mühe den Mißhandlungen der Soldaten. Auch Quintilian stellt den „bürgerlichen und wahrhaft weisen Mann, der sich nicht müßigen Erörterungen, sondern der Staatsverwaltung widmet", den Philosophen gegenüber, die ihr wie überhaupt allen bürgerlichen Pflichten so fern wie möglich stehen. „Welcher Philosoph", fragt er, „ist jemals als Richter oder in Volksversammlungen hervorragend tätig gewesen? Welcher hat sich je mit der Staatsverwaltung, für welche die meisten Regeln geben, befaßt?" Der jüngere Plinius rühmt den Titius Aristo als einen Mann, der keinem von denen, welche die Philosophie in ihrer äußern Erscheinung zur Schau tragen, an Reinheit, Frömmigkeit, Gerechtigkeit, Seelenstärke nachstehen dürfte. „Doch sucht er nicht Gymnasien und Säulengänge auf und vertreibt sich und andern mit langen Vorträgen die müßige Zeit, sondern ist stets in der Toga und in Geschäften." Vollends unverträglich mußte eine eingehende Beschäftigung mit der Philosophie Männern dieser praktischen Richtung für einen Regenten erscheinen. Welche Kritik die philosophischen Studien Marc Aurels bei diesen Gegnern der Philosophie erfuhren, davon geben einige Äußerungen des Prätendenten Avidius Cassius eine Probe. Er nannte den Kaiser bald den „Disputierer", bald das „philosophische alte Weib": er „stellt Untersuchungen über die Elemente und über die Seelen und über Tugend und Gerechtigkeit an und hat kein Herz für den Staat. — Du hast gehört, daß der Präfekt des Prätoriums unseres Philosophen, der drei Tage vor seiner Ernennung bettelarm war, plötzlich reich geworden ist." Als Alexander Severus auf den Rat seiner Mutter Mamäa das Studium der Musik und Philosophie aufgab, bestärkten ihn in seinem Entschlusse die ihm statt eines Orakels gebotenen Vergilischen Verse, die den Römer zur Beherrschung der Völker berufen nennen, während andre Völker in Kunst und Wissenschaft den Preis erringen mögen.

Wie die Mutter Alexanders, so hatte auch die Mutter Neros ihren Sohn vom Studium der Philosophie abgehalten, zu dem er durch den Stoiker Chäremon, den durch Seneca angeleitet worden war, „weil sie für einen künftigen Regenten schädlich sei". In den Kreisen, die ein lebhaftes Interesse an der Aufrechthaltung der bestehenden Ordnung hatten, vor allem in Regierungskreisen und an den Höfen, wurde die Philosophie nicht sowohl gering geachtet als gefürchtet: der Cäsarismus erkannte in der „Ideologie" für sich eine Gefahr, und nicht ohne Grund. Die Rede, in welcher Cassius Dio den Mäcenas vor Augustus die Grundsätze der kaiserlichen Politik entwickeln läßt, enthält auch eine Warnung vor den Philosophen, die revolutionäre Ansichten verbreiten. Der Kaiser möge nicht glauben, daß alle wirklichen oder angeblichen Philosophen gute und rechtschaffne Männer seien, weil er Areus und Athenodorus als solche erprobt habe: vielmehr bedienen sich viele dieser Maske, um Staaten und einzelnen unzählige Übel zuzufügen. In der Tat bekannten sich, wie die Mörder des ersten Cäsar, so überhaupt Frondierende und namentlich die hervorragendsten Führer der senatorischen Opposition im 1. Jahrhundert zu den Lehren der stoischen Schule, darunter Republikaner, wie Pätus Thrasea und Helvidius Priscus, die nach einem politischen Märtyrertume strebten, und von den Teilnehmern an der Pisonischen Verschwörung gegen Nero (65) mindestens Lucan und Seneca. Die Verdächtigungen des Stoizismus und der Philosophie überhaupt fanden bei den Kaisern nur zu leicht ein offenes Ohr. Schon im Jahre 62 war Rubellius Plautus im Exil getötet worden, der, wie Tigellinus Nero vorstellte, die „Nachahmung der alten Römer zur Schau trug und die Anmaßung der stoischen Schule angenommen hatte, welche unruhige und die Gefahr aufsuchende Geister bilde und erzeuge". Zur Verfolgung Thraseas (im Jahre 66) ward Nero von Capito Cossutianus gereizt, der dessen Fernbleiben von den Senatsberatungen als Auflehnung, ihn selbst als ein Parteihaupt schilderte: er habe Anhänger oder vielmehr Trabanten, die noch nicht den Trotz seiner Äußerungen, doch sein Benehmen und seine Manieren nachahmten, starr und finster, als wollten sie den Kaiser der Ausgelassenheit bezichtigen. Entweder möge man jene Grundsätze annehmen, wofern sie die besseren seien, oder den

Neuerungssüchtigen ihre Führer und Anstifter entreißen. Diese Sekte habe die Tuberonen, die Favonier, Namen, die sogar dem alten Freistaate verhaßt waren, erzeugt. Um die Monarchie zu stürzen, schützen sie die Freiheit vor; haben sie jene gestürzt, so werden sie die Freiheit selbst angreifen. Der Eidam des Thrasea, Helvidius Priscus, der mit jenem, wie man in Rom erzählte, die Geburtstage des Brutus und Cassius festlich beging, wurde unter Vespasian (zum zweitenmal) verbannt und in der Verbannung getötet. Er, der später zu den gefeierten Idealgestalten der stoischen Schule gehörte, den der jüngere Plinius und auch Tacitus trotz seiner Eingenommenheit gegen das politische Märtyrertum mit Verehrung nennen, wird von konservativen Monarchisten wie Sueton und Cassius Dio verurteilt und sein Untergang als ein selbstverschuldeter dargestellt. Nach der Darstellung des ersteren bewies Vespasian seinem herausfordernden Trotze gegenüber die äußerste Langmut, wollte seinen Tod, leider zu spät, verhindern und hatte ihm nicht eher gezürnt, als bis er von ihm „durch höchst freche Schmähungen beinahe zurechtgewiesen" worden war. Dios Darstellung ist nur bruchstücks- und auszugsweise erhalten; allerdings sucht er die Gehässigkeit des Verfahrens gegen Helvidius und die Philosophen überhaupt Vespasians mächtigstem Freunde Mucianus aufzubürden, aber Helvidius sei aufrührerisch und ein Pöbelfreund gewesen, habe stets die Monarchie geschmäht, die Demokratie gelobt, demgemäß gehandelt und andre aufgereizt; als ob es die Aufgabe der Philosophie sei, die Regierung mit Kot zu bewerfen, die Massen aufzuregen, das Bestehende umzustürzen und Umwälzungen herbeizuführen. Helvidius habe Thrasea nachgeahmt, ihm aber weit nachgestanden. Thraseas Opposition war gegen einen Nero gerichtet und blieb doch in Rede und Handlung maßvoll, sie beschränkte sich auf passiven Widerstand. Helvidius war mit einem Vespasian unzufrieden und trat ihm öffentlich und in Privatkreisen entgegen, er suchte den Tod und büßte für vielfache Verschuldungen. Auch andre Stoiker und der von Seneca bewunderte Kyniker Demetrius äußerten nach Dio öffentlich Ansichten, die mit dem Bestehenden unverträglich waren, und so erfolgte (wohl im Jahre 74) eine Ausweisung aller Philosophen aus Rom, mit alleiniger Ausnahme des (von Nero verbannt gewesenen) Musonius Rufus; Demetrius und ein Hostilius wurden auf Inseln verwiesen. Eine zweite Verbannung der Philosophen erfolgte im Jahre 95 durch Domitian, im Zusammenhange mit dem Prozesse des Stoikers Junius Arulenus Rusticus, der Thrasea in einer Lobschrift einen heiligen Mann genannt hatte, und andrer gleichgesinnter Senatoren: „die ganze Verfolgung traf die politische Opposition, insofern sie in der Literatur und auf dem Katheder ihren Ausdruck fand, und während die namhaftesten Schriftsteller und Lehrer kriminell bestraft wurden, wies die Regierung die große Masse derselben aus der Hauptstadt aus".

Nach dem Tode Domitians änderte sich mit dem ganzen Regierungssystem auch die Stellung der Kaiser gegenüber der Philosophie, die nun nicht bloß aufhörte, als regierungsfeindlich zu gelten, sondern bald auf jede Weise begünstigt wurde. In einem bald nach Domitians Tode (96 oder 97) geschriebenen Briefe äußert Plinius seine Freude über das herrliche Wiederaufblühen des geistigen Lebens in Rom, wovon die Beispiele zahlreich und leuchtend seien; doch genüge es, eines anzuführen, die Vorträge des stoischen Philosophen Euphrates. An Trajan rühmt Plinius, daß er sich die Erziehung der Jugend ganz besonders angelegen sein lasse, den Lehrern der Beredsamkeit und Philosophie große Ehre erweise. „Die Studien, die mit dem Exil von einem Fürsten bestraft worden waren, der im Bewußtsein seiner Laster alle dem Laster feindlichen Bestrebungen mehr aus Scheu als aus Haß verbannte, hegt nun Trajan und zieht sie in seine Nähe. Sie haben Blut und Leben, haben ihr Vaterland wiedergewonnen". Dio von Prusa, der unter Domitian in der Verbannung gelebt hatte, kehrte nach seinem Tode zurück; die Regierung des ihm von früher befreundeten Nerva war zu kurz, als daß er von seiner Gunst hätte Vorteil ziehen können; doch Trajan soll ihn geflissentlich ausgezeichnet haben, und Dio sagt in einer seiner für ihn bestimmten paränetischen Reden über die Herrschaft: der Kaiser erfreue sich an Wahrheit und Freimütigkeit, nicht an Schmeichelei und Lüge. Hadrian, welcher den Umgang mit Philosophen wie mit Gelehrten aller Art suchte, hat vielleicht zuerst öffentliche Lehrer der Philosophie in Rom angestellt, und es hängt auch wohl damit zusammen, daß unter demselben Kaiser die Häupter der großen Philosophenschulen in Athen römische Bürger sein müssen, was wohl auch für den Vorsteher des alexandrinischen Museums gilt. Antoninus Pius stellte öffentliche Lehrer der Philosophie in allen Provinzen an, nach seinem Schreiben an den Landtag der Provinz Asien sollte die Abgabenfreiheit, die bei andern Lehrern auf eine nach der Größe der Städte sich bestimmende Zahl beschränkt war, für die Philosophen unbeschränkt gelten, da es ihrer so wenige gebe. Die Besoldungen der ins Museum zu Alexandria berufenen Gelehrten, also auch der dortigen Philosophen, dauerten fort; in Athen wurden durch Marc Aurel aus den vier bedeutendsten Schulen öffentliche Lehrer bestellt.

Unter diesem Philosophen auf dem Thron wurde die Philosophie Mode, selbst bei den Frauen; der einst so sehr verfolgte Stoizismus galt nun als Empfehlung und wurde von Strebern zum Schein angenommen oder zur Schau getragen. Von den Lehrern des Kaisers in der Philosophie sah man besonders den Stoiker Q. Junius Rusticus und den Peripatetiker Cn. Claudius Severus hochgeehrt und einflußreich. Jener, ein Sohn oder Enkel des von Domitian Hingerichteten, war der Ratgeber Marc Aurels in allen öffentlichen und privaten Angelegenheiten und sein Wort galt im Frieden wie im Kriege; der Kaiser umarmte ihn stets vor den Präfekten des Prätoriums, ernannte ihn zweimal zum Konsul und ließ ihm nach seinem Tode durch den Senat Statuen errichten. Cn. Claudius Severus, ein vornehmer Mann, war bereits 146 Konsul gewesen, seinen gleichnamigen Sohn (Konsul 163 und 173) erhob Marc Aurel zu seinem Schwiegersohne. Von den spätern Kaisern legte namentlich Septimius Severus in Befolgung des von Marc Aurel gegebenen Beispiels Interesse für Philosophie an den Tag, und nach Tertullian genossen unter ihm die Philosophen große Redefreiheit; trotz ihrer Angriffe gegen die Kaiser erhielten sie Gehälter und Statuen. Auch des Septimius Severus' Gemahlin Julia Domna wandte sich, als sie mit ihm durch die Ränke des Günstlings Plautianus zerfallen war, der Weltweisheit zu und umgab sich mit Philosophen.

In der Zeit der Verdächtigungen und Verfolgungen der Philosophie fehlte es übrigens nicht an Philosophen, die sich eifrig bemühten, sich und ihre Wissenschaft den Regierungen als vollkommen ungefährlich darzustellen. Martials Freund und Landsmann, der Sachwalter Decianus aus Emerita, bekannte sich zwar zu den Lehren Thraseas und Catos, d. h. er war Stoiker, aber vernünftig genug, um nicht mit bloßer Brust auf entblößte Schwerter zu rennen, wofür Martial ihn lobt: er will keinen Mann, der den Ruhm mit übereilter Vergießung seines Bluts erkauft, sondern einen, der auch ohne Märtyrertum Lob verdient. Seneca hat in seinen Briefen die Philosophie wiederholt gegen den Vorwurf der Regierungsfeindlichkeit in Schutz genommen. In einem Briefe, der zur Zeit der beginnenden Verdächtigungen geschrieben sein mag, spricht er so, als wenn es ganz undenkbar sei, daß sie je in diesem Sinne beargwohnt werden könnte, obwohl gerade aus seiner Verteidigung hervorgeht, daß bereits Angriffe erfolgt waren. Man müsse, sagt er, sich aus der Gefahr der Welt flüchten und bei der Philosophie eine sichre Zuflucht suchen, der Wissenschaft, die nicht bloß bei den Guten, sondern auch bei den nicht allzu Schlechten wie eine Priesterbinde schütze, die auch die Schlechtesten ehren. „Niemals wird die Nichtswürdigkeit so stark werden, nie eine solche Verschwörung gegen die Tugend zustande kommen, daß nicht der Name der Philosophie ehrwürdig und heilig bliebe." Übrigens muß man sie mit Bescheidenheit und Ruhe üben. Er läßt sich einwenden, ob dies etwa Cato getan habe? und mißbilligt ausdrücklich dessen Beteiligung nicht bloß am Bürgerkriege, sondern auch an den vorausgehenden Parteikämpfen als fruchtlos. Er verweist auf das Beispiel der Stoiker, die, vom Staatsleben sich ausschließend, in ihrer Zurückgezogenheit sich um die Veredlung des Lebens und die Begründung der allgemeinen Menschenrechte „ohne Beleidigung eines Mächtigeren" bemüht haben. Der Weise werde nicht suchen, durch sein Beispiel die allgemein angenommenen Sitten zu erschüttern, nicht suchen, die Aufmerksamkeit des Volks durch die Neuheit seiner Lebensweise auf sich zu ziehen. Unbedingte Sicherheit kann man freilich auch ihm nicht versprechen. In einem späteren Briefe werden dagegen die Anklagen der Philosophie als schon wirklich erhobene widerlegt. „Diejenigen scheinen mir zu irren, welche glauben, daß die treuen Anhänger der Philosophie hartnäckig und widerspenstig seien und Verächter der Behörden und Könige und Verwalter des Staats." Im Gegenteil ist niemand diesen dankbarer als gerade sie; denn sie bedürfen am meisten der Ordnung und Ruhe zur Verfolgung ihrer höheren Lebenszwecke und verehren den, der sie gewährt, wie einen Vater, weit mehr als jene unruhigen Ehrgeizigen, die zwar den Fürsten viel verdanken, aber ihnen ihre Dienste auch hoch anrechnen und nie mit dem Lohne zufrieden sind. Aber jener reine und wahrhaftige Mann, der auf die Kurie und das Forum und die ganze Staatsverwaltung verzichtet hat, um sich zu höheren Dingen zurückzuziehen, liebt diejenigen, die es ihm möglich machen, dies in Sicherheit zu tun, er allein legt für sie ein unverkauftes Zeugnis ab und ist ihnen ohne ihr Wissen zu großem Danke verpflichtet. Wie er seine Lehrer verehrt und achtet, durch deren Wohltaten er aus jenen Irrgängen entkommen ist, so auch sie, unter deren Schutz gestellt er edle Wissenschaft übt. Die Wohltat des allgemeinen Friedens wird in höherem Grade denen zuteil, die ihn gut benutzen. Wieder in einem späteren Briefe heißt es: man müsse mit der Philosophie nicht prahlen, denn für viele sei sie eine Ursache der Gefahr geworden dadurch, daß sie mit Anmaßung und Trotz geübt wurde; „sie soll deine Fehler tilgen, nicht andern die ihren vorwerfen. Sie entferne sich nicht von der allgemeinen Sitte, und scheine nicht das zu verdammen, was sie vermeidet. Man kann ohne Prunk, ohne Gehässigkeit weise sein". Die Aufforderung an die Philosophen, alles Auffallende zu vermeiden, wiederholt sich öfters: schon der Name der Philosophie sei verhaßt, auch wenn sie mit Bescheidenheit geübt werde, um so mehr, wenn man durch Zurschautragen einer übertriebnen Askese und Weltverachtung sich von dem Herkommen ausschließe; leicht werde dann lächerlich und gehässig, was Bewunderung erregen sollte. Man solle die Philosophie nicht gleichsam als ein Aushängeschild brauchen, auch seine Zurückgezogenheit solle man verbergen, vermeiden, daß sie zum Gegenstand des Gesprächs werde, die Aufmerksamkeit der Menschen errege.

Man sieht, daß Seneca keineswegs nur die Befürchtungen und Anklagen der Vertreter und unbedingten Anhänger des bestehenden politischen Systems gegen die Philosophie als ungegründet darzustellen bemüht ist, welche letzteren übrigens in allen Lebenskreisen schon darum sehr zahlreich gewesen sein müssen, weil alle zu ihnen gehörten, die um jeden Preis Ruhe und Ordnung als Basis allen materiellen Fortschrittes wollten. Der großen Masse mußte die Philosophie auch wegen ihrer hohen sittlichen Anforderungen, ihrer strengen Verurteilung laxer Moral, ihrer die selbstzufriedne Trägheit unaufhörlich aufrüttelnden Strafreden und Ermahnungen im höchsten Grade unbequem, und überdies der Anspruch der Philosophen, besser zu sein und höher zu stehen als andre Menschen, um so beleidigender sein, je auffallender sie sich auch in Erscheinung und Tracht, Lebensweise und andern Äußerlichkeiten zu erkennen gab. In diesem Sinne ist die Anklage gegen den Stoizismus gehalten, die Mucian bei Cassius Dio an Vespasian richtet. Die Stoiker seien von eitler Anmaßung erfüllt. Ein langer Bart, hinaufgezogene Augenbrauen, ein grober Mantel und bloße Füße seien einem genug, um sich für weise, mannhaft, gerecht auszugeben und in die Brust zu werfen, wenn er auch nicht die Anfangsgründe des Wissens besitze. Sie sehen geringschätzig auf alle andern herab, sie werfen dem Schönen Zuchtlosigkeit, dem Reichen Habsucht, dem Armen Servilismus vor usw. Aus demselben Grunde erklärt Dio von Prusa die allgemeine Unbeliebtheit der Philosophie in Griechenland. Die Philosophentracht (Mantel ohne Unterkleid, langes Haar und Bart) zieht, wie er sagt, jedem, der sich darin zeigt, Neckereien, Hohn und Spott, selbst Mißhandlungen zu, denn die meisten Menschen haben die Philosophen in Verdacht, daß sie alle Nichtphilosophen verachten, verdammen und im stillen verlachen wegen ihres Mangels an Erkenntnis dessen, was den Menschen frommt, besonders die von allen beneideten Reichen. Deshalb glauben die meisten, den Philosophen mit Spott und Verachtung zuvorkommen, sie womöglich als Toren und Verrückte darstellen zu müssen, womit sie denn zugleich bewiesen haben, daß die Vernunft auf ihrer Seite ist. Kurz, die Tracht, die jeden, der sie trägt, als schonungslosen Ermahner, Strafredner und Sittenrichter bemerklich macht, wird von allen so ungern gesehen wie die Tracht des Pädagogen von den Kindern.

Mit diesen Antipathien wirkte bei der Menge der Halbgebildeten und Ungebildeten ein sehr schlagender Grund zusammen, die mühsamen Studien, auf die so großer Wert gelegt wurde, zu verachten und zu verlachen: sie waren völlig nutzlos, denn durch sie erreichte man weder Beförderung oder Ansehen, noch erwarb man in der Regel Geld. Persius, der die aufgeblasenen Kleinstädter überhaupt als Verächter aller höheren (griechischen) Bildung schildert, legt den Hohn gegen die Philosophie als eine brotlose Kunst der Centurionen in den Mund, die auch sonst in den Städten Italiens als tonangebende Personen erscheinen und wohl überall in mittleren und unteren Lebenskreisen eine tonangebende Rolle spielen. Preist man vor diesen Männern mit geschwollenen Krampfadern die Freiheit des Weisen, so stößt sofort ein riesiger Fulfennius ein fettes Gelächter aus und taxiert 100 Griechen zu einem abgegriffenen Hundertasstück. „Ich, sagt ein andrer von diesem nach dem Bock stinkenden Volke, „bin für mich klug genug und kümmere mich wenig darum, so zu sein wie Arcesilaus und die sich plagenden Solonen, wenn sie mit gesenktem Kopf, den Blick auf die Erde geheftet, für sich murmeln oder schweigend wie Verrückte die Lippen kauen und mit vorgestreckter Unterlippe Worte auf die Waagschale legen, in tiefem Nachdenken über Delirien irgendeines alten Schwachkopfs: als, daß aus nichts nichts wird, nichts in nichts zurückkehren kann. Darum seht ihr so blaß aus? Darum soll man ein Frühstück versäumen?" „Darüber lacht die Menge, und die prallen jungen Burschen erheben ein wieherndes Gelächter nach dem andern, daß ihnen die Nasen kraus werden." Ebenso gründlich verachtete natürlich die Masse der Geld- und Geschäftsleute die Philosophen. Trimalchio ordnet an, daß auf seinen Grabstein gesetzt werden soll: „Er hat klein angefangen und ist groß geworden, er hat 30 Millionen Sesterzen hinterlassen und nie einen Philosophen gehört."

Aber der Vorwurf der gänzlichen Nutzlosigkeit und Überflüssigkeit wurde gegen die Philosophie auch aus gebildeten Kreisen erhoben, und zwar im Namen und von seiten des gesunden Menschenverstands, der damals, wie zu allen Zeiten, sich zutraute, dieselben Ziele und Resultate, welchen die Spekulation auf weiten, mühsamen Umwegen zustrebte, längst erreicht zu haben, und daher leugnete, etwas von ihr lernen zu können. Wozu namentlich die vielen künstlichen Systeme der Moralphilosophie bei der Einfachheit und Unumstößlichkeit des allen Menschen angebornen Sittengesetzes? Und welche Philosophie lehrte denn die Wahrheit, da jede Schule die Doktrin aller andern für falsch erklärte?

Von diesem Standpunkte aus wurde die Philosophie besonders von denen angegriffen, welche die Beredsamkeit als Ziel aller Bildungsbestrebungen ansahen, und dies wird im spätern Altertum vielleicht die Mehrzahl der Gebildeten gewesen sein. Die so natürliche, auf innern Gegensätzen beruhende, fort und fort durch äußre Anlässe genährte Eifersucht zwischen Rhetoren und Philosophen, „den Künstlern der reinen Form der Rede und den Ergründern des innersten Wesens der Dinge", führte zu unaufhörlichen, oft erbitterten Streitigkeiten über den relativen Wert der beiden Wissenschaften. Schon die Schüler wurden zur Teilnahme an diesen Kämpfen vorbereitet. Zu den in der Rhetorenschule deklamierten Kontroversthemen gehörte folgendes: Ein Vater hinterläßt drei Söhne, einen Redner, einen Philosophen und einen Arzt; er setzt im Testament den zum alleinigen oder bevorzugten Erben ein, der nachweisen werde, daß er dem Staat am meisten nütze. Hier wurde dann für jede der drei Wissenschaften und gegen die beiden andern gesprochen und die völlige Nutzlosigkeit der Philosophie an ihren Früchten gezeigt. Die viel erörterte

Frage, ob die Tugend gelehrt werden könne, wurde verneint. Die besten Männer, die Fabricier, Curier, Decier, seien ohne Philosophie geworden, was sie waren, aus den Philosophenschulen dagegen die größten Verbrecher hervorgegangen, wie aus der des Sokrates Tyrannen und Vaterlandsfeinde. Selbst zugestanden aber, daß man durch Unterricht zur Weisheit gelangen könne, so bliebe der einzuschlagende Weg ungewiß, denn alle Schulen ständen miteinander in Widerspruch. Viele Philosophen bekennen überdies, daß es trotz aller Bemühungen einen wahrhaft Weisen noch nie gegeben habe. Welchen Nutzen brächte also die Philosophie? Wäre sie im Kriege oder für bürgerliche Ämter zu brauchen? Nichts finde man bei ihnen als Heuchelei, Faulenzerei und Anmaßung, durch die sie sich Ansehen zu verschaffen wissen. Ihre Behauptung, daß sie zur Verminderung der Laster beitragen, widerlegt der Augenschein.

Daß namentlich die Lehrer der Beredsamkeit mindestens zum großen Teil prinzipielle Gegner der Philosophie waren, ist einleuchtend. Gegen solche war eine angeblich von Plutarch verfaßte Schrift gerichtet. Von dem älteren Seneca sagt sein Sohn, daß er die Philosophie haßte; seine Gattin verhinderte er, sich eingehend mit ihr zu beschäftigen. Quintilian, der den vom alten Cato gegebenen Begriff des Redners als „eines sittlich guten, der Rede kundigen Manns" streng festhielt, behauptet, daß die Ethik eigentlich ein Teil der Redekunst, nur durch die Schuld der sie vernachlässigenden Redner von ihr abgelöst, von „schwächeren Geistern" in Besitz genommen und ein eigenes Fach geworden sei: die Redner müßten dies Gebiet als ein ihnen gehörendes zurückfordern. Da der wahre Philosoph nichts andres sein kann als ein sittlich guter Mann, also dasselbe, was der wahre Redner ebenfalls ist, so ergibt sich die Überflüssigkeit einer besondern Philosophie. Quintilian benutzt, obwohl er von seinem Idealredner auch philosophische Studien verlangt, jede Gelegenheit, um seiner Gereiztheit gegen die Philosophen Luft zu machen, ihr sklavisch ängstliches Festhalten an den Schuldoktrinen und -ausdrücken, ihre endlosen und sophistischen Erörterungen, ihre weitläufigen Apparate zur Begründung der einfachsten Sätze, ihre Anmaßung, ihre Heuchelei, ihre dem Staatswohl zuwiderlaufende Weltflucht und Tatenscheu zu geißeln, den einzelnen Schulen ihre Schwächen mit Behagen vorzuhalten. Auch Dio von Prusa hatte als Rhetor die Philosophie, der er sich später zuwandte, leidenschaftlich angegriffen.

Wahrhaft komisch äußert Fronto seinen Ingrimm gegen die Philosophie, die seinen kaiserlichen Schüler Marcus der Beredsamkeit abtrünnig gemacht hatte. Dies war um so mehr zu bedauern, als Marcus sich, wie Fronto an ihn schreibt, schon als Knabe durch Adel des Geistes und Würde der Gedanken auszeichnete, denen nur der Glanz des Ausdrucks gefehlt habe; die Vorbereitungen und Anstrengungen, die gemacht werden mußten, um auch diesen sich anzueignen, seien ihm wohl zu mühsam geworden; so habe er das Studium der Beredsamkeit verlassen und sei zur Philosophie abgesprungen, „wo es keine Einleitung mit Sorgfalt auszuarbeiten, keine Erzählung kurz, deutlich und geschickt anzubringen, keine Beweisgründe aufzusuchen, nichts hervorzuheben" gab. Bei seinen Lehrern der Philosophie hatte er es natürlich leichter. Er brauchte nur ihren Erläuterungen zuzuhören und durch Kopfnicken anzudeuten, daß er verstanden habe; während andre lasen, konnte er meistens schlafen; er mußte viel und lange abzählen hören, „das erste wär' so, das zweite wär' so", und sich mühsam beweisen lassen, daß es hell sei, wenn es Tag sei, während die Sonne ins Fenster schien. Dann konnte er ruhig nach nach Hause gehen und brauchte nichts in der Nacht auszudenken oder schriftlich aufzusetzen, nichts seinem Lehrer vorzulesen, nichts aus dem Kopfe aufzusagen, keine Ausdrücke aufzusuchen, keine Synonymen zum Schmuck anzubringen, nichts aus dem Griechischen ins Lateinische zu übersetzen. Was konnte bei einem solchen Studium erreicht werden!" Aber Marcus wollte nun einmal, wie Fronto sagt, lieber reden als beredt sein, und sich lieber mit Zwitschern und Murmeln als mit hellen Klängen vernehmen lassen.

Auch Lucian ist trotz all seiner Verstimmungen gegen die damalige entartete Rhetorik, trotz seines im „Zweimal Angeklagten" an sie im Alter von fast 40 Jahren gerichteten Absagebriefs und seines angeblichen Übergangs zur Philosophie im Grunde ein echter Rhetor geblieben und spricht, wie Quintilian, der Sepekulation vom Standpunkte des gesunden Menschenverstands die Berechtigung ab. Auch für ihn bestand die Philosophie in der praktischen Lebensweisheit, die nicht bloß an kein bestimmtes System gebunden, sondern auch jedem denkenden Nichtphilosophen erreichbar war. Ihm waren die Philosophen im allgemeinen verhaßt, wenn er auch einzelne (und zwar den verschiedensten Schulen angehörige) ausnahm; und nicht bloß wegen des Kontrastes zwischen ihren Lehren und ihrem Lebenswandel. Die Eitelkeit, Torheit, Wesenlosigkeit und Lächerlichkeit aller philosophischen Studien ist der Gegenstand des Dialogs Hermotimus. Hermotimus, der schon seit 20 Jahren, in das eifrigste Studium der stoischen Philosophie vertieft, keine Vorlesung versäumt, Tag und Nacht über Büchern sitzt, sich keine Freude gönnt, blaß und abgemagert aussieht, hofft in weiteren 20 Jahren an sein Ziel zu gelangen! Doch er muß schließlich zugestehen, daß, um irgendeine Philosophie für die alleinseligmachende zu erklären, zuvor eine Prüfung aller Systeme angestellt werden müßte, die allein etwa zweihundert oder doch hundert Jahre erfordern würde. Und wo ist die Gewißheit, daß die Wahrheit überhaupt in irgendeinem System enthalten ist? Und wäre auch die einzig wahre Philosophie zu ermitteln, wie wäre man sicher, den rechten Lehrer für sie zu finden? Und bei alledem sind die Bemühungen derer, die Philosophie studieren, gar nicht auf den eigentlichen Zweck gerichtet, nicht auf die Betätigung ihres Wissens durch Handlungen, sondern auf unselige Wortklauberei, Syllogismen, Trugschlüsse und schwer zu beantwortende Fragen, und sie bewundern ihre Lehrer, wenn sie andre durch Sophismen in Verlegenheit setzen. Anstatt nach der Frucht zu streben, arbeiten sie sich um die Rinde ab und beschütten einander mit Blättern.

Aristides endlich hat offenbar eine ihm auch durch seine Stellung in der literarischen Welt auferlegte, heilige Pflicht zu erfüllen geglaubt, indem er in dem Kampfe zwischen Rhetorik und Philosophie für die erstere mit dem ganzen Gewicht seiner Autorität eintrat. In zwei ausführlichen Reden „Für die Rhetorik" hat er sie gegen die Anschuldigungen des Platonischen Sokrates (im Gorgias) in Schutz genommen. Sie ist nicht bloß, was dort geleugnet wird, eine Kunst, sondern steht auch mit allen Kardinaltugenden in unlösbarem Zusammenhange: sie ist von der Weisheit um der Gerechtigkeit willen erfunden und wird von der Tapferkeit und Sittsamkeit beschützt; derjenige, welcher weiß, wie man reden, weiß auch, wie man handeln muß: kurz, die Redekunst ist Fundament und Inbegriff der sittlichen sowohl wie der geistigen Bildung. Zwar versichert Aristides, er sei weit entfernt, die Philosophie selbst anzugreifen, er sei mit den größten und besten Philosophen seiner Zeit umgegangen und betrachte sie als seine Erzieher. Doch in der Tat verbirgt sich hinter diesen konventionellen Anpreisungen eine starke Abneigung, ja ein gewisser Haß des Rhetors gegen die Philosophie. In einer überlangen Rede hat er die vier großen athenischen Staatsmänner, Miltiades, Themistokles, Kimon und Perikles, gegen die Anklagen des Platonischen Idealismus verteidigt, und hier hat er die ganze Schale seines Zorns über die damaligen Philosophen ausgegossen. Wenn man auch dergleichen ungerechte Anklagen von dem großen Plato geduldig hinnehmen möchte, so sei es doch nicht zu ertragen, daß ganz nichtswürdige Menschen sich ein solches Verfahren förmlich zur Aufgabe machten und selbst einen Demosthenes zu lästern wagten. Wer würde die Schmähungen solcher Menschen selbst gegen Lebende dulden, „die mehr Sprachfehler machen, als sie Worte hervorbringen, die auf die übrigen mit der Verachtung herabsehen, die sie selbst verdienen, die die andern prüfen, sich selbst aber niemals, und die Tugenden preisen, aber nicht üben". „Noch niemals haben sie (gleich den Rhetoren) eine fruchtbringende Rede gesprochen oder erfunden oder verfaßt, nicht Festen Schmuck verliehen, nicht die Götter geehrt, nicht Städten Rat erteilt, nicht Trauernde getröstet, nicht Hadernde versöhnt, nicht die Jugend oder jemand anders ermahnt, nicht auf Schmuck für ihre Reden gedacht. Sondern, in ihre Löcher kriechend, sinnen sie dort ihre herrliche Weisheit aus, indem sie gegen einen Schatten prahlen, Windhalme ernten, aus Sand Seile drehen, ich weiß nicht, welches Gewebe auflösen: denn so viel sie an Weisheit gewinnen, so viel vermindern sie ihren Gewinn, indem sie glauben, stolz sein zu dürfen, wenn sie von der Rhetorik übel reden; etwa wie die Sklaven zwischen den Zähnen auf ihre Herren fluchen, besonders die stets geprügelten, oder wie ein Satyr auf der Bühne dem Herakles flucht und sich versteckt, wenn dieser auf ihn losgeht. Es ist aber ganz natürlich, daß sie von allen übel reden, denn daran haben sie Überfluß, und wenn sie auch keiner Person gedenken, sagen sie doch das, was sie sagen, übel: sie teilen also nur von dem Ihrigen mit. Nähme man ihnen die Lüge und die Bösartigkeit, so raubte man die Kraft aus ihrem Leben. Und dabei halten sie der Welt den herrlichen Namen der Philosophie wie ein Schaustück entgegen, als ob der Name es täte; als ob ein Thersites durch den Namen des Hyazinth oder Narziß schön, ein Margites durch den des Nestor weise würde.

Aus den bisher angedeuteten Gründen stand also eine große Zahl höchst verschiedner Kreise der Philosophie ablehnend oder feindselig gegenüber: römische Patrioten, Konservative aus Überzeugung, Instinkt oder Interesse, Alltagsmenschen, denen jede Erhebung über die Mittelmäßigkeit Unbehagen erregte, Hasser der Prätention, banausische Utilitarier, Gegner und Verächter aller Spekulation, Vertreter der nichtphilosophischen Bildung, die für ihr eignes Interesse und Gebiet kämpften. Sie alle konnten ihre Ansicht von der Entbehrlichkeit, Wertlosigkeit oder Schädlichkeit der Philosophie nicht besser unterstützen als durch Berufung auf die Erfahrung: diese lehrte, wie sie behaupteten, daß die Philosophen im allgemeinen sittlich nicht höher oder sogar tiefer ständen als die Mehrzahl der Durchschnittsmenschen. Der Name eines

Philosophen machte daher jeden, der ihn sich beilegte, zum Gegenstand einer scharfen, unnachsichtigen und mißgünstigen Beobachtung von den verschiedensten Seiten her, die seinen sittlichen Gebrechen, Schwächen und Lächerlichkeiten eifrig nachspürte, um sie triumphierend aufweisen zu können. Wenn die Leute, sagt Epictet, einen Mann mit einem groben Mantel und langem Haar sich unanständig betragen sehen, so heißt es sofort: Seht da, was der Philosoph tut; während man doch vielmehr nach seiner Handlungsweise sagen müßte, daß er kein Philosoph ist. Als Gellius von Cassiope nach Brundisium übersetzte, brachte ein furchtbares Unwetter das Schiff in die größte Gefahr. Während alles jammerte und klagte, sah sich Gellius nach einem mitreisenden berühmten stoischen Philosophen um, um aus seinem Aussehen auf seine Gemütsstimmung zu schließen: dieser äußerte zwar keine Klage, verriet aber seine Furcht durch die Farblosigkeit und den Ausdruck seines Gesichts. Als der Sturm nachgelassen hatte, trat sogleich ein reicher asiatischer Grieche, der mit großem Gefolge und luxuriöser Ausstettung reiste, an den Stoiker heran und verhöhnte ihn, daß er sich in der Gefahr gefürchtet habe und blaß geworden sei. Der Philosoph wies diese Impertinenz vornehm ab, das bescheidne von Gellius über denselben Punkt geäußerte Bedenken beschwichtigte er durch Verweisung auf eine Stelle bei Epictet, nach welcher auch dem Weisen das Blaßwerden gestattet war.

Am häufigsten hatten sich vermutlich die Philosophen dafür zu verantworten, daß sie das Geld nicht verachteten. Ulpian sagt bei Erörterung der Prozesse wegen schuldiger Honorare für Unterricht oder sonstige Leistungen von Gelehrten: die Philosophen könnten seines Erachtens Ansprüche auf Honorar gerichtlich nicht verfolgen; sie hätten vor allem zu erklären, daß sie jede „Lohnarbeit" verschmähten. Seneca hat dagegen in einer längeren Abhandlung zu beweisen versucht, daß Philosophen reich sein dürfen. Diejenigen freilich überzeugen zu wollen ist er weit entfernt, die nicht zugeben können, daß überhaupt jemand sittlich gut ist, weil sie die Tugend eines andern als Vorwurf empfinden, die den Namen der Tugend und jeden, der sie übt, hassen; für sie ist selbst der Kyniker Demetrius nicht arm genug. Freilich bleiben die Philosophen weit hinter ihren Idealen zurück, deren Erreichung die menschliche Kraft übersteige, aber schon sie im Geist festzuhalten und ihnen nachzustreben sei löblich. Er selbst macht auf den Namen eines Weisen keinen Anspruch, er ist nur ein der Wahrheit Beflissener, nicht mit den Besten zu vergleichen, doch besser als die Schlechten, und zufrieden, in der sittlichen Vervollkommnung stetig fortzuschreiten. Der Reichtum gehört zu den indifferenten Dingen, die nicht völlig wertlos sind; der Philosoph liebt ihn nicht, zieht ihn aber vor, da er ihm die Möglichkeit gewährt, eine Anzahl guter Eigenschaften zu entwickeln, wie Mäßigung, Freigebigkeit, Sorgfalt, Ordnung, Hochherzigkeit. Auch Cato von Utica, der die gute alte Zeit mit ihrer Armut pries, besaß 4 Millionen Sesterzen — Seneca selbst freilich 300. Daß solche Entschuldigungen der Widersprüche zwischen Theorie und Praxis, Ideal und Wirklichkeit auf die prinzipiellen Gegner der Philosophie keinen großen Eindruck machen konnten, leuchtet ein, besonders da Philosophen sich nur zu oft schlimmere zuschulden kommen ließen. Schon Seneca bekennt, daß es deren gab, denen man Schlemmerei, Maitressen, Annahme von Geschenken vorwerfen konnte, die man in der Kneipe, im Ehebruch, unter den Hofschranzen antraf.

Und jede Unwürdigkeit oder Schändlichkeit, die einer von ihnen sich zuschulden kommen ließ, warf einen Makel mindestens auf seine ganze Schule. Der Verrat, den der Stoiker P. Egnatius Celer gegen seinen Patron Barea Soranus im Jahre 66 geübt hatte, war noch ein Menschenalter später in frischem Andenken und wird als Probe der „Schandtaten der großen Mäntel" angeführt.

Wenn aber den vermögenden Philosophen der Reichtum vorgeworfen wurde, so hieß es von den armen, daß für sie eine erhabne Gesinnung wohlfeil sei. Der Stoiker Chäremon verlangt, sagt Martial, man solle ihn wegen seiner Verachtung des Todes bewundern. Diese Seelenstärke gibt ihm seine Bettelarmut: daß er nichts sein nennt, als einen zerbrochenen Krug, einen kalten Herd, eine Matte, eine Wanze, einen nackten Schragen und eine kurze Toga, die ihm auch bei Nacht als Decke dient. Was für ein großer Mann, der sauern Wein, schwarzes Brot und eine Streu aufzugeben vermag. Wenn er nur in Reichtum und Üppigkeit lebte, würde er dreimal Nestors Jahre zu leben wünschen und nichts von diesem Licht verlieren wollen. In der Armut ist es leicht, das Leben zu verachten; stark ist, wer unglücklich zu sein vermag. Appian sagt, wo die Philosophen zur Macht gelangt seien, hätten sie sie mit größerer Härte geübt als die bildungslosen Tyrannen und dadurch auch gegen die übrigen Philosophen Verdacht und Zweifel erregt, ob sie die Philosophie um der Tugend willen oder nur als Trost für Armut oder Tatenlosigkeit erwählt haben. Auch jetzt gebe es viele, die arm und ohne Wirksamkeit, und mit der infolgedessen notwendigen Weisheit angetan, auf die Reichen oder Hochgestellten bitter schmähten, sich dadurch aber nicht sowohl in den Ruf der Verachtung des Reichtums und der Macht, als vielmehr der neidischen Eifersucht auf beides brächten. Die Geschmähten täten am klügsten, wenn sie sie nicht beachteten.

Die Verstimmungen und Angriffe gegen die Philosophie vermehrten sich, je größer die Zahl, folglich je gemischter die Gesellschaft der Philosophen wurde, und es ist ein Symptom für die fortschreitende Ausbreitung der Philosophie in Rom in der zweiten Hälfte des 1. Jahrhunderts, daß (mindestens bereits unter Domitian) Heuchler vielfach anfingen, sie als Maske zu benutzen, hinter der sie am ungestraftesten sündigen zu können hofften. Quintilian spricht wiederholt mit Erbitterung von diesen Menschen, die, wenn sie einige Zeit in den Vorlesungen der Philosophen gesessen hätten, mit heuchlerischen Mienen und langen Bärten sich durch Verachtung andrer Ansehen erschwindelten, öffentlich streng und finster taten, zu Hause grobe Ausschweifungen begingen; sie hätten den Namen der Philosophie verhaßt gemacht, unter diesem hätten sich zu seiner Zeit die größten Laster, die ärgsten Schandtaten versteckt. So hatte sich auch der hochbegabte, aber sittlich haltlose Palfurius Sura, der unter Domitian das Delatorengewerbe trieb und deshalb gleich nach Nervas Regierungsantritt zum Tode verurteilt wurde, nach seiner Ausstoßung aus dem Senat durch Vespasian der stoischen Schule angeschlossen. Dürftige Stoiker und Kyniker mit ungeheuren, struppigen Bärten waren damals in Rom gewöhnliche Erscheinungen, und unter Domitian wie auch unter Trajan wimmelte dort jeder Stadtbezirk von grämlich aussehenden Wüstlingen, die das Wesen der Curier zur Schau trugen und deren Leben in der Tat eine Reihe von Orgien war. Diese Heuchler erregten den Unwillen ehrlicher Leute auch durch ihre Unwissenheit, trotz der zahlreichen Gipsbüsten von Chrysipp und andern Philosophen, mit denen sie ihre Bücherbretter schmückten. Sie waren wortkarg bis zur Stummheit und trugen das Haar noch kürzer geschoren als die Augenbrauen; doch mancher von diesen Stoikern, die gleich einem dritten Cato gegen den Sittenverfall der Mitwelt predigten, verriet seine Üppigkeit durch die ausgesuchten Wohlgerüche, mit denen er seinen behaarten Hals einrieb.

Wenn nun schon in der Weltstadt Rom die Zahl der Philosophen und Afterphilosophen so groß, ihr Treiben in jenem bunten Gewühl, jenem rastlosen Drängen in die Augen fallend genug war, um in so hohem Grade Aufmerksamkeit und Kritik auf sich zu ziehen, um wie viel mehr in der provinziellen, der Beschaulichkeit so viel günstigeren Stille von Griechenland, das doch nach wie vor die wahre Heimat der Philosophie und der Philosophen war und bis zum Untergange der antiken Kultur blieb. Schon Dio von Prusa sagt an den oben angeführten Stellen, daß man die Philosophentracht überall erblicke, daß die Zahl derer, die sie tragen, fast größer sei als die der Schuster oder Walker oder Spaßmacher oder der Anhänger irgendeines andern Gewerbes; aber, setzt er hinzu, wenn wir auch die Tracht des Sokrates oder Diogenes tragen, stehen wir freilich an Weisheit weit hinter ihnen zurück. Wenn nun die Philosophie im Kulturleben des damaligen Griechenland einen so breiten Raum einnahm, blieb doch selbstverständlich die Zahl der wahren Philosophen klein, die überwiegende Mehrzahl war es nur, wie Epictet sagt, mit Worten, nicht mit der Tat; aber freilich ließen die Gegner es sich nicht nehmen, gerade auf den Lebenswandel dieser bloßen Bart- und Mantelphilosophen hinzuweisen, um die Unfruchtbarkeit der Philosophie für sittliche Vervollkommnung darzutun.

Die größte Ausbreitung gewann mit der Philosophie auch die Afterphilosophie unter Marc Aurel. In Rom klagten wahre Philosophen wie der Freund des Gellius, Macedo, daß Faulenzer mit Bärten und Mänteln den Gehalt der Philosophie in Wortkünsteleien verflüchtigten und beredte Predigten gegen die Laster hielten, von denen sie selbst im Innersten angefressen waren. In Afrika äußerte Apulejus schon unter Antoninus den Wunsch, es möchte nicht jedermann gestattet sein, die Maske der Philosophie vorzunehmen, damit nicht rohe, schmutzige, ungebildete Menschen die königliche Wissenschaft, welche die Rede wie das Leben edel gestalten lehre, durch üble Lehren und einen ebensolchen Lebenswandel beflecken könnten. Wenn er dann Frechheit im Schimpfen und Gemeinheit der Sitten und der äußern Erscheinung als die Haupteigenschaften dieser Afterphilosophen hervorhebt, so ist offenbar, daß er vorzugsweise oder ausschließlich an Kyniker dachte, die nach seiner Ansicht tief unter den Platonikern standen. Vor allem in Griechenland erblickte man nach Lucian auf allen Straßen und Plätzen lange Bärte, Bücherrollen, abgetragene Mäntel und große Stöcke in Masse; Schuster und Zimmerleute verließen ihre Werkstatt, um als Kyniker ein faules Bettlerleben zu führen. Die Entwürdigung der Philosophie durch den Troß ihrer falschen Jünger, der Mißbrauch, der mit ihrem Namen getrieben wurde und der die Nichtphilosophen am meisten erbitterte, verstärkte natürlich die Reihen ihrer Gegner und gab diesen leichtes Spiel. Lucian hat es sich zur besonderen Aufgabe gemacht, das Treiben dieser Menschen dem Hohne der Mitwelt preizugeben. Sie, die Verachtung des Gelds und des Ruhms und Leidenschaftslosigkeit lehrten und Tugend als einziges Gut priesen, unterrichteten für Geld, krochen vor den Reichen, waren zorniger als bissige Hunde, feiger als Hasen, schmeichlerischer als Affen, gröber als Esel, räuberischer als Marder, streitsüchtiger als Hähne. Dabei schmähte jede Schule die andern. Die Stoiker erklärten die Epikureer für Wollüstlinge, die Peripatetiker für zänkisch und geldgierig, die Platoniker für hoffärtig und ehrsüchtig, und ihnen wiederum wurden von den übrigen Wuchergeschäfte, Streitsucht und andre Laster vorgeworfen. Gerieten die Anhänger der verschiednen Schulen in Streit, so gab es keine Schandtat, deren sie einander nicht anklagten. Wenn manche dann noch zur Beschönigung ihrer Laster sich auf die alten Philosophen beriefen, wie namentlich Platoniker den Ehebruch nach Platos Republik, die Trunksucht nach seinen „Gesetzen" entschuldigten, so war es kein Wunder, wenn viele geradezu behaupteten, die ausschließliche Vertiefung in philosophische Bücher leite vom vernünftigen Denken ab.

Auch Aristides hat in der bereits angeführten Rede, von der Verteidigung zum Angriff übergehend, die Philosophen als eine jeder Tugend bare, mit allen Lastern behaftete Menschenklasse geschildert. Sie behaupten, dem Zeus nicht nachzustehen, vermögen aber „dem Obol" durchaus nicht standzuhalten. Sie schmähen auf die übrigen aus bloßem Neide; hielte man ihnen mitten in ihren Vorträgen über Enthaltsamkeit Kuchen und Gebacknes entgegen, so würden sie die Zunge sinken lassen wie Menelaos das Schwert, als er die Helena erblickte. Wenn sie aber Helena sähen — oder vielmehr nur eine Magd wie die Phrygierin bei Menander —, dann würde das Gebaren der Satyrn bei Sophokles gegen das ihre als bloßer Scherz erscheinen. Um ihre Untreue und Habsucht zu erkennen, braucht man ihnen nichts anzuvertrauen, denn sie nehmen schon selbst, soviel sie können. Das Rauben nennen sie teilen, den Neid philosophische Gesinnung, die Dürftigkeit Verachtung des Gelds. Sie rühmen sich der Menschenliebe, haben aber noch nie einem andern genützt, bringen vielmehr denen Nachteil, die sich an sie wenden. Während sie die übrigen, auch wenn sie ihnen begegnen, nicht sehen, reisen sie um der Reichen willen in die Fremde, wie die Phryger zur Olivenernte; sie wittern sofort ihre Nähe, bemächtigen sich ihrer und verheißen ihnen die Tugend mitzuteilen. Allen übrigen erwidern sie kaum auf eine Anrede freundlich, aber die Köche, Bäcker und sonstigen Diener der Reichen begrüßen sie schon von weitem, noch ehe sie genau zu erkennen sind, als wären sie eigens dazu aus dem Bett aufgestanden. Sie drängen sich vor den Türen reicher Häuser und verkehren mehr mit den Pförtnern als mit den Hausherren, indem sie ihre Kriecherei durch Unverschämtheit unterstützen. Sieht man sie zum erstenmal, so nehmen sie weniger Anstand, zu fordern, was ihnen nicht zukommt, als andre, ihr Eigentum zurückzuverlangen. Denn dies sind ja die, welche die Unverschämtheit Freimütigkeit nennen, die Gehässigkeit Aufrichtigkeit, das Nehmen Menschenliebe. Sie fordern zwar kein Geld, verstehen aber, es zu nehmen. Schickt man ihnen zu wenig, so beharren sie bei ihren Grundsätzen, kommt ihnen aber ein straffes Beutelchen vor die Augen, dann hat Perseus die Gorgo überwältigt; der Vorwand ist äußerst schlau: „Die Frau und die Kinderchen." Ihre Definition der Seelengröße ist in der Tat ganz neu, daß sie nämlich nicht darin besteht, Großes hinzugeben, sondern Kleines nicht anzunehmen. Einige haben es aber bereits zum Grundsatze gemacht, die Gabe sich gefallen zu lassen und nach dem Empfange zu schmähen. Indem sie zugleich wie Parasiten heucheln und wie Höhere sich insolent betragen, verbinden sie, gleich den Gottlosen in Palästina, die entgegengesetzten Fehler, Niedrigkeit und Anmaßung; und wie jene entfernen sie sich weit von dem Wesen der Hellenen, namentlich der besseren, indem sie im übrigen stummer sind als ihr eigner Schatten; wenn es aber auf Schmähen und Verleumden ankommt, möchte man sie nicht mit dem tönenden Erz zu Dodona, sondern mit den im Finstern summenden Mücken vergleichen. Zu dem Notwendigen mitzuwirken sind sie untüchtiger als irgend jemand, dagegen ein Haus zu durchspähen und in Verwirrung zu bringen und seine Bewohner aneinander zu hetzen und zu erklären, daß sie selbst alles verwalten würden, das verstehen sie wie niemand anders.

Am meisten wurde der Name der Philosophie durch den Troß der Kyniker in Verachtung gebracht, deren Name und Schule nach langer Unterbrechung im Anfange der christlichen Zeitrechnung wieder auftaucht. Auch unter ihnen fehlte es nicht an edeln Gestalten; aber namentlich im 2. Jahrhundert wurde der Kynismus mehr und mehr zu einem „Aushängeschild, unter dem sich eine Menge unreiner Elemente versteckte", und die Masse dieser „Bettelmönche" des Altertums durch Gemeinheit, Widerlichkeit und Unverschämtheit wenigstens in Griechenland zu einer wahren Landplage. Eine karikierende Nachahmung des Diogenes und Antisthenes in äußerer Erscheinung, Tracht, Lebensweise und Betragen, das war alles, worin sich die auf Bedürfnislosigkeit, Weltentsagung und Erhebung über alle menschlichen Schwächen beruhende sittliche Freiheit bei nur zu vielen bekundete, die man an dem zerlumpten Mantel oder gar einem Bärenfell, dem unverschnittenen Haar und Bart, dem Stab (gelegentlich auch einer Mörserkeule) und Ranzen als Kyniker erkennen sollte. Die weltbürgerliche Heimatlosigkeit wurde hier zur Landstreicherei, die Rückkehr zum Naturzustande zu ekelhafter Unflätigkeit, von der Epictet in einem besondern Vortrage beweisen zu müssen glaubte, daß sie keineswegs ein Erfordernis für Philosophen sei. Die Besitzlosigkeit mußte als Vorwand für freche Bettelei und niedriges Schmarotzertum dienen, die Selbsternennung zum Erzieher der zurückgebliebenen Menschheit und zum Arzt ihrer Gebrechen Zudringlichkeit und Marktschreierei rechtfertigen, pöbelhafte Grobheit statt derben Humors den Predigten dieser antiken Kapuziner zur Würze dienen.

Die Züge zu diesem abschreckenden Bilde, das Lucian breit ausgeführt hat, finden sich auch bei andern. Schon Petron sagt, daß auch die, welche ihr Leben mit dem kynischen Ranzen hinbringen, zuweilen die Wahrheit für Geld zu verkaufen pflegen. Epictet stellt dem Ideal des Kynikers „die jetzigen" gegenüber, die „Hund' um die Tische des Hausherrn", die dem Diogenes in nichts nachahmten als in der ungesittetsten Zwangslosigkeit, deren ganzer Kynismus in Stab und Ranzen, großen Kinnbacken, Schlingen und Einsacken, grobem Schimpfen und Zurschaustellen breiter Schultern bestand. Gellius befand sich einmal bei Herodes Atticus, als ein solcher Bettler mit langem Haar und bis über den Nabel herabhängendem Bart an diesen herantrat und mit ausgestreckter Hand Geld „zu Brot" verlangte. Auf die Frage, wer er sei, antwortete er grob: ein Philosoph, das sehe man ihm ja doch an. Jemand aus der Umgebung des Herodes bemerkte, er sei ein Landstreicher und Taugenichts, der sich in schmutzigen Kneipen umhertreibe und die, welche ihm nichts geben, mit schmählichen Schimpfreden anfalle; Herodes ließ ihm jedoch Geld zu Brot für 30 Tage reichen. So ist denn auch an der Angabe Lucians nicht zu zweifeln, daß entlaufne Sklaven und Taugenichtse, denen ein ehrlicher Erwerb durch ein Handwerk zu sauer war, dieses bequeme und einträgliche Bettlerleben wählten, das ihnen zugleich die Möglichkeit gewährte, unter der Philosophenmaske ihren tierischen Neigungen zu frönen. Sie brandschatzten oder schoren nach ihrem eignen Ausdrucke die Schafe überall mit gutem Erfolg, denn die meisten gaben aus Scheu vor der ehrwürdigen Tracht oder aus Furcht vor ihren Schmähungen; und Lucian behauptet nicht bloß, daß man in ihren Ranzen zuweilen Goldstücke, Spiegel, Salben und Würfel fand, sondern auch, daß manche so viel zusammenbettelten, um sich Ländereien und Häuser zu kaufen und in Üppigkeit zu leben.

Obwohl nun also in der griechischen wie in der römischen Welt in den verschiedensten Bildungs- und Lebenskreisen teils gegen die Philosophie, teils gegen die Philosophen berechtigte und unberechtigte Abneigungen der mannigfachsten Art bestanden, so war doch offenbar die große Mehrzahl der Gebildeten auch in Rom und den westlichen Ländern von der Überzeugung durchdrungen, daß die Philosophie die beste Führerin zur höchsten Sittlichkeit sei, und schon die bisher geschilderte, so vielseitige und lebhafte, ja gereizte Opposition ist ohne die allgemeine Verbreitung dieser Ansicht nicht denkbar, sie setzt sie vielmehr voraus. Als den Vertreter der Anschauung, die im späteren römischen Altertum die meisten Anhänger zählte, dürfen wir wohl auch hier Cicero ansehen. Nach ihm würde es allerdings keiner Philosophie bedürfen, wenn die von der Natur in uns gepflanzten Keime der Tugend sich ungestört entwickeln könnten. Da wir aber von Geburt an unaufhörlich unter dem Einflusse falscher und verkehrter Vorstellungen stehen, sie mit der Ammenmilch einsaugen, von Eltern, Lehrern, Dichtern, endlich dem Volk, in dem wir leben, immer mehr mit Irrtümern angesteckt werden: so bedürfen wir eine Heilung für unsre erkrankte und verbildete Seele: und diese Herstellung unsrer natürlichen Gesundheit kann uns allein die Philosophie geben.

Dem Gewichte der so allgemein anerkannten Autorität Ciceros, der ja in einer Schrift „Hortensius“ als Anwalt der Philosophie gegenüber der Beredsamkeit aufgetreten war, konnten sich am wenigsten alle diejenigen entziehen, die in der Beredsamkeit das Ziel und den Inbegriff aller Bildung erkannten. Auch Quintilian, der, den Philosophen feindlich gesinnt, die Pilosophie als Magd der Beredsamkeit zu betrachten geneigt ist, erkennt doch an, daß niemand ohne die Lehre von der Tugend und Gerechtigkeit sittlich gut sein könne. Die Behauptung, daß die Tugend ohne Unterricht erworben werden könne, achtet er kaum einer Widerlegung wert. Sein idealer Redner soll nach seiner allseitigen technischen Ausbildung eine ebenso allseitige philosophische, in der Physik (Naturphilosophie), Dialektik und Ethik erhalten. Wenn er hinzufügt, er solle ein Philosoph sein, der sich nicht durch Schuldisputationen, sondern durch Handlungen, durch tatsächliche Beweise seiner Gesinnung als wahrhaft bürgerlicher Mann zu bewähren habe: so werden wir daran erinnert, daß allerdings nicht bloß über die Zwecke, sondern auch über das wünschenswerte Maß der philosophischen Bildung, auch unter denen, die ihre Notwendigkeit oder Nützlichkeit anerkannten, in der römischen Welt die größten Meinungsverschiedenheiten herrschten. Tacitus äußert sich im Sinne jenes starren Römertums, welches das Studium der griechischen Schulweisheit auf ein möglichst geringes Maß beschränkt wissen wollte. Dagegen genügt es, Namen wie Seneca, Persius, Musonius Rufus, Marc Aurel zu nennen, zum Beweise, daß auch in der gebildeten römischen Welt die Forderung einer vollen Hingabe an die Philosophie ihre Vertreter gehabt hat. Die Philosophie, sagt Seneca, läßt sich nicht als Nebensache behandeln. Sie ist eine gebietende Herrin, sie spricht: ich nehme nicht die Zeit an, die ihr übrig behaltet, sondern ihr sollt die frei haben, die ich euch anweise. Gibt man sich ihr ganz hin, richtet auf sie den ganzen Geist, versagt sich allem andern, dann kommt man allen übrigen Menschen weit voraus und bleibt hinter den Göttern nicht weit zurück. Sie ist nicht da, um den Tag mit einer angenehmen Unterhaltung hinzubringen, den Müßiggängern die Langeweile zu vertreiben: sie gestaltet und bildet den Geist, ordnet das Leben, gibt den Handlungen Richtung, zeigt, was zu tun und zu lassen ist, sitzt am Steuer und lenkt durch die Gefahren der Wogen die Fahrt. Ohne sie kann niemand furchtlos, niemand ruhig leben, unzählige Ereignisse treten zu jeder Stunde ein, die einen Rat erfordern, den man von ihr holen muß. In zwei sehr langen Abhandlungen hat Seneca die (offenbar viel erörterte) Frage behandelt, ob für das Leben der paränetische Teil der Moralphilosophie, d. h. eine praktische, die Vorschriften für alle wichtigen Verhältnisse enthaltende Pflichtenlehre genüge, oder ob diese auf ein theoretisches System der Grundsätze oder Dogmen begründet werden müsse, aus denen die Normen des Handelns für alle einzelnen Fälle sich ergeben. Die einen erklärten jenen (den paränetischen), die andern diesen (den dogmatischen) Teil für entbehrlich: Seneca führt aus, daß die volle und wahre sittliche Bildung nur durch die Verbindung beider erreicht werden könne. Eine auf Prinzipien begründete Überzeugung muß die Basis und die Quelle aller Handlungen und Gedanken, diese müssen auf ein festes Ziel, das zu erstrebende höchste Gut, gerichtet sein, wie der Lauf der Schiffe sich nach einem Gestirn richtet: ohne eine solche grundsätzliche dogmatische Überzeugung ist eine unwandelbare Beständigkeit in Tun und Denken unmöglich; sie ist auch der Boden, in dem allein die Lebensregeln der Sittenlehre wurzeln, aus dem sie allein immer neue Lebenskraft ziehen können. Aber auch diese speziellen Regeln sind neben jenen allgemeinen Grundsätzen unentbehrlich. Umgeben von verkehrten Vorstellungen, von Irrtümern aller Art, von Lüge und Schein, bedürfen wir einer unablässigen Einschärfung auch der bekannten Wahrheiten, mitten in dem Getöse des Wahns einer warnenden und mahnenden Stimme, in dem Brausen der Städte eines uns zur Seite stehenden Einnerers, der gegenüber den Lobrednern des Reichtums, der Macht und Gunst uns die dem Studium gewidmete Ruhe und den aus der Außenwelt zu sich selbst zurückgekehrten Geist schätzen lehrt. Die Philosophie kann uns allein die Gesundheit der Seele geben, sie ist die einzige Lehrerin der höchsten Kunst, der Kunst zu leben, und nicht bloß die beste Führerin zur Sittlichkeit, sondern auch die einzige: es gibt keine Tugend ohne Pilosophie, ebensowenig wie Philosophie ohne Tugend.

Wer eine so völlige Hingabe an die Philosophie verlangte wie Seneca, der konnte begreiflicherweise ebensowenig mit dem Eifer ihrer Jünger als mit ihrer Zahl leichter zufrieden sein. Niemand, so klagt er (etwa ums Jahr 64) kümmere sich um die Philosophie, außer etwa wenn Schauspiele einen Aufschub erleiden oder ein Regentag eintrete, an dem man die Zeit töten wolle; in den Schulen der Philosophen wie der Rhetoren sei es leer. Doch diese Klagen des stets übertreibenden Schriftstellers würden höchstens beweisen, daß seine idealen Anforderungen unerfüllt blieben. Daß in der Tat die Philosophie auch damals in der Jugend der höheren Gesellschaft zahlreiche eifrige Jünger hatte, zeigt die Verbannung des Musonius Rufus im Jahre 65, den, wie Tacitus sagt, der Ruhm seines Namens vertrieb, da er auf die Bildung der Jugend durch Anleitung zur Pilosophie wirkte. Natürlich konnte nur eine erhebliche Anzahl von Schülern aus den höheren Ständen die Aufmerksamkeit und den Verdacht der Neronischen Regierung erregen.

Die überwiegende Mehrzahl der Philosophen, die in Rom und andern Städten des Westens — namentlich in Massilia, einem Hauptsitze dieser Studien schon in Strabos Zeit — als Lehrer wirkten, waren allerdings Griechen, und die Anerkennung der Philosophie als einer griechischen Wissenschaft zeigt sich auch darin, daß ein großer Teil der nichtgriechischen Pilosophen, wie die beiden Sextier, Cornutus, Musonius Rufus, Favorinus, Marc Aurel, zum Teil auch Apulejus, griechisch schrieb. Wie sehr sie sich jedoch in Rom bereits im letzten Jahrhundert v. Chr. eingebürgert hatte, das zeigt nicht nur die große Anzahl von Anhängern, Verehrern und Gönnern, die sie in der gebildeten Gesellschaft Roms fand, und die Entstehung einer römischen philosophischen Literatur: sondern noch weit mehr die Bildung der römischen Philosophenschule der Sextier. Sie war freilich nur eine Form des Stoizismus, wie er sich im römischen Bewußtsein gestaltete, namentlich insofern als sie sich entschieden auf die Sittenlehre beschränkte, mit einer asketischen, aus dem Pythagoreismus entlehnten Beimischung (wie der Verwerfung der Fleischnahrung); da sie also mit dem Stoizismus und Kynismus des 1. Jahrhunderts im wesentlichen zusammentraf, fehlte die Grundbedingung ihrer selbständigen Existenz; sie löste sich nach kurzer Zeit auf, und ihre Schüler traten, wie Seneca, in die große stoische Gemeinschaft zurück, aus der die Sextier ausgeschieden waren. Während ihres Bestands jedoch hat die Schule bedeutende Vertreter gehabt und bedeutende Wirkungen geübt. Zu ihr gehörten außer ihrem Begründer Q. Sextius, einem Manne von guter Familie (der den ihm von Julius Cäsar angebotenen Senatorenstand und die amtliche Laufbahn verschmähte, um ganz der Philosophie zu leben), und seinem Sohne der fruchtbare Schriftsteller Cornelius Celsus, der gelehrte Grammatiker L. Crassicius aus Tarent (der seine bedeutende Lehrtätigkeit aufgab, um dieser Sekte ganz anzugehören) und Papirius Fabianus, den Seneca als junger Mann gehört hatte und hoch verehrte. Er nennt ihn einen wahren Philosophen nach Art der Alten, nicht der jetzigen Kathederphilosophen, doch rühmt er auch seine öffentlichen Vorträge. Man fühlte sich durch seine Ermahnungen erhoben und zur Nacheiferung angeregt, ohne daß man die Hoffnung verlor, ihn sogar zu übertreffen: und wenn auch im allgemeinen seine Zuhörer ein bescheidnes Schweigen beobachteten, so riß sie doch mitunter die Größe seiner Gesinnung zu begeistertem Beifalle hin.

Von den Systemen der griechischen Moralphilosophie war unzweifelhaft der Stoizismus dem römischen Nationalcharakter am meisten homogen und zählte daher auch unter den ernst nach sittlicher Vervollkommnung strebenden Römern zu allen Zeiten die meisten Anhänger. In der langen Reihe hervorragender Persönlichkeiten der römischen Geschichte, die wir als Stoiker kennen, erblicken wir die edelsten Gestalten dieser Jahrhunderte und nicht wenige, die durch ihr Leben und ihren Tod den Ernst und die

Aufrichtigkeit der aus jener Philosophie gewonnenen Überzeugungen betätigt haben; und auch die uns erhaltenen philosophischen Werke römischer Schriftsteller dieser Periode gehören fast ausschließlich dieser Schule an. Daß der Epikureismus zu allen Zeiten nächst dem Stoizismus wohl die zahlreichsten Anhänger hatte, darf man auch ohne ausdrückliche Zeugnisse von seiner Verbreitung in der römischen Welt unter dem Kaisertume voraussetzen. Daß die Epikureer namentlich im öffentlichen Leben nicht hervortraten, war ja in der Natur dieser Schule begründet, welche die Verborgenheit geflissentlich suchte; ihr Bedürfnis, ihr System in der Literatur geltend zu machen, war gering und hinlänglich durch ältere Schriften befriedigt.

Die übrigen philosophischen Schulen waren unter den Römern zwar ohne Zweifel weniger verbreitet, ohne Vertretung aber war wohl keine, und die eklektische Richtung der Römer brachte es mit sich, daß jede auch außerhalb des Kreises ihrer eigentlichen Anhänger Interesse und Anziehung übte. Die Vorträge, die der Platoniker Plutarch noch unter Domitian in Rom hielt, wurden von den bedeutendsten Männern Roms besucht; und mehrere von ihnen traten mit dem hochverehrten Philosophen in ein dauerndes Verhältnis, wie der Konsular L. Mestrius Florus, Q. Sossius Senecio (Konsul 99 und 107), dem Plutarch einige der Biographien berühmter Männer und sonstige Schriften widmete, Fundanus (ein Schüler des Musonius, doch wohl Minicius Fundanus (Konsul 107), Terentius Priscus (wohl sicher derselbe, der auch Martials Gönner war) und andre. Gellius, der in Athen den berühmten Platoniker L. Calvisius (oder Calvenus) Taurus eifrig hörte, gehörte zu einem großen Kreise dort studierender Männer, die alle dieselben Vorlesungen besuchten. Von der Stellung, die der Kyniker Demetrius in der Zeit von Nero bis Vespasian in Rom einnahm, wird unten die Rede sein. Der Kyniker Crescens, dessen Verleumdungen der Christen Justinus in öffentlichen Vorträgen zu Rom widerlegte, soll die Verfolgung und Hinrichtung des letzteren wegen seines Bekenntnisses herbeigeführt haben. Auch der Kyniker Theagenes, ein eifriger Anhänger des Peregrinus Proteus, der nach Galens Erzählung an der falschen Behandlung des Arztes Attalus (Schüler des Soranus), eines „Esels von der Sekte des Thessalus", starb, war zu Rom eine sehr bekannte Persönlichkeit, da er täglich in den Thermen des Trajan disputierte. Als Attalus mit zahlreichen Freunden des Patienten in dessen Haus trat, um ihnen denselben als Rekonvaleszenten zu zeigen, waren Kyniker und andre Philosophen gerade beschäftigt, die Leiche des Philosophen zu waschen, der nach den Grundsätzen seiner Schule weder Sklaven noch Familie hatte. Galen begründete seinen Ruf in Rom (im Jahre 162) durch die Herstellung des 62jährigen Peripatetikers Eudemus. Diesen besuchten während seiner Krankheit „fast alle durch Rang und Bildung hervorragenden Männer", namentlich Sergius Paullus (zum zweiten Male Konsul 168, auch Stadtpräfekt), „ein durch philosophische Bildung und Handlungsweise ausgezeichneter Mann", und der Konsular Flavius Boethus, der eifrig dem Studium der Aristotelischen Philosophie ergeben war. Dieser sowie (M. Ceionius) Civica Barbarus, Konsul 157, Oheim des Lucius Verus, und der gleichfalls als Aristoteliker bezeichnete Cn. Claudius Severus (Konsul 163 und 173) ließen sich von Galen anatomische Vorträge halten; denselben wohnten (außer andern Philosophen) der (mehr dem Aristoteles als dem Plato anhängende) Peripatetiker Alexander aus Damascus (im Jahre 162 Lehrer des Boethus, etwa 175 öffentlicher Lehrer zu Athen) und Demetrius aus Alexandria bei, der letztere ein Freund des Favorinus, der täglich öffentlich in der Weise seines Lehrers über vorgelegte Themata sprach. Favorinus selbst, der Skeptiker war, stand bei Hadrian in Gunst und versammelte unter ihm und seinem Nachfolger eine große Anzahl von Schülern und Bewunderern, zum Teil von hohem Stande. Gellius, der sich an ihn hauptsächlich anschloß, erwähnt als seine Freunde einen Peripatetiker und einen Stoiker, „beides zu Rom angesehene Philosophen"; in einer gelehrten Gesellschaft, in welcher Gellius einmal die heißeste Sommerzeit in Tibur verbrachte, war auch ein Peripatetiker, der den Aristoteles eifrig studierte. Fronto empfiehlt dem Q. Egrilius Plarianus (Legat von Afrika im Jahre 159) als einem Freunde und Kenner der Philosophie den Platoniker Julius Aquilinus, dessen Vorträge in Rom den größten Zulauf gehabt und bei sehr vielen Männern des Senatorenstandes Beifall gefunden und Bewunderung erregt hatten. Apulejus rühmt (etwa 158) den Prokonsul von Afrika, Claudius Maximus, als Kenner der Werke Platos im Original. Alexander von Aphrodisias spricht (zwischen 198 und 211) den Kaisern Severus und Caracalla in der Widmung einer Schrift seinen Dank für seine Ernennung oder Bestätigung als Lehrer der Aristotelischen Philosophie (in Athen) aus und rühmt, daß sie die Philosophie wahrhaft ehren und fördern. Der erste Gordian verbrachte, wie sein Biograph sagt, sein ganzes Leben in der Gesellschaft der Alten, des Plato und des Aristoteles, des Cicero und Vergil.

Diese im Verhältnis zu der Dürftigkeit unserer Kenntnis der damaligen geistigen Zustände zahlreichen Erwähnungen philosophischer Studien in Rom, sowie andre gelegentliche Nachrichten (wie z. B. daß in Trajans Zeit dort bei Mahlzeiten zur Unterhaltung der Gäste Platonische Dialoge aufgeführt wurden), lassen uns die Vorstellung gewinnen, daß in den höheren Ständen Roms seit dem Ende des 1. Jahrhunderts ein reges und vielseitiges Interesse für Philosophie verbreitet war, und die Berichte des Porphyrius über die Erfolge des Plotin in Rom zeigen, daß es noch bis tief ins 3. Jahrhundert lebendig blieb.

Die philosophischen Lehrjahre begannen für die meisten jungen Männer nach Beendigung des grammatischen und rhetorischen Unterrichts. Gellius, der diese Studien ungewöhnlich lange fortsetzte, scheint erst im Alter von etwa 30 Jahren sich der Philosophie zugewandt zu haben, während Marc Aurel seine philosophischen Studien im zwölften Jahre ungewöhnlich früh begann. Die große Mehrzahl dürfte mit der Anlegung der Männertoga in die Schule eingetreten sein, die ihre Zöglinge zur sittlichen Mündigkeit entließ, unter die Männer im höheren Sinne des Worts versetzte. Persius, der im Alter von sechzehn Jahren die Bulla und das Knabenkleid ablegte, empfand nun, da ihm die weiße Toga gestattete, seine Augen in dem verwirrenden Gewühl Roms überall frei umherschweifen zu lassen, lebhaft das Bedürfnis, einem bewährten Führer zu folgen, um in dem Labyrinth der vor ihm liegenden verschlungenen Pfade den Weg des Lebens richtig zu wählen; er schloß sich aufs engste an Cornutus an. Auch Seneca stand im ersten Jünglingsalter, als er die Schule des zur Sekte der Sextier gehörenden Alexandriners Sotion besuchte. Plutarch übersandte seine Schrift „Von der Kunst des Hörens" einem jungen Freunde mit der Erinnerung, daß er mit Anlegung der Männertoga aus der Obhut der früheren bezahlten Lehrer nun in die der Vernunft als einer göttlichen Führerin des Lebens eingetreten sei: den wahren Männerschmuck vermöge allein die Philosophie den Jünglingen anzulegen.

Die große Mehrzahl setzte vermutlich den regelmäßigen Besuch philosophischer Vorlesungen höchstens bis zur Begründung eines eigenen Hausstands fort, obwohl Plutarch in den Sorgen und Geschäften, die dieser mit sich brachte, keine genügende Entschuldigung erkennen wollte, etwas so viel Wichtigeres zu vernachlässigen. Und in der Tat war es offenbar nicht ungewöhnlich, verheiratete und ältere Männer in die Philosophenschule gehen zu sehen; Seneca war schon ein Sechziger, als er in Neapel den Philosophen Metronax hörte. Er schreibt an Lucilius, er gehe nun bereits den fünften Tag in die Schule, um Metronax am Nachmittag (von der achten Stunde ab) vortragen zu hören: diese Schule, sagt er, läßt jedes Alter zu; soll ich etwa erröten, zu einem Philosophen zu gehen? Freilich ist sie sehr wenig besucht, während das Theater, in dem gleichzeitig musikalische Wettkämpfe stattfinden, gedrängt voll ist, und die Schüler des Metronax werden als Toren und Müßiggänger verspottet.

Der philosophische Unterricht bezog sich auf die drei Abteilungen der Philosophie, die alle Schulen anerkannten, Logik, Physik und Ethik. Nur die Platoniker verbanden damit auch damals noch, wie es scheint in der Regel, das Studium der Mathematik; in ihren Studierzimmern sah man Figurentafeln, Kugeln u. dgl., in ihren Auditorien äußerten die Schüler ihre Wißbegier durch gelehrte mathematische Fragen. In der stoischen Schule, über welche wir aus jener Zeit die meisten Nachrichten haben, wurde in der Regel mit der Logik (und Dialektik) angefangen, wenn auch die stoischen Autoritäten über die Reihenfolge beim Unterricht nicht übereinstimmen. Seneca nennt die Logik die „ABCschule" der Philosophen. Obwohl der Stoizismus und die Philosophie überhaupt damals die Ethik so sehr zum Hauptgegenstande und Zwecke des Unterrichts machte, daß die beiden andern Teile neben ihr als nicht bloß untergeordnet, sondern selbst mehr oder weniger entbehrlich erscheinen konnten, hielten doch auch Männer wie Musonius Rufus und Epictet, wie sehr sie auch als alleinigen Zweck der Philosophie die sittliche Bildung betrachten, und wie wenig Interesse sie auch an logischen und dialektischen Erörterungen nehmen mochten, die Logik als Grundlage des philosophischen Studiums für unerläßlich; noch weniger konnte über ihre Notwendigkeit und Nützlichkeit für eine allgemeine wissenschaftliche Bildung, namentlich bei solchen, die sich der Beredsamkeit widmeten, ein Zweifel sein.

Dieses trockne Studium war nur für Scharfsinnige, vollends wenn sie zur Spitzfindigkeit neigten, um so anziehender, als man mit der Virtuosität in der Handhabung logischer Formen in Disputationen und sonst leicht glänzen konnte. Hat man sich, sagt Gellius, in diese anfangs abschreckende Wissenschaft erst eingelassen, so leuchtet ihr Nutzen je länger, je mehr ein, und es entsteht eine unersättliche Lust zum Lernen, der man Einhalt tun muß, weil man sonst in Gefahr gerät, in jenen labyrinthischen Irrgängen der Dialektik wie an den Inseln der Sirenen sein Leben zu verbringen. Das Schlimmste an den Sophismen, sagt Seneca, ist, daß sie einen gewissen Reiz ausüben und den durch den Schein des Scharfsinns verlockten Geist aufhalten und fesseln, während eine solche Menge von wichtigeren Dingen uns weiter ruft und kaum das ganze Leben hinreicht, das Eine zu lernen (was der Zweck der Philosophie ist): das Leben zu verachten. Derartige Liebhabereien und Richtungen fanden in einer umfangreichen Literatur reichliche Nahrung, zu der namentlich die älteren Stoiker, die sich um die Auflösung und Widerlegung der von den Megarikern aufgestellten Fangschlüsse bemühten, beigetragen hatten; es gab eigne Bücher über solche Fangschlüsse, die keinen andern Zweck hatten, als einen andern in Verlegenheit zu bringen, wie der Haufenschluß (wie viel Körner machen einen Haufen?), der Hörnerschluß (hast du deine Hörner verloren? im Verneinungsfalle: also hast du noch Hörner? im Bejahungsfalle: also hast du sie gehabt?) und dgl. Solche Spielereien eines talmudischen Witzes wurden auch damals vielfach ernsthaft behandelt, und namentlich von jungen Leuten viel Zeit damit verschwendet. Alle Anfänger in der Philosophie, sagt Plutarch, legen sich am liebsten auf das, was Ruhm bringt; die einen schwingen sich aus Leichtsinn und Ehrgeiz wie Vögel zum Glanz und zur Höhe der naturphilosophischen Spekulation auf, die andern gehen auf Disputationen, schwierige Fragen und Sophismen aus, wie (nach Platos Ausdruck) Hündchen am Zerren und Schleppen ihre Freude haben: die meisten aber vertiefen sich in die Dialektik, um sich mit der nötigen Ausrüstung für die Sophistik zu versorgen. Diesen falschen Richtungen der Schüler, die ihren Geist, nicht ihren Charakter bilden wollten, kamen leider, wie Seneca sagt, die Lehrer entgegen, „die uns die Kunst des Disputierens anstatt die des Lebens lehren", und so sei die Philosophie zu einer Wortwissenschaft (Philologie) geworden. Durch die Aufnahme dessen, was in der Philologie und Mathematik entbehrlich ist, habe es die Philosophie dahin gebracht, daß sie besser zu reden als zu leben verstehe. In der Klage, daß zu viel Zeit und Kraft an Logik und Dialektik verwandt werde, die doch nur Außenwerke der Weisheit seien, und daß die Ethik darunter leide, vereinigten sich Philosophen und Nichtphilosophen. Gegenwärtig, sagt z. B. Epictet, ist der größte Fleiß auf die Auflösung von Syllogismen verwandt worden, und hierin werden Fortschritte gemacht; einst verwandte man den größten Fleiß darauf, den besten Teil der Seele im naturgemäßen Zustande zu erhalten, und es wurden darin Fortschritte gemacht.

Besonders in der stoischen Schule war das Streben vieler Studierender mehr oder minder ausschließlich auf Erwerbung der Virtuosität in dialektischer Technik und auf Gelehrsamkeit in der bezüglichen Literatur gerichtet. Die noch in die Schule gehenden oder eben aus der Schule gekommenen Pedanten, die heute schon lehren wollten, was sie gestern gelernt hatten, und „unverdaute Brocken vomierten", alles besser wußten als andre und ihre Lehrer hauptsächlich in Tadelsucht und Rechthaberei kopierten, erscheinen bei den Schriftstellern des 2. Jahrhunderts nicht selten als die unerwünschten Störer der geselligen Unterhaltungen in Griechenland. Gab es doch, wie Epictet sagt, Leute, die zu keinem andern Zwecke philosophische Vorträge besuchten und Lehrbücher studierten, als um die Bewunderung eines Senators zu erregen, den ihnen das Glück etwa zum Tischnachbar geben würde, oder um die Gäste durch Aufzählung sämtlicher Schriftsteller in Erstaunen zu setzen, die über eine gewisse Schlußform geschrieben hatten. Gellius fand bei einem Besuche des Herodes Atticus auf seiner Villa am Kephissos einen sehr jugendlichen, sehr redseligen und vorlauten Stoiker, der gewöhnlich in den Gesprächen nach der Tafel das Wort ergriff, um überlange und geschmacklose Vorträge über Philosophie zu halten, von der er mehr zu verstehen versicherte als alle übrigen Griechen und Römer. Er warf mit unbekannten Ausdrücken, mit Syllogismen und Fangschlüssen um sich, rühmte sich, daß niemand ihm im Auflösen dialektischer Probleme gleichkomme, daß niemand wie er in der ganzen Ethik zu Hause sei, und fühlte sich im Besitz der wahren, die höchste Seligkeit verbürgenden Weisheit so unerschütterlich sicher, daß er erklärte, kein Kummer oder Schmerz vermöge über einen Stoiker auch nur so viel, um die Heiterkeit seines Antlitzes zu umwölken. Herodes ließ darauf zu seiner Beschämung eine Stelle aus Epictet vorlesen, worin dieser ehrwürdige Greis den jungen Leuten eine gerechte Strafrede hält, die sich Stoiker nennen und sich keineswegs durch sittlichen Wert und Gehalt auszeichnen, dagegen fortwährend läppische Lehrsätze und den Inhalt elementarer Schulbücher im Munde führen und bei dem Dunst von Worten und Spitzfindigkeiten, den sie vor den Augen der Hörer erregen, fälschlich den Namen jener erhabenen Lehre gebrauchen.

Die Naturphilosophie (Physik) stand in zu engem Zusammenhange mit der Ethik, um nicht wenigstens bis auf einen gewissen Grad in dieser mit berücksichtigt zu werden: schon die Frage nach der Vorsehung konnte eigentlich nur zugleich mit der Frage nach dem Ursprung der Dinge und der Ordnung des Weltganzen erledigt werden. Je einseitiger und ausschließlicher aber die Konzentration auf die sittliche Aufgabe der Philosophie war, desto geringere Beachtung wurde auch dieser Disziplin geschenkt, und die Ansicht des Sokrates, daß die Untersuchung über die letzten Bestandteile und Gründe der Dinge unser Vermögen übersteige und keinesfalls einen praktischen Wert habe, war vermutlich eine weit verbreitete, wie sie denn auch von einer so hohen Autorität wie Epictet vertreten wurde. Auch Seneca, der selbst für die naturwissenschaftliche Spekulation Liebhaberei und Interesse hatte, will sie doch nur insoweit gelten lassen, als sie zur sittlichen Vervollkommnung beitragen kann. Der Geist bedarf der Naturbetrachtung zu seiner Erholung, und sie teilt ihm die Erhabenheit der Gegenstände mit, mit denen sie sich beschäftigt. „In der Betrachtung der Welt und ihres Urhebers erhebt man sich über die Bürde des Leibes, man lernt seine höhere Abkunft und Bestimmung kennen, den Körper und das Körperliche geringschätzen und sich von ihm frei machen. Doch freilich ist dabei die Gefahr, daß der Geist sich gewöhnt, lieber sich zu vergnügen als gesund zu werden, und die Philosophie zu einer bloßen Ergötzung zu machen, während sie doch ein Heilmittel ist.“ Daß gerade die die Phantasie so sehr anregende Naturphilosophie

Dilettanten anzog, denen es um philosophische Bildung ernst war, deutet auch Plutarch an. Properz wollte sich ihr dann zuwenden, wenn das Alter ihn zwingen werde, der Liebe zu entsagen. Dann wollte er die Gesetze der Natur kennenlernen, sich über die Ursache des Mondwechsels, der Luftveränderungen, des Regens, des Regenbogens, der Erdbeben, der Sonnenfinsternisse, der Erscheinungen des Sternhimmels und des Meers, der Jahreszeiten belehren, forschen, welcher Gott dies Weltgebäude kunstvoll regiere, ob der Welt ein Tag des Untergangs bevorstehe, ob es eine Unterwelt und Höllenstrafen gebe oder mit dem Tode das Dasein ende.

Immer aber traten Physik und Logik neben der Ethik so sehr in den Hintergrund, daß die letztere als der wesentliche, wenn nicht als der einzige Inhalt der Philosophie erschien: sie wird geradezu die Kunst, die Wissenschaft, die Richtschnur des Lebens genannt. Wenn dies nach allem Gesagten kaum noch eines Nachweises bedarf, so ist es doch vielleicht nicht überflüssig, zu zeigen, wie auch gerade die Erziehung der Jugend zur Sittlichkeit ganz allein von der Philosophie erwartet wurde. Wie Gymnastik und Heilkunde für die Gesundheit und Kraft des Körpers sorgen, sagt Plutarch in seiner Schrift über die Erziehung, so heilt die Schwäche und Krankheit der Seele allein die Philosophie. Durch sie und mit ihr erkennt man, was edel, was schändlich, was gerecht, was ungerecht, kurz, was zu erstreben, was zu vermeiden ist; wie wir uns gegen die Götter, die Eltern, das Alter, die Gesetze, die Fremden, die Herrscher, die Freunde, die Frauen, die Kinder, die Sklaven zu verhalten haben: daß wir die Götter fürchten, die Eltern ehren, das Alter achten, den Gesetzen gehorchen, den Herrschern willfahren, die Freunde lieben, gegen die Frauen züchtig sein, die Kinder mit Zärtlichkeit, die Sklaven ohne Übermut behandeln sollen; hauptsächlich aber daß wir weder im Glück zu sehr frohlocken noch im Unglück niedergeschlagen sein, daß wir uns weder von der Lust überwältigen lassen noch im Zorn leidenschaftlich und brutal werden sollen. Dies halte ich von allen Gütern, die wir durch die Philosophie gewinnen, für die vorzüglichsten. Törichte Eltern, heißt es an einer andern Stelle, die es versäumt haben, ihren Kindern eine gute Erziehung zu geben, bereuen diese Versäumnis gewöhnlich erst dann, wenn die Söhne ins Jünglingsalter treten und nun, anstatt ein geregeltes und vernünftiges Leben zu führen, sich in Ausschweifungen und niedrige Lüste stürzen, Schmarotzer und andre Jugendverderber an sich ziehen, Dirnen halten, mit Schlemmerei, Würfelspiel, Gelagen das Ihrige verprassen, Ehebrüche und andre Exzesse begehen, bei denen sie um ihrer Lust willen das Leben aufs Spiel setzen: hätten sie den Unterricht eines Philosophen genossen, so würden sie sich solchem Treiben nicht hingegeben haben. Wie der Landmann oder der Gärtner das Unkraut aus dem Felde, so tilgt der Philosoph die bösen Triebe des Neids, des Geizes, der Wollust, wenn es sein muß mit tiefen Schnitten, die Narben zurücklassen, aus der jugendlichen Seele; in andern Fällen verfährt er behutsam wie der Winzer beim Beschneiden der Reben, um nicht mit dem Unedeln zugleich das Edle auszurotten.

Überall, wo der philosophische Unterricht so aufgefaßt, wo der Philosoph nicht bloß als Lehrer, sondern ganz vorzugsweise als Erzieher, ja geradezu als Seelsorger seiner Schüler betrachtet wurde, galt es notwendigerweise als seine Pflicht, deren sittliches Wohl auch außerhalb des eigentlichen Unterrichts auf jede Weise zu fördern, und folglich als sein Recht, eine Aufsicht über ihren ganzen Lebenswandel zu führen, sie mit Rat und Ermahnung, Warnungen und Vorwürfen, mit Milde und Strenge auf den rechten Weg zu leiten. Allem Anscheine nach haben auch in jener Zeit zahlreiche hervorragende, von dem Bewußtsein der hohen Bedeutung ihres Amts erfüllte Männer, mit solchem Ansehen ausgestattet, auf ganze Generationen die größten sittlichen Wirkungen geübt, um so mehr, als zu den berühmten Lehrern namentlich in Rom und Athen, die, wie Musonius, die Jugend „von allen Seiten wie der Magnet das Eisen an sich zogen", die Schüler selbst aus weiter Ferne herbeiströmten. Ein Teil derselben trat zu ihren Lehrern in ein näheres Verhältnis, das oft lange über die eigentlichen Lehrjahre hinaus, ja durch das ganze Leben fortdauerte. So blieb Persius seit seinem siebzehnten Jahre mit Cornutus in unzertrennlicher Freundschaft verbunden und lernte auch dessen übrige Schüler kennen, darunter den Dichter Lucan und zwei Griechen, den spartanischen Arzt Claudius Agathemerus und Petronius Aristocrates aus Magnesia, beides sehr gebildete Männer, von größter Reinheit der Seele, die Persius sich zum Muster nahm. Cornutus war sein Ratgeber auch bei seinen poetischen Arbeiten und ward von ihm in seinem Testament mit einem bedeutenden Legat bedacht. Persius hat seine Dankbarkeit gegen den geliebten Lehrer, „dem ein so großer Teil seiner Seele ganz gehörte", in Worten voll inniger Empfindung ausgesprochen: mit ihm, der seine zarten Jahre mit Sokratischer Liebe gehegt, seine Seele in der Zeit ihrer Bildsamkeit wie ein Künstler den weichen Ton geformt hatte, glaubte er sich durch die Bestimmung der Gestirne für immer verbunden, und gerne gedachte er der in gemeinsamer Arbeit und Erholung verbrachten Tage und der bis zum Anbruch der Nacht verlängerten, doch bescheidenen Mahlzeiten, welche die ernsten Studien unterbrachen. Der jüngere Plinius schloß sich in Syrien als Militärtribun an den Stoiker Artemidorus an, der später eine Tochter des Musonius Rufus heiratete, und bewahrte ihm eine anhängliche Ergebenheit, die er auch in der Zeit der Gefahr bewährte: bei der Ausweisung der Philosophen aus Rom im Jahre 95 lieh er ihm eine zur Bezahlung seiner aus den edelsten Gründen gemachten Schulden erforderliche größere Summe, ohne Zinsen zu verlangen. Noch als Konsular schaute er zu dem verehrten Lehrer wie zu einem Vorbilde auf. Unter allen, die sich jetzt Philosophen nennen, schreibt er im Jahre 101, werde man kaum einen so echten, so wahrhaften finden. Seine Standhaftigkeit im Ertragen von Hitze und Kälte, in Anstrengungen, seine Beschränkung in Sinnengenüssen auf das Notwendige, seine strenge Selbstzucht — alles dieses erscheine klein, wenn man es mit seinen übrigen Tugenden vergleiche, welche einen Musonius bewogen, ihn vor so vielen Schülern aus allen Ständen als Schwiegersohn zu wählen.

Ein anziehendes Bild von dem Verhältnis des Platonischen Philosophen Calvisius (Calvenus) Taurus zu seinen Schülern hat Gellius gegeben. Taurus gestattete ihnen nicht bloß oft, nach dem täglichen Unterricht Fragen an ihn zu richten, sondern lud die sich enger an ihn schließenden häufig zu einer frugalen Abendmahlzeit, wobei ein Gericht, von ägyptischen Linsen mit gehacktem Kürbis mit Öl bereitet, die Hauptschüssel zu bilden pflegte. Hier mußten die Schüler gleichsam als „Knabberwerk zum Nachtische" Fragen und Probleme vortragen, besonders Spielereien, wie sie den vom Wein beliebten Geistern zusagten, z. B. in welchem Augenblick ein Sterbender eigentlich sterbe, ein Aufstehender aufstehe, ein Lernender seine Kunst verstehe: dergleichen Fragen sollte man nicht verachten, sagte Taurus, da die größten Philosophen sie erörtert hatten. In Krankheiten besuchte Taurus seine Schüler. Seine Mißbilligung alles dessen, was ihm an ihrer Lebens- oder Studienweise mißfiel, sprach er je nach den Umständen mit Freundlichkeit oder Strenge aus. Einem reichen jungen Manne, der mit Flötenspielern und Tragöden umzugehen liebte, sandte er, um ihn von dieser Genossenschaft abzuziehen, eine Stelle aus Aristoteles über den sittlichen Unwert der meisten solcher Künstler zu, mit der Anweisung, sie täglich zu lesen. Einen andern, der plötzlich vom Studium der Beredsamkeit zur Philosophie überging, fuhr er mit harten Worten an und wurde vollends zornig, als dieser sich mit dem Beispiel andrer verteidigte; was ihm auch Veranlassung gab, eine schöne, hierauf bezügliche Stelle aus Demosthenes anzuführen. So, sagt Gellius, bediente sich Taurus jeder Art von Ermahnungen und Unterweisungen, um seine Schüler zum Guten und Rechten anzuleiten. Nicht weniger wirkte er ohne Zweifel durch die erziehende Kraft seines Beispiels. Wie er im Verkehr mit Vornehmen seine Würde zu wahren wußte, ohne die Schicklichkeit zu verletzen, zeigt Gellius in der Erzählung von einem Besuche, welchen der Statthalter von Kreta und dessen Vater dem berühmten Philosophen abstatteten. Der Stoiker Attalus, in dessen Schule zu Rom Seneca in seiner Jugend stets als der erste kam und als der letzte blieb, ging auch auf Spaziergängen gern auf die Fragen seiner Schüler ein: wer zu einem Philosophen komme, sagte er, müsse täglich etwas Gutes nach Hause tragen, die Philosophie habe die Kraft, nicht bloß durch das Studium, sondern auch im Gespräche Nutzen zu schaffen. Plutarch erörterte mit den jungen Männern, welche von nah und fern behufs ihrer Ausbildung zu ihm nach Chäronea gesandt wurden, gesprächsweise die verschiedensten Themen aus dem Gebiete der allgemeinen Moral und erteilte ihnen auf die Fragen, welche sie an ihn richteten, Bescheid. Einige der von Plutarch später herausgegebenen und uns erhaltnen Vorträge zeigen, daß die Gegenstände namentlich der praktischen Lebensweisheit in ihrem weitesten Umfange entnommen waren, so z. B. „über die Beschäftigung mit der Poesie", „über die Kunst des Hörens", „Gesundheitsregeln" usw.

Wenn die Philosophen das Leben ihrer Schüler bis ins kleinste regeln und selbst über geringfügige und scheinbar gleichgültige Dinge (insofern auch diese auf sittliche Grundsätze bezogen wurden) Vorschriften erteilen zu müssen glaubten, so wurde ihre Berechtigung dazu offenbar ganz allgemein anerkannt, und nicht selten überließen sich auch Männer, namentlich jüngere, ihrer Leitung mit einer unbedingten Folgsamkeit, wie sie heute nur von Knaben ihren Erziehern gegenüber bewiesen wird. Überhaupt wurde den Lehrern damals von erwachsenen Schülern eine größere Autorität eingeräumt als gegenwärtig. So erzählt Gellius, daß der Rhetor T. Castricius einigen Senatoren, die seine Schule besuchten, einen Verweis erteilte, weil sie an einem Feiertage öffentlich in einer nicht standesgemäßen Tracht erschienen waren. Daß aber den Philosophen die am weitesten gehende Befugnis zugestanden wurde, Vorschriften über alles und jedes zu erteilen, ist selbstverständlich. Attalus empfahl seinen Schülern, auf einem harten Pfühl zu schlafen, und Seneca bediente sich noch im Alter eines solchen, auf den der Körper keinen Eindruck machte. Epictet ermahnte seine Zuhörer, den Bart wachsen zu lassen, nicht nur als einen schönen und würdigen Schmuck, sondern auch als ein von der Vorsehung zur Unterscheidung der Geschlechter bestimmtes Zeichen, das uns nicht wegzuwerfen erlaubt sei. Ein junger Mann, der mit zierlich geordnetem Haar und stutzerhafter Kleidung in die Schule kam, hatte hierüber einen längeren Vortrag anzuhören. Die Aussicht darauf, daß er sich vielleicht beleidigt fühlen, nicht wiederkommen und den guten Rat nicht befolgen werde, konnte den Philosophen nicht von der Erfüllung seiner Pflicht zurückhalten, deren Vernachlässigung jener ihm später mit Recht hätte zum Vorwurf machen können. Aber noch weniger als zu geschmückt wollte Epictet seine Schüler schmutzig und vernachlässigt sehen, stets sollten sie sauber sein, damit die Mitschüler an ihnen Freude hätten, und er hat nicht verschmäht, auf die Einzelheiten der Körperpflege einzugehen, daß man sich schneuzen, die Füße waschen, sich vom Schweiße reinigen, die Zähne putzen solle: „warum? damit du ein Mensch seiest und kein Tier, kein Ferkel!" Und diese das ganze leibliche wie geistige Wohl vom Größten bis zum Kleinsten umfassende, sich in die privatesten Dinge mengende Fürsorge erstreckten die Philosophen sogar auch auf die Angehörigen ihrer Schüler, ohne, wie es scheint, sich den Vorwurf der Zudringlichkeit zuzuziehen. Favorinus erhielt eines Tages die Nachricht, daß die Frau eines seiner Zuhörer, eines Mannes von senatorischem Stande aus vornehmer Familie, von einem Sohne entbunden sei: sogleich begab er sich, begleitet von seinen sämtlichen gerade anwesenden Zuhörern, zu dem jungen Vater, beglückwünschte ihn und sprach dann die Erwartung aus, daß die Wöchnerin das Kind selbst nähren würde. Als deren Mutter sich dagegen erklärte, hielt Favorinus sofort eine große Rede über diesen Gegenstand, die Gellius sich aufzeichnete und später seinen Attischen Nächten einverleibte. Daß die Philosophen, die selbst in solchen Dingen Rat spendeten, bei allen Gewissensskrupeln und in allen schwierigen Lagen des Lebens von ihren Schülern um Rat gefragt wurden, ist selbstverständlich. Als Gellius, sehr jung (doch nicht unter 25 Jahre alt) zum Richter ernannt, sich einmal in einem Prozeß für keine Partei zu entscheiden vermochte, hob er den Termin auf, begab sich stehenden Fußes zu Favorinus, an den er sich damals vorzugsweise angeschlossen hatte, und bat ihn um sein Urteil in diesem Falle und um Belehrung über das Richteramt überhaupt. Allem Anscheine nach hatten die Philosophen eher darüber zu klagen, daß sie zu viel, als daß sie zu wenig um Rat gefragt wurden. Man verlangte von ihnen, wie Epictet sagt, Verhaltungsmaßregeln in praktischen Angelegenheiten, wie von einem Schuhmacher oder Gemüsehändler seine Ware, ohne durch eigne Arbeit die sittlichen Prinzipien sich aneignen zu wollen, aus denen die Entscheidungen aller einzelnen Fälle abgeleitet werden mußten.

In der Regel übten die Philosophen (abgesehen von gelegentlichen Einwirkungen) eine praktische Tätigkeit und damit einen unmittelbaren Einfluß auf die sittliche Bildung ihrer Zeit in dreierlei Verhältnissen: als Erzieher und stete Berater einzelner, als Lehrer der Moral in öffentlichen Schulen, endlich als Missionare und Volksprediger; dies letztere Feld blieb ausschließlich den Kynikern, die es sich erwählt hatten, überlassen. Die sämtlichen Formen der philosophischen Berufstätigkeit werden von Philosophen und Nichtphilosophen häufig genug erwähnt, so daß sich wenigstens bis auf einen gewissen Grad von ihnen eine Vorstellung gewinnen läßt. Freilich sind es hauptsächlich die Schattenseiten und Übelstände, die Mängel und Schwächen, Mißerfolge und Unzulänglichkeiten der philosophischen Bemühungen und Leistungen, die zur Sprache gebracht werden, und bei denen besonders die so zahlreichen prinzipiellen Gegner der Philosophie mit Vorliebe verweilen. Aber auch aus solchen Ausstellungen und Angriffen ergeben sich die hohen Anforderungen, die man an die Einwirkung der Philosophie auf die sittliche Hebung der Mitwelt stellte, und wenn diese freilich von den meisten nur sehr unvollkommen erfüllt wurden, so wird doch auch teils stillschweigend, teils ausdrücklich zugestanden, daß die besten und reinsten Lehrer sie im höchsten Maße erfüllten und die allergrößte Wirkung übten.

Während die große Mehrzahl sich damit begnügen mußte, die sittliche Bildung durch einen philosphischen Unterricht von einer doch beschränkten Dauer zu erstreben, suchten Vermögendere sehr häufig einen Philosophen ganz und gar in ihr Haus zu ziehen, nicht bloß zur Erziehung der Kinder, sondern auch um sich für das ganze Leben eines zuverlässigen, steten Beraters, Führers und Seelsorgers zu versichern. Namentlich in großen römischen Häusern scheinen, wie in der letzten Zeit der Republik, so auch in der Monarchie griechische Philosophen diese Stellung oft eingenommen zu haben. In einem solchen Verhältnis hatte allem Anschein nach auch der Stoiker P. Egnatius Celer zu Barea Soranus gestanden, dessen Lehrer, Klient und Freund er genannt wird und dessen Verurteilung im Jahre 66 er durch sein von den Anklägern erkauftes falsches Zeugnis herbeiführte. Ein in der Nähe von Bonn gefundenes Monument ist dem Philosophen Q. Aelius Egrilius Euaretus, „Freunde des Salvius Julianus“ (des Konsuls im Jahre 175, der wahrscheinlich nachher Legat im untern Germanien war), von seiner Frau errichtet; der Konsular wollte, wie man sieht, diesen Umgang auch in der Provinz nicht entbehren. Besonders aber erscheinen diese Hausphilosophen, wie die Philosophen überhaupt, als Begleiter und Tröster bei der Vorbereitung zum Tode; auch ließ man es ohne Zweifel oft von ihrer Entscheidung abhängen, ob man das Leben freiwillig enden solle. So ließ sich Tullius Marcellinus, ein Bekannter Senecas, ein junger Mann, der an einer langwierigen und beschwerlichen Krankheit litt, durch das Zureden eines Stoikers bestimmen, sich durch Enthaltung von Speise den Tod zu geben. Von T. Petronius berichtet Tacitus als etwas Ungewöhnliches, daß er bei der Hinzögerung seines Todes durch Wiederverbinden der durchschnittenen Pulsadern sich leichtfertige Gedichte vortragen ließ, dagegen „nichts von der Unsterblichkeit der Seele und den Lehren der Philosophen". Als Julius Canus, von Caligula zum Tode verurteilt, den Gang zu jenem Hügel antrat, wo, wie Seneca sagt, „unserm Cäsar tägliche Opfer gebracht wurden", begleitete ihn „sein Philosoph" unter Gesprächen über seine gegenwärtigen Gedanken und den Zustand seiner Seele. Rubellius Plautus, der die Schergen Neros erwartete, ohne einen Fluchtversuch zu machen, war, wie man erzählte, von den Philosophen Musonius Rufus und Cöranus in dem Entschlusse bestärkt worden, den Tod einem angstvollen und ungewissen Leben vorzuziehen. Der Bote, der dem Thrasea das erwartete Todesurteil überbrachte, fand ihn in ein Gespräch mit dem Kyniker Demetrius vertieft: „Wie man aus dem Ernst in ihren Gesichtern und aus den Worten, die etwa lauter gesprochen wurden, schließen konnte, erörterten sie die Natur der Seele und die Trennung von Geist und Körper." Auch der auf den Tod verwundete Kaiser Julianus erging sich mit den Philosophen Maximus und Priscus in schwierigen Erörterungen über die Erhabenheit der menschlichen Seele, solange sein Atem dazu ausreichte.

Die Stellung, die griechische Philosophen durch die Eingehung dauernder Verhältnisse in großen römischen Häusern übernahmen, konnte nur bei der edelsten Auffassung von beiden Seiten auf der Höhe erhalten werden, die der Würde der Philosophie angemessen war. Oft genug waren auch in diesen Verhältnissen die Philosophen selbst nicht einmal imstande, sich die Achtung derer zu bewahren, denen sie vor allem mit ihrem Beispiel vorangehen sollten. Auf der andern Seite konnten die vornehmen Römer wohl selten ganz und gar vergessen, daß die „Lehrer der Weisheit" doch nur ihre Klienten oder besoldeten Hausbeamten waren. Die Schattenseiten dieser letzteren Stellung in Rom hat Lucian in seiner Weise breit und grell in einer eignen, zur Warnung eines Philosophen Timokles verfaßten Schrift geschildert, der in ein vornehmes Haus einzutreten wünschte. Sie mögen in jener Zeit besonders oft und widrig in die Augen gefallen sein, wo das Beispiel Marc Aurels die Philosophie zur Mode gemacht hatte, und viele, die für sie weder Verständnis noch Achtung hegten, vor Sehnsucht nach der Erhabenheit des Platonischen Idealismus vergehen zu müssen glaubten und in ihrem Gefolge womöglich einen griechischen Philosophen haben wollten, den man an seinem ehrwürdigen Äußern, langen Bart und dem guten Anstande, mit dem er den Mantel trug, auch sofort als solchen erkennen konnte. Die Aussicht, in einem großen, reichen Hause eine geehrte und einflußreiche Stellung einzunehmen, war für viele verlockend genug, sich den Unannehmlichkeiten der Bewerbung und selbst einer Prüfung zu unterziehen, bei der sie von ihrem Wissen und ihrer Leistungsfähigkeit Proben ablegen, sich ein Verhör über ihre Vergangenheit gefallen und sich zuweilen sehr unwürdigen Mitbewerbern gegenüberstellen lassen mußten, von denen manche die Philosophenmaske zur Empfehlung von Beschwörung, Zauberei u. dgl. benutzten. War diese Prüfung glücklich überstanden, so kam es, etwa nach einer Einladung zu einer großen Tafel, bei der sich der Glanz des Hauses für den Neuling ebenso blendend wie einschüchternd entfaltete, zur Feststellung der Bedingungen. Der Hausherr versicherte, alles mit seinem neuen Hausgenossen teilen zu wollen; „denn es wäre ja lächerlich, wenn man den Mann, dem man das Kostbarste, die eigne Seele oder die seiner Kinder, anvertraue, nicht zugleich als Mitbesitzer alles übrigen betrachtete". Trotzdem wurde ein Jahresgehalt festgesetzt, das aber freilich mit Rücksicht auf die in Aussicht gestellte freundliche und ehrenvolle Behandlung, auf die häufigen Geschenke an Festtagen, namentlich aber auf die erhabne Denkart der Philosophen in Geldfragen überraschend winzig ausfiel. Und so verkauften Weltweise im reifen Alter, uneingedenk aller Lobreden eines Plato, Chrysippus, Aristoteles auf die Freiheit, sich selbst in eine niedrige und schmachvolle Dienstbarkeit; gleich dem übrigen Troß der Hausbedienten, von denen sie durch ihren groben Mantel und ihr kauderwelsches Latein abstachen, rief sie in jeder Frühe die Hausglocke zu ihrem Figurantendienst, der bis zum späten Abend dauerte und Unannehmlichkeiten und Entwürdigungen aller Art mit sich brachte, deren man den geduldigen Griechen nur zu viele bieten zu können meinte. Und waren sie verbraucht oder war man ihrer müde geworden, so wurden sie auf irgendeine aus der Luft gegriffene Anschuldigung hin bei Nacht und Nebel in aller Stille hilflos und von allem entblößt aus dem Hause gestoßen.

Noch viel mißlicher als in vornehmen Häusern und noch schwerer mit den Idealen der Philosophie vereinbar war die Stellung ihrer Vertreter am Hofe, ja nach der Ansicht vieler war ein Philosoph am Hofe ebensowenig an seinem Platz wie in der Schenke. Plutarch hat in einer eignen Schrift zu beweisen gesucht, daß aller Schwierigkeiten und Gefahren ungeachtet der Weise auch eine solche Stellung unter Umständen nicht ablehnen könne, weil er in ihr unverhältnismäßig mehr Gutes als in jeder andern zu wirken imstande sei. Der Philosoph werde die Sorge für eine Seele, die für viele tätig sein, für viele Weisheit und Gerechtigkeit üben müsse, um so bereitwilliger übernehmen; denn so werde er vielen durch den einen nützen, wie Anaxagoras als Freund und Ratgeber des Perikles, Plato des Dio, Pythagoras der Staatsmänner Italiens. Die Philosophen, die sich der sittlichen Bildung von Privatpersonen widmen, befreien eben nur einzelne von Schwächen und Leidenschaften; der aber, welcher den Charakter eines Regenten veredelt, fördert und bessert damit den ganzen Staat. Um solcher Vorteile willen müsse man es ertragen, Höfling und bedientenhaft gescholten zu werden. Wenn selbst der aller praktischen Wirksamkeit grundsätzlich sich enthaltende Philosoph gebildete und edle Fürsten nicht meiden werde, so werde ein am Staatsleben teilnehmender sich ihrer annehmen, zwar ohne Zudringlichkeit und ohne sie mit unzeitigen und sophistischen Belehrungen zu behelligen, doch bereit, ihrem Verlangen nach seinem Rat und Beistande zu entsprechen.

Nach den gelegentlichen Erwähnungen von Philosophen an den Höfen des Augustus, Nero, Trajan, Hadrian, der Julia Domna, der „Scheinphilosophen" an dem Elagabals scheint es, daß, wie andre Gelehrte, so auch die Lehrer der Weltweisheit, wenn nicht in der Regel, doch sehr häufig zu den Umgebungen der Kaiser (als συμβιωταί) gehörten: und auch diese Stellungen waren zum Teil besoldet. Von der Persönlichkeit der Kaiser und von dem an ihrem Hofe herrschenden Tone hing es natürlich ab, ob die Stellung der Philosophen eine würdige oder unwürdige war.

Während Areus am Hofe des Augustus mit der größten Auszeichnung behandelt wurde, bediente sich Nero seiner Philosophen zur Belustigung, indem er die Vertreter der verschiedenen Schulen bei Tafel zum Gezänke gegeneinander hetzte.

Ohne Zweifel aber zogen die Philosophen, besonders die, welche ihren Wert fühlten, größtenteils eine öffentliche Wirksamkeit auch der glänzendsten Stellung am Hofe oder in einer vornehmen Familie vor. Der Stoiker Apollonius, von Antoninus Pius als Lehrer des jungen Marc Aurel berufen, siedelte, gefolgt von einer Anzahl seiner Schüler, von Chalcis nach Rom über; aber in den Tiberianischen Palast zu ziehen, wo Marc Aurel wohnte, lehnte er ab; der Schüler müsse zum Lehrer kommen; ein Verlangen, dem der Thronerbe wirklich entsprach. Die Eröffnung einer öffentlichen Schule stellte nicht nur eine würdigere Existenz, eine bedeutendere, unter Umständen großartige Wirksamkeit, die sich, wie gesagt, an Zentralpunkten wie Athen und Rom auf die Blüte der Jugend der verschiedensten Provinzen erstrecken konnte, sondern auch sehr glänzende Einnahmen in Aussicht. Denn allem Anscheine nach dachte nur die Minderzahl so streng, wie der Platoniker Nigrinus, der die Schulen der für Geld lehrenden Philosophen Buden und Läden nannte, in denen als Ware die Tugend feilgeboten werde.

Aber auch abgesehen hiervon gab das Verhalten der öffentlich lehrenden Philosophen, namentlich ihre Vorträge und ihre Unterrichtsmethode, zu mancherlei Tadel Veranlassung. Und solchen Tadel sprechen denn auch die philosophischen Schriftsteller dieser Zeit so reichlich, so eindringlich und wiederholt aus, daß man leicht eine zu ungünstige Vorstellung von den damaligen Philosophenschulen gewinnen kann, wenn man sich nicht fortwährend erinnert, daß Männer wie Musonius, Plutarch, Epictet, Taurus, Demonax in der Tat die höchsten Forderungen, denen sie selbst entsprachen, auch den Leistungen andrer gegenüber aufrechterhalten durften, und daß sie unablässig Lehrer und Schüler mahnen mußten, wie weit sie noch von dem wahren Ziele der Philosophie entfernt seien, um sie ihm näherzuführen. So kommen denn in ihren Schriften immer wieder die Schwächen, Kleinlichkeiten und Mängel zur Sprache, mit denen der philosophische Unterricht behaftet war: Übelstände, die in dieser Schärfe nur empfunden werden konnten, wenn sie mit den Beispielen edlen und großartigen Wirkens und Strebens verglichen wurden, deren jene Zeit in der Tat nicht wenige aufzuweisen hatte.

Die Wirkungen des philosophischen Unterrichts wurden allerdings ohne Zweifel oft genug sowohl durch die Schuld der Lehrer als der Schüler beeinträchtigt. Eitelkeit und Ruhmsucht, wohl auch Gewinnsucht, verleitete die Lehrer oft, mehr den Beifall ihrer Zuhörer als ihr wahres Heil im Auge zu haben, und auch unter diesen waren nicht wenige, die eine angenehme Unterhaltung, Übung des Scharfsinns und Erwerbung einer zum Prunken geeigneten Gelehrsamkeit dem ernsten Studium und dem schweren und schmerzlichen Ringen nach sittlicher Veredelung vorzogen. Daher trugen viele, die jahrelang philosophische Vorlesungen mit unablässigem Fleiße besucht hatten, auch nicht einmal einen Anflug philosophischer Bildung davon. Manche, sagt Seneca, kamen nur, um zu hören, nicht um zu lernen, der Ergötzung halber, wie man ins Theater geht: für einen großen Teil der Zuhörer ist die Schule ein Ort des

Zeitvertreibs. Sie bezwecken nicht, das Laster abzulegen, eine neue Lebensnorm zu gewinnen, sondern sich einen Ohrenschmaus zu verschaffen. Andre kamen mit Schreibtafeln, nicht um den Inhalt, sondern um die Worte aufzufassen, die sie mit ebensowenig Nutzen für andre anwenden, als sie sie ohne Frucht für sich selbst hören. Auf manche machen die erhabnen Stellen der Vorträge Eindruck, der sich auch auf ihren Gesichtern spiegelt, aber nur wie nervenaufregende Musik, keinen bleibenden: nur wenige sind imstande, was sie aufgenommen haben, festzuhalten. Die meisten Schüler waren also nicht in der Gemütsverfassung, die Musonius für den Erfolg des Unterrichts als unerläßlich betrachtete. Ein Zuhörer, der nicht ganz verloren ist, sagte er, muß während der Rede des Philosophen schaudern, innerlich Scham, Reue, Freude, Bewunderung empfinden, und der Ausdruck seines Gesichts muß wechseln, je nachdem die Behandlung des Philosophen, die bald die kranken, bald die gesunden Teile seiner Seele berührt, ihn und sein Gewissen ergreift. In der Tat bezeugt Epictet der Musonius gehört hatte, daß er so eindringlich gesprochen, so anschaulich die sittlichen Schäden vor Augen gehalten habe, daß jeder seiner Zuhörer die Rede auf sich bezog und bei dem Lehrer persönlich angeklagt zu sein glaubte. Gerade dies aber war, wie auch Plutarch klagt, den meisten zu viel, die den Vortrag eines Philosophen anhörten wie den eines Tragöden oder eines Rhetors. Solange er sich im allgemeinen hielt, folgten sie gerne, sobald er aber freimütig und eindringlich ermahnte, nahmen sie dies als Zudringlichkeit übel; und manche waren weichlich genug, nach einer so verletzenden Rede aus der Schule fortzubleiben, wie Kranke, die nach dem Schnitte des Arztes davonlaufen, ohne den Verband abzuwarten. Anfänger ließen sich auch durch die Schwierigkeiten des Studiums oder Vortrags abschrecken oder schämten sich, um Erklärung zu bitten, oder taten, als ob ihnen alles deutlich wäre, auch wenn sie nichts verstanden hatten. Manche hatten sogar die Dreistigkeit, dem Lehrer über die Art des Unterrichts Vorschriften machen zu wollen. „Der eine", sagte der Platoniker Taurus, „spricht: lehre mich dies zuerst; ein andrer: dies will ich lernen, jenes nicht; einer will mit dem Gastmahl des Plato wegen der dort vorkommenden Nachtschwärmerei des Alcibiades beginnen, ein andrer mit dem Phädrus wegen der Rede des Lysias. Es gibt wahrhaftig solche, die den Plato nicht lesen wollen, um ihr Leben zu veredeln, sondern um ihren Ausdruck zu verfeinern, nicht um sittsamer, sondern um unterhaltender zu werden." Und daß es Lehrer gab, die sich auch den unberechtigten Wünschen ihrer Schüler fügten, geht aus der Klage des Taurus hervor, daß manche von jenen sich sogar unaufgefordert zu den Türen reicher junger Leute drängten und dort geduldig bis zum Mittag warteten, bis ihre Schüler den Rausch der Nacht völlig ausgeschlafen hatten. Epictet ermahnt seine Zuhörer, wenn sie Menschen in einer Weise reden hören, die eine völlige Unklarheit über die ersten Grundsätze der Sittlichkeit verrate, sich ernstlich zu fragen: bin ich wie diese? „Habe ich das Bewußtsein, nichts zu wissen, wie es dem ziemt, der in der Tat nichts weiß? Gehe ich zum Lehrer wie zu einem Orakel, zu unbedingtem Gehorsam bereit? Oder komme ich voll Stumpfsinn in die Schule, bloß um das äußerliche Beiwerk der Philosophie zu lernen und Bücher zu verstehen, die ich vorher nicht verstand, und sie, wenn es sich so fügt, auch andern zu erklären?" Die Zuhörer, fährt er fort, kommen zwar in Philosophentracht in die Schule, aber nicht mit einer von den Aufregungen und Sorgen der Außenwelt befreiten und gestillten Seele. Der eine hat vielleicht eben erst zu Hause mit einem Sklaven eine Schlägerei gehabt, die ganze Nachbarschaft in Aufruhr versetzt; oder ein auswärtiger Studierender ist voll Verdruß, daß er keine Geldsendungen von Hause erhält, oder denkt daran, was man dort wohl von ihm spricht, daß er gewiß Fortschritte mache und als ein Mann zurückkehren werde, der alles wisse. „Das wollte ich auch gern", sagt er bei sich selbst; „aber man muß so viel arbeiten, und von Hause schickt mir keiner etwas, und hier in Nicopolis sind die Bäder elend, es ist zu Hause schlecht und hier auch." „Und dann sagen sie: Niemand hat einen Nutzen von der Schule. Aber wer besucht sie auch, um sich zu heilen und seine Ansichten läutern zu lassen, um sich bewußt zu werden, was ihm not tut? Was ihr in der Schule sucht, das tragt ihr auch davon. Ihr wollt über Lehrsätze schwatzen. Gewähren sie euch etwa nicht Stoff genug, um mit eurem Wissen zu prahlen? Löst ihr nicht Syllogismen auf, versteht ihr nicht Sophismen und Trugschlüsse zu behandeln?"

Aber es lag nicht an den Schülern allein, daß der philosophische Unterricht oft nicht die erwünschte Frucht trug, sondern häufig genug natürlich auch an den Lehrern, die, wie gesagt, nach Beifall, Ruhm und Geld strebten, und da Äußerlichkeiten, vor allem ein glänzender Vortrag, auf die Mehrzahl am meisten wirkten, über der Form den Inhalt vernachlässigten. Das graue Haar des Redners, sagt Plutarch, die Modulation der Stimme, der Ernst des Gesichts und die selbstbewußte Sicherheit, am meisten aber der Beifallslärm reißt die jungen und unerfahrnen Zuhörer mit fort; auch der Ausdruck hat etwas Trügendes, wenn er anmutsvoll und reich, gewichtig und wohlvorbereitet zu den Gegenständen hinzutritt. Das Lob, das Plinius dem von ihm hochverehrten Stoiker Euphrates erteilt, zeigt, wie wesentlich selbst für das Urteil gebildeter Zuhörer die persönliche Erscheinung und die Redekunst eines Philosophen war. „Er trägt mit Schärfe, Würde und Geschmack vor, häufig erreicht er auch die Platonische Erhabenheit und Fülle. Seine Sprache ist reich und mannigfaltig, besonders voll Lieblichkeit, so daß sie auch Widerstrebende mitzieht und hinreißt. Dazu eine hohe Gestalt, ein schönes Gesicht, herabwallendes Haar, ein sehr langer, grauer Bart: welches alles, mag man es auch für zufällig und bedeutungslos halten, doch viel dazu beiträgt, seine Ehrwürdigkeit zu erhöhen. Sein Anzug ist von strenger Einfachheit, aber ohne Vernachlässigung, ohne asketische Rauheit: man naht ihm mit Ehrfurcht, aber ohne Furcht. Die Reinheit seines Lebens ist die fleckenloseste, ebenso groß seine Liebenswürdigkeit: er bekämpft Laster, nicht Menschen, und straft nicht die Irrenden, sondern bessert sie. Man folgt seinen Ermahnungen mit gespannter Aufmerksamkeit und wünscht sich überzeugen zu lassen, auch wenn man schon überzeugt ist." Daß vollends Rhetoren meistens nur die Form der philosophischen Vorträge beachteten, ist natürlich. Wir wollen, läßt Epictet einen solchen sagen, im Vorbeigehen, bevor wir uns ein Schiff mieten, noch den Epictet besuchen und hören, was er sagt. Dann beim Herausgehen heißt es: es war nichts an Epictet: er macht Fehler gegen die Konstruktion und die Etymologie. Denn nur um dies zu kritisieren, kommt ihr doch in die Schule.

Epictet, der den Wert der Beredsamkeit für die Wirkung des philosophischen Vortrags keineswegs leugnete, würde die prunkende Schönrednerei und das Haschen nach Beifall bei Vorlesungen und Disputationen schwerlich zum Gegenstande einer ausführlichen Erörterung gemacht haben, wenn den damaligen „Kathederphilosophen“ beides nicht häufig vorzuwerfen gewesen wäre. Die kleinen aus dem Leben gegriffenen Szenen, die er seinen Ermahnungen einflicht, sind ganz besonders geeignet, die selbstgefällige Eitelkeit dieser Klasse von Lehrern und die ganze Äußerlichkeit ihres Treibens zu veranschaulichen. Sie wünschten überall, wo sie sich zeigten, den Ruf zu vernehmen: „O der große Philosoph!“ und gingen einher, „als ob sie einen Spieß verschluckt hätten.“ Fanden die Zuhörer sich spärlich ein und applaudierten nicht, so ging der Lehrer niedergeschlagen fort; war der Beifall reichlich, so ging er umher und fragte jeden: wie fandest du mich? — Bewunderungswürdig, Herr, so wahr es mir wohl gehen möge! — Wie sprach ich jene Stelle? — Welche? — Wo ich den Pan und die Nymphen beschrieb. — Ausgezeichnet. Weshalb, so fährt Epictet in seiner Strafrede an diese philosophischen Rhetoren fort, lobtest du jenen Senator? — Er ist ein talentvoller und strebsamer junger Mann. — Inwiefern? — Er bewundert mich. — Dann hast du allerdings den Beweis geführt! — Sieh, sagt er dann weiter, er ist seit so langer Zeit dein Schüler, er hat deine Disputationen, deine Vorlesungen gehört: ist er demütig geworden? Ist er in sich gegangen? Ist er innegeworden, wie er im Bösen steckt? Hat er den Dünkel von sich geworfen? Verlangt er nach Unterweisung? Ja, sagst du. Nach Unterweisung, wie man leben soll? Nein, Tor, wie man reden soll; denn darin bewundert er auch dich! Höre ihn, was er sagt: „Der Mann schreibt wirklich äußerst kunstvoll, viel schöner als Dio!“ — Du also, der du dich in einer so übeln Gemütsverfassung befindest, so von Gier nach Beifall erfüllt bist und deine Zuhörer zählst, willst andern nützen? — Heute hatte ich ein sehr viel zahlreicheres Auditorium. — Ja, sehr zahlreich, es mochten fünfhundert sein. — Das ist viel zu wenig, vielleicht tausend. Dio hatte niemals so viel Zuhörer. Wie sollte er auch? Es ist ein recht feines Verständnis für Vorträge vorhanden. Das Schöne, Herr, kann auch einen Stein bewegen. — Da habt ihr die Rede eines Philosophen, da habt ihr den Seelenzustand eines, der den Menschen nützen will, da habt ihr auch einen Mann, der einen Vortrag gehört hat! — Hat etwa Sokrates, indem er seine Schüler begleitete, gesagt: höre den Vortrag, den ich heute im Hause des Quadratus halten werde? — Wozu? Du willst mir zeigen, wie schön du die Worte setzen kannst? Meinetwegen, und was nützt es dir? — Du sollst mir Beifall zollen. — Wie das? — Sage Oh! und Vortrefflich! — Deshalb also sollen junge Leute auf Reisen gehen, ihre Eltern, Freunde, Verwandte, ihr Hab und Gut verlassen, um bei deinen schönen Redeschlüssen Oh! zu sagen? Taten dergleichen Sokrates, Cleanthes, Zeno? — „Aber“, läßt Epictet sich einwenden, „gibt es nicht einen besonderen Stil für ermahnende Vorträge? — Gewiß! so gut wie für widerlegende und lehrende. Doch wer hat schon jemals einen vierten, den Prunkstil, neben diesen genannt? Worin besteht denn das Wesen eines ermahnenden Vortrags? Darin, daß man einem sowohl als vielen klarmachen kann, in welchem Kampfe sie umhergeworfen werden, und daß sie mehr an alles andre denken, als an das, was sie wollen. Sie wollen das, was zur Glückseligkeit führt, suchen es aber anderwärts. Ist es nun zu diesem Zweck erforderlich, daß tausend Bänke aufgestellt, Zuhörer eingeladen werden, daß du in eleganter Kleidung oder in schäbigem Philosophenmäntelchen auf das Katheder trittst und den Tod des Achill beschreibst? Laßt doch endlich ab, ich beschwöre euch bei den Göttern, schöne Worte und Gegenstände zu mißbrauchen! Welcher Zuhörer deiner Vorträge und Disputationen ist von Seelenangst für sein eigenes Heil erfüllt worden oder in sich gegangen? oder hat beim Fortgehen gesagt: tief hat mich der Philosoph getroffen! So muß man ferner nicht handeln! Sagt er nicht vielmehr, falls du großen Beifall hast, zu einem andern: sehr artig hat er das von Xerxes ausgeführt, und ein dritter darauf: nein, aber die Schlacht bei Thermopylä! Und das ist der Vortrag eines Philosophen?"

Wenn sich nun die Philosophen in ihrer Vortragsweise den Sophisten näherten, so äußerten auch die Zuhörer ihren Beifall in der Art, als wenn sie die Bravourstücke jener Virtuosen, nicht die ernsten Ermahnungen von Sittenlehrern vernähmen. Wenn der Philosoph, sagt Musonius, ermahnt, warnt, rät, schilt oder sonst in irgendeiner Weise lehrt, die Hörer gedankenlos und leichthin triviale Lobeserhebungen herschwatzen; wenn sie lärmen, gestikulieren, wenn sie durch Zierlichkeiten des Ausdrucks, durch rhythmischen Tonfall der Worte bewegt und aufgeregt werden, so wisse, daß Redner und Hörer gleich nichtig sind, und daß da nicht ein Philosoph redet, sondern ein Flötenbläser spielt. Ebenso sagt Plutarch, daß der lärmende Beifall in den Philosophenschulen den Außenstehenden glauben lasse, es werde einem Tänzer oder musikalischen Virtuosen applaudiert. Er rügt auch die Ausdrücke des Beifalls, die damals aufgekommen waren. Als wenn die alten Zurufe: Schön! Weise! Wahr! nicht mehr genügten, rief man: Göttlich! Inspiriert! Unerreichbar! und fügte dem Ausruf einen Eid hinzu; man äußerte seine Zustimmung einem Philosophen gegenüber mit: Schlau! einem alten Manne gegenüber mit: Geistreich! oder Glänzend! Aber freilich sollte nach Plutarchs Meinung der Zuhörer auch nicht etwa stumm und teilnahmslos dasitzen und glauben, daß er wie bei einem Gastmahl gleichsam nur sich an die Tafel zu setzen habe, während andre sich abmühten. Allgemein üblich war, auch in Vorlesungen, die sich gar keines Beifalls erfreuten, daß die Zuhörer in gerader, nicht in nachlässiger, übermütiger Haltung dasaßen, den Redner ansahen, lebhafte Aufmerksamkeit zeigten und einen heitern, wohlwollenden Gesichtsausdruck bewahrten, der nicht nur von Verdrießlichkeiten fern war, sondern auch eine gänzliche Freiheit von anderweitigen zerstreuenden Gedanken zeigte. Nicht bloß eine finstre Stirn, einen umherschweifenden Blick, eine gebeugte Haltung, ein unschicklaches Übereinanderschlagen der Beine, sondern auch ein Winken, ein Flüstern mit einem andern, ein Lächeln, schläfriges Gähnen, den Ausdruck der Abspannung und dergleichen — alles dies hatte man sorgfältig zu vermeiden.

Gerade diese bis ins Kleinliche gehende Genauigkeit der Vorschriften, durch welche Männer von so hoher und anerkannter Bedeutung, wie Plutarch, Epictet und andere, zur Aufrechterhaltung der Würde des philosophischen Unterrichts beitragen zu müssen glaubten, zeigt nicht am wenigsten, wie tief und weit verbreitet das Interesse an den Vorlesungen und Schulen der Philosophen gewesen sein muß. Und ebenso beweisen die Ansprüche, die von den bedeutendsten Schriftstellern an die Wirksamkeit dieser Schulen fort und fort erhoben wurden, daß sie trotz aller Schwächen, Verirrungen und Mißerfolge vieler Lehrer doch als die eigentlichen Stätten sittlicher Bildung galten, und, wie uns die Werke der so zahlreichen bedeutenden philosophischen Schriftsteller dieser Zeit verbürgen, in der Tat wenigstens teilweise mit Recht.

Während nun die Leiter öffentlicher Schulen ihre Wirksamkeit auf einen wenn auch noch so großen Kreis von Schülern und Anhängern beschränkten, gab es auch eine Klasse von Philosophen, die sich als wahre Missionäre der Sittlichkeit der ganzen Menschheit widmeten, die Kyniker. War auch die große Masse dieser „Bettelmönche des Altertums", wie sie oben geschildert worden ist, mit Recht verrufen, so waren doch die wahrhaft edlen Persönlichkeiten unter ihnen, die um jener hohen Aufgabe willen allen Gütern des Lebens entsagten, ebenso allgemein bewundert und verehrt; und auch Dio und Epictet, die geachtetsten Lehrer des 2. Jahrhunderts, neigten zum Kynismus und stellten Diogenes neben Sokrates. Epictet namentlich hat von der Mission der wahren Kyniker den allerhöchsten Begriff; niemand dürfe sie sich anmaßen ohne das Bewußtsein, durch göttlichen Willen dazu erkoren zu sein. Alle Leidenschaft, alle Begierde muß der Kyniker von sich tun. Die übrigen Menschen können sich hinter den Mauern ihrer Häuser verbergen, die Hülle des Kynikers, der kein Haus hat und unter dem freien Himmel wohnt, muß die Schamhaftigkeit sein: er muß nichts zu verbergen haben, denn wo und wie sollte er es? Er, „der allgemeine Lehrer und Erzieher", darf nichts zu scheuen haben, wie sollte er sonst „das Amt eines Aufsehers der übrigen Menschen behaupten können"!

Aber es genügt nicht, daß er für sich selbst Erkenntnis und Freiheit gewinnt; sondern er muß wissen, daß er von Zeus zu den Menschen als Bote gesandt ist, um sie über das Gute und Böse zu belehren; daß sie in die Irre gehen und anderwärts das Wesen des Guten und Bösen suchen, wo es nicht ist, wo es aber ist, es nicht beachten. Und nun läßt er seinen Kyniker dem Volke predigen: „O, ihr Menschen, wohin laßt ihr euch fortreißen? Was tut ihr Unglücklichen? Ihr sucht die Seligkeit, wo sie nicht ist. Warum sucht ihr sie außer euch? Im Leibe, im Reichtum, in der Macht, in der Herrschaft ist sie nicht! Seht die Starken, die Reichen, die Mächtigen an, hört ihre Klagen und Seufzer, blickt auf Nero und Sardanapal, auf Agamemnon!" — Und nachdem er dies alles, namentlich die stete Angst und Not des letzteren, mit dramatischer Anschaulichkeit seinen Zuhörern vorgeführt hat, läßt er diese, ebenfalls völlig wie in einer Kapuzinerpredigt, fragen: „Worin ist denn das Gute, wenn es in all diesem nicht ist? Sage es uns, Herr Bote und Wächter!" „Wo ihr es nicht glaubt noch suchen wollt! Denn wenn ihr wolltet, hättet ihr es schon in euch selber gefunden und nicht nach Fremden wie nach eurem Eigentum gestrebt. In euch, Unglückliche, sucht es! Da bildet es aus, da hegt und pflegt es! Wie es möglich sei, ohne Hab und Gut, nackt, ohne Haus und Hof, ohne Pflege, ohne Knecht, ohne Vaterland glücklich zu leben? Seht da, Gott hat euch den gesandt, der es euch durch die Tat beweisen kann, daß es möglich ist! Alles jenes habe ich nicht, ich liege auf der Erde, ich habe kein Weib, keine Kinder, kein Schlößchen, sondern nur Erde und Himmel und ein einziges grobes Mäntelchen. Und doch, was fehlt mir? Bin ich nicht ohne Trübsal? ohne Furcht? bin ich nicht frei? — Wie begegne ich jenen, die ihr bewundert und ehrt? Nicht wie Sklaven? Wer glaubt nicht, wenn er mich sieht, seinen König und Herrn zu sehen?" — Immer aufs neue wiederholt

Epictet dann, daß der Kyniker ganz und unbehindert im Dienste der Gottheit stehen, den Menschen beistehen können muß, daß er durch keine Privatpflichten gebunden, in keine Verhältnisse verflochten sein darf, bei deren Verletzung er die Gebote der Sittlichkeit übertreten, in deren Bewahrung dagegen er das Amt des „Boten, Wächters und Herolds der Götter" aufgeben müßte: wie namentlich die Ehe. Wo bliebe dabei jener König, der sich dem allgemeinen Besten widmet, „dem sich zur Hut die Völker vertraut und mancherlei obliegt", der über die andern die Aufsicht führen muß, über die Gatten und die Väter, wer seine Frau gut behandelt, wer schlecht, wer straffällig ist, wessen Haus wohl geordnet ist, wessen nicht: wie ein Arzt, der umhergeht und die Pulse fühlt: du hast Fieber, du leidest am Kopf, du an den Füßen; du faste, du nimm Speise, du bade nicht, du mußt geschnitten, du gebrannt werden. Wie hätte der dazu die Muße, der durch Privatpflichten gebunden ist. — Wenn wir die Größe des wahren Kynikers begreifen, werden wir uns nicht wundern, weshalb er kein Weib nimmt, keine Kinder zeugt. Er ist der Vater aller Menschen, er hat alle Männer zu Söhnen, alle Frauen zu Töchtern; er sorgt um sie, er schilt sie als Vater, als Bruder, als Diener des gemeinsamen Vaters Zeus.

In der Tat gab es in jener Zeit Männer, die dieses Ideal wenigstens annähernd verwirklichten, und zwei von ihnen sind uns bekannt, Demetrius, der im ersten Jahrhundert in Rom, und Demonax, der im zweiten in Athen lebte. Der erstere führte die Forderungen der vollen Bedürfnislosigkeit und Rückkehr zum Naturzustande praktisch mitten in der Pracht, Üppigkeit und Überkultur der Weltstadt, des goldnen Rom, buchstäblich durch und verschaffte dem Kynismus bei den Römern Achtung, den noch Cicero als „der Schamhaftigkeit zuwiderlaufend" unbedingt verworfen hatte. Der zerlumpte Bettler, der ein Geschenk Caligulas von 200.000 Sesterzen mit Hohn zurückwies, der Neros Drohungen verachtete, Vespasians Unwillen durch einen zur Schau getragenen Trotz herausforderte, seine Verachtung Andersmeinender mit rücksichtsloser Derbheit äußerte, wurde von den bedeutendsten und höchstgestellten Männern jener Zeit eifrig aufgesucht und mit Ehrfurcht behandelt. Thrasea widmete seine letzten Stunden einem Gespräche mit ihm über die Unsterblichkeit und das Jenseits, und Seneca verehrte seine unbeugsame Seelenstärke um so aufrichtiger, je mehr er ihm gegenüber seine eigne Schwäche fühlte: Demetrius war nach seinem Urteil, selbst mit den Größten verglichen, noch ein großer Mann. Seneca verließ die Gesellschaft der in Purpur Gekleideten, um das Gespräch dieses herrlichen Manns, den er so sehr bewunderte, stets genießen zu können. Wie sollte er ihn nicht bewundern? Ihm fehlte in der Tat nichts: er lebte nicht, als ob er alles verschmäht, sondern als ob er es andern überlassen habe. Hörte man ihn in seiner Blöße auf seinem Strohlager reden, so machte seine Rede doppelten Eindruck, er erschien nicht bloß als Lehrer, sondern als Zeuge der Wahrheit. „Ihn", meinte Seneca, „hat die Natur in unsrer Zeit erschaffen, um zu zeigen, daß weder er durch uns verdorben noch wir durch ihn gebessert werden können. Er ist der Mann von vollendeter Weisheit, wenn er es auch selbst in Abrede stellt, und unerschütterlicher Festigkeit in der Ausführung seiner Grundsätze, und von einer Beredsamkeit, wie sie den größten Gegenständen ziemt, die nicht kunstvoll geordnet noch um Worte ängstlich bekümmert ist, sondern mit gewaltigem Schwunge ihren Gegenstand verfolgt, wie die Eingebung sie antreibt. Ich zweifle nicht, daß ihm die Vorsehung ein sittliches Leben und eine solche Macht der Rede verliehen hat, damit es unserem Zeitalter nicht an einem Beispiel und an einem lebendigen Vorwurfe fehle."

Als ein Beispiel und einen Vorwurf für seine Zeit, gleichsam ein in die Erscheinung getretenes, unablässig mahnendes Gewissen seiner Mitbürger schildert eine unter Lucians Namen überlieferte Schrift auch jenen Demonax, der den größten Teil seines Lebens in Athen verbrachte und es fast hundertjährig durch freiwilligen Hungertod endete. Demonax war im Gegensatz zu Demetrius und seinesgleichen, aber in Übereinstimmung mit dem ihm befreundet gewesenen Epictet bemüht, die Schroffheiten der kynischen Denkweise zu mildern und namentlich seinen Ermahnungen und Strafreden durch Witz und geistige Anmut die abstoßende Härte zu nehmen; seine ganze Philosophie trug den Charakter der Milde, Freundlichkeit und Heiterkeit. Alle Menschen betrachtete er als Angehörige. Seinen Freunden stand er mit der Tat bei, soweit es zulässig war, die Glücklichen mahnte er an die Vergänglichkeit der Glücksgüter, die durch Armut, Verbannung, Alter oder Krankheit Unglücklichen tröstete er. Er bemühte sich, hadernde Brüder zu versöhnen, zwischen Gatten und Gattinnen Frieden zu stiften, auch bei Spaltungen in Gemeinden trat er öfters als Vermittler auf, und meistens mit Erfolg. So lebte er fast hundert Jahre ohne Krankheit, ohne Kummer, ohne jemandem zur Last zu fallen oder einen anzuklagen, seinen Freunden nützlich, ohne je einen Feind zu haben, in Athen und ganz Griechenland allgemein geliebt und verehrt; wo er erschien, stand man auf, auch die höchsten Beamten, und alles wurde still. In seinem höchsten Alter ging er ungeladen zum Essen und Schlafen in das erste beste Haus, und die Einwohner betrachteten es wie eine Erscheinung eines Gottes oder eines guten Geistes. Die Brotverkäuferinnen hängten sich wetteifernd an ihn, jede, von der er ein Brot annahm, glaubte, daß er ihr Glück bringe; die Kinder brachten ihm Früchte und nannten ihn Vater. Als einst in Athen ein Streit ausgebrochen war, reichte seine bloße Erscheinung in der Versammlung hin, um die Ruhe wiederherzustellen, und als er sich davon selbst überzeugt hatte, entfernte er sich, ohne ein Wort zu sagen. Die Athener begruben ihn prachtvoll auf Kosten der Stadt und betrauerten ihn lange; den steinernen Sitz, auf dem er auszuruhen pflegte, hielt man heilig und bekränzte ihn ihm zu Ehren. Bei seinem Begräbnis fehlte niemand, am wenigsten von den Philosophen, diese trugen die Bahre zu Grabe.

Ein weniger deutliches Bild haben wir von Peregrinus, welcher später Proteus genannt wurde, da die Schilderung Lucians, aus der wir ihn allein kennen, ihn ebensosehr als Narren wie als Schurken erscheinen läßt: doch daß diese Darstellung unmöglich der Wahrheit entsprechen kann, ergibt sich nicht bloß aus dem unverdächtigen Zeugnis eines andern Zeitgenossen, sondern zum Teil aus Lucians eigenen Angaben. Wir werden schwerlich irren, wenn wir die durchweg unlautern oder schändlichen Beweggründe, die Lucian dem Peregrinus bei allen seinen Handlungen unterschiebt, auf gehässige Voraussetzungen und Erdichtungen leidenschaftlicher Gegner zurückführen, denen für die Natur eines solchen Schwärmers alles Verständnis fehlte.

Peregrinus war als Sohn eines wohlhabenden Mannes in Parium am Hellespont geboren und kam auf jahrelangen Reisen auch nach Palästina, wo er sich den Christen anschloß und eifrig (auch durch Schriftstellerei) für ihre Lehre tätig war, so daß ihm das Amt eines Vorstehers der Gemeinde übertragen wurde. Wegen seines christlichen Bekenntnisses ins Gefängnis geworfen, soll er sich zum Märtyrertum gedrängt haben, doch von dem Statthalter von Syrien als für eine auszeichnende Bestrafung zu unbedeutend freigelassen worden sein. Nach Parium zurückgekehrt, schenkte er den Rest seines in seiner Abwesenheit stark geplünderten Vermögens, das seine Verehrer sehr hoch angaben, während es nach Lucian nur noch die immerhin nicht geringe Summe von 15 Talenten (70.725 Mark) betrug, seiner Vaterstadt und begann dann sein Wanderleben von neuem. Mit den Christen zerfallen, trat er in Ägypten zum Kynismus über und übte in Rom öffentlich eine so rücksichtslose Kritik der bestehenden Ordnung, daß der Stadtpräfekt ihn von dort verwies. In Griechenland soll er dann den törichten Versuch gemacht haben, einen Aufstand gegen die Römer zu erregen. Im Jahre 167 endete er sein Leben in Olympia nach dem Schluß der Festspiele durch eine lange zuvor angekündigte Selbstverbrennung; in einer mondhellen Mitternacht stürzte er sich in Gegenwart einer Schar von Kynikern, die Geister seiner Eltern anrufend, auf einen in einer Grube errichteten Scheiterhaufen und verschwand in dieser Flammengruft.

Die Bekehrung des Peregrinus zum Christentum sowie sein Abfall und Übertritt zum Kynismus ist keineswegs unverständlich. „Gerade eine Natur wie die seinige konnte in dem unruhigen Suchen nach Wahrheit und innerer Befriedigung dem Christentum ebenso leicht zugeführt, als in der Folge, wenn Unterordnung unter den kirchlichen Glauben und die kirchliche Sitte von ihm verlangt wurde, wieder von ihm weggeführt werden." Zwischen dem Christentum und dem Kynismus bestand aber nicht bloß in dem unbedingten Gegensatze gegen den Polytheismus die vollste Übereinstimmung, sondern die Lösung von allen irdischen Banden und die Weltverachtung der Kyniker war auch jenem, dem Christentume innewohnenden Elemente nahe verwandt, das später im Einsiedler- und Mönchsleben seinen vollen Ausdruck gefunden hat. Diese Verwandtschaft ist auch im Altertum nicht unbemerkt geblieben. Celsus hatte die Verkünder der christlichen Lehre mit Marktschreiern verglichen, weil sie sich vorzugsweise an die ungebildeten Massen wandten, und Origenes erwidert, die kynischen Volksprediger täten genau dasselbe. Julian der Abtrünnige fand zwischen „den der Welt Absagenden, wie sie die gottlosen Galiläer nennen", und den Kynikern eine große Ähnlichkeit, nur daß die letztern nicht so gute Geschäfte machten wie die ersteren, die „auf weniges verzichtend viel oder vielmehr alles zusammenscharrten", da ihnen die Pflicht der Mildtätigkeit einen anständigen Vorwand zum Erheben von Tributen bot. Dieser fehlte den Kynikern, und außerdem waren die Heiden auch vernünftiger als „jene Toren". In allen übrigen Stücken waren beide Klassen einander gleich. Diese wie jene ließen sich für ihre angebliche Entsagung Ehre und Huldigung erweisen; diese wie jene ließen ihr Vaterland im Stiche, wanderten überall umher und machten sich in den Lagern lästig, die Kyniker noch frecher und zudringlicher als die Mönche. Diesen und ähnlichen Vergleichungen des Kynismus mit dem Christentum gegenüber haben es Johannes Chrysostomus und Gregor von Nazianz für nötig gehalten, aufs nachdrücklichste zu betonen, wie sehr der erstere dem letzteren nachstehe.

Daß Peregrinus die finstre, schroffe und rauhe Seite des Kynismus besonders stark hervorkehrte, geht unter anderm auch daraus hervor, daß Demonax, den er wegen seiner Heiterkeit nicht für einen Kyniker gelten lassen wollte, ihm erwidert haben soll: „Und du bist kein Mensch." Doch spricht Gellius, der ihn nicht lange vor seinem Ende in seiner Hütte unweit Athen oft besuchte, von ihm mit großer Achtung. Er hatte von diesem „würdigen und charakterfesten Manne" manches treffliche und heilsame Wort gehört, unter anderm eine Erörterung darüber, daß der Weise nichts Unrechtes tun werde, wenn auch kein Gott und kein Mensch etwas davon erfahren könnte. Denn nicht aus Furcht vor Strafe oder Schande, sondern aus Liebe zum Guten müsse man das Schlechte unterlassen. Für diejenigen aber, denen es an dieser höhern sittlichen Kraft fehle, sei der Gedanke, daß kein Unrecht verborgen bleibe, sondern die Zeit alles am Ende ans Licht bringe, ein sehr wirksamer Beweggrund zur Vermeidung des Unrechts.

Endlich sollte seine Selbstverbrennung ein Leben, in welchem er dem Herakles, dem großen Vorbilde der Kyniker, nachgeeifert, mit dem Ende dieses Helden krönen, die Menschen Todesverachtung lehren und zugleich der Welt beweisen, daß auch ein Kyniker des viel bewunderten Entschlusses des indischen Weisen Kalanos fähig sei. Die Hinausschiebung des Selbstmords bis nach dem Schlusse der olympischen Spiele, die Wahl der Nachtzeit zu seiner Vollziehung, die Zulassung einer nur kleinen Zahl gleichgesinnter Zuschauer — alles dies spricht nicht dafür, daß Peregrinus seinen höchsten Triumph in einem theatralischen Effekt suchte. Ohne Zweifel war er ein Schwärmer, doch an dem Ernst und der Aufrichtigkeit seiner Überzeugungen zu zweifeln, haben wir keinen Grund, und außer der Schrift Lucians kein Zeugnis dafür, daß es damals oder später im Altertum geschehen ist. Athenagoras sah in Parium etwa zehn Jahre nach seinem Tode seine Statue, und Ammianus Marcellinus nennt ihn bei der Erwähnung seines Selbstmords (den auch die Chronisten verzeichnet haben) einen berühmten Philosophen.

Die kynische Schule hat bis in die letzten Zeiten des Altertums fortbestanden. Auch außer den Reden des Kaisers Julian fehlt es nicht an Zeugnissen, welche ihre Fortdauer verfolgen lassen, und ihre Anhänger sind offenbar noch im Anfange des fünften Jahrhunderts zahlreich gewesen.

Wenn es in der Natur der Sache liegt, daß wir aus der damaligen Literatur weit mehr von den Bestrebungen zur Hebung der Sittlichkeit durch die Philosophie als von deren Wirkungen erfahren, so wird sich doch aus allem Mitgeteilten ergeben haben, daß die Philosophie in der Tat der damaligen gebildeten Welt als die wahre und höchste Erzieherin der Menschheit zur Sittlichkeit galt, und selbst die Opposition gegen sie bestätigt nur die Allgemeinheit dieser Überzeugung. Daß die bisher geschilderten, umfassenden und eifrigen Bemühungen tatsächlich bedeutende Wirkungen hervorbrachten, ergibt sich schon allein daraus, daß eine so große Zahl der edelsten Männer dieses Jahrhunderts nach eignem Geständnis oder dem Berichte andrer ihre Charakterbildung der Philosophie verdankten; nicht minder aus der hohen Verehrung, die den hervorragenden Philosophen von Mitwelt und Nachwelt gezollt wurde. In einer Welt, die dem Sklaven die Menschenrechte absprach, gehörte der ehemalige Sklave Epictet zu den am allgemeinsten verehrten Persönlichkeiten, und der Beherrscher dieser Welt, Hadrian, soll sich um seine Freundschaft beworben haben. Die bedeutendsten Lehrer und Schriftsteller dieser Jahrhunderte, der

Freigelassene Epictet, der Ritter Musonius Rufus, der Konsular Seneca, der Kaiser Marc Aurel, gingen aus den verschiedensten Ständen und Lebensstellungen hervor. Die Wirkung der Philosophie erstreckte sich auf alle Schichten der Gesellschaft, von den niedrigsten bis zu den höchsten. Die Philosophie, sagt Seneca, sieht nicht auf den Stammbaum: der Ritterstand, der Senat, der Kriegsdienst bleibt vielen verschlossen; die Erkenntnis steht allen offen, für diesen Zweck sind wir alle edelgeboren. Eine große Seele kann ebensowohl in einem Sklaven oder Freigelassenen wie in einem römischen Ritter wohnen.

Aber nicht bloß die Scheidewände und Schranken der Stände und Klassen durchbrach die Philosophie, sie hat auch die Ausschließlichkeit des Nationalitätsbewußtseins wenigstens sehr zu schwächen vermocht und in der teilweisen Überwindung dieses in allen Völkern des Altertums, vor allem den Römern, so stark entwickelten und mit so großer Härte geltend gemachten Gefühls sich als eine der realsten bildenden und umgestaltenden Mächte der hier geschilderten Kulturperiode erwiesen. Namentlich der Kynismus und der Stoizismus haben die in ihnen von Anfang an liegende Richtung des Weltbürgertums und der die ganze Menschheit umfassenden Bruderliebe auf dem so höchst günstigen Boden des römischen Universalreichs in einer Weise entwickelt, daß ihre Lehren über das Verhältnis des einzelnen zur Menschheit ebensosehr einen christlichen Geist atmen, wie sie den entschiedensten Bruch mit den spezifisch antiken Weltanschauungen bezeugen. Man hat diesen Entwicklungsgang der Philosophie von manchen Seiten nur durch direkte christliche Einflüsse erklären zu können geglaubt, aber auch bei Seneca bedarf es ihrer zur Erklärung dieser Erscheinung keineswegs, und der Widerwille, den Epictet und Marc Aurel gegen „die Galiläer" äußern, schließt die Annahme christlicher Einwirkungen auf beide geradezu aus. Auch haben die Christen jener Zeit ja (wie bemerkt) eine selbständige Sittlichkeit der Heiden anerkannt, welche sie teils aus deren Bekanntschaft mit den heiligen Schriften der Juden, teils aus einer Vermittlung der dem Christentum entgegenwirkenden Dämonen herzuleiten versuchten. Zu so seltsamen Erklärungen würden sie gewiß nicht gegriffen haben, wenn sie geglaubt hätten, die Tugenden der Heiden auf christliche Einflüsse zurückführen zu können. In der Tat muß eine vorurteilsfreie Betrachtung zu dem Ergebnis gelangen, daß der Stoizismus und Kynismus aus eigner Kraft sich in dieser Zeit zu einer Höhe und Reinheit der sittlichen Auffassung von Menschenrechten und Menschenpflichten erhoben haben, die im früheren Altertum nicht erreicht worden ist. Den stoischen Grundsatz von der Zusammengehörigkeit aller Menschen, die, wie Epictet es ausdrückt, alle Gott zum Vater haben, also Brüder sind, haben erst die Stoiker dieser Zeit in seiner ganzen Tragweite und bis in seine letzten Konsequenzen verfolgt. Ausdrücklich und wiederholt lehren sie die Feindesliebe, nicht bloß die ertragende Geduld und Nachsicht mit den Irrenden, sondern auch Vergebung des uns getanen Bösen und dessen Vergeltung mit Wohltaten. Doch den untrüglichsten Maßstab für den Fortschritt in der Auffassung des Verhältnisses des einzelnen gegenüber der Menschheit gibt die Vergleichung der damaligen Ansichten über die Sklaverei mit denen der älteren Philosophen. Während Plato an diesem „Krebsschaden der alten Welt" keinen Anstoß nahm, den Gedanken einer künftigen völligen Aufhebung der Sklaverei niemals faßte; während Aristoteles sogar den Beweis antrat, daß sie in der Natur begründet sei, die Sklaven als „lebendiges Eigentum" und die Barbaren als geborene Sklaven der Hellenen betrachtete, betont Seneca, daß wir die Sklaven vor allem als Menschen, als niedrigerstehende Freunde und, insofern sie mit uns unter derselben höheren Macht stehen, als Mitsklaven ansehen sollen. Daß diese Lehren in der Tat zur Verbesserung des Zustands der Sklaven wesentlich beigetragen haben, ist unbezweifelt. Die von der damaligen Philosophie geübten Wirkungen haben sich weit über ihre eigne Zeit hinaus erstreckt: wir haben aus dem 3. Jahrhundert das ebenso merkwürdige wie unverdächtige Zeugnis des Origenes, daß, während wenige noch Plato lasen, Epictet von jedermann gelesen wurde. Ein interessantes Zeugnis für das Ansehen und die Verbreitung der Lehre Epictets ist ein (etwa in der zweiten Hälfte des 2. Jahrhunderts) bei einem Apolloheiligtum in Pisidien in den Felsen gehauenes Gedicht eines ebenfalls von Sklaven stammenden, stoisch gebildeten Manns. Wahre Freiheit werde nicht durch die Geburt bewirkt, sondern nur durch den Charakter. Epictet, der göttliche Mann, war der Sohn einer Sklavin. Wenn doch jetzt zum Frommen und zur Freude der Welt ein solcher Mann von einer Sklavin geboren würde!

Eine Zeit, die aus eigener Kraft sich zu höheren und reineren sittlichen Anschauungen erhob als das ganze frühere Altertum, die nicht bloß einen Musonius, Epictet und Marc Aurel hervorbrachte, sondern in der diese Verkünder einer milden, echt menschlichen Sittenlehre auch die allgemeinste Bewunderung, ihre Lehren allgemeine Verbreitung fanden, kann nicht eine Zeit des tiefsten Sittenverfalls gewesen sein, wie sie oft so genannt worden ist. Wenn es überhaupt keinen Gradmesser für die Sittlichkeit einer auch noch so genau bekannten Periode gibt, so am allerwenigsten für diese Jahrhunderte, aus denen uns nur vereinzelte, teils auf bestimmte Gebiete beschränkte, teils gefärbte oder einseitige Berichte vorliegen. Zu den letzteren gehören die rhetorischen Deklamationen des älteren Plinius und Seneca, zu den ersteren die Darstellung der Greuel im Kaiserhause, der entsetzlichen Folgen eines schrankenlosen Despotismus, der furchtbaren Unterdrückung der Aristokratie durch das Cäsarentum bei Tacitus und den übrigen Geschichtsschreibern, der Korruption, des Schmutzes und der Sittenlosigkeit, deren Rom, wie jede Weltstadt, ein überreiches Maß in sich barg, bei den Satyrikern und Martial. Aus diesen Quellen allgemeine Schlüsse auf die Sittlichkeit des ganzen Zeitalters zu ziehen, würde selbst dann unstatthaft sein, wenn nicht selbst sie unter so viel widrigen, häßlichen und abschreckenden auch gar manche wohltuende und erhebende Eindrücke böten, Eindrücke, die an andern Quellen, wie in den Briefen des jüngeren Plinius, den Werken des Quintilian, Plutarch, Gellius, sogar entschieden überwiegen. Und wenn man von jenen rhetorischen Deklamationen über den Untergang der guten alten absieht, wird man in der Literatur schwerlich Zeugnisse dafür finden, daß die Menschen jener Zeit selbst in einer Periode des allgemeinen Sittenverfalls zu leben glaubten, wohl aber für das Gegenteil. Selbst Seneca schließt eine grelle Schilderung der herrschenden Unsittlichkeit mit der Erklärung, daß er die Schuld nicht an seiner Zeit haften lassen wolle. „Darüber haben unsere Vorfahren geklagt, klagen wir und werden unsere Nachkommen klagen, daß die Sitten in Verfall seien, die Schlechtigkeit herrsche, die Menschen immer tiefer in Sündhaftigkeit versinken, die menschlichen Zustände sich verschlimmern. In Wirklichkeit aber bleiben sie unverrückt und werden es bleiben, nur mit geringen Verschiebungen nach der einen oder der andern Seite: gleich Wassern, welche die steigende Flut weiter vorwärts trägt, die sinkende auf einem zurückliegenden Raum des Ufers festhält." „Die Laster sind nicht den Zeiten eigentümlich, sondern den Menschen. Kein Zeitalter ist von Schuld frei gewesen." Tacitus war überzeugt, daß nicht alles bei den Früheren besser gewesen sei, sondern daß auch seine Zeit vieles für die Späteren Nachahmungswürdige hervorgebracht habe: vielleicht finde in den Sitten wie in den Dingen überhaupt ein Kreislauf statt. Und Marc Aurel, dessen Weltanschauung ganz vorzugsweise durch die stoische Lehre vom ewigen Kreislauf der Dinge bestimmt wurde, der in der Geschichte nur ein ewiges Einerlei sah, mußte auch die menschliche Schlechtigkeit für etwas sich zu allen Zeiten Gleichbleibendes halten. „Was ist Schlechtigkeit?" fragt er. „Was du oft gesehen hast! Wovon die Häuser und die Städte jetzt voll sind, davon wird man auch die alte, mittlere und neue Geschichte erfüllt finden, und nichts ist neu." Aber nichts als Schlechtigkeit in der Gegenwart zu sehen, davon war er weit entfernt. Nichts stimmte ihn so froh, wie die Vorzüge der Zeitgenossen sich vor Augen zu halten, und es gab für ihn keine größere Freude, als die Abbilder der Tugenden, die sich in den Charakteren der Mitlebenden offenbarten, in ihrer Gesamtheit zu überblicken.

XV. DER UNSTERBLICHKEITSGLAUBE

Überall und zu allen Zeiten hat da, wo der Unsterblichkeitsglaube nicht durch Offenbarungsglauben bestimmt worden ist, neben seinen verschiedenen Formen Zweifel, Unglaube und Leugnung der Unsterblichkeit bestanden; und vermutlich hat es immer Menschen gegeben, für die das Leben nur als ein endliches erträglich war, die der Gedanke einer ewigen Fortdauer sogar mit Schauder erfüllte. Es ist merkwürdig, daß gerade eine der tatkräftigsten Naturen, die wir aus der spätern römischen Welt kennen, der ältere Plinius, den Unsterblichkeitsglauben in fast leidenschaftlicher Weise von sich weist: er, dessen Existenz doch eine bevorzugte war, der mit unermüdlicher Ausdauer jede Minute seines Lebens für den Staat, für die Menschheit, für die Erkenntnis der Wahrheit nutzbar zu machen strebte und in diesem Streben einen edeln, seines Lebens würdigen Tod fand.

„Für alle", sagt er, „tritt mit der letzten Stunde dasselbe ein, was vor der ersten war, und Gefühl und Bewußtsein gibt es für Seele und Körper nach dem Tode so wenig wie vor der Geburt. Menschliche Eitelkeit setzt die Existenz in die Zukunft fort und erlügt ein Leben in die Zeit des Tods hinein, indem sie der Seele bald Unsterblichkeit, bald Umgestaltung, bald den Unterirdischen Bewußtsein beilegt und Manen verehrt und die zu Göttern macht, die sogar Menschen zu sein aufgehört haben: als ob unser Atem sich auf irgendeine Weise von dem aller übrigen Geschöpfe unterschiede, oder als ob man nicht in der Natur so viele länger währende Dinge fände, denen doch niemand Unsterblichkeit prophezeit. Welchen Körper hätte denn aber die Seele an sich? Welchen Stoff? Welches Denkvermögen? Wie Gesicht, Gehör und Tastsinn? Welchen Gebrauch dieser Gaben oder welches Gut ohne sie? Wo ist der Aufenthalt und wie groß in soviel Jahrhunderten die Menge der schattengleichen Seelen? Beschwichtigungsmittel für Kinder und Hirngespinste einer Sterblichkeit, die nie aufzuhören trachtet! — Welcher verwünschte Wahnsinn, daß das Leben durch den Tod erneuert werden soll! Und wo gäbe es jemals Ruhe für die Erschaffenen, wenn in höheren Regionen das Bewußtsein der Seele fortdauerte, und Schatten in der Unterwelt? Wahrlich, dieser angeblich süße Trost und diese Glaubensseligkeit nimmt dem eigentlichsten Gute der Natur, dem Tode, seine Kraft und verdoppelt den Schmerz des Sterbenden durch die Aussicht auf eine fernere Zukunft. Denn wenn es süß ist zu leben, für wen kann es süß sein gelebt zu haben? Aber wieviel leichter und sichrer wäre es, daß jeder sich selbst glaubte und die Erfahrung über die der Geburt vorausgehende Zeit als Beweis der Sicherheit für die Zukunft gelten ließe!"

Diese Äußerung einer an buddhistische Lebensanschauungen streifenden Sehnsucht nach der Vernichtung steht vereinzelt. Aber die materialistische Auffassung der Seele und die darauf beruhende Leugnung der Unsterblichkeit war mindestens ebenso verbreitet wie der Epikureismus, durch den auch die Anschauung des Plinius ohne Zweifel mittelbar oder unmittelbar bestimmt wurde. Die Aussicht auf ein Ende des Daseins war für die überzeugten Bekenner dieser Lehre keine traurige. Es war ihnen ein tröstlicher Gedanke, in einen Hafen zu gelangen, wo sie den Täuschungen der Hoffnung, den Launen des Schicksals für immer entrückt sein würden; ihnen ziemte, als satte Gäste sich gelassen von der Tafel des Lebens zu erheben, um sich dem traumlosen Schlafe zu überlassen. Die „dem ewigen Schlafe" oder „der ewigen Ruhe" *(Securitati)* geweihten Grabschriften deuten, streng genommen, eine Leugnung der Unsterblichkeit an, wenn auch bei all diesen Ausdrucksformen nie außer acht gelassen werden darf, daß sie bei häufiger Verwendung rasch abgegriffen wurden und sich der einzelne ihrer ursprünglichen Tragweite nicht mehr bewußt war: nicht überall ist der Ausdruck so unzweideutig wie in der selbstverfaßten Grabschrift eines Nicomedes auf Kos (der, wie es scheint, ein herumziehender Sänger der Homerischen Gedichte war): „Nach Verhöhnung des Wahns liege ich hier in unerwecklichem Schlaf". Eine griechische Grabschrift lautet: „Nicht ist ein Kahn im Hades noch ein Charon dort, kein Äacus als Pförtner noch ein Cerberus. Wir alle aber, die der Tod hinabführt, sind morsche Knochen und Asche, andres aber nicht"; in einer andern heißt es von dem Toten, er sei nun nach Durchmessung der Lebensbahn ein Grab, ein Stein, ein Bildnis geworden. Ein viel gebrauchtes Distichon lautet: „Ich war nicht und ward, ich war und bin nicht mehr, soviel ist wahr. Wer anders sagt, der lügt: denn nicht werde ich sein". Öfters wird noch hinzugesetzt, daß der Tod kein Übel sei, da mit dem Leben auch das Bewußtsein aufhöre. Ein L. Mäcius Marcus, der bei Lebzeiten für sich und die Seinen ein „ewiges Haus erbaute, sagte in der Inschrift (als noch Lebender): „Ich war einst nicht und bin jetzt; ich werde einst nicht sein: es grämt mich nicht". Einer Verstorbenen sind auf einem Grabstein die Worte in den Mund gelegt: „Ich war einst nicht und bin nicht mehr. Ich weiß nichts davon: es trifft mich nicht". „Der Tod", heißt es auf einem andern Stein, „ist das Letzte und auch das Heilsamste". Dies wurde auch in scherzhafter Weise ausgeführt. Ein Freigelassener Ancarenus Nothus sagt in seiner Grabschrift, er befürchte nicht mehr hungern zu müssen, habe kein Podagra und brauche keine Wohnungsmiete zu bezahlen, da er ein ewiges Quartier unentgeltlich bewohne. Mit der Leugnung der Fortdauer wird auch die Aufforderung zum Genusse des vergänglichen Lebens verbunden, z. B.: „Ich war nichts, ich bin nichts. Und du, der du lebst, iß, trink, scherze, komm!" „Du, der du dies liesest, Kamerad, freue dich deines Lebens; denn nach dem Tode gibt es weder Scherz noch Lachen, noch irgendeine Freude". Ein Grabmonument, das im Jahre 1626 unter der Konfession der Peterskirche gefunden wurde, eine Statue eines liegenden Mannes mit einer Trinkschale in der Hand, erregte durch den verruchten Inhalt seiner Inschrift so großen Abscheu, daß die Statue versteckt oder (nach andern) in den Tiber geworfen, die Inschrift mit Kalk überstrichen wurde; doch ist eine Abschrift aufbewahrt. Der Verstorbene scheint trotz seines krassen Materialismus ein bürgerlich geregeltes, anständiges Leben geführt zu haben. Er war aus Tibur, hieß Flavius Agricola und hatte sich in der Stellung abbilden lassen, in der er einst im Leben dem Wein zuzusprechen liebte.

Mit seiner Frau Flavia Primitiva hatte er dreißig Jahre aufs angenehmste gelebt; sie, eine keusche, fleißige, schöne Frau, war eine Verehrerin der Isis gewesen. Nach ihrem Tode hatte ihn sein Sohn Aurelius Primitivus durch seine Liebe getröstet und in sein Haus aufgenommen. Zum Schluß ermahnt er die Leser in Versen, die offenbar in allerlei Variationen oft angewandt wurden, sich des Weins und der Liebe zu erfreuen, denn alles übrige verzehre nach dem Tode die Erde und das Feuer.

Es ist sehr glaublich, daß in der Bildungssphäre, welcher die Verfasser dieser und mancher der früher erwähnten Grabschriften angehörten, für Ungläubige der platteste Materialismus auch der einleuchtendste war, und sehr natürlich, daß sie gern ihre starkgeistige Aufklärung und Erhabenheit über die Menge der minder Fortgeschrittenen durch möglichst kräftig abgefaßte Bekenntnisse an den Tag legten, deren Anbringung auf Grabsteinen damals weder die Sitte noch ein Dogma ausschloß. Vielmehr schien dies gerade eine besonders passende Gelegenheit, die Summe der Lebenserfahrungen zu ziehen: und so ist es kein Wunder, daß gerade hier auch jene niedrigste Abart des Epikureismus sich breit macht, die das einzige wahre Gut im gröbsten Sinnengenusse suchte. Öfters wird auf eine in diesem Sinn abgefaßte Grabschrift des Königs Sardanapal hingedeutet oder ihr Inhalt variiert, z. B.: „was ich gegessen und getrunken, habe ich mit mir genommen, was ich zurückgelassen, habe ich verloren". Nicht anders sind die Grabschriften zu verstehen, in denen Bäder, Wein und Liebe, mäßig genossen, als die Quelle des wahren Lebensgenusses gepriesen werden und von dem Toten gesagt wird, er habe alles mit sich ins Grab genommen, d. h. alles, was das Leben an wirklichen Gütern bieten könne, sei in seinen Besitz übergegangen und damit gleichsam ein Teil seiner selbst geworden.

Die Anzahl der materialistischen Grabschriften ist nun gegenüber den vielen Tausenden, die keinen Zweifel an der Fortdauer verraten, verschwindend klein, obwohl, wie gesagt, keins von den Hindernissen existierte, welche die Äußerung solchen Unglaubens an dieser Stelle gegenwärtig auch dem rücksichtslosesten Materialisten beinah unmöglich machen, da überhaupt die Empfindung der antiken Welt von der der modernen in bezug auf Grab und Tod eben in mehr als einer Beziehung wesentlich verschieden war: jene fand selbst scherzhafte Äußerungen mit dem Ernste des Grabs nicht unvereinbar. Aber daß der Materialismus verbreitet war, würde man trotzdem annehmen dürfen, selbst wenn nicht bestimmte Zeugnisse über die große Verbreitung des Epikureismus (besonders unter den Ungebildeten, und wir dürfen wohl nach heutiger Analogie vermuten, noch mehr unter den Halbgebildeten) vorhanden wären. Freilich fehlt jede Möglichkeit, das zahlenmäßige Verhältnis der Materialisten zu den Unsterblichkeitsgläubigen für irgendeine Zeit zu bestimmen; daß sie aber auch im spätern Altertum trotz ihrer relativ großen Zahl immer nur eine kleine Minorität gebildet haben, dafür sprechen Gründe genug.

Wenn übrigens auch die Leugnung der Unsterblichkeit nur in der materialistischen Philosophie Epikurs ein Haupt- und Fundamentalsatz des Systems war, so wurde doch die Endlichkeit der Seele auch in andern philosophischen Systemen angenommen. Zwar der Glaube der Stoiker an eine begrenzte, doch unbestimmt lange Fortdauer nach dem Tode hatte in der praktischen Anwendung im wesentlichen denselben Wert und dieselbe Wirkung wie der Unsterblichkeitsglaube. Doch Panätius, der um die Mitte des 2. Jahrhunderts v. Chr. im Kreise der Scipionen zu Rom, später zu Athen lebte, großes Ansehen genoß und namentlich auf die Römer, die sich dem Stoizismus zuwandten, zu allen Zeiten großen Einfluß übte, wich wie in andern Punkten so auch hier von der Überlieferung der Schule ab. Er leugnete die Fortdauer gänzlich, und ebenso bestimmt sprach unter den spätern Stoikern Cornutus (der Lehrer des Persius) aus, daß die Einzelseele mit ihrem Leibe sterbe und vergehe, während Marc Aurel zwischen den Vorstellungen eines Erlöschens der Seele im Tode und eines Übergangs in ein andres Dasein schwankte. Unter den peripatetischen Philosophen, denen sich Panätius vorzugsweise anschloß, hatte auch Dicäarch, ein unmittelbarer Schüler des Aristoteles, die Fortdauer der Seele geleugnet, die ihm das Ergebnis aus der Mischung der körperlichen Stoffe, in ihrem Dasein an den Körper gebunden und durch alle seine Teile verbreitet war. Aristoteles hat zwar eine Fortdauer des denkenden Geistes gelehrt, aber keine persönliche und individuelle, und hat die Vorstellung, als ob die Gestorbnen, die das Volk in Griechenland „die Seligen" nannte, glücklich sein könnten, ausdrücklich zurückgewiesen. Von den späteren Peripatetikern hat Strato aus Lampsacus, der Schüler des Theophrast, allem Anschein nach den Unsterblichkeitsglauben ganz aufgegeben; und der mit dem Namen eines zweiten Aristoteles geehrte Alexander von Aphrodisias (in der Zeit der Severe) hat die Leugnung der Unsterblichkeit auch bei Aristoteles nachzuweisen gesucht.

Aber eine Philosophie gab es doch auch, welche die Unsterblichkeit mit ebenso großem Nachdruck behauptete, wie der Epikureismus sie leugnete: die Platonische, die einzige, die sie auch wissenschaftlich zu beweisen unternahm, da für den Pythagoreismus die Lehre von der Unsterblichkeit und Seelenwanderung vielmehr ein Dogma als ein philosophischer Satz war. Wie überhaupt der Platonismus die dem Überirdischen zugewandten Geister unwiderstehlich anzog, so war namentlich seine Seelenlehre ein Trost und eine Beruhigung für alle, die mit dem Bedürfnisse des Unsterblichkeitsglaubens das einer philosophischen Begründung ihrer Überzeugungen verbanden: auch Cato von Utica, dieser „vollendete Stoiker", wie ihn Cicero nennt, der durch seinen Tod zu einer Idealgestalt des späteren Stoizismus wurde, las, bevor er zum Selbstmorde schritt, den Phädon Platos. Freilich konnte Platos Beweis der Unsterblichkeit niemanden überzeugen, der nicht schon überzeugt war, auch war seine Unbündigkeit durch die Kritik Stratos nachgewiesen worden: aber wie für Cicero, so genügte gewiß für die meisten das Ansehen und der Name Platos als Bürgschaft für die Wahrheit seiner Lehre, und sie wollten lieber mit ihm irren, als mit seinen Gegnern die Wahrheit erkennen. „Es ist unberechenbar, wieviel seine Dialoge zur Kräftigung, Verbreitung und bestimmenden Ausgestaltung des Unsterblichkeitsglaubens, wechselnd im Laufe der Jahrhunderte, aber ununterbrochen bis in unsere Zeit gewirkt haben". „Mit richtigem Verständnis hat die Nachwelt sein Bild festgehalten, als das des priesterlichen Weisen, der mit mahnender Hand dem unsterblichen Menschengeiste aufwärts den Weg weisen will, von dieser armen Erde hinauf zum ewigen Lichte."

Wenn Plato glaubte, die Unvergänglichkeit der Seele wissenschaftlich begründen zu können, so hat er sich dagegen in seinen Vorstellungen von ihren Schicksalen vor und nach jedem Leben im Leibe je länger je mehr von den mystischen Lehren der orphisch-pythagoreischen Sekten bestimmen lassen. Die orphischen Gemeinden verehrten vor andern Göttern den thracischen Gott Bacchus (Dionysos), und in diesem Kult und in seinen Ekstasen wurzelte die Überzeugung, „daß im Menschen ein Gott lebe, der erst nach der Sprengung der Fesseln des Leibes frei werde". Im Zusammenhange mit dieser Überzeugung entwickelte sich das Streben nach der Ablösung des Irdisch-Vergänglichen durch Askese (das sogenannte orphische Leben), das dem Glauben und der Seelenstimmung dieser mystischen Separatisten die Richtung gab; und auch der Glaube an eine ausgleichende Gerechtigkeit im Jenseits verdankt ihnen seine Ausführung und Begründung. Diese Lehren, die ihren Weg aus Thracien über Griechenland nach Unteritalien und Sizilien fanden, wurden hier mit denen der pythagoreischen Gemeinden verschmolzen und gewannen in ihrer nunmehrigen Gestalt, die sich durch Jahrhunderte unverändert erhielt, die größte Verbreitung in der ganzen griechischen Welt. Das wichtigste unter den orphisch-pythagoreischen Dogmen war die Lehre von der Seelenwanderung, dem Kreislauf immer neuer Geburten, den die Seele durchmessen muß, um die Buße für ihren Sündenfall in das Körperliche zu vollenden und wieder göttlich zu werden wie einst. Hier war also nicht der Tod der Sünde Sold, sondern das Leben. Nach dem irdischen Leben erwartet die Seele im Hades ein Gericht, und nach dessen Ausspruch die Frommen ein seliges Dasein mit den Göttern der Tiefe, die Frevler Strafen im Tartarus, die „in der Absicht zu schrecken, zu bekehren, zu erwecken", in den eschatologischen Dichtungen der Orphiker ins Fürchterliche ausgemalt waren. Plato hat sich sowohl die Lehre von der Seelenwanderung wie von den Strafen der Seelen angeeignet, die teils als läuternde — namentlich durch Feuer, eine Lehre, die auch Origenes annahm, und die Gregor I. zum Dogma erhob — gedacht waren, teils als ewige, und er hat großen Wert darauf gelegt, sie mit allem Nachdruck zu verkünden.

Auch Vergil hat die Hauptzüge seines Gemäldes der Unterwelt, namentlich des Elysiums, des Tartarus und des Lethetals (wo die Seelen, die in neue Leiber eintreten sollen, vorher Vergessenheit des Früheren trinken) einer orphischen Dichtung entnommen. Ebenso hat Plutarch in seiner Schilderung des Jenseits aus einer orphischen Dichtung geschöpft; nach Platos Vorgange gibt er sie als Vision eines wieder zum Leben erwachten Toten, dessen Seele die Erinnerung an die während der Trennung vom Körper empfangenen Eindrücke bewahrt hat. Der Ort der Seligen gleicht einer bacchischen, reich mit Grün und Blumen aller Art geschmückten Grotte, die einen sanften, die Seelen wie Wein berauschenden Duft aushaucht und ganz von bacchischer Lust, Lachen, Scherz und Gesang erfüllt ist. Am Orte der Qual sind die Strafen für die Verschuldungen dreifach abgestuft. Am gelindesten sind sie für jene, die schon auf Erden gebüßt haben. Wer aber aus diesem Leben ungestraft und ungeläutert kommt, wird so lange gepeinigt, bis jede Leidenschaft aus ihm durch Schmerzen und Qualen getilgt ist, die an Heftigkeit und Stärke die leiblichen so weit übertreffen, wie die Wirklichkeit den Traum an Deutlichkeit. Narben und Striemen bleiben von den Leidenschaften bei den einen längere, bei den andern kürzere Zeit zurück, daher die Farben der Seelen bunt und mannigfach sind: die blutrote Farbe verrät Grausamkeit, die bläuliche, daß hier die Wollust ausgerottet ist usw. Die Farbe zeigt das Ende der Läuterung und Bestrafung an, nach ihrem Verschwinden erscheinen die geläuterten Seelen gleichfarbig und glänzend. An dem Orte der schwersten Strafen ertönt Jammergeheul der Seelen, die dort die gräßlichsten Martern leiden. Der Erzähler sieht die Seele seines Vaters voll von Malen und Narben aus einem Schlunde hervorkommen und die Hände nach ihm ausstrecken, während sie von ihren Peinigern zu neuen Büßungen (für einen im Leben unentdeckt gebliebenen Giftmord) geschleppt wird. Er sieht Seelen, die, gleich einem Knäuel von Schlangen umeinander geschlungen, sich gegenseitig fressen. Dort sind ferner drei Seen, von siedendem Golde, von kaltem Blei und von rauhem Eisen; Dämonen, die Schmieden gleichen, tauchen mit Werkzeugen die Seelen der Habsüchtigen darin unter und ziehen sie wieder heraus. Nachdem sie in dem Goldsee glühend und durchsichtig geworden, erstarren sie in dem Bleisee zu der Härte von Hagelkörnern, dann werden sie in dem Eisensee schwarz und spröde, so daß sie durch Zerbrechung und Zerreibung neue Gestalten annehmen, hierauf kommen sie aufs neue in den Goldsee und leiden bei diesen Veränderungen unsägliche Qualen. Manche, die schon von Strafe befreit zu sein glaubten, werden auf die Klagen und Vorwürfe der Seelen ihrer Nachkommen, die im Leben für ihre Verbrechen hatten büßen müssen, zu neuen Martern geschleppt. Zuletzt sieht er die Seelen derer, die behufs einer zweiten Geburt von ihren Peinigern mit Werkzeugen aufs gewaltsamste umgestaltet werden. Unter ihnen ist auch die Seele des Nero, die außer andern Qualen mit glühenden Nägeln durchschlagen ist. Sie sollte in einem Vipernleibe leben, aber auf das Gebot einer Stimme, die plötzlich aus einem gewaltigen Lichte erscholl, ward ihr der Leib eines zahmen Tiers zum Aufenthalt angewiesen, das singend an Sümpfen und Seen lebt (etwa eine Unke); „denn die Götter seien dem Nero auch eine Belohnung schuldig, da er das beste und gottgeliebteste Volk unter seinen Untertanen in Freiheit gesetzt habe".

Auch in den Grabschriften fehlt es nicht an Spuren einer weiten Verbreitung der orphischen Doktrin. Dazu gehört die an den Unterweltsgott Aidoneus oder Osiris, den ägyptischen Herrn der Seele, gerichtete Bitte, den Toten das kalte Wasser zu gewähren, womit ein Wasser des Lebens gemeint ist. Wie die in den Gräbern von Thurii und Petelia (etwa aus dem 4. bis 3. Jahrhundert v. Chr.) und zu Eleutherna auf Kreta (etwa aus dem 2. Jahrhundert v. Chr.) sowie bei Rom (2. Jahrhundert n. Chr.) gefundenen Goldblättchen (die die Toten in der Hand gehalten zu haben scheinen) zeigen, wurden die Formeln, die der Geweihte bei seinem Eintritt in den Hades kennen mußte, um des Wassers des Lebens teilhaft zu werden, ihm ins Grab mitgegeben, viele Jahrhunderte lang in gleicher Weise. Auch die Christen behielten jene Vorstellung bei, obwohl bald nicht mehr in der ursprünglichen Bedeütung. „Kühlung *(refrigerium)* ist bei ihnen eine für den Zustand der Seligen nach dem Tode typische Bezeichnung, und die Bitte um diese Kühlung wird nicht nur an Christus, sondern auch an Märtyrer gerichtet.

Auch die Vorstellung von einer Erhebung der Seele in den Äther, zu den Gestirnen, in die Nähe der Götter, die „sowohl in religiösen Ahnungen als in philosophischen Spekulationen" wurzelte, war mit den orphisch-pythagoreischen Lehren vereinbar; sie scheint die Vorstellung von einem (meist als unterirdisch gedachten) „Ort der Frommen" je länger je mehr zurückgedrängt und unter dem Einfluß stoischer Anschauung in der späteren Zeit die größte Verbreitung gefunden zu haben. Statius läßt es unentschieden, ob die Seele seines Vaters sich zur Höhe emporgeschwungen habe und in den lichten Regionen weilend die Bahn der Gestirne verfolge, oder auf den lethäischen Gefilden bei den Heroen der Vorzeit und den seligen Manen wohne. Doch in einigen Grabschriften wird die letztere Vorstellung ausdrücklich zurückgewiesen: nicht in der Unterwelt und bei den Manen sei die Seele des Verstorbenen, sondern sie habe sich zu den Gestirnen erhoben. In diesem Sinne läßt Josephus den Titus in einer Anrede an die Tapfersten seines Heeres vor Jerusalem es aussprechen, daß die Seelen der gefallenen Helden das reinste Element, der Äther, aufnehme und sie bei den Gestirnen wohnen lasse, von wo sie ihren Nachkommen als gute Geister und gütige Heroen erschienen, während die in kranken Körpern Dahinsiechenden von der Unterwelt in ihre Nacht eingehüllt würden, und ebenso sagt auch der jüngere Plinius von dem verstorbenen Vater Trajans: seine Wohnung sei entweder auf den Sternen oder doch in ihrer Nähe, von dort schaue er auf seinen Sohn herab und freue sich seines Ruhms und seiner Herrlichkeit.

Doch unter den Gebildeten der römischen Welt war in den ersten nachchristlichen Jahrhunderten wahrscheinlich die Zahl derer am größten, die teils keinem philosophischen Systeme ganz und gar anhingen, sondern nach individuellem Bedürfnis ihre Weltansicht durch Wahl aus verschiednen Systemen bildeten, teils von der Philosophie überhaupt nur mittelbar und in geringem Maße beeinflußt waren. Ein großer Teil von diesen wird das Bedürfnis nicht empfunden oder darauf Verzicht geleistet haben, über die Unsterblichkeit zu einer festen Überzeugung zu kommen. Die so ganz entgegengesetzten Resultate, zu denen die verschiednen philosophischen Richtungen gelangt waren, die Bestreitung der von den angesehensten Lehrern aufgestellten Sätze durch andre nicht minder angesehene, mußte namentlich skeptische Geister zu der Ansicht führen, daß die wissenschaftliche Erforschung dieses Gegenstandes zu den Aufgaben gehöre, welche die menschliche Kraft übersteigen: eine Ansicht, bei der auch ein Sokrates stehen geblieben war, wenngleich seine Natur ihn zum Glauben an die Fortdauer hinzog. Es ist sehr natürlich, daß namentlich den Forschern, die den Körper zum Gegenstand ihrer Untersuchung machten, die schwersten Zweifel an der Unkörperlichkeit der Seele aufstiegen. Der Arzt Galen, obgleich nichts weniger als ein Materialist und ein entschiedner Gegner Epikurs, fand doch die Platonische Vorstellung von der Immaterialität der Seele sehr bedenklich; denn wodurch sollten sich, fragt er, unkörperliche Substanzen voneinander unterscheiden, wie kann ein unkörperliches Wesen über den Körper verbreitet sein, wie kann ein solches vom Körper so affiziert werden, wie dies bei der Seele im Wahnsinn, in der Trunkenheit und in ähnlichen Zuständen der Fall ist? „Er getraut sich nicht, diesen Punkt zu entscheiden, und ebensowenig beabsichtigt er, die Unsterblichkeit zu behaupten oder zu leugnen."

Doch auch Quintilian rechnet die Frage, ob die vom Leibe gelöste Seele unsterblich sei oder wenigstens eine gewisse Zeit fortdaure, unter die unentschiedenen, und ebensowenig war Tacitus hierüber zu einer festen Überzeugung gekommen, als er im reifen Mannesalter das Leben des Agricola schrieb. Er schließt es mit dem Wunsche, daß der Verstorbene sanft ruhen möge, „wenn es eine Stätte für die Geister der Frommen gibt, wenn, wie die Weisen annehmen, große Seelen nicht mit dem Körper erlöschen" — dies letztere im Hinblick auf die Lehre des Chrysippus, daß nur die Seelen der Weisen bis zum Weltbrande fortdauern. Und selbst Cicero, für den der Unsterblichkeitsgedanke so hohen Wert hatte, fand es doch nicht überflüssig, die Todesfurcht auch für den Fall zu beschwichtigen, daß die Seele im Tode untergehe.

Aber wenn auch Cicero den Zweifel als berechtigt anerkannte, stand seine eigne Überzeugung so fest, als es ohne Offenbarungsglauben möglich ist, und seine Gründe für die Unsterblichkeit dürfen wir gerade darum als die Gründe der Mehrzahl der Gläubigen unter den Gebildeten voraussetzen, weil sie nicht sowohl auf Dogmen oder wissenschaftlich bewiesenen Resultaten, als vielmehr auf den Instinkten, Bedürfnissen und Empfindungen beruhen, die teils der menschlichen Natur überhaupt eigen sind, teils sich durch die besonderen Einflüsse der römischen Kultur entwickelt hatten. Denn obwohl Cicero den Platonischen Beweis der Unsterblichkeit ausführlich mitteilt, sagt er doch, wie bemerkt, ausdrücklich, daß für ihn die Überzeugung eines Plato auch ohne Gründe bestimmend sei, und er führt diesen Beweis allem Anschein nach mehr zur Befriedigung der Ansprüche andrer als seiner eignen an. Sein Glaube wie der aller verwandten Naturen beruhte vor allem auf einem hohen Begriff von der Größe und Würde des Menschengeistes, auf der Bewunderung und Ehrfurcht vor seinen Kräften und Leistungen. Der Geist, der Sprache und Schrift erfunden, den Menschen zum Menschen gesellt, die Bahnen der Gestirne gemessen, die ganze Kultur, die Künste, Poesie und Philosophie geschaffen hatte, konnte nach seiner Überzeugung unmöglich irdischer und vergänglicher Natur sein. Seine Kraft, seine Weisheit, seine Erfindung, seine Erinnerung erschien ihm göttlich; sein Ursprung konnte nicht auf Erden sein, er mußte vom Himmel stammen und darum ewig sein. Diese Überzeugung bestätigt ihm die Übereinstimmung aller Völker, die hier ebenso vollständig war wie im Glauben an Gottheiten, ferner der Glaube der größten Geister seiner eignen Nation und die Anerkennung der Unsterblichkeit in dem seit so vielen Jahrhunderten unverändert festgehaltenen religiösen Kultus der Toten. Auch in der Sorge der Menschen für die Zeit nach ihrem Tode, in der Aufopferung der Besten für die Nachwelt, in dem so allgemeinen und natürlichen Streben nach Anerkennung bei späteren Geschlechtern und Nachruhm glaubte er einen Beweis für die Fortdauer zu finden: überall und zu allen Zeiten hätten gerade die an Geist und Charakter hervorragendsten Menschen so gehandelt, wie man eigentlich nur in der Aussicht auf eine Fortdauer handeln könne; in dem Glauben aber der Edelsten und Besten dürfe man eine Erkenntnis des Wahren erblicken. Einen fast poetischen Ausdruck hat Cicero seinem Glauben an persönliche Fortdauer in dem „Traum des Scipio“ gegeben, in dem die Seligkeit der großen Toten der Vorzeit in höheren Sphären geschildert wird, die aus dem Kerker des Leibes zum wahren ewigen Leben emporgehoben sind.

Aber freilich blieben alle Jenseitshoffnungen, die nicht auf religiöse Überzeugung gegründet waren, sehr schwankende, wie dies namentlich Senecas Beispiel zeigt, der sich doch zu dem eine Fortdauer lehrenden Stoizismus bekannte und überdies in hohem Grade zu platonischen Anschauungen neigte. Es gab eine Zeit in seinem Leben, wo ihm eine Fortdauer ebensowenig denkbar und ebensowenig wünschenswert erschien, wie dem von ihm stets hochgeschätzten Epikur. In einer seiner Tragödien heißt es:

Wes Fuß
Berührt die Fluten des Todesstroms, der ist
Nirgends mehr fortan. Gleich wie vom Feuer der Rauch,
Kaum aufgestiegen, trüb in die Luft verschwimmt,
Wie Wetterleuchten, kaum erst erschaut von uns,
Auch schon zerteilt des stürmischen Nords Gewalt,
So wird der Hauch, der jetzt uns belebt, entfliehn.
Nach dem Tod kommt nichts mehr, selber der Tod ist nichts,
Dem flüchtigen Laufe winkt er als letztes Ziel.
Nicht hofft, ihr Gierigen, Furchtsame, bebt nicht mehr!
Du fragst, wo nach dem Tode du weilen wirst?
Dort, wo das Nichtgeborene ist.
Die Zeit verschlingt, die gier'ge, das Chaos uns.
Auf jeglichen Leib hat einmal der Tod ein Recht
Und schont auch der Seelen nicht. Tänaron und das Reich
Des finstern Königs, und der die Schwelle wahrt
Als Hüter, Cerberus, dem man fürchtend naht,
Sind leeres Gerede, nichtige Worte nur,
Ein Spuk, der uns ängstigt, wie ein Fiebertraum.

Wenn auch Seneca an dieser unbedingten Leugnung der Fortdauer nicht lange festgehalten hat, so ist er doch zu einem festen, alle Zweifel ausschließenden Unsterblichkeitsglauben niemals gelangt. An seinen Freund, den Epikureer Lucilius, schreibt er einmal, dessen letzter Brief habe ihn aus einem angenehmen Traume erweckt. Er sei im Begriff gewesen, sich dem tröstlichen Glauben an die Ewigkeit der Seelen hinzugeben und sich die Meinungen großer Männer anzueignen, die ja freilich mehr verheißen als beweisen: beim Empfange von Lucilius Brief sei er erwacht, und der hübsche Traum war dahin, doch er wolle ihn zurückgewinnen. In der Tat schließt er seinen Brief mit einem Ausblick auf das längere und bessere Leben, zu dem das irdische nur ein Vorbild sei. Dann werden sich uns die Geheimnisse der Natur enthüllen, der Himmel, den die an den Leib gefesselte Seele nur von ferne ertragen kann, von allen Seiten mit gleichem

Glanze leuchten, es wird keinen Wechsel von Tag und Nacht mehr geben, und wir werden erkennen, daß wir in der Finsternis gelebt haben, solange das göttliche Licht nur durch die so äußerst engen Wege der Augen zu uns drang. Vergleicht man diesen Schluß mit dem Anfang des Briefs, so kann man kaum zweifeln, daß die Zuversicht, die er hier zur Schau trägt, eine künstlich eingeredete war. In der Tat erklärt er es in seinen spätesten Schriften oft genug als zweifelhaft, ob es ein andres Leben gebe, ob die Seele fortdauere, ob der Tod nur ein Übergang sei oder das Ende. Über sein Wesen und seine Wirkung würden wir Gewißheit nur dann erhalten, wenn ein Gestorbener wieder auferstände. Aber Seneca wußte von keinem Auferstandenen.

Eine Gewißheit der Fortdauer konnte die philosophische Spekulation nur in Verbindung mit religiösem Glauben, wie im Platonismus und Pythagoreismus, geben. Gewiß war auch unter den Gebildeten die Zahl derer nicht gering, die auf eine philosophische Begründung ihrer Jenseitshoffnungen ganz verzichteten und Trost und Beruhigung über das andre Leben in der Religion allein suchten und fanden.

Am vollkommensten wurde dies Verlangen durch die sehr zahlreichen Geheimkulte befriedigt. Aus den orphisch-dionysischen Mysterien, die in der ganzen griechischen Welt ungemein verbreitet waren und namentlich im 2. Jahrhundert n. Chr. blühten, schöpften Unzählige, wie Plutarchs Gattin Timoxena, ihren festen Unsterblichkeitsglauben. Doch behaupteten unter den griechischen Mysterien die eleusinischen das Ansehen des heiligsten Gnadenfestes, und der Zudrang zu der dortigen Feier der heiligen Nacht ist vielleicht in den letzten Zeiten des Altertums am größten gewesen. Im ganzen römischen Reich gewannen ausländische (thracische, phrygische, ägygtische, syrische, persische) Geheimkulte durch den Reiz des fremdartig Geheimnisvollen eine immer größere Anziehungskraft: wohl alle verhießen ihren Gläubigen selige Unsterblichkeit. „Wiedergeborene", „auf ewig Wiedergeborene" heißen diejenigen, die im Geheimdienste der Großen Mutter die Bluttaufe des Taurobolium erhalten haben, und ebenso die Eingeweihten des Isis- und des Mithrasdienstes: der Kern des letzteren war vielleicht der altpersische Glaube an die Auferstehung der Toten. Die Malereien der von einem Priester des phrygischen Gottes Sabazius für sich und seine Gattin errichteten Grabkammer im Bereiche der späteren Praetextatus-Katakomben in Rom zeigen in eigenartiger Mischung heidnischer und jüdischer Anschauungen, wie die verstorbene Vibia einerseits nach dem Vorbilde der Proserpina vom Unterweltsfürsten entführt wird und dann in Begleitung von Mercurius und Alcestis vor dem Throne der unterirdischen Götter erscheint, und andrerseits ein *angelus bonus* sie in den Festsaal geleitet, in dem die Seligen *(bonorum iudicio iudicati)* bekränzt beim frohen Mahle vereinigt sind. Für gemeinsame Begräbnisstätten der Angehörigen solcher Mysteriendienste fehlt es an Zeugnissen.

Zu den Zeugnissen des Unsterblichkeitsglaubens und der Hoffnung auf ein höheres Dasein gehören auch zahlreiche bildliche Darstellungen auf Graburnen und -altären, Sarkophagen und sonstigen Grabdenkmälern, von denen die mit künstlerischem Schmuck ausgestatteten vorzugsweise doch nur von Wohlhabenden, also in der Regel höher Gebildeten benutzt werden konnten. Nicht immer freilich ist die Sprache dieser Bildwerke verständlich; die damalige künstlerische Produktion, die ja überhaupt die neuen Kunstbedürfnisse aus dem unermeßlichen Vorrat der vorhandenen Schöpfungen zu befriedigen suchte, hat auch hier vielfach ältere Darstellungen in einem neuen Sinne verwandt. Zu diesen gehört auch die große Masse der figurenreichen mythologischen Szenen, mit denen die Vorderseiten der Sakophage geschmückt sind: ihrer Arbeit nach rühren sie in überwiegender Mehrzahl aus der Zeit vom 2. bis 4. Jahrhundert her und sind vielfach, vielleicht in der Regel, nicht auf Bestellung geliefert, sondern zur Auswahl für Käufer gearbeitet, also so, wie sie der großen Mehrzahl zusagten und gewöhnlich verlangt wurden. Wenn nun hier die Beziehung der dargestellten Mythen auf Tod, Unsterblichkeit und Jenseits oft nicht mit Sicherheit nachweisbar, und vielleicht in der Tat zuweilen nichts andres bezweckt worden ist als eine gefällige und bedeutende Ausfüllung des Raums durch allgemein beliebte Darstellungen, so ist doch bei einem großen Teile der Gegenstände der Sinn, in welchem sie zur Verzierung dieser Steinsärge gewählt sind, nicht zweifelhaft. Die Gestalten des Mythus sind hier gleichsam poetische Typen zum symbolischen Ausdruck abstrakter Ideen; und auch hier herrscht noch jene Tendenz der griechischen Kunst und Poesie, das Menschendasein durch Erhebung in ideale Gebiete zu verklären. Nur selten kommt (wie im Prometheusmythus) die Vereinigung und Trennung von Seele und Körper geradezu zur Darstellung; gewöhnlich wird der Übergang in ein andres Leben und dessen Seligkeit oder Unseligkeit durch die Schicksale der Götter und Heroen versinnbildlicht. Besonders gern wurde die Entführung der Proserpina ins Schattenreich und ihre Wiederkehr zur Welt des Lichts zum Schmucke von Sarkophagen gewählt, desgleichen der Tod des Adonis, dem ja ebenfalls eine Auferstehung folgt; vielleicht ist auch die Entführung der Töchter des Leucippus durch die Dioskuren zu einem höhern Dasein in ähnlichem Sinne zu verstehen. Die Geschichten von Admet und Alcestis, von Protesilaus und Laodomia deuten die Hoffnung auf ein Wiedersehen nach dem Tode, die Fortdauer der Gattenliebe im Jenseits an. Herakles, der durch unablässiges Ringen sich von den Gebrechen der Sterblichkeit befreiende und auch über die Mächte der Unterwelt siegreiche Held, erscheint in seinen Kämpfen und Arbeiten als der eigentliche Überwinder des Todes. Achill auf Skyros, der ein kurzes, glückliches Leben einem langen, tatenlosen vorzog und für diese Wahl mit der Versetzung ins Elysium belohnt wurde, soll, wie es scheint, den Lohn verbürgen, der die Tugend erwartet, die Geschichte des Aktäon, des Marsyas, der Klytämnestra, der Gigantenkampf vielleicht die Strafen, die den Frevler treffen werden. Auf die Freuden der Seligen deuten die mit besondrer Vorliebe dargestellten frohen Vereinigungen, Tänze und Feste des Schwarms, der das Gefolge des Bacchus bildet, jenes bunte Gewühl der Bacchanten, Mänaden, Satyrn, Pane und Kentauren, dessen Fülle nach Goethe auf Sarkophagen und Urnen den Tod überwältigt: „Die Asche da drinnen scheint im stillen Bezirk noch sich des Lebens zu freun.“ Auch der Gott selbst verbürgte seine Wiedergeburt aus dem Tode nach orphischer Lehre den Eingeweihten seiner Mysterien die Unsterblichkeit; die von ihm zum Himmel erhobne

Ariadne erschien als ein Vorbild der aus der Endlichkeit befreiten und in eine höhere Welt entrückten Seele, der Jubel und die festliche Freude des bacchischen Kreises, wie gesagt, als ein Sinnbild der zu hoffenden Seligkeit. Den Zustand der Seligen scheinen auch die Züge und Chöre der auf den Wellen des Ozeans sich wiegenden Nereiden und Meergötter, die Spiele von Liebesgöttern zu bedeuten. Zu beiden Seiten der Via Latina sind bei Rom 1857 und 1858 zwei einander gegenüberliegende, stattliche, zweistöckige Grabgebäude entdeckt worden, die der zweiten Hälfte des 2. Jahrhunderts n. Chr. angehören. Die Gewölbedecke des Hauptgemachs im Unterstocke des einen, das drei Sarkophage enthielt, ist reich mit Stuckreliefs verziert: ein Medaillon in der Mitte stellt die Seele des Verstorbenen als verhüllte Gestalt, von einem Greifen emporgetragen, vor, umgeben von 24 Medaillons mit Bacchanten, Nereiden und Liebesgöttern in kleinen viereckigen Feldern. In einem bei Philippi gefundenen lateinischen Gedicht auf den Tod eines Knaben heißt es, daß ihn nun die dem Bacchus geweihten Frauen aufnehmen würden zum Genossen als Satyrn auf blumiger Wiese, oder die Nymphen in ihren von Fackeln geführten Reigen.

Wenn es also dahingestellt bleiben muß, ob selbst in der kleinen Minorität der Gebildeten der Unsterblichkeitsglaube mehr Gegner als Bekenner zählte, so kann es keine Frage sein, daß in den Massen zu allen Zeiten eine ungeheure Mehrzahl die seit der Urzeit von Jahrhundert zu Jahrhundert fortgepflanzten Vorstellungen von der Fortdauer der Seelen im Jenseits, ungeachtet aller im Laufe der Zeit eingetretenen Modifikationen, im wesentlichen festhielt. Der Glaube an die eigne Fortdauer gehört zu den stärksten und verbreitetsten Instinkten und Bedürfnissen der menschlichen Seele, was ja auch das Studium der Naturvölker sowie der ältesten Kulturvölker im allgemeinen bestätigt, wenngleich es an Ausnahmen nicht fehlt, zu denen u. a. die Araber vor Mohammed gehören; er reicht namentlich bei den indogermanischen Nationen weit über die Anfänge aller Überlieferung hinaus. Der Unsterblichkeitsglaube ist der menschlichen Natur ebenso gemäß wie der Glaube an das Walten höherer Wesen; er entspringt aus dem Schauder vor der Vernichtung, der Selbsterhaltungstrieb greift hier instinktmäßig über den Tod hinaus. Der zum Bewußtsein erwachte Mensch sucht im Jenseits die Lösung für die Rätsel des Lebens, den Trost für seine Leiden und Täuschungen, „am Grabe noch pflanzt er die Hoffnung auf". Der Reflexion, die zum Zweifel und zur Leugnung führt, kann immer nur eine Minderheit fähig sein. Die Sehnsucht nach der Vernichtung, die in Asien seit so vielen Jahrhunderten Millionen erfüllt, entspringt aus der Angst nicht vor der Fortdauer an sich, sondern vor der Qual endloser Wiedergeburten.

Allerdings sind nun materialistische Strömungen wie zu allen Zeiten so auch im spätern griechisch-römischen Altertum hier und da in die Massen gedrungen: daß sie aber dort jemals sich verbreitet, dem positiven Glauben erheblichen Abbruch getan haben, läßt weder die Analogie ähnlicher Erfahrungen in neuern Zeiten annehmen, noch spricht dafür die, wie gesagt, verhältnismäßig geringe Zahl materialistischer oder Zweifel ausdrückender Grabschriften von Personen der untern Klassen. Auch äußern diesen gegenüber andre ein festes Vertrauen auf eine Fortdauer und ein Wiedersehen nach dem Tode, wie z. B. jene Inschrift auf dem gemeinsamen Grabmal eines Ehepaars, von welchem die Frau zuerst gestorben war: „Ich erwarte meinen Mann", und die mehrfach auf den Grabschriften wiederkehrende Bitte des Verstorbenen an eine früher verstorbene teure Person, ihm im Jenseits Quartier zu machen. Namentlich aber bestätigen zahlreiche unzweifelhafte Zeugnisse, daß der Volksglaube im großen und ganzen, soweit die römisch-griechische Kultur reichte, noch immer durch die uralten römischen und griechischen Vorstellungen vom Jenseits bestimmt wurde, die sich im Laufe der Jahrhunderte vielfach verschmolzen hatten, und mit denen sich je länger desto mehr orientalische Anschauungen verbanden.

Zwar haben römische Autoren zu verschiedenen Zeiten versichert, daß an die alten volkstümlichen Fabeln von der Unterwelt niemand glaube. Kein altes Weib sei so schwachsinnig, sagt Cicero, daß es die „acherontischen tiefen Regionen des Orcus, das bleiche, von Finsternis umhüllte Reich des Todes" fürchte. Niemand, sagt Seneca, ist so kindisch, daß er sich vor dem Cerberus und der Finsternis und den Gespenstergestalten der Totengerippe fürchtet. Daß es Manen gibt, sagt Juvenal, und unterirdische Reiche, einen Cocytus und schwarze Frösche im stygischen Schlunde, und daß so viele Tausende in einem Nachen über das Wasser setzen, das glauben selbst von den Kindern nur die kleinsten, die noch kein Eintrittsgeld in den Bädern zahlen. Allerdings ist nun wahr, daß die griechischen Vorstellungen, von denen hier hauptsächlich die Rede ist, in Italien und den westlichen Ländern überhaupt weniger verbreitet waren, obwohl doch auch dort ihre durch die in der Schule allgemein gelesenen Dichter, durch die Theater, durch die bildende Kunst unaufhörlich und tausendfach geförderte Verbreitung keine geringe gewesen sein kann und von den angeführten Autoren unzweifelhaft unterschätzt ward. Konnte doch Lucrez sagen, daß die Furcht vor dem Acheron das menschliche Leben von seinen innersten Tiefen aus aufregt, auf alles den schwarzen Schatten des Todes wirft und keine Freude ungetrübt läßt; allerdings mögen ihm bei seiner Ausmalung der allgemein gefürchteten Qualen und „ewigen Strafen" im Tartarus auch orphische Unterweltsbeschreibungen vorgeschwebt haben. Die Fortdauer des römischen Volksglaubens an die Manen zu leugnen, konnte Juvenal im Ernste kaum einfallen, und er hat wohl nur die grobsinnlichen Vorstellungen von ihnen als gänzlich aufgegeben bezeichnen wollen, auch dies freilich sehr mit Unrecht: wie denn Aufgeklärte stets nur zu leicht geneigt sind, die in ihren Kreisen herrschenden Ansichten als die vernünftigerweise einzig möglichen und folglich allgemeinen vorauszusetzen. Am wenigsten konnte Juvenal aber den Unsterblichkeitsglauben überhaupt leugnen wollen. Daß er von den Ansichten seiner gebildeten Zeitgenossen mindestens soviel wissen mußte wie wir, wird wohl niemand in Abrede stellen.

Aber wenigstens von einer der von Juvenal verspotteten griechischen Fabeln sind wir imstande nachzuweisen, daß sie damals und später im Volke sehr allgemein und fest geglaubt wurde, und zwar auch in den westlichen Ländern: es ist die Fabel von dem „grausen Fergen des Kahns auf dem kotigen Schlunde", wie Juvenal selbst ihn ein andres Mal nennt, dem der Tote seinen Heller als Fährgeld mit dem Munde reichen muß. Daß das Volk in den griechischen Ländern allgemein an die Wirklichkeit des Totenfährmanns glaubte, bezeugt ausdrücklich Lucian: „In dieser Vorstellung ist die große Menge so sehr befangen, daß, wenn einer ihrer Angehörigen stirbt, sie ihm zuerst einen Obol in den Mund stecken, der für den Fährmann als Bezahlung für die Überfahrt bestimmt ist, ohne zu prüfen, welche Münze in der Unterwelt gangbar ist usw." Noch heute findet sich diese Sitte in Griechenland, und auch Charon lebt, wenngleich in veränderter Gestalt, im Glauben und in den Liedern des Volks fort als Charontas oder Charos, ein Gott des Todes und der Unterwelt überhaupt, der in den verschiedensten Gestalten erscheint, als Schütze, als Schnitter, als ungeheurer, gespenstischer Reiter die Scharen der Verstorbnen entführend, als Adler auf seine Opfer niederstoßend usw., doch hier und da auch noch immer als Totenfährmann. Wie allgemein verbreitet, wie tief gewurzelt mußte ein Glaube sein, dessen Lebenskraft sich als eine so unzerstörbare erweist, obwohl seit anderthalb Jahrtausenden ihm scheinbar alle Bedingungen der Fortdauer entzogen sind. Ursprünglich ist vielleicht das dem Toten mitgegebene Geldstück ein Symbol des Abkaufens der ihm unverkürzt mitzugebenden Gesamthabe gewesen. Diese offenbar alte Sitte, die sich mit der merkwürdigsten Zähigkeit in vielen Gegenden des römischen Reichs bis in späte Zeit, ja durch das Mittelalter und bis in unsre Zeiten erhalten hat, brachte man mit der Vorstellung vom Totenfährmann in Verbindung, und diese Erklärung ist dann ebenfalls zum Volksglauben geworden.

Wenn hiernach also wohl kein Zweifel sein kann, daß etwas, was nach Juvenal nur kleine Kinder glaubten, in der Tat von Tausenden und Abertausenden im ganzen römischen Reiche geglaubt wurde, so werden wir ebensowenig an der Fortdauer und Verbreitung der übrigen volkstümlichen Vorstellungen von der Unterwelt zweifeln dürfen. Den Versicherungen des Gegenteils bei Cicero, Seneca und Juvenal steht die ebenso bestimmte Versicherung Lucians gegenüber. Er sagt, daß die große Menge der gemeinen Leute sich das Jenseits ganz so vorstelle, wie es die Dichter schilderten: ein ungeheures, finstres, von Pluto und Proserpina beherrschtes Totenreich mit dem Cocytus und Pyriphlegethon, dem Acherusischen See, dem diamantenen Tor, das Äacus mit dem Cerberus bewacht, der Asphodeloswiese mit dem Lethestrom, den Totenrichtern, welche die Guten ins Elysium senden, die Schlechten den Furien zu Martern aller Art überliefern, während die große Zahl derer, die weder gut noch böse waren, als Schatten auf der Asphodeloswiese umherirren und sich von den Grabspenden und Totenopfern nähren. Plutarch sagt, daß diejenigen, die sich vor den Bissen des Cerberus und dem Faß der Danaiden fürchteten, sich durch Weihen und Reinigungen davor zu schützen suchten, durch welche sie die Gewähr zu erhalten glaubten, im Hades an einem hellen Ort in reiner Luft unter Scherz und Tanz fortzuleben. Er meinte allerdings, daß es „nicht sehr viele" waren, die diese „Ammenmärchen" glaubten; natürlich war seine Schätzung ebenso subjektiv und ebenso durch zufällige Eindrücke bestimmt wie die Lucians, dem die Menge der Glaubenden sehr groß erschien, und hierin sind die Angaben beider gleich unzuverlässig. Schwerlich kann man aber bei der großen Menge geläutertere Ansichten vom Leben nach dem Tode voraussetzen als bei einem Manne wie Aristides, der doch auch geglaubt zu haben scheint, daß die in die Eleusinischen Mysterien nicht Eingeweihten in der Unterwelt in Schlamm und Finsternis liegen würden. In seiner Schrift „Vom Aberglauben" zählt Plutarch die Vorstellungen auf von tiefen Pforten des Hades, von Feuerströmen und jähen Abstürzen des Styx, von einer Finsternis voll von Gespenstern, wo Schreckgestalter erscheinen und klägliche Laute sich hören lassen, von Richtern und Henkern, von Schlünden und Abgründen, die von tausend Qualen erfüllt sind — alle solche Vorstellungen zählt er zu den Ausgeburten des Aberglaubens: daß er diesen aber selbst für ein weitverbreitetes Übel hielt, geht, wie gesagt, aus dem Eifer hervor, mit dem er ihn bekämpft.

Daß nun von den griechischen Vorstellungen gar manches, wenn nicht das meiste, auch in den Volksglauben des Westens übergegangen ist, darf man, wie gesagt, namentlich mit Rücksicht auf die Wirkung, welche die römischen Dichter durch die Schule übten, voraussetzen; seit Ennius waren ausführliche Beschreibungen der Unterwelt ein Lieblingsgegenstand der Epiker (vielleicht auch der Tragiker) gewesen, und vor allem wird die so ausführliche Schilderung Vergils mittelbar und unmittelbar die Vorstellungen von Unzähligen beeinflußt haben.

Es bedarf nicht erst der Zeugnisse, daß die Vorstellungen einer mehr oder minder materiellen Existenz der Abgeschiedenen, welche die alten, seit undenklichen Zeiten fort und fort überlieferten Fabeln voraussetzen, in den Massen ebenso verbreitet waren wie jene Fabeln selbst. Die ungeheure Mehrzahl der Menschen konnte damals noch weniger als jetzt der Abstraktion fähig sein, welche die Vorstellung einer rein geistigen Existenz erfordert. Bei jedem Versuch zu einem Bilde des unbekannten Lebens mußte und muß die sich selbst überlaßne Phantasie, unwillkürlich und unbewußt, mit den Farben und Formen arbeiten, die sie dem bekannten Leben entlehnt, und ihre zartesten und duftigsten Bilder sind ebensowenig unkörperlich wie die rohesten und gröbsten. Daß diese letztern die einzigen waren, welche die große Menge fassen und festhalten konnte, liegt in der Natur der Sache. Um so weniger dürfen wir an der Versicherung Lucians zweifeln, der Glaube vieler sei, daß die Toten sich von den Spenden, Opfern und Mahlen wirklich nährten, welche die Überlebenden ihnen darbrachten; daß viele Geräte, Kleider, Schmuck in der Meinung mit sich verbrennen oder vergraben ließen, daß sie im andern Leben dieser Dinge bedürfen oder davon Nutzen haben würden. In der Tat stammt ein großer Teil von den Gegenständen des häuslichen Lebens, die unsre Museen bewahren, aus Gräbern, in welche man dem Krieger seine Waffen, dem Handwerker und Künstler sein Handwerkszeug, der Frau ihre Toilettengegenstände, dem Kinde sein Spielzeug mitgab. Der Redner Regulus ließ am Scheiterhaufen seines 14jährigen Sohns dessen zahlreiche Ponygespanne und Reitponys, große und kleine Hunde, Nachtigallen, Papageien und Amseln schlachten. Bei Lucian erzählt ein Mann, er habe seine Liebe zu seiner seligen Frau nicht bloß während ihres Lebens, sondern auch bei ihrem Tode bewiesen, indem er ihren ganzen Schmuck und ihre Kleider mit ihr verbrannt habe; doch erschien sie ihm am siebenten Tage, als er gerade Platos Phädon las, beschwerte sich, daß eine ihrer vergoldeten Sandalen nicht mit verbrannt war, und bezeichnete die Stelle, wo sie unter einem Kasten liege; hier wurde sie gefunden und ihrem Wunsche gemäß nachträglich verbrannt. Die den Toten mitzugebenden Gegenstände waren offenbar nicht selten genau testamentarisch bestimmt. Das wiederholt erwähnte Testament eines begüterten Manns von Langres verordnet (hier vielleicht nach altkeltischem Gebrauch), daß all sein Gerät zur Jagd und Vogelstellerei mit ihm verbrannt werden solle, wie Lanzen, Schwerter, Messer, Netze, Schlingen, Leimruten, Vogelleim, Jagdzelte usw., Sänften und Tragsessel, ein aus Binsen geflochtner Nachen, seine sämtlichen buntgewebten und gestickten Kleider und alle Sessel (?) aus Elentiergeweihen. Dasselbe Testament verordnet die Anpflanzung von Obstgärten bei dem Grabmal, die fort und fort durch drei Gärtner und deren Lehrlinge instand gehalten werden sollen. Gärten, Rebenpflanzungen und Parks wurden besonders gern bei Gräbern angelegt, damit die abgeschiedenen Seelen sich an der schönen Natur erfreuen möchten. In einer Grabschrift von Cirta heißt es: auf meinem Hügel werden Bienen von den Blüten des Thymians nippen, die Vögel werden in grünenden Grotten mir lieblich singen, der Lorbeer sproßt an meinem Hügel, und goldene Trauben hängen an den Reben. Man darf glauben, daß von den noch erhaltnen, auf Ausschmückung und Kultur der Gräber bezüglichen testamentarischen Verfügungen gar manche in dem Glauben an eine Teilnahme der Abgeschiednen an den Freuden und Genüssen dieser Welt erlassen worden sind, sehr häufig gewiß in dem Glauben an ein materielles Fortleben der Abgeschiednen, und zwar bei ihren Gräbern, wo die Familie, solange sie bestand, regelmäßigen Seelenkult darbrachte.

Die große Verbreitung des Unsterblichkeitsglaubens auch im spätern Altertume bedarf nach allem bisher Gesagten keines Beweises mehr; sie ergibt sich aber auch schon allein aus einer bisher noch nicht berücksichtigten Tatsache: aus der Allgemeinheit des Glaubens an Geistererscheinungen, also an die Möglichkeit der Wiederkehr der Gestorbenen, überhaupt an einen innigen Zusammenhang der Geisterwelt mit der Welt der Lebenden, an ein stetes Eingreifen der erstern in die letztre. Dieser Glaube war bei den Römern wie bei den Griechen uralt; über seine Entwicklung und die Formen, die er bei beiden Völkern annahm, sind wir nur unvollkommen unterrichtet. Die Vorstellung, daß die guten Geister der Abgeschiedenen als Schutzgeister der Lebenden walten, taucht schon in der ältesten griechischen Poesie auf: Hesiod sagt, die Seelen der Menschen des Goldnen Zeitalters seien nach dessen Ablauf gute Dämonen geworden, die als Wächter der sterblichen Menschen, in Nebel gehüllt, über die Erde wandeln, über Recht und Unrecht wachen und Reichtum geben. Aber dann verschwindet sie wieder bis zu der Zeit, wo der spätere Platonismus sie mit seiner Dämonenlehre verschmolz. Der diesem Glauben entsprechende, an die Geister der Bösen als spukende, „selber gequälte und andere quälende“ Larven und Lemuren läßt sich dagegen als allgemein und fest gewordner Volksglaube nur bei den Römern nachweisen. In andern Beziehungen stimmt der Geisterglaube beider Völker völlig überein. Namentlich heftete er sich hier wie dort an die Geister vor der Zeit oder gewaltsam Umgekommener, deren unversöhnlicher Zorn auch Unschuldige verfolgt und verdirbt, und Unbegrabener. Wenn übrigens auch in den spätern Jahrhunderten der römische und griechische Geisterglaube durch hin und her übertragene Vorstellungen sich immer mehr ausgeglichen haben wird, so fehlt doch dem letztern der feste Anhalt, die bestimmte Form und Richtung, welches alles dem erstern der öffentliche Kultus gab. Die Vorstellung eines ununterbrochenen Wechselverkehrs zwischen Unter- und Oberwelt unterhielt und bestärkte im römischen

Volksglauben namentlich die Eröffnung des *mundus*, d. h. der tiefen Grube, die in jeder Stadt den Göttern und Geistern der Tiefe zugleich als Göttern der Saat geweiht war, an drei Tagen im Jahre (24. August, 5. Oktober, 8. November), wo dann die Scharen „der Schweigenden" ungehindert ein- und ausfahren konnten; sodann das Allerseelenfest am 21. Februar (Feralia) und in der vorausgehenden Woche (13. bis 20., Parentalia), dessen Vernachlässigung einst nach der Legende ein großes Sterben zur Folge gehabt hatte; endlich die Gebräuche, mit denen man in den drei Nächten der Lemurien (9., 11. und 13. Mai) die spukenden Geister beschwichtigte und versöhnte.

Daß nun Unsterblichkeits- und Geisterglaube nicht bloß in innigster Wechselbeziehung standen, sondern daß auch der erstere sich gern durch den letzteren stärkte und befestigte, ist ebenso selbstverständlich, wie daß Zweifler durch Erscheinungen überzeugt wurden oder bereit waren, sich durch sie überzeugen zu lassen. Der Verfasser der Homilien des sogenannten Clemens Romanus erzählt, von Zweifeln über die Unsterblichkeit gequält habe er sich eine unumstößliche Gewißheit durch das Erblicken einer abgeschiedenen Seele mit eignen Augen verschaffen wollen: er gedachte nach Ägypten zu reisen und dort einen Zauberer zu einer Totenbeschwörung zu bewegen; doch von einem Philosophen erinnert, daß dies ein nicht bloß gesetzlich verbotenes, sondern auch gottverhaßtes Tun sei, gab er seine Absicht auf. Ein Monument, das ein Ti. Claudius Panoptes und seine Frau Charmosyne ihren beiden gestorbnen Töchtern „nach einem Gesicht" errichteten, trägt die Inschrift: „Du, der du dies liesest und zweifelst, daß es Manen gibt, gehe mit uns eine Wette ein und rufe uns an, dann wirst du zur Einsicht gelangen". Aber auch in gebildeten Kreisen fiel Geisterglaube und Unsterblichkeitsglaube vielfach zusammen. Freilich spotteten dort nicht bloß alle, die epikureische und materialistische Anschauungen hegten oder zu ihnen neigten, über den Nachtspuk der Lemuren (so gut wie über Träume, Wunder, Hexen und Zauberei) und behaupteten, daß nur Weiber, Kinder und delierende Kranke Gespenster sähen, sondern auch ein großer Teil der Unsterblichkeitsgläubigen verhielt sich in bezug auf Geistererscheinungen zweifelnd oder ablehnend, wie z. B. Seneca.

Ob dies aber auch selbst in den Kreisen der philosophisch Gebildeten (namentlich seit dem 2. Jahrhundert) die Mehrzahl war, steht dahin. Die von Lucian im „Lügenfreunde" geschilderte Gesellschaft des Eucrates, in der niemand zweifelt, daß es „Dämonen und Gespenster gibt, und daß die Seelen der Toten auf der Erde umherwandeln und erscheinen, so vielen sie wollen", besteht außer einem Arzte, aus einem Peripatetiker, einem Stoiker, einem Platoniker und einem heiligen Pythagoreer, und Eucrates selbst ist ein Mann, der sich gründlich mit Philosophie beschäftigt hat. Am festesten hielten am Geisterglauben die Neupythagoreer und pythagoreisierenden Platoniker, die in den Erscheinungen eine Bürgschaft für die Wahrheit nicht bloß ihres Unsterblichkeitsglaubens, sondern auch ihrer Dämonenlehre fanden. Der philosophierende Rhetor Maximus aus Tyrus, der ganz auf dem Boden eines bereits zum Neuplatonismus hinneigenden Platonismus steht, betrachtet wie alle Gleichgesinnten die Dämonen, zu denen auch die abgeschiedenen Seelen gehören, als das eigentliche Band zwischen der sinnlichen und der übersinnlichen Welt. Die zu Dämonen gewordnen Seelen, sagt er, sind betrübt über ihr vergangenes Leben, beseligt über ihr jetziges; betrübt aber auch über die verschwisterten

Seelen, die noch auf der Erde weilen, und in Menschenliebe zu dem Wunsche gestimmt, sich ihnen zuzugesellen und sie aufzurichten, wenn sie gleiten. Und es ist ihr Auftrag von der Gottheit, die Erde zu besuchen und sich zu beteiligen an aller Menschengeburt, an allem Menschengeschick, Menschendenken und Menschenhandeln und den Guten zu helfen, den Unrecht Leidenden beizustehen, den Unrecht Tuenden aber die Strafe aufzuerlegen. Er erzählt ohne den leisesten Zweifel, daß die Bewohner von Ilium den Hektor oft in Sprüngen mit blitzenden Waffen über das Gefilde eilen sähen, und daß Achilles auf der kleinen Insel im Schwarzen Meer vor der Donaumündung, wo er als verklärter Heros ein Heiligtum hatte, oft den Schiffern erschienen sei: einige sahen ihn in der Gestalt eines jugendlichen Manns mit blondem Haar in goldner Rüstung einherspringen, andre hörten ihn einen Schlachtgesang singen, noch andre hörten und sahen ihn; einen, der auf der Insel eingeschlafen war, hatte Achill selbst aufgeweckt, in ein Zelt geführt und bewirtet; Patroclus schenkte ein, Achill spielte die Kithara, auch Thetis und ein Chor von andern Dämonen war zugegen. Apulejus (der, wie bereits bemerkt, die Dämonenlehre mit besondrer Vorliebe behandelt hat) richtet in seiner Verteidigungsrede wegen der ihm Schuld gegebenen Zauberei gegen seinen Ankläger (nach dessen falscher Angabe er sich der Figur eines Skeletts zu magischen Zwecken bedient haben sollte) folgende Verwünschung: „Dir wende für diese Lüge der Gott, der zwischen der Ober- und Unterwelt hin und her wandelt (Merkur), die Ungunst beider Götterkreise zu und lasse deinen Blick unaufhörlich Gestalten der Toten begegnen, und soviel Schatten, Lemuren, Manen und Larven es irgend gibt, alle Nachterscheinungen, alle Grabgespenster, alle Schrecknisse der Leichenbrandstätten." Eine Grabschrift zu Puteoli schließt: „Möge den, der diesen Stein von der Stelle rückt, der Zorn der Schatten derer treffen, die hier begraben sind." Plutarch beruft sich (in der Widmung der Biographien des Dio und Brutus an Sossius Senecio) den Leugnern von Geistererscheinungen gegenüber auf diejenigen, die diesen beiden so seelenstarken und philosophischen Männern ihr Ende nach ihrer eignen Aussage vorher verkündeten. Daß es in einem Bade zu Chäronea, wo zu Lucullus' Zeit ein Mord vorgefallen war, gespukt hatte und noch spukte, berichtet er nach den Angaben andrer, ohne, wie es scheint, daran zu zweifeln. Der Geister- und Dämonenglaube war aber auch mit andern philosophischen Anschauungen als der platonischen sehr wohl vereinbar. Der Kyniker Peregrinus Proteus, der sich nach Lucians Bericht mit dem Rufe: „Mütterliche und väterliche Dämonen, nehmt mich gnädig auf!" in die Flammen stürzte, hatte verbreitet, ihm sei bestimmt, nach seinem Tode ein nachthütender Dämon zu werden, und man konnte nicht zweifeln, daß Einfältige genug behaupten würden, ihm nachts begegnet, durch ihn vom Fieber befreit worden zu sein. Der jüngere Plinius, dessen Ansichten hauptsächlich durch stoische Lehren bestimmt waren, erbittet sich die Ansicht seines Freunds Licinius Sura (zum zweiten und dritten Male Konsul 102 und 107) darüber, ob es Gespenster gebe, und ob sie eine eigne Form und ein übermenschliches Wesen *(numen)* haben, oder ob es eitle Einbildungen sind, die nur aus unsrer Furcht ihre Gestalt empfangen. Er glaubte das erstere und erzählt zum Beweise unter anderm eine Gespenstergeschichte, die der des Pythagoreers Arignotus in Lucians „Lügenfreund" sehr ähnlich ist. Ein großes Haus zu Athen wurde durch einen allnächtlichen Spuk unbewohnbar; der Geist erschien in der Gestalt eines abgezehrten alten Mannes mit langem Bart und Ketten an Händen und Füßen, mit denen er furchtbar rasselte. Endlich hatte ein Philosoph Athenodorus den Mut, der Erscheinung standzuhalten, die ihm so lange winkte, bis er ihr mit einem Lichte folgte; im Hofe verschwand sie plötzlich. Am folgenden Tage grub man an dieser Stelle nach und fand ein Gerippe in Ketten, nach dessen regelrechter Bestattung der Spuk aufhörte. Diese Geschichte glaubte Plinius, wie er sagt, auf die Versicherung andrer: einen noch kindischeren Spuk berichtet er ohne den leisesten Zweifel als selbst erlebt. Plinius' Freund Sueton sagt, es sei hinlänglich bekannt, daß vor dem Begräbnisse Caligulas die Wächter der Lamianischen Gärten, wohin man seine Leiche gebracht hatte, von Gespenstern erschreckt worden, und in dem Hause, in dem er gestorben, keine Nacht ohne Spuk vorübergegangen sei, bis das Haus abbrannte. Noch mehr Beispiele eines krassen Geisterglaubens der Gebildeten im 2. Jahrhundert liefern die Schriften des Pausanias, und doch wird auch seine Glaubensseligkeit, wenn möglich, von der Gespenstersucht des Philostrat und Cassius Dio übertroffen. Was der erstere von den Erscheinungen und Machtbeweisen der Heroen des trojanischen Krieges berichtet, wird man im wesentlichen als aus volkstümlicher Überlieferung entlehnt betrachten dürfen. Nach dem Heroikos des Philostratus erschienen den Hirten der troischen Ebene die Gestalten der Homerischen Helden riesengroß, in kriegerischer Rüstung, besonders Hektor, der auch Wunder tat, und von den griechischen namentlich Protesilaus, der noch voll lebendig war. Er war bald im Hades, bald in seiner Heimat Phylake in Phthia (wo er auch Orakel erteilte), bald in Troas, erschien zur Mittagszeit, heilte Krankheiten und half auch in Liebespein; einen Widersacher machte seine Erscheinung blind. Cassius Dio berichtet wiederholt ganz ernsthaft, wie bei großen Ereignissen die Toten in Masse aus den Gräbern aufstanden, z. B. bei der Schlacht von Actium und dem Versuche Neros, den Korinthischen Isthmus zu durchgraben. Er erzählt, daß im Jahre 220 ein Geist, der nach seiner eignen Aussage der Geist Alexanders des Großen war, auch dessen wohlbekannte Gestalt, Züge und Kleidung trug, mit einem Gefolge von 400 Bacchanten gekleideten Menschen von der Donau bis zum Bosporus zog, wo er verschwand: keine Behörde wagte ihn aufzuhalten, vielmehr wurden ihm überall auf öffentliche Kosten Nachtlager und Nahrung gegeben.

Auch die häufige Erwähnung der Zaubereien, bei denen Geister beschworen wurden, läßt auf eine große Verbreitung eines unbedingten Geisterglaubens in den höheren und gebildeten Kreisen schließen. Die Geisterbeschwörung wurde allem Anscheine nach sehr häufig Veranlassung zu grauenhaften Verbrechen, da der Zauber angeblich über Seelen von gewaltsam (besonders vor der Zeit) Umgekommene am meisten Macht haben sollte; daher Morde, namentlich Kindermorde, zu diesem Zweck offenbar nur zu oft verübt wurden. Unter den römischen Kaisern haben Nero, Caracalla, Didius Julianus und Elagabal diese Art der Magie getrieben. Von den beiden letztern berichtet Cassius Dio ausdrücklich, daß sie dabei Kinder schlachten ließen. Caracalla, der keine Art der Zauberei und Wahrsagerei unversucht ließ, beschwor, um sich von den Erscheinungen seines Vaters und seines gemordeten Bruders zu befreien, die ihn verfolgten, unter andern den Geist des erstern und des Commodus, doch vergebens; wie man in Rom flüsterte, war zugleich mit dem Schatten des Septimius Severus auch der des Geta heraufgestiegen. Aus demselben Grunde beschwor Nero den Geist seiner Mutter Agrippina. Er war am leidenschaftlichsten der Geisterbeschwörung ergeben, und da ihm „Menschen zu schlachten ja höchst erwünscht war", mag er ihr auch die meisten Opfer gebracht haben. Der König Tiridates von Armenien, der im Jahre 66 mit einem Gefolge von Magiern nach Rom kam, weihte ihn in die „magischen Mahlzeiten" und alle Geheimnisse der Magie ein; doch muß Nero dieser Zauberei schon früher gefrönt haben. Denn Lucan († 65) hat eine mit allem Luxus des Gräßlichen ausgemalte Episode der Totenbeschwörung seinem Epos offenbar in keiner andern Absicht eingefügt, als um seiner Verdammung dieser Leidenschaft des Kaisers, dem er damals feindlich gegenüberstand, einen starken Ausdruck zu geben. Es ist Sextus, „der unwürdige Sohn des großen Pompejus", der in der Pharsalia die Zukunft durch Totenbeschwörung erfahren will; die heiligen und erlaubten Prophezeiungen verschmähend, hat er sich zu „den abscheulichen Geheimnissen der grausamen Magier" und zu den Schrecken der Unterwelt gewandt; „dem Elenden waren die Himmelsgötter nicht allwissend genug!" Die Hexe Erichthio, die seinem Wunsche willfahrt, ist ein entmenschtes Wesen; ihren Anspruch, von den Unterweltsgöttern erhört zu werden, begründet sie durch die greuelvollsten und unnatürlichsten Verbrechen, die sie in Masse begangen hat, und unter denen Kindermord ausdrücklich angeführt wird. Die Beschreibung der Totenbeschwörung selbst macht auch an und für sich betrachtet nicht den Eindruck eines bloßen Phantasiegemäldes, der Dichter hat nicht nur Beschreibungen ähnlicher Vorgänge in der früheren Dichtung, sondern sicher auch magische Bücher von der Art der erhaltenen Zauberpapyri benutzt. Beschwörungen von längst abgeschiednen Geistern mögen wohl am besten ohne Zeugen gelungen sein. So hatte der alexandrinische Gelehrte Apio den Schatten Homers zitiert, um von ihm zu erfahren, in welcher der sieben Städte, die ihn den Ihrigen nannten, er wirklich geboren sei: leider durfte er die ihm gewordene Antwort nicht mitteilen; vielleicht gab der Geist denselben Grund an, wie der des Protesilaus bei Philostrat: weil dann nämlich die übrigen Städte in ihrem Eifer in der Verehrung Homers nachlassen würden.

Übrigens bedienten sich die Zauberer der beschworenen Geister sowie andrer Dämonen auch, um ihre Feinde mit Erscheinungen zu quälen, ihnen Krankheiten und Schmerzen zu senden, ihre Zunge zu fesseln u. dgl. Solcher Zauber wurde auch durch Beschwörungen geübt, die, auf Bleitafeln geschrieben, in Gräber niedergelegt wurden und von denen eine größere Anzahl sich erhalten hat. Dieser Zauber ist eine Art der sogenannten Devotion, durch die man Lebende den Mächten der Unterwelt weihte, sie beruht auf dem ebenso alten wie verbreiteten Glauben, daß diese Mächte über das Leben Gewalt haben und es hinabzuziehen streben; die zu ihnen gehörenden Geister der Toten, die man gleichsam beschwichtigend die Guten oder die Holden *(Di Manes)* nannte und mit Opfern versöhnen zu müssen glaubte, werden auch in der alten Devotionsformel, durch die der römische Feldherr das feindliche Heer dem Tode weihte, und bei Verwünschungen angerufen. In einer Grabschrift, die ein Mann seiner verstorbenen Frau errichtet hat, versichert er, daß er ihre Überreste angstvoll wie eine Gottheit ehre. „Schone, Liebste, den Mann, ich flehe, schone, daß er ferner noch viele, viele Jahre stets dir Opfer und Kränze bringen möge und mit duftendem Öl die Lampe zu füllen." Eine Anrede an eine verstorbne

„Herrin oder Patronin" lautet: „Solange ich lebe, ehre ich dich, was nach meinem Tode sein wird, weiß ich nicht. Schone deine Mutter und deinen Vater und deine Schwester Marina, damit sie dir nach mir Ehre erweisen können." In demselben Sinne werden vereinzelt Verstorbene angerufen, die Ihrigen zu erhalten oder (bei den Unterweltsgöttern) für sie zu bitten.

Kennen wir nun auch von dem damaligen Geisterglauben vorzüglich nur die finstern und unheimlichen Seiten, so zeigt sich doch auch hier, wie weit verbreitet und unwiderstehlich der Hang war, sich in die Geheimnisse des Jenseits und der Geisterwelt zu vertiefen; und wenn auf die Phantasie das Grauen immerhin die unwiderstehlichste Anziehungskraft geübt haben mag, so wird sie sicherlich auch geschäftig gewesen sein, gegenüber den Qualen und der Ruhelosigkeit der Unseligen den Frieden und die Wonnen der Seligen auszumalen.

Doch freilich war der Trost, den der Unsterblichkeitsglaube den Menschen jener Zeit und dem Altertum überhaupt gab, sehr verschieden von dem, den die christliche Hoffnung auf eine ewige Seligkeit den Gläubigen bietet. Nicht bloß, daß dem antiken Unsterblichkeitsglauben die unumstößliche Sicherheit und Gewißheit eines Offenbarungsglaubens und damit auch der feste Anhalt abging, den dieser für die Gestaltung der Bilder des andern Lebens gewährt: er war auch keineswegs so ausschließlich wie der christliche Glaube auf die Ewigkeit gerichtet, sondern wohl ebensosehr, wenn nicht in noch höherem Grade, der Zeitlichkeit zugewandt. Nach dem römischen Volksglauben wie nach der Platonischen Dämonenlehre war ja der Lohn der Guten nicht oder nicht vorzugsweise, zu eigener Seligkeit in ein überirdisches Dasein entrückt zu werden, sondern an den Leiden und Freuden der spätern Menschen schützend, helfend und leitend teilzunehmen. Die Aufopferung der Besten aller Zeiten und Völker konnte Cicero sich kaum anders erklären, als daß sie auch nach ihrem Tode vermögen würden, Zeugen der von ihnen ausgegangnen Wirkungen wie ihres Ruhms zu sein.

Der ganze Totenkultus der Griechen und Römer hatte die Tendenz, den Zusammenhang zwischen den Lebenden und den Toten ununterbrochen zu erhalten. Die Wohnungen der Toten waren nicht abgeschiedne, stille, selten besuchte Ruhestätten, wie unsre Kirchhöfe, sondern vor den Toren der Städte zu beiden Seiten der Landstraße wurden sie angelegt, wo der Strom des lebendigen Verkehrs gerade am stärksten vorbeiflutete; sowohl, wie Varro sagt, zur steten Mahnung für die Vorüberziehenden, daß auch sie einst zu dieser Ruhe gelangen würden, als zur unaufhörlichen Erhaltung und Erneuerung des Gedächtnisses der Abgeschiednen, nicht bloß bei Angehörigen und Nachkommen, sondern bei allen später Lebenden. Jene Mahnung las man auf Grabsteinen öfters in dieser Form: „Du müder Wanderer, der an mir vorübergeht, nach langem Wandern kommst du endlich doch hierher." Um ein freundliches Andenken wird für die Toten häufig in den Inschriften gebeten „Titus Lollius Masculus", so lautet eine derselben, „ist hier neben den Weg gelegt, damit die Vorbeigehenden sagen: Lollius, sei gegrüßt". Ebenso werden auch sonst die Wandrer aufgefordert, dem Toten einen solchen ehrenden und freundlichen Nachruf zu gönnen, und ihren Segen gewünscht, wenn sie es tun würden, z. B.: „Mögest du, der du dies durchlesen wirst, leben und gesund bleiben, lieben und geliebt werden, bis deine Stunde kommt." Ja, es wird selbst dem

Toten eine Erwiderung auf ihre Anrede in den Mund gelegt, so daß eine Art Dialog zwischen ihm und dem Vorübergehenden durch den letztern vom Grabstein abgelesen werden konnte.

Wie der Glaube verbreitet war, daß die Toten sich an solchen Zeichen des Anteils von seiten aller Lebenden ohne Unterschied immerfort erfreuen würden, so natürlich nicht minder die Überzeugung, daß die Opfer, Spenden und Festmahlzeiten an ihren Gräbern, der Blumenschmuck, in dem an den „Rosen- und Violentagen" die Denkmäler prangten, das Licht der frisch gefüllten Grabeslampe und der Duft ihres wohlriechenden Öls ihnen mindestens als Beweise eines fortdauernden Andenkens bei den Nachkommen wohltuend sein würden: so erfolgten alle solche Darbringungen in der Voraussetzung, daß es der Wunsch der Abgeschiedenen sei, mit den spätern Geschlechtern gleichsam fortzuleben. In demselben Sinne sind auch auf den griechischen Denkmälern vorzugsweise Szenen aus dem vergangnen Leben der Gestorbenen dargestellt, „ihre Existenz gleichsam fortgesetzt und bleibend gemacht". Die unmittelbare Gegenwart dieser einfach rührenden, die menschliche Teilnahme in hohem Grade anregenden Darstellungen berührten Goethes auch hier dem antiken verwandten Geist aufs wohltuendste. Ihm sagte es besonders zu, daß die Menschen auf diesen Grabsteinen nicht die Hände falten, nicht in den Himmel schauen, sondern beieinander stehen, wie sie auf Erden beieinander gestanden, einander geliebt haben: „Der Wind, der von den Gräbern der Alten herweht, kommt mit Wohlgerüchen wie über einen Rosenhügel." Auf diese Fortdauer im Gedächtnis der Nachwelt haben im ganzen Altertum auch solche Wert gelegt, die den Glauben an eine persönliche Unsterblichkeit verwarfen oder dessen nicht bedurften. Selbst Epikur, in dessen Glückseligkeitslehre der Satz, daß Sein und Bewußtsein mit dem Tode aufhöre, den eigentlichen Schlußstein bildet, verordnete in seinem Testament, daß sein Geburtstag und der 20. jedes Monats zu seinem und seines Freunds Metrodor Andenken festlich begangen würden: und in der Tat ist dies noch Jahrhunderte nach seinem Tode von seinen Anhängern geschehen.

Wenn der antike Unsterblichkeitsgedanke aber auch an einer persönlichen Fortdauer in einem höheren, reineren, folglich seligeren Dasein festhielt, so setzte er doch keineswegs das jenseitige Leben in einen so schroffen Gegensatz zum irdischen wie der christliche und stand deshalb auch dem Unglauben und dem Zweifel nicht so schroff gegenüber wie dieser. Wenn die griechische Volkssprache die Toten „Selige" nannte, konnten sie ihr schon darum so heißen, weil sie den Mühsalen, Leiden und Täuschungen des Lebens entrückt waren. Der Tod, der diese Erlösung brachte, erschien darum auch dann nicht als ein Übel, wenn er das Ende des Seins war. Den Gegensatz der christlichen und der antiken Auffassung drücken vielleicht am besten die Worte aus, die Sokrates in der Apologie des Plato nach seiner Verurteilung zum Tode zu seinen Richtern spricht: der Tod sei entweder ein ewiger Schlaf oder der Übergang zu einem neuen Leben, in keinem von beiden Fällen aber sei er ein Übel. Beide Aussichten erscheinen hier also als tröstliche, nur die eine in höherm, die andre in geringerem Grade: während der christliche Glaube den Tod, dem keine Auferstehung zur Seligkeit folgt, als das unseligste Los betrachtet. Ihm ist das andre Leben das wahre, von dort empfängt das irdische Dasein sein Licht, ohne dessen Strahlen es völlig düster sein würde. Nicht in der Weise, sagt Lactantius, wie die Philosophen geglaubt haben, wird die Seligkeit dem Menschen zuteil. Selig kann er nicht sein, solange er im Leibe lebt, der notwendig durch Verfall der Auflösung zugeführt werden muß, sondern erst dann, wenn er nach Befreiung der Seele von der Gemeinschaft des Körpers im Geiste allein lebt. Darin allein können wir schon in diesem Leben selig sein, wenn wir es auch noch so wenig zu sein scheinen: daß wir die Verlockungen der Lüste fliehend und allein der Tugend dienend in allen Mühsalen und Kümmernissen leben, welche Übungen und Stärkungen in der Tugend sind; daß wir jenen rauhen und schweren Weg einhalten, der uns zur Seligkeit frei gegeben ist. Also kann das höchste Gut, dessen Besitz selig macht, nur in der Religion und Lehre enthalten sein, welche die Hoffnung der Unsterblichkeit in sich schließt. Augustinus nennt geradezu das ewige Leben das höchste Gut, sowie den ewigen Tod das höchste Übel. Wohl kann auch hienieden der selig genannt werden, dessen ganzes Sein auf jenes Ziel gerichtet ist, der es in glühender Liebe und treuer Hoffnung festhält: doch mehr durch die Hoffnung als durch die Wirklichkeit. Ohne diese Hoffnung gibt es nur falsches Glück, nur Leid und Elend.

Es ist eine verbreitete Ansicht, daß für die Menschen des Altertums dieses Leben deshalb einen höheren Wert gehabt habe, weil ihre Hoffnungen auf das Jenseits weder so felsenfeste, noch so hell leuchtende sein konnten wie die der Christen. Aber der Gesamteindruck der griechischen und römischen Literatur bestätigt diese Ansicht keineswegs. Die angeborne, an der ewig neuen Herrlichkeit der Welt wie an der Größe und Schönheit des Menschenlebens genährte Lust am Dasein ist allerdings echt antik. Aber sie ist nur der eine Pol der antiken Weltanschauung, dem als der andre eine aus tiefster Empfindung menschlichen Elends und menschlicher Hilflosigkeit entspringende Resignation gegenübersteht, deren bald schmerzliche, bald ergebungsvolle Äußerungen sich wie ein roter Faden durch die ganze antike Literatur ziehen. Schon Homer, dem doch der Gedanke an das Jenseits so völlig trostlos erschien, läßt den höchsten Gott sagen: Von allem, was auf der Erde atmet und kriecht, ist nichts jammervoller als der Mensch! Aber wenn er noch glaubte, daß im Saale des Zeus zwei Fässer stehen, eines mit den guten, das andre mit den bösen Gaben, so sind es bei den Spätern zwei Fässer des Bösen, nur eins des Guten. Als die Mutter des Kleobis und Biton die Göttin bat, ihren Söhnen das zu gewähren, was den Menschen zu gewinnen das Beste wäre, gab ihnen die Göttin den Tod und offenbarte so, wie Herodot sagt, daß der Tod für den Menschen besser sei als das Leben. Mehrmals war dies durch Offenbarungen anderer Gottheiten bestätigt worden. Es ist gerade die Zeit der Jugend- und Manneskraft des griechischen Geistes, in welcher der schon von Theognis, dann unter andern auch von Sophokles ausgesprochene, von Bacchylides dem Herakles in den Mund gelegte Gedanke sich in mannigfachen Formen wiederholt: das beste Los sei, gar nicht geboren zu werden, das nächstbeste, so bald wie möglich nach der Geburt zu gehen, woher man kam. Man sollte daher, heißt es in oft angeführten

Versen des Euripides, die Gebornen beklagen, die Gestorbnen froh und beglückwünschend bestatten. Auch wenn der Tod ein traumloser Schlaf ist, sagt Sokrates in der Apologie des Plato, ist er dem Leben vorzuziehen; denn jeder, selbst der Perserkönig, wird, wenn er sein Leben überdenkt, finden, daß die Tage und Nächte, die er besser und glücklicher verbracht hat als eine ohne Traum durchschlafene Nacht, sehr leicht zu zählen sind. „Jung rufen die Götter, wen sie lieben, aus der Welt", heißt es bei Menander, dem geistvollsten Dichter der alexandrinischen Epoche, aus dessen Fragmenten uns ganz vorzugsweise der gedämpfte Ton einer resignierenden Lebensauffassung entgegenklingt; ihm erschien als „des Menschenlebens Zwillingsschwester Traurigkeit", und der als der Glücklichste, „der ohne Kummer der Welt Erhabenheit geschaut, und eilig dann zurückgekehrt, von wo er kam".

Auch in der römischen Literatur fehlt es an Äußerungen verwandter Natur keineswegs. So hatte Cicero seinen „Hortensius" mit einer Betrachtung über die Eitelkeit und Unseligkeit der Menschen geschlossen. Die Irrtümer und Mühsale des Lebens, hieß es dort, scheinen jenen alten Weisen recht zu geben, nach deren Ausspruch wir geboren sind, um die in einem frühern Leben begangnen Sünden zu büßen; sowie dem Aristoteles, der in der Verbindung der Seele mit dem Körper eine Marter erkannte, wie sie die etruskischen Seeräuber an ihren Gefangnen verübt haben sollen, die sie Gesicht auf Gesicht mit Leichen zusammenbanden und so umkommen ließen. Wie sich bei dem älteren Plinius, nach dessen Ansicht kein Sterblicher glücklich, und die Kürze des Lebens das Beste ist, was die Natur den Menschen gewährt hat, wie sich bei ihm das Gefühl der Unseligkeit bis zur Sehnsucht nach der Vernichtung steigerte, und daß ihm der Tod als das beste Geschenk der Natur erschien, ist bereits erwähnt. Als größte Wohltat preist den Tod auch Seneca, der sich darin gefällt, die Unseligkeit des Lebens in immer neuen Wendungen zu schildern. Es ist durchaus beweinenswert; es bietet das Schauspiel einer mit Sturm genommenen Stadt; es ist ein stürmisches Meer, das uns immer umher und oft an Felsen schleudert, und sein einziger Hafen der Tod; es ist eine Sklaverei, wenn die Kraft zum Sterben fehlt; der „grausame Lebensdrang" ist die Kette, die uns gefesselt hält; der Tod allein bewirkt, daß es nicht die schwerste Strafe ist, geboren zu werden. Und wenn einem Marc Aurel die Übel des Lebens wesenlos waren, so waren ihm auch dessen Güter „eitel, morsch und gering", das Leben selbst „ein Krieg und der Aufenthalt eines Gastes", seine Zeitdauer ein Punkt, vor und hinter uns der endlose, alles verschlingende Abgrund. Und doch sollte und konnte in dem ewig fortrauschenden Strome der Vergänglichkeit der Mensch feststehen wie ein Fels im Meer: wenn er, um die Außenwelt völlig unbekümmert, mit verehrungsvoller Ergebung gegen das Schicksal sich in die Stille seines Innern wie in eine feste Burg zurückzog; wenn er als Teilchen des großen Ganzen die Forderungen der Natur erfüllte. Wenn er so mit heitrer Gelassenheit in jedem Augenblick das Ende erwartete, mochte es Vernichtung oder Wandlung sein, dann schied er sanft aus dem Leben, gleich der reifen Frucht, die in ihrem Falle die Natur als ihre Schöpferin preist und dem Baume dankbar ist, der sie trug.

LITERATURHINWEISE

Altheim, F.	Römische Geschichte, 4 Bde.	Berlin 1956
Bruhns, H.	Caesar und die römische Oberschicht 49–44 v. Chr.	Wiesbaden 1970
Caesar, G. J.	Sämtliche Werke	Kettwig 1986
Cicero	Vom Gemeinwesen	Zürich 1957
Curtius, L.	Das antike Rom	Kettwig 1985
Gibbon, E.	Der Untergang des röm. Reiches	Kettwig 1995
Grant, M.	Rom	Essen 1975
Hiltbrunner, O.	Lexikon der Antike	Bern 1961
Meyer, E.	Caesars Monarchie	Kettwig 1985
Mommsen, Th.	Römische Geschichte	Kettwig 1995
Ovidius, N.	Erotische Dichtungen	Stuttgart 1958
	Liebeskunst	München 1956
	Liebesgedichte	München 1962
	Briefe der Leidenschaft	München 1952
	Metamorphosen	München 1961
Pauly, A. F.	Realencyclopädie der class. Altertumswissenschaft	Stuttgart o. J.
Ranke, L. v.	Ill. Weltgeschichte Band 1+2: Rom	Wiesbaden 1958
Reber, F.	Ruinen Roms	Kettwig 1989
Rostovozeff, M.	Gesellschaft im römischen Kaiserreich	Heidelberg o. J.
Sallust, C. G.	Sämtliche Werke	Kettwig 1987
Seneca, L. A.	Über die Kürze des Lebens	München 1950
Tacitus, P. C.	Sämtliche Werke	Kettwig 1984
Vogt, J.	Römische Geschichte	Freiburg 1959
Weeber, K.-W.	Alltag im Alten Rom	Zürich 1995
Zschietzschman, W.	Hellas und Rom	Zürich 1959

INHALT